DICȚIONAR
ENGLEZ-ROMÂN
FRAZEOLOGIC

Adrian Nicolescu
Ioan Preda
Liliana Pamfil-Teodoreanu
Mircea Tatos

Teora

Titlul: **Dicționar englez-român, român-englez frazeologic**

Copyright © 2005 Teora

Toate drepturile asupra acestei cărți aparțin Editurii **Teora**.
Reproducerea integrală sau parțială a textului din această carte
este interzisă fără acordul prealabil scris al Editurii **Teora.**

Teora
Calea Moșilor nr. 211, sector 2, București, Romania
tel.: 021/619.30.04, fax: 021/210.38.28
e-mail: mail@teora.ro

Distribuție:
Calea Moșilor 211, sector 2, București
tel.: 021/619.30.04

Teora – Cartea prin poștă
CP 79-30, cod 72450 București, Romania
tel.: 021/252.14.31; 0724/821.361
e-mail: cpp@teora.ro

Copertă: Gheorghe Popescu
Tehnoredactare: Techno Media
Director Editorial: Diana Rotaru

Președinte: Teodor Răducanu

NOT 6872 DIC ENGLEZ DUBLU, FRAZEOLOGIC
ISBN 973-20-1003-7

Printed in Romania

Descrierea CIP a Bibliotecii Naționale a României
Dicționar englez-român, român-englez frazeologic /
Adrian Nicolescu, Ioan Preda, Liliana Pamfil-
Teodorescu, ... - București : Teora, 2005
ISBN 973-20-1003-7

I. Nicolescu, Adrian
II. Preda, Ioan
III. Pamfil-Teodorescu, Liliana

81'374.8=111=135.1
81'374.8=135.1=111

Prefață

Prezenta lucrare cuprinde un număr de expresii și locuțiuni englezești aranjate în ordine strict alfabetică*, și însoțite de echivalentele lor românești, ceea ce îi conferă caracterul unui dicționar bilingv. Baza dicționarului o formează expresiile aparținând englezei britanice, alături de care figurează însă și multe americanisme. Acest termen trebuie înțeles aici ca desemnând atât expresii proprii numai englezei americane, cât și, mai ales, expresii care au o mai mare circulație în Statele Unite decât în Marea Britanie, unde ele pătrund însă în număr din ce în ce mai mare prin intermediul publicațiilor, al radioului și televiziunii, al schimburilor din diferitele sfere de activitate.

Autorii s-au străduit să reunească în lucrarea lor principalele expresii și locuțiuni curente în engleza contemporană și, sub acest raport, dicționarul poate servi celor care folosesc această limbă activ. Dar lucrarea înregistrează și expresii care pot fi întâlnite la scriitori de limbă engleză din secolul al XIX-lea și de la începutul acestui secol, prin aceasta ea adresându-se marelui public, dornic să citească asemenea scriitori în original și deci interesat mai mult să *înțeleagă* decât să *folosească efectiv* expresiile respective.

Locul principal în dicționarul de față îl ocupă expresiile și locuțiunile al căror sens nu este egal cu suma sensurilor părților componente, uneori el putând fi dedus pe baza acestora (cazul unităților frazeologice de tipul *to go by walker's bus, to stir up a hornet's nest*), alteori nu (cazul fuziunilor frazeologice de tipul *to pull smb.'s leg, to show the white feather*). Așa-numitele „combinații tradiționale", expresii ce pot fi ușor înțelese pe baza constituenților lor, au fost în general evitate. De asemenea nu au fost incluse construcții ca *to break the ice* „a sparge gheața" (la propriu și la figurat), deoarece ele au un caracter idiomatic. În cazul unor expresii având atât un sens propriu (ușor deductibil), cât și unul figurat (mai greu deductibil), au fost date ambele sensuri, atât pentru a ilustra originea sensului figurat, cât și pentru a înlesni reținerea acestuia prin asocierea cu cel propriu. (Ex. *blow off steam, to* **1.** a evacua aburul, a scoate abur. **2.** a-și cheltui surplusul de energie etc.)

Din motive de economie de spațiu au fost omise, de regulă, substantivele compuse de genul *parish lantern* „luna", *Old Nick* „Aghiuță", *California blankets* „ziarele cu care se învelesc noaptea șomerii în parcuri" etc., care figurează în dicționarele generale mai mari și în cele de *slang* și *cant*, precum și în unele dicționare frazeologice ale limbii engleze. Nu au fost trecute, de asemenea, nici verbele cu particulă adverbială (*to bring about, to come off, to fall out, to get along* etc.), deoarece ele sunt menționate chiar și în dicționarele mijlocii și mici, ci numai expresii bazate pe aceste verbe.

În majoritatea lucrărilor de acest fel elaborate de autori anglo-saxoni, expresiile sunt grupate fie pe sfere semantice, fie în funcție de un element comun, bunăoară un substantiv, având un puternic caracter de reprezentare vizuală. Foarte interesant pentru scopuri de cercetare lingvistică, acest sistem prezintă dezavantajul că adeseori autorul trebuie să ghicească unde ar putea să figureze expresia pe care o caută, întrucât multe expresii conțin două-trei elemente reprezentative (ex. **money** *makes the* mare *to go, to put the* **cart** *before the* **horse**, *like a* sat *on hot* **bricks** etc.).

Acest considerent i-a determinat pe autori să aleagă sistemul alfabetic, care permite cititorului să găsească cu ușurință orice expresie, menajându-i astfel timpul și răbdarea. Aranjarea alfabetică a unor expresii, bunăoară a celor impersonale, a pus însă anumite probleme din cauza labilității primului element. Astfel, expresia *it*

---

* Particula infinitivă **to**, conjuncția **as**, precum și articolul nu au fost luate în considerare.

beats all, în care *it* poate fi înlocuit prin *this* sau *that*, a fost înregistrată la litera B, *beat all* fiind elementul fix, dar și la litera **I**, pentru a ușura căutarea.

O altă problemă a fost aceea a expresiilor în care elementul verbal este verbul *to be* (ex. *to be at ease*). A fi înregistrat toate aceste expresii (foarte numeroase) la litera B pe baza unui element nereprezentativ (*to be*) ar fi însemnat să se încarce această literă peste măsură. Soluția adoptată a fost tratarea unor expresii la litera imediat următoare: *to be at ease* a fost trecut la *at ease*, *to be in a brown study* la *in a brown study* etc., în toate aceste cazuri recurgându-se la trimiteri.

Expresiile de largă circulație au fost însă înregistrate și la litera B (*to be*), tot pentru a se facilita găsirea lor.

În ceea ce privește tratarea expresiilor, nu există un sistem unic în literatura de specialitate. Unii autori dau sinonime explicative, urmate de exemple luate din literatură sau create de ei, numărul exemplelor variind de la autor la autor. În lucrarea de față, fiecare sens al fiecărei expresii își are echivalentul său românesc, însoțit uneori de câte un exemplu. Acest echivalent a fost dezvoltat însă într-o lungă serie sinonimică, pentru a acoperi cât mai mult din larga arie semantică pe care o expresie o poate avea în diferite contexte.

Acolo unde nu au putut fi găsite echivalente, s-a dat o traducere explicativă pentru a-l lămuri pe cititor asupra circumstanțelor în care expresia respectivă este folosită în limba engleză, urmată, de obicei, de o traducere cu indicația *aprox.*(imativ), în scopul de a se atrage atenția asupra suprapunerii imperfecte a expresiei românești cu cea englezească.

Cu privire la această serie sinonimică, autorii țin să precizeze că ea este în mod necesar imperfectă, întrucât nu există sinonime perfecte – ideografice sau stilistice – în limbă decât în măsura în care acestea, înlocuindu-se succesiv într-un context dat, tratatul nu ar suferi nici o modificare de sens sau tonalitate; *to be dressed up to the nines* poate fi folosit în engleză indiferent dacă subiectul logic al expresiei trăiește în mediul urban sau rural; în românește însă, „a fi îmbrăcat ca la horă" sugerează satul, pe când „a fi pus la țol festiv" sugerează orașul.

Pe de altă parte, polisemantismul expresiilor face ca până și expresiile aparent cele mai îndepărtate să poată fi sinonime (adică reciproc înlocuibile) într-un context dat. La prima vedere nu poate exista nici o legătură de sens între „a merge" și „a se potrivi"; dar în „*black goes* (sau *belongs*) *with red*", „*wine goes* (sau *belongs*) *with cheese*", cele două perechi de verbe românești și englezești sunt sinonime. Tot așa „a comanda cuiva", „a povățui pe cineva" și „a dădăci pe cineva" par să nu aibă nimic comun; dar în *to come the old soldier over somebody*, ele se apropie foarte mult semantic, concurând la redarea expresiei englezești care le cuprinde pe toate, fără să se suprapună exact în nici una din ele. Se produce, așadar, o osmoză a sensurilor unor expresii, în funcție de un context dat. Iată de ce criteriile stabilite de autori, de separare prin punct și virgulă a sensurilor mai apropiate, și prin cifre arabe a celor mai îndepărtate, nu pot fi valabile pentru toate contextele posibile. Cititorul este, în consecință, sfătuit să încerce să găsească sensul unei expresii cu ajutorul contextului lărgit și al acestui dicționar, folosit cu discernământ critic. De la caz la caz, expresiile au fost tratate și gramatical, indicându-se dacă se folosesc numai în construcții interogative, negative, pasive etc.

O altă dificultate a constituit-o stabilirea cu precizie a stratului stilistic căruia îi aparține o expresie sau alta. Autorii străini nu recunosc cu toții aceleași valori stilistice: unii pun pe același plan expresiile populare și cele argotice sau nu indică deloc apartenența stilistică a expresiilor. Adevărul este că nici cazurile de concordanță nu sunt concludente, întrucât adesea noile ediții ale unor dicționare de *idioms* sunt, de fapt, simple reeditări, fără modificări sau adăugări, ale edițiilor mai vechi. Or, pe plan diacronic, o expresie de *slang* sau dispare din vocabular cu trecerea timpului, sau este adoptată de cercuri tot mai largi de vorbitori și, ipso facto, tinde să devină familiară, pierzându-și treptat culoarea argotică; pe plan sincronic, această culoare argotică nu este percepută ca atare decât de un vorbitor care nu folosește expresia în mod curent.

Normele tehnice adoptate în lucrarea de față sunt cele din *Dicționarul frazeologic* român-englez, autori Andrei Bantaș, Andreea Gheorghițoiu, Leon Levițchi – Editura Teora, 1993.

În cazul sintagmelor românești, bara oblică a fost folosită mai liber decât în cazul celor englezești, deoarece cititorul român nu are dificultăți în îmbinarea logică a cuvintelor limbii materne. În unele situații, din economie de spațiu, bara oblică desparte chiar cuvinte cu sensuri diferite (a scăpăra un amnar/o brichetă).

Suplimentul anexat cuprinde expresii din surse recente.

Lista abrevierilor

A	argou	*lit.*	(stil) literar
adj.	adjectiv	*mar.*	marină
adm.	(stil) administrativ	*mil.*	(stil) militar
adv.	adverb	*min.*	minerit
amer.	americanism	*num.*	numeral
aprox.	traducere aproximativă	*P*	expresie populară
atrib.	atribut; folosit atributiv	*parl.*	parlamentar
austral.	expresie folosită în Australia	*part. tr.*	participiu trecut
av.	aviaţie	*peior.*	peiorativ
com.	comerţ	*pers.*	persoană; personal
d.	despre; referitor la	*poet.*	(stil) poetic
dial.	expresie dialectală	*pol.*	politic
ec.	economie	*pron.*	pronume
electr.	electricitate	*prop.*	propoziţie
elev.	(stil) elevat	*prov.*	proverb
ex.	exemplu	*s.*	substantiv
F	(stil) familiar	*scoţ.*	expresie folosită în Scoţia
fig.	(sens) figurat	*sl.*	slang
fin.	finanţe	*smb.*	somebody
glum.	(stil) glumeţ; expresie folosită în glumă	*smth.*	something
inf.	infinitiv	*şcol.*	expresie folosită în argoul şcolar
interj.	interjecţie	*tel.*	telecomunicaţii
irl.	expresie folosită în Irlanda	*univ.*	expresie folosită în argoul universitar
iron.	(stil) ironic	*v.*	vezi
ist.	istorie	*vb.*	verb
înv.	expresie învechită	*vân.*	vânătoare
jur.	juridic	*vulg.*	expresie vulgară

Lista semnelor

/   Cuvintele din dreapta şi din stânga barei oblice pot fi înlocuite unul cu celălalt.

()   Literele sau cuvintele din paranteza rotundă pot fi omise.

~   Tilda înlocuieşte expresia-titlu.

<   Cuvântul sau expresia care urmează are un sens mai accentuat.

>   Cuvântul sau expresia care urmează are un sens mai atenuat.

→   Prescurtarea se referă la traducerea românească.

←   Prescurtarea se referă la expresia-titlu sau la exemplul în limba engleză.

A

abide by the rules/regulations, to a respecta regulile/regulamentul.

abound in one's own sense, to ← *elev.* a-şi fi sieşi/singurul povăţuitor şi sfetnic; a se conduce numai după capul său.

about and about *amer. F* tot un drac; ce mi-e Baba Rada, ce mi-e Rada Baba.

about East, to ← *F* adevărat; drept; real.

about one's ears: the ceiling fell about their ears le-a căzut tavanul în cap; **their plans fell/tumbled about their ears** planurile lor au rămas baltă; **to have everybody ~** a şi-i ridica pe toţi în cap; *v. şi* **bring a hornet's nest.**

about right 1. corect; cum se cade; cum se cuvine. **2.** zdravăn; solid.

above-board deschis; sincer; cinstit; pe faţă; *F* → cu cărţile pe faţă.

above ground ← *F* în viaţă.

above one's bend *amer.* peste puterile cuiva.

above one's reach peste puterea de înţelegere a cuiva.

above par peste medie; deasupra mediei.

above the mark mai presus de normele stabilite/curente; (cu totul) neobişnuit/ieşit din comun.

above the salt 1. ← *înv.* în capul mesei. **2.** *fig.* în fruntea bucatelor.

abreast of/with the times în pas cu vremea.

accede to a demand/request, to *adm.* a satisface o cerere.

accept/a brief for/on behalf of smb., to *jur. (d. un avocat)* a accepta să apere/reprezinte pe cineva în justiţie.

accept persons, to a fi părtinitor.

accept smth. at its face value, to a lua ceva drept bani buni.

accept the (Stewardship of the) Chiltern Hundreds, to *parl.* a-şi depune mandatul de membru al parlamentului britanic.

according to Cocker *glum.* după toate regulile (artei); ca la carte.

account for expenses, to a justifica cheltuielile.

account for smth., to a explica cauza unui lucru.

ace it (up)! *austral.* ← *sl.* stop! stai! opreşte!

achieve one's end/purpose, to a-şi realiza scopul/ţelul; a-şi vedea visul împlinit/cu ochii.

acknowledge the corn, to ← *sl.* a recunoaşte veridicitatea unei afirmaţii; a admite un fapt; *(prin extensie)* a-şi recunoaşte vina; a se da bătut.

acquiesce in smth., to *lit.* a consimţi la ceva.

across lots *amer.* prin porumb; peste câmp; *(prin extensie)* pe drumul cel mai scurt.

across the board (în) general; ~ **wage increase** creştere generală a retribuţiei.

act for smb., to a acţiona în numele cuiva *(temporar indisponibil).*

act ham, to *(d. un actor)* a juca ca o ciubotă/cizmă.

act one's age, to a (re)acţiona potrivit vârstei; a se purta aşa cum şade bine la o anumită vârstă.

act on/upon one's own initiative, to a acţiona din proprie iniţiativă.

act on/upon smb.'s advice, to a proceda după sfatul cuiva.

act out a word, to a mima înţelesul unui cuvânt.

act the ape, to a se maimuţări; a se prosti; a face pe prostul/bufonul.

act the ass, to *F* a face pe maimuţoiul/idiotul/caraghiosul; a se prosti; a face pe prostul/nărodul.

act the (giddy) goat, to *F* **I.** a da cu căciula-n câini; *v. şi* **act the ass. 2.** a se face Tănase.

add a stone to smb.'s cairn/, to *scoţ.* a cinsti cineva post-mortem; a aduce cuiva laude postume.

add fuel/oil to the fire/flames, to a pune paie pe(ste) foc; a turna gaz/ulei peste foc; a stinge focul cu paie.

admit/let daylight into smb., to *sl.* a ciurui/plumbui pe cineva; a face pe cineva ciur/strecurătoare.

adore the rising sun, to *iron.* a se pune bine cu stăpânirea; a se da după cum bate vântul.

address oneself to smth., to a se apuca de *(o muncă etc.).*

administer justice, to *(d. un judecător)* a aplica legea; a face dreptate.

advantage in *(la tenis)* avantaj serviciu.

advantage out *(la tenis)* avantaj primitor/primire.

after fashion/sort 1. de bine de rău; nici prea prea, nici foarte foarte; aşa şi aşa. **2.** în felul/genul său; sui generis.

after a manner într-un fel sau altul; cumva.

after a sort *v.* **after a fashion.**

after death the doctor i-a venit doctorul după moarte.

after meat mustard după ploaie nu mai trebuie căciulă.

against heavy odds în condiţii extrem de vitrege/precare.

against smb.'s mind contrar dorinţei/voinţei cuiva.

against the collar ← *F* **1.** *adv.* cu greu/chiu cu vai; fără tragere de inimă; de nevoie. **2.** *adj.* *(d. o treabă)* foarte penibil/ingrat.

against the grain/hair fără chef/tragere de inimă; (mai mult) în silă/de nevoie; *v. şi* **go against the grain.**

against the sun de la dreapta la stânga; în sensul invers acelor ceasornicului.

agree like cats and dogs, to a trăi/a se iubi/a se avea ca câinele cu pisica; a se înţelege ca gâsca cu prepeliţa; < a se mânca ca câinii/cerbii (între ei).

agree like harp and harrow, to *înv.*, *v.* **agree like cats and dogs.**

agree like pickpockets in a fair, to *v.* **agree like cats and dogs.**

agree with smb., to *(d. hrană, climă, condiţii etc.)* a-i prii, a-i face bine; a suporta.

agues come on horseback but go away on foot *prov.* boala intră cu carul şi iese pe urechea acului.

ahead of one's time depăşind vremea/epoca sa.

ahead of the times *v.* **ahead of one's time.**

ahead of time 1. înainte de vreme. 2 *(d. ceas)* înainte.

aim at the moon, to *fig.* a ţinti sus.

air one's knowledge, to a face paradă/caz de cunoştinţele sale; *F→* a face pe cultul/savantul.

à la mode *amer.* gastronomie *(d. friptura de vacă)* înăbuşită în sos de vin; *(d. mâncare)* servită cu îngheţată.

alight on one's/the lure, to *fig.* a înghiţi momeala.

alight on smth., to a da peste, a descoperi din întâmplare *(soluţia unei probleme etc.).*

alive and kicking ← *glum.* *(d. un bătrân)* plin de viaţă/vigoare; (încă) în puteri/foarte activ; *(prin extensie)* bine mersi; vesel şi voios.

all aboard! 1. îmbarcarea! **2.** *amer.* poftiţi în vagoane!

all alone like a country dunny *austral.* singur cuc/singurel.

all along tot timpul; de la început.

all along of din pricina/cauza; datorită.

all and sundry toţi fără excepţie.

all behind like Barney's bull, (to be) *austral.* ← *F* **1.** (a fi) obosit mort, epuizat, dărâmat. **2.** *F→* a fi lat în fund, *glum.* a fi latifundiar.

all but 1. *(~ + s./pron.)* cu excepţia; ~ **Mary laughed** toţi au râs, în afară de Maria. **2.** *(~ + adj./part. tr.)* aproape; ca şi; **I'm ~ certain of it** sunt aproape sigur de asta; **the match is ~ ended** meciul e ca şi terminat/pe sfârşite. **3.** *(~ + past)* aproape că; mai că, doar că nu; **they ~ laughed** doar că n-au râs.

all clear! 1. alarma aeriană a trecut! **2.** drumul e liber!

all covet, all lose *prov.* *aprox.* lăcomia sparge sacul; lăcomia strică omenia.

all day with smb. *amer.* *F* **it's all day with him now** se poate şterge/linge pe bot.

all dickey with smb. *sl.* *v.* **all day with smb.**

all found: ten pounds a week, ~ zece lire pe săptămână, inclusiv/plus casă, masă, încălzit şi spălatul lenjeriei.

all hands to the pumps! 1. *mar.* toată lumea la pompe! **2.** *fig.* toată lumea la lucru!

all his geese are swans *iron.* tot ce are/face el e unic/nemaipomenit!; ca (la) el, (la) nimeni!

all in 1. istovit; sleit; secătuit (de puteri); stors; vlăguit. **2.** cu totul, în total, una peste alta.

all in a/one breath 1. într-un suflet. **2.** toţi deodată, pe nerăsuflate.

all in a fluster/flutter 1. foarte tulburat. **2.** în nervi/draci.

all in all 1. *s.* totul. **2.** *adv.* cu totul.

all in good time toate (lucrurile) la vremea lor.

all in one breath *v.* **all in a breath.**

all in the day's work 1. normal; în firea lucrurilor; nimic deosebit. **2.** (treabă uşoară) care ţine de obişnuinţa zilnică.

all in the same breath *v.* **all in a breath.**

all in the same key monoton; uniform; la unison.

all is fish that comes to his net ← *F* ştie să tragă profit/folos din toate.

all is grist that comes to his mill ← *F* *v.* **all is fish that comes to his net.**

all is not gold that glitters *prov.* nu tot ce sclipeşte e aur; nu tot ce zboară se mănâncă.

all legs and wings 1. *(d. un vlăjgan stângaci)* care nu ştie ce să facă cu mâinile şi picioarele); numai mâini şi picioare. **2.** *mar.* *(d. vele)* care are un catarg prea înalt.

all manner of tot felul/soiul de; fel şi fel de.

all my eye (and Betty Martin)! *sl.* curată prostie/ tâmpenie!

all of (~ + *num.*); **I waited there for ~ three hours** am aşteptat acolo cel puţin trei ore.

all of a dither ← *F* agitat; excitat; iritat; emoţionat; tulburat.

all of a doodah *sl. v.* **all of a dither.**

all of a jump/twitter ← *F* foarte agitat; tremurând de emoţie.

all of a/one piece (with) în acord/armonie (cu); în deplină concordanţă (cu); de (unul şi) acelaşi fel (cu); la fel (cu).

all of a shake/tremble *F* tremurând ca varga; dârdâind din toate încheieturile/mădularele.

all of a twitter *v.* **all of a jump.**

all of one piece *v.* **all of a piece (with).**

all on edge cu nervii încordaţi (la maximum).

all one knows tot posibilul; tot ce e cu putinţă; în limita posibilităţilor (omeneşti).

all on one stick *amer. sl.* (cu) toată banda (lui Papuc); (cu) toată şleahta.

all on the tremble *v.* **all of a shake.**

all out ← *F* din răsputeri, cu toată energia.

all over 1. pretutindeni; peste tot; în tot locul; de jur împrejur. 2. în tot corpul; din cap până-n picioare. 3. leit; aidoma. 4. (gata) terminat.

all over again! 1. încă o dată. 2. din nou de la cap; da capo al fine.

all over creation *amer.* ← *F* pretutindeni; peste tot (locul).

all over oneself 1. în al nouălea/şaptelea cer. 2. plin de sine; înfumurat; arogant; prezumţios.

all over the shop ← *sl.* 1. peste tot (locul); pretutindeni; în tot locul; la tot pasul. 2. în toate părţile/ direcţiile/sensurile. 3. nesistematic; fără sistem/ metodă; *F →* alandala; claie peste grămadă. 4. fără un scop/obiectiv precis.

allow for, to a ţine cont/seama de, a lua în considerare.

all present and correct *mil.* (cu) efectivul complet.

all's quiet along/on the Potomac *amer.* ← *înv.* totul este calm/în ordine/în regulă; nu există motive de alarmare/îngrijorare; toate-s bune şi la locul lor.

all's right with the world ← *glum.* totul e în regulă/ ordine/cum nu se poate mai bine; *F →* toate-s bune şi la vară cald.

all sugar and honey foarte mieros; *aprox.* ţânţarul cu cântări te sărută; cuvântul dulce de viclean, ca o miere sărată; făţarnicul în adevăr dulce te sărută, dar unde te sărută multă vreme te ustură.

all talk and no eider *amer. aprox.* 1. vorbă multă, ispravă/treabă puţină; vorbă multă/lungă, sărăcia omului. 2. mult zgomot pentru nimic; zor, zor pentru un topor.

all that glitters is not gold *v.* **all is not gold that glitters.**

all the difference in the world (e) departe ca cerul de pământ; (e) o deosebire ca de la cer la pământ; *F →* (e) departe griva de iepure; **that makes ~!** asta-i altă treabă/poveste/*F →* mâncare de peşte! aşa da! aşa mai zic şi eu!

all the fat in the fire *F* o să fie circ/tămbălău mare; o să fie vai şi amar; *aprox.* usucă-te rufă-n cui că altă nădejde nu-i.

all the go *v.* **all the rage.**

all the other way tocmai contrariu; exact invers/ pe dos.

all the rage *F* (a fi) ultimul răcnet/strigăt (al modei).

all there 1. *fig. →* (a fi) la înălţime. 2. a fi ager/isteţ (la minte). 3. (folosit la negativ) *v.* **not to be all there.**

all the vogue *v.* **all the rage.**

all the world and his wife *glum.* toţi în păr; toată banda (lui Papuc).

all told cu totul; una peste alta.

all to the good cu atât mai bine.

all to the mustard *amer. sl.* fain; mişto.

all water runs to his mill (el) o duce bine; (el) are de moară.

all well and good (but...) perfect, foarte bine, n-am nimic contra/împotrivă (dar...)

all wool and a yard wide *amer.* 1. *F* straşnic; teribil. 2. ← *F* veritabil; autentic; adevărat; veridic. 3. demn de încredere.

almost never killed a fly ← *F* e mai bine/prudent să spui „aproape"/să fii rezervat în vorbire.

almost was never hanged *v.* **almost never killed a fly.**

amalgamate (with), to (d. firme, societăţi, organizaţii, asociaţii) a se uni (cu), a fuziona.

Am I ever! *austral. F* aş! da' de unde! ţi-ai găsit! nici vorbă (că nu)! păi!

among the shades *poet.* în împărăţia umbrelor.

anchor comes home, the încercarea dă greş/*F →* chix.

and all *F* şi (toate) celelalte; şi restul; şi aşa mai departe.

and all that *v.* **and all.**

and how! *amer. F* ba bine că nu! cred şi eu! mai e vorbă! ori că! cum de/să nu! mie-mi spui! şi încă cum!

and no mistake ← *F* 1. fiţi sigur; vă asigur; fără doar şi poate; neîndoios; negreşit; *F →* parol! zău aşa! 2. *iron.* nevoie mare!

and no one is the wiser fără să ştie nimeni; fără ştirea nimănui; în secret/taină; pe furiş/ascuns.

and small/what wonder (şi) nu-i de mirare; e normal/natural/firesc.

and some *amer.* ← *F* încă multe altele; şi aşa mai departe.

and stuff *F* şi alte fleacuri/nimicuri; şi altele; şi dracu şi lacu.

and that ← *rar* şi aşa mai departe.

and that's that *F* **1.** care va/vrea să zică asta e/era; aşa care va să zică. **2.** asta e, şi cu asta basta/gata; şi gata (n-ai ce-i face); *A* → e bine? sănătate bună! şi pace bună!

and there's an end ← *înv.* **1.** asta-i tot. **2.** şi gata; şi cu asta basta.

and they hanged Ned Kelly! *austral.* asta-i curată tâlhărie *(expresie folosită în legătură cu o cerere exagerată de bani, prin analogie cu tâlhăriile la drumul mare comise în Australia de Edward Kelly, 1855-1880).*

and what wonder *v.* **and small wonder.**

angle for, to *fig.* a vâna *(complimente, o funcţie, o invitaţie, o favoare).*

angle with a silver hook, to *F* a umbla cu şoşele şi momele; *aprox.* cuvântul la cel viclean, ca undiţa la pescar.

answer in kind, to a plăti cu aceeaşi monedă.

answer one's/the purpose, to a corespunde (perfect) destinaţiei sale.

answer's a lemon, the *F (d. o ofertă inacceptabilă)* nu ţine; nu se prinde.

answer the purpose, to *v.* **answer one's purpose.**

answer the question *(d. un cal de curse)* a-şi încorda toate puterile la comanda jocheului.

answer the description (of), to *(d. o persoană)* a corespunde semnalmentelor; *(d. un lucru)* a corespunde descrierii *(făcute).*

answer to the name of, to a răspunde la numele de.

A number one ← *F* (de) clasa/mâna întâi; de prim rang; de (mare) clasă.

any day *amer.* ← *F* fără doar şi poate; fără discuţie; nu (mai) încape vorbă; de bună seamă.

any advance? *(la licitaţie)* cine dă/oferă/spune mai mult?

any port in a storm *aprox.* când nu sunt ochi negri, săruţi şi albaştri; când n-ai frumos, pupi şi mucos; dacă n-ai papuci, sunt bune şi opincile; la vreme de lipsă şi unealta rea-i bună.

anything doing? se poate (face ceva)?

anything goes *F* se poate/merge orice.

appeal to the country, to *parl.* a dizolva parlamentul şi a ţine alegeri noi.

appeal before the footlights, to *teatru* **1.** *(d. un actor)* a apărea pe scenă. **2.** a-şi face debutul.

appear for smb., to *jur.* a reprezenta pe cineva (în instanţă).

applaud to the echo, to *teatru etc.* a aplauda frenetic.

apply for the (Stewardship of the) Chiltern Hundreds, to *parl.* a cere eliberarea din funcţia de membru al parlamentului britanic.

apply oneself to, to a se dedica/consacra *(unei activităţi)*, a-şi concentra energia şi eforturile *(într-o direcţie).*

apply the screw(s), to ← *F* **1.** a exercita presiuni (punând în mişcare toate resorturile); a strânge şurubul. **2.** *com.* a reclama stingerea unei datorii. **3.** ← *rar* a limita acordarea de credite.

approach smb./smth. about (doing) smth., to a aborda *(un superior)* într-o chestiune, a se adresa *(unui for, autorităţilor)* într-o chestiune.

appropriate to oneself, to a-şi apropria/însuşi *(un bun).*

appropriate to one's own use, to *v.* **appropriate to oneself.**

approximate to, to a fi aproximativ acelaşi lucru (ca şi/cu), a se apropia de.

are you on the telephone? aveţi telefon?

are you there? alo! eşti la aparat/mă asculţi?

are you through? *tel.* vorbiţi?

argue against, to *(d. o informaţie, experienţă empirică etc.)* a contrazice *(o teorie, o presupunere)*, a proba contrariul.

argue smb. into/out of doing smth., to a convinge/persuada pe cineva (cu argumente logice) să facă ceva/să renunţe la ceva.

argue the toss, to *austral.* a discuta în contradictoriu, a se contrazice (cu cineva).

ark rested on Mt. Ararat, the *F* a(u) descoperit America/gaura covrigului.

arm oneself (with smth.) against, to a se înarma *(cu mijloace de luptă, răbdare etc.)* contra.

arouse a nest of hornets, to *v.* **bring a hornet's nest about one's ears.**

arrive at one's finger-ends, to ← *înv.* **1.** a ajunge la capătul resurselor/puterilor. **2.** a ajunge în sapă de lemn.

arrive at one's fingers' ends, to *v.* **arrive at one's finger-ends.**

as a matter of course cum e şi natural/normal/firesc/de aşteptat; se înţelege de la sine; altfel nici că se poate.

as a matter of fact de fapt; în realitate/fond; la drept vorbind; la urma urmei.

as anything cum nu se poate mai; mai... nici nu/că se poate.

as a rough guide ca (un) punct de reper; orientativ.

as a starter *amer.* pentru început.

as ... as the sun shines on atât de ... cum nu mai găsești *(altul etc.)* sub soare.

as bad/ill luck would have it din nefericire/nenorocire.

as blazes/*amer.* get-out/hell *F* grozav/teribil/infernal/diabolic de; al naibii/dracului de.

as chance would have it *F* **1.** parcă dinadins/în ciudă. **2.** întâmplarea a făcut că/să.

as ever is/was *F* teribil/grozav de; ca nimeni altul/alta.

as far back as încă din; încă de pe vremea/timpul (când).

as for/to cât despre; (iar) în ceea ce privește.

as get-out *amer. F v.* **as blazes.**

as from cu începere de la (data de), începând din.

as good *rar* **1.** preferabil; mai bine. **2.** la fel/tot așa de bine.

as good as 1. (~ + *adj./part. tr.*); (~ + *vb. în –ing*) ca și; **he is ~ dead** e ca și mort; **the game is ~ lost** meciul e ca și pierdut; **it is ~ saying the earth isn't round** e ca și cum ai spune că pământul nu-i rotund. **2.** (~ + *past*) aproape/mai că; **he ~ succeeded in setting up a new speed record** a fost la un pas de a stabili un nou record de viteză; **he ~ finished writing the letter when** aproape că terminase de scris scrisoarea când.

as good as a feast suficient, destul.

as good as one's word *(d. cineva)* de cuvânt/onoare; *F →* parolist.

as hell *F v.* **as blazes.**

aside from *amer.* pe lângă; în afară de.

as I live by bread *F* zău (așa)! cum te văd și (cum) mă vezi! parol!

as ill luck would have it *v.* **as bad luck would have it.**

as it happens întâmplător; din întâmplare; întâmplarea face să.

as it is și așa; **the situation is bad enough ~** situația e și așa destul de proastă.

as it stands așa cum stau lucrurile; așa cum se prezintă situația.

as it were ca să spun/zic așa, cum se spune, cum vine vorba; *F →* vorba ceea.

ask a baby would eat a cake! *F* mănânci calule orz/ovăz?

ask after smb./smb.'s health, to a se interesa de cineva/sănătatea cuiva, a întreba de cineva.

ask a horse the question, to *(la curse)* a forța calul la maximum.

ask another! *F v.* **ask me another!**

ask for it, to *F* **1.** a te lega la cap când nu te doare. **2.** a căuta ceartă cu lumânarea; a-l mânca pielea; **he's been asking for it!** el a vrut-o! așa-i trebuie! și-a făcut-o cu mâna lui!

ask for a quarter, to a cere cruțare/îndurare.

ask for the moon, to a cere luna de pe cer, a cere/pretinde imposibilul.

ask for trouble, to *F* a căuta-o cu lumânarea; *v. și* **ask for it.**

ask me another! *F* **1.** de unde (vrei) să știu (eu)? parcă (pot să) știu (eu)? habar n-am! **2.** nu mă întreba, că nu (pot să) spun.

ask no odds (of), to *amer.* **1.** a nu cere milă/îndurare (cuiva). **2.** a nu solicita un regim preferențial (cuiva).

ask smb. out, to a invita pe cineva (în oraș) *(la teatru, restaurant etc.).*

ask the question, to *v.* **ask a horse the question.**

as like as chalk and cheese *F* departe griva de iepure.

as likely as not aproape sigur, < mai mult ca sigur.

as long as atâta timp/vreme cât.

as long as your arm *(d. o listă, un chestionar)* interminabil, lung cât o zi de post.

as luck would have it 1. din întâmplare, întâmplarea a vrut/făcut (ca) să. **2.** din fericire. **3.** din nefericire.

as many/much again încă o dată pe atât.

as old boots *sl.* al dracului/naibii (de).

assail smb. with questions, to a asalta/bombarda pe cineva cu întrebări.

assess at, to a evalua la.

assimilate (with/into), to *(d. un grup etnic)* a se asimila *(cu dat.),* a fi asimilat (la).

assist in the French sense, to *iron.* a nu fi de nici un folos/ajutor (cuiva); a nu ajuta deloc/câtuși de puțin (pe cineva); a sta/privi cu brațele încrucișate (lăsând pe alții să facă treaba).

assume the ermine, to ← *elev.* a intra în magistratură.

as sure as eggs is eggs fără cea mai mică umbră de îndoială, fără doar și poate, cu siguranță; cum te văd și cum mă vezi.

as the crow flies în linie dreaptă.

as the day is long *F* grozav/teribil de; așa de ... mai rar; ... nevoie mare.

as the devil *F* al dracului/naibii (de).

as the saying is/goes vorba proverbului/zicalei, cum spune proverbul/zicala.

as the skin between one's brows ← *înv.* straşnic/ grozav de; ... nevoie mare.

as the sparks fly upward (în mod) inevitabil/iminent.

as they come *F v.* **as the day is long.**

as they make'em/them *F v.* **as the day is long.**

as to *v.* **as for.**

astonish the Browns, to ← *F* a sfida prejudecăţile; *F →* ca să crape Popeasca.

as well 1. preferabil; mai bine. **2.** la fel/tot aşa de bine.

as wise as before fără a şti/cunoaşte mai mult ca înainte; fără a fi aflat ceva nou.

as wise as one went *v.* **as wise as before.**

at(t) a boy! *sau* **at(t)aboy** *amer. F* bravo; straşnic; grozav!

at a clap cât ai bate din palme.

at a discount 1. *(d. o marfă)* puţin solicitat/cerut (şi care se vinde sub preţul curent). **2.** *fig. (d. o calitate)* puţin apreciat.

at a distance în depărtare/zare.

at adventure ← *înv.* la noroc/nimereală/întâmplare; fie ce-o fi; pe negândite; pe nepregătite.

at a full jump ← *F* **1.** în mare viteză; în goană nebună; cu toată viteza. **2.** în fugă/grabă/pripă; pe negândite/nepregătite.

at a good/rare bat ← *F* în pas vioi.

at a good hour la timp/vreme.

at a great lick ← *sl.* cu toată viteza.

at a heat ← *F* dintr-o dată; fără întrerupere/răgaz.

at all adventure *înv. v.* **at adventure.**

at all points 1. din toate punctele de vedere. **2.** peste tot; pretutindeni.

at all rates *înv. v.* **at any rate.**

at all seasons ← *rar* întotdeauna; mereu; în permanenţă.

at an easy rate 1. ieftin; fără cheltuială mare; la un preţ convenabil. **2.** *fig.* uşor; fără multă trudă/bătaie de cap.

at any hand ← *înv.* în orice caz.

at any price cu nici un preţ, în ruptul capului, fie ce-o fi.

at any rate 1. oricum; în orice caz. **2.** ← *înv.* cu orice preţ/chip; fie ce-o fi.

at a pinch ← *F* la nevoie/rigoare.

at a rare bat ← *F v.* **at a good bat.**

at a run unul după altul; pe rând; în şir.

at a sacrifice în pierdere/pagubă.

at a savings în profit/câştig.

at a single jet dintr-un condei; dintr-o trăsătură de condei.

at a/one sitting *fig.* într-o singură şedinţă; dintr-o dată/răsuflare; *v. şi* **at a single jet.**

at a stick ← *F* în încurcătură.

at a/the stretch 1. în şir; fără întrerupere. **2.** într-un duh/suflet. **3.** într-o singură şedinţă; dintr-o dată; dintr-un condei.

at a/one stroke/sweep dintr-o dată/lovitură; în doi timpi (şi trei mişcări).

at a time dintr-o dată; în acelaşi timp.

at a venture la întâmplare/noroc/nimereală; pe negândite; fără chibzuială; fie ce-o fi.

at a white heat *F* **1.** ca pe foc/jeratic/ghimpi. **2.** fierbând de mânie; spumegând de furie.

at a/one word pe dată; imediat; fără multă vorbă; fără a mai lungi vorba; *F →* ce mai tura-vura.

at bay la ananghie/strâmtoare; încolţit.

at bids and starts *înv. v.* **by fits and starts.**

at bottom în fond, în esenţă.

at close quarters 1. în(tr-un) cerc restrâns; îndeaproape. **2.** la o examinare mai amănunţită/atentă. **3.** *mil.* de la mică distanţă; la gura ţevii.

at command la dispoziţie.

at dawn/day în zori (de zi); *P →* la cântători; la revărsatul zorilor/zilei; dis-de-dimineaţă.

at dead of night în toiul/puterea/crucea nopţii; la miez de noapte.

at death's door în/pe pragul morţii; pe (patul de) moarte.

at distance *v.* **at a distance.**

at ease 1. în largul/elementul său; ca la el acasă. **2.** *mil.* **stand ~!** pe loc repaus! de voie!

at ebb *poet. (d. ochi)* secătuiţi; secaţi; stinşi.

at every hand de pretutindeni; de peste tot; din/în toate părţile; de (la) toată lumea.

at every pore din tot corpul; din toată fiinţa; din creştet până-n tălpi.

at every turn la fiecare pas; la tot pasul/locul.

at first blush la prima vedere/impresie; la primul contact.

at first hand 1. nemijlocit; direct (de la sursă). **2.** din proprie experienţă.

at full *înv. v.* **at full length.**

at full length 1. pe larg; detaliat; în detaliu/ amănunţime. **2.** în toată lungimea; cât e de lung.

at full lick *sl. v.* **at a great lick.**

at full sail(s) 1. *mar.* cu toate pânzele/velele întinse/ sus. **2.** *fig.* cu dezinvoltură.

at full sea ← *înv.* în timpul fluxului.

at full split *amer.* ← *F* cu toată viteza.

at grade la acelaşi nivel.

at grass *min.* la suprafaţă.

at great length *v.* **at full length 1.**

at hand 1. la îndemână. **2.** în apropiere; pe aproape; nu departe.

at heck and manger *scoţ. fig.* în puf; pe picior mare.

at heel *v.* **at smb.'s heels.**

at height *înv. v.* **at its height.**

at its/the height în toi.

at large I. liber; în libertate; scăpat. **2.** îndelung; în detaliu/amănunţime; **3.** la întâmplare/nimereală. **4. society/the people/the public ~** marele public. **5. gentleman ←** *glum.* persoană fără ocupaţie (precisă).

at latter Lammas *glum.* la sfântu-aşteaptă; la paştele cailor.

at leisure în clipele libere/de răgaz.

at length *rar* **I.** *v.* **at full length I. 2.** *v.* **at long last.**

at long last în cele din urmă; într-un sfârşit/târziu; la sfârşit/urmă de tot.

at no hand ← *înv.* deloc; nicidecum; în nici un chip.

at nurse I. la doică/alăptat. **2.** *fig.* pe mâini bune/de încredere.

at odd moments/times în timpul liber; în clipele de răgaz; când şi când; *F →* printre picături.

at one dash ← *F* de la prima încercare/tentativă; din primul foc.

at one fell swoop *F. v.* **at a stroke.**

at one fling *F v.* **at a stroke.**

at one jump *fig.* pe loc/dată; într-o clipită.

at one's command *v.* **at command.**

at one scoop *v.* **at a stroke.**

at one's ease *v.* **at ease I.**

at one's full length *v.* **at full length 2.**

at one sitting *v.* **at a sitting.**

at one's leisure *v.* **at leisure.**

at one stroke/sweep/swoop *v.* **at a stroke.**

at one time I. odată; odinioară; cândva. **2.** deodată; în acelaşi timp.

at one word *v.* **at a word.**

at rack and manger *înv. v.* **at heck and manger.**

at roost ← *F* la pat; culcat; la orizontal; *A →* cu bila pe cinci.

at seasons ← *rar* când şi când; din când în când; din timp în timp.

at second hand din auzite; indirect; din surse străine.

at short notice I. *fin.* în/pe termen scurt. **2.** într-un timp (foarte) scurt; de pe o zi pe alta. **3.** imediat; pe loc/dată.

at smb.'s hands din mâinile cuiva; din partea cuiva; de la cineva; de (către) cineva.

at smb.'s heels pe urmele cuiva; *v. şi* **at smb.'s tail.**

at smb.'s peril pe răspunderea/riscul cuiva; *A →* pe barba cuiva.

at smb.'s tail *(a se ţine/umbla)* coadă după cineva; *(a se ţine)* de coada cuiva.

at smb.'s whistle I. la fluierul cuiva *(al arbitrului etc.).* **2.** *fig.* la prima chemare a cuiva.

at swords' points la cuţite.

attach a rider, to *amer. pol. ←* *F* a ataşa/introduce un proiect de lege etc. o clauză (fără legătură cu restul).

attach importance to, to a da/acorda importanţă *(unui lucru).*

attach to, to a atribui *(un merit, o vină, un rezultat).*

attend on/upon smb., to *(d. personal medical)* a îngriji *(un bolnav).*

attend on/upon smth., to a însoţi, a întovărăşi, a fi asociat cu; **rope-climbing is generally ~ed upon by many risks** alpinismul (cu coarda) implică multe riscuri.

attend to, to I. a asculta de *(părinţi, profesor)*, a ţine cont de *(sfaturi, ce spune lumea).* **2.** a îngriji *(un invalid/un copil)*; a servi *(clienţii într-un magazin)*; **are you being ~ed to?** sunteţi servit?

at that pe deasupra; în plus; (şi) unde mai pui că... deşi; cu toate că.

at that/this rate ← *F* în acest caz; în atari condiţii.

at the back of beyond/godspeed *F* la capătul lumii/pământului; unde a dus (surdul roata şi) mutul iapa; la dracu-n/naiba-n praznic; la mama dracului; unde (şi-)a întărcat dracul copiii; unde şi-a spart dracul opincile; unde şi-a pierdut dracul potcoavele.

at the best hand ← *înv.* cât mai avantajos/convenabil.

at the bottom of the class ultimul/ultima din clasă, în coada clasei.

at the bottom of the garden în fundul grădinii.

at the bottom of the page în josul paginii, la subsol.

at the bottom of the school ultimul/ultima din şcoală, în coada şcolii.

at the drop of a/the hat *amer. F. v.* **before one can say Jack Robinson.**

at the first blush/face/gaze/glance *v.* **at first blush.**

at the first go-off I. la început; mai întâi. **2.** (de) la prima încercare/tentativă; din primul foc.

at the first jet de la primul impuls (primit).

at the flood la momentul oportun/prielnic.

at the full: the moon was ~ era lună plină.

at the Greek calends/kalends la calendele greceşti; *F →* la paştele cailor; la sfânt-aşteaptă; când va creşte păr în palmă; când va face plopul pere (şi răchita micşunele); când va face broasca păr; când va face spânul barbă; la anul cu bostanul/brânză.

at the height *v.* **at its height.**

at the loose *înv. v.* **at the very loose.**

at the nick of time *F* la ţanc/pont/fix; (chiar) în ultimul moment/ultima clipă; în ceasul al doisprezecelea.

at the outside *v.* **at the very outside.**

at the peep of the day la revărsatul zorilor/zilei; în zori (de zi); când se crapă/luminează de ziuă; la ivirea/mijitul zorilor.

at the point of death pe moarte.

at the point of the bayonet/sword prin forţa armelor.

at the present day 1. în zilele/vremurile noastre. 2. în prezent; la ora actuală.

at the present speaking *amer.* în momentul/clipa de faţă.

at the present writing în momentul când scriu aceste rânduri/se redactează prezenta.

at the sign of the three gold balls *v.* **at uncle's.**

at the stretch *v.* **at a stretch.**

at the stump *(d. pădure)* tăiată.

at the top of one's speed *(d. cineva care aleargă)* cu toată viteza; cât (poate/putea) de repede.

at the top of one's throat/voice în gura mare; cât îl ţine gura; *P →* din fundul rărunchilor/bojocilor.

at the top of the form în fruntea clasei, primul/prima din clasă.

at the top of the hill pe coama dealului.

at the top of the school în fruntea şcolii, primul/prima din şcoală.

at the top of the street/road la capătul străzii.

at the top (of the tree) în fruntea ierarhiei profesionale *etc.*; **Dr. Smith is** ~ Dr. Smith este (cotat ca) unul din cei mai buni specialişti.

at the very loose ← *înv.* în ultimul moment; în ultima clipă.

at the very nick of time *v.* **at the nick of time.**

at the very outside cel mult; maximum; dacă (şi atât).

at this present speaking *v.* **at the present speaking.**

at this rate *v.* **at that rate.**

at this time of day 1. la ora asta. 2. la ora actuală; în epoca actuală; în prezent; în momentul de faţă.

at times (and again) din când/timp/vreme în când/timp/vreme; când şi când; uneori; câteodată.

at top speed cu toată viteza, cu viteza maximă.

at uncle's ← *F* la amanet.

at wait ← *rar* în aşteptare.

auction off, to a vinde la licitaţie, a lichida (stocuri) prin vânzare la licitaţie.

augur ill for, to a fi de rău/prost augur pentru, a fi rău prevestitor pentru, a fi semn rău pentru.

augur well for, to a fi de bun augur pentru, a fi bun prevestitor pentru, a fi semn bun pentru.

avail (against), to a folosi, a avea efect; **under the circumstances courage will not** ~ în împrejurările de faţă curajul nu foloseşte la nimic/nu e de-ajuns.

avail oneself of an opportunity to, to a profita de o împrejurare favorabilă/ocazie pentru.

avenge oneself (on) (for), to a se răzbuna (pe) (pentru).

average out at, to a realiza o medie de; **our speed ~d out at 60 km an hour** am realizat o medie orară de 60 km; a calcula media; **we ~d out our speed at 60 km an hour** am calculat viteza medie (de croazieră/deplasare) la 60 km/oră.

avert one's mind/thought from, to a-şi (stră)muta gândurile de la.

awake smb. to, to *fig.* a trezi pe cineva la *(realitate etc.).*

awake to, to *fig.* a se trezi la *(realitate etc.).*

B

back and fill, to 1. *mar.* a naviga în derivă. 2. *amer. fig.* a şovăi; a fi nehotărât.

back away (from), to *şi fig.* a bate în retragere, a da înapoi, a se îndepărta (de).

back a winner, to a merge la sigur; a avea succes garantat; a da lovitura.

back down from smth., to a renunţa la ceva *(un post, o revendicare)*.

back into, to a da *(un vehicul)* înapoi şi a izbi *(un stâlp etc.)*.

back of Bourke *austral. F* la dracu-n praznic/cânepă, la mama dracului, unde şi-a înţărcat dracul copiii.

back off, to a da *(un vehicul)* înapoi *(câţiva metri)*.

back on to, to *(d. o clădire)* a se învecina în spate cu, a da cu spatele în.

back out (of), to *fig.* a bate în retragere, a da înapoi; a ieşi dintr-o combinaţie.

back the oars, to a vâsli în sens invers (frânând mişcarea de înaintare a bărcii).

back the wrong horse, to ← *F fig.* a miza/sconta/socoti greşit; a nu-i ieşi pasienţa/socotelile.

back up, to a susţine, a sprijini.

back water, to 1. *v.* **back the oars**. 2. *amer. fig.* a bate în retragere, a da înapoi. 3. a nu-şi mai ţine cuvântul/promisiunea.

bad cess/scran to you! *irl. F* lua-te-ar naiba/aghiuţă!

bags I, bags/that! *şcol. sl.* piua întâi!

bail out, to 1. *jur.* a elibera *(pe cineva)* pe cauţiune. 2. a scoate apa *(dintr-o ambarcaţiune) (cu hârdaiele etc.)*; *v. şi* **bale out 2**.

balance out, to *(d. debite şi credite, greutăţi, avantaje şi dezavantaje etc.)* a se compensa, a se echilibra, a se egaliza, a se anula (reciproc).

bald as a bandicoot (as) *austral. v.* **bald as a coot**.

bald as a billiard ball.(as.) *austral. v.* **bald as a coot**.

bald as a coot, (as) chel-lună.

bald as a stone (as) *austral. v.* **bald as a coot**.

bald as a stone, (as) *austral. v.* **bald as a coot**.

bale out, to 1. *av.* a sări cu paraşuta *(dintr-un avion avariat)*. 2. *v.* **bail out 1, 2**.

ball is with you, the ← *F* (e) rândul dv.!

balloon went up, the a fost o explozie de furie, indignare etc.

balls up, to ← *vulg.* a întoarce cu sus-n jos *(o întreprindere)*, a da peste cap *(o activitate)*.

balmy/barmy as the bandicoot, (as) *austral. F.* 1. prost ca noaptea/ca o ciubotă/ca un botfor, prost de dă-n gropi. 2. cam sărit/zărghit, cam zmucit din ferăstrău, cam într-o ureche.

balmy/barmy on/in the crumpet *sl.* ţicnit/ţăcănit de-a binelea; sărit rău de tot; nebun de legat.

bandy words with smb., to a se pune în legătură cu cineva (inferior), a schimba cuvinte/argumente cu cineva (inferior).

bang one's head against a brick wall, to a se da cu capul de toţi pereţii.

bang smth. into smb.'s head, to *F* a-i băga/vârî cuiva ceva în cap (cu sila).

bang the bush, to *amer. F* a face marţ (pe toţi); a pune/vârî (pe toţi) în cofă.

bank on, to a conta/sconta/a se baza pe.

bargain away, to a renunţa (uşor), a arunca la coş *(drepturi, libertăţi, avantaje)*.

bargain for smth., to a anticipa/prevedea ceva; a se aştepta la ceva.

bargain is a bargain făgăduiala dată e datorie curată.

bark at the moon, to *F* a lătra la lună.

bark up the wrong tree, to *F* a o nimeri prost/alăturea cu drumul; a greşi adresa.

barmy on/in the crumpet *sl. v.* **balmy on/in the crumpet**.

barring the fact that ← *F* cu excepţia faptului că; neţinând cont de faptul că.

barter away, to *v.* **bargain away**.

bate an ace, to a face concesii; a veni în întâmpinarea (propunerii etc.) cuiva.

batten down the hatches, to 1. *mar.* a fixa hublourile pe timp de furtună. **2.** *fig.* a se pregăti de vreme rea/de furtună.

batten on, to *(d. un negustor necinstit, un parazit)* a se îmbogăți pe spinarea altora, a trăi pe spinarea altora.

bat the breeze, to *austral.* ← *sl.* 1. a bârfi. **2.** *F →* a trăncăni.

battle it out, to *F fig.* a lupta până la capăt, „care pe care".

bawl and squall, to a striga în gura mare/cât îl ține gura.

bawl out, to *F* a lua la refec/trei-păzește, a muștrului, a face de trei parale.

bay at the moon, to *v.* **bark at the moon.**

be a back-seat driver, to *(d. un pasager)* a bate la cap pe conducătorul unui autovehicul asupra modului de conducere.

be a bad hand at smth., to a fi neîndemânatic/nepriceput/slab la ceva; a nu se pricepe la ceva.

be a bag of bones, to a fi numai piele și oase, a-i da oasele prin piele (de slab ce este).

be a bit hot, to *austral.* ← *F* a fi cam exagerat.

be able to do it on one's head, to *(în construcții cu* **can/could***)* a putea face ceva ușor/fără efort/bătând din palme/(de unul) singur.

be able to see into/through a brick/stone wall *(în construcții cu* **can/could***)* a fi un spirit perspicace/pătrunzător; a vedea și prin zid/perete.

be a blot on smb's scutcheon, to *fig.* a fi o pată pe blazonul cuiva.

be a bomb, to *F* 1. *(d. o piesă de teatru, o petrecere etc.)* a fi un succes, a avea succes. **2.** *amer.* a fi un eșec/fiasco.

be about/around (at a place), to a fi (sosit) în vizită; a veni în vizită *(scurtă, în același oraș).*

be about one's affairs, to a fi la treabă/în plină activitate.

be about one's business, to *v.* **be about one's affairs.**

be about one's work, to *v.* **be about one's affairs.**

be about/around the place, to a fi „pe-aici".

be above criticism, to a fi deasupra oricărei critici, a fi fără cusur.

be above doing smth., to a fi incapabil de a face ceva reprobabil, a fi deasupra unor lucruri reprobabile.

be above one/one's head, to a fi peste puterea de înțelegere a cuiva.

be/get above one's business, to a avea o părere exagerat de bună despre pregătirea sa profesională neglijându-și lucrările sau executându-le superficial.

be above oneself, to a fi îngâmfat/încrezut/plin de sine; **he is above himself** cine mai e ca el?

be above reproach, to a fi fără cusur.

be above suspicion, to a fi deasupra oricăror bănuieli.

be abreast of, to a fi la curent cu.

be a bundle of negatives, to *F* a lua pe „nu" în brațe; *F →* a fi Ghiță-contra.

be a button short, to *F* a-i lipsi o doagă; a nu fi în toate mințile.

be a case of Box and Cox arrangement, to *(d. două persoane) aprox.* a nu se întâlni ca soarele cu luna.

be a chip off the old block, to *aprox.* așchia nu sare departe de trunchi.

be a close/narrow shave, to: it was ~ a fost cât pe aci să; puțin a lipsit să nu.

be a cup too low, to *F* a nu-i fi (toți) boii acasă; a nu fi în apele sale.

be a dab hand at (doing) smth., to a fi foarte priceput la ceva. *aprox.* a avea mâini de aur.

be a dead duck, to *F (d. un subiect, o problemă)* a fi răsuflat.

be a demon for work, to *F* a munci cu ardoare/pasiune/cât șapte/pe brânci/pe rupte.

be a devil to eat, to *F* a mânca ca un lup/cât șapte.

be a devil to work, to *v.* **be a demon to work.**

be a downy bird, to *F* a fi (mare) șmecher.

be a dream, to a fi teribil/nemaipomenit.

be a drug on the market, to *(d. un produs)* a fi nevandabil.

be a falling-off, to: there's been a ~ in attendance/intake/quality frecvența/cifra de școlarizare/calitatea a scăzut.

be a flop, to *(d. o piesă etc.)* a fi un fiasco/eșec, a cădea (cu succes).

be a fool for one's pains, to a trudi/asuda (ca un caraghios) de pomană; *aprox.* mai mare daraua decât ocaua; nu face daraua cât ocaua.

be a fool to smb., to 1. a nu-i ajunge cuiva nici la degetul cel mic. **2.** a fi ridicol în comparație cu cineva.

be after, to 1. *(d. poliție)* a fi pe urmele *(unui răufăcător).* **2.** a fi în căutare de *(slujbă, post).* **3.** a urmări să obțină *(un lucru de preț: bijuterii, tablouri etc.).*

be after no good, to a pune ceva la cale; a cloci/urzi ceva; a pregăti o surpriză neplăcută; a fi pus pe rele.

be ages over smth., to *v.* **be (too) long over smth.**

be agog about/for/on/upon/with, to *F* a fi nebun/a se da în vânt după.

be a good sailor, to a nu avea/suferi de rău de mare.

be a good soul (and) (hai) fii cuminte/drăguț (și).

be a hard nut to crack, to *F (d. o problemă)* a fi al naibii de greu de rezolvat.

be ahead of one's ticket, to *amer. pol.* a obține cel mai mare număr de voturi pe lista partidului său.

be a lame duck, to *F* a fi neajutorat.

be a law to/unto oneself, to ← *elev.* a nu recunoaște decât propria sa lege, nedând socoteală nimănui și nerespectând convențiile sociale; a fi singurul său judecător.

be a little light in the upper stor(e)y, to *F* a fi (nițel) într-o ureche/zăpăcit/trăsnit; a-i lipsi o doagă; a nu fi chiar în toate mințile.

be a little upon the fal-lal, to ← *înv.* a face fasoane/mofturi/marafeturi; a se izmeni; *F →* a se fasoli.

be a little waiting, to *v.* **be a little light in the upper stor(e)y.**

be all abroad, to *F* **I.** a fi distrat/< împrăștiat; a fi cu gândurile aiurea/< dus pe lumea cealaltă; a nu ști pe ce lume se află. **2.** a fi uluit la culme; a fi cu totul dezorientat.

be all adrift, to **I.** *mar.* a naviga în derivă. **2.** *fig.* a se pierde/fâstâci; a-și pierde capul.

be all agog to do smth., to *F* a arde/muri de nerăbdare să facă ceva.

be all at sea, to *v.* **be all abroad.**

be all for (doing) smth., to a fi cu totul pentru/în favoarea; a fi cu totul de acord să facă ceva.

be all for the best, to: it's ~ e mai bine (că s-a terminat/întâmplat) așa.

be all in, to *amer. F v.* **be dead beat.**

be all in one story, to a fi cu toții de acord/de aceeași părere.

be all in the same boat, to *v.* **be in the same boat with smb.**

be all of a muck, to a fi plin de noroi din cap până-n picioare.

be all on end, to **I.** *F →* a se zbârli; a se zborși. **2.** ← *F* a fi în febra așteptării.

be all on wires, to *F* a fi un pachet de nervi; a sta ca pe ghimpi/cărbuni aprinși/jeratic.

be all out, to *F* a face pe dracu în patru; a se face luntre și punte.

be all over (a place), to *(d. o veste)* a fi cunoscut în tot locul, a circula (din gură-n gură).

be all over the place, to a fi răspândit, împrăștiat peste tot *(în dezordine)*.

be all plain sailing, to: it's ~ (mai departe) e treabă ușoară, e o joacă de copil.

be all right/sight on the goose, to **I.** *amer. ist.* a fi partizanul sclavajului (în Războiul Civil). **2.** *pol.* avea vederi conservatoare. **3.** a fi adeptul unui partid.

be all set, to *(mai ales amer.)* a fi gata (pregătit).

be all there, to *v.* **all there.**

be all things to smb., to a fi cu totul (pe lume) pentru cineva.

be all thumbs, to ← *F* a fi stângaci/neîndemânatic; < a nu fi bun de nimic; **he is all thumbs** pe ce pune mâna strică.

be all to the mustard, to *amer. sl.* a fi (un) grangur/ștab.

be all wet, to *amer. F* **I.** a se înșela amarnic (într-un raționament); a fi complet greșit. **2.** a vorbi (cam) în dodii.

be a load off smb.'s mind, to: that's a load off my mind! mi s-a ridicat/luat o piatră de pe inimă! mi-a venit inima la loc! parcă mi-a căzut un munte de pe umeri!

be a long time over smth., to *v.* **be (too) long over smth.**

be a lot baloney, to: that's ~! *amer. F* prostii! aiureli! fleacuri!

be a lot of crap, to: that's ~! *amer. F* aș! nu cred!

be a lot of noise, to *amer. F* **I.** a fi flecar/limbut/palavragiu/gură-spartă ~. **2.** a fi fanfaron.

be a match for smb., to a fi de forța/talia cuiva.

be among the missing, to **I.** a fi dat dispărut; a fi pe lista celor dispăruți. **2.** *amer.* a fi (trecut) pe lista absenților; a fi absent.

be a moot point, to *(d. o problemă)* a fi controversat.

be an apology for (smth.), to *peior.* a fi un fel de (așa-zis/ă)...

be a narrow shave, to *v.* **be a close shave.**

be an ass for one's pains, to *v.* **be a fool for one's pains.**

be a one-pot screamer, to *austral. → F* a nu ține/rezista la băutură/chef; a se îmbăta repede/ușor.

be apt to ..., to a avea tendința să ... *(folosit mai ales în sens negativ)*; **man is apt to make mistakes** omul e supus greșelii.

be a quick study, to *(d. un actor)* a-și învăța rolul ușor/repede.

bear a bob, to ← *F* **I.** ← *înv.* a cânta refrenul în cor. **2.** *rar* a da o mână de ajutor; a pune umărul.

bear a brain, to ← *înv.* **I.** a fi cu băgare de seamă. **2.** a fi cu scaun la cap; a fi isteț/ager la minte.

bear/have a charmed existence/life, to a avea iarba fiarelor; a fi invulnerabil.

bear a hand (to), to a da o mână de ajutor; a pune umărul/mâna (la ceva).

bear a low sail, to ← *înv.* **I.** a se înjosi/umili; a-și pierde demnitatea. **2.** a trăi modest; a-și reduce cheltuielile.

bear a resemblance to, to a semăna cu, a aduce cu, a avea asemănare cu.

bear coal, to *înv.* 1. a face toată corvoada/toate muncile murdare. 2. a înghiți ocări (fără a crâcni).

bear down, to a înfrânge *(o rezistență)*, a învinge *(inamicul)*.

bear down on/upon smb., to a se îndrepta/dirija către cineva cu un aer amenințător.

beards are wagging! *F* a intrat în gura lumii/satului! *aprox.* şi (acum) ţin-te bârfeli!

beard the lion in his den, to *F* a intra (de bună voie) în gura lupului.

bearings hot? *sl.* te-ai supărat/atacat?

bear in mind, to a avea în vedere, a ţine seama/cont.

bear on/upon, to 1. a avea legătură cu. 2. a influenţa, a afecta.

bear out smth., to a confirma ceva; **he bore me out** a confirmat cele spuse de mine.

bear smb. a grudge/spite, to *F* a-i purta cuiva pică/ranchiună/râcă/sâmbetele; a avea un dinte împotriva cuiva.

bear smb. malice, to *v.* **bear smb. a grudge.**

bear smb.'s trouble, to a trage ponoasele pentru altul; a plăti oalele sparte.

be art and part in, to a fi implicat/amestecat în; a fi părtaş/complice la.

bear the bag, to *glum. fig.* a fi cu sacul cu bani; a fi cu sectorul finanţelor.

bear the bell, to 1. a fi conducător/căpetenie/şef. 2. a lua premiul I la un concurs.

bear the brunt (of smth.), to a duce/suporta greul *(luptei, războiului, muncii, cheltuielilor etc.)*; a face faţă de unul singur *(unui atac, mâniei cuiva etc.)*.

bear the cap and bells, to a face pe bufonul/măscăriciul.

bear the palm, to a cuceri lauri.

bear/carry two faces under one hood, to a fi taler cu două feţe.

bear with (smb.), to a suporta, a tolera (pe cineva); a asculta (pe cineva) cu răbdare.

bear witness (to), to a sta mărturie (pentru), a fi martor(ul).

be a scorn to smb., to a nu-i fi toţi boii acasă, a fi bufonul/batjocura cuiva.

be as cross as two sticks, to *F* a nu-i fi toţi boii acasă.

be as good as one's word, to a fi om de cuvânt.

be a slow coach, to *F* 1. *v.* **be slow in the uptake.** 2. a fi greoi/mocăit/moşmondit.

be a slow study, to *(d. un actor)* a-şi învăţa greu rolul.

be/feel as right as rain, to a se simţi perfect (cu sănătatea).

be as well to ..., to a fi preferabil/mai bine să ...

beat about the bush, to 1. a o lua pe departe/*F →* pe după piersic. 2. a se învârti în jurul chestiunii; a nu atinge fondul problemei; *F →* a bate câmpii.

be at a dead end, to *(d. muncă, cercetări etc.)* a fi în impas, a fi la un punct mort, a bate pasul pe loc; *v. şi* **bring/come to a dead end.**

beat a dead horse, to *v.* **flog a dead horse.**

beat all, to *v.* **beat hell.**

beat all creation *v.* **beat hell.**

be a tall order, to *(d. un ordin, o cerere)* a fi greu de îndeplinit/executat/satisfăcut.

be at a loose end, to *v.* **be at loose ends** 1., 2.

be at a loss, to 1. a fi încurcat/dezorientat/în încurcătură; **I'm quite at a loss** nu ştiu ce să fac. 2. ~ **to ...** a-i fi/veni greu să ...; **he was ~ what to do and say** nu ştia ce să facă şi ce să spună. 2. ~ **for** a găsi cu greu; a-i lipsi; **I'm at a loss for words to express my gratitude** n-am cuvinte pentru a-mi exprima recunoştinţa.

be at a low ebb, to *v.* **be at low ebb.**

be at an ebb *v.* **be at low ebb.**

be at an end, to *(d. lupte, dispute etc.)* a se sfârşi, a se termina, a înceta; **my patience is ~** am ajuns la capătul răbdărilor; *v.* **bring/come to an end; put an end/a stop (to).**

be at an idle end, to *v.* **be at loose ends** 1., 2.

beat anything, to *v.* **beat hell.**

beat around the bush, to *amer.* **beat about the bush.**

be at a stand, to *înv. v.* **come to a stand.**

be at a standstill, to *v.* **come to a standstill.**

be at a stop, to *v.* **come to a stop.**

be at attention, to *mil.* a fi/sta în poziţie de drepţi.

beat back, to a respinge *(un atacant, un agresor)*.

beat Banagher, to *irl. v.* **beat hell.**

be at bat, to *amer. sl.* a fi mare şi tare.

beat cock-fight, to *v.* **beat hell.**

beat creation, to *v.* **beat hell.**

be/get at cross(-)purposes, to: we are ~ a. nu ne înţelegem; e o neînţelegere la mijloc; vorbim de lucruri diferite; **b.** nu ne înţelegem; nu ne împăcăm (împreună).

be at daggers drawn, to a fi/a se avea la cuţite.

be at daggers' point, to *v.* **be at daggers drawn.**

beat down (on), to *(d. soare)* a bate cu putere (peste), a dogorî, a arde (tare).

beat everything, to *v.* **beat hell.**

be at/to fever pitch, to a fi în culmea emoţiei; a fi în febra aşteptării.

beat goose, to *v.* **beat the booby.**

be at grass, to I. a se retrage (la odihnă) la ţară. 2. ← *F* a fi/sta fără lucru/ocupaţie; *F →* a sta cu burta la soare.

be at grips (with), to *F* a avea de furcă (cu); a avea bătaie de cap (cu); *fig.* a lupta (cu), a fi angajat în luptă (cu); *v. şi* **come/get to grips with.**

beat hell, to *(mai ales amer.)* a întrece orice închipuire/limită/măsură; **that/it beats hell!** *F* a. asta le bate pe toate! asta le pune capac la toate; asta-i (ceva) nemaivăzut/nemaipomenit/ce n-a văzut Parisul! **b.** asta-i culmea/bună/încă una!

beat it! *sl.* plimbă ursu'! valea!

beat it on the hoof, to *F* a merge/a o lua aposto-leşte.

beat it up a lot, to ← *sl.* o ţine numai în petreceri/zaiafeturi/într-un chef.

be at loggerheads with smth., to a se avea prost cu cineva; a fi în conflict/< la cuţite cu cineva.

be at loose ends, to I. a nu avea nimic de lucru/făcut (pentru moment). 2. a nu se alege cu nimic; a rămâne cu buzele umflate. 3. *(d. treburi)* a fi părăsit/abandonat/neglijat.

be at low ebb, to a fi în declin/descreştere.

be at low-water mark, to *F* a nu avea nici o para chioară/lăscaie/un sfanţ (în pungă); a fi pe geantă/drojdie.

beat my grandmother, to *v.* **beat hell.**

be at odds, to I. a fi certat *(cu cineva)*; a nu se avea bine *(cu cineva).* 2. *(d. lucruri)* a nu se potrivi; a nu merge (bine) (unul cu altul).

beat off, to a respinge *(un atac, un inamic etc.).*

be at one, to a fi de aceeaşi părere; a fi înţeleşi/de acord.

be at one's best, to a fi în formă/vervă; a fi la înăl-ţime; a se simţi în elementul/largul său (cu cineva).

beat/busy/cudgel/drag/puzzle/rack/ *înv.* **break/** *amer.* **ransack one's brains about/with smth., to** *F* a-şi bate capul cu ceva; a-şi frământa/stoarce creierii cu ceva.

beat one's brains out, to I. *v.* **beat one's brains about smth.** 2. a se omorî/sinucide *(aruncându-se de la etaj).*

beat one's head against a brick wall, to *v.* **bang one's head against a brick wall.**

be at one's last shift(s), to a fi la capătul puterilor/resurselor; a fi la strâmtoare.

be at one's/the lowest ebb, to I. a fi într-o stare jalnică/de plâns/cum nu se poate mai prost; a fi la capătul puterilor/resurselor. 2. a fi ajuns de râpă.

beat one's way, to *amer. F* a călători pe blat *(în vagoane de marfă etc.).*

be at one's wit's/wits' end, to a nu şti ce să (mai) facă/încotro s-o apuce; a se da de ceasul morţii.

beat out, to a îndrepta cu ciocanul *(o înfundătură în aripa unei maşini etc.).*

beat out (on), to a scoate (sunete) bătând *(într-o tobă, o cutie de conserve etc.).*

be at outs (with), to *amer. v.* **be at variance (with).**

beat over the old ground, to I. a reveni (mereu) la acelaşi subiect; a se repeta; *F →* a o ţine una şi bună. 2. *fig.* a merge pe teren bătătorit.

be at pains to do smth., to a-şi da (toată) osteneala să facă ceva.

be (all) at sea, to a fi (complet) dezorientat/> împrăştiat; a fi pierdut busola; a nu mai şti pe ce lume se află/trăieşte; a fi buimac/perplex.

be at sixes and sevens, to *F* I. *(d. lucruri)* a fi alandala/brambura/cu susu-n jos/claie peste gră-madă. 2. *(d. persoane)* a fi în divergenţă (de păreri etc.). 3. **~ about/with smb.** a fi încurcat cu ceva; a nu fi găsit o soluţie într-o chestiune.

be at smb., to *F* a bate pe cineva la cap, a se ţine de capul cuiva *(ca să facă ceva).*

beat smb. (all) hollow, to *v* **beat smb. all to sticks.**

beat smb. (all) to nothing/pieces/ribands/ smithereenss, to *v.* **beat smb. all to sticks.**

beat smb. all to sticks, to *F* I. a face marţ/praf pe cineva (în doi timpi şi trei mişcări). 2. a lăsa pe cineva de căruţă.

beat smb. black and blue, to *F* a bate măr pe cineva; a bate pe cineva ca la fasole; a bate zdravăn/până la sânge pe cineva; a-i trage cuiva o bătaie soră cu moartea; a snopi pe cineva în bătăi; a face pe cineva chiseliţă/piftie/pilaf/terci; a-l lăsa lat.

beat smb. down, to a se tocmi cu cineva şi a-l face să micşoreze preţul cerut iniţial.

beat smb. into fits, to *v.* **beat smb. all to sticks.**

beat smb. out of his boots, to *v.* **beat smb. black and blue.**

beat smb. out of his track, to *amer. fig.* a forţa pe cineva să se abată din drumul său.

be at smb.'s beck and call, to a fi la cheremul/ordinele cuiva.

beat smb.'s brain out, to a omorî pe cineva (în bătaie) *(mai ales lovindu-l în cap).*

beat smb's head off, to *v.* **beat smb. all to sticks.**

be at smb.'s nod, to ← *F* a fi la cheremul/ordinele cuiva; a nu putea face nimic fără încuviinţarea prealabilă a cuiva; *F →* a fi sub papucul cuiva.

beat smb. to a frazzle, to *F amer. v.* **beat smb. black and blue.**

beat smb. to a mummy/*amer.* **pulp, to** *v.* **beat smb. black and blue.**

beat smb. to his knees, to *(d. evenimente, circumstanţe adverse)* a îngenunchea pe cineva, a doborî pe cineva.

beat smb. to it, to *amer.* ← *F* a i-o lua cuiva înainte; *F* → a-i sufla cuiva un lucru.

beat smb. to sticks, to *v.* **beat smb. all to sticks.**

beat smb. up, to *v.* **beat smb. black and blue.**

beat smb. within an inch of his life, to a trage cuiva o bătaie soră cu moartea; a omorî pe cineva în bătăi.

be at smth., to *F* **1.** a se apuca (iar) de o treabă *(care produce iritaţia vorbitorului)*, *vulg.* → a o frământa (din nou); **what on earth are you at?** ce naiba vrei să faci/spui? **2.** *(d. un copil etc.)* a umbla cu lucrurile altora; a pune mâna; *(d. şoareci şi dăunători)* a ataca *(alimente, recolta)*.

beat smth (all) hollow, to ← *F* a întrece/depăşi/ eclipsa ceva cu mult; a lăsa/pune ceva mult în umbră.

beat smth. out of smb.'s head, to a-i scoate cuiva ceva din cap (cu forţa).

beat smth. to nothing, to *v.* **beat smth. (all) hollow.**

beat the air/wind, to *fig.* **1.** *aprox.* a căra soarele cu oborocul/apa cu ciurul. **2.** a se bate cu morile de vânt. **3.** a vorbi în vânt/cu pereţii; a-şi răci gura de pomană. **4.** a forţa uşi deschise.

beat the band, to *amer.* *v.* **beat hell.**

beat the big drum, to *fig.* a bate toba (cea mare).

beat the booby, to *mar.* ← *sl.* a se lovi peste spate cu braţele încrucişate (pentru a se încălzi).

be at the bottom of smth, to *(d. cineva)* a fi cauza unui lucru, a fi responsabil de un lucru, a fi instigatorul/*F* → tartorul unei acţiuni.

beat the devil, to *v.* **beat hell.**

beat the devil's tattoo, to *v.* a bate darabana/toba cu degetele.

beat the Dutch, to *v.* **beat hell.**

be at the end of one's rope/tether, to ← *F* **1.** a fi la ananghie/aman/în mare impas. **2.** a fi la capătul puterilor/resurselor; a fi atins ultima limită; a fi epuizat toate posibilităţile; *F* → a i se apropia funia de par; a nu-i ţine chingile/cureaua.

beat the hoof, to *v.* **beat it on the hoof.**

be at the horn, to *scot. ist.* a fi (declarat) în afara legii.

beat the (living) tar out of somebody, to *amer. sl.* a-i trage cuiva o scărmăneală bună; a snopi/ umfla pe cineva în bătaie; a burduşi pe cineva zdravăn/bine/numărul unu; a i-o da pe coajă; a scoate

praful din cineva; a bate pe cineva să-i meargă fulgii/peticele.

be at the lock, to ← *înv.* a fi în dilemă/< grea cumpănă.

be at the lowest ebb, to *v.* **be at one's lowest ebb.**

beat the tattoo, to *mil.* a suna deşteptarea.

be at the top of the ladder, to *fig.* a fi în vârful piramidei; a fi urcat toate treptele ierarhice.

beat the wind, to *v.* **beat the air.**

beat the world, to *amer.* *v.* **beat hell.**

beat to nothing, to *v.* **beat smth. (all) hollow.**

beat to quarters, to *mar.* a suna adunarea pe punte.

beat up smb.'s quarters, to a se abate/duce pe la cineva; a-l călca pe cineva.

be at variance (with), to a fi în dezacord/< certat (cu).

be a wet blanket, to *v.* **throw a wet blanket over.**

be back to square one, to *F* a bate pasul pe loc; *fig.* a se învârti în cerc, a o lua de la început.

be badly off, to a o duce prost.

be bad money, to *(d. o investiţie de capital)* a fi neproductiv/nerentabil.

be before, to *(d. un caz, o speţă, o problemă)* a fi supus dezbaterii *(unui comitet, unei comisii)*, a fi judecat *(de un tribunal)*.

be before smb.'s time, to *(d. un fapt)* a se fi întâmplat înaintea venirii cuiva în locul respectiv.

be behind, to **1.** a fi în întârziere; **I was behind this morning** azi dimineaţă nu am fost gata la timp. **2.** a fi în urmă *(cu plata chiriei, cu livrarea unor produse contractate etc.)*. **3.** a fi în urma (cuiva) *(într-o competiţie, în producţia industrială)*. **4.** a fi cauza/explicaţia *(unui lucru)*.

be behind bars, to *F* a fi înapoia gratiilor, a fi după gratii, a fi în închisoare.

be behindhand in one's circumstances, to a fi în jenă (financiară); a fi strâmtorat.

be behind one's ticket, to *amer. pol.* a obţine cel mai mic număr de voturi pe lista candidaţilor partidului său.

be behind the eight ball, to *amer. sl.* a trage targa pe uscat; a trage mâţa/pe dracul de coadă.

be behind the times, to a fi depăşit, a nu fi în pas cu vremea.

be below smb., to a fi subordonat cuiva, a fi în subordinea cuiva, a fi ierarhic inferior (cuiva).

be beneath contempt, to a merita tot dispreţul.

be beneath smb.'s attention/notice/regard, to a nu merita atenţia cuiva.

be beneath smb's dignity, to a fi sub demnitatea cuiva.

be bent on (doing) smth., to a-şi fi pus în cap (să facă) ceva.

be beside oneself (with), to a fi copleşit/excedat (de), a nu mai putea (de).

be beside the point, to a fi irelevant, a nu avea nimic de-a face cu miezul problemei.

be better off, to a o duce mai bine.

be better than one's word, to a face mai mult decât a promis.

be between ourselves, to *v.* **between you and me.**

be beyond a joke, to a nu fi lucru de glumă; **it's ~!** lasă gluma! cu aşa ceva nu se glumeşte!

be beyond all expectations, to a întrece toate aşteptările.

be beyond/past caring, to *(d. cineva)* a nu-i păsa, a nu-l interesa, a fi indiferent.

be beyond cure/remedy, to a fi fără leac/incurabil.

be beyond/past (smb.'s) endurance, to a fi mai mult decât poate să rabde cineva, a fi insuportabil, a fi de nesuportat.

be beyond one's depth, to l. *v.* **be out of one's depth** l. **2.** a depăşi puterile/posibilităţile cuiva.

be beyond one's ken/comprehension, to *v.* **it is beyond me.**

be beyond repair, to a nu mai putea fi reparat.

be beyond rescue, to a nu mai putea fi salvat, a fi pierdut.

be blue about the gills, to *v.* **be white about the gills.**

be bogged down with work, to *F* a fi prins cu treburi/a fi ocupat până peste cap.

be bonkers, to *F* a fi într-o doagă.

be (fully) booked up, to l. *(d. un hotel, sală de spectacole)* a nu mai avea camere/locuri (disponi-bile). **2.** *(d. cineva)* a fi prins/ocupat/indisponibil.

be bored for the hollow horn, to *amer.* ← *F* a fi supus unui control al facultăţilor (sale) mintale.

be bored stiff, to *F* a fi plictisit la culme/de moarte.

be bored to death/distraction/tears, to *v.* **be bored stiff.**

be born a bit tired, to *iron.* a se naşte obosit.

be born in purple, to a se naşte în puf; > a se naşte într-o familie cu dare de mână.

be born in the gutter, to a se naşte în mizerie/< la marginea drumului/în şanţ.

be born in the purple, to v. **be born in purple.**

be born on the wrong side of the blanket, to a fi copil din flori.

be born with a silver spoon in one's mouth, to l. a se naşte într-o familie cu dare de mână. **2.** a se naşte cu căiţă-n cap; a se naşte sub o stea noro-coasă/zodie bună.

be born within the sound of Bow(-)bell(s), to l. a se naşte la Londra *(în City)*. **2.** a fi un adevărat *Cockney (= locuitor al Londrei de est, cu un accent specific)*.

be bowled over, to *F* a fi făcut praf *(de admiraţie etc.)*, a fi copleşit.

be brassed off, to *v.* **be cheesed off.**

be bred in the bone, to a fi ceva înnăscut; a fi o a doua natură.

be broke for smth., to *austral.* a nu avea ceva *(din lipsă de bani)*.

be brought to a stand, to *v.* **come to a stand.**

be brought to a standstill, to *v.* **come to a standstill.**

be browned -off, to *F v.* **be fed up.**

be bursting to ..., to a arde/muri de nerăbdare să ...

be calculated to, to *(d. ceva)* a fi sortit/parcă anume făcut să; > a fi de natură să.

be called to one's account, to a-şi încheia socotelile cu viaţa/această lume; a fi chemat în faţa scaunului judecăţii de apoi; a da socoteală de faptele sale pământeşti.

be caught with chaff, to a fi uşor de dus de nas; a se prinde uşor.

be cheesed-off, to *fig.* a i se îneca corăbiile.

be chiselled out of smth., to ← *F* a i se lua un drept/un avantaj; **we've been chiselled out of our tea-break/half holiday** ne-au tăiat pauza de ceai/ziua liberă.

be clapped out, to *sl.* l. *(d. persoane)* a fi (fiziceşte) dărâmat; < a fi pe dric.**2.** *(d. un aparat, un vehicul)* a fi complet stricat.

be closed in upon, to a fi împresurat/înconjurat/ încolţit *(de inamic, poliţie etc.)*.

be close to the knuckle, to *austral.* ← *F* a fi vulgar şi indecent.

become a fixture, to *(d. un vizitator)* a face o vizită armenească.

become a mere vegetable, to a vegeta; a duce o viaţă vegetativă.

become of, to a deveni, a se alege de.

become one, to *v.* **be made one.**

be cradled in the purple, to *v.* **be born in purple.**

be cap and can, to ← *înv.* a fi prieten(i) la toartă/ cataramă.

be cursed with smth., to a avea ghinionul să aibă ceva; **he was ~ with a snore** avea păcatul/necazul că sforăia.

be cut down in one's youth prime, to a muri în floarea vârstei/tinereţii.

be cut out (to be/for smth.), to a fi făcut/născut (să fie/pentru ceva).

be cut-up about smth., to a fi afectat de ceva.

bed (smb.) down, to a oferi adăpost (peste noapte) în culcuş improvizat *(unor turişti, soldaţi etc.)*; a-şi improviza un culcuş (peste noapte).

be dead above the ears, to *amer. sl.* a fi prost ca noaptea; a nu avea pic de minte.

be dead and done for, to ← *F* a fi ca şi mort; a fi un om pierdut/isprăvit/lichidat; **he's ~** s-a zis cu el.

be dead beat, to ← *F* a fi obosit mort; a fi frânt/ mort de oboseală; a fi sleit/secat/vlăguit de puteri/ complet epuizat.

be dead broke, to *F* a fi complet pe drojdie/geantă; a nu mai avea un chior (în pungă)! a fi complet ruinat.

be dead easy, to *F* a fi floare la ureche, mai uşor nici că se poate/putea.

be dead from the neck up, to *amer. sl. v.* **be dead above the ears.**

be dead gone on smb., to *sl.* a fi mort/nebun după cineva.

be dead keen on smth., to *F* 1. a fi mort după ceva; a ţine morţiş la ceva; a se da în vânt după ceva. 2. *(la negativ)* a nu se (prea) omorî cu/după ceva.

be dead nuts on smb., to *sl.* a se da în vânt după cineva; a fi nebun după cineva; a-i fi căzut cineva cu tronc; a fi îndrăgostit lulea de cineva; a-i sfârâi inima după cineva; a-i se aprinde călcâiele după cineva.

be dead nuts on smth., to *sl.* 1. *F →* a se da în vânt după ceva. 2. *A →* a le poseda; a le vedea.

be dead on time, to a fi de o punctualitate teribilă.

be dead to the world, to a dormi buştean/dus.

be death on smth., to ← *F* a nu putea suferi ceva; *F →* a fi moartea (cuiva); **he's death on flies** e moartea muştelor.

bed in, to *mil.* a pune *(tunurile)* în poziţie de tragere.

be dirt cheap, to a fi ieftin ca braga.

be dolled up fit to kill, to *v.* **be dressed up to the nines.**

be done for, to *F* 1. *(d. cineva)* a fi (ca) pe dric, a fi cu un picior în groapă. 2. *(d. ceva)* a fi bun de aruncat *(la gunoi)*, a nu mai face două parale.

be done in, to *F* a fi frânt, a fi mort de oboseală.

be done to the world, to a fi (un om) distrus/ zdrobit/sfârşit/la pământ/ca şi mort.

be done up, to a fi mort/frânt de oboseală.

be doomed to failure, to a fi sortit eşecului; a fi condamnat (la nereuşită).

bed out, to a transfera *(plante)* din seră în răsaduri în grădină.

be down and out, to *F (d. un muncitor sau o clasă socială)* a fi la pământ.

be down at (the) heel(s), to 1. a purta pantofi cu tocul ros/dus. 2. *F* a fi/arăta ca un pui de bogda-proste; *v. şi* **be down on one's uppers 2.**

be down by the bows/stern, to *mar. (d. un vas)* a fi cu prova (scufundată) în apă, a se scufunda.

be down for, to a fi înscris la *(o şcoală, mai ales particulară:* **preparatory/public school).**

be down for a count of ..., to *(box)* a fi numărat la podea până la ...

be down (from), to a fi terminat/absolvit o universitate *(mai ales Oxford sau Cambridge).*

be down in the chops/dumps/hip(s)/mouth, to *F* a arăta de parcă i s-au înecat corăbiile; a nu se simţi în apele sale; a nu-i fi toţi boii acasă.

be down on one's luck, to 1. a fi într-o situaţie (financiară etc.) disperată; a fi la ananghie/aman. 2. a avea ghinion; a fi urmărit de ghinion.

be down on one's uppers, to 1. *F* ← a purta pantofi scâlciaţi. 2. *F →* a fi în pană de bani; a fi pe geantă/ drojdie; a fi lefter; a rămâne tinichea; a nu avea un chior/sfanţ (în pungă).

be down on smb., to 1. a fi critic la adresa cuiva. 2. **~ for money** a tăbărî asupra cuiva cu cereri de bani.

be down on smb.'s slips/errors/mistakes, to a nu-i trece cuiva cu vederea nici o greşeală.

be down smb.'s alley, to *amer. F* a fi floare la ureche pentru cineva; a-i veni cuiva uşor/la îndemână.

be down the drain, to: it's money ~ sunt bani prăpădiţi/aruncaţi pe gârlă/fereastră.

be down to, to a fi redus la, a nu mai avea nimic altceva decât.

be down with..., to a fi bolnav (la pat) de ...

be dressed up to the nines, to *F* a fi îmbrăcat la (marele) fix; a fi pus la ţip; a arăta ca scos din cutie; a fi la ţol festiv; a fi gătit ca de nuntă/horă/ sărbătoare.

be driving at smth., to: what are you driving at? ce vrei să spui? unde baţi? unde vrei s-ajungi?

be dropped on, to *F* a fi luat prin surprindere/pe nepusă masă.

be dry behind the ears, to ← *F* a fi (om) matur/ format; a fi (om) experimentat/cu experienţă.

bed with smb., to *fig.* a se culca cu cineva, a avea relaţii sexuale cu cineva.

be easy (either way), to a-i fi indiferent/egal; a-i fi totuna; a-i conveni la fel de bine.

be easy game, to a fi uşor de dus de nas/de păcălit/ de prostit; a fi pradă uşoară; a fi foarte naiv/credul.

be easy meat, to *amer. v.* **be easy game.**

be easy money, to ← *F* a da/împrumuta bani cu uşurinţă, fără a se lăsa prea mult rugat; a fi mână spartă.

be easy on the eye, to ← *F* a fi plăcut la vedere; a avea un exterior/aspect plăcut; a avea o înfățișare plăcută.

beef it, to *austral* ← *sl. (d. un avion de luptă)* a o lua la fugă, a fugi.

be engrossed in one's thoughts, to a fi cufundat în gânduri, a fi dus pe gânduri.

be enough to wake the dead, to *(d. un zgomot)* destul (de puternic) ca să scoale și morții din somn.

be even hands with smb., to *scoț.* a fi chit cu cineva.

be even with smb., to a-și lua revanșa asupra cuiva; a se răfui cu cineva; a fi chit cu cineva.

be every man's meat, to a fi pe înțelesul tuturor; a fi accesibil oricui/tuturor.

be family, to: this is family e o problemă de familie; **he is family** face parte din familie.

be fed up with smth., to *F* a i se acri/urî cu ceva; a-i fi lehamite de ceva; a fi sătul până-n gât de ceva.

be fed with smth., to *austral. v.* **be fed up with smth.**

be feeding back (from ... to ...), to *(d. idei, reacții, cunoștințe, tehnici)* a se reîntoarce la sursă cu un surplus de informații; **some teachers complain that too little is ~ to them from the classroom** unii profesori se plâng că elevii lor nu răspund/reacționează (la stimulii primiți) în măsura dorită.

be fine, to 1. a se simți bine. 2. a avea destul: „**Would you like some more wine?**" — „**No, thank you, I am fine**".

be fixed for smth., to a avea, a dispune de ceva; **how are we ~ for time?** cum stăm cu timpul? **how are you ~ for cigarettes?** ai (destule) țigări?

be flat broke, to *v.* **be dead broke.**

be flush of money, to a fi în fonduri, a avea parale.

be flush with money, to *v.* **be flush of money.**

be flush with one's money, to a cheltui nebunește; a arunca banii în vânt/pe fereastră; a-și desface băierile pungii.

be fool-proof, to *(d. un mecanism)* a fi foarte simplu (de mânuit).

be (all) for ..., to a fi (cu totul) în favoarea ...; a fi pentru...

be foredoomed to failure, to a fi sortit (de la început) eșecului.

before one/you can say Jack Robinson *F* cât ai clipi (din ochi); cât te-ai freca la ochi; cât ai bate din palme; cât ai zice pește; în doi timpi și trei mișcări; într-o clipă/clipită.

before one has finished mai devreme sau mai târziu; până la urmă, într-o bună zi.

before one knows where one is până să își dea seama (ce se întâmplă cu el/pe ce lume e); până să bage de seamă (care e situația).

be for it/the high jump, to *F* a da de bucluc; a fi în pom; a încurca-o; a vedea pe dracu'.

before you could say Jack Robinson/knife *v.* **before one can say Jack Robinson.**

be frank to the road, to *(d. cal)* a asculta de frâu.

be from Missouri *amer. F* a fi Toma Necredinciosul.

be frosted over, to *(d. geamuri)* a fi înghețat.

be frozen over, to *(d. lac, râu etc.)* a fi înghețat.

be full of beans/guts, to 1. ← *sl. (d. cal)* a fi focos. 2. ← *F* a fi plin de viață/vervă/antren; a se simți excelent; a fi/a se simți în formă. 3. *amer.* ← *sl.* a fi încurcat într-o sumedenie de probleme mărunte/fleacuri.

be full to the gills, to *amer. sl.* a fi cu drojdia în cap.

be fully alive to smth., to a-și da perfect de bine seama de ceva.

be getting hot, to 1. *(d. cineva)* a fi foarte aproape de adevăr *(într-o presupunere)*. 2. *(din jocul de copii „fierbinte și rece")* a fi pe punctul de a ghici (exact).

beggar description, to a fi de nedescris.

begin/start at the wrong end, to a începe prost, *F→* a porni-o cu stângul; < a pune căruța dinaintea calului.

be gleg at the uptake, to *scoț., v.* **be quick in the uptake.**

beg no odds, to *amer.* a nu cere milă.

beg (smb.) off, to a scuti (pe cineva) de o sarcină/corvoadă/pedeapsă; a cere să fie scutit de o sarcină/corvoadă/pedeapsă.

be going some, to *amer.* ← *sl.* a înainta rapid; **he's ~** merge zdravăn/nu glumă/nu se-ncurcă.

be going strong, to 1. a proceda pripit/nesocotit. 2. a se ține bine; a fi (încă) în vigoare/puteri.

be good/great fun, to a fi plăcut/amuzant/distractiv.

be good money, to *(d. o investiție de capital etc.)* a fi rentabil/productiv.

be green about the gills, to *v.* **be white about the gills.**

beg the question, to *v.* a lua drept bun/adevărat ceea ce trebuie (în prealabil) demonstrat; *elev. →* a face *petitio principii.*

be had, to *F:* **you've been had!** te-au băgat în cofă! te-au înfundat! te-au tras pe sfoară! *A →* te-au avut!

be half shot, to *amer. sl.* a fi cherchelit/afumat/aghesmuit/magnetizat; *aprox.* a băut pisica oțet.

be hand and/in glove (together/with smb.), to a fi/lucra mână-n mână (împreună cu cineva).

be hard at it/work, to ← *F* a munci/lucra serios; *F* → a-i da bătaie; *F* → a fi pus în priză; a fi în plină activitate.

be hard done by, to ← *F* a fi tratat cu asprime, pe nedrept, a nu fi tratat cum se cuvine/după merit.

be hard put to it (for), to a fi într-o situație dificilă/în încurcătură; a fi tare încurcat (cu privire la/în ceea ce privește); a avea mult de furcă/multă bătaie de cap (cu).

be hard put to it do do smth., to a-i fi/veni foarte greu să facă ceva.

be hard up, to *F* a fi fără o lăscaie; a trage mâța de coadă/targa pe uscat.

be hard up against it, to *amer.* a fi într-o situație dificilă; a întâmpina multe greutăți.

be hard up for smth., to *F* a-i crăpa buza după ceva; a duce mare lipsă de ceva.

be Harry Flakers, to ← *F* a fi doborât/dărâmat/epuizat.

be high and mighty, to *F* a face pe nebunul, a fi cu nasul pe sus.

be high on the agenda, to *(d. o chestiune)* a figura printre primele pe ordinea de zi *(a unei conferințe).*

be high up in the pictures, to *amer.* ← *F* 1. a-i merge foarte bine; a prospera. 2. a fi la înălțimea situației.

be hitting on all four/six cylinders, to *amer.* ← *F* a se simți excelent; a fi în formă.

be hot stuff, to: *F* he's ~! e un tip! he's ~ at golf! e un as la golf! that's ~! e excepțional!

be in a bad way, to 1. a se simți foarte prost; a fi într-o situație critică; a trece printr-o (perioadă de) criză. 2. *(d. lucruri)* a lua o întorsătură proastă; a trece printr-o (perioadă de) criză.

be in a box, to *F* a fi la ananghie/strâmtoare/aman.

be in accord/harmony/tune (with), to a fi în acord (cu).

be in action, to *mil.* a fi în acțiune/luptă/dispozitiv; *v. și* **bring/come/go into action.**

be in a fair way of doing smth./to do smth., to 1. a fi pe drumul cel bun; a avea sorți de reușită/izbândă. 2. *iron.* a nimeri sigur (vorbă să fie).

be in a fix, to *v.* **in a fix.**

be in a flap, to *F* a avea emoții; < a fi pradă unei stări de agitație *(în așteptarea unei inspecții etc.).*

be in a flap spin, to *F* a nu mai ști pe ce lume se află.

be in a fog, to *F* a fi foarte încurcat, a nu ști ce să facă; a fi pierdut/dezorientat.

be in a mess, to a fi în dezordine/neorânduială/cu josu-n sus/dat peste cap/încurcat/încâlcit.

be in a muddle, to 1. *v.* **be in a mess.** 2. *v.* **be mixed up.**

be in a muck, to ← *F* a fi noroit de sus până jos.

be in and out of, to a fi un obișnuit a locului (respectiv: *închisoare, local, club, firmă* etc.).

be in a pet, to *F* a fi prost dispus; a fi cu arțag/capsa pusă.

be in a scrape, to *v.* **be in a fix.**

be in a tangle, to a fi încurcat/încâlcit.

be in a tight box, to *v.* **be in a box.**

be in at the death, to a fi prezent în momentul oportun; a nu pierde momentul/ocazia.

be in at the finish/kill, to *v.* **be in at the death.**

be in a wax, to *F* a fi în draci; a fi tare furios/mâniat; a spumega de furie; a tuna și a fulgera.

be in a/the wrong box, to *F* a greși adresa/socotelile.

be in bad/ill odour with smb., to a se avea prost cu cineva; a fi prost văzut de cineva.

be in being/existence, to a fi prin ființă, a exista; *v. și* **bring/come into being/existence.**

be in blinkers, to *fig.* a purta ochelari de cal; a avea vederi înguste.

be in blossom/flower, to a fi în floare; *v. și* **bring/come into blossom/flower.**

be in bud, to a fi înmugurit; *v. și* **come into bud.**

be in Carey Street, to ← *F* a fi ruinat.

be in charge (of), to a se ocupa (de), a răspunde (de), a avea responsabilitatea/răspunderea (pentru); a conduce; *v. și* **take charge of.**

be in cloudland, to a fi cu capul în nori.

be in clover, to a trăi în puf/ca găina la moară; a înota în miere.

be in collision (with), to a se fi tamponat/ciocnit (cu); *v. și* **come into collision (with).**

be in collusion (with), to *jur.* a fi de coniveță (cu).

be in condition, to a fi în formă.

be in condition to do a thing, to a fi în măsură să facă ceva.

be in contact (with), to a fi în contact/legătură (cu); *v. și* **bring/come into contact (with).**

be in control (of), to a controla, a avea control(ul) (asupra), a conduce; a stăpâni; *v. și* **have control of/over, take control of.**

be in deep water(s), to a fi în mare primejdie/suferință; a înota în ape adânci.

be in Dutch with smb., to *amer.* ← *sl.* a avea neplăceri cu cineva; *v. și* **get in Dutch.**

be in easy street, to *F* a fi om cu dare de mână; a avea franci/parale; a trăi fără grija zilei de mâine.

be in employment/work, to a avea slujbă/serviciu, a avea de lucru, a fi în slujbă/serviciu.

be in face, to a arăta bine.

be in fashion/vogue, to a fi la modă; *v. și* **bring/ come into fashion/vogue.**

be in focus, to 1. *(d. o imagine optică)*; a fi clară, a fi în focus, a fi focalizat. **2.** *fig.* a fi în centrul atenției *(publice, specialiștilor)*, a fi la ordinea zilei.

be in for, to 1. *sport* a participa la *(o competiție, o probă atletică, de alergare etc.).* **2.** a căuta, a solicita *(un post, o slujbă).* **3.** a experimenta, a fi martorul; **you may ~ a pleasant surprise** te poți aștepta/ poți avea o surpriză plăcută; **it looks as if we might ~ a frosty spell** ne putem aștepta la o perioadă de timp geros; **I'm afraid we're in for some rain** mă tem că de-acum vom avea ploaie.

be in force, to *jur.* a fi în vigoare.

be in for it, to a fi într-o situație dificilă; a nu (mai) avea (altă) scăpare/ieșire; a fi dat de belea/bucluc/ dracu'; **we're in for it!** *F* ne-am procopsit! suntem în pom! am pus-o de mămăligă! am rupt cuiul!

be in full/good lay, to *(d. găină)* a se oua bine.

be in funk, to *F* a avea o frică teribilă/un trac nebun; a-l apuca bâțâiala/bâțâielile.

be in hand, to *(d. o acțiune, activitate, lucrare etc.)* a fi început, a fi în curs de desfășurare.

be in hot water, to *F* a fi intrat la apă.

be in ill odour with smb., to *v.* **be in bad odour with smb.**

be in joepardy, to a fi în pericol, a fi amenințat.

be in leading-strings, to a fi ținut în hățuri.

be in leaf, to a fi înfrunzit; *v. și* **come into leaf.**

be in line (with), to a urma disciplina/statutul unei organizații etc.; a fi „pe linie"; *v. și* **come/fall into line (with).**

be in liquor, to a fi băut/beat.

be in low water, to *F* **1.** a fi în criză de bani; a nu avea un gologan; a-i sufla vântul prin buzunare. **2.** a nu fi în apele sale; a nu-i fi toți boii acasă.

be in office, to a ocupa o funcție; *(d. guvern)* a fi la putere/cârma țării.

be in on, to 1. a participa la *(o acțiune, o afacere, un proiect).* **2.** a fi informat despre; a fi la curent cu.

be in one's gears, to → *înv.* **1.** a fi la lucru. **2.** a fi gata de lucru; a fi în dispoziție de lucru.

be in one's line, to 1. a fi de competența/resortul cuiva. **2.** a-i plăcea; a fi în genul cuiva; a fi pe placul/ gustul cuiva.

be in one's thinking box, to ← *F* a medita profund.

be in on the ground floor, to *(d. un acționar, asociat)* a avea o cotă de participare încă de la începutul creării societății respective, a avea vechime (în societatea pe acțiuni respectivă); *v. și* **come in on the ground floor.**

be in orders, to a fi față bisericească.

be in pictures, to *F* a face cinema.

be in play, to *(d. forțe, factori, circumstanțe)* a acționa, a fi implicat; a influența, a juca un rol (important); *v. și* **bring/come into play.**

be in pocket, to *F* **1.** a fi în franci/fonduri. **2.** a fi în câștig.

be in power, to a fi la putere, a deține puterea; *v. și* **come into power.**

be in season, to: grapes are not in seasons yet încă nu e sezonul strugurilor.

be in service/use, to *(d. drumuri, tuneluri, mijloace de transport)* a fi (dat/pus) în circulație, a fi dat în folosință; *v. și* **bring/come/go into service/use.**

be inside, to *sl.* a fi la zdup.

be in sight/view, to a fi vizibil, a se putea vedea/ zări; *v. și* **bring/come into sight/view.**

be in smb.'s bad/black books, to a fi rău văzut de cineva; a fi încondeiat; a fi trecut pe lista neagră.

be in smb.'s boots/coat, to *F* a fi în pielea/locul cuiva.

be in smb.'s good books, to a fi bine văzut de cineva; a fi văzut în ochi buni de cineva.

be in smb.'s possession, to a fi în posesia/stăpânirea cuiva; *v. și* **come into smb.'s possession.**

be in smb's shoes, to *v.* **be in smb.'s boots.**

be in smooth water, to a fi ieșit la liman/mal.

be (all/quite) in the air, to 1. *(d. planuri etc.)* a fi nefixat/neprecizat/nesigur; a fi (încă/doar) în fază de proiect. **2.** *(d. ceva în curs de realizare)* a fi mult discutat/dezbătut/pe buzele tuturor.

be in the bag, to *amer. F.* a fi (ceva) sigur/ca și făcut; în buzunar.

be/hang in the balance, to *(d. un rezultat etc.)* a fi incert/nesigur.

be in the band wagon, to *amer. v.* **climb into the band wagon.**

be in the blues, to a nu-i fi toți boii acasă.

be in the book (but not to know what page one is on), to *austral.* ← *F* a fi priceput (dar nu prea deștept).

be in the buff, to *sl.* a fi gol pușcă.

be in the chair, to a prezida.

be in the dark (about), to a nu ști nimic (despre); a nu fi deloc la curent (cu).

be in the doldrums, to *F v.* **be down in the chops.**

be in the hole (for/to the extent of), to *amer.* a-i lipsi (o anumită sumă).

be in the know, to a ști; a cunoaște; a fi (pus) la curent.

be in the melting-pot, to a fi în curs de schimbare/ refacere completă.

be in the open, to a fi pe față, a fi (făcut) public; *v. și* **bring/come into the open.**

be in the picture, to 1. *amer. v.* **be high up in the pictures**. **2.** *(d. persoane, lucruri)* a conta; a avea importanţă; **3.** a fi (fost) informat; a avea o imagine clară a situaţiei; *v. şi* **put in the picture**.

be in the red, to *amer.* ← *F* a fi în deficit.

be in the running, to a avea şanse de câştig/izbândă.

be in the saddle, to *fig.* a fi în şa; a fi stăpân/călare pe situaţie; a domina situaţia.

be in the same boat/box with smb., to ← *F* a fi (exact) în aceeaşi situaţie cu cineva.

be in the suds, to ← *sl.* a fi perplex.

be in the swim, to 1. a fi în miezul lucrurilor/în toiul evenimentelor. 2. a merge în pas cu vremea.

be in the tub, to *austral. v.* **be up the flue**.

be in the vein (for), to a avea chef (de).

be in the wind, to *sl.* a fi aghesmuit/afumat/cherchelit/cu chef.

be in the wrong, to a fi (acţionat/procedat) greşit.

be in the wrong box, to *v.* **be in a wrong box**.

be in touch (with), to *v.* **be in contact (with)**.

be in with smb., to ← *F* a fi în relaţii bune cu cineva; a se avea bine cu cineva; *F →* a se trage de şireturi cu cineva.

be it, to ← *F* a fi imaginea perfecţiunii; **this novel is absolutely it!** iată ce se cheamă cu adevărat un roman; **among physicists, he's it!** e un mare nume printre fizicieni! **they think they're it!** se cred grozavi/teribili/buricul pământului!

be kittle cattle to shoe, to ← *F* a fi năzuros/mofturos/greu de mulţumit.

be laid on one's beam-ends, to *v.* **be on one's beam-ends**.

be left carrying/holding/to carry/to hold the baby, to *F v.* **be left holding the sack** 1.

be left holding/to hold the sack, to *amer.* 1. ← *F* a i se încredinţa sarcinile cele mai ingrate. 2. *F →* a trage ponoasele; a plăti oalele sparte.

be left in the basket, to ← *F* a fi neglijat; a nu i se da nici o importanţă; a fi considerat drept cantitate neglijabilă.

believe in, to a crede în *(cineva, ceva)*; a vedea cu ochi buni; **he doesn't ~ public school education** nu vede avantajul unei educaţii făcute într-un colegiu (britanic) de învăţământ secundar.

believe of, to a crede *(ceva)* despre *(cineva)*.

be lifted off the hook, to ← *rar F* a-şi pune pirostriile pe cap.

bell the cat, to a-şi asuma un mare risc în interesul colectivului; a-şi lua tot riscul asupra sa.

be long in the tooth, to *F (d. cineva)* a fi cal bătrân.

be (too) long over smth., to a trebui (prea) mult timp pentru (a face) ceva, a se lungi cu ceva; < a nu mai termina cu ceva.

be made of money, to *v.* **be flush (of money)**.

be made one, to *v.* a se uni prin căsătorie.

be middle-of-the-road, to ← *F (d. o persoană sau acţiune)* a fi moderat.

be mixed up, to a fi încurcat/perplex/confuz.

be mixed up in smth., to a fi amestecat/implicat în ceva, a fi încurcat cu ceva.

be mixed up with smb., to a fi încurcat cu cineva.

be more than a match for smb., to *F* a-l avea la buzunarul cel mic; *F →* a-i fi naşul/popa; *A →* a-l tăia.

bend a rule, to ← *F* a interpreta un regulament etc. cum îi convine.

bend smb. to one's bow/will, to a supune pe cineva voinţei sale; a înfrânge voinţa cuiva; a-şi impune voinţa.

bend the bow of Ulysses, to *elev.* a încovoia arcul lui Ulise; a fi unicul învingător într-o grea încercare/probă.

be no chicken, to *F (d. o femeie)* a fi găină bătrână.

be no good, to *(d. cineva)* a fi o nulitate; a nu fi bun de nimic.

be no good *(cu part. pr.)*, **to** a fi inutil; **it's no good going there** la ce bun să mergem acolo? e inutil să mergem acolo.

be no object, to a nu conta; **money is no object to him** (el) nu se uită la cheltuială; banii nu contează la el.

be not all the thing, to *v.* **be not quite the thing**.

be not on one's beat, to *v.* **be off one's beat**.

be not (quite) all there, to a nu fi (chiar) în toate minţile; a-i lipsi o doagă.

be not quite the thing, to a nu se simţi prea bine/grozav/strălucit.

be nowhere, to *amer.* a se pierde; a se fâstâci; a-şi pierde capul.

be nuts on smb., to *v.* **be dead nuts on smb.**

be nuts on smth., to *v.* **be dead nuts on smth.**

be nuts to smb., to ← *F* a fi foarte pe placul/gustul cuiva.

be off (on), to a începe să pălăvrăgească/trăncănească (despre); **he's off again!** *F →* iar s-a pornit moara!

be off at the nail, to *F* 1. a-i lipsi o doagă. 2. a fi cu chef; a fi niţeluş făcut.

be off one's base, to *amer. sl.* 1. a-i lipsi o doagă. 2. **~ about** a se înşela/greşi profund (cu privire la).

be off one's beam, to *amer. sl.* a fi capiu/ţicnit/sonat/sărit (de pe linie); a-i fila lampa.

be off one's beat, to a nu intra în/ține de competența/resortul cuiva.

be off one's chump, to v. be off one's beam.

be off one's feed, to a nu avea poftă de mâncare.

be off one's game, to a juca prost; a nu fi în formă.

be off one's hands, to a nu mai fi un motiv/subiect de preocupare/grijă/îngrijorare pentru cineva; a nu mai fi în grija cuiva; v. și take off smb.'s hands.

be off one's head, to v. be off one's beam.

be off one's legs, to a nu se mai putea ține pe picioare (de oboseală); a nu-și mai simți picioarele (de oboseală).

be off one's nut, to sl. 1. v. be off one's beam. 2. a fi aghesmuit/afumat.

be off one's oats, to F v. be off one's feed.

be off one's onion, to sl. v. be off one's beam.

be off one's rocker, to v. be off one's beam.

be off smth., to a-și pierde interesul pentru ceva, a nu mai avea poftă de ceva; **I'm off black coffee** nu mai beau cafea neagră.

be off the beam, to amer ← F a nu fi în ordine/regulă; **I'm off the beam today** azi toate (lucrurile) mi-au mers alandala/pe dos/de-a-ndoaselea.

be off the hinges, to F 1. a fi alandala/claie peste grămadă/cu susu-n jos, 2, a fi scos din sărite/pepeni/răbdări.

be (quick) off the mark, to a nu lăsa să-i scape o ocazie (favorabilă), fig. a prinde (mingea) din zbor.

be off the scent, to a fi pe o pantă/pistă greșită.

be off to Bedfordshire, to ← glum. a fi dus să se culce.

be old dog at a thing, to ← înv. a fi meșter mare/tare priceput la ceva.

be on a bender, to amer. sl. a fi aghesmuit/afumat/cherchelit.

be on about, to a trăncăni/pălăvrăgi despre; v. și be off (on).

be on a stump amer. sl. v. be up a stump.

be on at smb., to F a bate pe cineva la cap; a-i face capul calendar, a se ține de capul cuiva (ca să facă ceva); v. și be at smb.

be on both sides of a fence, to ← F a ține/fi și cu unii și cu alții; a duce o politică duplicitară; F → a fi cu fundul în două luntre.

be one, to 1. ~ with smb. a fi de aceeași părere cu cineva. 2. ~ with smth. a face corp comun.

be on easy street, to amer. F. v. be in easy street.

be one's forte, to a fi punctul forte al cuiva.

be one's own man, to 1. a-și veni în fire (după o indispoziție fizică sau psihică). 2. a nu depinde de nimeni; a fi independent.

be one too many for smb., to 1. F a face marț pe cineva; a-l lăsa de căruță; a-l încuia; a-l băga în cofă. 2. ← F a depăși puterea de înțelegere a cuiva.

be on ice, to (d. un proiect) a fi (temporar) amânat/abandonat; a fi „la frigider"; v. și put on ice.

be on it, to amer. ← F 1. a fi gata (pregătit) (de luptă etc.). 2. F → a fi tare în materie.

be on nettles, to a sta ca pe ace/ghimpi/cărbuni (aprinși)/jeratic.

be on one's beam-ends, to 1. mar. (d. un vas.) a fi culcat pe o coastă. 2. F a fi la capătul resurselor/la ananghie. 3. F a fi pe geantă/drojdie; a fi lefter; a fi la strâmtoare; a fi ajuns la sapă de lemn.

be on one's ear, to 1. amer. F a-l găsi (toate) năbădăile; a fi iritat la culme. 2. austral. F a fi băut/făcut/cherchelit/afumat/aghesmuit; a fi cu chef.

be on one's feet, to a fi în picioare; a sta în picioare.

be on one's game, to a juca bine; a fi în formă.

be on one's guard (against), to a fi în gardă (contra); a se feri (de).

be/get on one's high horse, to 1. a-și da aere/importanță. 2. a insista să fie tratat cu respectul cuvenit.

be on one's honour (to do smth.), to a-i fi onoarea în joc.

be on one's mettle, to a fi plin de ardoare/zel/râvnă; a arde de nerăbdare să înceapă munca/jocul/lupta.

be on one's pins, to ← F a fi pe picioare; a fi teafăr (și) sănătos.

be on one's uppers, to v. be down on one's uppers.

be on short commons, to ← F a fi cu alimentele pe sfârșite; a mânca prost; a face foame; F → a posti.

be on/upon smb, to (d. un eveniment, un anotimp) a sosi (intempestiv/pe nesimțite), a lua prin surprindere; **the wet season was on us** ne-a surprins sezonul ploios.

be on smb.'s fence, to ← F a fi de partea cuiva.

be on smb.'s jack, to ← înv. 1. a scutura cuiva cojocul. 2. a se năpusti asupra cuiva.

be on space, to amer. (d. reporteri) a fi plătit cu rândul (scris).

be on tonter-hooks, to v. be on nettles.

be on the air, to (d. un post de radio) a transmite; a emite; a fi prezent în eter.

be on the anvil, to a fi în lucru/studiu; a fi în curs/faza de elaborare.

be on the anxious bench/seat, to amer. v. be on nettles.

be on the ball, to a fi alert; fig. a prinde mingea din zbor; **You must ~ and not let any chance**

slip by trebuie să fii vigilent/*F* pe fază și să nu ratezi nici o ocazie.

be on the bargain counter, to *amer. (d. mărfuri)* a se vinde la preț scăzut/sub valoare.

be on the beach, to ← *F* a fi într-o situație critică; *F* → a fi în pom.

be on the bench, to ← *F* a fi judecător *sau* episcop.

be on the beat, to a patrula; a(-și) face rondul.

be on the boards, to a fi actor; a fi în luminile rampei.

be on the books, to a fi membru al unui club etc.

be on the booze, to *F* a trage la măsea.

be on the broad grin, to a rânji cu gura pân-la urechi.

be on the bum, to *amer.* **1.** ← *F* a vagabonda; a hoinări; a umbla cu cortul. **2.** ← *F* a trândăvi; a nu face nimic; a tăia frunză la câini. **3.** ← *F* a trăi pe spinarea altuia. **4.** ← *sl. (d. sănătate, lucruri etc.)* a nu fi în ordine/cum trebuie.

be on the dodge, to *amer.* ← *sl.* a se sustrage justiției.

be on the dole, to a primi ajutor de șomaj, a trăi din ajutorul de șomaj.

be on the drawing-board, to *F* a fi în faza de proiect.

be on the drink/drunk, to *F* a turna (în el) ca într-un butoi; a fi sugativă; a fi un suge-bute/cep.

be on the ebb, to *v.* **be at low ebb.**

be on the fence, to *amer.* ← *F* a fi/rămâne neutru; a fi/sta în expectativă (pentru a vedea evoluția lucrurilor); a nu se pronunța; a nu lua nici o atitudine; *aprox.* pune-te bine cu Dumnezeu, dar nici pe dracul nu-l huli.

be on the gad, to ← *F* a fi mereu pe drum; a bate drumurile/ulițele; a colinda din loc în loc; a hoinări; *F* → a umbla creanga/frunza frăsinelului.

be on the go, to **1.** a fi (mereu) în mișcare; a nu sta locului (o clipă) **2.** a fi mereu pe drum; a umbla mult. **3.** a fi gata/pregătit de plecare. **4.** *sl.* a fi cu chef/cherchelit. **5.** *F* a fi pe ducă/cu un picior în groapă.

be on the high ropes, to ← *F* **1.** a fi în toane bune/într-o dispoziție excelentă. **2.** a fi plin de sine; a fi/umbla cu nasul (pe) sus. **3.** a fi furios.

be on the lam, to *sl.* a fugi mâncând pământul; a fugi cât îl țin picioarele.

be on the make, to **1.** a urmări un câștig/profit/un scop interesat. **2.** a face carieră.

be on the map, to *(d. un oraș, un eveniment artistic sau sportiv)* a fi cunoscut; a fi (în) centrul atenției (publicului), a fi popularizat; *v.* și **put on the map.**

be on the mat, to **1.** *F* a încasa o săpuneală/un perdaf; **2.** ← *sl. mil.* a fi tradus în fața Tribunalului Militar/Curții Marțiale.

be on the mend, to **1.** *(d. persoane)* a fi în curs de însănătoșire/restabilire. **2.** *(d. lucruri)* a fi în curs de îmbunătățire/normalizare.

be on the move/wing, to **1.** a fi (mereu) în mișcare; a nu sta locului o clipă; a fi (sculat și) în picioare. **2.** a fi mereu (plecat) pe drum(uri). **3.** a se pune în mișcare. **4.** *mil.* a mărșălui.

be on the other side of the fence, to ← *F* a avea vederi (diametral) opuse; a se situa pe o poziție contrară; a fi în tabăra adversă; a fi de cealaltă parte a baricadei.

be on the pad, to ← *F* a vagabonda; a hoinări; a umbla cu cortul.

be on the pill, to a lua pilule anticoncepționale.

be on the queer, to a fi cam suspect/dubios.

be on/upon the rack, to a se frământa/perpeli; a se da de ceasul morții; a sta ca pe ghimpi/ace/jeratic.

be on the racket, to ← *F* a duce o viață foarte dezordonată; a o duce/ține numai în petreceri; a-și prăpădi/risipi viața în chefuri.

be on the rampage, to *F* a fi apuncat de pandalii și a face tapaj.

be on the register, to *amer.* a fi pe lista suspecților; a fi pus în urmărire; a fi ținut sub observație.

be on the right scent/track, to a fi pe drumul cel bun; a urmări o pistă sigură.

be on the right side of the hedge, to ← *F* a se orienta bine; a avea/adopta o poziție/atitudine justă/corectă (într-o problemă).

be on the right tack, to *v* **be on the right scent.**

be on the road, to **1.** a fi pe drum. **2.** *amer.* a fi comis-voiajor; a călători.

be on the safe side, to: just ~ pentru mai multă siguranță; pentru orice eventualitate; *aprox.* paza bună trece primejdia rea.

be on the same side of the fence, to ← *F* a avea vederi identice; a se situa pe aceeași poziție; a fi în aceeași tabără; a fi de aceeași parte a baricadei.

be on the scene, to *(d. poliție, ambulanță, pompieri, reporteri etc.)* a fi la fața locului; *v.* și **come on the scene.**

be on the scent, to *v* **be on the right scent.**

be on the shelf, to **1.** și *fig.* ← *F* a fi scos din uz; a fi dat la reformă. **2.** ← *(d. o fată bătrână)* a nu avea nici o șansă de măritiș.

be on the *(cu adj.)* side, to: it's rather/a bit on the expensive side e (nițeluș) cam (prea) scump.

be on the stocks, to **1.** *mar. (d. vas)* a fi în cală. **2.** *(d. o lucrare)* a fi pe șantier/în curs de elaborare.

be on the tack, to ← *sl.* a nu consuma băuturi alcoolice; a fi abstinent.

be on the tiles, to ← *sl.* a duce o viață de petreceri; a umbla pe acoperișuri.

be on the tramp, to *F* a umbla fără căpătâi/haimana/hai-hui/teleleu.

be on the turf, to a juca la curse (de cai).

be on the up-and-up, to ← *F* a fi în cotinuă ascensiune; a urca tot mai sus.

be on the water-cart, to *v.* **be on the tack**.

be on the wing, to *v.* **be on the move** I., 2.

be on the wrong side of the hedge, to ← *F* a se orienta prost; a avea/adopta o atitudine/poziție nejustă/incorectă (într-o problemă).

be on the wrong tack, to a fi pe un drum greșit; a urmări o pistă falsă.

be on to, to I. a fi în contact/legătură cu; a fi luat legătura cu *(pentru a informa sau persuada)*. **2.** a fi în urmărirea *(cuiva)*; a fi pe urmele *(cuiva)*.

be on to a good thing, to *fig.* a fi pe drumul cel bun; a fi pornit-o cu dreptul (în viață).

be on trial, to *(d. cineva)* a fi judecat; a fi acționat în justiție; *v.* și **bring to trial**.

be on wires, to *v.* **be all on wires**.

be out and about, to a ieși din casă după boală; a fi din nou pe picioare; a-și relua activitatea după boală.

be out (at), to a fi plecat la *(un spectacol, restaurant etc.)*.

be out at heel, to I. a avea ciorapii rupți în călcâi. **2.** *F* a fi/arăta ca un pui de bogdaproste; a fi jerpelit.

be out by a long way, to *v.* **be out in one's calculations**.

be out by miles, to *v.* **be out in one's calculations**.

be out for, to a fi hotărât/urmări să obțină; **better housing is what the campaign is out for** se duce o campanie pentru îmbunătățirea condițiilor de locuit.

be out for the count, to a fi făcut knock-out.

be out for the dust, to *amer.* ← *glum.* a ieși călare.

be out in force, to, *v.* **be out in strength**.

be out in large numbers, to *v.* **be out in strength**.

be out in one's calculations, to a fi greșit; a se fi înșelat.

be out in strength, to a fi prezent în număr mare/ „în forță“.

be out (of), to *(d. un cui, șurub, ghimpe, dop, dinte, o pată etc.)* a fi ieșit (din).

be out of, to a fi terminat/epuizat (ceva); a nu mai avea (ceva); **to ~ patience** a nu mai avea răbdare; **to ~ petrol** a nu mai avea benzină; **to ~ spare parts** a nu mai avea piese de schimb; **to ~ breath** a fi cu respirația tăiată.

be out of action, to *(d. un mecanism, o stație radar etc.)* a fi scos din funcțiune; a nu mai funcționa; *v.* și **go/put out of action**.

be out of a job, to *v.* **be out of work**.

be out of employment, to *v.* **be out of work**.

be out of fashion, to a nu mai fi la modă; a nu mai purta; a fi demodat.

be out of focus, to *(d. o imagine fotografică, microscopică etc.; d. o relatare)* a fi neclar.

be out of hand, to *(d. copii, prețuri)* a fi necontrolabil; *v.* și **get out of hand**.

be out of jail, to a fi ieșit din închisoare.

be out of line, to *(d. o remarcă, critică, comportare, un comentariu)* a fi deplasat, nelalocul lui/ei.

be out of one's bearings, to I. a se pierde; a se rătăci, a nu se mai putea orienta (pe teren). **2.** *fig.* a se pierde; a se fâstâci; a-și pierde busola.

be out of one's beat, to *v.* **be off one's beat**.

be out of one's depth, to I. a nu mai avea fund; a nu mai da de fund; a nu mai atinge fundul cu piciorul *(la mare etc.)* **2.** *fig.* a fi depășit *(de o problemă)*.

be out of one's line, to I. a nu ține de meseria/ocupația cuiva. **2.** a nu fi de competența/resortul cuiva.

be out of one's mind, to a-și fi pierdut mințile; *v.* și **go out of one's mind**.

be out of play, to *sport (d. minge)* a fi ieșit în afara terenului (de joc); *v.* și **go out of play**.

be out of service, to *(d. un autobuz, tren, avion)* a fi desființat; a fi retras din circulație; *v.* și **go out of service**.

be out of smb.'s books, to *v.* **be in smb.'s bad books**.

be out of sorts, to a se simți (cam) prost; a nu fi în apele sale.

be out of the running, to *și fig.* a fi ieșit din joc/competiție; a nu avea șanse de câștig/izbândă.

be out of the swim, to a sta (intenționat) de o parte; a nu se lăsa prins în/de vârtejul evenimentelor; a duce o viață retrasă; *F* → a sta pe craca sa.

be out of work, to a fi șomer; a șoma; a fi fără slujbă/serviciu.

be out on strike, to a fi în grevă.

be outside smb.'s area (of interest), to *v.* **be outside smb.'s competence**.

be outisde smb.'s competence, to a nu fi de competența cuiva; a depăși competența cuiva; a nu ține de specialitatea cuiva.

be outside smb.'s field, to *v.* **be outside smb.'s competence**.

be outside smb.'s province, to *v.* **be outside smb.'s competence**.

be out to do smth., to a acționa în vederea unui scop; **the company is out to improve exports**

firma a întreprins/a luat măsuri de creştere a exportului.

be over and done with, to a se fi terminat o dată pentru totdeauna; a i se fi pus capăt.

be partial to smb./smth., to a-i plăcea cineva/ceva; < a avea o slăbiciune pentru cineva/ceva.

be past caring, to *v.* **be beyond caring.**

be past (smb.'s) endurance, to *v.* **be beyond (smb.'s) endurance.**

be past (doing) smth., to a fi depăşit vârsta (pentru a face ceva); a nu mai fi la vârsta la care se face ceva.

be/get past it, to ← *F* a fi/începe să fie prea bătrân pentru asta, a nu mai fi în stare să facă ceea ce putea face altădată.

be poles apart/asunder, to a fi diametral opus; a se situa la extreme.

be pot and can in, to *amer.* ← *înv.* a avea una şi aceeaşi atitudine/părere în legătură cu ceva (ca şi).

be put to the push, to a fi pus la/a trece printr-o grea încercare.

be quick in/on the uptake, to *F* a le prinde din zbor; a-i merge/umbla mintea/*A* → electronicul.

be raised to the bench, to a fi făcut judecător *sau* episcop.

be red/rosy about the gilles, to ← *F* a arăta bine; a avea o mină bună/sănătoasă; a avea bujori în obraji.

be sandwiched in between, to *(d. persoane sau lucruri)* a sta înghesuit între.

be sent on a fool's errand, to *F* a fi pus să umble/ alerge după potcoave de cai morţi.

be slow in/on the uptake, to *F* a nu-i merge/umbla mintea/*A* → electronicul; a fi greu de cap.

be smitten with smb.'s charms, to a fi fascinat de cineva; *F* → a fi nebun/topit/mort după cineva.

be sold (a pup), to *F* a fi tras pe sfoară.

be so much of the mustard, to *amer. sl. v.* **be all to the mustard.**

be spoons on smb., to ← *F* a-i plăcea/fi drag de cineva; *F* → a-i fi căzut cineva cu tronc (la inimă).

be stone/stony broke, to *sl.* a fi pe geantă/drojdie/ fără o lăscaie.

be switched on, to *F v.* **be with it.**

bet a cookie, to *amer.* ← *F* a face (un) pariu; a pune rămăşag; a face prinsoare.

be taken aback, to a rămâne înlemnit/înmărmurit/ ca trăsnit/*F* → paf/tablou/cu gura căscată.

be the deuce/devil to pay, to *F (d. o situaţie, consecinţe etc.):* **there'll be ~** o să fie lată/groasă *(de obicei folosit numai la trecut şi viitor).*

be the runner-up, to **I.** *sport* a fi clasat pe locul doi. **2.** *şcol.* a fi declarat reuşit fără loc.

be the whole show, to *amer. (d. un actor)* a umple scena; a domina spectacolul.

be the wose for/scoţ*. of drink/liquor, to* *v.* **be in liquor.**

be through the mill, to a fi trecut prin multe greutăţi în viaţă; a fi fost crescut la şcoala grea a vieţii.

be through with one's star, to a-i fi apus steaua; a-i fi apus gloria; a-şi fi pierdut popularitatea.

be through with smb./smth., to a termina/isprăvi cu cineva/ceva; a-i pune cruce.

be thrown on one's beam-ends, to *v.* **be on one's beam-ends.**

be thumbs down on, to ← *F* **I.** a fi contra; a se opune. **2.** a interzice. **3.** a boicota.

be thumbs up on, to ← *F* **I.** a fi de acord; a fi pentru. **2.** a aproba; a autoriza. **3.** a încuraja; a stimula.

be tied to one's mother's apron-strings, to *iron. (d. un bărbat)* a fi puiuţul mamei; a se ţine de poala/fusta mamei; a fi ţinut în poalele maică-si.

be tied to one's wife's apron-strings, to *iron.* a fi sub papucul nevestei.

be tied to the chariot of smb., to a fi la remorca cuiva.

bet like the Watsons, to *austral.* → *sl.* a paria pe sume mari *(la cursele de cai).*

bet London to a brick, to *austral.* a face un pariu sigur.

bet on a Sydney or the bush basis, to *austral.* ← *F* a paria pe o mare sumă de bani (fie ce-o fi).

bet on Mary Lou, to *austral.* → *sl. v.* **bet on the blue.**

bet on the blue, to *austral.* → *sl.* a paria pe credit *(la cursele de cai).*

be too big for one's boots, to *v.* **get too big for one's boots.**

be to the fore, to a fi în frunte; a se situa în frunte; *v. şi* **bring/come to the fore.**

between grass and hay *amer.* (de) vârsta adolescenţei; *(d. băieţi)* când îi dau tuleiele; *(d. o fată)* codană.

between hawk and buzzard nici slugă, nici din familie; (considerat) de-al casei.

between wind and water **I.** *mar.* sub linia de plutire. **2.** *fig.* în locul cel mai sensibil/vulnerabil; în plin.

between you and me (and the bed-post/ door-post/lamp-post/post) între noi fie vorba/ vorbind; să rămână între noi/secret.

betwixt and between *F* nici una/aşa, nici alta/aşa.

be under a cloud, to a fi în dizgraţie; a fi prost/rău văzut; a fi văzut cu ochi răi/cu neîncredere.

be under a doctor, to a fi sub îngrijirea unui medic.

be under control, to a fi (ținut) sub control; a controla; *v.* și **bring/get under control.**

be under orders, to *mil.* a primi ordin.

be under petticoat government, to *glum.* a fi sub papuc(ul nevestei).

be under the ferule, to 1. a fi școlar/elev. 2. a fi în subordine.

be up against, to a fi confruntat cu *(o problemă, o situație dificilă, o concurență etc.).*

be up a gum,-tree, to *amer. F* a fi în pom.

be up a stump, to *amer.* ← *sl.* 1. a fi la ananghie/*F* → în pom. 2. a da faliment; a se ruina.

be up for, to a candida la *(un post etc.)*; a fi (pus) pe tapet pentru *(un post etc.).*

be up for auction, to a fi (scos/pus) la licitație; *v.* și **come/put up for auction.**

be up for debate/review, to *(d. o problemă)* a fi dezbătut/(re)analizat.

be up for sale, to a fi de vânzare; a fi oferit spre vânzare; *v.* și **come/put up for sale.**

be upon smb., to *v.* **be on smb.**

be upon the rack, to *v.* **be on the rack.**

be up smb.'s alley, to *amer. F v.* **be down smb.'s alley.**

be up the (well-known) creek, to *austral. v.* **be up the flue.**

be up the flue, to *austral.* ← *F (d. o femeie)* a fi însărcinată/*vulg.* → borțoasă/*glum.* → cu balonul la centru.

be up the flume, to *amer.* ← *sl. (d. o idee, un plan etc.)* a cădea; a se nărui; *F* a rămâne baltă.

be up the pole, to *austral. v.* **be up the flue.**

be up the stick, to *austral. v.* **be up the flue.**

be up to all the tricks/dodges/fiddles, to a fi uns cu toate unsorile.

be up a thing or two, to a ști (câte) ceva; a se pricepe la (câte) ceva; a avea (ceva) experiență.

be up to expectations, to a corespunde așteptărilor.

be up to here/to one's ears/eyes (in smth.), to *v.* **up to one's neck in smth.**

be up to mischief, to *v.* **be up to no good.**

be up to no good, to a pune ceva la cale; a cloci/urzi ceva; a fi pus pe rele.

be up to smb. to ..., to a fi de datoria cuiva să ...; a-i incumba cuiva să ...; a depinde de cineva (pentru ca) să ...

be up to smth., to 1. a fi în stare/capabil de ceva rău; a nu se da în lături de a face ceva rău; **he is up to anything** e în stare de orice; nu te poți aștepta la nimic bun de la el. 2. a cloci/urzi ceva; a pregăti o lovitură/surpriză neplăcută.

be up to standard/scratch/the mark, to a fi la nivelul/standardul cerut.

be (bang/right/really) up to the minute, to *v.* **up to date** 1.

be up to trap, to a nu se lăsa prins în cursă/cu una cu două; a avea un nas fin; a mirosi/a adulmeca primejdia; a fi șiret/ager/isteț.

be up (with), to: I knew something was up am simțit (eu) că ceva nu e în regulă; **what's up with you (now)?** ce-i cu tine? ce te-a apucat?

be up to the lark, to a se scula cu noaptea în cap; a se scula cu cocoșii.

be used as a door-mat, to *fig.* a fi călcat în picioare; a fi zdreanța cuiva.

be weak in the upper stor(e)y, to *v.* **be a little light in the upper stor(e)y.**

be weighed in the balance and found wanting, to a se dovedi incapabil de a face față unei sarcini/încercări; a nu îndreptăți speranțele/așteptările.

be well away, to 1. *(d. un cal de curse, alergător, om de afaceri)* a fi în frunte, a se fi distanțat (de concurenți). 2. *glum.* a nu mai ști pe ce lume se află *(din cauza băuturii)*; a fi beat (criță).

be well in hand, to *(d. o criză, situație critică etc.)* a fi pus sub control; a fi controlat; *v.* și **have well in hand.**

be (very/fairly) well/comfortably off (for smth.), to a nu duce lipsă; a avea: **how are you off for cigarettes?** cum stai cu țigările? ai destule țigări? **I'm well off for bread** am destulă pâine.

be well on in/into, to a fi înaintat; **he is well on in years** e (foarte) în vârstă; e bătrân; **he must be well on into his eighties** trebuie să fie bine trecut de optzeci de ani; **it was well on in the evening** era seara târziu.

be well out of it/that, to a nu avea de-a face cu; a fi ferit/scutit de.

be well up, to 1. ~ **in a subject** a cunoaște foarte bine o chestiune; a fi versat/*F* → tare în materie. 2. ~ **for an examination** a fi bine pregătit la un examen.

be wet behind the ears, to ← *F* a fi tânăr și neexperimentat; *P* → a fi un țângău/mucos; *aprox.* a fi cu cașul la gură.

be white about the gills, to ← *F* a arăta prost; a avea o mină proastă; a fi palid/galben/verde/străveziu/tras la față.

be with a company/firm etc., to a lucra la o societate/firmă etc.

be within earshot/sight/view, to a fi (până) la o distanță de unde poate fi văzut/auzit; *v.* și **bring within earshot.**

be within one's rights (to do smth.), to a avea toate drepturile (să facă ceva).

be within range (of), to a fi în bătaia *(tunurilor etc.)*; a fi în raza de acţiune a *(radarului etc.); v.* şi **within gunshot.**

be within smb.'s competence/province/field/ area (of Interest), to a fi de competenţa cuiva; a ţine/fi de resortul/specialitatea cuiva.

be with it, to ← *F* a se ţine în pas cu moda; a fi la curent cu *(o idee, melodie etc., la modă).*

be without a bean, to *sl.* a fi fără un chior (în pungă), a fi lefter.

be with smb., to I. a urmări/înţelege/pricepe ce spune cineva. **2.** *(şi ~ there)* a fi/merge/alături de cineva (într-o problemă); a sprijini părerea/atitudinea cuiva; *v.* şi **be with smb. all the way/to the (bitter) end.**

be with smb. all the way, to a fi/merge alături ce cineva până la capăt/până-n pânzele albe.

be with smb. to the (bitter) end, to a fi/merge alături ce cineva până la capăt/până-n pânzele albe.

be worse than one's word, to a nu se ţine de cuvânt; a nu-şi respecta cuvântul (dat); a nu fi om de cuvânt.

be worth one's salt, to a munci bine; a fi capabil; a merita pâinea pe care o mănâncă/banii pe care îi câştigă/încasează.

be wrong in one's garret, to *v.* **be a little light in the upper stor(e)y.**

be wrong in the upper stor(e)y, to *v.* **be a little light in the upper stor(e)y.**

be yellow about the gills, to *v.* **be white about the gills.**

beyond all bearing de nesuportat/neîndurat/ nesuferit.

beyond expectations peste aşteptări.

beyond smb.'s compass/*rar* **ken** peste puterea de înţelegere a cuiva.

beyond smb.'s grasp/reach I. inaccesibil cuiva; la care cineva nu poate ajunge. **2.** *fig.* peste puterea de sesizare a cuiva.

beyond smb.'s ken *rar v.* **beyond smb.'s compass.**

beyond smb.'s reach *v.* **beyond smb.'s grasp.**

beyond smb.'s scope care depăşeşte competenţa/ posibilităţile cuiva.

beyond the pale (of smth.) *v.* **out of the pale (of smth.).**

beyond the rabbit-proof fence *austral. F* la dracu-n/naiba-n praznic; unde a dus (surdul roata şi) mutul iapa; la mama dracului.

bill and coo, to a se giugiuli; a fi ca doi porumbei; *F →* a fi bot la bot; *F →* a se pupa în bot.

birds of a feather flock together *prov.* cine se aseamănă se adună; a tunat şi i-a adunat.

bishop has played the cook, the s-a ars mâncarea; mâncarea e arsă/afumată.

bishop has put/set his foot on it, the *v.* **bishop has played the cook.**

bitch it up, to *sl.* a-şi vârî coada/a băga un fitil şi a strica tot aranjamentul/toată povestea.

bitch up the whole thing, to *sl. v.* **bitch it up.**

bite/gnaw a file, to ← *F* a face o încercare disperată/ un act disperat; *aprox.* a se juca cu focul.

bite off a big chunk, to *amer.* ← *sl. F →* a se înhăma la o treabă grea.

bite off more than one can chew, to ← *F* I. a se apuca de o treabă mult prea grea. **2.** a se apuca de prea multe lucruri deodată.

bite/cut off one's nose (to spite one's face), to *F* a-şi tăia singur craca de sub picioare.

bite one's thumb at smb., to ← *rar aprox.* a-i da cuiva cu tifla.

bite in that! *F* bagă bine la căpăţână!

biter bit, the păcăliciul păcălit.

bite smb.'s ear, to *austral.* ← *sl.* a lua bani cu împrumut de la cineva; *F →* a tapa pe cineva de bani.

bite smb's head/nose off, to ← *F* a răspunde/vorbi cuiva brutal/grosolan; a brusca/repezi pe cineva; a i-o reteza (scurt).

bit off, a *F* niţel scrântit/trăsnit/ţicnit/sărit de pe linie; (cam) într-o doagă/ureche.

bit on, a *F* niţeluş făcut; oleacă cu chef; cam cherchelit/afumat.

bla-bla in the air, to *amer. sl.* a trăncăni/bălmăji de pomană; a-şi bate gura degeaba/în vânt/de pomană; a vorbi la pereţi.

black as a burnt log, (as) *austral. v.* **black as coal** etc.

black as a crow/raven/sloe, (as) *v.* **black as coal** etc.

black as raven's wing, (as) *v.* **black as coal** etc.

black as a thunder cloud (as) *v.* **black as coal** etc.

black as coal/ebony/hell/ink/jet/midnight/night/ pitch/sin/soot/thunder, (as) negru ca tăciunele/ abanosul/poarta iadului/cerneala/noaptea/smoala/ păcatul/funinginea/corbul/pana corbului/fundul ceaunului.

black as my/your hat, (as) *v.* **black as coal** etc.

black as the ace of spades (as) *amer. v.* **black as coal** etc.

black as the inside of a dog/cow, (as) *austral. v.* **black as coal** etc.

black dog is on his back, the l-a apucat/cuprins ipohondria; e ipohondru.

black out, to 1. *(d. aviatori, boxeri etc.)* a-şi pierde temporar cunoştinţa; a vedea negru înaintea ochilor. **2.** a camufla *(ferestrele etc.).* **3.** a întrerupe *(un program de televiziune)* printr-o acţiune grevistă. **4.** a suprima transmiterea *(unor ştiri, informaţii).*

black ox has trod on his foot, the 1. l-a lovit năpasta. **2.** a îmbătrânit.

blame (for), to a arunca vina *(pe cineva, ceva)* (pentru); **the weather cannot be ~d for it** nu vremea e de vină; *v.* şi **blame (on).**

blame (on), to a arunca vina *(pe cineva, ceva)* (pentru); **don't ~ it on the weather** să nu spui că vremea a fost/este de vină; *v.* şi **blame (for).**

blast hell out of, to *F* a snopi/umfla în bătăi; a burduşi/ciomăgi bine/zdravăn.

blast off, to a lansa în spaţiu *(o navă spaţială, o rachetă cosmică); (d. o navă spaţială, o rachetă cosmică)* a fi lansat în spaţiu.

blaze the path/trail/waz, to 1. a croi/marca un drum/o cale în pădure, crestând copacii. **2.** *fig.* a deschide drum/făgaş nou; a trage brazdă nouă; a fi pionier/inovator/deschizător de drumuri.

bleed to death, to a sângera până la moarte; a muri prin hemoragie.

blend in (with), to a (se) armoniza (cu); a (se) combina (cu).

bless the mark! *v.* **save the mark!**

blink away/back (one's/the) tears, to a clipi repede şi des pentru a-şi reţine lacrimile.

blink the fact (that), to ← *F* a refuza să vadă/a ignora realitatea.

block in, to a zidi *(o uşă, o fereastră).*

block off, to a bloca *(o stradă, o şosea, o ţeavă)* tăind orice posibilitate de circulaţie *(a traficului, fluidului etc.).*

block out, to *(în tehnica foto)* a acoperi *(o porţiune de negativ)* pentru a nu ieşi la developat sau mărit.

blood is thicker than water *prov.* sângele apă nu se face.

blot one's copybook, to ← *F* a-şi păta/strica reputaţia/bunul nume; *F* → a-şi feşteli blazonul.

blow away the cobwebs, to ← *F* a ieşi (puţin) la aer/plimbare.; *F* → a-şi limpezi creierul la aer.

blow bubbles, to 1. a face baloane de săpun. **2.** ← *F* a susţine teorii umflate.

blow great guns, to *(d. furtună)* a se stârni/dezlănţui cu furie; a urla/mugi puternic; *elev.* a se dezlănţui artileria cerească.

blow high, blow low fie ce-o fi; întâmplă-se ce s-o întâmpla; *F* → ce i-a fi tatei, i-a fi şi mamei.

blow hot and cold, to a fi inegal (în comportare şi în vorbe); a avea o comportare inegală; a fi când

cald, când rece; a spune ba una, ba alta; a trage când la deal, când la vale.

blow hot coals, to → *înv.* a se face foc (şi pară); a se mânia foc.

blow it! ei, drăcie! la naiba! fir-ar să fie! *(exprimă surpriza neplăcută).*

blow itself out, to *(d. furtună, vânt, uragan)* a se potoli, a se domoli.

blow like a grampus, to *(d. cineva)* a sufla (din) greu/ca o focă/balenă/locomotivă.

blow off one's dogs, to *amer.* ← *F* a renunţa la realizarea scopului propus; a abandona/lăsa baltă un plan/o idee etc.

blow off steam, to 1. a evacua aburul; a scoate abur. **2.** *fig.* a-şi cheltui surplusul de energie. **3.** *fig.* a-şi vărsa focul; a-şi descărca nervii; a se răcori. **4.** *amer.* → *sl.* a-şi da aere.

blow one's bags about, to *austral.* ← *F* a se lăuda; *glum.* → a se fuduli.

blow one's boiler, to *austral. F v.* **blow one's top** 1.

blow one's brains out, to a-şi zbura creierii.

blow one's own trumpet, to a-şi face (singur) reclamă; a se lăuda singur.

blow one's top, to *amer. F* 1. a-i sări ţandăra/muştarul. **2.** a căpia. **3.** a-şi zbura creierii. **4.** a nu-i mai tăcea gura.

blow smb. up, to *F* a-i trage cuiva o săpuneală/un perdaf/un frecuş.

blow the coals/fire, to 1. *fig.* a pune paie pe(ste) foc; a stinge focul cu paie. **2.** a aţâţa patimile/vrajba etc.

blow the cobwebs away, to *v.* **blow away the cobwebs.**

blow the gab/gaff, to ← *sl.* a trăda/vinde un secret; **~ on one's accomplice** a-şi denunţa/vinde complicele.

blow the lid off smth., to → *F* a destăinui/dezvălui/divulga ceva; a da ceva în vileag/pe faţă/la iveală.

blow the tank, to *austral.* ← *sl.* a deschide/sparge un seif cu ajutorul unui amestec exploziv.

blow the atoms/pieces/smithereens, to a face ţăndări/bucăţele.

blow tomahawks, to *amer.* ← *F (d. vânt)* a bate/sufla cu furie; a fi foarte pătrunzător; a te tăia.

blow to pieces, to *v.* **blow to atoms.**

blow to smithereens, to *v.* **blow to atoms.**

blow up at smb., to *F* a-şi ieşi din fire/pepeni şi a se răsti la cineva.

bluff it out, to a scăpa basma curată/cu faţa curată prin înşelătorie/minciună.

bluff one's way into smth., to a se insinua/strecura *(într-o afacere, situaţie)* prin false pretenţii (de competenţă).

bluff one's way out, to v. **bluff it out.**

blush like a black/blue dog, to *iron.* a fi pierdut orice simț de rușine/pudoare; a nu (mai) avea pic de rușine; a fi culmea nerușinării/neobrăzării.

boil down a case/proposal, to ← *F* a prezenta un caz/o propunere în linii mari/în esență.

boil down to the same thing, to v. **It is six (of one) and half a dozen (of the other).**

boil pot, to *amer.* a (pre)găti un fel de rasol, fierbând legumele în aceeași oală cu carnea.

boil smth. down (to), to ← *F* a scurta/condensa ceva (până la) *(un articol etc.)*.

boil the pot, to ← *fig.* **1.** ← *F* a-și câtiga hrana/existența/o (bucată de) pâine. **2.** a lucra de mântuială; *F* → a da rasol.

bolt all the flour, to ← *înv. fig.* a întoarce (o problemă) pe toate fețele.

bolt the bran, to v. **bolt all the flour.**

bomb a horse, to *austral.* ← *sl.* a dopa un cal de curse.

bomb up a plane/bomber/an aircraft, to *av.* a încărca cu bombe un avion (de bombardament).

bone (at) a subject, bone up on a subject, to *F* a toci la o materie; a se pune cu burta pe carte; a se documenta într-o problemă.

boot is on the other foot/leg, the 1. ← *F* este exact pe dos/invers. **2.** ← *F* s-au schimbat/inversat rolurile; s-a întors roata.

boot is on the wrong foot/leg, the ← *F* vina a fost imputată/atribuită/pusă în seama celui nevinovat.

bore smb. to death/distraction/tears, to a plictisi pe cineva de moarte; v. și **to be bored stiff.**

boss smb. about, to a face pe șeful cu cineva; a-i da cuiva ordine.

boss the show, to ← *F* a conduce/dirija o acțiune; a deține/juca rolul principal într-o acțiune; a fi capul/sufletul/organizatorul și conducătorul unei acțiuni.

botch it up, to *F* a face varză; a face treabă de cârpaci.

bother one's head about smth., to a-și bate capul cu ceva, a se frământa/preocupa în legătură cu ceva; a-și face probleme într-o privință.

bottle up one's anger, to ← *F* a-și stăpâni furia; a se stăpâni.

bottom drop out of the market price, the ← *F* *(d. prețuri)* a atinge un nivel foarte scăzut (pe piața monetară).

bottom has dropped/fallen out of smth., the *F* s-a isprăvit/zis cu ceva; am pus-o de mămăligă cu ceva; a căzut baltă; nu mai face două parale.

bottoms up! s-o dăm (de) duşcă pe gât! (să bem) pân'la fund!

bow and scrape, to *F* a se ploconi; a face temenele; a face/sta sluj în fața cuiva.

bowl smb. out, to *F* a încuia pe cineva; a-l face marț.

bow the crumpet, to *austral.* ← *sl.* a-și recunoaște vina/învinuirea adusă *(într-un proces)*.

box Harry, to ← *sl.* *(d. comis-voiajori)* a nu lua mesele la restaurantul hotelului din spirit de economie.

box smb.'s ear(s), to a-i trage cuiva o palmă/*F* → scatoalcă.

box the compass, to 1. *(d. vânt)* a sufla/bate alternativ din direcții diferite; a-și schimba mereu direcția. **2.** ← *F* *(d. cineva)* a o tot lua de la cap/început; a se învârti în cerc *(într-un discurs/o argumentare etc.)*.

brave it out, to a înfrunta *(o situație neplăcută)* cu curaj; a face față.

brazen it out, to a înfrunta *(o situație neplăcută)* cu tupeu/obrăznicie; a sfida.

break a butterfly/fly upon the wheel, to *F* a trage cu tunul în vrăbii; *aprox.* mai mare daraua decât ocaua; nu face daraua cât ocaua.

break a lance with smb., to *fig.* a încrucișa spada cu cineva; a avea cu cineva o discuție în contradictoriu/o controversă.

break china, to *F* a isca/face tărăboi/zarvă/tămbălău/circ mare.

break (fresh/new) ground, to 1. *fig.* a trage brazdă nouă; a deschide drumuri noi; ← *fig.* a face muncă de pionier(at); ← *fig.* a pune bazele (unei metode noi etc.). **2.** ← *fig.* a începe o muncă nouă o nouă activitate.

break into a (bank)note/*Am.* **bill, to** a schimba o bancnotă/hârtie.

break into a gallon/trot, to *(d. cai etc.)* a porni la galop/trap.

break into a run, to a o lua la fugă.

break into laughter/song/cheers, to a începe să râdă/cânte/ovaționeze.

break it down! *austral. F* (las-o) mai domol/încet/moale!

break no bones, to *F* a nu fi nici o pagubă/un bai; a nu se face gaură-n cer.

break off an engagement/negotiations, to a rupe o logodnă; a întrerupe tratativele.

break out in a cold sweat, to *F* a-l trece toate sudorile/apele (de frică).

break out in laughter/tears, to a izbucni în râs(ete)/plâns.

break smb.'s back, to ← *F* a-i pune cuiva multe sarcini în spinare, a-i da cuiva mult de lucru.

break squares, to a încălca un obicei/o ordine/ rânduială bine stabilită.

break the back of smth., to ← *F* I. a nărui; a distruge; a face să se prăbuşească; a-i fi lovitura de graţie. **2.** a face/termina partea cea mai grea/ neplăcută a unui lucru.

break the camel's back, to *F* colac peste pupăză; < ultima picătură care umple/varsă/răstoarnă paharul.

break the egg in smb.'s pocket, to ← *F* a dejuca/ zădărnici planurile cuiva; a încurca/strica socotelile cuiva.

break the ground, to *v.* **break (fresh/new) ground.**

break the heart of smth., to *v.* **break the back of smth. 2.**

break the neck of smth, to *v.* **break the back of smth. I.**

break the news to smb., to a-i aduce cuiva la cunoştinţă o veste (proastă), cu tot tactul/menajamentul posibil.

break the pale, to ← *F* I. a-şi permite anumite excese; a nu trăi cu măsură/cumpătat. **2.** a intra în datorii.

break the record, to I. a bate recordul. **2.** *(când un funcţionar extrem de punctual întârzie o dată, în mod excepţional, la birou)* a fi/face o excepţie.

break the slate, to *amer. pol.* ← *F* a-şi retrage candidatura.

break through the sound barrier, to *av.* a depăşi viteza sunetului; a atinge o viteză supersonică.

break up for the holidays/vacation, to a lua vacanţă *(şcolară, universitară).*

break were against us, the *amer. sl.* n-am avut baftă; nu ne-a mers; am avut un ghinion nebun.

breast the tape, to *sport (d. un alergător)* a ajunge primul la linia de sosire.

breed in and in, to a se căsători (timp de mai multe generaţii) numai în cadrul familiei/între rude.

breed out and out, to a nu se căsători în cadrul familiei/între rude (timp de mai multe generaţii).

bridge a gap, to *v.* **close a gap.**

brim over with confidence/ideas/vitality, etc., to a fi plin de încredere/idei/viaţă.

bring a charge against smb., to a aduce cuiva o acuzaţie; a acuza (oficial) pe cineva.

bring a charge/crime home to smb., to a dovedi vinovăţia cuiva.

bring a hornet's/hornets' nest about one's ears, to *F* a-şi aprinde paie-n cap; a se vârî într-un viespar; a se lega (singur) la cap (când nu te doare).

bring an old house on one's head, to ← *înv.* a da de belea/dracul/bucluc; a-şi găsi beleaua.

bring down the house, to *(d. un spectacol, o glumă etc.)* a fi aplaudat furtunos/frenetic; a avea un succes monstru.

bring down the persimmon, to *amer.* a lua (un) premiu; a fi premiat.

bring grist to smb.'s mill, to *F* I. a-i da cuiva apă la moară. **2.** a aduce cuiva câştig/venit/profit.

bring home the bacon, to ← *F* a reuşi (într-o încercare); a obţine succese; *F →* a da lovitura; a-şi vedea visul cu ochii; **this brought home the bacon** asta i-a adus multe parale.

bring home to smb., to a face pe cineva să înţeleagă/vadă clar (ceva); a vorbi pe înţelesul cuiva.

bring in a Bill, to a introduce/prezenta un proiect de lege în parlament.

bring in a verdict, to *jur. (d. un tribunal)* a da/ pronunţa o sentinţă.

bring/drag in by (the) head and shoulders, to *F* a veni cu argumente/explicaţii/concluzii etc. trase de păr.

bring in hot and hot, to a servi/aduce *(mâncarea etc.)* foarte fierbinte la masă.

bring in money, to a fi rentabil, a aduce profit/ câştig.

bring in smb. on smth., to a informa pe cineva asupra unui lucru; a-l pune la curent (cu ceva).

bring in the harvest/crop, to a strânge recolta.

bring into action, to *mil.* a pune în stare de luptă; a arunca în luptă.

bring into being/existence, to a crea, a înfiinţa.

bring into blossom/flower, to a face să înflorească.

bring into contact (with), to a pune în cotact/ legătură (cu); a face (cuiva) legătura (cu); *v. şi* **be in contact (with), come into contact (with).**

bring into disrepute, to a discredita; a compromite.

bring into fashion/vogue, to a lansa moda *(unui articol de îmbrăcăminte etc.)*, a lansa (un produs) pe piaţă.

bring into focus, to I. a focaliza *(un instrument optic).* **2.** *fig.* a aduce în centrul atenţiei publice.

bring into force, to a aplica, a pune în aplicare *(o lege, o hotărâre, un regulament); v. şi* **be in force, come into force.**

bring into play, to a face să acţioneze, a atrage în joc *(unele forţe etc.)*; a pune în joc *(influenţa, talentul etc.); v. şi* **be in play, come into play.**

bring into prominence, to a face foarte cunoscut; a impune atenţiei publice; < a scoate din anonimat.

bring into service/use, to a da în folosinţă (publică) *(un pod, un tunel)*; a da/pune în funcţie *(o linie ferată, aeriană, de autobuze etc.); v. şi* **be in service/ use, come into service/use, go into service/use.**

bring into sight/view, to a face să apară; a dezvălui privirilor; a lăsa să se vadă; *v. şi* **be in sight/view, come into sight/view.**

bring into the open, to a dezvălui; a da în vileag; a face public.

bring into the world, to a aduce pe lume; a da viaţă; *v. şi* **come into the world.**

bring it off, to a aduce (un lucru) la bun sfârşit.

bring it/matters/things to a head, to a împinge lucrurile până la ultima limită; *v. şi* **come to a head 2.**

bring more sacks to the mill, to ← *F* a aduce/veni cu argumente suplimentare/în plus.

bring oil to the fire, to *înv. v.* **add fuel to the fire.**

bring one's eggs/goods/hogs/pigs to a bad/wrong market, to ← *F* **1.** a vinde în pierdere; a face o afacere proastă; *F →* a rupe inima târgului; *(prin extensie)* a-şi conduce prost treburile. **2.** a eşua; a suferi un eşec/fiasco; *F →* a da chix; a se înşela (în socoteli); a calcula greşit.

bring one's eggs/hogs/pigs to a fair/fine/pretty market, to *iron. v.* **bring one's eggs etc. to a bad etc. market.**

bring oneself home, to ← *F* a se reface/echilibra materialiceşte *(după o perioadă de jenă financiară);* a reveni la situaţia dinainte; a ajunge iar la linia de plutire.

bring oneself to do smth., to a se hotărî/decide să facă ceva *(folosit mai ales la negativ).*

bring one's mind to pass, to ← *înv.* a-şi atinge scopul/ţelul; a-şi împlini dorinţa.

bring one's noble to ninepence, to ← *înv.* a cheltui banii cu nemiluita/în dreapta şi în stânga; a arunca banii pe fereastră/în vânt.

bring one's nose to the gridstone, to I. ← *F* a munci intens şi cu perseverenţă; *F →* a trage tare. **2.** *F →* a toci (imens); a roade cartea; a sta cu burta pe carte.

bring smb. around/round to one's way of thinking/to one's (own) point of view, to a convinge pe cineva să vadă lucrurile la fel ca tine.

bring smb. back to earth, to *fig.* a readuce pe cineva (cu picioarele) pe pământ/la realitate *(din visare etc.);* a face pe cineva să vadă clar lucrurile/situaţia şi să nu mai fie cu capul în nori.

bring smb. back to health/life, to a-i reda cuiva sănătatea/viaţa.

bring smb. down a peg (or two), to *fig. F* a-i (mai) rupe/tăia cuiva nasul/din nas; a pune pe cineva la punct; a-i (mai) închide cuiva gura; a i-o mai reteza; a-i smulge din pene; a-i mai tăia/reteza cuiva din unghii.

bring smb. down to earth, to *v.* **bring smb. back to earth.**

bring smb. into line (with), to a face pe cineva să se conformeze regulilor (unei organizaţii); a aduce pe cineva pe aceeaşi linie (de gândire/acţiune cu); *v. şi* **be in line (with); come/fall into line (with).**

bring smb. out in a rash, to *(d. un aliment)* a face să apară o spuzeală/erupţie; *v. şi* **come out in a rash.**

bring smb. out of his shell, to *fig.* a face pe cineva să iasă din carapacea în care s-a închis; a-l face mai comunicativ/curajos; *v. şi* **come out of one's shell.**

bring smb. over the coals, to *v.* **haul smb. over the coals.**

bring smb.'s heart into his mouth, to *F* a face să-i sară cuiva inima din loc (de spaimă).

bring smb.'s nose to the gridstone, to ← *F* a face pe cineva să muncească intens şi cu perseverenţă/fără răgaz; a nu da cuiva nici o clipă de răgaz; *F →* a-i scoate sufletul.

bring smb. to book (for smth.), to a-i cere cuiva (să dea) socoteală (de ceva); a trage pe cineva la răspundere (pentru ceva).

bring smb. to do smth., to a hotărî/determina pe cineva să facă ceva.

bring smb. to grips with, to ← *F* a confrunta (pe cineva) cu *(o problemă majoră); v. şi* **be at grips with, come/get to grips with.**

bring smb. to heel, to *fig.* a supune pe cineva; a pune şaua pe cineva.

bring smb. to himself, to a aduce la realitate pe cineva (dus pe gânduri); a trezi pe cineva din visare/reverie; *v. şi* **come to oneself.**

bring smb. to his bearings/level, to a pune pe cineva la punct/locul său; *F →* a-i (mai) tăia/scurta cuiva nasul/din nas.

bring smb. to his feet, to a face pe cineva să sară în sus *(de bucurie, furie etc.);* a scula în picioare pe cineva.

bring smb. to his milk; to *amer.* a-l face pe cineva blând ca un mieluşel; a face pe cineva să nu crâcnească/zică nici pâs.

bring smb. to his senses, to a-l învăţa minte pe cineva; a face să-i vină minţile la cap/acasă; *v. şi* **come to one's senses.**

bring smb. to his wit's end, to I. a aduce pe cineva în impas. **2.** a ului/buimăci/zăpăci pe cineva; a lăsa pe cineva perplex/buimac.

bring smb. to the parish, to a aduce pe cineva în sapă de lemn.

bring (smb.) up short/sharp/sharply/with a jerk, to a opri (pe cineva) brusc *(din mişcare, vorbire);* a-l face să se oprească brusc.

bring smb. up the hard way, to a creşte pe cineva ca pe un spartan; a-l obişnui/învăţa cu greul de mic copil; *v. şi* **come up the hard way.**

bring (smb.) up to (the) scratch, to 1. a face (pe cineva) să acţioneze (cu hotărâre)/să se decidă; a(-i) da un impuls. 2. a pregăti pentru examen (pe cineva).

bring smth. about one's ears, to *v.* **bring a hornet's nest about one's ears.**

bring sugar in one's spade, to *amer.* ← *F* a fi excesiv de amabil/mieros (pentru a-şi atinge scopul).

bring the house about one's ears, to *F* a-şi ridica toată familia în cap.

bring the house down, to *v.* **bring down the house.**

bring to a climax, to a face să atingă apogeul/intensitatea maximă; *v. şi* **come to a climax.**

bring to a dead end, to a aduce *(lucrurile)* în impas/într-un punct mort; a face să stagneze; *v. şi* **be at/come to a dead end.**

bring to a halt, to *v.* **bring to a standstill; come to a halt.**

bring to a head, to 1. a face să coacă/colecteze *(un abces).* 2. *fig.* a agrava situaţia; a împinge lucrurile până la ultima limită.

bring to an end, to a pune capăt; a curma; *v. şi* **be at/come to an end, put an end/a stop (to).**

bring (things/affairs/smb.) to a pretty pass/to such a pass, to a aduce (lucrurile, pe cineva) într-o stare jalnică/de plâns; *v. şi* **come to a pretty pass.**

bring to a stand, to *(mai ales d. persoane)* *v.* **bring to a standstill.**

bring to a standstill, to a face să se oprească *(un tren, un motor, o persoană etc.);* a face să înceteze *(munca, producţia, mai ales temporar);* a face să stagneze *(comerţul, afaceri, proiecte etc.) (folosit şi la pasiv).*

bring to a stop, to *(mai ales d. lucruri)* *v.* **bring to a standstill.**

bring to a successful conclusion, to a duce la bun sfârşit; a termina/încheia cu succes; *v. şi* **come to a (successful) conclusion.**

bring to attention, to *mil.* a ordona „drepţi"; a face să ia poziţia de „drepţi"; *v. şi* **be at attention; come to attention.**

bring/drive to bay, to *fig.* a încolţi; a strânge cu uşa.

bring to bear (on), to 1. a îndrepta *(un tun, telescop asupra).* 2. a apăsa cu toată puterea (asupra). 3. a-şi îndrepta *(atenţia, energia, forţele asupra).* 4. a exercita *(presiuni, influenţă asupra).*

bring to blows, to a face să se ia la bătaie; a face să se încaiere; *v. şi* **come to blows.**

bring to fruition, to a face să dea roade; a face să se realizeze/fructifice; *v. şi* **come to fruition.**

bring together, to a reconcilia; a împăca; a aduce la masa tratativelor; *v. şi* **come together.**

bring to grass, to *min.* ← *sl.* a scoate la suprafaţă *(minereuri etc.).*

bring to heel, to a supune; a aduce în stare de supunere; *v. şi* **come to heel.**

bring to life, to a da viaţă *(unei piese, poveşti etc.); v. şi* **come to life.**

bring to light, to a scoate la lumină/iveală; a dezvălui; *v. şi* **come to light.**

bring to rest, to *(d. un conducător, pilot)* a reuşi să oprească *(un automobil, avion, tren avariat); v. şi* **come to rest.**

bring to rights, to *v.* **get to rights.**

bring to smb.'s attention/notice, to a aduce la cunoştinţa cuiva; a informa pe cineva; a-i atrage atenţia.

bring to the boil, to 1. a aduce *(un lichid)* la punctul de fierbere. 2. *fig.* a împinge *(lucrurile, o discuţie)* până la un punct critic; a face să fiarbă lucrurile; a crea o situaţie explozivă; *v. şi* **come to the boil.**

bring to the fore, to a aduce pe planul întâi/în frunte.

bring to the ground, to *şi fig.* a trânti/culca la pământ, a face să se prăbuşească.

bring to the hammer, to a vinde/scoate la mezat/licitaţie.

bring to the ladder, to ← *înv.* ← *fig.* a duce la ştreang/spânzurătoare.

bring to trial, to a da în judecată; *jur.* a acţiona în justiţie; *P →* a târî prin tribunale.

bring under control, to a localiza *(un incendiu, o epidemie);* a reprima *(o rebeliune);* a reinstaura/restabili ordinea; a avea din nou controlul asupra.

bring up the rear, to a încheia coloana/cortegiul; a veni/defila la urmă.

bring up to date, to a aduce la zi.

bring up to standard/scratch/the mark, to a aduce la nivelul/standardul cerut; *v. şi* **be up to standard.**

bring (smb./smth.) within earshot/sight/view/striking distance/range of warning/interception *etc.,* **to** a aduce (pe cineva, ceva) până la distanţa de unde poate fi auzit/văzut/lovit/avertizat/interceptat etc.; *v. şi* **be/come/get within earshot.**

bristle with names/problems/difficulties/snags *etc.,* **to** a fi plin de nume/probleme/greutăţi etc.; **he ~d with anger** se zburli (de supărare).

broach smb.,s claret, to *sl. F →* a-i da cuiva borşul.

broach smb. into doing smth., to a forţa pe cineva
să facă ceva *(prin intimidare)*.

**brush aside difficulties/objections/complaints
etc., to** a nu ţine cont/seama de greutăţi/obiecţii/
plângeri etc.

bubble over with enthusiasm/high spirits, to a
fi dc un entuziasm debordant/o bună dispoziţie
debordantă.

buckle down to the job/task/work/it, to a se apuca
serios de lucru/treabă.

buck smb. up no end/a great deal/a lot, to a
remonta foarte mult pe cineva; a-i reda buna dis-
poziţie.

buck stops here, the ← *F* este o sarcină/răspundere
netransferabilă.

bugger it up, to ← *vulg. v.* **bugger up things.**

bugger up things/the whole thing, to ← *vulg.* a
încurca treaba; *F →* a face varză.

build a fire under oneself, to a-şi săpa singur
groapa; a-şi tăia singur craca de sub picioare.

build one's hopes on smb./smth., to a-şi pune
toate speranţele în cineva/ceva.

build smth. up from scratch/nothing/zero, to
fig. a construi/porni ceva de la zero.

bulldoze smb. into doing smth., to *v.* **browbeat
smb. into doing smth.**

bull in a china shop, a un om greoi/stângaci; un
„urs".

bully for you! *amer. sl.* **I.** ai baftă! eşti băftos! **2.** aşa!
bine! bravo!

bully smb. into doing smth., to ← *F* a forţa pe
cineva să facă ceva.

bung a game on, to *austral.* ← *sl.* a începe să joace
un joc de noroc interzis.

burn a hole in one's pocket, to *F (d. bani)* a-i
arde cuiva buzunarul; a nu(-l) ţine mult.

burn daylight, to *F* a pierde/irosi vremea (degeaba,
de pomană); a arde gazul.

burn one's boats/bridges, to a lua o hotărâre
supremă/irevocabilă şi riscantă, fără posibilitatea
de revenire; a risca totul într-o acţiune fără a privi
înapoi; a-şi trăi singur retragerea; a arde (toate)
punţile în urma sa.

burn one's fingers, to *fig.* a da de bucluc; a se arde,
a se frige, a se prăji.

burn the candle at both ends, to **I.** a-şi cheltui/
irosi forţele/energia în mod nesocotit. **2.** a se
pierde/irosi în prea multe direcţii (apucându-se
de prea multe lucruri în acelaşi timp). **3.** a face
două lucruri care se bat cap în cap.

burn the earth/wind, to *amer. F* a fugi mâncând/
rupând pământul; a goni nebuneşte/cu toată viteza.

burn the midnight oil, to a lucra până noaptea
târziu; a se scula foarte târziu.

burn the planks, to ← *F* a sta mult (timp) nemişcat
pe loc/într-un loc.

burn the water, to a pescui noaptea *(cu ostia, la
lumina felinarelor).*

burn the wind, to *amer. v.* **burn the earth.**

burn to a cinder/cinders/a crisp/ash, to a face/
arde scrum.

burn to death, to a arde de viu.

burn up the road, to *amer. F (d. vehicule)* a goni
nebuneşte.

burst into flames, to a izbucni în flăcări.

burst into laughter, to a izbucni în râs.

burst into sight/view, to a apărea brusc *(în faţa
ochilor).*

burst into tears, to a izbucni în plâns.

burst one's boiler, to *amer. sl.* **I.** a da de belea/
bucluc; a o sfârşi prost. **2.** a da chix.

burst one's buttons, to a se îngrăşa ca un porc/
de-i plesnesc/pocnesc hainele pe el.

burst one's sides (with laughter), to a muri/a se
strica/a se prăpădi de râs; a râde să se spargă/ţinân-
du-se cu mâinile de burtă.

burst out crying/laughing, to a izbucni în plâns/
râs.

burst smb.'s boiler, to *amer. sl.* a vârî/băga pe
cineva în bucluc/belea.

burst with energy/go, to a avea/fi plin de energie.

burst with health, to *F* a plesni de sănătate.

bury one's face/head (in), to a-şi îngropa faţa/
capul (în).

bury the hatchet, to a se împăca; a face pace; a
îngropa securea războiului *(ca Pieile Roşii).*

bush smb. up, to *austral.* ← *F* a încurca pe cineva;
a-l face să fie confuz.

bust a gut, to *austral.* ← *F* a-i da zor/*F →* bătaie.

busy one's brains with/about smth., to *v.* **beat
one's brains about/with smth.**

but me no buts *F* te rog (ştii) fără (nici un) „dar"!
slăbeşte-mă cu „dar"!

butter one's bread on both sides, to ← *F* a-şi
face viaţa foarte uşoară/comodă/plăcută (folosind
toate mijloacele care pot aduce un avantaj cât de
mic).

butter smb. up, to *F* a linguşi/peria pe cineva; *v. şi*
butter up to smb.

butter up to smb., to *F* a se da bine pe lângă cineva
(cu linguşeli); a-i face curte cuiva.

but then însă/dar/acum/nu e mai puţin adevărat
că; dar trebuie ţinut cont şi de faptul că.

button it all up, to *v.* **button up the whole thing.**

button up the whole thing/all details, to ← *F* a preciza toate detaliile *(unei afaceri, probleme, unui contract etc.)*; a finaliza, a perfecta.

buy a pig in a poke, to ← *F* **1.** a cumpăra cu ochii închiși; *F* → a cumpăra mâța-n traistă; **2.** a lua o hotărâre/a-și asuma o obligație cu ochii închiși.

buy a white horse, to ← *F fig.* a zvârli banii pe fereastră.

buy gape-seed, to *F iron.* a umbla teleleu (Tănase); a umbla prin piață/bâlci, căscând gura pe la tarabe.

buy money, to 1. a pune din nou aceeași miză. **2.** a paria din nou pe calul favorit.

buy off the peg, to a cumpăra (haine de gata/confecții).

buy on the hire-purchase system/on the instalment plan/F → on the never-never, to a cumpăra în rate.

by a fluke din pură întâmplare, absolut întâmplător.

by all means *(exprimă acordul fără rezerve)* cum să nu! sigur că da! fără doar și poate! cu toată plăcerea!

by all odds *amer. v.* **by a long chalk.**

by a long chalk/shot/way ← *F* (depășind/întrecând) cu mult.

by and by în curând; în viitorul apropiat.

by any manner of means *F v.* **by all means.**

by any means *v.* **by all means.**

by fits and starts ← *F* cu intermitențe/întreruperi; pe apucate; printre picături; când și când; când dă Dumnezeu; fără șir/continuitate.

by gravy! *amer. sl.* la naiba/dracu! ei drăcie (în pălărie)! fir-ar să fie/al ciorilor! ptiu, drace!

by half: too clever, etc., ~ *iron.* (mult) prea deștept etc. *(cu implicația că această „calitate" va avea efect negativ).*

by hook or by crook ← *F* prin orice mijloace; *F* → mort-copt.

by leaps and bounds *(d. progres economic etc.)* rapid, în salturi.

by long chalks *v.* **by a long chalk.**

by long odds *v.* **by a long chalk.**

by odds *amer. v.* **by a long chalk.**

by oneself singur (singurel).

by rights de drept.

by the bye/way apropo; fiindcă veni vorba.

by the skin of one's teeth cu chiu cu vai; cât pe ce să nu; la limită; în ultimul moment.

C

cadge a lift, to a ruga pe cineva să-l ia cu mașina.

call a halt (to), to ← *înv.* a pune capăt (la); a curma (ceva).

call all to naught, to ← *înv.* a ponegri; a defăima; a detracta.

call a pikestaff/spade a pikastaff/spade, to ← *F* a spune lucrurilor pe nume.

call cousins, to *F* a face caz de rudele sale.

call down the wrath of God/curses/fire and brimstone/the vengeance of Heaven on smb.'s head, to a blestema/afurisi pe cineva.

call each other names, to a se înjura (reciproc); a se ocărî (unul pe altul); a-și spune (unul altuia) vorbe de ocară/cuvinte grele.

call for celebration/a drink, to: it calls for ~ evenimentul se cuvine sărbătorit; *F* → ești bun de cinste.

call into play, to a pune în joc/acțiune/mișcare.

call into requisition, to 1. a rechiziționa. 2. a recurge la; a face apel la.

call it a day, to: let's ~ gata (cu munca)! (am muncit) de ajuns pentru (ziua de) azi!

call it a do, to: shall we ~? ne-am hotărât, facem târgul? let's ~! bine, așa să fie/rămână!

call it square, to a regla conturile *(cu cineva)*; a se socoti chit.

call off the dogs, to 1. a(-și) retrage paza/„gorilele". 2. a dispune sistarea unei urmăriri *(de poliție)*; *fig.* a nu mai hăitui pe cineva.

call/declare one's hand, to 1. a-și declara cărțile (de joc); a declara cărțile din mână. 2. *fig.* a da cărțile pe față; a-și dezvălui planurile/intențiile adevărate.

call on/upon smb. to do smth., to a apela la cineva să facă ceva; I (now) call upon the British delegate dau cuvântul reprezentantului Marii Britanii.

call out on strike, to a ordona o grevă *(a muncitorilor)*; a ordona/autoriza *(muncitorii)* să facă grevă.

call smb. down, to *amer.* *F* a-i freca cuiva ridichea; a-l face cu ou și cu oțet; a-i trage un perdaf.

call smb. names, to a înjura/ocărî pe cineva; a-i spune cuiva cuvinte grele/vorbe de ocară.

call/have smb. on the carpet, to *F* a-i trage cuiva o săpuneală/un perdaf/un frecuș.

call smb.'s bluff, to 1. ← *F* a nu se lăsa intimidat. 2. a face pe cineva să se demaște singur/*F* → să se prindă în propia-i cacealma; a prinde pe cineva cu minciuna/ocaua mică.

call the tune, to *fig.* a da tonul; a face pe stăpânul; a comanda; a dicta; he's the one that calls the tune here aici lumea joacă după cum cântă el.

call to account, to a cere *(cuiva)* să dea socoteală/ explicații.

call to mind, to a-și aminti *(ceva, de cineva)*; a-și aduce aminte *(de cineva, ceva)*.

call to order, to a chema la ordine; a cere (să se facă) liniște *(în vederea începerii ședinței, conferinței etc.)*.

call to record/witness, to a lua drept martor/ mărturie; a invoca/face apel la mărturia *(cuiva)*.

call white black, to a face din alb, negru (și din negru, alb).

camp on smb.'s doorstep, to *fig.* a bate la poarta cuiva.

camp up a show/play/performance, to a șarja (un rol) într-un spectacol *(pentru a avea succes de public)*.

cannot hold/show a candle to smb., to *F* a nu-i ajunge cuiva nici până la călcâi/degetul cel mic.

can the leopard change his spots? *aprox.* năravul din fire n-are lecuire; lupul își schimbă părul, dar năravul ba.

can you beat it/that! *amer.* *F* (ei) poftim! asta-i bună/culma!/încă una! (asta-i) nemaipomenit! s-a mai pomenit una ca asta!

cap fits, the *F* (asta) așa e! se potrivește! e adevărat! just! nimerit/lovitură în plin!

cap it all, to colac peste pupăză; *v. și* **cap the climax.**

cap the climax/globe, to *F* a fi prea de tot; a pune capac (la toate).

cards are stacked (against smb./smth.), the soarta e potrivnică; cărțile sunt nefavorabile; partida e ca și pierdută.

care killed a/the cat *aprox.* grija îmbătrânește pe om (nu munca).

care nothing for, to *F v.* **not to care a bean 2.**

carp at smb. about smth., to *F* a bate/toca pe cineva la cap despre ceva; a-i face capul calendar.

carper will cavil at anything, 1. a face critică de dragul criticii. **2.** *F* → toate îi miros; cusurgiul/cicălitorul tot cusurgiu/cicălitor rămâne; *aprox.* caută pete în soare.

carry a bone in her mouth/teeth, to *(d. o navă)* a despica valurile cu putere, acoperindu-se de spumă.

carry a chip on one's shoulder, to *amer.* ← *F* a avea un aer provocator/sfidător; *F* → a căuta ceartă cu lumânarea.

carry a drum/parcel/shiralee, to *austral.* ← *v. sl.* **chase the sum.**

carry a/the face of, to a părea.

carry all/everything before one, to a învinge toate obstacolele; a nu-i sta nimănui împotrivă; *F* → a avea succes pe linie.

carry a matter to one's pillow, to ← *F* a amâna o hotărâre până a doua zi (dimineața); *aprox.* ideile bune vin peste noapte; noaptea e cel mai bun sfetnic/sfătuitor.

carry an M by/under one's girdle, to ← *înv.* a-și adăuga titlul de „domn" sau „doamnă" numelui de familie; *peior.* a parveni.

carry a stiff upper lip, to ← *F* a nu-și pleca capul; a-și ține capul/fruntea sus; a fi dârz/neclintit; a se ține tare; a nu se pierde cu firea.

carry a ticket, to *amer.* a face să fie acceptat candidatul propus (pe listă).

carry away the bell, to ← *rar* a lua premiul I (la o competiție).

carry away the garland, to a repurta o victorie; a culege lauri.

carry coals, to ← *înv.* **1.** a face muncă brută. **2.** ← *fig.* a înghiți ofense; a accepta o situație înjositoare.

carry coals to Newcastle, to *fig.* a căra apă la fântână/puț; a căra pietre la munte; a se duce la vie cu struguri în batistă/poală.

carry corn, to ← *sl.* a nu se culca pe lauri; a nu se lăsa îmbătat de succese.

carry everything before one, to *v.* **carry all before one.**

carry fire in one hand and water in the other, to ← *F* a gândi una și a spune alta/și a face altceva; *(prin extensie) aprox. F* → a fi taler cu două fețe.

carry heavy metal, to *fig. F* **1.** a pune în bătaie artileria grea; a avea argumente solide. **2.** a fi om „greu".

carry it off (well), to *F* a o scoate la capăt; a face față situației; a se descurca.

carry it off with a high land, to *F* a se ține tare; a juca tare.

carry it too far, to a împinge lucrurile prea departe; a întinde coarda prea mult/tare.

carry it with a high hand, to a face act de autoritate; a acționa cu mână forte.

carry meat in one's/the mouth, to ← *înv.* **1.** a reprezenta o sursă de venituri/câștig. **2.** a fi amuzant/instructiv.

carry me out! *F* taci, că mor de râs!

carry more sacks to the mill, to ← *F* a veni cu argumente în plus.

carry on at smb., to a-i da cu gura la cineva; a-și vărsa focul asupra cuiva.

carry (out) one's head high, to a fi/umbla/a se ține cu nasul (pe) sus.

carry one's heart upon one's sleeve (for daws to peck at), to ← *F* a avea inima deschisă; a fi sincer/franc; a fi cu sufletul deschis; a fi deschis la vorbă; *aprox. F* → ce-i în gușă, și-n căpușă.

carry one's pig to market, to *F* **drive one's hogs to market.**

carry one's point, to **1.** a-și atinge scopul. **2.** a-și apăra poziția/punctul de vedere; a-și impune punctul de vedere.

carry on its face, to a fi absolut evident/limpede/clar.

carry on with smb., to a avea o legătură sentimentală *(adeseori extraconjugală)* cu cineva.

carry owls to Athens, to *v.* **carry coals to Newcastle.**

carry smb. off his feet, to ← *F* **1.** a entuziasma pe cineva la culme. **2.** a zgudui/impresiona teribil pe cineva; *F* → a-i rupe gura.

carry/hold the baby, to *fig.* **1.** a duce tot greul în spinare; a purta întreaga răspundere. **2.** a fi legat de mâini și de picioare; a nu avea libertate de acțiune; a nu se putea mișca.

carry the bag, to ← *F* **1.** a ține banii (într-un menaj). **2.** a fi stăpân pe situație.

carry the ball, to *amer.* ← *sl.* a acționa energic.

carry the banner, to *amer.* ← *F (d. șomeri)* a hoinări toată noaptea, din lipsă de adăpost.

carry the biggest guns, to ← *F* a avea argumentele cele mai tari *(într-o discuție).*

carry the can (back), to *F* a plăti oalele sparte; a trage ponoasele.

carry the curse, to *austral.* ← *sl. v.* **chase the sun.**

carry the day, to a învinge; a fi/ieși victorios/ învingător.

carry the drum, to *austral. v.* **drag the chain.**

carry the face of, to *v.* **carry a face of.**

carry the garland, to *v.* **carry away the garland.**

carry the mail, to *austral.* ← *F* a face cinste *(în barul unui hotel).*

carry the majority/youth/crowd etc. with one, to a avea/atrage de partea sa majoritatea/tineretul/ masele etc.

carry the world before one, to *v.* **carry all before one.**

carry things with a high hand, to a proceda autoritar; a face act de autoritate.

carry too many guns for smb., to *fig.* a pune în acțiune toată artileria grea împotriva cuiva; a fi (cu) mult/net superior cuiva.

carry two faces under one hood, to *v.* **bear two faces under one hood.**

carry weight (with), to 1. *(d. un argument etc.)* a convinge; a avea efect. 2. *(d. o persoană)* a avea greutate/influență; a se bucura de autoritate/trecere (pe lângă).

carry with one the memory/(happy) recollection (of), to a păstra amintirea (fericită) a ... *(cu gen.);* a-și aduce aminte (cu plăcere) (de) ....

cart draws/leads the horse, the *F* e anapoda/ de-a-ndoaselea/exact pe dos; *aprox.* împiedică la deal și despiedică la vale.

carve the melon, to *v.* **cut the melon.**

cash the one's checks, to *amer.* ← *sl.* 1. a-și încheia socotelile pe această lume/cu viața; *F →* a da ortul popii. 2. a abandona partida; a se da bătut; a se recunoaște înfrânt.

cash/hand/pass in one's chips, to *amer. sl.* 1. *v.* **cash in one's checks.** 2. a se răfui; a se socoti.

cash in on smth., to a specula *(o situație favorabilă, un avantaj personal).*

cask savours of the first fill, the ← *F aprox.* prima impresie contează.

cast a bone between, to ← *F* a semăna discordie/ vrajbă între; *F →* a vârî/băga fitiluri.

cast/fetch/go a compass, to 1. a face un ocol; a umbla pe căi ocolite. 2. *fig.* a nu atinge fondul chestiunii; a se învârti în jurul chestiunii; a se îndepărta de subiect; < *F* a bate câmpii/apa-n piuă.

cast a damp over smth., to *fig.* a arunca o umbră (de amărăciune) asupra *(unui eveniment fericit),* a strica bucuria cuiva.

cast a girdle about/round the earth/world, to *fig. F* a face o călătorie în jurul pământului; a face ocolul pământului.

cast/have an anchor to windward, to *fig.* a lua măsuri de prevedere.

cast an evil eye (on), to 1. a privi cu ochi răi; a nu vedea cu ochi buni. 2. a deochea.

cast an eye/one's eyes over smth., to a-și arunca ochii peste ceva; a arunca o privire (rapidă) asupra/ peste ceva.

cast an imputation/a reflection/a slur on smb.'s character, to a pune în umbră/într-o lumină defavorabilă reputația cuiva; a umbri reputația cuiva.

cast an old shoe after smb., to ← *F* a-i ura cuiva (mult) noroc (și fericire).

cast aspersions on smb., to 1. a calomnia/ defăima/ponegri pe cineva. 2. *v.* **cast an imputation, etc. on smb.'s character.**

cast away a leg, to ← *înv. (d. un bărbat)* a face o plecăciune demodată, trăgând un picior îndărăt.

cast dirt at smb., to *fig.* a împroșca pe cineva cu noroi; a face pe cineva albie/troacă de porci.

cast in a bonebetween, to *v.* **cast a bone between.**

cast in one's lot with, to *v.* **cast one's lot with.**

cast lots between (for/on/over), to a trage (ceva) la sorți.

cast one's bread upon the waters, to a fi bun și generos *(cu cineva)* fără a aștepta recunoștință.

cast one's cap at smth., to ← *înv.* a manifesta nepăsare/indiferență față de ceva;(prin extensie) *F →* a pune cruce la ceva; a lăsa ceva în plata Domnului.

cast one's colt's teeth, to a se cuminți; < a-i veni mintea la cap; a-și băga mințile în cap.

cast one's eyes over smth., to *v.* **cast an eye over.**

cast one's frock to the nettles, to *(d. un călugăr)* a lepăda rasa.

cast one's lot with, to a-și uni soarta cu; a se lega (pe viață și pe moarte) cu.

cast pearls before swine, to a strica orzul pe gâște; a arunca mărgăritare înaintea porcilor; ce știe țiganul ce-i șofranul.

cast sheep's eyes at smb., to a face cuiva ochi dulci.

cast smb. into the shade, to *fig.* a pune pe cineva în umbră; a eclipsa pe cineva.

cast smb. out of house and home, to a arunca pe cineva în stradă.

cast smb. out of the saddle, to *F* a pune pe cineva pe liber; a-l da jos (dintr-un post, dintr-o funcție).

cast smth. in smb.'s dish, to ← *înv.* **1.** a-i imputa/reproşa cuiva ceva. **2.** a-i pune cuiva ceva în cârcă; a-i arunca cuiva ceva în spinare.

cast/fling smth. in smb.'s face, to 1. a-i arunca/azvârli cuiva în faţă/obraz *(o insultă etc.).* **2.** a-i spune cuiva ceva de la obraz/verde/pe şleau/(drept) în faţă.

cast smth. in smb.'s teeth, to 1. *v.* **cast smth. in smb.'s dish. 2.** *v.* **cast smth. in smb.'s face.**

cast the coat, to a năpârli.

cast the gorge (at), to a i se face greaţă (la); a fi dezgustat (de).

cast the load, to ← *înv.* a incrimina; a imputa; a arunca ceva în spinarea (cuiva).

catch/cut the crab, to ← *glum.* **1.** a fi lovit şi trântit de pe banchetă de capătul liber al vâslei cufundate prea mult în apă. **2.** a stropi, vâslind prost.

catch a fish, to *austral. şcol.* a o lua pe coajă; a o încasa.

catch a glimpse of smb./smth., to a zări pe cineva/ceva în fugă.

catch a packet, to *mil. sl.* a o lua pe coajă.

catch a Tartar, to *F* a da de dracu/belea/bucluc; a-şi găsi beleaua/bacăul; a-şi găsi naşul/omul.

catch/grasp at a straw, to *fig.* a se agăţa (şi) de un (fir de) pai *(de disperare).*

catch at a/the vantage, to a prinde pe picior greşit.

catch a weasel asleep, to ← *F* a surprinde pe cineva, cunoscut ca fiind foarte prudent; **you can't ~! a.** e vulpoi/ocnă mare, nu se lasă prins cu una cu două! **b.** nu poţi să furi cloşca de pe ouă/ouăle de sub cloşcă!

catch fish with a silver hook, to ← *glum.* a cumpăra peşte după un pescuit nereuşit.

catch fleas for smb., to *sl.* a se trage de şireturi cu cineva; a se trage în degete cu cineva.

catch in at the waist, to a strânge *(o rochie)* în talie *(cu un cordon).*

catch/get it in the neck, to *F* **1.** a o încasa; a o lua pe coajă. **2.** a primi o săpuneală/un perdaf.

catch Jesse, to *amer. sl.* **1.** a primi o spuneală/un perdaf/un frecuş. **2.** a încasa o mardeală.

catch me (at it)! *F* vezi să nu (fac eu asta)! vezi de altul! mai aşteaptă (până fac eu asta)! să ai să iei! doar n-am băut cerneală/gaz; doar n-am mâncat bureţi/sticlă pisată.

catch me doing that! *v.* **catch me (at it)!**

catch occasion/opportunity by the forelock, to a înhăţa/prinde ocazia (din zbor); a nu scăpa prilejul.

catch on, to 1. *F (d. modă etc.)* a prinde. **2.** ~ **to** a înţelege *(o glumă, sensul spuselor cuiva).*

catch on with (smb.), to *(d. o inovaţie, idee, modă etc.)* a avea succes la (cineva); *F* → a „prinde" la.

catch sight of smb./smth, to a zări pe cineva/ceva.

catch smb. at/on the rebound, to ← *F* **1.** a exercita presiuni asupra cuiva profitând de un moment de slăbiciune. **2.** a prinde pe cineva pe picior greşit/la strâmtoare.

catch smb. bending/napping, to *F v.* **catch smb. off (one's) guard.**

catch smb. in the act., to *v* **catch smb. red-handed.**

catch smb. off (one's) guard, to a lua pe cineva pe neaşteptate/negândite/nepusă masă/prin surprindere.

catch smb. on the hip, to ← *înv. F* a pune mâna/laba pe cineva.

catch smb. on the hop, to *F v.* **catch smb. off (one's) guard.**

catch smb. on the rebound, to *v.* **catch smb. at the rebound.**

catch smb. out, to *F* a prinde pe cineva pe picior greşit/la strâmtoare/la înghesuială.

catch smb. red-handed, to a prinde pe cineva în flagrant delict/asupra faptului.

catch smb.'s fancy, to a fi pe gustul/placul cuiva.

catch smb. tripping, to *F* a prinde pe cineva cu ocaua mică/mâţa-n sac; a prinde pe cineva că umblă cu cioara vopsită/cu (traista/plosca de) minciuni.

catch smb. with the goods, to *F* a prinde pe cineva cu mâţa-n sac/raţa în traistă.

catch the ball before the bound, to ← *F* a se pripi; a nu aştepta momentul prielnic/favorabil; a acţiona în grabă/pripă; a anticipa.

catch the drift of smth. to ← *F* a prinde sensul spuselor cuiva, a înţelege (în mare) despre ce este vorba.

catch the Speaker's eye, to *parl.* a i se (acor)da cuvântul (în Camera Comunelor).

catch the whigs bathing and walk away with their clothes, to ← *F* a începe să promoveze politica unui alt partid.

catch the wind in/with a net, to *F* a căra/duce apa cu ciurul (şi soarele cu oborocul).

catch time by the forelock, to ← *F* a prinde momentul prielnic/favorabil; a nu pierde vremea.

catch up on smth., to a recupera (unele) restanţe/rămâneri în urmă; a ajunge la zi cu ceva.

catch up with smb., to *şi fig.* a ajunge pe cineva din urmă.

catch/get wind of smth., to *fig.* a mirosi/adulmeca/simţi ceva.

cater for (smb./smth.), to (*d. o organizație comercială*) a se ocupa de (*ca o obligație profesională*).

cat is out of the bag, the ← *F* indiscreția s-a comis; secretul a fost dezvăluit; taina s-a aflat.

cat jumps, the *F* se (cam) încurcă treaba/ițele; se (cam) complică lucrurile.

cat may look at a king, a *aprox.* să privești nu-i cu bănat/nu costă (nici un ban); de privit are voie oricine.

cat's concert, (it's) *F* unul zice „hăis", altul „cea"; unul trage la deal și altul la vale; una vorbim și bașca ne-nțelegem.

cat shuts its eyes when stealing cream, the ← *F* oamenii au obiceiul să închidă ochii asupra propriilor greșeli.

cat's pajamas, the *amer. sl. v.* **cat's pyjamas/whiskers.**

cat's pyjamas/whiskers, the *sl.* 1. clasa întâi; (ceva) pe cinste; lucru mare; să-ți lingi degetele (nu alta). 2. *interj.* colosal; formidabil.

caught with the fang *scoț. jur.* prins asupra faptului/ în flagrant delict.

caviare to the general/multitude, (it's) (a pune) mărgăritare înaintea porcilor; ce știe țiganul ce-i șofranul; a strica orzul pe gâște.

chained to the car *fig.* înhămat la munca cea mai grea; ducând greul muncii.

chain smoke, to ← *F* a fuma țigară după țigară.

chain victory to one's car, to a merge din victorie în victorie.

chalk it up against smb., to ← *F* a i-o reproșa/ imputa cuiva; a o pune în seama cuiva.

chalk on a barn door, to ← *F* a face un calcul aproximativ.

chalk out a plan on the (black)board, to a schița cu creta un plan pe tablă.

chalk smb.'s hat, to ← *glum.* a autoriza pe cineva să călătorească cu trenul, fără bilet.

chalk up another record, to (*sport*) a-și îmbunătăți propriul său timp (*de alergare etc.*); a stabili un nou record (propriu, național).

chance it, to a încerca la noroc/nimereală; a risca.

chance the ducks ← *sl.* fie ce-o fi; întâmplă-se ce s-o întâmpla.

changeable as a weathercock/as the moon, (as) *F* (schimbător) după cum bate vântul.

change down to a lower gear, to (*auto*) a schimba/ trece într-o viteză mai mică; ~ **to second!** treci într-a doua!

change hands, to (*d. un bun mobiliar, imobiliar*) a-și schimba proprietarul; a trece din mână în mână.

change horses in midstream/while crossing a stream, to ← *F* a opera schimbări importante într-un moment nepotrivit.

change one's base, to *amer. F* a o șterge; a o lua din loc; a spăla putina.

change one's battery, to *fig.* a-și îndrepta atacul în altă direcție; a lua pe altcineva în focuri; a ataca pe alt front.

change one's condition, to ← *înv.* a se căsători.

change one's mind, to a-și schimba părerea; a se răzgândi.

change one's note/tune, to *fig.* 1. a cânta alt cântec; *F* → a schimba placa; a întoarce cojocul pe dos; a întoarce foaia. 2. a coborî tonul; *F* → a o lăsa mai moale.

change places (with smb.), to a schimba locul (cu cineva).

change sides, to a trece dintr-o tabără în alta/de partea adversă.

change up to a higher gear, to *auto* a schimba/ trece într-o viteză mai mare; ~ **to third!** schimbă într-a treia!

charge smb. with smth., to 1. a acuza pe cineva de ceva. 2. a însărcina pe cineva cu ceva; a-i da/ trasa o sarcină.

charity begins at home *aprox.* cămașa e mai aproape decât haina/sumanul; mai aproape dinții decât părinții.

charry of words *v.* **scanty of words.**

chase around after girls/women, to a alerga/a se ține după fuste.

chase the sun, to *austral.* ← *F* a vagabonda; a hoinări; a fi nomad.

chase the wild goose, to *F* a umbla după potcoave de cai morți; a visa cai verzi (pe pereți).

chase yourself! *amer. sl.* (hai) cară-te! mută statuia! șterge-o (ce mai stai)! plimbă ursu'! mută-ți hoitu'!

chatter like a magpie, to *F* a trăncăni/clămpăni; a-i merge gura ca o moară stricată/hodorogită/ neferecată; a porni mereu moara.

chat up a girl, to *F* a-i face ochi dulci unei fete (pe care vrei, eufemistic vorbind, s-o „cucerești") mai întâi cu „papagalul".

cheap as dirt, (as) *F* ieftin ca braga; curat chilipir.

cheapest is the dearest ieftin iei, ieftin porți.

cheat the gallows, to ← *glum.* (*d. criminalii scăpați de spânzurătoare*) a muri de moarte bună/boală.

cheat the journey, to ← *glum.* a-i (mai) trece vremea în timpul călătoriei (*citind etc.*).

cheat the time, to ← *glum.* a-și (pe)trece/amăgi vremea.

check/crush in the bud, to a curma/stârpi din rădăcină; a nimici în germene/fașă.

cheek brings success obraznicul mănâncă praznicul.

cheek by jowl tête-à-tête; obraz lângă obraz; *F* → bot în bot.

cheer/delight/warm/gladden the cockles of one's heart, to a-i merge (drept) la inimă/suflet; a-l unge pe suflet/inimă; < a-i umple inima de bucurie.

cheer to the echo, to a ovaționa puternic/furtunos/frenetic.

cheese it! *sl.* (tacă-ți) gura/fleanca/leoarba/pliscul/cața!

chew smb.'s ear/lug, to *austral.* ← *F* a lua cu împrumut de la cineva.

chew the cud/food of reflection, to ← *F* a medita adânc/profund; a se cufunda în gânduri/meditații; a se adânci în cugetări/visări; a se lăsa pradă gândurilor/visurilor; *F* ← a rumega îndelung.

chew the fat/rag, to ← *sl.* 1. a o ține întruna; a ști una și bună; a bate apa-n piuă; a trăncăni (ca o moară stricată); a nu-i tăcea gura (o clipă); a-i toca gura întruna; toată ziua clanța-clanța. 2. a bârfi; a critica. 3. ~ at smb. *F* → a bombăni/bodogăni pe cineva; a bate la cap pe cineva.

child is father of the man, the încă la copil sunt evidente trăsăturile viitorului adult.

chins are wagging *F* (și) țin-te bârfa; s-a pornit gura lumii.

chip into a conversation, to a se băga în vorbă.

chip in with one's opinion, to *F* a-și da cu presupusul *(într-o conversație)*.

choke back one's anger/fury, to *F* a-și stăpâni furia; a se stăpâni; a se abține (să nu explodeze).

choke back one's tears, to a-și reține/stăpâni lacrimile.

choke the life out of smb., to a strânge pe cineva de gât (omorându-l); a-l strangula.

chop and change, to a fi schimbător ca luna.

chop logic, to *glum.* a filozofa; a rezona; *peior.* a face pe deșteptul/filozoful.

chronicle small beer, to 1. a nota/înregistra/relata detalii nesemnificative/mărunțișuri. 2. a discuta fleacuri mondene; a sta la taclale.

chuck a dummy/scranny, to *austral.* ← *sl.* a se face că leșină într-un loc aglomerat pentru ca pungașii din bandă să opereze în voie.

chuck it! *F* las-o baltă!

chuck one's chances/opportunities away, to *F* a da șanselor cu piciorul.

chuck one's hand in, to ← *F* a capitula; a se preda; a depune armele; a se recunoaște învins; a se da bătut.

chuck up one's job/post/position, to *F* a da slujbei cu piciorul.

chuck up the sponge, to ← *F* a abandona; a capitula; a se preda; a se recunoaște învins/înfrânt; *F* → a arunca buretele.

chum around with smb., to *amer. F* a fi prieten la toartă/cataramă cu cineva.

chum up with smb., to ← *F* a se împrieteni cu cineva.

circumstances alter cases totul atârnă/depinde de împrejurări; trebuie procedat de la caz la caz.

claim a foul, to *sport* a contesta victoria adversarului care a procedat neregulamentar.

clap a standstill order on a project, to a afecta un proiect printr-o dispoziție de sistare (temporară) a lucrului.

clap by the heels, to 1. ← *înv.* a pune în fiare/lanțuri/obezi. 2. a băga la închisoare/carceră; a aresta. 3. *fig.* a doborî; a slei de puteri.

clap eyes on, to *(folosit la negativ, la timpurile compuse)* **I haven't clapped eyes on him for three months** nu l-am mai văzut de trei luni.

clap into prison, to *F* a băga la răcoare; a băga/vârî la zdup.

clap on sail, to *mar. (d. un velier)* a mări viteza întinzând toate pânzele.

clap smb. in/into jail/prison/solitary confinement etc., to ← *F* a arunca pe cineva în închisoare *(adeseori fără judecată); F* → a-l băga la zdup/carceră.

claw favour with smb., to *v.* curry favour with smb.

claw me and I will claw thee ← *F* serviciu contra serviciu; *F* → o mână spală pe alta (și amândouă obrazul).

claw on the gall, to *F* a atinge (pe cineva) unde îl doare.

clean as a whistle, (as) ← *F* sincer; franc; deschis; *aprox. F* → ce-i în gușă și-n căpușă.

clean broke, to 1. ← *F* devastat; prădat; jefuit. 2. ruinat; *F* → fără o lăscaie/un chior (în pungă); (complet) pe drojdie/geantă.

clean fast is better than a dirty breakfast, a *aprox. mai bine sărac curat decât negustor încurcat.*

clean hand wants no washing, a *P aprox.* ca cugetul cel bun, nimic alt(ceva) mai bun.

cleanliness is next to godliness *aprox.* omul cinstit e plăcut lui Dumnezeu.

clean the slate, to *fig.* a șterge cu buretele.

clean up a place, to a curăța și a face ordine *(într-un atelier, într-o casă după plecarea musafirilor etc.)*

clean up a pocket of resistance, to *mil.* a curăța/lichida ultimele puncte de rezistență ale inamicului.

clean up a town, to a curăţa un oraş *(de prostituţie, de traficul de stupefiante, de corupţie etc.).*

clear a score, to a regla conturile/socotelile; a se socoti/achita; a fi chit.

clear as mud, (as) 1. *iron.* clar ca noaptea. 2. limpede ca lumina zilei; clar ca bună ziua.

clear conscience is a good card, a *aprox.* cugetul cel bun, cea mai moale pernă.

clear off (with you)! *F →* şterge-o! dă-i bătaie! *vulg.* → plimbă ursu'!

clear one's mind of, to a uita *(intenţionat);* a şterge din minte; a face abstracţie de *(propriile dorinţe, păreri, prejudicii).*

clear one's throat, to a-şi drege glasul.

clear the air, to 1. *(d. ploaie)* a curăţa/purifica/ împrospăta aerul/atmosfera. 2. *(d. o discuţie etc.)* a lămuri lucrurile; a pune lucrurile la punct.

clear the court, to *fig.* a netezi drumul; a curăţa calea; a înlătura/îndepărta obstacolele.

clear the court, to *jur.* a evacua sala.

clear the decks (for action), to 1. *mar. (d. un vas)* a se pregăti de luptă. 2. *← F* a se pregăti (în vederea unei acţiuni).

clear the dishes away, to a strânge masa; a duce vasele/farfuriile (murdare/folosite) la bucătărie.

clear the skirts of smb., to *fig.* *← F* a restabili reputaţia cuiva; a spăla ruşinea cuiva.

clear up the mess, to *← F* a face/pune ordine în lucruri/a descurca lucrurile încurcate de altcineva.

climb/get into the bandwagon, to *amer. pol. ← F* a se alătura mişcării politice cu cele mai mari şanse; *(prin extensie)* a se da cu cel mai tare.

climb on the bandwagon, to *v.* **climb into the bandwagon.**

climb up the ladder, to a urca treptele ierarhiei sociale; a face carieră.

clock up, to *sport* a fi cronometrat (la); a scoate un timp (de); a înregistra/obţine un rezultat (de).

clog up, to a ancrasa *(o bujie);* a înfunda *(o ţeavă, o conductă).*

close a gap, to a umple o lacună; a micşora decalajul.

close the books, to *(d. întreprinderi, firme comerciale)* a-şi întrerupe temporar activitatea.

close up! *mil.* strângeţi rândurile!

club shares, to 1. a împărţi în părţi egale. 2. *fig.* a împărţi/împărtăşi aceeaşi soartă.

club together, to a se cotiza; a pune mână de la mână *(pentru a cumpăra un cadou comun etc.).*

clue smb. up, to *austral.* a informa pe cineva pe larg; a lămuri pe cineva pe deplin.

clutch at a straw, to *v.* **catch at a straw.**

coast about, to *austral. ← F. v.* **chase the sun.**

coast along, to *(d. un autovehicul)* a coborî o pantă cu motorul întrerupt/fără motor *(pentru a economisi benzina).*

coast is clear, the 1. *fig. F* drumul e liber; nu e nici un pericol/o primejdie/un obstacol/o piedică. 2. *← glum.* closetul e liber.

cock/cut a snook at smb., to *şcol. sl.* a-i da cuiva cu tifla.

cock one's eye at smb., to 1. a-i face cuiva cu ochiul; a-i arunca cuiva o ocheadă. 2. a privi pe cineva cu coada ochiului.

cock one's little finger, to *F* a trage la măsea.

cock one's nose, to a strâmba din nas; **~ at smb.** a privi pe cineva de sus/cu dispreţ; a măsura pe cineva (cu dispreţ) din cap până-n picioare.

cock up one's ears, to *(d. un animal)* a-şi ciuli urechile.

cock up one's leg, to *(d. un câine)* a ridica un picior *(pentru a urina).*

coil one's turkey, to *austral. ← sl. v.* **chase the sun.**

coins's/penny's dropped, the *sl.* (i-)a căzut fisa.

cold enough to freeze the balls off a billiard table *austral.* ger de crapă pietrele.

cold enough to freeze the tail/nose off a brass monkey *austral.* ger de crapă pietrele.

comb smb.'s hair (for him), to *F* a da/trage cuiva un perdaf/frecuş/o săpuneală; a rade pe cineva fără săpun; a lua pe cineva la depănat.

comb smb.'s head for him, to *F* 1. a-i freca cuiva ridichea. 2. *v.* **comb smb.'s hair (for him).**

comb smb.'s head/*înv.* **noddle with a three-legged stool, to** *rar glum. v.* **comb smb.'s head for him.**

come/go a cropper/mucker, to 1. a cădea: *F →* a face buf *(de pe cal, bicicletă etc.).* 2. *fig.* a ajunge/ sfârşi rău/prost; *(d. un comerciant)* a da faliment. 3. a se lovi de un obstacol neprevăzut; *F →* a da de belea; **he came a cropper in English** l-a trântit/ picat la engleză.

come a game on smb., to *amer. F* a trage pe cineva pe sfoară; a-i trage cuiva clapa.

come a howler, to *F* a face o gafă; a o scrânti; a face boacănă/lată/de oaie.

come along/on like a house on fire/like nobody's business, to *(d. un elev, bolnav; d. un lucru, o lucrare)* a face progrese, a progresa.

come a mucker, to *v.* **come a cropper.**

come and have/take pot-luck with us! *F* vino la masă (cu noi) şi ce-om avea, aia om mânca.

come apart at the seams, to *F (d. cineva) fig.* a i se slăbi/muia balamalele; a nu-l mai ţine balamalele; *(d. un plan, proiect, o idee)* a nu rezista; *fig.* a pocni pe încheieturi; a se desface pe la cusături.

come around/round to smb.'s way of thinking/ point of view/assessment of the situation, to a adopta punctul de vedere al cuiva; a ajunge să vadă lucrurile în același fel; *F →* a veni la vorba cuiva; *v. și* **bring smb. around to one's way of thinking.**

come a stumer, to *austral.* ← *sl.* a da faliment.

come away! *scoț.* poftiți (vă rog)! intrați!

come away with it! hai, dă-i drumul și spune-ne și nouă!/spune-mi și mie!

come back again like a bad halfpenny/penny/ shilling, to *F* 1. *(d. animale, lucruri)* a se întoarce/ reveni la proprietar împotriva dorinței acestuia. 2. *(d. persoane)* a veni iar/din nou pe capul cuiva.

come back to Civvy Street, to ← *F* a reintra în viața civilă; a se întoarce la vatră.

come bad speed, to *scoț. F* a da chix.

come between the bark and the tree, to ← *F* a se amesteca în chestiunile familiale ale altora (mai ales în cele privind pe soți).

come butt against, to a da de; a se lovi/izbi de.

come by/meet with one's desert, to a căpăta ceea ce merită; a fi răsplătit după merit(ele sale).

come captain Stiff over smb., to ← *rar* ← *F* a se purta rece și distant cu cineva; a trata pe cineva de sus.

come clean, to *amer.* ← *F* a recunoaște/mărturisi ceva în mod franc/sincer/deschis; *F →* a spune totul pe șleau (fără a ascunde nimic).

come crashing about one's ears, to *(d. speranțe, visuri, ambiții etc.)* a se nărui; a se spulbera.

come day, go day: it's all ~ with him *F (d. persoane care nu muncesc cum trebuie la locul de muncă)* treci zi, treci noapte, apropie-te leafă!

come down a peg (or two), to *F* a o lăsa mai moale/domol.

come down from a/the University, to a absolvi o universitate/universitatea *(mai ales despre Oxford și Cambridge).*

come down handsome, to ← *F* a da dovadă de larghețe/culanță/dărnicie/generozitate.

come down in the world, to a ajunge rău/prost; a decădea; *F →* a ajunge din cal măgar.

come down on smb. like a cartload/ton/pile of bricks, to ← *F (mai ales d. persoane oficiale)* a mustra sever pe cineva; *F →* a-i trage cuiva o săpuneală/un perdaf/frecuș; a rade pe cineva fără săpun.

come down on the right side of the fence, to ← *F* 1. a face o alegere judicioasă în politică; a alege alternativa cea mai bună. 2. a se da cu cel mai tare.

come down to bedrock, to *F. v.* **get down the bedrock.**

come down to brass/nails/tacks, to *F v.* **get down to grass/nails/tacks, to.**

come down to earth (with a bang/bump), to *F* a coborî cu picioarele pe pământ; a nu mai fi cu capul în nori; a vedea clar situația (așa cum este în realitate).

come easy to smb., to *v.* **come natural to smb.**

come from Missouri, to *amer.* ← *F* a fi Toma Necredinciosul; a nu crede până nu vede.

come from the shoulder, to *amer.* ← *F* a proceda franc/deschis.

come full butt against, to *v.* **come butt against.**

come good, to *austral. sport* a avea o revenire (de formă); a fi din nou în formă.

come good speed, to *scoț.* a avea succes; a reuși.

come home, to *v.* **bring oneself home.**

come home by the weeping cross, to ← *înv.* 1. a eșua; a suferi un eșec/fiasco; 2. a suferi o decepție. 3. a se pocăi; a-și mușca degetele.

come home to roost, to ← *F (d. o situație etc.)* a se întoarce împotriva cuiva.

come home to smb., to 1. a înduioșa/mișca/ emoționa până în adâncul sufletului; > a găsi ecou/ răsunet în inima cuiva. 2. a-i merge cuiva la inimă; a unge pe cineva la inimă. 3. a face/produce impresie/efect asupra cuiva. 4. a înțelege; a-și da seama perfect; a vedea clar/limpede; **it came home to me that ...** m-am lămurit/luminat că ...; mi-am dat (în cele din urmă) seama că ...; *v. și* **bring home to smb.**

come home to smb.'s heart, to *v.* **come home to smb.** 1.

come home with the milk, to a se întoarce acasă dis-de-dimineață *(de la o petrecere etc.).*

come in first/last, to *sport (d. un alergător, o mașină de curse etc.)* a trece primul/ultimul linia de sosire.

come in for (some/a lot of) criticism, to *(d. muncă, o idee, comportare, o lucrare etc.)* a fi criticat, a fi supus/obiectul criticii.

come in handy/useful, to *(d. ceva)* a-i prinde bine cuiva; a se dovedi folositor.

come in on a plan/scheme/venture, to a lua parte la un plan/proiect/o acțiune.

come in on the ground floor, to *(d. un acționar, membru al unei societăți etc.)* a fi membru al societății *(respective: pe acțiuni etc.)* încă de la întemeierea ei; *v. și* **be in on the ground floor.**

come in out of the rain, to: not to have enough imagination/intelligence/sense to ~ *F* a fi (cam) prost/fraier.

come in pat (with an answer), to a răspunde prompt (și la momentul potrivit).

come inside, to *austral.* a veni la oraș *(pornind din centrul țării, v.* go outback.*).*

come in through the hawse-hole, to *mar. fig.* a începe ca un simplu matelot.

come into action, to *mil. (d. trupe)* a intra în acțiune/luptă/dispozitiv; *(d. tunuri etc.)* a începe să tragă; *v. și* **be in action; brings/go into action.**

come into a fortune/legacy, to a moșteni o avere.

come into being/existence, to a lua ființă; a fi creat/înființat; *v. și* **be in being; bring into being/existence.**

come into blossom/flower, to *(d. boboci)* a înflori; *(d. flori)* a apărea; *v. și* **be in blossom, bring into blossom/flower.**

come into bud, to a înmuguri; *v. și* **be in bud.**

come into collision (with), to a se tampona/ciocni (cu); *v. și* **be in collision (with).**

come into contact (with), to a veni în contact cu; *(d. fire electrice)* a face atingere; *v. și* **be in contact; bring into contact (with).**

come into effect, to a intra în vigoare.

come into fashion/vogue, to a deveni la modă; *v. și* **be in fashion/vogue, bring into fashion/vogue.**

come into focus, to 1. a fi focalizat; *fig.* a deveni clar. 2. *fig.* a se impune atenției publice; *v. și* **be in focus, bring into focus.**

come into force, to a intra în vigoare; *v. și* **be in force, bring/put into force; come into effect.**

come in to land, to *av. (d. un avion)* a intra în zona aeroportului, pregătindu-se de aterizare.

come into leaf, to a înfrunzi; *v. și* **be in leaf.**

come into line (with), to a se conforma regulilor *(unei organizații);* a adopta aceeași linie *(de gândire, acțiune); v. și* **be in line (with), fall into line (with).**

come into one's own, to a-și lua/ocupa locul (ce i se cuvine/îi revine); < a primi/dobândi ce i se cuvine; a-și câștiga drepturile; a intra în drepturile sale; a se afirma, a se impune.

come into play, to a intra în joc; a începe să acționeze; *v. și* **be in play, bring into play.**

come into power, to *pol.* a veni la putere; a veni la cârma țării; *v. și* **be in power.**

come into prominence, to a deveni foarte cunoscut; a se impune atenției publice; < a ieși din anonimat; *v. și* **bring into prominence.**

come into season, to *(d. fructe, legume etc.)* a apărea pe piață; *v. și* **be in season.**

come into service/use, to a intra în funcție; *(d. o linie aeriană, ferată etc.)* a fi redat traficului *(de*

călători); *v. și* **be in service/use, bring/go into service/use.**

come into sight/view, to a apărea, a deveni vizibil; a se dezvălui/arăta/înfățișa privirilor; *v. și* **be in sight/view, bring into sight/view.**

come into smb.'s possession, to a intra în posesia/stăpânirea cuiva; a deveni proprietatea/bunul cuiva; *v. și* **be in smb.'s possession.**

come into the open, to 1. a fi sincer; a vorbi deschis. 2. a se dezvălui; a fi dat în vileag; a deveni public; *v. și* **be in the open, bring into the open.**

come into the world, to a se naște; a fi dus pe lume; *v. și* **bring into the world.**

come in when it rains, to *v.* **get out of the rain.**

come it strong, to 1. a depăși limita/măsura; a exagera; a merge/ajunge prea departe; a împinge lucrurile prea departe; *F →* a sări peste cal; a se întrece cu gluma. 2. a face pe nebunul/grozavul/autoritarul/dictatorul.

come natural to smb., to 1. *(d. ceva)* a-i fi/veni ușor cuiva; a avea o ușurință/un talent deosebit (pentru); a nu fi/prezenta nici o problemă/dificultate pentru cineva. 2. a(-i) fi/sta în firea cuiva; *(și iron.)* a avea un dar înnăscut (pentru).

come no speed, to *scoț. F v.* **come bad speed.**

come of age, to a deveni major; a atinge (vârsta) majoratul(ui).

come off a loser, to a pierde (partida).

come off cheap, to a scăpa ieftin/ușor.

come off it! *F* 1. las-o mai moale!/ieftin! 2. basta! gata! de-ajuns! 3. nu te mai preface!

come off scot(-)free, to *F v.* **get off scot(-)free.**

come off second best, to *și fig.* a fi învins/înfrânt.

come off the gold standard, to a abandona etalonul aur.

come off the high horse, to *F v.* **come down a peg.**

come off with flying colours, to a ieși victorios *(dintr-o încercare);* a se achita strălucit *(de o sarcină, misiune grea).*

come off your high horse! *F* nu mai face (așa) pe grozavul/deșteptul/nebunul! *v. și* **come off your perch!**

come off your perch! *F* dă-te jos din corcoduș! *v. și* **come off your high horse!**

come on! (ei hai) curaj!

come on a straight shoot, to *amer.* a proceda direct/fără ocolișuri; a merge drept la țintă.

come on in, the water's fine! 1. *(literal)* poți să intri, apa nu e rece! 2. *fig.* e o carieră/slujbă de viitor! e o activitate/muncă plăcută!

come on the scene, to *(d. poliție, pompieri, salvare etc.)* a veni la fața locului; *v. și* **be on the scene.**

come out against a proposal/a reform, etc., to a se opune/a vorbi în contra unei propuneri/reforme etc.

come out at/of the little end of the horn, to *F* 1. a da chix. 2. *(mai ales d. cineva lăudăros sau pedant)* a o face de oaie; a da cu băţul/bâta în baltă; a o scrânti/face boacănă.

come out bottom/top/third/etc., to a se clasa/a ieşi ultimul/primul/al treilea etc.

come out flat-footed, to *amer.* ← *F* a fi sincer/deschis; a (o) spune sincer/deschis/pe faţă/pe şleau; *F* → ce-i în guşă şi-n căpuşă.

come out in a rash, to a(-i) apărea o spuzeală/erupţie; *v. şi* **bring smb. out in a rash.**

come out in favour (of), to a se declara/a acţiona în favoarea (cuiva, a ceva).

come out in the wash, to a ieşi la iveală/lumină; a se clarifica/limpezi.

come out of one's shell, to *fig.* 1. a ieşi din cochilie. 2. a prinde limbă/glas.

come out of that! dezbară-te! dezvaţă-te!

come out of the blue, to a apărea/a se ivi din senin/pe neaşteptate.

come out of the little end of the horn, to *F v.* **come out at the little end of the horn.**

come out (on strike), to a face/declara grevă; a pune în grevă.

come out on the right side, to a ieşi în câştig (financiar).

come out on the wrong side, to a ieşi în pierdere (financiară).

come out on top, to ← *F* a răzbi în viaţă; a ajunge până în vârful piramidei.

come out strong, to 1. a face paradă; a trăi pe picior mare. 2. a dovedi fermitate/hotărâre.

come over to smb.'s side, to a trece de partea cuiva.

come possum over smb., to *F* a trage pe cineva pe sfoară; a-i trage cuiva clapa.

come short home, to ← *înv.* a da de belea/bucluc.

come short of smth., to *v.* **fall short of smth.**

come smb., to a face pe cineva *(e.g. pe profesorul sever, pe patronul/tatăl autoritar etc)*.

come smth., to *(folosit mai mult la imperativul negativ)* a se preta la ceva.

come the big figure, to *F v.* **go the whole figure.**

come the heavy over smb., to ← *F* a trata pe cineva de sus.

come the old soldier over smb., to ← *F* 1. a-i comanda cuiva; a povăţui pe cineva; a dădăci pe cineva; 2. a înşela/amăgi/*F* → trage pe sfoară pe cineva.

come the proverbial, to *austral. aprox.* a-şi găsi naşul/capacul; ulciorul nu merge de multe ori la apă.

come the quarter-deck over smb., to ← *F* a trata/lua pe cineva de sus; a-i comanda cuiva.

come the raw prawn, to *austral. F* a încerca să tragă pe sfoară pe cineva/să-l prostească.

come the religious dodge over smb., to ← *F* a căuta să obţină ceva de la cineva făcând pe cucernicul (şi invocând religia).

come the uncle over smb., to ← *F* a mustra/dojeni pe cineva.

come through the gate of horn, to ← *elev.* (d. visuri) a se realiza; a se îndeplini.

come through the gate of ivory, to ← *elev.* (d. visuri) a se spulbera.

come to a climax, to a atinge apogeul/intensitatea maximă; *v. şi* **bring to a climax.**

come to a (successful) conclusion, to a se termina cu bine/succes; *v. şi* **bring to a successful conclusion.**

come to a dead end, to a ajunge într-un punct mort/impas; *v. şi* **be at a dead end, bring to a dead end.**

come to a halt, to *v.* **come to a standstill; bring to a halt.**

come to a handsome pass, to *F v.* **come to a pretty pass.**

come to a head, to 1. (d. un abces) a colecta; a se coace. 2. (d. o situaţie) a se agrava; a fi critică; a atinge un punct critic; *v. şi* **bring it to a head.**

come to an end, to a lua sfârşit, a se termina; *v. şi* **be at an end, bring to an end, put an end/stop (to).**

come to a pretty pass, to a ajunge prost/rău/într-o situaţie critică/< de râpă.

come to a stand, to (mai ales d. persoane) *v.* **come to a standstill.**

come to a standstill, to 1. (d. un tren, motor, persoane etc.) a se ori. 2. (d. muncă, producţie) a înceta (temporar). 3. (d. comerţ, afaceri, activităţi, proiecte etc.) a stagna; a ajunge la un punct mort.

come to a stop, to (mai ales d. lucruri) *v.* **come to a standstill.**

come to attention, to *mil.* a lua poziţia de „drepţi"! *v. şi* **be at attention, bring to attention.**

come to bat, to *amer.* ← *sl.* a avea de făcut faţă unei sarcini/încercări grele; a trece printr-o grea încercare.

come to blows, to a ajunge să se încaiere/la bătaie; *v. şi* **bring to blows.**

come to close quarters, to 1. a intra/a se angaja în luptă corp la corp. 2. a se întâlni faţă în faţă. 3. *fig.* a porni/angaja o discuţie în contradictoriu.

come to fruition, to a se realiza; a se împlini; a da roade; *v. și* **bring to fruition.**

come together, to a se împăca; a se întâlni/a veni la masa tratativelor; *v. și* **bring together.**

come together by the ears, to *înv. v.* **fall together by the ears.**

come to good, to a da bune rezultate; a se sfârși cu bine.

come to grass, to *min. sl.* a ieși din mină/subteran; a ieși la suprafață.

come to grief, to *(d. un avion, automobil etc.)* a fi distrus; *(d. un plan, o acțiune)* a fi un eșec/fiasco.

come to grips with, to ← *F* a fi confruntat cu *(o problemă majoră); v. și* **be at grips (with), bring smb./get to grips with.**

come to hand(s), to 1. *(d. scrisori etc.)* a ajunge; a parveni. 2. *(d. cărți etc.)* a cădea în mână (cuiva). 3. a se angaja în luptă corp la corp; a se încăiera; *F* → a se lua în coarne/bețe/cângi.

come to harm, to a avea de suferit; a da de rău.

come to heel, to 1. *(d. un câine)* a se ține de cineva; a merge în urma/pe urmele cuiva. 2. *(d. un câine)* a răspunde la apel; a fi ascultător. 3. *fig.* a se supune.

come to life, to a prinde viață; *v. și* **bring to life.**

come to light, to a ieși la lumină/iveală; *v. și* **bring to light.**

come/get/go/fall to loggerheads, to ← *F* a veni/ intra în conflict (cu cineva); *F* → a avea discuții (cu cineva); < a ajunge la cuțite (cu cineva).

come to no good, to a (se) sfârși rău/prost; a nu avea (un) sfârșit bun.

come to nothing, to a nu se materializa/realiza; a eșua; **all our plans/hopes came to nothing** nu s-a ales nimic/s-a ales praful din (toate) planurile/ speranțele noastre.

come to one's autumn, to a culege roadele unei comportări nechibzuite/nesăbuite; a plăti pentru faptele sale; a primi o pedeapsă binemeritată; a sfârși rău/prost; *aprox.* după faptă și răsplată.

come to oneself, to a se trezi din visare/reverie; a-și reveni; *v. și* **bring smb. to himself.**

come to one's feet, to a se ridica (în picioare); a sări în sus *(de bucurie, furie etc.); v. și* **bring smb. to his feet.**

come to one's hand(s), to *v.* **come to hand(s).**

come to one's senses, to a se învăța minte; a-i veni mintea acasă/la cap; *v. și* **bring smb. to his senses.**

come to pass, to a se întâmpla; a se brodi; a se nimeri.

come to points, to a trage sabia/spada (afară din teacă); a se lua la harță (cu săbiile).

come to rest, to *(d. un vehicul, mai ales ieșit de sub controlul conducătorului)* a se opri; *v. și* **bring to rest.**

come to smb.'s aid/assistance/help, to a veni în ajutorul cuiva.

come to smb.'s attention/notice, to *(d. un fapt)* a-i atrage cuiva atenția; **it came to my atten- tion/notice that ...** mi-am dat seama că ...; *v. și* **bring to smb.'s attention/notice.**

come to smb.'s/the rescue, to a veni/sări în ajutor(ul) cuiva.

come to something, to: it's come/coming to something when I have to ask you to stay in! să știi că e sfârșitul lumii/nu-i a bună dacă trebuie să te rog eu să stai în casă *(indică perplexitatea).*

come to stay, to *(d. cuvinte străine, modă, muzică străină etc.)* a intra în uz; a prinde rădăcină; a fi acceptat; *F* ← a prinde.

come to terms with, to a ajunge la o înțelegere/ învoială/compromis/modus vivendi cu; a se împăca cu; a accepta (de voie de nevoie).

come to the boil, to 1. *(d. un lichid)* a atinge punctul de fierbere. 2. *fig.* a atinge un punct critic.; **things have ~** situația a ajuns explozivă; *v. și* **bring to the boil.**

come to the crunch/push, to *v.* **come to the point** 1.

come to the end of one's rope/tether, to ← *rar* ← *F* a ajunge la capătul puterilor/resurselor; a-i ajunge cuțitul la os.

come to the fore, to a deveni proeminent; a se situa în primul rând/prima garnitură; *v. și* **bring to the fore.**

come to the ground, to 1. ← *dial.* a pieri; a se prăpădi. 2. a fi trântit/culcat la pământ; *v. și* **bring to the ground.**

come to the halter, to ← *F* a ajunge în ștreang; a fi spânzurat.

come/go to/under the hammer, to a fi vândut la licitație/mezat.

come to the point, to 1. a ajunge la momentul hotărâtor/decisiv/critic. 2. a (re)veni/trece la subiect; a ataca fondul problemei; **~!** vorbește la subiect!

come to the push, to *F v.* **come to the point** 1.

come to the religious dodge over smb., to *F v.* **come the religious dodge over smb.**

come to the right shop, to ← *fig. F* a se adresa cui/unde trebuie; a o nimeri/brodi bine.

come to the same thing (as), to a fi exact același lucru; *F* → ce mi-e una/baba Rada, ce mi-e alta/ Rada baba.

come to the scratch, to *amer. F v.* **come up to the scratch.**

come to the wrong shop, to *fig.* ← *F* a se adresa cui/unde nu trebuie; a greşi adresa; a o nimeri/brodi prost/rău.

come to think of it, to: now I ~ (de fapt) dacă mă gândesc (mai) bine.

come true, to *(d. vise etc.)* a se împlini; a se înfăptui; a deveni aievea/realitate; a prinde viaţă; a fi tradus în viaţă.

come under the hammer, to *v.* **come to the hammer.**

come undone, to 1. *(d. păr, şireturi)* a se desface. 2. *(d. un nasture)* a se desprinde.

come unstuck, to 1. a se dezlipi; a se desface. 2. *fig. (d. planuri etc.)* a rămâne baltă; a se alege praf şi pulbere.

come up against a blank wall, to *fig.* a se lovi/izbi de un zid.

come up for auction/sale, to a fi scos/vândut la licitaţie; *v. şi* **be/put up for auction/sale.**

come up in the world, to a ajunge departe/mare/sus; a face carieră.

come up missing, to *amer.* a fi dat dispărut.

come upon smb.'s heels, to a urmări pe cineva (în)deaproape; a merge pe urmele cuiva.

come upon the parish, to a fi întreţinut de parohie; *F* → a ajunge la covrigi.

come upon the town, to ← *înv.* a-şi face debutul/prima apariţie în lume/societate.

come up smiling, to 1. a nu se pierde cu firea; a-şi păstra calmul/cumpătul/sângele rece/demnitatea. 2. ← *F (d. obiecte)* a se păstra intact; a putea fi folosit mai departe/în continuare.

come up the hard way, to a creşte ca un spartan; a fi obişnuit/învăţat cu greul de mic copil; a fi răzbit prin viaţă de unul singur; *v. şi* **bring smb. up the hard way.**

come up to scratch, to *F v.* **come up to the scratch.**

come up to smb.'s chin/shoulder, to *fig.* a nu-i ajunge cuiva nici la degetul cel mic.

come up to the bit, to 1. *(d. un cal)* a asculta de frâu. 2. *fig.* a fi supus/ascultător.

come up to the chalk, to *amer. F v.* **come up to the scratch.**

come up to the mark, to *amer. F v.* **come up to the scratch.**

come up to the rack, to *amer.* ← *F* 1. a suporta/trage consecinţele unei acţiuni proprii; *aprox.* a culege ce a semănat. 2. *fig.* a pune umărul la căruţă.

come up to the scratch, to ← *F* 1. sport a se alinia la start; a-şi ocupa locul la linia de plecare. 2. *fig.* a fi gata de luptă; a fi în formă. 3. *fig.* a lua o hotărâre fermă; a adopta o atitudine limpede/clară/precisă; < a acţiona energic/cu hotărâre; a nu da îndărăt; înapoi. 4. *fig.* a fi la înălţime; a-şi îndeplini cu succes datoria/obligaţia. 5. *fig (d. lucruri)* a satisface exigenţele/cerinţele; a fi de calitate (corespunzătoare).

come within earshot/sight/view/striking distance/range of warning/interception, etc., to a ajunge până la distanţa de unde poate fi auzit/văzut/lovit/avertizat/interceptat etc.; *v. şi* **be/bring/get within earshot.**

come Yorkshire over/put Yorkshire on smb., to *F* a trage pe cineva pe sfoară; a-i trage clapa cuiva; a înşela/păcăli pe cineva.

compare notes, to a schimba păreri/impresii/opinii.

cone off a lane/road, to *(d. poliţie)* a închide (accesul la) o bandă/arteră de circulaţie cu ajutorul conurilor de cauciuc.

consign to the junk pile, to 1. a trece în planul de demolări. 2. *fig.* ← *F* a da la arhivă.

consult with one's pillow, to *F v.* **carry a matter to one's pillow.**

contest the chromo (with smb. for smth.), to *amer.* ← *F* a(-i) disputa (ceva cuiva); a concura (cu cineva pentru ceva).

cook an account, to ← *F* a falsifica/încărca o socoteală/o notă/un cont.

cook one's (own) goose, to *F* 1. a-şi fura singur căciula; a-şi tăia singur craca de sub picioare. 2. a-şi mânca lefteria. 3. a se vârî singur în belea/bucluc/groapă.

cook smb.'s goose (for him), to ← *sl.* 1. a răsturna/da peste cap planurile/proiectele cuiva; a contracara pe cineva. 2. *F* → a mânca fript pe cineva. 3. *A* → a-i face cuiva felul/de petrecanie.

cook up an excuse/pretext, to ← *F* a inventa o scuză/un pretext.

cool one's coppers, to ← *F* a se drege după beţie.

cool one's heels, to ← *F* a face anticameră.

cop it (hot), to *F* a o încasa; a o lua pe coajă.

cop the crow, to *austral.* ← *F* a duce greul muncii; *F* → a fi pe post de măgar.

cop this! *austral.* ← *sl.* 1. ţine! 2. priveşte! uite!

cordon off a home/street/danger area, etc., to *(d. poliţie, pompieri etc.)* a interzice/închide accesul la o casă/stradă/zonă periculoasă *(de obicei cu ajutorul unor cordoane).*

cork up one's feelings/emotions, to ← *F* a-şi stăpâni/reţine sentimentele/emoţiile; *F* → a le ţine în frâu.

corner the market, to *com.* a acapara/monopoliza piața.

cost a mint of money, to *F* a costa o groază de bani/o avere.

cost a pretty penny, to *F* a costa o groază/grămadă de bani/o sumă frumușică; a(-i) face gaură în pungă.

cotton on (to), to ← *F* a-și da seama (de); *F* → a-i cădea fisa; a se prinde.

couch a hogshead, to ← *înv.* a pune bostanul pe pernă/*A* → bila pe cinci.

cough it up, to ← *sl.* a-și descărca sufletul; a se descărca; *fig.* a-și deșerta/goli sacul; a-i da drumul.

cough up (money), to ← *sl.* a plăti *(de obicei de nevoie);* a scoate bani (și a plăti).

cough up smth., to ← *F* a renunța la *(bunuri materiale, o proprietate etc.)*

count noses, to ← *F* 1. a număra voturile (exprimate prin ridicare de mâini). 2. a face socoteala adep-ților/partizanilor săi/unei idei etc.

count one's cards, to ← *înv.* a examina/trece în revistă șansele/posibilitățile de reușită/atuurile de care dispune (în vederea unei acțiuni).

count on one's cards, to a conta/pune temei/bază pe șansele/resursele/atuurile sale.

count out the House (of Commons), to *parl.* a amâna dezbaterile din Camera Comunelor *(în cazul când numărul parlamentarilor prezenți este sub 40).*

count the House out, to *parl. v.* **count out the House.**

count the ties, to *amer.* ← *sl.* a merge pe traverse de cale ferată (din traversă în traversă).

count without one's host, to *v.* **reckon without one's host.**

cover ground, to 1. a acoperi/parcurge o distanță. 2. *fig.* a acoperi/parcurge un câmp de cercetări/investigații/studii etc.; **he has a lot of ground to cover** (el) are de parcurs un program vast.

cover the ground, to 1. a inspecta/cerceta un drum/o porțiune de teren etc. 2. *fig.* a studia (temeinic) o problemă.

cover up one's tracks, to 1. a-și acoperi/șterge urmele; a nu lăsa urme. 2. *fig F.* a lucra acoperit.

cover up smb.'s tracks, to 1. a acoperi/șterge urmele cuiva. 2. *fig.* a acoperi pe cineva.

cover with the moon, to *amer.* ← *F (d. șomerii lipsiți de un adăpost pentru noapte)* a dormi sub cerul liber.

cow into submission, to a supune prin teroare.

crab smb.'s game, to *F* a strica jocul/socotelile/planurile/urzelile cuiva; a nu lăsa pe cineva să-și facă jocul/mendrele/de cap.

crack/crush a bottle (with smb.), to ← *F* a goli/bea o sticlă (cu cineva).

crack a crib, to ← *sl.* a comite o spargere.

crack a crust, to ← *rar* a o scoate/a ieși la capăt; < a trăi binișor/fără grija zilei de mâine.

crack a tidy crust, to ← *rar* a câștiga frumos; a o duce foarte bine; < a trăi pe picior mare/în huzur.

crack down on smb., to ← *F* a lua măsuri drastice/punitive împotriva cuiva; *F* → a se răfui/socoti cu cineva; a strânge șurubul.

crack hardy, to *austral.* ← *F* a nu se lăsa doborât/copleșit de o nenorocire; a face față (cu demnitate) unei situații grele.

crack one's brain(s), to *F* a căpia; a se sminti; a se țicni.

crack the bell, to *F* a face o gafă; a da cu bățul/bâta în baltă; a se scăpa cu vorba; a-l lua gura pe dinainte; a o nimeri ca Ieremia cu oiștea-n gard.

crack (smb./smth.) up (as a paragon, etc./to be a paragon, etc.) to ← *F* a lăuda (pe cineva, ceva) excesiv; **I wonder if the new Concorde is every-thing/all it's ~ed up to be** mă întreb dacă noul tip de avion Concorde e chiar așa de formidabil/grozav.

cram smth. down smb.'s throat, to *fig.* a-i vârî/băga cuiva ceva pe gât.

crane forward, to a-și lungi gâtul (pentru a vedea mai bine).

crank up (the engine), to a porni motorul (ma-șinii) cu manivela.

crash about one's ears, to *v.* **come crashing about one's ears.**

crash a/the party, to *amer.* ← *sl.* a se invita singur/a veni nepoftit la o petrecere.

crash the gate, to *amer. sl.* 1. *v.* **crash a party.** 2. a intra pe blat (la un spectacol, o manifestare sportivă).

crash the party, to *v.* **crash a party.**

crawl to smb., to ← *F* a se înjosi/umili față de cineva (prin lingușeli); a umbla cu săru-mâna; < *fig.* a umbla în patru labe; *fig.* a face frumos/sluj.

create/make/raise a disturbance, to a tulbura or-dinea publică; a face agitație; a face larmă/vacarm.

creep up on smb., to a se apropia de cineva pe furiș.

cringe away/back from smb., to a se trage/da înapoi (de frica cuiva).

crook the elbow/little finger, to *sl.* a trage la măsea.

crop smb.'s feathers, to *fig. F* a scurta/tăia cuiva nasul; a-i (mai) închide gura; a i-o mai reteza; a-i mai smulge/reteza din pene; a-i mai tăia/reteza din unghii.

cross as two sticks, (as) *F* prost dispus, cu nervi.

cross off a name/an item/a job, etc., to a tăia un nume/un articol/un lucru de făcut *(de pe o listă)*.

cross out a name/a mistake, etc., to a tăia un nume (greșit)/o greșeală *(dintr-o lucrare etc.)*.

cross smb.'s bows, to *mar. sl.* a scoate pe cineva din sărite/pepeni; a călca pe cineva pe coadă/bătătură.

cross smb.'s hand/palm with silver, to a-i pune (unei ghicitoare) bani în mână/în palmă ca să-i ghicească.

cross smb.'s path/track, to *fig.* a-i sta cuiva în cale; a i se pune cuiva de-a curmezișul; a se împotrivi (planurilor) cuiva.

cross swords (with), to *fig.* a-și încrucișa spada (cu).

cross the floor of the House, to *parl.* a trece dintr-un partid în altul.

cross the Great Divide, to *elev.* a se duce pe lumea cealaltă/pe celălalt tărâm; a trece prin vămile văzduhului.

cross the river, to l. a trece/traversa râul; a trece peste râu. 2. *fig.* a învinge obstacolele. 3. a se duce pe lumea cealaltă.

cross the Stygian ferry, to *elev.* a se duce pe lumea cealaltă/pe/în celălalt tărâm; a trece râul Styx (cu luntrașul Charon).

cross the t's (and dot the i's), to *fig.* a pune punctul pe i.

crowd in on/upon smb., to *(d. gânduri, amintiri, circulație)* a-l năpădi pe cineva (din toate părțile).

crowd out (people), to *fig.* a nu permite accesul (la); **pressure on reading rooms has ~ed out many students from university libraries** spațiul insuficient al sălilor de lectură a făcut ca mulți studenți să nu mai utilizeze bibliotecile universității.

crowd the mourners, to *amer. ← sl.* l. a obține ceva pe căi necinstite/prin fraudă. 2. *pol.* a complica ceva în mod inutil; a complica și mai mult lucrurile; < a înrăutăți situația.

crow one's head off, to *F* a se umfla în pene; a nu-și mai încăpea în piele (de bucurie, mândrie).

crusade for/against smth., to a face campanie pentru/contra cuiva.

crush a bottle, to *F v.* **crack a bottle.**

crush a fly upon the wheel, to *v.* **break a butterfly/fly upon the wheel.**

crush in the bud, to *v.* **check in the bud.**

crush in the egg, to a stârpi/curma/înăbuși în germene/embrion/fașă.

crush into submission, to a zdrobi (rezistența inamicului); a înfrânge *(opoziția)*.

crush to death, to *(d. o avalanșă, cădere de stânci etc.)* a zdrobi, a strivi.

cry aim, to *← înv.* l. a indica ținta, trăgând cu arcul în direcția acesteia. 2. a ajuta; a încuraja.

cry harley, to *scoț. (în jocurile de copii)* a cere milă/îndurare/pace; *F* piua!

cry/shout blue murder, to *← F (în cazuri de omucidere)* a striga după ajutor; a striga în gura mare/cât îl ține gura; *F →* a urla/zbiera/răcni ca din gură de șarpe.

cry content with/to, to a se declara satsifăcut de; a-și exprima satisfacția față de.

cry craven, to *← F* l. a se preda; a se da/recunoaște învins/bătut. 2. *F →* a o sfecli; a o băga pe mânecă. 3. a ceda; a da înapoi.

cry cupboard, to *← înv. ← F* a fi flămând/nemâncat; *F →* a-l tăia la ramazan; *(d. stomac)* a cere de mâncare.

cry down an achievement/an initiative/an invention/a success, to a micșora *(intenționat)* importanța unei realizări/inițiative/invenții/unui succes.

cry for the moon, to a cere luna de pe cer.

cry/declare from the house-tops/rooftops, to *fig.* a striga la fiecare colț de stradă; a trage clopotele; a anunța cu surle și trompete.

cry halt (on smth.), to a pune frâu/capăt (unui lucru).

cry halves/shares, to a-și cere partea sa/dreptul său.

cry havoc, to l. *← înv.* a da semnalul pentru începerea masacrului/jafului. 2. *fig. F v.* **play havoc.**

cry ho, to *← înv.* a spune ho/basta/gata!

cry off doing smth., to a contramanda o acțiune.

cry oneself to sleep, to *(d. copil)* a plânge până (ce) adoarme.

cry one's eyes/heart out, to a vărsa lacrimi amare; < a-și smulge părul din cap.

cry out for smth., to *← F* a avea nevoie imperios de ceva; **my car is ~ing out for new tyres** mașina mea are neapărat nevoie/*F →* plânge după anvelope noi.

cry over spilt milk, to *← F* a plânge/regreta inutil; *aprox.* mortul de la groapă nu se mai întoarce.

cry peccavi, to *elev.* a-și face „mea (maxima) culpa".

cry quarter, to a cere milă/îndurare/aman.

cry quits, to l. a fi chit; a nu mai avea nici o pretenție (unul față de altul). 2. a cere aman/milă/îndurare.

cry roast meat, to *← F* a se lăuda cu succesele sale.

cry shares, to *v.* **cry halves.**

cry stinking fish, to *← F* l. a-și critica propria marfă/producție. 2. a-și vorbi de rău profesiunea/afacerile. 3. a-și bârfi familia/rudele.

cry the blues, to *amer. sl.* a o face pe săracul/ milogul; a se văita că n-are nici un chior în pungă.

cudgel one's brains about/with smth. to *F v.* **heat one's brains about/with smth.**

curiosity killed the cat! *F* tare mai eşti/e curios! *aprox.* cu cât ştii mai multe, cu atât îmbătrâneşti mai repede; *aprox.* d-aia n-are ursul coadă! *(se spune cuiva care e prea curios).*

curry favel with smb., to *înv. v.* **curry favour with smb.**

curry favour with smb., to *F →* a se da bine pe lângă cineva; a-i face curte cuiva; a intra/a se vârî sub pielea cuiva.

cut a brilliant/conspicuous figure, to a produce/ face (o) impresie deosebită; *F →* a face o figură foarte frumoasă.

cut a caper, to *balet* a face o cabriolă (=*piruetă în aer*) sau un „entrechat" (=*salt vertical cu forfecarea rapidă a picioarelor*).

cut a caper upon nothing, to *înv. F v.* **dance upon nothing.**

cut a crab, to *F v.* **catch a crab.**

cut across one's own interests, to a se opune/a contraveni propriilor sale interese.

cut across the fields, to a o lua peste câmp.

cut a dash/shine, to *F* I. a face o figură strălucită; a face furori/senzaţie. 2. *peior.* a face paradă/mare caz (de ceva); a etala; a afişa. 3. a-şi da aere/ifose; a face pe nebunul.

cut a feather, to I. *← înv.* a se pierde în detalii/ chiţibuşuri; *F →* a despica firul în patru. 2. *(d. o navă)* a lăsa (o dâră de) spumă. 3. *F v.* **cut a dash.**

cut a good/great figure, to *v.* **cut a brilliant figure.**

cut a lecture/meeting, etc., to a lipsi de la (ora de) curs/şedinţă etc.

cut a little/poor/ridiculous/sorry figure, to a face (o) impresie proastă/penibilă.

cut and come again, to *← F* I. a mânca cu poftă; *F →* a înfuleca de zor; a înghiţi pe nerăsuflate; a ataca mereu farfuria plină cu mâncare. 2. a se servi din/a face uz de ceva în repetate rânduri; ~! serviţi!/ poftiţi ori de câte ori aveţi nevoie!

cut and contrive, to *← F* a o scoate/ieşi la capăt; a se descurca.

cut and dried *← F (d. planuri, proiecte, discurs etc.)* dinainte/gata stabilit/aranjat/fixat/pregătit.

cut and run, to *F* a o şterge/întinde/tuli; a o lua la sănătoasa; a-şi lua picioarele pe umeri/la spinare; a fugi mâncând pământul; a se căra; a se cărăbăni; a-şi lua tălpăşiţa.

cut and thrust, to *fig. F* a se înţepa/împunge (cu vorbe).

cut a pie, to *amer. F* a se vârî ca musca-n lapte.

cut a rug, to *amer. ← sl.* a dansa (rock şi twist).

cut a shine, to *F v.* **cut a dash.**

cut a snook at smb., to *şcol. sl. v.* **cock and snook at smb.**

cut a swath, to *amer. v.* **cut a dash.**

cut blocks with a razor, to a face pe delicatul/a se purta cu mănuşi când nu e cazul; *aprox.* a înţepa elefantul/rinocerul cu acul.

cut both ways, to *fig.* a fi (o) sabie cu două tăişuri.

cut capers, to I. *v.* **cut a caper.** 2. *F* a face nebunii/ năzbâtii; a-şi face de cap.

cut didoes, to *amer. ← sl.* I. a face/a se ţine de nebunii/năzbâtii/drăcii. 2. a face mare tărăboi/ tămbălău.

cut dirt, to *amer. sl. v.* **cut and run.**

cut down consumption/expenses, etc., to a reduce consumul/cheltuielile etc.

cut down on smth., to a reduce consumul de/ cheltuielile pentru.

cut down/through red tape, to *← F* a lupta împotriva birocraţiei; a reduce formele/formali- tăţile birocratice.

cut eyes, to *amer.* a arunca o privire.

cut for the simples, to *← rar* a încerca să lecuieşti prostia.

cut it fat, to *amer. v.* **cut a dash.**

cut it fine, to I. a face/termina/reuşi ceva în ultima clipă. 2. a sosi în ultima clipă.

cut it out! *amer. F* ho! basta! las-o baltă/încurcată!

cut it short! *← F* mai pe scurt! n-o mai lungi atât(a)!

cut it too fat, to *← F* a se întrece cu gluma; a depăşi limita/măsura; a sări peste cal.

cut loose, to I. *şi fig.* a rupe lanţul; a se elibera. 2. a începe/porni atacul. 3. a secera/culca la pământ *(cu automatul etc.)*. 4. *amer.* a se emancipa.

cut no figure, to *← F* a fi cantitate neglijabilă; a fi un oarecare/*F →* terchea-berchea.

cut no ice (with smb.), to *← F (d. lucruri)* a nu avea nici un efect (asupra cuiva); a nu produce nici o impresie (asupra cuiva); a-l lăsa (pe cineva) rece/indiferent; *F →* a nu prinde (la cineva).

cut off a corner, to a evita un ocol; a o lua pe drumul cel mai scurt; a tăia/scurta drumul.

cut off one's nose (to spite one's face), to *F v.* **bite off one's nose (to spite one's face).**

cut off smb.'s retreat/every avenue of escape, to a-i tăia cuiva retragerea/orice cale de retra- gere.

cut one's/the cable, to *sl.* a da ortul popii; a lepăda potcoavele.

cut one's eye, to *v.* **cut eyes.**

cut one's eye-teeth, to ← *fig.* a câştiga experienţă de viaţă; a fi om cu experienţă; a fi cumpătat/aşezat/echilibrat.

cut one's loss(es), to a nu se mai gândi la paguba suferită; *(prin extensie)* a accepta/a se împăca cu o situaţie de fapt; a lua lucrurile aşa cum sunt.

cut one's lucky, to *sl. v.* **cut and run.**

cut one's own fodder, to *amer.* ← *F* a-şi câştiga singur pâinea/existenţa; a se întreţine singur.

cut one's own grass, to *sl. v.* **cut one's own fodder.**

cut one's stick, to *sl. v.* **cut and run.**

cut one's teeth, to *(d. un copil)* a-i ieşi/da dinţii.

cut one's wisdom-teeth, to *fig. v.* **cut one's eye teeth.**

cut out smth., to a renunţa la ceva *(ex. fumat, alcool, un anumit regim alimentar, un sport, un obicei etc.).*

cut out (the) dead wood, to a renunţa la tot ce e vechi, desuet, inutil şi prin urmare constituie un balast (în calea progresului etc.); **there's a lot of dead wood in this dictionary which needs cutting out** dicţionarul conţine multe cuvinte şi expresii ieşite din uz, care trebuie eliminate.

cut prices to the bone, to ← *F* a reduce drastic preţurile; a face mari reduceri de preţ(uri).

cut smb. dead, to ← *F* a se face că nu vede pe cineva; a nu băga în seamă pe cineva; a ignora pe cineva/prezenţa cuiva; < a întoarce cuiva spatele.

cut smb. down to (a price), to a face pe cineva să reducă din preţul cerut; **I managed to cut him down to £ 100** am reuşit să-l fac să accepte suma de 100 de lire (sterline).

cut (smb./smth.) down to size, to ← *F* a micşora importanţa (reală sau imaginară) (a cuiva/ceva); **I'm glad he was ~** îmi pare bine că i s-au mai tăiat din pene/i s-a mai tăiat din nas/a fost pus la punct.

cut smb. in, to ← *F* a face/lua pe cineva părtaş/asociat la ceva *(ex. o afacere, în schimbul unei sume de bani donate sau pentru a-i cumpăra tăcerea etc.)*

cut smb. off with a shilling, to ← *F* a dezmoşteni pe cineva.

cut smb. out, to *F* **1.** *v.* **cut smb. out of all feather. 2.** a-i sufla cuiva *(locul, postul etc.);* **~ with his girl-friend** a-i sufla cuiva prietena.

cut smb. out of all feather, to ← *F* a eclipsa/pune/lăsa total în umbră pe cineva; *F →* a-l pune/vârî în cofă.

cut smb's claws, to *F v.* **cut smb.'s comb.**

cut smb.'s comb, to *fig. F* a scurta/tăia cuiva nasul; a-i (mai) închide cuiva gura; a i-o mai reteza; a-i mai smulge din pene; a-i mai tăia/reteza din unghii.

cut smb. short, to a întrerupe pe cineva; < a-i tăia cuiva vorba; a i-o reteza (scurt) cuiva.

cut (smb.) to pieces/ribbons/shreds, to ← *F* a decima *(inamicul); F →* a-l face chisăliţă; a-l bate măr.

cut smb. to the quick, to *F* a ofensa profund pe cineva; *F →* a-l atinge unde-l doare/ustură.

cut smth. short, to 1. a scurta *(o vizită, un discurs etc.).* **2.** a întrerupe; a curma; a tăia scurt; a pune capăt *(veseliei cuiva etc.).*

curt stick, to *amer. sl. v.* **cut and run.**

cut the buckle, to 1. *(la balet)* a face un „entrechat" *(=salt vertical cu forfecarea rapidă a picioarelor).* **2.** *(la dans)* a bate/pocni din călcâie.

cut the cable, to *sl. v.* **cut one's cable.**

cut the cackle and come to the horses/'osses, to ← *sl.* a întrerupe vorbăria generală în jurul unui subiect şi a trece la discutarea problemelor esenţiale.

cut the grass/ground from under smb.'s feet, to *fig.* **1.** a face pe cineva să piardă terenul de sub picioare; a-i lua cuiva apa de la moară. **2.** a-i lua cuiva locul.

cut the melon, to *amer.* ← *sl.* **1.** a împărţi/distribui beneficiile/profiturile (realizate); *F →* a împărţi prada. **2.** a împărţi dividendele suplimentare între acţionari. **3.** a împărţi câştiguri însemnate între jucători.

cut the mustard, to *amer.* ← *sl.* a satisface/a fi potrivit din toate punctele de vedere; a fi exact ceea ce(-i) trebuie (cuiva).

cut the painter, to 1. *mar.* a tăia parâma. **2.** ← *F (d. o colonie)* a se separa de metropolă.

cut the record, to a bate recordul.

cut the string, to *amer.* ← *F* **1.** a acţiona liber. **2.** a nu cunoaşte piedici.

cut the waste, to 1. a face risipă de material, tăindu-l neeconomicos. **2.** ← *fig. F →* a paşte muştele/vântul.

cut up fat/well, to ← *F* a lăsa (după moarte) o avere considerabilă.

cut up for a sum of money, to ← *F* a lăsa în urmă *(la moarte)* o anumită sumă de bani.

cut up rough/rusty/savage, to *F* a-i sări bâzdâcul/ţandăra/muştarul; a-şi ieşi din fire/pepeni/ţâţâni/sărite; a exploda; a se face foc (şi pară); a se aprinde rău de tot (de mânie); a tuna şi a fulgera; a face urât.

cut up soft, to *amer.* a nu participa la o competiţie din motive de sănătate.

cut up ugly, to *F v.* **cut up rough.**

cut up well, to *F v.* **cut up fat.**

cut your cackle! *sl. vulg. v.* **cut it out!**

cut your coat according to your cloth *prov.* întinde-te cât ţi-e plapuma.

D

dabble in smth., to a se ocupa de ceva *(pictură, foto-grafie etc.)* care reprezintă un fel de *violon d'Ingres*.

da capo de la început.

dally with a scheme/project/an idea, to a cocheta cu un proiect/o idee; a acorda un interes trecător unui proiect/unei idei.

damn a play, to a critica violent o piesă de teatru, discreditând-o și făcând-o să cadă.

damn with faint praise, to 1. a critica de formă/de ochii lumii. 2. a critica sub masca/aparența laudei.

dam up one's emotion/feelings/anger, to ← *fig.* a-și stăpâni/înfrâna emoția/sentimentele/mânia *(folosit mai ales la pasiv și adjectival: ~ med-up emotion).*

dance attendance (on smb.), to 1. a face anti-cameră (la cineva). 2. *fig.* a nu ieși din voia/spusele cuiva; < a fi cățelușul cuiva; a face sluj. 3. *fig.* a se da cu binișorul (pe lângă cineva).

dance barefoot, to ← *înv.* a rămâne nemăritată/fată bătrână; a împleti cosiță albă.

dance in a net, to ← *înv.* 1. a face ceva pe ascuns/pe furiș/în taină/în secret. 2. a se feri; a fi prudent.

dance smb. off his legs, to a-și epuiza partenerul de dans.

dance the Tyburn jig, to ←*înv.* a fi spânzurat; a sfârși în ștreang.

dance upon nothing, to *F* a atârna în ștreang; a se legăna în ștreang; a sfârși în ștreang; a fi spânzurat.

darken smb.'s daylight, to a năuci pe cineva în bătaie făcându-l să vadă stele verzi/să i se întunece vederea de durere.

darken smb.'s door(s), to *(de obicei folosit la negativ)* a pune piciorul în casa cuiva; a trece pragul (casei) cuiva.

dart a glance/look at smb., to a-i arunca cuiva o privire; a săgeta pe cineva din priviri/cu privirea, a străpunge pe cineva cu privirea.

dash away a tear/one's tears, to a-și șterge o lacrimă/lacrimile (pe furiș).

dash it (all)! *vulg.* la naiba! fir-ar să fie! ce dracu! *(exprimă indignarea nereținută).*

dash off a letter/an articole, to a termina (de scris) o scrisoare/un articol foarte repede.

dash off a sketch, to a face un crochiu din câteva linii (repezi).

dash one's brains out, to a-și zdrobi țeasta (și a i se împrăștia creierii).

dash smb.'s brains out, to a-i zdrobi cuiva țeasta (și a-i împrăștia creierii).

dash smb.'s hopes, to a spulbera speranțele cuiva, a-i lua cuiva orice speranță.

dawdle away one's time, to a-și irosi/pierde vremea de pomană.

dawn on/upon smb., to a începe să priceapă/să înțeleagă/vadă (clar) *(folosit în construcții impersonale:* it ~ on him that ...).

day after the fair, a *aprox.* la spartul târgului.

day in, (and) day out 1. în fiecare zi; zi de/după zi; zilnic; toată ziua bună ziua. 2. de dimineața până seara; toată ziua; fără încetare.

dazzy! *austral. școl.* excepțional! formidabil! mișto!

dead as a doornail/herring, (as) mort de-a binelea.

dead as a meat axe, (as) mort de-a binelea.

dead as a mutton chop, (as) *austral.* mort de-a binelea.

dead as mutton/Julius Caesar, (as) mort de-a binelea.

dead men tell no tales morții nu vorbesc.

deal out justice, to a împărți dreptatea; a face dreptate.

deck oneself out/up in smth., to *F (d. o femeie)* a se găti cu ceva *(o rochie nouă etc.).*

deck smb. out/up in smth., to a găti pe cineva *(copilul etc.)* cu ceva *(un costum nou etc.).*

declare from the housetops, to *v.* **cry from the housetops.**

declare one's hand, to *v.* **call one's hand.**

defer to smb./smb.'s opinion, to ← *elev.* a ține cont de cineva/părerea cuiva *(din respect sau stimă).*

defile the marriage-bed, to a întina/păta patul conjugal.

de haut en bas cu un aer superior, cu condescendență, ca de la superior la inferior.

déjà vu *(ceva)* cunoscut/familiar.

de jure de drept.

delegate responsibilities/decision-making to smb., to ← *elev.* a lăsa cuiva libertatea de a-şi asuma răspunderea/de a lua decizii.

delight the cockles of one's heart, to *v.* **cheer the cockles of one's heart.**

deliver the goods, to a se ţine de cuvânt.

delude oneself into thinking that ..., to a se amăgi (singur) crezînd că .../cu gândul că ...

delude smb. with smth., to ← *elev.* a amăgi pe cineva cu ceva.

denounce to the horn, to *scoţ.* ← *înv.* a scoate/pune în afara legii.

depend on/upon smb./smth. (for smth.), to a depinde de cineva/ceva, a fi dependent de cineva (pentru ...); **children ~ on their parents for a living** copiii trăiesc cu ce le dau părinţii/pe seama părinţilor.

depend upon it! (de asta) poţi să fii sigur!

depute smb. to do smth., to a-i da cuiva procură să facă ceva.

depute smth. to smb., to *v.* **depute smb. to do smth.**

deputize for smb., to a-i ţine locul cuiva; a-l înlocui *(la conducerea administrativă).*

de rigueur de rigoare

derive benefit from smth., to a câştiga, a profita *(băneşte)* de pe urma unui lucru.

derive comfort from smth., to a găsi o consolare în ceva.

derive pleasure from smth., to a-i face plăcere (ceva).

descend on the right side of the fence, to *F v.* **come down on the right side of the fence.**

descend to doing smth., to a se coborî/degrada făcând ceva.

deserve the bauble, to ← *înv.* a fi bun de măscărici; a fi (un) caraghios; a fi (un) tont.

deserve well of, to a binemerita de la *(patrie etc.).*

detail off smb. for smth./to do smth., to *(mai ales mil.)* a da cuiva un consemn/o sarcină de executat.

devil rebuking sin, the *F* râde dracul de porumbe negre (şi pe sine nu se vede); râde ciob de oală spartă.

devolve upon smb. (to do smth.), to *elev.* a fi de datoria cuiva (să facă ceva); a-i incumba cuiva (să facă ceva).

devour one's heart, to *v.* **eat one's heart out.**

diamond cut diamond şi-a găsit naşul/omul; şi-a găsit tingirea capacul.

diddle smb., to *F* a înşela pe cineva; **he tried to ~ me out of five pounds** a încercat să mă tragă pe sfoară cu cinci lire.

did you ever? ai mai pomenit/văzut/auzit aşa ceva?

die dog for smb., to *amer.* a-i fi cuiva devotat trup şi suflet; a fi gata să moară pentru cineva.

die dunghill, to a avea o moarte lipsită de glorie; a muri ca un laş.

die for smth., to *F* a muri după ceva; a avea mare nevoie de ceva; **I'm dying for a hot drink** mor să beau ceva cald.

die game, to a rezista vitejeşte până la capăt; a muri ca un viteaz/erou; a cădea pe câmpul de onoare.

die hard, to 1. a-şi vinde scump pielea; a se lupta până la ultimul cartuş. 2. a fi de neînduplecat/neclintit. 3. *(d. lucruri)* a dispărea (cu) greu; a avea viaţă lungă; a avea rădăcini adânci.

die in harness, to ← *F* a muri în plină activitate; a muri la post/locul de muncă.

die in one's bed, to a muri de moarte bună/de bătrâneţe/de boală.

die in one's boots/shoes, to ← *F* 1. a muri subit/de moarte violentă/într-un accident. 2. a fi spânzurat; a muri în ştreang. 3. *(mai ales amer.)* a muri în plină activitate/la locul de muncă.

die in the last ditch, to *v.* **die game.**

die of smth., to *fig.* a muri de ceva *(curiozitate, plictiseală etc.).*

die on it, to *austral. F* a se da bătut; a se lăsa păgubaş.

die in one's feet, to *scoţ.* a muri subit; a muri cu zile.

die well, to a avea un sfârşit bun; a muri de moarte bună; a se stinge din viaţă ca o candelă (aprinsă).

die with one's boots/shoes on, to *v.* **die in one's boots.**

dig and delve, to *rar.* a săpa (pământul).

dight one's gab, to *scoţ. sl.* a-şi ţine fleanca/pliscul.

dig in one's heels/toes, to *v.* **dig one's feet in.**

dig into a pie/cake, etc., to *F* a ataca o plăcintă etc.; a începe să o mănânce repede şi cu poftă.

dig oneself in, to 1. *mil. (d. un infanterist)* a se instala în teren *(săpându-şi groapa individuală).* 2. *fig.* a prinde rădăcini undeva *(într-o slujbă etc.).*

dig one's feet/heels/toes in, to 1. *fig.* a se ancora puternic într-un loc; a-şi consolida poziţia/situaţia. 2. a lua poziţie/atitudine (împotriva); a pune piciorul în prag. 3. a se încăpăţâna/ambiţiona (prosteşte). 4. a se crampona (de ceva); a ţine cu dinţii.

dig out facts/information, to *F (d. cercetători)* a da la iveală/a scoate la lumină/a dezgropa fapte, date *(din arhive, biblioteci, în urma unei cercetări asidue)*.

dig smb. in the ribs, to a înghionti pe cineva cu cotul; a-i da cuiva ghionți (cu cotul)/coate *(pentru a atrage atenția asupra unui lucru)*.

dig up information/a scandal/a story, etc., to *F (d. ziariști, poliție)* a scoate la lumină/a dezgropa un scandal vechi/lucruri compromițătoare etc. *(în urma unor cercetări)*.

dig up the hatchet/tomahawk, to a relua ostilitățile.

dine out on smth., to ← *F (d. o celebritate)* a fi invitat la cină datorită personalității sale, talentului de a spune anecdote, succesului de care se bucură etc.

dine with Duke Humphrey, to ← *glum.* a rămâne nemâncat.

dingo on, to *austral.* ← *F* a fi laș/poltron.

din in smb.'s ears, to *(d. zgomote)* a răsuna în urechea cuiva.

din smth. into smb./smb.'s ears, to *F* a-i vârî (cuiva) ceva cu forța în cap (bătându-l la cap).

dip in the gravy, to *amer.* ← *sl. (d. un funcționar de stat)* a fura banii statului; *F* → a se înfrupta din cașcaval.

dip into a book, to a frunzări o carte (citind ici și colo).

dip into one's pocket, to *fig.* a fi (mereu) cu mâna în buzunar; a trebui să scoată (mereu) bani din buzunar; a nu (mai) termina cu cheltuielile.

dip into smth., to ← *F* a studia superficial *(un autor, un subiect, o perioadă etc.)*.

dip one's finger(s) in smth., to *fig. F* a-și vârî/băga nasul în ceva.

dip south, to *austral.* ← *sl.* a se scotoci în buzunare după bani.

direct one's attention to, to *elev.* a-și îndrepta atenția asupra *(unei probleme);* a acorda atenție *(unui lucru)*.

direct one's energies/efforts to/towards, to *elev.* a-și îndrepta/canaliza energia/eforturile în direcția.

direct smb.'s attention to, to *elev.* a-i atrage cuiva atenția asupra *(unei probleme etc.)*.

disagree with smb., to ← *F (d. mâncare, băuturi, climă etc.)* a nu-i face bine cuiva; a nu-i prii.

disappear from sight/view, to a dispărea; a pieri dinaintea ochilor; a se face nevăzut; a ieși din câmpul vizual.

disarrange smb.'s hair, to a ciufuli pe cineva; a-i strica coafura/freza.

discharge one's pistol in the air, to *aprox.* a se lupta cu morile de vânt.

disembarrass oneself of a charge/responsibility, to a se debarasa (prin mijloace proprii) de o sarcină/răspundere.

dish it out, to *F* a-i servi-o cuiva.

dish one's opponent, to *F* a-și înfunda/face marț adversarul.

dish out smth., to a împărți/distribui ceva *(alimente, unelte, echipament, laude etc.)*.

dish the dirt, to *amer.* ← *vulg. fig.* 1. a cleveti; a bârfi; a vorbi de rău. 2. a scotoci/cotrobăi în rufele murdare ale altuia. 3. a se vârî în cocină.

dish up the usual/old arguments in a new form, to ← *F* a prezenta/*F* → a servi argumente vechi într-o formă nouă, a face variații pe aceeași temă.

dismiss smth. from one's mind/thoughts, to a nu se mai gândi la ceva; a alunga un gând neplăcut.

dispense with smth., to a se lipsi de ceva; a face (ca) ceva (să fie) inutil/de prisos.

display the cloven foot/hoof, to a-și arăta adevărata sa față; a se arăta în adevărata sa lumină; a se arăta în toată goliciunea (sufletului); a-și da arama pe față.

disturb the peace, to a tulbura liniștea publică.

dive (one's hand) into one's/smb.'s pocket/handbag, etc., to *F* a vârî repede mâna în buzunarul propriu/cuiva *(sau în geanta proprie/cuiva etc.)*.

do a bolt/*austral.*/bunk/*amer. sl.* guy, to *F* a o lua la sănătoasa; a-și lua picioarele/călcâiele la spinare; a fugi mâncând pământul.

do a degree, to *univ.* a-și lua o licență.

do a gilgie, to *austral. F fig.* a bate în retragere, a da îndărăt.

do a nick, to *austral. F* a o șterge/întinde; a spăla putina.

do a penang, to *austral.* ← *sl. (d. un avion de luptă)* a o lua la fugă; a fugi.

do as/for, to a ține locul de; a putea fi folosit pentru; a servi drept (ceva).

do a shop/bank, etc., to ← *sl.* a jefui un magazin/o bancă etc.

do as you would be done by, to *aprox.* ce ție nu-ți place altuia nu-i face.

do away with an animal, to a omorî un animal *(de obicei pentru a-i scurta suferințele)*.

do away with oneself, to *F* a-și pune capăt zilelor; a se sinucide.

do away with smth., to ← *F* a desființa/aboli ceva.

do battle, to a da o bătălie/luptă.

do breakfast/luncheon, to *(d. un restaurant etc.)* a servi micul dejun/prânzul etc.

do business with smb., to a face afaceri cu cineva (*o firmă comercială*).

doctor an account, to ← *F* 1. a falsifica o socoteală/un cont. 2. a încărca o notă de plată.

doctor wine, to *F* a boteza vinul.

dod burn/dern/drat/gast/rot! *amer. sl.* la dracu/naiba! (ei) drăcia dracului/naibii! pe toți dracii!

dodge military service, to a scăpa de serviciul militar (*prin fraudă*).

dodge one's responsibilities, to a fugi de răspundere.

dodge the column, to *mil.* ← *sl.* a se sustrage/eschiva de la muncă/datorie; a trândăvi; *F →* a sta cu burta la soare.

dodge work, to a se eschiva de la muncă.

do down the walls, etc., with a duster, etc., to a șterge pereții etc. cu o cârpă de praf etc.

do duty, to 1. (*d. persoane*) ~ **for smb.** a suplini/înlocui pe cineva; a-i ține cuiva locul. 2. (*d. un cuvânt, o expresie, figură de stil etc.*) ~ **with smb. for smth.** a fi folosit de cineva pentru (a exprima) ceva.

does your mother know you're out? *F aprox.* (nu vezi că) ești încă cu cașul la gură (?); (nu vezi că) îți pute încă botul a lapte (?).

do execution, to *F și fig.* a face ravagii/prăpăd; a da iama.

do for oneself, to a se descurca (de unul) singur cu treburile gospodărești.

do for smb., to *F* 1. a-i ține cuiva casa/menajul. 2. a-i face cuiva de petrecanie. 3. a-l nenoroci (*financiar*); a-l ruina.

do for smth., to a distruge ceva; **the frost has done for the fruit-trees** gerul a distrus pomii (fructiferi).

do (well/badly) for smth., to *F* a se descurca (bine/prost) pentru a obține ceva.

dog my cats! *F* 1. la naiba/dracu! 2. ~ **if** să fiu afurisit/al naibii dacă; să mă ia naiba dacă; zău așa, pe cuvânt de onoare!

do (ample/full) justice to, to a acorda (cuiva/ceva) atenția cuvenită.

do justice to a meal, to a cinsti/onora masa (cuiva).

dole out smth., to a împărți/distribui ceva (*mai mult ca o pomană*).

doll one's children up, to a-și găti copiii.

doll oneself up, to *F* a se găti; a se ferchezui; *F →* a se face gigea; *F →* a se împopoțona.

done in a corner făcut pe tăcute/furiș/ascuns; făcut în taină/*F →* surdină.

done to a turn (*d. friptură*) friptă potrivit (*nici prea în sânge, nici uscată*).

done with you! bine! fie! de acord! ne-am înțeles! bate palma!

don't count your chickens before they are hatched *prov.* nu vinde pielea vulpii înainte de a o prinde.

don't cross the bridges before you come to them *prov.* până nu ajungi la pârâu nu-ți ridica poalele.

don't cross the bridge till you get to it *v.* **don't cross the bridges before you come to them.**

don't give me (any of your) ... *F* scutește-mă (pe mine) de ... nu-mi spune mie că ... (*arată iritarea față de atitudini sau argumente considerate nepotrivite*).

don the gray, to *amer.* (*în timpul Războiului Civil 1861-1865*) a servi în armata Sudului/sudiștilor.

don't let flies stick to your heels! *F* dă-i zor/bătaie; mai repede!

don't let on (to anyone) that ... nu dezvălui/spune (nimănui) că ...

don't mention it! 1. nu face nimic; deloc; câtuși de puțin. 2. (*mai ales amer.*) pentru puțin/nimic; cu plăcere.

don't put a patch upon it ← *F* nu încerca să găsești cu orice preț o justificare, că de abia agravezi situația; *F →* nu încerca să dregi/cârpești lucrurile, că de abia le încurci mai rău.

don't swap horses when crossing a stream *fig.* nu se schimbă caii în mijlocul râului/vadului; *v. și* **change horses in the midstream.**

don't take any plug/wooden nickels *amer.* ← *sl.* nu te lăsa tras pe sfoară/dus de nas/prostit.

don't teach your grandmother to suck eggs *iron.* s-a găsit oul să învețe pe găină; ajunge oul mai cu minte decât găina; nu învăța peștele să înoate.

don't tell me! mie-mi spui/zici (parcă eu nu știu)!

don't trouble trouble until trouble troubles you *aprox.* nu te lega la cap când nu te doare; nu-ți vârî/băga capul (teafăr/sănătos/zdravăn) sub evanghelie.

don't wake it up! *austral. F* las-o baltă/încurcată!

don't you wish you may get it! *iron.* să ai să iei! vezi să nu capeți (cumva)!

do one's (level) best, to a face tot posibilul; a face tot ce (se) poate/e (omenește) posibil.

do one's bit, to 1. a-și aduce contribuția; a-și da obolul; a-și îndeplini obligația (ce-i revine). 2. a servi în armată în timpul războiului; a-și face datoria față de patrie.

do one's damnedest, to ← *sl.* a face (și) pe dracu în patru; a-și pune carnea în saramură.

do oneself in, to ← *sl.* a-și pune capăt zilelor; a se sinucide.

do oneself proud, to a avea grijă de propria persoană; a nu-şi refuza nimic; a se respecta; a se cinsti singur.

do oneself well, to a-şi procura o plăcere.

do one's homework, to a-şi face lecţiile/temele (pentru şcoală).

do one's stint, to a-şi face treaba/porţia de lucru *(la serviciu).*

do one's stuff, to *amer. F:* **do your stuff!** arată ce ştii (să faci)!

do one's sums, to a raţiona corect; a şti cât fac doi plus doi.

do one's whack, to *v.* **do one's stint.**

do smb. brown, to ← *sl.* **1.** a-i lua cuiva (şi) pielea (de pe el). **2.** a trage pe sfoară pe cineva.

do smb. dirt, to *F* a-i face cuiva o murdărie/porcărie/măgărie.

do smb. down, to ← *F* **1.** a căuta să micşoreze importanţa cuiva. **2.** a înşela pe cineva; a-l trage pe sfoară.

do smb. in, to *sl.* a-i face cuiva de petrecanie.

do smb. in the eye, to a minţi pe cineva de la obraz; a orbi/prosti pe cineva.

do smb. out of smth., to ← *F* a lipsi pe cineva de ceva *(la care se considera îndreptăţit: concediu plătit, pensie, slujbă, o avansare etc.).*

do smb. over, to ← *sl.* a bate măr/a cotonogi pe cineva.

do smb. proud, to ← *F* **1.** *amer.* a face cuiva cinste/onoare; a onora pe cineva. **2.** a flata/măguli pe cineva. **3.** *F →* a se da peste cap pentru cineva; a nu şti ce să mai facă pentru cineva.

do smb.'s business, to *v.* **do the business for smb.**

do smb. to death, to a omorî *(un prizonier, un ostatic etc.).*

do smb. to rights, to 1. a remunera/răsplăti pe cineva după merite. **2.** a-i plăti cuiva cu vârf şi îndesat.

do smb. up, to ← *F* **1.** a-i închide cuiva fermoarul *(la care nu are acces).* **2.** *(d. un efort)* a epuiza pe cineva.

do smb. up brown, to *amer. sl. v.* **do smb. brown.**

do smb. very well, to *(d. un restaurant sau hotel)* a oferi servicii de calitate.

do smth. down, to ← *F* a căuta să micşoreze importanţa unui lucru.

do smth. for a dare, to a face ceva (numai) ca răspuns la o provocare/chemare la întrecere/la un *challenge.*

do smth. in one's own good time, to a face ceva (atunci) când socoteşte de cuviinţă/îi e mai comod/are chef.

do smth. like a bird, to 1. a face ceva cu plăcere/cu dragă inimă. **2.** a face ceva uşor/fără nici o dificultate/trudă/*F →* bătând din palme.

do smth. out, to ← *F* **1.** a face curat *(într-o cameră).* **2.** a face ordine *(într-un dulap, sertar etc.).*

do smth. over, to *amer. F* a face din nou/încă o dată; a repeta un lucru.

do smth. to smb. to ← *F (d. un cântec, o personalitate etc.)* a fascina; a tulbura.

do smth. up brown, to *amer.* ← *sl.* a face un lucru bun/de nădejde/cum trebuie; **he likes to do things up brown** el când face ceva face, nu se-ncurcă; el ori face ceva ca lumea, ori se lasă păgubaş.

dot and carry/go one, to ← *F* a şchiopăta; a trage piciorul.

do tell! *amer. F* nu zău! ia te uită! ei aşi! (vorbeşti) serios? fugi d-acolo! nu se poate!

do the block, to *austral.* ← *F* a se plimba în cartierul bogat/elegant/select al oraşului.

do the business, to a da rezultatele necesare/scontate/aşteptate.

do the business/job for smb., to 1. ← *F* a distruge/nenoroci pe cineva. **2.** *A →* a-i face cuiva felul/seama.

do the carpet, to a curăţa covorul cu aspiratorul.

do the dirty on smb., to *austral.* ← *F* **1.** a lăsa pe cineva de izbelişte/*F →* în pantă; a părăsi pe cineva la ananghie/nevoie. **2.** a-i face cuiva mizerii/o porcărie/o figură oribilă.

do the dishes, to a spăla vasele.

do the downy, to ← *sl.* **1.** a sta culcat/lungit. **2.** a dormi; *F →* a trage (la) aghioase.

do the flowers, to a aranja florile; a face un aranjament floral.

do the grand, to *sl.* **1.** *F →* a se ţine/umbla cu nasul pe sus; a face pe grozavul/marele. **3.** *F →* a se fuduli/grozăvi cu ceva.

do the handsome (thing), to *F v.* **come down handsome.**

do the job for smb., to *F v.* **do the business for smb.**

do the polite, to a face pe politicosul/omul bine crescut.

do the room, to a deretica prin cameră; a face cutăţenie printr-o cameră; a zugrăvi o cameră; a tapeta o cameră etc.

do the trick, to 1. a-şi atinge ţelul/scopul; *F →* a-i reuşi figura; a da lovitura; a nimeri-o în pâine; a-i veni de hac; a-i fi popa. **2.** a avea efectul scontat; a da rezultat(e); *F →* a merge.

do things on the big figure, to *amer. F* a face ceva în stil mare.

do time, to *sl.* a sta la răcoare.

dot smb. one, to *F* a-i trage cuiva un pumn în nas.

dot the i's (and cross the t's), to *v.* **cross the t's (and dot the i's).**

double a part, to a dubla un rol (într-o piesă).

double parts, to a juca două roluri (într-o piesă).

double up with laughter, to *F →* a-l durea burta de râs; a se ține cu mâinile de burtă de (atâta) râs.

double up with pain, to a se îndoi/chirci de durere.

double up (on smth.), to *← F* a se asocia cu cineva pentru a împărți pe din doi *(o cameră, o cheltuială, mâncarea etc.).*

doubly so as cu atât mai mult cu cât.

do up one's hair, to a-și ridica părul în sus; a-și face coafură montantă.

dovetail into smth., to a se potrivi perfect cu ceva *(ca o parte a întregului).*

do well by smb., to *amer. (d. un superior)* a trata foarte bine pe cineva; < a fi o adevărată mană/ binefacere pentru cineva.

do well for oneself, to *F* a se descurca/aranja în viață.

do with smth., to *← F* a avea nevoie de ceva; *F →* a-i prinde bine ceva; *F →* a nu-i strica ceva.

do without smth., to a se descurca (și) fără ceva; a se (putea) lipsi de ceva; *și iron.*: a se lipsi bucuros de ceva.

down the course, to *austral. ← sl. (d. un cal)* a termina cursa neplasat.

down tools, to *(d. muncitori)* a întrerupe lucrul; a face/declara grevă.

down under *← F* (în) Australia și Noua Zeelandă.

down with the/your dust! *amer. sl.* plătește! *F →* scoate bițarii! (pune) jos bițarii! marinarii pe covertă!

do you see any green in my eye? *← glum.* mă crezi atât de credul/naiv?

drag by the ears, to a proceda brutal; a face uz de violență/forță.

drag in by (the) head and shoulders, to *F v.* **bring in by (the) head and shoulders.**

drag one's brains about/with smth., to *F v.* **beat one's brains about/with smth.**

dragoon smb. into doing smth., to a forța pe cineva să facă ceva; *F →* a-l vârî într-o poveste/ treabă.

drag out a story, to *F* a lungi o poveste.

drag smb. off to places, to a târî pe cineva după sine *(la petreceri etc.).*

drag the bush up, to *amer. F v.* **bang the bush.**

drag the chain, to *austral. ← F* a se face că muncește; a munci încet și fără tragere de inimă.

drag through the mire/mud, to a târî în mocirlă/ noroi; a păta, a întina *(reputația, memoria cuiva etc.).*

drag up a child, to a lăsa un copil să crească ca o buruiană.

drain the bilge, to *austral. ← sl.* a suferi cumplit de rău de mare.

draw a bead on, to *mil.* a ținti; a ochi; a lua la cătare/ochi.

draw a blank, to *v.* **draw blank.**

draw a bow at a venture, to *fig.* a arunca o săgeată la întâmplare.

draw ahead of smb., to *fig.* a fi în frunte; a se situa în frunte.

draw a line, to *v.* **draw the line.**

draw a long bow, to *F v.* **draw the long bow.**

draw a red herring across the path/trail/track, to *← F* 1. *F →* a umbla cu cioara vopsită. 2. a abate atenția de la fondul chestiunii; a devia conversația; a schimba vorba.

draw a veil over smth., to *fig.* a așterne un văl peste ceva; a nu dezvălui lucruri neplăcute.

draw bit/bridle/rein, to 1. a strânge frâul; a trage de hățuri; a opri *(calul etc.)* trăgând de hățuri. 2. a lăsa hățurile din mână; a se opri. 3. *fig.* a reduce cheltuielile; *F →* a (mai) strânge cureaua.

draw blank, to 1. a trage un bilet de loterie necâștigător. 2. *F →* a da chix; a nimeri în gol.

draw bridle, to *v.* **draw bit.**

draw cuts, to a trage la sorți.

draw dun out of the mire, to *← înv.* a ajuta pe cineva într-un moment de grea cumpănă; a scoate pe cineva de la strâmtoare/din nevoi.

draw in one's horns, to *← F* a-și mai micșora/ coborî/reduce pretențiile; *F →* a o lăsa mai moale/ ieftin; *F →* a-și mai lăsa din fumuri/pene; a se face mai mititel; < a bate în retragere; a trăi pe picior mai mic/mai modest (decât în trecut).

draw it mild! *F* 1. lasă-te de brașoave/iordane! las-o mai ieftin! 2. las-o mai moale! oprește boii! (ia-o) ușurel!

draw oneself up, to a se îndrepta (din spate); a-și îndrepta spinarea.

draw oneself up to one's full height, to a se ridica cât e de lung.

draw on/upon smb.'s knowledge/experience/ skill, etc., to a apela/recurge la cunoștințele/expe- riența/îndemânarea cuiva.

draw out to a great length, to a lungi teribil de mult *(un discurs, timpul de stat la masă etc.).*

draw rein, to *v.* **draw bit.**

draw smb. out, to a scoate pe cineva din atitudinea sa rezervată; *fig.* a-l face să iasă din cochilie.

draw smb.'s attention to, to a-i atrage cuiva atenția asupra.

draw smb's eye-teeth, to F I. a rupe/tăia nasul cuiva; a-i mai tăia/reteza din pene/unghii. 2. a jumuli/suge pe cineva.

draw smb.'s fire, to a se face ținta atacurilor cuiva.; a-și ridica pe cineva în cap.

draw smb.'s leg, to F scoț. v. **pull smb.'s leg.**

draw smb.'s teeth, to a face pe cineva inofensiv.

draw smb. up sharp/sharply, to (d. o remarcă, un comentariu) a face pe cineva să se oprească brusc (din vorbire).

draw/gather straws, to ← F a-i da ochii/pleoapele în gene; F → a-i veni Moș Ene pe la gene.

draw the badger, to F fig. a face pe cineva să-și dea cărțile pe față.

draw the bow up to the ear, to ← rar fig. a-și încorda toate puterile; a depune toate eforturile.

draw the bye, to (d. un sportiv) a fi scutit de a participa la o probă/un meci.

draw the crow, to austral. v. **cop the crow.**

draw the line, to I. a stabili o diferență/limită netă/clară/precisă. 2. a nu depăși măsura; **one must ~ somewhere** toate (lucrurile) au o limită; trebuie să știi (unde) să te oprești.

draw the long bow, to F a spune brașoave/gogoși; a tăia (la) piroane; a îndruga (la) minciuni; a mânca borș.

draw the sword and throw away the scabbard, to ← elev. a fi pregătit pentru cele mai grele încercări.

draw the wool over smb.'s eyes, to F a orbi pe cineva; a-i arunca cuiva praf în ochi; a unge ochii cuiva; a îmbrobodi pe cineva.

draw to a close, to a se apropia de sfârșit.

draw up a contract/treaty/an agreement, to a întocmi un contract/tratat/acord (mai ales sub formă de proiect).

draw up the ladder after oneself, to fig. a trage scara după sine; a se pune la adăpost de orice primejdie; a fi în afară de orice pericol.

draw water to smb.'s mill, to F a da cuiva apă la moară.

dream smth. up, to a inventa/născoci ceva (ingenios sau năstrușnic).

dree one's weird, to ← rar a se resemna/împăca cu soarta; a suferi în tăcere/fără a crâcni.

dress down smb.'s jacket, to F a-i trage cuiva o chelfăneală bună; a scoate praful din cineva; a-l snopi/umfla în bătăi; a-l burduși zdravăn; a-i scutura cojocul.

dress smb. down, to F v. **dress down smb.'s jacket.**

dress up an argument, to a-și susține un punct de vedere încărcat cu zorzoane inutile (pentru a-l face mai convingător).

drill smth. into smb., to a-i vârî (cuiva) ceva în cap prin exerciții repetate.

drink hob a/or nob, to ← F a ciocni paharele; a bea împreună.

drink in smb.'s words, to F a-i sorbi cuiva cuvintele.

drink off candle-ends (for), to ← înv. a bea în sănătatea doamnei inimii sale.

drink oneself to death, to a muri din pricina băuturii/alcoolismului; **he is ~ing himself to death** bea în neștire (până ce va muri).

drink smb. under the table, to F a ține mai mult la băutură decât cineva; a-l vârî sub masă.

drink smth. down/off (in one gulp), to a bea ceva până la fund (pe nerăsuflate, dintr-o înghițitură/sorbitură).

drink the waters, to a bea apă minerală (într-o stațiune balneară/balneoclimaterică); a face cură de apă (minerală).

drink with the files, to austral. a bea de unul singur.

drive a coach and four through an argument, to F a da peste cap/a face praf un argument care nu stă în picioare.

drive a hard bargain, to ← F a nu ajunge ușor la un compromis/o înțelegere/o tranzacție; F → a se lăsa greu (convins).

drive a nail into smb.'s coffin, to a grăbi sfârșitul cuiva; F → a băga pe cineva în mormânt/pământ.

drive a wedge (between), to F a băga un fitil (între).

drive home (to), to I. a convinge; a face să înțeleagă; a-i băga (cuiva ceva) în cap. 2. a termina cu bine/succes; a duce la bun sfârșit.

drive into the background, to a împinge pe planul al doilea.

drive one's hogs/pigs to a bad/wrong market, to F v. **bring one's eggs to a bad/wrong market.**

drive one's hogs/pigs to a fair/fine/pretty market, to iron. v. **bring one's eggs to a fair/fine, etc. market.**

drive one's hogs/pigs to market, to ← înv. fig. a mâna porcii la jir, a trage (la) aghioase.

drive smb. back on smth, to a-i forța cuiva mâna să facă lucruri (extreme) în contra voinței; **as I had finished all my cigarettes, I was driven back on John's gaspers** cum îmi terminasem toate țigările, a trebuit să fumez mahorca lui John.

drive smb. crackers, to ← F a scoate pe cineva din minți; a înnebuni pe cineva.

drive smb. into a corner, to *fig.* a încolți pe cineva; a pune pe cineva la zid; a înfunda pe cineva; a nu-i lăsa cuiva nici o ieșire/scăpare.

drive smb. mad/crazy, to a scoate pe cineva din minți; a-l înnebuni.

drive smb. out of his mind/wits, to *v.* **drive smb. mad.**

drive smb. round the bend, to *v.* **drive smb. mad.**

drive smb. to despair/desperation, to a-l aduce pe cineva la (o stare de) disperare.

drive smb. to drink, to a-l face pe cineva să se apuce de băutură *(de disperare).*

drive smb. to his shifts, to a aduce pe cineva la ultima linie a rezistenței/la capătul puterilor.

drive smb. to his wit's end, to *v.* **bring smb. to his wit's end.**

drive smb. to the (last) shifts, to *v.* **drive smb. to his shifts.**

drive smb. up the wall, to *F* a-l face pe cineva să se suie pe pereți; a-l înnebuni; a-l scoate din minți.

drive stakes, to *amer.* a așeza tabăra.

drive the center/cross/nail, to *amer.* a ochi/trage/ nimeri drept la țintă.

drive the nail home, to 1. a bate cuiul până în/la fund. 2. *fig.* a termina ceva cu bine/succes; a duce ceva la bun sfârșit.

drive the nail (up) to the head, to *v.* **drive the nail home.**

drive to bay, to *v.* **bring to bay.**

drive to the wall, to *v.* **drive smb. into a corner.**

drop a brick/clanger, to *F* a da cu bâta/bățul în baltă; a o face boacănă/de oaie.

drop a bucket into an empty well, to ← *F* a-și pierde/irosi timpul (și forțele) de pomană; *aprox. F* → a duce/căra apa cu ciurul (și soarele cu oborocul).

drop a clanger, to *v.* **drop a brick.**

drop a cue, to *sl.* a-și lepăda potcoavele.

drop a hint, to *F* → a bate șaua să priceapă iapa.

drop a stitch, to a scăpa un ochi *(la croșetat).*

drop dead! *sl.* du-te dracului! să te ia dracu'!

drop in (on smb./at a place), to a trece pe la cineva/ ceva.

drop it! *F* gata! destul! basta! las-o baltă!

drop like a hot potato, to *F* a se debarasa *(de cineva, ceva)* în doi timpi și trei mișcări; a arunca la lada cu gunoi.

drop millstones, to 1. a nu vărsa o lacrimă *(la o nenorocire).* 2. a avea inima împietrită; a fi inimă de piatră.

drop off the hooks, to *sl. v.* **drop a cue.**

drop one's bundle, to *austral. F* a se lăsa păgubaș; a se da bătut; a depune armele.

drop one's gear, to *austral.* ← *sl. (d. o femeie)* a se dezbrăca.

drop one's h's, to *(una din particularitățile vorbirii Cockney)* a nu pronunța „h" acolo unde trebuie.

drop short of smth., to *v.* **fall short of smth.**

drop smb. a line, to a-i scrie cuiva câteva rânduri/ o scrisoare scurtă.

drop the bucket, to *austral.* ← *sl.* a arunca/da vina pe altcineva *(într-un proces).*

drop the pilot, to *fig.* a renunța la serviciile unui sfătuitor bun.

drown smb. out, to a vorbi mai tare decât cineva (sau a face zgomot) pentru a-l acoperi.

drown the miller, to ← *glum.* a boteza prea tare o băutură alcoolică.

drum smb. out of smth., to a da pe cineva afară cu tam-tam/scandal.

drum smth. into smb., to *v.* **din smth. into smb.**

drum up one's friends, to ← *F* a face apel la toți prietenii.

drunk as a bastard, (as) *austral. v.* **drunk as a fiddler, etc.**

drunk as a boiled owl, (as) *amer. v.* **drunk as a fiddler, etc.**

drunk as a fiddler/piper/lord/fish/an owl, (as) beat mort/turtă/criță/tun.

drunk as a pissant, (as) *austral. F* beat mort/turtă/ criță.

dry as a bird's arse, (as) *austral.* ← *F* foarte uscat.

dry old stick, (to be a) *austral.* ← *F* (a fi) un bătrân ironic.

dry straight, to ← *sl.* a se aranja; a se rezolva.

dry up! *F* basta! destulă vorbărie! ai spus și-așa prea multe.

duck in, to *austral.* ← *F* a intra repede/pentru câteva minute *(mai ales într-un magazin. La Melbourne, multe magazine au firme cu rățoi și inscripția:* **Duck in for shoe repairs** *etc.).*

duck out of smth., to *F* a reuși să scape de o belea.

duck the scone, to *austral.* ← *sl.* a-și recunoaște vina *(într-un proces).*

dull as ditchwater, (as) *(d. un spectacol, o carte, un discurs etc.)* plicticos la culme.

dun's the mouse! ← *înv.* aha! te-am prins!

dust smb.'s coat/doublet/jacket (for him), to *v.* **dress down smb's jacket.**

dust smb.'s eyes, to *fig.* a arunca praf în ochii cuiva.

Dutch have taken Holland!, the *aprox.* a descoperit America/gaura covrigului! mare procopseală/ scofală!

E

each for himself and the devil take the hindmost fiecare pentru el şi Dumnezeu pentru toţi!; < scapă cine poate.

early bird catches the worm, the cine se scoală de dimineaţă, departe ajunge.

early start makes easy stages, an v. **early bird catches the worm.**

earn/make a mint (of money), to F a câştiga/face o groază de bani/o avere; a mânca banii cu lingura; a se juca cu banii.

earn one's crust, to a munci pentru o bucată de pâine.

earn one's keep, to a câştiga atât cât este necesar pentru a se întreţine (singur); a avea cu ce/din ce să trăiască.

earn one's salt, to a nu mânca pâine(a) de pomană/ degeaba.

earn the wages of sin, to ← *elev.* a fi spânzurat/ condamnat la moarte.

ease back on the stick, to *av.* a trage maneta spre sine (câştigând înălţime).

ease nature, to a se uşura; a avea scaun.

easy as ABC, (as) F simplu ca bună ziua.

easy as falling off a log/as lying/*sl.* **as damn it**/*amer.* **as pie/as rolling off a log, (as)** v. **easy as ABC.**

easy as winking, (as) v. **easy as ABC.**

easy come, easy go *(d. bani)* P → de haram a venit, de haram s-a dus; cum a venit, aşa s-a dus.

easy does it! domol! ia-o încet/domol! nu te grăbi/ pripi! cine merge încet, ajunge departe! încet, încet, departe ajungi!

easy on the eye plăcut la vedere, plăcut ochiului; care încântă/desfată privirea/ochiul.

eat a bit of mutton with smb., to ← *F rar.* a lua masa cu cineva.

eat a peck of salt with smb., to 1. *fig.* a mânca pâine şi sare cu cineva (o viaţă întreagă). **2.** a se bate pe burtă cu cineva.

eat away at the coast, to *(d. mare)* a eroda malul (stâncos); a „muşca" din mal.

eat crow/dog, to *amer. sl. v.* **eat dirt.**

eat dirt, to ← F 1. a-şi retrage cuvintele (cerându-şi mii de scuze). **2.** a-şi pune/turna cenuşă pe/în cap.

eat dust, to *amer* ← F a suferi o pedeapsă.

eat for the bar, to ← F a urma dreptul.

eat humble(-)pie, to v. **eat dirt.**

eat into one's savings, to F a face gaură în economii.

eat iron/sword, to ← *înv.* a primi o lovitură de armă albă.

eat no fish, to ← *înv.* 1. a nu mânca peşte (în zile de post); a nu ţine post catolic; *(prin extensie)* a nu fi catolic. **2.** *fig.* a inspira încredere *(din punct de vedere politic etc.)*

eat one's cake and have it, to *aprox.* a împăca şi capra şi varza; şi cu porcul/gras în bătătură şi cu porumbi în pătul.

eat one's dinners, to F v. **eat for the bar.**

eat one's fill, to a mânca pe săturate/ghiftuite.

eat one's hat, to: I'll eat my hat if ... să nu-mi spui mie pe nume dacă ... *(folosit pentru a întări certitudinea unei afirmaţii).*

eat one's head off, to F a mânca cât şapte şi cam de pomană; *(prin extensie)* a duce o viaţă de parazit/ trântor (pe spinarea altuia).

eat one's heart out, to a se consuma teribil de mult; a se perpeli; a se tortura; a i se topi inima (de supărare); a-şi mânca sufletul; a-l râcâi la inimă.

eat one's leek, to F v. **eat dirt.**

eat one's mutton with smb., to *rar v.* **eat a bit of mutton with smb.**

eat one's own flesh, to a fi cuprins de lene(vie).

eat one's terms, to F v. **eat for the bar.**

eat one's word's, to 1. a-şi înghiţi/retrage cuvintele; a retracta tot ce a spus (cerându-şi scuze). **2.** a înghiţi/mânca cuvintele *(în vorbire).*

eat out of smb.'s hand, to a fi supus ca un câine; a se purta ca un mieluşel.

eat short, to *(d. torturi, pişcoturi etc.)* a se mânca/ consuma repede; a dispărea repede; a nu ţine mult; a nu ajunge să se strice.

eat smb. out of house and home, to *F* a-i mânca cuiva și urechile; *(prin extensie)* a trăi pe spinarea cuiva, exploatându-l la sânge.

eat smb.'s bread and salt, to a fi oaspetele/ musafirul/invitatul cuiva.

eat smb.'s mutton, to *rar v.* **eat a bit of mutton with smb.**

eat smb.'s salt, to 1. *v.* **eat smb.'s bread and salt.** 2. a mânca din pâinea cuiva; a fi într-o situație de dependență față de cineva. 3. a fi în slujba/ serviciul cuiva.

eat smb.'s toads, to *F* a-i linge cuiva și picioarele/ ghetele/cizmele; a fi cățelușul cuiva.

eat sword, to *înv.* **eat iron.**

eat the air, to ← *înv.* a se hrăni cu promisiuni; a nutri speranțe deșarte.

eat the bread of idleness, to a mânca pâine(a)/a face umbră pământului de pomană; a fi un trântor fără pereche.

eat the calf in the cow's belly, to a vinde pielea ursului din pădure.

eat the fat of the land, to a trăi împărătește/ca un pașă/ca găina la moară/ca și câinele la stână; a înota în miere.

eat the ginger, to *amer.* ← *sl.* a-și lua partea leului; a lua caimacul; a trage spuza pe turta sa.

eat the leek, to *F v.* **eat dirt.**

eat well, to 1. a mânca bine; a-i plăcea să mănânce bine. 2. a avea poftă de mâncare. 3. *(d. un aliment)* a avea (un) gust plăcut, a fi bun (la gust).

economize (on smth.), to a face economii (la/de ceva); a(-și) reduce cheltuielile (la/de ceva).

edge (one's way) towards the door/across the room, etc., to a se strecura spre ușă/*(printre invitați etc.)* spre celălalt colț al încăperii etc.

edit words out of a text, to a suprima cuvinte din text în momentul stilizării/pregătirii pentru tipar.

effect a footing, to *fig.* a prinde rădăcini.

egg smb. on, to a împinge pe cineva la ceva *(mai ales nechibzuit sau periculos).*

eke out a living, to a câștiga o pâine, a găsi un mijloc de a duce/încropi o existență precară.

elbow-grease gives best polish *aprox.* cu răbdarea se trece marea; cu răbdare și cu tăcere se face agurida miere.

elbow one's way through/across, etc., to a-și croi/ face drum cu coatele prin etc.

embark on/upon smth., to a începe ceva *(o călătorie, un proiect, o campanie etc.).*

empty out one's contents, to *(d. un recipient)* a-și pierde conținutul; a lăsa să i se scurgă conținutul.

empty out one's pockets, to a-și goli buzunarele.

en bloc în bloc.

en clair *(d. mesaj)* necifrat, necodificat.

encore smb., to a bisa pe cineva *(un interpret).*

encroach on/upon smb.'s time, to *elev.* a-i răpi cuiva timpul.

end it (all), to *F* a termina-o cu viața; a-și pune capăt zilelor.

end on *(d. o ciocnire de vase)* cu pupa/prova.

end smth. off, to a termina ceva.

end to end *(d. mese etc.) (așezate)* cap la cap.

engage with the enemy, to *mil.* a angaja inamicul.

Englishman's house is the castle, an *aprox.* fiecare e stăpân la el acasă.

enlarge on/upon a subject, to a dezvolta un subiect; a spune mai multe despre un subiect.

enlighten smb. about/on smth., to *elev.* a lumina/ lămuri pe cineva cu privire la ceva.

en masse în masă, masiv.

enough and to spare prea de-ajuns/mult (mai și rămâne); destul ca să mai și rămână; cu prisosință; cu vârf și îndesat.

enough is as good as a feast *prov.* ce-i destul e prea destul; < ce-i mult nu-i bun.

enough to make a cat laugh (, it's) să mori/să te prăpădești de râs (nu alta)!

enough to make a cat speak, (, it's) ... minune mare; ... de face să stea mâța-n coadă.

enough to puzzle a Philadelphia lawyer, (, it's) *amer. F* (e o) treabă tare încurcată căreia nici dracul nu-i mai dă de capăt.

enough to swear by (, it's) *F* nu (e) cine știe ce; o țâră; un pic.

en pantoufles într-o atmosferă degajată/relaxată/ intimă.

en poste *(d. un diplomat)* la post.

en prise *(d. o piesă de șah)* amenințat.

en route în/pe drum.

en second noces dintr-o a doua căsătorie.

enter at the Stationers' Hall, to *(d. o lucrare)* a purta dreptul de autor.

enter for a contest/competition, to a se prezenta/ înscrie la un concurs.

enter into details/particulars, to a intra în detalii/ amănunte.

enter the field, to *și fig.* a intra în luptă/acțiune; a se lansa în discuție/dispută/controversă.

enter the lists, to *fig.* 1. a arunca mănușa. 2. a ridica mănușa. 3. *v.* **enter the field.** 4. a intra în arenă; a-și încerca forțele.

entre nous între noi; în particular.

épater les bourgeois *F* → (ca) să crape Popeasca.

equal to cash *amer.* ←*F* valoros; preţios; de valoare/preţ; de o calitate incontestabilă; *F* **it's ~** face toţi banii/toate paralele.

err on the right side, to a evita greşeala cea mai gravă posibilă; *aprox.* a alege soluţia cea mai bună dintre două rele.

ésprit de corps *aprox.* solidaritate profesională.

ésprit de l'éscalier *aprox.* mintea românului cea de pe urmă.

even as ... tocmai când ...

even out payments, to a eşalona plăţile în tranşe egale.

even up matters/things/the teams, etc., to a echilibra situaţia/lucrurile/echipele etc.

even up the score, to a egaliza scorul/rezultatul.

everybody knows best where his own boot/shoe pinches fiecare-şi ştie buba; fiecare ştie unde-l bate/doare/strânge gheata/pantoful, fiecare ştie ce-l doare.

every bullet has its billet *aprox.* în toate (lucrurile) există o soartă; nu te poţi împotrivi soartei; nu poţi lupta contra soartei.

every last *sl.* toţi, fără excepţie.

every little makes a mickle picătură cu pic, pic, gârlă îţi face şi nu mică; păr cu păr se face cergă.

every man has a fool in his sleeve fiecare naş îşi are naşul; cât e vulpea de vicleană şi tot cade în capcană.

every man Jack (of us) fiecare (dintre noi), toată lumea (fără excepţie).

every man with his hobby-horse *F* fiecare (om) cu damblaua/păsărica lui.

every now and then din când în când, când şi când.

every potter praises his own pot *prov.* tot ţiganul îşi laudă ciocanul.

every so often *v.* **every now and then**.

everything in the garden is lovely *(uneori folosit ironic)* totul este cât se poate de bine.

everything is lovely and the goose hangs high *F* totul merge strună/găitan/ca pe roate/ca pe apă.

everything is nice in your garden *iron.* la dumneata totul este perfect (vorbă să fie)!

every which way *amer.* în orice direcţie; în toate direcţiile.

exchange is no robbery *aprox.* târgul prost gen Dănilă Prepeleac nu e păcat/furt *(expresie folosită ca o scuză de la cel care face un schimb avantajos în detrimentul celuilalt).*

excuse me 1. daţi-mi voie; pardon *(expresie folosită pentru a străbate mulţimea sau pentru a-şi exprima dezacordul).* **2.** mă iertaţi *(scuză folosită când tuşeşti, strănuţi etc.; de asemenea, când te ridici de la masă sau când opreşti un străin pentru a-i cere o informaţie).*

excuse smb. from (doing.) smth., to a scuti pe cineva de (a face) ceva.

ex nihilo din nimic.

ex officio din oficiu.

expend energy on (doing) smth., to a consuma/cheltui energie pentru (a face) ceva.

experiment on/upon, to a face experienţe pe.

experiment with, to a face experienţe cu.

explain smth. away, to a găsi o explicaţie plauzibilă/valabilă pentru ceva (înlăturând astfel orice dubiu).

explore every avenue, to ← *F* a examina/cerceta toate posibilităţile/căile; a întoarce o problemă pe toate feţele.

ex post facto *(d. o lege)* cu efect retroactiv.

expunge from the list/record, to a radia/şterge *(un nume)* de pe listă/registru.

ex silentio din/în lipsa unor probe contrare.

eye for an eye dinte pentru dinte.

eyes front/left/right! *mil.* capul înainte/la stânga/la dreapta!

F

face away from (smb./smth.), to a-şi întoarce capul/faţa (de la cineva/ceva); a privi (intenţionat) în direcţie opusă.

face it out (that), to a o ţine una şi bună (că).

face it with a card of ten, to ← *înv.* a avea o atitudine impertinentă/sfidătoare/provocatoare.

face the knocker, to ← *F* a cerşi pe la uşi; a umbla cu cerşitul/*F* → săru' mâna/daibojul.

face the music, to *F* a nu zice nici pâs/a nu crâcni (când cineva te ceartă); *fig.* a înfrunta furtuna.

face up to, to a-şi asuma *(o răspundere, o sarcină)*; a accepta (cu curaj) *(o posibilitate/probabilitate neplăcută)*; a privi *(adevărul/lucrurile)* drept în faţă.

fade away into the distance, to *(d. persoane, zgomote)* a se pierde (treptat) în depărtare.

fade out, to *radio* a fila *(o voce, o muzică, efecte de sunet)*.

fade up, to *radio* a întări *(o voce, o muzică, efecte de sunet)*.

fag round after smb., to *F* a se ţine de coada cuiva (făcându-i diferite servicii).

faint heart never won fair lady *aprox.* cine nu îndrăzneşte nu cucereşte.

fair and softly! încet! uşurel! domol!

fair and square cinstit; deschis; pe faţă.

fair do's 1. that's not ~! nu e drept/cinstit/just! **2.** pe din două!

fair enough! (foarte) bine! perfect! de acord! în regulă!

fair to middling *(d. sănătate, vreme etc.)* aşa şi aşa.

fair/fine/soft words butter no parsnips *prov.* numai cu vorba nu se face ciorba.

fall aboard of/with smb., to *F* a se strica/certa cu cineva; a se pune rău cu cineva.

fall about laughing/with laughter, to *F* a muri/se prăpădi de râs; a nu se mai putea ţine pe picioare/ a se ţine cu mâinile de burtă de atâta râs.

fall about one's ears, to *(d. realizări etc.)* a se prăbuşi (la pământ) *(ca un castel de cărţi de joc)*; a se alege praf şi pulbere.

fall a lip of contempt, to a se strâmba în semn de dispreţ; a face o mutră dezgustată.

fall asleep, to a adormi.

fall back on (smb./smth.), to a apela la (cineva/ ceva) în caz de (absolută) nevoie; a-şi pune (ultima) nădejde în (cineva/ceva).

fall behind, to a rămâne în urma *(cuiva/ceva)*.

fall behind with, to a rămâne în urmă cu *(livrările, ratele etc.)*.

fall below, to a scădea sub *(un anumit nivel)*.

fall between two stools, to *F aprox.* **1.** a alerga după doi iepuri deodată (şi a nu prinde nici unul); a umbla în două luntre şi a cădea în apă; *(prin extensie)* a rămâne cu buza umflată. **2.** a nu fi nici una, nici alta.

fall by the wayside, to a o apuca pe cărări greşite/ pe o pantă greşită.

fall down, to *F (d. un plan, proiect etc.)* a fi nesatisfăcător sau impracticabil.

fall down on an exam, to a cădea la un examen.

fall down on it/the job, to ← *F (d. cineva)* a nu fi la înălţimea unei sarcini/unui post; *F* → a încurca treburile.

fall flat, to *(d. o glumă, piesă etc.)* ← *F* a nu avea nici un succes.

fall flat on one's face, to *F* **1.** a cădea/a se lungi la pământ (cu faţa în jos). **2.** *fig.* a eşua în mod lamentabil; *F* → a-şi frânge gâtul.

fall for smb. (in a big way), to *F* a fi amorezat lulea de cineva; a fi mort după cineva.

fall for smth. (hook, line and sinker), to ← *F* a nu putea rezista tentaţiei de a avea ceva; a ajunge să creadă (cu naivitate) într-un argument, o reclamă comercială, spusele cuiva etc.

fall foul of smb., to *F v.* **fall aboard of/with smb.**

fall from/out of favour (with), to a nu mai fi văzut cu ochi buni (de); *v. şi* **fall from grace.**

fall from grace, to a cădea în dizgraţie.

fall from power, to a cădea de la putere.

fall from the water-wagon, to *amer.* ← *F* a se apuca din nou de băut(ură) *(după o perioadă de abstinenţă)*.

fall ill, to a se îmbolnăvi; a cădea la pat.

fall in alongside/beside smb., to a se alătura cuiva/ unui grup aflat în marș/defilare.

fall in love with smb., to a se îndrăgosti de cineva.

fall into, to a fi divizibil în/a se împarte în *(părţi, secţiuni, categorii etc.)*.

fall into a coma, to a intra în comă.

fall into a (deep) depression, to *(d. cineva)* a suferi de stări depresive; a avea o depresiune nervoasă.

fall into a deep sleep, to a cădea într-un somn adânc.

fall into a good/nice berth, to a găsi un post bun/ bine plătit.

fall into a trance, to a cădea în transă.

fall/get into bad habits, to a (de)prinde/căpăta/ lua obiceiuri proaste; a apuca pe căi rele.

fall into decay, to a decădea (fizic sau moral); a se deteriora/deprecia iremediabil.

fall into decline, to a decădea; a fi/ajunge în declin.

fall into disfavour/disgrace (with), to a cădea în dizgraţia (cuiva).

fall into disrepair, to *(d. o construcţie, un mecanism)* a necesita reparaţii.

fall into disrepute, to a-şi pierde reputaţia; a se compromite *v.* **bring into disrepute**.

fall into disuse, to a nu se mai folosi; a ieşi din uz; *elev.* → a cădea în desuetudine.

fall into line (with), to *v.* **come into line (with)**.

fall into place, to *fig. (d.lucruri)* a prinde formă/ contur; a începe să capete înţeles; a începe să se lămurească/desluşească/clarifice.

fall into step (with), to 1. a-şi potrivi ritmul paşilor/ de mers după al altuia. 2. *v.* **come into line (with)**.

fall into the bad habit of, to a căpăta/lua prostul obicei de (a face ceva).

fall into the habit of doing smth., to a lua obiceiul de a face ceva; a-şi face un obicei din a face ceva.

fall into the right hands, to a încăpea pe mâini bune.

fall into the wrong hands, to a încăpea pe mâini rele.

fall in with smb., to a da (din întâmplare) peste cineva/un grup; *mil.* a se alătura *(forţelor proprii)* după o absenţă *(în misiune)*.

fall in with smth., to a-şi însuşi *(o idee, o propunere, o sugestie, un plan de acţiune)*.

fall on a weekday/Sunday, etc., to *(d. un eveniment)* a cădea într-o zi de lucru/duminică.

fall on deaf ears, to *(d. o propunere, un apel etc.)* a nu fi ascultat; *fig.* a se pierde în vânt; aprox. a bate toaca/toba la urechea surdului; *aprox.* a rămâne surd la o propunere, un apel etc.

fall one's men in, to *mil.* a-şi aduna trupa din subordine în formaţie.

fall on/upon evil days/hard times, to *(d. o ţară, industrie, o familie etc.)* a trece prin/a cunoaşte zile grele/negre; a traversa o perioadă de criză.

fall on one's crupper bone, to *austral.* ← *sl.* a cădea de pe cal.

fall on one's feet/legs, to *şi fig.* a cădea în picioare.

fall on/to one's knees, to a se arunca în genunchi la picioarele cuiva.

fall on/upon smb., to a cădea asupra cuiva; a ataca pe cineva *(inamicul etc.)*.

fall on/upon smb.'s ears, to a ajunge la urechile cuiva.

fall on/upon smb. to do smth., to: it fell upon me to ~ mie mi-a revenit (sarcina) să fac ceva.

fall on stony ground, to *fig. (d. vorbe etc.)* a cădea pe pământ neroditor; a nu încolţi; *(prin extensie)* a rămâne fără (nici un) rezultat; a nu da roade.

fall out of favour (with), to *v.* **fall from favour (with)**.

fall out of love with smb., to a nu mai iubi/ simpatiza pe cineva.

fall out of the frying-pan into the fire, to *F* a cădea/nimeri din lac în puţ; a fugi de popa şi a da peste dracul.

fall out of the habit of doing smth., to a se dezbăra/lăsa de obiceiul da a face ceva.

fall out of use, to *v.* **fall into disuse**.

fall outside one's province/field/area of interest/ competence, to *(d. o problemă)* a depăşi domeniul/competenţa cuiva.

fall outside the scope of ..., to a depăşi cadrul.

fall out with smb., to *F* a strica prietenia cu cineva; a o rupe cu cineva; a se certa cu cineva.

fall over backwards to do smth., to *F* a se da peste cap pentru a face ceva; a face tot ce e posibil/a nu precupeţi nici un efort pentru a realiza ceva; a nu şti ce să mai facă *(mai ales pentru a fi agreabil cuiva)*.

fall over each other, to a se lua la harţă; a sări la bătaie.

fall over one another, to *v.* **fall over each other**.

fall over oneself to do smth., to *v.* **fall over backwards to do smth.**

fall POW, to a cădea prizonier de război.

fall/drop short of smth., to 1. a-i lipsi ceva; a nu avea ceva. 2. a nu corespunde; *F*→ a nu fi la înălţime.

fall short of the mark, to a da greş; a nu-şi atinge scopul/ţinta.

fall to blows/cuffs, to a se lua la bătaie/harţă; a se încăiera.

fall to doing smth., to a se apuca de (făcut) ceva.

fall together by the ears, to ← *înv.* a se certa; a fi certați/despărțiți.

fall to loggerheads, to *F v.* come to loggerheads.

fall to one's knees, to *v.* fall on one's knees.

fall to pieces, to *(d. o mașină)* a fi (devenit) o rablă (gata-gata să se desfacă în părțile componente); *(d. moralul cuiva, o argumentație etc.)* a fi extrem de slab; *aprox.* $F \rightarrow$ a fi prins în pioneze.

fall to smb./smb.'s lot to do smth., to *v.* fall on smb. to do smth.

fall to the ground, to 1. a cădea la pământ. 2. *fig.* *(d. un plan, o ipoteză, teorie etc.)* a cădea, $F \rightarrow$ a nu mai ține.

fall to with (ravenous) appetite, to a se apuca de mâncat cu (multă) poftă.

fall to with enthusiasm, to a se apuca de lucru/ ceva cu entuziasm.

fall under smb.'s spell, to a fi captivat/vrăjit de cineva.

fall under the heading/head of, to a fi clasificabil ca; a (apar)ține (categoriei) de.

fall upon smb. hammer and tongs, to *și fig.* ← *F* a se năpusti asupra cuiva cu toată forța.

fall upon smth. hammer and tongs, to ← *F* a se apuca de ceva cu toată nădejdea.

fall within one's province/field/area of interest/ competence, to a fi de domeniul/competența cuiva.

familiarity breeds contempt îi dai degetul, el îți apucă mâna, îi dai un ort, și-ți ia un cot.

fancy oneself as ..., to a se vedea în rol/postură/pe post de ...

fan the breezes, to *amer. aprox.* a căra apă la fântână.

fan the flame, to *fig.* a ațâța pasiunile/patimile; a agita spiritele; *(prin extensie)* a turna gaz peste foc.

far and away indiscutabil; hotărât; categoric; **he is the best skier ~** e indiscutabil cel mai bun schior.

far and near/wide peste tot; pretutindeni; în toate părțile.

far be it from me to departe de mine gândul/ intenția de a.

far cry *fig.* **it's a ~ from ...to** e cale lungă de la ... până la.

far from the mark departe de adevăr/realitate/obiect.

farm out a baby on smb., to a da copilul în grija cuiva.

farm out work/responsibilities to ..., to a repartiza sarcini/răspunderi (altora, altuia).

fash one's thumb (about smth.), to *scoț.* a se perpeli; a se da de ceasul morții.

fasten a quarrel upon smb., to a căuta ceartă (cu lumânarea)/pricină cuiva.

fasten on/upon smb., to 1. a-i da cuiva *(o poreclă).* 2. a-i aduce cuiva *(o acuzație).* 3. a-și fixa *(privirea)* asupra cuiva. 4. a-și concentra *(gândurile)* asupra cuiva.

fasten on/upon smth., to a prinde (ocazia) din zbor; a se agăța de *(o idee, o propunere, o slăbiciune).*

fat is in the fire, the (acum) ce-o fi o fi; (acum) întâmplă-se ce s-o întâmpla; (acum) Dumnezeu cu mila.

fat lot, a *F iron.* mare brânză/scofală! **~ of good/ help that is to us!** de așa bine/ajutor, mai bine lipsă! ei să știi că acum ne-am procopsit! **~ he knows about it!** că multe mai știe el (în chestia asta)!

fat paunches have lean pates stomacul plin nu-nvață bucuros.

father smth. on/upon smb., to a-i atribui cuiva paternitatea *(unei lucrări, idei, invenții).*

fathom it/things out, to ← *F* a încerca să găsească o explicație pentru ceva; a încerca să-și explice ceva; **I can't fathom out where the book has got to. I left it on the table a minute ago** nu pot pricepe unde a dispărut cartea. Acum un minut era pe masă.

fatten on/upon the toil/labour/sweat of others, to a trăi din sudoarea muncii altora.

faults are thick where love is thin *prov.* unde-i dragoste puțină, lesne-i a găsi pricină.

fawn on smb., to *fig.* a se gudura pe lângă cineva; a face sluj în fața cuiva.

fear for smth., to a se teme pentru/a fi îngrijorat de *(sănătatea, siguranța, viața cuiva, viitorul economiei naționale etc.).*

fear no colours, to ← *înv.* a nu ști ce e frica; a fi neînfricat.

feast at the public crib/through, to *amer.* ← *F* a avea o sinecură.

feather one's (own) nest, to *F* 1. a-și umple/garnisi punga/buzunarele; a prinde cheag. 2. a-și face culcuș moale; a strânge bani albi pentru zile negre.

feed a cold, to ← *F* a mânca bine atunci când este răcit.

feed an actor, to ← *F* a da (prompt) replica unui actor pe scenă.

feed at the public trough, to *F amer. v.* feed at the public crib.

feed off smth., to 1. a mânca din *(farfurii de porțelan, plastic etc.).* 2. a trăi din *(resursele, ideile altora sau proprii);* **the camel feeds off its hump** cămila trăiește din rezervele acumulate în cocoașă.

feed on smth., to *şi fig.* a se hrăni cu ceva.

feed smb. on smth., to *şi fig.* a hrăni pe cineva cu ceva.

feed smb. on soft corn, to *amer.* ← *sl.* a fi extrem de atent/prevenitor cu cineva; < a tămâia pe cineva.

feed smb. up, to a supraalimenta pe cineva.

feed the fishes, to *F* **1.** a da hrană la peşti *(= a suferi de rău de mare şi a vărsa).* **2.** a deveni hrană pentru peşti *(= a se îneca).*

feel an urge to do smth., to *v.* **have an urge to do smth.**

feel as if one will give birth to bullants/to a litter of rattlesnakes, to *austral.* a se simţi mizerabil (cu sănătatea).

feel as right as rain, to *v.* **be as right as rain.**

feel as snug as a bug in a rug, to *F aprox.* a se simţi ca peştele în apă.

feel as though one might give birth to bullants, to *austral.* ← *F* a fi perplex/consternat; *F →* a rămâne tablou; a rămâne cu gura căscată.

feel cheap, to **1.** a se simţi înjosit/umilit. **2.** a se simţi stingher; a nu fi în largul său. **3.** a fi indispus.

feel empty, to a avea o senzaţie de gol în stomac.

feel equal to (doing) smth., to *v.* **feel up to (doing) smth.**

feel fagged out, to *F* a se simţi (ca) stors (de puteri)/ moale ca o cârpă; a se simţi vlăguit; a nu se mai putea ţine pe picioare (de oboseală); a fi la capătul puterilor.

feel fenced in, to *v.* **fence smb. in.**

feel fine, to a se simţi perfect/minunat/de minune.

feel fit, to a se simţi foarte bine/*F →* în formă.

feel for smb., to a simţi compasiune pentru cineva.

feel for smth., to a căuta ceva *(cu mâinile, pipăind).*

feel funny, to *F* a nu fi în apele sale; a nu se simţi prea bine.

feel in one's bones (that), to *v.* **feel smth. in one's bones.**

feel like a boiled rag, to *F* a se simţi ca o zdreanţă/ lămâie stoarsă.

feel like a box of birds, to *austral.* a se simţi în al nouălea cer (de fericire).

feel like a fighting-cock, to *F* a se simţi în formă.

feel like a million dollars, to a se simţi grozav/ minunat.

feel like/quite oneself, to a se simţi din nou bine (după o boală).

feel like smth./doing smth., to a avea chef de (a face) ceva; a dori (să facă) ceva.

feel low, to a fi deprimat/abătut/descurajat.

feel mean, to *amer.* **1.** a se simţi ruşinat/vinovat. **2.** a se simţi prost, a nu fi în apele sale.

feel one's feet/legs, to *v.* **feel one's wings.**

feel one's oats, to **1.** *(d. un cal)* a alerga în trap vioi *(adulmecând grajdul în apropiere).* **2.** *fig.* a fi foarte bine dispus; a fi vesel şi vioi.

feel one's wings, to a avea încredere în sine; a simţi teren solid sub picioare.

feel on top of the world, to **1.** a se simţi în culmea fericirii; a-i surâde viaţa din plin. **2.** a fi într-o stare de spirit/dispoziţie sufletească excelentă.

feel out of it/things, to a se simţi străin de ceva; a se simţi cam stingher *(într-o anumită societate)*; *v. şi* **feel out of place.**

feel out of place, to a nu se simţi la locul său; *v. şi* **feel out of it.**

feel out of sorts, to *F* **1.** a nu fi în apele sale. **2.** a nu-i fi toţi boii acasă.

feel out the situation, to a sonda terenul.

feel quite oneself, to *v.* **feel like oneself.**

feel seedy, to ← *F* a se simţi prost; a nu se simţi deloc bine.

feel shaky, to a fi dărâmat/doborât/fără vlagă; a se clătina pe picioare; a se simţi foarte slăbit.

feel slack, to a se simţi istovit/epuizat.

feel small, to a se simţi mic şi neimportant.

feel smth. in one's bones, to ← *F* a presimţi ceva; a simţi ceva (cu cel de-al şaselea simţ).

feel the draught, to ← *F (d. o întreprindere)* a fi într-o situaţie financiară dificilă; a fi pe drojdie.

feel the wind of change, to **1.** a (pre)simţi o schimbare iminentă. **2.** a purta amprenta schimbării.

feel up to concert-pitch, to *(folosit mai ales la negativ)* a se simţi excelent/de minune/în formă.

feel up to (doing) smth., to a se simţi în stare de (a face) ceva.

fence in a garden/field, etc., to a împrejmui o grădină/un câmp etc.

fence off smth. (from), to a despărţi *(o grădină etc.)* cu un gard *(de).*

fence smb. in, to *(d. regulamente etc.)* a restrânge cuiva libertatea de acţiune *(eventual creându-i senzaţia de claustrare).*

fend for oneself, to **1.** a trăi de azi pe mâine; a trage mâţa de coadă. **2.** a-şi purta singur de grijă.

fend off a blow, to a para o lovitură.

fend off smb., to a evita pe cineva; a-l ţine la distanţă.

ferae naturae *(d. un animal)* nedomesticit/sălbatic.

ferret out, to ← *F* a reuşi să descopere/găsească *(un document, o informaţie, o adresă, un fapt).*

fetch a blow, to a da o lovitură.

fetch a circuit, to a face un ocol; a o apuca/a merge pe un drum ocolit.

fetch a compass, to *v.* **cast a compass.**

fetch and carry, to 1. *(d. un câine)* a face aport. **2.** *fig.* a slugări; a fi de alergătură.

fetch smb. a box on the ears, to a-i trage/arde cuiva o palmă.

fetch smb. over the coals, to *cuv. v.* **haul smb. over the coals.**

fetch the farm, to ← *sl. (d. un deținut)* a obține transferul la infirmeria închisorii.

fiddle the accounts, to a falsifica socotelile/conturile.

fiddle while Rome is burning, to țara arde și baba se piaptănă.

fiddle with smth., to a se juca (distrat) cu ceva *(cravata, o foaie de hârtie etc.).*

fight at sharps, to ← *înv.* a se lupta cu sabia.

fight at the leg, to ← *înv.* a (se) lupta necinstit.

fight back to the ropes, to *fig.* a lupta/rezista până la capăt.

fight (one's way) back (to ...), to a-și recâștiga poziția deținută anterior.

fight dog, fight bear, to *F* a lupta până la capăt/victoria finală.

fight for one's own hand, to a lupta pentru sine/propriile sale interese.

fight it down, to a-și stăpâni/controla furia/dezamăgirea etc.

fight it out on this line, to a lupta mai departe până la capăt în același fel.

fight it out to the bitter end, to a continua lupta până la capăt/ultima suflare.

fight like Kilkenny cats, to a se lupta pe viață și pe moarte; *aprox.* care pe care.

fight one's battles over again, to *fig.* a(-și) retrăi trecutul.

fight shy (of), to a se ține la o parte (de); a nu se amesteca (în).

fight smb./smth. off, to a respinge pe cineva/ceva *(un pretendent, un atac aerian etc.)*; a lupta împotriva cuiva/a ceva *(insecte, dăunători, depresiuni economice, frig etc.).*

fight the tiger, to *amer.* ← *sl.* a juca cărți (cu cartofori de profesie); *A →* a bate birlicul.

fight with one's back to the wall, to *v.* **fight back to the ropes.**

figure in smth., to a avea un rol (important) (de jucat) în *(negocieri, tratative, o piesă, un roman etc.).*

figure it (all) out, to 1. a-și da seama de ceva; a înțelege *(o problemă, un fapt).* **2.** a calcula *(costul, cheltuielile).*

figure on smth., to *amer.* a conta pe ceva.

figure smb. out, to a înțelege pe cineva; **I can't ~ that man** nu-mi dau seama ce fel de om e.

file away, to a clasa/îndosaria *(o corespondență, un raport).*

fill in, to 1. a completa *(date, detalii, ocupația, numele etc.).* **2.** a umple *(o gaură etc.).*

fill in time, to a-și ocupa timpul cu o activitate *(cu caracter temporar).*

fill in/out/up a form, to a completa un formular.

fill one's pipe, to *F* a prinde cheag; a-și umple/garnisi punga/buzunarele.

fillip one's memory/wits, to a-i stimula memoria/inteligența.

fill out, to a dezvolta *(o poveste, un raport etc. cu material suplimentar).*

fill smb. in on smth., to a-l ține/pune pe cineva la curent cu ceva *(dându-i informații noi).*

fill smb.'s bonnet, to *F* 1. a-i sufla cuiva locul. **2.** a fi egalul cuiva din toate punctele de vedere/*F →* de același calibru.

fill smb.'s shoes, to *v.* **fill smb.'s bonnet** 1.

fill the bill, to *amer. fig.* 1. a umple afișul; a fi singurul lucru remarcabil/demn de atenție. **2.** a satisface toate cerințele/exigențele; a merge (foarte bine); a fi (exact) ceea ce trebuie.

fill/occupy the chair, to a ocupa fotoliul prezidențial; a prezida; a conduce dezbaterile (adunării).

fill the time, to ← *înv.* a face ceea ce trebuie în momentul respectiv/dat.

fill up, to a umple *(un pahar, o sală de spectacol, rezervorul de benzină etc.).*

find against the plaintiff/defendant, to *jur.* a pronunța sentința împotriva reclamantului/pârâtului.

find a hole in smb.'s coat, to *înv. v.* **pick a hole in smb.'s coat.**

find a knot in a bulrush/rush, to ← *înv.* a găsi (cuiva) nod în papură.

find a mare's nest, to *aprox.* a descoperi America/gaura covrigului.

find an answer/a solution (to), to a găsi un răspuns/soluția (la) *(o problemă, o întrebare dificilă).*

find a white feather in smb's tail, to ← *F* a constata lașitatea cuiva; a descoperi că cineva e poltron.

find fault with a fat goose to ← *F* a găsi cusur la toate; a fi tare cusurgiu.

find favour (with smb.), to *(d. o idee, propunere, un proiect etc.)* a fi bine primit (de cineva).

find for the plaintiff/defendant, to *jur.* a pronunța sentința în favoarea reclamantului/pârâtului.

find it in oneself/one's heart to do smth., to: not ~ a nu avea tăria/inima să facă ceva.

find knots in a bulrush/rush, to *v.* **find a knot in a bulrush/rush.**

find one's account in smth., to a găsi că ceva e avantajos/rentabil/profitabil pentru sine; a găsi o sursă de câștig în ceva; a urmări un interes personal în ceva; a folosi ceva în propriul său interes.

find/get one's bearings, to 1. a se orienta. 2. *fig.* a ști pe ce lume se află.

find one's feet, to *v.* **find one's legs.**

find one's home paddock, to *austral.* ← *F* a se stabili într-un loc *(după o viață agitată de hoinar).*

find one's ice legs, to ← *F* a se obișnui cu gheața; a începe să patineze *(binișor).*

find one's legs, to 1. a prinde (iar) puteri; a se pune pe picioare. 2. *fig.* a sta pe picioarele sale; < a avea viitorul asigurat. 3. a se descurca singur.

find one's (own) level, to 1. a-și găsi egalul/< *F* nașul. 2. a ocupa locul cuvenit.

find one's match, to a avea de-a face cu un adversar pe măsura sa/de aceeași talie; a-și găsi omul/< *F* nașul.

find/get one's sea(-)legs, to ← *F* a se obișnui cu marea/călătoria cu vaporul; a scăpa de răul de mare.

find out smth., to a descoperi ceva; a afla ceva.

find quarrel in a straw, to *F* a fi cicălitor (din fire); a face (mereu) șicane; a se certa pentru fleacuri/nimicuri/te miri ce.

find smb. out, to *F* → a prinde pe cineva cu mâța-n sac/cu ocaua mică.

find the bean in the cake, to *F* a avea baftă.

find/get the clue to smth., to a găsi soluția/cheia unei probleme.

find/get/have the length of smb.'s foot, to *F* a descoperi meteahna cuiva; a ști câte parale face cineva/cât îi poate/plătește pielea.

find what o'clock it is, to *F v.* **find what's o'clock.**

find what's o'clock, to ← *F* a afla/a-și da seama cum stau lucrurile/cum se prezintă situația.

fine/nice/pretty kettle of fish!, a *iron.* frumoasă treabă/ispravă/situație, n-am ce zice! mai rău nici că se putea! a naibii treabă! mare încurcătură! urâtă poveste! halal!

fine words butter no parsnips *v.* **fair words butter no parsnips.**

finish off an animal, to a omorî un animal rănit, scurtându-i chinurile.

finish off smb., to *fig.* a epuiza *pe cineva;* **that last climb ~ed me off!** ultima ascensiune m-a epuizat.

finish off smth., to 1. a pune repede capăt *(discuții, războiului etc.).* 2. a termina complet de mâncat/băut; **~ the beer!** termină de băut toată berea, nu mai lăsa nimic în sticlă.

finish smth. off/up (with), to a termina/încheia ceva (cu).

finish up smth., to *v.* **finish off smth. 2.**

finish with smb./smth., to 1. a o termina cu cineva/ceva *(o persoană, o firmă, un mod de viață etc.).* 2. a nu mai avea (temporar) nevoie de cineva/ceva; *fig.* a încheia socotelile cu cineva; **You can't go. I haven't ~ed with you yet!** Unde pleci; n-am terminat încă cu tine.

fire away, to *F (folosit mai ales la imperativ)* ~! dă-i drumul!

fire into the brown (of them), to *vân.* a trage în grămadă *(fără a cruța puii).*

fire off, to 1. a consuma *(muniție, încărcătoare etc.).* 2. *fig.* a asalta cu *(întrebări).*

first come, first served cine vine primul e servit primul; primii sosiți au prioritate.

first thing in the morning dis-de-dimineață; **first thing this morning** azi dis-de-dimineață; **first thing tomorrow morning** mâine dis-de-dimineață.

first thing (off the bat) primul lucru; mai întâi (și mai întâi).

fish for, to a căuta să obțină *(pe căi ocolite);* a vâna *(complimente, aplauze, o invitație, o informație etc.).*

fish in the air, to 1. a căra apă cu ciurul *(și soarele cu oborocul).* 2. a paște muștele/vântul.

fish in the muddy/troubled waters, to *fig.* a pescui în ape tulburi.

fish or cut bail, to *amer.* ← *F* a se hotărî într-un fel (sau altul); *aprox. F* → din două, una; ori e laie, ori bălaie.

fish out, to 1. a pescui *(pe cineva/ceva) (dintr-un râu, canal).* 2. a scoate *(o monedă, o batistă, o băutură) (din buzunar, dulap etc.).*

fit to Woogaroo, (to be) *austral. F* 1. (a fi) prost ca noaptea/de dă-n gropi. 2. (a fi) bun de legat.

fit in (with smb./smth.), to a trăi în armonie *(cu cineva);* a se împăca (bine) *(cu cineva);* a se obișnui/acomoda *(cu/la noile condiții de viață/climă etc.).*

fit in with, to *(d. comportament, planuri, declarații etc.)* a se armoniza cu; a se potrivi cu; **my holiday must be timed to ~ yours** trebuie să-mi planific concediul în așa fel încât să coincidă cu al tău.

fit like wax, to *(d. îmbrăcăminte)* a(-i) sta/veni ca turnat.

fit out, to 1. a echipa *(un vapor) (pentru o expediție etc.).* 2. ~ **smb.** *(d. un magazin)* a aproviziona pe cineva *(mai ales în materie de confecții).*

fit smb. in/into, to a găsi timpul necesar *(în program) (pentru a primi pacienți, clienți, solicitanți etc.).*

fit smth. in/into, to a găsi spațiul/locul necesar pentru *(piese de mobilier, geamantan etc.)* în *(cameră, portbagaj etc.).*

fit the axe in/on the helve, to *F* **I.** a ieşi la liman; *F* → a trece hopul cel mare; a o scoate la capăt. **2.** a înlătura orice dubiu/îndoială.

fit the cap on, to a face o remarcă/observaţie pe socoteala/la adresa sa (proprie).

fit up, to a instala, a monta *(un aparat, o instalaţie etc.) (în apartament, garaj etc.).*

fit up (with), to a echipa *(pe cineva) (cu ochelari, proteză, aparat pentru surzi etc.);* a înzestra *(un atelier) (cu instalaţii, maşini etc.).*

fix it/things up (with smb.), to a aranja lucrurile (cu cineva) *(astfel încât să nu existe nici o dificultate/ obiecţie/încurcătură).*

fix on/onto, to a prinde/coase *(un nasture, un fermoar etc.);* a fixa/monta *(un aparat la tabloul de bord, un buton la aparatul de radio etc.).*

fix one's attention on/upon, to a-şi concentra atenţia asupra.

fix one's gaze/eyes on/upon, to a-şi fixa privirea asupra.

fix oneself up (with), to a se aranja *(cu o slujbă, un apartament etc.).*

fix on/upon smth., to a se fixa/hotărî asupra unui lucru; a alege ceva.

fix smb., to a face pe cineva inofensiv *(ameninţându-l sau mituindu-l);* a „avea grijă" de cineva.

fix smb. up (with), to a-i aranja cuiva *(o masă, o slujbă, o cameră, un apartament etc.).*

fix smb. with a hostile/cold/angry look, to a-l fixa pe cineva cu o privire ostilă/(ca) de gheaţă/ furioasă.

fix smth., to a repara ceva; a remedia (un defect).

fix the cards against smb., to *amer.* a se pregăti să tragă pe sfoară pe cineva/să-i tragă cuiva clapa.

fix up smth., to a aranja ceva; a fixa ceva *(un program, o acţiune etc.);* **have you fixed up about the car yet?** ai aranjat cu maşina?

flag smb./smth. down, to a-i face *(unui automobil etc.)* semn să oprească *(agitând un steguleţ sau cu mâna).*

flap one's mouth, to *sl.* a da din gură/cu gura; a trăncăni; a flecări; a pălăvrăgi, a-i merge gura (întruna).

flash across one's face, to *(d. un zâmbet)* a-i flutura pe faţă.

flash across the sky, to *(d. o formaţie de avioane)* a brăzda cerul.

flash a look/glance at smb., to a-i arunca cuiva o privire rapidă.

flash fire, to *(d. ochi)* a scăpăra de mânie; a arunca fulgere.

flash into sight/view, to a apărea brusc în faţa ochilor/privirii; a deveni brusc vizibil.

flash into smb.'s mind, to *(d. o amintire, idee, un gând)* a-i veni brusc în minte.

flash out at smb., to a se răsti la cineva *(dintr-o izbucnire de nervi).*

flay a flee for the hide and tallow, to *F* a fi zgârie-brânză; a fi scârţan nevoie-mare; a-şi mânca (şi) de sub unghii.

flay a flint, to *F v.* **flay a flee for the hide and tallow.**

flee from the bottle, to ← *glum.* a se feri de băutură; a evita băuturile alcoolice.

flee to the bent, to *scoţ.,* ← *glum.* a fugi din oraş şi a se ascunde într-un colţ de ţară *(pentru a scăpa de creditori etc.).*

flesh one's sword, to a-şi mânji/păta spada de/cu sânge.

flick from/off, to a îndepărta *(praf, scamă, o muscă, scrum de ţigară etc.)* de pe *(mânecă, obraz, ţigară etc.) (cu o mişcare de periaj sau cu un bobârnac).*

flick out one's paw, to *(d. un animal)* a da brusc cu laba.

flick out one's tongue, to *(d. un animal)* a-şi scoate brusc limba *(pentru a prinde insecte etc.).*

flick through, to a răsfoi grăbit *(o carte, un ziar etc.).*

flinch from smth., to a bate în retragere; a se eschiva de la *(o sarcină neplăcută);* a fugi de *(răspundere).*

flinch one's glass, to ← *F* a nu-şi goli paharul intenţionat; a evita să bea paharul până la fund.

fling an old shoe after smb., to *F v.* **cast an old shoe after smb.**

fling dirt at smb., to a împroşca pe cineva cu noroi; a zvârli cu noroi în cineva.

fling down a challenge to smb., to a lansa o provocare *(unui ziar, politician, boxer etc.).*

fling down the gauntlet, to *v.* **throw down the gauntlet.**

fling one's arms up in horror, to a ridica braţele în sus îngrozit/în semn de groază.

fling one's/the cap over the mill/windmill, to ← *F* a se deda la/a face excese; *F* → a da cu barda în lună/Dumnezeu.

fling one's head back, to a-şi da brusc/a-şi arunca capul pe spate *(în semn de sfidare).*

fling smth. at smb., to a-i arunca cuiva în obraz *(o acuzaţie, o vină);* a profera *(insulte)* la adresa cuiva.

fling smth. in smb's face, to *v.* **cast smth. in smb.'s face.**

fling smth. in smb.'s teeth, to *v.* **cast smth. in smb.'s face.**

fling the cap over the mill/windmill., to *v.* **fling one's cap over the mill/windmill.**

fling the hatchet, to ← *F* a depăși/întrece măsura; a se întrece cu gluma; *F* → a sări peste cal.

fling the house out of the windows, to ← *înv.* a întoarce toată casa pe dos; a da toată casa peste cap.

fling up one's cards, to 1. a arunca cărțile; a se retrage din joc. 2. *fig.* a se retrage *(din joc, competiție etc.);* a se da bătut; a se recunoaște înfrânt; a depune armele. 3. *fig.* a renunța *(la un proiect etc.).*

fling up one's heels, to *F* a o tuli; a o șterge; a o rupe la fugă; a o lua la sănătoasa; a spăla putina; a-și lua picioarele/călcâiele la spinare.

flip smth. over, to a întoarce brusc pe partea cealaltă *(o carte de vizită, o foaie de hârtie etc.).*

flip through, to *v.* **flick through.**

flirt a/one's fan, to 1. a (tot) deschide și închide brusc evantaiul; a se juca cu evantaiul. 2. a-și face vânt cu evantaiul *(cu un gest cochet).*

flirt with danger, to *fig.* a se juca cu focul.

flirt with smb., to a flirta cu cineva.

flock into a place, to *(d. mulțime)* a invada/năpădi un loc.

flog/beat a dead horse, to *F* 1. a se strădui zadarnic/a-și pierde vremea (și energia) în zadar; *F* → a umbla după potcoave de cai morți. 2. a se căzni să reînvie/trezească un sentiment mort/un interes adormit la cineva. 3. ← *F* a vorbi despre lucruri mult depășite/date uitării.

flog a willing horse, to ← *F* a zori inutil pe cineva care lucrează repede și bine.

flog the cat, to *mar.* ← *sl.* a se disculpa/justifica neconvingător prost/rău.

flog the clock, to ← *F* a da/pune ceasul înainte (pentru a reduce din timpul de lucru).

flood into a place, to *(d. scrisori, cereri, oferte, donații etc.)* a se ține lanț; a curge gârlă; a se scurge la nesfârșit; a ploua cu scrisori etc.

floor smb., to a încuia pe cineva cu o întrebare/un răspuns etc.

floor the question, to a ști să răspundă la o întrebare.

flop down in an armchair, to a se lăsa să cadă într-un fotoliu; a se prăbuși într-un fotoliu.

flow into a place, to *v.* **flood into a place; flock into a place.**

flow over smb., to *fig. (d. necazuri, critici etc.)* a trece pe deasupra cuiva fără să-l atingă.

fluff out one's feathers, to *(d. o pasăre)* a-și scutura penele *(ca protecție împotriva vântului).*

fluff up a pillow/cushion, to a bate o pernă (de puf) pentru a o umfla.

flutter about a place, to a se plimba, agitat/a se agita de colo până colo *(într-o cameră etc.).*

flutter the dove-cots, to a vârî în sperieți oameni pașnici.

fly a high pitch, to 1. *F* a se ține mândru/mare; a umbla cu nasul pe sus. 2. ← *F* a viza/ținti foarte sus; a nutri ambiții înalte.

fly a kite, to 1. a înălța un zmeu. 2. *fig.* a sonda terenul; a lansa un balon de încercare; a încerca să se vadă de unde bate vântul. 3. a încerca să încaseze bani de pe o poliță falsă/fictivă.

fly at high game, to *F v.* **fly a high pitch.**

fly a tile, to ← *sl.* a-i trânti cuiva pălăria (din cap).

fly high, to *v.* **fly a high pitch.**

fly in pieces/to bits, to a se face țăndări și a se împrăștia/zbura în toate direcțiile.

fly in the face of, to ← *F (d. o acțiune, măsură, hotărâre etc.)* a se opune/a contraveni/a fi contrariu *(tradiției, obiceiurilor, rațiunii, logicii, bunului simț etc.).*

fly in the ointment, a; that's ~! asta-i strică tot fasonul/șicul!

fly into a place, to 1. *(d. un avion)* a sosi în zona de aterizare *(a aeroportului).* 2. *(d. un pasager)* a sosi la bordul unui avion *(într-un aeroport).*

fly into a (fit of) rage/temper, to *v.* **get into a tantrum.**

fly into a tantrum, to *F v.* **get into a tantrum.**

fly low, to a duce o viață retrasă; a nu atrage atenția asupra sa; a fugi de glorie; a se ține în umbră.

fly off at/on a tangent, to 1. a devia brusc de la subiect; *F* → a o lua razna dintr-o dată. 2. a scăpa prin tangență.

fly off the handle, to *F* a-și ieși din sărite/pepeni/țâțâni; a-i sări muștarul/bâzdâcul/țandăra; a se aprinde (brusc); a i se sui piperul la nas.

fly one's kite, to *v.* **fly a kite.**

fly one's kite high, to *v.* **fly a kite.**

fly short of, to 1. a nu fi/a nu se dovedi la înălțime. 2. a rămâne de căruță.

fly the coop, to *amer.* a o șterge; a o întinde (repede); a dispărea.

fly the eagle, to *amer. pol.* a ține un discurs bombastic propovăduind idei expansioniste.

fly the pit, to 1. *(d. un cocoș, la luptele cu cocoși)* a fugi din arenă. 2. ← *fig.* a se muta pe neașteptate fără a plăti chiria; *glum.* a fugi/zbura din colivie.

fly the white feather, to ← *F* a se dovedi laș/poltron.

foam at the mouth, to *și fig.* a face spume la gură.

fob smb. off with smth., to *v.* **fob smth. off onto smb.**

fob smth. off onto smb., to *(d. un negustor necinstit)* a-i vârî cuiva ceva pe gât *(o marfă inferioară);* a păcăli *(un cumpărător);* a-l trage pe sfoară.

focus one's attention on, to a-și concentra atenția asupra; a se concentra asupra.

focus one's efforts/energies on, to a-și concentra eforturile/energia asupra/în direcția.

focus one's mind/thoughts on, to a-și concentra gândurile asupra; a se concentra asupra.

foist smth. (off) on smb., to v. fob smth. off onto smb.

fold back, to a îndoi *(o pagină, foaie de hârtie, un cearșaf peste o pătură)*; a strânge, a da peste cap *(capota pliantă a unui automobil)*.

fold in, to *gastronomie* a încorpora/adăuga *(zahăr, ouă etc.)* în amestec.

fold up, to a împături *(un ziar, o față de masă)*; a strânge *(un șezlong, un pat pliant, un cort)*.

follow a bee-line, to a urma un drum drept.

follow in smb.'s footsteps, to *fig.* a merge/călca pe urmele cuiva; a urma pilda cuiva.

follow in the cry, to 1. *(d. un câine de vânătoare)* a merge cu haita. 2. ← *fig.* a urma pe cineva supus/ orbește; a merge cu gloata/ca oile; a se lăsa antrenat.

follow one's nose, to ← *F* 1. a merge drept înainte. 2. a se lăsa condus de instinct; a proceda/acționa instinctiv.

follow out, to a pune în aplicare *(o idee, un plan, instrucțiuni)*; a urmări până la capăt; *v. și* **follow smth. through.**

follow smb. like St. Anthony/Tantony pig, to ← *F* a urmări pe cineva ca o umbră; *F* → a se ține coadă/scai/drug/gaie de cineva.

follow smb.'s steps, to *v.* follow in smb.'s footsteps.

follow smth. through, to a urmări *(un argument, un experiment, un proiect)* până la capăt.

follow suit, to 1. *(la joc de cărți)* a răspunde la culoare. 2. ← *fig.* a urma exemplul cuiva; a imita pe cineva; a face la fel *(ca cineva)*.

follow the crowd, to a face (ceea) ce face toată lumea; *fig.* a se lăsa dus de val.

follow the drum, to a alege cariera militară/armelor; a fi militar.

follow the hounds, to a vâna (călare) cu câini de vânătoare.

follow the lead of smb., to a urma pilda/exemplul cuiva; a se lua după cineva; a imita pe cineva; a se lăsa condus de cineva.

follow the river, to *amer.* a lucra într-un port riveran/pe un vas fluvial; a fi marinar de apă dulce.

follow the sea, to a se face marinar; a fi marinar.

follow up, to 1. a continua *(o realizare, o campanie etc.) (adeseori pe un plan superior)*; a exploata *(un succes, o victorie etc.)*. 2. a urmări *(o pistă, un indiciu, un zvon)*.

fool about/around with smth., to a se juca (prostește) cu ceva *(o armă încărcată etc.)*.

fool round the stump, to *amer.* ← *F* a se învârti în jurul chestiunii; a nu atinge fondul chestiunii.

fools have fortune *prov.* prost să fii, noroc să ai; norocul prostului.

fools rush in where angels fear to tread *prov.* nebunul dă/zvârle cu barda în lună/Dumnezeu.

footle away one's time, to a-și irosi timpul (de pomană); a-și bate joc de timpul disponibil.

foot the bill, to a achita nota de plată.

for all one is worth din răsputeri; din toate puterile; **he ran for all he was worth** alerga cât îl țineau picioarele.

for a (mere) song *F* (a fi) ieftin ca braga; (a vinde, a cumpăra pe) nimica toată/te miri ce.

force smb. into the traces, to *amer.* a constrânge pe cineva să presteze o muncă sistematică; *F* → a pune pe cineva la ham/jug.

force smb.'s hand, to a-i forța mâna cuiva.

force smb. to the wall, to *v.* drive smb. into a corner.

force smth. down smb.'s throat, to *F fig.* a-i vârî cuiva ceva pe gât (cu de-a sila).

force smth. on/upon, to a impune *(cuiva, unei țări mici)* ceva (cu forța) *(anumite condiții economice, politice etc.)*.

force the game, to a risca la joc; a forța jocul.

force the pace, to *sport* a forța alura; a imprima (cursei) un ritm rapid.

force up, to a determina o creștere inevitabilă *(a prețurilor, costului vieții etc.)*.

for crying out loud! *amer. sl.* la naiba/dracu! (ei) drăcia dracului! Doamne Dumnezeule! sfinte Sisoe!

for ever and a day până în ziua de apoi; până la Sfântu'Așteaptă.

for free gratis; gratuit.

for/in fun în glumă/joacă; de amuzament.

forget about smth. to a nu-și mai aminti/aduce aminte de ceva; a uita ceva; a-i ieși ceva din minte; a pierde ceva din vedere; a nu se mai gândi la ceva.

forget it! uită ce am spus! *(nu mai are importanță, nu mai e de actualitate);* las-o baltă!

for good (and all)/keeps pentru totdeauna; pentru toată viața; pe veci(e); de tot.

fork out money, to *F* a sta tot timpul cu mâna în buzunar; a scoate bani și a plăti *(de nevoie)*.

form (a) part of smth., to a fi/constitui/reprezenta o parte din ceva.

form into, to a se constitui în *(formații militare sau sportive, în comitet, asociație, societate, club etc.)*.

form smb. into, to a constitui *(militari, sportivi etc.)* în *(formaţii militare sau sportive etc.)*; *v. şi* **form into.**

form up, to *mil.* **1.** a aduna *(trupa)* în formaţie. **2.** *(d. o trupă)* a se aduna în formaţie.

for nuts ← *F* de loc/fel; câtuşi de puţin; cu/în nici un chip.

for sure în mod cert/sigur; fără nici o (umbră de) îndoială.

for that matter, to 1. (în ceea) ce/întrucât priveşte treaba asta; cât/iar(ă) despre (treaba asta; în această privinţă; din acest punct de vedere. **2.** în fond; de fapt; la drept vorbind; de altfel; în realitate; în esenţă; propriu-zis. **3.** ca şi ... de altfel.

for the common/general weal pentru/spre binele tuturor; pentru bunăstarea generală; pentru binele public.

for the matter of that *v.* **for that matter.**

for the nonce 1. în cazul/împrejurarea/situaţia de faţă; în acest caz/această împrejurare/situaţie; în cazul dat/situaţia dată. **2.** temporar; provizoriu; pentru moment; deocamdată; în momentul de faţă.

for the public weal *v.* **for the common weal.**

for two pins ... cât pe ce să ..., puţin a lipsit să nu ...

for weal and woe ← *înv.* la bucurie sau la necaz; şi la bine şi la rău; orice s-ar întâmpla; întâmplă-se ce s-o întâmpla; fie ce-o fi.

foul one's own nest, to ← *F* a divulga certurile de familie; < a ponegri/împroşca cu noroi pe cei apropiaţi/rudele; *F* → a-şi spăla rufele murdare în public.

foul up, to *F* a încurca; a da peste cap *(lucrurile)*; a strica *(o treabă, un aranjament)*.

frame smb. up, to ← *F* a face din cineva victima unei înscenări.

free from, to a elibera *(pe cineva, ceva)* de.

free from sense as a frog from feathers, (as) *austral.* (a nu avea) minte nici cât un pui de găină; (a avea) parte de minte cât (are) broasca de păr; prost ca noaptea/o cizmă/un botfor.

freeze out, to ← *F* a elimina *(concurenţa comercială)*; a îndepărta *(pe cineva) (dintr-o anumită societate, cerc, club etc.)*.

freeze smb. off, to *F* a ţine la distanţă *(un pretendent, un vizitator etc.)*; a-l „îngheţa" *(ca urmare a unei atitudini reci şi distante)*.

freeze to death, to a muri îngheţat/de frig.

freshen the nip, to *F* a se drege după beţie; a mai trage/da o duşcă pe gât; a-şi drege gustul.

freshen the way, to 1. *mar. (d. o navă)* a-şi mări viteza. **2.** a merge mai repede; a iuţi pasul; *F* → a lungi compasul.

fret and fume, to a spumega de furie; a turba de mânie.

fret/fry in one's own grease, to *F* a fierbe în suc propriu/propria-i zeamă.

fret oneself to fiddlestrings, to *rar* a-şi amărî singur viaţa; a-şi crea singur complicaţii/motive de supărare/nelinişte.

fret one's gizzard, to *F* **1.** a se agita; a se perpeli; a se frământa; a se alarma; a se nelinişti. **2.** a-şi face sânge rău; a se chinui; a se tortura.

fret smb.'s gizzard, to ← *F* a pune pe cineva pe jeratic; a chinui/tortura pe cineva; a-i face cuiva sânge rău.

frighten smb. away/off, to a face pe cineva să renunţe la ceva, de frică.

frighten smb. into doing smth., to a face pe cineva să facă ceva de frică.

frighten smb. out of doing smth., to a face pe cineva să nu facă ceva de frică.

frighten smb. to death, to a speria pe cineva de moarte; a băga/vârî spaima în cineva.

frighten the French, to *rar* a băga frica/spaima/groaza în cineva; a vârî pe cineva în sperieţi/răcori; a teroriza pe cineva.

fritter away, to a irosi *(bani, timp, energie etc.)* pe lucruri mărunte.

from A to Z de la A la Z.

from Dan to Beersheba de la un capăt la celălalt al ţării; *(prin extensie)* pretutindeni; peste tot.

from everlasting de/din totdeauna; din toate timpurile; de când (e) lumea (şi pământul).

from fair to middling *F* aşa şi aşa; nici prea prea, nici foarte foarte.

from hub the tire *amer.* ← *F* complet; în întregime; de la un cap(ăt) la celălalt/altul; de la început până la sfârşit.

from John o'Groat's to Land's End din nordul până în sudul Angliei; *(prin extensie)* de la un capăt la celălalt al ţării.

from little up din copilărie; de mic (copil).

from out to out de la un cap(ăt) la celălalt.

from pillar to post *v.* **from post to pillar.**

from point to point ← *înv.* în toate detaliile/amănuntele; cu tot amănuntul; cu de-amănuntul; foarte detaliat/amănunţit; fără a omite/scăpa nimic/nici un amănunt/detaliu.

from post to pillar ← *F* **1.** la fiecare pas; la tot pasul; mereu; tot timpul; fără încetare/răgaz. **2.** dintr-o greutate/*F* → belea în alta.

from scratch *F* din nimic; de la zero.

from smoke into smother din lac în puţ; *aprox.* fuge de ploaie şi dă de noroaie; scapă de dracu şi dă de tată-său.

from the first jump *amer.* ← *F* de la bun început; chiar de la început; dintru început; din capul locului.

from the floor *(d. o propunere etc.)* venită din sală *(nu de la tribună, din prezidiu).*

from the ground up *amer.* **1.** până la temelie; din temelii. **2.** complet; cu totul; în întregime; din toate punctele de vedere.

from the lips outwards fără sinceritate; (în mod) fățarnic; din/cu ipocrizie.

from the plough-tail de la plug/coada vacii.

from the stump *amer.* *F v.* **from the first jump.**

from the teeth forwards/outwards *v.* **from the lips outwards.**

from the tender nail ← *rar* din fragedă copilărie.

from the very (first) jump *v.* **from the first jump.**

from the word go *amer.* ← *F* **1.** de la bun început; chiar de la început; dintru început; din capul locului. **2.** de la început până la sfârșit; de la un cap(ăt) la celălalt; complet; în întregime.

from this out *amer.* ← *F* de azi înainte; de acum/ aici încolo; pe/în viitor.

frown on/upon smth., to a dezaproba ceva; a privi cu ochi răi *(expresie folosită mai ales la pasiv).*

fry in one's own grease, to *F* fret in one's own grease.

fry out fat, to *amer. pol.* ← *F* a obține prin șantaj mijloacele materiale necesare campaniei politice a unui partid.

fry up, to *sl.* a electrocuta; a curenta; a se electrocuta/ curenta.

fry your eggs! ← *F* vezi(-ți) de treburile/ale tale!

fuck about/around with smth., to *vulg. v.* **fool about with smth..**

fuck smb. about/around, to ← *vulg. fig.* a freca pe cineva; a-și bate joc de cineva.

fuck up, to ← *vulg.* a încurca *(treaba, lucrurile)*; a strica *(un mecanism)*; *F* → a face (ceva) cu picioarele; *vulg.* → a-și băga picioarele în ceva.

fuddle one's cap/nose, to *F* a se face/îmbăta criță.

full and by în general/ansamblu.

full of bushfire, (to be) *austral.* (a fi) plin de vigoare/ energie; (a fi) argint viu.

fulminate against smth., to ← *elev.* a tuna și a fulgera împotriva unui lucru.

fume at smth., to a fiebe (de mânie/furie).

fuss over smb., to ← *F (d. o mamă, soție etc.)* a dovedi o grijă și atenție exagerată față de cineva *(un copil etc.); v. și* **fuss smb. about.**

fuss smb. about, to ← *F (d. o mamă, soție etc.)* a bate pe cineva la cap, iritându-l cu o exagerată grijă și atenție; *v. și* **fuss over smb.**

G

gabble away twenty to the dozen, to *v.* **talk nineteen to the dozen.**

gain a footing, to *și fig. v.* **get a foothold.**

gain a heaving, to a avea posibilitatea de a se apăra/ de a fi ascultat.

gain an advantage of/on/over smb., to *v.* **get the advantage of smb.**

gain by the change, to a face un schimb avantajos.

gain ground, to *și fig.* a câștiga teren.

gain in weight, to *v.* **put on weight.**

gain/gather momentum, to a lua avânt; a se dez- volta impetuos; a se intensifica; a căpăta amploare.

gain more feathers, to ← *rar (d. zvonuri)* a se răpândi; a lua proporții; a se umfla; *F →* a prinde.

gain/win one's end/ends, to *v.* **achieve one's end/ purpose.**

gain the advantage of/on/over smb., to *v.* **get the advantage of smth.**

gain the cap, to ← *rar* a fi salutat ceremonios.

gain/get the upper hand, to ← *F* **I.** a obține avantaj/superioritate/victoria; a domina; a fi stăpân pe situație. **2.** a se situa în frunte; a lua condu- cerea. **3.** ~ **of smb.** *F →* a strânge în chingi/a pune șaua pe cineva.

gain the wind (of), to **I.** a observa; a băga de seamă. **2.** a prinde de veste; a afla. **3.** a se apropia (de).

gallant a/one's fan, to *înv. v.* **flirt a fan.**

galvanize life into smth., to ← *F* a înviora ceva pentru scurt timp; a însufleți ceva.

galvanize smb. into action/activity, to ← *F* a pune în mișcare/în priză pe cineva.

gamble one's fortune away, to a-și pierde averea la jocuri de noroc.

game deep, to ← *înv.* a juca pe sume mari.

game is not worth the candle, the *prov.* mai mare daraua decât ocaua; nu face daraua cât ocaua; mai scumpă ața decât fața; nu face fața cât ața.

game one's time away, to ← *înv.* a-și pierde timpul la jocuri cu noroc.

game's up, the *F v.* **it's all up (now).**

gang one's own gait, to *scoț. v.* **go one's own gait.**

gasp for breath, to **I.** a gâfâi, a-și trage sufletul. **2.** *fig.* a rămâne fără grai; a i se tăia răsuflarea.

gasp with rage, to a-și pierde cumpătul/sărita; a nu vedea înaintea ochilor.

gate-crash, to **I.** a intra fără bilet; a intra la gră- madă/de-a valma. **2.** a intra/veni nepoftit/neche- mat.

gate-crash a party, to a veni la o petrecere nepoftit.

gather ground, to *și fig.* a câștiga teren.

gather head, to *v.* **come to a head.**

gather in the crop, to a strânge recolta.

gather momentum, to *v.* **gain momentum.**

gather one's crumb, to ← *F* a se restabili/întrema puțin câte puțin/treptat, (treptat).

gather speed, to *v.* **pick up speed.**

gather straws, to *F v.* **draw straws.**

gather strength, to a prinde puteri.

gather up the threads of a story, to a relua firul povestirii.

gather way, to **I.** *(d. o navă)* a lua/prinde viteză. **2.** *fig.* a da rezultat/roade. **3.** a se manifesta; a se face simțit.

gaudy as a peacock, (as) bălțat ca un păun.

gauge smb's character, to a-și forma/face o părere despre cineva.

gauge smth. by the eye, to a măsura ceva din ochi/ privire.

gay as a lark, (as) vesel ca o zi de primăvară.

gee whiz! *amer. F* zău așa! pe legea mea! să fiu al naibii (dacă) ...! să mă bată Dumnezeu/Cel de sus (dacă) ...!

gentle as a lamb, as blând ca un miel.

get/have a bad break, to *amer.* a avea ghinion; a nu avea noroc/șansă/baftă.

get a bad burn, to a se arde rău; a se arde/prăji rău la soare; a avea arsuri.

get a bang out of smb./smth., to *F v.* **get a kick out of smb./smth.**

get a beat on smb., to *amer. F* a duce pe cineva (de nas/cu preşul); a trage pe cineva pe sfoară; a-i trage cuiva clapa.

get a/one's bellyful of smth., to *F* a se sătura de ceva până peste cap; a fi sătul până în gât de ceva; a i se acri/urî cu/de ceva.

get a big hand, to *amer.* ← *F* a fi foarte aplaudat; a obţine aplauze puternice/furtunoase.

get a bit on, to *F* a se cam cherheli/ameţi/ciupi.

get a blow/punch in, to I. *(la box)* < aplica o lovitură 2. *fig.* a sări/a se repezi cu gura la cineva; a se înfige în cineva; a i-o zice/întoarce cuiva.

get above one's business, to *v.* **be above one's business.**

get above oneself, to a se crede grozav; a-şi da aere; *F* → a se umfla în pene; a şi-o lua în cap.

get abreast of smth., to I. *mar.* a se aşeza în linie/rând cu o ambarcaţiune. 2. a se pune la curent cu ceva.

get abroad, to *(d. ştiri sau zvonuri)* a circula, a umbla.

get/have a broom in/up one's tail/ass, to *amer. sl.* a pune inimă la ce face; a munci cât şapte; a pune osul.

get a can on, to *amer. sl.* a se cherheli; a se pili.

get access to smth., to a ajunge la ceva; a pătrunde într-un loc; a avea acces la ceva.

get a clean-out, to *(d. un lucru)* a fi bine curăţat.

get a/the clue to smth., to *v.* **find a/the clue to smth.**

get a crack on the head, to a primi o lovitură/una în cap.

get a cropper, to *F v.* **come a cropper.**

get across (the footlights), to *(d. o piesă)* a trece rampa.

get a cushy job, to > a obţine o slujbă uşoară.

get a fair hearing, to a avea posibilitatea să te aperi/să spui tot ce ai de spus (în apărarea ta); a fi ascultat cu imparţialitate/obiectivitate.

get a fair show, to *amer., austr.* a prinde/folosi o ocazie favorabilă/un moment prielnic.

get a foothold, to I. a pune piciorul. 2. *fig.* a pune un picior; a-şi face o poziţie/un loc; a prinde rădăcini.

get a footing, to *v.* **get a foothold.**

get a fright, to a trage o spaimă; a-i sări inima din loc.

get after smb. to do smth., to *amer.* a se ţine de capul cuiva.

get a glimpse of smb./smth. to *v.* **catch a glimpse of smb./smth.**

get a (good) blowing up (for smth.), to a fi luat la rost/refec/zor/trei parale (pentru ceva); a încasa o săpuneală.

get/have a good break, to *amer.* a avea noroc/şansă/baftă.

get a good hand, to a fi aplaudat la scenă deschisă.

get a good haul, to *v.* **make a good haul.**

get a good hiding, to *F* a mânca o bătaie soră cu moartea; a mânca papară; a o lua pe coajă; a o încasa.

get a (good) run for one's money, to *F* I. a fi compensat/a primi răsplată pentru cheltuielile făcute/eforturile depuse. 2. a avea posibilitatea să se manifeste/să arate ce poate.

get a good send-off, to a fi condus/însoţit la plecare *(la gară, aeroport etc.).*

get a good shaking up, to *v.* **get a shaking.**

get a good start in life/business, to a păşi/porni cu dreptul în viaţă; a fi avantajat din plecare.

get a good/sound thrashing, to a lua o bătaie bună/zdravănă/soră cu moartea.

get a grip on oneself/smth., to a-şi veni în fire; a fi/din nou stăpân pe ceva; a ţine (din nou) frânele în mână.

get a half-nelson on smb., to *fig.* a avea pe cineva la mână/cheremul său.

get a hank on/over smb., to ← *rar* I. *v.* **get a half-nelson on smb.** 2. a ţine pe cineva în frâu.

get/take a hinge, to *amer.* ← *sl.* a se uita; a arunca o privire; a-şi arunca ochii.

get a hump on, to *amer. sl.* a zori; a-i da bătaie/bice; a o iuţi.

get a hustle on, to *amer. sl. v.* **get a hump on.**

get a jerk on, to *F* a-i da zor/bătaie.

get a kick out of smb./smth./doing smth., to *F* a se da în vânt după cineva/ceva; a se omorî după cineva/ceva; a avea plăcere de ceva/cineva.

get a leg in, to *fig.* a pune piciorul/un picior (undeva); a prinde rădăcini.

get a licking, to *F* a lua bătaie.

get/have a line on smth., to ← *F* a primi/căpăta informaţii/indicaţii despre/în legătură cu ceva.

get a load of this! *amer. sl.* bagă la cap/căpăţână! să nu zici că nu ţi-am spus/n-ai ştiut!

get along/on like a house on fire, to < a se înţelege de minune; a fi trup şi suflet.

get along/on like one o'clock, to *v.* **get along/on like a house on fire.**

get along/away with you! *F* fugi de aici! fugi cu ursu! las-o mai moale! ce vorbeşti! nu vorbi! nu mai spune! haide-haide! nu zău! auzi vorbă!

get a look/sight at the elephant!, to ← *sl.* I. a câştiga experienţă de viaţă; a cunoaşte viaţa; a fi om cu experienţă; a fi trecut prin multe (încercări de viaţă); a fi văzut şi auzit multe. 2. a vizita monumentele unui oraş etc. **3.** a cunoaşte bine/fi obişnuit cu viaţa marilor oraşe; a fi om umblat/voiajat.

get a miff, to *F* **1.** a se bosumfla; a se îmbufna; a se înciuda. **2.** a avea ţâfnă; a fi ţâfnos.

get a move on, to *F* **1.** a mări compasul. **2.** a-i da zor/bătaie.

get an earful, to a auzi mai mult decât trebuie; a auzi vrute şi nevrute.

get a new angle on (smth.), to a vedea o altă latură/faţă (a problemei etc.).

get a new lease of/*amer.* **on life, to** a prinde puteri/energii/forţe noi; a prinde iar chef de viaţă.

get a new look, to *(d. ceva)* a căpăta/lua o altă/nouă înfăţişare.

get a new rig-out, to *F* a se înţoli din nou; a se înnoi.

get an extension of time, to a obţine o amânare/prelungire.

get an/the idea, to a-şi băga în cap; a-l lua gândul; a te duce gândul.

get an itch/itching for smth., to ← *F* a-şi dori ceva nespus de mult; a tânji după ceva.

get a nod of approval, to ← *F* get the nod.

get/have a raise (in salary), to *amer.* *v.* **get/have a rise in salary.**

get a rap on/over the knuckles, to *F* a încasa un perdaf/frecuş/o săpuneală/muştruluială.

get/have a rise in salary, to a obţine o mărire de salariu; a i se mări salariul.

get/take a rise out of smb., to *F* **1.** a trage pe sfoară pe cineva; a-şi bate joc de cineva. **2.** a aţâţa/întărâta pe cineva; a scoate pe cineva din fire/pepeni/ţâţâni; a face pe cineva să-i sară muştarul/ţandăra.

get a scent (of), to 1. *vânăt.* a găsi/dibui urma (vânatului). **2.** *fig.* a(-i) da de urmă; a fi pe drumul cel bun.

get a shaking, to a fi hurducat/zgâlţâit.

get a ship under way, to a pregăti un vas de plecare.

get a shock, to a se curenta.

get a shot in the arm, to *v.* **have a shot in the arm.**

get a sight at the elephant, to *sl.* *v.* **get a look at the elephant.**

get a sight of smb./smth., to *v.* **have a sight of smb./smth.**

get a sleep, to *v.* **have a sleep.**

get a smack in the eye, to *F fig.* a fi dat în urmă; a rămâne pe loc; a rămâne cu buzele umflate.

get a square deal, to *v.* **give smb. a square deal.**

get a stiff reception, to a fi primit cu răceală.

get a cross(-)purposes, to *v.* **be at cross(-)purposes.**

get a thick ear (from smth.), to a o lua pe scăfârlie/cocoaşă/coajă; a o încasa.

get a try-out, to a fi încercat/verificat; a fi pus la încercare; a i se face proba.

get at smb. hammer and tongs, to *şi fig.* a se repezi/năpusti asupra cuiva ca un leu(-paraleu).

get at/to the root of smth., to a ajunge la miezul/fondul unui lucru.

get a warm, to a se încălzi puţin.

get away from it all, to *F* a lăsa toate în urma sa; a lăsa totul baltă şi a pleca; a lăsa totul în plata Domnului şi a pleca.

get away with it, to *F* **1.** *fig.* a câştiga partida; a-şi impune punctul de vedere; a reuşi. **2.** a nu păţi nimic (orice ai face); a scăpa/ieşi basma curată.

get away with murder, to *fig.* a ieşi basma curată din orice; a ieşi cu obrazul curat din orice împrejurare.

get away with you! *F v.* **get along with you!**

get a wiggle on, to *amer. sl. v.* **get a move on.**

get a woman with child, to *lit.* a lăsa o femeie gravidă.

get a word in edgeways/edgewise, to a plasa/strecura un cuvânt (în conversaţie).

get back into circulation, to ← *F (d. cineva)* a intra în normal; a se întoarce la modul de viaţă obişnuit/normal.

get back into harness, to ← *F* a se reîntoarce la lucru/muncă; a-şi relua activitatea (după o perioadă de absenţă).

get back on one's feet, to *F v.* **get on one's feet (again).**

get back (some of) one's own (on smb.), to *fig.* a se răzbuna (pe cineva); a-şi relua revanşa; a i-o plăti cuiva cu aceeaşi monedă.

get back to the grindstone, to *F fig.* a o lua de la început; a porni căruţa din nou; a intra iar la greu; a începe iar treaba.

get beans, to *sl.* a încasa o mardeală; a căpăta de cheltuială.

get blood out of a stone, to *F* a scoate bani şi din piatră seacă.

get bunged up, to ← *sl.* **1.** *(d. o ţeavă)* a se înfunda. **2.** *(d. cineva)* a se constipa.

get busy/cracking! *F* dă-i zor! mişcă-te! dă-i bătaie!

get carried away by one's imagination, to a se lăsa în voia imaginaţiei; a fi dus/purtat de imaginaţie.

get clear of smb./smth., to < a scăpa de cineva/ceva; a ieşi dintr-o încurcătură.

get clued up (about/on), to *F* a fi pus la curent cu toate detaliile (în privința), a fi informat în cele mai mici amănunte (asupra/despre).

get/have cold feet, to *F* a-l trece răcorile/sudorile; a-i îngheța sângele în vine; a-l lua cu frig; a sta cu frica în sân; a-i intra frica în oase.

get control over/of smb./smth., to *v.* **have control over/of smb./smth.**

get cracking! *F v.* **get busy!**

get credit for doing smth., to a ți se atribui/recunoaște meritul de a fi făcut ceva.

get done with smth., to a termina/isprăvi/încheia cu ceva.

get down in the dumps/mouth, to *F v.* **be down in the chops/dumps.**

get down to bedrock, to l. a da de/a ataca miezul/fondul problemei. 2. *amer.* a epuiza toate resursele; a ajunge la capătul resurselor/puterilor.

get down to brass nails/tacks, to l. a intra în miezul/fondul problemei. 2. a intra în amănunte/detalii. 3. a se strădui să lămurească perfect lucrurile/să pună lucrurile la punct.

get down to business, to l. a trece la fondul chestiunii. 2. a se apuca de treabă.

get down to work, to ← *F* a se apuca de treabă; a se pune pe treabă.

get even with smb., to *fig.* a regla conturile cu cineva; a fi chit cu cineva.

get fresh with smb., to *amer.* *F* a-și lua nasul la purtare față de cineva; a face pe nebunul/grozavul cu cineva.

get going, to l. *F v.* **get busy!** 2. *F v.* **get on the ball!**

get good way on her, to *mar.* a imprima viteză bună unei ambarcațiuni.

get gravelled, to *F* a se zăpăci/încurca; a rămâne perplex.

get head, to ← *rar* a se intensifica; a se înteți; a se agrava; a se accentua.

get heated with wine, to a i se urca vinul la cap.

get hell, to *v.* **get it hot.**

get high, to *F amer.* a se chercheli/afuma.

get hitched, to *amer.* ← *sl.* a-și pune pirostriile; a se cununa/lua; a intra la jug.

get hold of smb./smth., to *fig.* *F* a face rost de ceva; a găsi/da de cineva.

get hold of the wrong end of the stick, to *F* a înțelege pe dos; a nu o nimeri; a da greș.

get home, to l. *v.* **bring oneself home.** 2. a nimeri în plin; a avea/produce efect; a atinge pe cineva unde-l doare/*F* → în pălărie. 3. a-și atinge scopul/țelul; a o scoate cu bine la capăt; a reuși. 4. (*d. un*

sportiv) a câștiga/repurta o victorie. 5. ~ **with a blow** a da o lovitură.

get home-sick, to a i se face dor de casă.

get hooked on narcotic drugs, to ← *sl.* a se droga.

get hot under the collar, to a se aprinde/înfierbânta; a-i sări țandăra/muștarul.

get in a bate, to *sl.* a-l apuca pandaliile/năbădăile/dracii; a se face foc și pară.

get in a flap, to *sl.* a-l apuca pe cineva bâțâielile/tremuriciul; a nu mai ști ce e cu el; a-și pierde busola.

get in a pet, to a-l apuca pandaliile/năbădăile/dracii.

get in at the start, to *F v.* **get in on the ground floor.**

get in bad with smb., to *F* a se pune rău cu cineva.

get in contact/touch with smb., to a intra în legătură cu cineva; a lua legătura cu cineva.

get in Dutch, to *amer.* *sl.* a da de belea/bucluc/dracu.

get in first/early, to *v.* a lua-o înaintea cuiva/celorlalți (într-o problemă); a-și asigura un avantaj/întâietatea.

get in front of oneself, to *amer.* a se întrece pe sine (însuși).

get in one's hair, to *amer.* *F (d. ceva sau cineva)* a sta pe capul cuiva; a se băga în sufletul cuiva; a da dureri de cap cuiva.

get in on the ground floor/at the start, to *v.* **get in first.**

get in smb.'s hair, to *F* a călca pe cineva pe nervi; a scoate pe cineva din sărite/răbdări/pepeni/fire/țâțâni.

get in step with smb., to a merge în pas cu cineva.

get in the crops/harvest, to *v.* **gather in the crop.**

get into a flat spin, to *F* a nu-și (mai) vedea capul de; a nu mai ști unde-i stă capul; a nu ști ce-și face capului.

get into fury, to *v.* **fly into a rage/temper.**

get into a groove, to *v.* **get into a rut.**

get into a huff, to a-i sări cuiva țâfna/țandăra/muștarul; a-l apuca pe cineva năbădăile.

get into a jam, to *F v.* **get (oneself) into a fix.**

get into a muddle, to l. a se încurca/zăpăci; a i se învălmăși toate în cap. 2. *v.* **get (oneself) into a fix.**

get into an argument with smb., to *v.* **have an argument with smb.**

get into a paddy/stew/tizzy, to *v.* **fly/get into a rage.**

get into a rage/temper, to *v.* **fly into a rage.**

get into a rut, to a intra pe făgaș; a fi prins de rutina/tipicul vieții; a-și pune ambițiile în cui.

get into a state, to ← F a se ambala/aprinde; a se frământa; a-și face griji.

get into a tantrum, to F a-i sări muștarul/bâzdâcul; a-l apuca dracii/năbădăile/pandaliile.

get into a wax, to sl. v. **get in a bate.**

get into bad company, to v. **keep bad company.**

get into bad habits, to v. **fall into bad habits.**

get/go/run into debt, to a face/a se băga în datorii.

get into deep water(s), to F v. **be in deep water(s).**

get into gear, to fig. 1. a se apuca de lucru; a intra în activitate. 2. a se deprinde cu un lucru/o activitate; a prinde rostul unei operații; a se forma.

get into hot water (for doing smth./with smb.), to F a da de bucluc/belea (din cauza unui lucru/cu cineva); a intra la apă; a o încurca; a o băga pe mânecă; a-și găsi beleaua.

get into mischief, to v. **get up to mischief.**

get into one's gears, to v. **get into gear.**

get into one's stride, to a(-și) intra în ritm(ul) obișnuit de lucru.

get into smb.'s black boots, to F a-și pune pe cineva în cap; a-și aprinde paie în cap cu cineva.

get into the act, to ← F fig. a lua parte la ceva.

get into the band-wagon, to amer. F v. **climb into the band-wagon.**

get into the habit of doing smth., to v. **fall into the habit of doing smth.**

get into the knack of smth., to v. **have/get the knack of smth.**

get into the red, to com. a fi în deficit.

get into the saddle, to ← F a veni la conducere/putere/în frunte; a lua conducerea/puterea; a lua în mână cârma/F → hățurile.

get into the way of (doing) smth., to a se obișnui/deprinde cu ceva/să facă ceva; a învăța (să facă)ceva.

get in with smb., to F a se pune bine cu cineva; a se vârî/băga sub pielea cuiva.

get in wrong with smb., to amer. F v. **get in bad with smb.**

get it hot, to F 1. a o încasa; A → a o lua pe coajă. 2. a încasa un perdaf/frecuș/o săpuneală/muștruluială.

get it in the neck, to F v. **catch it in the neck.**

get it into one's head, to v. **take it into one's head.**

get it off one's chest, to F a-și spune necazul/oful; a spune ce ai pe inimă; a-și descărca sufletul.

get it over with, to F a termina/isprăvi (odată) cu ceva; a termina/isprăvi (o treabă/problemă/chestiune neplăcută).

get it right, to a înțelege/prinde ceva foarte bine/pe deplin.

get it through one's head, to amer. F a băga la cap; a pricepe.

get it together, to F a da de cap unui lucru; a prinde șpilul; a se dumiri.

get left, to 1. a fi prostit/păcălit/tras pe sfoară/dus cu preșul/dus de nas. 2. ← F a se pomeni/a ajunge într-o situație neplăcută/penibilă.

get light, to a se lumina de zi; a se face lumină.

get lost, to 1. a se rătăci. 2. ~! șterge-o! cară-te! întinde-o!

get mastery of smth., to a stăpâni/fi stăpân pe ceva (un obiect, o materie, o disciplină).

get maudlin, to a deveni sentimental/plângăreț; a i se face milă de el.

get mixed up in smth., to v. **be mixed up in smth.**

get mixed up (on smth.), to v. **be mixed up.**

get mixed up with smb., to v. **be mixed up with smb.**

get more than one bargained for, to 1. a obține mai mult decât era de așteptat/presupus. 2. fig. a avea o surpriză neplăcută.

get next to oneself, to amer. ← F 1. a-și da seama cine este/care e treaba cu el; a nu-și face gânduri mari despre el. 2. a-i veni mintea la cap; a se deștepta/dumiri.

get next to smb., to amer. ← F a face cunoștință cu cineva; a intra în relații cu cineva; a se apropia de cineva.

get next to smth., to amer. ← F 1. a afla ceva; a lua cunoștință de ceva. 2. a înțelege ceva; a-și da seama de ceva. 3. a descoperi ceva; a dibui/F → mirosi ceva. 4. a se apropia de ceva; a stabili o legătură/un contact cu ceva (în scopuri interesate).

get nicely left, to F a rămâne cu buza umflată.

get no change out of smb., to ← F a nu căpăta/obține nimic de la cineva; a nu scoate nimic de la cineva; a nu o scoate la capăt cu cineva.

get off cheap(ly)/easily/lightly, to a scăpa ieftin/ușor.

get off it! F basta! destul! ajunge! gata! încetează! termină! renunță!

get off the right foot, to a începe/a o porni/călca cu dreptul.

get off on the wrong foot, to a începe/a o porni/călca cu stângul; a o scrânti de la început.

get off scot(-)free, to F a scăpa/ieși basma curată; a ieși cu fața curată/obrazul curat.

get off smb.'s back, to F a da pace cuiva; a nu se mai ține de capul cuiva; a nu mai sta pe capul cuiva.

get off the ground, to 1. (d. un avion) a se ridica în aer; a decola. 2. fig. (d. o acțiune, inițiativă, un plan etc.) a se urni din loc.

get off the mark, to I. *(d. un sportiv)* a lua un start bun.. **2.** *fig.* a (o) începe bine.

get off the trail, to a pierde/scăpa urma.

get off to a bad/poor start, to a începe/a o porni/ călca cu stângul; a o scrânti de la început.

get off to a flying/good start, to a începe/a o porni/ călca cu dreptul.

get off to sleep, to a adormi; a te lua somnul.

get one leg over the traces, to *amer.* ← *F* a nesocoti interesele partidului său/colaboratorilor/ susținătorilor săi.

get one's, to *amer. F* a găsi ce a căutat; așa-i trebuie; a o păți; a da de dracu.

get one's back up, to ← *F* I. *F →* a-și ieși din sărite/ pepeni/țâțâni; a-i sări muștarul/țandăra. **2.** a se împotrivi; a opune rezistență; a face opoziție.

get one's bearings, to *v.* **find one's bearings.**

get one's bellyful of smth., to *F v.* **get a bellyful of smth.**

get one's bitters, to *amer. iron.* a-și lua răsplata; a încasa/primi ceea ce merită; *aprox.* după faptă și răsplată.

get one's blood up, to a se înfierbânta; a-i fierbe sângele în vine; a i se urca sângele la cap; a se mânia foc; a se face foc și pară.

get one's breath (again/back), to a-și recăpăta respirația/suflul.

get one's courage up, to a prinde curaj.

get one's dander up, to *sl. v.* **get one's back up** I.

get one's desert, to a-și primi răsplata *(în sens pozitiv sau negativ)*.

get oneself in hand, to a se controla; a se supraveghea; a se stăpâni; a se reține; a-și impune calm.

get oneself in shape, to a-și reveni.

get (oneself) into a fix/mess/scrape, to *F* a da de belea/bucluc/; a ajunge la ananghie/strâmtoare; a-și găsi beleaua; a o băga pe mânecă; a intra la apă.

get oneself into a spot, to *amer. F* a se vârî/băga (singur) într-o încurcătură; a-și aprinde paie-n cap; a-și pune/vârî capul sănătos sub evanghelie; a se lega la cap când nu-l doare.

get (oneself) into a tangle, to I. *(d. cineva)* a se încurca/zăpăci; a-și pierde busola/nordul; a i se învălmăși toate în cap. **2.** *(d. cineva)* a da de belea/ bucluc; a-și găsi beleaua/buclucul; a o băga pe mânecă; a intra la apă. **3.** *(d. ceva)* a se încurca.

get one's eye (well) in, to a-și deprinde/forma repede ochiul *(la tir, biliard etc.)*.

get one's fairing, to a primi ceva ce i se cuvine/ cade.

get one's fingers burned, to *v.* **burn one's fingers.**

get one's flag. to *mar.* a fi avansat la gradul de amiral.

get one's flints fixed, to *amer.* ← *F* a fi pedepsit/ sancționat/mustrat.

get one's foot in, to I. a pune piciorul în. **2.** *F* a băga pe sub mână; a vârî/introduce pe ascuns *(un articol, o clauză etc.)*. **3.** a se amesteca băga/vârî (într-o treabă); *F →* a-și vârî coada.

get one's foot on the ladder, to a face primul pas pe calea succesului; a debuta cu succes.

get one's gage up, to *amer. sl.* I. a-și ieși din sărite; a-i sări muștarul/țandăra; a face urât; a se face foc și pară. **2.** a se chercheli; a-și bea mințile. **3.** a se înmuia.

get/have one's gruel, to *F înv.* I. a încasa o săpuneală/un perdaf. **2.** a o încasa; a o lua pe coajă.

get one's hammer out (for), to *amer.* ← *F* a-și arăta dușmănia/ostilitatea; *F →* a-și da arama pe față.

get one's hand in, to a-și deprinde/forma mâna cu ceva; a i se da mâna.

get one's hands on smb., to *v.* **lay one's hands on smb.**

get one's hands on smth., to *v.* **lay hands on smth.**

get one's hooks into/on smb., to *F* a pune mâna/ gheara pe cineva *(de regulă subiectul e feminin iar obiectul e masculin)*.

get one's ice legs, to *v.* **find one's ice legs.**

get one's Indian up, to *amer. sl. v.* **get one's back up** I.

get one's Irish up, to *sl. v.* **get one's back up** I.

get one's innings, to *v.* **have one's innings.**

get one's jollies, to *amer. sl. v.* **get one's kicks.**

get one's kicks, to a face după pofta inimii; a-și face cheful.

get one's leave, to *scoț., v.* **get the sack** I.

get one's load, to *dial., amer. sl.* a se face criță.

get one's lug in one's loof, to ← *înv.* a fi tras la răspundere; a fi aspru criticat.

get one's lumps, to *amer. F* I. a o lua pe cocoașă/ scăfârlie; a o încasa; a lua o bătaie soră cu moartea. **2.** a o lua peste nas; a o încasa/înghiți *(ceartă sau pedeapsă)*. **3.** a o încurca; a o păți; a o da în bară; a da greș.

get one's money's worth, to a plăti cât face; a face banii; a merita banii/cheltuiala.

get one's monkey up, to *sl. v.* **get one's back up** I.

get one's own back, to *v.* **get back (some of) one's own (on smb.).**

get one's own way, to *v.* **have one's own way.**

get one's pennyworth, to 1. a nu fi aruncat banii în vânt/pe fereastră/degeaba; a avea o recompensă/satisfacție pentru banii cheltuiți. 2. *F* a încasa o săpuneală/un perdaf.

get one's rag out, to *sl. v.* **get one's back up** 1.

get one's sea(-)legs, to *v.* **find one's sea(-)legs.**

get one's second wind, to *v.* **get one's breath (again/back).**

get one's shirt off/out, to *sl. v.* **get one's back up** 1.

get one's skates on, to *F* a zori; a-i da zor; a-i da bătaie/bice; a mări compasul.

get one's step up, to a avansa; a înainta în grad; a fi promovat.

get one's/the tail down, to ← *F* a-și pierde curajul/nădejdea; a se pierde cu firea.

get one's tail up, to a ține capul/fruntea sus; a nu se pierde cu firea; a nu-și pierde curajul.

get one's teeth into smth., to 1. a-și înfige dinții în ceva. 2. *fig.* a se apuca cu râvnă de ceva, a se apuca de ceva cu tot sufletul.

get one's ticket, to *sl. v.* **get the sack** 1.

get one's walking(-)orders/papers/ticket, to *sl. v.* **get the sack** 1.

get one's way, to *v.* **go one's own gait.**

get one's whack, to 1. *F* a-și primi/lua/încasa porția. 2. ← *F* a bea/mânca pe săturate.

get one's wind (back), to *v.* **get one's breath (again/back).**

get on in the world, to a-și face/croi drum în viață; a face carieră; a se ridica.

get on intimate terms with smb., to a deveni intim cu cineva.

get on in years, to a îmbătrâni; a înainta în vârstă.

get on like a house of fire, to *v.* **get along/on like a house on fire.**

get on like one o'clock, to *v.* **get along/on like one o'clock.**

get on one's feet (again), to *F* a se pune pe picioare *(după boală sau nereușită)*; a-și reveni.

get on one's high horse (about smth.), to *F* a face pe grozavul/nebunul; a vorbi se sus *(despre ceva)*.

get on one's hind legs, to 1. *fig.* a se cabra; a se zbârli; a se înfuria. 2. ← *glum.* a se ridica în picioare *(pentru a ține un discurs etc.)*.

get on smb.'s back, to *F* a se pune/a sta pe capul cuiva; a sâcâi pe cineva; a nu da pace cuiva.

get on smb.'s nerves, to a călca pe nervi pe cineva.

get on smb's wick, to *sl. v.* **get on smb.'s nerves.**

get on the air (to), to a stabili o legătură prin radio (cu).

get on the ball! *amer.* ← *sl.* iute! repede! dă-i zor/bătaie!

get/hop/leap on the bandwagon, to *amer. v.* **climb into the bandwagon.**

get on the good side of smb., to a se pune bine cu cineva.

get on the gravy train, to ← *sl.* a câștiga fără să se omoare/fără să dea în brânci/fără să dea din coate.

get on the inside, to *amer.* a se pune la curent cu o problemă; a cunoaște toate dedesubturile/chițibu-șurile/amănuntele/tot rostul unei afaceri; *(prin extensie)* a nu-i scăpa nimic.

get on the move, to a se pune în mișcare.

get on the river, to *v.* **follow the river.**

get on the wrong side of smb., to a se pune rău cu cineva; a-și pune în cap pe cineva.

get on to a side-track, to ← *F* a devia/a se abate de la subiect.

get on to smb., to *amer. F* 1. a-și da seama câte parale face cineva/cât îi poate/plătește cuiva pielea. 2. a lua legătura cu cineva *(prin telefon sau poștă)*.

get on to the ropes, to *amer. F v.* **learn the ropes.**

get on to the scent/trail, to a da de urmă; a găsi/dibui urma.

get on to the trick, to *F* a prinde trucul/șmecheria/*A* → șpilul.

get out from under, to *amer.* ← *F* 1. a-și recâștiga banii pierduți la jocuri de noroc; a fi din nou în mână; a se redresa. 2. a-și recâștiga banii pierduți din afaceri; a se redresa; a se pune din nou pe picioare. 3. a-și plăti datoriile; a scăpa de datorii; a ieși din datorii; 4. a scăpa de ceva *(situație neplăcută, activitate/slujbă/treabă care nu merge, relație nedorită)*.

get out of a fix/mess/scrape, to *F* a ieși dintr-o încurcătură; a scăpa de bucluc/belea/necaz; a ieși din strâmtoare.

get out of a skid, to a se redresa după o derapare.

get out of bed on the wrong side, to *F* a se scula cu fundul în sus/cu fața la pernă/cu fața la cearșaf.

get out of control, to *v.* **be out of control, to.**

get out of debt, to a ieși din datorii; a scăpa de datorii; a-și plăti datoriile.

get out of hand, to a scăpa de sub control/din mână; a deveni de nestrunit/nestăvilit; a nu mai putea fi ținut în frâu.

get out of it! *sl.* fugi de aici! fugi cu ursu! las-o mai moale! nu zău! aiurea!

get out of my sight! piei din ochii mei!

get/go out of one's depth, to 1. a ajunge la apă adâncă; a nu mai da de fundul (apei). 2. *fig.* a vorbi despre lucruri care depășesc cunoștințele; a vorbi în necunoștință de cauză.

get out of shape, to *(d. un lucru)* a se deforma.

get out of smb's sight, to a nu mai apărea/a dispărea din fața (ochilor) cuiva; a nu mai da ochii cu cineva; a nu mai vedea pe cineva.

get out of smb.'s/the way, to a se da la o parte/în lături din calea cuiva; a se da din drumul cuiva; a face loc cuiva să treacă, a lăsa pe cineva să treacă înainte; a se feri din cale.

get out of step (with smb.), to a nu fi în pas (cu cineva).

get out of the habit of doing smth., to *v.* fall out of the habit of doing smth.

get out of the rain, to ← *F* a se eschiva/sustrage de la o sarcină/îndatorire grea/neplăcută.

get out of the red, to *com.* a acoperi deficitul.

get out of the rut, to a ieși din făgaș; a părăsi drumul bătătorit; a se desprinde de rutina/tipicul vieții.

get out of the way of doing smth., to *v.* fall out of the habit of doing smth.

get out of the wood, to ← *F* 1. a scăpa (cu bine) dintr-o grea încercare/situație critică; a ieși (cu bine) la liman. 2. a fi în afară de orice pericol.

get out of the wrong side of the bed, to *F v.* get out of the bed on the wrong side.

get outside of, to ← *F* a înghiți; a devora; a înfuleca.

get over the footlights, to *(d. un spectacol)* a avea succes; a trece rampa.

get past it, to *F v.* be past it.

get past smb.'s guard, to 1. a înșela vigilența cuiva. 2. a lua pe cineva pe nepusă masă/pe negândite/prin surprindere; a prinde pe cineva pe picior greșit.

get puffed it, to a se umfla în pene.

get rattled, to *amer.* a se buimăci/fâstâci/năuci/pierde/zăpăci; a-și pierde capul/busola/calendarul.

get religion, to *amer.* a se converti; a deveni religios/bigot.

get rid of, to a scăpa de; a se descotorosi de.

get round smb., to a încânta/vrăji/*F* → da gata pe cineva (cu cuvinte amăgitoare); a îmbroboba pe cineva.

get round the law, to a ocoli legea.

get round the table, to a se așeza la masa tratativelor.

get shirty, to *F* a-și ieși din sărite/pepeni/țâțâni; a-i sări muștarul/țandăra.

get short shrift, to 1. a nu avea răgaz nici să se spovedească; a fi pedepsit imediat după condamnare. 2. *fig.* a fi expediat repede; a nu fi luat în seamă.

get slack (at smth.), to a o lua mai ușor; a slăbi/încetini ritmul; a o încetini.

get smart, to *fig.* a face pe deșteptul/nebunul; a și-o lua în cap.

get smb./smth., to *F* 1. *(d. ceva sau cineva)* a-i plăcea; a-i spune ceva *(la negativ* a nu-i spune mare lucru); a-l câștiga; a fi pe gustul cuiva. 2. a-i face rău; a se revolta/indigna; **the film got me** filmul m-a revoltat. 3. *(d. cineva)* a i-o face cuiva; a aranja pe cineva; a i-o da cuiva. 4. a păcăli pe cineva; a duce/avea pe cineva.

get smb. abreast of smth., to a pune pe cineva la curent cu ceva.

get smb./smth. back on his/its feet, to *F v.* get smb./smth. on his/its feet (again).

get smb. by the short hairs, to 1. ← *F* a ține pe cineva din scurt/în frâu/*F* → sub papuc. 2. ← *F* a lua măsuri energice împotriva cuiva; a opri pe cineva la timp.

get/have smb. hounded out of a job, to *F* a face cuiva mizerii silindu-l astfel să părăsească o slujbă; a face cuiva tot felul de șicane pentru a-l îndepărta dintr-o slujbă/dintr-un post, a lucra pe cineva.

get smb. in contact/touch with smb., to a pune pe cineva în legătură cu cineva.

get smb. into a fix/mess/scrape, to *F* a băga pe cineva în bucluc; a i-o face cuiva; a băga pe cineva la apă.

get smb. into a fury, to *v.* get smb. into a rage.

get smb. into a paddy/stew/tizzy, to *v.* get smb. into a rage.

get smb. into a rage/temper, to a scoate pe cineva din sărite/țâțâni/răbdări; a face pe cineva să-și iasă din fire/răbdări.

get smb./smth. into a tangle, to a băga pe cineva într-o încurcătură/în bucluc; a încurca socotelile cuiva; a încurca ceva.

get/run smb. into debt, to a băga pe cineva în datorii; a pune/face pe cineva să facă datorii.

get smb. into hot water, to *F* a băga pe cineva la apă/în bucluc.

get smb. into the habit of doing smth., to a învăța/deprinde pe cineva să facă ceva; a lua/prinde un obicei de la cineva.

get smb. in wrong, to *amer.* 1. a prezenta pe cineva într-o lumină defavorabilă. 2. a vârî pe cineva în încurcătură/*F* → belea. 3. a atrage dizgrația asupra (capului) cuiva.

get smb. mixed up (on smth.), to a încurca pe cineva (cu ceva).

get smb. off cheap(ly)/easily/lightly, to a scăpa pe cineva ieftin/ușor.

get smb./smth. off one's hands, to a scăpa/a se debarasa de cineva/ceva.

get smb./smth. off on the right foot, to a ajuta pe cineva să înceapă cu dreptul; a îndrepta pe cineva pe calea cea bună; a începe ceva cu dreptul.

get smb./smth. off on the wrong foot, to a pune pe cineva pe picior greşit; a începe cu stângul.

get smb. off the hook, to v. let smb. off the hook.

get smb./smth. off to a bad/poor start, to a pune pe cineva pe picior greşit; a începe ceva cu stângul.

get smb./smth. off to a good/flying start, to a ajuta pe cineva să înceapă cu dreptul; a îndrepta pe cineva pe calea cea bună; a începe ceva cu dreptul.

get smb. off to sleep, to a adormi pe cineva.

get smb./smth. on his/its feet (again), to F a pune pe cineva/ceva pe picioare/roate (din nou).

get smb. on the hip, to F a pune gheara/laba pe cineva; a-i cădea cineva în labe/gheare.

get smb./smth. on the move, to a pune ceva/pe cineva în mişcare.

get smb. out of a fix/mess/scrape, to a scoate pe cineva dintr-o încurcătură/din bucluc; a scăpa pe cineva de bucluc/belea/necaz.

get smb. out of debt, to a scoate pe cineva din datorii; a scăpa pe cineva de datorii; a plăti datoriile cuiva.

get smb./smth. out of one's system, to F a nu mai ţine la ceva/cineva; a-şi scoate din minte ceva/pe cineva.

get smb. out of smb.'s sight, to a lua pe cineva din faţa (ochilor) cuiva.

get smb./smth. out of smb.'s way, to 1. a da ceva/pe cineva la o parte; a lua ceva/pe cineva din cale; a ţine ceva/pe cineva de o parte. 2. a isprăvi ceva; a scăpa de ceva.

get smb. out of the habit of doing smth., to a dezvăţa pe cineva de a face ceva.

get smb. out of the way of doing smth., to v. get smb. out of the habit of doing smth.

get smb. round, to a (re)aduce pe cineva în simţiri.

get smb. round the table, to a aşeza pe cineva la masa tratativelor.

get smb.'s back up, to F 1. a scoate pe cineva din răbdări/pepeni/sărite/ţâţâni; a face pe cineva să-şi iasă din fire/răbdări; a da cuiva cu ardei pe la nas. 2. a-l călca pe cineva pe coadă/bătătură.

get smb.'s blood up, to a irita pe cineva la culme; a face pe cineva să-i fiarbă sângele în vine/să i se urce sângele la cap.

get smb.'s dander up, to sl. v. get smb.'s back up.

get smb.'s goat, to sl. v. get smb.'s back up.

get smb.'s hackle up, to v. get smb.'s back up.

get smb.'s Indian up, to amer. sl.v. get smb.'s back up.

get smb.'s Irish up, to sl. v. get smb.'s back up.

get smb.'s message, to F a înţelege/pricepe ce vrea cineva; a înţelege aluzia cuiva; a băga la cap.

get smb.'s monkey up, to sl. v. get smb.'s back up.

get smb.'s number, to amer. F a şti câte parale face cineva; a şti cât îi poate/plăteşte pielea cuiva; a şti cu cine are de-a face; a şti în ce ape se scaldă/adapă cineva.

get smb.'s rag out, to sl. v. get smb.'s back up.

get smb.'s shirt out/off, to sl. v. get smb.'s back up.

get smb.'s slant on smth., to a prinde felul în care vede cineva lucrurile; a vedea ce vrea cineva.

get smb. taped, to F v. get smb.'s number.

get smb./smth. together, to a aduna/strânge (laolaltă).

get smb./smth. under control, to v. bring smb./smth. under control.

get smb. under hand, to a face pe cineva inofensiv; F → a-i veni cuiva de hac.

get smb. up on his ears, to amer. sl. v. get smb.'s back up.

get smb. up to date (with smth.), to v. bring smb. up to date (with smth.).

get smb. well in hand, to 1. a avea în mână pe cineva. 2. a ţine în frâu/chingi pe cineva.

get smb. wrong, to F a înţelege greşit pe cineva.

get smth. abreast of smth., to mar. a aşeza o ambarcaţiune în linie/rând cu o ambarcaţiune.

get smth. by guile, to a obţine ceva prin înşelătorie.

get smth. down cold/pat, to amer. sl. a învăţa ceva temeinic; a şti ceva ca pe apă/Tatăl Nostru.

get smth. down to a fine art, to F a-i ieşi ceva de minune; a se pricepe de minune la ceva.

get smth. for free, to F a obţine/face rost de ceva pe gratis/fără bani.

get smth. into one's head, to F a-şi băga ceva în cap.

get/put smth. into shape, to a da formă unui lucru.

get smth. into smb.'s head, to a băga cuiva ceva în cap.

get smth. mixed up, to v. mix smth. up.

get smth. off pat, to ← F a învăţa ceva pe de rost.

get smth. on the bend, to ← F a obţine ceva pe căi ocolite/pe sub mână.

get smth./it out of one's head/mind, to a-şi scoate ceva din cap.

get smth./it out of smb.'s head/mind, to a-i scoate cuiva ceva din cap.

get smth. over (and done with), to *v.* **get it over with.**

get smth. right, to *F* a pricepe ceva; a da un răspuns corect; a găsi soluția; a calcula bine.

get/have smth. straight from the horse's mouth, to a afla ceva de la sursă.

get smth. tied up, to ← *F* a aranja/organiza/pune la punct ceva.

get smth. up to date, to *v.* **bring smth. up to date.**

get smth. wrong, to *F* a nu pricepe ceva; a înțelege ceva greșit.

get some of one's own back, to *v.* **get back (some of) one's own (on smb.).**

get some of one's own medicine, to a primi o lecție; a găsi ce a căutat; a o înghiți.

get some shut-eye, to *F* a trage un pui de somn.

get spliced, to *mar.* ← *sl.* a se căsători; a se însura.

get spot cash for smth., to a primi/obține banii pe loc pentru ceva.

get square with smb., to *v.* **get even with smb.**

get stone, to *amer. sl.* a se pili/turti; a se face criță.

get stuck, to *F* a se pune pe treabă.

get stuck with smb./smth., to *sl.* a se împotmoli/ înnămoli în ceva; a nu mai scăpa de cineva/ceva.

get taken for smth., to a fi înșelat/păcălit cu o sumă de bani.

get tangled up, to *v.* **get (oneself) into a tangle.**

get tanked up, to *F* a se pili cu bere.

get that way, to *amer.* ← *F* a se vârî într-o încurcătură; a ajunge într-o situație neplăcută; *F* → a da de belea/bucluc.

get the advantage of smb., to *fig.* a fi mai bine plasat/într-o situație mai bună decât cineva; a avea un avantaj asupra cuiva/față de cineva; a fi avantajat față de cineva.

get the air, to *amer. F* **I.** a fi dat afară (dintr-o slujbă); a i se da papucii; a i se face vânt. **2.** (*d. un prieten, îndrăgostit*) a i se da papucii; a i se face vânt.

get the ax, to *amer. sl. v.* **get the air.**

get the bag, to *v.* **get the sack I.**

get/have the best of smb., to I. (*d. persoane, sentimente etc.*) a domina/conduce pe cineva. **2.** a birui/înfrânge pe cineva. **3.** *F* → a încuia/înfunda pe cineva.

get the best/most/utmost out of smb./smth., to a scoate totul/tot ce poate/tot ce se poate/cât poate mai mult/maximum din ceva/de la cineva/de pe urma cuiva; a profita cât se poate de ceva.

get the better end of smb., to I. a trage pe cineva pe sfoară; a-l duce cu preșul. **2.** *v.* **get the advantage of smb.**

get the better end of the staff, to *înv. v.* **get the right end of the stick.**

get/have the better end of smb., to I. *v.* **get the best of smb. 2.** *F* → a duce de nas/trage pe sfoară pe cineva.

get/have the better of smth., to a învinge; a înfrânge; *F* → a-i veni de hac; a-i fi (cuiva) popa.

get the bowler hat, to ← *F (d. un militar)* a fi scos din evidența forțelor armate (și trecut în rezervă.).

get the big bird, to *F v.* **get the bird.**

get the big head, to *amer. F v.* **get the swelled head.**

get the bird, to I. ← *F (d. un actor, artist etc.)* a fi fluierat/huiduit. **2.** *v.* **get the sack I.**

get the bit between/in one's teeth, to *F* a o lua razna; a-și da drumul (fără a ține seama de nimic).

get the blues, to *F v.* **be in the blues.**

get the boot, to *sl. v.* **get the sack I.**

get the boot on the wrong foot/leg, to *fig. F* a greși adresa; a nimeri alăturea (cu drumul).

get the bounce, to *sl. v.* **get the sack I.**

get the breaks, to *amer.* ← *sl.* a o nimeri (bine); a avea baftă; a călca cu dreptul; a prinde momentul (propice).

get the breeze up, to *F* **I.** *v.* **get one's back up I. 2.** a o băga pe mânecă; a o sfecli.

get the bulge on smb., to *amer. sl. v.* **get the advantage of smb.**

get the bum's rush, to *amer.* ← *sl.* a fi alungat/ izgonit/dat afară/*F* → pus pe liber/verde.

get the cane, to a lua câteva nuiele; a o lua pe spinare.

get the canvas, to *sl. înv. v.* **get the sack I.**

get the cat, to a fi bătut cu hârbaciul cu nouă șfichiuri.

get the chair, to *amer.* ← *F* a fi condamnat la (moarte pe) scaunul electric.

get the cheese, to *F* a da chix/*A* → în bară; a rămâne cu buzele fripte/umflate.

get the cold shoulder, to ← *F* a fi primit rece/cu răceală; a i se face o primire glacială.

get/have the deadwood on smb., to *amer.* ← *F* **I.** a avea un avantaj indiscutabil/incontestabil/net asupra cuiva. **2.** a pune pe cineva într-o situație neplăcută/dificilă/critică/penibilă.

get the drift? *amer.* ← *sl.* pricepi?! ai priceput?! te-ai prins?! ți-a căzut fisa?

get the drop on smb., to *amer.* ← *F* **I.** a lua pe cineva pe nepregătite/negândite/pe nepusă-masă/ prin surprindere. **2.** a fi mai iute decât cineva; a i-o lua cuiva înainte. **3.** *v.* **get the deadwood on smb.**

get the feel of smth., to a se obișnui/familiariza/ deprinde cu ceva; a-i prinde rostul/*A → șpilul;* a-i da de rost.

get the first refusal, to a avea/căpăta opțiune.

get the floor, to a i se da cuvântul.

get the foot of smb., to ← *F* a depăși/întrece pe cineva; a i-o lua cuiva înainte; a fi mai iute decât cineva.

get the frozen mitt, to *amer.* ← *F* a fi primit glacial; a i se arăta că este indezirabil.

get the fumes out of one's head, to a se trezi din beție; a alunga mahmureala; a-și răcori mințile.

get the gaff, to *amer. F* a fi luat la refec/trei păzește.

get the gate, to *amer. sl. v.* **get the sack.**

get the glad eye, to *F* a i se face cu ochiul; a i se arunca o ocheadă/privire plină de subînțelesuri.

get the goods on smb., to *amer. F* a avea probe concludente împotriva cuiva; a avea la mână pe cineva.

get the green light, to *fig. F* a fi lăsat să meargă mai departe; a i se deschide ușile; a avea cale liberă.

get the hands, to *amer.* ← *F* a fi primit cu aplauze; a fi aplaudat.

get the hang of, to 1. ~ *smb.* a ști cu cine are de-a face; *F →* a dibui pe cineva; a ști ce îi poate/cât îi plătește cuiva pielea. 2. ~ *smth.* a căpăta deprinderea/obișnuința/îndemânarea/ușurința de a folosi un lucru; a se obișnui/deprinde cu ceva; a-i prinde rostul; a-i da de rost/capăt.

get the hayseed out of one's hair, to *amer* ← *P* a se dezbăra de un obicei de la țară.

get the heels of smb., to ← *F* a întrece/depăși pe cineva; a i-o lua cuiva înainte; a lăsa pe cineva în urmă/*F →* de căruță.

get the hoof, to *sl. înv. v.* **get the sack 1.**

get the huckleberry, to *amer.* ← *sl.* a se pune într-o situație ridicolă/de râs; a se face (singur) de râs/*F → baftă.*

get the huff, to a se supăra; a se ofensa; *F →* a se ataca.

get the hump, to *F* a nu-i fi (toți) boii acasă.

get the jim-jams, to *sl. v.* **have the jim-jams.**

get the jitter, to *amer. F* a-l apuca nevricalele/ pandaliile.

get the jump, to *amer.* ← *F* 1. a o lua înainte/a lua conducerea (într-o cursă). 2. a o lua înainte; a fi în față (în orice fel de concurs).

get/have the key of the street, to ← *glum.* a rămâne fără adăpost peste noapte; a dormi sub cerul liber/pe stradă, neavând unde să se culce.

get the kick, to *sl. înv. v.* **get the sack 1.**

get the knack of smth./doing smth., to *v.* **have the knack of smth./doing smth.**

get the knock, to ← *sl.* 1. *v.* **get the sack 1.** 2. a suferi o înfrângere. 3. *teatru* a fi rău primit de public.

get the laugh at/of/on smth., to 1. a avea temei/ ocazie să râdă de cineva; a pune pe cineva într-o situație ridicolă. 2. a lua pe cineva în derâdere/*F → peste picior/în zeflemea/*A* → în bășcălie; a-și râde/bate joc de cineva.

get the laugh on one's side, to a face (pe cineva) să râdă pe socoteala altuia; *v. și* **get the laugh at smb.**

get the laugh on smb., to *v.* **get the laugh at smb.**

get the lead[1] [li:d]**, to** a primi/lua conducerea.

get the lead[2] [led]**, to** a fi împușcat; a fi lovit/atins de un glonț.

get the lead out, to *amer.* ← *sl.* 1. a zori; a-i da bătaie/bice. 2. a se pune pe treabă; a nu mai tăia frunze la câini.

get the length of smb.'s foot, to *F v.* **find the length of smb.'s foot.**

get the lowdown on smth., to *amer.* ← *F* a obține informații prețioase despre ceva.

get the mitten, to *sl. v.* **get the sack.**

get the monkey off, to *amer.* ← *sl.* a se lăsa de droguri.

get the needle, to *F* a avea draci/hachițe; a fi cu capsa pusă.

get the nod, to *amer.* ← *F* a fi ales/preferat/pus înaintea altora (într-o funcție sau pentru o activitate).

get the once-over, to *F* a fi măsurat de sus în jos/ din cap în picioare.

get the order of the boot, to *sl. v.* **get the sack 1.**

get the picture, to *F* a înțelege situația/cum stau lucrurile.

get the pink slip, to *amer. F v.* **get the sack 1.**

get the pip, to *sl. v.* **have the pip.**

get the plumps, to ← *F* a obține posturile/slujbele cele mai bune/bine plătite; a lua caimacul.

get the push, to *sl. v.* **get the sack.**

get the raspberry, to ← *sl.* 1. a fi repezit (*de cineva*). 2. *F →* a fi luat peste picior.

get the razz for fair, to *amer. F* 1. a fi luat în zeflemea/*A →* bășcălie/peste picior. 2. a încasa un perdaf/frecuș/o săpuneală.

get there, to a-și ajunge/atinge scopul; a reuși; a avea succes.

get the right end of the stick, to ← *F* a se găsi într-o situație avantajoasă/avantajată (față de cineva); a fi avantajat (față de cineva); a avea un avantaj/atu (în comparație cu cineva).

get the right scent (of), to *v.* **get a scent (of).**

get the right sow by the ear, to ← *F* **I.** a găsi exact ce trebuie; a da de omul/lucrul potrivit. **2.** a învinui/aresta/*F →* lua de guler pe cine trebuie. **3.** a trage o concluzie justă; *F →* a nimeri la fix/în plin.

get the run-around (from smb.), to *F* a fi purtat pe umeri (de cineva); a fi dus de nas (de cineva).

get the sack, to *sl.* **I.** a fi zburat (din serviciu); a fi pus pe liber/pe verde; a i se da pașaportul/plicul; a primi răvaș de drum. **2.** *(d. un bărbat)* a primi/i se da papucii; a fi trimis la plimbare; a rămâne cu buzele umflate.

get the shivers, to *F v.* **have the shivers.**

get the speed (of), to *înv. v.* **get the start of smb. I.**

get the start of smb., to I. *și fig.* a depăși/întrece pe cineva; a i-o lua cuiva înainte. **2.** *fig.* a avea un avantaj/atu față de cineva.

get the step, to *mil. sl. v.* **get one's step up.**

get the stick, to a o lua pe cocoașă/spinare/coajă.

get the swelled head, to a-și da ifose; a se umfla în pene; a face pe grozavul/nebunul; a i se urca la cap; a și-o lua în cap.

get the tail down, to *F v.* **get one's tail down.**

get the tip-off, to a fi prevenit/avertizat.

get/learn the trick of it, to *v.* **get the knack of smth./doing smth.**

get the upper hand, to *v.* **gain the upper hand.**

get/have the urge to do smth., to a simți dorința/îndemnul să facă ceva; a-l cuprinde dorința să facă ceva; a-l împinge dorința să facă ceva.

get the weather-gauge of smb., to ← *F* a avea un avantaj/atu față de cineva; a fi într-o situație mai bună/mai bine plasat decât cineva.

get the weight off one's feet/legs, to *F* a-și odihni picioarele; a-și întinde oasele.

get the whip(-)hand of smb., to ← *F* a face pe cineva inofensiv; a avea pe cineva în puterea sa.

get the wind of, to I. *v.* **get to (the) windward of smth. 2.** *v.* **gain the wind (of).**

get/have the wind up, to *F* a-l trece fiorii/răcorile; a i se tăia picioarele; a-i țâțâi inima.

get the word (to do smth.), to a primi ordin (să facă ceva).

get the works, to *amer. F* **I.** a fi luat la refec/trei păzește. **2.** a da de belea/bucluc.

get the worse end of the staff, to *înv. v.* **get the wrong end of the stick.**

get/have the worst of it, to *v.* **get the worst of smth.**

get/have the worst of smth., to a ieși cel mai rău din ceva; a cădea/a o păți cel mai rău; a trage ponoasele; *fig.* a o încasa; a se frige.

get/have the worst of things, to *v.* **get the worst of smth.**

get the wrong end of the stick, to ← *F* **I.** a fi dezavantajat (în comparație cu cineva). **2.** *fig.* a se înșela în socoteli; a-și greși socotelile; a nu-i ieși socoteala/*F →* pasiența; a nu ieși la socoteală; a da greș;/*F →* chix.

get the wrong pig by the tail, to *amer. v.* **get the wrong sow by the ear I, 2.**

get the wrong scent, to *v.* **be off the scent.**

get the wrong sow by the ear, to ← *F* **I.** a nu da de omul/lucrul potrivit; *F →* a greși adresa. **2.** a învinui/aresta/*F →* lua de guler pe cine nu trebuie; *F →* a încurca borcanele. **3.** a trage o concluzie falsă/greșită; *F →* a o nimeri (ca Ieremia) cu oiștea în gard.

get thin, to *(d. păr)* a se rări.

get things out of proportion, to a avea o imagine deformată a lucrurilor.

get things straight, to *v.* **put things straight.**

get this să știi asta; uite ce e/care e treaba.

get tight, to *F* a se chercheli/afuma/pili.

get to close one's quarters, to I. a se apropia (la o distanță mică de ceva); a veni până aproape (de ceva). **2.** *v.* **come to close quarters 2, 3.**

get to first base with smb., to *amer. F (d. un bărbat care face curte unei femei)* a face primul pas *(de regulă expresia e folosită la negativ).*

get to first base with smth., to *amer. F* a face primii pași în ceva; a face începutul *(de regulă expresia e folosită la negativ).*

get together, to *(d. oameni)* a se aduna/întâlni/strânge.

get togged out anew, to ← *F* a se înnoi; a se îmbrăca cu haine noi; *P →* a se înțoli.

get to grips with, to *v.* **come to grips with.**

get told off, to *F* a fi luat la refec; a i se trage o săpuneală.

get to loggerheads, to *F v.* **come to loggerheads.**

get too big for one's boots/breeches/shoes/trousers, to *F* a nu-și mai încăpea în piele (de înfumurat ce e); a i se urca (rău) la cap; a și-o lua (rău) în cap.

get too hot for smb., to *(d. o atmosferă, situație etc.)* a deveni prea încărcată/critică/insuportabilă/periculoasă etc. pentru cineva.

get too hot to hold smb., to *v.* **get too hot for smb.**

get to rights, to I. a aranja; a pune în ordine; a pune/face ordine în. **2.** a repara. **3.** a pune din nou pe picioare; a restabili; a face bine; a vindeca.

get to smoother water, to *fig.* a ieşi la liman; a ajunge la mal; a da de apă liniştită; a scăpa de belea/bucluc; a ieşi dintr-o încurcătură/situaţie neplăcută.

get to the back of smth., to a da de/a ajunge la miezul/fondul/esenţa unui lucru; a pricepe esenţa unui lucru/fondul unei chestiuni; a-i da de rost/capăt.

get to the bottom of smth., to *v.* **get to the back of smth.**

ge to the core of smth., to *v.* **get to the back of smth.**

get to the end of one's tether, to *v.* **come to the end of one's rope/tether.**

get to the top of the ladder/tree, to a ajunge mare (într-o profesie); a ajunge departe; a face carieră.

get to (the) windward of smb., to **I.** a avea un avantaj/atu faţă de cineva; a fi într-o situaţie mai bună/a avea condiţii mai bune decât cineva. **2.** *F* a trage pe sfoară/a duce de nas pe cineva.

get to work on smth., to a se apuca de o treabă, a începe ceva.

get ugly, to *amer. F* a se face scârbos; a se purta urât.

get under control, to *v.* **bring under control.**

get under smb.'s feet, to a sta în picioarele cuiva.

get under smb.'s skin, to a scoate pe cineva din răbdări/pepeni/sărite/ţâţâni; a călca pe cineva pe nervi.

get under the wire of, to a corespunde unui (anumit) gabarit/barem/stas; a intra într-o (anumită) categorie.

get under way, to **I.** a pregăti *(un vas)* pentru a ieşi în larg; a ridica ancora; a porni/urni (din loc); a pune în mişcare *(un vas, un tren etc.)*. **2.** *fig.* a lansa; a pune pe picioare; a pune în mişcare/funcţiune.

get up against smb., to a se pune rău cu cineva.

get up a(n)/one's appetite/thirst, to a-şi face poftă de mâncare; a-şi aţâţa setea.

get up and dig/dust, to *amer.* ← *F* a se apuca de lucru/treabă; a se pune/aşterne pe lucru/treabă.

get up and get, to *amer. F* a pleca în grabă; a o întinde repede; a o şterge/tuli.

get up early, to *fig.* a avea iniţiativă; a fi (un spirit) întreprinzător.

get up on one's ear, to *amer. F* a se aşeza în fund.

get up on one's hind legs, to ← *F* a se ridica în două picioare *(pentru a vorbi unui grup de oameni)*.

get up on the wrong side of the bed, to *F v.* **get out of bed on the wrong side.**

get uppish (with smb.), to *F* a şi-o lua în cap; a face pe nebunul (cu cineva).

get up regardless (of expense), to *F* a se găti/ferchezui/împodobi/împopoţona.

get up steam, to **I.** a da drumul la vapori/aburi; a ridica/urca presiunea (în cazan). **2.** *F* a-şi încorda toate puterile/forţele.

get up to date with smth., to **I.** a se pune la punct/zi cu ceva. **2.** a se pune la curent cu ceva.

get up to mischief, to *v.* **be up to mischief.**

get up to monkey business/tricks, to *F v.* **get up to mischief.**

get up to one's tricks, to a se ţine de şotii/şmecherii.

get up with one's wrong foot foremost, to *fig.* a o porni cu stângul.

get warm, to **I.** *fig.* a se aprinde; a se înfierbânta; a se încinge; a se mânia. **2.** *(d. o discuţie etc.)* a deveni aprinsă. **3.** *fig. (la jocul de copii „cald şi rece" sau „foc şi apă")* a fi destul de aproape de adevăr, „foc".

get water from a flint, to a scoate apă (şi) din piatră seacă.

get way on her, to *v.* **get good way on her.**

get what is coming, to a o lua/încasa; a o păţi.

get wind, to a deveni cunoscut; a se răspândi/împrăştia.

get wind of smth., to *v.* **catch the wind of smth.**

get wise, to *sl.* **I.** a şi-o lua în cap.; a face pe deşteptul. **2.** *v.* **get net to oneself.**

get wise to smb., to *v.* **get next to smb.**

get wise to smth., to *v.* **get next to smth.**

get within earshot, to a putea auzi/fi auzit; a fi destul de aproape pentru a putea auzi/fi auzit.

get within range of, to a intra în bătaia tunului.

get within sight of, to a apărea; a se ivi; a apărea la vedere; a intra în câmpul vizual al cuiva.

get with it, to *amer. F* **I.** *v.* **get on the ball! 2.** *v.* **get going.**

get word, to a primi (o) veste/ştire/încunoştinţare.

get worked up (about/over) smth., to a se ambala, a se aprinde, a-l apuca furia.

gild refined gold, to *aprox.* a căra apă la fântână.

gild the lily, to a se împopoţona/înzorzona.

gild the pill, to *fig.* a (mai) îndulci pilula/hapul; a face pilula mai puţin amară.

gird up one's/the loins, to ← *fig.* a se pregăti de start; a-şi încorda toate puterile/forţele; a se pregăti de (plecare/fugă/pentru a face un pas serios etc.).

git up and git, to *amer. sl.* scoală-te şi şterge-o.

give a back, to *(la jocul de-a capra)* a se pune.

give a call, to a face o scurtă vizită *(oficială etc.)*.

give a car a good hose down, to a spăla bine o maşină cu furtunul; a spăla o maşină de sus până jos.

give a cold ear to smth., to *v.* **turn a deaf ear to smth.**

give a cry/scream/shout/shriek/yell, to a scoate un strigăt/țipăt/urlet.

give a dog a bad name (and hang him) *prov.* decât să-ți iasă nume rău mai bine ochii din cap.

give a false colour to smth., to a da aparență/ nuanță de neadevăr unui lucru.

give a false/wrong scent, to a pune pe o pistă falsă.

give a fillip to smth., to *F fig.* a da un impuls unui lucru; a stimula ceva.

give a good account of oneself, to 1. a se achita cu cinste de sarcini; a face față cu cinste sarcinilor. 2. a se dovedi/arăta la înălțime; a-și dovedi capacitatea; *F →* a arăta de ce este în stare.

give (smb.) a good hiding, to *F* a trage o chelfăneală (cuiva); a burduși bine (pe cineva); a tăbăci pielea (cuiva); a scutura cojocul (cuiva).

give a/the green light, to *amer.* ← *F* a da mână liberă/carte albă; a da deplină libertate de acțiune; a dezlega mâinile *(cuiva)*.

give a groan, to a scoate un geamăt; a geme.

give a grunt, to a grohăi.

give a hand, to a da o mână de ajutor.

give a handle for/to, to ← *F* a da ocazie/prilej; a servi drept pretext/suport; a cauza.

gine a harsh laugh, to a rânji.

gine a headache, to *fig.* a da bătaie de cap.

give a helping hand, to *v.* **give a hand.**

give a horse a touch of the spurs, to a da pinteni unui cal.

give a horse the bridle, to a da frâu liber calului; a lăsa calul (să meargă) în voie.

give a howl of rage, to a scoate un urlet de furie.

give a jerk to smb./smth., to a trage/smuci de ceva; a hurduca/zdruncina pe cineva.

give a jump, to *v.* **take a jump.**

give (smb.) a knee, to 1. *sport* a fi secundul (cuiva) la box. 2. *fig.* a ajuta; a ține partea (cuiva); a fi alături de (cineva); a fi de partea (cuiva).

give a lark to catch a kite, to *prov.* a schimba cucul pe vultur/cioara pe uliu.

give a laugh, to a râde.

give a/the lead, to a da tonul/exemplul/semnalul/ ideea conducătoare; a trasa linia.

give a lick and a promise, to *F* a face (ceva) de mântuială; a da rasol; a rasoli; a pospăi.

give a look-in, to a intra pentru o clipă (pentru a da bună ziua/seara); a se abate pentru un minut (pe la cineva).

give a loose, to *v.* **give loose.**

give a lurch, to *sl.* a trage o minciună; a mânca morcovi.

give and take, to a da fiecare de la el (dai tu dau și eu).

give an ear to smb./smth., to a fi atent/a sta cu urechea la ceva/cineva.

give an edge to smth., to *v.* **put an edge to smth.**

give an edge to smth., to *v.* **put an edge to smth.**

give a new lease of life, to a da/insufla viață nouă/ forțe/puteri/energii noi.

give a new turn (to), to a da o nouă interpretare/ versiune; a prezenta într-o versiune nouă.

give an eye to smb./smth., to a fi atent/a arunca un ochi la cineva/ceva; a nu pierde/scăpa din vedere; a lua în considerare ceva.

give another turn to smth., to a da o altă întorsătură unui lucru.

give a puff, to ← *F* a face o reclamă zgomotoasă/ exagerată.

give a purse, to ← *F* a da/acorda/oferi/decerna un premiu în bani.

give a ring, to a chema/suna la telefon; a da un telefon.

give as good as one gets, to *fig.* a nu rămâne dator nimănui; a plăti cu aceeași monedă.

give a smack on smb.'s lips, to a pupa pe cineva zgomotos; a-i trage o pupătură.

give a smooth to one's hair, to a-și netezi părul.

give a soft light, to *(d. ceva)* a da o lumină odihnitoare/plăcută.

give a start, to a tresări.

give a stone and a beating to smb., to ← *F* 1. a fi net/categoric superior cuiva; a întrece/depăși cu mult pe cineva; *F →* a-l face marț. 2. *F →* a încuia/ înfunda pe cineva; a-l vârî în cofă.

give a stone for bread, to a-și bate joc/râde de cineva care solicită un ajutor.

give a talk (to smb.) on smth., to > a ține un discurs despre ceva; a discuta/vorbi despre ceva; a prezenta ceva.

give a toast, to a bea în sănătatea cuiva.

give a trial, to 1. a pune la încercare/a încerca pe cineva. 2. a încerca/proba (ceva); a face proba (unui lucru).

give a warm, to a încălzi (puțin) la foc.

give a/the war whoop, to 1. a scoate/slobozi un strigăt războinic/de luptă. 2. *fig.* a fi cu arțag; a fi pus pe bătaie.

give away the bride, to a conduce mireasa la altar.

give a wide berth to, keep a wide berth of, to *F* a se ține departe/la distanță respectabilă de; a evita/ ocoli cu grijă.

give a wrong scent, to v. **give a false scent.**

give (a) zest to smth., to a da savoare unui lucru; a da avânt/un impuls unui lucru; a însufleți ceva.

give chase to smb./smth., to a urmări/fugări pe cineva/ceva; a goni după cineva/ceva; a hăitui pe cineva/ceva.

give/lend colour to smth., to a da o aparență/ nuanță de adevăr unui lucru; a da culoare unui lucru.

give countenance/heart to smb., to a încuraja/ sprijini pe cineva; a-i susține/ridica moralul cuiva.

give credence to smth, to lit. a da crezare unui lucru.

give currency to smth., to a pune în circulație/ lansa/răspândi ceva (zvonuri, idei etc.).

give down one's milk, to ← înv. **1.** a da/acorda ajutorul așteptat/scontat. **2.** a da beneficiul/ profitul scontat.

give every man thine ear but few thy voice prov. ascultă pe toți, dar nu vorbi decât cu puțini; cumpără de la toți, dar vinde la puțini.

give evidence of smth., to a indica/semnala ceva; a fi mărturie.

give free rein/the reins to smth., to a da frâu liber (imaginației, unei pasiuni etc.).

give free scope to smth., to v. **give free rein/the reins to smth.**

give full play to smth., to v. **give free rein/the reins to smth.**

give good harbourage, to mar. a oferi o radă sigură.

give ground, to 1. mar. a pierde/ceda terenul/din teren; a se retrage/replia. **2.** fig. a ceda; a renunța la (câte) ceva.

give harbour to smb., to a tăinui pe cineva (un criminal, un evadat etc.).

give heart to smb., to v. **give countenance to smb.**

give heed, to v. **pay attention.**

give him an inch and he'll take an ell prov. îi dai degetul, el îți apucă mâna.

give him an inch and he will take a mile/yard prov. îi dai degetul, el îți apucă mâna.

give horns to smb., to ← înv. a încornora pe cineva; a-i pune coarne.

give hostage to fortune, to ← înv. a se bizui pe șansă.

give it a name! ce bei! eu plătesc/fac cinste!

give it another brush, to ← F a pune la punct/a finisa un lucru; a-i face ultimele retușuri; F → a-i face toaleta; a-l pieptăna.

give it hot to smb., to F a burduși/bumbăci pe cineva; a snopi pe cineva în bătaie; a-i freca cuiva ridichea.

give it smb. hot (and strong), to F **1.** a trage cuiva o săpuneală/un perdaf/frecuș; a face pe cineva de două parale/albie de porci/cu ou și cu oțet/cu sare și cu piper; a lua pe cineva în tărbacă/focuri/la trei păzește. **2.** a-i trage cuiva o bătaie bună/o chelfă-neală; a-i tăbăci pielea cuiva; a-i freca ridichea cuiva.

give it to smb., to F a i-o da/trage cuiva.

give it to smb. straight, to ← F a fi deschis/sincer cu cineva.

give leg-bail, to F **1.** a o șterge; a o întinde; a-și lua tălpășița; a o lua din loc; a se cărăbăni. **2.** a o rupe la fugă; a-și lua picioarele la spinare; a o lua la sănătoasa.

give lip-service, to a promite fără a face nimic/ fără a-și ține promisiunea; a promite mult și a nu face nimic; (prin extensie) a fi nesincer/prefăcut/ fals.

give me myself! ← înv. dă-mi pace; lasă-mă în pace/ într-ale mele!

give me some skin amer. sl. bate laba cu mine.

give of one's best, to a da tot ce poate; a face tot ce poate.

give one's ankle a wrench, to a-și suci glezna.

give one's compliments to smb., to a-și prezenta omagiile cuiva; a saluta cu respect pe cineva.

give one's confidence to smb./smth., to a se încrede/a avea încredere în cineva/ceva.

give one's ears for smth./to do smth., to v. **give one's eyes/eye teeth/back teeth for smth./to do smth.**

give oneself airs, to a-și da aere.

give oneself time to do smth., to a-și rezerva/ păstra timp pentru a face ceva; a-și face timp pentru a face ceva.

give oneself trouble about/over smth., to v. **take trouble over smth.**

give one's eyes/eye-teeth/back teeth for smth./ to do smth., to a-și da ochii din cap/sufletul/ce îi e mai scump pe lume/tot ce are pentru ceva/ca să facă ceva.

give one's hand to a bargain, to a bate mâna; a se învoi.

give one's head for the washing, to F a trage ponoasele fără a cârti; a încasa perdaful fără a crâcni/fără a zice (nici) pâs; < a plăti oalele sparte/ a fi țap ispășitor de bună voie.

give one's heart to smb., to v. **lose one's heart to smb.**

give one's hearty approval/support to smth., to a aproba/sprijini ceva din toată inima.

give one's judgement on smth., to lit. a-și exprima părerea despre ceva.

give/send one's love to smb., to a ura/transmite toate cele bune cuiva; a saluta cu drag pe cineva.

give one's mind to smth., to a-și îndrepta/ concentra atenția asupra ceva.

give one's right arm for smth., to a-și da (și) ochii din cap/sufletul pentru ceva.

give one's trousers a hitch, to a-și potrivi pantalonii.

give one the creeps, to a-l trece (toți) fiorii.

give pause to smb., to a-i tăia cuiva avântul/elanul; a pune pe cineva pe gânduri; a reține/înfrâna pe cineva.

give (smb.) points, to 1. a da (cuiva) un avans de câteva puncte. 2. *fig.* a întrece (pe cineva).

give points to smth., to a accentua ceva; a pune în evidență ceva; a scoate în relief ceva; a face ceva mai evident/pregnant/convingător.

give quarter, to a cruța/a fi îndurător (cu cei înfrânți).

give rise to smth., to a da naștere la ceva; a provoca/ genera ceva.

give short shrift to smb./smth., to a isprăvi/termina/rezolva repede (treaba) cu cineva/ceva; a fi expeditiv.

give smb. a baby to hold, to *fig.* 1. a însărcina pe cineva cu treaba cea mai delicată/ingrată. 2. a pune pe cineva în imposibilitate să se miște/acționeze; a-i lega cuiva mâinile.

give smb. a back, to a se pune capră ca să se urce cineva pe spinare.

give smb. a back-cap, to *amer.* ← *sl.* a demasca/ discredita pe cineva.

give smb. a bad/hard/rough time, to a-i da cuiva bătăi de cap; a-i face cuiva zile fripte; a freca/ înnebuni pe cineva; a întoarce pe cineva pe toate părțile; a da de furcă cuiva.

give smb. a big hand, to *amer.* ← *F.* a primi pe cineva cu aplauze puternice.

give smb. a bit/piece of one's mind, to a-i spune cuiva câteva (de la obraz)/vreo două (să-l țină minte); a-i zice cuiva ceva de dulce.

give smb. a black eye, to a învineți cuiva ochiul.

give smb. a black look, to a te uita urât la cineva.

give smb. a blank cheque, to a da cuiva mână liberă/carte albă.

give smb. a break, to *F* a da cuiva o șansă/ posibilitate.

give smb. a broadside, to a lua pe cineva în focuri; a intra în cineva.

give smb. a bum steer, to *amer.* ← *sl.* a pune pe cineva pe un drum greșit.

give smb. a buzz, to *amer. F v.* **give smb. a call/ ring.**

give somebody a call/ring, to a da un telefon cuiva.

give smb. a careful/good/through going over, to a examina pe cineva din cap până în picioare.

give smb. a chest X-ray, to a face cuiva o radiografie pulmonară.

give smb. a clue, to a da cuiva un indiciu; a-i arăta calea.

give smb. a crack on the head, to a pocni pe cineva în cap; a-i trage cuiva una în cap.

give smb. a dig in the ribs, to a izbi/lovi pe cineva în piept/coaste; a-i da cuiva una în coaste.

give smb. a dose of his own medicine, to a plăti cuiva cu aceeași monedă; a bate pe cineva cu propriile sale arme.

give smb. a dusting/licking, to *F v.* **give smb. a good dressing down 2.**

give smb. a fair hearing, to a-i da cuiva posibilitatea să se apere; a lăsa pe cineva să spună tot ce are de spus (în apărarea sa); a asculta pe cineva cu imparțialitate/obiectivitate.

give smb. a fair shake, to *amer. F.* **give smb. a square deal.**

give smb. a (fair) show, to *amer., austr.* 1. a mai da/acorda cuiva o posibilitate/un prilej/o șansă. 2. a trata pe cineva fără prejudecată.

give smb. a fair show for an all(e)y, to *v.* **give smb. a fair show for a white all(e)y.**

give smb. a fair show for a white all(e)y, to *amer.* ← *F* a da cuiva posibilitatea să-și ia revanșa/să câștige; a se purta elegant/cavalerește cu cineva.

give smb. a false scent, to *v.* **throw smb. off the scent.**

give smb. a fit, to *F* 1. a întoarce pe dos pe cineva; a face pe cineva praf; a năuci pe cineva. 2. a face pe cineva de trei parale/albie de porci.

give smb. a flat denial/refusal, to a refuza pe cineva categoric/net.

give smb. a foot, to ← *înv.* a-i pune cuiva piedică.

give smb. a free hand, to a da cuiva mână liberă.

give smb. a fright, to a trage cuiva o sperietură.

give smb. a (good) belting, to a trage cuiva o bătaie (zdravănă/s-o pomenească).

give smb. a (good) blowing up (for smth.), to *v.* **give smb. a good dressing down 1.**

give smb. a good dressing down, to *F* 1. a lua pe cineva le refec/la trei păzește; a-i trage cuiva un perdaf/frecuș/tighel/o săpuneală. 2. a-i tăbăci cuiva pielea; a-i freca cuiva ridichea; a-i trage cuiva o chelfăneală bună.

give smb. a good/thorough going over, to *sl.* a snopi/bate măr pe cineva; a căra pumni cuiva.

give smb. a good hammering, to a stinge/zvânta/ snopi/stâlci/sminti pe cineva în bătaie; a bate măr/ ca la fasole pe cineva.

give smb. a good hand, to a aplauda/aclama pe cineva.

give smb. a good hiding, to *F* a-i scutura cuiva cojocul; a-i face cuiva pielea cojoc; a-i tăbăci cuiva pielea.

give smb. a good pummeling, to a pocni bine pe cineva; a ține pe cineva în pumni.

give smb. a (good) run for his money, to *F* **1.** a compensa/răsplăti pe cineva pentru cheltuielile făcute/eforturile depuse. **2.** a da cuiva posibilitatea să se manifeste/să arate ce poate. **3.** a-i da cuiva de furcă; a învăța minte pe cineva; a scoate untul din cineva.

give smb. a good send-off, to a conduce/însoți pe cineva la plecare *(la gară, aeroport etc.).*

give smb./smth. a good shaking, to a zgâlțâi pe cineva; a scutura bine ceva.

give smb. a good smack, to *v.* **give a smack on smb.'s lips.**

give smth. a good swill out, to *F* a clăti bine ceva.

give smb. a good talking-to, to *v.* **give smb. a good dressing down 1.**

give smb. a gruelling time, to a da cuiva de furcă.

give smb. a handle (against smb./smth.), to a da cuiva apă la moară.

give smb. a hand-up, to a ajuta pe cineva să se ridice/să urce în/pe ceva.

give/lend smb. a hand (with smth.), to a da cuiva o mână de ajutor (la ceva.)

give smb. a (helping) hand, to *v.* **lend a (helping) hand to smb.**

give smb. a hint, to *v.* **drop a hint.**

give smb. a hoist, to a ajuta pe cineva să se urce pe ceva; a trage în sus pe cineva.

give smb. a hug, to a îmbrățișa pe cineva.

give smb. a hug and a squeeze, to a îmbrățișa pe cineva (cu putere); a strânge în brațe pe cineva.

give smb. a jump, to a băga pe cineva în sperieți.

give smb. a kick, to ← *F* a face cuiva o plăcere/ bucurie.

give smb. a kick in the arse, to a da cuiva un picior în fund.

give smb. a lead, to a da cuiva un exemplu; a-i da o cheie; a arăta cuiva cum să facă ceva.

give smb. a lecture, to a face cuiva morală; *F →* a ține cuiva o predică/un logos (moralizator); < a face cuiva scene.

give smb. a leg up, to **1.** a-și împreuna mâinile cu palmele întoarse în sus făcute scăriță, pentru a ajuta pe cineva să se urce pe zid/cal etc. **2.** *fig.* a ajuta pe cineva să treacă un hop; a da cuiva o mână de ajutor; < sălta pe cineva.

give (smb.) a lesson on smth., to a preda (cuiva) ceva; a ține o lecție (cuiva) despre ceva.

give smb. a licking, to *v.* **give smb. a good dressing down 2.**

give smb. a lift, to 1. a lua/duce pe cineva cu mașina până într-un loc. **2.** a da ajutor/concurs cuiva. **3.** *amer.* a crea/produce bună dispoziție cuiva; a-i face cuiva o plăcere/bucurie.

give smb. a line on smth., to ← *F* a da cuiva in-formații/indicații despre ceva; a informa/înștiința pe cineva despre ceva.

give smb. a line (to smb./smth.), to *tel.* a da cuiva legătura (cu cineva/ceva).

give (smb./smth.) a look, to a se uita (la cineva/ ceva).

give (smb.) an account of smth. 1. a expune/ prezenta (cuiva) ceva; a prezenta (cuiva) o dare de seamă asupra ceva; a face o relatare în legătură cu ceva. **2.** a descrie/zugrăvi (cuiva) ceva; a face (cuiva) o descriere.

give smb. a nasty jar, to *(d. o cădere)* a zdruncina/ zgudui rău/până în rărunchi pe cineva.

give smb. a new lease of life, to a-i schimba cuiva viața în bine; a prelungi viața cuiva; a-i da cuiva posibilități/perspective noi de dezvoltare/afirmare.

give smb. another torn of the screw, to *v.* **put the screw(s) on/to smb.**

give smb. a pain (in the neck), to a plicitisi/sâcâi/ irita/agasa pe cineva; a-l călca pe nervi.

give smb. a pat on the back, to a-și da/exprima aprobarea/asentimentul/consimțământul (față de cineva); a încuraja pe cineva (bătându-l pe umăr).

give smb. a piece of one's mind, to *v.* **give smb. a bit of one's mind.**

give smb. a pig of his own sow, to ← *înv.* a-i plăti cuiva cu aceeași monedă.

give smb. a place in the sun, to a da/crea cuiva condiții de dezvoltare.

give smb. a rap on/over the knuckles, to *fig.* a trage cuiva un perdaf/frecuș/o săpuneală/muș-truluială.

give smb./smth. a rest, to a lăsa pe cineva/ceva să se odihnească; a-i da repaus.

give smb. a ride on one's shoulders, to a duce/ plimba pe cineva pe umeri.

give smb. a Roland for an Oliver, to ← *elev.* a para cu succes; a-i plăti cu vârf și îndesat.

give smb. a rouse, to ← *înv.* a bea în sănătatea cuiva.

give smb. artificial respiration, to a face cuiva respirație artificială.

give smb. as good as one gets, to a plăti cuiva cu aceeași monedă.

give smb. a shakedown, to a găsi un loc/culcuș pentru cineva ca să-și pună capul *(referire la un pat improvizat)*; a improviza un pat pentru cineva.

give smb. a shaking up, to *F* a lua piuitul cuiva.

give smb./smth. a shot in the arm, to *fig.* a da puteri cuiva; a pune pe picioare pe cineva/ceva; a da un impuls cuiva/la ceva.

give (smb.) a smile, to a zâmbi (cuiva).

give smb. a song, to a cânta un cântec cuiva/pentru cineva.

give smb. a sound thrashing, to *F* a rupe/muia cuiva oasele/ciolanele; a-i trage o bătaie soră cu moartea; a-l face piftie/chiseliță.

give smb. a spell, to a da cuiva (un) răgaz/o amânare.

give smb. a square deal, to a se purta/a proceda cinstit/corect cu cineva.

give smb. a start, to 1. a face pe cineva să tresară; a speria pe cineva. 2. *sport* a da cuiva avantaj/avans.

give smb. a stiff bow, to a saluta pe cineva cu răceală.

give smb. a taste of smth., to *fig.* a da/arăta cuiva o probă/mostră de ceva; a face cuiva o demonstrație de ceva; a lăsa pe cineva să-și facă o idee despre ceva.

give smb. a terrible/tough time, to *v.* **give smb. a bad/hard/rough time.**

give smb. a thick ear, to a trage/arde o palmă cuiva; a plesni/pocni pe cineva.

give smb. a thrill, to *(d. ceva)* a emoționa/electriza/zgudui/mișca adânc; a cutremura/înfiora pe cineva; a face pe cineva să vibreze/să se cutremure/să se înfioare; a da cuiva fiori.

give smb. a touch, to a atinge pe cineva.

give smb./smth. a try-out, to a încerca/verifica pe cineva/ceva; a pune pe cineva la încercare; a face proba unui lucru.

give smb. a turn, to *F* 1. *(d. o scenă, știri etc.)* a răscoli/șoca pe cineva; a întoarce pe dos pe cineva. 2. *(d. cineva)* a băga pe cineva în sperieți.

give smb. a warning cough, to a tuși ca să atragă atenția cuiva/ca să facă atent pe cineva.

give smb. a wet shirt, to a scoate sufletul cuiva; a obliga/forța pe cineva să se spetească muncind.

give smb. a wide berth, to ← *F* a evita/ocoli pe cineva; < *F*→ a se feri de cineva ca dracul de tămâie/ca de un ciumat/de un câine turbat.

give smb. a wrinkle, to ← *F* a-i da cuiva o idee/sugestie.

give smb. beans, to *sl.* a trage cuiva o chelfăneală/mardeală; a-i freca ridichea.

give smb. best, to a recunoaște superioritatea cuiva; a se da bătut; a se recunoaște învins.

give (smb.) cause for smth., to a(-i) da cuiva motiv de ceva *(îngrijorare, neliniște etc.).*

give smb. change, to ← *sl.* 1. a face cuiva un serviciu. 2. *iron.* a-i da cuiva ceea ce merită; *F*→ a da cuiva de cheltuială.

give (smb.) chapter and verse for smth., to a veni cu dovezi/argumente în sprijinul unui lucru.

give smb. credit for smth., to a atribui cuiva ceva *(un merit, o calitate etc.).*

give smb. elbow-room, to a da cuiva câmp liber de acțiune.

give smb. evidence of smth., to a depune mărturie cuiva/în fața cuiva despre ceva.

give smb. good-day, to *înv.* a da binețe cuiva.

give smb. good measure, to a mai da cuiva de la el; a da în plus.

give smb. grounds for smth., to a-i da cuiva motiv · pentru ceva.

give smb. hell, to *F v.* **give it smb. hot (and strong).**

give smb. his due/own, to 1. a răsplăti/recompensa/remunera pe cineva după merite. 2. a recunoaște (obiectiv) meritele/calitățile cuiva; **give him his due** ce-i al lui e al lui.

give smb. his fairing, to *v.* **give smb. his due** 1.

give smb. his gruel, to *F* 1. a trage cuiva o săpuneală/un perdaf. 2. a da cuiva porția (de bătaie); a freca cuiva ridichea.

give smb./smth. his/its head, to a lăsa pe cineva/ceva să se miște în voie; a da frâu liber.

give smb. his leave, to *v.* **give smb. the sack** 1.

give smb. his marching orders, to *sl. v.* **give smb. the sack** 1.

give smb. his medicine, to a-i da o lecție cuiva; a învăța minte pe cineva.

give smb. his own, to *v.* **give smb. his due.**

give smb. his/the quietus, to ← *înv.* a face pe cineva să tacă pe vecie; a-l trimite/expedia pe lumea cealaltă.

give smb. his running shoes, to *amer. sl.* a-i da papucii cuiva; a trimite pe cineva la plimbare; a-i da cuiva pașaportul.

give smb. his walkin(-)orders/papers/ticket, to *sl. v.* **give smb. the sack** 1.

give smb. Jesse, to *amer.* ← *sl. F* a snopi/umfla pe cineva în bătăi; *F*→ a-l bate măr; *A*→ a-l mardi/cotonogi bine.

give smb. joy (of), to *înv. v.* **wish smb. joy (of).**

give smb. line (enough), to I. a lăsa pe cineva în pace pentru câtva timp. **2.** a lăsa cuiva o libertate aparentă/de formă.

get smb. lip, to > a fi obraznic cu cineva.

give smb. more rope, to *amer.* ← *F* I. a lăsa cuiva mai multă libertate de acţiune. **2.** a da cuiva posibilitatea să continue un lucru început.

give smb. notice of smth., to I. a preveni/înştiinţa/ aviza pe cineva de ceva/a aduce ceva la cunoştinţa cuiva; a-i atrage cuiva atenţia asupra ceva. **2.** a da cuiva un termen.

give smb. one's good word, to a da cuiva o bună recomandare/referinţă; a vorbi călduros despre cineva.

give smb. one's hand upon (smth.), to I. a promite cuiva solemn (ceva); a garanta. **2.** *fig.* a paria; a-şi pune capul jos.

give smb. one's judgement, to a-i spune cuiva părerea sa.

give smb. plenty of rope (to hang oneself), to a lăsa pe cineva de capul lui (să-şi frângă gâtul/să se nenorocească/compromită etc.); a nu se amesteca în viaţa/treburile altuia.

give smb. quite a turn, to I. a speria pe cineva de moarte. **2.** a produce cuiva un şoc; a întoarce pe cineva pe dos.

give smb. rats, to *amer.* ← *înv. F* a vârî pe cineva în draci/toţi dracii.

give smb. rope enough (to hang oneself), to *v.* **give smb. plenty of rope (to hang oneself)**.

give smb.'s hand a wring, to a strânge mâna cuiva cu căldură.

give smb. short change, to a înşela pe cineva la rest.

give (smb.) short measure, to a înşela (pe cineva) la măsurătoare.

give smb. short shrift, to I. a pedepsi pe cineva imediat după condamnare; a nu da cuiva răgaz nici să se spovedească. **2.** *fig.* a expedia repede pe cineva; a nici nu se uita la cineva; a nu lua în seamă pe cineva.

give (smb.) short weight, to a înşela (pe cineva) la cântar.

give smb.'s memory a jog, to *v.* **jog smb.'s memory**.

give smb. smth. on a plate, to *F fig. v.* **hand smb./ smth. on a plate**.

give smb. smth. to cry for/about, to a i-o da/ trage cuiva ca să aibă de ce să plângă.

give smb. smth. to sing for, to *F* a-i mângâia (unui copil obraznic) spinarea cu sfântu Nicolae; a măsura cuiva spinarea; a-i da cuiva una să n-o poată duce/să se înveţe minte/să-i vină mintea la cap.

give smb. socks, to *sl.* a trage cuiva o mardeală/ chelfăneală/mamă de bătaie; a-i freca cuiva ridichea.

give smb. the air, to *amer. F* I. a zbura pe cineva din slujbă. **2.** a-i da cuiva papucii; a o rupe cu cineva.

give smb. the ax, to *amer. sl. v.* **give smb. the air.**

give smb. the baby to hold, to ← *fig.* I. a-i arunca cuiva toată răspunderea în spinare; a obliga pe cineva să ducă tot greul *(muncii etc.)*. **2.** *fig.* a lega pe cineva de mâini şi de picioare.

give smb. the back, to a-i întoarce cuiva spatele; a ignora/nu băga în seamă pe cineva.

give smb. the bag, to I. *dial. sl. v.* **give smb. the sack** I. **2.** *înv. v.* **give smb. the slip.**

give smb. the bag to hold, to I. a pune pe cineva într-o situaţie dificilă; < *F* → a vârî pe cineva în bucluc/belea. **2.** a pleca şi a lăsa pe cineva baltă/să se descurce singur (cum o putea); a lăsa pe cineva în pană; a-i trage cuiva clapa.

give smb. the basket, to *sl. v.* **give smb. the sack.**

give smb. the beady/fish eye, to *amer. sl.* a se uita strâmb/urât la cineva.

give smb. the benefit of the doubt, to a considera/ socoti pe cineva nevinovat; a scoate pe cineva din cauză.

give smb. the big bird, to *F v.* **give smb. the bird** I.

give smb. the bird, to I. *teatru* ← *F* a fluiera/huidui (un actor). **2.** *sl. v.* **give smb. the sack** I.

give smb. the blues, to a crea cuiva o stare de indispoziţie/plictis.

give smb. the bob, to ← *înv. F* a păcăli/prosti/ trage pe sfoară pe cineva.

give smb. the boot/bucket, to *sl. v.* **give smb. the sack** I.

give smb. the brush off, to *F fig.* a trimite pe cineva la plimbare.

give smb. the bum's rush, to *amer. sl.* a pune pe cineva pe liber/verde.

give smb. the business, to *amer. sl.* a târnosi pe cineva; a-i trage cuiva o mardeală/chelfăneală; a-i freca cuiva ridichea.

give smb. the butt, to a avea grijă să nu scape/ piardă/lase să scape/lase să plece pe cineva.

give smb. the chuck, to *sl. v.* **give smb. the sack** I.

give smb. the cold shoulder, to ← *F* a primi pe cineva cu răceală; a-i face cuiva o primire glacială.

give smb. the cut direct, to a trece pe lângă cineva, privindu-l drept în ochi şi făcându-se că nu-l cunoaşte.

give smb. the edge of one's tongue, to a trage o săpuneală/un perdaf cuiva; a lua pe cineva la refec; a-i spune cuiva vreo două.

give smb. the fidgets/jumps, to *(d. zgomote etc.)* a călca pe cineva pe nervi; a-l irita.

give smb. the finger, to ← *F* a înşela aşteptările/ speranţele cuiva.

give smb. the first refusal, to a da cuiva opţiune.

give smb. the fluff, to *amer. sl.* a face vânt cuiva; a trimite pe cineva la plimbare; a-i da peste nas.

give smb. the foot, to *amer. sl.* a-i da/trage cuiva un picior/şut.

give/hand smb. the frozen mitt, to *amer.* ← *F* a face cuiva o primire glacială; a arăta cuiva că este indezirabil; a întoarce cuiva spatele.

give smb. the gaff, to *amer. F* a lua pe cineva la refec/trei păzeşte.

give smb. the gate, to *amer. sl. v.* **give smb. the sack.**

give smb. the glad eye, to a arunca cuiva o ocheadă/privire plină de subînţelesuri; a face cuiva cu ochiul.

give smb. the glad hand, to *amer.* ← *F* a face cuiva o primire caldă/cordială.

give smb. the go-by, to ← *F* **l.** a lăsa pe cineva de căruţă. **2.** a se face că nu recunoaşte pe cineva; a nu băga pe cineva în seamă.

give smb./smth. the goose, to *amer. sl.* a zori pe cineva/ceva; a băga pe cineva în viteză; a pune pe cineva/ceva în priză.

give smb. the green light, to *fig. F* a lăsa pe cineva să meargă mai departe; a deschide uşile cuiva; a da cuiva cale liberă; a da libertate de acţiune.

give smb. the guy, to *amer. sl. F* → a-i trage cuiva clapa; a lăsa pe cineva baltă (şi a o şterge).

give smb. the ha ha, to *amer.* ← *sl.* a lua pe cineva în râs/derâdere/peste picior.

give smb. the high sing, to a face semn/a da semnalul cuiva.

give smb. the hoof, to *sl. v.* **give smb. the fidgeti.**

give smb. the kick, to *sl. v.* **give smb. the sack l.**

give smb. the hump, to ← *sl.* a plictisi pe cineva de moarte; a călca pe cineva pe nervi.

give smb. the jim-jams, to ← *sl.* a vârî frica/spaima în cineva; a băga pe cineva în sperieţi/răcori.

give smb. the jink, to l. ← *F* a evita/ocoli pe cineva; a fugi de cineva; **2.** *F* → a o şterge şi a lăsa pe cineva baltă/caraghios.

give smb. the jitters, to a băga frica/spaima în cineva.

give smb. the jumps, to *F v.* **give smb. the sack l.**

give smb. the lie (direct), to a contrazice pe cineva *(cu argumente, dovezi etc.);* a demonstra că cineva se înşală; a dovedi contrariul (spuselor cuiva); < *F* → a da de minciună pe cineva.

give smb. the lie in his throat, to a dezvălui minciuna cuiva; a-i spune cuiva de la obraz că minte.

give smb. the lowdown, to *amer.* ← *F* a da cuiva informaţii preţioase despre ceva; *F* → a vinde cuiva secretul/pontul.

give smb. the mitten, to *sl. v.* **give smb. the sack.**

give smb. the needle, to *F* a călca pe nervi pe cineva.

give smb./smth. the once-over, to *F* a măsura pe cineva/ceva cu privirea; a privi/măsura pe cineva de sus în jos; a fixa pe cineva/ceva cu privirea.

give smb. the pip, to ← *sl.* **l.** a plictisi pe cineva la culme; a scoate pe cineva din fire/răbdări/sărite. **2.** a-i provoca cuiva greaţă/scârbă/dezgust/aversiune.

give smb. the push, to *sl. v.* **give smb. the sack.**

give smb. the quietus, to *v.* **give smb. his quietus.**

give smb. the raspberry, to ← *sl.* **l.** a repezi pe cineva cât colo. **2.** a-şi bate joc de cineva; a lua pe cineva peste picior; a face băşcălie de cineva.

give smb. the road, to a-i face cuiva loc; a lăsa pe cineva să treacă.

give smb. the rough side of one's tongue, to a se răsti la cineva; a-i spune cuiva vreo două; a pune pe cineva la punct.

give smb. the run-around, to *F* a pune/purta pe cineva pe drumuri; a trage clapa cuiva; a juca renghiul cuiva; a juca cuiva o festă.

give smb. the run of smth., to a-i da cuiva acces la ceva (baie, bucătărie etc.).

give smb. the sack, to *F* **l.** a zbura din slujbă pe cineva; a pune pe cineva pe liber/verde; a-i da cuiva paşaportul; a-i face vânt. **2.** *(d. o femeie)* a-i da (unui bărbat) papucii; a-l trimite la plimbare; a-l lăsa cu buzele umflate.

give smb. the shivers, to *F* a băga cuiva frica în oase; a băga spaima în cineva; a băga pe cineva în sperieţi.

give smb. the slip, to *F* **l.** a lăsa pe cineva baltă. **2.** a scăpa/a se descotorosi de cineva (care-l urmăreşte şi a-l lăsa cu buzele umflate).

give smb. the time of day, to a da cuiva bineţe/ bună ziua; a saluta pe cineva.

give smb. the tip-off, to ← *F* a preveni/avertiza pe cineva.

give smb. the use of smth., to a permite cuiva să folosească ceva; a-i da cuiva acces la ceva.

give smb. the wall (side of the pavement), to a lăsa pe cineva să meargă pe marginea dinspre perete a trotuarului.

give smb. the willies v. **give smb. the jitters.**

give smb. the wind, to amer. sl. a face vânt cuiva (unui admirator, unui angajat etc.); a-i da papucii; a-l trimite la plimbare.

give smb. the wire, to a-i vinde cuiva secretul/F → pontul.

give smb. the woks, to amer. ← F **I**. a trata brutal pe cineva; a se purta brutal cu cineva; a brusca pe cineva. **2**. a-i forța cuiva mâna; a exercita presiuni asupra cuiva; < a șantaja pe cineva.

give (smb.) the wrong line, to tel. a da (cuiva) legătura greșit.

give smb. to understand, to a da cuiva de înțeles.

give smb. up as a bad job, to ← F a abandona pe cineva; a lăsa pe cineva în plata Domnului; F → a pune cruce cuiva.

give smb. up for dead, to a da/crede mort pe cineva.

give smb. up for lost, to a nu mai nutri nici o speranță în legătură cu soarta cuiva; a considera pe cineva (ca și) pierdut/dispărut; a-i pune cruce.

give smb. what for, to ← F **I**. a produce cuiva o durere vie/ascuțită. **2**. F → a-i trage cuiva un perdaf/frecuș/o săpuneală.

give smth. a brush, to a peria ceva; a-i da unui lucru cu peria.

give smth. a brush up, to ← F a-și mai reîmprospăta cunoștințele despre un domeniu (limbă străină, istorie etc.).

give smth. a clean-out, to a curăța bine ceva.

give smth. a flick-through, to ← F a răsfoi ceva.

give smth. a good/thorough going-over, to I. a examina/cerceta ceva cu mare atenție. **2**. a curăța bine ceva; a examina/cerceta ceva cu mare atenție și a repara.

give smth. a miss, to F a se lipsi de ceva; a lăsa ceva în plata Domnului.

give smth. an airing, to a aerisi ceva.

give smth. a new look, to a da unui lucru o altă/ nouă înfățișare.

give smth. a paint, to a vopsi ceva.

give smth. a pull, to a trage ceva.

give smth. a push, to a împinge ceva.

give smth. a rinse, to a clăti ceva.

give smth. a twist, to a (ră)suci ceva.

give smth. a wide berth, to a ocoli/evita ceva; a se ține departe de ceva; a se feri de ceva (F → ca dracu' de tămâie).

give smth. a wipe, to a șterge ceva.

give smth. a wrench, to a (ră)suci ceva cu putere.

give smth. a wring, to a stoarce ceva.

give smth. careful consideration, to a privi/considera ceva cu toată atenția; a da unui lucru atenția cuvenită.

give smth. some slack, to a slăbi ceva (o funie, o frânghie etc.).

give smth. the go-by, to ← F a ignora total ceva; a nu ține cont/socoteală de ceva.

give smth. the gun, to amer. ← sl. a băga ceva (o mașină, un avion, un vapor etc.) în viteză maximă.

give smth. up as a bad job, to ← F a renunța la ceva (ca fiind fără speranță/șanse de reușită); F → a lăsa ceva baltă/în plata Domnului; F → a pune cruce la ceva.

give smth. up for lost, to a da pierdut un lucru; a-i pune cruce.

give suck to smb., to a da sân unui/a alăpta un copil.

give teeth to smth, to ← F a da eficiență/putere de aplicare unui lucru (o lege, măsură etc.); a face eficient un lucru.

give thanks to smb. for smth., to a mulțumi cuiva pentru ceva; a-și exprima recunoștința față de cineva pentru ceva.

give the bag to smb., to înv. v. **give smb. the slip.**

give the best one has in the shop, to amer. a face tot posibilul/tot ce e cu putință/tot ce-i stă în putință; a nu precupeți nici un efort.

give the bowler hat to smb., to mil. ← F a ține în rezervă pe cineva.

give the case for smb. against smb., to jur. a decide în favoarea cuiva și împotriva/defavoarea altcuiva.

give the devil his due, to a recunoaște meritele adversarului; a da adversarului ceea ce i se cuvine; aprox. ce-i al lui e al lui; ce-i adevărat e adevărat; ce-i drept e drept.

give the final/finishing touches to smth., to a da/face ultimele retușuri unui lucru; a-i da o formă finală/ultima față.

give the floor, to a da cuvântul.

give the game/show away, to F a se scăpa cu vorba; a-l lua gura pe dinainte.

give the glad hand to smb., to amer. F v. **give smb. the glad hand.**

give the go-by, to ← F **I**. a nu lua/băga în seamă; a nu-i da/acorda atenție, a ignora. **2**. a se ține departe de; a evita, a ocoli. **3**. a-i întoarce spatele; a înceta orice relații cu. **4**. a întrece, a depăși; a i-o lua înainte; a lăsa în urmă/de căruță.

give the green light, to amer. F v. **give a green light.**

give the guy to smb., to *sl. v.* give smb. the guy.

give the lead, to *v.* give a lead.

give a lie (rect) to smth., to a dezminți ceva.

give the mitten to smb., to *sl. v.* give smb. the sack.

give the reins to, to *v.* give free rein to smth.

give the war whoop, to *v.* give a war whoop.

give the word, to 1. a spune parola (la somația santinelei) . 2. a da/comunica (santinelei) parola. 3. ~ to do smth. a da ordinul/semnalul (pentru a se face ceva).

give the world for smth./to do smth., to *v.* give one's eyes/eye-teeth/back teeth for smth./to do smth.

give thought to smth., to < a se gândi/reflecta la ceva.

give tone, to 1. a da tonul; a da/conferi o (anumită) notă/un (anumit) caracter. 2. a da puteri/energii (noi); a întări.

give tongue to smth. to < a exprima ceva cu voce tare.

give the public/world, to 1. a face public; a da publicității. 2. a face/declara/decreta proprietate publică/obștească.

give umbrage, to *lit.* a jigni; a ofensa.

give up the fight, to a se da bătut.

give up the ghost, to a-și da duhul.

give vent to, to a-și da frâu liber/pe față *(sentimentele)*; a-și descărca/vărsa *(mânia, necazul, indignarea etc.)*.

give voice to smth., to a exprima un lucru; a da glas unui lucru.

give way (to), to 1. *(d. o bârnă, un cablu, o scară etc.)* a ceda; a se rupe. 2. *(d. teren, podea, pod)* a se prăbuși. 3. *(d. trupe, o linie de apărare etc.)* a nu mai rezista. 4. *(d. sănătate etc.)* a se subrezi. 5. a ceda; a renunța; a se da bătut. 6. a ceda (cuiva, capriciilor cuiva etc.). 7. a se lăsa cuprins de; a se lăsa pradă *(disperării, furiei, emoțiilor etc.)*. 8. a ceda prioritatea; a lăsa să treacă înainte *(o mașină etc.)*.

give weight to smth., to a da greutate unui lucru.

give with smth., to *amer.* ← *sl.* a da/împărți ceva.

give with the eye, to *amer.* ← *sl.* 1. a face cu ochiul *(la cineva)*. 2. a începe.

give with the vocals, to *amer.* ← *sl.* a cânta; a-i zice din gură.

give words to, to *v.* put into words.

give your own fish-guts to your own sea-maws! ← *sl.* ajută-i pe ai tăi, nu pe străini! *F →* mai aproape-i pielea decât cămașa.

gladden the cockles of one's heart, to *v.* cheer the cockles of one's heart.

glare contempt/defiance at smb., to *v.* a privi/se uita cu dispreț/sfidător la cineva.

glare hate at smb., to a privi/a se uita plin de ură/cu ură la cineva.

glued to television/the telly lipit de televizor; tot timpul cu ochii la televizor.

glut one's appetite, to a se îndopa/ghiftui.

glut oneself with smth., to a se îndopa cu ceva.

glutton for work pus pe treabă; harnic, zelos.

gnash one's teeth, to a scrâșni din dinți *(de furie etc.)*.

gnaw a file, to *F v.* bite a file.

gnaw (away) at one's conscience/heart/mind, to *(d. un sentiment, o remușcare etc.)* a-l roade pe cineva pe dinăuntru.

go a-begging, to *F v.* go begging.

go about one's business, to a-și vedea de treabă.

go about one's lawful occasions, to a-și face meseria în cadru legal/respectând legea/în limitele legii.

go about with a chip on one's shoulder, to *amer.* *F v.* carry a chip on one's shoulder.

go according to plan, to a merge după plan/conform planului.

go a compass, to *v.* cast a compass.

goad smb. into a fury, to a înfuria pe cineva; a face pe cineva să turbeze de mânie.

goad smb. into despair, to a aduce pe cineva la disperare.

go a funny colour, to *(d. un material)* a căpăta o culoare ciudată.

go against the current/stream/tide, to *fig. v.* swim against the stream/tide.

go against the grain (with smb.), to a-i displăcea total (cuiva); **it goes very much against the grain (for me) to do such a thing** detest să fac așa ceva.

go against the hair, to *rar. v.* go against the grain (with smb.).

go a good streak, to *amer.* a merge repede.

go a good/great long way to/towards, to *v.* go a long way to/towards/doing smth.

go ahead full steam/like a house on fire, to *(d. cineva sau o activitate)* a merge din plin.

go all length(s), to a nu se da în lături de la nimic; a fi capabil/în stare de orice; a merge până în pânzele albe.

go all out (for smth.), to a face pe dracul în patru; a se face luntre și punte (pentru a obține ceva).

go all round the circle, to a bate câmpii.

go all the way, to *amer. F (d. un bărbat sau o femeie în raporturile cu sexul opus)* a merge până la capăt.

go all the way with smb., to ← *F* a fi întru totul de acord cu cineva.

go along for the ride, to *amer.* ← *F* a lua parte la ceva ca să nu zică că a stat deoparte/ca să-și facă cheful.

go a long way, to 1. *(d. persoane) fig.* a ajunge departe; a face carieră. 2. *(d. lucruri)* a conta foarte mult; a fi foarte important; a avea o mare importanță; a juca un rol deosebit. 3. *(d. bani)* a ține; a ajunge un timp (mai) îndelungat. 4. *(d. mărfuri perisabile)* a se păstra, a ține (mai) mult. 5. *(d. o persoană)* a avea multă trecere/greutate/influență. 6. *(d. îmbrăcăminte etc.)* a se purta bine; a fi rezistent; a ține.

go a/the long way round, to a ocoli; a face un ocol; a merge pe un drum indirect/de ocol.

go a long way to/towards doing smth., to *(d. ceva)* a ajuta/contribui mult la ceva.

go along with smb. all the way, to *v.* **go all the way with smb.**

go along with you! *F* 1. pleacă! șterge-o! *A*→ plimbă ursul! *v. și* **get along/away with you!**

go a mucker, to *F* 1. *v.* **come a cropper.** 2. ~ **on smth./over the purchase of smth.** a cheltui exagerat (de mult)/cât nu face.

go any lenght(s), to *v.* **go all lengths.**

go ape, to *amer. sl.* 1. a-l apuca pandaliile/năbădăile; a-și ieși din minți/fire; a-și pierde busola/nordul. 2. a fi cuprins de entuziasm/emoție/frenezie.

go armed, to a umbla înarmat.

go a round, to a da o raită; a face un tur; a ieși puțin în oraș/la plimbare; a lua puțin aer.

go around Robin Hood's barn, to *F* a o lua pe ocolite; a o lua pe după piersic.

go ashore, to a debarca.

go as high/low as smth., to a oferi/plăti o sumă de bani.

go ashy pale, to a se face palid ca ceara.

go at a crawl, to a se mișca încet/lent/ca melcul; *F* → a merge ca după mort.

go at a good pace, to a merge repede/grăbit/cu pași repezi/grăbiți.

go at a walk, to a merge la pas.

go at each other hammer and tongs/hell for leather/tooth and nail, to *(d. două sau mai multe persoane)* a se repezi cu furie unul/unii la altul/alții *(fizic sau verbal)*; a se ciocni ca doi berbeci.

go at it bald-headed, to a se apuca de o treabă cu toată energia/forța/cu tragere de inimă; a pune totul în joc; a trage tare.

go at it hammer and tongs, to; go at it hell for leather/tooth and nail, to *v.* **fall upon smth. hammer and tongs.**

go at smth. for all one is worth, to a munci (la ceva) pe spetite/până ce nu mai poate/cât șapte; a trage nu glumă; a da în brânci; a trage/munci din răsputeri.

go at smth. with a will/determination, to a se apuca de ceva cu toată hotărârea.

go a very little way with smb., to 1. *(d. băutură etc.)* a avea/produce un efect foarte slab. 2. *(d. vorbe etc.)* a nu prea avea efect; a nu impresiona mai deloc.

go away/off with a flea in one's ear, to *F* 1. a pleca cu coada între picioare. 2. a rămâne cu buzele umflate; a se linge/șterge pe bot.

go awol, to *amer. v.* **go over the hill** 1.

go a-wool-gathering, to 1. *(d. cineva)* a fi absent/distras/împrăștiat; a fi cu gândurile aiurea/în altă parte; < a umbla cu capul în nori; a fi picat din lună. 2. *(d. mintea cuiva)* a o lua razna.

go back on one's promise, to a nu-și ține făgăduiala/promisiunea.

go back on one's steps, to a se întoarce înapoi; a reveni.

go back on one's word, to 1. a nu-și ține cuvântul (dat). 2. a-și lua cuvântul înapoi.

go back on smb., to ← *F* a trăda pe cineva/interesele cuiva; a abandona; *F* → a lăsa baltă pe cineva.

go bad, to *(d. alimente)* a se strica; a se altera.

go badly, to *(d. o activitate)* a merge rău.

go bail for smb., to a răspunde pentru cineva; a se pune chezaș pentru cineva; *F* → a-și pune obrazul pentru cineva.

go bald, to a cheli.

go bang, to *(d. ceva care explodează, pocnește etc.)* a face bum/poc/trosc; a bubui/exploda/pocni/sări în bucăți.

go bankrupt, to a da faliment.

go bare-footed, to a umbla desculț.

go begging, to ← *F* 1. *(d. o marfă)* a nu se cere; a nu avea căutare. 2. a nu se găsi amatori *(pentru un post)*.

go behind a decision, to a reveni asupra unei hotărâri.

go behind smb.'s back, to a lucra pe cineva pe la spate; a umbla cu ascunzișuri cu/față de cineva.

go behind smb.'s words, to a căuta un gând ascuns în vorbele cuiva.

go/run berserk, to *F* a căpia; a fi cuprins de furie/nebunie/amoc; a-l apuca strechea.

go beyond a joke, to *(d. ceva)* a întrece măsura; a merge prea departe; a nu mai fi glumă.

go beyond all bounds, to *v.* **go beyond the limit.**

go beyond one's duty, to a-și depăși atribuțiile.

go beyond oneself, to *F* a-și ieși din țâțâni/pepeni.

go beyond the bounds, to a depăşi limitele.

go beyond the law, to a încălca legea; a săvârşi un act ilegal.

go beyond the limit, to a depăşi/întrece măsura.

go beyond the mark, to *v.* **overshoot the mark.**

go/pass beyond the veil, to *lit.* a (se) trece din viaţă; a trece/se duce pe lumea cealaltă; a-şi încheia socotelile cu viaţa.

go big, to *amer. F* a avea un succes teribil.

go blackberrying, to a merge după mure.

go black in the face, to a se face negru la faţă.

go blank, to a i se face gol în minte; a nu-şi mai aminti nimic; a nu mai şti nimic *(de regulă subiectul expresie este* **mind**).

go blind, to a orbi.

go blooey/blooie/flooey/flooie, to *amer. sl.* **I.** a sări în aer, a exploda. **2.** *fig.* a se paradi; a se face praf/bucăţi; a nu mai merge/porni.

go bohemian, to I. a duce viaţa de boem. **2.** a deveni vagabond.

go broke, to a rămâne lefter/fără un ban/chior/o leţcaie; a rămâne pe jantă.

go bughouse/bugs, to *amer. sl.* a se scrânti (la cap); a căpia; a se ţicni; a se zărghi; a o lua razna.

go by appearances, to a judeca după aparenţe.

go by default, to *jur. (d. un proces)* a se judeca în contumacie.

go by electricity/steam, etc., to *(d. un mecanism)* a funcţiona cu curent electric; a merge cu curent electric/cu aburi.

go by looks, to *v.* **go by appearances.**

go by smb.'s looks, to a judeca pe cineva după cum arată/înfăţişare.

go by the board, to *(d. planuri, speranţe etc.)* a se duce peste bord; a se alege praful.

go by the book/rule, to a face/proceda cum scrie la carte.

go by the marrowbone coach, to *v.* **ride in the marrowbone coach.**

go by the name of, to a fi cunoscut sub numele de; a purta numele de.

go by walker's bus, to *sl.* a merge per pedes (apostolorum); a merge cu tramvaiul 11/2.

go by what smb. says, to a se lua după ce spune cineva.

go chase yourself! *amer. vulg.* mână măgarul! plimbă ursul! mută-ţi hoitul! mută statuia! valea!

go cheap, to *(d. un lucru)* a se vinde ieftin.

go clatter, to *(d. cai)* a tropăi; a tropoti; a lovi din copite.

go cold, to I. *(d. cineva)* a-i îngheţa sângele în vine. **2.** *(d. alimente etc.)* a se răci.

go counter, to *v.* **run counter (to).**

go crab-wise, to a merge ca racul.

go crack, to a plesni; a crăpa; a se sparge; a se rupe.

go crazy/mad, to a înnebuni; a-şi pierde minţile.

go/pass/run current, to I. a fi popular/căutat; a plăcea; a fi în vogă. **2.** a fi (unanim) acceptat (ca bun/valabil/adevărat).

God be praised/thanked! Slavă Domnului; bine că a dat Dumnezeu!

God bless me/my life/my soul/you! Cerule! Dumnezeule! Doamne Sfinte! asta mai lipsea! asta-i bună! taci, nu mai spune! ei, poftim! ca să vezi!

God/Heaven bless/save the mark! să mă ierte Dumnezeu! să-mi fie cu iertare/iertăciune! iertaţi-mi cuvântul/expresia! **2.** ferit-a sfântul! ferească sfântul! **3.** *iron.* vorba vine! vorbă să fie.

God bless you! I. *v.* **God bless me! 2.** Dumnezeu să te aibă în pază! rămâi sănătos! cu bine! **3.** *(când strănută cineva)* noroc (şi sănătate)! să-ţi fie de bine!

God damn! *F* ei drăcie! ei drăcia dracului! ptiu, drace! fir-ar să fie!

God damn you! să te bată Dumnezeu! bată-te Dumnezeu să te bată! fire-ai să fii!

go dark, to a se întuneca; a se face întuneric.

go dead, to I. *(d. cineva)* a i se opri/a-i pieri cuiva răsuflarea; a-i îngheţa sângele în vine; a îngheţa; a simţi că moare; a i se tăia/muia cuiva (mâinile şi) picioarele. **2.** *(d. telefon, motor etc.)* a nu mai avea ton; a se opri; a înceta să funcţioneze.

God defend/deliver me from my friends, from my enemies I (can/will) defend myself *prov.* fereşte-mă Doamne de prieteni, că de duşmani mă feresc singur.

go Democrat/Liberal, etc., to a trece la democraţi/ liberali etc.

God forbid! doamne fereşte!

God give you joy! să-ţi dea Dumnezeu fericire; noroc să-ţi dea Dumnezeu!

God grant you! să dea Dumnezeu!

God helps those who help themselves ajută-te şi cerul te va ajuta; Dumnezeu dă omului, dar în traistă nu-i bagă.

God it, to *F* a face pe importantul; a-şi da ifose.

God/goodness/(the) Lord knows! numai Dumnezeu ştie! cine ştie! n-am idee! habar n-am!

God keep you! să te aibă Dumnezeu în paza lui! să te păzească/ocrotească Cel de Sus!

God knows, – I don't ← *glum* numai bunul Dumnezeu ştie! ştie numai Cel de Sus!

go down: that won't ~ with me! *F* (fugi că) nu te cred! nu prinde/ţine (figura)!

go down badly/the wrong way, to *(d. alimente)* a cădea greu la stomac; a nu-i prii.

go downhill, to I. *(d. un drum)* a coborî; a merge la vale. **2.** *(d. starea sănătății, starea materială)* a se înrăutăți. **3.** *(d. persoane)* F → a fi pe ducă.

go down in one's boots, to F I. a i se înmuia picioarele; a i se tăia genunchii; a i se face inima cât un purice. **2.** a-i sări inima din loc; a muri de frică; a o băga pe mânecă.

go down in the world, to a decădea; a scăpăta; a-şi pierde situaţia (socială).

go down in value, to *(d. un lucru)* a pierde din valoare; a i se scade din valoare.

go down like a ninepin, to a cădea ca un sac.

go down like a mother's milk/well, to *(d. alimente sau băuturi)* a merge bine la stomac; a-l unge pe suflet; a merge ca uns.

go down on one's knees to smb., to a cădea/a se târî în genunchi înaintea cuiva.

go down on one's marrowbones, to ← *glum.* a îngenunchia; a cădea în genunchi.

go down the drain, to F *(d. avere, bani etc.)* a se duce pe apa Sâmbetei/pe canal.

go down the line, to *amer.* ← F I. a parcurge o listă cu opţiuni. **2.** *fig.* a face altă alegere; a alege a doua sau a treia oară.

go down to history/posterity, to a intra în istorie/posteritate.

go dry, to I. *v.* run dry. **2.** *(d. un stat)* a interzice consumul băuturilor alcoolice.

God save the mark! *v.* God bless the mark!

God sends fortune to fools *v.* fools have fortune.

God sends meat and the devil sends cooks, to *prov.* Dumnezeu face case, dracu aduce musafirii.

go Dutch (on smth.), to *amer.* F a plăti (ceva) nemţeşte/pe din două.

God willing cu voia lui Dumnezeu/Celui de sus.

go easy, to *amer.* I. ~ on smth. a se purta cu tact/ a fi cu băgare de seamă. **2.** ~ with smth. a menaja/ cruţa ceva.

go equal shares, to a avea parte egală (la o împărţire); a face/împărţi pe din două/F → juma-juma.

go fantee/native, to a adopta modul de viaţă şi obiceiul indigenilor; a se asimila.

go far, to I. *(d. cineva)* a ajunge departe. **2.** *(d. bani)* a avea valoare/putere de cumpărare. **3.** *(d. ceva)* a ajuta/contribui mult (la ceva).

go farming, to a se ocupa de/a face agricultură; a fi agricultor.

go farther/further and fare worse, to F a sări/ cădea/da din lac în puţ; a fugit de popa şi a dat peste dracul; fuge de un rău şi dă peste altul.

go fifty-fifty with smb., to F I. a face/merge jumătate/F → juma-juma/pe din două cu cineva; a împărţi pe din două (câştigul). **2.** a se asocia cu participare egală (la lucru şi câştig).

go flat, to *(d. cauciucuri)* a se dezumfla/lăsa pe geantă.

go flop, to *sl.* I. a da greş/chix. **2.** *(d. o piesă)* a fi un fiasco; a cădea (cu succes). **3.** *(d. o afacere)* a eşua. **4.** *(d. persoane)* a-l birui oboseala.

go fly a kite! *v. amer. vulg.* go chase yourself!

go for a Burton, to *sl.* a o mierli; a fi răpus/omorât.

go for/take a constitutional, to F a face o plimbare (pentru sănătate).

go for/have/take a drive, to a face o plimbare cu maşina.

go for an airing, to a ieşi la o/a face o plimbare; a lua aer.

go for a ramble, to a face o plimbare.

go for a ride, to a face o plimbare cu maşina/ bicicleta/călare.

go for a run, to a alerga; a face o cursă/plimbare.

go for a sail, to a face o plimbare cu barca.

go for a soldier, to a se duce la armată.

go for a song, to *(d. ceva)* a se vinde pe (mai) nimic.

go for a spin, to a face o plimbare/un tur *(cu maşina, bicicleta etc.)*.

go for a stroll, to a face o (scurtă) plimbare.

go for a swim, to a merge la înot; a înota.

go for a turn, to a face o scurtă plimbare/un tur/ câţiva paşi.

go for a walk, to *v.* take a walk.

go foreign, to *mar.* ← *glum.* a pleca într-o cursă în străinătate.

go for him! *(unui câine)* sari/şo pe el!

go for nothing, to I. a nu avea căutare. **2.** a fi fără valoare.

go for oneself, to F → a lucra pe socoteala sa/contul său.

go for smb./smth in a big way, to F a-i plăcea cineva/ceva la nebunie/de nu mai poate; a se omorî/da în vânt după cineva/ceva; a-i merge la inimă ceva.

go for the gloves, to I. a juca nebuneşte la curse. **2.** *fig.* a merge drept la ţintă.

go for wool and come home shorn, to *prov.* s-a dus omul la colac şi-a căpătat un ciomag.

go fox-hunting, to a merge la vânătoare de vulpi; a vâna vulpi.

go from bad to worse, to I. *(d. lucruri)* a merge din ce în ce/tot mai prost; a se înrăutăţi din ce în ce. **2.** *(d. persoane)* a da din lac în puţ; a-i merge din rău în rău.

get from clover to rye-grass, to *F glum. (în legătură cu a doua căsătorie)* a fugit de popa și a dat peste dracul; a nimeri din lac în puț.

go from one extreme to another/the other, to a cădea dintr-o extremă în alta; a trece de la o extremă la alta.

go full bat, to ← *sl.* a merge în plină viteză; a zbura.

go further and fare worse, to *F v.* **go farther and fare worse.**

go gay, to *(d. o femeie)* a se destrăbăla/dezmăța/strica.

go glimmering, to *amer.* ← *F* **1.** *(d. speranțe etc.)* a se spulbera. **2.** *(d. un plan)* a se nărui; a eșua; a da greș/*F* → chix.

go great guns, to *amer. sl.* a-i merge de minune; a o duce ca-n pampas; a da lovitura.

go grey, to a încărunți; a îmbătrâni.

go guarantee for smb., to a pune mâna-n foc pentru cineva.

go hacking, to a merge călare (în pas obișnuit).

go halves (with smb. in smth.), to a merge/face pe jumătate jumătate/juma-juma/pe din două (cu cineva).

go hand in hand, to *(d. lucruri)* a merge mână în mână.

go hang, to a nu conta; a se duce naibii/la dracu.

go hat in hand, to a se duce cu capul plecat/cu pălăria în mână.

go haywire, to *amer.* ← *sl.* **1.** a o lua razna; a merge aiurea, a nu mai funcționa cum trebuie; **everything went haywire** toate au mers anapoda; toate au ieșit pe dos. **2.** a-și ieși din minți (de bucurie etc.).

get head over heels, to a cădea peste cap; a veni/a se da de-a berbeleacul/de-a rostogolul; a face o tumbă.

go heart and soul into smth., to a pune tot sufletul/toată energia în ceva; a se dărui (cu) trup și suflet unui lucru.

go hence, to *v.* **go home 1.**

go home, to 1. a se duce pe lumea cealaltă; a se stinge din viață; a răposa. **2.** *(d. un glonț, cuvânt, răspuns etc.)* a nimeri ținta/în plin. **3.** ~! *amer. F* (mai) taci din gură! ține-o pentru tine! fugi/du-te de aici!

go home in a box, to *amer. F* a pleca cu picioarele înainte; a da ortul/pielea popii; a pleca în patru scânduri.

go home feet first, to *F* a pleca/intra între patru scânduri; a da ortul popii; a mierli.

go hot and cold (all over), to a-l lua cu cald și frig; a-l trece (toate) nădușelile.

go hungry, to a suferi de foame; a-l chinui foamea; a duce/face foame.

go ill with, to a da de dracu/de belea; a fi vai de capul lui/de pielea sa.

go in and win! ← *F* succes!

go in at one ear and out at the other, to a-i intra pe o ureche și a-i ieși pe cealaltă.

go in fear of one's life, to a-l apuca teama de a nu fi omorât.

go for a competition, to a se înscrie/a participa la un concurs/o competiție.

go in for a hobby, to a-și găsi o ocupație în timpul liber.

go in for an examination, to a se înscrie la un examen.

go in for dieting, to a ține regim/dietă.

go in for politics, to a se ocupa de/a face politică.

go in for smth. in a big way, to *F* a fi mare amator de ceva; a-i plăcea ceva la nebunie/de nu mai poate; a se omorî/da în vânt după ceva.

go in for teaching, to a preda; a fi profesor.

go in for tennis, to a juca tenis în timpul liber.

go in for walking, to a face plimbări.

going, going, gone! *(la licitație)* **1.** o dată! de două ori! **2.** adjudecat/se adjudecă!

going strong *F (d. o persoană, organizație, activitate)* a se ține bine; a merge strună/ca pe roate.

go in rags, to a umbla în zdrențe.

go insane, to *v.* **go crazy/mad.**

go in single harness, to *v.* **run in single harness.**

go in smb.'s favour, to *jur (d. un proces, o acțiune)* a da câștig de cauză cuiva.

go in the tank, to *amer.* ← *sl. sport* a se lăsa bătut într-un meci de box; a da meciul.

go into abeyance, to *(d. o lege, un plan)* a fi lăsat în suspensie; a fi amânat la nesfârșit; a fi pus la arhivă.

go into action, to a lansa un atac/o operație.

go into a decline, to *(d. cineva)* a începe să slăbească/să se șubrezească; a se stinge pe picioare; a-i scădea forța/puterea; a începe să-și piardă puterea/puterile; a i se scurge viața din el.

go into a fit of depression, to *v.* **fall into a (deep) depression.**

go into a (flat) spin, to 1. *av.* a intra în vrilă. **2.** *(d. cineva)* a decădea; a se duce la fund; a nu mai ști ce e cu el.

go into a huddle on smth., to ← *F* a ține sfat/consiliu cu privire la ceva.

go into billets, to *mil.* **1.** a fi încartiruit. **2.** a intra în cantonament.

go into black, to *v.* **go into mourning.**

go into business, to a se apuca de comerț/afaceri; a se lansa în afaceri.

go into committee, to 1. a se constitui în comitet. **2.** *(d. o problemă)* a fi supus examinării în cadrul comisiei *(în parlamentul englez).*

go into convulsions, to a fi cuprins de convulsii.

go into debt, to *v.* get/run into debt.

go into digs, to *F* a lua cameră cu chirie; a sta cu chirie.

go into executive session, to *amer.* a începe o ședință închisă.

go into fits/peals/shrieks of laughter, to a-l apuca/umfla râsul; a se porni pe râs; a izbucni în hohote de râs.

go into hiding, to a se ascunde.

go into hysterics, to a-l apuca istericalele.

go into liquidation, to a da faliment; a lichida.

go into lodgings, to *v.* go into digs.

go into mourning, to a lua doliul; a se îmbrăca în doliu.

go into one's act/routine, to a-și relua vechile obiceiuri; a o începe iar *(cu ceva).*

go into one's shell, to a se retrage în sine; a se izola.

go into one's tantrums, to *F* a-l apuca dracii/pandaliile/năbădăile.

go into raptures, to a se entuziasma; > a fi încântat.

go into retirement, to 1. a ieși la pensie; a se retrage (într-o activitate). **2.** a se retrage din viața socială.

go into service/use, to *(d. un nou tip de mașină, avion, aparat etc.)* a fi dat în folosință; a începe să funcționeze; a intra în exploatare.

go into smb.'s drawer, to a umbla în sertarul cuiva.

go into smth. (with) heart and soul, to *v.* go heart and soul into smth.

go into society, to a ieși/*F →* a-și scoate capul în lume; a frecventa înalta societate/lumea bună; *(prin extensie)* a duce o viață mondenă.

go into tails, to *(d. adolescenți)* a începe să poarte haine de oameni mari.

go into the church, to a îmbrăca haina preoțească; a se preoți.

go into the drink, to *av. ←* *sl.* a cădea/a se prăbuși în mare.

go into the front line(s), to *mil.* a merge în linia întâi.

go into the melting pot, to *← F* a fi supus unei schimbări/prefaceri radicale; a suferi o schimbare/prefacere radicală.

go into the whys and wherefores of it, to a vrea să știe de ce și pentru ce; a cerceta/căuta să afle cauzele.

go into the wide world, to a pleca în lume; *F →* a-și lua lumea în cap.

go into training, to a se antrena; a face antrenament(e); a începe antrenamentul/antrenamentele.

go in when it rains, to *F v.* get out of the rain.

go it, to *← P* a face ceva în stil mare; **~!** *(adresat unui sportiv)* hai! nu te lăsa!

go it alone, to *amer.* 1. a face ceva singur/de unul singur/fără ajutor; < a acționa pe cont propriu. **2.** *fig.* a-și asuma răspunderea; a lua răspunderea asupra sa.

go it blind, to a se arunca orbește (în ceva).

go it boots, to *← F* 1. a întrece limitele; a depăși măsura; *F →* a sări peste cal. **2.** *F →* a tăia (la) piroane; a pune/trage bărbi; a minți de îngheață apele.

go it with a/the looseness/rush, to 1. a acționa/proceda nesocotit/nesăbuit/nechibzuit/imprudent/pripit. **2.** a fi irascibil/iute la mânie; a da dovadă de irascibilitate/lipsă de stăpânire.

go job hunting, to a umbla după o slujbă; a vâna o slujbă.

go jump in the lake! *F v.* go chase yourself!

go large, to *amer.* a trăi pe picior mare; a duce o trenă largă.

go lay a brick/an egg! *F v.* go chase yourself!

golden bowl is broken, the *fig.* s-au spulberat toate iluziile; s-a sfârșit totul.

golden key opens every door, the *prov.* cu cheie de aur orice uși se pot deschide.

go like clockwork, to a merge ca pe roate/ca uns/ca ceasul/ceas.

go like greased lightning, to *F* a merge ca untul/ca în brânză.

go/sell like hot cakes, to a se vinde ca pâinea caldă.

go like the wind, to a alerga ca vântul; a se duce pe aripi de vânt; a se așterne vântul.

go limp, to a se simți moale/fără putere/vlagă; a-l părăsi puterile; a i se duce toată vlaga (din el).

go loco, to *amer. sl.* a se sona/sminti/scrânti/țicni/țăcăni; a căpia.

go loose, to a fi liber/în libertate; a se plimba/umbla nestingherit.

go mad, to *v.* go crazy.

go mad through drinking, to *F →* a-și bea mințile.

go mountain-climbing, to a face alpinism/ascensiuni.

go naked, to a umbla gol/dezbrăcat.

go nap on smth., to a risca foarte mult; a juca/miza totul pe o carte.

go native, to *v.* go fantee.

go/run/talk nineteen to the dozen, to *F →* a-i turui gura, a-i umbla/merge gura ca o meliță/ca o moară stricată/hodorogită/neferecată; a vorbi vrute și nevrute/verzi și uscate/câte-n lună și-n stele.

gone to the damnation bow-wows, to *F* ajuns la sapă de lemn/la covrigi.

gone with child însărcinată/gravidă.

gone with the wind dispărut fără urmă; care nu mai există.

go nuts, to *sl. v.* **be off one's beam.**

go nutting, to a merge după nuci.

good and hard *amer.* temeinic; bine; solid.

good as a feast, (as) destul; îndeajuns.

good as a play, (as) *F* (cu inimă) de aur.

good as dead, (as) pe moarte; cu un picior în groapă.

good as done, (as) ca și terminat; aproape gata; pe sfârșite.

good as gold, (as) un înger/o minune de copil.

good as one's word, (as) (om) de cuvânt/onoare.

good as pie, (as) *amer.* ← *F* foarte bun.

good at the bottom de fapt/în fond bun; a avea inimă bună.

good beginning is half the battle, a *prov.* lucrul bine început e pe jumătate făcut.

good beginning makes a good ending, a sfârșitul laudă începutul.

good business! *iron. F* bună/frumoasă treabă/ispravă! frumos, n-am ce zice! halal! ne-am pro-copsit!

good bye, John! *amer. sl.* adio și n-am cuvinte!

good conscience is a constant feast/a soft pillow, a *prov.* cugetul cel bun e cea mai moale pernă.

good/great deal (of), a (foarte) mult; o mare cantitate de; considerabil; o bună parte (din).

good egg! *iron. F v.* **good business!**

good few, a ← *F* o bună parte.

good for nothing nătărău; nulitate; om de nimic.

good for you! *amer. F* bravo (ție)! cu atât mai bine pentru tine!

good/great/my God! Dumnezeule! Doamne!

good/goodness gracious! Doamne (Sfinte)! Dumnezeule! vai de mine!

good gravy *amer. sl. v.* **by gravy!**

good health is above wealth, a *prov.* sănătatea e cea mai bună avuție.

Good Heavens/Lord! cerule! Dumnezeule mare! Doamne Sfinte! Sfinte Sisoe!

good Kack makes a good Jill, a *prov.* cum e omul așa e și femeia.

good job you made of it!, a *iron. F* bună treabă; n-am ce zice! ai rupt inima târgului!

good land! *amer. F* Dumnezeule!

good lather is half a shave, a *prov. v.* **good beginning is half the battle, a.**

Good Lord! *v.* **Good Heavens!**

good marksman may miss, a *prov.* oricne/orice om poate să greșească.

good morning to (smb./smth.) *F* adio; pune-i cruce.

good name is better than riches, a *prov.* numele bun e mai scump decât aurul; un nume bun e ca o moșie; cinstea cântărește/prețuiește mai mult decât banul.

goodness alive! *F* bată-te (norocul) să te bată!

goodness gracious! *v.* **good gracious.**

goodness knows! *v.* **God knows!**

good riddance! *F* călătorie sprâncenată! drum bun cale bătută!

good shot, sir! *(la jocuri)* bine jucat!

good show! *înv.* bravo!

good/great/long while, a mult timp; multă vreme; vreme îndelungată; mult.

good wine needs no bush *prov.* calul bun se laudă singur în coșare.

good with jump ← *prov.* oamenii mari/geniile se potrivesc la minte.

good words and no deeds *prov. aprox.* vorbă multă, treabă puțină; cârâite multe și ouă puține.

good words cost nothing and are worth much *prov.* vorba dulce mult aduce; de vorbă bună nu te doare gura.

go off at a rare bat, to *F* a pleca în trombă/ca o vijelie/ca din pușcă.

go off at/on a tangent, to *v.* **fly off at/on a tangent.**

go off at half(-)cock/half cocked, to 1. *(d. o armă)* a se descărca întâmplător. 2. *fig.* ← *F* a acționa/vorbi pripit/nechibzuit/înainte de vreme. 3. *fig.* ← *F* a se termina cu un eșec rușinos. 4. *amer. F* a se cherchelì; a se pili.

go off at the nail, to *v.* **be off at the nail.**

go off into a (dead) faint, to a leșina; a-și pierde cunoștința.

go off into fits/peals/shrieks of laughter, to *v.* **go into fits/peals/shrieks of laughter.**

go off into hysterics, to *v.* **go into hysterics.**

go off like a bolt/shot, to *F* a scăpa ca din pușcă/tun.

go off like a damp squib, to ← *F* 1. a nu se realiza; a nu reuși; a suferi un eșec; *F* → a da chix. 2. a înșela așteptările.

go off like a rocket/a Roman candle, to a exploda; a izbucni; a se aprinde.

go off like hot cakes, to *v.* **go/sell like hot cakes.**

go off one's chump/head, to *F* a se scrânti la cap; a se sona; a căpia; a se țicni; a o lua razna; a mânca ceapa-ciorii.

go off one's nut/rocket, to *sl. v.* **go off one's chump/head.**

go off the beaten track, to *fig.* a lăsa/părăsi calea bătută; a căuta altceva/ceva nou/neobișnuit; a se aventura în necunoscut.

go off the boil, to ← *F* I. a înceta să fiarbă; a nu mai fierbe. 2. *fig.* a depăși momentul de vârf/punctul critic.

go off the deep end, to I. *v.* **fly off the handle.** 2. a lua lucrurile în tragic.

go off the handle, to *F v.* **fly off the handle.**

go off the hooks, to *F* I. *v.* **fly off the handle.** 2. a-și pune pirostriile-n cap.

go off the rails, to *F fig.* a deraia; a o apuca pe căi greșite; a o lua razna; a se apuca de rele.

go off the tracks, to I. a deraia. 2. *fig.* a deraia; a o lua razna; a se abate de la subiect.

go off to sleep, to *v.* **go to sleep.**

go off with a bang, to I. *v.* **go bang.** 2. *F (d. cineva, ceva)* a avea un succes nebun; a fi trăsnet/de milioane/o nebunie; a reuși/ieși de minune.

go off with a flea in one's ear, to *v.* **go away with a flea in one's ear.**

go off without a hitch, to *(d. o acțiune, activitate etc.)* a merge ca uns/ca pe roate/fără cusur.

goof things up, to *amer. sl.* a încurca lucrurile; a strica totul.

go on! *F* prostii! fleacuri! *A →* vax! ei, aşi! fugi de-acolo!/*A →* cu ursu (că nu te cred)!

go on a bat/on the batter/bend/burst/*P* **burst/racket/***sl.* **randan/***sl.* **razzle-dazzle, to** *F* a face/trage un chef monstru; *A →* a o face lată; a o ține numai în chefuri; a se pune pe chefuri.

go on a blind, to a trage un chef/o beție.

go on a blind date, to *F* a se duce la vedere.

go on a brunise, to *amer. sl.* a se afuma; a se pili.

go on a fishing expedition, to *amer. fig.* a arunca undița/năvodul; a sonda terenul.

go on a fool's errand, to a se duce/a o face de florile mărului; a se duce/a o face ca să se afle în treabă/de prost (ce e).

go on (a) hunger-strike, to a face/intra în greva foamei.

go on all four/on one's hands and knees, to a merge în patru labe, pe brânci/de-a bușilea.

go on a pub-crawl, to a bate cârciumile; a lua cârciumile la rând.

go on a tear, to *amer. F* a trage un chef/o beție.

go one better, to a întrece (pe cineva); a fi mai tare (decât cineva).

go one's own gait/gate, to I. a-și vedea de drum. 2. *fig.* a face după capul său; a acționa de-sine-stă-tător; a urma o cale proprie.

go/take one's own way, to a-și urma drumul său propriu/propria sa cale.

go one's way, to a-și vedea/căuta de drum; ~ **to** a se îndrepta/a-și îndrepta pașii spre.

go on foot, to a merge pe jos.

go on furlough, to *(d. funcționari, militari, misionari care lucrează în străinătate)* a pleca în permisie/concediu.

go on one's own hook, to ← *F* I. *v.* **go one's own way.** 2. a acționa pe cont propriu/propriul său risc.

go on shanks's mare/pony, to ← *F* a merge apostoleşte/per pedes apostolorum.

go on (sick) leave, to a avea concediu medical.

go on strike, to a face/declara grevă; a intra în grevă.

go on the batter/bend, to *v.* **go on a bat.**

go on the binge/booze/*P* **bust/***sl.* **razzle/spree, to** *F* a trage un chef/o beție; a se ține de chefuri/beții; a o face lată; a se duce în chefuri.

go on the board/stage, to a se face actor; *F →* a se apuca de teatru.

go on the bum, to ← *sl.* a trăi pe socoteala/*F →* spinarea cuiva.

go on the burst/*P* **burst, to** *v.* **go on a bat.**

go on the dole, to a fi şomer; a fi fără lucru; a trăi din alocația de şomaj.

go on the hook for smb., to *amer. F* I. a-și pune pielea (în saramură) pentru cineva; a-și risca pielea pentru cineva. 2. ~ **smth.** a se băga în datorii pentru cineva/ceva.

go on the hooks, to *F* a da ortul popii; a lepăda potcoavele.

go on the loose, to ← *F* a o duce/ține numai într-un chef; a trage chefuri; a duce o viață destrăbălată, a se destrăbăla.

go on the parish, to *înv.* a primi ajutor pentru pauperitate din partea parohiei; a trăi pe seama parohiei.

go on the racket, to *F v.* **go on a bat.**

go on the randan/razzle-dazzle, to *sl. v.* **go on a bat.**

go/run to the rocks, to *F* I. a se duce de râpă; a ajunge la sapă de lemn. 2. a rămâne lefter; a nu mai avea para chioară.

go on the same old way, to a nu-și schimba felul de viață; a duce același fel de viață ca înainte.

go on the social security, to a primi/trăi din ajutor de şomaj/social.

go on the spree, to *F* a face/trage un chef/un chiolhan/o beție.

go on the stage, to *v.* **go on the boards.**

go on the streets, to a face trotuarul.

go on tick, to ← *F* a lua/cumpăra/a-și procura pe datorie/*F* → veresie/*A* → daiboj.

go on tiptoe, to a merge în vârful picioarelor/degetelor.

go on (to) diet, to a ține dietă/regim.

go on to overtime, to *(d. salariați, întreprindere etc.)* a trece la program suplimentar de ore de lucru.

go on to short time, to *(d. salariați, întreprindere etc.)* a trece la regim redus de lucru.

go on to the bitter end, to a merge până în pânzele albe.

go on (to) the pill, to a folosi/recurge la pilule.

go on (to) the wagon, to > a se lăsa de băutură; a nu mai bea băuturi alcoolice; a pune cruce băuturii.

go on tour, to 1. a pleca în turneu. 2. a pleca în călătorie.

go/run on wheels, to *fig.* a merge ca pe roate.

go on with you! dă-o naibii de treabă! vezi-ți de treabă! ce ți-a venit? dă-o încolo!

goose hangs high, the *glum. v.* **everything is lovely and the goose hangs high.**

go out as governess, to a se angaja guvernantă.

go out as nursemaid, to a se angaja fată la copii/bonă.

go outback, to a se duce în provincie.

go out for the count, to *(d. un boxer)* a fi numărat.

go out gunning, to a merge la vânătoare.

go out in the poll, take a poll degree, to *univ.* ← *sl.* a lua diplomă universitară fără mențiune/distincție.

go out like a light, to a adormi pe loc/într-o clipă/cât ai clipi din ochi.

go out of action, to 1. *(d. arme etc.)* a fi scos din acțiune; a înceta să opereze. 2. *(d. mecanisme etc.)* a înceta să funcționeze.

go out of business, to *(d. un comerciant, fabricant etc.)* a închide prăvălia/fabrica etc.; a lichida; a se lăsa de comerț/negustorie; a nu mai activa.

go out of commission, to *amer. (d. un vas)* a fi trecut în rezervă.

go out of control, to *av., mar.* 1. a pierde direcția. 2. a nu mai răspunde la comenzi.

go out of curl, to *fig (d. cineva)* a fi fără vlagă; a se simți (moale) ca o cârpă.

go out of date, to a se învechi; a se demoda.

go out of fashion, to a nu mai fi la modă; a se demoda; a ieși din uz.

go out of focus, to *fig.* a se deregla.

go/pass out of mind, to a fi uitat; a cădea în uitare.

go out of one's depth, to *v.* **get out of one's depth.**

go out of one's mind/senses, to a-și ieși din minți; a-și pierde mințile; a înnebuni.

go out of one's way/of the way, to 1. a se abate din drum. 2. ~ **to do smth.** a se da peste cap pentru a face ceva.

go out of play, to *sport (d. minge)* a ieși (afară) din teren.

go out of print, to *(d. o carte)* a se epuiza.

go out of service, to *(d. mașini, aparate, agregate etc.)* a fi scos din uz/folosință.

go out of sight/view, to a se face nevăzut; a nu se mai vedea; a pieri dinaintea ochilor; a dispărea.

go out of smb.'s mind, to *(d. un lucru)* a-i ieși cuiva din minte; a uita/a nu-și aminti de ceva; a-i scăpa ceva; a nu-i veni în minte.

go out of this world, to *v.* **go home** 1.

go out of use, to *(d. un obicei, cuvânt, o expresie etc.)* a ieși din uz; a nu mai fi folosit; a cădea în desuetudine.

go out of a limb, to *F* a-și tăia craca de sub picioare; a se lăsa descoperit; a fi în primejdie.

go out on a spree/on the town, to a trage un chef/o beție; a se duce să petreacă/să se distreze.

go out to business, to *v.* **go into business.**

go out to sea, to a porni/ieși în larg(ul mării).

go over a bomb/big/well, to *(d. un spectacol, discurs, plan, o idee, sugestie etc.)* a fi primit cu mâinile deschise/cu toată căldura/cu entuziasm; a face o deosebită impresie.

go over big, to *amer. F v.* **go big.**

go overboard, to *mar.* a cădea peste bord.

go overboard about/for smth., to a se da în vânt după ceva; a nu mai putea după ceva; a se dărui cu totul unui lucru.

go over hedge and ditch, to *F* a merge în dodii.

go over/through smth. with a fine toothcomb, to a cerceta ceva de-a fir a păr/din fir în păr/de-a firu-n păr/din fir până în ață.

go over the Great Divide, to *v.* **cross the Great Divide.**

go over the ground, to a recunoaște terenul.

go over the hill, to *amer. F* 1. *mil.* a dezerta; a nu răspunde la apel. 2. a o întinde/șterge din închisoare.

go over the line, to a depăși limita; a întrece măsura.

go over the range, to *amer. sl.* a da ortul popii; a lepăda potcoavele.

go over the side, to *amer. F v.* **go over the hill.**

go over the top, to *mil. și fig.* a porni la atac (din tranșee).

go over the wall, to *amer. F* a o șterge/întinde din închisoare.

go over a vegetarian diet, to a deveni vegetarian.

go over to Rome, to a trece la catolicism.

go over the enemy, to a trece la duşman.

go over to the (great) majority, to ← *glum.* a se duce pe lumea cealaltă.

go over with a bang, to *amer. F v.* **go off with a bang 2.**

go pale, to a păli; a se face palid la faţă.

go phut, to ← *sl.* **I.** a nu reuşi; a da greş/*F* → chix; a eşua. **2.** a nu se alege nimic de; *F* → a se duce de râpă; a se alege praful de. **3.** *(d. un bec)* a se arde. **4.** *(d. o maşină)* a se defecta, a se strica; a se paradi.

go pink, to *(d. obraji)* a se îmbujora; a se roşi (ca un bujor); a se aprinde la faţă *(subiectul este* **cheeks.***).*

go pit-a-pat, to ← *F (d. inimă)* a zvâcni, a bate repede, a palpita; *A* → a face treişpe-paişpe.

go places, to a merge la teatru/cinema/dans etc.; *(prin extensie)* a duce o viaţă mondenă.

go pop, to a face poc/pac; a pocni.

go pub-crawling, to *v.* **go on a pub-crawl.**

go purple/red with anger, to a se face roşu (la faţă) de furie/mânie.

go red, to a se (în)roşi *(de mânie etc.).*

gore smb./smth. to death, to *(d. un animal cornut)* a omorî pe cineva/un animal (lovindu-l) cu coarnele.

go rotten, to a putrezi; a se strica.

go round like a horse in a mill, to I. a merge pe căi bătătorite. **2.** a fi sclavul rutinei.

go round the bend, to *sl.* a se sona/ţăcăni/ţicni; a se scrânti (la cap); a căpia.

go round the sun to meet the moon, to a merge pe o cale ocolită/inutil de lungă.

go round with the hat, to *v.* **pass the hat round.**

go rubbernecking, to ← *F* a vizita un oraş în mare viteză (în autocar).

go serious, to *(d. cineva)* a deveni sobru/grav.

go share and share alike, to *v.* **go equal shares.**

go short (of smth.), to a duce lipsă (de ceva).

go/report sick, to *mil.* a cere îngrijire medicală.

go sight-seeing, to a face turul oraşului; a vizita (locurile interesante dintr-)un oraş.

go silly over a woman, to *F* a muri/a fi mort după o femeie.

go sit on a tack! *sl. v.* **go fly a kite!**

go slow, to a nu se pripi; a o lua încet/domol/binişor; a fi prudent.

go smash, to *(d. o firmă, bancă etc.)* a da faliment; a sări în aer.

go/run smash into smth., to a se izbi cu putere de ceva; a intra în ceva cu toată forţa; a intra drept în ceva; a se lovi în plin de ceva.

go smb.'s way, to I. a merge pe acelaşi drum cu cineva; a avea acelaşi drum; a merge în aceeaşi direcţie. **2.** a-i merge, a-i ieşi (bine).

go smoothly, to *(d. lucruri, activităţi etc.)* a merge ca pe roate/din plin.

go snap, to a pârâi (rupându-se).

go soak yourself! *amer. sl.* fugi de-aici! fugi cu ursu! prea e gogonată! dă-o încolo! du-te-ncolo!

go so far as to do smth., to a merge până acolo încât să spună/facă ceva.

go soldiering, to *v.* **go for a soldier.**

go sour, to *(d. alimente)* a se acri.

go south with smth., to *amer. sl.* a şterpeli ceva; a o şterge/întinde cu ceva; a piti ceva.

go stag, to a se duce să danseze/la o petrecere etc. fără parteneră.

go steady, to *amer.* ← *F* a ieşi/fi văzut mereu împreună; a fi în relaţii de logodnă neoficială.

go stiff, to *(d. cineva sau părţi ale trupului)* a înţepeni, a amorţi.

go straight, to a duce o viaţă cinstită; a merge pe drumul cel drept; a se îndrepta/face om cinstit.

go surety for smb., to *v.* **go bail for smb.**

go swimmingly, to *v.* **go with a bang.**

go teaching, to *v.* **go in for teaching.**

go the big figure/the entire animal/the whole coon/the whole way, to *amer. sl. v.* **go the whole figure.**

go the limit, to a nu cunoaşte măsură; a cădea în extreme.

go the long way round, to *v.* **go a long way round.**

go/hit the pace, to I. a merge repede; *F* → a-i da bătaie. **2.** *fig.* ← *F* a-şi cheltui nebuneşte averea ducând o viaţă risipitoare/destrăbălată; *(prin extensie)* a-şi face de cap; a-şi petrece viaţa în chefuri.

go the right way, to *şi fig.* a fi pe calea ce bună.

go the right way to work (to do smth.), to a se pricepe (să facă ceva); a şti cum (să facă ceva); a găsi mijlocul cel mai bun ca (să facă ceva).

go the rounds, to *v.* **make one's rounds.**

go/make the round(s) of, to a circula; a trece din gură în gură.

go the shortest way, to a merge/a o lua pe drumul cel mai scurt; a merge direct.

go the way of all flesh/things, to *v.* **go home I.**

go the way of all the earth, to *v.* **go home I.**

go the way of nature, to *v.* **go home I.**

go the whole coon, to *v.* **go the whole figure.**

go the whole figure/hog, to I. a face ceva temeinic/până la capăt; a duce lucrurile până la capăt; a nu umbla cu jumătăţi de măsură; a nu se opri la jumătatea drumului. **2.** a merge până în pânzele albe; < a risca totul; **let's ~!** *aprox.* dacă-i bal, bal să fie.

go the whole length of it, to *v.* **go the whole figure.**

go the whole pile, to a risca totul; a pune totul pe o carte (în joc).

go the whole way, to *v.* **go the whole figure.**

go the wrong way, to a greși drumul.

go through a fortune/all one's money, to a(-și) prăpădi (o) avere/toți banii.

go through a lot, to a trece prin/îndura multe.

go through fire (and water), to I. a trece prin încercări grele. **2. ~ for smb.** a trece prin foc și pară pentru cineva. **3.** a trece prin ciur și prin dârmon.

go through hell, to a îndura chinurile iadului.

go through life in a happy-go-lucky fashion, to a lua lucrurile așa cum sunt; a nu-și face probleme/bate capul; a lua viața așa cum e; a trăi la voia întâmplării.

go through one's apprentiship, to a-și face ucenicia.

go through one's facings, to ← *F* a fi pus la încercare/o probă.

go through proper channels, to *v.* **go through the proper channels.**

go through smb.'s hands, to *(d. ceva)* a fi în/trece în mâinile cuiva.

go through the hoop(s), to ← *F* a fi pus la o grea încercare; a trece printr-o grea încercare.

go/pass through the mill, to ← *F* a trece prin dificultăți mari; **he's gone through the mill** *F* e trecut prin ciur și prin dârmon; e uns cu toate unsorile; e mâncat ca alba de leac.

go through the motions of doing smth., to a se preface/a simula că face ceva; a face ceva ca să fie/ca să zică că s-a făcut.

go through the proper channels, to *(d. cineva, ceva)* a urma calea obișnuită; a trece prin filiera respectivă/de rigoare/normală/obișnuită; a face demersurile necesare.

go through thick and thin for smb., to a trece prin foc și pară pentru cineva; a se arunca în foc pentru cineva.

go through with it, to a duce ceva până la capăt.

go to a better world, to *v.* **go home I.**

go to a lot of infinite/no end of trouble to do smth., to a-și da toată silința/osteneala să facă ceva; a se zbate/lupta din greu să facă ceva; a se da peste cap să facă ceva.

go to any length, to *v.* **go all lengths.**

go to ballyhack and buy buttermilk, to *F* du-te la naiba!

go to bat, to *amer.* ← *sl.* a intra la pârnaie/răcoare; a lua pârnaie.

go to bat against smb., to *amer.* ← *sl.* a depune mărturie împotriva cuiva; a înfunda pe cineva.

go to bat for smb., to *amer.* ← *sl.* a sări în ajutorul/apărarea cuiva.

go to Bath/to blazes/to hell/to pot/to the devil/to thunder/*amer.* **to grass!** *F* du-te opt și cu-a brânzei nouă! du-te dracului/la dracu/la naiba!

go to bed, to *amer.* ← *sl.* a intra la tipar; a fi tipărit.

go to bed in one's boots, to *F vulg.* a fi beat criță/mort.

go to bed with the lamb, to *F* a se culca odată cu găinile.

go to bits, to *v.* **go to pieces.**

go to blazes/Hades/hell/jericho/the Devil! *F* du-te dracului/naibii! să te ia dracu/naiba! lua-te-ar dracu/naiba să te ia! înghiți-te-ar pământul!

go to bye-bye, to *(în limbajul copiilor)* a merge să facă nani(-nani).

go to church, to I. a fi bisericos. **2.** a se însura; a se mărita.

go to cuffs, to *v.* **fall to blows.**

go to Davy Jones'/Davy's locker, to *mar..* ← *sl.* a se îneca.

go to earth/ground, to *(d. animale sau oameni)* a se ascunde (sub pământ); a se retrage în vizuină.

go to extremes, to a nu avea/cunoaște măsură/limită; a nu cunoaște linia de mijloc.

go together, to I. *(d. două sau mai multe lucruri)* a merge împreună; a se potrivi. **2.** *(d. îndrăgostiți)* a umbla/merge împreună.

go together by the ears, to a se lua de păr/la păruială; a se părui.

go to glory, to *v.* **go hence.**

go to grass, to ← *F* **I.** a cădea/a se întinde lat. **2.** a mușca țărâna; a da ortul popii. **3.** ← *glum.* a intra în concediu/vacanță. **4. ~!** *amer. F v.* **go to Bath!**

go to great expense to do smth., to a intra/se supune la mari cheltuieli ca să facă ceva.

go to great pains to do smth., to *v.* **go to a lot of trouble in do smth.**

go to hell in a handbasket, to *amer. sl.* **I.** a arunca banii pe fereastră. **2.** a conduce mașina nebunește. **3.** a-i da cu băutura etc. *(expresia se referă la excese care ocupă o perioadă de timp și care sunt rezultatul unei nereușite, dezaluzii etc.).*

go to it, to *(frecvent la imperativ)* a se pune pe treabă; a se apuca zdravăn de o treabă/un lucru; **~!** dă-i înainte, nu te lăsa.

go to law against smb., to *F v.* **have the law on smb.**

go to loggerheads, to *F v.* **come to loggerheads.**

go to naught/nought, to 1. a se dovedi infructuos/inutil/zadarnic. 2. a se reduce la zero; a pierde orice importanță/însemnătate.

go too far, to *fig.* a întrece măsura.

go to one's dreams, to ← *F* a se culca; a adormi; *F* → a se lăsa în brațele lui Morfeu.

go to one's fate, to a merge la pieire/la moarte sigură.

go to one's head, to 1. ← *F* a absorbi complet pe cineva; a-i lua tot timpul. 2. *(d. vin)* a se urca la cap (cuiva). 3. *fig.* a ameți; a i se urca la cap.

go to one's last/long home, to *v.* **go hence.**

go to one's long account, to a adormi/dormi somnul (cel) de veci/cel lung/cel de pe urmă; a se duce pe drum neîntors/cale neîntoarsă.

go to one's long rest, to *v.* **go hence.**

go to one's place, to *v.* **go home 1.**

go to one's very heart, to *fig.* a-i da un cuțit prin inimă.

go to pieces, to 1. a se face bucăți; a se sfărâma. 2. a cădea în ruină; a se ruina. 3. *(d. sănătate, nervi etc.)* a se zdruncina. 4. *(d. o afacere, întreprindere)* a se duce de râpă. 5. ← *F (d. cineva)* a se pierde cu firea; a-și pierde stăpânirea de sine. 6. *(d. cineva)* a fi la pământ; a se alege praful de.

go to pigs and whistles, to *v.* **go to blazes.**

go to pot, to *F (d. lucruri)* a se duce de râpă; a se alege praful; a se duce pe apa Sâmbetei.

go to press, to a merge/fi trimis la tipar.

go to rack and ruin, to ← *F* 1. *(d. persoane)* a pieri; a se prăpădi. 2. *(d. lucruri)* a se ruina complet; *F* → a se duce de râpă; a nu se alege (nici) praful de.

go to roost, to ← *F* a se duce la culcare.

go to sea, to a se face marinar; a intra în marină.

go to seed, to *v.* **run to seed.**

go to show, to *amer. (d. ceva* a dovedi; a face dovada.

go to sleep, to 1. *(d. cineva)* a adormi. 2. *(d. membre)* a înțepeni, a amorți.

go to smb's head, to a i se urca la cap.

go to smb.'s heart, to *(d. ceva)* a sfâșia/rupe inima cuiva; a zgudui/cutremura pe cineva.

go to the bad, to ← *F* a se abate de la calea cea dreaptă; a o apuca pe calea pierzaniei; a ajunge un stricat; < a o sfârși rău.

go to the bar, to a deveni avocat; a intra în barou.

go to the bat with smb., to *amer.* ← *F* a se întrece/a concura cu cineva.

go to the block, to a fi condamnat/trimis la eșafod.

go to the bottom of things, to a intra în fondul/a pătrunde în esența lucrurilor.

go to the cleaners, to *amer. F* a fi curățat (de bani); a fi decavat; a fi lăsat lefter/cu buzunarele goale.

go to the country, to *pol.* a se prezenta în fața alegătorilor; a consulta corpul electoral; a face plebiscit.

go to the dogs, to *F (d. persoane, organizații, instituții etc.)* a se duce de râpă/pe copcă; a se alege praful; a ajunge la sapă de lemn; a ajunge rău/prost.

go to the fountain(-) head, to *fig.* a merge la sursă.

go to the grassroots, to *amer.* a veni/merge în mijlocul alegătorilor de la țară *(pentru a le asculta păsurile).*

go to the greenwood, to *fig.* a lua calea codrului.

go to the hammer, to *v.* **come to the hammer.**

go to the heart of the matter/question/problem, to a ajunge la miezul/esența problemei/chestiunii.

go to the length of, to *(cu vb. în -ing)* a ajunge/merge până acolo încât să.

go to the other extreme, to *v.* **go from one extreme to another/the other.**

go to the polls, to a se prezenta în fața urnelor; a se duce să voteze/la votare.

go to the root of smth., to *v.* **get at the root of smth.**

go to the scaffold, to a merge la spânzurătoare; a fi spânzurat; a muri pe eșafod.

go to the spot, to *amer.* ← *F* a corespunde menirii/destinației sale; a satisface pe deplin.

go to the stake, to a fi ars pe rug.

go to the trouble of doing smth., to *v.* **take the trouble (to).**

go to the vote, to a fi pus la vot.

go to the wall, to ← *F* 1. a fi dat/lăsat deoparte; *F* → a fi trecut pe linie moartă. 2. a se ruina; a da faliment; *F* → a se duce de râpă. 3. *fig.* a pierde partida.

go to the winds, to ← *F* a dispărea fără urmă; *F* → a se duce pe apa Sâmbetei.

go to the woods, to ← *F* a fi exclus din societate; a fi ostracizat.

go to the wrong shop, to *v.* **come to the wrong shop.**

go to town (over smth.), to *F* a da totul la o parte (pentru ceva); a pune tot sufletul (la ceva).

go to trial, to *jur.* a ajunge în instanță/la judecată; a fi judecat.

go to war, to *(d. națiuni sau conducători de națiuni)* a face/recurge la război; a se angaja într-un război.

go/run to waste, to 1. *(d. lichide)* a se pierde. 2. *(d. avuție)* a se prăpădi; a nu se alege nimic de; *F* → a se alege praful de. 3. *(d. o grădină)* a fi năpădită de buruieni; a se părăgini.

go to work on an egg, to 1. a mânca un ou la micul dejun înainte de a pleca la slujbă. **2.** a mânca un ou.

go to work (on smth.), to a se pune pe lucru (la ceva); a se apuca de lucru.

go to wreck, to a se distruge; a se nărui; a se dărâma; a se ruina; a se duce de râpă.

go true, to (d. ceas) a merge bine.

go under soil, to mar. (d. un vas) a ieși din port.

go under the guise of smb., to a se da drept cineva.

go under the hammer, to v. come to the hammer.

go under the name of, to v. go by the name of.

go unheard, to 1. a nu fi auzit/ascultat. 2. a nu i se da ascultare.

go unpunished, to 1. (d. o persoană) a scăpa de pedeapsă. **2.** (d. o faptă) a rămâne nepedepsit.

go up a form, to școl. a trece clasa.

go up in an explosion/flames/smoke, to (d. lucruri, planuri, speranțe etc.) a izbucni în flăcări; a sări în aer; a se alege praful; a se face praf; a se preface în fum; a nu rămâne nimic din ceva; a se duce pe apa Sâmbetei.

go up in quality, to (d. lucruri) a crește în calitate.

go up in smb.'s estimation, to a crește în ochii cuiva.

go up in the air, to ← fig. a-și ieși din fire/sărite/țâțâni.

go up in the world, to a ajunge departe/sus/pe o treaptă înaltă; a face carieră; a se ridica.

go up King Street, to austral. ← F a da faliment.

go upon another tack, to a porni/apuca/a o lua pe altă cale.

go up the flume, to amer. sl. a lepăda potcoavele; a o mierli.

go up the ladder to rest, mount the ladder, to ← F a fi spânzurat.

go up the wall, to F a fi în pragul nebuniei; a-și ieși din răbdare/răbdări; a-i veni să se urce pe pereți; a-l apuca pandaliile/năbădăile; a-și ieși din fire/sărite.

go up with a bang/roar, to (d. lucruri, planuri, speranțe etc.) a se alege praful; a se duce dracului/pe apa Sâmbetei; a nu rămâne nimic din ceva.

govern one's temper, to a se stăpâni; a-și păstra cumpătul/stăpânirea de sine; a-și ține firea.

govern one's tongue, to a-și pune frâu la limbă; a-și ține limba în gură.

go well, to (d. o activitate) a merge bine.

go west, to sl. 1. (d. persoane) a o mierli. 2. (d. lucruri) a nu mai face două parale.

go whacks with smb., to amer. sl. a împărți/face juma-juma (o pradă etc.) cu cineva.

go whaling, to a merge la vânătoare de balene; a vâna balene.

go while the going's good ← prov. pleacă cât mai ai timp/nu e prea târziu.

go whistle for it, to F fig. a se linge pe bot.

go wide the mark, to a trece departe de țintă.

go wild with anger, to a înnebuni de furie.

go wild with excitement, to a înnebuni de plăcere.

go with a bang/swing, to F (d. o întrunire, serată, un spectacol etc.) a ieși/merge de minune/nemaipomenit; a fi trăsnet.

go with a girl, to F a umbla/ieși cu o fată.

go with all one's heart and soul into smth., to v. go heart and soul into smth.

go with child, to a fi gravidă/însărcinată.

go with smb. for company, to a merge cu cineva ca să-i țină de urât.

go with the crowd, to v. follow the crowd.

go with the stream, to și fig. a urma curentul.

go with the tide, to v. go with the stream.

go with the times, to a merge în pas cu vremea.

go with young, to (d. un animal) a fi cu pui în burtă.

go wrong, to 1. și fig. a nu fi pe drumul cel bun; a o apuca pe o cale greșită/pe un drum greșit. **2.** fig. a nu reuși; a suferi un eșec (în ceva); F → a da chix; F → a(-i) merge anapoda; a(-i) ieși pe dos. **3.** a se strica; a se defecta; a înceta să mai funcționeze. **4.** (d. alimente) a se strica; a se altera.

grab a handful of rods, to amer. sl. v. hit the rods.

grab/grasp at an opportunity, to a încerca să prindă o ocazie; a nu lăsa să-i scape o ocazie.

grab for altitude, to 1. av. a căuta să câștige altitudine/plafon. **2.** fig. F a se face Dunăre turbată; a se face foc și pară.

gracious heavens/me! Doamne (Sfinte)! Dumnezeule! vai de mine!

grain of wheat in a bushel of chaff, a mult zgomot pentru nimic.

grant a favour, to a acorda o favoare.

grant a request, to a admite o cerere.

grapes are sour/too green, the prov. vulpea când n-ajunge la struguri zice că sunt acri.

grasp all, lose all prov. aprox. cine aleargă după doi iepuri nu prinde nici unul; nu poți ține doi pepeni într-o mână; cămila vrând să dobândească coarne și-a pierdut urechile; cine râvnește la mult pierde și ce are; cine are/e cu mâna lungă pierde și ce are în pungă.

grasp a/the shadow and let go/lose/miss/a/the substance, to aprox. a da vrabia din mână pentru cea din par/pentru cioara de pe gard.

grasp at an opportunity, to *v.* **grab at an opportunity.**

grasp at a straw, to *v* **catch at a straw.**

grasp the nettle, to *aprox.* *F* a lua taurul de coarne.

grasp the nettle and it won't sting you *prov.* cu curaj şi cu silinţă izbuteşti la orice te îndeletniceşti.

grate on smb.'s feelings, to a jigni pe cineva.

grate on smb.'s pride, to a jigni pe cineva în amorul propriu.

grate on the ear, to a supăra/zgâria la ureche; a fi strident.

grate on the nerves, to a călca pe nervi; a agasa; a scoate din sărite.

gratify smb.'s curiosity, to a satisface curiozitatea cuiva.

gratify smb.'s fancies/whims (for smth.), to a satisface capriciile/chefurile cuiva.

grave as a judge, (as) (cu un aer) foarte important; grav ca un cioclu.

gray/grey mare is the better horse, the *fig F* vai de casa unde cotcorogesc găinile şi cocoşul tace.

graze the bottom, to *mar (d. un vas)* a atinge/zgâria fundul.

grease/oil/tickle smb.'s hand/palm, to *fig. F* a unge ochii cuiva; a unge pe cineva (cu miere); a da şperţ cuiva; a şperţui pe cineva.

grease/oil the wheels, to *fig. F* a unge osia să nu scârţâie carul; *v. şi* **grease smb.'s palm.**

great and (the) small, (the) vlădică şi opincă; bogat şi sărac; bogaţi şi săraci.

great barkers are no biters *prov.* ce mult latră niciodată nu muşcă.

great boast little/small roast *prov.* vorbă multă sărăcia omului; numai cu vorba nu se face ciorba; gură multă, ispravă puţină; găina care cântă nu ouă.

great Caesar/Heavens/Scott/snakes/Sun! Doamne! cerule mare! Sfinte Sisoe! asta-i bună! nemaipomenit! pe legea mea! ia te uită! nu se poate! poftim!

great cry and little wool *prov.* vorbă multă sărăcia omului/treabă puţină.

great deal (of), a *v.* **good deal (of), a.**

greater the crime, higher the gallows *prov. aprox.* după faptă şi răsplată.

great fish eat up the small *prov.* peştele cel mare înghite pe cel mic.

Great God! *v.* **good God!**

great gulf fixed, a o mare deosebire; < o prăpastie.

great guns! *F* ei drăcie! ei, drăcia dracului! ei poftim! nemaipomenit! la dracu/naiba!

Great Heavens! *v.* **great Caesar!**

great many, a foarte mulţi; un mare număr; o mulţime; o puzderie.

great minds think alike ← *prov.* marile spirite se întâlnesc.

great Scott/snakes/Sun *v.* **great Caesar!**

great ship asks deep waters, a *prov.* corabia mare în ape adânci pluteşte.

great talkers are little doers *prov.* vorbă multă, treabă puţină; *v. şi* **great boast, little roast.**

great while, a *v.* **good while, a.**

great with child *înv. (d. o femeie)* a fi grea.

great wits jump *prov.* de puţine vorbe înţeleptul înţelege, iar cel nebun nici când urechile i le spargi.

green as a gooseberry/grass, (as) ← *fig.* tânăr şi fără experienţă; nedeprins cu viaţa; necopt; ageamiu; *F* → cu caş la gură.

green with envy *F* → verde/plesnind/mort de invidie.

greet smb.'s eyes, to *(d. ceva)* a se oferi privirilor cuiva.

greet the ear, to ← *F* a izbi auzul/urechea.

grey mare is the better horse, the *v.* **gray mare is the better horse.**

grieve over smb.'s death, to a fi îndurerat de moartea cuiva.

grin and bear it, to 1. a face haz de necaz; a-şi ascunde necazul/durerea sub masca unui zâmbet; a îndura/a suporta cu tărie durerea; a strânge din dinţi şi a răbda. 2. a se supune fără să crâcnească; *F* → a încasa perdaful şi a tăcea mâlc.

grind for an exam, to a toci pentru un examen.

grind one's grist, to ← *F* a-şi vedea de treabă/treburile sale.

grind one's teeth (together), to a scrâşni din dinţi.

grind on towards disaster, to a se îndrepta cu paşi siguri spre dezastru; a merge încet şi sigur spre dezastru.

grind out an oath, to a înjura printre dinţi.

grind the face of smb., to a împila/asupri/tiraniza pe cineva.

grind to a halt, to *(d. o maşină, procesiune etc.)* a se opri (cu zgomot).

grin from ear to ear, to a râde cu gura până la urechi.

grin like a Cheshire cat/a street-door knocker, to *F* a se hlizi; a se rânji ca prostul.

grin through a horse-collar, to *F* a râde albastru/silit; a râde mânzeşte.

grip smb.'s attention, to a ţine încordată atenţia cuiva.

grit the teeth, to a scrâşni din dinţi.

groan down a speaker, to a închide gura unui vorbitor prin murmure/şuşoteli repetate.

groom smb. for office, to a pregăti pe cineva pentru o carieră politică.

grope after/for a word, to a bâjbâi în căutarea unui cuvânt; a căuta un cuvânt pe bâjbâite.

grope after/for the truth, to a bâjbâi în căutarea adevărului.

ground arms! *mil.* la picior arm!

grow a beard/moustache, to a-şi lăsa barbă/mustaţă.

grow cheeky, to a-şi lua nasul la purtare.

grow grey in service/← *glum.* **harness, to** a îmbătrâni în serviciu.

grow hard, to *(d. inimă)* a se împietri; a se face de piatră.

grow high, to *(d. vânt)* a se înteţi.

grow in smb.'s favour, to a creşte în ochii cuiva.

grow in stature, to *fig.* *(d. cineva)* a se ridica; a creşte în valoare.

grow into a habit, to a prinde/lua un obicei.

grow into fashion, to a veni la modă, a începe să aibă căutare.

grow in wisdom, to a se face/a deveni mai înţelept.

grow one's hair longer, to a-şi lăsa părul mai lung.

grow out of a habit, to a se dezbăra de un obicei (prost) cu vârsta/cu trecerea timpului/anilor.

grow out of one's clothes, to a-i rămâne hainele mici.

grow out of smb.'s knowledge, to a fi uitat; a fi dat uitării.

grow too big for one's boots/breeches/shoes/trousers, to *F* a şi-o lua în cap; a nu-l mai încăpea cămaşa; **he's grown too big for his boots** s-a suit scroafa-n copac.

grow up into a man/woman, to a deveni bărbat/femeie.

grow young again, to a întineri.

grow younger, to *v.* **grow young again.**

gruff as a bear, (as) mârlan; mitocan; bădăran.

grumble about/over the food, to a face nazuri la mâncare.

grumble out an answer/a reply, to a catadicsi un răspuns.

guard one's tongue, to a-şi ţine limba în gură.

guard one's words, to a-şi măsura cuvintele.

guess at smb.'s age, to a ghici vârsta cuiva.

guess at smb.'s appearance, to a ghici cum arată cineva.

guess right, to a ghici (bine).

guess smb.'s age at, to a-i da cuiva o vârstă.

guess wrong, to a nu ghici.

guillotine fell, the *parl.* ← *glum.* a fost adoptată hotărârea privitoare la data votării proiectului de lege (în Camera Comunelor).

guilty conscience is self-accuser, a ← *prov. aprox.* conştiinţa încărcată îţi fură somnul.

gull smb. out of his money, to a pungăşi/escroca/trage pe sfoară/duce de nas pe cineva.

gulp down a glass, to a da (de) duşcă (un pahar).

gum up the works, to *amer.* ← *F* a strica totul.

gush over smb.'s successes, to a face mare caz de succesele cuiva.

gut no fish till you get them *scoţ. prov.* borşul la foc şi peştele în baltă; nu vinde pielea vulpii înainte de a o prinde.

guy the life out of smb., to *amer.* *F* a-i mânca cuiva zilele/viaţa/sufletul făcând mereu glume pe socoteala lui.

H

habit cures habit *prov.* cui pe cui se scoate; (tot) învăţul are şi dezvăţ.

habit is a second nature *prov.* obişnuinţa este (o) a doua natură.

habits grow on/upon (smb.) deprinderile devin o a doua natură.

hack an argument to death, to a repeta într-una acelaşi argument; *aprox. F →* a o ţine una şi bună.

hack one's way through, to a-şi tăia/croi drum cu sabia/securea etc.

hack smb's shins, to *sport F* a-i da cuiva la cotoaie/ oase/ţurloaie; a cotonogi pe cineva.

hack up the joint, to *F* a da rasol; a rasoli treaba.

had better, you, etc. a-i face mai bine (s); mai bine ai...

had rather/sooner, you, etc. ar trebui mai curând/ degrabă (să); mai degrabă/curând...

haggle over the price, to a se tocmi la preţ

hail a taxi, to a striga după un/a face semn unui taxi să oprească.

hail curses down on smb., to a lua pe cineva la înjurături; a da drumul la o ploaie de înjurături peste cineva; a blestema/afurisi pe cineva.

hail down blows on smb., to a căra pumni cuiva; a ţine pe cineva numai în pumni.

hairy about/at/in the fetlocks/heels ← *sl.* necioplit; mitocan; *A →* cu păr pe limbă.

half a loaf is better than no bread *prov.* cine nu poate avea mult e bucuros şi de puţin; dacă nu e colac e bună şi pâinea.

half a mo ← *P* o clipă! o secundă! un moment!

half seas over *P* aghezmuit; făcut; cherchelit; afumat; pe două/trei/şapte cărări.

halt between two opinions, to ← *F* a ezita/şovăi între două păreri.

hammer a nail in, to a bate un cui (în).

hammer and tongs ← *F* cu toată forţa; din răsputeri.

hammer at the door with one's fists, to a bate în uşă cu pumnii.

hammer at the keys, to a zdrăngăni la pian.

hammer away at smb., to a hărţui pe cineva.

hammer away at smth., to *F* a lucra pe rupte/ spetite la ceva; a trage la ceva.

hammer in a nail, to *v.* **hammer a nail in.**

hammer out a compromise solution, to a ajunge la o soluţie de compromis după multe eforturi/ după multe discuţii.

hammer out an excuse, to a născoci/inventa o scuză.

hammer out a scheme, to a trudi/munci din greu la un plan până ce îl face; a face/concepe/un plan cu/după multă trudă.

hammer smth. flat, to a turti ceva (cu ciocanul).

hammer smth. into shape, to a fasona/modela ceva (cu ciocanul); *şi fig.* a da formă unui lucru *(proiect etc.).*

hammer smth. into smb.'s head/into the head of smb., to *F* a vârî/băga cuiva ceva în cap; a face să-i intre cuiva ceva în cap.

hand a boy a punishment, to *amer.* ← *F* a aplica o pedeapsă unui elev.

hand a leg, to *F* a bate în retragere; a da înapoi.

hand down heavy sentences, to *jur.* a da condamnări grele.

hand in one's chips, to *sl.* a o mierli; a lepăda potcoavele; a-şi încheia socotelile cu viaţa.

hand in one's resignation, to a-şi prezenta/înainta demisia.

hand it out with both fists, to a căra (cuiva) (la) pumni; a căptuşi pe cineva.

hand it/(the) punishment out, to *F* a sminti/ snopi/stâlci (în bătăi); a bate măr/rău/zdravăn; a trage (cuiva) o mamă/un toc de bătaie.

hand it to smb., to *F* a(-şi) scoate pălăria/a se închina în faţa cuiva; a-i recunoaşte cuiva meritul.

handle smb. roughly, to a brutaliza/brusca pe cineva; a trata pe cineva cu brutalitate.

handle smb. with kid gloves, to a se purta cu mănuşi cu cineva.

handle without gloves/mittens, to a umbla/a se purta fără mănuşi; a trata fără mănuşi/menajamente.

hand on the torch, to I. a transmite torța aprinsă în cursa cu ştafeta. **2.** *fig.* a transmite făclia (generației următoare).

hand over fist/hand, to I. mână peste mână *(la tras la edec, la cățărat etc.).* **2.** *fig.* F rapid şi uşor.

hand over power (to smb.), to a preda puterea (cuiva).

hand smb. a bouquet for, throw bouquets at smb., to *amer.* ← F a face complimente/elogii cuiva; a nu mai prididi cu laudele la adresa cuiva.

hand smb. a lemon, to F a trage pe sfoară/a duce cu preşul pe cineva.

hand smb. over to justice, to a da pe cineva pe mâna justiției.

hand smb. over to the police, to a da pe cineva pe mâna poliției; a preda pe cineva poliției.

hand smb. smth. on a plate, to F *fig.* a da cuiva ceva pe tavă; a face cadou.

hand smb. the frozen mitt, to *v.* **give smb. the frozen mitt.**

hands off! ia mâna! nu atinge! jos mâinile! F → jos labele! jos laba!

handsome as a young Greek god, (as) frumos ca o cadră/un zeu.

handsome is as/that handsome does *prov.* omul se judecă după fapte, nu după chip.

hand to fist ← F mână-n mână; împreună.

hand to hand corp la corp; ~ **fighting** luptă corp la corp.

handy as a pocket in a shirt, (as) *amer.* ← F foarte comod/convenabil.

hang a door, to a prinde o uşă în balamale; a pune o uşă pe țâțâni.

hang a few on, to *amer. sl.* a trage pe gât câteva înghițituri de whisky; a se ameți/afuma cu whisky.

hang all one's bells on one horse, to ← F a lăsa întreaga moştenire unui singur urmaş.

hang as high as Haman, to *înv.* a atârna în laț; a sta cu picioarele mai sus de pământ.

hang behind, to a zăbovi; a rămâne în urmă.

hang by a (single) hair, hang by/on/upon a thread, hang by one's/the eyelids, hang by the eye-teeth, to a atârna de un fir de păr; a se ține într-un fir de păr/ață.

hanged if I know F al dracului să fiu dacă ştiu; habar n-am.

hang fire, to ← *sl. (d. proiecte)* a rămâne baltă; *(d. o acțiune)* a da chix.

hang heavily/heavy on one's hands, to *a-i părea lung (ca durată);* a se scurge/a trece greu/încet (pentru cineva.)

hang in the balance, to *(d. evenimente etc.)* a ajunge la un punct critic/moment de cumpănă; a atârna în balanță.

hang in the wind, to ← F a sta la îndoială; a sta în cumpănă; a şovăi.

hang it (all)! F (ptiu) drace! ei, drăcie! ei, drăcia dracului! la dracu! la naiba!

hang it easy! *amer. sl. v.* **take it easy.**

hang loose! *amer. sl. v.* **take it easy.**

hang on a few, to *amer. sl. v.* **hang a few on.**

hang on a jiffy/minute/second! aşteaptă! stai o clipă!

hang on/upon a thread, to *v.* **hang by a (single) hair.**

hang on by the skin of one's teeth, to ← F I. a se crampona. **2.** a se ține bine.

hang one's head, to a lăsa capul în jos; a pune capul în pământ (de ruşine).

hang one's hat on smb., to *amer.* ← F a se bizui/baza/a conta pe cineva.

hang on smb.'s sleeve, to ← F I. a fi complet dependent de cineva; F → a fi cățeluşul cuiva; a face sluj în fața cuiva. **2.** a fi de acord cu tot ce spune sau face cineva.

hang on tight, to a se ține bine/strâns.

hang out the laundry, to *amer.* ← *sl.* a paraşuta trupe.

hang out/hoist the white flag, haul down/lower the flag, to *fig.* I. a ridica steagul alb; a se preda. **2.** a capitula; a coborî steagul.

hang over smb.'s head/over the head of smb., to *(d. o primejdie)* a plana asupra cuiva; a amenința/paşte pe cineva.

hang the bell about the cat's neck, to *v.* **bell the cat.**

hang the bells, to a monta clopotele.

hang the expense! F să coste cât o costa!

hang the fellow! F dă-l naibii! să-l ia dracu!

hang the jury, to *amer.* ← F a scinda voturile jurații; a opri pe jurați să ajungă la o hotărâre unică, împiedicând astfel pronunțarea sentinței.

hang the rudder, to a monta cârma.

hang the washing out, to a pune rufele la uscat.

hang together, to I. *(d. oameni)* a fi/sta uniți; a-şi uni forțele; a se sprijini (unul pe altul). **2.** *(d. lucruri)* a avea legătură/o legătură logică; a corespunde/coincide; a se împăca/potrivi.

hang up in smb.'s ear, to a-i trânti cuiva telefonul.

hang up one's axe, to *fig.* ← F I. a se lăsa de treabă. **2.** a se lăsa păgubaş.

hang up one's fiddle when one comes home, to
← *F* a fi vesel în lume și posac acasă.

hang up one's hat (in smb.'s house), to ← *F*
1. *(mai ales d. un musafir nepoftit)* a rămâne/zăbovi
mult timp în vizită la cineva; a face o vizită arme-
nească; < a se instala ca la el acasă. **2.** a se însura și
a se stabili la soție.

hang upon smb.'s lips/reply/words, to a sorbi
cuvintele/vorbele cuiva; a asculta cu aviditate pe
cineva/răspunsul cuiva.

hang wallpaper, to a tapeta; a pune tapete.

hang you! *F* du-te și te spânzură! du-te la dracu!

happen what may orice s-ar întâmpla; fie ce-o fi.

**happy as a bird/a king/a sand-boy/as the day is
long, (as)** în culmea fericirii; în al nouălea cer.

harass the life out of smth., to *F* a-i face cuiva
zile fripte/amare; a-i mânca cuiva zilele.

harbour thoughts of revenge, to a nutri gânduri
de răzbunare.

hard and fast rules reguli stricte/severe/riguroase.

hard as a bone, (as) tare ca piatra.

hard as a flint/a stone/the nether millstone, (as)
fig. tare ca piatra.

hard as iron, (as) 1. tare ca fierul. **2.** foarte dur/
aspru.

hard as nails, (as) 1. călit; rezistent. **2.** *(d. un sportiv)*
în formă. **3.** fără milă; nemilos; neîndurător.

harden one's heart, to a se împietri; a se face de
piatră; a i se împietri inima.

harden smb.'s heart, to *(d. ceva)* a împietri inima
cuiva.

hardly out of swaddling-clothes *fig. F* încă în fașă;
încă cu caș la gură.

hard nut to crack, a ← *F* **1.** o problemă greu de
rezolvat. **2.** o persoană dificilă.

hard of hearing tare/*F* → fudul de ureche.

hard words break no bones ← *F* cu otuzbirul nu
faci nimic.

hare it, to a fugi mâncând pământul; a o lua la
picior; a o rupe la fugă/goană.

hares may pull dead lions by the beard *prov.* după
ce leul moare, mulți se găsesc să-l jupoaie.

hark back to smth., to ← *F* a reveni la subiect.

harp on the same note/string, to *F* a o ține una și
bună; a repeta mereu același lucru/veșnic aceeași
poveste.

harrow smb.'s feelings, to a amărî/deprima/chinui
pe cineva; a-i strica cuiva inima.

harry a debtor, to a pune sula în coaste/unghia în
gât unui datornic.

haste is of the evil *prov.* graba strică treaba; cine se
grăbește și ce are prăpădește.

has the cat got your tongue? *amer. F* ce, ți-a pierit
graiul? ți-a tăiat popa limba?

hasty climbers have sudden falls *prov.* cine sare
cam sus îndată cade jos.

hatch a plot, to a urzi/unelti/pune la cale un com-
plot.

hatch out a plan, to *fig.* a concepe/întocmi un plan.

hate like poison/like the plague, to a urî de
moarte/cumplit/din tot sufletul/*F* → ca pe dracu;
a-i fi drag ca sarea-n ochi.

hate smb.'s guts, to *amer.* ← *sl.* a urî de moarte pe
cineva.

hate the sight of smb., to a nu putea suferi pe
cineva; a nu avea ochi să vadă pe cineva.

**hat in hand, one's hat in one's and, with one's
hat in one's hand** plecat; slugarnic; servil; căciu-
lindu-se, ploconindu-se; umil.

haul a boat up the beach, to *v.* **haul up a boat
on (to) the beach.**

haul a rope taut, to *mar.* a trage/întinde o frânghie.

haul at/upon a rope, to a trage (de o funie) cu putere.

haul down one's colours/flag, to *v.* **hang out the
white flag.**

haul down/lower the flag, to *v.* **hang out the white
flag.**

haul in one's sails, to ← *F* **1.** a mai lăsa din pretenții.
2. a se restrânge; a mai tăia/reduce din cheltuieli.

haul it, to *amer. sl.* a o întinde/șterge/șterpeli/tuli; a
spăla putina; a-și lua tălpășița/catrafusele.

haul one's ashes, to *amer. sl.* a o lua din loc; a-și
lua catrafusele; a se evapora.

haul smb. over the coals, to *F* a săpuni pe cineva;
a trage cuiva o săpuneală/un perdaf; a lua pe cineva
la refec/rost/trei păzește.

haul smb.'s ashes, to *amer. sl.* **1.** a da pe cineva
afară; a-i face cuiva vânt; a-i spune cuiva să se care/
să o întindă/șteargă. **2.** a chelfăni/cotonogi
cojocul/nădragii (de praf).

haul smb. up for (doing) smth., to ← *F* a-i cere
cuiva socoteală pentru ceea ce a făcut.

haul the mail, to *amer. sl.* a da zor/pinteni; a-i da
bătaie; a băga în viteză.

haul the tacks aboard, to *mar.* a lega murele unei
vele.

haul up a boat on (to) the beach, to a trage o
ambarcațiune la țărm.

haul upon a rope, to *v.* **haul at a rope.**

have a bad break, to *amer. v.* **get a bad break.**

have a bad breath, to a-i mirosi (cuiva) gura.

have a bad fall, to a cădea rău.

have a bad/poor hand, to a nu avea mână bună
(la jocul de cărți); a nu fi în mână.

have a bad night, to a dormi prost; a nu dormi bine.

have a bad nose (for), to a nu avea fler (când e vorba de).

have a bad/hard/rough time (of it), to 1. a îndura multe (suferinţe); a trece prin multe (încercări grele). 2. a trece printr-un moment neplăcut/de grea încercare.

have a bad wind, to a nu avea suflu.

have a bash/crack/go/shot/stab/try at smth./ doing smth., to a încerca ceva/să facă ceva; a face o încercare; a-şi încerca puterile la ceva.

have a basinful, to v. **have enough of.**

have/take a bath, to a face baie.

have a bearing on/upon smth., to (d. ceva) a fi în legătură/raport cu ceva; a avea legătură cu ceva; a influenţa/afecta ceva.

have a bee in one's bonnet, to 1. v. **have rats in the attic.** 2. v. **have bats in one's belfry.**

have a bellyful, to v. **have enough to.**

have a bent for smth., to a avea înclinaţii/aptitudini pentru ceva.

have a binge/booze/P bust/spree, to v. **go on the binge.**

have a bite, to a lua o îmbucătură/înghiţitură; a pune ceva în gură; a lua o mică gustare.

have a bone in one's/the arm/leg, to ← glum. a nu avea putere să mişte un deget/să se scoale; a-i fi o lene cumplită (expresie folosită ca pretext glumeţ pentru a nu face ceva, a nu se ridica sau a nu se mişca dintr-un loc).

have a bone in one's/the throat, to ← glum. a nu fi în stare să scoată o vorbă; a nu avea limbă (de grăit).

have a bone/crow to pick with smb., to fig. F a avea o mică răfuială/socoteală cu cineva; a avea un (mic) cont de reglat cu cineva; a avea ceva de împărţit cu cineva.

have a booze, to F v. **go on the binge.**

have a bout of words with smb., to a avea un schimb de cuvinte cu cineva.

have about/by/on one, to a avea asupra sa.

have a bowing/nodding acquaintance with smb., to a fi prieten de bună-ziua cu cineva.

have a brainstorm, to F a avea/a-i veni o idee grozavă/nemaipomenită.

have a brittle temper, to a-şi ieşi repede din fire; a-i sări repede ţandăra.

have a broom in/up one's tail, to v. **get a broom in one's tail.**

have a brush with smb., to a avea o ciocnire/încăierare cu cineva.

have a bust, to P v. **go on the binge.**

have a card/an ace up one's sleeve, to F a mai avea un atu; a nu fi încă la capătul resurselor.

have a care! 1. fii atent! atenţie! bagă de seamă! ia seama! ai grijă! 2. abţine-te!; nu te băga! taci!

have a character for smth., to a fi cunoscut pentru ceva; a avea faima de.

have a charmed existence/life, to v. **bear a charmed existence.**

have a chat (with smb.), to a sta de vorbă/la taifas/taclale/la un pahar de vorbă (cu cineva); a face o şuetă cu cineva; a schimba o vorbă (cu cineva).

have a chest X-ray, to a-şi face o radiografie pulmonară.

have a child by smb., to (d. o femeie) a avea un copil de la/cu cineva.

have a child on the way, to (d. o femeie) a aştepta un copil; a fi însărcinată/gravidă.

have a chip on one's shoulder, to F v. **carry a chip on one's shoulder.**

have a churchyard cough, to F a-l chema pământul; A → a se vindeca cu zeamă de clopot.

have a cigar, to a fuma o ţigară de foi.

have a cigarette, to a fuma o ţigară.

have a close shave, to F v. **have a narrow escape.**

have a cobweb in one's throat, to ← F a i se fi uscat gâtul; a avea gâtlejul uscat.

have a cold hanging about one, to a avea o răceală de care nu mai scapă.

have a colt's tooth, to ← F (d. o persoană în vârstă) a avea gusturi tinereşti.

have a commanding appearance, to a avea o înfăţişare/ţinută impunătoare; a avea prestanţă.

have a crack, at smth., to v. **have a bash at smth.**

have a crow to pluck/pull with smb., to F v. **have a bone to pick with smb.**

have a crush on smb., to F a i se scurge ochii după cineva; a fi mort/nebun/a se topi/a-i sfârâi călcâiele după cineva; a-i cădea cu tronc la inimă.

have a cushy time, to F a se giugiuli; a se drăgosti.

have a dance, to a dansa.

have a dash at smth., to ← F a încerca ceva; a-şi încerca norocul la ceva; a face o încercare.

have a dash/touch of the tar-brush, to ← F a avea ceva/un pic de sânge de negru în vine.

have a decent competence/have enough to live on (and smth. to spare), to a avea din ce trăi (slavă Domnului!).

have/take (a) delight in smth., to 1. a se desfăta/delecta cu ceva; a gusta ceva; a-i plăcea ceva; a-i face plăcere să; a găsi plăcere în ceva. 2. a se complăcea în ceva.

have a dig at smb., to *F v.* give smb. a dig in the ribs.

have a dig at smth., to ← *P* a încerca ceva; a se apuca de ceva.

have a dislike for/of smth., to a avea o aversiune/ repulsie pentru/faţă de ceva.

have a down on smb., to ← *P* a avea pică/boală pe cineva; a purta pică cuiva; a avea un dinte împotriva/contra cuiva.

have a downright manner, to a fi dintr-o bucată.

have a doze, to a picoti/moţăi/dormita; a dormi pe jumătate.

have a dram/drop/nip, to *F* a trage un gât/o duşcă.

have a dread/fear/horror/terror of smth., to a-i fi teamă/groază de ceva; a-l înspăimânta/îngrozi ceva.

have/take a drive, to *v.* go for a drive.

have a drop in one's eye, to *F* a fi băut un păhărel mai mult; a fi (cam) cu chef; a fi cherchelit/afumat/ făcut.

have a drop too much, take a drop (too much), to a bea un păhărel mai mult; a se chercheli; a se afuma; a fi cu chef.

have a face as long as a fiddle, to a fi plouat/ posomorât/abătut; a sta/şedea/umbla ca o curcă plouată; a-i fi inima grea; a nu-i fi boii acasă.

have a face-lift, to *v.* have one's face lifted.

have a fall, to a cădea.

have a fascination/an appeal/an attraction for smb., to *(d. cineva)* a-l atrage/delecta/fascina/ încânta cineva; a simţi o atracţie pentru cineva/ ceva; a-i merge cuiva la inimă ceva; a se simţi atras de cineva/ceva.

have a feed, to *(d. un copil mic sau un cal)* a mânca; a se hrăni.

have a feeling, to 1. a avea sentimentul/senzaţia; a simţi; a presimţi. 2. ~ **for** a nutri un sentiment pentru.

have a (few) button(s) missing, to *amer. F* a-i lipsi cuiva o doagă; a fi (cam) într-o doagă; a fi scrântit/ţăcănit.

have a film over the eyes, to a vedea ca prin pânză/ sită/ceaţă; a desluşi/distinge cu greu.

have a fine figure, to a fi bine făcut/chipeş; *(d. femei)* a avea un corp frumos; < avea nuri.

have a fine/good/pleasant/wonderful time, to a se distra, a petrece bine/minunat/de minune.

have a finger in the pie, to ← *F* a fi amestecat/ băgat în ceva; a avea un amestec (oarecare) în ceva; a nu fi străin de ceva; *F* → a-şi fi vârât/băgat coada în ceva.

have a fit, to *fig. F* a-i veni rău; a face o criză.

have (a fit of) the blues, to ← *F* a avea/a-i fi inima neagră; a avea gânduri negre; > *F* → a i se fi înecat corăbiile.

have (a fit of) the sulks, to a nu fi în apele lui; a nu fi în toate apele; a fi în toane rele.

have a flair/gift for smth./doing smth., to a avea darul unui lucru/să facă ceva/de a face ceva; a fi înzestrat/talentat pentru ceva; a avea talent pentru ceva; a avea talentul să facă/de a face ceva.

have a fling at smth., to *v.* have a bash at smth./ doing smth.

have a flippant/glib/*F* **well-oiled tongue, to** a fi bun de gură; *F* → a avea papagal.

have/take a flutter in/on smth., to a miza pe ceva *(la curse, bursă etc.)*.

have a foot/hand in the dish, to *F v.* have a finger in the pie.

have a foul mouth, to a avea o gură rea/o gură spurcată; a fi spurcat la gură.

have a fright, to a trage o sperietură/spaimă; a se speria.

have a frog in one's throat, to ← *F* a avea o răguşeală; a fi răguşit.

have a full/true realisation of smth., to a-şi da pe deplin/perfect de bine/limpede seama de ceva; a înţelege limpede; a fi lămurit complet în privinţa unui lucru.

have a furlough, to *v.* go on furlough.

have a game (with smb.), to 1. a face o partidă (cu cineva). 2. a păcăli/duce pe cineva.

have a gift for smb., to *v.* have a flair for smth.

have/take a glass too much, to *F* a bea un păhărel mai mult; a se afuma; a se chercheli; a fi lulea.

have a glib tongue, to *v.* have a flippant tongue.

have a go at smth., to *v.* have a bash at smth.

have a good break, to *amer. v.* get a good break.

have a good command of a language, to a stăpâni (bine) o limbă.

have a good delivery, to *(d. o femeie)* a avea o naştere uşoară.

have a good face, to a avea (o) mină bună; a arăta bine.

have a good/thorough grasp of smth., to a cunoaşte bine/temeinic ceva; a avea cunoştinţe solide/temeinice despre ceva.

have a good grasp of things, to a prinde repede; a fi isteţ.

have a good grip of smth., to ← *F* a fi stăpân pe ceva; a stăpâni bine ceva; a cunoaşte ceva temeinic.

have a good grip on an audience, to a ţine trează/ încordată atenţia spectatorilor; a capta atenţia/ interesul spectatorilor.

have a good grizzle, to a-şi vărsa tot amarul.

have a good grounding in smth., to a avea cunoştinţe temeinice/solide de ceva; a cunoaşte ceva temeinic.

have a good grouse, to ← *F* a avea temei de plângere/reclamaţie.

have a good hand, to a avea mână bună *(la jocul de cărţi)*.

have a good head for smth., to a se pricepe la ceva.

have a (good) head on one's shoulders, to a fi cu capul pe umeri; a fi un om cu (scaun la) cap/judecată/bun-simţ.

have a good innings, to *F* a trăi mult şi bine; a o duce bine toată viaţa.

have a good laugh, to a râde din toată inima; *F* → a trage o porţie bună de râs.

have a good lead, to a avea o cheie/un indiciu.

have a (good/great) mind to do smth., to a avea (mare) chef/poftă să facă ceva; *F* → a-i da inima ghes/brânci să facă ceva.

have a good night, to a dormi bine.

have a good nose, to a avea mirosul fin.

have a good old time, to *v.* **have a jolly good time.**

have a good presence, to a avea prestanţă.

have a good press, to a avea o presă bună; a se bucura de/a obţine o apreciere favorabilă/o bună apreciere în presă.

have a good store of smth., to a fi bine aprovizionat cu ceva.

have a good time, to *v.* **have a fine time.**

have a good tuck-in, to *F* a mânca pe rupte; a băga bine la ghiozdan; a-şi umple burdihanul; a băga în el ca într-un spital.

have a good/long wind, to a avea suflu bun; a avea plămâni buni.

have a gorgeous/grand/high time, to *v.* **have a fine time.**

have a gossip with smb., to a sta la taifas/taclale cu cineva; a face o şuetă cu cineva.

have a great deal of/a strong pull with smth., to a avea mare trecere la cineva.

have a (great) say in a matter/it, to a avea un cuvânt (greu) de spus în legătură cu ceva.

have a green thumb, to a se pricepe la/a fi meşter în grădinărit.

have a grievance against smb., to a avea o plângere împotriva cuiva.

have a grouch, to a fi prost dispus/morocănos/ursuz.

have a grouch against smb., to *amer. F v.* **have a grudge against smb.**

have a grouse against smb., to *F v.* **have a grudge against smb.**

have a grudge/spite/tooth against smb., to *F* a avea pică/ciudă pe cineva; a purta pică cuiva; a avea un dinte împotriva cuiva.

have a gruelling time, to a fi chinul pe pământ; a trage din greu; a se speti; a trece prin toate alea.

have/make a guess, to a încerca să ghicească.

have a gust in the attic, to *F* a se chercheli; a se pili.

have a hand/part in smth./doing smth., to a fi amestecat în ceva; a avea partea sa în ceva; a avea un rol în ceva.

have a hand in the dish, to *v.* **have a finger in the pie.**

have a handle to one's name, to ← *iron.* a avea un titlu (de nobleţe).

have a hand like a foot, to ← *F* a fi neîndemânatic/stângaci.

have a hand on/over smb., have smb. in the palm of one's hand, to a avea pe cineva la mână.

have a hang-over, to *F* a fi mahmur; a avea mintea aburită/tulbure (după beţie).

have a hankering for/after fame, to a tânji după glorie.

have a (hard) job to do/doing smth., to a-i fi (tare) greu să facă ceva; a avea de furcă/bătaie de cap să facă ceva.

have a hard roe to hoe, to a avea de furcă/de tras.

have a hard time of it, to *v.* **have a bad time (of it).**

have a head, to ← *F* **1.** a-l durea/a-i plesni capul (după un chef). **2.** *v.* **have a hang-over.**

have a head on one's shoulders, to *v.* **have a (good) head on one's shoulders.**

have a heart, to a fi om de inimă; a avea inimă bună/suflet bun; a fi bun la inimă.

have a heart-to-heart talk, to a avea o discuţie între patru ochi; a avea o discuţie intimă.

have a heavy hand, to a fi stângaci/neîndemânatic/nepriceput.

have a hectic time, to a avea o perioadă îngrozitor de încărcată; a fi ocupat până peste cap; a nu avea un moment/o clipă de răgaz; a avea treabă/a fi ocupat de dimineaţa până seara; a nu mai şti unde îi este capul/ce e cu el.

have a/the hell of a time, to *F* **1.** a fi/nimeri într-un adevărat infern. **2.** a petrece/a se distra nemaipomenit/formidabil/grozav.

have a high color, to a fi roşu la faţă.

have a high old time, have the time of one's life, to *F* a se distra/amuza/a petrece grozav/de minune/în lege/pe cinste.

have a high opinion of smb., to a avea o părere foarte bună despre cineva.

have a high regard for smb., to *v.* **hold smb./ smth. in high esteem/regard.**

have a high time, to *v.* **have a fine time.**

have a hold over smb., to a avea la mână pe cineva; a avea putere asupra cuiva.

have a hunch that, to ← *P* a bănui că, a avea o bănuială că.

have a jag on, to *amer. F* a fi băut/făcut/afumat/ aghezmuit.

have a joke (with smb.), to a glumi (cu cineva).

have a jolly good time, to a se distra/a petrece grozav/de minune; a se distra nemaipomenit; a se amuza copios.

have a knack for writing, to *F* a avea condei.

have a knack of doing smth., to *v.* **have the knack of smth./doing smth.**

have a level head, to a fi om cu judecată; a avea capul pe umeri; a fi cumpătat/echilibrat.

have a lie down, to a se întinde/culca.

have a light at the pub, to ← *F* a avea cont curent la cârciumă.

have a light touch, to a avea mână ușoară; a fi ușor de mână; *(d. un pianist)* a avea tușeu.

have a liking for smb./smth., to a avea o simpatie/ afecțiune pentru cineva; a-i plăcea ceva; a se simți atras de ceva.

have a line on smth., to *v.* **get a line on smth.**

have (a litter of) Kittens, to *amer. sl.* **1.** a-l apuca năbădăile/pandaliile. **2.** a-i tremura balamalele/ genunchii; a dârdâi de frică; a-i țâțâi inima.

have a lively time of it, to *F* a avea treabă/de lucru până peste cap.

have all one's buttons (on), to ← *F* a fi un om cu scaun la cap/cu judecată sănătoasă/întreg la minte/ cu mintea întreagă.

have/put all one's eggs in one basket, to ← *F* a risca totul; a juca/miza totul pe o singură carte.

have all one's eyes about one, to a fi cu ochii în patru/cu băgare de seamă; a deschide ochii.

have all one's trouble for nothing/for one's pains, to *F →* a rămâne cu buzele umflate/cu buza friptă/buzat.

have (all) one's work cut out (for one), to a avea multă treabă/mult de lucru; a nu-și mai vedea capul de treabă; a avea multe pe cap; a avea mare bătaie de cap.

have/hold (all) the cards (in one's hand/hands), have the trump card, hold all the winning cards, to a avea (în mână) toate atuurile/avantajele; a fi în situația de a câștiga; a fi stăpân/*F →* călare pe situație.

have all the time in the world, to a avea timp berechet.

have a long arm, to ← *F* a avea multă trecere/ putere; < a fi periculos.

have a long head, to ← *F* a fi perspicace; *F →* a avea un pas bun.

have a long run, to 1. a fi/rămâne mult timp în vogă/la modă; a avea căutare mult timp. **2.** *(d. o piesă)* a ține afișul mult timp.

have a long wind, to *v.* **have a good wind.**

have a long tongue, to *F* a avea limbă lungă; a fi limbut/flecar/guraliv; a fi gură-spartă.

have/take a look at smb./smth., to a se uita la cineva/ceva.

have a look-in, to *sport etc.* a avea șanse de succes.

have a look of smb./smth., to a aduce/semăna puțin cu cineva/cu ceva.

have a lot of kick, to *(d. cineva sau ceva)* a fi tare/ puternic; a avea putere/tărie.

have a lot on the ball, to *amer. F* a ști meserie; a fi priceput.

have a low/little/no regard for smb./smth., to *v.* **hold smb./smth. in low esteem/regard.**

have a lump in one's throat, to a i se pune un nod în gât.

have a maggot in one's brain/head, to *F* a avea gărgăuni (la cap).

have a mike, to *F* a tăia frunză la câini.

have a mind of one's own, to a ști ce vrea; a gândi cu mintea sa.

have a misfortune, to 1. *eufemistic (d. o femeie)* a avea un copil nelegitim/din flori **2.** *P* a fi/intra la pârnaie/răcoare/zdup.

have a monkey on one's back, to ← *sl.* **1.** a consuma droguri. **2.** a purta pică.

have an ace up one's sleeve, to *F v.* **have a card up one's sleeve.**

have an advantage over smb., to *v.* **get the advantage of smb.**

have an affair with smb., to a avea o legătură cu cineva.

have an anchor to windward, to *v.* **cast an anchor to windward.**

have/take a nap, to a trage un pui de somn/un somnuleț; *(după prânz)*, a-și face siesta; a-și face somnul de după-amiază; a se întinde/lungi puțin.

have an appeal for smb., to *v.* **have a fascination for smb.**

have an argument with smb., to a avea o dispută cu cineva; a se certa cu cineva.

have a narrow escape/shave/squeak, to *F* a scăpa ca prin urechile acului; a fi fost la un pas de.

have a nasty tumble, to a cădea rău.

have an attraction for smb., to *v.* **have a fascination for smb.**

have an audience of smb., to a avea o întrevedere cu cineva.

have an axe/axes to grind, to ← *F* a avea/urmări un interes personal/interese/scopuri personale; a acţiona într-un scop interesat.

have an ear for smth., to I. a avea ureche (muzi-cală/bună). 2. a se pricepe la ceva; a şti să audă/asculte ceva.

have an early night, to a se culca devreme.

have an ear to the ground, to a fi cu cohii-n patru/cu luare-aminte; a-şi deschide urechile.

have a near touch, to a scăpa ca prin urechile acului.

have an edge on, to *amer. sl.* a fi cherchelit/abţiguit/mahmur.

have an edge on smb., to *amer. F v.* **have an/the edge over smb.**

have an/the edge over smb., to a avea avantaj faţă de cineva; a fi în avantaj faţă de cineva.

have an effect/impact on/upon smb./smth., to a influenţa/afecta (mult/considerabil) pe cineva/ceva; a avea efect/o influenţă (puternică/deosebită) asupra cuiva/ceva.

have a new book on the anvil, to a avea o nouă carte în lucru/pe şantier.

have an eye for smth., to a avea ochi pentru ceva; a şti să vadă ceva; a se pricepe la ceva.

have an eyeful at smth., to a se uita cu ochi mari la ceva; a privi ceva cu gura căscată.

have an eye in one's head, to a avea perspicacitate/un ochi ager.

have an/one's eye on, to *v.* **keep an eye on.**

have an eye to, to *v.* **give an eye to.**

have an eye to everything, to a avea grijă de toate.

have an eye to the main chance, to a-şi face interesele; a urmări propriul interes; a căuta numai câştigul; a umbla numai după câştig; a fi cu ochii numai la câştig.

have an honoured place in smth., to *(d. cineva sau ceva)* a avea/ocupa un loc de cinste în ceva.

have an idea, to a avea impresia; a i se părea; a simţi.

have a night on the tiles, to a trage un chef (în timpul nopţii).

have a night out, to a petrece o seară/noapte plăcută.

have an important/prominent/significant place in smth., to *(d. cineva sau ceva)* a avea/ocupa un loc important/de seamă/de frunte în ceva.

have an inside track (to doing smth.), to > a avea/fi într-o poziţie avantajoasă; a avea mai multe şanse/şanse mai mari (să facă ceva).

have an interest for smb./smth., to *(d. cineva sau ceva)* a-l interesa cineva/ceva pe cineva; a prezenta interes pentru cineva.

have a nip, to *v.* **have a dram.**

have an Irishman's rise, to *glum.* a ajunge din cal, măgar.

have an itch for smth./to do smth., to a-i crăpa/arde buza cuiva să facă ceva; a muri/a se da în vânt după ceva; a arde/avea boală să facă ceva.

have an itching palm, to ← *F* a fi lacom după câştig.

have an oar in every man's boat, to *fig. F* a-şi vârî nasul în treburile altora; a-şi băga nasul unde nu-i fierbe oala; a-şi vârî coada peste tot.

have an odds-on chance of, to a avea şanse mari de.

have an off day, to *amer. F* a avea o/a fi în zi proastă.

have an open hand, to a avea mână largă; a fi darnic/generos.

have an open mind, to a nu avea idei preconcepute; a fi receptiv la idei noi; *F →* a fi descuiat la minte.

have a nose for smth., to a avea fler pentru ceva; a simţi/prinde ceva.

have another, to a trage la măsea; a se beţivi; a da cu paharul.

have another card up one's sleeve, to a mai avea ceva la mână.

have a notion, to a-şi băga în cap ideea, a avea impresia; a-i veni în cap gândul; a-şi închipui/imagina.

have an urge to do smth., to a simţi un îndemn/a avea dorinţa să facă ceva.

have an X-ray photography, to a-şi face o radio-grafie.

have a one-track mind, to a fi strâmt/îngust la minte; a avea un orizont îngust.

have a package on, to *amer. sl.* a fi cherchelit/pilit/criţă.

have a part in smth., to *v.* **have a hand in smth.**

have a pash on smb., to *înv. v.* **have a crush on smb.**

have/take a peep (at), to a privi pe furiş/ascuns (la); a arunca o privire furişă.

have a piece of work in hand/on the stocks, to a avea ceva în lucru/*F →* pe şantier.

have a place in the sun, to *fig.* a avea condiţii favorabile de dezvoltare.

have a pleasant time, to *v.* **have a fine time.**

have a puff at a pipe, to a trage din pipă.

have a quick/ready wit, to a fi ager la minte; a avea o minte ageră/vioaie.

have a raise (in salary), to *amer. v.* **get a rise in salary.**

have a rattling time, to ← *sl.* a se distra grozav/pe cinste.

have a razzle, to *sl. v.* **go on the binge.**

have a ready tongue, to a riposta/răspunde (întotdeauna) prompt; *v. şi* **have a flippant tongue.**

have/take a rest, to a se odihni.

have/take a ride, to *v.* **go for a ride.**

have a ring-side seat, to *fig.* ← a vedea/urmări ceva *(evenimente etc.)* dintr-o poziţie favorabilă/avantajoasă.

have a rise in salary, to *v.* **get a rise in salary.**

have a rod in pickle for smb., to *F v.* **have it in for smb.**

have a rough time of it, to *v.* **have a bad time (of it).**

have a rumpus with smb., to *F* a se lua la harţă cu cineva; a se ciorovăi/ciondăni cu cineva.

have a run, to *v.* **go for a run.**

have a run of bad/ill luck, to a fi în pasă proastă/neagră; a se ţine ghinioanele lanţ.

have a run of luck, to a fi în pasă bună; a-i merge bine/din plin.

have a say/volee in smth., to a avea un cuvânt de spus într-o problemă.

have a score to settle with smb., to a avea o răfuială cu cineva; a se răfui/socoti cu cineva; a avea ceva de pus la punct cu cineva.

have a screw/slate/tile loose, to *F* a-i lipsi o doagă; a fi (cam) într-o doagă/ureche; a fi cu trei roate la car.

have a set-to, to ← *F* a se încăiera.

have a shave, to a se rade.

have a short run, to *(d. o piesă)* a nu ţine mult timp afişul; a ţine afişul puţin timp/puţină vreme; a se juca puţin.

have a short temper, to a fi nestăpânit/repezit; a fi iute la mânie; a-i sări repede muştarul.

have a shot at smth., to *v.* **have a bash at smth.**

have/get a shot in the arm, to 1. a i se face o injecţie. 2. *fig. (d. cineva/ceva)* a prinde putere; a lua avânt; a primi un impuls.

have/take a shower, to a face duş.

have a shy at doing smth., to ← *F* a încerca să facă ceva.

have/get a sight of smb./smth., to *v.* **catch sight of smb./smth.**

have a sit down, to a se aşeza.

have a slate loose, to *F v.* **have a screw loose.**

have/get a sleep, to a dormi; a trage un pui de somn.

have a slow wit, to a fi greu de cap.

have a sly hit at smb., to ← *F* a satiriza/împunge pe cineva.

have a smack at smth., to ← *F* a încerca/face o încercare.

have as many lives as a cat, to a avea şapte vieţi (într-însul).

have a smashing time, to *F v.* **have a jolly good time.**

have a smattering of smth., to a bâjbâi într-un domeniu; a avea noţiuni de ceva; a avea o spoială de cunoştinţe despre ceva.

have a smoke, to a fuma.

have a smooth tongue, to a avea gura aurită/de aur.

have as much chance as a snowflake in hell, to *austral.* a nu avea nici o/cea mai mică şansă; a fi fără nici o şansă/fără speranţă.

have a soft job, to a avea o slujbă/muncă uşoară; a nu avea mare lucru/cine ştie ce de făcut; a nu da în brânci.

have a soft/weak spot for smb., to *F* a avea o slăbiciune pentru cineva; a avea pe cineva la inimă.

have a soft tongue, to 1. a fi dulce/mieros la vorbă; a fi cu limba (fagure) de miere. 2. a avea limbă de aur.

have a song, to 1. a cânta un cântec. 2. a asculta un cântec.

have a spark in one's throat, to *fig. F* a avea tot timpul gâtul uscat; a-i fi sete tot timpul; *A* → a fi înţărcat cu lacherdă.

have a spite against smb., to *F v.* **have a grudge against smb.**

have a spree, to *F v.* **go on the binge.**

have/take a squint (at), to ← *F* a se uita (la); a arunca o privire (la).

have/make a stab at smth., to *amer. F* a încerca să dea lovitura.

have a stake in smth., to a avea interese/un interes în ceva; a investi în ceva; a participa la ceva; a pune ceva într-o afacere etc.

have a stake in the game, to ← *F* a avea un interes.

have a sticky time, to *F v.* **have a bad time (of it).**

have a stroll, to *v.* **go for a stroll.**

have a strog grasp/grip, to a avea priză bună.

have a strong pull with smb., to *v.* **have a great deal of smb.**

have a sunstroke, to a face/căpăta insolaţie.

have a sweet tooth, to a fi mare amator de dulciuri; *F* → a se da în vânt după dulciuri.

have/take a swim, to *v.* **go for a swim.**

have/suffer from a swollen head, to a fi încrezut/
fudul/plin de sine; a se crede mare și tare/buricul
pământului; a se umfla în pene; a face pe nebunul.

have a talk (with smb.), to a sta de vorbă (cu
cineva); a avea o discuție/convorbire (cu cineva);
a vorbi/discuta (cu cineva).

have a terrible time of it, to *v.* **have a bad time
of it.**

have a thick skin, to a avea obrazul de toval/obrazul
gros; a fi gros de obraz.

have a/this thing about smb./smth., to *F* **I.** a
avea o slăbiciune pentru cineva/ceva; a avea ceva
pentru cineva. **2.** ← a avea oroare de cineva/ceva;
a i se face rău; a nu putea suferi pe cineva/ceva.

have a thin skin, to ← *fig.* a fi foarte sensibil/
susceptibil.

have a thin time, to *F v.* **have a bad time (of it).**

have a tile loose, to *F v.* **have a screw loose.**

have a tilt at smb., to a înțepa/împunge pe cineva
(prietenește într-o conversație, dezbatere etc.); a intra
puțin în cineva.

have at it, and have it *prov.* cu curaj și cu silință
izbutești la orice te îndeletnicești.

have a tooth against smb., to *v.* **have a grudge
against smb.**

have a tooth out, to a-și scoate un dinte/o măsea.

have a touch of the sun, to a avea o insolație
ușoară.

have a touch of the tar-brush, to *F v.* **have a
dash of the tar-brush.**

have a tough time, to *v.* **have a bad time (of it).**

have a trial run (in a car), to a face o plimbare de
probă (cu mașina).

have a trick of, to a avea mania/obiceiul de.

have a true realisation of smth., to *v.* **have a full
realisation of smth.**

have a try, to a încerca; a face o încercare.

have a try at smth., to *v.* **have a bash at smth.**

have a trying day, to a avea o zi grea; a fi pus la
grea încercare.

have a turn for smth., to a avea talent la ceva; a
avea aptitudini/înclinații pentru ceva.

have/take a view of, to a vedea; a privi.

have a voice in the matter, to *v.* **have a say in
smth.**

have/take a walk, to *v.* **go for a walk.**

have a warm spot in one's heart for smb., to *v.*
have a soft spot for smb.

have a wash, to a se spăla.

have a way with one, to *F* a avea un fel al său de a
fi care te câștigă; a câștiga pe cineva cu felul său de
a fi; a avea un farmec (al său) care te câștigă.

have a way with smb./smth., to a ști cum să ia pe
cineva; a ști să se facă bine văzut de cineva; a avea
un fel al său de a întrebuința ceva; a ști să umble
cu ceva.

have a way with words, to a avea un fel al său de
a se exprima/de a mânui cuvintele.

have a weak head, to *v.* **have too much.**

have a weak stomach, to a fi slab de înger.

have a well-oiled tongue, to *v.* **have a flippant
tongue.**

have a whack at smth., to ← *F* **I.** a face o încercare;
a încerca ceva. **2.** *F* → a ataca *(o friptură etc.).*

have a whale of a time, to ← *F* a se distra/petrece
grozav/nemaipomenit/pe cinste.

have/hold a wolf by the ears, to ← *F* a nu avea
nici o ieșire/scăpare.

have a wonderful time, to *v.* **have a fine time.**

have a word in smb.'s ear, to a spune cuiva ceva
la ureche; a spune cuiva ceva confidențial; a face
cuiva o confidență.

have a word with smb., to a spune cuiva câteva
cuvinte; a vorbi/discuta cu cineva.

have a backbone/character/grit, to a avea
caracter.

have bad/hard luck, to a avea ghinion; a nu avea
noroc.

**have barely enough to keep body and soul
together, to** a o duce de azi pe mâine.

have bats in one's/the belfry, to *F* a avea sticleți;
a-i cânta sticleții în cap; a-i lipsi o doagă; a fi smucit
din fărăstrău; a fi într-o dungă.

have been in the sun/sunshine, to *sl.* a fi pilit/
afumat/aghezmuit.

have been in the wars, to *F* a păți multe.

have been there before, to *F* a nu fi de azi de ieri.

have been through the mill, to *F* a fi mâncat ca
alba de ham; a fi trecut prin ciur și prin dârmon; a
fi uns cu toate unsorile.

have bees in the brains/head, to ← *F* a visa cu
ochii deschiși; a-și clădi castele în Spania.

have brains, to a avea cap/minte/creier.

have by one, to *v.* **have about one.**

have/hold/take by the ears, to a ține bine în mână;
a avea la cheremul său.

have charge of smth., to *v.* **be in charge (of).**

have clean hands, to *fig.* a fi cu/avea mâinile curate.

have cold feet, to *F v.* **get cold feet.**

have compassion/pity on smb., to a avea/a-i fi
milă de cineva; a avea compasiune pentru cineva.

have control of/over smb./smth., to a avea control
asupra cuiva/ceva; a avea controlul unui lucru; a
fi stăpân pe ceva.

have designs on smb./smth., to a avea planuri cu cineva/ceva; a urmări ceva; a plănui ceva cu cineva/ceva.

have done with smb./smth., to a o termina/isprăvi/încheia cu cineva/ceva; a încheia socotelile; a pune capăt/punct unui lucru.

have eggs on the spit, to ← *F* a fi ocupat/prins; a avea treabă.

have elbow-room, to a avea loc/spaţiu de mişcare/câmp liber de acţiune.

have enough of, to a fi sătul (până în gât) de; a-i fi lehamite de; a i se acri de.

have enough on smb., to a avea pe cineva la mână; a şti destule despre cineva (ca să-l înfunzi); a putea să i-o faci cuiva; a avea destule probe împotriva cuiva.

have enough to live on (and smth. to spare), to *v.* have a decent competence to live on.

have everything/it one's way, to a face numai cum vrea el/după capul său; a nu întâmpina nici o rezistenţă/împotrivire; **all right, have it your own way** bine, fă cum vrei/crezi.

have eyes at the back of one's head, to a avea ochi la ceafă; a nu-i scăpa nimic.

have faith in smb./smth., to a crede în cineva/ceva; a se încrede în cineva/ceva.

have for the whistling, to ← *F* a obţine (ceva) foarte uşor/fără nici o greutate/nici un efort/*F* → bătând din palme.

have forty winks, to *F* a trage un pui de somn (după masă).

have free/full scope (to), to a avea libertatea (să); a avea toată latitudinea (să).

have fringe benefits, to a avea câştiguri suplimentare; a câştiga pe deasupra.

have full swing, to a nu fi supus nici unui control; a se bucura de libertate deplină.

have fun, to a se distra; a petrece.

have gone for a Burton, to *av.* ← *sl.* a fi dat dispărut.

have good cause to do smth., to a avea toate motivele să facă ceva.

have (good) grounds for smth./doing smth., to a avea motive serioase/întemeiate să facă ceva.

have good road-holding qualities, to *v.* hold the road well.

have good sea legs, to *v.* find/get one's sea(-)legs.

have got a man taped, to *sl.* a cunoaşte pe cineva ca pe-un cal breaz; a şti câte parale face cineva/cât îi poate pielea.

have got a swollen head to, to *F* a-şi da ifose/aere; a se umfla în pene; a nu-şi mai încăpea în piele.

have (got) by the leg, to *amer.* *F* a înfunda/vârî în cofă/a încuia (pe cineva).

have got'em all on, to *F* a se ferchezui; a se face fercheş/*F* → gigea.

have got'em bad, to *amer.* *F* a se apuca cu nădejde de treabă; *F* → a da în brânci.

have got one's head screwed on (the) right (way), to a fi cu capul pe umeri; a avea scaun la cap; a fi un om cu (scaun la) cap/cu judecată/cu bun simţ.

have (got) smb. (stone) cold, to *F* a băga/pune/vârî pe cineva în cofă.

have got smth. on the brain, to a nu-i ieşi ceva din cap; a fi urmărit/obsedat *(de o idee etc.)*; a se gândi mereu numai la ceva/la un lucru.

have (got) the goods, to *amer.* ← *sl.* a fi capabil/deştept; a avea cap.

have got up on the wrong side of the bed, to *F* a se fi sculat cu fundul în sus; a se scula cu faţa la cearşaf/la pernă; a avea draci/toane.

have gray on board, to *sl.* a fi afumat/aghezmuit/pilit.

have had it, to *F* (*d. cineva sau ceva*) a o încurca/păţi/da în bară; a se arde; s-a zis cu.

have had its/their day, to (*d. ceva*) a-şi trăi traiul; a i se duce zilele; a se duce/sfârşi cu ceva; a durat cât a durat; a avea zilele sale.

have had neither bite nor soup, to a nu fi mâncat nici băut; a nu avea nici de mâncare nici de băut.

have had one's bellyful, to *F* a-şi fi încasat/luat porţia.

have had one's day, to a fi văzut/cunoscut vremuri mai bune.

have half a mind to do smth., to a avea de gând/a-l bate gândul să facă ceva.

have hard measures, to a fi într-o situaţie foarte grea.

have (high) words with smb., to *F* a lua pe cineva la rost/trei-păzeşte; a-i face scandal/muzică cuiva; a-i spune cuiva câteva.

have Hobson's choice/no (other) choice (in the matter) (left), to a nu avea ce face/de ales; a nu exista nici o alternativă; a accepta ceva în lipsă de altceva mai bun.

have/hold/keep in hand, to a ţine în mână; a fi stăpân pe; *F* → a avea în buzunar.

have interest with smb., to a avea trecere pe lângă cineva.

have in view, to a avea în vedere.

have it, to ← *F* a înţelege; a pricepe.

have it (all) one's own way, to a face cum vrea/pofteşte/după capul său.

have it (all) over smb./smth., to v. have an/the edge over smb.

have it away/off (with smb.), to ← sl. a face dragoste (cu cineva).

have it both ways, to a împăca şi capra şi varza; a vrea şi de un leu şi de la mijloc.

have itching ears, to F a fi veşnic în căutare de noutăţi.

have it coming (to one), to a da de dracul; o păţi.

have it for smb., to amer. F a-i cădea cineva cu tronc la inimă; a prinde drag de cineva.

have it hard, to amer. F v. be hard up against it.

have it in for smb., to F 1. a i-o coace cuiva; a purta sâmbetele cuiva. 2. a avea ac de cojocul cuiva.

have it in mind to do smth., to a-şi propune/pune în gând să facă ceva; a urmări să facă ceva.

have it in one (to do smth.), to a fi în stare (să facă ceva); a-i sta în puteri (să facă ceva).

have it in the back of one's mind to do smth., to a-l bate/paşte gândul să facă ceva.

have it knocked, to amer. F a da lovitura; a fi călare pe situaţie.

have it (off), to F a o tuli; a o şterge; a o întinde.

have it off (with smb.), to v. have it away (with smb.).

have it one's own way, to v. have everything one's own way.

have it on smb., to a o lua înaintea cuiva.

have it out with smb., to a avea o explicaţie/discuţie deschisă cu cineva.

have/take its rise in, to (d. un râu) a-şi avea izvoarele în; a izvorî din.

have it your (own) way! fă/faceţi cum ştii/ştiţi/cum crezi/credeţi/cum te/vă duce capul/cum îţi/vă vine.

have kissed the Blarney Stone, to ← F a avea darul linguşirii/măgulirii.

have lead in one's pants, to amer. F a fi mocăit/molâu/greoi/bun de trimis după popă; a merge/umbla ca melcul/cu paşi de melc.

have lead in one's pencil, to amer. ← F a avea viaţă în el; a fi plin de viaţă/energie; a fi o sfârlează/zvârlugă; a avea argint viu în vine.

have leeway, to fig. 1. a avea răgaz. 2. a avea libertate de acţiune.

have little price of, to a pune puţin preţ pe.

have long ears, to a fi foarte curios.

have long hands, to a fi influent; a avea putere.

have lost a button, to F a-i lipsi o doagă; a fi într-o ureche.

have lost one's tongue, to a-i pieri cuiva glasul/limba; a i se lua/încurca limba.

have maggots in the brain, to F v. have rats in the attic.

have many irons in the fire, to ← F a avea multe lucruri de făcut în acelaşi timp; a fi antrenat în multe activităţi.

have many strings/more than one string to one's bow, to fig. a avea multe coarde la arc; a dispune de multe resurse.

have misgivings about doing smth., to a avea îndoieli/bănuieli în legătură cu ceva.

have money to burn, to F a fi doldora de bani; a scoate bani cu lopata; a se scălda în bani; a-l da banii afară din casă.

have more than one string to one's bow, to v. have many strings to one's bow.

have much leeway to make up, to a fi în urmă cu treaba.

have neither head nor tail/neither rhyme nor reason, to F a nu avea nici cap, nici coadă/nici un rost/chichirez/nici o noimă/nici un Dumnezeu.

have neither/no part nor lot in smth., to a nu avea nimic comun cu ceva.

have nine lives like a cat, to F a avea nouă vieţi.

have no backbone, to ← F a fi lipsit de fermitate/de caracter; F → a fi o cârpă.

have no bearing on the matter/question/subject, to a nu avea nici o legătură cu subiectul/problema.

have no bottom, to fig. a fi fără fund; a fi inepuizabil.

have no bowels, to fig. ← F a nu avea inimă.

have no business doing/to do smth., to a nu avea dreptul/nici un temei să facă ceva; a nu fi treaba sa să facă ceva; a nu îl privi.

have no choice left, to a nu avea de ales.

have no end of a time, to a petrece minunat; a nu simţi cum trece timpul.

have no fears for smb., to (d. ceva) a nu-l speria/înspăimânta/îngrozi pe cineva; a nu avea teamă/groază de ceva; a nu avea motiv să se teamă de ceva.

have no feeling, to 1. a fi lipsit de simţire/rece. 2. ~ in a-i amorţi (piciorul etc.).

have no feelings about/on smth., to a nu avea nimic de spus despre ceva; a nu avea nimic împotriva unui lucru; a nu-l deranja ceva.

have no guts, to F 1. (d. ceva) a nu avea nici o noimă; a fi lipsit de consistenţă. 2. (d. cineva) a nu avea curaj.

have no inkling of the matter, to a nu bănui nimic; a nu avea habar.

have no kick left (in), to F a fi complet doborât/la pământ; a nu mai face două parale.

have no mind (to do smth.), to a nu avea poftă/chef/nici o dorință (să facă ceva).

have no notion of smth., to a nu avea habar/(nici cea mai mică) idee de ceva.

have no occasion to do smth., to a nu avea nici un motiv să facă ceva.

have no patience with, to a nu avea răbdare cu; a-l scoate din sărite (ceva).

have no relish for smth., to a nu avea chef/a nu-i arde de ceva; a nu-i plăcea ceva.

have no rival, to a nu avea pereche.

have no say in the matter, to a nu avea nici un cuvânt de spus într-o problemă; a fi străin de o problemă; a nu fi îndreptățit să judece o problemă.

have no side, to *F* a nu face pe deșteptul/grozavul/nebunul; a nu-și da aere.

have no stomach for smth., to *F* a nu avea chef de ceva.

have not a leg to stand on, to ← *F* I. a nu se întemeia/sprijini pe fapte/realități. 2. a nu avea (nici o) justificare/scuză. 3. a nu aduce nici o dovadă grăitoare/concludentă.

have nothing for it but to, to a nu-i rămâne decât să; a nu-i mai rămâne altceva de făcut decât să.

have nothing for one's pains, to *v.* **have one's labour for one's pains.**

have nothing in common (with), to a nu avea nimic comun/nici o legătură/*F* → nici în clin, nici în mânecă (cu); a nu avea ce împărți/nimic de împărțit (cu).

have nothing on, to a nu avea nimic pe el; a fi gol.

have nothing on smb., to a nu avea la mână pe cineva; a nu ști nimic despre cineva; a nu avea nici o probă împotriva cuiva.

have nothing to do with, to a nu avea nici un amestec în/*F* → nici în clin, nici în mânecă cu; a nu avea nici o legătură cu.

have nothing to say for oneself, to I. a nu avea ce spune în apărarea sa. 2. ← *F* a fi tăcut.

have nothing to show for it, to a nu obține nici un rezultat; a nu avea cu ce se mândri.

have no time/use for smb./smth., to a nu lua în seamă pe cineva/ceva; a nu se uita la cineva/ceva; a avea o părere proastă/a nu avea o părere bună despre cineva/ceva.

have no truck with smb./smth., to *înv.* a nu vrea să aibă de a face cu cineva/ceva; a nu vrea să audă de cineva/ceva; a nu vrea să aibă vreun amestec în ceva; a nu avea nici în clin, nici în mânecă cu cineva.

have no use for smth., to a nu avea nevoie de ceva; a-i fi de prisos ceva.

have no way out, to a nu avea nici o ieșire/scăpare.

have one over the eight, to ← *sl.* a fi băut un pahar mai mult; a se pili.

have one's back to the wall, to a fi încolțit/la ananghie.

have one's back up, to *sl.* a avea/a fi cu draci; a fi cu o falcă în cer și cu una în pământ; a fi foc și pară.

have one's blood up, to a se înfierbânta; a-i fierbe sângele în vine.

have one's brains on ice, to ← *F* a-și păstra cumpătul/sângele rece; a nu-și pierde capul; a nu se pierde cu firea.

have one's bread buttered for life, to ← *F* a-și avea existența asigurată; a o duce bine.

have one's bread buttered on both sides, to *fig.* ← *F* I. a-și îngădui un lux exagerat. 2. a nu lăsa să-i scape nici o ocazie pentru satisfacerea intereselor proprii; a fi lacom/avid de avantaje.

have one's cake and eat it, to a împăca și capra, și varza; a vrea și de un leu, și de la mijloc.

have one's car to the ground, to ← *F* a fi la curent cu ce se întâmplă/pregătește.

have oneself a ball, to *amer. sl. v.* **have a whale of a time.**

have oneself a time, to *amer. sl. v.* **have a whale of a time.**

have oneself to thank for smth., to a fi singur vinovat de ceva; *iron.* a trebui să-și mulțumească sie însuși pentru ceva.

have one's eye on smb./smth., to a-și pune ochii pe cineva/ceva.

have one's eye glued to, to a nu-și (putea) lua ochii de la/dezlipi ochii de pe.

have one's eye-teeth/wisdom-teeth cut, to a se coace la minte; a dobândi experiență de viață; a deveni înțelept.

have one's face lifted, to a-și face o operație facială.

have/put/stretch one's feet/legs under smb.'s mahogany, to ← *F* a profita de ospitalitatea cuiva; a trăi pe spinarea gazdei.

have one's fill of, to a se îndestula (cu ceva); a mânca (ceva) pe săturate.

have one's fling, to I. a-și face de cap; a se ține de petreceri; *F* → a-și face mendrele; a o face lată. 2. a fi apucat de năbădăi/pandalii.

have one's (full) swing, to a nu-și refuza nimic.

have one's glasses on, to *amer. sl.* a avea bețe în fund; a-i mirosi totul.

have one's gruel, to *F înv. v.* **get one's gruel.**

have one's hackle up, to *v.* **get one's back up** I.

have one's hair permanently waved, to a-și face părul permanent.

have one's hand in the fill, to a fi mare şi tare; a avea pâinea şi cuţitul.

have one's hands full, to ← *F* a avea multe de făcut/ *F* → o groază de treabă/treabă până peste cap; a nu-şi vedea capul de treabă; a nu avea o clipă de răgaz.

have one's hands tied/in ties, to *fig.* a avea/a fi cu mâinile legate.

have one's head in a tar barrel, to *amer. F* a avea un bucluc; a da de o belea.

have one's head in the clouds, to a fi cu capul în nori.

have one's head screwed on (the) right (way), to *v.* **have got one's head screwed on (the) right (way).**

have one's heart in one's boot, to *F* a-i îngheţa inima; a i se tăia/muia picioarele; a i se face inima cât un purice; a avea un trac nebun.

have one's heart in one's mouth/throat, to ← *F* a avea o strângere de inimă; a fi foarte speriat; *F* → a i se face inima cât un purice; a-i îngheţa inima; a muri de frică.

have one's heart in one's work, to a pune suflet în muncă; a munci cu tragere de inimă/cu râvnă.

have one's heart in smth., to a avea tragere de inimă pentru ceva.

have one's heart in the right place, to a avea inimă bună/de aur; a fi bun la inimă.

have one's heart set on smth./doing smth., to a ţine morţiş să facă ceva; a vrea/ţine/dori/neapărat/ cu tot dinadinsul să facă ceva; a vrea/dori ceva cu tot dinadinsul.

have one's innings, to *(d. un om politic, opoziţie etc.)* a-i veni rândul; a-i veni apa la moară.

have one's knife into smb., to a avea un dinte împotriva cuiva; a urî pe cineva; a fi înverşunat/ îndârjit împotriva cuiva.

have one's labour for one's pains, have one's pains for nothing, have nothing for one's pains, to a se trudi (pe) degeaba/în zadar; a-i fi truda în zadar; a se alege numai cu truda.

have one's leg over the harrows, to ← *F* a nu mai fi dependent de cineva/ceva.

have/put/stretch one's legs under smb.'s mahogany, to *F v.* **have one's feet under smb.'s mahogany.**

have one's main-brace well spliced, to *F* a se pili; a se afuma.

have/keep/put one's mind on smth., to a-şi pune ceva în gând; a se hotărî categoric să facă ceva.

have one's name up, to 1. a fi popular. **2.** a fi obiectul unor discuţii vii.

have one's nose out of joint, to ← *F* a suferi un eşec/o înfrângere; *F* → a-i cădea nasul.

have one's oar in everyone's boat, to *F* a-şi băga/ vârî nasul peste tot.

have one's own way, to a face ce vrea; a face (ceva) după capul său/mintea sa.

have one's own way of doing smth., to a avea un fel al său de a face ceva; a avea metoda sa de a face ceva.

have one's pains for nothing, to *v.* **have one's labour for one's pains.**

have one's pockets cleaned of money, to *amer. F v.* **go to the cleaners.**

have one's pots on, to *amer. sl.* a fi făcut/pilit/turtit.

have one's pound of flesh (from smb.), to a pune unui debitor unghia în gât/sula în coaste.

have one's say, to a spune ce are de spus; a-şi spune/ exprima părerea; a-şi spune cuvântul.

have one's sleep out, to a-şi face somnul.

have one's star in the ascendant, to *fig.* a fi în plină ascensiune.

have/put one's tongue in one's cheek, to ← *F* a vorbi ironic/în bătaie de joc.

have one's tongue well hung, to a fi bun de gură; *F* → a avea papagal.

have one's tonsils out, to a-şi scoate amigdalele.

have one's turn, to a fi rândul cuiva; a-i veni cuiva rândul.

have one's ups and downs, to a avea parte şi de bine, şi de rău/şi de bucurii, şi de necazuri.

have one's way, to *v.* **have one's own way.**

have one's weather eye open, to *F* a fi cu ochii în patru.

have one's whack of, to a-şi lua partea de.

have one's whole heart in smth., to *v.* **go heart and soul into smth.**

have one's wisdom-teeth cut, to *v.* **have one's eye-teeth cut.**

have/keep one's wits about one, to a nu-şi pierde capul/cumpătul; a nu se pierde cu firea; a-şi păstra cumpătul.

have one's work cut out (for one), to *v.* **have (all) one's work cut out (for one).**

have on one, to *v.* **have about one.**

have on one's glad rags, to *sl.* a fi înţolit la marele fix; a fi pus la şpiţ/ţol festiv.

have other fish to fry, to ← *F* a avea altceva (mai important) de făcut/şi altă treabă.

have other irons in the fire, to ← *F* a avea (şi) alte resurse/posibilităţi (de lucru, câştig).

have pins and needles (in one's foot/leg), to a avea furnicături (în picior); a-l furnica (piciorul).

have plenty of brief, to a avea clientelă mare/ procese multe.

have plenty of go, to a fi plin de energie/entuziasm/ viață.

have plenty of grit, to a avea curaj/îndrăzneală/ bărbăție; a fi curajos/îndrăzneț/viteaz/neînfricat.

have plenty of sauce, to a avea tupeu.

have pups, to *amer. sl. v.* **have (a litter of) kittens.**

have qualms about doing smth., to a avea îndoieli în legătură cu ceva.

have qualms of conscience, to a avea mustrări de conștiință.

have (quite) a job to do/doing smth., to *v.* **have a (hard) job to do/doing smth.**

have rats in the attic, to *F* **I.** a avea gărgăuni/ sticleți în cap. **2.** a avea o păsărică.

have recourse to smb./smth., to a recurge la cineva/ceva.

have reservations about doing smth., to a avea rezerve/rețineri în legătură cu/față de/în ce privește un lucru.

have/show reverence for smb./smth., to *v.* **hold smb./smth. in reverence.**

have rocks in one's/the head, to *amer. sl.* a avea grăunțe/tărâțe în cap; a se prosti; a se scrânti/țăcăni; a căpia; a fi sărit de pe fix *(expresia este folosită frecvent la întrebări).*

have seen a wolf, to *F* a-i pieri glasul.

have seen better days, to *(d. cineva sau ceva)* a fi văzut zile mai bune; a fi avut parte de zile mai bune.

have seen the elephant, to *F* a fi trecut prin ciur și prin dârmon; a fi uns cu toate unsorile.

have shot one's bolt, to ← *fig.* a-și epuiza resursele/ argumentele.

have smb., to: you have me there! *F* aici m-ai prins/încuiat/înfundat!

have/hold smb. at a/the vantage, to a avea un avantaj asupra cuiva.

have smb. at one's beck and call/*F* by the ears/ by the short hair, to a avea pe cineva la cheremul său.

have smb./smth. by the tail, to *amer. sl.* a avea pe cineva la mână; a avea pe cineva/ceva în buzunar.

have smb. cold/stone-cold, to ← *sl.* a fi stăpân/ călare pe situație; a avea pe cineva la cheremul său.

have smb. guessing, to a mistifica pe cineva; a trage cuiva o cacialma; a lăsa pe cineva cu buzele umflate.

have smb. hounded out of a job, to *F v.* **get smb. hounded out of a job.**

have smb. in one's pocket, to a avea/băga pe cineva în buzunar.

have smb. in one's spell, to *(d. cineva)* **I.** a fi vrăjit/ fermecat/fascinat de cineva; a fi sub puterea vrăjii cuiva. **2.** a vrăji/fermeca/fascina pe cineva; a avea o influență magică asupra cuiva.

have smb. in the hollow/palm of one's hand, to a avea pe cineva în palmă/la mână/la cheremul său.

have smb./smth. in the palm of one's hand, to a avea pe cineva/ceva în mână/în buzunar.

have smb. on a string, to *v.* **have smb. under one's thumb.**

have smb./smth. on one's hands, to a avea pe cineva/ceva pe cap; a avea ceva de care nu are nevoie/cu care nu are ce să facă.

have smb. on the carpet/mat, to *F v.* **call smb. on the carpet.**

have smb. on the hip, to *F v.* **have smb. in the hollow of one's hand.**

have smb. on the mat, to *F v.* **call smb. on the carpet.**

have smb. on toast, to → *P* **I.** a duce pe cineva. **2.** a înfunda pe cineva. **3.** a avea pe cineva la cheremul său/la mână.

have smb. over the barrel, to *amer.* ← *F* a lua pe cineva prin surprindere/pe nepregătite/pe negândite.

have smb.'s blood up, to a scoate din sărite/țâțâni pe cineva.

have/win smb.'s ear(s), to a câștiga atenția cuiva.

have smb.'s number, to *amer. F fig.* a cumpăra/ fotografia pe cineva; a ști care e meteahna/hiba/ buba cuiva; a ști ce e cu cineva/cine e cineva.

have smb. stone-cold, to *sl. v.* **have smb. cold.**

have smb./smth. taped, to *F* a ști cât/câte parale face cineva/ceva.

have smb. under one's thumb, to a avea pe cineva la cheremul său; a ține pe cineva sub papuc.

have smb. wished on him, to *F* a avea pe cineva pe cap.

have smb./smth. within one's grasp, to a pune ghearele pe cineva; a juca pe cineva pe palme; a avea ceva la îndemână; *fig.* a avea ceva în buzunar.

have smth. at heart, to a avea ceva pe suflet/la inimă.

have smth. at one's fingers ends/tips, to *F* a avea ceva în degetul mic; a ști ceva ca pe degete.

have smth. by one, to a avea ceva la îndemână.

have smth. coming (to one), to *amer.* a merita ceva; a se alege cu ceva.

have smth. in hand, to a avea o problemă/chestiune etc. în mână; a da curs la ceva; a începe/întreprinde ceva.

have smth. in mind, to a avea ceva în minte; a se gândi la ceva; a-şi pune ceva în gând.

have smth. in store for smb., to a rezerva/pregăti ceva cuiva.

have smth. in the back of one's mind, to a-i sta gândul la ceva; a avea ceva în gând; a-l preocupa ceva; a avea un gând ascuns.

have smth. made, to *amer. F fig.* a fi sigur de reuşita unui lucru; a avea ceva în buzunar; a nu avea probleme/treabă; a putea sta liniştit; a nu avea de ce să-şi facă griji.

have smth. on loan, to a avea ceva de împrumutat; a împrumuta ceva.

have smth. on one's breast, to a avea ceva pe inimă.

have smth. on one's mind, to a fi îngrijorat/ preocupat de ceva; a-l îngrijora/preocupa/fră- mânta/roade ceva; a avea ceva pe suflet.

have smth. on one's person, to a avea ceva asupra sa.

have smth. on the brain, to a fi obsedat de ceva; a avea o idee fixă; < a fi monoman.

have smth. on the tip of one's tongue, to a-i sta ceva pe limbă.

have smth. straight from the horse's mouth, to *v.* **get smth. straight from the horse's mouth.**

have smth. to do with smb./smth., to a avea de a face cu cineva; a avea o legătură cu cineva/ceva.

have smth. up one's sleeve, to ← *F* a avea ceva în rezervă/pregătit în caz de nevoie/pentru orice eventualitate.

have smth. up to one's throat, to a i se acri de ceva; a fi sătul până în gât/ca de mere acre de ceva.

have smth. well in hand, to a fi stăpân pe ceva *(situaţie etc.)*; a controla ceva.

have snakes in one's boots, to *amer. F* a fi beat turtă/criţă/mort.

have staying power, to a ţine la greu; a avea rezistenţă/tenacitate.

have stormy passages with smb., to a avea un schimb violent de cuvinte cu cineva.

have the advantage of smb., to *v.* **get the advantage of smb.**

have the back up, to *F* a fi cu dosul în sus; a fi cu capsa pusă.

have the ball at one's feet/before one, to **l.** a fi stăpân pe situaţie; a domina situaţia; a fi într-o poziţie avantajoasă. **2.** a avea toate şansele de reuşită/izbândă; a nu avea decât să întindă mâna/ să profite de ocazie.

have the best of smb., to *v.* **get the best of smb.**

have the best of smth., to a profita cel mai mult/ la maximum de ceva/de pe urma unui lucru; a lua partea leului; a ieşi cel mai bine din ceva; a se alege cu ce e mai bun din ceva/de pe urma unui lucru.

have the best of the bargain, to a avea partea leului; a trage cel mai mare profit.

have the better of smb./smth., to *v.* **get the better of smb./smth.**

have the blues, to *F* a nu-i fi toţi boii acasă.

have the brass, to ← *F* a avea neobrăzarea să.

have the breeze up, to *F* **l.** a-i sări muştarul; a-şi ieşi din pepeni. **2.** a o sfecli; a o băga pe mânecă.

have the bulge on smb., to *amer.* ← *sl.* a avea un avantaj faţă de cineva; a o lua înaintea cuiva.

have the cheek/face to do smth., to a avea obra- zul/obrăznicia/neobrăzarea/tupeul să facă ceva.

have the collywobbles, to *F* a-i chiorăi maţele; a-l tăia la stomac.

have the commercial touch, to a avea simţ negus- toresc.

have the courage of one's desires, to a avea curajul să se comporte/să facă/să procedeze potrivit dorinţelor sale.

have the courage of one's inclinations, to a avea curajul să se comporte/să facă/să procedeze aşa cum îi stă în fire/caracter/după cum îi e firea.

have the courage of one's instincts, to a avea curajul să facă/procedeze/să se comporte după cum îi spune instinctul/potrivit instinctelor sale.

have the deadwood on smb., to *amer. v.* **get the deadwood on smb.**

have the face (to say smth.), to a avea neobră- zarea/tupeul (să spună/de a spune ceva).

have the feeling, to *v.* **have a feeling** (**have the feeling** *sugerează un grad mai redus de îndoială decât* **have a feeling**).

have the fidgets, to a nu-şi afla locul; a nu avea astâmpăr; a nu-şi găsi astâmpărul; a avea argint viu în vine.

have the field before one, to *fig.* a nu-i sta nimic în cale; a avea câmp liber de acţiune.

have the field to oneself, to a fi singurul în domeniul său; a nu-i sta nimeni în cale.

have the fight of one's life, to *fig.* a susţine o luptă grea, decisivă.

have the final say, to a avea ultimul cuvânt/ cuvântul hotărâtor.

have the floor, to a avea cuvântul.

have the front, to a avea îndrăzneala/neruşinarea (să).

have the gallows in one's face, to a fi făcut/născut pentru spânzurătoare, a fi sortit să moară în ştreang.

have the game in one's (own) hands, to a fi sigur de succes; a fi stăpân pe situaţie.

have the gift of the gab, to *F* a avea papagal; a fi bun de gură.

have the goods, to *amer. sl. v.* **have (got) the goods.**

have the grace to do smth., to a avea politeţea/ delicateţea/bunăcuviinţa să facă ceva.

have the grumbles, to a fi prost dispus/morocănos.

have the guts to do smth., to ← *F* a avea curajul să facă ceva.

have the heart to do smth., to *(folosit mai ales la negativ)* a-l lăsa inima să facă ceva; a fi atât de lipsit de suflet/de inimă/de câinos/negru la inimă ca să facă ceva.

have the hell of a time, to *v.* **have a hell of a time.**

have the hump, to ← *F* a fi într-o pasă proastă; a fi într-o dispoziţie neagră; *F →* a nu-i fi toţi boii acasă.

have their tails down, to *F* a sta cu coada între picioare; a fi tuflit/amărât; a nu-i arde de nimic; a sta cu privirea în pământ.

have their tails up, to *F* a fi în al nouălea cer; a jubila.

have the jim-jams, to *sl.* a-i ţâţâi inima; a-i intra cuiva frica/spaima în oase; a dârdâi de frică; a tremura cămaşa pe cineva.

have the jitters, to *v.* **get the jitters.**

have the key of the street, to *v.* **get the key of the street.**

have the knack of smth./doing smth., to a deprinde ceva; a prinde meşteşugul, a se deprinde să facă ceva; a se pricepe la ceva/să facă ceva; a avea darul/talentul de a face/să facă ceva; a prinde rostul unui lucru; a-i da de rost/cap(ăt).

have/ply/pull/take the labouring oar, to a face cea mai grea parte dintr-o muncă; a-şi lua asupra sa cea mai mare şi mai grea parte dintr-o lucrare; a duce (tot) greul.

have the last laugh, to a avea ultimul cuvânt; a râde la urmă.

have the laugh at/of smb., to *v.* **get the laugh at smb.**

have the laugh on one's side, to *v.* **get the laugh on one's side.**

have the laugh on smb., to *v.* **get the laugh at smb.**

have the law on smb., to ← *F* a da pe cineva în judecată.

have the legs of, to ← *F* a alerga mai repede decât (cineva); a întrece; a depăşi (pe cineva); a i-o lua (cuiva) înainte; a lăsa în urmă/*F →* de căruţă (pe cineva).

have the length of smb's foot, to *F v.* **find the length of smb.'s foot.**

have the loan of smth., to *v.* **have smth. on loan.**

have the makings of, to *F* a avea stofă de.

have the neck to do smth., to *sl. v.* **have the nerve to do smth. 1.**

have the needle(s), to ← *sl.* **1.** a avea draci; a fi cu capsa pusă; a fi în toane proaste/rele. **2.** a fi un pachet de nervi; a fi cu nervii încordaţi la maximum.

have the nerve to do smth., to 1. *F →* a avea îndrăzneala/tupeul să facă ceva. **2.** a avea curajul necesar/tăria să facă ceva.

have the pip, to *sl.* a nu fi în apele lui/în toate apele; a nu-i fi (toţi) boii acasă; a-i fi inima grea; a fi plouat/posac.

have the run of smth., to a avea acces la ceva *(baie, bucătărie etc.).*

have the shivers, to *F* a-l apuca tremuriciul/ bâţâielile; a-i intra cuiva frica/spaima/groaza/fiorii în oase; a-i tremura cuiva balamalele; a-l trece fiorii/răcorile.

have the start of smb., to 1. a avea un avans faţă de cineva. **2.** a avea superioritate asupra cuiva.

have the time of one's life, to a petrece ca-n basme/grozav/mai bine ca oricând; *v. şi* **have a high old time.**

have the ups and downs of life, to *v.* **have one's ups and downs.**

have the urge to do smth., to *v.* **get the urge to do smth.**

have the use of smth., to a avea acces la ceva; a avea permisiunea/dreptul de a folosi ceva.

have the weather gauge of smb., to ← *F* a avea întâietate/avans faţă de cineva.

have/hold the whiphand over smb., to *fig.* a fi cu biciul pe cineva; a ţine pe cineva din scurt.

have the why and the wherefore, to *v.* **go into the whys and wherefores of it.**

have the wind of one's game, to a adulmeca vânatul.

have the wind up, to *v.* **get the wind up.**

have the worst of it, to *v.* **get the worst of it.**

have the worst of smth., to *v.* **get the worst of smth.**

have the worst of things, to *v.* **get the worst of things.**

have things cut and dried, to *fig.* a avea lucrurile puse la punct/aranjate; a avea totul în ordine.

have time hanging on one's hands, to *v.* **have time on one's hands.**

have time on one's hands, to a avea timp (berechet) de pierdut.

have too many/several irons in the fire, to a se ocupa de/a se îndeletnici cu prea multe lucruri deodată.

have too much, to a se afuma/chercheli.

have too much of his mother's blessing, to ← *F* a fi peste măsură de scrupulos/meticulos.

have too much tongue, to *aprox.* ce e-n gușă și-n căpușă.

have to see a man about a dog, to *amer.* ← *F* a găsi o scuză; a invoca un motiv *(expresia este folosită ca scuză când cineva părăsește un grup sau o persoană).*

have two strings to one's bow, to a avea și alte atuuri; a avea și alte mijloace pentru a-și atinge scopul.

have way on, to *(d. un vas)* a naviga/merge cu viteză.

have well in hand, to a controla situația; a fi stăpân pe situație.

have what it takes, to a avea toate calitățile necesare *(unei funcții, slujbe).*

hawk gossip/news about, to a umbla cu vorba; a vorbi în gura mare; a duce vorba; a răspândi știri.

hawks will not pick hawks' eyes out *prov.* corb la corb nu scoate ochii.

head and shoulders above smb. *fig.* cu un cap deasupra cuiva; depășind cu mult pe cineva.

head a revolt, to a fi capul unei răscoale/revolte; a fi în capul/fruntea unei răscoale/revolte.

head for disaster, to a se îndrepta (cu pași siguri) spre dezastru.

head off a quarrel, to a aplana o ceartă.

head on *F (d. mașini, trenuri care se ciocnesc)* bot în bot.

head over ears/over head and ears/up to the ears (până) peste cap/urechi.

head over heels de-a dura; de-a berbeleacul; de-a rostogolul.

heads I win, tails you lose *glumeț* „capul" – câștig eu, „pajura" – pierzi tu; și într-un caz și în altul câștig eu.

heal a quarrel, to a pune capăt unei certe.

heal smb. of a disease, to *înv.* a lecui pe cineva de o boală.

health before wealth, health is better than wealth *prov.* sănătatea e cea mai bună avuție; mai bine sărac și cu trupul sănătos decât bogat și cu răni, în pat.

heal the breach, to ← *F* a mijloci împăcarea (între două persoane); a împăca (două persoane); a aplana un conflict.

heap coals (of fire) on smb.'s head, to a face pe cineva să se rușineze întorcându-i răul cu binele.

heap curses on/upon smb., to a profera înjurături la adresa cuiva; a ține pe cineva numai în înjurături; a face pe cineva albie de porci; a ocărî pe cineva în fel și chip.

heap favours/honours on/upon smb., to a copleși pe cineva cu favoruri/onoruri.

heap smb. with favours/honours, to *v.* heap favours/honours on/upon smb.

heaps on heaps *F* claie peste grămadă.

heap (up) riches, to a aduna/strânge bogății peste bogății.

hear a case, to *jur.* a judeca un proces.

hear a story out, to a asculta o poveste până la sfârșit.

hear! hear! just! adevărat! așa e! foarte bine! bine spus!

hear it said, to a auzi spunându-se.

hear much, speak little *prov.* ascultă cu urechile, dar taci cu gura.

hear reason, to a înțelege de vorbă.

heart and hand/soul, with heart and hand/soul 1. cu suflet; cu entuziasm; > bucuros. 2. cu energie.

hear tell of smth., to a auzi vorbindu-se despre ceva.

hear the birdies sing, to *amer. F fig.* a nu avea habar de ceva; a fi pe cai albi.

hear the evidence, to *jur.* a audia martorii.

hear the grass grow, to ← *F* a fi din cale afară de deștept/ager/isteț.

heart that once truly loves, never forgets, the *prov. aprox.* rana de cuțit se vindecă lesne, dar cea de la inimă niciodată.

heave a groan, to a scoate un geamăt; a geme.

heave a sigh, to a scoate un suspin; a suspina.

heave a sigh of relief, to a scoate un suspin de ușurare.

heave in sight, to *mar. (d. un vas etc.)* a apărea la orizont.

Heaven bless the mark! *v.* God bless the mark!

Heaven forbid! *v.* God forbid!

Heaven save the mark! *v.* God bless the mark!

heave one's heart up, to *F* a-și vărsa mațele.

heave the hatchet, to *F* a spune gogoși; a trage la piroane.

heave the lead, to *mar.* a măsura adâncimea apei.

heavy as lead, (as) greu ca plumbul.

hedge one's bets, to ← *F* a paria asigurându-se în caz de pierdere.

hedge smb. in/round with rules and regulations, to a ține pe cineva îngrădit de reguli și regulamente.

he gives twice who gives quickly *prov.* darul dat la vreme e dar îndoit.

he jests at scars, that never felt a wound *prov.* *aprox.* cine n-a îndurat suferinţe nu se îndură de alţii.

he keeps a dog and barks himself el spune el aude.

he knows best what good is that has endured evil *prov.* cine n-a gustat amarul nu ştie ce e zaharul.

he knows the water the best who has waded through it *prov.* *aprox.* cine nu dă cu capul de pragul de sus nu-l vede pe cel de jos; cine călătoreşte ştie să umble.

he laughs best who laughs last *prov.* cine râde la urmă râde mai bine.

hell broke loose e(ra) un adevărat infern; e(ra) iadul pe pământ. •

hell is paved with good intentions *prov.* iadul e pardosit cu intenţii bune.

help a lame dog over a stile, to ← *F* a ajuta pe cineva la nevoie; a scoate pe cineva din(tr-o) încurcătură.

help oneself to smth., to I. a se servi (singur) cu/din ceva. **2.** *F* a şterpeli ceva.

help smb. off with his coat, to a ajuta pe cineva să-şi scoată haina.

help smb. on with his coat, to a ajuta pe cineva să-şi pună haina.

help smb. out of a scrape, to ← *F* a scoate pe cineva din(tr-o) încurcătură; *F* → a-l scăpa de belea.

helter-skelter *F* cum se nimereşte; cum dă Dumnezeu; de-a valma; talmeş-balmeş.

hem and haw, to *v.* **hum and haw.**

he must have Old Nick in him are pe dracul în el.

herd people together, to a strânge oamenii grămadă/laolaltă; a îngrămădi oamenii; a-i aduna ca pe o cireadă.

herd together, to *(d. vite sau oameni)* a se îngrămădi/înghesui.

here and there ici şi colea; pe ici, (pe) colea; (pe) ici, (pe) colo; colo şi colo; din loc în loc; pe alocuri.

here and there and everywhere *sau* **here, there and everywhere** peste tot; pretutindeni.

here goes! *F (aruncând zarurile, jucând o carte, mutând o piesă de şah, după o ezitare)* aşa! poftim!

here's a fine/nice/pretty/how-de-do/how-de-do/rum go! *F* asta-i bună! bună/frumoasă treabă/ispravă! n-am ce zice! frumoasă poveste/dandana/încurcătură! bine am ajuns!

here's how! *amer.* *F* (hai) noroc! sănătate! să trăieşti!

here's mud in your eye! ← *vulg.* în sănătatea ta! noroc! să trăieşti!

here's to you! (hai) noroc! sănătate! să trăieşti!

here, there and everywhere *v.* **here and there and everywhere.**

here to-day and gone tomorrow *F* azi aici, mâine-n Focşani.

here we are! I. am ajuns! am sosit! iată-ne ajunşi! **2.** *F* asta (ne) mai lipsea/trebuia!

here you are! I. *v.* **here we are. 2.** *(când înmânăm ceva)* poftim!

he's itching for trouble! *F* o caută cu lumânarea.

he's so dumb you can sell him the Brooklyn Bridge *amer.* *F* e prost ca noaptea/de dă în gropi.

he that dies pays all debts *prov.* moartea închide gura la toţi.

he that fights and runs away lives to fight another day *prov.* *aprox.* fuga-i ruşinoasă, dar e sănătoasă.

he that gapes until he be fed, well may gape until he be dead *prov.* Dumnezeu îţi dă, dar nu-ţi bagă în gură/dar în obor nu-ţi bagă; Dumnezeu dă omului, dar(ă) în traistă nu-i bagă.

he that goes a-borrowing goes a-sorrowing *prov.* cine dă împrumut îşi face duşmani.

he that hides can find *prov.* cine ştie să pitească ştie să şi găsească.

he that hunts two hares often loses both *prov.* cine umblă după doi iepuri nu prinde nici unul.

he that is afraid of wounds must not come near a battle *prov.* *aprox.* cine se teme de brumă nu pune viţă de vie.

he that is down need fear no fall *prov.* cine doarme pe pământ n-are frică să cadă când se întoarce.

he that is full of himself is very empty *prov.* lauda de sine nu miroase a bine.

he that lives with cripples learns to limp *prov.* cine trăieşte cu chiorii învaţă a se uita cruciş; cu şchiopul împreună de vei locui, te-nveţi şi tu a şchiopăta.

he that mischief hatches, mischief catches *prov.* rău faci, rău găseşti; cine seamănă spini, spini culege; cine seamănă vânt culege frutună.

he that never climbed, never fell *prov.* numai cine munceşte greşeşte.

he that sleeps with dogs must rise up with fleas *prov.* cine doarme cu câinii se scoală plin de purici.

he that sows iniquity shall reap sorrow *prov.* cine seamănă răutăţi iară răutăţi va secera.

he that will eat the kernel must crack the nut *prov.* cine va să mănânce miezul trebuie mai întâi să spargă coaja.

he that will steal an egg will steal an ox *prov.* *v.* **he that will steal a pin will steal a pound.**

he that will steal a pin will steal a pound *prov.* cine fură azi un ou mâine fură un bou.

he that works after his manner, his head aches not at the matter *prov.* cine-și urmează calea sa, departe ajunge.

he that would have eggs must endure the cackling of hens *prov.* cine-ncalecă măgarul să-i sufere și năravul.

he who is born a fool is never cured *prov.* prostia din născare, leac nu mai are.

he who laughs at crooked men should need walk very straight *prov.* dacă vrei să învinuiești de vină să te ferești.

he who says what he likes, shall hear what he does not like *prov.* cine îndrugă verzi și uscate aude și ce nu-i place.

he who scrubs every pig he sees will not long be clean himself *prov.* cine cu porcii se amestecă îl bagă în noroi.

he who sows the storm will reap the whirlwind *prov.* cine seamănă vânt culege furtună.

he who takes a pin may take a better thing *prov.* cine fură azi un ac mâine fură un gânsac.

he will never set the Thames on fire n-o să facă mare brânză; n-o să fie mare lucru de capul lui.

hew one's way through the forest, to a-și croi drum prin pădure.

hew out a career for oneself, to a-și croi drum în viață.

hew smb. to pieces, to a tăia bucăți pe cineva (cu sabia).

hide and hair ← *F* cu totul.

hide one's light under a bushel, to a fi modest; a nu face caz de calitățile sale; a pune lumina sub oboroc.

high and mighty ← *F* cu nasul pe sus; făcând pe grozavul/nebunul.

high as a kite, (as) *amer. F* înalt ca o prăjină; înalt de tot.

higher than a kite *amer. F* beat mort/turtă.

higher than gilray's kite *amer. F v.* **higher than a kite.**

high-tail it, to *amer. sl.* I. a o întinde/șterge/zbughi. 2. > a merge/călători cu mare viteză. 3. > a conduce mașina în spatele altei mașini; a urmări o mașină de aproape; a fi pe urmele unei mașini.

hire one's duty, to *mil.* a angaja pe cineva să facă de serviciu în locul tău.

his bark is worse than his bite mai mult latră decât mușcă; nu e chiar atât de al dracului pe cât pare; numai gura e de el; câinele care latră nu mușcă.

his fingers are all thumbs ← *F* e foarte neîndemânatic; pe cine pune mâna strică/sparge; scapă totul din mână.

hiss smb. off the stage, to a alunga/scoate un actor de pe scenă cu fluierături.

hit a blot, to a descoperi o pată/un cusur.

hit a winning streak, to a fi în pasă bună.

hit below the belt, to I. *sport* a lovi sub centură/neregulamentar. 2. *fig.* a lovi mișelește/pe la spate, a lupta cu mijloace nepermise.

hitch a lift/ride, to a merge/călători cu autostopul.

hitch one's wagon to a star, to a fi ambițios; a se lăsa pradă visurilor; *aprox.* a-și clădi castele în Spania.

hitch up one's trousers, to *v.* **give one's trousers a hitch.**

hitch up to a job, to ← *F* a se apuca de o treabă.

hit home, to *F* a nimeri bine/la țintă; a lovi în plin.

hit it, to *v.* **hit the nail on the head.**

hit it off together, to *v.* **hit it off with smb.**

hit it off with smb., to a se înțelege/potrivi cu cineva.

hit it up, to *amer.* ← *sl.* a cânta; a zice din gură.

hit like a ton of bricks, to *amer. sl.* a lăsa mască pe cineva; a înnebuni/face praf pe cineva; a rămâne ca lovit de trăsnet; a întoarce pe cineva pe dos; a-i rămâne mintea în loc; parcă i-a dat cu măciuca în cap.

hit on/upon an idea, to *F* a-i veni (în minte) o idee.

hit on/upon a plan, to *F* a găsi/a-i veni în minte un plan.

hit on/upon a solution, to *F* a găsi/a-i veni în minte o soluție.

hit one's aim, to a-și atinge scopul.

hit one's stride, to ← *F* a-și intra în mână; a fi la înălțime; a arăta ce poate; a sprinta; a porni în mare viteză.

hit or miss cum s-o nimeri; la nimereală; la/într-un noroc; într-o doară; fie ce-o fi.

hit smb. below the belt, to *sport și fig.* a lovi pe cineva sub centură; a lovi pe cineva pe la spate.

hit smb. hard, to *fig. (d. ceva)* a lovi rău pe cineva; a fi o lovitură puternică pentru cineva; a-i da cuiva o lovitură puternică; a atinge/lovi în plin pe cineva.

hit smb. in the wind, to a tăia respirația cuiva.

hit smb. off to a T, to a imita perfect pe cineva.

hit smb.'s fancy, to *F v.* **catch smb.'s fancy.**

hit smb. when he is down, to *v.* **hit smb. below the belt.**

hit smb. where it hurts, to a atinge pe cineva la punctul sensibil.

hit the beach, to *mar.* I. a eșua. 2. a ajunge la țărm; a debarca.

hit the big spots, to *amer.* ← *sl.* a chefui; a face chef.

hit the bird in the eye, to a lovi/nimeri drept la ţintă.

hit the books, to *amer. F* a se pune cu burta pe carte.

hit the booze/bottle/redeye/sauce, to *amer. sl.* a trage la măsea; a da cu paharul; a sufla în fundul paharului; a pili/suge; a se pili/turti.

hit the bricks, to *amer. ← sl.* **1.** a merge pe stradă; a o lua pe trotuar. **2.** a ieşi în stradă (dintr-un loc public). **3.** a i se da drumul din închisoare; a ieşi de la pârnaie. **4.** a face grevă. **5.** a colinda pe străzi noaptea *(pentru că nu are unde să doarmă).*

hit the bull's eye, make a bull's eye, score the bull's eye, to a nimeri drept în centrul ţintei; a nimeri în plin.

hit the ceiling, to a sări ca ars/cât colo/în sus până-n tavan.

hit the deck/mat, to *amer. ← sl.* **1.** *sport* a fi trântit la podea; a rămâne la podea. **2.** a se da jos din pat; a se scula.

hit the dirt/gravel, to *amer. ← sl.* **1.** a se da jos din tren. **2.** a se trânti la pământ/a se adăposti unde poate pentru a se feri de explozia unei bombe.

hit the grit, to *amer. sl.* **1.** *v.* **hit the dirt. 2.** *v.* **hit the road. 3.** a merge apostoleşte/per pedes apostolorum.

hit the ground, to a ateriza; a lua contact cu solul.

hit the hay/pad/sack/tick, to *amer. sol.* a pune bila pe cinci.

hit the headlines, to *← F (d. o ştire)* a fi cap de rubrică.

hit the high points/spot(s), to *F fig.* a nimeri ţinta/la fix/în plin; a atinge esenţialul/punctele importante/principale.

hit the hump, to *amer. sl.* **1.** a încerca să o şteargă/tulească/zbughească din pârnaie. **2.** a o şterge/tuli din armată.

hit the jack-pot, to *F* a da lovitura; a câştiga premiul cel mare; a lua potul cel mare.

hit the mark, to a merge la ţintă; a-şi atinge ţinta.

hit the nail on the head, to *fig.* **1.** a pune degetul pe rană. **2.** a lovi/nimeri în plin.

hit the pace, to *v.* **go the pace.**

hit the panic button, to *amer. sl. v.* **push the panic button.**

hit the pike/trail, to *amer. ← sl.* a porni la drum.

hit the pipe, to *amer. ← sl.* a fuma opiu.

hit the right nail on the head, to *← F* a lovi unde trebuie/drept la ţintă; a pune degetul pe rană/punctul pe i; a nimeri în plin.

hit the road, to *F* a porni la drum; a o lua din loc; a ridica ancora; a se urni.

hit the rods, to *amer. sl.* a face blatul pe un marfar.

hit the sidewalks, to *amer. sl.* **1.** a bate străzile în căutarea unei slujbe. **2.** *v.* **hit the bricks.**

hit the silk, to *amer. ← sl.* a sări cu paraşuta.

hit the skids, to *amer. ← F (d. cineva, ceva)* a nu mai fi la înălţime; a nu mai fi ce a fost; a fi în declin; a decădea; a se deteriora.

hit the spot, to *amer. sl. (d. mâncare, băutură)* a avea un gust nemaipomenit; a fi de milioane/trăsnet; a se linge pe degete.

hit the target, to *v.* **hit the mark.**

hit the taste of the public, to a fi pe gustul publicului.

hit the ties, to *amer. ← sl.* a merge de-a lungul căii ferate/pe lângă şine.

hit the trail, to *amer. sl. v.* **hit the pike.**

hit town, to *amer. ← F* a merge în oraş.

hob(-)nob with smb., to *← F* **1.** a se înhăita cu cineva. **2.** a se bate pe burtă cu cineva.

hoe a big row, to *amer. ← F* a face o treabă importantă.

hoe one's own row, to *← F* a-şi croi singur brazdă; a merge pe drumul său; a acţiona independent.

hog the ether, to *tel. ← F* a bruia.

hoist in the boats, to *mar.* a ridica bărcile pe punte.

hoist one's/the flag, to *mar.* a (pre)lua comanda.

hoist sail when/while the wind is fair *prov. v.* **go while the going's good.**

hoist with one's own petard prins în propria cursă/capcană.

hold a brief for smb., to **1.** *(d. un avocat)* a reprezenta pe cineva în justiţie, a apăra pe cineva. **2.** *fig.* a se ridica în apărarea cuiva.

hold a candle to the sun, to *v.* **carry coals to Newcastle.**

hold a fort/position, to a apăra un fort/o poziţie.

hold a/the job down, to *F* a rămâne în slujbă o bucată de vreme.

hold (all) the cards (in one's hand/hands), hold all the winning cards, to *v.* **have (all) the cards (in one's hand/hands).**

hold a pistol to smb.'s head, to *şi fig.* a pune pistolul în ceafa cuiva; a pune cuiva unghia în gât; a băga cuiva sula în coaste.

hold a wager, to a pune/face un pariu/rămăşag/o prinsoare.

hold a wolf by the ears, to *v.* **have a wolf by the ears.**

hold by the ears, to *v.* **have by the ears.**

hold/take counsel with. smb., to a consulta pe cineva; a se sfătui cu cineva.

hold court, to *fig.* a se întreţine cu admiratorii săi; a veni în întâmpinarea admiratorilor săi; a-şi lăuda admiratorii.

hold down a claim, to *amer.* a cere/pretinde drept de proprietate asupra unui loc pe care locuiești de mai mult timp.

hold down prices, to *v.* **keep down prices.**

hold fast/firmly to smth., to a rămâne credincios unui lucru; a nu renunța la ceva; a nu se abate de la ceva; a se conforma întocmai unui lucru *(o hotărâre, un principiu etc.).*

hold firm, to a fi neclintit (în hotărârea sa).

hold forth at great length on smth., to a perora despre ceva.

hold good/true for smb./smth., to a fi valabil pentru cineva/ceva; a se aplica/referi la cineva/ceva.

hold hard your hand! oprește!

hold in check, to *v.* **keep in check.**

hold in hand, to *v.* **have in hand.**

hold in one's feelings, to a-și stăpâni/înfrâna sentimentele.

hold in one's temper, to a-și stăpâni nervii.

hold it against smb., to a-i face cuiva o vină.

hold loose to smth., to ← *F* a nu-i păsa de ceva; a-i fi indiferent ceva; *F* → a-l lăsa rece.

hold no brief for smb., to a nu fi apărătorul/partizanul cuiva; a nu susține/sprijini pe cineva.

hold office, to *v.* **be in office.**

hold on a minute/second, to *v.* **hang on a jiffy/ minute/second!**

hold one's audience, to *(d. un vorbitor etc.)* a ține trează/a capta atenția spectatorilor/ascultătorilor.

hold one's audience spellbound, to *(d. un vorbitor etc.)* a captiva/vrăji spectatorii/ascultătorii; a-i ține ca vrăjiți.

hold/keep one's cards close to one's chest, to a fi secretos; a nu vorbi; a ține lucrurile bine închise în el.

hold oneself, to a sta liniștit; a nu se mișca.

hold oneself in, to a se stăpâni/înfrâna.

hold oneself in readiness for smth., to a fi pregătit/gata pentru ceva.

hold oneself/smb. responsible for smth., to a se considera/a considera pe cineva răspunzător/ responsabil de ceva.

hold oneself upright, to a se ține drept.

hold oneself well, to a avea ținută (frumoasă).

hold one's ground/own, to *v.* **stand one's ground.**

hold one's hand, to *fig.* a se ține de mână *(ca să nu facă ceva)*; a se abține/reține.

hold one's head high, to *v.* **carry (out) one's head high.**

hold one's horses, to *F* a nu se pripi; a nu se pierde cu firea; a-și reține firea.

hold one's own with smb./smth., to a se putea lua la întrecere cu cineva/ceva; a se putea întrece/ a putea concura/rivaliza cu cineva/ceva.

hold one's peace, to a tăcea chitic/molcom; a-și ține gura; a păstra tăcere/liniște.

hold one's reputation dear, to a ține mult la reputația sa.

hold one's sides with laughter, to a se ține de burtă de râs; a se umfla de râs; a se strâmba/strica/ tăvăli/topi de râs.

hold one's tongue, to a-și ține gura.

hold out against an attack, to a rezista unui atac.

hold out one's hand to smb., to a întinde mâna cuiva.

hold out the hope, to a da speranțe; a îngădui/ permite să se apere.

hold out the olive branch, to *fig.* a întinde ramura de măslin; a propune pace.

hold out the possibility, to a da/oferi posibilitatea.

hold out the prospect, to a oferi perspectiva.

hold out to end, to a rezista până la capăt.

hold people together, to a ține oamenii (strâns) uniți.

hold security, to a avea acoperire.

hold smb. at a/the vantage, to *v.* **have smb. at a/ the vantage.**

hold smb./smth. at bay, to *v.* **keep smb./smth. at bay.**

hold smb. by the ear, to *v.* **have smb. by the tail.**

hold smb. captive, to a ține pe cineva prizonier/în captivitate.

hold/keep smb. in awe, to a inspira teamă/ venerație cuiva.

hold smb./smth. in derision, to a-și bate joc de/a lua în râs pe cineva/ceva.

hold smb./smth. in great respect, to *v.* **hold smb./smth. in high esteem/regard.**

hold smb./smth. in high esteem/regard, to a stima pe cineva foarte mult/în mod deosebit; a avea multă stimă/o stimă deosebită pentru cineva; a pune mare preț pe ceva; a avea mare respect pentru cineva/ceva.

hold smb./smth. in low esteem/regard, to a nu stima pe cineva; a nu avea stimă pentru cineva; a nu pune mare preț pe ceva; a nu avea mare respect/ un respect deosebit pentru cineva/ceva.

hold/keep smb. in play, to 1. a nu lăsa pe cineva/ a nu da răgaz cuiva să răsufle; a ține pe cineva sub presiune. 2. a distra/amuza pe cineva.

hold smb./smth. in reverence, to a avea venerație pentru cineva/ceva; a avea un profund respect pentru cineva/ceva.

hold smb. in subjection, to *v.* **keep smb. in subjection.**

hold smb. on short leash, to *F* a ţine din scurt/în frâu pe cineva.

hold smb.'s salary back, to a reţine salariul cuiva.

hold smb. to his promise, to a sili pe cineva să-şi ţină promisiunea.

hold smb. to ransom, to a cere răscumpărarea cuiva.

hold smb. up as an example/model, to a da pe cineva ca exemplu/model.

hold smb./smth. up to derision/ridicule/scorn, to a-şi bate joc de cineva/ceva; a lua în râs/ridiculiza pe cineva/ceva.

hold smb. up to infamy, to a ţintui pe cineva la stâlpul infamiei.

hold smth. cheap, to a nu pune preţ pe cineva; a nu ţine la ceva.

hold smth. dear, to a pune mare preţ pe ceva; a ţine mult la ceva.

hold smth. in one's grip, to a avea ceva în puterea sa.

hold smth. in one's head, to a ţine minte/a nu uita ceva.

hold/keep smth. in store for smb., to *fig.* a rezerva cuiva ceva.

hold smth. lightly, to a nu face caz de ceva; a nu da importanţă unui lucru; a lua uşor ceva.

hold smth. tight(ly), to a ţine ceva strâns în mână/bine; a strânge ceva bine în mână.

hold the baby, to *v.* **carry the baby.**

hold the bag/sack, to *amer. F v.* **carry the baby.**

hold the belt, to *(la box)* a deţine centura de campion.

hold the enemy, to a rezista în faţa duşmanului/inamicului; a-l ţine la respect.

hold the field, to 1. a nu ceda terenul; a nu se da bătut; a nu abandona lupta. 2. *(d. o teorie)* a-şi păstra valabilitatea/actualitatea.

hold the floor, to a acapara/monopoliza conversaţia.

hold the fort, to *fig.* a ţine casa/a avea în grijă casa/a se ocupa/îngriji de casă *(în absenţa cuiva)*; a avea în grijă gospodăria.

hold the keys of one's fate, to a fi stăpân pe soarta sa.

hold the key to the puzzle, to a avea/deţine cheia enigmei.

hold the line, to a rămâne la telefon *(cât timp cineva se duce după ceva etc.)*.

hold the matter/question over, to a amâna chestiunea/problema.

hold the pass, to 1. *mil.* a controla un defileu. 2. *fig.* a avea pâinea şi cuţitul.

hold the purse-strings, to a fi cel care dispune de bani; a ţine banii.

hold the rank of, to a avea gradul de.

hold/keep the ring, to ← *F* a lăsa câmp liber adversarilor *(într-o dispută)*; a împiedica orice amestec în detrimentul uneia sau alteia din părţi.

hold the road well, to *(d. un automobil)* a lua bine virajele; a avea direcţia bună; a se înscrie bine în curbă.

hold the spot-light, to a fi în centrul atenţiei.

hold the whiphand over smb., to *fig. v.* **have the whiphand over smb.**

hold tight! *(avertisment într-un mijloc de transport în comun)* ţine-ţi-vă bine!

hold together, to *v.* **hang together 1.**

hold/keep up one's end, to *v.* **keep one's end up.**

hold water, to *fig. F (d. o teorie)* a ţine; a rezista.

hold with the hare and hunt with the hounds, to *v.* **run with the hare and hunt with the hounds.**

hold your jaw/maw/row! *F* ţine-ţi pliscul/fleanca/clanţa/leoarba! tacă-ţi fleanca/clanţa!

holler/hollow uncle, to ← *F* a cere îndurare; *F* → a spune „nene, iartă-mă".

home is home though never so homely *prov.* e mai bine în coliba ta decât în palatul altuia; nicăieri ca la casa omului; ca acasă la tine nu-i nicăieri bine.

honest as the skin between his brows, (as) ← *F* foarte cinstit.

honest Injun! ← *F* pe cuvânt de onoare! pe onoarea/legea/cinstea mea! ţi-o jur! *F* → să fiu al naibii/să mor eu dacă te mint!

honesty is the best policy *prov. aprox.* mai bine sărac şi curat, decât avut şi ruşinat.

honey is not for the ass's mouth *prov.* nu stricaţi orzul pe gâşte; pui migdala în nasul porcului şi el spune că e ghindă.

honey tongue, a heart of gall *prov.* la gură ca un miel, iar la inimă lup întreg; limbă dulce, dos viclean.

honour and profit lie not in one sack *prov.* cinstea şi cu banul nu fac casă bună.

honour bright! *F* pe cinstea mea! parol!

honour changes manners *prov.* omul când se ajunge îşi schimbă firea; omul când se pricopseşte, la ai săi nu se gândeşte.

hoof it, to *F* a merge apostoleşte/per pedes apostolorum; a-i da călcâie.

hook a husband, to a pune gheara pe un bărbat.

hook it, to *sl.* a o întinde; a o șterge; a-și lua tălpășița.

hook/land one's fish, to ← *F* a-și impune punctul (său) de vedere; a ajunge unde a vrut.

hook smb. in, to *F* a agăța pe cineva să facă ceva.

hoot an actor off, to a face pe un actor să părăsească scena cu fluierături; a scoate din scenă un actor cu fluierături/huiduieli.

hop a ride in a train, to *amer. sl.* a merge cu trenul pe blat/șest.

hope against hope, to a mai spera totuși; a nu-și pierde încă speranța; **we must ~** nu trebuie să disperăm (niciodată); **it's hoping against hope** slabă speranță/nădejde.

hope for the best, to a nu-și pierde speranța; a nu dispera; a spera că va fi bine.

hope is a good breakfast, but a bad supper *prov.* speranța e un prânzișor gustos, dar o cină amară.

hop it, to *sl.* a o întinde/roi.

hop on the bandwagon, to *amer. F v.* **get on the bandwagon.**

hop the perch/twig, to *glum.* **1.** a da ortul popii, a-i cânta popa aghiosul. **2.** *fig.* a pleca/a o întinde/șterge fără să-și plătească datoriile.

hop the twig, to *F* a da ortul popii; a-și lăsa pielea zălog; a se duce pe drum neîntors/pe cale neîntoarsă; a-și pierde papucii.

horn in on a party, to *v.* **gate-crash a party.**

horn in on the racket, to *F* a se băga în afaceri dubioase.

hose down a car, to *v.* **give a car a good hose down.**

hot as fire, (as) fierbinte ca focul.

hot as pepper, (as) iute ca piperul.

hot dog! *amer.* strașnic! pe cinste! excepțional!

hotfoot it, to *amer. F* a fugi/merge de-i pârâie/sfârâie călcâiele; a fugi/alerga mâncând pământul; a o ține numai/tot o fugă; a o lua la picior/sănătoasa; a-și lua călcâiele/picioarele de-a umeri.

hour in the morning is worth two in the evening, an nu amâna pe mâine ce poți face azi.

hover between life and death, to a se zbate între viață și moarte.

how are things? cum merge? cum stau lucrurile?

how are you (getting on)? ce mai faci? cum te simți? cum o duci? cum te mai lauzi?

how are you fixed up for tonight? ce faci deseară?

how are you off for soap? *sl.* cum stai cu bicștarii?

how can I help it? ce pot să fac?

how can one say? cum să spun?

how can you? cum îndrăznești?! nu ți-e rușine?

how come? *amer.* ← *sl.* cum adică? cum vine asta? cum se face că?

how comes/is it that ...? cum se face că?

how did it hit you? ← *F* ce impresie ți-a făcut?

how does it come about that ...? *v.* **how comes it that ...?**

how do you do? **1.** am onoarea! **2.** bună ziua! **3.** ← *rar* ce mai faceți?

how do you find yourself? *(adresat unui bolnav)* cum îți merge? cum te simți?

how do you like it? ce părere ai de asta? ce zici de asta? îți place?

how ever ...? *v.* **how in the world?**

how fares it? ← *înv.* cum merge? ce mai faci? cum o mai duci?

how goes it? *F* cum o mai duci? cum (îți) merge?

how goes the dickens/the enemy? ← *glum.* cât e ceasul?

how goes the time? ← *F* cât e ceasul?

how goes the world? *F* ce mai e nou? ce se (mai) aude?

how goes the world with you? ← *F* ce mai faci? cum o mai duci? cum (îți) merge? cum te mai lauzi?

how in the world? cum Dumnezeu/naiba?

how is everything? cum (îți) merge? cum merge treaba/merg treburile? cum o mai duci?

how is it? cum merge?

how is it that ...? *v.* **how comes it that...?**

how is it with you? ce mai faci?

how is the world treating/using you? *F* cum îți merge? cum te mai lauzi?

howl a speaker down, to a face un vorbitor să tacă prin strigăte/țipete/urlete.

howl defiance at smb., to a provoca/sfida pe cineva în gura mare.

howl with laughter, to a se umfla de râs; a hohoti; a râde din toată inima.

howl with the pack, to a urla cu lupii.

how now? ce înseamnă toate acestea?

how odd! (ce) curios/ciudat!

how on reath? *F* cum naiba/Dumnezeu? Doamne iartă-mă.

how's life? ce mai faci? cum o mai duci (cu viața)? cum (îți mai) merg treburile?

how so? cum așa/asta?

how's that? cum asta/așa?

how's things? *F* cum (mai) merge?

how's yourself? *F* ce faci? cum o duci?

how the blazes/devil/heck/hell? cum dracu/naiba?

how the dickens? *înv. v.* **how the blazes/devil/heck/hell?**

huddle down in bed, to a se ghemui în pat.

huddle things into smth., to a înghesui/îngrămădi lucruri în ceva.

huddle things together, to a arunca/pune lucrurile de-a valma/claie peste grămadă/la grămadă.

huddle together, to a se înghesui/îngrămădi/ strânge unul în altul.

huddle upon huddle claie peste grămadă.

huff it, to a face pe grozavul/nebunul; a-şi da ifose/ importanţă; a se umfla în pene.

hug a belief, to a rămâne credincios/fidel unui crez.

hug oneself (with delight/pleasure) over smth., to a se felicita pentru ceva.

hug the shore, to *(d. un vas)* a se ţine aproape de ţărm.

hum and haw, to ← *F* **1.** a tuşi înainte de începerea unui discurs. **2.** a sta în cumpănă; a şovăi (să ia o hotărâre).

humble smb.'s pride, to a umili pe cineva.

hump it/your swag! *sl.* plimbă ursu! mută statuia! mână măgarul! valea!

hum with activity, to *(d. un oraş etc.)* a fremăta/ vui de activitate.

hum with life, to *(d. un oraş etc.)* a fremăta de viaţă.

hunch up one's shoulders, to a-şi băga capul între umeri.

hundred to one, a *(d. şanse)* unu la sută.

hunger breaks stone walls *prov.* foamea goneşte pe lup din pădure.

hunger is the best relish/sauce *prov.* foamea e cel mai bun bucătar.

hungry as a hawk/hunter/wolf, (as) flămând ca un lup.

hungry bellies have no ears, *prov.* cel flămând n-are urechi de ascultat.

hunt high and low for smth., to *v.* **look/search high and low for smth.**

hunt in couples, to ← *glum.* a fi (de) nedespărţit/ inseparabili.

hunt one's horse, to a vâna călare.

hunt the wrong hare, to *F* a fi pe o pistă greşită/ falsă; a greşi adresa.

hunt with the hound and run with the hare, to a împăca şi capra şi varza.

hurl abuse at smb., to a profera injurii la adresa cuiva; a arunca cuiva în faţă vorbe de ocară.

hurl defiance at smb., to *v.* **howl defiance at smb.**

hurl oneself at smb., to a se arunca asupra cuiva.

hurt one's eyes, to a-şi strica ochii.

husband one's resources, to a cheltui cu socoteală; a-şi administra bine venitul/veniturile.

husband one's strength, to a-şi cruţa/economisi forţele.

hush a matter/thing up, to a muşamaliza o chestiune/problemă/un lucru.

hush before the storm, the liniştea dinaintea furtunii.

hustle smb. into a decision, to a forţa pe cineva să ia o hotărâre.

I

I am born in the woods to be scared by an owl nu mă sperii cu una cu două; am văzut prea multe ca să mă mai sperii.

I am in no heart for laughing nu-mi arde de râs/ glumă.

I am neither sugar nor salt, I am not made of salt lasă că nu mă topesc (dacă mă udă ploaia).

I am not built that way ← *F* nu sunt genul acela de om/nu sunt eu omul care să facă una ca asta.

I am not such a fool! *F* mă crezi atât de prost! nu-s chiar așa/atât de prost (cum mă crezi).

I am on (for it)! ← *F* așa să fie! s-a făcut! e în regulă!

I am sorry îmi pare rău; sunt dezolat; scuzați, vă rog!

(I am) yours very truly primiți asigurarea deosebitei mele considerații.

I beg to differ/disagree permiteți-mi să fiu de altă părere/să nu fiu de acord.

I beg your pardon! 1. vă rog să mă scuzați! scuzați vă rog! mii de scuze! scuză-mă! 2. să avem iertare! să nu vă fie cu supărare!

I beg your pardon? 1. pardon? n-am înțeles! cum ați spus? 2. cum? ce vreți să spuneți?

I can make neither head nor tall/I can't make head or tail of this *F* 1. nu pricep nimic/o boabă/ iotă. 2. nu pot să-i dau de rost/cap.

I can't get it out of my head that nu pot să-mi scot din cap că.

I can't go it ← *F* nu mai pot îndura asta.

I can't help it n-am ce face; n-am încotro.

I can't stomach him nu pot să-l sufăr/înghit.

I could do it on my head *F* e simplu ca bună ziua.

I couldn't get a wink/(my) forty winks ← *F* n-am putut închide ochii/dormi.

I dare say poate; se prea poate; e foarte probabil; ba bine că nu.

I'd better do without! mă lipsesc!

idea smote/struck me, an mi-a venit o idee.

idle brain in the devil's workshop, an *prov.* urzirea răului e lenea; trândăvia e muma tuturor răutăților;

aprox. dracul, când n-are de lucru, își cântărește coada.

idle folks have the most labour, idle people take the most pain *prov.* leneșul mai mult aleargă.

idleness is the key of beggary *prov.* lenevia e soră bună cu sărăcia; leneșul e frate cu cerșetorul.

idleness is the mother/root of all evil/sin/vice *prov.* lenea e mama tuturor viciilor; trândăvia e muma tuturor răutăților.

idleness rusts the mind *prov.* lenea e la om ca și rugina la fier.

idle one's/the time away, to a-și pierde vremea; a lenevi; a trândăvi; a pierde timpul de pomană.

I don't care a fig for it! *F* de asta nu mai pot eu! mă doare-n cot!

I don't care if I do *F* nu zic nu; nu mă dau în lături; nu refuz; cu plăcere.

I don't feel too good about it *amer. F* asta nu mă încântă; asta mă cam neliniștește.

I don't half like it *F* asta nu-mi place deloc/câtuși de puțin.

I don't know about that! rămâne de văzut! nu e încă sigur!

I don't like the sound of it! *F* asta nu-mi spune nimic bun; asta nu miroase a bine/sună cam suspect.

I don't mind 1. mi-e egal; n-are importanță/a face. 2. nu refuz/zic nu.

I don't quite follow nu (prea) înțeleg; nu pricep.

I don't think! *F* cică; chipurile; vorbă să fie! pe dracu!

if any în cazul când/dacă există.

if by chance dacă (nu) cumva.

I feel as if/though am impresia/senzația că.

if I am not mistaken dacă nu mă înșel; dacă nu greșesc.

if ifs and an's were pots and pans (there'd be no trade for tinkers) *prov. aprox.* dacă cocoșul ar face ouă, ar fi găină; *F →* dacă bunica ar avea roate, ar fi tramvai.

if I may put it so dacă pot spune așa; ca să spun așa.

if I remember right(ly)! dacă îmi amintesc exact; dacă nu mă înşală memoria.

if it dacă e vorba pe aşa.

if it comes to that dacă aşa stau lucrurile; dacă aceasta e situaţia; dacă-i vorba pe-aşa; în acest caz.

if/when it comes to the crunch/push *F* la nevoie; la o adică; dacă nu mai merge treaba; într-un moment critic; dacă nu mai e altă scăpare.

if/when it comes to the point la o adică, când o să se pună problema; când vine momentul; dacă nu mai e nimic de făcut.

(if it) please God dacă dă Dumnezeu.

if it so please you dacă e dorinţa dumitale/ dumneavoastră; dacă aşa voieşti/voiţi.

if it were not for hope, the heart would break *prov.* inima se hrăneşte cu speranţa.

if my aunt had been a man, she'd have been my uncle *F* dacă badea ar avea cosiţe i s-ar zice lele.

if my memory does not fail me dacă nu mă înşeală memoria.

if my memory serves me right dacă îmi aduc bine aminte.

if need(s) be required în caz de necesitate/nevoie; la nevoie; dacă e necesar/nevoie; dacă trebuie.

if not dacă nu; în caz contrar.

if only numai dacă; măcar dacă/de.

I for one cât despre mine; eu unul; din partea mea; în (ceea) ce mă priveşte.

if per adventure *înv.* dacă din întâmplare/întâm- plător.

if (it/that be) so dacă e aşa; dacă aşa stau lucrurile.

if that dacă (şi asta/atât).

if the blind lead the blind, both shall fall into the ditch *prov.* orb pe orb când trage, amândoi se poticnesc; orbul pe orb povăţuind cad amândoi în mormânt.

if the cap fits, wear it cine se simte cu musca pe căciulă, să înţeleagă; cine are urechi de auzit, să audă.

if the fit takes me dacă îmi vine (cheful); dacă am chef; dacă mi se năzare.

if the husband be not at home, there is nobody *prov.* casa fără bărbat e pustie.

if the old dog barks, he gives counsel *prov.* când latră un câine bătrân, să ieşi afară; câinele bătrân nu latră la lună.

if there were no clouds, we should not enjoy the sun cine n-a gustat amarul, nu ştie ce e zaharul.

if the worst came/comes to the worst (când va fi) la (o) adică; dacă se îngroaşă gluma; într-un caz extrem.

if we can't as we would, we must do as we can ← *prov.* când nu putem face ce voim, trebuie să

voim ce putem; omul înţelept face ce poate, nu ce vrea.

if wishes were horses, beggars would ride *prov.* când ar face toate muştele miere, ar fi pe toţi pereţii faguri.

if you agree to carry the calf, they'll make you carry the cow *prov. aprox.* îi dai degetul, el îţi apucă mâna.

if you cannot have the best, make the best of what you have *prov.* când n-ai ochi negri, săruţi şi albaştri; când n-ai frumos, pupi şi mucos.

if you dance you must pay the fiddler *prov. aprox.* dacă ai intrat în horă trebuie să joci.

if you don't like it you can lump/stuff it dacă nu-ţi place n-ai decât/scrie sus.

if you don't mind dacă nu ai/aveţi nimic împotrivă/ de obiectat; dacă îţi/vă este egal; dacă nu te/vă deranjează.

if you had half an eye dacă ai vedea/ţi-ai da seama cât de cât; dacă ai avea puţină minte; dacă ai avea ochi să vezi.

if you like dacă vrei/vreţi.

if you please 1. dacă doreşti/doriţi; poftim. **2.** *iron.* cu voia dumitale/dumneavoastră.

if you run after two hares (at once), you will catch neither *prov.* cine aleargă/umblă după doi iepuri nu prinde nici unul.

ignorance of the law excuses no one necunoaş- terea legii nu scuză pe nimeni.

I got it! ← *F* înţeleg! pricep! *F* → m-am prins! i-am dat de urmă!

I grant that ... (but) admit că ... (dar).

I had/would rather mai curând/degrabă; prefer.

I have had enough of your lip ← *F* m-am săturat de impertinenţa ta.

I have him cold ← *sl.* e la picioarele mele/cheremul meu; îl am la mână.

I have it! *v.* **I got it!**

I have it from his own mouth am auzit-o chiar din gura lui.

I have lived too near a wood to be frightened by an owl *v.* **I am born in the woods.**

I hope to goodness that dar-ar Domnul să.

I know better (than that)! *F* nu-s chiar aşa de prost cum mă crezi!

I know what! *F* ştii ceva? mi-a venit o idee!

I leave it to you mă las pe tine/la vrerea ta; mă bizui pe tine.

I like that! nu zău! asta e bună!

I like your impudence! *F* ştii că-mi placi! eşti bine! ai tupeu!

ill at ease stânjenit; stingherit.

I'll be *amer. F* ei poftim! Dumnezeule! asta mai lipsea!

I'll be blowed/damned/hanged/shot if *sl.* să mă ia dracu/să fiu al dracului/naibii/al naibii să fiu/să mor dacă; să-mi zici cuțu dacă; să nu-mi zici pe nume dacă; să-mi razi mustața dacă; să n-apuc/ n-ajung ziua de mâine dacă.

I'll be bound ← *F* pot să jur; îmi pun capul jos.

I'll be far/farther if I do *F* nici nu mă gândesc; nici prin gând nu-mi trece; când mi-oi vedea ceafa.

(I'll be) hanged if I know *F* al naibii să fiu/să mor dacă știu.

I'll bet a cookie/cookey, I'll bet my boots/hat/ life/shirt, I'll bet you anything your boots/life/ *amer.* **I'll bet my bottom/last dollar** *F* fac pariu (pe ce vrei); pun capul jos; îmi dau capul; bag mâna în foc; îmi mănânc căciula/pălăria.

I'll buy it *F* mă dau bătut/predau; nu știu.

I'll eat my boots/hat/head (if) *F* pun capul jos (că nu); îmi mănânc căciula/pălăria (dacă); mă las de meserie (dacă).

I'll give him a piece of my mind o să-i zic ceva de dulce/să mă pomenească/să mă țină minte.

ill-gotten, ill-spent de haram am luat, de haram am dat; de haram a venit, de haram s-a dus.

ill gotten gains seldom prosper *prov.* tâlharul niciodată nu se pricopsește.

ill luck is good for something *prov.* și răul prinde bine la ceva.

I'll make you behave yourself/creak in your shoes! *F* (lasă că) îți arăt eu ție/te-nvăț eu minte! am să te fac să-ți muști degetele.

ill news comes apace/flies fast *prov.* vestea rea aleargă iute/te-ajunge repede; veștile proaste se află repede.

I'll risk it! la noroc; fie ce-o fi.

I'll see you damned/hanged/further first! *F* **1.** când va face plopul pere și răchita micșunele/ broasca păr/spânul barbă; când mi-oi vedea ceafa! drept cine mă iei! așteaptă mult și bine! păi, vezi să nu! să ai să iei! **2.** du-te și te spânzură!

I'll see you damned with a vengeance to you! ← *sl.* lua-te-ar dracul!

I'll stake my life on îmi pun capul pentru.

ills that flesh is heir to relele de care are parte omul; potrivniciile soartei.

I'll tell him where to get off *v.* **I'll give him a piece of my mind.**

I'll tell you what! *F* ascultă (ce-ți spun)! să-ți spun ceva; știi ce?

ill turn is soon done *prov.* e ușor a face rău.

ill weeds grow apace *prov.* iarba rea nu piere; buru- iana proastă/rea crește și în/pe piatră; drac mort nu s-a văzut.

I looks towards you! ← *sl. (la băutură)* hai noroc! să trăiești! în sănătatea ta!

I'm a Dutchman if *F* să nu-mi zici pe nume dacă; să mă ia naiba dacă; să-mi zici cuțu dacă.

I'm blessed if I know *F* zău dacă știu; să mă ia naiba dacă știu.

I'm from Missouri; you've got to show me! *amer. F* eu mi-s Toma Necredinciosul; nu cred pân-ce văd.

I'm jiggered! *F* să fiu al naibii! mi-a stat mintea în loc! măi să fie!

immerse oneself in pleasure, to a se lăsa în voia plăcerii.

immerse oneself in work, to a fi absorbit de muncă.

I'm not having any, I'm not to be had! *sl.* la mine nu ține/prinde figura; cu mine nu merge așa.

I'm not very happy about nu-mi prea place.

impart movement to smth., to a imprima mișcare unui lucru.

impatient of reproof refractar la observații.

implement an obligation, to a se achita de o datorie/obligație.

impose one's company/oneself on/upon smb., to a deranja pe cineva prin prezența sa; a intra/ veni la cineva nepoftit/nechemat; a-și impune prezența.

impose upon smb.'s kindness, to a abuza de amabilitatea/bunătatea cuiva.

impress on/upon smb. the importance of smth., impress smb. with the importance of smth., to a face pe cineva să înțeleagă importanța unui lucru.

impress themselves on smb.'s memory, to *(d. cuvintele cuiva etc.)* a se imprima în memoria cuiva.

improve an acquaintance, to a cultiva cunoștința cuiva.

improve in health, to a se însănătoși/întrema/pune pe picioare.

improve on/upon nature, to a adăuga ceva la ceea ce a lăsat natura; a face mai frumos decât a fost lăsat de natură.

improve on smb.'s offer, to a oferi mai mult decât cineva; a supralicita.

improve the occasion/opportunity/ *F* **shining hour, to** **1.** a profita/a se folosi de ocazie; a folosi prilejul. **2.** a trage o învățătură din cele întâmplate.

improve upon acquaintance, to *(d. cineva)* a se dovedi mai bun decât la prima vedere.

I'm through! *amer.* sunt gata! am terminat/isprăvit!

I must be toddling off ← *F* trebuie să plec.

I'm your man 1. sunt omul/al tău; m-ai câștigat. **2.** îmi convine; mă aranjează.

in a bee-line în linie dreaptă; de-a dreptul; pe drumul cel mai scurt.

in abeyance I. suspensie; *(d. legi)* neaplicat. **2.** în desuetudine.

in a blaze în flăcări; cuprins de flăcări.

in a blowing of a match ← *F* într-o clipă; cât ai clipi.

in a blue funk ← *F* speriat de-a binelea; < mai mult mort decât viu.

in a body împreună; in corpore; în masă.

in a brace/couple of shakes/a shake/two shakes of a lamb's tail ← *sl.* cât ai bate din palme/zice peşte/doamne ajută; în doi timpi şi trei mişcări.

in a broken voice cu voce frântă; cu glasul sugrumat.

in a brown study *F* dus pe gânduri; cu gândurile aiurea/în altă parte.

in accordance with în conformitate cu; conform/potrivit cu.

in a certain/an interesting condition *(d. o femeie, eufemistic)* într-o situaţie interesantă.

in a chafe *F* supărat foc.

in acknowledgement of ca/drept/în semn de recunoştinţă pentru.

in a crack *F* cât ai clipi din ochi; într-o clipă/clipită.

in a crowd/crowds cu duiumul.

in act în realitate/fapt.

in actual fact în realitate/fapt; practic; efectiv.

in addition I. în plus; mai mult; în afară de aceasta; pe deasupra; ba/şi încă. **2. ~ to** pe lângă; în afară de.

in a deadlock în impas.

in advance I. anticipat. **2. ~ of** înaintea; în avans faţă de.

in a family way gospodăreşte; cu mijloace casnice; simplu.

in a fashion *v.* after a fashion.

in a fever of excitement emoţionat; agitat; cuprins de emoţie/agitaţie.

in a fine/nice/sad pickle ← *F* într-o mare/grea încurcătură/situaţie dificilă; în bucluc.

in a fine predicament *iron.* într-o frumoasă încurcătură; la ananghie.

in a fit of absence într-un moment de neatenţie.

in a fit of madness I. într-un acces de nebunie. **2.** *fig.* într-un moment de nebunie.

in a fix ← *F* într-o situaţie neplăcută/mare încurcătură; în(tr-un) impas; la ananghie.

in a flash *F* într-o clipită; cât ai clipi/strânge din ochi.

in a fluster/flutter în mare agitaţie/emoţie.

in a fog nedesluşit; ca prin ceaţă.

in a fright cuprins de spaimă; îngrozit; înspăimântat.

in a fume *F* foc şi pară; supărat foc; mânios.

in a funk *v.* in a blue funk.

in a general way la modul general.

in a good hour într-un ceas bun.

in a hole ← *F* într-o încurcătură; într-un impas.

in a huffish tone (of voice) pe un ton înţepat.

in a hurry în grabă.

in a jiffy *F* într-o clipită; cât ai clipi (din ochi)/te-ai freca la ochi/bate din palme.

in a large measure în mare parte; în mare/bună măsură.

in a little while în curând; în scurt timp.

in all în total/întregime.

in all conscience! pe legea mea! sincer! cu mâna pe inimă!

in (all) creation *amer. F* oare; Dumnezeu; naiba: **how ~ did it get lost?** cum Dumnezeu s-a pierdut?

in all fairness *aprox.* să stăm strâmb şi să judecăm drept.

in all her glory *F (d. o femeie)* pusă la marele fix; la mare toaletă.

in all likelihood/probability după toate probabilităţile.

in all manners of ways în toate felurile/chipurile; în fel şi chip.

in all matters of în tot ceea ce se referă la.

in all one's born days toată viaţa (lui); câte zile a trăit; de-a lungul întregii sale vieţi.

in all respect în toate privinţele.

in a loud voice cu voce tare.

in alt I. *muz.* cu o octavă mai sus. **2.** *fig.* bine dispus.

in a manner (of speaking) într-un (anumit) fel/sens; dintr-un (anumit) punct de vedere; ca să spunem aşa.

in an accommodation spirit într-un spirit de înţelegere.

in an ant's foot *F* cât ai zice peşte.

in an awkward/sorry predicament într-o situaţie neplăcută/penibilă.

in and out când înăuntru, când afară.

in and out of seasons, in season and out of season cînd trebuie şi când nu trebuie; cu şi fără rost.

in an evil/ill hour într-un ceas rău.

in a nice fix *F* într-o frumoasă încurcătură; la mare ananghie; în bucluc.

in a nice pickle *v.* in a fine pickle.

in an interesting condition *v.* in a certain condition.

in another person's shoes/boots *F* în pielea altuia.

in another place 1. în altă parte; aiurea. 2. *parl.* ← *F* în Camera Lorzilor.

in answer/reply to ca răspuns la.

in anticipation of în așteptarea.

in an undertone cu jumătate de gură.

in an unguarded moment într-un moment de neatenție.

in a nutshell într-un cuvânt; în două/câteva cuvinte; în rezumat; pe scurt.

in any event orice s-ar întâmpla; oricum ar fi.

in any shape or form de orice fel; orice fel; de nici un fel; nici un fel de; indiferent de ce fel.

in a Pickwickian sense ← *glum.* într-un sens tehnic/special/esoteric (al unui cuvânt).

in apple-pie order ← *F* într-o ordine perfectă/desăvârșită.

in a pretty puddle *F* în bucluc; într-o frumoasă încurcătură.

in a quandary în încurcătură/bucluc/impas/pasă proastă; la ananghie; în dilemă.

in a rage furios; cuprins de furie; plin de furie.

in arms înarmat.

in a round-about way (în mod) indirect; pe ocolite; pe departe; cu binișorul; *F* → pe după piersic.

in a row în linie/șir.

in a sad pickle *v.* **in a nice pickle.**

in a sad/sorry/plight 1. în pasă proastă; într-o situație (destul de) critică/dificilă; în încurcătură. 2. într-o stare de plâns.

in a shake *v.* **in a brace of shakes.**

in a slipshod/sloppy way de mântuială.

in a small way modest.

in a sort of way într-un fel.

in a split second *v.* **in a trice.**

in a state of nature 1. în stare naturală. 2. *glumeț* în costumul lui Adam; cum l-a născut/făcut mă-sa; gol (pușcă).

in a stew *F* pe jeratic/ghimpi.

in a tick, in half a tick, in two ticks *F* într-o clipă/clipită; în doi timpi și trei mișcări; cât ai clipi (din ochi)/bate din palme/zice pește.

in a tight box/corner *F* în pasă proastă; într-o situație critică; în încurcătură; la ananghie/strâmtoare.

in a trice/twinkle/twinkling, in the twinkling of a bedpost/of an eye *v.* **in a tick.**

in a way într-un fel.

in bad faith cu rea-credință.

in bad fix *amer.* în stare proastă.

in bad hands pe mâini rele.

in bad humour/low spirits în dispoziție proastă; în toane rele; prost dispus; fără chef.

in bad repair în stare proastă; prost întreținut; care are nevoie de reparații.

in bonds în lanțuri; în robie.

in brief/short pe scurt; în două cuvinte.

in broken accents cu voce frântă/întretăiată.

in buff *F* în costumul lui Adam; în pielea goală.

in bulk *com.* 1. în vrac. 2. angro; cu ridicata; cu toptanul.

in camera ← *F* în secret.

in Carcy Street *v.* **in Queer Street.**

in case of emergency la nevoie; în caz de necesitate/nevoie/forță majoră/urgență/pericol/accident.

in cash în numerar; în bani gheață.

in chancery *F* la ananghie/strâmtoare; la înghesuială/colț; în gura lupului.

in character with în conformitate/acord/armonie cu; potrivit cu.

inch by inch puțin câte puțin.

inch one's way along, in/out etc., to a-și face drum încet și cu grijă; a păși cu grijă; a merge atent/cu grijă.

in cits/civvies/mufti civil; în haine civile.

in cold/storage 1. *(d. carne)* congelată. 2. *F* la răcoare/zdup.

in collusion with în complicitate/de coniventă cu.

in company with împreună/laolaltă cu.

in compliance with în conformitate/conform cu.

in concert (with) de coniventă (cu); la unison (cu).

in confidence (în mod)/cu totul confidențial.

in conjunction with 1. legătură cu. 2. unit cu.

in connivance with de coniventă cu.

in consequence of ca urmare a.

in contempt of în disprețul; > fără a ține seama de.

in course of time cu timpul.

increase the volume! *amer.* ← *F* (vorbește) mai tare!

in default of în lipsă de; în lipsa de.

in/out deference to din respect pentru.

in defiance to în ciuda/pofida; sfidând.

in despair de/din disperare; disperat; cuprins de disperare; în disperare de cauză.

in direct ratio to în proporție directă/direct proporțional cu.

in disguise deghizat; în travesti.

in dock *mar.* ← *sl.* spitalizat; la spital *(mai ales pentru tratarea unei boli venerice).*

in drink *F* băut; făcut la băutură; sub influența băuturii.

in drops cu picătura; picătură cu picătură.

in dry dock ← *F* fără lucru; pe drumuri.

in due course/time la timpul cuvenit/momentul potrivit; sosi clipa când.

in due form în forma cuvenită; conform regulii.

in due time *v.* **in due course.**

indulge in the luxury of smth., to a-şi permite luxul unui lucru.

in dumb show prin gesturi/semne; pe muţeşte.

in durance vile într-o temniţă blestemată.

in Dutch *amer. sl* 1. la anaghie. 2. în dizgraţie; la index.

in duty bound dator; obligat.

in eager rivalry care mai de care.

in earnest serios.

in either event atât într-un caz cât şi în altul.

I never did! n-am văzut/auzit de când sunt aşa ceva! nemaipomenit! îngrozitor! de necrezut! nu mai spune!

in every particular punct cu punct; în cele mai mici amănunte.

in every way din toate punctele de vedere; sub toate aspectele.

in evidence ca martor.

in excess of 1. care depăşeşte/trece de. 2. depăşind/ peste greutatea etc. de.

in exchange for în schimbul.

in fact de fapt; în realitate; ba chiar.

in faith pe cinstea mea/cuvânt(ul) meu!

in faith whereof întru confirmarea căruia.

in fault de vină; vinovat.

in favour în graţii.

in fighting trim gata de luptă.

in flue *înv. v.* **in brief/short.**

in fine feather *v.* **in high feather.**

in fine/good/high fettle în condiţie (fizică) bună; în formă (bună).

in fits and starts *v.* **by fits and starts.**

in flesh voinic; gras; plin; corpolent; rotofei.

in flesh and blood *F* în carne şi oase; în persoană.

inflict a blow, to *F* a administra o lovitură (cuiva).

inflict a crushing blow on smb., to *şi fig.* a da o lovitură zdrobitoare cuiva.

inflict damage on/upon smb., to a pricinui daune/ pagube cuiva; a cauza prejudicii cuiva.

inflict oneself on/upon smb., to a-şi impune prezenţa cuiva; a sta pe capul cuiva; a inoportuna pe cineva.

inflict the death penalty on smb., to a aplica cuiva pedeapsa cu moartea/capitală.

in flying trim *av.* gata de zbor.

in for a penny, in for a pound *F* unde merge mia merge şi suta; dacă-i bal, bal să fie; ai intrat în horă, trebuie să joci.

in force *v.* **in (full) force.**

in form în formă; bine dispus; sănătos.

infringe an oath, to a călca un jurământ.

in full blast în plină activitate.

in full cry 1. *(d. câini)* lătrând (urmărind vânatul). 2. *fig.* pe urmele (cuiva).

in full feather *F* 1. pus la marele fix; la mare ţinută; la mare toaletă. 2. în fonduri; cu punga plină.

in full fig *F* în mare ţinută; pus la marele fix; gătit cu tot dichisul.

in full flight în plină derută.

in full fling în toi; în plină desfăşurare.

in (full) force *v.* **in full strength.**

in full leaf cu frunziş des.

in full rig *F* în mare ţinută; îmbrăcat ca de paradă/ bal.

in full/greatstrength toţi/cu toţii în păr.

in full swing 1. *(d. o petrecere etc.)* în toi. 2. *(d. o organizaţie etc.)* în plină activitate; în plin avânt.

in fun/jest/joke în glumă; în joacă; de haz.

infuse fresh courage into smb., to a insufla curaj cuiva.

infuse life into smb., to a insufla/da viaţă cuiva; a trezi la viaţă pe cineva.

infuse smb. with fresh courage, to *v.* **infuse fresh courage into smb.**

infuse smb. with life, to *v.* **infuse life into smb.**

in future în/pe viitor.

in gear 1. angrenat; ambreiat; în priză. 2. în funcţiune/mers. 3. *fig.* în regulă. 4. *fig.* sănătos.

in (good) case *v.* **in fine fettle.**

in (good) cue în toane bune.

in good faith 1. cinstit; conştiicios. 2. în serios; (fiind) de bună-credinţă.

in good feather *v.* **in high feather.**

in good fettle *v.* **in fine fettle.**

in good fig *F* (în mare) formă; în dispoziţie bună; bine dispus; cu chef.

in good fix *amer.* în stare bună.

in good/strong heart 1. *(d. cineva)* bine dispus; *F* → în toane bune; cu chef. 2. *(d. pământ)* bine întreţinut; mănos; roditor; fertil.

in good keep în stare/condiţie bună.

in good repair *(d. clădiri, drumuri)* în stare bună; bine întreţinut.

in good time 1. la timpul potrivit; la timp. 2. din timp/vreme; de cu vreme.

in good trim 1. vesel şi bine dispus; în toane bune; cu chef. 2. *(d. un boxer)* în formă.

in grain ← *F* inveterat; înrăit.

ingratiate oneself with smb., to a se insinua pe lângă cineva; a se vârî sub pielea cuiva/în sufletul cuiva; a intra în graţiile cuiva; a se da bine cu cineva.

in great feather *v.* **in high feather.**

in great force 1. în toată puterea; viguros. 2. în vervă.

in great strength *v.* **in full strength.**

in half a jiffy *v.* **in a jiffy.**

in half a shake *v.* **in a shake.**

in half a tick *v.* **in a tick.**

in heaps aşezat în grămezi; pus grămadă.

in heart în adâncul inimii/sufletului; în sinea lui, în fond.

in high dudgeon *F* supărat foc; foc şi pară de mânie; cu o falcă în cer şi (cu) alta/una în pământ.

in high feather *F* în toane bune; cu chef; vesel şi bine dispus; într-o dispoziţie excelentă; plin de antren.

in high fettle *v.* **in fine fettle.**

in high gear în mare/plină viteză.

in high glee în culmea voioşiei; plin de voie bună; vesel ca un cintezoi; voios nevoie mare.

in high spirits în toane bune; bine dispus; cu chef; în culmea fericirii.

in his true likeness sub înfăţişarea sa adevărată.

in hock *amer. sl.* 1. la amanet/muntele de pietate. 2. (*d. cineva*) la zdup/răcoare.

in huckster's hands *F* la strâmtoare/ananghie.

in inverse ratio to în proporţie inversă/invers proporţional cu.

in its train în urma lui/ei.

inject life into smth., to *lit.* a da viaţă unui lucru; a trezi ceva din amorţire.

inject smth. with life, to *v.* **inject life into smth.**

in joy and in sorrow la bucurie şi la necaz; la bine şi la rău.

in justice (to) după dreptate; pentru a fi drepţi (cu).

in keeping with în acord/armonie cu; în conformitate cu; potrivit cu.

ink in the outlines, to a îngroşa contururile cu cerneală.

ink one's fingers, to a-şi murdări degetele cu cerneală.

in large în mare; în general.

in less than a pig's whisper/whistle cât ai zice peşte.

in less than not time *v.* **in no time.**

in like manner în acelaşi fel; în mod asemănător; la fel.

in lime waters ← *F* în apele teritoriale.

in liquor/wine *F* făcut; afumat; cherchelit.

in little în mic; pe scară redusă; în miniatură.

in low spirits *v.* **in bad humour.**

in memory of în amintirea/memoria.

in mid air în înaltul văzduhului; în aer/zbor.

in mid course pe drum; în cale.

in much price la mare preţ.

in mufti *v.* **in cits.**

in my opinion după părerea mea.

in my regard după mine.

in my view *v.* **in my opinion.**

in name (only) numai cu numele.

innocent as a babe unborn/as the devil of two years old, (as) *F* nevinovat/inocent ca un (prunc) nou-născut; cu o candoare de (prunc) nou-născut.

innocent as a dove, (as) nevinovat ca un înger.

in no long time ca mâine (poimâine); în curând.

in no respects în nici o privinţă.

in no time într-o clipă/clipită; cât ai clipi din ochi; cât ai bate din palme; cât ai zice peşte; în doi timpi şi trei mişcări.

in no wise în nici un fel; nicicum; deloc; în nici un caz.

in obedience to dând ascultare; conform/potrivit cu.

in one's base skin *v.* **in one's birthday suit.**

in one's birthday suit *F* în costumul lui Adam (şi Eva); în pielea goală.

in one's cups *F* făcut; afumat; cu şpriţul în nas.

in one's extreme moment pe patul morţii.

in one's eyes după părerea sa.

in one's green days ← *F* în tinereţe.

in one's heart of hearts în adâncul inimii; în străfundul sufletului; în forul conştiinţei sale; în forul său interior.

in one's inmost being în adâncurile fiinţei sale; în fiinţa sa intimă; în forul său interior.

in one's mind's eyes cu ochiul minţii.

in one's own fashion în felul său.

in one's (own) right care se cuvine cuiva de drept; personal.

in one's own time în timpul său liber.

in one's prime/the prime of life în prima tinereţe/ în floarea vârstei.

in one's quest of *v.* **in quest of.**

in one's right mind/senses în toate minţile; cu mintea întreagă.

in one's secret heart în străfundul sufletului; în forul său interior.

in one's senses sănătos la cap; cu mintea întreagă.

in one's shirt-sleeves în cămaşă; fără haină.

in one's sleeve în barbă/pumni; pe înfundate.

in one's spare time în timpul liber; *F* → printre picături.

in one's sphere of action în domeniul său; în sfera sa de activitate.

in one's stocking feets numai în ciorapi.

in one's Sunday-go-to-meeting clothes în hainele de duminică/zile mari; *F* → în ţoalele de înmormântare.

in one's teens adolescent.

in one's tracks *amer. sl.* pe loc; brusc; deodată.

in one's true colours/light în adevărata (sa) lumină; aşa cum e; fără mască.

in ordinary în serviciu permanent.

in other words cu alte cuvinte.

in ovo în embrion.

in particular în special.

in passing în treacăt.

in place 1. aici. 2. *com.* pe piaţă; la piaţă 3. *fig.* la locul potrivit.

in plain clothes în haine civile; în civil.

in plain English/Saxon *fig.* pe şleau; fără înconjur/ocolişuri; verde în faţă.

in plain terms fără înconjur; pe şleau.

in plenty cu îndestulare.

in point of sub raportul; în ceea ce priveşte.

in point of fact de fapt; în realitate.

in price ca preţ; în ce priveşte preţul.

in print publicat; în librării.

in process of smth. în curs de.

in process of time în decursul/cu trecerea timpului; cu timpul.

in progress în curs de îndeplinire/desfăşurare.

in proportion to în raport cu; proporţional cu.

in Queer Street *F* la ananghie/strâmtoare; pe drojdie.

in question 1. la îndoială. 2. în cauză/chestiune.

in quest of în căutarea.

in quick order *amer. F v.* **in short order**.

in rain or fine pe orice vreme/timp.

in recent years în ultimii ani.

in recompense for *v.* **in reward for**.

in regard to 1. relativ la; în privinţa; cât despre. 2. în raport/proporţie cu.

in return (for) în schimbul; pentru.

in revenge din răzbunare.

in reverse order *v.* **in (the) reverse order**.

in reward of ca recompensă pentru.

in sailing trim *mar.* bine orientat.

ins and outs, the 1. partidul politic la putere şi partidul politic care nu mai este la putere. 2. toate aspectele/detaliile (unei probleme, chestiuni).

in search of în căutarea.

in season în timp util.

in season and out of season *v.* **in and out of season**.

in security în siguranţă.

in semblance în aparenţă.

in shape ca formă; în ce priveşte forma.

in short order *amer. F* 1. cât mai repede/mai curând. 2. imediat; numaidecât; pe loc.

inside out pe dos.

insinuate oneself into smb.'s favour, to a se insinua pe lângă cineva; a intra în graţiile cuiva/sub pielea cuiva.

in small compass într-un volum restrâns; pe scară mică; în limite înguste.

in smb.'s hearing în faţa/prezenţa cuiva; de faţă cu cineva.

in smb.'s room/the room of smb. în locul cuiva.

in so far as în măsura în care.

in some measure într-o anumită măsură.

in some way or other într-un fel sau altul.

in spite of neţinând seama de; < în ciuda/pofida; ~ (all) this/that cu toate acestea; în ciuda acestui fapt.

in state cu mare pompă.

in strong heart *v.* **in good heart**.

in sum în două vorbe; pe scurt; în rezumat.

in terms of din punct de vedere a; în ceea ce priveşte; în termeni (de); în funcţie de.

interrupt the view, to a împiedica vederea.

in that prin aceea că.

in that event în acest caz.

in the aggregate în ansamblu; laolaltă; în totalitate; colectiv.

in the article of death în ceasul morţii; la moarte.

in the beginning la început.

in the blowing of a match *F* cât ai bate din palme.

in the blues/dumps/mood/sulks 1. ← *F* melancolic; abătut; trist; cuprins de tristeţe. 2. *F* → în toane proaste/rele; întors pe dos.

in the bud *F* în faşă/embrion; de la rădăcină.

in the buff *F* gol-goluţ/puşcă; cum l-a făcut mă-sa.

in the cart ← *F* la strâmtoare/ananghie.

in/under the circumstances aceasta fiind situaţia; aşa stând lucrurile; în consecinţă.

in the country în provincie; la ţară.

in the crucible (supus) la grea încercare.

in the dead hours of the night în puterea/toiul nopţii.

in the dead hours of winter în toiul iernii; în plină iarnă.

in the distance departe; în depărtare.

in the dry tree ← *F* în vreme de mizerie.

in the dumps *v.* **in the blues**.

in the end 1. cu timpul. 2. în cele din urmă; până la sfârşit.

in the evening one may praise the day *prov.* câtă pânză ai lua apusul soarelui ţi-o arată.

in the event of în caz că/de.

in the eye of the law în faţa legii.

in the eye of the sun cu faţa spre soare.

in the eyes of I. după părerea. **2.** în faţa; înaintea; sub ochii.

in the family way *F (d. o femeie)* cu burta mare/la gură.

in the first flight ← *F* în primele rânduri; în frunte.

in the first instance în primul rând/primă instanţă.

in the flesh *v.* **in flesh and blood.**

in the forehead and the eye the index of the mind does lie *prov. aprox.* ochii sunt oglinda sufletului; gândurile cuiva i le poţi citi pe faţă.

in the foreseeable future în viitorul apropiat.

in the fullness of time la timpul cuvenit; când va veni vremea.

in the green ← *F* tânăr; în prima tinereţe.

in the green tree ← *F* când totul merge bine.

in the grey of the morning când se crapă de ziuă; la revărsatul zorilor.

in/under the guise of sub pretexul; sub masca; *înv.* cu chip că.

in the hush of night în liniştea/tăcerea nopţii.

in the inmost/secret recesses of the heart în tainiţele/străfundul sufletului; în colţul cel mai ascuns al inimii.

in the issue în concluzie; la urma urmei; în ultimă analiză.

in the land of Cockaigne *înv.* în ţara unde umblă câinii cu covrigi în coadă/curge laptele şi mierea.

in the land of Nod *F* în braţele lui Morfeu.

in the last analysis în ultimă analiză.

in the last resort într-un caz extrem; la rigoare; în ultimă instanţă.

in the lead (situat) în cap/frunte.

in the light of cold reason dacă stai şi te gândeşti bine; judecând la rece.

in the likeness of sub înfăţişarea.

in the limelight ← *F* **I.** sub lumina reflectoarelor. **2.** la vedere; în prim plan; în centrul atenţiei.

in the long run cu timpul; în cele din/până la urmă.

in the lump în bloc; de-a valma; cu hurta; una peste alta.

in the main în general/principal/ansamblu/mare; în general vorbind; în cea mai mare parte; mai toţi/toate.

in the make/making I. în devenire. **2.** în construcţie.

in the mass în totalitate; ca un tot; în bloc.

in the matter of în ceea ce priveşte; cât despre.

in the meantime I. în acest timp; între timp; până una alta; până atunci. **2.** pentru moment; deocamdată.

in the measurable future în viitorul apropiat.

in the mood *v.* **in the blues.**

in the moonlight sub clar de lună.

in the next place în al doilea rând; în continuare; (mai) apoi.

in the nick of time la timp; la momentul oportun/potrivit; *F →* la ţanc.

in the offing I. în larg (dar nu departe de ţărm). **2.** *fig. F* în perspectivă; la orizont.

in the open air în aer liber; sub cerul liber.

in the open sea în larg.

in the pink *F* în formă; înfloritor; în perfectă sănătate.

in the ratio of în proporţie de.

in the raw brut; neprelucrat.

in the reign of Queen Dick *F* la calendele greceşti; la paştele cailor.

in (the) reverse order I. în ordine inversă; de la coadă la cap. **2.** în direcţie opusă/contrară.

in the right church but in the wrong pew *F* ai nimerit-o dar nu tocmai.

in the room of smb. *v.* **in smb's room.**

in the rough în mare/linii mari.

in the same boat/box *F* în aceeaşi situaţie; *F →* în aceeaşi oală/apă.

in the same vein în acelaşi spirit.

in the secret recesses of the heart *v.* **in the inmost recesses of the heart.**

in these latter days în zilele noastre; astăzi.

in the sere and yelow leaf ← *poet.* la bătrâneţe.

in the soup ← *F* la strâmtoare/anaghie.

in the sulk *v.* **in the blues.**

in the teeth of în ciuda/pofida.

in the teeth of the evidence în ciuda realităţii

in the teeth of the wind/the wind's eye (în) contra vântului.

in the train/wake of în urma; la coada.

in the turn(ing) of a hand cât ai bate din palme; în doi timpi şi trei mişcări.

in the twinkling of a bedpost/of an ey *v.* **in a twinkling.**

in the van în frunte; ~ **of** avangarda.

in the wind's eye *v.* **in the teeth of the wind.**

in the year dot *F* când se băteau urşii în coadă.

in the year one ← *F* de mult de tot; din vremuri uitate.

in times gone by pe vremuri; în trecut; în vremuri de mult apuse.

in tin ← *F* în fonduri/bani.

in token of în semn de, ca dovadă, drept mărturie.

in top *(d. o maşină)* în viteza a patra.

into the bargain pe deasupra; *F →* başca.

intrude itself upon smb.'s mind, to *lit (d. o idee etc.)* a pătrunde/a se strecura/a-şi face loc în mintea cuiva.

in truth *lit.* într-adevăr; pe drept cuvânt; realmente.

in turn pe rând.

in twos câte doi.

in two shakes (of a lamb's tail) *v.* **in a brace of shakes.**

in two ticks *v.* **in a tick.**

in two twos ← *P* în doi timpi şi trei mişcări; cât ai clipi (din ochi).

in vain zadarnic; în zadar; în van; degeaba.

invalid smb. home, to a trimite pe cineva (care lucrează în străinătate) acasă/în ţară pentru caz de boală/pe motiv de sănătate.

invalid smb. out of a job, to a elibera pe cineva dintr-o funcţie pe motiv de sănătate; a declara pe cineva inapt pentru a îndeplini o anumită funcţie.

invalid smb. out of the army, to a scoate pe cineva din armată pe motiv de sănătate.

in wear la modă.

in view of ţinând seama de, dat fiind, având în vedere; luând în consideraţie.

in wine *v.* **in liquor.**

in wonder uimit; uluit.

iron entered into his soul, the era cu moartea în suflet.

iron fist in a velvet glove, an severitate învesmântată cu blândeţe; blândeţe ce ascunde severitate.

iron out the differences, to ← *F* a aplana neînţelegerile/divergenţele.

iron out the difficulties, to a înlătura greutăţile.

I say 1. ascultă. 2. ~! cu neputinţă! ei, comedie/drăcie! asta-i bună! ia te uită!

I see (now)! asta e care va să zică!

I shall never be my own man till I do it *F* să n-am parte de linişte dacă nu o fac.

I should not mind *F* nu refuz/zic nu.

I should say not nu cred; cred că nu; aş zice nu.

I should think so! şi încă cum! ba bine că nu!

is it a go? *P* facem târgul? batem palma? ne-am înţeles? bem aldămaş?

I smell a rat *F* nu e lucru curat; nu miroase a bine.

is that final? hotărât? definitiv?

is that so? ce spui? nu mai spune! adevărat?

I take my hat off to you! omagiile mele!

it amounts/comes to the same thing este/revine la acelaşi lucru; e tot una/*F* → un drac; *F* → ce mi-e una, ce mi-e alta; ce mi-e Tanda, ce mi-e Manda; tot acolo ajungi.

it amounts/comes to this/that aceasta înseamnă că.

it baffles/defies all description nu se poate spune/descrie în cuvinte; e de nedescris; întrece orice închipuire.

it beats all/the hand! *F* asta e culmea! asta le întrece pe toate!

it boils down to (totul) se reduce la; în fond/esenţă, e vorba de/să.

it boots not to ← *înv.* n-are (nici un) rost/nici o noimă să.

it can't be done! *F* nu-i chip! nu merge! *F* → nu ţine!

it can't be helped ce să-i faci; n-ai încotro.

it comes to the same thing e acelaşi lucru.

it comes to this în două cuvinte/pe scurt/în rezumat, lucrurile stau astfel/aşa.

it does not lie/rest with me nu stă în puterea mea; nu depinde de mine.

it doesn't do to nu se face/cade să.

it doesn't pay nu face; nu rentează; nu este nici o afacere.

it fell to my lot to mi-a fos dat/sortit să; soarta a vrut să.

it goes against me/my heart to îmi repugnă să; e contra voinţei/dorinţei mele să.

it goes against my grain for me to do it ← *F* o fac contra voinţei mele/în silă; nu-mi vine deloc s-o fac.

it goes without saying se înţelege de la sine; e de la sine înţeles; nu (mai) încape discuţie/vorbă; *F* → apoi cum.

I thought as much tocmai aşa credeam şi eu.

it is a bad look-out for him *F* nu-l văd bine; e semn prost pentru el; e o tristă perspectivă pentru el.

it is about time 1. e timpul. 2. ~! *iron.* e şi timpul! mult ţi-a mai trebuit! dar ştiu că ţi-a trebuit mult!

it is (a case of) Hobson's choice nu-i/n-am de ales; n-am altă alegere/încotro.

it is a gone case with him *P* e pe ducă/dric; s-a zis cu el; miroase a colivă.

it is a good horse that never stumbles *prov.* calul, că e cu patru picioare, şi tot se poticneşte.

it is a grain of wheat in a bushel of chaff *F* mai mare daraua decât ocaua; nu face daraua cât ocaua.

it is a great hit *F* e un succes nebun/nemaipomenit.

it is all Greek to me *F* nu pricep o iotă/boabă; nimic; habar n-am ce spune/scrie/înseamnă; am priceput mai mult de-o groază.

it is all in the day's work ← *F* 1. aşa e viaţa; n-ai ce-i face. 2. sunt deprins/obişnuit (cu astfel de lucruri); *(prin extensie)* îmi vine uşor.

it is all my eye (and Betty Martin) *F* astea-s baliverne/fleacuri/prostii.

it is all one to me (whether) mi-e totuna (dacă).

it is all over/up with him *F* s-a zis/terminat cu el; nu mai scapă; e pe dric; s-a dus pe copcă; a încurcat-o.

it is all the same to me îmi este absolut/perfect egal.

it is a mercy (that) e un mare noroc/o adevărată fericire că.

it is anybody's guess ← *F* nu ştie nimeni precis; nimeni nu ştie (care este) adevărul.

it is a poor heart that never rejoices *prov.* vai de inima care nu cunoaşte bucuria.

it is as broad as it is long *F* e tot una/un drac; ce mi-e una, ce mi-e alta; ce mi-e baba Rada, ce mi-e Rada baba.

it is a sealed book to me e un mister pentru mine.

it is as good as a play ← *F* 1. foarte interesant/ amuzant. 2. mare comedie; un adevărat circ; te prăpădeşti de râs.

it is as good as done e ca şi făcut.

it is as good as new e ca/aproape nou; e, ca să zicem aşa, nou.

it is as good as settled! *F* s-a făcut! s-a aranjat!

it is a small flock that has not a black sheep *prov. aprox.* nu se poate pădure fără uscături; nu e grâu fără neghină.

it is as plain as a pikestaff/as can be/as daylight/ as the nose on your face *F* e clar ca lumina zilei; asta se vede de la o poştă.

it is as sure as eggs is eggs/as mud cum te văd şi cum mă vezi; este cât se poate de sigur.

it is a thousand pities! e păcat de Dumnezeu! e mare păcat!

it is a wonder e de mirare; e surprinzător.

it is a bad/not good form (*d. purtarea cuiva*) e de prost gust; asta nu se face/se spune; e o lipsă de politeţe.

it is beyond me/my ken (asta) mă depăşeşte.

it is common knowledge that se ştie foarte bine/ precis; ştie toată lumea; ştiu toţi.

it is doggded as/that does it *prov.* cu răbdarea treci şi marea.

it is dollars to doughnuts *amer. F* fără doar şi poate; sută la sută.

it is domino with him *F* s-a zis/sfârşit cu el; e pe dric.

it is easier to pull down than to build *prov.* e mai uşor să distrugi decât să clădeşti.

it is enough to make a cat/*amer.* a horse laugh *F* să râzi să te prăpădeşti; (te) râd şi curcile/găinile.

it is even chances that şansele sunt egale ca.

it is fortunate/lucky that e bine că; are noroc că; e o şansă că.

it is getting/going about/around that se zvoneşte că; umblă/circulă zvonul că.

it is hard for a greedy eye to have a leal heart *prov.* lăcomia strică omenia.

it is his/her funeral *amer.* ← *F* e treaba lui/ei! îl/o priveşte!

it is his/her way aşa e felul lui/ei; aşa e el/ea.

it is in the stars that *amer. v.* **it is on the cards that.**

it is just the thing *F* e tocmai ceea ce îmi trebuie.

it is late in the day to change your mind ← *F* e cam târziu (ca) să te răzgândeşti.

it is long odds against sunt puţine speranţe ca.

it is miles from anywhere *F* → e tocmai la mama dracului/la dracu-n praznic.

it is more easily said that done uşor de spus/zis, greu de făcut.

it is neck or nothing ori-ori; ori Stan, ori căpitan.

it is neither here nor there *F* se potriveşte ca nuca în perete; ce are de-a face scripca (şi) cu iepurele.

it is never too late to mend *prov.* nu e niciodată prea târziu ca să te îndrepţi.

it is no business/concern of mine asta nu mă priveşte; nu-i treaba mea.

it is no distance (away) *F* nu e decât o plimbare (până acolo).

it is no easy matter (to) nu e un (lucru) uşor (să).

it is no good 1. asta nu ajută la nimic. 2. e vreme pierdută/pierdere de vreme. 3. nu e bun de nimic; nu face (nici) doi bani/două parale.

it is no great matter, it is a small matter nu-i mare lucru/cine ştie ce.

it is no hanging matter! că doar nu s-o face gaură-n cer (pentru asta)!

it is no jesting/laughing-matter nu-i nimic de râs în asta; nu-i (de) glumă/şagă/de râs.

it is no much trouble *F* nu (mă) costă nimic; nu (mă) deranjează.

it is none of your business nu e treaba ta; nu te priveşte pe tine.

it is not at all the proper thing (to do) nu se cade.

it is not my funeral *F* ce-mi pasă (mie); mă lasă rece; mă doare-n cot/călcâi.

it is not his funeral *amer.* ← *F* asta nu-l priveşte; nu-i treaba lui.

it is not my lookout ← *F* asta nu mă priveşte/nu-i treaba mea.

it is not the coal that makes the man *prov.* nu haina îl face pe om; hainele nu fac pe om mai de treabă.

it is not the hood that makes the monk *prov.* rasa nu te face călugăr.

it is not to be sneezed as nu e (deloc/tocmai) de dispreţuit.

it is not worth the trouble nu merită osteneala.

it is no uncommon thing that nu e un lucru/ceva neobișnuit ca.

it is no use crying over spilt milk *prov.* mortul de la groapă nu se mai întoarce; cu plânsul nu se învie morții; lacrimile nu ajută; ce-a fost, a fost.

it isn't done ← *F* asta/așa ceva nu se face/cade; asemenea lucruri nu se fac.

it isn't half bad *F* nu e rău deloc.

it isn't worth while nu face/merită.

it is of no moment whether nu are (nici o) importanță dacă.

it is on record that se spune/menționează că; istoria spune că.

it is on the cards that probabil că; e sigur că.

it is out of the character with nu concordă/se potrivește cu.

it is raining cats and dogs/in buckets/sheets/torrents *F* plouă cu găleata/bășici/bulbuci.

it is rumoured that se zvonește că.

it is selling like hot (pan-)cakes/pie se vinde ca pâinea caldă.

it is six (of one) and half a dozen (of the other) 1. *F* ce mi-e una, ce mi-e alta; ce mi-e baba Rada, ce mi-e Rada baba; e tot un drac. 2. sunt o apă și-un pământ; sunt la fel de breji.

it is small matter *v.* **it is no great matter.**

it is the early bird that catches the worm *prov.* cine se scoală de dimineață departe ajunge; vulpea care doarme nu prinde găini.

it is the last straw that breaks the camel's back *prov.* ultima picătură varsă/răstoarnă paharul.

it is time for a show-down e timpul să dăm cărțile pe față.

it is too killing for words *F* să mori de râs (nu alta).

it is too much of a good thing *F* ce-i mult nu-i bun; ce e prea mult nu-i sănătos.

it is touch-and-go (with smb./whether) e îndoielnic/problematic/discutabil/nesigur (dacă); nu se știe ce se va întâmpla (cu el).

it is unfortunate/unlucky that nu e bine că; păcat că; are ghinion că.

it lies (entirely) with you to do it nu depinde/decât/depinde (numai) de tine ca să o faci.

it'll all come out in the wash *F* iese la spălat; cu timpul se vor aranja lucrurile.

it looks like it așa s-ar părea/spune; n-ar fi exclus.

it looks like rain arată a ploaie; se pregătește/stă să plouă; se anunță ploaie.

it makes all the difference in the world asta e cu totul altceva; atunci se schimbă lucrurile; așa da/ mai zic și eu!

it makes me hot under the collar simt că mi se urcă sângele la cap/îmi fierbe sângele.

it makes my blood boil *v.* **it makes me hot under the collar.**

it makes no odds nu face nimic; n-are nici o importanță.

it makes you think te pune pe gânduri; e nemai-pomenit; e de necrezut.

it may rhyme, but it accorded not seamănă, dar nu răsare.

it never rains but it pours *prov.* o nenorocire nu vine niciodată singură; nenorocirea când vine pe capul omului, nu vine singură, ci mai trage și altele după ea.

it passed as a watch in the night acest lucru a fost uitat repede/curând.

it's a bad business n-a mers; nu e în regulă.

it's a bird of your own hatching *F* singur ți-ai făcut-o; ți-ai făcut-o cu mâna ta.

it's about time *v.* **it's high time.**

it's a bull in a China shop *P →* a intrat vaca/nora în blide.

it's a case of sour grapes vulpea când n-ajunge la struguri zice că sunt acri.

it's a deal! de acord! bate palma! am încheiat târgul! așa rămâne! perfect!

it's a distinction without a difference *F* e tot un drac; ce mi-e una, ce mi-e alta; ce mi-e baba Rada, ce mi-e Rada baba.

it's a give-way price e de pomană; e pe gratis/nimic; e un preț de nimic.

it's a go! *F* s-a făcut! ne-am înțeles! bate palma!

it's a good job that noroc că; (ce) bine că.

it's all boloney! *amer. sl.* brașoave! gogoși! iordane!

it's all clear sailing ← *F* asta nu prezintă nici o dificultate.

it's all in the air as yet deocamdată nu sunt decât niște proiecte vagi; încă nu e nimic precis.

it's all in the game *F* așa e piesa; asta e; ce să-i faci!

it's all the go *F* e în mare vogă; face furori (la ora actuală); e ultimul răcnet.

it's all up (now) *F* totul e pierdut; nu mai e nici o speranță; **~ with him now** s-a zis cu el.

it's a long lane/road that has no turning *prov. aprox.* 1. drumul drept îți pare lung. 2. toate au un hotar/sfârșit în lume.

it's a long way! *F* mai e/va până atunci!

it's matter of course e de la sine înțeles; e la mintea omului.

it's a toss-up whether cine știe dacă.

it's cold comfort slabă mângâiere; asta nu-mi ține de cald.

it's dead and gone şi-a trăit traiul, şi-a mâncat mălaiul.

it's (donkey's) years since I saw him *F* nu l-am văzut de un car de ani.

it serves him right! aşa-i trebuie! aşa merită! să-i fie de/spre învăţătură.

it's hard lines! ce/mare ghinion! *F* → e (cam) albastră!

it's high time (to) e (de mult) timpul/vremea (să).

it's hit or miss cum s-o nimeri/o da Domnul.

it's Hobson's choice albă, neagră, asta e (nu-i de ales).

it's like Satan reproving sin *F* râde dracul de porumbe negre şi pe dânsul nu se vede.

it's like the curate's egg *F* nu e nici prea-prea, nici foarte-foarte; e aşa şi-aşa.

it's no go! 1. asta nu merge; nu se prinde! nu ţine! 2. nu-i nimic de făcut.

it's no great/much catch *F* nu se alege câştigul din pagubă.

it's no great shakes/things/*amer. sl.* **shucks** *F* nu e cine ştie ce grozăvie/mare brânză/scofală.

it's no joke *(cu -ing)* ← *F* nu e tocmai plăcut/ amuzant (să).

it's none of your business ce te interesează? nu te priveşte; nu-i treaba ta.

it's no odds *v.* it makes no odds.

it's no picnic *F* nu e treabă uşoară/floare la ureche.

it's no cricket to do smth. *F* nu se face să; nu e cinstit să; e urât să.

it's no out of place to e cazul să.

it's nothing to write home about ← *F* nu e cine ştie ce grozăvie/mare brânză/scofală.

it's not the thing *F* asta nu se face/cade.

it's no use trying it on with me *F* cu mine nu(-ţi) merge.

(it's) now or never acum e acum; acum ori niciodată.

it's (really) too bad! 1. *F* → e cam albastru! 2. păcat!

it's sheer mockery e curată bătaie de joc.

it's simply not on! *F* nu merge/ţine (figura).

it staggers belief e greu de crezut.

it stands/sticks out a mile *F* asta sare în ochi/se vede de la o poştă.

it's stands to reason/to sense! e de la sine înţeles! e clar ca lumina zilei! *F* → apoi cum! e la mintea cocoşului/pisicii/omului! nu (mai) încape discuţie/ îndoială!

it's staring you in the face! îţi sare în ochi; e chiar sub nasul tău.

it's the answer to a maiden's prayer! exact/taman ce voiam/aşteptam!

it's the last straw! asta-i culmea! asta le întrece pe toate! asta mai lipsea; colac peste pupăză!

it's the thing to *F* e şic să; e modern/la modă; se poartă.

it's throwing words away *F* îţi baţi gura de pomană; îţi răceşti gura degeaba/de pomană.

it's touch and go whether sunt slabe speranţe să; nu prea se arată să.

it's up to him/her, etc. depinde de el/ea etc.

it's written all on his face *F* asta i se vede/citeşte pe faţă.

it's your shot, sir! *(la jocuri)* e rândul dv!/dumnea-voastră jucaţi!

it takes all sorts to make a world mare-i grădina/ hambarul lui Dumnezeu.

it was a near touch *F* era cât pe ce; a atârnat de un fir de păr să; era gata-gata să.

it was as near as dammit *sl. v.* it was a near touch.

it will come home to him some day o să-şi dea el seama/o să se trezească el într-o bună zi.

it will go hard with him if n-o să-i fie tocmai moale/ nu-l văd bine dacă.

it will suit my book asta îmi convine.

it won't work *F* n-o să meargă/iasă.

I've no kick coming! *amer.* ← *F* nu mă plâng! n-am de ce să mă plâng!

I will have come of it (nici) nu vreau să aud de asta/aşa ceva.

I wish him to the bottom of the sea *F* → lua-l-ar naiba! naiba să-l ia! arză-l-ar focul, să-l arză!

I wish you joy of it! *F* halal/de cap să-ţi fie! să-ţi stea în gât!

I won't have it *F* nu suport/înghit asta/aşa ceva.

I would give my ears for it/to have it ← *F* aş da totul/jumătate din viaţă pentru asta/ca s-o am.

I would not have/take it (even) as a gift *F* n-aş vrea-o/lua-o nici dacă mi-ar face-o cadou.

I would not touch him with a bargepole ← *F* mi-e silă de el; să mă tai şi nu l-aş atinge; nu l-aş întoarce nici cu cleştele.

I wouldn't say thank you for it ← *F* n-aş da nici doi bani pentru aşa ceva; nu l-aş lua nici să mi-l dai pe gratis.

J

jab at one's opponent, to *box* a aplica adversarului
lovituri scurte.

jab a vein, to *amer.* ← *sl.* a folosi heroină; a-şi face
injecţii cu heroină.

jab in the arm, a ← *F* o injecţie în braţ.

jab one's finger at smb., to a împunge pe cineva cu
degetul; a îndrepta degetul ameninţător spre cineva.

jack a car up, to a ridica o maşină cu cricul.

jack a trip up, to ← *F* a organiza o excursie.

jack is a good as his master *prov.* cum e boierul şi sluga.

jack one's elbow into smb.'s ribs, to a-şi înfige
cotul în coastele cuiva.

jack one's job in, to ← *sl.* a lăsa slujba baltă; a se
lăsa de serviciu; a-şi lăsa slujba/serviciul.

jack the salary/wages up, to ← *F* a mări salariul/leafa.

jack things/the (whole) thing up, to ← *F* a aranja
lucrurile/toată treaba/totul.

jam a radio station, to a bruia un post de radio.

jam one's clothes into a suitcase, to a-şi îndesa
hainele într-un geamantan.

jam one's hat on one's head, to a-şi înfunda pă-
lăria pe cap.

jam the brakes on, to a apăsa pe frână; a frâna brusc.

jangle on/upon smb's ears/nerves, to *v.* jar on/
upon smb's ears/nerves.

January commits the fault, and May bears the
blame *prov.* părinţii mănâncă aguridă, şi copiilor
li se strepezesc dinţii.

jar on/upon smb.'s ears/nerves, to *(d. un zgomot)*
a supăra/zgâria pe cineva la ureche; a agasa/călca
pe nervi pe cineva.

jaw away all the time, to *F* a-i merge gura ca
pupăza, a-i toca gura ca meliţoiul.

jazz a tune, to a pune o melodie pe jaz.

jazz it *amer.* ← *F* a cânta jaz (cu frenezie).

jazz things up, to ← *F* a înveseli atmosfera/lucrurile.

jazz up a party, to ← *F* a înveseli atmosfera la o
petrecere.

jerk oneself free, to a se smuci din braţele cuiva.

jerk open, to *(d. o uşă)* a se deschide brusc.

jerk smth. out of smb.'s hand, to a smulge ceva
din mâna cuiva (printr-o smucitură).

jerk/shoot the cat, to *sl.* a se răsti la bocanci; a vomita.

jerk to a stop, to *(d. un tren etc.)* a se opri cu o
zdruncinătură.

jest with an ass and he will flap you in the face
with his tail *prov.* îi dai degetul, el îţi apucă mâna.

jiggers, the cops! *amer. sl.* uşchială/şase, poliţia!

jig in and out through the crowd, to a-şi face loc
prin mulţime.

jockey for a position, to *fig.* a umbla cu aranja-
mente/dedesubturi/intrigi pentru a-şi face o situaţie;
a face tot felul de manevre pentru a-şi face o situaţie.

jockey smb. out of a job, to a înlătura/scoate pe
cineva dintr-o slujbă prin intrigi/înşelătorie.

jog smb.'s memory, to a împrospăta memoria cuiva.

join a carriage on (to) a train, to a ataşa un vagon
la un tren.

join a party, to a intra într-un partid; a deveni
membru al unui partid.

join battle, to a se încăiera.

join forces (with smb.), to a-şi uni forţele (cu cineva).

join hands, to 1. a-şi da mâna; a se prinde de mână.
2. *fig.* a se uni, a se asocia (în vederea unui scop).

join in the conversation, to a participa/lua parte
la discuţie.

join in the game, to a lua parte/a participa la joc.

join issue with smb. (on smth.), to ← *F* a nu fi de
acord cu cineva (în privinţa unui lucru).

join smb., in a walk, to a însoţi/întovărăşi pe cineva
la o plimbare.

join the colours, to a se înrola (în armată).

join the great majority, to *înv.* a-şi da obştescul
sfârşit; a trece în lumea celor drepţi/drepţilor.

join things together/up, to a lega/îmbina/asambla ceva.

joke is on him, the *F* a căzut măgăreaţa pe el; el a
rămas prostul; e rândul nostru să râdem (de el).

joking apart lăsând gluma la o parte; fără glumă.

jolly mess I am in!, a *F* bine am nimerit-o! în fru-
moasă încurcătură am mai intrat! am fleoştit-o rău!

judge according to the label, judge by looks, to
← *F* a judeca după aparenţă/după aspectul exterior.

judge the distance by the eye, to a măsura dis-
tanţa din ochi.

juggle smb. out of his money, to *F* a escroca pe cineva.

juggle with smb.'s feelings, to a se juca cu sentimentele cuiva.

jumble things up together, to a pune lucruri de-a valma/unul peste altul/la grămadă; a arunca lucruri unul peste altul; a îngrămădi lucruri.

jump a claim, to *amer. F* 1. a pune mâna pe o concesiune (minieră în absența celui care a delimitat-o). 2. *fig.* a uzurpa drepturile cuiva.

jump all over smb., to *amer. F* a sări/a se repezi la cineva; a face pe cineva de trei parale/cu ou și cu oțet/albie de porci.

jump a man, to *șah* a sări un pion.

jump a question at smb., to a pune cuiva o întrebare neașteptată.

jump at an offer, to a accepta o ofertă fără să mai stea pe gânduri.

jump a town, to *amer. F* a se cărăbăni dintr-un oraș; a părăsi un oraș în cea mai mare treabă/cu mare viteză.

jump a train, to a călători clandestin cu un tren de marfă.

jump at the bait, to *fig.* a înghiți momeala (fără nici o ezitare).

jump at the chance, to a nu lăsa să-i scape o șansă; a profita de o șansă fără să mai stea pe gânduri.

jump at the opportunity, to a prinde ocazia; a nu lăsa să-i scape ocazia/prilejul; a profita de ocazie fără să mai stea pe gânduri.

jump down smb.'s throat, to *F* a se răsti la cineva; a repezi pe cineva; a închide gura cuiva.

jump for joy, to a sări în sus de bucurie.

jump from one subject to another, to a sări de la un subiect la altul.

jump in at the deep end, to *u* jump off the deep end.

jump off the deep end, to *amer. ← F* 1. a merge până în pânzele albe/la capăt. 2. a se pripi; a nu se uita la ce face; a se duce ca nebunul/de nebun.

jump one's bail, to *← F (d. o persoană aflată în libertate provizorie)* a se sustrage justiției; *F →* a spăla putina.

jump on the bandwagon, to *v.* climb on the bandwagon.

jump out of one's skin, to 1. *F* a-i sări inima (din loc)/a tresări de spaimă. 2. ~ (for joy) a-și ieși din piele (de bucurie); a nu-l mai încăpea pielea de bucurie.

jump out of the frying pan into the fire, to a cădea/sări din lac în puț; a sări din apă în ciubăr; a scăpa de dracul și a da de tată-său.

jump (over) the broomstick, to a se lua fără cununie; a trăi în concubinaj.

jump salty, to *amer. sl.* a-i sări cuiva bâzdâcul/muștarul/țandăra/țâfna; a-și ieși din pepeni/țâțâni/balamale; a se face borș.

jump smooth, to *amer. sl.* 1. a se face om de treabă; a-i veni mintea la cap; a nu se mai ține de prostii. 2. *fig.* a se potoli; a se face băiat bun/de treabă.

jump the gun, to *← fig.* a începe cursa prea devreme; a o porni prea devreme.

jump the horse over smth., to a îndemna calul să sară peste ceva.

jump the metals/rails/track, to *(d. un tren)* a sări peste șine; a deraia.

jump the queue, to 1. a trece peste rând/înaintea cozii; a nu respecta rândul. 2. *fig.* a se înfige primul; a căuta să obțină ceva înaintea altora.

jump to conclusion/the conclusion, to a trage concluzii pripite.

jump together, to *(d. fapte)* a coincide; a se potrivi.

jump to it, to *F* a-i da zor/bătaie *(de regulă la imperativ)*.

jump to one's feet, to a sări în picioare.

jump up out of one's chair, to a sări de pe scaun.

jump with smth., to a se potrivi/coincide/a fi în concordanță cu ceva.

just about enough *F* tocmai cât trebuie.

just about here cam pe aici/în locul acesta/prin locurile acestea.

just as the twig is bent, the tree is inclined *prov.* ziua bună se cunoaște de dimineață.

just as you please! (întocmai) cum vrei/dorești!

just fancy 1. auzi! ca să vezi! închipuiește-ți! imaginează-ți! ei poftim! cine și-ar fi închipuit! mare comedie! 2. ce zici? ce ai de spus? cum îți place?

just for fun/for the fun of it (doar) în glumă/joacă; de haz.

just for the nonce în mod excepțional.

just bail, to *jur.* 1. a-și declara sub jurământ solvabilitatea (înainte de a depune cauțiune). 2. a confirma sub jurământ solvabilitatea chezașului.

just in case pentru orice eventualitate.

just like this chiar așa; întocmai.

just like you! ăsta ești tu! asta te caracterizează! nu mă mir de tine!

just look! ia te uită!

just my luck! *← glum.* ghinionul meu! n-am noroc și pace! așa mi se întâmplă întotdeauna! asta-i soarta mea!

just now 1. actualmente; în momentul de față; la ora actuală. 2. în clipa aceasta; în acest moment; chiar acum. 3. acum câteva clipe; adineauri; chiar acum.

just round the corner *F* 1. *(în spațiu)* la doi pași. 2. *(d. un eveniment)* nu departe; la ușă.

just so! (în)tocmai! (întru totul) exact! precum spui! chiar/*F →* taman așa! just!

just the other way about/round tocmai invers; chiar pe dos.

just the thing (for) *v.* the very thing (for).

K

keen as a razor, (as) ascuțit/tăios ca briciul.

keen as mustard, (as) plin de zel; foarte zelos.

keep a book (on), to *v.* **make a book (on).**

keep abreast of, to a fi/a se ține la curent cu; a se ține/a fi în pas cu; a ține pasul cu.

keep accounts, to a ține contabilitatea.

keep a check on, to a(-și) controla; a-și stăpâni; a ține în frâu; a ține din scurt; a urmări; a observa; a supraveghea.

keep a civil tongue in one's head, to ← *F* a vorbi cuviincios/politicos/frumos; a nu vorbi urât; a nu fi grosolan.

keep a clean tongue, to a nu fi gură spurcată/spurcat la gură; a vorbi decent; a se abține să spună lucruri indecente/glume fără perdea.

keep a close check on, to a ține sub observație/o supraveghere atentă; a urmări/supraveghea cu atenție/îndeaproape; a nu slăbi din ochi.

keep a close/good/sharp look-out (for), to a fi cu ochii în patru (la); a pândi/veghea (cu un ochi) atent (la); a păzi strașnic (pe).

keep (a) close/good watch, to a veghea atent; a nu slăbi atenția; a fi cu ochii în patru.

keep a close watch on smb./smth., to a supraveghea/urmări pe cineva/ceva îndeaproape; a fi tot timpul cu ochii pe cineva/ceva; a nu pierde/scăpa nici o clipă pe cineva/ceva din ochi.

keep a cool/level head, keep cool, to a-și păstra calmul/cumpătul/sângele rece; a-și ține firea; a nu-și pierde capul/cumpătul.

keep a corner, to ← *F* a mai lăsa loc (în stomac pentru un fel de mâncare).

keep a day open for smb., to a rezerva o zi cuiva.

keep a dog and bark oneself, to ← *F* a avea/ține degeaba/de pomană slugi/servitori; a spune/vorbi el, a auzi el; a face el treaba servitorului/servitorilor.

keep a firm hand/one's hands on, to a ține bine în mână; a ține sub control riguros.

keep a firm/tight grip/hold on, to a ține bine/strâns (în mână); a nu lăsa din mână; a nu da drumul la; a se crampona de.

keep a firm/tight hold on, to *v.* **keep a firm hold on.**

keep afloat, to *fig.* a se menține la suprafață/pe linia de plutire; a fi solvabil.

keep a good heart, to a nu-și pierde firea/curajul; a nu se pierde cu firea; a nu se lăsa doborât.

keep a good house/table, to a o duce/a trăi bine; a ține masă întinsă; a-și trata/ospăta bine musafirii; a avea o bucătărie bună/(întotdeauna) mâncare bună; a mânca/trăi bine.

keep a good look-out (for), to *v.* **keep a close look-out (for).**

keep ahead (of), to a rămâne/a se menține în frunte(a).

keep a jealous eye on smb., to a observa pe cineva cu ochi bănuitori; a păzi cu gelozie pe cineva.

keep alive, to a întreține *(focul, conversația, ura etc.)*; a încuraja; a ține treaz/viu *(interesul etc.).*

keep (oneself) aloof, to a sta deoparte; a se ține deoparte/la distanță; ~ **from** a se ține departe/la o parte de; a fi străin de.

keep a low profile, to a sta retras/în umbră/pe tușă; a se da la fund; a nu ieși/a nu scoate capul la lumină.

keep a matter private, to a ține ceva secret; a nu lăsa să se afle o chestiune.

keep an appointment, to a veni la/a nu lipsi de la/a fi punctual la o întâlnire.

keep an/one's ear (close) to the ground, to *F* a fi numai urechi, a-și deschide urechile (în patru); a fi urechea satului/târgului; a sta cu urechea la pândă; a nu-i scăpa nimic din ce se vorbește/întâmplă în jur.

keep an/one's eye on, to a fi/sta cu ochii pe, a ține sub ochi; a nu pierde/scăpa/slăbi din ochi; a observa; a supraveghea; a păzi; a avea grijă de; a lua seama/seamă la.

keep an eye on/look to the main chance, to a se gândi la/a-şi vedea de propriile sale interese; a nu pierde din vedere propriul său interes.

keep an eye out for, to *amer.* a urmări; a fi cu ochii în patru/atent la; a băga de seamă la.

keep an iron rod over smb., to a ţine pe cineva din scurt.

keep an open mind on smth., to a rămâne receptiv la ceva; a nu avea idei preconcepute în privinţa unui lucru, a-şi păstra libertatea de a avea o părere proprie despre ceva.

keep a place/seat warm for smb., to a păstra cuiva locul/postul/slujba (ocupându-l/ocupând-o temporar).

keep a record of, to a ţine socoteala/evidenţa.

keep a sharp look-out (for), to *v.* **keep a close look-out (for).**

keep a slack hand/rein on, to 1. a lăsa frâul moale, a slăbi din frâu. 2. *fig.* a nu ţine strâns în mână/frâu; a conduce cu mână moale/fără autoritate.

keep a stiff upper lip, to *F* a se arăta/a se ţine tare; a nu se pierde cu firea; a-şi păstra moralul; a nu-şi pierde curajul; a rămâne impasibil în faţa nenorocirilor/durerii etc.; a nu se plânge; a fi bărbat.

keep a still tongue in one's head, to *F* a-şi ţine limba (în gură); a tăcea.

keep a straight face/one's face straight, to a rămâne serios, a-şi păstra seriozitatea; a avea/a face o figură serioasă.

keep a strict account (of smth.), to a ţine o socoteală riguroasă/strictă (a ceva).

keep a tab/a tag/tabs on smb./smth., to ← *F* a urmări/supraveghea îndeaproape pe cineva/ceva; a ţine pe cineva/ceva sub observaţie; a controla pe cineva/ceva; a nu scăpa pe cineva/ceva din ochi; a avea pe cineva/ceva în obiectiv; a ţine socoteala cuiva/la ceva.

keep a thing seven years and you will find a use for it *prov.* croitorul bun nu leapădă nici un petic.

keep a tight grip/hold on, to *v.* **keep a firm/tight grip/hold on.**

keep a tight hand/hold/rein on smb., to a ţine pe cineva (foarte) din scurt/în şapte frâne/în strună; a struni pe cineva.

keep a tight hold on the purse/purse-strings, to a ţine strâns băierile pungii.

keep a tight hold upon oneself, to a se stăpâni; a se ţine în frâu.

keep at it, to *F* a munci/lucra pe rupte/brânci/spetite/zi şi noapte.

keep at the boil, to a (men)ţine la punctul de fierbere.

keep a watch on one's tongue, to *F* a-şi ţine limba (în gură); a-şi păzi gura; a-şi ţine gura.

keep a watch on smth., to a păzi/supraveghea/a fi atent la/cu ochii pe ceva.

keep away! nu vă apropiaţi! staţi la o parte! feriţi!

keep a/one's weather eye open, to ← *F* a fi în gardă/cu ochii în patru.

keep a wide berth of, to *v.* **give a wide berth to.**

keep bach, keep bachelor's hall, to *amer. F* a burlăci; a duce o viaţă de/a rămâne burlac/holtei.

keep back! nu avansaţi/înaintaţi! staţi pe loc!

keep bad company, to a avea o/a fi într-o companie/societate proastă; *F →* a se înhăita cu tot felul de derbedei.

keep bad hours, to a avea obiceiul de a se scula/culca/a veni acasă/începe/termina lucrul târziu.

keep bad time, to *(d. un ceas)* a nu fi exact; a nu merge bine.

keep body and soul together, to a câştiga doar atât cât să-şi ţină/ducă zilele; a o duce de azi pe mâine; a trăi de la mână până la gură.

keep books, to a ţine registre de conturi, a avea o evidenţă contabilă, a ţine contabilitatea.

keep both/one's eyes clean/*sl.* **peeled/skinned, to** ← *F* a deschide bine/*F →* a căsca ochii; a fi cu ochii deschişi/în patru; a fi cu băgare de seamă/vigilent.

keep both/one's eyes open/wide open, to a fi cu ochii deschişi/în patru; a deschide bine ochii.

keep calm, to a rămâne calm, a-şi păstra calmul.

keep clear of smth., to a se feri/păzi de ceva; a feri ceva; a se ţine departe/la distanţă de ceva; a evita ceva.

keep/lie close, to a se ascunde, a sta/a se ţine ascuns.

keep close one's to smb./smth., to a se ţine aproape de cineva/ceva.

keep close/good watch, to *v.* **keep (a) close/good watch.**

keep company with smb., to 1. a ţine cuiva de urât/tovărăşie; a însoţi/întovărăşi pe cineva. 2. *F* a fi în relaţii/prieten cu cineva *(mai ales de sex opus)*; < a face curte cuiva. 3. a se asocia/însoţi/întovărăşi cu cineva.

keep control of/over, to a(-şi) păstra controlul/autoritatea asupra; a ţine sub control/supraveghere/în frâu.

keep cool, to *v.* **keep a cool head.**

keep count of, to a ţine socoteala.

keep dark/oneself dark, to a sta/a se ţine ascuns; a sta în umbră.

keep doing smth., to a continua/a nu conteni să facă ceva.

keep down prices, to v. **keep prices down.**

keep early hours, to a se culca şi a se culca devreme.

keep end on to the sea, to a înfrunta/tăia valurile, a fi cu prova în val.

keep fair with smb., to a păstra relaţii bune cu cineva; *F →* a se avea bine cu cineva.

keep faith with smb., to a-şi ţine cuvântul dat cuiva/legământul făcut faţă de cineva/făgăduiala/ promisiunea făcută cuiva.

keep fit, to a fi bine bine dispus şi sănătos; a fi/a se menţine/a se ţine în formă; a se ţine bine; a se ţine bine/tare pe picioare.

keep friends with smb., to a rămâne prieten cu cineva.

keep from doing smth., to a se abţine/reţine să facă ceva.

keep from school, to a nu lăsa (pe un copil) să meargă/vină la şcoală.

keep goal, to *sport* a apăra poarta, a fi în poartă, a fi portar (la fotbal).

keep going, to 1. *(d. cineva)* a continua/a o ţine aşa; a nu se lăsa; a nu abandona; a nu se da bătut. **2.** *(d. o întreprindere etc.)* a continua să existe/să funcţioneze; a rămâne în picioare; a se menţine.

keep good, to *(d. alimente)* a se păstra bine, a nu se altera/strica.

keep good hours, to a avea obiceiul de a se scula/ culca/a veni acasă/a începe/termina lucrul devreme/la ore rezonabile.

keep good state, to a duce o viaţă îmbelşugată/ luxoasă; a-şi ţine rangul; *F →* a trăi pe picior mare.

keep (good) time, to *(d. un ceas)* a fi exact; a merge bine.

keep good watch, to v. **keep (a) close/good watch.**

keep/mount/stand guard, to a fi/a face/sta de pază/ de strajă/de gardă/santinelă.

keep guard over one's tongue, to a-şi ţine limba în frâu/în gură.

keep hands/one's hands in pockets/one's pockets, to a sta/şedea cu mâinile în buzunar/în sân/cu braţele încrucişate; a trândăvi; a nu face nimic; a tăia frunză la câini.

keep harping on one and the same string, to *fig.* a cânta mereu acelaşi cântec; a o ţine una şi bună.

keep heart! curaj! nu-ţi pierde curajul! nu te lăsa doborât! ai încredere! capul/fruntea sus! ţine-ţi firea!

keep hold of, to 1. a reţine (pe cineva); a nu-i da drumul (cuiva). **2.** a nu lăsa din mână (ceva); a nu abandona (ceva).

keep house, to a face/conduce menajul, a duce gospodăria, a conduce casa; *~ for smb.* a-i face/ conduce cuiva menajul/gospodăria.

keep in check, to 1. a controla, a stăvili, a înfrâna, a ţine în frâu. **2.** a ţine la respect/în şah; a împiedica să înainteze.

keep in cotton wool, to *amer. F* a ţine în puf.

keep in countenance, to 1. a-şi păstra cumpătul/ firea, a-şi stăpâni emoţia. **2.** a nu lăsa (pe cineva) să se piardă cu firea/să cadă pradă descurajării/să-şi iasă din fire.

keep indoors, to a nu ieşi/a nu lăsa să iasă bani din casă; a nu părăsi casa; a ţine în casă.

keep in hand, to v. **have/hold in hand.**

keep in line, to 1. a sta la locul său/în rând. **2.** a respecta „regulile" unui grup.

keep in mind, to a reţine; a ţine minte; a avea în minte; a nu uita; v. *şi* **hear in mind.**

keep in one's breath, to a-şi ţine răsuflarea.

keep in readiness/ready for, to a fi gata/pregătit de/pentru/să.

keep in sight, to 1. a nu pierde din ochi *(ţărmul, o corabie, pe duşman)*; a nu se îndepărta prea mult. **2.** *fig.* a nu pierde din ochi/vedere *(un scop)*. **3.** *~ of* a nu se îndepărta de *(ţărm etc.)*; a rămâne în apropierea.

keep in step (with), to a fi în pas/a ţine pasul (cu).

keep in/oneself in/stay in the background, to *fig.* a se ţine în umbră.

keep in the line, to a ţine pasul.

keep in the pin, to *sl.* a nu bea; a se abţine de la băutură.

keep in touch (with), to a păstra contactul/legătura (cu); a ţine legătura (cu); a rămâne în legătură (cu).

keep in training, to a (se) antrena; a(-şi) menţine forma; a (se) menţine în formă/stare de pregătire.

keep in with smb., to *← F* a rămâne în bune relaţii/ în termeni buni cu cineva; a nu strica relaţiile/a nu se pune rău cu cineva.

keep it dark! *F* să nu scoţi/sufli o vorbă! nici o vorbă! *A →* mucles!

keep it under your hat! *← F* v. **keep it dark!**

keep it up, to *F* a continua/a o ţine aşa; *~!* dă-i înainte! zi-i înainte!

keep late hours, to a avea obiceiul de a se culca/a veni acasă târziu.

keep measure(s), to a avea simţul măsurii; a da dovadă de cumpătare/pondere.

keep moving! circulaţi!

keep mum, to *F* a tăcea chitic/molcom/mâlc/ca un peşte; a-şi ţine gura; a nu trăncăni; a nu sufla o vorbă; a nu zice nici cârc/pâs; *~!* v. **keep it dark!**

keep note of, to a ţine evidenţa.

keep off the grass! 1. please ~! nu călcaţi pe iarbă! **2.** *F* nu te băga în ciorba mea! nu încălca atribuţiile mele! nu-ţi băga nasul unde nu-ţi fierbe oala! nu te băga în treaba asta! **3.** *F (o femeie către un bărbat)* fii cuminte! nu fii obraznic! păstrează distanţa legală!

keep off the subject, to a evita/ocoli chestiunea.

keep on about, to ← *F* a vorbi tot timpul/toată ziua numai de/despre.

keep on at smb., to *F* a agasa/enerva/hărţui/pisa/ sâcâi pe cineva; a nu da pace cuiva; a nu lăsa în pace/a nu slăbi pe cineva; a bate la cap pe cineva; a se ţine de capul cuiva; a scoate sufletul cuiva.

keep on doing smth., to a continua/nu conteni să facă ceva; a face ceva mereu.

keep one eye on smb./smth., to a fi/sta cu ochii pe cineva/ceva.

keep one's anger down, to a-şi stăpâni/înăbuşi mânia.

keep one's balance, to 1. a-şi păstra/menţine echilibrul. **2.** *fig.* a-şi păstra liniştea/echilibrul; a-şi menţine echilibrul sufletesc.

keep one's/to one's bed, to a sta/zăcea la pat; a nu se scula din/a rămâne în pat; a fi bolnav în pat.

keep one's breath to cool one's porridge, to a-şi ţine sfaturile/părerile pentru sine; a se abţine să dea sfaturi/să-şi dea cu părerea.

keep on cards close to one's/the chest, to *fig. v.* **hold one's cards close to one's chest.**

keep one's chin/*sl.* **pecker up, to** ← *F* a ţine capul/ fruntea sus; *F* → a se ţine tare/bine; a-şi ţine firea; a nu-şi pierde curajul; a nu se lăsa doborât.

keep one's counsel/one's own counsel, to a-şi ţine părerea/intenţiile pentru sine; a nu-şi trăda secretul/secretele; a păstra tăcerea; a tăcea; a nu-şi da în vileag/trăda intenţiile/planurile; *F* → a-şi ţine gura; a nu trăncăni.

keep one's countenance, to 1. a rămâne calm; a-şi păstra calmul/sângele rece; a nu se trăda; a nu clinti. **2.** a-şi stăpâni/ţine râsul, a se ţine să nu râdă.

keep one's course/way, to a-şi continua calea/ drumul; a nu se abate din drum.

keep one's day, to a fi punctual; a fi acasă în ziua rezervată primirii vizitelor; a-şi respecta jurul.

keep one's distance, to 1. *fig.* a păstra distanţa, a se ţine la distanţă; a nu-şi permite familiarităţi; a-şi cunoaşte locul/*F* → lungul nasului. **2. ~ from** a păstra distanţa de; a se ţine la distanţă de.

keep one's ear (close) to the ground, to *F v.* **keep an/one's ear (close) to the ground.**

keep oneself/one's head above water, to *fig.* a se menţine la suprafaţă/pe linia de plutire; a o scoate

la capăt fără datorii; a reuşi să nu intre în datorii; a nu face datorii; a nu fi dator; a evita falimentul.

keep oneself busy, to a-şi găsi de lucru; a trebălui; a-şi ocupa timpul.

keep oneself close, to a se ţine deoparte; a sta retras.

keep oneself dark, to *v.* **keep dark.**

keep oneself in the background, to *v.* **keep in/ oneself in/stay in the background.**

keep oneself in the foreground, to ← *F* a se ţine la vedere; a se menţine în centrul atenţiei/în primul plan.

keep (oneself) to oneself, to a ocoli/evita lumea; a se feri de lume; a fi/trăi retras; a nu fi comunicativ/sociabil.

keep oneself well in hand, to a se stăpâni.

keep one's end up, to ← *F* a se ţine bine; a se ţine tare (pe poziţie); a rezista tuturor atacurilor.

keep one's eye/hand in, to a continua să se îndeletnicească cu; a-şi exersa ochiul/mâna; a continua să exerseze; a nu-şi pierde deprinderea/îndemânarea/obişnuinţa; a-şi păstra îndemânarea/obişnuinţa; a se menţine în formă la.

keep one's eye on, to *v.* **keep an eye on.**

keep one's eye on the ball, to *amer. fig.* a nu pierde din vedere scopul principal; a fi atent/cu ochii în patru.

keep one's eyes and ears open, to a sta cu ochii şi urechile la pândă; a fi numai ochi şi urechi.

keep one's eyes clean, to *F v.* **keep both one's eyes clean**/sl. **peeled/skinned.**

keep one's eyes glued on, to a sta cu ochii pironiţi pe; a nu-şi dezlipi/lua ochii de pe/de la.

keep one's eyes off, to a nu pune ochii pe (ceva, cineva); a nu râvni la; a nu se uita galeş/cu ochi galeşi/cu jind la; *F* → a nu se da la; *v. şi* **not to be able to keep one's eyes off.**

keep one's eyes open/wide open, to *v.* **keep both/one's eyes open/wide open.**

keep one's eyes peeled/skinned, to *sl. v.* **keep both/one's eyes clean**/sl. **peeled/skinned.**

keep one's face straight, to *v.* **keep a straight face.**

keep one's feelings in check/under control, to a-şi înfrâna/stăpâni sentimentele; a fi stăpân pe sine; a se stăpâni.

keep one's feet, to 1. a rămâne în picioare; a nu cădea; a-şi păstra echilibrul. **2.** *fig. F* a se ţine bine; a fi/se ţine tare pe poziţie; a rezista.

keep one's figure, to a-şi menţine silueta/linia; a nu se îngrăşa.

keep one's finger on the pulse of, to *fig.* a cunoaşte (bine)/simţi tot timpul pulsul; a fi pe deplin conştient de; a cunoaşte starea de spirit a.

keep one's fingers crossed, to *F* a ţine pumnii strânşi (pentru cineva); a-i ţine cuiva pumnii.

keep one's ground, to 1. a rezista; a se ţine tare; a rămâne (ferm) pe poziţie; a nu da înapoi; a nu bate în retragere. **2.** a se menţine (ferm); a nu ceda.

keep one's hair/shirt on, to ← *F* a nu-şi pierde capul/cumpătul/firea; a nu se pierde cu/a-şi ţine firea; a-şi păstra calmul/cumpătul/sângele rece; a nu-şi ieşi din fire/răbdări/sărite/ţâţâni; a sta/şedea binişor; a nu sări în sus; a nu se aprinde/enerva; a se stăpâni.

keep one's hand in, to *v.* **keep one's eye/hand in.**

keep one's hands clean, to *fig.* a nu se murdări pe mâini; a nu-şi păta mâinile/onoarea; a avea/fi cu/rămâne cu mâinile curate; a fi incoruptibil.

keep one's hands in one's pockets, to *v.* **keep hands/one's hands in pockets/one's pockets.**

keep one's hands off, to a nu pune mâna pe, a nu se atinge de.

keep one's head, to a nu-şi pierde capul/cumpătul/judecata/firea; a nu se pierde cu/a-şi ţine firea; a-şi păstra calmul/prezenţa de spirit/sângele rece/stăpânirea de sine.

keep one's head above ground, to a trăi, a exista.

keep one's head above water, to *fig. v.* **keep oneself above water.**

keep one's indignation in, to a-şi stăpâni/a nu-şi exprima indignarea.

keep one's legs, to 1. a se ţine bine pe picioare; a nu cădea. **2.** *fig.* a nu se lăsa luat/dus (de curent).

keep one's looks, to a-şi păstra frumuseţea; a se (men)ţine bine.

keep one's mind on smth., to a-şi ţine atenţia concentrată/a-şi concentra atenţia/a se concentra asupra ceva; a nu lăsa mintea/gândurile să-i fugă de la ceva; a fi cu mintea/a sta cu gândul la ceva.

keep one's mouth shut tight, to *F* a-şi pune lacăt la gură; a-şi ţine gura.

keep one's name off the books, to a nu lăsa/a nu se înscrie în nici un fel de organizaţie etc.; a nu figura pe lista/printre membrii nici unei organizaţii etc.

keep one's name on the books, to a continua să fie/a rămâne membru; a continua să se numere printre membrii/să figureze pe lista unei organizaţii.

keep one's nose out of smth., to *F* a nu-şi băga/vârî nasul în ceva; a nu se amesteca/băga în ceva.

keep one's nose to the grindstone, to *F* a lucra/munci pe brânci/rupte/spetite/fără întrerupere.

keep one's own company, to a nu fi sociabil/om de societate; a nu fi prea primitor; a trăi ca un urs.

keep one's own counsel, to *v.* **keep one's counsel/one's own counsel.**

keep one's/to one's own line, to a-şi urma calea proprie, a merge pe calea sa/pe un drum al său/pe o cale proprie; a urma o linie proprie de conduită.

keep one's pecker up, to *sl. v.* **keep one's chin/pecker up.**

keep one's place, to 1. a păstra distanţa; *F →* a-şi cunoaşte lungul nasului. **2.** a pune semn *(într-o carte).*

keep one's powder dry, to ← *F* a lua măsuri de precauţie; a fi pregătit pentru orice eventualitate; a fi în gardă.

keep one's/the/to one's room, to a rămâne în cameră; a nu ieşi din cameră.

keep one's seat, to 1. a rămâne aşezat/jos/pe scaun. **2.** *fig.* a-şi păstra locul/a fi reales în parlament. **3.** a rămâne/a se (men)ţine în şa.

keep one's shirt on, to *F v.* **keep one's hair/shirt on.**

keep one's tail up, to ← *F* a nu se descuraja/da bătut; a nu-şi pierde curajul; a ţine fruntea sus; a-şi păstra zâmbetul pe buze.

keep/wrap one's talent in the napkin, to *F* a-şi ţine îngropat/a-şi îngropa talentul.

keep one's temper, to a-şi ţine firea; a se stăpâni; a-şi păstra calmul/stăpânirea de sine/sângele rece.

keep one step ahead (of), to a fi tot timpul cu un pas înaint(a); a se menţine cât de cât înainte(a)/în frunte(a).

keep one's tongue, to a-şi ţine gura; a tăcea.

keep one's tongue between one's teeth/in check/in one's mouth, to *F* a-şi ţine limba (în gură)/gura; a-şi pune frâu gurii/limbii; a-şi înghiţi limba; a-şi păzi gura; a-şi pune lacăt/zgardă la gură.

keep one's way, to *v.* **keep one's course, to.**

keep one's weather eye open, to ← *F v.* **keep a/one's weather eye open.**

keep one's wicket up, to ← *F* a-şi apăra interesele; a nu ceda; a nu se da bătut, a nu se lăsa doborât.

keep one's wits about one, to *v.* **have one's wits about one.**

keep one's word, to a se ţine de cuvânt, a-şi promisiunea/făgăduiala; *F →* a fi parolist.

keep on one's feet, to a se ţine pe picioare; a nu cădea din picioare/la pământ.

keep on one's toes, to *fig.* a fi/sta pe picior de alarmă; a sta/veghea în picioare; a fi/rămâne în alertă/pe fază/gata de acţiune; a sta cu atenţia încordată/ca pe arcuri.

keep on the alert, to *fig* 1. a ţine în stare/pe picior de alarmă; a ţine sub presiune; a teroriza. **2.** a nu lăsa să răsufle; a nu da o clipă de răgaz.

keep on the course, to *fig.* a merge pe calea cea dreaptă; a duce o viață cinstită.

keep on the rails, to ← *F fig.* a respecta legile și conveniențele sociale; a merge pe calea cea dreaptă/pe drumul cel bun; *F* → a nu călca alături cu drumul/strâmb; a nu-și da în petic; a nu-și face de cap; a nu-și da poalele peste cap; a nu o lua razna.

keep on the razor-edge of smth., to a nu depăși granițele/limitele unui lucru.

keep on the right side of smb., to ← *F* a rămâne în bune relații/în termeni buni cu cineva; a evita să supere pe/să se pună rău cu cineva.

keep on the right side of the law, to a acționa/proceda în mod legal, a acționa pe cale legală/pe căile legale; a nu călca/nu intra în conflict cu legea; a se menține în limitele legalității.

keep on the windy side of the law, to ← *F* a rămâne în afara atingerii legii; a reuși să nu intre în conflict cu legea.

keep on top (of), to a-și menține poziția de superioritate (asupra); a se menține (în); a rămâne pe poziție.

keep open house/table, to a ține casă deschisă.

keep out of danger, to a sta la adăpost de pericol; a ocoli primejdia; *aprox.* a nu se băga în gura lupului.

keep out of harm's way, to 1. a se feri din calea răului; a evita pericolul/primejdia. 2. a feri de rău/de primejdie/din calea răului; a ține la adăpost de pericol. 3. a pune în imposibilitatea de a face rău/de a dăuna (cuiva).

keep out of mischief, to 1. a nu face prostii. 2. a băga de seamă/a fi atent să nu-și atragă neplăceri/supărări/să nu dea de bucluc.

keep out of my sight! (să) piei din ochii/fața mea! să nu te mai văd! să nu-mi mai ieși în cale! să nu te mai arăți în fața/înaintea mea/înaintea ochilor mei!

keep out of sight, to a se ține departe/ascuns; a se ascunde.

keep out of smb.'s *amer.* **tracks/way, to** a se feri din calea cuiva; a se păzi de/a ocoli/evita să dea ochii cu cineva.

keep out of the way, to a sta/a se ține deoparte/departe de lume/în umbră.

keep out of trouble, to a se feri de/a evita orice neplăcere/neplăceri.

keep pace/step with smb./smth., to *și fig.* a ține pasul cu cineva/ceva; a se menține în pas cu cineva/ceva; a nu rămâne în urma cuiva/a ceva.

keep plugging *amer.* **along/away, to** a continua să trudească din greu și cu sârg/să-și dea toată silința (adesea luptând cu greutăți).

keep prices down, to a menține prețurile scăzute; a nu lăsa/a împiedica prețurile să crească/urce.

keep quiet! astâmpără-te! fii/stai cuminte! taci! liniște!

keep rank, to a rămâne în front; a păstra rândurile.

keep ready for, to *v.* **keep in readiness for.**

keep regular hours, to a avea un regim de viață strict; < a duce o viață regulată; *F* → a-i fi casa casă și masa masă.

keep running, to a menține în activitate/funcțiune.

keep sentry, to *v.* **stand sentry.**

keep shady, to *amer.* ← *F* a sta/a se ține în umbră.

keep shop, to a ține (cuiva) locul într-o prăvălie/într-un mic magazin; a păzi prăvălia/magazinul.

keep sight of, to *fig.* a avea în minte/vedere; a ține seama de.

keep silent, to a tăcea, a păstra tăcerea; a nu scoate o vorbă; ~ **about smth.** a păstra tăcerea asupra unui lucru; a trece ceva sub tăcere; a tăcea în privința unui lucru.

keep smb. advised of smth., to a ține pe cineva la curent cu ceva.

keep smb. at a distance/at arm's length, to a ține pe cineva la (o anumită) distanță/departe/la respect; a fi distant cu cineva.

keep smb. at bay, to a ține pe cineva la distanță/în șah.

keep smb. at it ← *F*/**at work, to** a da de lucru cuiva; a pune pe cineva la muncă/treabă; a face/sili pe cineva să muncească tot timpul; a nu lăsa pe cineva să răsufle o clipă.

keep smb. busy, to a ține pe cineva ocupat; a da cuiva de lucru; a ocupa cuiva timpul.

keep smb. company, to a ține cuiva de urât/tovărășie; a însoți/întovărăși pe cineva.

keep smb. from doing smth., to a împiedica/opri pe cineva să facă ceva.

keep smb. going, to 1. a ajuta pe cineva să o scoată la capăt/să se descurce. 2. a ține pe cineva în viață/pe picioare (prin îngrijiri medicale).

keep smb. in (a state of) suspense, to a ține pe cineva în suspensie/sub tensiune.

keep smb. in awe, to a impune cuiva; a ține pe cineva la respect.

keep smb. in check, to a ține pe cineva la respect/în șah.

keep smb. in countenance, to 1. a încuraja/îmbărbăta pe cineva; a susține moralul cuiva. 2. *F* → a ajuta pe cineva să facă figură bună/să iasă bine.

keep smb. in food, to a ține pe cineva pe mâncare; a asigura cuiva hrana; a hrăni/întreține pe cineva; a suporta cheltuielile pentru hrană/mâncare ale cuiva.

keep smb. in his place, to a face pe cineva să stea la locul său/F → în banca sa; a face pe cineva să-şi cunoască lungul nasului.

keep smb. in ignorance of smth., to a ascunde cuiva un lucru; a ţine pe cineva în necunoştinţa de cauză.

keep smb. in leading strings, to *F* a ţine pe cineva în zgardă/din scurt.

keep smb. in line, to a face pe cineva să stea la locul său/F → în banca sa; a ţine pe cineva în frâu.

keep smb. in order, to a ţine din scurt pe cineva; a ţine bine în mână pe cineva.

keep smb. in play, to 1. a nu lăsa pe cineva/a nu da răgaz cuiva să răsufle; a ţine pe cineva sub presiune. 2. a distra/amuza pe cineva.

keep smb. in subjection, to 1. a ţine pe cineva în stare de dependenţă/robie/subjugare/supunere/în robie. 2. a ţine pe cineva captiv/în captivitate.

keep smb. in suspense, to *v.* **keep smb. in a state of suspense.**

keep smb. in the air, to *fig.* a ţine pe cineva în suspensie/nesiguranţă.

keep smb. in the dark, to a ţine pe cineva în ignoranţă/întuneric; a nu lămuri pe cineva; a ascunde ceva cuiva.

keep smb. in touch with smth., to a ţine pe cineva la curent cu ceva.

keep smb. late, to a reţine/ţine pe cineva până târziu; a face pe cineva să întârzie; a întârzia pe cineva.

keep smb. low, to *fig.* a ţine pe cineva din scurt.

keep smb. on his toes, to *fig.* a ţine pe cineva în alertă/încordat/pe picior de alarmă/sub presiune.

keep smb. on short commons, to *F* a-i număra cuiva fiecare bucăţică din farfurie/pe care o duce la gură.

keep smb. on tenter-hooks, to *F* a fierbe/chinui/tortura pe cineva; a ţine pe cineva într-o stare de tensiune/de nesiguranţă/într-o ignoranţă chinuitoare.

keep smb. on the alert, to a ţine pe cineva în incertitudine/în stare de alarmă; a ţine pe cineva pe jeratic/sub presiune; a nu da pace cuiva.

keep smb. on the hop, to a nu lăsa pe cineva să stea/să trândăvească; a nu da cuiva o clipă de răgaz; a ţine pe cineva activ; a face pe cineva să alerge de colo până colo.

keep smb. on the jump, to ← *F* a nu lăsa pe cineva să răsufle o clipă; a nu da cuiva o clipă de răgaz; a ţine pe cineva numai pe drumuri; a hărţui pe cineva.

keep smb. on the rails, to ← *F fig.* a face pe cineva să respecte legile şi convenienţele sociale; a ţine pe cineva pe calea cea dreaptă/pe drumul cel bun; a

feri pe cineva de orice pas greşit; a nu lăsa pe cineva să o ia pe o cale greşită/razna/să calce strâmb/să-şi dea în petic.

keep smb. on the run, to a nu lăsa pe cineva să stea (locului)/să se odihnească o clipă/să-şi tragă sufletul; a trimite pe cineva de colo până colo; a hărţui pe cineva; a nu da cuiva răgaz să răsufle.

keep smb. on the trot, to *F* a alerga pe cineva tot timpul; a pune pe cineva pe drumuri; a ţine pe cineva numai într-o alergătură; a nu lăsa pe cineva o clipă în pace/să respire o clipă/să răsufle; a nu da cuiva o clipă de răgaz; a scoate cuiva sufletul.

keep smb. out of mischief, to a împiedica pe cineva să facă prostii/să dea de/să intre în bucluc.

keep smb. out of the way, to a ţine pe cineva deoparte/la o parte.

keep smb. posted on/posted up in smth., to a ţine pe cineva la curent/zi cu ceva.

keep smb.'s memory green, to a păstra neştearsă/trează/vie amintirea cuiva.

keep smb.'s name on (the books), to a păstra pe cineva ca membru/printre membri/pe lista membrilor (unei organizaţii etc.).

keep smb.'s nose to the grindstone, to *v.* **bring smb.'s nose to the grindstone.**

keep smb.'s spirits up, to a menţine ridicat/a susţine moralul cuiva.

keep smb. to the straight and narrow (path), to a face pe cineva să urmeze/a ţine pe cineva pe calea cea dreaptă; a împiedica pe cineva să calce strâmb/alături cu drumul.

keep smb. underfoot, to a ţine pe cineva sub papuc/călcâi.

keep smb. under observation, to a ţine pe cineva sub observaţie.

keep smb. up to scratch, to *F* 1. a strânge pe cineva în chingi; a presa pe cineva; a pune cuiva sula în coaste; a nu slăbi pe cineva; a pune la treabă pe cineva. 2. a menţine pe cineva la nivelul pregătirii cerute de un examen.

keep smb. up to the collar, to *F* a da cuiva de lucru până peste cap; a supraîncărca pe cineva; a nu da cuiva răgaz nici să răsufle.

keep smb. up to the mark, to a asigura/face ca cineva să fie la înălţime/să se achite cu cinste de îndatoririle sale.

keep smb. waiting, to a face/lăsa pe cineva să aştepte.

keep smiling, to 1. a-şi păstra surâsul, a continua să surâdă/zâmbească, a rămâne surâzător. 2. ← *F* a nu se descuraja, a nu-şi pierde cumpătul; a face haz de necaz; ~! nu te pierde cu firea! fruntea sus! curaj!

keep smth. at/a on the simmer, to a lăsa ceva să fiarbă la foc mic.

keep smth. (back) from, to 1. ~ smb. a ascunde/ tăinui ceva cuiva; a ține ceva ascuns față de cineva. 2. ~ smth. a reține ceva din ceva.

keep smth. close, to a ține ceva secret, a tăinui ceva; a nu sufla un cuvânt despre ceva; a fi rezervat în privința unui lucru.

keep smth. dark, to a ține ceva secret; a nu sufla o vorbă despre ceva; a nu destăinui ceva.

keep smth. for a rainy day, to a păstra ceva pentru zile negre.

keep smth. from smb., to v. **keep smth. (back) from smb.**

keep smth. going, to a (men)ține ceva în mers/ stare de funcționare.

keep smth. in mind, to a ține minte ceva; a-și aduce aminte de ceva; a păstra amintirea unui lucru; a se gândi la ceva; a nu uita ceva; a ține socoteală de ceva.

keep smth. in private, to a ține ceva secret, a nu divulga ceva.

keep smth. in readiness, to a ține ceva pregătit.

keep smth. in shape, to a menține/păstra forma unui lucru.

keep smth. in store for smb., to v. **have smth. in store for smb.**

keep smth. in view, to 1. a nu pierde/scăpa ceva din vedere; a ține seama de ceva. 2. a avea în vedere ceva.

keep smth. on ice, to 1. a ține ceva la gheață/în frigider. 2. *fig.* a ține ceva în rezervă (în caz de nevoie) pentru a-i folosi ulterior.

keep smth. on its feet, to *F* a menține ceva pe picioare/într-o situație financiară sănătoasă; a nu lăsa să se ducă de râpă; a păstra.

keep smth. on the simmer, to v. **keep smth. at a simmer.**

keep smth. quiet, to a tăinui/ascunde ceva; a trece ceva sub tăcere.

keep smth. to oneself, to a ține ceva în sinea sa/ pentru sine; a nu împărtăși ceva cuiva.

keep smth. under lock and key, to *F* 1. a ține/ păstra ceva sub cheie. 2. *fig.* a ține ceva secret.

keep smth. under one's hat, to ← *F* a nu sufla un cuvânt/o vorbă despre ceva; a ține ceva secret/numai pentru sine; a păstra tăcerea asupra unui lucru.

keep smth. within bounds, to a menține ceva între anumite limite; a nu lăsa ceva să întreacă măsura/ să ia proporții exagerate/excesive.

keep smth. within one's lips, to ← *F* a ascunde ceva; a ține ceva secret; a nu deschide gura în privința unui lucru.

keep step, to 1. a merge în pas/cadență. 2. ~ **with smb./smth.** v. **keep pace/step with smb./smth.**

keep still, to a nu (se) mișca; a rămâne/sta nemișcat/ liniștit; a sta locului; a păstra liniștea; a nu face gălăgie/zgomot; a tăcea.

keep straight, to a rămâne cinstit.

keep tabs on smb./smth., to ← *F v.* **keep a tab/a tag/tabs on smb./smth.**

keep terms with smb., to a întreține relații de prietenie cu cineva.

keep the accounts, to a ține conturile/contabilitatea.

keep the ball rolling/up, to *F* a nu lăsa să lâncezească/a anima/întreține conversația.

keep the cold out, to a nu lăsa să intre frigul.

keep the count of, to a ține scriptele/registrele de conturi.

keep the enemy on the run, to *mil.* 1. a hărțui pe inamic. 2. a nu da fugarilor răgaz să răsufle.

keep the field, to v. **hold the field 1.**

keep the fire in, to a întreține focul.

keep the flag flying, to *fig.* a ține steagul sus; a nu se da bătut; a nu se lăsa învins.

keep the game alive! ← *sl.* nu te lăsa! dă-i înainte!

keep the/to the house, to a sta acasă; a nu ieși (din casă).

keep the letter of the law, to a respecta litera legii.

keep the lid on smth., to ← *F* a ține ceva secret; a nu divulga ceva.

keep the party clean, to *F* a fi salon; a nu fi porcos/ vulgar; a nu spune bancuri/glume fără perdea/ porcoase.

keep the peace, to 1. a păstra/a nu tulbura ordinea publică. 2. a veghea la menținerea/păstrarea ordinii publice. 3. ~ **between two persons** a menține pacea între două persoane; a face ca două persoane să trăiască în pace.

keep the pot boiling, to ← *sl.* 1. a-și câștiga pâinea/ existența; a munci pentru o bucată de pâine; a ține casa. 2. a întreține buna dispoziție/antrenul (*la o petrecere etc.*); a continua energic/susținut.

keep the ring, to v. **hold the ring.**

keep the room, to v. **keep one's room.**

keep the Sabbath, to a ține sâmbăta/duminica.

keep the saddle, to a rămâne/a se (men)ține în șa.

keep the score, to a ține socoteala; a înregistra scorul/rezultatele.

keep the sea, to *mar.* a rămâne în larg (din cauza vremii rele).

keep the time, to *sport* a cronometra.

keep the wolf from the door, to *F* 1. a lupta cu foamea/cu sărăcia; a o duce/a trăi de azi pe mâine;

a o scoate cu greu la capăt. **2.** a o scoate la capăt; a (se) pune la adăpost de greutăți; a trăi în condiții omenești/omenește.

keep tight hold of smth., to a ține ceva bine/strâns (în mână); a nu da drumul (din mână) la ceva; a se crampona de ceva.

keep time, to I. *v.* **keep (good) time, to.** **2.** a bate măsura/tactul; a ține măsura/tactul. **3.** a cânta/dansa/juca în ritm. **4.** a merge în cadență; a ține cadența.

keep time and tune, to a păstra armonia.

keep to a/the minimum, to a menține la un nivel/ la nivelul minim/cel mai scăzut; a reduce la minimum.

keep to one's bed, to *v.* **keep one's bed.**

keep to oneself, to *v.* **keep (oneself) to oneself.**

keep to ones' own line, to *v.* **keep one's/to one's own line.**

keep to one's room, to *v.* **keep one's room.**

keep to the beaten track, to *fig.* a merge pe căi bătătorite; a nu ieși din rutină; a nu face nimic deosebit/neobișnuit.

keep to the house, to *v.* **keep the house.**

keep to the point/subject, to a nu se abate de la/ a rămâne la subiect.

keep to the record, to a se menține/a rămâne/a se referi la fondul chestiunii.

keep to the right, to a ține dreapta; a merge pe partea dreaptă.

keep to the straight and narrow (path), to a avea/duce o viață ireproșabilă; a nu călca strâmb/ alături cu drumul; a urma/merge pe calea cea dreaptă.

keep touch, to *v.* **keep (in) touch.**

keep trace of, to a urmări; a nu scăpa din vedere.

keep track of, to I. a ști de urma (cuiva); a nu pierde din ochi/vedere *(pe cineva).* **2.** a urmări *(o problemă)*; a se interesa de *(o chestiune)*; a fi la curent *(cu o chestiune, cu progresele cuiva, cu mersul evenimentelor).*

keep under control, to I. **to keep smb. under control** a ține pe cineva sub supraveghere; a nu lăsa pe cineva de capul său. **2. to keep smth. under control** a controla/stăvili ceva, a împiedica ceva să se extindă.

keep under lock and key, to a ține sub cheie/lacăt.

keep under smb.'s feet, to a sta/fi în picioarele/ calea cuiva.

keep up a grudge against smb., to a păstra/purta pică cuiva.

keep up an appearance with small means, to a face față/a se descurca cu bani puțini.

keep up apperrances, to a păstra/salva aparențele.

keep up a running fight, to I. a se retrage luptând; a lupta în timp ce se retrage. **2.** *mar.* a sprijini/ susține urmărirea.

keep up one's character/part to the end, to *fig.* a(-și) juca rolul până la capăt.

keep up one's courage, to a nu se descuraja; a nu-și pierde curajul; a nu se lăsa doborât.

keep up one's end, to *v.* **keep up one's end up.**

keep up one's spirits, to a nu-și pierde curajul/firea; a nu se descuraja; a nu se lăsa (descurajat/doborât).

keep up smb.'s spirits, to a menține ridicat/a susține moralul cuiva.

keep up to concert-pitch, to ← *F* a se menține în formă; a-și păstra forma (bună).

keep up to date, to a ține la zi.

keep up to the Joneses, to ← *F* a căuta să țină pasul cu lumea bună/să nu rămână mai prejos *(în comparație cu prietenii, vecinii în ceea ce privește starea materială și socială)*; a nu se lăsa întrecut de vecinii săi.

keep up with the times, to a fi în pas/a ține pasul cu vremea.

keep vigil, to a sta de veghe.

keep watch, to I. *v.* **keep vigil.** **2.** *mil.* a face/fi de gardă/ *mar.* de cart.

keep up watch and ward over smb., to a veghea atent asupra cuiva și a-l păzi.

keep within bounds, to I. a nu depăși limita/ limitele; a nu exagera; a cunoaște/păstra măsura. **2.** a înfrâna, a ține în frâu.

keep within hearing, to a rămâne destul de aproape ca să poată auzi/fi strigat.

keep within the bounds of, to a rămâne/a se menține în/a păstra limitele *(unui lucru).*

keep within the bounds of reason, to a se menține în limitele a ceea ce este rațional; a fi rezonabil.

keep within the law, to a rămâne în cadrul/limitele legii/legalității.

keep your breath to cool your porridge! taci! nu te amesteca! vezi-ți de treburile tale! nu te băga unde nu-ți fierbe oala! n-am/n-avem nevoie de sfaturile tale.

keep your eyes skinned! *sl.* cască ochii!

keep your hands off! nu pune mâna! nu te atinge!

kick against the pricks, to ← *F* a-și crea singur necazuri prin încăpățânarea sa; *F* → *aprox.* a căuta pe dracu.

kick/score a goal, to *sport* a înscrie/marca/băga un gol *(la fotbal).*

kick a man when he is down, to *fig.* a lovi într-un om când e la pământ; a da într-un câine lovit.

kick at fate, to a se revolta împotriva soartei.

kick of the dam hurts not the colt, the *prov.* unde dă mama, carnea creşte.

kick one's friends down/over the ladder, to ← *F* a da un picior/a întoarce spatele celor care/a o rupe cu cei care te-au ajutat să răzbeşti în viaţă.

kick one's heels, to ← *F* a face anticameră; a pierde vremea aşteptând; *(prin extensie)* a aştepta degeaba/ mult şi bine.

kick over the traces, to *F* a scăpa din frâu; a-şi face de cap; a-şi da poalele peste cap.

kick smb. downstairs, to ← *F* a retrograda pe cineva; a trece pe cineva pe un post de mică importanţă.

kick smb. in the teeth, to ← *F* a trata pe cineva cu totală lipsă de consideraţie; a da dovadă de/a manifesta o totală lipsă de consideraţie faţă de cineva; a dezamăgi/a descuraja pe cineva.

kick smb. out, to *F* a da pe cineva afară cu lovituri de picior/în brânci/pe uşă afară; a da pe cineva pe beţe afară.

kick smb.'s bottom, to *F* a-i da/a-i trage cuiva un picior în fund.

kick/knock smb.'s hind-sight out/the hind-sight off smb., to *amer. sl.* a se răfui cu cineva; a-i veni cuiva de hac; a-i face cuiva de petrecanie; a da gata/ a desfiinţa pe cineva; a eclipsa complet/a pune complet în umbră pe cineva.

kick smb. upstairs, to ← *F* a se descotorosi de cineva; a înlătura pe cineva; a pune pe cineva pe linie moartă dându-i o funcţie mai mare/conferindu-i o (altă) demnitate.

kick the beam, to ← *F* I. a suferi o înfrângere. 2. a fi dat/trecut pe linie moartă, a nu avea (nici o) greutate, a-şi pierde importanţa; a atârna mai uşor/ a nu atârna în balanţă; a nu rezista (comparaţiei, concurenţei etc.).

kick the bucket, to *F* a da ortul popii/ochii peste cap; a nu mai bea apă rece; a lepăda potcoavele; a o mierli.

kick the clouds/wind, to *sl. (d. un spânzurat)* a se legăna cu picioarele în vânt.

kick the gong around, to *amer. sl.* I. a fuma o pipă de opiu. 2. a fuma marijuana.

kick the habit, to *amer. sl.* a scăpa de viciul stupefiantelor.

kick the hind-sight off smb., to *amer. sl. v.* **kick/ knock smb's hind-sight out.**

kick the stuffing out of smb., to *F* a bate măr pe cineva; a bate pe cineva să-i meargă fulgii/peticele; a zvânta pe cineva în bătaie.

kick the wind, to *sl. v.* **kick the clouds.**

kick up a boberry, to ← *P* a face scandal/gălăgie.

kick up/make/raise a dust, to *F* a face gălăgie/ scandal/tapaj/tărboi.

kick up a fuss/hullabaloo/noise/racket/row/ rumpus/shindy/P shine/stink, to *F* a face gălăgie/ gât/larmă/scandal/tapaj/tămbălău/tărăboi/zarvă.

kick up one's heels, to *F* I. a da ortul popii. 2. a sări în sus de bucurie. 3. *sl.* a ţopăi. 4. *(d. un cal)* a zburda.

kid oneself that ..., to ← *F* a-şi închipui/imagina că; a se legăna în/a se lăsa amăgit de speranţa că; a-şi face iluzia că.

kill a bill, to *pol. F* a înmormânta un proiect de lege.

kill a passage, to a suprima un pasaj *(dintr-un text)*.

kill a plot in the egg, to a înăbuşi un complot în germene/în faşă.

kill by/with kindness, to a copleşi cu bunătatea; < a face rău din prea multă bunătate.

kill lime, to a stinge (var)ul.

kill one's man, to a-şi ucide adversarul *(într-un duel)*.

kill smb. by inches/with suspense, to a face pe cineva să moară de curiozitate/nerăbdare; a fierbe pe cineva la foc scăzut.

kill the enemy, to ← *glum.* a căuta să-şi omoare timpul/să-şi treacă urâtul.

kill the fatted calf, to *bibl. fig.* a (în)junghia/tăia viţelul cel gras; a primi pe cineva cu bucurie; a primi/trata pe cineva cu ce ai mai bun în casă.

kill the goose that lays the golden eggs, to a tăia găina care face ouă de aur; *aprox.* lăcomia sparge sacul.

kill time, to a omorî timpul; a-şi trece urâtul.

kill two birds with one stone, to a nimeri doi iepuri dintr-o împuşcătură; a împuşca doi iepuri dintr-o dată; a lovi cu măciuca cu două capete.

kill with kindness, to *v.* **kill by kindness.**

kindly translate! ← *F* explică-te, te rog!

kiss and be friends, to ← *F* a se împăca.

kiss away tears, to a şterge lacrimi cu sărutări.

kiss caps with. smb., to *scoţ.* a bea din acelaşi pahar cu cineva.

kiss one's hand to smb., to a trimite/face bezele cuiva.

kiss smb. goodbye, to a săruta pe cineva la despărţire/de adio.

kiss smth. goodbye, to *F* a spune adio la ceva; a-şi lua/muta gândul de la ceva.

kiss the baby, to *sl.* a da un pahar pe gât; a goli un pahar dintr-o înghiţitură.

kiss the Book, to a săruta Biblia (pentru a jura la tribunal).

kiss the canvas/resin, to *amer.* ← *F* a fi trimis la podea; a fi făcut cnocaut.

kiss the cup, to a duce paharul la gură; a bea.

kiss the dust/ground, to *F* **1.** *fig.* a mușca țărâna; a fi înfrânt; a muri. **2.** a se târî (în țărână) în fața cuiva; a se înjosi, a se umili; a arăta supunere totală; a-și pune cenușă în cap; a fi slugarnic.

kiss the rod, to a primi pedeapsa cu supunere/fără să crâcnească; < a linge/săruta mâna care te lovește.

kith and/or kin prieteni și/sau rude.

knee-high to a duck/grasshopper/mosquito ← *glum.* (înalt) de-o șchioapă.

knit one's brows, to a încreți/încrunta sprâncenele/din sprâncene; a strânge din sprâncene; a-și strânge fruntea/sprâncenele; a se încrunta.

knock about the world, to a cutreiera/colinda lumea; a hoinări/vagabonda prin lume.

knock about together with, to ← *F* a se învârti în cercul (cuiva); a fi des în compania/tovărășia (cuiva).

knock a chip from/off smb.'s shoulder, to *amer.* a accepta provocarea cuiva; a se încăiera/lua la bătaie cu cineva.

knock a nod, to *amer. sl.* a trage un pui de somn.

knock down for a song, to a vinde la un preț de batjocură/nimic/derizoriu.

knock down the price of smth., to a reduce considerabil prețul/din prețul unui lucru; a lăsa mult din prețul unei mărfi.

knock down with a feather, to *F* a lăsa/rămâne buimac/tablou/uluit/trăznit; a amuți; a lua/a-i pieri piuitul; a ului, a buimăci; a zăpăci; a crede că leșină.

knock for six, to **1.** *crichet (d. un jucător la bătaie)* a marca/realiza maximum de puncte dintr-o singură lovitură. **2.** ← *F* a da o grea lovitură; a afecta profund/teribil.

knock hell/the living daylights out of smb., to *sl.* a omorî/stinge/stâlci/snopi pe cineva în bătăi; a trage cuiva o bătaie soră cu moartea; a zobi pe cineva.

knock holes in an argument, to a arăta punctele slabe ale unui argument; a desființa un argument.

knock (in) to smithereens, to a face (mici) fărâme/țăndări.

knock it off! *sl.* încetează! termină! las-o dracului!

knock off a bank, to *sl.* a sparge o bancă.

knock off a good deal of work, to a munci din greu/cu hărnicie.

knock off one's work, to *F* a da gata/a expedia/termina repede treaba; a da rasol/treaba peste cap.

knock off work, to a înceta/întrerupe lucrul; a se opri din lucru; a face o pauză.

knock one's head against a brick wall, to *F fig.* a se ciocni/izbi/lovi (cu capul) de un zid; a se izbi/lovi ca/parcă de un zid; a încerca imposibilul/marea cu degetul.

knock one's head against smth., to **1.** a da/a se ciocni/a se izbi/a se lovi cu capul/a-și lovi/a-și izbi capul de ceva. **2.** *fig.* ← *F* a da/a se izbi/a se lovi de un obstacol/o piedică; a întâmpina un obstacol.

knock one's pipe out, to a-și scutura pipa (de scrum).

knock on the head, to ← *F* a spulbera complet (*o speranță, o superstiție, un mit etc.*); a zădărnici (*un plan*); a desființa; a face să se aleagă praful de.

knock on wood! *amer.* bate în lemn! să bat în lemn! pușchea pe limbă!

knock sense/some sense into smb., to *F* a băga cuiva mințile în cap; a trezi pe cineva la realitate.

knock/strike smb. all of a heap, to *F* a lăsa pe cineva cu gura căscată/interzis/năuc/paf; a-i lua cuiva piuitul; a da gata/a face praf pe cineva.

knock smb. cold, to *amer.* a lăsa pe cineva lat/în nesimțire.

knock smb. down for a song, to ← *F* a cere cuiva să cânte (*la o petrecere, o serată*).

knock smb. flat, to a doborî/întinde/trânti pe cineva la pământ; a lăsa pe cineva lat (la pământ).

knock smb. for a goal/loop, to *amer. sl.* **1.** a pocni zdravăn pe cineva; a trăzni pe cineva; a desființa/termina pe cineva; a face pe cineva cnocaut; a lăsa pe cineva lat (la pământ). **2.** (*d. o băutură*) a face praf/a trăzni pe cineva. **3.** *fig.* a lua cuiva piuitul; a lăsa pe cineva cu gura căscată; a face praf/a lăsa paf pe cineva.

knock smb. head over heels, to a da/răsturna pe cineva peste cap.

knock smb. into a cocked hat, to *F* **1.** a bate măr pe cineva; a face turtă/zob pe cineva; a stâlci pe cineva în bătăi; a cotonogi pe cineva; a-i da cuiva de cheltuială; a desființa/face praf pe cineva. **2.** a spulbera argumentele cuiva; a băga în cofă pe cineva; a amuți/reduce la tăcere pe cineva. **3.** a ameți/năuci pe cineva; a-i da cuiva parcă cu un mai în cap; a lăsa pe cineva cu gura căscată/paf/trăznit.

knock smb. into shape, to *F* a pune pe cineva la punct/pe picioare; a fasona pe cineva; a face om din cineva.

knock smb. into the the middle of the next week, to *P* **1.** a face pe cineva cnocaut; a da cuiva să vadă stele verzi/să n-o poată duce. **2.** a lăsa pe cineva cu gura căscată/paf; a face praf/a da gata pe cineva.

knock smb. off his feet, to 1. a face pe cineva să-şi piardă echilibrul; a răsturna/trânti pe cineva la pământ. **2.** *(d. o boală)* a doborî/dărâma pe cineva; a da pe cineva peste cap.

knock smb. off his perch, to F 1. a da cuiva la cap; a-i face cuiva de petrecanie; a da în gât pe cineva; a detrona/da jos/afară pe cineva. **2.** a da peste cap pe cineva/planurile cuiva.

knock smb. off his pins, to F a da gata/lăsa paf/cu gura căscată/a face praf pe cineva.

knock smb. out of time, to 1. *sport* a cnocauta/face cnocaut pe cineva. **2.** *fig.* a scoate pe cineva din acţiune/luptă.

knock smb.'s block/bead off, to *sl.* 1. a cârpi/pocni pe cineva; a-i trage cuiva o scatoalcă; a-i muta cuiva fălcile/căpriorii. **2.** a cafti/cotonogi/mardi pe cineva; a-i trage cuiva una de-i sar ochii; a bate pe cineva măr/de-i merg fulgii/peticele.

knock smb.'s brains out, to a-i zbura cuiva creierii.

knock smb. senseless, to a lăsa pe cineva fără simţire/cunoştinţă/în nesimţire/F → lat (la pământ).

knock smb.'s eye out, to a-i scoate cuiva un ochi.

knock smb.'s head off, to *sl. v.* **knock smb.'s block/head off.**

knock smb.'s hind-sight out, to *amer. sl. v.* **kick smb.'s hind-sight out.**

knock smb. silly, to 1. a năuci în bătăi pe cineva; a face pe cineva să vadă stele verzi. **2.** *v.* **knock smb. senseless.**

knock smb. to fits, to F a înnebuni de cap pe cineva; a face cuiva capul calendar.

knock smth. down to smb., to a adjudeca ceva cuiva.

knock smth. into shape, to ← F a da formă la ceva; a pune ceva în ordine/la punct.

knock smth. into smb.'s head/the head of smb., to F a băga/vârî cuiva ceva în cap, a face pe cineva să-i intre ceva în cap.

knock smth. off the price, to a mai lăsa/scădea din preţ.

knock smth. out of shape, to ← F a deforma/turti ceva; a strica forma/fasonul unui lucru/la ceva.

knock smth. to pieces, to a sparge ceva în bucăţi, F → a face ceva zob.

knock smth. to smash, to a face ceva bucăţi/F → zob; a sparge/sfărâma ceva.

knock spots off smb./smth., to F *fig.* a bate/întrece/tăia pe cineva/ceva; a fi mult mai bun decât cineva/ceva.

knock the bottom out of an argument, to a infirma/spulbera/reduce la zero un argument; F → a-i lua cuiva apa de la moară; a-i tăia cuiva macaroana; a băga în cofă/a înfunda pe cineva.

knock the end in/off, to *sl.* a strica totul.

knock the hind-sight off smb., to *amer. sl. v.* **kick/ knock smb.'s hind-sight out.**

knock their heads together, to F a-l bate/ciocni/ lovi pocni în cap; a le ciocni capetele (pentru a-l potoli); a potoli prin măsuri hotărâte pe cei care se ceartă.

knock the living daylights out of smb., to *sl. v.* **knock hell/the living daylights out of smb.**

knock them in the aisles, to *teatru* F *(de obicei d. o comedie)* a-i da gata (pe spectatori), a le rupe gura (spectatorilor).

knock the nail home, to *v.* **drive the nail home.**

knock/take the nonsense out of smb., to a-i băga cuiva minţile în cap; a învăţa minte pe cineva; a cuminţi pe cineva; a scoate cuiva gărgăuni din cap.

knock the saw-dust of smb., to F a burduşi pe cineva, a-i scutura cuiva cojocul.

knock the spirit out of smb., to ← F a demoraliza pe cineva; a zdruncina moralul/a frânge spiritul cuiva; a lovi (parcă) pe cineva/a da (parcă) cuiva cu maiul/cu o măciucă în cap; a dărâma/teşi pe cineva.

knock the stuffing out of smb., to F 1. *v.* **knock the spirit out of smb. 2.** *şi fig.* a bate pe cineva măr; a trage o bătaie zdravănă cuiva. **3.** a pune pe cineva la locul lui/la punct; a face pe cineva să se dezumfle. **4.** *(d. o boală)* a da pe cineva peste cap; a dărâma; a slăbi/vlăgui pe cineva.

knock the tar out of smb., to *amer. sl. v.* **beat the (living) tar out of smb.**

knock to smithereens, to *v.* **knock (in) to smithereens.**

knock up a century, to *crichet* a totaliza o sută de puncte.

know a hawk from a handsaw, to F a şti să facă deosebire între oaie şi berbec.

know all men by these presents that *adm.* prin prezenta se aduce la cunoştinţă generală/tuturor că.

know all the answers, to 1. a fi bine informat. **2.** a fi sprinten la minte.

know a move or two/every move (in the game), to ← F 1. a cunoaşte toate regulile jocului. **2.** a fi un mare pişicher/şmecher; a fi vulpe bătrână.

know a thing or two, to F 1. a fi vulpoi bătrân/cătană bătrână, a fi trecut prin ciur şi prin dârmon/sită. **2.** a se descurca (într-o discuţie). **3.** ~ **about** a şti o groază de lucruri despre; a avea experienţă în privinţa; a fi expert în materie de.

know a trick worth two of that, to F a şti ceva mai bun; a şti/cunoaşte o metodă şi mai bună/un mijloc şi mai bun; a avea o idee şi mai bună/mai grozavă.

know beans, to *amer. sl. v.* **know one's beans.**

know better than to (*cu inf.*), **to** a avea destul bun-simţ ca să nu; a avea destul cap/destulă minte ca să nu; a avea prea multă experienţă ca să; a fi prea inteligent/deştept ca să; a nu fi prost să.

know by the hearsay/report, to a şti din auzite.

know by heart/rote, to a şti pe de rost/pe dinafară/ca pe apă/ca pe Tatăl Nostru.

know by sight, to a şti/cunoaşte din vedere.

know the every inch of smth., to a cunoaşte ceva ca în palmă/cum îşi cunoaşte buzunarul.

know every move (in the game), to *F v.* **know a move or two.**

know for a fact that, to a şti precis/sigur că.

know from nothing, to *amer. sl.* a nu avea habar (de nimic); a nu şti nimic (despre ceva); a nu avea nici cea mai mică cunoştinţă (de ceva).

know how it feels to, to a şti ce înseamnă să.

know how many beans make five, to *F* a nu fi ageamiu; a şti cât fac doi şi cu doi; a fi catană/vulpe bătrână; a fi uns cu toate unsorile; a-şi cunoaşte meseria; a fi priceput în meserie.

know how matters stand, to a şti cum stau lucrurile; a fi la curent cu situaţia.

know how the land lies, to ← *F* a şti dincotro bate vântul/cum stau lucrurile.

know how to do smth., to a şti/(cum)/a se pricepe să facă ceva.

know how to manage smth., to a şti cum să ia pe cineva/cum să se poarte cu cineva.

know how to play one's cards, to *F* **I.** *fig.* a şti să joace, a nu se încurca la joc. **2.** a şti ce are de făcut.

know how to take a hint, to a înţelege repede/din două vorbe.

know how to take a joke, to a şti de glumă.

know is to be strong, to *prov.* ştiinţa e putere; ai carte, ai parte.

know no bounds, to *fig.* a nu cunoaşte margini/limite.

know no measure, to a nu cunoaşte nici o limită/măsură.

know off book, to a şti pe dinafară.

know one's *amer. sl.* **beans**/*amer.* *F* **business/onions/stuff, to** *sl.* a-şi cunoaşte meseria; a pricepe/şti meseria; a fi bătrân/priceput în meserie; a se pricepe în meseria sa.

know one's distance, to *fig.* a păstra distanţa; a-şi cunoaşte locul/*F* → lungul nasului.

know one's onions, to *sl.* **know one's beans.**

know one's own mind, to a şti (bine) ce vrea; a nu ezita/şovăi; a fi hotărât.

know one's place, to a fi la locul său; *F* → a-şi cunoaşte lungul nasului.

know one's stuff, to *sl. v.* **know one's beans.**

know one's way about/around, to *F* a şti să se descurce; a fi descurcăreţ.

know on which side one's bread is buttered, to *F* a-şi cunoaşte interesul/interesele; a şti dincotro bate vântul.

know smb. as a person knows his ten fingers/as well as a beggar knows his bag/from A to Z/in and out/like a book/like the palm of one's hand, to *F* a cunoaşte pe cineva cum te cunoşti pe tine/cum îţi cunoşti buzunarul/ca în palmă.

know smb. from, to a deosebi pe cineva de.

know smb.'s little game, to *P* a şti la ce-l duce/ce-l poate tăia capul pe cineva/ce pune cineva la cale/unde vrea să ajungă/unde bate cineva.

know smth. as a person knows his ten fingers/as well as a beggar knows his bag/from A to Z/inside out/like a book/like the palm of one's hand, to *F* **I.** a şti ceva ca pe apă/ca pe Tatăl Nostru/ca pe degete. **2.** a cunoaşte ceva cum îţi cunoşti buzunarul/ca pe propriul tău buzunar/ca în palmă.

know smth. backwards, to a şti ceva ca pe apă/de la cap la coadă şi de la coadă la cap; a cunoaşte ceva în cele mai mici detalii/de-a fir a păr.

know smth. for a certainty/certain, to a şti ceva sigur/precis; a fi foarte sigur de ceva.

know the length of smb.'s foot, to a-şi cunoaşte omul; a şti câte parale face cineva/cât îi poate cuiva pielea.

know the ropes, to *F* a-şi cunoaşte meseria; a fi bătrân în meserie; a cunoaşte rosturile/terenul; a se pricepe; a şti ce şi cum trebuie să facă.

know the score/what the score is, to *amer.* ← *F* a fi pus la punct cu problemele, a fi la curent cu ultimele evenimente, a cunoaşte bine datele problemei/situaţia; a şti să se orienteze/cum stau lucrurile.

know the time of the day/what o'clock it is, to ← *F* a şti tot ce se petrece/întâmplă.

know the trick of it, to *F* a-i cunoaşte/a-i şti secretul/rostul/chiţibuşul/*A* → şpilul; a şti cum trebuie mânuit/manipulat/făcut/cum trebuie procedat cu el/ea.

know what one is about, to a acţiona hotărât, a şti ce vrea; a şti ce ştie.

know what's what, to a fi bine informat; a şti foarte bine cum stau/merg lucrurile/ce se petrece/despre ce este vorba; a-şi cunoaşte meseria.

know where his interest lies, to a-şi cunoaşte interesul/interesele.

know where the shoe pinches, to *F* a şti unde-l doare/unde-l strânge gheata/care-i/unde-i buba/necazul.

know where the trouble lies, to a şti unde e buba.

L

labour at a task, to a munci/trudi (din greu) la/să facă o treabă; a se speti să facă o treabă.

labour in the cause of peace, to a munci/lupta pentru cauza/în slujba păcii.

labour under a delusion/an illusion, to a-și face iluzii; a se amăgi cu o iluzie; a fi prada/victima unei iluzii.

labour under a disease, to a suferi/a fi chinuit/ros de o boală.

labour under difficulties, to a (se) lupta/a avea de luptat cu greutăți; a se zbate în greutăți.

labour up the hill(side), to a urca cu greu dealul/coasta/panta.

labour up the point, to a dezvolta amănunțit/pe larg ideea; a insista asupra acestui punct.

lace into smb., to *F* a burduși/cotonogi/scărmăna pe cineva; a da/lua pe cineva în tărbacă.

lack gumption, to *F* a fi tare greu/tare de cap/bătut/căzut în cap; a nu-l duce capul (la nimic); a fi prost/cretin/tâmpit.

lack point, to *(d. un argument etc.)* a nu avea/a fi lipsit de valoare/sens; *(d. o observație, remarcă)* a fi lipsit de adresă; a-i lipsi ascuțimea; a fi banal/plat.

lack system, to a-i lipsi metoda; a nu avea metodă; a nu fi sistematic.

lack the party spirit, to a-i lipsi entuziasmul pentru/a nu avea chef de o petrecere.

ladle it out, to *P (d. un actor)* a-și debita rolul cu emfază.

lam/lay into smb., to *sl.* I. a bate pe cineva ca la fasole; a da în cineva ca într-un sac de fasole; a burduși pe cineva; a căra (la) pumni cuiva; a ține pe cineva numai în pumni; a nu-l scoate pe cineva în pumni. **2.** *fig.* a ataca pe cineva vehement/violent; a da/trage tare în cineva; a tăbărî asupra cuiva.

land a fish, to I. a prinde un pește. **2.** *fig. F* a avea baftă/noroc; a da lovitura.

land a prize, to *F* a împușca un premiu.

land flowing with milk and honey, the țara unde curge lapte și miere/unde umblă câinii cu covrigi în coadă.

land in view! *mar.* uscat!

land like a cat/on one's feet, to *fig.* a cădea în picioare ca pisica; a ieși/scăpa cu fața curată (dintr-o încurcătură).

land one's fish, to *v.* hook one's fish.

land on the street level, to *amer. F* a fi/a se pomeni aruncat/azvârlit în stradă/pe drumuri.

land smb. a blow/one in a face/on the nose, to *F* a-i trage cuiva un pumn/una/a pocni pe cineva în față/în nas; a turti mutra/nasul cuiva.

land smb. a smack in the eye, to *F* a-i trage cuiva una în ochi.

land smb. in a mess/muddle/nice fix, to *F* a băga/vârî pe cineva la apă; a băga/vârî pe cineva în belea/într-un bucluc/într-o frumoasă încurcătură.

land smb. in goal/prison, to *F* a băga pe cineva la închisoare; a ajunge/a se trezi la închisoare/la răcoare; a-l mânca închisoarea/a intra la zdup din cauza cuiva/a unui lucru; a băga pe cineva la apă.

land smb. one in the eye, to a trage cuiva una/plesni pe cineva peste ochi; a trage cuiva un pumn în ochi.

land smb. one in the face/on the nose, to *v.* land smb. a blow/one in the face/on the nose.

lapse from grace, to a cădea în dizgrație; a-și pierde trecerea pe lângă cineva; a pierde favoarea cuiva.

lapse into a smile, to a schița un surâs/zâmbet; a nu-și reține un zâmbet.

lapse into bad habits, to a căpăta deprinderi proaste; a căpăta/deprinde/lua năravuri/obiceiuri proaste/rele; a se nărăvi.

lapse into silence, to a se cufunda în tăcere.

lard one's writings with quotations, to *F fig.* a-și împăna scrierile cu citate.

large as life (as) I. *(d. statut etc.)* în mărime naturală. **2.** *F (d. cineva)* în carne și oase.

lash its tail, to *(d. animale)* a da/mișca/plesni din coadă; a-și mișca coada.

lash oneself into a fury, to *F* a vedea roșu în fața ochilor; a se face foc și catran (de mânie)/foc și pară; a se înfuria îngrozitor; a fi cuprins de o furie/mânie turbată.

lash out on smth., to *F* a cheltui o mulțime/groază de bani cu ceva; a da o mulțime/groază de bani pe ceva; a nu se uita la bani/cheltuială/preț; a nu face economie când e vorba de ceva.

lash smb. with one's tongue, to a adresa cuiva cuvinte tăioase/usturătoare; < a șfichiui pe cineva.

last but not least ← *F* **1.** și unde mai pui că; colac peste pupăză. **2.** ultimul, dar nu cel mai puțin important/însemnat.

last but one, the penultimul.

last but two, the antepenultimul.

last drop makes the cup run over, the *prov.* ultima picătură varsă/răstoarnă paharul.

last in, first out cel de pe urmă înăuntru, cel dintâi afară; ultimii angajați, primii concediați/dați afară.

last thing, the 1. ultimul lucru (la care se poate gândi cineva). **2.** ultimul cuvânt/răcnet/strigăt, ultima modă (în materie de ceva). **3.** în ultimul moment; la sfârșit/urmă.

last time of asking, the mai întreb o dată; ultima oară când mai întreb; ultima ocazie pentru a face o ofertă.

latch on to a conversation, to ← *F* a asculta cu atenție/a trage cu urechea la o conversație.

late in life către/spre sfârșitul vieții.

late in the afternoon către/spre sfârșitul după amiezii.

late into the night până noaptea târziu; la o oră târzie din noapte.

later on (mai) pe urmă; (ceva) mai târziu.

laud/praise smb. to the skies, to a ridica pe cineva în slăvi/în slava cerului.

laugh before breakfast, you'll cry before supper *prov.* cine râde de dimineață plânge mai târziu.

laugh in one's beard/in/up one's sleeve, to a râde pe furiș/în barbă/pe sub mustață/în pumni/în sinea sa/pe înfundate; a se bucura pe tăcute/în ascuns.

laugh in smb's face, to a-i râde cuiva în nas/față/obraz.

laugh like a hyena, to a râde isteric.

laugh oneself into convulsions/fits, to a nu mai putea/a leșina/a se strica/a se tăvăli de râs; a râde în hohote.

laugh oneself to death, to a muri/a se prăpădi de râs.

laugh one's head off, to *F* a se strica/strâmba/topi de râs; a râde cu gura până la urechi/în hohote.

laugh on the other side of one's face/on the wrong side of one's mouth, to *F* a râde cu jumătate de gură/mânzește/strâmb/*rar* galben; a nu-i mai arde/a-i trece pofta de râs.

laugh smb. back into good humour/out of his bad hunour, to a înveseli pe cineva; a alunga proasta dispoziție a cuiva făcându-l să râdă/prin glume.

laugh smb. out of court, to ← *F* a râde/a-și bate joc de/a ridiculiza pretențiile cuiva; a refuza să asculte/să ia/a nu lua în serios pe cineva.

laugh smb./smth. to scorn, to a râde cu dispreț/disprețuitor de cineva/ceva; a lua pe cineva/ceva în batjocură/zeflemea; a ridiculiza pe cineva/ceva; a acoperi pe cineva de ridicol.

laugh smth. out of court, to a refuza să ia/a nu lua ceva în serios; a lua ceva în derâdere/râs/bătaie de joc; a-și bate joc de/a râde de/a ridiculiza absurditatea unui lucru; a respinge ceva ca fiind absurd/fals/ridicol.

laugh smth. to scorn, to *v.* **laugh smb. to scorn.**

laugh the matter off, to a lua chestiunea/lucrurile în glumă; a nu lua chestiunea/lucrurile în serios.

laugh till one cries/till the tears come, to a râde cu/până la lacrimi; a-i da lacrimile de râs.

laugh till one's sides ache, to a se strica/strâmba/tăvăli de râs; a râde să se spargă/ținându-se cu mâinile de burtă.

laugh to oneself, to a râde în sinea sa/pe înfundate.

laugh up one's sleeve, to *v.* **laugh in one's beard.**

launch smb. into eternity, to *F* a trimite pe cineva pe lumea cealaltă.

lavish care on/upon smb., to a fi foarte/exagerat de grijuliu cu/*F* → a cocoli pe cineva.

lay a bet/wager, to a face/pune pariu/rămășag/prinsoare; a se prinde.

lay a bogey, to ← *F* a alunga pentru totdeauna un coșmar.

lay a building level with the ground, to a face o clădire una cu pământul; a rade/a șterge o clădire de pe fața pământului; a dărâma o clădire până în temelii.

lay a burden on smb., to *v.* **lay a (heavy) burden on smb.**

lay a charge against smb., to a aduce o acuzație/învinuire cuiva; a face o plângere împotriva cuiva.

lay a charge at smb.'s door, to ← *F* a imputa ceva cuiva; a arunca o vină asupra cuiva; a aduce o acuzație/învinuire cuiva; a arunca ceva în spatele/spinarea cuiva; a pune ceva în seama cuiva; a învinui pe cineva de ceva.

lay a child to sleep, to a culca un copil.

lay a finger/hand on smb., to *F* a atinge pe/a se atinge de cineva fie chiar și cu un deget.

lay a fire, to a pregăti un foc.

lay a ghost/spirit, to a alunga/îndepărta prin farmece/a exorciza un spectru/spirit.

lay a good foundation, to *F* a-şi pune burta la cale; a se asigura (pe ziua de azi); a mânca zdravăn (dimineaţa).

lay a hand on smb., to *v.* **lay a finger on smb.**

lay a (heavy) burden on smb., to *fig.* a pune o grea povară/răspundere/sarcină în spinarea cuiva.

lay/make an ambush, to a întinde o cursă; a organiza o ambuscadă.

lay an anchor to windward, to ← *F* a lua toate precauţiile/măsurile de prevedere.

lay an embargo on, to a pune embargo asupra.

lay an information against smb. before smb., to a denunţa/pârî pe cineva cuiva.

lay a place, to a pune un tacâm (la masă).

lay a point on the board, to a ridica o chestiune, a pune o chestiune pe tapet *(la o întrunire, o şedinţă).*

lay a scheme, to a urzi un complot; a pregăti o lovitură; a pune ceva la cale.

lay a snare/trap for smb., to a întinde o cursă cuiva.

lay a spirit, to *v.* **lay a ghost.**

lay a tax on smb., to a impune pe cineva; a supune pe cineva unui impozit.

lay a wager, to *v.* **lay a bet.**

lay bare, to 1. a dezgoli; a dezveli. 2. *fig.* a dezvălui; a da în vileag/pe faţă/la iveală; a demasca.

lay by/up for a rainy day, to a strânge bani albi pentru zile negre.

lay claim to smth., to 1. a reclama/revendica ceva; a ridica pretenţii asupra unui lucru. 2. a pretinde ceva/că, a avea pretenţia că.

lay down a field/land to/under/with grass, to a transforma un ogor/teren în păşune.

lay down conditions to smb., to a (im)pune condiţii cuiva.

lay down office, to a demisiona din funcţie.

lay down one's arms, to *şi fig.* a depune armele.

lay down one's life (for), to a-şi da/jertfi/sacrifica viaţa (pentru).

lay down the broad lines of a work, to a trasa planul general al/liniile generale ale unei lucrări.

lay down the law, to 1. a explica legea. 2. ← *F* a declara/vorbi pe un ton ritos/care nu admite obiecţii; a da verdicte (în privinţa unui lucru); a face pe expertul/dictatorul (în materie de ceva); a perora (despre ceva). 3. *amer.* a face cu ou şi cu oţet; a trage un perdaf/o săpuneală zdravănă.

lay eggs, to 1. *(d. găini etc.)* a oua, a face ouă. 2. *mil.* ← *sl.* a pune/aşeza mine.

lay emphasis/stress/weight on smth., to a sublinia/accentua ceva; a pune accentul pe ceva; a insista asupra unui lucru; a acorda importanţă deosebită unui lucru.

lay even odds/ *F* **evens, to** a paria la egalitate.

lay eyes on, to a vedea; a zări.

lay great store by/on smth., to a pune mare preţ pe ceva.

lay hands on, to 1. ~ **smb.** a pune mâna pe/a se atinge de cineva. 2. ~ **smb.** a sfinţi, a hirotonisi. 3. ~ **smth.** a pune mâna/*F* → laba pe/acapara/a înhăţa/a înşfăca ceva.

lay/put heads together, to a-şi pune capetele laolaltă; a se sfătui împreună/laolaltă; a ţine sfat.

lay hold of/on, to a pune mâna/*F* → laba pe; a apuca; a prinde; a înhăţa; a înşfăca; a pune stăpânire pe.

lay in a stock of, to a-şi face o provizie de, a se aproviziona cu.

lay in/up in lavender, to 1. a presăra cu levănţică. 2. *fig.* a păstra cu sfinţenie (pentru viitor); a pune la păstrare. 3. *fig.* ← *F* a amaneta; a pune amanet. 4. *sl.* a băga la răcoare/zdup.

lay in provisions/stores, to a face/stoca provizii.

lay in the grave/ground/to rest, to a înmormânta, a îngropa; a aşeza/pune în mormânt.

lay into smb., to *F v.* **lam into smb.**

lay it down that ..., to a specifica/stabili/stipula că ...

lay it on smb., to *F* a cotonogi/burduşi/snopi pe cineva; a-i face cuiva pielea burduf de cimpoi/tobă; a căra cuiva (la) pumni; a bate pe cineva ca la fasole; a înmuia cuiva ciolanele/oasele.

lay it on (thick/with a trowel), to ← *F* 1. a exagera/a se întrece cu lauda; a lăuda peste măsură; a nu cruţa laudele/complimentele; *F* → a cădelniţa/tămâia pe cineva; a-i bate cuiva toba. 2. a exagera; a întrece măsura; a sări peste cal.

lay odds of three to one that ..., to a paria trei contra unu că ...

lay off smoking, to *amer.* ← *F* a se lăsa de fumat.

lay one's account for/on/with smth., to a conta pe ceva; a (se) aştepta (la) ceva; a spera în ceva; a fi sigur de ceva.

lay/place/put one's cards on the table, to *fig.* a(-şi) da/a juca cu cărţile pe faţă; a-şi declara deschis intenţiile/planurile.

lay oneself open to (a charge/criticism), to a se expune (unei acuzaţii/critici); a-şi atrage (o acuzaţie/critică); a risca (să fie acuzat/criticat).

lay oneself out for, to a face pregătiri pentru.

lay oneself out to, to *înv.* a se da peste cap (ca) să/pentru a; a nu şti ce să mai facă pentru a/ca să; a nu precupeţi nici un efort/a face toate eforturile ca să/pentru a; a se strădui să.

lay/put one's finger on (smth.), to *fig.* a descoperi/ sesiza (punctul nevralgic/greșeala/slăbiciunea etc); a pune degetul pe rană.

lay one's hands on smb., to *F* 1. a pune mâna pe/ a aresta/înhăța/prinde/umfla/*P* → găbji pe cineva. **2.** a pune mâna pe/a se atinge de cineva.

lay one's hands on smth., to 1. a pune mâna pe/ a lua/face rost de ceva. **2.** a da de/a găsi ceva.

lay one's heart bare, to a-și deschide sufletul/ inima.

lay one's hopes on, to a-și pune speranțele în.

lay on the colours too thickly, to *F fig.* a o face prea gogonată; a exagera peste măsură; a fi cusut cu ață albă; a fi prea trasă de păr.

lay on the gridiron, to *fig.* a face de râs, a expune batjocurii (publice) *(în presă).*

lay open, to 1. *fig.* a da în vileag/pe față/la iveală; a dezvălui; a demasca. **2.** a se răni/tăia *(la față etc.).*

lay out a corpse, to a face toaleta unui mort; a înfășura un mort în giulgiu.

lay out in a line, to a pune în linie, a alinia *(obiecte).*

lay siege to, to a asedia.

lay smb. by the heels/fast by the heels, to *înv.* 1. a pune mâna pe/a aresta/*F* → înhăța/umfla pe cineva; a băga pe cineva la închisoare/*F* → răcoare/ zdup. **2.** *fig.* a imobiliza/doborî pe cineva; a scoate pe cineva din circulație.

lay smb. flat, to a culca/doborî/întinde/trânti pe cineva la pământ; a lăsa pe cineva lat (la pământ).

lay smb. low, to 1. a culca/doborî pe cineva la pământ, a pune/trânti pe cineva jos/la pământ. **2.** *(d. o boală)* a doborî pe cineva (la pat). **3.** a asupri/ împila/oprima pe cineva.

lay smb. out, to *F* a culca/doborî/trânti pe cineva la pământ/a lăsa pe cineva întins/lat (la pământ) cu/dintr-o singură lovitură; a scoate pe cineva din acțiune/circulație.

lay smb.'s fears, to a risipi temerile cuiva.

lay smb. under a curse, to a blestema pe cineva; a arunca un blestem asupra (capului) cuiva.

lay/put smb. under an obligation, to a obliga/ îndatora pe cineva; a crea o obligație cuiva.

lay smb. under a spell, to a face farmece cuiva; a fermeca/vrăji pe cineva.

lay smb. under the necessity of doing smth./ the obligation to do smth., to a obliga/sili/ constrânge pe cineva să facă ceva; a impune cuiva să facă ceva.

lay smb. up, to *(d. o boală)* a imobiliza/doborî la pat/a scoate din circulație pe cineva.

lay smth. at smb.'s door/to smb.'s charge, to a învinui pe cineva de ceva; a arunca/da vina pe

cineva pentru ceva; a imputa ceva cuiva; a arunca ceva în spatele/spinarea cuiva; a-i pune cuiva ceva în cârcă; a pune ceva în/pe seama cuiva; a face pe cineva răspunzător de ceva.

lay smth. flat, to a culca/doborî ceva la pământ; *(d. un cutremur etc.)* a distruge ceva, a face ceva una cu pământul.

lay smth. in ashes, to a transforma ceva în cenușă.

lay smth. on smb.'s head, to *fig.* a pune cuiva ceva în spate/cârcă; a da vina pe cineva pentru ceva; a face pe cineva vinovat de ceva.

lay smth. on the table, to *pol.* a amâna ceva *(o măsură, un raport etc. prezentat în Parlament)* la nesfârșit/sine die.

lay smth. to heart, to 1. a pune ceva la inimă; a-și face inimă rea din pricina unui lucru. **2.** a băga ceva la cap.

lay smth. to smb.'s charge, to *v.* **lay smth. at smb.'s door.**

lay smth. to smb.'s heart, to *rar* a căuta să inspire ceva cuiva/să întipărească ceva în mintea/sufletul cuiva; a face pe cineva să înțeleagă ceva.

lay stress on smth., to *v.* **lay emphasis on smth.**

lay strict injunctions on smb. (to do smth.), to a da cuiva dispoziții/ordine stricte (să facă ceva).

lay the axe to the root of the tree, to *fig.* a curma/ smulge răul din/a tăia răul de la rădăcină; a distruge din temelii.

lay the blame (for smth.) at smb.'s door/on smb./on smb.'s shoulders, to a arunca/da/pune vina pe cineva; a arunca (ceva) în spatele/spinarea cuiva; a-i pune cuiva (ceva) în cârcă/seamă.

lay the blame on the right shoulders, to a da/ arunca vina pe cine merită/e cazul/e de vină/pe cel vinovat.

lay/put the blast on smb., to *sl.* 1. a critica pe cineva vehement; a lua pe cineva la trei păzește/ refec. **2.** a da/lua pe cineva în tărbacă.

lay the butter on, to *F* a peria; a cădelnița; a tămâia.

lay the cloth, to a așterne fața de masă, a pune masa.

lay the fire, to a pregăti focul.

lay the stakes, to *(la joc)* a face jocul.

lay/set the table, to a pune/așeza/așterne masa.

lay things by, they may come to use *prov.* strânge bani albi pentru zile negre; orice lucru este bun la timpul său.

lay to rest, to 1. *v.* **lay in the grave.** **2.** a liniști, a calma, a risipi, a împrăștia, a înlătura *(temeri, bănuieli).* **3.** a rezolva/lichida definitiv; a înmor- mânta *(o chestiune etc.).*

lay to sleep, to a culca.

lay under contribution, to a pune la contribuţie.

lay/put under one's belt, to *amer. vulg.* a mânca zdravăn; a se ghiftui; a-şi umple burdihanul.

lay under tribute, to a impune un tribut, a obliga să plătească un bir, a supune la bir.

lay up for a rainy day, to *v.* **lay by for a rainy day.**

lay up in the lavender, to *v.* **lay in lavender.**

lay up in store, to a păstra/ţine în rezervă.

lay up trouble for oneself, to *F* a căuta pe dracul; a-şi săpa singur groapa; a-şi atrage/crea necazuri.

lay violent hands on/upon oneself, to *înv.* a-şi face (singur) seama; a-şi lua/curma viaţa/zilele; a-şi pune capăt zilelor.

lay violent hands on smb., to a ataca pe cineva în mod brutal/cu brutalitate; a maltrata pe cineva.

lay wait for smb./smth., to *v.* **lie in ambush/wait.**

lay waste, to a pustii; a devasta; a face ravagii.

lay weight on smth., to *v.* **lay emphasis on smth.**

laze away one's time, to a-şi pierde vremea nefăcând nimic/trândăvind; *F →* a tăia frunză la câini; a sta cu burta la soare.

lazy folks take the most pains *prov.* leneşul mai mult aleargă.

lead a bad life, to a duce o viaţă desfrânată/destrăbalată.

lead a cad-and-dog life, to *F* a trăi/a se înţelege ca câinele cu pisica.

lead a dog's life, to *fig.* a duce o viaţă de câine.

lead a fast *înv.***/gay life** a duce o viaţă dezordonată/frivolă/de plăceri; a o ţine numai/a trăi (numai) în chefuri/petreceri; a-şi trăi viaţa.

lead a hand-to-mouth existence, to *v.* **live from hand to mouth.**

lead a Jekyll and Hyde existence, to a duce o viaţă dublă.

lead apes in hell, to *F iron.* a rămâne/muri fată bătrână.

lead a witness, to *jur.* a pune întrebări tendenţioase unui martor.

lead a woman to the altar, to a conduce o femeie înaintea/în faţa altarului/la altar/cununie.

lead smb. a dance/a pretty dance, to *F* I. a-i scoate cuiva sufletul/peri albi; a-i da cuiva (mult) de furcă/multă bătaie de cap; a-i face cuiva zile fripte. 2. a juca pe cineva pe degete; a face pe cineva să joace după cum îi cântă; a duce pe cineva de nas. 3. a purta pe cineva de colo până colo.

lead smb. a dog's/a wretched life/the devil of a life, to *F* a face cuiva mizerii/zile fripte/viaţa un infern/amară/imposibilă; a-i otrăvi cuiva viaţa/zilele.

lead smb. a pretty dance, to *F v.* **lead smb a dance.**

lead smb astray, to I. *şi fig.* a duce pe un drum greşit; a abate de la calea (cea) dreaptă. 2. *fig.* a induce în eroare pe cineva.

lead smb. by the ears, to ← *F* I. a se purta rău cu cineva. 2. a subjuga pe cineva; a avea pe cineva la cheremul său/în mână.

lead smb. by the nose, to *F* a duce/purta pe cineva de nas; a face pe cineva să joace după cum îi cântă.

lead smb. captive, to a lua pe cineva prizonier, a captura pe cineva.

lead smb. into temptation, to a duce pe cineva în ispită.

lead smb. out of his way, to a abate pe cineva de pe drumul său/de la scopul său.

lead smb. the devil of a life, to *v.* **lead smb. a dog's life.**

lead smb. to do smth., to a face/determina pe cineva să facă ceva.

lead smb. up the garden(-path), to *F* a trage pe sfoară pe cineva; a duce pe cineva cu preşul/de nas.

lead the fashion, to *fig.* a da tonul; a lansa o modă.

lead the field, to *(d. un alergător etc.)* a conduce (plutonul); a fi în frunte/primul/în fruntea plutonului.

lead the van/way, to a arăta drumul; a merge în frunte/în capul coloanei/înaintea celorlalţi.

lead to nothing, to a nu duce la nimic/nicăieri, a nu ajunge la nimic.

lean as a rake, (as) slab ca o scândură/scoabă/un ţâr.

lean on a broken reed, to *fig.* a se sprijini într-un pai.

lean over backward(s) to do smth., to *F* a face tot ce-i stă în putinţă/a încerca din răsputeri/a se da peste cap să facă ceva.

leap at a chance/an opportunity, to a prinde o ocazie din zbor.

leap for joy, to a sări în sus/a ţopăi de bucurie.

leap into fame, to a deveni celebru peste noapte.

leap on the bandwagon, to *amer. F v.* **get/hop on the bandwagon.**

leap out of the frying pan into the fire, to *v.* **jump out of the frying pan into the fire.**

leap to one's feet, to a sări în picioare.

leap to the eye(s), to a sări în ochi.

learn a thing or two, to a învăţa (câte) ceva.

learn by/off by heart/rote, to a învăţa pe de rost/pe dinafară.

learn smth. the hard way, to a învăţa ceva cu perseverenţă şi trudă; a învăţa din propria-i/proprie experienţă/pe pielea sa.

learn the grammar of a subject, to *F* a învăţa rudimentele unui obiect.

learn the ropes, to *F* a învăţa meserie; a-i da de rost; a se pune la punct.

learn the trick of it, to a-i dibui secretul; a-i da de rost; a învăţa cum trebuie făcut/mânuit.

learn to say before you sing, to *prov.* nu te arăta dascăl până a nu fi ucenic.

learn wisdom from the follies of others, to *prov.* patimile nebunilor sunt învăţătura înţelepţilor.

least of all cel mai puţin (din toţi/toate); mai puţin ca/decât oricine/orice; cu tât mai puţin.

least said, soonest mended *prov. aprox.* cuvântul/vorba e de argint, tăcerea e de aur; mai bine să-ţi pară rău că ai tăcut, decât că ai zis; niciodată nu te vei căi că ai tăcut.

least said the better, the cu cât se va vorbi mai puţin despre asta cu atât va fi mai bine.

leave a bad taste in the mouth, to *fig.* a(-ţi) lăsa un gust amar, a produce un sentiment de dezgust/de repulsie.

leave a card/cards on smb., to a lăsa o carte de vizită la cineva.

leave/let alone, to a lăsa în pace/boii lui în plata Domnului; a da (bună) pace; a nu se lega/atinge de; a nu se amesteca în; a nu pune mâna pe.

leave a lot/much to be desired, to a lăsa mult de dorit.

leave a question over, to a amâna o chestiune, a lăsa o chestiune pentru mai târziu/pentru altă dată/în suspensie.

leave everything at sixes and sevens, to *F* a lăsa totul/toate tabără/vraişte/în dezordine; a lăsa toate cu susul în jos.

leave feet/heels foremost, to a ieşi cu picioarele înainte; a muri.

leave go ← *F*/**hold of smth., to** a da drumul la ceva/unui lucru.

leave in abeyance, to a ţine în suspensie *(un decret etc.).*

leave it at that, to a o lăsa încurcată/baltă/moartă.

leave it to me! las' pe mine! lasă asta/acest lucru în seama mea! bizuie-te pe mine! ai încredere în mine!

leave it to smb. to do smth., to a lăsa la latitudinea cuiva/pe cineva să facă ceva.

leave it to me! lasă acest lucru în seama timpului! timpul le lecuieşte pe toate!

leave much to be desired, to *v.* **leave a lot to be desired.**

leave no avenue unexplored, to *v.* **explore every avenue.**

leave no stone unturned, to *F* a răsturna cerul şi pământul; a se face luntre şi punte; a se da peste cap; a nu precupeţi nici un efort.

leave nothing to accident/chance, to a nu lăsa nimic în voia soartei/la voia întâmplării; a fi pregătit pentru orice eventualitate.

leave off bad habits, to a se dezbăra de năravurile rele; a se face (om) de treabă; a se da pe brazdă.

leave off doing smth., to a înceta să (mai) facă ceva; a abandona ceva; a se lăsa de ceva.

leave office, to a demisiona (din serviciu).

leave off work, to a înceta/lăsa/termina lucrul.

leave one's mark on/upon, to a-şi lăsa amprenta asupra; a-şi pune pecetea pe; a-şi lăsa urmele pe.

leave one's options open, to a-şi păstra dreptul de opţiune/de a opta/a alege; a nu-şi lua nici o obligaţie; a nu se angaja; a nu se obliga cu nimic.

leave out of account/consideration, to a nu ţine seama de; a nu lua în consideraţie.

leave school, to a absolvi şcoala.

leave smb. cold/cool, to *F* a lăsa pe cineva rece.

leave smb. flat, to *F* a băga pe cineva în buzunar/în cofă; a-i lua cuiva piuitul; a lăsa pe cineva fără răspuns.

leave smb. for dead, to a lăsa/părăsi pe cineva crezându-l/socotindu-l mort.

leave smb. high and dry, to *F* a lăsa pe cineva baltă/în aer.

leave smb. in charge of smth., to a lăsa pe cineva să aibă grijă de ceva.

leave smb. in the dark (as to), to 1. a nu ţine pe cineva la curent (cu); a nu informa pe cineva (despre). 2. a nu sufla cuiva un cuvânt (despre).

leave smb. in the lurch, to *F* a lăsa pe cineva în pană; a părăsi pe cineva la nevoie/ananghie.

leave smb. no option, to a nu lăsa cuiva nici o alternativă/alegere.

leave smb. on a limb, to *F* a lăsa pe cineva în aer/în pom.

leave smb. on the mat, to ← *F* a refuza să primească pe cineva/un musafir.

leave smb. out in the cold, to *(folosit mai ales la pasiv)* *fig.* 1. a desconsidera/ignora/neglija/a nu băga în seamă/a trata cu dispreţ pe cineva; a nu acorda atenţie cuiva; a lăsa pe cineva după uşă/la o parte/pe dinafară; a nu se sinchisi de cineva; a primi cu răceală pe cineva. 2. a lăsa pe cineva cu buzele umflate/mofluz.

leave smb. penniless, to a lăsa pe cineva lefter/fără un ban/un chior/(o) para chioară.

leave smb. speechless, to a lăsa pe cineva fără grai/mut.

leave smb. standing, to *F fig.* a tăia pe cineva; a nu avea rival.

leave smb. to cool his heels, to a lăsa pe cineva să aștepte/să facă anticameră.

leave smb. to himself/his own devices, to a lăsa pe cineva să se descurce singur/cum poate/cum știe; *F →* a lăsa pe cineva de capul lui/să facă cum îl taie capul; a lăsa pe cineva în doaga lui/în plata Domnului.

leave smb. to his fate, to a lăsa pe cineva în voia soartei/în plata Domnului.

leave smb. to his own resources, to a lăsa pe cineva să se descurce singur/cum poate/cum știe; a lăsa pe cineva să facă după capul lui/cum îl taie capul.

leave smb. to it, to *F* a lăsa pe cineva să facă de capul său/să se descurce singur/cum poate/să facă cum îl taie capul.

leave smb. to sink or swim, to *F* a lăsa pe cineva în plata Domnului/voia soartei; *P →* a da pe cineva în burduful dracului.

leave smb. unmoved, to a lăsa rece/indiferent/nepăsător pe cineva.

leave smb. at loose ends/in a mess/in a tangle, to a lăsa ceva în dezordine/neorânduială.

leave smth. in smb.'s charge, to a lăsa ceva în grija/seama cuiva.

leave smth. to accident/chance, to a lăsa ceva la voia întâmplării/în voia soartei.

leave smth. to the care of smb., to a lăsa ceva în grija/seama cuiva.

leave smth. unsaid, to a nu spune ceva.

leave smth. up to smb., to a lăsa ceva la latitudinea cuiva; a lăsa pe cineva să hotărască singur ceva.

leave talking and begin acting, to a lăsa vorba/vorbele și a trece la fapte/acțiune/a se apuca de treabă.

leave the chair, to a ridica ședința.

leave the field, to a abandona/părăsi lupta.

leave the matter open, to a lăsa chestiunea deschisă/în suspensie.

leave the track, to *(d. un tren)* a deraia.

leave/let well alone, to *prov.* omul nu fuge de colac ci de ciomag; când nenorocirea doarme, ferește-te s-o deștepți.

leave word (with smb.) (for smb.), to a lăsa vorbă (cuiva) (prin cineva).

leech onto smb., to *F* a se agăța ca o lipitoare/ca un scai/a se ține scai de cineva; a nu se dezlipi de cineva.

left about (face)! *mil.* (la) stânga-mprejur!

left to the tender mercy of *iron.* lăsat foc mâinile/la cheremul, încăput pe mâinile.

left turn! *mil.* la stânga!

leg it, to *F* a o lua la picior/la fugă/la sănătoasa; a o întinde; a o șterge; a o spăla putina.

lend a back to smb., to 1. a sta în chip de scară pentru cineva. 2. *fig.* a da cuiva concursul.

lend a hand (with smth.), to a da (o mână de) ajutor (la ceva).

lend a helping hand to smb., to a da cuiva o mână de ajutor; a da ajutor cuiva; a ajuta pe cineva.

lend an ear/one's ear(s) to, to a asculta; a fi atent/cu luare-aminte la; a(-și) (a)pleca urechea la; a da ascultare.

lend authority to smth., to a întări ceva (cu autoritatea sa), a veni să întărească ceva; a conferi (un plus de) autoritate unui lucru.

lend colour to smth., to *v.* give colour to smth.

lend countenance to smth., to *v.* give countenance to smth.

lend credit to smth., to a da credibilitate unui lucru; a face credibil ceva; a părea să confirme ceva; a veni să întărească ceva.

lend itself to smth., to a se preta/a folosi la ceva.

lend one's ear(s) to, to *v.* lend an ear to.

lend oneself to smth., to 1. a se deda/preta/a recurge la ceva. 2. a se lăsa dus *(de gânduri etc.);* a se lăsa în voia *(gândurilor etc.).*

lend (out) money at/on interest, to a da bani cu dobândă/camătă.

lend significance to smth., to a conferi (un plus de) semnificație/importanță unui lucru; a face (ca) ceva (să fie) și mai semnificativ/important.

lend smb. a hand (with smth.), to a da cuiva (o mână de) ajutor (la ceva).

lend smb. aid, to a ajuta pe cineva; a da ajutor cuiva; a da concursul cuiva.

lend support to smb./smth., to a acorda sprijin/a da ajutor cuiva/la ceva; a veni în sprijinul cuiva/unui lucru.

lend wings to, to a da aripi.

let alone 1. *F* ca să nu mai vorbim de, fără a mai vorbi de/pune la socoteală; nemaivorbind de; nepunând la socoteală; în afară de; bașca. 2. **~, to** *v.* leave alone.

let an opportunity slip, to a lăsa să-i scape/a scăpa din mână o ocazie/un prilej; *F →* a-i trece ceva pe la/lângă nas.

let a question stand over, to a amâna o chestiune/problemă (pentru/până la o altă dată); a ține o chestiune în suspensie.

let a remark sink/soak in, to ← *F* a lăsa în observație să-și facă efectul (asupra cuiva); a lăsa pe cineva să cugete/să mediteze asupra unei observații/să bage la cap o observație.

let a statement pass unquestioned, to a lăsa o afirmaţie/declaraţie să treacă necontestată/fără a o contesta/pune sub semnul întrebării.

let blood, to a lăsa/lua sânge; a pune lipitori.

let bygones be bygones *prov.* cele rele să se spele, cele bune să se-adune; ce-a fost a fost, ce-o mai fi om mai vedea; să uităm ce-a fost; să nu dezgropăm morţii.

let daylight into, to 1. ~ **smb.** *sl. v.* **admit daylight into smb. 2.** ~ **smth.** a scoate ceva la iveală/la lumina zilei; a da ceva publicităţii; a face public ceva.

let down the bars, to a înlătura obstacolele; a ridica restricţiile.

let drive at, to 1. a da să lovească în, a lovi, a arunca (cu o piatră) în; a ataca; a repezi/trage un pumn; a-i arde una. **2.** a sări cu gura la, a tăbărî cu gura pe; a tage un perdaf.

let drop, to 1. a lăsa să cadă, a scăpa (din mână). **2.** *fig.* a-i lăsa să-i scape/să se înţeleagă; a arunca (o vorbă).

let drop/fall a hint, to a face o aluzie/o insinuare, a arunca o vorbă.

let everybody shift for himself *F* fiecare să se descurce cum ştie/poate.

let everything/things/the world slide, to ← *F* a lăsa lucrurile în voia lor/să meargă de la sine, a lăsa totul în plata Domnului/în voia soartei; a se dezinteresa complet.

let fall, to 1. a scăpa (din mâini), a lăsa să(-i) cadă; a da drumul (la). **2.** a lăsa să-i scape (*un cuvânt etc.*); a lăsa să se înţeleagă; a strecura (*o aluzie etc.*); a menţiona.

let fall a hint, to *v.* **let drop a hint.**

let fly, to 1. a da drumul; a lansa; a slobozi; a trage. **2.** a se dezlănţui; a începe să care la pumni.

let fly at smb., to 1. a trage în cineva/asupra cuiva; a descărca arma în cineva. **2.** *F* a pocni pe cineva; a-i arde/trage una cuiva; a-i repezi cuiva un pumn. **3.** (*d. un cal*) a arde/trage o copită cuiva; a izbi/zvârli cu picioarele/copitele în cineva. **4.** *F* a se lua de cineva; a tăbărî cu gura pe cineva.

let George do it! *amer. F* s-o facă altul (nu eu)! ia mai scuteşte-mă/slăbeşte-mă!

let go, to 1. a da drumul, a slobozi, a lăsa să plece. **2.** a da drumul; a lăsa din strânsoare; a scăpa. **3.** *amer.* a începe; a (se) dezlănţui; a vocifera. **4.** *amer.* a da drumul, a concedia.

let go one's hold on smth., to a da drumul la/a lăsa din strânsoare; a scăpa/lăsa să-i scape (din mână/mâini).

let go/pass unchallenged, to 1. a nu protesta împotriva (*unei afirmaţii*). **2.** *jur.* a nu recuza (*o mărturie*). **3.** jur. a nu disputa (*un drept*).

let her/it rip! (*referitor la o maşină, un motor etc.*) dă-i viteză/bătaie! ţine-o aşa! las-o să meargă cu toată viteza!

let him do his worst! (*folosit ca expresie de sfidare*) să-mi facă ce vrea/orice! poate să mă taie (şi-n bucăţi)!

let him/them have it! *sl.* (*în funcţie de situaţie*) împuşcă-l! împuşcă-i! căsăpeşte-l! căsăpeşte-i! beleşte-l! beleşte-i! dă-i/dă-le la cap! dă-i/dă-le de cheltuială! mardeşte-l! mardeşte-i! trage-i/trage-le o papară/săpuneală zdravănă! dă-i/dă-le peste nas! învaţă-l/învaţă-i minte!

let him look to himself! să se păzească/ferească!

let him rip! *F* lasă-l în banii/boii/cheful/doaga/voia lui/de capul său/să-şi facă de cap.

let into smb., to *F* a se da/a sări la cineva; a se lega/lua de cineva; a lua pe cineva de piept; a tăbărî asupra cuiva; a da în cineva; a sări cu gura la cineva.

let in water, to a lua apă.

let it be! fie (şi aşa!) (să) treacă de la mine!

let it go at that! destul! ajunge! să ne oprim aici! termină! isprăveşte! hai să nu mai vorbim de/despre asta/să schimbăm subiectul! las-o! s-o lăsăm baltă/moartă!

let it pass! hai, treacă (de la mine)! bine, fie (şi aşa)! mă rog! *F* → fie şi un lup mâncat de oaie!

let it rip! *v.* **let her rip!**

let loose, to 1. a dezlega; a lăsa liber (*un câine etc.*). **2.** *fig.* a da curs/frâu liber (*pasiunilor*); a(-şi) descărca/vărsa (*mânia*).

let loose a pin, to *sl.* (*mai ales d. un beţiv*) a-şi da din nou în petic; a cădea în vechea patimă.

let matters/things drift, to a lăsa lucrurile în voia lor/la voia întâmplării.

let matters run/take their course, to a lăsa lucrurile să-şi urmeze cursul (lor).

let me alone/be! lasă-mă(-n pace)! lasă-mă, te rog! dă-mi pace! slăbeşte-mă!

let me alone for that! *F* las' pe mine! bizuie-te pe mine! lasă asta în seama mea.

let me get my wind! lasă-mă să răsuflu/să-mi trag sufletul!

let me never set eyes on you again *F* (să) piei din ochii mei! să nu te mai văd/prind (pe-aici)!

let me see! arată-mi! ia să văd/vedem! să văd/vedem! lasă-mă să mă gândesc! aşteaptă/aşteptaţi niţel!

let me see you at it again! *F* să te văd/prind că mai faci o dată!

let me think un moment, să mă gândesc, să văd.

let moonlight into smb., to *amer. sl.* a împuşca/*F* → a găuri pe cineva.

let off hot air, to *F* a vorbi ca să se afle în treabă; a spune/îndruga verzi şi uscate.

let off squibs, to 1. a arunca/lansa petarde. 2. *fig.* a scrie/publica articole satirice/pamflete.

let off steam, to 1. a evacua aburul; a scoate abur. 2. *F fig.* a-şi cheltui surplusul de energie. 3. *F fig.* a-şi vărsa focul; a-şi descărca nervii; a se răcori. 4. *amer.* ← *sl.* a se lăuda; a perora.

let on about smth. to smb., to *F* a-i sufla ceva (la ureche)/a-i strecura ceva cuiva; a raporta/divulga ceva cuiva; a informa pe cineva de ceva.

let one's (back) hair down, to 1. *F* a-şi face de cap; a-şi da drumul/frâu liber/poalele peste cap; a lăsa orice jenă la o parte; a nu se jena; a nu se sinchisi de convenienţe. 2. *amer.* ← *sl.* a vorbi nestingherit/fără jenă; a-şi da drumul la gură; a i se dezlega limba; a începe/ajunge să(-şi) facă confidenţe.

let oneself go, to a-şi da drumul; a se dezlănţui; a da curs/frâu liber sentimentelor/pasiunii; a nu se mai stăpâni; a nu-şi mai stăpâni bucuria etc.

let oneself go with, to a se lăsa în voia.

let oneself in for, to *F* 1. a se înhăma/angaja la (o treabă); a-şi lua (ceva) pe cap; a se băga în (ceva). 2. a intra în cheltuială; a trebui să plătească (o anumită sumă, o consumaţie etc.); a trebui să se îndatoreze pentru (ceva)/să contracteze (datorii)/să-şi asume (o responsabilitate).

let one's glance rest on smth., to a-şi opri/aţinti/fixa privirea asupra unui lucru; a-şi lăsa privirea să zăbovească/a zăbovi cu privirea asupra unui lucru.

let one's hair down, to *F v.* **let one's (back) hair down.**

let on lease, to a închiria pe bază de contract.

let out a reef, to *fig. F* a da drumul la curea/centură/brăcinar *(după o masă copioasă).*

let out at smb., to ← *F* 1. a-i scăpa cuiva un pumn; a trage pumni cuiva; a lua pe cineva în pumni; a-i trage un picior cuiva; a se dezlănţui împotriva cuiva. 2. *(d. animale)* a izbi/lovi cu picioarele/copita; a zvârli cu copitele/copita în cineva; a-i trage o copită cuiva. 3. a avea o ieşire/izbucnire violentă împotriva cuiva; a dezlănţui un potop/torent de injurii/insulte/ocări la adresa cuiva; a tăbărî cu gura pe cineva.

let out at smb. with one's fist/foot, to *F* a-i repezi/scăpa/trage cuiva un pumn; a-i arde cuiva una; a-i arde/trage cuiva un picior.

let out on bail, to *jur.* a elibera/da drumul/a pune în libertate pe cauţiune.

let pass unchallenged, to *v.* **let go unchallenged.**

let rip, to *F* a face un chef de pomină; a o face lată.

let's buzz the bottle! ← *sl.* să golim sticla!

let's call it a day! pentru azi e de ajuns!

let's leave it at that! să ne oprim aici! să rămânem la asta! să nu mai vorbim despre asta! s-o lăsăm încurcată/baltă/moartă!

let sleeping dogs lie *prov.* 1. nu zgândări rănile vechi; nu-i bine să dezgropi morţii; nu trezi leul/deştepta câinele/călca şarpele care doarme; când nenorocirea doarme, fereşte-te s-o deştepţi; lasă-i pe duşmani să doarmă. 2. de ce să vorbim despre asta?

let slip, to a lăsa să-i scape *(o ocazie, o vorbă, un secret).*

let slip the dogs of war, to a începe operaţiunile militare/ostilităţile războiului.

let's make a day of it! *F* hai să ne facem de cap/s-o facem lată astăzi!

let's make it clear să ne înţelegem.

let smb. down a peg or two, to *F* a da cuiva peste nas; a (mai) tăia cuiva din nas.

let smb. down easy *amer.* **gently/softly, to** *F* a trata pe cineva cu indulgenţă/mănuşi/menajamente, a se purta cu mănuşi cu cineva; a se arăta/a fi indulgent cu cineva; a lua pe cineva cu binele/cu binişorul/uşurel *(pentru a-l face să înţeleagă că a greşit);* a nu fi prea dur cu cineva; a refuza politicos pe cineva; **let him down gently!** fii indulgent; nu fi prea aspru/dur cu el!

let smb. get on with it, to *F* a lăsa pe cineva în doaga/treaba sa/de capul său/să facă cum îl duce/taie capul.

let smb. have his head, to *F* a-i da cuiva frâu liber/slobod; a lăsa pe cineva să facă după capul lui/cum îl taie capul.

let smb. have his full swing, to a-i da cuiva mână liberă/libertate deplină (de acţiune).

let smb. have it, to *F* 1. a i-o spune cuiva de la obraz/pe şleau/verde în faţă. 2. a-i trage cuiva o chelfăneală/o mamă de bătaie; a-i da cuiva de cheltuială.

let smb. have it straight (from the shoulder), to *F* a i-o spune cuiva verde în faţă/pe şleau/de la obraz.

let smb. in for, to *F* 1. a înhăma pe cineva la (o treabă); a-i pune cuiva (ceva) pe cap; a băga pe cineva în (ceva). 2. a băga/pune pe cineva la cheltuială; a face pe cineva să plătească.

let smb. in on smth., to *F* a destăinui/împărtăşi ceva cuiva; a face pe cineva părtaş la ceva; a pune pe cineva în temă cu ceva; a introduce pe cineva pe fir.

let smb. into a/the secret, to a face pe cineva părtaş la (un) secret; a iniţia pe cineva într-un secret.

let smb. know (about) smth., to a anunţa/informa/încunoştinţa pe cineva de/despre ceva; a aduce cuiva ceva la cunoştinţă; a-i da cuiva de ştire/veste despre ceva; a preveni pe cineva despre ceva; a pune pe cineva la curent cu ceva.

let smb. know one's mind, to *F* a i-o spune cuiva de la obraz/verde în faţă/pe şleau; a-i spune cuiva tot ce-i stă pe limbă/ce gândeşte/părerea sa.

let smb. know what's what, to *F* a-i arăta cuiva cine eşti/cu cine are de-a face; a pune pe cineva la punct.

let smb. off from (doing) smth., to a scuti/ierta pe cineva de/să facă ceva.

let smb. off the hook, to *F* a scăpa/scuti pe cineva de corvoadă; a scoate pe cineva din încurcătură.

let smb. off too easily, to a lăsa pe cineva să scape prea uşor.

let smb. sink or swim, to a lăsa pe cineva să se descurce cum o putea/şti; *v. şi* **leave smb. to sink or swim.**

let smb./smth. slip through one's fingers, to a lăsa pe cineva/ceva să-i scape/să i se strecoare printre degete.

let smb. stew in his own juice, to *F* a lăsa pe cineva să fiarbă în propria-i zeamă.

let smth. pass, to a trece cu vederea, a trece peste ceva; a nu ţine seama de ceva; a ignora ceva.

let smth. pass unnoticed, to a lăsa să treacă neobservat ceva.

let smth. slide, to ← *F* a se dezinteresa de ceva; a neglija ceva.

let smth. slip through one's fingers, to *v.* **let smb. slip through one's fingers.**

let smth. stand, to 1. a lăsa ceva aşa cum este/fără modificări. 2. a amâna ceva/a lăsa ceva în suspensie/a nu pune ceva pe tapet pentru un timp.

let's see! (ia) să vedem!

let that be a lesson to you! *F* (asta) să-ţi fie învăţătură de minte/de învăţătură! ai avut ce-ai căutat/ce ţi-a trebuit!

let that pass! să lăsăm asta! *F* → s-o lăsăm moartă!

let the cat out of the bag, to *F* a-l lua gura pe dinainte; a se scăpa cu vorba; a se da de gol; a da ceva în vileag fără să vrea; a divulga un secret.

let the cobbler/shoemaker stick to his last *prov.* fiecare să-şi vadă de meseria/treburile lui; *aprox.* nu-ţi băga nasul unde nu-ţi fierbe oala.

let the dead bury the dead 1. *prov.* morţii cu morţii; ce-a fost a fost. 2. să ştergem cu buretele/să dăm uitării tot ce a fost.

let the grass grow under one's feet, to *fig.* a arde gazul (de pomană); a sta cu braţele încrucişate/cu burta la soare/cu degetul în gură/cu mâinile în brâu/sân/buzunar; a paşte muştele/vântul; a tăia frunză la câini; a tăia dracului bureţi.

let them have it! *sl. v.* **let him have it.**

let them laugh that win *prov.* cine râde la urmă râde mai bine.

let there be no mistake about it să fim bine înţeleşi; să n-avem vorbe; să nu zici că n-ai ştiut.

let the side down, to *F* 1. a-şi da în petic; a se face de basm/ruşine/râs; a rămâne de ruşine; a strica firma (familiei). 2. a slăbi echipa (prin neprezentare).

let the world slide, to *v.* **let everything slide.**

let things drift, to *v.* **let matters drift.**

let things go hang, to *F v.* **let everything slide.**

let things ride, to *amer.* ← *F* a lua lucrurile aşa cum sunt, a accepta/a se împăca cu situaţia.

let things rip, to ← *F* a lăsa lucrurile în voia lor/să-şi urmeze nestingherit cursul.

let things slide, to *v.* **let everything slide.**

let things take their course, to a lăsa lucrurile să-şi urmeze cursul/calea lor.

let up on a pursuit, to a înceta o urmărire; a abandona.

let up on smb., to *F* a lua pe cineva mai uşor/uşurel; a trata pe cineva mai cu blândeţe; a se arăta (mai) îngăduitor faţă de cineva.

let us drop the subject! hai să abandonăm discuţia/subiectul! hai să întrerupem discuţia! hai să nu mai discutăm/vorbim despre asta! hai s-o lăsăm moartă!

let us go back to the point să revenim la chestiune/*F* → oile noastre.

let us leave it at that! *F* hai să ne oprim aici! hai s-o lăsăm baltă/încurcată/moartă!

let water, to (*d. un material*) a lăsa să treacă apa (prin el).

let well alone *v.* **leave well alone.**

level a blow at smb., to a aplica cuiva o lovitură.

let a charge against smb., to *F* a arunca cuiva o acuzaţie; a arunca/lansa o acuzaţie împotriva/la adresa cuiva.

level to the ground, to a rade/şterge de pe faţa pământului; a face una cu pământul; a dărâma până în temelii.

level with *fig.* la nivelul; egal cu; pe picior de egalitate cu.

levy a finc on smb., to a aplica cuiva o amendă; a încasa o amendă de la cineva.

levy on smb.'s property, to a sechestra/pune sechestru/poprire pe proprietatea cuiva.

levy war against/upon smb., to a porni (cu) război împotriva cuiva.

liar is not believed when he speaks the truth, a *prov.* din gura mincinosului nici adevărul nu se crede.

lick creation, to *F* a nu avea pereche; a întrece tot ce s-a făcut (până acum); a le întrece pe toate; a fi de milioane/formidabil/nemaipomenit/trăznet/fără egal.

lick into shape, to ← *F* **1.** a da formă; a forma; a da o înfăţişare atrăgătoare; a aranja; a pune în ordine/la punct. **2.** a muştrului *(un recrut)*; a pune la punct; a da pe brazdă; a şlefui (pe cineva).

lick one's chops, to ← *F* a-şi linge buzele; a se linge pe buze.

lick one's wounds, to *fig.* a încerca să-şi revină după o înfrângere.

lick smb.'s boots/feet/shoes, to *fig. F* a linge/săruta cuiva cizmele/picioarele.

lick the dust, to *fig.* **1.** a muşca ţărâna; a fi înfrânt; a muri. **2.** a se târî la picioarele cuiva; a se umili; a se linguşi.

lick the stuffing out of smb., to *F* a bate pe cineva măr/până iese untul din el.

lie ahead (of smth.), to *(d. o greutate, primejdie etc.)* a sta (înaintea cuiva); a aştepta; a paşte (pe cineva).

lie asleep, to a fi adormit/cufundat în somn.

lie at anchor/its moorings, to a fi/sta ancorat.

lie at death's door, to a fi în ceasul/ghearele/pragul morţii/pe punctul de a muri/la un pas de moarte/de mormânt/în agonie; a agoniza; a se lupta cu moartea.

lie at smb.'s door/with smb., to *(d. o greşeală, vină, responsabilitate)* a fi a cuiva; a cădea asupra cuiva; **the blame lies at his door** vina este a lui.

lie at smb.'s mercy, to a fi la bunul plac al/la cheremul cuiva.

lie awake, to a sta/rămâne treaz.

lie close one's, to *v.* **keep close.**

lie coy, to a tăcea chitic/mâlc/molcom; a nu zice nici cârc/nici pâs.

lie doggo, to *sl.* **1.** a sta nemişcat; a face pe mortul (în păpuşoi); a tăcea chitic/mâlc. **2.** a-şi ascunde intenţiile. **3.** a face pe niznaiul.

lie dormant, to a dormita; a dormi; a fi inactiv/pasiv; a fi/a se afla/găsi în stare latentă.

lie down and die, to *amer.* ← *P* a renunţa la ceva/a abandona ceva fiind cuprins de disperare; a dispera.

lie down on the job, to *F* a nu se omorî cu lucrul/munca/lucrând/muncind; a nu se speti muncind; a se face că munceşte, a lucra de mântuială; a sta de pomană; a da dovadă de neglijenţă; a nu-şi face datoria cum trebuie; a nu reuşi să se achite ca lumea de obligaţii.

lie down under an insult, to *F* a înghiţi o insultă/un afront fără a crâcni/să crâcnească; a nu riposta la o insultă/un afront.

lie fallow, to *(d. pământ)* a fi/sta nearat/necultivat.

lie flat on the ground, to a sta lungit la/pe pământ.

lie (heavy) at smb.'s heart, to a-i sta pe suflet; a-i sta cuiva ca o piatră pe inimă.

lie heavy on one's conscience, to a-l apăsa (greu) pe conştiinţă.

lie (heavy) on one's stomach, to *(d. mâncare)* a cădea greu la stomac; a sta ca un pietroi în stomac.

lie idle, to **1.** a lenevi, a sta (culcat) fără treabă; a sta tolănit. **2.** a sta nefolosit/neîntrebuinţat.

lie in ambush/wait, to a sta la pândă; **~ for smb./smth.** a pândi pe cineva/ceva/trecerea cuiva/unui lucru; a sta la pândă aşteptând trecerea cuiva/unui lucru; a întinde o capcană/cursă cuiva/unui lucru.

lie in a nutshell, to *F* a nu fi mare filosofie/lucru; a fi simplu ca bună-ziua.

lie in state, to *(d. corpul neînsufleţit al unei personalităţi)* a fi depus într-o sală pentru a i se aduce ultimul omagiu de către public.

lie in store (for smb.), to a(-i) fi rezervat (cuiva); a(-l) aştepta (pe cineva).

lie in the throat, to a minţi cu neruşinare/de îngheaţă apele/de stinge.

lie in wait, to *v.* **lie in ambush.**

lie kicking about the house, to *F (d. cărţi etc.)* a zăcea vraişte/a fi răspândite/împrăştiate prin casă/prin toată casa.

lie like a gasmeter/jockey/lawyer/trooper, to *F* a minţi de stinge/de stă soarele-n loc/de-ţi stă ceasul/de-ngheaţă apele/cu neruşinare/fără ruşine; a mânca borş.

lie low, to **1.** a sta întins (cu faţa) la pământ. **2.** a sta ghemuit. **3.** *F* a sta ascuns/pitit; a se ascunde; a face pe mortu-n păpuşoi; < a se da la fund. **4.** *fig.* a-şi ascunde intenţiile. **5.** *fig.* a fi umilit/înjosit.

lie motionless, to a zăcea nemişcat/în nesimţire.

lie near one's heart, to a-i sta la inimă.

lie oneself into a scrape, to a intra într-o încurcătură/într-un bucluc dintr-o minciună/din cauza unei/unor minciuni.

lie oneself out of a scrape, to a ieşi/scăpa dintr-o încurcătură/dintr-un bucluc printr-o minciună/prin minciuni.

lie/rest on one's oars, to ← *F* **1.** a-şi acorda un moment de răgaz; a înceta să mai lucreze pentru un timp; *F →* a se lăsa pe tânjală. **2.** a se culca pe o ureche/pe lauri.

lie out of one's money, to a nu se atinge de bani.

lie perdu, to **1.** *mil.* a se ascunde; a se aşeza în ambuscadă/la pândă; a fi postat ca santinelă avansată. **2.** a evita publicitatea/reclama; a se ţine în umbră; a păstra incognito-ul.

lies have short legs *prov.* minciuna are picioare scurte/e scurtă de picioare.

lie snug in bed, to a sta comod în pat/la cald.

lie still, to a sta culcat/liniştit/nemişcat/molcom; a nu (se) mişca.

lie under a curse, to a fi blestemat; a apăsa un blestem asupra sa.

lie under an obligation to do smth., to a fi obligat să facă ceva.

lie under canvas, to *mar.* ← *F* a rămâne fără vele.

lie under suspicion, to a fi bănuit; a plana o bănuială asupra sa.

lie waste, to *(d. pământ)* a fi/sta necultivat/pârloagă.

lie within smb.'s attributions/competence/ powers/province, to a intra în atribuţiile/a cădea în/a fi de competenţa/resortul/a sta în puterea cuiva; a intra în/a ţine de domeniul cuiva.

lie within the purview of smb., to **1.** a fi/intra în raza vizuală a cuiva. **2.** a intra în competenţa/a fi de resortul cuiva.

lie with smb., to *v.* **lie at smb.'s door.**

life is but a span viaţa-i trecătoare; viaţa e scurtă.

life is not all beer and skittles *prov.* nu se mănâncă în toate zilele plăcinte; viaţa nu e numai distracţie; nu-i toată ziua duminică.

lift/move/raise/stir a finger, to a ridica/mişca un deget.

lift/raise a hand/one's hand against smb., to a ameninţa pe cineva; a ridica mâna asupra cuiva; a ataca pe cineva.

lift a weight off smb.'s mind, to a lua cuiva o greutate de pe inimă.

lift one's elbow/the little finger, to *F* a trage la măsea; a trage/duce la mustaţă.

lift smb. out of the rut, to a scoate pe cineva din ale lui/din obişnuinţă; a scoate/smulge pe cineva din rutină.

lift up one's eyes, to a-şi ridica ochii/privirea/ privirile la.

lift up one's/the head, to *fig.* a ridica din nou capul; a prinde curaj; a se apuca din nou de ceva.

lift up one's horn, to *fig.* a se ţine mândru/fălos; a se umfla în pene; a privi/trata cu dispreţ; a privi de sus.

lift up/raise one's voice, to a ridica tonul/vocea.

lift up the head, to *v.* **lift up one's head.**

light as a feather/thistledown, (as) uşor ca un fulg/o pană.

light gains make heavy purses *prov.* din puţin se face mult; adună cu firu ca să ai cu grămada.

light in hand uşor de condus; ascultător; supus.

lightly come, lightly go *prov.* haramul haram se face; (de) haram vine/a venit, (de) haram se duce/

s-a dus; ceea ce vântul ne-aduce, curând de la noi se duce.

light on one's feet, to *fig.* a cădea în picioare; a se descurca; a ieşi bine; a ieşi cu faţa curată (dintr-o încurcătură).

light purse is a heavy curse, a *prov.* nu e mai grea boală decât punga/punga goală.

like a bat out of hell *F* ca un bolid; mâncând pământul.

like a bear with a sore head *F* **1.** morocănos; îmbufnat; cu capsa pusă. **2.** într-o dispoziţie de înmormântare.

like a bit of skirt, to *F* a se ţine după fuste.

like a bolt out of a clear sky/from the blue ca un trăsnet din senin; *F* → ca o bombă.

like a bull at a (five-barred) gate *F* ca un taur înfuriat; cu furie; ca turbat.

like a bull in a china shop ca un elefant într-un magazin de porţelanuri; cu totul nepotrivit pentru un lucru şi existând toate şansele să facă rău.

like a cartload of/a hundred/a thousand bricks *amer.* ← *F* cu putere/toată puterea.

like a cat in a strange garret *amer. F* ca peştele pe uscat; jenat, stingherit.

like a cat on hot bricks/a hen on a hot girdle *F* ca pe ace/ghimpi/jeratic; ca peştele pe uscat.

like a drowned rat *F* ca un şoarece ieşit din butoi/ gârlă; ud ciuciulete/leoarcă/până la piele; murat până la oase.

like a duck to water *F* ca peştele în apă; în elementul său.

like a dying duck in a thunder storm *F* cu ochii bleojdiţi/holbaţi; (cu un aer) uluit; speriat; înspăimântat; cu o înfăţişare/mutră uluită/ speriată/înspăimântată.

like a fish out of water ca peştele pe uscat.

like a hen with one chicken ← *F* ca o cloşcă cu un singur pui; cu o grijă exagerată; aferat; agitat.

like a hundred bricks *amer. v.* **like a cartload of bricks.**

like anything *F* tare, straşnic, grozav, năvalnic; de mama focului; în draci; ca pus în priză; ca (un) apucat/besmetic/nebun; ca altă aia; în desperare; din răsputeri/toate puterile; cât îl ţin puterile; cât îl ţin picioarele; de mama focului.

like a rat in a hole *F (prins)* ca un şoarece în gaură.

like as an apple to an oyster/as chalk to cheese, (as) *F* ca de la cer la pământ/cerul de pământ; seamănă dar nu răsare; departe griva de iepure.

like a shot 1. ca săgeata; glonţ; *F* → ca din puşcă; într-o clipă; pe dată; imediat. **2.** fără a şovăi/ezita. **3.** bucuros, cu bucurie.

like a shuttlecock *fig.* ca o minge de tenis.

like a streak of lightning, like greased lightning ca fulgerul; cu iuțeala fulgerului; fulgerător; într-o clipită; *F →* numărul unu; al naibii.

like as two peas (in a pod), (as) (a semăna) ca două picături de apă.

like a thousand bricks *v.* **like a cartload of bricks.**

like a thunder clap ca o lovitură de trăsnet.

like a weathercock in the wind *F (d. cineva)* schimbător ca vremea.

like begets like, like draws to like, like will to like *prov.* cine se aseamănă, se adună.

like billy-(h)o/sin *F* cu furie; violent; foarte tare; cu bășici/bulbuci/găleata.

like blazes/hell *F* **1.** grozav, strașnic; din răsputeri; de mama focului; ca (un) apucat/bezmetic. **2.** *(ca interj.)* pe dracu! ți-ai găsit-o!

like clockwork ca ceasul/un ceas(ornic), cu o precizie de/cu precizia unui ceasornic; punctual; precis; exact.

like crazy/mad ca (un) nebun/ieșit din minți; ca altă aia; nebunește; îngrozitor, groaznic; pe brânci; din răsputeri.

like cures like *prov.* cui pe cui se scoate.

like draws to like *v.* **like begots like.**

like enough ← *F* după toate aparențele; foarte probabil.

like father, like son *prov.* cum e nașul și finul; ce naște din pisică șoareci mănâncă.

like fire ca fulgerul; cu iuțeala fulgerului.

like/of flint *fig.* de piatră.

like for like dinte pentru dinte.

like fun *F* ca pe roate; de mama focului; vârtos; numărul unu.

like greased lightning *v.* **like a streak of lightning.**

like hell *F v.* **like blazes.**

like herrings in a barrel *(înghesuiți)* ca sardelele.

like hot cakes *F* ca pâinea caldă

like it or lump it ← *F* îți place, nu-ți place; vrei, nu vrei; cu sau fără aprobarea ta.

likely as not, (as) *F* probabil; după cât se pare/ cum se vede/toate aparențele.

like mad *v.* **like crazy.**

like magic ca prin farmec

like master, like man *prov.* cum e stăpânul/boierul (așa e) și sluga; cum e țiganul așa și ciocanul; cum e turcul și pistolul; cum e sacul și peticul.

like mother, like child/daughter *prov.* cum e muma e și fata; rodul după sămânță, ca oul după pasăre.

like nine pins *F* unul câte unul/după altul; ca un castel din cărți de joc.

like nothing on earth *F.* **1.** nemaipomenit; cum nu s-a mai văzut/pomenit; excepțional; uluitor; fără asemănare/seamăn/pereche; neobișnuit. **2.** foarte ciudat/straniu. **3.** îngrozitor; oribil; respingător; dezgustător; abject.

like old boots *F glum.* vârtos; aprig; impetuos; din răsputeri; cât îl țin puterile; ca un lup; de parcă se bat calicii la gura lui.

like one o'clock *F* de minune; strună; ca pe roate.

like sand on the sea-shore for number(s) cât nisipul (mării); câtă frunză și iarbă.

like sin *F* **like billy-(h)o.**

like so many ca atâția/mulți (alții)/atâtea/multe (altele).

like that/this **1.** așa; în felul acesta/*F →* halul ăsta; în maniera aceasta; pe tonul acesta/ăsta. **2.** așa; de felul acesta/ăsta; de acest fel/gen; în genul acesta/ ăsta.

like the devil/very devil *F* **1.** al dracului; grozav; în draci; îndrăcit; ca apucat; ca altă aia; din răsputeri; cât îl țin puterile; mâncând pământul. **2.** ca pe dracul/sarea în ochi.

like the next man în rând cu lumea; ca fiecare; *F → ca tot omul.*

like the very devil *v.* **like the devil.**

like this *v.* **like that.**

like water off a duck's back ← *F* fără să aibă nici un efect; ca și cum nu s-ar fi întâmplat nimic.

like will to like *v.* **like begets like.**

like winking *F* cât ai clipi din ochi; într-o clipită.

line one's pockets, to *F* a-și căptuși/garnisi bine buzunarele; a se umple de bani; a-și face suma; a se pricopsi.

line one's stomach, to *F* a-și garnisi stomacul; a-și umple burta/stomacul; a se îndopa; a se ghiftui; a face plinul.

line up alongside with smb., to ← *F* a se alinia/ alia/asocia cu cineva; a deveni aliatul cuiva.

line up one's sights, to *(d. un trăgător)* a lua la ochi/în bătaia puștii; a ochi.

linger out one's days/life, to **1.** a-și târî zilele până la moarte. **2.** a muri de o moarte lentă.

linger over a meal, to a se lungi/a zăbovi la/a prelungi o masă.

link arms, to a se lua de braț.

link one's arm in/through smb.'s arm, to a lua de braț pe cineva.

listen to reason, to a se lăsa convins; a asculta (de) glasul rațiunii; a fi om de înțeles; a înțelege de vorbă.

little and often fill the purse *prov.* bobiță cu bobiță se umple sacul; puțin și des face mult.

little by little puțin câte puțin, încetul cu încetul.

little does he think nici nu bănuiește el.

little is better than none, a *prov.* mai bine mai puțin decât nimic.

little or nothing (te și miri ce) mai nimic; aproape deloc; o nimica toată.

little pitchers have long ears copiii le aud pe toate/ înțeleg multe; ~! sst! să n-audă copiii!

little short of aproape; cât pe aici/ce(să); puțin lipsește/a lipsit ca.

little strokes fell great oaks *prov. aprox.* copacul mare nu se taie dintr-o lovitură.

little thieves are hanged, but great ones escape *prov.* tâlharul cel mic se spânzură, și cel mare scapă.

little too thick, a ← *F* cam mult/exagerat; excesiv; *F* → cam prea de tot/de oaie.

little wonder (that ...) nu e foarte de mirare (că ...); nu e câtuși de puțin/e foarte puțin surprinzător (faptul că ....).

live above/beyond one's income/means, to a cheltui mai mult decât câștigă/decât îl ține punga; *F* → a se întinde mai mult decât îl ține plapuma.

live and learn *prov.* 1. omul cât trăiește învață (și tot moare neînvățat); omul cât trăiește tot află. 2. om trăi și om vedea.

live and let live ← *prov.* trăiește și lasă și pe alții să trăiască.

live at rack and manger, to ← *F* a trăi fără griji/*F* → pe moale/ca găina la moară/ca dulăul la stână.

live beyond one's income/means, to *v.* **live above one's income/means**.

live by one's hands, to a-și câștiga pâinea (muncind) cu brațele.

live by/on one's wits, to a trăi din expediente/ învârteli.

live by one's work/by working, to a trăi din munca sa; a-și câștiga pâinea prin muncă/existența muncind.

live by taking in one another's washing, to *F glum.* (d. oameni foarte săraci) a trăi din ce câștigă spălându-și unii altora rufele/din te miri ce și mai nimic/ca Doamne păzește; a fi săraci lipiți pământului; a nu avea după ce bea apă.

live by the sweat of one's brow, to a trăi din sudoarea frunții.

live close to one's belly, to *amer.* ← *vulg.* a duce o viață de mizerie; a trage mâța/pe dracu de coadă; a trage targa pe uscat.

live/living dog it better than the dead lion, a *prov.* mai bine un câine viu decât un leu mort.

live down a scandal, to a face să se uite cu timpul un scandal.

live down a sorrow, to a reuși să treacă până în cele din urmă peste un necaz.

live fast, to 1. a duce o viață de plăceri/frivolă/ destrăbălată. 2. a cheltui/consuma multă energie într-un timp scurt.

live from hand to mouth, to a trăi de azi pe mâine/ de pe o zi pe alta; *F* → a trage mâța de coadă; a trage targa pe uscat.

live high, to *F* a trăi pe moale/pe picior mare/în lux.

live in a fool's paradise, to a fi parcă de pe/a trăi parcă pe altă lume/în lună; a nu trăi parcă pe pământ, a fi căzut (parcă) din lună; a trăi cu capul în nori.

live in a small way, to a trăi modest; a duce o viață modestă.

live in clover, live like pigs in clover, to *F* a trăi ca găina la moară/câinele la stână/pe moale/în huzur; a huzuri; a sta pe roze; a trăi ca în sânul lui Avram.

live in Eden, to *fig.* a trăi/a o duce ca-n rai/paradis; a trăi ca-n flori de măr.

live in (grand/great) style/in state, to a trăi pe picior mare/ca un boier/împărătește.

live in hope(s) of smth., to a trăi cu speranța unui lucru.

live in narrow circumstances, to a trăi/a fi strâmtorat; a fi la strâmtoare; a o duce greu; a fi încolțit de nevoi; *F* → a-și mânca amarul/viața.

live in the clouds, to *F* a trăi cu capul în nori.

live in the lap of luxury, to a trăi în lux/belșug/*F* → pe moale.

live in the shadow, to *fig.* a trăi în umbră/ obscuritate.

live in the world, to a duce o viață mondenă.

live it up, to *F* a-și trăi viața din plin; a gusta (din plin) (toate) plăcerile vieții; a duce o viață de plăceri/petreceri/frivolă/mondenă.

live like a fighting cock, to *F* a trăi fără griji/ca găina la moară/ca în sânul lui Avram/ca un bimbașa/pașa/nabab.

live like pigs in clover, to *v.* **live in clover**.

lively as a cricket, (as) vesel ca un cintezoi.

live near, to ← *F* a trăi foarte cumpătat; < *F* → a-și mânca de sub unghie.

live not to eat but eat to live *prov.* omul nu trăiește să mănânce, ci mănâncă să trăiască.

live off the country, to a consuma ce oferă/produce regiunea/ținutul/țara/produsele locului.

live off/on the fat of the land, to *F* a se înfrupta din toate roadele pământului; a trăi în huzur/ca un bimbașa/nabab; a huzuri.

live on air/on (next to) nothing, to *F* a trăi cu aer/cu mană cerească/cu te şi miri ce/mai nimic.

live on bread and cheese, to *F* a trăi ca vai de lume; abia a avea cu ce să trăiască/să-şi ţină zilele.

live one's life over again, to a-şi trăi viaţa din nou; a-şi retrăi viaţa.

live on hand-outs, to a trăi de pomană.

live on hard tack, to a se hrăni prost; a trăi cu ce dă Dumnezeu.

live on hope, to *F* a se hrăni cu speranţe.

live on (next to) nothing, to *F v.* **live on air**.

live on one's name/reputation, to a trăi de pe urma numelui creat/reputaţiei create/sale.

live on one's own, to a trăi (de unul) singur.

live on one's own fat, to *fig.* a trăi din rezervele acumulate/capitalul acumulat/cunoştinţele dobândite/propria osânză/seul său.

live on one's (own) hump, to *fig.* a trăi din seul său/propria osânză.

live on one's relations, to *F* a trăi pe spezele/spinarea rudelor.

live on shifts, to a trăi din expediente.

live on slops, to *(d. un bolnav)* a se hrăni/a trăi (numai) cu (alimente) lichide/cu lapte, supă etc.

live on the fat of the land, to *F v.* **live off the fat of the land**.

live out of a box/suitcase/trunk, to a-şi purta toată averea într-un geamantan; *F →* a fi cu traista în băţ; a umbla cu şatra.

live out of cans/tins, to a trăi/a se hrăni cu conserve.

live out one's days/life, to a trăi/a-şi petrece toată viaţa (în oraşul natal/ca simplu muncitor/modest etc.).

live out the night, to a supravieţui nopţii; a trăi până dimineaţa; a apuca dimineaţa/ziua.

live rough, to a duce o viaţă aspră; a trăi sub cerul liber.

live through a war, to a trăi/a supravieţui unui război.

live through difficult times, to a trăi/trece prin vremuri grele.

live to a green old age, to a ajunge la bătrâneţe în plină vigoare.

live to a/the ripe old age (of), to *F* a trăi până la o vârstă venerabilă/până la venerabila vârstă (de).

live to be old, to a trăi până la adânci bătrâneţe.

live together in unity, to a trăi laolaltă în armonie/bună înţelegere.

live to oneself, to a trăi retras/singur (cuc)/în singurătate.

live to see smth., to a trăi să vadă ceva; a apuca/ajunge (vremea) să vadă ceva.

live to the ripe old age (of), to *v.* **live to a ripe old age (of)**.

live under the same roof (with smb.), to a trăi sub acelaşi acoperiş/acoperământ (cu cineva).

live under the shadow of, to a trăi sub ameninţarea/spectrul.

live up to expectations, to a îndreptăţi aşteptările/speranţele.

live up to one's income, to 1. a-şi cheltui tot venitul; a cheltui tot ce câştigă. 2. *v.* **live within one's income/means**.

live up to one's principles, to a trăi conform/potrivit pincipiilor sale; a se conforma principiilor sale de viaţă.

live up to one's promise, to a se ţine de cuvânt; a-şi îndeplini/ţine promisiunea.

live up to one's reputation, to a face cinste reputaţiei sale.

live up to the hilt, to a azvârli banii pe fereastră; a nu se gândi la ziua de mâine; a trăi în risipă.

live within one's income/means, to a trăi/cheltui pe măsura bugetului (propriu); *F →* a se întinde cât îi e plapuma.

live with the fact that .../the situation, to a se împăca cu faptul că .../cu situaţia.

living dog is better than a dead lion, a *v.* **live dog is better than a dead lion, a**.

load smb. with favours, to a copleşi pe cineva cu favoruri.

load the dice, to *fig.* 1. a decide/hotărî dinainte rezultatul/deznodământul. 2. a prezenta neobiectiv; ~ **against smb.** a lucra pe cineva pe la spate; a întoarce lucrurile/a face ca lucrurile/totul să fie/să stea împotriva cuiva.

loaf away one's time, to a-şi petrece/pierde timpul hoinărind/trândăvind.

lock, stock and barrel *F* până într-un cap(ăt) de aţă; cu totul; totul fără excepţie; complet, în întregime; cu tot calabalâcul; cu căţel, cu purcel.

lock/shut the stable door after the horse has bolted/has been stolen up, to *prov.* după ce au furat caii, în zadar încui grajdul; prinde orbul, scoate-i ochii.

lodge a complaint against smb., to a face/depune/înainta o plângere/reclamaţie împotriva cuiva.

lodge power in the hands of smb., to a investi pe cineva cu puteri depline.

loiter the hours away, to a-şi trece vremea hoinărind.

long absent, soon forgotten *prov.* ochii care nu se văd se uită.

long ago de (de)mult, cu mult (timp)/multă vreme în urmă; acum mult timp/multă vreme.

long and the short of it/of the matter/thing is, the pe scurt; în rezumat; într-un cuvânt; ca să nu mai lungim vorba; ce mai încoace şi încolo/la deal la vale/tura-vura.

long before (cu) mult (timp) înainte.

longest day must have an end, the *prov.* orice lucru are sfârşitul său.

long sight better, a *dial.* (cu) mult/incomparabil mai bine.

long way off, a la (o) mare depărtare/distanţă.

long while, a *v.* **good while.**

look a bit of a mug, to *sl.* a avea aerul unui nătăfleaţă/prostănac.

look a figure of fun, to *F* a avea un aer caraghios/ o înfăţişare/mutră caraghioasă.

look after/take care of number one, to *F* a avea grijă de sufleţelul său; a trage spuza pe turta sa.

look after/mend one's fences, to *amer.* **1.** *pol.* a-şi consolida poziţiile politice (punându-se bine cu alegătorii). **2.** a căuta să se pună bine cu cineva.

look after the pence and the pounds will look after themselves *prov. v.* **take care of the pence and the pounds will take care of themselves.**

look ahead, to 1. a se gândi la viitor. **2.** ~ (to) a privi în viitor/înainte; a arunca o privire în viitor; a se gândi/duce cu gândul la (ce va fi în) viitor.

look alive! mai iute/repede! grăbeşte-te! trezeşte-te! mişcă-te! dă-i zor/bătaie!

look a (perfect) sight, to *F* a arăta ca altă aia/ca o sperietoare de ciori/îngrozitor.

look a rascal, to a avea aerul unui ticălos/o figură de ticălos.

look as black as thunder, to ← *F* a arunca priviri furioase/urâcioase; a fi foarte încruntat; a fi cătrănit foc.

look as if/as though ..., to a avea aerul să ...! a arăta ca şi cum ...; a părea că/să ...

look as if butter wouldn't melt in his/her mouth, to *F* a face pe prostul/pe mironosiţa; a fi un pre-făcut/o mironosiţă; **he looks as if butter wouldn't melt in his mouth** ai zice că nici usturoi n-a mâncat, nici gura nu-i miroase.

look as if one had just come/stepped out of a bandbox, to a arăta ca scos din cutie; *F →* a fi pus la marele fix.

look as if one had swallowed a poker, to *F* a fi ţeapăn de parcă ar fi înghiţit o coadă de mătură.

look askance/awry/F blue at smb./smth., to a privi pe/a se uita la cineva chiorâş/strâmb; a nu vedea pe cineva/ceva cu ochi buni.

look (as) sour (as a gooseberry), to *F* a avea/face o mutră acră; a se uita acru; a fi acru ca o lămâie.

look at both sides of a question, to a privi/ examina o chestiune din ambele părţi/sub toate ambele aspecte/feţe.

look at smb. out of the tail of one's eye, to a privi pe cineva cu coada ochiului.

look at smb. with a cock in one's eye, to *F v.* **look askance.**

look at things through coloured/rose-coloured spectacles, to a vedea lucrurile în roz.

look bad, to *(d. lucruri etc.)* a lua o întorsătură neplăcută; a sta prost; a fi semn prost; a nu fi a bună; a nu prevesti nimic bun; *F →* a fi cam albastru; a nu mirosi bine.

look before you leap *prov. aprox.* întâi gândeşte, apoi porneşte; măsoară de multe ori şi croieşte o dată; a nu umbla cu capu-n traistă.

look big, to *F* a face pe grozavul; a-şi da aere; a umbla cu nasul pe sus; a nu i se ajunge cu prăjina la nas.

look black, to *F* **1.** *(d. cineva)* a fi cătrănit; a avea o figură cătrănită; a avea o figură de înmormântare. **2.** *(d. ceva) v.* **look bad.**

look black at smb., to a se uita supărat/strâmb/ chiorâş la cineva; a runca cuiva o privire supărată/ ucigătoare.

look blank, to a avea un aer/a părea descumpănit/ deconcertat/dezorientat; *F →* a rămâne cu gura căscată.

look blue, to *F* **1.** *(d. cineva)* a nu-i fi boii acasă; a părea a nu fi în apele sale; a avea un aer abătut/ plouat/trist; a fi întunecat la faţă. **2.** *(d. ceva)* a avea aerul că merge prost; a fi cam albastru.

look blue/green/white/yellow about the gills, to *F* a fi verde/galben la faţă; a arăta/părea bolnav; a avea o mină proastă/rea.

look both/two ways for/to find Sunday, to ← *F* a se uita/a privi chiorâş/cruciş/cu un ochi la făină/ gaie şi cu altul la slănină/tigaie.

look crest-fallen, to a avea un aer plouat/abătut/ deprimat.

look cross, to a arăta supărat/necăjit.

look daggers at smb., to a arunca cuiva o privire furioasă/ucigătoare; a fulgera/săgeta/străpunge pe cineva cu privirea; a avea aerul/a părea că vrea să strângă pe cineva de gât.

look down in the mouth, to *F* a avea un aer plouat/ o mutră plouată/de înmormântare/o înfăţişare abătută/deprimată/plouată/tristă; a arăta abătut/ deprimat/descurajat/plouat/trist.

look down one's nose at smb., to *F* a se uita la/a privi pe cineva peste umăr; a lua/privi pe cineva de sus; a privi pe cineva dispreţuitor/cu un aer de superioritate.

look for a mare's nest, to *F* a căuta coada pre-peliț, ei; a umbla după borta vântului/cai verzi (pe pereți); a căuta/umbla după potcoave de cai morți.

look for a needle in a bottle/bundle of hay/in a haystack, to *F* a căuta acul în carul cu fân.

look for trouble, to *F* a-l mânca pielea; a căuta pe dracul; a-și căuta singur beleaua; a-și căuta de lucru; a i se fi făcut de cucuie; a nu se astâmpăra.

look forward to see/seeing smb., to a aștepta cu nerăbdare/plăcere/abia a aștepta/a fi nerăbdător să vadă pe cineva, a se bucura la gândul că va revedea pe cineva.

look green about the gills, to *v.* **look blue about the gills.**

look good, to 1. a arăta/părea atrăgător/ispititor. 2. a părea că merge/se descurcă bine.

look here! ← *F* (ia) ascultă! știi ce? uite ce!

look/search high and low (for smth.), to a căuta (ceva) în toate părțile/peste tot/pretutindeni; a scotoci peste tot/toate cotloanele/ungherele după ceva.

look important, to a-și da aere/importanță.

look in smb.'s face, to 1. a privi pe cineva; a cerceta pe cineva cu privirea. 2. a privi pe cineva drept în față/ochi.

look like, to (*cu s. sau vb. în -ing*) a părea (să fie); a avea aerul că (este/vrea să); a arăta a; a se pregăti de (*ploaie*); a sta/amenința să.

look like a death's head on a mopstick, to *P* a arăta ca moartea în vacanță/ca dracu/ca un cadavru.

look like a dog's dinner, to ← *F* a arăta urât/ca o lătură.

look like a million dollars, to *amer. F* a arăta de milioane.

look like a stuck pig, to ← *F* a privi înmărmurit; a se uita ca un prost.

look like it, to 1. a avea aerul; a fi în stare; a putea să fie; a părea (să fie) așa. 2. a semăna cu el.

look like nothing on earth, to *F* a arăta ca altă aia/o sperietoare de ciori; **you ~ with that hat!** arăți ca o sperietoare de ciori cu pălăria asta! pălăria asta îți vine ca un castron!

look like the cat who swallowed the canary, to *F* a avea un aer vinovat/o mutră spășită; a fi cu musca pe căciulă.

look lively! *F* **look alive!**

look not a gift horse in the mouth *prov.* calul de dar nu se caută la dinți.

look off colour, to *F* a arăta/părea indispus; a părea să nu fie în apele sale/să nu-i fie boii acasă.

look one's age/years, to a-și trăda vârsta; a arăta (exact) vârsta pe care o are; a nu arăta nici mai tânăr, nici mai bătrân decât este; a avea vârsta pe care o arată.

look one's best, to a arăta cel mai bine; a-i veni/a-l prinde cel mai bine.

look one's despair, to a i se citi în ochi/priviri/pe față desperarea.

look one's last on smth., to a arunca o ultimă privire asupra unui lucru; a privi ceva pentru ultima oară.

look on smb./smth. with favour, to a privi pe cineva/ceva favorabil/cu ochi favorabili/cu bună-voință.

look on the bright/sunny side of things, to a vedea numai partea frumoasă/bună a lucrurilor/lucrurile în roz.

look on the dark/gloomy side of things, to a vedea numai partea rea a lucrurilor/totul în negru; a fi prăpăstios.

look on the wine when is red, to *F* a-și stropi măseaua; a trage la măsea; a se pili; a fi făcut/pilit; a întrece măsura la băutură.

look out! atenție! fii atent! păzea! ia seama!

look out for suqlls! *fig.* ← *F* fii cu băgare de seamă/ochii în patru! ferește-te din calea furtunii/trăsnetelor!

look out for the way, to ← *vulg.* a se feri din calea; a se da la o parte.

look out/sadly out of place, to a fi buimăcit; a nu se simți în toate apele sale; a fi dezorientat; a nu fi la locul său.

looks breed love *prov.* dragostea din ochi se-ncepe; o căutătură dulce la dragoste te duce.

look sharp! *F* grăbește-te! dă-i zor! (mișcă-te ceva) mai repede! fuga! nu căsca gura!

look slippy! *F* grăbește-te! dă-i zor! nu căsca gura! nu tândăli!

look small, to *F* a avea un aer plouat/rușinat/jenat.

look smart! grăbește-te! mișcă-te mai repede! dă-i bătaie/drumul/zor!

look smb. all over, to a cerceta pe cineva cu privirea/cu de-amănuntul; a măsura pe cineva de sus până jos/din creștet până-n tălpi.

look smb. in the eye/face, to a privi pe cineva în ochi/albul ochilor/față.

look smb. square in the face, to a privi pe cineva drept în față/ochi.

look smb. up and down, to a măsura pe cineva de sus până jos/din cap până în picioare/din ochi.

look sour, to *v.* **look (as) sour (as a gooseberry).**

look spry! mișcă! nu sta! nu tândăli! dă-i bătaie!

look the other way, to *fig.* a refuza să vadă; a se face că nu vede.

look the part, to *teatru* a fi (parcă) făcut pentru acest rol; a-l prinde rolul de minune.

look the picture of health, to a fi întruchiparea sănătății/sănătatea întruchipată.

look the very picture of, to 1. a semăna leit cu. 2. a fi întruchiparea (unui lucru).

look through green glasses, to ← *F* a fi gelos, a invidia, a pizmui *(pe cineva)*.

look to one's laurels, to *F* a nu se culca pe lauri; a-și păzi reputația/titlul; a avea grijă să nu fie eclipsat.

look to smb. for help/to help one., to a se bizui/ a conta pe ajutorul cuiva/că cineva îl va ajuta.

look to the main chance, to *v.* **keep an eye on the main chance.**

look twice at every penny, to a număra de două ori fiecare bănuț; a fi atent cu banii săi.

look two ways for/to find Sunday, to ← *F v.* **look both/two ways for/to find Sunday.**

look washed out, to ← *F* a arăta palid și obosit; a arăta istovit/epuizat.

look white about the gills, to *v.* **look blue about the gills.**

look with another eye upon smth., to a privi ceva cu alți ochi.

look with favour on smb./smth., to *v.* **look on smb./smth. with favour.**

look yellow about the gills, to *v.* **look blue about the gills.**

look you! *F* ia vezi/ascultă!

loom large, to 1. a se desena/desluși vag/amenin-țător. 2. *fig.* a părea iminent; a sta pe prim plan.

loop the loop, to *av.* a executa/face un luping.

loosen one's grip on, to *fig.* a slăbi din chingi.

loosen the purse-strings, to *F* a desface/dezlega băierile pungii.

loose/loosen smb.'s tongue, to *F* a dezlega limba cuiva.

Lord bless my/your heart! vai de mine! Doamne Dumnezeule! Doamne Sfinte! Cerule!

lord it over smb., to ← *F* a vrea să domine/a domina pe cineva; a încerca să impună cuiva; a lua pe cineva de sus.

Lord knows! (the) *v.* **God knows!**

Lord love you/your heart! *F* ei, bată-te să te bată! bată-te norocul! zău! pe legea mea!

lose all reason, to a-și pierde orice rațiune.

lose all spirit, to a-și pierde complet/tot curajul, a se descuraja/demoraliza complet; a-i pieri/a-și pierde tot cheful de viață.

lose all trace of smb./smth., to a pierde complet urma/orice urmă a cuiva/ceva.

lose caste among/with, to a-și pierde dreptul de a fi respectat/rangul social între.

lose colour, to a se face palid, a păli; a-i fugi sângele din obraz; a-și pierde culoarea din/a nu mai avea culoare în obraji.

lose contact/touch with smb./smth., to a pierde contactul/legătura cu cineva/ceva.

lose control of, to a pierde controlul/autoritatea asupra; a pierde de sub control/supraveghere; a scăpa din frâu.

lose countenance, to a-și pierde cumpătul, a se buimăci, a se pierde, a se fâstâci.

lose count of, to a pierde socoteala/șirul; a nu mai ști numărul *(cărților etc.)*.

lose courage, to a-și pierde curajul, a pierde din curaj.

lose credit with smb., to a-și pierde creditul/ trecerea la/pe lângă cineva; a pierde stima cuiva; a-și pierde reputația în ochii cuiva.

lose face, to a i se știrbi/a-și pierde prestigiul/repu-tația.

lose favour in smb.'s eyes/with smb., to a pierde bunăvoința cuiva; a-și pierde trecerea la/pe lângă cineva; a cădea/ieși din grațiile cuiva.

lose flesh, to a slăbi; a pierde din greutate.

lose ground, to 1. a pierde teren; a ceda terenul; a da înapoi; < a-i fugi pământul de sub picioare. 2. a se topi/usca/a pieri/a se pierde/din/de pe picioare; a se topi pe zi ce trece/cu zile.

lose heart, to a-și pierde curajul/inima/firea; a-l părăsi/a-i pieri curajul; a i se tăia inima.

lose hold of smth., to a da drumul la ceva; a scăpa/ lăsa să-i scape ceva (din mână, mâini); a-i scăpa mâna de pe ceva.

lose its relish, to a-și pierde farmecul.

lose its sting, to (*d. iarnă etc.*) a-și pierde/a-i slăbi puterea.

lose momentum, to *fig.* (*d. o mișcare etc.*) a pierde din viteză; a-și pierde avântul/elanul.

lose no time in doing smth., to a se grăbi/a nu întârzia să facă ceva; a face ceva fără a pierde timpul.

lose one's balance, to 1. a-și pierde echilibrul. 2. *fig.* a-și pierde cumpătul.

lose one's bearings, to 1. a-și pierde direcția/ busola; a nu ști unde se găsește. 2. *fig.* a se încurca; a nu mai ști/putea să se descurce; a nu se mai descurca.

lose one's breath, to a-și pierde/a i se tăia răsuflarea.

lose one's character, to a-și pierde reputația.

lose one's cool, to *F* a-și pierde sărita; a-și ieși din fire, a-i sări țandăra.

lose oneself in smth., to a fi absorbit de/cufundat/ a se cufunda în ceva.

lose one's foothold/footing, to a-şi pierde echilibrul; a se împiedica; a aluneca; a-i fugi/a-i aluneca pământul de sub picioare.

lose one's goat, to *amer. sl.* a-i sări bâzdâcul/ muştarul; a-i da borşul în foc.

lose one's grip, to 1. *amer.* ← *F* a da semne de slăbiciune; a nu mai avea destulă energie (pentru ceva); a-l lăsa puterile. 2. ~ **of/on smth.** a(-şi) pierde controlul/a-şi pierde puterea asupra unui lucru, a scăpa ceva din mână.

lose one's hair, to *F* a-i sări ţandăra/muştarul; a se face foc şi pară; a vedea roşu înaintea ochilor.

lose one's head, to a-şi pierde capul/cumpătul, a se pierde cu firea; a se zăpăci.

lose one's heart to smb., to a se îndrăgosti de cineva; *F* → a-i cădea cineva cu tronc (la inimă).

lose one's hold of reality, to *F* a pierde simţul realităţii.

lose one's hold on/over smb./smth., to a(-şi) pierde controlul asupra cuiva/unui lucru, a scăpa pe cineva/ceva din mână; a nu mai fi stăpân pe cineva/ceva.

lose one's labour, to a se obosi/osteni de pomană/ în zadar.

lose one's little all, to a-şi pierde bruma de avere/ puţinul agonisit.

lose one's nerve, to a-şi pierde sângele rece; a se pierde cu firea; a se intimida; a avea trac.

lose one's place, to a nu mai şti unde/la ce pagină (din carte) a rămas; a nu mai găsi pagina (din carte) la care a rămas.

lose one's reason, to a-şi pierde mintea/minţile; a-şi ieşi din minţi; a înnebuni.

lose one's roses, to a-şi pierde culoarea din/a nu mai avea culoare în obraji.

lose one's seat, to *parl.* a nu mai fi ales; a-şi pierde locul în Parlament/mandatul.

lose one's senses, to a-şi pierde cunoştinţa.

lose one's shirt, to 1. *F v.* **lose one's goat.** 2. *amer. F* a rămâne cu fundul gol/fără nimic; a pierde totul.

lose one's shirt on a horse, to ← *F* a miza totul pe un cal şi a pierde.

lose one's stripes, to *mil., mar.* a fi degradat; a-şi pierde galoanele.

lose one's temper, to a-şi ieşi din fire/*F* → sărite; a-şi sări din ţâţâni; a-i sări ţandăra.

lose one's tongue, to a-i pieri graiul/piuitul.

lose one's way, to *v.* **get lost.**

lose one's wool, to *F* a-i sări muştarul/ţandăra/ ţâfna; a-şi ieşi din pepeni.

losers are always in the wrong, the *prov.* tot păgubaşul plăteşte oalele sparte; cel cu paguba îi şi cu păcatul; hoţul e numai cu un păcat, iar păgubaşul cu două.

lose sight of smb./smth., to 1. a pierde din ochi/ a nu mai putea să vadă/vedea pe cineva/ceva. 2. *fig.* a pierde/scăpa din vedere pe cineva/ceva; a uita de cineva/ceva.

lose strength, to a-l lăsa puterile; a slăbi.

lose the day/the field, to a pierde bătălia/partida; a fi învins/înfrânt.

lose the knack of smth., to a pierde îndemânarea/ obişnuinţa de a face ceva/practica un lucru.

lose the number of one's mess, to *amer. F* a nu mai călca iarbă verde; a da ortul popii.

lose the post, to a ajunge la poştă prea târziu pentru a mai prinde ridicarea corespondenţei.

lose the run of, to *amer.* 1. a pierde şirul *(zilelor)/* < noţiunea *(timpului).* 2. a nu mai fi la curent/a pierde contactul cu ceva.

lose the scent, to a pierde urma/urmele.

lose the sheep for a ha'porth of tar, to *F* a pierde slănina pentru şorici; a da foc casei ca să ardă şoarecii.

lose the thread of, to a(-şi) pierde şirul (a ceea ce spune); a pierde firul *(unei relatări etc.);* a nu mai putea să urmărească.

lose the toss of, to a nu ghici, a ghici prost *(atunci când se dă cu banul).*

lose the use of, to a pierde folosinţa/uzul *(unei mâini, unui picior etc.);* capacitatea de a folosi *(o mână, un picior etc.);* a deveni invalid de *(o mână, un picior etc.).*

lose time, to 1. a pierde timp. 2. *(d. ceasuri etc.)* a rămâne în urmă.

lose touch with smb./smth., to *v.* **lose contact with.**

lose track of, to a pierde/a nu mai da de urma.

lose value, to a se devaloriza.

lose way, to a pierde din viteză.

lose wind, to a-şi pierde răsuflarea.

lost time is never found again ← *prov.* timpul pierdut nu se mai întoarce.

lose with all hands *mar. (d. un vas)* pierdut/ scufundat împreună cu întreg echipajul.

lot of good that will do you!, a *F* că o să-ţi ţină de cald! mult o să te încălzească! mult o să te procopseşti cu asta! n-o să mai poţi de bine!

lot of water has flowed/run under the bridge(s) since, a a curs multă apă pe gârlă/râu de atunci/ de când.

lots (and lots) of o grămadă/mulţime/puzderie/ sumedenie de.

loudest hummer is not the best bee, the *prov.* găina care cântă nu ouă.

love a laugh, to a-i plăcea să râdă; a-i plăcea glumele.

love is neither bought nor sold *prov. aprox.* dragostea nu e moșie ca să o iei cu chirie.

love lasts as long as money endures *prov.* sărăcia intră pe ușă și dragostea iese pe fereastră.

love laughs at locksmiths *prov.* dragostea nu cunoaște piedici.

love me little, love me long *prov. aprox.* iubirea peste măsură aduce în urmă ură; cine se iubește curând ostenește.

love me, love my dog *prov.* cinstește pe câine pentru al său stăpân.

love of money is the root of all evil, the *prov. aprox.* banul este ochiul dracului.

love smb. as the devil loves holy water, to a-i fi drag cineva ca sarea în ochi.

love smb. this side (of) idolatry, to a iubi pe cineva (aproape) până la idolatrie/idolatrizare.

lower one's colours, to 1. a pleca steagul; a capitula; a se preda. **2.** *fig.* a se pleca; a se supune; a capitula; a renunța la pretenții.

lower/strike one's flag, to a coborî drapelul; a capitula; a se preda.

lower smb.'s spirits, to a dezumfla/descuraja pe cineva; a face să-i piară/a-i strica cheful/dispoziția cuiva.

lucky beggar/dog! *F* norocosule! băftosule! ferice de tine!

lull one's conscience, to a-și adormi conștiința.

lull smb.'s suspicions, to a adormi bănuielile cuiva.

lull to sleep, to a adormi (un copil) legănându-l și cântându-i.

lump it, to *F* a o înghiți; a se împăca cu situația/soarta.

lump large in smb.'s eyes, to ← *F* a avea o mare importanță/a fi foarte important/a cântări greu/a se bucura de multă considerație în ochii cuiva.

M

mad as a hare/hatter/March hare, (as) ← *F* **I.** nebun de legat/furios; complet nebun/zărghit; smintit de-a binelea. **2.** furios, turbat.

mad as a wet hen, (as) *F* supărat foc.

made to measure/order (făcut) de comandă, după/pe măsură.

mad for revenge însetat de răzbunare.

mafeesh! *amer. sl.* adio și n-am cuvinte!

maintain an open mind on smth., to a fi/rămâne deschis/*F* → descuiat la minte în privința unui lucru; a rămâne receptiv/a-și păstra receptivitatea la ceva.

maintain one's point, to a-și menține afirmația/poziția/spusele/cele spuse.

maintain one's rights, to a-și apăra drepturile.

make a back, to a sta capră; a se pune capră; **~ for smth.** a face scară/a sta în chip de scară pentru cineva.

make a (bad) break, to ← *F* a face o (mare) gafă; a spune o (mare) prostie; *F* → a o face de oaie/fiartă; a da cu bățul/bâta în baltă.

make a bad job of smth., to a face ceva prost; a face o treabă de mântuială/de cârpaci; *F* → a fușeri/rasoli ceva.

make a bad shot, to I. a rata lovitura; a nimeri în gol; a nu nimeri. **2.** ← *F* a ghici prost; a nu ghici; a nu o nimeri; *F* → a o da în bară.

make a balk of good ground, to *fig.* a da cu piciorul unei ocazii (favorabile)/șanse.

make/strike a bargain (with smb. over smth.), to a încheia o afacere, a face un târg, a cădea la învoială (cu cineva în privința/asupra unui lucru).

make a beast of oneself, to I. ← *F* a se abrutiza. **2.** *F* → a se îndopa ca un porc.

make a beeline for, to *F* a se duce ață/glonț/întins la; a o lua de-a dreptul spre; a o apuca/lua pe drumul cel mai scurt spre.

make a bid for, to I. a face o ofertă pentru *(ceva)*. **2.** a încerca să câștige/să obțină *(oferind ceva)*; **~ power** a încerca să pună mâna pe putere/să ia puterea.

make a big/huge hit, to ← *F* a obține un mare succes; a avea un succes răsunător.

make a bit, to I. a se îmbogăți. **2.** *(d. servitori care fac cumpărături)* a ciupi din banii de coșniță.

make a bloomer *sl.*/**blunder, to** *F* a face o gafă (enormă)/greșeală grosolană; a spune o gogomănie; a călca în străchini; a da cu bâta în baltă; a o face boacănă/de oaie; a o scrânti.

make (a) boast of smth., to a se lăuda/făli cu ceva.

make a bolt/dash for, to a încerca să evadeze/să fugă/să o zbughească pe *(fereastră, poartă etc., mai ales într-o închisoare)*; **~ it** a profita de ocazie/un moment favorabil pentru a evada/a fugi/a scăpa/a o zbughi.

make a bonfire (of smth.), to a pune pe foc/a arunca în foc ca netrebuincios.

make a book (on), to *(la curse)* a primi pariuri (pe).

make a break, to ← *F v.* **make a (bad) break.**

make a break for it, to *F* a o rupe la fugă; a o lua la picior; a o lua la sănătoasa; a-și lua picioarele la spinare/tălpășița; a o întinde.

make a brilliant figure, to a face o figură strălucită; a străluci; a face o impresie deosebită.

make a bull's eye, to I. *v.* **hit the bull's eye. 2.** *fig. F* a da lovitura.

make a business of it, to *F* a face (din ceva) o chestiune de stat.

make a call (on smb.), to a face o vizită (cuiva).

make a card, to I. *(la joc)* a face o levată (cu o carte). **2.** ← *F* a face scamatorii cu o carte de joc.

make a cat's paw of smb., to *F* a scoate castanele din foc/spuză cu mâna altuia.

make a century, to I. *(la cricket)* a înscrie/realiza/face o sută de puncte. **2.** a ajunge la/a apuca vârsta de/a împlini o sută de ani.

make a change, to I. a face/produce/provoca o schimbare. **2.** a schimba *(trenul etc.)*.

make a charge for smth., to a pune ceva la socoteală.

make a circuit of, to a face înconjurul.

make/put in a claim (for smth.), to a face o cerere/ petiție (pentru ceva); a avea/emite/ridica pretenții (asupra unui lucru); a pretinde/revendica (ceva); a-și revendica drepturile (asupra unui lucru).

make a clean breast of it/the whole thing, to a mărturisi/recunoaște totul sincer/cinstit/pe față; a spune tot/de la inimă/cinstit; a-și ușura conștiința; a spune tot ce are pe suflet; a-și descărca inima/sufletul.

make a clean sweep of, to *F* a se debarasa/descotorosi de; a scăpa complet de; a curăța locul de; a mătura cu măturoiul cel mare; a face curățenie generală; a topi (proviziile).

make/take (up) a collection, to a face (o) chetă.

make a come-back, to a reveni din nou pe scenă; a veni din nou la putere; a deveni din nou popular; a-și redobândi poziția pierdută/popularitatea.

make a commotion (about smth.), to a face tapaj/tevatură/zarvă (în privința unui lucru, în legătură cu ceva).

make a contract (with smb. for smth.), to a încheia un contract (cu cineva pentru ceva).

make a convenience of smb., to a profita de cineva.

make a convert of smb., to a converti pe cineva.

make a dart for smth., to a se năpusti/repezi/a țâșni spre ceva.

make a dash at smb./smth., to a se repezi la cineva/ceva; a se năpusti asupra cuiva/unui lucru; a da iama în cineva/ceva.

make a dash for, to *F v.* **make a bolt for.**

make a date, to *amer.* ← *F* a fixa/a-și da o întâlnire/ un randevu.

make a day of it, to ← *F* a avea o zi bună; a-și petrece bine/în mod plăcut ziua; a se distra/a petrece de minune.

make a dead set at smb., to ← *F* 1. a ataca energic/ viguros pe cineva; a se năpusti/a tăbărî asupra cuiva. 2. a se lua tare de cineva; a face o critică aspră/severă cuiva. 3. *înv.* (d. o fată, femeie) a se ține de capul cuiva; a încerca să câștige/cucerească inima cuiva.

make a deal (with smb.), to *F* a face o afacere/un târg (cu cineva); a încheia un târg/o tranzacție (cu cineva).

make a decision, to a lua o hotărâre.

make a deduction, to 1. a face o deducție; a deduce. 2. ~ **of** a face o reducere/un rabat de.

make a dent in, to *fig.* ← *F* a consuma/înghiți o bună parte din/a face o gaură/un gol în (*economiile, rezervele, finanțele cuiva*); a diminua, a micșora, a reduce (*credibilitatea, prestigiul*); a știrbi (*autoritatea, prestigiul, reputația*); a slăbi; a compromite.

make a difference, to a afecta/modifica/schimba lucruri/situația; a avea importanță.

make a din, to a face gălăgie/larmă/zarvă/tapaj.

make a display of, to a-și etala (*cunoștințele, bogăția*); a face paradă de (*bogăție etc.*); a-și arăta/ manifesta (*sentimentele*); a face o demonstrație de (*curaj etc.*); a afișa (*o atitudine*).

make a disturbance, to a face gălăgie/scandal/ tapaj/zgomot; a tulbura liniștea publică/lumea.

make a dive into one's pocket, to *F fig.* a se scobi/ a băga mâna în buzunar.

make admissions, to a face mărturisiri; a recunoaște anumite fapte/lucruri.

make a dust, to *F v.* **kick up a dust.**

make advances, to a face progrese; a progresa.

make advances to smb., to a face avansuri/cuirte cuiva.

make/pull a face/faces at smb., to a se strâmba/a face grimase la cineva.

make a fade-away, to *F* a da ortul popii.

make a feast, to 1. a face/da un ospăț. 2. ~ **of** smth. a se înfrupta din/a se ospăta cu ceva.

make a feint, to (*cu vb. în -ing*) a se face/preface/a simula că.

make a fine/good job of smth., to ← *F* a face bine ceva/o treabă bună/frumoasă; a reuși ceva.

make a fluke, to ← *F* a nimeri/înscrie (mai mult) din întâmplare/grație norocului.

make a fool of, to 1. ~ **oneself** a se face de râs; a fi caraghios/ridicol; a se pune într-o situația/a apărea într-o postură caraghioasă/ridicolă; *F* → a fi de pomină. 2. ~ **smb.** a prosti/duce de nas/*F* → lega la gard pe cineva; a face pe cineva de râs(ul lumii); a acoperi pe cineva de ridicol.

make a fortune, to a face avere; a se îmbogăți.

make a fresh start (in life), to a face un nou început (în viață); a începe din nou (viața).

make a friend of smb., to a se apropia de/a-și apropia pe cineva; a-și face un prieten din cineva.

make a fuss, to 1. ~ **about/over smth.,** a face caz de ceva; a se agita din cauza unui lucru; a face tapaj din cauza/în privința unui lucru; a face fasoane/mofturi/nazuri în privința unui lucru. 2. ~ **of smb.** a face caz de cineva; a se agita în jurul cuiva; a înconjura pe cineva cu o atenție zgomotoasă.

make a girl, to *amer.* ← *P* a sfârși prin a seduce o fată.

make a god of one's belly, to a fi robul/sclavul burții/stomacului.

make a god/a little tin god of smb., to *F* a(-și) face un idol din cineva; a idolatriza pe cineva.

make a good appearance, to a avea o înfăţişare prezentabilă; a se prezenta bine.

make a good breakfast, to a mânca bine la micul dejun; a lua un mic dejun substanţial.

make a good fist of a job, to ← *F* a face o treabă bună/bine, a-i ieşi/reuşi bine o treabă.

make a good haul, to I. a face o captură bogată (de peşte); a scoate o pradă bogată; a prinde o mare cantitate de peşte. 2. a da o lovitură grasă; a se alege cu/a pune mâna pe o pradă bogată.

make a good job of smth., to ← *F v.* **make a fine job of smth.**

make a good match, to a face o partidă bună.

make a good showing, to *amer.* a face figură bună; a se prezenta bine.

make a good start, to a face un bun început; a începe/porni bine; *F* → a călca cu dreptul.

make a good thing out of smth., to a trage folos din ceva; a se înfrupta din ceva; a profita de pe urma unui lucru.

make a go of smth., to ← *F* a face o reuşită/un succes din ceva; a avea succes/a reuşi/izbândi în ceva.

make a grab at smb./smth., to *F* a încerca să apuce/înhaţe/înşface pe cineva/ceva.

make a grant to smb., to a acorda cuiva o subvenţie/alocaţie.

make a great show of zeal, to a face exces de zel.

make a guess (at smth.), to a încerca să ghicească (ceva); a face o presupunere cu privire la (ceva); a emite o ipoteză asupra/în privinţa (unui lucru).

make a habit/practice of (doing) smth./smth. a habit/practice, to a-şi face un obicei/o practică din (a face) ceva; a lua obiceiul să facă ceva.

make a hash/mess of (smth.), to *F* a face un ghiveci/talmeş-balmeş din/a strica complet/a masacra/rasoli (ceva); a da (ceva) peste cap; a încurca (ceva) rău de tot; ~ **it** a încurca complet iţele; a încurca/zăpăci complet lucrurile/treaba; a o face fiartă; a o pune de mămăligă.

make a hell of a noise, to *F* a face un zgomot infernal/o gălăgie infernală.

make a hit, to ← *F* I. *(d. ceva)* a reuşi din plin; a fi un succes. 2. *(d. cineva)* a fi foarte reuşit; a face senzaţie. 3. ~ **with smb.** a face impresie asupra cuiva; a impresiona favorabil pe cineva; *F* → a da gata pe cineva; a deveni foarte popular printre; a avea succes/trecere la cineva.

make a hobby of smth., to a face din ceva ocupaţia favorită; a face o pasiune pentru ceva.

make a hole, to I. ~ **in smb.** a găuri pielea cuiva cu un foc de revolver etc./un glonţ. 2. ~ **in smth.** *fig.* a consuma/înghiţi/întrebuinţa o bună parte din ceva; a face o gaură/un gol în ceva; a reduce considerabil ceva.

make a hole in the water, to ← *F* a se îneca (în mod intenţionat); a se duce ca toporul la fund.

make a House, to *pol.* a avea/întruni/a-şi asigura cvorumul/majoritatea (în Camera Comunelor).

make a howler, to *F* a face o gafă enormă; a spune o enormitate/o prostie mai mare decât el; a scoate o perlă; a o face de oaie/fiartă.

make a huge hit, to *v.* **make a big hit.**

make a huge meal, to a mânca ca un lup/cât şapte/enorm.

make a hullbaloo, to ← *F* I. a face gălăgie/tapaj/tărăboi/zarvă. 2. a protesta în gura mare; a vocifera; *F* → a face gât.

make a jest of smth., to a lua ceva în bătaie de joc; a-şi bate joc de ceva.

make a killing, to *amer. F* a da lovitura; a câştiga o avere.

make laughing-stock of oneself, to a face de râs/râsul lumii.

make a lion of smb., to I. a face o celebritate din cineva. 2. a trata pe cineva ca pe o celebritate.

make a litter, to a arunca; a împrăştia; a face gunoi/murdărie/dezordine; a întoarce pe dos; a răsturna cu fundul în sus.

make a little/penny go a long way, to a fi econom; a fi strâns la mână/pungă; a socoti/şti să socotească fiecare bănuţ.

make a little tin god of smb., to *F v.* **make a god of smb.**

make a livelihood/living, to a-şi câştiga existenţa/traiul/pâine/o pâine; a-şi scoate pâinea.

make allowance(s) for smth., to I. a ţine seama de/a avea în vedere ceva. 2. a scuza ceva; a se arăta îngăduitor cu ceva.

make all the difference (in the world), to a fi cu totul altceva; a schimba totul/cu totul lucrurile/situaţia; a da cu totul altă înfăţişare lucrurilor.

make a long arm for smth., to ← *F* a întinde mâna după ceva; a încerca să ajungă ceva cu mâna.

make/pull a long face, to a-şi schimonosi faţa; a avea o figură abătută/întunecată/tristă/*F* → o mutră de înmormântare.

make a long nose/a snook/snooks at smb., to a da cuiva cu tifla.

make a long story short, to pe scurt; ca să nu lungim vorba; fără a intra în amănunte; ce să mai lungim vorba; *F* → ce mai încoace şi încolo/la deal la vale/tura-vura.

make a love match, to a face o căsătorie/a se căsători din dragoste.

make a lucky find, to a da de chilipir/noroc.

make a lucky hit, to *F* I. a da o lovitură (norocoasă); a avea noroc/*F* → baftă. **2.** a o nimeri; a nimeri soluţia exactă; a o ghici; a ghici bine; a avea inspiraţie; a fi inspirat.

make a lucky shot at an examination question, to a nimeri/ghici răspunsul la o întrebare pusă la examen.

make a man of smb., to a face un om (matur) din cineva.

make a market of one's honour, to a-şi vinde onoarea.

make a match, to a aranja o căsătorie.

make a match of it, to ← *F (d. două persoane)* a se căsători; a(-şi) întemeia un cămin.

make a meal of it, to ← *F* a se întrece cu gluma; a întrece măsura; a sări peste cal; a exagera; a face o întreagă poveste din ceva.

make a memorandum of smth., to a-şi însemna/ nota ceva; a-şi face o notă despre ceva.

make amends (to smb.) for smth., to I. a repara (o greşeală, o nedreptate făcută cuiva). **2.** a despăgubi (pe cineva) pentru ceva; a compensa (o pierdere pricinuită cuiva). 3. a consola (pe cineva) pentru ceva.

make a mental note (of smth.), to a-şi nota în minte; a-şi pune în gând să nu uite (ceva).

make a merit of smth., to a-şi face un merit din ceva; a se mândri cu ceva.

make a mess of, to *v.* make a hash of.

make a mint of money, to *v.* earn a mint of money.

make a minute of smth., to a lua notă de ceva; a face o minută *(unei tranzacţii etc.)*.

make a mockery of smth., to a face din ceva o/a transforma ceva într-o batjocură/bătaie de joc/ farsă/parodie.

make a mock of smb./smth., to a-şi bate joc de cineva/ceva; a lua în derâdere/a ridiculiza pe cineva/ceva.

make a monkey out of smb., to *amer.* a prosti/ duce de nas/învârti pe degete pe cineva.

make a motion that, to a propune *(la o şedinţă, într-un grup legislativ)* să *(se ia o anumită măsură, să se procedeze într-un anumit fel)*.

make a mountain out of a molehill, to a face din ţânţar armăsar.

make a move, to I. a face o mişcare, a juca. **2.** a o lua din loc; a se urni; a se ridica *(de la masă etc.)*; a pleca; a-şi lua rămas bun. **3.** *fig.* a (se) mişca; a face/întreprinde ceva.

make ample/full satisfaction to smb., to a despăgubi cu prisosinţă/pe deplin pe cineva.

make a muck of smth., to *F* a face o porcărie/un rasol din ceva; a-şi bate joc de/a rasoli/strica ceva.

make a muddle of smth., to a încurca/*F* → zăpăci ceva; a încurca iţele.

make a muff of a catch, to *sport* a rata o minge/ lovitură.

make a mull of it/smth., to I. a o încurca; a călca în străchini. **2.** a rasoli o treabă; a face o treabă de mântuială.

make an acknowledgement of smth., to a recunoaşte ceva.

make an admission of guilt, to a-şi recunoaşte/ mărturisi vinovăţia.

make an advance to smb., to I. a da/acorda cuiva un avans; a avansa cuiva o sumă de bani. **2.** a-i face cuiva avansuri.

make an allegation (against smb.), to a face o afirmaţie/declaraţie (la adresa cuiva).

make an allowance on an article, to a face o reducere/rabat la un articol.

make an allowance to smb., to a da cuiva (periodic) o sumă de bani (pentru a se întreţine).

make an ambush, to *v.* lay an ambush.

make a name for oneself/one's name, to a-şi face un (re)nume; a-şi face/a câştiga o reputaţie; a-şi statornici reputaţia; a se distinge; a deveni celebru.

make/offer an apology, to a-şi cere/prezenta scuze(le).

make an appearance, to I. a-şi face apariţia. **2.** a face act de prezenţă.

make an appointment with smb., to a fixa/stabili o întâlnire/întrevedere cu cineva.

make an April-fool of smb./smb. an April-fool, to a păcăli pe cineva de 1 aprilie.

make an ass of oneself, to ← *F* I. a se prosti/a proceda/a se purta ca un prost/idiot/imbecil. **2.** a fi/a se face caraghios/ridicol; a se pune într-o situaţie caraghioasă/ridicolă; a se face de râs/*F* → baftă.

make an attempt on a record, to a încerca să doboare un record.

make an attempt on smb.'s life, to a săvârşi un atentat/a atenta la viaţa cuiva/împotriva cuiva.

make an early start, to a pleca/porni devreme.

make an end of smb., to a expedia/trimite pe cineva pe lumea cealaltă.

make an end of smth., to I. a pune capăt unui lucru; a termina/sfârşi/încheia/isprăvi (cu) ceva; a curma ceva. **2.** a distruge ceva.

make an entry, to I. ~ into a-şi face intrarea în. **2.** ~ of smth. a înregistra ceva; a înscrie/trece/nota ceva în registru; *F* → a trece la catastif.

make a new departure, to a face un nou început; a o lua de la capăt/început; a încerca o altă/nouă cale/metodă; a porni pe un alt/nou drum; a adopta o altă/nouă orientare/politică/poziţie; a deschide noi orizonturi.

make an example of smb., to a pedepsi pe cineva în mod exemplar.

make an exhibition of oneself, to a se da în spectacol.

make an exposure, to a face un clişeu/o poză.

make an honest woman of smb., to *înv.* a lua o femeie de nevastă după ce a sedus-o/a fost sedusă; a salva reputaţia unei femei luând-o de nevastă; a legaliza prin căsătorie o legătură cu o femeie.

make a night of it, to *F* a petrece/chefui toată noaptea; a face un chef de o noapte întreagă; a o/se lungi toată noaptea; > a o face lată.

make an impression (on smb.), to 1. *(cu adj. ca favourable, good, bad etc.)* a face o impresie *(favorabilă, bună, proastă etc.)* (asupra cuiva). 2. a face impresie (asupra cuiva); a impresiona (pe cineva).

make an insolent retort, to a da un răspuns/a răspunde impertinent/obraznic; a întoarce obraznic vorba.

make an Irish bull, to ← *F* a spune o absurditate/prostie/enormitate.

make/swear/take an oath, to a jura; a depune jurământ.

make an offer, to 1. ~ (for smth.) a face (cuiva) o ofertă, a oferi un preţ (pentru ceva). 2. a face o cerere în căsătorie, a cere în căsătorie/mâna. 3. ~ **of smth. to smb.** a oferi ceva cuiva.

make a noise (about smth.), to *F* a face gură/scandal/tapaj/tărăboi/zarvă (pentru ceva, în jurul unui lucru).

make a noise in the world, to *F* 1. a face zgomot/vâlvă; a stârni interes; a face să se vorbească despre el. 2. a deveni celebru.

make an opportunity of doing smth., to a căuta prilejul ca să facă ceva.

make a note of, to a lua notă de, a(-şi) nota ceva; ~ **it** a lua notă; a-şi nota.

make a nuisance of oneself, to a deveni enervant/incomod/nesuferit/pisălog/plictisitor/supărător/o calamitate/pacoste; a se face nesuferit; a deranja; a incomoda; a irita.

make a packet, to *sl. v.* **make a/one's pile.**

make a parade of one's virtues, to a face paradă de calităţile sale.

make a pass at smb., to ← *sl.* a se da la cineva.

make a pedant ro smb., to *F* a-i ţine cuiva hangul/isonul.

make a pendant to smth., to a face/forma o pereche cu ceva; a fi perechea unui lucru.

make a penny go a long way, to *v.* **make a little go a long way.**

make a piece of work about smth., to *F* a face un întreg scandal/tărăboi în jurul unei chestiuni; a face o poveste întreagă din ceva.

make a piece true, to *tehn.* a ajusta o piesă.

make a pig of oneself, to a mânca/a se îndopa ca un porc; a se ghiftui.

make a/one's pile, to ← *F* a se îmbogăţi; a se înavuţi; a face avere/bani; a se căpătui; a se chivernisi; a face/prinde cheag/seu.

make a place/it too hot for smb., to *fig.* a face cuiva zile fripte/viaţa amară/de nesuportat/imposibilă (într-un loc).

make a/one's play for smb./smth., to *F* a pune totul în funcţiune/joc/mişcare/a pune în funcţiune artileria grea/a se face luntre şi punte/a se da peste cap/a juca ultima carte pentru a câştiga ceva/pe cineva/a obţine ceva.

make a point, to a evidenţia/scoate în evidenţă/relief/a sublinia o idee principală/o chestiune/un argument/punct; a demonstra o idee/teză.

make a point of (doing) smth., to a ţine să facă ceva; a considera important/esenţial ceva/să facă ceva; a-şi face o datorie/o regulă din a face ceva; a fi extrem de scrupulos în materie de ceva; a avea mare grijă să facă ceva.

make a poll, to a face un sondaj.

make a poor fist of a job, to *F* a face o treabă proastă/prost; a-i ieşi prost o treabă.

make a poor mouth, to 1. a face pe săracul/milogul; a se plânge de sărăcie. 2. a se milogi; a se ruga ca un milog.

make a poor running, to a opune o slabă împotrivire/rezistenţă; a se împotrivi slab.

make a poor showing, to a face o figură proastă; a se prezenta prost.

make a pother about smth., to a face gălăgie/gât/gură/scandal/tapaj din cauza/în jurul unui lucru.

make application (to smb.) (for smth.), to a se adresa/a adresa o cerere (cuiva) (în legătură cu/pentru a obţine ceva).

make approaches to smb., to a face cuiva avansuri.

make a practice of (doing) smth., to *v.* **make a habit of (doing) smth.**

make a pretence of doing smth., to a se face/preface/a pretinde că face ceva; a face ceva de formă.

make a pretty mess of it, to *iron.* a face o frumoasă ispravă/treabă.

make a pretty penny out of smth., to a face/câştiga bani frumoşi/frumuşei/a câştiga frumos/frumuşel de pe urma unui lucru.

make a profit of smth., to a obține/realiza un beneficiu/câștig/profit din/la ceva/de pe urma unui lucru; a câștiga din/la ceva.

make a proper disturbance, to a face un adevărat scandal/un scandal în regulă/de toată frumusețea.

make a push, to 1. *mil.* a înainta în masă/pe toată linia; a ataca puternic. 2. *F ~ to do smth.* a trage tare/vârtos/a se da peste cap/a face un efort serios/o sforțare pentru a face ceva.

make a racket, to a face gălăgie/larmă/tărăboi/zarvă.

make a raid on/upon, to 1. a ataca prin surprindere; a efectua un raid asupra. 2. a face o descindere la/o razie în. 3. a da iama în, a prăda.

make a reach for smth., to a întinde mâna după ceva.

make a rear-gard, to a forma ariergarda/o ariergardă.

make a regular thing of smth, to 1. a deveni o deprindere/o a doua natură *(pentru cineva)*; < a-i intra în obicei/< în sânge. 2. a face/a se ocupa de ceva (în mod) regulat; a-și face un obicei/o regulă din ceva.

make a reputation for oneself, to a-și face/crea o reputație; a-și face un renume.

make a request (to smb. for smth.), to a adresa (cuiva) o cerere/rugăminte (pentru ceva); a cere/solicita (cuiva ceva); a ruga (pe cineva pentru ceva).

make a reservation, to a rezerva/reține un loc *(în tren etc.)*/o cameră *(la hotel)*.

make a resolution, to a lua o hotărâre.

make a resolve to do smth., to a lua hotărârea de a face/a se hotărî să facă ceva.

make a riddle of smb., to *F* a ciurui cu gloanțe pe cineva.

make a ring, to a forma un sindicat (patronal)/un cartel; a se uni; a se coaliza.

make/prepare a rod for one's own back, to a-și săpa singur groapa; a-și tăia craca de sub picioare.

make a round, to *v.* go a round.

make a row, to *v.* kick up a fuss.

make arrangements for smth., to a lua măsuri/a face pregătiri/preparative pentru ceva.

make a rule that, to a stabili ca o chestiune de principiu că.

make a rumpus, to *v.* kick up a fuss.

make a run at smb., to a se năpusti asupra cuiva.

make a runaway match, to 1. a răpi o fată și a se căsători cu ea. 2. *(d. o fată)* a fugi și a se căsători cu cineva. 3. a se căsători în secret.

make a run for it, to *F* a o lua la sănătoasa; a da bir cu fugiții.

make a run-up to, to ← *F* a se năpusti/repezi/a tăbărî asupra.

make a rush at smb., to a se năpusti asupra cuiva; a se repezi la cineva.

make a sacrifice of smth., to a aduce ceva ca jertfă; a jertfi ceva.

make a scene, to a face o scenă.

make a scoop, to *sl.* a da lovitura/o lovitură grozavă.

make a scoot for a shelter, to *sl.* a o zbughi spre un adăpost.

make a search, to 1. a face cercetări. 2. ~ for smb./smth. a căuta pe cineva/ceva.

make a secret of smth., to a face un secret din ceva.

make a set speech, to a rosti/ține o cuvântare pregătită dinainte.

make a shambles of the task, to *F* a zăpăci complet lucrurile; a bălmăji treaba; a face un talmeș-balmeș; a eșua complet.

make a shot at an answer, to a răspunde la nimereală/la (marea) întâmplare.

make a show of doing smth., to a se face/preface/a avea aerul/aparența/a da impresia că face ceva.

make a show of oneself, to *F* a se da în spectacol; a se face ridicol.

make a show of smth., to 1. a simula ceva; a face un simulacru de ceva. 2. a face paradă de/a afișa/a etala ceva.

make as if/though .., to a se face/preface/a avea aerul că ...

make a sight of oneself, to a se face ridicol (mai ales îmbrăcându-se strident, împopoțonându-se); a se împopoțona ca o pupăză; a arăta ca o sperietoare de ciori.

make a slip, to 1. *și fig.* a face un pas greșit. 2. a face o greșeală din neatenție/nebăgare de seamă; a comite o inadvertență.

make a snap at smb., to *(d. un câine)* a începe să muște pe/a se da la cineva.

make a snatch at smth., to a încerca să apuce/înșface ceva; a întinde repede mâna după ceva.

make a snook at smb., to *v.* make a long nose at smb.

make a song and dance about/over smth., to ← *F* a face (mare) caz de ceva; a face tapaj/tărăboi din cauza/în privința unui lucru; a face zarvă în jurul/privința unui lucru.

make a speciality of smth., to a-și face o specialitate din/a se specializa în ceva.

make a spectacle of oneself, to a se da în spectacol.

make a splash, to *fig. F* a face pe grozavul; a rupe gura târgului; a face paradă de bogăție; a face senzație; a epata/uimi (prin luxul pe care îl etalează).

make a spurt, to a face o sforțare de moment/un efort brusc (de scurtă durată).

make assurance double/doubly sure, to a lua toate măsurile de prevedere/precauție; *(folosit la inf. cu funcția de complement circumstanțial de scop)* pentru mai multă siguranță; ca precauție suplimentară.

make a stab at smth., to *amer. F v.* **have a stab at smth.**

make a stand against, to a se opune; a opune rezistență, a rezista; a ține piept (la); a se pune de-a curmezișul/în curmeziș.

make a start on (doing) smth., to a se apuca de/ a începe (să facă) ceva.

make as though..., to *v.* **make as if ...**

make a stir, to a face/stârni senzație/vâlvă; a avea un mare răsunet; < a provoca agitație.

make a stranger of smb., to a trata pe cineva ca pe un străin; a se purta cu cineva de parcă ar fi un străin.

make a streak, for a place, to *amer.* a se îndrepta/ duce în grabă spre un loc.

make a sudden dart on smth., to a se repezi brusc la ceva; a se năpusti/a tăbărî asupra unui lucru.

make a surrender of principles, to a abdica de la principiile sale.

make a survey of smth., to 1. a arunca o privire asupra unui lucru; a trece ceva în revistă. 2. a-și da seama de ceva; a studia ceva.

make a tender for smth., to a face o ofertă pentru ceva.

make a to-do, to *F* 1. a face un tam-tam/o tevatură. 2. a face fasoane/mofturi/nazuri.

make atonement for a fault, to a îndrepta/repara o greșeală.

make a touch, to *amer. F* a tapa; a încerca să tapeze.

make a trial trip, to *(d. un vas etc.)* a face o călătorie de probă.

make a trip, to 1. a face o excursie/un scurt voiaj/ o scurtă călătorie de plăcere. 2. a face o greșeală; a se încurca.

make/put in/take up a tuck in a dress, to a face o cută/un pliu la o rochie.

make a venture, to a face o încercare; a-și încerca norocul/șansa.

make a virtue of necessity, to a face din virtute o necesitate, a transforma necesitatea în virtute; a fi virtuos la nevoie.

make a vow, to a se jura; a face legământ.

make away with oneself, to a-și pune capăt zilelor; a-și lua/curma viața/zilele.

make a wry face/mouth, to a se strâmba; a strâmba din nas; a strânge din buze/buzele pungă.

make bad blood (between), to a semăna vrajbă/ discordie; a băga zâzanie; a băga/vârî un fitil/ fitiluri.

make bad/good weather, to *mar.* a avea/da de/ întâlni vreme proastă/bună.

make believe (that/to), to 1. a se (pre)face (că); a-și închipui (că). 2. a se juca (de-a).

make bold, to 1. *(cu inf.)* a-și permite (să); a îndrăzni (să); a-și lua libertatea/îngăduința (să); a se încumeta (să). 2. ~ **with smb.** a-și permite cam mult față de cineva. 3 ~ **with smth.** *a.* a-și permite/ îngădui/lua libertatea/permisiunea să folosească ceva; *b.* a se încumeta să se apuce de ceva.

make book, to *amer. sl. v.* **make a book (on).**

make (both) ends meet, to a reuși să o scoată/a o scoate cumva la capăt; a reuși să se descurce cu cât câștigă; a o încropi; a trăi de azi pe mâine.

make bricks without straw, to a face ceva fără a avea ce-ți trebuie/materialul necesar; a face o minune/*vulg.* din rahat bici.

make buckle and tongue meet, to *amer.* ← *F* a reuși să o scoată/a o scoate la capăt.

make capital (out) of smth., to *fig.* a trage foloase/ a profita de pe urma unui lucru; a folosi ceva în avantajul său; a exploata ceva.

make certain of smth./that, to 1. a se asigura/ convinge de ceva. 2. a-și asigura ceva.

make choice of, to a alege (ce dorești/poftești/vrei).

make common cause with. smb., to a face cauză comună cu cineva.

make confusion worse confounded, to a mări confuzia încercând să o micșorezi; a încurca lucrurile și mai rău încercând să le descurci.

make contact, to 1. *el.* a face contact. 2. ~ **with** intra în contact (cu); a stabili contactul (cu).

make converts, to a face prozeliți.

make default, to *jur.* a nu compărea în fața curții/ instanței.

make demands of/on smb./smth., to a cere cuiva/ ceva; a pretinde cuiva/ceva; a solicita pe cineva/ ceva.

make do and mend, to a se descurca fără a cumpăra lucruri noi *(îmbrăcăminte, lenjerie de pat, articole de gospodărie etc.)*, mai ales cârpind, întorcând și reparând pe cele vechi.

make do with smb./smth. do, to 1. a se descurca/ a o scoate la capăt/a se ajunge cu ceva. 2. a se mulțumi cu ceva (în lipsă de altceva mai bun).

make ducks and drakes of, to *F* a bate la pingea/ tălpi; a toca; a păpa; a zvârli pe fereastră; a da pe gârlă.

make earth, to *electr.* a face contact cu pământul.

make effective/good use of smth., to a folosi ceva în mod eficient/eficace/bine/cu bune rezultate/cu pricepere/cum trebuie/din plin.

make ends meet, to v. **make (both) ends meet.**

make even, to a netezi; a nivela; a a aduce la acelaşi nivel; a drişcui; a uniformiza; a unifica.

make excuses, to 1. ~ (for doing smth./for smth.) a se scuza, a găsi scuze (pentru că face/a făcut ceva/pentru ceva). **2. ~ for smb.** a scuza pe cineva.

make eyes at smb., to a-i face cuiva cu ochiul/din ochi; a arunca o ochiadă cuiva; a-i face cuiva ochi dulci.

make faces at smb., to v. **make a face at smb.**

make fast, to 1. a lega strâns; a fixa bine; a întări; a consolida; a îmbina. **2.** *mar.* a se lega. **3.** a încuia (uşa).

make for home, to a se îndrepta spre/către casă.

make free, to 1. ~ with smb. a-şi permite unele libertăţi/F→ cam multe cu cineva. **2. ~ with smth.** a se folosi de ceva fără jenă/ca şi când ar fi al lui; a nu se jena să folosească ceva.

make free use of smth., to a se folosi din plin/în voie de ceva.

make friends again, to a se îmbuna; a deveni mai prietenos/prietenoşi; a redeveni prieteni (după o ceartă).

make friends(with), to a se împrieteni (cu); a lega prietenie (cu).

make full admissions (of guilt), to *(d. un vinovat)* a face mărturisiri complete; a mărturisi tot.

make full satisfaction to smb., to v. **make ample satisfaction to smb.**

make fun of, to a(-şi) râde de *(cineva, ceva)*; a lua (pe cineva) în zeflemea/peste picior/F→ în balon/A→ băşcălie; a ridiculiza *(pe cineva, ceva)*; A→ a face băşcălie de *(cineva, ceva)*.

make game of smb., to a-şi bate joc/a(-şi) râde de/a ridiculiza pe cineva, a lua pe cineva peste picior.

make good, to a ajunge bine; a prospera; F→ a se căpătui; a prinde cheag; a-şi face o situaţie.

make good a charge, to a dovedi o învinuire.

make good a deficit, to a acoperi un deficit.

make good a loss to smb., to a despăgubi pe cineva pentru o pierdere.

make good an injustice, to a repara o nedreptate.

make good a promise, to a ţine/îndeplini o promisiune/făgăduială.

make good cheer, to a petrece; a benchetui; a se ospăta; a mânca şi a se veseli.

make good copy, to a fi un bun subiect pentru un articol/reportaj.

make good one's escape, to a reuşi să fugă/scape/evadeze.

make good one's loss, to F→ a-şi scoate pârleala.

make good one's retreat, to 1. *mil.* a se replia; a se retrage în ordine. **2.** F a o întinde, a o şterge, a se face nevăzut; a-şi lua tălpăşiţa.

make good one's running, to a nu rămâne în urmă.

make good progress, to *(d. un bolnav)* a face progrese; a fi pe cale de însănătoşire.

make good time, to a merge bine/repede.

make good use of smth., to v. **make effective use of smth.**

make good weather, to *mar.* v. **make bad weather.**

make goo-goo eyes at smb., to F a face ochi dulci cuiva.

make great play with, to a accentua/sublinia cu emfază; a face mare caz de; a bate monedă cu/din; a insista/stărui îndelung asupra; a se juca/a gesticula/a face gesturi teatrale cu.

make great strides, to a înainta cu paşi mari; a face progrese mari; a lua un mare avânt.

make grimaces, to a face grimase/strâmbături; a se strâmba.

make hard work of smth., to a face o întreagă poveste din ceva/ca ceva să pară mai greu decât este.

make haste, to a se grăbi; F→ a-i da zor.

make haste slowly, to *prov.* încet-încet/încetul cu încetul departe ajungi; *glum.* → grăbeşte-te încet.

make havoc among/in/of, to a cauza/provoca stricăciuni în; a face ravagii în/printre; a da iama în/prin; a distruge; a pustii; a devasta.

make hay, to a întoarce fânul.

make hay of smth., to F a încurca/împrăştia/răvăşi/zăpăci ceva; a face un ghiveci/talmeş-balmeş/o varză din ceva; a face dezordine/harababură în ceva; a da ceva peste cap; a răsturna ceva cu susul în jos.

make hay while the sun shines *prov.* bate fierul cât e cald; bate nucile până nu cade frunza.

make head/headway, to a înainta; a progresa.

make head(way) against, to a se împotrivi/opune/a rezista cu succes la; a lupta cu succes contra/împotriva; a înainta/răzbi în pofida împotrivirii.

make head or tail of smth., to *(folosit mai ales la negativ)* a înţelege/pricepe ceva; a-i da de capăt/rost; a se descurca cu/în ceva.

make heavy, to a îngreuna.

make heavy weather of smth., to ← F a se căzni/chinui/munci să facă ceva; a face ceva cu mare chip/trudă; a găsi ceva obositor/istovitor; a-şi face/găsi de lucru cu ceva; a face o întreagă poveste din ceva; a face mare caz de ceva; a trata ceva ca şi cum ar fi un lucru foarte serios.

make him/it tick, to ← F a face ceva să funcţioneze/să meargă (aşa/în acest fel); a face pe cineva să acţioneze/să procedeze/să se comporte astfel; a mâna pe cineva să facă asta; a pune pe cineva/ceva în mişcare.

make history, to a intra/rămâne în istorie.

make holiday (over smth.), to a serba, a sărbători (ceva).

make inquiries about smb./smth., to a face cercetări/investigaţii în privinţa cuiva/unui lucru; a lua/strânge informaţii despre cineva/ceva; a se interesa de/a întreba despre cineva/ceva.

make inroads into/upon smth., to *fig.* a absorbi/ consuma/înghiţi o bună parte din *(economii, fonduri, rezerve, timpul liber etc.)*; a intra serios/a da iama în; a se decava.

make inroads upon the enemy, to a hărţui pe inamic.

make intercession for smb., to a interveni/*F →* pune o vorbă bună pentru cineva.

make it, to ← *F* a prinde/reuşi să prindă *(trenul etc.)*, a ajunge/sosi la timp *(pentru a prinde trenul etc.)*.

make it clear, to I. ~ to oneself a-şi da bine seama de; a se lămuri personal cu. **2.** ~ **to smb. that** a face pe cineva să înţeleagă/să-şi dea seama (clar) că; a lămuri pe cineva că; a-i spune/explica cuiva clar că; a preciza cuiva că.

make it clear as daylight that, to a arăta/dovedi cât se poate de clar că.

make it hot/warm for smb., to *fig.v.* **make a place/it too hot for smb.**

make it obligatory (up)on smb. to do smth., to a obliga pe cineva să facă ceva.

make it one's business to do smth., to a considera/socoti o datorie să facă ceva; a-şi face o datorie din a face ceva; a-şi lua sarcina să facă ceva.

make it snappy! *F* dă-i zor/bătaie/bice! grăbeşte-te! mişcă(-te) mai repede!

make it tick, to ← *F v.* **make him tick.**

make it too hot for smb., to *fig. v.* **make a place too hot for smb.**

make it up to smb. for smth., to a despăgubi pe cineva pentru ceva.

make it up (with smb.), to a se împăca (cu cineva); a deveni iar prieten (cu cineva)/prieteni.

make it/things warm for smb., to *v.* **make a place/it too hot for smb.**

make it worth smb.'s while, to a plăti/răsplăti/ recompensa pe cineva/a da cuiva o recompensă/a avea grijă de cineva pentru osteneală/trudă.

make known, to a face cunoscut.

make land/the land, to *mar.* a vedea uscatul; a se apropia de uscat; a pune capul pe uscat.

make light of smth., to a trata ceva cu uşurinţă; a lua ceva uşor; a nu lua ceva în serios; a nu acorda/

da importanţă unui lucru; a nu prea lua în seamă ceva; a-i păsa prea puţin de ceva; < a dispreţui ceva.

make light work of smth., to a face ceva cu uşurinţă/fără mare efort.

make like, to *amer. sl.* a face ca/pe; a imita.

make little account of smth., to a pune puţin/a nu pune mare preţ pe ceva; a (acor)da puţină/a nu acorda multă atenţie/importanţă unui lucru; a face puţin/a nu face mare caz de ceva.

make little difference, to a avea puţină importanţă; a afecta/schimba prea puţin lucrurile/situaţia.

make little of smth., to a pune puţin/nu pune mare preţ pe ceva; a face puţin caz/nu-i păsa de un lucru; a nu da importanţă unui lucru; a subaprecia/< a dispreţui/desconsidera ceva; a socoti ceva ca fiind lipsit de importanţă.

make love to smb., to I. a face curte cuiva, a curta pe cineva. **2.** a face dragoste/a se iubi cu cineva.

make mention of smb./smth., to a face (o) menţiune despre cineva/ceva; a aminti/menţiona/ pomeni pe cineva/ceva; a face o referire/a se referi la cineva/ceva.

make merry, to I. a se amuza, a se distra, a se veseli, a petrece. **2.** ~ **over smb./smth.** a se amuza/a face haz/a se distra/a petrece pe socoteala cuiva/unui lucru. **2.** ~ **with smth.** a se amuza/distra cu ceva.

make mincemeat of, to *F* I. ~ **smb.** a face bucăţi/ harcea-parcea/piftie/pilaf pe cineva; a desfiinţa/ distruge pe cineva; a jupui de viu pe cineva; a mânca fript pe cineva. **2.** ~ **smth.** a distruge/ni-mici/răsturna/reduce la zero/spulbera/face praf *(un argument etc.)*.

make mischief (between), to a băga zâzanie; a semăna vrajbă/discordie (între).

make mock of smb./smth., to *v.* **make a mock of smb./smth.**

make money hand over fist, to *F* a face afaceri mănoase; a face o groază de bani.

make much, to *F (d. o plantă, un tânăr etc.)* a se alege ceva de ea/el/de capul său.

make much account of smth., to a pune mare preţ pe ceva; a da o mare atenţie/importanţă unui lucru; < a face mare caz de ceva.

make much ado (about smth.), to a face mult tapaj/zgomot/multă zarvă (în jurul unui lucru)/ mult caz (de ceva).

make much of, to I. a face mare caz/mult caz de, a pune mare preţ/un mare accent pe, a acorda/da (o) mare atenţie/importanţă (cuiva, unui lucru); a fi plin de atenţie faţă de (cineva); a nu şti cum să facă (cuiva) pe plac. **2.** a alinta, a răsfăţa, a cocoli, a dezmierda. **3.** a lăuda; a flata, a măguli.

make no bones about, to 1. ~ **doing smth.** a nu ezita/şovăi/a nu se jena/sfii/teme să facă ceva; a nu se da înapoi să facă ceva; a face ceva fără scrupule/fasoane/nazuri. **2.** ~ **it** a nu ezita/şovăi/a nu se jena/sfii; a nu-şi face nici un scrupul/(nici un fel de) scrupule (din cauza asta/în această privinţă); a nu face fasoane/nazuri.

make no delay (in doing smth.), to a nu întârzia (să facă ceva).

make no difference, to a nu afecta/schimba cu nimic/întru nimic/deloc lucrurile/situaţia; a nu avea (nici o) importanţă; a fi acelaşi lucru/totuna.

make no doubt, to 1. ~ **that** a controla dacă; a se asigura că. **2.** ~ **about/of smth.** a fi sigur/a nu se îndoi de ceva; a nu avea nici o îndoială în privinţa unui lucru.

make no matter, to a nu avea/a fi lipsit de importanţă; a nu conta.

make no mention of smb./smth., to a nu (se) menţiona/aminti/pomeni nimic de cineva/ceva; a nu (se) face nici o menţiune despre/referire la cineva/ceva; a trece sub tăcere ceva.

make no mistake, to *F* fără doar şi poate/(nici o) îndoială; de bună seamă; cu siguranţă.

make no never mind, to *amer. sl.* a nu avea/a fi lipsit de importanţă; a nu conta; *F* → a nu sta lumea în loc din cauza asta; a nu cădea cerul.

make nonsense of smth., to a lipsi ceva de (orice) sens/valoare; a face ca ceva să fie lipsit de (orice) sens/valoare/să-şi piardă sensul/valoarea.

make no odds, to a nu avea a face/importanţă; a nu face nimic; ~ **to smb.** a-i fi absolut/perfect egal; a fi acelaşi lucru/totuna pentru cineva.

make no pretence of smth., to a nu avea nici o pretenţie/pretenţii la ceva; a nu ridica nici o pretenţie/pretenţii asupra unui lucru; a nu pretinde ceva.

make no pretensions to smth., to a nu avea pretenţia/a nu pretinde că este/are/posedă ceva; a nu se pretinde ceva.

make no question of smth., to a nu se îndoi de ceva; a nu pune ceva la îndoială; a admite ceva întru totul/pe deplin.

make no reply, to a nu răspunde, a nu spune/zice nimic; a nu da nici un răspuns.

make/offer no resistance (to smb.), to a nu opune (nici o) rezistenţă (cuiva).

make no scruple about smth., to a nu-şi face scrupule în privinţa unui lucru.

make no secret of, to a nu face un secret din.

make no sense, to *(d. o frază etc.)* a nu avea nici un sens/înţeles/*F* → nici cap nici coadă.

make no sign of, to *(cu vb. în -ing)* a nu da semne că ar ...

make nothing of smth., to 1. a nu se sinchisi de ceva; a nu face caz de ceva; a fi o nimica toată/floare la ureche pentru cineva. **2.** a nu-şi face scrupule în privinţa unui lucru. **3.** a nu pricepe/înţelege nimic/o iotă din ceva.

make nothing out of smth., to *F* a nu se alege cu nimic de pe urma unui lucru; a nu scoate nimic din ceva.

make odds even, to 1. a înlătura diferenţele/inegalitatea. **2.** a repartiza în mod egal *(şansele etc.)*.

make old bones, to ← *F* a ajunge/trăi până la adânci bătrâneţe.

make one of the party, to a face şi el parte din grup/societate/*F* → gaşcă; a fi şi el membru al grupului/*F* → găştii; a se alătura grupului; a merge şi el cu grupul.

make one's adieu(s), to a spune la revedere; a-şi lua rămas bun.

make one's best bow, to a face o plecăciune adâncă/o temenea până la pământ.

make one's blood boil, to a-i fierbe sângele în vine, a fierbe de mânie, a simţi că plesneşte/turbează (de furie).

make one's blood freeze/run cold, to a face să-i îngheţe sângele în vine; a îngheţa sângele în el/a-i îngheţa sângele în vine/a îngheţa de frică/groază din pricina .../la vederea ...

make one's bow (to), to a se înclina; a face o plecăciune/reverenţă (în faţa asistenţei, publicului etc.).

make one's bow to the company (and depart), to a saluta pe cei de faţă (şi a pleca); a se retrage.

make one's brain/mind reel (at), to a-l cuprinde ameţeala (la); a-i veni să ameţească (la); *F* → a-i sta mintea în loc (la).

make one's case, make out one's case, to a-şi dovedi cazul/nevinovăţia, a-şi dovedi/justifica plângerea.

make one's contribution (to smth.), to a-şi aduce contribuţia (la ceva).

make one's cross, to a face/pune o cruce *(pe un document)*; a însemna *(un document)* cu o cruce.

make one's day, to *F* a avea şi el o bucurie/plăcere pe ziua de azi/în ziua aceea; a fi un eveniment (memorabil) pentru cineva pe ziua de azi/aceea; a trebui să treacă ziua asta/aceea cu roşu în calendar; a face/fi tot şarmul zilei pentru cineva; a merita să apuce ziua de azi/aceea pentru asta.

make one's departure, to a pleca.

make oneself at home, to 1. a se simţi/considera/a fi ca la sine acasă. **2.** a se face comod. **3.** a se instala comod *(într-un fotoliu)*.

make oneself cheap, to a lăsa de dorit în ceea ce priveşte comportarea; a nu ţine la bunul său nume; a nu se respecta; a decădea, a-şi pierde rangul (social).

make oneself conspicuous, to a atrage atenţia asupra sa *(prin felul în care e îmbrăcat, comportarea sa)*; a se face remarcat.

make oneself known to smb., to a se prezenta cuiva.

make oneself/one's meaning clear, to a se face înţeles; a fi/vorbi explicit/desluşit/lămurit; *F →* a fi clar.

make oneself/one's mind easy about smth., to a se linişti/a nu-şi (mai) face griji/gânduri în privinţa unui lucru.

make oneself scarce, to *F* a se face nevăzut; a se eclipsa; a se volatiliza; a dispărea; a o şterge; a o lua din loc.

make oneself snug, to ← *F* a se face comod.

make oneself uneasy, to a se nelinişti; a se agita; a se frământa.

make oneself useful, to a se face util; a face (şi el) ceva; a ajuta (şi el) la ceva; a pune (şi el) mâna pe ceva.

make one's escape, to a fugi; a evada.

make one's exit, to l. a ieşi. **2.** *teatru* a părăsi scena. **3.** *fig.* a muri; a trece din lume/viaţă.

make one's eyes water, to a-l face să lăcrimeze; a-i lăcrima ochii din cauza.

make one's farewells, to a-şi lua rămas bun/la revedere/adio.

make one's first appearance, to *teatru* a debuta; a-şi face debutul.

make one's flesh crawl/creep, to a-l trece fiorii/a i se încreţi pielea (pe el) de .../la .../din cauza ...

make one's get-away, to ← *F (d. un deţinut)* a fugi; a evada.

make one's gorge rise, to a-i face greaţă/silă; a-i întoarce stomacul pe dos; a-l dezgusta; a-l face să verse.

make one's hackles rise, to *F v.* **make one's blood boil.**

make one's hair stand on end, to a i se face/ridica părul/chica măciucă/vâlvoi/a i se zbârli părul din cap de .../la .../din cauza .../când ...

make one's heart ache, to a-l durea/a i se strânge/frânge/rupe inima de .../la .../din cauza .../când .../să ...

make one's heart leap into one's mouth, to *F* a face să-i sară inima din loc; a-i sări inima din loc/a i se strânge inima/a simţi o strângere de inimă la .../din cauza ...; a-l băga în sperieţi; a-l speria de moarte.

make one sick, to *fig.* a i se face greaţă/silă/rău de/când; a-i veni acru de; a i se întoarce stomacul pe dos din cauza; a-i face cuiva greaţă/silă; a-l face să verse.

make one sick just to think of it, to *F* a-l cuprinde sila/a i se face greaţă/silă chiar numai la gândul acesta; a-i fi greaţă/silă chiar şi să se gândească la asta; chiar şi numai gândul acesta îi face greaţă/îl umple de dezgust/îl dezgustă.

make one's living (as/at/by doing smth./from), to a-şi câştiga existenţa/pâinea (ca/la/făcând ceva/din).

make one's lucky, to *sl.* a-şi lua tălpăşiţa; a o şterge; a da bir cu fugiţii.

make one's maiden speech, to *parl.* a-şi ţine primul discurs/discursul de debut (în Parlament).

make one's mark, to a-şi face un nume; a-şi câştiga o reputaţie; a se face cunoscut; a deveni celebru; < a răzbate.

make one's mash, to *sl.* a-şi câştiga un admirator/o admiratoare; a da gata pe cineva; a cuceri inima cuiva.

make one's meaning clear, to *v.* **make oneself clear.**

make one's mind easy about smth., to *v.* **make oneself easy about smth.**

make one's mind reel (at), to *v.* **make one's brain reel (at).**

make one's/smb.'s mouth water, to a-i lăsa (cuiva) gura apă din cauza/la vederea/la gândul etc.; a-i trezi/a-i aţâţa (cuiva) pofta.

make/name one's own terms, to a dicta/fixa/stabili/a-şi impune condiţiile.

make one's peace (with smb.), to a se împăca, a face pace (cu cineva).

make one's pile, to *v.* **make a pile.**

make one's play for smb./smth., to *F v.* **make a play for smb./smth.**

make one's point, to a realiza ce şi-a pus în gând/propus; a-şi face efectul, a produce efectul (scontat/urmărit); a-şi atinge ţinta; a reuşi să convingă.

make one's return of income, to a-şi face declaraţia de venituri (în vederea impunerii).

make one's rounds, to a(-şi) face rondul.

make one's way in life/in the world, to a-şi croi drum/a răzbi în viaţă; a reuşi în carieră; a-şi face o situaţie; a parveni; a se ajunge.

make one's way to(wards), to l. a merge la; a se îndrepta/a o lua spre. **2.** a reuşi să meargă/să ajungă la.

make or break/mar, to l. a reuşi/a se îmbogăţi sau a se ruina. **2.** a face (pe cineva) fericit sau nenorocit; a ferici sau a nenoroci (pe cineva); a aduce (cuiva) succes deplin sau un eşec total/victoria sau înfrângerea.

make out a case, to: ~ **against/for** a argumenta/ aduce argumente/a pleda împotriva/în favoarea; ~ **that** a argumenta/demonstra că.

make out one's case, to *v.* make one's case.

make peace between two persons, to a împăca două persoane.

make pleasant reading, to *(d. ceva)* a fi o lectură plăcută/plăcut de citit.

make poor, to a sărăci; a dilua.

make port, to *(d. un vas)* a ajunge în port.

make pots of money, to *F* a câștiga gras; a câștiga bani cu ghiotura.

make pretence to smth., to a avea pretenții la ceva; a ridica pretenții asupra unui lucru.

make prize of a ship, to *mar.* a captura un vas.

make provision for, to **1.** ~ **smb.** a se îngriji/a avea grijă de cineva/soarta cuiva; a asigura viitorul cuiva; a căpătui pe cineva. **2.** *(d. o lege)* a prevedea ceva, a conține o prevedere cu privire la ceva. **3.** a avea grijă/a se îngriji de ceva; a lua măsurile necesare pentru ceva/pentru a asigura ceva.

make ready, to **1.** a se pregăti, a fi gata. **2.** a pregăti.

make regular, to a(-și) reglementa (situația).

make representations, to a face demersuri/intervenții.

make rings round smb., to ← *F* a bate/învinge cu ușurință pe cineva *(mai ales la fotbal)*; a fi net superior cuiva; *F →* a face marț pe cineva; *A →* a nu avea treabă cu cineva.

make room/way (for smb.), to a face (cuiva) loc (să treacă); a se da la o parte (pentru a lăsa pe cineva să treacă).

make sad work of smth., to a se achita în mod deplorabil de ceva.

make sail, to *mar.* a întinde pânzele/velele; a ieși din pană.

make seaway, to *și fig.* a înainta, a progresa.

make sense, to a avea (un) sens/înțeles/(o) noimă, a fi de înțeles.

make sense of smth., to *(folosit cu can/could în construcții negative sau interogative)* a înțelege/ pricepe ceva; a da de rost(ul) unui lucru.

make sense out of nonsense, to *(folosit cu can/ could în construcții negative sau interogative)* a găsi o noimă/un sens în ceva lipsit de noimă/sens; a interpreta ceva/a da un sens unui lucru ininteligibil.

make sheep's eyes at smb., to a se uita galeș la cineva; a-i fugi ochii după cineva; a-i arunca cuiva priviri amoroase; a privi languros pe cineva.

make shift, to **1.** ~ **to do smth.** a găsi (cu greu) un mijloc pentru a face/ca să facă ceva; a se aranja să

facă ceva. **2.** ~ **with smth.** a se descurca/a o scoate la capăt cu *(o sumă, un venit etc.)*.

make shipwreck of smth., to *fig.* a(-și) distruge/ a(-și) ruina ceva.

make short work of smth., to a termina/rezolva rapid/repede cu ceva; a nu-i trebui mult timp ca să facă ceva; a se debarasa/a scăpa rapid/în doi timpi și trei mișcări de ceva; a expedia rapid ceva.

make so bold as to do smth., to a-și permite/a îndrăzni/a-și lua libertatea/îngăduința/a se încumeta să facă ceva.

make smb. an April-fool *v.* make an April-fool of smb.

make smb. angry, to a supăra/mânia/înfuria pe cineva.

make smb. change his tune/sing another tune, to a face pe cineva să se potolească/să schimbe/să coboare tonul/s-o lase mai domol/mai moale; a face pe cineva să schimbe placa.

make smb. cry with laughter, to a face pe cineva să râdă cu lacrimi/să-i dea lacrimile de râs.

make smb. feel at home, to a face pe cineva să se simtă bine/ca la el acasă; a fi foarte primitor.

make smb. feel/look small, to a umili pe cineva, a face pe cineva să se simtă mic/jenat/rușinat/ umilit; *F* a-i scurta/tăia cuiva nasul.

make smb. find his tongue, to a face pe cineva să deschidă gura; a dezlega limba cuiva.

make smb. free of, to a pune (ceva) la dispoziția cuiva; a acorda cuiva dreptul de a beneficia de privilegiile *(unei companii etc.)*; ~ **a city** a acorda cuiva calitatea/titlul/drepturile de cetățean al unui oraș.

make smb. green with jealousy, to ← *F* a face pe cineva să pălească de gelozie.

make smb. indignant, to a indigna pe cineva.

make smb. late, to a întârzia/reține pe cineva, a face pe cineva să întârzie.

make smb. look small, to *v.* make smb. feel small.

make smb. open his eyes, to *F →* a lăsa pe cineva cu gura căscată/paf; a uimi/ului pe cineva.

make smb. out to be smth., to **1.** a afirma/pretinde/sugera/susține/încerca să dovedească că cineva este ceva. **2.** *amer.* a acuza pe cineva că este ceva.

make smb.'s acquaintance/the acquaintace of smb., to a face cunoștință cu cineva; a fi prezentat cuiva.

make smb. sad, to a întrista/mâhni pe cineva.

make smb.'s blood freeze/run cold, to *v.* make one's blood freeze/run cold.

make smb.'s brain/mind reel (at), to *v.* make one's brain/mind reel (at).

make smb.'s flesh crawl/creep, to a face pe cineva să-l treacă fiorii/să i se încrețească pielea (pe el);

a-l trece pe cineva fiorii/a i se încreți cuiva pielea (pe el) de .../la .../din cauza.

make smb.'s gorge rise, to *v.* **make one's gorge rise.**

make smb.'s hair stand on end, to *v.* **make one's hair stand on end.**

make smb.'s heart ache, to *v.* **make one's heart ache.**

make smb.'s heart leap into his mouth, to *v.* **make one's heart leap into one's mouth.**

make smb. sing another tune, to *v.* **make smb. change his tune.**

make smb. sing small, to *F* a (mai) tăia cuiva din nas; a tăia/scurta nasul cuiva.

make smb. sit up (and take notice), to ← *F* a trezi pe cineva din letargie/la realitate; a alarma/speria pe cineva; a da cuiva ceva de gândit; a face pe cineva să privească cu atenție la ce se întâmplă în jur/la evenimente/pe deplin conștient de ce se petrece în jur; a băga pe cineva la/a pune pe cineva pe gânduri; a lua piuitul cuiva; a face pe cineva praf; a lăsa pe cineva paf.

make smb.'s life a hell, to a-i face cuiva viața un iad/un infern.

make smb. smart for smth., to a i-o plăti cuiva pentru ceva; a face pe cineva să plătească scump pentru ceva.

make smb.'s mind reel (at), to *v.* **make one's brain reel (at).**

make smb.'s mouth water, to *v.* **make one's mouth water.**

make smb.'s nose smell, to ← *F* a face pe cineva gelos.

make smb. squeal, to I. a face pe cineva să țipe (de durere). 2. ← *P* a șantaja pe cineva.

make smb. stare, to a uimi/ului pe cineva; a lăsa pe cineva interzis/mut (de uimire).

make smb. sweat for smth., to I. a face pe cineva să-l treacă toate nădușelile/să se căiască; a i-o plăti cuiva pentru ceva. 2. face pe cineva să transpire/să muncească din greu pentru ceva.

make smb. tipsy, to *F* a ameți/chercheli pe cineva.

make smb. welcome, to a face pe cineva să se simtă binevenit.

make smb. yawn, to *F* a plictisi pe cineva de moarte/îngrozitor.

make smth. a habit, to *v.* **make a habit of smth.**

make smth. a matter of conscience, to a-și face scrupule în privința unui lucru/în legătură cu ceva; a face din ceva un caz/o problemă de conștiință.

make smth. a point of honour, to a-și face din ceva o chestiune/un punct de onoare/de glorie.

make smth. a practice, to *v.* **make a habit of smth.**

make smth. botter, to a îmbunătăți/ameliora ceva.

make smth. do, to *v.* **make do with smth.**

make smth. go round, to *F* a face să-i ajungă/de-i ajunge ceva; a se ajunge cu ceva; a întinde de ceva.

make smth. in bad taste, to a face ceva deplasat/de prost gust/cu lipsă de tact.

make smth. manifest, to a face ceva (să devină) clar/evident.

make smth. one's excuse, to a aduce ceva ca/a invoca ceva ca/drept scuză.

make smth. one's own, to a-și apropria/însuși ceva.

make smth. out of it/smth., to *amer.* ← *sl.* a o lua/a lua ceva drept un afront/o provocare; a se lua la bătaie/harță pentru/din cauza asta/pentru ceva/din cauza unui lucru.

make smth. ship-shape, to a pune ceva în (cea mai deplină) ordine; a face/pune ordine/rânduială în casă.

make smudges on smth., to a mânji/murdări/păta ceva; a lăsa urme murdare pe ceva.

make some difference, to a avea o oarecare importanță; a afecta/schimba întrucâtva situația.

make spoil of smth., to a da iama în ceva.

make sport of smb., to a(-și) râde/a face haz/a-și bate joc de/a lua în râs/a lua peste picior pe cineva.

make sure (of smth./that ...), to I. a se asigura (de ceva/că ...). 2. a se convinge/încredința (de ceva/că ...); a verifica (ceva/dacă ...); a vedea (dacă ...).

make tack and tack, to *mar.* a schimba direcția; a pluti în zigzag.

make terms (with smb.), to a ajunge/cădea la o înțelegere/a cădea de acord/a se înțelege/*F* → a se aranja (cu cineva).

make the acquaintance of smb., to *v.* **make smb.'s acquaintance.**

make the agreeable to smb., to ← *F* a căuta să distreze/amuze pe/să fie amabil/drăguț cu cineva; a fi o companie plăcută pentru cineva; a se face agreat; a fi agreabil.

make the best of, to I. a trage cât mai mult/maximum de folos/profit/cât mai multe foloase din (ceva)/de pe urma (unui lucru); a profita cât mai mult/la maximum de (ceva); a folosi cel mai bine/util (ceva); a scoate cât mai mult/maximum (din ceva/cineva). 2. a se deprinde/obișnui/împăca cu (ceva); a se adapta la (ceva); a lua (ceva) așa cum este; a se resemna. 3. a se descurca *(într-o situație nedorită, neplăcută)*.

make the best of a bad bargain/business/job, to *F* a face haz de necaz; a se împăca cu ideea/situația;

a suporta bărbăteşte greutăţile; a nu se descuraja/ a nu-şi pierde cumpătul/firea la ananghie.

make the best of both worlds, to a împăca şi pe Dumnezeu şi pe dracu; a împăca grija pentru mântuirea sufletului cu plăcerile lumeşti; a împăca şi capra şi varza.

make the best of one's way, to a merge cât îl ţin picioarele/cât se poate mai repede; a nu şti cum să meargă/să ajungă mai repede.

make the best of things, to a se împăca cu situaţia; a lua lucrurile aşa cum sunt.

make the best use of one's time, to a-şi folosi cât mai bine timpul.

make the bull's eye, to v. hit the bull's eye.

make the dust/feathers/fur fly, to F a face un tărăboi îngrozitor/un scandal monstru; a se certa ca la uşa cortului; a se bate ca chiorii.

make the first move, to fig. a face prima mişcare/ primul pas; a i-o lua cuiva înainte.

make the grade, to ← F 1. a reuşi în ceva. 2. a se arăta/dovedi/a fi la înălţime.

make the land, to mar. v. make land.

make the money fly, to a arunca banii în vânt/pe fereastră; a fi mână spartă; a bate la papuc.

make the most of, to 1. ~ smth. a scoate maximum din ceva; a trage maximum de folos/cât mai multe foloase din ceva/de pe urma unui lucru; a profita la maximum/cât mai mult de ceva; a folosi ceva la maximum/cât mai bine; a valorifica ceva; a gospodări cât mai chibzuit ceva. 2. ~ smth. a înfăţişa/prezenta ceva în cea mai favorabilă lumină; a pune în valoare ceva; a exploata ceva la maximum. 3. ~ smb. a lăuda/preamări pe cineva; a trata pe cineva cu cea mai mare consideraţie.

make the round(s) of, to v. go the round(s) of.

make the running, to 1. a imprima ritmul; a prelua conducerea. 2. fig. a da tonul.

make the scene, to 1. ~ (with smb.) ← F a se arăta/afişa/a fi văzut/a se învârti în cercurile mondene/în lumea music-hall-ului etc. (cu cineva/în compania unor persoane din acele cercuri/acea lume). 2. amer. sl. a se apuca de/a începe să facă ceva; a da o raită prin (domeniul de activitate, locul este indicat de adjectivul care precedă scene).

make the sparks fly, to fig. a scăpăra/scoate scântei; a zbârnâi.

make the train, to ← F a ajunge exact la timp ca/ a reuşi să prindă trenul.

make the trial, to a face încercarea/experienţa.

make the worst of, to a fi/rămâne dezarmat/neputincios în faţa, a dezarma în faţa (unei situaţii, crize,

unui eşec etc.); a nu putea/reuşi să facă faţă/să iasă cu bine din/să lupte cu.

make the worst of both worlds, to a se pune rău/ strica şi cu Dumnezeu şi cu dracu; a nu avea parte nici de fericire în viaţa de apoi, nici de plăcerile acestei lumi; F → a se arde/prăji de două ori, a se alege numai cu ponoasele; a fi şi bătut şi cu banii luaţi.

make things hot/too hot for smb., to v. make a place/it too hot for smb.

make things hum, to F a pune lucrurile pe roate; a face ca treaba să meargă strună/să zbârnâie.

make things lively for smb., to a-i da de furcă cuiva; a-i da cuiva multă bătaie de cap; a-i face cuiva viaţa grea.

make things turn, to a acţiona energic; a face să meargă treburile strună/ca pe roate.

make things warm for smb., to v. make a place/ it too hot for smb.

make things worse, to a înrăutăţi lucrurile/situaţia.

make tight, zo tehn. a ermetiza; a închide etanş; a etanşeiza.

make time, to amer. a recupera timpul.

make to do smth., to a da/încerca să facă ceva.

make too great demands upon smb.'s patience, to a abuza de răbdarea cuiva.

make too much of smth., to a da mult prea multă importanţă unui lucru; a face mult prea mare/mult caz de ceva; a exagera importanţa unui lucru.

make to specification, to a face/confecţiona/ fabrica după specificaţii/descriere/deviz/dimensiunile cerute/specificate.

make tracks, to F a o lua din loc/la picior/la sănătoasa; a-şi lua picioarele la spinare/tălpăşiţa; a se cărăbăni/ evapora; a o întinde/şterge; ~ for (home, etc.) a se căra/cărăbăni/duce/a o întinde (acasă etc.); a porni/ a se urni/a se îndrepta/a zori spre (casă etc.).

make trial of smth., to a face încercarea/proba unui lucru; a pune ceva la încercare.

make trouble (for smb.), to a pricinui necazuri/ neplăceri (cuiva); a face greutăţi (cuiva); a da de furcă (cuiva.)

make two bites of a cherry, to F 1. a împărţi un pai la doi măgari. 2. (în construcţii negative) a lungi treaba; a se apuca de două ori de/să facă ceva.

make up a four (at bridge), to a se oferi să fie al patrulea (la bridge).

make up a party, to a se întruni pentru a face o petrecere/pentru un parti; a face/organiza o reuniune.

make up a purse, to a face o chetă/subscripţie; a strânge o sumă de bani (pentru a ajuta pe cineva sau pentru a-i oferi ca premiu).

make up for it, to *(d. ceva)* a fi o compensație; a compensa.

make up for lost time, to a recupera/recâștiga timpul pierdut.

make up for the want of smth., to a suplini lipsa unui lucru.

make up leeway, to *fig.* a recupera/recâștiga timpul pierdut; a recupera o întârziere.

make up lost ground, to a recâștiga terenul pierdut.

make up one's mind, to a se hotărî; a se decide; a lua o hotărâre; ~ **to do smth.** a se hotărî/decide să facă ceva; ~ **to smth.** a se împăca cu ceva; a se resemna în fața a ceva.

make up the difference, to a completa diferența.

make up the even money, to a completa suma (cu mărunțiș); a da suma rotundă.

make up the fire, to a pune lemne/cărbuni pe foc; a întreține focul.

make use of, to a face uz/a se folosi/a se servi de; a folosi, a întrebuința, a profita de.

make war on, to *v.* **wage war against/on/with.**

make water, to I. a urina. 2. *(d. un vas)* a lua apă.

make way, to I. *fig.* a înainta; a progresa. 2. ~ **for smb.** *v.* **make room (for smb.).**

make whoopee, to *sl.* a petrece în lege/clasa întâi/ pe cinste.

make worth smb.'s while to do smth., to a plăti/ răsplăti/recompensa pe cineva pentru osteneala/ truda de a face ceva.

make wrong right, to a face din rău bine; a schimba răul în bine.

make yourself all honey, and the flies will devour you *prov.* pe omul bun îl calcă și vacile.

manage as best as one can, to a se descurca/a se aranja cum poate.

manage the household, to a se ocupa de gospodărie.

man alive! *F* măi! măi! ia, te uită! Dumnezeule!

man and boy *(a trăi/locui undeva)* din copilărie/de când era copil/toată viața.

man cand only die once, a *prov.* o dată moare/o moarte are omul.

man is known by his friends/the company he keeps, a *prov.* spune-mi cu cine te însoțești, ca să-ți spun cine ești.

man's hat in his hand never did him any harm, a *prov.* capul ce se pleacă sabia nu-l taie.

many a good father hath a bad son *prov.* nu se poate pădure fără uscături; în cel mai bun grâu găsești și câte un fir de neghină.

many a little/pickle makes a mickle *prov.* picătură cu picătură se face balta; picur cu picur se umple

butea; apele mici fac râuri mari; dacă pui ban peste ban, se face curând morman.

many a man mulți oameni.

many a one mulți, multe.

many a one for land takes a fool by the hand *prov.aprox.* de dorul bogatului, luai fața dracului.

many a small make a great *prov.* din puțin se face mult.

many a time (and oft) de multe ori; adeseori.

many a true word is spoken in jest ← *prov.* multe adevăruri sunt spuse în glumă; în fiecare glumă e un grăunte de adevăr.

many drops make a shower *prov.* picătură cu picătură se face balta.

many hands make light work ← *prov.* multe mâini fac sarcina ușoară; când sunt/unde-s doi puterea crește.

many happy returns (of the day)! *(de ziua nașterii)* la mulți ani (fericiți)!

many men, many minds *prov.* câte capete, atâtea păreri; câte bordeie, atâtea obiceie.

many's the time that de multe ori; adeseori.

many wish but few will ← *prov.* mulți au dorința, dar puțini voința.

many words hurt more than swords *prov.* gura taie/ucide mai mult decât sabia.

many words will not fill a bushel *prov.* nu mulțimea cuvintelor umple dimerlia; vorba lungă/ multă, sărăcia omului.

map out a course of action, to a trasa/face un plan de acțiune.

map out one's time, to a-și aranja/planifica timpul.

March winds and April showers bring forth May flowers *prov. aprox.* ploaia din mai face mălai; plouă-n mai, e mălai.

mark me/my words/you! ascultă-mă pe mine! ascultă-mă bine; ține minte cuvintele mele/ceea ce-ți spun! ascultă/notează bine/reține/fii atent la/ ia aminte la (ceea) ce-ți spun! bagă bine la cap ce-ți spun!

mark one's approval (by), to a-și arăta/manifesta aprobarea (prin).

mark smb. for life, to a însemna/mutila pe cineva pe viață/pentru toată viața.

mark smb. out for promotion, to a alege/desemna pe cineva pentru promovare/a fi promovat.

mark time, to *mil. și fig.* a bate pasul pe loc.

mark with a white stone, to *fig.* a face o cruce/a scrie în calendar; a marca (ceva) ca un eveniment deosebit.

marry a fortune, to a face o partidă bună; a se căsători cu o femeie bogată/cu un bărbat bogat.

marry below one's station/beneath one, to a face o mezalianță.

marry for love, to a se căsători/lua din dragoste.

marry in haste and repeat at leisure, to a se lua în grabă şi a se căi/ca să se căiască apoi toată viaţa.

marry money/wealth, to ← *F* a se căsători/însura pentru bani/avere.

marry over the broomstick, to *v.* **jump (over) the broomstick.**

matters are at such point that lucrurile au ajuns acolo încât.

may damnation take him! *P* dar-ar boala în el! lua-l-ar moartea (să-l ia)!

may Heaven preserve you! să-ţi dea Dumnezeu sănătate! să te aibă cerul în paza lui!

may be rest in peace! odihnească în pace!

may (just) as well *(cu inf. fără to)* poţi/poate etc. (exact) la fel/tot atât de bine (să ...).

may your shadow never grow less! ← *F* să-ţi dea Dumnezeu sănătate! să trăieşti mulţi ani sănătos!

mean business, to *F* a vorbi serios; a avea intenţii serioase; a nu glumi; a se apuca de ceva cu toată seriozitatea/cu hotărâre; a se apuca hotărât de treabă.

mean kindly/well (by smb.), to a avea intenţii bune (faţă de cineva), a vrea binele (cuiva).

mean mischief, to a căuta să facă rău; a urzi ceva (împotriva cuiva); a avea gânduri/intenţii necurate/rele.

mean no harm, to a nu avea (nici un) gând rău/gânduri/intenţii rele.

mean nothing to smb., to 1. a nu avea nici un înţeles/sens/nici o noimă pentru cineva. 2. a nu mai fi/însemna nimic/a nu mai prezenta nici o însemnătate/nici un interes pentru cineva.

mean smb. to do smth., to a voi/ţine/intenţiona ca cineva să facă ceva.

mean smth. to smb., to a însemna foarte mult pentru cineva; a preţui foarte mult ceva.

mean to do smth., to a intenţiona/a avea intenţia/a voi/a avea de/a-şi pune în gând/a avea în vedere să facă ceva.

mean well (by smb.), to *v.* **mean kindly.**

measure another man's/another's feet/foot/other's feet by one's own last, to a judeca pe altul/alţii/ceilalţi după sine.

measure for measure *prov.* ochi pentru ochi (şi dinte pentru dinte).

measure noses, to *F* a da nas în nas (cu cineva).

measure one's length (on the ground), to ← *F* a cădea/a se întinde (la pământ) cât e de lung.

measure one's strength (with smb.), to a-şi măsura puterile (cu cineva).

measure smb. with one's eyes, to a măsura/cerceta pe cineva cu privirea/din ochi.

measure swords against/with smb., to *fig.* a încrucişa spada/a se măsura/a-şi măsura puterile cu cineva.

measure thrice and cut once *prov.* măsoară de mai multe ori şi croieşte o dată; de zece ori chiteşte şi o dată croieşte.

measure up to, to 1. ~ **smb.** a fi egalul/la nivelul cuiva. 2. ~ **smth.** a fi la înălţimea/nivelul unui lucru.

measure up with one's task, to *amer.* a se dovedi/a fi la înălţimea sarcinii.

meddle and smart for it, to *prov.* cine s-atinge de mărăcini nevătămat nu scapă.

meddle in other people's line, to *fig.* a se amesteca în treburile altora.

meek as a lamb/as Moses, (as) *F* blând ca un miel(uşel).

meet a demand, to a satisface/îndeplini o cerinţă/cerere/revendicare.

meet an emergency, to a face faţă unei situaţii critice.

meet an objection, to a respinge o obiecţie.

meet a rebuke with a laugh, to a primi o mustrare/dojană râzând.

meet a violent death, to a muri de moarte violentă.

meet in viewes with smb., to a se întâlni/potrivi în păreri cu cineva; a fi de acord cu/a accepta părerea/ideea/părerile/ideile cuiva.

meet one's death/end/fate, to a-şi găsi moartea/sfârşitul.

meet one's ears/the ear, to a se auzi; a fi auzit.

meet one's/the expenses a face faţă cheltuielilor; a acoperi cheltuielile.

meet one's eye/the eye, to a-i cădea sub ochi; a i se înfăţişa/oferi privirilor; a-i întâmpina privirile; a-i apărea (înaintea/în faţa ochilor); a-i fi dat să vadă; a da cu ochii de.

meet one's match/master, to a-şi găsi naşul/omul/*F* → capacul.

meet smb. face to face, to a se întâlni faţă în faţă/*F* → nas în nas cu cineva.

meet smb. halfway, to 1. a întâmpina pe cineva la jumătatea drumului; a ieşi/veni în întâmpinarea cuiva. 2. *fig.* a răspunde la avansurile cuiva. 3. *fig.* a face concesii cuiva; a ajunge la un compromis cu cineva.

meet smb.'s advances, to a răspunde la avansurile cuiva.

meet smb.'s eye, to a întâlni privirea cuiva.

meet smb.'s views, to 1. *(d. cineva)* a fi de acord cu/a împărtăşi părerile/vederile cuiva; a se conforma/potrivi vederilor cuiva; a veni în întâmpinarea ideilor etc. cuiva. **2.** *(d. ceva)* a intra în vederile cuiva; a corespunde intenţiilor/vederilor cuiva; a conveni.

meet smb.'s wishes, to a îndeplini/satisface dorinţele cuiva.

meet the case, to a fi adecvat/convenabil/potrivit/ satisfăcător; a conveni.

meet the ear, to *v.* **meet one's ears.**

meet the expenses, to *v.* **meet one's expenses.**

meet the eye, to *v.* **meet one's eye.**

meet the requirements, to a corespunde/ răspunde cerinţelor; a conveni.

meet trouble halfway, to *F* → a-şi căuta de lucru; a căuta pe dracu; a umbla după belele; a se băga în gura lupului.

meet with a check, to *mil. (d. un atac)* a fi respins.

meet with a misfortune, to *v.* **have a misfortune.**

meet with a rebuff (from smb.), to a întâmpina un refuz (din partea cuiva); a se izbi de indiferenţă/ indiferenţa (cuiva); *F* → a înghiţi hapul; a suferi un eşec.

meet with a repulse, to a întâmpina/a fi întâmpinat cu un refuz; a fi refuzat.

meet with a warm reception, to a i se face o primire călduroasă.

meet with difficulties, to a întâmpina/a se izbi de/ lovi de/a da peste greutăţi.

meet with one's deserts, to a căpăta ceea ce merită; a-şi primi răsplata.

meet with opposition, to a întâmpina opoziţie/ rezistenţă.

meet with smb.'s approval, to a câştiga/a se bucura de aprobarea cuiva.

meet with success, to a avea/a se bucura de succes.

melt in one's mouth, to a i se topi în gură.

melt into tears, to a fi înduioşat/mişcat până la lacrimi; a izbucni în plâns.

melt into thin air, to *fig. F* a se evapora; a se volatiliza; a se topi; a intra în pământ.

melt with pity, to a-l cuprinde mila; a i se rupe inima de milă; a i se înmuia inima.

men cut large thongs of other men's leather *prov.* fiecare pune bucuros şaua pe iapa vecinului.

mend matters, to a drege/a îndrepta lucrurile/situaţia.

mend one's fences, to *v.* **look after one's fences.**

mend one's pace, to a grăbi/iuţi pasul.

mend one's ways, to a-şi îndrepta purtarea; a se îndrepta; a o apuca pe calea cea bună.

mend the seat, to a cârpi/repara fundul unui pantalon.

mercy on us! Sfinte Dumnezeule! Dumnezeule mare! Doamne fereşte/păzeşte!

mere flea bite, a *F* o pişcătură de purice; o nimica toată; un fleac.

merry as a cricket/grig/lark/as the day is long, (as) vesel ca un cintezoi.

mete out justice, to a împărţi/face dreptate.

mew oneself up from the world, to ← *F* a se retrage din lume; a trăi ca un pustnic.

middle-aisle, to *amer.* ← *sl.* a se căsători.

might against right dreptul celui mai tare.

might is right *prov.* cine e mare e şi tare, cine e mic, tot nimic; dreptatea o fac domnii; peştele cel mare îl înghite pe cel mic.

mild as a dove/milk, (as) *F* blând ca un porumbel/ miel(uşel).

miles better *F* de o mie de ori/incomparabil mai bine.

milk and water *fig.* apă de ploaie.

milk of human kindness, the pâinea lui Dumnezeu.

milk the bull/ram, to *F* a căuta lapte de cuc/bou; a umbla după cai morţi să le ia potcoavele/după potcoave de cai morţi.

milk the till, to ← *P* a ciupi din banii încasaţi.

milk the wire, to *F* a intercepta un mesaj telefonic/ telegrafic.

mince one's words, to a vorbi (cu o eleganţă afectată) din vârful buzelor.

mind and don't be late! ← *F* ai grijă să nu întârzii/ vii târziu!

mind and do what you're told! bagă de seamă să faci ce ţi se spune!

mind my words! ascultă/notează bine ce-ţi spun! ascultă-mă bine! ascultă-mă pe mine!

mind one's P's and Q's, to ← *F* **1.** a-şi controla/ supraveghea comportarea; a-şi controla cuvintele; a fi atent ce vorbeşte/spune/cum se poartă. **2.** a deschide ochii; a fi cu băgare de seamă/cu ochii-n patru.

mind what you are about! atenţie/fii atent la/bagă de seamă ce faci!

mind you! notează bine (asta/ce-ţi spun)! ţine minte ce-ţi spun! nu uita! nota bene!

mind you do ... ai grijă/nu uita să ...

mind you don't ... (să) nu care cumva să ...

mind you don't fall! vezi/ai grijă/fii atent să nu cazi!

mind you have a care! ia vezi!

mind your eye/ *F* **yourself!** *F* ai grijă! păzeşte-te! deschide bine ochii! fii cu băgare de seamă/cu ochii-n patru!

mind your language! bagă de seamă ce spui! măsoară-ţi cuvintele.

mind your own business! *F* vezi-ţi de treaba ta/ treburile/ale tale! nu e treaba ta! nu te amesteca!

nu-ţi băga nasul unde nu-ţi fierbe oala! nu te-a întrebat nimeni! nu ţi-am cerut sfatul! *vulg.* → du-te şi te plimbă!

misfortunes never come alone/singly *prov.* o nenorocire nu vine niciodată singură; nenorocirea, când vine pe capul omului, nu vine singură, ci mai trage şi altele după ea; *P* → cându-i una, nu-i numai una.

misfortunes tell us what fortune is *prov.* cine n-a gustat amarul nu ştie ce e zaharul.

miss a chance, to a pierde/scăpa o ocazie/un prilej.

miss a joke, to a nu înţelege/nu sesiza o glumă; a nu prinde poanta.

miss a move, to *(la şah etc.)* a face o mutare greşită.

miss by a hair, to a lipsi un fir de păr ca să nimerească/lovească/atingă.

miss fire, to *amer.* ← *F* a nu avea ecou/(nici un) efect/succes; a nu prinde; a trece neobservat.

miss having an accident, to a fi cât pe-aci să aibă/ să sufere un accident; a scăpa (ca prin urechile acului) de un accident.

miss is as good as a mile, a *prov.* 1. greşeala e greşeală, oricum ai lua-o. 2. de vreme ce ai scăpat, nu mai contează că a fost greu sau uşor.

miss one's aim/mark/the mark, to 1. a greşi/a nu nimeri ţinta; a rata lovitura, a nimeri alături de ţintă/în gol. 2. *fig.* a nu-şi atinge scopul/ţinta.

miss one's blow, to a rata lovitura; a lovi în gol.

miss one's footing, to a călca greşit *(în timp ce coboară etc.)*; a aluneca; a se împiedica.

miss one's tip, to ← *P* a rata lovitura; a da chix; a lua plasă.

miss one's way, to a greşi/pierde/rătăci drumul; a se rătăci.

miss out on smth., to *F* a rata/lăsa să-i scape ceva.

miss seeing smth., to a nu apuca/reuşi să vadă/a scăpa ceva.

miss the boat, to *amer. sl.* 1. a ajunge la spartul târgului/iarmarocului. 2. *fig.* a pierde/scăpa trenul; a rata ocazia; a nu înţelege o indicaţie/un ordin/o poantă; a-i scăpa poanta/înţelesul.

miss the mark, to *v.* **miss one's aim.**

miss the market, to 1. a scăpa momentul favorabil pentru vânzare. 2. *fig.* a scăpa/pierde ocazia/ prilejul/*F* → trenul.

miss the obvious, to *F* a nu vedea ceva ce sare în ochi.

miss the point, to 1. ~ **(of)** a-i scăpa/a nu sesiza/a nu prinde lucrul principal/principalul/esenţa/ esenţialul *(unei povestiri, relatări)*/poanta *(unei glume)*/nuanţa *(unei chestiuni)*; a nu înţelege *(ce vrea să spună cineva)*; a răspunde pe de lături/ anapoda. 2. a nu-şi atinge ţinta; a fi pe de lături.

miss the target, to a greşi/nu nimeri ţinta; a trece pe lângă ţintă.

miss the train, to *sl. fig.* a pierde/scăpa trenul; a rata ocazia.

mistake one's man, to a greşi adresa.

mistake smb./smth. for, to a lua pe cineva/ceva drept; a confunda pe cineva/ceva cu.

mist with tears, to *(d. ochi)* a se împăienjeni/ înceţoşa de lacrimi.

mix it (with), to *P* a se încăiera (cu).

mix smb. up with smb., to a confunda pe cineva cu cineva.

mix things up, to a amesteca/încurca/zăpăci lucrurile.

mix well, to a se asorta, a se acorda, a se armoniza.

moisten one's throat, to *F* a-şi uda gâtul/gâtlejul.

money begets/breeds/makes maoney *prov.* ban(ul) la ban trage; ban pe ban momeşte; banul face bani.

money burns a hole in his pockets/burns his fingers *F* banii din mână îi scapă ca ciurul cum scapă apă.

money is a good lever *prov.* cu cheia de aur deschizi poarta raiului.

money is the root of all evil *prov. aprox.* banul e ochiul dracului.

money makes money *v.* **money begets money.**

money makes the mare (to) go *prov.* banul e o mică roată ce-nvârteşte lumea toată.

monkey (about) with smth., to ← *P* a meşteri/ umbla la/a se juca cu ceva (şi a-l strica).

monkey smb. out of smth., to ← *P* a şterpeli/ şparli ceva cuiva.

monkey with the buzz-saw, to *amer. sl.* a se juca cu focul.

month of Sundays, a *F* o veşnicie.

moon does not heed the barking of dogs, the *prov.* câinii latră, caravana trece.

mope (oneself) to death, to *F* a muri de plictiseală; a se plictisi de moarte.

mop the floor with smb., to a da de pământ cu cineva; a mătura podeaua cu cineva; a face praf/ desfiinţa pe cineva.

more and more din ce în ce/tot mai (mult).

more by token ... ← *F* 1. (şi) dovada este că ...; ca probă/dovadă ... 2. în plus ..., pe deasupra ...; (ba) (ce e) mai mult ..., (ba) nu numai atât ...; cu atât mai mult că ... 3. afară de aceasta ..., de altfel/ altminteri ...4. din această cauză ..., tocmai de aceea ... 5. în consecinţă ... deci ..., aşadar ...

more haste, less speed *prov.* graba strică treaba.

more is meant than meets the ear cuvintele lui ascund ceva.

more in sorrow than in anger mai mult cu părere de rău decât cu mânie; mai mult trist decât mânios.

more kicks than halfpence *fig.* ← *F* mai multe neplăceri/jigniri decât foloase; mai multă reavoință decât amabilitate; *F* → mai mare daraua decât ocaua.

more like *F* mai curând; mai degrabă.

more money down the drain! *F* alți bani aruncați pe fereastră/cheltuiți de pomană!

more often than not ← *F* destul de des; adeseori; < de cele mai multe ori; cel mai adesea.

more or less I. mai mult sau mai puțin, întrucâtva, oarecum. 2. aproximativ, circa.

more power/strength to your elbow! *F* (îți doresc) mult/numai noroc! (mult) succes! să dea Domnul/Dumnezeu să reușești!

more sinned against than sinning (care e) mai mult de compătimit decât de blamat.

more so as, the cu atât mai mult cu cât.

more's the pity, (the) cu atât mai regretabil/rău.

more strength to your elbow! *v.* **more power to your elbow!**

more than flesh and blood can endure/stand mai mult decât se poate îndura/poate îndura firea omenească/omul.

more than half dead mai mult mort decât viu.

more than likely mai mult decât probabil.

more than meets the eye I. mai mult decât se arată/pare la prima vedere. 2. nu atât de simplu pe cât (se) pare. 3. ceva ascuns/neclar.

more than once nu o dată; de mai multe/nenumărate ori; în mai multe/nenumărate rânduri.

more than one bargained for ← *F* mai mult decât se aștepta/spera.

more than words can tell mai multe decât se poate exprima în cuvinte/pot exprima cuvintele; mai presus de cuvinte.

more the merrier, the ← *prov.* cu cât suntem mai mulți, cu atât e mai vesel/bine.

more you have, the more you want, the *prov.* de ce ai, de ce ai mai vrea; pofta vine mâncând.

morning hour has gold in its mouth, the *prov.* dimineața poartă aur în gură.

most and least *poetic* toți, fără excepție; cu mic, cu mare.

most likely! foarte probabil! foarte posibil! tot ce se poate! aproape sigur!

most of all I. cel mai mult; mai mult și mai mult. 2. mai ales, îndeosebi. 3. mai mult.

most of the time cea mai bună/mare parte a timpului/din timp; trei sferturi din timp.

most people cei mai mulți oameni, majoritatea oamenilor.

most unlikely foarte puțin probabil.

motion smb. to a seat, to a face semn cuiva să se așeze/să ia loc.

mould smb. like wax, to ← *F* a face ce vrea din/cu cineva.

mountain has brought forth a mouse, the *prov.* s-a scremut muntele și a născut un șoarece.

mount guard, to *v.* **keep guard.**

mount the ladder, to *F v.* **go up the ladder to rest.**

mouth one's words, to a declama; a vorbi afectat.

move a finger, to *v.* **lift a finger.**

move along, please! avansați, vă rog!

move by guile, to a lucra/proceda cu multă abilitate; a acționa pe căi ascunse/ocolite; *F* → a umbla cu șotia/cu vicleșuguri.

move heaven and earth, to a răsturna cerul și pământul; a se face luntre (și punte); a se da peste cap; a face pe dracul în patru; a lua foc cu gura; a da din mâini și din picioare.

move house, to a se muta.

move in a rut, to a merge pe drum bătut; < a fi sclavul rutinei.

move on! circulați!

move/start one's boots, to *F* a se urni, a o lua din loc/la picior, a-și lua talpa la picioare.

move smb. to do smth., to a îmboldi/împinge pe cineva să facă ceva.

move smb. to pity, to a trezi/stârni mila cuiva.

move smb. to tears, to a mișca/înduioșa/impresiona pe cineva până la lacrimi.

move stakes, to *amer. F* a se urni din loc; a se cărăbăni.

move that ..., to a propune/face propunerea ca ...

move the previous question, to *parl.* a ridica chestiunea dacă să se pună sau nu la vot principalul punct al dezbaterii.

move with the crowd, to *v.* **follow/go with the crowd.**

move with the sun, to a se mișca după cum se mișcă/se deplasează soarele.

move ado about nothing *prov.* mult zgomot pentru nimic.

much as I. deși, oricât; ~ **I dislike the idea** deși îmi displace ideea; ~ **I tried** oricât am încercat. 2. oricare.

much cry and little wool *prov.* cârcâite multe și ouă puține; mult zgomot pentru nimic.

much do I care for it! *F* de-aia nu mai pot eu! *A* → mă doare-n ghete!

much good may it do you! *iron.* să-ți fie de bine! halal să-ți fie! sta-ți-ar în gât!

much good that will do you! *F* (că) o să-ți și țină de cald! mult o să te încălzească asta! mult ai să te pricopsești cu asta! ce mai pricopseală!

much he knows about it! *F* habar n-are! ca și cum ar ști ceva! știe/se pricepe mai mult de-o groază!

much less 1. (cu) mult mai puțin. **2.** cu atât mai puțin.

much more 1. (cu) mult mai mult. **2.** cu atât mai mult.

much more so (și) mai mult; *F →* și mai dihai.

much of a muchness *F* cam același lucru; tot un drac; tot pe-acolo.

much sound but little sense *F* vorbărie multă, dar goală/cu puțin miez.

much the best pe departe cel mai bun.

much the same aproape același.

much to be desired foarte de dorit.

much to my surprise spre marea mea surprindere.

much too much mult prea/peste măsură de mult.

much water has flown/run under the bridge(s) since multă apă a curs pe gârlă de atunci/de când.

much water runs by the will that willer knows not of *prov.* nu știe stânga ce face dreapta.

much will have more *prov.* pofta vine mâncând.

muddle things together/up, to a amesteca/încurca lucrurile; *F →* a încurca ițele.

mug up a subject, to *F* a învăța pe brânci/rupte; a toci la o materie.

mum's the word! să-ți ții gura! să nu sufli/scoți o vorbă (despre asta)! nici o vorbă! *A →* mucles!

murder is out, the *← F* s-a descoperit misterul; s-a făcut lumină.

murder will out *prov.* adevărul iese la suprafață ca untdelemnul.

muster up one's courage, to a-și aduna tot curajul; a-și lua inima în dinți.

must needs trebuie neapărat/negreșit.

mute as a fish, (as) *F* mut ca un pește.

my all tot ce am/ce-mi aparține, toată averea mea.

my back was up *F* îmi sărise muștarul/smalțul/ țandăra; îmi ieșisem din țâțâni.

my blood curdled at the sight am înghețat de groază/a înghețat sângele în mine/mi-a înghețat sângele în vine la vederea scenei.

my blood was up fierbea/clocotea sângele în mine; fierbeam/clocoteam de mânie.

my conscience! *glum.* asta-i bună! ia te uită! drace!

my dear fellow *F* dragul/scumpul meu.

my eye! *P* phi! ti! ei poftim! na-ți-o bună! ia te uită!

my fingers/hands itch to *F* mă mănâncă palma palmele să; așa îmi vine să; am o poftă nebună să.

my foot! *P* aș! aiurea! gogoși! pe dracu! mai mult de-o groază! ce vorbești! nu mai spune!

my foot has gone to sleep mi-a amorțit piciorul.

my giddy aunt! *F* extraordinar! nemaipomenit! formidabil!

my God! *v.* good God!

my good fellow *F* (exprimând de obicei protest sau dezaprobare) dragul meu; dragă; amice; stimabile; iubitule.

my goodness! Dumnezeule! ah!

my good sir! bunul meu/stimate domn!

my guess is that *amer.* cred/părerea mea este că.

my hand is out (of practice) nu (mai) sunt în mână; nu mai am dexteritate/exercițiu/mână/ practică; nu mai merge mâna; mi-am pierdut dex- teritatea/exercițiul/practica/tehnica.

my hands are full *F* am o groază de treabă; sunt ocupat până peste cap.

my hands itch to *v.* my fingers itch to.

my hat! *← sl.* **1.** cu neputință! imposibil! **2.** ia te uită! asta-i culmea!

my hat to a halfpenny *F* îmi dau/mănânc căciula.

my heart leapt into my mouth mi-a sărit inima (din loc); mi s-a strâns inima; am simțit o strângere de inimă.

my heart/mind misgives me am presimțiri rele; presimt o nenorocire; îmi spune inima că o să se întâmple ceva rău/o nenorocire.

my heart smote me am avut/simțit o strângere de inimă; am simțit că mi se strânge inima.

my heart swelled with pride mi-a crescut/mi-s-a umplut inima de mândrie.

my heart went out to him 1. mi-a fost simpatic/ m-a cucerit din primul moment. **2.** am fost cuprins de/am încercat un sentiment de milă pentru el.

my honourable friend *parl.* distinsul meu coleg.

my innings now *F* piua întâi; acum e rândul meu!

my land! *amer. F v.* good land!

my learned friend *jur.* distinsul meu confrate.

my lips are sealed gura mea e pecetluită.

my little finger told me *F* mi-a spus o păsărică.

my luck's in! *F* am baftă/noroc!

my luck's out! *F* am ghinion! n-am baftă! ce ghinion!

my mind misgives me *v.* my heart misgives me.

my service to you! *← rar* noroc! în sănătatea dumitale!

my stars! Sfinte Dumnezeule!/*F →* Sisoe!

my stars and garters! *glum. v.* my stars!

my word/world! *v.* my hat!

N

nail a lie (to the counter), to ← *F* a dovedi falsitatea/netemeinicia unei afirmaţii; a demasca/da în vileag o minciună.

nail one's colours to the mast, to *fig.* **1.** a-şi face cunoscute/a-şi apăra pe faţă/a-şi susţine sus şi tare/convingerile/părerile/punctul de vedere. **2.** a nu ceda; a nu se da bătut; a nu bate în retragere; a nu pleca steagul; a merge până în pânzele albe.

nail one's eyes on smb./smth., to a ţintui pe cineva/ceva cu privirea; a-şi aţinti ochii asupra cuiva/unui lucru; a-şi pironi privirile pe ceva.

nail smb. down to his promise, to ← *F* a face/obliga pe cineva să-şi ţină promisiunea/să se ţină de cuvânt.

nail smb. down to smth., to a sili pe cineva să spună clar ce gândeşte/ce intenţii are.

name a day for, to a fixa/stabili o zi/dată pentru.

name no names, to *F* a nu menţiona nume; a nu spune cine.

name not a halter/rope in his house that hanged himself/that was hanged *prov.* nu vorbi de funie în casa spânzuratului.

name one's own terms, to *v.* **make one's own terms.**

name the day, to ← *F* a fixa ziua căsătoriei/nunţii.

narrow down differences, to a reduce deosebirile/divergenţele.

narrow gathered, widely spent *prov.* ce-a câştigat într-o vară a băut într-o seară.

navigate a bill through the House of Commons, to *fig.* a trece un proiect de lege prin Camera Comunelor.

near as a touch, (as) ← *sl.* la un pas de.

near as could be to, (as) *(cu vb. în -ing)* cât pe-aci să.

near as I can guess, (as) după socoteala mea, după cât pot eu să-mi dau seama/să apreciez.

near as makes no difference, (as) diferenţa este neglijabilă/atât de mică încât nu contează, cu o diferenţă neglijabilă/atât de mică încât nu contează.

near at hand 1. la îndemână. **2.** *(d. evenimente)* la uşă.

near her time *(d. o femeie)* aproape să nască.

near is my shirt, but nearer is my skin *prov.* mai aproape-i pielea decât cămaşa; cămaşa e mai aproape de piele decât haina; mai aproape dinţii decât părinţii.

near one's end, to a fi pe moarte.

neat as a new pin, (as) *F* **1.** ca din cutie; la mare fix. **2.** strălucind de curăţenie; (ca o) oglindă; lună. **3.** ca din condei.

necessity is the mother of invention *prov.* nevoia e mama născocirilor.

necessity knows no law *prov.* nevoia nu cunoaşte lege; nevoia n-are stăpân.

neck and crop ← *F* complet; cu totul; în întregime; pe de-a-ntregul; definitiv; fără alte formalităţi/fasoane.

neck and heels *F* pe sus.

neck and neck la egalitate.

neck or nothing totul sau nimic; *F* → ori Stan, ori căpitan.

need a lot of asking, to a se lăsa rugat.

need hands, to a avea nevoie de mână de lucru/personal.

needle (one's way) through a wood, to ← *F* a-şi croi/face drum printr-o pădure.

needless to say (that) (e) de prisos să spun că; (e) de la sine înţeles că.

need no second invitation, to a nu aştepta să fie invitat/a nu se lăsa rugat de două ori; a nu face fasoane.

needs must *v.* **must needs.**

needs must (go) when the devil drives *prov.* nevoia te duce (şi) pe unde nu ţi-e voia; vrei, nu vrei, bea Grigore aghiazmă.

neither a borrower nor a lender be ← *prov.* nici să iei, nici să dai cu împrumut.

neither fish, flesh nor fowl/good red herring *F* nici albă, nici neagră; nici laie, nici bălaie; nici așa, nici așa; nici una, nici alta; nici cal, nici măgar; nici câine, nici ogar; nici călare, nici pe jos; nici în car, nici în căruță (nici în teleguță).

neither here nor there *F* hodoronc-tronc; hop și el; ca nuca în perete; scripca (și) cu iepurele; nerelevant; fără legătură cu subiectul.

neither more nor less nici mai mult nici mai puțin.

neither off nor on ← *F* șovăitor, nehotărât; *F* → nici în car, nici în căruță, nici în teleguță.

neither one/the one nor the other nici unul/una, nici altul/alta.

neither one thing nor another nici una, nici alta; *F* → nici laie, nici bălaie.

nerve oneself for smth./to do smth., to a-și lua inima în dinți/a se înarma cu curaj/a-și aduna tot curajul pentru ceva/pentru a face/ca să facă ceva.

net a profit, to a realiza un beneficiu/profit (net).

never better *F* cum nu se poate mai bine.

never cast dirt into that fountain of which thou hast sometime drunk *prov.* nu tulbura fântâna care te-a îndestulat.

never cross a bridge till you come to it *prov.* nu-ți ridica poalele până n-ajungi la pârâu.

never do things by halves *prov.* nu face nimic pe jumătate.

never fear/you fear! nu te teme! nu-ți fie frică/teamă! fii fără/n-ai grijă! nu-ți face griji! fii liniștit/pe pace! nu-i nici un pericol! liniștește-te!

never fry a fish till it's caught *prov.* nu vinde pielea vulpii înainte de a o prinde.

never give advice unasked *prov.* nu da povață celui ce nu ți-o cere, căci nu te ascultă.

never halloo till you are out of the wood *prov.* nu zi hop până n-ai sărit/trecut șanțul.

never halt before a cripple *v.* name not a halter in his house that hanged himself.

never in all my born days/(all) my life niciodată de când sunt (pe lume)/mă știu/m-a făcut mama.

never is a long day/word *prov.* să nu spui/zici o vorbă mare; nu rosti cu ușurință cuvântul „niciodată“.

never look a gift horse in the mouth *prov.* calul de dar nu se caută la dinți.

never meet trouble half way *prov. áprox.* nu intra în gura lupului; nu băga bâta în furnicar; nu te lega la cap când nu te doare; nu-ți băga capul sănătos sub evanghelie.

never mind! 1. nu face/-i nimic! n-are (nici o) importanță! n-are a face! nu contează! *P* → nu-i (nici un) bai! **2.** *F* → ei și! ei, lasă! atâta pagubă/rău! **3.** fii fără grijă! n-ai/nu-ți face nici o grijă!

never mind the consequences! nu te sinchisi/să nu-ți pese/dă-le încolo de consecințe!

never on this side of the grave cât e lumea și pământul; *P* → cât (e) hăul; nici în ruptul capului; o dată cu capul; pentru nimic în lume; nici de frică.

never put off till tomorrow what you can do today *prov.* nu lăsa pe mâine ce poți face a(stă)zi.

never quit certainty for hope *prov. aprox.* nu da vrabia din mână pe cioara din par.

never refuse a good offer *prov.* nu da binelui cu piciorul că pe urmă o să-i duci dorul.

never say die! nu te da niciodată bătut! nu-ți pierde niciodată nădejdea/speranța! nu zice niciodată „unde ești moarte să mă iei“.

never so oricât de.

never/not so much as *(cu verb la Past)* nici măcar; **he ~ tried to defend himself** nici măcar n-a încercat să se apere.

never spoil a ship for a ha'p'orth of tar *prov.* pentru un purice nu azvârli plapuma pe foc; nu da foc morii ca să ardă șoarecii.

never to be off one's legs a nu sta o clipă; a nu-și găsi o clipă astâmpărul; a nu ști ce e odihna; a fi tot timpul în picioare; a munci tot timpul.

never to cross smb.'s threshold again a nu mai călca pragul cuiva.

never/not to do a hand's turn a nu pune (niciodată) mâna pe nimic; a nu face nimic niciodată/toată ziua.

never to have it so good *amer.* a nu sta/a nu o duce niciodată mai bine (din punct de vedere financiar).

never/not to hear the last of smth., to a nu fi lăsat să uite ceva; a nu i se fi spus încă totul despre ceva; a mai fi încă ceva de spus despre ceva; a nu se încheia lucrurile cu ceva; a nu se opri lucrurile la ceva; a se vorbi întotdeauna/mereu despre ceva.

never/not to lay a finger/hand on smb. *F* a nu atinge (vreodată) pe/a nu se atinge (vreodată) de cineva (nici cu un deget); a nu se atinge (vreodată) nici cu mâna de cineva.

never to look back *fig.* a face progrese neîntrerupte.

never too late/old or learn *prov.* a învăța nicicând nu e prea târziu; nu e/omul niciodată bătrân când e vorba de învățătură.

never/not to set the Thames on fire a nu face nimic ieșit din comun/deosebit/nemaipomenit/senzațional; a nu se face remarcat/remarca prin nimic deosebit; a nu face niciodată senzație prin ceva.

never/not to take one's eyes off smb./smth. a nu-și lua/desprinde/dezlipi/lua (o clipă) ochii de pe cineva/de la ceva; a nu se sătura privind pe cineva/ceva.

never to the end of one's days/of time *P* → cât e hăul/lumea și pământul.

never trifle with love cu dragostea nu e de glumit.

never trouble trouble till trouble troubles you *prov.* când primejdia doarme, ferește-te s-o deștepți; nu băga bâta-n furnicar; nu te juca cu coada ursului.

never you fear! *v.* **never fear!**

never you mind! (asta-i) treaba mea! ce-și pasă! ce/nu te privește! mă privește! nu te amesteca/băga!

new brooms sweep clean, a new broom sweeps clean *prov.* mătura nouă mătură bine; sita nouă cerne bine.

next best (things) is .../would be ..., the în lipsă, cel mai bun lucru e .../ar fi ...

next but one, the al doilea, a doua.

next day but one, the a treia zi (după).

next door but one a doua casă de la mine/de aici; două case mai (în) jos/sus/departe.

next door to smth. *fig.* aproape/la un pas/nu departe de ceva; vecin cu ceva.

next off *amer. sl.* următorul lucru; apoi.

next of kin, the 1. ruda cea mai apropiată, rudele cele mai apropiate. 2. familia.

next one's/to one's skin (care se poartă) direct pe piele.

next thing is to ..., the primul lucru care trebuie făcut este să ...

next thing, please? *(într-un magazin))* altceva, vă rog?

next to nobody *F* aproape nimeni.

next to nothing aproape/mai nimic; *F* → te miri ce (și mai nimic); o nimica toată; nici pe o măsea.

next to one's skin *v.* **next one's skin.**

nibble at an offer, to *fig.* a fi atras/tentat de o propunere/ofertă (fără a se putea hotărî).

nice and cool o răcoare plăcută; răcoare, dar plăcut.

nice and easy foarte ușor.

nice and fast destul de repede.

nice and sweet suficient/destul de dulce.

nice as nice can be, (as) cât se poate de/cum nu se poate mai plăcut.

nice kettle of fish!, a *v.* **fine kettle of fish!**

nice mess you've made of it!, a *F* halal treabă! frumoasă treabă ai mai făcut! de cap să-ți fie! bine le-ai mai încurcat! le-ai încurcat că/de nici Dumnezeu nu le mai descurcă!

nick it, to ← *F* a ghici bine/exact; a o nimeri/brodi; a pricepe.

nick the time, to *F* a sosi la țanc.

nick the train, to ← *F* a ajunge/sosi tocmai bine/la țanc ca să prindă trenul.

night after/by night noapte după/de noapte.

night and day zi și noapte; fără întrerupere.

night is the mother of counsel *prov.* noaptea e cel mai bun sfetnic.

nine times out of ten de cele mai adeseori/multe ori; de regulă.

ninty times out of a hundred aproape întotdeauna.

nip in the bud, to a înăbuși *(un complot etc.)* în fașă/germen(e).

nix on the game! *amer. F* nix! mai va! nu ține! nu se prinde!

no account *amer.* 1. neînsemnat; fără/lipsit de importanță; **a ~ man** om lipsit/persoană lipsită de importanță; un oarecare; **they considered him just another ~** îl considerau drept un alt oarecare.

no admittance! intrarea oprită!

no bees no honey, no work no money *prov.* cine nu muncește nu mănâncă; dacă nu-i sări, nu-i sorbi, dacă nu-i lucra, nu-i mânca.

no better than a beggar practic un cerșetor; un adevărat cerșetor; un cerșetor în toată regula.

nobody can come anywhere near him nu se poate compara nimeni cu el; nimeni nu-i ca el.

nobody/none can tell nimeni nu știe.

no comment! nu am nimic de comentat!/nici un comentariu de făcut! nu am nimic de spus asupra acestei chestiuni/acestui subiect!

nod approval/assent/„yes", to a încuviința din cap; a da din cap în semn de aprobare.

no dice *amer. sl.* fără succes; nu merge/ține.

nod is as good as a wink to a blind horse, a *prov.* surdului degeaba îi cânți de jale; orbului degeaba îi spui că s-a făcut ziuă.

no doubt 1. desigur, de bună seamă, cu siguranță, fără îndoială. 2. ← *F* foarte probabil.

no end ← *F* nemăsurat; extrem/grozav/nespus de mult; (foarte) mult.

no end of *F* 1. (o) puzderie/grămadă/mulțime/un noian de; cu duiumul/toptanul; fără sfârșit; enorm/grozav de mult/mulți; câtă frunză și iarbă/pulbere și spuză. 2. minunat, grozav, extraordinar, fără pereche.

no end of a fellow *F* o bomboană de om; un băiat de zahăr; o minune/o comoară/o bogăție de băiat.

no end of money *F* bani cu găleata/ghiotura; munți de bani.

no end of people *F* o mulțime de lume; o puzderie de oameni; o lume nebună.

no entry! *auto* sens interzis!

no expense(s)/pains spared fără economie de bani/efort; fără a se uita la bani/a-și cruța eforturile; indiferent de cheltuielile/eforturile pe care le comportă.

no fear! *F* nici o teamă! nici un pericol! bineînţeles că nu! fii pe pace!

no fewer than nu mai puţin de.

no flowers *(la anunţuri)* fără flori/condoleanţe.

no flying from fate *prov.* ce ţi-e scris în frunte ţi-e pus.

no fool like an old fool *prov.* bătrânul amorezat e ca piroşca cu păsat.

no gains without pains, no pains no gains *prov.* cine nu stăruieşte, nu izbuteşte; nu sta, că-ţi stă norocul; cine lucră are, (cine) şede rabdă; bogăţia nu vine la nimeni pe apă.

no garden without its weeds *prov.* nu e/se poate pădure fără uscătură.

no go! *F* (nu-i) nimic de făcut! nu-i chip! nu se prinde! nu ţine! imposibil!

no good talking about it! inutil să mai vorbim (despre asta).

no great shakes *sl.* nu mare brânză/lucru/cine ştie ce (de capul lui).

no hands wanted! nu se fac angajări!

no harm done! nu-i nimic; nu face nimic!

no heel-tops ← *F* beţi (paharul) până la fund; să nu rămână nici o picătură.

no herb will cure love *prov.* rana de cuţit se vindecă, cea de la inimă niciodată.

no hope! nici o speranţă/şansă; nu conta/miza pe asta!

noise smth. abroad, to a face cunoscut/a răspândi ceva; a răspândi zvonul despre ceva; *F* → a trâmbiţa ceva (pe toate drumurile); a bate toba.

no joking/*sl.* **kid(ding)!** fără glumă/glume! *F* → lasă-te de bancuri.

no less a person than nimeni altul/nici mai mult nici mai puţin decât.

no less good la fel/tot atât de bun.

no less (than) nu mai puţin (de, decât); nici mai mult, nici mai puţin (de, decât); pur şi simplu; de-a dreptul.

no man alive/living nimeni pe lume.

no man can serve two masters *prov.* nu poţi fi slugă la doi stăpâni.

no man is wise all time *prov.* şi cei înţelepţi smintesc; chiar omul cu judecată greşeşte câteodată.

no manner of nici un; nici un fel/o umbră de.

no matter! *F* n-are importanţă; nu face nimic; nu-i nimic! n-are a face! nu contează! puţin interesează! atâta pagubă! *P* → nu-i nici un bai.

no matter what/where/who, etc. indiferent/nu are importanţă/nu contează ce/unde/cine etc.

no matter whether 1. indiferent dacă/că, chiar dacă, fie că. **2.** *F* n-are importanţă! nu face nimic!

nu-i nimic! n-are a face! nu contează! puţin interesează! atâta pagubă! *P* → nici un bai.

no mean important, însemnat, foarte bun; excelent.

no mention! nu mai vorbi despre asta/acest lucru.

no more 1. nu mai. **2.** nu mai; mort. **3.** nici.

no more nonsense! destul cu prostiile/copilăriile/fleacurile!

no more of that! *F* să lăsăm asta! gata, ajunge!

no more of your cheek! *F* destul cu obrăznicia/obrăzniciile tale.

no more talking! destul cu discuţia/discuţiile/vorbăria; fără alte discuţii! aţi vorbit destul!

no more ... than ... 1. nu mai ... decât ... **2.** nu mai mult decât...

none at all deloc; de nici un fel; *F* → nici un leac.

none better mai bine ca oricine; ca nimeni altul/altcineva.

none but numai; nimeni altul/nimic altceva decât.

none can tell *v.* **nobody can tell.**

none of that! *F* → fără de-astea! termină cu asta!

none of this nimic din toate acestea/toată această poveste.

none of your games (with me)/your little games! *F* fără de-alde astea! fără bancuri/şmecherii! lasă-te de bancuri/goange! fără bărbi! slăbeşte-mă cu braşoavele tale!

none of your gammon! *F v.* **none of your games!**

none of your impudence/F** lip!** scuteşte-mă de obrăzniciile tale! (să) nu fi impertinent/obraznic/*F* → măgar! fără impertinenţe/obrăznicii! să nu-mi răspunzi/vorbeşti pe tonul ăsta!

none of your kidding! *F v.* **none of your games!**

none of your monkey tricks! *F* fără de-alde astea! fără bancuri! să nu îndrăzneşti să-mi joci vreo festă de-a ta! lasă-te de astfel de glume!

none of your mouth, please! *F* te rog să-ţi ţii gura! să nu fii impertinent!

none of your (damned) nonsense! *F* isprăveşte/termină cu prostiile (astea)! lasă fleacurile/prostiile!

none of your sauce! ← *F* nu fii impertinent/neobrăzat/obraznic! fără impertinenţe/obrăznicii!

none of your stuff! *F* slăbeşte-mă cu prostiile tale!

none so blind as those who won't see *prov.* nu e mai orb decât cel ce nu vrea să vază.

none so deaf as those that will not hear *prov.* mai surd decât cel care n-aude e cel ce nu vrea să asculte.

none so old that he hopes not for a year of life *prov.* omul cât să-mbătrânească tot cere să mai trăiască.

none the less totuşi, cu toate acestea.

none the less that ... deşi, cu toate că ..., în ciuda faptului că ...

none the wiser cu nimic mai lămurit decât/fără a ști cu nimic mai mult ca înainte.

none too *(cu adj.)* câtuși de puțin/deloc/nicidecum (prea)/nu excesiv de *(cu adj)*; **~ generous** nu excesiv de generos; **~ great** deloc/nicidecum (prea) mare; **~ high** deloc/câtuși de puțin (prea)/nu excesiv de înalt/ridicat/mare.

none too early tocmai la timp.

no news (is) good news *prov.* lipsa de vești e semn bun!

no nonsense, now! *F* te rog, fără prostii/fleacuri! lasă, te rog, prostiile/fleacurile/copilăriile!

no object *F* nu constituie un impediment; e neimportant.

no odds! *F* n-are a face! nu face nimic! pagubă-n ciuperci!

no offence (meant)! iertați-mă! n-am vrut să vă jignesc! să nu vă fie cu supărare/*P* → bănat! iertați-mi îndrăzneala!

no one man can do it nici un om (pe lume) nu poate/ nu există om care să poată face singur acest lucru.

no other than nimeni altul decât.

no pains, no gains *v.* **no gains without pains.**

no parking! parcarea interzisă!

no prompting! *școl.* nu suflați!

no reward without toil *prov. aprox.* dacă nu-i sări nu-i sorbi; daă nu-i lucra, nu-i mânca.

nor is this all! și asta încă nu e totul!

no room to swing a cat in *F (d. un spațiu închis)* foarte mic/strâmt; oferind foarte puțin loc ca să te miști/întorci/să te poți mișca/întoarce.

no rose without a thorn *prov.* nu e trandafir fără spini.

north of la nord de.

nose into other people's affairs, to a-și băga/vârî nasul în treburile altora.

nose out a secret, to ← *F* a afla/descoperi/dibui/*F* → mirosi un secret.

no sign of nici urmă de.

no smoke without fire *prov.* (de) unde nu este foc nu iese fum.

no smoking! fumatul interzis/oprit!

no soap! *amer. sl.* I. *v.* **nothingdoing!** 2. habar n-am!

no song, no supper *prov.* de nu-i sări, nu-i sorbi.

no sooner said than done zis și făcut.

no strings (attached) ← *F (d. un ajutor, mai ales un ajutor financiar acordat de o țară alteia)* necondiționat; fără condiții *(în privința modului în care ajutorul urmează a fi folosit).*

no such thing *F* I. *(în construcții negative)* așa ceva. 2. ~! ba deloc! nu-i deloc așa! câtuși de puțin; nicidecum! nu există! nici pomeneală! da de unde! ei aș!

no sweet without (some) sweat *prov.* nimic nu-i fără osteneală.

not a bit (of it)! ← *F* deloc! câtuși de puțin! nici atâtica/cu atât/un pic!

not a dreg of *F* nici (o) urmă/un pic de.

not a few destul de mulți/multe; destul; destule.

not a grain of common sense nici un dram/pic de bun-simț/minte.

not a hundred miles away *F* la doi pași; la ușă, foarte aproape.

not a jot, not one jot or tittle *F* nici o iotă; nici atâtica; nici un dram/pic.

not a little nu puțin; (destul de) mult.

not a living creature/soul was to be seen *F* → nu se vedea picior/(nici) țipenie de om.

not a marker on/to ← *sl.* un fleac pe lângă; fără însemnătate în comparație cu.

not a mite *F* nici un pic/strop; nici o fărâmă/ fărâmitură; nici cât să orbești un șoarece.

not an atom/particle of nici un dram/fir/grăunte/ pic/strop de, nici o fărâmă de.

not an instant too soon nici o clipă prea devreme; tocmai la timp/la țanc.

not an iota (of) nici un dram/grăunte/pic (de); nici un vârf de ac.

not a patch on *v.* **not a marker on.**

not a pin to choose between them seamănă ca două picături de apă, nu e absolut nici o deosebire între ei.

not as ... as all that nu chiar așa/atât de ...

not a scrap of evidence *fig.* nici cea mai mică dovadă/urmă.

not a shred of truth *F* nici un dram/grăunte/pic/ (o) urmă de adevăr.

not a soul *F* (nici) țipenie de om.

not a spark of life *fig.* inci o licărire/urmă de viață.

not a speck of nici un dram de.

not a stick was left standing ← *F* nimic n-a mai rămas în picioare; totul a fost distrus.

not a stick was saved *F* nu s-a putut salva nici măcar un băț de chibrit/un capăt de ață.

not at all I. deloc, defel nici atâtica/*F* → o țâră; (nici) de leac; nici cât. 2. nici pe departe; nicidecum; câtuși de puțin; nici gând; *F* → nici pomeneală; câți iepuri în biserică. 2. ~! pentru nimic/ puțin! n-ai/n-aveți pentru ce!

not at any price cu nici un preț; pentru nimic în lume.

not a tinker's damn ← *F* deloc; câtuși de puțin.

not a trace of nici un dram/grăunte/o picătură/ fărâmă/urmă de.

not a vestige of *F* nici (cea mai mică) urmă/nici (o) umbră de; nici un dram/grăunte de.

not a whit, no whit l. *v.* **not a mite**. 2. *(ca locuţiune adverbială)* cu nimic; nici cu atât/cu o iotă; deloc; câtuşi de puţin.

not a word! *F* gura! vorba! nici un cuvânt!

not bad, not half/so bad *F* nu chiar de lepădat; de loc rău; < bunicel; destul de bun; pasabil.

not (blooming) likely! *F* 1. (nu-i) nici un pericol! 2. vezi să nu! cum de nu!

not but that/what *(cu vb. la forma afirmativă) (folosit pentru a exclude o posibilitate)* (şi asta) nu că/fiindcă nu; cu toate că; deşi.

not by a fraction nici (măcar) o fărâmă/iotă.

not by a jug *amer. v.* **not by a long chalk**.

not by a long chalk/shot/sight/way *F* în nici un caz; nici pe departe; nicicum; nici pomeneală; nici vorbă; da de unde; aiurea; mai va până; mai e mult ca/până.

not by far nici pe departe.

notch up a new record, to ← *F* a realiza un nou record.

not for all the world/for worlds pentru nimic în lume, nici de frică: (nici) în ruptul capului; o dată cu capul; nici dacă mă pici cu ceară; să ştiu bine/ nici dacă aş şti că mor.

not for a moment! 1. niciodată! nici un moment! 2. pentru nimic în lume! *F* → (nici) în ruptul capului!

not for ears polite ← *vulgar* care nu e pentru urechi fine/pentru oameni bine crescuţi.

not for Joe! *F* în ruptul capului! în nici un caz! cu nici un chip! nici mort! nici de frică! ţi-ai găsit-o! ţi-ai găsit omul! nu ţine! pe mine nu mă prinzi! la alţii! mai va! ţuţu!

not for love or money *v.* **not for all the world**.

not for the life of me *F* nici mort; nici în ruptul capului; o dată cu capul; nici dacă mă pici cu ceară; să ştiu bine/nici dacă aş şti că mor.

not for toffee! *P* în ruptul capului! nici mort/să mă tai! cu nici un chip/preţ! nici prin gând nu-mi trece!

not guilty nevinovat.

not half *F* 1. de mama focului, ca un birjar; groaznic; cumplit, înfiorător; cât se poate de; nu glumă. 2. ~! nicidecum! câtuşi de puţin! da de unde! deloc! 3. ~! ba bine că nu! şi încă nu glumă! şi încă cum! foarte! teribil!

not half a bad fellow un băiat nu tocmai rău/destul de bun.

not half as much nici pe departe/pe jumătate.

not half bad l. *v.* **not bad**. 2. ~! nu e rău! *F* → fain! aşa mai zic şi eu!

no thanks are needed! n-ai/n-aveţi pentru ce! cu plăcere! pentru puţin/nimic!

nothing ask, nothing have *prov. aprox.* copilul până nu plânge, nu capătă ţâţă.

nothing at all absolut nimic; *F* → nimic, nimic; nici un cap(ăt) de aţă.

nothing but numai, doar; nimic (altceva/*P* → alta) decât; nimic în afară de.

nothing but skin and bone *F* numai piele şi oase.

nothing but the truth adevărul şi numai adevărul; adevărul, nimic altceva decât adevărul; purul adevăr; adevărul adevărat.

nothing could be simpler nimic mai simplu; e cât se poate de/cum nu se poate mai simplu.

nothing daunted fără să fie deloc/câtuşi de puţin intimidat; fără să se lase descurajat/intimidat.

nothing doing! *F* (nu-i) nimic de făcut! nu-i chip! n-ai ce-i face! lasă-te păgubaş! pune-i cruce! poţi să te lingi pe bot! puneţi pofta-n cui! nimic! nu se prinde! nu ţine!

nothing else matters nimic altceva nu are importanţă/este important/contează; restul nu e nimic.

nothing else than numai; în întregime; pe de-a-ntregul.

nothing further atâta tot.

nothing in the world nimic pe lume; absolut nimic.

nothing less than nu mai puţin de; nimic altceva decât.

nothing like nici pe departe; departe de.

nothing loath/loth (foarte) bucuros; cu (multă) plăcere; fără să stea pe gânduri; fără să se lase rugat.

nothing much nu-i mare lucru/*F* → brânză/scofală; nu-i cine ştie ce.

nothing near so nici pe departe atât de.

nothing new nimic nou.

nothing of note nimic deosebit/se semnalat/important.

nothing of the kind/sort l. nimic de felul acesta. 2 ~! *iron.* cum de nu! încă cum! nici pomeneală (de aşa ceva)!

nothing out of the common/ordinary nimic deosebit/extraordinar/ieşit din comun.

nothing short of nici mai mult, nici mai puţin ca/de/decât; absolut; cu totul; numai (cu/prin).

nothing so bad as not to be good for something/ in which there is not something of good *prov.* la tot răul este şi un bine; tot răul spre bine.

nothing so bad but it might have been worse *prov.* ferească Dumnezeu de mai rău.

nothing's the matter nu e nimic, nu s-a întâmplat nimic.

nothing succeeds like success *prov.* un succes atrage un altul.

nothing to make a song and dance about ← *F* nimic de seamă/important/care să merite atenţie.

nothing to speak of nimic demn de menționat; nu mare lucru; (o) nimica toată; mai nimic.

nothing to write home about ← *F* nimic important/extraordinar; nimic cu care să te lauzi.

nothing venture, nothing have/win *prov.* cine nu riscă nu câștigă; nici un câștig nu e fără risc; orice câștig cere risc.

no thoroughfare! trecerea oprită/interzisă!

not I! altul, nu eu! eu? nici pomeneală/ți-ai găsit-o!

not if I know it! *F* ferit-a Sfântul! pentru nimic în lume!

not impossibly (tot ce se) poate; să nu te prindă mirarea.

not including ... fără a pune la socoteală/numără ...; fără a socoti/numără ...

not infrequently nu ararаori! destul de des.

not in the least câtuși de puțin; deloc, defel; nicidecum; nici gând; nici că se pomenește/pomeneală; nici pe departe; cu nici un chip; în nici un chip/fel; *F* pe dracu.

not in the same street (as) ← *F* cu mult inferior; incomparabil mai prost/slab (decât); nici pe departe la fel de bun (ca); nu de aceeași calitate (ca); de calitate incomparabil mai proastă (ca/decât).

not in the slightest (degrees) deloc; câtuși de puțin; nici un pic; nici în cea mai mică măsură.

not likely *v.* **not (blooming) likely.**

not much of a look-out *F* slabă nădejde/speranță; slabe perspective.

not ← *F*/**nowhere near** nici pe departe.

not nearly nici pe departe.

not on any account, on no account sub nici un motiv; în nici un caz; (nici) în ruptul capului; pentru nimic în lume.

not on any terms cu nici un preț/chip.

not once nici o singură dată; niciodată.

not once or twice nu o dată sau de două ori; în repetate rânduri.

not one jot or tittle *v.* **not a jot.**

not on your life! niciodată! pentru nimic în lume! nici dacă m-ai polei cu aur! nici dacă mă pici cu ceară! (nici) în ruptul capului! nici prin cap/gând/minte nu-mi trece/nu mi-ar trece!

not on your Nelly! *sl. v.* **not on your life!**

not out of the top drawer *F* (cam) necioplit/din topor; *peior.* → cu păr pe limbă.

not really *F* 1. ~? da? (vorbești) serios? adevărat? glumești? 2. ~! nu mai spune! ce vorbești! imposibil!

no trouble (at all) vă rog! nu aveți pentru ce!

not so! nici gând/vorbă! da de unde! *F* → aș! ferit-a Sfântul!

not so ... as all that *v.* **not as ... as all that.**

not so bad 1. *v.* **not bad.** 2. ~! merge! binișor! destul de bine!

not so dusty ← *sl.* deloc prost/rău; destul de bun/bine; pasabil; merge.

not so fast! 1. nu așa de repede! mai încet/domol! 2. *fig.* mai încet! ușurel! șezi binișor!

not so hot *amer. F* așa și așa; nici prea prea, nici foarte foarte; nu prea bun/eficace.

not so much as *v.* **never so much as.**

not so much of it! *sl.* gura! destul! lasă gălăgia!

not that I care nu că mi-ar păsa.

not that I know of! ← *F* după câte știu eu, nu.

not the shadow of a ghost *F* nici dracu/țipenie (de om).

not the slightest hint of nici cea mai mică/slabă idee/urmă/umbră de/în privința.

not to amount to a hill/now of beans/pins *amer.* 1. a nu face/nu plăti (nici cât) o ceapă degerată; a nu face (nici) două parale. 2. a fi ca o picătură în mare.

not to bat an eyelid ← *sl.* 1. a nu dormi deloc (toată noaptea); a nu închide/a nu putea să închidă un ochi/ochii (toată noaptea). 2. a (nici) nu clipi (din ochi); a(nici) nu tresări (măcar); a nu-i tresări/nu i se clinti (nici) un mușchi pe față; a nu arăta nici cel mai mic semn de surprindere.

not to be able to brook interference/being interfered with (*în construcții negative cu* **can, could**) *lit.* a nu suporta/tolera ca cineva să se amestece în treburile sale.

not to be able to call one's soul one's own (*în construcții negative cu* **can, could**) a nu îndrăzni să zică nici pâs/să crâcnească/să deschidă gura.

not to be able to hit a barn-door (*în construcții negative cu* **can, could**) ← *F* (*d. un prost țintaș*) a nu putea nimeri ținta/un elefant de la un pas.

not to be able to hold a candle to smb. (*în construcții negative cu* **can, could**) *v.* **not to be fit to hold a candle to smb.**

not to be able to keep from doing smth. (*în construcții negative cu* **can, could**) a nu se putea abține/împiedica/reține să facă ceva.

not to be able to keep one's eyes off (*în construcții negative cu* **can, could**) a nu-și putea dezlipi ochii de pe/lua ochii de la; a nu se mai sătura privind; a fi fascinat de.

not to be able to make head or tail of smth. (*în construcții negative cu* **can, could**) a nu putea să înțeleagă/nu înțelege/nu pricepe nimic/(o) boabă/o iotă din ceva; a nu ști ce să înțeleagă din ceva.

not to be able to say boo(h) to a goose (*în construcții negative cu* **can, could**) *F* ← 1. a fi foarte fricos, a-i fi frică și de umbra lui. **2.** a nu fi în stare să omoare nici o muscă; a nu spune nici dă-te mai încolo; a fi rușinos/timid ca o fată mare.

not to be able to see a joke *(în construcții negative cu* **can, could***)* a nu înțelege de glumă.

not to be able to see an inch before one *(în construcții negative cu* **can, could***) F* a nu vedea la doi pași; a nu se vedea om cu om; a nu putea să-și vadă nici vârful nasului.

not to (be able to) see one's way (clear) to doing smth. *(în construcții negative cu* **can, could***)* **1.** a nu (între)vedea vreo/nici o posibilitate de a face ceva; a nu crede că e posibil să facă ceva. **2.** a nu-i da inima ghes/a nu se grăbi să facă ceva.

not to be able to see the wood for the trees *(în construcții negative cu* **can, could***)* a nu vedea pădurea din cauza copacilor.

not to be a halfpenny the worse for it *F* a nu avea nici pe dracu; a nu fi pățit nimic.

not to be all that *(cu adj.)* ← *F* a nu fi chiar așa/atât de.

not to be all there *F* **1.** a nu fi tocmai întreg la minte; a fi cam într-o doagă/ureche/cam țăcănit. **2.** a fi cam bătut în cap/cam tare de cap/cam sărac cu duhul/cam tăntălău.

not to be amiss ← *F (d. o femeie)* a fi bine făcută/atrăgătoare/drăguță; *F →* a nu fi rea.

not to be a patch on smb./smth. ← *F* a (nici) nu se (putea) compara cu cineva/ceva; *F →* a nu-i sta cuiva nici la degetul cel mic.

not to be a penny the wiser a nu fi cu nimic mai lămurit ca/a nu ști cu nimic mai mult decât înainte.

not to be as/so *(cu adj., adv.)* **as all that** *F* a nu fi chiar așa/atât de ...

not to be a stranger to misfortune a fi avut parte de nenorociri în viață; a ști ce este nenorocirea.

not to be at all the thing to do a fi complet/cu totul nepotrivit/impropriu/deplasat; a nu fi deloc ceea ce se cuvine (să se facă); a nu se cădea deloc să se facă asta/așa ceva; a nu fi deloc de bon ton.

not to be at home to smb. a nu fi acasă pentru cineva; a nu primi pe cineva.

not to be built that way *(d. cineva)* a nu intra în principiile sale; a nu se potrivi cu gusturile sale; a nu fi făcut așa; a nu fi un astfel de om.

not to be cut out for *F* a nu fi croit/făcut pentru.

not to be dry behind the ears *amer. sl.* a fi un ageamiu/lipsit de experiență (fiind tânăr); a nu face două parale.

not to be every man's money a nu fi toată lumea dispusă să/a nu se găsi amatori care să cumpere/

mulți mușterii pentru ceva; a nu fi la îndemâna oricui.

not to be feeling up to the par ← *F* a nu se simți așa de bine ca de obicei; a nu fi tocmai în apele sale.

not to be fit for the dust-hole *F* a nu face (nici cât) o ceapă degerată.

not to be fit to hold a candle to smb. ← *F* a (nici) nu se putea compara cu cineva; *F →* a nu-i sta cuiva nici la degetul cel mic; a nu fi demn nici să dezlege cuiva șireturile de la pantofi; a nu fi nimic/*A →* a fi un vax pe lângă cineva.

not to be good form a nu se cădea/face; a nu fi de bun gust/bon ton.

not to be had for love or money imposibil de obținut prin vreun mijloc sau altul.

not to be in one's line a nu intra în sfera competențelor/preocupărilor sale; a fi în afara competenței/domeniului/preocupărilor sale; a nu ține de domeniul său/de competența sa/de sfera preocupărilor sale.

not to be in one's nature to do smth. a nu-i fi/sta în fire să facă ceva.

not to be in one's right head/mind a nu fi în toate mințile/în deplinătatea facultăților mintale/întreg/sănătos la minte; a fi cam nebun/*F →* într-o ureche/sonat/șui/țicnit; *F →* a-i cam lipsi o/a fi cam într-o doagă.

not to be in the humour for work a nu avea chef/poftă de lucru; a nu fi în dispoziție de lucru.

not to be in the mood for smth. a nu avea chef de ceva; a nu fi dispus să.

not to be long for this world a nu mai avea mult de trăit/multe zile; a-i fi zilele numărate; a nu o mai duce mult.

not to belong here 1. *(d. persoane)* a nu fi din partea locului/de prin părțile acestea. **2.** *(d. lucruri)* a nu-i fi locul aici; **the hammer doesn't belong here** nu-i aici locul ciocanului.

not to be long (in) coming a nu zăbovi mult, a nu se lăsa așteptat.

not to be long (in) doing smth. a nu-i trebui mult (timp) până/ca să facă ceva.

not to be much of a a nu fi exact ceea ce se cheamă un; *F →* a nu fi mare lucru de capul lui/cine știe ce ca.

not to be much (of a) catch *F* a nu fi cine știe ce afacere/pricopseală/mare brânză/scofală.

not to be much to look at a nu arăta/părea grozav/cine știe ce/foarte bun; a nu avea un aer prea grozav/o înfățișare prea grozavă; a nu fi prea arătos.

not to be named in the same breath with smb. ← *F* a nu-i ajunge/sta cuiva nici la degetul cel mic;

a nu se compara nici pe departe cu cineva; a fi cu mult inferior cuiva.

not to be of our number a nu fi cu noi/de-ai noştri/din grupul nostru.

not to be one's cup of tea *(d. ceva)* ← *F* a nu fi slăbiciunea/*F* → marota/pasiunea sa.

not to be on form a nu fi în formă.

not to be on speaking terms with smb. l. a nu cunoaşte prea bine/a cunoaşte numai din vedere pe cineva. **2.** a nu (mai) vorbi cu cineva.

not to be on the best terms (with smb.) a nu mai fi în cei mai buni termeni (cu cineva).

not to be out of the wood yet a nu fi încă în afară de orice pericol; a nu fi ajuns/ieşit încă la liman; a nu fi scăpat încă de toate greutăţile/necazurile.

not to be over well *F* a se simţi aşa şi aşa, a nu se simţi/a nu sta (prea) grozav (cu sănătatea).

not to be quite right in one's head/mind a nu fi tocmai întreg la minte.

not to be quite the clean potato *F* a nu fi tocmai uşă de biserică.

not to be quite the thing a nu fi lucrul cel mai potrivit/nimerit/tocmai ce trebuie/exact ceea ce se cade/se cuvine/se poartă etc.; a nu fi tocmai de bon ton/şic; a fi oarecum deplasat.

not to be quite the ticket ← *F* a nu fi tocmai lucrul cel mai potrivit; a fi întrucâtva incorect/oarecum deplasat/cam nepotrivit.

not to be/feel (quite) up to the mark l. a nu-i fi/a nu se simţi (prea/tocmai) bine; a nu fi/a nu se simţi (chiar/tocmai) în apele sale. **2.** a nu-i fi (toţi) boii acasă.

not to be seen dead somewhere/with smb. *F* a prefera să moară decât să meargă/să fie văzut cu cineva/undeva; a nu se duce/a nu merge nici mort undeva/cu cineva.

not to be slow to defend oneself a nu sta pe gânduri/şovăi când e vorba să se apere; a riposta prompt.

not to be sneezed/sniffed at *F* a nu fi ceva la care să strâmbi din nas/să faci mofturi; a nu fi de dispreţuit; a fi pasabil.

not to be so *(cu adj., adv.)* **as all that** *v.* **not to be as** *(cu adj., adv.)* **as all that.**

not to be so black as one is painted a nu fi chiar atât de negru/de al dracului pe cât se spune.

not to be so callous as to a nu-l lăsa inima să.

not to be so green as to a nu fi chiar atât de naiv ca/încât să ...; a nu se fi născut ieri ca să ...

not to be suited to one's palate a nu fi pe gustul său.

not to be the only pebble on the beach ← *F (d. cineva)* a nu fi unic/numai el pe lume; *F* → nu e numai un câine scurt de coadă.

not to be the question a nu fi vorba de; a nu fi (asta etc.) problema.

not to be the thing a nu se mai face/purta; a nu mai fi la modă; a nu fi de bon ton/de bun gust/şic; a fi nepotrivit/deplasat; a nu se face; a nu se cădea.

not to be the word for it a nu fi cuvântul potrivit (pentru asta).

not to be thought of a nu fi de conceput, a fi de neconceput.

not to be too long about it a nu-şi pierde vremea/a nu pierde prea mult timp/multă vreme cu asta; a nu o/se lungi; a fi expeditiv/operativ.

not to be up one's street ← *F* a nu ţine de/intra în domeniul său/în sfera sa de preocupări; a nu se potrivi cu posibilităţile sale.

not to be up to much *F (d. ceva)* a nu fi cine ştie ce/mare brânză de capul său/mare scofală/prea grozav.

not to be up to that kind of thing *F* a nu-l duce capul la/a nu fi în stare de aşa ceva.

not to be up to the mark *v.* **not to be quite up to the mark.**

not to be worth *amer.* a continental/cuss/damn/doit/*sl.* dump/farthing/fillip/groat/hang/rap/rush/scrap/tinker's cuss/tupenny/damn *F* a nu face un ban/o para chioară/nici doi bani/nici două parale (nici cât) o ceapă degerată.

not to be worth a day's purchase *(d. viaţa cuiva)* a atârna de un fir de păr; a fi pe punctul de a se stinge.

not to be worth one's keep/salt *F* a lua leafa/mânca pâinea de pomană; a nu plăti nici apa pe care o bea.

not to be worth the powder and shot *F* a nu merita osteneala; a nu face banii/paralele.

not to be yet out of one's teens a nu avea încă douăzeci de ani.

not to budge an inch ← *F* **l.** a nu se clinti din loc. **2.** *fig.* a nu ceda o iotă; a nu da înapoi nici cu un centimetru; a rămâne ferm pe poziţie.

not to care a bean/(brass) button/*amer.* **conti-nental/damn/doit/(brass) farthing/fig/groat/hang/hoot/jet/pin/rap/***amer.* **red cent/rush/***amer.* **a row of beans/scrap/snap/stiver/straw/tinker's cuss/tinker's damn/whoop/two hoots/two pins/two straws/twopence (for)** *F* **l.** a-i păsa mai mult de-o groază (de), a nu-i păsa câtuşi de puţin/nici atâtica/nici cât negru sub unghie (de)/a-l durea în cot/fund/undeva (de); *A* → a-i fi echilateral/perpendicular. **2.** a nu da doi bani/două parale/o ceapă degerată (pe).

not to carry much conviction a nu fi destul de convingător, a nu avea destulă putere de convingere.

not to choose, to *(cu inf.)* a nu avea chef să; a nu voi să.

not to clap eyes on a nu mai vedea/zări/întâlni *(pe cineva, ceva)*.

not to come in the picture a nu intra la socoteală.

not to come up to one's expectations a nu se ridica la înălțimea așteptărilor sale.

not to come up to the required standards a nu se ridica la nivelul cerut.

not to come within smb.'s province a nu fi de competența cuiva.

not to do a hand's turn *v.* **never to do a hand's turn.**

not to feel at home in a place a nu se simți în largul său undeva; a se simți stingher undeva.

not to feel/look at all/quite the thing a nu fi prea/ a nu fi deloc în apele sale; a nu se simți/arăta deloc/ prea bine/sănătos; a se simți/a arăta cam dărâmat/ rablagit.

not to feel (quite) up to the mark *v.* **not to be (quite) up to the mark.**

not to feel too good about it *amer.* ← *F* a nu-l prea încânta; a nu fi tocmai încântat de asta.

not to feel up to concert-pitch *F* a nu se simți în formă.

not to feel up to (doing) smth. I. a nu se simți destul de bine pentru (a face) ceva. 2. a nu se simți capabil/în stare (să facă)/de ceva; a nu avea destulă forță pentru (a face) ceva.

not to feel up to the knocker *P* a nu fi/a nu se simți în apele sale, a nu-i fi toți boii acasă.

not to feel up to the mark *v.* **not to be quite up to the mark.**

not to find it in one's heart *(în construcții negative cu can, could)* **not to have the heart to do smth.** a nu-l lăsa inima/nu avea inimă/nu se îndura/nu avea curajul/tăria/nu se putea hotărî să facă ceva.

not to get a word in edgeways ← *F* a nu putea să plaseze/să strecoare un cuvânt (în conversație).

not to get much kick out of it ← *F* a nu-l prea interesa/amuza, a nu-i spune nimic.

not to ge one's remove a rămâne repetent.

not to get/see smb.'s/the/point a nu înțelege pe cineva/ce vrea să spună/unde vrea să ajungă cineva; a nu vedea esența chestiunii; a nu sesiza ideea/ nuanța

not to get to first base *amer.* ← a nu avea nici un succes, a nu reuși cu nici un chip.

not to give/*amer.* **a continental/curse/damn/darn/ dern/hoot/***amer.* **redcent/rush/stiver/tinker's curse/a tinker's damn/two hoots for ...** *F* a nu da un ban/o para chioară/(nici) doi bani/două parale/o ceapă degerată pe.

not to give the snap of one's finger for *F* a nu da doi bani/două parale/o ceapă degerată pe.

not to give way/yield an inch a nu ceda nici un pic/nici o palmă (de teren); a nu da un pas înapoi.

not to have/*sl.* **a bean/farthing/feather to fly with/ penny in the world/penny to bless oneself with/penny to one's name/shot (in one's/the locker)** *F* a nu avea un ban (în buzunar)/nici o lăscaie/para (chioară/frântă)/(nici) un sfanț; a fi/ rămâne lefter/pe drojdie/pe geantă.

not to have a dry stitch on one *F* a fi ud leoarcă/ complet murat/murat până la oase.

not to have a farthing *v.* **not to have a bean.**

not to have a feather to fly with *v.* **not to have a bean.**

not to have a leg to stand on (for smth.) ← *F* I. *(d. cineva)* a nu avea nici o justificare/scuză (pentru ceva). **2.** *(d. cineva)* a nu aduce nici o dovadă grăitoare/concludentă; a nu mai avea pe ce să-și întemeieze argumentele. **3.** *(d. ceva)* a nu ține; a șchiopăta; a nu avea nici un fundament; a nu se întemeia/sprijini pe fapte/realități.

not to have an earthly/the ghost of a/the least chance a nu avea nici cea mai mică/absolut nici o șansă.

not to have any kick left (in one) *F* a fi stors de vlagă/vlăguit/complet dărâmat/la pământ; a nu mai avea vlagă (în el)/fi bun de nimic.

not to have a penny in the world/to bless oneself with/to one's name *v.* **not to have a bean.**

not to have a shirt to one's back *F* a nu avea nici cămașă pe el; a fi sărac lipit pământului; a nu avea după ce să bea apă/nici cenușă în vatră.

not to have a shot I. a nu mai avea muniții. **2.** *v.* **not to have a bean.**

not to have a shot in one's/the locker *v.* **not to have a bean.**

not to have a wink of sleep/not to sleep a wink (all night) a nu dormi deloc (toată noaptea); a nu închide/nu putea să închidă un ochi/ochii (toată noaptea).

not to have been born yesterday *F* a nu fi de ieri, de alaltăieri; a nu se fi născut ieri; a nu putea fi dus cu una, cu două.

not to have come to one's knowledge a nu avea cunoștință de; a nu-i fi ajuns la ureche.

not to have got smb.'s number *F* a nu şti în ce ape se scaldă cineva.

not to have got/to know the trick of it *F* a nu-i cunoaşte/şti secretul/rostul/chiţibuşul/*A* → şpilul; a nu şti cum trebuie mânuit/manipulat/făcut/cum trebuie procedat cu el/ea.

not to have made much of a dinner a nu fi prea mâncat, a nu fi mâncat mare lucru (la prânz, cină).

not to have the conscience to do smth. a nu-l lăsa conştiinţa să facă ceva.

not to have the foggiest/haziest notion a nu avea nici cea mai vagă idee; a nu avea habar.

not to have the ghost of a chance *v.* **not to have an earthly chance.**

not to have the heart to do smth. *v.* **not to find it in one's heart to do smth.**

not to have the least chance *v.* **not to have an earthly chance.**

not to hear of smb./smth. *(folosit cu* **will, would***)* a nici nu voi să audă de cineva/ceva.

not to hear the last of smth. *v.* **never to hear the last of smth.**

not to hold of much account a nu pune prea mare preţ, a nu da prea mare importanţă.

not to know A from B/B from a bull's foot *F* a fi clei/nul/tămâie/tufă (de Veneţia); a nu avea habar de nimic; a fi complet ignorant/incult/pe din afară; a nu se descurca în chestiuni elementare.

not to know a hawk from a handsaw *F* a fi ciubotă/pe din afară; a nu avea habar de nimic; a nu şti să încurce două paie; a nu avea nici un pic de discernământ; a nu şti să facă deosebirea dintre oaie şi berbec.

not to know beans about *amer.* *F* a fi tămâie/chinez în materie de, a nu avea habar de.

not to know chalk from cheese ← *F* a nu deosebi oaia de berbec; a nu şti absolut nimic/(o) boabă/bechi/buche; a fi complet pe dinafară.

not to know from nothing *amer. sl. v.* **know from nothing.**

not to know how many beans make five *F* a nu avea habar de nimic; a nu şti o boabă/buche/absolut nimic.

not to know one's arse from one's elbow *vulg.* a fi tare de/boacă la cap; a fi prost ca noaptea/de dă în gropi; a fi bătut în cap; a fi (un) tâmpit.

not to know smb. from Adam/a crow/another/ a yellow hammer ← *F* a nu putea să deosebească/ distingă o persoană de alta/să facă o deosebire/să recunoască deosebirea dintre o persoană şi alta; a nu avea habar cum arată cineva (la faţă); a-i fi complet necunoscut cineva.

not to know the first thing about it ← *F* a nu avea habar de nimic; a nu se pricepe deloc; a fi tămâie; a fi complet pe dinafară.

not to know the first word of a nu şti boabă de/deloc.

not to know the trick of it *F v.* **not to have got the trick of it.**

not to know what nerves are a nu şti ce înseamnă/ ce e aia să ai nervi; a nu-şi ieşi niciodată din fire, a nu-şi pierde niciodată calmul/sângele rece; a fi întotdeauna calm.

not to know what to make of it a nu şti ce să creadă despre/cum să interpreteze ceva.

not to know whether one is coming or going *amer. F v.* **not to know whether one is standing on one's feet or on one's head.**

not to know whether one is standing on one's feet or on one's head *F* a nu (mai) şti unde îi e capul/încotro s-o apuce/la ce sfânt să se roage; a da din colţ în colţ; a-şi pierde capul; a se fâstâci/ zăpăci complet; a fi complet dezorientat/năuc; a fi foarte foarte emoţionat.

not to know which way to look/turn *F v.* **not to know whether one is standing on one's feet or on one's head.**

not to lay a finger/hand on smb. *F v.* **never to lay a finger on smb.**

not to let one's left hand know what one's right hand does *prov.* să nu ştie stânga ce face dreapta.

not to let smb. out of one's sight a nu pierde/ scăpa pe cineva din ochi.

not to let the grass grow under one's feet *fig.* a nu pierde vremea de pomană; a nu se încurca la treabă; a zbârnâi; a-i da zor.

not to lie in one's line ← *f* **1.** a nu fi de competenţa sa/de resortul său; a nu fi/ţine de meseria/specia- litatea sa; a nu intra în preocupările sale. **2.** a nu fi pe gustul său, a nu se potrivi cu el.

not to lift/stir a finger to help smb. a nu ridica/ mişca un deget ca să ajute pe cineva.

not to lift/move/stir a foot a nu se clinti/urni din loc.

not to lift a hand a nu mişca/ridica un deget, a nu pune mâna, a nu schiţa un gest (ca să ajute); a sta cu braţele încrucişate.

not to like the cut of smb.'s jib *P* a nu-i plăcea mutra/ochii cuiva.

not to look at all quite the thing *v.* **not to feel at all quite the thing.**

not to look one's age a nu-şi trăda vârsta, a arăta mai tânăr decât este (în realitate).

not to look oneself a nu arăta bine; a părea bolnav; a avea un aer bolnav.

not to look smb. in the eye/face a nu avea curajul să privească pe cineva în ochi/faţă.

not to look up to the mark (d. cineva) a arăta prost, a avea (o) mină proastă.

not to look very fit a nu arăta prea/foarte bine; a nu avea (o) mină (prea) bună.

not to lose any sleep about/over smth. F a nu-şi pierde somnul din cauza/a se culca/a dormi liniştit în privinţa unui lucru; a nu fi foarte îngrijorat/a nu-şi face prea mari/multe griji din cauza/în privinţa unui lucru.

not to make any difference a nu avea nici o importanţă.

not to make chalk of one and cheese of the other ← F a se purta la fel şi cu unul şi cu altul; a fi imparţial/nepărtinitor, a nu fi părtinitor, a nu face discriminări.

not to make head or tail of smth. (în construcţii cu cannot, could not) a nu înţelege/pricepe ceva; a nu-i da de capăt/rost; a nu se descurca în/cu ceva.

not to make much of smth. 1. a nu înţelege/pricepe mare lucru din ceva. 2. a nu da mare importanţă unui lucru; a nu face mare caz de ceva.

not to make old bones F (folosit mai ales la viitor) a nu apuca bătrâneţile; a nu trăi mult.

not to matter a bit/a farthing → F a nu avea nici cea mai mică importanţă; a nu conta câtuşi de puţin.

not to mention fără a mai menţiona/vorbi de, fără să mai menţionăm/vorbim de; fără a mai pune/să mai punem la socoteală.

not to mince matters/one's words (with smb.) a i-o spune (cuiva) deschis/fără înconjur/pe faţă/F → şleau/verde-n faţă; a vorbi (cu cineva) fără menajamente; a nu umbla cu mănuşi (faţă de cineva).

not to mind one's own business a-şi băga nasul unde nu-i fierbe oala.

not to miss a trick ← F a nu-i scăpa nici cel mai neînsemnat/mic lucru/amănunt; a nu face nici o greşeală; a se descurca de minune.

not to move a foot v. **not to lift a foot.**

not to move a muscle a nu clinti/(se) mişca; a sta nemişcat; a nu clipi (din ochi); a nu-i tresări un muşchi (pe faţă).

not to my knowledge după câte ştiu/cunosc eu, nu.

not to open one's mouth a nu deschide gura, a nu scoate o vorbă.

not to put it past smb. to do smth., not to put smth. past smb. (în construcţii cu wouldn't) a crede pe cineva capabil/în stare să facă ceva (urât/neobişnuit).

not to put too fine an edge/a point on it ca să vorbim pe şleau/deschis; ca să spunem lucrurilor pe nume.

not to say much of smth. amer. a nu avea o părere prea bună despre ceva, a avea o părere proastă despre ceva.

not to scratch one's mind F a vorbi/spune clar.

not to see an inch beyond one's nose a nu vedea mai departe de vârful nasului.

not to see eye to eye (with smb.) a nu fi întru totul de acord/de aceeaşi părere (cu cineva); a nu avea aceeaşi părere/aceleaşi păreri/vederi (cu cineva); a nu vedea lucrurile la fel (ca cineva).

not to see one's way (clear) to doing smth. v. **not to be able to see one's way (clear) to doing smth.**

not to see smb.'s point v. **not to get smb.'s/the point.**

not to see the advantage/use of 1. ~ smth. a nu vedea avantajul/folosul/rostul unui lucru/ce avantaj/folos ar aduce ceva. 2. ~ doing smth. a nu vedea/înţelege ce avantaj ar avea/ar fi dacă ar face/ce rost ar avea să facă ceva/care ar fi avantajul/folosul/utilitatea de a face/să facă ceva/nici un avantaj/folos în a face ceva/nici un rost să facă ceva.

not to see the fun 1. ~ in/of smth. a nu vedea ce e de râs/nimic amuzant/de râs în ceva; a nu vedea partea comică/hazlie a unui lucru/latura amuzantă a unui lucru; a nu avea/a fi lipsit de simţul umorului. 2. ~ of doing smth. a nu înţelege ce haz ar avea să facă ceva, a nu vedea nimic amuzant în a face ceva.

not to see the good of 1. ~ smth. a nu vedea/înţelege la ce va folosi ceva/la ce ar fi bun ceva. 2. ~ doing smth. a nu vedea/înţelege la ce ar folosi/la ce bun să facă ceva.

not to see the point v. **not to get smb.'s/the point.**

not to see the use of v. **not to see the advantage/use of.**

not to see the wood for the trees v. **not to (be able to) see the wood for the trees.**

not to set the Thames on fire v. **never to set the Thames on fire.**

not to show one's face in a place again a nu mai îndrăzni să se arate/să-şi arate nasul/să calce undeva/să dea ochi cu cineva.

not to sleep a wink (all night) v. **not to have a wink of sleep (all night).**

not to stand (even) a day's chance a nu avea nici cea mai mică şansă (de a bate un adversar mai puternic, de a supravieţui unui dezastru etc.).

not to stick at trifles a nu se împiedica de/încurca cu fleacuri.

not to stir a finger to help smb. *v.* **not to lift a finger to help smb.**

not to stir a foot *v.* **not to lift a foot.**

not to stir an eyelid a (nici) nu clipi (din ochi); a nici nu tresări (măcar); a nu-i tresări/nu i se clinti (nici) un mușchi pe față; a rămâne impasibil.

not to stir a peg ← *sl.* a nu face nici o mișcare; a nu se clinti/urni din loc.

not to stop short of anything a nu se împiedica/a nu fi reținut de nimic/de nici un obstacol.

not to suit one's book a nu răspunde cerințelor sale; a nu intra în planurile/socotelile sale; a-i deranja planurile; a nu-l aranja; a nu-i conveni, a nu-i veni la îndemână/socoteală.

not to take (a) no for an answer a nu accepta/ admite un refuz.

not to take one's eyes off smb./smth. *v.* **never to take one's eyes off smb./smth.**

not to the purpose hodoronc-tronc; ca nuca-n perete.

not to think much of a nu avea o părere prea bună/ a avea o părere cam proastă despre.

not to think of a nici nu se gândi la; a nu putea fi nici gând de.

not to touch a hair of smb.'s head a nu se atinge nici de un fir de păr din capul cuiva.

not to touch smth. with a barge-pole a nu-ți veni să atingi/apuci ceva nici cu cleștele.

not to trust smb. out of one's sight a nu slăbi pe cineva din ochi; a fi tot timpul cu ochii pe cineva.

not to turn a hair ← *F* a nu (se) clinti; a nu clipi din ochi; a nu tresări; a nu-i tresări un mușchi pe față; a nu arăta nici un semn de mirare/surpriză/ oboseală/teamă etc.

not to yield an inch *v.* **not to give way an inch.**

not without misgivings nu fără șovăială.

not without reason nu fără motiv/temei; pe bună dreptate.

not you! tu nu! tu nici vorbă! tu de bună seamă că nu!

now and again/then când și când; din când în când; pe ici pe colo.

now for it! acum haide! să pornim!

nowhere near *v.* **not** ← *F*/**nowhere near.**

no whit *v.* **not a whit.**

now if ever/or never acum ori niciodată.

now I know! acum sunt lămurit! acum știu la ce să mă pot aștepta!

now I twig it! *F* acum mi-a căzut fisa!

not! now! ei, hai! ei, gata! hai! gata! ajunge!

no wonder (that ...) nu e (deloc) de mirare că ...; nu e surprinzător (faptul) că ... cum să nu te miri/ să vă mirați că ...

no words can describe ... nu există cuvinte pentru a descrie ...; nu se poate descrie în cuvinte ...

now or never *v.* **now if ever.**

now show your mettle! acum să te văd! arată acum ce poți!

now's your time! acum e momentul! nu pierde ocazia!

now, that's something like! așa da! ei, da, așa mai zic și eu!

now then 1. să vedem! acum să te văd! **2.** haide! mișcă!

now this way, now that când așa, când așa.

now (that) ... acum că ...

now to settle with you! *F* între noi doi acum!

now we will have it out *F* acum între noi doi.

now you are going to see things! *F* acum ai să vezi tu (ce ai să pățești/să vezi)!

now you're it! e rândul tău (să joci).

now you're talking 1. așa da! așa mai vii de-acasă! așa te vreau! bine spus! **2.** *rar iron.* nu mai spune!

now you've been and gone and done it! *sl.* (ce să-ți spun), frumoasă ispravă ai făcut! asta ispravă, n-am ce zice! asta zic și eu gafă! ai rupt inima târgului; *vulg.* → ai făcut rahatul praf!

null and void nul și neavenit.

number one *F* eu în persoană.

numb with cold amorțit/înțepenit/rebegit de frig.

numerous as the sand(s) on the seashore, (as) cât nisipul mării.

nurse a cold, to a-și trata/îngriji o răceală/un guturai.

nurse one's money, to a-și administra cu grijă banii.

nurse one's public, to a-și cultiva/a-și întreține popularitatea.

nurse the fire, to 1. ← *F* a întreține focul. **2.** *F* a sta cu nasul în cenușă/în sobă; a sta la gura sobei.

nuts! *amer. sl.* **1.** nix! canci! ioc! mai va! **2.** nu ține! nu se prinde!

nutty as a fruitcake, (as) *amer. sl.* extrem de excentric/fistichiu.

O

oaks may fall when reeds stand the storm *prov. aprox.* vântul la pământ n-aruncă buruieni, ci pe cei mai mari copaci; trestia care se pleacă vântului, niciodată nu se rupe.

oar one's way towards smth., to a vâsli spre ceva.

object to doing smth., to a obiecta împotriva faptului că trebuie/a refuza să facă ceva.

object to smb.'s doing smth., to a se opune/a fi împotrivă ca cineva să facă ceva; a vedea un inconvenient în faptul că cineva face ceva.

obliterate the past, to a da uitării trecutul; a trece cu buretele peste trecut, a șterge trecutul cu buretele.

obscure the issue, to a complica (și mai mult) o chestiune; a încâlci lucrurile; *F →* a încurca ițele.

observe the proprierties, to a păstra buna cuviință, a respecta conveniențele.

obstinate as a mule, (as) încăpățânat ca un catâr.

obstruct a bill, to *parl.* a face obstrucție.

occupy the chair, to *v.* fill the chair.

oddly enough lucru curios.

odds are against, the șansele sunt contra/împotriva.

odds are in his favour, the șansele sunt de partea lui.

odds are that, the e foarte probabil ca/să; s-ar putea paria că.

of age major.

of a kind 1. de același fel. **2.** un așa-zis; o așa-zisă; un soi de; chipurile.

of all booksellers *(de vânzare)* la toate librăriile.

of all sorts of sizes *F* de toate calibrele/mărimile; fel de fel.

of all the idiots/nitwits! idiotul! imbecilul! cretinul! tâmpitul! ce idiot/imbecil/cretin/tâmpit! n-am văzut un mai mare idiot/imbecil!

of all things tocmai aceasta; mai ales; mai cu seamă; mai mult decât (de) orice.

of an evening din când în când/uneori seara.

of a piece (with) 1. *F (d. cineva)* de aceeași speță/ teapă (ca); de același soi (ca); de o teapă (cu); o

apă și un pământ. **2.** *(d. ceva)* pe potriva; într-o potrivă (cu); în concordanță (cu).

of a size de aceeași statură/talie/mărime; de aceleași dimensiuni.

of a sort/sorts *F* un fel/soi de; ceva ce aduce a; un așa-zis, o așa-zisă; să-i zicem așa; dacă se poate numi așa.

of a suit with smth. 1. formând un singur tot cu ceva. **2.** în armonie cu ceva.

of bad/ill omen de prost/rău augur; rău prevestitor.

of consequence important; însemnat; cu greutate.

of course desigur, firește, bineînțeles; cu siguranța.

of every description de tot felul/soiul; de toate felurile/soiurile; tot felul/soiul de.

of evil grain, no good seed can come *prov.* din ou de drac, pui de drac iese.

of evil memory de tristă memorie/amintire; de sinistră amintire.

off and on, on and off din când în când; din timp în timp; când și când; *F →* din an în Paște.

off base *amer. ← sl.* impertinent; băgăreț; asumân-du-și o autoritate pe care nu o are; manifestând un grad de intimitate de care nu se bucură.

off colour 1. cam palid; < *F →* străveziu la față. **2.** indispus; prost dispus; fără chef. **3.** *(d. o anecdotă, poveste)* incolor, nesărat, fără spirit/duh. **4.** *(d. pietre prețioase)* fără reflexe/strălucire/ape. **5.** *(d. calitate)* îndoielnic; dubios. **6.** *(d. cunoștințe)* slab; deficient.

off duty liber; în afara orelor de serviciu; când nu e de serviciu.

offend against the law, to *jur.* a (în)călca legea; a comite un delict.

offend Mrs. Grundy, to *← F* a înfrunta opinia publică; *F →* a scandaliza cartierul/mahalaua.

offend the ear, to a suna prost/*F →* a zgâria la ureche, a supăra urechea.

offend the eye, to a șoca ochiul/privirile; a ofensa privirea; a supăra la ochi; a fi supărător pentru ochi.

offer an affront to smb., to a face un afront cuiva; a jigni în față pe cineva.

offer an apology, to v. make an apology.

offer an excuse, to a găsi/invoca o scuză; a se scuza; a se justifica.

offer an opinion, to a-şi spune părerea; *F* → a-şi da cu părerea/presupusul.

offer a remark, to a face o remarcă/observaţie.

offer battle, to a oferi un prilej de/a invita la luptă.

offer no resistance (to smb.), to v. make no resistance (to smb.)

offer one's hand, to 1. a întinde mâna (pentru a-i fi strânsă). 2. a-şi oferi mâna (unei femei).

offer one's mite, to *F* a-şi aduce/da obolul.

offer smb. food for thought, to a da cuiva de gândit.

offers to go *teatru* se îndreaptă spre ieşire.

offer to do smth., to a se oferi să facă ceva.

offer to fight smb., to a desfide pe cineva.

offer to strike smb., to a ridica mâna asupra cuiva; a da/încerca să lovească pe cineva.

offer violence to smb., to a sări la cineva să-l bată.

off hand 1. pe loc. 2. pe nepregătite/negândite. 3. fără mofturi/fasoane; cu dezinvoltură.

officiate as host, to a face oficiul/a-şi îndeplini îndatoririle de gazdă.

off like a shot ieşit/plecat/scăpat ca din puşcă.

off limits *amer.* în afara perimetrului cazărmii/şcolii/taberei în care *(un soldat, un elev etc.)* are voie să intre; în afara zonelor permise *(pentru soldaţi, elevi etc.)*; interzis, oprit *(pentru soldaţi, elevi etc.)*.

of flint *fig.* v. like flint.

off one's balance *fig.* dezechilibrat.

off one's base *amer. sl. (d. cineva)* greşit; pe de lături; alăturea cu drumul.

off one's chump *sl.* 1. sonat; sărit (de pe linie); scrântit, ţăcănit (la cap); lovit cu leuca (în cap); într-o doagă/ureche; şui. 2. înnebunit; căpiat; cuprins de nebunie/înfrigurare; teribil de agitat/emoţionat/tulburat.

off one's crumpet/nut/onion/rocker/rocks *sl.* v. off one's chump 1.

off one's *sl.* **feed/food** fără apetit/poftă de mâncare; plictisit/dezgustat de mâncare.

off one's guard descoperit; nepregătit; luat pe nepregătite.

off one's hands debarasat, descotorosit *(de ceva)*; eliberat/scăpat de răspunderi *(pentru ceva)*.

off one's head v. off one's chump.

off one's leags aşezat să se odihnească/să răsufle/să-şi tragă sufletul.

off one's nut 1. *sl.* v. off one's chump 1. 2. *amer. sl.* scos din fire; înnebunit; absurd. 3. *amer. sl.* complet greşit/pe de lături/aiurea.

off one's oats ← *F* indispus; fără chef.

off one's onion *sl.* v. off one's chump 1.

off one's own bat *fig.* din proprie iniţiativă, independent, fără (nici un) ajutor.

off one's rocker *sl.* v. off one's chump 1.

off one's rocks *sl.* v. off one's chump 1.

of foreign growth de provenienţă străină; cultivat în străinătate.

off stage 1. în culise. 2. *fig.* în viaţa particulară.

off the beam 1. ← *F* pe o pistă greşită; rătăcit; *F* → debusolat. 2. ← *F* pe un drum greşit; alături cu drumul. 3. *amer. sl.* sărit (de pe fir/linie), sonat, şui, ţăcănit, zărghit.

off the beaten track 1. alături de drumul mare; departe de drumurile bătătorite; neumblat. 2. *fig.* ieşit din comun/rutină; cu totul neobişnuit. 3. *fig.* pe o cale nebătătorită/căi nebătătorite; în domenii puţin cunoscute/studiate.

off the coast în dreptul/largul coastei.

off the cuff *amer.* ← *sl.* 1. neprotocolar; pe nepregătite; improvizat; ex abrupto; fără o repetiţie prealabilă. 2. în particular; cu titlu personal; nu în capacitate oficială.

off the fly ← *F* liber; fără nici o treabă.

off the hooks *F* pe loc; pe dată; de îndată; numaidecât.

off the map *F* 1. *(d. un loc)* la celălalt capăt al lumii; la dracu-n praznic. 2. *(d. o chestiune)* depăşit; care nu mai prezintă interes/nu mai este de actualitate.

off the mark 1. alături/departe de ţintă. 2. *fig.* incorect, greşit, eronat. 3. rapid, repede, fără întârziere.

off the mill *(d. produse)* 1. ieşit din fabrică. 2. produs în serie/masă.

off the peg ← *F (d. haine)* de gata.

off the point în afara subiectului; fără nici o contingenţă/legătură cu subiectul; irelevant; *F* → alături cu drumul.

off the port *mar.* în dreptul portului.

off the premises în afara localului, afară din local.

off the rails 1. *(d. un tren)* deraiat, sărit de pe linie. 2. *fig.* dereglat; deranjat; scăpat de sub control; dezorganizat. 3. ← *F* excentric; nevropat; *F* → sărit (de pe linie).

off the record ← *F* în secret; cu titlu confidenţial; (în mod) neoficial.

off the reel *F* dintr-un condei; pe nerăsuflate; fără întrerupere; fără să se oprească; ca o morişcă.

off the scent care a pierdut urma; neavând nici un/lipsit de vreun indiciu; derutat; pe o pistă greşită.

off the shelf *(d. un aparat)* autonom; universal.

off the track 1. *(d. un tren)* deraiat, sărit de pe linie/şine. 2. rătăcit; care a pierdut direcţia; pe o pistă greşită. **3.** *F* alături de/deviind de la subiect; diva-gând; *F* → bătând câmpii; care a luat-o razna; vor-bind (într-)aiurea/în dodii. **4.** *fig.* pe un drum greşit.

off the trail 1. *v.* **off the scent. 2.** pe un drum greşit, abătut din drum; rătăcit.

off the wind *mar.* departe de vânt; cu vânt larg.

off we go! la drum! *F* → mână, birjar!

off with him! luaţi-l!

off with his head! tăiaţi-i/să i se taie capul!

off with you! *F* şterge-o! cară-te! pleacă!

off with your shoes! scoate-ţi pantofii!

of good faith/will de bună-credinţă.

of good omen de bun augur.

of good station de condiţie/familie bună.

of good stock 1. de neam bun/familie/obârşie bună; de viţă. **2.** de rasă (bună)/soi (bun).

of great import *lit.* de mare importanţă/însem-nătate.

of great moment de mare importanţă/însemnătate.

of high order de mare clasă; de calitate superioară.

of idleness comes no goodness *prov.* lucrul face sănătate, trândăvia doar păcate; lenea e cucoană mare care n-are de mâncare.

of ill omen *v.* **of bad omen.**

of ill repute de proastă reputaţie; rău famat; deochiat.

of itself de la sine.

of its kind în genul lui.

of late în ultimul timp; recent; de curând; mai deunăzi.

of little/small account de mică importanţă/însem-nătate; neimportant, neînsemnat.

of little avail de puţin folos.

of little/small moment de mică importanţă/ însemnătate; nesemnificativ; insignifiant.

of little substance *(d. un argument)* slab; lipsit de soliditate.

of long standing de (lungă) durată; îndelungat; vechi.

of low birth de origine modestă/umilă.

of low extraction de jos; de origine umilă.

of lowly station de condiţie joasă/modestă/umilă.

of mark de marcă; marcant; distins.

of moment important, însemnat; de importanţă.

of necessity 1. cu necesitate; în mod necesar; (în mod) inevitabil. **2.** de nevoie.

of no account fără (nici o)/lipsit de importanţă; neînsemnat.

of no avail nefolositor; de nici un folos/ajutor; zadarnic; în van; fără (nici un) efect/rezultat.

of no consequence/importance/interest/mo-ment fără (nici o)/lipsit de importanţă/însemnă-tate; neimportant; neînsemnat.

of no consideration *rar v.* **of no consequence.**

of no (earthly) use de nici un folos; fără rost; de-geaba; de pomană.

of no effect 1. fără nici un efect. **2.** inutil, nefolo-sitor. **3.** *jur.* neavenit.

of no great size nu prea mare; destul de mic.

of no importance *v.* **of no consequence.**

of no interest *v.* **of no consequence.**

of no moment *v.* **of no consequence.**

of no observation cu puţin/lipsit de spirit de obser-vaţie.

of note de vază/seamă.

of no use *v.* **of no (earthly) use.**

of no value fără/lipsit de valoare.

of old/yore din bătrâni/moşi-strămoşi/vechime; de altă dată; pe vremuri; în vremuri(le) de altă dată/ de demult.

of one mind de aceeaşi părere.

of one's own accord/will de bunăvoie; nesilit (de nimeni).

of one's own choice la alegerea sa, după gustul/ placul său.

of one's own free choice 1. după propria alegere; la alegere. **2.** de bunăvoie (şi nesilit de nimeni).

of one's own free will din proprie voinţă; de bună-voie (şi nesilit de nimeni).

of one's own head din capul său, de la el.

of our number de-ai noştri, din grupul nostru/*F* → gaşca noastră.

of repute reputat, cunoscut.

of set purpose premeditat; intenţionat; dinadins.

of small account *v.* **of little account.**

of small moment *v.* **of little moment.**

of some account 1. cu oarecare greutate. **2.** care contează.

of sorts *v.* **of a sort.**

of that ilk *scoţ. glum.* din acelaşi loc/aceeaşi loca-litate, de pe aceeaşi moşie; din localitatea/de pe moşia cu acelaşi nume; de acelaşi neam, de aceeaşi spiţă.

of the blackest/deepest dye *fig.* de cea mai abjectă/ odioasă speţă; *F* → ... şi jumătate; înrăit; inveterat.

of the first order de prim ordin/rang.

of the first water 1. *(d. un diamant)* de prima calitate. **2.** de mâna întâi; *F* → ... şi jumătate ...; pe cinste.

of the hour la ordinea zilei; pe ordinea de zi.

of the old school de şcoală/modă veche; conserva-tor; tradiţionalist.

of the regulation shape/size de formă/mărime regulamentară, având forma/mărimea stabilită de regulament.

of the same kidney *F* de acelaşi calibru/fel/soi; de aceeaşi teapă; din acelaşi aluat; (tot) o apă şi un pământ.

of the same leaven *fig.* din acelaşi/dintr-un aluat.

of the same mind *v.* **of one mind.**

of the very first rank de prima/cea mai bună calitate/clasă; de mâna întâi; clasa întâi.

of this date cu data de astăzi/azi.

of this description de felul/soiul acesta; de acest fel/soi.

oft times one day is better than sometime a whole year *prov.* n-aduce anul ce aduce ceasul.

of two evils choose the less *prov.* din două rele alege pe cel mai mic.

of unsound mind bolnav/dezechilibrat mintal.

of yore *v.* **of old.**

oh, bother it! *F* **I.** la naiba/dracu! ei drăcie! ei, drăcia dracului!

oh dear! **I.** ah! aoleu! Dumnezeule! cum se poate! vai! extraordinar! **2.** ei poftim! zău?

oh dear me! of, Doamne! vai Doamne! Doamne Dumnezeule! vai de mine! *F →* păcatele mele!

oh dear no! oh, nu! fireşte că nu!

oh me/*F* **my!** vai de mine (şi de mine)!

oh my eye! *v.* **my eye!**

oh yeah! *amer. sl.* zău? chiar aşa? ce tot vorbeşti! aha!

oil one's tongue, to ← *F* a vorbi pe un ton mieros/linguşitor; a fi (tot) numai miere.

oil smb.'s hand/palm, to *F* a unge pe cineva/ochii cuiva; *A →* a mişca din urechi.

oil the wheels, to *fig.* a unge osia (cu miere).

old acquaintance will soon be remembered ← *prov.* prietenii vechi nu se uită niciodată.

old and young de la mic la mare; cu mic cu mare.

old as Adam/the hills, (as) *F* de pe vremea lui Adam (Babadam)/lui Pazvante (chiorul); de la Adam şi Eva; de când cu lupii albi; bătrân/vechi de când lumea.

old bean/cock/egg/socks/top! *F* bătrâne!

old birds are not caught with chaff *prov.* vulpea bătrână nu se prinde cu păsăruicile mici.

old cock *F v.* **old bean.**

old dog barks not in vain, an ← *prov.* câinele bătrân nu latră la lună.

old dog will learn no new tricks, an *prov.* calul bătrân nu se mai învaţă la buiestru.

old egg *F v.* **old bean.**

old fox is not easily snared, an vulpea bătrână nu se prinde cu păsăruicile mici.

old ox makes a straight furrow, an *prov.* boii bătrâni fac brazda dreaptă.

old socks *F v.* **old bean.**

old top *F v.* **old bean.**

old woman is picking her geese, the *glum.* îşi scutură baba (Dochia) cojocul.

o me! vai mie!

on account în cont.

on account of din cauza/pricina.

on a commission basis *com.* pe bază de comision/remiză.

on active service în serviciu activ, combatant.

on a dead level exact la acelaşi nivel; absolut la fel.

on a diet la regim.

on a false/wrong scent pe o pistă falsă/greşită.

on a/the first impulse din primul moment; la prima vedere; primul impuls a fost să.

on a friendly footing (with) în relaţii/raporturi/pe picior de prietenie (cu).

on a large/widescale pe scară mare/largă/întinsă; de mari proporţii.

on a level with I. la acelaşi nivel cu; la aceeaşi înălţime cu. **2.** la nivelul; egal cu; pe picior de egalitate cu; pe potriva.

on all accounts/every account în toate privinţele; din toate punctele de vedere; sub toate aspectele/raporturile.

on all cylinders *F* duduind; cu maximum de forţă/efort; în viteză.

on all fours în/pe brânci; în patru labe; de-a buşilea.

on all hands/every hand *fig.* din toate părţile; pretutindeni; peste tot.

on all sides/every side (din) în/pe toate părţile; pe toate feţele; peste tot; pretutindeni.

on alternate days din două în două zile.

on an/the average în medie; *F →* una peste alta.

on and after the fifteenth începând din/cu data de cincisprezece.

on and off *v.* **off and on.**

on and on mereu; neîncetat; mai departe.

on an empty stomach pe stomacul gol; nemâncat.

on an equal footing (with) pe picior de egalitate (cu).

on an errand cu un comision.

on an even keel *fig.* stabil; echilibrat; lin; liniştit; în echilibru.

on a par I. în medie. **2.** ~ **with** la egalitate/egal cu; la acelaşi nivel cu ~; deopotrivă cu; putându-se măsura cu; putând sta alături de,

on a point of order într-o chestiune/asupra unei chestiuni de procedură.

on application la cerere.

on approval sub rezerva aprobării.

on a/the razor's edge *fig.* pe muchie de cuţit; la strâmtoare/ananghie.

on arrival la sosire, în momentul sosirii; la debar-
care.

on a shoe-string *F (a începe)* cu un capital foarte
mic/*F →* de la vânzări de şireturi.

on a/the slant într-o parte; în pantă; înclinat; oblic;
pieziş.

on a small scale pe scară mică/redusă; în mică
măsură, în mic; în miniatură.

on a spare diet la un regim frugal.

on a sticky wicket *fig.* într-o situaţie în care e greu
să te descurci.

on a sudden deodată; brusc, pe neaşteptate; fără
veste; din senin.

on a tour of într-o vizită la; într-un tur al.

on a war footing în stare/*F →* pe picior de război.

on a wind *mar.* cu vânt strâns.

on a wrong scent *v.* **on a false scent.**

on balance una peste alta.

on behalf of smb. în numele/din partea cuiva.

on bended knees *lit.* în genunchi; îngenunchiat.

on board 1. pe vas, la/pe bord. **2.** *amer.* în vagon.

on both sides de ambele părţi/amândouă/părţile;
de o parte şi de alta; pe ambele feţe.

on business cu treburi; plecat după treburi.

on call *fin.* rambursabil la cerere.

once again/more încă o dată; din nou.

once and again 1. în repetate rânduri; de câteva
ori. **2.** câteodată; uneori; din când în când.

once and for all o dată pentru totdeauna/şi bună;
definitiv.

once a thief, always a thief *prov.* cine fură o dată
fură întotdeauna; cine fură azi un ou mâine fură
(şi) un bou.

once bit/bitten, twice shy *prov.* cine s-a ars/fript
cu ciorbă/borş/zeamă/supă/suflă şi-n iaurt/lapte;
pe cine l-a muşcat o dată câinele fuge şi de
lătrătură; pisica opărită fuge şi de apă rece.

once does not make a habit/is no custom/habit
→ prov. o dată e totuna cu deloc/nu înseamnă „de
obicei".

once in a blue moon/a moonshine *F* din an/joi
în Paşte; din Paşte în Crăciun.

once in a moonshine *v.* **one in a blue moon.**

once in a way/while când şi când; din când în când;
cîteodată; uneori; rar(eori); *F →* din an în Paşte.

once is no custom/habit *v.* **once does not make
a habit.**

once more *v.* **once again.**

once or twice o dată sau de două ori; de câteva ori;
în câteva rânduri.

once upon a time there was a fost odată ca nicio-
dată.

on close inspection la o cercetare/examinare/verifi-
care atentă; cercetând/examinând atent/îndeaproape.

on commission 1. *com.* în comision. **2.** *(d. o lucrare)*
la comandă.

on duty la datorie; de serviciu; în exerciţiul func-
ţiunii; de pază; de gardă.

one and all toţi împreună şi fiecare în parte; toţi la/
până la unul; (toţi) fără excepţie; cu toţii; *F →* pe
rudă (şi) pe sămânţă.

one and the same unul şi acelaşi.

on easy terms *com.* în condiţii (de plată)/rate avan-
tajoase.

**one beats the bush, and another catches the
bird** *prov.* unul macină, altul mănâncă; unul o ţine
şi altul o mulge.

one by one unul câte unul.

one can have too much of a good thing *prov.* ce
e mult nu e bun! ce e prea mult strică!

one cannot eat one's cake and have it *prov.* nu
se poate şi cu slănina-n pod, şi cu varza unsă; şi cu
porcul gras în bătătură, şi cu slănina-n pod nu se
poate; nu poţi fi şi cu pui, şi cu ouă, şi cu cloşca
grasă; şi sătul şi cu punga plină nu se poate.

one cannot touch pitch without being defiled
prov. cine umblă cu fier se umple de rugină.

one can see that with half en eye se vede cât de colo/
F → de la o poştă; sare în ochi; e clar ca lumina zilei.

one can't do two things at once *prov.* nu poţi
ţine doi pepeni/bostani într-o mână.

one can't get blood out of a stone *prov.* nu poţi
scoate apă/bani/lapte din piatră seacă.

one could have heard a pin drop *F* se putea auzi/
se auzea musca.

on edge 1. *(d. cărămidă) (aşezată)* pe muchie. **2.** *F*
(d. dinţi) strepeziţi. **3.** *fig. ← F* enervat; cu nervi;
nervos; iritat; exasperat.

one does the scathe, and another has the harm
prov. unul face, altul trage.

one does the scathe, and another has the scorn
prov. capra face pozne şi oaia trage ruşinea.

one fine day *← F* odată; într-o bună zi; ca mâine.

**one fire drives out another's burning, one nail
drives out another** *prov.* cui pe cui se scoate.

one good turns deserves another *prov.* bine cu
bine se răsplăteşte; după faptă şi răsplată.

one hand washes another *prov.* o mână spală pe
alta (şi amândouă faţa/obrazul).

one hand will not wash the other for nothing
prov. frate-frate, dar brânza e pe bani.

one hour to-day is worth two to-morrow *prov.*
un ceas al dimineţii plăteşte cât trei după prânz;
lucrul de astăzi nu-l lăsa pe mâine.

one hundred per cent sută la sută; pe deplin/ de-a-ntregul; în întregime.

one in a thousand unul dintr-o mie; o rară excepție.

one man, no man *prov.* unde-i unul nu-i putere.

one man's meat is another man's poison *prov.* pentru unii mumă, pentru alții ciumă; pentru unii miere, pentru alții fiere.

one misfortune comes on the neck of another *prov.* nenorocirea când vine pe capul omului, nu vine singură ci mai trage și altele după ea; o nenorocire nu vine niciodată singură.

one must draw a/the line somewhere *F* **1.** există o limită în toate; toate au o limită; totul are margini; trebuie să știi (unde) să te oprești. **2.** răbdarea are și ea margine.

one must howl with the wolves *prov.* cine se bagă între lupi, trebuie să urle.

one must make the best of things *prov. aprox.* capra roade unde o legi.

one nail drives out another *v.* **one fire drives out another's burning.**

on end 1. *(d. un butoi etc.)* drept, vertical, în picioare. **2.** *(d. păr)* în sus, drept, măciucă, țeapăn. **3.** neîntrerupt, fără întrerupere, în continuare/șir; la rând.

one never knows nu se știe niciodată/*F →* ca pământul.

one of all others, the cel mai mult (și mai mult) (dintre toate lucrurile).

one of their number unul din(tre) ei/dintr-ai lor.

one of these (fine) days ← *F* zilele astea; într-o bună zi.

one of two things una din două, din două una.

one or two câțiva.

one over the eight *sl.* afumat, cherchelit, făcut, beat.

on equal terms în condiții/*F →* pe picior de egalitate.

one's all in all ← *F* totul în viață pentru cineva.

one scabbed sheep is enough to spoil the flock *prov.* oaia râioasă umple turma toată.

one's cake is dough *sl.* nu i-a mers; a dat chix.

one's cup (of happiness) is filled e pe deplin fericit; fericirea sa este absolut completă; nu-i mai lipsește nimic ca să fie fericit.

one's ears are singing îi țiuie urechile.

one's eye is bigger/greater than one's belly (e) numai lăcomia de el.

one's gorge rose at the sight ceea ce vedea/scena îi făcu greață/silă/îl dezgustă/îl umplu de dezgust/ îi întoarse stomacul pe dos; îi era/fu greață/silă de ceea ce vedea; i se făcu greață/silă/îl cuprinse dezgustul la vederea acestui lucru.

one's hair stands on end i se face/ridică părul/ chica măciucă.

one's hands are full e ocupat până peste cap; nu are o clipă de răgaz/liberă.

one's hat in one's hand *v.* **hat in hand.**

one's heart is/lies in the right place *v.* **have one's heart in the right place.**

one's heart leapt into one's mouth/throat *F* i s-a făcut inima cât un purice; < i s-au muiat/tăiat (mâinile și) picioarele; i-a înghețat inima; a simțit că-i îngheață sângele în vine.

one's hour has come/struck i-a sosit/sunat ceasul

one's ideas are in solution nu are idei ferme/ stabile.

one's life is not worth a day's/an hour's purchase moartea sa e o chestiune de zile/ore.

one's number is up *F* s-a sfârșit/zis cu el; zilele îi sunt numărate; nu o mai duce mult; *F →* e pe ducă/dric.

one's own flesh and blood carne din carnea sa; sângele din sângele său; propriii săi copii; ai săi.

one's tongue is too long for his teeth are limbă lungă; e limbut.

one's tongue itches *F* are mâncărime la limbă.

one's tongue runs before one's wit îi merge gura mai repede decât gândul; gura i-o lua înainte gândului.

one swallow does not make a summer *prov.* numai cu o floare nu se face primăvară.

one's word is as good as one's bond cuvântul său e cea mai bună garanție; pe cuvântul său te poți baza/bizui; e om de cuvânt.

one thing happens on top of the other ← *F* evenimentele se precipită.

one (thing) of all others, the *v.* **one of all others, the.**

one thing or the other din două una; una din două.

one too many unul/una în plus/de prisos.

one too many for smb. ← *F* (a fi) net superior cuiva.

on even ground pe o bază egală; în condiții egale/ identice.

on every account *v.* **on all accounts.**

on every hand *v.* **on all hands.**

on every side *v.* **on all sides.**

on way or another/other/the other într-un fel sau altul; pe o cale sau alta; cumva(-cumva); cum-necum.

one year off un an de acum/atunci încolo.

on/under false pretence pe motive false; sub pretenții false; prin înșelăciuni/șiretlicuri.

on fighting terms *F* la cuțite.

on final analysis în ultimă analiză.

on firm/sure ground *fig.* pe termen sigur; sigur de el/de datele sale.

on foot I. pe jos; *F* → per pedes. **2.** la picioare; sculat. **3.** pe picioare; în pregătire; în mişcare.

on form I. în formă. **2.** judecând după forma în care este/după rezultatele obţinute.

on furlough *mil.* în concediu/permisie.

on good authority din sursă sigură; din surse demne de încredere/sigure.

on good term I. în condiţii avantajoase, la un preţ convenabil. **2. ~ with smb.** în termeni buni/relaţii bune cu cineva.

on guard! în gardă!

on hand I. disponibil; la dispoziţie. **2.** *(de rezervă)* în magazin/depozit; în mână. **3.** *fig.* în discuţie/dezbatere; pe şantier; în execuţie.

on her beam-ends *mar. (d. un vas)* pe un bord/o coastă.

on high în/din cer(uri); în/din înaltul cerului; (de) sus; pe cer.

on his arrival la sosirea sa; când a sosit.

on his/etc. best behaviour purtându-se foarte bine/ireproşabil.

on his/your/etc. head be it! asupra capului său/tău etc./asupra sa/ta etc. să cadă!

on his/your own terms în condiţiile fixate/impuse/stabilite de el/dumneavoastră etc.; la preţul cerut/fixat/stabilit de el/dumneavoastră etc.

on his return home la întoarcerea sa acasă; când s-a întors acasă.

on his/your/etc. showing după propria sa/dumneavoastră etc. mărturie/spusă; după propriile sale/dumneavoastră etc. spuse; după cum arată/pretinde/spune/susţine chiar el/arătaţi/pretindeţi/spuneţi/susţineţi chiar dumneavoastră.

on holiday în concediu/vacanţă.

on horseback călare.

on hot bricks (ca) pe jeratic.

on ice *amer. sl.* **1.** *(d. un câştig, o situaţie, o afacere)* (ca) în buzunar; sigur, asigurat. **2.** *(d. cineva)* la răcoare/zdup. **3.** *(d. cineva)* gata de lucru, activând.

o'nights *înv.* noaptea; în cursul/timpul nopţii; pe vreme de noapte.

on inquiry cerând/solicitând informaţii; întrebând; interesându-se.

on its last legs → *F (d. un pat, scaun etc.)* paradit, slab, pe ducă; gata să cadă/să cedeze/să se dărâme.

on its merits în fond, în conformitate cu calităţile sale intrinseci; cu avantajele şi dezavantajele sale.

on leave în concediu/permisie.

on loan I. cu (titlu de) împrumut. **2. ~ (to)** *mil.* detaşat (pe lângă).

only a drop in the bucket/ocean doar/ca o picătură într-un ocean.

only fancy! închipuieşte-ţi! ce zici? cum îţi place?

only a flash in the pan *F* numai un foc de paie.

only just numai ce; tocmai.

only just started în faşă/embrion/germene/fază incipientă.

only not aproape că nu; abia; mai că.

only that I. atât doar cât; minai că; dacă ... nu. **2.** cu excepţia faptului că.

only think gândeşte-te numai; închipuieşte-ţi.

only too true cât se poate de/foarte/prea adevărat.

only to-thing of it numai când te gândeşti.

on many accounts din multe/diferite principii/motive.

on moderate terms la un preţ accesibil/moderat.

on more scores than one din mai multe cauze/motive.

on mutual terms în condiţii de avantaj reciproc/reciprocitate.

on my behalf în numele meu, din partea mea.

on my oath *(folosit nu în sens juridic)* (îţi/ţi-o) jur; zău; să mor dacă (te) mint.

on my part din partea mea; în ceea mă priveşte.

on my, etc./the way home în drum spre casă.

on neither side nici pe o parte.

on no account *v.* **not on any account.**

on no condition/consideration sub nici un motiv; în nici un caz; cu nici un preţ.

on nodding terms (with smb.) *F* → în relaţii de bună ziua (cu cineva).

on oath *jur.* sub (prestare de) jurământ.

on occasion când şi când; din când în când; când se iveşte prilejul; ori de câte ori e nevoie.

on offer de vânzare.

on one's back I. (întins) pe spate. **2.** bolnav; la pat.

on one's beam-ends *F* la capătul resurselor; pe drojdie/geantă; la mucuri de ţigara.

on one's (bended) knees *v.* **on bended knees.**

on one's deathbed pe patul morţii; cu limbă de moarte.

on one's father's/mother's side după tată/mamă; din partea tatălui/mamei; pe linie paternă/maternă.

on one's feet I. în picioare. **2.** pe picioare.

on one's guard în gardă; cu ochii în patru.

on one's hands *fig.* în braţe; în răspundere/seamă/răspunderea sa/seama sa; în cârcă/spate; pe cap.

on one's head ← *sl.* foarte uşor; fără nici o greutate; simplu ca bună ziua; cât ai bate din palme; cu ochii închişi.

on one's high horse *F* băţos; scorţos, distant; cu nasul în vânt/pe sus.

on one's honour pe onoarea/cinstea sa.

on one's hunkers *F* pe vine

on one's knees în genunchi; îngenunchiat.

on one's last legs *F* pe ducă/dric; cu un picior în groapă.

on one's lonesome (de unul) singur.

on one's mettle → *F* în formă (excelentă).

on one's mother's side *v.* **on one's father's/ mother's side.**

on one's native heath pe meleagurile natale; la sine acasă; în condiţiile vieţii sale obişnuite.

on one's native soil pe pământul natal, unde s-a născut.

on one's own 1. (de unul) singur. **2.** de unul singur, de capul său, independent; pe picioarele sale/ picioare proprii. **3.** neîntrecut, excelent, fără egal.

on one's own account pe cont propriu, pe contul său; pentru sine.

on one's own authority pe răspunderea sa; cu de la sine putere; *F* → pe barba sa.

on one's own hook ← *F* **1.** (de unul) singur, singur-singurel; fără (nici un) ajutor; independent; prin propriile sale mijloace. **2.** pe cont propriu; pentru sine.

on one's own initiative din iniţiativă proprie/ propria sa iniţiativă.

on one's own responsibility pe propria sa răspundere.

on one's own showing *v.* **on his/your, etc. showing.**

on one's own terms *v.* **on his/your, etc. terms.**

on one's/smb.'s part din partea sa/cuiva.

on one's toes *fig.* **1.** pe picior de alarmă; în picioare; în alertă; pe arcuri; gata de acţiune. **2.** vioi, activ, fără astâmpăr.

on one's uppers *F* pe geantă/drojdie/dric; fără un chior în pungă, fără o para chioară; lefter.

on one's way to în drum spre.

on one's word of honour pe cuvânt(ul său) de onoare/cinste.

on open ground în câmp deschis; în plin câmp.

on order comandat.

on our books *com.* clientul nostru.

on/under pain/penalty of death sub pedeapsa/ ameninţarea pedepsei cu moartea.

on parole pus în libertate/eliberat pe cuvânt de onoare.

on patrol *mil.* de rond; în patrulare.

on/under penalty of death *v.* **on/under pain/ penalty of death.**

on pins and needles (ca) pe ace/ghimpi/jeratic.

on points *box* la puncte.

on principle din/în principiu; ca o chestiune de principiu.

on probation 1. stagiar; în stagiu; de probă. **2.** *(d. un condamnat)* pus în libertate sub supraveghere.

on purpose anume; dinadins; într-adins; intenţionat; *F* → de-al dracului.

on record oficial, înregistrat; cunoscut (în mod public); autentic.

on reflection după o oarecare gândire; gândindu-mă mai bine; dacă stau să mă gândesc (bine); chibzuind cu.

on (Saint) Tib's Eve *F* la calendele greceşti; la Paştele cailor.

on sale de vânzare; în vânzare/comerţ.

on sale or return (mărfuri) de vândut sau de restituit.

on schedule la timp; exact (la timp); punctual.

on second thoughts după (o matură) chibzuinţă; gândindu-mă etc. mai bine; reflectând asupra acestui lucru.

on shank's mare/pony *F* apostoleşte; per pedes; *A* → cu tramvaiul 2/11.

on sick-leave în concediu de boală/medical.

on sight 1. la vedere. **2.** pe loc.

on similar terms în condiţii similare/termeni asemănători.

on site la locul de muncă; pe şantier; pe teren.

on smb. else's terms în condiţiile dictate/fixate/ impuse/stabilite de altcineva; la preţul cerut/fixat/ stabilit de altcineva.

on smb.'s accounts 1. în contul cuiva; pe seama/ socoteala cuiva. **2.** de dragul/hatârul cuiva.

on smb.'s credit potrivit/pe baza spuselor cuiva/ celor spuse de cineva.

on smb.'s head pe capul/conştiinţa/răspunderea cuiva.

on smb.'s initiative din/la iniţiativa cuiva.

on smb.'s part *v.* **on one's part.**

on sound lines pe o linie (de gândire) bună/ sănătoasă; pe o bază corectă/sănătoasă; în mod corect/judicios; după principii bune/sănătoase; folosind o metodă bună/corectă/sănătoasă.

on spec *F*/speculation **1.** la noroc/nimereală. **2.** în scopuri de/pentru speculă; pentru a realiza un profit.

on such (and such) a day în cutare (şi cutare) zi.

on sufferance prin îngăduinţă; tolerat.

on sundry occasions în diverse ocazii, cu diferite prilejuri.

on supply ca suplinitor.

on sure ground *v.* **on firm ground.**

on suspicion/the suspicion of *(cu vb. în -ing)* sub bănuiala de a/că ..., bănuit (fiind) că ...

on tap 1. la canea; la ţap/halbă. **2.** la butoi; în butoaie. **3.** *fig.* oricând disponibil/gata/dispus.

on tape pe bandă (magnetică).

on tenterhooks *F* pe jeratic/ghimpi/ace/mărăcini/foc/cărbuni aprinşi.

on that/this account din această cauză; din pricina asta; pentru acest motiv.

on that/this condition cu această condiţie.

on that/this head în această chestiune/privinţă; asupra/în privinţa acestui capitol/punct/acestei chestiuni.

on that/this point în această privinţă.

on that score pe/pentru acest motiv; din această cauză/pricină; pe aces temei/temeiul acesta; în această privinţă.

on that side de/în/pe partea aceea; în partea cealaltă; dincolo.

on the active list în serviciu activ; în activitate, combatant.

on the air 1. la/prin radio, la posturile (noastre) de radio, pe calea undelor. **2.** în emisie; în eter; în emisiile de radio; la microfon.

on the alert cu ochii-n patru; cu băgare de seamă.

on the anvil *fig.* în lucru; pe şantier.

on the arm *amer.* ← *sl.* **1.** pe credit/datorie/veresie. **2.** pe gratis/degeaba, gratuit; fără plată.

on the assumption that ... presupunând că ...

on the average *v.* **on an average.**

on the back of that pe deasupra; în plus; *F* → culmea; ca să pună capac la toate; colac peste pupăză.

on the ball *amer.* ← *F* isteţ; ager; activ; prompt; eficient; cu gândire clară.

on the beach *amer.* ← *sl.* şomer; fără lucru.

on the beam ← *F* **1.** pe pista/calea cea bună/fază. **2.** pe drumul (cel) bun.

on the best authority din cea mai bună/sigură sursă.

on the blas oblic; în diagonală.

on the blink *amer.* ← *sl.* **1.** (*d. un aparat, instrument etc.*) defect, stricat; deranjat; în stare proastă; nereparat. **2.** (*d. cineva*) fără/lipsit de vlagă; care nu se simte în apele sale. **3.** pe dric; mort.

on the blob ← *sl.* prin viu grai; oral.

on the books pe lista membrilor/clienţilor etc.

on the bow/the port/starboard bow *mar.* la babord înainte.

on the brink of pe marginea; în pragul; (numai) la un pas de.

on the button *amer. sl.* (*d. o lovitură bine ţintită*) **1.** exact în vârful bărbiei. **2.** exact; absolut corect/just; descuiat la minte; revelator; satisfăcător. **3.** la fix/ţanc.

on the cards *F* **1.** (foarte) posibil; (foarte) probabil; (aproape) sigur. **2.** sută la sută; scris; sortit.

on the carpet 1. *F* (*d. cineva*) luat la întrebări/rost/trei păzeşte; săpunit/scuturat bine. **2.** *amer.* ← *sl.* (*d. cineva*) chemat la director/patron/patron/şef/în faţa/în biroul directorului/patronului/şefului pentru a fi admonestat. **3.** *F* (*d. o chestiune*) pe tapet; în discuţie.

on the chance/off chance la (marea) întâmplare; la nimereală/noroc; pe ghicite.

on the chance/off chance of doing smth./that ... cu/în speranţa (vagă) de a face ceva/că ...; în eventualitatea că va face ceva/că ...; în/pentru cazul când; în caz că.

on the cheap ← *F* ieftin; pe nimic; fără să-l coste ceva/nimic.

on the commission 1. din/în comisie/componeţa comisiei. **2.** în exerciţiul funcţiunii/funcţiilor sale; în funcţie.

on the contrary dinpotrivă; din contră.

on the crest of a wave *fig.* la apogeu(l carierei sale), în culmea glorie.

on the crook → *F* în mod necinstit/fraudulos; prin escrocherie/fraudă/înşelăciune/mijloace necinstite; pe căi necinstite; din escrocherii/pungăşii.

on the cross 1. *sl. v.* **on the crook. 2.** în biais.

on the cuff *amer.sl.* **1.** pe credit/datorie/veresie/cretă. **2.** pe gratis/degeaba; gratuit; fără plată.

on the dead *amer.* → *sl.* serios; categoric; hotărât.

on the decline în declin/scădere; în stare de decădere/slăbire.

on the decrease în descreştere/scădere.

on the delegation din delegaţie; în componenţa delegaţiei; printre membrii delegaţiei.

on the distaff side după mamă; din partea mamei; pe linie maternă.

on the dot *F* la ţanc/fix.

on the dotted line pe linie punctată/rezervată semnăturii într-un document.

on the down-grade în descreştere/scădere/declin.

on the east la răsărit/est.

on the edge 1. pe margine. **2.** *F* la ţanc. **3.** ~ **of** în/la/pe marginea.

on the eve of în ajunul.

on the evidence din depoziţii; pe baza depoziţiilor/mărturiilor/probelor.

on the face of it/things la suprafaţă/prima vedere; în aparenţă; judecând după aparenţe/după ceea ce s-a spus; (judecând) după aspectul exterior; după cum se arată.

on the faith of bizuindu-se pe; luând de bun(ă).

on the fire *amer. sl.* în suspensie/aşteptare; în curs de examinare/analiză; în lucru/pregătire.

on the first impulse *v.* **on a first impulse.**

on the first leg of în prima etapă a *(unei călătorii, unui turneu etc.)*

on the flat *arte* 1. pe plan bidimensional, numai în/la suprafaţă (nu şi în adâncime). 2. pe hârtie/pânză.

on the fly în/din zbor.

on the go în mişcare; ocupat; activ.

on the grounds of din cauza; din motive de; pe motivul/temeiul.

on the ground that ... pe motiv(ul)/temei/temeiul faptul că; sub motiv(ul)/pretext(ul) că.

on the grow în creştere.

on the high/low side *(d. preţ etc.)* destul de mare/ridicat/piperat/mic/coborât/scăzut.

on the hop ← *F* activ; agitat; fără astâmpăr/odihnă; tot pe drumuri.

on the horizon 1. la orizont. 2. *fig.* la orizont; în perspectivă.

on the horns of a dilemma în dilemă; în faţa unei dileme; între două focuri; F → între ciocan şi nicovală.

on the house 1. în contul instituţiei, gratis. 2. pe socoteala berăriei/patronului etc.

on the increase în creştere.

on the inside 1. în interior, înăuntru. 2. pe dinăuntru.

on the inside track *fig.* într-o poziţie avantajoasă/de avantaj, în avantaj.

on the instant pe dată/loc/moment; imediat; numaidecât.

on the jar ← *F (d. o uşă etc.)* întredeschis.

on the job ← *F* la lucru/treabă; în plină activitate; în acţiune; ocupat.

on the jump ← *F* în plină activitate; trăgând tare; dând zor.

on the jury 1. dintre/între/printre juraţi; în rândurile juraţilor. 2. din/în juriu/componenţa juriului.

on the knees of the gods *(d. viitor)* nesigur/neclar; în mâna soartei.

on the large side *(d. un obiect de îmbrăcăminte etc.)* cam/prea larg; (cam) lărguţ.

on the last lap ← *F* în/la ultima etapă; pe terminate.

on the legit *amer.* ← *sl.* cinstit; legitim; în cadru legal/cadrul legii.

on the level ← *F* integru; drept; cinstit; F → dintr-o bucată.

on the line 1. *(d. exponate, mai ales picturi)* (cu centrul) la nivelul ochilor. 2. *fig.* la loc de frunte/vază/vizibil. 3. *tenis* pe linie/(linia de) tuşă.

on the look-out/outlook de veghe; la pândă; F → cu ochii în patru.

on the look-out for bargains după/în căutare de chilipiruri.

on the low side *v.* **on the high/low side.**

on the lurk la pândă.

on the make *sl.* pus pe căpătuială/câştig/făcut bani; urmărind scopuri interesate; ambiţios.

on the male side după familia tatălui, dinspre/după tată; din partea tatălui.

on the march în marş.

on the mark! *sport* pe locuri!

on the mat *amer. sl. v.* **on the carpet** 1., 2.

on the mend ← *F* în curs de ameliorare; în curs/pe cale de însănătoşire/vindecare.

on the minute punctual; la oră fixă; la fix/F → ţanc.

on the motion of la propunerea.

on the move *(d. trupe etc.)* în mişcare.

on the muscle *amer. sl.* arţăgos; bătăios; pus pe încăierare; iute de cuţit; cu toporul la brâu.

on the muster-roll/regular establishment în cadrele active ale armatei.

on the nail ← *F (d. plată)* pe loc/dată; imediat; prompt; cu bani gheaţă.

on the neck of imediat după.

on the needle *amer.* ← *sl.* 1. toxicoman, morfinoman. 2. sub influenţa narcoticelor.

on the never-never ← *sl.* în rate.

on the north la nord/miazănoapte.

on the nose *amer. sl. v.* **on the button** 2., 3.

on the off chance *v.* **on the chance.**

on the off chance of doing smth./that ... *v.* **on the cance of doing smth./that ...**

on the open sea în larg(ul mării).

on the other hand pe de altă parte; la urma urmei/urmelor.

on the other side of the water ← *F* peste ocean.

on the out journey la ducere/dus.

on the outlook *v.* **on the look-out.**

on the outside în exterior; pe din afară.

on the outskirts la periferie/F → mahala; ~ **of** la marginea/periferia.

on the panel 1. pe lista juraţilor. 2. *(d. un medic)* în serviciul asigurărilor sociale. 3. *(d. un pacient)* pe lista unui medic din sistemul asigurărilor sociale. 4. în juriu.

on the parish *v.* **go on the parish.**

on the part of din partea.

on the plea/pretence/pretext of sub pretextul.

on the point of death pe patul morţii; F → cu un picior în groapă.

on the port beam *mar.* la travers babord.

on the port bow *mar.* la prova babord.

on the port tack *mar.* cu vântul la babord.

on the premises *(d. băuturi spirtoase)* (consumate, de consumat) în local.

on the quiet/ *F* **q.t./Q.T.** *sl.* fără zarvă; pe muţeşte/ furiş.

on the qui vive la pândă; cu ochii în patru.

on the rack 1. pe scaunul de tortură; supus la cazne/ chinuri/torturi; schingiuit. **2.** *fig.* torturat, chinuit, frământat; ca pe ace/ghimpi/jeratic.

on the rampage *F* dezlănţuit; făcut foc; foc de mâ-nios; *F* → cu o falcă în cer şi cu alta/una în pământ.

on the razor's edge *v.* **on a razor's edge.**

on the rebound 1. *(d. o minge)* în timp ce/când sare înapoi/în sus. **2.** *(d. cineva)* *fig.* în timp ce mai este încă pradă unei depresiuni/dezamăgiri; într-o clipă/într-un moment de slăbiciune.

on the regular establisment *v.* **on the mus-ter-roll.**

on the reverse *auto* în marşarier.

on the right scent pe pista/calea cea bună.

on the right side of fifty ← *F* sub cincizeci de ani.

on the right side of society acceptat în toate cer-curile sociale.

on the right tack *fig.* pe o cale bună/calea cea bună/ un drum bun/drumul cel bun.

on the right track pe calea/urma cea bună; pe o pistă bună.

on the rim of the world *fig.* la capătul/marginea lumii/pământului.

on the road pe drum, în călătorie; bătând drumu-rile; călătorind.

on the rocks 1. *F* lefter; fără o lăscaie în buzunar/o para chioară/un chior; pe drojdie/geantă. **2.** ← *F* *(d. whisky)* *(servit)* cu (cuburi de) gheaţă. **3.** *amer.* *F* pe punctul de a se duce de râpă/a eşua; dus de râpă, eşuat.

on the rove pe drum(uri); bătând drumurile; vaga-bondând.

on the run 1. fugar, căutat de poliţie; într-o continuă fugă. **2.** în/pe fugă; căutând să scape. **3.** într-o continuă alergătură; în continuă mişcare, tot timpul pe picioare/activ; fără să stea o clipă locului.

on the run all day toată ziua pe drumuri/fugă/în mişcare.

on the safe side pentru mai multă siguranţă, în siguranţă; la adăpost, sigur; asigurat; având o margine de siguranţă.

on the same lines pe aceeaşi linie; în acelaşi sens/ spirit; după aceeaşi metodă/aceleaşi metode/ principii; pe aceeaşi cale; în aceeaşi direcţie.

on the same plane la acelaşi nivel; pe aceeaşi bază; pe aceeaşi treaptă.

on the same score din aceeaşi cauză/pricină.

on the scale of *(d. o hartă)* la scara de.

on the scent pe pistă/urmă/urme/pista/urma cea bună.

on the score of din cauza/pricina; în urma; din cauză/motiv de; pe motiv de.

on the scrap heap la fier vechi; la gunoi.

on the sea la mare; pe malul/ţărmul mării; pe coastă.

on these lines pe această linie (de gândire)/aceste linii; pe această cale; în această direcţie; după această metodă/aceste principii; în acest sens.

on the shady/wrong side of fifty *F* (având) cincizeci de ani bătuţi pe muchie; trecut de cinci-zeci de ani; mult peste cincizeci de ani.

on the shelf *F* *(d. cineva)* la index/naftalină; pe linie moartă; *(d. o femeie)* trecută de 25 de ani fără a fi măritată; fată bătrână.

on the sick list *(mai ales în armată şi în marină)* pe lista bolnavilor; bolnav.

on the side 1. în subsidiar. **2.** în secret; discret; pe ascuns/*F* → şest. **3.** de o parte; la o parte. **4.** *amer.* *sl.* precum şi; în plus; pe deasupra; printre altele.

on the skirts of the town la marginea/periferia oraşului.

on the slant *v.* **on a slant.**

on the slips/stocks *mar* *(d. un vas)* pe cală; în construcţie/pregătire.

on the sly pe furiş/tăcute/hoţeşte; fără să spună o vorbă cuiva; în taină.

on the south la sud/miazăzi.

on the spot 1. la faţa locului. **2.** pe loc; pe dată; la/ pe moment; imediat; prompt; fără întârziere. **3.** *sl.* într-o situaţie neplăcută; la aman/ananghie; într-un bucluc; mesa.

on the spree în vâjâială; chefuind.

on the spur of the moment sub impulsul momen-tului; fără premeditare.

on the square ← *sl.* (în mod) corect; (în mod) cinstit; (în mod) loial.

on the staff 1. în serviciu permanent. **2.** la con-ducere.

on the starboard beam *mar.* la travers tribord.

on the starboard bow *mar.* la prova tribord.

on the starboard tack *mar.* cu vântul la tribord.

on the stocks *v.* **on the slips.**

on the streets *(d. o femeie)* făcând trotuarul.

on the strength *mil.* în controale/efectiv.

on the strength of în/pe baza/temeiul; în virtutea; bazându-se pe; încurajat de.

on the stroke foarte punctual; exact la timp; *F* → la fix/ţanc.

on the stroke of six, etc. la (ora) șase etc.; fix/precis/punct; exact la șase.

on the stump ← *F* în turneu electoral; ținând discursuri politice; făcând agitație politică.

on the subject of cu privire/referire la; pe tema; fiindcă vorbim de.

on the sunny side of forty ← *F* sub patruzeci de ani.

on the supposition that ... presupunând/în ipoteza că ...

on the surface 1. în aparență; de ochii lumii; *F* → de fațadă. **2.** la suprafață; în mod superficial.

on the suspicion of *v.* **on suspicion of.**

on the thumb *amer.* ← *sl. (călătorind)* cu o ocazie.

on the tick ← *F* exact la timp; foarte punctual; *F* → la fix/țanc.

on the tick of six, etc. ← *F* la șase fix/precis/punct; exact la șase.

on the tilt *(d. o masă etc.)* aplecat/înclinat într-o parte.

on the tip of one's tongue *fig.* pe limbă/vârful limbii.

on (the) top of 1. deasupra; peste. **2.** pe deasupra; în plus.

on the top rung *fig.* în vârful piramidei/profesiunii.

on the track of pe urma/urmele.

on the trot 1. ← *sl.* unul după altul; la iuțeală/repezeală. **2.** ← *F* complet ocupat, ocupat până peste cap; într-o alergătură; tot timpul pe drumuri/picioare.

on the turf în lumea curselor/turfului.

on the turn 1. pe punctul de a se schimba, gata să se schimbe. **2.** *(d. mare)* staționară. **3.** *(d. lapte)* pe punctul de a se acri/gata să se acrească.

on the understanding that cu condiția (expresă) ca.

on the up and up → *F* în continuă îmbunătățire.

on the up-grade 1. în creștere/dezvoltare/avânt. **2.** *(d. un bolnav)* înspre bine.

on the verge of pe punctul de a; la un pas de; în pragul; în pragul vârstei de.

on the waggon/water-waggon → *F* nebăutor; abstinent.

on the wane 1. *(d. lună)* în descreștere. **2.** *fig.* în declin.

on the war path 1. pornit în campanie/pe calea războiului; în (stare de) război; pornit pe război. **2.** → *F* pornit pe toată lumea; pus pe ceartă/gâlceavă/harță; într-o dispoziție belicoasă; cătrănit foc.

on the water 1. pe mare. **2.** pe vas; cu barca/șalupa.

on the water-waggon *v.* **on the waggon.**

on the way nu departe; pe drum.

on the way home *v.* **on my, etc./the way home.**

on the way out ← *F fig.* pe cale de a se învechi/demoda.

on the west la apus/vest.

on/upon the whole 1. în general/genere/mare/ansamblu. **2.** luând totul în considerare; la modul absolut. **3.** în total; cu totul.

on the wind luat/purtat de vânt; cu vântul în spate.

on the wing în zbor.

on/with the word la acest cuvânt; de îndată ce s-a spus acest lucru; imediat; fără nici un fel de discuții; fără întârziere/zăbavă.

on the wrong lines pe o linie (de gândire) greșită; într-o direcție greșită; în mod greșit; după principii greșite; folosind o metodă greșită/metode greșite; anapoda.

on the wrong side of fifty *v.* **on the shady side of fifty.**

on the wrong side of society ostracizat; neacceptat în nici un cerc social.

on the wrong side of the (railroad) tracks *amer.* ← *F* în mahala/partea săracă a orașului.

on the wrong tack *fig.* pe o cale greșită/calea cea rea/drumul cel rău.

on the wrong track pe o pistă/cale/urmă greșită.

on this account *v.* **on that account.**

on this condition *v.* **on that condition.**

on this head *v.* **on that head.**

on this line pe această linie; în acest mod; după acest principiu; în acest sens; în această direcție.

on this showing astfel privind lucrurile/faptele.

on this side de/în/pe partea aceasta; (în partea de) dincoace.

on this side of the grave pe lumea asta.

on this side of the water ← *F* de această parte a Oceanului; în Europa; pe continent.

on this supposition în această ipoteză.

on this understanding cu această condiție.

on thorns (ca) pe ghimpi/ace/jeratic.

on Tib's Eve *v.* **on (Saint) Tib's Eve.**

on tick ← *F* pe credit/datorie; în cont.

on ticket of leave în libertate condiționată.

on time foarte punctual; foarte exact; *F* → la țanc/fix.

on tiptoe(s) în vârful degetelor/picioarelor; tiptil.

on top deasupra; în vârf.

on top of *v.* **on (the) top of.**

on top of all that/of it all *F* și unde mai pui că; și ca să pună capac la toate; și după toate astea; colac peste pupăză.

on top of the world *F* în culmea fericirii/al nouălea cer.

on tour în călătorie/voiaj; în turneu.

on trial 1. de probă; ca încercare; pe încercate. **2.** la verificare; cu prilejul verificării. **3.** inculpat; în curs de judecare.

on trust 1. pe încredere; fără a cerceta; fără vreo dovadă. **2.** pe credit/încredere.

on view expus; etalat; prezentat; la vedere, accesibil publicului.

on what account? de ce? din ce cauză?

on what condition? cu ce condiție?

on what score? cu ce titlu? din ce cauză? pe/sub ce motiv? **2.** în ce privință? sub ce raport?

on with the show! 1. să înceapă spectacolul! dați drumul la spectacol! **2.** să continue/continuați spectacolul!

on your head be it! *v.* on his/your, etc. head be it!

on your marrowbones! ← *glum.* în genunchi!

on your own showing *v.* on his/your, etc. own showing.

on your own terms *v.* on his/your, etc. own terms.

open and above-board *v.* above-board.

open as the day, (as) deschis; fără ascunzișuri.

open fire (at/on), to a deschide focul (asupra/împotriva).

open ground, to a defrișa un teren; a desțeleni un pământ virgin.

open one's eyes, to 1. *și fig.* a deschide ochii **2.** a face ochii mari.

open one's heart to smb., to a-și deschide inima/a-și deschide sufletul față de cineva.

open one's lips, to 1. a întredeschide gura. **2** *fig.* a deschide/descleșta gura; a-și da drumul la gură; a vorbi.

open one's mind to smb., to a se destăinui cuiva.

open one's mouth too wide, to ← *F* a cere un preț exagerat/o despăgubire exagerată; *F* →a se întinde la cașcaval.

open smb.'s eyes to smth., to a-i deschide cuiva ochii în privința unui lucru.

open the ball, to 1. a deschide balul; a face primul dans. **2.** *fig.* a sparge gheața.

open the door for/to smth., to ← *F* a lăsa drum liber/o portiță (unui lucru).

open to reason dispus să accepte tot ce e rațional; gata să admită tot ce e întemeiat.

opportunity makes the thief *prov.* ocazia face pe hoț.

opt in favour of smth., to a opta în favoarea unui lucru.

order a player off (the field), to a ordona unui jucător să părăsească terenul.

order one's own life, to a fi stăpân pe viața sa.

order smb. out of house, to a da pe cineva afară din casă.

other day, the (mai) deunăzi; acum câtva zile; zilele trecute; nu de mult; acum; de curând.

other days, other ways, other things, other manners *prov.* alte vremuri, alte obiceiuri.

ounce of luck is better than a pound of wisdom, an *prov.* mai bine un dram de noroc decât un car de minte.

out after/for ← *F* **1.** în căutare de. **2.** pornit pe; urmărind să obțină.

out, alas! vai! ce păcat!

out and about din nou pe picioare *(după o boală etc.)*; complet restabilit/întremat.

out and away incomparabil; cu mult; de/pe departe.

out and home dus și întors.

out and out 1. complet; absolut. **2.** categoric; intransigent. **3.** inveterat; un ... și jumătate ...; fără pereche; sută la sută.

out-argue smb., to a învinge pe cineva într-o discuție; a aduce argumente mai puternice decât altcineva.

out at elbows ros/rupt în coate; cu coatele roase/găurite; **he is ~** e un coate-goale.

out at heel(s) 1. cu ghetele scâlciate; cu tocurile tocite. **2.** ← *F (d. un om)* sărac; jerpelit. **3.** *F* → pe drojdie.

out at sea în larg; pe mare.

out for *v.* out after.

out-fox/out-jockey smb., to ← *F* a fi mai isteț/șiret/șmecher decât altcineva; a duce pe cineva (cu preșul).

outgrow a habit, to a se lăsa/dezbăra de/a pierde un obicei cu trecerea anilor/cu timpul/cu vârsta.

outgrow a house/place, to *(d. o familie)* a deveni prea numeroasă pentru casa în care locuiește.

outgrow one's clothes, to a-i rămâne hainele mici.

out-Herod Herod, to a fi mai catolic decât papa.

out in one's calculations/reckoning, to be ~ a-și fi greșit socotelile/caclulele/a fi depășit previziunile; *F* → a ieși prost la socoteală.

out in the cold neglijat; ignorat; nebăgat în seamă; lăsat în afara *(unui grup etc.)*.

out of the sticks *amer.* ←*F* departe de centrul lucrurilor/evenimentelor; într-un fund de țară.

out of accord with în dezacord cu.

out of a/the collar/a job *F* pe liber; pe dinafară; fără lucru/slujbă; șomer.

out of all bounds dincolo de/depășind orice limită/măsură.

out of all character 1. excesiv (de mare); peste măsură de mare; exagerat. **2.** excentric.

out of all comparison incomparabil; ce nu suferă comparație.

out of all one's troubles scăpat de toate necazurile vieții; mort.

out of all proportion disproporționat; (cu totul) exagerat; excesiv.

out of all relation to fără (nici) o legătură cu.

out of bounds în afara perimetrului (*cazărmii, școlii, taberei etc.*); în afara zonelor permise (*pentru soldați, elevi etc.*).

out of breath cu răsuflarea tăiată; *F →* cu sufletul la gură.

out of cash fără bani/un ban/*F →* un sfanț; lefter; fără o lăscaie/o para chioară/frântă.

out of character 1. contrar firii sale/caracterului său; nepotrivit/necorespunzător cu caracterul său. **2.** (*d. un actor*) nepotrivit în/pentru rolul său. **3.** (*d. un rol*) jucat într-o concepție greșită.

out of collar *v.* **out of a collar**.

out of commission 1. *mar.* (*d. un vas de război*) trecut în rezervă. **2.** *fig.* scos din funcție; indisponibil.

out of condition 1. care stă prost cu sănătatea. **2.** care nu e în formă; lipsit de antrenament.

out of consideration for din considerație/respect pentru.

out of control scăpat de sub control; care nu poate fi controlat/dirijat/stăpânit.

out of curiosity din curiozitate; *F →* de curios.

out of danger în afară de pericol; în afara oricărei primejdii.

out of date demodat; învechit; perimat.

out of doors afară; în aer liber.

out of ear-shot *← F* depășind raza auditivă.

out of envy din invidie/pizmă.

out of fashion demodat; ieșit din modă; învechit.

out of favour în dizgrație; **~ with smb.** căzut în dizgrația cuiva.

out of gear 1. *tehn.* decuplat; debreiat; dezangrenat. **2.** (*d. o mașină*) oprit; scos din funcțiune; în repaus. **3.** stricat; dereglat; defect(at). **4.** *fig.* *← F* în dezordine; dezorganizat; dezaxat.

out of gunshot *mil.* în afara bătăii armei/puștii.

out of habit din obișnuință.

out of hail prea departe (pentru a putea fi strigat).

out of hand 1. dintr-o/pe dată; pe moment; fără ezitare/pregătire; la iuțeală. **2.** scăpat din mână; necontrolat; nedisciplinat.

out of harm's way 1. în afara oricărui pericol; la adăpost de pericol; în siguranță; la loc sigur. **2.** făcut inofensiv; pus în imposibilitate de a face rău.

out of health 1. bolnav. **2.** *F* țăcănit; într-o ureche.

out of hearing prea departe pentru a (putea) fi auzit.

out of heart 1. abătut; deprimat; descurajat. **2.** (*d. sol*) sleit; secătuit; neroditor.

out of his head *v.* **off one's chump**.

out of hours în afara orelor de program/programului.

out of humour fără chef; prost dispus.

out of it 1. în afară/străin de. **2.** înstrăinat; izolat; nebăgat de seamă; părăsit.

out of joint scrântit; luxat; dislocat; deplasat; ieșit/sărit din loc.

out of level denivelat.

out of line (with) în dezacord/discordanță/neconcordanță cu.

out of luck ghinionist; fără noroc; pe care l-a părăsit norocul; într-o situație grea; *F →* la ananghie.

out of measure exagerat; excesiv; peste măsură; din cale-afară.

out of mind uitat; dat uitării; **time ~** timpuri imemoriale.

out of money fără bani/parale/un ban/*F →* un sfanț; lefter.

out of necessity din necesitate; de nevoie.

out of number nenumărat; fără de număr.

out of one's bent *← F* străin de preocupările/înclinația cuiva.

out of one's element nu în elementul/mediul său; stingher; *F →* ca peștele pe uscat.

out of one's head *v.* **off one's chump**.

out of one's line *v.* **out of one's province**.

out of one's mind nu în toate mințile; ieșit din minți; nebun; *F →* scrântit (la cap); țicnit.

out of one's own head din proprie inițiativă; după capul lui.

out of one's plate stânjenit; încurcat; în încurcătură; într-o situație neplăcută; **to feel ~** a nu se simți bine; a nu fi în apele sale.

out of one's province în afara competenței/domeniului său de activitate/preocupărilor sale.

out of one's range/sphere inaccesibil; care depășește cunoștințele/capacitatea cuiva; **it is out of my range** mă depășește; nu stă în puterea mea; e peste puterea mea.

out of one's/smb.'s reach *v.* **out of reach**

out of one's senses/wits *← F* ieșit din minți; zăpăcit; aiurit; profund tulburat; *F →* țicnit; lovit cu leuca (în cap).

out of order 1. în dezordine. **2.** deranjat; defect; stricat. **3.** *rar* în afara ordinei de zi.

out of patience (with) la capătul răbdării (în privința); scos din răbdări (de); incapabil să mai suporte.

out of pique de ciudă; de necaz; de pică.

out of place I. care nu se află la locul său/locul potrivit. **2.** *fig.* deplasat; nepotrivit; nelalocul lui.

out of play *sport* eliminat; scos din joc.

out of plumb nevertical; care nu urmează linia perpendiculară a firului cu plumb.

out of pocket în pierdere.

out of position așezat greșit; deplasat.

out of practice, to be ~ a fi lipsit de antrenament; a-și fi pierdut îndemânarea.

out of print *(d. o carte, publicație etc.)* epuizat.

out of proportion (to) disproporționat (față de/în raport cu).

out of reach I. inaccesibil *(cuiva)*; imposibil de atins *(de către cineva)*; nelaîndemână. **2.** *mil.* în afara bătăii *(unui tun)*.

out of regard/respect for din considerație/respect pentru.

out of repair în stare proastă; care nu mai poate fi folosit/reparat; *F →* rablagit.

out of season I. în afara sezonului; când sezonul e închis. **2.** nepotrivit; nelalocul lui. **3.** tardiv.

out of shape diform; deformat; strâmb.

out of shot care nu poate fi atins; inaccesibil.

out of sight invizibil; dispărut; pierdut din vedere.

out of sight, out of mind *prov.* ochi care nu se văd se uită.

out of smb.'s ken *v.* **beyond smb.'s compass.**

out of smb.'s reach *v.* **out of reach.**

out of smb.'s road I. **get out of my road!** nu-mi sta în cale; nu mă stânjeni. **2.** la o parte; peste mână; nelaîndemână.

out of sorts indispus; fără chef; cătrănit; *F →* întors pe dos; **I feel ~** nu mi-s boii acasă.

out of spirits abătut; deprimat; descurajat; prost dispus; amărât; nefericit.

out of spite *v.* **out of pique.**

out of square oblic; neperpendicular.

out-of-state *adj. amer.* din alt stat (al SUA).

out of step *(la dans)* în contratimp; în dezacord cu ritmul muzicii; *F →* alăturea cu muzica.

out of stock epuizat; care lipsește/nu se mai găsește (în magazin/depozit).

out of (the) straight strâmb; *F →* șui.

out of style demodat; învechit.

out of temper mânios; furios; *aprox. F →* cu capsa pusă; **~ with** iritat/scos din fire de/din cauza; înfuriat pe/din cauza.

out of the blue *F* din (chiar) senin; tam-nisam.

out of the collar *v.* **out of a collar.**

out of the common deosebit; neobișnuit; ieșit din comun.

out of the common/general/usual road/run I. *adj.* ieșit din comun; neobișnuit. **2.** *adv. fig.* pe căi neumblate/nebătătorite.

out of the frying-pan into the fire *prov.* din lac în puț.

out of the general road *v.* **out of the common road.**

out of the ordinary extraordinar; neobișnuit; ieșit din comun.

out of/outside/beyond the pale (of smth.) în afara limitelor/dincolo de/depășind limitele (unui lucru).

out of the picture nu în temă/subiect; *F →* alăturea cu subiectul/drumul; *F →* hodoronc-tronc.

out of the question imposibil; exclus; cu neputință; în afară de orice discuție.

out of the running *← F* fără (nici o) șansă de a câștiga (o competiție)/a termina învingător.

out of the tail of one's eye cu coada ochiului.

out of the top drawer provenit din înalta societate/din protipendadă.

out of the usual road *v.* **out of the common road.**

out of the way I. ieșit din comun; deosebit; neobișnuit. **2.** *(folosit atrib.* **out-of-the-way)** *(d. un loc)* depărtat; izolat; retras; (care-ți e) peste mână. **3.** *(d. un preț)* inaccesibil, exorbitant.

out of the whole cloth *amer.* I. fals, inventat pe de-a-ntregul. **2.** *(d. o minciună)* gogonată; **he speaks ~** minte de îngheață apele.

out of the wood/*amer.* **woods** în afară/scăpat de primejdie/greutăți.

out of the/this words *amer.* *← F* I. perfect; minunat; extrem de frumos/mișcător etc.; divin; fantastic; prea frumos ca să fie adevărat. **2.** în culmea fericirii.

out of time I. *muz.* în contratimp. **2.** *fig.* nelalocul lui; deplasat, tardiv.

out of touch I. *sport* în afara terenului de joc. **2. ~ with** care nu mai e în legătură/la curent cu.

out of town I. plecat din oraș/la țară. **2.** în afara Londrei.

out of true/truth *tehn.* I. strâmb; înclinat; îndoit; deformat. **2.** neajustat; descentrat; dezaxat; deviat. **3.** așezat/montat greșit/imprecis.

out of tune I. *(d. un instrument muzical)* dezacordat. **2.** *(d. felul de a cânta)* fals. **3.** *fig.* **~ with** în dezacord cu; în discordanță cu. **4.** *fig.* prost dispus; fără chef.

out of (one's) turn în afară de rând; peste/înainte de/după rând.

out of use I. ieșit/scos din uz. **2.** perimat.

out of wedlock în/din afara căsătoriei.

out of work fără lucru; şomer.

out of ball eliberat/pus în libertate pe cauţiune.

out on the roof *amer. sl.* beat (criţă); pilit; parfumat.

out on the war path *amer.* în stare de război, în ostilitate.

outrun/overrun/the constable, to ← *F* a face datorii; a se băga/*F* → îngloda în datorii.

outside of *amer.* cu excepţia ...; afară de.

outside of a horse ← *sl.* călare.

outside the door pe uşă afară.

outside the pale (of smth.) *v.* **out of the pale (of smth.).**

outside the radius of knowledge dincolo de/ depăşind sfera cunoştinţelor (cuiva).

outsit (other guests), to a sta mai mult decât (alţi musafiri).

outstay one's welcome, to ← *F* a sta (la cineva) mai mult decât se cuvine; *F* → a face o vizită armenească.

outstrip/*amer.* **strip the wind, to** a fugi/goni ca vântul (şi ca gândul).

out to do smth. *v.* **out after/for.**

out upon him! ruşine să-i fie!

out with him! afară cu el! dă-l afară!

out with it! *F* zi! spune! dă-i drumul!

out with smb., to be ~ a fi certat cu/despărţit definitiv de cineva.

out you go! ieşi afară! afară cu tine!

over a bottle/a glass of wine la un pahar de vin.

over again din nou; încă o dată.

over against 1. opus; de cealaltă parte. **2.** în contrast cu.

over and above/besides 1. mai mult, pe deasupra. **2.** *amer. F* foarte, extrem de.

over and done with terminat definitiv; sfârşit pentru totdeauna.

over and over (again) iar(ăşi) şi iar(ăşi); tot mereu.

overflow with kindness, to a fi excesiv de amabil; a fi bunătatea întruchipată; *aprox.* a fi bun ca pâinea caldă.

overgrow one's clothes, to *v.* **outgrow one's clothes.**

over head and ears până peste urechi/cap.

over hedge and ditch de-a dreptul; de-a curmezişul; peste câmp.

overleap one's shoulders, to *amer.* **1.** a se întrece pe sine. **2.** a se întinde mai mult decât îi este plapuma.

overplay one's hand, to a-şi supraaprecia forţele/ posibilităţile.

override one's commision, to a-şi depăşi mandatul/sarcina; a abuza de puterea încredinţată.

override one's constable, to *v.* **outrun the constable.**

over shoes over boots *glum.* → unde merge suta merge şi mia.

overshoot the mark, to 1. a trage dincolo de ţintă/ bară/margine; a depăşi ţinta. **2.** *fig.* a merge prea departe; a exagera; a depăşi limitele; *F* → a sări peste cal.

over smb.'s head *fig.* **1.** (*d. un pericol iminent etc.*) deasupra capului cuiva. **2.** (*de obicei,* **to talk ~**) depăşind înţelegerea cuiva; fără a fi priceput de cineva. **3.** *fig.* peste capul cuiva; fără a ţine seama de cineva.

overstand one's market, to 1. *com.* a nu vinde la timp. **2.** *com.* a ţine la preţ. **3.** *fig.* a pierde o ocazie din cauza unei ezitări/amânări.

overstate one's case, to a-şi prezenta cauza într-o lumină (exagerat) favorabilă; a exagera în favoarea cauzei sale.

overstay one's welcome, to *v.* **outstay one's welcome.**

overstep the mark, to *fig.* a depăşi limita; *F* → a se întrece (cu gluma); a sări peste cal.

over the left (shoulder) în derâdere/bătaie de joc.

over there *amer.* în Europa.

over the seas 1. peste mări şi ţări, departe. **2.** în ţări îndepărtate; în străinătate.

over the walnuts and the wine la desert; la sfârşitul mesei.

over the way peste drum; vizavi.

overturn the coach, to *scoţ.* ← *F* a răsturna guvernul.

owe God a death, to a nu scăpa de moarte; *aprox.* toţi oamenii sunt muritori.

owe it to smb., to a avea o obligaţie (morală) faţă de cineva, a fi/rămâne îndatorat cuiva.

owe smb. a day in the harvest, to ← *F* a datora recunoştinţă cuiva; a-i rămâne îndatorat (pe viaţă).

owe smb. a debt of gratitude, to a rămâne îndatorat cuiva; a-i purta recunoştinţă cuiva.

owe smb. a grudge, to *v.* **owe a grudge against smb.**

owl it, to a sta târziu noaptea (ca huhurezul).

own a child, to a recunoaşte un copil (ca fiind al său).

own smth. on a shoestring, to a avea/obţine/lua ceva foarte ieftin/pe nimica toată/*F* → pe te miri ce.

own up a mistake/fault, to a mărturisi/recunoaşte o greşeală; a se declara vinovat; a face „mea culpa".

P

pace out a distance/room, etc., to a măsura cu pasul o distanţă/o cameră etc.

pace up and down, to a merge încoace şi încolo *(de nerăbdare, nervozitate)*.

pack a gun, to a purta o armă.

pack a jury/meeting, to a-şi asigura un juriu favorabil/o adunare cu un număr mare de simpatizanţi.

pack and/or peel with, to *scoţ.* a se întovărăşi cu; *F* → a avea de-a face cu; a intra în cârdăşie cu.

pack cards with smb., to *F* a se aşeza la joc cu cineva; a bate cărţile cu cineva.

packed like herrings/sardines înghesuiţi ca sardelele.

packed to capacity plin până la refuz.

pack it in/up! *F* termină cu asta! încetează! lasă-te de prostii!

pack on all sail *mar.* a ridica toate pânzele (sus).

pack out a hall/theatre, to a umple la maximum o sală de teatru.

pack people/things into, to *F* a înghesui oameni/ lucruri *(într-un spaţiu sau timp limitat)*.

pack smb. in, to → *F (d. un patron, prieten etc.)* a părăsi/*F* → lăsa pe cineva cu buza umflată; a da papucii cuiva.

pack smb. off, to a expedia (rapid) pe cineva; **~ with a flea in his ear** a refuza pe cineva ritos; a trimite pe cineva la plimbare; a-i da papucii cuiva.

pack smb. off bag and baggage, to a expedia/da afară pe cineva (cu căţel şi cu purcel).

pack smth. in, to ← *F* a abandona/renunţa la ceva *(o slujbă, o activitate, un obicei)*.

pack up one's (ends and) awls, to *scoţ.* a-şi strânge toate catrafusele.

puck up on smb., to **1.** a părăsi pe cineva. **2.** (d. un motor) a te lăsa în pană; a nu mai funcţiona.

paddle one's own canoe, to *fig.* a-şi conduce singur bărcuţa; a se descurca singur; a depinde numai de sine însuşi.

pad the hoof, to *sl.* a merge apostoleşte; a-şi toci pingelele; a merge cu tramvaiul 11.

paint a proof, to a face multe corecturi pe un şpalt.

paint one's face, to a se farda/sulemeni.

paint smb. black, to a ponegri/denigra pe cineva; a prezenta pe cineva într-o lumină proastă.

paint smb. with his warts, to *F* a descrie/prezenta pe cineva cu toate cusururile/fără a-i ascunde defectele.

paint smth. in bright colours, to a prezenta/descrie ceva într-o lumină favorabilă; a înfrumuseţa lucrurile; *(prin extensie)* a vedea lucrurile în roz.

paint smth. in dark colours, to a prezenta/descrie ceva în culori întunecate; *(prin extensie)* a vedea lucrurile în negru.

paint smth. in false colours, to a prezenta ceva într-o lumină falsă; a denatura adevărul.

paint smth. in true colours, to a zugrăvi/prezenta un lucru în adevărata lui lumină; a înfăţişa ceva în mod veridic.

paint smth. red, to a prezenta un lucru exagerat, căutând să faci senzaţie.

paint the devil blacker than he is, to a face pe dracu mai negru decât este; *aprox.* dracul nu e aşa de negru cum îl zugrăvesc oamenii.

paint the lily, to *lit.* a face un lucru inutil/absurd; *aprox./F* → a căra apă la puţ.

paint the town red, to *sl.* a face tămbălău/zarvă *(la un chef)*; *aprox.* → *F* a o face lată; *(d. un chef)* a i se duce vestea.

pair off with smb., to 1. a forma o pereche cu. **2.** *F* a se căsători/însoţi cu cineva.

pale as ashes/death/a ghost, (as) palid ca moartea/ un mort; alb ca varul.

palm off smth. on smb., to 1. a băga cuiva ceva pe gât; a-l face să accepte ceva (prin înşelăciune), a-i plasa cuiva (o marfă proastă etc.). **2.** a înşela pe cineva, a duce cu vorba.

pander to the taste of the public, to a încuraja/ stimula/satisface gustul publicului (pentru lucruri senzaţionale şi vulgare).

pan off/out gravel/sand, to 1. a scoate aur spălând pietriş/nisip etc. **2.** *fig.* **to pan out** *(d. lucruri, întâmplări)* a ieşi bine, a reuşi; a se contura.

pant for breath, to a gâfâi/respira anevoios; *F →* a-şi trage sufletul.

paper over a crack/split, to 1. a acoperi o crăpătură cu tapet. 2. *fig.* a acoperi superficial/a elimina aparent o divergenţă/deosebire de opinii/neînţelegere.

pare down allowance/budget/expenditure, to a reduce (considerabil) alocaţia/bugetul/cheltuielile.

pare smb.'s claws, to v. **cut smb.'s comb.**

park oneself, to *amer. F* a se planta; a se instala.

parry a question, to a evita/ocoli o întrebare (delicată).

partake of His/Her Majesty's hospitality, to *înv. iron.* a sta la închisoare/răcoare.

part and parcel parte intregrantă/esenţială.

part company (with smb.), to 1. a se despărţi de cineva. 2. a strica tovărăşia/prietenia (cu cineva); *F →* a o rupe (cu cineva). 3. a nu fi de aceeaşi părere cu cineva; **~ over a question** a avea opinii diferite într-o problemă.

particular about one's food pretenţios/mofturos la mâncare.

particular in speech care-şi alege cu grijă cuvintele; atent la folosirea cuvintelor.

particular in the choice of friends pretenţios/exigent în alegerea prietenilor.

part one's hair, to a-şi face cărare în păr, a se pieptăna cu cărare.

part with one's brass/cash/money, to a cheltui/da banii; *F →* a scoate banul din pungă; a-şi deznoda băierile pungii; *P →* a umbla la chimir.

pass a bill/a resolution, to a vota un proiect de lege/o rezoluţie; a adopta o hotărâre.

pass all bounds, to a depăşi orice limită; a fi din cale afară de ...; a întrece orice închipuire.

pass an invoice, to *com.* a aproba o factură.

pass an opinion on smth., to a-şi da/spune părerea asupra unui lucru; a aprecia/expertiza ceva.

pass as a watch in the night, to a trece neobservat/ca o nălucă.

pass away/hence/from among us, to a muri; a deceda; a răposa; a pleca dintre noi.

pass a wet sponge over smth., to v. **pass the sponge over smth.**

pass beyond the veil, to v. **go beyond the veil.**

pass by on the other side, to a ignora; a nu băga în seamă; a refuza să ajuţi.

pass by/under the name of, to a trece drept; a fi cunoscut sub numele de ...

pass/go/run current, to a fi unanim acceptat ca bun/valabil/adevărat.

pass from smb.'s view, to a dispărea/pieri din faţa ochilor cuiva; a se face nevăzut.

pass from the picture, to *← F* a nu mai fi pe primul plan; a-şi pierde actualitatea; *F →* a fi răsuflat, a nu mai fi interesant.

pass in one's checks, to v. **cash in one's checks.**

pass in one's chips, to v. **cash in one's chips.**

pass in review, to a trece în revistă; a enumera.

pass into a proverb, to 1. a deveni proverb. 2. a fi proverbial.

pass into nothingness, to a intra în neant; a se risipi; a se face praf şi pulbere.

pass into oblivion, to a fi dat uitării; a fi acoperit de uitare.

pass into silence, to a fi trecut sub tăcere; a rămâne nepomenit/uitat/îngropat.

pass judgement/sentence upon smb, to a judeca pe cineva; a da cuiva o sentinţă.

pass muster, to 1. a ieşi bine la o inspecţie. 2. *fig.* a trece o probă cu succes; a fi considerat bun/la înălţimea cuvenită/*F →* valabil; a merge.

pass off without a hitch, to *(d. dezbateri etc.)* a se desfăşura bine/normal/fără nici un incident.

pass oneself/smb. off as/for, to a se da drept; a prezenta pe cineva drept; a-şi da/a da cuiva o falsă identitate/calitate.

pass one's eye over, to a-şi arunca ochii/a arunca o privire peste/asupra.

pass one's lips, to *(d. un cuvânt)* a-i ieşi din gură.

pass one's word for smb., to a-şi pune obrazul pentru cineva.

pass on the lamp/the torch, to v. **hand on the torch.**

pass out drink/cigarettes, etc., to a oferi băuturi, ţigări; a trata lumea cu băuturi etc.

pass out of mind, to a ieşi din minte/memorie; a uita.

pass over in silence, to a trece sub tăcere; a nu comenta.

pass remarks on smth., to a face (unele) remarci/comentarii asupra unui lucru.

pass smb. by on the other side, to 1. a manifesta o rezervă faţă de cineva. 2. a întoarce spatele cuiva; a nu da cuiva ajutor.

pass the bottle of smoke, to a arunca praf în ochii oamenilor; a mistifica adevărul.

pass the buck (to smb.), to *amer. F* 1. a-i trece (cuiva) rândul la împărţit cărţile. 2. *fig.* a trece răspunderea (asupra cuiva); *F →* a-i pune (cuiva) raţa în traistă. 3. a înşela/duce pe cineva cu preşul.

pass the censor/the customs, to a trece prin/a fi acceptat de cenzură/de vamă.

pass the hat around, to a face colectă publică; a aduna bani de la alţii (pentru un anumit scop).

pass the seals, to *jur.* a ratifica, a sancţiona.

pass the sponge over smth., to a trage/trece cu curetele peste ceva; a ierta ceva.

pass the time of day with smb., to a schimba câteva cuvinte cu cineva.

pass the word, to a transmite un cuvânt de ordine/un ordin.

pass through heavy trials, to a trece prin încercări grele, a avea o viaţă grea/plină de dificultăţi.

pass/go/have been through the mill, to a trece prin dificultăţi; a fi pus la grea încercare; a pătimi; *F →* a mânca pâine amară.

past all bearing de nesuportat; care depăşeşte orice limită a răbdării; din cale afară.

past caring what happens fără să-i mai pese de ce se întâmplă; într-o stare de indiferenţă totală.

past child bearing prea în vârstă ca să mai nască copii.

past comparison fără pereche/egal; ce nu suferă comparaţie.

past/beyond cure/remedy fără de leac; incurabil.

past dancing; I am ~ am trecut de vârsta dansului.

past danger în afară de orice pericol.

past (all) doubt/peradventure fără nici o îndoială; în afară de orice dubiu; fără doar şi poate.

past endurance; it is ~ e insuportabil; nu mai poate fi suportat/tolerat.

paste smb. on the face, to *F* a-i trage/arde cuiva o palmă/scatoalcă.

past everything peste măsură; exagerat; din cale afară.

past one's prime trecut de floarea vârstei; bătrâior; veşted.

past recall irelediabil; ireparabil; irevocabil.

past reclaiming, to be ~ a nu mai fi bun de nimic, a nu mai avea nici o valoare; *F →* a nu face nici doi bani.

past recognition de nerecunoscut.

past retrieve care nu mai poate fi recuperat; irecuperabil.

past smb.'s ken *v.* **beyond smb.'s compass.**

past work incapabil de muncă; prea bătrân/slab pentru a mai munci.

patch up an argument/a dispute/quarrel, to ← *F* a pune capăt unei discuţii; a se împăca după o ceartă; a rezolva un diferend.

patience is a plaster for all sores răbdarea e cea mai bună doctorie.

pat oneself on the back a se lăuda cu/felicita pentru ceva; a se arăta mulţumit de sine.

pat smb. on the back, to *v.* **give smb. a pat on the back.**

pave the way for, to a pregăti/netezi calea pentru.

pawn one's life, to ← *F* a-şi dărui/risca viaţa (pentru).

pawn one's word, to a-şi da cuvântul; a garanta cu cuvântul său; *F →* a-şi pune obrazul.

paz a call/a visit, to 1. a face o vizită. 2. *glum.* a se duce la toaletă.

pay a compliment, to a face/adresa un compliment.

pay a score/scores, to *v.* **clear a score.**

pay-as-you-return *(prescurtat PAYE)* sistem de plată a impozitelor *(în Anglia)* prin reţineri din salariu, făcute de întreprindere sau patron.

pay a tribute/homage to, to a aduce un omagiu (cuiva).

pay attention/heed to, to a fi atent la; a da/acorda atenţie (cuiva).

pay a visit, to *v.* **pay a call.**

pay back in kind, to 1. a plăti o datorie în natură. 2. *fig.* a plăti cu aceeaşi monedă.

pay cash down, to 1. a plăti cu bani gheaţă. 2. a plăti prompt/pe loc/imediat.

pay court (to smb.), to a face curte (cuiva).

pay deference (to smb.), to a-şi arăta respectul (faţă de cineva).

pay (down) on the nail, to a plăti pe loc; *F →* banii jos.

pay for a dead horse, to ← *F* 1. a plăti de pomană. 2. a se obosi degeaba; a face un lucru inutil.

pay (for) one's footing, to a-şi plăti taxa de admitere într-o asociaţie/societate etc.

pay for one's whistle, to ← *F* a plăti (cu vârf şi îndesat) pentru o toană/nebunie/un capriciu.

pay heed, to *v.* **pay attention.**

pay homage to, to *v.* **pay a tribute.**

pay home, to 1. a răsplăti un serviciu făcut. 2. a onora o datorie.

pay in hard/cash/ready money/specie, to *v.* **pay cash down.**

pay in kind, to a plăti în natură.

pay lip service, to ← *F* a arăta un pretins/nesincer devotament (unei cauze); a admira numai din buze/cu gura.

pay obeisance to, to 1. *înv.* a face o plecăciune. 2. *fig.* a-şi manifesta respectul faţă de; a aduce un omagiu (cuiva).

pay off/settle/wipe off old scores, to a se răfui/(cu cineva); a i-o plăti (cuiva).

pay off one's score, to 1. a se socoti/răfui (cu cineva) 2. a-şi achita datoria/nota de plată.

pay one's addresses/attention (to a lady), to a face curte (unei femei).

pay one's debt to/the debt of nature, to a se întoarce în sânul naturii/în pământ; a urma calea tuturor muritorilor; a se face țărână.

pay one's respects to smb., to 1. a saluta pe cineva în chip respectuos. 2. a aduce cuiva un respectuos omagiu.

pay one's shot, to a-și achita nota de plată (la hotel, restaurant etc.).

pay one's way, to F a-și acoperi cheltuielile; a nu rămâne dator.

pay (out) money in/into, to a depune bani *(la o bancă, casă de economii, societate etc.).*

pay out smb. (for), to a i-o plăti cuiva cu vârf și îndesat; a pedepsi pe cineva (pentru o vină).

pay on the nail, to F v. **pay cash down.**

pay regard to smb., to a da/acorda cuiva considerație/respect/atenție deosebită.

pay scores, to v. **clear a score.**

pay scot and lot, to 1. *înv.* a contribui la taxele (unei societăți etc.). 2. a participa la cheltuieli; a plăti cinstit/parte dreaptă.

pay smb. back his own coin, to a plăti cu aceeași monedă; a plăti ochi pentru ochi.

pay smb. off scot and lot, to a plăti cuiva până la centimă/ultimul gologan; a lichida contul cuiva.

pay the debt of nature, to v. **pay one's debt to nature.**

pay the fiddler/piper, to a plăti pentru o distracție; a suporta cheltuielile; a fi cel care plătește/*aprox.* F → elefantul.

pay the piper while others call the tune, to unul cu folosul și altul cu ponosul; *aprox.* boii ară și caii mănâncă.

pay through the nose, to ← F a plăti un preț exorbitant/cât nu face; *P* → a se usca plătind; a-și face gaură în pungă.

pay too dear for one's whistle, to ← F a plăti prea scump pentru un capriciu.

pay twenty shillings to the pound, to a plăti suma integrală; a plăti cinstit.

peace to his ashes/memory/soul odihnească-se în pace! fie-i țărâna ușoară!

peak and pine, to *(d. un om)* a tânji; a se ofili; a pieri; a se stinge.

peal smb.'s fame, to a cânta laude cuiva; F → a bate trâmbița/toba despre cineva.

pea time's past *amer.* F i-a trecut vremea/veleatul; s-a învechit.

pebble on the beach *(folosit de obicei la negativ)* **he is not the only ~** doar nu e singurul pe lume; nu-i numai un câine scurt de coadă.

peck at one's food, to a ciugului; a mânca ca o vrăbiuță.

peg away at (some activity), to ← F a trudi, a trage din greu (într-o activitate oarecare).

peg out a claim, to a reclama dreptul de proprietate asupra unei întinderi de pământ îngrădită sau hotărnicită/pichetată în prealabil.

peg smb. down to smth., to ← F a restrânge/îngrădi pe cineva în anumite limite precise; a convinge/face/forța pe cineva să ia o anumită hotărâre, să precizeze o dată/cifră etc.

peg the market/the exchange, to a menține piața/bursa fermă; a stabiliza prețul pe piață.

peg to hang a thing/a discourse on, a 1. pretext; prilej; ocazie. 2. subiect de vorbă; de discuție.

penny for your thoughts!, a F *(adresat unei persoane cufundate în gânduri)* la ce te gândești? ce stai pe gânduri?

penny plain and twopence coloured, a ← F ieftin și bătător la ochi; *aprox.* F → de aproape, ochi-ți scoate.

penny saved is a penny gained, a *prov.* bobiță cu bobiță se umple sacul; *aprox.* păr cu păr se face cergă.

penny's dropped, the *sl. v.* **coin's dropped.**

penny soul never came to twopence, a ← F omul meschin tot meschin rămâne.

penny wise and pound foolish scump la tărâțe și ieftin la făină.

pester the life out of smb., to F a sâcâi/pisa/bate la cap pe cineva, a scoate sufletul cuiva.

phone in question/problem/news item, to *tel.* a adresa/comunica prin telefon o întrebare/problemă/știre *(de obicei unui post de radio sau televiziune).*

pick a bone, to 1. a scoate/curăța carnea de pe un os. 2. a roade un os. 3. **~ with smb.** *fig.* a avea ceva de împărțit cu cineva, a avea o răfuială cu cineva.

pick (a) hole/holes in smb.'s coat, to F a găsi/căuta cuiva nod în papură; a găsi un pretext pentru a ataca/denigra pe cineva; a se lega de cineva.

pick a lock, to a forța/sparge o broască/un lacăt pentru a fura.

pick and choose, to a fi mofturos; a face mofturi.

pick and steal, to F a șterpeli de unde apucă.

pick a quarrel with smb., to a se lua la harță cu cineva.

pick at one's food, to a mânca puțin/fără poftă/în silă; a ciuguli.

pick at/on smb., to F 1. a cicăli/sâcâi pe cineva. 2. a căuta pricină cuiva; a se lega de cineva.

pick fault with smb., to a găsi o vină cuiva.

pick feathers off smb., to ← *înv. F* a ciupi/curăța/ jumuli pe cineva (de bani).

pick holes in smth., to *(d. o lucrare, un discurs, film, program) F* a găsi defecte; a căuta nod în papură; a vâna greșeli/lipsuri.

pick oakum, to I. a destrăma frânghii vechi pentru a recupera fibrele de cânepă *(în trecut, muncă făcută de deținuți și de cei din azilurile de săraci în Anglia).* **2.** a face o muncă grea sau inutilă. **3.** ← *sl.* a fi într-o casă de corecție.

pick oneself up, to I. a se ridica/pune pe picioare după o cădere. **2.** *fig.* a se restabili *(după o boală).* **3.** a se reface *(după o pierdere, o catastrofă).*

pick one's nose/teeth, to a se scobi în nas/în dinți.

pick one's steps/way, to a-și alege drumul, a călca cu grijă.

pick on smb., to I. a căuta harță cuiva; *aprox.* a-și vărsa focul pe cineva. **2.** a mustra/pedepsi pe cineva (în mod repetat); a lua pe cineva drept cal de bătaie. **3.** a alege pe cineva (de obicei mai slab) pentru o muncă neplăcută.

pick out a tune on the guitar/the piano, to a încerca să reproduci la chitară/pian etc. o melodie (auzită); a reface o melodie după ureche.

pick out the good from the bad, to a alege/ distinge/deosebi binele de rău.

pick out the winners, to a indica/ști să descoperi/ a ghici pe cei ce vor câștiga *(o cursă etc.).*

pick sides, to *sport* a alege terenul/locul/piesele.

pick/suck smb.'s brains, to *F* a folosi/fura ideile cuiva.

pick smb.'s pocket, to a fura cuiva banii din buzunar, a buzunări pe cineva.

pick smth. over, to a examina și alege ceva cu grijă *(înlăturând ce nu e utilizabil).*

pick the plums out of the pudding, to a alege ce-i mai bun, a lua fruntea/caimacul.

pick/pull to pieces, to I. a face mici fărâme *(un lucru)*; a dezmembra; a distruge. **2.** *(d. un om)* a-l critica aspru/distructiv; a sfâșia; *F →* a desființa; a face praf. **3.** a istovi/vlăgui *(pe cineva).*

pick up a foreign language, to a prinde/învăța o limbă străină *(fără studiu sistematic).*

pick up a girl/an escaped prisoner/a suspect, to *F* a agăța o fată; a aresta/pune mâna pe un evadat/ un suspect.

pick up flesh a se mai îngrășa, a pune carne; a se înzdrăveni, a prinde puteri.

pick up mail/passengers, to *(d. un vapor, tren, autobuz)* a lua/ridica corespondența/pasageri etc.

pick up messages/signals, to *tel.* a recepționa/intercepta mesaje/semnale transmise prin telecomunicație.

pick up one's crumbs, to a se ridica/pune pe picioare *(după o cădere).*

pick up one's heels, to *v.* fling up one's heels.

pick up on smb., to *sport* a câștiga un avans asupra cuiva.

pick up smth., for a mere song, to a cumpăra ceva pe nimica toată, a găsi un chilipir.

pick up speed, to a câștiga/lua viteză.

pick/take up the gauntlet, to a accepta o provocare; a ridica mănușa.

pick up the pieces! *(adresat, de obicei unui copil care a căzut)* copăcel!

pick up the threads, to ← *F* a relua/a se readapta la un mod de viață, o slujbă, o legătură afectivă, după o perioadă de întrerupere.

pick up with smb., to a face cunoștință/a stabili relații cu cineva *(de obicei, din întâmplare).*

pigs might fly *F* se pot întâmpla și minuni, mai sunt și minuni pe lumea asta.

pig together, to a trăi (laolaltă) ca porcii; a trăi în murdărie.

pile arms, to *mil.* I. a așeza puștile în piramidă. **2.** a acumula/stoca arme.

pick it on (thick), to ← *F* a exagera; a umfla/îngroșa lucrurile.

pile on runs, to *sport* a acumula puncte *(la cricket).*

pile on/up the agony, to ← *F* a lungi o descriere penibilă.

pile up a ship, to *mar.* a face să eșueze un vas *(pe stânci sau pe un banc de nisip).*

pile up the rocks, to *amer. sl.* a câștiga din gros; a strânge bani buni.

pill and poll, to *înv.* I. a jefui, a prăda. **2.** a aduce în sapă de lemn.

pill to cure an earthquake, a ← *F* o soluție ridicolă/ absurdă; *aprox. F →* o picătură de ploaie pe o plită înroșită.

pilot one's way, to a-și găsi drumul, a-și croi singur drum.

pinched for money *F* strâmtorat.

pinched with cold înfrigurat, înghețat, pătruns de frig.

pinch oneself of smth., to I. a se lipsi de ceva; *aprox. F* a-și rupe de la gură. **2.** a renunța la ceva de nevoie/sărăcie.

pin down smb./smth., to a defini exact/a preciza/ a sesiza caracterul/intențiile/poziția cuiva/a unui lucru.

pin oneself/one's strength against the enemy, to a se lupta/a-și măsura puterile cu dușmanul.

pin one's faith/hope(s) on smb./smb.'s sleeve/ smth., to a-și pune toată nădejdea în cineva/ceva; a se agăța de cineva/ceva.

pin smb. down to a promise, to a face/a obliga pe cineva să-şi ţină promisiunea.

pin to the wall, to 1. a ţintui la perete. 2. a nu mai lăsa cuiva nici o ieşire/resursă.

pipe down! *amer. sl.* gura!

pipe one's eye(s), to *F* a bâzâi; a uda coada mâţei; a da apă la şoareci.

piping hot 1. fierbinte; în clocot; scos din cuptor. 2. *(d. o veste)* proaspăt; nou-nouţ.

pip off, to *sl.* a da ortul popii; a da în primire; a o mierli.

pip up smb./smth., to 1. a da curaj cuiva. 2. a înviora/stimula pe cineva/o activitate.

pique oneself on smth., to a se mândri/lăuda cu ceva; a-şi face un titlu de glorie din ceva.

pitch and toss *joc constând din aruncarea unui ban într-o ţintă anume; aprox.* rişcă.

pitch black/dark 1. *adj.* negru ca smoala/ca tăciunele. 2. *subst.* întuneric beznă.

pitcher goes often to the well, but is 'broken at last', the urciorul nu merge de multe ori la apă; toate merg până într-o zi.

pitchers have ears nu se vorbeşte orice în faţa copiilor; *prin ext.* zidurile au urechi.

pitch into smb./smth., to *F* 1. a se năpusti asupra cuiva cu lovituri sau injurii. 2. a se repezi la *(mâncare etc.)*.

pitch in with smth., to *F* a interveni *(cu date noi, argumente, donaţii etc.)* pentru rezolvarea unei situaţii.

pitch it strong/high, to *F* a exagera, a umfla lucrurile.

pitch one's tent, to 1. a-şi înălţa cortul. 2. *fig.* a se aranja/rostui. 3. *fig.* a se stabili (temporar).

pitch smb. over the bar, to *jur. F* a respinge pledoaria/argumentaţia unui avocat.

place/put a construction on smth., to a interpreta ceva într-un fel anumit.

place a curb on (smb.'s activities, initiative, etc.), to a limita/frâna (activitatea, iniţiativa etc. cuiva).

place a matter in smb.'s hands, to a încredinţa cuiva o problemă/treabă.

place an order (for goods) with. smb., to *com.* a da cuiva o comandă (pentru mărfuri).

place/put a premium on smth., to a pune ceva pe primul plan; a da/acorda o importanţă deosebită *(unei acţiuni, unei calităţi etc.)*.

place a question/item on the agenda, to a înscrie o chestiune/un punct pe ordinea de zi.

place/put a strain on smb., to a supune pe cineva la un efort; a pune la încercare forţele/răbdarea cuiva.

place much store in smb./smth., to 1. a da multă importanţă cuiva/unui lucru; a pune mare preţ pe cineva/ceva. 3. a se bizui pe cineva/ceva.

place/put oneself on/upon record, to a se face cunoscut/pomenit; a-şi dobândi faimă/renume.

place oneself under smb.'s power, to a se pune la dispoziţia cuiva; a da cuiva toate drepturile asupra sa; *F →* a se da cuiva cu mâinile legate.

place one's cards on the table, to a juca cu/a da cărţile pe faţă; a-şi spune deschis intenţia/planul.

place reliance in smb./smth., to a se bizui pe/a-şi pune nădejdea/încrederea în cineva/ceva.

place smb. in the shoes of (another persons), to a pune pe cineva în locul (altuia)/în situaţia unei alte persoane.

place/put smb. on the look-out (for), to 1. a pune pe cineva de pază/de veghe. 2. a avertiza/preveni pe cineva.

place/put smth. in a different/new light, to a pune/prezenta ceva într-o lumină diferită/nouă.

place under the care of smth., to a da în grija/a pune sub supravegherea cuiva.

plague on him, a! *← înv.* bătu-l-ar Dumnezeu! *P →* dar-ar boala în el!

plague take him, a! *← înv.* mânca-l-ar ciuma! lua-l-ar toţi dracii!

plague the life out of smb., to *F* a scoate sufletul cuiva; a cicăli/plictisi de moarte pe cineva.

plain as a pikestaff/the day/daylight/the nose on your face/the sun at noonday/înv. **Salisbury/ the way to parish-church, (as)** *F* limpede/clar ca lumina zilei.

plan ahead, to a face planuri pentru viitor; a calcula dinainte.

plane smth. down, to a netezi asperităţile/nere-gularităţile (cu rindeaua etc.).

plank down the ready, to *← sl.* a pune banii pe masă; a plăti cu bani gheaţă/peşin.

plant a field in/to ..., to *amer.* a însămânţa un ogor cu ...

plant horns on smb., to *v.* **give horns to smb.**

plaster one's hair down, to a-şi netezi/pieptăna părul lins, dându-l cu briantină.

plaster smb. right, to *F* a i-o plăti cuiva; a aranja pe cineva.

plaster smb. with praise, to *← F* a acoperi pe cineva cu laude; a ridica osanale cuiva.

plated with gold/silver/tin, etc. suflat cu aur/argint/cositor etc.; aurit, argintat, cositorit etc.

play about/around with smth., to a nu lua ceva în serios; a trata cu uşurinţă ceva; a glumi/a se amuza cu ceva.

play a card, to a juca/profita de/a specula o carte.

play a deep game, to *fig.* a face un joc complicat/ascuns.

play a dirty dog's trick on smb., to *v.* **play smb. a dirty trick.**

play a double game, to *fig.* a face un joc dublu; a fi taler cu două feţe.

play a good knife and fork, to a mânca cu poftă/zdravăn/din belşug/cât şapte; *aprox.* F → se bat calicii la gura lui.

play a good stick, to a mânui bine spada/floreta; a fi un bun spadasin/scrimer.

play a joke on smb., to a face cuiva o farsă; a juca cuiva o festă.

play a lone hand, to 1. a juca de unul singur *(fără ajutorul celorlalţi sau împotriva lor)*. 2. *fig.* a se conduce/descurca singur; a întreprinde acţiuni pe cont propriu.

play a losing game, to 1. a întreprinde o acţiune fără şanse de succes. 2. a face faţă cu curaj unei înfrângeri.

play a low-down/mean/nasty trick on smb., to *v.* **play smb. a dirty trick.**

play a part, to a juca un rol.

play a poor game, to 1. a juca prost. 2. a face o figură proastă; a nu fi la înălţime.

play a prize, to 1. a participa la un concurs. 2. a concura numai de formă.

play a safe game, to *şi fig.* a juca strâns/cu precauţie/fără riscuri.

play at big luck, to *v.* **play in big luck.**

play at bo-peep (with), to 1. a se juca de-a v-aţi ascunselea. 2. *fig.* F uite popa, nu e popa; uite-l, nu-i.

play (at) fast and loose, to *v.* **play fast and loose.**

play at hide and seek, to a se juca de-a v-aţi ascunselea.

play a tough game, to a juca tare.

play a trick on smb., to a face cuiva o farsă; a înşela/F → duce pe cineva.

play a sight, to *muz.* a cânta/executa la prima vedere.

play a waiting game, to a aştepta cu răbdare momentul potrivit.

play a winning game, to a merge la sigur.

play a wrong card, to *fig.* a miza pe o carte greşită; a proceda greşit.

play back a record/tape, to a pune un disc/o bandă de magnetofon; a asculta o imprimare pe disc sau pe bandă.

play ball, to *amer.* 1. a colabora. 2. a fi corect/cinstit.

play booty, to a lucra pe sub mână; a se înţelege în ascuns; F → a trage clapa cuiva.

play bo-peep (with), to *v.* **plat at bo-peep (with).**

play both ends against the middle, to *pol.* a miza pe interese opuse/discordia dintre adversari; *aprox.* F → când doi se ceartă, al treilea câştigă.

play by the ear, to *muz.* a cânta (la un instrument) după ureche; a cânta fără note/lăutăreşte.

play chuck farthing with smb., to F a lăsa pe cineva cu buza umflată.

play consumption, to *amer.* ← *sl. mil.* a simula o boală.

play cricket, to *v.* **play fair.**

play dirt/low, to *amer.* ← *sl.* 1. a fi incorect; a încerca să înşele. 2. a se purta murdar.

play double, to a face un joc dublu; a fi taler cu două feţe.

play down to smb., to a se coborî intenţionat la nivelul cuiva.

play ducks and drakes (with smb.), to a irosi/arunca pe fereastră/a azvârli pe gârlă/pe apa Sâmbetei (ceva).

played out *(d. un episod)* încheiat, sfârşit, depăşit; *(d. un om)* terminat; F → la reformă.

play fair/the game, to *şi fig.* a respecta regulile jocului.

play fast and loose, to ← F 1. a acţiona inconsecvent; a se purta după cum bate vântul. 2. a face joc dublu; a umbla cu şmecherii; ~ **with smb.'s affections** a-şi bate joc de sentimentele cuiva.

play first fiddle, to a ocupa/deţine un loc de frunte/important/principal; a fi vioara întâi.

play for a sucker, to F a înşela/duce de nas ca pe un fraier.

play for high stakes, to 1. a juca (cărţi) pe o miză mare. 2. *fig.* a ridica şi a sconta mult.

play for love (to), to a juca (cărţi) fără bani.

play for low stakes, to 1. a juca (cărţi) pe o miză mică. 2. *fig.* a sconta/a se aştepta la puţin.

play for one's own hand, to a acţiona în interes propriu; a avea în vedere interesul său; a se îngriji de sine.

play for safety, to 1. a evita riscurile (unui joc); a juca cu prudenţă. 2. *fig.* a fi prudent/precaut/cu măsură; a nu se lansa; a nu-şi risca pielea.

play for the gallery, to *fig.* a urmări să faci impresie asupra oamenilor neavizaţi.

play for time, to a încerca să câştigi timp.

playful as a kitten, (as) jucăuş ca un pisoi.

play gooseberry, to F a acompania/păzi/supraveghea o pereche de îndrăgostiţi.

play handy-dandy with smb., to *aprox.* a se juca de-a mâţa-n sac cu cineva.

play havoc/hell and tommy/sl. hob/old gooseberry/Old Harry/the bear/the deuce/the devil

(and all)/the very devil/the dickens/the mischief with, to ← *F* a distruge; a strica; a nimici; *aprox. F →* a face harcea-parcea.

play hell (and tommy) with smb., to *F* a face zile amare/fripte cuiva.

play hocus-pocus, to 1. a face scamatorii. 2. *fig. F* a umbla cu cioara vopsită.

play hookey, to *v.* **play truant.**

play in/to big luck, to *amer.* 1. a câştiga; a fi norocos. 2. a miza pe şansă.

play (in/to) hard luck, to a avea ghinion; a suferi un eşec.

play into smb.'s hands, to a face jocul cuiva; a acţiona în avantajul cuiva/conform aşteptărilor cuiva.

play it by ear, to *fig.* a găsi o soluţie pe moment (pentru a ieşi dintr-o situaţie critică).

play it cool, to a se comporta calm (într-o anumită situaţie); a manifesta o aparentă detaşare.

play (it) low (down) on smb., to *F* a profita în mod josnic de cineva; a-i face cuiva o figură murdară.

play like a stick, to ← *F* a juca prost (pe scenă).

play mad tricks, to a face năzdrăvănii/năzbâtii/bazaconii.

play mum, to *v.* **keep mum.**

play off against each other, to a aţâţa pe unul împotriva altuia; a stimula concurenţa între doi; a învrăjbi relaţiile între doi.

play one's best trump card, to *fig.* a-şi folosi toate atuurile; a face uz de arma cea mai puternică; a juca cartea cea mai mare.

play one's cards, to *fig.* a proceda/dirija lucrurile (în favoarea sa).

play one's cards badly, to *fig.* 1. a pierde/rata o ocazie. 2. a fi nepriceput/nedibaci.

play one's cards well, to *fig.* a folosi/specula la maximum toate prilejurile; a duce ceva la capăt cu multă dibăcie.

play one's game, to a-şi arăta/dezvălui planurile/intenţiile.

play one's hand, to *v.* **call one's hand.**

play one's hand alone, to *v.* **play a lone hand.**

play one's hand for all is worth/for all there's in it, to *F* 1. a se folosi din plin de un prilej; a exploata o situaţie la maximum. 2. a pune la bătaie toate mijloacele; *F →* a face pe dracu-n patru.

play one's hand heavily, to 1. a fi greoi. 2. a proceda în mod grosolan/brutal.

play one's last card/trump, to a-şi juca ultima carte; a recurge la ultima resursă/ultimul argument (*într-o discuţie*).

play one's trump card, to *v.* **play one's best card.**

play on smb., to/*amer.* **play sharp on smb., to.** 1. a profita de credulitatea cuiva. 2. a face cuiva o farsă.

play on/upon words, to a face calambururi/jocuri de cuvinte; a vorbi în doi peri.

play out time, to *sport* (*d. o echipă în defensivă*) a temporiza; *F →* a trage de timp.

play pendulum, to a încerca să profite din două părţi; a face joc dublu; *aprox. F →* a umbla cu doi pepeni în mână; a fugi după doi iepuri.

play politics, to *amer.* a se folosi de mijloace necorecte (*în politică*).

play possum, to a simula o boală; a face pe mortul.

play possum with smb., to *v.* **come possum over smb.**

play pranks, to 1. a face farse/năzbâtii. 2. (*d. o maşină*) a o lua razna; a merge aiurea.

play prizes, to *v.* **play a prize.**

play safe, to a nu risca, a fi precaut; a merge la sigur.

play second, to a avea/juca un rol secundar.

play second fiddle, to *F* a juca un rol secundar; a fi pe planul doi; *aprox. F →* a fi manta de vreme rea.

play sharp on smb., to *v.* **play on smb.**

play smb. a dirty/a dog's/low down/mean/nasty/ shabby trick, to *F* a juca cuiva o festă; a-i face cuiva o figură urâtă/un pocinog/un pustiu de bine/ o măgărie.

play smb. as, to *sport* a include un jucător în echipă; a folosi un jucător pe post de.

play smb. fair, to a se purta cinstit/loial faţă de cineva.

play smb. false/foul, to a fi incorect faţă de cineva; a înşela/trăda pe cineva.

play smb. up, to a enerva/plicitisi/sâcâi pe cineva; *F →* a scoate sufletul cuiva.

play smth. down, to a reduce importanţa unui lucru; a minimaliza.

play smth. up, to a da importanţă exagerată unui lucru; a umfla/exagera/explica (*o întâmplare, o situaţie etc.*).

play the ass, to *v.* **act the ass.**

play the bankrupt, to 1. a da faliment. 2. a cheltui bani străini. 3. a nu prezenta încredere.

play the bear, to a fi ursuz; < a se purta grosolan.

play the bear/the deuce/the devil and all/the dickens with smb., to *v.* **play havoc with.**

play the fool/goat/monkey, to a face pe bufonul; a se face ridicol.

play the fox, to a face pe şmecherul; a trage pe sfoară.

play the game, to v. play fair.

play the giddy goat, to I. a fi zăpăcit/aiurit. **2.** a face pe zăpăcitul.

play the (hobby) horse, to *înv.* a face pe bufonul.

play the hog, to a se purta porceşte; a se purta ca un măgar.

play the jack with smb., to a păcăli/înşela pe cineva; *F →* a face cuiva o măgărie.

play the leading role, to a juca rolul principal.

play the man, to a se purta bărbăteşte/ca un adevărat bărbat/ca un om întreg.

play the master, to a face pe stăpânul; a da ordine.

play the merchant with smb., to a specula pe cineva.

play the mischief with, to v. play a havoc with.

play the monkey, to v. play the fool.

play the New Year in, to a intona un cântec pentru a saluta venirea Anului Nou.

play the Old Year out, to a intona un cântec *(la un instrument)* în cinstea anului care a trecut.

play the peacock, to a se îngâmfa; a se împăuna.

play the races, to a juca la curse (de cai).

play sedulous ape to smb., to a imita pe cineva/stilul cuiva.

play/tip the traveller, to a spune minciuni/braşoave/gogoşi; a duce pe cineva.

play the wag, to v. play truant.

play the woman, to I. a plânge; a se smiorcăi. **2.** a fi lipsit de curaj; *F →* a se purta ca o babă/muiere.

play third fiddle, to a rămâne pe planul al şaptelea; *aprox. F* a fi a cincea roată la căruţa.

play to big luck, to v. play in big luck.

play to capacity, to *teatru* a juca cu sala plină.

play tricks, to *F* a umbla cu şoşele şi momele.

play truant/sl. the wag/amer. sl. hookey/hooky, **to** a fugi/chiuli de la şcoală; *A →* a trage la fit.

play up on smb., to v. play smb. up.

play up to smb., to I. *teatru* a juca punând în valoare un alt actor. **2.** a susţine pe cineva. **3.** a linguşi pe cineva.

play water/a hose on the fire, to a îndrepta un jet de apă asupra focului.

play with fire, to a se juca cu focul.

play (smb.) with lead, to *amer. F* a împuşca (pe cineva).

play with loaded dice/marked cards, to *F* a umbla cu cărţi măsluite/cu ocaua mică.

play with smb.'s nose, to a-şi bate joc de cineva; a face pe cineva caraghios.

plead guilty, to *jur.* a-şi recunoaşte vina; a se declara vinovat.

pleased as Punch, (as) vesel; mulţumit.

please one's eye and plague one's heart, to a se căsători din interes.

please the fates/pigs, to cu voia lui Dumnezeu; dacă o da/o vrea Domnul!

please yourself! fă cum îţi place! fă ce vrei!

pleasure is mine/ours, the îmi face plăcere; încântat de cunoştinţă; plăcerea este de partea mea/noastră.

pledge/one's honour, to a se angaja pe cuvânt de onoare; a-şi pune cinstea/onoarea în joc.

plentiful as blackberries, (as) din belşug; puzderie; cu carul; ca frunza şi iarba.

plenty is no plague nimeni nu se vaită de gras.

plight one's faith, to a jura credinţă (cuiva).

pligh tone's troth, to I. a-şi da cuvântul; a se angaja. **2.** *(d. soţi, logodnici etc.)* a-şi jura credinţă.

plod away on the hoof, to v. beat it on the hoof.

plough a lonely furrow, to a face ceva de unul singur; a merge (singur) pe propria sa cale.

plough one's way, to a-şi croi drum cu greu.

plough the air, to v. fish in the air.

plough/sow the sands, to *← F* a face o muncă zadarnică; *aprox. F →* a căra apă cu ciurul.

pluck/pull a crow, to a lichida un conflict/o ceartă; a se împăca.

pluck a pidgeon, to *← F* a profita de credulitatea cuiva.

pluck/take by the beard, to *← F* a ataca direct/cu hotărâre; *aprox. F →* a o lua pieptiş.

pluck up (one's) courage, to v. muster up one's courage.

pluck up (one's) hearts/spirits, to a-şi aduna (tot) curajul; a-şi face curaj.

plumb crazy *amer. F* nebun de legat; ţicnit de-a binelea.

plume oneself on/upon, to a se mândri/făli/împăuna cu.

plump as a partridge, (as) rotofei; < gras ca un purcel.

plump for a candidate, to *pol.* a da toate voturile unui singur candidat.

plump for a course of action, to a adopta/aproba fără rezerve o anumită acţiune/atitudine.

ply the labouring oar, to v. have the labouring oar.

poach on sm.'s reserves, to I. a bracona pe proprietatea cuiva. **2.** *fig.* a încălca domeniul altcuiva.

point the finger of scorn at smb., to I. a acoperi pe cineva de dispreţ/ruşine; a face pe cineva de râs/ruşine. **2.** a privi pe cineva de sus/dispreţuitor.

poison the fountains of trust, to *lit.* a semăna neîncredere/îndoială; a surpa încrederea.

poke and pry, to a fi curios/indiscret; a se băga (în treburile altuia); a-și băga nasul.

poke fun at smb., to a râde/a-și bate joc de cineva.

poke/put/thrust one's nose into smb.'s affairs, to a-și băga nasul în treburile altuia/unde nu-i fierbe oala; *P* → a-i sufla cuiva în borș.

poke smb. in the ribs, to a înghionti pe cineva.

polish the mug, to *amer.* ← *sl.* a se spăla pe mâini și pe față.

poll a (large) majority, to *pol.* a obține o (mare) majoritate de voturi; a se alege cu (o mare) majoritate de voturi.

poll ans pill, to *v.* **pill and poll.**

poor as a church-mouse/rat, (as) sărac ca un șoarece de biserică; sărac lipit (pământului); **to be ~** a nu avea după ce să bea apă.

poor must pay for all, the nu plătește bogatul ci săracul; huzurul bogatului pe spinarea săracului.

pop goes the weasel *dans popular.*

pop off (the hooks), to *sl.* a da ortul popii; a pleca cu picioarele înainte.

pop the question, to ← *F* a cere în căsătorie.

pore one's eyes out, to a-și obosi/scoate ochii *(cu cititul, lucrul de mână etc.).*

possess one's soul (in patience), to ← *înv.* 1. a răbda; a îndura totul cu răbdare. 2. a fi liniștit în inima sa.

pot calling/calls the kettle back, the râde ciob de oală spartă; râde dracul de porumbe negre (și pe sine nu se vede).

pot goes so long/so often, to the water that it is broken at last *sau* **pot oft sent to the well is broken at last, the** *prov.* urciorul nu merge de multe ori la apă.

potter away one's time, to *v.* **kill time.**

pound an idea into smb.'s head, to a băga/vârî o idee în capul cuiva.

pound brass, to *amer.* ← *sl.* a transmite (prin semnale Morse sau printr-un cifru secret).

pound on the piano, to a zdrăngăni la pian; a chinui pianul (cântând prea violent și incorect).

pound smb./smth. to atoms/pieces, to a face pe cineva/ceva zob/mici fărâme.

pound smb. (up) in a place, to a închide/zăvorî pe cineva într-un anumit loc; *fig.* a încolți/îngrădi pe cineva.

pound the asphalt, to *F* a bate străzile; a umbla creanga/haimana.

pound the field, to a forma/ridica o stavilă *(barieră, desiș etc.)* în calea vânătorilor.

pour cold water on smb./smth., to a descuraja un om/o acțiune/un plan; a strica/tăia cheful cuiva; *F* → a da cuiva un duș rece.

pour down the throat, to *F* a turna pe gât; a da peste cap.

pour in a volley/*mar.* **broadside, to** a trage o salvă de artilerie.

pour oil on the fire/flame, to *fig.* a turna gaz peste foc.

pour oil on/upon troubled waters, to a calma/aplana lucrurile; a potoli spiritele; *aprox. F* → a pune ulei pe rană.

pour out one's heart to smb., to a-și deschide inima cuiva; a-și vărsa focul/necazul/amarul față de cineva.

pour out one's troubles, to a-și povesti toate necazurile; a-și descărca/ușura sufletul.

pour out the vials of one's wrath on smb., to *lit.* a-și vărsa necazul/focul/ura asupra cuiva.

poverty is no sin sărăcia nu-i rușine.

powder one's nose, to *(eufemistic)* a se duce la toaletă.

practice makes perfect practica/munca ne învață; *aprox.* nimeni nu se naște învățat; meșterul la lucru se cunoaște.

practise on smb.'s credulity, to a se folosi/a abuza de credulitatea/naivitatea cuiva.

practise what you preach cum ți-e vorba să-și fie și fapta; *aprox.* ori te poartă cum ți-e vorba, ori vorbește cum ți-e portul.

praise above/beyond the moon, to a ridica în slava cerului.

praise a fair day at night, to după ce apune soarele laudă ziua; *aprox.* a se trezi prea târziu.

praise is not pudding lauda nu ține de foame.

praise smb. to the skies, to *v.* **praise above the moon.**

preen one's feathers, to a se dichisi; a se împopoțona.

prepare a rod for one's own back, to *v.* **make a rod for one's own back.**

present/put/show a bold front (on), to 1. a înfrunta/face față cu curaj/bărbăție. 2. a face pe grozavul; a sfida.

present arms, to *mil.* a prezenta armele.

present company excepted, the exceptând pe cei de față.

present one's service to smb., to a-și oferi serviciile cuiva.

present smb. with smth., to a oferi cuiva ceva în dar; *F* → a cadorisi pe cineva cu ceva.

preserve peace, to a menține/apăra pacea.

pressed for time, to be ~ a avea prea puțin timp *(pt. o lucrare etc.);* *F* → a fi presat de treburi; a fi grăbit.

press one's ideas upon smb., to a impune cuiva ideile/părerile sale; a căuta să convingă pe cineva.

press/push one's suit, to a-și susține cauza.

press the button, to 1. a apăsa pe buton; a face contactul; a declanșa/pune în mișcare un mecanism electric. 2. *fig.* a face un gest hotărâtor; a declanșa *(o reacție etc.)*.

press the flesh, to *amer.* ← *sl.* a-și strânge mâna.

press the words, to a insista asupra sensului literal/adevărat al cuvântului.

presume too far, to a ținti prea sus; a se aștepta la lucruri prea mari; a merge prea departe *(cu închipuirea, speranțele)*.

presume too much on oneself, to a avea o părere prea bună despre sine; a fi îngâmfat; a se crede grozav.

pretty as a picture/paint, (as) frumos ca o cadră.

pretty kettle of fish!, a, *v.* **fine kettle of fish!**

pretty mess you've made of it, a *v.* **nice mess you've made of it.**

prevention is better than cure paza bună trece primejdia rea.

prey on one's mind, to a te frământa/te roade (ceva); a stărui în mintea cuiva.

price goods/oneself out of the market, to a cere/stabili prețuri atât de mari încât unele articole/un negustor/nu găsesc/nu găsește cumpărători.

prick the bubble/the bladder, to a dezumfla o bășică; a demonstra lipsa de valoare *(a unui om, lucru, fapt etc.)*.

prick up one's ears, to a ciuli urechile.

pride goes/comes before a fall/destruction ← *prov.* trufia prevestește prăbușirea.

prim and proper 1. curățel; dichisit. 2. cuviincios; manierat.

proclaim from/upon the house-tops, to 1. a anunța/striga/vesti în gura mare. 2. a face mare caz de; a se făli cu.

procrastination is the thief of time, ← *prov.* amânarea e hoțul timpului.

produce in evidence, to a aduce ca mărturie.

promise is debt *prov.* făgăduiala dată e datorie curată.

promise little but do much nu promite mai mult decât poți face; fă mai mult decât promiți; mai bine fapte decât vorbe.

promises are like piecrust, made to be broken omul promite multe (dar ține minte puține).

prompt a witness, to *jur.* a influența depoziția unui martor, sugerându-i anumite răspunsuri.

prompt smb.'s memory to smth., to a împrospăta memoria cuiva (în legătură cu un lucru); a face pe cineva să-și amintească ceva.

proof of the pudding is (in) the eating, the *prov.* după poamă se cunoaște pomul.

prophet is not without honour, save in his country, a nimeni nu-i profet în țara lui.

propose the health of smb., to a închina în sănătatea cuiva.

prospect well, to min. *(d. o mină, sondă)* a avea perspective promițătoare.

prosperity makes friends and adversity tries them *prov.* când îmi merge bine toți se iau cu mine, când îmi merge rău, rămâi numai eu.

proud as Punch, (as) mândru nevoie-mare; nimeni nu-i ca el!

prove (to be) a broken reed, to ← *F* a se dovedi (a fi) o persoană pe care nu se poate conta.

prove a will, to *jur.* a omologa un testament; a certifica validitatea unui testament.

prove oneself a match for smb., to *v.* **be a match for smb.**

prove unequal to one's task, to a fi sub așteptări; a nu fi la înălțimea sarcinilor/răspunderii.

prunes and prisms ← *F* vorbire afectată/fandosită/în vârful limbii.

puff and blow/pant, to a gâfâi; a-și pierde răsuflarea.

puff like a grampus, to a gâfâi ca o balenă/locomotivă.

puff off one's chest (with pride), to a-și umfla pieptul (de mândrie); *F →* a se umfla în pene.

pull a boner, to *amer. F* a o face de oaie.

pull a crow, to *v.* **pluck a crow.**

pull a Daniel Boone, to *amer. sl.* a da la boboci, a vomita.

pull a face, to a se strâmba.

pull a fast one on/over smb., to a păcăli/*F →* duce pe cineva.

pull a good oar, to 1. a vâsli cu putere/din răsputeri. 2. *fig.* a pune umărul; a contribui (la o activitate comună).

pull a leather, to *amer. sl.* a șterpeli punga/banii din buzunarul cuiva.

pull a/the long bow, to *v.* **draw the long bow.**

pull a long face, to *v.* **make a long face.**

pull a pop, to *amer.* ← *sl.* a trage cu pistolul.

pull a raw one, to *amer.* ← *F* a spune o anecdotă/glumă deocheată/decoltată.

pull at a bottle, to 1. a bea din sticlă. 2. *F* a trage la măsea.

pull at a pipe, to a pufăi/trage din lulea/pipă.

pull at a yarn, to *F* a povesti bazaconii/verzi și uscate.

pull at smb.'s heartstrings, to ← *F* 1. a înduioșa/mișca pe cineva. 2. → *iron.* a specula sentimentele cuiva; *aprox.* a atinge pe cineva la coarda sensibilă.

pull by the ears, to *v.* **drag by the ears.**

pull caps/wigs, to a se lua de păr; a se ciondăni; < a se încăiera.

pull devil, pull baker/pull dog, pull cat ← *F* care pe care; nu te da, nu te lăsa.

pull different ways, to a trage fiecare de partea lui; a avea tendinţe diferite; a nu se înţelege; *F* → a trage unul hăis şi altul cea.

pull (a) foot, to a o lua la picior; a fugi rupând pământul; a-i sfârâi călcâiele.

pull in one's horns, to *v.* **draw in one's horns.**

pull leather, to *amer.* 1. a face eforturi pentru a se menţine în şa. 2. *fig.* ← *F* a se strădui pentru realizarea unui scop; a urmări ceva.

pull off a good bargain, to a face/încheia o afacere avantajoasă; *F* → a prinde un chilipir.

pull oneself together, to a-şi veni în fire; a-şi reveni; a face un efort pentru a-şi redobândi stăpânirea de sine/vigoarea/luciditatea etc.

pull oneself up by one's own bootstraps/bootlaces, to ← *F* 1. a se ridica prin forţe proprii. 2. a se pune din nou pe picioare.

pull one's finger out, to ← *F* a deveni mai activ/eficient/serios; *F* → a nu mai sta cu degetul în gură; a nu se mai lăsa pe tânjală.

pull one's punches, to a lovi pe cineva cu oarecare milă/moderaţie/nu cu toată puterea.

pull out all the stops, to ← *F* a-şi folosi toată puterea/toate resursele (spre a atinge un anumit scop); a face tot posibilul.

pull one's weight, to *v.* **pull a good oar 2.**

pull/tear smb. limb from limb, to a-i aduce cuiva o critică destructivă; a sfâşia/distruge pe cineva; a face mici fărâme/*F* → harcea parcea pe cineva.

pull smb. down., to 1. a slăbi puterea cuiva; a-l lăsa fără puteri (după o boală). 2. *fig.* a da pe cineva înapoi; a-l face să ocupe un loc inferior (într-o clasificare).

pull/snatch smb./smth. out of the fire, to ← *F* 1. a salva pe cineva dintr-o situaţie dificilă. 2. a salva situaţia; *aprox.* *F* ← a scoate la liman.

pull smb.'s chestnuts out of the fire, to a scoate castanele din foc cu mâna altuia.

pull smb.'s leg, to a lua pe cineva peste picior; a râde/a-şi bate joc de cineva; *F* → a-i pune cuiva un cioc/o barbă.

pull the devil by the tail, to a trage pe dracu de coadă.

pull the labouring oar, to *v.* **have the labouring oar.**

pull the long bow, to *v.* **draw the long bow.**

pull the plane off the ground, to a decola.

pull the strings, to *fig.* a trage sforile.

pull the trigger, to 1. a apăsa pe trăgaci. 2. *fig.* a face un gest hotărâtor; a declanşa (*o reacţie etc.*).

pull the wires, to *v.* **pull the strings.**

pull the wool over smb.'s eyes, to *v.* **draw the wool over smb.'s eyes.**

pull together, to 1. a-şi reuni forţele; a lucra împreună. 2. (*d. lucruri*) a strânge laolaltă; a reface unitatea unui întreg.

pull to pieces, to *v.* **pick to pieces.**

pull up one's socks, to *F* a-şi face curaj; a se pregăti pentru o încercare/un efort; a-şi lua vânt; a-şi mobiliza forţele.

pull up stakes, to *v.* **move stakes.**

pull up trees, to ← *F* a realiza lucruri mari/deosebite.

pull up your socks! ţin-te bine! nu te lăsa! curaj!

pull well (together), to a lucra/colabora în armonie; a lucra/merge mână-n mână; a se înţelege bine.

pull wigs, to *v.* **pull caps.**

pump abuse/bullets upon smb., to a acoperi pe cineva cu o ploaie de injurii/gloanţe.

pump a prisoner, to a forţa un deţinut să spună tot (ce ştie); *F* → a strânge cu uşa un deţinut.

pump a secret out of smb., to a face pe cineva să spună un secret; *F* → a trage de limbă pe cineva.

pump a well out, to 1. a scoate toată apa dintr-un puţ. 2. a secătui o sondă.

pump lead into smb., to *F* a găuri pielea cuiva; a ciurui cu gloanţe pe cineva.

pump ship, to 1. *mar.* a pompa apa din cală. 2. ← *sl.* a urina.

pump smb.'s hand, to *amer.* ← *F* a scutura mâna cuiva.

punish a bottle, to *v.* **crack a bottle.**

punish one's food/the spread, to *scoţ. F* a lăsa blidele curate.

punish one's teeth, to *amer.* ← *F* a mânca; *P* → a băga sub nas.

pure as a lily, (as) pur/imaculat ca un crin; curat ca lacrima.

pursue a policy, to a duce/urma o politică.

push a face, to *v.* **show a face.**

push an acquaintance, to a cultiva (insistent) o cunoştinţă/relaţie.

push and shove, to a se înghesui; a se împinge (cu putere înainte).

pushed for money/time, etc. în criză/lipsă de bani/timp etc.

push home, to (*d. un atac, o discuţie*) a presa; a folosi toate resursele; < a se dezlănţui cu toată forţa.

push one's claims, to a revendica (un drept); a urmări (prin justiţie) satisfacerea unei revendicări.

push one's fortune(s), to a-şi croi drum în viaţă; a-şi forţa norocul; a fi răzbătător.

push/stretch one's luck, to a-şi forţa norocul.

push one's suit, to *v.* **press one's suit.**

push one's way, to a-şi face/croi drum.

push on the prices, to *com.* a provoca creşterea preţurilor.

push people around, to a da ordine (celorlalţi); a-şi manifesta autoritatea.

push smb.'s face, to *F* a turti mutra cuiva; a poci pe cineva.

push the boat out, to ← *F* a petrece; a face chef. **2.** *com.* a lansa o afacere.

push the bolt home, to I. a pune zăvorul. **2.** *fig.* a stăvili; a opri intrarea.

push the panic button, to *amer.* ← *sl.* a cere salariaţilor unei întreprinderi comerciale să lucreze mai rapid şi eficient (în împrejurări speciale).

push up daisies, to *F* a se face oale şi ulcele; a fi mort şi îngropat.

put a bit of elbow-grease into it! ← *F* fă un mic efort! dă-ţi puţină osteneală!

put a bold face of smth., to ← *F* a face faţă cu curaj (unei situaţii); a înfrunta ceva cu tărie; a nu se lăsa doborât.

put a bold front (on), to *v.* **present a bold front.**

put a/the brake on, to *fig.* a încetini/frâna o activitate.

put a briddle on, to *fig.* a pune frâu, a ţine în frâu, a potoli.

put a bug in smb.'s ear, to *amer. sl.* a-i băga cuiva o idee în cap; a băga pe cineva la idei; a stârni pe cineva.

put a bullet into smb., to *F* a găuri pielea cuiva.

put a cat among the canaries/pigeons, to a stârni emoţii puternice *(spaimă, furie, revoltă).*

put a cheat on smb., to a înşela/*F →* a duce pe cineva; a trage pe cineva pe sfoară.

put a construction on smth., to a da o anumită interpretare *(unor cuvinte, acţiuni etc.).*

put a contract on smb., to *amer. sl.* a oferi o sumă de bani pentru asasinarea cuiva.

put/throw a damper (on), to I. a domoli, a potoli; *aprox.* a pune surdină. **2.** a descuraja, a deprima; *F →* a strica cheful (cuiva).

put a deal across, to a face să fie acceptată o tranzacţie/convenţie.

put a false colour on, to a da o interpretare greşită.

put a field under wheat, to a semăna un ogor cu grâu.

put/lay a finger on smb./smth., to I. *(folosit la negativ)* **not ~** a nu atinge pe cineva nici cu un deget; a nu vătăma; a nu face cuiva nici un rău. **2.** ← *F* a pune degetul pe rană; a sesiza/descoperi punctul nevralgic.

put a foot wrong, to a face o greşeală măruntă.

put a girdle about/round the earth/world, to *v.* **cast a girdle about the earth.**

put a good face on smth., to I. a vedea partea bună a unui lucru. **2.** *v.* **present a bold front.**

put a halter round one's neck, to *F* a-şi pune ştreangul de gât; a-şi băga capul sănătos sub evanghelie.

put a horse through his paces, to a plimba un cal (la pas).

put a jerk in it, to *sl.* a băga în viteză; a (mai) învora; a (mai) stimula; a face ceva cu mai multă inimă.

put all irons/every iron in the fire, to *F* a-şi pune la bătaie toate armele; a se folosi de toate mijloacele.

put all one's eggs in one basket, to *v.* **have all one's eggs in one basket.**

put a man wise, to *amer.* a lămuri pe cineva.

put a move on! *F* întinde compasul! dă-i zor!

put (an animal) out of pain, to a pune capăt suferinţelor (unui animal) omorându-l; a omorî din milă.

put an edge on smth., to I. a ascuţi *(un instrument).* **2.** *fig.* a întări, a stimula *(o activitate).*

put an old head on young shoulders, to a da celor tineri mintea bătrânilor.

put a period to smth., to a pune capăt unui lucru; a sfârşi/a încheia ceva.

put a premium on smth., to *v.* **place a premium on smth.**

put a price/value/valuation on smth., to a evalua/ preţui ceva; a stabili preţul/valoarea unui lucru.

put a quart into a pint pot, to; you cannot ~ un butoi nu intră într-o vadră.

put a slight on/upon smb., to a se purta cu cineva neatent/nepoliticos/< grosolan/dispreţuitor.

put a sock in it! *F* pune surdina! linişte! taci! termină cu prostiile!

put a speech into smb.'s mouth, to a atribui cuiva (pe nedrept) anumite vorbe.

put a spoke into smb.'s wheel, to a pune cuiva beţe în roate.

put a strain on smb., to a supune pe cineva la un mare efort; a face pe cineva să sufere consecinţele unui efort/unei încordări nervoase.

put a veto on smth., to a interzice/respinge ceva.

put/throw a wet blanket on/over, to ← *F* a strica cheful; a avea un efect demobilizator; *F →* a fi ca un duş rece.

put a word in, to a interveni într-o conversaţie.

put/set/turn back the clock, to 1. a da ceasul înapoi. **2.** *fig.* a împiedica mersul firesc/desfășurarea firească a lucrurilor; a da înapoi roata (timpului, istoriei).

put (smb.) behind bars, to a închide (pe cineva).

put/set beside the cushion, to ← *F* a înlocui/înlătura/scoate dintr-o funcție/dintr-un post; *aprox. F →* a mazili.

put butter on bacon, to a îmbunătăți ceva ce este destul de bun; a face exces de zel.

put dots on smb., to *sl.* a-i tăbăci pielea cuiva; a-i scutura cojocul cuiva.

put down in black and white, to a așterne pe hârtie; a scrie negru pe alb.

put/set down one's foot, to *fig.* a pune piciorul în prag; a fi ferm/hotărât/neclintit.

put down roots, to *fig.* a prinde rădăcini/a se stabili undeva.

put every iron in the fire, to *v.* **put all irons in the fire.**

put fear in smb.'s heart, to *v.* **put in fear.**

put/set foot/one's foot at/in/on, to a pune piciorul în/pe; a intra în; a păși pe.

put forth/send out/throw out a feeler, to *fig.* a sonda/tatona terenul; *aprox.* a încerca marea cu degetul.

put forth one's/the hand against smb., to a ridica mâna asupra/împotriva cuiva.

put forward a claim, to a formula/ridica o pretenție (îndreptățită).

put grit in the machine, to a pune bețe în roate.

put hands on, to *v.* **lay hands on.**

put heads together, to *v.* **lay heads together.**

put heart into smb., to *v.* **give countenance to smb.**

put in a claim for, to a prezenta/înainta o revendicare; a solicita un drept la.

put in adventure, to a risca, a pune în primejdie.

put in an appearance, to ← *F* a apărea; a-și face apariția.

put in an hour's/day's work, to a lucra timp de o oră/o zi.

put in a nutshell, to a spune în câteva cuvinte.

put in a tuck in a dress, to *v.* **make up a tuck in a dress.**

put in/speak a word for smb., to a pune o vorbă bună pentru cineva.

put in best/big/solid licks, to *amer. F* a se sili din răsputeri; a face tot posibilul.

put in charge of, to a însărcina cu îngrijirea/paza.

put in comfort, to a mângâia; a consola; a liniști; a încuraja.

put smb. in fear, to *F* a băga frica în cineva; a-i băga frica în oase; a băga pe cineva în sperieți.

put in/into force, to a pune în vigoare *(o lege, o decizie, o dispoziție, un regulament).*

put in for leave, to a face cerere de concediu.; a cere o învoire.

put in hand, to *F* a se pune pe lucru/treabă; a pune mâna la treabă.

put in one's oar/spoke, to ← *F* a se amesteca (în ceva); *F →* a se băga/vârî (ca musca-n lapte); a încurca lumea.

put in one's two cents, to *amer. sl.* a se vârî ca musca-n lapte.

put in solid licks, to *v.* **put in best licks.**

put in the chair, to a alege (ca) președinte.

put in the time, to a se îndeletnici cu lucruri mărunte/cu una, cu alta.

put into buttons, to be ~ a îmbrăca livreaua; a intra ca om de serviciu *(la un hotel, restaurant etc.).*

put into commission/operation, to 1. *mar.* a lansa la apă *(o navă).* 2. a pune/da în funcțiune/exploatare *(o fabrică etc.).*

put into effect/force, to a pune în practică; a aplica; a traduce în faptă.

put (things) into shape, to a pune în ordine; a da formă lucrurilor.

put/throw into the melting pot, to 1. ← *F* a reface/schimba/transforma complet/radical. **2.** *F →* a arunca la coș.

put into words, to a spune/exprima în cuvinte.

put in tune (one instrument), to *muz.* a acorda (un instrument).

put it across smb., to 1. a pedepsi/penaliza/mustra sever pe cineva. **2.** a înșela *(a păcăli); F →* a duce pe cineva. **3.** *P →* a trage cuiva o chelfăneală; a-i face felul.

put it bluntly, to a spune lucrurilor pe șleau/fără menajamente.

put it in your pipe and smoke it! *v.* **put that in your pipe and smoke it.**

put it mildly, to (pentru) a se exprima în termeni moderați; (pentru) a nu spune decât atât.

put it on, to *F* 1. a exagera manifestarea unor sentimente; a face paradă de *(emoție, durere etc.).* **2.** a da unor lucruri mai mare importanță decât se cuvine. **3.** a se comporta într-un mod afectat/nefiresc/pretențios. **4.** *(d. hotelieri, negustori)* a umfla prețurile.

put it otherwise, to (pentru) a spune același lucru/cu alte cuvinte.

put it out of smb.'s power (to do ...), to a împiedica pe cineva (să facă ceva).

put it there! bate palma!

put it to smb., to a întreba pe cineva; a lăsa la aprecierea cuiva.

put (too) many irons in the fire, to *v.* **have many irons in the fire.**

put money (on a horse), to a miza (pe un cal), a paria la curse.

put more powder into it! *sport F* (trage) mai tare! dă-i bătaie! hai!

put not your hand between the bark and the tree! ← *F* nu te amesteca/interveni în chestiunile familiale ale altora; *F* nu te băga între bărbat și nevastă.

put off the scent, to 1. a înșela printr-o indicație falsă. 2. a face să se piardă urma.

put off till to-morrow come never, to *F* a amâna până la paștele cailor.

put oil on the fire/flame, to *v.* **add fuel to the fire.**

put on a face, to *v.* **carry a face.**

put on a false scent, to a îndruma/pune pe o cale greșită.

put on a good bluff, to 1. a intimida. 2. a induce în eroare; a minți cu nerușinare.

put on airs, to a-și da aere.

put on airs and graces, to a face fasoane.

put on all sail, to a ridica toate pânzele.

put on an act, to *amer.* a juca teatru, a se preface.

put on a war footing, to a pune pe picior de război.

put on/stand in a white sheet, to *fig.* a se căi (în mod public); a-și pune cenușă pe cap; a face „mea culpa".

put on dog/frills/style/sl. **tide, to** *F* a-și da aere; a face pe grozavul/deșteptul/distinsul; a umbla cu nasul pe sus.

put one's arm out/further than one can draw it back again, to ← *F* a merge prea departe; a pierde măsura; *aprox.* a te întinde mai mult decât te ține ața.

put one's back/heart/whole heart and soul/life into smth., to a-și pune tot sufletul/toată inima/ nădejdea în ceva.

put one's/smb.'s back up, to *v.* **get smb.'s back up.**

put one's best foot first, to a porni cu dreptul.

put one's best foot forward, to *F* 1. a se zori, a se grăbi, a întinde pasul. 2. *fig.* a da zor, a depune toate eforturile, a-i da bătaie.

put one's cards on the table, to *v.* **lay one's cards on the table.**

put on one's clothes, to a se îmbrăca.

put oneself in smb.'s shoes, to *fig.* a se pune în situația/locul cuiva.

put oneself into smb's hands, to a se da pe mâna/ în puterea cuiva; a-și încredința soarta cuiva.

put oneself on a parallel, to a se compara cu.

put oneself on/upon record, to *v.* **place oneself on record.**

put oneself on the map, to 1. a-și da importanța. 2. a se face cunoscut; a se evidenția; a dobândi notorietate.

put oneself out, to a se supăra/înfuria; a-și ieși din pepeni.

put oneself out for smb., to *fig.* a se da peste cap/ a se face luntre și punte pentru cineva.

put oneself out of one's/the way, to 1. a se deranja, a-și schimba modul de viață obișnuit. 2. a se da la o parte.

put/set oneself right with smb., to 1. a câștiga bunăvoința cuiva; *F* → a se pune bine cu cineva. 2. a se împăca cu cineva. 3. a se justifica față de cineva.

put oneself to death, to a-și pune capăt zilelor.

put oneself to (the) trouble, to a se deranja/obosi; a-și da osteneala; *F* → a-și bate capul.

put one's eyes together, to a ațipi; *F* → a da geană-n geană.

sput/set one's face against smth., to a se opune/ împotrivi (cu tărie); a lua atitudine împotriva unui lucru; *F* → a se pune cruce/de-a curmezișul.

put one's feelings in one's pocket, to a-și ascunde sentimentele.

put/stretch one's feet/legs under smb.'s mahogany, to 1. a lua masa/a fi invitat în casa cuiva. 2. a trăi pe socoteala/spinarea cuiva.

put one's finger into smb. else's pie, to *F* a se amesteca/băga în ciorba/treburile altuia.

put one's fingers on it, to a indica cu precizie *(un pericol, o eroare, o anomalie).*

put one's/the best foot/leg/foremost/forward, to a porni cu dreptul; a da zor.

put one's foot at/in/on, to *v.* **put/set foot at/in/on.**

put one's foot down, to *v.* **put down one's foot.**

put one's foot in/into it/into one's mouth, to *F* a o face o boacănă/de oaie; a da cu băţul/bâta în baltă; a nimeri ca Ieremia cu oiştea-n gard.

put one's hand/head in/into a hornet's nest, to *v.* **arouse a nest of hornets.**

put one's hand in/into one's pocket, to *F* a-și dezlega băierile pungii; a-și scutura punga.

put one's hand(s) on, to *v.* **lay hands on.**

put one's hand to smth./the plough, to *fig.* a se apuca de treabă; a pune mâna/umărul.

put one's head/neck in/into a noose, to *F* a-și băga/pune capul sănătos sub evanghelie; a se vârî de bună voie într-o belea/încurcătură.

put one's head into the lion's mouth, to *F* a se băga în gura lupului.

put one's heart/life into smth., to *v.* **put one's back into smth.**

put one's house in order, to 1. a-şi face ordine în casă. 2. a pune regulă în treburile proprii.

put one's ideas into shape, to a-şi ordona/sistematiza ideile.

put one's mind forth, to a-şi spune părerea.

put one's mind on/to smth., to a se concentra asupra unui lucru; a-şi îndrepta gândurile într-o anumită direcţie.

put one's money on smb./smth., to a-şi arăta încrederea în succesul unei persoane/idei/unui plan.

put one's money on the wrong horse, to *F* a miza pe o carte greşită; a se bizui/a conta pe ceva ce nu are şanse de succes.

put one's name down for smth., to 1. a se înscrie pentru/la ceva. 2. a-şi pune candidatura. 3. a solicita ceva.

put one's name to smth., to a subscrie; a iscăli/ semna ceva.

put one's neck into a noose, to *v.* **put one's head into a noose.**

put one's nose in, to a băga capul pe uşă; *F →* a da cu nasul (pe undeva).

put one's nose into smb.'s affairs, to *v.* **poke one's nose into smb.'s affairs.**

put one's nose to the gridstone, to *v.* **bring one's nose to the gridstone.**

put one's oar into smb.'s boat, to *v.* **put in one's oar.**

put one's pride in one's pocket, to a-şi călca peste mândrie; a-şi lăsa mândria la o parte.

put one's rifle/gun at safety, to a pune piedica la o puşcă/un revolver.

put one's shoes under the bed, to *amer.* a se instala (undeva); a se comporta/simţi ca acasă.

put one's shoulder to the wheel, to *F* a pune umărul (la roată); a da ajutor.

put one's tail between one's legs, to *F* a pleca cu coada între picioare.

put one's tongue in one's cheek, to *v.* **have one's tongue in one's cheek.**

put one's whole heart and soul into smth., to *v.* **put on back into smth.**

put on frills, to *v.* **put on dog.**

put on ice, to *amer. ← sl.* 1. a omorî. 2. a amâna, a pune la index.

put on one's conjuring/considering/thinking cap, to *← F* a se concentra; a se gândi; a medita (pro-

fund); *F →* a-şi pune capul la contibuţie/picioarele în apă rece.

put on one side, to 1. a nu lua în seamă; a ignora. 2. a pune la păstrare *(bani etc.)*.

put on pace, to a grăbi pasul; a o lua la picior; a se zori.

put on sackcloth and ashes, to a-şi pune cenuşă pe cap; a se pocăi.

put bon short allowance, to a reduce raţia/alocaţia/venitul.

put on/upon smb, to 1. a impune cuiva (ceva). 2. a profita de amabilitatea cuiva.

put on smb.'s shoulders, to a pune pe spinarea cuiva *(o răspundere, o cheltuială etc.)*.

put on steam, to *← F* a accelera ritmul *(unei acţiuni)*; a se grăbi; *F →* a da bătaie/cărbuni/gaz.

put on style, to *v.* **put on dog.**

put/set/strain/stretch on (the) tenter hooks, to *F* a pune pe jeratic; a face să aştepte cu nerăbdare/ *F* să se perpelească de nerăbdare.

put on the buskin(s), to 1. a juca un rol într-o tragedie. 2. a scrie tragedii.

put on the face of, to a părea; a avea aspect de.

put on the grill, to 1. a lua un interogatoriu folosind constrângerea, tortura etc. 2. a supune la cazne.

put on the map, to 1. a face proeminent; a pune pe primul plan. 2. a face cunoscut; a populariza.

put on the new man, to 1. a se arăta convertit/ pocăit; 2. a se schimba; a deveni un alt om.

put on the Ritz, to *amer. ← F* 1. a se îmbrăca elegant/*F →* la mare fix. 2. a-şi da aere.

put on the (right) scent, to 1. a pune pe urma (unui vânat); a adulmeca/lua urma. 2. *fig.* a se pune pe urmele cuiva; a urmări; a fi pe calea cea bună (într-o urmărire).

put on the screw, to *v.* **put the screw on.**

put on tide, to *v.* **put on dog.**

put on trial, to a pune (la grea) încercare.

put on weight, to a se îngrăşa.

put out a claw, to *fig.* a scoate/a-şi arăta ghearele.

put out of action, to 1. *mil.* a scoate din luptă/ acţiune. 2. *fig.* a face inofensiv; a scoate din joc.

put out of business, to a înlătura; *F →* a pune pe linie moartă.

put out of court, to 1. *jur.* a-i lua dreptul dreptul de a sta în instanţă; a pune în afara legii. 2. *fig.* a exclude ca neîntemeiat *(un argument etc.)*. 3. a compromite. 4. a reduce la tăcere; *F →* a înfunda *(pe cineva)*.

put/throw out of gear, to 1. *tehn.* a decupla; a debreia. 2. *fig,* a dezorganiza; a produce dezordine; a împiedica bunul mers.

put out of mind, to a-şi scoate din minte/cap; a înlătura (un gând); a da uitării.

put out smb.'s light, to *lit.* a pune capăt zilelor cuiva.

put out to nurse, to 1. a da în îngrijire un copil *(unei persoane din afara familiei).* 2. *fig.* a da în îngrijire o proprietate.

put paid to smb.'s account, to *sl.* a a-i face cuiva seama/felul.

put paid to smth., to ← *F* a termina definitiv cu ceva; a pune punct unui lucru.

put pen to paper, to a pune mâna pe condei.

put pressure on smb., to a constrânge/forţa pe cineva; *F →* a strânge cu uşa.

put/set right, to 1. a potrivi *(ceasul etc.).* 2. *fig.* a pune în ordine; a îndrepta (un lucru). 3. *fig.* a pune pe calea cea bună.

put rumours about, to a difuza/răspândi zvonuri.

put smb. about, to a deranja/obosi/tulbura pe cineva.

put smb. at his ease, to a face pe cineva să se simtă liniştit/bine/în largul lui.

put smb. down for/as, to 1. a prezenta/lua pe cineva drept ... 2. a înscrie pe cineva cu *(o sumă de bani etc.).*

put smb. in a bag, to *F* a băga pe cineva în cofă.

put smb. in a bind, to ← *F* 1. a crea o obligaţie cuiva; a lega pe cineva (printr-o convenţie). 2. a limita/îngrădi activitatea cuiva.

put smb. in a fume, to ← *F* a înfuria pe cineva.

put smb. in a hole, to a pune pe cineva într-o situaţie neplăcută/în încurcătură; *F →* a băga pe cineva la apă.

put smb. in countenance/heart, to *v.* **give countenance to smb.**

put smb. in for promotion/an award, etc., to a propune pe cineva pentru avansare/un premiu etc.

put smb. in his proper place, to a pune pe cineva la locul lui; *F →* a-l face să-şi vadă lungul nasului.

put smb. in irons, to *înv.* a pune pe cineva în lanţuri; a băga pe cineva la închisoare.

put smb. in mind of a person/thing, to a-i reaminti cuiva de cineva/ceva.

put smb. in office, to a numi pe cineva într-o funcţie de stat.

put smb. in the cart, to ← *F* a pune pe cineva într-o situaţie neplăcută/în încurcătură; *F →* a vârî pe cineva într-o belea.

put smb. in the picture, to a pune pe cineva la curent; a informa pe cineva.

put smb. in the way (of smth./of doing smth.), to 1. a da cuiva un sfat/o indicaţie (despre modul sau locul în care poate găsi/obţine ceva). 2. a arăta cuiva (cum se face un lucru).

put smb. in the wrong, to a prezenta pe cineva ca fiind vinovat; a da vina pe cineva; a pune pe cineva într-o lumină proastă.

put smb. into a flutter, to a produce cuiva emoţii; a agita pe cineva.

put smb. into a huff, to ← *F* a insulta/ofensa pe cineva; *aprox. F →* a face pe cineva de trei parale/cu ou şi cu oţet.

put smb. into/to service, to a băga pe cineva la stăpân/în slujbă.

put smb. into the shade, to *v.* **cast smb. into the shade.**

put smb. next to smth., to *amer.* a informa/lămuri pe cineva; *F →* a deschide ochii/capul cuiva.

put smb. off his appetite, to a tăia cuiva pofta de mâncare.

put smb. off his guard, to a adormi/înşela vigilenţa cuiva; a lua pe cineva pe neaşteptate.

put smb. off his mettle, to a descumpăni/descuraja pe cineva.

put smb. off his stride/stroke, to ← *F* a deranja/incomoda pe cineva care este angajat într-o activitate oarecare; a tulbura ritmul cuiva *(în muncă sau sport).*

put smb. off with fine promises/words, to a duce cu vorba pe cineva; a face cuiva făgăduieli deşarte.

put smb. on, to 1. a pune pe cineva în legătură cu. 2. a da informaţii despre *(cineva).*

put/set smb. on his feet/legs, to 1. a pune pe picioare pe cineva; a ajuta pe cineva să se ridice din nou. 2. *aprox.* a face om din cineva.

put smb. on his good behaviour, to ← *F* 1. a face pe cineva să se poarte cum trebuie/să fie la înălţime. 2. a pune pe cineva la punct/la locul lui.

put smb. on (his) guard, to a preveni/avertiza/pune în gardă pe cineva.

put smb. on his honour (not to do/say smth.), to a cere cuiva pe cuvânt de onoare (să nu facă/spună ceva.)

put smb. on/up to his mettle, to ← *F* 1. a pune pe cineva la ambiţie. 2. a pune pe cineva la încercare.

put smb. on oath, to a chema pe cineva la jurământ; a pune pe cineva să jure.

put smb. on short commons, to a reduce cuiva raţia/alocaţia zilnică.

put smb. on the look-out (for), to *v.* **place smb. on the look-out (for).**

put smb. on the peg, to *mil.* ← *sl.* a raporta pe cineva la comandant.

put smb. on the rack, to *şi fig.* ← *F* **1.** a supune pe cineva la tortură. **2.** a hărțui pe cineva.

put smb./smth. on the shelf, to a da pe cineva/ceva deoparte; a amâna ceva.

put smb. on the spot, to ← *F* **1.** a lua pe cineva în evidență; *F* → a lua la ochi pe cineva. **2.** a pune pe cineva într-o situație grea/delicată. **3.** ← *sl.* a hotărî uciderea cuiva.

put smb. out of breath, to 1. *F* a-i lua cuiva piuitul (comunicându-i ceva). **2.** a-i scoate cuiva sufletul.

put smb. out of conceit with smth., to a face pe cineva să se dezguste de ceva.

put smb. out of count, to 1. a scoate pe cineva din cauză. **2.** a nu pune pe cineva la socoteală.

put smb. out of countenance, to 1. face pe cineva să-și piardă calmul/cumpătul/siguranța. **2.** a tulbura/descumpăni pe cineva; a pune pe cineva în încurcătură.

put smb. out of heart, to a descuraja pe cineva.

put smb. out of his misery, to 1. a ajuta/consola/mângâia pe cineva. **2.** a pune capăt suferințelor cuiva.

put smb./smth. out of one's head, to a-și scoate pe cineva/ceva din minte/gând.

put smb. out of sight, to 1. a îndepărta pe cineva. **2.** a ascunde pe cineva. **3.** a ignora pe cineva.

put smb./smth. out of smb.'s head, to a face pe cineva să uite de o persoană/un lucru; a scoate din mintea cuiva o persoană/un lucru.

put smb. out of temper, to a înfuria pe cineva; a face pe cineva să-și piardă calmul/cumpătul/stăpânirea de sine.

put smb. out of the way, to 1. a înlătura pe cineva. **2.** ← *F* a închide pe cineva. **3.** ← *sl.* a omorî/lichida pe cineva.

put smb. right/straight, to 1. a îndrepta o eroare a cuiva. **2.** a informa pe cineva corect.

put smb. right with a person, to a justifica pe cineva față de o altă persoană.

put smb.'s back up/monkey up, to *v.* **get smb.'s back up.**

put smb.'s name down, to 1. a înscrie pe cineva. **2.** a pune candidatura cuiva.

put smb.'s name to smth., to a iscăli; a subscrie în numele cuiva/pentru cineva.

put smb.'s nose out of joint, to 1. ← *F* a lua locul cuiva; a-i lua cuiva înainte; *F* → a lăsa pe cineva cu buza umflată. **2.** a pune pe cineva cu botul pe labe.

put smb.'s nose to the grindstone, to *v.* **bring smb.'s nose to the grindstone.**

put smb.'s pipe out, to *F* a lăsa pe cineva cu gura căscată.

put smb.'s suspicions to sleep, to a adormi/elimina bănuielile cuiva.

put smb. through, to *tel.* a da cuiva legătura cu.

put smb. through his paces, to ← *F* a pune pe cineva la încercare/probă; *F* → a vedea câți bani face cineva; *aprox. F* → a lua pe cineva la bani mărunți.

put smb. through it, to ← *F* **1.** a examina/supune pe cineva unor teste. **2.** a pune pe cineva la presă pentru a-l sili să facă unele mărturisiri.

put smb. through the mill, to a-i pune cuiva capul la teasc; a supune pe cineva la efortul de a învăța/deprinde ceva.

put smb. through the hoop, to ← *F* a supune/pune pe cineva la grea încercare.

put smb. to his/the last shifts, to *v.* **drive smb. to his shifts.**

put smb. to his mettle, to *v.* **put smb. on his mettle.**

put smb. to his purgation, to 1. a face pe cineva să-și ispășească vina. **2.** *înv.* a dezvinovăți pe cineva *(prin jurământ, proba focului etc.).*

put smb. to his trumps, to a face/obliga pe cineva să-și joace ultima carte/să adopte o soluție extremă; a reduce pe cineva la ultima resursă.

put smb. to his wit's end, to *v.* **bring smb. to his wit's end.**

put smb. to inconvenience, to a deranja pe cineva.

put smb. to the blush, to a face pe cineva să se rușineze/roșească.

put smb. to the door, to a da pe cineva (pe ușă) afară; a-i arăta cuiva ușa.

put smb. to the worse/worst, to ← *F* **1.** a înfrânge pe cineva. **2.** a pune pe cineva într-o situație nefavorabilă.

put smb. under an obligation, to *v.* **lay smb. under an obligation.**

put/set smb. upon a pedestal, to a așeza/pune pe cineva pe un piedestal; a face din cineva un obiect de admirație/venerație; a atribui cuiva calități superioare.

put smb. up to smth., to 1. a pune pe cineva în curent cu. **2.** a deschide ochii cuiva.

put smb. up to the ropes, to a informa pe cineva; a pune pe cineva la curent/în temă; a da cuiva indicații.

put smb. up to the time of the day, to a informa pe cineva despre mersul lucrurilor (într-un anumit moment).

put smb. wise to smth., to *v.* **put smb. next to smth.**

put smth. at (a figure), to a aprecia ceva *(vârstă, preț etc.)* la o anumită cifră.

put smth. behind one, to a da ceva uitării.

put smth. down to, to I. ~ smb.'s account a trece (o sumă) în contul cuiva. **2.** ~ smth. a atribui ceva unei cauze.

put smth. in a different/new light, to v. place smth. in a different/new light.

put smth. into shape, to v. get smth. into shape.

put smth. into smb.'s head, to a vârî/băga o idee în capul cuiva.

put/set smth. on foot/its feet, to I. a începe/porni/ iniția ceva. **2.** a pune ceva pe picioare/în funcțiune; a înfăptui/realiza un lucru. **3.** a restabili mersul normal al unui lucru.

put/set smth. on the rack, to a încorda la maximum *(nervii, răbdarea etc.)*; a supune ceva la o încercare serioasă.

put smth. out of sight, to I. a ascunde/face nevăzut ceva. **2.** a înlătura ceva. **3.** a ignora ceva.

put smth. past smb., to a considera pe ceva incapabil de ...; **I wouldn't put him past** nu cred că se dă în lături de la ...

put some ginger into it, to a lucra cu mai multă tragere de inimă/râvnă.

put spin on a ball, to *sport* ← F a lovi mingea cu putere; F → a trage o bombă.

put spirit into smth., to a înviora/stimula ceva; *aprox.* a pune inimă în ceva.

put/set spurs to, to I. a da pinteni *(unui cal)*. **2.** *fig.* a incita; a stimula.

put teeth into smth., to F a-și arăta colții/dinții/ ghearele.

put that/this and that together, to a deduce din anumite fapte; a judeca; a cumpăni lucrurile; a ține socoteală și de una și de alta.

put that/this in/under your hat, to *amer.* F bagă-ți asta (bine) în cap.

put that in your pipe and smoke it, to F acum stai și rumegă ce ți-am spus; *(în legătură cu o veste neplăcută)* înghite-o și pe asta (dacă poți); ăsta-i adevărul; asta e și n-ai ce-i face.

put the acid on smb., to *austral.* ← *sl.* a pune pe cineva la încercare.

put the arm on smb., to *amer.* I. a aresta pe cineva. **2.** a cere bani cu împrumut.

put the axe in/on the helve, to v fit the axe on the helve.

put the bee on smb., to *amer. sl.* I. a cere bani cu împrumut. **2.** a sâcâi/bate la cap pe cineva.

put the best construction on smth., to a da cea mai bună interpretare unui lucru.

put/set the best foot first/foremost/forward, to v. put one's best foot first.

put the blame on/upon smb., to v. lay the blame on smb.

put the blast on smb., to v. lay the blast on smb.

put the boot in, to ← F a da lovituri cu piciorul *(într-o încăierare)*.

put the boot on the wrong foot/leg, to v. get the boot on the wrong foot.

put the brakes on smth., to F a o lua mai încet/ binișor.

put the cart before the horses, to F a pune carul înaintea boilor; a pune căpăstrul la coada calului.

put the case, to; put it that să zicem că ...

put the case for smb./smth., to a susține pe cineva/ ceva; a vorbi/scrie în favoarea cuiva/a ceva.

put the chestnuts in the fire, to F a-și aprinde paie în cap.

put the clock back, to v. put/set back the clock.

put the doctor on smb., to F a înșela/amăgi pe cineva.

put the finger in one's/the eye, to F a (se) boci; a da apă la șoareci.

put the hat on one's/smb.'s misery, to F colac peste pupăză; **that puts the hat on his misery** asta (îi) mai lipsea (la atâtea necazuri)!

put the laugh on smb., to *amer.* v. raise the laugh against smb.

put the law on smb., to *amer.* a intenta cuiva un proces.

put the lid/tin on, to F that puts the lid on asta le pune capac la toate; asta le întrece pe toate.

put the question, to a cere celor prezenți (la o adunare) să voteze pentru/contra unei propuneri.

put the run on smb., to *amer.* a pune pe cineva pe fugă; a-l lua la goană.

put the screw on, to F a strânge șurubul; a strânge în chingă/chingi; ~ smb. a forța mâna cuiva; a forța pe cineva să se comporte într-un anumit fel.

put the shoe on the right foot, to ← F a acuza/ învinovăți/mustra pe cineva pe bună dreptate.

put the skids under smb., to *amer.* a scăpa/a se descotorosi de cineva; F → a da cuiva papucii.

put the value on, to a-și pune semnătura (pe un tablou) mărindu-i valoarea.

put the wind up smb., to a băga pe cineva în răcori/ sperieți; F → a băga cuiva frica în oase.

put the worst construction on smth., to a da cea mai proastă/rea interpretare unui lucru/unei situații.

put the wrong foot before, to *înv. fig.* a o porni cu stângul.

put things straight, to a pune lucrurile în ordine; a lămuri; a clarifica.

put this and that together, to *v.* **put that and that together.**

put this in/under your hat, to *amer. F v.* **put that in/under your hat.**

put to a stand, to *v.* **bring to a standstill.**

put to bed, to ← *sl. tip.* a tipări un ziar.

put to bed with a shovel, to ← *F* a îngropa; a băga în pământ.

put to death, to a omorî; a executa.

put to execution, to a executa *(un condamnat la moarte)*; a da cuiva pedeapsa capitală.

put/turn to fight, to a pune pe fugă.

put to fire and sword, to a trece prin foc şi sabie.

put/send/turn out to grass, to 1. a duce/trimite/da drumul *(unui animal)* la păşunat. **2.** *fig.* a lăsa în libertate. **3.** *fig. (la pasiv) F →* a fi pus liber; a umbla creanga; a nu avea treabă.

put too many irons in the fire, to *v.* **have many irons in the fire.**

put to rout, to a înfrânge; a dezmembra; a pune pe fugă/în derută *(o armată etc)*.

put to sack (and pillage), to *(d. o armată învin-gătoare)* a jefui; a prăda *(o regiune, un oraş etc.)*.

put to sea, to a părăsi portul; a ridica ancora; a porni în larg.

put to shame, to 1. a umili; a ruşina. **2.** a face de ruşine/de râs.

put to silence, to a reduce la tăcere; a-i închide gura.

put to sleep, to a omorî fără durere *(un animal bătrân sau bolnav)*.

put to the issue, to a pune în discuţie; a examina; a cântări.

put to the proof/touch, to a încerca; a pune la încercare/probă; a verifica.

put to the rights, to *v.* **get to rights.**

put to the wall, to *v.* **drive to the wall.**

put trust in smb./smth., to a se încrede în cineva/ceva.

put two and two together, to *v.* **put that and that together.**

put under one's belt, to *v.* **lay under one's belt.**

put under restraint, to 1. a interna într-un ospiciu. **2.** a pune sub pază/interdicţie.

put up a good fight, to a se bate/lupta cu dârzenie.

put up a good show, to a face figură bună; a se comporta bine.

put up a job on smb., to *F* a juca cuiva o festă; a duce pe cineva.

put up for auction, to a scoate la licitaţia.

put up for sale, to a scoate în vânzare.

put up one's/smb.'s dander, to *v.* **get smb.'s back up.**

put up one's horses together, to 1. a acţiona mână-n mână; a se înţelege/învoi bine. **2.** ← *F* a se căsători.

put up one's plate/*amer.* **shingle (in a certain street), to** 1. a-şi deschide cabinetul/biroul (într-o anumită stradă). **2.** a începe să practice acasă *(medicină, avocatură etc.)*.

put upon smb., to *v.* **put on smb.**

put upon the track of smb., to a pune pe urmele cuiva; a urmări pe cineva.

put up the cards against smb., to *v.* **fix the cards against smb.**

put up the shutters, to *şi fig.* a trage obloanele; a închide/lichida o afacere/întreprindere (temporar sau definitiv).

put up the spout, to ← *F* a pune amanet.

put up the auction, to a scoate la licitaţie.

put up to the hammer, to *v.* **bring to the hammer.**

put up with smb./smth., to a se împăca/acomoda cu cineva/cu o stare de lucruri/o situaţie; a tolera/suporta ceva/pe cineva.

put words in/into smb.'s mouth, to 1. *F* a-i da cuiva mură-n gură; a sugera cuiva ce (trebuie) să spună. **2.** a atribui cuiva anumite cuvinte/o afirmaţie; a pune cuvinte în gura cuiva.

put years on smb., to a face pe cineva să se simtă mai bătrân decât este sau crede că este.

put Yorkshire on-smb., to *v.* **come Yorkshire over smb.**

put your hand no further than your sleeve will reach *prov.* nu te întinde mai mult decât ţi-e plapuma/te ţine aţa.

puzzle one's brains about/with smth., to *v.* **beat one's brains about smth.**

Q

quake/quiver/shake/tremble like an aspen leaf, to a tremura ca frunza/ca varga.

quarrel with one's bread and butter, to *F* a se supăra ca văcarul pe sat.

quarrel with one's own shadow, to ← *F* a-și crea din nimic motive de enervare.

quarter oneself on smb., to a se instala în casa cuiva.

Queen Anne is dead! *iron. (răspuns la aflarea unei știri învechite)* cine nu știe asta! e veche! e răsuflată!

queen it over, to *(d. o femeie)* a-și da aere (de superioritate); a face pe grozava.

queer smb.'s pitch, to ← *F* a stânjeni/împiedica/ răsturna (toate) planurile cuiva.

queer the noose/stifler, to ← *F* a scăpa de ștreang/ spânzurătoare.

quench smb.'s light, to *v.* **put out smb.'s light.**

quench the smoking flax, to ← *F* a înăbuși în germene *(o acțiune etc.); aprox.* a tăia aripile/cheful, elanul *(cuiva)*.

quick and the dead, the viii și morții.

quick as a flash/lightning, (as) iute ca săgeata/fulgerul.

quick/swift as thought, (as) iute ca gândul.

quick as wind, (as) cât ai clipi din ochi.

quicker than seat *amer. F* cât ai zice pește.

quick of hearing/sight cu auzul/văzul pătrunzător/ fin/ascuțit.

quick on one's pins *F* iute de picior; agil.

quick on the trigger 1. gata să tragă; cu degetul pe trăgaci. **2.** cu reacții prompte; trecând iute la fapte; iute la mânie.

quick to anger iute la mânie; arțăgos.

quiet/silent/still as a mouse, (as) ← *F* tăcut; **to be ~** a tăcea mâlc/molcom/chitic/ca chiticul/ca peștele/ca pământul.

quit a score/scores, to *v.* **clear a score.**

quite a character 1. o personalitate puternică. **2.** om ciudat/excentric.

quite a few/a number destul de mulți/multe; un număr considerabil.

quite the cheese *sl. (lucru)* pe cinste; în regulă; casație.

quite the go *v.* **all the rage.**

quite the thing tocmai ce trebuie.

quit hold of smth., to *amer.* a da drumul la ceva; a lăsa să-ți scape ceva din mână.

quit scores with smb., to *fig* a se achita/socoti cu cineva; a o plăti cuiva.

quit that! *amer. F* termină cu asta!

quit the scene/stage, to 1. a ieși din scenă. **2.** *fig.* a părăsi această lume; a muri.

quiver like an aspen leaf, to *v.* **quake like an aspen leaf.**

R

race/rattle/rush the bill through the House, to *parl.* a grăbi votarea unei legi (în Camera Comunelor).

rack and ruin distrugere totală; praf şi pulbere.

rack one's brains/wits about/with smth., to *v.* heat one's brains about/with smth.

racy of the soil 1. neaoş. 2. plin de vigoare/viaţă. 3. savuros; cu haz.

ragged colt may make/a good horse, a *prov.* şi dintr-o iapă ursărească poate ieşi o dată un armăsar boieresc.

railroad smb. into doing smth., to a împinge/forţa pe cineva să facă ceva.

railroad the bill through, to *amer.* a urgenta votarea unei legi (în Congres).

rain cats and dogs, to; it rains ~ plouă cu găleata.

rain chicken coops/darning needles, to *amer. v.* rain cats and dogs.

rain (down) on/upon smb., to 1. a cădea/curge/a se revărsa asupra cuiva. 2. *fig.* a copleşi pe cineva cu *(complimente, daruri, bunătăţi sau lovituri, necazuri).*

rain hammer handles/pitch-forks, to *amer. v.* rain cats and dogs.

rain or shine fie ploaie, fie vreme bună; în orice caz/condiţii.

raise a big smoke, to *v.* raise Cain.

raise a claim, to a revendica un drept; a ridica o pretenţie.

raise a disturbance, to *v.* create a disturbance.

raise a dust/commotion, to 1. a produce (mare) agitaţie/vâlvă/zgomot. 2. a ascunde adevărul (creând diversiune).

raise a finger, to *v.* lift a finger.

raise a ghost, to ← *F* a trezi/evoca/pomeni un lucru neplăcut; *aprox.* a dezgropa morţii.

raise a hand against smb., to *v.* lift a hand against smb.

raise a hornet's nest about one's ears, to *F* a-şi aprinde paie în cap.

raise a laugh, to a provoca râsul; a face lumea să râdă.

raise an issue/a question, to a ridica o problemă; a pune o întrebare.

raise a racket/a row, to *v.* kick up a fuss.

raise a/the war-whoop, to *v.* give a war whoop.

raise bread, to a dospi pâinea; a face aluatul să crească.

raise Cain/hell/hell's delight/the devil/the michief, *amer.* raise a big smoke/*sl.* Hail Columbia/merry Ned/promiscuous Ned/the roof, to a face scandal/gălăgie/tărăboi; *aprox.* a ridica casa în sus.

raise Jack, to *v.* raise Cain.

raise land, to *mar.* a zări pământul la orizont.

raise more hogs and less hell, to *amer. F* a-şi vedea/căta de treabă.

raise one's/smb.'s back, to *v.* get smb.'s back up.

raise one's back (against), to a se împotrivi.

raise one's dander, to *v.* get smb.'s back up.

raise one's eyebrows, to a privi de sus; a-şi lua un aer superior/ofensat; *F →* a strâmba din nas.

raise one's glass, to a închina (pentru); a ridica paharul în cinstea/pentru.

raise one's hat to smb., to *fig.* a-şi scoate pălăria în faţa cuiva; a admira/respecta pe cineva.

raise one's voice (for/against), to a-şi ridica glasul/a vorbi (pentru/împotriva).

raise promiscuous Ned, to *v.* raise Cain.

raise sand, to *amer. F* a face tărăboi.

raise smb.'s bristles, to *v.* set up one's/smb.'s bristles.

raise smb.'s dander, to *v.* get smb.'s back up.

raise smb.'s spirits, to a ridica moralul cuiva; a încuraja pe cineva.

raise snakes, to a face gălăgie/scandal/tărăboi.

raise the alarm, to a da alarma.

raise the country, to a răscula poporul; a ridica ţara (la răscoală).

raise sand, to *amer. F* a face tărăboi.

raise the curtain over, to 1. a pune la vedere; a etala. 2. a da la iveală; a ridica vălul de pe ...

raise the devil, to v. **raise Cain.**

raise the elbow, to *F* a trage la măsea.

raise/stir the gorge, to *fig.* a întoarce stomacul pe dos; a produce greață/scârbă.

raise/take up the hatchet/tomahawk, to v. **dig up the hatchet.**

raise the heel against smb., to ← *F* a da cuiva o lovitură de călcâi; a lovi cu copita pe cineva; a da cuiva lovitura măgarului.

raise/turn the laugh against smb., to a face pe cineva ridicol/de râsul lumii.

raise the market, to 1. a stimula/învora activitatea comercială. 2. a face să crească prețurile.

raise the mischief/roof, to v. **raise Cain.**

raise the roof, to *amer.* 1. a face mare scandal; a ridica casa în sus (în semn de nemulțumire). 2. a fi zgomotos/grosolan; a nu ține seama de regulile de conduită.

raise the siege/blockade, to a ridica/înceta asediul/blocada.

raise the war-whoop, to v. **raise a war-whoop.**

raise the wind, to ← *F* a-și procura/a face rost de bani.

raise the yell, to *amer.* ← *sl.* a protesta; a se plânge.

raise to the peerage, to a înnobila; a da (cuiva) titlul de lord.

raise to the purple, to a înălța la rangul de cardinal.

raise up seed, to *lit.* a-și înmulți sămânța; a naște copii.

rake about/around for smth., to a scotoci;a căuta ceva (cu stăruință).

rake in (money), to a aduna/câștiga (bani).

rake out the fire, to a domoli/stinge focul; a scoate cenușa/cărbunii stinși.

rake over old ashes, to *fig.* a reînvia/scormoni întâmplări trecute.

rake smb. over the coals, to v. **haul smb. over the coals.**

rake up the fire, to a scormoni jarul; a ațâța focul.

rake up the past, to a dezgropa trecutul/morții.

rake up the persimmons, to *F* a lua bacșiș/ciubuc.

ram it home, to v. **drive home.**

ram smth. down smb.'s throat, to v. **cram smth. down smb.'s throat.**

range oneself on the side of, to a trece de partea.

range the coast, to *mar.* a naviga de-a lungul coastei; a face cabotaj.

range the world, to a colinda/străbate lumea.

rank among/with, to a se număra printre; a fi în aceeași categorie cu ...

rank and file, the 1. soldați de rând. 2. oameni simpli/obișnuiți. 3. membri de rând ai unei organizații/unui partid.

ransack one's brains about/with smth., to v. **beat one's brains about smth.**

rap smb. over the knuckles, to v. **rap smb.'s fingers.**

rap smb.'s fingers/knuckles, to 1. a plesni peste degete pe cineva; a da la palmă cuiva (*cu linia, varga etc.*). 2. *fig.* a mustra; a pune pe cineva la locul lui/la punct. *F* → a-i tăia cuiva nasul.

rapt/shrouded/wrapped in mystery învăluit în mister/taină.

rase/raze to the ground, to v. **level to the ground.**

rasp smb.'s nerves, to a irita pe cineva; a zgândări nervii cuiva; *aprox.* a călca pe cineva pe nervi.

rate with smb., to *amer.* *F* a fi foarte iubit/apreciat de cineva.

rather late in the day cam târziu; tocmai acum; după atâta vreme.

rats desert/forsake/leave a sinking ship șobolanii fug când se îneacă corabia.

rattle away, to *aprox.* a sporovăi; a avea limbariță; a vorbi repede și mult.

rattle the bill through, to v. **race the bill through the House.**

rattle the sabre, to *fig.* a zăngăni armele.

rave about smth., to a lăuda ceva excesiv; *aprox.* a ridica în slăvi; a se entuziasma pentru ceva; *F* → a se înnebuni după ceva.

rave and storm, to *F* a tuna și fulgera; a mânca nori.

rave oneself hoarse, to a vorbi tare/violent până la răgușeală; a bate câmpii până nu mai are glas.

raw-boned foarte slab; (numai) piele și os.

raw head and bloody bones 1. cap de mort (*craniu cu două oase încrucișate*). 2. bau-bau; baba-hârca. 3. (*atrib.*) de groază.

raze to the ground, to a face una cu pământul; a rade/șterge de pe fața pământului.

reach out for smth., to *și fig.* a întinde mâna după ceva; a face un efort pentru a ajunge la ceva.

reach smb.'s ears, to a ajunge la urechea/urechile cuiva; a afla pe cale indirectă.

reach the end of one's tether, to a ajunge la capătul puterilor/resurselor.

reach the wool-sack, to a deveni Lord Cancelar.

read a riddle, to a dezlega o ghicitoare/enigmă.

read around/round the subject/topic, to a citi materiale în legătură cu un subiect, pentru a-l încadra într-un curent, o epocă etc.

read a sermon/lesson to smb., to a ține cuiva o predică; a face cuiva morală; a dăscăli pe cineva.

read for a degree/the Bar, to a studia pentru a obține un titlu universitar/a fi admis în barou.

read oneself/smb. to sleep, to a citi până adormi/până adormi pe altcineva.

read one's plate, to *amer.* **1.** a spune rugăciunea la masă. **2.** a mânca în tăcere/cu ochii în farfurie. **3.** a fi osândit la tăcere în timpul mesei.

read people's faces, to a citi în ochii oamenilor.

read people's hearts, to a citi în inimile oamenilor.

read round the classrom, to a pune pe elevii unei clase să citească pe rând un text.

read smb. a lecture, to *v.* **give smb. a lecture.**

read smb. a lesson, to *v.* **read a sermon to smb.**

read smb.'s hand, to a citi/ghici cuiva în palmă.

read smb.'s mind/thought, to a înțelege/pătrunde în gândurile cuiva.

read the Riot Act, to ← *F* **1.** a atrage atenția *(copiilor)* să înceteze gălăgia/tărăboiul. **2.** a trage cuiva o săpuneală.

read untrue, to *(d. un instrument)* a indica/arăta inexact.

ready at excuses prompt în a-și găsi o scuză/un pretext.

ready at/to hand *v.* **at hand.**

ready for off gata de plecare.

ready to leap out of oneself/one's skin a nu-și mai încăpea în piele; a-și ieși din piele *(de bucurie, entuziasm etc.).*

ready to one's grasp *și fig.* accesibil; la îndemână.

real healthy *amer. sl.* deștept, isteț, *F →* spirt, foc de deștept.

really and truly cu adevărat; într-adevăr.

reap as one has sown, to *prov.* a culege ce ai semănat; *aprox.* cum îți vei așterne, așa vei dormi.

reap one's laurels, to a-și primi recompensa; a-și culege laurii; a se bucura de glorie/succes.

reap the benefit of smth., to a profita/trage foloase de pe urma unui lucru.

reap the fruits of smth., to 1. *fig.* a culege roadele. **2.** a trage ponoasele.

reap the whirlwind, to *F v.* **sow the wind and reap the whirlwind.**

reap where one has not sown, to ← *F* a profita de munca altuia; *F →* a culege ce n-ai semănat.

reason down a passion, to a înfrâna o pasiune/slăbiciune prin rațiune.

reason smb. into obedience, to a convinge pe cineva să fie ascultător/supus.

reason smb. out of smth., to a convinge pe cineva *(prin argumente raționale)* să renunțe la ceva.

recall to life, to a readuce la viață/în simțiri.

recall to mind, to a-și aminti de (înfățișarea, cuvintele cuiva).

recede into the background, to a se retrage; a se da la o parte; a dispărea.

receive a slap in the face, to *și fig.* a primi o palmă; a suferi un afront.

receive back into the field, to a primi din nou ca membru/în sânul unei comunități/organizații.

receive quarter, to a-i fi acordată viața *(unui inamic care se predă de bunăvoie în război).*

receiver is as bad as a thief, the *F* nici unul nu-i mai breaz; amândoi sunt la fel de vinovați.

receive smth. to heart, to a pune ceva la inimă; a fi profund afectat.

receive/take smth. with a grain of salt, to a privi cu îndoială/neîncredere/scepticism; a avea rezerve față de ceva; a lua ceva sub beneficiu de inventar.

receive the finishing stroke/touch, to a fi desăvârșit/finisat/pus la punct; a primi ultimele retușuri.

receive the seals, to a primi postul de Lord Cancelar sau de ministru *(în guvernul englez).*

reckon/*înv.* **count without one's host, to** ← *F* a face o apreciere pripită, neținând seama de anumiți factori; *aprox. F →* socoteala din târg nu se potrivește cu cea de acasă.

reckon with smb./smth., to 1. a ține seama de cineva/ceva; a lua în considerare. **2.** a înfrunta/trece peste *(greutăți etc.).* **3.** a se răfui cu/a pedepsi pe cineva.

recover in one's suit, to a câștiga procesul.

recover/regain one's consciousness, to a-și recăpăta cunoștința; a-și reveni (dintr-un leșin).

recover one's feet/legs, to a se pune din nou pe picioare; a se ridica (după o cădere).

recover/regain one's temper, to a se stăpâni; a se calma.

recover one's wind, to *v.* **get one's wind (back).**

recruit one's health and strength, to a-și redobândi sănătatea și puterea; a-și reface puterile.

red as a cherry/rose, (as) rumen ca un măr/bujor.

red as a lobster, (as) roșu ca racul.

red as a turkey-cock, (as) roșu ca moțul curcanului.

red as blood/fire, (as) roșu aprins/ca sângele/ca focul.

redound to one's/smb.'s credit, to a crește/mări/spori reputația cuiva; a-i face cuiva și mai multă cinste.

reduce an officer to the rank of/to the ranks, to *mil.* a retrograda/degrada un ofițer.

reduce smb. to his/the last shifts, to *v.* drive smb. to his shifts.

reduce smb. to reason, to a învăța minte pe cineva; aprox. a lămuri pe cineva.

reduce smb. to tears, to a face pe cineva să plângă; a mișca până la lacrimi.

reduce smth. to order, to a pune ordine în ceva *(documente, socoteli etc.)*.

reduce to a common denominator, to *mat. și fig.* a aduce la același numitor.

refresh one's inner man, to *iron.* a bea; *F →* a lua o mică gustare.

regain one's consciousness, to *v.* recover consciuosness.

regain one's temper, to *v.* recover one's temper.

regular as clock work, (as) ca un ceasornic.

rein smb. in, to a struni/domoli pe cineva; *aprox. F →* a pune șaua pe cineva.

rejoice the cockles of one's heart, to *v.* cheer the cockles of one's heart.

release one's hold (of smth.), to a da drumul (la ceva); a lăsa (ceva) din mână.

release smb. from promise, to a dezlega/absolvi pe cineva de o promisiune făcută.

relieve howels/nature, to *F* a se ușura; a-și face nevoile.

relieve guard, to a schimba garda.

relieve one's feelings, to a-și da pe față sentimentele; a spune ce gândești/simți; a-și descărca inima.

relieve smb. of his cash/purse, to *F* a ușura pe cineva de bani; a-i șterpeli cuiva banii.

remedy is worse than the disease, the *prov.* mai rău leacul decât boala.

remember me to your brother/friend/wife, etc. transmite complimente/salutări fratelui/prietenului/soției etc.

remember smb. on his birthday, to a felicita pe cineva/a face cuiva un cadou de ziua lui.

remove the scales from smb.'s eyes, to a deschide ochii cuiva.

render an account, to 1. a face o dare de seamă. 2. a da socoteală de.

render good for evil, to a răsplăti răul cu binele.

render innocuous, to a face inofensiv.

render to Caesar the things that are Caesar's *înv.* a da Cezarului ce-i al Cezarului.

rend the air, to a răsuna puternic; a cutremura văzduhul.

reopen old sores, to *fig.* a redeschide răni vechi; a răscoli trecutul.

repay in kind, to a plăti în natură.

repetance is good but innocence is better *prov. aprox.* conștiința curată e cea mai bună pernă.

report a bill (to the House), to *parl.* a anunța încheierea lucrărilor comisiei legislative între a doua și a treia citire a unui proiect de lege în Camera Comunelor.

report goes, to se spune; se relatează.

report oneself (to smb.), to *mil.* 1. a se prezenta/înfățișa înaintea (unui superior). 2. a-și anunța venirea/întoarcerea.

report progress, to a anunța ce s-a realizat într-un domeniu oarecare până la o anumită dată.

report sick, to *v.* go sick.

report smb., to a se plânge/a face o reclamație împotriva cuiva; a denunța pe cineva.

repose confidence/trust in smb./smth., to a-și pune nădejdea/a avea încredere în cineva/ceva.

repose/rest/retire on one's laurels, to a se culca pe lauri.

requite like for like, to a plăti cu aceeași măsură/monedă.

resign all hope, to a părăsi orice speranță.

respect yourself or no one will respect you cinstește-te/respectă-te singur dacă vrei să te cinstească/respecte cineva/și alții.

rest on one's laurels, to *v.* repose on one's laurels.

rest on one's oars, to *v.* lie on one's oars.

rest the case, to *amer. jur.* a conchide; a pune concluzii la o pledoarie.

result badly/in nothing, to a ieși/a se termina prost; a nu avea nici un rezultat pozitiv; a nu duce la nimic.

resume one's duties, to a reintra în serviciu; a-și relua slujba/obligațiile de serviciu.

resume one's health, to a se însănătoși.

resume/take up the thread (of), to a relua firul; a continua; a reveni la.

retail gossip, to a umbla cu vorba; a purta vorbele.

retain the memory/remembrance of smb./smth., to a păstra (vie) amintirea cuiva/a ceva.

retire for the night/to bed/to rest, to a se duce la culcare.

retire/shut oneself/withdraw into one's shell, to a se închide în propria sa găoace/în turnul său de fildeș; a se izola de ceilați oameni.

retire on one's laurels, to *v.* repose on one's laurels.

retrace/tread back on one's steps, to a reveni pe urmele pașilor săi; a se întoarce pe același drum; *aprox.* a face cale întoarsă.

return a candidate, to *pol. (mai ales la diateza pasivă)* a alege un candidat.

return a negative, to *elev.* a da un răspuns negativ; a spune nu.

return in kind, to *v.* answer in kind.

return like for like, to *v.* requite like for like.

return one's income at, to a declara un venit de.

return smb. guilty, to *jur.* a declara/găsi pe cineva vinovat.

return smb.'s lead, to I. a răspunde la culoare *(la jocul de cărţi)*. **2.** a urma/sprijini iniţiativa cuiva.

return thanks, to I. *rel.* a face o rugăciune de mulţumire. **2.** a mulţumi/răspunde unui toast.

return the seals, to a părăsi/a-şi da demisia din postul de Lord Cancelar sau ministru *(în guvernul englez)*.

return to the charge, to I. *mil.* a reînnoi atacul; a ataca din nou. **2.** *fig.* a porni la un nou atac; $F \rightarrow$ a nu se lăsa; a nu se da bătut.

rich as Cressus, (as) putred de bogat.

ride a cock-horse, to I. a călări pe un cal de lemn. **2.** *fig.* a da frâu liber unei manii/pasiuni etc.

ride a ford, to a trece un vad călare.

ride and tie, to a călări pe rând (pe acelaşi cal).

ride a state, to *(în S.U.A.)* a face un turneu electoral într-unul din state.

ride at single anchor, to I. *mar.* a fi ancorat cu o singură ancoră. **2.** *fig.* a nu fi precaut/prevăzător.

ride Bayard of ten toes, to *F înv.* a merge apostoleşte.

ride bodkin, to *v.* sit bodkin.

ride easy/hard, to *mar.* a avea un tangaj slab/ puternic.

ride for a fall, to I. a merge în goana calului, a călări nebuneşte. **2.** *fig.* a acţiona fără chibzuială/ riscant.

ride hell for leather, to a goni călare/în galop.

ride in the marrowbone coach, to *(d. copii)* a călări pe genunchii cuiva.

ride like a tailor, to $\leftarrow$ *F* a fi un călăreţ prost; a nu se ţine bine în şa.

ride off a side issue, to a se abate/a devia intenţionat de la subiect; $F \rightarrow$ a o lua alăturea cu drumul.

ride (on) a pony, to *amer.* $\leftarrow$ *sl.* a copia la un examen, după fiţuici.

ride one's horse to death, to I. a călări până îţi omori calul. **2.** *fig.* a exagera *(un obicei, o manie)*. **3.** *fig* a repeta până la saturaţie *(o glumă)*; $F \rightarrow$ a o ţine una (şi bună); a pune mereu aceeaşi placă.

ride one's luck, to *amer.* a se bizui/a conta pe noroc; a merge la noroc.

ride on the fence, to *v.* be on the fence.

ride out weather/the storm, to I. *mar.* a înfrunta furtuna; a naviga cu succes pe o mare furtunoasă. **2.** *fig.* a înfrunta/învinge greutăţile/pericolul; a ieşi cu bine dintr-o situaţie grea.

ride/trample/walk rough-shod over smb./smth., to a călca în picioare/a trece/călca cu nepăsare peste cineva/ceva; a nu ţine seama de nimeni/nimic.

ride sandwich, to $\leftarrow$ *F* a sta pe cal între alte două persoane.

ride Shank's mare/pony, to *glum.* a merge apostoleşte/pe jos.

ride smb. in/on/with the snaffle, to a lua pe cineva cu binişorul/cu duhul blândeţii.

ride smb. on a rail, to *amer.* a trage pe cineva pe roată; a tortura pe cineva.

ride the beam, to *sl.* a face pe nevinovatul; $F \rightarrow$ a face pe niznaiul.

ride the fore-horse, to *fig.* a avea rolul conducător; a fi în frunte; a conduce; a dirija; a-şi impune voinţa.

ride the goat, to a intra într-o organizaţie secretă/ într-o sectă etc.

ride the gravy train, to *amer.* *F* a câştiga bani uşor *(fără muncă multă)*.

ride the high horse, to *v.* get on one's high horse.

ride the rods, to *amer.* a călători clandestin *(cu un tren de marfă)*.

ride the whirlwind, to $\leftarrow$ *F* a fi stăpân/$F \rightarrow$ călare pe situaţie; a avea la mână pe cineva.

ride to hounds, to *v.* follow the hounds.

ride whip and spur, to a fugi în goana calului; a da pinteni calului.

ride with a loose rein, to a lăsa calul în voie.

right about face I. *mil.* dreapta-împrejur. **2.** *fig.* schimbare bruscă de părere/atitudine. **3. to ~** a face/produce o întorsătură bruscă.

right and left I. la dreapta şi la stânga; în ambele părţi; şi încoace şi încolo; pretutindeni. **2.** *(d. mecanisme)* bilateral; dublu; cu două sensuri.

right as my glove, (as) $\leftarrow$ *F* absolut adevărat/corect.

right as nails/rain/a trivet, (as) foarte bine; în regulă, în perfectă stare.

right away/off numaidecât; imediat; pe loc.

right a wrong, to a îndrepta/repara o nedreptate.

right-down I. *adj.* adevărat; desăvârşit; în toată regula; **a ~ villain** un adevărat ticălos. **2.** *adv.* foarte; cu totul; profund; (în mod) sincer.

right here chiar/tocmai aici.

right now chiar acum; în acest moment.

right off the bat *amer.* numaidecât; pe dată.

right on the spot I. chiar acolo/în acel loc. **2.** pe loc; pe dată.

right to a T/tittsle *v.* to a T.

right you are! *F* aşa-i! (că) bine zici! ai dreptate! în regulă!

rig smb. out, to a echipa/îmbrăca pe cineva; $F \rightarrow$ a înţoli pe cineva.

rig the market, to *com.* a dirija/controla piaţa; a produce/determina urcări sau scăderi de preţuri.

ring a bell, to a trezi o amintire; a aduce (vag) aminte de ceva.

ring false/hollow, to 1. *(d. monede, obiecte de metal etc.)* a suna fals/tinichea. 2. *fig.* a suna fals/neconvingător/nesincer.

ring in one's ears, to a-i răsuna în urechi; a avea impresia că aude; a nu putea uita.

ring in one's heart, to a-i răsuna în minte/inimă; a purta în inimă.

ring in the New Year, to a sărbători venirea Anului Nou/revelionul.

ring one's own bell, to a se lăuda singur.

ring out the Old Year, to *v.* **ring in the New Year.**

ring the bell, to 1. a suna *(la uşa de la intrare sau pentru a chema un om de serviciu).* 2. *fig.* a avea succes; a face impresie (bună). 3. *amer.* ~ **on smb.** *F* **a.** a băga pe cineva în buzunar; a întrece pe cineva. **b.** a atinge pe cineva la coarda sensibilă; a înduioşa pe cineva.

ring the changes (on smth.), to a schimba *(un program, un meniu etc.)* pentru a realiza o variaţie; *glum.* a face variaţii pe aceeaşi temă.

ring the curtain down/up, to 1. a da semnalul de lăsare/ridicare a cortinei. 2. *fig.* a lăsa/ridica cortina asupra *(unei epoci, unei activităţi etc.).*

ring the knell, to 1. a trage clopotul de înmormântare *(într-o dungă).* 2. *fig.* a marca încetarea/desfiinţarea.

ring true, to *fig.* a suna convingător/sincer; a părea sincer/adevărat.

rip and tear, to 1. a sfâşia, a distruge. 2. a se zbate; *F →* a da din mâini şi din picioare.

rip up old grievances/sores/wounds, to a(-şi) reaminti vechi supărări/dureri/necazuri; a redeschide/zgândări o rană veche.

rise a step in smb.'s estimation/opinion, to *F* a creşte în ochii cuiva.

rise at a feather, to *amer.* a se enerva/supăra pentru fleacuri/de pomană; *F →* a-i sări cuiva ţandăra (din nimica toată).

rise from the ranks, to *mil.* 1. fi avansat ofiţer din rândurile soldaţilor. 2. *fig.* a se ridica pe o treaptă superioară; a ajunge într-o situaţie bună (dintr-una umilă).

rise in arms (against), to a ridica armele (împotriva).

rise in rebellion/revolt, to a se răscula; a se ridica.

rise in the world, to *v.* **come up in the world.**

rise on the wrong side, to *v.* **get out of bed on the wrong side.**

rise to (a point of) order, to *parl.* a interveni în dezbateri cu întrebarea dacă subiectul discutat sau procedura este în conformitate cu ordinea de zi.

rise to the challenge/occasion, to a face faţă (onorabil) unei situaţii/solicitări; a fi la înălţimea situaţiei.

rise with the lark/sun, to a se scula în zori/dis-de-dimineaţă/cu noaptea în cap.

risk one's head/life/neck, to a-şi risca viaţa/capul/*F →* pielea.

rivet one's attention on/upon, to a-şi îndrepta/concentra atenţia asupra.

rivet one's eyes on/upon, to a-şi pironi privirea/ochii asupra; a privi, examina cu atenţie/concentrare.

roar double tides, to a urla cu furie/cât te ţine gura.

roar with laughter, to a râde cu hohote; *F →* a muri/a se strica de râs.

roasted to a turn *v.* **done to a turn.**

rob one's belly to cover one's back, to *← F* a lua dintr-o parte şi a pune într-alta; *aprox. F →* ca anteriul lui Arvinte.

rob the cradle, to *amer. ← F* a se căsători cu o persoană mult mai tânără.

rock on which we split, the *fig.* piedica de care ne-am lovit; cauza insuccesului nostru.

rock the boat, to *amer. ← F* a face să se clatine; a pune în pericol/a periclita/ameninţa *(echilibrul, liniştea, planurile etc.).*

Roland for an Oliver/smb.'s Oliver, a a răspunde/plăti cu aceeaşi monedă; ochi pentru ochi.

rolling stone gather no moss, a *prov.* piatra ce se rostogoleşte nimic nu dobândeşte.

roll in money/riches/wealth, to a înota în bani; *F → a fi* putred de bogat.

roll my log and I'll roll yours *prov.* o mână spală pe alta (şi amândouă obrazul).

roll one's eyes (on), to a-şi îndrepta ochii/privirea spre; *F →* a holba ochii la.

roll one's r's, to a graseia.

roll/turn one's sleeve, to *şi fig.* a-şi sufleca mânecile; a se pregăti *(pentru muncă, bătaie).*

roll out the red carpet, to *amer. ← F* a face pregătiri festive în vederea primirii cuiva; *aprox.* a primi pe cineva cu surle şi trâmbiţe.

roll smb. back, to *amer.* a respinge (un inamic); a face pe cineva să dea înapoi.

roll up horse, foot and guns, to 1. a termina cu cineva/ceva. 2. a face praf şi pulbere; a lichida/distruge ceva (cu totul).

Rome was not built in a day *prov.* lucrurile mari nu se fac repede; *aprox.* încetul cu încetul se face oţetul.

romp home/in, to ← *F* a câştiga o cursă cu uşurinţă.

romp through an exam(ination), to a trece uşor un examen.

room to swing a cat in *(folosit de obicei la negativ)* **no(t) ~** spaţiu redus; spaţiu insuficient (într-o cameră plină de mobilă).

room with smb., to a împărţi camera/locuinţa cu cineva; a locui împreună cu cineva.

root about smth., to *amer.* ← *F* a căuta/umbla după ceva.

root hog or die! *amer. F* ori o faci ca lumea, ori lasă-te păgubaş.

rope smb. in, to I. a prinde pe cineva *(un hoţ)*; a lega pe cineva. 2. a lua pe cineva ca asociat/partener; a-şi asigura concursul cuiva.

rotten apple injures its neighbours, the merele putrede strică pe cele bune.

rough and ready I. *(d. lucruri)* superficial; făcut de mântuială/în grabă; grosolan; destul de bun pentru un scop imediat, dar nu îndeajuns de prelucrat/rafinat. 2. *(d. oameni)* direct; fără multe fasoane; cam grosolan dar energic.

rough and tough grosolan; necioplit.

rough and tumble I. grosolan; nefinisat; făcut în grabă/la repezeală. 2. neglijent; dezordonat. 3. aspru; brutal. 4. viaţă agitată, luptă dură.

rough it, to a avea de luptat cu greutăţi; a o duce greu/*aprox.* târâş-grăpiş.

roughly speaking I. cu aproximaţie. 2. în linii mari; în general vorbind.

rough smb. up, to *amer.* ← *sl.* I. a zgâlţâi pe cineva; a bate sau răni pe cineva (pentru a-l intimida). 2. *(la pasiv)* a fi rănit uşor; a fi zdruncinat nervos *(ca urmare a unui accident)*.

round about aproximativ; în jur de *(o sumă etc.)*.

round into form, to I. a modela; a-i da o formă. 2. *sport* a antrena; a face să capete o formă bună.

round off a sentence/speech, etc., to a încheia o frază, un discurs etc.

round on smb., to I. a se repezi/*F* → răţoi la cineva. 2. a denunţa/*F* → turna pe cineva.

round peg in a square hole, a om nepotrivit într-un anumit post/funcţie/loc.

round the corner I. după colţ. 2. *fig.* **to be ~** ← *F* a fi depăşit punctul critic; a fi ieşit cu bine dintr-o situaţie grea; a fi ieşit la liman; *F* → a fi trecut hopul/greul.

rout a storm, to *şi fig.* a învinge/depăşi/trece peste o furtună/o criză.

rout smb. out (of), to a scoate pe cineva (cu sila) din *(cameră, pat etc.)*.

row a fast stroke, to a vâsli cu putere.

row dry, to *sport* I. a face antrenament la canotaj *(în sală)*. 2. a vâsli fără a stropi *(pe cei din barcă)*.

row/sail in the same boat with smb., to ← *F* a fi legat de cineva prin interese comune; *aprox. F* → a fi înhămat la aceeaşi căruţă.

row smb. over the river, to I. a trece cu barca pe cineva peste un râu. 2. *fig.* a se întrece cu cineva.

row smb. up Salt River, to *amer.* ← *F* a face pe cineva să cadă în alegeri.

row the stroke home, to a face eforturi pentru a duce un lucru până la capăt.

rub along (together), to a se descurca; a se împăca bine cu.

rubber on smb., to *amer. F* a trage cu urechea la cineva.

rub elbows/shoulders with smb., to I. a sta alături/a se freca de cineva. 2. *F* → a fi în cârdăşie/a fi cot la cot cu cineva.

rub it in/into, to I. a face să pătrundă o substanţă în alta, prin frecare. 2. a insista/reveni prea des *(asupra unui lucru neplăcut)*.

rub noses with smb., to *fig.* a fi în relaţii amicale cu cineva; *P* → a se bate pe burtă cu cineva.

rub salt on a wound, to *fig.* a zgândări o rană.

rub smb. down, to I. a freca/fricţiona pe cineva *(cu un prosop)*. 2. *fig.* a trage cuiva o chelfăneală/săpuneală.

rub/stroke smb.'s hair the wrong way, to I. a zbârli/lua în răspăr *(părul/blana unui animal)*. 2. a irita/enerva/*F* → zgândări pe cineva.

rub smb. up the right way, to *F* a flata/linguşi pe cineva; a se purta cu cineva foarte amabil/cu mănuşi.

rub smth. down to powder, to I. a măcina ceva. 2. a face ceva praf/mici fărâme.

rub smth. off onto/on to smb., to *fig.* a transmite cuiva o calitate, prin contact; a trece/a se revărsa asupra cuiva; a se molipsi de ceva.

rub up against other people, to *fig.* a se freca de lume; a se hârşi în contact cu lumea.

rule high, to *(d. preţuri)* a fi/a se menţine ridicate.

rule over smb., to I. a domina/conduce pe cineva. 2. a cerceta/interoga un individ suspect. 3. *amer.* ← *sl.* a face cuiva un examen medical.

rule smth. out, to a exclude/elimina ceva *(un factor, o posibilitate)*; a refuza să recunoască/să accepte ceva.

rule the roast/roost, to I. ← *F* a conduce/dirija lucrurile; a da ordine. 2. *F* a face pe stăpânul; a da tonul.

rule the waves, to a fi stăpânul/stăpâna mărilor.

rule with a heavy/high hand/a rod of iron, to a conduce cu mână forte/de fier; a fi mână de fier.

rummage in/search one's memory, to a-şi scormoni memoria.

rumours are about/afloat/in the air, to circulă zvonuri; sunt zvonuri; se spune.

run a bluff on, to *v.* put on a good bluff.

run a book, to *amer.* ← *F* a avea cont deschis/credit *(la un magazin etc.)*.

run a car at small cost, to a folosi o maşină în regim economic.

run against a stump, to *fig.* a se poticni; a se lovi de o greutate/piedică.

run against time, to a alerga cu cea mai mare viteză/ în goana mare.

run a good foot, to *(d. cai)* a alerga bine.

run aground, to *mar.* a atinge fundul; a eşua *(pe nisip sau pe stânci)*.

run ahead on one's ticket, to *v.* be ahead of one's ticket.

run a mile from, to *fig.* a fugi de, a încerca (din răsputeri) să eviți ceva.

run amock/amuck, to a fi cuprins de nebunie/furii; a înnebuni/o lua razna; *P* → a da strechea în cineva.

run an enterprise/a school, etc., to a conduce/ administra o întreprindere/şcoală etc.

run a/the/one's rig/rigs, to I. a face şotii; a fi zbur-dalnic. 2. a o lua razna; a-şi face de cap; a-şi da frâu liber. 3. a se dezbina/împrăştia/risipi.

run a risk, to a risca.

run arms, to a face contrabandă cu arme.

run a sandy on smb., to *amer. F* a trage pe cineva pe sfoară.

run a saw (on), to *amer. F* a lua în râs; a ridiculiza; a-şi bate joc de; a ironiza.

run a score, to I. a face datorii. 2. a avea un cont deschis *(la un magazin etc.)*.

run as follows, to *(d. un text)* a suna după cum urmează.

run a (high) temperature, to a face febră (mare).

run at grass, to *v.* be at grass.

run at the nose, to a-ţi curge nasul.

run away with smb./smth., to I. a fugi cu cineva/ ceva. 2. *sport* a câştiga cu uşurinţă/detaşat. 3. *(d. sentimente, emoţii)* a te domina/stăpâni.

run away with the idea, to a adopta cu uşurinţă o idee neîntemeiată; *(folosit adesea la imperativ)* **don't ~** să nu-ţi închipui/bagi în cap.

run away with the show, to *amer.* ← *sl.* a avea mare succes; a eclipsa pe ceilalţi.

run a wild goose chase, to *F* a umbla după pot-coave de cai morţi.

run before one's horse to market, to *F* I. a anticipa evenimentele; a o lua înainte. 2. a socoti

câştigul înainte de a-l avea; *F* → a vinde pielea ursului din pădure.

run before the wind, to *mar.* a naviga cu vântul în spate (la pupa).

run behind one's ticket, to *v.* be behind one's ticket.

run beserk(er), to *v.* go beserk(er).

run cold, to I. *(d. sânge)* a se răci. 2. **his blood ran cold** i-a îngheţat sângele în vine.

run colours/sounds/words together, to a ames-teca culori/sunete/cuvinte.

run counter (to), to I. a se împotrivi/opune; a fi împotriva. 2. a merge în sens opus/contrar; a (se) contrazice; *F* → a se bate cap în cap (cu).

run current, to *v.* go current.

run down, to I. *(d. o pendulă ale cărei greutăţi au ajuns jos)* oprit. 2. *(d. un acumulator)* descărcat. 3. *(d. un om)* obosit; extenuat; slăbit; subrezit.

run dry, to I. *(d. o fântână, un râu etc.)* a seca; a se usca. 2. *fig. (d. elocvenţă, ispiraţie etc.)* a se sfârşi/ epuiza; a seca.

run (on) errands, to a face comisioane; a fi trimis după treburi/cumpărături.

run for a post/an office, to *amer.* a-şi pune candidatura la un post/funcţie/demnitate.

run for a time/while, to I. a dura, a se menţine un timp. 2. **it ran for a year** *(d. o piesă)* s-a jucat un an.

run for dear/one's life, to a fugi ca să-ţi salvezi pielea/viaţa; *F* → a fugi de frica morţii.

run for it, to a şterge putina; a o lua la sănătoasa; a-şi lua picioarele la spinare.

run foul of, to *v.* fall aboard of.

run high, to I. *(d. mare)* a fi agitată/furtunoasă; a avea un curent/flux puternic. 2. *(d. cuvinte, sentimente)* a fi violente/tari. 3. *(d. preţuri)* a creşte; a fi ridicate.

run home on the ear, to *amer. sl.* înfrânt, bătut; *aprox.* cu coada între picioare.

run idle, to a rămâne nefolosit; a sta degeaba.

run in a groove/rut, to *v.* move in a rut.

run in blinkers, to *v.* be in blinkers.

run in double harness, to a fi căsătorit; *F* → a duce jugul căsniciei.

run in one's head/mind, to *(d. cuvinte, idei, melodii)* a-i suna cuiva în minte; a-i umbla cuiva prin cap.

run in single harness, to ← *F* a fi burlac/holtei/ celibatar/necăsătorit.

run in the blood/family, to *(d. o boală, obiceiuri etc.)* a constitui un caracter comun membrilor unei familii; *F* → a fi în familie.

run in the same groove, to 1. a merge pe același făgaș; a avea aceeași direcție. 2. a se consfătui/sfătui; a delibera.

run into debt, to a face datorii.

run into evil practices, to a căpăta deprinderi/obiceiuri rele.

run into smb./smth., to 1. a se ciocni de cineva/ceva. 2. a se întâlni (întâmplător/nas în nas) cu cineva.

run into the ground, to 1. a suprasolicita; a duce la epuizare. 2. a forța, a presa. 3. *amer. sl.* a pune mereu aceeași placă *(în conversație)*.

run it close/fine, to 1. a avea/dispune de puțin timp. 2. a avea puțini bani/bani numărați.

run its/one's course, to *(d. lucruri, evenimente etc.)* a-și urma cursul/drumul; a se desfășura.

run like a deer/an antelope/a lamp lighter/a rabbit, to ← *F* a fugi foarte repede; *F* → a fugi mâncând pământul/de-i sfârâie călcâiele.

run like wild-fire, to *(d. o știre)* a se răspândi cu iuțeala fulgerului/focului.

run logs, to a transporta bușteni pe apă, to a plutări.

run low/short, to 1. a fi pe terminate/sfârșite; a se împuțina. 2. ~ **of** a rămâne fără; a nu mai avea.

run mad, to *v.* **go crazy.**

run mountain(s) high, to *(d. valuri)* a fi/a se înălța/ridica cât un munte.

run north and south, to a fi orientat pe direcția nord-sud.

run nineteen to the dozen, to *v.* **go nineteen to the dozen.**

run off a heat, to *sport* a alerga într-o cursă de selecție/eliminatorie.

run off a letter/an articole, to a scrie o scrisoare/un articol repede/în fuga condeiului.

run off one's legs, to 1. a se poticni. 2. a se zăpăci; a-și pierde capul *(având prea multe treburi deodată)*; *F* → a nu-și vedea capul (de treburi).

run off smb. (like water off a duck's back), to *F (d. sfaturi, mustrări etc.)* a nu se prinde de cineva; a nu avea efect asupra cuiva.

run off the rails, to a deraia; a sări de pe șine.

run of the mill, to obișnuit, comun, banal; rutinier.

run on errands, to *v.* **run (on) errands.**

run one's course, to. *v.* **run its course.**

run oneself out of breath, to a fugi până ți se taie respirația/*F* → până ajungi cu sufletul la gură.

run one's eyes over, to *v.* **pass one's eyes over.**

run one's head against a brick-wall/post/stonewall, to *v.* **knock one's head against a brick-wall.**

run one's race, to a-și trăi viața/traiul.

run one's rigs, to *v.* **run a rig.**

run one's rig(s) upon smb., to a face/juca cuiva o festă; a lua pe cineva în balon/peste picior.

run on the rocks, to *v.* **go on the rocks.**

run on wheels, to a merge bine/ușor/*F* → ca pe roate.

run out on smb., to ← *F* a părăsi/*A* → a lăsa pe cineva mască.

run over smb., to 1. *(d. un vehicul)* a călca pe cineva. 2. *amer.* ← *sl.* *(d. un om)* a lua locul altuia. 3. a se purta incorect sau grosolan cu cineva.

run/rush over stock and block, to a o lua razna.

run over the past, to a reexamina trecutul; a-și aminti trecutul; a arunca o privire în trecut.

run over with; to be ~ a fi copleșit/plin de.

run rings around/round, to *F* a fi cunoscător/priceput; *aprox.* a învârti pe degete; a pune în buzunar/cofă.

run riot, to 1. *fig.* a o lua razna; a se dezlănțui; a-și da frâu liber; a-și face de cap. 2. *(d. plante)* a crește în neștire; a se sălbătici.

run shares, to *v.* **club shares.**

run short of, to *v.* **run low.**

run slap into smb./smth., to a se ciocni de cineva/de ceva; a se întâlni nas în nas cu cineva.

run slick away, to a șterge iute putina; a-și lua picioarele la spinare.

run smash into smth., to *v.* **go smash into smth.**

run smb. close/hard, to 1. a pune pe cineva într-o situație grea; *F* → a strânge cu ușa pe cineva. 2. a fi un rival de temut *(într-o competiție);* a face cuiva o concurență serioasă.

run smb. down, to 1. a ponegri/vorbi de rău pe cineva. 2. a dibui/încolți/prinde pe cineva *(infractor etc.).*

run smb./smth. in, to 1. a aresta și duce pe cineva la poliție. 2. a roda *(o mașină).*

run smb. into debt *v.* **get smb. into debt.**

run smb. into expenses/losses, to a face pe cineva să cheltuiască/piardă bani; *F* → a băga pe cineva la cheltuială.

run/trot smb. off his feet, to a fugări; a goni pe cineva; *fig.* a supune pe cineva la un mare efort, a epuiza rezistența cuiva; a vlăgui; *F* → a face pe cineva să cadă din picioare.

run smoothly, to a merge bine/strună; a se desfășura fără accidente/necazuri.

run straight, to 1. *(d. lucruri)* a merge drept/direct. 2. *(d. oameni)* a fi onest/cinstit/om de treabă.

run the blockade, to a forța blocada.

run the (whole) gamut of, to *fig.* a parcurge întreaga gamă; a folosi/avea la dispoziție toată seria/toate variantele posibile.

run the gauntlet, to *și fig.* a trece pe sub furcile caudine; a se expune oprobriului public.

run the hazard, to a merge la noroc; a risca.

run the rig, to *v.* **run a rig.**

run the risk, to *v.* **run a risk.**

run the rule over smb., to ← *sl.* a cerceta/percheziționa pe cineva.

run the show, to *v.* **boss the show.**

run the streets, to *F (mai ales d. copii)* a bate străzile; a umbla haimana.

run the wrong hare, to *v.* **hunt the wrong hare.**

run to earth, to 1. a hăitui până în vizuină *(o vulpe etc.)*. 2. *fig.* a da de urmă cuiva; a prinde pe cineva. 3. a urmări; a căuta; a detecta; a depista; a merge la sursa *(unui zvon, citat, unei erori de calcul etc.)*.

run to fat, to ← *F* a se îngrăşa.

run to ground, to *v.* **run on earth.**

run too far, to a merge prea departe, a exagera; a depăşi limitele.

run to meet one's troubles, to *F* a se băga (singur) în încurcături/belea.

run to seed, to 1. *(d. plante)* a se sălbătici; a nu mai înflori; a creşte în neştire. 2. *fig.* a-şi pierde calitatea inițială; a se strica/uza/deteriora/învechi. 3. *fig.* a decădea *(din punct de vedere moral)*. 4. *fig.* a se ramoli.

run to the end of one's rope, to *v.* **come to the end of one's rope.**

run to waste, to 1. *(d. lichide)* a se scurge/vărsa. 2. a se irosi; a se prăpădi; a se pierde; a se consuma în zadar; a se distruge; *F →* a se alege praful de.

run up a bill, to a face o datorie; a avea o notă de plată neachitată.

run up against smb., to a întâlni pe cineva din întâmplare; a se întâlni nas în nas cu cineva.

run up from a shoestring, to a face bani muncind; *P →* a(-şi) strânge cheag.

run wild, to 1. *v.* **run to seed.** 2. a nu mai cunoaşte/avea nici o oprelişte; a-şi da frâu liber pornirilor; a fi nestăpânit. 3. a deveni bizar/extravagant. 4. a se înfuria; a i se urca sângele la cap.

run/hold with the hare and hunt with the hounds, to *F* a juca la două nunți; a fi şi cu unii şi cu alții; a împăca şi capra şi varza.

run into one's mind, to a-i veni în minte (dintr-o dată); a-i străfulgera prin minte.

run into print, to a trimite repede spre publicare *(ştiri, materiale etc.)*.

rush over stock and block, to *v.* **run over stock and block.**

rush the bill through the House, to *v.* **race the bill through the House.**

rush the season, to 1. a o lua înaintea timpului; a devansa un anotimp. 2. a fi în contratimp.

rush to a conclusion, to a se grăbi să tragă o concluzie pripită/neîntemeiată.

rush to one's lips, to *(d. cuvinte)* a-i veni/năvăli pe buze.

S

saddle one's nose, to ← *F* a purta ochelari; *P* → a-şi pune bicicleta pe nas.

saddle smb. with smth., to *fig.* a pune ceva (*o povară*) pe umerii cuiva, a împovăra pe cineva cu o răspundere.

safe and sound, safe in life and limb sănătos şi teafăr; nevătămat; (cu) bine; în perfectă stare; **to come out ~** a ieşi cu faţa curată/cu bine.

safe as houses/the Bank of England, (as) ← *F* foarte sigur; solid; demn de încredere.

sail/serve before the mast, to a naviga/a se angaja pe un vas ca marinar.

sail before/with the wind, to 1. *mar.* a merge cu vântul în pupă. 2. a înainta/progresa rapid (*într-o funcţie, situaţie*). 3. a folosi orice prilej favorabil.

sail close to/near the wind, to 1. *mar.* a naviga aproape de direcţia în care bate vântul, a naviga sub vânt. 2. a fi la marginea legalităţii/legilor morale; a întreprinde acţiuni riscante; *aprox.* a se juca cu focul.

sail in the same boat with smb., to *v.* row in the same boat with smb.

sail into/out of a room, to a intra/ieşi maiestuos dintr-o cameră; a-şi face o intrare/ieşire maiestuoasă.

sail into smb., to *sl.* a se năpusti asupra cuiva (cu lovituri).

sail one's own boat, to 1. a-şi vedea de propriile sale treburi/interese; a-şi urmări propriul interes. 2. a nu mai depinde de nimeni; a fi independent; a fi propriul său stăpân.

sail through the sky, to a pluti prin văzduh; a se mişca pe cer.

sail under false colours, to 1. *mar.* a naviga sub un pavilion fals. 2. a-şi lua o identitate falsă/un nume de împrumut. 3. a se preface; a-şi ascunde planurile/intenţiile.

sail with every (shift of) wind, to a fi uşor influenţabil; a fi inconsecvent; *aprox.* a se lăsa dus/purtat de toate vânturile; a acţiona după cum bate vântul.

sail with the stream, to *v.* go with the stream.

sail with the wind, to *v.* sail before the wind.

sakes (alive)! *amer. P* Doamne sfinte! ia te uită! să vezi şi să nu crezi!

salt a bill/an account, to a încărca nota de plată/contul.

salt a mine, to ← *sl.* a introduce minereu din afară într-o mină pentru a o face să pară mai bogată.

salt as a herring/brine, (as) sărat ca o scrumbie; ocnă de sare.

salt away money/stock, to ← *F* 1. a pune deoparte bani/mărfuri; a pune bani la păstrare/*P* → la ciorap. 2. a dosi bani/mărfuri.

salt prices, to a ridica/umfla preţurile; a cere preţuri piperate.

salt smb. away/down, to *amer. F* a muştrului pe cineva; a trage cuiva un perdaf.

salt the books, to *com.* ← *sl.* a falsifica/măslui registrele contabile.

salute the ear/eye, to *fig.* a frapa/izbi auzul/privirea; a se face auzit/văzut; a se înfăţişa ochilor.

salte with the guns, to *mil. mar.* a da onorul/a saluta cu o salvă de tun.

salve a sore, to *fig.* a calma/potoli o durere; a fi ca un balsam (pe o rană).

salve one's consciousness, to a-şi împăca/linişti conştiinţa.

same as you, (the) ca şi tine/ţie.

same here! *F* tot aşa şi eu! idem; de acord.

same to you!, the asemenea şi ţie/dumitale (*ca răspuns la o urare*).

sandman has come/is about, the *F* a venit Moş Ene pe la gene.

sands are running out, the timpul trece/se scurge; nu a mai rămas mult timp; nu mai e timp de pierdut; *fig.* se apropie scadenţa.

Satan reprieving/rebuking sin râde dracul de porumbe negre (şi pe sine nu se vede); râde ciob de oală spartă.

satisfy smb. of a fact/truth, to a convinge pe cineva de un fapt/un adevăr.

satisfy the examiners, to a trece un examen la limită/fără distincție; a primi nota „suficient“.

save and except afară de; exceptând; fără a ține seama de; fără a pune la socoteală.

save a thief from the gallows and he will help to hang you *prov.* pe cine nu lași să moară nu te lasă să trăiești.

save labour, to a economisi munca/forța de muncă; a evita un efort mai mare.

save (money) for a rainy day, to a strânge bani albi pentru zile negre.

save one's bacon/carcass/hide/skin, to *F* a-și salva pielea; a se pune la adăpost de orice pericol.

save one's breath, to *v.* **keep one's breath to cool one's porridge.**

save oneself for smth., to a-și cruța forțele; a se rezerva pentru ceva *(o anumită acțiune, ocazie).*

save one's face, to **I.** a nu se face de râs; *F →* a ieși cu fața curată; a face o figură bună. **2.** a salva aparențele.

save one's neck, to a-și salva viața; a scăpa cu viața.

save one's pains, to a-și cruța osteneala; a nu se mai deranja/obosi.

save one's pocket, to a nu face cheltuieli (inutile); a-și cruța punga; *aprox.* a strânge băierile pungii.

save smb.'s face, to *← F* a pune pe cineva într-o lumină bună/favorabilă; *F →* a scoate pe cineva basma curată.

save smb. the trouble of ..., to a scuti pe cineva de deranjul/oboseala de a...

save the day, to **I.** *mil.* a schimba soarta unei lupte; a obține victoria. **2.** a reuși într-o întreprindere dificilă/cu puține șanse de succes, a salva situația.

save the gate, to *← înv.* a ajunge înainte de închidere.

save the goal, to *sport* a para un gol; a prinde mingea.

save the mark! să mă ierte Dumnezeu! să-mi fie cu iertare! vorba vine.

save the situation, to a se arăta/dovedi la înălțimea situației; a salva situația.

save the tide, to a se folosi din plin de un prilej; a profita de ocazie.

save time, to **I.** a economisi timpul. **2.** a câștiga timp.

saving your presence *← înv.* nu vă fie cu supărare; dacă-mi este îngăduit; fără să vă jignesc.

saw a horse's mouth, to a struni un cal trăgând puternic de frâu și mișcându-i zăbala.

saw at/on one's fiddle, to *glum.* a trage cu arcușul pe vioară; a scârțâi la vioară.

saw off the bough/bow on which one is sitting, to a-și tăia craca de sub picioare.

saw the air, to a face gesturi largi cu brațele; a da din mâini.

saw wood, to *amer. ← F* a-și căuta/vedea de treabă; a sta deoparte.

saw your timber! *amer. sl.* ia-o din loc! șterge-o! cară-te! valea!

say a good word for smb., to *v.* **put in a word for smb.**

say amen to smth., to a accepta ceva *(o situație, un fapt)*; a consimți la ceva; a încheia o discuție cu un consimțământ.

say „boo“ to a goose, to *(folosit de obicei la negativ)* **he couldn't ~** n-ar putea spune nici du-te-colo; e foarte sfios/timid; *aprox.* se sperie și de umbra lui.

say ditto to smb., to *← F* a fi mereu de acord cu cineva; *aprox. F →* a ține isonul cuiva.

say (smth.) for oneself, to a-și explica/justifica purtarea în fața celorlalți; a se apăra arătând motivele unei fapte.

say grace, to a spune rugăciunea *(înainte sau după masă).*

saying and doing are two things una-i vorba, alta-i fapta; nu-i destul să zici, mai trebuie să și faci.

say it with flowers! *← F* vorbește mai frumos/ politicos.

say little price by/of, to *v.* **have little price of.**

say no more! nu mai insista; nu e nevoie de alte argumente/explicații; e destul, m-am lămurit.

say nothing of, to fără a mai vorbi de; neținând seama de; fără a mai pune la socoteală și ...

say no to smth., to **I.** a refuza ceva; a fi contra unui lucru. **2.** a nega/infirma ceva.

say not so! *F glum.* zi că n-am dreptate! bine ar fi să fie altfel.

say one's piece, to a spune (tot) ce ai de spus.

say one's say, to *v.* **have one's say.**

say smb. nay, to a refuza cuiva *(o cerere, favoare etc.).*

says you! *amer. F (exprimă neîncredere, ironie)* ei taci! nu mai spune! ce vorbești!

say the least of it, to pentru a nu spune decât atât; e lucrul cel mai puțin important/grav ce se poate spune despre asta.

say/speak/tell the truth, to ca să spunem adevărul; drept să spun; la drept vorbind.

say/speak the word, to **I.** a spune cuvântul hotărâtor; a se hotărî. **2.** a consimți; a spune „da“.

say turkey to one and buzzard to another, to *F* a o suci; a umbla cu cioara vopsită; a spune când una când alta.

say uncle, to *amer. ← F* a se da bătut; a se recunoaște învins.

say when! *(prop. eliptică folosită de obicei când se toarnă cuiva băutură în pahar)* spune cât vrei/când să mă opresc.

say yes one moment and no the next, to a nu fi consecvent; a spune când da când nu.

scab it, to *amer.* ← *F* 1. a fi spărgător de grevă. 2. a fi un trădător.

scalded cat/dog fears cold water, the *prov.* cine s-a fript cu ciorbă suflă și în iaurt.

scale down a debt/expenditure, etc., to a reduce o datorie/cheltuieli etc.

scales fell from smb.'s eyes, the i s-a luat (cuiva) vălul de pe ochi; acum vede limpede adevărul.

scale up benefits/income/salaries, etc., to a spori/ face să crească beneficiile/venitul/salariile etc.

scant of breath cu răsuflarea scurtă; respirând greu; gâfâind.

scanty/charry of words zgârcit la vorbă.

scarce as, (as); scarcer than hen's teeth *amer.* P rar ca iarba de leac; ca părul pe broască.

scared as a rabbit, (as) fricos ca un iepure; **he is ~** îi e frică și de umbra lui; e mereu cu inima sărită/ cu frica în sân.

scare smb. out of his senses/wits, to *F* a speria de moarte pe cineva.

scare up smth., to 1. a scoate vânatul din vizuină. 2. *fig.* a dezgropa/scoate la iveală ceva.

scatter-brained împrăștiat; zăpăcit.

scatter to the (four) winds, to 1. a spulbera; a împrăștia; a arunca în stânga și în dreapta. 2. a distruge; a face să se aleagă praful de.

schooled by/in adversity deprins cu necazurile; **he is ~** necazurile l-au învățat.

schoolmaster is abroad, the ← *F* cultura se răspândește; învățământul se extinde; oamenii învață.

scoop (large) profits, to a realiza profituri (mari).

scoop the other papers, to *jurn.* ← *sl.* a publica o știre înaintea celorlalte ziare.

scorch along, to ← *F* a goni cu mare viteză *(cu o mașină sau motocicletă)*.

score a goal/a century, to *sport* a marca un gol/o sută de puncte *(la cricket)*.

score an advantage/a success, to a izbuti/câștiga/ dobândi/înregistra un succes; a avea noroc *(într-o acțiune, direcție)*.

score a point over smb., to; score off smb. ← *F* a învinge pe cineva într-o discuție *(aducând un argument mai bun)*; a replica cuiva cu un argument hotărâtor; a umili pe cineva; *F* → a face pe cineva marț.

score a tray, to *(la rugby)* a reuși o încercare.

score out a paragraph/words, to a tăia (cu o linie), a bifa un paragraf/cuvinte.

score smth. up against smb., to a înregistra/*F* → pune/scrie ceva la catastif împotriva cuiva; a ține minte un prejudiciu/o ofensă adusă cuiva, pentru o eventuală răzbunare.

score the bull's eye, to *v.* hit the bull's eye.

score twice before you cut once măsoară de șapte ori și taie/croiește o dată.

score up a debt/drinks, to *F* a trece o datorie/con-sumație/băuturile în cont; *înv.* a scrie/trece la răboj.

scorn to do/doing smth., to a refuza să facă anumită acțiune considerând-o mai prejos de demnitatea sa.

scotch the snake not kill it, to *fig.* a remedia lucrurile la suprafață fără a distruge răul de la rădăcină.

scramble for money/position, etc., to a se lupta/ strădui/*F* a face pe dracu-n patru pentru a obține bani/o situație etc.

scramble on all fours, to a înainta anevoios, în patru labe.

scramble on in the world, to a se descurca (cu efort) în viață; a-și face cu greu un loc în lume; *F* → a reuși câinește.

scramble up one's hair, to a se pieptăna/a-și aranja părul în grabă/la întâmplare.

scrape a bow/leg, to a face o plecăciune/reverență.

scrape acquaintance with smb., to ← *F* a încerca/ face tot posibilul/*F* → pe dracu în patru pentru a cunoaște pe cineva.

scrape a living, scrape along, to a-și câștiga (cu greu) existența; a reuși (cu efort) să câștige cele necesare traiului; *F* → a o scoate la capăt târâș-grăpiș.

scrape along/against a wall, to a înainta/merge încet, lipit de perete.

scrape along together, to a se înțelege/a o duce bine împreună.

scrape clear of prison, to a scăpa (ca prin urechile acului) de închisoare; a fi foarte aproape de închisoare.

scrape home, to 1. a-și atinge (cu greu) ținta; a obține (în sfârșit) lucrul dorit. 2. a câștiga partida la limită.

scrape one's boots, to a-și curăța noroiul de pe tălpi (pe răzuitoare).

scrape one's chin, to ← *F* a se bărbieri.

scrape one's feet, to a tropăi; a târșâi picioarele *(în semn de nerăbdare sau pentru a acoperi vocea unui vorbitor)*.

scrape (out) one's plate, to a nu lăsa nimic în farfurie; a linge farfuria.

scrape the barrel, to *fig.* *F* a da de fundul sacului; a ajunge la fund/limita extremă; a epuiza toate re-sursele/posibilitățile.

scrape the bow across the fiddle, to ← *F* a cânta la vioară, a trage cu arcuşul pe corzile viorii; *iron.* a scârţâi la vioară.

scrape through an exam, to ← *F* a trece un examen cu greu/la limită/*F* → ca câinele prin apă.

scrape together/up money, to a strânge (câţiva) bani cu greu; a pune laolaltă ban cu ban.

scratch a candidate, to *amer.* ← *F* a tăia numele unui candidat de pe o listă electorală.

scratch a match/an engagement, to a contramanda/anula un meci/o întâlnire.

scratch for oneself, to ← *F* a se descurca singur; a-şi vedea singur de interesele sale.

scratch my back and I'll scratch yours serviciu contra serviciu; o mână spală pe alta (şi amândouă obrazul).

scratch one's head, to a se scărpina în cap (în semn de perplexitate, nedumerire, necaz).

scratch out words, to *v.* score out a paragraph.

scratch smb.'s name off (from a list), to a şterge numele cuiva (de pe o listă); a se retrage dintr-o competiţie.

scratch smb. where he itches, to ← *F fig.* a da cuiva ajutorul dorit.

scratch the surface of things, to *fig.* a cerceta/ trata lucrurile numai la suprafaţă, fără a merge mai în profunzime; a examina lucrurile superficial.

scream oneself hoarse, to a ţipa până răguşeşti/ îţi pierzi glasul.

scream oneself into fits (of laughter), to *F* a leşina/muri de râs.

scream one's head off, to a ţipa/urla cât te ţine gura; a ţipa foarte tare şi îndelung.

screen coal, to *min.* a desprăfui şi sorta cărbunele *(cu ajutorul unor site).*

screen smb.'s faults, to a acoperi/ascunde/camufla greşelile cuiva.

screen well/badly, to *(d. o piesă de teatru, un actor etc.)* a fi potrivit/nepotrivit pentru ecranizare; a merge bine/a nu merge în cinematografie.

screw down the cargo, to *mar.* a descărca un vas.

screwed up *sl.* fără bani; lefter; ţinichea; **to be ~ in a place** a fi ţintuit locului; a nu putea să te mişti din lipsă de bani.

screw (up) one's courage (to the sticking place), to *v.* muster up one's courage.

screw oneself into smth., to a amesteca/băga în ceva.

screw one's head on tight, to *F* a nu-şi pierde capul/calmul; a-şi ţine bine capul pe umeri.

screw smth. out of smb., to *fig.* a scoate de la cineva ceva *(o informaţie etc.)* prin constrângere; *A* → a pune pe cineva la presă.

screw up one's eyes/face, to a-şi miji ochii; a strânge din ochi *(din cauza unei lumini prea mari);* a-şi încorda muşchii feţei.

screw up one's lips, to I. a-şi ţuguia buzele. **2.** a-şi fereca gura; a nu mai vorbi; a rămâne mut.

screw up one's nose, to *fig.* a strâmba din nas; a umbla cu nasul pe sus; a fi mofturos/pretenţios.

scrounge a living, to a trăi pe socoteala altuia *(prin mijloace necinstite, chilipiruri etc.).*

scrub (out) an order, to *F* I. a contramanda/anula un ordin. **2.** a ignora/a nu ţine seama de un ordin.

scruple to do smth., to *(folosit de obicei la negativ)* a ezita să faci ceva *(datorită unor scrupule).*

seal a bargain, to a încheia un târg/o tranzacţie comercială.

seal smb.'s fate, to a pecetlui/hotărî irevocabil soarta cuiva.

seal smb.'s lips, to a face pe cineva să tacă/să nu divulge ceva; a închide gura cuiva.

seal smth. with blood, to *v.* shed one's blood for smth.

search after truth, to a căuta să afli adevărul.

search a house, to *jur.* a face o descindere/percheziţie într-o casă.

search for a knot/knots in a bulrush, to *v.* find a knot in a bulrush.

search high and low for smth., to *v.* look high and low for smth.

search me! *F* ştiu eu? habar n-am! întreabă-mă să te întreb!

search one's heart/conscience, to a-şi cerceta/ întreba inima; a-şi face un examen de conştiinţă.

search one's memory, to *v.* rummage in one's memory.

search to the bottom, to a merge până în fondul (unei probleme); a căuta să descoperi adevărata faţă a lucrurilor; *F* → a cerceta până în pânzele albe.

second a motion, to *pol.* a susţine/sprijini o moţiune.

second best al doilea ca valoare/calitate.

seconded from the regular army *mil.* scos din cadrele armatei regulate *(pentru a primi o sarcină specială).*

second hand de la a doua mână/al doilea proprietar; de ocazie.

second string to one's bow, a; to have ~ *fig.* I. a mai avea o coardă la arcul său; a avea şi o altă posibilitate/cale/resursă. **2.** a avea o a doua ocupaţie/profesie/pasiune.

second thoughts are best *aprox.* gândul cel bun vine la urmă; e mai bine să te gândeşti de două ori înainte de a lua o hotărâre.

second to none (de) neîntrecut; fără egal/pereche.

see about smth., to a avea grijă/a se ocupa de ceva.

see a clove, to *amer. sl.* a da ceva de duşcă.

see/take a joke, to a înţelege o glumă; *F →* a şti de glumă.

see a man about a dog, to *amer. F (scuză pentru a se duce la toaletă) aprox.* am puţină treabă, mă aşteaptă cineva.

see a mote in one's brother's eye, to *înv.* a vedea paiul din ochiul altuia (şi a nu vedea bârna din ochiul său).

see an end of/to smth., to a vedea sfârşitul (unei stări de lucruri neplăcute)

see any green in smb.'s eye, to *← sl.* a considera/ crede pe cineva naiv; *F →* a lua pe cineva drept fraier/prost.

see a/the red light, to *fig.* a-şi da seama de apropierea unui pericol.

see a wolf, to *v.* have seen a wolf.

see beyond the end of one's nose, to *fig. (folosit de obicei la negativ)* **he can't ~** nu poate vedea dincolo de lungul nasului; are vederi înguste/ limitate.

see daylight, to a vedea lumina zilei; a apărea; a se naşte.

see everything through rose-coloured spectacles, to a vedea totul în roz.

see (that) fair play is given, to 1. a avea grijă ca lucrurile să se desfăşoare corect. 2. a avea o atitudine imparţială; a respecta legea/regulile jocului.

see far and wide, to a vedea departe (în viitor)/ lucrurile în perspectivă; a avea un orizont larg.

see far into a millstone, to *← F* a fi foarte perspi- cace; a pătrunde în esenţa lucrurilor.

see/think fit, to a considera/socoti potrivit/indicat/ cu cale.

see for oneself, to a vedea singur/cu ochii proprii; a-şi da seama prin propria sa experienţă.

see here! *v.* look here!

see how the cat jumps, to/*amer.* **how the dander hops, to** *F* a aştepta să vezi dincotro bate vântul/ de unde sare iepurele; a vedea/a-şi da seama cum merg lucrurile.

see how the land lies, to a-şi da seama de o anumită situaţie/condiţie; a vedea cum stau lucrurile; a sonda/cerceta terenul (înainte de a lua o hotărâre).

see how the wind blows, to *v.* see how the cat jumps.

seeing is believing *prov.* cea mai bună dovadă e ceea ce vezi cu ochii; să nu crezi decât ce vezi.

seeing that considerând că; având în vedere că/în lumina acestor date/fapte.

see into/through a brick/stone wall, to *← F* a avea o minte ageră/ascuţită; a fi perspicace.

see it through, to *← F* a rezista până la capăt; a asista la desfăşurarea evenimentelor până la sfârşit.

seek a knot/knots in a bulrush/ring/rush, to *v.* find a knot in a bulrush.

seek a quarrel with smb., to *v.* pick a quarrel with smb.

seek game, to *vân. (d. un câine)* a căuta/adulmeca vânatul; **seek dead!** aport!

seek gape-seed, to *v.* buy gape-speed.

seek one's bed, to *lit.* a se duce la culcare.

seek one's fortune, to a-şi căuta norocul.

seek safety in flight, to a scăpa cu fuga; a fugi pentru a scăpa de pericol.

seek satisfaction from smb., to a cere cuiva satisfacţie.

seek smb./smb.'s hand in marriage, to *← înv.* a cere în căsătorie pe cineva; a cere mâna cuiva.

seek smb.'s life, to a căuta să omori pe cineva; a atenta la viaţa cuiva.

seek the shore, to *mar.* a căuta să te apropii de ţărm.

see land, to *fig. F* a găsi soluţia/calea/ieşirea dintr-un impas; a mai avea o (licărire) de speranţă.

see life, to a trăi din plin; a cunoaşte viaţa.

see little of smb., to a avea rareori prilejul de a vedea pe cineva; a nu întâlni/frecventa pe cineva decât foarte rar.

see much of smb., to a întâlni/frecventa foarte des pe cineva.

see no further than one's nose, to *v.* see beyond the end of one's nose.

see one's way about (clear), to 1. a şti/a-şi da seama ce cale trebuie să urmezi. 2. a şti cum să procedezi.

see out of the corner of one's eye, to a vedea cu coada ochiului; a zări/vedea în fugă/întâmplător; a-şi da seama de o situaţie dintr-o privire fugară.

see red/scarlet, to *fig.* a se înfuria; a vedea roşu înaintea ochilor.

see rocks ahead, to *fig.* a-şi da seama de apropierea unui pericol/unei catastrofe.

see service, to *mil.* a fi în cadrele armatei; a lua parte la o campanie militară; **to have seen (good) service** *(şi d. obiecte)* a-i fi servit cuiva foarte mult/ bine; a-i fi fost de mare folos.

see smb. across, to a ajuta pe cineva să traverseze.

see smb. at Jericho/York/damned/farther/ further/hanged/in hell/somewhere/shot first, to *F* a trimite pe cineva la dracu/toţi dracii/< la plimbare; *(exprimând un refuz categoric) aprox.* mai bine mor decât să ...

see smb. in, to a conduce/pofti pe cineva înăuntru.

see smb. off the premises, to *înv.* 1. a conduce pe cineva până la uşă. 2. a expedia pe cineva; a da pe cineva afară din casă; *F →* a arăta cuiva uşa.

see smb. off/to the station/airport, etc., to a conduce pe cineva la plecare/la gară/aeroport etc.

see smb. on business, to a avea o întrevedere de afaceri cu cineva; a discuta afaceri cu cineva.

see smb. out, to a conduce pe cineva până la uşă *(la plecarea dintr-o încăpere).*

see smb.'s back, to a vedea pe cineva plecând; a scăpa de cineva.

see smb.'s hoof in smth., to *← F* a-şi da seama de amestecul/intervenţia ascunsă a cuiva într-o chestiune; *F →* a-şi da seama că cineva şi-a băgat coada.

see smb. shot first, to *v.* **see smb. at Jericho first.**

see smb. through a difficulty/trouble, to a ajuta pe cineva la un necaz/nevoie.

see smth. done/that smth. is done, to a avea grijă ca un lucru să fie făcut (cum trebuie).

see snakes, to *sl.* a avea vedenii; a avea delirium tremens.

see stars, to *F* a vedea stele verzi.

see/spy strangers, to *(în Camera Comunelor)* a cere evacuarea tuturor pesoanelor străine, în afară de membrii şi funcţionarii permanenţi ai parlamentului.

see the colour of smb.'s money, to *← F* a primi bani; a vedea un ban de la cineva.

see the elephant, to *v.* **get a look at the elephant.**

see the fun, to *(de obicei la negativ)* a vedea partea comică; a înţelege hazul.

see the last of smb./smth., to a vedea pe cineva/ceva pentru ultima oară; a scăpa de cineva/ceva; a termina cu ceva; a nu mai da niciodată ochii cu cineva.

see the light, to 1. a apărea; a vedea lumina zilei. 2. a fi publicat. 3. *amer. fig.* a se dumiri; a-şi da seama de adevăr; a i se deschide ochii.

see the lions, to a întâlni/cunoaşte/frecventa oameni celebri.

see the New Year in, to a sărbători venirea Anului Nou/revelionul.

see the point, to a înţelege nuanţa/sensul/rostul/hazul.

see the red light, to *v.* **see a red light.**

see the sights, to a vizita obiectivele turistice/atracţiile/monumentele unui oraş.

see the sun, to a fi în viaţă; a trăi.

see the wheels go round, to a vedea/şti cum se desfăşoară/prezintă lucrurile; a lua cunoştinţă/a-şi da seama de mersul lucrurilor.

see things, to 1. a vedea multe lucruri; a culege impresii variate. 2. a avea halucinaţii/vedenii.

see things bloodshot, to 1. a vedea totul în culori sumbre, prevestind un dezastru. 2. a avea intenţii criminale; *aprox.* a fi setos de sânge.

see things in their true colours, to a vedea lucrurile în adevărata lor lumină/aşa cum sunt în realitate.

see things through rose-coloured spectacles, to a vedea lucrurile în roz.

see through a brick wall/millstone, to *v.* **see into a brick wall.**

see through a glass/darkly, to a nu vedea clar; a distinge cu greu; a vedea ca prin ceaţă/sită.

see through a ladder, to a nu vedea ceea ce este clar pentru toţi; *P →* a avea orbul găinilor.

see through blue glasses, to a fi pesimist; a vedea totul în negru.

see through smb.'s game, to a pricepe jocul cuiva; a înţelege intenţiile ascunse ale cuiva.

see to it (that), to a avea grijă (ca); a se ocupa (de ...).

see which way the cat jumps, to *v.* **see how the cat jumps.**

see with half an eye, to a-şi da seama/a pricepe numaidecât/cu uşurinţă; a vedea cât de colo.

see you again/soon! la revedere! pe curând!

seize occasion/opportunity/time by the fore-lock, to *v.* **catch time by the forelock.**

seize in/upon an idea/a chance/mistake, to a prinde repede/din zbor o idee/o ocazie favorabilă/o greşeală (a altuia); a sesiza/detecta/*F →* vâna o ocazie/o greşeală/un punct slab.

seize one's opportunity, to a nu pierde prilejul/ocazia; a şti să te foloseşti de un prilej favorabil; a prinde momentul.

seize power, to a pune mâna pe putere.

seize smb.'s goods, to *jur.* a pune sechestru pe bunurile/averea cuiva *(pentru plata unor datorii).*

seize smth. with both handes, to a adopta ceva cu multă bucurie/nerăbdare; a se folosi din plin de ceva *(o idee, propunere, situaţie avantajoasă).*

seize the occasion to .., to a (se) folosi de prilejul/ocazia de a ...

seize time by the forelock, to *v.* **catch time by the forelock.**

self comes first în primul rând te gândeşti la tine; *P →* pielea e mai aproape decât cămaşa.

self/do, self have *prov.* 1. ce-şi face omul cu mâna lui e bun făcut/e sfânt. 2. *aprox.* cum îţi vei aşterne aşa vei dormi.

self praise is no recommendation lauda de sine nu miroase bine.

sell a pig in a poke, to ← *F* a vinde/da cuiva un lucru pe nevăzute; *F →* a vinde mâța-n sac.

sell a pup, to ← *sl.* a înșela/escroca (pe un naiv).

sell at a loss, to a vinde în pagubă.

sell by hand/private contract, to a vinde pe sub mână/printr-o convenție secretă.

sell down the river, to ← *F* a trăda/vinde pe cineva/ interesele unei colectivități.

sell for cash, to a vinde pe bani gheață/peșin.

sell like hot cakes/smoke/wild fire, to *v.* **go like hot cakes.**

sell on commission, to a vinde cu comision; a încasa un comision asupra vânzării.

sell one's birthright (for a mess of pottage), to a se vinde pe un blid de linte/pe un preț foarte mic.

sell one's commission, to *înv. (în Anglia)* a-și vinde brevetul de ofițer.

sell oneself, to **I.** a se vinde. **2.** a se prezenta (altora) într-o lumină cât mai bună *(cu scopul de a obține o situație/slujbă etc.).*

sell one's hens on a rainy day, to *fig.* **I.** a-și vinde marfa într-un moment nepotrivit. **2.** a se dovedi nepriceput/nepractic; a face afaceri proaste.

sell one's life dearly, to a-și vinde scump pielea/ viața.

sell out stock/shares, to *com.* a vinde integral/a lichida mărfuri/acțiuni.

sell over the counter, to a vinde la tejghea/în prăvălie; *(prin extensie)* a fi negustor.

sell (by) retail, to *com.* a vinde cu amănuntul.

sell short, to *com.* a vinde *(titluri sau mărfuri)* cu livrare la o dată viitoare.

sell smb. a dig, to a da cuiva cu tifla; a-și bate joc de cineva.

sell smb. a gold brick, to a păcăli/trage pe sfoară pe cineva; *aprox.* a vinde cuiva o mină de aur.

sell smb. a pup, to a vinde o marfă proastă pe un preț mare; a înșela pe cineva.

sell smb. blind, to a despuia/jefui pe cineva; *fig.* a lăsa pe cineva cu pielea.

sell smb. out, to a vinde/trăda pe cineva/interesele cuiva.

sell smb. (to) the idea, to *amer.* ← *F* a convinge pe cineva să adopte o idee/un punct de vedere; *(la pasiv)* **be sold on smth.** a crede în/a îndrăgi ceva.

sell smth. at a sacrifice, to a vinde ceva în pierdere.

sell the bearskin before the bear is caught, to a vinde pielea ursului din pădure.

sell the pass, to a trăda o cauză/patria; a fi un trădător.

sell time, to *amer. tel.* a da/rezerva (contra cost) un spațiu pentru o emisie la radio sau televiziune.

sell under the counter, to a vinde pe sub mână/la negru/la bursa neagră.

sell (by) wholesale, to a vinde angro/cu ridicata.

sell your ass! *sl.* du-te și te plimbă! nu mai vorbi aiurea! termină cu prostiile!

send a baby on an errand, to *fig.* ← *F* a sorti ceva de la început unui eșec.

send and get, to a trimite după/să aducă.

send and see, to a trimite să vadă/să-și dea seama de o situație.

send a student down, to a exmatricula/elimina un student *(dintr-o universitate engleză).*

send down the throat, to a înghiți; a mânca; a bea.

send for Gulliver! *F* nu merită discuția! e o prostie! las-o baltă!

send forth leaves, to *(d. o plantă)* a-i da frunza; a încolți.

send in one's names, to **I.** *(d. un vânzător)* a se anunța, a-și spune numele. **2.** a se înscrie la un concurs etc. *(ca participant).*

send in one's papers/resignation, to a-și înainta actele/demisia.

send it in to smb., to *F* **I.** a-i da cuiva de știre. **2.** a bate/*P →* atinge/cotonogi pe cineva.

send off the field, to a elimina (un jucător) de pe teren.

send one's love to smb., to *(formulă folosită de obicei în scrisori)* a trimite cuiva afectuoase salutări/ toată dragostea.

send out a feeler, to *v.* **put forth a feeler.**

send out to grass, to *v.* **put to grass.**

send owls to Athens, to *v.* **carry coals to Newcastle.**

send round the hat, to *v.* **go round with the hat.**

send smb. about his business/flying/packing/to the right-about, to *F* **I.** a trimite pe cineva să-și caute de treabă/la plimbare; a da papucii cuiva. **2.** a nu permite cuiva să se amestece unde nu-i fierbe oala.

send smb off/away with a flea in his ear, to ← *F* **I.** a respinge/refuza categoric pe cineva; *F →* a trimite pe cineva la plimbare; a face pe cineva să plece cu coada între picioare. **2.** a pune pe cineva la locul lui/cu botul pe labe.

send smb. flying, to *v,* **send smb. about his business.**

send smb. into a fever of excitement, to a produce cuiva o mare emoție/agitație; *F →* a pune pe cineva pe jeratic.

send smb. on a fool's errand, to ← *F* a face pe cineva să caute/să umble degeaba *(după un lucru care nu poate fi găsit);* a pune pe cineva pe drumuri de pomană; *aprox. P →* a trimite după potcoave de cai morți.

send smb. packing, to *v.* **send smb. about his business.**

send smb. spinning/sprawling, to a face pe cineva să vadă stele verzi *(ca urmare a unei lovituri);* a trânti pe cineva la pământ; a-l da peste cap.

send smb. to Coventry, to ←*F* 1. a boicota pe cineva; *F →* a întoarce spatele cuiva. 2. a ostraciza/exclude pe cineva din mijlocul unei comunități.

send smb. to grass, to ← *P* a trânti/culca pe cineva la pământ.

send smb. to hell/to the devil/*amer.* **to the devil across lots/to hell across lots, to** a trimite pe cineva la dracul/toți dracii.

send smb. to kingdom come, to *F* a trimite pe cineva pe lumea cealaltă.

send smb. to sleep, to a adormi pe cineva.

send smb. to the devil (across lots), to *v.* **send smb. about his business.**

send smb. to the scaffold, to *înv.* a trimite/condamna pe cineva la moarte (pe eșafod).

send smb. up the river, to *amer.* ← *F* a trimite pe cineva la închisoarea Sing-Sing.

send smb. up the wall, to ← *F* a enerva/irita pe cineva la culme; a-l călca pe nervi; a scoate pe cineva din sărite.

send smth. by hand, to a trimite ceva printr-o persoană.

send the axe after helve, to a-și risca ultima șansă/ultimele resurse; a pune totul în joc; a persevera într-o acțiune cu puține șanse de succes.

send to glory, to *v.* **send smb. to kingdom come.**

send to the bottom, to a scufunda; a da la fund.

send to the chair, to *amer.* a trimite pe scaunul electric.

send to the hammer, to *v.* **bring to the hammer.**

send up a bill (to the Upper House), to a trimite un proiect de lege spre votare în Camera Superioară a Parlamentului.

send up a kite, to *v.* **fly a kite.**

send up for trial, to 1. a trimite la judecată/înaintea unui tribunal. 2. *amer.* a găsi pe cineva vinovat.

separate the husk/wheat from the grain/chaff, to *și fig.* a alege grâul de neghină.

separate the milk, to a centrifuga laptele *(pentru a scoate untul din el).*

separate the sheep from the goats, to a face o distincție clară între un lucru și altul; a deosebi albul de negru/binele de rău; *v. și* **separate the husk from the grain.**

separate for the night, to a se retrage pentru a se duce la culcare.

separate from a friend/an acquaintance, to a se despărți de/a rupe relațiile cu un prieten/o cunoștință.

serve a gun, to a fi servant la o piesă de artilerie.

serve a notice on smb., to *jur.* a aduce cuiva la cunoștință o hotărâre judecătorească/oficială.

serve a turn, to *v.* **serve one's turn.**

serve a writ/summons on smb., to *jur.* a prezenta/înmâna cuiva o notificare/citație/somație.

serve before the mast, to *v.* **sail before the mast.**

serve no purpose, to a nu-și atinge/îndeplini scopul; a fi inutil.

serve notice, to a da/trimite o înștiințare oficială.

serve one's purpose, to *v.* **answer one's purpose.**

serve one's sentence/term, to a-și ispăși pedeapsa.

serve one's time, to 1. a-și face stagiul. 2. a-și ispăși condamnarea.

serve one's turn, to 1. a-și îndeplini scopul. 2. a-și juca rolul/îndeplini chemarea.

serve smb. a trick, to *v.* **play a low-down trick on smb.**

serve smb. a dirty trick, to a face cuiva o figură urâtă; a se purta neloial/incorect.

serve smb. hand and foot, to a sluji pe cineva cu mult zel; a fi devotat cuiva trup și suflet.

serve smb. out for smth., to a se răzbuna pe cineva pentru o ofensă etc.; a-i plăti cuiva cu aceeași monedă; a i-o plăti.

serve smb.'s turn, to a-i conveni cuiva; a corespunde intențiilor cuiva; a-i fi cuiva de folos.

serve smb. the good turn of, to a oferi cuiva un bun prilej de ...; a face cuiva serviciul de ...

serve smb. with the same sauce, to a plăti cuiva cu aceeași monedă.

serve the purpose, to a corespunde scopului propus; a fi folositor/util; a-i conveni (cuiva).

serve the same sauce to smb., to *v.* **serve smb. with the same sauce.**

serve the shop, to a servi clienții/cumpărătorii.

serve the time, to a fi oportunist, *F →* a se da după vânt.

serve under an officer/a general, to a face războiul sub comanda unui ofițer/general.

serve you/him/her, etc. right! *F* așa îți/îi etc. trebuie! să te înveți/să se învețe minte.

set a bone/limb, to a pune la loc/a vindeca un os/membru (scrântit).

set about smb., to a ataca pe cineva; a se năpusti asupra cuiva (cu mâna sau vorba); a se repezi la cineva.

set a countenance, to a-și lua o expresie; a face o anumită figură.

set a crush on smb., to *v.* **have a crush on smb.**

set a dog at/on an animal/a person, to a asmuți un câine asupra unui animal/unui om.

set a fox to keep one's geese, to *prov.* a pune lupul să păzească oile/cioban la stână; a pune mâța strajă la lapte.

set a frame aerial, to *tel.* a orienta un cadru.

set a gem, to a monta o piatră prețioasă.

set a/one's hand to smth., to 1. a se apuca de ceva *(o treabă, o activitate)*; a pune mâna pe un lucru. 2. a-și pune semnătura pe (un document).

set a hen, to a pune o cloșcă/o găină pe ouă.

set (a) high value on smth., to a pune mare preț pe ceva.

set a limit to smth., to a pune o limită/stavilă unui lucru; a limita/stăvili; a nu lăsa să se extindă.

set a piano, to a acorda un pian.

set a prize on smb./smb.'s head, to a pune un premiu pe capul cuiva.

set a rumour about, to a lansa un zvon despre.

set a scene, to a monta un decor (de teatru).

set aside one's own feelings/interests, to a face abstracție de propriile sale sentimente/interese.

set a stone rolling, to *fig.* a declanșa fenomene/ forțe neașteptate; a face o acțiune cu consecințe grave/neprevăzute.

set a task before smb., to a da/trasa/pune cuiva în față o sarcină.

set a thief to catch a thief, to *F prov.* cui pe cui se scoate.

set at large/at liberty/free, to a pune în libertate; a elibera; *F →* a da drumul.

set at naught/nought, to 1. a desconsidera; *F →* a nu da nici un ban pe. 2. a-și bate joc de; a ridiculiza. 3. a distruge; a desființa; a reduce la zero.

set at no price/value, to a nu pune nici un preț pe; a considera (cu totul) lipsit de valoare.

set a trap for smb., to a întinde cuiva o cursă.

set at variance/loggerheads, to a provoca/pricinui neînțelegere/ceartă.; *F →* a băga/semăna zâzanie.

set a veto on smth., to *v.* **put a veto on smth.**

set back the clock, to *v.* **put back the clock.**

set beside the cushion, to *v.* **put beside the cushion.**

set bounds to smth., to a limita/îngrădi ceva; a pune o stavilă pentru a limita extinderea unui lucru.

set by the ears, to ← *F* a face să se certe; a învrăjbi; *F →* a asmuți pe unul împotriva celuilalt; a produce conflicte/certuri/neînțelegeri.

set by the heels, to *v.* **clap by the heels.**

set down one's foot, to *v.* **put down one's foot.**

set fair, to *(d. vreme)* a se face frumos; a se însenina.

set fire to smth., to a da/pune foc la ceva.

set foot at/in/on, to *v.* **put foot at.**

set forth one's claims/grievances, to a-și formula/ exprima revendicările/nemulțumirile.

set free, to *v.* **set at large.**

set great/much/a lot of store by smb./smth., to 1. a aprecia ceva/pe cineva; a pune mare/mult preț pe cineva/ceva. 2. a avea încredere în cineva/ceva; a se bizui pe/a-și pune nădejdea în cineva/ceva.

set in a roar, to a face să râdă cu hohote.

set in motion, to a pune în mișcare.

set little (store) by smth., to a avea o proastă/ slabă părere despre ceva; a nu avea încredere în ceva; *F →* a nu da nici doi bani pe ceva.

set little price/value upon, to a pune puțin preț pe; a nu prețui.

set measures to smth., to a limita/reglementa ceva; a stăvili/îngrădi/pune limite la ceva.

set much (store) by smb./smth., to *v.* **set great store by smb.**

set much value on/upon, to a pune mult preț pe.

set naught by, to *v.* **set at naught.**

set no price by/of/upon, to a nu prețui/nu considera important/valoros; *F →* a nu da nici doi bani pe.

set not your loaf till the oven's hot *prov.* fiecare lucru la timpul său; nu băga pita-n cuptor până nu arde focul.

set off a gain against a loss, to a compensa/pune în balanță un câștig cu o pagubă.

set off one's goods/assets, to a-și pune în valoare/ a prezenta în condiții cât mai bune mărfurile.

set on a cast, to *v.* **stake on a cast.**

set one's back against the wall, to *fig.* a-și mobiliza toate forțele pentru a înfrunta o situație grea; a se pregăti să înfrunte greutăți.

set one's bag/net for smb., to a întinde o cursă cuiva; a încerca să prinzi în laț/capcană pe cineva.

set one's best foot/leg first/foremost/forward, to *v.* **put one's best foot first.**

set one's cap at/*amer.* **for smb., to** *(d. o femeie)* a-și pune în gând să cucerească pe cineva; *aprox. F → iron.* a pune gând rău cuiva.

set one's clothes in print, to a umbla frumos/ îngrijit îmbrăcat; *F →* a fi ca scos din cutie/la patru ace.

set oneself/one's face against smth., to a se opune hotărât unui lucru; a se înverșuna împotriva unui lucru.

set oneself down as, to a se da/prezenta drept; a-și asuma o anumită calitate/un titlu etc.

set oneself right with smb., to *v.* **put oneself right with smb.**

set oneself to do smth., to a se apuca de o treabă; a-şi pune în minte/propune să facă ceva.

set oneself/smb. up as, to 1. a se instala/a instala pe cineva într-o meserie/profesie *(deschizând un atelier, un birou, un magazin etc.).* 2. a (se) considera drept; a se erija în.

set one's face like (a) flint, to a lua o expresie impenetrabilă; a lua/căpăta o expresie dură/implacabilă.

set one's face to/towards smth., to 1. a-şi îndrepta/întoarce privirea către ceva. 2. a se îndrepta către ceva; a se orienta într-o anumită direcție.

set one's foot at/in/on, to *v.* **put foot at.**

set one's foot down, to *v.* **put down one's foot.**

set one's hair, to a-şi face ondulații; a-şi aranja părul *(când e ud).*

set one's hand to smth., to *v.* **set a hand to smth.**

set one's heart at ease/rest, to a nu-şi face griji; a fi împăcat/liniştit/pe pace.

set one's heart/mind on/upon smth., to 1. a dori ceva foarte mult; a-şi pune ceva în gând/minte; a fi hotărât să obțină ceva. 2. a se aştepta la ceva; a-şi pune nădejdea/speranța în ceva.

set one's heel upon, to 1. a-şi pune călcâiul/piciorul pe. 2. *fig.* a ţine sub călcâi; a călca în picioare; a asupri; a înăbuşi; a zdrobi.

set one's horses together, to 1. a lucra mână în mână cu cineva. 2. a fi apropiat/intim cu cineva; *F* → a se bate pe burtă cu cineva.

set one's house in order, to *(adesea fig.)* a pune lucrurile în ordine; a face ordine în problemele sale personale.

set one's life on a throw of dice, to a-şi risca viața, *înv.* a-şi pune viața la mezat.

set one's mind on/to/upon smth., to *v.* **set one's heart on smth.**

set one's name/hand/seal to smth., to 1. a-şi pune semnătura pe ceva. 2. *fig.* a întări/legifera/sancţiona printr-o semnătură.

set one's teeth, to 1. a strânge din dinţi. 2. *fig.* a se pregăti de înfruntat o greutate; a lua o hotărâre fermă.

set one's wits to another's, to a discuta în contradictoriu cu cineva; *fig.* a încrucişa spada cu cineva.

set one's wits to wrok, to a se gândi intens; a-şi frământa mintea; *F* → a-şi pune creierul la contribuţie/la teasc.

set on/upon the square, to a pune în ordinea cuvenită; a face ordine; a restabili ordinea.

set on the tenter hooks, to *v.* **put on the tenter hooks.**

set pen to paper, to a pune tocul/pana pe hârtie; a pune mâna pe toc; a se apuca de scris.

set right, to *v.* **put right.**

set sail, to 1. *mar.* a înălţa/ridica velele. 2. *fig.* a porni într-o călătorie (pe mare).

set shoulder to (the) wheel, to *fig.* a pune umărul; a participa la un efort comun.

set smb. a task, to *v.* **set a task before smb.**

set smb. at ease, to a linişti pe cineva; a face pe cineva să se simtă bine/la largul său.

set smb. down, to 1. a lăsa pe cineva să coboare dintr-un vehicul; a depune/debarca/lăsa pe cineva într-un loc anumit. 2. a pune pe cineva la locul lui; *F* → a tăia nasul cuiva.

set smb. down for, to 1. a nota/înregistra/*F* → trece în catastif contribuţia bănească a cuiva. 2. a lua/considera pe cineva drept ...

set smb. free, to *v.* **set at large.**

set smb./a machine going, to a pune în mişcare pe cineva/o maşină; a da impulsul iniţial necesar unei mişcări.

set smb. on his feet/legs, to *v.* **put smb. on his feet/legs.**

set smb. on his mettle, to *v.* **put smb. on his mettle.**

set smb. on the wrong track, to a pune pe cineva pe o pistă greşită; a da cuiva indicaţii greşite.

set smb. over (the) others, to a da cuiva autoritate/putere asupra altora.

set smb. right, to a lămuri pe cineva; a-i explica o eroare; a face pe cineva să cunoască adevărul.

set smb.'s back up, to *v.* **get smb.'s back up.**

set smb.'s curiosity agog, to a stârni/trezi curiozitatea cuiva.

set smb.'s teeth on edge, to ← *F* a irita; a produce cuiva neplăcere/repulsie/scârbă; *aprox.* a călca pe cineva pe nervi; a face să i se zbârlească părul.

set smb. up, to *amer.* ← *F* a trata pe cineva (cu ceva); a oferi cuiva o trataţie.

set smb. upon a pedestal, to *v.* **put smb. upon a pedestal.**

set smth. on fire, to *v.* **set fire to smth.**

set smth. on foot/its feet/legs, to *v.* **put smth. on foot.**

set smth. on the rack, to *v.* **put smth. on the rack.**

set spurs to, to *v.* **put spurs to.**

set store by smb./smth., to 1. a aprecia/preţui cineva/ceva; a ţine mult la cineva/ceva. 2. a avea încredere în cineva/ceva.

set the alarm clock at, to a pune ceasul deşteptător să sune la ...

set the ball rolling, to a declanşa discuţii, a porni conversaţia, a lua iniţiativa într-o discuţie/licitaţie/ într-un concurs etc.; a fi primul care ia cuvântul/ deschide calea discuţiilor.

set the best foot first/foremost/forward, to *v.* **put one's best foot first.**

set the cart before the horses, to *v.* **put the cart before the horses.**

set the clock back, to *v.* **put back the clock.**

set the controls, to *av.* a regla comenzile.

set (the edge of) a razor/(the teeth of) a saw, to a ascuţi tăişul unui brici/dinţii unui ferăstrău.

set the example, to a da exemplu.

set the fashion/style, to 1. a lansa moda. 2. a stabili linia; a da tonul.

set the heather on fire, to a stârni agitaţie/învăl-măşeală/panică.

set the Hudson on fire, to *amer. v.* **set the Thames on fire.**

set the pace, to 1. *sport* a imprima un anumit ritm *(unei curse); F →* a duce/ţine trena. 2. *fig.* a da tonul.

set the question at rest, to a aranja/rezolva o pro-blemă; a considera o chestiune rezolvată/închisă.

set the scene, to a descrie/prezenta/pregăti cadrul unei acţiuni *(în teatru, sport etc.).*

set the stage for, to *şi fig.* a pregăti scena; a asigura condiţiile preliminare *(unei acţiuni); aprox.* a netezi calea/drumul pentru ceva.

set the table, to a pune/aranja masa; a pune bucate pe masă.

set the Thames on fire, to ← *F* 1. a ieşi în evidenţă printr-o faptă deosebită; a face vâlvă. 2. *(folosit de obicei la negativ)* a se bucura de un renume stră-lucit; a fi inteligent; **he did not ~** nu a descoperit America/praful de puşcă.

set the tortoise to catch the hare, to *prov.* e o strădanie zadarnică; *aprox.* a face apa să curgă la deal.

set the wolf to keep the sheep, to *v.* **set a fox to keep one's geese.**

set things right, to a îndrepta lucrurile; a pune lucrurile în ordine; a remedia o eroare.

settle a bill, to a plăti nota/cheltuiala/consumaţia etc.

settle accounts with smb., to 1. a-şi încheia soco-telile cu cineva. 2. a se răfui cu cineva; a pedepsi pe cineva (pentru o ofensă).

settle a lawsuit (amiably), to a rezolva un litigiu printr-o tranzacţie; a ajunge la un acord într-un proces.

settle a property/money on smb., to 1. a pune o proprietate/bani pe numele cuiva. 2. a lăsa cuiva moştenire proprietăţi/bani.

settle a question, to a rezolva o chestiune.

settle a sail, to *mar.* a coborî o velă.

settle down for life, to a se căsători/*F →* rostui; a-şi întemeia un cămin.

settle down to do smth., to a se apuca de o muncă.

settle for clean sheets, to *fig.* a începe o viaţă nouă (mai pură); a se dezbăra de păcatele trecutului.

settle into shape, to a se fixa; a se stabiliza într-o formă definitivă; a se contura.

settle off old scores, to *v.* **pay off old scores.**

settle one's affairs, to 1. a-şi rezolva treburile. 2. *fig.* a-şi face testamentul.

settle one's children, to a-şi aranja/rostui/copiii; a-şi aşeza copiii la casele lor.

settle out of court, to *jur.* a stinge acţiunea prin împăcarea părţilor; a se împăca înainte de a aduce cazul în faţa instanţei.

settle smb.'s doubts, to a înlătura îndoielile cuiva.

settle smb.'s hash for him, to *F* 1. a bate/chelfăni pe cineva; *P →* a face pe cineva piftie/chisăliţă. 2. a desfiinţa/distruge pe cineva; a face cuiva de petrecanie.

settle up with smb., to *v.* **settle accounts with smb.**

set tongues wagging, to a da (lumii) prilej de vorbă; a face lumea să bârfească.

set to work, to a se apuca de lucru; a se pune pe treabă.

set up a/the war whoop, to *v.* **give a war whoop.**

set up for a musician/a scholar, etc., to a se pre-tinde mizician/erudit etc.; a se erija în ...

set up house together, to a face menaj împreună; a trăi sub acelaşi acoperiş ca soţ şi soţie.

set up in business, to a intra în afaceri; a se apuca de comerţ; a-şi deschide o prăvălie/agenţie comercială etc.

set up one's/smb.'s bristles, to a (se) înfuria; a-i sări muştarul; a face să-i sară muştarul cuiva.

set up one's comb, to *F* a se umfla în pene (ca un curcan).

set up one's sail to every wind, to *fig.* a se orienta după cum bate vântul; a fi oportunist.

set up to smb., to *amer.* ← *F* a face curte cuiva.

set well/badly, to *(d. o rochie)* a cădea/veni bine/ rău.

shackle oneself with smth., to a se împovăra cu ceva; a lua asupra sa/pe umerii săi *(o răspundere, o muncă suplimentară etc.).*

shade a lamp, to a pune un abajur la o lampă.

shade away/off colours, to a estompa culori.

shade one's eyes with one's hand, to a-şi pune mâna streaşină la ochi *(pentru a-i feri de o lumină prea puternică şi astfel a vedea mai bine).*

shake! *F* bate palma! s-a făcut!

shake a free/loose leg, to a duce o viaţă dezordonată/desfrânată.

shake a leg, to ← *F* 1. a se grăbi; a se mişca mai iute. 2. a dansa, a ţopăi.

shake all over, to a tremura din tot corpul/ca varga.

shake down on smth., to a dormi pe un pat improvizat.

shake down smb., to *amer.* ← *F* a scoate bani de la cineva; *F →* a scutura/uşura pe cineva de bani.

shake down to new conditions, to a se adapta la nişte condiţii noi.

shake hands (with smb.), to 1. a da mâna cu cineva; a strânge mâna cuiva. 2. ~ **on smth.** a se învoi; a cădea de acord (asupra unei tranzacţii); *F →* a bate palma.

shake hands with oneself, to ← *F* a se felicita; a fi mulţumit de sine.

shake hands with smth., to 1. a face cunoştinţă cu ceva. 2. a-şi lua adio/rămas bun de la ceva.

shake in one's boots/shoes, to a tremura de frică; *F →* a-i clănţăni cuiva dinţii de frică.

shake like an aspen leaf/a jelly, to *v.* quake like an aspen leaf.

shake one's finger at smb., to a-i face cuiva cu degetul *(ca avertisment sau dezaprobare).*

shake one's fist/stick, etc. in smb.'s face, to a ameninţa pe cineva cu pumnul/băţul etc.

shake off a cold/a black mood, etc., to a scăpa de o răceală/o stare depresivă etc.

shake off one's pursuers, to a scăpa de cei care te urmăresc; a face pe urmăritori să-ţi piardă urma.

shake oneself free, to a se degaja/debarasa de cineva printr-o mişcare bruscă; a scăpa din mâinile cuiva.

shake one's foot/feet, to *F fig.* a fi contra; a respinge; a nu accepta; *aprox.* a se pune de-a curmezişul.

shake one's head, to a da din cap *(în semn de negaţie, dezaprobare).*

shake one's sides (with laughter), to *F* a râde în hohote; *P →* a se ţine cu mâinile de burtă de râs.

shake out a sail/table cloth, to a întinde o velă/o faţă de masă.

shake smb. by the hand/smb.'s hand, to a strânge mâna cuiva *(pentru a-l saluta, felicita sau a-i exprima recunoştinţa).*

shake smb.'s faith, to a zdruncina încrederea cuiva.

shake/wield the big stick, to *amer.* a ameninţa, a duce o politică de ameninţări/persecuţii/mână forte.

shake the dust from/off one's feet, to *fig.* a părăsi un loc fără părere de rău; < a pleca supărat/dezgustat.

shake the pagoda tree, to 1. *înv.* a face avere în India/(prin extensie) în colonii. 2. a se îmbogăţi repede *(adesea prin mijloace ascunse); aprox.* a da de o mină de aur.

shake the plum-tree, to *amer.* ← *F (despre un partid politic ajuns la putere)* a împărţi funcţii/favoruri membrilor săi; *aprox. F →* a pune în pâine; a vârî în caşcaval.

shake to and fro, to a se clătina; a se mişca încoace şi încolo.

shake up smth., to *amer.* ← *F* a reorganiza ceva; a înviora/stimula o activitate.

shallow streams make most din *prov.* carul/polobocul gol hodorogeşte mai tare.

sham Abraham, to ← *F* a simula o boală.

shame on you! să-ţi fie ruşine!

shame smb. into/out of doing smth., to a obliga pe cineva să facă/să nu facă un lucru, făcându-l să-i fie ruşine de fapta sa; a face apel la orgoliul/sentimentul de ruşine al cuiva pentru a-l determina la o acţiune.

shank it, to ← *sl.* a merge pe jos/*F →* apostoleşte; a umbla; a se plimba.

shape a coat to smb.'s figure, to a ajusta/potrivi o haină pe corpul cuiva.

shape an answer, to a formula un răspuns; a se gândi la un răspuns.

shape one's course, to 1. *mar.* a-şi trasa/fixa ruta. 2. *fig.* a-şi hotărî calea/drumul; a se dirija (spre), a-şi îndrepta paşii către.

shape one's life, to a-şi construi/dirija/orienta viaţa *(în conformitate cu un anumit principiu, scop etc.).*

shape the course of public opinion, to a imprima o anumită direcţie opiniei publice; a dirija/influenţa opinia publică.

shape well/badly, to *(d. o afacere, întreprindere)* a promite; a părea că merge bine/rău; a lua o întorsătură bună/proastă.

share and share alike în părţi egale; **to ~** a împărţi la toţi în mod egal.

share crop, to a lucra în dijmă.

share in a work, to a colabora la o muncă; a-şi asuma o parte dintr-o lucrare/activitate.

share the same fate, to a avea/a împărtăşi aceeaşi soartă.

sharp as a needle, (as) 1. ascuţit ca un ac/brici. 2. ascuţit/ager la minte; pătrunzător; *F →* deştept foc.

sharp as a razor, (as) 1. ascuțit/tăios ca briciul. 2. *fig. (d. vorbe etc.)* tăios.

sharpen one's tools, to *fig.* a se pregăti; a-și pregăti armele/argumentele etc.

sharpen one's wits, to ← *F* a deveni mai ager/perspicace/clarvăzător.

sharp's the word! *F* mișcă! dă-i bătaie/bice la cai/zor!

shattered in mind and body zdruncinat/atins/afectat fizic și moral.

shatter smb's confidence, to *v.* **shake smb.'s faith.**

shave off a slice of smth., to a tăia o felie subțire din ceva.

shave the budget, too a reduce/tăia prevederile bugetare.

shear a good fleece, to *(d. oi)* a da/produce o lână bogată/de bună calitate.

shear sheep that have them *prov.* cine are parale cumpără basmale.

sheathe the sword, to 1. a băga sabia în teacă. 2. *fig.* a pune capăt unui conflict; a înceta războiul/lupta; a face pace.

shed blood like water, to a vărsa mult sânge/valuri de sânge.

shed floods of tears, to a vărsa șuvoaie/torente de lacrimi.

shed hoofs/horns/skin, to *(d. animale)* a-i cădea copitele, coarnele; a-și schimba pielea.

shed leaves, to *(d. arbori)* a-și schimba/a-i cădea funzele.

shed light on smth., to a arunca o lumină asupra unui lucru/fapt; a arăta adevărata față a unui lucru; a lămuri/clarifica ceva.

shed one's blood for a cause/one's country, to a-și jertfi viața pentru o cauză/țara sa etc.

shed skin, to *v.* **shed hoofs.**

sheer away from/off smb./smth., to a se îndepărta (iute) de cineva sau ceva (neplăcut); a evita un om/lucru; *aprox. F →* a se feri ca de dracul de cineva/ceva.

she is near her time *(d. o femeie)* i se apropie timpul să nască; *F →* i se apropie sorocul.

shell out (money), to ← *sl.* a plăti; *F →* a scoate banul/biștarii.

shelter/shield smb., from blame, to a apăra/proteja pe cineva împotriva unei acuzații/critici; a pune pe cineva la adăpost de orice critică.

she's a dear old thing! e o bătrânică foarte drăguță/simpatică.

shift a stranded ship, to *mar.* a degaja/despotmoli un vas eșuat.

shift for oneself, to a-și face singur rost de cele necesare *(traiului etc.);* a se descurca singur.

shift load into the other hand, to a trece greutatea/povara dintr-o mână într-alta.

shift off responsibility/task, etc., to a se scutura/a scăpa de o răspundere/sarcină (trecând-o altuia).

shift one's ground, to *fig.* a-și schimba poziția/atitudinea/argumentele.

shift one's lodgings/quartes, to a se muta; a-și schimba locuința.

shift smth. one hour forward/or back, to a decala ceva cu o oră; a da ceva cu o oră înainte/sau înapoi.

shift smth. on to other shoulders, to *v.* **put on smb.'s shoulders.**

shift the blame on smb., to a da vina pe altcineva.

shift the gears, to *auto* a schimba vitezele; **shift into third gear** treci în viteza a treia.

shift the scene(s), to *teatru* a schimba decorul.

shine in conversation/society, etc., to a avea o conversație strălucitoare/briantă; a se remarca în societate printr-o conversație plină de strălucire.

shine up to smb., to *amer.* ← *F* 1. a căuta să se pună bine cu cineva. 2. a face cuiva ochi dulci.

shin it off, to *amer. F* a o șterge/lua la sănătoasa.

shin up a tree, to a se cățăra într-un pom.

ship a sea, to *mar. (d. o ambarcațiune)* a fi inundată de un val; a lua apă la bord.

ship holds her own, the *mar.* vasul nu deviază/rămâne pe direcție.

ship oars, to *mar.* a scoate ramele din urechi și a le pune în barcă.

shipshape and (in) Bristol fashion *mar. și fig.* în cea mai bună formă; în perfectă ordine.

ships that pass in the night întâlniri întâmplătoare; relații de scurtă durată/trecătoare.

shirk for oneself, to *amer. v.* **shift for oneself.**

shiver and shake, to a tremura din tot trupul/ca frunza/ca varga; a-i clănțăni dinții.

shiver in one's boots, to *v.* **shake in one's boots.**

shiver my timbers! *înv. (imprecație marinărească) aprox.* să mă duc la fund! să mă mănânce peștii!

shoe a goose/gooseling, to ← *F* a face un bine inutil/zadarnic; a-și irosi/pierde timpul/energia în zadar; *aprox. F →* a căra apă la puț; a umbla după potcoave de cai morți.

shoe is on the other foot, the ← *F* 1. e treaba/răspunderea altcuiva; adresați-vă altcuiva. 2. situația s-a schimbat.

shoemaker's wife is worst shod, the *prov.* cizmarul umblă cu cizmele sparte.

shoot! *amer. P* hai, dă-i drumul! zi-i!

shoot a goal, to *sport* a trage și a marca un gol.

shoot a line, to ← *F* **1.** a-şi da aere/ifose/importanţă; a face pe grozavul. **2.** a se lăuda/grozăvi; *F* → a spune braşoave/gogoşi.

shoot a match, to a participa la un concurs de tir.

shoot at a pigeon and kill a crow, to *F* a nimeri ca Eremia cu oiştea-n gard; unde dai şi unde crapă.

shoot at/for smth., to *amer.* ← *F* a încerca/a se strădui să obţină/să realizeze ceva.

shoot a way out, to a ieşi/ţâşni în afară.

shoot beside the mark, to *v.* **fall short of the mark.**

shoot daylight into smb., to *v.* **admit daylight into smb.**

shoot far from the mark, to *v.* **fall short of the mark.**

shoot fire, to *v.* **flash fire.**

shoot forth buds, to *(d. plante)* a înmuguri; a da muguri; *P* a-i da frunza.

shoot it out, to *înv.* a rezolva un conflict printr-un duel (cu pistolul).

shoot Niagara, to *amer.* ← *F* **1.** a se lansa într-o acţiune riscantă/nebunească. **2.** a face pe dracu în patru.

shoot one's linen, to a-şi arăta manşetele *(trăgându-le afară din mâneca hainei).*

shoot one's mouth off, to *F* a pălăvrăgi; a vorbi verzi şi uscate; a-i umbla gura.

shoot on sight, to a trage fără avertisment/somaţie.

shoot out one's lips, to a-şi ţuguia buzele; a strâmba din gură/buze *(în semn de dispreţ).*

shoot the breeze/the bull, to *amer. sl.* a flecări; a vorbi fără rost/verzi şi uscate.

shoot the cat, to *v.* **jerk the cat.**

shoot the chimney! *amer. sl.* tacă-ţi gura!

shoot the moon, to a pleca dintr-o casă pe furiş, noaptea, fără a plăti chiria.

shoot the pit, to *v.* **fly the pit.**

shoot the sitting pheasant, to *fig.* **1.** a ataca pe cineva lipsit de apărare; a profita de situaţia grea în care se află cineva. **2.** a face un lucru nesportiv/neelegant.

shoot the sun, to *mar.* a face punctul; a stabili latitudinea cu ajutorul sextantului.

shoot the works, to *amer.* ← *F* a face un lucru neobişnuit/un efort deosebit; a-şi depăşi posibilităţile/resursele obişnuite.

shoot wide off the mark, to **1.** a ţinti prost; a nu nimeri ţinta. **2.** *fig.* a fi departe de adevăr; a fi cu totul greşit; a se înşela complet.

shop around, to **1.** *amer.* a privi în jur căutând ceva. **2.** a umbla după lucru/o slujbă.

short accounts make long friends *prov.* socoteala deasă e frăţie aleasă.

short and sweet *glum.* **1.** scurt şi cuprinzător. **2.** *fig.* scurt şi hotărât/tăios.

short change (smb.), to *amer.* ← *F* a da (cuiva) rest mai puţin decât trebuie; a înşela la rest.

shorten sail, to *mar.* **1.** a reduce velatura. **2.** *fig. F* a o lua mai domol.

shorten the arm/hand of smb., to a limita/îngrădi puterea cuiva.

shorten the range, to *mil.* a scurta tirul.

short of breath cu respiraţia scurtă; gâfâind.

short reckonings make long friends *v.* **short accounts make long friends.**

shoulder arms! *(comandă militară)* pe umăr arm!

shoulder one's way, to a-şi face loc/a se împinge (printr-o mulţime de oameni); *F* a se băga (într-un loc aglomerat).

shoulder the responsibility, to a-şi asuma/lua asupra sa (toată) răspunderea.

shoulder to shoulder *fig.* umăr la umăr; alături, împreună.

shout blue murder, to *v.* **cry blue murder.**

shout for smb., to *amer. pol.* a sprijini pe cineva *(un candidat)* cu tot entuziasmul; a participa la campania electorală a cuiva.

shout (a piece of news) from the house-tops, to a anunţa (o veste) în gura mare/pe la răspântii.

shout oneself hoarse, to a răguşi strigând; a striga până răguşeşti.

shout the ods, to a se făli/lăuda/a ameninţa în gura mare; *F* → a face pe grozavul.

shout with laughter, to a râde în hohote.

shovel food into one's mouth, to a înfuleca; *F* → a îmbuca pe nemestecate/nerăsuflate.

show a bold front (on), to *v.* **present a bold front (on).**

show a clean/fair/light pair of heels, to *v.* **flinging up one's heels.**

show/have a clean record, to a nu avea cazier judiciar.

show a face, to a fi îndrăzneţ/impertinent/obraznic.

show a false face, to a fi făţarnic; a se preface; a simula.

show a leg, to ← *F* **1.** a se da jos din pat. **2.** a se grăbi; *F* → a-i da zor/bătaie.

show a picture, to **1.** a expune un tablou. **2.** a prezenta/rula un film.

show a sign/signs of smth., to a da semne de ceva *(o stare, un sentiment etc.);* a arăta/manifesta/dovedi ceva.

show daylight, to *(d. o haină)* a fi plină de găuri; < a fi ciuruită/ruptă praf.

show deference to smb., to *v.* **pay deference to.**

show drink, to *amer. sl.* a fi beat/ameţit/cherchelit.

show fight, to ← *F* a fi gata de luptă; a fi bătăios; *F* → a-şi arăta colţii; a nu se lăsa (deloc); a nu se da bătut (cu una cu două).

show good judgement, to a avea o judecată sănătoasă; a fi (un om) cu judecată/chibzuit; *F* → a fi cu scaun la cap.

show goods in the window, to a expune mărfuri în vitrină.

show mercy to smb., to a ierta pe cineva; a arăta cuiva milă/îndurare; a fi iertător/milos faţă de cineva.

show one's cards/colours, to ← *F* a juca pe faţă/deschis; a-şi arăta intenţiile în mod deschis.

show ones' face/*F* nose, to *(d. o persoană)* a apărea; a se ivi; *F* → a-şi arăta mutra; a scoate nasul pe geam/uşă etc.

show one's hand, to *v.* **call one's hand.**

show one's head, to a apărea în public; *F* → a scoate capul în lume.

show invitations on smb., to *amer.* **shower smb. with invitations, to** a copleşi pe cineva cu invitaţii

show one's heels, to *v.* **get the heels of smb.**

show one's horns, to a-şi arăta colţii; a-şi da arama pe faţă; a-şi dezvălui adevăratele intenţii.

show one's ivories, to ← *F* a râde; *P* → a se hlizi; a-şi rânji fasolea.

show one's mettle, to *F* a arăta ce-i poate pielea/osul; a-şi dovedi calitatea.

show one's teeth, to *şi fig.* a-şi arăta colţii/dinţii; a scoate ghearele.

show reverence for smb./smth., to *v.* **have reverence for smb./smth.**

show signs of smth., to *v.* **show a sign of smth.**

show smb. round the place/the town, to a arăta cuiva casa/oraşul; a conduce pe cineva printr-o clădire/un oraş etc.

show smb. the cold shoulder, to *v.* **give smb. the cold shoulder.**

show smb. the door, to a da pe cineva afară; a-i arăta uşa.

show smb. the ropes, to *v.* **put smb. up to the ropes.**

show smb. the way, to I. a conduce pe cineva; a arăta cuiva drumul. **2.** *fig.* a îndruma pe cineva, a-i arăta cuiva calea de urmat.

show smth. the fire, to a încălzi ceva uşor; a dezmorţi ceva.

show smth. to the best advantage, to a prezenta ceva în lumina cea mai bună/în modul cel mai favorabil.

show temper, to a manifesta/arăta enervare/iritare; a-şi pierde calmul; a se înfuria.

show the bull-horn, to a se împotrivi; a rezista; *aprox.* a nu se lăsa dus/convins (cu una cu două).

show the heels (to smb.), to *v.* **get the heels of smb.**

show the (cloven)/hoof, to a-şi arăta natura rea/diabolică; a da la iveală gânduri/intenţii rele/machiavelice.

show the white feather, to *v.* **fly the white feather.**

show thought for, to a manifesta o preocupare pentru; a se gândi la; a fi atent/grijuliu faţă de.

show to good advantage, to a arăta bine; a fi pus într-o lumină bună/favorabilă; a fi pus în valoare.

show up well/badly, to *sport* a obţine rezultate bune/slabe; a se comporta bine/slab.

show willing, to ← *P* a fi binevoitor; a arăta bunăvoinţă.

shrink from doing smth., to I. a evita/*F* → a se codi să facă ceva; a se da în lături de la o acţiune. **2.** a nu avea curajul/energia etc. de a întreprinde ceva.

shrink into oneself, to a se închide în sine; a deveni rezervat/necomunicativ.

shrink wheel-tire on, to *tehn.* a pune/monta un pneu la cald.

shrouded in mystery *v.* **rapt in mystery.**

shrug one's shoulders, to a ridica din umeri (în semn de perplexitate).

shuffle smth. out of sight, to a face să dispară/a dosi ceva; a ascunde ceva iute; a-l face să piară din faţa ochilor.

shuffle the cards, to a amesteca/face cărţile.

shunt the conversation on to, to a devia/îndrepta conversaţia spre (un alt subiect).

shut down upon smb., to *(d. ceaţă, întuneric, noapte etc.)* a se lăsa/a coborî asupra cuiva; a învălui pe cineva.

shut off the engine, to a opri motorul; a întrerupe contactul.

shut one's ears to ..., to a fi surd la ...; a nu vrea să auzi/să asculţi (ceva).

shut oneself into one's shell, to a se închide în sine; a se retrage în colţul său.

shut one's eyes to smth., to I. a ignora ceva în mod voit. **2.** a închide ochii asupra unui lucru.

shut/steel one's heart against fear/pity, etc., to a-şi împietri/întări/oţeli inima împotriva fricii/oricărui sentiment de milă etc.; *aprox.* a nu şti ce-i frica, mila etc.

shut one's light off, to a muri; a închide ochii.

shut one's mind to smth., to a refuza să te gândeşti la un lucru; a-şi scoate ceva din minte; a ignora ceva în mod deliberat.

shut (up) one's mouth/*sl.* pan, to *F* a tăcea din gură *(folosit mai ales la imperativ);* **shut up!** (tacă-ţi gura; închide clonţul!

shut one's purse against smb., to ← *F* a refuza să dai cuiva bani; a opri creditul cuiva; *P →* a înţărca pe cineva.

shut (up) one's shop window, to *v.* **shut up shop**.

shut smb./smth. out of one's mind, to a-şi scoate ceva/pe cineva din minte; a ignora în chip voit; a nu se mai gândi la un lucru/o persoană.

shut smb.'s mouth (for him), to *fig.* a închide/astupa gura cuiva; a reduce pe cineva la tăcere; *F →* a pune botniţă cuiva; a băga cuiva pumnul în gură.

shut the door against smb./on smb./in smb.'s face, to 1. a închide/trânti uşa în nasul cuiva. **2.** *fig.* a refuza să primeşti pe cineva; a ţine pe cineva la distanţă.

shut the door upon smth., to 1. a exclude/nu lua în seamă ceva. **2.** a refuza să accepţi ceva; a considera ceva inoportun.

shut the stable door after/when the horse is stolen, to *v.* **lock the stable door after the horse is stolen**.

shut up shop, to *şi fig.* a trage obloanele; a închide prăvălia; a renunţa la o acţiune/întreprindere; *F →* a se lăsa păgubaş.

sick as a cat, (as): to be ~ a vomita; a vărsa; a simţi o greaţă violentă; P → a-şi vărsa şi maţele.

sick in fourteen languages *amer. sl.* foarte/grav bolnav.

sick to death, to 1. foarte bolnav; *F →* bolnav mort. **2.** profund dezgustat/scârbit.

side by side alături; unul lângă altul.

sift a matter to the bottom, to a examina amănunţit o chestiune; *F →* a cerceta ceva până în pânzele albe.

sift (out) the true from the false, to a deosebi/despărţi adevărul de minciună; a scoate adevărul la lumină.

sift the wheat from the chaff, to *fig.* a alege grâul de neghină.

sigh over a mistake, to a deplânge/regreta o greşeală.

sigh for sore eyes, a un lucru plăcut la vedere/binevenit; o încântare/mângâiere.

sign assent, to a face un semn afirmativ, a consimţi; a se învoi *(printr-un gest)*.

signed all over *(d. un tablou bun)* dovedindu-şi autenticitatea/valoarea; purtând amprenta maestrului *(chiar dacă nu e semnat)*.

silence gives consent a tăcea înseamnă a consimţi; tăcerea înseamnă acceptare/aprobare; *aprox.* şi tăcerea e un răspuns.

silent as a mouse, (as) *v.* **quiet as a mouse**.

silly as a goose, (as) proastă ca o gâscă; prost/proastă ca noaptea.

simple as ABC/as shelling peas, (as) simplu ca bună ziua.

simple as I stand here, (as) cum te văd şi cum mă vezi.

simply and solely pur şi simplu; (doar) numai; numai şi numai.

since Adam was a boy *amer. F* de pe vremea lui tata Noe; din moşi strămoşi; *P →* de când era bunica fată.

sing a child to sleep, to a adormi un copil cântându-i.

sing a different tune, to *v.* **change one's note**.

sing another song/tune, to *v.* **change one's note**.

singe one's feathers/wings, to *F* a o păţi; a se prăji.

singe one's honour/reputation, to a-şi compromite onoarea/reputaţia; *F →* a-şi mânji numele; a se murdări.

sing flat, to *muz.* a cânta cu un semiton mai jos (în bemol).

sing for one's supper, to ← *F* a plăti pentru ceea ce primeşti.

sing in tune, to a cânta corect/în armonie/ton.

sing like a lark, to a cânta cu veselie/cât te ţine gura.

sing like a nightingale, to a cânta frumos/dulce/ca o privighetoare.

sing loud hosannahs to smb./smth., to a glorifica/ridica în slăvi un om/un lucru/un fapt.

sing one's own praises, to a se lăuda singur; a-şi cânta/ridica osanale; *aprox. F →* laudă-te gură.

sing on the wrong side of one's mouth, to a o lua pe altă coardă; a schimba tonul/placa; *fig.* a cânta un alt cântec.

sing out of tune, to a cânta fals.

sing sharp, to *muz.* a cânta cu un semiton mai sus (în diez).

sing small, to *v.* **change one's note**.

sing smb.'s praises, to a lăuda (excesiv) pe cineva; a cânta osanale cuiva; a ridica pe cineva în slava cerului.

sing sorrow/woe, to a se întrista/mâhni/posomorî; a se jelui/văicări.

sing the same song, to a (tot) repeta acelaşi lucru; *F →* a o ţine una (şi bună); a tot da zor cu ...; a pune aceeaşi placă.

sing the song to death, to a repeta un cântec până la exasperare; *F →* a cânta în neştire.

sing woe, to *v.* **sing sorrow**.

sin in good company, to a nu fi singurul care greşeşte/păcătuieşte; a face o greşeală în care cad şi alţii (mai buni); a nu fi mai rău decât ceilalţi.

sink a fact, to a păstra tăcerea asupra unui fapt; a ascunde/mușamaliza un fapt.

sink a feud, to a pune capăt unui conflict/unei certe etc.; a da uitării/a face uitată o vrajbă.

sink home, to *v.* **come home to smb.**

sink in oneself, to a se reculege; a se închide în sine *(pentru a-și analiza gândurile, sentimentele).*

sink in smb.'s estimation, to a coborî/scădea în ochii cuiva.

sink in the scale, to a decădea *(din punct de vedere social, moral etc.).*

sink into/to one's boots, to *(d. curaj, inimă)* **his heart/courage/spirit sank into his boots** i-a pierit curajul/îndrăzneala/*F* → inima; i-au înmuiat picioarele; *aprox.* i s-a făcut inima cât un purice.

sink into smb.'s memory/mind, to *(d. noțiuni noi, învățăminte etc.)* a se fixa în memoria cuiva; a-i intra cuiva în minte.

sink into the grave, to a părăsi această lume; a coborî în groapă; a fi înmormântat.

sink like a stone, to a se duce (drept) la fund (ca un pietroi).

sink money, to *fig.* a-și îngropa banii *(făcând o investiție nerentabilă)*; a pierde bani în afaceri proaste; *F* → a i se duce banii pe gârlă.

sink oneself/one's interests, to a nu ține seama de propriile interese; a face abstracție de interesele sale; a fi altruist.

sink one's head on one's chest, to a lăsa capul în jos.

sink or swim fie ce-o fi! la noroc; **leave smb. to ~** a lăsa pe cineva să se descurce cum o putea.

sink out of sight, to a dispărea; a se face nevăzut; a pieri din fața ochilor.

sink prices, to *com.* a coborî prețurile *(de obicei sub prețul de cost).*

sink the shop, to 1. *v.* **sink a fact.** 2. a-și ascunde ocupația/activitatea reală.

sink tooth (into), to *amer.* ← *F* a-și înfige dinții (în); a mușca (din).

sin one's mercies, to a fi ingrat (față de destin); a nu ști să-ți prețuiești norocul; a nu recunoaște că ai avut noroc; *aprox.* a supăra pe Dumnezeu.

sit a horse well/badly, to a se ține în șa bine/rău; a fi un bun/prost călăreț.

sit at home, to *fig.* 1. a fi cazanier; *F* → a sta pe lângă casă. 2. a sta degeaba/de pomană.

sit (at table) above/below the salt, to a fi așezat în capul/coada mesei.

sit between two stools, to *v.* **fall between two stools.**

sit at the feet of smb./at smb.'s feet, to *fig.* a fi discipolul cuiva; a admira/considera/lua pe cineva drept maestru.

sit/ride/travel bodkin, to a sta pe cal/a călări între alte două persoane.

sit bolt upright, to 1. a sta drept/înfipt *(pe scaun etc.).* 2. a se ridica în capul oaselor.

sit down before a town, to *ist.* a asedia un oraș.

sit down demonstration/strike, a *manifestație sau grevă în care participanții stau jos în fața unor instituții sau la locul de muncă (astfel stagnând activitatea respectivă).*

sit down hard on/upon smth., to *amer.* ← *F v.* **put one's face against smth.**

sit down under insults, to a îndura/înghiți insulte fără a protesta/*F* → a crâcni.

sit for a constituency, to a reprezenta (ca deputat) o circumscripție electorală.

sit for an artist/one's portrait, to a poza unui artist/pentru a ți se face portretul.

sit for an examination, to a da/a se prezenta la un examen.

sit heavy on one's/the stomach, to *(d. mâncare)* a o digera greu; *F* → a cădea greu la stomac.

sit in judgemenet, to 1. a-și lua/asuma dreptul de a judeca pe alții; a emite judecăți asupra altora; *aprox. F* → a face pe moralistul. 2. a vorbi sentențios; a-și da aere de om atotștiutor.

sit in one's own light, to *v.* **stand in one's own light.**

sit in state, to a trona; a apărea în public investit cu toate atributele puterii regale/de stat.

sit in the chair, to *v.* **be in the chair.**

sit light (on smb.), to a trata (pe cineva) cu blândețe/indulgență; a nu asupri (pe cineva).

sit like a bump on a log, to a nu se clinti din loc; a sta înfipt locului; a sta ca un butuc/un popândău.

sit loosely (on smb.), to *(d. anumite principii, obligații, responsabilități)* a fi tratat cu ușurință; a nu fi luat în serios; a nu constitui o obligație morală.

sit loose to smth., to *v.* **hold loose to smth.**

sit on a barrel of gun-powder, to *fig.* a sta pe un vulcan/pe un butoi cu praf de pușcă.

sit on a committee/jury, etc., to a face parte dintr-un comitet/un juriu etc.; a participa la lucrările unui comitet/juriu etc.

sit on eggs, to *(d. o pasăre)* a cloci; a sta pe ouă.

sit on one's hands, to *amer.* ← *F* a nu face nimic; a sta cu brațele încrucișate.

sit on smb., to 1. a pune pe cineva la locul lui/la punct. 2. a curma/stăvili elanul/îndrăzneala cuiva.

sit on the bench, to *v.* **be on the bench.**

sit on the fence/hedge/*amer.* **rail, to** ← *F* a rămâne neutru; a nu fi de partea nimănui/a nici unui partid politic; < a face o politică de compromis; *F aprox.* a nu se da cu nimeni.

sit on the Penniless Bench, to ← *F* a se afla într-o situaţie mizeră; *F →* a fi sărac lipit; a nu avea (nici) după ce bea apă; a ajunge cerşetor/în sapă de lemn.

sit on the safety valve, to 1. a nu-şi exterioriza sentimentele; a fi reţinut/rezervat. 2. a fi precaut; a-şi lua măsuri de precauţie.

sit on the splice, to *F* a juca un joc strâns; a nu risca; a nu se hazarda.

sit on the thin edge of nothing, to *fig.* a nu avea nici o bază/nici un temei; a nu se sprijini pe nimic.

sit out a dance, to *(într-o reuniune)* a pierde/renunţa la un dans *(pentru a sta de vorbă etc.)*.

sit out a lecture/performance, etc., to a sta până la sfârşitul unei conferinţe/unui spectacol etc.; a suporta până la capăt o conferinţă/manifestare (deşi plicticoasă).

sit over a book/a meal, etc., to a savura o carte/o masă etc.; a fi absorbit de/cufundat în lectura unei cărţi/savurarea pe îndelete a unei mâncări.

sit pretty, to *amer.* ← *F* a fi într-o situaţie bună/avantajoasă; *F →* a sta bine.

sit sandwich, to *v.* **sit bodkin.**

sit tight, to 1. a sta înfipt bine *(pe scaun, în şa)*. 2. a rămâne neclintit/ferm pe poziţie/a nu se lăsa uşor convins/antrenat.

sit up and take notice, to a simţi/manifesta un deosebit/viu interes *(faţă de ceva)*; a deveni (brusc) interesat sau atent; *aprox. F →* a ciuli urechile.

sit up and take nourishment, to a se îndrepta *(după o boală)*; a se întrema; a prinde puteri.

sit up for smb., to a nu se culca noaptea pentru a aştepta pe cineva.

sit up in bed, to a sta în capul oaselor *(după ce ai stat întins în pat)*.

sit upon smb.'s head, to ← *F* a reprima/mustra pe cineva; a pune pe cineva la locul lui; *F →* a-i tăia cuiva nasul.

six of one and half a dozen of the other; it is ~ e acelaşi lucru; sunt la fel; tot una; nu e nici o deosebire între unul/una şi altul/alta; *P →* e tot un drac.

six of the best: give smb. ~ a da cuiva şase lovituri de nuia (ca pedeapsă).

six ways to Sunday *amer.* ← *F* în fel şi chip.

size up a situation/a person, to a judeca/aprecia o situaţie; a cântări un om.

skate on thin ice, to 1. a atinge/vorbi despre un subiect delicat care necesită mult tact şi prudenţă. 2. a fi într-o situaţie dificilă/periculoasă.

skate over the surface/a problem, to a trece uşor peste o problemă; a atinge lucrurile în treacăt/superficial.

skid right round, to *(d. o maşină)* a se învârti (în derapaj) cu 180°.

skim over/through a novel/catalogue, to a frunzări/parcurge repede un roman/catalog etc.

skimp one's work, to a lucra de mântuială.

skimp smb. in food, to *F* a da cuiva mâncare pe sponci; *aprox.* a număra cuiva bucăţica de la gură.

skin a flea for its hide, to *v.* **flay a flea for the hide and tallow.**

skin a flint, to *v.* **flay a flea for the hide and tallow.**

skin a lamb, to *(la joc de cărţi)* a jumuli pe ceilalţi; a lua toate poturile/mizele.

skin a meadow, to ← *F* a cosi o pajişte.

skin the cream (off), to *fig.* a lua fruntea/caimacul; a lua partea cea mai bună.

skin the ground, to *av.* a face un zbor razant/la foarte mică altitudine.

skin through a gap, to *amer.* ← *F* a se strecura printr-o deschizătură/spărtură/gaură.

skip bail, to *amer.* ← *F* a fugi/a se ascunde de justiţie atunci când eşti eliberat (provizoriu) pe cauţiune.

slacken international tension, to a slăbi tensiunea internaţională.

slacken the reins, to *şi fig.* a slăbi hăţurile; a lăsa frâul mai moale; a nu mai ţine *(pe cineva)* în frâu/din scurt; a lăsa (lucrurile mai în voie) mai la voia întâmplării.

slack it, to *F* a o lăsa mai moale; a se delăsa.

slack lime, to a stinge varul.

slack off in one's affection, to a-şi modera/răci sentimentele *(faţă de cineva)*.

slam jam in the middle of ← *F (d. o lovitură)* drept în plin/în mijlocul.

slam the brakes on, to a frâna brusc.

slam the door in smb.'s face, to *v.* **shut the door against smb.'s face.**

slam the pill, to *amer. sport* a lovi mingea (la baseball).

slash an article/a speech, to a face tăieturi într-un articol/un discurs; a amputa/masacra un text.

slaughter candidates wholesale, to a trânti candidaţi (la un examen) în număr mare/*F →* pe capete.

slave away at smth., to a trudi/a se speti muncind la ceva.

sleep a dog sleep, to a dormi uşor/iepureşte.

sleep in the grave, to a-şi dormi somnul de veci.

sleep like a log/top, to a dormi buştean/tun.

sleep on/over/upon a question/proposal, etc., to a se gândi peste noapte la o problemă/propunere etc.; a da răspunsul a doua zi.

sleep/stand on a volcano, to a fi pe marginea prăpastiei/a se găsi într-o situație periculoasă/precară/incertă/amenințătoare.

sleep oneself sober, to a adormi până te trezești (dintr-o beție).

sleep/have one's sleep, to 1. a-și termina/face somnul. **2.** a dormi pe săturate; *P →* a se umfla de somn.

sleep over a question, to *v.* **sleep on a question.**

sleep rough, to a dormi afară/pe pământ/sub cerul liber.

sleep the clock round, to a dormi 24 de ore.

sleep the hours away, to a-și petrece timpul/ceasuri întregi dormind.

sleep the sleep of the just, to a dormi somnul drepților.

sleep the sleep that knows no breaking/waking, to a dormi somnul de veci.

slick as a whistle, (as) 1. *adj.* dibaci; iscusit; sprinten; agil; *F →* iute; spirt. **2.** *adv.* direct; drept; deodată.

slick in the middle drept la mijloc.

slide/slip into bad habits, to a căpăta (pe nesimțite) deprinderi rele.

sling arms, to a pune pușca pe umăr/în bandulieră.

sling ink, to *← sl.* a scrie; a fi scriitor sau ziarist.

sling joints, to *amer. ← sl.* a-și câștiga existența prin muncă manuală; *aprox. F →* a-și toci palmele; a asuda; a trudi.

sling mud at smb., to *← F* a împroșca pe cineva cu noroi; a denigra/vorbi de rău pe cineva.

sling off at smb., to *austral. F* a lua pe cineva în balon/băşcălie.

sling one's hook, to *sl.* **1.** a spăla putina; a-și lua valea/picioarele la spinare. **2.** a fi concediat/pus pe liber. **3.** a muri.

sling the bat, to *nil. ← sl.* a vorbi într-o limbă străină/în limba țării respective.

sling the hatchet, to *v.* **fling the hatchet.**

sling the language, to *sl.* **1.** a înjura cât îl ține gura. **2.** *v.* **sling the bat.**

slip a cable/one's moorings, to *mar.* a fila o parâmă/ancora de port.

slip anchor, to *mar.* a se desprinde de ancoră.

slip between/through smb.'s fingers, to a-i scăpa/a se strecura/a-i fugi cuiva printre degete.

slip from/out of one's hand(s)/grasp, to *și fig.* a scăpa din mână/mâinile cuiva.

slip home, to *(d. un zăvor, o cheie etc.)* a se închide bine; a merge până în fund.

slip into/out of a dress, to *F* a trage pe sine/a pune/scoate repede o rochie.

slip into bad habits, to *v.* **slide into bad habits.**

slip it over smb., to *← sl.* a înșela/duce *(de nas)* pe cineva.

slip one's broath/wind, to *F* a-și da duhul.

slip one's cable, to *← sl.* a muri; *F →* a da ortul popii; *A →* a da în primire.

slip smb.'s attention, to a nu fi observat; a-i scăpa cuiva.

slip smb.'s memory, to a-i pieri (cuiva) din minte/memorie; a ieși din mintea cuiva; a fi uitat.

slip the clutch, to *(auto)* a debreia numai pe jumătate; a lăsa să patineze ambreiajul.

slip the collar, to *← F* a se elibera dintr-o servitute; *aprox.* a scutura jugul.

slip the cut, to *(la joc de cărți)* a nu tăia cărțile.

slip the painter, to *v.* **cut the painter.**

slip through smb.'s fingers, to *v.* **slip between smb.'s fingers.**

slog away at one's work, to *← F* a munci cu perseverență; *F →* a trage tare; a toci; *P →* a rupe cartea.

slow and steady wins the race *prov.* graba strică treaba; încetul cu încetul se face oțetul.

slow and sure încet dar sigur.

slow as a snail/a tortoise/molasses, (as) încet ca melcul/o broască țestoasă; *(moale)* ca un mormoloc.

smack in the eye, a *← F* o lovitură umilitoare; un refuz/afront neașteptat/nemeritat.

smack one's lips, to 1. a plescăi din buze. **2.** *fig.* a-și linge buzele *(în semn de satisfacție/plăcută anticipare).*

small leak will sink a great ship, (a) *prov.* printr-o crăpătură mică străbate apa în corabia cea mare.

small rain lays/will lay great dust *prov.* țânțarul pișcă armăsarul.

smart as paint/*amer.* **a steel trap, (as)** ager; isteț (nevoie-mare); iscusit; iute, *F →* spirt.

smash smb.'s face in, to *F (folosit de obicei ca amenințare)* a poci/turti mutra cuiva.

smell a rat, to *F* a mirosi/simți ceva (suspect); a avea anumite bănuieli; a intui/simți că ceva nu e în regulă/*F →* că nu e lucru curat.

smell of jobbery/nepotism, to a semăna a/a apărea ca o afacere reprobabilă/dorință de căpătuială/nepotism.

smell of the candle/the lamp, to *(d. o lucrare literară)* a avea un aer căznit/forțat; a părea să fie compusă cu greu; a nu fi prea inspirată.

smell of the footlights, to 1. a aminti de teatru. **2.** a semăna a teatru; a fi teatral/artificial.

smell of the shop, to *← F* a avea un aspect/conținut prea tehnic/strict profesional.

smell powder, to 1. a primi botezul focului. **2.** a căpăta experiență în luptă/război.

smite hip and thigh, to a bate crunt; a înfrânge; a zdrobi; a distruge; a desfiinţa.

smite smb. under the fifth rib, to ← *F* a ucide; *P* → a face cuiva de petrecanie; a achita pe cineva.

smitten with a disease/desire to do smth., to lovit de o boală; cuprins/stăpânit de dorinţa de a face ceva.

smoke like a chimney, to *F* a fuma ca un şarpe.

smoke the calumet/pipe of peace, to *fig.* a fuma pipa păcii; a face pace; a stinge un conflict; a se împăca.

smooth as glass, (as) neted şi lucios ca sticla.

smooth one's rumpled feathers, to 1. a-şi aranja/netezi părul/hainele. 2. a-şi recăpăta calmul/stăpânirea de sine.

smooth the way for smth., to a netezi/pregăti calea pentru ceva.

smooth waters run deep *prov.* apa lină sapă adânc.

snap at offer/chance, to a se grăbi să accepte/a se repezi la o ofertă/o şansă/un prilej.

snap at smb., to ← *F* a se răsti la cineva; a-i vorbi cuiva scurt şi aspru.

snap at smth., to (*d. un animal*) a încerca să prindă cu dinţii/să muşte.

snap in a gear, to *auto* a schimba brusc/zgomotos viteza.

snap into it! ← *sl.* porneşte! dă-i drumul! ia-o la picior!

snap one's fingers at smb./in smb.'s face, to a trozni din degete în faţa/nasul cuiva (în semn de dispreţ); a arăta (printr-un gest) că nu-ţi pasă de cineva.

snap out of it! *F* 1. termină cu asta! lasă-te de prostii! (*referitor la un obicei rău, o stare de spirit*). 2. întinde-o! valea!

snap smb.'s head/nose off, to *F* a se răsti/răţoi/repezi la cineva nervos/furios; a întrerupe pe cineva cu brutalitate/nerăbdare.

snatch a kiss, to a fura o sărutare.

snatch a nap, to a trage un pui de somn.

snatch smb. from the jaws of death, to a salva/smulge pe cineva din ghearele morţii.

snatch smb. out of the fire, to *v.* pull smb. out of the fire.

sneeze into a basket, to ← *sl.* a fi decapitat/ghilotinat.

snow again, I've lost your drift! *amer.* ← *F* mai zi o dată, nu te-am priceput/urmărit.

snow year, a rich year, a *prov.* zăpada multă aduce bucate bune/bogate.

snug as a bug in a rug, (as) ← *F* cât se poate de confortabil/comod; *F* → ca chifteaua în sos; ca în sânul lui Avram.

soak into smb.'s brain, to a pătrunde/intra încet în capul/mintea cuiva; a fi priceput cu greu.

so-and-so 1. cam aşa; astfel. 2. cutare (şi cutare) *F* → cutărică. 3. aşa şi pe dincolo.

so be it! fie (şi aşa); aşa să fie! precum spui.

sober as a judge, (as) perfect treaz/lucid; cu mintea întreagă.

sob one's heart out, to ← *F* a plânge cu desperare/*P* → de mama focului; a-şi seca inima plângând.

so far până aici; deocamdată; până acum.

so far as în ceea ce priveşte; în măsura în care.

so far so good deocamdată/până aici e bine/în regulă.

soft as butter, (as) 1. moale ca untul/brânza. 2. fără voinţă; *F* → (ca) o mămăligă.

soft as down/silk/velvet, (as) moale ca un puf/ca mătasea; catifelat.

soft fire makes sweet malt *prov.* vorba dulce mult aduce.

soft-pedal smth., to a modera ceva; a reduce din intensitate; a lăsa pe planul doi/în umbră; *F* → a o lăsa mai moale cu ceva.

soft words butter no parsnips *v.* fair words butter no parsnips.

so goes/wags the world! aşa e lumea! aşa se întâmplă în lumea asta!

sold on smth.: be ~ *amer. sl.* a accepta, a considera drept bun/potrivit.

so long! *F* la revedere! salutare!

so long as *v.* as long as.

so many countries, so many customs *prov.* câte bordeie atâtea obiceie.

so many men so many minds câte capete atâtea păreri.

some are wise and some are otherwise *prov. glum.* unii oameni sunt cu minte, iar alţii sunt altminteri.

somehow or other într-un fel sau altul, cumva.

some little time un timp (oarecare); o vreme (nu foarte lungă dar suficientă).

something is to pay *amer.* s-a întâmplat ceva; ceva nu e în regulă.

something like 1. *aprox.* cam; circa. 2. *F* that's ~ e un lucru straşnic/grozav/formidabil/pe cinste.

something short *băutură tare care se bea de obicei în cantităţi mici (brandy, whisky)*; *F* → o tărie.

some time or other cândva; într-o zi oarecare.

some way cumva; într-un fel/mod oarecare.

sooner or later cândva; mai curând sau mai târziu.

sooner the better, the cu cât mai curând cu atât mai bine.

so much as: not ~ (*folosit de obicei la negativ*) nu atât ... cât; nici măcar; mai puţin de/decât.

so much for that (şi) cu asta am terminat; şi cu asta basta; e un lucru sfârşit/încheiat.

so much so ... that atât de mult/în aşa măsură ... încât.

so much the better/the worse cu atât mai bine/mai rău.

sort ill/well with smth., to a (nu) se potrivi cu ceva; a fi/a nu fi în concordanţă cu un alt fapt/lucru etc.

sort oneself/itself out, to 1. (d. persoane) a se aranja/organiza/lămuri/a-şi clarifica/rezolva problemele personale. 2. (d. lucruri) a se rezolva de la sine; a se clarifica.

sort smb. out, to ← F a sta de vorbă cu cineva (pentru a-l lămuri sau a-l pune la locul lui).

so say I/all of us! ← F glum. asta-i părerea mea/a noastră a tuturor; aşa cred şi eu/credem noi toţi; sunt/suntem de aceeaşi părere.

so-so aşa şi aşa; nici bine nici rău; P → nici prea-prea nici foarte-foarte.

so that's that v. **and that's that.**

so there! asta e; ăsta e ultimul meu cuvânt.

so the world wags v. **so goes the world.**

so to say/speak ca să zic/zicem aşa; aşa zicând.

sound/strike a false note, to a nu fi în ton; a face notă discordantă; a nu găsi tonul potrivit.

sound as a bell/roach, (as) sănătos tun; perfect, fără cusur.

sound (the) death knell for/of smth., to fig a vesti sfârşitul/moartea a ceva.

sound in life/wind and limb sănătos şi teafăr; în excelentă condiţie fizică; F → în formă.

sound smb. (out) about/on smth., to a căuta să afli (pe ocolite/cu prudenţă) părerile sau sentimentele cuiva; aprox. F → a descoase pe cineva.

sound smb.'s chest, to med. a asculta pe cineva la plămâni.

sound the alarm, to şi fig. a da alarma; a trage un semnal de alarmă.

sound the tattoo, to v. **beat the tattoo.**

sound the praises of smb./smth., to a ridica în slăvi/a lăuda exagerat pe cineva/ceva.

sow broadcast, to a răspândi larg; a propaga.

sow (the seeds of) discord/dissention/strife, to a semăna vrajbă/neînţelegere; F → a băga zâzanie.

so what? F ei, şi ce? ce dacă? şi ce-i cu asta?

sow one's wild oats, to a-şi trăi tinereţea; a face nebunii/prostii de tinereţe; aprox. P → a sări gardurile/pârleazul.

sow the sands, to v. **plough the sands.**

sow the wind and reap the whirlwind, to prov. a semăna vânt şi a culege furtună.

so you say! ← F asta-i părerea ta! asta crezi tu!

space out payments, to a eşalona plăţile.

space out the lines/the type, to tip. a culege cu interlinii/spaţiat; a zeţui.

span a river, to (d. un pod) a se întinde/arcui deasupra unui râu/fluviu; a fi construit peste un râu; a traversa un râu/fluviu.

Spanish-walk smb., to amer. a împinge pe cineva afară; a-l forţa să meargă într-o anumită direcţie ţinându-l de guler şi de turul pantalonilor.

spar at each other, to a-şi arunca unul altuia cuvinte provocatoare; fig. a-şi încrucişa săbiile; a avea un duel verbal (cu cineva).

spare for time, to a căuta să câştigi timp (discutând etc.); F → a trage de timp.

spare no efforts/pains, to a nu precupeţi nici un efort/nici o oboseală; a face tot ce-i stă în putinţă.

spare smb.'s blushes/feelings, to a menaja/cruţa pe cineva (pentru a nu-l face să se ruşineze, să se simtă prost, jignit); a menaja sentimentele/sensibilitatea cuiva.

spare smth. for smb., spare smb. smth., to a da/acorda cuiva ceva; a se lipsi de ceva pentru a-l da altuia; **can you spare me a few minutes?** poţi să-mi acorzi câteva minute?

spare the rod and spoil the child, to prov. aprox. bătaia e ruptă din rai; copilul nepedepsit ajunge nepricopsit.

speak a good word for smb., to v. **put in a word for smb.**

speak all to nought, to lit. a vorbi în van/în zadar.

speak a/one's piece, to a spune (deschis) ce ai de spus; a-şi spune părerea/punctul de vedere/păsul.

speak by the book, to 1. a cita autori consacraţi; a da informaţii corecte/documentate/verificate. 2. F → a vorbi ca din carte.

speak daggers, to a vorbi tăios/usturător/cu mânie.

speak evil/ill of smb., to a vorbi de rău pe cineva.

speak for itself/themselves este clar/limpede; lucrul/lucrurile nu mai are/au nevoie de comentarii; se înţelege de la sine.

speak for yourself/yourselves vorbeşte numai în numele tău/vostru; nu vorbi/lua hotărâri în numele altora.

speak in capitals, to 1. a vorbi cu emfază/dând cuvintelor o deosebită greutate. 2. F → a vorbi sforăitor.

speaking for myself/ourselves în ceea ce mă/ne priveşte; cât despre mine/noi; după părerea mea/noastră.

speak in one's beard/under one's breath, to a vorbi (ca) pentru sine; a vorbi încet/aparte; a şopti în barbă.

speak in parables, to a vorbi în pilde/moralizator.

speak in print, to a vorbi frumos/ca în carte.

speak in undertones, to a vorbi cu voce joasă/încet/în şoaptă.

speak of the devil and he is sure to/he will appear *prov.* vorbeşi de lup şi lupul la uşă; dacă cauţi pe dracul, îl găseşti.

speak one's mind (out), to a spune pe faţă ce gândeşti/tot ce ai pe suflet; a vorbi deschis; *F* → a spune verde în faţă.

speak one's piece, to *v.* **speak a piece.**

speak out against smth., to a-şi ridica glasul împotriva unui lucru; a critica ceva în mod deschis.

speak out one's thoughts, to a-şi dezvălui gândurile; a spune deschis/cu glas tare ce gândeşti.

speak sharp to smb., to a repezi pe cineva; a-i vorbi cuiva cu asprime; a-l muştrului.

speak smb. fair, to a fi/vorbi politicos cu cineva.

speak smb.'s praises, to a face elogiul cuiva; a lăuda pe cineva; a scoate în evidenţă meritele cuiva.

speak the truth, to *v.* **say the truth.**

speak the word, to *v.* **say the word.**

speak the worst (of smb. or smth.), to a spune tot ce poate fi mai rău (despre cineva sau ceva).

speak/talk through one's/the back of one's neck, to 1. a vorbi strident. 2. a spune absurdităţi; *F* → a vorbi aiurea/în dodii.

speak through the nose, to a vorbi pe nas/nazal.

speak to buncombe, to *amer.* ← *F* a vorbi mult şi fără conţinut folosind sofisme şi alte artificii de gândire; *aprox. F* → a scoate panglici pe nas.

speak to the heart, to a impresiona; a mişca; a înduioşa; *F* → a merge drept la inimă.

speak to the truth of a statement, to a fi o dovadă a adevărului unei afirmaţii; a garanta/dovedi adevărul/temeinicia unei afirmaţii.

speak to the wind, to a vorbi inutil/în zadar/în vânt; a vorbi fără a fi ascultat/luat în consideraţie de nimeni.

speak up for smb., to a vorbi în favoarea cuiva; *F* → a pune o vorbă bună pentru/a apăra pe cineva.

speak volumes (for), to a spune multe despre; a fi semnificativ/grăitor pentru ...

speak well for (smb. or smth.), to a pune într-o lumină bună (pe cineva/ceva); a constitui un merit (al unui om/unui lucru); a-i face cinste (cuiva).

speak well of smb., to a vorbi pe cineva de bine.

speak with one's tongue in one's cheek, to ← *F* a vorbi nesincer/pe ocolite/fără a spune deschis ce gândeşti; *F* → a gândi una şi a spune alta.

speak without book, to 1. a cita fapte/date etc. pe dinafară/din minte. 2. a nu se sprijini pe vreo autoritate consacrată.

speech is silver, silence is gold *prov.* tăcerea e de aur.

speed an engine, to a regla viteza unei maşini/unui motor.

speed from the mark, to a lua un start bun; a demara bine; *fig.* a o porni bine/*F* → cu dreptul.

speed up production/the traffic, etc., to a accelera ritmul producţiei; a grăbi circulaţia.

spell baker, to *amer.* a întâmpina/a se lovi de greutăţi; a îndeplini o sarcină grea/ingrată.

spell disaster/failure, to a duce la un dezastru/un eşec; a fi cauza unui dezastru/eşec; a avea drept rezultat un dezastru/insucces etc.

spell smth. out for smb., to a explica un lucru cuiva; a clarifica/desluşi ceva pentru a fi mai uşor de înţeles.

spend a penny, to ← *F* a folosi un WC public.

spend/waste (one's) breath, to a obosi vorbind (fără rezultat); *P* → a-şi bate/răci gura de pomană.

spend money like water, to a fi cheltuitor; a-i curge/fugi (cuiva) banii printre degete; *glum.* a avea o gaură în buzunar.

spend their mouths, to *(d. câini)* a lătra furios *P* → a se bate.

spick and span 1. *(d. lucruri)* curat şi ordonat; *F* → lună. 2. *(d. oameni)* elegant; fercheş; ca scos din cutie.

spike a rumour, to *amer.* ← *F* a dezminţi/zădărnici un zvon.

spike smb.'s guns, to ← *F* 1. a contrazice pe cineva; a dejuca planurile cuiva. 2. a reduce la zero/a pulveriza argumentele cuiva; *F* → a-i închide gura cuiva.

spill money, to a pierde/irosi bani *(la jocuri de noroc, pariuri etc.)*.

spill printer's ink, to ← *F* a tipări; a publica.

spill the beans, to ← *sl.* a comite o indiscreţie; a divulga un secret.

spill the blood of smb., to a vărsa sângele cuiva; a omorî/ucide pe cineva.

spin/toss (up) a coin, to 1. a da cu banul. 2. a juca rişca.

spin a yarn, to 1. a spune/depăna o poveste. 2. *F* → a spune verzi şi uscate/câte în lună şi-n soare; a turna la gogoşi/palavre.

spin for fish, to a pescui cu mulinetă.

spin out one's money, to ← *F* a cheltui cu prudenţă; a fi strâns la pungă.

spin out the time, to a prelungi o acţiune mai mult decât e necesar; *F* → a o lungi (ca să treacă timpul); *F* → *sport.* a trage de timp.

spit and polish ← *F* 1. *adj. (d. echipament militar)* lustruit; *F* → lună. 2. *subst.* curăţitul/lustruitul armelor/echipamentului/uniformei; *(prin extensie)* treaba unui soldat.

spit at/upon smb.'s advice, to ← *F* a nu ţine seama de sfaturile cuiva; a râde/a-şi bate joc de sfaturile cuiva.

spit in smb.'s eye, to ← *F* a face un gest de dispreţ/ desconsiderare faţă de cineva; a-şi arăta/manifesta dispreţul/scârba faţă de cineva.

spit it out! *sl.* dă-i drumul! zi! cântă! ciripeşte!

spit on one's own blanket, to a-şi face rău cu mâna lui (proprie); *aprox.* P → a-şi arunca ţărâna pe spinare; *A* → a-şi da foc la valiză; *A* → a-şi bate cuie în bocanci.

spit with rain, to; it is spitting with rain burează; plouă mărunt.

splash a piece of news, to ← *sl. jurn.* a publica o ştire în manşetele ziarului.

splash one's money about, to *F* a arunca cu bani; a cheltui nebuneşte/cu nesăbuinţă; a arunca/risipi banii în dreapta şi în stânga.

splash one's way about/through, to a merge lipăind prin noroi.

splice the main brace, to ← *sl. mar.* a trage o duşcă bună *(de rom etc.)*,

split a bottle, to a bea o sticlă *(de vin etc.)* împreună/ pe din două cu cineva.

split a ticket/one's vote, to a vota (doi sau mau mulţi) candidaţi de pe liste diferite; a-şi împărţi votul între diverşi candidaţi.

split away/off from an organization/a party, etc., to a se despărţi de o organizaţie/un partid etc.; a crea o dezbinare/o facţiune în rândurile unui partid/unei organizaţii.

split hairs, to a despica firul în patru.

split of a hurry, a o mare grabă; un mare zor.

split on an accomplice, to *A* a ciripi pe socoteala unui complice; a-l trăda/turna/vinde.

split on a rock, to *fig.* a se poticni/a eşua din cauza unui anumit obstacol.

split one's infinitives, to *a plasa un adverb între particula „to" şi infinitivul verbului.*

split one's sides with laughter, to *v.* burst one's sides.

split one's vote, to *v.* split a ticket.

split smb.'s ears, to *(d. un zgomot)* a sparge urechile cuiva.

split the atom, to *fiz.* a dezagrega/fisiona atomul.

split the differences, to ← *F* a cădea de acord asupra unei sume/cantităţi, luând media între cele două cifre propuse; a se diferenţia pe din două.

spoil a set/collection, etc., to a desperechea un serviciu/o serie/o colecţie etc.

spoil for a fight, to *F* a căuta ceartă/râcă cu lumânarea; a avea chef de ceartă/scandal/bătaie.

spoil smb.'s beauty (for him), to *sl.* a turti mutra cuiva.

spoil smb.'s game, to *fig.* a strica jocul cuiva; a dejuca planurile cuiva.

spoil the Egyptians, to a jefui/prăda *(un oraş, o regiune etc.).*

spoil the ship for a halfpenny worth o'tar, to *v.* lose the sheep for a ha'porth of tar.

sponge on smb. for drinks, to a bea pe socoteala cuiva.

sponser a programme (on TV), to *tel.* a oferi un program la televiziune (de către o firmă particulară, ca mijloc de reclamă).

spoon off the cream, to a smântâni; *şi fig.* a lua caimacul/fruntea.

spoon out food, to a distribui/împărţi mâncarea *(folosind o lingură de supă).*

sport a winner, to *sport (şi fig.)* a face pronosticuri sigure în privinţa învingătorului; a-şi da seama de la început de calităţile/şansele de reuşită ale cuiva.

sport one's/the oak, to ← *sl. univ. (d. un student)* a-şi închide uşa camerei, arătând că nu vrea să fie deranjat.

spread a chord, to *muz.* a arpegia un acord.

spread like wildfire, to *(d. veşti)* a se răspândi cu iuţeala fulgerului.

sprea oneself, to 1. a se întinde. 2. a nu-şi precupeţi efortul; a se întrece pe sine în amabilitate/generozitate/muncă. 3. a face pe grozavul; a-şi da aere.

spread one's net for smb., to a întinde cuiva o cursă; a încerca să prinzi pe cineva în plasă.

spread smth. on the records, to a consemna/nota ceva într-un proces verbal/o minută.

spring a leak, to 1. a avea o scurgere/crăpături. 2. *fig.* a se irosi; a se prăpădi.

spring a question/request on smb., to a pune cuiva o întrebare neaşteptată; *F* → a întreba/cere ceva tam-nesam/pe nepusă masă.

spring a surprise on smb., to a face cuiva o surpriză.

spring bail, to ← *sl.* a fugi (fiind eliberat pe cauţiune).

spring into existence, to a se ivi/naşte; a apărea brusc.

spring to attention, to a lua repede poziţie de drepţi.

spring to smb.'s defence, to a sări în apărarea cuiva.

spring up like a mushroom/mushrooms, to a apărea ca ciupercile/peste noapte.

sprung from one's loins *(d. o operă, lucrare)* conceput/izvorât din adâncul fiinţei cuiva/trup din trupul cuiva.

spur a willing horse, to *v.* flog a willing horse.

spy out the land, to *F* a cerceta/sonda terenul; a examina (la faţa locului) o stare de lucruri.

spy strangers, to *v.* **see strangers.**

spy through the keyhole, to ← *F* a privi prin gaura cheii; a spiona pe cineva.

squander one's time, to *v.* **idle one's time away.**

square it, to *amer. sl.* a se da pe brazdă.

square (one's) account with smb., to; square up with smb., to *F* 1. a se socoti cu cineva; a-şi plăti datoriile faţă de cineva. 2. a se răfui cu cineva; a se răzbuna pe cineva; *fig.* a plăti cuiva o poliţă; a i-o plăti.

square the circle, to 1. *mat.* a rezolva cvadratura cercului. 2. *fig.* a demonstra un lucru imposibil.

squat on one's hams, to *F* 1. a sta pe vin; a sta aşezat pe călcâie. 2. a sta turceşte.

squeeze one's way, to 1. a-şi face loc (împingându-se sau strecurându-se prin mulţime). 2. *fig.* a-şi croi drum cu greu; a se strecura (prin viaţă).

squeeze out a tear, to a-şi stoarce o lacrimă; a se căzni să verse o lacrimă; a plânge forţat/prefăcut.

squeeze/suck the orange, to ← *F* a folosi (ceva) din plin/până la capăt/până la ultima picătură.

squeeze up against each other, to a se înghesui/ strânge unul într-altul.

stab in the back, to *şi fig.* a lovi/ataca pe la spate.

stab one's reputation, to a se compromite; a-şi periclita/distruge reputaţia/numele cel bun.

stab smb.'s reputation, to a compromite pe cineva; a-i dăuna reputaţiei cuiva.

stack the cards against smb., to *amer.* a se pregăti să tragă pe sfoară pe cineva.

staff is quickly/soon found to beat a dog with, (a) *prov.* la nevoie orice pretext e bun; *aprox.* cine vrea să-şi omoare câinele destul să zică că-i turbat.

stage a comeback, to a redobândi/reveni a o situaţie avută anterior; *F* → a se pune din nou pe picioare.

stagger like a drunken man, to a se clătina; a merge pe două cărări.

stake on a cast, to a miza/pune totul pe o carte.

stake one's head on ..., to a-şi pune capul pentru ...

stake out a claim, to a formula/exprima/înainta o cerere/revendicare.

stand a good/poor chance (of success), to a avea perspective favorabile/nefavorabile; a avea/a nu avea şanse de succes.

stand a/one's hand, to a plăti nota/consumaţia.

stand a joke, to a înţelege o glumă; *F* → a şti de glumă.

stand and deliver! banii/punga sau viaţa!

stand a round of drinks, to ← *F* a plăti un rând (de băuturi); a face cinste (cu băutură).

stand as candidate, to a-şi pune candidatura.

stand aside, to 1. *şi fig.* a se da în lături; a sta deoparte. 2. *pol.* a-şi retrage candidatura (în favoarea altcuiva).

stand at/turn to bay, to 1. *(d. un anumal hăituit)* a se lupta cu câinii care-l încolţesc. 2. *fig.* a fi încolţit; a se lupta cu îndârjire într-o situaţie desperată.

stand at ease! *v.* **stand easy!**

stand a trial, to 1. a fi pus la încercare; a fi supus la o probă. 2. a avea de înfruntat un interogatoriu judecătoresc *(la un proces).*

stand at attention, to *mil.* a sta drepţi.

stand at the courtesy of smb., to a depinde de bunăvoinţa cuiva; *F* → a fi la voia/cheremul/mâna cuiva.

stand back! (daţi-vă) înapoi!

stand buff, to a opune o rezistenţă hotărâtă; a nu ceda cu nici un preţ; a rămâne neclintit/neînduplecat.

stand by! 1. *(comandă militară)* fiţi gata! 2. rămâneţi la aparat/în faţa aparatului.

stand clear of smth., to a se da la o parte; a se îndepărta de ceva.

stand close! 1. strângeţi rândurile! strângeţi-vă! 2. staţi în apropiere; nu vă îndepărtaţi. 3. fiţi pregătiţi.

stand cold/fatigue, etc., to 1. a îndura frigul/ oboseala. 2. a rezista la frig/oboseală etc.

stand comparison with, to a se compara cu; *(folosit de obicei la negativ)* a nu suferi comparaţie cu. ...

stand corrected, to a-şi recunoaşte/mărturisi vina/ greşeala.

stand easy/at ease! *(comandă militară)* pe loc repaus!

standers-by see more gamesters chibiţii văd mai mult decât jucătorii; cine stă deoparte vede mai bine lucrurile.

stand fire, to 1. *mil.* a înfrunta/face faţă/rezista unui atac al inamicului. 2. *fig.* a face faţă cu curaj unei încercări grele; a rămâne pe poziţie/a rezista cu curaj.

stand firm/fast, to *fig.* a rămâne pe poziţie/neclintit; a nu da înapoi.

stand for cipher, to ← *F* a fi o nulitate/*F* → un zero tăiat.

stand for nothing, to a nu avea nici o valoare; a nu însemna nimic; *F* → a nu face (nici) doi bani.

stand for smth., to 1. a reprezenta/însemna ceva/ a ţine loc de *(un nume, titlu etc.).* 2. a tolera/suporta ceva.

stand from under smth., to *amer.* a se feri/pune la adăpost/a scăpa cu bine de ceva.

stand godmother to a child, to a fi naşa unui copil; a ţine un copil în braţe la botez.

stand good, to *(d. un principiu, observație etc.)* a fi (încă) valabil; a rămâne în picioare.

stand guard, to *v.* **keep guard.**

stand head and shoulders above, to a fi superior (altora); a depăși/întrece cu mult (pe ceilalți).

stand high, to *(d. prețuri)* a fi ridicat.

stand high in smb.'s favour, to a se bucura de prețuirea/bunăvoința/simpatia cuiva; *F →* a fi privit de cineva cu ochi buni; a avea (multă) trecere la cineva.

stand in awe of, to a fi cuprins de o teamă îmbinată cu respect/uimire față de (cineva); a sta încremenit în fața (cuiva).

stand in a white sheet, to *v.* **put on a white sheet.**

stand in fear of, to a se teme de.

stand in for/to a port, to *mar.* a pune capul pe un port.

stand in for smb., to a ține locul cuiva; a rămâne temporar în locul cuiva.

stand in need of smth., to a avea nevoie/a duce lipsă de ceva.

standing on one's head; to do smth. ~ a face/rezolva ceva foarte ușor/fără nici o greutate/*aprox. F →* cu ochii închiși.

stand in one's own light, to *← F* a-și aduce singur prejudicii; *aprox. F →* a-și tăia craca de sub picioare.

stand in smb.'s light, to 1. a sta în lumina cuiva. 2. *fig.* a sta în calea cuiva; a stânjeni/împiedica pe cineva de a avea succes *(în carieră etc.);* a umbri pe cineva.

stand in smb.'s shoes, to *v.* **be in smb.'s boots.**

stand in smb.'s way, to a sta în calea cuiva; a zădărnici/împiedica activitatea/eforturile cuiva.

stand in the ancient way, to a urma tradiția; a fi de modă veche; a fi conservator/retrograd.

stand in the background, to *v.* **keep in the background.**

stand in the breech/gap, to 1. *mil.* a fi în centrul unei poziții atacate. 2. *fig.* a primi un atac din față/în plin.

stand in the way of smth., to a împiedica/zădărnici ceva; a fi o piedică în calea unui lucru/unei întâmplări.

stand in towards (the shore), to *mar.* a se îndrepta (spre țărm).

stand in with others, to a se alătura altora; a se asocia cu alții *(într-o acțiune comună);* a participa la inițiative/greutăți/cheltuieli etc.

stand in with smb., to *amer.* a se înțelege/a cădea de acord/a pactiza cu cineva.

stand mute of malice, to *jur.* a refuza să vorbească în instanță.

stand neuter, to a rămâne neutru; a-și păstra neutralitatea.

stand no chance, to a nu avea șanse/nici o șansă.

stand no nonsense from smb., to a nu tolera/admite/*F →* înghiți purtarea absurdă/capricioasă/necuviincioasă a cuiva.

stand on a volcano, to *v.* **sleep on a volcano.**

stand on/upon ceremony, to 1. a fi protocolar/ceremonios; a respecta cu strictețe unele reguli de politețe. 2. *(folosit adesea la negativ)* a nu pretinde/a nu face uz de o politețe formală; *aprox.* a nu aștepta invitații; a nu se jena; a nu se formaliza.

stand on end, to a sta drept în sus; *(d. păr)* a se face măciucă.

stand one's chance, to *v.* **take one's chance.**

stand one's ground, to a rezista; a rămâne (ferm) pe poziție; a nu ceda; a nu da înapoi; a rămâne neclintit; a-și apăra punctul de vedere.

stand one's hand/Sam/treat, to *← F* a plăti consumația celorlalți; *F →* a face cinste.

stand one's trial, to a fi judecat; a apărea în fața unei instanțe judecătorești.

stand on one's dignity, to 1. a cere să fii respectat/tratat cu toată considerația. 2. a fi ceremonios.

stand on one's head, to a se deda la excentricități; a se comporta în mod bizar/neobișnuit/extravagant.

stand on one's own bottom/legs, to *← F* a fi independent; a se menține prin forțe proprii; *F →* a sta pe propriile sale picioare.

stand on one's right, to 1. a-și cere drepturile. 2. a se folosi/prevala de drepturile sale.

stand on stepping stones, to *← F* a face numai ceea ce este absolut necesar; *aprox. F →* a nu se omorî/trece cu firea (muncind).

stand on the defensive, to a fi în defensivă; a adopta o atitudine prudentă/de apărare.

stand or fall (by), to 1. a-și asuma toate riscurile. 2. a risca/miza totul (pe) ...

stand out against smth., to a rezista/a se opune cu fermitate *(unui atac, unei acuzații nedrepte etc.);* a protesta cu tărie împotriva unui lucru.

stand out a mile, to a fi evident; *F →* a se vedea de la o poștă; a sări în ochi.

stand out in releif, to a se detașa; a ieși în evidență.

stand out to sea, to *v.* **put to sea.**

stand over smb. (while he is doing smth.), to a supraveghea pe cineva îndeaproape (în timpul unei activități).

stand pat, to 1. *(la joc de cărți)* a nu mai lua alte cărți; a rămâne cu cărțile servite; a fi servit. 2. *fig.* a nu ceda; a rămâne neclintit/pe vechea poziție; a nu face nici o concesie; a nu admite nici o schimbare.

stand Sam, to *v.* **stand one's hand.**

stand/keep sentry, to *mil.* a fi sentinelă; a face de gardă; a sta de pază.

stand sharp against the sky, to *(d. o clădire etc.)* a se profila clar pe cer.

stand smb. a treat/drink, to a oferi/plăti cuiva o tratație/băutură etc; *F →* a face cinste.

stand smb. in good stead, to a fi de folos cuiva; a se dovedi util pentru cineva.

stand smb. up., to *← F* a face pe cineva să aștepte zadarnic *(la o întâlnire); F →* a lăsa pe cineva țuț/cu buza umflată.

stand smth. on its head, to *fig.* a întoarce ceva pe dos; a inversa/răsturna argumentele/teoriile altuia.

stand sponsor for smb., to a garanta pentru cineva.

stand sponsor to a child, to *înv. v.* **stand god-mother to a child.**

stand stock-still, to a sta/rămâne neclintit/țintuit locului.

stand the battle, to a da/duce/susține lupta cu curaj.

stand the fire, to *mil.* a susține focul.

stand the gaff, to *amer.* *← F* a înfrunta greutățile cu curaj/tărie.

stand the racket, to I. a rezista la o încercare grea. **2.** a avea de suferit consecințe neplăcute; a suport consecințele; *F →* a plăti oalele sparte. **3.** a suporta cheltuielile.

stand the risk, to a risca; a înfrunta/a-și asuma orice risc.

stand the test, to a trece cu succes o probă/o încercare.

stand the test of time, to a rezista la proba timpului; a nu-și pierde valoarea cu timpul; a învinge timpul.

stand to lose, to a avea de pierdut; a risca să piardă; **~ nothing** a nu avea nimic de pierdut.

stand to one's arms, to a fi gata/pregătit de luptă.

stand/stick to one's guns, to a-și menține punctul de vedere; a rămâne pe aceeași poziție; a nu face compromisuri; a dovedi tărie de caracter/fermitate.

stand (up) to one's lick log, to *amer.* *← F* a arăta fermitate/tărie de caracter; a nu șovăi; a nu se da bătut; a merge până la capăt.

stand to reason, to a se înțelege de la sine; a fi la mintea oricui.

stand to win/gain smth., to a fi în situația de a câștiga ceva; a avea șanse de câștig; a se aștepta la un câștig.

stand treat, to *v.* **stand one's hand.**

stand up and be counted, to *amer.* *← F* I. a adopta/lua o poziție fermă; a nu șovăi; *F →* a sta pe poziție; a nu se lăsa (cu una cu două). **2.** a-și spune deschis părerea.

stand up for a just cause, to a duce/susține lupta pentru o cauză dreaptă.

stand upon ceremony, to *v.* **stand on ceremony.**

stand upon one's pantables/pantofles, to *← F* I. a-și lua un aer demn/de superioritate; *F →* a-și da aere; a face pe superiorul/grozavul. **2.** a vorbi cu emfază.

stand upon the course, to *mar.* a-și menține ruta/cursa.

stand (up) well with smb., to a fi în raporturi bune cu cineva; a se bucura de aprecierea/simpatia cuiva; *F →* a avea trecere la cineva.

stare smb. in the face, to I. a se uita țintă/drept la cineva în ochii cuiva. **2.** a fi în fața ochilor; a fi evident; *F →* a sări cuiva în ochi. **3.** a înfrunta pe cineva.

stare smb. out of countenance, to a intimida pe cineva printr-o privire.

stare smb. out/down, to a se uita fix la cineva până când îl face să-și plece ochii.

stark staring mad nebun sadea/de legat.

star smb. in a play/film, to a da cuiva un rol principal într-o piesă/film.

stars were against it, the n-a fost să fie! n-a vrut soarta!

start a baby, to *← F glum.* a fi însărcinată.

start a fund, to a lansa/iniția o subscripție.

start a hare, to I. a stârni un iepure (din culcuș). **2.** *fig.* a introduce un subiect de discuție; *aprox.* a ridica o problemă.

start another hare, to a începe un alt/nou subiect de conversație; a schimba vorba.

start from scratch, to a porni de la început/nimic/zero.

start in on smth./to do smth., to *← F* a porni la treabă/un lucru; a se apuca de ceva.

start off on the wrong foot, to a face o greșeală inițială; *F →* a o lua greșit; a porni cu stângul.

start one's boots, to *F* a se duce pe aici încolo; a-și lua tălpășița/valea.

start out to do smth., to *← F* a începe/porni o activitate; a face primii pași într-o discuție.

start runners (in a race), to a da startul pentru alegători (într-o cursă).

start smb. in business, to a ajuta pe cineva să intre în comerț/să deschidă un magazin/birou de tranzacții etc. *(oferindu-i capitalul necesar).*

start smb. thinking, to a da cuiva subiect de gândire/meditație; a face pe cineva să gândească; a pune pe gânduri.

start to one's feet, to a sări în picioare; a se ridica brusc.

start with, to pentru început; în primul rând.

start with a clean slate, to a începe o viață nouă.

starve a cold, to ← F **l.** a trata o răceală prin dietă. **2.** a jugula/opri o răceală/gripă încă de la început.

starve with cold, to F a fi pătruns/mort de frig; a îngheța; a degera (de frig).

starve a/one's case, to jur. a supune un fapt/faptele judecății tribunalului (de către un reclamant).

state the case, to jur. a proceda la expunerea faptelor (de către un avocat, un procuror etc.).

stay abreast (of), to l. a fi pe aceeași linie/la același nivel (cu). **2.** fig. a nu rămâne în urmă; a fi la curent (cu); a nu fi depășit (de).

stay ahead of others, to a fi/rămâne în fruntea celorlalți; a nu se lăsa depășit de alții.

stay at home, to a sta/a-și face de lucru pe lângă casă; a fi cazanier.

stay clear of smth., to v. **keep clear of smth.**

stay in after school, to a rămâne în școală după orele de curs (ca pedeapsă, pentru un studiu suplimentar etc.).

stay indoors/in, to a sta în casă; a nu ieși din casă (din motive de sănătate etc.).

stay in the background, to v. **keep in the background.**

stay judgement/proceedings, to a întârzia/tărăgăna judecata/procedura/lucrările unei comisii etc.

stay one's hand, to a se stăpâni; a se reține/abține de la o acțiune.

stay one's hunger/stomach, to a-și potoli foamea; P → a-și pune burta la cale.

stay on top (of), to a fi într-o poziție superioară; a fi în frunte/F → fruntea bucatelor; a sta pe primul loc.

stay out (on strike), to a continua greva; a nu relua lucrul.

stay out of trouble, to a rămâne în afara unor încurcături (unui scandal, unui conflict etc.); F → a nu se băga în bucluc; aprox. a rămâne în banca lui.

stay put, to l. a sta (fixat) pe loc; a nu se clinti (din loc); a sta înfipt locului. **2.** fig. a nu-și schimba atitudinea; a se menține ferm pe poziție.

stay smb.'s hand, to a împiedica/reține pe cineva (de la o acțiune dictată de mânie, dorință de răzbunare etc.).

stay the course, to a rezista până la capăt; a avea puterea necesară să ducă o acțiune/luptă până la sfârșit.

stay until the last dog is hung, to amer. F a sta/rămâne până la sfârșit/capăt.

stay up late, to a se culca foarte târziu.

stay with smth., to amer. a persevera într-o acțiune; a nu abandona ceva.

steady on! F stăpânește-te! termină! ia-o binișor! ușurel!

steady oneself against smth., to l. a se sprijini de ceva (pentru a nu se clătina, a nu cădea). **2.** fig. a se îmbărbăta/oțeli; a-și face curaj; a nu se lăsa doborât (de necazuri, primejdii etc.).

steal a candy from a baby, to a lua bucățica de la gura cuiva (lipsit de apărare); a exploata/jefui pe cineva mai slab.

steal a glance at smb./smth., to a furișa o privire spre cineva/ceva; F → a trage cu ochiul la cineva/ceva.

steal a look at smb./smth., to v. **to steal a glance at smb./smth.**

steal a march on smb., to l. a o lua înaintea cuiva. **2.** a dobândi un avantaj asupra (unui inamic, unui rival); F → a marca un punct (împotriva cuiva).

steal a nap, to F a trage un pui de somn; a da ochii în gene.

steal a ride, to a călători fără bilet; A → a merge pe blat.

steal smb.'s heart, to a fura/răpi inima cuiva.

steal smb.'s thunder, to ← F **l.** a se folosi de argumentele sau stilul unui scriitor/orator, prezentându-le ca ale sale proprii; aprox. a plagia/copia pe cineva. **2.** fig. a i-o lua cuiva înainte.

steel one's heart against fear/pity, to a-și oțeli/întări/împietri inima împotriva fricii/milei.

steam open an envelope, to a deschide un plic cu ajutorul aburului.

steeped to the lips cufundat/vârât până în gât (într-o activitate, într-un viciu etc.).

steep oneself in smth., to a asimila/a-și însuși cât mai mult dintr-un anumit domeniu (cunoștințe, obiceiuri etc.); a se cufunda în ceva; a se lăsa pătruns de ceva.

steer/tread a middle course, to a lua/urma o cale de mijloc.

steer/tread a steady course, to și fig. a merge ferm înainte (fără oprire sau ezitare).

steer clear of, to v. **keep clear of smth.**

steer (one's course) for, to mar. și glum. a se îndrepta către; a pune capul pe.

steer smb. clear of, to a feri/păzi pe cineva de.

steer the right course, to fig. a merge pe drumul cel bun/cel drept; a urma calea cea bună.

stem the current/flood/tide/torrent, to l. a opri/stăvili năvala apei. **2.** fig. a se împotrivi; a se pune în calea unui curent puternic.

step by step treptat; puțin câte puțin; progresiv.

step down the current/the voltage, to electr. a reduce tensiunea; a reduce voltajul curentului.

step down the gear, to mec. a demultiplica transmisia.

step for step pas cu pas.

step inside (a house/an office), to a intra (într-o casă/într-un birou).

step into a fortune, to ← F a moşteni o avere.

step into a position, to a obţine (uşor) o situaţie/slujbă; a intra direct într-o funcţie/slujbă.

step into smb. else's shoes, to a prelua o funcţie/responsabilitate, urmând altcuiva; a lua locul cuiva (imitându-i comportamentul).

step into the breach, to a umple un gol/locul vacant; a lua locul sau a face munca cuiva care e absent.

step into the picture, to I. a se ivi; a-şi face apariţia. **2.** a apărea pe primul plan.

step it with smb., to ← F a dansa cu cineva.

step lively! F dă-i/daţi-i zor/bătaie! mai cu inimă!

step off/out a distance, to a măsura o distanţă cu pasul; F → a da cu pasul.

step off on the wrong foot, to ← F a începe o acţiune/relaţie etc. în mod greşit/pe o bază falsă/greşită; a o porni prost/F → pe picior greşit.

step off the big plank, to amer. ← sl. a-şi pune pirostriile pe cap.

step off with the left foot, to a pune piciorul stâng înainte; fig. a porni cu stângul.

step on it, to ← F I. a apăsa pe accelerator; a accelera (viteza unui automobil). **2.** fig. a se grăbi; a acţiona cu mai multă energie/râvnă/inimă; F → a-i da bătaie/benzină.

step/tramp on smb.'s corns/toes, to ← F fig. I. a ofensa/jigni sentimentele cuiva; a nu menaja susceptibilitatea cuiva. **2.** a atinge pe cineva la punctul sensibil; a irita/enerva/ofensa pe cineva; F → a călca pe cineva pe bătătură/coadă.

step on the gas, to amer. v. **step on it**.

step out of one's way, to I. a se abate din drumul său. **2.** a se deranja.

step this way! poftiţi pe aici! poftiţi înăuntru!

step upon smb., to a muştrului pe cineva; a freca ridichea cuiva.

step up production/a campaign, etc., to a mări/spori producţia; a intensifica o campanie.

stew in one's own grease/juice, to ← F a suferi consecinţele neplăcute ale propriilor sale fapte; **to let smb. stew in his own grease** a nu interveni; a lăsa pe cineva să se frământe/descurce de unul singur; F → a lăsa pe cineva să fiarbă în sosul propriu.

stick at nothing, to a nu se da înapoi de la nimic; a nu avea scrupule; F → aprox. a nu-şi face probleme.

stick at one's work, to a munci cu perseverenţă/râvnă.

stick at trifles, to a se împiedica de fleacuri/lucruri mărunte (folosit de obicei la negativ).

stick indoors, to a nu ieşi din casă; a sta închis în casă.

stick in one's craw/gizzard/stomach/throat, to ← F a nu putea suporta/înghiţi ceva; F → a-i sta/rămâne în gât; < a fi intolerabil/inacceptabil.

stick in one's/the mind, to a-ţi rămâne în minte; a fi mereu prezent în memorie; a nu putea fi uitat.

stick in/to smb.'s fingers, to (d. bani străini) F a i se lipi (cuiva) de degete/mână; a-şi însuşi banii altora.

stick in the mud, to ← F 1. a sta pe loc; a bate pasul pe loc < a se împotmoli. **2. stick-in-the-mud** adj. şi subst. mototol; greoi; tont; tăntălău.

stick is quickly found to beat a dog with, (a) v. **staff is quickly found to beat a dog with, a.**

stick it on, to sl. I. a umfla preţurile; a cere mult/scump; a încărca nota de plată. **2.** a exagera/înflori o poveste.

stick it out, to ← F a suporta/îndura (un lucru, o situaţie); a rezista până la sfârşit.

stick on a horse, to ← F a se ţine în şa; a nu cădea de pe cal.

stick one's heels in, to ← F a face opoziţie; a se împotrivi/opune cu tărie; a nu accepta (o stare de lucruri); aprox. F → a se pune în curmeziş/contra.

stick one's neck out, to amer. I. a risca. **2.** a se băga/vârî singur într-o primejdie/încurcătură.

stick one's stakes, to amer. v. **drive stakes.**

stick out a mile, to ← F a se vedea de la distanţă/F → o poştă; a sări în ochi.

stick out for (one's rights, etc.), to F a-şi cere/a lupta cu perseverenţă pentru (drepturile sale); a nu renunţa/a nu ceda până nu se obţin (drepturi etc.).

stick pins into smb., to ← F I. a îndemna pe cineva la o acţiune. **2.** a asmuţi; a instiga. **3.** a irita/sâcâi pe cineva; F → a călca pe cineva pe nervi.

stick to smb./smth., to I. a rămâne credincios/fidel (unui prieten, unui principiu etc.). **2.** ~ **smth.** a nu se abate de la ceva; a susţine ceva cu hotărâre; a nu renunţa la ceva; a persevera (într-o activitate); F → a se ţine (cu dinţii) de ceva.

stick to one's business, to a-şi vedea/a se ţine de treabă.

stick to one's colours, to a fi loial/fidel/devotat unui partid/unei organizaţii etc.

stick to one's guns, to v. **stand to one's guns.**

stick to one's last, to a rămâne/a se limita la domeniul său de activitate; a se ţine de meseria/ocupaţia pentru care cineva e pregătit.

stick to smb., like a bur(r)/limpet/leech/wax, to F a se ţine scai de cineva; a se ţine de cineva ca lepra/râia de om; aprox. a cădea iarnă grea pe capul cuiva.

stick to smb.'s fingers, to v. **stick in smb.'s fingers.**

stick to the point/facts, to a nu se abate/îndepărta de la subiect/fapte.

stick up a bank/mail-van, etc., to ← *sl.* a jefui o bancă/un vagon poştal *(imobilizând pe paznici).*

stick up for smb., to a sprijini pe cineva; a lua apărarea/a fi de partea cuiva.

stick upon smb.'s memory, to a se fixa/întipări în memoria cuiva; a-i rămâne cuiva în minte.

stick with a friend/an ideal, to a rămâne credincios/loial unui prieten/unui ideal etc.

stick your hands/'em up! *F* sus mâinile! ridică/ridicaţi mâinile în sus!

stiff as a pikestaff/poker/ramrod, (as) *F* ţeapăn ca un stâlp (de telegraf)/un lemn; băţos; parcă ar fi înghiţit un băţ.

still as a mouse, (as) *v.* **quiet as a mouse.**

still as death/the grave, (as) tăcut ca mormântul.

still in swaddling-clothes *v.* **hardly out of swaddling clothes.**

still smb.'s din, to ← *F* a astupa gura cuiva.

still tongue makes a wise head, a *prov.* cine vorbeşte seamănă, cine ascultă culege; cine tace în mijlocul strigărilor acela-i mai înţelept; *aprox.* tăcerea e de aur.

still waters run deep/have deep bottoms *prov.* apa lină sapă adânc; apele line/liniştite sunt adânci.

sting is in the tail, the hazul/poanta e la sfârşit.

stink in smb.'s nostrils, to a-i mirosi (cuiva) urât; a-i puţi; *F* → a-i muta cuiva nasul din loc.

stink of/with money, to a fi putred de bogat.

stink the place out, to a răspândi un miros neplăcut *(într-o cameră; un laborator etc.); P* → a împuţi locul.

stink to high heaven, to I. a mirosi rău; a puţi; *F* → a-ţi muta nasul din loc. **2.** *fig.* a nu mirosi (a) bine; a avea un iz suspect/de necinste.

stir an eyelid, to *(de obicei la negativ)* **not ~** a rămâne imperturbabil/calm; a nu manifesta nici o emoţie/îngrijorare etc.

stir a finger, to *fig. (de obicei la negativ)* a mişca un deget; a interveni (într-o acţiune).

stir one's stumps, to ← *F* a se grăbi; a se mişca (mai iute).

stir smb.'s blood, to a face să-i fiarbă cuiva sângele în vine.

stir smb.'s heart, to a înduioşa pe cineva; a mişca; a-i mişca inima cuiva.

stir smb.'s pulses, to I. *F* a băga pe cineva în viteză. **2.** *aprox.* a crea emoţie/nerăbdare; *F* → a pune pe cineva pe jeratic.

stir the gorge, to *v.* **raise the gorge.**

stir the depths, to a mişca/emoţiona până în fundul inimii/sufletului.

stir up a hornet's nest about one's ears, to *v.* **arouse a nest of hornets.**

stitch in time saves nine, a *prov. aprox.* leneşul mai mult aleargă; cine nu cârpeşte spărtura mică are necaz să dreagă borta mare.

stock a farm/a shop, to a înzestra o fermă; a aproviziona un magazin.

stock one's mind with learning, to a-şi îmbogăţi cunoştinţele; a se cultiva.

stone broke *v.* **clean broke.**

stones will cry out, the se vor ridica/scula şi pietrele.

stoop to one's/the lure, to *v.* **alight on one's lure.**

stop a blow with one's head, to I. a para o lovitură cu capul. **2.** *iron.* a încasa o lovitură.

stop a bullet/shell, to ← *F* a fi împuşcat; a primi un glonţ/o schijă.

stop a gap, to *v.* **close a gap.**

stop a leak, to I. a astupa o crăpătură/gaură. **2.** *fig.* a împiedica o pierdere.

stop a packet, to *v.* **catch a packet.**

stop at nothing, to a nu se da în lături de la nimic.

stop dead/short, to a se opri brusc.

stop one's ears, to I. a-şi astupa urechile. **2.** *fig.* a nu vrea să audă; a fi/rămâne surd la ...

stop short, to *v.* **stop dead.**

stop short of, to a fi cât pe ce/gata să; a fi pe punctul de a.

stop smb.'s breath/wind, to ← *F* a sugruma/omorâ prin strangulare pe cineva; a strânge pe cineva de gât.

stop smb.'s mouth, to a închide/astupa gura cuiva *(intimidându-l sau mituindu-l); F* → a băga cuiva pumnul în gură.

stop smb.'s way, to *şi fig.* a se aşeza/pune/sta în calea cuiva; a împiedica pe cineva să meargă înainte.

stop spoofing me! *amer. sl.* nu fi prost! lasă-te de prostii/bancuri!

stop thief! prindeţi hoţul! săriţi, hoţii!

stop to look at a fence, to ← *F* a ezita/şovăi în faţa unei dificultăţi; a se teme de greutăţi/complicaţii.

stop yout jaw! *vulg.* ţine-ţi gura! lioarba! tacă-ţi fleanca!

store one's/the memory with smth., to a-şi încărca memoria cu ceva.

story goes that ..., the se zice că; povestea spune că ...

stow it! *sl.* gura! închide fleanca/pliscul!

straddle the fence, to *v.* **be on the fence.**

straight as a die, (as) cinstit, corect, sincer.

straight as an arrow, (as) direct; fără cotituri/ocolişuri; *F* → şnur; aţă.

straight as a poker/ramrod, (as) drept ca lumânarea/bradul.

straight as they make'em, (as) *amer.* ← *sl.* (foarte) cinstit/corect.

straight/away/off pe dată; pe moment; chiar acum/ atunci; de-a dreptul.

straighten one's face, to a lua o expresie impenetrabilă.

straighten smb. out, to 1. a însănătoşi pe cineva; a restabili sănătatea cuiva. 2. *fig.* a pune pe cineva pe picioare/pe drumul cel bun.

straight from the horse's mouth (*d. o informaţie*) direct de la sursă; din sursă autorizată.

straight from the shoulder 1. (lovitură) directă. 2. *fig.* direct; drept în faţă; deschis; fără ocol.

straight from the tin de la prima sursă; din prima mână; proaspăt; *F* → cald.

straight off *v.* straight away.

straight off the ice (luat) de la gheaţă; foarte rece.

straight on end *v.* on end 2.

straight trees have crooked roots *prov.* copacii cei mai drepţi au rădăcini strâmbe.

strain after effects/epigram, etc., to ← *F* a alerga după efecte/vorbe de duh; a căuta cu orice preţ să faci impresie prin ţinută/spirit etc.

strain a point, to a întinde coarda; a exagera; a forţa lucrurile; a merge mai departe decât îi e cuiva îngăduit sau e de aşteptat (*pentru a-şi atinge un scop, a face concesii etc.*).

strain at a gnat (and swallow a camel), to *prov.* a fi prea scrupulos/pretenţios; a obiecta la un lucru mărunt şi a trece cu vederea un altul mai grav.

strain every nerve, to a-şi încorda nervii.

strain one's authority/powers/rights, to a-şi exagera/depăşi autoritatea/puterea/drepturile.

strain one's ears/eyes voice, to a-şi încorda auzul; a-şi forţa ochii; a-şi forţa/încorda vocea.

strain on (the) tenter-hooks, to a sta pe ghimpi; *F* → a se perpeli (*de nerăbdare, îngrijorare etc.*).

strain smb.'s patience, to a abuza de/a pune la grea încercare răbdarea cuiva.

strain the law, to 1. a forţa legea; a interpreta legea în mod părtinitor. 2. a încălca/viola legea.

strain the truth, to a exagera; a denatura adevărul.

strain to one's bosom/heart, to a strânge la pieptul său.

strange to say oricât ar părea de ciudat.

straw shows which way the wind blows, a firul de nisip/paiul arată încotro bate vântul; un lucru mărunt poate fi semnificativ.

strengthen smb.'s hand, to *fig.* a îmbărbăta pe cineva; a încuraja/stimula pe cineva la faptă/luptă.

stretch a point, to *v.* strain a point.

stretch hemp, to ← *sl.* a fi spânzurat.

stretch one's feet/legs under smb.'s mahogany, to *v.* have one's legs under smb.'s mahogany.

stretch one's legs, to 1. a-şi dezmorţi picioarele.. 2. *F* a lungi compasul.

stretch one's legs according to the coverlet, to a te întinde cât ţi-e plapuma.

stretch one's luck, to *v.* push one's luck.

stretch on (the) tenter-hooks, to *v.* put on the tenter-hooks.

stretch out a helping hand to smb., to a întinde/ da cuiva o mână de ajutor.

stretch the law, to *v.* strain the law.

stretch the truth, to *v.* strain the truth.

stretch wing to weather, to *lit.* a zbura; a se înălţa în văzduh.

stretch your arm no further than your sleeve will reach *prov.* nu te întinde mai mult decât te ţine aţa/decât ţi-e plapuma; nu te întinde decât până unde poţi cuprinde.

stricken in years împovărat de ani.

strike a bad patch, to ← *F* a avea ghinion în serie; a fi urmărit de ghinion; *F* → a avea o pasă proastă.

strike a balance, to *şi fig.* a încheia un bilanţ/ conturile; a echilibra.

strike a bargain, to a încheia un târg/o tranzacţie; *F* → *fig.* a bate palma.

strike a blow against/at, to *fig.* a da lovitura.

strike a blow for smb., to a se angaja/a intra în luptă pentru cineva/în apărarea cuiva.

strike a deep chord (in smb.'s heart), to a atinge o coardă sensibilă/tainică (în inima cuiva).

strike a false note, to *v.* sound a false note.

strike a light, to a aprinde (un chibrit); *înv.* a scăpăra un amnar.

strike a line, to a adopta o linie/metodă proprie.

strike an attitude, to a lua o poză/atitudine teatrală/marţială etc.

strike an average, to a calcula/stabili o cifră medie.

strike a note, to a face/produce o (anumită) impresie; a crea/introduce un (anumit) efect/ton.

strike a path/track, to a găsi/da de o cărare/urmă.

strike a sail, to a coborî/reduce o velă.

strike asunder, to 1. a despica. 2. a dezbina; a despărţi.

strike at the foundation/root of smth., to 1. a ataca/surpa temelia unui lucru; a submina ceva. 2. a distruge/reteza ceva din rădăcină.

strike below the belt, to *sport şi fig.* a lovi sub centură; a ataca/lupta în mod neregulamentar; a lovi cu perfidie.

strike camp/tents, to a ridica tabăra; a strânge corturile.

strike fear/terror/panic into smb., to a inspira cuiva teamă/teroare/panică; *F* → a băga pe cineva în sperieți/*P* → în boală; *aprox. F* → a băga cuiva frica în oase; a îngrozi/înfricoșa/alarma pe cineva.

strike hands, to *înv.* a bate palma.

strike home, to 1. *(d. o lovitură, un atac)* a-și atinge ținta. 2. a atinge pe cineva la punctul sensibil/*F* → unde-l doare.

strike in the boots, to *înv.* a zdrobi picioarele/ fluierele picioarelor *(ca mijloc de tortură).*

strike into a forest/jungle, etc., to a se afunda/a pătrunde într-o pădure/junglă etc.

strike into a gallop, to *(d. cai)* a o lua la galop; a trece din trap în galop.

strike into/out of a track/subject, etc., to a porni/ a se abate de la o cărare/un subiect de discuție etc.

strike in with a suggestion, to a interveni în discuție cu o sugestie/propunere.

strike it rich, to 1. a se îmbogăți/*F* → pricopsi. 2. a face o afacere rentabilă.

strike me blind/dead/dumb/lucky/ugly if ... *F* să mor/să nu mă mișc de aici/apuc ziua de mâine dacă ...

strike off a book/a pamphlet, to a tipări o carte/ o broșură.

strike oil, to 1. a găsi/da de un zăcământ de petrol (prin forare). 2. a descoperi/da de un izvor de câștig; a da o lovitură norocoasă; *F* → a se pricopsi; *P* → a-i pune Dumnezeu mâna în cap.

strike one's colours/flag, to 1. *mar.* a coborî pavilionul; a preda comanda. 2. a capitula; a se preda. 3. *fig.* a se da bătut; a înceta lupta/rezistența.

strike one's tent, to 1. a-și strânge cortul. 2. *fig.* a-și face bagajele; a se pregăti de plecare.

strike out a name/a word, etc., to a tăia/șterge un nume/un cuvânt etc.

strike out a new line/plan, to a inventa o metodă nouă/un procedeu nou; a porni pe o cale nouă.

strike out for oneself, to 1. a se conduce/dirija/ descurca singur; a fi/deveni independent. 2. a-și vedea/a se preocupa numai de propriul interes.

strike out for the shore, to *(d. înotători, canotori etc.)* a se îndepărta (în grabă) spre țărm; a trage spre mal.

strike out (from the shoulder), to *(box)* a da o lovitură directă.

strike out in a line of one's own, to a urma o linie de conduită proprie; a fi original; a nu se lăsa influențat de alții.

strike root, to a prinde rădăcini.

strike sail, to 1. *mar.* a strânge/coborî velele. 2. *v.* **strike one's colours 2 și 3.**

strike smb. all of a heap, to a lăsa pe cineva tablou/ cu gura căscată; a năuci/ului pe cineva.

strike smb. as ..., to a da cuiva impresia de ...; a-i apărea cuiva ca ...; a impresiona pe cineva ca fiind ...

strike smb. dumb/speechless, to *F* a lăsa pe cineva mut *(de uimire, din lipsă de contraargumente);* a lăsa pe cineva fără cuvânt/riposta.

strike smb. for money, to *amer.* a tapa pe cineva de bani.

strike smb. off the rolls, to 1. a șterge numele cuiva de pe listă/din matricolă/registru/rol. 2. *fig.* a șterge pe cineva din catastif/a-l ignora; a nu-l mai lua în considerare.

strike smb. off with a shilling, to *v.* **cut smb. off with a shilling.**

strike smb.'s eyes, to a-i sări cuiva în ochi; a izbi/ frapa/impresiona pe cineva.

strike smb.'s head off, to *înv.* a tăia capul cuiva; a decapita pe cineva.

strike smb.'s name off, to a șterge/tăia numele cuiva *(de pe o listă etc.).*

strike smb. speechless, to *v.* **strike smb. dumb.**

strike sparks out of smb., to a însufleți/stimula pe cineva; a face pe cineva să strălucească în discuție (prin spiritul său).

strike the beam, to *v.* **kick the beam.**

strike the bottom/the ground, to *mar.* a atinge fundul.

strike the colours/flag, to *v.* **strike one's colours.**

strike the eye, to a fi izbitor/bătător la ochi; a fi ostentativ; a sări în ochi.

strike the first blow, to 1. a da prima lovitură; a începe bătaia/lupta. 2. a provoca/ațâța/stârni (pe ceilalți) la o bătaie.

strike the hour, to *(d. ceas)* a bate/suna orele.

strike the right note, to *fig.* a fi în nota justă/în ton; a face/spune exact ce trebuie/se cuvine (în momentul respectiv).

strike the wrong note, to a face notă discordantă; a face/spune ceva nepotrivit (în momentul respectiv).

strike through darkness/the fog/the crowd, to a pătrunde/răzbi prin întuneric/ceață/mulțime.

strike to the left/right, to a o lua la stânga/dreapta; a porni spre stânga/dreapta.

strike twelve all at once/the first time, to 1. a obține un rezultat excelent de la prima încercare. 2. a face o impresie deosebită de la prima vedere.

strike up a friendship/an acquaintance (with smb.), to a se împrieteni/a lega o prietenie/a face (repede) cunoștință (cu cineva).

strike up a tune, to *(d. o orchestră, fanfară etc.)* a începe să cânte; a ataca primele acorduri/note dintr-o melodie.

strike upon an idea/a plan, to a-i veni (cuiva) în minte o idee/un plan.

strike up with smb., to a se întâlni cu cineva (din întâmplare).

strike while the iron is hot *prov.* bate fierul până-i cald.

strike with awe/amazement, etc., to *(folosit de obicei la diateza pasivă)* a înmărmuri de spaimă/uimire etc.

strike work, to a înceta lucrul; a face grevă.

string along with a woman/a man, to ← *sl.* a avea o legătură (temporară) cu o femeie/un bărbat; a trăi cu cineva (un timp).

string a man up, to ← *sl.* a spânzura un om.

string beads, to a înșira mărgele.

string oneself up to do smth., to a-și încorda voința pentru a realiza ceva.

strip a cow, to a mulge vaca până la ultima picătură de lapte.

strip a gear/screw, to *tehn.* a rupe/toci dinții unui pinion/angrenaj/filetul unui șurub.

strip a house, to a goli o casă; a scoate toată mobila, covoarele etc. dintr-o casă.

strip an engine/a machine down, to *mec.* a demonta un motor/o mașină *(pentru verificarea părților detașabile).*

strip a peg, to *sl.* a da de dușcă; a goli paharul.

strip a ship, to *mar.* a scoate greementul/velatura/capelajul de pe o navă; a dezarma un vas.

strip a tree (of its bark), to a coji un copac; a curăți/tăia/jupui scoarța de pe un copac.

strip the wind, to *v.* outstrip the wind.

strip tobacco, to a curăți frunzele de tutun de tulpină și nervuri.

strip to the buff, to *F* a rămâne în costumul lui Adam.

strip to the skin, to a se dezbrăca în pielea goală; **stripped ~** despuiat; *F →* gol pușcă.

strip well, to a arăta bine (dezbrăcat); a avea un corp frumos.

strive for/after an end, to a se strădui să atingă un țel

strive with one another for smth., to a-și disputa ceva cu altul/alții; a se întrece cu alții pentru a obține ceva; a fi în competiție/concurență/luptă cu ceilalți.

stroke smb. against the hair, to a lua pe cineva în răspăr; a irita/enerva pe cineva.

stroke smb. down, to a calma/împăca/îmblânzi pe cineva; a face pe cineva să-și uite supărarea.

stroke smb.'s hair the wrong way, to *sau* **stroke the wrong way of the hair, to** *v.* stroke smb. against the hair.

strong as a horse, (as) *(d. oameni)* zdravăn; puternic; rezistent; *F →* tare ca piatra; sănătos tun.

strong as brandy, (as) **1.** tare; concentrat. **2.** *fig. F →* iute ca focul/para focului; spirt.

struck all of a heap uluit; trăsnit; încremenit de mirare.

struggle against fate/adversity, to a încerca să schimbi soarta/să învingi necazurile.

struggle to one's feet, to a se ridica (de jos) cu greu; a face un efort pentru a se pune pe picioare.

strut like a turkey-cock, to a păși țanțoș.

stub one's foot/toe, to a se lovi cu vârful piciorului de ceva; a se poticni de ceva.

stub out/up a field, to *agric.* **1.** a defrișa un teren; a curăți un câmp de cioturi/rădăcini. **2.** a desmiriști.

stub out one's cigarette, to a stinge țigara *(turtindu-i vârful aprins).*

stuck up ← *F* îngâmfat; cu pretenții de superioritate; *F →* cu nasul pe sus.

study one's own interests, to a-și urmări propriile sale interese; < a fi egoist; a se preocupa numai de interesele sale.

stuff and nonsense! prostii! vorbe de clacă! mofturi! vax!

stuff smb. for an exam, to ← *F* a pregăti pe cineva *(repede, împuindu-i capul)* pentru un examen; a da cuiva cunoștințe cu ghiotura pentru a face față la un examen.

stuff the ballot box, to a falsifica rezultatul alegerilor *(introducând în urne buletine de vot false);* *aprox. F →* a pune morții să voteze.

stuff today and starve tomorrow, to *prov.* azi te giftuiești, mâine flămânzești; astăzi joacă, mâine zace.

stumble across/upon smth., to a da de ceva (din întâmplare); *F →* a da cu nasul de ceva; a găsi ceva întâmplător; *fig.* a cădea peste ceva.

stumble at/on the threshold, to **1.** a se împiedica de prag. **2.** *fig.* a se poticni; *aprox. F →* a se îneca ca țiganul la mal.

stumble may prevent a fall, a *prov.* o greșeală mică poate să te ferească de una mai mare.

stump one's chalks, to *sl.* a o șterge; a o lua la sănătoasa; a-și lua valea/picioarele la spinare.

stump up for smth., to ← *F* a plăti pentru ceva *(o consumație, o cumpărătură).*

stupid as a donkey/goose/owl, (as) prost ca noaptea; bătut în cap; *(d. o femeie)* cap de gâscă.

subject oneself to a rule, to a se conforma unei reguli; a-și impune o regulă (de conduită).

subject to ... sub rezerva; cu condiţia; afară de cazul ..

succeed oneself, to *amer.* a fi reales; a fi numit din nou într-un post.

success is never blamed dacă izbuteşti, nimeni nu te întreabă cum; *aprox.* cine izbuteşte este întotdeauna deştept.

such and such cutare (şi cutare); anumiţi, anumite.

such being the case astfel stând lucrurile; situaţia fiind de aşa natură ...

such carpenters, such chips *prov.* cum e turcul şi pistolul; cum e sacul şi peticul.

such like ← *F* asemenea lucruri/oameni; oameni de soiul ăsta; alţii/altele de acelaşi gen.

suck dry, to I. a stoarce până la ultima picătură; a seca. 2. *fig.* a vlăgui; a stoarce de puteri.

suck in knowledge, to a-şi însuşi/asimila cunoştinţe; a fi avid/dornic de cunoştinţe.

suck in with one's mother's milk, to a suge o dată cu laptele mamei; a-i intra în sânge încă din cea mai fragedă copilărie; a se deprinde de mic cu ceva.

suck smb. in, to → *sl.* a înşela/duce pe cineva (cu preşul).

suck smb.'s brains, to a exploata inteligenţa cuiva; a se folosi de ideile cuiva; a profita de mintea/ideile cuiva.

suck the monkey, to *sl. mar.* a trage la măsea.

suck the orange, to *v.* squeeze the orange.

suck up to smb., to *sl. şcol.* a se da bine pe lângă cineva; a fi periuţă.

suffer from a swollen head, to *v.* have a swollen head.

suffer hell, to *F* a îndura chinurile iadului; a suferi cumplit/groaznic.

suffice it to say e destul/suficient să spunem.

sugar/sugar-coat the pill, to *fig.* a îndulci pilula; a face ca un lucru neplăcut să fie mai uşor acceptat.

suit smb. as a saddle suits a sow, to ← *F* a fi cu totul nepotrivit pentru cineva; *F* → *aprox.* a se potrivi ca nuca în perete.

suit smb. down to the ground/*amer.* **from the ground up, to** ← *F* I. a-i conveni cuiva foarte bine/perfect. 2. a i se potrivi cuiva de minune; *F* → a-i veni ca turnat.

suit smb.'s book, to *F v.* suit smb. down to the ground.

suit the action to the word, to a trece (iute) la fapte; a transforma vorba (promisiunea, ameninţarea etc.) în faptă; a face precum spui.

suit yourself! fă cum crezi!/cum îţi place! alege/ia ce-ţi place!

summon (up) courage/one's spirits/strength, to a-şi face curaj; *F* → a-şi lua inima în dinţi; a-şi încorda puterile.

sunk in debt înglodat în datorii.

sunk in thought cufundat/adâncit în gânduri.

sun shines upon all alike, the soarele încălzeşte şi pe buni şi pe răi; e loc sub soare pentru toţi.

supply a gap, to a suplini/completa o lipsă; a umple un gol.

supply smb. with pemmicau knowledge, to a da cuiva informaţii/cunoştinţe, în pilule.

sup sorrow, to → *înv.* a-şi face gânduri negre/venin; .a se amărî; a se hrăni cu venin.

sup with Pluto, to *lit.* a se duce pe lumea cealaltă.

sure as a gun/death/eggs is eggs/fate/shooting, (as) absolut sigur; cum te văd şi mă vezi.

sure bind, sure find *prov.* cine ştie să pitească ştie să şi găsească.

sure enough *amer.* → *F* I. *adj.* real; adevărat; autentic. 2. *adv.* în mod cert/sigur; desigur.

sure thing! bineînţeles! desigur! s-a făcut!

surrender insurance policy, to a renunţa la o poliţă de asigurare în schimbul unei sume de bani reprezentând o parte din ratele achitate.

surrender (oneself) to emotion/habit, etc., to a cădea/a se lăsa pradă unei emoţii/unui obicei/viciu etc., a nu putea lupta împotriva unei emoţii etc.

surrender to one's bail, to *jur.* a se prezenta în faţa autorităţilor (judecătoreşti) după ce a fost eliberat pe cauţiune.

sustain a claim/an objection, to *jur.* a admite/soluţiona favorabil o cerere/revendicare/obiecţiune.

sustain comparison with, to a putea fi comparat cu; **will not ~** nu suferă comparaţie cu.

sustain a defeat/a loss/an injury, to a suferi o înfrângere/pierdere/rană/contuzie.

swallow a camel, to a accepta/crede/lua de bună o enormitate/un lucru incredibil sau revoltător.

swallow a gudgeon, to → *F* a se lăsa păcălit/*F* → fraierit/dus; a înghiţi găluşca; *A* → a lua o plasă.

swallow does not make a summer, one *prov.* cu o floare nu se face primăvară.

swallow one's pride, to a-şi lăsa la o parte/călca în picioare mândria; a nu mai ţine seamă de mândria sa/orgoliul său; < a se umili.

swallow one's words, to a-şi retrage/retracta cuvintele.

swallow the bait, to *fig.* a înghiţi momeala; a se prinde în undiţă; a se lăsa prins în plasă.

swallow the pill/a bitter pill, to *F* a înghiţi un hap amar.

swamp smb. with smth., to a asalta/copleşi pe cineva cu ceva (*scrisori, cereri etc.*); *aprox.* a îngropa pe cineva în hârtii.

swap horses while crossing a stream, to *v.* **change horses in the midstream.**

swap lies, to *amer.* → *F* a se minți unul pe altul; *aprox.* hoțul fură de la hoț.

swear a charge/an accusation against smb., to *jur.* a acuza pe cineva sub jurământ.

swear an affidavit, to *jur.* a face o declarație sub jurământ.

swear an oath, to *v.* **make an oath.**

swear a witness, to *jur.* a lua jurământul unui martor; a cere unui martor să jure.

swear black is white, to a jura strâmb; a denatura adevărul; a face din alb negru.

swear by all the powers, to a jura pe toți sfinții.

swear by a medicine/remedy, etc., to a avea mare încredere într-o doctorie/un remediu etc.

swear into office, to *pol.* a depune jurământul de loialitate la preluarea puterii *(venirea unui prim ministru în fruntea guvernului etc.).*

swear like a bargee/fishwife/lord/sailor/trooper, to a înjura ca un birjar/surugiu.

swear off drink/tobacco, to ← *F* a jura să nu mai pună în gură băutură/țigară etc.

swear one's way through, to *F* a se răcori/a-și răcori inima înjurând.

swear smb. to secrecy/silence, to a pune pe cineva să promită/să jure că va păstra un secret/tăcere asupra unui anumit subiect.

swear through a two-inch board, to *F* a înjura zdravăn/de mama focului/ca la ușa cortului.

sweat blood, to a trudi din greu; a munci ca un rob; *lit. înv.* a asuda sudori de sânge.

sweat for smth., to *fig.* a plăti (din greu) pentru ceva; a se căi amarnic pentru o faptă etc.

sweat in one's shoes, to ← *F* a fi leoarcă de năduşeală; a fi tot o apă.

sweat it out, to a suporta (o situație neplăcută); a răbda până la capăt.

sweat like a pig, to *F* 1. a fi leoarcă de sudoare. 2. a se omorî/speti muncind; *P* → a munci până îți iese untul din tine.

sweat one's guts out, to *F* a se speti/omorî muncind; a se vlăgui; *P* → a trage din greu.

sweat out a cold, to a se vindeca/a scăpa de o răceală prin sudație.

sweep a constituency, to a fi ales deputat cu o mare majoritate de voturi.

sweep all before oneself, to a învinge totul în calea sa/a-i merge totul din plin; a fi încununat numai de succes.

sweep back the ocean, to *fig.* a încerca un lucru imposibil; *aprox.* a face apa să curgă la deal; a da timpul înapoi.

sweep before your own door, to ← *F* vezi-ți întâi de treaba/necazurile tale; pune-ți/fă mai întâi ordine în casa ta.

sweep everything into one's net, to a acapara totul; a se face stăpân pe tot ce găseşte în cale.

sweep smb. a curtsey, to a face cuiva o reverență.

sweep smb. off his feet, to *v.* **carry smb. off his feet.**

sweep the board, to 1. a câştiga la joc de cărți; *aprox.* a face să sară banca *(la bacara sau ruletă)*. 2. a lua toate premiile/medaliile etc. *(într-un concurs).*

sweep the seas, to 1. a traversa mările/mări şi oceane. 2. a curăți marea de inamici; a fi victorios pe mare.

sweep under the carpet/rug, to a ascunde, a muşamaliza; a camufla; a trece sub tăcere.

sweeten the pill, to *v.* **sugar the pill.**

sweet on smb.; to be ~ a fi îndrăgostit de cineva.

swell like a turkey-cock, to *v.* **strut like a turkey-cock.**

swell the chorus, to a se alătura opiniei generale.

swerve from one's course/purpose, to a se abate din calea sa/drumul său/de la țelul său.

swift as an arrow/as lightning/thought/the wind, (as) iute ca săgeata/vântul/gândul; cu iuțeala fulgerului.

swift of foot *lit.* iute de picior.

swift to anger ← *înv.* iute la mânie.

swim against the stream/tide, to *v.* **go against the current/stream/tide.**

swim at the top, to a fi în frunte/pe primul loc.

swim between two waters, to 1. a şovăi între două soluții. 2. a căuta să profiți de ambele situații; *F* → a alerga după doi iepuri; *F* → a fi cu fundul în două luntri.

swim in luxury, to a înota în bani; a trăi în mare lux.

swim like a cock/duck/fish, to *F* a înota ca un peşte.

swim like a stone/a tailor's goose, to *F* a înota ca toporul.

swim to the bottom, to *v.* **swim like a stone.**

swim with the stream/tide, to a urma curentul general; a face ceea ce fac şi alții; a nu se abate de la linia generală.

swindle smb. out of his money, to a lua cuiva banii printr-o escrocherie/mijloace necinstite; *P* → a uşura pe cineva de bani.

swing for a crime, to a fi spânzurat pentru o crimă.

swing it on smb., to ← *sl.* a înşela pe cineva; a duce pe cineva cu mâia/preşul; a prosti/fraieri pe cineva.

swing the lead, to 1. a simula o boală sau a inventa alte motive pentru a se sustrage obligațiilor militare. 2. a spune braşoave/gogoşi/poveşti vânătoreşti.

swop horses in midstream, to *v.* **change horses in midstream.**

T

tables are turned, the s-au schimbat lucrurile/ rolurile; $F \rightarrow$ altă făină se macină acum la moară.

tackle below the belt, to *v.* hit below the belt.

tackle smb. about/over smth., to a vorbi cuiva deschis/$F \rightarrow$ verde despre un lucru (de obicei neplăcut).

tag oneself on to, to $\leftarrow F$ a se alătura (unei persoane sau unui grup fără a fi invitat); $F \rightarrow$ a se agăța de cineva.

tail a suspect/a criminal, to a urmări/fila/nu scăpa din ochi o persoană suspectă/un infractor.

tailor makes the man, the *prov.* haina face pe om.

tailor smth. for a special purpose, to a adapta ceva pentru un anumit scop; fig. a croi ceva pe o anumită măsură.

tail out, to *sl.* a o șterge, a o lua la picior/la sănătoasă; $A \rightarrow$ a se ușchi.

tail(s) up vesel, bine dispus, plin de încredere.

tail wagging the dog, the o parte neînsemnată a unui grup/unei organizații care deține un rol conducător.

take aback, to a lua prin surprindere; a ului.

take a back seat, to 1. a trece pe planul doi. 2. a sta/rămâne în umbră.

take a bad turn, to a lua o întorsătură urâtă/ neplăcută.

take a bath, to *v.* have a bath.

take a bee-line, to a o lua de-a dreptul, a merge direct/în linie dreaptă.

take a bear by the tooth, to a-și băga capul sănătos sub evanghelie; a te lega la cap fără să te doară.

take a bit of mutton with smb., to $\leftarrow F$ a lua masa cu cineva.

take a blow/it right on the chin, to *și fig.* a primi/ încasa o lovitură directă (cu stoicism și demnitate).

take a bow, to *teatru* a mulțumi publicului care aplaudă; a face o plecăciune publicului.

take a brief for/on behalf of smb., to *(d. avocați)* a se ocupa de procesul cuiva; a prelua un caz juridic; a se constitui apărătorul cuiva.

take a bus/train off a route, to a suspenda cursele unui autobuz/tren pe o rută; a reduce numărul de autobuze/trenuri etc. pe o rută.

take a call, to *teatru* a ieși la aplauze; a fi chemat la rampă.

take account of smth./smth. into account, to a ține seama de ceva; a lua în considerare ceva; a da (deosebită) atenție unui lucru.

take a chair/seat, to a lua loc; a sta jos.

take a chance, to *(mai ales amer.)* a risca; a-și încerca norocul.

take a child to Banbury cross, to a sălta un copil pe genunchi; a da huța un copil.

take a circuit, to a face un ocol; a ocoli.

take (up) a collection, to *v.* make (up) a collection.

take a common sense view of things, to a privi/ considera lucrurile prin prisma bunului simț; a avea o viziune realistă/practică asupta lucrurilor.

take a compass, to 1. *v.* take a credit. 2. *fig.* a vorbi pe ocolite; a nu veni la subiect.

take a constitutional, to *v.* go for a constitutional.

take a corner at full speed, to a lua un viraj în plină/mare viteză.

take a course, to a lua/apuca pe un drum.

take a crack at smth., to a-și încerca puterile la ceva.

take action against smb., to *jur.* a intenta un proces cuiva.

take action on smth., to a acționa; a lua măsuri (într-o anumită direcție).

take a dare, to $\leftarrow F$ 1. a primi/accepta o provocare. 2. a îndrăzni; a cuteza; a risca.

take a day/week, etc. off, to a-și lua o zi/săptămână etc. liberă (de la lucru); a-și lua concediu de o zi/ săptămână etc.

take a deep breath, to a respira adânc.

take (a) delight in smth., to a găsi (o mare) plăcere/ bucurie în ceva; a savura ceva; a fi încântat/a se bucura de ceva.

take adieu, to *înv.* a-şi lua adio/la revedere/rămas bun.

take a dim view of smth., to a privi ceva cu scepticism/pesimism; *F →* a nu vedea ceva cu ochi buni.

take a dislike to smb., to a-i displăcea cineva; a-i deveni cineva antipatic; *F →* a nu-i plăcea ochii cuiva.

take a displeasure against, to a se simţi jignit/ofensat de.

take a drive, to *v.* **go for a drive.**

take a drop (too much), to *F* a trage la măsea; a se afuma/chercheli; a lua luleaua neamţului; *v. şi* **have a drop too much.**

take a drubbing, to *F* a primi o chelfăneală; a o încasa; *A →* a o lua pe coajă.

take advantage of smb., to **1.** a profita/abuza de cineva; a exploata pe cineva. **2.** a păcăli/înşela pe cineva; *F →* a duce de nas pe cineva.

take advantage of smth., to a se folosi/a profita de ceva *(prilej, condiţie favorabilă etc.).*

take a fall, to a cădea.

take a fancy for/to smb., to a prinde simpatie pentru cineva; a-i deveni cineva simpatic; a îndrăgi; < a se îndrăgosti de; *F →* a se da în vânt după ...; a nu mai putea după/de dragul ...

take a favourable turn, to a lua o întorsătură favorabilă; a se schimba în bine.

take a favour for, to *înv.* a îndrăgi pe; < a se îndrăgosti de.

take a fence, to *(d. cai)* a sări peste un obstacol/gard.

take a flier, to *← F* a cădea cu capul în jos.

take a flutter in/on smth., to *v.* **have a flutter in/on smth.**

take after smb., to a semăna cu cineva; *P →* a se arunca în partea cuiva.

take a gamble (on smth.), to *← F* a merge la noroc; a face un lucru ştiind că comportă un risc; a-şi încerca şansa/norocul.

take a glass too much/many, to *v.* **take a drop (too much).**

take a good look at, to a se uita/privi cu atenţie/atent la.

take a grabe view of smth., to a socoti/considera ceva (ca fiind) (foarte) serios/grav.

take a (firm) grip/hold on/upon oneself, to a se stăpâni/controla; a-şi domina emoţiile; a face apel la raţiune; a se concentra; a analiza cu calm o situaţie în care te afli.

take a hair of the dog that bit you, to **1.** *prov.* cui pe cui se scoate. **2.** *v.* **take a drop (too much).**

take a hand (at/in smth.), to **1.** a lua parte (la ceva); a fi amestecat (în ceva); a nu fi străin (de ceva). **2.** a pune (şi el) mâna; a da o mână de ajutor.

take a heavy toll, to **1.** a pricinui pierderi mari/grele. **2.** *fig.* a supune pe cineva la un bir greu.

take a hinge, to *v.* **get a hinge.**

take a hint, to a înţelege o aluzie/sugestie/propunere.

take aim, to a ochi; a lua (puşca) la ochi.

take air, to *(d. ştiri, secrete etc.)* a deveni cunoscut; a se răspândi/difuza; a fi dat în vileag; a ajunge la urechile altora.

take a jaundiced view of smth., to a nu fi obiectiv; a vedea/judeca lucrurile influenţat de gelozie/invidie etc.

take a joke, to *v.* **see a joke.**

take a jump, to a sări; a face un salt.

take a knock, to **1.** a suferi o înfrângere/un regres; a da înapoi. **2.** a pierde din putere/vigoare etc.

take a labourer's time, to *amer.* a marca ora la care începe munca *(pt. a calcula timpul muncii).*

take alarm, to a fi cuprins de panică; a se alarma; a se speria.

take a lead, to a lua conducerea; a se pune/a fi în frunte/în avangardă; a avea rolul de frunte.

take a leaf out of smb.'s book, to *← F* a lua exemplu de la cineva; a urma pilda cuiva; a imita pe cineva.

take a liking to, to a îndrăgi; a pleca; a se ataşa de; a se lega de; a nutri simpatie pentru.

take a limb off, to *med.* a amputa un membru.

take a line, to a adopta o linie (de conduită).

take all aback, to *v.* **take aback.**

take a load from/off one's mind, to *← F (de obicei la pasiv)* a scăpa de o grijă; a i se lua o piatră de pe inimă.

take a load/weight off smb.'s mind, to a-i lua cuiva o grijă/povară de pe suflet/o piatră de pe inimă.

take aloft, to a lua/duce pe calea aerului *(într-un avion, elicopter etc.).*

take a long shot, to a-şi face planuri pentru un viitor îndepărtat; a privi departe în viitor.

take a look, to *v.* **have a look.**

take a lot of/some *(cu gerund)* to *iron.* a fi greu de *(cu part. tr.)*; a necesita mult efort/multă muncă/pricepere; **this shirt takes a lot of ironing** această cămaşă e greu de călcat.

take amiss, to a se supăra; a lua (ceva) în nume de rău.

take an account of smth., to a lua în primire ceva; a face lista, inventarul.

take an affidavit, to *jur.* a lua o depoziție/atestare.

take an airing, to a lua aer; a ieși la plimbare.

take a nap, to a trage un pui de somn; a ațipi.

take an end, to a se sfârși/încheia/termina; a ajunge la capăt.

take an examination, to a da un examen; a se prezenta la un examen; a fi examinat.

take an interest in, to a arăta/manifesta un interes față de/pentru; a fi preocupat de.

take an oath, to *v.* **make an oath.**

take an opportunity, to a profita de (o) ocazie; a se folosi de un prilej.

take an opportunity of, to a se folosi de prilejul de a.

take a note of smth., to 1. a lua ceva la cunoștință; a lua cunoștință de un lucru. 2. a nota ceva.

take an owl for an ivy-bush, to a crede că tot ce zboară se mănâncă.

take a peep at, to *v.* **have a peep at.**

take a pique against smb., to ← *înv.* a se supăra pe cineva; a purta cuiva dușmănie; *F* → a avea pică pe cineva; a avea un dinte împotriva cuiva.

take a pleasure in smth., to a găsi o plăcere în ceva.

take a ply, to *fig.* a se îndrepta către; a lua o direcție; a avea o tendință.

take a poll degree, to ← *sl.* a absolvi (universitatea) fără distincție.

take a poor/gloomy, etc. view of smth., to a avea o proastă/slabă părere despre ceva; *F* → a nu privi ceva cu ochi buni; a fi nemulțumit de ceva; a vedea ceva în culori sumbre/într-o lumină proastă.

take a rest, to *v.* **have a rest.**

take a ride, to *v.* **have a ride.**

take a rise out of smth., to *v.* **get a rise out of smb.**

take arms against, to a se ridica cu armele împotriva; a se răzvrăti; a se ridica la luptă împotriva.

take a rose-coloured view of smth., to a vedea ceva în roz/culori trandafirii.

take a round, to a face un tur/o plimbare.

take art and part in, to *v.* **have art and part in.**

take a run, to a fugi/alerga; a o lua la fugă.

take a scunner at/against smb., to ← *F* a-i displăcea cineva instinctiv; a-i fi cineva antipatic; a simți o aversiune/silă/scârbă față de cineva.

take a seat, to a lua loc; a se așeza.

take a share in smth., to a lua parte la ceva; a avea o parte în; a fi părtaș/colaborator la ceva.

take a shine to smb./smth., to ← *F* a-i plăcea cineva/ceva; a simpatiza pe cineva; *aprox. F* → a-i cădea cineva cu tronc; a se da în vânt după cineva/ceva.

take a shot, to 1. a trage (un foc de armă). 2. *fig.* a face o încercare; a-și încerca norocul.

take a shower, to *v.* **have a shower.**

take a side/sides, to a lua o anumită atitudine; a adopta o poziție; a se alinia (de partea cuiva).

take a sight at smb., to *F* a da cuiva cu trifla, a-și bate joc de cineva.

take a slant (at), to a arunca o privire (la).

take a smell (at), to a mirosi (ceva).

take a spin, to ← *F* a face o plimbare (cu un vehicul).

take a squint at, to a se uita (cu coada ochiului) la; a arunca o privire fugar.

take a stand against/for, to a adopta un punct de vedere; a lua o poziție împotriva/în favoarea.

take a strong line, to a acționa energic; a lua măsuri energice.

take a strong/firm stand, to a lua/adopta o atitudine/poziție fermă.

take a swim, to *v.* **go for a swim.**

take at a/the vantage, to *v.* **catch at a vantage.**

take a thing's name in vain, to a lua un lucru în derâdere/bătaie de joc.

take a trick, to *v.* **do the trick.**

take a trip/a journey, to a face o excursie/o călătorie.

take a try (at), to a încerca; a face o probă.

take at the flood, to *fig.* a profita/a se folosi de un moment prielnic/o împrejurare favorabilă.

take a tumble, to a veni de-a berbeleacul; a se poticni.

take a turn, to 1. *(d. lucruri, întâmplări etc.)* a lua o întorsătură. 2. *(d. oameni)* a face o (scurtă plimbare).

take a turn for the better, to a se schimba în bine; a lua o întorsătură bună/favorabilă.

take a turn for the worse, to a se schimba în rău; a lua o întorsătură proastă/nefavorabilă.

take a view of, to *v.* **have a view of.**

take a vote by (a) show of hands, to a pune la vot prin ridicare de mâini.

take a walk, to a se plimba; a face o plimbare; *amer.* a-și la tălpășița.

take a warm, to *v.* **get a warm.**

take away smb.'s breath, to a tăia răsuflarea cuiva (uimindu-l); *F* → a lăsa pe cineva cu gura căscată.

take a wright off smb.'s mind, to *v.* **take a load off smb.'s mind.**

take a whack at smth., to *v.* **have a whack at smth.**

take back one's words, to a-și retracta/retrage cuvintele.

take bail, to *jur.* a accepta/lua/primi o cauțiune.

take boat, to *înv.* a se îmbarca.

take breath, to a face o mică pauză; a (mai) răsufla; a se odihni (o clipă).

take by storm, to a lua cu asalt.

take by the beard, to *v.* **pluck by the beard.**

take by the best handle, to a găsi/lua calea cea mai bună.

take by the button, to a reține (cu sila) un interlocutor; *(prin extensie)* a pisa (pe cineva).

take by the ears, to *v.* **have by the ears.**

take by/in the lump, to a lua în totalitate/în total/cu grosul/toptanul.

take by the throat, to a pune cuiva mâna în gât.

take care (of), to a avea grijă (de); a (se) îngriji de.

take care of number one, to *v.* **look after number one.**

take care of the pence, to a fi econom la cheltuieli mărunte *(v. și prov. următor).*

take care of the pence and the pounds will take care of themselves *prov.* cine nu prețuiește filerul, nu va număra nici florinul.

take chances, to a risca; a merge la noroc.

take charge of, to a-și asuma răspunderea; a lua în primire.

take cognizance of, to *elev.* 1. a lua cunoștință de. 2. a nu lăsa să treacă neobservat; a nu lăsa să-i scape.

take cold, to a răci; a face o gripă.

take colour with smb., to ← *F* a fi de partea/a se alătura cuiva în mod fățiș.

take comfort, to a se liniști; a fi împăcat; a se simți liniștit/mângâiat/consolat.

take compassion on/upon smb., to a-i fi milă de cineva; a se înduioșa de soarta cuiva.

take control of, to a stăpâni; a dirija; a lua în mână.

take counsel with smb., to a cere sfatul cuiva; a se sfătui cu cineva.

take counsel of one's pillow, to *aprox.* noaptea e un sfetnic bun.

take courage, to *v.* **muster up one's courage.**

take credit for, to a i se recunoaște (cuiva) meritul/contribuția la ...; a i se cuveni cinstea/admirația/lauda pentru *(o faptă etc.).*

take credit to oneself (for smth.), to a-și face un merit (din ceva); a se făli (cu ceva).

take delight in smth., to *v.* **take (a) delight in smth.**

take displeasure against, to a-i diplăăcea; < a avea o aversiune împotriva; *F →* a-i fi silă de.

take earth, to 1. *(d. un animal)* a intra în vizuină. 2. a se pune la adăpost de primejdie; *aprox. F →* a se ascunde (și) în gaură de șarpe.

take effect, to 1. a avea efect. 2. a intra în vigoare.

take exception to, to 1. a se opune la; a obiecta la. 2. a se supăra; a se simți ofensat/jignit de. 3. *jur.* a recuza.

take exercise, to a face exerciții fizice; a face mișcare.

take farewell, to a-și lua rămas bun.

take „for better and for worse", to a lua de soț/soție; a lua ca tovarăș(ă) de viață și la bine și la rău.

take for granted, to a lua drept sigur/de bun; a nu pune la îndoială; a considera indiscutabil.

take freedom with smb., to a-și permite/lua (unele) libertăți cu cineva.

take French leave, to *F* 1. a o șterge englezește; a se face nevăzut; a pleca fără a-și lua rămas bun. 2. a face un lucru contrar conveniențelor sau fără a cere încuviințarea de rigoare.

take from the table, to *amer. parl.* a lua din nou în discuție *(un proiect de lege).*

take good cheer (from smth.), to *înv.* a se înveseli (de ceva).

take ground, to *mar.* a atinge fundul; a eșua.

take heart (of gracer), to a căpăta curaj; a se simți încurajat.

take heed of, to a ține seama de; a lua în seamă/considerație; a da atenție la.

take hold of, to 1. a apuca/prinde (cu mâna). 2. *fig.* a lua; a apuca; a pune mâna/stăpânire pe; a ține.

take holy orders, to *rel.* a fi hirotonisit; a se face preot/călugăr; *F →* a intra în tagma preoțească.

take home, to 1. *vb.* a avea ca salariu net; *F →* a-ți rămâne în mână *(după scăderea impozitelor și a altor cotizații).* 2. *adj. și subst.* (salariu) net.

take home to oneself, to a interpreta/lua ceva ca o aluzie la propria sa persoană.

take horse, to *înv.* 1. a încăleca. 2. *fig.* a-și da importanță; a-și lua aere de superioritate; a se lăuda.

take (the) huff, to a se simți jignit/ofensat; *F →* a-i sări cuiva muștarul/țandăra.

take in a lady to dinner, to a da brațul unei doamne pentru a o conduce în sufragerie.

take in a (news)paper 1. a fi abonat la ziar. 2. a cumpăra/citi cu regularitate un ziar.

take in a reef, to 1. *mar.* a lua o terțarolă. 2. *fig.* a acționa cu prudență; a-și limita activitatea/ambițiile. 3. *fig.* a strânge hățurile; a întări disciplina.

take in a sail, to *mar.* 1. a strânge o pânză; a reduce velatura. 2. ← *sl.* a pune apă în vin.

take in a seam, to a lua înăuntru o cusătură; a strâmta (cusăturile unei haine).

take in a sight/a museum, etc., to a vizita un obiectiv turistic/un muzeu etc.

take in bad/evil part, to a lua în nume de rău; a se supăra.

take in everything at a glance, to a cuprinde/vedea totul dintr-o singură privire.

take in good part, to 1. a lua în nume de bine; a fi mulțumit. 2. a aprecia; a considera drept bun.

take in hand, to *fig.* a lua în mână; a se ocupa de; a dirija; a-și asuma răspunderea (unui lucru).

take in lodgers/paying guests, to a lua/primi în casă chiriași; a lua persoane în gazdă/pensiune.

take in sewing/washing, to a lua de lucru *(cusut, rufe de spălat)* acasă.

take in the harvest, to a strânge recolta de pe câmp; a depozita recolta în hambare.

take in the lump, to *v.* **take by the lump.**

take in the situation, to a înțelege (repede)/a-și da seama de întreaga situație.

take into account/consideration, to a ține seama de; a lua în considerare.

take in water, to 1. *mar.* a-și lua provizia de apă potabilă; a-și face plinul/rezerva de apă (dulce). 2. a lua apă *(printr-o spărtură)*. 3. *amer.* ← *F* a înșela; a profita de naivitatea cuiva; *aprox.* a băga pe cineva la apă.

take in with smb., to a se atașa de cineva; a ține cu/la cineva.

take in wood, to *amer.* ← *F* a bea vin (din butoi).

take issue with smb., to *v.* **join issue with smb.**

take it all in, to 1. a înțelege totul. 2. a lua totul drept bun; a fi credul/naiv; *F* → a crede că tot ce zboară se mănâncă.

take it easy, to 1. a se relaxa/destinde; a face o treabă plăcută/ușoară. 2. a nu lua lucrurile prea în serios; **take it easy!** nu te necăji; *F* → nu pune la inimă; nu te trece cu firea; ia-o încet/binișor; ușurel; domol!

take it fighting, to *amer.* ← *F* a nu se supune; a opune rezistență; a protesta; a nu se da bătut.

take it from me/us! ← *F* ascultă de mine/de noi; crede-mă/ne pe cuvânt; îți spun/spunem drept.

take it from the top, to *teatru* a relua/repeta o scenă de la început.

take it in the neck, to *v.* **catch it in the neck.**

take in into one's head, to a-și băga/vârî în cap.

take it/this/things lying down, to a accepta/primi ceva fără luptă/proteste/rezistență; a se supune cu resemnare.

take it on the Arthur Duffy/Dan O'Leary/Jesse Owens, to *amer. sl.* a spăla putina; a fugi mâncând pământul.

take it on the lam, to *v.* **be on the lam.**

take it or leave it! asta-i situația! n-ai de ales; o accepți sau n-o accepți, altă soluție nu e; fă cum crezi.

take it out in smth., to a lua (ceva) în compensație; a accepta un lucru în schimbul altuia; a lua/primi ca despăgubire.

take it out of smb., to ← *F* 1. a scoate bani de la cineva. 2. a stoarce pe cineva de puteri; a vlăgui/lăsa pe cineva slăbit/fără putere *(după o boală etc.)*.

take it out on smb., to *F* 1. a se răzbuna pe cineva. 2. a-și vărsa necazul/mânia/focul pe cineva.

take its course, to *(d. lucruri, evenimente)* a-și urma cursul (firesc).

take its rise in, to *v.* **have its rise in.**

take its toll, to *fig.* 1. a-și cere/lua birul. 2. a diminua/reduce numărul/puterea etc.

take it that ... să presupunem/să zicem că.

take leave (of), to 1. a-și lua rămas bun (de la cineva). 2. ~ *to cu inf.* a-și lua libertatea de a; a-și permite să.

take leave of one's senses, to ← *F* a nu mai fi în toate mințile; a vorbi aiurea; a se purta ca un aiurit/nebun/zăpăcit.

take legal advice, to a consulta un avocat/jurisconsult.

take leg-bail, to *F* a-și lua picioarele la spinare; a o lua la sănătoasa; a o șterge; *P* → a-și lua valea.

take liberties (with smb.), to *v.* **take freedoms with smb.**

take long/much time, to a necesita/trebui mult timp; *(adesea folosit la negativ)* **it didn't take him long to ...** nu i-a trebuit mult să ...; repede/curând a ...

take matters into one's own hands, to a se preocupa personal de rezolvarea unor lucruri; a lua lucrurile/problemele în mână.

take me not up before I fall nu mă judeca greșit înainte de a avea dovezi/un temei.

take money with both hands, to a fi avid de bani; a fi hrăpăreț; a se lăcomi la bani.

take my tip! ascultă de sfatul meu/de mine/de vorba mea.

take my word for it! crede-mă pe cuvânt; ai cuvântul meu (de onoare); pe cuvântul meu.

take narrow views, to a avea vederi înguste; a avea un punct de vedere limitat/meschin.

take new lease of life, to *v.* **get a new lease of life.**

take no account of smb./smth., to a nu ține seama de cineva/ceva; a nu da nici o atenție unui om/lucru.

take „no" for an answer, to a accepta/a se împăca cu un refuz *(folosit de obicei la negativ)* **he will not ~** nu vrea să înțeleagă că nu se poate/că cererea lui e respinsă etc.

take no more on you than you are able to bear *prov.* nu te înhăma la ce nu poți trage.

take nonsense out of smb., to *F* a-i scoate cuiva gărgăunii din cap; a învăţa minte pe cineva; a face pe cineva să nu mai creadă/vorbească prostii.

take no refusal, to a nu accepta un refuz/o înfrângere; a nu se da bătut.

take note of, to a lua în seamă; a ţine seama de; a lua notă de.

take no thought for the morrow, to a nu gândi la ziua de mâine; a trăi de azi pe mâine.

take notice of, to a observa; a băga de seamă.

take notice to smb. of smth., to a semnala ceva cuiva; a atrage cuiva atenţia asupra unui lucru.

taken up with smb./smth.: to be ~ I. a fi foarte interesat/fascinat de cineva; *F →* a fi topit/mort după cineva. **2.** a fi absorbit/preocupat de ceva *(o activitate etc.).*

taken with the fang *v.* **caught with the fang.**

take oath, to *v.* **make an oath.**

take occasion by the forelock, to a nu scăpa un prilej/o ocazie; a se folosi (prompt) de o ocazie.

take off a current from, to *electr.* a branşa un curent pe ...; a deriva un curent din ...

take off a leg/limb, to *med. v.* **take a limb off.**

take off a message (on the receiving apparatus), to a nota/înregistra un mesaj (la aparatul receptor).

take off an egg, to a sorbi/înghiţi un ou.

take (smth.) off a person's hands, to a scăpa/elibera (pe cineva) de o sarcină grea/neplăcută; a lua un lucru din grija (cuiva).

take offence, to a se supăra; a se simţi jignit/ofensat/ *F →* călcat pe coadă.

take off from an aerodrome, to a decola de pe un aerodrom.

take office, to a veni la putere; a intra în guvern.

take off one's beard/moustache, to a-şi rade/da jos barba/mustaţa.

take off one's clothes, to a se dezbrăca; a-şi scoate hainele.

take off one's hat to smb., to I. a saluta pe cineva. **2.** *fig.* a-şi scoate pălăria/căciula în faţa cuiva (în semn de respect).

take off the edge of, to I. a toci; a uza; a ştirbi muchea/tăişul. **2.** *fig.* a slăbi, a diminua; a îndulci; a potoli; a domoli; a nu mai avea aceeaşi tărie/ valoarea/acelaşi efect.

take off weight, to a reduce din greutate; a face *(pe cineva)* să slăbească/să piardă din greutate.

take on about smth., to I. a face prea mare caz de ceva; *F →* a pune prea mult la inimă. **2.** a manifesta o durere excesivă/exagerată *(pentru o pierdere etc.).* **3.** a se înfuria; a-şi manifesta supărarea/mânia în legătură cu ceva.

take one/smb. all one's/his time, to *(folosit la forma impersonală)* a cere/necesita tot timpul/ efortul/capacitatea cuiva; a realiza ceva cu greu/la limita posibilului; **it takes me all my time to pay the instalments** abia (dacă) reuşesc să plătesc ratele.

take one's bearings, to *v.* **find one's bearings.**

take one's call, to *v.* **take a call.**

take one's chance, to I. a se folosi de un prilej favorabil. **2.** a risca; *F → aprox.* a merge la noroc.

take one's change out of smb., to a se răzbuna pe cineva; a-i plăti cuiva o poliţă; a i-o plăti.

take one's choice/pick, to a alege; a face o alegere; a-ţi manifesta preferinţa luând ce-ţi place mai mult.

take one's colour from smb., to a adopta părerile altuia; *F →* a se lua după cineva; a-şi însuşi opiniile/ atitudinea altcuiva.

take one's courage in both hands, to a-şi lua inima în dinţi; a-şi face curaj.

take one's cue from smb., to a primi o indicaţie/ un sfat/o sugestie de la cineva.

take one's davy/dick, to ← *F* a jura; a face o declaraţie sub jurământ.

take one's death (upon smth.), to; inv. I'll take my death ~ îmi pun capul pentru *P →* să mor dacă. ...

take one's degree, to a absolvi o facultate; a-şi lua o diplomă.

take one's departure, to *lit.* a pleca; a se retrage.

take one's dick, to *v.* **take one's davy.**

take one's drink, to I. a bea. **2.** a rezista/ţine la băutură; a nu se îmbăta uşor.

take one's drops, to ← *F* a bea de unul singur.

take one's ease, to a se odihni; a se relaxa; a sta în tihnă/linişte.

take oneself in hand, to a se controla/stăpâni.

take oneself off, to ← *F* a pleca; a se retrage; *F →* a o şterge.

take one's eyes off, to *(folosit de obicei la negativ)* **not to ~** a nu pierde din ochi; a nu-şi putea întoarce privirea de la ...

take one's foot in one's hand, to ← *F* a porni la drum; a o lua la picior; a pleca; a porni în călătorie/ la drum.

take one's fullswing, to a-şi lua elan; a fi în plin avânt/desfăşurare/progres.

take one's gruel, to *v.* **get one's gruel.**

take one's heels, to *v.* **fling up one's heels.**

take one's last sleep, to a răposa; a dormi somnul de veci.

take one's leave (of), to I. a-şi lua rămas bun (de la). **2.** a pleca.

take one's life in both hands and eat it, to a-şi face viaţa după pofta inimii; a profita (la maximum) de viaţă; a trăi din plin; *F →* a o duce numai în chefuri/petreceri.

take one's life in one's hands, to 1. a fi stăpân pe viaţa sa; a-şi dirija/organiza viaţa după voinţa sa. **2.** a-şi risca viaţa; a-şi pune mereu viaţa în pericol.

take one's medicine, to *F fig.* **1.** a înghiţi hapul; a accepta/suporta un lucru neplăcut; a se supune unei necesităţi dezagreabile. **2.** a da de duşcă un păhărel.

take one's/smb.'s mind off smth., to a-şi lua/*F →* muta gândul de la ceva; a înceta de a se gândi la ceva.

take one's mutton with smb., to *v.* **take a bit of mutton with smb.**

take one's name off the books, to a se retrage dintr-o organizaţie/dintr-un club etc., a demisiona.

take one's own line/way, to a urma/merge pe o cale proprie; a merge pe un drum al său.

take one's paint off, to *F* a fi la un pas de o primejdie; a scăpa ca prin urechile acului.

take one's pleasure, to a se desfăta; a se delecta.

take one's rest, to a se odihni.

take one's revenge on smb., to a se răzbuna pe cineva; *F →* a-i plăti cuiva o poliţă/cu vârf şi îndesat.

take one's seat, to 1. a se aşeza; a lua loc. **2.** *fig.* a-şi lua/ocupa locul (în parlament, într-un congres etc.)*; (prin extensie)* a fi membru al unei adunări.

take one's stand, to 1. a se posta; a-şi lua locul (în primire). **2.** *fig.* a lua o poziţie/atitudine (într-o problemă); a-şi afirma atitudinea; **~ on/upon** a se baza/sprijini pe; a porni de la.

take one's time, to a nu se grăbi/pripi; a o lua încet/binişor; a face un lucru pe îndelete.

take one's way, to a fi de capul său; a se descurca singur.

take one's whack, to ← *sl.* a-şi lua partea sa (de/din); a avea partea sa de.

take on faith, to a lua pe încredere/cuvânt.

take on new lease of life, to *v.* **get new lease of life.**

take on one's own shoulders, to a lua asupra sa; a prelua; a-şi asuma (*răspunderea, sarcina etc.*).

take on trust, to *v.* **take on faith.**

take orders, to *v.* **take holy orders.**

take out a summons against smb., to *jur.* a emite o citaţie împotriva cuiva; a cita pe cineva (*într-o instanţă judecătorească*).

take out of bond, to a scoate de sub sechestru.

take out of the gutter, to *fig.* a scoate/ridica (*pe cineva*) din mocirlă/noroi; a ridica (*pe cineva*) dintr-un mediu josnic/moral.

take out quantities, to *tehn.* a face un deviz; a calcula (*cubajul, cantitatea de materiale etc.*).

take pains, to a-şi da osteneala; a face eforturi; a se căzni; a se obosi.

take part in smth., to a lua parte la ceva.

take part with smb., to a fi de partea cuiva; a se alătura cuiva; a lua/ţine partea cuiva.

take pepper in the nose, to ← *înv.* a-i sări cuiva ţâfna/muştarul.

take pity on smb., to a-i fi milă/a se înduioşa de cineva.

take possession of smth., to a lua un lucru în stăpânire.

take pot luck, to ← *F* a accepta o invitaţie la masă fără pregătire prealabilă din partea gazdei; a mânca ce se găseşte în casă.

take pride (in), to a se mândri (cu).

take refuge (in), to 1. a se refugia; a se ascunde/retrage; a-şi găsi un refugiu/adăpost. **2.** *fig.* a recurge (la); a găsi o soluţie salvatoare (în).

take revenge on smb., to a se răzbuna pe cineva.

take rise from/in, to a izvorî din; a porni din/de la; a-şi avea originea în.

take root, to 1. (*d. plante*) a se prinde; a-şi înfige rădăcina. **2.** *fig.* a prinde rădăcini; a se fixa/stabili într-un loc.

take seat on the wool-sack, to a deschide şedinţa în Camera Lorzilor.

take service with smb., to a intra în serviciu/slujba cuiva; a deveni servitorul cuiva; a se angaja/*P →* tocmi la cineva.

take shame (to oneself), to a-şi recunoaşte vina/ a-şi asuma răspunderea (unei fapte reprobabile).

take shape, to a lua formă concretă; a se forma; a se preciza/defini/contura.

take shelter, to a se adăposti; a-şi afla/găsi un adăpost.

take ship, to a se îmbarca; a lua corabia/vaporul.

take short-hand notes, to a stenografia.

take short views of smth., to a avea o vedere limitată asupra unui lucru; a nu vedea lucrurile în mare/în perspectivă mai largă.

take sides with smb., to *v.* **take part with smb.**

take silk, to a căpăta titlul de „King Counsel"/ „Queen's Counsel" (*aprox. consilier regal sau avocat al Coroanei în Anglia*).

take snuff, to a priza tutun; a trage tutun pe nas.

take smb. at a disadvantage, to 1. a găsi/surprinde pe cineva în împrejurări nefavorabile; *F →* a prinde pe cineva pe picior greşit. **2.** a avea un avantaj asupra cuiva; a fi superior cuiva.

take smb. at advantage, to a lua pe cineva prin suprindere/pe nepregătite/*F* → pe nepusă masă.

take smb. at his word, to I. a crede pe cineva pe cuvânt; a lua pe cineva în serios. **2.** a urma cuvântul/indicaţia/sfatul cuiva.

take smb. at/on the rebound, to *v.* **catch smb. at the rebound.**

take smb. by the short hairs, to *v.* **get smb. by the short hairs.**

take smb. down a button-hole (lower), to *F* a (mai) tăia nasul/unghiile cuiva; a pune pe cineva la locul lui; a face pe cineva să-şi cunoască lungul nasului.

take smb. down a peg (or two), to *v.* **bring smb. down a peg.**

take smb. for a ride, to I. a duce pe cineva cu maşina (la plimbare). **2.** *F* a înşela/duce pe cineva; a trage pe cineva pe sfoară; a trage cuiva clapa. **3.** *amer.* ← *sl.* a răpi şi omorî pe cineva *(aruncându-i apoi cadavrul dintr-o maşină).*

take smb./smth. for/to be, to a considera/lua pe cineva/ceva drept/ca fiind ...

take smb. high-handedly, to ← *F* a lua pe cineva de sus/dându-şi aere de superioritate.

take smb. in a lie, to a prinde pe cineva cu o minciună.

take smb. in hand, to *fig.* a lua pe cineva în mână; a se ocupa îndeaproape de cineva; a-şi asuma răspunderea educării/îndreptării cuiva.

take smb. into one's confidence, to a face confidenţe/mărturisiri cuiva; a-i spune cuiva toate secretele.

take smb. into the secret, to a împărtăşi cuiva un secret.

take smb. in tow, to I. a lua pe cineva sub îndrumare/oblăduire. **2.** *fig.* *F* → a lua pe cineva la remorcă.

take smb. napping, to *v.* **catch smb. off (one's) guard.**

take smb. off a person's hands, to *F* a lua pe cineva de pe capul din spinarea cuiva; a scăpa pe cineva de o prezenţă neplăcută.

take smb. off his feet, to *v.* **carry smb. off his feet.**

take smb. on the hip, to *v.* **get smb. on the hip.**

take smb. on the rebound, to *v.* **catch smb. at the rebound.**

take smb. out of the gutter, to *v.* **take out of the gutter.**

take smb. over/round a house, to a conduce pe cineva printr-o casă; a arăta cuiva o casă.

take smb. over a rough road, to *amer.* I. a pune pe cineva într-o situaţie neplăcută. **2.** a trage cuiva o săpuneală/un perdaf.

take smb. over the coals, to *v.* **haul smb. over the coals.**

take smb. over to (a locality), to *tel.* a da cuiva legătura cu (o localitate); a pune pe cineva în comunicaţie cu (un oraş etc.).

take smb. red-handed, to a prinde pe cineva asupra faptului/în flagrant delict.

take smb.'s advice, to a asculta de sfatul cuiva.

take smb.'s breath away, to a-i tăia cuiva răsuflarea (uimindu-l); *F* → a lăsa pe cineva mut de uimire/cu gura căscată.

take smb.'s dust, to *amer.* a lăsa pe cineva să ţi-o ia înainte; *aprox.* *F* → a rămâne de căruţă.

take smb.'s eye, to a atrage privirea cuiva; *F* ← a sări cuiva în ochi; a bate la ochi.

take smb.'s fancy, to *v.* **catch smb.'s fancy.**

take smb.'s heart out, to I. a descuraja pe cineva; a tăia elanul/cheful cuiva. **2.** a obosi/enerva pe cineva; *F* → a scoate sufletul cuiva.

take smb.'s likeness/photograph, to a face portretul cuiva; a fotografia pe cineva; a lua cuiva o fotografie.

take smb.'s measure, to *F* a examina/cântări din ochi pe cineva; *P* → a probălui pe cineva.

take smb.'s mind off, to a îndepărta gândul/atenţia cuiva de la ...

take smb.'s name off the books, to a elimina/ scoate pe cineva *(dintr-un club, dintr-o societate);* *F* → a şterge numele cuiva din catastif.

take smb.'s number, to *v.* **get smb.'s number.**

take smb.'s word for it, to a crede pe cineva pe cuvânt.

take smb. to task, to a mustra/critica pe cineva; *F* → a lua pe cineva la rost/în focuri.

take smb. unawares/by surprise, to a lua pe cineva prin surprindere/*F* → pe nepusă masă; a surprinde pe cineva (în cursul unei acţiuni).

take smb. under one's wing, to a lua pe cineva sub aripa sa (protectoare).

take smb. up on smth., to a cere cuiva să dovedească în fapt un lucru pe care l-a afirmat/cu care s-a lăudat.

take smb. up sharp/short, to a întrerupe/corecta/ contrazice un vorbitor.

take smb. up wrongly, to a înţelege pe cineva greşit; a da o falsă/greşită interpretare cuvintelor cuiva.

take smth. amiss, to a se supăra/ofensa de ceva; *F* → a lua ceva în nume de rău.

take smth. apart/to pieces, to a desface un lucru în părțile lui componente; a demonta ceva.

take smth. as read, to a considera/socoti inutilă citirea *(unui document deja cunoscut)*; *fig.* a fi de la sine înțeles.

take smth. at its face value, to *v.* **accept smth. at its face value.**

take smth. down, to a nota/scrie/așterne ceva pe hârtie.

take smth. for gospel, to *F* a lua ceva drept literă de evanghelie; a nu pune la îndoială sau a discuta adevărul unui lucru; a se conduce după un principiu/sfat pe care-l consideră sacrosanct.

take smth. for granted, to *v.* **take for granted.**

take smth. for what it is worth, to a aprecia ceva la adevărata/justa lui valoare.

take smth. ill, to *v.* **take smth. amiss.**

take smth. in one's stride, to 1. a trece peste (un obstacol) din mers/fugă/fără efort special. 2. *fig.* a face un lucru cu ușurință/în treacăt/ca o activitate secundară.

take smth./it kindly, to a fi recunoscător (cuiva); a considera ceva ca un serviciu/o favoare.

take smth. lying down, to *v.* **take it lying down.**

take smth. off/out of a person's hands, to a prelua ceva de la o altă persoană; a lua ceva din grija/sarcina cuiva; *F →* a scăpa pe cineva de ceva.

take smth. on one's shoulders, to a-și lua ceva în sarcină; a se angaja/*F →* înhăma la o treabă; *F →* a-și lua ceva pe umeri/pe cap.

take smth. on the brain, to *v.* **have smth. on the brain.**

take smth. to heart, to a fi afectat de ceva; *F →* a pune ceva la inimă.

take smth. upon oneself, to a-și asuma/lua răspunderea unui lucru; a-și lua asupra sa sarcina.

take smth. up with smb., to a discuta/lămuri un lucru cu cineva; a cere cuiva explicații/*F →* socoteală despre o stare de lucruri.

take smth. with a grain of salt, to *v.* **receive smth. with a grain of salt.**

take spells/turns at smth., to a face un lucru cu rândul; a participa pe rând la aceeași activitate.

take (a) stand against, to a lua o atitudine/poziție împotriva; a se opune (cu hotărâre).

take steps, to a lua măsuri.

take stock (of), to 1. a lua cunoștință de; a trece în revistă *(o situație etc.)*. 2. *fin.* a socoti/estima/inventaria (activul). 3. a aprecia/cântări/cerceta *(faptele, calitățile cuiva)*; *F →* a probălui (pe cineva); a vedea/a-și da seama câte parale face.

take stock in, to 1. a se preocupa; a arăta interes față de; a fi ușor îngrijorat de. 2. a se încrede în.

takes two to make a quarrel, it *prov.* într-o ceartă fiecare poartă o vină.

take tea with smb., to *fig.* 1. a avea ceva de discutat/o treabă cu cineva. 2. a avea un conflict/*F →* ceva de împărțit cu cineva.

take the advantage, to a folosi prilejul; a profita de un prilej.

take the air, to 1. a lua aer. 2. a se înălța în aer. 3. *amer. sl.* a o lua la sănătoasa; a o întinde.

take the airline, to *amer. fig.* a merge pe calea cea mai scurtă.

take the back track, to *amer. fig.* a o lua/a intra pe ușa din dos.

take the bad/bitter with the good/sweet, to a accepta și binele și răul/și ce e plăcut și ce e neplăcut; *aprox.* a lua viața așa cum e.

take the ball before the bound, to *v.* **catch the ball before the bound.**

take the benefit, to *amer. com.* a se declara insolvabil/în stare de faliment.

take the bet, to a accepta/face un pariu; a paria; *P →* a pune rămășag.

the bet was taken pariul a fost acceptat; s-a convenit asupra pariului.

take the biscuit/bun *amer.* **cake/chromo/flour/pastry, to** ← *F* a le întrece pe toate; a le pune capac (la toate); a fi culmea *(prostiei, absurdității etc.)*.

take the bit and the buffet (with it), to a nu se mai stăpâni: a-și da frâu liber; a porni înainte cu îndrăzneală/fără a ține seama de nimic; a-și lua vânt; *F →* a o lua razna.

take the blame, to 1. a-și lua o vină (asupra sa). 2. a-și recunoaște vina/vinovăția.

take the bloom off smth., to a lua strălucirea/prospețimea unui lucru; *fig.* a veșteji *(frumusețea, gloria etc.)*.

take the blue ribbon, to 1. a fi decorat cu Ordinul Jartierei. 2. a lua premiul întâi; a fi primul *(în orice sferă de activitate)*. 3. a intra într-o ligă de temperanță (anti-alcoolică).

take the bottom, to *mar.* a atinge fundul; a eșua (pe un banc de nisip sau pe o stâncă).

take the bread out of smb.'s mouth, to a lua cuiva pâinea de la gură.

take the bull by the horns, to *fig.* a lua taurul de coarne; a înfrunta o dificultate direct/cu curaj.

take the bun/cake, to *v.* **take the biscuit.**

take the chair, to a prezida; a lua loc pe scaunul prezidențial.

take the change out of smb., to *v.* **take one's change out of smb.**

take the chill off/of smth., to a dezmorți ceva; a încălzi puțin un lucru prea rece *(vin, mâncare etc.)*.

take the chromo, to *amer. v.* **take the biscuit.**

take the consequences (of smth.), to a trage/ suporta consecințele *(unei fapte etc.)*.

take the count, to *sport.* **I.** *(la box)* a fi înfrânt prin cnocaut. **2.** *(prin extensie)* F → a muri.

take the curtain, to *v.* **take the call.**

take the easy/quick way (out of a difficulty), to a găsi o soluție aparent simplă/ușoară/rapidă, pentru a ieși dintr-o încurcătură; *aprox.* a merge pe calea minimei rezistențe; a recurge la un paleativ.

take the edge off, to *v.* **take off the edge off.**

take the fancy of smb., to *v.* **catch smb.'s fancy.**

take the ferry, to *v.* **cross the Stygian ferry.**

take the field, to ← *înv.* a începe lupta; a deschide focul.

take the first step, to *fig.* a face primul pas.

take the flour, to *v.* **take the biscuit.**

take the frills out of smb., to *v.* **take smb. down a button-hole.**

take the gilt of the ginger-bread, to I. a strica aspectul/a lua strălucirea unui lucru; *F* → a-i strica fasonul. **2.** a strica (tot) cheful/toată bucuria/plăcerea; a tăia elanul.

take the gloves off, to *fig.* **I.** a se pune pe lucru (cu fermitate, hotărâre). **2.** a lăsa la o parte fasoanele/mofturile.

take the good with the bad, to *v.* **take the bad/bitter with the good/sweet.**

take the gown, to I. a intra în magistratură. **2.** a se face preot; a îmbrăca haina preoțească.

take the ground, to *v.* **take the bottom.**

take the guts out of a book/a play, to a extrage/ înțelege esențialul/miezul dintr-o carte/o piesă de teatru.

take the hat round, to a face chetă/colectă.

take the head, to I. *sport* a se plasa pe primul loc; a conduce, a duce trena. **2.** *fig.* a lua conducerea, a fi în frunte.

take the heart out of smb., to I. ← *F* a descuraja pe cineva; a lua cuiva inima. **2.** a exaspera pe cineva; *F* → a scoate cuiva sufletul.

take the helm of a state, to a lua (în mâini) cârma unui stat; a veni la cârma statului.

take the high hand, to *v.* **carry things with a high hand.**

take the huff, to a se supăra; *F* → a-i sări țandăra.

take the King's shilling, to ← *înv.* a intra în armată.

take the knock, to *sl.* a fi ușurat/secat de bani; a rămâne lefter/tinichea.

take the labouring oar, to *v.* **have the labouring oar.**

take the law into one's own hands, to a-și face singur dreptate.

take the law of/on smb., to a da pe cineva în judecată.

take the lead, to a lua conducerea; a se așeza în frunte.

take the left hand of smb., to a sta la stânga cuiva.

take the length of smb.'s foot, to *v.* **find the length of smb.'s foot.**

take the liberty of doing/to do smth., to a-și lua libertatea/permisiunea de a face ceva; a face un lucru fără a aștepta încuviințarea altora.

take the matter/things up with smb., to a discuta o problemă/lucrurile cu cineva pentru clarificarea lor; a supune o chestiune aprecierii/judecății/ hotărârii cuiva *(de obicei o persoană autorizată)*.

take the measure of smb./smb.'s foot, to *v.* **take smb.'s measure.**

take the mickey out of smb., to *sl.* a face băşcălie de cineva; a înfuria pe cineva bătându-și joc de el.

take the miff, to *v.* **take the huff.**

take the minutes, to a scrie/redacta procesul-verbal *(al unei ședințe etc.)*.

take the nonsens out of smb., to *v.* **knock the nonsense out of smb.**

take the oath, to a face/depune un jurământ; a (se) jura.

take the palm, to *v.* **bear the palm.**

take the pass of smb., to a o lua înaintea cuiva.

take the pastry, to *v.* **take the biscuit.**

take the pledge, to I. a-și lua angajamentul. **2.** ← *F* a lua hotărârea de a nu mai bea (băuturi alcoolice).

take the plunge, to ← *F fig.* a se arunca (în); a face pasul hotărâtor.

take the points, to *(d. un tren)* a trece peste macaz.

take the Queen's shilling, to *v.* **take the King's shilling.**

take the rag off, to *amer.* ← *F* a întrece pe alții; a pune pe ceilalți în umbră; *aprox. F* → a face marț pe ceilalți.

take the rag off the bush, to ← *F* a câștiga; a ieși victorios.

take the rap, to a primi o mustrare; a fi blamat/ pedepsit *(adesea pe nedrept în locul altuia)*.

take the ribbons, to a lua conducerea; a lua frânele în mână.

take the right hand of smb., to I. a sta la dreapta cuiva. **2.** a întrece pe cineva; a o lua cuiva înainte.

take the right sow by the ear, to *v.* **get the right sow by the ear.**

take the road, to *(d. actori ambulanți, o trupă de teatru)* a porni în turneu; a cutreiera drumurile/țara.

take the rough with the smooth, to *v.* **take the bad with the good.**

take the rue, to *scoț.* a se căi; a fi cuprins de remușcări.

take the run, to **1.** *(la curse)* a alerga în frunte. **2.** *fig.* a lua inițiativa.

take the salute, to a primi/a răspunde la un salut militar.

take the sea, to *v.* **put to sea.**

take the sense of meeting, to a consulta adunarea *(asupra unei chestiuni);* a constata/sonda opinia unei adunări prin punerea la vot; a-și da seama despre opinia/starea de spirit a unei adunări.

take the shine off smth., to *amer.* ← *F* a arăta un lucru în adevărata lui lumină; a demitiza ceva.

take the shine out of/off smb., to **1.** a eclipsa/întrece/pune în umbră pe cineva. **2.** a slăbi curajul/puterea/rezistența cuiva.

take the smile off smb.'s face, to **1.** a face pe cineva să devină serios/să privească lucrurile cu gravitatea necesară/să nu mai ia lucrurile în glumă. **2.** a întrista (brusc) pe cineva; a îngheța cuiva zâmbetul pe față.

take the stud(s), to *amer.* ← *F* a fi încăpățânat/*P* → catâr; a nu ceda (cu nici un preț); a nu se lăsa convins; *F* → a o ține una (și bună).

take the stage, to *v.* **take a call.**

take the stand, to *amer.* a se afla în boxa martorilor; a depune mărturie (la un proces); **~ for smb.** *F* a băga mâna în foc pentru cineva.

take the starch out of smb., to *amer. v.* **take smb. down a button-hole.**

take the sting out, to a atenua/îndulci ceva; a face un lucru neplăcut mai ușor suportabil.

take the stuffing out of smb., to **1.** *fig.* a dezumfla pe cineva; a-l arăta/prezenta în adevărata lui valoare sau lipsă de valoare. **2.** a vlăgui/lăsa pe cineva fără putere *(după o boală etc.).*

take the sun, to **1.** a sta/a se prăji la soare. **2.** *mar.* a stabili înălțimea soarelui cu sextantul.

take the tide at the flood, to a profita de un prilej favorabil.

take the top of the table, to *fig.* a deține un loc de frunte/proeminent; *F* → a fi în fruntea bucatelor.

take the trouble (to), to a-și da osteneală; a face un efort (să); a se deranja.

take the tuck out of smb., to *amer. sl.* **1.** a scoate untul din cineva. **2.** a pune pe cineva la punct/la locul lui.

take the veil, to *(d. femei)* a se călugări; *fig.* a se duce la mânăstire.

take the vows, to **1.** a se căsători. **2.** a se călugări.

take the will for the deed, to *aprox.* a vrea nu înseamnă (și) a putea; a-și face iluzii.

take the wind of, to *v.* **gain the wind (of).**

take the wind out of smb.'s sails, to *F* **1.** *aprox.* a lua cuiva apa de la moară. **2.** a o lua cuiva înainte.

take the words out of smb.'s mouth, to a lua cuiva vorba din gură.

take the wrong sow by the ear, to *v.* **get the wrong sow by the ear.**

take the wrong turning, to a apuca pe un drum greșit, a nu merge pe calea cea bună/cea dreaptă.

take things lying down, to *v.* **take it lying down.**

take things out on smb., to *v.* **take it out on smb.**

take thought of/for, to a se preocupa de; a avea grijă de; a fi îngrijorat de/pentru.

take time, to **1.** *amer. v.* **take a labourer's time.** **2.** *(impers.)* **it takes time** e nevoie de timp; nu se face repede.

take time by the forelock, to *v.* **catch time by the forelock.**

take time while time serves! folosește timpul cât îl ai!

take to court, to a da în judecată; a chema în fața justiției.

take to heart, to *v.* **take smth. to heart.**

take too much, to a se (cam) întrece cu băutura; *P* → a lua purceaua de coadă.

take too much for granted, to a fi prea credul/naiv; a crede că tot ce zboară se mănâncă.

take to one's bed, to a cădea la pat; a se îmolnăvi.

take to one's bosom, to *fig. și glum.* a lua în brațe; a strânge la pieptul său; a fraterniza cu.

take to one's feet/legs, to *F* a o lua la sănătoasa.

take to one's heart, to ← *F* a simpatiza; a arăta afecțiune; *aprox.* a primi cu brațele deschise; *P* → a lua la inimă.

take to pieces, to **1.** *v.* **take smth. apart. 2.** *fig.* a face o critică destructivă; *aprox. F* → a face mici fărâme/praf.

take to smth. like a duck to water, to ← *F* a se acomoda perfect *(cu o situație, un lucru etc.);* a-i conveni ceva de minune; a se simți bine (într-un anumit mediu); a se simți la largul său/*P* → ca chifteaua în sos.

take to the bottle/drink(ing), to ← *F* a se apuca de băut(ură); a cădea în darul beției.

take to the bush, to *înv.* **1.** *(d. un deportat în Australia, Africa)* a evada. **2.** a deveni tâlhar de drumul mare.

take to the heather, to *v.* **take to the woods I.**

take to the road, to I. a vagabonda; a bate drumurile; a hoinări. **2.** *înv.* a se face hoţ de drumul mare.

take to the tall timber, to *amer.* *F* a o lua la sănătoasa.

take to the woods, to I. *înv.* a lua calea codrului; *aprox.* a se face haiduc. **2.** *amer.* a se retrage în siguranţă. **3.** a fugi de sarcini/răspundere; a se eschiva de la dezbaterea unor probleme.

take trouble over smth., to a-şi da osteneala/a se obosi/deranja pentru ceva.

take turns at/in doing smth., to a face un lucru cu rândul.

take umbrage, to *v.* **take offence.**

take unawares, to *v.* **take smb. unawares.**

take up a bill, to *fin.* a onora o poliţă; a retrage o trată.

take up arms against/for, to a se ridica la luptă împotriva/pentru.

take up a sleeve/a skirt, etc., to a scurta o mânecă/ o fustă etc.

take up a story/topic, to I. a continua/relua o poveste (după o întrerupere). **2.** a lua/lansa un subiect în discuţie; a pune în discuţie un anumit subiect.

take up one's abode/residence, to a-şi lua în primire reşedinţa/locuinţa; a se stabiliza/aşeza definitiv într-un loc.

take up one's duties, to a intra în funcţie/slujbă; a-şi lua în primire postul/serviciul.

take up one's indentures, to a-şi încheia perioada de ucenicie; a-şi dobândi calitatea de muncitor calificat/*înv.* → calfă.

take upon oneself, to a-şi lua răspunderea; a se angaja; a-şi lua/asuma răspunderea/sarcina etc.

take up (too much) room/space, to a ocupa/lua (prea mult) loc/spaţiu; a fi prea voluminos.

take up shares, to *fin.* a subscrie la o emisiune de acţiuni.

take up the ball, to a prelua/lua în sarcina sa *(o conversaţie, o activitate);* a continua/întreţine conversaţia.

take up the bumps/joits, to *auto.* a reduce/amortiza şocurile.

take up the challenge, to *sport şi fig.* a accepta provocarea; *aprox.* a-şi apăra titlul împotriva unui şalanger.

take up the endgels for smb./smth., to a apăra ceva/pe cineva cu toată puterea; *aprox.* a intra în foc pentru cineva.

take up the gauntlet/the glove, to *v.* **pick up the gauntlet.**

take up the hatchet/tomahawk, to *v.* **dig up the hatchet.**

take up the running, to I. *sport.* a fi/alerga în frunte (într-o cursă). **2.** *fig.* a prelua/duce mai departe o activitate.

take up the slack, to I. a reduce săgeata (unui cablu); a întinde *(un cablu, o frânghie etc.)* pentru a forma o linie dreaptă. **2.** *fig.* a asigura/organiza un ritm activ *(într-o industrie, întreprindere etc.).*

take up the spool, to *cin.* a înfăşura rola/banda; a înrola filmul.

take up the thread of, to *v.* **resume the thread (of).**

take up with smb., to I. a avea/simţi afecţiune pentru cineva; a fi atras/interesat de cineva. **2.** a se asocia/împrieteni/*peior.* înhăita cu cineva *(de obicei oameni de proastă calitate).*

take up writing/literature, to a se apuca de scris/ de literatură.

take us as you find us ia-ne aşa cum suntem; aşa suntem noi; *aprox.* acceptă-ne şi cu defectele noastre; nu putem fi perfecţi.

take vengeance on smb., to a se răzbuna pe cineva.

take warning, to a primi un avertisment; a fi prevenit.

take water, to I. *mar. (d. un vas)* a lua apă; a avea o spărtură. **2.** *mar.* a-şi lua provizia de apă dulce. **3.** *înv.* a bea; a se adăpa. **4.** *(folosit la pl.)* ~s a bea ape minerale; a face o cură de ape minerale.

take wind, to *v.* **get wind.**

take wing, to *şi fig.* a-şi lua zborul; a porni prin forţe proprii; *aprox.* a se lansa.

take wings to itself, to *F (de obicei d. bani)* a se topi/evapora; a dispărea; a se cheltui repede.

take years off smb., to a face pe cineva să pară mult mai tânăr.

take your change out of that! *(exclamaţie însoţind o lovitură)* na-ţi! încaseaz-o! poftim de cheltuială!

taking all in all una peste alta; la urma urmelor; în definitiv; în general vorbind.

taking it all round/by and large, taking one thing with another considerând lucrurile din toate punctele de vedere, punând lucrurile cap la cap/ în balanţă şi una şi alta.

talk about *(cu subst. sau gerund în prop. exclamative)* ~ **rain** ştii ce-a mai plouat! a plouat, nu glumă! asta zic şi eu ploaie!

talk above/over smb.'s head, to ← *F* a vorbi despre lucruri prea savante sau într-un mod care depăşeşte nivelul de înţelegere al auditoriului.

talk a dog's/donkey's/horse's hind leg off, to *F* → a ameţi pe cineva vorbind; a vorbi ca o moară stricată; a turui într-una; a împuia capul cuiva (cu vorba).

talk against time, to a vorbi mult/repede; *F* → a-i da zor cu vorba.

talk a lot of punk, to *F* a vorbi o mulţime de prostii.

talk at a person, to 1. a vorbi cuiva/despre cineva fără a ţine seama de reacţia lui; *F* → a-i da înainte cu vorba/cu gura. 2. a face aluzii la cineva; a se referi (indirect) la cineva. 3. a lua pe cineva împrejur/în balon.

talk back (to smb.), to a răspunde (cuiva) obraznic; *F* → a întoarce vorba (cuiva); a înfrunta pe cineva.

talk big/tall, to a folosi vorbe mari; a face pe grozavul; a se lăuda.

talk Billingsgate, to *F* 1. a vorbi ca în gura pieţii/ca o precupeaţă/ca la uşa cortului. 2. a face (pe cineva) albie de porci.

talk cold turkey, to → *F* a spune lucrurile pe faţă; a vorbi pe şleau.

talk down an aircraft, to *av.* a dirija (prin radio) un avion la aterizare.

talk down to smb., to a vorbi cuiva în termeni mai simpli *(considerându-l inferior);* a scădea intenţionat nivelul intelectual al unei conversaţii/conferinţe etc. subapreciind ascultătorul/auditoriul.

talk dress, to a vorbi despre modă.

talk for/to buncombe, to *v.* **speak to buncombe.**

talk for the sake of talking, to a vorbi pentru a se asculta vorbind; a vorbi degeaba/în van.

talk green-room, to a discuta probleme de teatru.

talk horse, to a vorbi desprfe curse de cai/calităţile cailor etc.

talking of ... apropo de; fiindcă veni vorba de; în legătură cu.

talk like a book, to a vorbi ca din carte.

talk nineteen to the dozen, to a-i turui gura; a vorbi într-una/verzi şi uscate; a vorbi ca o moară stricată/neferecată/hodorogită; a-i da zor cu gura înainte.

talk nonsense, to a vorbi prostii/aiurea.

talk of the devil and he is sure to/will appear *prov.* vorbeşi de lup şi lupul la uşă.

talk oneself hoarse, to a-şi usca gura/a răguşi vorbind.

talk out of one's turn, to a vorbi neîntrebat; a se trezi vorbind.

talk round smth., to a vorbi alături de subiect/fără a atinge punctul principal sau a trage concluzii.

talk sense, to a vorbi cu judecată/chibzuială/cap; a fi/vorbi rezonabil.

talk shop, to a discuta probleme profesionale/legate de meseria cuiva.

talk smb. down, to a acoperi glasul cuiva/vorbind mai tare sau mai mult; *F* → a închide gura cuiva; a reduce pe cineva la tăcere.

talk smb. into/out of doing smth., to a convinge pe cineva să pornească/să renunţe la o acţiune.

talk smb. over/round (to one's way of thinking), to a face/convinge pe cineva să vadă lucrurile în acelaşi mod *(prin perseverenţă verbală).*

talk smb.'s head off, to *v.* **talk a dog's hind leg off.**

talk smth. over (with smb.), to a discuta un lucru pe îndelete/sub toate aspectele (cu cineva).

talk tail, to *v.* **talk big.**

talk the bark off a tree, to *amer. v.* **talk a dog's hind leg off.**

talk through/out of one's hat, to 1. a spune prostii/a vorbi cai verzi pe pereţi; *P* → a vorbi în bobote; a spune prăpăstii. 2. a exagera; *F* → a umbla cu iordane.

talk through (the back of) one's neck, to *v.* **speak through the back of one's neck.**

talk to buncombe, to *v.* **speak to buncombe.**

talk to death, to a discuta înverşunat/până în pânzele albe; *aprox.* a nu renunţa/a nu ceda într-o discuţie (nici în ruptul capului).

talk to smb. like a Dutch uncle, to 1. a bodogăni/bate la cap pe cineva. 2. a mustra/lua la rost/a face cuiva morală; *F* → a face pe cineva de trei parale.

talk turkey, to *v.* **talk cold turkey.**

talk twenty to the dozen, to *v.* **talk nineteen to the dozen.**

talk United States, to 1. a vorbi ca americanii/cu accent american. 2. *amer.* a vorbi limpede/pe şleau.

talk without (the) book, to a vorbi în necunoştinţă de cauză/a vorbi pe dinafară/fără să ai argumente serioase sau să cunoşti toate datele problemei.

tall as a maypole/steeple, (as) înalt/lung ca o prăjină.

tame as a chicken, (as) blând ca un miel/pui de găină.

tame down a colour/a piece of news, to a atenua o culoare, a o face mai puţin ţipătoare; a modera o ştire, a o face mai puţin senzaţională.

tame one's ardour, to a-şi stăpâni/potoli ardoarea/înflăcărarea/pasiunea.

tame one's tongue, to a-şi (mai) ţine limba în frâu; a-şi măsura/controla cuvintele; *aprox.* a-şi pune lacăt la gură.

tamper with a catch/a lock, to a încerca să spargă/a sparge o închizătoare/o broască.

tamper with accounts/books, to a falsifica conturi/registre.

tamper with a witness, to a influența depoziția unui martor; a mitui un martor.

tan smb.'s hide, to *F fig.* a tăbăci pielea cuiva; a burduși/scărmăna bine pe cineva; a-i trage cuiva o mamă de bătaie.

tank up on smth., to *sl.* a bea/a se ameți/îmbăta cu o băutură oarecare.

tap a lung/an abscess, to *med.* a face o puncție la plămân; a deschide/a face o incizie într-un abces.

tap a subject/topic, to a aborda/deschide un subiect de discuție.

tap a telephone line/wire, to a face o derivație dintr-un fir telefonic pentru a intercepta convorbiri.

tap a tree (for resin), to a cresta coaja unui copac pentru a extrage rășină.

tap smb. for money/information, to a căuta să obții bani/informații de la cineva.

tap smb.'s claret, to *v.* **broach smb.'s claret.**

tap the admiral, to ← *sl.* a bea pe furiș.

tap the barrel, to *amer.* a-și vârî mâna în banii statului/fonduri obștești.

tap wine, to a trage vinul dintr-un butoi; a da cep unui butoi cu vin.

tar and feather, to *(formă de pedeapsă sau linșaj folosită în trecut)* a unge cu smoală și apoi a tăvăli pe cineva prin pene.

tarred with the same brush/stick având/cu aceleași defecte/păcate; făcuți din același aluat.

tart smb./smth. up, to ← *F* a găti/împopoțona pe cineva/ceva într-un mod vulgar/bătător la ochi pentru a atrage admiratori.

tax one's memory, to a se strădui/a face un efort să-și amintească.

tax smb. with smth., to a învinui pe cineva de ceva și a-i cere socoteală; a confrunta pe cineva cu *(un document, o dovadă a vinovăției sale).*

teach a pig to play on a flute, to *aprox.* a face porcul să bea apă din fedeleș.

teach oneself smth., to a învăța ceva singur (fără profesor).

teach school, to *amer.* a fi profesor; a preda într-o școală.

teach smb. a lesson, to a învăța minte pe cineva; a da cuiva o lecție.

teach smb. a thing or two, to a deschide mintea cuiva; a lămuri pe cineva; *aprox.* a pune pe cineva în cunoștință de cauză.

teach the cat the way to the kirn, to a învăța pe cineva cu nărav.

teach the dog to bark, to a învăța pasărea să zboare.

teach your grandmother/granny to suck eggs! învață oul pe găină!

tear apart, to 1. ~ smth./a place a desface/a demonta ceva; a întoarce (o casă) cu dosul în sus. 2. ~ smb./society a tulbura/zdruncina pe cineva;a dezbina o societate.

tear a strip/strips off smb., to; tear smb. of a strip, to ← *F* a critica/mustra cu severitate; *P* → a freca ridichea cuiva.

tear rags, to a destrăma zdrențe.

tear smb./oneself away from smth., to a smulge pe cineva/a se smulge de la o activitate/dintr-un mediu.

tear smb. limb from limb, to *și fig.* a sfâșia pe cineva în bucăți.

tear smb.'s character/reputation to tatters/ shreds, to a denigra/detracta/distruge/*F* → face praf reputația/bunul nume al cuiva.

tear the guts out, to *F* 1. ~ of smb. a stoarce de putere/a vlăgui/*P* → a cocoșa pe cineva; a scoate untul din cineva. 2. ~ of smth. a distruge/nimici ceva.

tear the mask off smb., to a smulge cuiva masca (de pe față); a-l prezenta sub adevărata lui înfățișare.

tear to pieces/ribbons/shreds/tatters, to 1. a rupe/sfâșia în bucăți; a face mici fărâme. 2. *fig,* a distruge, a nimici; a desființa.

tear up Jack, to *v. amer.* **raise Jack.**

tear upstairs/downstairs, to a urca/coborî scara în fugă.

tell against smb., to 1. a constitui/fi o opreliște/o frână în calea cuiva. 2. a constitui un argument/o dovadă împotriva cuiva.

tell a pack of lies, to a spune o droaie de minciuni; *F* → a minți de îngheață apele.

tell for smb./in smb.'s favour/with the people, to a pleda în favoarea cuiva (a simpatiei, popularității de care se bucură); a face pe cineva plăcut/ a-l prezenta într-o lumină favorabilă.

tell fortunes, to a ghici viitorul *(în cărți, cafea etc.).*

tell it not in Gath! *glum.* să nu audă dușmanii.

tell its own story/tale, to a vorbi de la sine; a fi grăitor/limpede/evident/concludent.

tell it/that to the (horse) marines/*amer.* to Sweeney! asta să i-o spui lui mutu! lasă brașoavele!

tell little price by/of, to *v.* **have little price of.**

tell me/us another fugi de-aici! lasă bancurile! nu mai umbla cu iordane! las-o încolo/încurcată!

tell me if you can te întreb așa; ce poți să răspunzi/ zici la asta?

tell much price by/of, to *v.* **set much value on/ upon.**

tell no price by/of, to *v.* **set no price by.**

tell noses, to *v.* **count noses.**

tell off one's men, to *mil.* a desemna ostaşi pentru o anumită misiune; a plasa soldaţi într-un anumit post.

tell of smth., to I. a anunţa, a prevesti ceva; a face simţită apropierea unui lucru. 2. a evoca/trezi amintirea unui lucru/fapt; a aminti de ceva.

tell one's beads/rosary, to *rel* a-şi spune rozariul *(numărând mărgelele).*

tell on smb., to I. a spune despre cineva lucruri care trebuiau ţinute secret şi care-i pot dăuna; *şcol.* a pârî/*A →* turna pe cineva. 2. *(d. oboseală, emoţii etc.)* a avea un efect negativ asupra cuiva; a afecta/marca pe cineva.

tell on/upon smb.'s health, to a afecta/şubrezi/ zdruncina sănătatea cuiva.

tell smb. off properly, to ← *F* a vorbi cuiva tăios/ cu severitate; *F →* a trage cuiva o săpuneală; < a bruftului/face pe cineva de două parale.

tell smb. one's mind, to *v.* **give smb. a bit of one's mind.**

tell smb. straight, to a spune/vorbi cuiva fără înconjur/*F →* verde în faţă; a nu umbla cu menajamente/ascunzişuri.

tell smb. where he gets/steps off, to ← *F* I. a pune pe cineva la locul lui/la punct; *P →* a-i mai tăia nasul. 2. a spune cuiva în faţă un adevăr neplăcut.

tell smth. flat, to a spune un lucru hotărât/fără înconjur/ritos.

tell smth. slap out, to a spune ceva brusc/deschis/ în faţă/de la obraz/cu brutalitate.

tell stories/tales, to I. a spune poveşti (imaginare). 2. *F →* a umbla cu vorba; a duce vorba; a cleveti.

tell tales about smb., to a răspândi poveşti/istorii răuvoitoare despre cineva..

tell tales out of school, to ← *F* a da în vileag/a divulga secrete/intimităţi; *aprox.* a bate toba.

tell tall stories, to a spune gogoşi/braşoave/ minciuni gogonate/poveşti vânătoreşti.

tell the tale, to ← *sl. (de obicei despre un infractor)* a ticlui o poveste înduioşătoare; a se justifica/scuza.

tell the good/right from the bad/wrong, to a deosebi binele de rău; a face distincţia între bine şi rău/drept şi nedrept.

tell the time, to I. a indica/arăta ora. 2. a spune cât e ceasul/ce oră e.

tell the truth and shame the devil, to *F* a spune fără teamă (tot) adevărul, a da lucrurile pe faţă.

tell the when and the how of it, to a spune/povesti cum s-au petrecut lucrurile.

tell the world, to ← *F* a spune lumii întregi; a anunţa/striga în gura mare.

tell t'other from which, to a deosebi pe unul de celălalt; a spune care-i unul şi care-i altul.

tell two persons apart, to *v.* **tell t'other from which.**

tell volumes, to *v.* **speak volumes (for).**

temper the wind to the shorn lamb, to *înv. prov. aprox.* a crede/ocroti pe cei necăjiţi/mai slabi.

tempt fate/fortune/providence, to a sfida soarta/ norocul; *P →* a supăra pe Dumnezeu.

tempt the fishes, to *F* a da la peşte.

tender in evidence, to *jur.* a înainta/prezenta ca dovadă/mărturie.

tender one's resignation, to a-şi înainta demisia.

tend to do smth., to a fi înclinat spre o acţiune; a fi susceptibil de a face un lucru.

tend to one's affairs, to a-şi vedea de treburile sale; *F →* a-şi căta de treabă.

tend to the success (of an enterprise), to a contribui/crea condiţii pentru succesul *(unei întreprinderi/unei acţiuni).*

ten to one mai mult ca sigur; sută la sută.

thank one's lucky stars, to a mulţumi norocului/ soartei; a avea noroc.

thank you for nothing! *iron.* mulţumesc! nu te obosi! nu servesc!

thank you ma'am *amer.* ← *F* şanţ, groapă sau ridicătură/hop într-o şosea.

that accounts for the milk in the cocoanut *glum.* asta explică totul în cele din urmă; *P →* *aprox.* de aia n-are ursul coadă.

that beats all! asta e culmea! asta le bate/întrece pe toate! *F →* na-ţi-o bună!

that beats all nature *v.* **beat hell.**

that beats me! nu mai am ce zice! asta m-a dat gata! m-a făcut praf; sunt uluit.

that can shake a stick at *(folosit mai ales la negativ)* a se compara cu; a suferi comparaţie cu.

that cat/cock won't fight/jump *F* figura asta nu se prinde/nu merge/*A →* nu ţine.

that does me a treat! *F* e tocmai ce-mi trebuie; vine la ţanc; îmi convine de minune.

that/this far I. până aici/acum. 2. atât de departe.

that get sme! *amer. F v.* **that beats me.**

that goes without saying se înţelege de la sine.

that is a bit/rather too thick *F* aste e (cam) prea de tot/de oaie; e cam groasă/gogonată; asta le pune capac la toate.

that/it is hard lines! ← *F aprox.* ce ghinion! e/trebuie să fie destul de greu şi pentru tine/el etc.

that I shouls live to see this ← *F* să apuc eu să văd asta! nu credeam să văd aşa ceva!

that is nothing to me/us, etc.! asta nu mă/ne privește/încălzește; nu-mi/nu ne pasă câtuși de puțin de asta; nu-mi ține nici de rece nici de cald; *P → aprox.* mă doare în cot.

that is rather too thick *F v.* **that is a bit too thick.**

that is too thin *F* e cusută cu ață albă; e o minciună transparentă; *aprox.* se vede de la o poștă.

that is to say adică; cu alte cuvinte; cum s-ar zice.

that it was! ← *F (formulă de întărire sau confirmare)* așa și era! asta era!

that licks all creation (into fits) ← *F* asta întrece orice măsură; asta-i culmea!

that makes a (great) difference asta e cu totul altceva; e o mare deosebire; asta schimbă totul.

that's a bargain! *F* 1. bate palma! ne-am învoit! s-a făcut! 2. e un chilipir/o bună afacere.

that's a bit thin! nu-i prea convingător; e cam slab/transparent *(argumentul).*

that's about all 1. cam atât; atâta tot; atât și nimic mai mult. 2. mulțumesc, nu mai am nevoie de dumneata; poți să te retragi.

that's about the size of it cam asta e (situația); iată despre ce este vorba; asta e, care va să zică.

that's a feather in his cap e un motiv de mândrie (în plus); e un titlu de glorie pentru el.

that's a fine/nice/pretty how-de-do/dwo-d'ye-do! *v.* **here's a fine how-de-do.**

that's a good hearing! e plăcut de auzit așa ceva; e o veste bună/care ne bucură.

that's a good one/un! asta-i bună! asta-i mai grozavă decât toate! na-ți-o bună!

that's a horse of another colour *v.* **that's another cup of tea.**

that's a horse of the same colour e tot una/*F →* tot un drac; ce mi-e Tanda ce mi-e Manda.

that's a likely story! *iron.* ce mai vorbă! așa o fi! vorbă să fie! e bună!

that's all asta e (situația); asta e tot; n-avem altă soluție.

that's all there is to it asta e tot/toată povestea; altceva nu mai am de spus; și cu asta am sfârșit/basta.

that's all very fine/well (for you) îți convine; îți dă mâna să.

that's a nice thing (to do/to say), etc. *iron.* frumos îți șade (să faci/vorbești așa etc.); știi că ai haz? nu ți-e pic de jenă/rușine să ...

that's another cup of tea/kettle of fish/pair of breeches/pair of shoes/another story *F* asta e altă brânză/căciulă/gâscă/poveste/mâncare de pește.

that's done it! *F* 1. asta le-a pus capac (la toate). 2. cu asta m-am lămurit; am terminat (cu el etc.).

that's flat asta-i tot ce am de zis *(însoțind de obicei un răspuns negativ);* și cu asta basta! și cu asta am terminat! e inutil să insiști; categoric.

that's it! 1. așa-i (bine)! bravo! 2. am/ai înțeles!

that's life for you! asta e viața! ce curioasă e viața! ce nu se întâmplă în viață!

that's like putting the cat near the goldfish bowl! ca și cum ai pune lupul să păzească oile/cioban la stână.

that's my/his, etc., pigeon! ← *F* mă/îl privește; e treaba mea/lui etc.

that's not fair do's ← *F* nu e drept/cinstit/just; nu e în regulă/treabă cinstită.

that's nothing to write home about *F* nu e cine știe ce/mare ispravă.

that's the beauty of it ← *F* ăsta-i tot hazul.

that's the card ← *F* asta e! asta-i ce trebuie; bine ai zis/făcut! așa zic și eu! așa/asta da!

that's the cheese! *sl. v.* **quite the cheese.**

that's the go! *F* 1. a sta e lumea/viața; așa merg lucrurile în lume. 2. asta-i ce se poartă acum; așa e moda.

that's the idea! *F* strașnic! bine ai zis/te-ai gândit; ai avut o idee grozavă!

that's the last straw! *F* asta (ne) mai lipsea! asta-i culmea! asta le pune capac la toate!

that's the limit! asta e culmea/din cale afară; e intolerabil; peste asta nu se mai poate trece; *F →* s-a cam întrecut cu gluma.

that's the snag! *v.* **there's the rub.**

that's the (right) spirit! *F* bravo; așa te vreau; nu te lăsa! așa mai vii de acasă!

that's the stuff! asta-i ce (ne) trebuie!

that's the talk! *amer.* bună treabă; bravo; bine ai zis! *aprox.* ți-a ieșit un porumbel din gură.

that's the thing for me! asta-i tocmai ce-mi trebuie/ce-mi doresc cel mai mult; de asta am nevoie.

that's the ticket! *v.* **that's the card.**

that's the time of day! cam asta e situația; deci așa stau lucrurile.

that's the very thing tocmai asta e! despre asta e vorba; asta căutam; asta e exact ce voiam.

that's the way to talk! așa te vreau! îmi place ce spui; nu te lăsa *(abătut, descurajat etc.).*

that's torn it! asta mai lipsea! am încurcat-o! *P →* am pus-o de mămăligă.

that's what men are! *F* așa-s ăștia sunt oamenii! *P →* așa e omul nostru!

that's what you say! asta-i (după) părerea ta! tu crezi/zici asta! *(exprimând neîncredere sau o părere contrară).*

that's where the shoe pinches! *F* aici/asta e buba; ăsta e punctul nevralgic/sensibil.

that's your little game! *F* asta ai pus la cale/aranjat/ticluit; va să zică acolo baţi! de ăştia-mi eşti?

that's your sort! aşa faci tu! ăsta-i felul/genul tău; *F* → de-alde astea faci!

that takes the biscuit/bun/cake/chromo/flour/pastry! asta le întrece pe toate! asta e culmea! asta le pune capac (la toate)!

that things should have come to this! cînd te gândeşti că lucrurile au ajuns aici/în situaţia asta/că totul a luat o întorsătură atât de gravă/neaşteptată.

that wants thinking out asta necesită o matură chibzuinţă; lucrul acesta nu poate fi hotărât aşa, la iuţeală/de repede.

that was a near go! am scăpat ca prin urechile acului; am fost la un pas *(de accident, de moarte etc.)*.

that was a sharp work! (ştii că) nu ţi-ai pierdut vremea! ai fost tare! a mers repede.

that way poftim/poftiţi pe aici.

that which one least anticipates soonest comes to pass se întâmplă tocmai ceea ce nu te aştepţi/la ce te aştepţi mai puţin.

that will do e destul/suficient; ajunge.

that won't to 1. nu merge; *F* → nu ţine; nu se prinde. **2.** nu se potriveşte; nu merge; nu e indicat.

that won't wash *F* asta nu se prinde; nu e de crezut! asta e prea groasă; nu se înghite.

their name is legion *lit.* sunt puzderie/cât nisipul mării/câtă frunză şi iarbă!

them's my feelings/sentiments *glum. (în loc de* **those are my feelings***)* astea sunt părerile/sentimentele mele; aşa cred/simt eu.

then and there pe loc; pe dată; pe moment.

then want must be your master *prov. aprox.* nevoia învaţă pe om; cine nu învaţă de voie, învaţă de nevoie.

then what? *F* şi ce-i cu asta? şi ce dacă?

there and thereabouts cam pe acolo.

there are as good fish in the sea as ever came out of it! *prov. aprox.* lac să fie că broaşte sunt destule! are balta peşte!

there are lees to every wine! *prov.* nu e pădure fără uscături.

there are more flies caught with honey than vinegar. *prov.* cu miere se prind muştele.

there are more ways of killings/to kill a dog than by hanging *prov.* sunt mai multe căi/soluţii; asta nu e singura cale; se mai poate şi altfel.

there are more ways than one to kill a cat (than by chocking it with cream) *prov. v.* **there are more ways of killing a dog.**

there are no flies on him! nu-i prost; îi merge mintea (repede); nu-l poţi duce cu una cu două.

there are no two ways about it nu mai încape discuţie; nu e decât o soluţie; *aprox.* unde-i lege nu-i tocmeală.

there are spots (even) in/on the sun *v.* **there are lees to every wine.**

thereby hangs a tale e o poveste întreagă; *F* → e cu cântec.

there has been many a peck of salt eaten since a curs multă apă pe gârlă de atunci.

there/he/she goes! 1. uite-l/o. **2.** *iron.* poftim! ia te uită la el/la ea! iar a pornit-o!

there is a black sheep in every flock *prov. v.* **there are lees to every wine.**

there is a matter in it e ceva aici; asta dă de gândit; asta nu e fleac; *F* → e o chestie.

there is a pair of them 1. nu s-au mai văzut doi ca el; doi ca el mai rar. **2.** sunt amândoi la fel; *P* → şi-a găsit sacul petecul.

there is a remedy for all things/everything but death *prov.* numai moartea-i fără leac.

there is a screw loose somewhere e ceva care nu merge cum trebuie; e ceva în neregulă (aici).

there is a skeleton in the cupboard/a snake in the grass aici se ascunde ceva; e ceva neplăcut/necurat la mijloc.

there is a tide in the affairs of men există momente/prilejuri favorabile în viaţa omului *(de care trebuie să profiţi); aprox.* valurile vieţii te duc când în sus când în jos.

there is a time for all things tot lucrul la vremea lui; să nu ne grăbim; vine vremea fiecărui lucru; *aprox.* lasă lucrurile să-şi urmeze cursul lor firesc.

there is honour among thieves lupii nu se mănâncă între ei.

there is life in the old dog yet *(d. oameni)* e încă zdravăn; se ţine bine; nu se lasă.

there is method in his madness nu echiar aşa de nebun cum pare.

there is money in it/that/this se pot scoate bani buni de aici; se câştigă bine cu asta; sunt perspective frumoase de câştig.

there is much to be said for 1. sunt multe motive/argumente în favoarea. **2.** e lăudabil/demn de toată admiraţia faptul că/pentru că.

there is no *(cu gerund)* nu se poate ...; e imposibil ...; *F* → n-ai cum să ...; nu e rost de ...; nici vorbă de/să ...; nici vorbă de/să ...

there is no accounting for tastes gusturile nu se discută.

there is no choice in rotten apples *prov.* n-ai de unde alege; ce mi-e una, ce mi-e alta.

there is no fire without smoke *prov.* de unde nu e foc nu iese nici fum.

there is no help for it nu e altă soluție; n-avem încotro; *F* → asta e și n-ai ce-i face!

there is no joy without alloy *prov.* nu e carne fără oase; nu e câștig fără pagubă.

there is no love lost between them *F* nu se pot suferi/înghiți; n-au ochi să se vadă.

there is no (great) miss (of smth.) *F* nu e mare pagubă; atâta pagubă; n-o să plângem (după ceva).

there is no parallel to it n-are pereche; e fără seamăn/incomparabil; nu se mai află/se poate găsi un al doilea ca el/ea.

there is no percentage in that *amer.* ← *F* nu e de nici un folos.

there is no rose without a thorn *prov.* cine vrea trandafiri, cată să vrea și spini.

there is no saying/telling 1. greu de spus; nu se poate ști/prevedea. **2.** nu se poate zice că.

there is no sense (in doing smth.) nu are rost/e o prostie/absurditate (să faci aceasta).

there is no smoke without fire *v.* **there is no fire without smoke.**

there is not a shadow of nu e nici umbră/cel mai mic semn de.

there is nothing for it but to *(cu inf.)* nu se poate face nimic altceva decât.

there is nothing in it 1. nu e adevărat. **2.** nu are nici o importanță; nu contează.

there is nothing like leather *(formulă preluată din reclama comercială; marfa noastră de piele e cea mai bună) aprox.* tot țiganul își laudă ciocanul.

there is nothing much in it nu e cine știe ce mare lucru; nu e ceva de speriat.

there is nothiong the matter with you/him, etc. n-ai/n-are nimic; totul e în regulă.

there is nothing to choose between them sunt (cam) la fel; nai de ales; ce mi-e una ce mi-e alta.

there isn't a headache in a bucketful *(d. o băutură alcoolică)* poți să bei cât vrei/oricât (de mult) că nu te doare capul.

there is safety in numbers *prov.* unitatea face puterea; *aprox.* unde-s doi puterea crește.

there is smth. the matter with s-a întâmplat ceva cu.

there it goes! 1. ia te uită! poftim! uite-l! auzi-l! a pornit. **2.** hai. să-i dăm drumul.

there or thereabouts cam așa; cam pe acolo/pe atât; cam în felul ăsta; cam în jurul acestei sume.

there's a dear! fii drăguță! fii așa de bun(ă) *(de obicei însoțind o rugăminte).*

there's a knack in it ← *F* **1.** trebuie să-i știi meșteșugul/*F* → spilul. **2.** e o chestie aici *(un lucru nemărturisit sau care nu se descoperă de la prima vedere).*

there's a rumour in the wind se spune/zvonește/se aude că; circulă un zvon că.

there's a woman in it e o femeie la mijloc; e vorba de o femeie; e o mână de femeie aici.

there's a good soul/boy/girl *v.* **be a good soul.**

there's gratitude for you! *iron.* uite recunoștința! ca să vezi ce recunoștință!

there's many a good tune played on an old fiddle *prov.* găina bătrână face ciorba/zeama bună.

there's many a slip between/'twixt cup and lip *prov.* de la mână până la gură. pierde-mbucătura.

there's many a true word spoken in jest *prov.* multe lucruri adevărate se spot spune în glumă; gluma are și ea miezul/rostul ei.

there's no bottom to it e sac fără fund.

there's not enough to go round *(d. o tratație, băutură etc.)* nu ajunge pentru toată lumea.

there's not much to choose between them *v.* **there is nothing to choose between them.**

there's no use crying over spilt milk *v.* **it is no use crying over spilt milk.**

there's the rub ăsta-i necazul; aici e buba.

there, there! *(exprimând consolarea)* ei hai, hai lasă!

there will be hell/the devil/the deuce (and all) to pay *F* **1.** o să te coste bani frumoși; o să te usture; o să plătești cu vârf și îndesat. **2.** o să fie circ/dandana mare; o să iasă groasă; acum să te ții.

there you are 1. *(arătând sau oferind ceva)* poftim! poftiți! iată! **2.** *(ca formă de reproș)* ei vezi! ți-am spus eu că așa e? ce ți-am spus eu? ei, ce zici de asta? vezi c-ai venit la vorba mea! **3.** ... and ~! și gata! asta-i tot! **4.** în fine, bine c-ai venit/că te-am găsit! aici erai, care va să zică!

there you go! *F* **1.** iar ai început? ai luat-o pe coarda ta? **2.** *glum.* zi-i înainte că zici bine; dă-i înainte că merge strună.

there you've got me! 1. aici m-ai încuiat; nu mai am ce să zic/ce să-ți răspund. **2.** m-ai băgat în buzunar.

these presents *jur. și glum.* deocumentele de față.

these were the days! acelea au fost vremuri (mărețe/de pomină); de acele zile ne vom aminti toată viața.

the very thing (for) exact/tocmai/*P* → taman ce trebuie (pentru).

they make a pair *F* s-a găsit tusea cu junghiul; si-a găsit sacul petecul.

they say se zice; lumea spune.

thick and fast des; repetat; fără încetare; unul după altul/alta.

thick as blackberries/hops/*amer.* **huckleberries/ peas, (as)** puzderie; câtă frunză şi iarbă.

thick as hail, (as) des ca grindina.

thick as thieves, (as) strâns legaţi/uniţi; prieteni buni/*F* → la cataramă.

thin as a lath/rail/rake/whipping-post, (as) subţire/slab ca o scândură/scoabă/ca un ţâr.

thin as (a) thread-paper, (as) subţire ca foiţa de ţigară.

thin (down) a sauce/the paint, to a dilua/subţia un sos; a dilua/face o culoare mai pală/mai transparentă.

thing is this, the iată despre ce este vorba; problema e următoarea.

thing is to *(cu inf.),* **the** e greu să ...; problema e să ...; **the thing is to find the right man, etc.** problema e să găseşti omul potrivit etc.

things have come to a pretty pass lucrurile au luat o întorsătură proastă; s-a complicat situaţia; s-au încurcat iţele.

things have come to such a pass that ... lucrurile au luat o astfel de întrosătură încât ...; s-a creat o astfel de situaţie încât ...

things look black/blue/nasty *F* situaţia e cam albastră/proastă.

think again! n-ai ghicit; nimerit; mai gândeşte-te! mai încearcă.

think a great deal/too much of oneself, to a avea o idee foarte bună despre sine; a fi încântat/mulţumit de sine; a fi îngâmfat.

think ahead, to a analiza; a se gândi dinainte la ...

think as much, to a crede; a fi de părere; a avea convingerea.

think better of, to 1. a se gândi mai bine; a-şi schimba intenţia; a se răzgândi. **2. ~ smb. than ...** a avea o părere mai bună despre cineva decât ...

think fit, to *v.* **see fit.**

think highly/much/no end of smb./smth., to a avea o părere foarte bună/excelentă despre cineva/ ceva.

think ill/badly of smb., to a avea o părere proastă despre cineva; a desconsidera pe cineva; a lua pe cineva în nume de rău.

think it over, to a se gândi mai bine/pe îndelete; a mai reflecta *(asupra unui lucru).*

think it scorn, to a dispreţui; a socoti mai prejos de demnitatea sa.

think it shame (to do smth.), to a socoti/considera ruşimos (să faci ceva).

think little/nothing of, to a desconsidera; a avea o părere proastă despre ...; *F* → a nu da doi bani pe ...; a nu se sinchisi de ...; a nu-i păsa de ...

think much of smb./smth., to *v.* **think highly of smb./smth.**

think no end of smb./smth., to *v.* **think highly of smb./smth.**

think no harm, to *v.* **mean no harm.**

think no small beer of oneself, to a se crede grozav/deştept/buricul pământului.

think one is it, to *amer. sl.* a se crede cineva.

think one is the whole cheese *amer. sl.* a se crede buricul pământului.

think out for oneself, to a judeca/aprecia lucrurile cu capul său; a-şi forma o părere personală/proprie; *(prin extensie)* a nu se lăsa influenţat de alţii.

think shame! ← *dial.* ruşine să-ţi fie!

think small beer of, to a avea o părere proastă despre; a desconsidera; a nu da nici doi bani pe.

think smth. out/up, to 1. a chibzui (serios) asupra unui lucru. **2.** a elabora/născoci *(un plan etc.);* a pune ceva la cale.

think smth. over, to *v.* **think it over.**

think that the moon is made of green cheese, to *prov.* a crede că tot ce zboară se mănâncă.

think today and speak tomorrow gândeşte-te (bine) înainte de a vorbi.

think twice, to a se gândi bine/de două ori; a nu se pripi.

think well of smb., to a stima pe cineva; a avea multă consideraţie pentru cineva.

think out hair/traffic, etc., to a rări/fila părul; a reduce circulaţia etc.

think out seedlings, to 1. a răsădi plante; a pune răsaduri în brazdă. **2.** a plivi/rări o cultură agricolă.

thin out the leaves of a fruit-tree/a vine/under-brush, to a curăţi frunzele prea dese ale unui pom fructifer/ale viţei de vie; a curăţi/tăia lăstărişul din pădure.

this day week de azi într-o săptămână.

this far *v.* **that far.**

this many day de multă vreme; de mult timp.

this much *F* atât *(o cantitate oarecare);* **I know ~** ştiu atât că ... *(d. un fapt, o stare de lucruri).*

this, that and the other *F* şi una şi alta; aşa şi pe dincolo.

this time de data aceasta.

this way (poftim), pe aici.

those who live in glass-houses should not throw stones *prov.* cine se simte cu musca pe căciulă să nu critice pe alţii.

thousand and one things *F* o mulţime/mii de lucruri, o mie şi una de lucruri.

thou shalt see me at Philippi ← *înv.* ne mai întâlnim noi! o să mai auzi de mine!

thrash over old straw, to *fig.* a dezgropa lucrurile vechi/morții.

thrash smb. within an inch of his life, to a stâlci pe cineva în bătaie.

thread breaks where it is weakest, the ața/sfoara se rupe unde-i mai subțire.

thread one's way through, to a-și face/croi drum (cu greu) prin/printre; a se înghesui/strecura prin/printre.

threatened blow is seldom given, a *prov. aprox.* câinele care latră nu mușcă.

three sheets in the wind *F* cu chef; **be ~** a fi beat/cu chef/glum. turmentat.

thresh a problem out, to a rezolva o problemă; a elimina o neînțelegere/divergență prin discuție.

throttle an offensive, to a jugula/înăbuși o ofensivă.

throttle down an engine/a car, to a reduce alimentarea cu carburant a unui motor; *(prin extensie)* a reduce viteza unei mașini.

through and through 1. temeinic; aprofundat. 2. de la un cap la altul; în întregime; până în cele mai mici detalii. 3. iarăși și iarăși.

through ignorance/fear din ignoranță; de teamă; din cauza neștiinței/fricii.

throughout the country pe tot întinsul țării; de la un capăt al țării la altul.

throughout the year/smb.'s life în tot cursul anului/vieții cuiva.

through the agency of prin intermediul; datorită; cu ajutorul.

through the length and breadth of în lungul și în latul.

through the medium of prin intermediul/mijlocirea.

through thick and thin în orice împrejurare; prin orice pericol; **to go ~ for smb.** a înfrunta orice pericol/a sări în foc pentru cineva.

through with smb. or smth. *v.* **be through with smb./smth.**

throw a bridge, to a stabili o punte de legătură.

throw a chance/an opportunity away, to a pierde o șansă/ocazie *(prin neglijență, netanție, prostie)*; a lăsa să-ți scape din mână o șansă/un prilej.

throw a chest, to ← *sl.* 1. a scoate/a-și umfla pieptul. 2. *fig.* a face pe voinicul/grozavul.

throw a damper on, to *v.* **put a damper on.**

throw a fit, to *amer.* a face/avea un atac/o criză.

throw a girl/boy friend over, to ← *F* a pune capăt unei legături (amoroase); *F* a plăca pe o fată/un băiat.

throw a good line, t a fi bun pescar *(cu undița).*

throw a man out, to 1. a da afară pe cineva. 2. a distrage atenția cuiva; a face pe cineva să comită o eroare (de calcul); a tulbura/influența negativ mersul unor cercetări.

throw a monkey wrench into the machinery/works, to ← *F* a încurca treaba; a strica mersul lucrurilor.

throw a party, to ← *F* a da/organiza o petrecere/reuniune *(masă, cocteil, etc.).*

throw a picture on the screen, to a proiecta o imagine/un film pe ecran.

throw a rope to smb., to a întinde cuiva un colac de salvare/o mână de ajutor.

throw a scare into, to a băga spaima în; a îngrozi; a băga în sperieți.

throw a sop to Cerberus, to *fig.* a încerca să împaci/să îmbunezi pe cineva/să potolești mânia cuiva; *aprox.* a veni la cineva cu o ramură de măslin.

throw a spanner in the works, to *v.* **throw a monkey wrench into the machinery.**

throw a sprat to catch a herring/mackerel/whale, to *prov. aprox.* cu râma mică prinzi peștele mare; cu un pește mic prinzi unul mare; dă un ou ca să ai un bou.

throw a stone/stones at smb., to *fig.* a da cu piatra în cineva; a acuza/critica/vorbi de rău pe cineva.

throw away a remark/word, to a face o remarcă în treacăt *(fără a-i da aparent multă importanță)*; a spune un lucru printre altele *(minimalizându-l cu un anumit scop).*

throw away the scabbard, to a porni la luptă; a te hotărî să lupți până la capăt.

throw a wet blanket/cold water on/over smb./smth., to 1. a tăia aripile/avântul/*F*→ cheful cuiva; a demobiliza/descuraja pe cineva. 2. a respinge *(o idee etc.).* 3. a fi sceptic *(în legătură cu ceva).*

throw bouquets at smb., to *amer.* a face cuiva complimente; a aduce cuiva elogii; *v. și* **hand smb. a bouquet for.**

throw caution/discretion/prudence to the winds, to a renunța la prudență/rezervă/judecată înțeleaptă; a nu mai ține seama de nimic *(pericol etc.); aprox.* a-și da drumul/a da dă frâu liber pasiunii/pornirilor.

throw cold water on, to *v.* **throw a wet blanket over.**

throw daylight upon smth., to a lămuri ceva; a face lumină asupra unui lucru.

throw dirt at smb., to a întina/calomnia pe cineva.

throw discredit on smb., to a discredita/denigra pe cineva.

throw down a gage (of battle), to *înv.* a provoca la luptă.

throw down one's arms, to a arunca armele; a renunţa la luptă.

throw down the gauntlet/glove, to *fig.* a arunca mănuşa; a provoca la luptă.

throw dust in smb.'s eyes, to a arunca praf în ochii cuiva; a deruta/înşela pe cineva.

throw good money after bad, to a-şi spori paguba *(încercând s-o recuperezi).*

throw idle, to *(folosit de obicei la pasiv)* a rămâne fără lucru; a fi şomer.

throw in one's hand, to I. a arunca cărţile pe masă; a arăta cărţile (de joc). **2.** *fig.* a se retrage (din luptă); a renunţa; a se da bătut.

throw in one's lot with smb., to a împărtăşi soarta cuiva; a merge cu cineva şi la bine şi la rău.

throw in the towel, to I. sport a arunca prosopul (pe ring). **2.** *fig.* a se da bătut; a renunţa la luptă; a abandona partida.

throw into (high/sharp) relief, to a scoate (puternic) în relief.

throw into the background, to a lăsa/pune în umbră.

throw into the discard/dustbin/waste-basket to *fig.* a arunca la lada de gunoi/la coş.

throw into the melting pot, to *v.* **put into the melting-pot.**

throw its feathers/skin, to *(d. păsări, animale)* a-şi schimba penele/pielea; a năpârli.

throw light/limelight on/upon smth., to *v.* **throw daylight upon smth.**

throw mud at, to *v.* **throw dirt at smb.**

throw off one's balance descumpănit, dezorientat.

throw obstacles in smb.'s way, to a pune piedici în calea cuiva.

throw off a poem/song, etc., to a compune repede *(fără efort deosebit)* o poezie, un cântec etc.; *aprox.* a aşterne repede pe hârtie o poezie, un cântec etc.

throw off one's disguise/mask, to a nu se mai preface; a-şi scoate masca; *F →* a-şi da arama pe faţă.

throw off the scent, to *v.* **put off the scent.**

throw one's bread upon the water(s), to a face o faptă bună fără a aştepta răsplată.

throw one's cap at smth., to *v.* **cast one's cap at smth.**

throw one's cap over the mill/windmill, to *v.* **fling one's cap over the mill.**

throw one's cards on the table, to a da cărţile pe faţă; a vorbi deschis.

throw oneself at smb./smb.'s head, to *F* a se băga în sufletul cuiva; *(d. o femeie)* a căuta să cucereşti pe cineva; a se arunca în braţele unui bărbat *(de obicei în speranţa unei căsătorii);* a-i face cuiva ochi dulci; a se arunca de gâtul cuiva.

throw oneself in smb's way, to a ieşi/apărea în calea cuiva.

throw oneself into (work/pleasure, etc.), to a se dărui trup şi suflet *(muncii, plăcerilor etc.).*

throw oneself into the fray, to a se arunca în luptă; a se repezi la atac.

throw oneself on the mercy of smb., to a face apel la/a se lăsa la mila cuiva.

throw one's eye on, to a pune ochii pe.

throw one's eyes up, to a ridica ochii la cer *(în semn de indignare, oroare, apel mut);* a-şi pune mâinile în cap.

throw one's frock to the nettles, to *v.* **cast one's frock to the nettles.**

throw one's money about, to a cheltui bani în dreapta şi în stânga; a cheltui cu nemiluita.

throw one's sword into the scale, to a proclama/exercita dreptul celui mai tare.

throw one's weight about, to *amer. ← F* a se purta în mod arogant; a face pe grozavul; a-şi da aere de superioritate; a încerca să intimidezi pe alţii.

throw one's weight (into the balance), to a interveni cu toată greutatea/autoritatea.

throw on the scrap-heap, to *v.* **throw into the discard.**

throw open the door, to *fig.* a deschide o poartă; a lăsa/da cale liberă; a permite; a da posibilitatea.

throw out a feeler *fig.* a sonda terenul.

throw out a new wing, (to a building, etc.), to a adăuga/construi o nouă aripă o clădire.

throw out suggestion/a solution/a warning, to a propune/sugera o soluţie; a se referi *(în treacăt, fără prea multă insistenţă)* la o soluţie/un avertisment.

throw out a tub to the whale, to *fig. ← F* a crea o diversiune; a distrage atenţia.

throw out a gear, to *v.* **put out a gear.**

throw out the bill, to *parl.* a respinge un proiect de lege.

throw overboard, to *fig.* a arunca peste bord; a nu mai ţine seama de; a renunţa cu totul la.

throw prudence to the winds, to *v.* **throw caution to the winds.**

throw sand in the wheels, to *fig.* a pune beţe în roate.

throw slurs at smb., to *← F* a denigra/ponegri pe cineva.

throw smb. back on/upon smth., to a face pe cineva să se întoarcă/să recurgă la un procedeu/o atitudine anterioară; a forţa pe cineva *(care nu are* *altă soluție)* să adopte una deja folosită; *(folosit la pasiv)* a fi silit să reia o veche activitate etc.

throw smb. down, to *amer.* a se debarasa de cineva *(un asociat, un prieten etc.).*

throw smb. for a loss, to a renunța la cineva.

throw smb. into a fever, to a face pe cineva să fie neliniștit/agitat/febril.

throw smb. off his balance, to a descumpăni/neliniști pe cineva; a face pe cineva să-și piardă calmul/siguranța/stăpânirea de sine.

throw smb. off his guard, to *v.* **get past smb.'s guard.**

throw smb. off the scent/track, to a face pe cineva să piardă urma; a deruta.

throw smb. over the bridge, to ← *F* a trăda pe cineva.

throw smb./smth. upon a person's hands, to a lăsa pe cineva/ceva în sarcina/*F* → pe capul cuiva.

throw smth. back at smb., to ← *F* a aminti cuiva un lucru neplăcut; a reproșa cuiva ceva *(faptă, purtare nepotrivită etc.);* a-i arunca cuiva în față greșeli din trecut.

throw smth. in smb.'s dish, to *v.* **cast smth. in smb.'s dish.**

throw smth. in smb.'s face/teeth, to *v.* **cast smth. in smb.'s face/teeth.**

throw smth. open to everybody, to 1. a permite oricui să se înscrie/să participe la *(un concurs etc.).* 2. a deschide porțile *(unui muzeu, parc etc.)* pentru toți; a lăsa intrarea liberă pentru public.

throw straws against the wind, to ← *F* a face încercări zadarnice de a împiedica ceva; *aprox.* a te lupta cu morile de vânt.

throw temptation in smb.'s way, to a ispiti pe cineva; a scoate/aduce ispita în calea cuiva.

throw the baby out with the bathwater, to ← *F* a arunca totul *(și ceea ce e folositor)* peste bord; a nega/renunța la tot *(fără discriminare).*

throw the ball in, to *sport.* a repune mingea în joc.

throw the book (of rules) at smb., to a aminti cuiva unele reguli/restricții; a impune respectarea regulilor/dispozițiilor.

throw the door open, to *v.* **throw open the door.**

throw the gauntlet/glove, to *v.* **throw down the gauntlet.**

throw the great cast, to *F* a face pasul cel mare; a lua o hotărâre capitală.

throw the handle/helve after the blade/hatchet, to a juca și ultima carte.

throw the hatchet, to *v.* **fling the hatchet.**

throw the house out of the windows, to *v.* **fling the house out of the windows.**

throw together things/a textbook/people, to 1. a strânge lucruri în dezordine/în grabă. 2. a compila sau scrie neglijent/grăbit un manual. 3. a aduce laolaltă/a face să se întâlnească oameni.

throw up an artist/a writer, etc., to 1. a lansa/a face cunoscut un artist/un scriitor etc.; a crea un artist/scriitor etc. 2. a se mândri cu un artist/scriitor etc.

throw up one's cards, to *v.* **fling up one's cards.**

throw up one's food, to ← *F* a vomita; *P* → a vărsa.

throw up one's hands (in horror/despair), to a-și pune mâinile în cap de groază/desperare.

throw up one's hat, to *(ca semn de bucurie)* a zvârli cu căciula în sus.

throw up the game, to a renunța la ceva.

throw up the sponge, to *v.* **throw in the towel.**

thrust at smb. with smth., to a face gestul de a se repezi la cineva cu o armă/un baston/un deget amenințător; a îndrepta ceva (cu violență) împotriva altcuiva.

thrust in by (the) head and shoulders, to *v.* **bring in by (the) head and shoulders.**

thrust oneself forward/past/into the hall/the bus, to a intra într-o sală/într-un autobuz, împingându-se sau dând pe ceilalți la o parte.

thrust oneself/one's nose in smth., to a se amesteca/*F* → a-și băga nasul în ceva.

thrust oneself into a good position, to *F* a se înfige într-o situație bună; a se cocoța/a-și face rost de o situație bună *(prin mijloace brutale, reprobabile).*

thrust oneself/one's way through, to a-și croi drum prin; a se vârî/împinge prin.

thrust one's hands into one's pockets, to a-și băga/vârî/afunda mâinile în buzunare.

thrust one's head out, to a-și scoate capul afară (pe fereastră).

thrust smb. from his rights, to a scoate pe cineva din drepturile lui (legitime); a îndepărta pe cineva de la un drept al său; a răpi cuiva un drept.

thrust smth. down smb.'s throat, to *v.* **cram smth. down smb.'s throat.**

thrust smth. upon smb., to a forța/obliga pe cineva să accepte ceva; *F* → a da cuiva un lucru pe cap; a-i vârî cuiva un lucru pe gât.

thumb a lift/a ride, to *F* a face autostop; a merge/călători cu autostopul.

thumb one's nose at smb., to *v.* **make a long nose at smb.**

thumb the pages of a book, to a lăsa urmă de degete pe paginile unei cărți; a murdări o carte.

thumb the piano (keys), to a cânta prost/a zdrăngăni la pian; a chinui pianul.

thumb through a book/magazine, to a răsfoi o carte/o revistă etc.

thumbs up! *sl. (exclamație exprimând satisfacție)* bravo! ura! să trăiești! ești mare!

thump a/the cushion, to *(d. un predicator)* a vorbi cu multă înflăcărare, bătând cu mâna în perna din amvon.

thump out a tune/the rhythm, to a bate cu putere într-un instrument *(pian, tobă etc.)* pentru a cânta o melodie sau a marca ritmul.

thunder across/along/through a bridge/a tunnel, etc., to *(d. un tren)* a trece în mare viteză, cu zgomot peste un pod/printr-un tunel etc.; a dudui trecând prin etc-

thunder at the door, to a bubui în ușă; a bate cu putere în ușă.

thunder (out) against smth., to *fig.* a tuna și fulgera împotriva unui lucru; a vorbi cu violență; a înfiera ceva.

thus and so *amer.* așa, astfel, în acest mod/fel.

thus far până aici; până acum/la acest punct; deocamdată.

thus much atât; cel puțin atât; atât și nimic mai mult.

tickle smb.'s fancy, to ← *F* **1.** a amuza pe cineva. **2.** a stimula/stârni imaginația/dorința cuiva.

tickle smb.'s palm, to *v.* **grease smb.'s palm.**

tickle the ear, to *(d. o melodie)* a mângâia/desfăta urechea; a fi plăcut la auz.

tickle the ivories, to *glum.* a cânta la pian.

tickle the palate, to *(d. mâncare, vin)* a-și stimula/ delecta gustul; *F →* a te unge pe gât.

tickle the carburettor, to *auto* a apăsa repetat pedala carburatorului.

tickle to death/pink, to *F* **1.** a amuza; a face să moară/să se prăpădească de râs. **2.** a face plăcere; a încânta; a bucura.

tick/dot one's i's, to a pune punctele pe i.

tick off an item, to a bifa/marca/însemna un articol *(arătând că a fost înregistrat sau rezolvat).*

tick out a message, to *tel.* a înregistra/expedia/ transmite un mesaj cu ajutorul aparatului telegrafic.

tick smb. off, to a bruftui/mustra pe cineva; a trage cuiva o săpuneală; < a face pe cineva de două parale.

tick with smb. (for smth.), to ← *sl.* a avea credit/ cont deschis la cineva *(pentru a cumpăra ceva);* a da cuiva (ceva)/pe datorie.

tide down/up a river, to a coborî/urca pe cursul unui râu o dată cu refluxul/fluxul.

tide is in/comes in/rises/is up, the marea e în flux; fluxul crește/înaintează.

tide is out/ebbs/flows/goes down, the marea e în reflux; apa se retrage.

tide it, to 1. *mar.* a se lăsa dus de curentul mareei. **2.** *fig.* a se lăsa dus de întâmplări; a se lăsa în voia soartei.

tide it in(to) port, to *mar.* a intra în port o dată cu fluxul/ajutat/dus de flux.

tide it out of port, to *mar.* a ieși din port o dată cu refluxul.

tide smb. over (a difficulty), to ← *F* a ajuta pe cineva *(de obicei cu bani)* să treacă peste un moment greu/o dificultate; a da cuiva un ajutor temporar până la remedierea situație sale.

tide turns, the *fig.* roata se învârtește; lucrurile se mai schimbă.

tie a knot with one's tongue not to be undone with one's teeth, to *prov.* ce-și face omul cu mâna lui, nici dracul nu desface.

tied to a woman's apron-strings 1. *(d. un copil)* legat de fusta mamei. **2.** *(d. un soț)* sub papuc.

tied up 1. ocupat, prins. **2.** ← *F glum.* căsătorit.

tie into smb., to *amer. F* a muștrului/lua pe cineva la refec.

tie oneself down to smth., to 1. a se limita/a-și restrânge activitatea la ceva; ← *F* a se lega de mâini și de picioare. **2.** a-și lua asupra sa/a-și asuma o obligație.

tie oneself (up) in/into knots, to a se băga singur în încurcătură; a-și crea singur complicații-

tie one's shoestrings, to *amer. fig.* a se pregăti/a fi gata *(de obicei pentru a înfrunta un adversar).*

tie smb. down/hand and foot, to a constrânge pe cineva; a lega pe cineva de o anumită activitate/ obligație; *F →* *aprox.* a lega pe cineva de mâini și de picioare.

tie smb.'s hands, to ← *F* a împiedica pe cineva de a acționa într-o anumită direcție; *(la pasiv)* a avea mâinile legate.

tie smb.'s tongue, to *F* a pune cuiva lacăt la gură.

tie smth. in with smth. else, to a lega un lucru de altul; a stabili o legătură/relație între două lucruri.

tie the knot, to ← *F glum.* a contracta o căsătorie; *F →* a-și pune pirostriile pe cap.

tie the score, to *sport.* a face un scor alb/egal.

tie to rules, to *(de obicei la pasiv)* a limita/reglementa/îngrădi prin reguli/dispoziții.

tie (up) to/with smb., to 1. a se asocia/uni cu cineva; a-și lega soarta de cineva. **2.** a se încrede/ a-și pune nădejdea în cineva.

tie up one's money in smth., to a-și investi banii într-o afacere/întreprindere din care nu se mai pot scoate sau se pot recupera cu greu; *aprox. F →* a îngropa banii în ceva.

tie up things, to 1. a strânge câteva lucruri, legându-le la un loc. **2.** a aranja (din timp)/a organiza lucrurile *(o vizită, o afacere, o călătorie etc.).*

tie up your stocking! ← *sl. univ.* goleşte-ţi paharul; bea până la fund; dă-l de duşcă.

tight as a brick/fiddler, (as) *F* beat turtă/criţă; *sl.* machit; aghezmuit.

tight as a drum, (as) 1. întins la maximum ca pielea de pe tobă. **2. (as).**

tight as a brick.

tighten one's belt, to *şi fig.* a sstrânge cureaua; a nu avea suficientă mâncare; a face economie la mâncare; *F →* a face foamea.

tighten the noose (a) round smb.'s neck, to *fig.* a strânge laţul (în jurul gâtului); a strânge pe cineva cu uşa/în chingi.

tighten the purse-strings, to *F* a strânge băierile pungii; a face economie.

tighten up control/rules, to a intensifica/a aplica cu mai multă strricteţe/a înăspri controlul/dispoziţiile.

tight for money 1. lefter; în criză de bani. **2.** strâns la pungă; zgârcit.

till doomsday până la judecata de apoi/ziua cea de apoi; în vecii vecilor.

till further notice/orders până la noi dispoziţii/ ordine; *F →* aprox. până una alta; deocamdată.

till Hell freezes ← *F* pentru totdeauna/vecie.

till one's dying day până la moarte/ultima clipă; toată viaţa.

till the cows come home, *F* până ţi se lungesc urechile; până la sfântu-aşteaptă; *P →* pân-o face plopul pere şi răchita micşunele; până-ţi dai duhul.

till the crack of doom *v.* **toll doomsday.**

tilt at windmills, to *fig.* a se bate cu morile de vânt; a se angaja într-o luptă inutilă; a ataca duşmani imaginari.

timber a mine, to a arma o mină.

time after time iară şi iarăşi; în repetate rânduri.

time and again de (mai) multe/nenumărate ori, mereu.

time and straw make medlars ripe *prov.* încetul cu încetul se face oţetul.

time and tide wait fo no man *prov.* timpul nu aşteaptă/stă pe loc; trebuie să profiţi de momentul prezent/ocazia favorabilă cu care nu te mai întâlneşti.

time cures all things timpul le vindecă pe toate; timpul e doctorul cel mai bun; *aprox.* timpul face şi desface.

time hangs heavy on one's hands timpul ţi se pare lung/trece încet; nu ai ce face cu timpul.

time immemorial/out of memory/mind (din) vremuri străvechi; (din) timpuri imemoriale; din vremuri de mult uitate; *lit.* în/din negura vremurilor.

time is growing short timpul trece; nu mai e decât puţin timp.

time is out of joint, (the) timpul s-a întors pe dos; trăim vremuri neobişnuite/anormale.

time is the best healer *v.* **time cures all things.**

time is up! 1. e timpul. **2.** a trecut timpul.

time is out, to ← *sl.* a temporiza, a tărăgăna; *F →* a lungi pelteaua; a trage de timp;

time one's steps to the music, to a dansa în ritmul muzicii; a-şi potrivi paşii după muzică.

time out of mind *v.* **time immemorial.**

time presses nu mai e timp de pierdut.

times and often *rar* de multe ori; adesea.

times out of number/without number de nenumărate ori.

time to/with an instrument, to a se armoniza/ cânta la unison cu un instrument.

time will show/tell timpul va arăta/dovedi adevărul; cu timpul se va vedea.

time within mind of man de când se ştie/ţine minte.

time works wonders timpul face minuni.

timid as a hare/rabbit, (as) 1. fricos ca un iepure. **2.** sfios ca o fată mare.

tin-shin off, to *amer.* ← *sl.* a dispărea/a fugi cu banii altora.

tip all nine, to ← *F* a da jos toate popicele dintr-o lovitură.

tip one's boom off, to *sl.* 1. a da bir cu fugiţii; a lua la sănătoasa; a o şterge. **2.** a pleca în călătorie.

tip one's glass off, to ← *sl.* a da (paharul) peste cap; a da de duşcă.

tip smb. off, to ← *F* a da cuiva o informaţie (secretă); a anunţa/avertiza pe cineva.

tip smb.'s mitt, to ← *sl.* 1. a da mâna cu cineva. **2.** a ghici intenţiile/planurile cuiva.

tip smb. the wink, to ← *F* 1. a face cuiva (semn) cu ochiul. **2.** a da cuiva un avertisment secret; a da cuiva de ştire în taină.

tip smth. out of/into smth., to a deşerta/vărsa ceva într-un alt recipient.

tip the balance/beam/scales, to ← *F* 1. a face să se încline balanţa; a fi un factor hotărâtor; a avea o importanţă decisivă. **2. ~ at ...** a avea greutatea de ...; a cântări ...

tip the brads/cole/loaver/shilling/stivers, to *sl.* a scoate banii/biştarii/lovelele.

tip (up) the cops, to *amer.* ← *sl.* a informa poliţia.

tip the traveller, to v. play the traveller.

tip the winner, to (mai ales la curse de cai) a indica câştigătorul; a da informaţii (în secret) despre favoritul cursei.

tip up a seat, to a ridica o strapontină/un scaun rabatabil.

tip up one's heels, to v. kick up one's heels.

tip us your fin/fist/daddle/flipper! F dă mâna; bate palma/laba.

tip your legs a gallop! sl. întinde-o! valea! ia-ţi picioarele la spinare.

tire smb.'s heart out, to a scoate sufletul cuiva.

tire (smb.) to death, to 1. a obosi (pe cineva) până la epuizare. 2. a plictisi (pe cineva) de moarte.

'tis tweedledum and tweedledee ← F ce mi-e una ce mi-e alta; sunt la fel; P → tot un drac.

tit far tat och pentru ochi şi dinte pentru dinte; aprox. după faptă şi răsplată; **to give** ~ a plăti cu aceeaşi monedă; **to answer** ~ a riposta prompt.

to a certain degree/extent până la un anumit/punct; într-o oarecare măsură.

to a dot cu mare exactitate/precizie; aprox. până la virgulă.

to advantage cu profit/folos.

to a fare-you-well amer. F de mântuială.

to a fault excesiv; exagerat; extrem de.

to a fit perfect; potrivit; ca o mănuşă.

to a fraction până la milimetru.

to a frazzle ← F epuizat; istovit; F → turtit; mort de; lat; amer. **beaten** ~ stâlcit în bătaie; **worn** ~ obosit mort.

to a great extent într-o mare/bună măsură.

to a hair întocmai; exact; perfect; de minune.

to a hairbreadth/hair's breadth îndeaproape; la o mică ditanţă.

to a high degree într-un grad foarte mare; într-un înalt grad.

to all appearance(s) după toate aparenţele; după cât se pare.

to all eternity în vecii vecilor; mereu; la nesfârşit.

to all intents and purposes practic vorbind; virtual; de fapt; după cum se pare/vede.

to a man cu toţii; până la unul.

to a minimum la minimum; în măsura cea mai redusă.

to and fro încoace şi încolo.

to a nicety 1. admirabil; o frumuseţe. 2. perfect; exact; cu mare precizie.

to an ounce până la gram (referitor la precizie în cântărirea sau aprecierea unor greutăţi).

to a queen's taste ← F la marea perfecţie.

to a T/tittle perfect; la perfecţie; de minune.

to a wonder de minune.

to be continued (in our next) va urma; urmarea în numărul viitor.

to boot pe deasupra; în plus; precum şi; F → başca.

to date la zi; până în prezent.

today a man, tomorrow a mouse prov. azi eşti cineva, mâine nimic; azi bogat, mâine sărac; aprox. roata lumii se învârteşte.

today is ours, tomorrow is yours; today me, tomorrow thee astăzi (îmi merge) mie, mâine ţie; aprox. norocul se mai schimbă/se întoarce.

toddle off! ia-o din loc! şterge-o! întinde-o!

toddle one's way along, to a-şi vedea liniştit/tacticos de drum.

toddle round to smb.'s place, to a trece pe la cineva/casa cuiva (într-o plimbare, fără grabă).

toe and heel it, to ← P a dansa; a juca; a ţopăi; a juca ţonţoroiul.

toe a shoe/a sock., to a pune vârfuri/feţe noi la un pantof/ciorap; a încăputa.

toes up F mort; cu mâinile pe piept.

toe the line/mark/scratch, to 1. sport a se alinia la start; a lua startul. 2. ← F a se supune/conforma unei linii stabilite de alţii; a asculta de ordinele cuiva. 2. a-şi îndeplini obligaţiile, a fi disciplinat; a se executa.

toff/tog oneself up/out, to F a se găti/dichisi; A → a se îmbrăca la patru ace/la ţol festiv.

tog up a little, to F a se aranja puţin; a-şi pune la punct ţinuta (vestimentară); **to be (all) togged up** F a fi îmbrăcat la mare fix.

to good purpose cu rezultate bune/mult succes.

to hand com. (d. o scrisoare, ofertă etc.) primită; prezentă.

to horse! pe cai! încălecaţi!

to il an moll, to 1. a munci din greu; a trudi; a se speti muncind. 2. a munci cu îndârjire/foc/zel. 3. a-şi câştiga pâinea din greu/cu sudoarea frunţii.

to kingdome-come la sfântu/moş-aşteaptă; la paştele cailor/calendele greceşti.

to little avail de nici un folos; fără folos/rost.

to little purpose cu puţin efect/rezultate slabe; aproape inutil.

tomorrow come never v. to kingdom come.

tomorrow is another/a new day 1. până mâine se mai schimbă lucrurile. 2. mâine începem o zi/viaţă nouă.

to music/the guitar/piano, etc. după muzică; cu acompaniament de chitară/pian etc.

to my knowledge după câte ştiu.

to my mind/(way of) thinking după capul meu/părerea mea; F → după cum mă taie capul; după cum văd eu lucrurile.

tongue in cheek cu ironie; în derâdere/zeflemea.

tongue is not steel, yet it cuts the limba oase n-are, dar oase roade; limba taie mai rău ca sabia/briciul.

tongue is sharper/gives a deeper wound than any sword, the limba taie mai rău ca sabia.

tongues are wagging lumea vobeşte/cleveteşte; se vorbeşte/bârfeşte; *F →* le umblă (oamenilor) gura.

too big for one's boots/breeches/shoes/trousers *← F* îngâmfat, înfumurat; **to be ~** a umbla cu nasul pe sus; a nu-i mai ajunge cu prăjina la nas.

too clever/good by half foarte/grozav de deştept/bun; mult prea deştept/bun.

too full of holes to skin *amer. sl.* ciuruit/găurit de gloanţe.

too good to be true prea frumos ca să fie adevărat.

too good to last; it's ~ e prea frumos ca să dureze/ ţină mult; *(exprimând scepticism)* nu va ţine mult; se schimbă lucrurile *(în rău).*

too late a week cam tardiv; (mult) prea târziu.

tool up a factory, to a înzestra o fabrică cu utilaj nou.

too many cooks spoil the broth *prov.* copilul cu prea multe moaşe rămâne cu buricul netăiat.

too many sweets clog the palate ţi se face lehamite şi de prea mult dulce/bine; *v. şi* **too much of a good thing.**

too much knowledge makes the head bald *prov.* prea multă minte/învăţătură strică; cine ştie prea mult îmbătrâneşte.

too much of a good thing; too much breaks the bag *prov.* ce-i prea mult nu-i sănătos.

too much water drowned the miller *v.* **too much of a good thing.**

to no purpose degeaba; fără rost; inutil; absurd.

to one's cost 1. pe spezele sale. 2. în dauna/paguba sa, pe pielea sa.

to one's dying day *v.* **till one's dying day.**

to one's finger-ends/finger-tips până în vârful unghiilor.

to one's heart's content/desire după pofta inimii; cât vrei/îţi pofteşte inima.

to one's/his liking pe placul său/cuiva.

to one's mind după părerea cuiva.

to one's own cheek (numai) pentru sufletul său; *← F* în exclusivitate.

to one's shame spre ruşinea sa.

to one's taste după gustul său.

to one's teeth în faţă; de la obraz.

to one's trust 1. grija/sarcina sa. 2. pe garanţia sa.

to order pe/la comandă; *(d. haine)* **made ~** făcut după măsură/de comandă.

too swift arrives as tardy as too slow *prov.* cine se grăbeşte curând osteneşte.

tooth and nail *adj. şi adv.* 1. *(d. luptă)* crâncen, înverşunat; cu desperare/înverşunare; pe viaţă şi pe moarte. 2. *(d. modul de a munci)* din răsputeri; din greu; neprecupeţindu-şi forţele.

toot one's (own) horn, to *v.* **blow one's own trumpet.**

to outward seeming judecând după aparenţe/din afară/exterior.

top a class/a list, to a fi în fruntea unei clase/a unei liste.

top a hill/ridge, to a atinge vârful unui deal/munte/ unei culmi.

top it all, to *← F* pentru a pune vârf la toate; ca culme; colac peste pupăză.

top off a dinner/a party, to a încheia o masă/o petrecere; a oferi o ultimă trataţie la sfârşitul unei mese etc.

top of the morning to you, the *(tradiţional salut irlandez)* bună dimineaţa.

top one's boom, to *sl.* a-şi da în petic.

top one's part, to a se întrece pe sine însuşi: a face mai mult decât se cere sau se aşteaptă din partea cuiva.

to smb. (in height), to *şi fig.* a depăşi/întrece ceva *(în înălţime, intensitate, capacitate).*

top the bill, to *teatr.* a fi cap de afiş; a apărea pe afiş ca vedeta; a eclipsa pe ceilalţi.

top up smb.'s glass/drink, to a umple (din nou) paharul cuiva.

top up the battery/petrol-tank, to *auto* a umple acumulatorul cu apă distilată/rezervorul cu benzină *(până la nivelul necesar).*

to some purpose cu oarecare efect/folos; *adv.* util, eficace; folositor.

to smb.'s face în faţa/obrazul cuiva.

to smb.'s satisfaction spre mulţumirea cuiva.

toss for smth./sides, to a da cu banul pentru a alege ceva/terenul într-o competiţie sportivă.

toss (about) in bed/one's sleep, to a se răsuci în pat când pe o parte când pe alta; a avea un somn agitat.

toss in the towel, to *v.* **throw in the towel.**

toss (the) oars! *mar.* sus ramele!

toss off a drink/one's glass, to *← F* a da (iute) pe gât de băutură; *F →* a da de duşcă; a goli paharul dintr-o sorbitură.

top out a building/an office block/hotel, etc., to a face ceremonia/petrecerea de inaugurare a unei clădiri mari (cu birouri)/unui hotel etc.

topple up one's heels, to *v.* **kick up one's heels.**

top smb. by a head, to a depăşi pe cineva în înălţime; a fi cu un cap mai înalt decât cineva.

toss off a remark/a song/a story, etc., to a arunca la întâmplare/o remarcă; a compune fără efort un cântec/o poveste.

toss one's cookies, to *amer. sl.* a vomita; a vărsa.

toss one's head, to a da din cap *(în semn de neîncredere, dispreţ).*

toss one's money about, to a-şi risipi banii; a cheltui fără socoteală; *F →* a arunca/zvârli cu bani.

toss up (a coin), to a da cu banul; a hotărî ceva prin aruncarea unei monede în sus (cap sau pajură); *aprox.* a trage la sorţi.

to start with I. la început; pentru început. **2.** în primul rând.

to such an extent în(tr-o) asemenea măsură/proporţie.

to that/this effect în acest scop; pentru aceasta; în acest sens.

to the amount of până la suma de/la valoarea de.

to the backbone până în măduva oaselor.

to the bad în pierdere/pagubă; de râpă.

to the best of my ability/power cât pot/mă pricep mai bine; după puterea mea; *F →* după cât mă taie/ajută capul.

to the best of my knowledge după câte ştiu; după ştiinţa mea.

to the best of my memory/recollection/remembrance după câte îmi amntesc.

to the bitter end până la capăt; până în pânzele albe.

to the bottom of one's soul până în fundul sufletului.

to the core profund; până în măduva oaselor.

to the crack of doom *v.* till doomsday.

to the dot (of an i) cu mare precizie; până la milimetru; până în cele mai mici amănunte.

to the effect that în sensul că; cu scopul de.

to the end of the chapter până la sfârşit/moarte; toată viaţa.

to the end of time până în vecii vecilor.

to the feel la pipăit; la mână.

to the fore în faţă/frunte; pe primul plan.

to the four winds of Heaven în cele patru vânturi.

to the full din plin.

to the good I. profit/câştig. **2.** spre binele.

to the guts *P* până în rărunchi.

to the heart până în inimă/adâncul inimii/sufletului.

to the height în cel mai înalt grad; la maximum.

to the last (gasp) până la moarte/sfârşitul zilelor/ultima suflare.

to the last man până la unul/ultimul (om); cu toţii.

to the letter cuvânt cu cuvânt; întocmai; ad litteram.

to the longest day one lived până la capătul zilelor (sale).

to the lowest notch până la ultima limită/ultimul grad.

to the manner born *lit.* moştenind acest obicei prin naştere; născut/potrivit pentru o anumită situaţie.

to the nine(s) ← *F* la perfecţie; **dressed up** ~ scos din cutie; *F →* la (mare) fix/şpiţ.

to the point I. la/în subiect. **2.** *F →* la ţanc.

to the prejudice of în paguba.

to the purpose I. la subiect. **2.** relevant; semnificativ.

to the quick I. adânc; până la sânge; în carne vie. **2.** *fig.* până în măduva oaselor. **3.** viu, real, ca în realitate.

to the top of smb.'s beat după dorinţa/placul/*F →* pofta inimii cuiva.

to the tune of I. pe muzica/melodia. **2.** ← *F* până la suma de *(implicând noţiunea de sumă exagerată).*

to the utmost la maximum/culme; în cel mai înalt grad.

to the utmost extent la maximum; în cea mai mare măsură.

to the uttermost of one's power din răsputeri; din toate puerile.

to the velvet în favoarea (cuiva).

to the very moment (chiar) până în clipa.

to the wide *(expresie eliptică pentru* **to the wide world***)* pentru/faţă de lumea din jur; *glum.* **dead** ~ dormind adânc/buştean.

to the winds *v.* the four winds.

to this effect/end *v.* to that effect.

totter on the brink of the grave, to a fi cu un picior în groapă.

tot up one's balance, to ← *F* a-şi face bilanţul/socotelile.

touch a deep chord/a string (in smb.'s heart), to a impresiona/emoţiona adânc; a atinge o coardă sensibilă (în inima cuiva); a mişca pe cineva; *F →* *aprox.* a merge cuiva la inimă.

touch-and-go *adj.* nesigur; riscant; precar; care depinde de o întâmplare fericită/de hazard.

touch (and reef) a salt, to *mar.* a reduce suprafaţa unei vele.

touch at a port, to *mar.* a acosta într-un port; a se opri/a face escală într-un port.

touch bottom, to I. a atinge fundul (unei ape). **2.** a decădea; a ajunge jos (de tot)/pe ultima treaptă *(a mizeriei, depravării etc.).*

touch down (at an airfield/on a shore), to a ateriza (pe un aerodrom); a debarca (pe un ţărm).

touch four figures, to *(d. o glumă)* a fi de ordinul miilor; a se ridica la câteva mii.

touch land, to *mar. av.* a atinge uscatul/ţărmul; a acosta; a ateriza.

touch off argument/riot, to a declanşa/provoca ceartă/răzmeriţă.

touch off bomb/explosives, etc., to a face să explodeze o bombă/substanţă explozivă *(dinamită, nitroglicerină etc.)*.

touch on/upon a subject, to a atinge (în treacăt) un subiect; a trata ceva sumar/în câteva cuvinte.

touch one's cap/hat/forelock to smb., to 1. a saluta pe cineva. 2. *fig.* a fi servil; a se ploconi în faţa cuiva.

touch oneself up, to *F* a se găti; a se aranja (puţin); a-şi aranja ţinuta; *(prin extensie)* a se farda.

touch pitch, to a se asocia cu persoane dubioase; a se amesteca în afaceri suspecte; *fig.* a se murdări; a se băga în mocirlă.

touch pitch and you will be defiled *prov.* cine umblă cu fier se umple de rugină.

touch smb. for money, to *F* a tapa pe cineva de bani.

touch smb. for/in smth., to a egala/a se compara/măsura cu cineva într-o direcţie *(îndemânare, talent etc.)*.

touch smb. home, to *fig.* a atinge pe cineva unde-l doare.

touch smb. on a raw/sore/tender spot, to a atinge pe cineva într-un punct sensibil/dureros; a atinge o chestiune delicată/penibilă pentru cineva; *v. şi* **touch smb. home.**

touch smb. to the quick, to a jigni/răni adânc pe cineva.

touch smb. up about smth., to a aborda pe cineva într-o chestiune; a-i spune cuiva o vorbă despre ceva; a interveni pe lângă cineva într-o problemă.

touch the spot, to a face exact ce trebuie pentru a mulţumi/ajuta pe cineva; *F →* a cădea bine; a nimeri,

touch the strings, to a cânta la un instrument cu coarde.

touch up a painting/a photograpf, etc., to a retuşa o pictură/fotografie; *(expresie aplicabilă şi la compoziţii literare)*; **touch up an essay/a story** a revedea/finisa/stiliza un eseu/o povestire.

touch up smb.'s memory, to a împrospăta memoria cuiva; a aminti cuiva *(de ceva aparent uitat)*.

touch with smb., to *v.* **get in contact with smb.**

touch wood! bate în lemn! să batem în lemn! să nu zic într-un ceas rău!

tough as leather/old boots, (as) (tare) ca tovalul; rezistent; dur.

tout for customers, to a căuta să atragi clientela; a alerga după clienţi.

tout for votes, to *amer.* a solicita voturi; a căuta să atragi alegătorii; a face propagandă electorală.

tout one's merchandise about/around, to a oferi marfă/lucruri de vânzare în stânga şi în dreapta *(mai ales pe sub mână, lucruri achiziţionate ilegal)*.

to wit ← *înv.* adică; şi anume.

toy with an idea, to a cocheta cu o idee; a se gândi uneori la ceva *(o acţiune, un plan)* fără prea multă perseverenţă sau seriozitate.

toy with one's food, to a ciuguli mâncarea; a mânca puţin, fără poftă.

trace a crime to smb., to a descoperi/stabili că cineva e autorul unei crime.

trace an influence in a literary school/writer, to a detecta/descoperi o influenţă (oarecare) într-o şcoală literară/la un scriitor; a stabili o filiaţie literară.

trace lost goods, to a lua urma/a regăsi obiecte pierdute.

trace smb.'s footsteps, to a urmări pe cineva pas cu pas.

trace smth. back to its sources, to a merge înapoi până la originea unui lucru; a descoperi sursa/motivul iniţial.

trade in an old/a used car (for a new one), to a cumpăra un automobil nou, înapoind firmei automobilul vechi şi plătind o diferenţă de preţ.

trade in one's (political) influence, to a face trafic de influenţă (politică).

trade on smb.'s generosity/ignorance, to a specula/profita de generozitatea/ignoranţa cuiva.

trade seats with smb., to a face schimb de locuri cu cineva.

traffic away one's honour, to a se lăsa cumpărat/mituit; a se vinde; a-şi pune cinstea la mezat.

traffic smth. against smth. else, to a da/schimba un lucru pe un altul; a face schimb de bunuri *(uneori speculând asupra valorii lor)*.

trail arms, to *mil.* a ţine arma în cumpănire.

trail away/off (into silence), to *(d. sunete, voce)* a se stinge treptat; a nu mai putea fi auzit, a pieri.

trail one's coat, to ← *F* a provoca/stârni (pe cineva); a ofensa în mod intenţionat; *F →* a căuta gâlceavă/râcă împotriva cuiva; *înv. →* a umbla cu brâul târâş.

train with people, to *amer.* a frecventa/vedea (multă) lume; a avea relaţii cu oameni.

tramp it, to a merge pe jos/*F →* apostoleşte; a parcurge (o distanţă) cu piciorul.

trample rough-shod over smb./smth., to *v.* **ride rough-shod over smb./smth.**

trample under foot, to *fig.* a călca în picioare; a-şi bate joc de; a nu ţine seama de.

tramp on smb.'s toes, to *v.* **step on smb.'s toes.**

tramp the streets, to a bate străzile/trotuarele; *aprox. F →* a umbla creanga.

translate smth. as, to a interpreta/înţelege ceva ca/drept.

travel bodkin, to *v.* **sit bodkin.**

travel by easy stages, to a merge/face un lucru cu încedtul/domol/uşurel/fără a se omorî cu graba.

travel (in smth.) for smb., to a fi voiajor comercial al unei firme/întreprinderi comerciale etc. *(pentru anumite articole).*

travel on one's face, to *amer.* a trăi din credit/pe datorie.

travel out of the record, to a se îndepărta de la subiect; *F →* a bate câmpii; a o lua razna.

travel over a landscape/problems, etc., to *(d. ochi, privire)* a se plimba peste/a parcurge o privelişte; *(d. gânduri, minte)* a examina/analiza (pe rând) anumite probleme.

tread a dangerous path, to *fig.* a merge pe un drum periculos/riscant.

tread a measure, to *înv.* a face/schiţa câţiva paşi de dans.

tread a middle course, to *v.* **steer a middle course.**

tread a steady course, to *v.* **steer a steady course.**

tread back one's steps, to 1. a face cale întoarsă. **2.** *fig.* a reveni asupra unei afirmaţii etc.; a-şi retrage cuvintele; a-şi schimba/reconsidera atitudinea.

tread in smb.'s (foot)steps, to *fig.* a merge pe urmele cuiva; a urma exemplul cuiva.

tread lightly, to a se atinge cu grijă (de un subiect delicat); a trata ceva cu multă prudenţă/precauţie.

tread on/upon air, to a zburda *(de bucurie, fericire)*; a fi în al nouălea cer.

tread on a worm and it will turn *prov.* şi râma când o calci ridică capul să te muşte.

tread on a delicate ground, to a fi pe un teren culcat; a atinge o chestiune delicată.

tread (as) on eggs, to a umbla ca cu un ou în poală.

tread one's way, to *lit,* a merge/păşi pe drumul său; a-şi urma calea.

tread on one's own tail, to a-şi face (un rău) cu mâna lui; *aprox. F →* tăia singur craca de sub picioare.

tread on smb.'s corns/kibes/toes, to *fig,* a călca pe cineva pe bătături/pe coadă.

tread on smb.'s heels, to 1. a merge în spatele cuiva. **2.** *fig. v.* **tread in smb.'s footsteps.**

tread on smb.'s neck, to a îngenunchia pe cineva; a asupri; a împila.

tread on smb.'s toes, to *v.* **tread on smb.'s corns.**

tread on the gas, to; tread on it, to *v.* **step on the gas.**

tread the boards/stage, to *← F* a fi actor; a apărea pe scenă.

tread the deck, to a fi marinar.

tread the right course, to a merge/fi pe drumul cel bun.

tread the stage, to *v.* **tread the boards.**

tread the straight and narrow path, to a urma calea cea dreaptă şi spinoasă.

tread this earth, to a trăi/vieţui pe acest pământ.

tread unknown ground, to *şi fig.* a înainta/a se hazarda pe un teren necunoscut.

tread upon air, to *v.* **tread on air.**

tread upon eggs, to *v.* **tread on eggs.**

tread water, to a călca apa; a avea o poziţie verticală în apă.

treasure smth. up in one's memory, to a păstra ceva cu drag în memorie; a avea o preţioasă/neştearsă amintire a unui lucru.

treat oneself/smb. to smth., to a-şi oferi/a oferi cuiva o plăcere; a trata pe cineva cu un lucru plăcut.

treat smb. as the mud beneath one's feet, to a trata pe cineva ca pe o zdreanţă.

treat smb. like a dog, to a se purta cu cineva cum te porţi cu un câine.

treat smb. like a lord, to a trata pe cineva împărăteşte.

treat smb. like dirt, to *v.* **treat smb. as the mud beneath one's feet.**

treat smb. with a dose of his own medicine, to *aprox.* a plăti cuiva cu aceeaşi monedă.

treat without gloves, to *v.* **handle without gloves.**

tree is known by its fruit, a *prov.* pomul se cunoaşte din roadă/omul se cunoaşte după faptă.

tremble in the balance, to *fig.* a ajunge la un punct critic; a fi pe muchie de cuţit; a fi într-o stare precară/nesigură; a fi în pericol.

tremble like an aspen leaf, to a tremura ca frunza/varga.

trench upon smb.'s rights, to a încălca/uzurpa/atinge/leza drepturile cuiva.

trepan smb. into doing smth., to *înv.* a ademeni pe cineva să facă ceva *(o acţiune blamabilă).*

trespass on/upon smb.'s patience/hospitality, to a abuza de răbdarea/ospitalitatea cuiva.

trespass upon smb.'s rights, to *v.* **trench upon smb.'s rights.**

trick smb. into a mess, to a băga pe cineva într-o încurcătură/*F →* belea (înşelându-l); a băga pe cineva la apă (prin viclenie).

trick smb. into/out of (doing) smth., to a înșela pe cineva convingându-l să facă/să renunțe la un anumit lucru/o anumită acțiunea.

trick worth two of that, a o metodă mult mai bună (decât aceasta/a ta).

tricky as a monkey, (as) șiret; neserios.

trifle away one's energies/time, to a-și irosi forțele/timpul; a-și consuma energia/timpul în mod nefolositor.

trifle with one's food, to v. **toy with one's food.**

trig it, to *sl.* a trage chiulul/la fit.

trig oneself out, to *F* a se găti/dichisi; a se îmbrăca la patru ace.

trim one's foils, to *fig.* a se pregăti de luptă.

trim one's sails to the wind, to 1. *mar.* a-și îndrepta pânzele în funcție de direcția vântului. 2. *fig.* a-și conduce barca/treburile cu grijă; a se orienta în viață după cum bate vântul; a fi oportunist.

trim smb.'s jacket, to *F* a scutura cojocul cuiva; a bate/scărmăna pe cineva.

trip smb. off his legs, to v. **run smb. off his feet.**

trip up a witness, to a prinde un martor cu declarații false; a surprinde un martor care se contrazice.

trot out one's knowledge/talents, to a se făli cu/ a face paradă de știința/talentele sale-

trot out smb. off his legs, to a istovi pe cineva, făcându-l să meargă mult pe jos.

trot smb. off his feet, to v. **run smb. off his feet.**

trotting away from the Pole *amer.* ← *F* îndepărtându-se de la subiect.

troubled in one's mind cam nebun; *F* → într-o ureche.

trouble oneself to do smth., to a-și da osteneală să facă ceva; *(folosit adesea la negativ)* **don't trouble (yourself) to ...** nu te deranja să ...

trouble one's head about smth., to a-și bate capul cu ceva; a se frământa pentru ceva.

trouble smb. to do smth./for smth., to a deranja pe cineva pentru a-i cere să facă ceva *(folosit cu verbul* **may, might** *are sens de rugăminte politicoasă;* **may I trouble you for the sugar?** pot să-ți cer zahărul? *cu forma* **I'll, I must** *are sens ironic/sarcastic;* **I must trouble you to remember** îmi permit să-ți aduc aminte; te poftesc să-ți amintești ...).

true as a flint/steel, (as) 1. sincer; loial; credincios. 2. neșovăielnic.

true as Gospel/as I stand here, (as) adevărul adevărat; cum te văd și mă vezi.

true as the needle to the pole, (as) fidel; constant ca acul busolei.

true blue will never stain *prov.* aurul și în glod/ gunoi strălucește.

true to life/nature veridic; realist; ca în viață; după natură.

true to one's salt credincios stăpânului său.

true to one's word credincios cuvântului dat; respectându-și cuvântul/promisiunea.

true to specimen conform mostrei/eșantionului.

true to the last credincios/statornic până la capăt.

true to type conform prototipului/modelului inițial.

trump smb.'s ace, to *fig.* a-i lua cuiva atuurile/ punctele tari; a încurca/dejuca planurile cuiva.

trump up a charge against smb., to a depune/ ticlui o acuzație falsă împotriva cuiva.

trump up an excuse/a reason, to a inventa/ născoci o scuză/un motiv.

trust one's own eyes/ears, to a crede ce vezi/auzi *(deși pare incredibil)*; a crede ochilor/urechilor.

trust smb. to do smth., to *(folosit mai ales la imperativ sau cu forma* **you can**) a fi sigur că cineva va face un anumit lucru; **trust the boy to run away** poți fi sigur că băiatul o să fugă.

trust to chance, to a se bizui pe noroc; a conta pe o împrejurare fericită/norocoasă.

truth and oil are ever above *prov.* adevărul iese deasupra/la iveală ca untdelemnul.

truth has a scratched face *prov.* adevărul umblă cu capul spart.

truth is the daughter of time *prov. aprox.* timpul scoate adevărul la lumină.

truth lies at the bottom of a well *prov.* adevărul nu umblă pe toate drumurile; nu-i ușor să scoți adevărul la iveală.

truth to tell drept să-ți spun; ca să spun drept; la drept vorbind.

truth will out *prov.* adevărul iese la iveală/lumină/ suprafață ca untdelemnul.

try a fall with smb., to *și fig.* a se lua la trântă/ luptă cu cineva; a înfrunta pe cineva; a-și măsura puterea/capacitatea cu cineva.

try a shot at smth., to v. **have a shot at smth.**

try before you trust *prov.* înainte de a te încrede în cineva, pune-l la încercare.

try conclusions (with), to a se lua la întrecere (cu); *aprox.* care pe care.

try for a job/a post, to a încerca să obții o slujbă/ un post; a candida la un post.

try it on the dog, to 1. a folosi pe cineva drept cobai; a încerca un lucru pe pielea altuia. 2. *teatru* a prezenta un spectacol mai întâi unui public mai puțin pretențios *(în provincie etc.).*

try it on the other leg, to ← *F* a încerca și altă cale/soluție/și altfel.

try it on with smb., to a încerca să duci de nas/să înșeli pe cineva; *F →* a încerca să vezi dacă îți merge cu cineva/dacă se prinde.

try one's best/hardest, to a încerca (să faci) tot ce-și stă în putință; a te strădui din toate puterile.

try oneself out, to a fi la capătul puterilor; a se istovi/speti făcând un efort.

try one's eyes, to a-și obosi ochii.

try one's fortune/luck, to a-și încerca norocul.

try one's hand at smth., to a încerca să faci/să înveți ceva; a se apuca de (o activitate).

try one's patience/temper, to a sâcâi/enerva pe cineva; a-i pune cuiva răbdarea la încercare.

try one's strength against smb., to a-și măsura puterile cu cineva.

try out a machine/a plan, to a supune o mașină la probe; a experimenta/încerca să pui în practică un plan.

try smb. for/on a charge of ..., to *(adesea la pasiv)* a judeca pe cineva acuzat de ...

try smb.'s mettle, to *v.* **put smb. on his mettle.**

try smb.'s paces, to *v.* **put smb. through his paces.**

try smth on, to 1. a încerca *(o rochie, un costum)*. **2.** a încerca să păcălești pe cineva *(pentru a obține anumite avantaje)* simulând ceva.

tuck in a meal, to a înghiți/îngurgita o masă bună/copioasă.

tuck into a meal, to a se apuca să mănânce cu poftă; a se repezi la mâncare.

tuck in your twopenny! *F glum.* capul la cutie!

tuck smb. up (in bed), to a înveli pe cineva (în pat); a aranja pătura/plapuma înfășurând pe cineva.

tuck smth. away, to 1. a pune deoparte/a strânge un lucru *(pt. păstrare)*. **2.** a mânca cu poftă; a devora; *F →* a topi.

tuck up one's skirt/sleeves, to a-și sufleca fusta/mânecile.

tug a topic in, to a aduce (în mod forțat) un subiect în discuție; a ține neapărat să aduci vorba despre ceva.

tumble about in one's bed, to *v.* **toss in bed.**

tumble about one's ears, to *(d. visuri, planuri etc.)* a se duce de-a berbeleacul; a se spulbera/prăbuși; *aprox.* a cădea baltă.

tumble down the sink, to *← sl.* a bea.

tumble head over heels, to a se da peste cap; a se răsturna în cădere.

tumble into one's clothes; to a-și trage repede hainele pe sine.

tumble on smth., to a găsi ceva din întâmplare; a da de ceva.

tumble to smth, to *← sl.* a înțelege/pricepe *(o idee, glumă)*; *F →* a se prinde.

tumble up smb.'s heels, to *← F* **1.** a da peste cap. **2.** a omorî; *F →* a achita.

tune in (to audience/people), to a se acorda cu starea de spirit (a ascultătorilor/publicului); *(folosit mai ales la pasiv)* **be tuned in to, to** *fig.* a fi pe aceeași lungime de undă cu ...; a fi într-o stare receptivă față de ...

tune in a station, to a regla/potrivi aparatul de radio pentru a prinde bine un post de emisie.

tune the old cow died of, the 1. sunet supărător/cacofonic. **2.** aceeași poveste (veche); *F →* aceeași placă. **3.** sfaturi plicticoase; *F →* dăscăleală.

turn a blind eye to/on smth., to a închide ochii la ceva; a te face că nu vezi.

turn about in one's mind, to a frământa în minte; a reflecta.

turn about is fair play *prov.* se (mai) schimbă soarta; *aprox.* azi joacă ursul la voi, mâine va juca la noi; azi mie, mâine ție.

turn a bowl on a potter's wheel, to a face/modela un vas pe roata olarului.

turn a compliment/an epigram, to a da o formă frumoasă unui compliment/catren; a spune cuvinte meșteșugite.

turn a deaf ear to smth., to a fi surd/a-și astupa urechile la ceva; a refuza să asculți *(o rugăminte, un argument)*.

turn a hair, to *(folosit de obicei la negativ)* **not ~** a nu da semne de emoție; a rămâne calm/imperturbabil.

turn and rend smb., to *fig.* a se repezi la cineva; a-ți căşuna (deodată) pe cineva; a lua pe cineva la rost/în focuri (brusc și fără motiv).

turn and turn about pe rând; cu rândul.

turn an honest penny, to a câștiga un ban cinstit (prin muncă).

turn a penny, to *← F* a-i pica (cuiva) un câștig; *F →* a avea/face un ciubuc.

turn a pretty/useful penny (by), to a câștiga bani buni (cu).

turn a tap/switch on, to a deschide un robinet; a răsuci un comutator.

turn back the clock, to *v.* **put back the clock.**

turn bridle, to 1. *(d. un călăreț)* a întoarce calul. **2.** *fig.* a face cale întoarsă; a porni în altă direcție.

turn colour, to a se schimba la față.

turn down a brim/collar/page, etc., to a îndoi/lăsa în jos borul unei pălării/un guler/o pagină de carte etc.

turn down an offer/a proposal/smb., to a refuza/respinge o ofertă/propunere/pe cineva.

turn down one's glass, to *← sl.* a muri; *F →* a da în primire.

turn down the light/the wireless, etc., to a reduce intensitatea luminii/sunetului; a face lumina mai mică; a pune radioul mai încet.

turn forty/fifty, etc., to a fi trecut de patruzeci/cincizeci de ani etc.

turn geese into swans, to ← *F* a exagera *(înfrumusețând lucrurile); aprox.* a face din lână laie, lână albă.

turn grey, to *(d. păr)* a încărunți.

turn handsprings, to a face tumbe (de bucurie); a sări în sus de bucurie.

turn head over heels/heels over head, to a se duce/da de-a berbeleacul.

turn in one's grave, to a se întoarce în mormânt.

turn in on oneself/itself, to 1. a se închide în sine; a se izola de ceilalți. 2. *(d. o țară)* a practica o politică izolaționistă.

turn (smth.) inside out, to a întoarce pe dos; a întoarce în afară.

turn in upon oneself, to a se preocupa numai de propriile sale necazuri; a se închide în sine, căutând (cu tristețe) o oarecare consolare.

turn it in! *sl.* încetează (cu asta)! termină! las-o baltă/încurcată!

turn it up, to 1. a părăsi/renunța la *(o situație, slujbă)*. 2. *v.* **turn it in.**

turn King's/Queen's/*amer*. State's evidence, to *jur.* a aduce dovezi/probe legale; a depune mărturie sub jurământ împotriva complicilor săi.

turn light on/upon smth., to a face lumină într-o problemă.

turn listeners/voters on, to ← *F* a entuziasma/însufleți pe ascultători/alegători; **an actor/a music that turns you on** un actor/o muzică ce te răscolește/te tulbură/te pune în mișcare.

turn loose, to *amer.* 1. a se destrăbăla; a duce o viață imorală. 2. a trage cu o armă.

turn night into day, to a face din noapte zi; a lucra și noaptea.

turn off the light/gas/TV, etc., to a stinge lumina (electrică); a închide gazul/televizorul etc.

turn off the right road, to *și fig.* a se abate de la drumul cel bun/cel drept.

turn off the steam, to a înceta lucrul.

turn one's back on/upon, to a întoarce spatele; a părăsi; a se dezinteresa de; a se îndepărta de.

turn one's coat, to *fig. F* a-și schimba pielea; a cânta alt cântec; a o întoarce; a fi oportunist.

turn oneself about/round, to 1. a se întoarce (cu 180°); a face stânga împrejur; a se învârti. 2. *fig.* a-și crea o situație mai bună; a se descurca/învârti; a se reface *(mai ales financiar).*

turn one's hand to smth., to 1. a fi capabil/deprins să facă ceva; a se pricepe la o treabă (manuală); **what can you turn your hand to?** ce știi să faci?

turn one's hook upon a country, to a părăsi o țară; a întoarce spatele unei țări.

turn one's job in, to a-și părăsi slujba din proprie inițiativă.

turn one's mind/attention to smth., to a-și îndrepta gândul/atenția spre ceva; a se concentra asupra unui lucru.

turn one's sleeve, to *v.* **roll one's sleeve.**

turn one's steps to, to a-și îndrepta pașii spre; a se îndrepta spre.

turn one's stomach, to *F* a-ți întoarce stomacul pe dos; a-ți face greață/scârbă.

turn one's tail to the manger, to *înv.* a face un lucru anapoda/pe dos; *aprox.* a pune căruța înaintea cailor.

turn one's toes in/out, to *sl.* a călca cu picioarele aduse înăuntru/în afară.

turn one's toes up, to *sl.* a da ortul popii.

turn on one's heels, to a face stânga împrejur; a se întoarce în loc.

turn on the steam, to *fig,* a se pune pe lucru/pe treabă, cu sârg.

turn on the waterworks, to *F* a da apă la șoareci; a uda coada pisicii.

turn out a government, to a răsturna un guvern.

turn out a house/a room, to *F* a scutura/face curățenie generală într-o casă/o cameră.

turn out a success/a failure, to a deveni/a se transforma într-un succes/un eșec.

turn out a tenant/lodger, to a evacua un chiriaș.

turn out bag and baggage, to *F* a da afară cu cățel și purcel/toate catrafusele.

turn out fine, to *(d. vreme)* a se face frumos.

turn out for the best, to a ieși cum e mai bine.

turn out goods, to a produce/fabrica mărfuri/bunuri de consum.

turn out one's pockets, to a-și întoarce buzunarele pe dos.

turn out the guard a chema garda/a ordona soldaților să iasă din camera de gardă *(pentru inspecție, defilare etc.).*

turn out the light/the gas, etc., to a stinge lumina/închide gazul etc.

turn out to be smb./smth., to a se dovedi a fi cineva/ceva; a rezulta că este cineva/ceva.

turn out to grass, to *v.* **put to grass.**

turn out well/badly, to 1. a ieși bine/rău; a avea rezultate bune/rele. 2. *(folosit la part. trec.)* **well turned out** bine făcut/îmbrăcat/echipat.

turn over (to) 1. *(indicație la sfârșitul unei pagini)* întoarceți pagina. **2. to ~ and over** a se rostogoli/da peste cap. **3.** *com.* a câștiga; a avea o cifră de afaceri de ...

turn over a new leaf, to a începe o viață nouă; a o rupe cu trecutul.

turn over/up the soil, to a întoarce/răsturna brazda.

turn purple with rage, to a se învineți de furie/necaz.

turn round and do smth., to ← *F* a avea curajul să facă/să spună ceva *(care surprinde pe ascultător prin aspectul său neplăcut, sau vădește ingratitudine, impertinență).*

turn round on smb., to *F* a se lega/agăța de cineva; a căuta pricină cuiva.

turn short, to a se întoarce brusc.

turn smb. adrift, to a izgoni/trimite pe cineva în lumea largă *(fără vreun sprijin sau ajutor).*

turn smb. aside/away (from), to a îndepărta pe cineva de la ...; a face pe cineva să părăsească *(o preocupare, intenție, activitate etc.).*

turn smb. in, to ← *F* a da pe cineva pe mâna poliției.

turn smb. off (drink, food, etc.), to a dezvăța pe cineva de (băutură, mâncare etc.)*;* a tăia pofta cuiva.

turn smb. out (of doors), to a da pe cineva pe ușă afară.

turn smb. over the perch, to *v.* **knock smb. off his perch.**

turn smb. over to the police, to *v.* **turn smb. in.**

turn smb. round one's (little) finger, to a învârti pe cineva pe degete.

turn smb.'s battery against him, to a ataca pe cineva cu propriile lui arme.

turn smb.'s blood cold, to a îngrozi pe cineva.

turn smb.'s brain, to a tulbura mintea cuiva; a face să i se învârtă capul cuiva; a ameți pe cineva.

turn smb.'s head, to *(d. un succes etc.)* a face pe cineva să-și piardă capul; a ameți/zăpăci pe cineva; a suci capul cuiva.

turn smb.'s flank, to 1. *mil.* a învălui/ataca din flanc/coastă; a lovi pieziș. **2.** *fig.* a învinge/*F →* înfunda/încuia pe cineva *(într-o discuție).*

turn smb.'s stomach, to a întoarce cuiva stomacul pe dos.

turn smth. in, to 1. a realiza/a atinge *(o performanță).* **2.** a prezenta o lucrare/un articol etc. **3.** a preda/da înapoi un lucru de care nu mai ai nevoie *(uniformă, echipament etc.).* 4. a renunța la ceva *(o activitate, slujbă).*

turn smth. into another language, to a traduce ceva într-o altă limbă.

turn smth. into money, to a vinde ceva; a transforma ceva în bani.

turn smth. over in one's head/mind, to a reflecta asupra unui lucru; a cântări bine *(o decizie de luat);* a cerceta un lucru pe toate fețele *(înainte de a lua o hotărâre);* a rumega *(un plan etc.).*

turn smth. over to smb., to a ceda/preda ceva *(responsabilitate, funcție, lucru)* în mâinile altuia.

turn sour, to *(d. lapte)* a se acri/brânzi.

turn tail, to a întoarce spatele; a o lua la sănătoasa; a da bir cu fugiții.

turn the back on, to *v.* **turn one's back.**

turn the balance/the scale, to a face să se încline balanța *(în favoarea cuiva).*

turn the best side outward, to a arăta/scoate la vedere aspectul cel mai favorabil; a căuta să prezinte într-o lumină cât mai favorabilă.

turn the bridle/rein, to a se întoarce; *F →* a face stânga împrejur.

turn the clock back, to *v.* **put back the clock.**

turn the cold shoulder upon smb., to *v.* **give smb. the cold shoulder.**

turn the corner, to 1. a da colțul; a o coti pe altă stradă. **2.** *fig.* a trece hopul; a trece de punctul critic; a ieși cu bine dintr-o situație grea.

turn the day against smb., to a deveni mai tare decât altcineva; a scimba raportul de forțe în defavoarea cuiva.

turn the die/dice, to a schimba norocul; a întoarce roata sorții/norocului.

turn the edge of (a knife), to a știrbi/toci tăișul (unui cuțit); **~ a remark** a atenua sensul satiric al unei observații.

turn the heat on, to *fig.* a intensifica inverstigațiile; *F →* *aprox.* a strânge șurubul.

turn the key on/upon smb., to a închide/încuia pe cineva.

turn the laugh against smb., to *v.* **raise the laugh against smb.**

turn the people out, to a mobiliza/chema oamenii la o adunare; a scoate lumea din casă.

turn the scale(s), to 1. *v.* **turn the balance. 2. ~ at ...** a cântări/avea greutatea de ...

turn the sway of battle, to a schimba mersul/soarta bătăliei.

turn the tables, to ← *F* a schimba situația/raportul de forțe; a face să se schimbe/inverseze rolurile; a face să se întoarcă roata (norocului); **~ on smb.** a dobândi un avantaj asupra cuiva printr-o schimbare de situație.

turn the talk/conversation (into other channels), to a îndrepta/orienta conversația spre alte subiecte; *F →* a schimba vorba.

turn the tap on, to 1. a deschide robinetul. **2.** ← *F* a plânge; *F →* a da apă la șoareci.

turn the tide, to a schimba cursul/mersul lucrurilor.

turn thumbs down on, to *v.* **be thumbs down on.**

turn thumbs up on, to *v.* **be thumbs up on.**

turn tippet, to *F* a-şi schimba atitudinea/părerile/ *P* → căciula.

turn to (good) account, to a folosi cât mai bine; a valorifica.

turn to advantage/profit, to a avea/obţine un profit din/de pe urma; a pune în valoare.

turn to bay, to *v.* **stand a bay.**

turn to dust and ashes, to a se face praf şi pulbere.

turn to flight, to *v.* **put to light.**

turn topsy-turvy, to *fig.* a întoarce cu susul în jos; a întoarce pe dos; a fi într-o mare harababură/ zăpăceală.

turn to smb. (for help), to a căuta sprijin la cineva; a apela la cineva pentru (un) ajutor.

turn to work (with a will), to a se pune (serios) pe treabă; a se apuca de un lucru.

turn Turk, to *F* a se face foc şi pară; a vedea roşu (în faţa ochilor).

turn turtle, to ← *sl. mar.* a se răsturna; a capota.

turn up again like a bad halfpenny, to *v.* **come back again like a bad halfpenny.**

turn up at smb.'s house/office, etc., to a sosi pe neaşteptate la cineva acasă/la biroul cuiva etc.; a-şi face apariţia la ...; a se prezenta la ...

turn up ill, to a se îmbolnăvi.

turn up on a heel/upon one's heels, to a se învârti într-un călcâi.

turn up one's heels/toes (to the daisies), to *v.* **turn one's toes up.**

turn up one's mask, to a-şi scoate masca.

turn up one's nose, to a strâmba din nas la ...

turn up one's sleeve(s), to *v.* **roll up one's sleeve.**

turn up one's toes, to *v.* **turn one's toes up.**

turn up the whites of one's eyes, to a da ochii peste cap *(leşinând, murind).*

turn up to smb.'s advantage, to a ieşi/a se dovedi în folosul/avantajul cuiva.

turn up trumps, to ← *F* I. *(d. o persoană)* a se dovedi/a fi cumsecade/săritor etc. 2. a arăta calităţi nebănuite. 3. *(d. un lucru)* a ieşi bine.

turn white into black, to a face din alb negru; a denatura adevărul; a răstălmăci *(cuvintele cuiva).*

twice over de două ori consecutiv.

twiddle one's. fingers/thumbs, to I. a-şi învârti/ răsuci degetele; a se juca cu degetele *(de neastâmpăr etc.).* 2. *fig.* a sta cu braţele încrucişate; a sta de-geaba/*F* → de pomană; a-şi pierde vremea.

twist about in pain, to a se zvârcoli de durere.

twist and turn, to *(d. un drum, un râu)* a şerpui; a coti când la dreapta, când la stânga; a avea multe cotituri/meandre.

twist one's ankle, to a-şi scrânti piciorul.

twist one's face/mouth, to a-şi strâmba faţa/gura; a-şi crispa faţa *(de durere etc.)*; a face o strâmbătură.

twist ones' fingers, to a-şi frânge mâinile *(de emoţie, durere etc.).*

twist one's way through the crowd, to a se stre-cura prin mulţime; a-şi face loc (cu greu) strecu-rându-se prin mulţime.

twist out of smb.'s grip/hold, to a scăpa (zbătându-se/răsucindu-se) din mâinile cuiva.

twist smb. round one's little finger, to *v.* **turn smb. round one's little finger.**

twist smb.'s arm, to I. a răsuci braţul cuiva. 2. *fig.* a determina/sili/forţa pe cineva (să facă un lucru).

twist smb.'s tail, to *F* a chinui/sâcâi pe cineva; a freca ridichea cuiva.

twist (the meaning of) smb.'s words, to a dena-tura cuvintele/sensul cuvintelor cuiva; a da o interpretare tendenţioasă vorbelor cuiva.

twist the truth, to a denatura adevărul.

two can play at that game! o să ţi-o plătesc eu (cu aceeaşi monedă); se întoarce roata!

two dogs strive for a bone and a third runs away with it *prov.* când doi se ceartă al treilea câştigă.

two in distress make sorrow less *prov.* e bine să ai cu cine împărţi necazul/supărarea.

two is company but three is none cea mai bună tovărăşie e în doi.

two of a trade never/seldom agree *prov. aprox.* nu încap două mâţe într-un sac; două săbii într-o teacă, doi regi în ţară săracă.

twopence coloured de calitate proastă; ieftin şi bătător la ochi.

two/ten to one cu siguranţă; precis; sută la sută; pariez că ...

two/upon ten! *sl. com aprox.* ochii în patru! atenţie! *(avertisment semnalizând prezenţa unui hoţ într-un magazin).*

two wrongs don't make a right *prov.* rău cu rău nu se drege.

type out a letter/receipt, etc., to a bate/scrie direct la maşină o scrisoare/o chitanţă etc. *(fără a avea textul scris dinainte de mână).*

type up a manuscript/notes, etc., to a dactilo-grafia/scrie la maşină (pe curat) forma definitivă a unui manuscris/unor note etc.

type words in/into a text, to a introduce cuvinte suplimentare într-un text *(bătându-le pe margine sau printre rânduri).*

U

ugly as sin, (as) urât ca noaptea/ca dracu/ca o ciumă.

unbosom oneself to smb., to a-şi deschide/descărca inima faţă de cineva; a face cuiva confidenţe/mărturisiri; a vorbi de la suflet la suflet.

unburden oneself/one's sorrows, to a se destăinui/a-şi destăinui necazurile; *F →* a-şi dscărca/uşura sufletul (de o povară).

uncover one's heart to smb., to *v.* **open one's heart to smb.**

under a cloud căzut în dizgraţie; dat la o parte; ţinut în umbră; discreditat.

under an obligation obligat; cu obligaţia; având o obligaţie.

under arms sub arme; gata de luptă.

under a spell vrăjit; fermecat.

under ban prohibit; interzis.

under bare poles *mar.* cu velatura strânsă; cu catargele goale.

under canvas 1. *mil.* în corturi/tabără. **2.** *mar.* cu pânzele/velele sus.

under cloud of night în întuneric; la adăpostul nopţii/întunericului.

under colour of sub motivul/pretextul.

under consideration/discussion în discuţie; despre care se discută; care este examinat(ă).

under (the) cover of la adăpostul ...; protejat de; având ca acoperire/justificare; **~ darkness** la adăpostul întunericului; **~ of friendship** sub masca prieteniei.

under cover 1. în ascuns/secret/taină. **2.** în ascunziş; la adăpost.

under crop cultivat; semănat; **under oats/wheat** semănat cu ovăz/grâu.

under duress *jur.* constrâns; forţat; prin constrângere.

under examination în cercetare/discuţie.

under false colours cu motive false; cu argumente de circumstanţă/ipocrite.

under false pretence *v.* **on false pretence.**

under favour of ... profitând de ...; favorizat de ...; la adăpostul ...

under fire sub focul (inamicului)/*fig.* al criticii; sub bombardament.

under foot 1. sub picioare; pe pământ. **2.** *fig.* sub călcâi/jug; în stare de inferioritate/asuprire.

under gage *rar.* ca garanţie/chezăşie/zălog.

under hatches 1. *mar.* sub punte. **2.** *fig.* dispărut din văzul lumii; pierit; *F →* dat la fund. **3.** *← sl.* la închisoare/răcoare. **4.** mort; îngropat.

under lock and key bine zăvorât; sub şapte lacăte; sub cheie.

under one's breath în şoaptă/barbă; ca pentru sine; *(mormăind)* cu vocea scăzută.

under one's hand (and seal) semnat (şi pecetluit) cu propria sa mână.

under one's hat în cap/minte.

under one's own steam prin propriile sale mijloace/strădanii.

under one's own vine and fig-tree la tine acasă; la loc sigur.

under one's roof în casa sa; sub acoperişul său.

under or over *amer. ← sl.* mort sau viu.

under pain or death sub pedeapsă capitală; sub ameninţarea pedepsei cu moartea.

under petticoat government *F glum.* sub papuc; la ordinele nevestei.

under repair în (curs de) reparaţie.

under smb.'s colours în partidul/gruparea/fracţiunea/*peior.* clica cuiva.

under smb.'s hoof sub călcâiul cuiva.

under smb.'s (very) nose (chiar) sub nasul cuiva.

under smb.'s thumb *← F* sub influenţa/dominaţia cuiva; în mâna cuiva.

understand business/cars, etc., to a se pricepe la afaceri/automobile etc.

under (the) stress of (circumstances/weather, etc.) forţat de (împrejurări/vreme etc.); din cauza (împrejurărilor/timpului nefavorabil etc.).

under the circumstances în aceste împrejurări.

under the counter *F* pe sub mână; de sub tejghea; la bursa neagră; la negru.

under the doctor sub supraveghere/îngrijire medicală.

under the guise of sub masca/pretextul.

under the harrow *F* la ananghie; supus la grea încercare.

under the influence *(folosit absolut)* sub influența alcoolului; < în stare de ebrietate.

under the open sky sub cerul liber.

under the rose ← *F* în taină; în secret.

under the screen of night *v.* **under cloud of night.**

under the seal of (confidence/secrecy/silence) sub/cu legământul de a nu divulga (o taină/mărturisire).

under the semblance sub aparența/înfățișarea.

under the sly *v.* **on the sly.**

under the sod *F* cu grădiniță pe piept; în mormânt.

under the stress of *v.* **under stress of.**

under the sun I. *adv.* pe pământ; sub soare; în lume. **2.** *interj.* ~ where ~! unde Dumnezeu/naiba!

under the terms of the treaty în virtutea/conform (condițiilor) tratatului.

under the veil sub vălul/masca/pretexul.

under the weather I. indispus; *F* → picnit (de boală). **2.** fără chef; nu în toate apele. **3.** *amer.* lefter. **4.** *amer.* beat, pilit.

under treatment în tratament; în cursul tratamentului.

under trust *jur. v.* **to one's trust.**

under way I. în curs (de desfășurare). **2.** în pregătire; pe drum.

under smb.'s reputation, to a compromite pe cineva/reputația cuiva.

undo the mischief, to a repara răul (făcut); a îndrepta lucrurile.

unfortunate man would be drowned in a teacup, an *prov.* la omul fără noroc și condacul; la foc.

unfurl one's banner, to a-și da pe față intențiile.

unsheathe one's sword (against), to *fig.* a porni la luptă; a începe ostilitățile (împotriva).

unstable as water, (as) mișcător ca apa/nisipul; instabil; inconstant, nestatornic.

untie smb.'s hands, to a da cuiva dezlegare/mână liberă.

until doomsday în vecii vecilor; până în ziua de apoi.

until the cows come home *F* până la sfântu' așteaptă; la paștele cailor.

up against (it); to be ~ a întâmpina/*F* a da de greutăți; a avea de înfruntat greutăți.

up against smb.; to be ~ I. a avea ca adversar. **2.** a fi în conflict cu cineva.

up and about în/pe picioare; sculat din pat și în plină activitate *(mai ales d. cineva care a fost bolnav).*

up and coming I. promițător; capabil. **2.** activ; energic; cu inițiativă.

up and doing activ; în plină activitate; ocupat; prins de treburi.

up and down I. în sus și în jos. **2.** încoace și încolo; în lung și în lat.

up a (gum) tree *amer.* → *F* într-o situație precară/grea, în încurcătură/belea; *F* → la ananghie; *A* → în pom.

up for I. judecat pentru (o abatere). **2.** propus pentru; oferit spre.

up hill and down dale I. peste munți și văi. **2.** *F (mai ales în expresia* **damn smb./smth.** ~*)* a blestema/înjura pe cineva/ceva cu mult năduf; *aprox.* a da dracului pe cineva/ceva.

up in arms protestând furios.

upon a fait balance judecând cinstit; la o justă apreciere.

upon gage *v.* **under gage.**

upon my faith/honour pe cinstea/onoarea mea.

upon my life/soul! pe viața mea!

upon my Sam/word! *F* pe cuvânt! parol!

up on one's toes *amer.* ← *sl* alert; sprinten; vioi.

upon second thoughts *v.* **on second thoughts.**

upon the anvil *v.* **on the anvil.**

upon the face of it *v.* **on the face of it.**

uppermost in smb.'s mind care constituie prima/principala preocupare a cuiva.

ups and downs (of life) bucuriile și necazurile (vieții); succesele și eșecurile; *F* → ale vieții valuri.

upset smb.'s apple-cart, to a încurca/strica planurile cuiva.

up smb.'s street din sfera de cunoștințe/preocupări ale cuiva; din domeniul cuiva.

up the flue ← *sl.* **I.** amanetat. **2.** mort.

up the pole ← *sl.* **I.** într-o situație grea; *F* → în aer/pom. **2.** țicnit.

up the price, to ← *F* a mări prețul.

up the river *amer.* ← *sl.* în pușcărie; *F* → la răcoare; gros.

up the spout ← *sl.* **I.** pus amanet. **2.** la ananghie.

up to; be ~ I. a fi la înălțimea (situației); a fi capabil/în stare să ... **2.** a face *(de obicei ceva rău, o poznă, o ispravă).* **3.** a fi de datoria (cuiva); a constitui un drept/privilegiu/o obligație.

up to a thing or two *F* șmecher; dat dracului; care nu poate fi dus cu una cu două.

up to date I. *adj. (și* **up-to-date)** la zi; modern. **2.** *adv.* până acum/astăzi/la această dată.

up to dick admirabil; minunat; excelent.

up to much *(folosit de obicei la negativ)* **not ~** nu destul de bun/bine; *F →* nu cine ştie ce.

up to no good cu intenţii rele; punând ceva (rău) la cale.

up to now/then până acum/atunci.

up to one's neck (in smth.) *(cufundat)* până-n gât (într-o activitate/preocupare etc.)

up to par corespunzător; la acelaşi nivel cu un model standard; **not to feel quite ~** a nu se simţi aşa de bine (ca de obicei).

up to putty fără valoare; de nimic.

up to sample *com.* la fel cu proba; conform mostrei/eşantionului.

up to scratch ← *F* la nivelul cerut/dorit/necesar; *F →* în formă; la înălţime.

up to snuff *v.* **up to a thing or two.**

up to standard în conformitate cu norma/standardul/tipul.

up to the chin *v.* **up to one's neck.**

up to the ears/elbows/eyebrows/eyes până peste cap/urechi.

up to the hammer scos la licitaţie.

up to the handle plin-ochi.

up to the hilt **1.** până în plăsele. **2.** *fig.* până în pânzele albe; până la capăt.

up to the hub **1.** până la butucul roţii. **2.** *fig.* cufundat adânc.

up to the knocker *sl.* fain; pe cinste; *A →* mişto.

up to the last notch *amer.* ← *F* până la capăt.

up to the mark la înălţime.

up to the nine(s) *v.* **to the nine(s).**

up to the notch *amer. v.* **up to the mark.**

up to the present/this time până în prezent; deocamdată.

up with you! *F* sus! hai scoală-te/sculaţi-vă!

use a steam-hammer to crack nuts, to *prov. aprox.* a trage cu tunul în vrăbii.

used to anything like an eel to skinning deprins ca măgarul cu samarul.

use freedoms with smb., to a-şi permite tot felul de lucruri cu cineva; a-şi lua diferite libertăţi cu cineva.

use one's brains/head/wits/*F* **bean/loaf, to** a se gândi (mai bine); *F →* a-şi pune capul/*A →* bila la contribuţie.

use one's discretion, to a fi liber să hotărăşti; a face cum crezi (că e mai bine)/*F →* cum te taie capul.

use smb. roughly, to a se purta aspru/brutal cu cineva; a brutaliza pe cineva; > a nu-l menaja deloc.

use the needle, to a consuma stupefiante; a se droga.

use the raw'uns, to *sl.* a-şi folosi pumnii (fără mănuşi); a se bate cu pumnii.

use wangles, to *F* a folosi/umbla cu pile.

usher in the New Year, to a anunţa/vesti sosirea Anului Nou; a întâmpina Anul Nou.

usher smb. in/into a room, to a conduce pe cineva într-o încăpere.

usher smb. out/out of a room, to a conduce/petrece pe cineva la plecarea dintr-o cameră etc.

V

vain as a peacock, (as) îngâmfat/umflat în pene ca un curcan.

value oneself on smth., to a se făli/mândri cu ceva *(cunoștințe, pricepere etc.)*.

vamp up a room, to a decora/schimba (doar superficial) aspectul unei camere.

vamp up a song/a lecture, etc., to a improviza un cântec; a încropi o conferință *(folosind materiale mai vechi și dându-le o formă nouă)*.

vanish into thin air, to *(d. un lucru)* a se face nevăzut; a dispărea; *F →* a se duce/topi.

veer about like a weather cock, to a fi nestatornic; a se schimba după cum bate vântul.

veer round to an opinion, to a se alătura unei păreri *(părăsind-o pe cea veche)*.

velvet paws hide sharp claws *prov.* mâța blândă zgârie rău.

vengeance does not spoil with keeping *prov.* răzbunarea nu se schimbă cu vremea.

vent one's spleen/spite upon smb., to a-și descărca necazul/nervii asupra cuiva; *F →* a-și vărsa focul pe cineva.

venture a guess/an opinion, to a face o presupunere; a avansa/emite o părere; a îndrăzni să faci o presupunere/să-ți dai o părere.

venture a small fish to catch a big one, to a risca ceva *(puțin)* pentru a câștiga mai mult.

venture into an unknown land, to *și fig.* a se aventura într-o țară/într-un ținut/pe un tărâm necunoscut.

venture on a joke/a slice of cake, etc., to *glum.* a încerca/îndrăzni să faci o glumă/să iei o felie de tort etc.

venture out/abroad in bad weather, to a se încumeta să iasă din casă pe vreme rea.

venture too far, to a merge prea departe; a fi prea îndrăzneț/prezumțios; a-și permite prea multe.

verge on a certain colour, to a bate într-o anumită culoare.

verge on bankrupcy/insanity, etc., to a fi în pragul falimentului/nebuniei etc.

verier rogue there never was, a *înv.* nu s-a aflat pe lume un ticălos mai mare.

veriest simpleton knows that, the *înv.* chiar și cel mai mare prostănac știe asta.

very best, the *adj.* într-adevăr cel mai bun; cu mult/ absolut cel mai bun; tot ce-i mai bun.

very like a whale! întocmai; chiar așa cum spui *(confirmare ironică a unei afirmații absurde)*.

very likely foarte probabil; mai mult ca sigur.

very much better/warmer, etc. mult mai bine/ bun/cald etc.

very much so chiar așa; întocmai; așa se pare.

very much the other way tocmai pe dos/invers.

very same, the chiar/întocmai/exact/același/aceeași.

very thing, the; it is ~ e tocmai ce trebuie.

vest smb. with power, to *jur.* a împuternici pe cineva.

veto a bill, to *parl.* a respinge un proiect de lege; a se opune unui proiect de lege (prin veto).

vie with each other/one another, to a se întrece unul pe altul/care pe care.

virtue is her/its own reward *prov.* virtutea nu își caută răsplată.

visit a sin on smb., to a face pe cineva să ispășească un păcat (pe care nu l-a făcut el); a pedepsi pe cineva pentru un păcat (al altuia).

voice crying (out) in the wilderness, a glasul celui care predică în pustiu; un om ale cărui vorbe/ sfaturi etc. nu sunt ascultate.

voice of one man is the voice of no one, the *prov.* un singur glas nu este ascultat.

vote a mixed/split ticket, to *amer. v.* split a ticket.

vote a straight ticket, to *amer.* a vota pe toți candidații (unui partid).

vote by show of hands, to a vota prin ridicare de mâini.

vote down a motion/a proposal, to a respinge prin vot o moțiune/propunere; a vota împotriva unei moțiuni/propuneri.

vote in; vote into power, to a alege/aduce la putere (un guvern, partid).

vote out/out of office, to a îndepărta/a face să cadă de la putere (prin vot); a exclude dintr-o demnitate/funcție).

vote smb. into the chait, to a alege pe cineva președinte (al unei adunări).

vote straight, to *amer. v.* **vote a straight ticket.**

vow and declare, to a declara sub jurământ.

vows made in storms are forgotten in calms *prov.* jurămintele făcute când tună se uită când e vremea bună.

W

wade into smb./smth., to a se repezi la cineva/la ceva; *F →* a se lua de cineva.

wade not in unknown waters! nu te aventura pe un teren necunoscut.

wade through a book, to a citi o carte cu efort/greu/încet.

wager a cookie, to *v.* **bet a cookie.**

wager on a promise, to a conta/a se bizui/miza pe o promisiune *(folosit de obicei la negativ sub forma* **I/you wouldn't/shouldn't ~***)*.

wage war against/on/with, to *și fig.* a purta/duce război împotriva; a lupta împotriva; a se război cu ...

wag one's finger at smb., to a face cuiva/a amenința pe cineva cu degetul.

wag one's tongue, to *F* a-i umbla gura; a da din gură; a sporovăi; *aprox.* a vorbi vrute și nevrute/verzi și uscate.

wagon must go wither the horses draw it, the *prov.* căruța merge unde o trag caii.

wait a bit/a jiffy/half a mo'/a minute/moment/second! stai o clipă/nițel; *glum. →* un bob zăbavă.

wait and see, to a sta în expectativă; a aștepta să vezi *(cum se desfășoară lucrurile);* **wait-and-see policy** politică rezervată/de expectativă.

wait at/on table(s), to a servi la masă; a face serviciul de ospătar.

wait dinner for smb., to a amâna ora mesei pentru a aștepta pe cineva; a aștepta pe cineva cu masa.

wait for dead man's shoes, to ← *F* a aștepta să moștenești pe cineva.

wait for it! stai nițel! așteaptă să vezi (ce urmează); ai (puțintică) răbdare!

wait for the cat to jump, to *v.* **see how the cat jumps.**

wait it out, to a aștepta (cu răbdare) sfârșitul *(unei crize, furtuni etc.)*; a aștepta până trece ceva.

wait smb.'s convenience, to a fi/sta la dispoziția cuiva; a aștepta până când cineva găsește de cuviință/că e convenabil/potrivit să facă ceva.

wait up for smb., to a nu se culca *(seara, noaptea)* pentru a aștepta pe cineva; a aștepta pe cineva până târziu.

wake a sleeping dog, to a dezgropa/atinge un subiect delicat/neplăcut.

wake up the wrong passenger, to *amer.* ← *F* a nu nimeri omul indicat/care trebuie; *F →* a greși adresa.

wake up to the situation, to a-și da seama de situație; a se trezi la realitate.

walk abroad, to *lit. (d. boli, dezastre etc.)* a se răspândi pe o arie largă; a bântui peste tot *(ținutul etc.)*.

walk a chalk line/*amer.* **a crack, to** a dovedi că nu ești beat, mergând pe una sau între două linii trase cu creta.

walk against time, to a merge cu mare viteză/cât se poate de repede; *glum.* a merge contra cronometru.

walk a horse, to a plimba un cal; a-l face să meargă la pas.

walk all over smb., to 1. a bate/învinge pe cineva la mare distanță *(într-o competiție);* *F →* a desființa/cocoșa pe cineva; a bate pe cineva măr. 2. a disprețui/umili pe cineva; a ignora/a nu ține seama de pretențiile/intențiile cuiva; a manifesta o atitudine de superioritate.

walk a puppy, to a lua un cățel în pensiune pentru îngrijire și dresaj.

walk a turn, to 1. *rar.* a face un tur/o scurtă plimbare. 2. a umbla de colo până colo.

walk away from the other competitors, to a se detașa de alți concurenți; a învinge ușor/detașat.

walk away with smth., to 1. a lua ceva/un obiect la plecarea dintr-o casă, cu sau fără intenție. 2. **~ a medal/the match** a câștiga cu ușurință o distincție/medalie/un meci.

walk bodkin, to a merge între doi/la mijloc.

walk down smb.'s throat, to ← *F* a mustra pe cineva cu asprime; *F →* a bruftui pe cineva; a trage cuiva o săpuneală.

walk in/into a place, to a intra cu ușurință într-o clădire/încăpere *(a cărei ușă nu e închisă sau bine păzită)*.

walk in one's sleep, to a fi somnambul.

walk in smb.'s shoes/steps, to *v.* **follow in smb.'s footsteps.**

walk into a dish/meal, to a se repezi la o mâncare; a mânca cu mare poftă/lăcomie.

walk into smb., to a face pe cineva de trei parale.

walk into the trap, to a cădea în capcană.

walk off on one's ear, to *amer. F* a o lua razna; *P* → a da strechea în cineva.

walk off smth., to *(d. exces de greutate, gânduri negre etc.)* a elimina/scăpa de ceva, făcând o plimbare mai lungă.

walk off with smb./smth., to a pleca luând cu sine pe cineva/ceva.

walk on/upon air, to *v.* **tread on air.**

walk on/upon egg shells, to a atinge/trata subiecte delicate/care cer tact/precauție; *aprox. F* → a te mișca ca și când ai avea un ou în poală.

walk one's legs off, to ← *F fig.* a se obosi/strădui *(pentru a realiza ceva); F* → a se face luntre și punte.

walk on one's shoestrings, to *amer. F* a fi lefter/ pe jantă.

walk out of a meeting/an organization, etc., to a părăsi (ostentativ) o adunare/o organizație, manifestându-și dezaprobarea.

walk out on smb., to ← *F* a părăsi pe cineva; a întoarce spatele cuiva; a lăsa pe cineva caraghios/*F* → mască/cu buza umflată.

walk out with smb., to *P* a vorbi cu cineva *(o fată, un băiat)*; a întreține relații de prietenie amoroasă cu cineva, de obicei în vederea unei căsătorii.

walk over the course, to a câștiga o cursă de cai/ o competiție, cu ușurință *(prin neprezentarea sau inferioritatea evidentă a celorlalți concurenți).*

walk rough-shod over smb./smth., to *v.* **ride rough-shod over smb./smth.**

walk smb. off his feet/legs, to a alerga/obosi pe cineva până cade din picioare; *aprox.* a doborî pe cineva (de oboseală); *F* → a scoate untul din cineva.

walk Spanish, to *amer.* ← *F* 1. a merge în silă/forțat. 2. a face (cuiva) vânt afară. 3. a umbla cu grijă/cu precauție/în vârful picioarelor.

walk the barber, to ← *sl.* a seduce o fată.

walk the boards, to a fi/a se face actor.

walk the carpet, to *v.* **call smb. on the carpet.**

walk the chalk, to *v.* **walk a chalk line.**

walk the hospitals/the wards, to a face practică în spitale/clinici; a studia medicina.

walk the plank, to 1. *mar. înv.* a fi omorât prin înecare *(condamnatul mergând legat la ochi, pe o scândură care depășește bordul vasului).* 2. ← *F* a fi obligat să părăsească locul de muncă; a fi eliberat dintr-un post. 3. *fig.* a suferi o pedeapsă; *F* → a o păți; a da de dracu.

walk the quarter deck, to a fi/deveni ofițer de marină.

walk the streets, to 1. a bate străzile. 2. a face trotuarul; a fi prostituată.

walk through one's part, to *teatru* 1. a-și juca rolul în mod mecanic/în virtutea rutinei. 2. **walk smb./ through his part/a scene, etc.** a arăta cuiva ce mișcări trebuie să facă interpretând un rol/o scenă etc.

walk up a street/to smb., to 1. a merge pe o stradă/ în lungul unei străzi. 2. a se apropia de cineva; a veni la cineva.

walk upon air, to *v.* **tread on air.**

walk upon egg shells, to *v..* **walk on egg shells.**

walk with disaster, to *înv.* a fi expus unei nenorociri; **he walks ~** ← *F* e sortit să aibă necazuri; îl paște o nenorocire.

wallow in emotion/feelings/dark mood, to a se lăsa copleșit de anumite emoții/sentimente/ melancolie.

wallow in money/wealth, to a se lăfăi/scălda în bani; *K* → a avea bani cu ghiotura; a fi putred de bogat.

walls have ears zidurile au urechi.

wall smb./smth. in, to a înconjura/izola pe cineva/ ceva de ceilalți/celelalte lucruri din afară.

waltz off on the ear, to *amer.* ← *sl.* a porni repede la faptă fără a sta mult pe gânduri.

waltz off with smth., to *v.* **walk away with smth.**

wan and pale *lit.* palid/alb la față; livid.

wander from the beaten track, to *și fig.* a se abate de la drumul obișnuit; a părăsi cărarea bătută.

wander from/off the subject, to a se abate/a se îndepărta de la subiect.

wander in one's mind, to a avea mintea rătăcită; a-și fi pierdut mintea/mințile; *F* → a vorbi aiurea.

want all one's wits about one, to a avea nevoie de toată agerimea/istețimea/luciditatea/prezența sa de spirit; a trebuit să fie cu mintea trează/foarte atent/iscusit/vigilent.

want an apron, to ← *sl.* a nu avea de lucru; a fi șomer; a sta pe dinafară/*F* → pe tușă.

want for nothing, to a nu duce lipsă de nimic.

want (some) ginger, to *fig.* a-i mai trebui (ceva) sare și piper.

want as a calf with two dams, (as) sprințar/jucăuș ca un ied.

want out/out of smth., to *amer.* ← *F* a dori să scapi/ să te eliberezi de ceva; a nu mai vrea să fii implicat în ceva/să ai de-a face cu ceva.

want to do smth., to 1. a dori să faci ceva. 2. *(folosit de obicei la pers. a II-a)* **you want to see my garden** ar trebui să-mi vezi grădina.

want twopence in the shilling, to *F* a fi într-o ureche; a-i fi sărit (cuiva) o doagă.

wanten as a caff with two dans, (as) sprinţar/ jucăuş ca un ied

ward off a blow/an unpleasant feeling, to a evita/ a se feri de o lovitură/o senzaţie neplăcută.

warm a serpent/snake/viper in one's bosom, to a creşte un şarpe/o viperă la sân.

warm as toast, (as) cald; încălzit.

warm smb.'s jacket, to *F* a scutura cojocul cuiva; a chelfăni pe cineva.

warm the cockles of one's heart, to *v.* cheer the cockles of one's heart.

warm to one's topic, to a se încălzi/înfierbânta pe măsură ce vorbeşte despre un anumit subiect; a se entuziasma treptat; a deveni tot mai convingător.

warm towards smb., to a se apropia cu simpatie de cineva; a simţi o afecţiune faţă de cineva.

warm up to one's work/task, to a face o muncă/ a-şi îndeplini treptat o sarcină cu mai multă plăcere/mai mult entuziasm.

wash a black Moor/an Ethiopian white, to a încerca un lucru imposibil.

wash an ass' ears, to *P* a căra soarele cu oborocul/ apa cu ciurul.

wash away smb.'s sins, to *rel.* a spăla pe cineva de păcate.

wash down food with smth., to a bea ceva după o mâncare pentru a o face să alunece mai uşor pe gât.

wash one's dirty linen in public, to a-şi spăla rufele murdare în public.

wash one's hands of smth., to *fig.* a se spăla pe mâini de ceva; a-şi declina orice răspundere pentru un lucru.

wash one's hands with invisible soap, to a-şi freca mâinile *(gest exprimând jenă, încurcătură).*

wash one's ivories, to *sl.* a trage la măsea.

wash over smb., to *(d. zgomote, conflicte, intrigi etc.)* a trece pe lângă cineva sau peste capul cuiva, fără a-l afecta/tulbura; *aprox.* a fi/rămâne imperturbabil.

wash smth. away/off/out, to 1. a spăla; a curăţi ceva; a îndepărta *(pete etc.)* prin spălare. 2. *(folosit la part. tr.)* **washed out** *(d. un meci, o cursă)* întrerupt/contramandat din cauza ploii; *(d. o şosea, cale ferată etc.)* inundată/avariată de ape revărsate; *(d. cineva)* palid şi obosit, extenuat; sfârşit; deprimat.

waste (one's) breath/words, to *F* a vorbi în zadar/ în vânt/a-şi bate/răci/strica gura de pomană.

waste not want not *prov. aprox.* cine nu risipeşte banii nu va duce lipsă; *aprox.* nu cheltui tot ce ai, mâine nu ştii de ce dai.

waste powder and shot, to ← *F fig.* 1. a irosi/ cheltui prea multă energie; a face eforturi exagerate/disproporţionate. 2. a face tot posibilul/*F* → pe dracu-n patru; a se da peste cap.

watched pot is long in boiling, a; watched pot never boils, a *prov.* timpul trece mai încet pentru cine aşteaptă.

watchful as a hawk, (as) cu ochii în patru; cu ochi de vultur.

watch how/which way the cat jumps, to *v.* see how the cat jumps.

watch it! *amer. (folosit şi ca formulă de ameninţare)* ai grijă (să n-o păţeşti)!

watch like a hawk, to a pândi atent/ca o pasăre de pradă.

watch my smoke! *amer. F* ochii la mine! priviţi-mă!

watch one's step, to 1. a fi atent cum păşeşti/să nu cazi. 2. *fig.* a fi grijuliu/atent/prudent pentru a nu comite vreo eroare sau a lăsa pe cineva să profite de pe urma acesteia.

watch one's time, to a aştepta/a pândi momentul favorabil.

watch out for smth., to a pândi/a fi atent la apariţia unui lucru.

watch over smb./smth., to 1. a veghea asupra/a purta de grijă cuiva. 2. a păzi/a se îngriji de un lucru.

watch smb. as a cat watches a mouse, to a pândi pe cineva cum pândeşte pisica şoarecele.

watch smb. out of the corner of one's eye, to a trage cu coada ochiului la cineva; a privi/urmări pe cineva cu coada ochiului.

watch the time, to a fi atent la ceas/a urmări ora *(pentru a nu întârzia etc.).*

watch which way the cat jumps, to *v.* see how the cat jumps.

water smth. down, to 1. *(d. băuturi, supă etc.)* a dilua; amesteca cu apă; *F* → a boteza *(vinul).* 2. *(d. o teorie, o critică, o lucrare literară etc.)* a reduce din vigoare/forţă expresivă; a dilua; a slăbi.

wave smb. away/off, to a îndepărta pe cineva; a face cuiva semn să plece/să se dea la o parte.

wave smth. aside/away, to *fig.* a înlătura/ignora/ a nu lua în seamă ceva *(o problemă, un argument etc.).*

wax and wane, to 1. *(d. fazele lunii)* a creşte şi a descreşte. 2. *(d. un curent, o tendinţă etc.);* a fi când mai puternic/intens, când mai slab.

way above (cu) mult deasupra.

way ahead cu mult înainte; *adj.* avansat; care depăşeşte prezentul; ~ **art** artă de avangardă.

way back/behind mult în urma/înapoia; cu mult timp în urmă.

way below/down (mult) mai jos.

way off (hăt) departe; la o bună distanţă.

way out *adj.* ← *F* avansat; care devansează moda; excentric; **~ clothes** haine ultramoderne.

way out of the wood, a o cale/soluţie salvatoare; o ieşire din impas.

weak as a kitten/as water, (as) I. fără putere; slab (de se clatină pe picioare); slab ca o mâţă (jigărită). **2.** *fig.* cu un caracter slab; *F* → slab de înger; fără voinţă.

weaken international tension, to a micşora/slăbi tensiunea internaţională.

weakest goes to the wail, the cel mai slab este dat la o parte/scos din joc/eliminat.

weak in the head/the upper storey slab la minte; sărac cu duhul.

weak on one's pins slab; fără putere; **he is weak on his pins** se clatină pe picioare.

wean smb. (away) from smb., to a face pe cineva să renunţe la/să se lase de un obicei rău/o prietenie nocivă etc.; a dezvăţa/dezbăra pe cineva de ceva.

wear a black tie, to a purta/a fi în smoching.

wear a brick in one's hat, to *F* a fi afumat/cherchelit.

wear a chip on one's shoulder, to *v.* **carry a chip on one's shoulder.**

wear a sour look, to a avea o expresie acră/urâcioasă/neplăcută.

wear a white tie/tails, to a purta/a fi în frac.

wear bachelor's buttons, to a fi burlac.

wear holes into smth., to; wear smth. into holes a purta ceva până se rupe/se găureşte/până îţi ies coatele/degetele etc. prin ...

wear horns, to a purta coarne; a fi încoronat.

wear Joseph's coat, to *înv. glum.* a fi cast/pur/neprihănit.

wear motley, to a fi/a face pe bufonul.

wear oneself to a shadow, to I. a slăbi; a ajunge ca o umbră. **2.** a se speti/vlăgui (muncind). **3.** a se consuma; a-şi face griji/*F* → sânge rău.

wear one's heart upon one's sleeve, to I. a fi cu inima deschisă; a nu avea gânduri ascunse; *F* → ce-i în guşă şi-n căpuşă. **2.** a nu fi destul de rezervat; a-i lipsi o oarecare discreţie.

wear one's years well, to a-şi purta bine vârsta.

wear out/away one's life/time in trifles, to a-şi irosi viaţa/timpul cu lucruri mărunte/nimicuri/fleacuri.

wear out one's welcome, to a sta într-o vizită mai mult decât se cuvine; *F* → a sta pe capul cuiva; *aprox.* a face o vizită armenească.

wear smb./smth. down, to I. a obosi/enerva pe cineva; *F* → a scoate sufletul cuiva. **2.** a toci/uza ceva *(un instrument, o anvelopă)* prin continuă fricţiune sau apăsare. **3.** a învinge/slăbi/elimina treptat *(opoziţia, convingerile cuiva)* prin efort perseverent/presiune morală.

wear smb./smth. out, to I. a istovi/vlăgui/*fig.* da gata pe cineva; a lăsat pe cineva mort de oboseală. **2.** avea ceva (haine, încălţăminte etc.).

wear smb.'s colours, to a fi partidul/slujba cuiva; a fi partizanul/suporterul cuiva.

wear smth. away, to *(d. forme de relief etc.)* a toci/distruge/face să dispară ceva prin acţiunea repetată a elementelor naturii.

wear smth. into holes, to *v.* **wear holes into smth.**

wear the black cloth, to a face parte din cler/tagma preoţească.

wear the breeches/trousers, to *fig.* *(d. o femeie)* *P* → a purta nădragi; a conduce în casă; a cânta găina (în casă).

wear the crown, to I. a fi monarh. **2.** a fi martir; a purta cununa de spini.

wear the ermine/the gown, to a fi magistrat.

wear the King's/Queen's coat, to *înv.* a fi în armată; a purta uniforma militară.

wear the stripes, to *amer.* ←*sl.* a fi închis; a sta la puşcărie/*F* → răcoare.

wear the sword, to *înv.* a fi soldat/oştean.

wear the trousers, to *v.* **wear the breeches.**

wear the weeds, to *(d. o văduvă)* a purta doliu.

wear the willow, to a plânge după o iubire pierdută; a fi nefericit/a nu avea noroc în dragoste.

wear through the day, to a reuşi să treci (cu chiu cu vai) printr-o zi grea sau plicticoasă.

wear to one's shape, to *(d. haine)* a se potrivi/adapta pe corpul cuiva; a-i veni/cădea mai bine (după un tip de purtare).

wear well, to I. *(d. haine, stofe)* a se purta bine; a fi durabil; a-şi menţine bine forma. **2.** *(d. oameni)* a se ţine bine (pentru vârsta respectivă); a arăta bine/tânăr.

weather permitting dacă vremea e favorabilă.

weather the storm, to *v.* **ride out the storm.**

weave in and out/out of smth., to *(d. o maşină, bicicletă etc.)* a merge încet cotind/strecurându-se printre altele/evitând obstacolele.

we beg to inform you *(formulă pt. corespondenţa comercială)* avem onoarea a vă comunica.

we don't kill a pig every day *prov.* nu e în fiecare zi Paşte.

weed out a flock/herd/group, to a face o selecţie într-o turmă/grup de oameni etc.; eliminând pe cei slabi/necorespunzători.

weep millstones, to v. **drop millstones.**

weep one's fill/heart out, to a plânge pe săturate; a-şi uşura durerea/inima/necazul plângând.

weep over/with an onion, to a vărsa lacrimi false/ de crocodil.

weigh against smb., to a atârna în balanţă; a fi un argument împotriva cuiva; a fi în defavoarea cuiva.

weigh anchor, to 1. *mar.* a ridica ancora. 2. *fig.* a pleca; $F \rightarrow$ a o lua din loc.

weigh in (with) arguments facts, to a aduce (într-o discuţie) argumente/fapte hotărâtoare; *aprox. F* → a înfunda pe cineva cu anumite argumente/fapte.

weigh one's words, to a-şi cântări (bine) cuvintele.

weigh on smb./smb.'s mind, to *(d. gânduri, preocupări)* a frământa/nelinişti/obseda pe cineva.

weigh smb. down (with care/sorrow, etc.), to *(d. griji, necazuri)* a apăsa/consuma/deprima pe cineva.

weigh smth. with/against smth., to a compara un lucru cu altul; a cântări lucrurile.

weigh the thumb in, to ← *F (d. un vânzător)* a da lipsă la cântar.

weigh upon smb.'s heart, to ← *F* a-i sta cuiva pe suflet; a apăsa pe cineva.

weigh up the pros and cons, to a cântări/pune în balanţă argumentele/motivele pentru şi contra.

weigh with smb., to a influenţa pe cineva; a conta pentru cineva/în faţa cuiva; a avea importanţă pentru cineva.

welcome as a storm/as snow in harvest/as water in a leaking ship, (as) (plăcut) ca apa în cizme/ca sarea în ochi.

welcome as flowers in May, (as) binevenit/plăcut ca ploaia în luna mai.

welcome to smth./to do smth. 1. *(folosit de obicei la pers. a II-a ca formulă prin care se oferă ceva)* **you are welcome to my books/to borrow my books** îţi ofer/împrumut cu plăcere cărţile mele; poţi să te foloseşti (cât vrei) de cărţile mele. 2. *iron. (referitor la un lucru supărător, nedorit)* **you are welcome to it!** ţi-l dau cu plăcere; n-ai decât să-l iei; *aprox.* spală-te pe cap cu el. 3. *(răspuns la o expresie de mulţumire)* **you're welcome!** cu plăcere! n-ai pentru ce!

well advanced/stricken in years împovărat de ani; bătrân.

well and good! foarte bine! fie cum spui!

well away 1. pornit bine; pe calea cea bună; avansând cu succes. 2. *F* pornit pe veselie/pe chef.

well begun is half done lucrul bine început e pe jumătate făcut.

well done! bravo! aşa! bine ai făcut! bună treabă!

well, I declare! ia te uită/ca să vezi!

well in advance cu mult înainte.

well I never (did)! nemaipomenit! nu mai spune! asta-i prea de tot!

well in band *(d. o situaţie, problemă)* controlat; dirijat.

well in with smb. în foarte bune raporturi cu cineva; strâns legat de/*F* → prieten la cataramă cu cineva.

well now! ei bine! şi atunci?

well off înstărit; bogat; cu o bună situaţie materială; **~ for coffee/shoes, etc.** bine aprovizionat cu cafea/pantofi etc.; având din belşug.

well out of it/smth. ieşit/scăpat cu faţa curată (fără vreo pagubă) dintr-o situaţie neplăcută.

well rid of smb./smth. bucuros/mulţumit că a scăpat de cineva/ceva.

well then? ei, şi apoi? şi atunci/pe urmă?

well, to be sure! asta-i culmea! prea de tot!

well up in/on smth. v. **be well up.**

welsh on a deal/on smb., to 1. a nu-şi respecta obligaţiile asumate, printr-o tranzacţie. 2. *(la curse)* a nu plăti celor care au pariat şi au câştigat.

wend one's way v. **go one's way.**

we never know the value of water till the well is dry *prov.* când seacă apa se cunoaşte preţul fântânii.

weren't your ears burning? v. **your ears must have burnt.**

we shall see what we shall see *prov.* om trăi şi om vedea.

wet a bargain, to a bea aldămaşul; *F* a uda (un lucru proaspăt achiziţionat).

wet a line, to ← *F* a pescui; a da la peşti.

wet behind the ears v. **be wet behind the ears.**

wet one's clay/whistle/the other eye, to *F* a da pe gât/de duşcă; a trage o duşcă; a-şi uda gâtlejul.

wet through/to the skin ud leoarcă/până la piele.

whacked to the wide sleit de puteri; obosit; istovit; terminat.

whack the stuffing out of smb., to v. **lick the stuffing out of smb.**

whale at (for) on smth., to 1. foarte bun/priceput la ceva; maestru în/la ... 2. foarte interesat/ pasionat/preocupat de ceva.

whale of a good time, a *F* o distracţie/petrecere minunată/straşnică/pe cinste.

what about *(urmat de un substantiv sau verb în -ing)* ce-ai zice să ...? ce părere ai despre?

what a go! ce încurcătură! ce belea!

what a lark! ce nostim! ce amuzant!

what an idea! ce idee! ţi-a venit?

what are you about? ce-ţi veni? ce te-a apucat? ce ai de gând?

what are driving at? unde/la ce vrei să ajungi? *F →* unde baţi?

what are you up to do? ce pui la cale? ce-ţi umblă prin minte? ce învârteşti?

what a to do? ce chestie! ce întâmplare!

what can I do for you? cu ce vă pot servi?

what can's be cured must be endured *prov.* asta e şi n-ai ce-i face; n-ai/n-avem încotro.

what cheer (with you)? 1. *înv.* ce mai faci? ce se aude (cu tine)? **2. (what) cheer!** salut! noroc!

what does one want with ...? ce are lumea cu?

what does the moon care if the dogs bark at her? *prov.* câinii latră, caravana trece; ursul joacă, vântul bate.

what dog is a-hanging? → *F* ce s-a întâmplat?

what do you/d'ye call him/her/-it/-'em *F* zi-i pe nume; cum îi zice; (nea) cutare.

what do you know? ce ştii tu? tu nu ştii (nimic); habar n-ai!

what for? de ce? pentru ce? în ce scop?

what good wind brings you here? ce vânt (bun) te aduce pe la noi?

what have you alte/diverse lucruri.

what ho! hei! alo! noroc!

what if? ce-ar fi dacă? şi dacă ...?

what in Cain/thunder/*amer.*** thunderation ...?** ce Dumnezeu/dracu/naiba ...?

what I say, goes! când spun eu o vorbă aşa e/se face; eu comand aici ...

what is bred in the bone will not go out for the flesh *prov.* năravul din fire n-are lecuire.

what is done by night appears by day *prov. aprox.* fapta rea tot iese cândva la iveală.

what is got over the devil's back is spent under his belly *prov.* P de haram vine, de haram se duce.

what is in the wind? ce se aude? ce se pregăteşte? ce zvonuri sunt?

what is more în plus; pe deasupra.

what is the matter with? ce s-a întâmplat cu? ce i s-a întâmplat? ce a păţit?

what is to pay? *amer. F* ce (naiba) s-a întâmplat?

what is worth doing at all is worth doing well dacă faci un lucru, fă-l bine.

what is your pleasure? *înv.* ce poftiţi? cu ce vă putem servi?

what it takes farmec; atracţie feminină; „sex-appeal", **she has ~** are pe vino-ncoace.

what make(s) you here? ce te aduce aici/pe la noi?

what next? *aprox.* **1.** şi ce-o să mai fie/urmeze (după asta)? şi pe urmă? **2.** şi după asta ce-o să mai scorneşti? ce bazaconii mai urmează?

what not câte şi mai câte.

what price? 1. cât costă? **2.** ce-ai zice despre/să? ce şanse avem să? **3.** *iron. (d. un eşec)* cum rămâne cu? ce s-a ales din ...?

what's all this excitement about? ← *F* ce s-a întâmplat?

what's at the back of it? ce se ascunde în spatele ...? care sunt dedesubturile?

what's crawling on you? *austral. sl.* ce ţi-a venit? ce te-a apucat? nu te prosti! fii serios!

what's done can't be undone ce s-a făcut nu se mai poate desface; s-a făcut, s-a făcut.

what's eating you? *amer. F* **1.** ce te frământă? **2.** ce te-a apucat? ce-ţi veni? de ce te superi/înfurii?

what's lost is lost *prov.* mortul de la groapă nu se mai întoarce.

what soberness conceals drunkenness reveals *aprox.* omul se cunoaşte la beţie.

what's sauce for the goose is sauce for the gander *prov.* ce mi-e Tanda, ce mi-e Manda; ce mi-e una, ce mi-e alta; tot o apă şi-un pământ.

what's the big idea? *glum.* ce-ţi veni? ce-ai mai pus la cale?

what's the damage? ← *F* cât face (socoteala)? cât am/avem de plătit?

what's the drill? ← *F* **1.** ce facem? ce program avem? **2.** ce se face/poartă în asemenea ocazii?

what's the good word? *F* ce se mai aude?

what's the latest? ce se mai aude? care-s ultimele ştiri?

what's the matter? ce s-a întâmplat?

what's the odds? ← *F* **1.** ce contează? ce importanţa are? **2.** *sport.* care e rezultatul?

what's the row? *F* **1.** ce înseamnă scandalul ăsta? din ce v-aţi luat? **2.** ce se (mai) aude? ce veste poveste?

what's the time? ce oră e?

what's the use (of)? ce rost are să?

what's up? → *F* ce se întâmplă?

what's what 1. noţiuni/adevăruri fundamentale. **2.** *iron.* câte ceva; câteva lucruri; **he knows ~** ştie cum stau lucrurile.

what's wrong with? 1. ce nu merge? ce nu e în regulă? **2.** ce s-a întâmplat cu? ce a păţit? **~ it?** ce ai de zis împotrivă/ce nu-ţi place?

what's yours/your poison/tipple? ← *F* ce (vrei să) bei?

what the heart thinks the tongue speaks ce-i în guşă şi-n căpuşă.

what the murrain/*amer.*** Sam Hill!** ce dracu/naiba!

what then? ei şi? ce-i cu sta?

what think you? ← *F* şi tu ce crezi? ce părere ai?

what though? chiar dacă? şi ce dacă?

what time do you make it? cât să fie ceasul?

what time is it? *v.* what's the time.

what under the (God's) canopy? *F* ce Dumnezeu/dracu!

what will Mrs. Grundy/the world say? ce-o să zică lumea/gura lumii?

what wind blows you here? ce vânt te aduce (pe) aici?

what with ... and atât din cauza ... cât şi din cauza; mai din ... mai din ...

what with one thing and another *F* cu una cu alta; una peste alta; astfel; cu încetul.

wheel smth./smb. in/into a room, to 1. a împinge/duce înăuntru un cărucior/scaun etc. cu roţi. **2.** ← *F* a introduce/conduce pe cineva într-o cameră.

when all is said and done; when all comes/goes to all în definitiv; la urma urmelor; dacă stai şi te gândeşti.

when angry, count a hundred lasă mânia să treacă (înainte de a lua o hotărâre).

when at Rome, do as the Romans do/as Rome does *prov.* când eşti printre lupi, urli cu ei; când treci prin ţara orbilor, închide şi tu un ochi.

when candles are out all cats are grey *prov.* noaptea şi hâdele sunt frumoase; noaptea toate pisicile-negre.

when flatterers meet, the devil goes to dinner *prov.* dracul a lăsat păcatele pe seama linguşitorilor.

when Greek meets/joins Greek then comes the tug of war *prov.* când se ciocnesc două pietre tari, sar scântei.

when hard comes to hard când ajungi la aman; la o adică.

when hell freezes over *amer.* când va curge Oltul la deal.

when it comes to the crunch/push *v.* if it comes to the crunch/push.

when it comes to the point/*F* **scratch** → *F* când e nevoie/la momentul potrivit; *F* → (când e) la o adică.

when one's clock strikes când îi sună/vine cuiva ceasul; la moarte.

when one's ship comes home/in când îţi zâmbeşte norocul; când îţi merge din plin; când te îmbogăţeşti.

when pigs fly când o face broasca păr/spânul barbă/plopul pere şi răchita micşunele; când vor zbura bivolii; când va creşte păr în palmă; la paştele cailor; la Sfântu aşteaptă.

when Queen Anne was alive când se băteau urşii în coadă.

when the band begins to play *F* când se îngroaşă gluma; când situaţia devine serioasă.

when the belly is full, the bones would be at rest *F* mâncarea îmbelşugată te trage la somn.

when the cat's away, the mice play *prov.* când pisica nu-i acasă, şoarecii joacă pe masă.

when the cows come home *v.* when pigs fly.

when the fit/humour is on him/takes him când îi vine cheful/gustul/pofta; *F* →când îl apucă/i se năzare.

when the fox preaches, take care of your geese *aprox.* fereşte-te de lupul îmbrăcat în piele de oaie.

when time was pe vremuri; odinioară.

when two ride on one horse, one must sit behind *prov.* nu pot fi doi stăpâni într-o casă; două săbii într-o teacă nu încap.

when two Sundays come together *v.* when pigs fly.

where did/do you spring from? de unde ai apărut/picat?

where do you hail from? *amer.* de unde eşti/vii?

where ignorance is bliss 'tis folly to be wise proştii sunt uneori mai fericiţi decât înţelepţii; *aprox.* fericiţi cei săraci cu duhul.

where one lives *amer.* ← *F* la/în inimă.

where the flies wont't get it *amer.* ← *sl.* **1.** în siguranţă; la loc sigur. **2.** *(d. o băutură)* băută; consumată.

where the liquor is in, the wit is out unde sălăşluieşte rachiul mintea e pribeagă; beţivul îşi bea şi straiele şi minţile.

where there's a will, there's a way cine are voinţă are şi putere; *aprox.* cine vrea scoate apă şi din piatră seacă.

whether or no/not 1. fie că da, fie că nu; ori da, ori ba. **2.** fie că vrei, fie că nu vrei. **3.** în orice caz.

which is which care e unul, care e altul; **to tell ~** a deosebi pe unul de celălalt.

which way the wind blows dincotro bate vântul; cum stau lucrurile.

while away the time, to a omorî timpul; a face timpul să treacă (în chip plăcut).

while the grass grows, the horse/steed starves *prov. aprox.* lungeşte, Doamne, boala, până s-o coace poama.

while there is life there is hope *prov.* omul cât trăieşte speră.

while you are about it fiindcă veni vorba de asta; dacă tot te ocupi cu asta.

whip into shape, to *amer. glum.* a face instrucţie cu; a muştrului; a da pe brazdă.

whip one's weight in wild cats, to *amer.* a lupta cu înverşunare/disperare/dinţii.

whipped out of one's boots *amer.* ← *sl.* bătut; învins; *F* → desfiinţat; făcut marţ.

whip smth. off/out/out of smb., to a smulge ceva de pe/din; a lua/a scoate ceva cu o mişcare bruscă.

whip the cat, to *sl. v.* **jerk the cat.**

whip the devil around/round the post/*amer.* **stump, to** ← *F* a dobândi ceva pe căi lăturalnice/incorecte; aprox. a umbla după învârteli.

whip up smth., to 1. a bate *(albuşuri/cremă etc.)*. **2.** *fig.* a trezi/stimula/stârni (interes, anumite sentimente etc.).

whisk smb./smth. away/off, to a lua/îndepărta repede (cu o mişcare fulgerătoare); a face pe cineva/ceva nevăzut.

whistle down the wind, to *v.* **speak to the wind.**

whistle for a breeze/a wind/the wind, to 1. *mar.* a nu avea vânt; a aştepta (zadarnic) un vânt favorabil. **2.** *fig.* a aştepta; *P* → a bate din buze.

whistle for smth., to *F (de obicei construit cu* can/could *sau* may/might*)* a aştepta/spera zadarnic să obţii ceva; **you can whistle for it** *F* poţi să aştepţi până ţi se lungesc urechile; *aprox.* poţi să-ţi pui pofta-n cui.

whistle jigs to a milestone, to *prov.* a bate toba la urechea surdului.

whistle smb. down the wind, to a părăsi/lăsa pe cineva (în plata Domnului); a da uitării.

white as a sheet/ashes/chalk/death, (as) alb ca varul; palid; livid.

white as snow/milk/wool, (as) *(d. lucruri)* alb ca neaua/spuma laptelui/zăpada.

whittle smth. away, to 1. a tăia; a îndepărta ceva *(o parte exterioară, inutilă)* prin cioplire. **2.** *fig.* a face să dispară; a elimina; a consuma; a înghiţi.

whittle smth. down, to 1. a ciopli/coji ceva; a reduce din volumul unei bucăţi de lemn tăind aşchii subţiri. **2.** *fig.* a reduce; a micşora; a tria.

who breaks, pay cine greşeşte, plăteşte; *aprox.* cine nu deschide ochii, deschide punga.

who can tell? cine poate şti?

who chatter to you, will chatter of you *prov.* cine bârfeşte pe alţii te bârfeşte şi pe tine.

who goes a-borrowing, goes a-sorrowing *prov.* cine umblă să împrumute trebuie să îngroaşe obrazul.

who goes there? cine-i acolo? stai!

who has never tasted bitter, knows not what is sweet cine n-a gustat amarul, nu ştie ce e zaharul.

who keeps company with the wolf will learn to howl *prov.* cine se bagă între lupi trebuie să urle.

who bag of tricks, the toate accesoriile, tot instrumentarul, toată recunoştinţa etc..

wholesome as a shoulder of mutton to a sick horse, (as) *F* ajută/foloseşte ca o frecţie cu spirt la un picior de lemn.

whole tree or not a cherry on it, the sau tot sau nimic.

whom God would ruin, he first deprives of reason *prov.* pe cine îl bate Dumnezeu, îi ia mai întâi mintea.

whoop it/things up, to *amer.* 1. a petrece zgomotos. **2.** a însufleţi (o acţiune); a insufla entuziasm; ~ **for smb.** a face propagandă pentru cineva.

who pays the piper calls the tune cine plăteşte, porunceşte.

whose dog/mare is dead? ← *F* ce s-a întâmplat? despre ce e vorba?

why is thunder? de ce dracu?

whys and wherefores, the ← *F* cauzele; motivele; pricinile.

why, then păi atunci ...

why this thusness? ← *glum.* de ce (e) aşa?

wide and far *v.* **far and near.**

wide as the poles apart/asunder, (as) departe ca cerul de pământ.

wide awake 1. treaz (de-a binelea); cu ochii (larg) deschişi. **2.** lucid; realist; cu picioarele pe pământ. **3.** ~ **to** atent la; conştient de; cu grijă.

wide off the mark *v.* **far from the mark.**

wield a caustic pen, to *fig.* a avea un condei ascuţit; a avea un stil caustic.

wield a skilful pen, to *fig.* a avea condei/o pană de maestru.

wield the big stick, to *v.* **shake the big stick.**

wield the sceptre, to a ţine sceptrul; a deţine puterea regală.

wild and wooly *amer.* grosolan; necioplit; nefasonat.

wild horses shall/would not drag/got it from me *F aprox.* nici dacă mă tai în bucăţele/mă pici cu ceară; să ştiu de bine că mor.

willful waste makes woeful want *prov.* cine nu cruţă când are, va răbda la lipsă mare.

will a duck swim? *F* ce mai întrebi? *F* vrei/mănânci calule ovăz?

willy, nilly vrei, nu vrei; cu voia sau fără voia cuiva; de voie, de nevoie.

will you shoot? *austral. sl.* faci cinste? dai ceva de băut?

win a seat, to a fi ales în parlament.

win by a head/neck/nose, to *sport. (d. cai de curse)* a câştiga cu un cap/gât/bot; a întrece cu puţin pe ceilalţi; a câştiga la o mică distanţă.

win clear/free, to *sport şi fig.* a câştiga distanţat; *F* → a bate net.

wind (smth.) into a ball, to a depăna/a face un ghem din ceva.

wind itself around/round smth., to *(d. un cablu, o frânghie, o plantă etc.)* a se încolăci/înfăşura/rula în jurul unui lucru.

wind one's way, to a se strecura; a-şi găsi/croi drum; **~ into smb.'s confidence** *F →* a se băga sub pielea cuiva.

wind smb. round one's (little) finger, to a învârti pe cineva pe degete.

wind the horn, to 1. a suna din corn. 2. *fig.* a anunţa, a proclama.

wind the horses, to a opri caii pentru ca ei să-şi recapete respiraţia normală; *P →* a răsufla caii.

wind up a clock/spring, to 1. a întoarce/remonta/ *F →* trage un ceas/un resort etc. 2. **wind oneself up** a-şi încorda forţele/tensiunea nervoasă.

wind up one's activity/affairs/speech, to a-şi încheia/lichida activitatea/afacerile; a-şi încheia discursul/cuvântarea.

wind up smth., to a ajunge la ceva *(ca rezultat sau consecinţă a unei acţiuni)*; a termina prin a ... **he'll wind up with nervous exhaution/in hospital** va termina prin a face o astenie nervoasă; va ajunge la spital.

wine and dine, to a cinsti cu mâncare şi băutură/ (o) masă îmbelşugată.

wine that won't travel, a un vin care nu se urcă la cap.

wing its flight/its way through the air, to *poet.* a zbura; a despica aerul cu aripile.

wing the air, to *v.* **wing its flight.**

win hands down in a canter/in a walk, to a câştiga cu uşurinţă/fără efort/*F →* fluierând.

wink at smb./smth., to 1. a face cu ochiul cuiva. 2. a ignora ceva în mod voit; a trece ceva cu vederea.

wink is as good as a nod, a o uşoară indicaţie ajunge; e destul un semn.

win one's blue, to a obţine o emblemă/insignă universitară.

win oneself a name, to a câştiga/dobândi un anume/o faimă.

win one's end/ends, to *v.* **gain one's end/ends.**

win one's latchkey, to *← F* a avea voie să întârzii seara în oraş; a-şi câştiga independenţa (faţă de părinţi).

win one's laurels, to a-şi câştiga lauri/merite/gloria.

win one's letter, to *amer. sport.* a fi admis într-o organizaţie sportivă; a purta iniţialele unui club etc.

win one's spurs, to 1. *înv.* a fi făcut cavaler; a fi înnobilat. 2. a-şi câştiga o reputaţie/un renume.

win one's way, to *v.* **make one's way.**

win on points, to a câştiga la puncte.

win out/through to a place, to a reuşi să ajungă într-un loc (învingând răutăţi, obstacole).

win recognition from smb., to a câştiga aprecierea cuiva.

win smb. over to one's side, to a câştiga pe cineva de partea sa; a convinge pe cineva să adopte poziţia/ părerile cuiva.

win smb.'s consent, to a dobândi/obţine consimţământul cuiva.

win smb.'s ear(s), to *v.* **have smb.'s ear(s).**

win smb.'s hand, to a obţine mâna cuiva; a reuşi să ia pe cineva în căsătorie.

win the battle/the day/the field, to a câştiga bătălia.

win the garland, to *v.* **carry away the garland.**

win the toss, to 1. a câştiga jocul cu banul. 2. *fig.* a fi norocos.

win the wooden spoon, to a fi/ieşi ultimul *(la un concurs, examen etc.).*

wipe a smile/a grin off one's/smb.'s face, to a înceta să zâmbeşti; a opri zâmbetul pe buzele cuiva.

wipe off old scores, to a şterge/trece cu buretele *(peste conflicte, supărări etc.).*

wipe off one's score, to *v.* **pay off one's score.**

wipe off the face of the earth/the map, to a şterge/rade de pe faţa pământului; a desfiinţa.

wipe off the slate, to *v.* **clean the slate.**

wipe off your chin! *amer. sl.* 1. dă-o pe gât *(băutura).* 2. gura! ţine-ţi pliscul!

wipe smb.'s eye, to *sl.* a băga în buzunar pe cineva; a întrece pe cineva; a-i lua cuiva înainte.

wipe the clock, to *← sl.* a înceta brusc lucrul.

wipe the foor/ground with smb., to *← F* a zdrobi/ desfiinţa pe cineva; *F →* a mătura podeaua/pământul cu cineva; a da de-a dura/rostogolul cu cineva.

wise after the event *F* după bătălie/război mulţi viteji se arată.

wise up to smth., to a-şi da seama de ceva; a descoperi/înţelege *(o intrigă, o manevră); F →* a se prinde.

wish evil to smb., to *v.* **wish smb. ill.**

wish is father to the thought, the gândurile din dorinţi se nasc; suntem înclinaţi să credem ceea ce am dori să fie.

wish smb. all the luck in the world, to a ura cuiva noroc.

wish smb. at Jericho/at the devil/at York/ further, to *F* a trimite pe cineva la dracu/la mama dracului/unde a înţărcat dracu copiii/unde a dus mutu iapa.

wish smb. at the bottom of the sea, to a dori să vezi pe cineva mort/$F \rightarrow$ să nu-i moară mulți înainte.

wish smb. ill, to 1. a dori răul cuiva. **2.** a avea un resentiment/o antipatie față de cineva.

wish smb. joy (of), to *iron.* a dori cuiva să aibă parte (de) ...

wish smb. to hell, to a trimite la dracu; a da dracului pe cineva.

wish smb. well, to 1. a dori binele cuiva. **2.** a simpatiza pe cineva.

wish smth. away, to; you cannot ~ nu poți scăpa de (*o greutate, o realitate neplăcută*) printr-o simplă dorință.

wish smth. on/onto smb., to a trece cuiva o sarcină/o povară; $F \rightarrow$ a da/lăsa ceva pe capul cuiva.

wish well to a cause/country, etc., to a dori succes unei cauze; a simpatiza cu o cauză/țară etc.

wit bought is better than wit taught *prov.* pățania e cea mai bună învățătură.

with a bad/an ill grace 1. cu neplăcere; fără bunăvoință; < în silă. **2.** nepoliticos.

with a good grace cu bunăvoință/dragă inimă/ plăcere/amabilitate.

with a good meal under his belt cu burta plină/$F \rightarrow$ pusă la cale.

with a head on cu chibzuială/socoteală.

with a heart and a half din/cu toată inima.

with a heavy/high hand în mod autoritar.

with a heavy/sore heart cu inima grea/îndurerată.

with a lash of scorpions cu asprime/cruzime; fără milă; cu biciul în mână.

with a light heart cu inima ușoară; fără griji; bucuros.

with all due deference to cu tot respectul cuvenit.

with all one's eyes cu ochii mari; cu mare atenție; numai ochi.

with all one's goods and chattels cu toate catrafusele; cu cățel, cu purcel.

with all one's heart (and soul) din toată inima; cu tot sufletul/dragul.

with all one's steam on cu toată energia/viteza.

with all the eyes in one's head *v.* with all one's eyes.

with a loose rein *fig.* cu o mână slabă; fără energie/ autoritate; cu indulgență.

with an eye to 1. pândind; urmărind. **2.** având în vedere; fără a pierde din vedere.

with an eye to the main chance $\leftarrow F$ urmărindu-și interesele proprii.

with an ill grace *v.* with a bad grace.

with a rope round one's neck $\leftarrow F$ într-o situație precară; *aprox.* legat de mâini și de picioare.

with a scoop *v.* at a stroke.

with a single eye/mind F urmărind un singur scop; având un țel bine precizat.

with a sparing hand cu economie; cu mâna strânsă.

with a sring to it cu anumite condiții/limitări; îngrădit de unele condiții; $F \rightarrow$ cu un clenci.

with a strong hand cu economie; cu mână forte; cu autoritate/energie.

with a vengeance $\leftarrow F$ **1.** în dușmănie. **2.** strașnic; $F \rightarrow$ de mama focului. **3.** în toată puterea cuvântului; cu adevărat; $F \rightarrow$ cu vârf și îndesat.

with a view to cu scopul de a.

with a wet finger cu ușurință; fără efort; $F \rightarrow$ fluierând.

with a whip of scorpions *v.* with a lash of scorpions.

with a will 1. cu energie/inimă. **2.** vârtos; tare; țeapăn.

with bag and baggage cu cățel și purcel.

with bare poles *mar.* cu velele strânse.

with bated breath 1. ținându-și respirația. **2.** cu răsuflarea tăiată.

with bell, book and candle *glum.* cu toate formele; în toată regula.

with both feet *amer.* $\leftarrow F$ **1.** complet; în întregime. **2.** în mod hotărât; fără rezerve.

with cap in hand F cu căciula/pălăria în mână; supus; umil; servil.

with child însărcinată; $P \rightarrow$ grea.

withdraw into one's shell, to F a se retrage în găoacea sa.

with effect from intrând în vigoare de la ...

with every good wish cu cele mai bune urări.

with fire and sword cu război; prin forța armelor; prin foc și pârjol.

with flying colours 1. cu steagurile în vânt. **2.** *fig.* cu cinste/glorie; victorios; succes.

with full mouth cât îl ține gura.

with full steam on *v.* with all one's steam on.

with good cheer cu voie bună, cu voioșie.

with half a heart fără tragere de inimă; < cu inima îndoită.

with handkerchief in one hand and sword in the other *prov. aprox.* cu lingura îi dă dulceață și cu coada îi scoate ochii.

with heart and hand cu tot sufletul; cu dragă inimă.

with heavy odds against fără șanse; handicapat de.

withhold one's consent, to a nu-și da consimțământul.

with honours easy cu avantaje egale pentru ambele părți.

within an ace of la un pas de; cât pe aici să; mai-mai să.

within an inch of 1. *v.* within an ace of. 2. ~ one's life pe moarte; în pragul morţii; la un pas de moarte.

within a stone's throw la o aruncătură de băţ; aproape; la doi paşi.

within bounds/limits în limitele; în cadrul.

within call (of) 1. la o distanţă de unde cineva poate fi chemat/strigat. 2. *fig.* la dispoziţie/îndemână.

within doors cu uşile închise; în dosul uşilor.

within earshot/hearing în raza auditivă; de unde se poate auzi.

within easy reach (of) uşor de atins; la îndemână; în apropiere.

within four walls 1. între patru pereţi; în cameră/casă; într-un spaţiu restrâns. 2. *fig.* în intimitate.

within gunshot la o bătaie de puşcă.

within hearing *v.* within earshot.

within living memory de când e lumea; dintot-deauna.

within oneself 1. în sinea sa. 2. pe măsura puterilor sale.

within one's grasp/reach accesibil; la îndemână; care poate fi atins/înţeles.

within one's income în măsura în care îi permit veniturile sale.

within one's recollection de când se ţine minte/s-a pomenit/se ştie.

within shot *v.* within gunshot.

within sight în raza vizuală; de unde se poate vedea; în văzul ...

within smb.'s reach la îndemâna cuiva; accesibil; nedepăşind capacitatea de înţelegere a cuiva.

within smb.'s scope în sfera de acţiune/competenţa cuiva.

within the bills of mortality ← *înv.* în Londra sau în jurul Londrei.

within the bounds of possibility în limitele posibile.

within the four corners of în cadrul/limitele unui act/document.

within the four seas în Anglia.

within the framework of smth. în cadrul unui lucru.

within the law în cadrul legii, legal.

within the memory of men *v.* within living memory.

within the pale (of) 1. în limitele/graniţele/cadrul. 2. *fig.* în sânul societăţii/bisericii etc.; în rândul oamenilor.

within the radius of knowledge în sfera de cunoştinţe/în cadrul cunoştinţelor.

within the walls între zidurile (cetăţii); în cetate/oraş.

within time of mind *v.* within one's recollection.

within touch of la îndemână; accesibil.

with kid-gloves 1. cu menajamente. 2. cu maniere afectate; fandosit.

with knobs on *sl.* aşa/ăla e! ce mai vorbă! ba încă şi mai şi!

with lightning speed cu iuţeala fulgerului.

with might and main cu toată forţa; din răsputeri.

with moil and toil cu chiu cu vai.

with no sparing hand fără cruţare.

with nothing on fără nimic pe el/ea etc.; gol puşcă.

with one accord de comun acord; într-un glas.

with one foot in the grave cu un picior în groapă.

with one mind de comun acord; într-un singur gând; *F* → gând la gând.

with one mouth într-un singur glas.

with one's back to the wall la strâmtoare; fără ieşire/altă scăpare; în impas.

with one's dander/Irish/monkey up *F* cu capsa pusă.

with one's feet foremost *F (d. un mort)* cu picioarele înainte; cu braţele pe piept.

with one's finger in one's mouth *F* cu degetul în gură; cu mâinile în sân.

with one's/the hackles up cu o falcă în cer şi una-n pământ.

with one's hat in one's hand cu căciula/pălăria în mână; umil; servil; *v. şi* hat in hand.

with one's nose at the grindstone ← *F* (muncind) fără întrerupere/preget/răgaz; *F* → înhămat la treabă.

with one's nose in the air cu nasul pe sus; îngâm-fat.

with one's shoulder to the collar *fig.* trăgând din greu/tare.

with one's/the tail between one's/the legs *F* cu coada între picioare; umilit.

with one stroke of the pen cu o trăsătură de condei.

with one's wits about one 1. în toate minţile. 2. cu reacţii prompte; treaz; lucid.

with open eyes 1. cu ochii (mari) deschişi. 2. con-ştient; cu bună ştiinţă; dându-şi bine seama de.

with open hand cu mână largă; generos.

with open mouth *şi fig.* cu gura căscată.

without a breech of continuity fără întrerupere.

without a dissentient voice fără nici un vot contra; în unanimitate.

without a fuss fără zarvă.

without a hitch ca pe roate; ca un ceasornic.

without any fanfares *v.* without a fuss.

without a penny (to bless oneself with) fără o para chioară.

without a reel or a stagger fără a se clinti; fără ezitare; cu fermitate.

without a shadow of doubt fără (o) umbră de îndoială.

without avail *v.* **of no avail.**

without batting an eyelid fără să clipească; neclintit; impasibil.

without bite or soup pe nemâncate; *F→* cu burta goală.

without ceremony fără multă ceremonie; *F →* fără fasoane.

without controversy/dispute fără discuţii; de (comun) acord.

without doubt fără doar şi poate; fără discuţie/ îndoială.

without example fără precedent.

without fail 1. neapărat; negreşit. 2. fără greş; perfect.

without fear or favour imparţial; fără ură sau părtinire.

without further/more ado/ceremony fără multă vorbă, fără a mai zăbovi/lungi vorba.

without gloves *fig.* fără mănuşi/menajamente.

without let or hindrance fără nici o oprelişte.

without mincing matters/the matter/one's word fără menajamente; vorbind deschis/pe faţă/ şleau, spunând lucrurilor pe nume.

without offence fără supărare.

without peer fără pereche/egal; neasemuit.

without price nepreţuit.

without reason fără motiv/temei; fără socoteală.

without rebuke fără cusur; ireproşabil; impecabil.

without redemption fără scăpare/speranţa de îndreptare.

without regard to fără a lua în considerare; fără a se ţine cont de.

without reservation 1. fără a rezerva/reţine *(ceva, dinainte)*. 2. fără condiţie restrictivă.

without reserve 1. fără rezerve; în întregime; total. 2. *(d. o licitaţie)* fără preţ de strigare.

without rhyme or reason fără motiv/rost; *F →* hodoronc-tronc; fără nici un chichirez.

without the mind of smb. *v.* **against smb.'s mind.**

without the walls în afara zidurilor cetăţii; afară din oraş.

without turning a hair 1. neclintit. 2. fără a da semne de oboseală. 3. fără a se trece cu firea; nepăsător; impasibil; fără să clipească (din ochi).

without turning an eyelash fără a se lăsa intimidat; fără a se clinti/speria.

with reason pe bună dreptate.

with reference to referitor la.

with regard/respect to privitor la.

with relation to în legătură cu; în privinţa.

with shovel and tongs *amer.* ← *F* cu energie; din răsputeri.

with the best will in the world cu cea mai mare bunăvoinţă posibilă.

with the colours în armată.

with the gloves off *v.* **without gloves.**

with the hackles up *v.* **with one's hackles up.**

with the heels foremost/forward *v.* **with one's feet foremost.**

with the lapse of time cu trecere a timpului; cu timpul.

with the lid off (smth.) la vedere; în văzul tuturor; pe faţă.

with the rough side of one's tongue cu cuvinte aspre; cu severitate.

with the skin of one's teeth ca prin urechile acului.

with the sun dis-de-dimineaţă; în zori.

with the tail between the legs *v.* **with one's tail between one's legs.**

with the tail of one's eye cu coada ochiului.

with the tongue in one's cheek în ironie, *F* în băşcălie.

with the wind dispărut; spulberat; **gone ~** *aprox. F* dus pe apa Sâmbetei.

with the word *v.* **on the word.**

with the time and patience the leaf of the mulberry becomes satin *prov.* cu vreme şi răbdare şi frunza de dud se face mătase; cu răbdarea treci şi marea; încetul cu încetul se face oţetul.

with tooth and nail dârz; cu înverşunare/dinţii.

with your favour/leave cu voia d-tale/d-voastră.

woe betide you! *înv.* să te ajungă necazul; *P →* arză-te-ar focul; lovi-te-ar năpasta.

woe to the mule that sees not her master *prov.* unde nu-i cap, vai de picioare.

woe worth the day *înv.* blestemată (să) fie ziua.

wolf down one's food, to a înfuleca; a mânca cu lăcomie/pe nemestecate/nerăsuflate.

words are but wind *prov.* cuvântul e ca vântul.

words pay no debts *prov.* vorbele nu potolesc foame.

word spoken is past recalling, a *prov.* vorba ce zboară o dată nu se mai întoarce.

work against time/the clock, to 1. a lucra sub presiune/zorit/contra cronometru. 2. a căuta să termini munca la timp.

work around/round to smth./to doing smth., to a ajunge (după un timp) pe o cale ocolită la ceva/ la rezolvarea unui lucru.

work at arm's length, to a munci în voie/uşor/ comod/fără efort prea mare.

work at high pressure, to a lucra în ritm intens/încordat/în asalt.

work at low pressure, to a munci pe îndelete/fără grabă.

work double tides, to a munci ca un cal/rob/salahor; a se speti muncind; *F →* a munci/a da pe brânci; a trage tare/din greu.

work for a dead horse, to a munci degeaba/*F →* de pomană;/*P →* pe veresie.

work in the traces, to 1. *fig.* a trage la ham. 2. a face o muncă de rutină.

work like a beaver, to ← *F* a munci sârguincios; *F →* a se ține de treabă.

work like a galley slave/a horse/a nigger/a slave/a navy, to *v.* **work double tides.**

work loose, to *(d. un mecanism, o închizătoare etc.)* a se slăbi; a avea un joc.

work off one's anger/irritation on/against smb., to a-și vărsa mânia/enervarea/supărarea asupra cuiva.

work off one's energy/steam/fat, to a-și consuma energia/elanul; a scăpa de grăsimea suplimentară prin muncă fizică/mișcare.

work oneself to death, to a se istovi/omorî/speti muncind.

work oneself/smb. up into a state/to a point, to a se monta până la (un punct maxim); a ajunge treptat/a face pe cineva să ajungă la o anumită stare *(de entuziasm, îngrijorare etc.);* **he worked himself up into frenzy/rage** s-a înfuriat încetul cu încetul până la culme; *(folosit la pasiv)* **to get worked up** a fi îngrijorat/neliniștit/tulburat.

work one's fingers to the bone, to a-și toci degetele/mâna muncind.

work one's head off, to *F* a nu mai ști unde ți-e capul de treabă; a munci pe rupte.

work one's passage/ticket out, to 1. a-și plăti călătoria (pe un vas) muncind ca marinar etc. 2. *mil. sl.* **work one's ticket** a fi scos din cadrele armatei.

work one's way across/along/back, to a-și face/croi drum/a înainta încet peste/de-a lungul/înapoi.

work one's way in/out, to a-și croi drum/a se strecura înăuntru/în afară.

work one's way through smth., to *fig.* a parcurge/trece prin/termina ceva *(un studiu etc.)* printr-un efort perseverent.

work one's will (upon smb./smth.), to 1. a-și impune voința (cuiva); *F →* a-și face cheful/voia (cu). 2. a-și atinge scopul cu/în privința unui lucru.

work on/upon smb./smb.'s feelings, etc., to a avea o influență asupra sentimentelor cuiva; a mișca pe cineva.

work out one's own salvation, to *rel. și fig.* a-și mântui sufletul; a-și curăți sufletul de păcate.

work out smth. (a sum/a problem/a message/a method), to 1. a calcula; a socoti. 2. a rezolva (o problemă).3. a descifra/decada (un mesaj). 4. a inventa/elabora în detaliu (o metodă). 5. *(folosit de obicei la pasiv)* a epuiza; a seca; a termina.

work out the difference, to *v.* **iron out the difference.**

work shows the workman, the *prov.* omul se cunoaște după fapte; după roade se cunoaște pomul.

work smb. over, to *F* a burduși/înghesui/stâlci pe cineva în bătaie *(pentru a obține informații sau ca formă de pedeapsă).*

work smb. to death, to a vlăgui/istovi pe cineva; *F →* a scoate untul din cineva.

work smth. in/into smth., to a include/introduce ceva *(umor, poezie, experiențe personale)* în conversație sau în lucrări literare.

work the clock round, to a lucra fără întrerupere 24 de ore/zi și noapte.

work the dead horse, to *v.* **work for a dead horse.**

work the mischief, to *v.* **raise the mischief.**

work the oracle, to ← *F* 1. a manevra în secret în folosul său; *aprox. F →* a-și aranja ploile. 2. a obține succes/bani etc.; *aprox.* a da lovitura.

work to the ropes, to a conduce o acțiune/a manevra cu pricepere; a duce ceva la bun sfârșit; *F →* a se descurca.

work things out for oneself/with smb., to a-și rezolva singur probleme personale, sau prin discuție cu cineva apropiat.

work tooth and nail, to ←*F* a se strădui; a face tot ce-ți stă în putință;/imposibilul; *fig. F →* a lupta cu dinții.

work to rule, to a respecta doar regulile formale de muncă; a lucra de formă *(ca semn de protest din partea muncitorilor).*

work towards smth., to a încerca/a se strădui/a ținti să atingă/să realizeze ceva.

work under the lash/whip, to a munci forțat/silit/cu biciul la spate.

work up a business, to a dezvolta/extinde o afacere/întreprindere comercială.

work up appetite/interest, to a stimula/trezi pofta de mâncare/a stârni interesul.

work up the curtain, to a ridica cortina.

work up to smth., to a se îndrepta spre/a ajunge treptat la ceva *(un țel final, un punct/nivel foarte înalt, o culme).*

work up to the collar, to ← *F* a fi cufundat (până peste cap) în muncă; *F* → *aprox.* a trage din greu/tare.

work with scissors and paste, to *jurn.* **1.** a lucra cu foarfeca și cleiul; a tăia și a lipi. **2.** a face muncă de compilație.

work with the left hand, to *F* a lucra într-o doară/de mântuială/prost/*P* → în dorul lelii.

work wonders, to a face minuni; a fi/avea un efect miraculos.

world is but a little place(after all), the ce mică-i lumea!

world to be/to come, the *rel.* lumea de apoi.

worm oneself into smb.'s confidence/favour, to *F* a intra sub pielea cuiva; a câștiga încrederea/bunăvoința cuiva prin insinuare perseverentă.

worm one's way through, to a se strecura; a-și atinge țelul; a reuși *(prin mijloace incorecte, servilism etc.)*.

worm smth. out of smb., to a scoate ceva·de la cineva *(prin întrebări repetate, insistente)*; *aprox.* a descoase pe cineva.

worm will turn, a *v.* **tread on a worm and it will turn.**

worn to the thread *(d. stofe, covoare etc.)* uzat; ros până la urzeală.

worry (oneself sick) about/over smth., to a se frământa/alarma/neliniști/a fi foarte îngrijorat de/despre ceva.

worry out a problem, to a ataca/examina o problemă pe toate fețele până i se găsește, în cele din urmă, soluția.

worry smb. into doing smth., to a cicăli/*F* → bate la cap pe cineva până se hotărăște să întreprindă ceva.

worry the life out of smb., to a sâcâi/chinui pe cineva *(prin comportament, vorbă etc.)*; *aprox.* a scoate sufletul cuiva.

worse for wear, the **I.** *(d. haine)* atât de uzat/ponosit încât nu se mai poate purta. **2.** *(d. oameni)* epuizat; istovit; sfârșit.

worship the rising sun, to *v.* **adore the rising sun.**

worst of it is that ..., the partea proastă/ce e mai rău e că ...

worst way, the *amer. F* mai rău nici că se poate.

worth one's while, to be ~ a merita, a face (să te obosești, să-ți pierzi timpul cu ...).

would to Heaven! de-ar da/vrea Dumnezeu!

would you mind (doing smth.)? vrei/vreți să fii/fiți așa amabil să ...

wound smb.'s pride, to a jigni pe cineva; a răni mândria cuiva.

wrap it up! *sl.* încetează! taci! termină cu asta!

wrapped in (a shroud of) mystery învăluit în mister.

wrapped in cellophane ← *F fig.* inabordabil; distant; *F* → cu nasul pe sus.

wrapped up in one's work/children, etc. interesat/preocupat/absorbit complet de munca sa/copiii săi etc.

wrap smb. up in cotton wool, to *fig.* a crește/ține pe cineva (un copil) în vată; a-l proteja în mod excesiv; *F* → a cocoloși pe cineva.

wrap up one's talent in a napkin, to *F v.* **keep one's talent in a napkin.**

wrap up smth. (a parcel/a deal/a programme), to I. a înfășura/înveli în hârtie un pachet. **2.** a face/încheia o tranzacție comercială. **3.** a încheia un program *(cu un punct final, o concluzie)*.

wreak vengeance upon smb., to *în. lit.* a se răzbuna pe cineva.

wreathe in smiles, to *(d. figura cuiva)* a se lumina de un zâmbet; *poet.* a înflori într-un zâmbet.

wreathe itself aound/round smth., to *(d. o plantă, o dâră de fum)* a se încolăci în jurul unui lucru; **wreathed in smth.** înconjurat/acoperit/ascuns de ceva *(flori etc.)*.

wrench the door open, to a deschide ușa forțând-o sau trăgând violent de clanță.

wrest a living from smth., to a obține cu greu cele necesare traiului din ceva *(pământ arid, salariu insuficient etc.)*.

wrestle a fall with smb., to *v.* **try a fall with smb.**

wrestle with a question, to a fi frământat de/a se lupta cu o întrebare/o problemă.

wriggle out of a task, to a se strecura fără a-și îndeplini o sarcină; *aprox. F* → a trage chiulul la treabă.

wring consent from smb., to a smulge consimțământul cuiva.

wring one's hands, to a-și frânge mâinile.

wring smth. out of smb., to a smulge cuiva ceva; a reuși să obții ceva de la cineva.

wring water from a flint, to a scoate apă și din piatră seacă.

write a good hand, to a scrie frumos/caligrafic, a avea o scriere frumoasă.

write a hand like a foot, to *înv.* a scrie ca laba gâștii.

write a part/smb. out of a script/a T.V. play, to a elimina pe cineva/rolul cuiva dintr-un scenariu/o piesă pentru televiziune, făcând personajul să moară.

write away/off for smth., to a scrie pentru/comanda ceva *(la un magazin, o editură etc.)*.

write for a paper, to a fi jurnalist; a colabora la un ziar.

write in a candidate's name, to *elect.* a adăuga numele unui candidat pe un buletin de vot.

write in/on water, to *fig.* a clădi pe nisip; a fi perisabil.

write off a debt/an amount of money, to a renunța la încasarea unei datorii/sume de bani, considerând-o irecuperabilă.

write off a vehicle, to a avaria un vehicul în așa măsură încât nu mai are nici o valoare/nu merită reparat; **the write-off value of a car** suma plătită de o societate de asigurări pentru o mașină grav avariată.

write oneself down, to I. *rar.* a se iscăli. **2.** a se descrie/prezenta în scris.

write oneself out, to *(d. un scriitor, un artist)* a-și epuiza ideile/forța creatoare; a-i seca inspirația/ vina; a fi terminat.

write one's name across another's, to *sl.* a lovi pe cineva peste față; a trage cuiva o palmă.

write sad stuff, to a scrie foarte prost; a fi un scriitor slab.

write smb. down as ..., to I. a descrie/prezenta pe cineva drept/ca. **2.** a considera/socoti pe cineva drept ...

write smb./smth. off as ..., to a desconsidera/ eticheta/elimina pe cineva/ceva din discuție ca fiind ...

write smth. into a document, to a adăuga/a insera ceva *(o clauză etc.)* într-un act/document.

write smth. out in full, to a scrie ceva fără prescurtări/pe larg.

write smth. up, to I. a scrie ceva într-o formă detaliată/mai îngrijită. **2.** a face o recenzie unei cărți/piese de teatru etc. *(într-un periodic).*

write word (of), to *înv.* a comunica/trimite un mesaj (în scris).

writhe under an insult, to a se crispa/a suferi din cauza unei insulte.

writ large I. scris cu litere mari/groase. **2.** evident; care sare în ochi. **3.** scris/prezentat într-o formă exagerată.

written all over smb. *(d. caracterul, profesia cuiva)* **be ~** a fi evident; a se cunoaște de la distanță; a defini pe cineva; a se observa de la prima vedere.

wrong side out, the întors pe dos.

wrought up încordat; frământat; neliniștit; **to get ~ over smb.** a se neliniști/alarma de ceva/din cauza unui lucru.

Y

yawn one's head off, to a căsca de-ți trosnesc fălcile.

yawn one's life away, to a-și petrece viața plictisindu-se; a trândăvi; a nu face nimic în viață.

yea and nay ← *înv.* da și nu.

year in, year out în fiecare an; an după an.

ye gods and little fishes! *interj. iron.* Doamne sfinte!

yellow as a crow's foot/a guinea/as gold, (as) galben ca șofranul/ca aurul.

yet again/once more încă o dată.

yet a moment numai o clipă încă/mai stai o clipă.

yet awhile după un oarecare timp; *(folosit de obicei în prop. negative)* **it is not ~** nu e încă timpul/momentul; va mai dura/întârzia un timp.

yet time serves este încă timp.

yield a point to smb., to a ceda în fața cuiva asupra unui punct; a admite punctul de vedere al cuiva într-o singură chestiune.

yield a profit/dividends, to a aduce profituri/beneficii/dividende.

yield consent to smth., to a-și da consimțământul la ceva.

yield ground, to *și fig.* a ceda terenul.

yield oneself prisoner, to a se preda; a se constitui prizonier.

yield (up) one's breath/life/soul/spirit, to *înv.* a-și da duhul; a muri.

yield poorly/well, to *(d. un pământ)* a produce recolte slabe/bune; a fi sărac/fertil.

yield the ghost, to *F v.* yield (up) one's breath.

yield the palm to smb., to a ceda/lăsa cuiva cinstea/meritul/distincția; *v. și* yield the pas.

yield the pas/*amer.* **the track to smb., to** 1. a lăsa pe cineva să o ia înainte; a da cuiva întâietate/cale liberă. 2. a se supune cuiva.

yield to nobody in courage, to a nu fi întrecut de nimeni în curaj; a fi mai curajos decât oricare altul.

yield to reason/to a suggestion, to a fi rezonabil; a se lăsa convins de argumente raționale; a asculta de o sugestie/un sfat.

yield to superior numbers, to a ceda în fața/din cauza superiorității numerice (a celorlalți).

yield to temptation, to a ceda (în fața) ispitei.

yield to times, to a se supune vremurilor; *aprox.* a merge în pas cu vremea.

yield under pressure, to a ceda forțat/în fața unei presiuni.

yield up smth. to smb., to a preda ceva *(un oraș, o garnizoană, o poziție strategică)* inamicului; a capitula în fața cuiva.

you are another! și tu (ești) la fel; tu vorbești?

you are getting warm! *F* te apropii; cam pe acolo.

you are not the only pebble on the beach *prov.* nu e numai un câine scurt de coadă.

you are welcome! 1. fii binevenit; ești binevenit/primit cu plăcere. 2. n-ai de ce; pentru puțin. 3. îți stau la dispoziție; te rog; cum să nu; cu plăcere!

you bet; betcha! *amer. F* te cred! bineînțeles!

you bet your boots/bottom/last dollar/life *v.* **I'll bet a cookie.**

you can have no more of a cat but/than her skin *prov.* nimeni nu poate da mai mult decât are.

you cannot flay the same ox twice *prov.* nu poți lua două piei de pe bou.

you cannot get/take blood out of a stone *prov. aprox.* de unde nu-i, nici Dumnezeu nu cere.

you cannot judge a tree by its bark nu te uita la haine ci la ce este în haine.

you cannot make a silk purse out of a sow's ear *prov.* din coadă de câine sită de mătase nu se mai face.

you cannot teach old dogs new tricks *prov.* calul bătrân cu greu se învață la ham.

you can take a horse to the water, but you cannot make him drink *prov.* poți duce omul până la ușa bisericii, dar cu sila nu-l poți cununa.

you can take my word (for it) crede-mă; îți spun pe cuvânt.

you can't eat your cake and have it *prov.* nu poți fi și cu varza unsă și cu slănină în pod.

you can't make a horn of a pig's tail *v.* **you cannot make a silk purse out of a sow's ear.**

you can't put it in the bank *amer.* 1. nu-i mare lucru; nu-i cine ştie ce. 2. n-are nici un sens/*F→* chichirez.

you can't think ... nici nu-ţi închipui/imaginezi.

you can't touch pitch without being defiled *prov.* cine umblă cu fier, se umple de rugină; cine se amestecă în tărâţe îl mănâncă porcii.

you could have heard a pin drop se putea auzi şi musca.

you could have knocked me down with a feather *F* am rămas înlemnit/cu gura căscată; să cad jos nu alta!

you'd be all the better for ... o să-ţi prindă bine; n-o să-ţi strice.

you'd better believe it/me ascultă de mine/ce-ţi spun eu.

you don't say (so)! ce vorbeşti? nu mai spune! e posibil (una ca asta)? ei, lasă-mă!

you got rocks in the/your head? *amer.* *F* ce, ai băut gaz? nu ţi-e bine?

you had better/best *(cu inf.)* ai face mai bine să ...; cel mai bine ar fi să ...

you have only yourself to thank for it numai tu eşti de vină; ţi-ai făcut-o singur/cu mâna ta; supără-te pe tine însuţi!

you know what 1. îţi dai seama. 2. ~ ? ştii ce?

you'll be a man before your mother! *glum.* lasă, că o să creşti tu mare!

you made your bed, now lie on it! ţi-ai făcut-o singur/cu mâna ta, acum spală-te pe cap cu ...; suferă consecinţele.

you make me tired! *amer.* *F* încetează! mă plictiseşti!

you may depend upon it *F* poţi fi sigur de asta, n-ai nici o grijă!

you may go farther and fare worse *prov.* cine nu e mulţumit cu ce are poate să dea de mai rău; *aprox.* mai bine/e duşmanul binelui.

you may rest assured poţi fi convins/sigur.

you may take it from me crede-mă pe cuvânt; ascultă ce-ţi spun eu.

you may take my word for it *v.* **you can take my word (for it).**

you may well say so! *F* curat! chiar aşa! că bine zici!

you may whistle for it! poţi să te ştergi/lingi pe bot! poţi să-ţi iei adio! poţi să-i pui cruce! pune-i sare pe coadă! prinde orbul scoate-i ochii.

you must have come out of the ark *glum.* parcă ai căzut din lună; de unde ai picat?

you must learn to creep before you walk *prov.* *aprox.* înainte de a porunci, învaţă a te supune.

you mustn't squal! *amer.* *F* ţine-te tare! cu curaj! poartă-te ca un bărbat!

you must spoil before you spin *prov.* meseria se învaţă cu încetul; *aprox.* nimeni nu se naşte învăţat.

you never can tell nu se ştie niciodată/ca pământul.

you never know what you can do till you try nu poţi şti ce-ţi poate capul, până nu încerci; *aprox.* încercarea moarte n-are.

you ears must have burnt/must have been tinglling *F* n-ai sughiţat?

you're on it *amer.* *sl.* ai nimerit-o; aia e! s-a făcut!

you're scarcely out of the shell yet *F* de abia ai ieşit din găoace/ou.

you're telling me! *v.* **don't tell me.**

your health! în sănătatea ta/d-tale!

you roll my log and I'll roll yours *aprox.* o mână spală pe alta şi amândouă obrazul.

yours faithfully/truly 1. *(formulă de încheiere a unei scrisori)* al d-tale/d-voastră; cu stimă. 2. *glum.* **yours truly** subsemnatul.

your trumpeter's dead *iron.* grozav mai eşti! văd că ştii să te lauzi! ţi-au murit lăudătorii.

you said it! chiar aşa; n-am spus-o eu; tu ai spus-o!

you took me up wrong m-ai înţeles greşit; ai dat o falsă interpretare cuvintelor/atitudinii mele.

you've been (and gone) and done it *F* frumoasă ispravă/treabă ai mai făcut!

you want it up there! *F* n-ai minte? foloseşte-ţi mintea/judecata; pune-ţi mintea la contribuţie/la teasc.

you were born in the ark *v.* **you must have come out of the ark.**

Supliment

Expresiile marcate cu asterisc apar în supliment.

A

accidentally on purpose *iron.* ca din întâmplare.

action stations! *F* șase! păzea! fiți pe fază! atenție!

against the clock *(d. o cursă, activitate intensă etc.)* contra cronometru.

agree to differ, to a rămâne fiecare la părerea lui.

alike/like as two peas (in a pod), (as) seamănă/ semănau ca două picături de apă.

all but the kitchen sink *v.* **everything except the kitchen sink*.**

all in *(d. costul micului dejun etc. în unele hoteluri)* inclus (în tariful camerei).

am I my brother's keeper? ce-mi pasă mie de treburile altora? treaba lui/lor, ce-mi pasă mie?

and Bob's/bob's your uncle ← *F* și gata; și asta-i tot (ce-i de făcut; nimic mai simplu); s-a aranjat; totul e în regulă.

(and) the best of British! ← *F* îți doresc noroc! să dea Dumnezeu! *(adeseori exprimă scepticismul vorbitorului).*

and the devil take the hindmost! *F* scape cine poate!

and what have you *F* și mai știu eu ce; câte și mai câte; și așa mai departe.

and what not *F* știu eu ce; câte și mai câte; și așa mai departe.

any day (of the week) ← *F* în orice moment; oricând (chiar și acum).

around the clock 24 de ore din 24; tot timpul (fără întrerupere).

as the actress said to the bishop ← *F glum.* în sensul propriu al termenului *(expresie folosită pentru a sublinia caracterul non-licențios al unui termen ambiguu întrebuințat anterior).*

at a rate of knots *F* cu mare viteză; în mare goană/ fugă.

at full tilt *F* cât îl țin picioarele; cu toată viteza.

at one's elbow *(d. lucruri)* la îndemână; lângă cineva.

at smb.'s elbow *(d. persoane)* în preajma cuiva; lângă cineva.

at/on the double 1. în pas forțat; în pas de marș. **2.** imediat; fără nici o întârziere; chiar acum.

at the end of the day până la urmă; la o adică.

B

back to the drawing board! *glum.* înapoi la planșetă! înapoi la masa de lucru! trebuie să reluăm totul de la început! *(expresie folosită în legătură cu o experiență eșuată).*

balance accounts (with smb.), to a(-i) plăti (cuiva) cu aceeași monedă pentru a fi chit.

ball is in smb.'s court, the este rândul cuiva să acționeze/să ia decizii.

bat on a sticky wicket, to ← *F* a fi într-o situație precară/(practic) fără ieșire; *F* → a fi în pom.

be a bit of all right, to *F* **1.** *(d. o femeie)* a fi o bucățică bună. **2.** *(d. ceva)* a fi (ceva) pe cinste/ clasa întâi.

be a clever Dick, to ← *F (d. cineva)* a se crede atotștiutor; *F* → a se crede buricul pământului.

be a far cry from (smth.), to *F* a fi departe de (ceva); a nu suferi comparație cu (ceva). *v.* **be worlds apart.**

be all gong and no dinner, to *glum. v.* **be all mouth and trousers.***

be all mouth and trousers, to *F* a fi numai gura de cineva; a înșira moși-pe-gogoși; a face pe grozavul.

be along for the ride, to ← *F* a fi doar un chibiț/ observator/însoțitor; a fi „cu grupul".

be a new one on smb., to a fi ceva nou pentru cineva.

be anybody's guess, to *(d. un eveniment, rezultat etc.)* a fi nesigur; incert; **this is ~** asta nu se poate şti/spune, asta e greu de spus.

be a smart Aleck, to *F v.* **be a clever Dick.***

beat/play smb. at his own game, to a bate pe cineva cu propriile lui arme; a fi mai „tare" decât cineva; a lăsa pe cineva de căruţă.

beat the (living) daylights out of smb., to *F v.* **beat the (living) tar out of smb.**

beat/bang the drum, to a bate toba; a susţine sus şi tare.

beat (the) hell out of smb., to *F v.* **beat the (living) tar out of smb.**

be/get bitten by the bug, to *F* a fi microbist.

be catch 22/twenty-two, to ← *sl. (d. o situaţie)* a fi fără ieşire/soluţie.

be cheesed off with smth., to *F v.* **be fed up with smth.**

be done up like a dog's dinner, to *F peior. v.* **be dressed up like a dog's dinner.***

be dressed/done up like a dog's dinner, to *F peior.* a fi împopoţonat.

be far gone, to **I.** *(d. un obiect sau persoană)* a nu mai avea zile multe *(şi fig.).* **2.** *(d. o persoană)* a fi „făcut"/ameţit bine *(de băutură).*

be (strictly) for the birds, to *amer. sl. (d. o activitate)* a-i displăcea cuiva profund; **this is ~** asta s-o facă alţii, nu eu; de aşa ceva mă lipsesc bucuros.

be full to the scuppers, to *F* a fi mâncat ca un spart; a simţi că plesneşte de atâta mâncare.

be gone on smb./smth., to *F* a fi amorezat de cineva/ceva; *F →* a se da în vânt după cineva/ceva.

be/stand head and shoulders above smb., to *fig.* a fi cu un cap mai înalt decât cineva.

be/stand head and shoulders above smth., to *v.* **be streets ahead.***

be/take Hobson's choice, to *v.* **have Hobson's choice.**

be (just) hot air, to *F* a fi (doar) simple vorbe/vorbe goale.

be in a class by oneself/itself, to *v.* **be in a class of one's own.***

be in a class of one's/its own, to a nu avea/a fi fără pereche/egal/seamăn; a fi cu totul aparte/deosebit.

be (all) in a fog (about smth.), to *F* a nu avea habar/idee (de ceva).

be in bad with smb., to *amer. sl.* a se avea prost cu cineva; *F →* a se fi stricat cu cineva.

be in the air, to *F (d. un eveniment)* a fi posibil/probabil (să aibă loc).

be in the altogether, to *F glum.* a fi gol-goluţ/gol puşcă; a fi în costumul lui Adam.

be in the black, to *F* a avea bani (depuşi) în bancă; a avea sold creditor.

be in the can, to *F (d. un lucru)* a fi ca şi făcut.

be in the doghouse, to ← *F glum.* a fi în dizgraţie; *(d. un soţ)* a fi ţinut din scurt/„în lesă" *(de către soţie).*

be in the pipeline, to a fi de actualitate; a fi iminent; a fi pe tapet/pe agenda de lucru; a fi la ordinea zilei.

be in the red, to *F* a nu mai avea bani în bancă; a avea sold debitor.

bend over backwards, to ← *F* a nu precupeţi nici un efort *(pentru a fi cuiva agreabil sau util).*

be off (the) beam, to **I.** a nu avea dreptate; a avea idei/păreri greşite *(referitor la ceva).* **2.** *fig.* a fi pe o pistă greşită.

be on a sticky wicket, to *F v.* **bat on a sticky wicket.***

be on cloud nine/Cloud Nine/Cloud 9, to *F* a fi în al nouălea cer.

be on (the) beam, to **I.** a avea dreptate; a avea idei/păreri corecte *(referitor la ceva).* **2.** *fig.* a fi pe o pistă bună.

be on the blink, to ← *F (d. radio, televizor, picup etc.)* a fi defect.

be on the breadline, to a o duce (din) greu; a trăi de azi pe mâine.

be out for the count, to ← *F* **I.** a fi leşinat; a-şi fi pierdut cunoştinţa. **2.** *glum.* a dormi dus.

be out of the picture, to a nu mai fi în miezul problemelor; a nu mai fi la curent cu ceva.

be round the bend/twist, to *F* a fi (dus/plecat) cu mintea la plimbare/prin vecini; a fi zmucit din ferăstrău.

be saved by the bell, to ← *F* a fi salvat la timp *(dintr-o situaţie neplăcută).*

be streets ahead (of smth.), to ← *F* a fi cu mult superior (unui lucru); *F →* a bate cu mult.

be taken short, to *F* **I.** *(eufemistic)* a-l apuca (brusc) nevoile. **2.** a fi luat prin surprindere/nepusă masă; a fi prins pe picior greşit/nepregătit.

be the cat's whiskers, to *F* a fi/a se crede buricul pământului.

be/feel the odd man out, to a fi/a se simţi străin/stingher/un intrus/„om în loc" *(într-o societate).*

be (the) tops, to *F (d. lucruri)* a fi prima (întâi); *(d. persoane)* a fi clasa întâi.

be up against it, to a fi într-o situaţie dificilă/precară/critică; a avea probleme/încurcături/neplăceri.

be/rise up in arms (about/against), to *F* a fi furios/foc (de mânie)/foc şi pară (din cauza/în privinţa);

a fi revoltat (din cauza/împotriva); a fierbe de mânie (din cauza); a se face foc (de mânie)/foc şi pară (din cauza); a se revolta (din cauza/împotriva); a tuna şi fulgera (împotriva).

be up in the air, to *F* **1.** a fi în al nouălea cer (de bucurie). **2.** *(d. planuri etc.)* a fi nefixat/neprecizat/ nesigur; a fi (încă/doar) în fază de proiect.

be up the creek (without a paddle), to *F* **1.** *fig.* *(d. cineva)* a fi în pom/aer; a-şi găsi beleaua. **2.** *(d. date, informaţii etc.)* a fi eronat.

be worlds apart, to a fi la antipod; a fi departe (unul de altul) ca cerul de pământ.

be worn to a frazzle, to *F* a fi frânt de oboseală.

big deal! *sl.* (ce să spun) mare ispravă! mare scofală (n-am ce zice!)

big thrill! *sl. v.* **big deal!*****

bleed white, to a stoarce de ultimul ban; a exploata (financiar) la sânge.

blow me! ← *F* ia te uită! *(exprimă surpriza sau indig- narea).*

blow the whistle on smth., to ← *F* a pune capăt unui lucru *(cu care nu eşti de acord).*

bore the pants off smb., to ← *F* a plictisi pe cineva la culme/de moarte; a-l bate la cap cu prostii; a-l „omorî" cu prostii.

breathe down smb.'s neck, to **1.** *(într-un cla- sament)* a fi la distanţă mică de cineva *(un concu- rent).* **2.** a supraveghea pe cineva îndeaproape *(la lucru);* a nu-l slăbi din ochi; a fi cu ochii pe cineva.

bring down about smb.'s ears, to *F* a da/duce de râpă *(o organizaţie, proiecte etc.);* a da peste cap; a face să cadă.

bring home the bacon, to a aduce bani în casă/ acasă.

bring smb. in from/out of the cold, to a reabilita pe cineva; a-i ridica cuiva o sancţiune/pedeapsă *(direct sau indirect);* a-i întinde cuiva o mână.

bring the roof down, to ← *F* a face un zgomot infernal (de se dărâmă pereţii).

brush under/underneath/beneath the carpet, to a da uitării; a şterge cu buretele *(ceva neplăcut).*

bugger all! *sl.* absolut nimic.

bugger it! *sl. v.* **damn it!**

bugger this for a game of soldiers! *F v.* **bugger this for a lark.***

bugger this for a lark! *F* m-am săturat de (treaba) asta până peste cap! să nu mai aud de (treaba) asta; să n-o mai văd!

bum smth. off smb., to *amer. sl.* a tapa pe cineva de ceva.

by a whisker ← *F* la un pas *(de victorie etc.);* *F →* *(a pierde etc.)* la mustaţă.

by bush telegraph ← *F* din auzite; din vorbă-n vorbă; *glum.* de la radio-şanţ.

by the cringe *sl. glum.* să fiu al naibii dacă (nu) ... *(exprimă surpriza sau indignarea).*

C

call it a night, to; let's ~ gata (cu munca)! (am muncit) deajuns pentru (ziua de) azi! *(Spre deosebire de* **call it a day,** *se foloseşte numai seara târziu, mai ales înainte de culcare).*

camp it up, to *F* a-şi da aere; a face pe grozavul/ nebunul.

carry the world before one, to *v.* **carry all before one.**

catch one's death (of cold), to a răci cobză; a fi răcit cobză/mort.

catch smb. with his pants/trousers down, to ← *F* a lua pe cineva prin surprindere/pe nepusă masă; a (sur)prinde pe cineva nepregătit/pe picior greşit.

chance one's arm, to ← *F* a-şi încerca norocul.

change/shift gear, to ← *F* a acţiona mai repede şi/ sau mai bine decât înainte; *F →* a-i da bătaie cu toată forţa/viteza.

charge smb. an arm and a leg, to *F* a-i cere cuiva o groază de bani *(drept plată).*

chase (after) rainbows, to a visa castele în Spania; a umbla după/a căuta potcoave de cai morţi.

cheezit! *amer. sl. v.* **action stations!*** şi **cheese it!**

cling on to smth. like grim death, to *F* a se ţine de ceva ca scaiul de oaie/ca râia de om.

cling to smb. like a leech, to *F* a se ţine scai/umbră de cineva.

coin it (in), to *F* a încasa/face bani frumoşi.

come hell or high water ← *F* cu orice preţ; fie ce-o fi; întâmplă-se ce s-o întâmpla.

come in from/out of the cold, to *fig.* a fi din nou băgat în seamă/reabilitat; a fi din nou (re)pus în porţie *(după o perioadă de dizgraţie sau ignorare).*

come into the picture, to a avea (o) legătură cu ceva; a avea de-a face cu ceva; a fi luat în con- siderare.

come it over/with smb., to *F* a-şi da aere faţă de cineva; a face pe grozavul; a se ţine/umbla cu nasul pe sus.

come the heavy hand (with smb.), to **1.** a-i forţa cuiva mâna. **2.** a lua „tare" pe cineva.

come unstuck, to *(d. cineva)* a se dezumfla (ca un balon).

cost a bomb/packet, to *F* a costa o groază de bani.

cost smb. an arm and a leg, to *F* a costa pe cineva o groază de bani; a costa o avere.

cost the earth, to *F* a costa o groază de bani.

count one's blessings, to a socoti și dezavantajele unei situații personale *(într-o analiză obiectivă)*.

crack the whip, to ← *F* a face act/uz de autoritate; a conduce cu autoritate despotică/*fig.* cu biciul *în mână*.

cramp smb.'s style, to ← *F (d. o acțiune)* a face pe cineva să nu se simtă în largul său/să aibă trac; a-l incomoda/stingheri/deranja.

cross one's heart and hope to die, to; ~ my ~! să mor (eu) dacă te mint! **~ your ~?** zii zău!

cry buckets, to ← *F* a plânge mult; a-i curge lacrimile șiroi/șiroaie.

cut corners, to a face ceva/treabă de mântuială; *fig.* a o lua pe scurtătură.

cut it close, to *v.* **cut it fine.**

cut/slit one's (own) throat, to *fig.* a se sinucide; a-și trage (singur) un glonț în cap; a-și tăia singur craca de sub picioare.

cut up nasty, to *F v.* **cut up rough.**

D

daft as a brush, (as) prost ca noaptea; prost de dă-n gropi.

damn all *sl.* absolut nimic.

damn it! *sl.* la/pe dracu!/naiba! fir-ar să fie! (ei) drăcia dracului!

damn me! ← *F* ia te uită! *(exprimă surpriza sau indignarea)*.

darn me! *F v.* **damn me!***

dead and buried! 1. *(d. persoane)* oale și ulcele. 2. *(d. o chestiune)* înmormântată; îngropată, dată uitării.

dead and gone *v.* **dead and buried** 1.*

dead as a/the dodo, (as) ← *F* complet dispărut/ demodat.

deliver/produce the goods, to *F* a-și face datoria; a-și îndeplini sarcinile *(de producție etc.);* a da rezultatele scontate.

dice with death, to a se juca cu moartea.

Did you ever! *F* s-auzi și să nu crezi!

die the death, to ← *F (d. un actor etc.)* a nu avea succes la public.

die with one's boots on, to a muri în plină activitate; a muri la locul de muncă.

dip one's wick, to ← *sl.* a avea relații sexuale cu cineva.

do bird, to *sl.* a sta la pârnaie.

dog eat dog; it's ~ *F* e (o luptă) care pe care; pe viață și pe moarte.

do me/us a favour! *sl.* asta să i-o spui lui mutu!

don't give me that! *F* termină cu fleacurile astea! scutește-mă de prostiile astea! încetează cu poveștile/gogoșile astea!

do one's nut, to *F* a face urât *(de furie)*.

do one's (own) thing, to ← *sl.* a face exact ce vrea/ ce-i place.

do smth. to death, to a face să se banalizeze/a „ucide" *(o expresie-clișeu, o melodie, o piesă de teatru etc. prin repetare abuzivă)*.

do the downy on smb., to *F* a-i face cuiva o murdărie/porcărie/măgărie.

down the hatch! *F* noroc! la mulți ani! *(ciocnind paharul)*.

down under ← *F* din/în Australia sau din/în Noua Zeelandă.

drag one's feet/heels, to *fig.* a se mișca/urni greu *(din lipsă de interes etc.);* a face ceva cu încetinitorul.

draw a bead on (smb./smth.), to *(și fig)* *F* a ochi (pe cineva/ceva).

drop into smb.'s lap, to *F v.* **fall into smb.'s lap.***

dry as dust, (as) *(d. persoane, cărți etc.)* plicticos la culme.

d'you want jam on it? ← *F* (și) tot nu-ți ajunge/nu ești mulțumit? vrei și luna de pe cer?

E

earn a bomb, to *F* a câștiga o groază de bani.

easier said than done (e) ușor de spus.

eat, drink and be merry! să ne bucurăm de viață (cât suntem tineri).

eat like a horse, to *F* a mânca cât șapte/zece; a mânca de parc-ar fi spart.

enough to make a saint swear *v.* **enough to make the angels weep.***

enough to make the angels weep (ceva) strigător la cer; (ceva) ce ar scoate din răbdări până și un înger/sfânt; sfânt/înger să fii și tot n-ai putea suporta (așa ceva).

ever so (much) *F* foarte (mult).

every mother's son (of them/you) *F v.* **every man Jack.**

everything comes to him who waits cu răbdarea treci/se trece marea.

everything except the kitchen sink tot calabalâcul; tot din casă.

every Tom, Dick and/or Harry *F* tot omul; oricine; **not just ~** nu fitecine.

excuse my French! *glum.* scuzaţi vorba ruşinoasă; iertaţi-mă că vorbesc aşa (urât) *(şi* **if you'll ~!**).

eyeball to eyeball ← *F* faţă în faţă; vis-à-vis.

eyes down! (vă rog) atenţie!

F

fail to see the wood for the trees, to a nu vedea pădurea din cauza copacilor.

fair do's! *F* fii cinstit! recunoaşte drept!

fair's fair *F* să fim cinstiţi/drepţi; să recunoaştem cinstit; să spunem drept.

fall apart at the seams, to *v.* **come apart at the seams.**

fall by the wayside, to *fig.* a renunţa să mai lupte; a abandona lupta *(ca urmare a decepţiei/oboselii/ insuccesului etc.).*

fall down about smb.'s ears, to *F (d. organizaţie, proiecte etc.)* a se da/duce de râpă; a cădea; a fi dat peste cap.

fall foul of smb., to *F* a se strica/certa cu cineva; a se pune rău cu cineva.

fall foul of the law, to *F* a fi certat cu legea.

fall into smb.'s lap, to *F* a cădea cu hârzobul din cer.

fall off one's chair, to *fig.* a cădea de pe scaun *(la aflarea unei noutăţi).*

fall off the back of a lorry, to ← *F glum. (d. marfă)* a fi furat.

fall overboard for, to *F v.* **go overboard for.**

fancy one's chances, to ← *F* a crede că are şanse (de reuşită).

fancy smb.'s chances, to ← *F* a crede că cineva are şanse (de reuşită).

Fanny Adams ← *F* (absolut) nimic.

fan the fire, to *v.* **fan the flame.**

far out *amer. sl.* **1.** *adj.* haios; (foarte) mişto; de milioane. **2.** *interj.* excelent! straşnic!

fasten your safety belt! *F glum.* ţine-te bine (că-i dau bătaie) *(expresie folosită de conducătorul unui autovehicul).*

feel free! te/vă rog *(exprimând acordarea permisiunii);* **Do you mind if I smoke? — ~!** Îmi permiteţi să fumez/Se poate fuma? — (Da, desigur) Vă rog!

feel like death (warmed up), to ← *F* a se simţi mizerabil *(după o boală etc.).*

feel one degree under, to ← *F* a nu se simţi prea bine.

feel one's ears burning, to *fig.* a „sughiţa" când este pomenit (de rău) de cineva.

feel several degrees under, to ← *F* a se simţi prost de tot.

feel smb.'s collar, to *sl (d. un poliţist)* a înhăţa/ umfla un răufăcător sau un suspect.

feel the pinch, to ← *F* a (re)simţi (dureros) lipsa banilor; a trece printr-o perioadă acută de lipsuri (şi privaţiuni).

few and far between rar; marfă rară.

fill dead men's shoes, to ← *F* a profita de pe urma morţii cuiva *(ocupând locul rămas vacant etc.).*

fill the bill, to *(d. cineva)* a fi persoana potrivită (la locul potrivit); a corespunde (întru totul) aşteptărilor/nevoilor.

fill the breach, to *fig.* a umple un gol.

finders keepers *aprox.* cine găseşte un obiect (pierdut) are dreptul să îl păstreze.

fit as a fiddle/flea, (as) *(d. condiţie fizică)* perfect; admirabil; în formă.

fit to bust/burst foarte mult; din răsputeri; din greu *(expresie folosită pentru a întări acţiunea exprimată de verb).*

flat out *F* **1.** *adj.* epuizat; dărâmat; la pământ. **2.** *adv.* din răsputeri.

flutter one's eyelashes (at), to *(d. o femeie)* a-şi da ochii peste cap; a face (cuiva) ochi dulci.

fly in the face of smb./smth., to *F (d. cineva)* a duce o luptă neîmpăcată/un război deschis cu cineva/ceva; a fi adversarul declarat al cuiva/a ceva; a sfida pe cineva/ceva.

foot it, to ← *F* **1.** a merge pe jos; a străbate o distanţă pe jos. **2.** *F →* a o tuli; a o zbughi; a o lua la sănătoasa; a o rupe la fugă.

footloose and fancy free liber ca păsările cerului *(mai ales despre celibatari).*

force smb. into a corner, to *v.* **drive smb. into a corner.**

for crying out loud *F* **1.** (şi) pentru numele lui Dumnezeu *(expresie folosită pentru a întări o recomandare, un ordin etc.).* **2.** a, nu! asta-i prea de tot! *(folosită singură, expresia indică indignarea).*

forget about it! *F v.* **forget it!***

forget it! *F* **1.** las-o baltă; nu te mai osteni *(exprimând renunţarea vorbitorului).* **2.** e-n regulă; nu te preocupa de asta *(exprimând intenţia vorbitorului de a rezolva singur problema).*

for the duration pe timp nelimitat.

for the record (o spun) ca să se ştie/să se consemneze în scris; *glumeţ →* (o spun) pentru istorie.

for toffee ← *F* deloc; câtuşi de puţin; *F →* nici de doi lei; oricât s-ar căzni.

free and easy *(d. persoană sau atmosferă)* prietenos; sociabil; natural; destins; apropiat; nesofisticat; fără morgă/fasoane.

fresh as a daisy, (as) proaspăt ca un trandafir.

frighten/scare the pants off smb., to *F glum.* a face pe cineva să se „ude" de frică.

frighten/scare the shit/piss out of smb., to ← *vulg. v.* **frighten the pants off smb.***

fuck it! *sl. vulg. v.* **damn it!***

fuck me! *sl. vulg. v.* **damn me!***

full out! *v.* **flat out 2.***

full speed/steam ahead! dați-i zor/bătaie (să terminăm treaba mai repede).

G

get a kick in the teeth, to *F* a i se întoarce spatele; a fi trimis să se plimbe; a i se râde în nas; a fi tratat cu o lipsă brutală de considerație.

get/have an/the edge (on/over), to ← *F* a obține/ a avea un avantaj (net)/avantajul (asupra).

get in a lather, to *F* a-și face nervi/sânge rău; a-l apuca nevricalele/pandaliile/toți dracii.

get in on smb.'s/the act, to *sl.* a se băga/a intra pe fir.

get into (dead) lumber, to ← *F* a da de/a intra în bucluc, a da de belea; a o încurca, a o sfecli.

get into the groove, to *F* a prinde chef, a-și da drumul, a se bine dispune (la o petrecere); a se simți bine; a petrece, a se distra.

get into the hang of smth., to a căpăta deprinderea/obișnuința/îndemânarea/ușurința de a face ceva/de a folosi un lucru; a se obișnui cu ceva; a-i prinde rostul/șpilul; a-i da de rost/capăt.

get it (all) together, to *sl. mai ales amer. (d. cineva)* a se aduna (de pe drumuri); a pune ordine în gânduri/în activitatea/viața sa.

get knotted/stuffed! *sl.* fugi de-aici! ia mai slăbește-mă! mai du-te și-n moașe-ta/și naibii! hai sictir!

get little/no change from/out of smb., to ← *F* a-i fi cineva de (prea) puțin ajutor/folos, a nu-i fi cineva de (prea) mare/nici un ajutor/folos; a nu obține/scoate/smulge (mai/aproape) nimic de la cineva; a se alege cu prea puțin/a nu se alege (mai) cu nimic de la cineva; *F →* a nu face nici o brânză cu cineva; a-și bate gura degeaba cu cineva.

get nowhere, to a nu ajunge nicăieri/la nici un rezultat; a nu face nici un progres; a se înfunda.

get ones' claws into/have one's claws in smb., to *F* I. a avea un dinte împotriva/contra cuiva; a se lega/lua de cineva; a nu avea ochi să vadă pe cineva. **2.** *(d. o femeie)* a pune gheara pe cineva *(pe un bărbat, mai ales pentru a se căsători cu el).*

get/pull one's finger out, to *F* a nu mai sta cu degetul în gură/cu brațele încrucișate și a se apuca/ pune pe treabă.

get/have one's knickers in a twist, to ← *F adeseori glum.* a se pierde, a-și pierde capul, a se zăpăci, a-l apuca năbădăile/pandaliile.

get one's knife into smb., to *F* a avea un dinte împotriva cuiva; a-i purta cuiva sâmbetele.

get one's lines/wires crossed, to *F v.* **have one's lines/wires crossesd.***

get/have one's sights (lined up) on smb./smth., to *v.* **get/have smb./smth. (lined up) in one's sights.**

get one's skates on, to ← *F* a se grăbi.

get one's tongue round smth., to *F* ← a pronunța/ rosti ceva corect.

get out of line, to *v.* **step out of line.**

get out of the hang of smth., to *v.* **lose the hang of smth.***

get short change, to ← *F* a nu (prea) fi luat în seamă, a nu-l (prea) lua nimeni în seamă; a nu se uita nimeni la el; a nu-l asculta nimeni; *F →* a vorbi în vânt/la pereți, a-și bate gura de pomană.

get smb. by the short hairs, to *F v.* **have smb. by the short hairs.***

get smb. into (dead) lumber, to *F* a băga pe cineva în bucluc, a vârî pe cineva în belea; a i-o face cuiva.

get/have smb./smth. (lined up) in one's sight, to a pune/a avea ochii pe cineva/ceva.

get/lead smb. nowhere, to a nu-i fi cuiva de nici un ajutor/folos; a nu-l ajuta pe cineva cu nimic; a nu-i fi de nici un/cu nimic de folos cuiva.

get straight, to ← *F (d. un delincvent sau o persoană care a fost necinstită)* a se face om cinstit; a reintra în rândurile oamenilor cinstiți; a călca din nou drept.

get stuffed! *sl. v.* **get knotted!***

get the brush-off, to *F* a fi trimis la plimbare/să se plimbe.

get the bullet, to *F* a fi pus pe liber/pe verde; a i se face vânt, a fi zburat (din slujbă); a primi plicul.

get the bum's rush, to *amer.* ← *F* a fi dat (pe ușă) afară; a fi trimis la plimbare.

get the butterflies in one's stomach/tummy, to ← *F* a avea nervi la stomac; a fi un pachet de nervi; a-l apuca emoțiile.

get the chop, to ← *F* **1.** a fi dat afară/*F* → pus pe liber, a primi plicul. **2.** a fi distrus; a fi omorât/ucis.

get the creeps, to *F* a-l trece un fior (pe șira spinării)/toți fiorii (la vedere), a se înfiora; a i se face pielea de găină/găinii.

get the edge (on/over), to ← *F v.* **get/have an/the edge (on/over).***

get the O.K./okay, to ← *F* a primi confirmarea/a fi confirmat; a primi aprobarea, a fi aprobat; a primi avizul, a fi avizat.

get the (old) heave-ho, to *F* a fi pus pe liber; a i se face vânt; a fi trimis la plimbare.

get/keep/put/set the record straight, to ← *F* a lămuri cum s-au petrecut/stau lucrurile; a pune lucrurile la punct; a rectifica/corecta o eroare; a clarifica situația/lucrurile; a fi clar/lămurit în privința acestui lucru/acestei situații.

get the show on the road, to *F* a urni treaba/lucrurile; a pune lucrurile pe picioare/roate.

get/receive the thumbs up, to a fi aprobat, a primi aprobarea/acordul (cuiva).

get the willies, to *F v.* **have the willies.***

get time on one's hands, to *v.* **have time on one's hands.***

get up smb.'s nose/tits/wick, to *F* a călca pe nervi/a agasa pe cineva.

get you! *sl.* fugi de-aici! las-o mai încet/moale! te bărbierești! gogoși!

ghost has just walked over (my/his/etc.) grave, a m-a/l-a/*etc.* trecut un fior; m-au/l-au/*etc.* trecut fiorii, am/a/*etc.* simțit că/cum mă/îl trece un fior; am/a avut un frison.

give as good as one gets, to a nu se lăsa/a nu rămâne mai prejos; a plăti cu aceeași monedă; a i-o întoarce (cuiva) pe limba lui; a riposta.

give her/it the gun, to *F* a-i da bătaie/benzină; a apăsa la maximum pe/a nu lua piciorul de pe accelerator; a accelera la maximum.

give on a plate, to *F v.* **hand on a plate.**

give or take cu excepția; în afară de.

give place to, to a fi urmat de; a ceda/lăsa locul (cuiva/unui lucru), a face loc (cuiva/unui lucru).

give short change, to ← *F* a nu prea lua în seamă; a nu da/acorda aproape nici o/prea mare atenție; a nu se uita la, a nu avea urechi pentru.

give smb. a (good) run for his money, to **1.** a da deplină satisfacție cuiva, a satisface pe cineva pe deplin. **2.** a-i trage cuiva un perdaf/frecuș/o săpuneală.

give smb. a kick in the teeth, to *F v.* **kick smb. in the teeth.**

give smb. an/the edge, to ← *F* a da cuiva un avantaj.

give smb. a rough ride, to *F* a freca pe cineva; a-i găsi cuiva nod în papură; a-i da cuiva dureri de cap; a-i face cuiva zile amare/fripte; a se purta rău cu cineva.

give smb. the bum's rush, to *amer.* ← *F* a da pe cineva (pe ușă) afară; a-i face cuiva vânt; a trimite pe cineva la plimbare.

give smb. the creeps, to *F* a face pe cineva să se cutremure/înfioare/să-l treacă toți fiorii.

give smb. the edge, to ← *F v.* **give smb. an/the edge.***

give smb. what for, to ← *F* a-i trage cuiva o săpuneală strașnică/de nu se vede/un refec/un tighel.

give the chop, to *F* **1.** a zbura (*pe cineva*)/a-i face vânt (*cuiva*) din slujbă, a pune (*pe cineva*) pe liber. **2.** a spulbera (*ceva*); a omorî, a ucide (*pe cineva*), *A* a achita (*pe cineva*).

give the game away, to *F* a se da de gol, a se scăpa/trăda.

give the O.K./okay (to smth.), to ← *F* a confirma/a aproba/a aviza (ceva).

give the (old) heave-ho, to ← *F* a se descotorosi/a scăpa de (cineva/ceva).

glory be! *F* Dumnezeule! sfinte Sisoe!

go a bomb, to *F v.* **go (like) a bomb.***

go a bundle on smth., to *F* a se da în vânt/a muri/a fi mort după ceva.

go adrift, to a dispărea; a se pierde; a fi furat.

go (and) jump in the lake/ocean/river/sea! *F* du-te și te culcă/spânzură!

go (and) put/stick your head in a bucket! *F v.* **go (and) jump in the lake/ocean/river/sea!***

go bust, to ← *F* a da faliment.

go cold all over, to a îngheța/încremeni/înlemni (de frică/spaimă); a-i îngheța inima de frică.

go down a bomb, to ← *F* a avea un succes grozav/nemaipomenit; a face furori; *F* → a fi trăznet.

go down/over big (with smb.), to *sl.* a avea mare succes/un succes grozav/nemaipomenit (la cineva); a fi un mare succes; a face furori.

go down like a bomb, to *F* a exploda ca o bombă, a avea efectul unei bombe; a fi/a produce o mare surpriză; a stârni senzație/vâlvă; a avea un efect dezolant; a produce o mare dezamăgire.

go down the Swanee, to *F* a se duce pe râpă; a nu mai face două parale; a nu mai fi ce/cum a fost.

go for a burton, to ← *F* a se spulbera, *fig.* → a cădea, a fi înmormântat, a se alege praful de (*ceva*); a fi omorât/ucis/*A* achitat/lichidat.

go (like) a bomb, to _F_ I. _(d. o marfă)_ a se vinde ca pâinea caldă/ca nimic/cât ai bate din palme/cu duiumul. **2.** _(d. un magazin/restaurant/afaceri etc.)_ a merge ca pe roate/strună, a prospera. **3.** _(d. un automobil etc.)_ a funcționa perfect; _F →_ a merge trăznet.

gone on _F_ îndrăgostit/pasionat de; aprins după; mort după.

good and + _adj. ← F_ foarte, complet, extrem de; _F →_ grozav de + _adj._

good grief! _F (exprimând surpriză sau neîncredere)_ Dumnezeule! Dumnezeule mare!

go off/over the edge, to _← F_ a înnebuni, a-și pierde mințile; _F →_ a se sona, a se scrânti (la cap), a se țicni.

go off the hook, to _F_ a scăpa din încurcătură/de belea.

go on record as + _vb. la forma_ -ing., **to** a (se) declara/anunța în mod public că ..., a se pronunța în mod public că ...

go on the waggon, to _← F_ a se abține de la băutură; a deveni abstinent; a se lăsa de băutură.

go out like a light, to a adormi instantaneu/într-o clipă; a-și pierde brusc cunoștința.

go over big (with smb.), to _sl. v._ **go down/over big (with smb.).***

go round in circles, to _fig._ I. a se învârti într-un cerc. **2.** a nu mai ști ce să facă, a nu ști ce să mai facă. **3.** a o lua pe departe/ocolite.

go smb.'s way, to _(d. ceva/lucruri/treburi)_ a-i ieși/a merge (așa) cum vrea cineva; a-i merge.

go strong, to I. _(d. cineva)_ a fi în formă/sănătos și voinic/în plină forță/vigoare; a se ține foarte bine/de minune. **2.** _(d. ceva)_ a fi în stare de funcționare; _F →_ a dudui.

go the distance, to _← F fig._ a scoate/a duce _(ceva)_ la capăt (bun); a rezista până la capăt.

go the way of smb., to a acționa/a proceda/a face/a păți la fel ca cineva.

go through the card, to _F v._ **go through the (whole) card.***

go through the roof, to _v._ **hit the roof.***

go through the (whole) card, to _← F_ a examina toate posibilitățile oferite; a chibzui/a cumpăni bine.

go to great length(s) (to), to a-și da multă osteneală, a face totul (pentru/ca).

H

half-and-half I. așa și așa. **2.** în mod egal, în părți egale.

hand in glove (with) mână în mână (cu); de comun acord (cu).

handle/treat with kid gloves, to _F_ a trata/a se purta cu mănuși, a trata cu grijă/menajamente.

hand on a plate, to _F_ a(-i) servi _(cuiva ceva)_ (ca) pe tavă.

hands down fără dificultate; cu ușurință; foarte ușor.

hang/hold on (to smth.) like grim death, to _← F_ a se ține cu toată puterea (de ceva); a se ține cu dinții (de ceva).

hang/hold on to your hat! _← F glum._ ține-te/țineți-vă bine!

hang/put the flags out, to _← F v._ **put the flags out.**

hang up one's boots, to _F mai mult glum._ a-și atârna pușca în cui; a-și încheia viața de muncă, a ieși la pensie.

hard and fast ferm, neabătut, neclintit.

hard cheddar! _← F glum. v._ **hard cheese!***

hard cheese! _← F (formulă exprimând adeseori lipsa de interes real a vorbitorului)_ de, ghinion, ce să-i faci!

hard lines! _(folosit pentru a exprima compasiune față de cineva care a eșuat în încercarea de a face ceva)_ ai avut ghinion! mare ghinion, ghinionul tău! nu ți-a surâs norocul!

harm a hair of smb.'s head, to _(folosit mai ales la forma negativă)_ a se atinge de un fir de păr din capul cuiva.

hatched, matched and dispatched încheiat, terminat, dus (până) la capăt.

have a ball, to _← F_ a se distra/a petrece de minune/pe cinste.

have a bit on the side, to _← F_ a avea o legătură extraconjugală/un amant/o amantă; _F →_ a mai călca și alături (cu drumul); _vulg. →_ a mai avea și o bucățică pusă deoparte.

have a bun in the oven, to _← F glum._ a fi gravidă/însărcinată/_F →_ borțoasă; a aștepta un copil.

have a busman's holiday, to a-și „petrece" concediul muncind la fel ca în timpul anului.

have a (good) run for one's money, to a dobândi ceva cu cheltuieli _sau_ prin eforturi; a primi satisfacție pentru munca sa; a nu se strădui degeaba/în zadar; a avea satisfacții depline.

have a head/memory/mind like a sieve, to a nu avea (deloc) memorie/ținere de minte.

have a job to do/doing smth., to _F_ a fi o problemă/a-i fi (foarte) greu să facă ceva; a nu fi (deloc) ușor/treabă ușoară/glumă să facă ceva.

have/hold (all) the aces, to a avea (în mână) toate atuurile.

have a lot/plenty going for one, to ← *F* a avea o mulțime de avantaje de partea sa/multe atuuri; a fi într-o poziție/situație avantajoasă/favorabilă.

have a lot/enough on one's plate, to *F* a avea destule pe cap.

have a mind like a steel trap, to *F* a avea o minte ascuțită/ca un brici; a avea un cap deosebit; a avea o memorie de elefant.

have an/the albtaross about/round one's neck, to a avea o pată pe conștiință/cuget.

have an easy time of it, to *F* a o duce/a trăi ușor; a nu ști ce e greul.

have an/the edge (on/over), to ← *F v.* get/have an/the edge (on/over).*

have an eye to + *vb. la forma* -ing, **to** a urmări/a ținti să ..., a fi cu gândul la ..., a se gândi cum să ...

have ants in one's pants, to *F* a avea drăcușori/ viermi/mâncărime la fund.

have a rough ride with smb., to *F* a-i face cineva zile fripte/amare, a-i scoate sufletul; a nu o scoate la capăt cu cineva; a avea de furcă cu cineva; a avea un frecuș cu cineva; a o încurca cu cineva.

have a way with one, to a avea ceva atrăgător în el/felul său de a fi/în comportarea sa; a avea pe vino-ncoace.

have been and gone and + *vb. la part. tr.*, **to** n-a avut ce face/altă treabă/s-a apucat ca un prost și + *vb. la perfectul compus.*

have been around, to *F* **I.** a fi trecut prin ciur și prin dârmon, a fi uns cu toate nevoile/alifiile; a fi mâncat ca alba de ham. **2.** a fi trăit; a nu se fi născut ieri.

have come a long way, to *fig.* a fi făcut progrese foarte mari; a fi ajuns (foarte) departe; a fi parcurs un drum foarte lung.

have egg/jam all over/on one's face, to ← *F* a se acoperi de ridicol; a se face de râs/A de băcănie.

have enough on one's plate, to *F v.* have a lot/ enough on one's plate.*

have (got) it down to a fine art, to a fi neîntrecut/ foarte iscusit în/meșter mare la ceva; a se pricepe de minune la ceva; a-și fi făcut o (adevărată) artă din asta.

have (got) it made, to *sl.* a fi sigur de succes; a avea succesul asigurat/*F* → în buzunar; a fi asigurat/ făcut.

have had all one's troubles for nothing/for one's pains, to a se fi muncit/căznit degeaba/de pomană.

have high jinks, to ← *F* a se amuza/juca zgomotos/ gălăgios.

have kittens, to *F* a-i țâțâi inima/fundul; a-l trece (toate) răcorile; a-i tremura pantalonii; a-l apuca nevricalele/pandaliile.

have light fingers, to a avea degete lungi/mână lungă; a fi lung în/la degete/gheare/de mână.

have made one's (own) bed and have to lie in/ on it, to a dormi cum și-a așternut; a și-o face cu mâna lui/singur și a trage ponoasele.

have nothing going for one, to ← *F* a nu avea nici un avantaj de partea sa/nici un atu; a fi într-o poziție/situație defavorabilă/dezavantajoasă; a fi dezavantajat.

have one's claws in smb., to *F v.* get one's claws into smb.*

have/keep one's feet (planted/set) (firmly) on the ground, to a fi (bine) (înfipt)/a sta cu picioarele pe pământ.

have one's head up, to a fi/a merge cu fruntea sus.

have one's knickers in a twist, to ← *F v.* get one's knickers in a twist.*

have one's lines/wires crossed, to *F* a nu fi pe fir/pe fază.

have one's sights (lined up) on smb./smth., to *v.* get/have smb./smth. (lined up) in one's sights.*

have plenty going for one, to ← *F v.* have a lot going for one.*

have smb. by the short hairs, to ← *F* a avea pe cineva la mână/cheremul său.

have smb./smth. (lined up) in one's sights, to *v.* get/have smb./smth. (lined up) in one's sights.

have smb. on the carpet, to *F* a lua pe cineva la întrebări/trei parale.

have smth. hanging over one's head, to a-i atârna ceva ca o sabie/a-i plana ceva deasupra capului.

have smth. on one's brain/the brain, to a fi îngrijorat/preocupat/obsedat de ceva; a-l frământa/ îngrijora/preocupa ceva; a avea ceva pe suflet.

have the aces, to *v.* have/hold (all) the aces.*

have the acting/photography, etc. bug, to ← *F* a avea pasiunea/*F* → boala actoriei, fotografiei etc.

have the edge (on/over), to ← *F v.* **I.** get/have an/the edge (on/over).* **2.** ~ on smb. a în-funda/a reduce la tăcere pe cineva; a închide gura cuiva.

have the hang of smth., to a avea deprinderea/ obișnuința/îndemânarea/ușurința de a face ceva/ de a folosi un lucru/să facă ceva, a ști rostul unui lucru.

have the luck of the devil/Irish, to *F* a avea o baftă chioară/un noroc chior/orb/porcesc.

have the willies, to *F* a-l apuca tremuriciul/ bâțâielile; a-l trece (toți) fiorii/(toate) răcorile; a-i intra frica/spaima în oase.

have time on one's hands, to a nu mai ști ce să facă cu timpul liber/cum să-și treacă vremea.

have words with smb., to a avea un schimb de cuvinte/o discuție/a se certa cu cineva.

here and now acum, în momentul acesta; în momentul de față; în clipa aceasta; (acum) pe loc; chiar acum.

here I/we go! *F* acu e acu! ce-o fi o fi! gata! i-am dat drumul! ține-te/țineți-vă bine! păzea!

high and dry 1. *(d. un vas)* eșuat; aruncat pe coastă; împotmolit. **2.** *fig.* părăsit; izolat; pe linie moartă; (lăsat/rămas) în aer/pom.

hit/reach rock bottom, to a atinge nivelul cel mai scăzut.

hit the roof, to 1. *(mai ales d. prețuri)* a crește vertiginos/peste msură, a bate toate recordurile. **2.** *F →* a se face foc (și pară)/negru la față; a-și ieși din fire; a-i sări muștarul/țandăra.

hold (all) the aces, to *v.* **have/hold (all) the aces.***

hold it! ← *F* stai! oprește(-te)! așteaptă!

hold/stick one's nose in the air, to a fi/a umbla cu nasul pe sus.

hold on (to smth.) by one's fingernails/fingertips/ teeth, to a ține cu ghearele/(ghearele și cu dinții), a se crampona (de ceva).

hold on (to smth.) like grim death, to *F v.* **hang on (to smth.) like grim death.***

hold on to your hat! *F glum. v.* **hang on to your hat!**

hold smb. at arm's length, to a ține pe cineva la distanță, a fi distant cu cineva.

hold smb.'s hand, to *fig.* a ajuta pe cineva, a acorda sprijin cuiva *(într-un moment dificil)*.

hold the aces, to *v.* **have/hold (all) the aces.***

hold the dyke against smth., to a pune stavilă unui lucru, a stăvili ceva; a ține piept unui lucru.

hook, line and sinker *fig.* cu totul, pe de-a-ntregul, în întregime.

horse of another/different colour, a cu totul altceva/altă chestiune/altă poveste; *F →* altă mâncare de pește.

hot under the collar ← *F* supărat, mânios, furios; tulburat; perplex.

how/what about that! *(exprimă surpriză sau admirație)* serios? zău? adevărat? ia te uită! nu mai spune! fugi de-aici!

how in hell? cum naiba/Dumnezeu/doamne iartă-mă?

huff and puff, to ← *F* a gâfâi, a sufla greu.

hustle and bustle forfotă.

I

if it comes to the pinch/push la nevoie/rigoare/o adică; dacă nu se poate altfel.

if you had half an eye ← *F* dacă n-ai fi orb/avea orbul găinii, dacă ai vedea; dacă n-ai fi atât de prost/tont.

I'll be a monkey's uncle! nemaipomenit! ei, nu mai spune! ce spui! ce vorbești! ei, fugi de-aici!

I'll drink to that! adevărat! bine spus! așa e! *(închinând paharul după ce altcineva a propus un toast)*.

I'm all right, Jack ← *F* mă simt/o duc foarte bine/ de minune; mi-e bine.

in a big way ← *F* pe scară mare; în(tr-o) mare măsură; în stil mare; cu mult entuziasm; cu mult fast; *F →* di granda.

in a groove/rut pe un drum/făgaș bătătorit; sclav al/pradă rutinei.

in a mood *F* în toane rele/proaste; cu capsa pusă.

in a rut *v.* **in a groove.***

in a tight squeeze la mare strâmtoare, la aman.

in civvy street ← *F* în civilie, civil.

in God's/heaven's/hell's name (pentru numele lui) Dumnezeu; Doamne iartă-mă; naiba.

in gear *fig.* gata, pregătit, aranjat; în ordine; în stare de funcționare.

in high places în cercurile înalte/sus puse.

in hot water *F* în bucluc/mare încurcătură; la ananghie; la apă.

in key with în armonie/concordanță/consonanță/ ton cu.

in lumber *F v.* **in (dead) lumber.***

in mint condition *(d. un obiect)* nou nouț; în perfectă stare; ca și nou.

in so many words tocmai așa (și nu altfel); fără dublu înțeles; deschis, pe șleau, răspicat.

in smb.'s bad/black books ← *F* în dizgrația cuiva.

in smb.'s book ← *F* în ce/cât privește pe cineva; după judecata cuiva.

in stitches *F* pe jos (de râs).

in the club ←*F* gravidă, însărcinată.

in the cold light of reason/dawn/day când te trezești/ te-ai trezit la realitate; judecând/când judeci/ai judecat (lucrurile) la rece/bine; stând și judecând; când stai și judeci/ai stat și ai judecat (lucrurile) (bine).

in the firing line ← *F fig.* **be ~** a servi drept para-trăznet, a se sparge toate în capul său, a fi ținta tuturor atacurilor, a încasa toate reproșurile/bruf-tuluielile; a fi între două focuri.

in the gravy *sl.* plin de parale, doldora de/înotând în bani; ajuns; căpătuit.

in the grip of în mâna/mâinile/ghearele/puterea (cuiva); sub controlul (cuiva); sub stăpânirea/în ghearele (unui lucru).

in the groove ← *F* **1.** bine dispus, cu chef (de petrecere), pus pe petrecere/petrecut. **2.** *amer. P* ca pe roate; strună.

in the heat of the moment fără a cugeta/să cugete; sub impresia momentului/faptului *etc.;* într-un moment de enervare/iritare; la nervi.

in the market dispus/gata să cumpere/să accepte ceva.

in the money *F* plin/doldora de bani/parale, stup de bani.

in the pipeline preconizat; în pregătire; în curs de elaborare; pe rol, pe drum; în curs de terminare; pe punctul de a fi livrat.

in the short run pentru moment/scurt timp; pe termen scurt.

in the way of în materie de; ca.

in train în curs.

is that a fact? zău? serios? adevărat? ce spui! nu mai spune!

it is no trouble (at all)! vă rog! cu toată plăcerea! nu aveți pentru ce (să-mi mulțumiți)! (n-a fost) nici un deranj!

it's (all) grist to smb.'s/the mill ← *F* tot s-a ales cu ceva/cu un profit, tot a profitat cu ceva/a fost ceva.

J

just for a change pentru (puțină)/ca variație; de dragul variației/schimbării; pentru a mai schimba/varia puțin; de data asta.

jobs for the boys → *F peior.* sfânta pilă; pila și propteaua.

join the club/pudding club! *F glum.* ia-te de mână cu mine/noi *etc.*! suntem în aceeași oală! și eu sunt/noi suntem *etc.* exact în aceeași situație! și eu/noi la fel! nici eu/noi!

jump in at the deep end, to *F fig.* a sări unde e apa mai adâncă; a se lega la cap (când nu-l doare); a-și pune capul sănătos sub Evanghelie; a-și bate singur cuie în talpă.

just so 1. ca la carte. **2.** aranjat; pus la locul său; în cea mai deplină ordine.

just the job ← *F* exact ce trebuie/lucrul de care are nevoie.

just what the doctor ordered ← *F* exact/tocmai/taman ce trebuie/trebuia; lucrul cel mai bun/plăcut/nimerit; nimic mai bun decât asta.

K

keep one's cool, to *F* a-și păstra cumpătul/sângele rece; a-și ține/păstra firea.

keep one's feet (planted/set) (firmly) on the ground, to *v.* **have one's feet (planted/set) (firmly) on the ground.***

keep one's head down, to a nu se arăta în lume/public; a se ține departe/a se feri de privirile lumii; a evita să apară în lume/public/să devină obiectul atenției publice/să atragă atenția.

keep one's nose clean, to *F* a se păzi/feri să intre într-un bucluc, a-și păzi pielea; a se feri să calce strâmb/alături cu drumul.

keep smb. on the boil, to *fig.* a ține pe cineva sub presiune/tensiune/pe jăratic/în priză/suspensie; a nu slăbi pe cineva; a nu da răgaz cuiva; a ține treaz interesul cuiva.

keep smb. straight, to a ține pe cineva pe calea cea dreaptă; a împiedica pe cineva să calce strâmb/alături cu drumul.

keep the record straight, to ← *F v.* **get/keep/put/set the record straight.***

keep under wraps, to a ține *(un plan etc.)* ascuns/secret/în sertar/la dosar/sub obroc; a ține *(pe cineva)* ascuns/în umbră.

kick and scream, to *F* a urla; a face tapaj; a se plânge în gura mare.

kick oneself, to *F* a-și da cu pumnii în cap.

kid's stuff *F* un joc de copil, o joacă.

kill oneself laughing/with laughter, to *F* a muri/a se prăpădi de râs.

kind/sort of ← *F* cam; destul de; foarte.

knock smb. off his pedestal, to a da pe cineva jos/a doborî pe cineva de pe piedestal.

L

laugh like a drain, to ← *F* a râde cu lacrimi; a se prăpădi/a se strica de râs.

lay an egg, to ← *F rar* a face/a comite o greșeală; *F* → a face o boacănă/boroboață.

lay it/smth. on the line, to *F* **1.** a declara/spune răspicat/fără echivoc; a amenința deschis; a ordona/porunci răspicat; a pune în față. **2.** a risca, a pune la bătaie *(banii, viața etc.).*

lead nowhere, to a nu duce nicăieri/la nici un rezultat/progres; a se înfunda.

lead smb. a dance/a merry/a pretty dance/quite a dance, to *F* a înnebuni pe cineva; a face cuiva viața amară/zile fripte; a da cuiva mult de furcă/multă bătaie de cap.

leave smb. at the post, to a lăsa pe cineva (cu) mult în urmă; **he was left at the post** a rămas de căruță.

left, right and centre în stânga și-n dreapta; peste tot.

let it all hang out, to *sl.* a-și da drumul/frâu liber, a-și face mendrele.

let's face it! să/s-o recunoaștem! să fim drepți/cinstiți!

let's get it straight! să fie clar/lămurit! să fim lămuriți! să punem lucrurile la punct!

let smth. go hang, to ← *F* a neglija ceva; a nu-i mai păsa/a nu se mai preocupa/sinchisi/îngriji de ceva.

let the chips fall where they may orice s-ar întâmpla; cu orice risc; fie ce-o fi; ce-o fi o fi; *F →* ce-o da Dumnezeu; și Dumnezeu cu mila.

let the dog see the rabbit! ← *F* lasă-mă; -l/-o *etc.*; și pe mine/ea/el *etc.*

lie in/through one's teeth, to a minți fără rușine/cu nerușinare/de stinge/fără să clipească.

life and limb viața; capul.

like heck *F* **I.** grozav; strașnic; din răsputeri; de mama focului; ca (un) apucat/bezmetic; pe spete. **2. ~!** vezi să nu! pe dracu! ți-ai găsit-o!

like stink *F* pe brânci/spete, ca un câine.

like the clappers *F* ca fulgerul; cu iuțeala fulgerului.

like the side of a house *F (mai ales d. o femeie)* ca/cât o batoză.

lit up *sl.* afumat, cherchelit, pilit.

live high off the hog, to *F* a trăi pe picior mare.

live in fear of one's life, to a trăi cu senzația/sentimentul că viața îi este permanent amenințată/în primejdie, a se teme tot timpul pentru viața sa; *F →* a trăi cu frica în sân.

live in smb.'s pocket, to a locui alături/foarte aproape/la doi pași de/ușă în ușă cu/lângă cineva/în/sub nasul cuiva; a trăi aproape/alături de/lângă cineva.

look as if one had been dragged through a hedge backwards, to *F* a arăta în ultimul hal/ca ieșit din etuvă.

look like smth. the cat's brought/dragged in, to *F glum.* a arăta ca altă aia/ca dracu/într-un hal fără de hal/ca un șoarece ieșit din gârlă.

look like the (back) end of a bus, to *F* a arăta ca un fund pictat/ca o ciumă/ca muma pădurii; a fi urât ca dracu/ca noaptea; a avea o mutră boccie/pocită.

look what the cat's brought/dragged in! ← *F de obicei glum. (d. cineva care a intrat într-o cameră etc.)* uite în ce hal arată/poate să fie! uite cum poate să arate un om!

lose one's marbles, to *sl.* a căpia, a se scrânti/sona/țicni/zărghi; a-i sări o doagă; a fi într-o ureche/șui.

lose one's touch, to a-și pierde forma.

lose the hang of smth., to a(-și) pierde deprinderea/îndemânarea/obișnuința/ușurința de a face ceva/de a folosi un lucru.

lower one's sights, to a coborî ștacheta; a-și (mai) reduce din pretenții/ambiții.

M

make a bomb, to ← *F* a face (o adevărată) avere; *F →* a se face stup de bani; a da lovitura.

make a pig's ear (out) of smth., to ← *F* a face ceva prost/de mântuială/ca un cârpaci, a lucra ca un cârpaci la ceva; *F →* a face o varză din ceva; a masacra ceva.

make a/one's pitch for smb./smth., to *F* a pune totul în funcțiune/joc/mișcare pentru a câștiga ceva/pe cineva/a obține ceva, a căuta pe toate căile să câștige pe cineva/ceva/să obțină ceva.

make it big, to *sl.* a reuși grozav *(în viață/afaceri)*; a ajunge foarte bine/departe; a ajunge/a deveni cineva; a da lovitura.

make smb.'s day, to *F* a face fericit pe cineva; a face o mare bucurie/plăcere cuiva.

make smb.'s head go round/spin, to a face să i se învârtă capul/a i se învârti cuiva capul; a face pe cineva să amețească; a ameți pe cineva/a face pe cineva să-l cuprindă amețeala.

make smb.'s teeth chatter, to a face să-i clănțăne cuiva dinții în gură.

make smb. turn (over) in his grave, to a face pe cineva să se răsucească în mormânt.

make waves, to *F* a tulbura apele; a strica lucrurile.

money for jam/old rope ← *F* bani câștigați ușor/fără mare trudă.

mother and father of (all) + *s. plural,* **the** *F* un/o +*s. singular* de toată frumusețea/de milioane/de pomină/ca-n povești/strașnic(ă).

N

nab smb. red-handed, to a prinde pe cineva în flagrant delict/asupra faptului.

name names, to a menționa/a pomeni nume(le celor vinovați/în chestiune).

nearer the mark mai aproape de adevăr/corect/exact.

near the bone/knuckle *v.* **near the mark 2.***

near the mark 1. aproape, dar nu întru totul adevărat/corect/exact. **2.** *(d. o glumă)* deplasat; fără perdea; *(d. o remarcă etc.)* deplasat.

need smth. like/as much as one needs a hole in the head, to ← *F v.* **want smth. like/as much as one wants a hole in his head.**

never/not to do anything/it/things by halves a nu face niciodată nimic/ceva/un lucru pe jumătate.

never to hear the end of it/smth. a i se aduce aminte/aminti mereu de asta/de ceva.

night in, night out în fiecare noapte; noapte de/după noapte.

no hard feelings *F* nici o supărare.

not least îndeosebi/special; mai ales.

no trouble (at all)! *v.* **it is no trouble (at all)!***

not the half of it puțin spus.

not to be all it/he, etc. is cracked up to be ← *F* a nu fi (chiar) așa/atât de grozav cum se spune/crede.

not to be in it *F* a (nu) fi nimic/a fi vax pe lângă asta.

not to be just a pretty face *F glum.* a avea ceva în cap; a fi ceva de capul lui; a-l duce capul; a fi mai deștept decât pare.

not to be made of money *F* a nu mânca bani cu lingura, a nu-l da banii afară din casă; a nu se scălda în bani; a nu fi Cresus/nabab/milionar; a nu avea fabrică de bani.

not to be much cop *F* a nu fi cine știe ce; a nu fi mare lucru/brânză de capul lui; a nu face multe parale; a nu da nimeni doi bani pe el; a nu se uita nimeni la el; a nu fi prea/tocmai arătos; a fi cam bocciu.

not to be one's day a nu fi ziua sa norocoasă, a fi ziua sa cu ghinion; a nu avea o zi bună; a avea o zi proastă.

not to be one's/smb.'s scene *sl.* a nu fi ceva care-l interesează/atrage; a nu fi slăbiciunea sa; a-l lăsa rece; a nu i se potrivi, a nu se potrivi cu el/cu firea sa/înclinațiile sale.

not to be so green as he is cabbage-looking *F glum.* a nu fi chiar atât de naiv/prost/fraier pe cât pare/cum îl socotește lumea.

not to be worth the trouble a nu merita osteneala.

not to do anything/it/things by halves *v.* **never to do anything/it/things by halves.***

not to get/have a look-in ← *F* a nu avea nici o șansă.

not to have/stand a cat in hell's chance (of + *vb. la forma* **-ing)** ← *F* a nu avea nici cea mai mică/nici o șansă (de a ..., să ...); a fi sigur de nereușită/eșec/că nu reușește/că dă greș/chix.

not to have a hope in hell ← *F* a nu avea nici o (licărire de)/nici cea mai mică speranță.

not to have all day *F* a nu avea toată ziua înaintea sa.

not to have a look-in ← *F v.* **not to get a look-in.***

not to have a minute/moment/second to call one's own a nu avea o clipă/un moment de liniște/răgaz; a nu avea un moment pentru sine/suflețelul său.

not to have/stand a snowball's chance in hell ← *F v.* **not to have/stand a cat in hell's chance.***

not to have a stitch on *F* a fi gol-goluț/gol pușcă/în pielea goală, a nu avea nimic pe el.

not to have a stitch to one's back a nu avea (nici) cămașă pe sine.

not to have (got) enough imagination/intelligence/sense to come in from/out of the rain *F* a nu-l ajuta (deloc) capul/mintea, a nu avea minte nici cât o găină/nici de doi bani; a nu ști să încurce două paie; a fi prost ca noaptea/de dă în gropi.

not to have two halfpennies to rub together *F* a nu avea (nici) o lăscaie/para chioară/nici după ce bea apă.

not to know one end of smth. from the other a nu se pricepe deloc la ceva, a fi complet ageamiu/profan în materie de ceva, a nu avea habar ce e aceea un/o...

not to know one is born ← *F* a nu ști ce e greul/necazul, a nu cunoaște greutățile vieții; a avea o viață ușoară, a duce o viață lipsită de griji.

not to know the half of it a fi puțin/un fleac ceea ce știe.

not to know the time of the day *F* a nu avea habar de nimic; a nu ști pe ce lume trăiește.

not to know where to put oneself/one's face *F* a-i veni să intre în pământ; a simți că i se despică pământul sub picioare; a se fâstâci complet.

not to look so/too hot ← *F* a nu arăta destul de/prea bine, a nu avea o mină prea bună.

not to matter/mean a damn (to smb.) a nu avea nici cea mai mică/un fel de importanță (pentru cineva); a nu conta câtuşi de puţin/deloc (pentru cineva); a(-i) fi perfect indiferent; a nu însemna nimic (pentru cineva).

no way! *sl. mai ales amer.* în ruptul capului! sub nici un motiv! pentru nimic în lume!

out on the razzle *F* be ~ a chefui.
over the edge ← *F v.* off the edge.*
over my dead body *(exprimă o puternică opoziţie)* Doamne fereşte! nici mort! doar dacă oi muri eu!
over the moon/rainbow *F* în al nouălea cer, în culmea fericirii.

O

odd/queer in the head într-o doagă/ureche; *F →* sonat.
off line ← *F şi fig.* scos din funcţie.
off/over the edge ← *F* nebun, dement; *F→* sonat, şui, ţicnit.
off the cuff *(d. ceva)* improvizat; spontan; (făcut) la moment, fără nici o pregătire prealabilă.
off the hook *F* ieşit/scăpat din încurcătură.
off the top of one's head *F* dintr-un condei/foc/ochi; dintr-o socoteală; făcând o simplă presupunere; fără a sta să se gândească/a se gândi prea mult; pe nepregătite.
on a knife edge pe muchie de cuţit.
once or twice de câteva ori; în câteva rânduri.
on cloud nine/Cloud Nine/Cloud 9 *sl.* în al nouălea cer.
one by one unul câte unul; unul după altul.
one of the boys/lads *F* băiat de viaţă.
on line ← *F* **1.** *(d. cineva)* pe picioare; în activitate. **2.** *(d. o maşină etc.)* în funcţiune.
on one's/smb.'s/the doorstep *fig.* în prag/pragul său/preajma cuiva; la uşă/uşa sa/uşa cuiva); la un pas/doi paşi de cineva.
one's head goes round/spins i se învârte capul; ameţeşte; îl cuprinde ameţeala.
on high days and holidays în zilele de sărbătoare şi la alte/diferite alte ocazii.
on the hook *F* în bucluc/încurcătură, la ananghie; în gura tunului.
on the knock ← *F* în rate.
on the razzle *F v.* out on the razzle.*
on the same wavelength *fig.* pe aceeaşi lungime de undă.
on the waggon ← *F* abstinent.
on thin ice ← *F* într-o situaţie dificilă/precară/primejdioasă; în pericol.
on top line ← *F* la nivelul de maximă eficienţă; la cel mai înalt nivel de eficienţă/funcţionare.
out of one's/smb.'s depth, be/get/go ~ a fi depăşit/ incapabil de a înţelege/face ceva.
out of smb.'s hands în afara influenţei/sferei de acţiune a cuiva.

P

paper/paste over the cracks, to ← *F* a ascunde/a trece cu uşurinţă peste unele greşeli/dificultăţi.
pardon smb.'s French, to ← *F* a ierta modul de exprimare/un cuvânt urât folosit de cineva; **if you'll pardon my French** dacă mi-e permis să zic aşa.
par for the course obişnuit, tipic, uzual; ceea ce se întâmplă de obicei.
parrot fashion papagaliceşte, fără a înţelege sensul.
pass in a crowd, to ← *F* a fi acceptabil, a merge după criterii de apreciere mai puţin pretenţioase; *F →* la înghesuială.
paste over the cracks, to ←*F v.* **paper/paste over the cracks.***
past it ← *F* depăşit, incapabil de a mai face faţă unor situaţii.
pay/spend a packet, to *F* a plăti/cheltui o groază de bani.
pay the earth, to ← *F* a plăti enorm/o avere.
pick smth. clean, to a lua/fura/curăţa totul; a lăsa ceva gol.
pick up the tab, to *amer.* ← *F* a plăti cheltuiala făcută de alţii; a plăti nota *(la un restaurant etc.)*.
pinch and scrape, to ← *F* a strânge ban cu ban, a se strâmtora, a face economii drastice, *F→* a strânge cureaua; a-şi lua de la gură.
place/put one's head in the lion's mouth, to a se băga singur în pericol/în gura lupului.
play at his own game, to *v.* beat/play smb. at his own game.*
play cat and mouse with smb., to a înşela/încurca/ zăpăci/*F →* aiuri pe cineva.
play hard to get, to *F* a se lăsa greu (convins), a face nazuri/fasoane.
play it safe, to ← *F* a fi prudent; a nu risca.
play one's cards close to one's/the chest, to ← *F* a fi ascuns/închis; a nu-şi dezvălui planurile/ intenţiile.
plot thickens, the lucrurile/situaţia se complică; *F →* se încurcă iţele, se îngroaşă gluma.

**plumb the depths (of loneliness/sorrow, etc.),
to** a atinge culmea (singurătății, nefericirii etc.);
lit. a bea până la fund paharul durerii etc.

pocket one's pride, to *v.* **swallow one's pride.**

point a/one's/the finger at smb., to ← *F* a demasca
pe cineva; a considera pe cineva vinovat.

poles apart cu totul deosebiți *(ca vederi/trăsături)*;
la mare distanță unul de celălalt.

powers that be, the ← *F glum.* cei care dețin
puterea/autoritatea; *aprox.* mai marii noștri.

produce the goods, to *v.* **deliver the goods.**

prop the bar, to ← *F* a fi nelipsit dintr-un local, *F*
→ a propti tejgheaua într-o cârciumă; *aprox.* a fi
stâlp de cafenea.

pull rank (on smb.), to ← *F* a se folosi/a profita de
rangul său superior (față de cineva).

pull the carpet/rug (out) from under smb., to
← *F* a retrage (brusc) ajutorul dat cuiva; *aprox.* *F*
→ a lăsa pe cineva în pom/cu fundul pe gheață.

punch one's way out of a paper bag, to ← *F (folosit
de obicei la negativ)* **he cannot punch his way
out of a paper bag** e un bleg/molâu/nătăfleț.

pure as (the) driven snow, (as) *(folosit adesea cu
sens ironic, însemnând contrariul)* neprihănit, pur.

put a bomb under smb., to ← *F* a aminti cuiva/a
îmboldi pe cineva să facă un lucru *(de obicei uitat
sau neglijat); aprox.* a pune pe cineva pe jar.

put one's head in the lion's mouth, to *v.* **place/
put one's head in the lion's mouth.***

put death/the fear of God in/into/up smb., to *F* a
băga cuiva frica în oase; a băga pe cineva în sperieți.

put one's shirt on smth., to ← *F* a fi absolut sigur
de ceva; a-și pune capul pentru ceva.

put smb. in the club, to ← *F* a lăsa o femeie însăr-
cinată/*F* → cu burta mare/*vulg.* borțoasă.

put the boot in, to ← *F* **1.** a lovi cu piciorul; a lovi pe
cineva (căzut) *F* → a da lovitura măgarului. **2.** a chi-
nui/a maltrata pe cineva care și-a primit deja pedeapsa.

put/set the cat among the pigeons, to ← *F* a
stârni îngrijorare printr-o acțiune neprevăzută.

put the finger on smb., to ← *F* a denunța pe cineva
(poliției).

put the flag out, to ← *F* a saluta un eveniment
deosebit; a sărbători victoria *etc.* *F* ← a fi o zi mare;
a scrie cu roșu în calendar.

put/turn the heat on smb., to ← *F* a recurge la
presiuni/mijloace tari împotriva cuiva, *F* → a
strânge pe cineva cu ușa, a pune pe cineva la presă.

put the record straight, to ← *F v.* **get/keep/put/
set/the record straight.***

put the stoppers on, to ← *F* a opri, a împiedica
(pe cineva, ceva).

Q

queer/odd in the head *v.* **odd in the head.***

quick off the mark iute, în viteză.

R

raise a (big/real, etc.) stink (about smth.), to ←
F a se plânge (în gura mare) (de ceva); a reproșa
(ceva) (violent); a face (un mare) scandal/tărăboi
(în jurul unei situații).

raise an eyebrow, to ← *F* a provoca o mirare/
surpriză; a se arăta surprins.

raise smb.'s hackles, to *F* a face să i se urce cuiva
sângele la cap/să-i sară cuiva bâzdâcul/muștarul.

raise the ante, to ← *F* a mări/ridica miza/cota de
participare într-o afacere.

rant and rave, to *F* a tuna și fulgera; a face mare
gălăgie/scandal/spume la gură.

reach rock bottom, to *v.* **hit rock bottom.***

receive the thumbs up, to *v.* **get the thumbs up.***

refuse to be seen dead, to ← *F* a refuza să facă/
poarte ceva care l-ar face ridicol.

ride a/the tiger, to ← *F* a trăi într-o situație precară/
primejdioasă; *aprox.* a fi pe marginea prăpastiei.

ride high, to a avea succes; a fi în culmea succesului/
gloriei.

right in the head cu mintea întreagă, cu judecată.

rise from the ashes, to a se ridica din nou/din
cenușă *(ca pasărea phoenix)*.

rise up in arms (about/things), to *F v.* **be up in
arms (about/against).**

rob smb. blind, to ← *F* a specula/escroca/jefui pe
cineva.

rob Peter to pay Paul, to ← *înv.* a lua bani (cu
împrumut) de la unul pentru a plăti pe altul, a lua
dintr-o parte și a da într-alta.

rock/roll in the aisles, to *(d. spectatori)* a fi foarte
amuzați; a râde în hohote.

roll on smth., to ← *F* a aștepta cu nerăbdare/plăcere
ceva *(o dată/un eveniment apropiat);* **roll on the
summer holidays!** de-ar veni mai repede vacanța
de vară!

root and branch complet, total; din rădăcină; fără
să mai rămână urmă.

round the bend/twist ← *F* nebun, sărit de pe linie.

round the clock *v.* **around the clock.***

round the corner *(d. un eveniment)* **be ~** a bate la
ușă.

rub smb.'s nose in it, to ← *F* a aminti mereu cuiva de ceva neplăcut; a reproşa ceva cuiva în repetate rânduri.

ruffle smb.'s features, to ← *F* a enerva/plictisi pe cineva *(prin prezenţă, vorbă etc.);* a călca pe cineva pe nervi.

run out of steam, to ← *F* a-şi pierde curajul/ energia/puterea.

rush smb. off his feet, to *v.* **run smb. off his feet.**

rush one's fences, to ← *F* a se grăbi/precipita/pripi; a se lansa în ceva fără a se gândi îndeajuns.

S

say cheese, to *(de obicei la imperativ)* zâmbiţi, vă rog *(în faţa fotografului).*

scare smb. stiff, to a speria pe cineva de moarte, a face pe cineva să înlemnească/încremenească de frică.

scare the hell out of smb., to *v.* **frighten the hell out of smb.***

scare the pants off smb., to *F glum. v.* **frighten the pants off smb.***

see eye to eye, to ← *F* a fi de acord/aceeaşi părere, a se înţelege *(cu cineva).*

see smb. right, to ← *F* a plăti/răsplăti pe cineva cum se cuvine, *F* → a avea grijă de cineva.

seize at straws, to *v.* **catch/grasp at a straw.**

sell short, to 1. a prezenta *(pe cineva/ceva)* cu mai puţine calităţi decât are în realitate. 2. a înşela *(pe cineva)*; a trage chiulul *(cuiva)* dându-i mai puţin decât i s-a promis.

send a chill/chills/shivers down/up smb.'s spine, to a face pe cineva să-l treacă un fior/fiori (de spaimă) pe şira spinării.

send (smth.) smb.'s way, to a da/trimite (un lucru) cuiva; a face să se ivească (ceva) în calea cuiva.

send smb. to his long account/to kingdom come, to ← *înv.* a trimite pe cineva pe lumea cealaltă.

separate/sort out the men from the boys, to ← *F* a separa/alege pe cei mai capabili/pricepuţi/ puternici de ceilalţi.

serve time, to *v.* **do time.**

set in one's ways rigid în obiceiuri/păreri; închistat, nemaleabil; înţepenit.

set one's jaw, to ← *F* a lua o hotărâre fermă; a persevera, a se încăpăţâna, a nu se da bătut.

set one's sights on smth., to a-şi pune ceva în gând/minte; a avea drept scop/a urmări/viza ceva.

set one's teeth against smth., to ← *F* a se opune cu fermitate/încăpăţânare la ceva.

set smb. back on his heels, to ← *F* a surprinde/ ului pe cineva; *vulg.* a face pe cineva să cadă în fund (de mirare).

set the record straight, to *v.* **get the record straight.***

settle a/an old score, to a se răzbuna *(pe cineva)*; *F* → a i-o plăti *(cuiva).*

sez you/he! *F v.* **says you.**

shake one's head, to a da din cap *(în semn de dezaprobare/refuz); fig.* a nu accepta ceva.

shift gear, to *v.* **change gear.***

shift one's arse, to *vulg.* a-şi mişca fundul (de pe scaun); a se pune pe treabă.

shoot down in flames, to ← *F* a demonstra inepţia/ lipsa de valoare *(a unei idei, a unui plan etc.);* a pulveriza, a reduce la zero.

shoot off one's mouth, to ← *F v.* **shoot one's mouth off.**

shoot one's bolt, to ← *F* a face un efort maxim/ final *(uneori mai devreme decât trebuia).*

shoot the rapids, to ← *F v.* **shoot Niagara.**

shoulder to cry on, a ← *F* un umăr pe care să plângi, o persoană care îţi oferă consolare/înţelegere/ simpatie, o inimă înţelegătoare.

show the flag, to ← *F* 1. a-şi expune/susţine poziţia/ punctul de vedere *(în politică)* etc. 2. a face act de prezenţă.

sick and tired of/with sătul până peste cap/plictisit de; **I am ~** mi-e lehamite de ...

sick at heart foarte trist, deprimat, adânc mâhnit; dezamăgit.

sins of the fathers are visited upon the children, the păcatele părinţilor, pedeapsa pruncilor.

sixty-four thousand/64,000 dollar question, the chestiunea/problema capitală/de maximă impor-tanţă/de care depinde totul.

skip it! *F* lasă asta! nu-ţi bate capul! las-o baltă!

slit one's (own) throat, to *v.* **cut one's (own) throat.***

slippery as an eel, (as) 1. care alunecă printre degete, alunecos. 2. *(d. o persoană)* evaziv, înşelător.

slog one's guts out, to → *F v.* **sweat one's guts out.**

slow off the mark care o porneşte încet; greu de urnit (din loc).

smell to high heaven, to *F v.* **stink to high heaven.**

snuff it, to *sl.* a o mierli, a da ortul popii; a da în primire.

sober as a judge, (as) 1. calm, serios. 2. perfect treaz *(nu beat).*

sock it, to *amer. sl. (folosit de obicei la imperativ)* a încerca să impresioneze *(pe cineva)* arătând tot ce știe să facă; *aprox. F →* a rupe gura *(cuiva)*, a da gata *(pe cineva)*.

sod it! *v.* **damn it!**

soft in the head prost, slab de minte; zăpăcit.

something to remember one by ← *F* o bătaie, o chelfăneală; *F →* una să-l țină minte.

song and dance, a ← *F* mare caz; **there's been a (great) ~ about ...** s-a vorbit mult despre ...

soon as maybe, (as) ← *F* cât de curând posibil.

sort of ← *v.* **kind of.**

sort out the men from the boys, to *v.* **separate the men from the boys.***

sow tares among smb.'s wheat, to ← a înșela pe cineva *(dându-i un lucru de proastă calitate).*

spend a packet, to *v.* **pay a packet.**

spot on ← *F* exact, corect, just; *aprox. F →* pe fază.

sprat to catch a mackerel/whale, a ← *înv.* un mic dar/serviciu făcut în speranța obținerii unui avantaj mai mare în schimb.

steady as a rock, (as) neclintit ca o stâncă; ferm, sigur.

steal the show, to ← *F* a atrage/a monopoliza atenția tuturor; a pune pe ceilalți în umbră.

step out of line, to ← *f* a nu se comporta conform indicațiilor; *aprox. F →* a-și face de cap; a supăra *(pe ceilalți)* printr-o comportare/purtare nonconformistă.

stick out like a sore thumb, to ← *F* a fi deplasat/nepotrivit; *F →* a fi ca musca-n lapte.

stick to one's ribs, to ← *F (d. o mâncare)* a-ți umple burta; a te sătura pe deplin.

stick with which to beat, a ← *F* o greșeală/lipsă a cuiva folosită ca armă împotriva lui; *F →* ceva cu care ai pe cineva la mână.

sting to the quick, to *fig.* a jigni/răni adânc.

stone/cold sober deloc beat, cât se poate de treaz.

stone deaf surd tun.

stone the crows! *glum.* ia te uită! nu mai spune!

stoned out of one's mind *sl.* beat criță/turtă; matol.

strike me pink! *(exprimă mirare sau neîncredere)* nu mai spune! ei, taci!

stroll on! *sl.* lasă asta! las-o baltă! du-te și te plimbă!

suffer fools gladly, to a avea răbdare cu proștii; a tolera prostia.

swallow hook, line and sinker, to ← *F* a crede totul, a lua totul de bun, a înghiți (toată) gogoașa.

T

take a sledgehammer to crack/break a nut/walnut, to ← *F* a face un efort prea mare/a folosi mijloace disproporționate pentru o dificultate minimă.

take it on the chin, to ← *F* a suferi ceva cu curaj/demnitate; a nu se da bătut.

take off the gloves, to *F* a întoarce foaia, a folosi mijloace mai drastice.

take on hands, to a angaja/a tocmi muncitori/mână de lucru.

take smb. on/to one side, to a lua pe cineva deoparte *(pentru a-i vorbi).*

take smb.'s point, to a înțelege/a fi de acord cu părerea cuiva.

take smb. out of himself, to a face pe cineva să-și uite gândurile (negre)/grijile; a distrage pe cineva de la preocupările obișnuite.

take smb. to the cleaners, to *F* a curăța pe cineva (de bani), a lăsa pe cineva lefter/tinichea.

take the mickey/vulg. piss out of smb., to ← *f* a-și bate joc de cineva, a face pe cineva ridicol/de râsul lumii.

talk a mile a minute, to *F* a-i turui gura, a vorbi mult și repede.

tear one's hair (out), to ← *F* a fi foarte îngrijorat, *F →* a se da de ceasul morții.

tear one's heart out, to *v.* **eat one's heart out.**

tell it like/how it is/was, to *amer.* ← *sl.* a spune lucrurile cinstit/pe față/fără a ascunde nimic.

tell me/us the old, old story *F* lasă povestea asta veche! iar pui placa asta!

ten for a penny *F v.* **two for a penny.***

that did/does it *F* asta le-a pus/le pune capac la toate.

that'll be the day! *glum.* aș vrea să văd și eu asta! n-aș vrea să mor până nu văd așa ceva!

that makes two of us! și eu (la fel/sunt în aceeași situație); nu ești singurul (în situația asta).

that's how/the way it goes! ← *F* asta este! așa-i viața!

that's how/the way the cookie crumbles! ← *F glum.* așa-i viața!

that's that! asta-i tot (ce se poate spune)! asta-i/așa-i situația!

that's the stuff to give the troops! ← *F (exprimând satisfacție când se aduce mâncarea)* asta-i ce ne trebuie!

there are plenty more fish in the sea/pebbles on the beach *F* nu s-a terminat lumea cu asta; mai sunt și alții/altele.

there's no time like the present e bine să nu amâni/să faci acum ce ai de făcut.

thick as two short planks, (as) *F* tare de cap, bătut în cap, prost ca noaptea/de dă în gropi.

thick on the ground ← *F* din belșug, mult, pe toate drumurile.

thin on top cu părul rar/început de chelie.

think nothing of it! nu-i nevoie să-mi mulțumești! lasă! nu te mai gândi la asta! nu-i nimic.

think the sun shines out of one's backside/ behind/bottom/bum, to *P* a se crede buricul pământului.

think the world of smb., to a avea o părere foarte bună/superlativă despre cineva.

those were the days ce timpuri/vremuri (au fost)!

throw one's hat into the ring, to ← *F* a intra/a interveni într-o discuție/competiție; a participa la ...

time is money *prov.* timpul costă bani; nu irosi timpul.

time was ... pe vremuri, în trecut.

tip a/the wink, to ← a da *(cuiva)* o informație, a face un semn, a avertiza.

tough nut (to crack), a ← *F* **1.** o problemă dificilă/ greu de rezolvat. **2.** o persoană dificilă/greu de convins.

treat with kid gloves, to *v.* **handle with kid gloves.**

trouble shared is a trouble halved, a necazul împărtășit (altuia) e mai ușor de îndurat.

try it/smth./that for size, to ← *F* a încerca să vadă dacă-i convine/place ceva.

turn the heat on smb., to ← *F v.* **put the heat on smb.***

turn up like a bad penny, to ← *F (d. un om/lucru nedorit)* a apărea mereu în calea cuiva.

turn up for the book, a ← *F* o surpriză plăcută; o întâmplare neașteptată.

two for a penny *F* cinci de un ban, ieftin ca braga.

U

um and aah, to *F* a-și învârti limba în gură; a vorbi fără să spună nimic; a evita un răspuns clar.

under one's belt *F (d. ani de muncă etc.)* la activul său.

up and ante, to ← *F v.* **raise the ante.***

W

wait on/upon smb. hand and foot, to *v.* serve smb. hand and foot.

wait in the wings, to ← *F* a aștepta/a fi gata să ia locul cuiva.

walk tall, to ← *F* a se considera demn de respect, a nu fi prea modest *sau* umil; *aprox.* a privi de sus.

want smth. like/as much as one wants a hole in the head, to ← *F* a nu avea nevoie de complicații/ greutăți în plus/*F* → cuie în bocanci.

warts and all ← *F* cu toate calitățile și defectele.

wave one's magic wand, to ← *F* a izbuti să facă ceva ca prin minune/farmec; a face vrăji.

weak as dishwater, (as) apă chioară; slab, diluat.

well and truly complet, total; cu desăvârșire.

wet the baby's head, to ← *F* a bea în sănătatea unui copil nou născut.

what a way to run a railway! ← *înv.* ce mod aiurit/ lipsit de cap de a face lucrurile!

what did your last servant die of? ← *F* da' singur nu poți s-o faci? da' tu n-ai mâini/n-ai cui să-i dai asta în cârcă?

(well,) what do you know? serios? adevărat? nu mai spune! ia te uită!

what one is made of *F* din ce aluat/stofă e făcut cineva, ce calități are, ce știe (să facă); *P* → ce-i poate pielea.

what's the big deal? ← *sl.* ce s-a întâmplat? despre ce este vorba? ce-ați pus la cale?

what's cooking? ← *F* ce se petrece/întâmplă aici? ce se pune la cale?

what's the game? ← *F* ce se întâmplă? **what's her/ his game?** ce urmărește? ce intenții are?

wheel and deal, to ← *F* a folosi mijloace ingenioase/ necinstite pentru a atinge un scop; *aprox. F* → a face pe dracu în patru.

wheel has come full circle, the am ajuns de unde am plecat; situația e la fel ca înainte.

when the balloon goes up *F* când se încurcă treaba.

when the chips are down ← *F* la o adică, în caz de forță majoră.

where it's (all) at *amer. sl.* **1.** locul cel mai interesant/bun. **2.** acolo unde găsești (tot) ce dorești.

will (want to) know the reason why, (smb.) ← *F* (cineva) va cere socoteală; (cineva) va fi supărat/ furios; (cineva) va lua pe cineva la rost.

wipe the grin/smile off smb.'s face, to a face să-i piară cuiva zâmbetul de pe față, a face pe cineva să-și piardă veselia/încrederea în sine; *aprox.* a aduce la realitate pe cineva.

with a plum/marbles in one's mouth *F (care vorbește)* de parcă ar avea prune în gură.

wither on the vine, to *(d. un plan/o acțiune începută)* a fi abandonat/depășit/uitat, *F →* a cădea/ rămâne baltă.

within reason în limite rezonabile, într-o măsură rezonabilă, nu excesiv.

word in season, a un cuvânt spus/un sfat dat la timp/momentul oportun/potrivit.

word to the wise, a din puține vorbe înțeleptul înțelege.

work one's guts out, to *F v.* **sweat one's guts out.**

world is smb.'s oyster, the toată lumea e a cuiva, are totul la picioare, se poate bucura de tot ce oferă viața.

worth the king's ransom; to be ~ a face/valora o groază de bani.

worth one's salt *(folosit mai ales în prop. negative sau condiționale)* de o oarecare valoare; capabil; *F → care face parale.*

wrong in the upper storey *v.* **weak in the head.**

would not be seen dead ← *F v.* **refuse to be seen dead.***

Y

yield up the ghost, to *v. F* **give up the ghost.**

you can say that again! de acord! cred și eu! te cred! *v.* **you said it!**

you can't win them all nu poți fi norocos/avea succes tot timpul.

you pays your money and takes your choice ← *F glum.* mergi la întâmplare/la noroc; cum o vrea Dumnezeu.

you're only young once 1. fă-o/profită acum cât ești tânăr! 2. așa-i la tinerețe! așa-s tinerii!

you said it! așa-i! ai dreptate! e adevărat! că bine zici!

you've got a deal! *F* în regulă! de acord! (atunci) ne-am înțeles! bate palma! s-a făcut!

you may whistle for it! poți să te ștergi/lingi pe bot! poți să-ți iei adio! poți să-i pui cruce! pune-i sare pe coadă! prinde orbul scoate-i ochii!

you must have come out of the ark *glum.* parcă ai căzut din lună; de unde ai picat?

you must learn to creep before you walk *prov. aprox.* înainte de a porunci, învață a te supune.

you mustn't squal! *amer. F* ține-te tare! cu curaj! poartă-te ca un bărbat!

you must spoil before you spin *prov.* meseria se învață cu încetul; *aprox.* nimeni nu se naște învățat.

you never can tell nu se știe niciodată/ca pământul.

you never know what you can do till you try nu poți ști ce-ți poate capul până nu încerci; *aprox.* încercarea moarte n-are.

your ears must have burnt/must have been tingling *F* n-ai sughițat?

you're on it *amer. sl.* ai nimerit-o; aia e! s-a făcut!

you're scarcely out of the shell yet *F* de abia ais ieșit din găoace/ou.

you're telling me! *v.* **don't tell me.**

your health! în sănătatea ta/d-tale!

you roll my log and I'll roll yours *aprox.* o mână spală pe alta și amândouă obrazul.

yours faithfully/truly 1. *(formulă de încheiere a unei scrisori)* al d-tale/d-voastră; cu stimă. 2. *glum.* **yours truly** subsemnatul.

your trumpeter's dead *iron.* grozav mai ești! văd că știi să te lauzi! ți-au muri lăudătorii.

you said it! chiar așa! n-am sus-o eu; tu ai spus-o!

you took me up wrong m-ai înțeles greșit; ai dat o falsă interpretare cuvintelor/atitudinii mele.

you've been (and gone) and done it *F* frumoasă ispravă/treabă ai mai făcut!

you want it up there! *F* n-ai minte? folosește-ți min-tea/judecata; pune-ți mintea la contribuție/la teasc.

you were born in the ark *v.* **you must have come out of the ark.**

DICȚIONAR
ROMÂN-ENGLEZ
FRAZEOLOGIC

Andrei Bantaș
Leon Levițchi
Andreea Gheorghițoiu

Teora

Cuvânt înainte

În alcătuirea prezentului Dicționar frazeologic, autorii au avut drept scop principal să pună la îndemâna traducătorilor din limba română în limba engleză un instrument de lucru, care, într-o anumită măsură, să completeze materialul lingvistic din dicționarele generale româno-engleze. În afară de traducători, lucrarea se adresează studenților și elevilor mai avansați în studiul limbii engleze, precum și vorbitorilor de limbă engleză care studiază limba română.

Concepția potrivit căreia un dicționar frazeologic bilingv – întocmai ca oricare dicționar bilingv de informare generală – trebuie să aibă în primul rând un caracter practic a determinat atât alegerea și organizarea expresiilor, cât și structura întregii lucrări.

În scopul de a-i ajuta pe cititori să găsească mai ușor unitatea frazeologică de care au nevoie, autorii au socotit mai indicată organizarea alfabetică a materialului lexical, și nu cea tematică. De exemplu:

a face ceva de dârvală
a face o declarație de dragoste cuiva
a face de două parale
a-și face de lucru
a face ceva de mântuială
a face demersuri

Ordinea strict alfabetică a fost încălcată într-o serie de cazuri prin neglijarea, în cadrul sistematizării, a următoarelor elemente morfologice:

– articolul nehotărât: *un, o*;
– articolul posesiv: *al, a, ai, ale*;
– formele de dativ și acuzativ ale pronumelor personale: *îmi, îți, îi, își, ne, vă, le, mi, ți, i, mă, te, se, îl, o, ne, vă, îi, le*;
– formele pronominale reflexive: *mă, te, se, ne, vă, se*;
– particula infinitivală *a*;
– diferitele forme ale verbelor auxiliare: *am, ai, a, am, ați, au, voi, vei, va, vom, veți, vor* etc.;
– adverbele *nu* și *mai*;
– conjuncția *să*.

Un anumit număr de expresii sinonimice au fost rezolvate pe bază de trimiteri. Astfel, din seria sinonimică, de obicei o singură expresie este însoțită de traducerile englezești mai pregnante, cea care are o circulație mare sau o coloratură stilistică deosebită; pentru rezolvarea celorlalte, cititorul este orientat spre această formație frazeologică. Trimiterile sunt făcute cu ajutorul unei tilde (~) atunci când o parte a expresiei se repetă în expresia la care se face trimiterea, de exemplu: **a bate pe cineva până iese untul din el** *v.* ~ **măr;** **a bate tactul** *v.* ~ **măsura.**

În cazurile în care partea finală a mai multor expresii sinonimice cu bază comună este exprimată de cuvinte (sau chiar grupuri de cuvinte) care se pot aranja alfabetic fără ca între ele să intervină o expresie cu conținut diferit, s-a folosit bara oblică (/), de exemplu: **a sta ca pe ace/ghimpi/jăratic.** Bara oblică a fost folosită și în textul englezesc, de exemplu: *to be in smb.'s good graces/books.*

O preocupare permanentă a autorilor a fost aceea de a traduce expresiile românești prin cele mai apropiate echivalente englezești. Întrucât, însă, adesea sunt date mai multe variante, acestea au fost așezate într-o anumită ordine. Prima traducere este de obicei și cea mai apropiată, atât din punctul de vedere al sensului, cât și al stilului; următoarea, separată de prima (sau de primele) prin punct și virgulă, se îndepărtează de valoarea stilistică a expresiei românești, purtând diferite specificări ca: *aprox.* (traducere aproximativă, contextuală sau cu diferențe de nuanță stilistică), *F* (familiar; în limba vorbită), *P* (expresie cu caracter popular). Atunci când valoarea stilistică a expresiei traduse în engleză este alta decât cea din limba română, s-a folosit o săgeată (← sau →) care, dacă este așezată după indicația stilistică (→), arată că numai expresia englezească are valoarea stilistică respectivă, iar dacă este așezată înaintea indicației stilistice (←), caracterizează stilistic numai expresia românească, de exemplu: **a face dâră prin barbă** ← *F to take the initiative; to move first, etc.* Ori de câte ori indicațiile stilistice nu sunt însoțite de nici o săgeată, valoarea expresiilor din cele două limbi este aceeași; de exemplu: **e cam albastru** *F it's too bad, we're in a hole/a tight place/a scrape/a corner/a (nice) fix* sau **a(-i) face cuiva capul calendar** *F to muddle smb.'s brains, etc.*

Autorii își exprimă speranța că materialul din culegerea de față va putea fi consultat cu folos de toți cei care, avansați sau începători, studiază limba engleză.

Lista prescurtărilor și a semnelor

amer.	americanism	*mil.*	termen militar
aprox.	traducere aproximativă	*min.*	minerit
atrib.	atributiv	*muz.*	muzica
av.	aviație	*nav.*	navigație
bibl.	biblic	*P*	expresie populară
bot.	botanică	*peior.*	peiorativ
brit.	termen britanic	*pol.*	termen politic
chim.	chimie	*poligr.*	poligrafie
com.	comercial	*prov.*	proverb
d.	despre, referitor la	*reg.*	regionalism
ec.	economie	*rel.*	religie
electr.	electricitate	*scot.*	termen scoțian
elev.	(stil) elevat	*sl.*	expresie de „slang" (argoul din limba engleză)
F	folosit în limba vorbită; familiar		
ferov.	feroviar	*smb.*	somebody
fig.	(sens) figurat	*smth.*	something
filoz	filozofie	*școl.*	termen școlar
fin.	finanțe	*tehn.*	tehnică
fot.	fotografie	*tel.*	telefon
gastr.	gastronomie	*tip.*	tipografie
glum.	glumeț	*univ.*	termen universitar
intr.	intranzitiv	*v.*	vezi
ist.	istorie	<	cuvântul sau expresia care urmează are un sens mai accentuat, arată cantitatea sau calitatea la un grad mai înalt
înv.	expresie învechită, scoasă din uz		
jur.	juridic		
lit.	(stil) literar	>	cuvântul sau expresia care urmează are un sens mai puțin accentuat, arată cantitatea sau calitatea la un grad mai coborât
mar.	marină		
mat.	matematică		
med.	medicină		

A-Ă

a abandona cursa to retire from the race.

a abandona jocul/partida to throw in one's hand/ cards, *P →* to chuck up the sponge.

a abate atenția cuiva de la ceva to call away/to divert/to turn off smb.'s attention from smth.

a abate cursul râului to turn off the river.

a abate de la calea (cea) dreaptă pe cineva *și fig.* to lead smb. astray; *fig.* to turn smb. from the path of duty.

a se abate de la calea (cea) dreaptă *și fig.* to get off the right way/track; to go astray/adrift; to lose one's way; *fig.* to stray from the right/straight path.

a se abate de la datorie to depart/to swerve from one's duty; to fail in one's duty.

a se abate de la drumul cel bun *fig.* to turn off the right road.

a abate de la o hotărâre pe cineva to put smb. off from a decision.

a se abate de la o regulă to be an exception to the rule.

a se abate de la subiect to digress/to go from the matter/the subject; to make a digression; to ramble; to wander in one's speech; **nu te ~ de la subiect!** keep to the point/subject!; don't ramble!

a nu se abate din calea sa *fig.* to go on unswervingly, to pursue an unswerving course.

a se abate din calea virtuții to slip from the path of virtue.

a nu se abate din cuvântul cuiva to obey smb. blindly/implicitly; *F →* to be at smb.'s beck and call.

a-și abate gândurile de la... to turn one's thoughts from...

a abate gândurile cuiva de la ceva to turn/to divert smb.'s thoughts from smth.; *v. și ~ atenția ~.*

a abdica de la principiile sale to surrender/to renounce one's principles; *F →* to make a surrender of principles.

abia abia hardly; with (much) trouble/difficulty/ ado.

abia atunci când... only when...; not before...

abia dacă... hardly...; ...with (much) trouble/diffi- culty/ado.

abia ieșit din fașă/scutece still in/hardly out of/ just out of swaddling clothes.

abia își vede capul de... he is up to his ears in...

mai abitir 1. *(mai mult)* more. **2.** *(mai bine)* better. **3.** *(mai repede)* quicker.

abonamentele, vă rog! (show) all seasons, please!

a aborda o chestiune/problemă to deal/to grapple with/to tackle/to attack a question; to tackle a pro- blem.

a aborda un subiect to broach/to open a subject (of discussion); to tackle/to tap a subject; *v. și ~ o* **chestiune/problemă.**

abrutizat de alcool sodden with drink.

absența lui a trecut neobservată he was un- missed.

absolut nici unul not a single one, not a soul.

absolut nimeni 1. not a soul. **2.** not one of them.

absolut nimic nothing whatever.

absolut sigur perfectly/dead sure/certain.

absolut singur all by oneself, one's very self.

a absolvi o școală to finish one's studies at a school; *amer.* to graduate (from) a school; to be a school-leaver.

absorbit în gânduri absorbed/engrossed in thought; rapt in contemplation.

a absorbi toată atenția cuiva to take up all smb.'s attention/time.

abține-te! *F* tell it to the marines! have a care! *(taci!)* shut up! *vulgar* hold your jaw! *sl.* stash/cheese it!

a se abține de la băutură to abstain from drink- ing, *amer. F →* to be on the (water) waggon.

a se abține de la vot to stay away.

a abuza de amabilitatea/bunăvoința cuiva to impose/to encroach upon smb.'s kindness; to abuse smb.'s good nature; to make a convenience of smb.;

să nu abuzezi de bunăvoința nimănui *aprox.* one should not ride a willing horse to death.

a abuza de ceva to take advantage of smth.

a abuza de credulitatea cuiva to practise on smb.'s credulity.

a abuza de ospitalitatea cuiva to trespass up/on smb.'s welcome.

a abuza de prietenia cuiva to presume up/on smb.'s friendship.

a abuza de răbdarea cuiva to strain/to overstay smb.'s patience; to make too great demands upon smb.'s patience.

acarul Păun *aprox.* an unfortunate man would be drowned in a teacup.

a accelera pasul to quicken one's step; *şi mil.* to mend/to speed one's step.

a accelera ritmul to speed up/to accelerate/to quicken the rate.

accelerează! *auto etc.* let her rip!

a accepta ceva fără rezerve to accept smth. without reservation/qualification.

a accepta o invitaţie to accept an invitation; to say yes to an invitation.

a accepta un pariu to take up a wager; to take on a bet.

a accepta o poliţă to honour a bill.

a accepta o provocare to accept a challenge; to take a dare.

a nu accepta un refuz to take no denial.

a accepta un sfat to accept a piece of advice; *F →* to take a telling.

a accepta sfatul cuiva to take smb.'s advice/*F →* telling.

a-şi accepta soarta cu resemnare to resign oneself to one's faith.

acceptă-mă aşa cum sunt you must take me as I am.

acesta-i adevărul! that's the truth of it!

a achita cuiva datoria integral to repay smb. in full.

a achita o datorie to discharge a debt; to repay smb. (in full).

a se achita de o datorie/obligaţie to fulfil/to carry out/to discharge/to perform an obligation; to acquit oneself of an obligation; to implement a contract; to settle (up) (with smb.).

a se achita faţă de cineva to settle (up) with smb.

a achita nota de plată to pay one's score; *P →* to quit scores with smb.

a se achita prost de un lucru to make sad work of smth.

acolo afară out there.

acolo sus up there.

a se acomoda unii cu alţii to put up with one another.

a se acompania cu chitara to sing to the guitar.

a acoperi un deficit to make good/to cover/to supply a deficit.

a se acoperi de glorie to cover oneself with glory.

a-şi acoperi faţa cu mâinile to bury one's face in one's hands.

a-şi acoperi retragerea *mil.* to secure one's retreat.

a acorda ajutor cuiva to lend smb. assistance; to give/to lend smb. a helping hand; to assist/to help smb.

a acorda o amânare de plată *com.* to grant a respite for payment.

a acorda atenţie/atenţia cuvenită... to pay (due) attention to...; to give much prominence to...; *v. şi a da ~.*

a acorda o audienţă cuiva to grant/to give smb. a hearing.

a acorda avantaj cuiva *sport* to give smb. odds.

a acorda azil cuiva to shelter/to harbour smb.; to give/to offer shelter/refuge to smb.; to take smb. in.

a acorda credit cuiva to give trust to smb.; *F →* to tick with smb.

a acorda o favoare cuiva to grant a favour to/on smb.

a acorda importanţă *(unui lucru)* to make account of; to put importance on.

a acorda (cuiva etc.) importanţă to attach importance (to smb., etc.).

a nu acorda importanţă *(cu dat.)* not to attach importance to; *(unui lucru)* to make little account of.

a acorda întâietate *(cu dat.)* to give preference to.

a acorda un pian to set a piano.

a acorda puteri depline cuiva to furnish smb. with full powers; to empower smb.; to give smb. free rein.

a acorda (un) rabat to give discount; to yield an abatement.

a acorda răgaz cuiva to give smb. time (to breathe); to give/to allow smb. a respite.

a acorda sprijin *(cu dat.)* to lend support to.

a acorda toată atenţia *(cu dat.)* to give (smb.) one's undivided attention.

a acorda toată atenţia unei probleme to give a problem one's careful consideration.

acord de încetarea focului *mil.* fire-ceasing agreement.

acord global general piece-work.

a i se acri de ceva *F* to be fed up with smth.; to be fed to the teeth with smth.; to have smth. up to one's throat; to have more than enough of it.

a acţiona cu băgare de seamă to act carefully; *F →* to take in a reef.

a acționa de unul singur to plough a lonely furrow; to go one's own gate.

a acționa energic to make things turn; $F \rightarrow$ to go it boots.

a acționa fără a se gândi to act with precipitation.

a acționa fără nici o constrângere to be allowed to act without restraint.

a acționa împreună to act together.

a acționa în justiție pe cineva to sue smb. (at law); to charge smb. publicly; $F \rightarrow$ to have the law of smb.

a acționa pedala *tehn.* to work the treadle.

a acționa prompt to take prompt action; to act on the spot.

a acționa spontan to do smth. unasked.

acu-i acu' *v.* acum e acum.

acum..., acum... now..., now...

acum un an pe vremea asta this time last year.

acum câteva clipe/zile etc. a few/$F \rightarrow$ a couple of minutes/days, etc. ago; $F \rightarrow$ a bit ago.

acum e acum it's now or never; now is the time; now/this is the critical/decisive moment.

acum înțeleg now I understand.

acum e momentul! now's the time; $F \rightarrow$ that's your time!

acum o săptămână a week ago/today; this day last week.

acum știu cât îi plătește/poate pielea F I have him weighed out now; I've got his number; I've got him taped.

acum țin'-te the deuce to pay.

acum să te văd! **1.** *(arată ce poți)* now show your mettle! **2.** *(mă întreb ce o să faci)* I wonder what you'll do now; $F \rightarrow$ now then!

acum mai vii de-acasă *v.* așa ~.

acum vin acasă! *fig.* F now I twig it!

a se adapta împrejurărilor to adapt oneself to circumstances; to make the best of circumstances.

a adapta ceva la ceva to make smth. suitable for smth.

a se adapta timpului și împrejurărilor to temporize.

a se adăpa în aceeași apă cu cineva to row/to sail in the same boat with smb.; to sing the same song with smb.; to be hand and/in glove with smb.

a adăposti de ploaie to shelter (smb. *sau* smth.) from the rain.

adânc în pământ far in *sau* into the ground.

adânc săpat în memorie deeply engraved in one's memory; embedded in one's recollection.

adâncit în gânduri deep/absorbed/engrossed/*poetic* → wrapt in thought; in a brown study; F → woolgathering.

adâncit în studii deeply engaged in study; plunged deep in study; engrossed in study.

adevărat! that's right!

adevărat cum te văd și mă vezi true as I stand here.

adevăr grăiesc vouă *bibl.* for verily I say unto you.

adevărul adevărat the truth, the whole truth and nothing but the truth; the naked truth; true as gospel; the real/the plain/the naked/the unvarnished truth; *interj.* F as true as true!

adevărul e mai năstrușnic decât născocirea *prov.* truth is sometimes stranger than fiction.

adevărul este că... the truth/the question is that...; as a matter of fact...

adevărul gol-goluț *v.* ~ adevărat.

adevărul iese ca untdelemnul la suprafață; ~ deasupra ca untdelemnul; ~ la iveală/lumină *prov.* truth and oil are ever above; truth/murder will out; truth is the daughter of time.

adevărul înainte de toate *prov.* speak the truth and shame the devil.

adevărul supără *prov.* truth offends.

adevărul și numai adevărul *v.* ~ adevărat.

adevărul nu umblă pe toate drumurile *prov.* truth lies at the bottom of the well.

mai adineaori just now; a little while ago; F a bit ago.

adio și n-am cuvinte! F all over! *amer. sl.* good-bye, John!

a administra o bătaie cuiva to administer smb. the cane; *v. și* **a trage ~.**

a administra ceva prin procură *jur.* to hold smth. in trust.

a admite cererea cuiva to grant smb.'s request; to comply with/to attend to smb.'s request.

să admitem că... let us assume/grant that...; say that...; put the case that...

a admite o reclamație *jur.* to sustain an objection.

a admite rejudecarea *jur.* to grant a new trial.

admițând că... granting/admitting/assuming/provided that...

admițând că aveți dreptate supposing (that) you are right.

a adopta o atitudine/poziție (justă) to take a (correct) stand; F → to be on the right side of the hedge.

a adopta o hotărâre to make/to take a resolution.

a adopta o linie de conduită to adopt a policy.

a adopta un nou punct de vedere în legătură cu ceva to get a new angle of smth.

a adopta un proiect de lege/o rezoluție to carry/to adopt/to pass a resolution; to carry a vote.

a adopta un punct de vedere to take a stand.

a adora vițelul de aur *fig.* to worship at the shrine of Mammon.

a adormi adânc to fall into a sound/deep sleep.

a adormi bănuielile to lull suspicion.

a adormi bănuielile cuiva to put smb.'s suspicions to sleep; to lull smb.'s suspicions.

a-și adormi conștiința to lull/to silence/to quiet one's conscience.

a adormi un copil to put a child to sleep; *(cântându-i)* to sing a child to sleep.

a adormi întru Domnul *aprox.* to go to one's last home/account; to take one's last sleep; to sleep the sleep that knows no breaking; to breathe one's last; to pass away; to give up the ghost; *F →* to kick the bucket.

a adormi plângând to sob oneself to sleep.

adormit buștean fast/dead/sound asleep; *F →* sleeping like a log/top.

a adormi vigilența cuiva to lull/to put smb.'s vigilance to sleep; to put smb. off his guard.

a se adresa celor în drept to apply to the proper quarter.

a adresa complimente cuiva to present one's (best) compliments to smb.

a adresa o critică cuiva to reflect on smb.

a adresa o scrisoare cuiva to direct a letter to smb.

a se adresa cui trebuie to apply to the proper man.

a se adresa în altă parte *F →* to go to another shop.

a se adresa justiției to go to law.

a adresa mulțumiri cuiva to return thanks to smb.

a aduce o acuzație împotriva cuiva to bring a charge (of smth.) against smb.

a aduce un afront cuiva to offer an affront to smb.; to put an affront upon smb.

a aduce alinare cuiva to give comfort to smb.

a aduce a miere etc. to taste like honey, etc.

a-și aduce aminte de ceva to remember/to recollect smth.; to have/to bear/to hold/to carry smth. in mind/memory/remembrance; to keep smth. in view; to call/to recall/to bring to mind; to bring back/to call smth. to memory.

a-i aduce aminte cuiva despre ceva to remind smb. of smth.; to put smb. in mind of smth.

a aduce a poveste etc. to sound like a fairy tale, etc.

a aduce un beneficiu considerabil to bring (in) a fair return.

a aduce cinste cuiva to do credit to smb.; to be a credit to smb.

a-și aduce contribuția to make a/one's contribution; to do one's part; *F →*to throw one's stone to the pile.

a aduce cu ceva to bear the semblance of smth.

a aduce cu cineva to be like smb.; to take after smb.; to bear a likeness to smb.

a aduce cu sine (nenorociri etc.) to bring in one's train.

a o aduce din condei to manage somehow; to manage/to square it; to cope with the situation; to be equal to smth./the task in hand; to contrive/to manage to do smth.; to make the most of smth.

a aduce dobândă to bear/to yield interest.

a aduce dobânzi mari to return a very good interest.

a aduce dovezi to produce/*elev. →* to adduce proofs.

a aduce dovezi convingătoare to make out one's case.

a aduce fapte în sprijinul unei acuzații to substantiate a charge.

a aduce folos to be of use/benefit; to be beneficial/profitable.

a aduce ghinion *v. ~* nenoroc.

a aduce unele îmbunătățiri *(cu dat.)* to touch up *(cu acuz.).*

a aduce în fața justiției to bring (in)to court.

a aduce în impas pe cineva to bring smb. to his wit's end.

a aduce în sapă de lemn *v.* **a aduce la sapă de lemn pe cineva.**

a aduce în simțiri pe cineva to get smb. sound.

a aduce în stare de sclavie to reduce to slavery.

a aduce o învinuire cuiva to bring a charge (of smth.) against smb.

a aduce jertfă to make a sacrifice/an offering/an oblation; to offer in sacrifice.

a aduce jertfă idolilor to sacrifice to idols.

a aduce o jignire cuiva to offend/to insult smb.; to offer an insult to smb.

a aduce la același numitor *și fig.* to reduce to a common denominator.

a aduce la cunoștință ceva, cuiva to bring smth. to smb.'s notice/knowledge; to inform smb. of smth.

a aduce la desperare pe cineva to drive smb. to extremity; to reduce smb. to despair.

a aduce la îndeplinire to carry out; to execute; to fulfil; to carry into effect/execution; to put in(to) execution.

a aduce la un numitor comun *și fig.* to reduce to/to find a common denominator.

a aduce pe cineva la punctul său de vedere to talk smb. round to one's way of thinking.

a aduce la realitate pe cineva to bring smb. back to earth/the world of reality; to bring smb. to reason/to his senses/to his bearings.

a aduce la sapă de lemn pe cineva to bring smb. to ruin/the parish; to bring/to reduce smb. to beggary/poverty.

a aduce la zi to make up-to-date.

a aduce lumină într-o chestiune to cast/throw light upon a matter.

a aduce mulțumiri cuiva to render/to give/to return/*înv.* to offer/to tender thanks to smb.; to thank smb.

a aduce nenoroc to bring ill/bad luck; *(a fi piază-rea)* to forebode evil.

a aduce noroc to bring good luck.

a-și aduce obolul to bring in/to make one's contribution; to pay/to offer one's mite.

a aduce (un) omagiu/(un) prinos cuiva *fig.* to do smb. homage; to pay a tribute to smb.; *(a saluta)* to pay one's respects to smb.

a aduce pagubă cuiva to be detrimental to smb.; to cause injury/detriment to smb.

a aduce pe drumul (cel) bun pe cineva 1. to put smb. on the right path. **2.** *fig.* to lead smb. in(to) the right way.

a aduce pe lume to bring into the world; to bring forth.

a aduce probe *jur.* to produce testimony of/to a statement.

a aduce profit to bring/to yield/to produce profit; to be profitable.

a aduce supărare to cause (< a great deal of) annoyance; to cause trouble.

a aduce o veste cuiva to break the news to smb.; to bring tidings to smb.; to tell smb. a piece of news.

a aduce vorba despre... to turn the conversation up(on)...; *(a pomeni)* to mention...; *(în treacăt)* to touch upon...

a adulmeca vânatul to have the wind of one's game.

a aduna bucatele to gather in the harvest.

a aduna doi și cu doi *fig.* to put two and two together.

a-și aduna gândurile to collect/to compose one's thoughts; to put one's thoughts together.

a-și aduna mințile 1. to come to one's senses. **2.** to collect/to compose one's thoughts.

a-și aduna puterile to summon up/to gather strength; to collect/to compose one's energies; to pull oneself together.

adus de/din spate bent; crooked; hunched; *F →* poking one's head.

afacerile merg bine trade is brisk.

afacerile nu merg trade is slack; trade is at a standstill.

afară de... *(pe lângă)* besides...; *(cu excepția)* except(ing)...; *poetic →* save...

afară din cale (de...) *v.* din cale afară de...

afară numai dacă... only if...; unless...; except when...; if not...

a se afișa ca... to set up for being...; *(a pretinde că este)* to pretend to be...; *(a trece drept)* to pass oneself off for...; *(a se proclama)* to call/to style/to proclaim oneself...

a afișa rezultatele to put up the results.

afișajul oprit! stick no bills!

a se afla de față *v.* a fi ~.

a afla de la altul to hear news second hand.

a se afla în frunte to be at the head; to be in the van.

a se afla în impas *F →* to be in a tight corner.

a se afla în imposibilitatea de a face ceva to be precluded from doing smth.

a se afla în misiune to be on detached service.

a se afla în primejdie to be in danger/*elev.* peril.

a se afla în siguranță to be safe; to be in safe keeping.

a se afla în studiu *(d. o problemă)* to be under consideration/investigation.

a se afla în treabă *F* to potter/to moon about.

a se afla într-o încurcătură to be in trouble; *F →* to be in a nice fix; *P →* to be up the pole.

a nu-și afla locul to be restless; to fret/to fidget about.

a-și afla mângâiere în ceva to find solace in smth.

a-și afla moartea to meet with one's death.

a nu-și afla rostul to potter/to fidget about; to move about restlessly; to have the fidgets; to twiddle one's thumbs/fingers.

aflat în discuție under discussion.

a se afunda cu prora în apă *nav.* to sink by the bow.

a se afunda în junglă etc. to strike into the jungle, etc.

a se afunda într-un fotoliu to subside into an armchair.

a se agăța de un (fir de) pai to catch/to clutch at a straw; to cling to a straw.

a se agăța de un pretext to fasten upon a pretext.

a-și agita brațele to swing one's arms; *F →* to saw the air; to oar one's arms.

a se agita în somn to toss in one's sleep.

a agita spiritele to rouse the spirits.

a-și agonisi traiul to earn one's living/bread.

să-l aibă Domnul în pază! God send him well!

ai carte, ai parte *prov.* knowledge is a treasure; knowledge is power; to know is to be strong.

n-ai ce-i face! *F* and/so that's that; nothing doing!

(aici) ai dreptate! (there) you're right!

aici de față here present.

aici e aici! that's where the shoe pinches!

aici e buba/greutatea! *F* there's the hitch/the rub/ the devil; that's where the shoe pinches.

(aici) greșești/te înșeli there you are mistaken! *F* → you are out there.

(aici) nu ne înțelegem/potrivim we don't agree here; that is where (on) we differ.

(aici) nu e lucru curat there is smth. wrong (t)here; *F* → I smell a rat.

aici te-am prins! I've caught you here! *F* → I've got you there!

aici se vorbește englezește English spoken.

aici sunt de acord cu el there I hold with him.

n-ai pentru ce! not at all; don't mention it; you're welcome; no thanks are needed.

ai puțină/puțintică răbdare! wait and see!

aiurea! *F* stuff and nonsense!

a-l ajunge anii din urmă to grow old; to be ad- vanced in years/life; to be stricken in years; *F* → to be no chicken.

a ajunge bine to raise oneself (very high); *v. și ~ departe 2.*

a nu-l ajunge capul *v. ~ tăia ~.*

ajunge cu...! no more...! have done... *(și cu -ing)!;* enough of *(cu -ing)!*

a nu-i ajunge cuiva cu prăjina la nas *F* to perk up one's head; to look big; to take the wall; to ride the high horse.

a-i ajunge cuțitul la os *F* to be at the end of one's tether; to be at one's wits' ends; to be very hard up; to be in a (nice) fix; ← *F* to be reduced/driven to extremity.

a ajunge de batjocură to become a laughing stock (of others); to be disgraced; to bring shame upon oneself.

a ajunge de la dracu' la tată-său to jump/to leap/ to fall out of the frying-pan into the fire; from smoke into smother.

a ajunge de ocară *v. ~ de batjocură.*

a ajunge departe I. to get far. **2.** to get on (in the world); to go a long/a great way; to attain emi- nence; *ironic (d. un tânăr)* to be a young hope- ful.

a ajunge de pomină I. to make a fool of oneself; to make oneself ridiculous; to be at the fable of the town; *v. și ~ **batjocură.** 2.* to pass into a pro- verb; to become proverbial; *peior.* to become a by-word.

a ajunge de râs(ul lumii) *v. ~ de batjocură.*

a ajunge din cal măgar to come down in the world; *F* → to go to the dogs/to pot; *(din ce în ce mai rău)* to go from bad to worse.

a ajunge din urmă pe cineva *(care fuge)* to come up with smb.; to run down smb.; *(în drum)* to join smb. on his way; *și fig.* to catch up with smb.; to overtake smb.

a-l ajunge foamea to be overcome by hunger.

a-l ajunge frigul to be chilled (right) through.

a ajunge în centrul atenției to be in the spotlight; *F* → to come into the picture.

a ajunge în frunte *și fig.* to come to the front.

a ajunge în grațiile cuiva to get into smb.'s good graces; to insinuate oneself into smb.'s good graces.

a ajunge în preajma *(cu gen.)...* to come in view of...; to come near...

a ajunge în puterea cuiva to come into smb.'s hands/power/*elev.* → sway.

a ajunge la un acord to come to an agreement.

a ajunge la adânci bătrânețe to reach/to attain old age; to live to/to reach a great age.

a ajunge la apogeu to reach a/its climax; *(d. o criză)* to come to a head.

a ajunge la bătaie to come to blows; to fall/to get/ to come to logger-heads; to fall/to go to cuffs.

a ajunge la capăt to run its course.

a ajunge la capătul puterilor etc. to be at the end of one's tether; to reach the end of one's tether; to come/to get to the end of one's tether; to be ex- hausted/tired out/worn out; to be at/to come to/ to get to the end of one's tether; *v. și a-i ~ **cuțitul la os.***

a ajunge la un compromis to reach/to make a compromise; to meet half-way; to come to terms/ an accommodation; to split the difference.

a ajunge la o concluzie to arrive at/to come to a conclusion; *(pripit)* to jump a conclusion; to draw/ to reach a conclusion.

a ajunge la covrigi *F* to come upon the parish; *F* to go to the dogs; *v. și ~ **la sapă de lemn;** (a nu avea bani) F* to be on the rocks.

a ajunge la o hotărâre to arrive at/to come to/to reach a decision; to make up one's mind; to form a resolution.

a ajunge la ideea că... to be brought to the con- viction that...; *v. și* **a-i trece prin gând/minte.**

a ajunge la o înțelegere to come to an understand- ing/an agreement/terms/an accommodation; to reach an agreement; to make terms.

a ajunge la o înțelegere cu cineva to reach an agreement/an arrangement with smb.; to make/

to arrange a settlement with smb.; to come to terms/to make with smb.

a ajunge la liman *v.~* **mal.**

a ajunge la majorat to come of age.

a ajunge la mal *fig.* to get to smooth water; to bring smth. to a happy issue.

a ajunge (să fie) la modă to come into vogue.

a nu ajunge la nimic to come to nought/naught.

a ajunge la pepeni 1. *v.* ~ **covrigi.** 2. *v.* **a-și ieși din fire.**

a ajunge la perfecțiune to attain/to achieve perfection.

a ajunge la un rezultat to reach a result; to achieve smth.; to be successful; to manage it.

a nu ajunge la nici un rezultat to reach no result; to have nothing to show for it.

a ajunge la sapă de lemn to come/to be brought/ to be reduced to poverty/beggary/a mendicant state; to come to want; *F →* to come upon the parish; to go to the dogs; to arrive at one's fingers' ends; *înv. →* to arrive at/to live by one's finger(s') ends.

a ajunge la spartul târgului *F fig.* to miss the boat/ the bus; to get the cheese.

a ajunge la urechea/urechile cuiva to come to smb.'s ear(s); to meet smb.'s ear.

a ajunge la urechi to hear of...; to get wind of...

a ajunge la vreme to come/to arrive in time/*F →* in the nick of time.

a-l ajunge mintea/capul to have enough brains/ wits for it; to be equal to it; to be wise enough to do it.

a-l ajunge oboseala to be overcome by fatigue.

a-i ajunge până la genunchi *(d. apă etc.)* to come up to one's knees; to be knee-deep in...

a-i ajunge până peste cap *F* to be fed up/fed to the teeth (with it); to have (more than) enough of it.

a ajunge prea departe *fig. (d. cineva)* to push it too far; to go too far; to overshoot oneself; *(d. lucruri)* to go too far.

a ajunge pe drumuri *v.* ~ **la sapă de lemn.**

a ajunge pe mâna cuiva to fall into smb.'s hands.

ajunge pentru astăzi/ziua de azi let us call it a day.

a ajunge până acolo încât să... to go as far as to...; to go to the length of *(cu -ing).*

a ajunge prost/rău to sink; to get low; to be brought low; to go down; *F* to go to blazes/hell/pot/the devil/the dogs/*sl.* pigs and whistles; *v. și* ~ **la sapă de lemn.**

a nu-l ajunge puterile to lose (one's) strength; to fall away; *aprox.* his strength failed him.

a-și ajunge scopul *v.* ~ **atinge ~.**

a ajunge slugă la dârloagă to come to be at smb.'s beck and call; to become a menial; to be ordered about by a worthless fellow.

a-l ajunge somnul to be overcome by sleep; to be succumbing to sleep; **îl ajunse ~** sleep was getting the better of him.

ajunge să spunem că... suffice it to say that...

a ajunge timpul să... to live to see...; to live till/ until...; **va ~** the time will/shall come when...

a ajunge vremea să... *v.* ~ **timpul ~.**

a ajunge zile grele to fall on evil days.

a-l ajunge pe cineva zilele *v.* ~ **anii de pe urmă.**

să n-ajung ziua de mâine! *F* strike me dead! upon my life! I'll be damned/hanged/blowed/shot if...

a ajusta o haină to shape a coat to the figure.

a ajusta o piesă to file/to grind/to make a piece true.

a nu ajuta la nimic to be (of) no use; to be of no avail; to answer no purpose; to avail nothing.

a nu-l ajuta mintea not to have enough wit; to be empty-headed/addle-brained/feather-headed.

a nu-l ajuta picioarele; nu-l ajutau ~ his legs wouldn't carry him (any longer); his legs sank (down) under him.

a nu-l ajuta puterile; nu-l ajutau ~ his strength failed him.

a se ajuta singur to be one's own servant.

să-ți ajute Dumnezeu! may God help you!

ajutor! help! to the rescue!

a nu se alarma din pricina *(cu gen.)* to take no thought of it.

alăturea cu drumul *(nu la subiect)* beside the point/ the mark/the question.

alb ca hârtia (as) white as a sheet.

alb ca varul *fig.* (as) white as a sheet; dead-white; chalky.

alb ca zăpada (as) white as (driven) snow; snow-white.

albă, neagră, asta e(ste)! 1. you've got to put up with it, whether you like it or not; there is no other choice; you have no choice; it's Hobson's choice. 2. *(asta e tot)* that is the long and the short of it.

a alege adevărul de minciună to sift/to discriminate/to tell truth from falsehood; *poetic →* to winnow false from true.

nu se alege câștigul de pagubă *F →* it's not much catch; it's nothing to write home about.

a se alege cu ceva 1. *(a rămâne cu ceva)* to be left with smth.; to come off smth. 2. *(a primi)* to get smth; *(a câștiga)* to gain a profit; to derive some benefit.

a se alege cu frica to come off with a mere fright.

a nu se alege cu nimic to get nothing; to go away empty(-handed).

a alege din două una to fix upon/to choose the one or the other.

a alege neghina de grâu *v.* ~ **pleava** ~.

a alege pe sprânceană to choose from among the best; to pick and choose; *F* → to be very choosy.

alege până culege pick and choose and take the worst.

a alege pleava de grâu to sift/to separate/to winnow the chaff from the wheat.

alege-s-ar praful de/din... *F* confusion seize...; a plague upon...

a se alege praful/praf și pulbere to end in smoke; to come to nothing; *F* → to go to pot.

a alege președinte pe cineva to vote smb. into the chair.

a-și alege prietenii cu grijă to be choice of one's company.

a alege untul to turn milk into butter.

a alerga cât îl țin picioarele to run as fast as one's legs will carry one; to run like a lamp-lighter/a deer/a rabbit; *F* → to run as hard as one can split; to tear along/to run like mad; to scorch along.

a alerga cu sufletul la gură *v.* ~ **într-un suflet.**

a alerga de colo până colo to run this way and that; to rush/to scamper about.

a alerga de-i sfârâie călcâiele *v.* ~ **cât îl țin picioarele**

a alerga după doi iepuri to hunt two hares.

a alerga după potcoave de cai morți to run a wild-goose chase.

a alerga după toate fustele to be always after a petticoat.

a alerga în ajutorul cuiva to hasten/to run/to fly to smb.'s aid/assistance; to run to smb.'s help/relief.

a alerga încoace și încolo *v.* ~ **de colo până colo.**

a alerga într-un suflet to run oneself out of breath; to run neck or nothing; to get out of breath with running.

mai ales particularly, (e)specially; chiefly, mainly; in particular.

ales pe sprânceană chosen from among the best; the best of the best; the very best; very select; *aprox.* the pick and flower.

alinierea la dreapta! *mil.* right dress!.

altă cale nu e there are no two ways about it; there is no other way out.

altă dată nu mă mai prinzi! *F* catch me at it/doing that again!

altă făină se macină acum la moară the tables are turned.

altă gâscă în altă traistă (it makes) all the difference in the world; *F* it's another pair of breeches, that's another pair of shoes.

altă mâncare de pește *v.* **altă gâscă în altă traistă.**

alte vremuri, alte obiceiuri other days, other ways; other times, other manners.

și alții asemenea and the like.

a aluneca la vale to slip down.

a-i aluneca printre degete 1. to slip through one's fingers. **2.** *fig.* to be as slippery as an eel; to slip/to run between one's fingers.

i-a alunecat piciorul his foot slipped.

amar ca fierea (as) bitter as gall/wormwood.

a amăgi pe cineva cu promisiuni frumoase to put smb. off with fine promises.

a amâna de pe o zi pe alta to put off from day to day.

a ambala motorul *auto* to race/*F* to rev the engine.

nu te amesteca! *F* mind your own business!

a se amesteca în treburile altora to meddle in others' affairs; to poach in other people's business; *v. și* **a se amesteca unde nu-i fierbe oala; a nu** ~ to know one's own business.

a se amesteca în vorbă to put one's word in; to cut/*F* → to chip/to chime in.

a se amesteca unde nu-i fierbe oala to poke (one's nose) into another's affairs; *(a fi băgăcios)* to be a Paul Pry.

a ameți cu vorba pe cineva 1. to talk smb.'s head off; to talk a dog's/donkey's/horse's hind leg off. **2.** *v.* **a duce cu preșul** ~.

nu-mi amintesc numele dvs. I can't think of your name.

a-i aminti cuiva de datoria sa to recall smb. to his duty.

amorezat lulea (de) *v.* **îndrăgostit** ~.

a-i amorți piciorul to have no feeling in one's leg; **mi-a amorțit piciorul** my foot has gone to sleep.

a analiza pe larg un subiect to dwell (up) on a subject.

a se angaja într-o luptă hotărâtoare *F* → to throw away the scabbard.

a se angaja la cineva to take service with smb.

mai anțărț ← *P* about two years ago; two or three years ago.

a anula o clauză *jur.* to make a clause void.

a anula un testament *jur.* to set a claim aside.

a anula votul to return a blank voting paper.

anul trecut pe vremea asta this time last year.

anul viitor pe vremea asta this time next year.

aparenţele înşală *prov.* appearances often deceive; appearances are deceptive/deceitful; it is not the coat that makes the man; many a fine dish has nothing in it; never judge from appearances.

a-i aparţine de drept to belong to smb. by right.

apa stătătoare e des înşelătoare *prov.* the devil lurks behind the cross; still waters run deep; flee from still waters.

apă de ploaie *F* all my eye (and Betty Martin); *F* rubbish; *F* (stuff and) nonsense.

o apă şi un pământ *F* it is six of one and half a dozen of the other; *F* six and half a dozen; *F* of the same kidney; *F* both of a hair.

a se apăra cu curaj/dârzenie to make/to put up a stout resistance.

a-şi apăra drepturile to stick up for one's rights.

a-şi apăra opiniile to stick to one's opinions/*F →* guns; *F →* to stand to one's guns.

a apărea la orizont to heave in sight.

a apărea pe scenă to tread/to walk the boards.

apărut de curând *(d. cărţi)* now/just ready.

a apăsa pe accelerator *auto* to press the pedal down; to step/to tread on the gas; to step/to tread on it.

a apăsa pe buton to push/to press the button.

a apăsa pe trăgaci to pull the trigger.

a apela la o autoritate to refer to an authority.

a apela la serviciile cuiva to ask smb. for his service.

apele line/liniştite sunt adânci *prov.* dumb dogs are dangerous; still waters have deep bottoms; still/smooth waters run deep.

a aplana un diferend to make up a quarrel.

a aplana divergenţele to iron/to work out the differences.

a aplana lucrurile to straighten things out.

a aplauda un actor, în picioare to rise at an actor.

a aplauda furtunos to applaud loudly; *F →* to lift/to raise the roof.

a apleca urechea la... to lend (an/one's) ear to...; to give ear to...

a aplica o amendă cuiva to punish smb. by/with a fine.

a aplica o corecţie cuiva to administer smb. the cane; to chastise smb.

a aplica legea to put the law into force/operation; to execute the law.

a aplica cuiva legea talionului to retaliate (on) smb.

a aplica represalii to make reprisal(s).

mai apoi (mai târziu) later on; afterwards.

apoi cum! it stands to reason! it goes without saying! *(fireşte)* of course! sure(ly)! to be sure.

apoi de! well! you see; do you see? didn't I tell you? who is to blame?

a i se aprinde călcâiele după cineva *F* to be nuts/struck on smb.; to fall for smb.; to be madly in love with smb.

a aprinde un chibrit to strike a match/a light.

a se aprinde de furie/mânie to fly into a passion, *F →* to flare up; to get waxy; to turn Turk; *amer. F* to sprunt.

a se aprinde la faţă to blush/to flush red; to become/to get red/purple in the face.

a aprinde lumina to put on the light.

a-şi aprinde paie în cap to bring/to stir up/to raise a hornet's nest about one's ears; *aprox.* don't trouble trouble till trouble troubles you.

aproape acelaşi lucru pretty/nearly much the same.

mai aproape dinţii decât părinţii *prov.* charity begins at home; near is my coat/shirt, but nearer is my skin.

aproape fără nici un rezultat to little purpose.

aproape în unanimitate with practical unanimity.

aproape niciodată scarcely ever.

aproape nou almost new; hardly used.

a aproba întru totul o linie de conduită *F →* to plump for a course of action.

a aproba prin vot to vote through.

a aprofunda o problemă to go thoroughly into a question.

a i se apropia ceasul morţii; i se apropiase ~ his death (hour) was near/approaching; he was at his last gasp; he was at death's door; *F →* he was on his last legs.

a se apropia cu paşi mari to approach with big strides; to approach rapidly; to be coming on apace.

a se apropia de sfârşit to have well-night completed its span; *(d. viaţă)* to draw to a close/an end.

a se apropia de ţintă to be nearing one's aim; *aprox.* the goal is within one's reach; one's goal is in sight.

a i se apropia funia de par to be at the end of one's tether; *F →* to be on one's last legs.

a-şi apropia scaunul de masă to sit up to the table.

a i se apropia sfârşitul to be (too) near one's end.

a se apropia treptat de un loc to progress towards a place.

a i se apropia vremea *v.* ~ ceasul morţii.

se apropie furtuna there is a (< heavy) storm brewing/gathering.

apropo! that reminds me!

apropo de... speaking of...

a se aproviziona cu apă *nav.* to take in (a supply of) water.

apt pentru serviciul militar fit for service.

a-l apuca ameţeala to be/to feel giddy; **mă apucă ameţeala** *F →* my head is turning round.

a-l apuca burta *F* to be taken short.

a apuca cu ghearele to claw.

a apuca cu gura înainte *F* to talk nineteen/thirteen to the dozen.

a se apuca cu mâinile de cap to clutch at one's head.

a-l apuca damblaua *F v.* **a-l apuca dracii.**

a se apuca de băutură to take to drinking/*F* to the bottle; to give oneself up to drink.

a se apuca de ceva to turn one's hand to smth.; *F →* to have a dig at smth.

a se apuca de ceva cu pasiune to go off full score.

a apuca de fundul pantalonilor pe cineva *F* to seize smb. by the slack of his trousers.

a se apuca de lucru to set/to turn to work; to start on a task; to proceed to business; *F →* to get up and dig; to be on one's toes; to set oneself to do smth.; to get up/to go (off) on one's oar; not to let the grass grow under one's feet.

a apuca de mijloc/talie pe cineva to seize someone round the body.

a se apuca de scris to put one's pen to paper; to set pen to paper; to take pen in hand.

a se apuca de un studiu to start on a course of study.

a-l apuca dorul de... to yearn after...; to be seized with a desire to...

a-l apuca dracii *F* to cut up savage/ugly; *F* to fly/to get into a tantrum; *F* to go into one's tantrums; *F* to get into a wax; *F* to get in a bate.

a se apuca să facă ceva to set oneself to do smth.; to set about doing smth.; to set upon a task.

a-l apuca frica/groaza to be seized with fear/< fright/horror.

a-l apuca furiile *F →* to get in a bate.

a apuca înainte to go straight off; to go non-stop.

a-l apuca năbădăile *v.* ~ **dracii.**

a-l apuca noaptea to be overtaken by the night.

a-l apuca pandaliile *v.* ~ **dracii.**

a apuca pe un drum *fig.* to take a course.

a apuca pe un drum greşit *şi fig.* to get off the right way/track; to go astray/adrift; *fig.* to take a wrong/a bent course.

a apuca pe Dumnezeu de un picior I. to have the devil's own luck. 2. to be in the seventh heaven.

a-l apuca ploaia to be caught in the rain.

a se apuca serios de un lucru to settle (down) to do smth.

a o apuca spre to strike to.

a apuca taurul de coarne to take the bull by the horns.

a apuca să vadă to live to see.

a-i apune steaua; i-a apus ~ his star/sun has set; his luck gave out; it's all over with him.

a aranja bine pe cineva to tear smb.'s character to rags/shreds.

a-şi aranja cravata to set one's tie straight.

a se aranja în ordine de bătaie to draw up in order of battle/in battle array.

a aranja lucrurile to straighten things out.

a-şi aranja părul to do/to tidy one's hair.

a aranja un program to draw up/to arrange a program(me).

a-şi aranja toaleta to tidy oneself (up); to prim oneself up.

arată a ploaie it looks like rain.

nu se arată nimic bun bad is the best.

a-şi arăta adevărata faţă *v.* **a se arăta în adevărata lumină.**

a arăta bine to look well; to have a good face.

a arăta bine pentru anii care îi are to bear one's age well.

a arăta bolnav *F →* to look blue/green/white/yellow about the gills.

a arăta bunăvoinţă to give/to show proof of goodwill.

a arăta calea cuiva to show smb. the way.

a arăta ca o sperietoare de ciori to look like nothing on earth.

a arăta ce poate; ~ ce-i poate osul/pielea I. to show what one can do; to show one's mettle; to give a taste of one's quality. 2. *(negativ) v.* **a-şi da arama pe faţă.**

a-şi arăta colţii I. *(a rânji)* to grin; to show one's teeth. 2. *(d. câini)* to snarl. 3. *fig.* to show one's teeth/horns; to show fight; *sl.* to flash one's ivories. 4. *(a se trăda)* to give oneself away.

a arăta cu degetul pe cineva I. to point (one's finger) at smb. 2. *fig.* to point the finger of scorn at smb.

a arăta dispreţ faţă de cineva to show contempt for smb.; to spurn at smb.; *F →* to spit at/(up)on smb.

a arăta drumul cuiva to show smb. the way; *(a-i spune)* to tell smb. the way.

a arăta duşmănie faţă de cineva to show hostility/enmity/ill will to smb.; to owe smb. a grudge; to be hostile/opposed/adverse to smb.

a-și arăta ghearele to put out a claw.

a arăta grijă pentru/față de... to take care of...; to have a care of...; to look after...; to attend to...; *(a se preocupa de)* to concern oneself with...; to be concerned with...; to give one's attention to...

a arăta grozav *F înv.* → to look a sketch.

a arăta interes pentru/față de... to show/to betray interest in...; to take an interest in...

a se arăta în adevărata lumină to show/to display one's true colours/character; to give oneself away.

a se arăta îngăduitor to make allowances; to be lenient/indulgent; to strain/to stretch a point.

a arăta ceva în toată urâciunea sa to take the varnish off smth.

a se arăta la orizont to heave in sight; to loom in the distance.

a se arăta nepăsător față de soarta cuiva to show unconcern regarding smb.'s fate.

a arăta neschimbat to look the same as ever.

a arăta ora to show the time.

a arăta cuiva orașul to take smb. round the town.

a se arăta ostil față de to turn against.

a se arăta rar pe aici to be quite a stranger.

a arăta rău to look bad/unwell; not to look well; to look not all/quite the thing.

a-și arăta recunoștința față de... to give expression to/to show/to express one's gratitude to...

a arăta respect/stimă față de cineva to have respect for smb.; to hold smb. in respect; to pay regard/< reverence to smb.

a-și arăta talentele *F →* to come out of one's shell.

a arăta ușa cuiva to show smb. the door; to turn smb. out (of doors).

îți arăt eu (ție)! *F* I'll make you creak in your shoes! *F* I'll make you behave yourself! *F* you will catch the devil/dickens! *F* I shall fall heavy upon you!

arăți groaznic *F* what a sight you are! you do look a sight!

a arbitra un meci to referee (at) a match.

a arbora pavilionul/steagul to put out/to hoist the colours; to put out one's flags.

a arbora un steag to unfurl a flag.

a arde ca iasca to burn like tinder.

a arde cămașa pe cineva to be pushed/pressed hard for time.

a arde cu fierul roșu *și fig.* to brand; *fig.* to stigmatize; *înv. →* to mark with a T.

a arde de curiozitate to be burning with curiosity; to be on tiptoe with curiosity.

a arde de dorința/dorul să... to be consumed/afire with a desire to...; to long/to burn/to yearn to...

a arde de nerăbdare (să...) to burn/boil with impatience (to...); to be aching (to...); to be simply bursting.

a arde de nerăbdare (să facă ceva) to be (all) agog (to do smth.).

a nu-i arde de râs to feel/to be in no mood for laughing.

a arde gazul *F* to gad/to mooch/to idle about; to let the grass grow under one's feet; to lollop; to do/to have a mike; to burn daylight.

a-i arde o palmă/*F* **scatoalcă cuiva** *F* to box/to cuff smb.'s ears; *F* to slap smb.'s face; *F* to paste smb. on the face.

arma la umăr! *mil.* slope arms!

a arma o mină to timber a mine.

artă pentru artă art for art's sake.

artileria grea *fig. înv. →* heavy metal.

a arunca afară din casă pe cineva to throw/to fling smb. out of doors/to the door; to turn smb. out of the house.

a arunca alandala to strew about.

a arunca ancora to cast/to drop anchor.

a arunca apa din albie cu copil cu tot to throw out the child along with the bath.

a arunca armele to throw down one's arms.

a arunca banii pe fereastră *fig.* to play ducks and drakes with one's money; to squander one's money; *F* to buy a white horse; to throw one's money about; *F* to spend money like water.

a arunca un blestem asupra cuiva to call down/to lay/to pronounce a curse upon smb.

a arunca o căutătură... *v. ~* **privire cuiva.**

a arunca cât colo to send sprawling/spinning/flying.

a arunca cu banii *v. ~* **banii pe fereastră.**

a arunca cu banul to toss head or tails.

a arunca cu pietre în cineva to throw/*F →* to shy stones at smb.; to pelt smb. with stones.

a arunca cuvinte înțepătoare to spar at each other.

a arunca un cuvânt *v. ~* **o vorbă.**

a se arunca de gâtul cuiva to throw oneself at smb.'s head.

a arunca din șa to unseat.

a arunca flăcări pe nări to fret and fume; *v. și* **a vărsa foc ~.**

a arunca fulgere cu privirea to look daggers.

a arunca greutatea *sport* to put the weight.

a arunca în aer to blow up.

a se arunca înainte to throw oneself forwards.

a se arunca în brațele cuiva to throw oneself into smb.'s arms; to rush/to fly in/to smb.'s arms.

a se arunca în foc pentru cineva to guarantee for smb.; to stand bail for smb.

a se arunca în genunchi în fața cuiva to go down on one's knees to smb.

a se arunca în încăierare/învălmășeală to throw oneself into the fray.

a arunca în închisoare pe cineva to throw/to send/ to put smb. into prison; to imprison smb.; to lay/ to clap smb. by the heels.

a se arunca în partea cuiva ← *F* to take after smb.

a arunca ceva în spinarea cuiva *fig.* to lay smth. at smb.'s door; to lay smth. at smb.'s charge; to lay blame on smb.

a arunca în stradă pe cineva *fig.* to turn smb. out into the street/out of his job; to turn smb. adrift.

a se arunca în șa to swing (oneself) into the saddle; to vault into the saddle.

a arunca la câini to give/to throw to the dogs.

a arunca la coș to throw into the wastepaper basket.

a arunca la fiare vechi to throw on the scrap-heap.

a arunca la gunoi *fig.* to give/to throw to the dogs.

a se arunca la pământ to throw oneself down.

a arunca (o) lumină asupra a ceva to throw/to shed (a) light (up)on smth.; < to throw a flood of light (up)on smth.

a arunca mănușa cuiva to throw down the glove/ the gauntlet to smb.

a arunca năvodul to throw the fishing net.

a arunca ocheade cuiva to glance at smb.; to cast amorous glances at smb.; to leer at smb.; to ogle smb.

a-și arunca ochii asupra *v.* ~ **peste.**

a-și arunca ochii peste... to pass/to run one's/the eye(s) over...; to cast a glance at...; to skim...; to look over...

a-și arunca ochii roată to look round.

a se arunca orbește to throw/to fling oneself blindly; *F* →to go it blind.

a arunca paie peste foc *fig.* to add fuel to the fire; to blow the coals/the fire.

a arunca pe drumuri pe cineva 1. *v.* ~ **în stradă pe cineva.** 2. to reduce smb. to poverty; to drive smb. to despair.

a arunca pe fereastră *și fig.* to throw out of the window; to play ducks and drakes with; *(bani)* to throw down the drain.

a arunca peste bord *și fig.* to throw/to cast/to toss overboard.

a arunca ceva pe/peste umăr to sling smth. over one's shoulder.

a arunca o piatră în grădina cuiva *fig.* to throw/ to cast stones at smb.

a arunca praf în ochii cuiva *fig.* to throw dust in smb.'s eyes; to dust/to blear smb.'s eyes; to make false representations to smb.

a arunca o privire cuiva to throw/to shoot a glance at smb.

a arunca o privire asupra *(cu gen.)* to (cast a) glance/to look at...; to get a sight of...

a arunca o privire asupra trecutului to run back over the past.

a arunca o privire fugară asupra *(cu gen.)* to cast a transient look at.

a arunca o privire furișă to cast a furtive glance; to slide a glance.

a arunca o privire galeșă cuiva to cast/to make sheep's eyes at smb.

a arunca o privire pe furiș to slide a glance.

a arunca o privire ucigătoare cuiva to cast smb. a withering glance; to wither smb. with a look.

a arunca o săgeată to shoot an arrow.

a arunca (o) umbră 1. to cast a shadow. 2. *fig.* ~ **asupra cuiva** to cast aspersions on smb.

a arunca un văl peste... *fig.* to cast/to draw a veil over...

a arunca o vorbă to drop/to let fall a hint; to drop a remark.

a arunca vina asupra cuiva *v.* **a ~ ceva în spinarea cuiva.**

a arunca zarul to throw the die.

a arunca zarurile *fig.* to throw/to cast lots.

arză-l-ar focul să-l ardă! *F* I wish him to the bottom of the sea; *v. și* **dracul să-l ia!**

a asalta cu cereri pe cineva to beset/to assail smb. with petitions/requests/demands; *F →* to hammer at the door.

a asana un oraș to improve the sanitation of a town.

a asculta confesiunea cuiva 1. *rel.* to shrive smb. 2. *fig.* to hear smb.'s confessions.

a asculta de glasul rațiunii to hear/to listen to reason.

a asculta orbește de cineva to obey smb. blindly.

ascultă, bătrâne! *F* I say, old thing!

ascultă ce-ți spun take my word for it; attend to my words; *F →*I'll tell you what.

ascultă-mă pe mine! mind what I say! I can tell you! *F →*take my tip.

a ascunde adevărul față de cineva to make false representations to smb.

a se ascunde după deget(e) ← *F* to use shifts; to take refuge behind a pretext.

a se ascunde după un pretext to take refuge behind a pretext.

a-și ascunde fața de rușine to hide/to bury one's head/face.

a-și ascunde gândurile to disguise one's intentions.

a-și ascunde intențiile to disguise one's intentions.

a-şi ascunde jocul *fig.* to play an underhand game.

a ascunde sub o mască de politeţe to cover with a veneer of politeness.

a ascunde ceva vederii to screen smth. from view.

ascuns privirilor hidden from view.

ascuns vederii out of sight.

a ascuţi un creion to sharpen a pencil; to give a point to a pencil.

a ascuţi un ferăstrău to set a saw.

ascuţit la minte sharp-witted.

a-şi ascuţi urechile to prick up one's ears.

a asedia un oraş to lay siege to a town.

a se asemăna ca două picături de apă to be as like as two peas.

a se asigura că totul este în ordine to see (to it) that everything is in order.

a-şi asigura colaborarea cuiva to enlist smb.'s cooperation; *F* → to rope smb. in.

a-şi asigura concursul cuiva to ensure smb.'s help/ assistance/support; *F* → to rope smb. in.

a asigura existenţa materială a cuiva to provide for smb.

a-şi asigura retragerea *mil.* to secure a retreat.

a-şi asigura serviciile cuiva to secure smb.'s services.

a-şi asigura spatele to secure one's rear.

a asigura viitorul familiei sale to make provision for one's family.

a asista la serviciul religios to attend divine service.

a asmuţi un câine împotriva cuiva to set a dog on smb.

aspru la pipăit rough to the touch.

asta-i o adevărată lovitură that's smth. like a hit.

asta îmi aminteşte că... that puts me in mind that...

asta îl avantajează that's where he scores.

asta le bate pe toate *F* it beats hell! *F* that beats all/the devil/hell/cockfighting; *F* it whips creation; *F* it takes the bus; *sl.* that puts the lid on.

asta depăşeşte orice măsură that exceeds all; *F* → that is coming too strong; *F* → that's the limit.

asta depinde de tine it rests with you; I leave it to you; it's up to you.

asta nu duce la nimic that leads to nothing; it leads nowhere.

asta mă depăşeşte it is beyond my power.

asta dovedeşte curajul dvs. that speaks much/well for your courage.

asta drept mulţumire! *F* that's all the thanks I get!

asta e altă brânză/căciulă/mâncare de peşte/ gâscă/poveste *F* this is another pair of breeches/ shoes; *F* that is quite another pair of shoes/story; *F* that's another cup of tea; *F* that's a horse of another colour; *F* that's another kettle of fish!

asta e buba *v.* aici ~.

asta e bună! *F* that's fine! *F* well, I declare! *F* a nice/ a fine/a pretty kettle of fish! *F* that's a likely story; *F* here's a fine/a nice how-d'ye-do! *F* I like that! *F* that's rich! *F (ce minciună)* that's good one/*argou* → 'un; *F* great Heavens/Scott! *F* my aunt/eye/eyes/ hat/word/world! *F* my stars and garters! *F* that beats all/anything/everything/creation/all creation/my grandmother!

asta e cam prea de tot that's a bit stiff! that crowns it all; *F* that beats the devil! *v. şi* ~ **e culmea!**

asta e, care va să zică! *F* so that's it! I see (now)! *F* that's about the size of it!

asta cere timp it's a slow process.

asta e ce trebuie! *F* → that's the dandy!

asta e chestiunea that's the question.

asta e colac peste pupăză *F* that's torn it.

asta e culmea! that's the limit! that crowns (it) all! *F* → that beats all/the devil/hell/the Dutch/the band! it's the last straw! *F* well, to be sure! *F* that takes the cake! *F* that's torn it!

asta e culmea neruşinării it is the height of impudence!

asta e curată nebunie it's sheer madness.

asta e cu totul altceva that makes a (great) difference; it makes all the difference in the world; that is quite different; that's quite another thing; that's another question altogether.

asta e ce ne trebuie *F* → that's the card.

asta nu e de competenţa mea that does not come within my sphere.

asta e esenţialul that is everything.

asta e greutatea that's the difficulty!

asta e numai din cauza ta I have you to thank for that.

asta e problema that's the point.

asta e situaţia (n-ai ce-i face) what can't be cured must be endured; so/there the matter rests.

asta e şi n-ai ce-i face put it in your pipe and smoke it; what can't be cured must be endured.

asta e tot/toată povestea that's all; that is the long and the short of it; *F* that's all there is to it.

asta nu e tot thereby hangs a tale!

asta nu se face *F* it isn't quite the thing; it's not done.

asta am fumat-o de mult *F* Queen Anne is dead.

asta hotărăşte totul that settles it!

asta i-a închis gura that settled him.

asta nu mă încălzeşte much good does it to me; I wouldn't say thank you for it.

asta nu înseamnă nimic pentru mine that is nothing to me.

asta ar însemna nenorocire pentru mine that would spell disaster/ruin/< death for me.

asta întrece orice măsură that is beyond all bound; *F* →that licks all creation (into fits); *v. și ~* **e culmea!**

asta le întrece pe toate *v. ~* e culmea!

asta se înțelege de la sine that's the matter of course.

asta lămurește chestiunea that settles it.

asta (ne) mai lipsea! *F* here we are! *F* that's the last straw! *F* that crowns all! *F* that's all that was wanting! *F* it/that is a hit (rather/too) thick; *F* → that's torn it.

asta pledează în favoarea lui that speaks well for him.

asta nu mă privește it does not concern me; it is no business/interest of mine! *F* → it is not my look-out/funeral.

asta le pune capac la toate *F* that's too much; that's a bit/a little too thick; that puts the tin hat/ *amer.* the lid on it! *v. și ~* e culmea!

asta rămâne de demonstrat it remains to be demonstrated/proved; *F* → that's no proof.

asta să i-o spui lui mutu' *F* tell me another; *F* tell that/it to the (horse) marines; *F* don't/never tell me.

asta nu-mi spune mare lucru that doesn't appeal to me.

asta spunem și noi and so say all of us.

asta-i strică tot șicul that's a fly in the ointment.

asta ne (mai) trebuia! *v. ~* (ne) mai lipsea!

asta și trebuie *F* → that's the card.

asta nu-mi ține de cald it's cold/small comfort; this doesn't comfort me.

asta unde bate? *F* what's the ticket?

a-și astâmpăra foamea to appease/to satisfy one's hunger; to take the edge off one's appetite; to stay one's hunger.

astea-s baliverne/fleacuri/prostii *F* that's all stuff and nonsense! *F* eyewash! *F* fiddlesticks! *sl.* it is all my eye (and Betty Martin).

astea-s curate prostii that is perfect nonsense.

astea-s gogoși! that's a tall story!

astfel stând lucrurile such being the case; as the case stands.

a astupa cu pământ to cover up with earth; to bury.

a astupa o gaură *fig.* to fill (up)/to stop/to supply a gap.

a astupa gura cuiva to shut/to stop smb.'s mouth; *F* to still smb.'s din.

a-și astupa urechile to stop one's ears; *fig.* to close/ to seal/to stop one's ears.

a-și astupa urechile cu degetele to stuff one's fingers into one's ears.

a-și asuma dreptul de a face ceva to take upon oneself the right to do smth.

a-și asuma o obligație to tie oneself down to a duty.

a-și asuma o răspundere to assume responsibility; to take the responsibility (of smth.); to accept responsibility (for smth.).

a-și asuma un risc to bell the cat.

a-și asuma toată răspunderea to take all responsibility; to pull one's weight.

asupra acestui punct nu suntem de acord there we differ.

așa ceva n-am auzit de când sunt! well, I never! I never did!

așa! bravo! bravo! well done! *F* that's the style!

așa se cade/cuvine 1. this is the right/the proper thing to do; it is right to be so; it is quite the thing. **2.** *(așa e obiceiul)* it is the custom.

așa cum stau lucrurile as matters stand; as things are; as it stands; this being the case.

așa cum trebuie rightly; right side up.

așa da! *F* that's the (right) spirit! *amer. F (bravo)* ata/ata boy!

și așa mai departe and so on.

așa e! that's right! it is so; so it is; that's so; *F* → right you are.

așa e el that's the sort of man he is.

așa e lumea! such is the world! this is the way of the world; *F* → that's the go.

așa ceva nu se face it's not the thing.

așa se face că... that is why...; this is how...

așa să fie! be it (so); let it be so! agreed! all right!

așa fiind *v. ~* stând lucrurile.

așa i-a fost dat Heaven so ordained/ordered it (to be).

așa s-a întâmplat că... so it was that (he became a soldier, etc.).

așa se întâmplă când... so fares it when...

așa nu (mai) merge that won't do; *F* → it doesn't work; *F* → it's no go.

așa merge vorba so the story runs.

așa se pare so it seems.

așa am pomenit it has always been like that; it is the custom.

așa se spune so I heard.

așa stau lucrurile such is the state of things; this is the way things are; so the matter rests; there the matter rests; *P* → that's the ticket; *F* → that's the time of day.

așa stând lucrurile such being the case; in/under the circumstances; as the case stands.

așa să știi! so there!

așa-s bărbații that's what men are.

așa și așa so so; betwixt and between; *amer.* not so hot.

așa și pe dincolo this way and that; *aprox.* to spin a yarn; *aprox.* this, that and the other.

așa îți trebuie! serve you right! it serves you right!

așa mai vii de acasă *F* that's the (right) spirit! *F* that's the stuff/the idea! *F* now you're talking!

așa mai zic și eu that's fine indeed; not half bad; *P* → that's the ticket; *amer. F* at(t)a boy/girl!

așchia nu sare departe de trunchi *prov.* like father, like son; *aprox.* what is bred in the bone will not go out of the flesh; as the old cock crows, so doth the young; as the old cock crows the young one learns.

a se așeza la masă to sit down to table; to settle down to dinner.

a se așeza pe vine to subside on to one's hams; to squat.

a așeza o tabără to lay out a camp; to pitch camp.

așteaptă o clipă/un moment wait (a moment/a minute/one moment/*F* → half of moment/*F* half a mo/*F* → a bit/*F* → a jiffy/*F* → half a jiffy); hold on (a minute).

nu ne așteaptă nimic bun bad is the best.

a aștepta confirmarea unui lucru to await proof of smth.

a aștepta cu înfrigurare to be upon the tiptoe of expectation.

a aștepta degeaba to wait in vain; *F* → to cool/to lick one's heels.

a se aștepta la orice to allow for all possibilities.

mă așteptam la asta I thought as much; I thought so.

a aștepta o moștenire *F* → to be waiting for dead men's shoes.

a aștepta mult și bine *F* to cool/to kick one's heels; **așteaptă ~** see you hanged first.

a aștepta să-i pice mură-n gură; așteaptă ~ he thinks the ravens will feed him; he thinks fortune will come a-wooing to him.

nu aștepta să i se spună de două ori he did not require a second telling; he did not require twice telling.

a aștepta să vadă dincotro bate vântul to wait for the cat to jump.

a așterne un covor pe podea to spread a carpet on the floor.

a așterne masa to lay/to spread the table.

a se așterne pământului to tear along.

a așterne pe hârtie to put on paper; to put down to paper; to commit to paper; to write down; to reduce smth. to writing.

a se așterne pe lucru to set about (one's) work; to get/to set to work.

a se așterne pe scris to put one's pen to paper; to set pen to paper.

a se așterne pe treabă *amer. F* to get up and dig/dust.

a ataca un acord to strike a chord.

a ataca o chestiune to tackle a problem.

a ataca din flanc to attack/to take on the flank.

a ataca din spate to attack/to take in the rear.

a ataca dușmanul to set upon the enemy.

a ataca pe neașteptate pe cineva to round upon smb.

a atârna de un fir de ață/păr to hang by/on/upon a thread; to hang by a (single) hair/by the eye-teeth/by one's eyelids; to rest upon the turn of a die.

a atârna în balanță *fig.* to be/to hang in the balance.

atâta mi-a fost *F* that's the end of me.

atâta mai lipsea! that's the last straw! that crowns (it) all! *v. și* asta-i culmea!

atâta pagubă/rău! no matter! never mind! *(ei și?) F* and what of it? *F* so what?

atâta timp cât... as/so long as...

atâta tot! that's (about) all; this is the long and the short of it; *F* → that's all there's to it; nothing further, and there's an end of it!

atâta vreme cât... as/so long as...

atât de înalt this high.

atât despre asta so much for that.

atât doar că... except that...

atât și nimic mai mult thus much.

a atenta la viața cuiva to make an attempt on smb.'s life; to seek smb.'s life.

atenție! fiți gata! stand by!

atenție! foc! *mil.* make ready! fire!

atenție la tren! beware of the trains!

atenție, sticlă! glass, with care.

atențiune, vehicule! beware of traffic!

a ateriza forțat *(d. un pilot) F* → to ditch an aircraft.

a atinge apogeul to reach the climax.

a atinge o chestiune (în treacăt) to touch (on) a subject; *F* → to skim a question.

a atinge coarda sensibilă a cuiva *v.* ~ **pe cineva la coarda simțitoare.**

a atinge fondul unei chestiuni to hear the vitals of a subject.

a atinge fundul to touch bottom; to scrape the bottom; to strike the ground/the bottom.

a nu atinge nivelul dorit not to come up to the standard.

a atinge onoarea cuiva to injure smb.'s honour/reputation; *(d. ceva)* to reflect on smb.'s honour; *(a ponegri)* to slander/to calumniate smb.

a atinge pe cineva într-un punct sensibil *v.* ~ **la coarda simțitoare.**

a atinge pe cineva la coarda simțitoare to appeal to smb.'s emotions; to touch/to sting smb. to the quick; to touch smb. on the/a raw; to touch smb. home; to touch/to strike the right chord; to cut smb. to the heart/the soul/the quick; to scratch smb. where he itches.

a atinge pe cineva la pungă *F aprox.* to make smb. bleed (freely).

a atinge perfecțiunea to reach perfection.

a atinge punctul nevralgic to touch the spot; *v. și* ~ **pe cineva la coarda simțitoare.**

a-și atinge scopul to succeed in/to secure one's object; to attain/to gain one's end; to come to one's end; to carry one's point; to hit/to accomplish one's aim; *F →* to make the grade.

a nu-și atinge scopul to fail in one's object; to fall short of the mark.

a atinge un subiect to touch on a subject.

a atinge un subiect delicat to skate on thin ice.

a-și atinge țelul *v.* ~ **scopul.**

a-și atinge ținta cu greutate to scrape home.

a nu-și atinge ținta to fall short of the mark.

a atinge pe cineva unde-l doare to scratch smb. where he itches; *v. și* ~ **la coarda simțitoare.**

atins la creier(ul) mic *sl.* balmy/barmy on the crumpet; *sl.* off one's chump.

atmosfera e încărcată *fig.* there is a thunder in the air.

a atrage atenția *(d. ceva)* to compel attention; ~ **cuiva** to draw/to arrest/to attract smb.'s attention; to catch smb.'s eye; to engross/to rivet smb.'s attention

a atrage atenția cuiva to put smb. on his guard; ~ **asupra** *(cu gen.)* to turn/to call/to direct smb.'s attention to...

a atrage atenția asupra sa to get oneself noticed.

a atrage de partea sa pe cineva to win smb. over to one's side; to bring smb. into one's interest; to obtain smb.'s interest; to win smb.'s favour; to make a convert of smb.

a-și atrage disprețul cuiva to bring smb.'s contempt upon oneself; to fall into smb.'s contempt.

a-și atrage dizgrația cuiva to incur smb.'s disgrace/disfavour.

a atrage după sine... to entail...; to make necessary...; to involve...; to imply...

a atrage în cursă pe cineva to set/to lay/to plant/to bait a trap for smb.; to lay a snare for smb.; to bamboozle smb. into doing smth.

a-și atrage neplăceri to get (oneself) into trouble/ *F →* a mess.

a atrage un public numeros *(d. o piesă)* to be a good puller.

a-și atrage ura cuiva to incur smb.'s hatred.

a atribui ceva unei cauze to set smth. down to a cause.

a-și atribui mare parte din merite to take a large slice of the credit for smth.

a ațâța curiozitatea cuiva to set smb.'s curiosity agog.

a ațâța la revoltă to rouse/to stir up to revolt.

a ațâța pe cineva împotriva cuiva to set smb. against smb.

a ațâța pofta cuiva 1. to give smb. an appetite; to whet smb.'s appetite. 2. *fig.* to set smb. agog; to put smb. in the humour for smth.

a ațâța simțurile cuiva to kindle the senses of smb.

a ațâne calea/drumul cuiva to be on the watch for smb.; to be in wait for smb.; to waylay smb.

a-și aținti ochii/privirile asupra *(cu gen.)* to fix/to rivet one's eye on...; to look hard/fixedly/intently at...; to stare at...; to gaze at...; to fasten one's eyes on...

a-și aținti privirea asupra *(cu gen.)* to let one's glance rest on...

nu se aude! speak out!

se aude că... it is rumoured that...; there is some talk of...

a autentifica un testament *(jur.)* to take out probate of a will.

a autoriza pe cineva să facă ceva to qualify smb. for doing smth./to do smth.

se auzea musca not a breath/a sound was heard.

nu se auzea nici musca not a sound/a breath was heard.

a auzi o bătaie în ușă to hear a knock/ *F →* a rat-tat at the door.

a auzi greu to be hard of hearing.

auzi, soro! *F* did you ever?

ai mai auzit așa ceva/una ca asta? *F* did you ever?

am auzit-o chiar din gura lui I have it from his own mouth.

auzi vorbă! *F* you're telling me! *P* I don't think!

a avansa pe cineva într-un post to promote smb. to an office.

avansați! push on there!

având în vedere că... considering that...; taking into account/consideration that...; in view of...; **având în vedere** *(cu ac.)* in consideration of...

a avea acces la... to have (free) access to...; ~ **baie** to have the use of the bathroom.

a avea ac de cojocul cuiva to have a rod in pickle for smb.

a avea același drum (cu cineva) to go the same way (as another person); to follow the same route (as another person).

a avea același rang cu cineva to rank with smb.

a avea acoperire *ec.* to hold security; to be covered.

a nu avea acoperire *ec.* to be uncovered; to be without funds (in hand); to lack security.

a avea aerul că vrea să strângă pe cineva de gât to look daggers at smb.

a avea un aer de... to look (like)...; to have a(n)... appearance.

a avea un aer distins to look distinguished.

a avea aerul că... to look *(cu un adjectiv);* to seem (that *sau un infinitiv*); to look as if/though...; to have the air of *(cu -ing).*

a nu avea a face; n-are ~! it doesn't matter! no matter! never mind!

a avea afinitate cu... to hold affinity with...; to be akin to...

a avea un amestec în ceva to have a finger in the pie; to have a foot/a hand in the dish.

a avea amețeli to feel giddy; to be troubled with dizziness; **am ~** my head swims/turns.

a avea antipatie pentru... to have an aversion to...; to dislike...

a avea apă curentă to have the water laid on.

a avea aptitudini pentru... to have a turn for...

a avea argint viu în vine to have quicksilver in one's veins; to be like quicksilver; to be quite mercurial; to be (always) fidgety; *F →* to have the fidgets; *F →* to be in a fidget.

a avea un ascendent asupra... *(cu gen.)* to have the ascendancy over...; to have a string on...

a avea (o) asemănare cu... to resemble...; to have/ to bear resemblance to...; to have a likeness to...; to bear likeness to...; to be like...; to look like...

a nu avea astâmpăr to be fidgety; *v. și* **a avea argint viu în vine.**

a avea asupra sa to have by/on/about one; to have in one's keeping.

a avea un atac de apoplexie to have a seizure/a stroke; to be seized with apoplexy.

a avea o atitudine... față de... to have a(n)... attitude towards...

a avea autoritate (asupra) to have authority (over/ with...); to carry authority (over...); to have prestige (with...).

a nu avea autoritate to be bare of credit.

a avea auzul fin to have a keen sense of hearing.

a avea un avantaj asupra cuiva to have/to possess an advantage over smb.; to hold/to have smb. at a/the vantage; *F →* to het the windward of smb.; to gain/to get/to have/to score an/the advantage over/*înv. →* on smb.; to prevail over/against smb.

a avea baftă ← *F* to be in luck; *F <* to have the devil's own luck; *aprox.* fortune smiles on him; *F* to get the breaks.

a nu avea un ban *F →* not to have a penny (piece) to bless oneself with; *F* to be on the rocks; *F* to be broke; to have an empty purse; *F* not to have a bean.

a avea bani to have (< plenty/lots of) money; < to have tons of money; < to roll/to wallow in money/ riches; < to be made of money; < to have any amount of money; *(a fi în fonduri)* to be in cash/ funds.

a avea bani la ciorap to have money put by.

a avea bătaie de cap cu... *v.* ~ **de furcă cu...**

a se avea bine (cu cineva) to be on good terms (with smb.); to stand well (with smb.); to get off (with smb.); *amer.* to hitch horses together; to have a stand in (with smb.).

a nu se avea bine (cu cineva) to be at variance; to be at sixes and sevens; to be at outs (with smb.); to be at loggerheads.

a avea o bogată experiență a vieții to have seen a good deal of the world.

a avea bumbac în urechi *v.* ~ **vată** ~.

a se avea ca și câinele cu pisica to agree like cats and dogs; to agree like harp and harrow; to agree like pickpockets in a fair.

a se avea ca frații to live like brothers.

a avea cap/un cap bun to have a good head/brain; to have good brains; *F* to have a good head-piece; *F* to have gumption; *F* to be gumptious.

a nu avea cap not to have a brain in one's head; to be foolish/a fool; *F* to be hare-brained.

a avea capul pe umeri; are capul pe umeri his head is screwed on the right way.

a avea caracter to have character/grit/backbone.

a se avea ca sarea în ochi *aprox.* there's no love lost between them; *v.* ~ **ca și câinele cu pisica.**

a avea casă deschisă to keep open house/doors/table.

a avea ca scop *v.* ~ **drept** ~.

a nu avea cazier to have/to show a clean record.

a avea căutare to be in (< great) demand; to be (< much) wanted; to be in (< great) favour.

a avea cârlig la cineva *F* to be spoons/spoony on smb.; *amer. F* to take a shine to smb.

a avea câteva noțiuni de to have a smattering of.

a avea cearcăne sub ochi to have (dark) shadows round/under one's eyes.

a nu avea ce face to have no choice (in the matter); **n-am ~** I can't help it.

a avea cheag 1. *(a fi bogat) F* to be well-off; *F <* to live in clover. **2.** *(a fi viguros) F* to be beefy/hefty.

a nu avea chef *F* to be out of sorts.

a avea chef de ceva to have a (great/good) mind to do smth.; to be in a mood for smth.; *F* to feel like *(cu -ing)* smth.; to be in tune for doing smth.; *F* to fall in tune to do smth.; to be in a mood for smth.; *F* to feel in tune to do smth.

a nu avea chef de ceva to feel/to be loath/unwilling to do smth.; *F* to have no stomach for smth.; to have no mind to do smth.

a avea ciudă pe cineva to have a spite/*F →* a tooth against smb.; to bear smb. ill will/a grudge; *v. și ~ ceva cu ~.*

a nu avea o clipă de răgaz/liberă not to have a moment's respite; to have one's hands full.

a avea colici la stomac to have the stomach-ache.

a avea comanda *(cu gen.)* to be in command (of...).

a avea o combinație cu cineva 1. to associate with smb.; to have business relations with smb. **2.** *(flirt)* ← *F* to have a (man *sau* girl) friend; to have a sweetheart.

a avea competența necesară to have the necessary qualifications.

a avea complexe to be self-conscious.

a avea condei to be a good pen-writer; to have a knack for writing; to drive a pen/a quill.

a avea un conflict cu cineva to be at variance with smb.

a avea considerație pentru cineva to have respect for smb.; to hold smb. in respect.

a avea conștiința încărcată to have a burdened/a bad/a guilty conscience.

a nu avea conștiință to be unscrupulous; to have no sense of justice.

a avea convingerea că...; am convingerea că... it is my persuasion that...

a avea crampe to go (off) into convulsions; to have (an attack of) spasm.

a avea crampe la stomac to have an aching void.

a avea credit la cineva to have credit with smb.

a avea o criză de... to have a fit/an attack of...

a avea culoare to have quite a colour; to have a high colour/complexion.

a avea un cult pentru cineva to worship smb.

a avea cunoștință de... to know...; to be aware of...; to be acquainted with...; *elev.* to have cognizance of...; *elev.* to be privy to...

a avea cunoștințe solide/temeinice de to be well-grounded in.

a avea cunoștințe superficiale de... to have a superficial knowledge of...; to smatter in...

a nu avea curajul de a face ceva not to feel up to it.

a avea curajul opiniei to have the courage of one's opinions/convictions.

a avea curajul să... to have the courage/the nerve/the guts to...

a avea un cuvânt de spus to have (< great) say (in a matter/it).

a avea un cuvânt de spus într-o problemă to have a word in the matter/in it.

a avea cuvântul to have the floor.

a avea cuvântul hotărâtor to have the last word; **are ~** it is for him to decide; he has the final say.

a nu avea cuvinte să... not to be able to find the language to...

a avea darul beției/suptului to be addicted to drink(ing); to be of intemperate habits; *F →* to be fond of one's drops/the bottle; to be given to drink.

a avea darul vorbirii to be an orator; *F →* to have the gift of the gab.

a avea datorii to be in debt.

a avea de-a face cu... to have (smth.) to do with...; **~ cineva** to have to reckon with smb.

a avea de-a face cu justiția to be up against the law.

a nu avea de ales to have no (other) choice (left); to have Hobson's choice.

a avea de câștigat prin comparație cu... to compare favourably with...

a nu avea de ce să... to have no reason for... *(cu -ing).*

a avea de furcă cu... to have trouble with...; *F* to have (all) one's work cut out with...

a avea de gând să... to intend/to mean to...; to be going to...; to have the intention to...; to have (half) a/in mind to...; to propose to...; to think of...; to contemplate *(cu -ing).*

a avea de împărțit ceva cu cineva to have a bone/a crow to pick with smb.; to have a rod in pickle for smb.; to have one's knife in smb.; to have a crow to pluck/pull/*rar →* pick with smb.; to bear/to have/to nurse a grudge against smb.; to owe smb. a grudge.

va avea de întâmpinat greutăți it will go hard with him.

a avea de lucru până peste cap to be over head and ears in work; to be up to the eyes/the elbow/the neck in work; to be head over heels in work.

a avea de suferit *(d. ceva)* to be damaged; to be harmed; to come to harm; *(d. cineva)* to suffer; < to have a terrible time of it.

a avea de suferit din cauza/partea/pricina cuiva to suffer at smb.'s hands.

a avea de toate to live in abundance; $F \rightarrow$ to roll in clover; $F \rightarrow$ to have one's cake baked.

a avea de unde to be well-off; to be well-to-do person; *v. și ~* **bani.**

a avea diaree $F \rightarrow$ to have the runs.

a avea din ce trăi/să trăiască to have enough to live on (and smth. in store for the future); to have a decent competence; to be in easy circumstances.

a avea un dinte contra/împotriva cuiva to have a spit/a grudge against smb.; to bear smb. a grudge; F to have one's knife in smb.; F to have a rod in pickle for smb.; F to have it in for smb.

a avea un dispreț suveran față de cineva to hold smb. in sovereign contempt.

a avea draci *(a fi prost dispus)* F to have the pip; *(a fi nervos)* F to be on edge; F to be nervy/high-strung; F to have snakes in one's boots.

a avea dreptate to be right.

a nu avea dreptate to be (in the) wrong.

a avea drept consecință... to result in...; to bring about...

a avea drept de vot to have the right to vote; to have a vote.

a avea drept de vot consultativ și deliberativ to be entitled to speak and vote.

a avea un drept la ceva to have a title to smth.

a nu avea drept la ceva to be unentitled to smth.

a avea drept rezultat... *v. ~* **consecință...**

a avea drept scop... to aim at...; to have... for an object; *(d. ceva)* to be aimed at...

a avea dreptul de a... to have a right to...; to be entitled to...

a nu avea dreptul de a... to have no right/business to...

a avea dreptul de a face ceva to have a/the right to do smth.; to have the right of doing smth.; to be entitled to do smth.

a avea dreptul de veto to have the power/the right of veto/the veto power.

a avea dreptul la ceva to be entitled to smth.

a nu avea după ce bea apă to have nothing to eat; to be starving; to be as poor as a church-mouse; not to have a shirt to one's back; $F \rightarrow$ to be (down) on one's uppers.

a avea o durere de cap to have (got) a headache; **am ~ cumplită etc.** ~ my head splits; I have a splitting headache.

a avea dureri de cap *v. ~* **bătaie ~.**

a avea efect to have/to take effect.

a avea efect retroactiv to retroact.

a avea efectul dorit to have/to take effect.

a avea experiență to be experienced; to be an old hand.

a avea o explicație cu cineva to have an explanation with smb.; $F \rightarrow$ to have it out with smb.

a avea febră to be feverish; to be in a (burning) fever; to have temperature; to run a (high) temperature; $F \rightarrow$ to go hot and cold all over; $F \rightarrow$ to have the shivers; $F \rightarrow$ to feel shivery.

a avea o fire veselă to be of a cheerful disposition.

a avea un fizic plăcut to have good/a fine physique; $F \rightarrow$ to strip well.

a avea fler $F \rightarrow$ to have a good nose for smth.

a avea o foame de lup to be ravenous(ly hungry); to be (as) hungry as a hawk/a hunter/a bear/a wolf; to be sharp-set; F to have a twist.

a avea frisoane *v. ~* **febră.**

a avea funcția de... to discharge the function/the role of...

a avea gărgăuni (la cap) F to have maggots in the brain/rats in the attic/bats in the belfry/a bee in the bonnet.

a avea un gând ascuns to have smth. up one's sleeve.

a avea gânduri bune to mean kindly/well.

a avea gânduri rele to be bent on mischief; to mean ill.

a avea gânduri rele cu privire la... to have designs on/against...

a avea gâtul țeapăn to have a stiff neck.

a avea gâtul uscat to be/to feel thirsty.

a avea ghinion to be out of luck; to be down on/upon one's luck; to have bad/ill/hard luck; to have a run of ill luck; to be an unlucky fellow; $F \rightarrow$ to be up against it.

a avea glagore în cap F to be level-headed; *v. și ~* **cap.**

a avea greață/grețuri to feel/to turn sick; to be qualmish; to feel queasy.

a avea o greutate de... to weigh/to scale...; to have a weight of...; to tip the scale(s) at...

a avea greutăți $F \rightarrow$ to have a job.

a avea greutăți financiare to be pushed for money.

a avea grijă; ai ~! see to it! *(fii atent)* take care! look out! **o să am eu ~** I will see to that/it; I'll attend to it.

a avea grijă de... 1. ~ cineva to look after smb.; to take care of smb.; to provide for smb.; *(un bolnav)* to tend smb. **2. ~ ceva** to have (a) care of smth.; to take care of smth.; to see to smth.; to attend to/to tend smth...

a avea grijă de toate to see to everything.

a avea gura aurită/de aur to have smooth tongue.

a avea gură rea to have a foul mouth.

a avea gust 1. to be a man of taste. **2.** *(a fi gustos)* to be tasteful/tooth-some.

a avea gust acru to taste sour.

a avea gust de... *v.* ~ **chef de ceva.**

a avea un gust de... to savour of...; *(d. mâncare etc.)* to taste/to smack of...

a avea gust de miere to taste like honey.

a avea gusturi proaste to show bad taste.

a avea guturai to have/to suffer from a cold (in the head); to have the snuffles; < to have a streaming cold.

a nu avea habar (de ceva...) not to have the slightest idea/the faintest notion (of...); not to know the first thing (of...); to be witless (of...); to take no thought (of...).

a avea haz 1. *(a avea umor)* to be humorous. **2.** *(a fi deștept)* to be witty/clever; to be a wag; *v. și* ~ **cap. 3.** *(d. o femeie)* to be charming/> good-looking; not to be bad-looking. **4.** *(d. un lucru)* to be funny/nice.

a nu avea haz *F* → to lack pep.

ar avea haz să... it would be funny if...

a avea hernie to be ruptured.

a avea hrană gratuită *F* → to have the run of one's teeth.

a nu avea idee de/despre... *v.* ~ **habar (de ceva).**

a avea idei avansate to be ahead of one's time(s).

a avea importanță to be important/of importance/of consequence; to matter; to count.

a nu avea importanță to be of no importance/consequence; not to matter in the least/*F* → all that much; to stand for nothing.

a avea impresia că... to have an/the impression that...

a avea o indigestie to have an attack of indigestion.

a avea influență asupra *(cu gen.)* to have/to exercise an influence/an ascendancy over...; *(d. ceva)* to tell on...

a avea inima deschisă to wear one's heart on one's sleeve; to be open-hearted.

a avea inima grea to be sad/sick at heart.

a avea o inimă de aur to be a sterling fellow.

a avea intenția de a... to have in mind to...

a avea intenția să... to have a mind to...; to think of *(cu -ing)* *v.* ~ **de gând să...**

a avea intenții bune to mean well; to have one's heart in the right place.

a avea intenții rele to mean ill; to think harm.

a nu avea intenții rele to think no harm/ill.

a avea intenții serioase to mean business.

a avea (un) interes to have a stake in the game; to have an axe to grind.

a avea interes pentru... to be interested/concerned in.../*F* → keen on...; *(a-i plăcea)* to like...; to be fond of...; *v. și* ~ **înclinație pentru/spre ceva.**

a avea un iz de... to savour of...

a-și avea izvorul în... to rise in...; *fig.* to spring from; to originate from/in...

a avea înălțimea de... to be... tall.

a avea ceva în buzunar *fig.; o am* ~ *F* it's in the bag; it's a sure thing.

a avea pe cineva în buzunar 1. *v.* ~ **mână/palmă. 2.** *v.* ~ **la degetul cel mic.**

a nu avea încă patruzeci de ani to be on the sunny side of forty.

a avea înclinație pentru/spre ceva to have a turn/a talent for smth.

a avea ceva în comun cu cineva to have smth. in common with smb.

a nu avea încotro... to have no choice but...; to pocket one's pride.

a avea încredere în... to trust in/to...; to put/to repose one's trust in...; to take stock in...; to reckon (up)on...; < to pin one's faith on...; to be reliant on...; to place dependence in...

a avea încredere în cineva to rely (up)on smb.; to give one's confidence to smb.; to place confidence in smb.

a avea încredere în viitor to be/to feel sanguine about the future.

a avea îndoieli (cu privire la...) to have (one's) doubts (about/concerning...); to be unsatisfied (about...); to have suspicions (about...); to attach suspicion (to...).

a avea înfățișarea/o înfățișare de... to be in appearance like...; to look like...; to have an aspect of...

a avea pe cineva în ghearele sale *v.* ~ **mână/palmă.**

a avea în gând ceva to be up to smth.; to have smth. in one's mind.

a avea în jur de (cincizeci de ani) to be somewhere about (fifty).

a avea ceva de lucru to have a piece of work in hand/on the stocks.

a avea în minte ceva *v.* ~ **gând ~.**

a **avea pe cineva în mână/palmă** to have a hand on/over smb.; to have smb. in the palm of one's hand; to have smb. in one's pocket; *F* to have smb. on a string; *sl.* to have (got) smb. (stone-)cold/on toast; *F* to have the edge on smb.; to get smb. well in hand.

a **avea ceva în păstrare** to hold smth. on/in trust.

a **avea ceva în perspectivă** to have smth. in view/prospect.

a **avea ceva în puterea/stăpânirea sa** to hold smth. in one's grip; to be possessed of smth.

a **avea întâietate(a) față de...** to have priority over...; *F* → to have the weather-gauge of...

a **avea o înțelegere cu cineva** to have an understanding with smb.

a **avea înțeles** to make sense.

a **avea ceva în vedere** to bear/to have/to keep smth. in mind; to have smth. in contemplation/view.

a **avea la activul său** to have on one's score/record.

a **avea pe cineva la cheremul său** *F* to have smb. at one's beck and call/at one's nod; *F* to have/to hold/to lead smb. by the ears; to mop/to sweep (the ground) with smb.; *sl.* to have (got) smb. (stone-)cold.

a **avea lacrimi în ochi** to have tears in one's eyes; *F* → to water at the eyes.

a **avea pe cineva la degetul mic** to be far better than smb.; to have smb. in one's pocket; *v. și* ~ cheremul său ~ to turn smb. round one's little finger.

a **avea la dispoziția sa** to have in one's disposition/at one's disposal.

a **avea la mână pe cineva** *F* to get a half nelson on smb.; to turn/to wrap smb. round one's little finger; *v. și* ~ pe cineva în mână/palmă.

a **avea o lampă arsă** *F* to be off one's chump; *F* to be wrong in the upper story; *v. și* ~ gărgăuni (la cap).

a **nu avea la stomac pe cineva; nu-l am** ~ *F* I cannot stomach him; *F* I cannot bear the sight of him.

a **nu avea lăscaie** *v.* ~ un ban.

a **avea legătură cu...** to have a connection with...; to bear a relation to...

a **avea legături de afaceri cu cineva** to have business relations with smb.

a **avea legea de partea sa** to have the law on one's side.

a **nu avea o lăscaie; nu are o lăscaie** *P* the devil may dance in his pocket; *v. și* ~ un ban.

a **avea limba ascuțită** to have a sharp/a caustic tongue.

a **avea o limbă de viperă** to have a poisonous tongue.

a **nu avea limite** to pass all bounds.

a **nu avea liniște** 1. to have no peace. 2. *v.* ~ astâmpăr.

a **avea loc** to take place; to be held; to come to pass.

a **nu avea loc/spațiu** to have no room to turn round.

a **avea mai puțin de (patruzeci de ani)** to be on the right/the sunny side of (forty).

a **avea mare căutare** to be in great favour.

a **avea o mare importanță** to count for much/a great deal.

a **nu avea mare importanță** to count for little.

a **avea mare nevoie de ceva** to be in sore need of smth.

a **nu avea margini** to pass all bounds.

a **avea mari succese** to achieve great triumphs.

a **avea mâini de aur** to be skilful with one's hands.

a **avea mâinile curate** *fig.* to have clean hands; to keep one's hands clean.

a **avea mână liberă** to be under no restraint; to have a free hand.

a **avea o mână sigură** to have a steady hand.

a **avea o mână ușoară (la ceva)** to have a light hand (at smth.).

a **avea mâncărime de limbă** to have smth. on the tip of one's tongue; **are** ~ his tongue itches.

a **avea memorie scurtă** to have a short memory.

a **nu avea mijloace de trai** to be without means of support.

a **avea milă de cineva** to have mercy on smb.

a **avea (o) mină bună** to look well; to have a good mien.

a **avea o mină proastă** to look ill; to have a bad mien; *F* → to look white about the gills.

a **nu avea minte** *v.* ~ cap.

a **avea o minte ageră/vioaie** to have a ready wit; *F* → to be (as) sharp as a needle; to be quick of understanding; *v. și* ~ cap.

a **avea mintea rătăcită** to wander in one's mind.

a **avea un miros puternic de...** to have a strong smell of...

a **avea motive** to have one's reasons.

a **avea motive să facă ceva** to have reason to do smth.; to have reason for smth.

a **avea multă bătaie de cap** to have much ado.

a **avea multă stimă pentru cineva** to have great/high regard for smb.; to hold smb. in great regard.

a **avea mult de suferit** to have a bad time; to have a rough/a terrible time of it.

a nu mai avea mult de trăit; nu mai are ~ he breathes his last; his days are numbered; his life is moving towards its end; *F →* he is on his last legs.

a avea multe cheltuieli to have many demands on one's purse.

a avea multe treburi de făcut to have many demands on one's time.

a avea mustrări de conștiință to have qualms of conscience; to feel qualms; are ~ his conscience pricks him.

a avea nasul înfundat to feel stuffy; to have the snuffles.

a avea necaz pe cineva to entertain a feeling against smb.; *v.* ~ ciudă ~.

a avea necazuri/neplăceri to have troubles; to be in trouble; o să avem ~ *F →* there will be hell to pay.

a avea neobrăzarea de a face/să facă ceva to have the conscience/the face/the brass to do smth.

a avea nerușinarea de a face ceva *v.* ~ neobrăzarea ~.

a avea nervi to be nervous/*F* nervy; *F* to be on edge/*F* in one's tantrums; to be jumpy.

a avea nervi de fier to have nerves of steel; to have iron nerves; to have thews of steel.

a avea nevoie de... to need...; to want...; to require...; to necessitate...; to be/to stand in need of...

a nu avea nevoie de ceva to have no use for smth.

a nu avea nevoie de nimeni to stand on one's own legs; to paddle one's own canoe.

a avea nevoie de o schimbare (de aer) to need a change (of scenery).

a nu avea nici un amestec în... to have nothing to do with...; to have nothing in common with...

a nu avea nici cap nici coadă to have neither head nor tail/neither rhyme nor reason.

a nu avea nici un căpătâi to be a loafer/a do-nothing; to loll about; to loaf (about).

a nu avea nici cea mai vagă idee *(despre)* not to have the faintest notion/the slightest idea (of).

a nu avea nici cenușă în vatră *aprox.* not to have a shirt to one's back; *F →* to be on one's beam ends.

a nu avea nici un chichirez I. *(a fi searbăd)* ← *F* to be dull/flat/stale/poor/tame. **2.** *(a nu avea rost)* *F* to have neither rhyme nor reason; ← *F* to be absurd/senseless. **3.** *(a fi ridicol)* ← *F* to be perfectly ridiculous.

a nu avea nici un cusur to be faultless/flawless/perfect; n-are ~ there's nothing wrong with it.

a nu avea nici o datorie to be out of debt.

a nu avea nici un Dumnezeu *v.* ~ cap nici coadă.

a nu avea nici un efect to have/to produce no effect; to be/to prove ineffectual.

a nu avea nici un gând rău to mean/to think no harm.

a nu avea nici un haz to be vapid/stale/flat/dull.

a nu avea nici o ieșire to have no way out; to be in a deadlock; *F →* to have/to hold a wolf by the ears.

a nu avea nici o importanță to count for nothing.

a nu avea nici un interes să... not to be interested in the least in *(cu -ing)*.

a nu avea nici început nici sfârșit *v.* ~ cap ~ coadă.

a nu avea nici o legătură cu problema to have no bearing on the subject; to have no reference to the matter; to be foreign to the question.

a nu avea nici cea mai mică idee (de...) *v.* ~ habar (de ceva).

a nu avea nici un moment de pierdut not to have a moment to spare.

a nu avea nici un motiv de a presupune că... to be unwarranted in supposing that...

a nu avea nici o noimă/un rost... I. to be of no use on earth/no earthly use; to be useless; to be senseless; to have neither rhyme nor reason; **2.** *v.* ~ un căpătâi.

a nu avea nici un regret to feel no regrets.

a nu avea nici un rezultat to come to nothing/nought.

a nu avea nici o scuză not to have a leg to stand on.

a nu avea nici un sens to make no sense; not to make sense; nu are ~ there is no sense in that.

a nu avea nici un sens să...; nu are ~ there is no point in *(cu -ing)*.

a nu avea nici un sfanț *v.* ~ un ban.

a nu avea nici un succes *F →* to fall flat.

a nu avea nici o vină; nu am ~ it is not my fault; the fault does not lie/rest with me.

a nu avea nimic de pierdut to have nothing to lose.

a nu avea nimic de reproșat cuiva to have no quarrel with/against smb.

a nu avea nimic împotrivă to have nothing/*F →* no quarrel against it; to have (half) a mind to do smth.

a nu avea nimic în cap not to have (got) a brain in one's head.

a avea o noapte agitată to have a restless night.

a avea noroc to be lucky/in luck; to succeed well; < to have no end of good luck; < to have the devil's own luck; to have one's bread buttered on both sides; to have a streak of luck.

a avea noroc de... *v.* ~ **norocul să...**

a avea noroc în toate to be lucky in everything; **are** ~ all his cards are trumps; he always falls on his legs.

a avea noroc la cărţi to have a good hand at cards.

a avea norocul să... to have the good luck/the fortune to...; to be blessed with...

a avea norocul să scape to be so fortunate as to escape.

a avea nouă băieri la pungă *F* to be tight-fisted/skinny/curmudgeonly; *F* to flay/to skin a flint.

a avea nouă vieţi *F* to have nine lives like a cat; *F* to be hard to kill; to be tenacious of life; *F* to die hard.

a-şi avea obârşia în... to spring from...; to originate from/in...

a avea obiceiul de a face ceva to be in/to have the habit of doing smth.

a avea obligaţii faţă de cineva to be under obligations to smb.; *rar* → to be beholden to smb.; *F* → to owe smb. a good turn.

a avea obraz de toval/obrazul gros to have a thick skin.

a avea ochelari de cal *F* to be/to run in blinkers; ← *F* to be narrow-minded/short-sighted.

a avea un ochi ager to be sharp-sighted; to see through a brickwall/millstone.

a avea ochi de vultur to be eagle-eyed; *v. şi* ~ **un** ~ **ager.**

a avea un ochi format to have an eye (for smth.).

a avea ochii deschişi to keep one's eyes wide awake; to mind one's eye.

a avea ochi la spate to have eyes at the back of one's head.

a avea un ochi bun/precis/sigur to have a straight eye.

a nu avea ochi să vadă pe cineva; n-are ~ **să-l vadă** cannot bear the sight of him.

a avea un of la inimă ← *P* to have a grief/a complaint.

a avea oftică pe cineva *v.* ~ **ciudă** ~.

a avea orbul găinilor to suffer from night blindness; **ai** ~? do you suffer from night blindness? can't you see? where are your eyes?

a-şi avea originea în... to have/to take its rise in...

a avea oroare de... to hold abhorrence/abomination to/of...

a nu avea pace to have no peace; to worry; to be anxious.

a avea papagal *F* to have the gift of the gab; to have a glib tongue.

a nu avea para chioară *v.* ~ **un ban.**

a-şi avea partea sa de... to come in for a/one's share of...

a avea partea leului to have the lion's share; to have the best of the bargain.

a avea parte de... to have...; to enjoy...; ...to be one's lot.

a avea o pasiune pentru ceva to have a rage for smth.

a avea patruzeci de ani bătuţi pe muchie; are ~ *F* he will never see forty again.

a avea o părere foarte bună despre cineva to think no end of smb.; to think the world of smb.; to think well/highly/much of smb.

a avea o părere bună despre sine to think a great deal/too much/quite a lot of oneself; *F* → to think no small beer of oneself; *F* → to think oneself no small potatoes.

a nu avea o părere prea bună despre cineva; a avea o părere proastă despre cineva to think little/nothing of smb.; to think ill/badly of smb.; not to think much of smb.; not to hold smb. to much account.

a avea păreri comune to see eye to eye.

a avea păreri extreme to hold extreme views.

a avea părţile sale bune to have one's good points.

a avea o păsărică *F* to have a tile loose; *F* to be a bit crazy; *F* to have a bee in one's bonnet.

a avea pâinea şi cuţitul în mână *F* to rule the roast/the roost.

a avea ceva pe conştiinţă to have smth. on one's conscience.

a avea pe dracul în el; are ~ the devil's in him; *F* he must have Old Nick in him.

a nu avea pentru ce; n-ai ~ not at all; don't mention it; you're welcome.

a nu avea pereche to be matchless/peerless; to have no rival; to stand alone.

a avea perfectă dreptate to be perfectly right; to be quite right.

a nu avea personal suficient to be under-staffed.

a nu avea perspective to have no future.

a avea ceva pe suflet to have smth. on one's mind/soul.

a avea pică pe cineva to have a tooth/an aching tooth against smb.; to entertain a feeling against smb.; to take a pique against smb.; *v. şi* ~ **ciudă** ~.

a nu avea pic de ruşine to be dead/lost to all sense of shame.

a avea pielea groasă to have a thick skin.

a avea planuri mari/măreţe to aim high.

a avea poftă de... *F* to make up one's mouth for...; to be in a mood for...; *v. şi* ~ **chef de ceva.**

a nu avea poftă de ceva to have no stomach for smth.

a avea poftă de mâncare to eat well.

a nu avea poftă de mâncare *F* → to be off one's feed.

a nu avea poftă de nimic to be out of sorts; *v. și ~ chef ~.*

a nu avea poftă să facă ceva to be undesirous of doing smth.

a avea o poliță de plătit cuiva to have a down on smb.

a nu avea posturi libere to have no vacancy.

a avea precădere asupra *(cu gen.)* to take precedence of...

a avea predilecție/preferință pentru... *(cineva)* to have a partiality for...; *(ceva)* to have a taste for...; *v. și ~* înclinație *~.*

a avea prejudecăți to have preconceived ideas; to be bias(s)ed.

a avea (o) presă bună to have/to receive/to get a good press.

a avea o presimțire to have a presentiment/a foreboding; to feel (smth.) in one's bones; to have a hunch.

a avea prestanță to have a good presence; to be a man of fine/stately presence.

a nu avea pretenția că/de a/să... not to pretend to...; not to lay claim to...; *F* → not to set up to...

a nu avea pretenția la... to make no pretence of *(cu -ing).*

a avea pretenții 1. to claim rights. **2.** *fig.* to pretend; *F* → to set up.

a avea pretenții la... to lay claim to...; to put in a claim for...

a avea prioritate față de cineva to have/to take priority over smb.

a avea o privire ageră to have a quick/a sharp eye.

a avea o procură to have/to hold a procuration.

a avea o pronunție bună to pronounce well.

a avea pui to be with young.

a avea putere asupra *(cu gen.)* to control...; to have authority over...; to hold... in one's power/hands/grasp; to hold sway over...

a avea raporturi cu... to be on good terms with...

a avea răbdare to have patience; to be patient.

a avea o răfuială cu cineva *v. ~ socoteală ~.*

a avea răspuns la toate to know all the answers.

a avea răspunsul gata to be good/quick at repartee.

a se avea rău cu cineva not to stand well with smb.; to be on bad terms with smb.

a avea relații cu cineva to have relations/intercourse with smb.

a avea remușcări; are ~ his conscience pricks him.

a avea un renume bun/o reputație bună to have good name; to have a good record; to be held in high repute; to be well spoken of.

a avea un renume prost/o reputație proastă to have a bad name; to be ill-reputed; to be held in low repute; to be/to lie under scandal.

a avea un respect deosebit pentru cineva to hold smb. in special honour.

a avea respect pentru cineva to hold smb. in esteem/reverence/honour; to have/to show regard for smb.; to have respect for smb.

a avea o reșută *med.* to have a return of an illness.

a avea rezerve to receive smth. with reserve/reservations/a grain of salt.

a avea un rol principal *teatru* to play upstage.

a avea o sănătate șubredă to be a sufferer from ill-health.

a avea scaun la cap *F* to have gumption; to be sensible/a judicious/a wise person.

a avea un schimb de cuvinte cu cineva to have words with smb.; to spar at each other; to have stormy passages with smb.; to have a tiff with smb.

a avea un schimb de cuvinte tari cu cineva to have sharp words with smb.

a avea un schimb de păreri to have an exchange of views/opinions.

a avea scrupule to have/to feel scruples/a qualm.

a nu avea secrete față de cineva to have no secrets from smb.; to withhold nothing from smb.

a avea sens to make sense.

a avea o senzație de gol în stomac to feel empty.

a avea simț muzical to have a soul for music.

a avea simțul datoriei to have a sense of duty.

a nu avea simțul echilibrului și al proporției to have no sense of balance and proportion.

a avea o situație bună to have a first-rate position/ *F* → a fine billet/*F* → a fine job; *F* → to sit pretty; *F* → to be well on; *F* → to be on the right side.

a avea o slăbiciune pentru cineva to have a soft/ a warm spot in one's heart for smb.; to have a soft place in one's heart for smb.; to have a soft spot for smb.

a avea o socoteală cu cineva to have smth. to settle with smb.; *F* → to have a bone/a crow to pick with smb.

a nu avea spațiu suficient to be cramped for room.

a avea spirit de observație to be a keen observer.

a avea o spoială de... to have a smattering of...

a avea sticleți (la cap) *v. ~* gărgăuni *~.*

a avea stimă pentru cineva *v. ~* respect *~.*

a avea stofă to be gifted; **are ~** there is much in him.

a avea stofă de... *F* to be cut out for...; *F* to have the makings of...

a avea stomacul deranjat; am ~ my digestion is upset.

a avea o strângere de inimă to feel a tug at one's heart-strings.

a avea strictul necesar to have nothing to spare.

a avea studii to be educated; < to be bred a scholar.

a avea studii universitare to have had a university education; to be an university man.

a avea succes to be successful; to make good/a fine/a fair hand; *F →* to make a go of it; *F →* to get on like a house on fire; *F →* to ring the bell; *(d. un spectacol)* to get over footlights; to bring down the house; to go big.

a avea succes în toate to carry all/everything/the world before one.

a avea suficiente dovezi to have sufficient proof.

a nu avea suflet to have no soul.

a avea o surpriză neplăcută to get more than one bargained for.

a avea suspensie bună *(d. automobile)* to ride smoothly.

a avea șanse to have a fair turn; to stand a chance.

a nu avea șanse to stand no chance.

a nu avea șanse de câștig to be out of the running.

a avea șanse de reușită to have/to get a good/success/hand; *F →* to have/to stand a show.

a avea șapte vieți to have as many lives as a cat.

a avea și de dat la alții to have enough and to spare of smth.

a avea tact to be tactful; to have tact.

a avea talent la... to have a talent/a turn/a knack for...; to be talented/gifted for...

a (nu) avea talie *F* to have (no) waist.

a nu avea telefon not to be on the phone.

a avea temperatură to have a temperature; *v. și ~* **febră.**

a avea tendința de a... to be inclined to...; to have a tendency to...; to tend to...

a avea tendința să... to tend to...

a nu avea timp to be pressed for time.

a avea timp berechet to have time on one's hands.

a nu avea timp de pierdut to have no time to spare.

a nu avea timp disponibil to have no time to spare.

a avea toane to be full of whims/crotchets; to be fretful; *F* to be in one's tantrums; *F* to have got up on the wrong side of the bed; *v. și ~* **draci.**

a avea toată libertatea de a acționa to have free/full scope to act.

a avea toate motivele de a... to have every reason to...

a avea tot ce îi trebuie to be provided for.

a avea tot timpul la dispoziție *F →* to have heaps of time.

a avea trac to have stage fright; *F →* to have/to get the wind up; *amer. P →* to have the willies.

a nu avea tragere de inimă to show reluctance to do smth.

a avea treabă to be busy; to have one's hands full (of business); < to be full of business; < to have many irons in the fire.

a avea treabă cu cineva to have some business to transact with smb.; *v. și ~* **o socoteală ~.**

a avea trecere la cineva to appear in smb.'s credit; to be in smb.'s favour; to have an influence over smb.; to have/to enjoy success with smb.; < *F →* to go a long way with smb.

a avea trecere pe lângă cineva to have smb.'s ear.

a avea un tremur în voce to have a quaver in one's voice.

a avea tupeu to have plenty of sauce.

a avea ultimul cuvânt to have the last word.

a avea ureche bună to have an ear for music.

a avea urmări to have consequences.

a avea valoare to be of value.

a avea vată în urechi *fig.* to be dull/hard of hearing; to have no ear.

a avea vedenii *F* to see things.

a avea un venit sigur to be sure of one's income.

a nu avea viață într-însul; n-are ~ there's no life/spring/*F →* go in him.

a nu avea viitor to have no future.

a avea un viitor frumos în față to have fine prospects before one.

a avea un vocabular redus to have a limited vocabulary.

a avea o voce groasă to have a thick utterance; to be thick of speech.

a avea o zi bună to spend a happy-day/time; *F →* to make a day of it.

a avea zile to be fated to live long; to be one's fate to live (< long); **a avut ~** it fell to his lot to live long.

să avem iertare! I beg your pardon!

avem onoarea să vă comunicăm că... we beg to inform you that...

aveți legătura *tel.* you are through!

n-aveți pentru ce not at all! no thanks are needed!

azi așa, mâine așa *aprox.* day in and day out; day in, day out.

ăsta e cuvântul (nimerit) that's the word (for it); that's it! *F* you've hit it!

ăsta e ultimul meu cuvânt! *F* so there!

ăstia da, pantofi! those are smth. like shoes!

B

ba aici, ba acolo now here, now there.

baba bătrână nu se sperie de furcă *prov. aprox.* old birds are not to be caught with chaff.

baba tace că n-are ce face *prov.* need makes the old wife trot.

ba bine că nu! (oh) yes, certainly! *F* (why) to be sure! sure enough! I daresay! by all means! I should think so! shouldn't I? rather! you may well say so; *F* very much so; and how! not half.

ba că chiar! *(nicidecum)* by no means! not at all! *F* tell it/that to the marines! *(auzi) F* just fancy! no such thing!

ba dimpotrivă just/quite the contrary.

ba chiar *v.* ~ **încă.**

bagă bine în cap (ce-ţi spun) *F* I'll tell you what!

bagă de seamă have a care! mind you! I say! *F* I'll tell you that!

bagă la cap! *F* get a load of this! bite on that! put this in/under your hat! mark my words!

bag mâna-n foc *F* I'll bet a cookie/my boots/my hat/my life/my shirt/you anything/your boots.

nu-i bai! never mind!

ba încă and what is more; *(pe lângă asta)* besides; in fact; even.

ba încoace, ba încolo here and there; to and fro.

balanţa înclină în favoarea lui the turn of the balance is with him.

bani de buzunar pin money.

bani de hârtie *amer. F →* soft money.

bani gheaţă 1. ready cash. **2.** *adv.* in cash.

banii jos/pe masă! *F* cash down! down with the/your money! *argou →* down with the/your dust! *F* pay (down) on the nail!

banii sau viaţa! your money or your life! stand and deliver!

bani peşin *v.* ~ **gheaţă.**

ban la ban trage *prov. v.* **-ul la ~.**

banul nu are miros *prov.* money never smells (badly); money has no smell.

banul e o mică roată ce-nvârteşte lumea toată *prov.* money makes the mare (to) go.

banul e ochiul dracului *prov. aprox.* money is a sword that can cut even the Gordian knot; money makes the mare (to) go; love of money is the root of all evil.

banul la ban trage *prov.* money begets/breeds/draws/makes money; much will have more.

a bara drumul cuiva to obstruct smb.'s road.

barometrul e în creştere the barometer is rising.

basmul cu cocoşul roşu a cock and bull story.

bată-te să te bată! 1. *(în sens rău) F* go and be hanged! the devil/the deuce take you! **2.** *(în sens bun) F* God bless you! Lord love you/your heart! **3.** *(exprimând surpriză) F* dear me! good gracious! *F* goodness alive!

să mă bată Dumnezeu (dacă...) *F* I'll be hanged (if...); gee whiz!

bată-l Dumnezeu! may damnation take him!

bată-te norocul (să te bată)! *F* Lord love you/your heart! goodness alive!

a bate apa în piuă 1. to draw water in a sieve; to fish/to plough in the air; to beat the air; to burn daylight. **2.** *(a nu fi la subiect) F* to start a hare; to cast/to fetch/to go a compass; to ring ever the same chime; to trash over old straw; *înv.* to eat the air.

a-şi bate averea la tălpi *F* to play ducks and drakes with one's fortune.

a se bate ca chiorii/orbeţii *F* to fight like Kilkenny cats.

a se bate calicii la gura cuiva to play a good knife and fork; to be talking nineteen to the dozen.

a bate pe cineva ca la fasole *F* to sandbag smb.; to beat smb. black and blue; to beat smb. out of his boots; to beat smb. to a mummy; *amer.* to beat smb. to frazzle.

a se bate cap la cap to clash; to collide; to be contradictory/conflicting; to run counter.

a-şi bate capul cu... to trouble one's head about...; to beat/*amer.* to ransack one's head/brains about/

with...; to puzzle over...; to rack/to cudgel one's brains over...; break/to drag one's brains about/with...

a bate capul cuiva to pester smb.; to bother smb.; to bore smb. (< to death); to give smb. no peace/< neither peace nor rest; *F* to have smb. on the line; to give smb. a pain in the neck; to talk to smb. like a Dutch uncle; to keep on at smb.; to have smb. on the line.

a-și bate capul pentru... to trouble one's head for...; to rack/to cudgel one's brains for...; *P →* to scratch one's head for...

a bate câmpii to talk wildly; to rave; *F* to talk at random/through one's hat; to talk nonsense; to argue round (and round) a subject; *F* to talk undiluted nonsense; to ramble on; *F* to cast/to fetch/to go a compass; to beat about/around the bush; *amer.* to travel out of the record.

a bate câmpurile *v.* ~ **drumurile.**

a-i bate ceasul; i-a bătut ceasul his hour has/is come; his hour is at hand; his hour has struck.

a se bate cu arme albe to fight with cold steel.

a bate cu bățul (pe cineva) to give the rod to (smb.).

a bate cu cureaua pe cineva to give smb. the strap/ *F →* a little strap-oil.

a se bate cu mâna/palma peste gură *fig. aprox.* God forbid! to touch wood.

a se bate cu morile de vânt to beat the air/the wind; to till at the wind mills.

a se bate cu palma peste frunte to tap one's forehead.

a bate pe cineva cu propriile sale arme to beat smb. at his own game.

a se bate cu pumnii în piept to beat one's breast; *F →* to shout the odds; to stick oneself up.

a bate cu pumnul în masă to strike one's fist on the table; to pound the table.

a se bate cu spada to fight with the sword/with swords.

a bate cu tunul (în...) to batter... with cannons; to cannonade...

a bate cu varga pe cineva to give smb. the rod.

a bate darabana (cu degetele) to drum one's fingers on the table; to beat the devil's tattoo; to twiddle one's thumbs.

a bate din aripi to flap one's wings.

a bate din călcâie *(ca să se încălzească)* to stamp one's feet.

a bate din palme to clap (one's hands); *(aprobator)* to applaud.

a bate din picior to stamp one's foot/the ground.

a bate drumurile to take the road; to roam/to gad about; *F* to be an inspector of the pavement; *amer.* to be on the road; to be on the rove/the gad.

(a) bate fierul cât/până e cald *prov.* strike the iron while it's hot; make hay while the sun shines.

a-l bate gândul să... to have some thought of *(cu* to intend *sau cu -ing);* to mean to...; to think of *(cu -ing)* *v. și* **a avea de gând să...**

a-l bate grija to be anxious/uneasy; to worry.

a-și bate gura degeaba/în vânt/de pomană to spend/to waste one's breath; *F* to talk/to speak at random; to bla-bla in the air; to save one's breath.

a-i bate inima să se rupă; îmi bate ~ my heart is thumping.

a bate în... to have a (bluish, reddish, whitish, etc.) tint; to verge on...; to have a tinge of...

a bate în cuie to nail; to fasten with nails.

a se bate în duel to fight a duel; *elev.* to give satisfaction; *F →* to tread the daisy.

bate în lemn *fig.* touch wood.

a se bate în piept *v.* ~ **cu pumnii** ~.

a bate în retragere 1. *mil.* to beat a retreat; to draw off (one's forces). **2.** *fig.* to retrace one's steps; to dance the back steps; to recoil; to withdraw; to give ground; to take the back track; *P →* to hang a leg; to draw in one's horns; to take water.

a-și bate joc de... to make fun/game/sport of...; to turn... into ridicule; to laugh/to mock/to scoff/to sneer/to jeer at...; to gammon...; to sling off at...; to make merry over...; *F →* to snap one's fingers at...; *F →* to put upon...; to shoot out one's tongue at...

a-și bate joc de cele sfinte to sit in the seat of the scorner/of the scornful.

a-și bate joc de cineva to put an ape in smb.'s hood; to hold smb. in derision; to pull smb.'s leg; to get laugh at/of/on smb.; to play with smb.'s nose; to have smb. on a string; to give smb. the raspberry; to take a sight at smb.

bate laba! *F* that's bargain! tip us your fist/daddle/fin/flipper; put it there.

a bate la cap pe cineva *v.* ~ **capul cuiva.**

a bate la ochi to strike/to catch the eye; to attract notice; to be obvious; to be suspicious/glaring.

a bate... la pingea/tălpi *F* to make ducks and drakes of...; to play ducks and drakes with...

a bate pe cineva la puncte *box* to win/to beat smb. on points.

a bate la ușă 1. to knock/to tap/to rap at the door. **2.** *fig.* to be approaching/near (at hand); *(iminent)* to be imminent/impending.

a bate la uși deschise to knock at/to force an open door.

a bate pe cineva măr *F* to lick smb. soundly; to drub smb.; to sandbag smb.; to beat smb. black and blue/bally; to beat/to smash smb. to a mummy/ *amer.* a frazzle/ *amer.* a pulp; *F* < to beat smb. all the colours of the rainbow; *amer.* *F* to lick the stuffing out of smb.; to beat smb. all to sticks; to knock spots off smb.

a bate măsura to beat/to keep time.

a bate pe cineva să-i meargă fulgii/peticele *v.* ~ **măr.**

bate mâna! your hand on it! *F* shake on that! put it there! *v. și* ~ **laba!**

a bate monedă to mint coins; to coin money.

batem palma? *F* is it a go?

bate nucile până nu cade frunza *prov.* make hay while the sun shines; strike the iron while it's hot.

a bate ora fixă *(d. clopote)* to tell the hour.

a bate palma *fig.* to conclude/*F* to strike a bargain; to strike hands (with smb.); to shake hands (with smb.);

bate palma! that is a bargain! *F* tip us your fin! it's a go! done with you! *amer.* ← *F* shake!

a bate pasul pe loc 1. *mil.* to mark (the) time. 2. *fig.* to stick in the mud.

a se bate pe burtă cu cineva *F* to rub elbows with smb.; to set one's horses together; to catch fleas for smb.; to be very thick with smb.; to hob(-)nob with smb.

a se bate pe burtă cu toată lumea to be hail-fellow (wellmet).

a bate pe la toate ușile to go about begging/cadging from people.

bate-te peste gură! touch wood! God forbid!

a bate pe cineva pe umăr to tap smb. on the shoulder; to slap smb. on the back.

a-și bate picioarele to run one's legs off.

a bate pe cineva până iese untul din el *v.* ~ **măr.**

a bate podurile/prundurile *v.* ~ **drumurile.**

a bate rău pe cineva *v.* ~ **măr.**

a bate recordul to beat/to break/to cut/to smash the record.

a bate străzile to tramp/to walk the streets.

a bate șaua să priceapă iapa to drop a hint; to beat about the bush.

a bate tactul *v.* ~ **măsura.**

a bate tarapanaua *v.* ~ **darabana.**

a bate toba 1. to beat the drum. 2. *(cu degetele)* to drum one's fingers; to beat the devil's tattoo. 3. *fig. (a face reclamă)* to beat/to bang/to thump the (big) drum; *(a striga în gura mare)* to announce smth. with beat of drum; *F* to blaze/to noise smth. abroad with a trumpet. 4. *fig. (a tuși)* ← *F* to cough.

a bate toba la urechea surdului to whistle jigs to a milestone.

a bate trotuarele (în căutare de lucru) to tramp the streets (in search of work).

a bate țara în lung și-n lat to scour the country.

a bate un țăruș în pământ to stick a stake in the ground.

a bate ulițele *v.* ~ **drumurile.**

ba tu (ești așa) you are another.

ba una, ba alta first this thing then that.

a se baza pe drepturile sale to stand upon one's rights.

a se baza pe propriile-i resurse to be thrown upon one's own resources.

a băga ață în ac to thread a needle.

nu băga bâta în furnicar *prov.* never trouble trouble until/till trouble troubles you; never meet trouble half way.

a băga bețe în roate cuiva *v.* a pune ~.

a-și băga botul *F* to poke and pry; *v. și* ~ **nasul peste tot.**

a se băga ca musca-n lapte to put in one's oar/ spoke.

a-și băga capul sănătos sub evanghelie *F* to ask/ to go asking/to look for trouble; to take a bear by the tooth; to put a halter around one's neck; to put one's head/neck in/into a nose; **nu-ți băga ~** *prov. aprox.* don't trouble trouble until trouble troubles you; don't cross the bridges before you come to them.

a-și băga carnea în saramură *v.* a-și pune ~.

a-și băga coada peste tot *v.* ~ **nasul** ~.

a băga cuțitul în cineva to strike a knife in smb.

a băga cuiva cuțitul în gât *fig.* to put the knife at smb.'s throat; to drive smb. to the last extremity.

a băga de seamă 1. *(că...)* to observe (that...); to notice (that...). 2. *(a fi atent)* to take care/heed; to look out.

a băga fitiluri între... to cast (in) a bone between...; to make bad blood between...; to drive a wedge between...

a băga frica în cineva to put smb. in fear; to put fear in smb.'s heart.

a băga cuiva frica în oase to put the wind up smb.; *v. și* **a băga groaza în cineva.**

a băga groaza în cineva to terrify smb.; to fill smb. with alarm; to strike terror into smb.'s breast.

a băga cuiva o idee în cap to put/to pound an idea/smth. into smb.'s head.

a băga intrigi to cast (in) a bone between...; to set people by the ears; to breed discord; *aprox.* to plot and scheme.

a băga în aceeași oală to tar with the same brush/ stick.

a băga în belea *v.* ~ **pe cineva în bucluc.**

a băga pe cineva în boală/boale/toate boalele I. to cut/to hurt/to touch/to sting smb. to the quick; to set smb. on fire. **2.** *(a speria)* to frighten/to scare smb. out of his wits/senses/*F* seven senses.

a băga pe cineva în bucluc *F* to get/to draw/to lead smb. into a scrape; to put smb. to the trouble; *F înv.* → to bring an old house on smb.'s head.

a-și băga în cap că... to take it into one's head that...; to run away with the idea that...

a băga ceva în capul cuiva *F* to get/to beat/to hammer/to knock/to put smth. into smb.'s head; to ram/to drum/to din smth. into smb.; to put a bug into smb.'s ear.

a băga pe cineva în cofă *F* **I.** *(a înșela)* to take smb. in; to sell smb... **2.** *(a lăsa mai prejos)* to get the better of smb.; to have smb.; to have (got) smb. (stone-)cold; to put smb. in a bag; to be one too many for smb.

a se băga în datorii to run into debt; to overrun/ to outrun the constable.

a băga pe cineva în draci *aprox. F* to egg/to hound/ to set/to urge/to whip smb. on; to give smb. hell.

a băga pe cineva în groapă *v.* ~ **mormânt.**

a se băga în gura lupului to meet trouble half way; to trouble trouble; to put a halter around one's neck; to put one's head into the lion's mouth.

a băga pe cineva în mormânt *fig.* to bring smb. to death; to drive a nail into smb.'s coffin; to bring smb.'s gray hairs (with sorrow) to the grave; to lay smb. in the grave; to be the death of smb.; to put smb. to bed with a shovel; to be smb.'s end.

a se băga în ochii cuiva *v.* ~ **în sufletul ~.**

a se băga în pat to slip into bed.

a băga pe cineva în pământ *v.* ~ **mormânt.**

a băga pe cineva în răcori *v.* ~ **sperieți.**

a băga în seamă to take notice of.

a nu băga în seamă pe cineva to give smb. the goby; to give smb. the back; to leave smb. out in the cold; to cut smb. dead.

a băga pe cineva în sperieți to put smb. in fear; to bring smb.'s heart into his mouth; to make smb.'s heart leap out of his mouth; to scare smb. out of his senses/wits; *v. și* ~ **groaza în cineva.**

a se băga în sufletul cuiva to bother/to nag/to harass/to plague/to worry the life out of smb.; to plague smb.'s life out.

a băga în teacă to sheathe.

nu te băga între bărbat și nevastă *prov.* put not your hand between the bark and the tree.

a se băga în treburile cuiva to poke and pry; to put one's finger into smb. else's pie.

a băga pe cineva în viteză *F* to make smb. step on the gas/it/step more lively; to buck up smb.; to hurry/to press smb.

a se băga în vorbă to chime in; to edge oneself into the conversation.

a nu se băga în vorbă to keep one's breath to cool one's porridge.

a băga pe cineva la apă *F* to get/*(prin minciuni)* to trick smb. into trouble/a mess/a scrape; to take smb. in.

a băga pe cineva la cheltuială to let smb. in for.

a băga pe cineva la idee/idei *F* to earwig smb.; to put a bug in smb.'s ear; *amer.* to put smb. guessing; to set smb. on fire; to put smb. in fear; *(a tulbura)* to put smb. out of countenance.

a băga pe cineva la închisoare to put smb. into prison/in ward/in jail/*F* → quod; to imprison smb.; to lodge smb. in gaol; *F* → to clap smb. by the heels; to put smb. away.

a se băga la stăpân *v.* ~ **slugă la dârloagă.**

a-și băga mințile în cap to come to reason/one's senses; to see reason; *F* to cast one's colt's teeth; to get wise to oneself.

a băga cuiva mințile în cap to bring smb. to reason; to make smb. see reason.

a-și băga nasul peste tot *F* to poke one's nose into every corner/into everything; to be a Paul Pry; to poke and pry; *amer.* to snoop (around); to thrust one's nose into everything.

a-și băga nasul unde nu-i fierbe oala *F* to poke one's nose/to pry into other people's affairs/business; not to mind one's own business; to be a Paul Pry; **nu-ți băga nasul unde nu-ți fierbe oala** *prov.* don't scald your lips in another man's porridge.

a nu băga nimic în gură; n-a băgat nimic în gură de trei zile he has not tasted food for three days.

a se băga pe fir I. ← *F* to interfere; to intermeddle; *aprox.* to worm oneself into smb.'s affections. **2. s-a băgat cineva -** *(la telefon)* there's smb. on the line.

a o băga pe mânecă to go down one's boots; to cry craven; to have the breeze up; to get the wind up; to get cold feet.

a se băga pe sub pielea cuiva *F* to screw/to wind oneself into smb.'s favours/good graces; ← *F* to ingratiate oneself with smb.; to get in with smb.; to creep into smb.'s favour/mouth.

a se băga prin față la coadă *(la pâine etc.)* to jump the queue.

a băga cuiva pumnul în gură to shut/to stop smb.'s mouth.

a se băga slugă la dârloagă to hire oneself out.

a băga spaima în cineva to strike terror into smb.; *v. și* ~ **groaza** ~.

a se băga sub plapumă to get between the sheets.

a băga zâzanie între... to make mischief between...; to make bad blood between...; to set... at variance; to cast (in) a bone between...; to sow (seeds of) discord between *sau* among...; to set... at odds.

și-a băgat dracul coada the devil is in it.

un băiat de viață *F* → a gay/a jolly dog.

un băiat de zahăr *F* a dear little brick; a brick of a fellow.

a se bălăci în noroi to splodge through the mud; to slop about in the mud; to puddle about; to squelch through the mud.

bănuiam și eu I thought as much; I thought so.

a bănui că ceva nu e în regulă to smell a rat.

bănuiesc că... my suspicion is that...

bătaia e (ruptă) din rai *prov.* spare the rod and spoil the child.

bătu-l-ar Dumnezeu! plague on him!

bătut de Dumnezeu *aprox.* God-forsaken.

bătut în cap *F* thick-headed; dull-witted; soft-pated; (as) stupid as a donkey/a goose/an owl.

a bâjbâi în întuneric to grope in the dark.

a nu mai bea apă rece *F* to kick the bucket; to hop the twig.

a-și bea banii to drink one's money away; to spend all one's money on drinking.

a bea cât șapte/de stinge (pământul); bea cât șapte/~ de stinge (pământul) he drinks deep; he drinks like a fish/a lord.

a bea de unul singur to take one's drops.

a bea din sticlă to drink straight from the bottle.

a bea dintr-o înghițitură to drink at one swallow.

a bea în cinstea/sănătatea cuiva to drink smb.'s health; to pledge smb. in drinking; to give smb. a toast; to raise one's glass to smb.; *înv.* → to give smb. a rouse; to have a rouse to smb.

a bea la botul calului to drink the stirrup/the parting cup.

a-și bea mințile to go mad through drinking; to drink till all's blue.

a bea paharul până la fund *fig.* to drink the cup of bitterness/sorrow to the lees; to touch bottom.

a bea un păhărel mai mult to have/to take a drop/a glass too much.

bea până la fund! drink up/off! *F* → bottoms up!

a bea o sticlă de vin (cu cineva) to crack a bottle of wine (with smb.).

a bea o sticlă de vin în doi *F* → to split a bottle of wine.

a-și bea și cămașa to drink oneself poor.

bea și trece sticla mai departe stab yourself and pass the dagger.

beat criță/cuc *v.* ~ **mort**.

beat de bucurie/fericire delirious with delight; intoxicated with joy.

beat mort/tun/turtă *F* dead/blind drunk; drunk and incapable; (as) tight as a drum/a fiddler/a brick; well primed; blind to the world; (as) drunk as a lord/a mouse/a pig; *sl.* a sheet/three sheets in the wind.

a bea vârtos/zdravăn *v.* ~ **cât șapte**.

bietul de el! poor fellow/soul/*F* → devil/*F* → beggar!

bietul de mine! poor me!

a bifa un nume to put a tick against/to a name.

nu ți-e bine? 1. (*d. sănătate*) aren't you feeling all right? what ails you? **2.** (*ești nebun?*) *F* are you in your right senses? are you unwell?

bine, așa să rămână! all right; *F* → call it a do; let's call it a do.

bine că a dat Dumnezeu! God be praised! thank God/goodness!

bine că am scăpat de el! he's gone and it's a good riddance!

mai bine un câine viu decât un leu mort *prov.* a live/a living dog is better than a dead lion.

mai bine ceva decât nimic *prov.* a bit in the morning is better than nothing at all.

bine dispus in good/high spirits; high-spirited; in good humour; in a merry mood; of good cheer; in full/fine/good/great/high feather; *înv.* → in heart.

mai bine este uneori dușmanul binelui *prov.* the best is oftentimes the enemy of the good.

bine faci, bine găsești *prov.* do well and have well.

bine v-am găsit! glad to see you.

mai bine să întrebi de două ori decât să greșești o dată *prov.* second thoughts are best.

bineînțeles it goes without saying; of course.

binele cu bine se răsplătește *prov.* one good turn deserves another.

binele nu-l cunoști decât după ce nu-l ai *prov.* we never know the value of water till the well is dry.

mai bine să mor decât să... I will sooner die than...

bine am (mai) nimerit-o! *F* a jolly mess I am in!

bine plasat (*d. cineva*) sitting pretty.

mai bine mai puțin decât nimic little is better than none.

mai bine sărac și curat *prov.* a clean fast is better than a dirty breakfast.

bine spus! *v.* **bine zis!**

mai bine mai târziu decât niciodată *prov.* better late than never.

mai bine te-ai uita în oglindă better see what you look like.

bine zis! well said! *F* now you're talking! *amer.* that's the talk!

bine a zis cine a zis că... it was well said that...

a se bizui pe forțele proprii to paddle one's own canoe.

blând ca un miel (as) gentle as a lamb/the day; (as) mild as a dove/a lamb/May/milk.

blând ca un porumbel (as) harmless/gentle as a dove.

blestemat (să) fie...! may... be accoursed!

a blestema ziua când... to rue the day when...

a bloca circulația to block the traffic.

boala intră cu carul și iese pe urechea acului *prov.* mischief comes by the pound and goes away by the ounce; agues/diseases come on horseback, but go away on foot.

boala știută e pe jumătate vindecată *prov.* a disease known is half cured.

bob numărat (right) to a T/tittle.

un boboc de fată a sweet girl; *F* a peach (of a girl).

boii ară și caii mănâncă *aprox.* to pay the piper while others call the tune; one beats the bush and other catches the bird.

o bomboană de fată *v.* **un boboc ~.**

borșul la foc și peștele în iaz *prov.* never fry a fish till it's caught.

bot în bot I. muzzle to muzzle. **2.** *fig. F* billing and cooing; *F* cheek by jowl.

un boț cu ochi a dot of a child.

braț la braț arm in arm.

bravo! well done! that's splendid! good for you! *F* at(t)a boy! *F* that's the style! *amer. F* that's the talk!

bravo ție! good/*amer.* bully for you!

brânză bună în burduf de câine a rough diamond.

a broda pe gherghef to do tambour-work.

a o brodi (bine) to hit it; to hit the (right) nail on the head; to hit the right thing.

a o brodi prost to come at the wrong time/season.

brr, ce frig! ugh, it's cold!

bucată cu bucată piecemeal; piece by piece.

o bucățică bună a tiny bit.

bucățică ruptă din... the very picture/likeness/*F* spit of...

a se bucura de atenție to be the object of attention/consideration.

a se bucura de autoritate to bear the rule.

a se bucura de o bună reputație pe lângă cineva to be in good repute with smb.

a se bucura de credit pe piață to be a sound man.

a se bucura de favoarea cuiva to be in favour with smb.; to be in smb.'s good graces/*F →* books; to enjoy smb.'s favour; to be a favourite with smb.

a se bucura de favoare la curte to bask in the sunshine of the court.

a se bucura de încredere to find credence.

a se bucura de încrederea cuiva to enjoy smb.'s confidence; to find credence with smb.

a se bucura de mare căutare *(d. o marfă etc.)* to be in great demand.

a se bucura de prilejul de a... to be privileged to...

a se bucura de o primire favorabilă *(d. cărți etc.)* to enjoy a favourable reception.

a se bucura de stimă to be held in respect; *(în ochii cuiva)* to lump large in smb.'s eyes.

a se bucura de stima cuiva to stand well with smb.

a se bucura de succes to meet with/to have success.

a-și bucura ochii to feed one's eyes.

mă bucură...... (it) gives me joy.

bucuroși de oaspeți! welcome! you are always welcome!

a-l bufni râsul to burst out laughing.

o bună bucată de vreme (for) a long time/spell; for long.

bună dimineața! good morning!

bună idee! that's a good idea/stunt!

bună seara! good evening!

o bunătate de om a good creature; a man with a heart of gold.

bună treabă! good business!

bună treabă, n-am ce zice! *F* a good job you made of it! *F* here's a fine/a pretty go!

bună ziua! *(dimineața)* good morning! *(după-amiază)* good afternoon! *(formal, adesea rece)* good day!

bun bucuros very glad/pleased; delighted; very content(ed).

bun ca pâinea caldă as good a man as ever trod shoe-leather.

bun de aruncat/dat la coș/gunoi fit for the waste-paper basket.

bun de cules imprimatur; fit/ready for the press.

bun de gură having a ready/a glib tongue; *F* having the gift of the gab; *F* having a well hung/a well oiled/a flippant/a long tongue.

bun de mâncat eatable; good to eat.

bun de nimic *(d. ceva)* fit for the wastepaper basket; not worth a curse.

bun de picioare light-footed; light of foot.

bun de pus la rană kind-hearted; < with a heart of gold; kindness itself.

bun de tipar ready for press; 'press'.

bun din fire naturally good.

bun găsit! glad to see you!

bun la inimă kind-hearted; < with a heart of gold.

bun la orice/toate for all purposes/*F* → waters.

bun și aprobat read and approved.

bun venit! (be) welcome!

burduf de carte ← *F* over-learned.

a burduși pe cineva în bătaie to knock the dust out of smb.; *v. și* **a bate ~ măr.**

buruiana proastă crește și pe piatră *prov.* ill weeds grow apace.

butia îți dă vinul ce are într-însa *prov.* nothing comes of the sack but what was in it.

butoi fără fund *F* wine-bag; *F* drainpipe; *F* guzzler; *F* wet subject; *F* pot walloper; *F* soaker; *F* sponge.

buturuga mică răstoarnă carul mare *prov.* little strokes fell great oaks; little chips light great fires; a small leak will sink a great ship; *aprox.* to throw out a minnow to catch a whale; *aprox.* one cloud is enough to eclipse all the sun.

C

ca altă aia/arătare *F* like anything; *F* (as) ugly as a sin/a scarecrow; *F* like nothing on earth.

ca apucat like mad.

ca atare as such; on its merits.

ca atâţia alţii like so many.

ca o bombă like a bolt out of a clear sky; like a bolt from the blue.

ca un ceasornic like clockwork.

ca chifteaua în sos (as) snug as a bug in a rug.

ca o curcă plouată like a dying duck in a thunderstorm; like a drowned mouse.

nu se cade it is not at all the proper thing (to do).

ca de exemplu... as for instance...; such as...; by way of example.

îi cade greu it comes hard to him.

ca de la bărbat la bărbat (between) man and man.

ca de la cer la pământ as like as chalk and cheese; no more alike than chalk and cheese; as like as an apple to an oyster; a far cry.

ca de obicei as usual; *F* → as per usual.

ca din condei *F* (as) fine as fivepence; (as) neat as ninepence/a bandbox/a new pin; neat.

ca din cutie *F* as if coming out of the bandbox; spick and span; *F* (as) bright as a button/as a new penny/pin; *F* (as) neat as a pin.

ca două picături de apă as like as two peas; *amer.* about and about.

ca după ceas *v.* ca un ceasornic.

ca să mă exprim altfel to put it otherwise.

ca să mă exprim astfel if I may say so; so to speak/say.

ca un făcut *F* as chance/luck would have it.

ca fulgerul (as) quick as lightning.

ca o găină plouată *v.* ~ curcă ~.

ca ieşit din minţi *F* like mad; like a house on fire.

cai verzi pe pereţi *F* cock-and-bull stories; *F* rot; *F* rubbish.

ca mai jos as under.

ca la carte ← *F* complete; perfect; quite as it should be; in accordance with the regulations; by (the) book; like a book; *amer. sl.* about East.

a calcula timpul de expunere *fot.* to time the exposure.

cal de bătaie *fig.* laughing stock; whipping boy.

calea bătută e cea mai scurtă *prov.* the beaten path is the shortest.

cale bătătorită beaten track.

cale bătută! *v.* călătorie sprâncenată!

cale de o zi (de la...) a day's journey (from...).

a se califica ca medic to qualify as (a) doctor.

a se califica pentru o slujbă to qualify oneself for a job.

a calma nervii to steady the nerves.

calul bătrân nu se mai învaţă în buiestru *prov.* an old dog will learn no new tricks; *aprox.* the devil knows many things because he is old.

calul că e cu patru picioare şi tot se poticneşte *prov.* it is a good horse that never stumbles; *scot.* a horse stumbles that has four legs.

calul de dar nu se caută la dinţi *prov.* never look a gift horse in the mouth.

ca să nu lungim vorba to be brief; in short/brief; the long and the short of it; to make a long story short.

ca să nu mai vorbim de... let alone...; to say nothing of...

cam acelaşi lucru pretty/nearly/much the same.

cam asta aveam să spun *F* that's the sort of thing I mean.

cam asta e tot(ul) that's about all.

cam aşa ceva smth. like that; to that effect; thereabouts; there or/and thereabout; *F* that's about the size of it.

cam atâtica *F* that much.

ca măsură prealabilă by way of preliminary; as a preliminary.

ca măsură represivă in retaliation; by way of retaliation.

ca mâine (poimâine) before long; in no long time; by and by; shortly; *poetic* soon, too soon.

cam după o săptămână after a week or so.

cam mult rather a lot.

ca o morişcă off the reel.

cam pe acolo there or/*înv.* → and thereabouts.

cam târziu rather late; rather late in the day.

cam tot acolo vine it/all that amounts/comes to the same thing.

ca naiba *F (extraordinar) (după un adj.)* F as blazes; F as the devil; *(după un verb sau un adv.)* F like blazes; F like the devil.

a candida la un examen to go in/to sit for an examination.

a candida la un post to come for/to stand as a candidate for a post; to aspire to a post; to put in for a job/a post.

ca nebun like mad.

ca un nebun *şi* F like anything/blazes/hell/the (very) devil.

ca nimeni altul/alta as ever is/was.

ca nisipul (mării) like sand on the sea-shore.

cantitate neglijabilă a negligible quantity.

ca pasărea pe cracă F here today and gone tomorrow.

cap de bostan F empty pate; F numskull; blockhead.

ca pe ace/ghimpi/jăratic on thorns; (like a cat) on hot bricks; F → in a stew; on pins and needles.

ca pe dracul F like the devil.

ca pe roate without a hitch; *v. şi* ~ **un ceasornic.**

ca peştele în apă like fish in water; in one's element.

ca peştele pe uscat like a fish out of water; like a cat on hot bricks; out of one's element; *amer.* like a cat in a strange garret.

ca pe unt like smoke.

a capitula cu condiţii to surrender on terms.

a capitula fără condiţii to surrender at discretion.

ca precauţiune by way of prevention.

ca prin farmec as if by magic.

ca prin urechile acului by a close shave; by/within a hair's breadth *(of smth.);* having a narrow escape/shave/squeak.

cap sau pajură heads or tails/harp/woman.

ca un pui de bogdaproste F down at (the) heel; F like a drowned mouse; *v. şi* ~ **o curcă plouată.**

capul face, capul trage *prov.* you must reap what you have sown.

capul la cutie! F trick in your twopenny!

capul la dreapta! *mil.* eyes right!

capul răutăţilor mischief-maker; F fire-brand.

ca răsplată pentru... in return for...; in requital of/for...

ca răspuns la... in reply to...

ca răspuns la scrisoarea dumneavoastră with regard to your letter.

(să) nu care cumva să... mind you don't...; take (good) care not to...; mind you don't...

care e drumul spre... which is the right way to...

ca regulă generală as a general rule; by and large.

care încotro in all directions; right and left; *amer.* F → every which way.

care mai de care in eager rivalry; trying to outdo each other.

care pe care? who will win? pull devil, pull baker! *rar* → pull dog, pull cat!

care priveşte which concerns...; pertinent to...

care sunt condiţiile dumneavoastră? make/name your own terms.

care va să zică 1. *(adică)* namely; that is to say. **2.** *(ei, bine)* well; why; F well, I declare!

carne din carnea... *(cu gen.)* flesh and blood of...

ca sarea în ochi loathsome; hateful; *(cu verbul* to hate) F like the devil.

cască ochii! F keep your eyes skinned!

ca scos din cutie spick and span; well-groomed; (as) clean as a (new) pin; (as) bright as a button/a new penny/a new pin.

ca scos din minţi like mad.

ca semn că... in token that...

ca să spunem aşa so to speak/to say; as it were.

ca să le spunem lucrurilor pe nume properly speaking.

ca şi... like...; in common with...

ca şi cum... as if/though...

ca şi cum nu s-ar fi întâmplat nimic as if/though nothing had happened; F → like water off a duck's back.

mai catolic decât papa more royalist than the King.

ca urmare *(cu gen.)* in consequence of...; on the score of...

ca urmare a... *(cu gen.)* as a result of...

a cauza neplăceri cuiva to give trouble to smb.; to put smb. to (the) trouble; F → to give smb. rats.

ca să vezi! F just fancy! *(ce idee!)* the idea (of it)! *(nu-ţi spuneam?)* didn't I tell you?

ca să vorbim deschis/pe şleau to put it bluntly.

ca să nu mai vorbim despre... not to mention...; to say nothing of...

ca să zicem aşa so to speak/to say; as it were.

cazul e urgent the case is pressing.

că bine zici! right you are! *(grozavă idee!)* F (that's) grand/capital! you said it! you may well say so!

a cădea bâldâbâc în apă to fall into the water with a splash.

a cădea o belea pe capul cuiva *F* to get into a mess/a scrape/hot water.

a cădea bine 1. to come opportunely/in season. **2.** *(d. cineva)* v. **a nimeri bine.**

a cădea (bolnav) la pat to fall ill; to be taken ill; to fall sick.

a cădea ca din cer 1. to drop from the sky; to come unexpectedly/out of the blue. **2.** *(a nu putea înțelege)* to fall from the moon.

a cădea ca grindina to fall as thick as hail.

a-i cădea cineva cu tronc to take a fancy to smb.; *F* to be nuts on smb.; *amer.* to fall for smb.; *v. și* ~ **drag cineva.**

a cădea cu capul în jos to take a flier; to come/to take a purler.

a cădea de acord to agree; to come to an agreement; to concur; to be of one accord; *F* → to hit off together.

a cădea de gâtul cuiva to fall on/round smb.'s neck.

a cădea de pe cal to lose one's seat; *sport* to come to grief; to take a toss.

a cădea de somn to be dead sleepy.

a cădea din cer *fig.* to drop from the clouds/the skies.

a cădea din lac în puț to fall/to jump out of the frying pan into the fire; to go farther/further and far worse.

a cădea din picioare to be worn out/*F* → fagged out/knocked up; to be done up with fatigue.

a-i cădea un dinte to lose a tooth.

a cădea dintr-o extremă în alta to fall out of one extreme into another; to go from one extreme to the other.

a-i cădea drag cineva to fall in love with smb.; to take a fancy to smb.; *amer. F* → to fall for smb.

a-i cădea fisa; i-a căzut fisa *F* the penny drops.

a cădea greu la stomac to lie heavy on the stomach.

a cădea în brațele cuiva to fling/to throw oneself into smb.'s arms.

a cădea în capcană v. ~ **cursă.**

a cădea în competența cuiva to lie within smb.'s competence/province/attributions.

a cădea în cursă *fig.* to be caught in a trap/a net; to take the bait; to be waylaid; to fall into the trap/the net; to be taken in the toils; *F* to swallow the pill/the gudgeon; to be caught in the snare.

a cădea în desuetudine to fall/to pass into disuse; to become a dead letter/obsolete; *(d. legi)* to fall into abeyance; to sink into decay; to fall into desuetude.

a cădea în dizgrație to fall out of favour; to fall into disfavour/disgrace; to fall from favour.

a cădea în doaga copiilor/copilăriei to sink in one's second childhood.

a cădea în genunchi to go down/to fall on one's knees; to kneel (down); to sink on one's knees; *F* → to fall/to get down on one's marrowbones; to prostrate oneself.

a cădea în ghearele... *(cu gen.)* to fall into the clutches of...; *(cuiva)* to fall into *(smb.'s)* power.

a cădea în laț v. ~ **cursă.**

a cădea în luptă to fall in action.

a cădea în mâinile cuiva to fall into smb.'s hands/clutches.

a cădea în nesimțire to go off in a swoon; to fall into a swoon.

a cădea în păcat to (commit a) sin; to trespass; *elev.* to stray from the right path; to fall/to slide into sin.

a cădea în picioare *fig.* to (a)light/to land/to fall on one's feet.

a cădea în ruină to fall into decay; to go to (rack and) ruin.

a cădea în transă to fall/to go into a trance.

a cădea într-un somn adânc to fall into a deep/a profound/a sound sleep.

a cădea în uitare to fall/to sink into oblivion; to go/to pass out of mind; *elev.* to descend into limbo.

a cădea în undiță to rise to the bait/the fly.

a cădea jos fără cunoștință to fall senseless.

a cădea la examen to fail in one's examination; *F* → to be ploughed.

a cădea la fund to sink down; to sink (to the bottom).

a-i cădea cuiva la inimă v. ~ **drag cineva.**

a cădea la învoială 1. *com.* to conclude/to drive/to make/to seal/to settle/to strike a bargain. **2.** *fig.* to come to terms/an agreement; to smoke the pipe of peace.

a cădea la pace to come to terms *(with smb.);* to smoke the pipe of peace/the peace-pipe.

a cădea la pat to take to one's bed; to fall ill; to be taken ill.

a cădea la picioarele cuiva to fall at smb.'s feet.

a cădea lat/lungit to fall flat/prone; *F* to come down squab/plump; to tumble down (at) full length; to topple over; to go to grass.

a cădea mort to fall dead.

a-i cădea nasul *fig. F* to have one's nose out of print.

a cădea pe capul cuiva to come upon smb. as a nuisance; to pester/to bother smb.

a cădea pe gânduri to take thought; to fall musing; to sink into thoughts; to chew the cud.

a cădea pe mâini bune to fall into good hands.

a cădea pe mâini rele to fall into bad hands.

a cădea pe mâna cuiva to fall into smb.'s hands/clutches.

a cădea pradă (cu dat.) to become/to fall a prey to...; (deznădejdii etc.) to be given over to...

a cădea rău 1. F to have a nasty tumble. **2.** fig. F to get into trouble/a mess/a scrape/hot water.

a cădea sub prevederile legii to come within the provisions of the law.

a cădea unii peste alții to tumble over one another.

a cădea victimă cuiva to fall a victim to smb.

a cădea zăpadă to snow; **a căzut ~** there has been a fall of snow.

că doar nu-s bătut în cap! F do you see any green in my eye?

că doar nu s-o face gaură în cer! că doar n-o fi foc! F it is not a hanging matter! the world will not come to a stop for it; nobody will be any the worse for it! (nu face nimic) ← F it doesn't matter! (ei și?) F and what of it? F so what?

că doar n-a intrat în pământ! he cannot have melted away.

că doar nu m-am născut ieri (alaltăieri)! I was not born yesterday!

că drept zici! F right you are!

că hâr, că mâr F aprox. shilly-shally(ing); F humming and hawing.

a se căi amar to repent bitterly.

o să te căiești pentru asta you will be sorry for this.

călare pe situație riding the whirlwind.

a călători cu clasa a doua ferov. to travel second (class).

a călători cu trenul to travel by rail.

a călători cu bagaje puține to travel light.

a călători fără bilet to steal a ride.

a călători fără grabă to travel by easy stages.

a călători mult to have travelled widely; to have travelled (about) a good deal.

a călători printr-o țară to tour (through/about) a country; to make the tour of a country.

călătorie sprâncenată! F good riddance (of bad rubbish)! F nobody is keeping you!

a călca alăturea/alături cu drumul fig. to slip; to take a false step; elev. to make a faux pas.

a călca apa to tread water.

a călca apăsat to walk with a firm step.

a călca ca pe ouă to tread as on eggs; to walk (as if) upon hot coals.

a călca convențiile to offend/to sin against the proprieties.

a călca cu dreptul aprox. to make a good beginning/start; to strike the right note.

a călca cu stângul aprox. to make a bad beginning; to put one's foot in it; to get up with one's wrong foot foremost; amer. to get off on the wrong foot.

a-și călca cuvântul to break one's word; to go back upon/from one's word; to break one's faith; to depart from one's word.

a călca din pod to strut about; to walk proudly/pompously.

a călca greșit v. ~ strâmb.

a călca o haină to press a suit.

a-l călca hoții to have had burglars in one's house.

a călca în picioare... to tread/to trample... under foot; to ride/to trample/to walk roughshod over...; < to treat... like dirt.

a călca în străchini F to put one's foot in/into it; F to put one's foot into one's mouth; **calcă ~** F his fingers are all thumbs.

a-și călca jurământul to break one's oath/înv. → sooth/poetic → vow; to perjure oneself.

a călca legea to transgress; to break the law.

a călca mărunt to step short.

a călca pe cineva pe bătături/bătătură și fig. to tread on smb.'s corns/kibes; to step/to tramp/to tread on smb.'s toes/on the toes of smb.; fig. to touch/to sting/to hurt/to cut smb. to the quick.

a călca pe cineva pe coadă fig. to step/to tramp/to tread on smb.'s toes.

a-și călca pe inimă to do violence to one's conscience.

a călca pe cineva pe nervi to set/to jar on/to grate (up) smb.'s nerves; to exasperate smb.; F → to get smb.'s goat; to set smb.'s teeth on edge.

a călca pe cineva pe picior to tread/to step/to tramp on smb.'s toes/on the toes of smb.

a călca pe urmele cuiva to follow in smb.'s footsteps/wake; to tread in the step of smb.

a nu (mai) călca pragul cuiva not to darken smb.'s door; never to cross smb.'s threshold again.

a-și călca principiile to do violence to one's principles.

a călca strâmb fig. to slip; to stumble; to take a false step; elev. to make a faux pas.

a călca ușor to tread lightly; (fără zgomot) to tread softly/gently.

cămașa e mai aproape decât haina/sumanul prov. near is my shirt, but nearer is my skin; close sits my shirt, but closer still my skin; aprox. charity begins at home.

a căpăta o bătaie bună/zdravănă/sănătoasă v. a mânca ~.

a căpăta ceea ce merită to meet with/to come by/to get one's deserts.

a căpăta consimţământul cuiva to carry/to win smb.'s consent.

a căpăta culoare în obraji to gain colour.

a căpăta curaj to pluck up/to take courage.

a căpăta o deprindere to contract/to acquire a habit.

a căpăta deprinderi proaste to run into evil practices.

a căpăta importanţă to run into prominence.

a căpăta o moştenire to come into a fortune.

a căpăta un obicei to get a habit; to fall into a habit.

a căpăta obiceiul de a face ceva to fall/to get into the habit of doing smth.; to form a habit of doing smth.

a căpăta permisiunea de a... to obtain/to get permission to...; to be permitted/allowed to...

a căpăta o slujbă bună to get a good position.

a-şi căpătui copiii to settle one's children.

a-şi căptuşi buzunarele to line one's pockets; to feather one's nest.

a căra apă cu ciurul to bind the loose sand; to draw water with a sieve; *v. şi ~* **la puţ.**

a căra apă la puţ to carry coals to Newcastle; to hold a candle to the sun; to burn daylight; to fan the breezes; to bring/to send owls to Athens; *lit.* to paint the lily; to plough/to saw the sands.

a căra pe cineva în spinare to carry smb. on one's back/shoulders.

a căra pietre la munte to wash an ass's ears/head; *v. şi ~* **apă la puţ.**

a căra pumni cuiva to strike/to hit smb. with one's fist; to fist smb.; to cuff smb. *F* to rain blows on smb.

a căra soarele cu obrocul to fish/to plough in the air; to beat the air; *v. şi ~* **apă la puţ.**

cărţile pe masă! *F* cards on the table!

a se căsători civil to be married at a registry; to get married before the registrar.

a se căsători din dragoste to marry for love; to make a love match.

a se căsători pentru bani to marry money.

a căsca cât îl ţine gura to give long yawns.

a căsca gura 1. to open one's mouth (< wide); **2.** *fig.* to gape about; to stand gaping about; to gad/to hang about.

nu căsca gura! *aprox.* wake up! look sharp!

a nu căsca gura to look alive.

a căsca ochii to keep one's eyes (< wide) awake; to open one's eyes (< very wide); to take (< double) care; *F* to keep one's eyes (< well) peeled.

a căsca ochii mari to stare round-eyed.

a-i căşuna să... to dawn upon...; to occur to...

a căşuna pe... 1. *(a prinde ură pe)* to begin/to come to hate...; to conceive a hatred for... **2.** *(a tăbărî asupra)* to fall upon...; to rush (in) upon...; to throw oneself upon...; to attack...

a căuta acul în carul cu fân to look for a needle in a bottle/in a bundle of hay/in a haystack.

a căuta (un) adăpost to seek shelter/refuge.

a căuta aur to prospect for gold.

a căuta să avanseze *fig.* to push oneself forward.

a căuta ceartă to trail one's coat; to have/to wear a chip on one's shoulder; to make a rod for one's own back; to spoil for a fight.

a căuta ceartă cuiva to seek/to pick a quarrel with smb.; to be spoiling for a fight with smb.

a căuta ceartă cu lumânarea to be looking/asking for it.

a căuta chichiţe cuiva to find fault with smb.; to cavil at smb.

a căuta cuadratura cercului to square the circle.

a căuta cu înfrigurare ceva to look eagerly for smth.; to hunt after smth.

a o căuta cu lumânarea to meet trouble half-way; to be spoiling for fight; *F* to make/to pickle a rod for one's own back.

a căuta cusur unui lucru to pick holes in smth.

a-şi căuta de cale/drum to go one's way; *F →* to get along.

a căuta de lucru to look for work/a job; to seek employment; to want a situation; to shop around.

a-şi căuta de sănătate to look after one's health; to undergo a cure.

a-şi căuta de treabă/treburi to mind one's own business; not to meddle with/in other people's business.

a căuta din ochi/priviri pe cineva to try and catch sight of smb.

a căuta să fie drăguţ cu cineva to make the agreeable to smb.

a căuta gâlceava *v. ~* **ceartă.**

a căuta să intre pe sub pielea cuiva to curry favour with smb.; to insinuate oneself into smb.'s favour; to ingratiate oneself with smb.

a căuta cuiva în coarne ← *F* to humour smb. (in every way); to indulge smb.'s caprices etc.; to pamper/to spoil smb.

a căuta lapte de bou/cuc to extract sunbeams from cucumbers; *F* to milk a he-goat into a sieve; to milk the bull/the ram.

a-şi căuta moartea to seek death.

a căuta cuiva nod în papură to pick holes/a hole in smb.'s coat; to find fault with smb.; to pull smb. to pieces.

a **căuta pe dracul** ← *F* to look/to ask for trouble; to seek trouble; to kick against the pricks.

a **căuta ceva peste tot** to search/to look/to hunt for smth. everywhere/high and low.

a **căuta pricină/râcă etc.** *v.* ~ **ceartă** etc.

a **căuta râcă cuiva** *v.* ~ **ceartă cuiva.**

a **căuta rezolvarea unei probleme** to tackle a problem.

a **căuta soluția unei probleme** to try to find the solution of a problem; to tackle a problem.

a **căuta să tragă spuza pe turta lui** to grind one's own axe.

a **căuta ziua cu lumina** to miss the obvious.

a **căuta ziua de ieri** to run a wild-goose chase.

a **se căzni degeaba** to mount on a dead horse; to flog a dead horse.

nu i-a căzut încă cașul de la gură he's still a squash/ an egg/*amer.* a sucker; cradle straws are scarce out of his breech.

câinele care latră nu mușcă *prov.* great barkers are not biters.

câinii latră, caravana trece *prov.* the dogs bark, but the caravan goes on.

câinii latră, vântul bate *prov.* the dogs bark, but the caravan goes on; the moon does not heed the barking of dogs.

când ajungi la o adică when it comes to the push.

când îl apucă *F* when the fit is on him.

când așa, când așa now this way, now that; now one way, now another; now/sometimes... (better, etc.)... now/sometimes... (worse, etc.); *(depinde)* it depends.

când te bagi în mocirlă te mănâncă porcii *prov.* those who in quarrels interpose must often wipe a bloody nose; *aprox.* he who scrubs every pig he sees will not long be clean himself.

când îi bate cuiva ceasul when one's clock strikes.

când se băteau munții cap în cap/urșii în coadă in the year dot; when Queen Anne was alive.

când burta-i plină, trupul cere odihnă *prov.* when the belly is full, the bones would be at rest.

când colo! *(de fapt)* in (point of) fact; as a matter of fact; *(în loc de aceasta)* instead (of it); *rar* → lo and behold!

când vă convine at your convenience.

când se crapă de ziuă at day (break)/dawn; at break of day.

când îi va crește păr în palmă *v.* ~ **va face broasca păr.**

când îi dau tuleiele between grass and hay.

când doi se ceartă al treilea câștigă *prov.* two dogs strive for a bone and the third runs away with it; *aprox.* → to play both ends against the middle.

când doriți (at) any time (you like).

când ți-e lumea mai dragă in the happiest moment(s); *(neașteptat)* unexpectedly; all of a sudden.

când ești printre lupi, urli cu ei *prov.* when at Rome, do as the Romans do.

când va face broasca păr; ~ plopul pere și răchita micșunele; ~ spânul barbă *F* I'll see you hanged first! when the cows come home; when two Sundays come together; when pigs fly; when the Ethiopian changes his skin; on St. Tib's eve; at the Greek Kalends; in the reign of Queen Anne/Dick; when the devil is blind.

când o fi la (o) adică when it comes to the point; if the worst comes to the worst.

când se ivește/va ivi ocazia when the occasion turns up/arises; when occasion serves.

când se îngână ziua cu noaptea at daybreak/dawn.

când se îngroașă gluma when the band begins to play.

când îți spun *F* you may take it from me; you can/ may/must take my word (for it).

când și când (every) now and then; between times/ whiles; by fits and starts; few and far between.

când treci prin țara orbilor închide și tu un ochi *prov.* when at Rome, do as the Romans do/Rome does.

când mi-oi vedea ceafa *v.* ~ **va face broasca păr.**

când îi vine cheful/gustul/pofta/vin hachițele *F* when the humour/fit takes him; *F* when the fly stings; when(ever) he is in the mood; when the maggot bites him.

când vrea omul totul e posibil/cu putință *prov.* where there is a will there is a way.

când vor zbura bivolii *F v.* ~ **va face broasca păr.**

a **cânta alt cântec** to change one's note/time; to turn one's coat.

a **cânta de inimă albastră** ← *F* to sing love songs.

a **cânta după ureche** to play *sau* to sing by ear.

a **cânta fals** to fall out of tune.

a **cânta găina** *fig. (d. femei)* to wear the breeches.

a-i **cânta cuiva în strună** I. to dance to smb.'s tune/ whistle/pipe/piping. 2. to humour/to appease smb.

a **cânta la pian** to play (on) the piano.

a **cânta la prima vedere** *muz.* to play *sau* to sing at sight.

a **cânta mereu același cântec** to harp on the same string; to be always singing the same song.

a **cânta osanale cuiva** to sing/to hymn smb.'s praises; to praise smb.; to resound smb.'s praises.

a-i **cânta popa aghiosul** *F* to turn up one's toes (to the daisies); *F* to hop the twig.

a-i cânta sticleții în cap *F* to have bats in the belfry; *F* to be wrong in the upper story; *sl.* to be off one's base.

s-a cântat și s-a dansat there was singing and dancing.

a cânta veșnica pomenire cuiva to see the last of smb.; to take one's leave of smb.

a cânta vioara întâi *fig.* to play first fiddle.

a-și cântări cuvintele/vorbele to measure/to weigh one's words.

a cântări ceva în mână to poise smth. in the hand.

a cântări din ochi pe cineva to look smb. down; to assess smb.; to have smb. taped.

a cântări situația to take in the situation.

cântec de lebădă swan song.

a cârpi cuiva o palmă to slap smb. on the face; *sl.* to land smb. one.

a câștiga un ban cinstit to earn/to turn/to make an honest penny.

a câștiga bani to make money.

a câștiga bani cu ghiotura/grămada to make pots of money.

a câștiga bani frumoși to make a pretty penny; to make big money; to earn a great deal.

a câștiga o bătălie to win a battle; to gain the day.

a câștiga o bucată de pâine to earn one's crust.

a câștiga bunăvoința cuiva to win favour in smb.'s eyes.

a câștiga pe cineva de partea sa to win smb. round.

a-și câștiga existența to earn one's/a living; to earn one's keep; *sl.* to cut one's own grass; to support oneself; to earn/to make/to gain/to get a livelihood; to boil the pot; to keep the pot boiling.

a(-și) câștiga faimă to gain/to acquire fame; to rise into public notice; to make one's name.

a câștiga gras to make pots of money; to ooze money.

a câștiga încrederea cuiva to win smb.'s confidence; to worm oneself into smb.'s confidence; *F* → to get a leg in.

a câștiga la puncte to win on points.

a câștiga laurii (victoriei) to carry/to win the day.

a câștiga lozul cel mare to draw the first prize; *F* to strike (it) lucky.

a-și câștiga nume rău to fall into disrepute.

a-și câștiga pâinea *v.* ~ **existența**.

a-și câștiga pâinea cinstit to turn an honest penny; *v. și* ~ **un ban cinstit**.

a câștiga procesul to win one's case.

a-și câștiga reputația de... to earn a character for (bravery, etc.).

a câștiga teren to gain/to make ground.

a câștiga timp to gain/to save time; *sport* to play for time.

a câștiga victoria to gain the victory; to carry the day; to come off with flying colours; *amer. F* → to take the cake; to get/to carry/to gain/to win the garland; to carry away the garland; to go away with the garland.

a câștiga viteză to pick up speed; to gather pace.

cât ai bate din palme in the turn of a hand; in a trice/a winkle/*F* a jiffy; in (less than) no time; *F* before you could/one can say Jack Robinson; *F* before you could say knife; *(repede și ușor)* hand over hand/fist; in a crack; in the blowing of a match; in two tows; in a tick-tack; *înv.* → at a slap.

cât ai clipi (din ochi) in a flash; in the twinkling of an eye; in a split second; *v. și* **cât ai bate din palme**.

cât ai da în amnar/cremene *v.* ~ **bate din palme**.

câtă frunză și iarbă their name is Legion; (as) thick as blackberries/hops/huckleberries/peas.

...câtă pulbere și spuză no end of...; a sea of...

cât colea/colo far away; far in distance; a long way off.

cât costă...? how much is...? what is the price of...?

cât costă biletul? *(în tramvai etc.)* what is the fare?

cât de cât at all; by a hairbreadth.

cât de colo I. *(de departe)* from far away; from a distance. **2.** *(limpede)* clearly, obviously.

cât de curând posibil as soon as possible.

cât despre... as far/to...; with regard to...; in regard to/of...; as regards...; as far as...is *sau* are concerned; concerning...; as respects...

cât despre mine as far as I am concerned; as to myself; speaking for myself; for all I care; *(eu unul)* I for one.

cât despre mine cred că personally I think that...; I for one think that...

cât despre rest... as for/to the rest...

cât mai devreme posibil as early as possible.

cât e anul de mare all the year round.

câte bordeie atâtea obiceie; câte capete atâtea căciuli/păreri *prov. aprox.* so many men, so many minds; all bread is not baked in one oven; every country has its customs; so many countries, so many customs.

cât e ceasul? what's/is the time? what time is it? what does the clock say? what o'clock is it? *înv.* → how goes (the) time? *glum.* → how goes the enemy? *înv.* → how goes the day? *F* → what time are you? *F* what time do you make it?

cât e de atunci? how long is it since?

câte doi by twos.

cât e hăul; ~ lumea și pământul never to the end of time; never to the end of one's days.

câte puțin 1. little by little; *(treptat)* by degrees; step by step. 2. a bit at a time; bit by bit.

câte trei three by three; in/by threes.

câte unul one by one; in singles.

câte zile o avea as long as he lives; to the end of his days.

cât e ziua de mare all day long; the whole day long; *F* the whole blessed day.

cât e ziulica de mare *F* the whole blessed day.

cât face (socoteala)? how much does it cost? *F înv. →* what's the tip/the damage?

cât te-ai freca la ochi *v.* **~ ai bate din palme.**

cât lumea always; eternally.

cât nisipul mării as numerous as the sand(s) on the seashore; *aprox.* their name is Legion.

cât p-aci să... nearly...; narrowly...; all but...; next to...; within an ace of...; within a hair of...; by a hair; by a close shave.

cât păr în cap numerous as hair on the head; *v. și ~ nisipul mării.*

cât pe ce să... ...by a hair; within a hair of *(cu -ing)*; almost...

cât poate (cu)prinde cu ochiul *v.* **~ vezi cu ochii.**

cât se poate de... as... as possible.

cât se poate de bine *F →* not half bad; *F* like hell.

cât mai repede as quickly as possible; *amer.* in quick/short order.

cât ai scăpăra din amnar *P v.* **~ bate din palme.**

cât ai spune/zice pește *v.* **~ bate din palme.**

cât timp(?) how long? as/so long as...

cât timp a trecut de atunci? how long is it since?

cât trăiești înveți *prov.* live and learn.

cât îl ține cureaua ← *F* as long/much as one can afford.

cât îl ține gura at the top of one's voice.

cât îl țin picioarele as fast as one's legs would carry one; posthaste; *F* (at) full pelt; *F* like a bat out of hell.

câtuși de puțin not at all; not in the least (degree); by no means; not a bit; no such thing; by a hair's breadth; *F →* the devil/the deuce a bit; *F înv. →* not a rap; *F →* not a tinker's damn; not by a long shot.

câtva timp for a time; for some time.

cât vezi cu ochii as far as one can see/the eye can reach.

cât vrei at (one's) pleasure.

cât ai zice pește *v.* **~ bate din palme.**

câți iepuri la biserică not at all; *F* not a jot/a straw.

câți peri în barbă *v.* **cât păr în cap.**

ce absurditate! it is perfectly absurd! it is the height of absurdity! *F →* oh, rubbish! *F →* stuff and nonsense!

ce te aduce aici? what brought you here? what have you come about? what wind blows you here? what is your errand?

ce ai de gând (să faci)? what are you going to do? what are you up to do? what are you about?

ce am de plată? how much is my account? *F →* what's to pay?

ce l-a apucat? what possesses him? what's got him?

ce are a face? what does it matter? it doesn't matter.

ce se ascunde în spatele acestei afaceri? what's at the back of this affair?

ce aud? what is this that I hear?

ce avem la masă? what are we going to have for dinner?

ce-am avut și ce-am pierdut *F* 1. so got, so gone. 2. *v.* **puțin îmi pasă.**

ce n-aș da ca să...! *F* I would give my ears to...

ce bei? (fac cinste!) give it a name!

ce bine ar fi dacă...! what a fine thing it would be if...; *F →* wouldn't it be great if...!

ce cale să alegem? how shall we proceed?

ce chestie! *F* what a to-do! you don't say so!

a ceda dorințelor cuiva to yield to smb.; to give in to smb.; to comply/to fall in with smb.'s wish(es).

a ceda ispitei to yield to temptation.

ce contează? what's the odds?

ce crezi despre asta? what do you think of/about it?

a ceda locul cuiva to give up one's seat to smb.

ce dandana! *F* a fine/a pretty kettle of fish!

a nu ceda nici un pas not to go back a step; not to retreat a step.

a ceda tentației to yield to a temptation; to allow oneself to be tempted.

a ceda teren *mil. și fig.* to give/to lose ground.

ce-o da târgul și norocul as luck would have it.

ce te doare *fig.* what is the trouble? what has gone wrong with you? what is the matter with you? what has come over you?

ce doriți? what can I do for you? what do you want? *F →* what is your business?

ce dracu (...)! *F* what the blazes/deuce/dickens (...)! *F* what the thunder!

ce e? what is it? *(ce s-a întâmplat?)* what's up? what's the matter? *(negativ)* what's wrong (with...)?

ce e aceasta? what is this?

ceea ce are importanță pentru mine este că... the point that weighs with me is that...

ceea ce era de demonstrat which was to be proved; Q.E.D.

ce mi-e baba Rada, ce mi-e Rada baba *v.* ~ **Tanda, ~ Manda.**

ce e bine nu e rău *prov.* safe bind, safe find.

ce e de făcut? what's to be done?

ce e drept... to say/to tell the truth; truth to say/to tell; as a matter of fact.

ce e al meu e și al tău what is mine is thine.

ce e mult nu e bun! *prov.* too much is as bad as none at all; too many sweets cloy the palate; *aprox.* (it is) too much of a good thing; too much water drowned the miller.

ce e-n gușă și-n căpușă *aprox.* he wears his heart (up)on his sleeve; he speaks as he thinks; what the heart thinks, the tongue speaks; he has too much tongue.

ce ți-e scris în frunte ți-e pus *prov.* he that is born to be hanged shall never be drowned; no fence against a flail; no fence against ill fortune; there is no flying from fate; *aprox.* every bullet has its billet.

ce mi-e Tanda, ce mi-e Manda; ce mi-e una ce mi-e alta that's all the same (to me); it comes all to the same thing; it's six of one and half a dozen of the other; *F* 'tis tweedledum and tweedledee; *F* what is sauce for the goose is sauce for the gander; the receiver is as bad as the thief; there is not much/ nothing to choose between them; it's as broad as it's long; it is as long as it's broad; it's distinction without a difference.

ce fac ai tăi? how are all your people?

ce ne facem? what shall we do (now)? what is to be done (now)? *F* whew!

ce facem azi? what's the programme for today?

ce-și face omul cu mâna lui nici dracul nu mai desface *prov. aprox.* self do, self have.

ce să-i faci! it's all in the game!

ce faci seara (în general)? how do you employ yourself of an evening?

ce (mai) femeiușcă! *F* isn't she quaint!

ce-o fi, o fi/să fie! come what may!

ce-ar fi să schimbăm subiectul suppose we change the subject.

ce i-a fi tatei i-a fi și mamei *F* blow high, blow low.

ce folos? what is/was etc. the use of it?

ce folos ai tu? what will it profit you?

ce-a fost a fost let bygones be bygones; the mill cannot grind with water that is past.

ce te-a găsit? what has come over you? what has got possession/hold of you? *F* what fly has stung you?

ce ghinion! how unlucky! *F* rotten luck! *aprox.* *F* that/it is hard lines for...

ce-o să iasă din asta? what will come of it all? what will be the upshot of it?

ce idee! what an idea!

ce-i în mână nu-i minciună *prov.* never quit certainty for hope.

ce importanța are? what does it matter? what matters? does it (really) matter? it doesn't matter (at all); what difference does it make?

ce te interesează (pe tine)? it's none of your business! what is that to you?

ce înălțime aveți? how tall are you?

ce înseamnă asta? *F →* what does that mean? what's the meaning of this?

ce înseamnă toate astea? what does all this mean? how now?

ce s-a întâmplat (cu...)? what happened? what's up? what's the matter? what's wrong (with...)? what's all the excitement about? *F →* whose dog/ mare is dead? *rar →* what dog is a-hanging?

ce s-a întâmplat cu...? what has become of...? what's happened to...?

ce nu se învață la tinerețe nu se mai învață la bătrânețe *prov.* you can't teach an old dog new tricks.

cele de cuviință all due respects/homage.

cele de mai sus the above (facts).

cele menționate mai sus the above.

cele rele să se spele, cele bune să se-adune *prov.* let bygones be bygones.

cel mai bun dintre cei mai buni the ace of aces.

cel mai târziu at the (< very) latest.

cel mult at (the) most; < at the very most.

cel puțin at (the) least; at all events.

ce mai atâta vorbă? 1. what's the use of talking so much? 2. *(pe scurt)* to make a long story short; in brief.

ce se mai aude? what is/'s the (latest/best) news? what news (is there)? *F* how goes the world? *F* what's the latest? *F* what is in the wind?

ce mai calea-valea? *v.* ~ **încoace și încolo?**

ce mai faci? how are you (getting on/along)? *F* how are things (with you)? how goes the world with you? how's life (with you)? *(formal)* how do you do?

ce mai încoace și încolo? *F* to cut it/the matter short; the short and the long of the matter is...; to make a long story short; to put it bluntly; in short/ brief.

ce mai la deal la vale? *v.* ~ **încoace și încolo?**

ce mai tura-vura? *v.* ~ **încoace și încolo?**

ce mai veste poveste? *F v.* **ce se mai aude?**

ce măsură/talie aveţi? what size do you take? what is your size?

ce mică-i lumea! the world is but a little place after all...

ce naiba! *F* what the deuce/the thunder/the dogs.

ce naşte din pisică şoareci mănâncă *prov.* it must be a diamond that cuts a diamond; like father, like son.

ce nostim! what a lark!

centrul atenţiei *lit.* → the observed of all observers.

ce nume vrei să-i pui? what are you going to call him?

ce oră e? *v.* **cât e ceasul?**

ce-mi pasă dacă... what do I care if...? I don't care/ mind if...

ce-ţi pasă? what is that to you?

ce păcat! what a pity! the pity of it! *F* → it's too bad! what a shame!

ce păcat de... it is a pity for...

ce părere ai? what do you think about it? what is your opinion? what think you?

ce se petrece? what's the matter? what's going on? what's up?

ce ţie nu-ţi place altuia nu face *prov.* do as you would be done by.

ce prostie! how stupid! oh, rubbish!

a cerceta atent to bolt to the bran.

a cerceta atent mărturiile to probe the evidence.

a cerceta terenul to spy out the ground/the land.

a cerceta toate posibilităţile to explore every avenue.

a cerceta trecutul cuiva to rake up smb.'s past.

a cere ajutor de la cineva to ask smb.'s help/assistance; to beg smb. for help; to solicit/< implore smb.'s help.

a cere aprobarea cuiva to seek smb.'s approval.

a cere cât dracul pe tată-său *aprox.* to ask/to charge a stiff price; to overcharge; to come it strong.

a cere cont cuiva, de ceva to call smb. to account/ *F* → to look for smth.

a cere cuvântul to ask for the floor.

a cere daune to claim damages.

a cere o degrevare to ask for a reduced assessment.

a cere de mâncare to ask for smth. to eat; to cry cupboard.

a cere de nevastă pe cineva *v.* ~ **în căsătorie** ~.

a-şi cere drepturile to claim one's right; to press one's suit.

a cere o favoare cuiva to ask/to solicit a favour of smb.

a cere iertare to ask/to beg (smb. 's) pardon; to apologize; to ask for forgiveness; **vă cer ~** (I am) sorry; I apologize; I beg your pardon; excuse me.

a cere în căsătorie pe cineva to ask/to seek smb. in marriage; to claim smb. for a wife; to propose to smb.; *F* → to pop the question (to smb.); to ask for a lady's hand.

a cere îndurare to beg/to plead for mercy; *înv.* → to cry quarter; *F* → to holler/to hollow uncle.

a cere legătura cu cineva *tel.* to ask to be put on/ through to smb.

a cere mâna unei femei to ask for a lady's hand; *v. şi* ~ **în căsătorie pe cineva.**

a cere pace to sue for peace.

a cere prea multe de la cineva *fig.* to ask too much for smb.

a cere un preţ exagerat to open one's mouth too wide.

a cere un răspuns imediat to press for an answer.

a cere satisfacţie cuiva to demand satisfaction from smb. for an offence; to challenge smb.

a cere scuze *v.* ~ **iertare.**

a cere un sfat cuiva to ask counsel of smb.; to seek smb.'s advice.

a cere socoteală cuiva to bring/to call smb. to account; to take smb. to task; to bring smb. to book.

a cere cuiva socoteală pentru ce a făcut to take smb. to task for doing smth.; to haul smb. up for (doing) smth.

a cere o sumă pentru răscumpărarea cuiva to hold smb. to ransom.

a cere timp to take time.

a cere voie (să...) to ask for permission/leave (to...).

a cere un vot de încredere to table a motion confidence.

vă cer iertare I apologize; awfully sorry!

ce risipă de timp! what thriftless waste of time!

vă cer o mie de scuze a thousand apologies!

ce rost are să...? what is the sense/the use/the good of...?

îmi cer scuze pentru deranj I am sorry to trouble you.

a cerşi favoarea cuiva to court smb.'s favour; to curry favour with smb.; to fawn/to cringe upon smb.

a cerşi pe la uşi to face the knocker.

Cerule, coboară! *v.* **Doamne, Dumnezeule!**

Cerul să fie lăudat! thank Heaven! Heaven be praised!

ce ruşine! what a shame! for shame!

ce sens are să...? *v.* **ce rost ~?**

ce situație! here's a nice/a pretty state of things!

ce spui! *F* you don't say so! is that so! fancy (that)!

ce să spun! *F* well, well! *F* well, I'm sure! *F* well, to be sure! *F* well, I declare! *v. și* **asta-i culmea!**

ce-o să spună lumea? what will Mrs. Grundy say? *v. și ~* **zică ~.**

ce stric eu? it's not my fault.

ce știe satul nu știe bărbatul *prov.* the darkest plan is under the candlestick.

ce tot îndrugi/spui? *F* what are you talking about? *F* sell your ass; *F* go along with you!

ce-ți trece prin minte? *F* what on earth are you thinking about? what has come over you?

ce-ți umblă prin minte? waht are you up to?

ce urât miroase! what a stench!

ceva de felul acesta smth. of that/the sort.

ceva nu e în ordine smth. is out of order; *F →* there's a screw loose somewhere.

ceva în genul acesta smth. of that/the sort; smth. in that style.

ce văd acolo? what is that (that) I see?

ce-mi văzură ochii! (oh) my eye(s)! what should I see!

ce vânt te aduce pe aici? what wind blows you here? what (business) brings you here?

ce vârstă îi dai? how old do you take him to be?

ce-ți veni? what's up with you?

ce i-a venit? *F* what's come over him? *F* what's got him?

ce ți-a venit? what possesses you?

ce să vezi!? *rar →* lo and behold!

ce vrei să bei? what's your tipple? *F* what's yours?

ce vrei să zici (cu asta)? what do you mean? what are you driving at?

ce să zic! *F* dear me! *F* oh dear!

ce-o să zică lumea? what will people/the world/Mrs. Grundy say?

ce-ai zice de o ceașcă cu ceai? *F* what's wrong with a cup of tea?

ce-ai zice să... what do you say to *(cu -ing)?*

ce-ați zice despre...? how about...?

ce zici? well? (well,) what say you? what's your opinion?

ce zici?! *F* now really! you don't say so! you don't mean it!

ce zici de o plimbare? what do you say to a walk?

se cheamă că... the question/the point is...; as a matter of fact...; in point of fact...; it is as if *(cu conjunctivul);* so to say...; as it were...

a chema un actor la rampă to give an actor a recall.

a chema ca martor to call in testimony.

a chema deoparte to call/to take aside.

a chema doctorul to call in the doctor.

a chema în ajutor pe cineva to appeal to smb. for help; to call upon smb. for help.

a chema la întrecere to challenge to competition/emulation.

a chema la ordine pe cineva to call/to reduce smb. to order.

a chema la rampă to call before the curtain.

a chema la telefon pe cineva to ring smb. up.

a-l chema pământul *F* to have a churchyard cough.

a chema sub drapel/arme *mil.* to call up; to call to the colours.

chestiunea este că... the fact/the thing is that...

chestiunea este dacă... the question is whether...

o chestiune de viață și de moarte a matter of life and death.

chiar acum right now; even now.

chiar aici right here.

chiar asupra faptului in the very act; red-handed.

chiar așa? really? you don't mean it! is that so?

chiar așa (întocmai) even/exactly so; exactly; just like this; *(asta e)* that's it; *(ăsta-i cuvântul)* that's the word for it; *(te cred)* right you are.

chiar așa de fraier/prost mă crezi? I'm not so stupid as you think; *F* I'm not that stupid; *amer.* do you see any green in my eye?

chiar dacă even if/though.

chiar de azi from this very day.

chiar de la început at the very start.

chiar în clipa aceea at that very moment.

chiar în clipa în care se petrecea asta at the same time that/when/as all this was happening.

chiar în mijloc right in the middle.

chiar în vârf right at the top.

chiar în ziua aceea on that same day.

chiar lângă... fast by/beside...

chiar și atunci even then.

chiar și în acest caz even then.

nu chiar ușă de biserică *F înv. →* not quite the potato.

a chibzui asupra unei probleme to turn a question over in one's mind.

chinuit de remușcări tortured by remorse; torn with remorse.

îmi chiorăie mațele *F* my bowels rumble; *F* my stomach worm gnaws; *F* I feel grubby; *F* my stomach cries cupboard; *F* I have the colly-wobbles.

chipul omului e oglinda sufletului *prov.* the face is the index of the mind.

chit cu... even with...

a cincea roată la căruță the fifth wheel.

cine aleargă după doi iepuri nu prinde nici unul *prov.* if you run after two hares you will catch neither; all covet, all lose; grasp all, lose all.

cine se amestecă în tărâțe îl mănâncă porcii *prov.* you can't touch pitch without being defiled; *v. și* **când te bagi în mocirlă te mănâncă porcii.**

cine are noroc la cărți nu are noroc în dragoste *prov.* lucky at cards, unlucky in love.

cine n-are ochi negri sărută și albaștri *prov. aprox.* any port in a storm; they that have no other meat, bread and butter are glad to eat; acorns were good till bread was found.

cine se aseamănă se adună *prov.* birds of a feather flock together; like will (un)to like; like begets like; like draws to like.

cine se bagă între lupi trebuie să urle *prov.* he that lives with cripples learns to limp.

cine caută găsește seek, and you shall find.

cine nu caută nu găsește *peior.* nothing seek nothing find.

cine câștigă timp câștigă totul time is everything; he who gains time gains everything.

cine nu dă cu capul de pragul de sus nu-l vede pe cel de jos *prov.* he knows the water the best who has waded through it.

cine dă mai mult? *(la licitație)* any advance?

cine e la aparat? *tel.* who is there?

cine se face oaie îl mănâncă lupii *prov.* he that makes himself a sheep, shall be eaten by the wolf.

cine ar fi crezut? who could/would have thought of it/that?

cine s-a fript cu ciorba/supa/zeama suflă și-n iaurt/lapte a scalded cat/dog fears cold water; once bit(ten) twice shy; a/the burnt child dreads the fire.

cine fură azi un ou mâine va fura un bou *prov.* he who takes a pin may take a better thing; he that will steal an egg will steal an ox.

cine n-a gustat amarul nu știe ce e zaharul *prov.* if there were no clouds, we should not enjoy the sun.

cine muncește hrană agonisește *prov. aprox.* no cross, crown.

cine nu muncește n-are ce mânca *prov.* he who does not work neither shall eat.

cine pleacă de dimineață departe ajunge seara *prov.* the early bird catches the worm.

cine poate ști? who can tell?

cine râde la urmă râde mai bine *prov.* he laughs best that laughs last; those laugh best who laugh last; let them laugh that win.

cine nu riscă nu câștigă *prov.* nothing venture, nothing have/win; faint heart never won fair lady.

cine se scoală de dimineață departe ajunge *prov.* it is the early bird that catches the worm; early start makes easy stages.

cine se scuză se acuză *prov.* excuses always proceed from a guilty conscience.

cine seamănă vânt culege furtună *prov.* he who sows (the) storm/(the) wind will reap (the) whirlwind; *aprox.* who breaks, pays.

cine strică? eu stric? whose fault is it? who's to blame but yourself?

cine știe? who knows? you can never tell; who can tell? there is no telling.

nu cine știe ce no great scratch/*F* → shakes/*F* → things/*amer. sl.* shucks.

cine știe să pitească știe să și găsească *prov.* he that hides can find; safe bind, safe find.

cine tace consimte *prov.* silence gives consent.

cine se teme de brumă să nu sădească vie *prov.* he that fears leaves, let him not go into the wood.

cine umblă cu fier se umple de rugină *prov.* you can't touch pitch without being defiled.

cine vorbește verzi și uscate aude ce nu-i place *prov.* he who says what he likes shall hear what he does not like.

a se ciocni cu capul de zid to ram one's head against the wall.

a se ciocni nas în nas/piept în piept cu cineva to run/to slap into smb.

a ciocni paharele to clink glasses.

circulați, vă rog pass along there, please!

circulă zvonul că... rumour has it that...

circulă zvonuri neliniștitoare disquieting rumours are afloat.

cirip-cirip! tweet-tweet!

a cita ca martor pe cineva to subpoena smb. as witness.

a cita pe cineva în fața instanței to serve a process on smb.

citesc în el ca într-o carte deschisă I can read him like a book.

a citi ceva cu voce tare to read smth. aloud.

a citi de la un cap la altul to read through.

a citi din scoarță în scoarță to read from cover to cover; to read (all) over; to read through; to read smth. out.

a citi gândurile cuiva to read smb.'s thoughts/mind/heart.

a citi în inima cuiva *aprox.* to read people's hearts; to read smb.'s thoughts/mind.

a citi cuiva în palmă to read smb.'s hand.

a citi în stele to read the sky.

a citi printre rânduri to read between the lines.

a citi semnele vremii to read the writing on the wall.

am citit asta undeva I have read of it.

a ciuguli de ici și de colo to peck at the food.

a-și ciuli urechile to prick up/to cock (up) one's ears; to sit up and take notice; *(d. câini)* to perk up one's ears.

a ciupi coardele unei chitare to pluck a guitar.

a ciurui de gloanțe pe cineva to make a riddle of smb.

ciuruit de gloanțe riddled with shots.

claie peste grămadă higgledy-piggledy; topsy-turvy; heaps on heaps; huddle upon huddle; pell-mell.

clar ca lumina zilei (as) clear as crystal; (as) day(light); (as) clear as the sun at noonday; (as) plain as a pikestaff/*înv.* → as Salisbury.

clasa prima *F* A₁; *amer.* A number one; A No. 1.

a clasifica ceva după genuri și specii to range smth. in genera and species.

a clădi castele în Spania to build castles in Spain/the air; to cast beyond the moon; *rar* to limn on (the) water.

clădit pe nisip built on sand.

a clămpăni ca barza to chatter like a magpie.

a-i clănțăni dinții (în gură); îi clănțănesc ~ his teeth are chattering.

a-i clănțăni dinții de frig *înv.* → to say an ape's paternoster.

a-și clăti gâtul to gargle one's throat.

a-și clăti gura to rinse one's mouth; to rinse out one's mouth.

a clătina din cap to shake/to wag one's head; *(afirmativ)* to nod.

a se clătina din temelii to reel on its foundations.

a se clătina pe picioare to be unsteady on one's legs.

a nu se clinti din loc not to budge an inch; not to stir a peg.

a clipi din ochi to wink (one's eyes).

a nu clipi din ochi *fig.* not to turn a hair.

clopotul după sunet (îndată) se cunoaște *prov.* a bird may be known by its song.

a i-o coace cuiva *F* to have a rod in pickle for smb.; *F* to have it in for smb.; *sl.* to cook smb.'s goose.

a coase un nasture to put on a button.

a coborî drapelul to lower the colours.

a coborî în fugă to rush down.

a coborî în fugă strada to speed down the street.

a coborî în linie dreaptă din... to be lineally descended from...

a coborî în mormânt to go down into the tomb.

a coborî pavilionul to strike one's flag/colours.

a coborî pânzele *nav.* to strike sail.

a coborî pe scara socială to sink in the social scale.

a-și mai coborî pretențiile to draw in one's horns.

a coborî scările în fugă to run down the stairs; to tear downstairs.

a(-și) coborî vocea to lower one's voice.

colac peste pupăză *F* on top of it all; to crown (it) all; to add the last straw; *F* to put the hat on one's misery; *(ca interjecție)* that beats the devil! last but not least; *F* on the back of that.

a colinda în sus și în jos/prin lume to range the world.

s-a comis! *F* all right! done! agreed! O.K.!

a comite o crimă to commit/to perpetrate a crime/a murder.

a comite un delict to commit an offence; to trespass.

a comite o eroare to commit an error; to make a mistake.

a comite un furt to commit a theft/a larceny.

a comite o gafă to put one's foot in it; *F* → to drop a brick.

a comite o imprudență to be guilty of an imprudence; to act rashly.

a comite o indiscreție to be guilty of an indiscretion.

a comite o spargere to commit a burglary.

comoara mea! *F* my darling/love!

o comoară de fată *F* a treasure/a peach of a girl.

nu se compară! *F* not a patch on it.

a compensa o datorie to set off a debt.

a compensa o pierdere printr-un câștig to set off a gain against a loss.

a completa un formular etc. to fill up a form, etc.

complet treaz (as) sober as a judge.

a-și concentra atenția asupra *(cu gen.)* to concentrate/to focus/to rivet/to fix one's attention on.

concomitent cu... together with...

a condamna la moarte to sentence/to condemn smb. to death; to send smb. to the scaffold.

a condamna pe viață pe cineva to pass a life sentence on smb.

condoleanțele mele! accept my heartfelt sympathy!

a conduce acasă pe cineva to see/to take smb. home.

a conduce la gară pe cineva to see smb. off at the station.

a conduce o lucrare științifică to supervise a scientific paper.

a conduce pe cineva până la ușă to see smb. to the door.

a conduce o ședință to sit/to be in the chair.

a confirma primirea *(cu gen.)* to acknowledge (the) receipt of...

a se conforma dorințelor cuiva to comply with smb.'s wishes; to meet smb.'s wishes.

a se conforma unui ordin to comply with/to follow instructions.

conform cu instrucțiunile dumneavoastră *com. etc.* as requested.

conform cu originalul corresponding to the original.

conform facturii *com.* as per invoice.

conform hotărârii sale by his decision.

conform legii according to the law.

conform obiceiului according to precedent.

a consemna ceva în scris to reduce smth. to writing.

a considera o cinste să... to consider/to deem/to esteem/to think it an honour to...

a considera de datoria sa să... to consider it to be one's duty to...; to consider oneself in duty bound to...

a considera pe cineva drept... to put smb. down as/for (a Frenchman, etc.).

considerând că... taking into account/consideration that...; in view of the fact that...; *jur.* whereas...; seeing (that)...

a-și consolida poziția *fig.* to consolidate one's position; *F →* to dig in one's heels; *F →* to dig one's heels in.

a se constitui parte civilă *jur.* to institute a civil action (in a criminal case).

a construi pe baze solide to build on solid foundations.

a consulta un avocat to take (legal) advice.

a consulta corpul electoral *pol.* to appeal/to go to the country.

a consulta dicționarul to turn to/to consult the dictionary.

a consulta un doctor/medic to take medical advice; to see a doctor.

conștient de importanța... fully aware of the importance of...

a conta pe votul cuiva to count on smb.'s voice.

nu contează! no matter! it won't make much difference (whether...).

a nu mai conteni cu scuzele etc. to be profuse in one's apologies, etc.

a contesta un drept to question a right.

a contesta valabilitatea alegerilor to demand a scrutiny.

a-și continua drumul to proceed (on one's way); to toil on.

a contracta o boală to be taken ill; to catch a disease.

a contracta un împrumut to raise/to make/to conclude a loan.

a contracta o răceală to catch a chill/a cold.

contra curentului *și fig.* against the stream.

contra numerar for cash.

contra ramburs payment/cash on delivery, C.O.D.

contrar așteptărilor contrary to (all) expectation; beyond expectation.

contra voinței mele against my wish; in defiance/spite of me.

a-i conveni de minune to be a great accommodation to smb.; *F* to suit smb. to a T; **îmi convine ~** this will do me very well.

îți convine să râzi! *F* it's all right for you to laugh!

copilul cu (prea) multe moașe rămâne cu buricul netăiat *prov.* too many cooks spoil the broth.

a copleși cu laude pe cineva to be loud/warm in smb.'s praise.

a copleși cu reproșuri pe cineva to heap reproaches on smb.

copleșit de durere stricken with grief.

copleșit de griji care-worn/-laden; beset with cares.

copleșit de treburi overwhelmed/overburdened with business.

corb la corb nu-și scoate ochii *prov.* crows do not pick crow's eyes; dogs do not eat dogs; dog does not eat dog; hawks will not pick hawks' eyes out.

a corespunde adevărului to be in accordance to (the) truth.

a corespunde așteptărilor cuiva to satisfy smb.'s expectations.

a corespunde cerințelor to meet the case.

a nu corespunde faptelor/realității not to be true to fact.

a corespunde scopului to suit/to answer/to serve one's/the purpose.

a costa o groază de bani to cost a pretty/a tidy penny; to bear too high a price.

nu (mă) costă nimic *F* it is no trouble.

coste cât o costa hang the expense.

cot la cot side by side; cheek by jowl.

a-i crăpa buza/buzele după/de ceva to be on thorns for smth.; to be hard up for smth.

a crăpa de ciudă etc. to burst with envy, anger, etc.

a crăpa de necaz *v.* **~ ciudă.**

a crăpa de râs to split/to burst/to shake one's sides with laughter.

a se crăpa de ziuă to dawn; **se crapă ~** day is breaking.

a-i crăpa obrazul (de rușine) to die (with shame).

a crea impresia că... to give an impression of...

a crea neplăceri to result in unpleasantness.

a crea un precedent to set/to create a precedent.

te cred! I should (just) think so! you may well say so!

a se crede buricul pământului *F* to think no small potatoes/beer of oneself; to think oneself the hub of the universe; to have too good an opinion of oneself; to think too much of oneself.

se crede că it is thought that...

a se crede cineva to think smth. of oneself; *F* → to think no small beer of oneself.

a crede de cuviință to think/to deem/to consider fit/right; to think it proper.

a crede de datoria sa să... to think it right to...

a nu-și crede ochilor not to believe/credit one's (own) eyes.

a crede pe cuvânt pe cineva to take smb. at his word; to give smb. the benefit of the doubt.

credincios ca un câine as true as flint/steel.

a cresta pe răboj *și fig.* to score.

a crește ca ciupercile to grow up like mushrooms.

a crește cu biberonul to bring up with the bottle.

a-i crește dinții to cut/to get one's teeth.

a-i crește grădinița pe piept *argou* to turn one's toes to the daisies; *argou* to kick the bucket; *argou* to hop the twig.

îmi crește inima de bucurie my heart is swelling with joy.

a crește în înălțime to be growing tall.

a crește în ochii cuiva to rise a step in smb.'s opinion/estimation; to rise in smb.'s esteem.

a crește mare to grow up; to grow into a man *sau* woman.

mă crezi chiar așa de prost? *F* I am not such a fool! *F* I know better (than that)! *F* not likely, no fear! *F* do you see any green in my eye?

a critica violent pe cineva to pick a hole in smb.'s coat.

a-și croi drum to make one's way; to force one's way through; to thread/to needle/to pick one's way; to toil through; to struggle forward; *(cu umerii)* to shoulder one's way; *(cu coatele)* to elbow one's way; to elbow oneself forward; to shove forward; *(împingând)* to push one's way; to fight/to plough one's way.

a-și croi drum în viață to make one's way in life.

a-și croi drum prin mulțime to push one's way through the crowd.

a o croi la fugă *F* to pack off; to scuttle away; *F* to turn tail; to take to one's heels; to show a clean pair of heels.

a nu cruța nici un efort to spare no effort; to grudge no pains.

a cruța viața cuiva to spare smb.'s life.

cu aceeași ușurință *(a vorbi o limbă etc.)* with equal ease.

cu adevărat 1. indeed; really; *înv.* → for sooth. **2.** undoubtedly; without any doubt; *înv.* → in very deed.

cu ajutorul... with the help of...; by means of...; by dint of...; *înv.* → by feat of...; *rar* → by/under (the) favour of...

cu ajutorul cuiva by the help/favour of smb.; with smb.'s help/aid/assistance.

cu altă ocazie (at) another time; (at) some other time.

cu alte cuvinte in other words; that is (to say).

cu amănuntul by retail.

cu anasâna *v.* ~ **de-a sila.**

cu anevoie/anevoință with difficulty.

cu aproximație approximately; at a rough guess.

cu asentimentul... with the approval of...

cu asta, basta! *F* and there you are! that's all there's to it; *F înv.* → and there('s) an end.

cu atât mai bine so much the better.

cu atât mai mult cu cât... the more so as...; especially as...; doubly so as...; so much the better as...; *rar* → the rather that...

cu atât mai puțin so much the less.

cu atât mai rău so much the worse; (the) more's the pity.

cu bani gheață/lichizi/peșin cash down; in specie; for prompt cash.

cu băgare de seamă 1. *adj.* careful; attentive; < wide awake. **2.** *adv.* carefully; with (< much) care; attentively.

cu bila pe cinci *argou* at roost.

cu bine 1. *adv.* safely; in safety; safe and sound. **2.** *interj.* God bless you! good-bye! *F* so long!

cu binele in a friendly/an amicable way; with kind words.

cu binișorul 1. gradually; by degrees; *(precaut)* cautiously; *(ușor)* gently; softly. **2.** *(pe departe)* in a roundabout way. **3.** *v.* ~ **binele.**

cu brațele deschise with open arms.

cu brațele încrucișate with arms crossed/folded.

cu bucata by the piece; piecemeal.

cu bucurie gladly; merrily; with good cheer.

cu bună știință consciously; deliberately; designedly.

cu burta la gură/mare *F* in the family way; in the straw; in an interesting situation.

cu burta plină with a good meal under one's belt.

cu buzele strânse with pursed lips.

cu capsa pusă *F* with one's/the hackles up; with one's dander/monkey up; *înv.* → off the hooks.

cu capul descoperit/gol bareheaded; in one's hair.

cu capul în jos with bent/drooping head.

cu carul in abundance/plenty; profusely; *F* galore.

cu caș la gură *F* wet behind the ears; (as) green as a gooseberry.

cu căciula în mână *fig.* cap in hand; bowing (low) to smb.; eating humble pie.

cu cățel și cu purcel *F* with bag and baggage; *F* the whole kit; with all one's goods and chattels.

cu cât mai repede cu atât mai bine the sooner the better.

cu cea mai mare grijă with the utmost care; with every possible care.

cu cele mai bune urări with every good wish.

cu ce vă pot fi de folos? what can I do for you? how can I serve you?

cu ce vă pot servi? what can I do for you?

cu ce vă putem servi? *com.* what can I do for you? what can I show you, madam?

a cuceri inima cuiva to steal (away) smb.'s heart.

cu ce treabă ați venit? *F* what is your business?

cu chef 1. *(bine dispus)* *F* in a good humour; good-humoured; in high spirits; squiffy. **2.** *(beat)* *F* a bit on; in one's cups; *F înv.* → three sheets in the wind; *amer.* *F* bright in the eye.

cu cheia de aur descui poarta raiului *prov.* the golden key opens every door.

cu chibzuială *(gândit)* deliberately; *(înțelept)* wisely; *(ordonat)* in an orderly fashion; *(treptat)* gradually.

cu chip ca... under/in the guise of...; pretending to...

cu chip să... (in order) to...; for *(cu -ing)*.

cu chiu cu vai with moil and toil; by the skin of one's teeth; only just; by a narrow margin.

cu coada bârzoi with one's tail up.

cu coada între picioare *și fig.* with one's/the tail between one's legs; like a whipped dog.

cu coada ochiului with the/out of the tail of one's eye.

cu concursul... with the aid of...; through the instrumentality of...

cu condiția ca... provided...; providing...; on condition that...; on the understanding that...; on stipulation that...

cu considerație with distinction.

cu consimțământul cuiva with smb.'s sanction.

cu conștiința curată with a safe conscience.

cu convingere with conviction; *(ferm)* firmly; *(cu avânt)* with enthusiasm; enthusiastically.

cu creionul in pencil.

cu dare de mână well off; well-to-do; in easy circumstances.

cu de-amănuntul in detail; minutely.

cu de-a sila by force; under compulsion.

cu desăvârșire wholly; entirely; thoroughly; quite; completely; totally; altogether; utterly; *F* → all out; root and branch.

cu două fețe double-dealing; Janus-faced; with the tongue in one's cheek.

cu două tăișuri double-edged.

cu draci *F* (as) cross as a bear (with a sore head); (as) cross as two sticks.

cu dragă inimă with all one's heart; with one's whole heart; (with) heart and soul; (with) heart and hand; *(dispus)* willingly; *(cu plăcere)* with pleasure.

cu dragostea nu e de glumit never trifle with love; love is not to be trifled with.

cu drept cuvânt with good reason; justly.

cu duhul blândeții good-humouredly; gently; gingerly; with kindness; under easy sail.

cu duiumul in heaps/cluster/crowds/multitudes; *(d. animale)* in flocks/herds.

cu excepția *(cu gen.)* with the exception of...; except(ing)...; to the exclusion of...

cu excepția celor de față present company excepted.

cu o falcă în cer și cu alta în pământ mad with/ foaming with/breathing rage; in high dudgeon; like a bull at a gate; *F* with one's/the hackles up; (as) cross/sulky/surly as a bear (with a sore head); *(în basme)* bearing God's wrath; on the rampage.

cu fața în sus on one's back; supine.

cu fermitate firmly; unswervingly.

cu o floare nu se face primăvară *prov.* one swallow does not make a summer.

cu forța by force.

cu fruntea sus with head erect.

a se cufunda în uitare to sink in oblivion.

cufundat în gânduri absorbed/buried/engrossed/ lost/deep/wrapt/sunk in thought/one's own thoughts; in a brown study.

cu fundul în sus upside down; topsy-turvy.

cu furie furiously; with a vengeance.

cu gândul de a... *v.* ~ intenția ~...

cu ghiotura by/in heaps; by armfuls; in clusters; lock, stock and barrel.

cu grămada *v.* ~ ghiotura.

cu greutate with difficulty.

cu grijă carefully; with care.

cu gura căscată agape; struck all of a heap.

cu gust tasteful; tasty.

cu hapca *v.* ~ **japca.**

cu hotărâre firmly; unhesitatingly.

cu hurta *v.* ~ **ridicata.**

a se cuibări în pat to tuck oneself up in bed.

cuib de viespi hornet's/wasps' nest.

cui îi e frică de brumă nu sădește viţă *prov.* faint heart never won fair lady; he that forecasts all perils, will never sail the sea.

cu inima deschisă *adj.* open-hearted.

cu inima grea with a heavy/a sore heart.

cu inima sărită frightened to death/out of one's wits; *F* in a blue funk.

cu inima uşoară light-heartedly; with a free heart.

cu inimă with a will.

cu intenţia de a/să... with an/the intention to/of...; with a view to...

cu intenţia expresă de a face ceva on purpose to do smth.

cui pe cui se scoate *prov.* one nail/fire drives out another; habit cures habit; call in Beelzebub to cast out Satan; fight fire with fire; a hair of the dog that bit you; set a thief to catch a thief.

cu iuţeala fulgerului with lightning speed; like a streak of lightning.

cu înfocare/însufleţire with ardour; with enthusiasm; enthusiastically; *(cu căldură)* warmly; *(din inimă)* heartily.

cu înverşunare *(încăpăţânat)* obstinately; stubbornly; *(aprig)* fiercely; *(frenetic)* frantically.

cu japca forcibly; arbitrarily; by violence; at one fell swoop.

cu jumătate de gură in an undertone.

a se culca îmbrăcat to turn into bed all standing.

a culca la pământ I. *(pe cineva)* to strike/to stretch/to fell smb. to the ground; to knock smb. down; to floor smb.; *(a ucide)* to kill smb.; *F* to do smb. for/in. **2.** *(arbori)* to fell; to hew down.

a se culca o dată cu găinile to go to bed with the lamb.

a se culca pe lauri to rest on one's laurels; to repose/to retire on one's laurels.

a se culca târziu to stay up late.

a culege ce ai semănat to lie/to sleep in/on the bed one has made; to make one's bed and to lie in/on it.

a culege ce n-ai semănat to reap where one has not sown.

a culege informaţii din cărţi to quarry/to pick up information from books.

a culege laurii to reap one's laurels.

a culege referinţe despre cineva to take up smb.'s references.

a culege roadele *(cu gen.)* to reap the fruits of...; to reap the benefit of...

ai cules ce ai semănat *aprox.* to reap as one has sown; to lie on the bed one has made; to come to one's autumn.

cu limba de un cot/scoasă breathlessly.

cu limbă de moarte on one's death bed.

cu lopata *(din belşug)* in abundance; *(cu toptanul)* by heaps/armfuls.

cu luare aminte attentively; closely; carefully; by line (and level); by rule and line.

cu lunile for months (together).

cu lux de amănunte with abundant details.

cum adică? I. *(cum?)* how? *(cum se face?)* how's that? **2.** *(ce vrei să spui?)* how/what do you mean? *F amer.* how come?

cum ar fi... such as...; for example/instance...

cum asta? *F* how so?

cum aşa? how so? how is that? how do you mean?

cu măsură with moderation.

cu mâinile cruciş *şi fig.* with folded arms.

cu mâinile goale empty-handed.

cu mâinile în sân *fig.* with one's fingers in one's mouth.

cu mâna/mâinile în şold/şolduri with arms akimbo.

cu mâna pe conştiinţă in all conscience/sincerity.

cu mâna pe inimă honestly; with one's hand upon one's heart; in all conscience.

cum îţi vei aşterne aşa vei dormi *prov.* as you make your bed, so you must lie; as you brew, so must you drink; he that sows iniquity shall reap sorrow; as you sow you shall mow; self do, self have; you made your bed now lie in it.

cum se cheamă asta? *(mustrător)* what does all that mean? what is the meaning of it all?

cum vă convine at your convenience.

cum se cuvine I. proper; becoming. **2.** as it becomes one; well; properly; as it ought to be; in the proper way; *(cu verbul „a bate" etc.)* soundly.

cum dă Dumnezeu at random.

cum de nu! I. *F* I should think so! *amer.* and how! very much so! **2.** *ironic F* not likely! nothing of the sort!

cum de nu ţi-e ruşine (să spui aşa ceva)! for shame! you ought to be ashamed (of yourself)! that's a nice thing to say!

cum dracu'? *F* how the deuce/the devil/the dickens? *F* how on earth?

cum o duci? how are you getting on/along? how's yourself? *F* how goes it? *înv.* → how goes the world with you?

cum o duci cu sănătatea? how is your health?

cum e boierul (așa) e și sluga *prov.* like master, like man.

cum e data/datina according to custom.

cum e omul așa e și femeia *prov.* a good Jack makes a good Jill.

cum era de așteptat as was but natural; according to expectation.

cum este și drept as is (but) natural.

cum e turcul, și pistolul; ~ sacul, și peticul; ~ stăpânul așa e și sluga *prov.* like master, like man; like mother, like child; both of a hair; like father, like son.

cum e vremea? what sort of day is it?

cum se face că...? how is it that...?

cum îți (mai) merge? *F* how are you getting on? how goes it? how do you feel? how do you find yourself? how does the world use you? how are things? how's life?

cu mic cu mare each and all; young and old.

cu miez substantial; *(cu tâlc)* significant.

cu miile by the thousand.

cu mine nu-ți merge! *F* it is/'s no use trying it on with me.

cu mintea întreagă in one's right mind.

cum naiba? *F* how on earth? *v. și ~ dracu'?*

cum se nimerește anyhow; helter-skelter.

cum s-o nimeri it's hit or miss.

cum oare? how on earth? how in God's name?

cu moartea în suflet sick at heart.

cu modestie modestly; in a small way.

a cumpăra cu bani gheață to buy for cash.

a cumpăra de ocazie to buy second-hand.

a cumpăra o haină de gata *F →* to buy a suit of clothes off the peg.

a cumpăra mâța în sac to buy a pig in a poke.

a cumpăra pe credit/datorie/*F →* **veresie** to buy on trust/credit; *F →* to buy on tick; to go (on) tick; to go upon the tick.

cum să nu! of course! certainly; *ironic* ery like a whale!

cum se poate? *F* dear me! *F* oh dear!

cum nu se poate mai bine *F* never better.

cum să procedăm? how shall we proceed?

cum se scrie...? how is it written?

cum scrie la carte complete; perfect; by (the) book; quite as it should be; in accordance with the regulations.

cum te simți? *F →* how do you find yourself?

cum te mai simți? how are you? *sl.* how's yourself?

cum să spun? how can one say? well... *F* it/that depends.

cum se spune as the saying/phrase goes/is.

cum spune proverbul *v. ~ se zice.*

cum stau lucrurile as affairs/matters stand; how the cat jumps; how/where the wind blows/lies.

cum stăm cu...? what about...?

cum și în ce fel how; in what way.

cum îl taie capul at his own sweet will; what he pleases; taking nobody's advice.

cum trebuie *F →* about right.

cu mult by far; a good/a great deal; by a long way/chalk; *sl.* by a long shot.

cu mult (timp) în urmă a good/a great/a long while ago.

cu mult mai... (decât) much/far *(cu comp.)* (than); *(comp. și)* by far (than).

cu mult mai înainte well in advance.

cu mulțumiri pentru... with thanks for...; *(cu recunoștință)* in acknowledgement of...

să nu cumva să... *v. ~ care cumva să...*

cum te văd și cum mă vezi! really and truly; as I live by bread; *amer. F* it is dollars to doughnuts; *F* as (sure as) I live; as sure as (eggs is) eggs; as sure as death; to a dead certainty.

cum vine vorba as the phrase is.

cum s-ar zice 1. as it were; so to speak. **2.** *(adică)* namely; that is (to say).

cum se zice as the saying is/goes.

cu nasul pe sus with one's nose in the air; on one's high horse.

cu nemiluita 1. plentifully; abundantly; in profusion. **2.** *(fără milă)* pitilessly; mercilessly.

cu neputință! (that is < absolutely) impossible; not really!

cu nervii încordați all on edge; (with all the nerves) unstrung.

cu nici un chip/preț not in the least (degree); by no (manner of) means; on/under no consideration; not on any terms.

cu noaptea-n cap *aprox.* at an early hour.

a cunoaște ca în palmă 1. *(ceva)* to know every inch of (smth.); to know (smth.) inside out. **2.** *(pe cineva)* *v. ~ de aproape pe cineva.*

a cunoaște pe cineva ca pe buzunarul său to read smb. like a book.

a cunoaște de aproape pe cineva to know smb. intimately; to know smb. as a person knows his ten fingers; to know smb. from A to Z/like a book/like the palm of one's hand.

a cunoaște din fașă pe cineva to know smb. from his bottle up.

a cunoaște ceva din proprie experiență to have a personal knowledge of smth.

a cunoaște din vedere pe cineva to know smb. by sight.

a-și cunoaște interesul/interesele to know where one's interest/advantage lies; to know which side one's toast/bread is buttered.

a-și cunoaște locul to keep/to know one's distance.

a nu-și cunoaște lungul nasului not to know one's place; ← F to keep one's distance.

a cunoaște măsura to know when to stop.

a nu cunoaște măsura to know no measure; not to know when to stop.

a-și cunoaște meseria to know one's job/trade; to know the ropes.

a nu cunoaște nici o limită to know no measure.

a cunoaște ceva pe propria-i piele to have a personal knowledge of smth.

a cunoaște ceva temeinic to be well/deeply read in smth.

a cunoaște toate chichițele to be up to all the dodges.

cunoscut ca un cal alb/breaz F (as) well known as a bad shilling; known all over the place; in the public eye.

cunoscut sub numele de... referred to as...; known as...

cu ochii împăienjeniți de somn stupid with sleep.

cu ochii (duși) în fundul capului with sunken eyes; with deepset eyes.

cu ochii în jos with one's eyes cast down.

cu ochii în patru on one's guard; on the alert; on the qui vive; looking sharp; keeping one's eyes skinned; keeping one's weather eye open/awake.

cu ochii larg deschiși wide awake; v. și ~ în patru.

cu un ochi la făină și cu altul la slănină F cross/squint-eyed.

cu ochiul liber with the naked/unaided eye.

cu orice chip by all means; at any price/sacrifice; at all costs; by hook or (by) crook; (negreșit) without fail; by any means; cost what it may; by all (manner) of means.

cu orice preț v. ~ chip.

cu orice risc at whatever risk; at all hazards.

cu pălăria pe o ureche with one's hat tilted.

cu părul vâlvoi (with one's hair) dishevelled/tousled.

cu pânzele sus nav. with every stretch of canvas set.

cu picioarele în sus head over heels; heels over head.

cu un picior în groapă with one foot in the grave; on the brink of the grave.

cu pieptul gol stripped to the waist.

cu plăcere with pleasure; willingly; (exclamativ) with pleasure! no thanks are needed.

cu precădere pre-eminently; above all; especially; particularly; for choice.

cu o precizie de ceasornic like clock-work.

cu premeditare deliberately; wilfully; jur. of malice prepense/aforethought.

cu preț redus at a reduced price.

cu prețul... (cu gen.) in terms of...; at the expense of...

cu prețul vieții at the expense of one's life.

a cuprinde cu privirea to take in.

a-l cuprinde groaza to be seized/stricken with horror/fear/dismay.

cuprins de furie in hot/warm blood; F → with one's hackles up.

cuprins de uimire in astonishment.

cu privire la... about...; as (relates) to...; as regards ...; concerning...; as far as... is concerned; with respect/regard to...; in regard of/with...; in/with relation to...; respecting...; as respects...; on the subject of...; vis-a-vis...

cu propriii mei ochi with my own eyes.

cu rabat at (< greatly) reduced prices.

curată nebunie sheer folly; an egregious piece of folly.

curată prostie stark/sheer nonsense.

curat ca lacrima (as) pure as lily.

curat chilipir (as) cheep as dirt.

cu răbdarea treci marea prov. it is dogged that/as does it; elbow grease gives the best polish; everything comes to him who waits.

cu răsuflarea tăiată with bated breath; short of breath; F → out of puff.

a curăța de bani pe cineva F to do out smb.; to skin smb.; to rid smb. of his money; înv. to pick feathers off smb.

cu râma mică prinzi peștele mare prov. throw/risk a sprat to catch a herring/a mackerel/a whale.

curând după aceea shortly after(wards).

mai curând sau mai târziu sooner or later.

cu respect with distinction.

cu rezerva că... except that...

a-i curge balele; îi curg ~ his mouth waters.

cu ridicata wholesale; in bulk; by/in the lump; in block.

cu riscul de a... at the risk of (cu -ing).

cu riscul vieții at the risk/the hazard of one's life.

a curma răul din rădăcină to lay the axe to the root of smth.

a-și curma zilele/viața to put an end to one's life; to commit suicide; to lay violent hands upon oneself.

a curs multă apă pe gârlă/râu de când... a lot of water has flowed/run under the bridge since...

cu sabia în mână sword in hand.

cu salutări de la... with kind/kindest regards from...

cu sânge rece *fig.* in cold blood; in the cold light of reason; *F* → (as) cool as a cucumber; *adv.* unemotionally; cold-bloodedly.

cu scaun la cap > sensible; judicious; wise; gumptious.

cu scârbă filled with loathing/disgust; loathing; in disgust.

cu schimbul by turns.

cu scopul de a... for/with the purpose of *(cu -ing)*; in order to...; in order that...; (so) that...; with the thought of *(cu -ing)*; with a view to *(cu -ing)*.

cu sfințenie scrupulously; to the letter.

cu siguranță certainly; sure(ly); sure enough; without doubt; to be sure; without fail.

cu singura deosebire că... except that...

cu stimă *(în scrisori)* yours faithfully/respectfully.

cu strășnicie 1. *(aprig)* fiercely; rigorously. **2.** *(întocmai)* in the letter.

cu strângere de inimă half-heartedly; unwillingly; much against one's will; with sinking heart.

cu sudoarea frunții by the sweat of one's brow.

cu sufletul la gură out of breath/puff.

cu surle și trâmbițe/trompete with much ado/ puffing.

cu susul în jos upside down; topsy-turvy; all in a huddle; *(d. cineva)* head over heels; heels over head; in a mess; pell-mell.

cusut cu ață albă *F* → obvious; easily seen through; *F* too thin.

cu șchiopul împreună de vei locui, te înveți și tu a șchiopăta *prov.* he that dwells next door to a cripple will learn to halt; he that lives with cripples learns to limp.

cu sprițul în nas *F* in one's cups; overcome by/with liquor.

cu taxă inversă *tel.* collect.

cu timpul in (the) course of time; in process/progress of time; by/in length of time; *(treptat)* gradually; *(până la urmă)* eventually; at last/length; in the long run; by and by.

cu titlu de... as...; in terms of...

cu titlu de experiență as an experiment.

cu titlu de încercare tentatively; by way of trial; as a trial measure.

cu toată considerația... with all due deference to...

cu toată puterea with might and main; by main force/strength; like pricks/a brick/a cartload/*amer.* a ton of bricks; with all one's force.

cu toată seriozitatea in all seriousness.

cu toată stima yours faithfully.

cu toată viteza at full/< record speed.

cu toate acestea however; yet; but yet; for all that; nevertheless; *rar* → notwithstanding this; as matters stand; *(în ciuda acestor lucruri)* in spite of (all) this/that.

cu toate că... (al)though...

cu toptanul by/in the lump.

cu tot... for all...; in spite of...; despite...

cu tot confortul with all (modern) conveniences.

cu tot dinadinsul 1. *(cu orice preț)* by all means; at all cost(s). **2.** *(cu adevărat)* really; actually.

cu tot dragul with heart and soul.

cu tot respectul cuvenit cuiva with all due deference/respect to smb.

cu totul 1. completely; quite; altogether; *F* → neck and crop; hide and hair. **2.** *(în total)* in all; all told; lock, stock, and barrel.

cu totul deosebit (as) different as chalk from cheese.

cu tragere de inimă readily; willingly; eagerly.

cu traista-n băț begging; *F* pinched; under hatches; on the rocks.

a cutreiera o țară în lung și în lat to do a country.

cu un tremur în voce with a quiver in one's voice.

cu trudă with difficulty; toilsomely.

cu unghiuri neegale out of square.

cu urechea la pândă with pricked ears.

cu ușile închise *fig.* with *sau* behind closed doors.

cu ușurință 1. easily; without (any) difficulty; with ease; *înv.* → with a wet finger. **2.** *(superficial)* superficially; lightly; thoughtlessly.

cuvânt cu cuvânt word for word.

cu viteza de... at the rate of...; at a speed of...

cu voce ascuțită in a shrill voice.

cu voce blândă in a gentle voice.

cu voce înceată in a low voice.

cu o voce stinsă with a stifled voice.

cu voce tare aloud; in a loud voice; *înv.* → on height.

cu o voce tremurătoare with a shake in the/one's voice.

cu voia dvs. by/with your favour; with your permission; saving your presence/reverence; *și ironic* by/with your leave.

cu vremea *v.* ~ timpul.

cu zecile by scores/the score.

cu o zi mai înainte the day before.

cu ziua by the day.

D

a da adăpost cuiva to give/to afford shelter to smb.; to harbour/to lodge smb.

a-și da adeziunea to give in one's adhesion.

a-și da aere to put on/to assume airs; to give oneself airs; *F →* to ride the high horse; to snap one's fingers; to kick up a dust; to be prancing in full feather; to put it on; to show off.

a da afară 1. *(a izgoni)* to drive/to chase/to turn out; *(dintr-o școală)* to expel; *(a porunci să iasă)* to order out; to put out. **2.** *(a concedia)* to dismiss; *F* to sack; *F* to give smb. the sack; *F* to give smb. his walking ticket.

a da afară în brânci to kick out.

a se da afund *fig.* **1.** *(a dispărea)* to disappear; to vanish; *(a se topi)* to pass away; to dissolve. **2.** *(a se ascunde)* to hide; to keep in hiding; *F →* to take earth; to lie low; to secrete oneself. **3.** *(a trăi retras)* to live in retirement; *(a tăcea)* to be/to keep silent.

a da ajutor cuiva to give/to lend/to render/to yield assistance to smb.; to help smb. (out); to bring/to give/to furnish/to supply/to afford aid to smb.; to give/to stretch/to bear a (helping) hand to smb.; to lend support to smb.

a da alarma to give an/the alarm.

a se da alivanta to turn a somerset/a somersault; to topple over.

a da un anunț la ziar to put an advertisement in the newspaper.

a da apă la moară cuiva to draw water to smb.'s mill; to bring grist to smb.'s mill.

a da apă la șoareci to pipe one's eye.

a-și da aprobarea to set one's seal to smth.

a-și da arama pe față to come out in one's true colours; to display/to show one's true colours; to give oneself away; to show one's mettle; to throw off one's disguise mark.

a da aripi *(cu dat.)* to add/to lend wings to...

a da arvună to bind the bargain.

a da ascultare *(cu dat.)* to follow...; to give ear to...

a-și da asentimentul to give one's consent/assent; *(bucuros)* to give a ready assent.

a da atenție 1. *(la)* to pay attention/heed (to); to take heed/note (of); to give heed (to). **2.** *(cuiva)* to give (one's) attention to (smb.); *(a fi amabil cu cineva)* to show (smb.) much attention.

a da avans cuiva to give smb. a start.

a da un avertisment to give a warning.

a da bacșiș cuiva to give smb. a tip; to give smb. smth. for himself.

a nu da un ban/doi bani pe... to think little of...; *F* not to give a curse for...; *v. și* **~ (o) para chioară pe ceva.**

a da bani cu camătă/dobândă to lend (out) money at/on interest; *F →* to turn and wind the penny.

a-i da bătaie *F* to go/to hit the pace; *F* to put on steam; *F* to step on it; *F* to get a jerk/a move on.

a da cuiva o bătaie bună to thrash smb. soundly.

a-i da cuiva bătaie de cap to give/to cause (< great) trouble/bother to smb.; to put smb. to (< a lot of) trouble.

a se da bătut to give in; to yield; to strike one's colours/flag; *F →* to chuck one's hand in; to give smb. best; to throw up the game; to strike sail; to throw in one's hand/cards.

a nu se da bătut to hold/to stand one's ground; to nail one's colours to the mast; to return to the charge; *F* to keep one's tail up; *F* to hold/to keep up one's end.

a da bice *(cu dat.)* *fig.* to spur/to egg/to goad... on; < to rouse...

a da bice la cai ← *înv.* *F* to put on steam.

a se da bine pe lângă cineva to get on the right side of smb.; to get round smb.; to ingratiate oneself with smb.

a da binețe cuiva to greet smb.; to hail smb.; to bid/to give/to pass smb. the time of day.

a da bir cu fugiții to bolt; to take to flight; to take to one's heels; *F* to cut one's stick; *F* to walk one's chalks; *F* to make a brush; *F* to turn the cat in the pan; *F* to show/to fly the white feather; *F* to tip one's boom off.

a da un bobârnac cuiva *și fig.* to give smb. a fillip.

a da brațul cuiva to give/to offer smb. one's arm.

a da brânci cuiva to jostle smb. away; to push smb.; to give smb. a push; *(cu cotul)* to elbow smb.; to nudge smb. with the elbow; *(cu piciorul)* to kick smb.

a-i da brânci *F v.* ~ **bice.**

a-și da bucățica de la gură to give one's last penny; to give the very shirt off one's back.

a da buluc peste... to break/to burst in upon...; to butt in...; to encroach upon...

a da bun de tipar to pass a proof for press.

a da buzna în... to rush in(to)...; to break/to burst in/upon...; to tear into...

a da ca exemplu *fig.* to make an example of; to hold as an example.

a da ca Ieremia cu oiștea-n gard to put one's foot in it.

da capo al fine! all over again!

a-și da capul; îmi dau ~ *F* I'll bet my life/shirt/hat/boots.

dacă n-ai nimic împotrivă if you don't mind; if you have no objection.

dacă-mi amintesc bine if I remember right.

dacă așa stau lucrurile if (things are) so; if such is the state of affairs; if things are in that condition.

dacă baba ar avea roate ar fi tramvai *v.* ~ **badea ar avea cosițe i s-ar zice lele.**

dacă badea ar avea cosițe i s-ar zice lele if my aunt had been a man, she'd have been my uncle; pigs might fly; if ifs and ands were pots and pans.

dacă cocoșul ar face ouă, ar fi găină *v.* ~ **badea ar avea cosițe i s-ar zice lele.**

dacă îți convine if that is agreeable to you; if that suits you/your convenience.

dacă (nu) cumva... if by chance...

dacă-i dai nas lui Ivan el se suie pe divan *prov.* give him an inch and he'll take an ell.

dacă da sau ba/nu whether or no(t).

dacă dă Dumnezeu (if it) please God.

dacă din întâmplare if by accident; if by any possibility; if by some chance or other.

dacă e bal, bal să fie! ← *F* in for a penny, in for a pound.

dacă nu vă e cu bănat *v.* ~ **supărați.**

dacă e nevoie/necesar if required; in case of need; if need be.

dacă e vorba pe așa if so; for that matter; for the matter of that.

dacă n-ar fi (la mijloc)... but for...; were it not for...

dacă nu greșesc if I am not mistaken; *rar* → saving correction.

dacă ai intrat în horă trebuie să joci *prov.* you can't say A without saying B.

dacă se ivește prilejul should the occasion arise; should it so happen.

dacă nu mă înșel; dacă nu mă înșală memoria if I am not mistaken; if my memory serves me right; if my memory does not fail me; *v. și* ~ **nu greșesc.**

dacă lucrurile stau astfel... such being the case.

dacă pui ban peste ban se face curând morman *prov.* many littles make a mickle; many a little/every little makes a mickle.

dacă putem spune așa after/in a fashion.

a da cărțile to deal the cards.

a da cărțile pe față *fig.* to call/to declare/to show/to play one's hand; to give the game away; to show one's (true) colours; to lay the cards on the table; to show one's cards/one's hand.

dacă stai să te gândești when you come to think of it.

dacă nu vă supărați without offence; if you don't mind; *elev.* saving your reverence.

dacă și cu parcă se plimbau în barcă *v.* ~ **badea ar avea cosițe i s-ar zice lele.**

dacă nu vine muntele la Mahomed vine Mahomed la munte *prov.* if the mountain will not come to Mohammed, Mohammed must go to the mountain.

dacă zici d-ta! *ironic* very like a whale.

a da câștig de cauză cuiva *jur.* to give the case for smb.; to give smb. satisfaction.

a da ceasul înainte to put/to set the clock *sau* the watch on; *(pentru a reduce din timpul de lucru)* to flag the clock.

a da ceasul înapoi to put the clock *sau* the watch back.

a se da cel mai tare to climb/to get into the band wagon.

a da cep unui butoi to broach/to tap a cask.

a da Cezarului ce este al Cezarului to render to Caesar the things that are Caesar's.

a da chix *F* to come off second best; *F* to go wrong; *F* to go glimmering; *F* to come out at/of the little end of the horn; *F* to come bad speed; *F* to get the wrong end of the stick; *F* to go phut; to draw blank; *F* to go off like a damp squib.

a da cinstea pe rușine to commit/to expose oneself; to make a blunder; to put one's foot in it.

a da citire *(cu dat.)* to read out...

a da coate cuiva to nudge smb.

a-și da coate 1. to nudge each other. **2.** *fig.* to row in the same boat; to be hand in/and glove with smb.

a da colțul to turn the corner.

a da un concert to give a concert.

a da cuiva concursul to lend a back to smb.; to give smb. a lift.

a-și da consimțământul *v. ~ asentimentul.*

a nu-și da consimțământul to withhold one's consent.

a da cont de ceva to give/to render an account of smth.; to account for smth.

a da un copil la școală to put a child to school.

a da cota parte (în afaceri) to pay out.

a da crezare *(cuiva)* to believe (smb.); to give (smb.) credence; *(unui lucru)* to credit (smth.); to give credit to (smth.); to take smth. at that.

a da cu ardei pe la nas cuiva to work smb. up into a passion; *sl.* to put smb.'s monkey/back up.

a da cu banul to toss (up)/to spin a coin.

a da cu barda-n Dumnezeu > to act without any scruple; *F* to fling one's/the cap over the mill/the windmill.

a da cu barda-n lună to act foolishly; < to be a madcap; < to be crazy/*F* cracked/*F* potty; *F v. și ~* **Dumnezeu.**

a da cu bățul/bâta-n baltă *F* to drop a brick; to put one's foot in it; *F* to come out at/of the little end of the hour; *F* to crack the bell.

a da cu burta de pământ *F* > to knock down.

a se da cu capul de pereți 1. to smash one's head against the wall. **2.** *fig.* to be at one's wits' end.

a da cu căciula în câini 1. *(a fi băut)* *F* to be in one's cups. **2.** *(a face pe nebunul)* *F* to play the fool/the giddy-goat.

să dai cu căciula în câini *F* toothsome; tasty.

a da cu cotul to draw smb.'s attention on.

a-și da cu degetele în ochi to be pitch-dark.

a da cuiva cu huideo to shout/to hoot after smb.; *(la teatru)* to boo/to hoot smb. off the stage.

a da cu mătura to give a sweep.

a da cu melița *v. ~ din gură.*

a da cu nasul pe la cineva *F* to give smb. a look in/up.

a da cu ochii de... to set/to clap eyes on...; to catch sight of...; to get a sight of...; to come in view of...

a-și da cu părerea to offer an opinion.

a da cu piciorul... 1. to kick... **2.** *fig.* to kick aside; to scorn; to disdain...; to reject... with disdain.

a-și da cu presupusul ← *F* to assume; to presume; to suppose; to think; to offer an opinion.

a da cu pumnul în masă to strike one's fist (up)on the table.

a da curaj cuiva to cheer smb. up; to put smb. in countenance/heart.

a da curs *(cu dat.)* to give full swing to...

a da curs liber *(cu dat.)* to give free course to...

a-și da cu socoteala *v. ~ presupusul.*

a da cuiva cu tifla to make a long nose at smb.; to cock/to make/to cut a snook at smb.; *argou* → to take a sight at smb.; *înv.* → to bite the thumb at smb.; *amer.* to thumb one's nose at smb.

a-i da un cuțit prin inimă to cut smb. to the quick; to go to smb.'s (very) heart.

a nu se da cu una cu două < *aprox.* to be tough/unyielding/stubborn; not to give in.

a i se da cuvântul to get the floor.

a da cuvântul cuiva to give smb. the floor.

a-și da cuvântul (de onoare) to give/to pledge/to pawn one's word (of honour); to plight one's faith/ /*înv.* → troth.

a se da de-a berbeleacul/dura to turn a somersault/a somerset; to turn heels over head; to tumble over; to roll head over heels.

a da de-a dreptul to make a bee-line for a place.

a da de-a dura pe cineva *F* to wipe the floor/the ground with smb.

a se da de-a rostogolul/tumba *v. ~ berbeleacul/ dura.*

a da de bănuit to excite/to incur/to raise suspicion; to be suspicious.

a da de belea/bucluc to get into trouble; *F* to get hell; *F* to get into a scrape/a mess; to bring a hornet's nest about one's ears; *F* to get into a nice hobble; *F* to get into hot water; *F* to come short home; *sl. înv.* → to come/to go a howler/a cropper; *sl. înv.* → to pull a boner; *F* to catch a Tartar; *F* to get in Dutch; *F* to burst one's boiler; to plunge into a difficulty; **ai să dai** ~ there will be trouble.

a da de căpătâi *(cu dat.)* to clear up...; to elucidate...; to unravel...; to untangle...

a-i da de căpătâi to get the trick of it.

a se da de ceasul morții to bother; to fret; to agonize; to fash one's thumb (about smth.).

a-i da cuiva de cheltuială *F* to send smb. away with a flea in his ear; to give smb. a thrashing/*F* a good hiding/*F* beans/*F* what-for.

a da de ceva to come across/upon smth.; to hit upon smth. at a venture.

a da de chilipir to make a lucky find; to find smth. of value.

a da o declarație to make a statement.

a da o declarație în favoarea cuiva to testify in smb.'s favour.

a da de dracul *F* to get hell; *argou* to get it in the neck; *v. şi ~* **de belea/bucluc.**

a da de duşcă (un păhărel) to gulp down a glass; to empty a glass at one gulp; to drink/to toss off a glass at one draught/gulp; *F* to take one's medicine; *sl.* to lump it down; *sl. înv.* → to kiss the baby.

a da de firul... *(cu gen.)* to trace...; to get a/the scent of...; to unravel the threads of...

a da de fund to touch bottom.

a nu mai da de fundul apei to get/to go out of one's depth.

a da cuiva de furcă to give smb. a (< great) deal of trouble; to put smb. about; *F* to make it warm/hot for smb.; *F* to give smb. a run for his money; *P* to give smb. a doing; to lead smb. a dance.

a da de gândit cuiva to offer food for thought; *(a trezi bănuieli)* to arouse suspicion.

a da de gol to show up; to betray; to give away; to denounce; *(a demasca)* to expose; to unmask.

a se da de gol to give oneself away; to betray oneself; *(prin cuvinte)* to commit oneself; *F* to show up.

a da de greu to come to a handsome/a pretty pass; to get into difficulties; to plunge into a difficulty; *v. şi ~* **belea.**

a da de înţeles cuiva că... to give smb. to understand that...

a da de lucru cuiva 1. to task smb.; to set smb. a job; to give smb. work; to find work for smb.; to set smb. to work. **2.** *fig.* to give smb. a lot of trouble.

a da de minciună pe cineva to give smb. the lie.

a-şi da demisia to resign; to send in/to hand in/to tender one's resignation; to send in one's papers; to vacate a seat; to throw up one's situation; *mil.* to resign one's commission.

a-şi da demisia dintr-un post to vacate office/one's seat.

a da de noroc to make a lucky find; to have found the bean in the cake; *amer.* to strike oil; *amer. F* to play in/to big luck; *(a fi norocos)* to be in luck/lucky; to have the best of luck.

a da de ocară *v. ~* **ruşine pe cineva.**

a da de omul potrivit *F* → to get the right sow by the ear.

a da de pământ cu cineva to wipe the ground with smb.

a da deplină libertate de acţiune cuiva to give smb. a blank cheque; to give smb. plenty of rope; *v. şi ~* **frâu liber ~.**

a da de pomană to give alms.

a da de rost *(cu dat.)***/rostul** *(cu gen.)* to make sense of...; to get wind of...

a da de rost unui lucru to make sense of smth.; to get the feel of smth.; *F →* to get the trick of it.

a da de ruşine pe cineva to put smb. to shame; to cover smb. with disgrace; to bring discredit upon smb.; *(a învinge)* to get the better of smb.; *(a arăta că minte)* to give smb. the lie.

a da de ştire cuiva to inform/to announce smb.; to cause smb. to be informed; to give smb. notice; to let smb. know; to send word to smb.

da' de unde that is not it; far from it; I beg your pardon; not at all *(F* bless you); *F* no such thing; *înv.* → over the left; *F* not half! *F* not by a long chalk/shot; nothing of the kind/the sort.

a da de urma *(cu gen.)* to trace...; to find a trace of...; to track...; to get a scent of...; to scent out...; **i-am dat de urmă** *F* I have it; *F* I get it!

a da de veste cuiva *v. ~* **ştire ~.**

a da dezlegare de... to dispense/to absolve from...

a da din aripi to flap the wings; to quiver one's wings.

a da din buzunar to pay the piper (while others call the tune).

a da din cap I. *(afirmativ)* to nod (one's head); to answer with a nod; *(negativ)* to shake one's head; *(dispreţuitor)* to toss one's head. **2.** *(a moţăi)* to nod; to drop off to sleep; *F →* to (have a) snooze.

a da din coadă I. to wag/to whisk/to waggle/to wriggle one's tail. **2.** *fig. F* to make/to suck up to smb.; < to lick smb.'s shoes/boots.

a da din coate I. to elbow one's way (through the crowd). **2.** *fig.* to work (oneself) up (to a post, etc.).

a da din colţ în colţ *(a nu şti ce să facă)* to be at sea; to be at a loss; not to know which way to turn; *aprox.* not to know if one is (standing) on one's head or one's heels; *(a şovăi)* to hem/to hum and haw; *(a se simţi prost)* to wriggle; to feel uncomfortable.

a da din gură *F* to clock; *F* to twaddle; *F* to chatter/to talk nineteen to the dozen.

a da din lac în puţ to go farther/further and far worse.

a da din mâini şi din picioare I. to rip and tear; to throw oneself about. **2.** *fig.* to move heaven and earth; *(a-şi croi drum)* to edge/to elbow/to push/to squeeze/to warm one's way.

a da din prisosul său to give from one's superfluity.

a da din umeri to shrug (one's shoulders).

a da dos la faţă/dosul *F* to take to one's heels; to skulk away; *v. şi* **a o şterge.**

a da dovadă de... to give proof/evidence of...; show (evidence of)...; to display...

a da dovadă de inițiativă to begin/to lead the dance.

a da dracului *F* to send to the devil; *F* to send smb. about his business; *(a lăsa în pace)* to leave alone; **dă-l ~** *F* the devil take him.

a se da drept... to describe oneself as...; to set oneself down as...; to term/to represent oneself as...; to style oneself...; to pose as...; to profess (oneself) to be...

a da dreptate cuiva to admit smb. to be right; to render justice to smb.; to give smb. right.

a da dreptul la/să... to entitle to...

a-și da drumul *fig.* to run riot.

a da drumul la... *(din mână)* to quit hold of...; to drop...; to let loose...; to release one's hold of...

a-și da drumul la gură to open one's lips.

a da drumul pe cauțiune *jur.* to let out on bail.

a-și da duhul to pay the debt of nature; to depart from this life; *F* to slip one's breath/wine; *v. și* **a-și da sufletul.**

a se da după cum bate vântul to trim the sails to the wind; to sail with every (shift of) wind.

a se da după deget *v.* **a se ascunde ~.**

a da cuiva un duș rece to pour cold water on smb.

a da un examen to take an examination/*F* → exam; *(a se prezenta)* to go in for an examination/*F* exam.

a da un exemplu to give an example; to set an example.

a da o explicație to give an explanation; to yield a reason.

a da expresie *(cu dat.)* to give expression/utterance to...; to voice...

a da expresie sentimentelor sale to give expression to one's feelings.

a da faliment 1. to go bankrupt. **2.** *fig. F* to go to the wall; *F* to be up a stump; *(la început) F* to make a bad break.

a da față cu... to face...; *(a întâlni)* to meet...

a-i da un fier ars prin inimă *v.* **a-i trece ~.**

a da foc la *(sau cu dat.)* to set fire to...; to set... on fire.

a da o formă *(cu dat.)* to put... in/to shape.

a da frâu calului to give the horse free rein/the reins/his head/the bridle; to unbridle the horse.

a da frâu liber *(cu dat.)* to give full/free scope to...; to give utterance to...; to unbridle...; to unchain...

a da frâu liber cuiva to give smb. (plenty of) rope; to give smb. the/his head; to give head/the bridle to smb.; *F* → to give smb. line enough.

a(-și) da frâu liber gândurilor to give full expression/play to one's thoughts.

a da frâu liber imaginației to give full/free rein/scope to one's imagination.

a da frâu liber mâniei to let loose/to give vent to one's anger; to give rein/the reins to one's anger.

a da frâu liber sentimentelor to let oneself go; to let/to blow off steam.

a-i da frunza to burst/to come into leaf.

a da frunze to send forth/out leaves.

a da fuga to make haste; to hurry up; to put/to set one's/the best foot/leg first/foremost/forward.

a da gata 1. *(a termina)* to finish; to end. **2.** *(a pune capăt)* to put an end to. **3.** *(a îndeplini)* to carry out. **4.** *(a distruge)* to undo; to ruin; *(a ucide)* to kill; to be death of; to despatch; *F* to do for. **5.** *(a cuceri)* to conquer; to get round smb. **6.** *(a năuci) F* to knock smb. off his pins.

a da ghes *(cu dat.)* to urge...; to spur...; to goad...; to start off...; to prompt...; to stimulate...; to give an impetus to...

a da un ghiont cuiva ← *F* to dig/to nudge/to poke smb.; *F* to give smb. a peck; *F* to dig smb. in the ribs.

a da glas *(cu dat.)* to give voice to...; to voice...; to express...

a da greș 1. *(a nu reuși)* to fail; to come to little; *(a se înșela)* to make a mistake in one's calculation/account/accounts; to be out in one's reckoning; to miss one's guess. **2.** *(a nu nimeri)* to shoot wide of the mark; to miss (one's aim); to make a bad hit; to fall short of the mark; to split on a rock; *(d. un plan etc.)* to go to smash. **3.** *(a fi dezamăgit)* to meet with (a) disappointment.

a da o hotărâre definitivă to give a final decision; *jur.* to pronounce the final verdict (from which there is no appeal).

a da hrană la pești *fig. F* to feed the fishes.

a se da huța to play at see-saw.

d-aia n-are ursul coadă *glumeț* that accounts for the milk in the coconut.

dai, n-ai *prov. aprox.* waste not, want not.

a da iama 1. to rush; to make a dash/a bolt. **2. ~ în/prin...** to make havoc of...; to play havoc among/with...; to work havoc among...; to play the (very) devil with...

a da o idee to make a suggestion.

a-și da ifose *v.* **~ aere.**

a da un imbold *(cu dat.)* to give an edge to...; *înv.* → to put/to set an edge upon...

a da importanță *(cu dat.)* to attach importance to...; to make (< much) account of...

a-și da importanță to be self-important; *F înv.* to keep on side; *F înv.* → to have too much side; *F* → to shoot a line; *v. și* **a se crede buricul pământului.**

a nu da importanță *(cu dat.)* not to attach importance to...; < *F înv.* → not to give a pin for...

a da o impresie de... to give an impression of...

a da un impuls *(cu dat.)* to stimulate...; to give an impetus to...; to give a push to...; to give a stimulus to...

a-i da inima brânci să... to have a (< great) mind to...; to feel inclined to...

a nu-i da inima brânci să facă ceva not to have the heart to do it; not to be able to prevail upon oneself to do smth.

a da iureș *v.* ~ **iama.**

a da în (curte etc.) to look on to...

a(-i) da înainte to go/to carry on; to continue; to be going strong; *sl. înv.* → to keep the game alive.

a da în antrepriză to put out the contract.

a da înapoi 1. to fall back; to recoil; to step back. **2.** *fig.* to give away/in; to yield; *F* → to climb down; to back out of it. **3.** *(minutarul etc.)* to put/to set back.

a nu da înapoi to stand one's ground.

a se da înapoi de la... to shrink (back) from...

a nu se da înapoi de la nimic to stick at nothing.

a da în arendă to (grant on) lease.

a da în bară *F* to get the cheese.

a da în bobi to tell (people's) fortunes with beans.

a da în brânci 1. to fall to the ground. **2.** *fig.* to be dead tired; to be ready to drop; *F înv.* → to go full tear.

a da în burduful dracului pe cineva ← *P* to leave smb. to his own devices/resources; to leave smb. to sink or swim/*scot. înv.* → to his (own) purchase.

a da în cărți cuiva to tell smb.'s fortunes by/from cards.

a da în clocot 1. to begin to boil. **2.** *fig.* to go off the deep end.

a se da mai încoace to draw near(er); to come near(er).

a da încolo *(a lăsa în pace)* to leave alone; *(a arunca)* to throw away/off.

a se da mai încolo to stand/to step aside.

a da în copt 1. to (begin to) ripen; to grow ripe; to mature. **2.** *(d. o rană)* to gather/to draw to a head.

a da în dar ceva cuiva to present smb. with smth.; to make smb. a present of smth.

a da în darul/patima beției to give oneself up to drink.

a da îndărăt *v.* ~ **înapoi.**

a da în exploatare to put into operation; to turn over for operation; *(un drum)* to open (a road) for traffic.

a da în foc to boil over.

a-i da în gând cuiva to strike/to occur to smb.; to dawn (up)on smb.

a da în grija cuiva to place in smb.'s care.

a da în gropi (de prost ce este) to be monstrously stupid; *F* to be thick-headed with a vengeance.

a da în judecată pe cineva to bring smb. to trial/ justice; to bring smb. up for trial; to put smb. on trial; to take out a process against smb.; to go to law with smb.; to proceed against smb.; to summon/to sue smb. at law/in court; to have/to take the law of/on smb.

a da în lături *v.* ~ **la o parte.**

a se da în lături *și fig.* to step/to stand aside; to make way.

a nu se da în lături de la... to have no scruples about...; not to stop at...; to make no bones about...; not to elude/to evade...; to be up to...

a se da în leagăn to swing; to rock.

a da în mintea copiilor to sink in one's second childhood; to become a dotard.

a-i da în minte *v.* ~ **cuiva prin cap** etc.

a se da în partea cuiva to take after smb.

a da în pârg to be almost ripe.

a-și da în petic to give oneself away; to be up to one's old tricks (again); to lose countenance; to fling/to throw one's/the cap over the (wind)mill; *F înv.* → to top one's boom; *F înv.* → to let loose a pin.

a da în primire 1. to deliver; to remit; to hand (over); to give. **2.** *fig. F* to go to one's account; *F amer.* to cash/to hand/to pass in one's checks.

a se da în spectacol *F* to make an exhibition/a show/to make a sight/a spectacle of oneself; *F* → to make an ass of oneself; *F* → to act/to play the (giddy) goat; *F* → to make a show/a sight of oneself.

a da în spic to ear; to sprout ears; to shoot up; to put forth spikes; to spike (up).

a da înspre... *(curte etc.)* to look on to...

a da în tărbacă pe cineva *F (a batjocori)* to make fun of smb.; *F amer. înv.* → to guy the life out of smb.

a da întâietate *(cu dat.)* to give priority to...

a-și da întâlnire cu cineva to make/to fix an appointment; *rar* → to give smb. a/the meeting; *amer.* to make a date (with smb.).

a da să înțeleagă că... to give/to drop a hint that...; to intimate that...

a da un înțeles greșit unui cuvânt to take a word in a wrong sense.

a se da în vânt după... to be agog on/upon/about/ with...; to rave after/for...; to be keen on...; *(cineva)* to be all over...; to be nuts on...; to rave about...; *F* to be dead on...

a da ceva în vileag to disclose/to reveal smth.; to make smth. known; to let smth. out; to give smth. to the world; to blow the lid off smth.; *F* → to spit out smth.

a se da învins to recognize/to admit that one is defeated; to concede defeat.

a se da în vorbă cu cineva *v.* **a intra ~.**

a da jos o carte to throw away a card.

a da jos de pe scaun pe cineva to unseat smb.

a da jos de pe tron un rege to cast a king from his throne.

a da jos din șa pe cineva to unhorse smb.

a-și da jos masca to put off the mask.

aș da jumătate din viață ca s-o am *F* → I would give my ears for it/to have it.

a da la arhivă *fig.* to consign to the junk pile.

a da la boboci *F* to shoot the cat.

a da cuiva la cap *F* to knock smb. off his perch; *(a nimici) F* to do smb. in.

a da la carte *P v.* **~ la școală.**

a-i da lacrimile; îi dădură ~ tears came/welled into his eyes; he burst into tears; tears rose to his eyes.

a da la dracu' pe cineva *F* to let smb. go to hell/ Jericho.

a da la fier vechi *fig. F* to shelve; to scrap.

a se da la fund *fig.* to go under; *(a evita societatea)* to avoid/to shun people; to fight shy of people; to cover one's tracks.

a da ceva la iveală/lumină to send forth smth.; to blow the lid off smth.; *v. și ~* **în vileag.**

a da la o parte I. to put/to throw/to wave aside; **2.** *(a înlătura)* to remove.

a se da la o parte to step/to walk/to draw aside; to get out of one's way; to move to one side.

a da ceva la reparat to put smth. in repair.

a da la rindea to plane; to shave.

a da la spălat to put/to send out to wash; to send to the wash; to get washed (at a laundry).

a da la strung to lathe.

a da la școală to put/to send to school.

a da la tipar to put into print.

nu te da, nu te lăsa pull devil, pull Baker; pull dog, pull cat.

a da lăstare *bot.* to throw out suckers.

a da o lecție cuiva *fig.* to teach smb. a lesson.

a da lecții particulare to take pupils.

a da cuiva legătura cu cineva *tel.* to put smb. through to smb. else; to pass call through.

a da libertate deplină cuiva to give smb. carte blanche/a free hand/rope.

a da loc la... to give rise to...; to be the occasion for...; to raise...

a da o lovitură I. *(norocoasă) F* to make a hit; *F* to find the bean in the cake; *F* to strike (it) lucky; *F* to strike oil; *F* to have a slice of good luck; *F* to bring home the bacon; *F* to strike it rich; *F* to get home with a blow. **2. ~ cuiva** to strike a blow at smb.; to strike at smb.; to strike smb. a blow.

a da o lovitură mortală cuiva to stab smb. to death.

a da lucrurile în vileag to let the cat out of the bag.

a da o luptă to fight a battle; to give battle to the enemy.

a se da mare *sl.* to do the grand.

a da o masă mare *F* → to give no end of a spread.

a da măsura *(cu gen.)* to give the measure of...

a-și da măsura to show what one is capable of; to show one's capacity.

a-i da mâna I. to suit smb.; to be suitable to smb.; to be agreeable to smb. **2.** *(a-și putea permite)* can afford; to be able; can.

a da mâna cu cineva; a-și da mâna to shake hands; to join/to shake hands with smb.

a da o mână de ajutor cuiva to give/to lend/to bear/to hold out/to stretch a hand/a helping hand/ a helping push to smb.; to give smb. a spell; *F* → to bear a bob; *F* → to do a hand's turn for smb.

a da cuiva mână liberă to give smb. a free hand/a blank cheque; to let smb. have his full swing; *F* → to give smb. a/the green light.

a da mită cuiva to bribe smb.; *F* → to grease smb.'s palm.

a da muguri to put forth buds; to shoot forth/out.

a da cuiva multă bătaie de cap to put smb. to a lot of trouble.

a-i da cuiva mură-n gură *F aprox.* to put words in(to) smb.'s mouth.

a da naibii *v.* **~ dracului.**

a da nas în nas cu cineva *F* to measure noses with smb.

a da naștere la... *(cu dat.)* to give rise/birth to...; to be the object of...

a da năvală în... to rush into...

a da năvală peste... *v.* **~ buluc ~.**

a nu da nici o atenție *(cu dat.)* not to take any notice of...; not to mind...; to pay no regard to.

a nu da nici un semn de viață to give no sign of life.

a da nota to give the lead; to call the tune; to sound the keynote.

a dansa pe sârmă to perform on the tight rope.

a-și da obolul to bring in/to make one's contribution; to pay/to offer one's mite.

a-și da obștescul sfârșit *elev.* to depart to God; to join the great majority; to be gathered to one's fathers; to pass away.

a da ocazie *(cu dat.)* to give occasion for...; to occasion...; to bring about...; *F →* to give a handle for/to...; to give an opportunity to...

a da ochii cu... to fall in/to meet with...; *(a da peste)* to run across...

a da ochii în gene to doze off; to fall into a slumber; to draw/to gather straws.

a(-și) da ochii peste cap to roll one's eyes; to turn up one's eyes.

a da ocol to (turn) round.

a da onorul to salute; to present arms.

a da (un) ordin to give an order.

a da ortul popii *F* to kick the bucket; *F* to hop the twig/the perch; *F* to turn up one's toes (to the daisies); *F* to get one's toes up; *F* to kick/to lay/to tip/to topple up one's heels; *F* to go to glory; *F* to go aloft; *F* to go to one's account; *F* to lose the number of one's mess; *F* to stick one's spoon in the wall; *argou* to drop a cue; *sl.* to go bang; *argou* to cut/to slip one's/the cable; *F amer.* to cash/to hand/to pass in one's checks; *F amer.* to go over/ to cross the Great Divide; *sl. amer.* to make a die of it; to step off.

a-și da osteneala to take (< abundance of) pains; to give oneself/to take (< a deal of) trouble; to put oneself out.

a nu da pace cuiva not to leave smb. alone/in peace; *(a deranja)* to disturb/to trouble smb.

a da o palmă cuiva to slap smb. in the face; to box/to cuff smb.'s ears; to smack smb.'s face; to have a slap at smb.

a da papucii cuiva *F* to give smb. the chuck/the basket/the mitten/the sack/the bird; *F* to pack smb. off; *F* to send smb. packing; *F* to send smb. off/away with a flea in his ear; *amer. F* to give smb. the air; *v. și ~* **pașaportul ~**.

a nu da (o) para chioară pe ceva to hold smth. cheap; not to give a curse/a hoot/two hoots/a rush/ *amer.* a red cent for smth.

a da pașaportul cuiva *F* to give smb. one's walking orders/papers; *amer. F* to put the skids under smb.

a-și da părerea to give/to advance one's opinion; to put forward one's opinion; to state one's point of view.

a da pe brazdă pe cineva *(a domoli)* to tame smb.; to curb smb.; *(a obișnui)* to accustom/to inure smb. to smth.; *(a învăța)* to teach smb.; to lick smb. into shape.

a se da pe brazdă *(a se deprinde)* to get accustomed; *F* to rub off corners; *(a se face de treabă)* to leave off bad habits; *F →* to cast one's colt teeth.

a da pe credit/datorie to sell on credit/*F →* tick; to open a tick account for smb.

a da o pedeapsă cuiva to inflict a punishment/a penalty on smb.

a da pe față... to disclose...; to reveal; to divulge...; *F →* to let... out; *(sentimente etc.)* to give vent to...; to blow the lid off...

a da pe fereastră *și fig.* to throw out of the window.

a da pe gârlă to make ducks and drakes of; to play ducks and drakes with.

a da pe gât *v. ~* **de dușcă (un păhărel)**.

a da pe linie moartă *F* to put out of business.

a da pe mâini bune pe cineva to entrust smb. to good/safe hands.

a da pe cineva pe mâna *(poliției etc.)* to turn smb. over to (the police, etc.).

a da cuiva un perdaf *F* to comb smb.'s hair (for him); *F* to give smb. a good dressing-down.

a da cuiva perfectă dreptate to take smb.'s views.

a da pe scări afară pe cineva *fig.* to put/to throw smb. out of doors; to push smb. out of the room; to kick smb. downstairs.

a da peste cap 1. *(un lucru)* to slapdash; *F* to make a mess of; to turn topsy-turvy. **2.** *(un pahar)* *F* to tip off.

a se da peste cap *fig.* to lay oneself out; to leave/to let no stone unturned; *F* to go all out; *amer.* to fall over oneself to do smth.; to do one's utmost; *F* to waste powder and shot.

a da peste cap pe cineva to overthrow smb.; to defeat smb.

a da peste nas cuiva *F* to bring/to let/to take smb. down a peg or two; to put smb. in his place; *F* to cut smb.'s comb; *F* to cut the comb of smb.

a da pe ușă afară pe cineva to turn/to put smb. out (of doors); to push smb. out of the room; to show smb. the door.

a da un picior cuiva to kick/to toe smb.

a da piept cu... to face...; *(a întâlni)* to meet...; to encounter...

a-i da pleoapele în gene to doze off; to draw/to gather straws.

a-și da poalele peste cap *F* to throw one's cap over the windmills; to throw propriety to the winds; to let one's hair down.

a da o poliță în alb cuiva to give smb. a blank cheque.

a-i da cuiva prin cap/gând/minte to occur to smb.; to dawn (up)on smb.; to strike upon an idea, etc.

a da o proclamație to make/to issue a proclamation.

a da ceva publicității to give smth. to the public/ the world; to let broad-light into smth.

a da o raită pe la... to call at...

a da o raită prin (oraș) to have/to take a look round (the town).

a da raportul to report; to give an account.

a da rasol *F* to work in a slapdash way; *F* to scamp/ to muck/to bungle one's work; *F* to boil the pot; *v. și ~* **peste cap (I).**

a da rădăcini to take/to strike root.

a da răgaz cuiva to grant smb. a respite; to give smb. rope/line; to give smb. a spell.

a da răgaz dușmanului to keep the enemy on the run.

dar(ă)mite... to say nothing of...; let alone...; much more *sau* less...

a da un răspuns to (give an) answer; to (make) reply; to give return.

a da un răspuns clar to give an unequivocal answer.

dar-ar boala-n el! *P, F* may damnation take him! the deuce/the devil take him.

dar ce să vezi? but guess what?

dar-ar Domnul să... *F* I wish/I hope to goodness/ God...; may it please God to...

a da rezultate/roade to yield (good) results; to bear fruit; to gather way.

a da cuiva riposta cuvenită to give smb. a fitting rebuff.

a da rufele la spălat to put out one's washing.

a da cuiva o sarcină to set smb. a task.

a da cuiva satisfacție to give smb. satisfaction.

a da sân unui copil to give suck/the breast to a baby.

a-și da seama de... to be aware/to be conscious of...; to get wise to...;< to learn a full/a true realization of...; to take in...

a da semnalul to (give the) signal.

a da semn de... to show signs/an indication of...

a da o sentință to pass a sentence.

a da un sfat to give (a piece of) advice.

a-și da sfârșitul to breathe one's last; to pass away; to give up the ghost; to pay the debt of nature; to get one's quietus; to draw one's last breath; to yield (up) one's breath; to breathe one's last (breath/ gasp); *v. și* **a da ortul popii.**

a da sf(o)ară în țară to set a rumour afloat.

a-și da silința să... to apply oneself to *(cu -ing);* to lay oneself out to...; *v. și ~* **osteneala.**

a da socoteală to answer; to be responsible.

a da un sprijin moral cuiva to give/to lend countenance to smb.; to keep/to put smb. in countenance.

a da strechea în cineva ← *F* to stampede; to fall into a panic; *înv.* → to walk off on one's ear.

a da strugurii la teasc to tread the grapes; to work the wine press.

a-și da sufletul to give up one's ghost; to gasp out one's life; *v. și ~* **sfârșitul.**

a da șah la rege to check the king.

a-și da și cămașa de pe el to share one's last penny; to give away the shirt off one's back.

data viitoare next time.

nu o dată more than once; several times; more often than not.

o dată pentru totdeauna once and for all.

odată bărbat a man indeed! there's/that's a real man!

o dată cu capul *v.* **nici de frică.**

dată fiind situația under/in the circumstances.

o dată la două zile every other day.

a da târcoale cuiva to dance attendance on smb.; to dangle about/on/after smb.; to walk round smb.

a da un telefon cuiva to ring/to call smb. up; *F →* to give smb. a tinkling.

a da o temă unui elev to set a pupil a task/an assignment.

dat fiind (că)... as...; considering...; seeing that...; in view of...

a da cuiva timp de gândire to give smb. time to think.

dat la fund *F* under hatches.

dat naibii 1. *F* a (very) devil of a... **2.** *(priceput)* ← *F* shrewd.

a da un toc/top de bătaie cuiva *F* to tan smb.'s hide; *F* to give smb. a sound drubbing; *F înv.* → to put smb. through a course of sprouts.

a da tonul 1. *muz.* to strike the note. **2.** *fig.* to set the style/the fashion; to set the pace; to give a lead; to lead the fashion; to make the running; *F →* to rule the roost; *F →* to call the tune.

dator vândut deep/heavily in debt; deeply indebted/in debt.

aș da totul ca s-o capăt *F →* I would give my ears for it/to have it.

a dat păcatul peste mine etc. *aprox.* as ill luck would have it.

a da trecutul uitării to let the dead bury the dead; to let bygones be bygones.

a-i da tuleiele în barbă to show signs of a beard; to get one's whiskers.

a da uitării... to bury... in oblivion; to forget...; *(a șterge cu buretele)* to sponge out...

a-și da ultima suflare to breathe one's last; *v. și ~* **sufletul**.

a da ultima tușă/ultimul retuș to give the finishing stroke/touch.

a da ultimul salut to show/to pay the last honours/one's last respects.

a da urmare *(cu dat.)* to take... into account/consideration; *(unui sfat etc.)* to follow...; to yield to...

a da ușa de perete to slam/to bang the door open.

a se da uța to rock; to swing; *(pe un scaun)* to balance oneself on a chair.

a-și da viața pentru... to lay down/to sacrifice/to give (up) one's life for...; to shed one's blood for...

a da viață *(cu dat.)* **1.** to give life/birth to... **2.** *fig.* to call... into existence; to bring/to infuse (a) new life into...; to enliven...; to vivify...

a da vina pe... to cast/to throw/to lay the blame on...; to lay the blame at the door of...; to throw the responsibility on...

a da cuiva voie să... to allow/to permit smb. to...; to let smb....; to give smb. leave to...; to give smb. permission to...

a i se da voie să... to be allowed/permitted to...

a da un vot de încredere cuiva to vote confidence in smb.

a-și da votul to give one's vote; *(cuiva)* to poll a vote for smb.; to cast the vote.

nu da vrabia din mână pe cioara de pe gard *prov. aprox.* a bird in hand is worth two in the bush; never quit certainty for hope; better an egg today than a hen tomorrow; one today is worth two tomorrows.

a da ziua bună cuiva *v. ~* **binețe ~**.

a-i da zor to make haste; to hurry up; to pick up speed; *F* to push on; *F* to get a jerk on; *F* to look sharp/alive.

dăunător organismului bad for the system.

a dârdâi de frig to tremble/to shiver with cold.

de-a berbeleacul head over heels.

de-abia mă țineam pe picioare I could hardly stand.

de-a binele(a) indeed; completely; thoroughly; soundly.

de aceeași părere of a/one mind.

de aceeași teapă of the same batch.

de același calibru of the same calibre; of that ilk; *v. și ~* **fel**.

de același fel of the same kind/sort; of the same batch; *(având aceeași croială etc.)* of the same cut/pattern; *ironic* of the same kidney/leaven/calibre; of that ilk.

de același soi of the same batch.

de acord! agreed! granted! (all) right! fair enough! *F →* oh/ho! *F →* I have with you! *F →* O.K. *F →* quite so! *F →* quite! *F →* I don't care if I do!

de actualitate topical; opportune; timely.

de acum înainte/încolo from now on; from this (very) moment onwards; from this time forth/onwards; *elev. →* henceforward; *elev. →* henceforth.

de-a curmezișul across.

să dea Domnul! *v.* **să dea Dumnezeu!**

de-a dreapta on/to the right; on the right hand/side.

de-a dreptul 1. *(direct)* direct; straight away; *F →* in a beeline. **2.** *(pe loc)* directly; on the spot; forthwith; at once. **3.** *(pur și simplu)* simply; downright.

să dea Dumnezeu! would to God it were so! may it please God to grant it! *înv. →* God speed!

să-ți dea Dumnezeu sănătate! may Heaven preserve you!

să dea Dumnezeu să reușești! more power/strength to your elbow!

de-a dura head over heels.

de-aia n-are ursul coadă! *F* that accounts for the milk in the coconut!

de-aia nu mai pot eu! *F* I don't care a fig for it! *F* much do I care for it!

de aici înainte/încolo *v.* **~ acum ~**.

de ajuns și de rămas/întrecut more than necessary; in plenty/abundance/profusion.

de-a latul across; crosswise.

deal cu deal se ajunge/întâlnește, dar încă om cu om *prov.* friends may meet, but mountains never greet.

de-alde astea such things/matters; the like(s) of it.

de-alde tine the likes of you; people like you; people of your stamp.

de-al dracului ← *F* out of/from/in spite; < out of malice.

de-ale gurii food; victuals; provisions; *F* smth. for the teeth.

nu de alta, dar... for the only reason that...

de altfel in (point of) fact; as a matter of fact.

de-a lungul și de-a latul... throughout...; all-over...; (through) the length and breadth of...

de-a lungul veacurilor through all ages.

de-a-ncălarele astride; on horseback.

de ani de zile for years (running/together/on end).

de astăzi înainte *v.* **~ acum încolo**.

de-a surda in vain; uselessly; to no end.

de așa manieră că... in such a manner/way that...; *(ca nu cumva)* lest...

de-a tăvălugul head over heels.

de atâta amar de vreme for ever so long; for ages.

de atâtea ori so often.

de atunci (încoace) since then; ever after/since.

de atunci (încolo) from that time (forth); ever since (then); after that.

de azi înainte *v.* **~ acum ~.**

de azi într-un an this day twelvemonth; a year from now.

de azi într-o săptămână this day week; today week; a week from now.

de azi pe mâine 1. from day to day; *(d. leneși)* come day, go day. 2. *fig. (a trăi etc.)* from hand to mouth.

de banc *F* for a lark; *F* for the fun of it.

de baștină hereditary; native; true-born.

de belșug nu se vaită nimeni *prov.* plenty is no plague.

de bine, de rău somehow.

a debita prostii to talk nonsense; *F →* to talk through one's hat.

a debloca frâna to release the brake.

a deborda de sănătate to brim over with health; to radiate health.

de brac for nothing.

de o bucată de vreme from some (little) time (now).

de bun augur of good omen; presageful of good.

de bună-credință of good faith/will; honest-minded.

de bună seamă of course; surely; to be sure; there's no doubt about it; *F →* as sure as fate; to/of/for a certainty.

de bunăvoie of one's own will/accord; nothing loath; **~ și nesilit de nimeni** of one's own free choice.

de bun gust in good taste/style.

a debuta în viață to start in life.

de calitate inferioară/proastă second rate; *F →* of sorts.

de calitate superioară first rate.

de cap să-ți fie! *F* a nice mess you've made of it!

de un car de ani *amer. F* since Adam was a boy.

de cart on watch.

de când Adam Babadam 1. in the days of old/yore. 2. *v.* **~ cu lupii albi/cu moș Adam.**

de când cu... (ever) since...

de când cu lupii albi/cu moș Adam time out of mind; from time immemorial; *F* since Adam *(amer.* was a boy).

de când lumea și pământul even since the world began; *F* since Adam; never within man's remembrance.

de când sunt in all my born days; in (all) my life.

de când trăiește in all one's born days.

de câtva timp for some time past.

de ce te amesteci? *F* what business is that of yours? why do you interfere?

de ce dracu'/naiba? *F* why in thunder? *F* why the dickens? *F* why in the name of thunder?

de ce oare? why so?

a declara grevă to call a strike; to go on strike; to throw down one's tools; to come out (on strike).

a declara în afara legii pe cineva to outlaw smb.

a se declara mulțumit to express one's satisfaction; to profess oneself satisfied; to be content.

a declara ceva nul și neavenit to declare smth. null and void; to invalidate/to annul smth.

a declara război to declare/to proclaim war.

a declara vinovat pe cineva to pronounce/to find smb. guilty.

a-și declina competența to decline one's capacity/competence.

a-și declina numele to give/to state one's name; to reveal one's identity.

a-și declina răspunderea to decline the responsibility.

de colo (până) colo to and fro; up and down.

de comandă (made) to order.

de competența sa in one's province/line.

de comun acord by common consent; by mutual consent/agreement; in consent.

de condiție ← *F* 1. (as) good as one's word; reliable; trustworthy. 2. *(de familie bună)* well-born; of noble descent.

de conivență cu... in complicity/collusion with...

de contrabandă 1. contraband... 2. *fig.* false; sham.

de copil at an early age; from a child.

de curând 1. *adj.* recent. 2. *adv.* of late; recently; lately; a while ago; not long ago; *(mai deunăzi)* the other day.

de cu vreme in good time; *înv. →* by times.

de data aceasta this time/bout.

de dată recentă of recent date.

de datoria cuiva one's duty/business; in duty bound to...; incumbent on one to...

de dârvală *(d. lucruri)* scamped; *(d. un cal)* working; *(d. haine)* for wear and tear.

a se deda la acte de violență to commit acts of violence; to resort to violence.

a se dedica cercetărilor științifice to engage in scientific pursuit.

a se dedica trup și suflet *(cu dat.)* to devote oneself entirely to...; to give one's whole mind to...

de demult of long ago; former; *poetic* of yore.

de departe 1. *adv.* from far/a distance/*poetic* afar. 2. *adv. (cu aluzie)* by way of a hint/a suggestion. 3. *adj.* distant.

de diferite feluri of different/sundry/several/various kinds.

de diferite mărimi of all sizes; of every (possible) size.

de dimineața până seara/noaptea from morn(ing) till night.

de dimineață *adv.* (early) in the morning; at daybreak; at an early hour.

de disprețuit contemptible; despicable; *(abject)* abject; vile; base; mean.

de Doamne-ajută proper; decent; *(numai d. lucruri)* becoming.

de două ori mai mare ca... twice as big as...

de două ori pe atât twice as much as...

de-al dracului ← *F* on purpose.

de dragul artei *F* for nothing/*înv.* → nought/a song.

de dragul bunei-cuviințe in common decency.

de dragul cuiva for the good of smb.; on smb.'s account; for smb.'s sake; for smb.'s special benefit; in smb.'s behalf.

de dragul ochilor cuiva for smb.'s fair eyes.

de dreapta *pol.* right-wing; of the right.

de drept by right(s); according to (the) law; *(în mod natural)* naturally; *(legitim)* legitimately.

de durată of long standing; lasting many years.

de duzină (< very) ordinary; an every day kind of...

de efect effective.

de elită picked; *F* → crack.

de exemplu for example/instance; by way of example.

de fapt 1. in (point of) fact; as a matter of fact; actually; strictly speaking; in substance; to all intents (and purposes); for that matter; for the matter of that; at (the) bottom. **2.** *(în definitiv)* after all. **3.** *jur.* de facto.

de fațadă on the surface; window-dressing...

de față *(prezent)* present; in evidence.

de față cu cineva in smb.'s presence.

de fel *v.* ~**loc.**

a deferi pe cineva justiției to institute legal proceedings against smb.

de-ar fi cu putință! that it were possible!

de fiecare dată every time.

de fiecare zi daily; every day.

de fier *fig.* made of iron; stern; unwavering.

de flori de cuc; de florile mărului ← *F* for nothing; to no purpose; *F* no go.

de formă for form's sake; for appearance's sake; pro forma.

de forță first-rate/-class.

de frică out of/from/for fear.

de frunte top...; first-rate/-class.

de(-a) gata ready-made; cut and dried/dry.

a-i degera mâinile; mi-au degerat ~ my hands are frostbitten.

și de-i bună nu-i a bună *aprox.* no joke.

de-ale gurii *F* → smth. for the tooth.

de haram am luat, de haram am dat; de haram a venit, de haram s-a dus easy come, easy go; lightly come, lightly go; so got, so gone; ill-gotten, ill-spent; what is got over the devil's back is spent under his belly.

de hatârul... *v.* ~ **dragul cuiva.**

de ieri alaltăieri *F* in one's salad days.

de importanță primordială of primary importance.

de ispravă worthy; reliable; efficient.

de istov ← *P* quite; completely.

de izbeliște ← *P* (God) forsaken.

de încercare for a trial; by way of experiment.

de închiriat for hire/rent; to let.

de îndată at once; immediately; directly; straight away; *înv.* → forthwith.

de îndată ce... as soon as...; *F* → directly...; no sooner... than...

de îndată ce va fi posibil as soon as possible; at one's earliest convenience.

de îndată ce voi putea as soon as (<ever) I can.

de înțeles compliant; tractable; complaisant; *(rezonabil)* sensible; wise.

de joi până apoi 1. *(puțin timp)* (for) a short time; for a reason. **2.** *(la nesfârșit)* endlessly; *F* till doomsday; *F* till the cows come home.

a dejuca planurile cuiva to frustrate smb.'s plans; *F* → to spike smb.'s guns; *F* → to queer the pitch for someone; *F* → to queer someone's pitch.

de jur împrejur round about; right round; all (a)round/about; in a circle; full circle; all/right round; about one's ears.

de la alfa la omega from A to Z.

de la bun început from the first; from the (very) beginning/outset; (right) from the start; to begin with; *amer.* *F* → from the word go.

de la un capăt la altul *v.* ~ **celălalt.**

de la un capăt la altul al țării throughout the country.

de la un capăt la celălalt from one end to the other; throughout; from beginning to end; from first to last; from start to finish; from stem to stern; from end to end; from out to out.

de la cap la coadă from title page to colophon; *v.* *și* ~ **un capăt la celălalt.**

de la distanță from a distance.

de la început *v.* ~ **bun** ~.

de la început până la sfârșit from first to last; from beginning to end; from A to Z; like a book; from start to finish; *v. și ~* **un capăt la celălalt.**

de la începutul începutului to begin with; *v. și ~* **bun început.**

de la mic (până) la mare old and young (alike).

de la om la om between man and man.

de la prima mână at first hand.

de la prima sursă *F →* straight from the tin.

de la prima tentativă at one dash.

de la prima vedere at first sight/blush/view.

de la rădăcină *fig.* in the bud/the germ.

de la sine of its own accord.

de la o vreme încoace for some time past/now.

de la o zi la alta from day to day; day after day.

de leac I. medicinal; officinal. **2.** *(nici de leac)* not at all; not a bit/a jot.

deloc not at all; by no means; on no account; not in the least; no whit; not/never a whit/a mite/*F →* a hang; *F →* a deuce/a bit; *F →* not a rap; *F →* not a tinker's damn.

de mama focului *F* awfully; *F* mighty; *F* like anything/blazes; *F* like a house on fire.

de maniera *(cu gen.)* after the fashion of...

de o manieră aleasă in good style/taste.

de mare anvergură far reaching...

de mare importanță of great importance/moment; of much account.

de mare valoare of great value.

de mâine într-o săptămână tomorrow week.

de mâna a doua second-rate.

de mână forte by/with a/the strong arm/hand.

de mânecat ← *P* early in the morning; at daybreak.

de mântuială I. sloppy; slipshod; perfunctory. **2.** in a sloppy/a slipshod way.

de meserie... ...by trade.

de mic (copil) from a child; from (early) childhood; from one's infancy; *amer. F →* from little up; at an early age.

de mică importanță of little moment.

de mii de ori a thousand times; many thousand of times; times without number; times out of number; time after time.

de milă out of pity; for mercy's sake.

de minune excellently; wonderfully; to a miracle.

de mirare *(uimitor)* astonishing; *(admirabil)* admirably; wonderful.

demn de atenție worthy of note.

demn de laudă praiseworthy; laudable.

demn de luat în considerație worthy of consideration.

de moarte *(obosit etc.)*... to death.

de modă veche old-fashioned; out-of-date.

demult long ago; (for) a long time past; long since.

nu demult not long ago.

de multă vreme for a long time; for a long time past; this many a day.

de multe feluri of many sorts/kinds; manifold.

de multe ori often; frequently; time and again; many a time; many times.

de muzeu rare; valuable; precious; *(vechi)* antiquated.

a denatura adevărul to twist/to stretch the truth; to stretch veracity too far.

a denatura faptele to pervert/to misrepresent/to distort the facts.

de nădejde reliable.

de neam (mare) of noble descent.

de nebiruit invincible.

de neclintit firm; unflinching; staunch; (as) hard as iron.

de necontestat there is no denying it.

de necrezut incredible; beyond belief; unbelievable; extraordinary; terrible; tremendous; too good to be true.

de nedescris indescribable; unspeakable; past/beyond (< all) description; unutterable.

de neiertat unpardonable; inexcusable; unforgivable.

de neînchipuit I. *adj.* unthinkable; unimaginable. **2.** *adv.* inconceivably; unspeakably; extremely; exceedingly.

de neînduplecat unyielding; firm.

de neîndurat beyond all bearing; unbearably.

de neînlăturat unavoidable; inevitable.

de neînțeles incomprehensible; *(inexplicabil)* unaccountable; inexplicable; *(ciudat)* strange; unintelligible.

de nelocuit uninhabitable.

de nemâncat unfit to eat; unfit for food; inedible.

de nenumărate ori times without number; times out of number; scores of times; time and again.

de nerecunoscut unrecognizable; beyond/past recognition.

de nerezolvat unsolvable.

de nesuportat beyond all bearing.

de netăgăduit undeniable; incontestable; indisputable; irrefragable; indubitable; beyond all question; *F →* (as) clear/clean as a whistle; undeniable.

de netolerat unendurable.

de netrecut unsurpassable.

de neuitat unforgettable.

de nevindecat past/beyond cure.

de nevoie against one's will; under compulsion; *F →* against the collar.

de nici un fel none at all.

de nici un folos of no (< earthly) use; good for nothing; worthless; *F →* no good.

de obicei usually; ordinarily; habitually; regularly; as a (general) rule.

de ochii lumii for appearance'(s) sake; for show; in order to make a show.

de odinioară former; of yore.

a deosebi binele de rău to tell the good from the bad.

de partea cealaltă a drumului across the road.

de partea cuiva on smb.'s side/fence.

de partea dreaptă on the right side.

departe ca cerul de pământ *fig.* as different as day and night; *F →* as different as chalk from cheese.

departe coteiul de iepure *v. ~* **griva ~.**

nu mai departe decât ieri but yesterday; as lately as yesterday.

departe de a fi... far from being...

departe de mine (gândul)... far (be it) from me...; Heaven forbid (that)...

departe griva de iepure *← P F →* as like as chalk and cheese; as like as an apple to an oyster; *(e cu totul altceva) F →* that's quite another pair of shoes/ breeches; (as) different as chalk from cheese.

a se depărta de adevăr to swerve from the truth; to stretch the truth.

a se depărta de subiect to stray/to wander from the point; to digress.

a nu se depărta de subiect to stick to one's text.

a-și depăși atribuțiile to exceed one's powers; to go beyond one's powers; to transgress one's competence.

a depăși granițele/limitele/măsura/orice limită *fig.* to overstep the bounds; to carry things too far; to overdo it; to exceed the bounds of...; to pass all bounds; *F →* to overstep the line; to go over the line; to lay (it) on with a trowel; to draw the line; to go beyond (the) bounds; not to keep within (the) bounds; *F →* to fling the hatchet; *F →* to cut it too fat.

a depăși norma to exceed/to top/to overfulfil the (work) quota.

a se depăși pe sine to surpass oneself.

a depăși planul to overfulfil the plan; to beat/to outstrip/to smash the target.

a depăși viteza regulamentară to exceed the permissible speed.

de pe fața pământului 1. *adv.* from/off the face of the earth. **2.** *adj.* on the face of the earth.

de peste tot at every hand.

de pe vremea lui Adam Babadam/lui Pazvante (chiorul) *F* (as) old as the hills.

de pe o zi pe alta from day to day.

de piatră *fig.* (as) hard as a flint/a stone.

de pildă for example/instance; *v. și ~* **exemplu.**

depinde de împrejurări it depends (up)on circumstances.

a nu depinde de nimeni to stand on one's legs; to paddle one's own canoe.

de plâns 1. *(d. persoane)* (much) to be pitied. **2.** *(d. lucruri)* lamentable; deplorable; pitiable.

de pomină the fable of the town; (as) well known as a bad shilling; *(faimos)* famous.

de preferință preferably; in preference.

de preț of great worth.

de prima calitate/clasă first-rate; of the highest rank; *amer.* top-notch.

de primă importanță of prime/primary/paramount/the first importance.

de primă necesitate indispensable; essential.

de prim ordin/rang of the first order.

a se deprinde ca țiganul cu scânteia to get used to smth. like an eel to skinning.

a deprinde un obicei *v.* **a căpăta un obicei.**

deprinderea se face fire *prov.* habit/custom is a second nature.

de prisos superfluous; not wanted; needless; one too many; in mere waste.

de prisos să spun că... needless to say that...

de probă on trial.

de profesiune... by profession.

de prost gust in bad taste; in questionable taste

a depune armele *fig.* to give it up; to acknowledge one's defeat; to go out of business; to show/to fly the white feather; *mil.* to lay down (one's) arms; *mil.* to ground arms.

a-și depune candidatura *(la alegeri)* to put in for an election; *(în parlament)* to stand as a candidate (for Parliament).

a depune (o) cauțiune pentru cineva to go bail for smb.

a depune o cerere to hand in an application.

a depune un efort to make an effort.

a depune jurământ to make/to take/to swear an oath; *(d. funcționari)* to be sworn in; *(d. militari)* to be sworn to one's colour(s).

a depune mărturie împotriva *(cu gen.)* to testify against...

a depune mărturie pentru... to give evidence for...; to testify for...; to bear witness to/for...

a depune o plângere la... to lodge a complaint with...

a depune toate eforturile to do one's utmost/best; to spare no effort; to make one's utmost efforts.

de puțină importanță of small/little importance; of little moment.

nu te deranja! don't let me disturb/trouble you! don't put yourself out for me! you needn't trouble! don't trouble yourself; don't trouble!

a deranja de la lucru pe cineva to trouble smb. at work.

v-ar deranja să...? would it put you out to...?

a-și deranja stomacul to upset one's stomach.

va deranjează fumatul? do you mind my smoking/if I smoke?

vă deranjează valiza? is this bag in your way?

de rău augur ill-omened; of ill-omen; presageful of evil.

de râsul curcilor/găinilor/lumii everybody's laughing stock; enough to make a cat laugh.

de rea-credință ill-meaning/-intentioned; mala fide.

de regulă as a rule; in general; as a whole.

de resortul cuiva within the competence/purview of smb.

de resortul său in one's line.

a-și descărca inima to throw/to get smth. off one's chest; *(de o taină)* to unbosom oneself of a secret; *(a vorbi)* to have one's say out; to disburden/*rar* → to disburthen one's mind; to unlock/to open/to uncover one's heart.

a-și descărca mânia asupra cuiva to give vent to/ to vent one's passion/rage on smb.; *elev.* → to pour out the vials of one's wrath on smb.

a descărca o salvă *mil.* to pour in a volley; *mar.* to pour in a broadside.

a-și descărca sufletul *v.* ~ inima.

a deschide un abces *med.* to lance an abscess.

a deschide o acțiune împotriva cuiva to take/to institute legal proceedings against smb.

a deschide balul to begin/to lead the dance; to lead up/to open the ball.

a deschide băierile pungii *v.* a desface ~.

a deschide calea către/spre... to open the door to...

a deschide capul cuiva *v.* ~ ochii ~.

a deschide un cont to open an account.

a deschide un drum *și fig.* to open a new path/ track; to strike out a new path/track.

a-și deschide drum prin mulțime to cut/to push/ to force/to thrust one's way through the crowd.

a deschide focul *mil.* to open fire; to blaze into action.

a deschide ghilimelele to quote.

a deschide gura to open one's mouth/lips; *amer.* to open one's face.

a nu deschide gura to hold one's tongue; to curb/ to bridle one's tongue; to put a curb/a bridle on one's tongue; not to open one's lips; not to utter a word.

a-și deschide inima cuiva to pour out/to uncover/ to open/to unlock one's heart to smb.; to reveal one's soul to smb.; to break one's mind to smb.

a deschide un lacăt cu un șperaclu to pick a lock.

a deschide o listă to head a list.

a deschide ochii to mind one's eye; to disabuse one's mind; to keep one's eyes wide awake; *F* → to keep one's eyes peeled/skinned; to open one's eyes.

a deschide ochii cuiva to unblindfold smb.; *fig.* to unseal/to open smb.'s eyes.

a deschide o paranteză 1. to open/to begin a parenthesis. **2.** *mat.* to solve/to remove the parentheses **3.** *fig.* to embark upon a digression; to make a digression.

a i se deschide perspective to have good prospects (opening up to one).

a deschide perspective noi de viitor to open new vistas for the future.

a deschide o prăvălie to set up shop.

a deschide robinetul to turn on the tap.

a deschide scorul to open the scoring.

a-și deschide sufletul cuiva *v.* ~ inima ~.

a deschide ședința to open the sitting/the meeting; to take the chair.

a deschide un testament to open a will.

a-și deschide umbrela to put up one's umbrella.

a deschide vorba despre... to bring up...; to broach...

deschizător de drumuri pathfinder; pioneer; trail blazer.

a-și descleșta mâinile to unclasp one's hands.

a descompune în părți to separate into parts.

a descoperi America; ai descoperit ~! *F* the Dutch have taken Holland! *F* Queen Anne is dead!

s-a descoperit misterul the murder is out.

a descoperi un zăcământ de petrol to strike oil.

a-și descreți fruntea to unknit one's brow.

a descrie o curbă *(d. un râu etc.)* to take/to make a sweep.

a se descurca singur to find one's feet/legs; to live on one's hump/own; to shift (for oneself); *amer.* to shirk for oneself; to do for oneself; *(în viață)* to paddle one's own canoe; to stand on one's legs.

de seamă/importanță of (< great) importance; remarkable; *(de vază)* of note.

a desemna un candidat to appoint/to nominate a candidate.

de serviciu on duty; in charge; in waiting.

a-și desface aripile to spread (out) one's wings.

a desface băierile pungii to loosen the purse-strings; to put one's hand in one's pocket; to unstring one's purse.

a desface o căsătorie to dissolve a marriage; *elev.* to untie the matrimonial knot.

a desface un contract to set aside/to cancel a contract.

a desface o cusătură to undo a seam.

a desface un nod to undo/to untie a knot.

a desfășura o activitate to carry on an activity.

a desfășura steagul *fig.* to raise/to spread the flag.

a-și desfăta ochii cu... to feast one's eyes on...

te desfid s-o faci I defy/I dare you to do it; *F →* I bet you can't do it.

de silă against one's will; willy-nilly.

a despărți adevărul de minciună to sift (out) the true from the false.

a despica firul în patru to split hairs; to draw it fine; to cut a feather.

a-și despovăra sufletul to unbosom oneself.

nu despre asta e vorba that is beside the question/the point.

despre ce e vorba? what's the matter? what is it (all) about? what is the question in hand?

despre cine-i vorba? who's that?

a despuia scrutinul to count the votes.

de statură mică undersized.

a se destăinui cuiva to make a confidant of smb.; to open one's heart to smb.

a-și destăinui necazurile cuiva to unburden one's sorrows to smb.

de strajă on guard.

destulă vorbă! have done with talking!

destul de bun *F* not (half/so) bad.

destul de des more often than not; not uncommonly.

destul de mult timp at some length.

destul să spun că... suffice it to say that...

a-și destupa urechile to open one's ears.

a desțeleni un teren virgin *fig.* to break (fresh/new) ground; to break the ground.

de sub nas from under smb.'s nose.

de suprafață 1. shallow; surface...; skin-deep. 2. *(important)* important.

de sus from above; *(din înălturi)* from on high.

de sus până jos from top to bottom; from head to heels/foot; *F* from cellar to rafter; at every pore; *înv. →* from clew to earing; *(d. cineva) înv. →* from face to foot.

de-o schioapă 1. a span broad *sau* long *etc.* 2. *fig.* little; tiny; wee...; knee-high to a mosquito/a duck/ a grasshopper.

a deșerta sacul *fig.* to empty the bag.

a deștepta curiozitatea cuiva to awaken/to arouse smb.'s curiosity.

a deștepta pe cineva zgâlțâindu-l to shake smb. out of his sleep.

a deștepta pofta to sharpen/to whet the appetite.

deștept foc *F* cute; *F* brainy; as sharp as a needle; *peior.* too clever by half.

detașat pe lângă... seconded for service with...

de tânăr from one's youth up; in one's youth.

de teamă că... for fear of...; lest...; *v. și* **de frică.**

de o teapă of a hair.

a determina cauza defecțiunii to spot the cause of the trouble.

de timpuriu early.

de toată frumusețea/nostimada exceedingly beautiful; wondrous fair; exquisite.

de toate felurile *v.* **de tot felul.**

de toate mărimile of all (sorts of) sizes.

de tot felul of all kinds; of every description; all kinds/sorts of...

(om) de treabă honest; decent (man).

de tristă memorie/amintire of evil memory.

a deține o funcție to occupy/to hold a position.

a deține în puterea sa pe cineva to have power over smb.

a deține puterea to hold the power/the sway; to be in office; to hold the reins of government; to be in power.

a deține un record to hold a record.

a deține un rol *teatru* to sustain a part; to perform in a play.

a deține un rol secundar *teatru* to support the leading actor.

de ultimă oră latest; up-to-the-minute...

mai deunăzi the other day.

de unde! *← F* far from it!

de unde nu e, nici Dumnezeu nu cere *prov. rar →* it is very hard to shave an egg; a man cannot give what he hasn't got.

de unde până acum... while so far...; if till now...

de unde până unde? how (is that)?

de unde să știu? how can I tell?

de unde vine vântul? *înv.* how sits the wind?

de uz personal for personal use.

devale below; further/lower down.

de valoare egală cu... tantamount to...

de vază of note; outstanding; of reputation.

de vânzare for/on sale.

a deveni cât se poate de limpede pentru cineva to soak into smb.'s brain.

a deveni celebru peste noapte to become famous in a day; to awake to find oneself famous; to leap into fame; to wake up to find oneself famous.

a deveni proverbial prin zgârcenie to be avaricious/mean to a proverb.

a deveni scriitor to take to writing/literature.

a deveni stea de cinema to rise to stardom.

a deveni suspect to arouse suspicion.

a deveni șomer to be thrown idle.

a deveni o umbră to wear oneself to a shadow.

a deveni uzual *(expresii etc.)* to come into usage.

a deveni vacant *(d. un post)* to fall void.

de o veșnicie for ages.

de viu alive.

de voie, de nevoie willy-nilly; *înv.* → will he nill he.

devotat trup și suflet devoted body and soul; as true as flint/steel.

devreme early; *glum.* → bright and early.

de vreme ce... since...; as...; as/so long as...

a dezagrega atomul to split the atom.

a se dezbăra de un obicei prost to slough (off) a bad habit.

a dezbrăca pe cineva până la cămașă/piele *fig.* to fleece/to strip/to despoil smb.; *F* to clean smb. out; to strip smb. to the skin/the buff; to take off all one's things.

a dezgropa morții *aprox.* to raise a ghost.

să nu dezgropăm morții let bygones be bygones.

de o zi **1.** *(efemer)* of a day. **2.** *(d. o călătorie etc.)* a day's...

a dezlănțui un atac to launch/to start an attack.

a dezlănțui o furtună to stir up a storm.

a dezlănțui un război to unleash a war.

a-și dezlega băierile inimii to pour out/to open/to uncover one's heart.

a dezlega băierile pungii *v.* **a desface ~.**

a dezlega calul de la gard to open one's mouth to speak.

a dezlega pe cineva de un legământ/jurământ to release smb. from a vow.

a dezlega o enigmă to solve a riddle.

a dezlega o ghicitoare to read/to solve a riddle.

a-și dezlega limba to find one's tongue (again); to unbridle one's tongue; to unloose(n) one's tongue.

a dezlega limba cuiva to make smb. find his tongue; to loosen smb.'s tongue.

a dezlega șireturile de la pantofi to unlace the shoes.

a dezlega o vrajă to break the spell.

a dezminți un zvon *amer. F* → to spike a rumour.

a-și dezmorți mădularele to stretch oneself.

a-și dezmorți picioarele to stretch one's legs; *(a se plimba) F* to go for a trot.

a-și dezonora familia to bring disgrace on one's family.

de zor **1.** in great/hot haste; with (great) dispatch. **2.** *(cu putere)* with all one's might; with might and main.

a-și dezvălui identitatea to reveal one's identity.

a dezvălui un secret to reveal/to disclose a secret; to tell a secret.

a dezveli un monument to unveil a statue.

diametral opus diametrically opposed (to); exactly opposite (to); poles apart/asunder; *(cu dat.)* in direct opposition to...

diavol împielițat *v.* **drac ~.**

din abundență/belșug in abundance/(< great) plenty; as thick as blackberries/as hops; *amer.* as huckleberries; in quantities.

din această cauză; din acest motiv for this reason; on account of this; because of this; owing to this; on that score.

din același aluat of the same kidney/*înv.* → meal.

din acel moment from that time.

din acest motiv *v.* **~ această cauză.**

din acest punct de vedere from this point of view; in this respect/regard.

din adâncul inimii mele/sufletului meu from the bottom/the depth of my heart.

din afară from (the) outside.

din alte puncte de vedere in other respects.

din an în an year in year out; from year to year.

din an în Paști *F* once in a blue moon; *F* once in a moonshine; (for) once in a while.

din auzite from/by hearsay; on the cry.

din bătrâni from/of old; of old/yore; from ancient times; < time out of mind.

din belșug voluminously; a thousand and one; abundantly; *amer. sl.* on the cushion.

din bob în bob in detail; in full length; minutely.

din cale afară de... extremely...; exceedingly...; uncommonly...; singularly...; ...in an unusual degree; unearthly...

din cap până în picioare from head to foot; from top/tip to toe; from hat to shoe; at every pore; *înv.* →from face to foot.

din capul locului *v.* **de la bun început.**

din cauza *(cu gen.)* on account of...; because of...; by reason of...; owing to...; through...; *înv.* → on the foot of.

din cauză că... because...; for...; as...; since...

din când în când from time to time; (every) now and then; off and on; on and off; now/ever and

445

again; (every) once in a while; betwixt while; at time; *amer. F →* every so often; by fits and starts; at times; ever and anon; *rar →* at seasons.

din câte am aflat from what they tell/told me.

din ce în ce more and more.

din cele patru colţuri ale lumii from the four corners of the earth.

din cer *(de sus)* from/on high.

din (chiar) senin out of the blue; < quite unexpectedly/suddenly; unawares; out of a clear sky.

din clipă în clipă any/every minute; (at) any time.

din coadă de câine sită de mătase nu se face *prov.* you cannot make a silk purse out of a sow's ear; you can't make a horn of a pig's tail.

dincolo de mormânt beyond the grave.

dincolo de tuşă *sport* out of touch.

din consideraţie pentru cineva in deference/out of deference to smb.

din contră on the contrary.

din copilărie from a child; *înv. →* of a child; *v şi* **de mic (copil).**

dincotro bate vântul *fig.* which way the wind blows; how the cat jumps.

din creştet până-n tălpi from top to toe; *înv.* from face to foot; *v. şi ~* **cap *~* picioare.**

din curiozitate out of/from curiosity.

din depărtare from afar/a distance; from far.

din deprindere *v. ~* **obişnuinţă.**

din două în două zile every other/second day.

din două una one thing or the other; *aprox. F →* fish or cut bait.

din experienţă from/by experience.

din faşă *v. ~* **leagăn până la mormânt.**

din faţă *(cu gen.)* from the face of...; from before...; before...

din fericire fortunately; luckily; happily; by a lucky chance; as luck would have it; for luck.

din fir a păr in detail; minutely; *înv. →* hair and hide/hoof; hide and hair.

din fire by nature; naturally; constitutionally.

din fir până în aţă *v. ~* **a păr.**

din fragedă pruncie *v.* **de mic (copil).**

din fuga calului I. at full gallop/speed/full tilt. 2. in a hurry; off-handedly; at random.

din fugă in passing; passingly.

din greşeală by (a) mistake; through inadvertence; inadvertently.

din greu hard.

din gura mincinosului nici adevărul nu se vede *prov.* a liar is not believed when he speaks the truth.

din gură în gură from mouth to mouth.

din inadvertenţă unguardedly.

din ignoranţă through ignorance.

din inimă whole-heartedly.

din întâmplare by (mere) chance/accident; accidentally; as chance/luck would have it.

din joi în Paşti *v. ~* **an în Paşti.**

din lac în puţ out of the frying pan into the fire; from bad to worse; *aprox.* to swap bad for worse.

din leagăn from the cradle.

din leagăn până la mormânt from the/one's cradle to the/one's grave.

din lipsă de... for through lack/want of...; in the default of...

din loc în loc here and there.

din mână în mână from hand to hand.

din memorie by rote; from memory; without book.

din mers on the run; on the fly.

din milă from/out of pity; for pity's sake.

din moment ce... since...; as...

din moment în moment *v. ~* **clipă *~* clipă.**

din momentul în care... from the moment when...; *(de îndată ce)* as soon as...; directly...

din moşi-strămoşi of old; from time immemorial.

din motive bine întemeiate for a very good reason.

din motive de sănătate for reasons of health.

din mai multe motive for several reasons; on more scores than one.

din nebăgare de seamă through an oversight.

din neglijenţă through/out of carelessness.

din negura vremurilor time out of mind.

din nenorocire/nefericire/păcate unfortunately; unluckily; as bad/ill luck would have it; by mischance; unhappily.

din neobişnuinţă for want of habit.

din nici un punct de vedere in no sense; in no respect.

din obişnuinţă out of/from habit.

din partea cuiva on smb.'s part; on the part of smb.; on smb.'s behalf; on smb.'s name.

din Paşti în Crăciun once in a moonshine/a blue moon.

din plin *v. ~* **abundenţă/belşug.**

din poartă în poartă/prag în prag from house to house/door to door.

din popor *(d. cineva)* sprung from the people.

din pricina *v. ~* **cauza.**

din prietenie out of friendship; as a friend.

din prima lovitură at the first try.

din primul moment from the first moment.

din principiu on principle.

din proprie experienţă to one's cost; at first hand.

din proprie inițiativă of one's own accord/motion; off one's hat; on one's own initiative.

din proprie voință of one's own accord; by one's own volition.

din prostie out of/through (sheer) folly/ignorance.

din pură răutate out of unadulterated malice.

din răsputeri to the utmost extent; with might and main; *F →* like hell/blazes; hammer and tongs; with all one's force; *F →* in full cry; *F →* like beans; *F →* like forty; *F →* like bricks/a brick/a cartload; *amer. sl.* full chisel.

din rău în mai rău from bad to worse.

din răutate in/for/from spite; out of spite.

din răzbunare out of revenge.

din respect pentru cineva out of respect/deference to smb.; in deference to smb.

din scoarță în scoarță from cover to cover; from title page to colophon; from out to out; like a book.

din senin (all) of a sudden; *v. și ~ (chiar) ~.*

din simpatie pentru... out of sympathy with...

din sursă sigură; ~ surse demne de încredere from a reliable quarter; on good authority/source.

din teamă out of fear; for fear.

dinte pentru dinte tit for tat; like for like; tooth for tooth; measure for measure; *amer.* dog eat dog.

din timp in good time.

din timp în timp *v. ~ când ~ când.*

din timpuri străvechi since Adam/time immemorial; time out of memory/mind.

din tinerețe *rar →* from the tender nail.

din toată inima with all one's heart; from the bottom of one's/the heart; with one's whole heart; *glumeț →* with a heart and half; with all my soul/heart.

din toate colțurile/părțile from all parts/sides; from every quarter; from far and near; from every nook and corner; on all hands; from right and left; on all sides; all round.

din toate punctele de vedere in all respects; in every respect; on all accounts; on every account; from all points of view; every bit; in every way; at all points; in all senses.

din toate puterile *v. ~ răsputeri.*

din tot sufletul *v. ~ toată inima.*

dintr-un aluat of the same kidney/leaven.

dintr-un anumit punct de vedere in a sense.

dintr-o belea în alta from post to pillar.

dintr-o bucată I. all of a piece. **2.** *fig.* straightforward.

dintr-un capăt în altul from one end to the other; throughout; from beginning to end; from first to last; from start to finish.

dintr-o clipă în alta every minute.

dintr-un condei at one/a stretch; at a single jet; off the reel.

dintr-un cuvânt at once; immediately; without hesitation.

dintr-o dată at once; at a time; all at once; at one dash; at one sitting; at a/one stretch; *F →* at one fling.

dintr-o lovitură at a/one blow/sweep.

dintr-un moment într-altul every minute; at any time.

dintr-un motiv sau altul for one reason or another.

dintr-o ochire at a glance.

dintr-o parte în alta like buckets in a well.

dintr-o privire at a glance.

dintr-o răsuflare (all) in a/one breath.

dintr-o săritură at a dart.

dintr-o singură lovitură at one dash; at one fell/swoop.

dintr-o trăsătură de condei with a/one stroke of the pen.

dintru început/întâi I. from the beginning. **2.** *v.* **de la început.**

dintr-una în alta *v.* **din una în alta.**

din țâțâni off the hinges.

din una în alta what with... and...

din vechime of old.

din vedere by sight.

din vina cuiva through smb.'s fault.

din vorbă în vorbă by dint of talking; in the flow of conversation.

din vreme *v. ~ timp.*

din vremea *(cu gen.)* down from the time of...

din vreme în vreme now and then; sometimes; at times, *v. și ~* **când în când.**

din vremuri străvechi *v. ~ timpuri ~.*

din zbor on the fly.

din zi în zi every day.

din zori până în seară from morn till night; all day long.

direct de la sursă at first hand; directly; *F →* straight from the tin.

direct proporțional cu directly proportional to...; in direct ratio to...

a discuta chestiuni profesionale *F →* to talk shop.

a discuta pe toate fețele to talk out.

dis-de-dimineață quite early; at break of day; early in the morning.

a dispărea ca prin farmec to vanish as if by magic.

a dispărea fără urmă to fly/to go to the winds; to disappear/to vanish/to melt into thin air.

a dispărea pe nesimțite to shade away/off/down.

a dispune de timp to have time on one's hands.

a se distra de minune $F \rightarrow$ to have a (jolly) time of it; to have a hell of a time; to have lots of fun; to have no end of a time; to have roaring/topping time; **ne-am distrat ~** F it was such a game.

a distrage atenţia cuiva to divert/to distract smb.'s attention; to turn smb.'s thoughts in another direction; $F \rightarrow$ to draw a red herring across the track; to take smb.'s attention/mind off.

a se distra pe socoteala cuiva to laugh at smb.'s; to make fun of smb.

a distruge ceva din rădăcini to strike at the foundation/the root of smth.

a distruge în germene to crush in the egg.

a-şi distruge sănătatea to ruin one's health.

a-şi distruge viaţa to make shipwreck of one's life.

Doamne ajută! God be good to me!

Doamne apără! F not for the world! not for the life of me!

Doamne, Dumnezeule! Lord, have mercy (on us)! good/goodness gracious; good/great Heavens; dear me; dear heart alive! oh dear! *înv.* God's bread!

Doamne fereşte! F God forbid! mercy on us!

Doamne iartă-mă! God forgive me! F how on earth!

Doamne păzeşte! F mercy on us!

Doamne sfinte! *înv.* $\rightarrow$ body of/o'me!/of our Lord! God's body! *v. şi* **Doamne, Dumnezeule!**

doar că nu... all but...; nearly...; almost...

a dobândi experienţă to acquire/to gain experience.

a doborî (la pământ) to knock down; to knock/to bowl over; to throw down; to stretch to the ground.

a doborî un record to break/to smash a record.

doi ochi văd mai bine decât unul *prov.* two eyes see more than one.

doi pepeni într-o mână nu poţi ţine *prov.* grasp all, lose all; dogs that put up many hares kill none.

domnul şi stăpânul the lord and master.

dop de saca F (regular) dumpling.

a dori binele cuiva to wish smb. well; to mean well to smb.

a dori ceva cu ardoare/foc/înfocare/din tot sufletul to have an ardent/a burning desire for smth.; to set one's mind on smth.; to weary for smth.

a dori noroc/succes cuiva to wish smb. good-luck/(every) success; **îţi doresc ~** may good-luck/success attend you.

dorinţele zămislesc gânduri *prov.* the wish is father to the thought.

mai doriţi apă? do you want some/any more water?

mai doriţi ceva? do you wish anything more? can I show you anything else? anything else you would like?

nu mai doriţi nimic? do you require anything else?

a dormi adânc to sleep soundly; to be sound/fast asleep; *v. şi* **~ buştean.**

a dormi agitat to sleep uneasily; to be restless in one's sleep.

a dormi bine to have a good sleep; to have a good night's rest.

a dormi buştean/butuc/ca dus de pe lume F to sleep like a top/a log/a dormouse; to sleep as fast as a church.

a dormi de-a-mpicioarelea to doze off; to be drowsy; to be ready to drop with sleep.

a dormi dus/greu *v.* **~ buştean.**

a dormi iepureşte to sleep with one eye/one's eyes open; to sleep a dog-sleep.

a dormi neîntors *v.* **~ buştean.**

a dormi pe apucate to sleep in/by short snatches...

a dormi pe săturate to sleep one's sleep out.

a dormi somnul drepţilor/cel de pe urmă/cel lung/de veci to sleep the sleep of the just; to sleep the sleep that knows no waking; to be at rest with one's fathers.

a dormi sub cerul liber to sleep rough.

a dormi tun *v.* **~ buştean.**

a dormi uşor to sleep lightly; to be a light sleeper.

a doua tinereţe Indian summer; St. Martin's summer.

a se dovedi adevărat to prove/to come true.

a-şi dovedi nevinovăţia to make out one's case.

drac împieliţat a scapegrace; a very fiend.

drac mort nu s-a văzut *prov. aprox.* ill weeks grow apace.

un drac şi jumătate *(în sens rău)* F a sad dog; F a devil of a boy/a fellow; *(măgulitor)* F a trump of a boy/a fellow; *(cutezător)* F a daredevil.

dracul nu e chiar aşa de negru cum se spune *prov.* the devil is not so black as he is painted; the lion is not so fierce as he is painted; *aprox.* every cloud has a/its silver lining; *scot.* the devil is not so ill than he's called; has it been a bear it would have bitten you.

dracul gol the very devil/fiend.

dracul să-l ia! F may damnation take him!

dracul să te ia! F go to the devil! F go to hell/blazes/Jericho/*amer.* grass!

dracul şchiop the devil on/upon two sticks.

dracul ştie când F and the devil knows when.

dracul știe ce *F* and the devil knows what.

dracul știe cine *F* and the devil knows who.

dracul știe unde *F* and the devil knows where.

al dracului (de...) *adv. F* like *sau* as old boots; *F* to a degree.

al dracului să fiu dacă... *F* (I'll be) damned if...; *F* I'm a Dutchman if...; *F* ... unless I'm a Dutchman.

dragă doamne as it were; allegedly.

dragoste cu sila nu se poate *prov.* love cannot be forced.

dragoste la prima vedere love at first sight.

dragul meu (drag)! my best-beloved; my darling!

un dram de minte an ounce of (mother) wit.

un dram de noroc a spot of luck; one good break.

drăcia dracului! *F* the deuce! *F* hang! drat it! *F* oh, bother it! *F* blame it! *F* damn it all!

un drăcușor de fată *F* a devil of a girl.

drăguliță doamne *v.* **dragă doamne.**

drăguțul de el! *F* there's a dear; *F* there's a good boy *sau* girl.

a-și drege glasul/vocea to clear one's throat.

drept ca bradul/brazii/lumânarea bolt upright; as straight as a taper/an arrow/a yard; erect as a dart; as a die.

drept care certificăm in testimony whereof...

drept cine mă iei? what do you take me for?

drept consecință *v.* **ca urmare.**

drept înainte straight ahead; as the crow files.

drept în față right ahead.

drept în mijloc right/smack/slick in the middle.

drept pedeapsă as a punishment.

drept răsplată pentru as a reward for...; in return for...

drept răzbunare pentru... in revenge for...

drept scuză as an excuse; for a shift.

drept urmare *(cu gen.)* in consequence of...

a dresa un câine to teach a dog tricks.

a dresa un proces verbal I. to draw up a report; to draw up a statement of the case. **2.** *(la ședințe)* to record/to take the minutes.

drum bun! wish a good/a safe journey! *înv.* fare you well!

drum bun, cale bătută! *F* good riddance!

drum închis *auto* 'road stopped'.

drum în lucru *auto* 'road up'.

drumurile noastre se despart *fig.* our paths diverge; we part company.

ducă-se la dracu'/naibii/pe apa sâmbetei/pe pustii! *F* (the) deuce take it! *F* (a) plague on it! *F* a fig for it!

să nu te ducă păcatul să... (mind you) don't...

a o duce bine to be prosperous; to get on well; *F* → to roll in wealth; to live/to be in clover; *F* to be on velvet; *F* to have one's bread buttered for life; *sl. înv.* to be in a dry ditch.

a se duce bou și a se întoarce vacă > to come away none the wiser/as wise as he went.

a i se duce buhul *v.* ~ **vestea.**

a-l duce capul *v.* **a-l tăia ~.**

a duce casa to keep house; to keep the pot boiling/on the boil.

a duce casă bună cu cineva to live like husband and wife; to be hand and glove with each other; *(a se împăca)* to get on (with smb.); to get on like a house on fire.

a se duce ca toporul la fund to make a hole in the water.

a o duce ca vai de lume *F* to be badly off; *F* to be hard up.

a se duce ca vântul (și ca gândul) to run like the wind; to outstrip the wind; *amer. F* to split the wind.

a-și duce crucea to bear one's cross.

a duce cu cobza *v.* ~ **preșul.**

a se duce cu Dumnezeu to go in peace; **du-te ~!** *(lasă-mă în pace)* go along with you! leave me alone!

a duce cu preșul/vorba/zăhărelul *F aprox.* to take in; *F* to diddle; to do Taffy; to fool; to make a fool of; *F* to put off with fine words; *(pe cineva) F* to hand smb. a lemon; *F* to bad smb. up the garden (-path); to get the better end of smb.; *înv.* → to sell smb. a bargain.

a o duce de azi pe mâine to have (barely) enough to keep the wolf from the door/at bay; to have (barely) enough to keep body and soul together; to eke out one's existence.

a duce de mână to lead/to take by the hand.

a duce de nas pe cineva I. to lead smb. by the nose; to lay one's will on smb.; to bend smb. to one's will; to lead smb. a (pretty) dance. **2.** *(a înșela)* to pull/*scoț.* to draw smb.'s leg; to get to (the) windward of smb.

a se duce de râpă to go to the bad/the dogs; to go to blazes/hell/pot; to go to rack and ruin; to go up to the spout; to go to pigs and whistles.

a duce dorul... to grieve/to hanker/to pine after...; to year for/after.

a se duce dracului I. *F* to go to pot/the bad/the dogs. **2. du-te ~!** *F* go to the devil! go to hell/blazes/Jericho/*amer.* grass/*amer.* thunder!

a se duce duluță ← *F* to clear out; to make off.

a duce o existență de... to lead a(n)... existence/life.

a-l duce gândul la to think of; *(a-și aminti)* to remember, to recollect.

a se duce glonț *v.* ~ **întins.**

a o duce greu *F* to rough it; to have a bad time/a rough time of it.

a duce greul to bear the brunt of smith.; to have/ to play/to pull/to take the labouring oar.

a duce în cârcă un copil to give a child a ride on one's back.

a o duce în chefuri/petreceri *F* to be on the spree/ tiles; to paint the town red; *F* to take one's life in both hands and eat it.

a se duce în lumea albă/largă *v.* **a-și lua lumea în cap.**

a se duce în lumea lui *v.* ~ **într-ale sale.**

a se duce întins to go straight.

a o duce într-un chef *v.* ~ **în chefuri.**

a o duce într-un huzur *v.* ~ **bine.**

a se duce într-ale sale/în treaba lui to go about one's business; to mind one's own business.

a se duce într-un suflet to go as fast as one's legs would/can/could carry one.

a duce jugul căsniciei *F* to run in double harness.

a duce ceva la bun sfârșit/capăt to bring to an end/a close; to see/to carry smth. through; to carry/ to bring to its conclusions; to see smth. out; to put smth. through; to bring smth. to a satisfactory conclusions; *F* to go the whole hog; *sl.* to do *(amer. up)* brown.

a se duce la culcare to go to bed/*F* → roost; *F* to tumble in; *F* to tumble into bed; *F* to turn one's toes in; *amer. glumeț* → to hit the sack/the hay; *(în limbajul copiilor)* to go to bye-bye; to go to one's dreams.

a duce la desperare to drive to despair.

a se duce la dracu(l) *v.* ~ **dracului.**

a se duce la fund to go to the bottom; to sink; *sl.* to go to Davy Jone's/Davy's locker.

a se duce la fund ca piatra/un topor to sink like a (mill) stone/a stick.

a duce pe cineva la groapă to attend smb.'s funeral; to carry smb. to the ground.

a duce la gură to put to one's mouth.

a duce la închisoare to take off to prison.

a duce la îndeplinire to carry out.

a duce la mustață *F* to booze; *F* to guzzle; *F* to tipple.

a nu duce la nimic to result in nothing.

a se duce la vedere *F* to go on a blind date.

a duce lipsă de ceva to be in/to have want of smth.; to need smth.; to be/to stand in need of smth.; to run short of smth.

a nu duce lipsă de... to be well-off for...; to have...

a duce lipsă de bani to be behind hand in one's circumstances; to be pushed for money.

a duce mare lipsă de ceva *F* → to be hard up for smth.

a n-o mai duce mult not to last much longer.

a o duce numai în chefuri to be fast; to lead a fast life; *F* to go on the racket.

a se duce opt și cu a brânzei nouă; du-te ~! *F* go to Bath/hell! *F* the deuce take you!

a duce paharul la gură *F* → to kiss the cup.

a o duce până la capăt to hold out; to carry out; to bring to a close/a conclusion/an end.

a se duce pe apa sâmbetei 1. to fly/to go to the winds; to end in smoke. **2.** *(a muri)* *F* to go to grass; *F* to go on the hooks; to kick the bucket; *F* to hop the twig.

a se duce pe copcă *v.* ~ **de râpă.**

a se duce pe gârlă *v.* ~ **apa sâmbetei 1.**

a se duce pe lumea cealaltă to go to one's account; to go hence; to go to heaven; *F* → to join the (great) majority.

a duce pe targă pe cineva to carry smb. on a stretcher.

a duce porcii la jir *F* to drive pigs to market; *F* to snore like a pig.

a o duce prost/rău to be badly off; *F* → to be hard up.

a duce război împotriva *(cu gen.)* to wage/to levy/ to make war against...

a duce tratative to carry on negotiations; to negotiate.

a duce tratative cu cineva to treat with smb.; to be in treaty with smb.; to negotiate with smb.

a duce tratative de pace to treat/to negotiate for peace; to carry on peace-negotiations.

duce-te-ai unde și-a întărcat dracu' copiii! *F* go to Jericho!

a i se duce vestea to be famous/reputed (for...).

a duce o viață aspră to live rough.

a duce o viață cinstită to keep on the course.

a duce o viață de câine to lead a dog's life; to lead a dog-like life.

a duce o viață de celibatar to lead a single life.

a duce o viață desfrânată to lead a bad life.

a duce o viață mondenă to live in the world.

a duce o viață retrasă to live/to lead a secluded life; to be out of the swim; to lead an unsociable existence.

a duce o viață zbuciumată to be tossed about a good deal.

a-și duce zilele to keep body and soul together; to keep the wolf from the door.

nu-l duci cu una cu două *F* there are no flies on him!

du-te la dracu'! *F* go to blazes/hell/pot/the devil/ the dogs; *sl. înv.* go to pigs and whistles.

dulce ca mierea (as) sweet as honey/a nut/sugar.

al dumneavoastră sincer *(în scrisori)* sincerely yours; (I am) yours (very) truly.

Dumnezeu dă, dar nu aduce acasă *prov.* God helps those who help themselves; God gives the milk, but not the pail.

Dumnezeu îi dă omului, dar în traistă nu-i bagă *prov.* God helps those who help themselves.

Dumnezeule mare! man alive! mercy on us! good gracious! oh my! *amer. F* good land! *amer. F* my land!

Dumnezeu să-l ierte/odihnească! Good rest his soul!

Dumnezeu să ne păzească! (God) save us!

Dumnezeu Sfântul știe God/(the) Lord/Goodness knows; *(solemn)* God/Heaven knows.

Dumnezeu știe! Goodness knows! *(solemn)* Good/ Heaven knows.

Dunăre de mânios in a fume; *v. și* **mânios Dunăre.**

după aceea then; next; (the) next thing.

după un anumit timp after some time.

după aparențe from appearances/the outside.

după atâta timp/vreme such a long time after; at this distance of time.

după bătălie mulți viteji se arată *prov.* it is easy to be wise after the event.

după calculele mele according to my calculation/ estimate.

după cât(e)... as far as...

după câte îmi aduc aminte/îmi amintesc to the best of my remembrance/recollection/memory; as near as I can remember.

după câte cred eu to my thinking; as I take it.

după câte mi se pare as I take it; as it strikes me.

după câte știu for all I know; as far as I know; to the best of my knowledge; for aught I know; to my knowledge.

după câte văd form what I can see; as far as I can see.

după cât mă taie capul to the best of my ability/ power.

după cât se arată *v.* ~ **cum se pare.**

după ce a murit leul, și măgarul dă cu copita *prov.* hares may pull dead lions by the beard.

după chip by appearance.

după chipul... *(cu gen.)* after the manner/style of...

după chipul și asemănarea cuiva in smb.'s own image; after smb.'s likeness.

după colț round the corner.

după cum se arată *v.* ~ **cum se pare.**

după cum bate vântul *fig.* according as the wind blows.

după cum e cazul as the case stands; as the case may/might be.

după cum era de așteptat according to expectation; as was expected.

după cum se pare to all appearances; as it seems; seemingly; apparently; presumably.

după cum se prezintă cazul *v.* ~ **e** ~.

după cum se spune 1. as people say; as reports say; as report will have it; as the story goes; from hearsay. 2. *(cum e zicala)* as the saying goes.

după cum sună vechea zicală as the old tag has it; as the old saying goes.

după cum se și cuvine as seems suitable.

după cum se știe as is (well-)known.

după cum urmează as follows.

după cum se vede *v.* ~ **cum se pare.**

după cum îi vine cheful as the notion takes him; as it strikes him.

după datină according to custom.

după dorință at/on/upon discretion.

după exemplul *(cu gen.)* after/following the example of...; in imitation of...

după faptă și răsplată *prov.* as the work, so the pay; the biter bit; one good turn deserves another; tit for tat; *aprox.* to come to one's autumn; measure for measure.

după furtună vine și vreme bună *prov.* after a storm comes a calm.

după gust to taste.

după gustul meu of main own choice; to my mind.

după împrejurări according to circumstances; as the case may/might be.

după (o) matură chibzuință after mature/careful consideration; (up)on second thoughts; upon a fair balance; on reflection.

după mine *v.* ~ **părerea mea.**

după mine, potopul after us the deluge.

după modelul *(cu gen.)* on the model of...; after the fashion of...

după multă vreme after a long time.

după natură from nature/life; true to nature.

după obicei 1. *v.* ~ **datină.** 2. *(individual)* according to one's habit(s).

după părerea generală by all accounts; according to all accounts.

după părerea mea in my opinion/judgement/ view/regard; to my mind/thinking; to my way of thinking; as I take it; as it strikes me; according to my reckoning; in my sight; *amer. sl.* for my money.

după părerea mea personală in my private opinion.

după placul inimii *v.* ~ **pofta inimii.**

după ploaie chepeneag/vreme bună *prov.* after rain comes sunshine/fair weather; cloudy mornings turn to clear afternoons.

după pofta inimii (according) to one's heart's desire/content; to the top of one's bent; at will/choice; at/(up)on discretion.

după regulile stabilite by rule.

după roade se cunoaște pomul *prov.* work shows the workman; the workman is known by his work.

după o scurtă perioadă after a short space.

după tată by/on the father's side.

după un timp after a time.

după tipic by (the) book.

după toate 1. after all this. 2. to crown it all.

după toate aparențele *v.* ~ **cum se pare.**

după toate probabilitățile in all probability/likelihood.

după toate regulile (artei) by/with bell; book and candle; *F* according to Cocker; in due form.

după ultima modă/ultimul jurnal in the latest style; according to the latest fashion; up-to-date; in the height of fashion; in style.

după umila mea părere *glumeț* in my poor opinion.

după voia inimii *v.* ~ **pofta ~.**

a-l durea burta to have the stomach-ache.

a-l durea capul to have a headache; *(după chef) F* → to have a head.

a-l durea dinții to have a tooth-ache.

a-l durea gâtul *(extern)* to have a pain in one's neck.

a-l durea gura de/să... *fig.* to have grown hoarse for/with...

a-l durea inima *fig.* to feel sick/sore at heart; **mă doare** ~ it grieves me to the (very) heart; it makes my heart ache; my heart bleeds.

a-l durea în călcâie/cot *F* not to care a fiddlestick/a straw/a rap.

a-l durea în gât to have a sore/a bad throat.

a-l durea în suflet *v.* ~ **inima.**

a-l durea mădularele to be sore all over.

a-l durea picioarele to have tender feet.

a-l durea stomacul to have a pain in one's stomach/belly/*F* → tummy.

a-l durea toate încheieturile to be quit stiff.

dureros la atingere sore/tender to the touch.

s-au dus boii dracului *F* all's up; *F* all's gone bang.

dus pe gânduri absorbed/buried/engrossed/lost in thought/in one's own thoughts; deep in thoughts.

o dușcă bună de... a good draught of...

dușii de pe lume *F* the (great) majority.

du-te-ncolo! *F* go to hell/the deuce!

du-te-vino comings and goings; bustle; agitation; fuss.

E

e adevărat that is true; it is so; so it is; that's so.

e o adevărată rușine că... it is a sin and a shame that...; it is a veritable/a downright shame that...

e o adevărată sperietoare de ciori she is a perfect fright.

e adevărat că... it is true that... (but...); I grant/admit that... (but...); though I agree that... (yet...).

e adevărat cum mă vezi și te văd it is as true/sure as I live; as (true as) I stand here.

e un adevărat noroc că... it is really very lucky/fortunate that...

e a ploaie it looks like rain; it is turning to rain.

e aproape sigur că... it is tolerably certain that.

nu e așa it is not so; that's not true.

e autentic it is genuine; it is the real thing.

e bine it's all right; that's right; so far so good.

e bine să nu fi singur la nevoie *prov.* company in distress makes trouble less.

nu e bogat cel ce are mult, ci cel care se mulțumește cu puțin *prov.* enough is as good as a feast.

e o bucată bună (de drum) it is a long/a good step.

e un bun vorbitor he has a smooth tongue.

e cam același lucru it is much the same; it/all that amounts/comes to the same thing.

e cam albastru! *F* it's too bad; *F* we're in a hole/a tight place/a scrape/a corner/a (nice) fix.

e cam prea de tot *F* that's a bit steep!

e cam trăsnit he is not right in his head.

e ca și cum ai spune că... this is tantamount to saying that...

e cazul să... it is not out of place to...; it would be a good thing to...; it is meet and proper to...

nu e cazul it is not the case.

e o căldură înăbușitoare it is stifling hot.

nu e ceea ce te aștepți de la el it is unlike him to do such a thing.

e ceva putred în Danemarca smth. is rotten in the state of Denmark.

e o chestie aici there's a knack in it.

e o chestiune de gust it is a matter of taste.

e o chestiune de viață și de moarte it is a matter/a question of life and death.

nu e chiar așa tânără *F* → she's no chicken.

nu e chip să... it's impossible to...

echivalent cu... tantamount to...

nu e cine știe ce (grozăvie) *F* it's nothing to write home about; it's nothing out of the way; it's not much to look at; *F* it's not great scratch/shakes/*sl.* shucks.

e cineva pe fir *tel.* line's engaged; there's smb. on the line.

nu e cinstit *F* → that's not fair do's.

e ciudat it is a strange thing.

e clar! it's clear! now I understand!

e clar ca lumina zilei one can see that with half an eye.

a economisi mâna de lucru to save labour.

a ecraniza o piesă to put a play on the screen.

e cu atât mai regretabil că... it is the more to be regretted that...

e cu atât mai rușinos (din partea ta)! all the more shame to you!

e culmea! *F* that beats all/the devil! *F* that crowns all; *F* that would put the gilded roof on it!

e cum nu se poate mai bun it's perfect.

e cu putință? is it/that/such a thing possible? well, I never! you don't say so! you don't mean it! *amer.* do tell...

e curată escrocherie! it's a regular swindle!

e curios this is curious.

e cusut cu ață albă *F* that's too thin; *F* that's a bit thin.

e cu totul altă poveste that is quite another story; *F* that's quite another pair of breeches.

e dată naibii! *F* she's a regular tomboy!

e dator la toată lumea he owes money right and left.

e de ajuns să spunem că... suffice it to say that...

e de datoria lui să... it is up to him to...

e de dorit it is desirable.

e de două ori mai în vârstă decât mine he is twice my senior.

nu e de glumă it's no trifling matter; no joke; *înv.* it is not a farthing matter.

nu e de glumit cu el etc. he, etc. is not to be trifled with; he, etc. is not a man to trifle with.

e de la sine înțeles it goes without saying; that is understood.

e de la sine înțeles că... it goes without saying that...; it is an understood thing that...; it stands to reason that...

nu e de mirare că... it is small wonder that...

e de profesie doctor by profession he is a doctor.

mai e destulă vreme pentru asta there's time enough for that; there's plenty of time.

ediția s-a epuizat the edition is sold out.

nu e doar/numai un câine scurt de coadă *prov.* you are not the only pebble on the beach.

nu e dracul chiar așa de negru cum se spune *prov.* the devil is not so black as he is painted.

e drept! that's right; quite/just so! it is so! so it is! that's so.

nu e drept that's not fair (*F* → do).

a educa un copil to train (up) a child.

mi-e egal it is all the same to me.

e evident că... it is clear/obvious that...; it stand to reason that...

e exact ceea ce ne trebuie it is the real thing.

e o fată bună she is a good girl; *F* → she's a (real) good sort; *F* → she's one of the right sort.

nu e fată rea *F* she is not a bad sort.

e o figură *F* she's a queer chap/a rum stick/a queer fish/specimen.

e un fleac it's a mere trifle.

e foarte drăguț din partea dumitale that's very nice of you; *F* → it's awfully sporty of you.

e foarte posibil that's quite possible.

e frumoasă de pică she is a stunner.

e gata? is it done?

nu e genul meu that's not my style.

e un ger de crapă pietrele it is bitter/nipping cold; it is a ringing frost; it is freezing hard.

e greu de abordat he is very stiff; he is (rather) difficult to approach.

e greu de spus dacă... there is no saying if...

e greu până începi *prov.* every beginning is difficult; the beginning is always the most difficult; the beginning are always hard.

e greu pentru el it is rough on him.

e greu s-o scoți la cap cu el he is a hard man to deal with/to be dealt with.

e grozav! *F* it's ripping! *F* that's tip-top!

ei, asta-i (bună)! *F* you don't mean it! *F* marry come up/out; *F* you gods and little fishes; *F* that beats all/creation/all creation/everything/my grandmother/the devil!

ei, aș! you don't say so! you don't mean it! certainly not! *(spune-i-o lui mutu')* *F* tell it to the marines; not at all! not in the least! *v. și* ~ **asta-i bună.**

ei, bine well; well now.

ei, bine, fie! well, then! that's settled! all right!

ei, comedie/drăcia dracului/drăcie (cu pălărie)! *F* bother it! *F* botheration! *F* the devil (a bit)! *F* boy! *F* gosh! *F* the deuce! *F* hang! *F* drat it! *F* damn/dash it all! *F* the thunder! *F* deuce take it! *F* hang it (all)! *F* God damn! *F* great guns! *F sl. înv.* shiver my timbres!

ei, hai(, liniștește-te)! *F* there, there!

nu e o idee rea it is not a bad idea/plan.

e o iluzie it's an illusion; that's a piece of wishful thinking.

ei, lasă! I. now, go it! bless my heart! 2. *(nu te sinchisi)* never mind!

e imposibil it is out of the question.

e imposibil de spus there is no saying.

e incorigibil he's past praying for.

mi-e indiferent it is all the same to me.

ei, poftim *F* fancy that! *F* o dear! *F* dear me! *F* marry come up/out! *F* marry gap! *amer. F* can you beat it/that? *F* fancy that! *F* I say! *F* well, I declare! *F amer.* I want to know!

ei, și? well, and after that? *(și dacă)* (well) what of it? *F* what then? *F* never mind! *F* so what?

ei, taci (soro)! *F* you don't mean it! *F* you don't say so! *F* bless my heart.

e împotriva regulamentului that is against the rules.

nu e în apele lui he is not feeling quite the thing.

e în regulă it's all right.

e în stare de orice she is up to anything.

nu e în toate mințile he is not right in his head.

e o întreagă poveste it's a long story.

e la mintea omului it's a matter of course; it stand to reason/sense.

e la modă it's (quite) the thing.

e un lasă-mă să te las he's an old stick-in-the-mud.

e leit tatăl său he is the very/the dead spit of his father.

el e stăpânul *F* → he rules the roast/roost.

a elibera un certificat etc. to draw up/to give a certificate, etc.

a elibera pe cineva din captivitate to release smb. from captivity.

el o să ne îngroape pe toți he will see us all out!

e loc berechet there is room and to spare.

nu e loc de întors there is no room to turn in.

nu e lucru curat I smell a rat.

e un lucru obișnuit it's all in the day's run.

nu e un lucru ușor it's no easy matter; it's no trifle.

a eluda o chestiune to shirk a question.

nu e lumină aici you can't see here.

e lună the moon is shining.

e mai mare dragul să... it is a treat/a pleasure to...

nu e mare brânză *F* it's not great scratch/shakes/things/*sl.* shucks.

nu e mare filozofie it's as easy as nothing; it's a (mere) child's play; *F* no great bother.

e mare lucru să... it is smth. to...

e un mare noroc că... it is a mercy that...

nu e mare scofală *F v.* **nu e mare brânză.**

e mare șmecher *F* he's a smart one.

e un mister pentru mine it is a sealed book to me.

a emoționa până la lacrimi pe cineva to move smb. to tears.

e mai mult decât de-ajuns that will do.

e mult de la mână până la gură *prov.* there's many a slip betwixt the cup and the lip.

e natural it is but/perfectly natural; and small/what wonder.

e nemaipomenit! great Heavens/Caesar/Scott/sun/ *F* shakes!

e neplăcut că... it is unfortunate that...

nu mai e nevoie de nici un comentariu that tells its own tale.

nu e nici o afacere 1. we have come back as we went. **2.** *(nu rentează)* it doesn't pay; the game is not worth the candle.

nu e niciodată prea târziu *prov.* it is never too late to mend.

nu e nici o grabă there is time enough for that; there's no hurry.

nu e nimic! *v.* ~ **face ~!**

e o nimica toată that is a (mere) trifle.

nu e nimic de făcut nothing doing; (it's) no go; there's nothing to be done; it can't be helped; there is no help for it.

nu e nimic de râs în asta it is no laughing matter; it is not a laughing matter.

nu e numai un câine scurt de coadă there's as good fish in the sea as ever came out of it.

e numai oase înșirate he is a living skeleton.

e numai piele și os he is nothing but skin and bone; he is a mere skeleton.

e numai zahăr și miere *fig.* she is all sugar.

e o oarecare ameliorare there is smth. of an improvement.

e oare cu putință? is it (really) possible? is such a thing (really) possible? *amer. F →* do tell!

e ocol mare it is a long way round.

e un om cumsecade he's all right.

e un om de încredere he is a reliable man; *F →* he'll do to take along.

e păcat că... it is a pity that...; it is unfortunate that...

nu e pădure fără uscături *prov.* there are lees to every wine; there are black sheep in every flock/fold.

e pâinea lui Dumnezeu he's a good soul; he is a trump of a fellow.

mai e până atunci it is a long way!

e pe dric *F* his number is up.

nu e pentru cei ca tine that's not for such as you.

nu e pentru cine se pregătește, ci pentru cine se nimerește *prov.* one man makes a chair, and another man sits in it.

e o personalitate he's (a) somebody.

e peste puterile mele it is beyond/out of/not in my power.

e o plăcere să... it is a privilege to...

e o poveste întreagă! thereby hangs a tale!

e o poveste lungă *fig.* it's a long story; thereby hangs a tale.

nu e prea deștept *F →* he will never set the Thames on fire.

e prea de tot! *F* that's a bit (too) thick! *v. și* **asta e culmea!**

nu e prea greu it isn't so very difficult.

e un proces de lungă durată it is a slow process.

e prost de dă în gropi he is as silly as can be.

a-și epuiza munițiile *mil.* to shoot away all one's ammunition.

a-și epuiza resursele (argumentele etc.) to have shot one's bolt.

e punctul lui slab that's his sore spot.

e pur și simplu o hoție it's simple/sheer robbery.

e purul adevăr it is the solemn truth.

nu e mai puțin adevărat it is equally true; but then; on the other hand.

e puțin probabil I should hardly think so; there is strong presumption against it.

era cât pe-aci s-o pățească he missed it by a close shave.

nu e rău! *F* not half bad! *F* that's a good job!

nu e mai rău decât alții he may/might/would pass in a crowd.

e rândul dumitale să faci cărțile it's your deal.

e rândul meu să vorbesc it is my say now.

e rândul tău it is your turn; *(la jocuri)* it's your shot.

e rândul tău să încerci! have a turn!

e regretabil că... it is to be regretted that...; it is regrettable that...

a se erija în critic to set up for a critic.

e rușinos it's a (< great) shame!

nu e sărbătoare în fiecare zi *prov.* every day is not holiday; Christmas comes but once a year.

e un schelet ambulant he is a living skeleton.

a se eschiva de la plata unei datorii to squeak out of paying a debt.

e secretul lui Polichinelle that's public property.

e soi rău *F* she's a bad penny/sort.

e stăpâna inimii mele she sway over my heart.

e stăpân în casa lui *F* → he rules the roast/the roost.

a estompa un desen to soften of a drawing with a stump.

e suficient să spun că... suffice it to say that...

a eșalona plăți to space out payments.

ești atât de amabil/bun să...? would you be so kind as to...?

ești grozav (ce să spun)! *F peior.* you are a fine one!

ești nebun! *F* you're crazy/raving!

a-și etala cunoștințele to trot out one's knowledge.

nu e timp de pierdut there is no time to lose/to be lost.

e timpul... it is high time...

e timpul să plecăm *F* → it's time we made a move.

e timpul să vină it is time they came.

e un tip grozav *F* he's a splendid chap.

e tocmai ce ne trebuie *F* → that's the ticket!

e tot una it amounts/comes to the same thing; it makes no difference; it is all the same; *F* → it's a distinction without a difference; *F* → it's six of one and half a dozen of the other.

mi-e tot una it is all the same to me.

e tot un drac *v.* **e tot una.**

nu e trandafir fără spini *prov.* no rose without a thorn.

nu e treaba mea it's none of my business; it is no concern of mine; *F* → it's not my funeral.

e trecută de treizeci de ani she is in the thirties.

e trecut de șapte it is turned seven o'clock.

eu unul... I for one...; speaking for myself...

nu e ușor deloc that requires some doing.

a evada din închisoare to break jail/prison.

a evita extremele to steer/to tread a middle course.

a evita un risc *sau* **riscuri** to play for safety.

exact acum un an a year ago to the very day.

exact ca un ceasornic as regular as clockwork.

exact ce trebuie! that's the (right) thing! *F înv.* that's the potato.

exact ce-i trebuie (cuiva) just the thing for smb.

exact invers just the reverse.

exact opusul *(cu gen.)* quite the (very) reverse of...

a exagera peste măsură to lay it on with a trowel; to lay it on thick.

a examina atent to examine/to inspect carefully; to bolt to the bran.

a examina un candidat la (geografie) to question a candidate on (geography).

a examina ceva îndeaproape to examine smth. closely; to probe deep into smth.

a examina în detaliu o chestiune to sift a matter of the bottom.

a examina ceva până la capăt to go thoroughly into smth.

excepția confirmă/întărește regula *prov.* the exception proves the rule.

a-și executa pedeapsa to serve one's sentence.

a executa o săpătură to drive a sap.

a-și exercita drepturile to exercise one's rights.

a exercita funcția de... to act/to officiate as...

a exercita o influență asupra... *v.* **a avea ~...**

a exercita o meserie to follow/to carry on/to ply/to drive a trade.

a exercita presiuni asupra cuiva to put pressure (up)on smb.; to bring pressure to bear on smb.; to exert pressure (up)on smb.

a-și exercita puterea asupra... *(cu gen.)* to have/to hold/to bear sway over.

a exercita o supraveghere strictă asupra cuiva to keep smb. under strict supervision.

nu există așa ceva! there is no such thing!

există motive puternice/temeinice pentru a începe acum there is much to be said for beginning now.

nu există nici cea mai mică dovadă there is not a rag of evidence.

nu există nici o îndoială there is no doubt/question about it.

nu există nici un motiv pentru asta there is no sort of reason for this.

nu există regulă fără excepție *prov.* there is no rule without an exception.

a expedia pe lumea cealaltă pe cineva *F* to do smb. in; *F* to do for smb.

a expedia ceva prin poștă to send smth. by post.

a experimenta un medicament pe un animal to try (out) a medicine upon an animal.

explică-te, te rog! kindly translate! what is all about?

a exprima condoleanțe cuiva to condole with smb.

a exprima doleanțele cuiva to give voice to smb.'s grievances.

a-și exprima o dorință to express a desire; to utter a wish.

a-și exprima indignarea to give voice to one's indignation.

a exprima mii de mulțumiri to pour out one's thanks.

a exprima mulțumiri cuiva to offer/to express/to extend one's (sincere/heartfelt) thanks to smb.; to render/to return thanks to smb.

a-și exprima o părere to express/to advance/to utter an opinion.

a-și exprima sentimentele to give utterance to one's feelings.

a exprima sincere mulțumiri cuiva to offer/to express/to extend one's sincere/heartfelt thanks to smb.

a expune cazul *jur.* to state the case.

a expune clar situația to put the case clearly.

a expune la aer to (expose to the open) air; to give an airing to.

a expune mărfuri în vitrină to show goods in the window.

a se expune pericolului to walk with disaster.

a expune un plan cuiva to set a plan before smb.

a-și expune programul *(politic etc.)* to unfurl one's banner.

a se expune riscului de a... to take/to run/to incur the risk of...

a expune ceva spre vânzare to exhibit smth. for sale.

a expune pe cineva tentațiilor to throw temptation in smb.'s way.

a extrage o rădăcină pătrată to extract a square/a second root.

extremele se atrag *prov.* extremes meet.

a ezita între două alternative to shilly-shally.

F

nu face *F* isn't work while; it doesn't pay.

nu se face *v.* ~ **cade.**

a face un abonament la un ziar etc. to take out a subscription to a paper, etc.

a face abstracție de... to leave... aside; to exclude...; to set aside...; **făcând** ~ leaving... aside; apart from...; ...excepted; to say nothing of...

a face abuz de putere etc. to override one's commission; to abuse one's power, etc.; to strain one's powers; to exceed/to go beyond one's powers.

a face o achiziție to make an acquisition.

a face acrobații to perform acrobatic tricks/stunts/feats; to do parlour tricks/stunts; *(în zbor)* to perform stunts.

a face act de autoritate to exercise/to show one's authority; to carry things with a high hand.

a face act de prezență to put in/to make an appearance; to show oneself.

a se face actor to go the stage/the boards; *F* to tread the boards.

a face adnotări pe un document to docket.

a face o afacere (bună) to make a (good) bargain; to do a (good/fine) business; to get a bargain; to drive a good bargain; to strike oil.

a face o afacere proastă not to have got one's money's worth; to have done a bad stroke of business.

a face afaceri pe picior to carry on/to do business; to buy and sell.

a face o afirmație to make an assertion/a statement.

a face un afront cuiva to put/to pass a slight on smb.

a face agitație to go/to be on/to take the stump.

a face albie de porci pe cineva to cast/to fling/to throw/to shy dirt at smb.; to treat smb. as mud; to volley abuse at smb.; to give it smb. hot (and strong); to mop/to wipe the floor with smb.

a face o alegere to make a selection.

a face alișveriș cuiva ← *înv.* to buy from smb.

a face alpinism to go (in for) mountaineering.

a face o aluzie to drop/to give a hint; *F* → to give the whisper.

a face o aluzie la... to make an allusion to...; to refer to...; to allude to...; to hint at...; to talk at...

a face o anchetă to hold an inquiry.

a face anticameră to cool one's heels in the waiting-room; to dance attendance on smb.

a-și face apariția to make an/one's appearance; to put in an appearance; to show oneself; *F* to turn/to show up; to come on the carpet; *(în public)* to make a public appearance.

a face apel la... to appeal to...; to resort to...; *(a invoca)* to invoke...; *(la cineva)* to call on...; to call upon smb.'s help *sau* services; to turn to...

a face apelul to call (over) the roll; to take the call-over.

a face apologia... *(cu gen.)* to vindicate...; to justify...

a face aport *(d. câini)* to fetch and carry.

a face aprecieri asupra *(cu gen.)* to give an appreciation of...

a face armata ← *F* to be in the army; to be in the military service; to be under the flag; to be conscripted; to go soldiering.

n-aș face asta să mă pici cu ceară *F* I wouldn't do it for the life of me.

a face pe cineva să aștepte to keep smb. waiting.

a-și face autocritica to apply self-criticism; to pass self-criticism on one's activity.

a face o autopsie to hold a post-mortem (examination).

a face autostop to thumb a lift/a ride.

a-și face auzite pretențiile to push one's claims/demands.

a face avansuri cuiva to make an advance/advances/approaches to smb.

a face avere to make a fortune; to make one's pile; to lay up a purse.

a face avocatură to practise law.

a-și face bagajele *fig.* to pack off (bag and baggage); to pack up (one's things/*F* one's traps).

a face o baie *(în cadă)* to take a bath; *F* to have a tub; *(în aer liber)* to bathe.

a face baloane de săpun to blow soap-bubbles.

a nu face un ban *v. ~* **o ceapă degerată.**

a face bani to make money; to make a pretty penny; *F* to knock up.

a nu face bani not to be worth the powder and shot.

a face bazaconii to play mad tricks.

a face băşcălie de cineva *F* to take the mickey out of smb.; *← F* to make fun/game of smb.

a face o băşică to raise a blister.

a face ceva bătând din palme *F →* to do smth. like a bird.

a face bezele cuiva to kiss one's hand to smb.; to blow kisses to smb.

a face bilanţul I. *com.* to draw up a balance-sheet; to balance one's accounts; to strike the balance of...; **2.** *fig.* to take stock of the situation; to make an evaluation; to reckon up; ... to review...; to sum up...

a face bine to do well/right; **fac ~, mulţumesc** I'm very well/fine/all right, thank you.

a se face bine to leave one's bed; to recover one's health.

a face un bine cuiva to do good to smb.; to act kindly to smb.; to confer/to bestow a benefit upon smb.

a-i face bine cuiva *(d. un leac etc.)* to do smb. good.

.a face bine să... to do well to...

ai face (mai) bine să... you had better *(cu inf. scurt).*

a face o boacănă; a face o boroboaţă *F* to put ones foot in it; *F* to make a blunder/a bloomer/a bowler/a bad break; *F* to drop a brick; *v. şi ~* **de oaie.**

a face bot to pout; to purse one's lips; to look sulky/black; to pull a wry/an ugly face.

a nu face brânză cu cineva *P* to cut no ice with smb.

a se face broască la/pe pământ to make oneself small; to squat.

a face cuiva bucata *F* to play smb. a (nice/fine) trick; *F* to lead smb. a (pretty) dance.

a face bucăţele/bucăţi to smash up; to knock/to pound to atoms/pieces; to pull to pieces; to reduce to matchwood; *v. şi* **a bate pe cineva măr.**

a face burduf (spinarea cuiva) *F* to sandbag smb.; to beat smb. to a mummy/a jelly.

a face un cadou cuiva to make a present to smb.; to present smb. with smth.

a face un calambur to play upon words.

a face un calcul aproximativ *rar →* to chalk on a barn-door.

a face cale întoarsă to revert/to retrace one's steps; to strike back; *amer. F →* to take the back trail; to tread back one's steps; to turn back;

a face canotaj to row; to go in for rowing.

a(-i) face cuiva capul calendar *F* to muddle smb. dizzy by dinning smth. into smb.'s ears; to knock smb. to fits; *amer.* to take the bark off a tree; to bring/to drive/to put smb. to his wits' end.

a face carantină to make/to pass quarantine; to perform (one's) quarantine.

a face carieră to work one's way up; to make quite a career; to be on the climb; to be on the up-and-up.

a face cartea/cărţile to deal/*F* to make the cards.

a face casă bună I. *(cu cineva) v.* **a duce ~ 2.** *(cu ceva)* to fit (together); to be suited/matched.

a face ca treaba să meargă strună *F →* to make things hum.

a face cauză comună cu... to make common cause with...; to act conjointly with...; to throw in one's lot with...; to side with...

a face caz de... to make much of...; to have a high opinion of...; to make a great fuss about...; to take stock in...; to set value upon...; to set (< great) store by...; to make a fuss of...

a nu face caz de... to make nothing of...; to set a low value on...

a face o călătorie to make/to take a journey; *(într-o ambarcaţie)* to go for a sail; *(pe mare)* to go on a voyage.

a face o călătorie în jurul pământului to cast a girdle about/round the world/the earth.

a-şi face un cămin to settle down for life.

a-şi face un căpătâi to settle (down); to get a job.

a se face că nu recunoaşte pe cineva to cut smb. dead.

a face cârdăşie cu cineva to be in compact/collusion with smb.; *F* to rub shoulders/elbows with smb.

a nu face o ceapă degerată *F* not to be worth a farthing/a rush/a penny/a curse/an old song/a fig/a jigger/a leek/a fillip/a pin/a damn/a rap/a hill/a bean/*amer.* a red cent; *F* not to be fit for the dust-hole; *F* not to amount to a row of beans; *sl.* to cut no ice.

a face ce fac toţi to go with/to follow the crowd.

a face cercetări (în legătură cu...) to investigate...; to make inquiries about...

a face ce vrea cu cineva to turn smb. round one's little finger; to mould smb. like wax.

a face un chef to have a booze; to carouse; to make a carousal; *F înv.* to crook the elbow; *F* to elevate the little finger; *F* < to paint the town red; to make a feast; to make good cheer; *F* to have a spree; *F* to go on the spree.

a-și face cheful I. to use one's own discretion; to do as one likes. **2.** *(a-și îndeplini dorința)* to satisfy one's desire (for smth.).

a face cheltuieli to incur expenses; to save one's pocket.

a face chetă to take round the plate; to pass the hat.

a face cinema to be in pictures.

a face cinste to stand treat/*F* Sam; *(cuiva)* to stand smb. a drink.

îți face cinste it does you credit.

a-l face ciuciulete to wet/to soak smb. to the skin.

a face coadă (la) to stand in a queue (for); to queue up (for).

a se face cobză *F* to be pickled.

a-și face (un) coc to put up one's hair.

a se face colac to roll/to coil oneself up; to roll up into a ball.

a face colțul *v. și* **a da ~.**

a face un comentariu asupra... *(cu gen.)* I. *(unui text)* to comment upon... **2.** *fig.* to make/*F* → to pass remarks upon...

a face comerț I. to (carry on) trade; to be engaged in business. **2.** ~ **cu...** to deal/to trade in...; to traffic with...

a face un comision to run an errand/a message.

a se face comod to take one's ease; to make oneself quite at home; to make oneself snug; *F* → to let out a reef.

a face o comparație cu... to make a comparison with...; to draw a parallel with...; to bring into comparison with...

a face un compliment cuiva to make/to pay smb. a compliment; to compliment smb.

a face un compot de fructe to stew fruit.

a face un compromis I. to make a compromise; to split the difference. **2.** ~ **cu cineva** to meet smb. half way.

a face compromisuri to stand/to stick to one's guns.

a face o concesie to make a concession; to bate an ace; to stretch a point; to strain a point.

a face concurență cuiva to vie with smb.

a face cuiva o concurență serioasă to run smb. close/hard.

a face o confuzie to make a mistake/a confusion.

a face contact cu pământul *electr.* to make (contact with the) earth.

a face contrabandă to smuggle; to carry/to run contraband (goods).

a face o copie după un clișeu *fot.* to print (off/out) a negative.

a face corectura to read/to correct the proofs; to seek a book *etc.* through the press; to read for press.

a face corp (comun) cu... to be an integral part of...

a se face covrig *v.* ~ **colac.**

a face o critică cuiva to criticize smb.; to pass criticism (up)on smb.

a face cruce cuiva to cross smb.

a-și face cruce to cross oneself.

a face o cruce în dreptul numelui cuiva to put a tick against smb.'s name.

a face o cucerire *fig.* to make a conquest.

a face cuie ← *F* to tremble with cold.

a face cu mâna to wave one's hand.

a și-o face cu mâna lui to tread on one's own tail.

a face cum îl taie capul to take one's own course; to use one's own discretion/pleasure; to get one's own way.

a face cumpărături to go/to get shopping; to make purchases.

a face cum i s-a spus to do as one is told.

a face cum vrea to have/to get one's way.

a face cunoscut ceva to announce smth.; to noise smth. abroad; to give smth. to the world.

a face cunoscut cuiva to inform smb. of...; to give smb. notice of...

a se face cunoscut to make oneself conspicuous; *amer. F* to put/to place oneself on record.

a face cunoștință cu I. ~ **cineva** to make smb.'s acquainted; to become acquaintance with smb.; to come to know smb.; to scrape acquaintance with smb.; to pick up the thread (of acquaintance) to... **2.** ~ **ceva** to experience smth.; to shake hands with smth.

a face cu ochiul cuiva to wink at smb.; to give smb. the eye.

a face pe cineva cu ou și cu oțet *F* to send smb. away with a flea in his ear; *F* to give it smb. hot (and strong); to draw smb.'s eye-teeth; *F* to tear smb.'s character to rags/shreds; *F* to comb smb.'s hair for him; *F* to comb down smb.; *F* to cut smb. to pieces; *F* to give smb. beans; *F* to cook smb.'s goose; *F* to abuse smb. up hill and down vale.

a face curat într-o cameră to do/to tidy a room.

a face cură de apă (minerală) to drink the waters.

a face curățenie generală to have a regular clean-up.

a face curse to run errands/messages.

a face curte cuiva to court smb.; to woo smb.; to make suit/love to smb.; to pay attention/one's attention/one's addresses to smb.; *F →* to keep company with smb.; to make/to pay (one's) court to smb.; *înv. →* to go sweethearting.

a face cu schimbul to take turns in/at doing smth.; to work in relays.

a face o cută la haină to put/to make/to take up a tuck in a garment.

nu face daraua cât ocaua to be a fool for one's pains; to be an ass for one's pains.

a face o dare de seamă asupra unui lucru to report (up)on smth.

a-și face datoria to do/to perform one's duty/devoire; to come up to the mark/*amer.* the chalk; **~ până la capăt** to do one's duty to the last/the utmost; (*față de patrie*) to do one's bit; to serve one's country.

a nu-și face datoria to fall short in one's duty.

a face datorii to run into debt; to be in debt; to fall/to get/to run in(to) debt; to contract debts; to run (a/on) tick; to outrun/to overrun the constable.

a face dâră prin barbă *← F* to take the initiative; to move first; to break the ice.

a se face de basm *v.* **~ râs.**

a face de batjocură to laugh at; to make fun of; to scoff/to sneer at...

a-și face de cap (*a face prostii*) to do foolish things; *F* to let rip; (*a face pe nebunul*) *F* to play the fool/the giddy goat.

a face o declarație de dragoste cuiva to make smb. a declaration of love.

a face ceva de dârvală *← P* to scamp/to botch smth.

a face de două parale *v.* **~ pe cineva cu ou și cu oțet.**

a-și face de lucru to be busy; to potter/to tinker about.

a face ceva de mântuială to scamp one's work; to shamble through one's task; to slight over smth.; to do smth. (by) halves.

a face demersuri I. to take steps. **2. ~ pe lângă cineva** to approach smb.; to apply to smb.; to resort to smb.; (*mai ales ca protest*) to make representations to smb.

a o face de oaie to put one's foot in it; *F* to make a bloomer/a blunder; *F* to put one's foot into one's mouth; *amer. F* to pull a boner.

a face de ocară... to (put to) shame; to cry shame upon...; to cry fie upon...; to bring discredit on...

a face o deosebire între... to make/to draw a distinction between...

a-i face cuiva de petrecanie *F* to settle smb.'s hash; *F* to tumble/to turn up smb.'s heels; *F* to do for smb.; *v. și ~* **cuiva seama.**

a face de planton to be on orderly duty.

a face o depoziție to give/to make evidence; to make a deposition/one's testimony.

a face de râs pe cineva I. to turn smb. into ridicule. **2.** to disgrace smb.; to put smb. to shame; to hold up smb. to derision/ridicule; *F →* to lay smb. on the gridiron.

a se face de râs to make oneself ridiculous; to bring discredit on oneself; to make an exhibition of oneself; to make a fool/an ass of oneself; to become everybody's laughing-stock; to make a show of oneself; to make a laughing-stock of oneself; to be open to ridicule.

a face de rușine *v.* **~ ocară.**

a nu se face de rușine to give a good account of oneself.

a face de toate și nimic to do everything but anything.

a face ceva de unul singur to plough a lonely furrow.

a face dezordine în ceva to make hay of smth.

a face dificultăți to make difficulties; to create obstacles; to raise objection.

a face o digresiune to make a digression; to digress; to wander from the point; to fall into a digression; to run off.

a face din alb negru și din negru alb to blow hot and cold; to play fast and loose; to prove that black is white and white is black; to turn white into black; to call white black.

a face pe cineva din cal măgar (*a discredita*) to bring discredit upon smb.; to cry smb. down; (*a umili*) to bring/to take/to pull smb. down; *F* to take smb. down a peg or two.

a face din lână laie lână albă to turn geese into swans.

a face din noapte zi to turn night into day.

a face din om neom to undo smb.

a face din țânțar armăsar to make a mountain out of a molehill; to draw/to pull the long bow; to turn geese into swans.

a face din zi noapte to turn day into night.

a face să dispară orice urmă to cover (up) one's traces/tracks.

a face o distincție între... to make/to draw a distinction between...

a nu face doi bani *v.* **~ o ceapă degerată.**

a nu face două parale *v.* ~ **o ceapă degerată.**

a face dragoste cu cineva to be in love with smb.; to make love to smb.

a face dreptate cuiva to do smb. right/justice.

a-și face drum *v.* ~ **croi** ~.

a-și face drum cu coatele to elbow one's way.

a-și face drum singur *amer.* to lift oneself/to pull oneself up by one's own bootstraps.

a se face Dunăre (turbată) *v.* ~ **foc (și pară de mânie).**

a face după capul său/după cum îl taie capul/ după mintea lui to take one's own course; to use one's own discretion/pleasure; to go/to have one's way; to go one's gait/gate; to have it (all) one's own way.

a face un duș to take a shower bath.

a-și face dușmani to raise up enemies.

a face economii to save (up) money; to be a saver of money; to save one's pocket.

a se face ecoul *(cu gen.)* to echo...; to repeat...; to voice...; to act as spokesman for...

a-și face efectul to work (well); to take effect; to go home.

a face eforturi mari to make efforts; < to try hard.

a face elogiul cuiva to speak smb.'s praises.

a face epocă to be epoch-making; to mark an epoch/an era.

a face escală într-un port to touch at...

a face escală la... to put in (at)...; *amer.* to stop over in (at)...

a face excepție to make/to be an exception.

a face o excepție în cazul cuiva to make allowance in smb.'s case; ~ **în favoarea cuiva** to stretch a point.

a face exces de zel to make a great show of zeal; to put butter on bacon.

a face o excursie to go for a trip; to make a trip/ an excursion.

a face exerciții 1. *(fizice)* to take exercise. **2.** *(școlare)* to do exercises.

a face o experiență to make/to try an experiment; to carry out an experiment.

a face o expertiză to carry through a survey.

a face explozie to explode; to blow up; *(d. un cazan)* to burst up.

a face farmece to practice magic; ~ **cuiva** to cast/ to lay/to set/to put a spell on smb.; to lay smb. under a spell.

a face cuiva o farsă to play a joke/a trick on smb.

a face farse to play pranks.

a face fasoane to make a to-do; to act the prude; *înv.* → to be a little upon the fal-lal.

a face față to get through; to cope with smth.; to face up to smth.; to hold out smth.

a face față onorabilă to give a good account of oneself.

a face o favoare cuiva to do smb. a favour.

a face ceva fărâme to knock/to smash smth. (in)to smithereens; to shiver smth.; to break smth. into shivers; *și fig.* to crush smth.; to make all split; to pound smth. to atoms/pieces.

a-și face fel de fel de gânduri to worry; to fret.

a-și face felul *v.* ~ **seama.**

a(-i) face felul cuiva ← *P* **1.** *(a omorî)* to kill smb.; *F* to do the business/the job for smb., *sl.* to do smb. in; to settle smb.'s hash. **2.** to play smb. a nasty trick; to cool smb.'s goose (for him).

a se face fercheș *(a se îmbrăca)* *F* to have got'em all on.

a(-i) face o festă cuiva *v.* **a(-i) juca** ~.

a face fețe-fețe to change colour; to turn all the colours of the rainbow.

a o face fiartă *F* to make a mess/a hash of smth.

a(-i) face cuiva figura *F* to play a (dirty/mean/ shabby) trick/(up)on smb.

a face figură bună to make/to cut a figure; to be quite presentable; to put up a good show.

a face figură proastă/rea to cut a sorry/a poor figure.

a-i face cuiva o figură urâtă *F* to play smb. a dirty/ a dog's/a mean/a nasty/a shabby trick.

a face fițe ← *F* to mince; to put on frills; to be capricious.

a i se face foame to get an appetite; to feel/to grow/ to get hungry.

a face un foc to start a fire.

a se face foc (și pară de mânie) to fly into a passion/a rage; to fire/to bridle up; *F* to fly off the handle; *F* to raise one's dander; *F* to fret and fume; to foam with rage; *F* to turn Turk; *F* to cut up savage/ugly.

a face focul to kindle/to light the fire.

a face o fotografie to take a photo(graph); to take a likeness.

se face frig it is turning cold.

a se face frumos 1. to smarten/to spruce oneself up; to preen one's feathers; to slick (oneself) up. **2. se** ~ *(d. timp)* the weather is turning out fine; it's clearing up.

a face furori to make/to create a sensation; to cause a stir; *elev.* to create a furore; *F* → to be all the go; *(d. o piesă etc.)* to be a riot.

a face o gafă to drop a brick; to stumble; to put one's foot in(to) it; *F* → to crack the bell; *F* → to make a break; *înv.* → to put the wrong foot before.

a face galerie to back...; to support...; *amer. sport* to root (for)...

a face gălăgie to make a noise/a hullabaloo; *F* to kick up a row/a racket/a shindy; to raise Cain/hell/the devil; *F* to raise snakes; *F* to make a row; *F* to lift/to raise the roof.

a-și face gânduri negre to be in the dismals/doldrums; to be in a gloomy mood/disposition, etc.

a face gât 1. *v.* ~ **gălăgie**. 2. ← *F* to murmur; to protest; *F* to make a song about smth. 3. *v.* ~ **fasoane/nazuri**.

a-și face geamantanul to pack up; to pack one's trunk.

a face un gest to (make a) gesture.

a (se) face ghem *v.* ~ **colac**.

a face un ghiveci din ceva *F* to make hay of smth.; to make a hash of smth.

a face gimnastică to do gymnastics/setting-up exercises; to take exercises.

a face o glumă (pe socoteala cuiva) to crack a joke (in smb.'s expense); to play a joke (on smb.); to poke fun (at smb.).

a face o glumă proastă to make/to crack a flat joke.

a face gospodărie to do the housework; ~ **gospodăria cuiva** *F* → to do for smb.

a face grații to give oneself airs and graces; to attitudinize.

a-i face cuiva greață to turn smb.'s stomach; to make smb. retch; to make smb. sick; *F* to make smb.'s stomach/gorge rise.

a i se face greață to be/to feel/to turn sick.

a face o greșeală to make a mistake/a slip; to commit an error; to slip a cog; *rar* → to do a fault.

a face greșeli de ortografie to spell badly/incorrectly; to be a bad speller.

a face greutăți cuiva to give/to cause smb. trouble; to put difficulties in smb.'s way.

a face grevă to (go on) strike; to walk out; to stop work; to come/to turn out; to put down tools; to throw up work; to strike work; to throw down one's tools.

a face grevă de sindicate to strike in sympathy.

nu-ți face griji! never (you) fear!

nu-ți face griji din cauza asta don't trouble your head about that!

a face grimase to make grimaces/faces/wry faces; to map and mow.

a-și face gura pungă to screw up one's mouth.

a face gură *v.* ~ **gălăgie** *și* ~ **gât**.

a face o haltă to make a halt; to make a stop; to come to a stop; to halt; *amer.* to stop over.

a face harcea-parcea *v.* ~ **bucățele/bucăți**.

a face un hatâr cuiva *v.* ~ **o favoare** ~.

a face haz de... to make fun/sport of...; to make merry at/over...

a face haz de necaz to smile in the face of adversity; to grind and bear it.

a face haz pe socoteala altuia to disport oneself at another person's expense; to make fun at the expense of another person; to make fun of smb.

a-și face (o) idee despre... to form an idea of...; to make an apprehension of...

a-și face/forma o idee justă despre... to form a true estimate of...

a-și face iluzii to cherish illusions; to deceive oneself; to indulge in illusions.

a face imposibilul to use every endeavour; to do one's utmost; to move heaven and earth.

a face impresie bună to cut a good/a fine figure; to ring the bell.

a face o impresie proastă to cut a sorry figure.

a i se face inima cât un purice to have one's heart in one's boots.

a-și face inimă rea to take/to lay smth. to heart; to receive to heart.

a face inofensiv to render innocuous; to put out action.

a face o insolație to get a touch of the sun.

a-și face interesele to act to one's own behoof; to look after one's own interests.

a se face interpretul cuiva to act as smb.'s spokesman.

a face intervenții to make representations.

a-și face intrarea în lume to begin the world.

a face inventarul to take stock.

a face ipoteze asupra... *(cu gen.)*/**cu privire la...** to speculate on/upon/about...; to make conjectures about...

a se face iubit de cineva to win smb.'s affection.

a face un împrumut to raise/to conclude/to make a loan.

a face o încercare to have/to take/to try a shot; to have a throw at it; to have a try; to make a stab at smb.; to make an attempt.

a face în ciuda cuiva to spite smb.; to stroke smb. against the hairs; to stroke smb.'s hair the wrong way.

a face înconjurul *(cu gen.)* to go round...; to travel round...

a face înconjurul lumii to travel round the world.

a face ceva în glumă to do smth. for the humour of it/for the fun of the thing.

a face în pantaloni *F* to go down in one's boots.

a face un joc de cuvinte to pun; to play (up)on words.

a face joc dublu to play fast and loose; to play pendulum.

a face jocul to lay the stakes.

a face jocul cuiva to play into smb.'s hands; to play smb.'s game.

a face joncţiunea *mil.* to join hands.

a face o jumătate de întoarcere *mil. etc.* to turn/ to face right about.

a face jumătate-jumătate *F* to go halves/shares/ *rar* → snacks; to go share and share alike; *amer.* to go fifty-fifty.

a face larmă to make noise; *v. şi* ~ **gălăgie.**

a face ceva la stânga *F* to angle/to crib/to cabbage smth.; *înv.* → to pick and steal smth.

a o face lată I. (*a o feşteli*) *F* to make sad work/a sweet business/a nice mess of it. 2. (*a petrece*) *F* to be/to go on the spree; *F* to make the fur fly; *F* to have one's fling; *F* to be on the drink; *F* to paint the town red; *înv.* → to go on a bat/on the batter/ the bend/the burst/*P* the bust/the racket/*sl.* the razzle-dazzle.

a-şi face lecţiile to do one's lessons.

a face legământ to make a vow.

a i se face lehamite de ceva to grow sick of smth.; to be put off smth.

a se face leu-paraleu *v.* ~ **foc (şi pară de mânie).**

a face loc to clear space.

a face loc cuiva to make room for smb.

a-şi face loc to make room/way for oneself.

a face un lucru util to perform useful work.

a face lumina mică to turn the light low.

a face lumină într-o problemă to throw light on smth.; to shed (a) light on a matter.

a se face luntre şi punte to set every spring in motion; to leave no stone unturned; to crack on all hands; to move heaven and earth; to move hell; to walk one's legs off; to put oneself out.

a face mare caz de... to make much of...; to set great store by...; to make a noise about...; *F* to make a song about...; to make much account of...; to set a high value on...; *sl.* to make heavy weather of...

a nu face mare caz de cineva to put/to pass a slight on smb.

a-i face o mare plăcere cuiva to be a great pleasure to smb.; to be quite a treat to smb.

a se face marinar to tread the deck; *F* to go sailoring; to go to sea; to take to the sea; to follow the sea.

a face marţ pe cineva I. to backgammon smb. 2. *fig.* to get the upper hand of smb.; to make rings round smb.

a se face măciucă (*d. păr*) to stand on end.

a-i face cuiva o măgărie to play smb. a dirty/a dog's/a low/a mean/a nasty/a shabby trick; to do smb. dirt; *F* to play the Jack with smb.

a face mărturisiri complete to make full admissions (of guilt).

a se face mânios Dunăre *v.* ~ **foc (şi pară de mânie).**

a face mea culpa to put/to stand in a white sheet.

a-şi face mendrele to take/to have one's fling; to pleasure one's humour.

a-şi face un merit din ceva to make a merit of smth.

a face o mezalianţă to marry below one's station.

a se face mic to make oneself small; to humble oneself; to sing small.

îţi face milă să-l vezi it is pitiful to see him; he is a poor/a touching/a sorrowful sight.

a face o mină acră/supărată to put on/to make a sour face; to look furious.

a face un mister din ceva to make a mystery of smth.

a face mişcare to take exercise.

a face o mişcare to make a move.

a face mizerii cuiva to tease smb. unmercifully; to lead smb. a dog's life/the devil of a life.

a face mofturi *v.* ~ **nazuri.**

a face cuiva morală to read a sermon to smb.; to give smb. a talking-to; to read smb. a lecture; to lecture smb.

a face cuiva (o) morală părintească to talk smb. like a Dutch uncle.

a se face mototol to roll oneself up into a ball.

a face mutre *v.* ~ **nazuri.**

a-i face cuiva muzică to give smb. a good dressing down.

a face nani *F* to do bye-bye; *F* to go to bye-bye; *F* to do the downy.

a face nazuri to turn up one's nose; *F* to make a to-do; *F* to behave in a namby-pamby fashion; to affect reluctance; to act the prude; to pick and choose; *înv.* to be a little upon the fal-lal.

a face năzbâtii to play mad pranks.

a face nebunii to commit acts of extravagance; *F* to cut diodes.

mi se face negru înaintea ochilor everything goes dark before my eyes.

a se face nevăzut to vanish; to disappear; to flick out of sight; to whip/to slip/to slink/to whisk away;

$F \rightarrow$ to make oneself scarce; to spirit away; to play the invisible; to vanish from sight; to sneak off/away.

a-și face nevoile to relieve nature; to do one's needs; to go to stool.

a nu face nici cât o ceapă degerată v. ~ **o ceapă degerată.**

a nu face nici două parale v. ~ **un ban.**

a nu face nici o impresie to cut no figure.

nu face nimic! it's nothing! it doesn't matter (in the least)! no matter! it's all right!

a-și face norma $F \rightarrow$ to do one's tide.

a face o nouă încercare to try again.

a face numai după capul său to have everything/it one's own way.

a-și face un nume bun to deserve one's spurs.

a-și face nume rău to fall into disrepute.

a face cuiva ochi dulci to cast/to make sheep's eyes at smb.; to make eyes at smb.

a face ochii mari de mirare to open/to stretch one's eyes.

a face un ocol to take a roundabout way.

a face un ocol mare to take the longest way round.

a face onorurile casei to do the honours (of the house).

a face opinie separată to singularize.

a face pace to make/to conclude peace; to bury the hatchet/the tomahawk.

a face pe cineva paf F to flabbergast smb.; F to flummox smb.; F to knock/to strike smb. all of a heep.

a nu face o para chioară v. ~ **o ceapă degerată.**

a face paradă v. ~ **pe grozavul.**

a face paradă de... to make a show/a parade of...; to make a (< great) display of...

a face paradă de ceva to plume oneself on smth.

a face un pariu to make/to lay a bet/a wager.

a face parte din... to be a member of...; to be one of...; *(a aparține)* to belong to...; ~ **integrantă din...** to be part and parcel of...; to be an integral part of...

a face o partidă bună to make a good match.

a face un pas to take/to tread a step.

a face un pas greșit to (make a) slip; to stumble; to slide; to trip; to make a bad break.

a face un pas hotărâtor to take a decisive step; $F \rightarrow$ to take the plunge.

a se face pasibil de... to make oneself liable to...

a face un pas înainte to step forward.

a face un pas înapoi to step back.

a face pași mari *fig.* to stride/to stalk along; to advance rapidly; to make a good progress.

a face patul to make the bed; *(pt. noapte)* to turn down the bed/the bedclothes.

a face o pauză to make a pause; to make a stop.

a-și face păcate cu cineva to offend against smb.; to injure/to harm smb.

a-și face părul to do/to dress one's hair.

a i se face părul măciucă; i se făcu ~ his hair stuck up; his hair stood on end.

a face pe boierul F to lord it; F to do the swell; F to do the (fine) gentleman; F to do the grand; v. și ~ **grozavul.**

a face pe bolnavul to put on invalid airs; to sham illness/sickness.

a face pe bufonul to play the buffoon; to bear the caps and bells; F to posture as a buffoon; *înv.* → to play the hobby horse.

a face pe clovnul to bear the cap and bells.

a face pe craiul to spark (it).

a face pe deșteptul to give oneself airs.

a face pe din două to go halves.

a face pe dracul în patru F to do one's damned best; to do one's best; to play one's hand for all it is worth; to move heaven and earth; F to stir heaven and earth; *amer.* F to hoot Niagara.

a face pe gazda to perform the part of the host.

a face pe gândul cuiva to do as smb. wishes; to fulfil smb.'s wishes; v. și ~ **placul ~.**

a face pe grozavul to give oneself/to assume airs; to set up one's comb; to cut a dash/a figure/a show/a flash; to mount the high horse; to do the grand; to lord it over smb.; to be out to kill; *amer.* to do business with a big spoon; F to grow/to get too big for one's boots/breeches/shoes/trousers; F to put it on; F to bell the cat; F to play upstage; to show off; F to stick it on; F to stick oneself up; to put on side; F to cut a dash/a feather/a shine/*amer.* a swath; *amer. sl.* to cut it (fat).

a face ceva pe jumătate to do smth. by halves.

a face pe mărinimosul to show off as a generous man.

face pe mironosița *peior.* F she looks as demure as if butter would not melt in her mouth; F she is a goody(-goody); F she poses as Miss Innocence.

a face pe modestul to sham modesty.

a face pe moralistul to set up for/to set oneself up as a moralist; *(cu cineva)* to do the grandmother (over smb.).

a face pe mortul to play possum.

a face pe naivul to affect naivety.

a face pe nebunul to act the fool; F to play/to act the fool/(giddy) goat; F to cut didoes; to play the ass/the fool; to play horse; to be on the rampage.

a face pe neștiutorul to pretend ignorance.

n-aș face-o pentru nimic în lume I wouldn't do it for a kingdom; I wouldn't do it for the life of me.

a face pe placul cuiva to humour smb.; *(a asculta pe cineva)* to obey smb.

a face pe politicosul *F* to do the polite.

a face ceva pe propriul său risc to do smth. at one's (own) peril.

a face pe prostul *F* to look as if butter would not melt in one's mouth; to play/to act the (giddy) goat/the idiot; *sl. amer.* to cut didoes; **nu ~!** *F* don't be (a) silly!

a face o percheziție to search a house.

a-și face permanent *F* to have one's hair permed.

a face pe savantul to set up for/set oneself up as a scholar.

a face pe sfântul to play the saint; to saint (it).

a face pe stăpânul to play the master; to order people about.

a face pe tiranul to play the tyrant.

a face o petrecere *v.* **a face un chef.**

a face pe victima to make a victim of oneself.

a face picioare *F* to skedaddle; to vanish/to disappear; to be off.

a i se face pielea (ca) de găină to get the goose flesh.

a face pe cineva piftie/pilaf to beat smb. soundly/to a jelly/to a mummy/to pulp; to make mincemeat of smb.; to squash smb.

a face plajă to take sun-bath.

a face planuri to make plans.

a-i face plăcere (să...) to do smb. good (to...); to be pleased/delighted (in *cu -ing*).

a face o plecăciune cuiva to bow to smb.; to make a bow/*înv.* → a reverence to smb.; *F* → to scrape a leg/a bow to smb.

a face o plimbare to go out for a walk; to have/to take a walk; to have/to take an airing; to go for/to have a run; to go for a roam; to take a turn; *(cu mașina)* to take a drive; to go for a spin (in a car); *(călare)* to go for a ride; to take a ride; *(scurtă)* to make an errand; to take a stroll; to go for a stroll.

a face plinul *(d. mașini, avioane etc.)* to refuel.

a face un plonjon to take a plunge.

a face un pocinog cuiva to play smb. a nasty trick; to play smb. a dirty/a dog's/a low-down/a mean/a nasty/a shabby trick.

a face un pod peste un râu to span a river with a bridge.

a-i face poftă cuiva to give smb. an appetite; to whet smb.'s appetite; to set smb. agog for smth.; to tickle smb.'s fancy.

a-și face pomană cu cineva to take pity (up)on smb.

a face un popas to make a halt.

a face o porcărie cuiva *F* to do smb. dirt; *F* to do the dirty on smb.

a face portretul cuiva to make/to draw smb.'s portrait; to take smb.'s likeness/portrait.

a-și face portretul to have one's portrait taken; to sit for one's portrait.

a face o poznă *v.* **~ o boacănă.**

a face praf (și pulbere) 1. to make mincemeat of...; to destroy...; to tear to tatters; to beat...; to play hell with...; to blow (up)... sky-high; ← *fig.* to reduce... to powder; to rub (down)... to powder. **2.** *(a ului)* to astonish *(smb.)*; to knock *(smb.)* off his pins; to take smb.'s breath away.

a se face praf *F* to overheat one's flue; to break/to fly in(to) flinders.

a se face praf și pulbere to end in smoke.

a face prăpăd *v.* **~ ravagii.**

a se face preot to enter the priesthood.

a face presupuneri asupra... *(cu gen.)*/**cu privire la...** to speculate (up)on/about...

a face cuiva o primire rece to give smb. a cool reception.

a face primul pas *fig.* to make a move.

a-și face un principiu din ceva to make a point of doing smth.

a face pe cineva prizonier to take smb. prisoner.

a face proastă figură to cut a poor figure.

a i se face cuiva (un) proces-verbal de contravenție pentru viteză *F* → to be had up for scorching.

a face progrese to make progress/headway; to tide on.

a face progrese rapide to make great/rapid strides; to get on like a house on fire; to stream ahead.

a face o promisiune to give/to make a promise.

a face o propunere to make a suggestion; to make/to submit a proposal.

a face o prostie to do a silly thing.

a face un protest to make/to lodge a protest.

a face provizii de... to lay in a stock of...

a-și face un punct de onoare din ceva to take credit (to oneself) for smth.; to make smth. a point of honour.

a face puroi *(d. răni)* to rankle; to gather.

a face un pustiu de bine cuiva to do the dirty on smb.; to play smb. a dirty/a dog's/a low/a mean/a nasty/a shabby trick.

a face ravagii to work/to play havoc; to lay waste.

a face un rămășag *v.* **~ un pariu.**

a face rău to do wrong/evil.

a face rău cuiva 1. to do smb. harm; to injure smb. **2.** *(a-l indispune)* to sicken smb.; to make smb. sick; not to agree with smb.; to upset smb.

a-și face rău singur (de ciudă) to cut off one's nose to spite one's face.

a face rânduială în... to regulate...; to put... in (good) order.

a face o reclamație to put up a claim.

a face reclamă 1. *(unui lucru)* to advertise...; to boost...; to puff... **2. ~ cuiva** to laud/to praise smb. to the skies; to cry up/to extol smb.'s merits.

a-și face reclamă *F* to blow one's own trumpet; to sing one's own bell; *F* to toot one's horn.

a face o reducere la un articol *(de consum etc.)* to make a reduction on an article.

a face rele to do evil.

a face un releveu to make/to effect a survey.

a face o remarcă to pass a remark; to let fall a remark.

a face un reportaj to report (for a newspaper).

a(-i) face reproșuri cuiva to reproach/to upbraid smb.; to rebuke smb.; *F →* to rap smb.'s knuckles; *F →* to rap smb. on the knuckles; *amer. F înv.* to rap smb.

a face o reverență 1. *(d. bărbați)* to bow. **2.** *(d. femei)* to drop a curts(e)y.

a face rondul to go the rounds.

a face rost de... to procure...; to get hold of...; to secure...; *(bani) F* to scratch up/together...

a se face roșu de mânie to turn crimson with rage; to flush with anger; to turn red about the gills.

mi se face roșu înaintea ochilor *v. ~ negru ~.*

a-și face rugăciunea to say one's prayers.

a face o rugăminte cuiva to ask a favour of smb.

a face saftea (unui lucru) to handsel a thing; to inaugurate; to break.

a face un salt 1. to take/to make a leap; to give a jump. **2.** *fig.* to mark a rise; to leap (up); *(d. cineva)* to make rapid/good progress.

a face un salt înainte to jump/to leap forward.

a face un salt în lături to jump sideways.

a face un salt mortal to make a salto mortale.

a face salturi to turn somersaults/somersets; to leap; to bound; to cut capers.

a se face sănătos to get well again; to recover; to heal (again); to establish one's health.

a face o săritură to take a spring.

a-și face sânge rău to be/to feel vexed; to fret and fume (inwardly); *F →* to get all hot and buttered; to fret one's gizzard; to be galled.

a face cuiva sânge rău to vex/to ruffle/to annoy/to spite smb.

a-și face sânge rău pentru nimic to quarrel with one's shadow.

a face scandal to create a scandal; to kick up/to make a row; to make the feather fly; to make a dust; to kick up/to make a rumpus; **~ monstru** *F* to kick up the devil of a row; *v. și ~* **gălăgie.**

a face scandal pentru ceva to make much ado about smth.

a i se face scârbă de... to be disgusted with...; to have/to take a dislike to...; to have a horror of...; to loathe...; to be sick of...

a face o scenă cuiva to make smb. a scene.

a face schi to practise skiing; to go in for skiing.

a face schimb to exchange/to barter/*F →* to swop/ to swap (smth. for smth.).

a nu-și face scrupule to make no scruples; to have no scruples.

a face o scurtă vizită cuiva to run in to see smb.

a-i face cuiva seama *v. ~ felul cuiva.*

a-și face seama to lay (violent) hand(s) (up)on oneself.

a face un secret din ceva to make a secret of smth.

a nu face secret din ceva to make no secret of smth.

a face seminţe *(d. plante)* to run to speed.

a face semn cuiva to make a sign to smb.; to wave to smb.; to signal to smb.

a face cuiva semne să oprească to signal to smb. to stop.

a-și face semnul crucii 1. to cross oneself. **2.** *fig.* to sign oneself.

a face senzaţie to produce sensation; to create a stir; to make a splash.

a face cuiva un serviciu to do smb. a service/a good turn; **~ prietenesc** to oblige a friend; to render smb. a service.

a face serviciu contra serviciu to do a turn for a turn.

a-și face serviciul militar to serve in the army; to do one's military service; to see service.

a i se face sete to feel/to grow/to get/to be thirsty.

a-și face siesta to have a snooze.

a(-i) face cuiva silă to disgust smb.; to fill smb. with disgust/loathing; to make smb.'s gorge rise; to make smb. sick.

a face siluetă to grow slim/slender.

a și-o face singur to have only oneself to thank for it.

a-și face singur rău to cut off one's nose to spite one's face.

a-și face singur reclamă to blow one's own trumpet.

a-și face o situaţie to make one's way in the world; to strike out for oneself.

a face sluj to sit up and beg; to stand on hind legs; *fig.* to dance attendance on smb.; to bow and scrape.

a face sluj înaintea cuiva to come/to go up to the bit; to hang smb.'s sleeve.

a face socoteli to do sums.

a face un sondaj *fig.* to take bearings/soundings; to make a poll.

a face o spărtură to spring a leak.

a face spirite to make/to crack jokes; to say smart things.

a face sport to practise sports.

a-și face sprâncenele cu creionul to pencil one's eyebrows.

a face spume la gură to foam at the mouth; to scum; to rave and storm; *fig. v. și* **a spumega de furie.**

a-și face stagiul to be on probation; to be in training.

a-și face stagiul militar to put in one's term of military service.

a face stânga-mprejur to turn one's heels; to turn tail; to turn the bridle(-rein); to turn short.

a face o strâmbătură to make a wry mouth; to pull a face.

a face strâmbături to draw/to make faces.

a face strigările (pentru căsătorie) to ask/to call/ to put up/to publish/to proclaim the banns.

a face studii de specialitate în... to make a special study of...

a face studiile la... to be educated at...

a face o surpriză cuiva to give smb. a surprise; to spring a surprise on smb.

a face șicane cuiva to cavil at smb; to find fault with smb.

a face tabula rasa to clean the slate.

a face o taină din ceva to make a mystery *sau* secret of smth.

a face tapaj *v.* ~ **gălăgie.**

a face tărăboi *v.* ~ **gălăgie.**

a face un târg to strike (up) a bargain; **facem târgul?** *F* it is a go? ~ **cu cineva** to close with smb.; to conclude a bargain with smb.

se face târziu it grows/it is getting late.

a face teatru to be an actor; to act; to belong to the profession.

a face ceva temeinic to go the whole figure/hog.

a face o temenea to make a low bow; to ko(w)-tow; *F* → to make one's sala(a)m.

a face temperatură to run a temperature/a (high) fever.

a face pe cineva terci *v.* ~ **piftie/pilaf.**

a-și face testamentul to make one's will/*înv.* → testament.

a face tevatură to make a fuss.

a se face timp frumos; s-a făcut timp frumos the weather has turned out fine.

a-și face toaleta to make one's toilet; to dress oneself; *F* → to have a wash and brush up.

a face totalul to add up/to calculate the amounts; to tot up a column of figures.

a face tot ce stă în putința sa to do all in one's power; to do one's best/utmost; to try one's best/ hardest; to act for the best; to put one's best foot forward; to move heaven and earth; *F amer.* to give the best one has in the shop.

a face tot felul de pozne to be up to all manner of tricks.

a face tot posibilul *v.* **a face tot ce stă în putința sa.**

a face tovărășie cu cineva to associate with smb.

a face o traducere to do/to make a translation.

a face trafic de influență to trade on one's influence.

a face o tranzacție to strike a bargain.

a face o tratație *v.* ~ **cinste.**

a-și face treaba to do one's (own) business/job; to grind one's grist.

a face o treabă bună to make a good fist at/of smth.

a face o treabă de mântuială to huddle over/ through a piece of work.

a face o treabă (foarte) încet to be slow in/over doing smth.

a face o treabă până la capăt to go the whole length of a business; *F* to go the whole figure/ hog.

a face troacă de porci pe cineva *v.* ~ **albie ~.**

a face troc to trade smth. for smth.; to do a swop.

a face trotuarul to walk the streets; to play the harlot; to be on the streets.

a face o tumbă to tumble; to turn head over heels; ~ **tumbe** to turn somersaults/somersets; to cut capers.

a face un tur de orizont to survey the situation.

a face turul orașului to go sight-seeing; to see the sights of the town; to see the lions.

a face țăndări to smash/to break to smithereens; to break/to fly in(to) flinders.

faceți loc! make room/way; stand aside/off; move on!

a-și face ucenicia to serve one's time (of apprenticeship); to serve one's apprenticeship.

a face ultimele retușuri *(cu dat.)* to add a few finishing touches to...; to give the finishing touch(es)/the last touch to...; to give the finishing strokes to...

a face umbră pământului *(degeaba)* to be a worthless fellow/character; to be good-for-nothing/a ne'er-do-well; to idle one's time away.

a-i face una bună cuiva *F* to play a nasty trick upon smb.

a face una cu pământul to level to/with the ground; to raze to the ground; to beat down plain with the earth.

a-și face unghiile to pare/to clean one's nails.

a se face util to make oneself useful.

a face uz de... to use...; to make use of...

a face uz de violență to use violence.

a-și face vad *fig.* to make headway; to make/to work/to push one's way; *com.* to acquire/to establish good custom.

a face vâlvă to make a noise in the world.

a-și face vânt 1. *(cu evantaiul)* to fan oneself. 2. *(a-și lua avânt)* to take a run (for jumping); to take a spring.

a face vânt cuiva *fig.* to turn smb. away; *F* to give smb. the mitten/*amer.* the air.

a face versuri to make/to write poetry; to versify.

a face cuiva viața amară to make it/things hot/(< too hot)/warm for smb.

a face să vibreze o coardă în inima cuiva to touch a string in smb.'s heart.

a face cuiva o vină din ceva to bring a charge of smth. against smb.; *înv.* → to cast/to lay/to throw smth. in smb.'s dish.

a face un viraj cu mașina to swing a car round.

a face o vizită cuiva to pay smb. a visit; to call and see smb.; *(pt. scurt timp)* to (make a) call on smb.; *F* → to drop in on smb.; to run in to see smb.

a face o vizită armenească to hang up one's hat (in smb.'s house); to wear out one's welcome.

a face o vizită de politețe cuiva to pay one's devoirs to smb.

a face o vizită scurtă cuiva to run in to see smb.

a face vocalize *muz.* to vocalize.

a face voia cuiva to do as smb. wishes.

a face vraiște *fig.* to break china.

a face zarvă *v.* ~ **gălăgie.**

a face un zgomot infernal to make a hell of a noise.

a face zid împotriva *(cu gen.)* to make head against...

a face zile amare/fripte cuiva *F* to worry smb.'s life out; to play hell and tommy with smb.; to make a place too hot for smb.; to harass the life out of smb.

se face ziuă it is dawning; day is breaking; it is growing light; the night has turned.

a face zob to pound/to smash to atoms/smithereens/pieces.

fac rămășag *F* I'll bet a cookie/my life/my boots/my hat; *F* you bet your boots/your life; *amer.* *F* you bet, I'll bet my bottom/last dollar.

faptele, faptele, nu oala cu laptele *prov.* (it is) better to do well than to say well.

faptele vorbesc de la sine the facts speak for themselves.

fapte, nu vorbe *amer.* *F* → more cider and less talk.

fapt este că... the fact (of the matter) is (that)...

fată bătrână old maid.

fată în casă la toate maid of all work.

față în față face to face.

față în față cu... nose to nose with...

fă bine/bunătatea și... please...; you had better *(cu inf. scurt)*; be so kind as to...

s-a făcut! *F* all right! *F* (that's) settled; *F* it's as good as settled! *F* it's a go; *F* that's a bargain; *F* it is a match! *(ne-am înțeles)* *F* done with you!

făcut în casă home-made.

făcut la repezeală rough and ready.

fă-te frate cu dracul până treci puntea *prov.* call the bear "uncle" till you are safe across the bridge.

făgăduiala dată e datorie curată *prov.* promise is debt.

a făgădui cuiva cerul și pământul/câte în lună și în soare/marea cu sarea to promise smb. wonders/mountains.

a făgădui discreție to promise secrecy.

făgăduielile sunt făcute spre a nu fi ținute promises are like pie crust, made to be broken.

fă-mi plăcerea și... be so kind as to...; would you mind...?

fără adăpost shelterless; (out) in the cold.

fără adresă 1. *(d. scrisori etc.)* unaddressed; undirected. 2. *(d. cineva)* without giving one's/an address.

fără ajutorul nimănui (all) by oneself; off one's bat.

fără aparat critic *(d. texte)* unedited.

fără asemănare beyond compare; *v.* ~ **pereche.**

fără astâmpăr on tenterhooks; restless; fidgety; without a moment's respite.

fără autoritate unauthoritative.

fără avertisment prealabil without previous notice.

fără bancuri/bărbi *F* none of your games!

fără un ban în pungă penniless; moneyless; out of cash.

fără cap, fără picioare (with) neither rhyme nor reason.

fără cap și coadă with neither rhyme nor reason; without rhyme or reason.

fără căpătâi 1. *(fără adăpost)* homeless; *(fără lucru)* out of work. **2.** aimlessly; *(umblă de colo până colo)* on the gad.

fără chef in bad humour; ill-humoured; in low spirits; out of spirits/humour/*F* sorts; *F* off colour; *F* one's oats.

fără un chior în buzunar *F* on the rocks; on one's uppers.

fără să clipească din ochi without turning a hair/an eyelash; unshrinkingly; *amer.* not to bat an eyelid.

fără condiții unconditionally.

fără consecințe unattended by/with consequences.

fără continuitate by fits and starts.

fără cusur faultless; flawless; ideal; perfect; without rebuke, spotless.

fără un cuvânt de prisos without a redundant word.

fără d-astea! *F* none of your games!

fără de-alde astea! *F* none of your games!

fără de veste *v.* **fără veste.**

fără discernământ unthinkingly.

fără discuție indisputably; *(categoric)* categorically; without doubt; beyond question; beyond/past/without dispute; to/of/for a certainty; without/beyond debate; *F* in all conscience.

fără o doagă *F* with a bee in one's bonnet; *F* off one's rocker.

fără doar și poate beyond all doubt; without doubt; unquestionably; to a dead certainty; *F* make no mistake.

fără drept de apel *jur.* unappealable.

fără egal *v.* **~ pereche.**

fără exagerări! *F* draw it mild!

fără excepție without exception.

fără experiență *(de viață)* unfledged.

fără ezitare unhesitatingly; *v. și* **~ șovăire.**

fără fasoane without ceremony.

fără frâu *fig.* uncurbed.

fără fund bottomless; unfathomable.

fără glume! no joking; *F amer.* no kidding!

fără greș faultlessly; correctly.

fără greutate without trouble/difficulty; *F →* like a bird; *înv. →* with a wet finger; *înv. →* hand over head.

fără grijă careless; unconcerned; light-hearted; happy-go-lucky.

fără gust 1. tasteless. **2.** *fig.* in bad/poor taste.

fără importanță of no consequence; of no account.

fără incidențe uneventful.

fără indicație de sursă unacknowledged.

fără intenție unwittingly; unintentionally; undesignedly.

fără a intra în amănunte without going into details; to cut/to make a long story short.

fără încetare incessantly; continually; without intermission/cessation/stopping; unabatedly.

fără înconjur straightforward; straight out; directly; roundly.

fără îndoială undoubtedly; without/beyond doubt; to/of/for a certainty; *F →* off the reel; without question; beyond (all) question, out of question, past question; without peradventure.

fără întârziere without delay; right off/away; *F →* like one o'clock; *elev.* forthwith; *amer.* right off the beat.

fără întrerupere uninterruptedly; without interruption; undisturbedly; at a spell/a stretch; *înv. →* by and by; at one stretch.

fără jenă 1. shamelessly; with no shame; unceremoniously. **2.** *(necruțător)* unsparingly; *(cu curaj)* without the least fear.

fără să mă laud without boasting; though I say it myself.

fără leac beyond/past cure.

fără o legătură cu... out of all relation to...; bearing no relation to...; having no connection with...; out of contact with...

fără o lescaie *v.* **~ para chioară.**

fără limită without stint.

fără lucru out of job.

fără margini boundless; limitless; infinite; unstinted.

fără martor unwitnessed.

fără menajamente bluntly; roundly.

fără milă 1. *adj.* pitiless; merciless; ruthless. **2.** *adv.* pitilessly; mercilessly; ruthlessly; without remorse.

fără motiv gratuitously; without cause/reason; out of reason; groundlessly; < for no reason at all.

fără multă tevatură without more/further ado.

fără multă vorbă without further ceremony; ~! *F* don't make many words; without further/more; without any circumstance.

fără nici un chichirez without rhyme or reason; vapid; flat; dull.

fără nici o importanță of no consequence/importance.

fără noimă senseless; without rhyme or reason.

fără număr out of count.

fără obrăznicii! *F* none of your lip!

fără ocupație at a loose end.

fără odihnă without rest.

fără oprire non-stop; at a stretch; off the reel; incessantly.

fără a opune rezistență without a struggle.

fără o para chioară *F* without a penny (to bless oneself with); *F* on the rocks; sort of money; *F* in a pickle; *F* clean/dead/stone/stony/*amer.* *F* flat broke.

fără pereche matchless; peerless; with no parallel (to one); second to none.

fără a pierde din vedere... without losing sight of...; with an eye to...; without overlooking...

fără un plan dinainte stabilit following no preconcerted plan.

fără plată free of charge.

fără precedent beyond/without example; unprecedented.

fără preget *v.* ~ **încetare.**

fără premeditare on the spur of the moment; unpremeditated.

fără pretenții unassuming.

fără preț priceless; matchless; peerless; unvaluable; above/beyond/without price.

fără a mai pune la socoteală not to mention...; not to speak of...

fără a recurge la forță without resort to compulsion.

fără restricție without stint.

fără rezerve *v.* ~ **condiții.**

fără rezultat without result; to not purpose.

fără rușine <(as) bold as brass; *v. și* ~ **jenă I.**

fără scamatorii! *F* none of your games!

fără scrupule without scruples.

fără seamăn beyond belief/compare; beyond/past (< all) description; without a rival.

fără sens senseless; useless; without rhyme or reason.

fără serviciu out of collar.

fără sfârșit endless; unending.

fără slujbă out of collar.

fără socoteală without reason; unwisely; inconsiderate(ly); thoughtless(ly); rash(ly); heedless(ly).

fără soț odd.

fără speranță de îndreptare beyond/past redemption.

fără a sta mult pe gânduri out of hand.

fără succes I. *adj.* unsuccessful; without success. **2.** *adv.* unsuccessfully; without success.

fără supărare! no offence (meant); without (any) offence.

fără șmecherii! *F* none of your games!

fără șovăire *adv.* without (a moment's) hesitation; unhesitating; without faltering; straight off/away; unfalteringly.

fără știrea cuiva without smb.'s knowing it/knowledge.

fără tăieturi (*d. un text etc.*) unabridged.

fără teamă I. *adj.* fearless; dauntless. **2.** *adv.* fearlessly; *F* → without turning a hair.

fără temei devoid of foundation; out of reason; *v.* și ~ **motiv.**

fără tragere de inimă unwillingly; reluctantly; with reluctance.

fără a ține seama de ceva without taking smth. into account/consideration; without respect to smth., without reference to smth.

fără valoare worthless; of no value.

fără veste unawares; suddenly; all of a sudden.

fără vino-ncoace unattractive.

fără vlagă out of blood; sapless.

fără voie I. *adj.* involuntary. **2.** *adv.* involuntarily.

fără să mai vorbim de... not to speak of...; to say nothing of...

fără zarvă without a fuss; without any fanfares.

fecior de bani gata white-headed boy.

fecior de lele bastard; (*șmecher*) sly/dry boots; downy cove; (*ticălos*) scoundrel.

fel de fel de... all kinds/sorts/manner of...

fel și chip in every way possible.

ferească Dumnezeu! God/Heaven forbid! God/Heaven bless/save the mark!

ferește-te de lupul îmbrăcat în piele de oaie *prov.* when the fox preaches take care of your geese.

ferește-mă Doamne de prieteni, că de dușmani mă feresc singur *prov.* God defend/deliver me from my friends, from my enemies I (can/will) defend myself.

a se feri ca de foc to shun/to avoid like poison/the pest.

ferice de tine! you (are a) lucky fellow! lucky you! *F* lucky beggar/dog! ~ că... lucky you to...; it is fortunate for you to...

fericiți cei săraci cu duhul *bibl.* blessed are the pure in heart; *prov.* where ignorance is bliss 'tis folly to be wise.

a se feri din calea cuiva to keep/to go out of smb.'s way; to avoid/to shun smb.; to be shy of smb.

ferit-a sfântul! *F* God forbid! *F* bless the mark!

a feșteli iacaua *F* to knock the end in/off.

a fi abătut to be in bad/low spirits; to be out of spirits.

a fi abonat la un ziar to take (in) a paper.

a fi a cincea roată la căruță to be the fifth wheel of a coach.

a fi acordat *(d. un instrument muzical)* to be in tune.

a fi actor to walk the boards.

a fi acuzat de crimă to stand accused of murder.

a fi adevărat to hold true.

a fi o adevărată enigmă pentru cineva to be a real puzzle to smb.

a fi adversarul declarat *(cu gen.)* to have no sympathy with...

a fi afumat *F* to wear a brick in one's hat; *F* to have a drop in one's eye; *F* to have been in the sun.

a fi aghezmuit *v.* ~ **afumat.**

a fi agitat to be restless/*F* → all in a twitter.

a fi aidoma cu cineva *v.* **a semăna leit cu...**

a fi alături de cineva to be with smb. in (the) spirit; to stand by smb.

a fi amestecat în ceva to have a finger in the pie; to have a foot/a hand in the dish.

a nu-i fi aminte de... not to care for...; to have no mind to (do smth.); to have no taste/stomach for...; not to show (a spark of) interest in...

a-i fi antipatic cineva to have an aversion to smb.; to dislike smb. not to have much use for smb.

a fi o apă și un pământ to be both of a hair; to be of the same kidney; *înv.* → to be cup and can.

a fi apucat zile mai bune to have had/seen his day, to have seen better days.

a-i fi apus steaua to be through with one's star.

a fi un arivist to be pushful; to have plenty of push.

a fi atins de o boală to be visited by/with a disease.

a fi atins de nebunie to be tainted with insanity.

a fi o autoritate în (materie de)... to be an authority on...

a fi avansat la rangul de... to be promoted to the rank of...

a fi avocat to be at the bar.

a fi batjocura cuiva to be the derision of smb.

a fi o belea pe capul cuiva *F* to hang upon the hands of smb.; to be an encumbrance/a burden to smb.

a nu-i fi bine to be unwell; to be sick; to feel strange.

a fi bine primit to meet with good treatment.

a fi un blestem pentru... to be/to prove a curse to...

a nu-i fi boii acasă to be out of spirits; to be of bad cheer; *F* to be like a cat on hot bricks; *F* to feel cheap; *F* to be as queer as Dick's hat-band; *F* to be feeling all nohow; *F* to be in the wrong box; *F* to be a cup too low; *F înv.* to feel vicky; *F* not to be (quite) oneself; *amer. F* to be off the beam; *sl. înv.* to have the hump up.

a fi bolnav de inimă to have the heart trouble.

a fi bosumflat to be on the pouts; to have the pouts.

a fi bot în bot to bill and coo.

a fi bunătatea întruchipată/personificată to be kindness itself; to be the perfection of kindness.

a fi un bun cunoscător al istoriei to be well up/in history.

a fi bun de gură to wag one's tongue; to have a flippant tongue; to have one's tongue well hung/oiled.

a nu fi bun de nimic *F* → to be no good/use.

a mai fi bun la ceva *(d. lucruri)* *F* → to come up smiling.

a fi bun la latină etc. to be proficient in Latin, etc.

a fi ca doi porumbei to bill and coo.

a fi ca un frate pentru... to be a brother to...

a fi calificat pentru... to have the necessary qualifications for...

a fi cam același lucru to be much the same (thing); to be very nearly the same thing; to amount much to the same thing; *F* to be much of a muchness.

a fi cam de aceeași vârstă cu cineva to be pretty much the same age as smb.; to be just about the same age as smb. (is).

a fi o cantitate neglijabilă to cut no figure.

a fi o carte deschisă *(d. cineva)* to be an open book.

a fi mai catolic decât papa to out-Herod Herod.

a fi călare pe situație *F* to have/to hold (all) the cards (in one's hand/hands); to have the trump card; to hold all the winning cards.

a fi cățelușul cuiva *F* to hand on smb.'s sleeve.

a fi când de o parte când de alta to see-saw between two opinions.

a fi cât pe ce să... to be about to...; to be on the point of *(cu -ing).*

ar mai fi ceva de spus there's more to it; we haven't heard the last of it; and that is not all.

a fi ceva în aer/~ la mijloc; e ~ there's something in the wind/the air; there's a snake in the grass; there's a skeleton in the cupboard.

a fi chemat la rampă *(teatru)* to take a call.

a fi cherchelit *v.* ~ **afumat.**

a fi chezaș pentru cineva to stand bail for smb.; to be security/surety for smb.

a fi chit (cu cineva) to be even/quits (with smb.); to be at even hands (with smb.); to be/to get square with smb.

a fi citat la tribunal to came up before the bench.

a fi citit jumătate din carte to be half through a book.

a fi concediat to get the sack.

a fi convins de ceva to be convinced/sure/persuaded of smth.

nu fi copil! *F* don't be silly! *F* don't be so childish!

a fi cot la cot cu cineva to rub elbows with smb.

a fi cu băgare de seamă to take heed; to be careful/attentive; to look out (for squalls).

a-i fi cu bănat ← *P* to take ill/amiss/in ill part; to take offence; **nu-ți fie ~!** no offence I hope! I meant no harm!

a fi cu capsa pusă *F* to have one's back up.

a fi cu capul în nori to have one's head in the clouds; to be in the clouds.

a fi cu cântec; e ~! thereby hangs a tale!

a fi cu chef to be in one's cups.

a fi cu grijă to take care.

a fi culmea *(prostiei etc.)* to cap the climax/the globe.

a fi cu moartea în suflet; e cu ~ the iron has entered into his soul.

a fi cunoscut că... to be known as...; to have a reputation of *sau* for...

a fi cunoscut sub numele de... to go by the name of...

a fi cu ochii în patru *F →* to mind one's eye; *F* to have one's weather eye open; to have all one's eyes about one.

a fi cu picioarele pe pământ *înv. →* to bear a brain.

a fi cuprins de desperare to fall into despair.

a fi cuprins de extaz to go/to fall into raptures.

a fi cuprins de panică to take (the) alarm.

a fi cuprins de remușcări to be smitten with remorse.

a fi (o) curată bătaie de joc; e ~ it's sheer mockery.

a fi cu trei roate la car *F* to have a tile loose; to have bats in the belfry.

a fi cu unii și cu alții to be on both sides of the hedge.

a fi dat afară (din slujbă) *F →* to get the sack/the mitten/the boot/the push/the gate; to get one's walking ticket; to have/to get the key of the street.

a fi de aceeași părere cu cineva to be of smb.'s mind; to be of a mind with smb.; to take smb.'s views; to row in the same boat; to be in tune.

a fi de acord 1. to agree; to be in agreement; to jump together; to fall into line. **2. ~ cu cineva** to agree with smb.; to be at/of accord with smb.; to fall in with/to meet smb.'s views; to be in tune with smb. **3. ~ cu ceva** to agree to/on smth.

a fi cuiva de ajutor to be helpful/of any help to smb.; to be of use to smb.; to stand smb. in good stead.

a fi de brâu cu cineva ← *P* to be hand and glover together; to row in the same boat.

a fi de bună-credință to act in full faith/confidence.

a nu fi de competența cuiva not to come within smb.'s province; *F →* to be out of smb.'s beat.

a nu fi de demnitatea cuiva să facă ceva to be beneath one's dignity to do smth.

a fi de față (la...) to be present (at...); to attend (...); to be on the spot (at...).

a nu fi de glumă/râs; nu e ~ it is no laughing matter.

a nu fi de ieri, de alaltăieri not to have been born yesterday.

a fi de izbeliște *(a nu avea proprietar sau moștenitor, d. pământ)* to be in abeyance; to fall into abeyance.

a fi de la sine înțeles că...; e ~ it stands to reason that...; it goes without saying that...

a nu fi deloc plăcut să... to be none too pleasant to...

a nu fi de nici un ajutor to be of no assistance; to be of no use/avail.

a fi de partea cuiva to wear smb.'s colours; to take colour with smb.

a fi de părere că... to be of the opinion that...; to think that...; **sunt ~** it is my opinion that...

a fi de pomină to be a proverb.

a fi deștept to be quick of understanding.

a fi diametral opus to be poles asunder.

a fi dispus să... to be ready to...; to be (< fully) prepared to...; **a nu ~** to be reluctant/unwilling to...

a fi doldora de bani to have a well-lined purse.

a-i fi dor de... to pine/to sigh/to long for...; **~ țară** *(sau* **casă)** to be homesick.

a nu fi dornic să facă ceva to be backward in doing smth.; to be unwilling to do smth.

a-i fi drag cuiva ca sarea în ochi to love smb. as the devil loves holy water; to hate the sight of smb.; not to stomach smb.; to be a thorn in smb.'s flesh/side.

a-i fi drag să facă ceva to like to do smth.; to take kindly to smth.

fiecare cu damblaua lui every man with his hobbyhorse.

fiecare cu durerile lui *prov.* every heart knows its own bitterness.

fiecare cu meseria lui everyone to his trade.

fiecare să-și cunoască lungul nasului *prov.* the cobbler must/should stick to his last.

fiecare după gustul său *prov.* there is no accounting for tastes; tastes differ; everyone to his taste.

fiecare la rândul său *prov.* turn and turn about.

fiecare lucru la timpul său *prov.* everything in its turn.

fiecare medalie își are reversul (ei) *prov.* every medal has its reverse; every rose has its thorn.

fiecare pâine cu firimiturile ei *prov.* every man has his faults.

fiecare pentru sine every man for himself.

fiecare-și știe buba; fiecare știe unde-l bate/ doare/strânge gheata/pantoful/ciubota *F* everybody kows (best) where his own shoe/boot pinches.

fiecare știe unde îl strânge opinca *prov.* no one but the wearer knows where the shoe pinches.

fiecare zi cu grija ei *bibl.* sufficient unto the day is the evil thereof.

fie că e așa, fie că e altfel whether or no(t).

fie ce-o fi come/happen/be what may; come what might; blow high, blow low; be that as it may; *elev.* → for weal and woe; at a venture; *sl. înv.* change to the ducks.

(să) nu fie cu bănat/supărare under favour! with all due respect (to you); saving your presence; without offence.

să-ți fie de bine! *(după masă)* I hope you've enjoyed it! to your pleasure! to you heart's content! *(după strănutat)* bless you! *(în general)* good luck! *(și ironic)* much may it do you!

să-ți fie de cap! serve you right! fie/shame upon you!

să nu-i fie de deochi! *aprox. F* touch wood!

să-ți fie de învățătură let this be a lesson/a warning to you! serve(s) you right.

a fi egal cu cineva to rank with smb.

a-i fi egal (dacă...); mi-e egal (dacă...) it is all the same to me (if/whether...)

să fie într-un ceas bun! good luck!

să-ți fie în nas! *v.* ~ de cap!

a fierbe de mânie to be boiling/mad/seething with rage; to be in a fume/a chafe.

a fierbe înfundat/încet to stew.

a fierbe în propria (sa) zeamă to chafe/to fret/to fry/to melt/to stew in one's own grease.

a fierbe ceva la foc mic to keep smth. at a simmer/on the simmer.

să-ți fie rușine! (fie) for shame! shame on you!

fie și așa! all right! be it so! agreed! *F →* O.K.! let it pass!

să-i fie țărâna ușoară! peace to his ashes! may he rest in peace!

a fi un factor hotărâtor *fig.* to tip/to turn the beam; to tip the balance/scale(s).

a fi făcut bucățele to go to smash.

a nu fi făcut pentru... to be unfitted for...

a fi făcut unul pentru altul to be suited to each other.

a-i fi foame to be hungry; *F →* to be empty; to cry cupboard; to feel empty.

a fi fotogenic to take well; to photograph well.

a fi o frână pentru... *fig.* to be a drag on.../an obstacle to.../a hindrance to.../an impediment to...

a-i fi frică de... to fear...; to be afraid of...; to fly/to mount the white feather; to stand in fear of...

a-i fi frică pentru cineva to be anxious/uneasy/ solicitous about smb.

a-i fi frică și de umbra sa to be afraid of one's own shadow.

a-i fi frig to be/to feel cold; to feel shivery.

a fi furnizorul cuiva to purvey for smb.

a fi gata to be/to get/to make ready/game; to be in readiness; *(a fi terminat)* to have done.

a fi gata să... to be ripe for *(cu -ing)*; *(a fi dispus să)* to be disposed/willing/game to...; *(a fi pe punctul de a)* to be about/going to...; to be on the point of *(cu -ing)*; *(a fi pregătit să)* to keep ready/in readiness for...

a-i fi gâtul/gâtlejul uscat *F* to have a cobweb in one's throat.

a-i fi greu to be painful/hard; to come difficult to smb.; to go hard with smb.

a-i fi greu (pe suflet) to be heavy at heart.

a-i fi gura amară/rea to have a disagreeable taste in one's mouth.

figura (asta) nu merge/nu se prinde that cat/cock won't fight/jump.

a fi guraliv to have a long tongue.

a fi hrăpăreț to take money with both hands.

fii amabil și... *v.* ~ **bun** ~.

fii bun și... be so kind as to...; kindly...; would you mind...? would you be so kind as to...? have the goodness to...

fiindcă veni vorba by the way/bye; ~ **despre...** as...; speaking of...

a-i fi indiferent; mi-e ~ it's all the same to me.

a-i fi inima grea; mi-e ~ my heart is heavy.

a fi iute ca argintul viu *F →* to have quicksilver in one's veins.

a fi înaintea cuiva *F* to rank before smb.

a nu fi în apele lui *F* to feel funny; *F înv.* to be as queer as Dick's hatband; *F înv.* to feel vicky; *F* to be out of sorts.

a fi în așteptare to be in abeyance; to fall into abeyance.

a fi în centrul atenției to hold/to keep/to maintain the field.

a fi înclinat să creadă că... to be disposed to think that...

a fi în coadă to be in the rear.

a fi în criză de timp to be pressed/pushed for time.

a fi în culmea fericirii to be in raptures.

a fi în culmea furiei to be in a raging temper.

a fi în curs de însănătoșire to be on the way to recovery.

a fi în dizgraţie to be under a cloud.

a fi îndrăzneţ to be game.

a fi în expectativă to be in abeyance; to fall into abeyance.

a fi în formă to be up to the mark.

a nu fi în formă to be out of condition.

a fi în frunte to take a lead.

a fi în fruntea bucatelor to take the top of the table.

a fi în gardă to be in the quivive.

a fi în graţiile cuiva to be/to stand high in smb.'s favour; to have smb.'s ear.

a fi în încurcătură *F* to be in a quagmire; to be in a puzzle.

a fi în măsură să; sunt ~ I have the power/I have it in my power/it lies in my power to...

a fi în măsură să ştii to know best.

a fi în notă to strike the right note.

a nu fi în notă to strike the wrong note.

a fi în ofsaid to be on the off side.

a nu fi în ordine *amer. sl. înv.* to be on the bum.

a fi în pielea cuiva *înv.* → to be in smb.'s coat.

a fi în pierdere to be out of pocket.

a fi în plin avânt to be in full swing.

a fi în pom *F* to be on the beach.

a fi în relaţii cu cineva to be in relationship with smb.

a fi în scădere *(d. preţuri) com.* to be (getting) easier.

a fi în scenă to be on (the) stage/boards.

a fi în scenă la ridicarea cortinei to be discovered at the rise of the curtain.

a fi în situaţia de a face ceva to be in a position to do smth.

a fi în suspensie *(d. o problemă etc.)* to hang at poise.

a fi întâmpinat cu aplauze to be applauded.

a nu fi în toate minţile *F* → to be a button short; to have lost a button; not to have one's button on.

a fi într-o dilemă to reason in a circle.

a fi într-o încurcătură to be in a quandary.

a fi într-o ureche to want twopence in the shilling.

a fi întru totul de acord cu... to be in complete agreement with...

a fi în vârstă to be of (< a respectable) age.

a fi în vogă to be in fashion.

a fi înzestrat cu o calitate to be possessed of a quality.

a-i fi jale de cineva to pity smb.; to feel sorry for smb.; to take pity on smb.; to bewail/to mourn smb.'s loss.

a fi la adăpost de nevoi to be provided for.

a fi la ananghie to be (laid) on one's beams-ends; *F* to be in a nice fix.

a fi la antipozi *fig.* to be as far apart as the poles.

a fi la capătul resurselor to be at the end of one's resources.

a fi la cheremul cuiva to be at smb.'s beck and call.

a fi la înălţimea situaţiei to rise to the emergency; to be all there.

a nu fi la îndemâna cuiva to be beyond/above smb.'s reach; to be out of smb.'s reach.

a fi la îndemână to be handy; to be at hand.

a fi la modă *şi fig.* to be in fashion.

a nu mai fi la modă to go out of date/fashion.

a fi la putere to be in power.

a fi la strâmtoare *v.* **~ ananghie.**

a fi lăsat de căruţă to be left over; *v. şi* **a lăsa ~.**

a fi lăsat la vatră *mil.* to get one's discharge.

a fi lăsat liber to be allowed to go free; *v. şi* **a lăsa ~.**

a fi lăsat repetent *F* to be knocked out in an exam.

a fi leat (cu cineva) ← *P* to be of the same age (with smb.).

a fi lefter *F* to be out of purse/money; to be at low-water mark; to be on one's uppers; to be broke.

a fi legat de mâini şi de picioare *F* → to carry/to hold the baby; to be tied hand and foot.

a fi legat pe viaţă de cineva to be linked for life to smb.

a fi legat prin jurământ to be under a vow.

a-i fi lehamite de ceva to be sick of smth.; to be fed up with smth.; to have enough of smth.; to be tired out with smth.

a fi leit... to be the very image of...; *F* → to be the dead spit of...

a fi leit taică-său to be the very picture of his father.

a fi liber la gură *aprox.* to speak (one's mind too) freely.

a fi liber şi independent to be one's own man.

a fi limpede ca lumina zilei to be as plain as daylight/as can be/*F* → as a pikestaff/*F* → as the nose on your face.

a fi lipsă la apel to be absent/missing (from the roll call).

a nu fi locul să...; nu era ~ that wasn't the place to...; was out of place.

a fi luat din scurt to be taken short.

a fi luat la refec/la rost/la trei păzeşte to get the works; *v. şi* **a se lua de cineva.**

a fi mai flămând cu ochii decât cu burta; e ~ his eye is bigger than his belly.

a fi mai scumpă ața decât fața; e ~ the game is not worth the candle.

a fi mâna dreaptă a cuiva to be smb.'s right hand.

a fi mână spartă to splash one's money about; to be free with one's money; **e ~** money burns holes/a hole in his pocket.

a fi mâncat ca alba de ham *F* to have been through the mill; to be an old stager; *F* to be an old hand at it.

a fi mândru de... to take (a) pride in...

a-i fi milă (de...) to take/to have pity (on...); **fie-ți milă!** for pity's sake; *F* → have a heart!

a fi naș *sau* **nașă unui copil** to stand sponsor to a child.

a nu fi născut de ieri, de azi *sl.* to know the time of day.

a-i fi necaz pe cineva to have a grudge/a spite against smb.; to bear smb. a spite.

a nu fi nici câine, nici ogar; nu e ~ *prov.* he is neither (fish) flesh nor fowl.

a nu fi nici o deosebire; nu e ~ *v.* ~ **diferență.**

a nu fi nici o diferență; nu e ~ it's all the same; it comes/*F* → boils down to the same (thing); it makes no difference; *F* it is six of one and half a dozen of the other.

a nu fi nici pe departe/pe sfert cum ar trebui să fie/așa de bun ca... *F* it is not a quarter as good as it should be.

a nu fi nici o umbră de îndoială; nu e ~ there is not a shadow of doubt.

a nu fi nici vorbă despre așa ceva to be out of question.

a nu fi nimic adevărat din toate acestea; nu e ~ there is not a word/a grain of truth in it.

a fi o nulitate to stand for cipher.

a fi numai gura de el; e ~ he's just a big talker/a windbag.

a fi numai ochi și urechi to be all eyes and ears; to be on the alert.

a fi numai pielea și osul de el to be a mere skeleton.

a fi numai o rană *aprox.* to be sore all over.

a fi numai urechi to be all ears; to prick up one's ears.

a fi numit definitiv to be permanently appointed.

a fi un oarecare to cut no figure.

a-i fi oarecum să... to be ashamed/shy of...

a fi oaspetele cuiva to eat smb.'s (bread and) salt.

a fi obiect de batjocură to be in derision.

a fi obsedat de ceva to have (got) smth. on the brain.

a fi un obstacol pentru... to stand in the way of...

a fi om cu experiență *sl. înv.* to get a look/a sight at the elephant; to cut one's eye-teeth.

a fi un om cumsecade *F* to be one of the right sort; *P* →to be a good soul.

a fi un om cu scaun la cap to have all one's buttons (on).

a fi om învățat to be an educated man; < to be bred a scholar.

a fi omul potrivit to be the very man.

a fi optimist to see through rose-coloured spectacles.

a fi păcălit de 1 aprilie to be sent on a fool's errand.

a fi pereche to belong/to go together.

a-i fi poftă de... to have a taste/a fancy/a liking for...; to be in the humour/the mood/the vein for...

a-i fi poftă să... to have a mind/a desire/a wish to...; to feel like *(cu -ing)*.

a fi o povară pentru cineva to be a drag on smb.; to be a tax on smb.

a fi pradă unei emoții puternice to be under a violent emotion.

a nu mai fi prieten cu cineva to lose touch with smb.

a fi prieten la toartă to be sworn friends; to be as thick as thieves; to be hand in gloves (with).

a nu fi prost; nu ~! don't be stupid/silly/a fool.

a fi prost dispus to be in low-spirits; to be downcast; to be in a bad humour/temper.

a fi punctual to be on/to the minute; to be on time.

a fi punctualitatea întruchipată to be the soul of punctuality.

a fi punctul de atracție to be in the limelight.

a nu fi pus în cunoștință de cauză to be uninformed of smth.

fir-ar să fie! *F* the deuce/devil! *F* whew! *F* bless me/my heart (and soul)/my life/my soul/your hearth! *F* dash it (all)! *F* dash my buttons! *F* bust it! *F* by gravy!

a-i fi rău to be/to feel sick.

a fi rândul cuiva; e ~ meu it's my turn; *(la băutură)* I'm treating; this is my treat; I stand treat.

a fi robul stomacului to be given to one's belly.

a fi rudă cu cineva to be related to smb.

a fi rude apropiate to be nearly/closely related.

a fi rude de departe to be (< very) distantly related.

firul vieții the thread of life; the fatal thread.

a fi o rușine pentru... to be a reproach/a disgrace to...

a fi o sabie cu două tăișuri *fig.* to cut both ways.

a fi sau a nu fi to be or not to be.

a fi sănătos tun to radiate health; to be (as) sound as a bell.

a fi sătul to have had enough; ~ **de...** *fig.* to be fed up with/sick of...; to loathe...

a fi sătul până în gât to have enough of it; to get a/one's bellyful of smth.

a-i fi scârbă de... *v.* **a fi sătul de...**

a-i fi scris să... to be fated/written that...

a-i fi sete to be thirsty; **nu ți-e sete?** aren't you thirsty? *F* → got a thirst?

a nu fi sigur dacă... I. *(d. cineva)* not to be sure if/whether... 2. **nu e ~** *(impersonal) F* it's up whether/if...

a-i fi silă (de) *v.* **a fi sătul (de).**

a fi slab la matematică etc. to be poor at mathematics, etc.

a fi socotit drept (nebun etc.) to be regarded as (a lunatic, etc.).

a-i fi somn to be/to feel sleepy.

a fi stăpân în casă to rule the roast/the roost.

a fi stăpân pe situație to have the ball at one's feet; to have/to hold the cards (in one's hand/hands); to have/to hold the trump card; to have complete control of the situation; to have the game in one's (own) hands; to bear/to carry the bag.

a fi strâmtorat to be in/under difficulties.

a fi sufletul *(societății etc.)* to be the heart and soul of...

a fi supus unui examen medical to undergo a medical examination.

a fi taler cu două fețe to show a false face; *înv.* to bear/to carry/to have two faces under one hood, to have two faces.

nu fi tâmpit! *F* don't be stupid/silly!

a fi teafăr to be sound in life and limb.

a-i fi teamă to be afraid; to fear; **nu-ți fie ~!** don't be afraid! never fear!

a fi tobă de carte to be a depository of learning.

a fi tot o apă to be in a sweat; *F* → to sweat like a pig.

a-i fi totuna to be the same to smb.

a nu-i fi toți boii acasă to have the blues; to have the hump.

a fi transpirat tot to be all of a sweat; to be in a perspiration.

a fi tras în țeapă to be staked through the body.

a nu fi (o) treabă ușoară to take a bit of doing.

a fi trimis de colo până colo to be driven from pillar to post.

a fi trimis în fața judecății to be sent for trial.

a fi trudă zadarnică; e ~ *F* → (it's) no go.

a-i fi țărâna ușoară! fie-i ~! God rest his soul!

a fi ținta ironiilor to be the target for ridicule.

a fi țintaș bun to be a good shot.

a fi țintaș prost to be no shot.

să fiu al naibii dacă... *F* I'm a Dutchman if...; ...unless I'm a Dutchman; *amer. F înv.* zee whiz!

a fi ultima picătură *fig.* to make the cup run over; to be the last straw.

a nu fi ușă de biserică *F* not to be quite the clean potato.

a fi văzut cu ochi buni de cineva *F* → to be in smb.'s good will/good luck.

a-i fi viața în joc; îmi era ~ my life was at stake.

a fi victima unei iluzii to labour under an illusion/a delusion.

a fi victorios to carry the day.

a nu fi vorba de asta; nu e vorba de asta it is not the question; that is besides the question.

a fi vorbăreț to prate like a parrot; to chatter nineteen to the dozen.

a fixa cu privirea pe cineva to rivet one's eyes smb.

a fixa o întâlnire to make/to fix an appointment; to make a date.

a fixa o limită *(cu dat.)* to set a limit to...

a fixa un termen pentru ceva to set/to put a term to smth.

flămând ca un lup (as) hungry as a wolf.

floare la ureche *amer. F* that's like taking a candy from a baby...

a fluiera a pagubă *aprox. F* to sing sorrow; *aprox. F* one may whistle for it.

foamea e cel mai bun bucătar *prov.* a hungry dog will eat a dirty pudding; hunger is the best relish/sauce.

foarte adevărat *F* about East.

foarte căutat in great request.

foarte drăguț din partea ta *F* awfully good of you.

foarte probabil quite probable *sau* probably; not (< at all) unlikely.

foc și pară fire and fury; *F* in a fume.

a se foi pe scaun to twist about on one's chair.

a folosi un cuvânt în sensul bun to use a word in a good sense.

a se folosi de numele cuiva to use smb.'s name.

a se folosi de toate mijloacele to use every means.

a folosi forța to use force.

a folosi momentul favorabil to take the tide at the flood.

folosit curent in everyday use.

a folosi toate posibilitățile/resursele to explore every avenue; to leave no avenue unexplored.

a forma un bloc cu... to form a unit with...

a forma o comisie to strike a committee.

a forma o idee despre... to form an idea of...

a forma un tablou/o imagine/idee despre... to have/to form an idea of...

a forma un tren to marshal a train.

a formula o pretenție to put forward a claim.

a formula o teorie to set up a theory.

a forța blocada *mil.* to run the blockade.

a forța lucrurile to strain a point.

a forța mâna cuiva to force smb.'s hand; *F →* to put the screws on smb.

a forța motorul *auto etc.* to punish the engine.

a forța nota to overdo it; to exaggerate.

a forța sensul unui cuvânt to strain the meaning of a word.

a forța o ușă to pry a door open.

a-și forța vocea to strain one's voice.

a fost odată ca niciodată once upon a time; there was.

frate, frate, dar brânza e pe bani *prov. aprox.* short accounts/reckonings make long friends; business is business; a bargain is a bargain; even reckoning makes long friends.

a-și frământa capul/creierii (cu...) to rack/to beat/ to worry one's brains (with/about...).

a frământa în minte to turn about in one's mind.

a-și frământa mâinile *v.* ~ **frânge mâinile.**

a-și frânge gâtul to break one's neck.

a frânge inima cuiva to break/to tug smb.'s heart/ heart-strings.

a-și frânge mâinile to wring one's hands; to wash one's hands with invisible soap.

a-i frânge cuiva oasele to break smb.'s bones.

frânt de oboseală *F* fagged out; *F* all in; *F* clean done up! *F* dead beaten; tired to death.

a se freca la ochi to rub one's eyes (in wonder).

a-și freca mâinile to rub one's hands (together); *(de enervare)* to wash one's hands with invisible soap.

a-i freca ridichea cuiva to give it smb. hot (and strong).

a frecventa concertele to go to the concerts; to be a concert-goer.

a frecventa cursurile to attend school.

a frecventa un loc to resort to a place.

fricos ca un iepure (as) timid as a hare/a rabbit.

a-și frige degetele *și fig.* to burn one's fingers.

frumoasă afacere! *F ironic* it's/here's a pretty business/job/hobble; it's a fine/a nice mess!; a nice/a fine thing indeed! *F* a fine/a nice/a pretty kettle of fish!

frumoasă ispravă ai făcut *F ironic* you have been (and gone) and done it.

frumoasă treabă! *v.* ~ **afacere!**

frumos ca o cadră as smart/pretty as paint.

frumos din partea ta that's nice/*F* sweet of you.

frumos îți șade! *ironic* that's a nice thing to do!

fruntea sus! cheer up! *F →* keep your pecker up! *F* → keep your chin up!

frunte teșită retreating forehead.

frunzele sunt încă verzi the leaves are still green.

fudul de (o) ureche hard/dull of hearing.

a se fuduli cu ceva to be vain of smth.; to plume/ to pride oneself on smth.; to glory/to pride in smth.; to make a great show of/with.

Fuga în Egipt *bibl.* the Flight into Egypt.

a fugări pe cineva până la istovire to run smb. off his legs.

a fugi ca un ogar/ca scăpat din pușcă/ca vântul/ în goana mare/mâncând pământul to fiy/to run for ones life; to run like a lamplighter/a staghound; to race/to tear/to sweep along; *F* to run as hard as one can lick; *sl.* to do a bunk/a guy; to take as hard as one can lick; *sl.* to do a bunk/a guy; *sl.* to take it on the lam.

a fugi ca vântul to whirl along.

a fugi cât poate to pack off; to scuttle away.

a fugi cât îl țin picioarele *v.* ~ **în goana (cea mai) mare.**

a fugi cu banii etc. to make away with the money, etc.

fugi cu pianul (că se varsă clapele)! fugi cu ursul (că sperii copiii)! *F argou* get along/away/on (with you)! you don't say so! you don't mean it; *amer.* says you! *F* tell it to the (horse) marines.

fugi dacă vrei să scapi cu viață! run for your dear life!

fugi de-acolo/de-aici! *v.* ~ **cu pianul!**

a fugi de (ceva/cineva) to flee/to fly from (smth./ smb.); to turn one's back upon (smth./smb.); to give the slip to (smb.).

a fugi de ceva/cineva ca de ciumă/ca dracul de tămâie to avoid/to shun smth./smb. like a pesthouse/like the plague; *prov.* the devils loves no holy water.

a fugi de creditori *sl.* to hop the stick/the twig.

a fugi de dracu(l) și a da de/peste taică-său *F* to fall/to jump out of the frying-pan into the fire.

a fugi de justiție *jur. F →* to jump one's bail.

a fugi de scapără pietrele to cut and run; to run like anything/a lamplighter/a rabbit.

a fugi de societate to keep oneself to oneself.

a fugi din fața valurilor to run before the sea.

a fugi din închisoare to break out of prison; *F →* to bust out.

a fugi după doi iepuri to have it both ways.

a-i/a-ți fugi gândul (pentru o clipă) to have a fleeting/a passing thought; *amer.* to turn aside for a moment.

a fugi în goana (cea mai) mare/mâncând pământul *v.* ~ ca un ogar.

a-i fugi pământul de sub picioare to lose ground.

a fugi unul de altul to steer clear of one another; to shun/to avoid each other.

a fulgera pe cineva cu privirea/din ochi to look daggers at smb.

a fulgera de mânie to flash with anger.

a-i fulgera un gând/o idee (prin minte) to dawn upon smb.; to occur to smb./smb.'s mind; to flash across one's mind.

o fulguire de zăpadă a sprinkle/a sprinkling of snow.

a fuma ca o locomotivă/ *F* **șerpoaică/un turc/a fuma peste măsură** to oversmoke, to chain-smoke.

a fuma până la capăt (o țigară) to smoke out (a cigarette).

a fuma pipa păcii (cu cineva) to smoke the pipe of peace (with smb.).

a fuma pipă to be a pipe-smoker.

a fuma (mult) prea mult to be an excessive smoker.

fumatul înțeapă ochii the smoke makes the eyes smart.

fumatul oprit/interzis no smoking (allowed), smoking forbidden.

fumatul strict interzis/oprit smoking (is) strictly prohibited.

a fuma țigară de la țigară to chain-smoke; to be a chain-smoker; to oversmoke.

a funcționa cu aburi etc. to work by steam etc.

a funcționa în gol *(d. motor)* to run idle.

a funcționa în marșarier to run back/in the reverse.

fundul provinciei a poky hole; the back of beyond.

a fura de sub nas(ul cuiva)/din ochi *v.* ~ ouăle de sub cloșcă.

a fura din ochi (pe cineva) *(a sorbi din ochi)* to feast one's eyes on (smb.); to gloat over (smb.).

a fura ideile cuiva to run away with/to steal smb.'s thunder.

a fura inima cuiva to captivate smb.'s heart; to carry smb. away.

a fura luleaua neamțului to be a little on; to be half seas over/three sheets in the wind; to be lit up.

a fura mintea/minţile cuiva to turn/to twist smb.'s head/brain.

a fura ochii (cuiva) to catch the eye/the fancy; to dazzle the eyes; to be showy/gaudy/dazzling.

a fura ouăle de sub cloșcă/oul de sub găină *fig.* to catch a weasel asleep; to cut the grass (from) under smb.'s feet; to take a sheet off the hedge; *aprox. F* he would rob a church.

a(-i) fura cuiva prea mult timp to eat up/to take too much of smb.'s time.

a fura o sărutare (cuiva) to steal a kiss from smb.

a-și fura singur căciula to indulge in illusions; to delude oneself.

a-l fura somnul to go to the land of nod; to let the dustman get hold of one; to doze off; to drop into a snooze.

să nu furi *bibl.* thou shalt not steal.

furiile dragostei the transports of passion.

a se furișa înăuntru to steal/to sneak in.

a se furișa într-un loc to steal/to sneak into a place.

a furnica de (oameni etc.) to teem with; to abound in/with; to be crammed/crowded with.

a-l furnica (palmele etc.) to have pins and needles (in one's hands, etc.).

a-l furnica prin tot corpul to itch all over.

o furtună de aplauze a storm/a volley of applause.

furtună într-un pahar cu apă a storm in a tea-cup; a tempest in a teapot.

G

galben ca ceara/lămâia/ca turta de ceară (as) yellow as gold/wax/a crow's foot/a guinea; of a waxen pallor.

galben de frică pale/yellow with fear.

galben de furie/mânie white/livid with anger/passion.

galben de spaimă v. ~ de frică.

a galopa de zor (d. cal) to stretch out (its/his legs).

a gara o mașină to put a car away.

a garanta adevărul unei afirmații to speak to/to attest/to warrant the truth of a statement.

a garanta că cineva e un om cinstit/pentru cinstea cuiva to warrant smb. an honest man/a perfectly honest man.

a garanta o creanță prin ipotecă ec, jur. to secure a debt by mortgage.

a garanta pentru cineva to stand sponsor/to warrant for smb.; com. to be bondsman for smb.

garantat de mine under my hand and seal.

a gara vagoane c.f. to turn off waggons (into a siding).

a-și garnisi buzunarele/punga to fill one's pipe; F → to make a parcel.

gata, ajunge! (nu mai plânge etc.) F → there, there!

gata de... ready/eager for (smth.)/to do (smth.).

gata de luptă mil., nav. ready for action; game for fighting; in fighting trim; (pe picior de război) on a war footing.

gata de plecare ready to go (away).

gata de plimbare always on the go.

gata făcut ready done.

gata-gata să... on the point of/within an inch/a hair of (cu -ing); almost (cu preterite etc.).

gata-gata să cadă on the point of falling; (d. casă etc.) crumbling; going to pieces; falling apart.

gata-gata să se vândă on the brink of being sold; nearly sold out.

gata la canea! on tap!

gata la orice game/ready for anything; peior. up to dick/to anything.

gata oricând at the ready; prepared at any time/at all times.

gata până la ultimul amănunt/nasture ready to the last gaiter/button.

gata pentru orice eventualitate ready for all contingencies/emergencies.

gata pentru tipar ready for the press.

gata pregătit/preparat (d. mâncăruri) amer. ready-to-eat.

gata să prindă pe cineva (treading) on/upon smb.'s heels.

gata socoata/socoteala! P that's the hookum.

a găbji pe cineva F to lay/to clap smb. by the heels.

găina bătrână face supa grasă/zeama bună prov. an old ox makes a straight furrow; there is many a good tune played on an old fiddle; aprox. the devil knows many things because he is old.

găina care cântă nu ouă prov. you cackle often, but never lay an egg; great/much cry and little wool.

găina care cântă seara, dimineața n-are ou prov. the loudest hummer is not the best bee.

găina neagră face oul alb prov. a black hen lays a white egg.

găină plouată milksop, chickenheart.

se găsesc din belșug there are plenty of.

nu-i găsesc nici un cusur I can find no fault with him/no faults in him.

nu găsesc nimic de râs (în aceasta) there's nothing so funny about it; there is no fun in it.

se găsesc oameni care să... there are people who.

a(-și) găsi adăpost to find shelter; to seek/to take cover.

a-și găsi o alinare to take comfort.

a găsi aprobare to meet with applause/approbation.

a găsi ascunzătoarea cuiva to run smb. to earth.

a nu-și găsi astâmpăr to be a fidget; v. și a nu-și găsi locul.

a-și găsi bacăul F to get into hot water/into trouble/a scrape/a mess, etc.

a-și găsi bărbatul potrivit/pe gustul său *P* to find Mr. Right.

a-și găsi beleaua *v.* **a da de belea; mi-am găsit beleaua** I have found what I want(ed).

a găsi capac la toate to be ready with an answer.

a găsi că e foarte drăguț din partea cuiva să to think/to consider it very nice of smb. to.

a găsi ceea ce caută to get hold off, to find what one wants.

a găsi ceva ieftin to pick up smth. cheap.

a găsi cheia/soluția enigmei/misterului/problemei to solve the enigma/the riddle/the problem.

a găsi un chilipir to buy smth. at a low figure.

a găsi circumstanțe atenuante cuiva to palliate smb.; to find excuses for smb.; to find extenuating circumstances for smb.

a găsi cu cale (să...) to deem/to think (it) right (to); to think (it) proper (to); to see fit (to); *v. și* **a crede de cuviință.**

a găsi pe cineva culpabil (de ceva) to lay/to put/ to cast the blame (for smth.) upon smb.; to lay the blame (for smth.) at smb.'s door.

a găsi cusur (cuiva, unui lucru) to find fault with (smb./smth.).

a găsi cusur la toate to find fault with a fat goose.

a găsi cuvântul potrivit to hit (on)/to find the right word.

a nu găsi cuvinte să... to be at loss for words to...; not to find the language to...; *aprox.* words fail me in... *(praising, blaming, etc.)*.

a-și găsi un debușeu *(d. un lucru)* to find a ready market.

a găsi de cuviință (să) *v.* **a ~ cu cale (să); a crede ~.**

a se găsi de față to be present.

a găsi din întâmplare pe cineva/ceva to light (up)on smb./smth.

a găsi dreptate to find/to obtain/to wrest justice.

a-și (putea) găsi drumul cu ochii închiși (to be able) to walk it blindfolded.

a găsi editor pentru o carte to place a book with a publisher.

a găsi expediente *F* to shift (for oneself); *amer.* to shirk for oneself.

a(-și) găsi fraierul to find one's dupe/a pigeon.

a găsi iarba de leac to burn the Thames.

a găsi o ieșire dintr-un impas to break a deadlock.

a găsi (o) ieșire dintr-o situație grea to find a hole to creep out of.

a nu găsi îndreptățită acțiunea cuiva to lay/to put/to cast the blame (for smth.) upon smb.; to lay the blame (for smth.) at smb.'s door.

a găsi în greșeală pe cineva *F →* to catch smb. napping.

a se găsi în încurcătură to be at a loss; to be at fault.

a se găsi în ofsaid *sport* to be on the off side.

a se găsi într-o încurcătură tare neplăcută to be in a nice mess/in a tight spot.

a se găsi într-o situație delicată/încurcată to be in the suds.

a găsi înțelegere to meet with approbation.

a găsi (o) justificare pentru to make allowance for.

a nu găsi justificată acțiunea cuiva etc. *v.* **~ îndreptățită ~.**

a(-și) găsi justificări to make/to offer excuses.

a găsi leacul cuiva to come down on smb.

a găsi un limbaj comun to find common ground.

a găsi un limbaj comun cu cineva to see eye to eye with smb.

a-și găsi liniștea to find one's peace/quiet(ude).

a nu-și găsi liniștea to hold one's own.

a nu-și găsi locul not to find one's place; *fig.* to be fidgety/a fidget; to be in such a tear; not to be able to keep still; to squirm.

a nu-și găsi locul în pat to turn over restlessly/to toss in one's bed.

a-și găsi mângâierea în ceva to find solace in smth.

a-și găsi mântuirea to find salvation.

a găsi un mijloc de a face ceva to fall on a means of doing smth./to do smth.; to find a/the means/ way to do smth.

a găsi mijlocul cel mai bun pentru a înțelege ceva to take smth. by the best handle.

a-și găsi moartea (în/la) to meet one's/with death (in/at).

a-și găsi moartea în valuri to find a watery grave.

a găsi un motiv să... to find occasion to.

a găsi mulțumire în ceva to find satisfaction in smth.; to find/to take (a) pleasure in smth.

a-și găsi nașul/omul to find one's match; to meet one's master; to catch a Tartar; to be overmatched; diamond cut diamond; to mistake one's game; every Jack must have his Jill.

a găsi nedemn să facă ceva to scorn to do smth.; to think it beneath oneself to do smth.

a găsi nod în papură cuiva to pick holes/a hole in smb.'s coat.

a găsi pagina (într-o carte) to find one's place (in a book).

a găsi pe dracu(l) to find what one wanted; to be told where to get off.

a găsi ceva pe placul/gustul său to find smth. one's mind/liking/taste.

a-și găsi perechea/seamănul to find/to meet one's match; to find one's parallel/peer.

a nu-i găsi perechea; nu-i vei găsi perechea/seamănul you won't/will not find its/his peer/match.

a găsi piatra filozofală *F* to find a mare's nest.

a găsi plăcere în (a face) ceva to have/to take (a) delight/pleasure in (doing) smth.

a-și găsi un post to find oneself/to get a job/a situation/a (nice) berth.

a găsi pricină cuiva to pick/to find fault with smb.; to cavil at smb.'s doings.

a găsi un prieten în cineva to find a friend in smb.

a-și găsi prostul to make fun of/to poke fun at smb.

a găsi punctul nevralgic to find a/the sore point; to locate the seat of a disease.

a găsi punctul nevralgic al cuiva *F* → to scratch smb. where he itches.

a găsi punctul slab al cuiva to find smb.'s weak/vulnerable spot; to get on the soft/the blind side of smb.

a găsi rădăcina răului to get at the root of (the) trouble.

a găsi răspuns la toate to be (always) ready with an answer.

a găsi rima/rime to tag lines (of verse).

a găsi satisfacție în (a face) ceva to find/to take (a) delight/pleasure/ *înv.* to have felicity in (doing) smth.

a-și găsi scăparea în minciună to take refuge in lying.

a-și găsi scuze to make excuses.

a găsi scuze (cuiva) to make/to offer excuses for smb.; to make allowance for smb.

a nu-i găsi seamăn; nu-i vei ~ you will not find his peer/match.

a(-și) găsi o sinecură to find oneself/to get a nice/a safe berth/a cushioned job.

a(-și) găsi o slujbă *v.* ~ **un post.**

a (nu) găsi sprijin to get/to obtain (no) support.

a găsi sursa unei pene *el.* to locate a fault.

ți-ai găsit! that's a good one! save the mark!

și-a găsit capacul/nașul diamond cut diamond; every Jack must have his Jill.

a găsi timp(ul necesar) pentru to make time to do smth.

a-l găsi toate năbădăile to get into a bad temper.

s-a găsit oul să învețe pe găină/gâscă don't teach you grandmother to suck eggs; it will be a forward cock that croweth in the shell.

s-a găsit o scrisoare la el a letter was found on him/his person.

și-a găsit tingirea capacul *prov. v.* **a-și găsi nașul.**

a găsi un țap ispășitor to find a scape goat; *aprox.* to pass the buck.

a găsi urma *(cu gen.)* to get on/to pick up the scent/the trail of (smth./smb.).

a găsi vinovat pe cineva to lay/to cast the blame (for smth.) upon smb./to lay the blame (for smth.) at smb.'s door.

a se găti ca de horă/nuntă/sărbătoare/cu tot dichisul to put on one's Sunday best; to be dressed up to the nines/dressed to kill; to be in full dress/in one's Sunday best.

a găti cu sos to sauce.

a găti ceva la foc bun to cook smth. in a quick oven.

a găti ceva la foc mic to cook smth. in a gentle/a slow oven/on a small fire.

gătit nevoie mare dressed to kill/up to the nines; decked out in all one's war-paint.

a gâdila amorul propriu (al cuiva) to tickle (smb.'s) vanity.

a gâfâi ca o balenă/locomotivă *F* to puff like a grampus.

un gând care strică cheful a skeleton at the feast.

mă gândesc că... the thought strikes me that...; I have a sort of idea that...; *amer.* I kind of think that...

gândesc, deci exist I think, therefore I am.

o să mă mai gândesc la asta I'll think it the matter over; I'll give it another thought.

mă gândesc să... I think of (doing, etc.); I have (half) a mind to (do, etc.).

gândește-te că... bear in mind/remember/don't forget that...

mai gândește-te la ce ți-am spus think it over!

gândește-te la mirarea/surprinderea/uimirea/uluirea mea judge of my surprise!

a se gândi aiurea *v.* **a se gândi într-aiurea.**

a se gândi bine/de două ori (înainte de a face ceva) *F* to think twice (before doing smth.); *peior.* look before you leap!

a (se) gândi cu glas/voce tare to think aloud; to think out loud.

a se gândi doar la sine/la propriile sale interese to be too much wrapt in oneself; to think too much of number one.

a se gândi foarte serios să... to have a good mind to (do smth.).

a se gândi înainte de a vorbi to think before one speaks.

a se gândi într-aiurea/la altceva *aprox.* my thoughts are elsewhere/wandering.

a se gândi la ceea ce face to think/to mind what one is doing.

a se gândi la ceva to let one's thoughts dwell on smth.

a se gândi la cheltuielile/la costul lucrurilor to think of the expense.

a se gândi la însurătoare to contemplate matrimony; to think of marrying; to intend to get married.

a se gândi la propriile sale interese to think of oneself/of one's own interests/*F →* of number one.

a se gândi la rele to think evil thoughts.

a se gândi la sine *v.* **~ propriile sale interese.**

a nu se gândi la sine to have no thoughts of oneself.

a se gândi (mai ales) la viitor to look ahead; to look to the future.

a nu se gândi la ziua de mâine to take no thought for the morrow.

a se gândi neîncetat la cineva/ceva to keep thinking of smb./smth.; to get/to have smb./smth. on one's/the brain.

a se gândi numai la rele to think evil thoughts; *aprox.* this whole study is mischief.

a se gândi și a se răzgândi to reason oneself.

a gândi una și a spune alta to speak with one's tongue in one's cheek.

gândul acesta nu-i trecuse niciodată prin minte the idea had never entered his head/had never occurred to him.

gândul îl amăra tare mult the thought was wormwood to him/embittered him.

gânduri fără șir stray thoughts.

gândurile cuiva i le poți citi pe față *aprox. prov.* in the forehead and the eye the index of mind does lie.

gânduri negre dark thoughts.

gelozia îl cuprinse din nou his jealousy revived.

generos cu banii/promisiunile liberal of one's money/of promises.

generos față de cineva liberal to/towards someone.

un ger de crapă pietrele/ouăle corbului a ringing frost.

a gesticula mult to throw one's arms about.

get-beget (coada vacii) *F* true-born, true blue; born and bred.

gheața cedează the ice gives way.

gheața rezistă the ice bears.

gheața se rupe the ice gives way.

gheața ține the ice bears.

un ghem de nervi a bundle of nerves.

a se ghemui în pat (la căldură) to snuggle up in bed.

ghetele îmi sunt (prea) strâmte my boots are (too) tight; my shoes pinch.

a ghici adevărul/ghicitoarea to read/to solve a riddle.

a nu ghici bine to miss one's guess; to shoot wide (of the mark).

a ghici gândurile cuiva to read smb.'s thoughts/mind; to penetrate smb.'s mind; *F* to be down (up)on smb.; *sl.* to tip smb.'s mitt.

ghici (ghicitoarea mea)! riddle-me-ree!; riddle-me-this!

a ghici intențiile cuiva to read through smb.'s intentions; *sl.* to tip smb.'s mitt.

a ghici în cărți to read the cards; to tell fortunes (from cards).

a ghici în cărți cuiva to tell smb.'s fortune from cards.

a ghici în palmă to read hands; to tell fortunes (from hands).

a ghici cuiva în palmă to read smb.'s hand.

a nu ghici nici pe departe *v.* **~ bine.**

a ghici răspunsul to hit upon the (right) answer.

ai ghicit! you guessed it (right)! you have it!

ai ghicit perfect cum stau lucrurile you've guessed it! you've guessed right!

a ghici viitorul to tell fortunes.

a se ghiftui cu mâncare/cu tot felul de bunătăți/lucruri *F* to load up; to gorge on (cakes, etc.).

ghinionul naibii *F* the devil's own luck; hard lines; < bad luck.

a gira afacerile cuiva to manage/to run smb.'s affairs.

a gira un cec/o poliță to endorse a cheque/a bill.

glas (care strigă) în pustiu a voice (crying out) in the wilderness.

glasul conștiinței the voice/the dictates of conscience.

glasul poporului e glasul lui Dumnezeu *prov.* the voice of the people is the voice of God.

glasul sângelui the call of (the) kinship.

un glonț rătăcit a stray bullet; *aprox.* a pot shot.

gloria țării etc.; o glorie pentru familia/țara lui an honour to one's country, etc.

a glorifica faptele de vitejie ale cuiva to sing (of)/to extol/to exalt/to glory smb.'s exploits.

gluma n-a avut (nici un) succes the joke fell flat.

gluma a fost inutilă (pentru) că tot n-a înțeles-o/priceput-o the joke was lost on him.

gluma se îngroașă *F* the cat jumps.

glumești! you don't mean it! *F* no kidding! you don't say so!

(nu) glumești? are you serious? no, really! *F* are you kidding?

a glumi cu cineva to joke with smb.

a nu glumi (defel) to be/to speak in dead earnest; to be (perfectly) serious/in earnest.

goană după avere/avuții/bani/bogății/îmbogățire rush for wealth.

gol-goluț *v.* ~ **pușcă.**

a goli o cameră to empty/to clear a room.

a goli de conținut to empty/to void of content; to render innocuous.

a goli dintr-o sorbitură to drink off; *P* to swing off a glass (at a gulp).

să golim paharele! no heel-taps!

a goli un pahar to drink/to finish/to drain off a glass (at a gulp).

goliți paharele! no heel-taps! *F* bottoms up!

un gologan de căciulă a penny a head.

gol până la mijloc stripped to the waist.

gol-pușcă stark naked; in buff; striped to the skin.

a goni un cal cu biciul to whip (on) a horse.

a goni ca nebunul/un nebun *F* to scorch (along).

a goni cu biciul to whip away.

a goni cu strigăte to whoop out.

a goni cu toată viteza to drive like mad; *F →* to scorch (along).

a goni haita etc. cu biciul to whip off the dogs, etc.

a goni într-un vehicul to spin/to tear along the road; to drive like mad.

a goni la deal to whip up.

a-și goni necazurile to throw one's cares to the wind.

a goni pe șosea *(într-un vehicul)* to spin along the road.

a goni prin asalt to storm out of.

graba cu zăbava; graba strică treaba *prov.* the more haste, the less speed; haste is of the devil; fool's haste is no speed; good and quickly seldom meet; slow and steady wins the race; *F →* easy does it.

gras ca o dropie/un pepene/porc (as) fat/plump as partridge; (as) fat as butter/a pig's porpoise.

gratuitățile (sunt) suspendate *teatru etc.* 'no free seats'.

grațios ca o lebădă (as) graceful as a swan.

a se grava în memoria/mintea cuiva to sink into smb.'s memory/mind.

grăbește-te! be quick (about/over it)! don't dally/tarry; *înv.* make haste.

grăbește-te încet make haste slowly.

te cam grăbești! you are driving rather fast! not so fast! *F* you're a bit too previous!

a se grăbi să accepte o ofertă/propunere *F →* to jump at an offer.

a se grăbi să ajungă la un loc to push on to/as far as a place.

nu te grăbi steady (on)! don't rush! hold your horse(s)!

a nu se grăbi deloc to take one's time; to go slow (about smth.).

a grăbi deznodământul *teatru și fig.* to rush the ending.

a nu se grăbi la treabă to be slack at one's work.

a grăbi moartea cuiva to hasten smb.'s death; *v. și* **a vârî pe cineva în mormânt.**

a(-și) grăbi pasul to mend/to quicken one's pace/step; to put on the pace; to put one's best foot forward.

a nu grăbi pe cineva to let smb. take his time.

a se grăbi să publice *F* to rush into print.

o grădină de fată a peach of a girl.

o grădină de om a brick of a fellow.

a grăi ca din carte *F* to speak/to talk like a boot.

a grăi de rău pe cineva to speak ill of smb.

a grăi din gură (to open one's mouth) to speak.

a grăi din inimă to speak frankly/from the bottom of one's heart.

a grăi (cam) în dodii/peste deal to speak/to talk through one's hat/at random; to talk nonsense/rot/twaddle.

o grămadă de lots and lots of.

o grămadă de bani a pile/a pot of money.

grămezi de heaps/lots of; a lot of; a wealth of; *amer. sl.* a nation of.

a grebla un câmp to rake a field.

greoi la minte slow of wit; *v. și* **greu de cap.**

greșeala e a dumitale the fault lies with you/at your door.

greșeala e greșeală oricum ai lua-o a miss is as good as a mile.

greșeala mărturisită e pe jumătate iertată *prov.* a fault confessed is half redressed.

o greșeală de vorbire a slip of the tongue.

greșeală ireparabilă an injury beyond redress.

o greșeală în scriere/scris a slip of the pen.

o greșeală mai mică te scutește uneori de una mai mare *prov.* a stumble may prevent a fall.

greșeală strigătoare la cer a crying/a howling mistake; an egregious error/blunder; *F →* a howler, a blunder.

a greși adresa *F* to get/to take the wrong sow by the ear; to catch a Tartar; to be in the wrong box; to go to the wrong house/man/shop/person; to get into the wrong box; to be (quite) wrong; to lay/to put/to set the saddle on the wrong horse.

a-și greși cariera to mistake/to miss one's vocation.

a greși casa to mistake the house.

a-și greși chemarea *v.* ~ **cariera.**

a greși din capul locului *fig.* to be wrong from the word go; to stumble at the threshold.

a greși drumul to take the wrong road; to miss one's way.

a greși e omenește *prov.* to err is human.

a greși fără păcat/fără intenții păcătoase *rel.* to sin inadvertently.

a greși împotriva legii to offend/to transgress against the law; to infringe the law.

a greși la socoteală; a-și greși socotelile *v.* **a da greș.**

a-și greși meseria *v.* **~ cariera.**

a greși replica *teatru* to muff one's lines.

a(-și) greși socotelile to be out in one's calculations/reckonings; to reckon without one's host; to make a bad break.

a greși ținta to miss the mark.

greu de cap dull-witted; slow-witted; *F →* thickheaded; *F →* wooden-headed; difficult of understanding.

greu de îndurat hard to put up with.

greu de înghițit hard to put up with; hard to lump (it).

greu de mânuit 1. unwield. 2. hard to manage.

greu de mistuit hard of digestion.

greu de mulțumit/satisfăcut hard to please/satisfy; fastidious; finical; finicking.

greu de suportat *v.* **~ înghițit.**

greu de tras pe sfoară up to snuff.

greu de (o) ureche *v.* **fudul ~.**

greu de vândut *com.* difficult to place; heavy of sale.

greu încercat sorely tried; hard hit; hard put to trial; (who has been) through the mill.

greu la deal cu boii mici it's hard on the poor/the destitute.

greul a trecut the worst part is over; I have turned the (sharpest) corner; *rar→* the devil is dead.

greu pentru cineva hard lines for smb.

greutățile și necazurile vieții the rubs and worries of life.

a griji prin cameră ← *P* to tidy up/to do the room; to put the room in order.

o grindină de înjurături a volley of abuse.

o grindină de pietre a shower of stones.

o grindină de săgeți a shower of arrows.

o groază de bani pots/a pot of money.

groaznică corvoadă *F →* what a fag!

groaznică plictiseală *F →* what a bore!

gros la pungă ← *F* rolling in wealth; made of money; worth a mint of money.

grozav! *F* that's famous! topping! *reg.* champion!

grozavă idee! a capital idea! what a bright idea!

grozavă poveste! that be hanged for a tale!

grozav mă bucur că te văd I'm thundering/awfully glad to see you.

grozav de bun *iron.* too good by half.

grozav de fierbinte (as) hot as fire.

grozav de multă lume (there was) no lack of people.

grozav de puțin precious little of it.

grozav de vesel as merry/jolly as a sand-boy/as a cricket.

grozav mai ești! *iron.* you're a fine fellow, you are!

grozav prieten mi-ai fost! *peior.* a precious friend you have been/proved!

a se grozăvi teribil to talk big.

a se grupa în jurul partidului etc. to rally round the party, etc.

a grupa în jurul său/cuiva to call (a)round one(self).

a se gudura pe lângă cineva to lay it on thick/with a trowel; to knuckle the knee.

a guița ca un porc *F* to squeal like a pig.

gura! 1. *F* shut up! hold your jaw! stop your gab! keep your (big) mouth shut. 2. *(fii discret)* keep mum! *F* mum's the word.

gura lumii the talk of the town; gossip of people; *aprox.* what will Mrs. Grundy say?

gură-cască/cășcată easy-gullible person.

o gură cât o șură a very large/wide mouth.

gură clevetitoare slanderous/wicked/venomous/evil/loose tongue.

o gură de rai the threshold of Paradise.

gură multă sărăcia omului *prov.* spare your breath to cool you porridge.

gură rea *v.* **~ clevetitoare.**

gurile rele slanderous tongues.

a gusta cu plăcere din ceva to lick/to smack one's lips over smth.

a gusta cu vârful buzelor to pick a bit.

a gusta din plăcerile vieții to taste the joys of life.

a gusta fericirea to taste happiness; to get a taste of honey.

a gusta o mâncare to try/to taste a dish.

a gusta o plăcere până la saturație to indulge in a pleasure to the point of satiety; to be cloyed/surfeited with pleasure.

a gusta puțin/cu vârful buzelor to pick a bit.

a gusta viața din plin to lead a gay/a jolly/a merry life.

gustul dascălului nu-i ca al preotesei *prov. aprox.* every shoe fits not every foot.

gusturile nu se discută *prov.* there is no accounting for tastes; tastes differ; everyone to his taste.

H

habar n-am it is all Greek to me; hanged if I know! not that I am aware of.

habar n-am cine e (el) *F* I don't know him for Adam.

habar n-are much he knows about it!

habar n-are de nimic what he knows does not come too much.

ha! ha! ha! hi! hi! hi! tehee!

hai, băieți! now then, my lads!

hai, dă-i drumul și spune-mi și mie! come away with it!

haide, dă-i drumul! go it!

haide-haide! get along/on with you! no kidding!

hai să ne distrăm puțin! let's have a lark!

hai, explică-te! come now, explain!

hai s-o facem și p-asta! let's have a go!

hai, fii băiat bun! *F* come, be a sport!

hai să golim sticla *P* → let's buzz the bottle.

hai să încerc! *F* → I'll have a shot (at it).

hai să încercăm! let's have a go!

hai să ne întrecem! I'll race you!

hai să jucăm (un) bridge let's have a hand at bridge.

hai să mergem! *F* → *aprox.* we must make a move; we must be on the move.

haina face pe om *prov.* fine feathers make fine birds; the tailor makes the man.

nu haina îl face pe om *prov.* clothes do not make the man; it is not the coat the makes the man; the cowl does not make the monk; it's not the gay coat that makes the gentleman.

haina îi șade bine/îi vine ca turnată the suit fits him like a glove/a well; the coat fits/suits him to a T.

haine de gata ready-made clothes; reach-me-downs; clothes off-the-peg.

haine de oraș l. *(nu de lucru)* good/fine clothes. **2.** *(nu de țară)* town clothes.

haine de toate zilele everyday/workaday clothes.

haine gata *v.* ~ **de gata.**

hai, noroc! *(ca închinare la un pahar)* cheers! chin-chin! here's to you here's luck! ← *F sl.* → *amer.* here's/there'll be mud in your eye.

hai să ne plimbăm puțin! let's go for a walk/*F* → a toddle.

hai, trezește-te! come, wake up; *F* → shake yourself together!

hai, vitejilor! now then, my hearties!

halal! *ironic* much good may it do you!

halal să-i fie! much good may it do him! for shame to him!

halal să-ți fie! *F* l. *(bravo)* you've been, (and gone) and done it! done good for you! I wish you joy of it! **2.** *ironic* you've been (and gone) and done it; I wish you joy of it! that's well done! **3.** *(nu ți-e rușine)* that's a nice thing to say! for shame to you!

halal, frumos îți sade! *v.* ~ **să-ți fie 2, 3.**

halal treabă! a nice mess you've made of it!

hapciu! tish-ho! at-cha!

haram că... it's a pity that.

haram de capul lui! *v.* **halal să-i fie!**

un haram de om a good-for-nothing; a scamp; a scapegrace.

harnic ca o albină/furnică (as) busy as a bee/a bee-hive/a beaver.

a hăcui un animal to tear an animal limb from limb.

a hăitui vânatul to beat up game.

a hărțui inamicul *mil.* to keep the enemy on the run; to snipe at the enemy.

a hărțui pe cineva to put smb. on the rock; to hammer away at smb.

a hărțui pe cineva cu întrebări to ply smb. with questions.

hărțuit de creditori pressed by one's creditors.

hăt departe far away.

o hârcă bătrână an old hag.

a se hârși (prin contactul) cu lumea to rub up against other people; to be(come) a man of the world.

hei! whoop!

hei, bagă de seamă! now then, look out! have a care!

hei ho! wo ha ho!

hei, măi! hey you!

a hipnotiza pe cineva to send smb. into a trance.

hodoronc-tronc out of the blue; neither here, nor there.

a hohoti de râs to roar/to shout/to scream with laughter.

a hoinări prin lume to knock/$F \rightarrow$ to gad about (the world).

a holba ochii to stare (one's eyes out); to goggle (one's eyes); to stretch one's eyes.

hopa sus! hop-așa! up(s)-a-daisy; ups(e)y daisy.

hop și el neither here, nor there.

hotărârile vor fi obligatorii pentru toți the decisions will be binding upon all.

hotărât lucru beyond/without (the shadow of) a doubt.

a se hotărî categoric să facă ceva to have/to keep/to put one's mind on smth.

a nu se hotărî să facă un lucru not to find it in one's heart/not to have the heart to do smth.

a se hotărî să facă pasul $F \rightarrow$ to cross the Rubicon.

a hotărî momentul/ora to time; to appoint the time.

a hotărî pe cineva (să plece) to prevail (up)on smb. (to leave, etc.).

a hotărî pentru alții to lay down the law.

a hotărî prețul to state/to fix the price.

a hotărî soarta cuiva irevocabil to seal smb.'s fate.

a hotărî timpul și locul to fix/to appoint the time and place.

hoț ca o coțofană as thievish as a magpie.

a se hrăni bine to feed well; $F \rightarrow$ to do oneself well.

a se hrăni cu iluzii to cheat oneself with/to indulge in illusions; to (be) labour under delusions/a delusion.

a se hrăni cu promisiuni to eat the air.

a-și hrăni familia to provide for/to maintain one's family; to be the bread-winner.

a hrăni pe cineva pe sponci to put smb. on (short) allowance.

a hrăni peștii *glum.* to become food for fishes.

a se hrăni prost to live/to feed low.

a hrăni vite to feed cattle; to give cattle food; to provide cattle with fodder.

huzurul bogatului pe spinarea săracului the poor must pay for all; the poor man turns his cake and another comes and takes it away.

I

ia ascultă! *F* look here!

ia să te auzim! *F* tell me if you can!

ia(că) așa just for fun.

iacă așa se duc banii that's the way the money goes.

iacă ce... here is what...; just imagine/fancy...

iacă de-aia n-are ursul coadă! *aprox.* that's the hitch you are to blame.

iacă de-aia nu mai pot eu *F* **l.** *v.* **ia mai lasă-mă-n pace (cu)! 2.** *v.* **puțin îmi pasă.**

iacătă ce răsplată primesc that's all the thanks I got!; small/much thanks I got for it!

iadul e pavat cu intenții bune (the road to) hell is paved with good intentions.

iadul pe pământ it's hell broken loose; hell (up)on earth.

ia imaginează-ți *v.* **~ închipuie-ți.**

ia să încerc și eu leave it to me!

ia închipuie-ți just fancy/imagine! think of that! the idea of it!

ia mai lasă-mă în pace (cu...)! a fig for (all this)! don't bother me (with it)! leave me alone!

ia mai lasă poveștile astea *v.* **fugi de-acolo/de-aici!**

ia-mă nene! *aprox.* to thumb a ride; to hitch-hike.

iar(ăși) n-am avut noroc! just my luck!

iar(ăși) și-a dat în petec! ~ a făcut o poznă (de-a lui) he has been up to his old tricks again; he's put his foot in it again.

iar începe! there he goes, grumbling again!

iartă-mă! excuse me! I apologize! I beg/crave your pardon!

iartă-mă de data aceasta (că n-am să mai fac)! *aprox.* give me a/another chance!

ia mai scutește-mă! *amer.* let George do it! *v. și* **fugi de-acolo/de-aici!**

ia mai spune! *amer. F* do tell!

ia mai tacă-ți fleanca! don't tip me any of your jaw! hold your jaw/tongue/mouth!

iată-i că sosesc here/there they are/come!

iată-l (că vine)! there he/she comes/is! that's him/her.

iată că vine! that's her/him!

iată ce look (here); I say! listen (man).

iată ce... here is what...

iată ce cred eu that is my way of thinking.

iată ce gândesc eu! here's my opinion; *F* → them's my sentiments.

iată ce se întâmplă dacă vorbești prea mult *F* that's what you get by talking too much.

iată ce numesc eu (muzică etc.) this is smth. like (music, etc.); that is what I call (music, etc.).

iată ce mi-a spus this is what he told me.

iată ce zi splendidă that's smth. like a day!

iată o consolare that's one comfort.

iată cum s-au petrecut lucrurile it was like this.

iată despre ce este vorba here is the point; the thing is this; there/this is what it's all about.

iată dificultatea that's the crab!

iată un domeniu admirabil/excelent pentru... *com.* there is a great field for...

iată-mă here I am; I am come; behold me.

iată-ne (ajunși) here/there we are!

iată-te din nou here you are (again).

iată-te în sfârșit *F* → there you are (at last)!

iată-l pe C there is C.

iată-l pe C venind there is C coming; there comes C.

iată unde am ajuns! here we are (in a nice fix)! now I know!

iată unde (mi-)erai *F* → there you are!

iată unde locuiește this is where he lives.

ia te uită! just look/fancy! good gracious! I like that! man alive! *F* oh, my! my aunt/eye(s)/hat/stars/world! *sl.* crokey! Holy shakes! *amer. pop. sl.* Sakes (alive)!

ia te uită la el! there he goes! just look at him!

iavaș-iavaș *înv.* not so fast! easy (does it)!

ia să văd! let me see!

ia să vedem! let us/me see! now then!

ia vezi! mind you! have a care! beware! be careful!

ici colea/colo; ici și colo l. (every) here and there; from place to place. **2.** (*pe alocuri și*) in places.

ideea îi surâde he is very much taken with the idea.

o idee genială a stroke of genius.

o idee năstrușnică a wild-goose chase.

idei demodate old fogydom.

a identifica un citat to locate a quotation.

un idiot fără pereche a precious fool, a vacuous individual.

a idolatriza pe cineva to make it (little tin) god of smth.

ieftin ca braga (as) cheap as dirt; dirt-cheap, dog cheap.

ieftin la făină și scump la tărâțe; ieftin la tărâțe și scump la mălai *aprox.* stumbling at a strand and leaping over a block; penny-wise (and) pound foolish.

ieftin și prost cheap and nasty; *aprox.* cheapest is the dearest.

mai ieri (alaltăieri) the other day.

ieri dimineață yesterday morning.

a ierta de păcate to shrive; to forgive smb.'s sins.

a ierta o parte din datorie (cuiva) to grant (smb.) a release from a debt.

iertați-mi expresia saving your reverence/presence.

iertați-mi îndrăzneala no offence meant.

iese cu scandal/*argou* **șucăr mare/zeamă lungă** there will be ructions/a row/a shindy.

nu iese fum fără foc *prov.* there is no smoke without a fire.

ieși (afară)! away with you! get out (of here)! *elev.* out of my sight; *sl.* clear out!

a ieși afară 1. to go out. **2.** *med.* (*a avea scaun*) to go to stool.

a ieși afară pe furiș to steal out; to slink away; to go out stealthily/by stealth/with furtive steps.

a ieși agale to toddle out.

a ieși basma curată (dintr-o încurcătură) *v.* ~ **cu fața ~.**

a ieși bârfe; au/o să iasă tot felul de bârfe we shall never hear the end of the matter; there'll be no end of gossip about it; it'll be the talk of the town.

a-i ieși un bilet (necâștigător) to turn up a blank.

a ieși bine 1. (*d. ceva*) to turn out well/for the better. **2.** (*d. cineva*) to succeed, to come off victorious; *v. și* ~ **cu fața curată.**

a ieși bine (dintr-o situație) to come off with a salvo; *v. și* ~ **cu fața curată.**

a ieși bine la examen to do well at/in one's exam(ination).

a ieși brusc la suprafața apei (*d. înotător etc.*) to pop up out of the water.

a ieși ca din pământ to break/to pop forth; to turn up suddenly.

a ieși ca o furtună to tear out.

a ieși clătinându-se (pe picioare) to lurch/to stagger out.

a ieși cu un aer important to swagger out.

a ieși cu banii (pe masă/la zar) to lay out money; to come across; *sl.* to come down with the dust.

a ieși cu bine (din...) to get over a difficulty; to get the best of it; *v. și* ~ **fața curată.**

a ieși cu bine din criză to ride out the storm.

a ieși cu fața curată/obraz curat (dintr-o încurcătură/dintr-un bucluc) to come out with clean hands; to come/to get off scatheless/unscathed/scotfree/clear; to be above oneself; to fall/to light on one's feet; to save one's face/carcass; to save face; to have/to make a narrow escape; to come unscathed out of the battle; to get the best of it.

a ieși cu gălăgie there will be ructions/a row; *v. și* ~ **scandal.**

a ieși cu obraz curat *v.* ~ **fața curată.**

a ieși cu pas/pași greoi to lumber out.

a ieși cu pași de pisică to sneak out; *v. și* ~ **afară pe furiș.**

a ieși de la ananghie/strâmtoare *F* to save one's bacon; to make up leeway; *v. și* ~ **cu fața curată.**

a ieși de pe rilă to jump the sound-groove.

a ieși de pe scenă to go off the stage; to have/to make one's hit.

a ieși de sub tipar to come off the press(es); to come out; to appear/to make one's appearance in print/type.

a ieși din... to come out of...

a ieși din acțiune to go out of action.

a ieși din albie (*d. un râu/fluviu*) to break/to be out; to flood/to overflow one's banks.

a ieși din amorțeală to rouse oneself, to wake (up).

a ieși din anonimat to get out of the ruck.

a-și ieși din balamale *v.* ~ **fire.**

a ieși din banalitate(a) cotidiană to get out of the rut/routine/the usual run of things.

a ieși din cameră to go/to step/to walk out of the room; to leave the room.

a-i ieși din cap *v.* ~ **minte.**

a nu ieși din casă to stay in(doors); to keep one's/the room; *v.* ~ **niciodată din casă.**

a ieși din comun to have smth. out of the common; to be distinguished; to have a mark of distinction.

a nu ieși din cuvântul cuiva to go/to come up to the bit.

a-și ieși din fire to lose patience/one's hair/temper/ *sl.* shirt/rag/ *amer. sl.* goat; to fly into a passion; to

489

be beside oneself/in a violent temper/in a fume; *F* to jump out of one's skin; to set up one's bristle; to go up in the air; *amer.* to fly/to go/to slip off the handle; *P* to get up on one's ears; to raise one's dander; *sl.* to get one's shirt off/one's monkey/dander/Irish up; to get into a tantrum; to cut up rough/rusty; to get all hot and bothered; to get put out; to hit the ceiling; to have one's blood up; to be in hot blood; to have/to get the breeze up.

a ieși din front *mil.* to break rank; to stand forth/forward.

a ieși din gară *(d. trenuri)* to pull/to stream out of the station.

a ieși din gardă *mil.* to come off duty; to stand down.

a ieși din găoace(a lui) *F* to come out of one's shell; to leave one's burrow.

a ieși din greu to turn the (sharpest) corner; **am ieșit din greu** the worst part is over.

a-i ieși din gură to pass one's lips; to escape one's lips.

a ieși din impas/încurcătură to break a deadlock; to get out of trouble; to pull through; to keep one's head above water; *(printr-o minciună)* to lie oneself out of a scrape.

a ieși din joc *și fig.* to fling up one's cards/game; to be shelved.

a ieși din luptă *mil.* to come out of action.

a(-și) ieși din matcă I. *(d. râuri)* v. ~ **albie. 2.** *fig.* to be but of joint; *v. și* ~ **fire.**

a ieși din mână to get out of hand; to lose training/practice/skill; to come/to go to grass.

a-i ieși din minte *(ceva)* to slip one's mind; to go out of one's mind; to go (right) off one's head; *scoț.* to be/to go off at the nail; **i-a ieșit din minte** he clean forgot it; he forgot all about it.

a nu-i mai ieși din minte ceva to get a thing on the brain.

a-și ieși din minți to go/to be out of one's mind/senses; to lose one's mind/reason; to go/to grow mad; *sl.* to be right off it; to go/to run berserk(er); to be off one's base/head/rocker; to be right off it; ~ **de durere** to be beside oneself with grief.

a ieși din modă to be(come) old-fashioned/outdated; *v. și* ~ **uz;**

a ieși din nou la iveală to re-emerge.

a-și ieși din obiceiuri to leave off one's habits.

a ieși din ou to creep/to peep out of the egg/the shell.

a-și ieși din pepeni *v.* ~ **fire.**

a-și ieși din piele to be ready to fly/to jump out of one's skin; to boil over; *v. și* ~ **fire.**

a ieși din port *mar.* to clear a port; to leave port/harbour.

a-și ieși din răbdări *v.* ~ **fire.**

a ieși din rândul celor de jos to get out of the ruck.

a ieși din rânduri *mil. v.* ~ **front.**

a ieși din rutină *v.* ~ **banalitate.**

a-și ieși din sărite *v.* ~ **fire.**

a ieși din toropeală *v.* ~ **amorțeală.**

a ieși dintr-o asociație comercială to withdraw from a firm/a partnership.

a ieși dintr-o criză to outgrow the crisis; to turn the corner.

a ieși dintr-un impas *v.* ~ **din impas.**

a ieși dintr-o încurcătură/situație grea to get out of a difficulty; *F* → to turn the corner.

a-și ieși din țâțâni *v.* ~ **fire.**

a-i ieși dinții *(unui copil)* to cut one's teeth.

a ieși din uz I. to be/to fall/to go/to grow out of use/fashion; to come/to fall into disuse. **2.** *(a se demoda)* to get/to be out of date; to become obsolescent/obsolete/old fashioned; *v.* ~ **modă.**

a ieși din vrie/vrilă *av.* to spin off.

a-i ieși fața I. *(d. vopsea)* to fade (away). **2.** *(d. stofă)* to fade.

a ieși făcând o reverență to bow/(d. femei) to curts(e)y oneself out.

a ieși frumos la zar *F* to come down handsome; to do the handsome (thing).

a ieși fum; iese fum there is smoke rising.

a ieși în afară I. to put/to stand/to shoot/to knob out; to protrude; to overhang. **2.** *fig.* to be salient/striking; to stand out.

a ieși în alegeri *(d. un candidat)* to be in/elected.

a ieși în evidență *v.* ~ **relief.**

a ieși în folosul cuiva to turn up to smb.'s advantage.

a ieși în larg(ul) mării to go/to put/to stand (out) to sea; to take the sea/the offing; *mar.* to bear off from the land; to stand away from shore; to leave port/harbour; to make/to get an offing; to steer off; to take to the open sea; to stand out to sea.

a ieși în lume to go/to be out; to go into society; *glum.* to get a look/a sight at the elephant.

a nu ieși în pagubă *com. F* to get out without a loss.

a ieși în public to turn out.

a ieși în relief I. to come/to stand out (in relief)/(in bold/full/high/sharp relief); to jut (out), to be prominent. **2.** *(d. cineva)* to make oneself conspicuous; to make one's mark; to stand out; to show up; to be prominent.

a ieși în vârful picioarelor *(din cameră etc.)* to tiptoe out (of the room, etc.).

a ieși învingător v. ~ **victorios.**

a ieși la aer to take the air; to go out (into the open); v. și ~ **plimbare.**

a ieși la cale cu cineva to come to terms/an understanding/an agreement/an arrangement with smb.; v. și **a cădea de acord.**

a ieși la covrigi v. **a ajunge la ~.**

a ieși la egalitate to run a dead heat.

a ieși la iveală 1. *(a apărea)* to be/to turn out; to come to light; to crop up/out. **2.** *(a se înfățișa)* to turn up.

a ieși la iveală încetul cu încetul *P* → to trickle out.

a ieși la liman to be in/to get to smooth water; v. și ~ **cu fața curată.**

a ieși la lumină to come to light.

a ieși la pensie to hang up one's fiddle. **1.** to retire (upon a pension); to be pensioned off. **2.** *fig.* to be shelved.

a ieși la plimbare to go for a stroll/a walk/a saunter; to take exercise/the air/*F* → a constitutional.

a ieși la plimbare cu cineva to take smb. for a walk.

a ieși la plimbare cu iubita to walk out one's girl.

a ieși la raport *mil.* to come out at orderly hour.

a ieși la sorți *fin. (d. obligațiuni)* to be drawn.

a ieși la spălat; iese ~ 1. *F* it will all come out in the wash. **2.** *fig.* never mind; don't bother.

a ieși la suprafață 1. to break water; to get one's head above water (again); to come to grass. **2.** *geol.* to outcrop. **3.** *fig.* v. ~ **iveală.**

a ieși la tragere un loz necâștigător to turn up a blank.

a ieși la vopsea ← *F* **1.** to make/to manage/to contrive it; to shift/to fend for oneself. **2.** to extricate oneself from a ...; to make a hairbreadth escape.

a nu ieși nici un ban din (treaba) asta there's no money in it.

a nu ieși niciodată (din casă) to be a home bird; *F* → to be a regular stay-at-home/a sit-by-the-fire.

a nu-și ieși niciodată din fire to be even-tempered/equable/good-humoured/unruffled/difficult to put out; never to get put out; v. și **a-și ieși din fire.**

a nu ieși nimic de aici/din... to be of no...use; **nu iese ~** nothing comes of...; there's nothing to be gained by...; (it's) no go.

a-i ieși nume rău to suffer injury to one's reputation; to lose (one's) credit; to get a bad name.

a-i ieși oasele prin piele; îi ies ~ *F* his bones come out through his skin; a bag of bones.

a-i ieși ochii din cap; i-au ieșit ~ 1. his eyes popped out of his head/started out of their sockets. **2.** *(s-a*

istovit) he worked himself to death; he wore himself out; he became exhausted.

a-i ieși părul prin căciulă 1. *(a i se urî cu așteptatul)* ← *F* to wait till one gets sick and tired of it. **2.** *(a o duce greu)* *F* to be hardly able to keep body and soul together; to be down; to be in a tight spot.

a ieși pe furiș to steal/to slink/to sneak out; to steal away; to creep out/forth.

a ieși pentru (a face) o (scurtă) plimbare v. **a ~ la plimbare.**

a ieși pe primul loc *sport* to come to the fore; to come out/to place first.

a-i ieși peri albi *(de griji etc.)* to be worrying oneself.

a ieși pe ultimul loc to get nowhere; to be nowhere in sight.

a ieși prost 1. *(d. cineva)* to fail; to succeed; to turn out/to be a failure; to fall short. **2.** *(d. ceva)* to turn out ill/badly/crabs; to end badly/in a bad way; to result badly.

a ieși puternic în evidență/relief to come/to stand out in bold/full/high/sharp relief.

a ieși rău v. ~ **prost.**

a ieși scandal; o să iasă scandal there'll be (the hell of) a row/a shindy; there'll be motion.

a-i ieși sufletul *fig.* to have a bad/a killing time.

a ieși șucar (mare) *sl.* v. ~ **scandal.**

ieșit din comun out of the common/the ordinary.

ieșit din formă out of condition/fettle/mettle.

am ieșit din greu the worst part is over; I have turned the (sharpest) corner.

ieșit din minți bereft of reason; *sl.* off one's base/head/mind/chump; v. **a-și ieși ~; ți-ai ieșit din minți?** are you mad? are you in your (right) senses?

ieșit din modă out of fashion; old-fashioned; v. și ~ **uz.**

ieșit din uz(ul curent) out-dated; super-annuated; dropping out of use; obsolete, out of date/fashion.

a ieșit soarele the sun is beaming forth.

mi-au ieșit socotelile my figures/my calculations have come right.

a ieși victorios to come off victorious; to come off with flying colours; to carry/to gain/to win the day; to bear/to carry/to win the palm; to get the best of it; *F* to get/to have the upper hand; *(dintr-o încercare)* to undergo a test successfully; v. și ~ **din greu.**

a-i ieși vorbe to face Mrs. Grundy/the talk of the town; to become the talk of the town/everybody's laughingstock/a (favourite) subject for gossip; to have rumours/gossip spread about oneself.

a ignora pe cineva to give/to turn smb. the cold shoulder; to cut smb. (dead); to slight smb.

a ilustra cu poze istorice to story.

o iluzie a simțurilor a trick of the senses.

imaginația mi-a jucat o festă it was a trick of my imagination.

imaginează-ți! only think...; just imagine!

un imbecil fără pereche what an all-fired fool!

imediat după aceea just/directly after.

imediat după masă on a full stomach.

a imita întru totul/punct cu punct pe cineva to take one's cue from smb.

a imita perfect pe cineva *F* to hit smb. off to a T.

a imobiliza o fractură *med.* to put a limb in splints.

a impieta asupra 1. to cast aspersions/a slur/a shadow on **2.** *(a încălca)* to infringe (upon).

te implor! I beseech you! for pity's sake!

nu importă! no matter! never mind! it makes no difference! it doesn't matter! *F* it cuts no ice! it's nothing! *înv.* →it skills/matters not!

a importuna pe cineva to give smb. trouble; to put smb. to (a) trouble; to be a trouble to smb.

imposibil de ajuns la el/de atins (it is) out of reach.

imposibil de crezut! impossible! out of the question! not really!

imposibil de găsit nowhere to be found; impossible to find.

a imprima cu șabloane *text.* to stencil.

a imprima o direcție/linie to shape the course of public opinion.

a imprima o mișcare to transmit a motion to smth.

a imprima o mișcare de du-te-vino *(cu dat.)* to reciprocate.

a imprima pasul/ritmul/viteza to set/to make the pace.

a-și impune o anumită rezervă to put a restraint upon oneself.

a se impune atenției to claim attention *(d. lucruri)* to be very insistent/compelling.

a impune ceva cuiva to push/to impose smth. upon smb.; *(cu (de-a) sila)* to obtrude smth. up(on) smb.

a impune (cuiva) condițiile to lay down conditions (to smb.); to dictate terms (to smb.).

a impune disciplină cuiva *F* to rein smb. in.

a impune legea to lay down/to enforce/to uphold the law.

a impune cuiva un lucru/o muncă to set smb. a task.

a impune părerea sa/punctul său de vedere cuiva to protrude one's opinion on smb.; *F* to cram/to ram/to thrust smth. down smb.'s throat.

a-și impune prezența to thrust oneself upon smb.

a-și impune punctul de vedere to hook/to land one's fish; *v. și* **~ părerea sa.**

a impune respect to command/to enforce respect; to be impressive/stately/imposing/domineering.

a(-și) impune o sarcină to set (oneself) a task.

se impune să it is necessary/essential/indispensable to.

a impune tăcere printr-o privire adresată cuiva to stare smb. into silence.

a(-și) impune voința to impose one's will; to get one's own way.

a-și impune voința (asupra) cuiva to give (the) law to smb.; *F* to lord it over smb.

impus cu forța *(d. contract)* steamrollered; *amer.* a shotgun (business, contract, agreement, marriage).

a imputa ceva cuiva to cast/to throw a thing in smb.'s teeth; to lay smth. at smb.'s door/*înv.* in smb.'s light; to blame smth. on smb.; *jur.* to lay smth. to smb.'s charge.

a inaugura o clădire/o casă de comerț etc. to lay the foundations of a building/of a business.

a inaugura o (nouă) epocă etc. *F* to usher in a new epoch; to mark an era.

incapabil de a face ceva unequal to doing smth.; unable to do smth.

a incita la revoluție to stir up/to rouse to revolt.

inclusiv (toate) cheltuielile "terms inclusive".

inclus în preț *com.* "terms inclusive".

vă incomodează dacă fumez? do you mind my smoking?

incomparabil mai prost a far cry from; miles away from; not in the same street with (smb., etc.); far worse than (smb., etc.).

independent de 1. independent. **2.** *(indiferent de)* irrespective of; whatever...

a indica liniile directoare/principale ale unei lucrări to lay down the broad lines of a work.

a indica ora to tell the time.

a indica un post vacant cuiva to put smb. on a vacant post.

indicație a opiniei publice a straw in the wind.

indiferent când at what time soever; at any time.

indiferent cât costă regardless of expense.

indiferent ce any mortal thing.

indiferent ce s-ar întâmpla whatever happens; for better or for worse; *înv* for weal or (for) woe; whatever betide of weal or woe.

indiferent de irrespective of, regardless of, whatever...

a indispune pe cineva to put smb. in(to) bad humour.

a induce în eroare pe cineva to put smb. on the wrong track; to put it across smb.; to mislead/to delude smb.; to lead smb. astray; to slip it over smb.; to juggle smb. into doing smth.

a induce în eroare justiția to pervert the course of justice.

indus în eroare labouring under an illusion/a delusion.

a influența piața (financiară) *fin.* to rig the market.

a se informa cum stau lucrurile to see how the land lies.

inima îi bătea cu putere/(de bucurie) his heart thrilled with joy.

inima i se făcu cât un purice his heart failed him; his heart sank.

inima se hrănește cu speranță if it were not for hope, the heart would break.

inima îi palpita/zvâcnea în piept de bucurie his heart thrilled/throbbed with joy.

inima i se strânse his heart sank.

inimă albastră ← *F* a heavy heart.

inimă de aur a heart of gold.

inimă de piatră/împietrită a heart of stone/flint; a hard heart.

a iniția o campanie împotriva cuiva *F* to lead/to conduct a campaign against smb.

a iniția pe cineva într-o taină/într-un secret *F* to let smb. in on a secret.

inofensiv ca un copil as harmless as a baby.

insensibil la ispită proof against temptation/against flattery.

a insera un anunț la ziar to put in an advertisement in the paper.

a insera în ziare to put into the public prints.

a se insinua pe sub pielea cuiva to ingratiate oneself with smb.; to court favour with smb.; to fawn on smb.

a insista asupra etichetei/formalităților to stand on ceremony.

a insista asupra unui fapt to lay stress on a fact.

a insista asupra unui lucru to lay emphasis on a fact; to insist on smth.

a insista asupra unui punct to press a point.

nu mai insista atât! (asupra greșelii mele etc.) *F* → don't rub it in!

a inspecta (atent) înfățișarea cuiva to look smb. up and down/all over.

a inspira (cuiva) antipatie/dezgust to fill smb. with disgust/loathing; to be repellent/loathsome (to smb.).

a inspira frică/groază to strike with awe; to fill with terror; to inspire terror.

a inspira o idee cuiva to prepossess smb. with a notion.

a inspira milă to be pitied; **îți inspiră milă** he looks pitiful.

a inspira repulsie *v.* **~ antipatie.**

a inspira respect *v.* **a impune ~.**

inspirat fiind de... under the inspiration of...

a se instala comod to snug oneself.

a se instala comod într-un fotoliu to settle (oneself) in an armchair.

a instala cortul to pitch (one's) tent.

a instala un fir electric to wire.

a se instala în/la casa lui to set up house.

a se instala în fotoliul prezidențial to take the chair.

a se instala într-o locuință to take up one's quarters/lodgings.

a instala pe cineva într-un post/într-o slujbă prin pile to job smb. into a post; to jockey smb. into an office.

a instala pe cineva pe tron to seat/to install/to put smb. on the throne.

a instala tabăra to lay/to strike camp; to pitch (one's) tent.

a institui o anchetă to set on foot an inquiry; to open an inquest.

a institui o comisie to set up/to appoint a commission.

a instrui în mânuirea armelor to train smb. in the use of a weapon.

a insufla curaj cuiva *F* → to act as a tonic on smb.

a insufla cuiva un sentiment to penetrate/to pervade smb. with a feeling.

a intenta cuiva (un) proces; a intenta o acțiune împotriva cuiva to take action against smb.; to bring/to institute a suit against smb.; to bring/to enter an action against smb.; to bring smb. to law; to sue smb. at law; *(mai ales penal)* to institute proceedings/to proceed against smb.; to open an action/a case (against smb.); *v. și* **a trimite în judecată.**

a intenta un proces de daune to prosecute a claim for damages.

a intenta cuiva un proces de divorț to sue smb. for a divorce; to institute divorce proceedings against smb.

a intenta (un) proces penal cuiva to take criminal proceedings against smb.

a intenta cuiva proces pentru calomnie to sue smb. for libel.

a intenta un proces pentru daune to prosecute a claim for damages.

intenția contează *prov.* the will is as good as the deed.

intențiile (mele) erau bune I intended no harm; no harm (was) meant.

a intercepta convorbiri telefonice to tap a telephone wire.

a se interesa de *(a se informa cu privire la)* to inquire for.

a se interesa de sănătatea cuiva to inquire after smb.'s health/after smb.

a se interesa la... to apply (for information) to.

nu interesează it doesn't matter; it is immaterial/unimportant; *v. și* **nu importă!**

nu mă interesează părerea lui I don't want the opinion of him.

mă interesează prea puțin it's of little interest to me.

interesele populației cereau ca... the welfare of the population required that...

interesul poartă fesul *prov. aprox.* every man wishes the water to his mill; money makes the mare (to) go.

a interna într-un ospiciu to put smb. away.

a interna un nebun to put a lunatic under restraint.

a interpreta bine/corect to construe/to interpret/to understand accurately/corectly/all right.

a interpreta fals/greșit to take *(smth.)* in the wrong spirit/in bad part; to misinterpret; to misconstrue.

a interpreta/înțelege greșit to take smth. in a/the wrong spirit.

a interpreta ceva greșit to put a wrong construction on smth.

a interpreta în sens (prea) larg to stretch (too) far.

a interpreta just *v.* ~ **bine.**

a interpreta un rol *teatru* to play/to act a part.

a interpreta roluri tragice *(d. un actor)* to take to tragedy.

a interveni în favoarea cuiva *F* to plead with smb. for smb./smth.

a interveni într-o conversație/convorbire to butt/to chime/to cut/to strike in.

a interveni pe lângă cineva pentru cineva *F* to plead smb's cause with smb.

a interveni pentru (cineva) to speak up/to intercede for (smb.).

a interzice accesul străinilor to sport one's oak.

a interzice să facă ceva cuiva to prohibit smb. from doing smth.

a interzice o întrunire to ban a meeting.

a interzice prin decret to issue/to publish a prohibition.

a interzice ceva prin veto to put/to place/to set a veto/one's veto on smth.; to veto smth.

îi interzic să o facă he shall not do it.

interzis accesul cu animale 'no pets'.

a intimida prin râsete pe cineva to sneer smb. down.

a intona un cântec to raise a song/a hymn.

a intra adânc în ceva to go/to get deep into smth.

a intra brusc în conversație etc. to whip/to cut/to butt in.

a intra ca ucenic to be intentured/articled; to be apprenticed (to a trade); to be bound apprentice (to a trade).

a intra ca o vijelie/ca vântul *(în cameră)* to come in like a whirlwind; to plunge/to tear into the room.

a intra clătinându-se *(pe picioare)* to stagger/to lurch in.

a intra o clipă la cineva to look in (up)on smb./at smb.'s house.

a intra cu un aer măreț to swagger/to strut in.

a intra cu foșnet de mătase *(d. cineva)* to swish in.

a intra cu pași de pisică to sneak/to steal in.

a intra cu pași greoi to lumber in.

a intra fără a bate la ușă to walk straight/right in.

a-i intra frica/groaza în oase to be frightened out one's wits/mind; to be frightened to death.

a intra împiedicându-se de prag to stumble over the threshold.

a intra în acțiune 1. *mil.* to go into action/battle/operation. **2.** *fig.* to start operating; to go into action/operation.

a intra în afaceri to set up in business as a grocer.

a intra în amănunte to enter/to go into detail(s)/particulars; to come/to get down to brass tacks; to be very specific; to give particulars off smth.; to instance smth.

a intra în apă și a se bălăci to take water.

a intra în arenă *fig.* to enter the lists.

a intra în armată to join the army/the colours; to take service; *F →* to go for a soldier; to join up.

a intra în atingere cu... to come into contact/touch with...

a intra în atribuțiile cuiva to lie within one's/smb.'s power(s)/province/purview; to fall/to be within smb.'s competence; *v. și* **a fi de resortul cuiva.**

a intra în barou to be called/to go to the bar.

a intra în belea *v.* **a da de ~.**

a-i intra în cap să... to get it into one's head to...

a intra în cașcaval *F* to find a nice berth.

a intra în circulație *(d. un cuvînt etc.)* to gain/to obtain currency.

a intra în cochilie *și fig.* to retire into one's shell.

a intra în combinație cu cineva 1. to enter into partnership/*peior.* collusion with smb. **2.** *F (de amor)* to have/to start an affair with smb.

a nu intra în competența cuiva to be outside smb.'s reference.

a intra în convalescență to become convalescent; to pick up (a little).

a intra în conversație v. ~ **vorbă**.

a intra în datorii to fall/to get/to run in(to) debt; to plunge into debts; to outrun/to overrun the constable.

a intra în detalii v. ~ **amănunte**.

a intra în diplomație to enter the diplomatic service.

a intra în discuție to come into question.

a intra în domeniul cuiva to fall within smb.'s competence/province/specialty.

a nu intra în domeniul cuiva to be beyond one's province; not to be (with)in one's province; not to be within smb.'s walk; not to fall within smb.'s compass.

a intra în foc pentru 1. *(cineva)* v. **a pune mîna-n foc. 2.** *(ceva)* to join issue/to take up the cudgels for smth.

a intra în fondul problemei to go to the essence/*F* → bottom off things; *F* to come/to get (down) to brass tacks.

a intra în funcție 1. *(d. cineva)* to take up one's duties/post; to enter upon/to begin one's duties. **2.** *(d. o instalație)* to be set/going in motion; *(a fi dată în folosință)* to be inaugurated/commissioned; to be put/to go into commission.

a intra în gară *(d. trenuri)* to pull/to steam into the station; to pull in.

a intra în grațiile cuiva to win smb.'s favour; to get into favour with smb./into smb.'s good graces; *F* → to get on the right side of smb.; to get in with smb.

a intra în gura cuiva to be backbitten by smb.

a intra în gura lumii to get talked about; to become the (common) talk of the town; to become a subject of gossip.

a intra în gura lupului *fig.* **1.** *(de bună voie)* to put one's head in the lion's mouth **2.** *(d. lucruri, bani)* to go to the dogs, to be gone/lost for good and all; to see the last of smth.

a intra în horă 1. to join the dance. **2.** *fig. aprox.* in for a penny, in for a pound.

a intra în ilegalitate to go underground.

a intra în încurcătură v. **a da de belea**.

a intra în învățămînt to go in for teaching.

a intra în joc 1. to join in/the dance. **2.** *și fig.* to come into play.

a intra în legătură to get into (direct) touch with smb.

a intra în lume to begin the world; to be taken out; to be introduced/presented in society; *F* → to go places.

a intra în luptă *(cu cineva)* to join battle/issue (with smb.); *mil. și* to take the field.

a intra în luptă corp la corp to come to close quarters.

a intra în marină to go to sea, to go for a sailor.

a intra în materie to broach the subject.

a intra în miezul lucrurilor to come to the point; not to beat about the bush; *v. și* ~ **fondul problemei**.

a intra în neant to pass into nothingness.

a-i intra în obicei to make a regular thing of smth.; to go into the habit of (doing smth.).

a intra în obiceiul oamenilor to become habitual to the people; to become a matter of routine/tradition.

a intra în panică to panic.

a intra în păcat to commit a sin.

a intra în pămînt to melt/to vanish into thin air.

a intra în pămînt de rușine to sink into the earth for shame.

a intra în pielea unui personaj *(la teatru)* to live a part.

a intra în politică to go into politics; to go in for politics.

a intra în port to sail into harbour.

a intra în posesia *(cu gen.)* to take possession of; to get hold of; to step in(to).

a intra în posesia unui bun to take possession of an estate; to come/to enter into possession of an estate.

a intra în posesia unui bun prin prescripție to come into reversion.

a intra în posesia bunurilor sale to come into one's own.

a intra în posesia unei moșteniri to come into one's inheritance.

a intra în putrefacție to become putrid; to rot; to decay.

a intra în raza vizuală a cuiva to lie within the purview of smb.; to heave in sight.

a intra în rândurile clerului to take holy orders/*F* to take orders.

a intra în relații cu cineva to enter into/to establish relations with smb.; to get into touch/contact with smb.

a intra în ritmul (său) normal (de lucru etc.) to get into one's strides/pace.

a-i intra în sînge v. ~ **obicei**.

a intra în scenă to come in/on the stage; *F* → to appear on the stage.

a intra în **schimb** to take one's turn/shift; to enter one's shift.

a intra în **serviciu** 1. to go into service; to take a job. 2. *v.* ~ **schimb.**

a intra în **serviciul (militar) activ** to enter active service; to undertake active duties; (*a reintra*) to rejoin the colours; *F* → to take the King's/Queen's shilling.

a intra în **slujbă** *v.* ~ **în serviciu.**

a intra în **spital** to be put in a hospital.

a intra în **subiect** to speak to the matter; to get to the point; to broach the subject; to come to one's subject; *v. și* ~ **miezul lucrurilor.**

a intra în **șut** *v.* ~ **schimb.**

a intra în **teatru** to go on the stage/boards; to become an actor/an actress.

a intra în **tratative cu...** to enter into/to open negotiations with...

a intra într-o **capcană** to be had.

a intra într-o **categorie** to fall under/into a category.

a intra într-o **competiție** to enter the lists; *fig.* to join issue; *v. și* ~ **în luptă.**

a intra într-un **cuib de viespi/într-un viespar** *F* to put one's head in chancery.

a intra într-o **încurcătură** *v.* **a da de belea/bucluc.**

a intra într-o **încurcătură datorită minciunilor** to lie oneself into a scrape.

a intra într-o **luptă decisivă/hotărâtoare** to throw away the scabbard.

a intra într-o **mare încurcătură** to get tangled (up); *v. și* **a da de belea/bucluc.**

a intra într-un **partid** to join a party.

a intra în **tură** *v.* ~ **schimb.**

a intra în **vacanță** to break up for/to begin the holidays.

a intra în **valuri** to plunge into the waves; to take the plunge.

a intra în **vârful picioarelor** to tiptoe into the room.

a intra în **vederile cuiva** to fall in with/to meet smb.'s views.

a intra în **viață** to begin/to enter life.

a intra în **vigoare** to come into force/effect/operation; to go into effect; to take effect; to become effective/operative.

a intra în **voia cuiva** to make oneself agreeable to smb.; to please smb.; to fulfil smb.'s wishes; to win smb.'s favour.

a intra în **vorbă (cu cineva)** to strike up a/to enter into conversation (with smb.); *fig.* to break the ice.

a intra în **vorbă nepoftit** to edge oneself into the conversation.

a intra în **vrilă** *av.* to spin in.

a intra la **apă** 1. (*haine etc.*) *v.* ~ **spălat.** 2. *fig. F* to get into hot water/a tight fix/a nice hobble/fix; *amer.* to have one's head in a tar barrel; *v. și* **a da de belea/bucluc.**

a intra la **bănuială/bănuieli** to grow suspicious; to be filled with doubt/suspicion(s).

a intra la **cineva** (*în trecere*) to drop/to look in on smb.; to call at smb.'s place.

a intra la **facultate etc.** to come up to the university, etc.

a intra la **grijă/griji** to become anxious/uneasy.

a intra la **gros** *argou* to get in the clink; to be put in quod/in the stone jug.

a intra la **medicină** to go in for the medical.

a intra la **spălat** to shrink (in the wash/in washing); to be shrinkable.

a intra la **strâmtoare** *v.* **a da de belea/bucluc.**

a intra la **universitate** to go up to the university.

a intra **maiestuos** (*în cameră*) to stalk/to sail into the room.

a intra **mesa** *F* to get into a mess/a scrape/a muddle/a nice fix; *v. și* **a da de belea/bucluc.**

a intra pe **furiș** to sneak/to slink/to slip/to steal/to skulk in.

a intra pe **scenă** *F* to appear on the scene.

a intra pe **sub pielea cuiva** to win smb.'s favour; to creep up smb.'s sleeve; to ingratiate oneself with smb.; to crawl into smb.'s favour; to curry favour with smb.

a-i intra pe **o ureche și a-i ieși pe alta; îi intră** ~ **și-i iese** ~ it goes in at one ear and out at the other.

a intra pe **ușa din dos** *fig.* to get in at the back door.

intrarea interzisă/oprită no admittance/entry; ~ **pentru public** (*pe ușă*) "private"; (*pe un teren*) "trespassers will be prosecuted"; out of bounds.

a intra **singur în gura lupului** to take a bear by the tooth.

a-i intra **spaima în oase** *v.* ~ **frica** ~.

a intra **tare în cineva** to let out at smb.

a intrat **alba/bălaia în sat** ← *P* it is (broad) daylight.

i-a intrat **un fier în inimă** the iron entered into his soul.

ai intrat **în horă, trebuie să joci** *prov.* in for a penny, in four a pound.

a intrat **nora în blide** it's a bull in a china shop.

a intrat **vulpea în sac** *F* he is at the end of his tether/at his wits' end.

au intrat **zilele în sac?** ← *F* is there no other day/time? are there no more days to come? *F* what's the hurry/rush?

intrați/poftiți! come in! step forward; *(la bâlci etc.)* walk up!

a intra ucenic *v. ~ ca ~.*

intră! come in! *F* in with you!

intră Hamlet etc. enter Hamlet, etc.

nu-i intră în cap he doesn't understand (it); he can't make (it) out.

nu intră în discuție there is no question about/of it; it doesn't come into question; it is neither here nor there.

nu intră în domeniul meu/în sfera mea de activitate that is not (within) my province; that is beyond my province.

nu intră în intențiile mele să... it is no part of my intentions to...

nu intră în obiceiurile mele I am not given that way.

nu intră în sarcina mea/în obligațiile mele it is not my place to do it.

nu intră în sfera mea de activitate *v. ~* **domeniul meu.**

intră în vigoare de la (data de) with effect from.

să nu intrăm în amănunte let's not go into details; let's confine ourselves to the essential; let's make a long story short.

îi intră pe o ureche și îi iese pe cealaltă it goes in at one ear and out at the other.

intrând în amănunte to relate with much circumstance that...

a introduce o carte în programul de studii to set a book.

a introduce în uz(ul) curent to put into practice.

a se introduce pe ascuns to get/to set one's foot in.

a introduce pe cineva to bring/to see smb. in.

a introduce (ceva) prin contrabandă to smuggle (smth.) in; *(într-o țară)* to smuggle (smth.) into a country.

a introduce un proiect de lege *(în parlament)* to introduce/to present a bill.

inutil să (faci ceva) it's no good (doing smth.).

inutil să (mai) discutăm/vorbim (despre asta) (it's) no use/good talking about it.

inutil să mai spunem că... (it is) unnecessary to say that...; needless to say that...

a inventa o nouă metodă to strike out a new line.

a inversa rolurile to turn the tables/the scales.

s-au inversat rolurile the tables are turned.

invers proporțional (cu...) in inverse ratio (to...); inversely proportional (to...)

a investi bani (în ceva) to invest/to sink money (into smth.).

a-și investi banii cu profit to lay out one's money profitably.

a investi cavaler pe cineva to knight smb.; *ist.* to dub/to make/to create smb. a knight.

a investi pe cineva cu puteri depline to lodge/to vest power in smb./in the hands of smb.

nu-l invidiez I wouldn't be in his place.

nu vă invidiez *iron.* you are welcome to it.

a invita la masă pe cineva to invite/to ask smb. to dinner; *(în oraș)* to take smb. out to dinner.

a invita pe cineva la teatru to treat smb. to the theatre.

a invita pe toată lumea to invite all and sundry.

a invita pe cineva să-și petreacă (seara etc.) *F* to ask smb. round for (the evening).

a invoca drept scuză ignoranța/oboseala etc. to plead ignorance, fatigue, etc.

a invoca un duh *v. ~ un spirit.*

a invoca un spirit to conjure up/to raise a spirit, to lay a ghost.

nu-i pentru cine se pregătește, ci pentru cine se nimerește *prov. aprox.* one beats the bush, and another catches the bird.

iremediabil pierdut beyond/past recovery/retrieval.

a irita foarte tare pe cineva *F* to tread on smb.'s corns.

a irita nervii cuiva to rasp smb.'s nerves.

ironia soartei the irony of fate.

a-și irosi banii pe nimicuri to trifle away one's money.

a nu irosi nici o clipă/(prea) multă vreme not to be too long about it; not to let the grass grow (under one's feet).

a-și irosi puterile to burn the candle at both ends.

a irosi timpul de pomană to squander/to waste time; *F* to loaf away the time.

a-și irosi tinerețea to waste one's youth.

a-și irosi viața to waste one's life; to saunter through life.

s-a iscat o gălăgie infernală hell broke loose.

a iscăli de primire *(pentru o notă etc.)* to receipt (a bill, etc.).

a ispăși o condamnare (lungă) la închisoare *P* to do a (long) stretch (in prison); to undergo/to serve a (long) prison sentence.

a-și ispăși din greu/plin greșeala to pay for it up to the hilt.

a-și ispăși greșelile to pay one's mistakes/sins up to the hilt; to purge away/to purge out one's sins/ an offence.

a-și ispăși osânda *v. ~ o pedeapsă.*

a-și ispăși păcatele to do penance for one's sins; *v. și ~* **greșelile.**

a(-și) ispăși o pedeapsă to do/to serve (one's) time; to serve a/one's sentence; *v. și* ~ **condamnare; și-a ispășit pedeapsa** his term (of imprisonment) is up.

isprăvește cu prostiile (astea)! *F* sell your ass! none of your nonsense! stop this nonsense/foolishness! have done!

a isprăvi cu (ceva/cineva) to be through with (smth./smb.).

a isprăvi cu viața *amer.* to hand in one's accounts.

ai isprăvit? have you done? is it done?

s-a isprăvit cu... it is all over with...

s-a isprăvit cu el it is all up/over with him.

isprăviți (odată)! have done!

istoria se repetă history repeats itself.

istoria nu ne spune nimic despre aceasta history is silent upon it.

a istovi pe cineva (fugărindu-l) to trot smb. off his legs.

Isuse Hristoase! God Almighty! *F* man alive! *argou* → Holy Smoke/cow/mackerel!

se iubesc grozav; *iron.* **nu se iubesc cine știe ce** there is no love lost between them; there isn't much love lost/spent between them; *înv.* there is as much love between them as between the old cow and the haystack.

te iubește numai pe tine he loves but you; he loves you and no other (being).

a iubi ca (pe) ochii din cap to love/to treasure as the apple of one's eye.

a se iubi ca surorile to live in loving sisterhood.

a iubi pe cineva din toată inima to love smb. with all one's heart.

a iubi fastul/pompa to like pomp.

a iubi la nebunie to dote upon; to love madly/to distraction; to have (got) a crush on; to be nuts (up)on; to be crazy/*F sl. dial.* daft about; *(pe cineva)* to be madly/passionately in love with smb.; to be infatuated with smb.

a nu mai iubi pe cineva to be out of love with smb.

iute ca ardeiul peppery, hot-/quick-tempered.

iute ca fulgerul/gândul/săgeata/vântul (as) quick as lightning/throught; at/with lightning speed; like a streak of lightning; as swift as thought(s)/dreams/an arrow; like the wind.

iute de minte *F* quick in the uptake.

iute de picior (as) fast as a hare; *F* → quick on his pins; *lit.* quick/fleet/light/swift of foot; light/swift-footed; speedy on foot.

iute din fire/la mânie hot-blooded; quick-/hot-tempered; *lit.* swift/quick to anger; *sl.* spicy.

a iuți pasul to mend/to quicken one's pace; to put/to set one's/the best leg/foot first/forward/foremost.

se va ivi desigur o ocazie smth. is sure to turn up.

a (i) se ivi ocazia/prilejul to have/to find an opportunity/an occasion.

a izbi cu pumnul în masă to thunder one's fist down upon the table.

a se izbi de ceva cu spatele to back into smth.

a se izbi de împotrivirea/opoziția/rezistența cuiva to come up against smb.'s opposition/resistance.

a izbi ușa de perete to throw the door open.

a izbucni în aplauze to burst/to rise in applause.

a izbucni în flăcări to break out in flames.

a izbucni în hohote de plâns *v.* ~ **lacrimi.**

a izbucni în hohote de râs *v.* ~ **în râs.**

a izbucni în lacrimi/plâns to burst/to melt into tears; to burst out crying/sobbing; to break forth into tears; *rar* → to fall in tears; to set one's/the eyes at flow; *iron.* to turn on the water-works.

a izbucni în râs to burst into laughter; to burst out laughing; to roar/to shout/to scream with laughter; to laugh outright.

a izbucni într-un hohot de plâns *v.* ~ **în lacrimi.**

a izbucni într-un hohot de râs to burs into uproarious laughter.

a izbuti să facă ce vrea to get away with it.

a izbuti să se facă de râs to make a fool of oneself.

a izbuti să se facă remarcat to make oneself conspicuous.

a izbuti să se ferească to slip aside (from).

a izbuti să iasă basma curată *(dintr-o situație) F* to save one's bacon; *v. și* **a ieși cu fața curată.**

a izbuti să-și imagineze/închipuie ceva to see smth. in one's mind's eye.

a nu izbuti nimic to miss the bus.

a nu izbuti să salveze un bolnav *(d. doctor)* to lose a patient.

a izbutit destul de bine that's not a bad effort; it's rather a good effort.

a se izmeni cumplit to make grimace; to pull faces.

a izvorî din ochi *(d. lacrimi)* to well from smb.'s eyes.

Î

a se îmbarca pentru... to board a/to take ship for; to be bound for.

a se îmbăta cu apă rece to be/to get intoxicated with empty words/sweet nothings; to feed on air; *v. şi* **a îmbăta pe cineva cu vorbe goale.**

a îmbăta pe cineva cu făgăduieli (deşarte) to feed smb. to empty promises/words.

a se îmbăta cu iluzii *v.* **~ vise.**

a se îmbăta cu propriile sale cuvinte to get carried on (by one's own words); to get the wind up.

a se îmbăta cu vise to indulge/to luxuriate in dreams.

a îmbăta pe cineva cu vorbe goale to coax/to wheedle/to hoax smb., to feed smb. with empty promises/words.

a se îmbăta mereu/regulat to paint the town red; to tope; to be a regular drunkard.

a îmbătrâni cu zece etc. ani to put on ten, etc. years.

a îmbătrâni în slujbă to grow grey in service/harness.

a îmbiba un burete to soak a sponge.

a îmbiba cu apă to soak in water.

a se îmbiba de... 1. to become saturated/soaked with... 2. to be imbued/pervaded with...

a îmblânzi un animal sălbatic/o pasăre to tame a wild animal/a bird.

a se îmblânzi la vederea *(cu gen.)* to soften/to relent at the sight of.

a-şi îmbogăţi cunoştinţele to stock one's mind with learning.

a se îmbogăţi (peste noapte) to grow rich (overnight); to feather one's nest; to make a fortune/ *amer.* one's pile; *sl.* to shake the pagoda-tree.

a-şi îmboldi calul to set/to put/to clap spurs to one's horse; to dig one's spurs into one's horse.

a se îmbolnăvi de plămâni to catch one's death of cold.

a se îmbolnăvi de sifilis *med.* to get the pox.

a se îmbrăca ca să te dea gata *v.* **~ la (marele) fix.**

a se îmbrăca călduros *v.* **~ gros.**

a se îmbrăca cu mult gust to have an excellent taste in dress.

a îmbrăca pe cineva din cap până în picioare to fit smb. out (with clothing, etc).

a se îmbrăca (foarte) elegant to dress up/smartly; to dress in good taste; *sl.* to go tearing fine; to put on the Ritz.

a-şi îmbrăca fracul to dress in (one's) tails; to wear tails.

a se îmbrăca gros to dress warmly/in warm clothes; to keep oneself warm.

a îmbrăca haina preoţească to wear the black coat; to go into (the) church.

a-şi îmbrăca iute capotul/halatul etc. to slip into one's dressing gown.

a se îmbrăca în frac *v.* **a-şi îmbrăca fracul.**

a se îmbrăca în fugă *v.* **~ în grabă.**

a îmbrăca în fugă o haină to whip smth. on; to jump into smth.

a se îmbrăca în grabă to jump into one's clothes; to whip on one's clothes; to put on hurriedly.

a se îmbrăca îngrijit to spruce up.

a se îmbrăca în livrea to put into buttons.

a îmbrăca în placaj to line with panelling.

a se îmbrăca la (marele) fix/la şpiţ *F* to be dressed/ got up to kill; to be dressed up (to the nines); *sl.* to go tearing fine; to be got up regardless (of expense).

a îmbrăca livreaua to take up one's livery.

a se îmbrăca nemţeşte to dress in town clothes.

a îmbrăca ceva pe dos to put smth. inside out/on the wrong side.

a se îmbrăca prea gros to overclothe; to dress too warm(ly).

a-şi îmbrăca repede halatul/haina de casă to slip into one's dressing-robe/gown.

a îmbrăca o rochie peste cap to slip a dress over one's head.

îmbrăcat cu gust dressed in good taste; dressed smartly/refinedly.

îmbrăcat de duminică in one's Sunday's best; in one's Sunday's clothes; *F* in one's Sunday-go-to-meeting clothes.

îmbrăcat după ultima modă dressed in the height of fashion.

îmbrăcat sumar scantily dressed; thinly clothed/clad.

a îmbrățișa cariera armelor to take up the profession of arms.

a îmbrățișa o carieră to take up a career/a profession; to take up a post (or...).

a îmbrățișa cu căldură pe cineva to hug smb. to one's bosom; to give smb. a hearty squeeze.

a îmbrățișa cu gingășie pe cineva *glum. înv.* to hug smb. as the devil hugs a witch.

a îmbrățișa o profesie to take up a post/a profession.

a îmbrânci pe cineva to jostle smb. away.

nu mă îmbrânci! don't push (me)!

a îmbrobodi pe cineva to draw the wool over smb.'s eyes; to hoodwink/to hoax/to wheedle smb.

a îmbuca ceva la iuțeală/la repezeală to have/to take a snack/a bite; to pick a mouthful; *v. și* **a lua un aperitiv.**

a se îmbujora la față to blush (crimson); to colour; to flush; **se îmbujoră la față** her colour rose.

a se îmbulzi la o piesă etc. to throng to a play, etc.

a se îmbuna (la inimă) to get/to become subdued; to tone down; to get/to be appeased; to relent; to become more friendly.

a îmbunătăți inutil ceva (care este deja destul de bun) to put butter on bacon, to gild the lily.

a îmbunătăți mult situația *(d. ceva)* to bring grist to the mill.

nu mă împac (deloc) cu el I can't do with him! I can't stomach/stand/bear him.

a împacheta ceva în hârtie to fold something (up) in paper.

a împacheta mărfuri to do up goods into parcels.

a împăca (pe cineva cu cineva/două persoane) to heal the breach.

a se împăca bine (cu cineva) to get on/to agree well (with smb.); to get on/along (with smb.) like a house on fire; to hit it off/well (with smb.); to live well (with smb.).

a se împăca bine împreună to rub along very well together.

a se împăca cu 1. *(a nu mai fi certat cu)* v. ~ **cu cineva;** 2. *(a se înțelege cu)* v. ~ **bine (cu cineva).** 3. *(d. idei)* to agree (with); to chime in with; 4. *(a se obișnui cu)* to accustom/to habituate oneself to; to get accustomed/used/inured to; *v. și* ~ **ideea că.**

a se împăca cu cineva 1. to make (one's) peace with smb.; to put/to set oneself right with smb.; to kiss and be friends; to smoke the calumet/the pipe of peace; to sink a feud; to make up/to patch up a quarrel; to make it up with smb. 2. *(bine)* v. **a se împăca bine (cu cineva).**

a se împăca cu ideea că.../de a to accept the fact that; to habituate oneself/to get used to the idea/the thought that/of.

a se împăca cu orice to put up/to make shift with anything.

a se împăca cu situația to put up with it/things/the conditions/the circumstances/the situation.

a se împăca cu soarta sa to reconcile oneself to doing smth./to one's lot; *reg. lit.* to dree one's weird.

a se împăca de minune/foarte bine (cu cineva) *v.* ~ **bine.**

a împăca lucrurile to pour oil on the waters; to quiet matters.

împăcarea contrariilor the reconciliation of opposites.

a împăca și capra și varza 1. ← *F* to reconcile both parties, etc. 2. *F aprox.* to run with the hare and hunt with the hounds, to hold with the hare and run with the hounds.

a împăna cu slănină to stick with lard; to interlard.

a împărtăși aceeași soartă 1. *(din nefericire)* to share smb.'s fate/lot. 2. *(de bună voie)* to throw in (one's lot) with smb.; to share/to have the same lot/fate.

a împărtăși ceva cuiva to impart smth./a secret to smb.; not to keep smth. from smb.

a nu împărtăși ceva (alt)cuiva to keep smth. to oneself/from anybody.

a se împărtăși din to share; to taste of; to enjoy.

a împărtăși durerea cuiva to share (in) smb.'s grief.

a împărtăși părerea/părerile cuiva/punctul de vedere al cuiva/vederile cuiva to share/to take smb.'s opinions/view(s); to agree with smb.; to concur with smb. (in a view); to sympathize with smb. in his point of view/with smb.'s point of view; to see eye to eye with smb.

a împărtăși cuiva secretul/un secret/o taină to let/to take smb. into the secret.

a împărtăși sentimentele/simțămintele cuiva to share/to reciprocate smb.'s feelings; to sympathize with smb.'s feelings/with smb.

a împărtăși soarta cuiva *v.* ~ **aceeași soartă.**

a împărtăși vederile cuiva *v.* ~ **părerea cuiva.**

a(-şi) împărţi beneficiile/beneficiul/profitul *v.* ~ câştigul; ~ frăţeşte.

a împărţi câştigul to share profit(s); to split the profits; *amer.* *(la joc)* to carve/to slice/to cut up the melon.

a împărţi câştiguri însemnate între jucători *amer. sl.* to cut/to slice the melon.

a împărţi ceva cu cineva to go halves/snacks with smb.; to go half shares with smb.; *v. şi* ~ frăţeşte.

a împărţi cheltuielile to share/to split expenses/ the cost/the expenditure; *F* to have a common purse.

a împărţi cu zgârcenie to skimp smb. in food.

a împărţi dreptate to administer justice; *lit.* → to mete out punishment/rewards/justice.

a împărţi frăţeşte *(o pradă etc.)* to share/to divide equally; to share and share alike; to go fifty-fifty; to go shares/whacks/halves (with smb.).

a împărţi funcţii *(d. un partid politic ajuns la putere)* to shake the plum-tree.

a împărţi în mod egal *v.* ~ frăţeşte.

a împărţi în patru părţi egale to quadrate.

a împărţi în porţii/secţiuni to portion; to section.

a împărţi juma-juma/jumătate-jumătate *v.* ~ frăţeşte; ~ câştigul.

a împărţi un pai la doi măgari to make two bites of a cherry.

a împărţi pâinea cu cineva to eat salt with smb.

a împărţi ceva pe clase to reduce smth. to classes.

a împărţi pe din două *(câştigul)* *v.* ~ frăţeşte.

a împărţi prada to part the booty/the loot; *v. şi* ~ frăţeşte; ~ câştigul.

a împărţi profitul *v.* ~ câştigul.

a împărţi răsplăţi/recompense *lit. poet.* to mete (out) rewards.

a-şi împărţi timpul to share (out)/to divide/to portion (out)/to order/to regulate one's time; *(cu chibzuială)* to husband one's time (well).

a-şi împărţi timpul între *(casă şi serviciu etc.)* to divide one's time (between one's house and job, etc.).

a-şi împărţi voturile *(între mai mulţi candidaţi)* to split one's vote.

a împături ceva în două to fold smth. together/in two.

a se împăuna *(cu ceva)* to plume oneself (with smth.); to boast of/about (smth.); to play the peacock.

a împiedica pe cineva să aibă succes to prevent smb.'s success; to deter smb.; to stand in smb.'s light; to put spokes in smb.'s wheels; *v. şi* **a pune cuiva beţe-n roate.**

a împiedica bunul mers al... *(cu gen.)* *fig.* to put/ to throw out of gear; to put spokes in the wheels (of); *v. şi* **a pune beţe-n roate cuiva.**

a se împiedica de... to trip over; *(şi fig.)* to stumble at.

a se împiedica de fleacuri to stumble at a straw.

a nu se împiedica de nimic/de nici un obstacol *fig.* to stick at nothing; not to stop short of anything.

a împiedica desfăşurarea firească a lucrurilor to put/to set/to turn back the clock; to put spokes in the wheels; *v. şi* **a pune beţe-n roate cuiva.**

a împiedica pe cineva să facă ceva to put it out of smb.'s power to do smth.; to put spokes in smb.'s wheels; *v. şi* **a pune beţe-n roate cuiva.**

a împiedica pe cineva să meargă înainte to stop smb.'s way; to stand in smb.'s way.

a împiedica orice amestec în detrimentul uneia sau alteia din părţi to hold/to keep the ring.

împiedicat la vorbă word-bound; stuttering; stammering; tripping; *(total)* inarticulate.

a împiedica trecerea cuiva to stand in smb.'s way.

a împiedica vederea to obstruct/shut out the view.

a împiedica pe cineva să vorbească *(ţipând, protestând)* to shout smb. down.

împiedică la deal şi despiedică la vale *prov.* the cart draws/leads the horse.

a-şi împietri faţa to set one's face like a flint, to straighten one's face.

să nu te împingă păcatul să... (mind you) don't...; have a care! don't you ever dare (to) do such a thing.

a se împinge (într-o aglomeraţie) to shoulder one's way.

nu (mă) împinge(ţi)! don't shove (me)! don't push!

a împinge la disperare to drive to despair; to make/ to render despondent.

a împinge la mal *mar.* to run a boat a shore.

a împinge la o parte to push away; to shove aside.

a împinge lucrurile la extrem/până la ultima limită to bring to a head.

a împinge lucrurile până acolo încât... to push the things so far that...

a împinge lucrurile prea departe to push things/ to carry matters too far; to carry it/to go/to run too far.

a împinge până la limita extremă/la ultima limită to drive to extremities; to pin to the wall.

a împinge pe uscat *(o corabie)* to strand (a boat).

a împinge un zăvor până la capăt to slip a bolt home.

împins de dorinţă pushed/spurred/urged/egged on by desire.

împins de foame driven/urged by hunger.

împins de mizerie/sărăcie under (the) stress of poverty.

a împlânta un cuţit în inima cuiva to strike a knife into smb.'s heart.

a se împletici în/la vorbă; a i se împletici limba *(în gură)* to speak thickly; to stammer; to stutter; to stumble; to mumble; to speak with a stammer/a stutter.

a i se împletici picioarele to stumble at every step.

a împleti coada/cosiţa albă to become an old maid/a spinster *F* → to run/to go to seed; *glum.* to lead apes in hell.

a împleti o cunună to twist flowers into a garland.

a împleti din nuiele to wattle.

a împlini dorinţa cuiva to comply with/to satisfy/to gratify smb.'s wish.

a se împlini dorinţele to have one's wish; to see one's wish/dream come true.

a se împlini la trup to put on flesh.

a împlinit (de curând) cinci ani he is just turned five.

n-a împlinit încă 20 de ani she/he is still in her/his teens.

s-a mai împlinit la faţă/obraz his/her cheeks have filled out; *(la trup)* he has filled out; he has put on flesh/weight.

a se împodobi frumos to get up regardless (of expense); *v. şi* **a se îmbrăca (foarte) elegant** etc.

a se împotmoli to stick in the mud.

împotriva aşteptărilor contrary to/beyond expectation.

împotriva curentului *şi fig.* against the current/the stream/the tide.

împotriva dorinţei cuiva contrary/in opposition to smb.'s wishes; in spite of smb.; against smb.'s will/wish; against the grain; *v. şi* **~ voinţei ~.**

împotriva firii *v.* **~ naturii.**

împotriva unor forţe mult superioare with heavy odds against them.

împotriva ta se îndreaptă aluzia/atacul/ironia that's a hit at you.

împotriva naturii against nature/the grain/the will/the wish (of).

împotriva voinţei cuiva against one's will; under protest; in spite of oneself; reluctantly; unwillingly; willy-nilly; *(împotriva firii)* against the grain/the will/the wish (of...); *v. şi* **~ dorinţei ~.**

a se împotrivi cu hotărâre/tărie *(cu dat. sau la ceva)* to put/to set one's face against (smb./smth); to raise one's back (against); to show the hell-horn.

a se împotrivi planurilor cuiva to thwart smb./smb.'s plans/purpose(s); *sl.* to cross smb.'s house.

a se împotrivi tendinţei generale to go/to strive/to swim against the stream/the tide.

împovărat de ani old/hoary with age; far gone in years; advanced in years; weighed down with age; *v. şi* **încărcat ~.**

împovărat de muncă *F* snowed under with work.

a împrăştia bălegar pe câmp to spread manure over a field.

a împrăştia firimituri pe masă to sprinkle crumbs on the table.

a împrăştia în cele patru vânturi to scatter to the (four) winds; to make hay of smth.

a împrejmui un câmp to pale (in) a field.

a împrejmui cu un gard to fence off/in.

a împrejmui cu ziduri to wall in.

a-şi împreuna mâinile to clasp/to close/to fold one's hands (together).

împreună cu cineva together; shoulder to shoulder; hand to fist (with smb.).

a se împrieteni cu cineva to make friends/to strike a friendship with smb.; to get off with smb.

s-a împrimăvărat spring has come.

a-şi împrospăta amintirea to rub up/to refresh one's memory.

a-şi împrospăta cunoştinţele (de...) to rub/to brush up one's knowledge of a subject; to polish up one's French, etc.

a-şi împrospăta memoria *v.* **~ amintirea.**

a împroşca cu apă to splash water about.

a împroşca cu noroi pe cineva *(şi fig.)* to spatter smb. with mud; to spatter mud over smb.; to fling/to throw/to sling mud at smb.; to drag smb. through the mire; *amer. P* to dish the dirt to smb.

împroşcat cu noroi dirty all over; caked with mud.

a împrumuta aspectul *(cu gen.)* to assume the similitude of...

a împrumuta bani cu dobândă to lend money at interest; to put one's money out at interest.

a împrumuta bani cu uşurinţă/fără a se lăsa prea mult rugat to be easy money; to be a good lender.

a împrumuta bani de la cineva *F* to tap smb. for money, etc.

a împrumuta bani pe termen scurt *fin.* to lend at short interest.

a împrumuta capitaluri cu dobândă to lend money on contango.

a împrumuta cărţi (cu chirie) to lend (out) books.

a împrumuta cu scadenţă îndelungată *v.* **~ pe termen lung.**

a împrumuta un pasaj dintr-o carte to take a passage from a book.

a împrumuta pe un gaj to lend against security.

a împrumuta pe termen lung *fin.* to lend long.

a împuia auzul/capul/urechile cuiva to talk smb.'s head off; to make smb.'s ears tingle; to split smb.'s ears; to addle smb.'s head/brain; *F* to stuff smb. (up); to din smth. into smb.'s ears.

a împunge pe cineva *v.* **a înţepa pe cineva.**

a împunge pe cineva cu baioneta to give smb. a prod with a bayonet.

a împunge pe cineva cu bastonul to thrust at smb.

a împunge cu acul 1. to ply the needle. **2.** *fig.* to sting; to lash; to taunt; to tease.

a împunge cu glume muşcătoare pe cineva to lash/to taunt/to tease smb.; to fire squibs at smb.

a împuşca doi iepuri (dintr-o dată/lovitură) to kill two birds with one stone.

a împuşca francul *v.* **a fi lefter.**

a împuşca mult vânat to have good sport.

a împuşca o pasăre din zbor to shoot a bird on the wing.

a împuşca un premiu to land a prize.

împuşcat în(tr-o) aripă *sl.* half seas over; *v.* **beat mort.**

a împuternici o persoană to vest smb. with power.

a se împuţina din ce în ce to run low/short; to dwindle (away).

în absenţa... 1. *(cuiva)* in the absence of; **în absenţa mea** in my absence. **2.** *(a ceva)* for lack of; in the default of.

în abstract in the abstract; in abstracto.

în accepţi(une)a obişnuită a cuvântului in the ordinary sense of the word.

în aceasta stă garanţia succesului such/this is the pledge guarantee/earnest/token of success; such is the key to success.

în această conjunctură at this juncture; *v.* **şi ~ situaţie.**

în această privinţă in this respect/regard/matter; for that matter; on this point; on that score; therein; thereof; concerning this; as to this.

în această situaţie under the circumstances; in this situation; in view of this/of the circumstances; at this juncture; such being the situation.

în aceeaşi măsură equally; to the same degree/extent; in the same measure.

în aceeaşi ordine de idei by the way; along the same line; talking about...

în aceeaşi situaţie cu cineva in the same boat (with smb.).

în acelaşi fel/mod (ca/cu) likewise; in like manner; in (much) the same way/manner (as...).

în acelaşi scop to this effect/purpose; with this aim/ object in view; to this/that end.

în acelaşi sens to the same effect.

în acelaşi spirit on the same lines.

în acelaşi timp at (one and) the same time; (all) at once; concomitantly.

în acelaşi timp cu together with.

în acel ceas at that time/hour.

în acel colţ de lume in that part of the world.

în acele locuri down there.

în acest caz in this instance; such being the case; *F* → at this/that rate; should the occasion arise; should it so happen; that being so.

în aceste condiţii under these conditions/in the/ these circumstances; as the case stands.

în aceste locuri in this/that part of the world.

în acest moment at the (present)/at this moment; just/right now; at present.

în acest scop to this/that effect/purpose; with this (aim/object) in view; to this/that end; with this object; with this in view; for this purpose.

în acest timp in this way; thus; on this wise.

în acord cu ceva in suit/agreement/harmony with smth.; dovetailing with smth.

în activitate active; in action; about; on foot.

în acţiune at work; in action; on foot; *sl.* on the job.

în adâncimea timpurilor time out of mind; in times of old.

în adâncimile tainice ale inimii in the secret recesses of one's/the heart.

în adâncul iernii *v.* **în toiul ~.**

în adâncul inimii sale *v.* **~ sufletului.**

în adâncul nopţii *v.* **~ toiul ~.**

în adâncul pădurii in the depth/heart of the forest.

în adâncul sufletului at the bottom of one's heart; in the privacy of one's thoughts; in the secret recesses of one's/the heart; at bottom; at the back of one's mind; at/in heart; in one's heart (of hearts); in one's secret heart.

în adevăr indeed; actually; in (actual) fact; *înv.* in all verity; of a verity; God Wot.

în adevărata (sa) lumină in one's/its true colour/ light.

în adevăratul înţeles/sens al cuvântului in the true sense of the word.

înadins *v.* **într-adins.**

în adolescenţă between/betwixt grass and hay.

în a doua copilărie in one's second childhood.

în aer liber in the open (air); out of doors; under the open sky; under the canopy of heaven.

în afara bătăii puştii out of gunshot.

în afara cazului contramandării/revocării *(ordinului etc.)* unless countermanded.

în afara cazului/în afară de cazul unei înțelegeri contrare/în alt sens unless otherwise agreed.

în afara cazului/în afară de cazul primirii unor indicații/ordine/păreri contrare unless you hear to the contrary.

în afara chestiunii beside the question/the point/the mark.

în afara competiției/concursului not competing; not for competition.

în afara legii outlawed; underground.

în afara orașului without the walls.

în afara orelor de școală out of school hours.

în afara primejdiei *(cu gen.)* safe from (smth.).

în afara societății omenești outside the pale of human society.

în afara subiectului outside the question; beside the point.

în afara vederii cuiva beyond/out of smb.'s ken.

în afară de apart/*amer.* aside from; in addition to; besides; over and above.

în afară de cazul când except from; under correction; *v. și* **în afara cazului** etc.

în afară de cei prezenți present company excepted.

în afară de chestiune beside the question/point; *P* not (blooming) likely!

în afară de competiție/concurs *v.* **în afara competiției.**

în afară de discuție *v.* ~ **orice** ~.

în afară de orice bănuială clear from suspicion; beyond any (reasonable) doubt.

în afară de orice comparație *înv. poet.* → beyond all comparison; out of all comparison; beyond/past compare.

în afară de orice discuție out of/beyond/without dispute/controversy.

în afară de orice îndoială to/of/for a certainty; beyond the shadow of/beyond any reasonable doubt/suspicion.

în afară de (orice) pericol out of danger.

în afară (doar) de short of.

în agonie in the death struggle.

a înainta anevoie to joggle/to trail/to trudge/to pilot/to plug/to shove/to shuffle/to toil/to bounce/to jounce along; *(prin zăpadă etc.)* to plough through.

a înainta o cerere to send up/to file/to present a petition/a memorial.

a înainta cu greu(tate) (prin) *v.* ~ **anevoie.**

a înainta cu greutate (prin apă etc.) to wade/to wash through.

a înainta cu opinteli/opriri to jolt/to lop/to hop/to bounce/to jounce/to stumble along.

a înainta cu pas grăbit to step out briskly.

a înainta cu pas/pași greoi to slog/to lumber along.

a înainta cu pas ușor to lope along.

a înainta cu pași cadențați to swing along.

a înainta cu pași mari to stride along/out; to make great/rapid strides (forward); to advance rapidly.

a înainta cu pași mărunți 1. to joggle along. **2.** *fig.* to make small progress/headway.

a-și înainta demisia to resign; send/to hand in/to tender one's resignation; to give notice (to one's employer); to give one's master warning; to send in one's papers.

a înainta fără oprire to make headway; to advance steadily/of a steady/sure step; *fig.* to sail before/with the wind.

a înainta greoi *v.* ~ **cu pași greoi.**

a înainta încet dar sigur to walk slowly but surely.

a înainta în grad *mil.* to be promoted; *F* to get one's stripes/step/promotion; *v.t.* to promote.

a înainta în grad pe un soldat *mil.* to raise a soldier from the ranks.

a înainta în pas cadențat *v.* ~ **cu pași cadențați.**

a înainta în salturi *v.* ~ **cu opinteli.**

a înainta în vârstă to be getting on/in years; to be growing/getting old.

a înainta pe cineva la gradul de... to raise smb. to the rank of (a)...

a înainta mereu *v.* ~ **fără oprire.**

a înainta o moțiune to propose/to move/to bring forward a motion.

a înainta pe dibuite/pipăite to flounder along.

a înainta pe un teren necunoscut to treat unknown ground.

a înainta o plângere/o reclamație to lodge/to make a complaint (against smb.).

a înainta poticnindu-se *v.* ~ **cu opinteli.**

a înainta un proiect de lege to send up a bill.

a înainta repede 1. to go/to advance rapidly; to make headway. **2.** *fig.* to get on like a house on fire.

a înainta șontâc, șontâc to jumble along.

înainte! walk/go on! forward!

înaintea erei noastre (înainte de Hristos) B.C.; before Christ; before our era.

înaintea ochilor before one's eyes.

înainte cu toată viteza *mar.* full steam/speed ahead!

înainte de prior to.

înainte de a se apuca de treabă first of all; *F* first and foremost.

înainte de (Crăciun etc.) on this side of (Christmas etc.).

înainte de (plecare etc.) preparatory to (leaving, etc.).

înainte de miezul nopții this side of midnight.

înainte de orice 1. first and foremost; first thing in the morning; first of all. **2.** *v.* **mai presus ~.**

înainte de a porunci învață a te supune *prov.* you must learn to creep before you walk; through obedience learn to command.

înainte de rând out of turn.

înainte de revărsatul zorilor some time before dawn; early in the morning.

înainte de termen ahead of schedule/plan; before one's time; before the times.

înainte de timp before the right/the proper/the appointed/the seasonable time.

(mai) înainte de toate *v.* **~ orice.**

înainte de a veni el before/ere he comes.

înainte marș! *mil.* forward (march)! march on!

înainte vreme formerly; in former times; *v. și* **pe vremuri.**

în ajun the day before.

în ajunul... *(cu gen.)* on the eve of...; on the day before...; shortly before...; on the threshold of.

în al doilea rând in the second/next place.

în al nouălea cer de bucurie in the seventh heaven (with joy/of delight); transported with joy; in transports; *F* as pleased as Punch; all over oneself; rapt (away/up) into heaven.

în al șaptelea cer *v.* **~ nouălea ~.**

în al șaptelea rând in the seventh place.

în altă parte somewhere else; elsewhere; in another place.

înalt cât cerul sky-high; rising/soaring skywards.

înalt cât o prăjină (as) lanky/tall as a (lamp) post.

Înaltele Părți Contractante the High Contracting Parties.

în alte rânduri at other times.

în alte vremuri in times past; in days of yore.

înalt în rang of high estate.

în al treilea rând in the third place.

înaltul cerului the heavenly vault; the canopy of heaven.

în amănunt in (full) detail; minutely; (very) specifically.

în ambele cazuri in either case; in both cases.

în America in America; in the United States; *F →* on the other side of the water; *amer. F* this side.

în amintirea *(cu gen.)* **1.** *(cuiva)* in remembrance/memory/commemoration of (smb.); in memoriam (smb.). **2.** *(unui lucru)* for the sake of; for good old times; for Auld Lang Syne.

în amintirea prezentului within living memory; within the memory of men.

în amintirea trecutului for old time's sake; for Auld Lang Syne.

în amintirea vechii noastre prietenii for old acquaintance(') sake.

în amonte upstream; up (the) river; up-river.

în amurg in the twilight; in the dusk.

în amurgul vieții *fig.* in the afternoon of one's life.

în Anglia *F →* on this side of the water.

în ansamblu on the whole; in the aggregate.

în anumite limite within bounds.

în aparență in semblance; on the surface.

în apă până la gât chin-deep/up to the chin in water.

în apărarea... in defence of...

în apărarea acestei opinii/păreri/acestui punct de vedere in maintenance of this opinion.

în apele teritoriale in (the) territorial waters; *F →* in home waters.

a înapoia în aceeași măsură to return a quid pro quo; to repay in the same way; to give tit for tat; to give a Rowland for an Oliver; *v. și* **a plăti cu aceeași monedă.**

a înapoia lovitura to strike back; *fig.* to retort; to give tit for tat; to be quits.

a se înapoia pe același drum to return the way one came/(by) the same way; to retrace one's steps.

a înapoia o sumă împrumutată to pay back a loan; to return a borrowed sum.

înapoi cu toată viteza *mar.* full speed astern!

înapoi în clasă 'back to school'.

în apropiere close by; to the fore; *v. și* **pe aproape.**

în apropierea *(cu gen.)* close to/by; *v. și* **în apropiere de.**

în apropiere de within easy reach of; in the neighbourhood/vicinity/region of; close by.

în aproximativ (un minut etc.) in a minute or so('s time).

în ariergardă *mil.* in the rear.

a înaripa amintirea/memoria cuiva to give wings to/to job smb.'s memory.

a înarma brațul cuiva to strengthen smb.'s hand.

a se înarma cu... to arm/to provide/to furnish oneself with; to summon up/to muster all one's (courage, etc.).

a se înarma cu curaj *F* to nerve/to steel oneself/to steel one's heart to smth./to do(ing) smth.; to summon up one's courage.

a se înarma cu răbdare to arm oneself with patience; to be patient; to have patience; to possess one's soul in patience; *F* to screw one's courage to the sticking-point.

a se înarma până în dinți to arm oneself to the teeth.

înarmat până în dinți armed at all points/to the teeth.

în armonie cu... in harmony/suit/character with; *v. și* **în acord cu ceva.**

în ascensiune on the up grade.

în ascunsul/ascunzișurile inimii/sufletului in one's heart of hearts; at heart; at the bottom of one's heart; in the depth of one's heart; *v. și* **în adâncul ~ sale.**

în asemenea cazuri in such cases.

în asemenea condiții/situație/situații *v.* **în aceste condiții.**

în asta constă toată greutatea *F →* there's the rub!

în așa chip/fel (că/încât) in such a way (as to...).

în așa fel încât să... in such a way that/as to...; so as to...

în așa grad că... to such a pitch that...

în așa măsură încât... so much so that...; to such a pitch that...

în așteptare in abeyance/expectation; *rar →* at/in wait.

în așteptarea... in anticipation of...; in the expectation of...

în așteptarea răspunsului dvs. *com.* looking forward to your reply.

în atare cazuri in such cases.

în atare condiții under these conditions...

în atenția cuiva for smb.'s (benevolent) attention; advertisement to smb.

în auzul tuturor for everybody to hear; aloud; *fig.* from the house tops; *înv.* on height.

în aval down stream; down (the) river; down-river.

în avangarda... in the van(guard) of... at the head/ the helm of...

în avangardă in the van(guard) of...; at the head/ the helm of...

în avantajul cuiva on behalf of smb.

în avantajul nostru *F* so much to the good.

te înăbuși aici! it is stifling here!

a înăbuși (aspirațiile cuiva) to set one's heel upon (smb.'s aspirations).

a-și înăbuși un căscat to stifle a yawn.

a înăbuși un complot în fașă to kill a plot in the egg; *v. și* **a înăbuși în fașă/germene.**

a se înăbuși de căldură to be in a swelter.

a înăbuși o epidemie to stamp out an epidemic.

a înăbuși focul inamicului to subdue the enemy fire.

a înăbuși în fașă/germene to nip/to check/to crush in the bud; to cut short; to suppress in the embryo; to crush in the egg; to quench the smoking flax.

a înăbuși în germene *v.* **~ fașă.**

a-și înăbuși o înjurătură *v.* **a înghiți o înjurătură.**

a-și înăbuși nemulțumirea to swallow/to stifle/to smother one's indignation/revolt.

a înăbuși un proiect/o propunere *F* to sandbag a proposal.

a înăbuși o răscoală/revoltă to put down/to quell/ to suppress/to quash/to squash a revolt.

a-și înăbuși râsul to strangle a laugh.

a-și înăbuși revolta *v.* **~ nemulțumirea.**

a înăbuși un scandal to smother up/to stifle a scandal.

a înăbuși un strănut to stifle/to strangle a sneeze.

a-și înăbuși un strigăt to stifle/to smother/to suppress a cry.

a înăbuși un zgomot to silence a noise.

a înăbuși zgomotul pașilor to silence/to deaden all footsteps.

se înălbește pânza *fig.* it dawns; it is dawning; the day breaks; *v. și* **a se crăpa de ziuă.**

a înălța un altar cuiva to make a (little tin) god of smb.

a înălța brațele spre cer to lift up one's hands to heaven.

a se înălța cât un munte to run mountain high/as high as a mountain.

a înălța ceva cu ajutorul unei pârghii to lever smth. up.

a înălța un drapel to hoist/to raise a flag; to set up a flag/a standard.

a înălța drapelul garnizoanei (în mod solemn) *mil.* to troop the colour(s).

a se înălța drept (ca bradul/lumânarea) to spire up.

a se înălța în ochii oamenilor/publicului to rise high in public esteem.

a se înălța în văzduh to stretch wing to weather.

a înălța pavilionul *mar.* to (let) fly a flag.

a înălța pe cineva până la cer *v.* **a ridica pe cineva în slăvile cerului.**

a înălța o pânză to hoist a sail.

a înălța pânzele *mar.* to set sail.

a înălța porumbei călători to fly pigeons.

a înălța rugăciuni to offer prayers (to God).

a înălța o statuie to raise/to erect a statue.

a înălța un steag/steagul to run up a flag; to plant a standard.

a-și înălța steagul to hoist one's flag/pavilion; to nail one's colours to the mast.

a înălța steagul revoltei to raise the standard of revolt.

a înălța velele *v.* **~ pânzele.**

a înălța un zmeu to send up/to fly a kite.

în bandulieră slung across the shoulder.

în bani 1. *(sub formă de bani)* in cash/money. **2.** *(având bani)* in cash; in full/fine/good/great/high feather.

în barbă *fig.* below/under one's breath.

în batjocură in derision.

în baza *(cu gen.)* on the basis of...; proceeding from...; relying on... *(în virtutea)* by dint of.

în bătaia... within range; within (the reach of)...

în bătaia pistolului within pistol shot.

în bătaia puștii within rifle/*înv.* musket shot.

în bătaia soarelui exposed to the sun; sun-beaten.

în bătaia tunului within range/cannon shot.

în bătaia vântului 1. exposed to the wind; shelterless; unsheltered. **2.** *fig.* on the gad.

în beneficiul cuiva for smb.'s benefit.

în bezna neștiinței in the night of ignorance.

în bine for the better.

în bloc in the lump; together; in block.

în brațele lui Morfeu in the land of Nod; (being) fast asleep.

în brânci 1. on all fours; on one's bended knees. **2.** *fig. v.* **a munci pe brânci.**

în bucluc *F* up a tree; in a nice fix; in a pretty puddle; in a tight spot.

în buiestru at an amble.

în bună condiție 1: *v.* ~ **stare. 2.** *pl. v.* ~ **condiții bune.**

în bună măsură/parte to a great extent; in a large measure; for the most part.

în bună ordine in (good) order.

în bună stare in good state/order/trim.

a se încadra în prevederile legii to keep the law.

în cadrele active ale armatei on the muster-roll; on the regular establishment.

în cadrul *(cu gen.)* as part of...; within (the framework of)...; *(printre)* among...; *(unui document)* within the four corners of.

în cadrul anumitor limite within bounds.

în calitate de in the position/capacity/character of (a father, etc.); as (a)...; *rar* → in (the) quality of.

în Camera Lorzilor in the House of Lords; *F* → in another place.

în cantități considerabile/mari in large quantities/amounts; wholesale; in the bulk/lump.

în cantități mici in small amounts/quantities; bit by bit.

în cap 1. *(în frunte)* at the top/the helm; in the lead. **2.** *(la început)* in the beginning; at/from the outset. **3.** *(exact)* accurately; exactly; precisely; *F* to a T.

în cap cu cineva with smb. at the head/in the lead; foremost of whom (is) smb.

în cap de noapte *v.* **în toiul nopții.**

nu încap două săbii într-o teacă *prov.* when two ride on one horse, one must sit behind.

nu (mai) încape discuție/îndoială/vorbă it goes without saying; there is no doubt (whatever) about it; it's not worth talking about; it's a foregone conclusion; it stands to reason; there are no two ways about it; that's flat; ~ **că...** (there is) no doubt/question but that...

nu încape nici o îndoială (că) *v.* ~ **discuție.**

nu încape nici o scuză it admits of no excuse.

(mai) încape vorbă? it goes without saying; it stands to reason; of course; certainly; *v. și* **nu ~ discuție.**

în capul bucatelor/mesei at the head/the top of the table.

în carne și(-n) oase in the flesh; in the flesh and blood; in person; as large as life.

a încartirui trupe *mil.* to quarter/to billet the troops (on the inhabitants).

a-și încasa banii *v.* ~ **leafa.**

a încasa o bătaie (zdravănă)/o chelfăneală (strașnică) *F* to be wiped (down) with an oaken towel; to get hell/beans; to get/to catch it hot; to get it in the neck; *sl.* to get beans/fesse.

a încasa un cec to pay in a cheque; to pay a cheque into the bank.

a încasa o datorie to recover a debt.

a o încasa fără să clipească/fără să se clintească to take one's licking like a man.

a încasa un frecuș *v.* ~ **perdaf.**

a-și încasa leafa *v.* ~ **salariul.**

a încasa o lovitură to stop a blow with one's head.

în casa lui cântă găina he is hen-pecked/wife-ridden; he is too much married; she has him under her thumb.

a încasa o mardeală *v.* ~ **bătaie.**

a încasa o papară *v.* ~ **o bătaie.**

a încasa un perdaf to be on the mat; to get a rap on/over the knuckles; to get the razz for fair.

a încasa perdaful fără a crâcni/și a tăcea mâlc to give one's head for the washing; to grin and hear it.

a-și încasa porția; a o încasa (rău) *v.* ~ **o bătaie.**

a-și încasa salariul to cash one's pay/money/day's/week's wages; to draw one's pay/*(d. funcționari)* one's salary.

a încasa o săpuneală *v.* ~ **un perdaf;** ~ **o bătaie.**

a încasa o scatoalcă to get one's face slapped/boxed; *v. și* ~ **o bătaie.**

a o încasa strașnic/urât/zdravăn *v.* ~ **o bătaie.**

a-și fi încasat porția to have had one's bellyful.

507

în casă in the house; indoors; within doors; inside.

încasările au scăzut *fin.* receipts have dropped.

încasările sunt bune the takings are good.

ai s-o încasezi you'll catch it. (hot).

în cauză *(d. persoane)* involved; concerned; *(d. lucruri)* at stake; at play; in question.

în caz că... *(în eventualitatea)* in case (that)...; in the event that...; if...; supposing...; on the chance (that); *(cu condiția)* provided (that)...; on condition (that)...

în caz că lipsește/nu vine failing him.

în caz contrar (if) otherwise; or; if not; else; should it be otherwise.

în caz de... in case of...

în caz de necesitate/nevoie if need(s) be; on emergency; in case of emergency/need; *F* at a pinch/a squeeze; if it comes to this; if necessary.

în caz de pericol in case of emergency; in/on emergency.

în caz de urgență if need(s) be; in case of need.

în caz extrem at the (very) outside.

în cazul că... *v.* ~ **caz că...**

în cazul cel mai bun/favorabil/fericit at (the) best; under the most favourable circumstances; on the off chance.

în cazul cel mai rău if it comes to a pinch.

în cazul când... *v.* **în caz că...**

încă o boroboață de-a lui *F* that's some of his handiwork!

încă cineva somebody else.

încă cum! 1. *(nicidecum)* nothing of the kind/the sort. 2. not for the world, etc. *v. și* **câtuși de puțin.**

încă de *(alaltăieri etc.)* 1. yet, as early as... 2. *(până acum)* ever since.

încă de copil from a child; since early/tender childhood.

încă de la; încă din... 1. as early as (in); as far back as (in); yet in (the 17th century, etc.) 2. *(până acum)* *amer.* way back in...; ever since (the 23rd of August).

încă din fașă hardly out of swaddling-clothes.

încă doi another two; two more.

încă se mai dușmănesc there is bad/ill blood between them.

nu încă gata not ready just yet.

a se încăiera cu cineva to have (a bit of) a tussle/a scuffle/a tiff with smb.; *și fig.* to come to grips/handgrip with smb.; to be at half-sword/at daggers drawn/at loggerheads with smb.

a încălca domeniul cuiva to poach on smb.'s preserves.

a încălca drepturile cuiva to encroach/to trespass/to trench (up) on smb.'s rights/upon one's neighbours.

a-și încălca jurământul to break one's oath.

a încălca legea to trespass against/to break/to violate/to infringe the law; to offend/to transgress against the law; to encroach (up) on the law; to do violence to the law; to commit an offence against the law.

a încălca legile ospeției to infringe upon the laws of hospitality.

a încălca un principiu to trespass against/to violate a principle; to run counter to/to do violence to a principle.

a încălca regulile de gramatică *F* to break Priscian's head.

a încăleca un cal/o bicicletă to mount (on/upon) a horse/a bicycle.

a se încălzi agitându-și brațele *(ca birjarii)* *F* to beat the goose.

a se încălzi la foc to have a good warm by the fire.

a se încălzi la soare to warm oneself/to bask in the sun; to sun oneself.

a încălzi mâncarea to warm up the meal.

a-și încălzi picioarele (la foc) to toast one's toes.

a încălzi șarpele/un șarpe la sân to warm/to cherish/to nourish a viper/a serpent/a snake in one's bosom; to take a snake to one's bosom.

în cămașă in one's shirt sleeves; stripped to the shirt; with one's coat off.

încă mai mult *(yet)* more; *fig.* moreover; besides.

încă niciodată never (as) yet; not yet; never before.

încă nu; nu încă not (as) yet; not yet awhile; not so far.

încă nu este târziu the night is (still) young.

încă o dată all over again.

încă o dată pe atât as much again/more.

încă o dată și jumătate half as much.

a se încăpățâna să creadă că... to get it into one's head that...

a se încăpățâna de tot to be (as) obstinate/stubborn (as a mule); to take the studs.

a se încăpățâna prostește *(la joc etc.)* to throw good money after bad; to throw the handle after the blade; to throw the helve after the hatchet; *v. și* **a persevera fără rost.**

încăpăzztânat ca un catâr (as) stubborn/obstinate as a mule/a donkey; mulish.

a nu-l (mai) încăpea cămașa to grow too big for one's boots/breeches/shoes/trousers; *v. și* **a nu-și mai încăpea în piele.**

a nu mai încăpea discuție *v.* **nu (mai) încape discuție.**

a nu-și mai încăpea în piele 1. to have (got) a swollen head; *v. și* **a nu-l (mai) încăpea cămașa.**

2. *(de bucurie)* to be beside oneself with joy; to be wild/crazy with delight; to tread/to walk upon air; not to know what to do with oneself.

a nu-l mai încăpea pământul de bucurie/fericire *v.* **a nu-și mai încăpea în piele** *(de bucurie).*

a încăpea pe mâna (cuiva) to fall into the hands of (smb.).

încă pe atât as much/many again.

încă puțin (just) a little more (to wait, etc.).

încă (mai) puțin nor yet...; even less (so)...

a încărca cu daruri/cadouri pe cineva to lavish/ to shower/to rain gifts/benefits/bounties/presents (up)on smb.

a se încărca de ani to grow in years.

a se încărca de bagaje *F* to load oneself up with luggage.

a încărca de daruri pe cineva *v.* **~ cu cadouri ~.**

a încărca pe cineva de favoruri/laude etc. to load smb. with favours/with praise, etc.

a încărca pe cineva la socoteală to overcharge smb.

a-și încărca memoria cu ceva to burden/to load/ to crowd/to store/to stuff the memory with smth.

a încărca o navă to stow a ship.

a încărca nota de plată to pile it on; to charge the bill too high.

a încărca peste capacitatea normală to overcharge.

a încărca o pușcă to load the gun with ball-cartridge.

a încărca o socoteală to cook/to doctor an accound.

a încărca (prea tare) stomacul *(d. alimente)* to lie (heavy) on one's stomach.

a-și încărca stomacul to overload/to clog one's stomach; to overeat/to overgorge oneself; *v. și* **a încărca (prea tare) stomacul.**

încărcat de ani weighed down with age; advanced in years; (well) stricken in years/life/age; *F →* like the last of pea time.

încă și pe patul morții to one's dying day.

încă și mai puțin still/even less.

în căutarea *(cu gen.)* in search of; in one's search for.

în căutarea cuiva looking for smb.

în căutarea fericirii in pursuit of happiness.

în căutarea unui post/unei slujbe looking about for a post.

în căutare de... looking/trailing for...; on the look-out for...; out after.

în căutare de lucru in search of/on the look out for work; looking for a job; *F →* on the wallaby (track).

în căutare de material senzațional *amer.* scoop-minded.

a-și încâlci părul to get one's hair in a tangle.

încâlcirea limbilor confusion of tongues.

în câmp deschis in the open plain/field.

a încânta ochiul *F* to regale smb.'s eyes.

a se încânta singur făcând ceva *lit.* to joy to do smth.

încântat să afle ceva glad to hear smth.

încântat de... delighted/charmed at/with.

încântat de cunoștință glad/pleased to meet you! (I am) delighted to meet you! delighted! the pleasure is mine/ours.

încântat la culme elated; in the seventh heaven.

mă încântă ceea ce aud *înv.* that's good hearing!

nu mă încântă cu nimic I wouldn't say thank you for it.

în câștig (de pe urma unui lucru) benefited/benefiting by smth.

în câteva cuvinte in brief/short; in a nut-shell; in a few words.

în cât suntem azi? what day (of the month) is this/ it?

în cea mai bună formă *F* ship-shape; in ship-shape form; *sport.* in the highest/finest/best fettle/mettle; in all one's glory.

în cea mai mare măsură for the most part.

în cea mai mare nevoie in the dearest poverty/ misery; to the last extremity.

în cea mai perfectă ordine in perfect order; *F →* right as a trivet; ship-shape.

în cea mai perfectă stare *F →* (as) right as a trivet.

să înceapă spectacolul on with the show.

încearcă să te abții! none of your games/tricks (with me).

încearcă (numai) s-o faci! încearcă numai! încearcă și ai să vezi! you just try it on; just try and do it.

în ceartă cu cineva at odds/loggerheads/variance with smb.; on bad terms with smb.

în ceasul al 12-lea/11-lea at the eleventh hour; at the last moment.

în ce ne-am băgat! *iron.* we're in a fine predicament!

în ce calitate...? by what right...?

în ce categorie se încadrează? under what category do they belong?

în ce chip? *v.* **~ fel?**

în ce constă deosebirea? what's the odds? what difference does it make?

în ceea ce privește... as concerns/regards/respects... as to/for...; concerning...; regarding...; with regard/ respect to...; as relates to...; in respect of/to/that; in so far as regards...; in point of; as respects...; as far as (this/it/smb., etc.) is concerned.

în ceea ce mă privește for/on my part; *rar.*→ for my share; I, for one...; speaking for myself; for all I care; as far as I am/I'm concerned.

în ceea ce privește această problemă as regards/ for this matter.

în ce fel? in what way? how (soever)?

în ce hal ai ajuns! what an object you have made of yourself!

în ce hal ești! what a state/a plight you are in!

în ce încurcătură ne-am băgat! we're in a pretty mess!

în cele mai bune/strânse relații the best friends ever.

în cele de pe/din urmă towards/in the end; at the close; finally; eventually; at (long) last; in fine; in the long run.

în cele mai multe cazuri in most cases.

în cel mai bun caz at (the best); to the best of one's expectations; at the very most; on the off chance.

în cel mai fericit caz *v.* ~ **bun** ~.

în cel mai înalt grad to the utmost (extent); to the highest degree; in the largest measure; exceedingly; extremely; perfect(ly); tip-top; *F* → to the n-th; to the highest pitch; above/beyond (all) measure; in the extreme; *F* → no end.

în cel mai rău caz at (the) worst; if the worst comes to the worst; at (the) least; at the outside; *înv.* → when hard comes to hard; at the very least.

în cel mai scurt timp within the shortest possible time; with the utmost expediency; at (the) shortest notice; *F* → before you say Jack Robinson; in no time; in a jiffy/a trice.

în ce măsură(?) to what extent/degree(?) in what measure(?)

în centrul... in the centre/the middle of...

în centrul atenției in the centre of attention; in the limelight/the highlights/the spotlight(s); spotlighted; in the public eye.

în centrul atenției cuiva uppermost in smb.'s mind.

în centrul evenimentelor in the swim; in the hub of things; at the root of it all.

în ce parte? I. where? 2. *(încotro)* where to? whither?

începând de la data de 15 luna asta beginning (on) the 15th of this month; *com.* as of the 15th inst.; on and after the fifteenth.

a începe o afacere *v.* **a lansa** ~.

a începe să aibă căutare to grow into fashion.

a începe antrenamentul/să te antrenezi to go into training.

a începe atacul to embark on/to start the attack; *F* → to cut loose.

începe balul the band begins to play.

începe să bată vântul the wind is rising.

a începe bine to make a good start.

a începe o campanie *mil. și fig.* to take the field.

a începe să cânte to tune up; *(d. orchestră)* to strike up (a march, etc.); *(d. un cântăreț)* to burst/to break into song.

a începe să se contureze to take shape; *F* to be setting into shape; **lucrurile încep** ~ things are coming to a head.

a începe cu începutul to start at the (very) beginning; to take it the proper/the right way; **începe cu începutul!** *F* go ahead! fire away! shoot!

a începe de la capăt/început I. to begin a fresh/a new paragraph 2. *v.* **a** ~ **cu începutul.**

a începe să se dezmeticească to sleep oneself sober.

a începe dezbaterile to begin/to open the discussion.

a începe discuția to begin/to open the discussion.

începe fluxul the tide is setting in.

a începe să funcționeze to come into operation.

începe să încărunțească he is going white.

a începe lupta/o luptă/să se lupte cu cineva to join battle/issue with smb.; to start the battle; to unsheathe/*F* to draw the sword; to levy war; to dig/to take up the hatchet; to start the fight; to take the field.

să începem prin a lăsa deoparte faptul că.../prin a uita (faptul) că... first forget that...

a începe negocieri to start negotiations.

a începe ostilitățile *v.* ~ **lupta.**

a începe să patineze binișor to find one's ice legs.

a începe pe coarda cealaltă to take a different tone; *F* to change one's tune.

a începe să-și piardă cunoștința to reel out.

a începe să picure; a început ~ drops of rain began to fall.

începe să plouă it starts raining; it is turning to rain.

a începe să poarte haine de oameni mari *(d. adolescenți)* to go into tails.

începe să povestești fire ahead/away!

a începe să promoveze politica unui alt partid to catch the whigs bathing and walk away with their clothes.

a începe să se răcească *(d. vreme)* to be on the cool side (rather.)

a începe războiul to start a/the war; *înv.* to levy war; to dig/to take up the hatchet; *v. și* ~ **lupta.**

începe refluxul the tide is on the ebb.

a-și începe studiile to begin one's studies.

a începe tratativele to open negotiations.

a începe să uiți o limbă străină one's (French, etc.) is getting a little rusty.

a începe o viață nouă to turn over a new leaf; to start with a clean slate; *F* to take (on) a new lease of life.

a începe să vorbească to start speaking; *înv.* to take up one's parable.

început de nebunie/țicneală a rift in the lute.

a început jocul *(la șah etc.)* he have the move.

au început să se mai îndrepte afacerile/treburile/lucrurile business is looking well/looks promising.

a început să latre to give tongue.

a început să lăcrimeze to set one's/the eyes at flow.

început și sfârșit beginning and end; *fig.* crop and root.

începutul e anevoie, urma vine de la sine *prov.* a good beginning makes a good ending.

începutul e greu the beginning is always difficult/hard.

începutul secolului/veacului the turn of the century.

începutul și sfârșitul the beginning and the end; Alpha and Omega.

în cer I. in the sky; on high. 2. *v.* **în ceruri**.

în cerc in a circle; round and round.

a încerca ceva to have a fling/a shy/a whach/*amer.* a stab at (doing) smth.; to try one's hand at smth.; to give smth. a try.

a încerca pe cineva to give smb. a trial; *v. și* **a pune pe cineva la încercare**.

a încerca să ajungă ceva cu mâna to reach for smth.; to make a long arm for smth.; *v. și* **~ să apuce ceva**.

a încerca o altă cale/metodă/pistă/tactică to make another course; to try another track; to try it on the other leg.

a încerca să apuce ceva to make a snatch/a dash at smth.

a încerca să apuce ceva/pe cineva cu colții *(d. câini etc.)* to make a snap at smth./smb.

a încerca să ascundă un aspect/lucru/o problemă to juggle smth. away; to obscure the (real) issue.

a încerca să atragă atenția cuiva to wave to smb.

a încerca să ațipească to try to get a sleep/a nap/forty winks.

nu încerca să cârpești lucrurile că de-abia le încurci mai rău! don't put a patch upon it!

a încerca să câștige timp to play for time.

a încerca să convingă pe cineva to try and persuade smb.; to tackle smb. over a matter; to try to get round smb.

a încerca să cucerească pe cineva to make a dead set at smb.

a încerca să dea lovitura to have/to make a stab at smth.

a încerca să dea o lovitură de stat to make a bid for power; to attempt a coup (d'État).

a încerca din răsputeri to lay oneself out (to do smth.); to do/to try one's best/utmost/*F →* damnedest.

a încerca să doarmă *v.* **~ să ațipească**.

a încerca să ducă de nas pe cineva to try and/to lead smb. by the nose; to hoodwink smb.; *F →* to try it on with smb.

a încerca să facă ceva *v.* **a încerca ceva**.

a încerca să facă din negru alb to make/to call white black; to turn white into black; to wash a blackamoor white.

a încerca să facă un lucru *v.* **a încerca ceva**.

a încerca să facă/fie pe placul cuiva to try to please/satisfy smb.; to court smb.'s favour/to try and win/to court favour with smb.; to fawn upon smb.; to ingratiate oneself with smb.

a încerca să facă/faci tot posibilul/tot ce-i/ce-ți stă în putință/ *v.* **~ din răsputeri**.

a încerca să fie pe placul cuiva *v.* **~ facă ~**.

a-și încerca forțele *v.* **~ puterile**.

a încerca o haină to try a coat on.

a încerca imposibilul to run a wild goose chase; to shoot the Niagara; to wash a blackamoor; to dare the devil; to make a pint measure hold a quart; to try to put a quart into a pint pot.

a încerca să se impună cuiva to lord it over smb.

a încerca să încasezi bani de pe o poliță falsă to fly a kite.

a încerca să închidă ochii I. *v.* **~ ațipească**. 2. *fig.* *(asupra unui lucru)* *v.* **a închide ochii asupra unui lucru**.

a încerca să îndeplinești ceva to seek to do smth.

a încerca să învii morții *F* to flog a dead horse.

a încerca să lovească cu ceva în *F* to have a shy at (smth.).

a încerca să lovească pe cineva to hit at smb.; to have a shy/a go at smb.; *înv.* to offer to strike/touch smb.

a încerca marea cu degetul to fly a kite; to put forth a feeler; to try to put a quart into a pint pot; *prov.* to run one's head against a brick wall; **nu ~** drive the nail that will go; *v. și* **a-și ~ norocul cu**.

a încerca să muște ceva/pe cineva *(cu colții)* to make/to have a snap at smth./smb.

a-și încerca norocul cu/la ceva to venture (up)on smth.; to try one's fortune/luck/chance on/with smth.; to have a dash at smth; to have/to take a whack at...; to venture (up)on; to try one's fortune/luck/chance; to make the venture; to run a risk; to take a shot; to put/to set/to stake on a cast.

a încerca să oprești mersul istoriei to put/to set the clock back.

a încerca pentru prima dată to make one's first attempt.

a încerca pe pielea altuia to try it on the/a dog.

a încerca să placă cuiva *v.* ~ **să facă pe placul cuiva.**

a încerca o plăcere făcând/în a face ceva to take/to find (a) pleasure in doing smth.

a încerca să nu plângi to keep back one's tears.

a încerca să prindă în laț pe cineva to set one's bag for smb.

a încerca prin toate mijloacele *v.* ~ **toate mijloacele.**

a-și încerca puterile cu cineva to pit oneself against smb.; to pitch one's strength against smb.; to try/to wrestle a fall with smb.

a-și încerca puterile într-un domeniu/la ceva to try one's hand (at smth.) *v. și* ~ **ceva.**

a încerca răbdarea cuiva to strain/to try smb.'s patience.

încercarea moarte n-are *prov. aprox.* there is no harm in trying.

a încerca un regret to feel regret(ful); to be full of regret; to be rueful; to feel searchings of the heart.

a încerca rezolvarea unei probleme to tackle the problem.

a încerca un sentiment de regret pentru... to feel/to have regret for.

a încerca și altă cale/metodă/și astfel *v.* ~ **o altă cale.**

a încerca toate mijloacele to leave no stone unturned; to try hard; to do one's best/utmost.

a încerca tot ce-i stă în putință *v.* ~ **din răsputeri.**

a încerca totul *v.* ~ **toate mijloacele.**

a încerca să tragă pe sfoară pe cineva *v.* ~ **ducă de nas pe cineva.**

am încercat un sentiment de milă pentru el my heart went out to him.

nu încerca a zbura înainte de a avea aripi *prov. aprox.* you must learn to say before you sing.

să ne încercăm norocul let's try our chance(s)/luck! let's make the venture.

încercând să lăsăm glumele la o parte/să vorbim serios now, jesting/joking apart.

în cercurile autorizate/bine informate in responsible quarters.

în cercuri(le) înalte in high quarters.

încerc o ușoară jenă în/la respirație there is a little trouble in my breathing.

în ce relații ești cu el? how do you stand with him?

în cer(uri) in heaven.

a-și înceta activitatea to discontinue one's activities.

a înceta complet to come to a full stop; to cease/to desist altogether.

a nu mai înceta cu laudele to give smb. unstinted praise.

a înceta din viață to depart (from) this life; to pass away; to demise; to die.

a înceta lucrul/munca 1. to leave off work. **2.** *(în uzină etc.)* to stop/*amer.* to quit work; to down tools; *v. și* **a se pune în grevă.**

a înceta munca/lucrul pentru moment/temporar to knock off work.

a înceta ostilitățile to suspend/to cease hostilities/the warfare; to sheathe the sword; to bury the hatchet; to smoke the pipe of peace.

a înceta pe loc to stop short/dead.

a înceta plățile *(d. bancă etc.)* to stop/to suspend payment.

a înceta războiul *v.* ~ **ostilitățile.**

încetați odată! leave off! come off it! drop it! come out of that!

a înceta o urmărire/urmărirea to let up on a pursuit.

a înceta urmărirea în justiție *jur.* to suspend proceedings.

încet ca melcul slow as a snail/a tortoise/as molasses.

încet dar sigur slowly but surely; slow and sure.

încetează (odată) cu asta! încetează odată! *v.* **încetați odată!**

a încetini bătaia *(la canotaj)* to shorten the stroke.

a încetini mersul *v.* ~ **pasul/ritmul.**

a-și încetini mișcarea *(d. mașini, mecanisme)* to tick over.

a încetini pasul/ritmul 1. to slow down/to reduce speed; to slacken up one's/the pace; to go slow(er). **2.** *(d. mașini) v.* ~ **mișcarea.**

a încetini viteza to slack up.

încet înainte *mar.* slow ahead!

încet înapoi *mar.* slow astern!

încet-încet *înv.* → by small and small.

încet, încet, departe ajungi *prov.* make haste slowly; soft and fair goes far; slow and steady wins the race; it is a long lane that has no returning; *v. și* **graba cu zăbava.**

încet la treabă slack at one's work.

încet și sigur *v.* ~ **dar sigur.**

încetul cu încetul little by little; step by step; gradually; by little and little.

încetul cu încetul departe ajungi *v.* **încet, încet, ~.**

încetul cu încetul se face agurida miere/se face oțetul *prov.* time and straw make medlars ripe; patience and time make all things chime; little streams make great rivers; little strokes fell great oaks; many a little/many a pickle makes a mickle; many a mickle makes a muckle; *aprox.* every little makes a mickle; *F* → easy does it; learn to say before you sing; little and often fill the purse; take care of the pence and the pounds will take care of themselves; more haste less speed; *v. și* **graba cu zăbava.**

a se încheia to be at an end.

a încheia ceva to put a period to smth.

a încheia o afacere to strike (up) a bargain; to put a deal across.

a încheia alaiul *v.* **~ o procesiune.**

a încheia o alianță to make an alliance.

a încheia un bilanț/bilanțul to strike/to complete an account.

a încheia citatul to unquote.

a încheia coloana to bring/to close up the rear.

a încheia un contract to enter into/to conclude an agreement/a contract.

a-și încheia conturile to make up one's accounts.

a încheia dezbaterile to close the discussion/debate(s).

a-și încheia discursul to wind up (one's speech); to close one's speech.

a încheia pace to make/to conclude peace; to bury the hatchet/the tomahawk; to smoke the peace pipe/the pipe of peace.

a încheia un pact *(cu cineva)* to enter into/to conclude a pact/an agreement/a treaty; to make a compact with smb.

a-și încheia perioada de ucenicie to take up one's indentures; to be out of one's indentures.

a-și încheia pledoaria *jur. amer.* to rest the case.

a încheia plutonul *v.* **~ coloana.**

a încheia o procesiune/procesiunea to tail a procession; to follow in the rear.

a încheia un proces verbal de contravenție *amer.* to give a ticket.

a-și încheia socotelile 1. to close/to settle one's account. **2.** *fig. (cu viața)* to close one's days; *amer.* to hand in one's accounts; *v. și* **a înceta din viață.**

a încheia socotelile cu cineva to settle account with smb.; to put it across smb.; to beat smb. down.

a-și încheia socotelile cu viața/pe această lume/pe lumea aceasta to be called/to go to one's ac-

count; to close/to end one's days; *lit.* to depart from this life; to go hence; to go pass beyond the veil; *sl. amer.* to cash/to hand/to pass in one's chips; *v. și* **a înceta din viață.**

a încheia o ședință to wind up a meeting.

a încheia un târg to strike a bargain; *v. și* **~ o afacere; ~ o tranzacție.**

încheiat până la ultimul nasture ready to the last garter/button; *v. și* **a se îmbrăca la (marele) fix.**

a încheia o tranzacție to meet smb. half-way; *v. și* **~ o afacere.**

a încheia un tratat (cu cineva) to enter into/to close/to conclude a treaty with smb.; *v. și* **~ pact.**

a încheia un tratat de alianță to conclude a treaty of alliance; to draw up a deed of alliance.

a încheia un tratat de pace to conclude a peace treaty.

a-și încheia ucenicia *v.* **~ perioada de ucenicie.**

nu se încheie lucrurile aici/cu asta we shall never hear the last of it.

se închide! *(în localuri de consumație)* (Closing) time gentlemen(, please)!

a închide un aparat de radio etc. to turn off the radio, etc.

a se închide bine *(d. zăvor etc.)* to slip home.

a se închide bine/ermetic to close/to shut tight.

a închide botul cuiva *v.* **~ gura ~.**

a închide cărarea cuiva to waylay smb.; to stop smb. on his way.

a închide contorul to turn off the gas at the meter.

a închide cu un gard to rail (smth.) in.

a închide cu lacătul to lock (up).

a se închide cu un țăcănit *(d. cutii etc.)* to snap shut, to shut with a snap.

a închide cu violență to slam/to shut down.

a închide dosarul to close the chapter.

a închide ermetic to seal up.

a (se) închide ermetic to close tight.

a închide formele *tip.* to lock up the forms.

a închide ghilimelele to unquote; to close/to end the quotation marks.

a închide gura *(criticii etc.)* to silence criticism.

a închide gura cuiva *F* to shut smb.'s mouth (for him); to stop smb.'s mouth/breath; to jump down smb.'s throat; to talk smb. down; to silence smb.; to make smb. shut up; to stunt smb.; to put to silence; to seal smb.'s lips; to squash; *sl.* to muzzle smb.'s press; *(vorbind)* to talk smb. down; *(a ucide)* to stop smb.'s breath; *F* to settle smb.'s hash (for him); to spike smb.'s guns; to put the kibosh on smb.

a se închide în casă *(a nu primi musafiri)* to sport one's oak.

a se închide în propria găoace/în sine to retire/to shut oneself/to withdraw/into one's shell; to shrink into oneself; to shut oneself up in one's own cell; to live within oneself.

a închide pe cineva în temniță to lodge smb. in gaol.

a închide pe cineva într-o cameră to lock smb. in a room.

a închide lumina to switch off the light.

să închidem capitolul acesta enough on that chapter.

a închide obloanele to pull the shutters to.

a închide ochii 1. *(pt. a dormi)* to close one's eyes to sleep; to get forty winks/eyes. **2.** *(a muri)* to pass away; to see the last of this world; to close one's eyes (for good). **3.** *(cuiva)* to close a dying man's eyes.

a închide ochii asupra unui lucru *F* to wink at an abuse; to turn a/the blind eye to smth.; to shut one's eyes upon smth.

a i se închide ochii de somn to be/to feel sleepy.

a închide ochii la ceva to shut one's mind to smth.; *v. și ~* **asupra unui lucru.**

a nu închide ochii toată noaptea to have a sleepless night; to get no rest; not to have a wink of sleep all night; not to get forty winks at night.

a închide pliscul to shut up.

a închide pliscul cuiva *F v.* **~ gura ~.**

a închide prăvălia to shut up shop.

a închide radioul to switch off (the radio/the wireless).

a închide receptorul *v. ~* **telefonul.**

a închide un robinet/robinetul to turn off the tap; to cut off the water, etc.

a închide telefonul to ring off; to slam down the receiver; to replace the receiver; to return the receiver to its cradle/hook.

a închide televizorul to switch/to turn off the television/the TV (set).

a-și închide umbrela to take/to put down one's umbrella; to fold up one's umbrella.

a închide ușa cu iala to leave the door on the latch.

a închide cuiva ușa în nas, a închide ușa în nasul cuiva to shut the door on smb.; to slam/to bang/to shut the door in smb.'s face/teeth/against/on smb.; to turn the key to smb.; *fig.* to shut someone out (of doors).

nu închideți, vă rog! one moment, please!

închide ușa pe dinafară! *F* why don't you get lost?; *sl.* go to grass!

a se închina banului to make an idol of wealth.

a se închina în fața cuiva *amer.* to hand it to smb.

a închina în sănătatea cuiva *v. ~* **un pahar de vin ~.**

a închina în sănătatea gazdei to give the host.

a se închina la ceva etc. to worship smth., etc.

a se închina lui Mamon to be given to one's belly; *v. și ~* **banului.**

a închina pentru to raise one's glass for.

a se închina studiilor to give one's mind to study.

a închina (un pahar de vin) în sănătatea cuiva to propose/to drink smb.'s health; to propose a toast; to toast smb.; to give smb. a toast.

a închina un templu (lui Jupiter etc.) to vow a temple (to Jupiter, etc.).

a-și închina toate forțele *(înfăptuirii unui lucru)* to devote all one's forces to smth.; to throw oneself body/heart and soul into smth.; to throw one's whole soul into smth.

a se închina vițelului de aur to worship the golden calf; *v. și ~* **banului.**

în chinurile facerii in (child) labour; in the throes of childbirth; in confinement.

în chip de... under/in the guise of...; *(ca)* like...; as...; in the shape/the form of...

în chip de omagiu in a kind of homage; as a homage; in token of homage.

în chip empiric by rule of thumb (method).

în chip mecanic mechanically, perfunctorily; out of routine.

a-și închipui (că...) to make believe (that/to).

a-și închipui că l-a apucat pe Dumnezeu de (un) picior to live in a fool's paradise.

închipuie-ți; ia imaginează-ți! *F* (just) think of that! just fancy (that)! only think!

închipuie-ți că s-a putut purta astfel/așa that he should behave like this!

închipuie-ți cât am fost de mirat/surprins/uimit judge of my surprise!

nu mi-aș fi închipuit că... little did I dream that...

nu mi-aș fi închipuit niciodată (una ca asta) I should never have thought it (possible).

în chipul acesta *v. ~* **felul ~.**

în chipul următor in the following way.

a închiria o cameră to take/to rent a room.

a închiria camere mobilate to let (furnished) lodgings; to rent out (furnished) apartments/rooms.

a închiria cu punere în posesie imediată to let with immediate possession.

a închiria un obiect altcuiva to let smth. (out) on hire.

n-am închis ochii toată noaptea I didn't have a wink of sleep all night; I did not close my eyes all night; I could not get (my) forty winks.

în cifre rotunde in round numbers.

în cine bați/dai/lovești? who are you getting at?

a se încinge la vorbă to go off full score.

în ciorapi in one's stocking-feet.

în ciuda... *(cu gen.)* in spite of...; despite...; in defiance of; in the teeth of...

în ciuda bunului simț against all sense.

în ciuda împotrivirii/opoziției in the teeth of all opposition.

în civil in private/plain clothes; *mil.* out of uniform.

a-și încleșta dinții to set/to clench one's teeth.

a se încleșta în lupte to come/to get to grips.

a(-și) încleșta pumnii to clench/to close one's fists.

a înclina balanța/cumpăna to turn/to tip the scale(s).

a înclina balanța la o greutate to tip the scale(s) at a hundred pounds etc.

a înclina să (creadă etc.) to be/to feel inclined (to believe etc.).

a se înclina în fața cuiva to bow to smb.; *înv.* to make a reverence/*arh.* a leg to smb.; to give smb. the knee.

a-și înclina scaunul pe spate to tilt one's chair back.

a înclina spre to be inclined/disposed to; to incline to(wards); to be in the mood/humour for; to care for; to set one's heart upon.

înclinat să creadă că... disposed/inclined to think that...

înclinat să facă ceva bent on doing smth.

înclinat spre inclined/disposed to; in the humour for.

înclinat spre dreapta/stânga *(d. scris)* sloping forward/backward.

înclinat spre romantism/romanțiozitate leaning to romance.

înclinație către/pentru/spre viața de familie a domestic turn.

a înclina vădit spre (progres etc.) *F* to have a decided squint towards (progress, etc.).

încoace și încolo to and fro; back and forth; up and down; *înv.* → hither and thithler; *F* → wigwag.

în coada maselor *pol.* tailing the masses; not setting an example; failing in leadership.

în coada mesei below/beneath the salt.

a-și încolăci brațele în jurul gâtului cuiva to wind/ to throw one's arms round smb.'s neck/round smb.

a se încolăci în jurul *(cu gen.)* to wind round (smth., etc.).

în colivie under hatches.

în coloană in a column; in an Indian file; *mar.* line ahead.

a încolți pe cineva to corner smb.; to drive smb. into a corner.

a încolți un mistreț/inamic to bring a wild boar/ *F* → the enemy into a pound.

în comerț on sale; *(d. cărți)* in print.

în comision *com.* in consignment/trust; on commission.

în compania cuiva in smb.'s company; together with smb.; in smb.'s presence; smb. being present.

în comparație cu... in/by comparison with...; as compared to; as against; *înv.* → in respect of.

în comun in common; jointly; in company/concert.

în concediu on leave; *mil.* on furlough.

în concluzie in conclusion; as a conclusion; winding up; in fine; to sum up (the matter).

în concordanță cu... **1.** in harmony/unison/accord with; in character with; of a piece with; **2.** *(cu legea etc.)* in accordance/conformity with; *v. și* ~ **conformitate ~.**

în concurență (cu) in competition (with); at strife (with).

a(-l) încondeia rău pe cineva to speak ill of smb.

în condiții avantajoase on moderate/easy terms.

în condiții bune in the best conditions; under auspicious circumstances.

în condiții egale on even ground.

în condiții similare on similar terms.

în conflict (cu) conflicting (with); in conflict (with); at variance/loggerheads/strife (with); *F* → at sixes and sevens (with); at daggers drawn (with).

în conformitate cu... **1.** in accordance/keeping/ conformity with... conformably to...; according to... **2.** *(pe baza)* proceeding from...; on the basis of...; under...; in compliance with. **3.** *(după declarația cuiva)* according to...; after...; in the opinion of...

în conformitate cu articolul... al legii by the terms of article... in the/under the law...

în conformitate cu înțelegerea în vigoare under the present agreement.

în conformitate cu propria sa dorință of one's own free will.

în conformitate cu regulamentul in accordance with the articles; under the statute/the rules.

a înconjura pe cineva cu atenții zgomotoase/ cu mii de atenții/cu toată atenția to make a fuss over smb.

a înconjura pe cineva cu favorurile sale to show favour towards someone.

a înconjura cu ziduri to wall (in) a town/a garden.

în construcție under construction.

în cont on account; on credit/tick.

în contact cu... in touch with...

în contact direct cu adversarul at close quarters.

în continuare further (on); going/later on; in the next place.

încontinuu incessantly; without a stop/end; without ending; at a spell.

în contra *(cu gen.)* against; in exception to.

în contra curentului *și fig.* against the stream/the current.

în contradictoriu contradictorily; at loggerheads; having an argument; *v. și* **în conflict (cu)**.

în contradicție cu... contrary to...; inconsistent/at variance with...; running counter to...; in collision with...; colliding with; *v. și ~* **conflict ~**.

în contrast cu... unlike...; in contrast with/to...; as contrasted with...; in contradistinction/opposition to; *v. și ~* **conflict ~**.

în contratimp 1. *muz.* contra tempo **2.** *fig.* unseasonably; out of season; ill-timed; (coming) at the wrong moment.

în contra vântului 1. in the teeth of the wind; in the wind's eyes. **2.** *fig. v. ~* **curentului**.

în contra voinței sale against one's will, reluctantly; under protest.

în controalele armatei *mil.* on the strength.

în contul cuiva on smb.'s account.

în contul instituției/meu/nostru on the house.

în contumacie *jur.* in smb.'s/one's absence.

în convalescență convalescent; recovering.

în copilărie as a child; in one's childhood; when a boy/a little girl.

în cor 1. *muz.* in a chorus **2.** *(toți)* all together; to a man.

a-și încorda auzul to listen with all one's ears/with both ears; to strain one's ears.

a-și încorda mintea to work one's wit; to rack one's brains.

a-și încorda privirile to strain one's eyes.

a-și încorda puterile *(și fig.)* to strain/to use all one's power; to strain every nerve to do smth; *F →* to take the strain; to make a desperate effort; to pull (all) one's weight; to get up stream; to strain oneself/to exert oneself hard; *bibl. poetic* to gird up one's loins; *amer. sl.* to go all out.

a-și încorda toată voința *F* to string up one's resolution/to string oneself up to do smth.

a-și încorda toate puterile to summon (up) all one's strength; *v. și ~* **puterile**.

a-și încorda urechea *v. ~* **auzul**.

a încornora pe cineva to cuckold smb.; to give horns to smb.

în costumul lui Adam (și Eva) in one's birthday suit; *F* in buff; *v. și* **gol pușcă**.

încotro a apucat? what direction did he take?

încotro te-o îndrepta Dumnezeu into the wide world.

a-și încovoia spatele/spinarea to bend one's back; to stoop.

a-și încovoia spatele/spinarea în fața cuiva to crouch one's back before smb.

a se încovoia sub greutate *(cu gen.)* to sink under the burden of.

a se încovoia sub povara anilor to show one's years.

a se încrede cu totul în cineva to pin one's faith on/to smb.; to put one's faith in smb.

a nu se încrede deloc în soartă to leave nothing to chance.

a se încrede în ceva ce nu merită to lean on a reed.

nu te încrede în fleacuri *aprox.* who chatters to you, will chatter of you.

a se încrede în norocul său/steaua sa norocoasă to trust to luck/chance; to trust one's lucky star.

a se încrede orbește în părerea cuiva *F →* to pin one's faith on smb.'s sleeve.

a se încrede orbește/total în cineva to trust smb. implicitly.

a se încrede prea mult în propriile-i forțe to overreach oneself.

încredere oarbă blind/implicit confidence/faith.

a încredința o afacere/o chestiune cuiva to relegate a matter to smb.; to place a matter in smb.'s hands.

a încredința ceva cuiva to trust smth. to/with smb.; to entrust smb. with smth.; to leave smth. with smb.

a-și încredința cuiva averea to leave one's money to smb.

a încredința comanda cuiva to place smb. to command.

a încredința conducerea unei afaceri cuiva to turn over the management of an affair to smb.

a încredința un copil în grija cuiva/spre supraveghere to place a child under smb.'s care.

a se încredința de ceva to make certain of smth.

a încredința cuiva o muncă/slujbă to set down smb. for a job.

a încredința cuiva niște/o sumă de bani to lodge money with smb.

a încredința o sarcină cuiva to (en)trust smb. with a task.

a i se încredința sarcinile cele mai ingrate to be left holding/*F →* to hold the sack.

a încredința cuiva un secret to let smb. into a secret.

a-i încredința cuiva secretele sale to take smb. into one's confidence.

a încredința cuiva ceva spre păstrare to commit smth. to the trust of smb.

încredințat că... confident/convinced/persuaded/sure that.

în creștere 1. on the increase; soaring. 2. *(d. copil etc.)* growing.

a încreți buzele to pucker one's lips.

a ți se încreți carnea (pe trup) to make one's flesh creep; to give one the creeps/the goose flesh.

a încreți din sprâncene; a încrunta sprâncenele to knit one's/the brows; to bend one's brow; to frown.

a încreți fruntea/din sprâncene *v.* a încrunta sprâncenele.

a i se încreți pielea din cauza... to make one's/smb.'s flesh creep.

să nu te încrezi decât în tine însuți *prov.* rely on yourself only.

în criză de material *tip.* to wait copy, to be out of copy.

a i se încrâncena carnea to feel one's flesh creep (upon one).

în cruce crosswise; crossways.

în crucea nopții at midnight; in the dead (hour) of night.

a(-și) încrucișa brațele to fold one's hands.

a li se încrucișa privirile; ni s-au încrucișat privirile our eyes met.

a încrucișa săbiile/spada (cu cineva) to measure/to cross swords (with smb.).

în cruciș și (în) curmeziș far and wide; over hill and dale; high and low.

a-și încrunta sprâncenele to knit/to bend/to contract the/one's brows; to frown.

a încuia pe cineva 1. to turn the key (up)on smb. 2. *fig.* to stike home. 3. *(a reduce la tăcere)* to dumbfound smb.; *amer.* to have/to get smb. by the leg; to give a stone and a heating to smb.

a-și încuia bine casa; a ~ casa cu cheia to lock up one's house.

a se încuia în casă (și a nu primi pe nimeni) to sport one's oak; to lock oneself up.

în culise, *și fig.* behind the scenes/the curtains.

în culmea *(cu gen.)* at/the height of.

în culmea bucuriei *v.* ~ fericirii.

în culmea deznădejdii/disperării in the depth of despair.

în culmea fericirii in a rapture of delight; in the seventh heaven; *F →* (as) happy as Adam at high tide; (as) happy as a king; (as) happy as the day is long; treading on air; in high spirits; at the height of joy; as pleased as one can be.

în culmea furiei in a towering passion/rage.

în culmea gloriei at the height of one's glory/fame; on the crest of the wave.

în culmea mizeriei in the depth of misery.

în culori favorabile in a favourable light.

a se încumeta să facă o observație to venture a remark.

în cumpănă 1. (being/hanging) in the balance. 2. *(d. cineva)* wavering; hesitating; vacillating; sitting on a fence.

a încunoștința pe cineva de ceva to make smb. aware of smth; *v. și* a pune pe cineva la curent cu.

nu m-a încunoștințat nimeni nobody let me hear of it.

în cunoștință de cauză with full knowledge of the case; fully conversant with the matter; upon good grounds.

a încununa cu lauri to laurel/to wreath/to crown with laurels.

în cuprinsul... in...; within (the limits/precincts of)...

a încuraja pe cineva to give heart to smb.; to put heart into smb.

a încuraja pe cineva să facă ceva *F →* to key smb. up to doing smth.

a încuraja pe cineva la faptă to strengthen smb.'s hand.

a încuraja viciile cuiva to be a panderer to smb.'s vices.

a încuraja pe cineva să vorbească to lead smb. on to talk.

în curând by and by; before long; by a short day; shortly; in a short time; soon; before/*înv.* → ere long.

a încurca borcanele/ceva *sl.* to play horse with smth.; *v. și* ~ ițele.

a încurca ițele to muddle things (up); to tangle (up) smth.; to play horse; to jumble everything together; to throw a monkey wrench into the machinery/the works; to get the wrong sow by the ear; to play the (very) devil with smth.; *F* to make hay/a mess of things/of it; to make a pretty kettle of fish; to obscure the issue; to put one's foot in it.

a încurca ițele cuiva *v.* ~ planurile ~.

a se încurca în datorii to plunge into debt; to be over head and ears in debt.

a i se încurca limba (în gură) to speak thickly; to mumble.

a încurca lucrurile *v.* ~ ițele.

a-și încurca părul *v.* a-și încâlci părul.

a încurca planurile cuiva to upset smb.'s plans; to trump smb.'s ace.

a încurca rău lucrurile to make a mess of it; to put one's foot in it; *v. şi* ~ **iţele.**

încurcată afacere/treabă/poveste *glum.* → as clear as mud; that's a facer! *v. şi* **a încurca iţele.**

s-au încurcat iţele things have come to a pretty pass.

încurcat în vorbă/la vorbă gravelled; *v. şi* **a i se încurca limba (în gură).**

ai încurcat-o rău *F* you've made a mess of it; there you are; it's a pretty kettle of fish; you've been and gone and done it!

s-au încurcat rău iţele things are in a mess/in an awful muddle/mess *v. şi* **a încurca iţele.**

a încurca treaba *v.* ~ **iţele.**

a încurca urmele *fig.* to double on one's traces.

încurcătură de maţe 1. *med.* intestinal occlusion. 2. *fig.* tangled skein; an awful mess.

încurcături financiare money troubles; *fig.* tight spot.

nu te (prea) încurci tu cu scrupulele you are fresh!

în curent cu... acquainted with...; (kept) abreast of...; well up in.

în curmeziş 1. across; crosswise. 2. *mar.* on the broadside; *(piezîş)* aslant.

în curmezişul... *(cu gen.)* across.

în curs (de)... under way; now proceeding; (now) in progress; now being (done, etc.); in (the) process (of development etc.).

în curs de ameliorare on the mend.

în curs de apariţie *(d. cărţi)* forthcoming.

în curs de desfăşurare in process of development.

în curs de examinare under examination.

în curs de îndeplinire in progress; under way.

în curs de negocieri under negotiation.

în curs de reparaţie under repair.

în cursul *(cu gen.)* in the course of; during...; in (course of...); within; (with)in the space of.

în cursul acestei săptămâni some day this week.

în cursul dimineţii in the course of the morning.

în cursul drumului in mid-course.

în cursul lunii viitoare some time next month.

în cursul nopţii 1. in the night-time; during the night. 2. *(pe întuneric)* at/by night.

în cursul săptămânii *F* → as the week grows old.

în (de)cursul timpului in (the course of) time; in process of time; as time goes on.

în cutare loc in such (and such) a place.

în cutare zi on such (and such) a day.

a încuviinţa o cerere to grant a request/a petition; to comply with a request.

a încuviinţa din cap to nod approval; to say ditto.

în cuvinte clare/fără echivoc without equivocal phrases.

în cuvinte mişcătoare in melting words.

în dar as a present/a gift; offered (free).

îndată ce as soon as; directly as/after.

a îndatora pe cineva cu un împrumut to oblige smb. with a loan.

îndatorat faţă de cineva obliged to smb.; owing smb. a good turn.

îndatorat până în gât deep in debt.

în datorii până în gât/până peste urechi up to the neck/armpits in debt.

în dauna *(cu gen.)* to the detriment/the prejudice of...; in prejudice of...; at the expense of.

îndărătnic ca un catâr as stubborn as a mule.

a se îndărătnici în... to persist in; to stick to.

îndărătul gratiilor under lock and key.

îndeajuns ca să-ţi iei câmpii enough to make a person swear.

îndeajuns de... sufficiently (prepared, etc.); (well, etc.) enough; quite.

în debandadă in confusion/disorder; helter-skelter; pell-mell; hurry-scurry; *mil.* routed.

în declin on the wane/the downgrade/the decline; going down in the world.

în declinul vieţii in one's declining years.

în decurs de... within (the space of); during; in; in (the) course of.

în decurs de un an in the space of a year; within the space of a year.

în decursul *(cu gen.)* (with)in the space of...; in...; in (the) course of; within...; during....

în decursul timpului/vremii in (the) course of time.

în defavoarea cuiva *v.* ~ **detrimentul** ~.

în defect at/in fault.

în defensivă *mil. şi jur.* on the defensive.

în deficit cu (atâţia bani) (so much money) to the bad.

în definitiv after all; ultimately; in the last analysis.

în delegaţie on detachment/duty; sent on a mission (to the provinces).

a se îndeletnici cu *v.* **a se ocupa de.**

a se îndeletnici cu prea multe lucruri deodată to have too many/several irons in the fire.

a îndemna pe cineva să facă ceva to move smb. to do smth.; to occasion smb. to do smth.

a îndemna pe cineva înainte/la drum etc. *F* → to egg smb. on.

a îndemna pe cineva la acţiune to stick pins into smb.

a îndemna pe cineva la băutură/la sinucidere etc. drive smb. to drink/suicide, etc.

a îndemna pe cineva la revoltă to stir up smb. to mutiny.

a îndemna la trădare to talk treason.

îndeobște as a rule; usually; generally; customarily.

îndeosebi in particular; more particularly.

a îndepărta cu un brânci to shove aside.

a se îndepărta cu pași mari to stride away.

a se îndepărta de calea bătătorită *fig.* to be off the beaten track.

a se îndepărta de la subiect to wander from the subject; to travel out of the record.

a nu se îndepărta de realitate to stick to facts.

a îndepărta un gând to put a thought away from one.

a îndepărta o îndoială în privința unui lucru to put smth. beyond a doubt.

a îndepărta un necaz to stave off trouble.

în depărtare at a distance; far off/away; in the offing; at (a) distance, in the distance; *poet.* → afar.

a îndepărta un sfetnic bun to drop the pilot.

a se îndepărta șchiopătând to limp away.

a se îndepărta târându-și pașii to trail away/off.

îndepărtează de la mine acest pahar let this cup pass from me.

în deplasare 1. *sport* away. 2. *v.* **în delegație**.

în deplină concordanță (cu) all of a/one piece (with).

în deplină libertate of one's own free will.

în deplină siguranță to travel without check.

în deplinătatea facultăților sale (mintale) in full possession of his faculties; with faculties unimpaired; *jur.* of sound disposing mind.

a-și îndeplini angajamentele to meet one's commitments.

a-și îndeplini angajamentul to meet one's engagement; to fulfil/to discharge one's obligation; to honour a pledge.

a îndeplini o cerere *F* to meet a demand.

a îndeplini un comision to discharge/to run an errand; to go/to run on an errand.

a-și îndeplini datoria to discharge/to do/to fulfil one's duty/duties.

a-și îndeplini datoria cu succes to come up to the scratch.

a-și îndeplini datoria fără greș to be unfailing in one's duty.

a îndeplini dorințele cuiva to carry out/to fulfil smb.'s wishes.

a îndeplini o formalitate to comply with a formality/an obligation.

a îndeplini funcția de... to act/to officiate as a...; to discharge the duties of a...

a îndeplini funcția de gazdă *F* to officiate as host/as hostess.

a îndeplini o funcție to execute an office/a job; to perform one's function(s); to discharge/to hold an office/a job.

a îndeplini funcțiile cuiva to take/to fill smb.'s place; to do duty for smb.

a-și îndeplini îndatoririle to carry out/to discharge/to fulfil one's duties/obligations (to the letter); *și com.* to meet one's engagements/commitments.

a nu-și îndeplini îndatoririle to fall short of one's duty; to fail to do one's duty/duties.

a-și îndeplini o obligație/obligațiile to do one's bit; *v. și* ~ **îndatoririle**.

a îndeplini un ordin to carry out/to obey/to execute/to fulfil an order.

a-și îndeplini osânda/pedeapsa *v.* **a-și ispăși** ~/~.

a îndeplini un plan/proiect/program to pursue a scheme; to carry out/to fulfil a project.

a îndeplini planul înainte de termen to carry out/to fulfil/to complete the plan ahead of schedule/term.

a îndeplini porunca cuiva to do smb.'s command; *v. și* ~ **un ordin**.

a îndeplini un proiect to carry out a project; *v. și* ~ **un plan**.

a-și îndeplini rolul to play one's part.

a i se îndeplini ruga to grant smb.'s prayer.

a-și îndeplini sarcina/sarcinile to do one's part/bit/duty.

a îndeplini sarcina dată de cineva to do smb.'s commission.

a îndeplini o sarcină to carry out/to do/to fulfil a task.

a-și îndeplini sarcinile zilnice to do one's daily stint.

a îndeplini toate dorințele cuiva; a fi sclavul cuiva *F* to be smb.'s slave.

în deplinul înțeles al cuvântului in the full sense of the word; most meaningfully; with a vengeance.

în depozit 1. in (the) stock. 2. *com.* on deposit/hand.

a se îndesa în... 1. to press against. 2. *(a se lipi de)* to snuggle up to; to cling close to.

a îndesa într-un cufăr ceva to tuck (away) smth. in a trunk.

a-și îndesa pălăria pe cap/urechi to settle one's hat firmly on one's head; to pull down one's hat; to ram one's hat on/over one's ears.

în descreștere on the wane/the decline; *v. și* ~ **declin**.

în desperare in despair; hopelessly.

în desperare de cauză in despair; in desperation/despair; failing all else; (being) driven to extremity; *F* → at a pinch; fail all else.

în deșert *v.* ~ zadar.

în detaliu 1. in (< great) detail; minutely; at length. 2. *com.* (by) retail; by the piece.

în detașare *mil.* on detachment.

în detrimentul... to the detriment of...; to the/in prejudice of...; *(cuiva și)* to smb.'s disadvantage; against smb.

în devălmășie in common; jointly.

în devenire in the making.

în dezacord in disagreement, etc.; *v. și* **în conflict (cu).**

în dezacord cu... out of keeping with.

în dezordine/dezorganizare out of order/gear; helter-skelter; hurry-scurry; pell-mell; in confusion; (all) in a heap; *F →* out of whack; at sixes and sevens; *amer. sl.* on the blink.

în diagonală 1. diagonally. 2. *fig.* in a hurry; at a glance; hastily; hurriedly, superficially.

în diferite direcții hither and thither.

în diferite împrejurări/ocazii/rânduri at different/ various times; on occasion; *amer.* on diverse occasions; on various occasions; repeatedly.

în dimineața următoare the next/the following morning.

în direcție opusă in the opposite/the reverse direction.

în discuție under discussion; on the carpet/the mail; at issue.

în disperare (de cauză etc) *v.* **în desperare** ~.

în disponibilitate *mil.* unattached.

în diverse împrejurări/ocazii/rânduri on sundry/ various occasions; *v. și* ~ **diferite** ~.

în dizgrația cuiva under smb.'s disfavour.

în dizgrație in disgrace.

în doi 1. together; by themselves. 2. *(pe din două)* half-and-half; going halves; fifty-fifty; splitting.

nu te îndoi! *F* never say die!

a-și îndoi brațele din coate to square one's elbows.

a îndoi colțul (unei pagini) to turn down; to dog(s)-ear.

a nu se îndoi de... not to doubt smth. (at all); to make no question of.

a se îndoi de autenticitatea unei opere to suspect the authenticity of a work.

a-și îndoi eforturile to brace one's energies.

mă îndoiesc I (very much) doubt it! I have my doubt about it; scarcely!

să nu te îndoiești cumva că... you may rest assured that...

a îndoi genunchii to bend (on) one's knee(s).

a (se) îndoi în sus to turn up.

în doi peri 1. dubious(ly); not holding water; ambiguous(ly); doubtful(ly). 2. foolishly. 3. *(beat)* three sheets in the wind.

a-și îndoi spinarea/șira spinării dinaintea/ înaintea/în fața cuiva *F* to kotow/to kowtow to smb.; to cringe/to fawn on smb.

în doi timpi și trei mișcări in no time; in a jiffy; before you could say Jack Robinson; *F* like a shot; *F* as easy as lying; *sl.* as easy as damn it; *F* before you know where you are.

în doliu in mourning; *(d. văduvă și)* in weeds.

a îndopa *(o pasăre etc.)* to stuff; to ram food down the throat of.

a se îndopa ca un porc/cu mâncare to make a pig of oneself; to shovel food into one's mouth; to have a good tuck in.

a îndopa pe cineva cu mâncare to ply smb. with food.

în dorul lelii *F* at random; tentatively; half-heartedly.

în dos at the back; in the background; behind.

în două 1. folded; pleated. 2. *(pe din două)* half and half; halves; fifty-fifty; split.

în două cu... half and half with.

în două cuvinte/vorbe in two words; in a nut shell; (to put it) briefly/concisely; to cut a long story short.

în dragul lelii *v.* **în dorul** ~.

a îndrăgi ceva to lose one's heart to smth.

a îndrăgi pe cineva imediat/la moment/pe dată; l-am îndrăgit imediat etc. my heart went out to him.

a se îndrăgosti de... to fall (head over ears) in love with; *F →* to be nuts/keen on; *F →* to be/to get spoony on; to get stuck on; *amer.* to take a shine to.

îndrăgostit lulea/mort/nebunește/până peste urechi de cineva over head and ears/head and/ over ears in love with smb.; deep/madly/damnably in love with smb.; struck on smb.; gone on smb.; *înv. →* up to the ears in love.

îndrăzneală care stă rău unei tinere forwardness that sits ill on a young lady.

îndrăznesc să spun că... I will venture to affirm that...

să nu îndrăznești să ne tragi clapa/pe sfoară/*F* **în piept** I don't want any funny business!

a nu mai îndrăzni să calce pe la cineva not to show one's face in a place again.

a îndrăzni să facă ceva to presume to do smth.

a nu îndrăzni să zică nici pâs not to be able to call one's soul one's own.

în dreapta on the right hand/side; to/on the right.

în dreapta și în stânga both ways; on either side.

a îndrepta arma asupra cuiva to point a rifle at smb.

a-și îndrepta atacul în altă direcție *fig.* to change one's battery.

a-și îndrepta atenția asupra to turn one's attention to...; to concentrate/to fix/to focus one's attention on; to bring one's mind to bear on smth.

a îndrepta atenția cuiva spre... to turn smb.'s attention to.

a îndrepta o bară de fier to straighten an iron bar.

a-și îndrepta cărările to mend one's ways.

a se îndrepta către un dezastru *F* to ride for a fall.

a se îndrepta către sud *mar.* to sail dead south.

a se îndrepta din șale to straighten one's back.

a se îndrepta după boală to sit up and take nourishment.

a-și îndrepta gândurile spre... to turn one's thoughts to.

a îndrepta o greșeală to redeem/to redress/to rectify an error; to mend a fault.

a-și îndrepta ironia împotriva cuiva *F* to level sarcasms/irony against smb.

a se îndrepta în grabă/goană spre... to make a streak for; to hurry towards (a place); to make tracks for (a place).

a îndrepta lucrurile to put/to set smth./the matter right/to rights.

a îndrepta ochii asupra... to direct one's eyes/looks to... *F* → to stick eyes on/upon; to roll one's eyes (on).

a-și îndrepta pașii spre... to turn/to bend/to direct/to incline one's steps to; to wend one's way; to proceed to(wards) a place; to shape one's course.

a-și îndrepta pașii spre casă to turn/to bend/to direct one's steps home-ward(s).

a-și îndrepta pânzele în direcția vântului to trim one's sails to the wind.

a-și îndrepta privirile spre... to clap eyes on; to bend one's eyes to.

a-și îndrepta purtarea to mend one's ways.

a îndrepta sarcasmul împotriva/asupra cuiva *v.* ~ **ironia** ~.

a-și îndrepta spinarea to stand erect.

a se îndrepta spre casă *v.* **a-și** ~ **pașii** ~.

a se îndrepta spre nord etc. to go up north; *mar.* to steer north.

a se îndrepta spre port to sail towards the harbour; *mar.* to stand in for a port.

a se îndrepta spre stânga to bear to the left.

a îndrepta spusele cuiva to put/to set smb. right.

îndreptat într-o direcție tending to.

a-și îndrepta umerii to put back/to square/to open one's shoulders.

a îndrepta vasul spre... *nav.* to shape a course.

a îndreptăți așteptările/speranțele to live up to expectations.

a nu îndreptăți așteptările to be found wanting.

în dreptul... 1. in front of...; by... 2. opposite...

a îndruga (la) minciuni/verzi și uscate *F* to draw/to pull the long bow; to talk bunkum/rot/claptrap; to tittle-tattle; *v. și* **a spune baliverne**.

în drum on the way/the road; *mil.* on the march.

a îndruma un cititor spre o operă (*p. consultare*) to refer a reader to a work.

în drum spre... on one's way to...

a se înduioșa de cineva to feel one's heart go out to smb.

a înduioșa o inimă de piatră to melt a heart of stone.

a înduioșa pe cineva (până în adâncul inimii/până la lacrimi) to move smb. to tears; to pull at smb.'s heart strings; to come home to smb.

a îndulci hapul/pilula to gild/to sugar the pill.

în dungă slantwise; slanting; obliquely; diagonally.

a îndura chinurile iadului to go through hell.

a îndura cu răbdare *v.* **a-și înghiți amarul.**

a îndura (durerea etc.) cu tărie/bărbătește/cu stoicism to bear (pain, etc.) like a man; to grin and bear it; to outride (pain etc.).

a îndura lipsuri to be in want.

a îndura multe mizerii to have a thin time of it.

a îndura până la capăt ceva to hold out.

a nu se îndura să... not to have the heart to...

a nu se îndura să plece simply not to be able to tear oneself away.

a îndura toate chinurile iadului to go through hell; to suffer hell.

a îndura totul cu răbdare to possess one's soul; *v. și* ~ **bărbătește etc.**

îndură-te! have a heart!

în durerile facerii *v.* ~ **chinurile** ~.

a-și îneca amarul în vin *v.* **a-și** ~ **grijile în băutură.**

a se îneca ca țiganul la mal to lose by a neck; *aprox. F* it's the last straw that breaks the camel's back; *aprox.* the last drop makes the cup run over.

a i se îneca corăbiile *F* to look down in the mouth; to feel cheap; to have (a fit of) the blues.

a-și îneca grijile/necazurile în băutură/vin *F* → to tipple away one's cares; to wash one's anger down with a glass of wine; to drown care/one's cares; to drink away (one's sorrows).

a se îneca în apă to go to Davy Jones' locker.

a îneca în sânge to drown in blood.

în echilibru in equilibrium; balanced; poised; at poise.

în egală măsură to the same extent; in the same measure/degree; *v. și* **în aceeași ~.**

în elementul său at home; within one's depth; on one's own ground; in one's element.

în embrion in embryo; in ovo; only just started; at its beginnings; *F →* in the bud.

în esență in essence/substance.

în etate aged, elderly; advanced in years; *F →* well on in years; on the wrong side of fifty, etc.

în evantai 1. fan-shaped. **2.** fan-wise.

în eventualitatea *(cu gen.)* in the event of...

în exercițiul funcțiunii in the exercise/the discharge of one's duties.

în expectativă in abeyance/expectation.

în extaz față de... in ecstasies over...; enraptured/entranced by...

în exterior (on the) outside; without.

în fapt in effect; in actual fact; actually.

în faptul dimineții *v.* **~ zilei.**

în faptul serii at nightfall/dusk.

în faptul zilei at daybreak/dawn; at the break of day.

în fața *(cu gen.)* before (the face of); in front of; over against smth.

în fața unei dileme between/on the horns of a dilemma; in a quandary, at a loss (what to do).

în fața ochilor cuiva before smb.'s eyes.

în față 1. *(peste drum)* opposite; over the way; across the road/the street; on the other side of the street; vis-à-vis. **2.** in front. **3.** *(sincer)* in/to smb.'s face; in smb.'s beard. **4.** *(de la obraz)* to smb.'s teeth.

în favoarea *(cu gen.)* in favour of...; in smb.'s favour/behalf; for (the benefit of)...

în favoarea mea to the credit of my account.

a înfăptui ceva to carry out/to achieve smth.

a înfăptui cele făgăduite/promise to live up to one's promise.

a se înfășura în cearșaf/cuvertură to roll oneself up in a blanket.

a înfășura în hârtie de ziar to wrap up in newspaper.

a înfășura pe cineva într-un pled etc. to tuck a blanket/a rug round smb.

a se înfățișa dinaintea/înaintea societății to make one's bow to the company.

a se înfățișa în adevărata sa lumină *F* to show/to display the cloven hoof.

a înfățișa ceva într-o lumină atrăgătoare/favorabilă to cast/to put a lively colour/lively colours on smth.; to depict/to paint/to represent smth. in bright/glaring/rosy colours.

a înfățișa ceva într-o lumină falsă to cast/to put a false colour/false colours on smth.

a înfățișa ceva într-o lumină nouă to put a new face on smth.

în felul acesta like this; in this way/manner; after this manner; thus; so; by that/this means.

în felul acesta nu ajungem nicăieri *F* we're not getting anywhere/we're getting nowhere.

în felul lui/său in one's (own) way; after one's kind; in/after one's fashion.

în fiecare an year by year; yearly; year in, year out.

în fiecare clipă/moment at every turn; at a moment's notice.

în fiecare zi/ziulică every (single) day; day after day.

a înfiera pe cineva to do disparagement to smb.; to brand smb., to put a stigma on smb.

a se înfierbânta din ce în ce to warm up; to get into a heat.

în fierbințeala luptei in the heat of (the) battle.

a înfige cuțitul în inima cuiva to strike a knife into smb.'s heart.

a-și înfige dinții în... to strike one's fangs into; *amer. F →* to sink tooth/one's teeth into; *(d. șarpe)* to make a strike at smb.

a-și înfige ghearele în cineva to get one's claws into smb.

a se înfige la mâncare etc. to fall to; to tuck into it!

a înfige o pană to force/to drive a wedge.

a înfige pumnalul în cineva to strike a dagger into smb.

a-și înfige rădăcinile în... to strike one's roots into

a înființa o școală to start a school.

a înființa un ziar to start a paper.

în ființă 1. existing; extant; present. **2.** *jur.* valid, leal.

în final; în fine 1. *(în cele din urmă)* finally, ultimately; in the end; after all; in fine; eventually; at the bitter end. **2.** *(într-un târziu)* at (long) last; at length; at the last moment. **3.** *(păi)* well, after all. **4.** *(într-un cuvânt)* in a word; to put it briefly; to cut a long story short; to cut it short.

a înfiora pe cineva *F* to give smb. the shudders/shivers.

a se înfiora de frică/groază to be thrilled with fear/horror.

în firea lucrurilor in the nature of things.

în flagrant (delict) *jur.* in flagrant delict; *flagrante delicto.*

în flanc (câte unul) in a(n Indian) file.

a înflăcăra imaginația to ignite/inflame the imagination.

a înflăcăra inima unei femei *F* to make hot love to a woman.

în flăcări (< all) ablaze; (< all) on fire.

în floare in bloom; *(d. pomi)* in blossom.

în floarea tinereții in the prime of one's youth.

în floarea vârstei in the prime/the vigour of life; in one's prime; *F* → in the green; *lit.* in the pride of years.

în focul discuției in the warmth ot the debate.

în focul luptei in the heat of (the) battle; at the height of the battle.

în folosul *(cu gen.)* for the good of; in behalf of; *înv.* → in the behalf of.

în folosul cuiva for smb.'s benefit; to smb.'s interest; in smb.'s favour.

în fond 1. *(de fapt)* actually; in fact; as a matter of fact; to all intents and purposes. **2.** *(în esență)* at (the) bottom; in all; at the foot of things; in substance. **3.** *(fundamental)* fundamentally; essentially, basically.

în fonduri in funds/*F* tin; *v. și* **în bani.**

în formă (bună) 1. in good form; in fine/great/full/good/high feather/game; in good/fine/high fettle; fit; as fit as a fiddle; *F* in one's game; like a fighting cock; up to the mark; in (good) trim; (as) hard as nails; in (the pink of) condition. **2.** *(de formă)* amer. on all four/six cylinders; up to pox; on one's game; in form; in good case; up to the scratch.

în formă de (fus etc.) (spindle-, etc.) shaped.

în formă de tabletă in tabloid form.

în formă mare as hard as nails; in fine fettle; in good mettle; *v. și* **în formă (bună).**

în formă proastă in bad form; out of practice/training/ease.

a înfrâna pe cineva to rein smb. in.

a-și înfrâna pasiunile/patimile/pornirile to master one's passions; to keep one's passions under discipline; to hold one's passions in (good) check; to rule one's passions.

a-și înfrâna pofta to curb one's desires.

a-și înfrâna sentimentele to have one's feelings under control.

a înfrânge scrupulele cuiva to break down smb.'s scruples.

a înfrunta atacul principal to bear the brunt of the attack.

a înfrunta critica to face the music.

a înfrunta cu obrăznicie pe cineva to snap one's fingers at smb./in smb.'s face.

a înfrunta ceva cu tărie to put a bold face on smth.

a înfrunta cu tărie un eșec to stand to lose.

a înfrunta multe greutăți to go through fire and water.

a înfrunta orice pericol through thick and thin.

a înfrunta o primejdie to rush into the face of danger.

în frunte at the head; at the top; in the van.

în fruntea bucatelor at the top; *v. și* ~ **mesei.**

în fruntea clasei at the top of the form.

în fruntea mesei at the head of the table; above the salt.

în fruntea unei mișcări leading a movement.

în frunte cu... headed/led by...; with... at the top; foremost of whom/which (is)...

a se înfrupta din cașcaval to dip in the gravy.

a se înfrupta din ceva to indulge in; to partake of; to make a good thing of smth.

în fuga (cea mai) mare at a round trot.

în fugă in a hurry.

în funcție de... 1. depending/relying on; varying with. **2.** *(conform cu)* in accordance/conformity/keeping with...; according to...

în funcție de împrejurări according to circumstances; *F* → it/that depends.

a i se înfunda to set it in the neck; to catch it (hot).

a înfunda pe cineva to get/to have the best of smb.; to put smb. out of court.

a se înfunda în mocirlă/noroi to get stuck; to stick in the mire.

a-și înfunda pălăria pe cap to stick one's hat on one's head.

l-ai înfundat! *P* that's a corker!

o să ți se înfunde (într-o bună zi) you'll catch it!

în fundul pământului at the back of beyond; in a hole (of a place)!

a se înfuria cumplit to see red/scarlet.

înfuriat la culme with one's/the hackles up.

în gaj lying to gage; being at gage.

în galop at (a) gallop; at full tilt.

în gară 1. in/at the station. **2.** *(d. tren)* in.

în gardă on one's guard; *(la box)* put 'em up!

a îngădui cuiva să afle un secret to let smb. into a secret.

a îngădui cuiva să facă ceva to let smb. do smth.; to privilege smb. to do smth.

a-și îngădui să facă ceva to presume to do smth.; to take the liberty of doing smth.

a-și îngădui libertăți cu... to make free with.

a-și îngădui un lux exagerat to have one's bread buttered on both sides.

a nu îngădui refuzul/un refuz not to take nay/no.

a îngădui cuiva toată libertatea *F* to let smb. have his head.

a îngăima o lecție to stumble through a lesson.

a îngăima o scuză to stutter an apology.

a îngălbeni de frică to cry craven; to become as white as chalk; *F* → to be in a pink/a blue funk.

a se îngâmfa ca un păun/ca barza to swell like a turkey-cock; to be as proud as Punch.

în gând in (one's) mind; in one's thought; in one's inner self; in the spirit.

a se îngândura to take thought.

în gânduri negre in a brown study.

în general 1. in the main/the lump; on the whole; generally/roughly (speaking); (speaking) in general; by and large. **2.** *(de obicei)* as a (general) rule; usually; ordinarily; nine times out of ten. **3.** *(în ansamblu)* taken all in all; taken all round.

în general vorbind broadly/generally speaking.

în genere *v.* în general.

în genul... much like...

în genul lui of its kind.

în genunchi on one's knees; *F* → on your marrowbones!

a îngenunchia pe cineva to tread on smb.'s neck; to bring smb. to heel; to make smb. eat dirt/eat humble pie.

în germene in the egg/the shell; *v. și* ~ **embrion.**

înger păzitor guardian angel.

în ghearele morții at death's door, at the point of death, on the verge of death; in the jaws of death/hell.

a se înghesui ca să ajungă în față/ca să-și facă loc to jostle (one's way) to the front.

a se înghesui în... to squeeze in(to).

a se înghesui în cineva (în mulțime) to jostle against/with smb. in a crowd.

a se înghesui în jurul cuiva to throng round smb.

s-au înghesuit patru pe un singur scaun four squashed into one seat.

înghesuiți ca sardelele packed like sardines/herrings (in a box); tightly packed.

a îngheța bocnă to freeze completely; to be completely frozen.

a îngheța de frig to be frozen (stiff) (with cold).

a-i îngheța inima to have one's heart in one's mouth/throat.

a îngheța până la oase to be dead with cold.

a îngheța sângele în vine to freeze the blood.

înghețat bocnă (as) cold as ice.

înghețat de frică paralysed with fear.

înghețat până în/la măduva oaselor *F* frozen to the marrow.

înghețat tun chilled to the marrow; *v. și* ~ **bocnă.**

a îngheța tun *v.* ~ **bocnă.**

n-o să înghit așa ceva; nu înghit (una ca) asta I won't have it.

nu se înghite the cat won't jump; that cock won't fight.

înghite orice minciună *F* → there is no yarn too big for his swallow.

înghite orice trăsnaie *F* there is no yarn too big for his swallow.

înghite-o și pe asta put that in your pipe and smoke it!

a nu înghiți ceva to stick in one's gizzard/stomach/throat.

a înghiți un afront *v.* ~ **o insultă;** ~ **hapul.**

a-și înghiți amarul to fret/to chafe under restraint; to smother one's grief.

a înghiți calupul *v.* ~ **hapul.**

a înghiți cu lăcomie to wolf down.

a înghiți cu noduri to swallow (one's bite) in tears.

a-și înghiți cuvintele to take back/to swallow one's words; to beat a retreat.

a înghiți dintr-o dată to swallow smth. at one mouthful; to make one mouthful of smth.

a înghiți drumul to devour the way.

a-și înghiți furia to swallow down/to bottle up/to check/to curb one's fury.

a înghiți gălușca 1. *v.* ~ **hapul. 2.** *(a muri)* *v.* **a da ortul popii;** *mil.* to lose the number of one's mess; to go for a Burton.

a înghiți un hap/hapul *F* to swallow the (bitter) pill; to take one's medicine; to lump it; to eat the leek; to put one's pride in one's pocket; to meet with/to suffer a rebuff; *v. și* ~ **o insultă.**

a înghiți hapul bărbătește to take one's punishment like a man.

a înghiți o insultă to swallow/to pocket/to stomach an insult/an affront.

a înghiți o insultă fără a crâcni to lie down under an insult; to take an insult lying down.

a înghiți o înjurătură *v.* **a strivi o înjurătură între dinți.**

a înghiți în sec 1. to swallow hard. **2.** *fig.* *v.* **a se linge pe bot.**

a-și înghiți lacrimile *F* to swallow one's tears.

a-și înghiți limba *F* to keep one's tongue within one's teeth.

a-și înghiți mândria to pocket one's pride.

a înghiți momeala to jump at the bait; to take/to nibble at/to rise to/to swallow the bait.

a înghiți mult to gather dust.

a înghiți o rușine 1. to suffer a shame. **2.** *v.* ~ **o insultă.**

a-şi înghiţi vorba/vorbele to swallow one's words; *v. şi ~* **cuvintele.**

a se îngloda în datorii to plunge/to get into debt; *F →* to go/to run on (the) scores; to run in(to) scores; to be involved in debts; to be in debts over head and ears; to go score.

în glumă in jest/joke/sport; jokingly; (meaning it) as a joke/out of mere play.

în goana calului at a gallop; in full gallop/tilt.

în goana (cea mai) mare *v. şi* **în fuga ~;** *(la curse)* at full stretch; with all speed; at full speed/tilt/gallop/lick; at a great lick.

în goană după... in chase of; running after...; keen on...

în graba cea mai mare with all possible dispatch; < at breakneck pace/speed.

în grabă 1. *(grăbit)* in a hurry. **2.** *(iute)* with all speed; on the run; *v. şi* **în goana (cea mai) mare.**

în grabă mare with all possible speed, *v. şi* **~ goana (cea mai) ~.**

în gradul cel mai înalt to the utmost (degree); in the largest measure; to the greatest extent; *înv.* to the height.

în graţiile cuiva in smb.'s favour/good graces/book.

a îngrădi prin reguli fixe to tie to rules; to keep smb.'s nose to the grindstone.

a se îngrăşa de-i plesnesc hainele pe el to burst one's buttons.

a îngrăşa porcul în ajun to cram up.

în greşeală in error.

în greul iernii in the depth of winter.

în grijă on one's hands.

a se îngriji bine to do oneself proud.

a se îngriji ca un lucru să fie făcut to see smth. done; to see that smth. is done.

a îngriji casa to mind the house.

a se îngriji de alţii to study another's comfort.

a se îngriji de cineva/de soarta cuiva to take care of smb./of smth.

a se îngriji de copilul său to make provisions for one's child.

a se îngriji de sufleţelul său *F* to look after number one; to look well after the inner man.

a se îngriji de toate to see to everything.

a se îngriji de ziua de mâine *F* to keep one's powder dry.

a nu se îngriji de ziua de mâine to take no thought for the morrow.

a nu se îngriji în privinţa zilei de mâine not to worry about tomorrow.

se îngroaşă gluma the plot thickens; ← *F* things are becoming serious.

a îngropa de viu to bury alive.

a se îngropa în... to be absorbed/lost/buried in.

a se îngropa în cărţi to bury oneself in books.

a se îngropa în datorii *v.* **a se îngloda ~.**

a îngropa în uitare to bury in oblivion; *(poetic)* to drown in Lethe.

îngropat într-un loc lying buried at a place.

a îngroşa rândurile to swell the crowd.

îngrozitor! I never did! horrible!

în gura mare 1. at the top of one's lungs/voice; in a loud voice; loudly. **2.** *fig.* from the house tops.

în gura tuturor on the tongues of men.

în haine civile in mufti/civvies/cits; in plain clothes.

în haine de gală in one's Sunday clothes; in one's Sunday best; *F* in one's Sunday-go-to-meeting clothes.

în haine de seară in evening dress/suit; *F →* in full feather.

în hainele de duminică in one's Sunday-go-to-meeting clothes.

a se înhăita cu cineva to associate/to herd with (low fellows, etc.); to get into low habits; *înv.* to (con)sort with smb.; *F →* to hobnob with smb.

a se înhăita cu oricine/cu te miri cine to be hail-fellow-well-met with Tom, Dick and Harry.

a se înhăita cu tot felul de derbedei to keep bad company.

a înhăma caii to put the horses (to); to harness the horses.

a înhăma calul la căruţă to put the horse to (the cart).

a se înhăma la un lucru to settle down to a task; to hitch up/to take to (a task); to embark upon (a task); to set oneself to do smth.

înhămat la treabă *fig.* in harness.

a înhăţa ceva/pe cineva to snatch away smth./smb.; to snap up smth./smb.; to pinch smth./smb.

a înhăţa de gât pe cineva to catch/to have/to hold/to grip/to pin smb. by the throat.

în imediata apropiere/vecinătate a... in the immediate neighbourhood of...; in close vicinity of...; close by/to...; in the proximity of...

în impas in a deadlock/a great predicament; *F* up a stump/a tree; in a tight spot; in a nice fix.

în incinta oraşului within the walls.

în inima codrului/pădurii in the depth(s)/the thick/the heart of the forest.

în inima lui/sa at the bottom of one's heart; at/in heart; in one's heart (of hearts); in one's secret heart.

în inspecţie on patrol.

în interesul *(cu gen.)* in the interest(s) of...; in behalf of...; for the sake of...; in smb.'s behalf; for smb.'s sake.

în interesul cauzei (noastre) comune for the sake of our/the common cause.

în interesul dumneavoastră in your own interest; for your own sake; for the best of your interest(s).

în interiorul orașului within the walls; intra muros.

în ipoteza că... on (the) assumption/supposition that...; in case...; supposing (that)...

în înaltul cerului/văzduhului on high; high up in the sky; in the dome of heaven; in mid air.

în încheiere winding up; in/by way of conclusion; as/for a close.

în încurcătură at a loss; at a loose end; stranded; in a quagmire/quandary; in a nice fix; *F →* in a tight corner/place/squeeze; up a tree/a stump; at sea; *v. și* **în bucluc.**

în întâmpinarea *(cu gen.)* in expectation of..; meeting... half way.

în întârziere față de cineva in retard of smb.

în întrecere cu... in competition with...; at strife with...; emulating.

în întregime wholly; entirely; completely; every bit; in all; *F →* down to the ground; *amer.* up to the handle; *v. și* **în general.**

în întuneric *și fig.* in the dark.

în învălmășeala luptei in the press of the fight.

în joacă in jest/joke/fun; for fun; as a joke; just for the fun of it; *v. și* **în glumă.**

în josul unui râu down stream; down the river; down to the mouth of a river.

a se înjuga la... to settle down to.

a înjunghia pe cineva to stab/to knife/to rip/to cut/ *sl.* to shiv smb.; to smite smb. under the fifth rib; to put one's knife into smb.; *sl.* to let daylight into smb.

a-l înjunghia în piept to have a stitch in one's chest.

a înjunghia pe cineva pe la spate to stab smb. in the back.

a înjunghia porci to stick pigs.

a înjunghia vițelul cel gras to kill the fatted calf.

în jur I. round about; right round; all around; in a circle. **2.** *(din toate părțile)* on all sides; from every quarter. **3.** *(pretutindeni)* everywhere. **4.** *(în toate direcțiile)* in all directions; anywhere.

a înjura birjărește/ca un birjar/ca la ușa cortului/ de mama focului/ca un surugiu/de toți sfinții/ zdravăn to swear like a trooper/a bargee/a lord/ like blazes/anything; to swear awfully; to curse up hill and down dale; to swear a good stick; to make/ to turn the air blue; to talk Billingsgate.

a se înjura reciproc to call each other names.

în jur de... *v.* **în jurul.**

în jurul *(cu gen.)* **I.** *(de jur împrejur)* (all) around/ about, round. **2.** *(circa)* about, around, in the neighbourhood of.

în jurul a (unei cifre) in the neighbourhood of (a figure); (round) about (a sum).

în jurul taliei round one's middle.

în la minor *muz.* in A minor.

în lanț I. chained; fettered; on the tether. **2.** *fig.* in a chain; end to end.

în larg in the offing; on the high seas/the open sea; out at sea; off shore/the coast.

în largul coastei off the coast of new England, etc.

în largul mării out at sea; *v. și* **în larg.**

în largul său at ease; *v. și* **la ~.**

a înlătura pe cineva to remove smb. (from his position/office, etc.); *fig.* to knock smb. off one's perch; *F →* to do for smb.; to do smb. in.

a înlătura un concurent to go one better than smb.; to leave smb. behind; to get the upper hand of smb.

a înlătura cu totul *(bănuieli, temeri)* to lay smth. to rest; to set smth. at rest.

a înlătura deosebirile *v.* **~ diferențele.**

a înlătura un dezastru to stave/to ward off/to forestall/to deter a calamity.

a înlătura diferențele to make odds even.

a înlătura dificultățile to smooth out/to remove difficulties.

a înlătura o îndoială to remove a doubt.

a înlătura îndoielile cuiva to set smb.'s doubts at rest.

a înlătura obstacolele *v.* **~ piedicile.**

a înlătura orice bănuială to discard all suspicion.

a înlătura orice dubiu/îndoială/îndoieli to remove all doubts; to fit the axe in/on the helve.

a înlătura piedicile to let down the bars.

a înlătura prin argumente (raționale) to reason away.

a înlătura un rival *v.* **~ concurent.**

a înlătura temerile cuiva to set smb.'s mind at rest.

în lături I. aside; sideways. **2.** *interj.* stand aside! make room!

în lățime in breadth/width.

în leagăn *și fig.* in the cradle.

în legătură cu... in connection/conjunction with...; as concerns...; concerning...; regarding...; as to/ for...; referring to...; in relation to...; with regard to...; in collusion with; as far as... is/are concerned.

în legătură cu asta talking of that...

în legătură cu scrisoarea dumneavoastră in/with reference to your letter.

în legitimă apărare in self-defence.

înlemnit de groază/spaimă dumb/speechless/ dumbfound(ed) with terror/fright.

în libertate free; at liberty; at large; like geese on a common.

în limbaj juridic in legal terms/$F \rightarrow$ parlance.

în limita competenței cuiva within one's cognizance/competence.

în limita posibilităților/posibilului as far as possible; to the best of one's abilities; within the range/ the bounds of possibility.

în limitele bunei cuviințe *înv.* $\rightarrow$ in/within compass.

în limitele cunoașterii within the radius of (one's/ human) knowledge.

în limitele legii within the law.

în limite normale within due limits.

în linie in a row.

în linie bărbătească on the male side.

în linie de front/luptă *mar.* line abreast.

în linie dreaptă in a straight line; in a crow line; as the crow flies; unswerving.

în linii generale/mari broadly/roughly speaking; in the main; generally; in general (outline); on the whole; by and large; $F \rightarrow$ to the rough.

în liniște l. quietly, in quiet/silence 2. *(în tihnă)* at leisure; *v. și* **în tihnă.**

în liniștea nopții in the still of the night.

în lipsa *(cu gen.)* in the absence of; in/*înv.* $\rightarrow$ for default of.

în lipsa mea in my absence.

în lipsă in one's absence.

în lipsă de bani pinched for money.

în lipsă de ceva mai bun for want of smth. better.

în loc de... instead of...; in lieu of...; in the room of...; as a substitute for...

în loc de aceasta instead of that; *înv.* in lieu thereof.

în loc să fie mulțumit instead of being satisfied.

în loc sigur in a safe place; under one's own vine and fig-tree; safely; tucked away.

a înlocui ceva/pe cineva to replace smth./smb.; to substitute for smth./smb.; to do duty for smb.; to supply the place of smb.; to take/to fill smb.'s place etc.

a înlocui pe cineva din funcție to relieve smb. of his position; to dismiss smb.; to ask for smb.'s resignation.

a înlocui pe cineva la lucru to give smb. a spell.

în locul... *v.* ~ **loc de...**

în locul cuiva l. in smb.'s stead/place/room. 2. *(ca succesor)* in succession to/replacing smb.

în locul tău, eu... if I were you, I; in your place, I...

în lumea bună *înv.* in high society.

în lumea celor vii among the quick; *F* above ground; alive (and kicking); *înv.* in the land of the living.

în lumea drepților with the dead/Saints; in the next world; under ground.

în lumea întreagă all over the world; everywhere; the world over; throughout the world.

în lumina *(cu gen.)* in the light of.

în luna a patra, a cincea etc. *(d. o femeie)* four, five, etc. months gone with child.

în lungime lengthwise; lengthways; headlong.

în lung și în lat l. along and across. 2. *fig.* far and near/wide; by and large.

în luptă corp la corp at close quarters; at a clinch; at/in handgrip; in bodily fight.

în majoritate l. in/forming a majority. 2. *adv.* for the most part.

în majoritatea cazurilor in most cases; more often than not; quite often; more than once.

în mare to the rough; *v. și* **în linii mari.**

în mare agitație in a fret/a flutter/a fluster; at a white heat.

în mare cantitate in (great) quantities.

în mare criză de ceva wanting smth. badly.

în mare formă in fine fettle; (as) hard as nails; *v: și* **în formă.**

în mare grabă in a (great) hurry; in great haste; posthaste; on the spur.

în mare încurcătură up a tree; at a loss; in a pretty mess/a possum; up a gumtree; *v. și* **în încurcătură.**

în mare măsură in a great/a large measure; largely; extensively; to a great extent; to a high degree.

în mare număr in a large number; in (great) quantities; in abundance/plenty.

în mare parte in a large/a great measure; to a great extent; to a high degree; largely, extensively; *v. și* **~ măsură.**

în mare parte datorită *(cu dat.)* in (a) great part/ largely due to...

în mare pericol in jeopardy.

în mare secret secretly; in strict confidence; as a great secret; in camera; top secret.

în mare ținută l. *mil.* in full(-dress) uniform. 2. in full uniform attire; *F* $\rightarrow$ in one's Sunday best; in full rig; in full feather; *sl.* in glad rags.

în mare vogă en vogue, in fashion; all the go/the rage.

în marș on the march.

în marșarier *auto* on the reverse; backing.

în masă in a body; en masse.

în materie de... in matters of; in (such) matters; as far as... is/are concerned.

în mărime naturală (as) large as life; full-size, life-size(d); to the life; at length.

în măruntaiele pământului in the entrails of the earth.

în măsura în care... in so far as...; to the extent to which...; in proportion as...; as far as...; **~ depinde de mine/stă în puterea mea** so/as far as in me lies; as far as I can; as far as lies in my power; to the best of my abilities.

în măsura în care îmi pot da seama as far as I can see.

în măsura în care mă pricep, așa ceva nu poate să țină mult that won't last long, I fancy.

în măsura în care știu eu to my knowledge, to the best of my knowledge, as far as my knowledge goes.

în măsura îngăduită (de împrejurări) to the full extent.

în măsura posibilului as far as possible; to the greatest/highest possible extent.

în măsură să... in a position to; apt to...

în mâini bune in good/reliable/safe hands.

în mână in one's hand.

în medie on an average; on a par.

în memoria *(cu gen.)* in memory of...; to the memory of...; as a memorial of; sacred to the memory of...

în mic in a small way; in little; on a small scale; in a small proportion; in a small way.

în mică ținută *mil.* in undress.

în miez de vară in midsummer.

în miezul nopții at midnight; < in the dead of night.

în miezul zilei at the height of noon.

în mijloc in the middle/the centre.

în mijlocul *(cu gen.)* I. in the middle/*lit.* midst of... 2. (în toiul) in the depth/the thick of...; at the height of...

în miniatură in little; *artă* in small.

în minoritate in the/a minority.

în mișcare in motion; on the go; on foot; on the move.

în mizerie in want/need; in the grips of poverty; hard up; *(adj.)* needy; *(adv.)* needily, poorly.

în mod benevol I. voluntarily; of one's own accord. 2. *(gratuit)* without payment; free of charge.

în mod cert without fail; most certainly/surely.

în mod confidențial confidentially; in (strictest) confidence.

în mod continuu permanently; continuously; incessantly; unceasingly.

în mod corespunzător adequately; *(în conformitate)* accordingly.

în mod deliberat on purpose; deliberately; purpose(ful)ly.

în mod deosebit in particular.

în mod deschis in broad/open daylight.

în mod excepțional by way of exception; out of the ordinary; just for the nonce; for once in a way/a while.

în mod firesc as a matter of course; (quite) naturally.

în mod fraudulos by false pretence; by fraud.

în mod intim without circumstance/formality.

în mod îndreptățit/întemeiat with good reason; and with good reason too; in (all) reason; with full justification; not incongruously/inaptly.

în mod întâmplător *v.* **~ ocazional.**

în mod meritoriu not unworthily.

în mod metodic *v.* **după regulile stabilite.**

în mod necesar necessarily; of necessity; as a matter of course.

în mod neoficial without ceremony; off the record.

în mod ocazional only occasionally; on occasion only.

în mod progresiv by progressive stages.

în mod regulamentar in the regular manner; according to the rules; by the book(s).

în mod superficial on the surface; perfunctorily; superficially.

în modul acesta *v.* **~ felul ~.**

în modul cel mai avantajos as favourably as possible; most advantageously/favourably; *înv.* at the best hand.

în momentele libere in spare moments.

în momentul acela at that/the time; then; at the moment.

în momentul când se scriu aceste rânduri at the present writing.

în momentul critic at the moment of choice; at the supreme moment.

în momentul de față at present; for the time being; nowadays; at the (present) moment; at the present day; in these latter days.

în momentul în care... when; just as; the moment (it arrives, etc.).

în momentul în care pleca just as he was starting out.

în mormânt in the grave; in one's tomb; in the next world; below ground; *F →* under the sod.

a înmormânta un proiect de lege to kill a bill.

a-și înmuia cuvintele to mince matters; to honey one's tongue.

a i se înmuia picioarele *(a obosi)* to be off one's legs; **i se înmuiară picioarele** his legs sank under him.

în multe cazuri in many instances.

în multe privințe in many respects; in various points.

în multe rânduri many times; many a time; repeatedly; often; frequently; time and again; *v. și ~ mai ~*.

în mai multe rânduri more than once; repeatedly; time and again; at various times; on many/several/various occasions.

a se înmulți ca iepurii to breed like rabbits.

a înmulți un ochi *(la tricotat)* to make one.

a-și înmulți sămânța to raise up seed.

a înnebuni de cap pe cineva *F* to knock smb. to fits.

a înnebuni de tot to go (stark) mad; to lose one's wits; *v. și* **a-și pierde mințile**.

a înnebuni după... to be mad/nuts/keen on; to be crazy/daft about.

a înnebuni pe cineva la cap ← *F* to unsettle smb.'s reason.

în necaz in deep water(s).

în necazul cuiva in spite/defiance of smb.; in/to smb.'s teeth; to spite smb.

în neglijeu in undress/deshabillé; underdressed.

în negura vremurilor time out of mind; in the mists of time.

în nenumărate rânduri many a time; *lit.* time and (time) again; many and many a time; many a time and oft; scores of times; *v. și ~ mai multe ~*.

în neorânduială in disorder; out of place; *sl. amer.* on the blink.

în neregulă 1. in disorder; topsy-turvy. 2. *fin.* at default. 3. *fig.* out of joint; that's not a business/cricket/O.K./all right.

în nesimțire bereft of reason.

în neștire 1. *(inconștient)* unconsciously. 2. *(cu grămada)* by/in heaps. 3. *(din abundență)* in profusion/abundance.

în nici un alt loc nowhere else.

în nici un caz by no (manner of) means; on no account; in no wise; under/in no circumstances; at no time; *F →* not by a long chalk; not if I know it!

în nici un chip/fel in no way/wise; by no means; nowise; not at all; *înv. →* at no hand; not in the least; *v. și ~* **caz**.

în nici o parte nowhere.

în nici o privință in no respect(s)/point; in no sense.

noaptea e pe sfârșite night is on the wane; the night is far advanced/spent.

a înnoda firele unei intrigi/o intrigă to knit up a plot.

a înnoda firele rupte to join (toghether) the broken ends of a cord.

a-și înnoi îmbrăcămintea to have new clothes made; to order new clothes (made); *F →* to get togged out anew.

a se înnopta to get/to grow dark; **se înnoptează** night is falling; it is getting/growing dark.

în număr complet *v. ~* **mare**.

în număr de... amounting to...; ...in number.

în număr mare in full strength/force; strong in numbers.

în număr mic in small numbers.

în numele *(cu gen)* 1. *(cuiva)* for...; on behalf of.... 2. *(unei idei)* in for the sake of...; in the name of...

în numele legii in the name of the law.

în numerar in specie/cash.

în onoarea cuiva in smb.'s honour; to honour smb.

în opoziție cu... in opposition to...; thwarting with...; running counter to/against...

în ordine! all right! O.K.; everything under control.

în ordine alfabetică in alphabetical order.

în ordinea priorității according to priority.

în ordinea stabilită in due course.

în ordine inversă in the reverse order.

în orice caz 1. *(oricum)* at all events/*înv.* event; in any case/way/event; at any rate; anyhow. 2. *(neapărat)* by all means; at all costs; *înv.* at any hand.

în orice caz, nu cu aprobarea/permisiunea/voia mea not if I know it.

în orice chip (in) any way; any how; however that way be; *lit.* in any way (what)soever.

în orice clipă 1. (at) any minute/moment; at any (odd) time; at what time so ever; at all times; at every turn(ing). 2. *(dintr-o clipă în alta)* at a moment's notice; any time/minute now.

în orice fel *v. ~* **chip**.

în orice împrejurare/împrejurări through thick and thin; rain or shine; *rar* blow high, blow low.

în orice moment *v. ~* **clipă**.

în orice rău e și un bine every cloud has a/its silver lining.

în orice situație *v. ~* **împrejurare**.

în original in the original.

a înota ca un pește/ca peștele to swim like a fish/a duck/a cork.

a înota ca un pietroi/ca toporul la fund to swim like a stone/a tailor/a millstone/a brick.

a înota în aur/bani/bogăție/bogății to roll/to be rolling in money/riches; to have heaps of money; to live in clover/affluence; to wallow in wealth; to swim in luxury; *v. și* **a se scălda în bani**.

a înota în direcția malului to strike out for the shore.

a înota în miere to be/to lie in clover.

a înota pe spate to swim/to float on one's back.

în pace at peace.

în pană stranded; broken down.

în pană de bani *F* hard up (for money); pushed/pressed for money; out of cash; in a tight spot; in a nice fix.

în pantă sloping; steep.

în paranteză 1. *(apropo)* by the way; by way of parentheses. 2. *(între paranteze)* in a parenthesis; in brackets; between parenthesis.

în paranteză fie spus incidentally; by the way/the bye.

în parte partly; to a certain extent; separately; individually; in part; in a some measure.

în partea centrală a țării *F* up-country.

în partea stângă on the left (hand) side.

în particular 1. *(în taină)* privately; in private/confidence/camera. 2. *(în amănunt)* in particular.

în pas accelerat *mil.* in quick time.

în pas cu moda in fashion; en vogue.

în pas cu vremea abreast of/with the times.

în pas de gimnastică/pas forțat at the double (time).

în pas vioi at a round trot.

în patru exemplare in quadruplicate.

în patru labe on all fours; crawling.

în paza *(cu gen.)* in the custody of...

în păr ← *F* to a man; every man Jack.

în părăsire run to seed; abandoned; neglected; forsaken.

în părți egale in equal shares/parts; equally; *amer.* to the halves.

în păstrare held in trust; under trust.

în pârg almost ripe.

în pelerinaj on a pilgrimage.

în perfectă armonie in perfect harmony; in due proportion.

în perfectă cunoștință de cauză with open eyes; in the know; abreastof everything.

în perfectă ordine in perfect order; ship-shape; like lamb and salad.

în perfectă stare (as) right as nails/rails/rain/a trivet.

în pericol de a se contamina/îmbolnăvi/molipsi *med.* liable to infection.

în pericol de moarte in danger/peril of one's life.

în persoană in (one's own) person; personally; in the flesh; in flesh and blood.

în perspectivă in the offing.

în picioare 1. standing; upright. 2. *(perpendicular)* on end. 3. *fig.* intact; unaltered; *interj.* stand!

în pielea altuia/cuiva in another person's shoes/boots; in smb.'s boots/skin.

în pielea goală in buff; naked; in Adam's clothes; not a stitch on; without a stitch of clothing; *F* in a state of nature; *v. și* **gol pușcă**.

în pierdere losing; at a loss; to the bad; out of pocket.

în plic in an envelope; enclosed.

în plic închis in a sealed envelope.

în plic închis dar nelipit in a tucked-in envelope.

în plin... 1. (right) in the middle of... 2. *(în toiul)* at the height of...

în plin avânt in full swing (of development); on the rise/the growth; soaring; skyrocketing.

în plină activitate in full activity; in full swing/operation; up-and-doing; in full play.

în plină desfășurare in full progress/swing; at its height.

în plină glorie *fig.* on the crest ot the wave.

în plină iarnă in the dead of winter.

în plină înflorire in full flourish/swing/blossom/bloom.

în plină maturitate in full feather.

în plină putere at one's best; *amer. F* → like sixty.

în plină stradă in the open street.

în plină vară in the middle/at the height of summer.

în plină viteză at full/top speed; at full steam; with all steam on; *F* → at a tearing rate.

în plină zi *și fig.* in broad/open daylight.

în plin galop (at) full tilt; at a gallop.

în plin mers in mid-course.

în plin sezon in the height of the season.

în plin soare in the sunlight.

în plin trap at/on full trot.

în plus in addition; besides; moreover; at that; which is more; *F* → (the) more by token; into the bargain; to boot; *atr.* further.

în pofida *(cu gen.)* in defiance of; *v. și* ~ **ciuda**.

în pom up a stump/a tree; *F* in a hole; in hot water; *fig.* on one's bones; *sl.* on the rocks; *v. și* **în încurcătură**.

în port *(d. vas)* in harbour.

în posesia *(cu gen.)* in possession of...; possessed of...; having/holding/possessing...

în posesia (tuturor) datelor problemei knowing what one wanted to know.

în posesia tuturor facultăților sale mintale of sound mind, sound in mind; with faculties unimpaired; fully conscious.

în poziție (interesantă) *glum.* in the family way; in an interesting position/condition; in a certain condition.

în practică in practice; actually; in actual fact.

în pragul *(cu gen.)* **1.** on the brink/the threshold/ the verge of... **2.** *(în ajunul)* on the eve of...

în pragul falimentului on the brink of ruin/bankruptcy.

în pragul maturității on the verge of manhood *or* womanhood.

în pragul morții at death's door.

în preajma *(cu gen.)* **1.** *(spațial, locativ)* around...; about...; near...; in the vicinity/neighbourhood/ region of... **2.** *(în ajunul)* on the eve of...

în preajmă to the fore.

în prealabil beforehand; previously; in due time; as a preliminary; to begin with...

în prelungirea *(cu gen.)* extending...; in prolongation of...

în prezent at present; now; nowadays; currently; at the moment; *F* → at this time of day; at the present day; in these latter days.

în prezența *(cu gen.)* in the presence of...; before...; in the face of...

în prima instanță in the first court/instance.

în prima tinerețe in early youth; in the prime of one's youth; in one's prime; at an early age; in one's teens.

în primăvara vieții in the prime of youth; *lit.* in the morning of life.

în primejdie in danger/jeopardy/peril; unsafe; endangered; imperilled; jeopardized.

în primejdie de moarte in danger of death; in the lion's paw.

în primele ore ale dimineții in the small hours of the morning; first thing in the morning.

în primele rânduri in the van(guard); in the first ranks; *F* → in the top flight.

în primul rând first and foremost; first of all; firstly; in the first place/instance; above all; *F* → for one thing.

în principiu in principle; as a matter of principle; as a (general) rule; in the main.

în pripă hastily; in a hurry; hurriedly; in a haste.

în privința *(cu gen.)* respecting/regarding/with respect to; as regards...; in relation to...

în privința asta in this respect; as to/for this; at this point; for that matter; *F* → if it comes to that.

în proces at suit.

în proces cu cineva at law with smb.

în proporția cuvenită in due proportion.

în proporții bine dozate in due proportion.

în propriii săi ochi in one's own eyes/*rar* → conceit.

în provincie in the provinces.

în public in public; publicly; openly; in/*amer.* on the street(s); from the house tops; in broad/open daylight; *înv.* before faces.

în puterea nopții in the dead (hour) of night; at dead of night.

în raport cu in proportion/relation to.

în rate by instalments; by hire and purchase; under the hire and purchase system.

în raza vocii within call/hearing.

a se înrădăcina adânc *și fig.* to strike/to take deep root.

în răspăr against the grain/the nap.

în răstimpuri now and then; from time to time; occasionally; at times.

în rău for the worse.

a i se înrăutăți situația to be worse off; to crowd the mourners.

în rând in a row; in line.

în rând cu lumea decently; like the next man; like everybody else; within the pale.

în rândul întâi in the front/the first row; *și fig.* in the forefront/the foreground.

în rândul oamenilor *v.* **în rând cu lumea.**

în rânduri strânse in close/serried ranks.

în realitate in (actual) fact; actually; really; as a matter of fact; in practice/effect; to all intents (and purposes); *înv.* → in (good) sooth.

a înregistra bagajele to register luggage.

a înregistra pe bandă/pe peliculă to record on (magnetic) tape/on a sound track.

a înregistra mărunțișuri to chronicle small beer.

în regulă! all right; O.K.; perfect; capital! all (so) gay!

în relații amicale on friendly terms.

în relații bune cu cineva on good terms with smb.; in the best relations with smb.; *F* getting on/off/ along with smb. (like a house on fire).

în relații cu cineva in relationship with smb.; getting off/along with smb.; having intercourse with smb.

în relații de bună ziua cu cineva on nodding terms; being nodding aquaintances.

în relații de prietenie cu cineva to be on friendly/ good terms with smb.

în relații familiare on familiar terms with smb.; intimate with smb.; being in with smb.; hobnobbing smb.

în relații reci on distant terms.

în relații strânse cu cineva keeping in touch with smb.

în relief I. in (bold) relief. **2.** *fig.* emphasized; highlighted.

în reparaţie under repair; being repaired; undergoing repairs.

în repaus at rest.

în repetate rânduri repeatedly; several times; scores of times; more often than not; more than once; time after time; time and (time) again; on repeated occasions; time out of number, times without number; *v. şi* **în mai multe rânduri.**

în reprize in successive stages; by fits and starts.

în restanţă *(cu chiria etc.)* behind (with one's rent, etc.); (rent, etc.) being overdue.

în rezervă I. in store. **2.** *mil.* in the reserve. **3.** *fig.* reserved.

în rezumat to make a long story short.

în ritmul acesta at that rate/tempo.

în robie in bondage/slavery; in a state of subjection.

în rodaj *auto.* 'running in'.

a se înrola în armată to join the army/the colours; *F* to take the king's shilling.

a se înrola în cadrele armatei to muster into service.

a înrola recruţi to raise/to enlist/to enrol recruits.

a se înrola sub steagul cuiva *F* to join smb.'s banner.

în rond *v.* **în cerc.**

a se înroşi la faţă to turn/to go red in the face; to blush.

a se înroşi până-n albul ochilor/vârful urechilor to colour up to one's eyes/ears/to the root of one's hair.

a se înrudi (de aproape) cu... to be (closely) related to.

a se înrudi prin alianţă cu o familie to match into a family.

înrudire îndepărtată distant relationship/connection.

înrudit de departe distantly related.

în ruină/ruine in ruins; dilapidated.

în ruptul capului *F* not on your life! on no account! not for love or money! in no case! *înv.* by no (manner of) means; *P* I don't think!

în sală încap 500 de persoane the hall can accommodate/hold 500 people; the hall seats 500.

a însăila căptuşeala to tack in a lining.

a însămânţa cu (grâu etc.) to sow land with (wheat, etc.).

în sănătatea ta! (to) your health! here's to you! *F* → here's how! *amer.* here's/there'll be mud in your eye!

însănătoşire grabnică! I wish you a speedy recovery!

în sărăcie in poverty/want/need; in reduced circumstances.

a însărcina pe cineva cu ceva to assign smb. a (certain) task; to entrust a task/an assignment to smb.; to entrust smb. with a mission/a task.

a însărcina pe cineva cu treaba cea mai delicată to give smb. a baby to hold.

în sânge I. *(d. friptură etc.)* underdone. **2.** *(înnăscut)* innate; inborn; bred in the bone.

în sânul familiei in the bosom/the midst of one's family; with the family; under one's own vine and fig-tree.

în sânul lui Avram in Abraham's bosom; in clover; in a safe berth.

în sânul naturii in nature's lap.

în sânul pământului in the bowels/the entrails of the earth.

în schimb I. *(comutativ)* in exchange; in return. **2.** *(adversativ)* on the other hand, but then. **3.** *com.* *(în contrapartidă)* in exchange/barter; in counter-trade; in buy back.

în schimbul *(cu gen.)* in return/exchange for...

în scopul acesta with this end in view.

în scopul de a face ceva with a view to doing/with the view of doing smth.; (in order) to do smth.

în scopuri mai bune for better purposes.

în scopuri caritabile/filantropice out of charity, for charity's sake.

a înscrie chestiunea pe ordinea de zi/pe agendă to place a question on the (list of) agenda.

a se înscrie în (partid etc.) to join (the Party, etc.).

a înscrie în catalog to (put in a) catalogue; to enter in a catalogue.

a înscrie în procesul-verbal to note down/to enter in the record/the proceedings; *amer.* to spread on the record.

a se înscrie în sfera posibilului not to be impossible.

a se înscrie la... I. *(a se înmatricula)* to enter one's name in. **2.** *(la un curs etc.)* to enrol(l) for; to enter one's name for. **3.** *(o bibliotecă)* to subscribe to. **4.** *(un concurs)* to go in (for a competition); to enter one's name for a competition.

a se înscrie la cursuri serale to sign up for evening classes.

a se înscrie la universitate to matriculate at the University; to be admitted to the membership of an University; to take a ticket at the University.

a înscrie un nume în registru to register/to enter/ to record a name.

a-și înscrie numele to put/to write down one's name; to put one's name down; to register/to enter one's name.

a se înscrie pe listele electorale to register (oneself) on the voting list.

a înscrie pe ordinea de zi to place on the agenda.

în scris in writing; in written form.

în scurt (that's) the long and the short of it; to make short of long; in fine; in short; *înv.* → in little; *v. și* **pe scurt.**

în scurtă vreme, în scurt timp shortly; before long; by and by; soon; in a short time; at short notice; within short; within a short time.

în secret I. in secret/secrecy; privately; secretly; under (the) cover; privily; in camera; for one's own private ear; in (strict) confidence; *F* → off the record; under one's hat; under the rose; in hugger-mugger; under-hand(edly); face to face; behind the curtain; behind closed doors. **2.** *(pe furiș)* stealthily; on the quiet/*F* .q.t.

a însemna la răboj *v.* ~ **pe** ~.

a însemna o mare deosebire to make a tremendous difference/the world of a difference.

a nu însemna nimic I. to mean/to be nothing; to stand for nothing;/*F* → not to be worth a fig. **2.** *(d. ceva și)* to be nothing to the purpose.

a-și însemna ceva pe hârtie to jot smth. down.

a însemna pe listă (mărfuri, nume) to keep tally of goods/of names.

a însemna pe răboj to tally, to score.

ar însemna să spunem prea mult it/that is saying a great deal.

însemnat la catalog written down; recorded/noted (down).

în semn de (respect etc.) as a/in token/a sign of (respect, etc.).

în sens contrar in the opposite direction; contrary-wise; contrarily.

în sens contrar acelor ceasornicului anti-clock-wise; against the sun.

în sens special *glum.* in a Pickwickian sense.

în sensul acelor ceasornicului clockwise; with the sun.

în sensul bun right way up.

în sensul bun (al cuvântului) in the good sense (of the word); taken in good part.

în sensul cel mai îngust/strict in the narrowest sense.

în sensul curentului (apei) down stream; with the stream.

în sensul propriu (al cuvântului) in the literal sense.

în sensul prost (al cuvântului) in the wrong sense (of the word).

în sensul riguros/strict (al cuvântului) in the strict sense (of the word).

în sensul următor to the following effect.

se înserează it is getting/growing dark; evening is setting in; the day draws to a close; night is falling.

în serie in (a) series; serially.

în serviciu in active employment; in collar.

în serviciu activ with the colours.

în serviciul cuiva in smb.'s employ(ment)/service.

în serviciu permanent in ordinary; on the staff.

însetat de (răzbunare etc.) thirsting/mad for/after (revenge, etc.).

în sfârșit in fine.

în sfârșit știu la ce să mă aștept! now I know!

în siguranță safe(ly); in safety; safe (from smth./smb.); high and dry; in safe keeping; out of harm's way.

în silă (most) reluctantly; (much) against one's inclination/liking; with reluctance/a bad grace; unwillingly.

în sinea sa to oneself; in one's own self; inwardly.

în situația actuală as matters stand, as it stands.

în slava cerului in heavenly height(s); up to the skies.

în slujba cuiva in smb.'s employ(ment)/service.

în slujbă employed; in employment; in a situation; with a job;.*v. și* **în serviciu.**

în societate in society/company; with people present; before people/*înv.* → faces.

a se însoți cu cineva to join company with smb.

a însoți mireasa la altar to give away the bride.

a însoți pe cineva la plimbare to walk smb. about.

în spatele *(cu gen.)* at the back of behind; in the rear of; backwards of; *înv.* → in/to rearward of.

în spatele cuiva *fig.* behind smb.'s back.

a se înspăimânta rău de ceva to be alarmed at smth.

în specialitate within one's depth/field/ken/province/speciality; where one is a dab (hand) at.

în specialitatea... in the specialty/the province of.

în spiritul corectitudinii/echității correct; equitable; in a fair/a just spirit; in an equitable spirit.

în spiritul legii in the spirit of the law; according to the law; under the law.

înspre mare/larg to seaward.

în sprijinul *(cu gen.)* **I.** in suport of..; backing... **2.** *fig.* corroborating.

în stare brută in the rough (state); in a rough state.

în stare bună in good condition/repair/keep; perfectly fit.

în stare de arest under arrest.

în stare de ebrietate intoxicated; the worse for drink; in drink; under the influence of drink.

în stare să facă ceva in condition to do smth.

nu e în stare să facă rău nici (măcar) unei muște there's no harm in him.

în stare de funcționare in working order; in good repair; *v. și* ~ **bună**.

în stare de nefuncționare *(d. mașină)* out of gear.

în stare de orice capable of anything; sticking to nothing; up to every/any game/trick.

în stare de război at war.

în stare excelentă in excellent state; in prime condition.

în stare naturală in the natural state.

în stare nouă/nou-nouță hardly used; in new condition; *com.* as new; *(d. timbru, carte etc.)* in mint state.

în stare proastă in bad repair/condition/shape; out of repair/order; out of fix.

în stăpânirea unui lucru in possession of a thing.

în stil clasic classically.

în stil mare *fig.* in the grand style.

în stoc in reserve.

în stoluri in flocks/companies/groups/throngs.

în străfundul sufletului (său); ~ străfundurile inimii sale at the bottom of one's heart; at/in heart; in one's heart (of hearts); in the secret recesses of the heart; in one's deep/secret heart; at the back of one's mind; *v. și* **adâncul ~**.

în strânsă colaborare (cu) in close co-operation (with); at one(with).

în subordinea cuiva at smb.'s orders/command; at smb.'s beck and call.

în substanță in brief/short; in essence; in a nutshell; essentially; basically.

în suburbii on the outskirts; in the purlieus/the suburbs; outside the gate.

în/cu sudoarea frunții by/in the sweat of one's brow.

a însufleți activitatea to give an impetus to the activity; to set things in train.

a însufleți conversația to keep up/to enliven the conversation; to keep the ball rolling; to cheer up the company.

în sumă totală de... (the total) amounting to...; totalling...

în surdină 1. in a low tone; in an undertone. **2.** on the quiet.

în sus up(wards); higher up.

în sus pe scări upstairs; climbing the stairs.

în sus și în jos high and low; up and down; to and fro; back and forth; backward and forward; (go-ing) up and (coming) down; *(pe scări)* up and down the stairs; upstairs and downstairs.

în susul apei up stream; up the river; (the river) upstream.

în susul dealului up hill; against the collar.

a-și însuși bani publici to embezzle/to defalcate/to peculate public money; *sl.* to dip in the gravy.

a-și însuși ceva to possess oneself of smth.

a-și însuși critica to admit the criticism; to admit one was wrong.

a-și însuși (experiență etc.) to acquire (experience, etc.); to get the hang of (things).

a-și însuși o idee to seize upon an idea.

a-și însuși ideea cuiva to run away with smb.'s idea.

a-și însuși ideile altuia to pick/to suck smb.'s brains.

a-și însuși ceva prin imitație to play the sedulous ape.

a-și însuși un teren *amer.* to squat upon a piece of land.

în șa/șea in the saddle; astride a horse; *sl.* outside of a horse.

a se înșela amarnic to be far wrong; to shoot wide of the mark; to be all wet.

a înșela așteptările to delude/to disappoint hopes/expectations; to throw smb. out in his calculations; to go off like a damp squib.

a înșela așteptările cuiva to let smb. down. *F* to give smb. the finger.

a-și înșela foamea *F* to stop one's stomach; to stave off hunger.

a se înșela în calculele sale to be out in one's reckoning; to be mistaken; to miss one's guess.

a înșela la cântar to give light/short weight.

a înșela la joc to cheat at cards; to rig the game.

a nu-l înșela niciodată instinctul *F* one's instinct is never at fault.

a înșela rău pe cineva to play the Jack with smb.

a-și înșela soțul/soția to be unfaithful to one's wife/to one's husband; to cuckold one's husband.

a înșela vigilența cuiva to get past smb.'s guard; to throw smb. off his guard; to beguile/to gull smb.

a înșfăca pe cineva de ceafă/gât to catch/to have/to hold/to take/to grip smb. by the throat; to take by the scruff/the scrub of the neck; *v. și* **a înhăța ~**.

în șir 1. in a row/a line/a string; in files; in single/Indian file. **2.** *(la rând)* running; successively; in succession. **3.** *(neîntrerupt)* incessantly; ceaselessly; on end; together; running; on/at a stretch; *rar →* at the stretch; *înv.* by and by.

a înșira de-a lungul/la intervale to string out.

a înșira la gogoși/povești to tell tales; to draw the long bow.

a înșira mărgele *aprox. glum.* the house that Jack built.

a înșira o poveste to put up/to spin a yarn; to tell a (long/lengthy) tale.

a se înșira unul după altul to string out; to bend (together)!

în șir indian in Indian/single file.

înșir-te mărgărite *glum.* the house that Jack built.

în șiruri strânse in close/serried ranks; *v. și ~* rânduri ~.

în șoaptă/șopot in a whisper; in a low voice; below/beneath/under one's breath.

a înștiința despre... to acquaint with; to advise of.

a înștiința oficial to give official notice of.../that...

nu m-a înștiințat nimeni nobody let me hear of it.

în taină *v.* în secret.

în tamjă (mare) cu cineva *sl. v.* ~ terță ~.

în tăcere in silence; quietly; silently.

în tăcerea nopții... in the silence/the quiet of night; in the still watches of the night.

a întărâta pe cineva to rouse/to irritate smb.; *sl.* to get smb.'s goat; *v. și* a scoate pe cineva din sărite.

a-și întări curajul/inima to take/to pluck up/to screw up/to muster up courage.

în tăriile cerului on high; in the dome of heaven; *v. și ~* înaltul ~.

a întări paza to reinforce/to strengthen/to stiffen the guard/the watch.

a întări restricțiile to tighten (up) restrictions.

a întări speranțele cuiva to elevate smb.'s hopes; to strengthen smb.'s hopes; to reassure smb.

a întări o unitate militară to reinforce/to strengthen/to stiffen a battalion, etc.

a întări o velă/velatura *mar.* to line a sail.

mai întâi de toate in the first instance; first of all; for one thing; *v. și* în primul rând.

întâi gândește apoi pornește *prov.* look before you leap.

(mai) întâi și-ntâi *v.* mai întâi de toate; în primul rând.

nu te întâlnești în fiecare zi cu așa ceva they are not to be picked up every day.

a se întâlni cu totul întâmplător *v.* a se întâlni din întâmplare cu cineva.

a se întâlni des cu cineva to see lots of smb.; to see smb. quite often.

a se întâlni cu cineva din când în când to see smth. of smb.

a se întâlni din întâmplare cu cineva to meet smb. unexpectedly; to run upon/across/into smb.; to strike up with smb.; to stumble into/upon/against smb.; to run up against smb.; to light (up)on smb.

a-și întâlni egalul to find/to meet one's match.

a întâlni un fapt interesant to light upon an interesting fact.

a se întâlni față în față cu cineva to meet smb. in the face; to come across each other; to meet (face to face); *v. și ~* nas în nas.

a întâlni întâmplător pe cineva *v.* a se întâlni din întâmplare cu cineva.

a se întâlni în unghi drept to meet at right angles.

o să ne mai întâlnim noi! *(amenințare)* you will hear from me later on!

a se întâlni nas în nas cu cineva to measure noses; to run into each other; to run into smb.; *F* to knock up against smb.

a se întâlni peste tot to be found everywhere.

întâlniri întâmplătoare ships that pass in the night.

s-au întâlnit două capete tari diamond cut/against diamond; when Greek meets Greek then comes the tug of war.

a întâmpina Anul Nou to see the New Year in.

a întâmpina pe cineva cu răceală to give smb. the cold shoulder.

a întâmpina pe cineva cu un surâs/zâmbet to smile a welcome to smb.; to salute smb. with a smile.

a întâmpina dificultăți/greutăți to meet with/to encounter difficulties; to be up against difficulties.

a întâmpina dificultăți în săvârșirea unui lucru to have some trouble doing/to do smth.

a întâmpina împotrivire/opoziție to go/to row against the tide.

a întâmpina un refuz to meet with/to suffer a rebuff.

a întâmpina rezistență to meet with/to come up/to run against opposition/resistance.

a i se întâmpla un accident to meet with an accident.

a se întâmpla ca to happen that; to come to pass that.

a se întâmpla în mod curent to happen regularly.

întâmplare norocoasă streak of luck.

s-a întâmplat ca (să fiu de față etc.) it so happened that (I was there).

s-a întâmplat ceva? is anything the matter? anything wrong? everything all right?

ți s-a întâmplat ceva? did anything happen to you? what's the matter (with you)? are you all right?

s-a întâmplat în felul următor it was like this.

s-a întâmplat într-o clipită it was done in a tick-tack.

i s-a întâmplat o nenorocire a misfortune has befallen him/befell him; something (wrong) happened to him.

nu s-a întâmplat nimic nothing's the matter; it's nothing.

s-a întâmplat să... it (so) happened that.

se întâmplă ceva F smth. is happening/afoot; smth. is going forward.

se întâmplă în mod curent/obișnuit it happens regular(ly).

nu i se întâmplă niciodată nimic rău nothing comes amiss to him.

se întâmplă și în cele mai bune familii accidents will happen in the best (regulated) families.

întâmplă-se ce s-o întâmpla come/be/happen what may; whatever happens; for weal or (for) woe; *poetic* whate'er betide of weal or woe; *sl.* chance the ducks.

întâmplător îl cunosc I happen to know him.

a întârzia într-un loc to linger about/round a place.

a întârzia 5 etc. minute to be five, etc. minutes late.

a nu întârzia prea mult not to be too long.

a-(și) întemeia un cămin to set up a family! F to make a match of it.

a-(și) întemeia o gospodărie to set up house.

a-și întemeia plângerea/reclamația *jur.* to make out one's case.

în temeiul faptului că... *jur.* ou the grounds of/ that...

în teorie in theory.

în termen de 3 luni within 3 months; three months (at the latest); in no more than 3 months.

în termeni buni cu cineva on good terms with smb.

în termeni categorici in round/square/final/unmistakable terms.

în termeni matematici etc. in mathematical, etc. terms.

în termeni moderați in restrained/moderate terms.

în termeni preciși in definite/unmistakable terms; in no uncertain terms; in so many words.

în termenul prescris/reglementar in the prescribed/the appointed time.

în terță cu cineva *argou* sweet on smb; having an affair with smb.

în tihnă at (great) leisure; leisure(d)ly; quietly.

în timp 1. *(cu timpul)* in the course of time; in the long run; in due (course of) time; when seasonable. **2.** *(treptat)* gradually; step by step; bit by bit.

în timp ce... while...

în timp de pace in time(s) of peace.

în timp scurt at short notice; within short/a short time.

în timpul *(cu gen.)* during...; at the time of...; in the days of...

în timpul când... at the/a time when...; in the days when...

în timpul cât... while... as...

în timpul cât era în funcție during his term of office.

în timpul cursurilor during term.

în timpul de față at present; at the present moment/time; for the time being.

în timpul (său) liber 1. at/during leisure; in/during one's spare time; between this and then; in one's own time. **2.** *(când nu e de serviciu)* off duty.

în timpul nopții overnight; during the night; in the/at night (time).

în timpul școlii in the period of one's pupil age; while at school; in one's school years.

în timpul șederii sale during his sojurn/stay.

în timpul zilei by day; in the day time.

în timp util when there's still/yet time; in season; in (one) time; before it is too late.

a întinde ața to stretch the tether.

nu întinde ața că se rupe *prov.* a bow too tightly strung will break.

a întinde un cablu to lay out a cable; *(bine)* to take up the slack in a cable.

a se întinde ca o lepră/pecingine to spread like wildfire.

a întinde o capcană cuiva v. ~ cursă ~.

a se întinde cât e de lung to stretch oneself out at full length; to measure one's length (on the ground).

a se întinde cât îi e plapuma *prov.* **1.** to stretch one's legs according to the coverlet. **2.** *(a o scoate la capăt)* to make (both/two) ends meet; to make the two ends of the year meet; *amer.* to mako buckle and tongue meet; to live up to/within one's means.

întinde-te cât ți-e plapuma v. **nu te întinde mai mult decât ți-e plapuma.**

a-și întinde coada to spread its tail.

a întinde coarda prea mult v. ~ prea mult/tare **coarda.**

a întinde coca cu vergeaua *gastr.* to roll (out) paste.

a întinde cuiva un colac de salvare to throw a rope to smb.

întinde compasul! F put/get a move on! stretch your legs!

a se întinde cu burta la pământ to lie/to stretch flat on the ground/on one's belly.

a întinde cu de-a sila/cu forța to stretch on a Procrustian bed.

a întinde o cursă cuiva 1. to set/to lay a trap/a train/a snare for smb.; to set/to lay smb. a trap/a snare/a train; to dig a pit for smb; *F →* to play hanky-panky with smb.; to lay/to wait for smb. **2.** *fig. (a pândi)* to lie in wait/to lay wait for smb.

a întinde o cută *(a desface pliurile la o rochie etc.)* to unstuck.

a se întinde cu toți *P* to be everybody's woman; not to be choosy about partners; to be (a woman) of easy virtue.

întinde-o de aici! *F argou* get along/go away from here; *înv.* be gone.

întinde-i un deget și-o să-ți ia toată mâna *prov.* give him an inch and he will take an ell; if you agree to carry the calf, he'll make you carry the cow.

a o întinde dintr-un loc to take to one's legs; to betake oneself to one's legs; to show leg; to pack off; to scuttle away.

a întinde o frânghie/funie to stretch a rope; *(bine)* to take up the spare in a rope.

a-și întinde gâtul to crane one's neck (forward).

a-și întinde hârtiile peste tot to litter papers over the floor.

a se întinde la cașcaval 1. *← F* to become cock(s)y/cockish/saucy. **2.** *(a-și permite prea mult)* *← F* to take liberties; to presume; *aprox.* give him a inch and he'll take an ell.

a se întinde lat to fall to the ground; to go to grass; *v. și ~* **cât e de lung.**

a întinde pe cineva lat la pământ to down smb.; to knock smb. down; to level smb. to the ground.

a întinde un laț cuiva *v. ~ o cursă ~.*

a întinde marfa la vânzare to spread out goods for sale.

a întinde mâna 1. *(cuiva)* to hold/to stretch out/forth one's hand; to proffer one's hand; to welcome smb. with outstretched hands. **2.** *(brusc)* to thrust out one's hand. **3.** *(a cerși)* to beg (of people) in the streets.

a întinde mâna după... to reach for...; to stretch/to reach out one's hand for...; to reach out (with one's hand) for...; to make a long arm/a reach for...; to stretch out to reach smth.

a întinde mâna spre... to reach over to...

a întinde o mână de ajutor cuiva to lend/to give smb. a helping hand; to help/to assist smb.; to bear smb. a bob.

a se întinde mai mult decât îl ține ața/plapuma to put one's arm out; further than one can draw it back again; to bite off more than one can chew.

nu te întinde mai mult decât te ține plapuma *prov.* stretch your legs according to the coverlet; you may go farther and far worse; don't bite off more than you can chew; measure your coat according to your cloth; put your hand no further than your sleeve will reach; put your arm no further than you can draw it back again.

a o mai întinde o oră până la (masă) another hour to put in before (lunch).

a întinde paiele în grajd to litter (down) a stable.

a întinde pasul to step out; to set/to put one's best foot forward.

a se întinde până la... to reach (as far as)...

a întinde o pânză (de corabie) to spread a sail.

a întinde pânzele *(mar.)* to spread the sails; to make sail.

a întinde ceva pe dușumea/jos/podea to lay smth. low/flat.

a întinde pelteaua to lengthen out a story.

a se întinde pentru a da ceva cuiva to reach across to give smb. smth.

a se întinde peste... to stretch over.

a-și întinde picioarele to thrust out ones legs.

a întinde plasa to spread a net.

a întinde o plasă to spread a net.

a întinde un pod peste un râu to throw a bridge over/across a river.

a întinde prea mult coarda to carry it too far.

nu întinde prea mult coarda *prov.* a bow too tightly strung will break; *v. și* **nu te întinde mai mult decât te ține plapuma.**

a o întinde repede *F argou* to make oneself scarce.

a întinde repede mâna să apuce ceva to make a snatch at smth.

a întinde un strat *(de zăpadă etc.)* **peste** to sheet.

a întinde tot orașul *v.* **a se întinde cu toți.**

a întinde velele *v. ~* **pânzele.**

în tinerețe(a cuiva) in one's youth; in one's early/young days/*F →* green days.

întins cu burta la/pe pământ flat on the ground.

întinzându-se (până) departe far reaching; of incalculable consequences.

întinzându-se și căscând with a stretch and a yawn.

îi întinzi un deget, el îți ia mâna toată give him an inch and he will take an ell; set a beggar on horseback and he'll ride to the devil.

a (i) se întipări în memorie to be branded on one's memory; to live/to be alive in one's memory; to be stamped on one's mind.

a întipări ceva în minte to stamp smth. on the mind.

în toane bune in a pleasant/a good mood/humour/temper; well-disposed; in an excellent humour/disposition; in high/excellent spirits; genial; in the best of humours; *F* in high feather; in (good) cue.

în toane proaste/rele in a bad/an ill humour; out of temper/humour; *F* in the dumps/the blues/the sulks/the mood.

a o întoarce to turn one's coat.

a se întoarce acasă to return (to one's) home.

a întoarce o acuzație împotriva cuiva to retort a charge on smb.

a întoarce arătura to turn over/to upturn the soil.

a întoarce argumentele unui adversar împotriva lui însuși; a întoarce un argument împotriva cuiva to turn the arguments of an opponent upon himself; to retort an argument against smb.; to turn smb.'s argument against himself; to retort an argument against/upon smb.

a se întoarce brusc to turn round sharp(ly); to swing round; to turn upon one's heels; to turn/to face rightabout; to turn short (round).

a-și întoarce buzunarele pe dos to turn one's pockets inside out.

a se întoarce ca un bumerang împotriva to rebound upon.

a-și întoarce calul to turn bridle/one's horse.

a întoarce capul to turn away (one's head).

a întoarce o carte to turn a card.

a întoarce o casă cu josul în sus/cu susul în jos to rummage a house from top to bottom; to play havoc in a house.

a întoarce ceafa cuiva *v.* ~ **spatele** ~.

a întoarce ceasul to wind up the watch/the clock.

a întoarce cheia în broască to turn the key in the lock; to lock the door.

a întoarce cojocul pe dos 1. *(a se răzgândi)* to change one's mind. 2. *(a schimba tonul)* to change one's tone/*F* tune. 3. *(a se înfuria)* to fly into a rage. *v. și* **a-și ieși din fire**.

a întoarce complimentul to return a compliment.

a întoarce cotul cuiva *v.* ~ **spatele** ~.

a se întoarce cu buza umflată/cu buzele umflate to draw (a) blank.

a întoarce cu dobândă to return with interest.

a se întoarce cu fața către/la/spre to make front to.

a se întoarce cu fundul în sus to put one's back/dander up; *F* to turn (the) turtle.

a se întoarce cu mâna goală to draw blank.

a se întoarce cu spatele la cineva to turn one's back upon smb.; *v. și* **a întoarce spatele cuiva**.

a întoarce cu susul în jos to play havoc in; to play hell with; to turn smth. inside out.

a se întoarce de la... 1. to come back/to return from. 2. *fig.* to turn away from; to withdraw one's affection(s) from.

a se întoarce din drum to take the back track.

a întoarce dosul cuiva *v.* ~ **spatele** ~.

a-și întoarce fața de la cineva to turn away from smb.; to turn one's face from smb.

a întoarce fânul to turn the hay.

a întoarce foaia *fig.* to sing another tune, to sing to another tune, to change one's tune, to lower one's tone; to get/to use a new angle on smth.; to sing after another fashion; to dance to another/to a different tune; *v. și* **a schimba macazul 2**.

a-și întoarce gândurile de la to turn the/one's thoughts off/away from.

a întoarce o haină to turn a coat.

a se întoarce împotriva... to turn against.

a se întoarce împotriva autorului/făptașului *(d. crime etc.)* to rebound upon its author; to come to roost.

a se întoarce împotriva cuiva to turn on smb.

a întoarce înapoi to turn back.

a se întoarce înapoi pe același drum to retrace one's steps.

a se întoarce în avantajul cuiva *(d. un eveniment, întâmplare)* to turn out to smb.'s advantage.

a se întoarce în mormânt to turn in one's grave.

a se întoarce în pământ to pay one's debt to/the debt of nature.

a se întoarce într-un călcâi to turn upon one's heel.

a se întoarce într-o goană/fugă/într-un suflet to tear/to rush back.

a se întoarce la punctul inițial (al discuției/al chestiunii) to hark back to.

a se întoarce la stânga to turn to the left.

a se întoarce la unitate/la unitatea lui *mil.* to join one's unit.

a se întoarce la vatră to come back to civvy street.

a întoarce o lovitură to turn a blow.

a întoarce lucrurile pe față și pe dos to split hairs.

a-și întoarce mantaua după vânt to be (like) a weathercock.

a-i întoarce cuiva mațele pe dos *v.* ~ **stomacul** ~.

a întoarce măsură pentru măsură to return measure for measure; to give as good as one gets.

să ne întoarcem la oile noastre *fig.* let us return to our muttons.

a-şi întoarce ochii to turn one's eyes; *(asupra cuiva) v.* ~ privirile asupra...

a întoarce o pagină to turn (over) a page/a leaf.

a se întoarce pe acelaşi drum to retrace one's steps.

a o întoarce pe altă foaie/strună *v.* **a întoarce foaia.**

a se întoarce pe capul cuiva to pester/to bother smb.

a se întoarce pe călcâi(e) to round/to turn on one's heel.

a întoarce pe dos 1. *(o haină)* to turn inside out. **2.** *(lucrurile)* to turn inside out/upside down/ topsy-turvy. **3.** *fig. (a tulbura)* to upset (smb.).

a întoarce pe foaia cealaltă *v.* **a întoarce foaia.**

a se întoarce pe jumătate to turn a half-circle; to round on one's heel.

a o întoarce pe toate feţele to beat about in ones mind; to think it over; to turn on both sides; to examine thoroughly; to chew the cud; to ring the changes.

a întoarce piaţa pe dos *fin.* to bang the market.

a întoarce un plan pe toate părţile to turn a plan over in one's mind.

a se întoarce pocăit to come home by Weeping Cross.

a întoarce poliţa cuiva *F* to give smb. a dose/a taste of his own medicine.

a-şi întoarce privirile asupra... to turn one's eyes upon/regard on...

a-şi întoarce privirile în altă parte to avert one's eyes; to turn one's eyes/to look elsewhere.

a întoarce răul în bine to turn evil to good.

a-şi întoarce repede capul to switch one's head round.

se întoarce roata two can play at the game.

a întoarce roata istoriei to put/to set/to turn back the clock/the clock back.

a întoarce un robinet to turn a tap.

a întoarce rolurile to turn the tables on smb.

a întoarce spatele cuiva 1. to sit/to stand with one's back to smb. **2.** *fig.* to give smb. the back/ the cold-shoulder/the go-by; to cold-shoulder smb.; to cut smb. dead (in society); to turn one's back upon smb.; to slight/to ignore smb.

a întoarce spatele duşmanului to turn tail.

a se întoarce spre... to turn to; to turn one's face towards.

a-i întoarce cuiva stomacul pe dos to turn smb.'s/ the stomach; to make smb.'s stomach rise; to spoil/ to take away smb.'s appetite; to make one sick; to be nauseating; to put smb. off (it); to raise/to stir

the gorge; **mi se întoarce stomacul pe dos** my stomach/gorge rises.

a întoarce şi pe o parte şi pe alta to turn on both sides; to examine thoroughly; *v. şi* ~ **pe toate feţele.**

a întoarce toată casa pe dos to fling the house out of the windows.

a întoarce totul/toate cu susu-n jos to turn everything inside out/upside down; *fig.* to break china; to jumble everything together.

a întoarce vizita cuiva to return smb.'s visit.

în toată firea 1. *(înţelept)* sensible, wise, ripe, mature. **2.** *(matur)* full-fledged; of age; ripe, mature; dry behind the ears.

în toată lumea *v.* **în lumea întreagă.**

în toată puterea cuvântului in the true; the full sense of the word; fully; entirely; in the full acceptation of the word.

în toată strălucirea frumuseţii ei in the prime of (her) beauty.

în toate amănuntele in all details; *înv* → from point to point.

în toate chipurile in every way possible; in all possible ways; in one way or another.

în toate colţurile in every nook and corner.

în toate direcţiile in all directions; everywhere; this way and that.

în toate domeniile all along the line.

în toate felurile *v.* ~ **chipurile.**

în toate genurile in every style.

în toate minţile in his sober senses.

în toate părţile everywhere; in all directions; high and low; hither and thither; throughout (the town, etc.).

în toate privinţele in every way; on all (ac)counts; on every account; to all intents and purposes; at all points; every bit; in all respects/senses; from all points of view; *F* → all along the line; *F* → down to the ground.

în toate ungherele in every hole and corner.

întocmai ca... even as; just like; precisely as; just/ even as.

întocmai cum trebuie to a tittle/T.

a întocmi acte de contravenţie cuiva *F* to take smb.'s name and address.

a întocmi o culegere de opere alese to make a selection of an author's works.

a întocmi un deviz *constr.* to take out quantities.

a întocmi din nou to take/to draw up again; to redraft.

a întocmi o hartă *(a bazinului unui râu etc.)* to map (the basin of a river, etc.).

a întocmi o listă to draw up/to make a list.

a întocmi un plan to lay a scheme.

a întocmi procesul verbal al unei ședințe to minute (the proceedings of) a meeting; to write the minutes/the (official) report.

a întocmi/dresa un proces verbal/un protocol to draw up a protocol.

a întocmi un proiect to draw up/to form a project.

a întocmi un raport to draw up a report; to make out a return.

în toi in full swing/blast; at its/the height; *înv.* → in (the) height.

în toiul iernii in the dead/the depth of winter.

în toiul luptei in the thick of the fight/the battle/ *înv.* → of the press; at the height of fighting; in the tightest point of the struggle.

în toiul nopții at dead of night; in the dead/the depth of night; *F* under the cloud of night.

în toiul sezonului at the height of the season.

în toiul verii in the middle/the height of summer; at the height of summer.

în ton cu... in harmony with...; suiting...; matching...; *(d. îmbrăcăminte etc.)* toning with...

întorsătură a roții norocului/a vieții a turn of Fortune's wheel.

s-a întors lumea pe dos the time is out of joint; the like was never seen!

ai întors-o bine din condei your trick has worked; *F* you've got it!

întors pe dos 1. inside out; upside down; upset. **2.** *fig.* upset; out of sorts; in the blues/the dumps/ the mood/the sulks.

în tot acest timp throughout this time; all along; all the time.

în total in all; (taken) all in all; on the whole; as a (sum) total.

în totalitate in the mass; thoroughly; *v. și* **în total.**

în tot amănuntul in (great) detail; in full; minutely; at (full) length.

în tot cazul *v.* **în orice caz.**

în tot cursul anului throughout the year; (all) the year round; year in, year out.

în tot cursul (vieții etc.) throughout (one's life); all along/through (one's life, etc.).

întotdeauna proaspăt always alive; live wire; that never stales.

în tot locul everywhere; in all places; throughout the place.

în tot timpul all the time.

în tot timpul nopții all through the night; all the night long.

în tot timpul vieții *v.* **~ cursul (~).**

întru-acel ceas *v.* **în acel ceas.**

întru-acoace ← *F* here to this place; *înv.* → hither.

într-adevăr indeed(!); in truth(!); really(!); *înv.* → in (good) sooth; in very deed; *(de fapt)* in fact, as a matter of fact; in reality; in effect.

întru-adins on purpose; purpose(ful)ly; deliberately.

în traducere (engleză etc.) in (English, etc.) version; done into (English, etc.).

într-alt chip otherwise; differently.

în trap mare at a rattling pace.

în trap rapid at a round trot.

în tratament under treatment; subject to treatment.

întru-atât, încât... so much so that...

întreabă-mă să te întreb search me!

în treacăt in passing; off-handedly; incidentally; *v. și* **~ fie spus.**

în treacăt fie spus/zis incidentally; among other things; *inter alia;* just in passing; be it said (incidentally).

între acestea in the meantime/the meanwhile.

între altele among other things; among the rest; *inter alia; F* → by the by; *v. și* **printre altele.**

a se întreba de ce to reflect why.

a întreba de sănătatea cuiva to inquire after smb.'s health.

a-și întreba inima to search one's/the heart.

între baros și nicovală *v.* **~ ciocan ~.**

mă întreb ce are să zică I wonder how he will take it.

a întrebuința fără folos to trifle away.

a întrebuința toate mijloacele to resort/to use every means; to leave no stone unturned; to stick at/to shrink from nothing.

a-și întrece adversarul to sprint past one's opponent.

a întrece așteptările *v.* **~ cu mult ~ (cuiva).**

a întrece un concurent to gain the upper hand of a rival; to make up on a competitor; *F* to leave a competitor standing.

a-și întrece concurenții *sport* to shoot ahead/forward.

a se întrece cu băutura go take a glass too much/ many.

a întrece cu un cap to top smb. by a head.

a se întrece cu firea to break bounds; to go (all) to pieces; to exaggerate; to overdo it.

a se întrece cu gluma to carry the joke too far; to overdo it; to come/to go too strong; *v. și* **a sări peste cal; a se întrece cu gluma** that beats everything/it beats the band.

a întrece cu mult așteptările (cuiva) to exceed (smb.'s) expectations by far; to go (by far) beyond all expectations.

a întrece cu mult pe cineva to tower above smb.

a-și **întrece cu mult tovarășii** to be top-notch above one's fellows.

între cei patru pereți ai școlii within the precincts of the school.

a **întrece pe cineva în ce privește talentul/meritele** to transcend smb. in talent/merit; to go one better (than smb.); to get the start of smb.; to ring the bell.

a **întrece măsura** to fling the hatchet; F → that's too much of a good thing; v. și ~ **orice măsură.**

a **nu-l întrece nimeni** to be second to none; to be unrivalled/peerless/pairless; nobody can come anywhere near him.

a **nu-l întrece nimeni ca spirit** to be matchless/to have no superior in wit.

a **întrece orice așteptări** v. ~ **toate așteptările.**

a **întrece orice descriere/imaginație** to go beyond/to defy anybody's imagination; to be undreamt of; to pass all bounds; to baffle/to defy/to beggar all description.

a **întrece orice măsură** to beat hell/anything/cock-fighting; to run riot; sl. to take the cake.

a **se întrece pe o milă etc. cu cineva** to race smb. a mile, etc.

a **se întrece pe sine** to overleap one's shoulders.

a **le întrece pe toate** to beat all things; to down it all; to whip creation.

a **întrece pe (toți etc.) în ceea ce privește meritele** to transcend/to surpass/to exceed (everybody, etc.) in merit.

a **întrece toate așteptările** to exceed all anticipation; to surpass anticipations; to better expectation; to turn out much better than expected/surprisingly good; to beat one's grandmother; to romp home/in/away; F to beat all/anything/creation/all creation/my grandmother; amer. F → to hang the bush; to drag the bush up; to take the rag off the bush; v. și ~ **cu mult ~ (cuiva).**

întreci/ai întrecut măsura that's the giddy limit.

între ciocan și nicovală between hammer and anvil; between the hammer and the anvil; between the beetle and the block; between Scylla and Carybdis; between the devil and the deep/the blue sea; F → between wind and water; between the upper and nether millstone; on the horns of a dilemma.

întrecuse măsura la băutură he had drunk more than was good for him.

în trecut in the past.

în trecutul îndepărtat far back in the past.

între două focuri between two fires; v. și **între ciocan și nicovală.**

între două nu te plouă aprox. F to play gooseberry.

întregul adevăr și numai adevărul all the truth/the total truth and nothing but the truth.

întregul eșafodaj de argumente the whole fabric of arguments.

între noi doi acum! F now to settle with you!

între noi fie spus/vorba between ourselves; between yor and me (and the gatepost/the bedpost); speaking confidentially; F → off the record.

între patru ochi 1. in confidence/secret/private; face to face. **2.** between you and me (and the post/the bedpost/the lamp-post).

între patru pereți within four walls.

a **întreprinde o anchetă 1.** to institute/to undertake/to start an inquest/an investigation **2.** (în rândurile publicului) to sound/to fathom/to test public opinion; to make a survey of public opinion.

a **întreprinde un atac asupra** (cu gen.) mil. to sally (out) against.

a **întreprinde o călătorie** to make/to take/to undertake a trip/a journey; to go on a journey/a trip.

a **întreprinde cercetări/o cercetare** to undertake/to conduct investigations; v. și ~ **o anchetă.**

a **întreprinde incursiuni asupra** v. ~ **un atac ~.**

a **întreprinde un lucru** to undertake (to do) smth.; to put/to set one's hands to.

a **întreprinde prea multe deodată** to take too much on hand.

a **întreprinde un raid polițienesc/o razie** to comb out a district/a criminal haunt; F to make a comb-out (of a district).

întreprins într-un moment favorabil/la momentul/la timpul oportun well timed.

a **întrerupe brusc pe cineva** to jump down smb.'s throat.

a **întrerupe circulația** to suspend the traffic.

a **întrerupe contactul 1.** to break contact. **2.** to break relations.

a **întrerupe o conversație/convorbire** to break off (a conversation); (telefonică) to ring off.

a **întrerupe cu râsete** (un vorbitor etc.) to laugh down (a speech, an orator, etc.); to jeer at someone.

a **întrerupe un curent** to stop a current.

a **întrerupe curentul** el. to switch off.

a **întrerupe curentul electric cuiva** to stop smb.'s supply of electricity.

a **nu întrerupe jocul** to keep the pot boiling.

a **întrerupe tăcerea** to break (the) silence.

între Scylla și Caribda v. **între ciocan și nicovală.**

între timp (in the) meantime/meanwhile; by that time; in the interim; between times.

a întreține antrenul to keep the pot boiling/the ball rolling.

a întreține conversația to keep up a conversation; to keep trie pot boiling; to keep the ball rolling.

a întreține un drum to keep a road in repair.

a întreține o familie to maintain/to keep/to raise/ to support a family; to provide for a family; to earn a family's bread; to be a family's breadwinner; to keep the pot boiling/the pot on the boil.

a întreține în bună stare *(o clădire etc.)* to keep (a building, etc.) in repair.

a-și întreține popularitatea to nurse one's public.

a întreține raporturi/relații cu cineva to be on good/visiting'terms with smb.; to visit with smb.

a nu întreține raporturi/relații cu cineva to have no truck/*înv.* → society with smb.

a întreține o stare de animație to keep the pot boiling.

între unul și altul in between.

se întrevede ceva smth./it can be seen; it is expected; it looms.

între vis și viață between sleeping and waking.

a întrezări ceva în depărtare to see smth. at a distance.

în triplu exemplar in triplicate.

într-o anumită măsură *v.* ~ **oarecare** ~.

într-o asemenea/atare măsură to such an extent; so much so that...

într-o bună dimineață one fine morning.

într-o bună zi 1. *(în trecut)* one (fine) day; once (upon a time) **2.** *(în viitor)* one of these (fine) days; some day (or other); some time or other; some other day.

într-o bună zi tot o să ți se înfunde/tot ai s-o pățești you'll catch it!

într-o clipă/clipită in the twinkle of an eye, in a twinkle; in a twinkling, in the twinkling of an eye, at a moment's/minute's notice; in a trice; in a (split) second; in a shake/a brace of shakes; in two shakes of lamb's/duck's tail; before you could say Jack Robinson; at the bit; in the/a blowing of a match; in/*înv.* → for a flash; *F* → in (half) a jiffy; in (half) a mo(ment); in a crack; at the bit; in (half) a tick; in two ticks; at one fling; as quick as lightning/as thought; *F* → before you know where you are.

într-o clipă nenorocită in an unhappy hour; in an ill-starred moment/hour.

într-o dispoziție belicoasă in a quarrelsome/an aggressive/a petulant mood.

într-o dispoziție bună in high spirits; in a good/a fine mood/temper; in (good) trim; *v. și* **în toane bune.**

într-o dispoziție proastă in the doldrums; *v. și* **în toane proaste.**

într-o doară *v.* **în dorul lelii.**

într-o dungă 1. *(d. clopot, frunză)* on the side. **2.** *v.* ~ **ureche. 3.** *v.* **beat mort.**

într-o epocă îndepărtată at a distant period.

într-o formă sau alta in some form or (an)other.

într-o grea încurcătură; într-o încurcătură teribilă in a fine/a nice/a sad pickle; in a terrible stew; *v. și* **în mare** ~.

într-o lumină favorabilă/prielnică in a favourable light; to advantage.

într-o mare măsură; într-o măsură considerabilă in a great/a large measure; to a great extent; *v. și* **în** ~.

într-o măsură mai mică in a lesser degree; to a smaller/a lesser extent.

într-o măsură oarecare *v.* ~ **oarecare** ~.

într-o mică măsură to some slight extent.

într-o noapte one night.

într-o oarecare măsură in some/in a certain measure; to some degree/extent; to a certain degree/ extent; somewhat; after a/one's fashion; in a/some fashion; up to a point; in a manner (of speaking).

într-o oră within an/the hour; in an hour's time; an hour later.

într-o parte 1. *(oblic)* on the slant; slanting; aslant; slantwise. **2.** *(țicnit)* *v.* ~ **ureche.**

într-o părere *v.* **în dorul lelii.**

într-o poziție înaltă in a high position.

într-o privință in one respect; at one point.

într-o râlă/rână *v.* **într-un peș.**

într-o situație avantajoasă in a fine position; in fine circumstances.

într-o situație (destul de) critică/dificilă in a (rather) critical situation/condition; in a tight corner/place/squeeze; skating on thin ice; *v. și* **la strâmtoare; în mare încurcătură.**

într-o situație deznădăjduită/dificilă/desperată/ fără ieșire at the end of one's rope; *F* → between wind and water; *v. și* **în mare încurcătură; la strâmtoare.**

într-o stare de plâns in a bad state/plight; in an awful/a sorry/a sad plight.

într-o stare desperată in a desperate/an awkward position; in a difficult/*F* → a pretty predicament; under strained/contracted circumstances.

într-o suflare 1. *v.* ~ **clipă. 2.** without a moment's respite. **3.** (all) at one breath.

într-o ureche *F* cranky; batty; having bats in the belfry; having a slate/a tile loose/off; a bit cracky/ dotty/potty.

într-o vreme *v.* **într-un timp.**

într-o zi *v.* **~ bună ~.**

într-o zi sau alta some time or other.

întru confirmarea căruia in faith whereof.

într-una din zilele acestea one of these days; some day this week.

într-una din zilele următoare one of these days; sometime soon.

într-un an (with)in a year.

într-un anumit fel/sens after/in a (certain) fashion; in a manner; after/in a fashion.

într-un caz dat in a given case.

într-un caz extrem *v.* **la nevoie.**

într-un ceas *v.* **într-o oră.**

într-un ceas de furie in a fit/a transport/an access of furry; in a spasm of temper.

într-un ceas rău in an evil hour.

într-un chip sau altul *v.* **~ fel ~.**

într-un cuvânt in short/brief/fine/one word; to cut it/the matter short; when all is said and done; to put it concisely.

într-un duh all in one breath; breathlessly.

întruneşte multe calităţi many virtues met in him.

într-un fel in a way; somehow; somewhat.

într-un fel oarecare *v.* **~ sau altul.**

într-un fel sau altul some way or other; in one way or (an)other; someways; in some wise; somehow or other; by some means or other; *înv.* → in some wise.

într-un fund de provincie in a poky hole; at the back of beyond.

într-un glas/grai with one voice; unanimously; in unanimity.

întru nimic (not) at all; not in the least.

a întruni numărul suficient to form/to have a quorum.

a se întruni pentru o discuţie/o chestiune (*d. o comisie etc.*) a committee is sitting on the question.

a întruni sufragii unanime to meet with unanimous approval.

într-un minut in a minute/a trice/*F* → a jiffy; *v. şi* **într-o clipă.**

într-un mod asemănător in like manner; *v. şi* **în acelaşi fel.**

într-un mod nesatisfăcător not up to much; *aprox.* not much scratch.

într-un mod restrâns in a small way.

într-un moment critic at a push; *v. şi* **în mare încurcătură; la strâmtoare.**

într-un moment de absenţă in a fit of absence; in a moment of unconsciousness.

într-un moment de neatenţie in a fit of absence; in a moment of unconsciousness; in an unguarded/an unguided moment.

într-un moment de nechibzuinţă in an unthinking/a reckless/an unguided moment.

într-un moment de răgaz at leisure.

într-un moment favorabil at the flood; in an advantageous/at a favourable moment.

într-un moment hotărâtor at a critical/a crucial/a decisive moment.

într-un moment nefavorabil/nepotrivit out of season; ill-timedly; unseasonably.

într-un peş ← *P* **I.** reclining (on one side). **2.** (*oblic*) aslant; aslope; slantwise.

într-un picior (*d. femeie*) loose; wanton; of easy virtue; unprincipled, immoral; light; *F* she's a lively one.

într-un răstimp de... within (the space of)...; in...

într-un răstimp oarecare for some time; for a season.

într-un răstimp scurt *v.* **în scurtă vreme.**

într-un sens in a/some sense.

într-un sens inofensiv *glum.* in a Pickwickian sense.

într-un sens larg in a broad(er) sense/acceptation.

într-un singur glas with one mouth/consent; *v. şi* **~ glas.**

într-un singur rând I. (*spaţial*) in a row/a line. **2.** (*o singură dată*) (just) once; on just one occasion.

într-un singur şir *v.* **în şir indian.**

într-un spirit de înţelegere in an accommodating spirit.

într-un suflet I. all in a breath; all in the same breath. **2.** *v.* **într-o suflare. 3.** *v.* **într-o clipă.**

într-un târziu (much) later; some time later; (rather) late în the day.

într-un timp (in times) of old/of yore; formerly; at one time/some time(in the past).

într-un viitor apropiat very soon; within a short time; not much later; in the offing.

într-un viitor îndepărtat in a remote future; much later.

într-un viitor nesigur in the womb of time; sooner or later; some time later.

întru totul wholly; entirely; absolutely; in all respects; to all intents and purposes.

a se întuneca din ce în ce to be getting darker (and darker).

a se întuneca la minte to muddle one's brains.

întuneric beznă/ca în iad (as) dark as midnight/night/pitch; pitch dark(ness)/black; (as) black as pitch/hell/*F* → my hat; as your hat.

în turneu on (a) tour on the road; roving; travelling.

în țara orbilor chioru-i împărat *prov.* in the kingdom of blind men the one-eyed is king; there is small choice in rotten apples; a Tritou among the minnows.

a înțărcat bălaia! 1. it's all over; it's finished. **2.** *F* there (is) nothing doing!

în țări străine in foreign/strange lands; abroad.

înțeleg (ce vrei să spui) I see (what you mean/what you're driving at).

nu înțeleg (ce vrei să spui) I don't see/I can't think what you mean!

se înțelege that's self-understood; it goes without saying; it stands to reason; certainly; of course.

a înțelege aluzia to take the hint; to see the point/the allusion.

a nu înțelege avantajul *(cu gen.);* **a nu înțelege folosul** not to see the advantage of...

a se înțelege bine cu cineva *F →* to scrape along together; *v. și ~* **de minune.**

a înțelege corect/cum trebuie lucrurile to take a right view of things.

a nu înțelege cum îl cheamă pe cineva not to catch smb.'s name.

a înțelege cum trebuie to understand things clearly/rightly; to take a right view of things.

a-și înțelege datoria to recognize one's duty.

a nu înțelege de glumă not to see/to take a joke; **nu înțelege de glumă** he can't take/see a joke.

se înțelege de la sine it goes without saying; it is self-understood/a matter of course/a foregone conclusion; it stands to reason; certainly; of course; that needs no saying; *sl.* it stands/sticks out a mile; yes indeed!

a nu se înțelege deloc to be pulling different ways; not to see eye to eye with smb.; to lead a cat-and-dog life.

a nu înțelege deloc pe cineva not to understand smb.; to make nothing out of smb.

a se înțelege de minune to get on well/*F →* like a house on fire; to be on the best possible terms.

a se înțelege de minune cu cineva to be on the best of term's with smb.; to be as thick as thieves; to see eye to eye with smb.

a nu înțelege de *(vorbă bună etc.)* not to listen to; not to mind; to take no account/heed of.

a înțelege din două vorbe to know how to take a hint.

a se înțelege din ochi cu cineva to exchange a look of intelligence with smb.

a înțelege ceva dintr-o ochire/privire to see smth. with'half an eye; to take in everything at a glance.

a se înțelege să facă ceva to lay a scheme to do smth.

a înțelege o glumă to take/to see a joke/a jest.

a nu înțelege o glumă not to see a joke.

a înțelege greșit 1. *(ceva)* to be under misapprehension (about smth.); to misunderstand (smth.); to take (smth.) amiss/in bad part/in the wrong spirit; to misapprehend (smth.). **2.** *(pe cineva)* to take (smb.) up wrongly/amiss/in the wrong way; to take amiss (smb.'s) words; to take (smb.'s) words in bad part.

a înțelege greu to have no brain in one's head; to be slow in the uptake.

a nu înțelege o iotă din ceva not to be able to make head of tail of smth.; *v. și ~* **nimic ~.**

a se înțelege în ascuns to play booty.

a se înțelege între ei to league (together).

a se înțelege în vederea unui profit mutual *amer.* to pool issues.

să ne înțelegem! let's make it clear! let us clearly understand each other!

a nu (mai) înțelege nimic din ceva to make nothing (at all) of smth./it; not to (be able to) make head or tail of smth./it.

a nu înțelege o observație to miss a remark.

a înțelege partea comică a unui lucru/a lucrurilor to see the fun of...

a înțelege pe deplin pe cineva to get the measure of smb.

a înțelege pe dos ceva *v. ~* **greșit (ceva).**

a înțelege perfect ceva to get it right.

a înțelege perfect intențiile cuiva to (be able to) see through smb.

a înțelege primejdia *F →* to see the red light.

a se înțelege și a se împăca to pull together; to be in agreement/harmony.

a înțelege o taină to penetrate a secret.

a nu înțelege o vorbă not to understand a single word.

mă înțelegi? you know? you see? if you know what I mean; if you follow me; if you catch my point.

să nu mă înțelegi greșit don't misunderstand me; don't get me wrong.

nu înțeleg nici în ruptul capului *F* for the life of me I cannot understand.

nu înțeleg nimic I can't make it out; I don't know what to make of it; I can make nothing of it.

nu înțeleg unde bați I don't (quite) see your point/see what you are hinting at/what you mean.

ne-am înțeles! agreed! down with you! it's a go! it's settled O.K./all right.

a înțeles deodată adevărul the truth burst/dawned on him.

n-a înţeles gluma *F* the joke was lost on him.

am înţeles, să trăiţi! Yes, sir! Yessir!

a înţepa pe cineva to sting/to lash smb.; to make an innuendo at smb.; *F* to give smb. a prod.

înţepenit de frig (be)numbed with cold.

în ţinută de călătorie in travelling trim/outfit.

în ţinută de paradă *F →* in high feather; taut and trim.

în ţinută de seară in full feather.

în ţinută sumară in a néglige; *F* in scant attire.

înţolit la marele fix/şpiţ having one's glad rags on; in one's Sunday best.

în ultima clipă at the last/the supreme moment; *înv →* at/in the (very) loose.

în ultima vreme of late.

în ultimă analiză/instanţă in the last analysis; when all is said and done/is told; ultimately; in the last resort; in the long run.

în ultimele zile during the last few days.

în ultimii (...) ani these last (...) years.

în ultimul grad in/to the last degree.

în ultimul moment *v.* **în ultima clipă.**

în unanimitate unanimously; in/with one mouth/ voice; with unanimity; with one accord; without a division; without a dissentient voice; *nemine contra,* nem. con.

în unele locuri in (certain) places; in spots; here and there; occasionally.

în unele privinţe in certain/some respects/points.

în unghi drept cu... at right angles to/with; right-angled; on the square.

în urma *(cu gen.)* following...; after...; in the wake/ the train of...

în urma unei cunoştinţe/cunoaşteri mai aprofundate upon further acquaintance/consideration.

mai în urmă behind; way back.

în urmă cu câţiva ani a few years ago; some years back.

în van *v. ~* **zadar.**

învaţă oul/puiul pe găină? *F* you won't/don't teach your grandmother (how) to suck eggs? *aprox.* teach the dog to bark.

în vălmăşagul luptei in the thick(est)/the press of the fight/the battle.

învăluit în ceaţă wrapped in the fog; shrouded in mist.

învăluit în mister wrapped in a shroud of mystery; shrouded/wrapped in mystery.

a învăţa ceva pe cineva to teach smb. smth.

a învăţa arta de a face ceva to learn how to do smth.

a învăţa bine to learn well.

a învăţa canto to learn singing.

a învăţa să citească to learn to read.

a învăţa să converseze într-o limbă to learn a language conversationally.

a-şi învăţa cu greu rolul to be a slow study.

a învăţa cum să facă ceva to learn how to do smth.

a se învăţa cu nărav to contact a (bad) habit; to fall into a bad habit.

a învăţa (pe cineva) cu nărav *prov.* to teach the cat the way to the kirn.

a se învăţa cu răbdarea to school oneself to patience.

a învăţa cu râvnă/sârguinţă to be hard at study; to attend to one's studies.

a învăţa ceva de la mama lui to learn smth. at one's mother's knee.

a învăţa desenul/să deseneze to learn drawing.

a învăţa din experienţă *(dintr-o experienţă amară)* to learn by experience.

a învăţa din (propriile sale) greşeli to learn from one's mistakes.

a învăţa la repezeală to swot up.

a învăţa o limbă prin lectură to read oneself into a language.

a învăţa o materie pe rupte *F* to mug up a subject.

a învăţa o meserie to learn a trade.

a învăţa pe cineva o meserie to put smb. to a trade.

a se învăţa minte to take a (good) lesson; to come to one's senses; to cut one's wisdom teeth; to pay for one's schooling.

a învăţa minte pe cineva to teach/to read smb. a lesson; to bring smb. to his sense/to reason; to trim smb.; to reduce smb. to reason; *F* to give it (hot) to smb.; to settle smb's hash.

a nu învăţa nimic (dintr-un lucru) not to be a penny/any the wiser.

a învăţa pasărea să zboare to teach the dog to bark.

a învăţa ceva pe de rost/pe dinafară to learn smth. by heart/rote; to commit smth. to memory.

a-l învăţa pe taică-său să facă copii *← F v.* **învaţă oul/puiul pe găină?**

a învăţa puiul pe găină *v.* **învaţă oul/puiul pe găină?**

a învăţa să rabzi to school oneself to patience.

a-şi învăţa repede rolul to be a good/a quick study.

a învăţa rudimentele unui subiect *F* to learn the grammar of a subject.

învăţat cu... accustomed/used/inured to.

a învăţa uşor to be an apt scholar.

a-şi învăţa uşor rolul *v. ~* **repede ~.**

a învăţa să vorbească to learn to talk.

învăţământul primar *F →* the three R's (Reading, (w)Riting, (a)Rithmetic).

te învăţ eu minte! I'll show you!

(tot) învăţul are şi dezvăţ habit cures habit!

în văzul *(cu gen.) (mulţimii etc.)* in full view (of the crowd, etc.).

în văzul tuturor exposed to view; in sight of everybody.

în vâjâială *F argou* on the gad/the razzle-dazzle; painting the town red.

în vârful baionetei at the point of the bayonet.

în vârful degetelor/picioarelor on the tips of one's toes; on tiptoe.

în vârful scării at the top of the scale.

în vârstă (advanced) in years; well on in years.

în vârstă de... ani ...years old.

mi se învârteşte capul I feel/am giddy; my head is going round; *F* my head swirls/turns (round); is all of a swim.

a i se învârti capul 1. to be giddy/dizzy. **2.** *fig.* to be light-headed.

a se învârti ca un titirez to spin (like a top/a teetotum); to teetotum.

a învârti cuţitul în rană to rub it in.

a învârti ceva deasupra capului to swing one's stick about one's head.

a se învârti de colo până colo (fără rost) to muddle about; to potter about/along; to throw one's weight about.

a i se învârti înaintea ochilor; toate i se învârteau înaintea ochilor everything reeled before his eyes.

a se învârti încoace şi încolo *v. ~* **de colo (până) colo.**

a se învârti în jurul *(cu gen.)* to go round and round smth.

a se învârti în jurul unei axe to revolve on a spindle.

a se învârti în jurul cozii to potter along; *v. şi ~* **problemei.**

a se învârti în jurul problemei/subiectului/*F →* **cozii** to argue round (and round) the subject; to beat about the bush; to mince matters; *v. şi ~* **într-un cerc vicios.**

a învârti în minte gânduri negre to revolve gloomy thoughts.

a se învârti într-un călcâi to turn up on a heel/upon one's heels.

a se învârti într-un cerc vicios to argue/to reason in a circle.

a învârti pe cineva pe degete to turn/to twist/to wind smb. round one's (little) finger.

a învârtoşa inima cuiva to harden smb.'s heart.

în vechime in the past; formerly; in the days of old/yore; in the olden days; *v. şi* **în vremuri apuse.**

în veci 1. for ever (more); to the end of days/time; for good and all; to all eternity. **2.** *(niciodată)* never, not once.

în veci de veci to the end of days/time; to all eternity.

în vecinătatea *(cu gen.)* in the neighbourhood/the vicinity of...

în vederea *(cu gen.)* with a view to *(cu -ing/subst);* with the view of *(cu -ing/subst);* in order to *(cu inf.);* preparatory to (leaving, etc.).

a înveli un cadavru în giulgiu to wind a corpse.

în venă in luck; in hand; lucky; in a stroke of (good) luck.

în verif on the skew.

în versuri in verse/metre/rhyme; rhymed.

să te înveţi minte! *F* let that be a lesson to you!

a învia din morţi 1. *v. i.* to return from the dead; to rise (again) from the dead. **2.** *v. t.* to raise from the dead.

în viaţa particulară in private; in one's private life; privately.

în viaţă alive; living; *F →* above ground.

învierea lui Lazăr *bibl.* Lazarus' Rising from the Dead.

în vigoare in action; valid; authoritative; *(d. legi etc.)* in effect/force.

în viitor 1. in (the) future; henceforth; henceforward; from now on; in future times; in future occasions; in times to come. **2.** *(pentru viitor)* for the future.

în vină in fault.

a se învineţi de necaz to turn purple with rage.

a învineţi spinarea cuiva to give smb. a sound thrashing; *v. şi* **a bate pe cineva măr.**

a învinge o dificultate/dificultăţile/greutăţi to overcome/to surmount/to master difficulties/a difficulty; to make the grade.

a-şi învinge duşmanii to triumph over one's enemies.

a învinge greutăţi/o greutate to overcome/to surmount difficulties; *v. şi ~* **o dificultate.**

a-şi învinge pasiunile/pornirile/patimile *v.* **a-şi înfrâna ~.**

a învinge toate greutăţile/obstacolele/piedicile to carry all/everything/the world before one.

a învinovăţi/a învinui pe cineva de ceva to lay/to put/to cast the blame for smth. upon smb.; to lay the blame for smth.; at smb.'s door; *jur.* to lay smth. to smb.'s charge.

a învinovăți/a învinui pe cine nu trebuie; a învinui pe cineva pe nedrept to charge smb. unrightly; to wrong smb.; *F →* to put the saddle (up)on the wrong horse; to frame smb. to get the wrong sow by the ear.

în virtutea *(cu gen.)* 1. by/in virtue of...; by craft/power of...; in pursuance of...; on the strength of... 2. *fin.* by dint of...

în virtutea faptului că... by reason that.

în virtutea funcției sale by virtue of his office.

în virtutea tratatului etc. under the terms of the treaty, etc.

în vizită la... paying a call to...; on a visit to...

în voce in good voice.

învoială dreaptă straight dealing.

în voia valurilor at the mercy of the waves.

în voie at will; free and easy; without let or hindrance.

a se învoi la ceva *F* to jump with smth.

în vorbă și faptă in word and deed; in deed and in name.

a se învrednici să... 1. *(a binevoi să)* to deign to. 2. *(a avea norocul să)* to have the good fortune to; to succeed in.

n-o învrednici cu un răspuns he vouchsafed her no answer; he didn't deign/condescend to answer her.

în vremea aceea at that time (*F →* of day); in those times; at the time/the moment.

în vreme de război at times/in time of war; in the war.

în vremuri apuse in old(en) times; in days/times of old/yore; in the old days; in former times; in times gone by.

în vremuri ca acestea as times go.

în vremuri de demult *v. ~ apuse.*

în vremuri de restriște in times of need, in the hour of need.

în vremurile de azi as times go.

în vremurile de odinioară *v. în vremuri apuse.*

în vremuri străvechi time out of mind; out of time; in times immemorial.

în vremuri trecute *v. ~ apuse.*

în zadar vainly; uselessly; to no avail/end/purpose; in vain (hope); *F →* (of) no use; it's no good; all to naught.

în zdrențe (din cap până în picioare) all in rags and tatters; like a tatterdemalion/a ragamuffin; all tattered and torn.

a înzeci forțele cuiva to give smb. the strength of ten.

a înzestra o fermă to stock a farm.

înzestrat cu o logică de fier strong in logic.

în zilele ce vor veni in days to come; *v. și* **în viitor.**

în zilele de altădată *v. în vremuri apuse.*

în zilele noastre; în ziua de astăzi/azi (in) these days; in our days/times; nowdays; at the present day/time; in these latter days.

în zori at sunrise; by the/at break of day; at dawn/day(break); at prime.

J

o **jalnică jumătate de măsură** a pill to cure an earthquake.

jalnică societate a sorry crew/gang.

a **jalona (domeniul) cu pari** to stake off/out (an estate).

a **jalona un drum** to mark off a line/a road.

a **jeli absența/pierderea iubitului** to wear the willow; to sing willow.

nu te jena! don't stand on ceremony! make yourself at home! don't be bashful!

a **jena activitatea cuiva** to restrain smb.'s activities.

a **nu se mai jena de nimic** *F amer.* to loosen up.

a **nu se jena să facă ceva** not to shrink from/not to stop at doing smth.; not to mind doing a thing; *F →* to make no bones about doing a thing.

îl jenează haina his coat is much too tight for him.

mă jenează pantofii my shoes pinch me.

se jenează să-i vorbească he is too timid/shy/bashful to speak to her.

a-și **jertfi ambiția/ambițiile** to lay one's ambitions on the altar.

a se **jertfi degeaba/inutil/în zadar** to throw away one's life.

a-și **jertfi viața** to lay down one's life.

a-și **jertfi viața pentru patrie** to lay down/to offer up/to give (up) one's life for one's country.

a **jigni pe cineva în sentimentele sale** to tread/to step/to tramp on smb.'s toes.

a **jigni sentimentele cuiva** to hurt smb.'s feelings; to give offence to smb.

a **jigni urechea/urechile** to shock the ear.

joaca rupe cojoaca *prov.* too much of a good thing is good for nothing.

joacă teatru! *fig. F →* he is playing a part!

joc cinstit fair play; cricket.

joc de cuvinte play of/on words; pun; quibble.

jocul cu gajuri forfeits.

jocul e în toi the play runs high.

jocul pieței *com.* the turn of the market.

jocul rupe cojocul *v.* **joaca ~ cojoaca.**

joi după Paști when two Sundays come together; *v. și* **la paștele cailor.**

a **jongla cu cifr ele/fapte etc.** *F* to juggle with figures/facts etc.

a **jongla cu cuvintele** to juggle with words; to play on words.

a **jongla cu rimele** to juggle with rhymes.

jos bistarii! down with the/ready/with the/your dust!

jos cu (cutare)! down with (smb./smth.)!

jos laba/mâna/mâinile! (keep your) hands off! none of your games (with me)!

jos pălăria/pălăriile! hats off! off with your hats!

a **juca atu** to play trumps.

a **juca bile** to play marbles/at taw; to have a game of taw.

a **juca biliard/fotbal etc.** to play (at) billiards/football/chess etc.

a **juca bine în defensivă** *sport* to put up a good fight.

a **juca capra** to play at leap frog.

a **juca o carte** to play/to table a card.

a **juca cartea cea mare** to play one's best/trump card.

a **juca o carte mare** to (play a high) card.

a **juca cărți** to play at cards.

a **juca cinstit/← F pe bune** *și fig.* to play a straight/a square game; to play fair (and above-board); *F* to act on the square; to play the game; to play fair; *aprox.* it's cricket.

a **nu juca cinstit** to play foul; not to play fair; *aprox.* it's not cricket.

a **juca comedie** to be acting; to act (the comedy); *F →* to put on the sock; to put on airs (and graces/frills); *v. și* **~ teatru.**

a **juca corect** *fig.* to play the game; *v. și* **~ cinstit.**

a se **juca cu banii** *F* to roll in money; to be made of money.

a **juca cu cărțile pe față** 1. to table one's cards; to place one's cards on the'table. 2. *fig.* to act (fairly and) above board; *v. și* **~ cinstit.**

a se juca cu cercul to trundle/to drive a hoop.

a se juca cu cineva ca mâţa/pisica cu şoarecele to play a cat and mouse game with smb.; *v. şi* ~ **a juca pe degete pe cineva.**

nu te juca cu coada ursului never trouble trouble till trouble troubles you.

a se juca cu cuvintele *v.* **a jongla** ~.

nu te juca (niciodată) cu dragostea never trifle with love.

a se juca cu evantaiul to flirt a/one's fan.

a se juca cu focul *fig.* to play with fire; to jest/to play with edge tools; to monkey with a buzz saw; to dance on a volcano; to sit on a barrel of gunpowder.

a se juca cu o idee etc. to flirt with an idea, etc.

a se juca cu lanţul de la ceas to trifle with one's watch-chain.

a juca culoarea *(la cărţi)* to follow suit.

a se juca cu mingea to play ball.

a juca cu sala plină to play to capacity.

a se juca cu sfârleaza/titirezul to spin a top.

a se juca de-a capra *v.* **a juca capra.**

a se juca de-a mâţa în sac cu cineva to play handy-dandy with smb.

a se juca de-a soldaţii to play (at) soldiers.

a se juca de-a v-aţi ascunselea to play (at) hide and seek.

a se juca de-a „vecinii" to play (at) puss in the corner.

a juca din picioare *F* to leg it.

a juca după cum cântă cineva to dance to/after smb.'s pipe/piping/tune/whistle; to dance/to pipe to smb.'s tune; to toe a/the line/mark/scratch; to eat out of smb.'s hand.

a nu juca fair-play *F* that's playing it low down; it's not cricket/fair.

a juca o farsă I. *v.* ~ **feste cuiva.** 2. *v.* ~ **teatru.**

a juca o fată to dance a girl.

a juca fără greş to play a winning game; every time a winner.

a(-i) juca cuiva o festă ordinară/urâtă to play/to serve smb./a bad/a mean/a shabby/a nasty trick; to play a practical joke/a bad/a mean/a nasty/a shabby trick on smb.; to do smb. a bad/an ill turn; to serve smb. a (dirty) trick; *F* → to play it low/down on smb.; to cut up shapes; to show shapes.

a juca/face feste cuiva to play pranks on smb.

a juca o figură (la şah) to move one of the officers.

a juca incorect *F* to play it low down.

a se juca în bumbi cu... *F* to trifle/to dally with...

a juca în rolul lui Lear to be on as Lear.

a juca în struna cuiva to dance to/after smb.'s pipe/piping/whistle; *v. şi* ~ **după cum cântă cineva.**

a juca într-un film to act a film part; to act in a film.

a juca într-o piesă to appear/to come/to go on the stage; to act (in a play); to walk the boards; to perform in a play.

a juca un joc dublu *F* to run with the hare and hunt with the hounds; to hold with the hare and run with the hounds.

a juca la bursă to speculate (in funds) on the stock exchange; *F* → to dabble in the stocks.

a juca la curse to bet/to stake/to gamble at the races; to have smth. on the races.

a juca la două nunţi to run/to hold with the hare and hunt with the hounds.

a juca la loterie to play at/to put in the lottery.

a juca la scor strâns *F* to sit on the splice.

a juca la sigur to play a sure/a winning game.

a juca leapşa (pe ouate) to play tig/tag.

a se juca maşinal cu ceva to trifle with smth.

a nu juca nici un rol to cut no figure.

a-i juca ochii în cap to roll one's eyes; to have wide-awake eyes; to look shrewd.

a juca o partidă simplă *(tenis)* to play a single.

a juca pe... I. *(a miza)* to bet/to stake on. 2. *(a face pe)* to act the (part of)...; to play the...; to feign...; to counterfeit.

a juca pe bani to play for money; to gamble.

a nu juca pe bani to play for love.

a juca pe o carte to play a card.

a juca pe cineva pe degete *fig. F* to lead smb. a dance; *v. şi* **a învârti** ~.

a juca pe funie to dance on the rope.

a juca pe loc *(d. cal)* to paw the ground.

a juca pe scenă to go on the stage; to walk the board; to act (in a play).

a juca pică *(la cărţi)* to play spades.

a juca o piesă to act/to perform a play.

a juca popice to play (at) skittles/ninepins/bowls; to bowl; to go bowling.

a juca prost I. to play badly; to play a loving/a poor game; *F* → to take back a move. 2. *(la teatru)* to act badly; *F* → to play like a stick.

a juca un renghi (cuiva) *v.* ~ **feste cuiva.**

a juca rişca to top heads or tails; to play at pitch and toss.

a juca un rol to play a part/a role.

a juca un rol de... to play the part of...

a juca un rol decisiv/hotărâtor to play a decisive/a cardinal role; *F* → to begin/to lead/the dance.

a juca un rol important to play/to take a prominent part in; tu cut/to make a conspicuous/a good/a great figure; to play first fiddle (in); *v. şi* ~ **decisiv.**

a juca un rol secundar to play a secondary/a minor role/part; to play second fiddle; to be an utility (man); to play utility; *(față de cineva)* to act second to.

a juca rolul lui Hamlet to play/to act (the part) of Hamlet.

a-și juca rolul până la capăt to keep up one's part/character to the end.

a juca rolul principal 1. *teatru* to play lead/the leading role; to ride the fore-horse. **2.** *fig.* to be in the foreground; *amer. sl.* to be at bat.

a juca o sumă de bani to lay ten pounds, etc.

a juca (o sumă de bani) pe un cal to lay so much on a horse.

a-și juca șansele to take one's chance.

a juca table to play (at) backgammon.

a juca tare to play high; to play a tough game; to do it strong; *F* to be in the Ercles vein.

a juca teatru 1. to play a part; to tread/to walk the boards, *v. și ~ pe scenă.* **2.** *fig.* to act; to do the grand; to put on airs (and frills/graces); to be shamming/acting; *v. și ~ comedie.*

a juca tenis to play tennis.

a juca tontoroiul to hop; to toe and heel it; to skip; to jump.

a juca totul pe o carte to take all (in one) venture; to put all one's eggs in one basket; to risk everything on one throw; to stake one's all upon a single cast (of the dice); to go nap on smth.

a(-și) juca ultima carte to play one's last card/stake/trump; to throw the helve after the hatchet/the ax(e)/the helve; to make one's great venture; to send the ax(e) after the helve.

a juca un vals to dance a waltz.

să ne jucăm de-a... let's pretend...; let's play at...

jucător de profesie a professional/a professed/an inveterate gambler.

a judeca aspru pe cineva to judge ill of smb.

a judeca de la caz la caz to judge each case on its own merits.

a judeca drept *F* to hold the scales even.

a judeca după... to judge by...

a judeca după aparențe to judge by appearances/looks/externals; to judge according to the label.

a judeca după elemente exterioare *v. ~ aparențe.*

a judeca favorabil pe cineva to judge well of smb.

a judeca la rece to think better/coolly; to give the/a matter good consideration.

a judeca nepărtinitor *v. ~ drept.*

nu judeca omul după suman *aprox.* it is not the coat that makes the man; *v. și* **nu haina îl face pe om.**

a judeca pe alții după sine to measure another man's/another's feet/foot by one's own last.

nu-i judeca pe alții după tine don't judge of others by yourself.

a judeca prea aspru pe cineva to be too hard on smb.

a judeca pripit to jump to a conclusion.

a judeca un proces to try a case.

a judeca rău pe cineva *v. ~ aspru ~.*

judecata (nu) i-a dat dreptate reclamantului judgment went for/against the plaintiff.

Judecata de Apoi the (last) day of judgment; doomsday; the great account.

judecă și tu judge for yourself.

judecând după... judging by...

judecând după aparențe judging/to judge by appearances; to outward seeming; on the face of it/of things.

judecând după (aspectul) exterior *v. ~ aparențe.*

judecând după vorbele cuiva judging/to judge from what smb. says.

a jugula o ofensivă to throttle an offensive.

jugul căsniciei *peior.* double harness.

o jumătate de om *(în basme)* man eater.

jumătate... jumătate half and half; fifty-fifty; (to go) halves; part one and part the other.

jumătate la dreapta! *mil.* right incline!

jumătate la stânga! *mil.* half left turn!

jumătăți de măsură half (and half) measures.

a jumuli pe cineva 1. to pick feathers off smb.; to draw smb.'s eye-teeth; to bleed smb. to death. **2.** to fleece. **3.** *(de bani)* to bleed smb.

a jupui de piele pe cineva 1. to rub smb.'s skin off. **2.** *fig. (a jefui) v.* **a jumuli pe cineva 3.**

a jupui de viu 1. to skin alive. **2.** *fig. v.* **a jumuli pe cineva 3.** *(a bate)* to make mincemeat of smb.

a jupui pielea capului cuiva to scalp smb.; *amer.* to lift/to take smb.'s hair.

jur! I swear! I pledge (my word); I take my pledge/ *P →* Dick, I give my word; upon my word (of honour); *amer. sl.* I swamp it.

ți-o jur *amer.* honest Injun!

a jura ascultare to vow obedience.

a se jura că nu va mai bea/că se va lăsa de băutură to swear off drink; to take the pledge to abstain from alcoholic liquor; to give up/to renounce drinking.

a jura că va spune adevărul to swear to tell the truth.

a jura fals *v.* **a (se) strâmb.**

a se jura să nu fure *F →* to tie up prigging.

a jura pe cuvânt de onoare to pledge one's honour/one's word.

a jura pe onoarea sa to swear by one's honour.

a se jura pe toți dumnezeii/sfinții to vow and protest; to swear; to take/to give a pledge; to give one's word (of honour); to cross one's heart.

a jura prietenie veșnică to swear eternal friendship.

a jura răzbunare (cuiva) to vow/to swear vengeance (against smb.).

a (se) jura strâmb to swear false; to perjure (oneself); to forswear oneself; *jur.* to commit perjury; to swear black is white.

ai fi jurat că era ea one would have sworn it was she.

jurând cu mâna pe conștiință upon my conscience.

jurnal de modă fashion magazine.

jur pe ce am mai sfânt upon my conscience!

jur să spun adevărul, tot adevărul și nimic decât adevărul I swear to tell the truth, all the truth and nothing but the truth.

a nu justifica așteptările not to live up to expectations/hopes; *înv.→* to play the bankrupt.

a-și justifica plângerea/pretențiile/reclamația *jur. F* to make out one's case.

L

la abordaj! *mar.* board!

la aceasta at which; to this; *rar* → hereat; hereto.

la aceeași înălțime/același nivel ca și... at the same height/level as...; level with.

la acestea se mai adaugă și... add to this...; in addition to this...

la aceste cuvinte/vorbe at these words.

la activ 1. *fin.* on the plus side of the account. **2.** *fig.* on the/one's record.

la activul său on one's record; to one's account; among one's achievements.

la adăpost 1. in (a place of) safety; out of harm's way; under shelter; safe (and sound/sane); safely (tucked in); proof against danger; *F* → high and dry. **2.** *(ascuns)* under cover.

la adăpost de ceva safe/free from (the danger of) smth.; proof against smth.; secure from/against attack; unexposed to smth.

la adăpost de nevoi amply/comfortably provided for; at ease; in easy circumstances.

la adăpost de orice pericol/rău *v.* ~ adăpost.

la adăpostul *(cu. gen.)* under shelter/cover of...; under the protection of...

la adăpostul întunericului under cover/favour of the darkness; under screen of night.

la adăpostul legii under the protection ot the law.

la adăpostul nopții *v.* ~ întunericului.

la adăpostul uscatului *mar.* under the lee of the land.

la adânci bătrâneți in old/great/*poetic* hoary age.

la (o) adică 1. *(la urma urmelor)* after all; *(în fond)* at (the) bottom; fundamentally; *(în concluzie)* in conclusion; *(de fapt)* as a matter of fact; in (point of) fact. **2.** *(vorbind în general)* generally speaking *(în general)* in the main; on the whole; when you come to think of it. **3.** *(la nevoie)* when it comes to the push/scratch; at a push; when put to the test.

la adresa cuiva 1. *(la domiciliu)* at smb.'s house/home/residence; to smb.'s address. **2.** *fig.* against/about smb.; at smb.'s expense.

la afirmativ in the affirmative.

la alegere at will/option/choice; at/(up)on one's discretion; at one's pleasure; as you like it; as you see occasion.

la alții! tell me another; tell it to the (horse) marines! *v. și* fugi de-acolo/de-aici!

la aman/ananghie in a (tight) box; on a/the razor's edge; *sl.* up the spout; *v. și* la strâmtoare; în mare încurcătură.

la un an o dată once a year.

la anul next year.

la anul când o/va făta bostanul/când o-nflori bostanul *v.* ~ calendele grecești; ~ paștele cailor.

la anul cu bine/sănătate I wish you a happy New Year! long may you live!

la anul cu bostanul/brânză *v.* ~ calendele grecești; ~ paștele cailor.

la anumite intervale now and again; ever and again; *v.și* din când în când.

la aparat *v.* ~ telefon!

la aparat (e) Ion (this is) John speaking; *v. și* ~ telefon X.

la aparate! *F sl.* now! go! start! ready!

la apogeu in its height; at its climax/summit/zenith/acme/apogee.

la apogeul (gloriei etc.) at the meridian/height/zenith/acme/summit of (one's glory, etc.).

la aprinsul luminilor at nightfall.

la apus *geogr.* in/to tho west, westwards.

la apusul soarelui at sunset/dusk/twilight *amer.* sundown; *poetic* at set of sun/day.

la arme! *mil.* to arms! stand to! *fig.* take up arms!

la o aruncătură de băț/piatră (de) at a stone's throw (from); within hail.

la asalt! *v.* ~ atac!

la o asemenea distanță as such a distance; as far as that; so/*F* → this/that far.

la asfinți(ul) soarelui *v.* ~ apusul ~.

la asta mă și așteptam this is (precisely/just) what I expected.

la așa barbă, așa răsătură tit for tat.

la așa cap, așa căciulă like master, like man; kit will to kind; cat will after kind; tit for tat.

la atac! I. *mil.* (forward/now) for the attack! **2.** *glum.* *(poftă bună)* now, gentlemen, fall to!

la o atare distanță *v.* **~ asemenea ~.**

la auzul *(cu gen.)* on hearing...

la o azvârlitură de băț *v.* **~ aruncătură ~.**

la baza *(cu gen.)* at the bottom of smth.

la bătaia tobelor *v.* **~ chemarea ~.**

la o bătaie de glonț *v.* **~ pușcă.**

la o bătaie de pistol within pistol shot.

la o bătaie de pușcă within (gun)shot.

la beție se cunoaște omul *prov.* drunkenness reveals what soberness conceals.

la bine și la rău for better (or) for worse; for weal or (for) woe; *lit.* whate'er betide of weal or woe.

la botul calului I. over the stirrup-cup; *v. și* **un pahar ~. 2.** *v.* **în grabă/pripă.**

la bună vedere *F* so long! *v. și* **la revedere.**

la bunul plac al... at the mercy of...

la bursa neagră in the black market; under the counter.

la calendele grecești at/on the Greek calends; *ad calendas Graecas: F →* when two Sundays come together; on (Saint) Tib's Eve; (call) tomorrow come never; when pigs fly/the cows come home/ the devil is blind/*amer.* hell freezes over; in the reign of Queen Dick; at the blue moon.

la capătul pământului at the world's end; at the ends of tho earth; at the back of beyond; *v. și* **~ mama dracului.**

la capătul puterilor at the end of one's rope/tether; worn/fagged out; down and out; spent.

la capătul răbdării at one's wits' ends; out of patience; losing patience; at the end of one's tether.

la capătul resurselor at the end of one's tether; *v. și* **~ puterilor.**

la casa lui I. under one's vine and fig-tree. **2.** *(așezat)* settled; a married/a home bird/man; with a family.

la cataramă *F* sound(ly); thorough(ly).

la caz de nevoie *v.* **în ~.**

la căderea nopții at nightfall/dusk.

la cârma statului (sitting) at the helm/the stem of the state.

la cât se cifrează/urcă în total? how much does it total up to? to what does it amount?

la ce? why? what for?

la ce ajută asta? what's the good of that/it? *(ce folos aduce?)* what's the use of it?

la ce bun/folos? what's the use of it? what boots it? is there any use in it? what/where is the use/sense

of...? what would be the point of (doing smth.)? what need is there to (send for him, etc.)? is there any use in it? *v. și* **ce rost are să...?**

la ce-ți folosește? what will it profit you?

la ce te gândești? what are you thinking of/about? a penny for you thoughts!

la celălalt capăt al lumii off the map; *v. și* **la capătul pământului.**

la cel mai înalt nivel at/on the highest/the top/the peak level; at the summit (level).

la ce naiba? *F* why on earth?

la ce oră? at what time/o'clock?

la ce te puteai aștepta de la o femeie? that's just like a woman.

la ce puteai să te aștepți de la el? that's just like him!

la o cercetare mai atentă upon further consideration.

la ce se reduc toate acestea? what is the upshot of it all? what does it boil down to?

la cerere I. *com. etc.* (up)on demand/application/ call. **2.** *(când i se cere)* on request; when requested/ required.

la cererea cuiva at smb.'s request/suit/solicitation; at the suit/solicitation/request of...

la cererea generală answering/meeting general/ public requests.

la cererea voastră at your desire.

la ce servește acest obiect? what is it used for? what does it serve for? what is the use of this thing?

la ce servește asta? I. what good is this? what's the use of it? what is that for? what is that meant to be? **2.** *v.* **~ acest obiect?**

la chemarea cuiva at smb.'s whistle/call, *v. și* **~ cheremul ~.**

la chemarea tobelor at the call of the drums; *scot.* by tuck of drum.

la cheremul cuiva I. at smb.'s discretion/pleasure/ mercy; at the mercy of. **2.** *(la ordinele cuiva)* at smb.'s beck and call; *F* under smb's thumb.

la coada cozii the lowest of the low/in the hierarchy/on the scale; the very last.

la comandă I. to order; upon demand; at smb.'s order. **2.** *fig. (fals)* sham; false; insincere; perfunctory.

lacom de câștig grasping; usurious; clutching; with an itching palm.

lacom de mâncare greedy; voracious; having a sweet tooth.

la conducerea... at the head/the helm/the leadership/the stem of...

la conducerea statului *v.* **~ cârma ~.**

la contul de credit *com.* on the plus side of the account.

la (o) cotitură at a turn(ing-point); on the turn.

la covrigi out at heel; *v. şi ~* **sapă de lemn.**

lacrimi de crocodil crocodile tears.

la culcare! in bed! to bed! *glum.* at roost.

la culme extreme(ly); at its height; *înv.* in (the) height; above/beyond (all) measure; *amer. înv.* as a basket of chips.

lacunele culturii sale the gaps in his knowledge/ information; *F →* the scantiness/sketchiness of his knowledge.

la curent (cu ceva) (kept) abreast (of events); kept posted; in the know; well up (in a problem); *(cu ultimele noutăţi)* up to date; knowing all the ropes/ knowing the ins and outs of a matter; acquainted (with smth.).

la cuţite (cu cineva) at loggerheads/swords/dag- gers' points/at daggers drawn (with smb.); by the ears; on fighting terms.

la datorie at one's post; on duty.

la deal 1. uphill; up the hill. **2.** *(în amonte)* up- stream; up the river/the stream.

(mai) la deal (de) a little further up (from).

la un deget de... within an inch of...

la desperare in despair; desperate(ly); against (all) hope; like a desperado.

la dezgheţul zăpezii (at the time) when snow thaws/melts.

la discreţia *(cu gen.)* at the discretion/the mercy of; *v. şi ~* **cheremul cuiva/~ dispoziţia cuiva.**

la discreţie 1. at/on/upon discretion; as much as one pleases **2.** *(din belşug)* in abundance/plenty; abundantly; copiously; plentifully; at one's will and pleasure; at will.

la dispoziţia cuiva 1. at smb.'s disposal. **2.** avail- able to smb.

la dispoziţia dvs. (I'm, etc.) at your command/ser- vice; *F →* I'm your man; you are welcome to it.

la dispoziţie in/on hand; available; at call; at smb.'s disposal.

la distanţă 1. at (a) distance; in the distance; off; away. **2.** *(unul de altul)* far between. **3.** *fig.* aloof.

la o distanţă de zece etc. paşi ten, etc. paces/ steps off.

la o distanţă foarte mică de mare within compass-able distance of the sea.

la o distanţă potrivită at effective/convenient range/distance.

la o distanţă prea mare de... out of distance from.

la o distanţă respectabilă at a safe distance.

la doi paşi a few steps away; close/near by; round the corner; next door; at a stone's throw.

la doi paşi de aici close by; in our close neighbour- hood.

la doi paşi distanţă de... 1. a few steps away from; near by; but a step to; not a hundred miles away from; at a stone's throw from; within a step of. **2.** *fig.* close (to); next door (to); *v. şi ~* **o aruncătură de băţ/piatră (de).**

la domiciliu at home; at one's residence/domicile.

la dorinţa cuiva at smb.'s (express) desire/request.

la a doua citire/lectură (up)on second reading.

la două case de aici two doors away/off.

la două rânduri 1. *(dactilo)* double spaced, in double spacing. **2.** *(d. haine)* double breasted.

la două săptămâni (o dată) every other week; one week out of two.

la două zile (o dată) every other/second day; one day out of two.

la dracu'! *F* damn/hang it (all)! to hell (with it)! the devil may take it! oh, bother it! botheration! the deuce (take it)! by (the) gums/ginger/thunder! my aunt/eye/hat/stars/word/world! by the living jingo! by the jumping Jupiter/Josaphat! by cook (and pie)! what a damned nuisance! hang/drat it! great guns! *amer.* for crying out loud! God burn! rot it! damn/dash my button! blame it! blimey! worse luck! *amer. F* gee whiz! by/good gravy! *amer.* yipe!

la dracu' cu el! *F* let him go to hell/Jericho!

la dracu' cu toate astea! *F* confound/damn it (all)!

la dracu' în/dracu-n praznic *F* at the back of be- yond/godspeed; at Jericho! at the ends of the earth; at the world's end; *F* off the map.

la dreapta 1. to/on the right (side); on the right (hand). **2.** turn to the right! **3.** *mil.* right turn/ face! right-about turn!

la dreapta sa on one's right hand.

la drept(ul) grăind/vorbind frankly/rightly speak- ing; *(de fapt)* as a matter of fact; in (point of) fact; practically/properly/strictly/literally speaking; truth to tell; stripped of fine name; for that mat- ter; for the matter of that; *înv.* sooth to say.

la drum! now! off we go!

la ducere on the out journey; (up)on leaving; on the voyage out.

la dumneata mă refer I refer to you.

la edecul cuiva *v. ~* **remorca ~.**

la egalitate 1. *sport* at equal points; at a tie/a draw *amer.* nip and tuck. **2.** *fig.* quits; tit for tat.

la el banii nu ţin money bums/makes holes/a hole in his pockets.

la etajul al (treilea etc.) three, etc. flights up.

la etajul de deasupra/sus overhead.

la expirarea termenului on the expiration of the term; when the time is up.

la extrem in the extreme.

la fel 1. *adj.* alike; identical; very similar. **2.** *adv.* alike; identically; in (much) the same way/manner; also similarly.

la fel cu... the same as...; similar to...

la fel de bine *(a vorbi o limbă etc.)* with equal ease.

la fel de breji (it is) six (of one) and half a dozen (of the other).

la fel de bun no less good.

la fel și eu so do/can etc. I.

la fiecare doi ani (o dată) every other/second year.

la fiecare două zile every second/other day.

la fiecare întorsătură a lucrurilor at every turn of affairs.

la fiecare pas at every step/turn (ing); at each step.

la un fir de păr *F* within the turn of a die; *v. și ~ pas de...*

la fix *v. ~ timp.*

la gheață kept in ice; iced.

la gura sobei by the fireside; by/at one's fireside.

la iarnă next winter.

la ieșirea din casă on one's way out.

la insistența *(cu gen.)* at the urgent request of...; at/following smb.'s insistence.

la intervale off and on.

la intervale foarte apropiate/scurte in close succession; following hard upon each other.

la intrarea în port on entering the harbour; off the entrance of the bay.

la iuțeală out of hand; *v. și* **la repezeală.**

la înălțime up to the mark; at one's best; *F →* up to scratch; *(living)* up to one's reputation.

la înălțimea *(cu gen.)* equal to; level with...

la înălțimea sarcinii equal/adequate to the task; efficient in one's work/task.

la înălțimea situației (rising) to the occasion; up to the mark; living up to the times; coping/doing with the situation; rising equal to/suiting the occasion; on the spot.

la început in the beginning; at the outset/the start; right from the beginning/the start/the outset; at the first set out.

la începutul anului etc. at the beginning of the year, etc.

la începutul secolului at the turn of the century.

la închisoare in prison/jail; jailed; *F →* in quod/the stone jug; *F →* under hatches.

la îndemâna cuiva within smb.'s reach; within reach of one's hand.

la îndemână 1. handy; (near/close/ready) at hand; within reach/range; at one's elbow; ready to hand. **2.** *(ușor)* easy; feasible; comfortable; as easy as nothing.

la îndemnul cui? at whose prompting? on whose motion?

la întâmplare 1. at random/(hap)hazard; at a venture/a guess; on a chance; hit or miss; *aprox.* a pot shot; pell-mell; *înv.* at (all) adventure. **2.** *(într-o doară)* tentatively; *v. și* **în dorul lelii.**

la întoarcere on the voyage home.

la întoarcerea lui/ei (up)on his/her return.

la judecată in court; before the judge(s); at the bar of justice.

la jumătatea distanței midway between... and...

la jumătatea pantei/povârnișului half-way down/up the slope.

la jumătate de drum half way.

la largul său (perfectly) at ease; within one's depth/province; *(neintimidat)* unembarrassed; unabashed.

la largul său în societate at home in a drawing-room/in society.

la limită *școl. etc.* just on the line.

la loc as (it was) before; back in its place.

la un loc added/taken/put together.

la loc arm'! *mil.* recover arms!

la loc sigur out of harm's way.

la locul de muncă on the job; at one's working-place; on site.

la locul potrivit in the right place.

la lumina lunii by moonlight.

la lumina stelelor in the/by starlight.

la lumina zilei in broad/open daylight.

la luptă in the (battle) field; at fight; **la luptă!** fight!

la mahala *v. ~ periferie.*

la malul mării by the sea.

la mama dracului *v. ~ dracu' în praznic.*

la mare at the seaside.

la mare depărtare/distanță 1. a long way off; far away; *(separat)* wide apart. **2.** at many removes.

la mare depărtare/distanță de țintă wide of the mark.

la mare eleganță *F argou* in full feather.

la mare necaz/strâmtoare in deep water; in great straits; *v. și* **la strâmtoare.**

la marginea abisului *v. ~ prăpastiei.*

la marginea codrului at the edge/on the skirts of the forest.

la marginea drumului; ~ margine de drum by the roadside.

la marginea pădurii *v. ~ codrului.*

la marginea prăpastiei at the edge of the abyss; on the brink of (the) precipe.

la masă at dinner/table.

la maximum to the utmost extent; in/to the last degree; at a maximum/climax; at its acme/climax; *înv.* → to the height.

la mânecate Pearly in the morning; at daybreak/dawn; before breakfast.

la mezat on the block; at/*amer.* by auction.

la mică distanță a short way off.

la mijloc in the middle/the centre.

la mijloc de drum halfway; midway.

la milimetru to a hair's breadth.

la mine! *(la jocuri)* my turn! my ball! *mil. sl.* taxi up!

la mine nu merg/țin chestii/figuri/lucruri/povești din astea it won't hold water with me; that won't go down with me; you won't catch me at it; it is no use trying it on with me; you can't take me in; *F* you can't bamboozle/cheat me! you don't catch me!

la mintea cocoșului/omului/pisicii a matter of course; standing to reason; which goes without saying; *aprox.* a foregone conclusion.

la modă in fashion; en vogue; *F* → all the go; **revenit** ~ in (again).

la moment on the spot; immediately; at once; quickly; readily; promptly; *F* before the ink is dry; before you can say Jack Robinson.

la un moment dat at one time; at a given time.

la momentul decisiv/hotărâtor at the decisive/the crucial moment; *F* → when it comes to the pinch.

la momentul oportun/potrivit at the proper/the right time; in season; at the right/the seasonable/the suitable moment; in the nick of time; at the flood; pat; pertinently.

la un mort cataplasme/ventuze poultice on a wooden leg.

la moș așteaptă *F v.* ~ calendele grecești; ~ Paștele cailor.

la mucuri de țigări on ones beam ends.

la mulți ani! I. *(la Anul Nou)* A (Very) Happy New Year (to you)! **2.** *(la ziua de naștere a cuiva)* Many happy returns (of the day)! **3.** *(felicitări)* congratulations (on the event)! Long may you live!

la munca câmpului at the plough.

la munte in the mountains.

la naiba! *v.* ~ **dracu'!**

la naiba-n praznic *v.* ~ **dracu~.**

la negativ in the negative.

la negre *(d. rufe)* in the clothes basket.

la nesfârșit endlessly; ceaselessly; without end/cease; against time; to the end of time; to/till the crack of doom.

la nevoie in case of need; if need(s) be; on occasion; at a push/a pinch; on/*amer.* in a pinch; when required; at the (very) outside; *v. și* **la (o) adică.**

la nimereală I. *v.* ~ **întâmplare. 2.** *v.* ~ **noroc.**

la un nivel înalt at a high level; at top/peak summit/level.

la nivelul *(cu gen.)* at the level/the height of; level with...

la noapte tonight; this (very) night.

la noi I. with us; in our/this country. **2.** with us; in our family/house.

la nord de... (to) the north of...; northwards of...

la noroc at hazard/at venture/at risk; for better (or) for worse; on the (off) chance; I'll risk it; *v. și* ~ **întâmplare.**

a lansa o afacere to start a business; *F* → to push the boat out.

a lansa o barcă la apă *mar.* to put out a boat.

a lansa un împrumut *(d. stat)* to raise a loan.

a se lansa în afaceri to start in business; *(pe picior mare)* to be doing a big trade.

a lansa pe cineva în afaceri to start smb. in business/on his feet.

a se lansa în politică to go into politics.

a lansa pe cineva într-o carieră to start smb. on a career.

a se lansa în urmărirea cuiva/a unui lucru to make a bolt for smb./smth.

a lansa la apă (o ambarcațiune) to lower a boat; to set a ship afloat.

a lansa o (listă de) subscripție to start a fund/a subscription.

a lansa un mandat *jur.* to issue/to serve a summons (on smb.).

a lansa o modă/moda to set/to lead the fashion.

a lansa o provocare *sport* to throw out a challenge.

a lansa o sfidare cuiva to challenge smb.; to extend a challenge to smb.

lansat (bine) în afaceri (pe picior mare) free in business.

a lansa zvonuri *(d. cineva)* to set rumours afloat (about smb.).

un lanț de nenorociri an Iliad of woes.

la oarecare depărtare/distanță some distance away.

la ora aceea at that/the time; at that time of day.

la ora actuală at present; at the present moment/time; by this time; *F* → at this time of day.

la ora asta at this time of day; at the present time.

la ora culcării at bed time.

la ora fixată at the appointed time; up to schedule; *F* → on (to) the tick; punctual.

la ora mesei 1. at lunch (time). **2.** *(în general)* at meals.

la ora nouă fix on the stroke of nine.

la ora stabilită *v.* ~ **fixată.**

la oră fixă 1. *v.* ~ **ora fixată. 2.** *(când bate ceasul)* at the chime/the stroke of the clock; at... o'clock; regulary; at regular hours/times.

la o oră imposibilă *F* at an unearthly hour.

la o oră înaintată din noapte well on in the night; late at night; late into the night.

la o oră neobișnuită at an unusual hour.

la o oră nepotrivită at an unseasonable/an untimely hour.

la ordin 1. at call. **2.** *excl.* at your orders!

la ordine! point of order!

la ordinea de zi under discussion.

la ordinea zilei topical; current; of the day; in the highlights; on the map.

la ordinele cuiva at smb.'s disposal/orders; at smb.'s beck and call.

la ordinele dvs. at your command; yours to command; just as you like.

la ordinul cuiva 1. following smb.'s orders. **2.** *(d. un cec etc.)* in smb.'s favour.

la ore mici *(până la 3, 4 noaptea)* in the small hours.

la orice oră din zi sau din noapte at any time of the day or night.

la origine originally; initially; *v. și* ~ **început.**

la orizont 1. on the horizon. **2.** *fig.* in the offing.

la un pahar (de vin) over a glass/a bottle (of wine); over one's cups.

la o parte (din drum)! stand aside! make room! stand out of the way! clear the way!

la parter 1. on the ground floor; downstairs **2.** *(la personalul de serviciu)* below stairs.

la pas 1. at a slow pace; at (a) walk(ing)/foot pace; driving slowly. **2.** *interj.* walk your horses! drive slowly!

la pas cu vremea up to date.

la un pas de... within a step of...; but a/one remove from; *fig.* within a hair of...; ...by a hair; within an ace of...; (by) a close shave; *sl.* as near as a touch; *F* → within the turn of a die.

la un pas de izbândă/succes/victorie *F* within a step/within measurable distance of success.

la un pas de moarte within/by a hairbreadth of death; on the brink of the grave; at death's door.

la un pas de ruină on the brink of ruin.

la paștele cailor *F* when two Sundays come in one week;' when the pigs begin to fly; when the Ethiopian changes his skin, on St. Tib's eve; *v. și* ~ **calendele grecești.**

la patru ace dressed (up) to kill; dressed up to the nines; decked out in all one's war-paint; as neat as a new pin; in one's Sunday clothes; in one's Sunday best; *F* in one's Sunday-go-to-meeting clothes; all spruced up; taut and trim.

la un păhărel *v.* ~ **pahar (de vin).**

la pământ 1. on the ground; down; laid up. **2.** *fig.* *(abătut)* down(-hearted); downcast; down and out. **3.** *fig. (învins)* defeated; down in the mouth; done in; down to the (very) ground; on one's bones. **4.** *(lefter)* to be broke; *F* not to know A from B; not to know B from a bull's foot.

la păscut/pășunat/pășune at grass.

la pândă on the lurch.

la pârnaie *argou v.* ~ **închisoare.**

la pensie retired (upon a pension); in retirement; *fig.* on the shelf.

la perfecție to perfection; to a nicety; perfectly; (up) to the nines; *F* to a/the nail.

la periferia unui oraș on the (out)skirts/in the purlieus/suburbs of a town; around a town.

la periferie 1. in the suburbs/purlieus; on the (out)skirts. **2.** *fig.* peripherical(ly); secondary; unimportant; insignificant.

la persoana întâi in the first person.

la picioarele cuiva at smb.'s feet.

la picior arm! *mil.* arms at the order.

la pipăit to the touch/the feel.

la plecare(a sa) on (his) departure.

la plural *gram.* in the plural.

la poalele dealului/muntelui at the foot of the hill(s)/mountain(s).

la poarta raiului at the gates of heaven.

la poarta veșniciei *(poetic)* on the brink of eternity.

la prânz at noon/midday.

la un preț accesibil/modest on moderate/easy terms.

la un preț mare/ridicat at a high/a steep price.

la un preț scăzut at an easy rate; at a low price; on moderate; easy terms.

la prețul pieței/zilei *com.* at present prices/quotations.

la prima impresie *v.* ~ **vedere.**

la prima încercare at the first try/go-off.

la prima oră (the) first thing in the morning.

la prima vedere at first sight/view/blush/gaze/glance; at the first appearance/inspection; on the face of things; on the surface; in/on the first face.

la primirea acestei știri on receiving this piece of news.

la propriu in the proper/the right sense of the word; properly speaking; in a proper sense.

la proră/provă *mar.* on the bow.

lapsus linguae a slip/a skip of the tongue.

lapte de cuc *fig.* pigeon('s) milk.

laptele s-a stricat the milk has turned sour/has curdled.

la punct 1. *(perfect)* suitably; perfectly; all right. **2.** *(la timp)* in the nick of time; in season. **3.** *(la curent)* well up (in a problem).

la putere in power/office; *F →* in the saddle; at the top of the tree; astride of the situation.

la puterea n to the n-th (power).

la putere erau liberalii the Whigs were in.

la radio on/over the radio.

la răcoare 1. in the shade; in a cool place. **2.** *fig. F* in grips; *v. și~* **închisoare.**

la răsăritul soarelui at sunrise/dawn/daybreak/day.

la război in the field.

la rând in succession; in a string; one after the other; as they come; in turn; by turns; on/at a stretch; *rar →* at the stretch.

la un rând 1. *(dactilo)* in close typing. **2.** *(d. haină)* single-breasted.

la rece/zdup 1. (being) cooled. **2.** *v.* **~ închisoare.**

la remorcă... *fig.* in the wake of...

la repezeală hurriedly; in a hurry; fast and furiously; with all speed.

la revărsatul zorilor in the grey of morning/dawn; *v. și* **în zori.**

la revedere goodby(e)! *F* bye-bye! cheerie-(h)o! so long! *amer.* see you later; until we meet again.

larg de mână/la pungă open-/large-handed; free with one's money; dealing out his money freely.

la rugămintea cuiva at the request/the suit of smb.; at/following smb.'s demand/request.

la sapă hoeing; tilling the land.

la sapă de lemn *v.* **~ strâmtoare.**

las asta în voia ta/la discreția ta I have that to you/to your discretion/judgment; *F* (you may) please yourself about it; do as you like about it.

lasă aiurelile! *v.* **~ fleacurile!**

lasă asta! no more, of that! enough of it!

lasă asta în grija mea leave (the care of) that to me; leave it to me.

lasă astea! *v.* **~ asta!**

lasă, nu-ți bate capul! oh/simply/please don't bother!

lasă că... 1. wait a little; just wait (and you'll see...). **2.** let alone (the fact) that...

lasă că-ți arăt eu (ție)! I'll teach you a lesson! I'll make you behave yourself! *F →* I'll learn you! I'll have the law of you! I'll be after you!

lasă câinii să se mănânce între ei *prov.* put not your hand between the bark and the tree.

lasă-te de bancuri! don't tell me! no flam! get along with you!; *v. și* **fugi de-acolo/de-aici 2.** *(astâmpără-te)* none of your games with me. **3.** *v.* **lasă fleacurile! 4.** *(nu glumi)* no joking/jokes/jesting.

lasă-te de brașoave! draw it mild! *v. și* **fugi cu ursul!**

lasă de dorit *v.* **~ mult ~.**

lasă-te de glume! *v.* **~ bancuri!**

lasă-te de matrapazlâcuri none of your games/tricks.

lasă, nu te deranja please, do not trouble; never mind!

lasă (destul de) mult de dorit there is (much) room for improvement.

nu se lasă el întors pe dos you can't bowl him over.

lasă fleacurile! no more of your nonsense/of your foolish ideas; none of your (damned) nonsense; no nonsense/trifles/trifling; *v. și* **~-te de bancuri!**

lasă gălăgia! *F* shut up! stash/cheese it! give it a rest! hold your tongue/noise! *sl.* put a sock in it.

îi lasă gura apă după așa ceva his mouth waters/ *sl.* his chaps water at it.

lasă-l să intre! let/show him in.

lasă-l în boii lui! let him rip! *v. și* **~ pace!**

lasă-l în pace! do not meddle with him! let him alone/be!

lasă-mă în pace! let/leave me alone/in peace; let me be! don't bother me; *înv. →* give me myself.

se lasă întunericul night is falling; it is getting/growing dark.

lasă-mă să te las 1. weakling; idler; stick-in-the-mud **2.** shirker; loafer.

lasă lucrurile așa cum sunt let things alone/be; let sleeping dogs lie.

lasă să meargă let it be! go! way enough!

lasă mofturile! leave off pretending! give up fads! cut that nonsense! none of your airs and graces/ frills!

lasă mult de dorit it leaves much to be desired; there is much room for improvement.

nu lasă nimic de dorit it wants nothing; it, etc. is not wanting in anything/any way.

se lasă noaptea night is falling; night is closing/ setting in.

lasă omul să facă ce vrea/să trăiască așa cum vrea live and let live.

lasă-mă-n pace! *v.* **~ în pace!**

lasă-te păgubaș! nothing doing; you may/might as well drop it.

lasă pe mine! *F* leave it to me! let me alone for that!

lasă-mă să plec! let me go!

lasă-l să plece (că pe urmă...) let him just leave and...; first let him depart and then...

lasă-mă să privesc *F →* let me have a squint at it.

lasă prostiile! *v. ~* **fleacurile!**

mă lasă rece 1. it leaves me (entirely) unmoved; it doesn't affect me in the least; it is not my funeral; *v. și* **a nu-i păsa de nimic. 2.** I don't care for it in the least; I don't like it at all.

lasă-mă, te rog! please leave me alone; (please) let me be.

lasă-l să-și sape groapa și va cădea singur în ea give him enough rope and he will hang himself.

lasă smiorcăiala! *F* stop your whining!

lasă vorba! *F* cheese/stash it! shut up! shut your trap/gale/gob/mouth! hold your tongue!

las-o baltă! forget it! chuck (it) up! get off/away/ along; give up the game.

la scara de... on the scale of...

la scară redusă/microscopică on a microscopic/ miniature scale.

la scăpătat *v.* **la apusul soarelui.**

vă las cu bine! farewell! good bye! *F →* ta-ta; ta-ra.

las-o mai domol/încet/moale! take it easy! *v. și* **fugi de-acolo/de-aici!**

las-o mai domol! 1. don't (be in such a) hurry; don't rush (things). **2.** *v. ~* **moale.**

o să se lase cu bătaie/cu zeamă lungă *mil.* we're in for a scrap.

la sfântu-așteaptă on St. Tib's Eve; *v. și ~* **calendele grecești; ~ paștele cailor.**

la sfârșit in the (very) end; when all is done.

la sfârșitul *(cu gen.)* at the end of.

las-o fiartă! get on/along/away with it; *v. și ~* **încurcată!**

la simplul gând al/că... at the mere thought of/ that.

la un singur rând 1. *(dactilo)* in close typing. **2.** *(d. haine)* single-breasted.

las-o mai încet! 1. *v. ~* **domol. 2.** *v. ~* **moale.**

las-o încurcată! drop it/leave it at that! never mind! cut it out! let us drop the subject; let sleeping dogs lie.

las la aprecierea dvs. I leave it to your discretion/ better wisdom.

las-o mai moale! 1. draw it milder! don't lay it (on) so thick! bring it down a step or two **2.** *(fugi de-aci că nu te cred)* get along with you! *F* tell me another! *v. și* **lasă-te de bancuri! fugi de-acolo/ de-aici!**

las-o moartă! *F amer.* cut it out! *v. și ~* **baltă!**

la soare in the sunshine/the sunlight; in the sun.

la spartul târgului (a day) after the fair; too late in the day; *aprox.* after meat/dinner, mustard.

la spălat in/at wash; in washing.

las' pe mine! *v.* **lasă ~!**

lasă pe seama lui/ei leave it to him/her! trust him/ her!

la stânga! 1. on your/the left; turn left. **2.** *mil.* left turn/*amer.* face.

la stânga-mprejur! about turn! *mil.* left about face!

la strâmtoare 1. in trouble; in a sad/a sorry plight; *F →* in a tight corner/place/squeeze/spot; in a nice fix; with one's back to the wall; in huckster's hand; between the devil and the deep sea; on one's bones; (skating) on thin ice; in hot water; up a stump/a tree; in Queer Street; (held) at bay; in the cart; on a/the razor's edge; in a (tight) box; *amer.* over a bar-rel. **2.** *(fără bani)* hard up (for cash); on the rocks; broke; in reduced/*F →* pinched circumstances.

la subiect! come back to the issue! don't evade the issue; don't beat/let's not beat about the bush! point of order! question!

la sud on the south, to the south.

la sud (de...) south(ward) of...

la suprafața apei on/at the surface; above water; between the wind and the water.

la sută per cent(um).

la școală at school.

lat de un picior etc. one foot broad/over.

la teatru at the theatre.

la Teatrul Național se joacă Othello Othello is on at the National Theatre.

la telefon on/over the (tele)phone; *(prin)* by (tele)phone;

la telefon! 1. *(chiar eu)* (Smith, etc.) speaking! **2.** *(sunteți chemat)* you're wanted on the telephone.

la telefon X Smith speaking.

la temelia *(cu gen.)* *v. ~* **baza** *(cu gen.)*.

la timonă *mar.* at the wheel.

la timp in (good/due) time; on the minute; on time; in season; (just) in the nick of time.

la un timp nepotrivit *v.* **într-un moment ~.**

la timpul cuvenit at the proper time; in due/good/ proper time; seasonably; in (due) season; in due course; when the time comes; at a suitable time.

la timpul fixat at the appointed time; at the proper time/moment appointed for it.

la timpul potrivit/său *v. ~* **cuvenit;** in due season.

la timpul și (la) locul cuvenit/potrivit in due/ proper time and place.

la tine acasă under one's own vine and fig-tree.

lat în spate of sturdy build; broad-shouldered; square-built.

la toartă fast; friendly; close together; as thick as thieves; *v. și ~* **cataramă.**

la tot ceasul every hour; hourly; all the time.

la tot pasul at every turning/corner; everywhere.

la trap (ușor) at a (slow) trot.

la treabă! (now) to business! let us be up and doing.

la trei ore etc. de... at a three hours' walk/drive/journey from.

la trei ore o lingurița a teaspoonful every three hours.

la tribord *mar.* to starboard.

la țanc 1. (just) at/in the nick of time; on the dot/the tick; on/to the tick; to the (very) moment; on time; up to time; on the minute/the stroke; *v. și* **la timp. 2.** (*f. exact*) on the edge; pat; to a hair's breadth.

la țară in the country (side); out of town.

lauda de sine nu miroase-a bine *prov.* self-praise is no recommendation; *aprox.* great boast, small roast.

laudă-mă gură *aprox.* to sing one's own praises.

la umăr, arm! *mil.* shoulder arms!

la umbră 1. in the shade. **2.** *argou v.* **la închisoare.**

la unu și jumătate at half past one.

la urechea cuiva in smb.'s ear; for smb.'s private ear; in thick confidence.

la urma urmei/urmelor after all; finally; in fine; in fact; as a matter of fact; at that; on the other hand.

la vale downhill; down the slope/the valley.

la vârsta de 10 ani at the age of ten.

la vârsta mea at my time of life.

la vârsta ta, ar trebui să fii mai înțelept you ought to know better at your age.

la o vârstă înaintată at an advanced age; well on in years.

la vedere 1. at/on sight; exposed to view; in a prominent position; **2.** *fin.* (*d. depuneri*) on demand.

la vederea (noastră) at sight (of us).

la vest on/to the west.

la vest de... west(ward) of...

la viitor *gram.* in the future (tense).

la vreme 1. while there is/was still time. **2.** *v. ~* **timp.**

la vremea asta at this time of day.

la vremea sa *v.* **la timpul potrivit.**

la vreo 1000 de oameni about 1000 people.

la zdup *F argou v. ~* **închisoare.**

a se lăcomi la... to covet; to hanker after.

a se lălăi de colo până colo (fără a face nimic) to lop/to loll about; to dawdle idly.

a se lălăi într-un fotoliu to loll (back) in an arm-chair.

lă-mă, mamă duffer; ninny; stick in the mud.

a lămuri o chestiune/problemă to get at the root/the truth of a matter; to split the log.

te-ai lămurit? is everything clear to you? (do) you see?

a-și lărgi câmpul de activitate to extend the scope of one's activities.

lărgime a orizontului breadth of views.

a lărgi orizontul/orizonturile cuiva to open smb.'s mind.

a nu te lăsa not to give in/way; to hold one's own/one's ground; *aprox.* never say die; *sl.* to keep the game alive; **nu te lăsa!** *F* keep your chin/pecker up! keep a stiff upper lip; hold hard! steady! stand firm! keep it up! pull devil, pull baker! (*nici în ruptul capului*) never say die!

a se lăsa (*d. noapte, întuneric*) to close in.

a nu se lăsa to return to the charge; to sit tight.

a nu se lăsa abătut to keep up one's hopes; to put a bold face on things; to keep one's hair on; *F* to keep one's tail/pecker up.

a nu se lăsa ademenit de nimic to be adamant/inflexible/incorruptible; not to be lured/allured by anything; to be proof against all inveiglements.

a lăsa să se adune (*datorii etc.*) to let (things, debts) run up.

a lăsa afară to leave out; to omit; to reckon without...

a lăsa amanet to pawn; to put up the spout; to (put in) pledge; to put in.

a se lăsa amăgit (to allow oneself) to be taken in/to be diddled.

a nu se lăsa amăgit not to be taken in/diddled; to undeceive oneself.

a nu se lăsa amăgit de iluzii to be wide awake; not to delude oneself; not to indulge in illusions; to undeceive oneself; to sit tight.

a lăsa armele to cease from strife.

a lăsa să se așeze (*o soluție etc.*) *v. ~* **depună.**

a lăsa pe cineva să aștepte to keep smb. waiting.

a-și lăsa averea cuiva *v.* **a lăsa moștenire.**

a-și lăsa bagajele la gară/în consignație/la magazia de bagaje *c.f.* to leave one's luggage in the cloakroom.

a lăsa baltă to give smth. a rest; to let the matter drop.

a lăsa baltă pe cineva to leave smb. in the lurch; to let smb. down.

a lăsa baltă lucrul to rest/to lie on the oars; *v. și* **a se lăsa pe tânjală.**

a lăsa baltă o urmărire/urmărirea to let up on a pursuit.

a-și lăsa banii cuiva *v.* **a lăsa moștenire.**

a-și lăsa barbă to grow/*F* → to sprout/to sport a beard.

a se lăsa bătut *F* to lie down under a defeat; to take a defeat lying down; *v. și* **~ învins.**

a lăsa blidele curate to punish one's food.

a lăsa o boală să se învechească to let a disease go too far.

a lăsa buza/buzele to pout (one's lips).

a lăsa să cadă to let... fall; to (let) drop.

a lăsa să cadă cortina to ring down/to drop the curtain.

a lăsa să cadă o farfurie to let fall a plate.

a lăsa să-i cadă masca to abandon all pretence.

a lăsa ceva ca garanție *v.* **~ în gaj.**

a lăsa caii să răsufle to let the horses blow.

a lăsa un cal la/în trap to put a horse to a trot.

a lăsa calul în voia lui to humour a horse.

a lăsa o cameră în neorânduială to topsy-turvy a room.

a lăsa capul în jos/piept to bend/to hang one's head down; to sink one's head on one's chest.

a-și lăsa cartea de vizită to leave one's card on the doorstep.

a nu se lăsa (ușor) călcat pe coadă not to be slow to defend oneself.

a lăsa câmp liber to give full/free scope to...

a nu se lăsa câtuși de puțin not to give an inch.

a lăsa ceaiul să se înnegrească/întărească to let the tea draw.

a lăsa o chestiune în suspensie to let a question stand over.

a lăsa pe cineva să citească o carte to give smb. a read of one's book.

a lăsa (pe) un concurent să ia un avans (*la curse etc.*) to lose ground on a competitor.

a lăsa să continue *F* to leave one to it.

a lăsa contul deschis to let an account stand over.

a nu lăsa conversația să lâncezească to keep the ball rolling (up); not to let the conversation flag.

a lăsa un copil nepedepsit to let a child go uncor-rected.

a nu se lăsa copleșit to keep up one's spirits.

a lăsa cortina to ring down/to drop the curtain.

a se lăsa cu (*bătaie etc.*) *F argou* to end in (a fight/ a brawl, etc.).

a lăsa cu burta la gură *v.* **~ grea o femeie.**

a lăsa cu buza umflată/buzele umflate pe cineva to give smb. the slip/the push/the mitten; to leave smb. in the lurch; to put smb.'s nose out of joint; to leave smb. behind; not to wait for smb.

a lăsa cu gura căscată pe cineva to strike smb. dumb; to take smb.'s breath away; to knock smb.

off his pins; to put smb.'s pipe out; to make smb. sit up; to make smb. open his eyes.

a se lăsa cuprins de disperare to abandon oneself to despair; to give way (to despair).

a lăsa să curgă to stream forth.

a nu se lăsa cu una cu două to hold tight; not to yield an inch; to stand fast.

a se lăsa de ceva to give smth. up (as a bad job); to leave off doing smth.; to break smth. (off); to leave smth. off; to give up smth.

a se lăsa de avocatură to retire from the bar.

a lăsa de azi pe mâine ← *F* to keep putting off/ procrastinating; to put it off from one day to an-other; to procrastinate.

a lăsa de căruță to get the heels of smb.; to out-run; to outdo; to leave (far) behind; *v. și* **~ în urmă.**

a se lăsa de căruță *v.* **a rămâne ~.**

a nu se lăsa de ceremonie to stand (up)on cer-emony.

a lăsa de dorit to leave much to be desired; not to be satisfactory; to fall short of necessities/expecta-tions; not to live up to expectations.

a nu se lăsa de etichetă *v.* **~ ceremonie.**

a lăsa de izbeliște to leave at anybody's mercy; to abandon; to forsake.

a se lăsa de învățătură to forsake one's books; to interrupt/to give up one's studies.

a nu se lăsa deloc to show fight; not to give way; not to yield an inch.

a nu lăsa deloc de dorit to be entirely satisfactory; to leave nothing to be desired; to fall short of noth-ing.

a se lăsa de un nărav *v.* **~ obicei.**

a se lăsa de năravuri vechi *F* to put off the old man; to cast off the old Adam.

a se lăsa de un obicei to outgrow a habit; to drop out of a habit; no longer to indulge in smth./a habit.

a se lăsa de un obicei prost to throw/to break/to leave off/to give up/to outgrow a bad habit; to break off/to throw off a bad habit.

a lăsa deoparte to leave aside/off; to give up; to give it a rest.

a lăsa deoparte amănuntele to pass over/to ne-glect/to overlook the details.

a-și lăsa deoparte sabia to lay one's sword aside.

a nu se lăsa de protocol *v.* **~ ceremonie.**

a lăsa să se depună/să se așeze (*o soluție, vin*) to let smth. settle.

a lăsa pe cineva să se descurce singur/cum poate to leave smb. to one's own devices/resources; to shift for oneself; *scoț.* to let someone gang his own gate.

a se lăsa de treabă to hang up one's axe.

a lăsa ceva din mână to leave/to lose hold of smth.; to let go (one's hold of) smth.

a mai lăsa din pretenții to sing (to) another/a different tune; to change/to lower one's tune; $F \rightarrow$ to sing small.

a mai lăsa din preț to knock smth. off the price.

a o lăsa mai domol *v.* ~ **moale**.

a lăsa dracului 1. *v.* ~ **baltă**. 2. *v.* ~ **pe cineva în plata Domnului**.

a lăsa drum liber cuiva to open the door for/to smb.

a se lăsa dus to allow oneself to drift/float with the current.

a se lăsa dus cu preșul/zăhărelul/de nas *v.* ~ **amăgit**.

a se lăsa dus de... to abandon oneself to; to indulge in.

a se lăsa dus de curent/evenimente to swim with the tide; to tide it; F to take life easy.

a se lăsa dus de gânduri to be wrapped up/engrossed/lost in thought; to be in a brown study.

a nu se lăsa dus de nas *v.* ~ **amăgit**.

a nu se lăsa dus de nas așa de ușor to know better (than that).

a se lăsa dus de visare to drift away (in day dreaming).

a lăsa pe cineva să facă ceva to let smb. do smth.

a lăsa pe cineva să facă anticameră F to leave smb. out in the cold.

a lăsa pe cineva să facă ce-o vrea to let/to leave smb. alone.

a lăsa să facă cum crede to let smb. use one's own discretion.

a lăsa pe cineva să-și facă de cap to let smb. rip.

a lăsa pe cineva să-și facă somnul to let someone have his sleep out.

a lăsa pe cineva să-și facă treaba așa cum crede to leave someone to his own devices.

a lăsa fără adăpost to leave shelterless; to unhouse; to leave at the wind's mercy.

a lăsa fără apărare to leave defenceless/unprotected; *(la șah)* to uncover a piece.

a lăsa pe cineva fără grai *fig.* to strike smb. dumb/mute/speechless.

a lăsa pe cineva fără o leșcaie to leave smb. peniless.

a lăsa pe cineva fără resurse *v.* ~ **în mare încurcătură/în pană**.

a lăsa pe cineva fără slujbă *v.* ~ **pe drumuri**.

a o lăsa focului *v.* **a lăsa baltă**.

a lăsa frâu liber cuiva F to let smb. have his head.

a lăsa frâu liber la... to give way to.

a se lăsa frig to be getting/growing cold.

a se lăsa furat de o idee to abandon oneself to an idea.

a lăsa gălăgia to shut up; to hold one's noise/tongue; *sl.* to put a sock in it.

a-și lăsa gândurile să rătăcească/să zboare în voie to let one's thoughts stray/wander.

a-și lăsa geamantanele la casa de bagaje to leave one's luggage in the cloak-room.

a lăsa pe cineva gol pușcă to steal smb.'s clothes; P to sell smb. blind; to strip smb. naked/to the skin/to the bone/$F \rightarrow$ buff; $F \leftarrow sl.$ to do smb. *(amer.* up) brown.

a lăsa grea o femeie to get a woman with child; to put a woman in the pudding club; to make a woman pregnant; *amer.* to knock a woman up.

a se lăsa greu *(într-o privință)* to kick/to jib (at smth.).

a lăsa cuiva grija de a face ceva *v.* ~ **sarcina** ~.

a-i lăsa gura apă 1. *(tranzitiv)* to make one's mouth water; 2. *(intranzitiv)* F to lick one's chops; **îi lasă** ~ his mouth waters (at the thought/the sight of).

a o lăsa mai ieftin *fig.* to draw in one's horns; *v. și* ~ **moale**.

a se lăsa indus în eroare to be taken in; to be/to labour under a misapprehension/a delusion.

a nu-l lăsa inima să... not to find it in one's heart to...; not to be so callous as to...

a nu se lăsa intimidat to keep one's hair on/one's heart.

a lăsa să intre lumina soarelui to let in the sun.

a se lăsa îmbrâncit în dreapta și-n stânga to be jostled about.

a lăsa pe cineva în banii/boii lui $\leftarrow F$ to leave smb. to himself; to leave smb. alone.

a lăsa pe cineva în cămașă *v.* ~ **gol pușcă**.

a o lăsa mai încet 1. to go slow; to grow/to become slack; to take it easy. 2. *fig. v.* ~ **moale**.

a o lăsa încolo (de treabă) to get on with it.

a lăsa încurcat pe cineva to put smb. out of countenance.

a o lăsa încurcată to drop it; to drop the matter; to leave it at that; *v. și* **a lăsa baltă**.

a lăsa ceva în dezordine to leave smth. at loose ends/in a mess/in a tangle.

a lăsa pe cineva în doaga/dodiile lui *v.* ~ **banii** ~.

a se lăsa înduioșat până la lacrimi to melt into tears.

a se lăsa înfrânt *argou* to throw up the sponge; *v. și* ~ **bătut**.

a nu se lăsa înfrânt not to give in; F to keep a stiff upper lip; *v. și* **a nu se da bătut**.

a lăsa ceva în gaj to leave something in gage.

a se lăsa în genunchi to go down/to fall/to sink on one's knees; to kneel; *v. și* **a cădea ~**.

a lăsa pe cineva în ghearele deznădejdii to plunge smb. into despair.

a lăsa ceva în grija cuiva to leave smth. in charge of smb.; to entrust smb. with smth.

a lăsa în grija cuiva to leave to the care of smb.; to place under the care of smb.

a lăsa pe cineva în (mare) încurcătură to leave smb. stranded/in the lurch.

a lăsa în jos I. to slide/to slip/to turn down; to drop. **2.** *(gulerul)* to turn down/back. **3.** *(borul pălăriei)* to turn back; to uncock.

a se lăsa în jos to go/to slide/to slip down; to subside.

a se lăsa în jos/să alunece (pe rampa scării) to slide down (the banisters).

a lăsa pe cineva în jos cu funia to lower smb. on a rope.

a se lăsa în mâinile providenței trusting in God, we must trust in God.

a se lăsa în mâna dușmanilor *F* to put one's head in chancery.

a lăsa pe cineva în mila Domnului *v.* **~ plata ~**.

a se lăsa în nădejdea... to count/to rely/to bank on...

a se lăsa noaptea; se lasă noaptea night is falling/is coming in.

a lăsa în pace I. *(ceva)* to leave/to let alone; to loose hold of (smth.); to leave undisturbed. **2.** *(pe cineva)* to let (smb.) alone/be; not to bother; to leave (smb.) alone/in peace; not to bother/pester (smb.); to give (smb.) line.

a nu lăsa pe cineva în pace to give smb. no peace; to give neither peace nor rest to smb.

a lăsa în pace trecutul to let bygones be bygones.

a lăsa în pană to leave in the lurch; to let down; *v. și ~* **pe cineva în (mare) încurcătură**.

a lăsa ceva în păstrare cuiva to entrust smth. to smb./smb. with smth.; to commit smth. to the trust of smb.; to leave smb. in charge of smth.

a lăsa pe cineva în plata Domnului I. to leave smb. to his own devices; to leave smb. to his fate. **2.** *v.* **~ pace**.

a lăsa ceva în seama cuiva to trust smth. to/with smb.; *v. și* **~ grija ~**.

a se lăsa în seama cuiva to rely/to depend/to lean on smb.; to put one's trust in smb..

a lăsa ceva în suspensie to hold smth. in suspense.

a se lăsa înșelat to be taken in.

a se lăsa într-un fotoliu/jilț to sink/to drop into a chair/an armchair; *v. și ~* **(moale) ~**.

a se lăsa într-o parte to sag.

a se lăsa întunericul to be getting dark.

a lăsa să se înțeleagă ceva to hint at smth.; to give smb. to understand smth.

a lăsa în umbră to take the shine off smth.

a lăsa pe cineva în umbră to outshine smb.; to take the shine out of smb.

a lăsa în urmă to outclass; to leave behind; *(un adversar etc.)* to give the go-by to...

a lăsa în urmă un concurent *F* to run away from/to outrun a competitor.

a se lăsa învins to yield; to surrender.

a nu se lăsa învins not to give in; *v. și* **a nu se da bătut.**

a se lăsa în voia *(cu gen.)* to give oneself up to...; to abandon oneself to...; to indulge in...; to let oneself go with...

a se lăsa în voia gândurilor to let oneself go.

a se lăsa în voia întâmplării/soartei to swim with the tide; to tide it; to allow oneself to drift; to twist to one's fortune/one's lucky star; to turn adrift.

a lăsa pe cineva în voia soartei *v.* **~ plata Domnului.**

a se lăsa în voia vânturilor *fig.* to whistle down the wind; *v. și ~* **întâmplării.**

a lăsa pe cineva în voie to give the rein to smb.; to give free/full/loose rein to smb.; to give smb. the head; to give head to smb.

a lăsa pe cineva jos to beat smb. to a frazzle; *v. și ~* **lat (la pământ).**

a lăsa jos armele to lay down one's arms.

a lăsa jos cărțile (din mână) to lay down one's hand.

a lăsa ceva la alegerea cuiva to leave smth. to the option of smb.

a lăsa pe cineva la ananghie to leave smb. in the lurch; to let smb. down. *v. și ~* **în mare încurcătură.**

a lăsa ceva la aprecierea cuiva to leave smth. to smb. ('s discretion/judgment).

a lăsa ceva la discreția cuiva to leave smth. at/to smb.'s discretion/will/at smb.'s better judgment.

a lăsa la libera alegere to give smb. one's free device/the refusal.

a lăsa lampa să ardă to keep the lamp burning.

a lăsa la o parte to leave out/aside; to pass over; not to heed; not to take into account.

a lăsa la o parte ceva to leave smth. out of account.

a lăsa la o parte amănuntele to pass over the details.

a lăsa la o parte un proiect de lege *F* to jettison a bill.

a lăsa la o parte timiditatea to throw off one's shyness.

a lăsa pe cineva lat (la pământ) to lay smb. out; to leave smb. flat on the ground; to knock smb. senseless; to beat someone black and blue.

a lăsa pe cineva lefter to leave smb. penniless; *F* to bleed smb. white; to fleece smb.; to clean smb. out; to ease smb. of his purse.

a lăsa liber (pe cineva) to set (smb.) free; to give free rein to; to give (a) loose to; to loose smb. from his bonds; to set (smb.) at liberty; to give smb. his liberty.

a lăsa liber un câine to let/to turn a dog loose.

a lăsa libere capitalurile *fin.* to liberate capital.

a lăsa cuiva libertatea (să...) to leave smb. free (to...); to let someone of (to).

a lăsa cuiva libertatea de acțiune to leave smb. a clear field (for smth.).

a lăsa cuiva libertatea de a proceda cum crede de cuviință to leave someone to do smth.

a lăsa să se limpezească *v.* ~ depună.

a lăsa loc pentru... to leave space for...

a lăsa locul liber *fig.* to walk the plank.

a lăsa lucrul to put down/to lay aside the work.

a lăsa lucrurile în voia lor/la voia întâmplării to let things slide (go/hang); to let matters drift; to let the world slide; to let well alone.

a nu lăsa lucrurile să lâncezească/treneze not to let the grass grow under one's feet.

a lăsa lucrurile să meargă de la sine to let things slide.

a lăsa lucrurile să meargă înainte to let things drift.

a lăsa lumea să-și bată joc de el to make a laughing-stock of oneself.

a lăsa lumea să vorbească not to mind people's talk.

a lăsa mască to take smb.'s breath away.

a lăsa mână liberă cuiva to give smb. a free hand; to give smb. the head; to give the head to smb.

a lăsa să-i meargă gura to wag one's tongue; to set rumours afloat.

a nu se lăsa mișcat *F* to sit tight.

a o lăsa mai moale 1. *(cu eforturile)* to take it easy; to relax in one's efforts; *F* to haul in one's sails; to draw in one's horns; to sing small. 2. to change one's note/tune; *v. și* a întoarce foaia. 3. *(a nu mai exagera) F* to come down a peg (or two); to go to the wall; to come in.

a lăsa moale frâul to give a horse its head.

a se lăsa (moale) într-un fotoliu/jilț to drop down in an armchair.

a lăsa mort pe cineva to strike/to kill smb. (stone) dead.

a lăsa moștenire to bequeath; to leave (issue); *înv.* → to will.

a lăsa o moștenire cuiva to leave smb. a legacy.

a lăsa mult de dorit to leave much to be desired.

a-și lăsa mustață; a-i miji mustața *F* to sprout a moustache.

a lăsa pe cineva mut to strike smb. dumb; *v. și* ~ fără grai.

a (mai) lăsa nasul în jos to be/to look crest-fallen; to come down a peg or two; to feel ashamed; *v. și* a o lăsa mai moale 2.

a lăsa natura să-și urmeze cursul (ei firesc) to let things take their course.

a lăsa năuc pe cineva to strike smb. all of a heap.

a lăsa ceva neatins to leave smth. untouched.

a lăsa neobservat to turn the blind eye (up)on; *fig.* to whistle down the wind.

a nu lăsa nici o urmă to leave no trace (behind).

a nu lăsa nimic in picioare to leave neither stick nor stone standing.

a nu lăsa nimic la voia întâmplării to leave nothing to accident.

a nu lăsa nimic nefăcut to leave no stone unturned; not to let drop.

se lăsa noaptea night was closing in.

a lăsa ochii în jos to cast down one's eyes; to look down.

a lăsa paf pe cineva *F* to flabbergast smb.; to flummox smb.; to knock/to strike smb. all of a heap; to take smb.'s breath away.

a lăsa să patineze ambreiajul *auto* to slip the clutch.

a se lăsa păcălit to swallow a gudgeon; *v. și* ~ amăgit.

a se lăsa păgubaș *F* to hang up one's ax(e); to chuck (it) up; to shut up shop.

a-și lăsa pălăria pe ochi to tip one's hat over one's eyes.

a lăsa ceva să se părăginească to let smth. run to waste/seed.

a lăsa pâinea să se învechească to let bread cool off.

a se lăsa pe... (a se bizui pe...) to trust; to rely on.

a lăsa pe cineva pe drumuri 1. to reduce smb. to beggary/destitution. 2. to turn smb. out of his job; *v. și* a arunca pe drumuri pe cineva.

a lăsa pe mâine ceva to leave smth. till tomorrow; to put smth. off/for the next day.

nu lăsa pe mâine ce poți face azi *prov.* never put off till tomorrow what you can do today; a stitch in time saves nine; procrastination is the thief of time; delays are dangerous.

a lăsa ceva pe mâinile cuiva to leave smth. with smb.

a o lăsa pentru altă dată to put it off for another time.

a lăsa ceva pe planul al doilea to relegate smth. to the background; to leave smth. on the second plane.

a lăsa pe cineva să se perpelească singur *F* to let smb. stew in his own juice.

a lăsa perplex to nonplus; to strike dumb; to leave in a puzzle/at a nonplus.

a se lăsa pe seama cuiva to rely/to depend/to lean on smb.

a lăsa ceva pe seama *(cu gen.) v.* **~ în ~.**

a se lăsa pe tânjală *F* to rest/to lie on one's oars; to grow lazy; to acquire idle habits; to idle away one's time; to laze away one's life; to slacken off/up.

a nu se lăsa pe tânjală not to be wanting to oneself.

a nu lăsa piatră pe(ste) piatră to raze the ground; not to leave one stone upon another; not to leave a stone standing.

a lăsa pe cineva să plece to let smb. go; to allow smb. to go.

a lăsa o portiță de scăpare to leave a hole to creep out of.

a se lăsa pradă... to give oneself (up) to...; to abandon oneself to...; to indulge in...; **~ furiei etc.** to give vent to one's anger, etc.; **~ bucuriei etc.** to let oneself go.

a se lăsa pradă ideii de a... to abandon oneself to the idea of.

a nu se lăsa pradă ispitei to wear Joseph's coat.

a lăsa pe cineva praf to make smb. open his eyes; to knock smb. all of a heap; *v. și* **~ paf.**

a lăsa praf și pulbere/prăpăd în urma sa to play havoc; *lit.* to leave ruin in one's trail.

a lăsa prea mult din preț to bargain smth. away.

a nu se lăsa mai prejos to give as good as one gets; to give a Roland for an Oliver; to run smb. hard/close.

a se lăsa prins to get caught (red-handed)/pinched.

a se lăsa prins în cursă/laț *F* to walk/to fall straight into the trap; to walk into a trap; to be caught in the trap; *fig.* to swallow a gudgeon.

a se lăsa prins în mreje to be taken/to get caught in the toils; to fall under the net.

a lăsa prin testament to bequeath; to leave; *înv.* → to will.

a lăsa ceva cuiva prin testament to remember smb. in one's will.

a lăsa puterea în/pe mâna cuiva to lodge power in the hands of smb.

a-l lăsa puterile; îl lăsară puterile strength failed him.

a lăsa pe cineva să putrezească în închisoare to let smb. rot in prison.

a lăsa puțină libertate cuiva până îl prinzi to give smb. line.

a lăsa răgaz cuiva to give smb. respite/time/line.

a nu lăsa pe cineva să răsufle *(a munci pe cineva)* to work smb. to death; to keep smb. up to the collar.

a lăsa rece not to concern/trouble/move; *F* to leave (smb.) high and dry; **mă lasă ~** I am not concerned/troubled/moved; *F* it is not my funeral.

a-l lăsa ceva rece to hold loose to smth.

a se lăsa rugat to need a lot of asking.

a nu se lăsa rugat to be nothing lo(a)th.

a nu se lăsa rugat de două ori; nu s-a lăsat rugat de două ori he needed no second invitation; he did not have to be asked twice.

a lăsa cuiva sarcina de a face ceva to leave smb. in charge of smth.; to leave smth. in smb.'s charge; to leave smb. to do smth.

a lăsa sărăcia la ușă to keep the wolf from the door.

a lăsa sânge *înv.* to (let) blood; to bleed; to draw off blood; to open/to breathe a vein.

a lăsa pe cineva să se scalde în apele lui *v.* **a lăsa pe cineva în banii lui.**

a lăsa să-i scape ceva to let smth. fall/slip.

a lăsa să-i scape o înjurătură to let an oath slip out; to slip out an oath.

a lăsa să-i scape o observație to plump out a remark.

a lăsa să-i scape ocazia/o ocazie/prilejul/un prilej to throw away/to let slip/to miss an opportunity; to pass up an opportunity; to miss the market.

nu lăsa să-ți scape ocazia/prilejul don't let the opportunity slip.

a lăsa să-i scape un secret to let out a secret.

a lăsa să-i scape un strigăt/țipăt *F* to let out a yell.

a lăsa scris cuiva *v.* **~ vorbă ~.**

a lăsa pe cineva singur to leave smb. by oneself; to leave smb. in his glory.

a lăsa slobod pe cineva to set smb. at liberty; to give smb. his liberty; *v. și* **~ liber (pe cineva).**

a lăsa slobod un deținut to set a prisoner at large.

a-și lăsa slujba to give up/to resign one's office; to leave one's job/post.

a lăsa o sumă ca/în depozit to leave ten pounds as deposit.

a lăsa o sumă (de bani) drept chezășie/garanție pentru ceva to leave a deposit on smth.

a lăsa o sumă de bani la cineva to lodge money with smb.

a lăsa tâmpit pe cineva *v.* ~ năuc ~.

a se lăsa târât de... to abandon oneself to...

ți s-au lăsat cauciucurile your tyres are down.

a se lăsa tentat to yield to temptation.

a lăsa un teren să se înțelenească/odihnească to lay down land to/under/with grass.

a lăsa un testament to leave/to make a will.

a lăsa un testament (în favoarea) cuiva to leave a legacy to smb.

a lăsa timp cuiva (să) to give smb. time (to).

a lăsa un timp în pace un lucru to leave smth. alone for a spell.

a lăsa timpul să vindece toate rănile to leave it to time.

lăsat în banii lui left to oneself.

lăsat în libertate at liberty/large.

lăsat în plata Domnului/în voia soartei left to one's own devices; *F* → left to sink or swim.

a lăsa toată averea cuiva to settle all one's property on smb.

a lăsa toată libertatea cuiva to give free rein to smb.; to give head/way to smb.

a lăsa toate baltă to leave all in the lurch.

a lăsa toate posibilitățile cuiva to give way to smb.

a lăsa totul la voia întâmplării to let everything slide; to let things slide.

a lăsa totul vraiște to leave everything topsy-turvy/ in a (dreadful) mess.

a nu lăsa să transpire to keep (snug); to suppress; not to let it out.

a se lăsa tras pe sfoară *v.* ~ amăgit.

a lăsa trăsnit to leave thunderstricken; *v. și* ~ năuc; ~ paf.

a-și lăsa treaba to put down/to lay aside one's work.

a lăsa pe cineva să treacă to let smb. through.

a lăsa pe cineva să treacă primul to yield precedence to smb.

a lăsa treburile neterminate to leave things undone.

lăsați copilăriile/fleacurile! now, no nonsense! that's childish!

lăsați(-mă) să încerc și eu/să-mi încerc și eu puterea! leave it to me!

lăsați liberă intrarea stand clear of the doorway.

lăsați lucrurile să-și urmeze calea lor firească/ cursul lor firesc let things take their course.

lăsați pe mine/pe seama mea leave it to me.

a lăsa țuț pe cineva *P* to strike/to knock smb. all of a heap.

a lăsa udul to make water, *P* to water the dragon.

a lăsa ceva să-și urmeze drumul to let smth. take/ follow its course/go its normal way.

a lăsa ușa deschisă to leave the door open.

a se lăsa ușor convins to run away with an idea.

a se lăsa ușor tras pe sfoară de cineva to be the ready dupe of smth.

a nu se lăsa ușor tras pe sfoară *P* to be up to snuff: *v. și* a nu se lăsa amăgit.

a nu lăsa să i se vadă sentimentele to put one's feelings in one's pockets; not to wear one's heart on one's sleeve.

a lăsa vălul peste... to draw a/the veil over...

a lăsa vorbă (cuiva) to leave word/a message (for smb.).

a lăsa pe cineva să vorbească to let smb. talk as one likes.

să nu ne lăsăm amăgiți *v.* ~ induși în eroare/ înșelați.

să lăsăm amănuntele let us pass over the details.

să lăsăm asta let that pass; let's drop it/the subject; *F* let that plea stick on/to the wall; (well), let it go at that; *F* → forget it.

s-o lăsăm baltă let us leave it at that.

să nu ne lăsăm induși în eroare/înșelați let's not indulge in any/let's have no illusions about it; let's not delude ourselves; let's not mince matters; *(de aparențe)* let there be no mistake about it!

să lăsăm la o parte subiectul ăsta let us dismiss the subject.

să lăsăm lucrurile aici/așa cum sunt let's leave it at that.

s-o lăsăm moartă! *F* leave it at that!

se lăsă o tăcere grea a long silence ensued.

lăsând gluma la o parte (now) speaking in earnest; jesting/joking apart/aside.

lăsând la o parte... 1. leaving/putting aside. 2. *(cu excepția)* with the exception of...; except for...; without taking into account; to say nothing of...

lăsând la o parte faptul că... apart from the fact that.

lăsând la o parte lauda de sine without wishing to boast...

a lătra tare to give mouth.

a se lăuda cu succesele lui to boast of/to puff one's success; to cry roast meat.

a se lăuda din cale-afară to boast excessively; to brag; *sl.* to talk through one's hat.

a-și lăuda marfa to puff one's ware(s); to make the most of oneself; to blow one's own trumpet.

nu te lăuda până nu vezi lucrul făcut *prov.* there's many a slip twixt the cup and the lip; it is not good praising a ford till a man be over.

a se lăuda singur to blow one's own trumpet; to be one's own trumpeter.

lâna e foarte căutată there is an active demand of wool.

lână în lână all wool.

lângă drum by the roadside.

lângă țărm *mar.* in shore.

leacuri băbești/de șarlatan kitchen physics; quack remedies.

lecturi pentru acasă home/collateral readings.

lecție de română etc. Romanian, etc. class.

a lega o arteră *med.* to secure an artery.

a lega barca la mal to moor; *mar.* to make fast.

a lega băierile pungii *F* → to button up one's purse; *lit* to shut one's purse (against smb.).

a lega burduf/cobză pe cineva to bind smb. fast/tight; to bind smb. hand and foot.

a lega o conversație cu cineva to enter into conversation with smb.

a lega cu cureaua to strap something (up).

a lega pe cineva cu jurământ to bind someone to secrecy.

a lega cu nădejde to bind tight.

a lega cunoștință cu cineva to strike up an acquaintance with smb.

a lega curmei *v.* ~ **burduf.**

a lega cu sfoară (*un pachet*) to (bind with) string.

a se lega de (*o altă problemă*) to be connected with/linked to/with; to be (closely) bound up with.

a se lega de cineva 1. to accost/to molest smb.; to offer violence to smb. **2.** *fig.* to pick on smb.; to turn (round) on smb.

a nu se lega de cineva to leave smb. alone.

a se lega de o greșeală to pounce on a blunder; to cavil at a mistake.

a lega pe cineva de mâini și de picioare to bind/to tie smb. hand and foot; to tie smb. down; *fig. F* → to give smb. a baby to hold.

a se lega de mâini și de picioare to tie oneself up; to give oneself into smb.'s hands.

a lega două cuvinte *lingv.* to link/to articulate two words.

a lega două-n curmei/tei to make both ends meet; to make the pot boil; to boil the pot; to crack a crust; to keep body and soul together; to hold/to keep one's head above water; to cut and contrive; *înv.* → to live at fortune's alms.

a lega fedeleș to toggle; *v. și* ~ **burduf.**

a lega (**grimpiștii**) **în coardă** (*la alpinism*) to rope climbers (together).

a lega gura pânzei to save money; to put/to set money by.

a lega împreună to bind/to string together.

a te lega la cap fără să te doară to put one's neck into the noose; to get tied up.

a lega la gard to tie down.

a lega pe cineva la gard to make a fool of smb.; to pull smb.'s leg; to kid smb.

a lega pe cineva la ochi to blindfold smb.; *fig. și* to stall smb. off.

a lega laolaltă *v.* ~ **împreună.**

a se lega la pantofi to tie one's shoe-laces/-strings; to lace up one's shoes.

a legaliza o afacere to straighten out a business.

a-i lega mâinile cuiva to tie up smb.'s hands.

a-și lega nădejdea de ceva *v.* ~ **speranța ~.**

a lega un nod to tie a knot.

a-și lega părul to tie up one's hair.

a lega prietenie cu cineva to make friends with smb.; to take up with smb.; to strike up a friendship with smb.; *P* to pal in/up with smb.

a lega pe cineva prin jurământ etc. to pledge someone (to do smth.).

a se lega prin jurământ; m-am legat (prin jurământ) să păstrez secretul I am under a pledge of secrecy.

a lega o rană to dress a wound.

a lega rod to yield fruit; to put forth buds.

a-și lega soarta de cineva/de cea a cuiva to tie (up) with smb.; to be tied to the chariot of smb.; to cast in one's lot with.

a-și lega speranța/speranțele de ceva to pin one's faith/hopes on/to smth.

a lega strâns to bind/to tie fast/tight.

a-și lega șireturile pantofilor *v.* **a se lega la pantofi.**

legat de glie *v.* ~ **pământ.**

legat de pământ 1. bound to the soil; fond of one's land; patriotic-minded. **2.** (*d. agricultor*) fond of/attached to the land. **3.** (*d. un sclav*) *înv.* → predial.

a lega teie de/în curmei(e) *v.* ~ **două-n curmei.**

a-și lega toate nădejdile/speranțele de cineva to pin one's faith on/to smb.; to put one's faith in smb.

legat prin jurământ bound by (an) oath; sworn in; under a vow.

legat prin jurământ să faci ceva under a vow to do smth.

legat printr-un contract under articles.

a-și legăna cochet șoldurile to swing one's hips/a saucy hip; to (walk with a) wiggle.

a legăna un copil to rock a child; to jump a child up and down; to give a child a swing.

a legăna un copil (până adoarme) to lull/to rock a child asleep/to sleep.

a se legăna cu o iluzie/în iluzii to indulge in illusions/in wishful thinking.

a se legăna într-un fotoliu to rock (oneself) in one's chair.

a se legăna pe valuri *nav.* to ride at anchor.

legea circulaţiei the rule ot the road.

legea jocului the rules of the game.

legea talionului the law of retaliation.

leit taică-său the very picture/*F* → the dead spit of his father.

lemnul strâmb focul îl îndreaptă *prov.* crooked logs make straight fires.

lenea e cucoană mare care n-are de mâncare *prov.* sloth is the key to poverty; idleness is the key of beggary.

lenea e mama tuturor viciilor *prov.* idleness is the parent of all vice/the root of all evil; by doing nothing we learn to do ill; an idle brain is the devil's workshop.

leneş la făcut temele/la lecţii lazy over one's lessons!

un leneş şi jumătate lazy-bones.

leneşul mai mult aleargă *prov.* idle people/lazy folks take the most pains; idle folks have the most labour; a stitch in time saves nine.

a lenevi în aşternut/pat to laze in bed.

leoarcă de sudoare streaming with/bathed in perspiration.

a se lepăda de ceva to do away with smth.; to give up/to renounce smth.; to recant/to abjure smth.

a-şi lepăda haina *F* to take off one's coat.

a lepăda masca to throw off the mask/all disguise; to drop the mask.

a-şi lepăda pielea to throw one's skin; to slough.

a-şi lepăda puii (*d. animal*) to sling its young.

lepădaţi-vă de prejudecăţile acestea! away with these prejudices.

lesne crezător credulous; easy/light of belief; (easy) gullible.

a leşina de foame to be faint with hunger.

a leşina de râs to shake/to rock with laughter; to split/to burst one's sides with laughing.

leşinat de foame faint with hunger.

leşinat de oboseală dropping with fatigue; *v. şi* **mort ~**.

liber! (O.K.) go! *c.f.* right away!

a libera linia to clear the track.

liber arbitru free will/arbiter.

liber de free from.

liber de prejudecăţi free from (any) prepossession/prejudice(s).

liber şi nesilit de nimeni of one's own free will.

a lichida o datorie to square up.

a licita un contract *com. fin.* to tender for a contract.

limba-i mai tăioasă ca orice brici the tongue is sharper than any sword; a tongue gives a deeper wound than any sword.

limbă ascuţită a sharp tongue.

limbă despicată a forked tongue.

limbă încărcată *med.* coated/furred/dirty tongue.

limbă lungă a long/a wagging/a loose tongue; a chatterbox.

limbă rea *fig.* wicked/venomous/envenomed tongue; tongue full of venom.

limbă slobodă *v.* **~ lungă**.

a limita consumul alcoolului/de alcool etc. to restrict the consumption of alcohol, etc.

a se limita la (a face ceva)/să facă ceva to limit/to confine oneself to (doing smth.).

a-şi limita studiile la o specialitate to specialize one's study.

limpede ca lacrima crystal-clear; *v. şi* **~ lumina zilei**.

limpede ca lumina zilei (as) clear as the sun at noonday; (as) clear as that two and two make(s) four; crystal-clear; as clear/clean as a whistle/as crystal. *F* → it is as plain as a pikestaff/as plain as can be/as plain as daylight/as plain as the nose on your face.

a limpezi atmosfera *fig.* to clear the air/the atmosphere.

linge blide toad-eater; sponger; lick-spittle.

a-şi linge buzele to lick one's lips/*F* → chops; to smack one's lips (over smth.).

a linge cizmele cuiva *F* to lick smb.'s boots/feet/shoes; to toady (to) smb.; to fawn on smb.

a-şi linge degetele to lick one's fingers; *v. şi* **~ buzele**.

a-şi linge (frumos) farfuria to scrape one's plate; *F* → to lick the platter clean.

a se linge în bot cu cineva *F* to curry favour with smb.; to fawn (up) on smb.

a-i linge cuiva (până) şi ghetele/tălpile to eat smb.'s toads; *v. şi* **a linge cizmele cuiva**.

a se linge pe bot to whistle for it; to go whistling; to go off with a flea in one's ear; to be sent home empty-handed; to be too late in the field; to go (and) whistle for it.

a se linge pe buze *v.* **a-şi ~ buzele**.

a linge tot to lick smth. up.

să-ţi lingi degetele, nu alta *F* a bit of all right.

linguşeala şi minciuna sunt surori bune *F* flattery is next door to lying.

a linguși în mod grosolan/ordinar pe cineva; a se linguși pe lângă cineva to lay it on thick; to lay it with a trowel; to fawn upon smb.; to curry favour with smb.; to ingratiate oneself with smb.; to eat toads for smb.; to eat smb.'s toads; to toady on smb.; to feather smb.; to stick pins upon smb.'s sleeves; to give a person soft soap; *F →* to soft-soap smb.

liniștea dinaintea furtunii the hush/the quiet before the storm.

liniște sufletească peace/quiet of one's mind; an easy mind/conscience.

liniștește-te! compose yourself! be quiet! quiet down! there, there!

a-și liniști conștiința to compose/to salve one's conscience.

a se liniști încetul cu încetul to quiet/to calm/to simmer down.

a liniști lucrurile to pour oil on troubled waters.

a se liniști puțin to recover/to regain one's temper.

a liniști spiritele *v.* **a potoli ~.**

a-și liniști stomacul to settle one's stomach.

liniștit ca un pui de găină în cuib as snug as a bug in a rug.

a liniști temerile cuiva to set smb. at ease.

a se liniști treptat to simmer down.

liniștiți-vă! set your heart at rest; quiet!

te-ai lins pe bot! you may whistle for it! nothing doing!

mi se lipesc ochii de oboseală my eyes are closing with fatigue.

nu se lipește învățătura de el learning is above his head.

a lipi un afiș/anunț to stick up a bill/a notice; to paste (up) a placard.

a lipi afișe/anunțuri pe un zid to paste (up) placards/notices; to post a wall with bills.

a se lipi ca o ventuză to adhere by suction.

a i se lipi cămașa de spinare; i se lipea ~ his shirt stuck to his back.

a i se lipi coastele de foame *F* to be pinched with hunger; to be (as) empty as an old wolf; to feel a great concavity; *F* to be dead on the grub.

a se lipi de (ceva/cineva) 1. to stick to (smth./smb.); to adhere to (smth./smb.). **2.** *(a acosta)* to accost (smb.). **3.** *(a bate la cap)* to importune (smb.); to worry (smb.); to pester (smb.). **4.** *(a se atașa de cineva)* to cling (close) to (smb.). **5.** *(d. boli)* to communicate oneself to (smth.). **6.** *(a se cuibări lângă)* to nestle against (smb.); to nestle close to (smb.); to snuggle up to (smb.); to snug up against (smth./smb.).

a lipi ceva de altceva to glue/to paste/to gum smth. to smth. else.

a se lipi de cineva to cling to smb.

a se lipi de pământ to lie flat upon the ground.

a se lipi de un perete to stand close against/to a wall.

a-și lipi fața de geam to press/to glue one's face to the window-pane.

a lipi fotografii în album to stick photo(graph)s in an album.

a se lipi înfrigurat de cineva to snuggle up to smb./into smb.

a lipi o palmă cuiva to slap smb. in the face; to slap smb.'s face; to paste smb. on the face; *F* to let out at smb. with one's hand.

lipirea afișelor (strict) interzisă stick/amer. post no bills!

a-și lipi spatele/spinarea de perete/zid to lean (up) with one's back against the wall; to lean back against the wall.

a se lipi strâns de ceva to bear on smth.

a se lipi strâns unul de celălalt to cling/to stick/to spoon together; to press against each other.

a-și lipi urechea de ușă etc. to put one's ear to the door, etc.

lipsa veștilor e semn bun *prov.* no news is good news.

lipsă de claritate în idei sloppiness of mind.

lipsă de curaj în luptă no stomach for fighting.

lipsă de idei vacuity of mind.

lipsă de metodă lack of method.

lipsă de orizont narrow-mindedness; purblindness.

lipsă de rafinament hair about the heels.

lipsă de voință infirmity of purpose.

lipsă la cântar/greutate short weight; deficiency in weight; shortness of weight; underweight.

îmi/ne lipsea foarte mult how I/we missed him!

ne lipsea mult (ca) să... *v.* **a nu-i lipsi mult ca să...**

mă lipsesc *F* I'd/I'll better do without! thank you very much!

lipsesc câteva cuvinte there are a few words missing.

(ne) lipsesc efectele *fin.* "no effects".

(ne) lipsesc fondurile *fin. com.* «no funds».

lipsesc probele (și într-un sens și-n celălalt) *jur.* there is no evidence (either way).

(ne) lipsesc stocurile *fin.* "no effects".

îi lipsește curajul *F →* he cant take it.

lipsește litera „s" *poligr.* the letter 's has dropped out.

nu lipsește nimic there is plenty of everything; there is nothing wanting.

a-i lipsi anvergura to lack scope.

a-i lipsi ceva to be slightly wanting; to be defective in smth.

a-i lipsi curajul to be wanting in courage.

a se lipsi de 1. *(a renunța la)* to renounce; to give up; to do/to go without. **2.** *(a se priva de)* to deny oneself.

a se lipsi de cele necesare to pinch (oneself).

a lipsi de la apel to be absent/missing.

a nu lipsi de la o întâlnire to keep an appointment.

a lipsi de la judecată *v.* ~ **proces.**

a lipsi de la proces *jur.* to make default.

a se lipsi de serviciile cuiva to dispense with/to do without smb.'s services.

a-i lipsi o doagă *F* to have a screw/a tile/a slate loose/off; to be wrong in the upper story; to be a/ one button short; to be off one's base/chump/ rocker; to have a crack; to have bats in one's/in belfry/rats in the attic; to want twopence in the shilling; to be not (quite) all there; *F* to be a bit mad; *F* to have taken leave of/to be out of one's senses; *F* to have lost a button; not to have one's button on; *sl.* to have got apartments to let; *F sl. amer.* to have a cylinder missing.

a lipsi la apel *v.* ~ **de la** ~.

a lipsi la întâlnire to fail to keep an appointment.

a-i lipsi metoda de organizare to have no method; to lack method.

a nu-i lipsi mult ca să... not to be far from...; to be about to (win, etc.); to be almost (victorious, etc).

a-i lipsi multe doage *v.* ~ **o doagă.**

a nu-i lipsi nici o calitate/înzestrare *înv.* to come behind in no gift.

a nu-i lipsi nimic to require nothing; to have all one wants.

a-i lipsi pofta de mâncare *F →* to be off one's oats.

a-i lipsi politețea to want manners; to be lacking/ deficient/wanting in politeness.

a nu-i lipsi strǎduința he is not wanting in exertions.

i-a lipsit curajul his nerve failed him.

lipsit de agresivitate unaggressive.

lipsit de bani hard up for cash; pressed for money.

lipsit de bunǎvoință lacking (in) good will; unwilling; unaffable.

lipsit de chef/interes not having any; reluctant (to do anything).

lipsit de consecvență sitting on a fence; *F →* playing fast and loose.

lipsit de conținut devoid of substance.

lipsit de curiozitate uninquisitive.

lipsit de curtenie *v.* ~ **politețe.**

lipsit de demnitate lacking/wanting dignity; undignified.

lipsit de discernǎmânt undiscriminating.

lipsit de efect of no avail.

lipsit de fond devoid of substance.

lipsit de glorie without glory.

lipsit de importanțǎ/însemnǎtate of no consequence/account/consideration; neither here or there.

lipsit de interes devoid of interest.

lipsit de jenǎ 1. not standing on ceremony; unceremonious; making no bones. **2.** *(nerușinat)* impudent; cheeky bold.

lipsit de judecatǎ not-sensible; lacking (in) good sense; void of reason.

lipsit de omenie hard-hearted; pitiless; callous.

lipsit de orice temei absolutely groundless/unfounded/ungrounded.

lipsit de orice valoare *F* not worth a groat.

lipsit de politețe lacking in politeness/courteousness; rude; impolite; unaffable.

lipsit de popularitate unpopular, at a discount.

lipsit de prejudecǎți unbiassed; unbigoted; free and easy.

lipsit de rațiune unsound in mind; of unsound mind.

lipsit de respect fațǎ de cineva impertinent/impudent/indolent to smb.

lipsit de scrupule without scruples; qualmless.

lipsit de sens (de)void of sense.

lipsit de suflet having no soul; ruthless, unfeeling.

lipsit de tact tactless; untactful.

lipsit de valoare of no value (whatever); entirely valueless.

lipsit de vlagǎ lacking nerve; nerveless; without sinew; helpless; powerless; pithless.

lipsit de voințǎ weak-willed; lacking/wanting firmness; *lit.* infirm of purpose.

lista celor cǎzuți în rǎzboi roll of honour; list of casualties; return of killed and wounded.

lista cheltuielilor return of expenses.

lista electoralǎ, liste electorale register of voters.

lista morților și rǎniților *v.* ~ **celor cǎzuți în rǎzboi.**

lista neagrǎ the black list.

literaturǎ pentru copii juveniles; *peior.* milk for babes.

literǎ cu literǎ to the letter.

a livra mǎrfuri pe credit to supply goods on trust.

o localitate prǎpǎditǎ a poky hole of a place; a Godforsaken place.

locaș al artelor seat of arts.

locaş al ştiinţelor seat of learning.

locaş de veci *v.* **loc ~.**

loc de refugiu (place of) refuge; sheltered place.

loc de veci one's last resting place; *sl.* dark house.

a locui în camere mobilate/într-o cameră mobilată to live in digs/in diggings.

a locui în fund(ul curţii) to live back(yard).

a locui în împrejurimile Bucureştiului etc. to live in the environs/vicinity/on the outskirts of Bucharest; to live near Bucharest, etc.

a locui în provincie to live in the provinces.

a locui într-un apartament mobilat to live in rooms.

a locui într-o cameră mobilată to live in rooms.

a locui într-o chichineaţă *F* to live in a real coop.

a locui în vecinătatea... to live in the (immediate) neighbourhood of...

a locui la cineva to be quartered/lodged with smb.; to live/to lodge with smb.

a locui la etajul întâi/la primul etaj to live on the first floor.

a locui la etajul 3 la stradă/în fund to lodge on the three-pair front/on the three-pair back.

a locui la numărul... to live at number...

a locui la parter to live on the ground floor/*amer.* the first floor.

a locui la periferie to live outside the gate.

a locui la stradă to live front (house).

a locui pe aproape to live nearby/thereabout.

a locui pe gratis to have free quarters.

a locui perete în perete cu... to be close neighbour with...; to live next door from...

a locui poartă-n poartă cu... to live next door to each other.

locul acţiunii este... the scene is laid in...

locul şi momentul sunt importante the wheres and whens are important.

un loc unde nu bate/intră/pătrunde niciodată soarele *fig.* a place never visited by the sun.

locuri numai în picioare *teatru, c. f. etc.* 'standing room only'.

a lovi alături to miss one's mark/aim; to be wide of the mark.

a-l lovi boala/o boală to be visited with/by a disease.

a se lovi ca nuca în perete to be neither here nor there; to be as fit as a shoulder of mutton to a sick horse; **se loveşte ca nuca în perete** that's as fit as a shoulder of mutton for a sick horse; it is neither here nor there; it is nothing to the purpose.

a lovi cap în cap to come full butt at each other.

a se lovi cu capul de perete to run one's head against the wall.

a lovi cu copita to let fly at smb.

a lovi cu cuţitul în cineva to stab at smb.

a se lovi cu piciorul de ceva to stub one's foot/one's toe against/on smth.

a lovi cu piciorul în ceva to kick (at) smth.

a lovi pe cineva cu pietre to pelt smb. with stones.

a lovi cu pumnalul pe cineva to stab at smb.; to knife smb.; to thrust a dagger into smb.; *amer. sl.* to shiv smb. (up).

a lovi cu pumnul to hit (with one's fist); to deal a blow at; to let fly (at smb.); *sl.* to plug.

a lovi cu putere to hit forcefully/mightily; to swipe (at).

a lovi cu toroipanul to hit hard; *F* to use the long handle.

a lovi cu violenţă pe cineva to hit/to knock smb. violently; *amer.* to knock smb. for a loop.

a-l lovi damblaua to be palsied; to palsy; ← *F* to have a stroke of apoplexy.

a se lovi de... to jostle against; to come up/to knock against; to bang against; to run (slap) into; to barge into.

a se lovi de adversari mai puternici to catch a Tartar.

a se lovi de un obstacol to come on/to strike a snag; to knock one's head against smth.

a se lovi de obstacole de netrecut/piedici de nebiruit to run up(on)/to strike the rocks.

a se lovi de stânci *mar.* to run upon/to strike the rocks.

a lovi drept în muscă *sport* to make a bull's eye.

a lovi drept în nas to hit smb. slick on the nose.

a lovi pe cineva drept în ochi to hit smb. slap in the eye; to give smb. one in the eye.

a lovi drept la ţintă to hit the right nail on the head.

a lovi în carne vie *v.* **~ în plin.**

a lovi în dreapta şi-n stânga to hit out right and left.

a lovi pe cineva în faţă to strike (smb.) in the face.

a lovi în gol *v.* **~ alături.**

a lovi pe cineva în ochi *v.* **~ drept ~.**

a lovi în pălărie pe cineva to sling smb. to the quick; to hit smb. home.

a lovi pe cineva în plex *v.* **~ la ~.**

a lovi în plin to make a score; to hit out straight from the shoulder; to strike home.

a lovi în ţintă to hit the mark.

a lovi la mir pe cineva to crack smb. on the bean/the crumpet.

a lovi pe cineva la plex to hit/to catch smb. in the wind.

a lovi la rândul său pe cineva to hit back at smb.

a lovi la sigur to hit the mark (unfailingly); to strike an unerring blow.

a lovi masa cu pumnul to strike/to pound one's fist on the table.

a lovi mingea cu putere to put spin on a ball.

a lovi mișelește to hit below the belt; to stab in the back; to deal a foul blow at (smb.).

a se lovi nas în nas (cu cineva) to happen upon (smb.); to run/to bump (into smb.).

a lovi orbește to hit out blindly.

a lovi pe cineva pe la spate to stab smb. in the back.

a lovi peste degete to give a rap over/on the knuckles.

a lovi pe cineva peste față *v.* ~ **în** ~.

a lovi peste gură (pe cineva) to strike (smb.) on the mouth.

a lovi peste mână/mâini *v. și* ~ **degete.**

a lovi sub centură *fig.* to hit/to strike/to tackle below the belt.

lovit de paralizie stricken with paralysis; palsied.

a lovi pe cineva trimițându-l rostogol to send smb. spinning.

lovitura m-a făcut să-mi pierd cunoștința/să văd stele verzi the blow stunned me.

lovitura m-a făcut să văd stele verzi the blow knocked me silly/made me see stars.

o lovitură bună/care nimerește în plin a home-thrust.

lovitură decisivă decisive blow; *F* → ten strike; sockdologer.

lovitură de grație finishing stroke.

o lovitură de maestru a master stroke; a stroke of genius.

o lovitură de pumnal a stab (of a dagger); *sl.* an inch of cold iron; a shiv.

lovitură de stat coup (d'État).

lovitură de trăsnet thunderbolt; a bolt out of the blue.

lovitură după lovitură blow (up)on/after blow.

o lovitură genială *v.* ~ **de maestru.**

lovitură în plin slam jam in the middle of...; *aprox.* a cap that fits.

lovitură joasă *v.* ~ **sub centură.**

o lovitură norocoasă a lucky stroke; streak of luck; a fluke.

lovitură a soartei a reverse of fortune.

lovitură sub centură deep/foul hit; a hit below the belt; the unkindest cut of all.

loviturile cădeau peste el ca ploaia blows rained upon him.

a lovi ținta to hit/to strike the target; to strike/to hit home.

a lovi pe cineva unde-l doare (mai tare) to touch smb. to the core.

a lovi unde trebuie *F* to hit the nail on the head.

a lovi urechea *fig. (d. sunete)* to reach/to salute the ear.

a lua act de... to take cognizance/note/notice of; to take down notes of an occurrence; to receive an official acknowledgement of; to take note of (a declaration, etc.); to note (smth.) as a fact; to note a fact; to minute/to set (smth.) down.

a lua act în mod oficial de... to take formal/official notice of.

a lua adâncimea apei (la coastă) to see how the land lies.

a-și lua adio (de la)... 1. *(cineva)* to bid/to wish (smb.) goodbye/farewell/adieu; to kiss (smb.) goodbye; to say/to take one's vale. 2. *(ceva)* to say farewell to (smth.); to see the last of (smth.).

a lua aer to take an airing/the air; to blow (away) the cobwebs from his brain; to get a blow.

a-și lua un aer de nevinovăție/de sfânt to put on an innocent/a saintly air.

a lua un aer disprețuitor to put on a scornful/a domineering air; to ride the high horse; to go up-stage.

a-și lua aere to take horse; *v. și* **a-și da aere.**

a-și lua un aer gânditor to put on one's considering/thinking cap.

a-și lua un aer important to look important.

a-și lua un aer meditativ *v.* ~ **gânditor.**

a lua un aer solemn to put a solemn face on it.

a-l lua Aghiuță *P* to kick the bucket; to hop the twig.

a o lua alăturea cu drumul to ride off on a side issue.

a lua o altă întorsătură to take another turn.

a lua aminte la... to pay attention to...; to heed; to take into account; to mind.

a-și lua un angajament to make/to take/to give a pledge; to pledge/to commit oneself; to pledge one's word.

a-și lua angajamentul de a face ceva/să facă ceva to pledge (oneself/one's word) to do smth.; to take upon oneself to do smth.; to bind oneself to do smth.; to make/to take the pledge to do smth.; to undertake to do smth.

a-și lua angajamentul de a se lăsa de băutură to take/to sign the pledge.

a lua o anumită atitudine to take sides; to take a (definite) stand/position/an attitude.

a lua apa de la moară to cut the ground from (under) smb.'s feet; to take the wind out of smb.'s sails; to knock the bottom out of an argument.

a lua apă 1. *mar. (la bord)* to let/to take in water; to ship a sea. **2.** *(a se uda)v.* **~ la galoși.**

a lua apă la galoși 1. to take water; to get wet. **2.** *fig.* to be damaged; to get into trouble; *v. și* **a da de bucluc.**

a lua apărarea unei cauze to speak in advocacy of smth.

a lua apărarea cuiva to stand up for smb.; to take up smb.'s cause; to strike a blow for smb.; to justify smb. before smb.; *F* to stick up for smb.

a lua un aperitiv to take/to have a snack/*F →* a whet; to tiff.

a lua armele to take up arms.

a lua asupra sa to take upon oneself; to take on; to undertake; to shoulder the responsibility.

a lua ceva asupra sa to take smth. upon oneself; to saddle oneself with smth.

a-și lua asupra sa datoriile to take over the liabilities.

a lua asupra sa să facă ceva to take it upon oneself to do smth.

a-și lua asupra sa osteneala to put oneself to (the) trouble.

a-și lua asupra sa o parte din... to share in a work.

a lua asupra sa toată răspunderea to take all responsibility/the blame; to bear the blame.

a-și lua asupra sa tot riscul to charge oneself with all the risk.

n-o/nu o lua așa don't take it like this/that; don't be so uppish (about it)!

a lua o atitudine to take (up) an attitude; to take/to adopt a stand/a position; to square off.

a lua atitudine într-o chestiune to adopt a definite position/to take up a position on a question.

a lua o atitudine teatrală to strike an attitude; to (strike up a) pose; to attitudinize.

a-i lua auzul cuiva to deafen smb.

a lua avans asupra cuiva to get the start of smb./the upper hand over smb.

a-și lua avânt 1. to be soaring; to gather momentum/speed; to be in full swing. **2.** *(pentru o săritură)* to take run; **își ia avânt** his wings are sprouting.

a-și lua bacalaureatul *F* to take/to pass one's matric.

a lua bacșiș to take tips/gratuities/*F* graft/palm grease; to take up the persimons.

a-și lua bagajele to pick up/to take (up) one's luggage; *mil., mar.* to pack up one's kit.

a lua o baie *prețios v.* **a face ~.**

a-i lua cuiva banii to bleed smb. white; to fleece/to drain/to rook smb. of his money.

a lua un bilet direct pentru (București etc.) to book through to Bucharest, etc.

a lua bilete to take tickets.

a lua o boală to take/to catch a disease.

a lua boii de la bicicletă cuiva *v.* **~ caii ~.**

a lua un brevet to take out a patent.

a lua bucățica de la/din gura cuiva to steal a candy from a baby.

a-și lua bucățica da la gură to give one's last penny; to deprive oneself to help another.

a lua o bucățică de... to have just a (small) taste of...

a lua ca absurd to reject/to discard/to dismiss as absurd; to scout/to scoff at (smth.).

a lua pe cineva ca asociat to take smb. into partnership.

a lua ca bază to assume as a basis; to take as a principle/a basis; to speak in terms of; to proceed from; to refer to; to make reference to.

a lua (ceva) ca dejun; nu luați ceva ca dejun? how about a spot of lunch?

a lua ca din oală to take/to catch unawares; to seize right away/by surprise; to take in the act/the fact.

a lua (cuiva) caii de la bicicletă *aprox.* to leave smb. go unscathed; *v. și* **prinde orbul, scoate-i ochii.**

a lua caimacul to skim the cream off smth.; to take the cake; to cream off/to skim (the milk).

a-și lua calabalâcul *v.* **~ bagajele.**

a lua calea *(cu gen.)* to enter on the path of; to take the path of.

a lua calea codrului to take to the woods; *(a se face haiduc)* to become an outlaw; *înv.* to take to the road.

a lua calea de mijloc to steer/to tread a middle course.

a lua (pe cineva) ca martor to call/to take (smb.) to witness; *v. și* **~ drept ~; a cita ~.**

a lua capul cuiva *F* to take smb.'s head off.

a lua ca ridicol *v.* **~ absurd.**

a-și lua catrafusele *F* to pack up one's traps; to pack up and be off; to pack off/away.

a-și lua călcâiele la spinare to betake oneself to one's heels.

a-și lua câmpii to take (to) the road; to go into the wide world; to scour away/off.

a lua cina to dine; to have dinner; to sup; to have supper.

lua-te-ar ciuma! *înv.* a pox on you.

a i se lua coaja to shell off.

a lua comanda to take the command/in charge.

a(-şi) lua concediu to take (one's) holiday; to take leave; *mil.* to go on furlough.

a lua conducerea to take the lead.

a lua contact cu cineva to get into (direct) touch with smb.; to come in(to) contact with smb.; *F →* to knock against smb.

a lua un copil pe genunchi to jump a child on one's knee.

a-l lua cu ameţeală/ameţeli to be/to feel/to turn giddy; *F* to come over giddy.

a lua cu asalt *mil.* to take (a stronghold) by storm; to storm (a fortress, etc.); to storm/to rush the enemy's positions.

a(-l) lua pe cineva cu binişorul to treat smb. gently; to use fine words; to do good by smb.; *înv. →* to speak smb. fair.

a-l lua cu cald to have a fever; to be feverish.

a lua cu cununie to marry; to wed; to take in marriage; to be lawfully married to.

a lua cu de-a sila to seize/to take forcibly/by main force; to force away.

nu mă lua cu ,,dumneata"/,,dumneavoastră" don't sir me!

a lua cu forţa to take by force; *v. şi ~* **de-a sila.**

a-l lua cu frig ← *F* to chill; to feel rather chilly; to be chilled; to feel cold.

a(-l) lua cu gura to talk smb. into doing smth.; to wheedle smb.; to scold smb.; *F* to give smb. fits.

a lua cu hapca to take/to seize by violence/force; to force away; to swoop up.

a lua cu împrumut to borrow; to take (smth.) as a loan.

a lua cu japca *v. ~* **hapca.**

a lua ceva cu o mişcare fulgerătoare to whisk smth. away/off.

a lua cunoştinţă de ceva to take knowledge/cognizance/not(ic)e of smth.; to become aware of smth.

a lua curaj to take courage.

a lua o curbă *auto.* to take the turning.

a lua ceva cu sila to lay violent hands on smth.; *v. şi ~* **de-a ~.**

a lua cu sine to take/to sweep/to lug along/away; to carry away/off.

a lua pe cineva cu sine to take smb. (along) with one.

a-l lua cu sudori reci; l-a luat cu ~ a cold sweat came over him.

a lua cu totul to take (smb.) off one's legs.

a lua un cuvânt drept... to translate a word as...

a lua cuvântul to take the floor; to address a meeting; *F →* to get on one's hind legs.

a lua cuvântul în apărarea cuiva to speak in defence of smb.

a-şi lua cuvântul înapoi to take back/to retract one's words; *F →* to eat one's words.

a lua cuvântul la întrunire to address the meeting.

a lua cuvintele cuiva drept glumă to treat smb.'s words as a joke.

a lua daraua (la...) to allow for/to ascertain the tare (of...).

a lua de... to take/to seize by...

a se lua de cineva 1. to find fault with smb.; to cavil at smb.'s doings. **2.** *(a ironiza)* to rail at/against smb. **3.** *(a ataca în vorbe)* to let fly at smb.; to turn (harshly) on smb.; *v. şi ~* **tare ~.**

a lua de acolo/aici; luaţi-l de aici! take him away! off with him!

a o lua de-a dreptul *(spre) F* to follow/to take/to make a beeline (for).

a lua de bani buni *v.* **a lua drept bun.**

a lua de bărbat to marry; to accept as husband; to take for better and for worse.

a lua de braţ pe cineva to take smb.'s arm/smb. by the arm; to link arms with smb.

a se lua de brâu cu cineva to be on familiar terms with smb.; to be in/to hobnob with smb.

a lua ceva de bun; a o lua de bună to take smth./a thing for granted; to take it seriously/earnestly.

a lua pe cineva de chică/*înv.* **de cânepa dracului** to catch (hold of) smb. by the hair; to seize/to take smb. by the hair.

a lua de departe pe cineva *v. ~* **pe ~.**

a lua de exemplu pe cineva to take as an/to follow smb.'s example.

a lua pe cineva de fazan/fraier to make a fool of smb.; *F sl.* to make fun of/to poke fun at smb.

a lua de gât pe cineva to fall on smb.'s neck; to throw one's arms around smb.'s neck.

a-şi lua de-o grijă to take a load off one's chest/mind; to have one careless; not to have a care in the world.

a lua de guler pe cine trebuie to get the right sow by the ear.

a lua de guler pe cine nu trebuie to get the wrong sow by the ear.

a-(şi) lua de însoţitor *v. ~* **drept ~.**

a lua dejunul to (eat one's) lunch.

a o lua de la cap(ăt) 1. to resume it from the start/the beginning; to start again/afresh; to start from scratch; to start from the beginning; to start it all over again. **2.** to make a fresh start (in life); to turn a new leaf; **iar o luăm de la capăt** there you go again!

a o lua de la coadă to begin/to start at the wrong end.

a o lua de la început *v.* ~ **cap(ăt)**.

a lua de mână pe cineva 1. to take smb.'s hand; to lead smb. by the hand; to join hands with smb. **2.** *fig.* to flock/to herd together; to associate with smb.

a se lua de mână cu cineva; ia-te de mână cu el you are very much alike; you are of the same ilk.

a lua de mijloc pe cineva to put one's arm round smb.'s waist; to take smb. round the waist.

a lua de nevastă to take to wife; to marry; *F* → to make an honest woman of; *înv.* → to take to one's bosom.

a se lua de păr to tear each other's hair; to seize each other by the hair; to fall (together) by the ears; to have a tussle.

a-i lua ceva de pe cap cuiva to relieve smb. of smth.

a lua de soț pe cineva 1. *v.* ~ **bărbat. 2.** *v.* ~ **însoțitor.**

a lua de soție *v.* ~ **nevastă.**

a lua de sus pe cineva to take smb. high-handedly; to look down on smb.; to ride the high horse; to be domineering; to look down one's nose at smb.; to lord it over smb.; *F* to ride the high horse; to get on one's high horse; to come the quarter deck over smb.; **nu mă lua de sus!** don't be so uppish (about it)!

a lua de talie pe cineva to take smb. by the waist.

a lua de tovarăș pe cineva *v.* **a-și lua drept însoțitor ~.**

a lua de unde nu-i to be nowhere to be found; to be nowhere in sight.

a lua din... to take from; to take out of.

a se lua din ceva to (start a) quarrel/row over smth.

a se lua din dragoste to marry for love.

a o lua din loc *F* to be off; to go away; to make oneself scarce; *sl.* to beat/to hook/to off it; to cut one's stick; *aprox.* to saw one's timber; *amer. F* to squattle away; to toddle off; to stir one's stumps; to make one's getaway; to take one's departure; *P* to scoot (off/away); *P* to sling/to take one's hook; *amer. F* to pull one's freight; **s-o luăm din loc!** off we go!

a lua din scurt pe cineva to give smb. short notice.

a lua din timpul prețios al cuiva to eat up all smb.'s time.

a lua direcția... to make for...; to take to...; to bend one's steps towards...

a lua dispozițiile necesare (pentru a asigura ceva) to make provision to secure smth.

a o lua mai domol to take it easy; *(a nu se enerva și)* to take it gently/lightly; not to flurry oneself; to

shorten sail; ~ **pe un ton** ~ not so fast! don't be so hoity-toity!

a-l lua dracii/dracul *F* to be hanged/damned/confounded; to blast; to down; to hang; to go to hell; **lua-l-ar dracu(l)!** the deuce take him! blast him! hang/damn the fellow! I wish him to the bottom of the sea; *F* (may) damnation/perdition take him! *înv.* → (odd) rabbit him!

lua-te-ar dracul/naiba! să te ia ~! go to hell/blazes/Jericho/the devil/the deuce/the Dickens; I'll see you damned; oh, straf(e) you; *sl.* with a vengeance to you! **să mă ia dracul dacă...** *F* (I'll be) damned if...; woe betide me if ever...; I'll be damned if.../hanged if...; shiver my timbers if...; *F* I'm a Dutchman if...;...unless I'm a Dutchman; *F* I'll be shot if...; damn your eyes; *P* you be blowed! *P* strike me dead/blind/pink if...! *F* that beats creation!

a lua ceva drept... to translate smth. as...

a lua ceva drept altceva to mistake smth. for smth. else.

a lua pe cineva drept (actor etc.) to set smb. down for (an actor, etc.).

a lua drept altcineva/altul to take one person for another; to (mis)take smb. for smb. else; **îl iau drept un artist** I take him to be an actor; **îl iei drept englez etc.** you wouldn't know him from an Englishman, etc.

a lua drept bun(ă) to take for granted; to assume to be good/sacred, etc.

a lua drept glumă to treat smth. as a joke.

a-și lua drept însoțitor pe cineva to join company with smb.

a lua ceva drept literă de evanghelie to take/to accept smth. for gospel.

a nu lua ceva drept literă de evanghelie *F* to take a story with a grain/a pinch of salt.

a nu lua ceva drept literă de lege to take (a story) with a grain/a pinch of salt.

a lua drept martor pe cineva to call/to take smb. to witness.

a(-și) lua drept model (ceva/pe cineva) to take (smth./smb.) as one's/a model; to take pattern by smb.; to imitate/*F* → to ape smb.

a lua drumul către casă to head for home; to set one's face for home.

a lua drumul cel mai lung to take the longest way round.

a lua drumul cel mai scurt spre... to take the shortest way to...; to make a beeline for...; to take the shortest cut (possible) for...

a lua drumul haiduciei *înv.* to take to the heather.

a lua drumul pe jos *F* to leg/to foot it.

a se lua după ceva to follow smth.

a se lua după capul cuiva to take/to follow smb.'s advice/example.

a se lua după modă to keep up with the times.

a-și lua elan to take off; *v. și* ~ **avânt**.

a lua elevi pentru meditație to take pupils.

a lua un examen to pass ah examination; to succeed/to be successful in an examination; *(satisfăcător)* to satisfy the examiners.

a lua un examen cu o notă bună to pass an examination with credits.

a lua un exemplu (ca ilustrare) to take/to give an example; to quote/to cite an instance.

a lua exemplu de la cineva 1. to follow/to take smb.'s example; to model oneself on smb.; to take smb. as a model; to take a leaf out of smb's book. **2.** *(ca avertisment)* to let smb. be a warning/a lesson to one.

a lua o expresie serioasă to straighten one's face.

a lua pe cineva fără veste to catch smb. unawares/napping.

a lua ființă to come into being; to be set up.

a lua foc to catch/to take fire.

a lua foc cu gura *fig.* to move heaven and earth.

a lua o formă to take a (certain) shape; to asume a form/a shape.

a lua fotografii to take pictures/photographs.

a lua frânele conducerii to take over/to assume the reins of government.

a o lua fuga/fuguța către... to take to.

lua-l-ar gaia! confound him! *v. și* **a-l lua dracii/dracul.**

a-și lua gândul to change one's mind; to think better of it; to give up (hoping for) smth.; to renounce smth.; *v. și* ~ **muta** ~.

a nu-și mai lua gândul de la cineva/ceva to get smb./smth. on the brain.

a lua cuiva graiul *fig.* to strike smb. dumb.

a-și lua o grijă *v.* ~ **de-o** ~.

a-l lua gura pe dinainte to make a (bad) break; *amer. F* to spill the beans; *sl.* → to blow the gab/the gaff; to let the cat out of the bag; to blab out a secret; to give oneself away; to crack the bell; **m-a luat gura pe dinainte** it escaped my lips.

a lua o gustare *v.* ~ **mică** ~.

a lua o hotărâre 1. to come/to arrive at a decision; *(în colectiv)* to adopt/to pass a resolution; to make/to take a decision/a resolution. **2.** *(a se decide)* to make up one's mind; to make a decision; to take one's line.

a lua hotărârea de a face ceva to make a resolve to do smth.

a lua o hotărâre decisivă to throw the great cast.

a lua o hotărâre definitivă/irevocabilă to nail one's colours to the mast.

a lua o hotărâre importantă/serioasă *F* → to take the plunge.

a nu lua hotărâri pripite to take counsel of one's pillow.

a lua o idee de la un autor to take an idea from an author.

a lua informații *mil. jur.* to take a summary of evidence.

a-și lua inima în dinți to pluck up (one's courage/one's heart/spirit(s)); to take heart; to take/to muster/to pluck up one's courage (to the sticking) place; to nerve oneself (up) to do(ing) smth.; to take courage; *v. și* **a prinde curaj; a lua o hotărâre.**

a-și lua inima în dinți să țină o cuvântare to nerve oneself (up) to make a speech.

a lua inițiativa to take/to have the initiative; to take the lead (in a conversation, etc.); *(la curse)* to take the running.

a lua inițiativa de a... to take the initiative in.

a lua un interogatoriu cuiva *jur.* to (cross-)examine smb.; to take the examination of smb.

a o lua înainte 1. to whip on; to whip round the corner; to run before one's horse to market. **2.** *(d. ceas)* to gain; **ia-o înainte; luați-o înainte** lead on! lead the way! please show us/me the way; you go first! **ia-o tu înainte, iar eu te voi urma** you go first, I'll come on.

a (o/i-o) lua înainte cuiva 1. to go/to come ahead of smb., etc.; *v.* **a o lua înaintea** *(cu gen.)* **1. 2.** *fig.* to take precedence of smb.; *F* to steal smb.'s thunder; to put smb.'s nose out of joint; *v. și* **a o lua înaintea** *(cu gen.)* **2.**

a o lua înaintea *(cu gen.)* **1.** *(a întrece)* to be in advance of...; to get/to have the legs/heels of...; to show one's/the heels to...; to run away with/to steal smb.'s thunder; to reach ahead of smb.; to gather ground/way upon; to give the dust to smb.; to outdistance; to outpace; to outstrip; to outmatch. **2.** *fig. și* to get/to have the better of...; to take the lead of/over smb.; to steal a march on smb.

a o lua înaintea altora/celorlalți; a le-o lua înainte altora/celorlalți *F* to ring/to bear (away) the bell.

a o lua înaintea unui concurent *sport F* to walk away from a competitor; to outdistance/to outrun/to outstrip a competitor; *mar.* to outsail another boat.

a lua înaintea tuturor to lead the way/to lead the van.

a lua în antrepriză 1. *com.* to contract for; to take by contract. **2.** *fig.* to take up; to pounce/to swoop upon; *v. și ~* **primire.**

a lua ceva în arendă to take smth. on lease; to lease smth.

a lua pe cineva în balon ← *F*/**batjocură/băşcălie/bătaie de joc** to make fun of smb.; *F* to pull smb.'s leg; to cheek smb.; to snap one's fingers at smb.; to make a fool/an owl of smb.; to poke fun at smb.; to laugh at/to deride smb.; to turn smb. into ridicule; to ridicule smb.; to make a mockery of smb.; to jeer at smb.; to play horse; to laugh smb. to scorn.; to talk at smb.

a se lua în bețe cu cineva to quarrel/to squabble/to row with smb.; to talk up the cudgels against smb.; *F* to fall together by the ears; to come to blows; hand(s).

a lua pe cineva în brațe 1. to take smb. in one's arms. **2.** to lift smb. up. **3.** *fig.* to endorse/to back/to support smb. wholeheartedly; to bolster smb. up.

a și-o lua în cap *F* to get/to grow too big for one's boots/breeches.

a lua în captivitate to take/to lead away captive; to lead into captivity.

a lua pe cineva în călătorie to take smb. for a ride.

a se lua în cângi cu cineva *v. ~* **bețe ~.**

a lua pe cineva în căsătorie to take smb in marriage; to marry smb.; to be/to get married to smb.; to take smb. for better and for worse.

a lua pe cineva în cercetare to investigate/to examine/to question smb.

a lua în cercetare (un caz) to investigate (a case); *jur.* to put (a case) down for hearing.

a o lua încet *F* to go slow; to drive/to go gently; to take it easy; *v. și ~* **mai domol; ia-o (mai) încet(işor)!** take it easy! easy does it! hold your horse(s)!

a se lua în coarne cu cineva *F* to come to high words with smb.; *v. și ~* **bețe ~.**

a lua în considerare/considerație to take into consideration/account; to head; to mind; to consider; to reckon with; to make allowance for.

a lua în considerație situația to embrace a situation.

a lua îndeaproape/în cercetare to examine minutely/closely.

a lua în derâdere 1. *(ceva)* to scoff; to mock. **2.** *(pe cineva)* to hold (smb.) up to ridicule; to mock/to scoff at (smb.); to turn (smb.) into derision.

a lua în deşert 1. *bibl.* to take in vain. **2.** *v. ~* **derâdere 1.**

a-şi lua îndrăzneala să spună to take shame to say.

a lua pe cineva în evidenţă to put smb. on the spot.

a lua pe cineva în fabrică/focuri *F* to take smb. to task; to give smb. a good dressing-down; to get at smb.; to give it (hot) to smb.; to give smb. fits.

a lua în gazdă to take in; to take paying guests.

a o lua în gât to take (a task) upon/to oneself.

a lua o înghiţitură to take a sip/a mouthful/a gulp.

a lua ceva în glumă/în joacă to pass something off as a joke.

a lua (ceva/pe cineva) în grija sa to take charge of (smth./smb.).

a lua ceva în mână 1. to pick up smth.; to take hold of smth. **2.** *fig.* to take smth. in hand; to take smth. up; to take the direction of smth.

a lua ceva în nume de bine to take smth. in good part.

a lua ceva în nume de rău to take smth. in bad/ill part; to take (it) amiss; to take exception to smth.; to take offence at smth.; to take smth. ill; **nu mi-o lua în nume de rău** don't take it amiss; don't be displeased with it; don't take it unkindly if...

a lua în pensiune to take in; *v. ~* **gazdă.**

a lua în primire 1. *(ceva etc.)* to take (smth.) over. **2.** *(pe cineva)* to take charge of smb. **3.** *fig. iron. ~* **pe cineva în fabrică.**

a lua pe cineva în răspăr *F* to comb/to stroke smb.'s hair/fur the wrong way; to huff smb.; to fly at smb.; to rub smb. (up) the wrong way.

a lua în râs pe cineva/ceva 1. to jerr at smb./smth.; to hold smb./smth. up to ridicule; to turn smb./smth. into ridicule; to cover with ridicule; *înv.* to make a mock of smb./smth. *v. și ~* **pe cineva în balon. 2.** *(pe cineva)* to quiz; to run a saw (on); to poke fun at smb.; *sl. amer.* to give smb. the ha ha.

a lua în seamă to take account of; to give/to pay heed to.

a nu lua în seamă 1. ~ ceva not to heed smth.; to put on one side; to shut the door upon smth. **2. ~ pe cineva** to hold smb. in idle price.

nu lua în seamă ce spune! never mind what he says!

a lua în serios 1. *(ceva)* to take (smth.) seriously; to take (smth.) in earnest. **2.** *(pe cineva)* to take (smb.) at his word; to take (smb.) seriously; to make much of (smb.).

a nu lua în serios to trifle with; to make light of.

a lua pe cineva în serviciul său/slujba sa *F →* to make a cat's-paw of smb.

a lua pe cineva în şfichi to mock/to rail/to scoff at smb.; to give smb. a cutting up; *v. și ~* **balon.**

a lua o întorsătură fericită to take a turn for the better.

a lua o întorsătură gravă/proastă/tragică to take a turn for the worse; to turn to tragedy; to take a tragic turn.

a lua ceva în tragic to take things tragically; to make a tragedy out of a common-place occurrence.

a lua pe cineva în trecere to pick smb. up in passing.

a lua în vârf de bici *fig.* to cut up; *F* to slate.

a lua învelișul la... to strip off.

a lua în zeflemea to mock (at); to rally; to slight (off); *v. ~* **pe cineva în balon.**

a-și lua lumea în cap to go into the wide world; *F* → to take it to heart.

a-l lua mama dracului *F* to go to hell/the devil/the dogs; *v. și ~* **dracii/dracul.**

a-și lua un mare risc to assume great risk; to risk/to venture much; *amer.* to take a long chance.

a lua marfă bună *(care merită banii)* to get good value for one's money.

a lua masa to have one's meal(s); to eat one's/to have breakfast/lunch/dinner/supper; to be at table/dinner, etc.

a lua masa cu cineva to eat/to take a bit of (one's) mutton with smb.

a lua masa devreme to take an early dinner.

a lua masa în pensiune to live in a boarding house/en pension.

a lua o masă to take/to have a meal.

a lua cuiva maua/maul *v. ~* **piuitul.**

a lua mărfuri pe credit/datorie/*F înv.* **veresie** to take/to buy goods on trust/credit/*F* → tick.

a lua cuiva măsura to take smb.'s measure(ments).

a lua măsuri to take action; to take/to adopt measures/steps; to make arrangements; *rar* → to make steps.

a lua măsuri de apărare împotriva... to make provisions against...

a lua măsuri de precauție to cast/to lay an anchor to windward; to keep one's powder dry.

a lua măsuri drastice to take/to adopt drastic measures.

a lua măsuri extreme to take extreme measures.

a lua măsuri imediate to take prompt action/measures.

a lua măsuri în vederea *(cu gen.)* to provide for... (a contingency/an eventuality).

a-și lua măsurile de rigoare pentru ceva to take (one's) preparations for smth.

a lua măsurile necesare to take the necessary steps/measures.

a lua măsuri pentru... to take/to adopt measures to...

a lua mâna de pe ceva to take one's hand off smth.; to leave hold/*F* to leave go of smth; **ia mâna!** hands off! take your hands off!

a lua un medicament to take one's medicine/a drug.

a lua o medie to strike/to take/to make an average.

a lua metroul to go by underground/*brit.* tube/*amer.* subway; *brit. F* to tube it.

a lua o mică gustare to partake of/to take a light meal; to have a snack; to eat a little; *F* → to refresh one's inner man.

a lua micul dejun to breakfast; to break one's fast; to have breakfast.

a lua micul dejun sau gustarea (a doua) de dimineață *anglo-ind.* to tiffin.

a lua mingea din voleu *sport* to volley back the ball.

a nu-și mai lua mintea de la ceva to get a thing on the brain.

a-i lua cuiva mintea/mințile to turn/to twist smb.'s head/brain; to blindfold smb.

a lua mită to take/to accept/to receive bribe.

lua-l-ar moartea (să-l ia)! may damnation take him! *v. și ~* **dracu(l)!**

a lua model de la cineva to take smb. as a model/a pattern; to imitate smb.; to take after smb.

a lua o mostră din ceva to sample smth.

a(-ți) lua mult timp to take/to require much time; to eat up a lot of time; to take long.

a-i lua mult timp să facă ceva *(a fi încet)* to be slow in/over doing smth.; **o să ia o mulțime de timp** that will take a long time (doing).

lua-l-ar naiba să-l ia! *F* I wish him far enough! burn him! *înv.* a plague on him! plague take him! *F* may damnation take him!

a-l lua naiba; să mă ia naiba dacă... *F* I'm a Dutchman if...; ...unless I'm a Dutchman; *F* I'll be damned if...; I'll be blowed if...; I'm blessed if (I know); dog my cats!

a-și lua nasul la purtare *F* to cock one's nose; to forget one's place/oneself; not to know one's place; to grow cheeky; *amer. F* to get uppity; **își ia nasul la purtare** his crest rises.

a lua naștere to arise; to come into being; to begin; to start.

a-și lua nădejdea to give up/to resign all hope(s).

a lua nota doi, zero etc. *școl.* to get a two, a naught, etc.

a lua notă de... to take/to make a note of...; to take... into account/consideration; to make a memorandum of...; to jot... down; **ia notă!** bear that in mind!

a lua note (stenografice) to take down notes (in shorthand); to make notes; to jot things down (in shorthand).

a lua numele Domnului în deșert: să nu iei numele Domnului (Dumnezeului tău) în deșert *bibl.* thou shalt not take the name of the Lord (thy God) in vain.

a lua oamenii așa cum sunt to take people as you/one find(s) them.

a-și lua obiceiul de a face ceva to fall into the habit of doing smth.

a-și lua obiceiuri proaste to take to bad habits.

a lua un ochi to take up a stitch.

a(-ți) lua ochii to catch the eye/the fancy; to dazzle.

a nu-și lua ochii de la/de pe... to be unable to keep/to take one's eyes off; to have/to keep one's eyes glued on; not to take/to tear one's eyes off.

a lua ofensiva to assume/to take the offensive; to act on the offensive.

a lua ore de... to take (private) lessons of/in...

a-și lua osteneala să facă ceva to trouble oneself to do smth.; *v. și* ~ **da** ~.

a lua un pahar cu cineva to take a glass of wine with smb.; *sl.* to crush a cup with smb.

a lua un pahar de vin to take a glass of wine; to have a drink.

a lua un pahar mai mult to take a glass too much/many.

a lua parte activă la ceva to take an active part in smth.

a(-i) lua partea cuiva to side with smb.; to sympathize with smb.; to stand up for smb.; to stand by smb.; *(a încuraja, a sprijini)* to encourage smb.; to support smb.; to take part with smb.

a lua partea bună a lucrurilor to see the bright side of things.

a lua partea cea mai bună din ceva *v.* ~ **caimacul.**

a-și lua partea de/din... to take one's share of...; *F* → to have one's whack of...; to partake in/of...; to come in for a share of...

a lua partea unuia sau altuia to take sides.

a lua parte la... 1. to participate/join in...; to be (a) party to...; to take (a) part in...; to share (in). **2.** *(a fi prezent la)* to attend...

a lua parte la (o conversație etc.) to take a share in/to join in (the conversation, etc.).

a lua parte la o campanie to see service; to take part in a campaign.

a lua parte la o cursă to run (in) a race.

a lua parte la curse *sport* to go to the post.

a lua parte la funeraliile/înmormântarea cuiva to attend smb.'s obsequies.

a lua parte la o întrecere nautică to row a race.

a lua parte la un joc to take a hand at a game.

a nu lua parte la joc not to be in the game.

a lua parte la vot to report/to come to the polls.

a lua pasageri to take up passengers.

a lua pasărea din zbor to be a dead shot.

a-și lua/scoate pălăria to take off one's hat.

a lua cuiva pământul de sub picioare to cut the ground from under smb.'s feet.

a lua pâinea de la gura cuiva to take the bread out of smb.'s mouth.

a lua până și cămașa de pe cineva to take the very shirt from smb.'s back.

a o lua pe căi greșite to wander from the right way; *v. și* ~ **un drum greșit.**

a o lua pe coajă *F* to get a (good) hiding/drubbing; to get/to catch it (hot); to get it in the neck; *sl.* to get beans; **ai s-o iei** ~! won't you catch it just! won't you just catch it!

a lua pe cineva pe coarda sensibilă/simțitoare to play on smb.'s feelings.

a lua pe datorie to buy on tick; to go (on) tick.

a o lua pe departe *F* to beat about the bush; to talk round a question; to give covert hints to smb.

a o lua pe un drum greșit *și fig.* to go astray; to miss the road; to take a wrong route/turn; to wander from the right way/path.

a lua pe cineva pe după gât to lock one's arms about smb.'s neck.

a lua ceva pe garanție to stand/to go surety/bail for smth.

a lua ceva pe încredere to take smth. on trust.

a lua pe loc repaus *mil.* to stand at ease.

a lua pe neașteptate/negândite/nepregătite pe cineva to take smb. unawares; to take smb. at disadvantage; *v. și* ~ **prin surprindere.**

a o lua pe ocolite *v.* ~ **pe departe.**

a lua ceva pe propriul său risc/pe riscul său to take/to buy smth. at one's own risk.

a lua pe seama sa (o răspundere etc.) to assume smth.; to take smth. on; *v. și* **a-și** ~ **o răspundere.**

a lua pe cineva pe seama sa to take charge/care of smb.

a o lua pe stânga *v.* ~ **spre** ~.

a o lua peste câmp to strike across country/the field.

a lua peste picior pe cineva to pull smb.'s leg; to make sport/fun of smb. *sl.* to walk over smb.; *F* to have a fling at smb.; to indulge in a fling at smb.; to make an owl of smb.; to give smb. a dig; to have a dig at smb.; to snap one's fingers at smb./in smb.'s face; *v. și* **a-și bate joc de cineva; a lua pe cineva în balon.**

a o lua pe strada X to turn down X street.

a o lua pe o stradă to turn down a street.

a lua ceva pe te miri ce to buy smth. dirt cheap/ for a whistle/for a mere say/on a shoestring.

a o lua pe urmele cuiva to follow (into) smb's steps; to walk in smb.'s shoes; to follow in smb.'s wake.

a lua cuiva o piatră de pe inimă to take a load off/from smb.'s mind/heart; to disburden one's heart.

a-și lua picioarele la spinare to sling one's hook; to run for it; to take to one's heels; to run off (as far as one's legs can carry one); *F* to hop along; to do a scoot; *amer.* to take it on the lam; to tip one's legs a gallop; to go chase oneself; *amer. sl.* to show leg; **și-a luat picioarele la spinare** he was off as fast as he could pelt; he pelted away; *v. și* **a o lua fuga/fuguța către...**

a o lua pieptiș 1. to climb the steepest slope/the slope at its steepest. **2.** *fig.* to take things on the chin; to pluck/to take by the beard.

a-i lua cuiva piuitul 1. *(a i-o reteza) F* to cut smb. short. **2.** *(a uimi)* ← *F* to take smb.'s breath away; *F* to stunt/to flummox/to flabbergast smb.; to strike smb. dumb.

a lua (o) plasă *F* **1.** to miss the mark/one's chance/ the bait/a gudgeon. **2.** *(a se păcăli)* to be taken in; to be cheated.

a-și lua porția to catch it (hot)!

a lua potul 1. *(la cărți)* to sweep the board; to hit the jackpot. **2.** *fig.* to take the cake.

a lua o poză interesantă/teatrală to strike an attitude; to attitudinize; to put on frills.

a-și lua poziția de apărare to square up to smb.

a lua poziția de drepți to stand to attention.

a lua poziția de joc *sport* to take up one's stance.

a lua poziție to take up a position; to take a/one's stand.

a lua poziție într-o chestiune *v.* ~ atitudine ~.

a lua pe cineva prea tare to take smb. up sharply; *v. și* ~ **la rost.**

a lua premiul cel mare to hit the jackpot.

a lua primul loc to take the first place.

a lua prin surprindere to take smb. unawares/by surprise/at a disadvantage; to spring a surprise on smb.; to catch smb. unprepared; *F* → to take smb. aback; to catch smb. napping; to jump smb.; to get the drop on smb.; to have smb. over the barrel; **mă luați prin surprindere!** this is so sudden!

a lua prizonier pe cineva to take smb. prisoner.

a lua cuiva (o probă de) sânge etc. *med.* to take a specimen of smb.'s blood, etc.

a lua o problemă în mână to take up an issue/a question.

a lua cuiva pulsul to feel/to take smb.'s pulse.

a lua pulsul adunării to take the sense/the pulse of the meeting.

a lua purceaua de coadă 1. to be in high feather; to be in (good) cue. **2.** *(a se îmbăta) F* to have a brick in the hat; to cut/to have the malt above the wheat/meal; to lap the gutter; *v. și* **a trage la măsea.**

a lua un purgativ to take an aperient/*F* a pill; to take Epsom salts; *F* to take medicine.

a lua pușca la/în cătare to point one's gun (at smb.); to sight.

a lua puterea *pol.* **1.** to seize power; to make a coup (d'État); to make a drive for power. **2.** *(d. guvern)* to come into/to take office.

a o lua razna 1. to run/to rush over stock and block/ over hedge and ditch; to go haywire. **2.** *fig.* to wander in one's mind/speech; to ramble; ← *F sl.* to be/to go off one's chump; **ai luat-o razna!** *F* you are all adrift! *v. și* **a spune cai verzi pe pereți.**

a lua o răceală to take/to catch a cold.

a-și lua rămas bun to bid/to make one's farewells; to make/to take adieu; to bid/to say adieu to...; to take one's leave; to say good bye/farewell; *v. și* ~ **adio (de la).**

a-și lua rămas bun de la cineva to wish/to bid smb. good bye; *fig. înv.* → to depart from smb.

a-și lua rămas bun de la călcâie *v.* **a o șterge englezește.**

a-și lua răsplata to take/to have one's reward; to meet with/to have one's (just) reward; to be (amply) rewarded (for smth.).

a-și lua o răspundere to assume a responsibility/a task/a mission/a duty/a pledge.

a-și lua răspunderea (pentru) to take upon oneself/to assume/to shoulder the responsibility (for); to take the responsibility of; to accept responsibility for; to take the blame; *F* → *amer.* to go it alone.

a lua referințe despre cineva to have up smb.'s references; to go for references; to get a report on smb.

a lua pe cineva repede to give smb. short notice; to fly at smb.; to take smb. up; *(prin surprindere)* to take smb. by surprise; *F* to jump smb.; *v. și* **a se lua de cineva.**

a lua repede masa/prânzul to snatch a meal.

a-și lua o responsabilitate asupra-și to shoulder the responsibility; *v. și* ~ **răspunderea pentru.**

a-și lua reședința to take up one's residence.

a-și lua revanșa asupra cuiva 1. *(a se răzbuna)* to have/to take one's revenge upon smb.; to get back (some of) one's own; *(în conversație)* to get back at smth. **2.** *(a fi chit)* to be quits with smb.; to get even with smb. **3.** *sport* to level the score; to get upsides with smb.; *amer. sl.* to stage a comeback; **îmi voi lua revanșa odată și odată** it will be my turn some day.

a-și lua riscul asupra sa to take/to assume the risk; to take chances; *F* to bell the cat.

a-și lua sarcina *(cu gen.)* to take smth. in charge; to take charge of smth.

a-și lua sarcina rezolvării unei probleme; a lua o problemă în sarcina sa to take charge of smth.; **(îmi) iau eu sarcina asta** leave it to me.

a lua sânge cuiva to let/to draw blood from smb.

a-i lua cuiva (o probă de) sânge pentru analiză to take a specimen of smb.'s blood.

a lua seama; ia seama! beware! (be) careful! take care! have a care!

a lua seama la... to take heed of...; to take... into consideration/account; to heed...; to mind...

a-și lua un serviciu to take a job; to take/to enter upon office.

a lua sfârșit to end off/up; to come to an end/to a close; to have/to take an end.

a-și lua soarta în propriile mâini to take one's fate into one's own hands.

a o lua spre... to turn to; to make for; to pick up/ to make one's way towards; to bend one's steps towards.

a o lua spre casă to turn homewards.

a o lua spre mal to strike out for the shore.

a o lua spre stânga to turn/to strike to the left.

a lua spuma de pe... to scum...; to remove (the) scum from...

a lua startul (într-o cursă) to start in a race; to be a starter; to record as a contestant.

a lua pe cineva sub aripa sa (ocrotitoare/protec-toare)/sub protecția sa *F* to take smb. under one's wing/shelter.

a lua un suficient to obtain a pass.

a-i lua cuiva și cenușa din vatră to eat smb. out of house and home.

a lua șpagă/șperț *v.* ~ **mită.**

a se lua tare de cineva to let fly at smb.; to make a dead set at smb.; *v. și* **a se lua de cineva.**

a lua taurul de coarne to take the bull by the horns.

a-și lua tălpășița/tălpile la spinare to show a clean pair of heels; to betake oneself to one's heels; to start one's boots; to make tracks; *P* to sling/to take one's hook. *F* to do a guy; ← *F sl.* to cut dirt; **ia-ți**

tălpășița de aici! off you go! be off! *v. și* **întinde-o de aici!**

a lua temperatura cuiva *med.* to take smb.'s temperature.

a lua temperatura la... to take the temperature of...

a lua timp; asta ia timp it takes time; *v. și* **a(-ți) lua mult ~.**

luat la întrebări on the carpet.

m-a/ne-a luat naiba! there will be hell to pay!

a lua toate cheltuielile asupra sa to defray expenses.

a lua toate de/drept bune to take in everything.

a lua toate dispozițiile necesare to take all useful steps.

a lua toate măsurile (de rigoare) to take all due measures/all necessary steps.

a-și lua toate precauțiile necesare (împotriva unui lucru etc.) to take one's due precaution(s)/ every precaution (against smth.).

a lua un ton prea jos to begin in too low a key/at too low a pitch.

a(-ți) lua tot timpul to take (up) all one's time.

a lua totul așa cum vine to take the rough with the smooth; *v. și* ~ **lucrurile așa cum sunt.**

lua-l-ar toți dracii! (the) plague take him!; *v. și* **lua-l-ar dracu(l)!**

mi s-a luat o piatră de pe inimă a weight is off my mind; a mountain is raised off my spirits; that's a load off my mind; this is a great weight off my mind.

a-și fi luat porția to have had one's bellyful.

a-și lua traista în băț 1. ← *F* fo leave; to depart; *F* to pack up. **2.** *(a o șterge)* *F* to walk one's chalks; to make tracks; to cut one's stick.

a lua tramvaiul 2/11 *F* to leg it; *v. și* **a merge apostolește.**

a lua trenul to take the train; to catch a train.

a lua țuicomicină *P* to take one's medicine.

a-l lua ucigă-l toaca to go to hell; to be damned; *aprox.* (a) plague on smb.! *v. și* ~ **dracii/dracul.**

a-și lua uiumul to (take a) tøll.

a se lua unul după altul ca oile to follow one an-other like sheep.

a lua urma cuiva to trace smb. (over).

a lua urma vânatului to find the trace of the game; to quest (about); *(d. câine)* to road (up) the game.

a o lua ușor/ușurel *F* to tale gently; to take it easy.

a lua vacanță to take (one's) holidays; to go on holidays; *amer.* to (go on) vacation.

a-și lua valea *F* to walk one's chalks; to pack/to toddle off; *amer. sl.* to vamoose.

a-l lua valurile to be washed overboard.

a lua un vapor to take a ship.

a i se lua un văl/vălul de pe ochi; mi s-a luat ~ the scales fell from my eyes; a light broke in upon me.

a lua văzul/vederea (cuiva) v. **a fura ochii (cuiva)**.

a-și lua viața to take one's life; to kill oneself; to commit suicide; to lay violent hands on oneself.

a lua viața de la capăt to make a new start in life; to turn (over) a new leaf; *F* to take (on) a new lease of life.

a-și lua vina asupra lui to bear the blame.

a nu lua vin în gură never to touch wine.

a lua un viraj *auto.* to negotiate a turning.

a lua un viraj foarte strâns to round a corner close.

a lua un viraj în viteză to take a corner at full speed.

a lua viteză to pick up speed; *fig.* to pick up; to put on/to gather speed; to gather pace.

a lua cuiva vorba din gură to take the words out of smb.'s mouth; to steal smb.'s thunder.

a-și lua vorba/vorbele înapoi to go back on one's words; to take back/to recall one's words; to draw back into oneself; to recant; to beat a retreat.

a-și lua zborul 1. *(d. păsări)* to make wing; to take wings; to shoot out; to shoot/to sweep/to whip up; to soar; to take off; *(d. avion)* to start on a flight. **2.** *fig.* to leave the nest; to become independent/emancipated. **3.** to take one's departure.

a lua zeciuială to levy a tithe.

a-și lua o zi liberă/de concediu to take a day off.

a-și lua ziua bună to take (one's) leave; to say goodbye.

luăm una mică? shall we have a pick-me-up/a small glass of brandy/smth.?

luând în considerare *(cu ac.)* in consideration (of).

a lucra ca croitoreasă etc. to go in for dressmaking, etc.

a lucra ca ucenic to do one's apprenticeship; *înv.* → to be indentured (to a master).

a lucra cu acul to do needlework.

a lucra cu acuratețe to work accurately; *artă* to paint with care for detail.

a lucra cu (multă) discreție to act/to work discreetly; to use discretion.

a lucra cu încăpățânare/îndârjire la ceva to plug/to slog (away) on/at one's work.

a lucra cu întreruperi to work by snatches; *v. și ~* **pe apucate**.

a lucra curat *artă* v. **~ cu acuratețe**.

a lucra cu ziua to work by the day; *(d. femei de serviciu)* to char; to do charwork.

a nu lucra (mai) deloc to trifle/to toy with one's work; to idle about.

a lucra de mântuială *F* → to skimp one's work; to botch/to bungle/to muck things; to do things in a scrambling fashion; to make a mess of a job; to shuffle through a task.

a lucra mai departe (la ceva) to hammer away (at smth.).

a lucra din greu to work up to the collar; to work hard; to toil and moil.

a lucra fără metodă ceva v. **~ pe apucate**.

a lucra iute to be quick about one's work.

a lucra în acord to do piecework; to work by (a piece work) agreement/contract/by the job; to work to rule.

a lucra în condiții nefavorabile/neprielnice/potrivnice to go/to row against the tide.

a lucra încontinuu to work/to plod away.

a lucra în dijmă to share crop.

a lucra în două ture to work in two shifts.

a lucra în draci to be a demon for work; *v. și* **a munci pe brânci**.

a lucra îngrijit to work carefully/accurately/with accuracy.

a lucra în schimbul de noapte to work nights; to do nightwork.

a lucra în (două/trei) schimburi to work in (two/three) shifts.

a lucra în subteran to work underground.

a lucra în tura de noapte v. **~ schimbul ~**.

a lucra în ture to work (in) shifts.

a lucra la ceva to work on/at smth.

a lucra la lumina lămpii to work by lamplight.

a lucra mână în mână to be hand and glove; to act conjointly; to deal together; to sail/to row in the same boat (with smb.); to rub shoulders (with smb.).

a lucra neatent to shuffle through a task; to sleep over things.

a lucra noaptea to work at night; to burn the midnight oil.

a lucra până noaptea târziu to burn the midnight oil.

a lucra pe apucate to work by snatches/by fits and starts; to work desultorily/in a desultory manner.

a lucra pe brânci 1. to keep at it. **2.** to keep one's nose to the grindstone; to work up to the collar; to be hard at work; *v. și* **a munci ~**.

a lucra pe cont propriu to work/to be freelance; to do things under one's own beat; to go for oneself.

a lucra pe față to act aboveboard/openly/straight-forwardly.

a lucra pe rupte to burn the candle at both ends; to keep at it; *v. și* **a munci pe brânci**.

a lucra pe socoteala sa proprie to go for oneself; *v. și* **~ cont propriu**.

a lucra pe spetite la ceva to hammer away at smth.

lucrare cotată la limită (*școală etc.*) paper just on the line.

lucrare de un real merit/de (o) reală valoare a work of sterling merit.

a lucra repede to be quick about one's work.

a lucra superficial *v.* **~ de mântuială.**

lucrat de mântuială botched; bungled; mucked.

a lucra timp de o oră to put in an hour's work.

a lucra zi și noapte to burn the candle at both ends; *v. și* **a munci pe brânci.**

nu lucrează deloc it is all holiday with him.

lucru ajuns de poveste the talk of the town.

lucru autentic (just) the thing; it; the genuine thing; *F →* the real Simon Pure.

lucru bun de aruncat dead dog.

lucru caracteristic pentru ea/pentru o femeie that's just like her/a woman!

lucru care nu e de nasul oricui strong meat.

lucru care merge ca pe roate plain sailing; *F →* smooth sledding.

lucru ciudat/curios a strange thing indeed; strange to say.

nu e un lucru cu care să te poți lăuda/mândri that's nothing to boast of/to write home about.

lucru curios(, nimeni nu era acolo etc.) curiously enough (there wasn't anybody there).

lucru cu totul ieșit din comun it beats the band/the devil!

lucru de luat în considerare a thing/a fact to reckon with/to be reckoned with; an object of regard.

lucru de mare folos *F* that/it brings grist to the mill.

lucru de mântuială scamped/bungled/botched work; perfunctory work.

un lucru de nimic a trifle; a trifling matter; *amer.* a hill of beans.

e un lucru des folosit the use of it is pretty general.

lucru din topor clumsy work.

lucru făcut în grabă touch and go; *v. și* **~ de mântuială.**

un lucru fără leac there's no help for it.

un lucru formidabil something like.

un lucru golit de conținut Hamlet without the Prince of Denmark.

un lucru grozav something awful/like; a whacker; *v. și* **~ mare.**

lucru imposibil de realizat pigeon's milk; a mare's nest.

un lucru iremediabil there's no going back on it; it's past mending.

lucru în curs de execuție work on hand; thing under way/in the process.

un lucru în sine a thing in itself.

lucrul acesta nu se poate nega there's no denying/gainsaying it.

lucrul dracului *F* a damned thing; the Devil's own doing.

lucrul face sănătate, lenevia tot păcate *prov. aprox.* by doing nothing we learn to do ill.

lucrul făcut la vremea lui aduce mai mult folos a mouse in time may bite a cable in two.

lucrul în sine *filoz.* the thing in itself.

lucru mare *F* the hell of a (lot, etc.); awfully; terribly; the hell it is.

lucru mărunt *v.* **un ~ de nimic.**

un lucru pe cinste *v.* **~ mare.**

lucrurile n-au ajuns atât de departe/n-au ajuns încă până acolo it has/matters have not come to that yet; things are not yet in that state.

lucrurile au ajuns la un punct mort matters have come to a (dead) standstill.

lucrurile se vor aranja things will straighten out.

lucrurile iau altă întorsătură the tide turns.

lucrurile iau o întorsătură fericită things are taking a turn for the better/are turning out hopefully.

lucrurile au ieșit bine things have turned out well.

lucrurile au ieșit curând la iveală the news/the truth soon filtered thfough/out/soon leaked; it soon leaked.

lucrurile încep să capete formă/să se contureze *F* things are setting into shape.

lucrurile se vor îndrepta things will turn out/will come right.

lucrurile mergeau mai bine things were looking brighter.

lucrurile nu se vor opri aici the matter will not rest there.

lucrurile nu vor rămâne/nu se vor încheia/sfârși aici *F* you will hear of it!

lucrurile se schimbă that alters the case.

lucrurile stau prost it is an awkward plight; it is a nasty fix.

lucrurile trebuie să-și urmeze cursul things must run their course.

lucrurile își urmează cursul things are proceeding as usual.

lucrurile vorbesc de la sine that tells its own tale.

lucru semnificativ... significantly (enough)...

un lucru strașnic something like.

e lucru știut *F* I've been there.

lucru tipic pentru cineva it is just like him/her/a woman, etc.

a lufta balonul *fotbal* to balloon the ball; to kick the ball up.

lumea de pe lume no end of people.

lumea ți-e deschisă the world is before you.

lumea e mică the world is a small place; it's a narrow corner/a small world.

lumea începe să bârfească people are beginning to talk.

lumea largă the wide world.

lumea literară/literelor the republic/world of letters.

lumea mare high society; the upper ten/court.

lumea nouă the New World.

lumea veche the Old World.

a lumina calea/drumul cuiva to light the way for smb.; to show smb. a light.

a lumina fruntea cuiva to uncloud smb.'s brow.

a se lumina la față to clear up one's brow.

lumina ochilor the apple of one's eye.

lumina scade/e în scădere the light grows dim; night is falling.

a-i lumina cuiva scara la coborâre to light smb. downstairs.

lumina străbate/străpunge întunericul light strikes through the darkness.

lumina se strecura printre crengi/ramuri the light filtered through the branches.

luminat de soare sunlit; sunny; sun-beaten.

a lumina viu to shine out.

luna a apărut pe cer the moon is up.

luna de miere (one's) honeymoon.

luna este în creștere the moon is in its crescent.

luna s-a ivit/înălțat pe cer the moon is up.

lună (de curățenie) as clean as a new pin; as clean as a hound's teeth; spick and span.

a luneca la vale to slip down.

a luneca printre degete to slip between/through one's fingers.

lung de 2 etc. metri 2, etc. metres long.

lungește, Doamne, boala până s-o coace poama *prov.* while the grass grows the horse starves.

a lungi coasta *mar.* to skirt the coast.

a lungi compasul *F* to stretch one's legs; to trot/to stretch out.

a lungi gâtul to stretch one's neck; *amer. sl.* to rubber.

a lungi lucrurile în mod inutil *fig.* to hang a fire.

a lungi pasul *sport* to lenghten the stride; *F* to stretch one's legs; to trot/to stretch out.

a se lungi pe jos to stretch oneself out on the ground.

a lungi peste măsură o acțiune/o poveste *F* to take hours over smth.

a-și lungi picioarele *v.* **a-și întinde ~.**

a lungi tirul *mil.* to lift the fire.

a lungi treaba to make two bites of a cherry.

a lungi vorba to protract a conversation; to talk too much about a thing.

luni în șir for months together.

lup în blană/piele de oaie a wolf in a sheep's clothing.

a lupta să ajungă... to scramble for smth.

a lupta contra somnului to fight one's sleep(iness); *F* to prop one's eyelids.

a lupta corp la corp to fight hand to hand (and man to man).

a se lupta cu cifrele to wade through a sea of figures.

a se lupta cu curaj to battle/to fight courageously; to fight like a Trojan.

a se lupta cu dușmanul to jostle with one's enemy.

a lupta cu foamea *fig.* to keep the wolf from the door/at bay.

a se lupta cu ghearele și cu dinții to fight tooth and nail; *v. și ~* **pe viață și pe moarte.**

a (se) lupta cu ispita to struggle/to wrestle against/with temptation.

a se lupta cu înverșunare/îndârjire to fight tooth and nail; to be at it ding-dong; to go at/to it ding-dong; *v. și ~* **pe viață și pe moarte.**

a se lupta cu morile de vânt *F* to tilt at/to fight (the) windmills; to beat the air/the wind; to force an open door; to fight with one's own shadow.

a se lupta cu necazurile to be struggling with adversity.

a se lupta cu sărăcia to keep the wolf from the door/at bay.

a lupta de la egal la egal to fight on equal terms.

lupta e egală it is a case of Greek meeting Greek.

a lupta împotriva... to fight with/against.

a lupta împotriva obstacolelor/greutăților to struggle against difficulties.

a lupta împotriva soartei to be at odds with fate.

a lupta în condiții grele/vitrege to pit oneself against heavy odds.

a lupta în ilegalitate to work underground.

a lupta până la capăt/ultima picătură de sânge/ultima suflare to die game; to die in the last ditch; to fight up to the last ditch; to fight dog, fight bear.

a lupta până la victoria finală to fight to a finish; to fight dog, fight bear.

a lupta pe două fronturi to fight on two fronts.

a se lupta cu cineva pentru ceva to strive with smb. for smth.

lupta pentru existență the struggle for life/existence.

a lupta pentru existență to struggle for one's living/for life.

lupta pentru pace the fight/the struggle for peace.

a lupta pentru pace to struggle/to fight for peace; to defend peace; to fight like Kilkenny cats.

a lupta pentru prioritate/supremație to strive for mastery/supremacy/for the mastery of.

a se lupta pe viață și pe moarte to fight tooth and nail; to fight like Kilkenny cats/like a lion; to fight for dear life; *F* to go all-out.

a lupta sub drapelul cuiva to fight under smb.'s banner.

o luptă aprigă a bitter struggle.

luptă corp la corp stand-up fight; hand to hand fighting.

luptă de ariergardă rearguard action.

luptă dreaptă fair/straight fight; *aprox.* playing the game.

luptă pentru existență struggle/strife for life.

luptă pentru putere race for power.

luptă pentru supremație race for supremacy.

luptă pe viață și pe moarte mortal combat; skin game; life-and-death struggle; pull devil, pull baker! pull dog, pull cat!

un luptător pentru drepturile femeilor a women's righter, a feminist.

lupte de stradă house to house fighting; street fighting.

lupul moralist it's like Satan reproving Sin.

lupul păru-și schimbă, dar năravul ba/își schimbă părul ~ *prov.* there's no washing a blackamoor white; can the leopard change his spots?

lustruit ca oglinda/sticla smooth as glass.

a-și luxa glezna to sprain one's ankle.

a-și luxa maxilarul/umărul etc. to put one's jaw/shoulder, etc. out.

lux de amănunte profusion of details.

M

magna cum laude with honours/credits.

mai-mai... all but...; now... now...

mai-mai că/să... *almost... (cu mod personal);* nearly... *(cu mod personal);* within an inch of *(cu -ing);* about *(cu infinitiv);* for two pins (I would box his ears, etc.).

a majora chiriile to screw up/to raise the rents.

a majora o factură/o notă de plată to overcharge on an account.

majoritate absolută absolute majority.

majoritatea celor prezenți most of those present.

majoritatea prietenilor săi most of/the majority of his friends.

majoritate de două treimi two-thirds/qualified majority.

majoritate evidentă thumping majority.

majoritate specială qualified majority.

majoritate zdrobitoare an overwhelming majority.

mamă de bătaie good licking/hiding/clubbing.

mamă dragă 1. good mother. **2.** *(dragul meu)* my dear (boy/girl). **3.** *(dragă mamă)* mother dear.

a manevra o mașină to operate/to run a machine.

a manevra o pompă to work a pump.

o manieră atrăgătoare/încântătoare an agreeable/attractive/taking manner.

a-și manifesta aprobarea to mark one's approval; *(din cap)* to nod approval.

a manifesta un brusc interes to sit up and take notice; to have one's interest aroused; to take sudden interest (in smth.).

a-și manifesta dezaprobarea față de... to take exception/objection to smth.

a-și manifesta dezaprobarea prin... to mark one's displeasure by...

a manifesta dispreț pentru... to hold in contempt.

a manifesta dușmănie *F →* to show one's teeth.

a manifesta generozitate to be very generous; to prove large-handed; *F amer.* to loosen up.

a manifesta grijă pentru ceva/cineva *v. ~* solicitudine *~*.

a manifesta interes față de/pentru... to take an/to show interest in...; to be interested in...; to have/to take regard to/for.

a-și manifesta încuviințarea *v. ~* aprobarea.

a manifesta înțelegere pentru (ceva/cineva) to sympathize with (smth./smb.); to take smth. into account.

a manifesta lipsă de respect față de cineva to speak disrespectfully of smb.

a manifesta mărinimie *v. ~* generozitate.

a nu manifesta nici o umbră de interes to show not a spark of interest.

a manifesta părtinire to be partial/biassed; to accept persons.

a manifesta preferință pentru cineva to show favour towards smb.; to be biassed (in smb's favour); to accept persons.

a manifesta respect pentru cineva/pentru opinia cuiva to pay/to show deference to smb./to smb.'s opinion.

a manifesta o satisfacție sinceră to show undisguised satisfaction.

a manifesta solicitudine pentru ceva/cineva to take care of smth/smb.

a-și manifesta solidaritatea to show solidarity/ésprit de corps.

a manifesta o stimă profundă pentru cineva to hold smb. in esteem reverence/respect; to pay reverence to smb.

a manipula sforile marionetelor to pull the puppet-strings.

manta de vreme rea *F* Jack-at-a-pinch.

a marca un but *(rugbi)* to score a try; *v. ~* o încercare.

a marca cu creionul to mark smth. in pencil/with a pencil.

a marca un drum to blaze the path/the trail/the way.

a marca un gol *sport* to shoot/to score/to kick a goal/a point; *sl.* to do the needful.

a marca o încercare *(rugbi)* to score a try.

a marca în detrimentul cuiva *sport* to score off smb.

a nu marca nici un punct 1. *sport* not to score; to have no score. 2. *(la cărți)* to score no tricks; **nu s-a marcat nici un punct** there was no score; (the score was) nil to nil/love all.

a marca ora de începere a lucrului *amer.* to take time.

a marca un punct to score a point; to have a stroke; to steal a march (on smb.).

a marca puncte *sport* to score so many points.

marea cu sarea the impossible; wish(ing) for the moon.

marea devine agitată the sea is rising.

marea e în flux the tide comes in/flows/makes/rises.

marea e în reflux the tide ebbs/falls/goes down/goes out.

marea e liberă the sea is clear (of ice).

marea majoritate the large majority; a fair size (of); most.

mare baftă/noroc pe el! lucky beggar!

mare băftos! *F* lucky dog! lucky beggar!

mare brânză! *iron. v.* **mare procopseală/scofală!**

nu mare brânză nothing to write home about.

mare ca dimensiuni of large dimensions; *F* sizeable; considerable.

o mare calmă ca un lac a sea as smooth as a mill pond.

mare cât un dop hop-o'-my-thumb.

mare cât un dop de sacă a (regular) dumpling.

mare comèdie *F* what a story! that beats it all/everything/the devil! well, I never!

mai mare daraua decât ocaua/iacaua *F* much ado about nothing; the game is hardly worth the candle; great boast little roast; much cry and little wool; much bran and little meal; not worth powder and shot; the devil rides on a fiddlestick; to make a long harvest about/for a little coin; more kicks than halfpence; it is a grain of wheat in a bushel of chaff; *aprox.* break a butterfly; fly upon the wheel.

o mare de lacrimi a flood of tears.

mare distracție what fun!

un mare gogoman *F* a wise man of Gothman; a saphead; a nincompoop.

mare hoț ești! yon are a sly one!

mare-i grădina/hambarul lui Dumnezeu! it takes all sorts to make a world.

mare ispravă ai făcut! *F* you've been (and gone) and done it! *v. și ~* **procopseală/scofală!**

mare încurcătură! that's a real jam!/a pretty kettle of fish!/a real mess!

nu mare lucru nothing much; little else; *v. și* **mare procopseală/scofală!**

mare lucru că (a venit etc.)! it was a marvel that (he came, etc.); *v. și ~* **minune.**

mare lucru dacă nu s-a îmbolnăvit I wonder whether he hasn't been taken ill; *v. și ~* **minune.**

un mare mâncău a regular ogre; a heavy eater; a good/a stout/a valiant trencher man.

mare mincinos mai ești! you are a big liar!

mare minune enough to make a cat speak.

mare minune să... I really wonder whether...; I am almost sure (that)...

mare nervozitate high(ly) strung nerves.

mare noroc! *F* what a blessing!/a chance! what (good) luck!

un mare număr de... a good/a great many...; a great deal/number of...

mare pagubă! well, what about it?

mare plictiseală! *F* what a fag!/a bore!/a nuisance!

mare procopseală/scofală! *F* that's a nice/a pretty concern, indeed! it's of no earthly use; a fat lot of good that'll do you! it's no catch! a pretty kettle ot fish, this! the Dutch have taken Holland! nothing to write home about; what a hope!

mare specialist în... a dab (hand) at smth./at doing smth.

mare șmecher! there are no flies on him!

mare trăsnaie! what a comical idea!

marginea răbdării the last straw.

marii patru *pol.* the Big/the Great Four.

marinar bătrân an old salt; Jack Tar.

marinar de apă dulce fresh water Jack.

martor ocular eye-witness.

masa alegătorilor the electorate; *amer. înv.* the short hairs.

masa e gata dinner is ready/waiting/served; dinner waits *v. și ~* **servită!**

masa e servită! dinner/lunch is served; the dinner is on the table.

masa nu este dreaptă/orizontală the table is not true.

masă și casă board and lodging.

masele largi populare the broad/the vast masses of the people; the masses; the rank and file.

mașina e bine pusă la punct the engine is in perfect tune.

mașina nu funcționează *v. ~* **merge.**

mașina a intrat într-un pom the car ran into a tree.

mașina nu lucrează *v. ~* **merge.**

mașina lucrează fără cusur the machine goes very slick.

mașina merge the machine is going/at work.

mașina nu merge the machine is out of order/is in bad repair.

mașină de calculat tabulating/calculating machine; computer.

mașină de război war machine(ry); engine of war.

mațe-fripte close liver.

mațe goale *F* starveling; needy wretch.

măcar atât at least that; at least so/that/this much.

măcar atât trebuie să știți și voi you've got to know this much at least; you ought to know better.

măcar că... (al)though; even though.

măcar dacă/de... if only...; at least if...; if at least.

măcar de n-ar fi așa I wish it were not true/so/like this; would it were not so!

măcar de-ar fi posibil I wish it were possible/it could be done; only if it were possible.

a măcina puterea cuiva to sap smb.'s strength.

a se măcina sufletește to devour/to eat one's heart (out); to worry oneself to death.

a măguli pe cineva to tickle smb.'s ears; to flatter smb.

a măguli vanitatea cuiva to tickle smb.'s vanity.

măi, drăcie!; măi, să fie! *F* dash it (all)! dash my buttons!/*F amer.* my grab(s)!

te mănâncă pielea/spinarea you seem to itch for a sound drubbing.

îmi mănânc căciula my hat to a halfpenny; I'll eat my hat!

au să te mănânce fript/de viu you'll get yourself disliked.

mănânci calule orzul/ovăz? *F* will a duck swim? ask a baby would eat a cake?

măr al discordiei a bone of contention; an apple of discord.

mărfuri care se desfac/vând cu bucata goods that are sold in one.

mărfuri cu plasament sigur goods that command a sure sell.

mărfuri în tranzit goods for transit.

a se mărgini cu... to be contiguous to; to border (up)on.

a se mărgini la/să... to confine/to limit oneself to; to content oneself with *(cu subst. sau -ing)*.

mărginit la minte narrow-minded; stinted in knowledge.

mărginit la nord etc. de... bounded on the north, etc. by.

a-și mări eforturile to redouble/to bend one's efforts.

a mări impozitele to increase (the burden of) taxation/taxes.

mărinimos din cale-afară free with one's money.

mărinimos față de cineva liberal to(wards) smb.

a mări prețul (la...) to increase the price (of...); to put/to lay it on (with a ladle).

a-și mări prețul to go/to be up (in price); to increase in value.

a mări producția to step up/to boast/to increase/to augment the output/the production.

a mări salariile to raise wages.

a mări salariul cuiva to raise smb.'s wages/salary; to give smb. a rise/*F* → a hike.

a se mărita (în grabă) *F* → to jump the broom(stick)/besom.

a(-și) mări viteza to increase speed.

mărturisesc (că)... I must say/confess/admit (that)...

să nu mărturisești strâmb împotriva aproapelui tău *bibl.* thou shalt not bear false witness against thy neighbour.

a mărturisi adevărul to confess/to admit/to tell the truth.

a mărturisi cuiva adevărul to pitch it straight to smb.

a mărturisi o crimă to own up to a crime.

a-și mărturisi greșeala etc. *F* to own up.

a mărturisi ceva în mod sincer *amer. F* to come clean.

a mărturisi totul *F* to make a clean breast of it.

a-și mărturisi vina *jur.* to plead guilty; *amer.* to come clean.

mărul discordiei the apple of discord; the bone of contention.

măsoară de (mai) multe ori și croiește o dată *prov.* measure twice and cut once.

măsoară șase picioare fără pantofi/tocuri *F* he stands six feet in his stockings.

a măsura adâncimea apei cu sonda *mar.* to take soundings.

a-și măsura cheltuiala după câștig to proportion one's expenditure to one's gains.

a se măsura cu cineva to try one's strength against smb.; *amer.* to go to bat with smb.; *v. și* **a-și măsura puterea/puterile cu cineva**.

a nu se măsura cu cineva not to hold a candle to smb.

a măsura cu pasul to pace (off) a distance.

a măsura pe cineva cu privirea *v.* ~ **din cap până-n picioare**.

a-și măsura cuvintele to curb/to bridle one's tongue; to put a curb/a bridle on one's tongue; **măsoară-ți cuvintele!** mind what you say!

a măsura pe cineva din cap până-n picioare/din ochi to take smb.'s measures; to look/to stare smb. up and down; *F* to take stock of smb.; to measure smb. with one's eye; *F* to give smb. the up-and-down.

a măsura din ochi distanța to span the intervening space.

a măsura distanța cu pasul to step (off/out) a distance.

a-și măsura fapta după vorbă to suit the action to the word.

a-și măsura forțele cu cineva *v.* ~ puterea/puterile ~.

a-și măsura gestul după vorbă *v.* ~ fapta după vorbă.

a măsura înălțimea soarelui to take/to shoot the sun.

a măsura încăperea/odaia de la un capăt la altul to tread the room from end to end.

a se măsura în săbii cu cineva to measure swords with smb.; *v. și* a-și ~ puterea/puterile ~.

a măsura pedeapsa după gravitatea faptei to make the punishment fit the crime.

a-și măsura puterea/puterile cu cineva to measure swords/one's strength with smb.; to pit oneself against smb.; to try conclusions; to try one's strength against smb.; *v. și* a se ~ cu ~.

a-și măsura puterea/puterile cu inamicul/vrăjmașul to pit one's strength against the enemy; to withstand the enemy.

a măsura 6 etc. picioare to stand six, etc. feet high.

măsuri drastice strong/drastic measures.

măsuri preventive (împotriva unei epidemii) the control/the staving-off of a disease.

mătura nouă mătură bine *prov.* a new broom sweeps clean; new brooms sweep clean.

a mătura (bine) odaia to give a room a (good) sweep.

a mătura pământul/pe jos (cu hainele) to trail one's coat.

a mătura podeaua/podelele cu cineva to level smb. to the ground; *F* to mop/to wipe the floor with smb.

a mătura puntea (*d. valuri*); **valurile măturau puntea** the waves washed over the deck.

a se mâhni adânc to take it on.

mâine îl/o veți avea cu certitudine/siguranța/în mod cert you shall have it tomorrow certain.

mâine dimineață tomorrow morning.

mâine fără îndoială tomorrow for sure.

mâine înseamnă niciodată *prov.* tomorrow never comes.

mâine la această oră this time tomorrow.

mâine seară tomorrow night.

mâinile sus! hands up! *amer. F* slick 'em up!

mâna Domnului/lui Dumnezeu (it's) God's hand!

mâna dreaptă a cuiva smb.'s close associate; smb.'s right hand.

mâna lui! that's just like him!

a mâna porcii la jir *fig.* to drive pigs to market; to drive one's hogs to the market; to snore like a pig.

mânat de... *fig. F* driven/propelled by.

mânat de dorința de (a câștiga etc.) *F* driven by a desire for gain.

mâna i s-a vindecat his hand was made whole.

mână, birjar! off we go! com' on, driver!

o mână de (spectatori etc.) a handful/a cluster of (spectators, etc.).

o mână de ajutor a helping hand; a lift; *amer.* a spell.

mână de fier/forte; a fi ~ to rule with a firm/an iron hand.

o mână dibace la... a good hand at/in.

o mână grea a heavy hand.

mână în mână 1. hand in hand. **2.** (*în cârdășie*) hand in glove; in collusion with.

mână măgarul! get gone/along/away! bundle off/away! *v. și* a o lua din loc.

o mână nedibace la... a poor/a bad hand at.

o mână spală pe alta (și amândouă fața) *prov.* one hand washes another; (you) roll my log and I'll roll yours; scratch my back and I'll scratch yours; one/a good turn deserves another; turn for turn; *înv.* → claw me and I will claw thee; ka me, ka thee.

mână spartă free with one's money; **e mână spartă** *F* money burns his fingers/burns a hole in his pocket.

a-și mânca amarul împreună cu cineva *aprox.* to be united to smb. for better (or) for worse.

a mânca banii cu lingura *F* **1.** to roll in money; to be made of money; to live on the fat of the land. **2.** (*a risipi*) to play ducks and drakes with the money.

a mânca o bătaie *F* to get a soaking.

a mânca bătaie to get it in the neck/it hot; to get hell; *școl.* to get a swishing; ~ **o bătaie bună** *F* to get a sound/a good beating; to come in for a good licking/dressing down/hiding; *amer. F* to take it on the chin.

a mânca bine to keep a good table; to have a good dinner; to do a/the tightener; *v. și* ~ **pe săturate.**

a mânca borș F fig I. (*a minți*) to lie (in one's throat); to tell a whopper. **2.** (*a exagera*) to draw/ to stretch the long bow.

a mânca ca câinii to agree like cats and dogs/like harp and harrow/like pickpockets in a fair.

a mânca ca cu gura altuia F to make two bites at a cherry.

a mânca ca un lup to eat like a wolf.

a mânca ca lupul F to be taken in; to be diddled.

a mânca ca un porc F to eat like a swine/a hog.

a mânca cât doi/șapte/zece to be a devil to eat.

a mânca cât patru to be a devil to eat; to be a heavy eater.

a mânca cât o păsărică to pick at one's dinner.

a mânca cât șapte și cam de pomană to eat one's head off.

a mânca ceapa ciorii F to go off one's chump; *v.* **a-și pierde mințile.**

a mânca ce se găsește (în casă) to take pot-luck.

a mânca ce se nimerește să fie în casă to have pot-luck.

a-l mânca cojocul F to itch for a drubbing/a thrashing.

a-și mânca comândul I. to spend one's last farthing/penny/one's burial money; to exceed/to outrun one's income. **2.** *fig.* tu ruin/to spoil one's credit; to be in for it.

a mânca consistent to have a substantial/a solid meal.

a mânca copios to partake very heartily.

a mânca cu cuțitul ← *P aprox.* to do the Japanese knife trick.

a mânca cu lăcomie to wolf (the food) down; to gorge oneself (on smth.); to stuff (in); to make a pig of oneself; to shovel food into one's mouth; to walk into one's food.

a mânca cu poftă to eat heartily/with relish; to make a good dinner of it; to play a good knife and fork; to cut and come again.

a mânca de dulce to eat meat (on a fast day); to break one's fast; to eat flesh.

a mânca destul to eat/to have/to take one's fill; F → to get a/one's bellyful; P → to tuck in; to make out the dinner.

a-și mânca de sub unghie P to be tight-/ close-fisted/niggardly; F to live near.

a mânca din capete to live on one's capital; to eat its head off.

a mânca din ochi pe cineva to feast one's eyes on smb.; not to take one's eyes off smb.; to make eyes at smb.; to ogle smb. amorously.

a mânca foarte mult to eat a heavy meal; to punish one's food.

a mânca fript pe cineva F to do for smb.; to be smb.'s death, to cook smb.'s goose.

a mânca haram to talk through one's hat; *v. și* **a spune cai verzi pe pereți.**

a mânca încet to be a slow eater; to linger over a meal.

a mânca în mare grabă to snatch a meal.

a mânca în tren to have dinner on the train.

a mânca lacom to make a pig of oneself; *v.* **~ cu lăcomie.**

a mânca la masa cuiva to eat smb.'s mutton.

a-și mânca omenia to lose one's credit/reputation.

a mânca orz/ovăz; mănânci calule ~? F ask a baby would eat a cake.

a-l mânca palmele; mă mănâncă palmele să... my fingers/hands itch to...

a mânca papară F I. (*bătaie*) to get a sound licking/drubbing; **2.** (*mustrare*) to get a good dressing down.

a mânca pâinea cuiva to eat smb.'s salt.

a mânca pâinea de pomană not to be worth one's keep.

a mânca pâine și sare cu cineva (o viață întreagă) to eat (a peck of) salt with smb.; to eat one's mutton with smb.

a mânca până i se face rău to eat smth. to (a) surfeit.

a mânca pe-ndelete *v.* **~ încet.**

a mânca pe săturate to eat/to have one's fill; to eat to satiety/repletion/to one's heart content; F to fill one's bread basket; to have a hearty/a square/ a full meal.

a mânca pe sponci to live/to feed low.

a-l mânca pielea *v.* **~ spinarea.**

a mânca prea mult to make a pig of oneself.

a mânca prost to be on short commons.

a mânca puțin; mănâncă puțin she doesn't eat enough to keep a sparrow alive.

a mânca puțin și cu gândul aiurea to trifle with/ to peck/to nibble at one's food.

a mânca rahat *fig.* P to tell tales about smb.; *v. și* **~ borș.**

mâncarea e arsă the bishop has played the cook.

o mâncare omenească a decent/a square meal.

a mânca repede to gulp/to wolf down one's food; *si.* to knock off; *v. și* **~ cu lăcomie.**

mâncare și băutură meat and drink.

a mânca solid *v.* **~ pe săturate.**

a-l mânca spinarea *argou* to be itching for a drubbing.

a mânca cuiva și urechile to eat smb. out house and home; (*d. cal etc.*) to eat its head off; **îmi**

mănâncă și urechile *F* I would rather keep him a week than a fortnight.

am mâncat cu poftă I made a good dinner of it.

mâncat de datorii etc. eaten up (with debts, etc.).

mâncat de toate astea fed up with it; sick and tired of it.

ai mâncat o păcăleală! you've been had!

a mâncat picior de găină he can't keep his tongue in check/order.

a mânca trânteală *v.* ~ **bătaie.**

a-și mânca unghiile până în carne to bite one's nails to the quick.

a mânca zdravăn to have a good tuck-in.

a mânca zilele cuiva (făcând glume pe socoteala lui) to grey life out of smb.

mâncând pământul (at) full gallop/tilt; as fast as one's legs can/could/would carry one; like a bat out of hell; at breakneck pace/speed.

a se mândri cu (realizările sale etc.) to take pride in (one's achievements/accomplishments/successes); to value/to pride oneself (up)on (one's achievements).

mândru ca un păun; mândru nevoie mare (as) proud as Lucifer/Punch/a peacock.

mânecile îmi sunt cam scurte the sleeves are a thought too short.

a mângâia coardele unei harpe to sweep the strings of a harp.

a mângâia un copil pe obraz to tap/to stroke a child on the cheek.

a se mângâia cu... to take comfort in; to seek consolation in; to be comforted/consoled by; to flatter oneself with.

a mângâia pe cineva cu privirea to look fondly at smb.

a se mângâia cu speranța că to live/to be in hopes that...

a mângâia pe cineva pe obraz to pat smb's cheek/smb. on the cheek.

nu te mânia! don't be angry/furious; don't fly off the handle/into a rage/a temper; keep your hair on; steady (on)! *v. și* **a-și ieși din fire.**

a se mânia cumplit to lose one's hair; to fly into a temper/a rage/off the handle; *v. și* **a-și ieși din fire.**

mânios Dunăre/la culme boiling/bubbling with rage; in a violent temper; (as) cross/sulky/surly as a bear (with a sore head); hot under the collar.

a mânji cu sânge to stain/to (be)smear with blood.

a-și mânji mâinile cu... to stain/to soil one's hands with.

a-și mânji mâinile cu sânge to bathe/to dip one's hands in blood.

a-și mânji reputația to soil/to pollute/to singe/to stain/to (be)smear one's reputation; to be defiled.

a-și mântui sufletul *rel.* to save one's soul.

a mânui condeiul to wield the pen.

a mânui condeiul cu măiestrie to wield a formidable pen.

a mânui condeiul cu ușurință to wield a facile pen.

a mânui sabia cu îndemânare to wield his/the sword deftly; to cut and slash.

a mârâi un răspuns to snare/to snort out an answer.

mâța blândă zgârie rău dumb dogs are dangerous; *prov. aprox.* fire that's closest kept burns most of all.

mâță blândă demure person; *F* → sneak; sly boots.

a mâzgăli o foaie de hârtie to scrawl over a piece of paper.

a mâzgăli sute de coli de hârtie *peior.* to write reams.

mâzgălitor de hârtie quill driver.

o să meargă it will work; that is sure to work.

n-o să meargă it won't work; that won't do.

a medita (adânc/profund) asupra unui lucru/subiect/unei probleme to ponder upon smth.; to give thought to smth.; to think hard of smth.; to take thought of smth.; to weigh smth. (up) in one's mind; to pore over a subject.

a medita asupra trecutului to look back upon the past.

a medita la (ceva) *v.* ~ **(adânc/profund) asupra unui lucru/subiect.**

a medita profund to put one's conjuring/considering/thinking cap; to be in one's thinking box.

melancolic la culme (down) in the dumps; having the dumps.

membrele amorțite/înțepenite de frig limbs cramped by the cold.

membrii prezidează prin rotație members take the chair in turn.

memorie înșelătoare/slabă treacherous/tricky memory.

a nu-și menaja forțele to be unsparing of one's strength.

a-și menaja interesele/(propriile) interese to look after one's interests.

a nu-și menaja sănătatea to be unsparing of one's health.

a menaja sentimentele/susceptibilitatea cuiva to spare smb.'s feelings.

menajul lor merge șchiopătând they are hugger-muggering/jogging along.

a menține alura/aceeași alură *F* to keep it up.

a-și menține antrenamentul *v.* **a se** ~ **în formă.**

a menține ceea ce a declarat/spus to maintain one's point; to stick to one's words/to what one said; *amer.* to stand pat on smth.

a menține cursurile la bursă *fin.* to peg the exchange.

a menține disciplina to keep order.

a menține echilibrul to keep the balance; *F* → to hold the scales even.

a-și menține hotărârea to keep one's resolve; *F* to stick to one's decision.

a-și menține îndemânarea *v.* **a se ~ în formă.**

a se menține în expectativă (într-o chestiune) to adopt a wait-and-see policy; *F* to sit on a fence; to straddle.

a se menține în formă to keep one's hand in; to keep oneself in form/fettle/mettle.

a menține moralul cuiva (ridicat) to keep up smb's spirits.

a-și menține obișnuința *v.* **a se ~ în formă.**

a-și menține părerea to stick to an opinion.

a se menține pe poziție to stand one's ground; to stick it out; to stick to one's attitude; *amer.* to stand pat.

a menține presiunea *tehn.* to maintain full power; to keep up steam.

a menține prețul/prețurile to keep up a price/prices.

a menține un ritm viu de muncă *amer.* to keep the log rolling.

a-și menține spusele *v.* **~ ceea ce a declarat.**

a menționa un document to refer to a document.

a menționa un fapt/o întâmplare to refer to a fact; to make reference to a fact.

merele putrede strică și pe cele bune *prov.* one scabbed sheep is enough to spoil the flock.

mereu călcat în picioare like a toad under the/a harrow.

mereu cu ochii pe cineva down on smb.

mereu cu zâmbetul pe buze always smiling/on the grin.

mereu în ceartă leading a cat-and-dog life.

mereu plecat always on the go.

mereu prezent în memorie always in one's thoughts.

mereu (și) mereu time and (time) again.

mereu vechea poveste/vechiul refren it's the (same) old story/always the old story.

mereu zâmbăreț/zâmbitor always on the grin.

nu merg afacerile trade is slack/dull/at a stand-still.

merg bine afacerile trade is brisk.

merge! that's it! that will do!

nu merge! that won't do! that's no go! *(în conversație)* it's no snatch; *F* → it doesn't answer; it doesn't hold water.

a-i merge **1.** to go well (with one); to be in luck. **2.** *(a i se potrivi)* to suit; to play one's form; to sit smb. well. **3.** *(a-și impune voința)* to have one's way; to get off/away with it.

a nu merge **1.** *(d. un aparat)* to be out of order. **2.** *fig.* not to fit.

a merge agale to go at a leisurely pace; to jog on/along.

a merge alăturea/alături cu drumul to go astray; to take the wrong road; to be wrong.

a merge alături to walk side by side/abreast.

a-i merge anapoda to go wrong.

a merge anevoios to tramp along/on.

a merge apostolește to take to one's feet; to walk/to foot it; *glum.* to ride in the marrow-bone coach; to ride Bayard of ten toes; *amer. sl.* to hit the grit.

nu merge așa cum ar trebui there is a hitch somewhere.

a-i merge așa și așa to be pretty middling.

a merge atât de departe încât... to go as far as to...

a merge bine **1.** *(d. ceas)* to be right; to go true. **2.** to work like clockwork.

a-i merge bine **1.** to get on (well); to be getting on well/comfortably/*F* → nicely; to be thriving; to be on the growing hand; to speed well; to be in (good) train. **2.** *(treburile, afacerile)* to be in good circumstances. **3.** *(d. animale, plante)* to thrive.

a-i merge mai bine to be (up)on the mend.

a-i merge bine în dragoste to be lucky in love.

a-i merge bine în toate to succeed in everything; to be always lucky.

a-i merge bine negoțul to do good business; to have a prosperous business.

a-i merge buhul *v.* **~ vestea.**

a merge ca un ceasornic/ca ceasul to work/to go like clockwork; *v. și* **~ pe roate.**

a merge ca crabul to walk sideways.

a(-i) merge ca în brânză to go smoothly; to go like greased lightning.

a-i merge cuiva ca o mănușă to fit smb. like a glove.

a merge ca melcul to pat a snail's pace/race/trot/gallop.

a merge ca oile to follow in the cry; to herd (together).

a merge ca pe roate/unt to go like clockwork/with a twing/< *F* a buzz/swimmingly/like greased lightning; to run on wheels.

merge ca pe unt *glum.* (everything is lovely and) the goose hangs high.

a merge ca racul to go backwards; to back.

a merge ca turma după cineva to flock after smb.

a merge călare (pe) I. to ride (on). 2. *(a sta călare)* to stride (on); to be astride.

a merge către dezastru *F* to ride for a fall.

a merge când într-o parte când în alta/de colo până colo I. to go hesitatingly; to vacillate; *amer. F* to back and fill. 2. *fig.* to vacillate; to sit on a fence.

a merge clătinându-se to totter, to lurch, to waddle, to stagger.

a merge clătinându-se încoace și încolo to reel to and fro.

a merge contra curentului *v.* ~ împotriva ~.

a merge contra vântului to have the wind in one's face.

a merge copăcel to begin to walk upright.

a merge cu bicicleta to ride a bicycle; *F* → a bike.

a merge cu cea mai mare viteză to go at a swift pace. I. *(pe jos)* to walk against time; *amer.* to hit it up. 2. *(cu un vehicul)* to drive at top/full speed.

a merge cu chiu cu vai to crawl about.

a merge cu curentul to swim with/down the tide/ the stream.

a merge cu Dumnezeu înainte to be in God's care.

a merge cu greu to jolt along.

a merge cu grijă pe unde calcă to look where one is going.

a merge cu haita *(d. un câine de vânătoare)* to follow in the cry.

a merge cu încetinitorul I. *tehn.* to slow down; to tick over. 2. *(cinema)* to go on slow motion. 3. *fig.* to idle (away); to be slow at it.

a merge cu mare viteză (pe jos) *v.* ~ cea mai ~.

a merge cu metroul to go by underground/tube/ *amer.* subway; *F* → to tube it.

a merge cu opriri to jolt/to jerk along.

a merge cu pas cadențat/pași cadențați to go in marching step.

a merge cu pas/pași greoi *F* to twindle/to lollop (along).

a merge cu pas măsurat/pași măsurați to walk with measured tread.

a merge cu pas nesigur/pași nesiguri to lurch along; *v. și* ~ clătinându-se.

a merge cu pas ritmat/pași ritmați to walk with a swing.

a merge cu pas vioi/viguros to go at a good round pace.

a merge cu pași ușori to trip (along); to saunter about.

a merge cu taxiul to taxi (it).

a merge cu toată viteza *F* → to rip (along).

a merge cu tramvaiul to go by tram; *F* → to tram (it).

a merge cu tramvaiul 2/11 *F* to leg/to foot it; to go by Walker's bus.

a merge cu trenul to go/to travel by train/rail; *F* → to train it.

a merge cu o viteză de... to travel at... miles an hour.

a merge de-a-ndărătelea *v.* ~ înapoi.

a merge de la... până la... to stretch from... to...

a merge de la sine to go smoothly/safely; to be all plain sailing; to go like greased lighting; *v. și* ~ ca pe roate/unt.

a-i merge de minune to get along/on very well; to be getting on a fair treat; to sit pretty warm; to run smoothly with smb.

merge de parcă ar avea picioare de plumb he is hardly able to walk; *aprox.* his legs give way.

a merge mai departe to walk along.

a-i merge destul de bine to feel pretty tidy.

a merge de unul singur/pe drumul său propriu to plough a lonely furrow.

a-i merge din bute în bute to go from bad to worse.

a merge din loc în loc *F* → to be on the wing/the gad/the fly.

a-i merge din plin to have one's cake baked.

a merge drept to go straight.

a merge drept înainte to go straight/right on; to follow one's nose.

a merge/a-i merge cuiva drept la inimă to go to the heart; to strike upon the heart; to come home to smb.; to touch smb. deeply.

a merge drept la țintă to hit/to touch home.

a merge/naviga drept spre sud etc. *mar.* to sail due south, etc.

a merge exact *(d. ceas)* to keep time; *v. și* ~ bine.

a merge ferindu-se to sidle along/up.

a-i merge foarte bine to do/to be doing very well; to be high up in the pictures.

a merge greoi to flop along; *v. și* ~ cu pas/pași ~.

a-i merge gura (ca o moară neferecată/stricată) to talk nineteen/thirteen to the dozen; to have a glib tongue/one's tongue hung in the middle and wags at both ends; *aprox.* his/her clack goes thirteen/nineteen to the dozen.

a merge iute *v.* ~ repede de tot.

a merge împleticindu-se to reel from end to end; to titubate.

a merge împotriva curentului *fig.* to go/to row/ to strive/to swim against the stream/the tide; to breast the current.

a merge împreună I. to go together. 2. *(a se potrivi)* to belong/to go together; to be paired/matched; to match.

a merge înaintea celorlalți to lead the way; to lead the van.

a merge înainte (cu...) *(d. ceas)* to gain; to have a gaining rate (of...).

a merge înainte cu hotărâre to forge ahead; *sl.* to go it strong.

a merge înainte cu succes to be going strong.

a merge înainte fără ezitare/ezitări/șovăială *F* not to make two bites at a cherry.

a merge în ajutorul cuiva to go to smb.'s relief; to meet smb. half-way.

a merge înapoi to walk back/backwards; *v. și* ~ **ca racul.**

a merge în capul... to head...; to go in the van of...; to take the lead of...

a merge în căutarea *(cu gen.)* to go/to be in quest of...; to seek; to look for...

a merge încet to walk slowly; to go slow; *F →* to trollop along; *v. și* ~ **cu pas/pași greoi.**

a merge mai încet I. to slacken one's pace. **2.** *fig.* to take it easy.

a merge încet ca melcul *F →* to go at a snail's pace/gallop; *v. și* ~ **ca melcul.**

a merge înclinat într-o parte to sidle along/up.

a merge în contra *(cu gen.)* to run counter (to).

a merge în contra curentului *v.* ~ **împotriva ~.**

a merge încotro vede cu ochii to follow one's nose.

a merge în derivă *mar.* to sag to leeward.

a merge în dezordine to straggle (along).

a merge (ca) în dodii to go at random; to take to the field; to go over hedge and ditch.

a merge în frunte to lead the way/the van; to be in the van.

a merge în goana calului to stretch out; to (go at a) gallop.

a merge în gol *(d. motor etc.)* to run idle.

a merge în întâmpinarea cuiva to meet smb. half-way/half-way.

a merge în linie dreaptă (spre a arăta că nu e beat) to walk a chalk line.

a merge în marșarier *(d. mașină)* to go into reverse; *amer.* to back.

a merge în pas (cu...) to go/to fall abreast (of); to keep pace (with); to fall into step (with).

a merge în pas cu vremea to keep/to be abreast of/with the times; to float/to sail/to go with the stream.

a merge în patru labe to walk on all fours.

a-i merge în plin to go from success to succes; to have one's cake baked.

a merge în plină viteză to go full tear.

a merge în procesiune to go/to walk in procession; to parade (through) the streets.

a merge în ralanti *v.* ~ **la ~.**

a merge în rânduri de câte doi to walk in twos/two by two/two and two.

a merge în recunoaștere to be/to go on the scout.

a merge în salturi to lope along.

să mergem în sufragerie/să mâncăm *înv. →* let us to supper.

a merge în toate (ca în brânză) to carry all before one; to get along splendidly.

a merge în trap întins to trot out.

a merge în trap mărunt to jog along.

a merge în trap ușor to trot short.

a merge între două to walk bodkin.

a merge într-o procesiune to go/to walk in procession.

a merge în vârful degetelor/picioarelor to (go on) tiptoe; *F → amer.* to walk Spanish.

a merge jumătate jumătate to go halves/fifty-fifty.

a merge la băi to go to a spa.

a merge la cătănie to enter the army; to join the ranks/the regiment/the colours.

a merge la culcare to go to bed; to retire to rest/bed/for the night; *F →* to turn in; to seek one's bed; to go to roost; *v. și* **a se duce ~.**

a merge la curse to go to the races.

a-i merge cuiva la inimă to touch a deep chord in smb.'s heart; *v. și* ~ **drept ~.**

a merge la înot to have a swim; to take a swim; to go for a swim.

a merge la întâmplare *mar.* to steer by guess and by God; *v. și* ~ **noroc.**

a merge la noroc to trust one's fortune/luck; *amer.* to go it blind; to ride blind; to play in/to big luck.

a merge la pas to go/to move at a walk; to go at (a/the) pace; *(d. cal)* to fall into a walk; to go slow.

a merge la păscut to go to grass; to go grazing; to be grazed.

a merge la plimbare; a face o plimbare to go for/to have/to take a walk/a stroll; to walk out; *(în limbajul copiilor mici)* to go ta-ta; to go for a ta-ta; to sally forth/out.

a merge la ralanti *(d. motor)* to tick over; to slow down.

a merge la sigur to play one's best/trump card; *înv. →* to go in with good cards.

a merge la studii to go in for (one's) studies; to go up to the university.

a merge la un spectacol to go to a show.

a merge la școală to go to school.

a merge la teatru to go to the play/the theatre.

a merge la tipar to go to press.

a merge la trap to go at a trot.

a merge la ţară to go to the country (side); to ruralize.

a merge la unison cu... to time to/with.

a merge la universitate to go up to the university.

a merge la vânătoare to go (out) hunting/shooting; *înv.* → to go a-hunting.

a merge la vie cu strugurii în batistă to carry coals to Newcastle.

a merge legănat *F* to walk with a roll; to swing one's hips; to lounge along.

a merge legănându-se, cu paşi mici to toddle; to wiggle.

a merge legănându-se şi clătinându-se to reel to and fro.

să mergem! let us go! let us be going/gone; *înv.* → let us away; *F* → the coast is clear.

a merge mână în mână cu to go hand in hand with.

a merge mâncând pământul to tear along; to pelt away.

merge? merge? *F* going strong?

a-i merge mintea *F* to be quick in/on the uptake.

a nu-i merge mintea *F* to be slow in/on the uptake.

a merge neregulat (*d. motor*); **motorul galopează** the engine surges.

a merge nesigur *v.* ~ **clătinându-se.**

a merge neted *v.* ~ **de la sine.**

a merge până acolo încât să... to go so far as to...

a merge până în pânzele albe to go the whole length/hog; to go to all lengths; to go to any length/ to extremities.

a merge până la... 1. to stretch to; to go as far as. 2. (*d. ape*) to run into.

a merge până la capăt to go all length; to go to extremities; *F* → to go the whole hog.

a merge pâş-pâş prin casă to pit-a-pat about the house.

a merge pe (atâţia ani) to be nearly... years old; to be rising (twenty, etc.); to be getting on for...

a merge pe acelaşi drum 1. to continue in/to pursue the old groove. 2. (*cu cineva*) to be fellow-travellers; to follow the same path/way.

a merge pe calea cea mai sigură to take the safest course/way/road/path.

a merge pe o cale ocolită to fetch/to make/to take a circuit; to go along a devious way; to cast/ to fetch/to go/to take a compass.

a merge pe căprării to go like sheep; to go in a herd; to behave gregariously.

a merge pe dibuite to feel one's way (about); to grope; to be groping.

a merge pe dreapta to walk on the right hand.

a merge pe drum bătut to go along a beaten track; to move in a rut.

a merge pe drumul cel mai scurt to go by the nearest road; to take the shortest cut.

a merge pe jos to go/to come/to ride on Shank's mare/on Shank's pony; to walk; to go on foot; *F* → to tramp it; *sl.* to pad/to beat the hoof; *v. şi* ~ **apostoleşte.**

a merge pe linia celei mai mici rezistenţe/pe o linie de minimă rezistenţă to take/to follow the line of least resistance.

a merge per pedes (apostolorum) *argou* to ride in the marrowbone coach; to go by marrowbone stage; *F* → to go by walker's bus; *v. şi* ~ **pe jos.**

a merge pe ruta trasată to stand upon the course.

a merge pe scurtătură to take a short cut.

a merge pe şapte cărări *F* to reel; *v. şi* ~ **trei** ~.

a merge pe teren to go the round.

a merge pe un teren necunoscut *v.* a înainta ~.

a merge pe trei cărări *amer.* to make a Virginia fence; to walk like a Virginia fence.

a merge pe o urmă to follow a track/a scent.

a merge pe urmele (*cu gen.*) 1. to follow in smb.'s step. 2. (*d. vânător*) to follow the track.

a merge pe urmele cuiva 1. (*a urmări*) to come/ to follow/to tread (up) on smb's heels; *fig. sl.* to stag. 2. (*a imita*) to tread in smb.'s (foot) steps; to follow in the wake of smb./in smb.'s wake.

a merge pe urmele criminalului to trace a crime to smb.

a merge pe uscat to travel by land.

a merge pieziş *v.* ~ **ferindu-se.**

a merge poticnindu-se to stumble along.

a merge prea departe 1. to go/to travel (much) too far. 2. *fig.* to go/to venture/to presume too far; to exaggerate; to exceed all bounds; to go beyond the limits; to overshoot the mark; *F* → to come it too strong.

a nu merge prea repede to jog along.

a merge prost (*d. persoane, organizaţii*) not to work properly; to be in poor condition; *sl.* to tick over.

a-i merge prost/rău (cuiva) 1. (*afacerile/lucrurile/ treburile*) not to be going well; to be in low water; to be in a bad way; *înv.* → to speed ill; to fare ill with smb.; to have a bad/a poor time of it; *aprox.* matters look bad for smb.; it is a bad look-out for smb.; *F* → to be down in one's luck. 2. (*cu* *sănătatea)* to be poorly, to be in a bad way. **3.** *(cu banii)* to be poorly off for cash.

a merge (mai) repede to hasten/to quicken one's step/pace; to put one's best leg forward; to stretch one's legs; to spank along; *amer.* to go a good streak.

a merge repede de tot to go at a swift pace; to walk (very) fast; to spank along.

a merge săltat to flop about.

a merge singure pe stradă; *F* **merg ~** *(d. lucruri de gata)* they are as common as blackberries/as dirt.

a merge spre însănătoșire to be on the mend/the up-grade.

a merge strașnic/strună to run smoothly; to go like smoke; *F →* to work/to go/to be like one o'clock/like greased lightning; *v. și* **~ bine/de minune.**

a-i merge strașnic to be in luck/in luck's way; *v. și* **~ bine/de minune.**

a merge șchiopătând to limp along; to have a hobble/a hitch in one's gait.

merge și așa that will do (as/equally well); it's good makeshift; it's an acceptable alternative/proposition.

a merge șnur to be all plain sailing; to work like greased lightning/like nothing on earth; *v. și* **~ bine.**

a merge șontâc-șontâc to jog/to jerk along.

a merge șontâc/șontorog *v.* **~ șchiopătând.**

a merge șovăielnic *v.* **~ clătinându-se.**

a merge târâind/târșâind piciorul to shuffle (along/one's feet); to walk with a slouch.

a-i merge toate pe dos to have everything (go) against one; *amer.* to be off the beam; **îi merg ~** everything goes upside down with/for him.

a merge totdeauna bine *(d. ceas)* to be a good time keeper.

a merge treaba ca pe roate; treaba merge ca pe roate things are going swimmingly.

a-i merge treburile prost to have a bad/a poor time of it; **îi merg ~** matters look bad for him; *F →* it is a bad look-out for him.

a merge tropăind to pound along; to flump about.

a merge țanțoș to walk with a swagger; to strut about.

mergeți drept înainte keep straight on.

a merge să-și ude gâtlejul to go and wet one's whistle; to have a quencher.

a-i merge vestea to have/to acquire the reputation of; to be reputed/famous for; to be in (good) train.

merge vorba că... the story goes that; it is said/rumoured that; people say that...

mergi cum poți *F →* that's your look-out!

mergi mai repede! *P →* jump to it!

merg și eu! *F →* I'm on (for it)!

îi merg toate în plin nothing comes amiss to him.

a merita atenția to be worth noticing; to be (quite) interesting.

a nu merita atenția to be hardly worth noticing; to be (entirely) uninteresting; not to be worth notice; to be beneath notice; *v. și* **~ face nici două parale.**

a merita banii pe care îi câștigă to be worth one's salt.

a merita cu vârf și îndesat/din plin ceva to richly deserve smth.; **merită din plin** he richly deserves...

a merita să-i faci portretul to be worthy of an artist's brush.

a nu merita să faci scandal/tapaj pentru atâta lucru; nu merită ~ *F →* (there is) no use making a song about it.

a merita să fie citită to be worth reading.

a merita să fie luat în considerare; planul lui merită să fie luat în considerare his plan has smth. in it; there is smth. in his plan.

a merita să fie văzut to be a sight worth seeing.

a merita să încerci to be worth trying.

a merita să încerci chiar dacă nu reușești to be worth attempting though one fails.

a nu merita încrederea not to be trusted.

a nu merita nici un ban/o para chioară not to be worth a cent, etc.; *v.* **~ face o ceapă degerată.**

a merita osteneala to be worth trying; to be (entirely) worthwhile; to be worth the candle/the trouble.

a nu merita osteneala not to be worthwhile/worth the candle/worth the powder and shot.

a merita recunoștința cuiva to deserve well of smb.

a nu merita riscul not to be worth the risk.

a merita o săpuneală/scuturătură bună to deserve a good drubbing/hiding/shaking.

a merita toată mila to be an object of/for pity.

a merita toată stima to deserve all respect.

merita să te uiți la el *F* his face was a study/a perfect study.

merita să-l vezi! *F* you should have seen him!

nu merită! it is not worthwhile/worth the trouble/the candle; there is nothing to it! *v. și* **a nu merita atenția; ~ osteneala.**

nu se merită! ← *F glum. v.* **nu merită osteneala.**

nu merită atenție it doesn't matter sixpence.

merită încercarea/să încercați/să încerci *F* it is (well) worth trying; you have a sporting chance; (there's) no harm in trying.

merită osteneala! it's (well) worth trying! it's (wonderfully) rewarding.

nu merită osteneala! it is not worth powder and shot, etc.; *v. și* **nu merită!**

meritele lui sunt cele mai mici he deserves it least of all.

meriți să fii spânzurat pentru asta you shall hang for it!

nu mi-a mers! *F* it didn't work; my cake is dough.

i-a mers prost it turned out badly for him.

meșter la răspunsuri a past master of repartee/in verbal quart and tierce.

meșterul se cunoaște la lucru/la lucru se cunoaște *prov.* practice makes perfect; such carpenters, such ships.

metode secrete secret methods/tricks; *amer. pol.* still-hunt.

mic cât un vârf de ac no larger than a pin's head.

mic de ani his years but young; in one's early age/years.

mic de stat very small; stunted; midget; of small stature/height; *elev.* of diminutive size.

mic de stat dar mare-n fapte *glum.* small but efficient.

mici cheltuieli petty expenses.

mici necazuri petty annoyances/vexations.

mic la cuget/minte narrow-minded; illiberal.

mic la suflet mean; selfish; illiberal.

a micșora cheltuielile to reduce/to cut expenses.

a micșora pasul to step short; *mil.* to shorten step; *sport* to shorten the stride.

a-și micșora pretențiile *fig.* to draw in one's horns.

a micșora viteza to slow down/up; to reduce/to slacken speed.

a-și micșora zelul to slack off.

a micșora ziua de muncă (cu o oră etc.) to retrench (an hour) from the working day.

micuții de ei! poor little things!

mie mi-e milă de el I am sorry for him.

a o mierli *P* to shuffle off; to kick the bucket; *v. și* **a da ortul popii.**

mieros la vorbă honey-tongued; having a smooth tongue.

mie-mi spui! I should (just) think so! *F →* you're telling me!

o mie și una de griji a thousand and one cares.

o mie și una de nopți the Arabian Nights.

miezul nopții midnight; *aprox.* the dead (time/hour) of night; *poetic,* the witching hour.

mii de bombe/draci! *F* hell! (oh) bother(ation)! blood! blood's! blood and wounds! fire and brimstone! *înv. →* 'zounds, 'stears!

mii de mulțumiri! thanks awfully/a lot/very much! thank you so (very) much/ever so much!

mii de oameni erau acolo there were crowds/of them; *aprox.* their name was Legion.

mii de scuze! a thousand apologies! pardon me!

mijea de ziuă daybreak was at hand; it was dawning; day was breaking.

a (se) miji da ziuă to be dawning; *v. și* **a se crăpa ~.**

a-i miji mustața to sprout a moustache.

mijloace de luptă forms of warfare.

mijloace de producție means of production.

mijloace reduse slender means.

a mijloci împăcarea între două persoane to heal the breach.

mijlocul cel mai simplu the readiest way.

milă mi-e de tine, dar de mine mi se rupe inima *prov.* charity begins at home.

a milita pentru ceva/cineva to militate/to agitate for smth./smb.; to strike a blow for smth.; to endorse a/smb.'s cause; to take up arms for smth./smb.

mincinos din fire given to lying.

un mincinos fără pereche best liar.

minciuna are picioare scurte *prov.* lies have short legs.

o minciună cât toate zilele/gogonată/grosolană a thumping/a thundering/a whopping lie; whopper; bumper; eighteen-carat lie.

o minciună nevinovată a white lie.

minciună sfruntată; e o ~ that's a (damned) lie! that be hanged for a lie!

minciună transparentă; e o ~ that is too thin; one can see through your/his, etc. lie.

o minte de om mare în trup de copil an old head on young shoulders.

o minte îngustă/obtuză/pătrată a narrow/a flat/a dull mind; a (num)skull; a narrow-minded person/chap; one-/single-track mind.

minte sănătoasă în corp sănătos a sound mind in a sound body.

a minți ca un porc/cu neobrăzare/cu nerușinare/de îngheață apele to lie like truth/a jockey/troops/a gasmeter/a lawyer; to lie as fast as a horse can trot; to lie in one's teeth/throat; to be the deuce of a liar; to deserve to win the whetstone; to beat Banghan; *si.* to go it strong; to cut it fat; to put on a good bluff; *v. și* **a tăia piroane.**

aș minți dacă aș spune altfel I should be a liar to speak otherwise.

a minți pe cineva de la obraz to lie in smb.'s teeth/throat; to lie/to cheat smb. shamelessly.

a minți de stinge/fără rușine *v.* **~ ca un porc.**

o minune de... I. an excellent...; a matchless...; a paragon of... **2.** *(d. o fată)* a peach of a girl. **3.** *(d. un băiat)* a brick of a boy.

minune mare I. *adv.* wonderfully; very; exceedingly. **2.** *interj.* just imagine! *rar* → lo and behold!

o minune a științei a prodigy of learning.

nu m-aș mira I shouldn't be surprised.

a se mira dacă... to be surprised if...

mă miram eu să nu se ducă I was sure he would go.

te miri ce (și mai nimic) next to nothing; nothing to boast of; nothing to write home about; no catch; not much of a catch.

te miri cine a (mere) nobody; just anybody.

te miri unde anywhere.

nu-mi miroase a bine; îmi ~ a ceva *F* → there's smth. afoot/in the air.

a mirosi a... to smell/to savour/to taste/to flavour of...

a mirosi a ars to have a burnt smell/taste.

a nu mirosi a bine to bode evil/no good.

a mirosi a colivă ← *F* to have one foot in the grave; to be on the brink of the grave.

a mirosi a gaz *F* to smell of the lamp.

a mirosi a închis *(d. camere etc.)* to smell stale.

a mirosi a mucegai to smell musty.

a mirosi a praf de pușcă to smell of (gun)powder.

a-i mirosi a praf de pușcă to smell powder.

a mirosi a putregai to smell rotten.

a mirosi a stătut to smell stale.

a mirosi a umezeală to smell damp.

a mirosi frumos to smell sweet.

a-i mirosi gura to have a bad/a foul breath/mouth; **îi miroase ~** his breath smells.

a mirosi un pericol *fig.* → to smell a rat; *v. și ~* **ceva (suspect).**

a mirosi plăcut to smell nice.

a mirosi o primejdie *v. ~* **ceva (suspect) 2.**

a mirosi a prostie to savour of the frying-pan.

a mirosi ceva (suspect); ~ o cursă I. to smell/to sniff smth. **2.** *fig.* to smell a rat; to get wind of smth.; *F* → to get an inkling of smth.

a mirosi tare to smell high.

a mirosi urât to smell badly/foul; to have an ill/a bad/a foul smell; to smell of the lamp.

un misogin declarat a professed woman hater.

a mistui în întregime *(d. flăcări etc.)* to lick (smth.) up.

a se mistui ușor/greu to be easy/hard of digestion; to lie light/heavy on the/one's stomach.

a se mișca ca melcul to be a regular slug.

a se mișca de colo până colo to go to and fro/back and forth; to fidget; to troll.

a nu mișca un deget not to lift a hand; *fig.* not to stir a peg; *v. și ~* **nici ~.**

a nu se mișca de la locul său not to stir (from ones place); not to budge an inch; *F* to sit tight; not to lift/to move/to stir a foot; *aprox.* not to move a muscle.

a nu se mișca din casă to bide at home.

a mișca din coadă to wag one's tail.

a (se) mișca din loc to move, to budge.

a nu se mișca din loc *v. ~* **de la locul său.**

a mișca ceva din loc to move smth. from its place.

a mișca din urechi *fig.* to grease the wheels/smb.'s palm; to angle with a silver hook.

a nu mișca în fața cuiva not to budge in smb.'s presence.

a mișca în front not to fall in step with the others; not to obey.

a nu mișca în front not to dare to move; to fall in step with the others.

a se mișca lent to go at a crawl.

a nu mișca nici un deget *fig.* not to take any trouble; not to do anything; not to stir a peg; not to lift a hand; not to move hand and foot.

a mișca pe cineva până la lacrimi to move smb. to tears; to unman smb.; to pull at smb.'s heartstrings.

mișcarea pentru pace the peace movement.

a se mișca mai repede to look alive/sharp.

a se mișca repede încoace și încolo to whip up.

mișcare sindicală trade-union movement.

a-și mișca ritmic brațele to oar one's arms.

nu mișcați! steady!

mișcă(-te) (ceva mai repede)! *F* get a move on! come on! now then! look lively! bustle! go away! look alive/*amer.* sharp! make it snappy! get on the ball! stir your stumps! sharp's the word! look smart (about it)! *sl.* jump to it!

nu se mișcă o frunză there is not a breath of air stirring.

mișcă înainte! *amer.* step lively!

nu mă mai mișc de aici I will not stir a foot.

a mișuna de insecte etc. to be alive/to teem with vermin, etc.

miting de protest indignation meeting.

a mitui pe cineva to grease/to oil/to tickle smb.'s palm; to grease smb.'s hand/the wheels.

a mitui un martor to tamper with/to suborn a witness.

a mitui temnicerul to straighten the screw.

a miza pe... 1. to speculate/to bank/to take on. 2. *(a se bizui pe)* to rely on.

a miza pe ajutorul cuiva *amer.* to bank/rely upon smb.

a miza pe o carte greşită to put one's money on the wrong horse.

a miza pe farmecul ei to trust one's sex appeal.

a miza pe şansă to play in/*amer.* to lug luck.

a miza o sumă de bani (pe un cal etc.) to lay money (on a horse, etc.).

a miza totul pe un cal *F →* to lump (one's all) on a horse.

nu miza totul pe o carte *prov.* one must have more than one string to one's bow.

a miza totul pe o singură carte to have/to put all one's eggs in one basket; to stake one's all upon a single cast (of the dice); *amer.* to bet one's last/bottom dollar (on smth.).

mizerabilă vreme! what beastly weather!

mizerie neagră dire poverty.

a se mlădia după... to adapt/to adjust oneself to.

moaca! *argou* mum's the word! shut up! shut your (potato) trap! hold your tongue/*reg.* whist!

moale ca ceara (as) soft/yielding as wax.

moale ca mătasea (as) soft as silk.

moale ca untul (as) soft as butter.

moară hodorogită/spartă/stricată chatterbox; jabberer; clacker.

să moară mortul? *argou v.* **să mori tu?**

moartă după rochii very fond of dress.

moartea bate la uşă death knocks at the door.

moartea îi împacă pe toţi/încheie toate socotelile *prov.* death pays all debts; the end makes all equal; death quits all scores.

moartea lui lăsase un gol în familie his death had left a gap/a blank in the family circle.

moartea pe toate le împacă *prov. v. ~ îi împacă pe toţi.*

o moarte are omul *prov.* a man can die but once.

a mobiliza eforturile to mobilize/to rally/to muster the efforts of.

a mobiliza la luptă to mobilize for the struggle.

un mod abil/dibaci de a prezenta lucrurile a neat way of putting things.

moda din vremea aceea the then fashion.

mod de a gândi turn of mind.

mod de producţie mode of production.

a se modela după... to take as a pattern.

mofturi! 1. fiddlesticks! trifles! stuff (and nonsense)! 2. *(n-are importanţă)* never mind! that doesn't add up/come too much!

mofturos la (mâncare etc.) particular/choosy/finicky (about one's food, etc.).

a molfăi cu neplăcere o mâncare to munch/to chew one's food in obvious distaste; to pick (at) one's food.

un moment! *F* one moment(, please)! wait a bit/a minute! just a moment/a minute(, please)! *sl.* half a mo/a tick!

moment de cotitură turning-point; the turn of the tide; a crucial moment.

un moment să mă gândesc! let me think! just a minute! give me time to think (it over).

momentul cel mai potrivit *F →* the psychological moment.

momentul decisiv/hotărâtor the hour of trial.

monedă cu curs forţat fiat money.

a monopoliza un nou venit *F* to snap up the newcomer.

a monta un decor *teatru* to set a scene.

a-i monta o intrigă/o poveste cuiva to frame smb.; to stage smth. against smb.

a monta o maşină to match the parts of a machine.

a monta o piatră preţioasă to set a gem.

a monta o piesă *teatru* to produce/to stage a play; to put a play on the stage.

moralmente vorbind to all intents and purposes.

să mor dacă ştiu! *F* (I'll be) hanged if I know!

mor de frică/spaimă! I'm dying with fear; my heart dies within me.

mor de nerăbdare să-l cunosc I am dying (with desire) to meet him.

să mor eu! *F* may I be struck dead! so help me God! *sl.* honest injun! strike me blind/dead/dumb/lucky/ugly if...

ai să mori de frig *F* you will catch your death of cold.

să mori de râs, nu alta (it is) enough to make a cat/*amer.* a horse laugh; *F* it is too killing for words.

să mori tu? indeed? *amer.* no kidding? honest injun?

a mormăi ceva printre dinţi to mutter/to say smth. between one's teeth.

mormântul eroului/ostaşului/soldatului necunoscut the grave of the unknown warrior.

mort-copt *F* by hook or (by) crook; neck or nothing.

mort de-a binelea (as) dead as a door-nail; as dead as a herring/as (Julius) Caesar; dead as mutton/ditch water.

mort de foame (şi oboseală) spent with hunger (and fatigue); starved (and fagged out).

mort de frică scared/frightened to death; in a (blue/pink) funk.

mort de invidie green with envy.

mort de mult dead long since/long ago/a long time.

mort de oboseală fagged out; knocked down/off (with fatigue); *F* dead beaten; exhausted.

mort după cineva *v.* îndrăgostit lulea.

mort la datorie/pe câmpul de bătaie killed in action.

mortul de la groapă nu se mai întoarce *prov.* what's done cannot be undone/helped; *aprox.* what's lost is lost; there's no use crying over spilt milk.

morții cu morții și viii cu viii let the dead bury the dead and (let) the living lead a gay life; *aprox.* the mill cannot grind with water that is past.

morții nu vorbesc *prov.* stone dead hath no fellow.

nu mor unul după celălalt there is no love lost between them.

a moșmondi o treabă to slubber over a job; to potter about smth.

a moșteni o avere to come into money/a legacy/an inheritance.

a moșteni o proprietate to succeed to an estate.

motanul încălțat puss-in-boots.

a motiva o acțiune to give reasons for doing smth.

motivele lui erau ușor de înțeles his reasons were transparent.

motivul e clar the reason is not far to seek.

motivul pentru care... the reason why.

a mototoli o rochie *amer.* to muss up/to frazzle a dress.

moțiune de încredere vote of confidence.

moțiune de neîncredere a vote of no-confidence; a want-of-confidence vote; < vote of censure.

mugurii crapă/se deschid buds are shooting.

mugurii încolțesc the buds are springing.

a muia argila to water clay.

a i se muia balamalele *v.* ~ picioarele (și mâinile).

a muia bine to sop up.

a-și muia buzele în pahar to put one's lips to one's glass; (barely) to (take a) sip at one's drink/glass.

a muia cu lacrimi to wet with one's tears.

a-și muia gâtul *F* to wet one's whistle.

a i se muia genunchii *v.* ~ picioarele (și mâinile).

a i se muia inima to feel one's heart melt/thaw; **mi s-a muiat ~ pentru el** my heart went out to him; I took pity on him.

a muia în apă to dip/to soak in(to) water.

a muia oasele cuiva to break smb.'s bones; to beat smb. to a mummy; to pommel smb.; to sandbag smb.; to give smb. a thrashing; *v. și* **a snopi în bătaie pe cineva.**

a i se muia picioarele (și mâinile) to feel one's legs/knees give way; ← *F* to lose strength; to be(come) weak-kneed; to be(come) wobbling; (de

frică) to feel one's heart leap into one's mouth; to go down in one's boots.

a-și muia picioarele în apă to dip one's feet into water.

a muia rufe murdare to put in soak.

a muia un târg *F* to wet a bargain.

a mulge o vacă 1. to milk a cow. 2. *fig.* to fleece smb.; to bleed smb. (to death).

mult mai... (decât) much/far + *comp.* (than); *comp.* + by far (than).

mai mult ață decât față threadbare; *aprox.* many a fine dish has nothing in it.

multă apă a curs pe gârlă/a trecut (de atunci) much water has flowed/run under the bridge(s) (since that time); there has been many a peck of salt eaten since.

multă mâncare! plenty to bite on!

mai multă prudență nu strică you ought to have known better.

multă vreme a trecut *v.* ~ apă a curs pe gârlă.

multă vreme de acum înainte for a long time to come.

multă zarvă pentru nimic *v.* **mult zgomot ~.**

mult mai bine/bun! etc. much better; *F* → a long sight better.

mai mult ca sigur very likely; as likely as not; not improbably; true as the needle to the pole.

mai mult de... more than...; upwards of...; over...

mai mult decât atât moreover; add to this that; besides; what/which is more.

mai mult decât atât nici nu trebuie that will do.

mai mult decât atât nu se putea realiza/nu era omenește posibil (să se facă) no living man could do better.

mai mult decât destul more than enough/needs.

mai mult decât se poate exprima în cuvinte more than words can tell.

mai mult decât se poate îndura more than flesh and blood can endure/stand.

mai mult decât probabil more than likely; very likely.

mai mult decât trebuie *v.* ~ destul.

mult de lucru al naibii! the devil and all to do!

mai mult de o oră for over an hour.

mult mai departe much farther (on).

mult de tot no end of...

mult după aceea long after(wards).

nu mult după aceea soon after(wards); after a short (space of) time.

multe adevăruri sunt spuse în glumă there's many a true word spoken in jest.

multe altele pe același ton much more in the same strain.

mai multe ceasuri în șir hours on end.

multe cele(a) ←*P* a lot of things; many things.

multe gânduri îmi trec prin minte many thoughts/things pass through my mind.

multe se (mai) pot întâmpla there is many a slip between cup and lip.

multe și de toate all sorts of things/stuff.

mult (mai) înainte long before.

mult o să te încălzească asta! much good that will do you!

mai mult mort decât viu more dead than alive; more than half dead.

mult noroc! God give you joy! joy go with you!

mult prea bine all too well.

mult prea mult far/much too much; too much by far.

mai mult sau mai puțin more or less; to a certain extent.

mult succes! God give you joy! joy go with you!

mult și bine (for) quite a long time; (for) a long time.

mult mai târziu long after.

mult zgomot pentru nimic much ado about nothing; a grain of wheat in a bushel of chaff.

mai mulți I. *(comparativ)* more. **2.** *(enumerativ)* several; much; a great deal. **3.** *(mulți)* many; many people; a lot of them.

mulți ca nisipul mării/câtă frunză (și) câtă iarbă *F* their name is Legion; as plentiful as blackberries.

mulți chemați, puțini aleși many are called, but few chosen; a grain of wheat in a bushel of chaff.

mulțimea a coborât/ieșit în stradă the street fighting began.

mulțimea mișună pe stradă the street is seething with people.

o mulțime de... a great number of; lots/bags/tons of; by scores; in shoals.

o mulțime de lume/oameni tons of/no end of people.

mulțumesc! that's a good boy/girl! atta boy/girl!

nu mă mulțumesc cu promisiuni I won't be put off with promises.

mulțumesc foarte mult thank you/thanks very much; thanks awfully/a lot.

îți mulțumesc grozav de mult thanks awfully.

mulțumesc, la fel! the same to you!

mulțumesc lui Dumnezeu thank God/goodness.

vă mulțumesc pentru atenția dvs. I thank you for your kind thought of me.

mulțumescu-ți ție, Doamne! thank God/heaven/goodness!

mulțumește Cerului you may thank your stars.

mulțumește-te cu ce ai you may go farther and far worse.

mulțumește norocului *v.* ~ **Cerului.**

a mulțumi călduros to thank (smb.) warmly.

a se mulțumi cu... to rest/to be satisfied with.

a se mulțumi cu puțin to be thankful for small mercies.

a se mulțumi cu resturile to kiss the hare's foot.

a mulțumi cu un surâs to smile one's thanks.

a nu se mulțumi cu vorbe not to be put off with words.

a mulțumi cuiva din cap to lift one's hat in acknowledgement to smb.

a mulțumi pentru ceva cuiva to give thanks to smb. for smth.; to thank smb. for smth.

a mulțumi pe toată lumea to please/to satisfy everybody.

mulțumirea prețuiește mai mult decât bogăția *prov.* contentment is beyond riches.

mulțumit la culme as pleased as Punch/as can be.

muma pădurii *F* a regular fright/sight; a harridan; a scarecrow.

munca cere răbdare work requires patience.

o muncă grea an irksome task.

muncă ușoară a nice berth; a soft thing/job; *F* → smooth sledding.

muncește astăzi ca să mănânci mâine *aprox..* no cross, no crow.

a munci ca un bou/cal/hamal/rob/salahor to work like a bear/a nigger/a slave/a navvy; to work double tides; to slave away at (smth).

a munci cât șapte/zece to do a power of work; to be a devil to work; to work one's head off.

a munci conștiincios/cu conștiinciozitate to be thorough in one's work.

a munci cu antren/avânt/elan *v.* ~ **tragere de inimă/zel.**

a munci cu folos *v.* ~ **(mult) spor.**

a munci cu hărnicie *v.* ~ **tragere de inimă/zel.**

a munci cu îndârjire to work grimly; with grim decision.

a munci cu însuflețire *v.* ~ **cu tragere de inimă/zel.**

a munci cu (mult) spor to work efficiently/to advantage; to work with good results; to knock off a good deal of work.

a munci cu tragere de inimă/zel to work wholeheartedly; to work with a will; *F* to toil and moil; to work off a good deal of work; to be in the saddle; to blaze away at one's work; to work zealously; to have one's heart in one's work; to be a devil to work; *sl.* to put a jerk; to go roundly to work.

a munci cu ziua to work by the day; *P →* to get out obliging.

a munci degeaba to waste one's labour; to work for nothing; to have all one's trouble for nothing.

a munci din greu to work hard; to sweat; to toil and moil; to plug away; to work like a Trojan.

a munci din greu la... *F* to peg away at (smth.).

a munci din răsputeri/din toată inima/din toate puterile to work with all one's might; to work with a will.

a munci fără cruțare de sine to work stintlessly; to spare no effort in one's work; to pull one's weight; to work double tide.

a munci fără încetare/întrerupere to work without respite; *F →* to keep one's nose to the grindstone; to keep at it.

a munci fără preget *v.* ~ **cruțare de sine.**

a munci fără profit to plough the sand(s).

a munci fără răgaz *v.* ~ **încetare/întrerupere.**

a munci intens to work at high pressure, to go at it hammer and tongs.

a munci înainte to keep up stream; *v. și* ~ **fără încetare.**

a munci în condiții neprielnice to work at arms' length.

a munci în draci to be a demon for work; *v. și* ~ **cu tragere de inimă/zel.**

a munci în gol *v.* ~ **fără profit.**

a munci întruna *v.* ~ **fără încetare.**

a munci pe apucate to work by fits and starts/by jerks; *F* to work in spasms.

a munci pe brânci ← *F* to keep at it; to work at high pressure; to work up to the collar; *v. și* ~ **cu tragere de inimă.**

a munci pe capete la ceva *F →* to peg away at smth.

a munci pe rupte to work for dear life; *v. și* ~ **cu tragere de inimă.**

a munci silit to work under the whip lash.

un muncitor prost dă vina pe unelte a bad workman quarrels with his tools.

a munci zi și noapte/ziua și noaptea to work day and night; *F →* to keep one's nose to the grindstone; *v. și* ~ **fără încetare.**

un munte de om a big fellow.

munte de pietate mont-de-piété; pawn shop.

a mura până la oase/piele to wet; to soak/to drench to the skin/the bone.

mură-n gură cut and dried; already chewed for one; in readiness; at call.

murdar de sus până jos/din cap până în picioare to be all over dust/mud and dirt; *F →* in/all a much.

a murdări cu cerneală to (smear with) ink; to blot with ink.

a se mudări cu ușurință (*d. stofe etc.*) to stain easily; to show the dirt.

a murdări fața de masă to make a mess of the tablecloth.

murdăriile orașului town refuse.

a murdări totul to mess up.

a se murdări ușor *v.* ~ **cu ușurință.**

o să se mureze până la piele we are in for a regular pelter.

a muri ca un câine to die like a dog/like a rat in a hole; to die a dog's death.

a muri ca muștele to be swept off/to die like flies.

a muri cu arma în mână to die fighting; to die in battle; to die game.

a muri cu zile to die full of years; to die an untimely death; *F* to die in harness/in one's boots/shoes; to die with one's boots/shoes on.

a muri de bătrânețe to die of old age; *F* to die in harness/in one's bed.

a muri de boală to die of illness.

a muri de curiozitate to be aflame/to be dying with curiosity; to be eaten up with curiosity.

a muri de dorința de a (face ceva) to be dying to (do smth.); to pine to (do smth.).

a muri de dragoste (pentru cineva) to be head over ears in love with smb.; to be infatuated with smb.

a muri de durere *v.* ~ **inimă rea.**

a muri de foame 1. to starve (to death); to die of hunger/starvation; to be dead with hunger. **2.** *fig.* to be starved/famished/ravenous; *F →* to be/to feel peckish; to have an aching void; *F înv.* to cry cupboard.

a muri de frică to die/to perish with fear; to have one's heart in one's mouth; to be scared to death/out of one's wits; *P →* to be in a (blue/pink) funk.

a muri de frig to die of cold; to be dead with cold; to be frozen to death.

a muri de groază *v.* ~ **de frică.**

a muri de inimă rea to die of grief/of a broken heart; to be (ag)grieved to death.

a muri de mâna cuiva to die at smb.'s hand; to die a violent death; *v. și* **a nu** ~ **de moarte bună.**

a muri de mâna lui proprie to die by one's own hand; to lay violent hands upon oneself.

a muri de moarte bună 1. to die a natural death; to die naturally; to die in one's bed. **2.** (*muncind*) to die in harness; *v. și* ~ **muncind. 3.** (*un condamnat la moarte*) to cheat the gallows.

a nu muri de moarte bună to die a violent death; to die by violence/in one's boots/shoes.

a muri de moarte naturală to die naturally; *v. ~ bună.*

a muri de moarte violentă *v.* **a nu ~ bună.**

a muri de nerăbdare to be dying/to die with desire.

a muri de oboseală to be worn/fagged out; to be knocked up/down/out.

a muri de pe urma arsurilor to be scalded to death.

a muri de pe urma unei răni to die from a wound; to succumb to one's injuries.

a muri de plictiseală to mope (oneself) to death.

a muri de râs to laugh oneself to death; to laugh oneself into convulsions; to die/to split with laughter; *F* to split/to burst/to shake one's sides; to scream oneself into fits; to be laughing fit to kill oneself; to roar/to shout/to scream/to hoot with laughter; to be in fits of laughter; to be convulsed/to shake/to roar/to rock with laughter; *v. și* **a râde în hohote.**

a muri de rușine to burn with shame.

a muri de sabie to die by the sword.

a muri de sete to do with/of thirst; *F →* to be dried up; to be (absolutely) parched (with thirst).

a muri de spaimă *v. ~* **frică.**

a muri de supărare *v. ~* **inimă rea.**

a muri de teamă *v. ~* **frică.**

a muri de tuberculoză to die of consumption.

a muri din lipsa unui lucru to die for want of smth.

a muri din pricina neglijenței/nepăsării/lipsei de îngrijire to die through neglect.

a muri după... *F* to be (dead) nuts on; to be crazy about; to go mad on; to be keen on.

a muri după o femeie to die for love of a woman; to be crazy about a woman; to go silly over a woman.

a muri fată bătrână *glum.* to lead apes in hell.

a muri fără a lăsa regrete *v. ~* **neplâns de nimeni.**

a muri înainte de vreme to come to an untimely end.

a muri în chinuri (groaznice) to suffer/to be/to die in agonies.

a muri în exercițiul funcțiunii *fig.* to die in harness.

a muri în floarea tinereții/vieții/vârstei to die in the prime of youth/of one's life/years; to die before one's time/full of years; to die an untimely death; to die in the full vigour of manhood.

a muri în luptă to die in battle; to die fighting; to die game.

a muri în mizerie to die in (utter/dire) poverty/squalor.

a muri în patul lui *v. ~* **de moarte bună.**

a nu muri în patul lui *v.* **a nu ~ de moarte bună.**

a muri în picioare *F* to die in the shafts.

a muri în sărăcie *v. ~* **mizerie.**

a muri la datorie to die at the oar/in harness.

a-i muri cuiva lăudătorii *← F* to be very well/highly pleased with oneself. **2.** to blow one's own trumpet; to sing one's own praises; *v. și* **a-și face singur reclamă.**

a muri luptând to die fighting/game.

a muri muncind *v. ~* **la datorie.**

a muri neplâns de nimeni to die unlamented/unregretted.

a muri nespovedit to die unshriven.

a muri otrăvit to die of poison.

a muri pe baricade to die in the last ditch.

a muri pe capete to die off (by the hundreds), etc.

a muri pe câmpul de luptă to die in (a) battle; to die fighting.

a muri pe eșafod to die on the scaffold.

a muri pe neașteptate to go pop; *v. și ~* **subit.**

a muri pentru o cauză to die for a cause.

a muri pentru un prieten to die for a friend.

a muri pe rug to perish at the stake.

a muri prematur to come to an early grave; to die before one's time; *v. și ~* **înainte de vreme; ~ în floarea tinereții.**

a muri subit to die unexpectedly; to die by visitation of God; to die in one's boots/shoes; *v. și* **a nu ~ de moarte bună.**

a murit afacerea/chestia/povestea/treaba it's all dead and gone; *F* nothing doing!

a muri tânăr *v. ~* **în floarea tinereții.**

a muri vitejește to die bravely/*F* game.

a murmura în barbă to mumble; to mutter to oneself; to speak in one's beard.

mustăți ca pe oală drooping moustaches.

a mustra aspru *v. ~* **cu severitate/strășnicie.**

a-l mustra conștiința/cugetul to be tortured by remorse; to be conscience-stricken; to have qualms (of conscience); to feel searchings of the heart; to be contrite/penitent; *v. și* **mă mustră ~.**

a mustra pe cineva cu severitate/strășnicie *fig.* → to haul smb. over the coals; to walk down smb.'s throat; *amer.* to pick on/at smb.; to sit upon smb.'s head.

a mustra pe cineva pe bună dreptate to put the shoe on the right foot.

a mustra sever pe cineva *v. ~* **cu severitate.**

mă mustră conștiința/cugetul my conscience pricks/strings/twinges/smites me; my heart rebukes me; my conscience is beginning to tingle.

mustrări de conștiință qualms of conscience; searchings of the heart; compunctions.

a-și mușca buza to bite one's lip.

a-și mușca buzele to bite one's lips.

a-și mușca buzele de ciudă to fret/to chafe under restraint; *v.* **a-și înghiți amarul.**

a-și mușca degetele I. to bite one's nails. **2.** *(de ciudă)* to bite one's thumbs; to be regretful/rueful.

a mușca din... to sink one's tooth/teeth into...

a mușca din momeală to take/to nibble at/to rise to/to swallow the bait; to take the fly/the hook; *fig.* to rise to the fly.

a-și mușca limba (în gură) to bite one's tongue (out).

a-și mușca mâinile de necaz to bite one's thumbs.

a mușca momeala *v.* **~ din momeală.**

l-au mușcat albinele de limbă I. *(tace)* he keeps his tongue between his teeth; **2.** *(e beat) glum.* he has a bone in his/the throat.

te-au mușcat albinele de limbă? *F amer.* has the cat got your tongue?

a mușca țărâna/țărână to bite the dust; to bite/to kiss/to graw the ground; to bite dust/ground/sand; to lick the dust; *sl.* to go to grass.

a-și mușca unghiile *v.* **~ degetele.**

a mușca zăbala I. to champ the bit; to bite one's bit. **2.** *fig.* to fret/to chafe under restraint.

ai să-ți muști mâinile you shall bitterly regret/rue it.

a se muta de pe un pat pe altul *F* to laze (away) one's time.

a muta din loc to shift away; to remove (to another place).

a se muta dintr-un loc într-altul to move from place to place.

a-și muta gândul to change/to alter one's mind; to think better of it; **~ de la ceva** to give up (hoping for) smth.

a nu-și muta gândul de la cineva to get smb. on the brain.

a muta munții din loc to move heaven and earth (to do smth.).

a-i muta cuiva nasul din loc to stick in smb.'s nostril.

a muta o piesă *(la șah)* to move a piece.

mută-ți hoitul! *F* go chase yourself!

mut ca mormântul secret/silent as the grave.

mut ca un pește/ca peștele (as) close/dumb as an oyster/as wax; (as) dumb/mute as a fish/*reg.* a mackerel/a mouse.

mut din naștere born dumb.

muzica îl lasă rece music leaves him cold.

un muzician desăvârșit a thorough musician.

N

naiba să-l ia! *F* blast/confound/drat/double-cross him/it! *v. și* **a-l lua dracii.**

naiba să te ia! *F* damn your eyes!

naiba știe când *F* and the devil knows when.

naiba știe ce *F* and the devil knows what.

naiba știe cine *F* and the devil knows who.

naiba știe unde *F* and the devil knows where.

al naibii *F* as hell; like greased lightning; as anything; as old boots/belly; ~ **să fiu dacă...** *F* I'll be blowed/hanged if...; like a streak of lightning; as the devil; *F* to a degree; as blazes/*amer.* get-out/ hell.

al naibii să fiu dacă știu I'll be blowed if I know; *v. și* **a-l lua naiba; să mă ia naiba dacă...**

naiv ca un copil unsuspicious as the day.

nas în nas nose to nose; face to face; cheek by jowl.

nas turtit pug nose.

a se naște cu căiță/tichia pe cap/cu stea în frunte/ într-o zodie bună to be born with a silver spoon in one's mouth/with a caul on one's head; to be born under a lucky star.

a se naște înainte de termen to have a miscarriage.

a se naște întrebarea; se naște întrebarea the question arises.

a se naște în zodia porcului ← *F* to be born under a lucky planet.

naștere grea difficult confinement.

na-ți-o bună! *F* **1.** that's a good one! that beats all! here's a fine/a nice how-d'ye-do! the idea of it! **2.** *(da' de unde)* not at all! by no means! **3.** *(nu mai spune!)* you don't mean it? you don't say so! **4.** *(vorbești serios!)* do you mean it? are you earnest? **5.** *(sigur!)* by all means! of course!

na-ți-o frântă că ți-am dres-o! *F* that's torn it! *iron.* there you are; **na-ți-o frântă că mi-ai dres-o!** now you've (been and) gone and done it!

națiunile (foste) beligerante the nations who were engaged in war.

nave aflate în tranzit ships in transit.

a naviga cu curentul/în josul apei to sail down/ with the stream.

a naviga cu luminile stinse/camuflate to steam with all lights obscured.

a naviga cu vânt favorabil/cu vântul în pupa/ spate *mar.* to sail off the wind; to sail/to run before/down the wind.

a naviga de-a lungul coastei to range/to skirt the land/the coast; to sail along/up the coast.

a naviga în derivă *mar.* to back and fill.

a naviga în zigzag contra vântului *mar.* to work/ to ply to windward; to steer a zig-zag course; to tack about.

a naviga pe lângă coastă/țărm to (sail along the) coast.

a naviga pe mare to sail (on/over) the seas.

a naviga repede *mar.* to make short miles.

a naviga spre sud *mar.* to sail due south; to steer a southerly course.

năpădit de buruieni run to seed/weed; overgrown by weeds.

un năpârstoc de fată *F* a chit of a girl.

a se năpusti asupra *(cu gen.)* **1.** *(a ataca)* to pounce/ to fasten on, to attack. **2.** *(a invada)* to invade; to assail.

a se năpusti asupra cuiva to turn on/against smb.; to be/to let down on smb.; to spring at smb.

a se năpusti asupra cuiva ca un leu(-paraleu) *și fig.* to get at smb. hammer and tongs.

a se năpusti asupra cuiva cu cuvinte de ocară to give smb. a broadside.

a se năpusti asupra cuiva cu reproșuri to give smb. a broadside.

a se năpusti asupra cuiva cu toată forța to fall upon smb. hammer and tongs.

a se năpusti ca trăsnetul asupra cuiva to come on to smb. slap bang; *P* to let into smb.

a se năpusti la luptă to rush headlong into the fight.

a se năpusti orbește to go at (it/smb.) like mad; to rush blindly (at...); to plunge headlong; *amer.* to go it bald-headed.

năravul din fire n-are lecuire *prov.* can the leopard change his spots? there's no washing a blackamoor white; *aprox.* to be given over to bad habits/evil courses.

nărăvit rău given over to bad habits/to evil courses.

a nărui (toate) speranțele cuiva to strike a death-blow to smb.'s hopes; to dash/to shatter/to destroy/to crush smb.'s hopes.

Născătoare de Dumnezeu *rel.* Mother of God.

a născoci o poveste *P* → to put up a yarn; to concoct a story; to invent smth.

a născoci o scuză to trump up/to invent/to hammer out an excuse.

născut cu căiță (pe cap)/cu stea în frunte/într-o zodie bună born with a caul; born with a silver spoon in his mouth.

născut din... sprung from the loins of.

născut din flori born under a rose.

născut, nu făcut of gentle birth.

născut în sărăcie born in squalor; lowly born.

născut într-o casă princiară born in the purple.

născut într-o familie bună/mare/nobilă of high birth.

născut într-o familie de negustori (bogați) born in the purple of commerce.

născut într-o familie muncitorească born in a worker's family/into the working class.

(s-a) născut în zodia porcului (he is) a lucky dog; everything turns up trumps with him.

născut legitim born in wedlock.

născut mort still-born.

născut nelegitim born out of wedlock.

un nătăfleață fără pereche simple Simon; a nincompoop; a simpleton.

nătângul se crede mai abitir decât vodă (go and) teach your grannie to suck eggs.

năuc de somn *lit.* locked in sleep.

a năuci pe cineva cu vorba *F* give smb. the rattle.

a năuci pe cineva de tot *F* to knock smb. silly.

a năvăli înăuntru to flounce in.

a năvăli într-o țară/provincie to overrun a country/a province.

a i se năzări că... 1. *(a crede)* to think that. 2. *(a-și închipui)* to fancy (that); to imagine (that). 3. *(a-și reprezenta)* to picture; *(a fi halucinat)* to be hallucinated. 4. *(a-i veni o idee)* to cross one's mind; to dawn upon one.

ți s-a năzărit ceva? what possesses you? what an idea! the idea of it!

a năzui (din răsputeri/din toată inima) către/după/spre ceva to strain after smth.; to be out for/to smth.

neam de... ...by origin.

neam de neamul meu n-a făcut așa ceva none of my family has ever done such a thing.

neam de pe Adam very distant relative; *F* thirty-second cousin.

neamul omenesc the human race; humanity; mankind.

nea Stan și nea Bran *F* the butcher, the baker and the candle-stick-maker.

neatent la ceva *înv. lit.* listless of smth.

nebăgare de seamă 1. *(distracție)* absent-mindedness, 2. *(neglijență)* negligence; oversight; unobservance; carelessness. 3. *(dispreț)* slight; scorn; disdain.

nebun de-a binelea *v.* ~ **de legat.**

nebun de bucurie beside oneself with joy; mad/frantic with joy; wild with joy; overjoyed.

nebun de durere mad with pain.

nebun de furie wild/mad with rage.

nebun de legat altogether/stark/raving/staring mad; *F* clear off one's chump; (as) mad as a March hare/as a hatter; far gone; hopping mad; as mad as a hornet/a wet hen; *sl.* barmy/balmy on the crumpet; ← *F sl.* →*amer.* (as) crazy as a bedbug.

nebun după... crazy over...; mad after...; *sl.* nuts/keen/nutty upon...; mad about...

nebun după cineva dead gone on smb.; nuts/sweet on smb.

nebunie a tinereții one's wild oats; sally of youth.

nebunul bătrân e de două ori mai nebun *prov.* no fool like an old fool.

nebunul dă cu barda-n Dumnezeu/lună *prov.* fools rush in where angels fear to tread.

necazuri bănești money troubles.

necazuri familiale family troubles.

necazurile și încercările vieții the troubles and trials of life.

nu te mai necăji atâta! don't take on so!

a se necăji pentru un fleac to fret over a trifle.

a necesita mult timp to take long; **n-a necesitat mult timp să...** it didn't take long to...

a necesita răbdare; necesită răbdare (that work) wants a lot of patience.

necioplit ca un bădăran *argou* hairy about/at/in the heels.

nedemn de un gentleman/sportiv unsportsman-like.

nedepășind capacitatea de înțelegere a cuiva within smb.'s reach.

(o) nedreptate strigătoare la cer crying/revolting injustice.

a nega ceva cu înverșunare to deny smth. stoutly.

a nega evidența to fly in the face of facts; *F* → to run away from the facts; to deny the obvious/what is obvious/(self-)evident.

a nega un fapt to say no to a statement.

a-și nega vina/vinovăția to plead not guilty.

a neglija de tot/total pe cineva *F* to leave smb. out in the cold; to forget all about smb.

a neglija de tot/total un lucru to neglect smth. awfully; *F* → to let smth. go by the board.

a-și neglija interesele to sink one's own interests.

a nu neglija nici un mijloc to use/to make every endeavour to...; to leave no stone unturned.

neglijent cu îndatoririle sale derelict in one's duty.

a negocia un împrumut to place a loan.

negrăit de... unspeakably...; indescribably...; (beautiful, etc.) beyond words.

negru ca abanosul jet-black; ebony(-coloured); *poetic* ebon.

negru ca catranul pitch-/coal-black.

negru ca cărbunele *v.* ~ **corbul.**

negru ca cerneala inky black; (as) black as ink.

negru ca corbul/fundul ceaunului/noaptea/pana corbului/păcatul/smoala/tăciunele (as) black as coal/night/pitch/sin; (as) black as a raven/crow/as one's/my hat; dark as Erebus.

negru pe alb *fig.* unquestionable, beyond (any) question; about which there is/there can be no doubt.

neîndemânatic mai ești! butterfingers!

ne mai întâlnim noi! thou shalt see me at Philippi!

neînțelegeri familiale family troubles/tiffs/quarrels.

nelalocul lui out of place/season; neither here nor there; without rhyme or reason.

nelegat în coli in quires.

nu te neliniști despre partea asta/din cauza/pricina aceasta! don't trouble about it!

a se neliniști din cauza/din pricina/în privința cuiva to be troubled about smb.

nemaigăsind nimic de spus hard up for smth. to say.

nemaipomenit de... inconceivably...; extremely...; exceedingly...

nemaivorbind de... let alone...

nemulțumirea câștigă teren *F* the discontent was gathering head.

nenorocirea, când vine pe capul omului, nu vine singură, ci mai trage și altele după ea; o nenorocire nu vine niciodată singură *prov.* mischiefs come by the pound and go away by the ounce; agues come on horseback but go away on foot; misfortunes never come alone/singly; troubles never come singly; an evil chance seldom comes alone; it never rains but it pours.

nenorocirea este că... the trouble is that...

nenorocirile aduse de război the evils that follow in the train/the wake of war.

nenorocitul de mine! wretch that I am!

nenorocul se ține de om ca umbra *prov.* misfortunes come on wings and depart on foot; *v. și* **nenorocirea, când vine pe capul...**

nenumărați; câtă frunză, câtă iarbă *F* their name is Legion.

neomițând nimic, nimic all things considered.

nepăsător față de... showing unconcern at/regarding.

nepăsător în fața primejdiei reckless of danger.

nepotrivit cu vârsta beyond one's years.

nepotrivit împrejurărilor unsuitable to the occasion; *v. și* **nelalocul lui.**

nepriceput la/în... a bad hand at.

nepunând la socoteală let alone...

nerăbdător să facă ceva eager/longing to do smth.

nerăbdător să vadă ceva looking forward to smth.; eager/longing for smth.

nervi de oțel iron nerves; nerves of steel.

nervi încordați nerves on the stretch.

a nesocoti o amenințare *F* → to snap one's fingers at a threat.

a nesocoti dorințele cuiva to disobey/to disregard smb.'s wishes.

a nesocoti interesele colaboratorilor săi/propriului său partid/susținătorilor săi *amer.* ← *F* to get one leg over the traces.

a nesocoti legea to defy/to infringe/to violate the law; to set the law at naught.

a nesocoti pericolul to scoff at danger.

a nesocoti un sfat to scorn a piece of advice.

nespus de (frumos etc.) unspeakably..., inexpressibly...; *(extrem de)* extremely...; exceedingly...; (beautiful, etc.) beyond words.

neștiut de nimeni *F* unknown to mortal men.

netam-nesam without rhyme or reason; *v. și* **pe neașteptate.**

neted ca oglinda (as) smooth as glass/ice/a glass/mirror.

a netezi calea cuiva *F* to smooth/*lit.* to plane the way for smb.

a netezi calea pentru ceva/unui lucru *F* to pave the way for smth.

a-i netezi cuiva calea succesului to pave the way to fame for smb.

a-și netezi părul to give a smooth to one's hair; to give one's hair a smooth; to pat one's hair.

a-și netezi penele *(d. pasăre)* to plume itself.

neținând cont/seama de... in spite of...; heedless of...; without regard to.... irrespective of....; in defiance of.

neținând cont de faptul că... barring the fact that...

nevasta cizmarului n-are pantofi *prov.* the shoemaker's wife is always the worst shod.

nevinovat ca un prunc as innocent as a babe/as a child unborn.

nevoia n-are stăpân; ~ nu cunoaște lege; ~ e mama tuturor născocirilor; ~ te învață (orice)/ te învață ce nu ți-e voia; ~ învață pe om; ~ învață și pe dracul să se roage *prov.* needs must when the devil drives; necessity is the mother of invention; want is the mother of industry; need makes the old wife trot; he must needs go when the devil drives; bought wit is best; the wind in one's face makes one wise; adversity is a good discipline/a great schoolmaster; when the devil was sick, the devil a monk would be.

nevoie mare *F* terribly; awfully; mighty; very; as the day is long; as they come; as they make 'em/ them; and no mistake; *înv.* → as the skin between one's brows.

nicăieri în altă parte nowhere else.

nici o adiere not a breath of air.

nici aia/asta nu-i de aruncat/de zvârlit (la gunoi)/ de lepădat it's/she's not half bad either; it's/she's also to be reckoned with.

nici aici, nici colea 1. neither here nor there. **2.** *v.* **nelalocul lui.**

nici să n-ai habar *F* don't fret your eyelids on that score; don't worry about that. *v. și* **a nu avea habar; a nu avea nici o grijă.**

nici albă, nici neagră 1. *(nehotărât)* shilly-shally; blowing hot and cold; neither off nor on; hum and baw. **2.** neither fish nor flesh (nor good red herring); neither fish, flesh nor fowl; betwixt and between. **3.** *(pe neașteptate)* unexpectedly; without notice; unawares; like a thunderbolt, *v. și* ~ **una, ~ alta. 4.** *(fără ceremonie)* without much/ more ado/ceremony; unceremoniously.

nici asta nu se ia din drum it's not very easy either.

nici asta nu-i de aruncat/azvârlit/lepădat *v.* ~ **aia ~.**

nici așa, nici așa *v.* ~ **albă, ~ neagră 1.** *v. și* ~ **în car, ~ în căruță.**

nici atât even less so; not at all; (the) deuce a bit!

nici atâtica *F* not a jot/a whit/a bit/a tithe/a little/ a dreg/a trace/an atom/an ounce; the devil a bit; not the least tit; *(deloc)* not at all; *(câtuși de puțin)* not in the least; neither hide nor hair; no whit; never a whit.

nici nu bea, nici nu mănâncă he neither drinks nor eats.

nici bechi *reg.*/**boacă/bucățică** not a bit/a whit/a jot/a scrap; *v. și* ~ **atâtica.**

nici cald, nici rece *fig.* neither hot nor cold; *amer. F* neither hay nor grass.

nici cal, nici măgar *peior.* neither fish nor fowl (nor good red herring); neither fish/flesh nor fowl; between hay and grass.

nici un capăt de ață ← *F* nothing at all; *v. și* ~ **atâtica.**

nici capul nu mă doare *F* I don't care (a row of pins); *v. și* **puțin îmi pasă.**

nici călare, nici pe jos *v.* ~ **albă, ~ neagră 1, 2.**

nici că se pomenește 1. nothing of the kind. **2.** *v.* ~ **atâtica.**

nici cât să chiorăști un șoarece *P;* **nici cât o ciupitură de purice; nici cât (e) negru sub unghie; nici cât un vârf de ac; nici un dram** *F* no more than a peanut to an elephant; *v. și* ~ **atâtica.**

nici cea mai frumoasă femeie nu poate da mai mult decât are *aprox.* you can have no more of a cat but/than her skin.

nici cea mai mică bănuială not the slightest suspicion/doubt/hinch/hunch.

nici cea mai mică dovadă not a vestige/a shred of evidence; not even a trace of evidence/of a proof.

nici cea mai mică idee not the remotest/the slightest idea; not the faintest notion.

nici cea mai mică suspiciune *v.* ~ **bănuială.**

nici cea mai mică șansă de scăpare not the slightest/remotest chance of escape.

nici cea mai mică șansă de succes not the remotest chance of success; not the ghost of a chance.

nici cea mai mică urmă de... *F* not a trace/a vestige of...; *v. și* ~ **atâtica.**

nici o centimă not a farthing/a penny (piece).

nici nu se compară cu... 1. *(a fi mai prost)* not to hold a candle to...; it isn't anywhere near...; *amer.* it isn't a circumstance to.... **2.** *(a fi mai bun)* to be far better than...; to be a far cry from.

nici cu gândul n-am gândit/visat it never (even) crossed my mind; I never thought of it/gave it a thought; it has never occurred to my mind/to me; I haven't even dreamt of it; I did not have even an inkling of...

nici un cuvânt despre asta not a word/a syllable about it! tace is Latin for a candle.

nici să dai cu tunul (nu se găsește) it is not to be found/anywhere; it is nowhere to be found.

nicidecum not at all; not in the least; no such thing.

nici de frică *F* not for the world; not for the life of me; not on your life; never on this side of the grave.

nici o deosebire no difference; nothing to speak of; a distinction without a difference; it's six of one and half a dozen of the other.

nici un deranj! *F* it is no trouble (at all).

nici dracu(l)! *F* (the) deuce a man; not the shadow of a ghost; no man alive.

nici un dram de... not an atom/a trace of...; *v. și ~* **atâtica.**

nici un dram de înțelepciune/răutate etc. not a grain of common sense/of malice, etc.

nici nu e nevoie de mai mult that will do (amply).

nici eu (câtuși de puțin) nor I either; nor have I (either).

nici o fărâmă (de...) *v. ~* **atâtica.**

nici un fel de... no...; no manner of...

nici un fel de perspective *iron.* a fat chance.

nici gând not at all; not in the least; by no means; far from it; I couldn't think of it! *v. și ~* **vorbă.**

nici gând de așa ceva there is no appearance of it; *v. și ~* **atâtica.**

nici nu mă gândesc *F* I do not dream of it; I'll be farther if I do; not on your life; *v. și ~* **în ruptul capului.**

nici nu mă gândesc să fac una ca asta *F* I'll be farther if I do; I'll see you farther first.

nici un grăunte de... *F* not a vestige of...; *v. ~* **atâtica.**

nici un grăunte de adevăr not a grain/a shred of truth.

nici o grijă *F* don't worry (in the least); (have) no fear; *v. și* **a nu avea ~.**

nici să iei, nici să dai cu împrumut *prov.* neither a borrower nor a lender be.

nici o iotă! not a jot! *v. și ~* **atâtica.**

nici în car, nici în căruță (nici în teleguță) *F* blowing hot and cold; neither off nor on; *amer.* sitting on a fence; *v. și ~* **albă, ~ neagră.**

nici nu-ți închipui you can't think.

nici în clin, nici în mânecă cu... out of relation to...; bearing no relation to...

nici în ruptul capului not for (all) the world/for anything; on no account; not for the life of me; not on your life; not if I know it! never in my life/on this side of the grave; *F →* not for toffee!

nici într-un caz by no (manner of) means; in no case; under no pretext; *v. și* **în nici un caz.**

nici în vis nu m-am gândit la așa ceva *v. ~ cu* **gândul n-am gândit.**

nici la degetul meu/lui etc. mic *amer. F* not a circumstance to me, etc.; not to be compared to...; not holding; a candle to...

nici mama dracului *← F* not anybody/anyone *v. și ~* **dracu(l)!**

nici măcar... not even...; not as much as...

nici măcar... nu... not so much... as...

nici măcar atâta loc cât să te întorci no room to swing a cat.

nici măcar n-a clipit *F* he didn't turn a hair.

nici măcar nu s-a uitat/n-a vrut să se uite la el *F* he would not so much as to look at it.

nici măcar unul none what(so)ever; not even one.

nici mâncat, nici băut without bite or sup; neither bite nor sup.

nici mie neither do I.

nici o mirare că... no wonder that...

nici mort *v. ~ de frică; ~ în ruptul capului.**

nici mai mult, nici mai puțin (decât) neither more nor less (than).

nici o nădejde *F* not a shot in the locker; not the ghost of a chance.

nici... nici... neither... nor...

nici un nor nu le umbrea fericirea no cloud came to cast a gloom over their happiness.

mai niciodată hardly ever.

niciodată de când m-a făcut mama/de când mama m-a făcut never in all my life/my born days.

niciodată n-am petrecut atât de bine I had the time of my life.

nici un om nobody; not a soul; *v. și ~* **țipenie de om.**

nici un om de pe lume *amer. F* no one under God's canopy/under the canopy.

nici o para chioară/frântă not a penny/a farthing; *F* not a shot in the locker; *amer.* not a (red) cent.

nici un pas mai departe! not a step farther!

nici pe departe not by a long chalk; not by far; not in the least (degree); not at all; not half as much; nothing of the kind.

nici pe departe (atâția bani etc.) cât ar/i-ar trebui/de cât ar avea nevoie not half enough (money, etc.).

nici pe-o măsea *← F* next to nothing; a drop in the buchet; *F* a sip; a sup.

nici pe o parte on neither side.

nici un pericol I. *F* never (you) fear! don't you fear! *v. și ~* **o grijă. 2.** *iron.* no fear/chance!

nici peste cadavrul meu *(glum.* **mort)** never on this side of the grave; never in my life; not over my dead body.

nici un pic; nici o picătură (de) not a/one jot/ tithe/tittle/trace/mite/speck/scrap/scintilla/sparkle (of); not in the least/the slightest degree; *F* the devil a bit; not by a fraction; *v. și ~* **atâtica.**

nici nu se poate altfel if is a matter of course; it goes without saying; it stands to reason.

nici nu-și poate închipui cineva/nici nu-ți poți închipui ce fericiți suntem you can't imagine how happy we are.

nici pomeneală nothing of the kind; not at all; not in the least; far (be it) from me; I beg your pardon.

nici pomeneală de... not a scrap/a ghost of... *v. și ~* **atâtica.**

nici nu-ți poți închipui ce bine ne-am distrat you bet we had a good time!

nici prea des, nici prea rar even and again.

nici prea prea, nici foarte foarte *F* so so; not so hot; *amer. F* between hay and grass; *F* fair to middling.

nici o primejdie! *F* never (you) fear! don't you fear!

nici prin cap/gând/minte nu-mi trece/nu mi-ar trece *F* not on your life! I do not dream of it; I'll eat my hat first! I should not dream of doing such a thing! **~ nu mi-a trecut una ca asta!** nothing is farther than my thoughts; it never even occurred/it didn't even occur to me; I didn't (even) give it a thought; I haven't even thought of that.

nici prin gând să nu-ți treacă you can wipe that off the slate.

nici o rază de speranță not a ray of hope.

nici o scăpare decât fuga there is nothing for it but to run.

nici un sfanț! *F* (sweet) damn all!

nici o șansă *F →* not a (cat's/a dog's) chance; *glum. F* no fear/chance!

nici nu știi cât sunt de mulțumit I cannot tell you how pleased I am.

nici nu știi ce bine ai nimerit-o! you've guessed it! you've guessed right.

nici o teamă (have) no fear! *v. și ~* **o frică; a nu avea ~.**

nici un trandafir fără spini no joy without alloy.

nici nu-mi trece prin cap/gând it does not occur to me; *v. și~* **prin cap/gând/minte nu-mi trece.**

nici o țâră *v. ~* **atâtica.**

nici țipenie de om (nu se vedea/nu trecea pe acolo) not the shadow of a ghost (was in sight); not a living soul/creature (was to be seen).

nici o umbră de... not a trace/a spark of...; *v. și ~* **urmă ~.**

nici umbră de bănuială not the shadow/not the ghost of a suspicion.

nici umbră de îndoială not a ghost of a doubt; *F* not the shadow of a shade of doubt.

nici umbră de șansă not the ghost of a chance; *v. și ~* **o șansă; ~ cea mai mică șansă de succes.**

nici una, nici alta 1. *(pe nepusă masă)* without (much/more/further) ado/ceremony. **2.** *v. ~* **albă, ~ neagră 2.**

nici unul (din doi) neither (of them).

nici unul de sămânța no; not one.

nici unul din ei none of them.

nici unul dintre ei none·(of them); no one.

nici unul dintr-o mie/sută not one in a hundred.

nici unul din voi nu e mai breaz (ca celălalt) you are all alike!

nici unul nu e mai bun decât celălalt there is nothing to choose between them.

nici unul la o mie/sută *v. ~* **dintr-o ~.**

nici unul, nici celălalt neither of them; neither (the) one nor the other.

nici urmă not a trace; not the least bit; *rar* neither hide nor hair; *v. și ~* **atâtica.**

nici urmă de... not a trace/a speck/a particle/a sign of...; not the suspicion of...; no sign of...; not the slightest hint of...; not a shred of...; *v. și ~* **umbră ~.**

nici nu s-a uscat bine cerneala before the ink is dry.

nici usturoi n-a mâncat, nici gura nu-i miroase *F peior.* he/she looks (as demure) as if butter would not melt in his/her mouth.

nici o veste despre (cineva) no news of (smb.); neither hide nor hair.

nici nu-ți vine să crezi *P →* that's a licker.

nici n-am visat *v. ~* **cu gândul n-am gândit.**

nici n-ai visat tu că... you haven't dreamt that/of...

nici vorbă I. nothing of the kind/the sort; by no means; *F →* not on your life! not half! not by a long chalk/*sl.* shot; not by a long/*amer.* a darned sight; *amer. F →* not by a jugful; far from it; *înv. →* over the left; *v. și* **câtuși de puțin. 2.** *(prostii)* nonsense! fiddlesticks!

nici vorbă de așa ceva/de una ca asta; ~ nu poate fi by no means; not in the least; not at all; I beg your pardon; it is not the case; *F →* no such thing; *F →* you are all adrift; it is out of the question.

nici o vorbă! *F* not a word/a syllable; mum's the word! *v. și ~* **un cuvânt despre asta.**

nici nu vrea să audă de el she won't have him.

nici nu vreau, nici nu-mi trebuie ceva mai bun I ask for nothing better.

nimeni altcineva no one else; nobody else.

nimeni altul decât... none but; no other than; no less a person than.

nimeni altul decât el/ea... none but he/she...; no other but he/she...

nimeni de pe lume no man alive.

nimeni nu e de neînlocuit/indispensabil *prov.* no one is indispensable.

nimeni nu e profet în țara lui no man is a prophet in his (own) country; prophet is not without honour, save in his own country.

nimeni nu e scutit de încercări everyone has his trial.

nimeni nu este/nu poate fi mai surd decât cel ce nu vrea să audă *prov.* there are none so deaf as those that will not hear.

nimeni nu e ușă/lemn de biserică *prov.* every bean has its black.

nimeni nu-i ca el! nobody can come anywhere near him; he is as proud as Punch.

nimeni nu se naște învățat *prov.* no man is born wise or learned; practice makes perfect.

nimeni pe lume no man alive.

nimeni nu poate da mai mult decât are *prov.* you can have no more of a cat but/than her skin.

nimeni (de pe lume) n-ar fi putut face ceva mai bun no living man could do better.

nimeni nu știe (nimic) nobody/none can tell.

nimeni nu știe unde locuiește/se află no one knows his whereabouts.

se nimerește ca nuca în perete it is as fit as a shoulder of mutton for a sick horse; it is neither here nor there.

a o nimeri (bine) 1. *(a ghici)* to hit it; to nick; to guess. **2.** *(a reuși)* to succeed. **3.** *(a fi)* to be; *(a se pomeni)* to find oneself. **4.** *(a se întâmpla)* to happen.

a nimeri alăturea/alături (cu drumul) to miss the mark; to get the boot on the wrong foot/leg; to bark up the wrong tree.

a nimeri bine 1. to take/to get the right sow by the ear; to come to the right shop; *amer.* to get the breaks. **2.** *iron.* to have come to the wrong shop.

a se nimeri bine 1. to come/to be in season. **2.** *iron.* to be/to come as handy as a pocket in a shirt.

a se nimeri ca nuca în perete *F* to be neither here nor there; to be as fit as a shoulder of mutton for a sick horse.

a o nimeri (ca Ieremia) cu oiștea în gard to be wide of the mark to get/to have/to take the wrong sow by the ear; to put one's foot in it/into one's mouth; to make a blunder; to chop a brick; to make a bad shot; to hunt/to run the wrong hare; *amer.* to fire into the wrong flock; *amer. sl.* to shoot one's grandmother/grannie.

a se nimeri/s-a nimerit cum nu se poate mai bine/foarte/tocmai bine it's wonderfull! that's just it!

a nu o nimeri cu presupunerile to be wide of the mark; to be out in one's reckoning; to be quite at sea with one's guesses.

a o nimeri, dar nu tocmai *fig.* (to be) in the right church but in the wrong pew.

a nimeri din lac în puț/din Scylla în Carybda to run from the thunder into the lightning; to fall/to jump out of the frying pan into the fire; *v. și* **a cădea ⁓**.

a nimeri drept în/la țintă *fig.* to strike home.

a nimeri greșit to have come to the wrong shop.

a nimeri în locul potrivit to fall home.

a (o) nimeri în plin 1. *și fig.* to make a lucky hit; to strike home; to hit it; to get home; to hit the bird in the eye; **ai nimerit în plin** that was a home-thrust. **2.** *fig.* to guess right.

a (i se) nimeri o întrebare grea (la examen) to draw a difficult question (at the examination).

a nimeri într-un viespar to stir up a nest of hornets; to bring a hornet's nest about one's ears.

a nimeri în țintă *(concret)* to hit/to make/to score the bull's eye.

a nu nimeri la țintă to miss the aim/the mark.

a nimeri omul potrivit to find the right man; to come to the right address.

a nu nimeri omul (care trebuie) *amer.* to wake up the wrong passenger.

a nimeri peste to come across; to run into; to find... by chance.

ai nimerit la țanc! you've guessed it/right!

ai nimerit-o! you've hit it (right); *amer.* you're on it.

n-ai (prea) nimerit-o! *fig.* in the right church but in the wrong pew.

a nimeri tonul just to strike the right note.

un nimic a non-entity; a mere nobody/nothing.

(mai) nimic hardly anything; next to nothing; nothing to speak of.

nimic mai adevărat (there's) nothing truer; you are quite right.

nimic alta nothing else; that's all (there is to it); ⁓ **decât...** nothing but...; nothing else than...

nimic nu are efect asupra lui nothing has any effect on it/him, etc.

nimic asemănător; nimic de acest fel/de felul acesta no such thing; nothing of the sort/the kind.

o nimica toată a (mere) trifle; a trifling matter; a mere pittance; nothing to speak of/to write home about; little or nothing.

nimic de făcut! *F* (there's) nothing doing! no go!

nimic deosebit *F →* nothing (very) much; nothing to write home about; *F →* no great scratch; all in the day's work; *v. și* **nu mare lucru; neobișnuit.**

nimic de pus pe spate not a rag to one's back.

nimic de semnalat *mil.* nothing to report.

nimic de spus/zis 1. undoubtedly; unquestionably; without a doubt; certainly; of course. **2.** *(ai dreptate)* right you are. **3.** *(de fapt)* as a matter of fact; in (point of) fact.

nimic de zis! *F* dear me! oh dear!

nimic din toate acestea not a bit (of it)! *v. și* **nici vorbă.**

nimic nu e veșnic *prov.* the morning sun never lasts a day.

nimic extraordinar *v.* **~ neobișnuit.**

nimic nu-l (va) face să șovăie nothing will deter him.

a nimici un argument to pulverize an argument.

nimic ieșit din comun *v.* **~ neobișnuit.**

nimic/nimica nu-i fără osteneală no bees, no honey; no work, no money.

nimic în plus nothing besides.

nimic nu justifică o astfel de purtare nothing can warrant such conduct.

nimic neobișnuit nothing uncommon/extraordinary/out of the common/ordinary: *F →* nothing to write home about.

nimic nou pe frontul de vest all quiet on the western front.

nimic nou sub soare there is nothing new under the sun.

nimic pe deasupra nothing besides.

nimic pe placul cuiva nothing suitable (to).

nimic nu-l poate clinti din loc nothing will move him.

nimic nu poate să ne despartă nothing can come between us.

nimic nu-l putea hotărî s-o facă nothing could bring/get him to do it.

nimic nu mă va putea împiedica să continuu nothing can stop me from doing it; I will continue none the less.

nimic nu-l putea opri there was no holding him.

nimic nu-i reușește nothing succeeds him; nothing goes right with him.

nimic mai simplu nothing could be simpler.

nimic nu-ți stă în calea succesului nothing stands between you and success.

nimic nu supără mai rău/tare decât adevărul nothing hurts like the truth.

nimic nu trăda că el ar fi... there was no evidence of his *(cu -ing).*

nimicuri trifles; petty affairs; little nothings; small talk.

nimicurile vieții the little nothings of life.

nimic mai ușor (as) easy as ABC; as easy as rolling off a log; *F →* as easy as lying; *sl.* as easy as damn it.

ninge de ți-e mai mare dragul it's snowing like the deuce.

a-i ninge în barbă; i-a nins în barbă he is hoary (with age).

a-i ninge și a-i ploua to look crestfallen.

nițel sărit de pe linie/scrântit/trăsnit/țicnit a (little) bit off (one's chump)/barmy on the crumpet.

nițeluș făcut a bit on/lit up; just a trifle too many.

a nivela o suprafață to rake a surface level.

noaptea de marți spre miercuri the night from Tuesday to Wednesday.

în noaptea timpurilor/vremii in the night/mists of time; in times immemorial.

noaptea e un/cel mai bun sfetnic/sfătuitor *prov.* night is the mother of counsel; *aprox.* to take counsel of one's pillow; to sleep on it.

noapte albă white night.

noaptea și hâdele sunt frumoase *prov. v.* **~ toate pisicile sunt negre.**

noaptea toate pisicile sunt negre *prov.* when candles are out all cats are grey.

noaptea trecută last night.

noapte bună! good night!

noapte cu lună moonlight night.

noapte de/după noapte night after night; every night.

un nod în gât a lump in the throat.

nodul gordian the Gordian knot.

noi ceilalți the rest of us.

normal! naturally! no wonder! and small/what wonder.

noroc! 1. *(toast)* chin-chin! cheers! cheerio! **2.** *(salutare) v.* **~ bun!**

noroc bun! cheers! cheeri-ho! good luck!

noroc că... it is a mercy/a blessing that...; it is a lucky chance (for him) that...; *(din fericire)* fortunately; luckily; it's a good job that...

noroc că te-am întâlnit well met!

noroc că ai scăpat! you are well out of it!

un noroc chior! lucky beggar!

noroc la joc good run/luck at play.

noroc neașteptat an unexpected piece of good luck.

noroc orb/porcesc drunkard's luck; the devil's own luck.

norocul e orb! *prov.* fortune is blind.

norocul îl favorizează (întotdeauna) *F →* all his cards are trumps; he always turns up trumps; everything turns up trumps with him.

norocul prostului fools have fortune.

norocul s-a schimbat the tables are turned.

norocul lui s-a schimbat his luck has turned.

norocul mi te-a scos/trimis în cale! well met!

norocul îi surâde fortune smiles on him.

norocul îți surâde! now's your chance!

norocul mi-a surâs un timp I had a spell of luck.

nostim și distractiv *F →* beer and skittles.

a nota ceva to take smth. down.

a nota ceva în creion to pencil down a note.

a nota în minte o greșeală to chalk up.

a nota ceva la repezeală to jot smth. down.

a nota numele și adresa cuiva to take down smb.'s name and address.

a nota o temă *școl.* to mark an exercise.

a nota toate incidentele survenite to note everything that has transpired.

o notă de ironie a streak of irony.

a notifica concedierea unui funcționar to give notice to an employee.

nou în meserie strange in the job.

noul născut the new born (child)/baby; *glum.* the little stranger.

nou-născut new born; new born child.

nou-nouț brand/bran/quite new; fire-new; spick-and-span (new); *F →* piping hot.

nul și neavenit *jur.* null and void.

nu mai 1. *(ca și continuare)* no longer; not any longer. **2.** *(ca repetare)* no more; not any more.

numai așa for form's sake.

numai așa de (un) gust to pass away the time; as a pastime; for an amusement.

numai că... 1. *(cu diferența că)* with the only difference that... **2.** *(dar)* but...; yet...; still...; on the other hand...

numai cât... hardly... when...; no sooner... than...

numai ce... and (precisely) then...; no sooner... than...

numai ce-i al lui e bun all his geese are swans.

numai cu numele in name only.

numai cu puține excepții with but few exceptions.

numai un cuvânt! just a word!

numai dacă... if only...; only if...; provided (that)...

numai o dată just once.

numai de l-aș putea vedea if I could but/only see him.

numai Dumnezeu știe Lord knows if...

numai el a scris tema he alone/only he wrote the task; he was the only one to write the task.

nu mai era nici un loc there wasn't a seat to be found.

numai gura e de el *F* he is just an empty talker/a wind bag; he is all tall talk; his bark is worse than his bite.

numai la un pas de... within a step of...; but one remove from...; on the brink of...

numai mâini și picioare *(stângaci)* all legs and wings; butterfingers.

numai nerv full of grand grit.

numai ochi și urechi all alive; all ears, all impatience.

numai pentru că... solely/simply because.

numai pentru sufletelul său *F* to one's own cheek; (caring only) for number one.

numai pielea și osul/piele și oase mere skin and bone; a bag of bones.

nu mai puțin de... nothing less than...

numai și numai aici nowhere else.

numai urechi all ears.

numai vorba (e) de capul lui *v.* ~ **gura e de el.**

a număra cuiva bucățelele *F* to skimp smb. in food.

a număra în gând to make mental calculations.

a număra pe degete to count on one's fingers.

a se număra printre to rank among.

a număra voturile to count/to tell the votes/*F →* the noses.

se numără printre prietenii mei he counts among my friends; he is one of my friends.

un număr de... a number of; *(unii)* some.

numărul unu *← F* **1.** first rate; *F A*₁ **2.** wonderfully; *F* like greased lightning; like fun; like a streak of lightning.

un nume bun de folosit în toate împrejurările/ care (îți) deschide toate porțile/ușile *F* a name to conjure with.

nume de botez Christian/given name, surname.

nume de fată maiden name.

nume de împrumut assumed name.

numele dumneavoastră îmi scapă your name has slipped/escaped my memory.

numele nebunilor pe toate zidurile *prov.* white walls are fools' writing paper; he is a fool and ever shall (be) that writes his name upon a wall.

numele și prenumele cuiva smb.'s full name.

nume mic *v.* ~ **de botez.**

un nume răsunător/sonor a name to conjure with.

îi numeri coastele *F* he is nothing but skin and bone.

îi numeri pe degete you may count them on your fingers' ends.

a numi pe cineva căpitan de vas *mar.* to post smb. as captain.

a numi pe cineva într-o funcție/într-un post to appoint/to name smb. to a job/an office; to receive smb. into a charge.

a nu numi pe nimeni *F* to mention/to name no names.

a fi numit judecător/magistrat *F* → to rise to the ermine; to don the ermine.

nuntă fără vorbă/ceartă și moarte fără bănuială nu se poate *prov.* where there are reeds, there is water.

nu numai atât *F* more by token...

nu numai... ci și... not only... but also...

nurii ei și-au pierdut farmecul her attractions have lost their magic.

nu și nu! a thousand times no!

a nutri ambiții înalte to fly a high pitch.

a nutri un gând to entertain/to harbour a thought.

a nu mai nutri nici o speranță în legătură cu soarta cuiva to give smb. up for lost.

a nutri un profund respect pentru cineva to hold smb. in reverence; to feel reverence for smb.

a nutri repulsie față de... to have an aversion for...; to loathe...; to hate...

a nutri (sentimente de) simpatie față de cineva to feel a warm regard for smb.; to take a liking to smb.; to feel sympathy for smb.; to be in sympathy with smb.

a nutri speranța de a face ceva to set/to pin one's hopes on doing smth.

a nutri speranțe to entertain hopes; to be rocking/to rock in hopes.

a nutri speranțe deșarte to hope against hope.

O

oaia neagră *fig.* the black sheep.

oaia râioasă umple turma toată *prov.* the rotten apple injures its neighbours.

oaie rătăcită a stray sheep.

oaie râioasă a scabby/a black sheep.

oala acoperită nu dă în foc/nu dă gunoaie în ea *prov. aprox.* a danger foreseen is half avoided.

oameni buni 1. good people; kind(-hearted) people. **2.** *(vocativ)* honest people! friends!

oameni de felul tău/teapa ta people of your sort.

oameni de rând *v.* ~ **obișnuiți**.

oameni de toate convingerile/nuanțele people of all shades of opinion.

oameni inconstanți/nestatornici rolling stones.

oamenii obișnuiți/simpli average/common/ordinary people; the rank and file; the man in the street.

un oarecare a mere nobody/nothing; a cipher.

un oarecare și banda lui a so and so and his squad.

oaste de strânsură army of sorts.

obiceiul e a doua natură *prov.* use is a second nature.

obiceiul locului/pământului local custom; a custom in/of the country.

a obiecta față de ceva to find an objection to smth.

obiect de prima clasă the real thing.

obișnuia(m) să bea(u) o cafea dimineața he/I used to drink (a cup of) coffee in the morning.

a se obișnui ca țiganul cu scânteia to get used to smth. like an eel to skimming.

a se obișnui cu ritmul muncii *F* to get into the swing of the work.

se obișnuiește să... it is customary/usual to.

obișnuința este a doua natură *prov.* habit/custom is a second nature.

a obișnui să... to be in the habit of; to be accustomed to.

obișnuit cu/să... inured/accustomed to.

a obliga pe cineva să accepte ceva to thrust smth. (up)on smb.

a obliga pe cineva să-și țină cuvântul/făgăduiala/promisiunea to pin/to nail smb. (down) to his word/to a promise.

obligat de nevoie under the pinch of necessity.

obligat să facă ceva (lying) under an obligation to do smth.

obligațiile și opreliștile societății the "shalts" and "nots" of society.

a obosi de atâta alergat etc. to run oneself tired.

a se obosi de pomană to lose one's labour.

a-și obosi ochii to try/to strain one's eyes.

a-și obosi ochii citind to pore one's eyes out.

nu te mai obosi până acolo you might as well save your shoe leather.

a se obosi peste măsură to strain oneself.

obosit de moarte/frânt with a bone in one's/the arm/leg.

obosit rău *F glum.* half seas over; in liquor; the worse for liquor.

a-și obosi vederea *v.* ~ **ochii**.

obraznic cu cineva impertinent/cheeky/impudent/insolent to smb.

obraznicul mănâncă praznicul cheek brings success; nothing ask, nothing have; a closed mouth catches no flies.

obrazul subțire cu cheltuială se ține *aprox.* noblesse oblige.

să nu te obrăznicești! none of your cheek/lip/impudence!

observă ce fac eu! watch me! have a look at me! *amer. sl.* watch my smoke!

a obține același număr de voturi to be even; the votes were divided/split evenly; the election ended in a tie.

a obține o amânare to get a respite.

a obține o autorizație to take out a permit.

a obține ceea ce dorești to have one's will.

a obține ceva de la cineva prin înșelăciune to swindle smb. out of smth.; to swindle smth. out of smb.

a obține credit de la cineva *P* → to tick with smb.

a obține credite to raise the wind.

a obține de la cineva să facă ceva to win smb. to do smth.

a obține despăgubiri/daune interese de la cineva *jur.* to recover damages from smb.

a obține grațierea cuiva *jur.* to sue out a pardon for smb.

a obține ceva la un preț fabulos to obtain smth. at a ransom price.

a obține legătura (telefonică) cu cineva to get through to smb.

a obține majoritatea to carry a division.

a obține o majoritate (confortabilă/sigură) to secure a (comfortable) majority; to carry a division; *amer.* to win by a comfortable margin.

a obține o majoritate covârșitoare de voturi to poll a large majority.

a obține mai multe voturi decât cineva to out-vote smb.

a nu obține nici un sprijin to get/to obtain no support/assistance (from anybody).

a obține notă de trecere *școl.* to obtain a pass.

a obține un permis to take out a permit.

a obține prietenia cuiva to get into smb.'s good graces.

a obține ceva prin fraudă to obtain smth. by/on/under false pretences.

a obține prin intervenții aprobarea/votarea unei măsuri/legi etc. *amer.* to lobby a bill through.

a obține ceva prin subterfugii/șiretlicuri/viclenie to wangle smth.; to obtain smth. by a trick.

a obține profituri ilicite to make illicit profits.

a obține profituri mari to make huge profits.

a obține o situație/un post fără dificultăți/greutăți *F* → to step into a position.

a obține o slujbă to get a job/a position/a situation.

a obține sprijinul cuiva to get/to obtain/to enlist/to secure smb.'s support/assistance.

a obține succes to score success; to be successful; to carry the day; to carry all before one; *F* → to hit the spot.

a obține un vot de încredere to pass/to obtain/to poll a vote of confidence.

a ocărî pe cineva to scold smb.; *F* → to give smb. fits.

ochi bun(i) straight/keen eye(s).

a ochi cu atenție to take a careful sight.

ochi de broască bulging eyes.

ochi de pisică cat's/narrowed eyes.

ochi de vultur eagle's eye.

a ochi exact to pin-point a target.

ochii care nu se văd se uită *prov.* out of sight, out of mind; what the eye sees not, the heart rues not; seldom seen, soon forgotten; salt water and absence wash away love; long absent, soon forgotten; far from eye, far from heart.

ochii îi ieșeau din cap/orbite his eyes were starting out of his head; his eyes started/popped/were starting out of their sockets.

ochii îi înotau în lacrimi his eyes were swimming.

ochii i s-au oprit asupra mea his eyes dwelt on me.

ochii i se umplură de lacrimi tears came/rose/welled (in)to his eyes.

ochi în care se citește afecțiunea/prietenia eyes that speak affection.

ochi în ochi staring (lovingly) at each other.

ochi măriți de mirare eyes round with astonishment.

(un) ochi pe față, (un) ochi pe dos knit one, purl one.

ochi pentru ochi (și dinte pentru dinte) eye for eye (and tooth for tooth); measure for measure.

a ochi prost to shoot/to be wide of the mark.

ochi stinși dim/watery eyes.

a ochi ținta to sight the mark.

a ochi o țintă to pin-point a target.

ochiul stăpânului îngrașă vita *prov.* no eye like the eye of the master.

a ocoli adevărul to prevaricate.

a ocoli pe cineva to give smb. the cold shoulder; to avoid/to shun smb.; to give smb. a wide berth; to have no truck with smb.

a ocoli un cap *mar.* to sail round a cape; to double a point; to pass a headland.

a ocoli o dificultate to turn a difficulty.

a ocoli o întrebare to parry a question.

a ocoli un obstacol to go round an obstacle.

a ocoli pe departe to take the longest way round.

a se ocupa atent/cu atenție de ceva to look to smth.

a ocupa centrul scenei to hold the spotlight.

a se ocupa cu... to take to; to deal with; to indulge in.

a se ocupa cu furtișaguri to pilfer.

a se ocupa cu plasarea mătăsurilor etc. *com.* to travel in silks, etc.

a se ocupa cu plugăritul to follow the plough.

a se ocupa cu sportul to practise sports.

a se ocupa de... **1.** to concern/trouble oneself with; to take care of; to look after; to deal with; to busy oneself with. **2.** *(a se îngriji)* to see to/about a problem; to see that smth. is done. **3.** *(ca profesor)* to teach...; to be a professor/a teacher of.

a se ocupa de amănunte to go into details/every detail; to be punctilious; to split hairs.

a se ocupa de gospodărie to manage the household.

a se ocupa de propriile sale treburi to tend to one's own affairs.

a se ocupa din când în când de ceva to be a dabbler in smth.

a ocupa un loc (lângă fereastră etc.) to take one's stand (near the window).

a ocupa locul din spate 1. to take the back seat. 2. *(pe cal)* to ride pillion.

a ocupa mult loc to take up a lot/a great deal of room/space.

a se ocupa personal de o afacere/problemă to take an affair into one's own hands.

a ocupa un post to take up a station; *(o slujbă)* to take up/to hold a job/a position/an office.

a ocupa o poziţie înaltă pe scara socială to be high in the social scale.

a ocupa o poziţie marcantă to hold a prominent position.

a ocupa prea mult loc to take up too much room.

a ocupa primul loc to take the first place; *amer.* to take the cake.

ocupat până peste cap up to the chin/chin-deep in...; hard-pressed for time.

ocupaţie de femeie the distaff.

o ocupaţie foarte plăcută a very pleasant pursuit.

ocupaţi-vă locurile! take your places/seats!

ocupaţi-vă posturile! *mil.* take post/posts!

o dată ajunşi aici while we are at it...

odată bărbat! a man indeed! there's/that's a real man!

odată ca niciodată once upon a time.

o dată ce since; as.

o dată cu capul not on your life; on no account; not for the life of me/for the world; never on this side of the grave.

o dată cu venirea (primăverii etc.) with the (coming of) spring, etc.

o dată în viaţă once in a lifetime; just for once.

o dată pentru totdeauna once (and) for all; first last and all the time.

odată şi odată in the end; eventually; at (long) last; in the long run.

odihnească(-se) în pace may he/let him rest in peace; peace to his memory/soul/spirit; **Dumnezeu să-l odihnească** (may) God rest his soul!

a odihni bucatele ← *P glum.* to take a siesta/an afternoon nap.

a-şi odihni capul pe to repose one's head on.

a se odihni cu drepţii to sleep the sleep of the just/of the pure at heart.

a se odihni după muncă to rest from one's labours.

a se odihni pe lumea cealaltă to sleep the sleep of the pure of heart; to rest in peace.

a se odihni pe veci to lie in the churchyard.

a odihni privirea/privirile to refresh the eye.

a ofensa pe cineva to give offence to smb.; to put smb. into a huff; to tread on smb.'s corns/toes.

a oferi ceva cuiva to make an offer of smth. to smb.

a oferi adăpost *(d. copac)* to afford shelter.

a oferi adăpost cuiva to show smb. hospitality; *v. şi* **a da ~**.

a oferi azil (unui refugiat, orfan etc.) to take in a refugee/an orphan.

a oferi braţul cuiva to offer/to give smb. one's arm.

a se oferi de bună voie să facă ceva to volunteer to do smth.

a oferi cuiva un exemplu de urmat to set smb. a pattern to follow; to set a pattern to be followed.

a oferi găzduire cuiva to (offer to) put smb. up.

a se oferi în mod voluntar să facă ceva *v.* **~ de bună voie ~**.

a oferi cuiva libertatea to set smb. free.

a oferi o masă bună cuiva to treat smb. to a good dinner; to stand smb. a (good) dinner.

a oferi o masă unui prieten to stand one's friend a dinner.

a oferi cuiva mâna to give smb. one's hand; to proffer one's hand.

a oferi cuiva un model *v.* **~ un exemplu de urmat**.

a oferi un program *(radio etc.)* to be sponsor to a programme.

a-şi oferi serviciile *amer. F* to set one's bag for an office.

a oferi spre vânzare to put up for sale; to vend.

a oferi sprijinul cuiva to uphold smb. in action.

oferta nu este de dispreţuit/aruncat the offer is not to be sniffed at.

oferte de serviciu situations vacant/wanted; help/hands wanted.

a oficia cununia to read the marriage lines; to unite in marriage; *F* to tie the knot.

a oficia liturghia/serviciul divin to say/to read mass/Mass.

a oficia slujba cununiei to read the marriage lines; to unite in marriage; *F →* to tie the knot.

ofrande de flori floral tributes.

a ofta adânc/din rărunchi to sigh deeply; heavily; to heave/to draw/to fetch/to sigh/to give a deep sigh.

a ofta după to sigh/to yearn/to long for; to hanker after.

a se oftica cumplit *F argou* to eat one's heart out (with envy, etc.); *v. și* **a-și face sânge rău.**

oficat la culme *F argou* eating one's heart out (with envy, etc.); *v. și* **a fierbe de mânie.**

oho, și încă cum! yes indeed! *F* you bet!

oleacă de... ← *P* a little; a bit of.

omagiile mele! my respects! your servant! I take my hat off to you!

un om al instinctelor a creature of impulse.

om bun *(ca răspuns la „cine-i acolo?")* good people! friends!

om ca el n-ai să mai găsești/întâlnești you will not find his equal.

un om care nu este demn de încredere a man (who is) not to be trusted.

un om care se respectă a man with self-respect.

om ca toți oamenii one of the many.

un om căruia trebuie să-i cânți în strună a man who must be humoured.

un om cu avere *v.* ~ **stare.**

un om cu calități solide a sterling fellow.

(un) om cu cap a sensible/a reasonable man; a man who has a head on his shoulders; a man with brains; a man of sense.

un om cu cunoștințe vaste a very scholarly man.

om cu dare de mână a man of substance/means; *v. și* ~ **stare.**

om cu două fețe a doubled-faced man; a double dealer; a hypocrite.

un om cu experiență într-un domeniu a good/ an old hand at smth.

un om cu greutate 1. a man of weight. **2.** *fig.* a man of some importance.

un om cu judecată a reasonable man.

un om cu mari calități a man with plenty of good stuff in him.

un om cu mână de fier a strong man/hand.

un om cu mintea întreagă a man of (solid) sense.

un om cu mușchi de fier a man of nerve and sinew.

om cu nume bun a man of good report.

un om cu nume de Ion a man of the name of John.

om cu picior de lemn timber-toes.

un om cu reputație bună *v.* ~ **nume bun.**

un om cu scaun la cap a person/a man of sense.

un om cu stare a well-off/a well-to-do person; a man of substance/means.

om cu suflet mare a big heart.

un om cu vază a great man; an outstanding man; a man of some importance.

om cu ziua day labourer; hireling by the day.

un om de acțiune a man of action.

om de afaceri businessman; a man of business.

un om de bine a good/a righteous man.

om de cuvânt reliable man; a man as good as his word; an observer of his promises; a man of his word.

un om de chefuri a reveller; *F* a fast liver; *F* a high liver.

un om de duzină a very ordinary man; an everyday kind of man; a plain man.

un om de inimă a noble-hearted man; a hearty fellow.

un om de ispravă a worthy man; an honest fellow; a man of the right sort of timber; a reliable man/ chap.

om de încredere 1. (one's) right hand man; confidential man/person; **2.** *v.* ~ **ispravă.**

om de legătură liaison man; ombudsman.

un om de litere a man of letters.

om de lume 1. a society man. **2.** *(om hârșit cu viața)* a man about town.

un om de nădejde *v.* ~ **ispravă.**

om de nimic ne'er-do-well; good-for nothing (fellow); a little nobody; a man of no account; a bad halfpenny; *P* → half man.

om de om 1. one man by/after another. **2.** one man from another.

om de onoare honourable/honest/straightforward man.

om de paie a man of straw; dummy; puppet; a clay-figure.

un om de rând a man from the ranks; an ordinary/ an average man; a common fellow; a man in the street.

un om deschis an open-hearted/an outspoken man; a straightforward; a frank fellow.

un om de seamă a man of mark/note; an outstanding/a remarkable fellow.

un om de soiul acesta a man of that stripe/ilk/ type.

om de stat statesman.

un om de statură solidă a man of solid build.

om de știință a man of science; a scientist, a savant.

om de treabă decent chap; good-natured fellow.

un om de viță veche a man of ancient race.

un om dificil a man who is hard to please; a grumbler; a hedgehog.

un om din popor a man of the people.

un om dintr-o bucată a steady man; an upright man; a man of integrity/honour; a reliable/an honest fellow.

un om dintr-o mie a man in a thousand.

un om expeditiv a man of resource.

un om extrem de ceremonios a stickler for etiquette.

un om fără căpătâi a loafer; a do-nothing; a nomad.

un om fără maniere an ill-bred fellow; a rough customer.

om fără pretenții man of no pretension.

om fără scrupule a man of no principles; an unprincipled fellow.

om fără suflet lump of clay.

un om foarte citit a man of wide reading; a well-read man.

un om insuportabil a fright; a regular terror; a bully.

a omite pe cineva din testament to will away from smb.

a omite ceva la cules *tip.* to make an out.

a nu omite nici un amănunt to omit none of the circumstances.

a omite un pasaj dintr-o carte to skip a passage in a book.

a omite să... to fail to.

un om încercat an old timer; an old stager.

un om îndesat a man of square frame.

un om în toată firea a grown-up/a full-fledged man.

un om în toată puterea cuvântului a man indeed; quite a man.

om la apă! *mar.* overboard!

om mărginit one-/single-track mind.

un om mușchiulos a man of (muscle and) sinew.

un om necioplit/necivilizat *v.* **~ fără maniere.**

un om neîndemânatic a bull in a china shop.

un om nepotrivit pentru locul pe care-l ocupă a round peg in a square hole; a square peg in a round hole.

un om obișnuit *v.* **~ de rând.**

un om ordonat man of regular habits.

a se omorî să-și aducă aminte to puzzle/to heat/to rack/to cudgel one's brains.

a omorî cu ciocul *(d. păsări)* to peck to death.

a se omorî cu firea to put oneself out; to kill oneself; to be in a fret/on the fret.

a se omorî cu lucrul/munca/treaba to work/to tire oneself to death.

a nu se omorî cu lucrul/munca/treaba *F* to take it easy; not to kill oneself with work; not to overwork oneself.

a omorî pe cineva cu zile to be the death of smb.; to be smb.'s death; to bring about smb's death.

a se omorî de râs to die/to hoot with laughter; *v. și* **a râde în hohote.**

a omorî doi iepuri dintr-o împușcătură to kill two birds with one stone.

a-și omorî foamea to stay/to allay one's hunger.

a omorî pe cineva în bătaie/bătăi to beat smb. to a mummy/a jelly/within an inch of his life; *v. și* **a snopi ~.**

a omorî pe cineva pe/cu încetul to kill smb. by inches.

a omorî pe loc to kill smb. outright.

a-și omorî plictiseala/plictisul *v.* **~ timpul/vremea.**

a se omorî singur 1. *(a se sinucide)* to kill oneself; to commit suicide; to lay violent hands upon oneself; to make away with oneself. 2. *(a se istovi)* to kill/to overfatigue oneself; to ruin/to destroy one's health.

a(-și) (mai) omorî timpul/urâtul/vremea to while away/to beguile the time/*glum.* the enemy; to kill time; to fill in (the) time; to cheat the time; to be at dalliance; to hold dalliance.

un om pe care se poate conta/te poți bizui a reliable/trustworthy person/individual; a person/a fellow to be trusted.

un om pe care nu se poate conta/nu te poți bizui a man not to be trusted; a broken reed.

un om pe care nu poți să-l duci de nas *aprox.* you can't boil him over.

un om posac *v.* **~ ursuz.**

un om prezentabil a man of respectable appearance.

un om priceput la ceva an old hand at smth.

om sandviș sandwich man; toad in a/the hole.

un om săritor a man who has his heart in the right place/whose heart lies in the right place.

un om superior a man above the ordinary.

e un om și jumătate he is quite a man.

om trecut prin ciur și prin dârmon a man of the world/who has been through the mill; *F* an old/a deep file; an old timer/hand.

omul ăsta e un poem this chap is sublime; the man is absolute.

omul bun de gură se descurcă ușor peste tot *prov.* he that has a tongue in his head may find his way where he pleases.

omul cât trăiește (tot) învață *prov.* live and learn; experience is the daughter of time.

omul cât trăiește (tot) speră *prov.* while there is life there is hope; man lives by hope; if it were not for hope, the heart would break.

omul cel mai cinstit din lume as honest a man as ever broke bread/as ever lived by bread/as ever trod on earth; a man as honest as the skin between his brows.

omul de pe stradă the man in the street; *v. și un om de rând.*

omul din fața mea the man (now) facing me.

omul dracului *F* a devil of a fellow; a wicked man.

omul înțelept face ce poate, nu ce vrea *prov. aprox.* if we can't do as we would, we must do as we can.

omul se judecă după fapte, nu după chip *prov.* handsome is that/as handsome does; actions speak louder than words.

omul la nevoie se cunoaște *prov.* calamity is man's true touchstone.

omul lui Dumnezeu a God-fearing/a decent chap; the milk of human kindness.

omul meu *F* my husband/man.

omul nestatornic nu prinde cheag *prov.* a rolling stone gathers no moss.

omul potrivit la locul potrivit the right man in the right place; the very man we want.

omul propune și Dumnezeu dispune man proposes, God disposes.

omul trăiește cu speranța *v. ~ cât trăiește (tot) speră.*

omul zilei the man of the day.

un om ursuz a hedgehog; an ill-natured/a grumpy fellow; a man of sombre character.

a-și ondula părul to have one's hair waved; to get a wave.

a-și onora angajamentele/obligațiile *com. etc.* to meet one's obligations/commitments.

a onora o poliță *fin.* to take up a bill.

a opera cu... to use/to make use of.

a opera de (apendicită etc.) pe cineva to operate upon smb. for (appendicitis, etc.); to perform an (appendicitis) operation upon smb.

a opina împotriva... to declare against; to oppose.

a opina pentru to declare for; to support.

opinia mea este că... my content/opinion is that...

opinia publică își ridică glasul public opinion has become vocal.

un oportunist fără pereche a vicar of Bray; a turncoat.

opreliștile etichetei the trammel of etiquette.

oprește! stop! pull up!

a opri apa to turn off the water.

a se opri asupra... to dwell/to insist (up)on.

a se opri asupra unor fleacuri to stick at trifles.

a se opri asupra unui punct nevralgic to dwell on a sore subject.

a se opri brusc to stop short/dead; *(cu mașina etc.)* to pull up abruptly; *(d. un corp în mișcare)* to come to rest; to come to a stand (still); to stand still.

a opri cu un gest to stop with a gesture.

a opri cursul (evenimentelor etc.) to stop the course of (events, etc.).

a opri dezvoltarea to stunt the growth of.

a se opri din creștere to stop growing.

a nu se opri din fața nici unui obstacol to go all length.

a se opri din lucru to pause (in one's work); to cease (from) working.

a i se opri în gât *fig.* to stick in one's gizzard/stomach/throat.

a se opri la jumătatea drumului/la jumătate de drum to stop/to halt halfway/midway; to stop in mid career.

a nu se opri la jumătatea drumului not to stop halfway; *fig.* to go the whole hog.

a se opri locului to stop dead/short.

să ne oprim aici that will do.

a opri motorul *auto* to shut off the engine.

a opri pe loc to stem the tide of.

a se opri pe loc *v. ~ brusc.*

a se opri pentru a lua călători to pick up passengers; to stop to take up passengers.

a-l opri poliția *auto* to be gouged.

a i se opri răsuflarea to gasp for breath; to stand/to be breathless; **i s-a oprit răsuflarea** it took his/her breath away.

a opri restul (de bani) to keep (back) the change.

opriți mașinile/motoarele! *mar.* stop engines!

a se opune categoric (la ceva *sau cu dat.*) to make/to take a stand against smth.; to oppose smth.; to have a kick against/at smth.; **~ cu curaj/înverșunare/tărie/din toate puterile/ferm (la** *sau cu dat.*) to stand up to; to be strong against; to stand out; to set oneself/one's face against; *amer.* to sit down hard (on a plan, etc.).

a se opune din toate puterile unui lucru to oppose smth. tooth and nail.

a nu opune nici o rezistență to offer no resistance.

a opune pe cineva altcuiva to match smb. against smb.

a opune rezistență (la *sau cu dat.*) to put up/to offer resistance (to); to make a stand against; to show fight.

a nu mai opune rezistență to cease resistance/opposition; to strike sail.

a opune o rezistență îndârjită/înverșunată to put up/to offer/to make a stout/a stiff resistance.

ora închiderii 1. closing time/hour. **2.** *(ca exclamație)* time, (gentlemen) please!

ora misterelor the mystic hour of midnight.

orar de birou stabilit stated office hours.

ora reținută în prealabil trebuie respectată "no change given".

oraș cu vestigii din trecut town redolent of age.

oratorul a găsit tonul just the speech strikes the right note.

oratorul nu mai termina the speaker drawled on/ away.

orb ca noaptea/de dă în gropi (as) blind as a (brick) bat/a beetle/a mole/an owl.

a orbecăi în întuneric to grope in the dark.

orb la propriile lui interese blind to one's interests.

orbul pe orb povățuind, amândoi cad în mormânt *prov.* if the blind lead the blind, both shall fall into the ditch.

orchestra începu să cânte the band struck up.

ordinea se restabilește there is a return to public order.

ordinea de zi *mil.* order of the day; agenda.

ordine de bătaie *mil.* order of battle; array.

ordinele se execută, nu se discută orders are orders; no comments, please!

a ordona o anchetă *jur.* to order an inquiry (to be made).

a ordona cuiva să iasă to order smb. out.

a ordonanța un stat de plată *ec.* to pass an account for payment.

a ordona retragerea to sound/to beat the retreat.

ordonați! *mil.* at your service!

ore în șir (for) hours on end.

orele fiind înaintate time being so far advanced; it being so late.

orele reținute (în prealabil) trebuie respectate "no change given".

a organiza carturile *mil.* to set the watches.

a organiza o petrecere to get up a party.

a organiza pichete to picket.

a organiza posturile *mil.* to set the watches.

a organiza o subscripție pentru cineva to open a subscription list for smb.; to have a whip-round for smb.

ori capul de piatră, ori piatra de cap *v.* ~ cu ~ cu ~.

oricare ar fi (din ei) whichever/any of them; I don't mind which.

oricare ar fi situația/starea de lucruri whatever the state of the case may be.

ori că... *F argou v.* și încă cum.

oricând am chef whenever I like.

oricât ar costa regardless of expense.

oricât de... however; no matter how; never so; however much; no matter how much; ever so long.

oricât de ciudat/curios ar părea/ar fi strange as/ though it may appear; strange to say.

oricât de mare ar fi *lit.* how great soever it may be.

oricât de puțin ever so little.

oricât ar părea de ciudat/curios *v.* ~ de ciudat/ curios ar părea.

orice ar fi whatever it may be...; at any rate; lie that as it may; *v. și* **orice s-ar întâmpla**.

orice în afară de... anything but...

orice s-ar întâmpla come what may; happen what will; blow high, blow low; whatever you do; at any price; for better (or) for worse; blow hot, blow cold; cost what it may; *sl.* chance the ducks; *înv.* → befall what may!

orice loz este câștigător you win every time.

orice lucru are o limită *F →* one must draw a line somewhere.

orice nimic îl afectează the least thing upsets him; he is easily upset.

orice, numai asta nu anything rather/is better than this.

orice om any Tom, Dick or Harry; every man Jack.

orice păcat poate fi iertat *prov.* there is mercy for everything.

orice-ar (putea) spune whatever he may say; say what he will...

orice ați spune... say what you will...

oricine are defecte, dar nimănui nu-i place să i se amintească de ele everyone has his failings but no one likes them to be rubbed in.

oricine știe asta! we want no ghost to tell us that!

ori cu capul de piatră, ori cu piatra de cap it's six of one and half a dozen of the other; it's all the same (to me).

oricum ar fi be that as it may; *v. și* **orice ~**; **orice s-ar întâmpla**.

oricum ați lua-o look at it as I would...

oricum l-ai numi by whatever name you call it.

oricum am privi lucrurile look at it as we might...

oricum ar sta lucrurile be that as it may; *v. și* **orice ar fi/~ s-ar întâmpla**.

ori de câte ori whenever...; every time...

ori e laie, ori bălaie *F* it's take it or leave it.

a orienta o antenă *radio* to set a frame aerial.

a orienta conversația spre alte subiecte to turn the conversation; to turn talk into other chronicles.

a se orienta după ceilalți to take one's colour from one's companions.

a orienta un telescop to point a telescope.

orientat spre... geared to/for; tending to.

orientat spre răsărit orien(ta)ted.

ori faci ce trebuie, ori pleci de aici you must either do it or get out.

ori, ori it's now or never; now then! sink or swim!

ori Stan, ori căpitan it is neck or nothing.

orișicât! 1. anyway; by all means! any how! after all; *v. și* **orice ar fi; orice s-ar întâmpla. 2.** now, really!

ori totul, ori nimic the whole tree or not a cherry on it.

ori una, ori alta one or the other; *aprox.* one can't do two things at once.

oriunde ai fi wherever you are/you may be.

orizontul se întunecă the war-clouds are gathering.

ortografia sa e slabă his spelling is poor.

a oscila între două păreri to halt between two opinions.

a oscila între frică și speranță to stick between hope and fear.

os domnesc/de domn princely offspring.

osebit de... apart from; besides; as distinct from.

a ospăta cum se cuvine to have a good tuck-in; to eat a good meal.

osteneală zadarnică trouble for nothing.

a nu se osteni cu nimic not to move hand or foot.

a (se) osteni de pomană/degeaba to have (had) (all) one's trouble for nothing; to toil in vain; to have (only) one's labour for one's pains; to waste one's powder and shot.

a osteni din cale afară pe cineva to tire smb. out/to death.

a se osteni în van *v.* **~ de pomană/degeaba.**

osul îi rămase în gât the bone stuck in his throat.

a otrăvi viața/zilele cuiva to poison/to envenom/to mar/to spoil smb.'s life; to lead smb. a dog's life/the life of a dog; to plague smb.'s life out; to make it/things hot for smb.

a-și oțeli inima to steel one's heart.

a-și oțeli inima în împrejurări grele to make the best of a bad job/of a bad bargain.

oțelit împotriva tuturor greutăților/împrejurărilor vieții hard to kill.

a oțeli vârful unei scule to tip with steel.

ouă de Paști Easter eggs.

oul lui Columb Columbus' egg.

P

pacea va învinge războiul peace will vanquish war/ will triumph over war.

pace bună 1. peace unto you! peace be with you! **2.** (absolutely) nothing; nothing at all. **3.** all in vain; of no avail; uselessly.

pace în lumea întreagă peace throughout the world.

pace ție (și sufletului tău)! peace be with you; may you rest in peace.

pace vouă! peace (be) unto you!

a pactiza cu to (make a) convenant with; to enter into a compact with.

pagubă-n ciuperci good riddance; *amer. P* not by a jugful; *v. și* **atâta pagubă!**

pahare pentru toată lumea! glasses round!

un pahar la botul calului a stirrup cup; a quick one; *reg.* → a doch and dorris.

o pajiște presărată cu margarete a meadow spread with daisies.

palid ca un mort as white as a ghost/as a sheet.

o palmă pe(ste) obraz(ul cuiva); ~ pentru cineva 1. a slap/a smack in the face (of smb.). **2.** *fig. și* a slight; an insult; a terrible outrage (for smb.).

panică generală general panic; a general stampede.

panou de onoare table/poster of honour.

a pansa o rană to dress/to stanch a wound.

pantalonii mei au genunchii ferfenițiți/găuriți/ rupți my trousers are through at the knees.

pantofi comozi/lejeri comfortable walking shoes; shoes that allow for the tread.

a para un atac to ward/to warn off/to parry an attack.

paralizat de frică smitten/paralysed with fear; fearstricken.

a para o lovitură; a para lovitura cuiva 1. to ward off/to stop/to twin a blow. **2.** *fig.* to counteract a blow; *F* → to trump smb.'s ace.

a para o lovitură cu capul to stop a blow with one's head.

o să-ți pară rău *F* you will be (awfully) sorry for it; you will (bitterly) regret it; *înv.* → you shall rue it.

parcarea interzisă/oprită; parcatul interzis/oprit no parking (here); cars must not be parked in front of this gate.

parcarea permisă parking here.

parcă are/ar avea dreptate he is right I think; I dare say he's right.

parcă se bat calicii la gura lui 1. *(mănâncă mult)* he does not eat, he feeds; *F* he is cramming/stuffing himself with food. **2.** *(vorbește repede)* he runs on/he talks like a millrace; he talks the hind legs off a mule; *v. și* **a vorbi ca o moară stricată.**

parcă a căzut cerul pe mine I'm dying of/with shame; I wish(ed) the earth to open (and swallow me).

parcă ai căzut din lună you must have come out of the ark.

parcă cui îi pasă? who cares (after all)?

parcă dinadins 1. as if deliberately/on purpose. **2.** *F* → as chance/luck would have it; as ill/*rar* bad luck would have it.

parcă ar fi pe arcuri as if he/she were on tenterhooks.

parcă a fost ieri as recent as yesterday (it seems to me); as if it were yesterday.

parcă-i de pe altă lume he seems to have come from another world/out of the ark.

parcă-i făcătură/un făcut it seems to be the working of fate/destiny; ill luck seems to pursue me/ us; *F* as chance would have it.

parcă a intrat în pământ he seems to have vanished into the air.

parcă a înghițit un băț/făcăleț he is (as) stiff/ straight as a poker/a ramrod.

parcă la ce ne puteam aștepta de la tine? (that's) just like you!

parcă nimic nu s-ar fi întâmplat just as if nothing had happened.

parcă a prins pe Dumnezeu de un picior he is in the seventh heaven.

parcă spuneai că... didn't you say that...? I thought you said that...(?)

parcă n-aș ști/eu nu știu! *F* don't I know it! as if I didn't know (the truth)! *v. și* **mie-mi spui?**

parcă a trăit în bârlogul ursului he seems to have lived far from civilized world; *v. și* **a nu ști să se poarte.**

parcă a tunat și i-a adunat there couldn't be a better pair; birds of a feather flock together; they are two of a kidney; they are much of a muchness.

parcă (ar) vrea să plouă it looks like rain.

a parcurge o carte din scoarță în scoarță to get through a book.

a parcurge o carte în grabă to skim/to scamper through a book.

a parcurge cu privirea (un document etc.) to run over; **am parcurs cu privirea** my eye took a run over the scene; **parcurse cu privirea tot lungul străzii** his eye travelled down the street.

a parcurge o distanță în... to cover/to make a distance within.

a parcurge împreună cu cineva (un libret de operă etc.) to look over the libretto, etc. with smb.

a parcurge o listă to look down a list.

a parcurge o scrisoare to give a letter the up and down.

a fi parcurs jumătate din carte to be half through a book.

ți se pare you are mistaken; it's only an impression.

pare-se as it seems; so it appears; so it would appear.

îmi pare bine că... I'm glad that...; it please me (to hear) that.

îmi pare bine să... I am glad/delighted to...; I rejoice at *(cu -ing).*

se pare că... it seems (that)...; it would seem (that)...; it looks as though/if...

mi se pare că... it seems to me that...

nu mi se pare că... it doesn't look/seem to me that...

nu ți se pare că...? does it not strike you that...?

mi se pare că da I fancy/I think so.

se pare că e așa it seems/it appears so.

se pare că nu it seems/it appears not.

pare-se că ceva nu e în regulă there is/there must be a hitch somewhere; everything is not all right/ OK.

mi se pare că el e vinovatul *amer. F* it looks (like) to me that he's the culprit.

se pare că o să ningă it looks like snow.

se pare că va ploua it looks like rain; it seems that it will rain.

mi se pare că visez it seems to me that I am dreaming.

mi se pare ciudat it seems rather odd/queer; it looks strange enough to me; there's more than meets the eye in it.

pare un copil he looks (like) a child.

pare deștept he seems (to be) clever; he looks clever to me.

îmi pare foarte rău/grozav/îngrozitor de rău (de asta) I am very/awfully/dreadfully/extremely sorry about/for that.

îmi pare rău că... I'm sorry that...

îmi pare rău că v-am reținut sorry to have kept you.

mi se pare suspect *F* I don't like the sound of it; I have my doubts about it.

a paria că... to lay that...

a paria la fel *F* to lay evens.

a paria până la ultimul ban/sfanț pe... to put one's shirt on (a horse, etc.).

a paria pe un cal *sport* to put/to lay/to bet money on a horse.

a paria pe un cal care nu câștigă/fără șanse to bank the wrong stable.

a paria totul pe un cal *F* to lump (one's all) on a horse.

pariez o mie contra unu că... it's a thousand to one that...

pariul se menține the bet stands.

partea de dinainte the front part; the forepart; the prow.

partea de dinapoi the hind/the back part; the back.

partea leului the lion's share; Benjamin's mess.

o parte din după-amiază some of the afternoon.

parte integrantă din ceva an integral/an integrant part of smth.; part and parcel of smth.

a participa la... to participate in; to take part in.

a participa la alegeri to report to the polls; to cast one's vote/ballot.

a participa la un concurs de tir to shoot a match.

a participa la un dineu de gală to dine in state.

a participa la durerea cuiva to be in sympathy/to sympathize with/to share smb's feelings.

a participa la vot(are) to participate in the voting; to cast one's vote/ballot; *v. și* ~ **alegeri.**

a nu participa la vot(are) to stay away (from polls).

partida e pierdută the game is up; *F* → there is nothing doing; *amer.* the cards are slacked.

partizani ai/partizanii păcii defenders/supporters of peace; peace partisans/supporters.

a parveni în viață to rise in the world/in life.

a parveni să... to succeed in *(cu -ing; sau subst).*

nu mi-a parvenit scrisoarea dumitale your letter has not reached me/has not come to hand; I have not received your letter.

a pasa mingea *sport* to pass the ball.

nu-mi pasă câtuşi de puţin *v.* ~ **o iotă.**

nu-mi pasă dacă... *poet.* → I reck not whether...

nu-mi pasă de asta I don't care about it; it recks me not; *v. şi* **a nu-i pasa câtuşi de puţin.**

nu-mi pasă de gura lumii I don't mind what people say/what Mrs. Grundy says.

nu-mi pasă o iotă/nici cât negru sub unghie I don't care twopence/a rap/a snap/a row of pins; *v. şi* **a nu-i pasa câtuşi de puţin.**

pasămite as it were; allegedly; so to say.

pasărea îşi ascunse/vârî capul sub aripă the bird tucked its head under its wing.

pasăre de pradă bird of prey.

o pasăre zboară pe cer a bird wings the sky.

pas cu pas I. step by step; step-wise; little by little; gradually. **2.** *fig.(îndeaproape)* closely; like a shadow.

un pas greşit şi suntem pierduţi one wrong step and we are lost/and that's the end of us (all); one trip and we are lost.

pasibil de amendă liable to a fine.

pasibil de pedeapsă *jur.* punishable (under the law/ by law/according to the law).

a-l pasiona/a se pasiona de (sport etc.) to be passionately fond of (sports, etc.); to be very keen on (sports, etc.).

pasionat de/după (studiu/ştiinţă etc.) much given to (study, science, etc.); keen/nuts on (study, science, etc.).

un pas înainte faţă de... an improvement on.

pasul mai vioi! *amer.* step lively!

a paşte bobocii I. *(a fi credul)* F to be gullible. **2.** *(a fi prost)* F to be feeble-minded/weak-minded; to be weak in the upper story.

paşte, murgule, iarbă verde you may wait till the cows come home; *v. şi* **la paştele cailor.**

a paşte vântul to gape at the moon; to catch flies.

patima jocului passion for gam(bl)ing.

patru ochi văd mai bine decât doi *prov.* four eyes see more than two.

patul conjugal the marriage bed.

patul morţii the deathbed; the dying bed.

patul nupţial the nuptial bed.

paza bună trece primejdia rea *prov.* caution is the parent of safety; take heed will surely speed; *aprox.* forewarned, forearmed; prevention is better than cure; fast/safe/sure bind, fast/safe/sure find.

păcat! what a pity/a shame!

păcat că nu sunt pasăre etc. I wish I were/was a bird!

păcat de Dumnezeu! it is a great pity! (it is) a thousand pities!

păcat de el it is a pity for him.

păcat de moarte deadly/capital sin.

păcatele tinereţilor (one's) wild oats.

al păcatelor *P* awfully; dreadfully.

păcat funciar/originar original sin.

păcatul mărturisit e pe jumătate iertat *prov.* a fault confessed is half redressed.

păcăleală de I aprilie *glum.* April fool/fish.

păcăliciul păcălit the biter bit.

a păcăli cumplit pe cineva to take smb. in; *F* → to take/to get a rise out of smb.; to come/to put Yorkshire over smb.; to put the doctor on smb.; to do smb. down; to do dirt to smb.

a păcătui din greşeală *rel.* to sin inadvertently.

a păcătui împotriva adevărului to encroach/to entrench upon the truth.

a păcătui împotriva convenienţelor to sin against propriety.

a păcătui împotriva lui Dumnezeu to offend against God.

pădurile răsună de cântece the woods have become vocal.

a se păgubi singur (de ciudă) to cut off one's nose to spite one's face.

un păhărel la botul calului a stirrup cup; *v. şi* **un pahar ~.**

păi atunci... well/why, then...

păi, nu mai e acelaşi lucru that alters the case; it's another pair of breeches.

pălăria îţi stă de minune the hat suits you (to a miracle); the hat is a perfect fit; the hat looks well upon you.

pământ! land in sight/view!

pământul dispăru (din vedere) the land was lost to sight.

pământul făgăduinţei the land of promise; the Promised Land.

pământul, maica noastră mother earth.

pământul şi tot ce e în el the earth and all therein.

a părăsi această viaţă to depart (from) this life.

a părăsi cuibul *şi fig.* to leave the nest.

a-l părăsi curajul; îl ~ his spirits sank; his courage left him.

a părăsi în grabă o localitate/un oraş to flee/*amer.* to jump a town/a locality.

a părăsi la ananghie/la nevoie pe cineva to leave smb. in the lurch.

a-şi părăsi nevasta dintâi/prima nevastă/soţie to turn off one's former wife.

a-l părăsi norocul to suffer a reverse of fortune.

a părăsi un obicei prost *v.* a se lăsa de ~.

a părăsi orice speranță to give up/to renounce/to surrender all hope (of smth.).

a părăsi patul to get over an illness; to recover; to be up again; to leave one's bed.

a-și părăsi postul to abandon one's post *v. și ~* serviciul/slujba de bună voie.

a părăsi o poziție to recede from/to give up/to resign a position.

a nu-și părăsi prietenul to stick by/to a friend.

a părăsi roba și a lua arma to give up the gown for the sword.

a părăsi scena *și fig.* to leave/to quit the scene.

a părăsi serviciul *mil., mar.* to leave the service.

a-și părăsi serviciul/slujba de bună voie *F →* go turn one's job in; to shoot one's job.

a părăsi strada principală to turn out of the main street.

a părăsi șoseaua principală to turn off the main road.

a părăsi tabăra to strike camp; to strike tents/one's tent.

părăsit de toți in utter desertion; left to the wide world.

a părăsi terenul *sport etc.* to retire from the field.

l-a părăsit norocul his luck gave out.

a părăsi o țară to turn one's back upon a country.

a părăsi vechiul făgaș to get out of one's groove; to quit the old routine/ways.

a părea abătut to look downcast/crest-fallen; to look down in the mouth.

a-i părea bine (de ceva) to be glad/pleased/delighted (at/with smth.); to rejoice (at smth.).

a părea bolnav to look ill; to look in bad health; to look white about the gills.

a părea cam bolnav/obosit not to look very fit; *v. și ~* bolnav.

s-ar părea că asta schimbă complet/total lucrurile that alters/seems to alter the case.

a părea că nu este în apele lui to look blue/ill-at-ease; *v. și ~* bolnav.

a părea complet aiurit/încurcat to look blank/puzzled; to look completely at a loss (what to say/to do); to seem/to look out of one's depth.

a părea deconcertat to look blank; *v. și ~* complet aiurit/încurcat.

a părea descurajat *v. ~* abătut.

a părea fericit to look happy; *amer.* to look to be happy.

a părea flămând to look hungry; to have a hungry look on one's face.

a părea foarte potrivit/lucrul cel mai potrivit to look well; to look (quite) the thing.

a părea foarte sănătos *v.* ~ sănătos tun.

a părea furios to look furious/wrathful/as black as thunder.

a părea iminent (to seem) to be impending/imminent; to loom large.

a părea important/interesant în ochii cuiva *F* to loom large in smb.'s eyes.

a părea încurcat/în mare încurcătură *F* to look blank/puzzled; *v. și ~* complet aiurit.

a părea să fie un lucru bun/tocmai (ceea) ce trebuie (to seem) to be just the thing; pare să fie ~ that's something like!

a părea melancolic/trist *F* to look blue.

a părea mort de foame to look starved/hungry; to have a hungry look in one's face.

a i se părea nedemn de a face ceva to scorn to do smth.; to consider smth. infra dign(itatem).

a părea neverosimil to seem/to look incongruous/unlikely/incredible/unbelievable.

a părea un om distins/ieșit din comun to look distinguished.

a părea un om grav/serios/sever to look grave/grim.

a-i părea rău to be sorry/*poetic* rueful/regretful; ~ de to be (so) sorry for; to regret/to feel regret for; *poetic* to be rueful for.

a-i părea rău (de cineva/ceva) to feel/to have regret (for smth./smb.).

a-i părea rău de faptele sale to regret one's (bad/evil) deeds; to repent having done smth.

a-i părea rău după ceva to be sorry for smth.; to miss smth.

a-i părea rău pentru cineva to sympathize with smb.; to pity smb.

a părea sănătos tun/verde sănătos to look well; to look/to be rosy about the gills; to look the very picture of health.

a părea mai tânăr decât vârsta to wear one's years well; not to look one's age.

a părea verosimil to look/to seem truthful/likely/quite possible; to have the ring/likeness of truth about it.

părerea mea e sfântă *F* what I say, goes.

părere de bine satisfaction; content(ment).

părere de rău searching of the heart; regret; compunction.

părerile nu concordă/diferă/sunt împărțite în această chestiune opinions differ/vary/disagree/do not tally on this point; people/experts differ/disagree in this matter.

părtaș la... accessory/privy to.

a se părui *F* to go together (by the ears).

părul i s-a făcut măciucă his hair stuck up on end/ stood on end.

mi s-a părut că aud un strigăt I seemed to hear a cry.

a nu-i păsa câtuși de puțin/(nici) cât (e) negru sub unghie/defel/deloc not to care a button/a cent/a chip/*P →* a dime/a damn/a thrum/a pin/a doit/a rush/a row of pins/a straw/a rap/a snap/ *amer.* a red cent (for it)/*înv.* a brass (farthing).

a nu-i păsa dacă; nu-mi pasă dacă... I don't care if; it makes no difference to me whether.

a-i păsa de... 1. *(a se interesa)* to care for. **2.** *(a ține cont de)* to mind; to heed; to take into account.

a nu-i păsa de conveniențe to throw propriety to the winds.

a nu-i păsa de gura lumii not to care what the world/Mrs. Grundy says; not to trouble about people's gossip/talk/about the talk of the town.

a nu-i păsa deloc de... not to care about/of; not to heed/not to reck of; to be unapprehensive of/un-affected by.

a nu-i păsa deloc de cineva/ceva *F* to whistle smb./ smth. down the wind; to have other fish to fry; *v. și ~ câtuși de puțin*.

a nu-i păsa de nimic not to care (a damn) about anything; to fling/to throw one's/the cap over the (wind) mill.

a nu-i păsa de vorba lumii *v. ~ gura ~*.

a nu-i păsa o iotă/nici cât negru sub unghie *v. ~ câtuși de puțin*.

a păstra amintirea *(cu gen.)* to retain/to treasure (up) the memory/the remembrance of.

a păstra o anumită decență to preserve a certain respectability of appearance.

a păstra aparențele to keep up appearances.

a păstra o atitudine de expectativă to wait and see; to sit on a fence; to be in abeyance.

a-și păstra avantajul to keep the upper hand.

a păstra buna cuviință to observe the proprieties of life/the common decency/the proper decorum.

a păstra cadența 1. *muz. etc.* to keep time/the tempo; *v. și* **a păși în tact. 2.** *(la vâslit)* to keep stroke.

a păstra cald to keep on the mettle.

a-și păstra calmul to keep cool; to keep one's com-posure/countenance/head/temper; *F →* to keep one's hair/shirt on; to have one's brains on ice; to keep one's presence of mind.

a-și păstra capul to keep one's presence of mind; *v. și ~* **sângele rece.**

a păstra ceva ca rezervă to hold/to keep smth. in store.

a păstra contactul cu... to keep (in) touch with...

a-și păstra cumpătul *v. ~ calmul.*

a-și păstra curajul to keep one's courage; *F →* to keep a stiff upper lip; to keep one's pecker up; to keep smiling.

a păstra (ceva) cu sfințenie to treasure smth. (up); to shrine smth.

a păstra cu sfințenie memoria cuiva to treasure smb.'s memory.

a păstra discreția to be discreet.

a păstra o distanță respectuoasă to stand/to keep at a respectful distance.

a-și păstra echilibrul (sufletesc) *fig.* to keep one's balance.

a păstra evidența to keep record/an account of.

a-și păstra firea *v. ~ calmul.*

a-și păstra forma *fig.* to keep fit/ship-shape/in shape/in fine mettle/fettle.

a păstra incognito-ul to live incog(nito); to lie perdu(e).

a păstra în bună stare ceva to keep smth. in proper condition.

a se păstra în limitele legii *F* to keep on the windy side of the law.

a-și păstra întotdeauna sângele rece not to know what nerves are; to be calm; *v. și ~* **calmul.**

a-și păstra întotdeauna zâmbetul pe buze *F* to keep/to carry a stiff upper lip.

a păstra linia de mijloc to strike a happy medium.

a păstra liniște(a) to keep still/silence; to keep within the bounds of noise.

a păstra liniște absolută to observe silence.

a-și păstra locul to keep one's stand/seat.

a păstra măsura 1. *muz. etc.* to keep time/the tempo; to be in time; *v. și* **a păși în tact. 2.** to keep within bounds; to be temperate (in one's lan-guage).

a-și păstra moralul ridicat to keep one's chin/ pecker up; *F →* to keep a stiff upper lip.

a păstra neutralitatea to stand neuter.

a-și păstra părerea to reserve one's opinion; to stick to one's own opinion.

a păstra (numai) pentru sine ceva to keep smth. under one's hat.

a păstra restul 1. to keep the change/what is left. **2.** *(intenționat)* to keep back the change.

a-și păstra rutina to keep one's hand in.

a-și păstra sângele rece to keep cool; to keep one's temper/head; *F →* to have one's brains on ice; *v. și ~* **calmul.**

a păstra un secret to keep a secret/*aprox.* one's own counsel.

a păstra secret ceva; ~ secretul (asupra) *(cu gen.)* to keep smth. secret/in private/in the dark; *v. și ~* **tăcere(a) asupra unui lucru.**

a-și păstra seriozitatea to keep a straight face.

a-și păstra sfaturile pentru sine not to waste one's breath; *F →* to keep one's breath to cool one's porridge.

a-și păstra silueta to keep/to watch one's figure.

a păstra ceva sub cheie to keep smth. under lock and key.

a-și păstra surâsul pe buze to keep smiling.

a păstra o taină to keep a secret; to keep one's own counsel.

a păstra tăcerea/tăcere absolută to keep silent; to observe silence; to button up one's mouth; to keep one's mouth well/tightly shut.

a păstra tăcere(a) asupra unui lucru to keep silent/*F →* mum about smth.; to observe silence about smth.; never to refer to smth.; to lock smth. up; to keep smth. a (dead) secret.

a-și păstra toate facultățile to retain all one's faculties.

a păstra tradiția to stick to/to observe the tradition/the custom; to hand on the torch.

păstrați restul! never mind the remainder; (you may) keep the change.

păstrează-ți măgăriile/obrăzniciile pentru tine! none of your check/lip/impudence.

păstrează-ți observațiile numai pentru tine *F* you may keep your remarks to yourself.

a păși cu dreptul to make a good start/beginning; to put one's best foot foremost/forward.

a păși cu grabă to hurry/to spank along.

a păși cu grijă to pick one's way/one's steps.

a păși cu un pas greoi to plod along.

a păși cu pași mari to make/to take great strides.

a păși cu prudență to tread lightly.

a păși în cadență to be in/to keep step.

a păși în tact to keep step; *mil.* to march with measured tread.

a păși în urma *(cu gen.)* to tread on the heels of...

a păși pe calea... to embark upon the road/the path of...; to choose/to follow the road to...

a păși pe urmele cuiva 1. to follow hard after/behind/upon smb. **2.** *fig.* to follow in smb.'s steps; to take after smb.

a păși sub steagul *(cu gen.)* to march under the standard of.

a-și păta bunul nume to blot one's copy-book.

a păta cu cerneală to (smear with) ink; to blot with ink.

a-și păta mâinile cu... *v.* **a-și mânji ~.**

a păta numele/onoarea/reputația cuiva to taint/to tarnish/to smudge smb.'s name/honour/reputation; to cast a slur/a stain on smb.'s name/honour/reputation; to breathe upon smb.'s name.

a pătrunde adânc în ceva 1. to sink deep/to penetrate deeply into smth. **2.** *fig. (a înțelege)* to go deeply/thoroughly into/to investigate a problem.

a pătrunde adânc în sufletul omenesc to probe deep(ly) into the human heart.

a se pătrunde de... to be imbued with; *(d. cineva)* to imbue one's mind with; to be filled with the sense of; to be inspired with.

a-l pătrunde frigul până la oase to be chilled to the bone.

a pătrunde gândurile cuiva to penetrate smb.'s mind.

a pătrunde în... 1. *(a străbate)* to cross; to penetrate/to get into. **2.** *(a umple)* to fill; to pervade; to imbue. **3.** *(a ajunge în)* to reach; to step into. **4.** *fig.* to understand/to grasp (the essence of).

a pătrunde în casă to make one's way into the house.

a pătrunde în gândurile cuiva to read smb.'s thoughts; to read smb. like a book.

a pătrunde în regiuni neexplorate to go out into the wilds.

a pătrunde în sufletul cuiva *v.* **~ gândurile ~.**

a pătrunde misterul *v.* **~ o taină.**

a pătrunde pe nevăzute în... to slip (in)to.

a pătrunde o taină to fathom a mystery.

pătura conducătoare the upper ten (thousand).

are s-o pățească *argou* he'll get it hot/warm.

ai s-o pățești *F* there will be trouble.

a păți multe to have a thin time of it; *F →* to be through it; to have been through the mill.

a păți un necaz to get into trouble; to be in a difficulty/*F* a nice fix; *sl.* to come/to go a howler.

a o păți rău *F* to get it in the neck; to get it (hot/warm); *fig.* to cut one's fingers; to be in for it; to be in a scrap; to get into hot water.

am pățit-o! *iron.* we're in a fine predicament! whew! I'm in for it! this is a pretty state of affairs/a pretty how-d'ye-do!

păzea! breakers/rocks ahead! beware! mind! careful!

să se păzească! let him look to himself!

păzește-te să nu cazi take care not to fall.

păzește-te de el! beware of him! avoid his company!

a se păzi ca de foc *v.* **a se feri ~.**

a păzi ca lumina ochilor/ca pe ochii din cap to keep/to treasure (up) as the apple of one's eye; to be jealous of.

a-și păzi cojocul to be afraid of one's skin; to be uneasy about one's life.

a păzi cu sfințenie *v.* ~ **ca lumina ochilor.**

a se păzi de... to beware of; to avoid; to keep oneself clear of; to guard against.

păzit de... safe from.

a păzi o turmă to watch over a flock.

pâinea cea de toate zilele (one's) daily bread; *fig.* mother's milk.

pâine albă de prima calitate fine wheaten bread.

pâinea lui Dumnezeu (a man) with a heart of gold; the milk of human kindness.

pâine amară *fig.* the bread of affliction.

până acolo I. *(spațial)* as/so far as there; up to there/ to that place; *F* → go thus/that far. **2.** *fig.* as/so far as that; to that length.

până acum so/thus far; till/until now/the present; as yet; (down/up) to date; up to/till now/here/the present; hitherto; *înv.* → (un)to this day; to this day extant.

până acum toate bune so far so good.

până (mai) adineauri until a little while/a moment ago; till recently.

până aici I. *(spațial)* to this place; so thus/that/this far; *(într-o carte)* down to there; as far as here/this place. **2.** *(temporal)* till/until now; up to/till now; so far; as yet; hitherto; *v. și* ~ **acum. 3.** *(ca interjecție)* (that's) enough! that will do! stop (it)!.

până aici toate bune so far so good.

până astăzi down to date; *v. și* ~ **acum.**

până atunci till/until then; by then; up to then; by that time; *înv. lit.* → theretofore.

până atunci mai va that is still far off; let's just wait until then; *aprox.* there's many a slip between cup and lip; *v. și* **să nu zici hop până n-ai sărit.**

până azi *înv.* unto this day; *v. și* ~ **acum.**

până să se crape de ziuă before day.

până de curând/nu demult until (quite) recently; until/till a/short time ago.

până nu faci foc nu iese fum *prov.* there's no smoke without (a) fire.

până în adâncul/adâncurile sufletului to the (very) depths of one's soul; to/at the bottom of one's heart.

până în carne to the quick.

până în cele din urmă at (long) last; in the end; finally; eventually; *F* → in the long run.

până în cel(e) mai mic(i) amănunt(e) (down) to the last detail; in all details; to a/the dot; to the dot of an i; to a T/tittle; to rock bottom.

până în clipa morții till one's dying day.

până în gât I. up to the ears/the eyes/the neck/*F* → the hip; *v. și* ~ **măduva oaselor. 2.** *(în datorii)* up to the eyes.

până în înaltul cerului sky-high; up to the canopy of heaven/the vault of the sky.

până în măduva oaselor *fig.* to the backbone; to the marrow of one's bones; to the very roots of one's being; to the core/the quick.

până în momentul când... until (such time as)...; down/up to the moment when...

până în momentul de față up to date; up to/till now; until now; *v. și* ~ **acum.**

până în pânzele albe (right) to the uttermost stretch; to one's last breath; right to the bitter end.

până în prezent up to/until the present; *v.* ~ **acum.**

până în temelie I. thoroughly; completely; utterly. **2.** to the very ground/foundations.

până în timpul din urmă until/till (quite) recently; down to our (own) days; *v. și* ~ **de curând.**

până în ultima clipă/ultimul moment/la ultima suflare until the last moment; to the last gasp; to one's dying day.

până în vârful degetelor to the finger tips.

până în vecii vecilor to the end of time.

până la... *(spațial și temporal)* as far as...; up to...

până la această dată up to date; *v. și* ~ **acum.**

până la un anumit punct to a certain extent/degree/point; in some measure; some degree/extent; after/in a fashion/way.

până la brâu (up) to the waist.

până la butucul roții up to the hub.

până la cap(ăt) to the (*F* → bitter) end; all the way; up to the hilt; *(a urmări etc.)* to the death.

până la un cap(ăt) de ață *v.* ~ **fir** ~.

până la capătul lumii/pamântului to the end of the world; to the world's end; *poetic* to the confines of the earth.

până la o centimă *v.* ~ **ultima centimă.**

până la centură *v.* ~ **brâu.**

până la dezgust *ad nauseam.*

până la Dumnezeu te mănâncă sfinții *prov.* the king's cheese goes half away in parings.

până la un fir de ață/păr to a hair/a nicety.

până la fund! no heel taps! *F* → bottoms up!

până la gât up to the neck/the eyes/*F* → the hip.

până la lacrimi till the tears come; (moved) to tears.

până la milimetru to a fraction.

până la moarte (un)to death; till/to one's dying day; as long as life endures; to the longest day one lived; to the bitter end.

până la noi dispozițiuni/instrucțiuni/ordine until/till further notice/order(s).

până la oase/piele (ud etc.) to the skin/the bone; *v. și* ~ **în măduva oaselor.**

până la un punct up to a point; to a certain extent/ degree; in some/a certain measure; in some sort; in a manner of speaking; after a/one's fashion; in a/some fashion.

până la refuz/saturaţie/saturare to satiety/saturation; *ad nauseam.*

până la scadenţă till due.

până la sfântu'-aşteaptă till the cows come home; *v. şi* **la paştele cailor.**

până la sfârşit 1. to the last; *v. şi ~* **cap(ăt). 2.** *v. ~* **în cele din urmă.**

până la sfârşitul vieţii/zilelor (sale) to the last; till/to one's dying day; to the end of the chapter; to the longest day one lived.

până la suma de... to the amount of...

până la talie down to the waist; up to the waist.

până la ultima centimă/lescaie/ultimul ban to a penny; to the last farthing; every shilling of it.

până la ultima picătură de sânge to the last drop of blood; to the death; to the bitter end.

până la ultima suflare to the last gasp/breath; with one's last breath.

până la ultimul (om)/unul to a man; all and singular; *F →* every man Jack/jack.

până la urmă in the end; all told; in the long run; *v. şi ~* **în cele din urmă.**

până-n ziua de azi to this day; *v. şi ~* **acum.**

până peste urechi/cap over head (and ears); head over ears; over the crown of the head; up to the chin; *(ocupat etc.) sl.* up to the eyebrows; *(în datorii)* up in the eyes/the elbows (in debt).

până te saturi to the point of satiety; to satiety.

până sus all the way up.

până şi dracul se poartă bine cu ai lui *prov.* the devil is good/kind to his own.

până târziu, noaptea deep into the night.

până una, alta for the moment; for the time being; (in the) meantime; meanwhile; *F →* in the interim; *F →* between cup and lip; till further notice/orders.

până unde? how far?

a pândi momentul potrivit/prielnic to watch one's opportunity/time.

pântecele gol n-are urechi de ascultat *prov.* the belly/a hungry belly has no ears.

pe acelaşi calapod 1. much of muchness; two of a kidney; *F* (of) that ilk. **2.** similarly; in much the same way.

pe acelaşi ton in the same tone/strain.

pe acolo 1. in those parts; thereabouts. **2.** *(pe acelaşi drum)* that way. **3.** *fig.* approximately; thereabouts; something like that; something to that effect.

pe adresa... 1. to the address of... **2.** *(prin)* care of...; c/o; under cover of...

pe aici 1. here(abouts); in the neighbourhood; about/round here. **2.** *(la noi)* here; in this country; with us. **3.** *(pe acest drum)* this way (please). **4.** *(cu verbul „a trece")* through/in here.

pe aici nu merg/ţin chestiile/lucrurile asta that won't do here.

pe aici, pe aproape *v.* **pe aici 1.**

pe aici, pe undeva/primprejur near here; hereabouts.

pe aici, vă rog! (step) this way!

pe alături 1. sideways; laterally. **2.** *(de jur împrejur)* round about. **3.** *(greşit)* wide of the mark; off the mark.

pe ales(e) at/by (one's) choice.

pe alocuri here and there; in (certain) places.

pe an *per annum;* ...a year.

pe apa sâmbetei down the drain; up the spout.

pe apă by water.

pe apă şi pe uscat by sea and land.

pe aproape near/close by; here(abouts), thereabout(s); somewhere near here/there.

pe aproape de... towards...; by...; almost at...

pe apucate by fits and starts; at fits/random.

pe aripile *(cu gen.) fig.* on the wings of.

pe aripile vântului *lit.* on the wings of the wind.

pe ascuns by stealth; stealthily; surreptitiously; clandestinely; underhandedly; *F →* *(în secret)* on the quiet/the sly/sl. q.t/Q.T.; *F →* under the rose; behind the curtain.

pe asemenea vreme in such (bad/awful/nasty) weather.

pe asta n-o mai cred *F →* that's all my eye (and Betty Martin).

pe o astfel de vreme *v.* **pe asemenea ~.**

pe atunci 1. then; about/at that time; in those times; during that time/age/epoch. **2.** at that time of the day.

pe barba cuiva at smb's peril.

pe barba lui (proprie) 1. off one's bat. *F* on one's own book; on one's own account/authority. **2.** at one's own danger/peril.

pe baza *(cu gen.)* on the basis/the foundation/the strength of...; by virtue/dint of.

pe baza reciprocităţii/unor condiţii de reciprocitate on mutual principles/terms.

pe o bază nouă on a new basis/plane.

pe bord on board (ship); aboard; on ship board.

pe bordul *(cu gen.)* on board the...

pe brânci *v.* **în ~.**

pe bună dreptate with/for good reason; in (all) reason; quite reasonably/wisely; not unreasonably/ inaptly/unaptly/unwisely.

pe bună dreptate numit... with/for good reason termed/called/styled...; not inaptly/incongruously called...

pe bune ← *F argou* on the level; fair/true enough; in all honesty; (now) honestly/really/indeed/truly; *amer.* on the dead; honest Injun.

pe cai! 1. to horse! **2.** *fig.* off/there we go! start!

pe cai/cal și la drum! to horse and away! *v. și* **pe cai!**

pe calea *(cu gen.)* by/through (the agency of); *înv.* → by feat of.

pe calea aerului by air (mail); by plane.

pe calea armelor by an appeal to arms; arm in hand; resorting to arms/weapons.

pe cale administrativă administratively; through the administration.

pe calea undelor over the ether; by (the) radio.

pe cale cinstită by fair/honest means; honestly; in all honesty.

pe cale comercială commercially; by way of trade.

pe cale de a se demoda on the way out.

pe cale de dispariție in process of disappearing/vanishing.

pe cale de însănătoșire/vindecare on the mend.

pe cale disciplinară enforcing the discipline; as a disciplinary measure.

pe cale ierarhică hierarchically; through the usual channels.

pe cale legală in a legal way; by law; legally.

pe cale necinstită on the bend; *v. și* **pe căi necinstite.**

pe cale ocolită a long way round; in a roundabout/devious way; by devious ways.

pe cale pașnică peacefully; amiably; in a friendly way.

pe cant slantwise; on edge.

pe cap de locuitor by/per head (of the population/of inhabitant); *F* → so much a head.

pe capete 1. in a mass/a throng; *en masse.* **2.** by fits and starts.

pe catafalc lying dead/in state.

pe categorii in(to) classes.

pe căi necinstite 1. by dishonest/crooked means; dishonestly; *F* → on the bend. **2.** by hook and crook; *v. și* **cu orice preț. 3.** *v.* ~ **căi ocolite.**

pe căi ocolite in/by roundabout way; by devious ways/means; by indirections.

pe cărbuni aprinși 1. on (burning) hot embers. **2.** *fig.* on tenterhooks.

pe câmpul de luptă in the field.

pe când (...) 1. *(temporal)* while. **2.** *(adversativ)* whereas; while. **3.** *(pe când?)* when? at what time? how soon?

(pe) când era bunica fată (mare) in the old days/the olden times.

pe cât... as (far as)...

pe cât e posibil/cu putință/se poate as far as possible; to the greatest possible extent; insofar/insomuch as it is possible.

pe cât îmi e posibil/cu putință/stă în putere as far as it lies within my power; as far as within me lies; as far as I can; to the best of my abilities; to the uttermost/the utmost/the best of my power.

pe cât pariem/pariezi? pe cât pui pariu/rămășag? what will you bet? shall we lay a wager?

pe cât... pe atât... so as... as...

pe cât(e) știu (eu) to my knowledge; to the best of my knowledge; as far as my knowledge goes.

pe ce? on/for what? on what grounds? for what reason?

pe cea mai înaltă treaptă (a ierarhiei) at the top of the ladder.

pe cealaltă parte on the other side.

pe cealaltă parte a străzii across the street/the road.

pe ceas *v.* ~ **oră.**

pe ce chestie/motiv? on what ground/account? (but) why (in heaven's/God's name)?

pe ce pune mâna îi merge everything he touches turns to gold.

pe cer in/*amer.* on the sky; *poetic* on high; on the vault; on the canopy of heaven.

pe cheltuiala *(cu gen.)* at the expense of...

pe cine să anunț? whom shall I announce/introduce? *F* → who shall I say (is calling/inquiring)?

pe cine credeți că am întâlnit etc.? who(m) should I meet, etc. but Jones!

pe cinste of the first water; first rate/class; *sl.* scrumptious; hot dog; (up) on my honour/oath; *F* on the dead.

pe cinstea mea! upon my honour/oath; honour bright! *F* by my faith! *F* by Gad! *v. și* **pe cuvânt(ul meu) (de onoare).**

pe cinstite(lea)! *F v.* **pe bune.**

pe conștiința mea etc. upon my, etc. conscience.

pe continent on the continent; in Europe; *F* → on this side of the water.

pe cont propriu on one's own account/authority; at one's own charge; *F* on one's own hook; off one's bat; *F* under one's own hat.

pe contrapagină on the opposite page; overleaf.

pe credit on credit; *F* on tick; *sl. amer.* on the cuff; *v. și* ~ **datorie.**

pe curând! *F* so long! see you later! (I shall) see you again/soon! *amer.* I'll be seeing you.

pe cuvânt(ul meu) (de onoare) *F* upon my word (of honour)! honestly! honour bright! as I live (by bread)! *amer.* on the level! I will be bound! on my davy! upon my conscience; *F* I'll bet a cookie/my life/my hat/my boots; you bet your boots/life; *amer.* you bet; I'll bet my last/bottom dollar; *amer. F* honest Injun! *glum. sl.* upon my Sam; by the holy poker; *amer. sl.* for my money; *F →* by all that's blue! *F* by Gad! *înv. lit.* beshrew my heart! on my troth! faith/fay! *v. şi* **pe legea mea!**

pe cuvântul tău? honour bright? really? indeed? *amer. F* honest Injun?

pe daiboj(i) ← *F* freely; for a bug/a whistle; free of charge; *v. şi* ~ **nimic.**

pe dată on the spot; straight off/away; immediately; *(d. plată)* on the nail.

pe datorie on credit; *F* on tick; *sl. amer.* on the cuff.

pe de-a gata in readiness.

pe de altă parte on the other hand; then again; but then; for another thing.

pe de-a-ntregul entirely; totally; on the whole; on the other hand; fully; completely; to the full.

pe de-a rostul *v.* **pe de rost.**

pe deasupra 1. above; over. **2.** *fig.* moreover; besides; at that over and above.

pe degeaba; ← *F* **pe de gratis 1.** free(ly); free of charge; without (any) payment. **2.** *(inutil)* uselessly; vainly; in vain. **3.** *(fără motiv)* groundedly; without (any) reason.

pe de lături the wrong way; beating about the bush; off the mark; wide of the mark.

pe de o parte on the one hand; for one thing.

pe de o parte... pe de alta... on the one hand/*rar* part..., on the other hand/*rar* part...

pe departe by a sideway; indirectly; in a roundabout way; beating about the bush.

pe deplin wholly; entirely; completely; downright; quite; to the full; *v. şi* **pe de-a-ntregul.**

a pedepsi pe cineva pentru un păcat to punish smb. for a sin; *rel.* to visit a sin upon smb.

pe de rost by heart/rote; without book; from one's memory.

pe deşelate 1. without a saddle. **2.** *fig.* to exhaustion.

pe dibuite groping(ly); fumblingly.

pe dinafară 1. *(în exterior)* on the outside; externally; outwardly; apparently. **2.** *fig.* superficially; judging by appearances. **3.** *v.* ~ **de rost. 4.** *(în ignoranţă)* ignorant; in ignorance; not knowing A from B; not knowing B from a bull's foot/*vulg.* balls.

pe dinafară trandafir, pe dinăuntru borş cu știr ← *P* fair without, foul within.

pe dinainte 1. at the front; the front way. **2.** in advance.

pe dinapoi 1. at the back; the back way. **2.** at/in the rear.

pe dinăuntru inside; within.

pe dinăuntru și pe dinafară without and within; both inward(ly) and outward(ly).

pe dincoace *(pe aici)* this way.

pe dincolo *(pe acolo)* that way; *(pe celălalt drum)* the other way.

pe din două half-and-half; fifty-fifty; halves.

pe din două cu... going halves with...

pe o distanţă de o milă etc. în jur for a mile, etc. round/around.

pe dos 1. (the) wrong side out; inside out. **2.** upside down; (turned) the wrong way (up); inverted wry. **3.** *fig.* topsy-turvy; upside down; *sl.* all of a screw.

pe două rânduri! *mil.* form two deep!

pe dracu(l)! ← *F* not in the least; not at all; *F* (it's all) nonsense; great guns; the deuce! like hell! *F* no fear! not by a long chalk! *P* my eye!/hat!

pe dreapta on the right hand/side; to/on the right.

pe drept right(ly); not unjustly/unfittingly; not without right/(good) justification/reason.

pe drept cuvânt and with good reason too; right(ful)ly; deservedly; accordingly; justly.

pe drept sau nu 1. right(ly) or wrong(ly); with or without justification. **2.** justly or unjustly; with or without justice.

pe dric 1. *v.* **pe moarte. 2.** *v.* ~ **ducă 3. 3.** *(fără bani) v.* ~ **geantă 2.**

pe drojdie *F* **1.** running out/short; coming to an end. **2.** *F fig. (lefter) v.* ~ **geantă. 3.** *fig. v.* ~ **ducă.**

pe drum on the/one's way; en route.

pe drumul (cel) bun 1. on the right road; in a fair way to. **2.** *fig.* on the right path.

pe drumul cel mai scurt (by) the shortest way; by a short cut; over hedge and ditch; in a beeline; *amer.* across lots.

pe drumuri 1. (always) on the road. **2.** *fig. (fără adăpost)* shelterless; homeless; on the pavement. **3.** *fig. (lefter)* penniless; *v. şi* ~ **geantă 2.**

pe ducă 1. going away; about to go. **2.** running short/out; coming to an end. **3.** *fig.* on one's deathbed; *F* on one's last legs; on one's uppers/ beam-ends; *F* off one's high horse; **e pe ducă** *F aprox.* his/her number is up.

pe faţa pământului on the face of the earth.

pe faţă 1. *(d. haine etc.)* right side out. **2.** *fig.* in broad/open daylight; openly; above board; on the street(s); professedly; undisguisedly; *(cinstit)* by fair means. **3.** *fig.* in/to smb.'s face.

pe firul apei with the stream.

pe fugă at a run/a rush; hastily; in a hurry.

pe furate **1.** by stealth/theft; stealthily; surreptitiously. **2.** *(pe apucate)* at random.

pe furiş by stealth; on the sly; *v. şi* ~ **ascuns.**

pe gânduri absorbed/buried/engrossed/lost in thoughts/in one's own thoughts.

pe geantă **1.** *auto (d. cauciucuri)* v. **pe jantă. 2.** *fig.* *F (lefter)* on the rocks; clean broke; *F* in a hole; on one's bones; out at heel; penniless; not having a penny to bless oneself with; not having a farthing.

pe ghimpi on edge/tenterhooks; *v. şi* ~ **jeratic.**

pe gratis *v.* ~ **degeaba.**

pe gustul cuiva to smb.'s taste/liking/mind; in one's line.

pe hârtie **1.** on paper; in written form. **2.** *fig.* for form's sake; formally; on paper; perfunctorily.

pe ici, pe colo **1.** here and there; in (some) places. **2.** now and then; occasionally **3.** *fig.* *F (oarecum)* somewhat; somehow; just a little! *F* you bet! to a certain extent.

pe inima goală *v.* **pe nemâncate.**

pe inimă on one's heart/chest/bosom/mind.

pe încercate on trial; following a test; after (adequate) testing.

pe îndelete **1.** leisure(d)ly; at leisure. **2.** *(treptat)* gradually; little by little. **3.** *(pe de-a-ntregul)* at full length; fully; comprehensively.

pe înfundate **1.** *(d. râs)* in one's sleeve. **2.** *(în taină)* quietly; on the sly; *v. şi* ~ **ascuns.**

pe jantă **1.** *auto (d. cauciucuri)* flat; down; **a fi** ~ to have one's tyres/tires flat/down. **2.** *fig. v.* ~ **geantă 2.**

pe jăratic **1.** on (hot) embers. **2.** *fig.* on storms/edge/tenterhooks; (like a cat) on hot bricks/in a stew/on a (hot) tin roof.

pe jos **1.** *(cu piciorul)* on foot; *F* → on Shanks'(s) mare/pony. **2.** *(pe podea)* on the floor; thrown about. **3.** *(undeva jos)* somewhere down here/there.

pe jumătate mort (more than) half dead.

pe jumătate terminat **1.** half through; approaching its end. **2.** *fig. (d. cineva)* half dead (with fatigue); fagged out; *v. şi* **la capătul puterilor.**

pe la amiază at/round about noon/*lit.* midday.

pe la ceasul acela (at) about that time.

pe la ceasurile/ora... (at/round) about... o'clock; *înv.* on or about the twelfth, etc. hour.

pe la cina cea bună ← *F* about nightfall.

pe la prânz *v.* ~ **amiază.**

pe larg at length; at large; circumstantially; minutely; in detail; *v. şi* ~ **îndelete.**

pe lângă (că...) beside(s)...; in addition to (the fact that)...; not to mention (the fact that)....

pe legea mea! *F* as I live by bread! by my truth! in truth! of (a) truth! in all conscience! upon my honour/soul/word! *F* by (the living) Jingo! by Jove! dog my cats! as I am a sinner! upon my conscience! *înv.* 'sdeath! by cock (and pie); *v. şi* ~ **cuvânt(ul meu) (de onoare).**

pe liber **1.** free (to go where one likes); on the loose; out of a/the collar. **2.** *fig. (concediat)* shelved out of a job; given the sack/one's walking papers/orders; cast/thrown off a job/into the streets; unemployed; *v. şi* **a da cuiva paşaportul; pe linie moartă.**

pe linia dreaptă *sport (la alergări)* on the flat.

pe linia minimei rezistenţe on the line of the least effort/resistance; in an off-hand/easy-going manner; at the minimum/smallest efort.

pe linie moartă *F* on the shelf; shelved; side-tracked; on a side-track; off the map; high and dry.

pe lista neagră a cuiva in smb's bad/black books.

pe litoral at the seaside; on the sea coast.

pe loc **1.** on the spot; stopping dead. **2.** *(pe dată)* there and then; then and there; on the spot/the nail/the instant; off hand; at once; presently; suddenly; right/straight off; straightaway; at one jump.

pe loc repaus! *mil.* stand at ease! stand easy!

pe locuri! *sport (la alergări)* on the mark!

pe lume in the world; on earth.

pe lumea asta in this world; on this side of the grave; above ground.

pe lumea cealaltă in the next world; behind/beyond/within the veil; in after life.

pe lună monthly; *per mensem;...* a month.

pe mal(ul apei/mării/râului) on the (river) bank; on the (sea)shore; on the waterside; at the waterfront.

pe mare at sea; by sea/water.

pe margine on the side; laterally; marginally; on the edge/the margin/the border.

pe marginea prăpastiei **1.** on the brink of the precipice/the abyss. **2.** *fig. şi* on the verge/the brink of ruin/disaster.

pe mărăcini **1.** on thistles. **2.** *fig.* on tenterhooks; *v. şi* ~ **jăratic.**

pe măsura *(cu gen.)* **1.** according to; commensurate(ly) with; conforming/in conformity/accordance with; fit/suitable for. **2.** ~ **cuiva** suitable to smb./to smb.'s age, means, etc.; holding a candle to smb.; measuring up to smb.

pe măsura posibilităţilor/puterilor *(cu gen.)* to the best of one's ability/abilities; as far as possible;

to the greatest possible extent; according to one's lights; to the full extent of one's power.

pe măsură I. (made) to measure/order; straight to the shape. **2.** *fig.* adequate(ly); commensurate(ly) (with).

pe măsură ce... according as...; in proportion as...

pe mâini bune in good hands; well taken care of; seen to adequately; at nurse.

pe mâinile/mâna cuiva I. on smb.'s hands; in smb.'s charge; within smb.'s competence/power. **2.** in smb.'s hands/power; *v. și* **în mâna cuiva.**

pe mâna dreaptă *v.* ~ **dreapta.**

pe mânecate at dawn/daybreak; *v. și* la ~.

pe meleaguri străine *înv.* in a strange land.

pe mine să nu contați/contezi *F* you can count me out; don't put my down (on the list).

pe mine nu mă duci (cu preșul/zăhărelul)/nu mă prostești you can't fool me! I am not to be taken in! tell me another! tell it to the (horse) marines!

pe minut I. every (other) minute; ever(y) so often; in quick succession. **2.** uninterruptedly; all the time. **3.** (at) any minute now; from one moment to another; at any time.

pe moarte I. dying; breathing one's last; *v. și* **pe patul de moarte. 2.** *(d. o idee etc.)* dying out; in its last extremity; *v. și* ~ **drojdie; ~ ducă.**

pe moment right now/then; *v.* ~ **loc.**

pe muchie de cuțit on a/the razor's edge; on the tight rope.

pe mai multe voci *muz.* for/in/of several parts.

pe naiba! *P* my hat! not by a jugful/a long chalk! *v. și* ~ **dracu(l)!**

pe nasoale/*rar***nasol** ← *F argou* kidding; calling a bluff.

pe năsălie lying dead; (lying) in state.

pe neașteptate unexpectedly; suddenly; all/*înv. lit.* → on of a sudden; (all) unawares; *F* → on the hop; straight off; on the gad; without a moment's warning.

pe nedrept I. *(nemeritat)* unjustly; undeservedly; unduly. **2.** *(samavolnic)* arbitrarily; in an arbitrary/unjust(ified) way.

pe negândite I. at a full jump; *v. și* **pe neașteptate 2.** at (all) adventure; *v. și* **la întâmplare.**

pe nemâncate on an empty stomach; without bite or soup.

pe nepregătite; ~ nepusă masă unawares; at a full jump; *v. și* ~ **neașteptate.**

pe nerăsuflate I. all in the same breath; all in a breath; at one breath. **2.** quickly.

pe neștiute I. unwittingly. **2.** *v.* ~ **ascuns. 3.** unawares; *v.* ~ **neașteptate.**

pe ne ve *F argou* on the q.t./QT; *v. și* **pe n.v.; pe ascuns.**

pe nimerite at random/haphazard; at a guess; *v. și* **la întâmplare.**

pe nimic; pe (o) nimica toată for nothing; *F* → for a (mere) song/whistle; on the cheap; dirt-cheap.

pentru aceea/aceasta; ~ acest cuvânt/motiv for this (very) reason; consequently; in view of this; therefore; thus; that is why; on this count; on that score.

pentru atâta lucru for so little; for such a trifle/a trifling matter.

pentru a avea conștiința împăcată for conscience(') sake; to salve/to satisfy/to gratify one's conscience.

pentru bancul acesta m-au dat afară de la grădiniță/de la școala primară *F* that's a chestnut/an old chestnut/a rather stale joke!

pentru binele... *(cu gen.)* for the good/benefit of...

pentru care motiv?; ~ ce? for what reason? why? what for? on what score?

pentru cine s-ar supăra to her/to him who should take offence at...

pentru conformitate to certify this (a true copy).

pentru detalii mai precise/ample adresați-vă la... for further particulars apply to...

pentru Dumnezeu! for God's/goodness'/mercy's/Heaven's/the Lord's sake! for the love of God/Heavens! in God's holy name! God's light!

pentru a epata; ~ efect (in order) to impress people; for the sake of effect; *F* for swank; pour épater le bourgeois; *amer. F* for dandy; for dandy's sake.

pentru a fi foarte exact to be (strictly) accurate...

pentru a fi în bună ordine for order's/form's sake.

pentru împlinirea numărului as a make-weight.

pentru întâia oară for the first time.

pentru liniștirea conștiinței for conscience/conscience's sake; *v. și* ~ **a avea conștiința împăcată.**

pentru o mie de motive for a variety/a whole number of reasons.

pentru mine ajunge/e (prea) de ajuns that will do me.

pentru moment for the moment; for the time being; in the meantime; for the nonce.

pentru un motiv sau altul for one reason or another.

pentru mai multă siguranță for safety's sake.

pentru nimic! not at all! don't mention it! no thanks are needed!

pentru o nimica toată for a (mere) song; for an old song/a trifle; *v. și* ~ **atâta lucru; pe nimic.**

pentru nimic în lume not for the (wide) world; not for the life of me; not for love or money; on no account; not at any price; never on this side of the grave; for the soul of me; to save my soul; *F* not if I know it; over my dead body; for my heart; for the heart of me; *amer. F* not by a jugful; not for a moment! *F →* not for Joe; never in my life; not for the love of Mike; not on your life!

pentru nimic în lume n-aş face-o *F* wild horses wouldn't draw it out of me; *F* catch me (doing that/at it)!

pentru numele lui Dumnezeu! in God's name! in the name of fortune! for the love of Mike! *v. şi ~* **Dumnezeu!**

pentru onor *mil.* present arms!

pentru orice eventualitate for all contingencies; against any contingency! by way of precaution; *F →* on the off chance; *F →* just in case.

pentru un purice şi-a pus cămaşa pe foc *P* for want of a nail the shoe was lost! for want of a shoe the horse was lost.

pentru puţin! *(ca răspuns la mulţumesc)* not at all.

pentru puţină vreme/puţin timp/o scurtă perioadă/scurtă vreme for a little (while); just for a time/a while; for a short time; for a (short) spell.

pentru a nu spune mai mult to say the least (of it); to refrain from saying more.

pentru şi contra for and against; in favour (of it) and against (it); *F →* pro and con; *atrib. şi* favourable and unfavourable.

pentru a nu ştiu câta oară for the *n*th/*F* the umpteenth time.

pentru un timp for a while; for some time (to come); for a spell of time.

pentru totdeauna for good (and all); for ever (and ever); *F →* for keeps; for (ever and) ay; for altogether; *glum.* for ever and a day; ever yet; *elev.* in/to/for perpetuity.

pentru unii/unul mamă, pentru alţii/altul ciumă one man may steal a horse while another may not look over a hedge; one man's meat is another man's poison.

pentru uz(ul)/uzaj extern not to be taken; for external use only; for external/outward application.

pentru uzul şcolilor for the use of schools.

pentru variaţie for a change.

pentru a vedea ce se întâmplă just as a have-on.

pentru o vreme *v. ~* **un timp.**

pentru zile negre for/against a rainy day.

pe nume by name; named.

pe n.v. *F argou glum.* on the sly; *v. şi* **pe ne ve; pe ascuns.**

pe ochii mei! *F* honest Injun! *v. şi ~* **cuvânt(ul) meu)(de onoare).**

pe ocolite beating about the bush; indirectly; in a circuitous/a round-about way.

pe odihnit(e) comfortably; at ease/leisure.

pe onoarea mea *F* upon my (word of) honour; *amer.* it is dollars to doughnuts *v. şi* **pe cuvânt(ul) meu)(de onoare).**

pe oră an/per hour; **cu 60 de mile ~** 60 miles an hour.

pe orice vreme (bună sau rea) rain or shine; in all weathers.

pe patul de moarte/morţii on one's deathbed; in clutches of death; in one's extreme moments; in one's last/dying moments/hour; breathing one's last; at death's door; lying dead/on his deathbed.

pe pământ on (the face of) the earth; under the sun.

pe piaţă I. in/*amer.* on the market; at market. **2.** *(d. cărţi etc.)* in print.

pe picioare up and about; on one's feet; end on.

pe picioarele (sale) proprii (being) a free agent.

pe picior de egalitate on equal terms; on an equal/the same footing; *F →* hank for hank.

pe picior de plecare (always) on the go.

pe picior de război on a war footing; on war establishment.

pe picior de război cu... I. at enmity with...; in open hostility with... **2.** *fig.* at daggers drawn/at loggerheads with...

pe picior greşit I. in the wrong box. **2.** *(în greşeală)* red-handed.

pe piele next (to) one's skin.

pe pielea sa (proprie) to one's cost; at one's (own) expense; off one's bat.

pe pipăite groping(ly); fumblingly.

pe o pistă greşită on the wrong track.

pe placul cuiva to smb.'s liking/taste; *F →* one's cup of tea.

pe placul inimii after one's (own) heart.

pe ploaie in the rain.

pe potriva... suited for/to...; suiting...; equal to...

pe un preţ de nimic/derizoriu dirt-cheap; *F →* for a (mere) song; for nothing/a trifle.

pe primul plan I. first and foremost; primarily; in the first place. **2.** *(d. cineva)* playing first fiddle.

pe propria sa piele *v. ~* **pielea sa (proprie)** *şi ~* **propriul său risc.**

pe propria sa răspundere on one's responsibility/account/head; at smb.'s peril.

pe propriul său risc at one's own risk/peril; at a venture; on one's own head; off one's bat.

pe punctul de a (pleca etc.) on the point/the edge/the verge of (going, etc.); about to (go, etc.).

pe punctul de a începe just about/*F* → agoing to begin.

pe punctul de a muri de foame starving; on the brink of starvation; ready to die with hunger.

pe punctul de a se prăbuși about to fall; riding for a fall.

pe o rază de... within a radius of...

pe răspunderea cuiva on smb.'s responsibility/account; on smb.'s hands; *v. și* ~ **propria sa răspundere.**

pe rând in succession; one after another; by turns; in turn.

pe un rând in single rank/file.

a percepe taxe to raise taxes.

perechi, perechi pair and pair; in pairs.

a peregrina prin țară to scour the country.

pereții au urechi walls have ears.

perfect! all right! that's perfect! splendid! great! that will do perfectly; that suits me nice/wonderfully/to a T.

perfect adevărat! true enough! quite true.

pe riscul propriu/său (propriu) at one's own risk; *v. și* **pe propriul său risc.**

permisiile sunt suspendate *mil.* all leave/furlough is stopped.

a permite cuiva să afle (adevărul) despre ceva to let smb. know smth./about smth.

a permite cuiva să facă ceva 1. to let smb. do smth. **2.** *(d. ceva)* to enable/to entitle smb. (to do smith).

a-și permite să facă o glumă to venture a joke.

a permite cuiva să intre în casă to let smb. into the house.

a nu-și permite nici un lux to deny oneself every luxury!

a-și permite orice *v.* **a întrece** ~ **măsura.**

a-și permite prea mult to take too much for granted.

a nu-i permite punga to be beyond one's purse.

a permite reprezentarea unei piese to license a play.

n-aș permite să se spună asta I wont't have it said that!

nu-ți permit să vorbești așa! *F* → none of your lip/cheek/impudence!

pe românește *aprox.* in plain English/Saxon.

perpendicular pe... at right angles to/with.

a persevera fără rost to throw good money after bad; to throw the handle after the blade; to throw the helve after the hatchet.

a persevera în a face bine not to be weary in welldoing.

„o persoană care vă dorește binele" 'your well-wisher'.

persoană dificilă person hard to please.

„personal" 'to be delivered to the addressee in person'.

pe rudă (și) pe sămânța l. to a man; with no exception; without exception; one and all. **2.** everywhere; in all places; throughout the place.

pe rupte *v.* **a munci pe brânci.**

pe săptămână (so much...) per/a week.

pe săturate (to have/to eat) one's fill; (to eat) to one's heart's content; *F* no end; galore.

pe (o) scară întinsă/mare on a large/a vast scale.

pe scară mică/redusă on a small scale; within a narrow compass.

a pescui în apă tulbure to fish in troubled water(s).

pe scurt in brief/short/sum/fine/*înv.* → little/in few (words); for short; to make/to cut a long story short; when all is said and done; (that's) the long and the short of it; to make short of long; in plain English...

pe scurtătură taking/by a short cut; in a crow line; as the crow flies; *amer.* across lots.

pe seară in the (evening) twilight.

să nu-ți pese de *(consecințe etc.)* never mind (the consequences, etc.).

pe sfânta dreptate by all that's sacred/holy; without fear of favour; *v. și* ~ **drept cuvânt;** ~ **legea mea!**

pe sfârșite l. running short; on the wane; drying out; at an end. **2.** *(d. un spectacol etc.)* on its last legs.

pe socoteala altuia at the expense of another.

pe socoteala cuiva l. at smb.'s expense. **2.** *fig. și* to smb.'s detriment.

pe spezele sale (proprii) to one's cost; *v. și* ~ **pielea sa (proprie);** ~ **propriul său risc.**

pe spinarea altuia at the expense of another; sponging on smb.

peste un an l. (with) a year (from now); *rar* today/this day year. **2.** one/a year later; within the year.

peste bord outboard.

peste cap l. head foremost; head over heels. **2.** *(până peste cap)* head over ears; up to the elbows; *F* up to the hub.

peste capul cuiva l. over smb.'s head. **2.** *fig. și* ignoring smb.'s authority; circumventing/eluding smb.

peste câteva minute (with)in a few minutes.

peste un ceas l. (with) in an hour (from now); in an hour('s time.) **2.** within the hour; an/one hour later.

peste doi ani the year after the next; (with)in two years.

peste două case the next house but one.

peste drum across the road; across/over the way; opposite.

peste fire beyond measure; uncommonly; *v. și ~* **măsură.**

peste o lună 1. today/this day month; (with)in a month; a/one month from now. **2.** a/one month later; (with)in one/a month.

peste mări și țări/nouă mări și nouă țări at the other end of the world; miles and miles away; beyond/over the sea(s).

peste măsură (de...) (...) beyond limit/measure; above measure (...); exceedingly (...); excessively (...); (...) out of (all) measure/proportion; (...) over much; (...) to a fault; *F →* (...) as the day is long.

peste munți și peste văi up hill and down dale; over hill and dale.

peste noapte overnight.

peste ocean across the ocean; *F →* on the other side of the water.

peste o oră *v.* **~ un ceas.**

peste poate 1. impossible; incredible; unbelievable. **2.** unacceptable; inacceptable; **e ~** that cannot be.

peste puterea (de înțelegere a) cuiva beyond smb.'s compass/*rar* ken; above one's reach; incomprehensible to smb.

peste puterile cuiva beyond smb.'s strenght/power/capacity; out of/not in one's power/powers; *înv.* beyond smb.'s ken.

peste puțin timp in a little while; within a short time; soon; ere long.

peste o săptămână 1. today/this day week; in a week (or so). **2.** a/one week later; within the week.

peste tot (locul) all over (the place); everywhere; high and low; far and near/wide; all over creation.

peste vară over/during the summer.

peste zi 1. during the day; in the day time. **2.** all the day long; through(out) the day.

pe stomacul gol on an empty stomach.

pe stomacul plin on a full stomach.

pe sub mână under hand; privately; secretly; by private bargain.

pe suflet on one's mind.

pe șantier 1. on the building/the construction site. **2.** *fig.* in hand; on the stocks; *fig.* on/upon the anvil.

pe șapte cărări *F* making indentures with one's legs; reeling from one side to the other; *amer.* making a Virginia fence; *v. și* **beat mort.**

pe șleau straight forward; calling/to call things by their names; without mincing matters; calling/to call a spade a spade; without beating about the bush; openly; frankly; in plain English/Saxon; in/to one's face/teeth; straight out; outspokenly.

pe șoptite in (a) whisper; below/under/*lit.* beneath one's breath.

peștele cel mare înghite pe cel mic *prov.* the strong prey upon the weak; might is right.

peștele de la cap se împute *prov.* fish begins to stink at the head.

pe tăcute silently; on the quiet; *v. și* **~ ascuns.**

pe temeiul *(cu gen.)* on the strength of; *v. și* **în virtutea** *(cu gen.).*

pe temeiul acesta on that score/ground; for this reason.

pe temeiuri serioase upon good grounds.

pe teren on site/location/the spot.

pe timp de... 1. *(perioadă)* for a term of... **2.** *(seară etc.)* in the evening, etc.; at night, etc.

pe timp de furtună etc. in a/the storm, etc.

pe timp de iarnă etc. în winter, etc. (time).

pe timpul meu 1. *v.* **~ vremea mea; ~ vremuri.** **2.** *(în timpul meu liber)* during my leisure/my spare time.

pe toate cărările/drumurile everywhere; at every corner/turning.

pe toate părțile on all sides.

pe un ton arogant in a domineering/overbearing superior tone.

pe un ton blând in a gentle/a sweet voice.

pe un ton categoric in a final tone; in a tone of finality; in round terms.

pe un ton de repros in a reproachful voice; rebukingly.

pe un ton înțepat in a huffish tone (of voice); haughtily; in a haughty manner.

pe un ton monoton in a monotonous/a sing-song voice.

pe un ton ridicat (almost) shouting; out loud; at the top of one's voice.

pe un ton tăios in a sharp/a final/a cutting tone.

pe tot ce am mai sfânt *F →* by my holidom! *v. și* **~ cuvânt(ul meu)(de onoare).**

pe tot cuprinsul țării throughout the country; *F →* over the length and breadth of the country.

a petrece admirabil *v.* **~ bine.**

a petrece ața prin urechile acului to thread a needle.

a petrece bine to have a good/a wonderful/a fine time; *v. și* **~ de minune.**

a-și petrece brațul în jurul... to slip one's arm round...

a petrece câtva timp în casa cuiva to spend some time/to stay with smb.

a petrece de minune/grozav/în lege *F* to have a great/a good/a fine/a marvellous/a wonderful/a rattling/a roaring/a rorty time; to have the time of one's life/a (bit of a) fling; to have no end of a time; to make a day of it; *amer.* to make whoopee.

a-și petrece mâna prin păr to run one's fingers through one's hair.

a petrece o noapte albă to spend a sleepless night; not to have a wink of sleep all night; *F* not to get 40 winks (all night).

a nu petrece prea bine; a petrece prost not to have any fun/a good time; to have a thin/a poor time of it.

a petrece revelionul *F* → to ring out the old year; to ring in the New Year.

a petrece strașnic *v.* ~ **bine.**

a-și petrece timpul/vremea to while/to pass/to idle (away) the time; to spend the time; *F* → to help off the time.

a-și petrece timpul/vremea (citind etc.) to put in one's time (reading, etc.).

a-și petrece timpul/vremea în chefuri/orgii to revel/to carouse away the time; to paint the town red; to riot away one's time/one's money.

a-și petrece timpul/vremea pictând etc. *(ca distracție)* to pass the time (in) painting, etc.

a petrece vara to summer.

a petrece week-end-ul la mare etc. to (spend the) week-end at the seaside, etc.

pe unde o luăm? which way do we go?

pe undeva pe acolo somewhere thereabout(s)/about there.

pe undeva prin preajma *(cu gen.)* somewhere around...

pe urmă after that; and then; later on; then; afterwards; *F* → (the) next thing.

pe o urmă greșită off the track.

pe urmele... *(cu gen.)* **I.** on the trail of...; in the wake of... **2.** *(urmărind)* close at/upon smb.'s heels.

pe urmele cuiva on smb.'s track; at smb.'s tail.

pe uscat I. without wetting; dry **2.** by/on land *(pe pământ); nav.* on shore.

pe uscat și pe apă on land and sea/water; by land and sea.

pe vapor *v.* ~ **bord.**

pe veci(e) for ever (and ever); for good (and all); *înv.* for aye; *lit., rel. și* for eternity; *v. și* **pentru totdeauna.**

pe verde ← *F* **I.** *(la circulație)* when the traffic light(s) is/are green. **2.** *fig. (concediat) v.* **pe liber.**

pe veresie *v.* ~ **datorie.**

pe verso I. on the back; overleaf **2.** *(ca indicație)* 'see/turn over leaf'.

pe viața mea! *F* upon my soul/life! *v. și* ~ **cuvânt(ul meu)(de onoare).**

pe viață I. for life; for good; in/to/for perpetuity. **2.** *(până la moarte)* to the end of one's life.

pe viață și pe moarte (by) teeth/tooth and nail; with teeth and all; to the death.

pe viitor in (the) future.

pe vremea când eram/mergeam/umblam la școală *v.* ~ **școlii.**

pe vremea mea in my time/day(s); within my memory; *v. și* **pe vremuri.**

pe vremea școlii in one's school-days; when at school; when a school child.

pe o vreme ca aceasta in such weather.

pe vremuri of old; in the old days; in older/former time(s); in times gone by; of yore; < in Adam's time; when Adam was a boy.

pe zi daily; per day; *per diem.*

pianul e acordat the piano is in (good) tune.

pianul e dezacordat the piano is out of tune.

piatra de încercare the touchstone; *F* → the acid test.

piatra de temelie the corner-/key-stone, the foundation.

piatra din casă *aprox.* smb.'s marriageable daughter.

piatră filozofală the philosopher's stone.

o piatră în mișcare nu se acoperă de/nu prinde mușchi a rolling stone gathers no moss.

piatră unghiulară the corner-stone; *v. și* **piatra de temelie.**

piața e proastă/slabă business is slack; the market is poor/slack/slow.

piața se menține ridicată the market rules high.

piază-rea a prophet of evil; a bird of ill omen; an ill omen.

un pic *F* just a bit; just the tiniest little bit; a scantling.

a pica (ca) din cer/senin to drop from the sky/the skies/the clouds; to come unexpectedly out/to drop/to come of the blue, to fall from the moon *(pară mălăiață)* to come/to be (like) a windfall.

a pica de oboseală to drop with fatigue; to be ready to drop; to be dead/dog-tired.

a pica de somn to be ready to drop with sleep; to be heavy/dying with sleep; to be dead sleepy; *F* → to let the dustman get hold of one; to doze; to drowse.

a pica din nori/pod *v.* ~ **(ca)** ~ **cer.**

a pica în bot *F* to be on one's last legs; to be dog-tired.

a pica numai/tocmai bine to come in the (very) nick of time; to come in handy.

picat din lună dazzled; dizzy; unaware of anything; *aprox.* the man in the moon.

picătura ploii piatra găurește *prov.* constant dropping wears away/will wear away.

picături de soare snatches of sunshine.

pic cu pic little by little; step by step.

un pic de mângâiere a crumb of comfort; a taste of honey; a little sympathy.

pic de minte n-ai! *F* you haven't got a brain in your head.

să-i pici cu ceară/lumânarea not for the world; *v. și* **pentru nimic în lume.**

picioarele i se înmuiară his heart failed him; his legs/knees gave way.

picior peste picior cross-legged.

a picta cu acuarele/în acuarelă to paint in water-colours.

a picta în ulei to paint in oil(s)/in oil colours.

a picta pe sticlă to paint/to stain on glass.

pictat după natură painted from life/from nature.

a picura de somn *v.* **a pica ~.**

(să) piei din ochii mei! *F* (get) out of my sight! let me never set eyes on you again! never darken my door again!

pielea și osul; piele și os (only) skin and bone(s).

a-și pieptăna părul cu cărare to part one's hair.

pieptul afară! *mil.* throw out your chest!

a-și pierde antrenamentul to be/to get out of practice.

a-și pierde busola *fig.* **1.** to be all at sea; to lose one's head. **2.** *v.* **~ calmul.**

a-și pierde calmul/capul to lose one's balance; to get excited; to lose one's bearings; to change countenance; to be taken aback; to get out of patience; to lose one's nerves; to get into a heat; to lose patience/one's temper; to fly off the handle; *v. și* **~ ieși din fire.**

a pierde contactul cu... to lose touch with.

a-și pierde controlul to lose all self-control/possession.

a-și pierde creditul to lose one's credit; to lose credit with smb.

a se pierde cu firea 1. to lose one's self-possession/self-control/head/presence of mind; to become flustered; to get excited. **2.** to lose courage/heart; to give way (to tears); to devour/to eat out one's heart. **3. a nu ~** to keep a good heart; to keep up

heart; *F* not to turn a hair; to keep one's hair on one's head; *sl.* to take things on the chin.

a-și pierde culoarea to lose one's colour; to become pale.

a-și pierde cumpătul *v.* **~ calmul.**

a nu-și pierde cumpătul *v.* **a se ~ cu firea 3.**

a-și pierde cunoștința to lose consciousness/one's senses; to faint (away); to swoon; to become unconscious; to fall down in a faint.

a pierde curajul *v.* **a se ~ cu firea 2.**

a nu-și pierde curajul to keep up one's spirits; *sl.* to keep a stiff upper lip; to keep one's pecker up; *v. și* **a se pierde cu firea 3.**

a pierde cu totul urma to lose all trace of.

a-și pierde demnitatea to lose one's dignity/all self respect.

a pierde din greutate to reduce (one's weight); to lose weight.

a-și pierde din influență to lose ground.

a pierde din ochi 1. to lose sight of... **2.** *fig. (a iubi)* to love... immensely; to hang on smb.'s lips; to feast one's eyes on smb.; *F →* not to trust smb. out of one's sight/eyes.

a nu pierde din ochi 1. to keep trace of. **2.** *fig.* to hang on smb.'s lips; to feast one's eyes on smb. **3.** *fig. F →* not to trust smb. out of one's sight/eyes.

a-și pierde dinții de lapte to shed one's teeth.

a-și pierde din valoare to lose value; to fall in value.

a pierde din vedere 1. *(pe cineva etc.)* to lose sight. **2.** *fig.* to forget; to overlook; to omit.

a nu pierde din vedere to keep in view; to keep trace of; to heed; to bear in mind.

a pierde din vedere că... to lose sight of the fact that...

a nu pierde din vedere că... not to lose sight of the fact that; to bear in mind that.

a nu pierde din vedere esențialul *amer.* to have/to keep one's eye on the ball.

a pierde din viteză to lose speed; *av.* to stall.

a pierde direcția to be off the track.

a pierde drumul to lose one's way; to wander out of one's way; to go astray.

a-și pierde echilibrul 1. to lose one's equilibrium/balance/perpendicular. **2.** *fig.* to lose one's balance.

a-și pierde energia to lose vigour, to be enervated.

a-și pierde entuziasmul *amer.* to lose one's grip.

a-și pierde exercițiul to be out of practice.

a-și pierde farmecul to lose one's/its relish.

a pierde favorurile cuiva to grow out of favour with smb.

a-și pierde fecioria ← *P* to lose one's maidenhood/innocence.

a-şi pierde firea to lose one's temper/self-possession; *v. şi* **a se pierde cu firea.**

a nu-şi pierde firea *fig.* not to turn a hair; *v. şi ~* **calmul; nu-ţi pierde firea!** never say die!

a pierde firul *(cu gen.)* to lose the thread of.

a nu pierde firul to stick to the point.

a pierde folosinţa unui obiect to lose the use of smth.

a-şi pierde forma to get/to be out of shape; to lose shape.

a-şi pierde glasul to lose one's voice/tongue; **şi-a pierdut glasul** his tongue failed him.

a-şi pierde graiul to lose the power/the faculty of speech; *v. şi* **a-i pieri glasul.**

a-şi pierde iluziile cu privire la... to be out of conceit with.

a-şi pierde importanţa/influenţa/însemnătatea to recede into the background; to become less/not so important; to kick/to strike the beam.

a se pierde în amabilităţi to thank smb. effusively.

a se pierde în amănunte to go into too many details; to split hairs/strains.

a(-şi) pierde încrederea cuiva to lose credit with smb.; to lose smb.'s confidence/trust.

a-şi pierde îndemânarea/antrenamentul to get/to be out of practice; *(la cărţi)* to get out of the way of dealing.

a se pierde în mulţime to vanish in the crowd.

a-şi pierde judecata to lose one's mind; to be out of one's senses; *v. şi ~* **mintea.**

a pierde la cărţi I. *intr.* to lose at cards/play. 2. *tr.* to play away; to gamble away; to squander in gambling; to sport away.

a pierde la curse I. *tr.* to race away. 2. *intr.* to be out of pocket/to lose at the races.

a pierde la joc(uri) to squander in gambling; *v. şi ~* **cărţi.**

a pierde legătura cu cineva to lose touch with smb.

a-şi pierde locul în parlament to lose one's seat.

a-şi pierde lustrul to lose its polish; to tarnish.

a-şi pierde mintea/minţile to go out of/to lose one's mind/reason; to be out one's senses/wits; to fall beside one's wit.

a(-şi) pierde nădejdea *v. ~* **speranţele.**

nu-şi pierde niciodată curajul his courage never yields.

a nu pierde nimic (prin asta) to miss nothing (by it); to have nothing to lose (by it); not to be out of pocket (by it).

a pierde noţiunea timpului to lose count of time.

a pierde obiceiul de a... to get out of the habit/the way of...

a pierde ocazia/o ocazie to throw away/to waste a chance; to miss/to lose an opportunity.

nu pierde ocazia/prilejul! don't miss the opportunity/this chance/opportunity; that's your time! take your chance!

a pierde orice măsură/simţ al măsurii *F* to lose all sense of proportion.

a pierde orice speranţă *v.* **a-şi lua nădejdea.**

a pierde orice şansă to be out of the running.

a pierde partida to lose the game; *F →* to come off a loser.

a pierde pasul to fall out of step (with...).

a-şi pierde pământul de sub picioare to lose ground.

a se pierde pe parcurs to fall by the way.

a-şi pierde plomba *(d. dinte)* to come unstopped.

a-şi pierde postul to lose one's job/position.

a-şi pierde prestigiul to lose face; to lose one's (self)respect.

a pierde un prilej to miss/to waste a chance; *v. ~* **ocazia.**

a se pierde prin(tre) to disappear among.

a pierde un proces to fail in a suit.

a-şi pierde puterile to lose (one's) strength; to become weak.

a-şi pierde raţiunea to lose one's reason.

a-şi pierde răbdarea to lose (one's) patience/one's temper; to be wearied out of patience; *v. şi ~* **calmul.**

a pierde un rămăşag to lose a bet/a wager.

a-şi pierde răsuflarea to lose wind; to gasp for breath; to breathe hard.

a pierde reazemul to lose one's mainstay/holdfast/foothold/balance.

pierdere de timp loss/waste/sacrifice of time; time misspent.

a-şi pierde respiraţia to lose one's breath; to run oneself out.

pierderi peste pierderi losses on losses.

a-şi pierde rostul I. *F →* to lose one's head; *v. şi ~* **capul.** 2. *(a fi inutil)* to be/to feel useless.

a-şi pierde rutina to be out of practice.

a-şi pierde sângele rece *v. ~* **calmul.**

a-şi pierde simţirea/simţurile *v. ~* **cunoştinţa.**

a(-şi) pierde speranţele to lose all hope; to be out of hope; to have no hope; to give up/to resign/to abandon/to forsake all hope; to throw the helve after the hatchet.

a-şi pierde stăpânirea de sine *v. ~* **calmul.**

a pierde o sută etc. to be out (of pocket) a hundred, etc.

a pierde şirul *fig.* to lose the thread of one's discourse; *v. şi ~* **firul.**

a pierde tactul to get out of time/step.

a-și pierde tactul *v.* ~ **calmul.**

a pierde teren to lose ground.

a pierde timp (prețios) to lose/to waste (valuable) time.

a nu-și pierde timpul not to waste one's/not to lose time; *F* → to let no grass grow under one's feet.

a(-și) pierde timpul/vremea (cu fleacuri/nimicuri/de pomană) to waste/*F* → to fritter (away)/ to squander/to lose one's time; to trifle away one's time; to idle one's time away; *F* → to rot/to gad about to shoe a goose/a gosling; to burn daylight.

a pierde trenul 1. to miss one's/the train. **2.** *fig.* to miss the train/the bus/the boat; *v. și* ~ **ocazia.**

a pierde urma (cuiva) 1. to lose (smb.'s) trail; to have no news of (smb.); to lose the scent/trail of. **2.** *(la vânătoare etc.)* to be thrown off the scent; to lose the trail.

a-și pierde uzul rațiunii to have one's mind unhinged; *v. și* ~ **mintea.**

un pierde-vară a good-for-nothing fellow; a ne'er-do-well; an idler.

a pierde vederea to lose one's (eye)sight.

a-și pierde voia bună to lose one's smile/mirth (fulness)/good humour(edness).

a nu-și pierde voia bună *F* to keep smiling.

a-și pierde vremea (cu fleacuri, de pomană) *v.* ~ **timpul.**

a-și pierde vremea cu... to potter at.

nu pierde vremea de pomană let no grass grow under your feet; *F* → don't let flies stick to your heels; *v. și* **a nu-și** ~ **timpul.**

și-a pierdut glasul his tongue failed him.

pierdut în gânduri/visare wrapped up in thought; absorbed in thoughts.

ți-ai pierdut judecata? are you out of your senses? is your sense of reason gone?

și-a pierdut suplețea de gândire his mind has lost its spring.

a pieri de sabie to perish/to die/to fall by the sword.

a pieri din fața ochilor to sink out of sight.

a pieri din ochii cuiva to sink out of sight; *v. și* **(să) piei din ochii mei!**

a pieri din vedere to be lost to sight; to vanish; to disappear.

a-i pieri glasul/graiul to grow/to become dumb; to be stricken dumb; to be dumbfounded; to be taken aback; to lose one's tongue.

a pieri în depărtare to dwindle/to vanish (away) in the distance.

a pieri în vid to vanish into the void.

îți pierzi vremea de pomană vorbindu-i don't say any more to him; it's throwing words away/ it's wasting your breath; *v. și* **a-și răci gura degeaba.**

piesa n-a avut succes the play didn't take.

piesa e (foarte) scenică/dramatică/teatrală the play stages well.

piesa n-a impresionat publicul/n-a prins/n-a trecut rampa the play failed to get over; the play didn'y get over/didn't take.

pipa păcii the pipe of peace.

a-și pironi privirile de/în/pe... to rivet one's eyes on/in...

pironit pe loc (de frică etc.) rooted/riveted to the ground (by fear, etc.).

pironit pe scaun a prisoner to one's chair.

pisica are șapte vieți (într-însa) *prov.* a cat has nine lives.

pisica bătrână/blândă zgârie rău *prov. aprox.* dumb dogs are dangerous; the devil lurks behind the cross; *v. și* **mâța blândă** ~.

pisica cu clopoței nu prinde șoareci *prov.* bell the cat and it catches/will catch no mice.

pistă greșită false trail/track.

piua întâi bags (I); I bag(s); first innings; *F* my innings now.

a placa un adversar *sport (la rugbi)* to tackle an opponent.

nu-mi place ce aud *F* I don't like the sound of it.

a plana asupra cuiva to threaten smb.; to hover over smb.; *v. și* ~ **în aer 2.**

a plana în aer 1. *(d. pasăre)* to sail (through) the sky; to poise/to hover in the air. **2.** *(a pluti în aer)* *fig.* to hover (in the air); to be impending/imminent/impendingly in the air; to threaten.

a planta flori într-o brazdă to set a bed with flowers.

a planta semințe to set seeds.

pe planul al doilea 1. *teatru* in the middle ground; upstage. **2.** on a second(ary) plane.

a-și plasa banii (în ceva) to invest/to sink one's money (in smth.); to put money out.

a plasa un cuvânt *F* to put a word in (edgeways).

plata în natură payment in kind; mutual principles/ terms.

a(-ți) plăcea de cineva to be very fond of smb.; to like smb.; *v. și* **a-i** ~ **ceva/cineva la nebunie.**

a nu-i mai plăcea de cineva to take a dislike to smb.

a-i plăcea să creadă că... to be inclined/willing to believe that...; to hope (that)...; to flatter oneself that...

a-i plăcea dulciurile to have a sweet tooth.

a-i plăcea să facă paradă to be fond of show.

a-i plăcea grozav ceva to like smth. exceedingly/ very much; to be very partial to smth./to be nuts/ very keen on smth.

a-i plăcea grozav (de) cineva v. ~ **ceva/cineva la nebunie.**

a-i plăcea ceva/cineva la nebunie to be crazy about smb./smth.; to be nuts/sweet on smb./smth.; to be partial to smb./smth.; to love smb./smth. to distraction.

a-i plăcea luxul to have a taste for expensive things.

a nu-i plăcea mutra/ochii cuiva *F* not to like the cut of smb.'s jib.

a-i plăcea muzica to have a taste for music.

a-i plăcea pompa v. ~ **să facă paradă.**

a-i plăcea să tragă la măsea *F* to be fond of/familiar with the bottle.

plăcut la gust pleasing to the taste/the tooth/the palate.

a se plasa pe o poziție (de)... to adopt an attitude (of); to take a stand (for/against).

plăcut la înfățișare/vedere pleasing to the eye; of pleasant/comely/prepossessing appearance; *F* → easy on the eye; (*d. cineva*) *rar* → well to be seen.

o să mi-o plătească he shall (certainly) pay for it; I'll serve him out!

nu plătește bogatul, ci săracul *prov. aprox.* the losers are always in the wrong.

ai să mi-o plătești scump you shall pay me/smart for this/it.

a i-o plăti cuiva to be quits with smb.

a plăti un abonament; a-și plăti abonamentul to cover a subscription.

plătibil la cerere payable on demand.

a plăti cauțiunea *com. jur.* to give a security; to pay/to cover the bail.

a plăti cuiva cât merită to pay smb. out.

a plăti consumația pentru toți to stand drinks/ treat (all) around; *F* → to stand Sam; to pay the racket/the damage.

a plăti cota parte to contribute one's quota.

a-și plăti cotizația to pay one's subscription/dues.

a plăti (cuiva) cu aceeași monedă to do/to requite/to return like for like; to give return; to pay smb. (back) in his own coin; to give tit for tat/a Roland for an Oliver; to give as good as one gets; to return (smb.) as good as he sent; to give smb. a dose of his own medicine; to get back (at smb.); to serve (smb.) with the same sauce; to pay back/ to return/to repay/to answer in kind; *F* to get upsides with smb.; to reciprocate; to retaliate (on smb.).

a plăti cu bani gheață/peșin to pay in (hard) cash; to pay promptly/cash down/(in) ready money/*in specie; F* → to pay on the nail; *sl.* to shell out; to fork out the money.

a plăti cu capul to pay with one's life; **a plătit-o cu capul** it cost him his head.

a plăti cuiva cu dobândă *fig.* to repay smb. with a vengeance; to repay a service with usury.

a plăti cu ora to pay by the hour.

a plăti cu vârf și îndesat to pay through the nose.

a plăti cuiva cu vârf și îndesat v. ~ **dobândă.**

a plăti cu viața v. ~ **capul.**

a plăti o datorie to cover/to repay/to refund a debt; to wipe off a score.

a-și plăti datoriile to (re)pay one's debt; to meet one's/ *(com.)* commitments/engagements.

a plăti daune pentru... to pay compensation/damages for...

a plăti din buzunar to pay out of one's pocket.

a plăti dreptul de trecere to pay toll.

a plăti în natură to pay in kind.

a plăti în numerar to pay in specie; *v. și* ~ **cu bani gheață/peșin.**

a plăti în rate to pay by/in instalments; to buy on the hire and purchase system/on h.p./H.P.

a plăti la ordinul cuiva *fin.* to pay to smb.'s order.

a plăti la primire to pay on receipt.

a plăti oalele sparte to make up for the damage; *F* to hold the sack; *v. și* ~ **paguba.**

a plăti paguba 1. to make up for/to make good/to cover the damage; to pay damages; *F* to stand the racket. **2.** *fig. F glum. v.* ~ **consumația pentru toți.**

a-și plăti partea; a plăti parte egală to pay one's share/due/scot; to pay share and share alike.

a plăti până la ultimul ban to pay to the last/the uttermost farthing; to pay twenty shillings in the pound; *com.* to meet one's obligations; *F* to pay scot and lot.

a plăti pe loc *F* to pay on the nail; *v. și* ~ **cu bani gheață.**

a plăti un rând (de pahare/băutură) to stand/to pay a round (of drinks); to stand treat all round; *v. și* ~ **consumația pentru toți.**

a plăti scump *fig.* to pay dearly; to smart for it.

a(-și) plăti singur taxele școlare to work one's way through college.

a plăti socoteli vechi *F* fo wipe out/to settle/to pay off old scores.

a plăti suma integrală to pay twenty shillings in the pound.

a plăti taxa de intrare to pay the toll.

a plăti tratația to pay for drinks all round; *v. și ~* **un rând.**

a plăti tribut to pay tribute.

a plăti vamă to pay customs duties; to pay toll.

a plăti vrând, nevrând to shell out one's money.

îi plângeai de milă he was a sorry sight; one could not but pity him; one could only take pity on him.

a plânge cu foc/cu hohote/cu lacrimi amare/ fierbinți to weep/to shed bitter/salt tears; to weep bitterly; to cry one's heart out; to weep one's heart/ one's eyes out; to have a good/a hearty weep; to weep/to shed hot tears.

a plânge cu suspine to sob (one's heart out).

a plânge de bucurie to weep for joy.

a plânge de mama focului *v. ~* **cu foc.**

a-i plânge cuiva de milă *aprox.* to be very sorry for smb.

a plânge de-ți rupe inima/în hohote to cry/to weep one's eyes out; to sob; *v. și ~* **cu foc.**

a plânge lacrimi amare to weep salt tears; *v. și ~* **cu foc.**

plânge masa! *glum. (la cărți)* chip in!

plânge paharul! *glum.* my, etc. glass is empty.

pleacă (de aici)! go/scuttle away! get along/off/out/ away! *înv. rel.* go thy way!

a-și pleca capul to bend/to hang one's head (down); to bow; *(în semn de încuviințare)* to nod (assent).

a pleca cu buzele umflate *F* to go away with a flea in one's ear; to leave the scene discomfited/ ignominiously/in (total) dissatisfaction.

a pleca după pradă to go on the prowl.

a pleca fără adresă/fără a lăsa adresa to go without leaving one's/the address.

a pleca genunchii to bend (on) one's knee(s).

a pleca în armată/P cătănie to join the colours; *F* to go soldiering.

a pleca în călătorie to set out on a journey; *(în străinătate)* to go abroad; *sl.* to trip one's boom off.

a pleca în călătorie de nuntă to go on one's honey-moon.

a pleca în călătorie pe mare *v. ~* **pe mare.**

a pleca în concediu to go on holidays/on one's leave; *F →* to go to grass; to take a holiday.

a pleca în fugă/goană/grabă to start off at a run; to trot/to tear away/off; to step out briskly; *F →* to put on.

a pleca în împărăția umbrelor to go down the shadows *v. și* **a trece în lumea drepților.**

a pleca în lume(a albă/largă) to go into the wide world; to take to the fields/the world; *F →* to fol-low one's nose.

a pleca în mare grabă *v. ~* **fugă.**

a pleca într-o excursie to go on a trip/an excur-sion; *(pe jos)* to go for a ramble.

a pleca într-o goană *v. ~* **în fugă.**

a pleca în turneu to start/to go on a tour.

a pleca în vacanță to go on holidays; to go down (for a vacation); to go down from the university.

a pleca în vizită to go out on a visit.

a pleca în voiaj to start on a tour; *v. ~* **călătorie.**

a pleca ochii (în jos) to cast down one's eyes; to look down; to hang one's head.

a pleca pe ascuns to sneak off/away; *v. și ~* **furiș.**

a pleca pe drumul din urmă to go to (one's) rest; to go to one's long rest; *v. și* **a trece în lumea drepților.**

a pleca pe front to go to war.

a pleca pe furiș to sneak/to slink/to steal away/off.

a pleca pe lumea cealaltă to launch into eternity; *v. și* **a trece în lumea drepților.**

a pleca pe mare to take the seas; to set sail.

a pleca pe nesimțite *v. ~* **furiș.**

a pleca pentru totdeauna to go never to return.

a pleca privirea *v. ~* **ochii.**

a pleca spre cele veșnice *v.* **a-și da obștescul sfârșit.**

a pleca steagul to lower/to strike one's colour; *nav.* to strike sail.

a pleca și a lăsa pe cineva baltă/cu buzele um-flate to give smb. the bag to hold; to let smb. down.

a pleca urechea la... to lend an/one's ear to...

a nu pleca urechea la... to turn a deaf ear to...

a pleca urechea la argumente logice to listen to reason.

a pleda cauza celor oprimați *v. ~* **pentru dezmoșteniții soartei.**

a pleda în favoarea cuiva to speak for smb.

a pleda pentru dezmoșteniții soartei to plead for the underdog(s)/the destitute/the downtrod-den.

a plescăi din buze to smack one's lips.

îmi plesnește capul de durere *F* my head is split-ting; I've got a splitting/headache.

a o plesni (bine) *v.* **a o nimeri (bine).**

a plesni cu palma la/peste fund to give a child a spanking.

a plesni pe cineva cu palma peste bot/gură to slap smb.'s mouth.

a plesni din bici to snap/to smart a/one's whip.

a plesni din degete to snap one's fingers.

a o plesni grozav/în plin *v.* **a (o) nimeri bine.**

a plesni pe cineva în pălărie *v.* **a pocni ~.**

a-i plesni obrazul de rușine to burn with shame; to wish the earth to open before one.

a plesni peste bot/gură to slap smb.'s mouth.

a plesni pe cineva peste obraz to smack/to slap smb.'s face.

plicticos de moarte/la culme (as) dull as ditch water; extremely boring.

a se plictisi de compania cuiva to weary of smb.

a se plictisi de moarte to be bored/moped to death; *F →* to mope oneself into the doldrums; to be fed to the teeth/fed up; to have had enough (of it); to be able to stand no more.

a plictisi pe cineva de moarte to bore smb. to death; to make smb. yawn.

plictisitor la culme! what a bore! how boring/provoking!

a se plimba călare to go for/to take a ride.

a plimba pe cineva călare to give smb. a ride.

a se plimba cu automobilul to go for a drive/a ride in a car.

a plimba pe cineva cu automobilul to give smb. a ride in a car; to take smb. for a drive/a ride.

a se plimba cu barca to go for a row.

a se plimba cu bicicleta to (take a) ride on a bicycle/a bike.

a se plimba cu mașina to go for a drive/a ride in a car.

a plimba pe cineva cu mașina to give smb. a drive/a ride (in a car).

a se plimba cu sania to sled(ge); to drive/to ride in a sled(ge); to go sledging.

a-și plimba degetele pe... to run one's fingers over (a surface).

a se plimba în sus și în jos pe stradă to walk up and down the street.

a plimba la trap un cal to trot out a horse.

a-și plimba privirea prin cameră to sweep the room with a glance.

a-și plimba privirile (peste) to cast/to pass one's eyes (over).

plimbă-ți-o! plimbă ursul! *argou* go/get along with you!

plin de bani rolling (in money); having plenty of oof/dough; being an oof-bind.

plin de bani ca broasca de păr *glum. v.* **sărac lipit (pământului).**

plin de bărbăție with a brave/a manly heart; stout-hearted.

plin de căință contrite; penitent; ruefull; *lit.* crowded with rue.

plin de conținut pithy; full of meaning; meaningful.

plin de duh witty; humorous; quick-witted; bright; clever; waggish; full of salt.

plin de entuziasm enthusiastic; full of enthusiasm; (as) keen as mustard.

plin de goluri (as) full of holes as a sieve.

plin de haz *v.* **~ duh.**

plin de hotărâre full of determination.

plin de mândrie *v.* **~ sine.**

plin de noroc ca broasca de păr as good luck as had the cow that struck herself with her own horn.

plin de noroc ca câinele de purici born with a wooden ladle in one's mouth; *v. și* **născut cu căiță (pe cap).**

plin de orgoliu *v.* **~ sine.**

plin de prejudecăți (highly) prejudiced; sleeped in/blinded by prejudice.

plin de sine full of conceit; conceited; *F →* too big for one's shoes/breeches/trousers; suffering from swollen/swelled head; puffed up/blown up with pride; vain(glorious).

plin de speranțe full of hope(s); hopeful; rich in hope.

plin de spirit *v.* **~ duh.**

plin de viață full of life; bursting with vivacity; a live wire; tenacious of life; up and about; on one's toes; *F →* alive and kicking; *F →* (as) lively/merry as a cricket; instilled with life, (as) cheerful/gay as a lark; (as) merry as a cricket/a grig/maids/a marriage-bell; of good cheer.

plin ochi brimful; full to the brim; full to capacity; *amer.* as full as a tick; *v. și* **~ până la refuz.**

plin până la refuz (as) full as an egg is of meat; full to overflowing; packed to capacity; *v. și* **~ ochi.**

plin pe trei sferturi three-quarter full.

ploaie cu bășici *v.* **~ torențială.**

ploaie de gloanțe a hail of bullets.

ploaie de săgeți a storm/a hail of arrows.

ploaie, nu glumă *F* that's some rain!

ploaie măruntă drizzle; mizzle; a sprinkling of rain.

ploaie torențială a heavy fall of rain; a downpour; plump summer; *v. și* **a ploua cu bășici.**

o ploaie ușoară a sprinkle/a sprinkling of rain.

a plomba un dinte to stop a tooth.

a plonja cu botul (*d. aeroplan, balenă etc.*) to tail up.

a ploua cu bășici/bulbuci/găleata to be pouring (with rain); *F* to be raining cats and dogs; to rain hard/fast/heavily; to pour with rain; to rain hard/fast/*amer.* pitchforks; it is raining in torrents/in sheets/in buckets; to fall in torrents; to pelt (down).

a ploua cu zăpadă to sleet.

a ploua mărunt to drizzle; to mizzle.

a ploua tare/torențial *v.* **~ cu bășici.**

a plutări bușteni to run logs.

a pluti cu vântul la babord to be/to sail on the port tack.

a pluti cu vântul la tribord to be/to sail on the starboard.

a pluti de-a lungul coastei/ţărmului *mar.* to stand off and on.

a pluti în aer 1. *fig. (a fi fericit)* to tread on air; to be in the seventh heaven. **2.** *(a fi iminent)* to be hovering/brooding; to be in the wind; *v. şi* **a plana în aer.**

a pluti în zigzag *mar.* to plunge windward; to make tack and tack.

a pluti mânat(ă) de vânt *mar.* to scud before the wind; to scud along.

poama dracului *F* a devil of a fellow/a woman.

poamă bună *F* a bright article.

poartă-te frumos! behave yourself!

se poate (şi aşa) perhaps so.

nu se poate! 1. *(incredibil)* *F* dear me! oh dear! you don't say so! not really! **2.** *(fugi de aici)* you're another! *v. şi* **fugi cu ursul.**

nu-l/nu-i mai poate ajuta nimic he's past praying for.

poate să aştepte mult şi bine; ~ să-şi pună pofta în cui *F* he may (go and) whistle for it.

poate (că) da, poate (că) nu perhaps so perhaps not.

nu se poate înţelege om cu om/~ *F* **persoană** *F* one cannot hear oneself speak here.

nu se poate măsura/pune cu ea he is no match for her.

nu se poate modifica/schimba programarea făcută; nu se pot schimba orele reţinute în prealabil/programările făcute keep your appointments! appointments are not to be changed/cannot be changed!

se poate spune că... it may be said/remarked that...

se poate spune cu certitudine/siguranţă one can safely say that...; it can safely be said that...; it is safe to say that...

se poate şi mai bine there is (much) room for improvement.

nu se poate şti! one/you never can tell! there is no telling.

a pocni de sănătate to look the (very) picture of health.

a pocni din bici to smack a whip; *v. şi* **a plesni ~.**

a pocni din degete to snap one's fingers; *v. şi* **a plesni ~.**

a pocni pe cineva în pălărie *F* to sting smb. to the quick.

a-l podidi lacrimile/plânsul to give way to tears; to burst into tears.

îl podidi sângele blood gushed from his wound.

pofta vine mâncând *prov.* appetite comes with eating; the more one has the more one wants; *prov. scot.* eating and scratching wants but a beginning.

poftă bună! bon appétit! I hope you will enjoy your dinner! *iron.* fall to! (I wish you a) good appetite!

pofteşte-l înăuntru show him in!

a pofti pe cineva să se aşeze to ask/to beg someone to be seated; to have smb. seated/take a seat.

a pofti pe cineva înăuntru to show someone in(to a room); to take smb. in.

poftim, ţine! there you are! there hold/have this!

poftiţi în vagoane! take your seats(, please)! *amer.* all aboard!

politică de pace peace policy; policy of peace.

politică de pe poziţii de forţă positions of strength policy; policy from positions of strength; policy of the strong hand.

o să mă pomenească el he shall have cause to remember me; *F →* I'll make him creak in his shoes; *aprox.* I'll teach him.

a se pomeni azvârlit în stradă *amer. F* to land on the street level.

pomenind că... at a mention of...

a nu pomeni nici un nume to mention no names.

a nu pomeni nimic despre ceva to pass smth. over.

ai mai pomenit aşa ceva? did you ever see the like of it? did you ever see anything like it? *F →* you gods and little fishes!

a pompa apă to pump (out/up) water.

a ponegri înseamnă a omorî *prov.* give a god a bad name and hang him!

a ponta la plecare to clock off/*F →* out.

a ponta la sosire to clock on/*F →* in.

a poposi la prieteni to stop with friends.

un porc de câine a dirty/a nasty dog; a son of a bitch/a gun; a cad.

porc de câine ce eşti! *peior.* you miserable hound!

porecla a prins the name stuck to him.

a porni un atac to launch/to start an attack.

a porni bine *v.* **~ cu dreptul.**

a porni bine în viaţă *F* to get a good start in life.

a porni brusc to whip off.

a porni calul în trap to put a horse to the trot.

a porni o campanie în favoarea cuiva *F →* to take up the cudgels for smb./on smb.'s behalf.

a porni ca o săgeată *F* to be/to go off like a shot.

a porni cu dreptul to make a good start; to put one's best foot/leg foremost; *F* to speed from the mark.

a porni cu stângul to step off with the left foot/on the wrong foot.

a porni de la zero to start from scratch again/again from scratch.

a porni de unul singur/în mod independent la.../ să... to proceed independently to...

a porni/pleca devreme to start in good time; to make an early start.

a porni din gară *(d. tren)* the train steamed away (off)/pulled out.

a se porni să facă ceva to begin to do smth./doing smth.

a porni să facă o vizită to go out on a visit.

a porni glonț to fling away/off; *F* to rattle away.

a porni în căutarea *(cu gen.)* to go/to set out in search of...; to make search after..., to go in quest of...

a porni în căutarea/urmărirea cuiva to set out in pursuit/in search of smb.

a porni în fugă *amer.* to run like a streak.

a porni în galop to set/to start off (a horse) at a gallop; to gallop away.

a porni în goana mare to tear off.

a porni în goană to set off running; to speed off.

a porni în grabă *(spre mal etc.)* to strike out for (the shore).

a porni în haiducie to take (to) the highway/ heather.

a porni în larg to launch out into the deep.

a porni în larg(ul mării) to put (out) to sea; to go out to sea; to sail away.

a porni în marș to march off; *mil.* to rank off.

a porni în recunoaștere to go off scouting.

a porni în trap *(d. cai)* to start (off) a horse at a trot.

a porni într-o călătorie to set off/to start (off/out) on a journey.

a porni în zbor *(d. păsări)* to take its flight.

a porni la atac *mil.* to go over the top.

a porni la drum to set out/to start on one's way; *F* → to get under way/under headway.

a o porni la drum to take the road.

a porni la luptă împotriva dușmanului to set out against an enemy.

a porni la răscoală to rise in rebellion.

a porni (la) război contra/împotriva cuiva to levy war on smb.

a porni la trap to break into a trot.

a porni un lucru/o treabă to set smth. (a)going.

a porni lucrurile *F* → to open the ball.

a porni motorul *auto, av.* to start (up) the motor/ the engine.

pornind de la principiul că... working from the principle that...

a porni pe drumul spre casă to start on one's way home; to set one's face for home.

a porni pe mare to go to sea.

a porni pe ultimul (său) drum *F* → to step into one's last bus.

a porni proces împotriva cuiva *jur.* to take action against smb.

a pornit fiecare pe drumul lui each went his several ways; they went their several ways.

pornit împotriva cuiva on smb.'s track; *fig.* wild with smb.

portret leit speaking likeness.

portretul nu prea seamănă cu originalul the picture is a poor likeness.

portretul seamănă cu originalul the picture is a good likeness.

porunca mea e sfântă *F* → what I say goes.

a porunci în casă to wear the breeches.

a poseda ceva de drept to possess smth. in one's own right; *jur.* to be/to stand seized of a property.

posibil, de ce nu? that may be.

a se posomorî la chip to put up one's brow.

a posta o gardă *mil.* to station a guard.

a posta pichete de grevă to picket a factory.

a posta santinele to place sentinels.

postul este la dispoziția ministrului the post is in the gift of the minister.

nu mai pot *(sunt obosit)* *F* I am dead beat.

nu pot accepta una ca asta that's not good enough.

nu pot să-mi aduc aminte de (aceasta) I cannot call it to mind.

nu pot afirma ca sigur I can't speak positively.

pot să vă mai cer niște...? may I trouble you for a little more...? I will thank you for a little more...

nu pot crede una ca asta *F* → you're another.

nu pot decât să te compătimesc you have my sympathy.

nu mai pot de râs! *F* carry me out!

pot să vă fiu de folos? can I be of any use (to you)?

a se poticni la un cuvânt to trip over a word.

nu mă pot împiedica/opri de la a... I cannot help but...

pot îndrăzni să...? may I be so bold as to...?

nu-l pot înghiți/suferi I can't bear/abide/stand him; I can't bear the sight of him; *F* → I can't stomach him; *v. și* **a nu putea suferi pe cineva.**

pot să jur I dare swear.

nu se pot obține toate prin forță *prov.* you can take a horse to the water but you cannot make him drink.

potolește-te! stop it! get off it!

a-și potoli ardoarea to tame one's ardour.

a potoli avântul cuiva *v.* **a turna un duș rece peste cineva.**

a potoli entuziasmul cuiva $F \rightarrow$ to quench smb.'s enthusiasm.

a-și potoli foamea to stay/to allay one's hunger; to refresh oneself/ $F \rightarrow$ the inner man.

a potoli lucrurile to smooth things over.

a potoli mânia cuiva to appease smb.'s anger; $F \rightarrow$ to stroke smb. down.

a potoli plânsetele unui copil to still a child.

a-și potoli puțin foamea $F \rightarrow$ to take the edge off/ to dull the edge of one's appetite.

a potoli o răscoală to quell a riot.

a-și potoli setea to quench/to slake/to allay one's thirst.

a-și potoli setea de... to sate one's thirst for...

a-și potoli setea de răzbunare cu... to glut one's revenge on...

a potoli/liniști spiritele to pour oil on the (troubled) waters.

a potoli teama/temerile cuiva to set smb. at ease.

potop de cuvinte stream of words.

a potopi pe cineva cu înjurături to pour abuse one smb.; to utter/to break out in invectives against smb.

nu-mi pot permite I can't afford it; $F \rightarrow$ I can't run to that.

nu-mi pot permite acest lux I can't afford this luxury.

nu-l pot refuza I cannot say him nay.

se potrivește cu ansamblul $F \rightarrow$ it looks well in the picture.

mi se potrivește perfect/de minune $F \rightarrow$ that just suits my book.

a nu se potrivi bine *(d. obiecte)* to be a bad match.

a se potrivi ca o mănușă to fit to a T.

a se potrivi ca nuca în perete; se potrivește ~ it is neither here nor there; it is as fit as a shoulder of mutton for a sick horse; *sl.* it looks rather cock-eyed.

a potrivi ceasul to set the clock/a watch; to reset one's watch.

a potrivi un cronometru to rectify a chronometer.

a se potrivi cu ceva to be correspondent to/with smth.; to tone (in) with smth.

a nu se potrivi cu cineva to be ill-matched with smb.; $F \rightarrow$ not to hit it off well.

a se potrivi (de minune) cu cineva to be well suited with smb.; to suit each other; to be well matched/assorted; F to get on like a house on fire.

a potrivi fapta/gestul după vorbă to suit the action to the word.

a potrivi focul to made/to tend the fire.

a-și potrivi părul to smooth one's hair.

a potrivi părul cuiva to trim up smb.'s hair.

a potrivi pedeapsa după crimă/culpă/vină/vino-văție to make the punishment fit the crime.

potrivit cu... in accordance with...; according to...

potrivit cu situația suitable to the occasion.

(e) potrivit pentru el $F \rightarrow$ that'll fetch him!

(nu e) potrivit pentru locul pe care-l ocupă $F \rightarrow$ he's square peg in a round hole.

potrivit spuselor dvs. by your account.

potrivit și nepotrivit in season and out of season; in and out of season.

a se potrivi vremurilor to comply with the times; to yield to times.

pot să spun că... I may say...; I might (venture to) say that...; I dare say...

nu pot să-l sufăr/văd în ochi/înaintea ochilor F I can't stand him at any price! *v. și* **nu-l pot înghiți.**

poți alege ce-ți place! $F \rightarrow$ you may have your pick.

poți să aștepți mult și bine! you may whistle for it!

poți să aștepți până la paștele cailor/până poimarți you may wait till doomsday.

poți să te bizui/să contezi pe asta $F \rightarrow$ you may gamble on that.

nu te poți bizui pe el there is no depending upon him.

o poți căpăta fără nici un efort you may have it for the asking; it is yours for the asking.

nu poți căuta înțelepciunea unui bătrân la un tânăr *prov.* you can't put an old head on young shoulders.

nu poți face nimic altceva decât să te supui there is nothing for it but to obey.

nu poți să nu fi de acord (cu asta) there's no gainsaying it.

poți să fii convins/încredințat you may depend (up)on it.

poți să fii liniștit set your heart at rest!

poți să fii sigur că... you may rest assured that...

nu poți să fii sigur niciodată you never can tell; you must never be too sure of anything.

poți fi încredințat *v.* **poți fi sigur!**

poți fi sigur! you may depend (up)on it! make no doubt of that! *amer.* $F \rightarrow$ you'd better believe it; *amer.* $P \rightarrow$ you bite on that!

poți foarte bine să încerci you can but try.

poți să-ți închipui așa ceva? F just/only fancy! fancy that!

îți poți închipui ce furios am fost! you can imagine how angry I was!

poți să-ți închipui ușor you can easily imagine/think.

nu-l poți întoarce pe dos/din drum cu una cu două you can't bowl him over.

nu te poți înțelege cu el there is no reasoning with him.

îl poți juca pe degete cum vrei *F* you can twist him round your little finger; you may do as you like with him.

poți să juri? will you swear (to) it?

nu poți lăuda destul it cannot be too much admired.

îl poți (ușor) lua drept englez you would know him for an Englishman.

nu-ți poți lua vorba înapoi there's no going back on it.

nu poți mulțumi pe toată lumea one can't please everybody.

nu poți niciodată să te gândești la toate! one can't think of everything; one never thinks of everything.

îi poți număra pe degete they can/could be counted on the fingers of one hand.

poți să-i pui cruce you may whistle for it.

nu poți să refuzi there's no saying no.

poți să-mi spui cam pe unde stă/locuiește? can you tell me his where-abouts?

nu poți să spui nu there is no saying no.

poți spune că ești fericit you may deem/call yourself fortunate.

poți strânge masa you may take away.

poți să te ștergi pe bot you may whistle for it.

nu poți ține doi pepeni într-o mână *prov. aprox.* one can't do two things at once; a man cannot spin and reel at the same time.

îmi poți urmări raționamentul? you have me?

poți să vezi? *sl.* can you make a see of it?

povestea e cusută cu ață albă *F* story invented out of whole cloth.

povestea e de domeniul trecutului *F →* that's ancient history.

povestea e o născocire/e inventată din cap în coadă this is pure invention.

povestea nu ține câtuși de puțin that cock won't fight.

povestește! *(dă-i drumul) F →* out with it!

se povestește că... the story goes that...

poveste veche! *F →* that's ancient history.

a povesti o anecdotă indecentă to pull a raw one.

a-și povesti aventurile to relate one's experiences.

a povesti gogoși to tell tall stories.

a povesti lucruri de necrezut to tell some stiff yarns.

a povesti lucrurile fără înflorituri to tell a plain unvarnished tale.

a povesti lucruri trase de păr *F →* to draw the longbow.

a povesti năzdrăvănii *F →* to pull a yarn.

a povesti nimicuri plăcute (unei fete) to say sweet nothings (to a girl).

a povesti toate prin câte a trecut/tot ce a văzut to relate one's experiences.

povești! *F* that's all bunkum/eye-wash; that's a fell-faw-fum; that's all lath and plaster.

povești/basme de adormit copiii *F* fiddlesticks! moonshine! leaves without figs! *v. și* **povești!**

a poza în mare nobil *F* to lord it.

a poza nud *F →* to sit/to pose for the "all together".

a poza pentru un artist to sit for an artist.

a poza pentru un portret to sit for one's portrait.

a practica avocatura to be at the bar; to practise law.

a practica medicina to practise medicine.

a practica medicina empirică to quack.

a practica o meserie to carry on/to follow/to ply/to drive a trade.

pradă unor farmece under the charm.

pradă mizantropiei to be out of charity with one's fellow-men.

praf în ochi! *F →* (that's all) mere window dressing.

a se prăbuși cu capul în jos to take a header.

a se prăbuși la pământ 1. *(d. proiecte etc.) F →* to go glimmering; to go to the dogs; *sl. amer.* to hit the deck. **2.** *F →* *(d. persoane)* to fall in a heap/all of a heap.

a se prăbuși pe un scaun/fotoliu *(d. persoane)* to flop (down); to drop/to sink into a chair.

a prăji o bobină *electr.* ← *F* to burn out a coil.

a se prăji la soare ← *F* to bask in the sun; to roast under the sun.

prăpastia se căsca la picioarele sale the gulf yawned at his feet.

să te prăpădești de râs, nu alta enough to make a cat/*amer.* a horse laugh.

a se prăpădi cu firea to go all to pieces; *v. și* **a se pierde cu firea.**

a se prăpădi de dorul cuiva to pine for smb.

a se prăpădi de râs to shrink/to die with laughter; to laugh oneself to death; to hold/to shake one's sides with laughing/laughter; to burst/to split one's sides with laughing/laughter; to laugh till one's sides burst/split.

a se prăpădi de râs la ideea/vederea unui lucru to be tickled to death at/by smth.

a prăpădi din ochi pe cineva; a se ~ după ~ to love smb. to distraction; to love smb. as the apple of one's eye; *F* → to be far gone; *v. și a pierde ~ 2.*

a se prăpădi după ceva to be spoiling for smth.

a-și prăpădi viața to waste one's life.

a se prăsi ca iepurii to breed like rabbits.

a prăși cu hârlețul/săpăliga to spud up/out.

prâslea the little runt (of the familly).

nu prea/tocmai not exactly/quite.

a nu prea avea chef de... ← *F* to have little disposition/inclination to...; not feel like *(cu -ing.).*

prea bătrân pentru a face ceva to be over age to do smth.

prea bine, dar... that's all very fine, but...

nu prea curând not yet awhile.

prea de-ajuns/destul that will do.

prea departe too far (off); out of distance; **~ de** out of distance from...; **nu ~** not so far.

prea departe ca să audă/ca să poată auzi/să fi auzit out of ear-shot; out of hearing.

prea departe ca să poată vedea/ca să vadă out of eyeshot.

prea de tot! *F* → that's a bit steep! that's the limit! that beats creation; *sl.* that takes the biscuit!

prea devreme too soon.

a nu prea face caz de ceva to set little store by smth.; to price smth. low.

prea frumos ca să fie adevărat (far) too good to be true.

prea greu pentru mine beyond my range.

nu prea grozav nothing to write home about; *amer.* not so hot.

prea le iei pe toate drept bune you take too much for granted.

prea mare ca să se mai joace cu păpușile too old to play with dolls.

nu prea merg afacerile *com.* business is dull/slack.

prea multă bătaie de cap îmi dai *F* you give me a headache.

a nu-i prea păsa de...; nu-mi prea pasă *poetic* it recks me not; I care little for...

nu-mi prea place I care little for...; it is little to my taste.

nu prea-mi place cum arăți you don't look very fit.

se prea poate possibly; it's possible; that's quite/very possible.

prea puțin importă dacă... it matters little if/whether...

prea puțin îmi pasă I don't care a rap/a straw/a damn/a button/a fig/a hang/a brass farthing.

prea puțin spus that would be an understatement.

prea supusul dvs. servitor I subscribe myself your humble servant.

prea susceptibil easily offended; too quick to take offence.

prea tărăgănezi you are slow over it.

prea târziu *fig.* < after the fair; after death the doctor.

nu prea ușor de făcut/realizat not easy to come at.

a nu precipita lucrurile; să nu precipităm lucrurile let us not be overhasty.

se precipită evenimentele matters precipitated; *aprox. F* → one thing happens on top of another.

precis până la ultimul amănunt *F* → exact to a hairline.

a-și preciza poziția/atitudinea to define one's position.

precum ar fi... *înv.* like as...; such as...

precum doriți just as you like.

precum s-a menționat mai sus as stated above.

precum ziceți! just so!

a nu precupeți laudele not to stint one's praise.

a nu precupeți nici o cheltuială to spare no expense; not to spare expense.

a nu precupeți nici un efort to spare no effort(s)/no pains/neither trouble nor expense; *F* → to leave no stone unturned.

a nu precupeți nici truda, nici banii to spare neither trouble nor expense.

a preda/a demisiona din funcția de ministru to return to seals.

a se preda fără condiții *mil.* to surrender unconditionally/at discretion.

„a se preda imediat/de îndată/de urgență" 'for immediate delivery'.

a se preda inamicului to lay down one's arms.

„a se preda mesagerului" 'to be (left till) called for'.

a predica evanghelia to preach the gospel.

a predica/propovădui în deșert/pustiu *F* to preach in the desert/wilderness; *fig. F* → to beat the air.

a predica în pustiu a voice in the wilderness.

predispus la *(boală, obezitate etc.)* disposed/prone/predisposed to...; susceptible to...

predomină impresia că... there is a general feeling that...

a se preface bolnav to feign sick.

a se preface că face ceva *F* to make a feint of doing smth.

se preface că muncește his work is a mere pretence.

a se preface că nu recunoaște pe cineva tu cut smb. dead.

a se preface că nu ştie to pretend ignorance.

a se preface doar to pretend; to sham.

a se preface inocent/nevinovat to pretend innocence.

a preface în cărbune to char, to carbonize.

a se preface în cărbune to turn to coal; to be/to become carbonized.

a preface în cenuşă tu reduce/to burn to ashes/cinders; *(un oraş etc.)* tu burn down; *chim.* to calcine.

a se preface în cenuşă to turn to ashes.

a se preface în praf to turn/to crumble into dust.

a preface ceva în praf/pulbere/praf şi pulbere/scrum to reduce to ashes/dust; to turn to dust and ashes.

a preface în pulbere to reduce in(to) powder.

a se preface în ruină to fall to ruin.

a preface un lan în păşune to put land under grass.

a se preface mirat to feign surprise.

a se preface/schimba/transforma treptat în... to melt into...

a se preface virtuos; se preface virtuoasă *aprox.* *F →* butter wouldn't melt in her mouth.

prefăcându-se că nu s-a întâmplat nimic just as if nothing happened.

aş prefera să nu (mă duc) I would rather not to (go); I would just as soon not (go).

a prefera să nu vezi pe cineva to prefer a man's room to his presence.

se pregăteşte ceva *F* there's smth. in the air/the wind; there is smth. afoot.

se pregăteşte de ploaie rain is setting in; it is turning to rain; it is setting in for a wet day.

se pregăteşte o furtună (puternică) there is a (heavy) storm brewing/gathering; a storm is brewing/gathering; it is working up for a storm.

a i se pregăti to be/to lie in store for smb.

a se pregăti/umple baia cuiva to turn on smb.'s bath.

a pregăti calea pentru... to pave the way for...

a pregăti o capcană pentru cineva to lie in wait/to lay wait for smb.

a pregăti carnea to trim meat.

a se pregăti cu nerăbdare pentru ceva *aprox.* to look forward to smth.

a se pregăti de ceva to be up to smth.; to be keyed up for smth.

a se pregăti de dormit to settle oneself to sleep.

a se pregăti de plecare *F →* to be on the go.

a se pregăti de ploaie *v.* **se pregăteşte de ploaie**.

a se pregăti de război to prepare/to arm for war; *amer. fig.* to be out for scalps.

a se pregăti pentru avocatură to read for the bar.

a se pregăti pentru examene to read up/to study (up) for exams.

a pregăti pe cineva pentru a face ceva to fit smb. for smth./to do smth.

a se pregăti/a fi pregătit pentru orice eventualitate to provide for emergencies; to allow for all possibilities; *v. şi* **pregătit pentru ~**.

a pregăti terenul to clear the way; to pave the way; *(a pregăti spiritele)* *F →* to water the pitch.

pregătit înainte *(d. leacuri, formule etc.)* cut and dried/dry.

pregătit pentru luptă *mil.* ready for action.

pregătit pentru orice eventualitate prepared for anything/everything; provided for all eventualities.

a pregeta în faţa unei greutăţi to stick at a difficulty.

a preîntâmpina primejdia războiului to preclude/to prevent the danger of war; to avert war.

a preleva o sumă din venitul său to take a sum of one's income.

a prelua o afacere to take over (a business).

a prelua cârma/conducerea to take the helm.

a prelua conducerea to take over leadership.

a prelua conducerea afacerilor to assume the management of the affairs.

a prelua datoriile *(unei afaceri)* to take over the liabilities.

a prelua o funcţie to take/to come into office; to enter upon an office.

a prelua funcţiile cuiva to take over from smb.

a-şi prelua funcţiile/îndatoririle to enter upon/to take up one's duties.

a prelua/schimba garda *mar.* to take over the watch.

a prelua puterea to take over power.

a prelua/a-şi lua asupra sa o responsabilitate to take a responsibility on one's shoulders.

a prelucra o melodie pentru jazz to jazz a tune.

a prelungi o cambie/poliţă *com.* to prolong a bill.

a prelungi o notă (muzicală) *muz.* to sustain a note.

a prelungi şcolaritatea to raise the school-leaving age.

a se preocupa de ceva 1. to concern oneself with smth.; to be concerned in/with smth.; to give one's attention to... 2. to attend to...

a nu se preocupa deloc de ceva to leave smth. out of account.

preocupat (îngrijorat, neliniştit) de ceva solicitous about smth.

preocupat intens de ceva intent on smth.

a prepara o salată to mix a salad.

a presa pe cineva din urmă *sport* to run smb. hard/close.

presat de împrejurări under the pressure of circumstances.

presă coruptă the reptile press.

a presăra (un discurs) cu citate to tag (a speech) with quotations.

a presăra cu făină to sprinkle with flour.

a presăra o prăjitură cu (pudră de) zahăr to sugar; to sift sugar over a cake.

presărat cu flori strewn with flowers.

a prescrie un medicament *med.* to prescribe a medicine.

a prescrie un tratament cuiva *med.* to prescribe for smb.

a presimți o nenorocire; presimt o nenorocire my heart/mind misgives me.

a presimți ceva (rău) to have a presentiment/a foreboding of smth.; to feel smth. in one's bones; *aprox. F →* to smell a rat; to have some inkling of it.

a presimți pericolul *F →* to scent trouble.

presimțire neagră handwriting on the wall.

presupunând că... on the supposition that...; supposing that...

presupun că... I take it that...; I dare say...; I have a shrewd idea that...

presupun că da I suppose/expect so.

se presupune că e *(bogat etc.)* he is supposed to be (wealthy, etc.).

a presupune de la bun început ceva to take smth. for granted.

să presupunem/zicem că... let us (let's) suppose that...; put it/the case that...; *elev.* let us presume that...

să presupunem că AB este egal cu CD let AB be equal to CD.

să presupunem/zicem că ai/aveți dreptate put it that you are right; put the case it is so; let us (let's) suppose (that) you are right.

să presupunem că e așa let us take it that it is so.

mai presus de cuvinte beyond words.

mai presus de orice above all (things); of all things; first and foremost.

mai presus de orice bănuială above suspicion.

mai presus de orice comparație *poet.* beyond/past compare.

mai presus de orice critică above criticism.

mai presus de orice închipuire beyond human contrivance.

mai presus de orice îndoială beyond (a) doubt.

mai presus de orice laudă beyond all praise.

mai presus de toate *v. ~* orice.

a se preta la abuzuri *F →* to open a door to abuses.

a se preta la ceva *elev.* to lend oneself/itself to smth.

a se preta la diferite interpretări *(d. fapte etc.)* *elev.* to be patient of various interpretations.

a se preta la o escrocherie to countenance a fraud.

a se preta la tot felul de prostii to make a fool of oneself.

a pretexta ignoranța *(ca scuză)* to plead ignorance.

un pretext se găsește ușor *prov.* it is easy to find a stick to beat a dog.

a pretinde că face ceva to make believe to do smth.

a pretinde că nu vede to shut one's eyes upon smth.

a pretinde luna de pe cer *F →* to cry for the moon; to ask for the moon and stars.

a se pretinde savant to profess to be a scholar.

a pretinde scuze to demand satisfaction.

pretutindeni domnea calmul/liniștea everywhere seemed quiet.

a nu prețui cine știe ce/mare lucru *F →* to be not great shakes.

a prețui mai mult decât cineva/ceva to be an improvement on smb./smth.

a prețui mult ceva to prize smth. highly.

a nu prețui prea mult pe cineva to think little of smb.

a prețui ceva mai presus de orice to set smth. above rubies.

prețul va fi reținut din salariu the cost must be stopped out of his salary.

prețul s-a ridicat/a fost ridicat/sporit de la... la... the price has been increased from... to...

prețurile au un curs scăzut azi prices rule lower today.

prețurile se mențin prices keep their ground.

prețurile se mențin la cel mai scăzut nivel prices are at hard-pan.

prețurile se mențin ridicate prices are ruling high.

prețurile au fost reduse la minimum prices are cut very fine.

prețurile scad prices go down.

prețurile au scăzut brusc prices have come down with a run.

prețurile sunt în creștere prices are rising.

prețurile sunt în scădere prices are coming down.

prevăd că n-o să-i meargă *elev. F →* I augur ill of his success.

prevăzut cu tot confortul (modern) fitted with all (modern) convenience.

a prevedea ceva cu un dispozitiv to fit smth. with a device.

a prevedea viitorul to see into the future.

a preveni pe cineva de un pericol to warn smb. of a danger.

a preveni o lipsă/nevoie temporară to stop a gap.

a preveni o obiecție to foreclose an objection.

a preveni un pericol *(o boală etc.)* to stave off.

a prevesti lucruri bune to bode well.

a nu prevesti nimic bun to be of ill omen; **nu prevestește nimic bun** it bodes no good.

a prevesti ceva rău to presage evil.

prevestire rea handwriting on the wall.

a prevesti vag to shadow forth/out.

a-și prezenta actele (de identitate)/legitimația to prove one's identity.

a-și prezenta actele/scrisorile de acreditare to show one's credentials.

a-și prezenta acțiunile/faptele într-o lumină favorabilă to put a good face on one's actions.

a se prezenta alegătorilor to go to the country.

a prezenta apărarea acuzatului *jur.* to put the case for the prisoner at the bar.

a prezenta arma *(la inspecție) mil.* to port arms.

a prezenta armele *mil.* to present arms.

a se prezenta bine 1. to make a good appearance; *F →* to have a good shop-front. 2. to give a good account of oneself.

a prezenta bugetul to open the budget.

a-și prezenta cartea de vizită to send in one's name.

a prezenta un caz/o chestiune în linii mari/în rezumat to brief a case.

a se prezenta celor de față *elev. →* to make one's bow to the company.

a-și prezenta copiii spre a fi admirați (de invitați) to trot one's children for the admiration of the guests.

a prezenta o dare de seamă completă to give a full and particular account.

a-și prezenta demisia to hand in/to send in/to tender one's resignation; to send in one's papers.

a nu prezenta dificultăți to offer no difficulty.

a se prezenta din nou la un examen to re-enter for an examination.

a prezenta documente to produce documents.

a prezenta dovezi/probe to produce proofs; to tender evidence.

a prezenta o hotărâre adunării to put a resolution to the meeting.

a prezenta o informare to lay an information.

a nu mai prezenta interes *F →* to be off the map.

a nu prezenta interes pentru cineva to be of no interest to smb.

a nu mai prezenta interes pentru cineva *(d. literatură etc.)* to pall on smb.

a prezenta/pune pe cineva în adevărata sa lumină to paint smb. in his proper light.

a prezenta în detaliu/detaliat to give full particulars.

a se prezenta în fața *(unui superior)* to report oneself (to smb.).

a se prezenta în fața instanței *jur.* to surrender to one's bail.

a nu se prezenta în fața instanței to fail to appear.

a prezenta ceva în lumina cea mai favorabilă to make the most of smth.

a se prezenta în persoană to make a personal application.

a prezenta ceva într-o lumină atrăgătoare to cast/to put a lively colour/lively colours on smth.; to depict/to paint/to represent smth. in bright/glaring colours.

a se prezenta într-o lumină atrăgătoare/favorabilă to show to advantage.

a prezenta ceva într-o lumină falsă to cast/to give/to put a false colour/false colours of smth. *înv. →* to put the change upon smth.

a prezenta ceva într-o lumină favorabilă/plăcută/agreabilă to put smth. in a favourable light.

a se prezenta într-o lumină nefavorabilă to show oneself in an unfavourable light/at a disadvantage/to disadvantage.

a prezenta o justificare to show a cause/a reason.

a se prezenta la o consultație medicală *mil. etc.* to report sick.

a se prezenta la un examen to go up/to sit/to enter for an examination; to take an examination.

a nu se prezenta la o întâlnire to break an appointment.

a se prezenta la judecată to appear in court; to take one's trial.

a se prezenta la unitate *mil.* to report to one's unit/to headquarters.

a se prezenta la urne to report/to go to the polls.

a prezenta lucrurile într-o lumină favorabilă/plăcută to put a good complexion on an act.

a prezenta un motiv valabil to show cause/reason.

a i se prezenta ocazia; i se prezintă ocazia an opportunity (soon) presents itself.

a prezenta omagii cuiva *elev. →* to make (an) obeisance to smb.; to do/to pay obeisance to smb.

a-și prezenta omagiile cuiva to pay one's respects to smb.; *(unei doamne)* to give one's compliments.

a prezenta pașaportul to show one's passport.

a prezenta o poliță spre acceptare to present a bill for acceptance.

a prezenta problema altfel to give another version of the affair.

a prezenta un raport to make a report.

a prezenta o reclamație to put in a claim.

a prezenta/propune o rezoluție to move a resolution.

a-și prezenta scrisorile de acreditare to present one's credentials.

a prezenta o scuză *jur.* to offer a plea.

a prezenta o scuză oarecare to make some excuse or other.

a prezenta scuze cuiva to make/to offer one's apologies/an apology to smb.

a prezenta simptome de... *med. etc.* to show symptoms of...

prezentați arma! *mil.* present arms!

prezența dvs. este solicitată *elev.* F → your attendance is requested.

prezență de spirit readiness of mind/of wit.

a prezida o adunare to preside at/over a meeting; to be in/to occupy/to fill the chair.

a prezida ședința to take the chair.

prezidat de... under the chairmanship of...

a pribegi prin lume to go/F → to knock about the world.

a pricepe aluzia cuiva to take one's cue from smb.

a pricepe o aluzie to take a/the hint.

a se pricepe bine la ceva to be a good/a great hand at doing smth.; to be experienced in smth.; F → to be a dab (hand) at smth./at doing smth.

a nu se pricepe bine (la ceva); nu se pricepe bine (la ceva) F → he is not all there.

a se pricepe bine la socoteli to be smart/quick at figures.

a nu se pricepe câtuși de puțin to be bad at it; to be a duffer at smth.

a nu se pricepe să conducă *(o afacere etc.)* he is no manager.

a se pricepe cum să facă ceva/un lucru to know how to do smth.

a pricepe cum stau lucrurile/stă treaba F → to find what o'clock it is.

a pricepe felul în care cineva privește o chestiune *amer.* to get smb.'s slant on a question.

a se pricepe foarte bine la ceva 1. to know all the ropes of smth.; to know all about smth. 2. to be happy at smth.

a pricepe greu F → to be slow in the uptake.

a se pricepe grozav/de minune la ceva F to be an old hand (at it).

a se pricepe în materie to be an expert on/in smth.

a se pricepe la afaceri to be skilled in business; to understand business.

a nu se pricepe la afaceri F → to take one's pigs to a bad market.

a se pricepe la cai to be a judge of horse-flesh.

a se pricepe la dactilografiat F to be good at typing.

a se pricepe la oameni *aprox.* F → to know what's what.

a se pricepe la pescuit F → to throw a good line.

a se pricepe la șmecherii; se pricepe la șmecherii he knows a trick or two; he's up to every trick.

a pricepe repede F → to be quick in the uptake.

a nu se pricepe să scrie prea bine to be no great scribe.

nu pricep o iotă it is all Greek to me; it's double Dutch.

ai priceput? F → got it? do you tumble to it?

priceput la ceva well up in smth.

a pricinui bătaie de cap to give/to cause a headache.

a pricinui cuiva (mari) cheltuieli to put smb. to expense.

a pricinui un deranj cuiva to give smb. trouble; to disturb smb.; to put smb. to inconvenience/trouble.

a pricinui cuiva durere to give smb. pain.

a pricinui moartea cuiva to cause/to procure smb.'s death.

a pricinui necaz to make mischief.

a pricinui cuiva neplăceri to get smb. into trouble; to make trouble for smb.; *v. și* **a pricinui un deranj cuiva; a pune pe cineva în dificultate**.

a pricinui teamă to cause fear.

a se pricopsi de pe urma... to reap/to drive/to benefit/to advantage from...; to benefit/to profit by...

ne-am pricopsit! *ironic* F → we are in for it; *sl.* we are up a tree; we are in the soup.

prietene! *sl.* old cock!

prieteni la cataramă F bosom friends; great chums; cup and can; *v. și* **prieten la toartă cu cineva**.

prieten jurat friend for life.

prieten la toartă cu cineva F (great) friends with someone; *aprox.* as thick as thieves/mud/fleas; hand and/in glove with.

prietenul la nevoie se cunoaște *prov.* a friend in need is a friend indeed; prosperity makes friends and adversity tries them; a friend is never known till a man have need.

prietenul tuturor nu e prietenul nimănui *prov.* everybody's friend is nobody's friend.

prigoana împotriva elementelor progresiste *amer.* red baiting.

a-i prii cuiva to be favourable to smb.; to suit smb.; *(d. climă etc.)* to agree with smb.

a nu-i prii *(o mâncare)* to disagree with smb.; to be allergic to (fish, etc.).

prilejul te face hoț *prov.* opportunity makes the thief.

prima apariție a (debutul) d-rei X *teatru* first appearance of Miss X.

prima lovitură hotărăște soarta bătăliei *prov.* the first blow is half the battle.

a-și primejdui viața to put one's life in jeopardy.

primește? is she visible? is she at home?

a primi un afront *F →* to receive a slap in the face.

a primi un ajutor de pauperitate to be on the parish.

a primi ajutor/subsidii/subvenții de la stat to receive a State grant.

a primi ajutor social *F →* to be on the dole.

a primi amabil/bine/călduros/ospitalier to show smb. hospitality.

a primi aprobarea/încuviințarea cuiva to meet with smb.'s approval.

a primi o bătaie bună/strașnică/zdravănă *v.* a mânca ~.

a primi bine pe cineva to receive someone well.

a primi botezul to receive baptism; to be baptized.

a primi botezul focului *mil.* to receive the baptism of fire; *F →* to smell powder for the first time.

a primi o bună educație to receive a good education; to be well-educated.

a primi cadou ceva to receive smth. as a present.

a primi călduros pe cineva to receive smb. warmly; to give smb. a warm reception.

a primi ceea ce i se cuvine *rar →* to get one's fairing.

a primi o chelfăneală *F* to get/to take one's gruel.

a primi comanda unui vas *mar.* to be posted to a ship.

a primi condoleanțele cuiva to accept smb.'s deep sympathy.

a primi confirmarea *rel.* to be confirmed.

a primi o convocare/invitație să se prezinte to be asked to call.

a primi pe cineva cu brațele deschise to receive/ to greet smb. with open arms; to give/*elev.* to accord smb. a welcome; *elev.* to extend a welcome to smb.; to give smb. a warm reception.

a primi pe cineva cu căldură to give smb. a kind/ a courteous/a hearty/a warm reception.

a primi pe cineva cu un surâs etc. to salute someone with a smile/a kiss/a word; to smile a welcome to smb.

a primi pe cineva cu toată inima to make smb. free of one's house.

a primi pe cineva cu toate onorurile cuvenite/ cu toată pompa to receive smb. with all due honour/with full honours; *F →* to roll out the carpet for the VIP.

a primi defilarea to take the salute.

a primi ceva din mâna cuiva to receive smth. at the hands of smb.

a primi un glonț *(in piept)* *F →* to stop a bullet.

a primi informații/vești despre ceva to receive intelligence of smth.

a primi o insultă *F →* to eat the/one's leek.

a primi o invitație *(să viziteze pe cineva)* to be asked to call.

a primi o invitație la masă to engage oneself for dinner.

a primi împărtășania/cuminecătura to receive the sacrament; to break bread; to partake of the sacrament.

a primi cele mai înalte onoruri *F →* to get on the top of the ladder.

a primi în gazdă/pensiune to take in lodgers/paying guests.

a primi o lovitură to receive a blow.

a primi o lovitură cu curaj to put a bold face on the matter.

a primi o lovitură dureroasă to receive a nasty blow.

a primi o lovitură peste mâini to get a rap over/ on the knuckles.

a primi lovituri de baston/bâtă to get the stick.

a primi loviturile (și darurile) sorții to take the bad with the good.

a primi lucrurile așa cum sunt/vin to take the bad with the good.

a primi lucrurile cu filozofie/stoicism to put a good/a brave face on a bad business.

a nu primi lupta to refuse battle.

a primi mărturisirea cuiva to receive smb.'s confession.

nu primim bacșiș! no gratuities!

a primi o mențiune *școl. etc.* to be honourably mentioned.

a primi o moștenire to come into an inheritance.

nu primim sticle goale empties are not taken back.

a primi mai multe jigniri decât foloase *F →* to get more kicks than ha'pence.

a primi multe vizite to entertain a great deal.

a primi multe voturi to be elected.

a nu primi un musafir/musafiri to leave smb. on the mat; *elev.* to deny oneself to visitors.

a primi o mustrare cu calm to take a telling.

a primi numirea *mar.* to receive one's appointment.

a primi o observație to be taken to task.

a primi onorul *mil.* to take the salute.

a primi ordine de la cineva to take orders from smb.

a primi ordine severe to be given strict orders.

a primi pașaportul *fig.* to get the bag/the sack/the boot/the bird/the knock/the canvas/the mitten; *amer.* to get one's walking papers/orders.

a primi o pedeapsă disciplinară *școl.* *F* → to be progged.

a nu primi pe nimeni to see nobody.

a primi un perdaf *F* → to get hell; to get it hot; to get a good dressing down.

a primi plicul *v.* ~ pașaportul.

a primi o ploaie de pietre to be showered with stones.

a primi o provocare *fig.* to take up the gauntlet.

a primi un răspuns negativ to meet with/to get a refusal.

a primi răvaș de drum to get the mitten; *amer.* to get one's walking orders; *v. și* **a primi pașaportul.**

a primi recompensa cuvenită to receive a worthy reward.

a primi o săpuneală *F* to get a wigging/a dressing; to be called over the coals; to catch it; to get one penny.

a nu primi sfaturi to be impatient of advice.

a primi sfaturi de la cineva to take smb.'s advice; to take advice from smb.; to take counsel of smb.

a primi sfânta cuminecătură/împărtășanie to receive the eucharist.

a primi un student la universitate to enter a student at a university.

a primi o subvenție de la stat to be subsidized by the State.

primit cu căldură/cordialitate/în mod cordial received cordially by smb.

am primit scrisoarea dumneavoastră I am in receipt of your favour.

primiți asigurarea deosebitei mele considerațiuni (I am) yours very truly.

primiți, vă rog, condoleanțele mele! please accept my condolences.

primiți, vă rog, domnilor, cele mai distinse salutări din partea mea și a asociaților mei *com.* I am, dear Sirs, for self and partners, yours faithfully.

primiți salutările noastre cele mai cordiale we remain yours faithfully.

a primi vești de la... to have news from...; to hear from...

a primi vizita cuiva to receive/to have a visit from smb.; *(scurtă, oficială)* to receive a call.

a nu primi vizite to keep oneself invisible; not to be at home for anybody.

primul lucru, dimineața... (the) first thing in the morning.

primul venit, primul servit first come, first served.

prin absurd contrary to all reason; against all reason.

prin aceasta by this/that; *rar* → hereby.

prin aceea că... by the fact that...

prin amabilitatea/bunăvoința *(cu gen.) (la scrisori)* by favour of...

prin analogie on the analogy of...

prin avion by air mail.

prin bună înțelegere by mutual agreement/consent; by private contract.

prin bunăvoința *(cu gen.)* by the gracious consent of...

prin comisionar sent per carrier.

prin comparație by comparison; comparatively.

prin consens unanim by mutual agreement; with one assent.

prin consimțământ mutual by mutual consent.

prin constrângere *fig.* at the point of the sword.

prin contrabandă 1. by smuggling 2. *fig.* illegally; surreptitiously; secretly.

prin contrast cu... in contrast with...

prin convingere by means of persuasion.

prin curier expres/special by express messenger.

să nu te mai prind! *F* let me see you at it again!

o să-ți prindă bine you'll need it; it will come in handy.

nu se prinde! *F* that won't do! it's no go! it/that story won't wash! that cat won't jump! sorry, I don't buy it! *amer.* that cock won't fight! *amer.* nix on the game.

a prinde un accent *(american etc.)* to take on (an American, etc.) accent.

a prinde pe cineva asupra faptului to catch smb. red-handed/in the act; to catch smb. with the goods.

a-i prinde bine *(a-i sta bine)* to fit smb. to a nicety/like a glove; *F* → to suit smb. to a T/down to the ground; to sit well on smb.

a prinde o broșă etc. to pin/to fasten/to tack/to tag a brooch, etc.

a prinde ca din oală to catch smb. bending/napping/off (one's) guard/*F* on the hop.

a prinde caii la trăsură to harness/to put horses to a carriage.

a prinde carne pe el to put on flesh.

a prinde cel dintâi/primul prilej/prima ocazie *F* to take the time/the occasion by the forelock.

a prinde cheag I. *(a se întări)* to grow harder; to harden. **2.** *(a deveni viguros)* to grow vigorous/strong/*F* → beefy/*F* → hefty. **3.** *(a se îmbogăți)* *F* → to feather one's nest; to develop/to acquire custom; to make one's pile.

a prinde un chilipir *F* to snap up a bargain.

a prinde ciudă pe cineva *v.* **a ~ pică ~.**

a prinde coajă *med.* *(d. rană)* to skin over; to form a crust; *fig. F* to make one's pile.

prin decret regal by the King's appointment.

a prinde cu un ac to fix/to fasten with a pin/a needle; to pin (up).

a prinde cu acul to sow/to stitch together; *(cute)* to tack down (folds).

a prinde cu arcanul to (catch with a) lasso.

a prinde cu copca to clasp, to hook (on).

a prinde pe cineva cu o greșeală to put smb. in the wrong; *v. și* **a ~ cu mâța în sac.**

a prinde pe cineva cu mâța în sac to catch smb. tripping; to catch smb. with the goods.

a prinde pe cineva cu minciuna to find smb. out in a lie.

a prinde pe cineva cu o minciună to take smb. in a lie.

a prinde pe cineva cu ocaua mică I. to trip smb. up; to give smb. the lie in the throat **2.** to catch smb. at it; to catch smb. red-handed/in the act.

a prinde curaj I. to muster/to pluck/to summon up courage; to take/to summon courage; to pluck up one's courage/spirits; to take one's courage in both hands. **2.** to nerve oneself; to recruit one's spirits; to brace one's energies; to throw off one's shyness.

a prinde curaj din nou to resume one's courage.

a prinde darul suptului *F* to set on the sauce.

a-și prinde degetul în ușă to shut one's finger in the door.

a prinde de veste to hear; to learn, to be informed; to come/to get to know of...; *F* → to get (the) wind; the scent of...; to have an inkling of...

a prinde din urmă to catch up with; *(despre vehicule etc.)* to overtake.

a prinde pe cineva din urmă *F* → to jump smb.

a prinde ceva din zbor to pick/to fish up a piece of information; to get wind of smth.; to know how/to be able to take a hint.

a prinde din zbor *(o minge)* to catch the ball on the bounce/at the rebound.

a prinde dragoste de cineva to grow fond of smb.; to fall in love with smb.; to lose one's heart to smb.; to take a fancy to smb.

prin deducție by way of inference; inferentially; deductively.

prin definiție I. pre-eminently; in the highest sense of the word. **2.** especially; particularly.

a prinde formă to assume/to take form.

a prinde frica cuiva to stand in awe of smb.

a prinde frică to take alarm/fright; **~ de cineva** to come to fear smb.

a-l prinde furtuna to be overtaken/caught by a storm.

a prinde glas to find one's voice/tongue (again).

a prinde gust de *(băutură, joc, sport etc.)* to take to...; to take a linking for/to...; to acquire/to develop a taste for...

a prinde hârtiile cu o agrafă/clamă to fasten paper together with a clip.

a prinde inimă to take heart; to become exhilarated.

a prinde în brațe pe cineva to take/to clasp/to fold smb. in one's arms; to put one's arms round smb.

a prinde în cuie to nail/*(de lemn)* to peg.

a prinde în cursă/capcană pe cineva to trap smb.; to trepan smb. into smth.

a se prinde în cursă to caught in the trap; to be trapped.

a prinde în flagrant delict to catch/to take smb. in the act; *v. și* **~ pe cineva cu ocaua mică 2.**

a prinde pe cineva în greșeală to catch smb. tripping.

a se prinde în horă I. to join the "hora"/the dance **2.** *fig. v.* **a intra în horă.**

a prinde în laț to gin; to net; to (en)trap; to en(snare).

a prinde în mreje to enmesh; to entice; to ensnare; to entrap.

a se prinde în nadă *F* to swallow the bait.

a prinde în plasă to net; to entangle; to mesh.

a prinde în propria sa cursă pe cineva to bite the biter.

a prinde înțelesul a... to master the meaning of.

a prinde la colț pe cineva *F* to corner smb.

nu se prinde la mine! I am not to be taken in!

a prinde (un hoț etc.) la o razie *F* to rope smb. in.

prin delegare/substituire/înlocuire vicariously.

a prinde limbă *fig.* to begin to thaw; to come out of one's shell.

a **prinde lungimea de undă** *fig.* to come/to fall into step.

a **prinde mingea** *sport* to obtain the ball.

a **prinde mișcarea** *fig.* to get the hang of things.

a **prinde momentul** to bide/to watch one's time.

a **prinde mucegai** to get/to grow/to go mouldy; to get musty.

a **prinde muște** *fig.* F to twiddle one's thumbs; to waste one's time.

a **prinde necaz pe cineva** *v.* ~ **pică** ~.

a **prinde ocazia** to seize the opportunity; to snatch (at) an opportunity.

a **prinde ocazia cea mai bună** to save the tide.

a **prinde o ocazie** *v.* ~ **un chilipir.**

a **prinde o ocazie din zbor** to snap up a bargain.

a **prinde un ochi** to pick up/to take up a stitch/a dropped stitch.

prinde orbul, scoate-i ochii you may whistle for it; you can't take the breeks off a Highlander; *prov.* one can't get blood out of a stone.

a **prinde pe Dumnezeu de un picior** to be in the seventh heaven; to tread/to walk on/upon air.

a **se prinde pe orice** *F* → to bet a cookie/a cookey; to bet one's boots/hat/life/shirt; **mă prind** ~! *F* → my hat to a half-penny! by this hat! *amer.* I bet my last/bottom dollar!

a **prinde un pește** to land a fish.

a **prinde/surprinde pe cineva pe un picior greșit** to take someone at a disadvantage; *v. și* ~ **ca din oală.**

a **prinde pică pe cineva** to owe smb. a grudge; to take a spleen against smb.; to take a dislike to smb.; to bear smb. ill-will/a grudge; to entertain a feeling against smb.; *(rar)* to take umbrage.

a-l **prinde ploaia** to be caught in the rain.

a **prinde un post (de radio)** to tune (in) the set to a station; to tune in(to) a station.

a **prinde prepelița de coadă** *F* to shoe the goose; to see one apiece.

a **prinde o privire** to catch the eye.

a **prinde pulsul** *v.* a ~ **mișcarea.**

a **prinde puteri** to gather/to regain strength; to pick up one's flesh/strength; to recruit one's strength; to regain health.

a **prinde rădăcini 1.** to take/to strike root(s); to send out roots. **2.** *fig. (d. persoane etc.)* to have come to stay.

a **prinde sensul unei replici** to seize the meaning of a remark.

a **prinde simpatie pentru cineva** to take to smb.; to take a liking for/to smb.

a **se prinde singur în cursă** to be caught in one's trap; to be hoist by/with his own petard.

a-l **prinde somnul** to be overcome by sleep.

a **prinde ceva strâns** to take a firm hold of smth.

a **prinde suflet** to pluck/to muster up courage.

a **prinde șmecheria/șpilul** *F* to nail it; to get on to the trick.

a **prinde trenul** to catch/*F* → to nick one's train.

a **prinde ură pe cineva** to begin/to come to hate smb.; to conceive a strong aversion/hatred for smb.; to bear hatred against smb.; to have a spite against smb.

a **prinde urma** to find a trace of...

a **prinde vântul în pânze** *mar.* to fill away.

a **prinde viteză** to pick up/to gather speed.

prin dos at the rear.

prin dreptul de succesiune by right of succession.

prin extensiune by extesion of the sense.

prin faptul că... by the fact that...

prin foc și sabie by/with fire and sword.

prin forța *(cu gen.)* by force of...

prin forța lucrurilor owing to the force of circumstances.

prin forță by sheer strength; by the strong arm/ hand.

prin grija... through the good offices of...; by courtesy of...; thanks to...

prin intermediul by/through the agency of...; through the mediation of...

prin intermediul cuiva through smb.; through the instrumentality of smb.

prin împrejurimi somewhere thereabout; thereabouts.

prin înțelegere reciprocă by mutual consent.

prin licitație publică by/*amer.* at auction.

prin mijloace cinstite by fair means.

prin mijloace legale/licite by fair means.

prin mijloace necinstite; prin mijloace puțin cinstite *F* → on the queer.

prin mijlocirea *(cu gen.)* by/through the medium of...; by means of...; with the help of...

prin moștenire by inheritance; hereditarily; by right of succession.

prin munți și văi up hill and down dale.

prin orice mijloace by every means; by all (manner of) means; by any means; < by fair means or foul; by hook or by crook.

prin procură *jur.* by proxy.

prin propriile sale mijloace by oneself.

prin ridicare de mâini *(la vot)* by show of hands.

prin rotație by rotation/in rotation; according to a rota.

m-ai prins! *(în chestia asta)* you have me there!

te-am prins! I have you!

prins asupra faptului taken in the act; taken red-handed.

i-a prins bine it was well for him that he did so.

prins de gheţuri; vasul a fost prins de gheţuri the vessel was frozen in.

prins de viu caught alive.

prin serviciul de mesagerii by fast goods service.

prins în cursă/laţ caught in a snare.

prins în flagrant delict *v.* prins asupra faptului.

s-a prins în propria lui cursă *F →* he hasn't a leg to stand on.

prins între două focuri between two fires.

prins pe picior greşit caught/taken off one's guard.

prin străini amidst foreigners; in foreign countries; among strangers.

prin toate colţurile all over the place.

printr-un act normativ/un text legislativ by legislative enactment.

printre altele among other things.

printre dinţi *fig.* through clenched teeth.

printr-un efort de imaginaţie *F* by a stretch of the imagination.

printre noi in our midst.

printre picături *aprox.* by fits and starts; now and then; from time to time; at odd times; *(în timpul liber)* in one's spare time.

printre primii (de pe listă) early in the list.

printr-o intervenţie providenţială by a special providence.

printr-un prieten by the hand(s) of a friend.

printr-o simplă întâmplare by a mere accident.

prin urmare by the same token; by (this) token; *F →* more by token.

prin vecini in the neighbourhood; hard by.

prin viu grai orally; by word of mouth; *viva voce; sl. →* on the blob.

prin voia Celui de sus/Domnului by God's grace.

nu mă prinzi aşa uşor! you don't catch me!

nu mă prinzi a doua oară (cu şmecheriile tale) you shall not serve me that trick twice.

a se pripi să tragă o concluzie to jump to a conclusion.

a nu se priva de nimic to live well.

a priveghea la căpătâiul... to watch at the bedside of...; to sit up with...

a priveghea un mort to wake (a dead body).

îi priveşte *(personal) F →* that's their chicken.

mă priveşte! that's my pigeon/pidgin.

nu mă priveşte! that is nothing to me; it's none of my business; that does not regard me; *înv. →* it recks me not.

te priveşte! that is your look-out!

nu te priveşte! never you mind! it's no matter of yours; it's none of your business; what is that to you?

te priveşte personal! *amer. F →* that's your funeral!

a privi ameninţător pe cineva to look darkly/ threateningly at smb.; to glower at smb.

a privi atent pe cineva to take a good look at smb.

a privi cercetător pe cineva to peer at smb.

a privi chiorâş 1. to squint; to look awry; *F →* to look both ways for Sunday; < to look nine ways. **2.** *fig.* to look askance/awry/daggers (at smb.).

a privi pe cineva cu coada ochiului to look at smb. out of the tail of one's eye; to look asquint/ awry at smb.; to squint at.

a privi ceva cu deliciu/încântare to feast one's eyes on smth.

a privi cu dezaprobare to regard with disfavour.

a privi cu dispreţ la cineva *F* to look down on smb.

a privi cu dragoste pe cineva to make sheep's eyes at smb.

a privi pe cineva cu duşmănie/cu ochi duşmănoşi to look askance at smb.

a privi cu gura căscată to gape at...

a privi cu luare aminte pe cineva to take a good look at smb.

a privi ceva cu neîncredere *fig.* to take smth. with a grain of salt.

a privi la cineva cu ochi rătăciţi to look at smb. wildly.

a privi pe cineva cu neîncredere to look askance at smb.; to eye smb. distrustfully.

a privi pe cineva cu obrăznicie to stare at smb.

a privi cu ochi buni to view with a friendly eye.

a nu privi cu ochi buni to regard with disfavour.

a nu privi ceva cu un ochi favorabil to view unfavourably.

a privi pe cineva cu ochi haini to eye smb. asquint; *v. şi ~ cu ochi răi.*

a privi ceva cu ochi lacomi/pofticioşi to look on smth. with longing eyes.

a privi pe cineva cu ochi pătrunzători to look smb. through and through.

a privi pe cineva cu ochi răi 1. to view smb. with an unfriendly eye; to eye smb. hostilely. **2.** *fig.* to look daggers at smb.; to cast an evil eye on smb.

a privi cu răceală to look on dry-eye.

a privi pe cineva cu răutate to eye smb. evilly; *v. şi ~ cu ochi răi 1.*

a privi pe cineva cu respect *F →* to look up to smb.

a privi pe cineva cu simpatie to be kindly disposed towards smb.

a privi cu suspiciune la... to look askance at.

a privi pe cineva cu teamă și respect to stand in awe of smb.

a privi pe cineva de aproape to concern smb. (very) nearly; to touch smb. nearly.

a privi pe cineva de sus to look down on smb./ down one's nose at smb.; to lift/to raise up the horns.

a privi pe cineva drept în ochi to look smb. (full/ straight) in the face/in the eyes; to meet smb.'s eye.

a privi faptele în față to face up to reality.

a privi ceva favorabil to look with favour on smth.

a privi fix pe cineva 1. to stare at smb.; to give smb. a stare; to fix one's eyes upon smb. **2.** *(în față)* to look smb. in the face.

a privi pe cineva în adâncul ochilor to look smb. straight/squarely in the eye.

a privi înainte *fig.* to look ahead.

a privi înapoi to revert the eyes.

a privi înapoi la trecutul îndepărtat to look back through the vista of the past.

a privi în față 1. *fig.* to face. **2.** ~ **pe cineva** to look smb. in the face; *fig.* to stand up to smb.

a privi în gol to stare/to gaze into vacancy; to stare into space.

a privi în inima sa to search one's heart.

a privi ceva în mod îngust to take a narrow view of smth.

a privi pe cineva în ochi to stare in smb.'s face; to stare smb. in the face.

a se privi/uita în oglindă to look at oneself in the glass.

a privi pe cineva întrebător to look questioningly at smb.

a privi în viitor/în perspectiva viitorului to take long views; to look ahead.

a privi jumătatea plină a paharului to look on the bright side of things.

a privi languros/cu ochi languroși pe cineva to make eyes at smb.; *F →* to give smb. the glad eye; to leer at smb.

a privi lucrurile așa cum trebuie to take a right view of things.

a privi lucrurile cu un ochi de cunoscător to look on smth. with a critical eye.

a privi lucrurile în mod părtinitor to take a jaundiced view of things.

a privi lucrurile în perspectivă to take long views; to look ahead.

a privi lucrurile numai la suprafață to look only at the surface of things.

a privi lucrurile realist to take a common-sense view of things.

a privi moartea în față/fără teamă to look upon death without fear.

a se privi ochi în ochi to mingle eyes.

a privi pe fereastră to look through/out of the window.

a privi pe furiș to squint at...; to steal a glance at...

a-l privi personal; îl privește personal that's his look-out!

a privi pieziș la cineva 1. to cast a sidelong glance at smb. **2.** to look daggers at smb.

a privi ponciș pe cineva to look black on smb.; to give smb. a black look; *v. și* ~ **pe cineva cu ochi răi.**

a privi printre gratii *(la închisoare) sl.* to polish the king's irons with one's eyebrows.

a privi prin(tr-un) ochean to look through a field glass.

a privi problema pe ambele fețe to hear/to look at both sides.

a privi realitatea în față to look facts in the face.

a privi ceva retrospectiv to consider smth. in retrospect; to retrospect on smth.

privitor la... concerning...; respecting...; regarding...; relative to...

a privi viitorul cu încredere to be/to feel sanguine about the future.

a priza tutun to take snuff.

proaspăt ca o floare hale and hearty.

proaspăt în amintirea cuiva fresh in smb.'s memory.

proaspăt și bine dispus *F* as fit as a fiddle.

proaspăt vopsit "wet paint"; "mind the paint".

proastă afacere! *F* that's an awkward affair! *F →* it's a nice mess! *F* it's a devil of a go!

proastă treabă! a bad piece of business!

probabil că da I suppose so.

problema nu e rezolvată the question is in suspense.

problema este în curs de discutare the matter is in dispute/under consideration.

problema în chestiune the matter in hand/question; the affair in question; the point at issue; the problem that faces us.

problema nici nu merită să fie discutată it's no good talking about it.

problema se reduce la... it comes/amounts to...; *F →* it/the matter boils down to...

problemă greu de rezolvat 1. a ticklish problem/ card to play; a nice/a delicate/a subtle/a knotty point; a vexed question. **2.** *fig.* a hard nut to crack.

a proceda bine to act in the right way; *F →* to back the right horse; to come to the right shop; to get hold of the right end of the stick; to get out at the right station.

a proceda ca un bărbat to act like a man; to show oneself a man.

a proceda cinstit to act in the right way; *F* → to play the game; *amer. F* → to tote fair.

a proceda cinstit/corect/față de cineva to do the proper thing by smb.

a proceda după bunul său plac to do as one pleases.

a proceda fără greș to play a winning game.

a proceda greșit *F* → to play a wrong card.

a proceda în consecință to act accordingly.

a nu proceda just *F* → to be on the wrong side of the hedge.

a proceda la o anchetă to initiate/to institute/to start an inquiry/an investigation.

a proceda la vot to take the vote.

a proceda nesocotit *amer.* to go it with a/the looseness/rush.

a proceda pe calea eliminărilor succesive to proceed by trial and error.

a proceda urât *F* → to play the hog.

a proclama ceva cu mare tam-tam/zarvă/zgomot *F* → to proclaim/to cry smth. from the house-tops.

a proclama cu surle și trompete ← *F* to proclaim with sound of bell.

a proclama pe cineva rege to proclaim smb. king.

a proclama starea de asediu într-un oraș to declare a town in a state of siege; to proclaim martial law in a town.

a proclama șef pe cineva to proclaim smb. chief.

a-și procura bani to raise money; *F* → to raise the wind; *(prin înșelăciune) sl.* to whistle up the breeze.

a-i procura ceva cuiva to furnish smb. with smth.

a produce o cotitură to turn the tide.

a produce dezordine to spread confusion.

a produce o dezordine cumplită to turn the place into a bear-garden.

a produce dezordine (tulburări) în rândurile *(armatei etc.)* to throw the ranks into disorder.

a produce dezordini/tulburări to make/to create/to raise a disturbance.

a produce (un anumit) efect to strike a note; to have (a certain) effect.

a produce greață to turn smb.'s stomach.

a produce o impresie asupra... to make/to produce an impression on/upon...; to have an effect on...

a produce o impresie favorabilă to produce/to create a favourable impression; to impress favourably.

a produce o impresie neplăcută cuiva to rasp smb.'s feelings.

a produce o impresie proastă < to cut a poor figure; to leave a bad taste in the mouth.

a produce mari stricăciuni to make/to play havoc.

a produce mărfuri în serie to produce goods by machine; to manufacture serially.

a produce mult to turn out a great deal of work; to yield well.

a produce necazuri cuiva to make things uncomfortable for smb.

a produce peste plan to produce over and above plan; to produce in excess of plan.

a produce cuiva un resentiment *F* → to ruffle smb.'s feathers.

a produce un rezultat bun to lead to a good result.

a produce rumoare to arouse a confused murmur.

a produce un sentiment de dezgust și repulsie *fig.* to leave a bad taste in the mouth.

a produce senzație to create/to make/to cause a sensation.

s-a produs o destindere/relaxare this has eased the situation; the situation has eased.

produs la strung made on the lathe.

s-a produs o panică generală there was a general stampede.

a profera amenințări to breathe forth/out threats.

a profera injurii la adresa cuiva to rail at/against smb.; to revile against smb.; *F* → to fling out at smb.

a profesa avocatura to practise law.

a profesa o meserie to practise/to play a trade.

profesiune de credință profession of faith.

a se profila clar pe cer *(d. clădiri etc.)* to stand sharp against/to be silhouetted against the sky.

a profita de amabilitatea/bunătatea/bunăvoința cuiva to trade on smb.('s good nature); to make a convenience of smb.

a profita de un chilipir *F* to jump at a bargain.

a profita de (o) ocazie (favorabilă) to seize/to take an opportunity; to avail oneself of an opportunity; to profit by the occasion; to take a/one's chance; to take opportunity by the forelock; *fig.* to take the tide at the flood; *prov.* to make hay while the sun shines.

a profita de pe urma *(unei experiențe, a unui lucru)* to profit by...; to take advantage of...; to avail oneself of...; to turn/to put smth. to account/to profit.

a profita de prezența cuiva to make the most of smb.

a profita de slăbiciunea cuiva to take advantage of smb.'s weakness; to take smb. on the rebound; *F* → to play it low/down on smb.

a profita de timp to make the most of one's time.

a profita din plin de/de pe urma unui lucru to take advantage of smth.; *F* → to make capital out of smth.

a progresa încet to make slow progress.

a progresa rapid to make (great) progress.

progresul este imposibil we can't get any forwarder/*P* → any forrader.

a proiecta un film to project/to show a picture/a film on the screen.

Proletari din toate țările, uniți-vă! Workers of all lands/countries/the world, unite!

promisiunile sunt făcute pentru a nu fi ținute promises are like pie-crust, made to be broken.

a promite cuiva luna de pe cer to promise smb. the moon and stars.

a promite cuiva marea cu sarea *F* to promise wonders; to speak smb. fair.

a promite mult to promise fair to do smth.

promite puțin, fă mult *prov.* promise little, do much.

a promite solemn să facă ceva to engage (oneself) to do smth.; *aprox.* to pledge one's word.

a promova afară *(glumeț)* to kick a public man upstairs.

a promova cu calificativul „destul de bine" *școl.* to obtain a second.

a promova interesele cuiva to promote smb.'s interest.

a promova/contribui la înțelegerea între popoare to promote good feeling between nations.

prompt la acțiune swift to action.

prompt la răspuns/ripostă quick to answer back.

a pronunța o decizie/hotărâre/sentință to pass/to give/to deliver judgment.

a pronunța din gât to pronounce from the throat.

a pronunța/rosti/ține un discurs/o alocuțiune to deliver/to make a speech.

a pronunța o hotărâre împotriva cuiva *jur.* to give/to decide a case against smb.

a se pronunța/declara împotriva cuiva to pronounce against smb.

a se pronunța în favoarea cuiva to pronounce for smb./in favour of smb.

a se pronunța în glumă to sport off.

a pronunța/rosti literă cu literă to spell out/over.

a pronunța punerea sub acuzație to find an indictment.

a pronunța sentința to pronounce judgement; to pass/to deliver/a sentence.

a pronunța o sentință/un verdict *jur.* to pass sentence; *(d. juriu)* to bring in a verdict.

a pronunța separația de corp *jur.* to separate a married couple.

a pronunța un verdict *jur.* to return/to give/to deliver a verdict.

a pronunța un verdict de vinovăție *jur.* to bring in a verdict of guilty.

a pronunța un verdict în favoarea cuiva *jur.* to bring in a finding for smb.; to find for smb.

a pronunța o vocală cu limba în fundul gurii to retract a vowel.

a propaga/răspândi idei to propagate/to spread ideas.

proporțional cu... in proportion to...; according as...

a propovădui evanghelia to preach the gospel.

propria mea persoană my own/very self; *sl.* number one.

propriu-zis properly so called.

a propune un amendament la un proiect de lege *pol.* to move an amendment (to a bill).

a propune un candidat; a ~ candidatura cuiva to propose/to nominate a candidate/smb. for election; to put up/forward a candidate/smb.'s candidature.

a-și propune candidatura pentru... to stand/to offer oneself as candidate for...

a-și propune ca scop to aim at...; to be intended/meant to...

a propune o moțiune to move/to propose a motion.

propunerea a fost respinsă it was decided in the negative.

propunerea a întrunit majoritatea the ayes have it.

prostănac; nătâng simple Sammy.

prost ca noaptea/de dă în gropi (as) stupid as a donkey/a goose/an owl; as silly as a goose; too silly for words; (as) dull as ditchwater; *amer.* (as) dumb as a wooden Indian; *sl. amer.* dead above the ears/from the neck up.

prost crescut having no manners; ill-bred; ill-mannered.

prost dispus down in the mouth; in a bad humour/mood/temper; in bad humour; in low spirits; in the dumps; in a pet; out of humour/sorts/spirits; off colour; *F* → a cup too low.

a se prosterna în fața cuiva to fall down before smb.

a se prosti de băutură to drink oneself stupid.

prostii! nonsense; *F* rubbish; stuff and nonsense; (that's all) moonshine; fiddlesticks; fiddle-de-dee; skittles; bosh; all (in) my eye; all my eye and Betty Martin; that's all junk; *amer.* rats! *amer.* tommy rot.

prostii și nimic altceva sheer nonsense.

a se prosti rău de tot to make an ass of oneself; *F* to talk bilge.

te-ai prostit? have you grown soft-minded?

prost îmbrăcat *(sărăcăcios)* shabbily dressed; out at heels.

prost întreținut in bad repair; out of repair.

prost mai ești! well, you are a duffer!

prost văzut (to be) under a cloud.

a-și proteja capul de lovituri to fence one's head from/against blows.

a protesta cu glas tremurător *F →* to bleat out a protest.

a protesta în mod public to make a public protest.

a protesta o poliță to protest a promissory note.

a provoca cuiva o criză to send smb. into a fit.

a provoca dezgust/scârbă cuiva to turn smb. sick.

a provoca dezordini/tulburări to make/to create/ to raise a disturbance.

a provoca o discuție to start a discussion.

a provoca dureri puternice de stomac to give a nasty stomach ache.

a provoca/stârni entuziasm to fill with enthusiasm; < to throw into raptures; *amer.* to whoop things up.

a-i provoca greață cuiva to go against smb.'s stomach; *F →* to turn smb.'s stomach.

a provoca ilaritate to raise a general laugh.

a provoca un incendiu to start a fire.

a provoca la duel to challenge to a duel; to demand satisfaction.

a provoca mila cuiva to arouse smb.'s pity/compassion; to move smb. to pity.

a provoca mirare/uimire to raise astonishment.

a provoca neînțelegere to cause/to bring division.

a provoca neplăceri/necazuri cuiva *F →* to put a thorn in smb.'s pillow.

a provoca panică pe piață to raid into the market.

a provoca/stârni râsul cuiva to move smb. to laughter; to set smb. off laughing.

a provoca ruina cuiva to work the ruin of smb.

a provoca un scaun *med.* to move the bowels.

a provoca un surâs to raise a smile.

a provoca ură to promote hatred.

a provoca urcarea prețurilor to push on the prices.

a provoca un val de proteste to raise a storm of protests.

prudența e mama înțelepciunii safety first!

pst! hist! here!

ptiu, drace! *(la naiba) F* the deuce! *F* damn! hang it (all)! *(ce rușine) F* it's a damned shame! *sl.* crickey! *sl. amer.* by gravy!

ptru! *(la cai)* wo!

a publica un articol calomnios împotriva cuiva *jur.* to utter a libel against smb.

a publica un concurs pentru ocuparea unui loc to announce/to open/to advertize a vacancy.

a publica în grabă to rush into print.

a publica literatură fără nici o valoare to publish tripe.

a-și publica operele *F →* to spill printer's ink.

a publica ceva pe cont propriu/pe cheltuiala sa to publish at one's expense.

a publica o știre cu toată rezerva to publish news without vouching for its accuracy.

a pufăi din pipă to pull at one's pipe.

a pufăi dintr-o țigară to puff (away) at a cigar.

puicuță! toots!

pui de bogdaproste *F* cadger; ragamuffin; tatterdemalion.

pui de lele *(șmecher)* bastard; sly/dry boots; downy cove; *(ticălos)* scoundrel; bounder.

pui migdale în nasul porcului și el spune că e ghindă *prov.* honey is not for the ass's mouth.

punând chestiunea la vot *parl.* on a division.

punând totul la socoteală all told.

pun capul (jos) *F* I'll bet a cookie/my boots/my hat/my shirt/my life; I'll bet anything you like; I'll die for it; I'll eat my boots/my hat/my head; *sl.* you bet; you bet your boots/life; *amer.* I'll bet my bottom/last bet.

îmi pun capul pentru... I'll answer/vouch for...; I'll stake my life on...

punct cu punct in every particular; item after item; paragraph after paragraph; *(încetul cu încetul)* by inches; inch by inch.

puncte de interes turistic the lions of a place; places of interest.

puncte puncte dots.

un punct negru în trecutul cuiva a hole in smb.'s coat.

punct slab/sensibil/nevralgic tender spot.

a pune accentul pe... to stress; to lay stress (up)on...; to emphasize; to point out.

a-și pune afacerile în ordine to straighten (out) one's affairs.

a pune ceva afară la uscat to put smth. out to dry.

a pune alături to put side by side/together; *(a compara)* to compare; *(a contrasta)* to contrast; to put in contrast; to set off; *(a colaționa)* to collate.

a pune ceva amanet to put smth. in pledge; *F →* to lay smth. (up) in lavender; *sl.* → to pop smth.

a-și pune amprenta pe ceva to leave one's mark upon smth.

a pune apă în vin to water one's wine; to doctor wine.

a-și pune avizul/parafa pe ceva to put one's initials to smth.

a pune baioneta la armă *(pușcă)* to fix bayonets.

a pune bani deoparte/la ciorap to save money; to put by money; to lay money by.

a pune banii pe masă *sl.* to plank down the ready.

a pune bani la chimir *(a face bani)* to make money; to make a fortune; *(a fi zgârcit)* to be stingy/niggardly.

a pune o barbă cuiva *(a înșela) F* to diddle smb.; to pull smb.'s leg; to take smb. in; *(a prosti)* to full/to dupe/to gull/to hoax smb.

a pune bazele *(cu gen.)* to lay the foundations of...

a pune bazele unei familii to found a family.

a nu pune băutură/alcool în gură to be a total abstainer (from alcohol); to be a teetota(l)ler.

a pune pe cineva să bea mai mult decât poate *F →* to liquor smb. up.

a pune bețe în roate cuiva to put a spoke in smb.'s wheel; to raise/to make difficulties; to put/to throw difficulties/obstacles in smb.'s way; *F* to put/to throw grit in the machine/in the bearings; to throw a monkey-wrench into the machinery; to throw a spanner in the works; to spike smb.'s gun; to stand in smb.'s light; to plug smb./smb.'s plans; *amer.* to throw sand in the wheels; *F* to put a crimp in a scheme.

a-și pune biblioteca la dispoziția cuiva to allow smb. the run of one's library.

a pune bila pe cinci *sl. amer.* to hit the hay.

a pune bine ceva to stow smth. away; to tidy smth. away.

a se pune bine cu cineva to curry favour with smb.; to insinuate/to ingratiate oneself with smb.

a pune un bir/o dare pe ceva to lay a tax on smth.

a-și pune boii în plug cu cineva *F* to pick a quarrel with smb.

a pune botniță cuiva *F* to stop smb.'s gab/mouth; to cut smb. short.

a pune botniță presei *F* to sit on the safety-valve.

a pune botul to pout, to sulk; to be in the pouts/the sulks.

a(-și) pune burta la cale *F amer.* to lay/to put under one's belt.

a pune buza to pout; to make (up) a lip; *v. și a pune botul.*

a pune calupul cuiva *v.* **a pune barbă cuiva.**

a pune cană *(la butoi)* to tap.

a-și pune candidatura to put one's name down (for smth.); to stand/to offer oneself as candidate; *(pentru un post)* to try for a post; *(în alegeri)* to stand for an election/for parliament; *amer. F* to throw one's hat into the ring.

a pune cangea pe cineva *F* to get smb. in one's clutches.

a pune capac la toate; asta pune capac la toate *P* that puts the lid on it!

a pune capacul *prov.* it's the last straw that breaks the camel's back.

a pune capăt (unui lucru) to put an end/a stop to/on smth.; to set/to put a term to smth.; to put a termination to smth.; to bring smth. to an end/to an issue/a termination; to have finished with smth.; to make an end of smth.; to cry halt on smth.; *F →* to put the kibosh on smth.; ~ **activității cuiva** *F →* to put a stopper to smb.'s activities; *(rar)* to put a period to smth.

a pune capăt unui abuz to redress a grievance.

a pune capăt discuției to break off/to cut short/to drop the conversation.

a pune capăt războiului *fig.* to sheathe the sword.

a pune capăt suferințelor cuiva to put smb. out of misery.

a-și pune capăt zilelor to put an end to one's life/to oneself; to do away with oneself; to lay (violent) hands on oneself; to take one's own life; to commit suicide.

a pune o capcană to set a snare/a trap; to lay a snare.

a pune cap compas la est *mar.* to sail due east.

a pune (două lucruri) cap la cap to join (two things) end to end; to patch together.

a se pune capră *(la jocul de-a capra)* to make a back.

a pune capul în pământ to hang one's head.

a-și pune capul pe pernă to lay/to rest one's head on a pillow.

a-și pune capul sănătos sub evanghelie *F* to ask for it; to meet trouble half-way.

a pune capul spre sud *mar.* to stand to the south.

a-și pune capul zălog to pawn one's life.

a-și pune carnea la saramură ← *F* to strain every nerve; to set every spring in motion; *amer.* to crack on all hands.

a pune carne pe el to gather/to put on flesh; to fill out.

a pune o carte la index to put a book on the Index.

a pune cartofi to sow potatoes.

a pune carul/căruţa înaintea cailor *F* to put/to set the cart before the horse.

a-şi pune casa la dispoziţia cuiva to throw open one's house to smb.

a pune o cataplasmă/prişniţă to poultice.

a se pune caţă pe capul cuiva *F* to pester smb.; to batten on smb.

a pune căluşul (în gură) cuiva I. to gag/to garotte smb. **2.** *fig.* to stop smb.'s talk; *v. şi ~* **botniţă ~.**

a pune cărţile pe masă to lay/to place/to put/to throw one's cards on the table.

a pune un câine în lanţ to put a dog on the chain.

a pune câinii pe urmele vânatului to lay the hounds on the scent; to feather the hounds.

a pune ceainicul etc. la fiert/încălzit to put the kettle on.

a-şi pune cenuşă în cap to eat dirt/humble-pie/one's leek; to kiss the dust; to mourn/to penance/to repent in sackcloth and ashes; to stand in a white sheet.

a pune cercuri la un butoi to hoop a cask.

a pune chestiunea de încredere to table a motion of confidence.

a pune chestiunea/treaba în sarcina/spinarea/pe seama altuia *amer.* to pass the buck to smb.

a pune chestiunea la vot *pol.* to put the question; to put a question to the vote; *(în Camera Comunelor)* to divide the House.

a pune o chestiune pe tapet to bring a matter up for consideration/discussion; to bring up a subject.

a se pune chezaş pentru cineva to vouch for smb.; to be security/surety for smb.; to stand a guarantor for smb.; *com.* to be bondsman for smb.; *jur.* to bail smb. (out); to go/to stand bail for smb.; to put in bail for smb.

a pune cinstea mai presus de bogăţie to put honour before riches.

a pune clopoţei pisicii *F* to bell the cat.

a pune coada pe spinare to scamper/away off; *F* to show a clean pair of heels; to take the one's heels; *v. şi* **a-şi lua călcâiele la ~.**

a pune coarne cuiva to give smb. horns to wear; to graft/to plant horns on smb.; to be unfaithful to; *înv. →* to cuckold smb.

a pune condiţie ca... to stipulate that...

a pune condiţii to impose terms; *~* **cuiva** to impose conditions on smb.

a pune pe cineva să conducă/mai mare peste to set smb. (up) over others.

a pune un copil la colţ to put a child in the corner.

a pune un copil sub tutelă to put a child in ward.

a pune o coroană la un dinte to fill a tooth with gold.

a pune cruce la ceva to give up smth. for lost.

a se pune cruce to set one's face against; to oppose tooth and nail.

a pune pe cineva cu botul pe labe to get the better of smb.; to gain the upper hand over smb.; *F* to put smb.'s nose out of joint; to put the extinguisher on smb.; *F* to mop/to wipe the floor with smb.

a se pune cu burta pe carte to bone at/upon a subject; **pune-te cu burta pe carte** *← F aprox.* you'd better go back to school again.

a se pune cu cineva to try/to measure of strength against smb.; to pit oneself against smb.; **nu te ~ el** *aprox.* you are no match for him!

a pune ceva cu faţa în jos/invers to lay smth. face down.

a pune pe cineva cu fundul în sus *fig. F* to put/to set/to get smb.'s back/monkey up.

a se pune cu nădejde pe treabă to put/to throw one's heart and soul into a business.

a se pune cu tot dinadinsul *sl. amer.* to go all out.

a pune cuvinte pe note to put/to set words to music.

a pune de acord to bring into accord; to make agree with...; to proportion to...; to harmonize with...; to make smth. tally with.

a-şi pune de acord conduita cu principiile sale to square one's practice with one's principles.

a pune pe cineva de acord cu ceilalţi *F →* to bring smb. into line with the others.

a se pune de acord cu cineva to fall in with smb.; to meet smb.'s views; to keep chime with smb.

a pune de acord cu ultimele teorii/realizări *(o lucrare etc.)* to update.

a pune de acord două puncte de vedere to reconcile two points of view.

a se pune de-a curmezişul dorinţelor cuiva to thwart smb.'s wishes.

a se pune de-a curmezişul drumului cuiva to cross smb.'s path.

a pune degetul to make one's mark; to set one's thumb.

a pune degetul la gură to lay/to put one's finger to one's mouth.

a pune degetul pe rană I. to put one's finger on the bad/the sore place; to touch a raw/a sore spot; to lay/to put one's finger on a weak spot/on the cause of the evil; *F* to scratch smb. where he itches. **2.** *F* to hit the (right) nail on the head; to hit it; to put the saddle on the right horse.

a o pune de mămăligă I. *F* to be in the soup/in a mess/in a pickle/in a sorry plight; to be up a tree; to have thorn it. **2.** to hang up one's axe.

a pune deoparte/la o parte to lay aside/by; to put/to set apart; to put aside.

a pune deoparte pentru bătrânețe to save up for one's old age.

a pune deoparte pentru viitor to put by for the future.

a pune deoparte pentru zile negre to lay/to put smth. by for a rainy day.

a pune deoparte o sumă frumușică to lay by a tidy sum.

a se pune de pricină to set oneself against smth.

a se pune din nou pe linia de plutire *F →* to get into saddle again.

a pune doliu to go into mourning.

a pune dos la fugă *F* to take the one's heels; *(a trage chiulul)* to skulk away.

a-și pune dresuri ← *înv. peior.* to paint (one's face); to rouge (oneself); *F →* to get/to make oneself up.

a pune dușmanul pe fugă to put the enemy to flight.

a-și pune economiile la bătaie ← *F* to draw up/upon one's savings.

a pune un embargo asupra... to lay an embargo upon...

a se pune să facă ceva to fall to smth./to doing smth.

a pune (pe cineva) să facă ceva to turn (smb.) on to do smth; *(pe ascuns)* to jockey (smb.) into doing smth.

a nu mai pune pe cineva să facă ceva to let smb. off from doing smth.

a pune față în față pe cineva cu altcineva to front smb. with smb. else.

a pune fân în iesle to rack hay.

a pune fitil cuiva *fig.* to add fuel to the fire; to set a match to the train.

a-și pune o floare la butonieră *F* to stick a flower in one's buttonhole.

a pune florile în apă to set the flowers in water.

a pune foc la ceva to set fire to smth.; to set smth. on fire.

a-și pune fracul to dress in tails.

a pune frâna/o frână to put on the brake.

a pune frâna brusc to jam on the brakes.

a pune frâu... to put a bridle on...; to check; to curb; to restrain; to put a stop to...

a-și pune frâu limbii/gurii *F* to put a bridle on one's tongue; to keep one's tongue in check; *F* to hold one's noise/tongue.

a-și pune funia de gât *F* to hang a weight round one's own neck.

a pune gabja pe cineva to lay/to chap smb. by the heels.

a pune gazon pe.../peste... to sod over/up.

a pune gând rău cuiva to have evil designs on/against smb.

a pune geamuri la fereastră to put in the panes.

a pune geană pe geană to take/to have a nap.

a pune un genunchi/genunchiul în pământ to drop on one's knee/on one knee.

a pune gheara pe ceva to lay hands on smth.; *v. și ~ laba ~.*

a pune o ghicitoare cuiva to propose/to propound a riddle to smb.

a pune să-și graveze inițialele pe ceva to have one's initials stamped on smth.

a pune greșit piciorul to miss one's footing.

a-și pune haina to put on one's coat; *P →* to on with one's coat.

a-și pune haina după cum bate vântul to set up one's sail to every wind.

a pune ibricul/ceainicul pe foc/la încălzit to put the kettle on.

a-și pune o idee în cap to take a whim into one's head.

a se pune imediat pe treabă *F →* not to be long about it.

a pune impozit pe ceva to lay/to levy a tax on smth.

a se pune împotriva cuiva to set smb. at defiance.

a pune în aceeași oală to be served with the same sauce.

a pune (pe cineva) în aceeași oală cu cineva to be lumped together with smb.

a se pune în același diapazon cu... to adapt oneself to...; to suit one's conversation to...

a pune în acțiune to set working; to bring/to put in action.

a pune ceva în acțiune to put/to set smth. in action; to bring/to call smth. into play; *F →* to set smth. astir.

a pune ceva în adevărata sa lumină to place/to set smth. in its true light; *~* **pe cineva** *~ F →* to paint smb. in his proper colour.

a pune pe cineva în afara legii to outlaw smb.

a pune în alarmă tot cartierul *F →* to flutter the dove cotes.

a pune în aplicare to put to use; to put in/into operation; *(o lege)* to put (a law) into force; *(un plan)* to put/to carry (a plan) into execution.

a pune în bandulieră to sling (smth.) over one's shoulder.

a pune în brațele cuiva (întreaga chestiune) to shove (the whole affair) on to smb.

a pune în butuci to put in the stocks.

a pune în cadrul disponibil to dismiss; *(cu posib. de revenire)* to pass/to put in the reserve.

a se pune în calea cuiva 1. to bar/to block smb.'s way. **2.** to oppose smb.; to put spokes into smb.'s wheels; to nick against smb.

a-și pune ceva în cap/gând to put smth. into one's head; to take it into one's head; *F →* to get smth. into one's noddle.

a-și pune în cap să cucerească un bărbat *F → (d. o femeie)* to set one's cap at a man.

a pune în carantină to put into/under quarantine.

a pune pe cineva în cauză 1. *jur.* to sue smb.; to summon smb. **2.** *fig.* to implicate smb.

a pune în cămașă de forță to strait-jacket; *(a închide un nebun)* to put under constraint.

a pune în circulație to circulate; to put in circulation.

a pune în circulație un zvon to set a rumour about.

a pune ceva în contextul său to set smth. in its context.

a pune ceva în contrast cu... to set smth. against...

a-și pune încrederea în cineva to give/to place one's confidence in smb.; to put/to repose/to set one's trust in smb.; to place reliance in/on/up(on) smb.; to pin one's faith on smb.; to fasten oneself on smb.

a se pune în cruciș și curmeziș to move heaven and earth.

a pune în cui to hang on a peg.

a pune în cumpănă *← F* to weigh; to compare.

a pune pe cineva în curent cu... to acquaint smb. with...; to inform smb. of...; to let smb. know; to put smb. up to; *F* to post smb. up with; *fig.* to put smb. to the ropes.

a se pune în curent cu... to become acquainted with...; to make oneself acquainted with...

a pune pe cineva în curent cu obiceiurile locului to put smb. up to the ways of the place.

a se pune în curmeziș la ceva *fig.* to set one's face against smth.

a pune în dezacord to set at variance.

a pune pe cineva în dificultate/într-o încurcătură to bring smb. to a (fine/a handsome/a pretty) pass/ to grief; to get/to land/to put smb. in a (fine/a pretty/a sweet) pickle; to get/to land/to put smb. in(to) a hole; to get smb. into a scrape/into trouble; *F* to put smb. in Queer street; *sl.* to put smb. in the cart; *amer. sl.* to get smb. in a box/in Dutch/ into a corner; to put/to place smb. in a spot.

a pune în discuție 1. *(o problemă)* to pose; to bring forward/to raise for discussion; to bring up a subject. **2.** *(a se îndoi de)* to challenge to doubt; to question.

a pune în disponibilitate to discharge; *(ca pedeapsă etc.)* to cashier.

a pune în evidență to make/to render evident/obvious/manifest.

a pune ceva în evidență/relief/valoare to bring/ to throw smth. into relief; to show off smth. to advantage.

a se pune în evidență to put oneself forward/foremost; *F →* to put on side.

a pune în fiare *ist.* to put in irons.

a se pune în formație de luptă *mil.* to form into line.

a se pune în fruntea *(cu gen.)* to take the lead of...

a pune în funcțiune o mașină to set a machine to work; to put a machine in working order.

a pune în gaj to put in pledge.

a pune pe cineva în gardă to put smb. on his guard; to warn smb. against.

a se pune în gardă to take one's guard.

a-și pune în gând să facă ceva *F →* to have (half) a notion to do smth.

a se pune în genunchi to kneel (down).

a pune/strânge grămadă to pile up/on.

a se pune în grevă *F →* to turn off the steam.

a pune pe cineva în încurcătură to cause smb. embarrassment; to throw smb. into confusion; to throw smb. for a loss; to put smb. in a fix/to confusion; *F →* to stump smb.; to be stumped.

a pune pe cineva în încurcătură cu o întrebare to puzzle smb. with a question; to jump a question on smb.

a pune în joc *fig.* to call into play.

a pune în joc toată influența/puterea de care dispune to bring every influence to bear.

a pune în joc toate mijloacele to put all irons/ every iron in the fire.

a pune în lanțuri to chain up; to put in chains; to fetter.

a pune pe cineva în legătură cu altcineva to put smb. in touch with smb.; *tel.* to put smb. through to smb.

a pune pe cineva în libertate to set smb. free/at large/at liberty; to release smb.; *(a dezlega)* to untie smb.; *(o pasăre)* to uncage.

a pune în libertate pe cauțiune to release smb. on bail.

a pune ceva în locul... to put smth. in the place of...; to substitute smth. for...

pune-te în locul meu! put yourself in my position!

a pune în lumină to bring forward/out; *aprox.* to cast/to shed/to throw light on...

a pune pe cineva în mare dificultate/încurcătură to drive smb. into a corner; to throw smb. off his balance.

a pune în minoritate to defeat.

a pune în mișcare to set going; to put/to set in motion; to set working; to set afoot/on foot; to put/to set in action; to bring/to call into action.

a se pune în mișcare; trenul se pune în mișcare the train is moving off/starts off.

a pune în mișcare un mecanism/o mașină to set a machine (a)going; to start (up) a machine.

a pune în mișcare prin aburi to propelled by steam.

a se pune în mișcare *(a porni)* to set out; *scot.* to take the gate.

a pune pe cineva în mormânt to lay smb. to rest/ in the grave.

a pune pe cineva în obezi *ist.* to put smb. in the stocks/*(în lanțuri)* in irons; *(a întemnița)* F → to clap/to lay/to set smb. by the heels.

a pune în ordine to put/to set in order; to set right/ to rights; *(d. o cameră)* to tidy/*amer.* to slick up.

a-și pune în ordine afacerile to settle one's affairs.

a pune în pagină to page; to paginate; to lay out.

a pune în paranteze *(un cuvânt)* to bracket; to put in parantheses; to put between parantheses/brackets; *mat.* to set/to include within parantheses/ brackets.

a se pune în/la pat to lay oneself down; to take to one's bed.

a se pune în patru *v.* ~ **cruciș și curmeziș.**

a se pune în patru labe în fața cuiva *F* to kowtow to smb.

a pune în pământ to lay in the ground.

a pune în pâine pe cineva to give smb. a nice/a safe berth/a good job.

a pune pe cineva în posesia unui bun *jur.* to seise smb. of/with an estate; to vest property in smb.

a pune în practică *(o teorie etc.)* to put (a theory, etc.) into practice.

a pune în primejdie to expose to danger; to endanger; to put in jeopardy; to jeopardize.

a pune pe cineva în retragere to pension smb. off.

a pune în saramură to pickle.

a pune ceva în sarcina cuiva to impute smth. to smb.; to charge/to tax smb. with smth.; to lay smth. at smb.'s door/charge.

a pune în scenă o piesă to produce/to put on/up a play; to stage a play; to bring out a play.

a pune în scenă o piesă cu o nouă distribuție to recast a play.

a i se pune în seamă o realizare to be credited with having done smth.

a pune în serviciu o linie de autobuze to put a bus into service.

a pune ceva în siguranță/la loc sigur to put smth. safely away.

a pune pe cineva în situația de a face ceva to enable smb. to do smth.

a pune/trece în socoteala cuiva to place/to carry to smb.'s account.

a pune ceva în socoteala/spinarea cuiva *fig.* F → to saddle smth. on smb.; *jur.* to lay smth. to smb.'s charge.

a pune în stare de funcționare to recondition.

a pune întreaga casă la dispoziția cuiva to throw open one's house to smb.

a pune cuiva o întrebare to ask smb. a question; to put a question to smb.

se pune întrebarea the question arises...

se pune întrebarea dacă e adevărat query is it true?

a pune cuiva o întrebare încuietoare *F* → to give smb. a poser.

a pune ceva într-o altă lumină to put/to place smth. in a different/a new light.

a pune (unui martor) întrebări tendențioase *jur.* to lead a witness.

a pune între semnele citării to put (a word/a passage) in quotation marks.

a pune pe cineva într-o funcție/slujbă/într-un post *lit.* → to endue smb. with an office.

a pune ceva într-un loc sigur to put smth. in a safe place.

a pune pe cineva într-o lumină falsă to put smb. in a false position.

a pune într-o lumină favorabilă to place in a good light.

a pune într-o mare încurcătură pe cineva to throw smb. into confusion.

a pune într-o oală pe toți to lump people together; to treat different persons alike.

a pune pe cineva într-o situație grea/dificilă/ neplăcută *F* → to put smb. in a hole; to lead smb. a dance; *amer.* F → to get/to have the deadwood on smb.; to have got smb. by the leg.

a pune pe cineva într-o situație ridicolă to make fun of/to poke fun at smb.

a pune în umbră pe cineva to cast/to put smb. in the shade; to throw smb. into the shade; to cut smb. out of all feather.

a pune în urmărire pe cineva to set a watch on smb.

a pune în uz to put in use; to bring into use; *(în circulație)* to put in/to bring into/to call into requisition.

a pune în valoare ceva 1. to turn/to put smth. to account. **2.** *fig.* to set smth. off to advantage; to bring smth. out. **3.** *(a accentua)* to lay stress on.

a se pune în valoare to show off.

a-și pune în valoare drepturile to put in a claim.

a pune în valoare fiecare cuvânt *(teatru)* to give full value to each word.

a-și pune în valoare talentul to do justice to one's talent.

a pune în valoare un teren *aprox.* to bring land into cultivation.

a pune ceva în vânzare/pe piață to set/to put smth. up for sale; to expose/to offer smth. for sale; to put smth. on the market.

a pune vedetă pe cineva to make a lion of smb.

a pune în vigoare o lege to enact/to enforce a law.

a pune ceva în vinul cuiva to drug smb.'s wine.

a pune jaloane *fig.* to show the way; to blaze a trail.

a pune jos armele to lay down one's arms.

a pune pe cineva să jure to put smb. to his oath.

a pune pe cineva la adăpost *jur.* to save smb. harmless.

a pune la adăpost/la loc sigur to stow (away).

a se pune la adăpost to take shelter; to get under cover; to seek/to take cover; to retire to a place of safety; to lie at one's ward; *(prin fugă)* to take to flight; to find safety in flight; *lit.* to betake oneself to flight; *(d. vânat)* to take cover; **~ de un crah** *amer. F* to stand from under a crash.

a pune pe cineva la adăpost de bănuială *F →* to screen smb. from suspicion/from blame.

a pune pe cineva la adăpost de critică etc. to shield smb. from censure.

a pune ceva la adăpost de intemperii to protect smth. from the rain/the weather; *(d. recoltă)* to house the crop.

a pune pe cineva la adăpost de nevoi *← F* to provide for smb.

a pune pe cineva la ambiție to put smb. on/to his mettle.

a pune laba pe cineva *F* to get smb. in one's clutches.

a-și pune la bătaie toată energia/toate forțele/resursele pentru ceva to throw all one's energy into smth.; to put (all) one's heart into smth.; *F →* to put one's best foot foremost/forward; to put a bit of elbowgrease into it.

a-și pune la bătaie tot creditul (de care se bucură) în favoarea cuiva to use one's credit in smb.'s favour.

a-și pune la bătaie totul/ultimele resurse financiare to draw on/upon the reserves; *F →* to throw the helve after the hatchet.

a pune la cale 1. *(a urzi)* to plot; to lay/to hatch a plot; to intrigue; to scheme; to concoct; *F →* to cook smth. up; **se pune ceva ~** there is smth. brewing/*F* afoot. **2.** *(un plan etc.)* to think out/to devise/to lay a plan, etc.; *(a pregăti)* to prepare; *(a organiza)* to organize; *(a avea intenția)* to meditate doing smth.

a pune pe cineva la cale to give smb. a hint/a lead; to teach/to instruct smb.

a-și pune lacăt la gură to be guarded in one's speech; *F* to hold one's tongue/noise; to keep one's tongue within one's teeth; to button up one's mouth; *sl.* to keep mum.

a pune pe cineva la cheltuială to put smb. to expense.

a pune la chinuri to put to the rack.

a pune la ciorap to put away/by; to save up; to lay by (a tidy sum).

a pune la clocit to set a hen/eggs.

a pune ceva la contribuție to make use of...; to put something into requisition.

a-și pune la contribuție imaginația/mintea *F* to draw upon one's imagination.

a pune la contribuție pe toată lumea to lay one's friends under contribution.

a pune pe cineva la cură de slăbire/la dietă/regim *med.* to put smb. on a diet.

a pune pe cineva la curent cu ceva to bring smb. to a knowledge of smth.; to put smb. up to a thing/to the ropes; to update smb.

a se pune la curent *F (cu o muncă)* to overtake arrears of work; *(cu o știință etc.)* to rub the rust off.

a pune ceva la dispoziția cuiva to place/to put smth. at smb.'s disposal/service; to put the use of smth. at smb.'s disposal; to have smth. available; to allow smb. the run of smth.

a se pune la dispoziția cuiva to place oneself at smb.'s service/under smb.'s power.

a pune la dosar to shelve; to pigeonhole;

a se pune la (marele) fix *← F* to get up (regardless of expense); *F →* to doll oneself up; *(d. femei) F →* to put one's best bib and tucker.

a pune la frig/rece to put in a cold place; to cool (down); *(la gheață)* to ice.

a pune pe cineva la grea încercare to put smb. through the mill.

a pune la grea încercare răbdarea cuiva to try smb.'s patience to the breaking point.

a pune la index to put on the index; to put on the prohibited/the black list; *(pe cineva)* to black-list; to put on the shelf; to shelve; *amer.* to throw into the discard.

a pune ceva la inimă to lay/to take smth. to heart; to take on for smth.

a nu pune ceva la inimă to take it easy; to put a bold face upon smth.

a pune ceva la încercare/probă to bring/to put smth. to the proof; to make an assay of...

a pune pe cineva la încercare to give smb. a trial/a try-out; to put smb. to the proof/the test/the touch; to put smb. through a test/his facings/*F →* his paces; to put smb. to trial; *~ la grea ~* to put smb. through the mill/an ordeal.

a pune la încercare curajul cuiva to try smb.'s courage/mettle; *lit.* to make trial of smb.'s courage.

a pune la încercare forţele cuiva to try smb.'s forces.

a pune la încercare memoria cuiva to task smb.'s memory.

a pune la încercare răbdarea cuiva to try/to tax smb.'s patience/temper; *~ poporului englez F →* to twist the lion's tail.

a pune ceva la îndoială to call/to bring smth. in question; to doubt smth.; to throw doubt upon smth.

a pune la îndoială (o afirmaţie) to query whether...

a pune la îndoială autenticitatea unei opere to suspect/to doubt the authenticity of a work.

a pune la îndoială veridicitatea unei afirmaţii to doubt the truth of an assertion.

a pune la jug to (put to the) yoke; *~ pe cineva* to force smb. into the traces.

a pune ceva la licitaţie/mezat to put smth. up for/to auction.

a pune la licitaţie un contract etc. *com.* to put some work up to contract.

a pune ceva la loc to put/to restore/to return smth. to its place; to tidy smth. away.

a pune la loc sigur ceva to put smth. safely away; to put smth. in a safe place.

a pune pe cineva la locul său to put smb. in his place/on his good behaviour; to teach smb. to know his place; to tell smb. off (properly); *înv. →* to set smb. down; *F →* to sit on smb.; *F →* to snap smb.'s head/nose off; *F →* to take smb. down a peg (or two); *F →* to give smb. a rap on his knuckles; *F →* to flatten (out) smb.; *F →* to make smb.

look small; *F →* to tick smb. off; *F →* to bring smb. to his bearings; *amer.* to tell smb. where to get off; *sl.* to give smb. a clincher.

a-şi pune lanţul de gât *fig. F* to put one's head in the (marriage) noose.

a pune laolaltă/la un loc to put together; to gather up.

a pune ceva la muiat to put smth. in soak.

a pune la naftalină *fig.* to shelve; *(lucruri)* to put on the shelf.

a pune/lăsa la o parte to put aside.

a se pune la patru ace to rig/to trig oneself out; to trim/to tog oneself up/out; *sl.* to toff oneself up/out; *amer.* to pimp oneself up; **pus ~** *P* got up regardless.

a pune/trânti pe cineva la pământ to lay smb. low; *fig.* to get the better of smb.

a pune la păstrare to lay (up) in lavender.

a pune pe cineva (cu umerii) la podea/pământ *sport* to put the half Nelson on smb.

a pune pe cineva la popreală/închisoare *← F* to lock smb. up; *jur.* to take smb. in charge.

a pune la porţie to put on (short) rations.

a pune la punct *(a face ultimele retuşuri)* to add/to put/to receive the finishing touch(es); *(a da formă)* to lock into shape; *~ un aparat* to tune up; *~ un articol* to put/*F →* to get an article into shape; *~ o lucrare F →* to give the finishing strokes/touches to one's work; *~ o măsură/invenţie* to perfect a measure/an invention.

a pune pe cineva la punct *v* a *~ la locul său.*

a se pune la punct *v. ~ la patru ace.*

a se pune la punct cu o materie/un subiect *F →* to brush up a subject/*(cu o limbă străină)* one's English, etc.; to furbish one's Latin, etc.

a-şi pune la punct (toate) treburile to set one's house in order.

a pune pe cineva la putere to raise smb. to power.

a pune la rece to put into a cold place *v. şi ~ **la frig.***

a pune pe cineva la regim to put smb. on a diet.

a pune pe cineva la un regim de economie to put smb. on (short) allowance.

a pune pe cineva la respect *F →* to put smb. in his place; to trim smb.; to give it to smb. *v. şi ~ **la locul său.***

a pune la saramură to souse.

a pune la sare *(carne etc.)* to salt (down) meat, etc.

a pune ceva la socoteală cuiva to place/to carry smth. to smb.'s account; to enter/to put smth. down to smb.'s account.

a nu pune la socoteală pe cineva to put smb. out of count.

a pune la socoteală și... to keep count of...

a pune la spate un gând to put a thought behind one.

a pune/țintui pe cineva la stâlpul infamiei to put/ to set smb. in the pillory; *fig.* to hold smb. up to infamy.

a pune la tortură *înv.* → to put to the question; to torture; to put to task.

a pune pe cineva la (o) treabă to set smb. to a task; *F* → to put smb. on to a job; *F* → to turn smb. on to do smth.

a se pune la unison cu ceva to keep chime with smth.

a pune la vot *(o chestiune/hotărâre)* to put (a question/a resolution) to the vote.

a pune la vot închiderea dezbaterilor/discuțiilor to move the closure.

a pune la vot o moțiune to put the motion.

a pune la vot prin ridicare de mâini to take a vote by a show of hands.

a pune la zid pe cineva to drive smb. into a corner.

a pune ceva lângă/sprijinit de ceva to lean smth. (with its beck) against smth.

a pune legea în aplicare to enforce the law; to lay down the law.

a pune lemne pe foc to make up the fire.

a pune o limită la... to set a limit/measures to...

a pune lucrurile în adevărata lor lumină to set the facts in their true light/in their proper light.

a pune lucrurile în mișcare *F* → to start the ball rolling; to set the ball a-rolling.

a pune lucrurile în ordine to put things/the matter right; to put things/matters straight; to set it right; to set to rights.

a nu pune lucrurile la inimă; nu pune la inimă! *F* take it easy!

a pune lucrurile/totul la punct to straighten things up; to smooth things over; to get things square; *F* → to even things up.

a pune lumina sub oboroc to hide/to put one's light under a bushel.

a pune lupul să păzească oile to put the cat among the pigeons; *F* to set the fox to keep the geese.

a pune mare preț pe ceva to set much by smth.; to set great store by/on smth.; to set a high value on smth.; to lay great stress on smth.; ~ **cineva** to make much of smth./smb.; ~ **îmbrăcăminte** to go in for dresses.

a pune margine la margine *(două scânduri)* to set (two boards) edge to edge.

a pune masa/fața de masă/tacâmurile to lay the table/the cloth; to set/to spread the table; to lay a knife and fork for smb.; *(pentru trei etc.)* to lay for three, etc.

a-și pune o mască to put on a mask; *(de gaze)* to put on the gas-mask.

a pune mașina la iernat *F* → to lay up a car.

a pune o mașină în mișcare to set a machine (a)-going.

a pune pe cineva să mănânce cu măsură to put smb. on (short) allowance.

a-și pune mănușile to pull on/to draw on one's gloves.

a pune pe cineva să se măsoare cu cineva to put smb. against smb.

a pune mâna la treabă to take a hand in the work.

a pune mâna-n foc pentru cineva ← *F* to vouch/ to answer for smb.

a pune mâna pe... **1.** *(a apuca, a-și însuși)* to seize (on...); to lay (one's) hands (up)on...; to put (one's) hand(s) on...; to get/to seize/to take hold of...; to take/to get possession of...; *F* → to walk into... **2.** *(a prinde)* to track... down; *F* → to jump (up)on; *v. și* – **laba** –. **3.** *(a atinge)* to lay/to put a finger on.

a nu pune mâna pe ceva not to touch smth.; to leave smth. alone.

a pune mâna pe arme to rise (up) in arms.

a pune mâna pe conducere/putere to seize/to take power; to assume the reins of government.

a pune mâna pe locurile cele mai bune *F* → to bag the best seats.

a pune mâna pe posesiunea/proprietatea/ terenul cuiva *amer.* to jump a claim.

a-și pune mâna streașină la ochi to shade one's eyes with one's hand.

a pune un mâner nou la o unealtă to fix a new handle on a tool.

a pune mine *mar.* to sow mines.

a pune mingea în joc *hochei* to bully (off).

a-și pune mintea cu cineva to try conclusions with smb.

a-și pune mintea la contribuție/sub teasc *F* to use one's brains/head/wits/*sl.* bean/loaf; to exercise one's wits; to set one's wits to work; *F* to put one's thinking cap on; *lit.* to band one's mind (to study); to tax one's ingenuity; **pune-ți** ~! do some hard thinking!

a pune motorul sub sarcină to put the motor under load.

a pune o moțiune la vot to put a resolution to the meeting; to put a motion to the vote.

a pune mai multă inimă în ceva; pune mai multă inimă! *F* put some life into it!

a pune pe cineva să muncească to set smb. to work; *(serios)* to bring smb. to the scratch; *(până nu mai poate)* to work smb. to death; *(neîntrerupt)* to keep smb. at work.

a pune un narcotic/somnifer/soporific în vinul cuiva to drug smb.'s wine.

a pune o navă pe șantier to lay down a ship.

a-și pune nădejdea în cineva to found/to pin/to set (all) one's hope(s) on smb.; to repose/to anchor one's hope in/on smb.; ~ **ceva** to bank on smth.; to lay (one's) account for smth.

a nu pune nici la degetul cel mic; nu-l pun nici la degetul cel mic *F* he is not a patch on me; I have him in my pocket.

a nu pune nici o stavilă la... to set no stint upon.

a nu pune nimic în gură not to touch food.

a i se pune un nod în gât to feel a lump in one's throat.

a pune notă pentru o temă *școl.* to mark an exercise.

a-și pune obrazul pentru cineva ← *F* to stand bail for smb.; to guarantee for smb.

a pune obstacole în calea cuiva to lay/to place/to throw obstacles in(to) smb.'s way.

a-și pune ochelarii to put on one's spectacles.

a pune un ochi *(la tricotat)* to take up a stitch.

a pune ochii pe cineva to fix one's eyes on smb.; to set one's heart on smb.; to pick on/upon smb.; *amer.* to set one's eye by smb.; *(ca să se mărite)* *F* to set one's cap at/*amer.* for smb.

a pune ordine în afaceri to settle one's affairs.

a pune ordine în căsnicie to set one's house in order.

a pune osul/umărul la treabă to set one's hand to the plough; to pull (all) one's weight; to make a special effort; *F* → to do a lick of work.

a nu pune osul la treabă not to do a lick of work; **nu punea osul la treabă** he never applied his hands to anything.

a pune paie pe(ste) foc *fig.* to add fuel/oil to the fire/the flame(s); to pour oil on the fire/the flame; to fan/to feed the fire/the flame(s); *F* → to take oil to extinguish a fire; to bring oil to the fire; to throw fat in the fire.

a-și pune pantofii/pălăria etc. to put one's shoes/hat, etc.

a-și pune pălăria pe-o ureche to cock one's hat; to set one's hat at an angle; to wear one's hat at a rakish angle.

a-și pune părul pe moațe to put one's hair in (curl-)papers.

a pune pe cineva pe calea cea bună *v.* **a aduce ~ pe drumul cel bun.**

a pune pe cant *(cărămizile)* to set on edge.

a-și pune pecetea pe... to put/to set one's seal to...

a se pune pe cheltuială to go to (< great) expenses; to lay oneself out to please; to launch out (into expense); to lash out into expenditure.

a pune pe cineva pe un drum greșit to tell smb. wrong.

a pune pe cineva pe drumul cel bun to put/to set smb. right; to put smb. in the right way; to set smb. on his way; *v. și* **a aduce ~.**

a pune pe el *(kilograme)* *F* to put on fat/flesh/weight.

a pune pe un elev sub consemn to keep a pupil in.

a pune pe foc pe cineva to make a place too hot for smb.

a pune pe fugă/goană to put/to turn to flight; *(oameni, animale)* to stampede; *mil.* to put (troops) to rout; to rout; *(dușmanul)* to send the enemy flying.

a se pune pe gândit/meditat to dispose oneself to meditation.

a pune pe cineva pe gânduri to make smb. think twice; to set smb. wondering; to alarm/to disturb smb.; *amer. F* to get smb. guessing.

a pune pe cineva pe ghimpi to throw smb. into a fever.

a pune ceva pe hârtie to put on paper; to write down; to commit smth. to paper; to put smth. down on paper; to set smth. down in black and white.

a pune pe cineva pe jeratic *F* → to fret smb.'s gizzard; *v. și* ~ **pe ghimpi.**

a pune pe cineva pe liber/pe verde 1. to job smb. off; *amer. F* → to give smb. the air; *v. și* **a da afară. 2.** *v.* **a da pașaportul.**

a pune pe cineva pe linia de plutire *(d. un candidat la examen)* *F* to bring smb. up to the scratch.

a se pune pe lucru *v.* ~ **treabă.**

a pune pe neașteptate o întrebare cuiva to jump a question on smb.

a pune pe note *muz.* to set (words/verses) to music; to set a song.

a pune (o casă etc.) pe numele cuiva to put down (a house, etc.) on smb.'s name.

a-i pune pe oameni împotrivă to set people by the ears.

a pune pe piață to market.

a pune ceva pe picioare to put/to set smth. upright; to put/to set smth. on its legs; *(o afacere etc.)* to set smth. afoot/going/on foot/on its legs.

a pune pe picioare 1. to find one's feet/legs; to regain one's feet/footing. **2.** *(după boală)* to rise to/to get onto one's feet/again. **3.** *(a se însănătoși)* to recover; to regain health; to come round again; to get on one's legs again. **4.** *(a se întări)* to recover/to regain/to recruit/to revive one's strenght; to acquire new strength. **5.** *(ca situație)* to retrieve one's losses.

a pune pe picioare pe cineva 1. to set smb. on his legs again; to put/to set smb. on his feet; to help smb. up. **2.** *(a readuce în simțiri)* to bring smb. round. **3.** *(a însănătoși)* to restore smb. to his health; to set smb. on his legs again.

a se pune pe picioarele dindărăt ← *F (a se supăra)* to bristle up; to bridle up; *(d. cai)* to get on one's hind legs.

a pune pe cineva pe o pistă falsă/greșită *F* to put smb. on a false scent; to put/to set smb. on the wrong track.

a pune ceva pe planul al doilea to put into the background; *F →* to take a back seat; ~ **interesele cuiva** ~ to set back smb.'s interests.

a se pune pe plâns/râs to burst into tears/into (loud) laughter.

a pune pe primul plan to give prominence to...

a pune pe primul plan esențialul to put first things first.

a pune pe primul plan interesele materiale *F →* to look after the loaves and fishes.

a pune pe cineva pe propriile lui picioare to set smb. on his feet.

a se pune pe răutăți to get up to mischief.

a se pune pe un rând to fall into line; to form a line.

a pune ceva pe roate *v.* ~ **pe picioare.**

a pune ceva pe seama/socoteala cuiva to put/to set smth. to smb.'s account; *F →* to lay smth./a charge at smb.'s door.

a pune un petic to put a patch on (a garment, etc.); to sew in a patch; to piece up.

a pune pe toți de acord to square matters.

a-și pune pe toți în cap *fig.* to lay up a trouble for oneself.

a se pune pe treabă to begin/to start doing smth.; to get/to set/to go/to turn/to fall to work; to get down to work; *F →* to hitch up to a job; *bibl.* to put/to set one's hand to the plough; ~ **serios/cu sârg** to set to work with a goodwill; to take off one's coat to work; to throw all one's energies into a task; *fig.* to turn on the steam; to buckle to/down to work/a task; to put one's best foot foremost/forward; *sl. amer.* to get up/to go (off) on one's ear.

a pune pe cineva pe verde *v.* **a da afară.**

a pune piatra de temelie to lay the foundation/the corner-stone.

a-și pune picioarele la apă rece *fig.* to put on one's thinking cap.

a pune picior peste picior to cross one's legs.

a nu mai pune piciorul în casa cuiva; n-o să mai pun piciorul în casa lui I shall never set foot in his house again.

a pune piciorul în prag 1. to call a stop to it; *F →* to put one's foot down. **2.** to ask smth. peremptorily; to claim smth. tooth and nail; to act resolutely; to take one's stand.

a pune piciorul pe pământ to plant one's foot on the ground/the earth; *mar.* to step ashore; to set foot on shore.

a pune piedica la o roată to put a drag on a wheel; to sprag.

a pune o piedică cuiva to trip smb. (up); to kick/to strike/to throw up smb.'s heels; *înv. →* to give smb. a foot.

a pune piedici în calea cuiva to put difficulties/obstacles in smb.'s way; *F →* to put a spoke in smb.'s wheel; *F →* to put/to throw grit in the bearings; *(d. persoane) F →* to put on the drag.

a-și pune pielea în saramură ← *F* to risk one's life/head/neck; to risk life and limb.

a pune o piesă în repetiție/studiu to put a play in rehearsal.

a pune o pilă cuiva *F v.* ~ **o vorbă (bună) pentru cineva.**

a pune pile în funcțiune *fig.* to press the button.

a pune pile pentru ceva *peior. (d. pers.)* to jockey for smth.

a pune pingele to sole.

a-și pune pirostriile în cap *F* to make one's market; to alter one's condition; to tie a knot with one's tongue; not to be undone with one's teeth; *F →* to be churched; *sl.* to click off; to get spliced.

a pune un plan în execuție to work a scheme.

pune-ți pofta-n cui! *F* you may whistle for it! I wish you may get it! catch me (doing it)! nothing doing!

a pune (poliția/potera) pe urmele cuiva to raise and hue and cry against smb.; to set the police after smb.

a pune prea multe întrebări to ask too many whys and wherefores.

a pune prea mult preț pe ceva to set too high a value on smth.

a pune un premiu/preț pe capul cuiva to offer a reward for smb.; to set a price on smb.'s head.

a pune pe cineva să presteze jurământ to put smb. on his oath.

a pune pe cineva mai presus de altcineva to set smb. before Homer.

a pune preţ pe ceva to put much value on smth.; to set (much) value up(on) smth.; to set a high value on smth.; to attach value to smth.; *(a conta pe)* to figure on smth.

a nu pune preţ pe ceva to set a low value upon smth.; to put no value on smth.; *F →* not to give a rap for smth.

a pune (un) preţ pe capul cuiva to set a price on smb.'s head.

a nu pune preţ pe sfatul cuiva to put no value on smb.'s advice.

a-şi pune prietenii la cheltuială/contribuţie *F* to lay one's friends under contribution.

a pune/aplica un principiu în practică to put/to carry a principle into practice.

a-şi pune problema (dacă...) to reason (whether...); to wonder (if/whether...).

nu se pune problema there is no question of...

a pune o problemă *(în discuţie)* to moot a question; to take up a question; to state/to set a question; to pose/to raise a problem; *jur.* to state an issue.

a pune probleme to arouse/to raise many difficulties.

a pune propriile-i interese pe primul plan *P →* to look after/to take care of number one.

a pune punctele pe i *(a preciza)* *to* make one's meaning perfectly plain.

a pune punctul/punctele pe i to tick one's i's; to dot the i's and cross the t's.

a pune o pungă cu gheaţă la cap unui bolnav *med.* to put an ice-pack on a patient's head.

a pune purtarea cuiva într-o lumină falsă to place smb.'s conduct in a false light.

a pune puşca în banduliera *mil.* to sling arms.

a pune puşca pe umăr to shoulder one's gun; to bring the gun to the shoulder.

a-i pune cuiva răbdarea la încercare to try smb.'s temper.

a pune rămăşag to make/to lay a bet; to bet; **pun ~ că** I bet that.

a pune pe cineva rău cu altcineva to embroil smb. with smb.

a se pune rău cu cineva to quarrel/to fall out with smb.

a pune un registru la zi to post up the ledger.

a pune restricţii la... to set/to place restrictions on...

a pune rufe la uscat to put linen out to dry.

a pune sare într-o poveste to give spice to a story.

a pune sare pe coada cuiva to put/to lay/to cast/ to drop a pinch of salt on smb.'s tail; to go and whistle for it.

a pune sechestru pe averea/lucrurile cuiva *jur.* to levy a distraint (up)on smth.; to distrain upon smb.'s belongings; to levy execution on smb.'s goods; to put in an execution and levy on smb.'s goods; to lay an attachment to...; to sequester.

a-şi pune semnătura pe ceva to put/to append/ to affix one's signature to smth.; to put one's name to smth.; to set one's hand/name/seal to (a document/a deed).

a pune o sentinelă *v.* **a pune o strajă.**

a se pune serios pe lucru *F →* to pitch in; *v. şi ~* **treabă.**

a-şi pune sigiliul pe un document to place a/one's seal on a document; to put/to affix a seal to a document.

a-şi pune singur ştreangul de gât *F* to put a halter round one's own neck.

a pune pe cineva să-i slujească interesele/drept unealtă *F* to make a cat's paw of smb.

a pune soldaţii în rând *mil. F* to fall in a troop.

a-şi pune speranţa în cineva *v. ~* **nădejdea ~.**

a pune stavilă *(cu dat.)* to set measures to...; to put a check/to act as a check on smth.; *(ambiţiilor)* to set bounds to one's ambition; *(pasiunilor/patimilor)* to put a curb on one's passions.

a pune stăpânire pe... to get/to take hold of...

a pune stopul to light up the stop signal.

a pune o strajă to set the watch.

a-şi pune strajă gurii *v. ~* **lacăt la gură.**

a pune sub acuzaţie *jur.* to find an indictment.

a pune pe cineva sub arest to put/to take smb. into custody.

a pune sub călcâi *F* to set/to put/to have one's foot on the neck of...; *lit.* to hold in subjection.

a pune sub control to have control over; to have under control.

a pune sub interdicţie to lay under an interdiction.

a pune sub observaţie to be/to keep under observation.

a pune pe cineva sub papuc to tie smb. to the apron-strings of one's wife, mother, etc.; to be under smb.'s thumb; *sl.* to get/to take smb. by the short hairs.

a pune sub pază *(o casă, punte etc.)* to set a guard on a house/a bridge, etc.

a pune sub presiune to get up steam; to raise steam.

a pune sub saltea *→ F* to lay aside/by; *v. şi ~* **bani deoparte.**

a pune ceva sub semnul întrebării *v.* **a pune ceva la îndoială.**

a pune sub urmărire pe cineva → *F* to put a (close) tail on smb.

a nu se pune suficient în valoare *F* to stand in one's own light.

a pune suflet în ceva to give one's (whole) mind to smth.; to put one's soul/(all) one's heart into smth.; to do smth. with feeling; *(într-un cântec)* to put expression into...

a pune sula în coastă/coaste cuiva ← *F* to put extreme pressure upon smb.; to press smb. hard; to prod smb. on; to hold/to put a knife in smb.'s throat; *F* to bring smb. into a pound; *sl.* to have smb. on toast.

a pune șaua pe cineva to bring smb. to heel.

a pune ștampila pe... to stamp.

a pune un șurub/bulon to set a rivet.

a pune un tacâm to lay a place.

a pune tacâmurile pe masă to set out the table.

a pune tacâm(uri) pentru două persoane to set (the table) for two; to lay cover for two.

a pune temei pe... to rely/to depend on...; *(a se încrede în...)* to trust in/into/on to...; to confide in...

a nu pune temei pe... not to trust...

a pune temelia to found; *(a începe)* to begin; to initiate; to lay the foundation(s) of...

a pune un text pe note to put/to set words to music.

a-și pune toată elocința/elocvența în slujba *(cu gen.)* to wax eloquent in support of...

a-și pune toată influența în joc în interesul cuiva *înv.* to use one's interest in smb.'s behalf.

a-și pune toată nădejdea în cineva/ceva *v.* **a-și pune nădejdea în cineva.**

a-și pune toate decorațiile to put up a good breast.

a pune toate la socoteală to include everything.

a-și pune toate posibilitățile în slujba cuiva to use one's credit in smb.'s favour.

a-și pune toate speranțele în cineva/ceva *v.* **a-și pune nădejdea în cineva.**

a-și pune toate speranțele în viitor to put one's hope in the future.

a pune tot sufletul în înfăptuirea unui lucru to put all one's heart/one's whole heart and soul into smth.; to put one's back/life into smth.; to throw oneself body and soul into smth.; to throw oneself heart and soul into smth.; to throw one's whole soul into smth.

a pune totul în mișcare to call everything into play; < to leave no stone unturned; < to move heaven and earth.

a pune totul în ordine to tidy things up; to snug everything up/down.

a pune totul la bătaie/în joc to stake one's all; *F* → to throw the helve after the hatchet; *sl.* to put one's shirt on.

a pune totul la punct to put everything right.

a pune totul pe o carte to stake/to set/to put everything/one's all on a cast; *amer.* to bet one's last/bottom dollar (on smth.).

a pune un tun în bătaie *mil.* to wheel a gun into line.

a pune țara la cale 1. *aprox.* to talk like coffee house politicians; ← *F* to indulge in petty politics. **2.** to have a good chat.

puneți-vă în locul meu put yourself in my position; suppose yourself in my place.

puneți mâna pe hoț! stop thief!

nu puneți mâna, vă rog! (let us have) no horse play!

a pune ultima tușă/ultimele tușe *(unei lucrări)* to give it another brush; *P* to put the final/the finishing touches to smth.

a pune umărul la treabă *F* to put/to set one's shoulder to the wheel; to lend a helping hand.

a pune vârf/capac la toate; asta pune vârf la toate *F* this crowns it all; it beats the devil; that caps it all.

a pune vina cu dreptate to put the shoe on the right foot.

a pune vina în spinarea cuiva to lay/to put/to cast/ the blame (for smth.) upon smb.; to lay the blame on smb.'s door; *F* → to blame smth. on smb.

a pune vinul să fiarbă to ferment wine.

a pune o vorbă (bună) pentru cineva to speak in favour of smb.; to put in a (good) word for smb.; to speak up for smb.; to say/to speak a good word for smb.; *(a recomanda)* to give smb. one's good word; to recommend smb.

a pune zăgaz to stem; to check.

a pune ceva zălog/amanet *P* → to put smth. up to the spout.

a pune zăvorul to put up the bolt; to shoot the bolts; to bolt/to bar the door.

punga sau viața! stand and deliver!

pungă doldora big/fat/heavy/long/well-lined purse.

pungă ușoară *(lipsă de bani)* lean/light/short/slender purse.

a-și pungi gura to purse (up) one's mouth/lips.

a se pupa în bot cu cineva *F* to bill and coo.

pupat Piața Independenței *aprox.* *F* to kiss and be friends.

pur și simplu pure and simple; purely (and simply); simply (and solely).

pur și simplu de-al dracului out of pure/sheer cussedness.

a se purta amabil cu cineva *lit.* to be gracious to smb.

a purta arme to bear/to carry arms.

a se purta aspru cu cineva to use smb. roughly; to bear hard on smb.

a purta o bătălie to do battle.

a se purta bine *(despre o stofă etc.)* to wear well.

a se purta bine/frumos to bear oneself well.

a se purta bine cu cineva to use smb. well.

a-și purta bine vârsta *(d. pers.)* to wear well; to be well preserved.

a purta bucle/cârlionți to wear curls.

a se purta ca un copil to behave in a childish/a silly way; **nu te purta ca un copil!** don't be childish!

a se purta cu cineva ca și cu un copil to treat smb. like a child.

a se purta ca un domn to behave like a gentleman.

a se purta ca o fetiță de pension to behave like a schoolgirl.

a se purta ca un om adevărat to play the man.

a se purta ca un porc *F* to behave like a swine/a hog; **nu te purta ca un porc!** don't be horrid!

a se purta ca un prost to make an ass/a fool of oneself; **nu te purta ~** *F* don't be a fool; don't act/play the (giddy) goat.

a se purta când așa, când așa *F →* to blow hot and cold.

a se purta cinstit/corect/cum trebuie to behave decently/properly; to do the right thing; to play fair/*F →* cricket; **~ cu cineva** to do the right thing by smb.; to play straight with smb.

a purta costum de sport/tenis to wear flannels.

a-și purta crucea *F* to bear one's cross.

a se purta cu mănuși cu cineva to handle smb. with kid gloves; to show the velvet glove; to speak smb. fair.

a se purta cum se cuvine/cum trebuie to behave as one ought to; *F →* to do the right thing.

a se purta cu multă precauție to tread as on eggs.

a se purta cu naturalețe to behave with (native) ease.

a se purta cu (mult) tact to show tact (when dealing with people); *F* to let smb. down gently.

a se purta cuviincios to behave properly.

a se purta cu violență to use violence.

a purta cu vorba pe cineva > to put smb. off.

a purta doliu *(după cineva)* to wear mourning (for smb.).

a nu purta doliu to dress in colours.

a se purta după cum îi este felul to act after one's kind.

a purta dușmănie cuiva to bear/to owe smb. a grudge; to have/to nurse/to keep up a grudge against smb.

a se purta fără mănuși cu cineva to handle smb. without gloves/mittens.

a purta (o) floare la butonieră *F →* to wear a buttonhole.

a purta frac to wear tails.

a se purta frumos *F →* to play the game.

a se purta garant to stand/to go surety for smb.

a purta gând rău cuiva to bear smb. malice.

a-și purta gândurile în trecut to carry one's thoughts back.

a purta ghinion/nenoroc/neșansă cuiva to bring smb. bad luck.

a se purta grosolan cu cineva to be rude to smb.; *F →* to ride roughshod over smb.; *(cu o femeie etc.)* to maul smb. about.

a purta haine/veșminte preoțești to wear the frock.

a purta interes cuiva to take an interest in smb.

a purta în brațe to carry in one's arms.

a purta în palme pe cineva to make much of smb.

a purta (pe cineva) în triumf/pe brațe to carry (smb.) shoulderhigh.

a se purta jignitor cu cineva to raise the heel against smb.; to lift up one's/the heel against smb.

a se purta josnic/murdar cu cineva *F →* to play smb. a dirty/a mean trick.

a purta jugul to wear the collar.

a purta jugul căsniciei *F* to run in double harness.

a se purta loial față de cineva to play smb. fair; *amer. P →* to give smb. a fair shake.

a purta negru to wear black.

a se purta nerușinat cu cineva to be impudent to smb.

a se purta nesincer cu cineva to palter with smb.

a purta noroc cuiva to bring smb. good luck; *(d. obiecte)* to be lucky.

a purta numărul... la pantofi etc. to take eights, etc. in boots, etc.

a purta un nume cinstit/glorios/mare/onorabil to bear an honoured name.

a purta numele to have/to bear a name.

a se purta obraznic cu cineva *v.* **~ nerușinat ~.**

a purta ochelari to wear glasses/spectacles.

a purta ochelari de cal to be narrow-minded; to be short-sighted.

a purta odăjdii *F →* to wear clericals.

a-și purta pălăria pe-o ureche *v.* **a pune ~.**

a purta părul buclat to wear one's hair in ringlets.

a purta părul lung to wear one's hair long.

a purta părul (tuns) scurt (*d. femei*) to wear one's hair bobbed.

a purta pecetea... to bear the stamp of...; **fața lui poartă pecetea** (*cruzimii etc.*) (cruelty, etc.) is stamped on his face.

a purta pecetea morții pe față to have the seal of death on one's face.

a se purta perfid cu cineva to play smb. false.

a purta pică cuiva to bear/to owe smb. a grudge; to have/to nurse/to keep up a grudge against smb.; to bear malice/a spite/spleen against smb.; to give umbrage to smb.; to enter a feeling against smb.; to harbour enmity for smb.; *F →* to have a rod in pickle for smb.; to have a tooth/a down against smb.; to have it in for smb.

a se purta prea familiar cu cineva to be over familiar with smb.

a purta prin aer (*un sunet/parfum etc.*) *lit. și poetic* (*d. vânt*) to waft a sound/a scent through the air.

a purta prost/rău hainele to be hard on one's clothes.

a purta pușca la umăr to sling arms.

a purta răspunderea pentru ceva to bear the responsibility for smth.; to be responsible for smth.; to bear the blame for smth.

a se purta rău/răutăcios/urât cu cineva to use smb. ill; *F →* to be horrid to smb.

a purta război cu/împotriva... to wage war against.../(up)on.../with...; to levy/to make war against.../on...

a purta râcă cuiva to have a bone to pick with smb.; *v. și* **a purta pică ~.**

a se purta rece cu cineva to turn the cold shoulder on smb.

a purta sabie to wear/to carry a sword.

a purta sâmbetele cuiva *v.* **~ pică ~.**

a purta sceptrul to wield the sceptre.

a purta semnul patimei întipărit pe față *lit.* to have the signature of passion in one's face.

a se purta sub orice critică *F →* to make an exhibition of oneself.

a purta un titlu to bear a title.

a purta o toaletă grozavă to be dressed to kill.

a purta uniforma militară to wear the king's coat.

a purta vina (*cu gen.*) to carry the blame.

a se purta violent cu (*o femeie*) to do violence to (a woman).

a purta vorba de colo până colo to fetch and carry news.

purul adevăr the real/the plain/the naked/the unvarnished truth.

am pus-o de mămăligă *F* that's torn it.

i-a pus Dumnezeu mâna în cap (*e norocos*) he's a lucky dog; he's born with a silver spoon in his mouth; (*a dat de noroc*) *F* he has the devil's own luck.

pus în cunoștință de cauză aware of smth.

pus în discuție *F →* on the carpet.

pus în încurcătură put to one's trumps.

pus într-o situație dificilă labouring/lying under a disadvantage/under the disadvantage of...

pus la arest *școl.* to be gated.

pus la curent *amer. F →* to be inside on a matter.

pus la dispoziția... seconded for service with...

pus la fix *F* done up to kill.

pus la gros/închisoare/pârnaie *sl.* in cold storage; in quod.

pus la index shelved; side tracked.

pus la marele fix dressed to kill; dressed like a guy.

pus la patru ace *P* dressed up to the nines/to the knocker.

pus la popreală *F* put in the lock-up.

pus la stâlpul infamiei *F →* held up to public obloquy.

pus la zid *fig.* in a fix.

pus pe ceartă spoiling for a fight.

pus pe chef on the booze.

pus pe înavuțire on the grab/the make.

pus pe liber/ *F* **verde** thrown out of employment; *F →* at grass.

pus pe linie moartă *F* shelved.

pus sub semnul întrebării open to question.

a pușca o încărcătură *min.* to fire a blast.

s-ar putea it is not (at all) unlikely.

ați putea să...? will you kindly...?

a se putea aștepta la... to be in for...

a nu se putea compara cu cineva *F →* not to be a patch on smb.

a nu mai putea de bucurie to be beside oneself with joy; to be overjoyed; to be all over oneself; *F* to jump out of one's skin for joy; to take/to have one's swing; to throw up one's cap; to tread/to walk upon air.

a nu mai putea de curiozitate to be eaten up with curiosity; to be on tiptoe with curiosity.

a nu mai putea de dorința de a face ceva to yearn to do smth.

a nu mai putea de dragoste *F* to be madly in love; to be head over ears in love.

a nu mai putea de invidie to be/to play like the dog in the manger.

a nu mai putea de nerăbdare *F* to be (up)on the tiptoe of expectation/curiosity; to be a tiptoe with expectation.

a nu mai putea de oboseală to be tired out/(quite) exhausted; to be worn out; $F \rightarrow$ to be dog-tired/dead-beat/dead-tired/done up (with fatigue)/fagged out; to be spent.

a nu se putea descotorosi de... to be stuck with...

a nu mai putea de somn *v.* **a pica ~.**

a nu mai putea de treabă to have one's hands full (of business); to have many irons in the fire.

a nu se putea dezlipi/smulge de lângă...; nu mă puteam smulge de lângă... I could not tear myself away from...

a nu-și mai putea dezlipi ochii de pe... to have one's eyes glued/riveted on...

a nu putea duce/înșela/păcăli pe nimeni that cock won't fight.

a nu mai putea după cineva to be excessively/very fond of smb.; to be infatuated with smb.; to dote upon smb.; $F \rightarrow$ to be dead nuts on smb.

a nu putea face față comenzilor; nu putem ~ *com.* we are very pressed.

nu-l mai puteai urni de acolo he could not tear himself away.

a nu se putea împăca cu gândul că...; nu se putea împăca cu gândul că... he could not endure the thought of...

a nu putea să închidă ochii not to get a wink of sleep; not to sleep a wink; **n-am putut închide ochii** I couldn't get (my) forty winks/a wink.

a nu se putea încrede în...; nu te poți încrede în el there is no trusting him.

n-aș putea să jur I could not take an oath upon it.

a nu se putea lega două în tei ← F *v.* **a n-o putea scoate la capăt.**

a se putea lipsi de cineva to do without smb.; **ne putem lipsi de el** $F \rightarrow$ he's no great miss.

a nu-și putea lua gândul de la...; nu-mi pot lua gândul de la... I can't get (that) out of my mind.

a se putea măsura cu... *(aprox.)* to be on a par with.

a nu se putea măsura cu cineva to be too much for smb.; **~ cu ceva** to be incommensurable with smth.

a nu mai putea munci to be past one's work.

a nu se putea obține not to be had.

a nu putea plasa nici un cuvânt not to be able to put in a word edgeways.

a nu se putea pune cu cineva not to be a match for smb.

a nu mai putea răbda ceva to be sick and tired of it/of the whole business.

a nu-și putea reveni din zăpăceală to be in a daze.

a nu putea rosti o vorbă to be incapable of speech.

a nu putea scăpa de... $F \rightarrow$ to be stuck with...

a n-o putea scoate la capăt. 1. not to manage; not to come to any result. **2.** *(cu banii)* not (to be able) to make both ends meet; not to cope with the expenses. **3. ~ cu cineva** to be thick-headed with a vengeance.

a nu putea scoate nimic de la cineva not to be able to draw/to elicit anything from smb.

a nu putea scoate o vorbă to see a wolf.

a nu putea scoate o vorbă de la cineva not to be able to get a word out of smb.

a putea spune pe bună dreptate că... to be entitled to say that...

ați putea să-mi spuneți... would you be so good as to tell me...; would you be good enough to tell me...

aș putea să vă spun multe! thereby hangs a tale.

a putea sta alături de... to be on a par with...

a nu putea sta locului to fidget (about).

a nu se putea stăpâni să nu glumească etc.; nu se poate stăpâni ~ he can never resist making a joke etc.

a nu-și putea stăpâni lacrimile; nu și-a putut stăpâni lacrimile her pent up tears broke out.

a nu-și putea stăpâni râsul to be convulsed/to shake/to rock with laughter.

a nu putea suferi/suporta ceva to be abhorrent of/from smth.; $F \rightarrow$ to be death on smth.; to loathe (doing) smth.

a nu putea suferi pe cineva *lit.* not to be abide/stand smb.; to hold smb. in execration; $F \rightarrow$ not to know a man/smb. from Adam; *aprox.* to be out of humour with smb.; **nu pot să-l sufăr** I can't bear/stand/$F \rightarrow$ stomach him; I would not touch him with a pair of tongs/with a barge pole.

a nu se putea suferi; nu se pot suferi F there is no love lost between them.

a nu putea ține pasul to fall/to lag behind.

a nu se putea ține pe picioare *amer.* to make a Virginia fence; to walk like a Virginia fence.

a nu se mai putea ține pe picioare de beat *sl.* to lose one's legs.

a nu se putea ține pe picioare de oboseală to be too tired to stand.

a nu putea uita pe cineva to get smb. on the brain.

nu putem ascunde faptul că... there is no disguising the fact that...

ne putem consola cu asta that's one consolation.

nu putem contesta faptele we cannot dispute the facts.

nu putem nega acest lucru there is no denying/gainsaying it.

vă putem oferi acest articol la prețul de... *com.*
F → we can do you this article at...

putem vorbi pe drum/în timp ce mergem we can talk as we go.

puterea de a face și desface *rel.* the power to bind and to loose.

puteri depline full authority/power(s); *(necondiționate)* full discretion; carte blanche.

puteți să-mi acordați câteva clipe? can you spare me a few moments?

vă puteți bizui pe aceasta you may rely upon it.

puteți să mă credeți pe cuvânt I give you my word for it; (you may) take my word for it.

puteți fi încredințat că... you may rest assured that...

putred de bogat (as) rich as Croesus; rolling in riches/wealth.

a putrezi în mormânt to moulder in one's grave.

a-i putrezi oasele pe undeva to lay one's bones somewhere.

ai fi putut auzi musca *F* you could have heard a pin drop/fall.

n-am mai putut îndura *F →* I could not stick it any longer!

nu m-am putut opri *(să nu-l privesc etc.)* I couldn't help (looking at him, etc.).

n-am putut să mă stăpânesc *(să nu râd)* I could not help (laughing).

puțină vioiciune! put some snap into it!

mai puțin capabil decât cineva *F →* not in the same street with smb.

puțin câte puțin little by little; bit by bit; step by step; *lit.* gradually; by degrees; *F →* in a penny numbers.

puțin comun unwonted.

mai puțin de... less than...

puțin de tot just a little bit.

puțin/curând după aceea after a short time; a short time after; within a short time.

puținele lucruri pe care le știu the little I know.

puțin frecventat *(d. un loc etc.)* visited by few.

puțin înainte not long before; ~ **de** just before...

puțin la trup (man) of spare frame; spare of build/figure/frame; *(slab)* of frail constitution.

puțin a lipsit ca să... *(cu -ing.)* he nearly...; he was about to...; he narrowly (escaped falling, etc.); he was as near as he could to *(cu -ing)*.

puțin îmi pasă 1.I don't care a rap/a fig/a cuss/a brass farthing/a fiddlestick/*P →* a dite. **2.** what do I care? for all I care; ~ **de cheltuieli etc.** *P →* blow the expenses, etc.!; expense be blowed!

puțin probabil (most) unlikely; hardly probable.

puțin sensibil la... proof against...

puțin timp după aceea after a while.

puțin uzat little the worse for wear.

R

a **racola femei/fete** *jur.* to entice women and girls.

a **rade barba cuiva** *fig.* ← *F v.* **a bate pe cineva măr.**

a-și **rade barba** to shave, to get shaved; *F* → to have a shave.

a **rade brânză etc. peste o mâncare** to grate cheese, etc. over a dish.

a **rade (o clădire, un oraș) de pe fața pământului** to level a building/a town to the ground.

a-și **rade mustața** to shave off/to take off one's moustache.

a **radia de bucurie/mulțumire** to beam (with satisfaction); to radiate/to be effulgent with joy; to beam with satisfaction.

a **radia de pe o listă** to strike/to cross off a list.

a **radia de sănătate** to glow with health.

a **radia/tăia un paragraf** to put one's pen through a paragraph.

radio șanț *amer.* P report by grape vine telegraph.

a **se ralia la părerea cuiva** to say ditto.

a **rambursa cheltuielile cuiva** to defray smb.'s expenses.

a **se ramoli de tot** to fall into one's dotage.

a **raporta o dobândă de 10%** to yield a 10% dividend.

a **raporta îmbolnăvirea cuiva** to report smb. sick.

a **raporta pe cineva la comandant** *sl. mil.* to put smb. on the peg.

a **raporta rezultatul unor alegeri** to return the result of an election/of the poll.

a **raporta venituri** *(d. capital, investiții)* to bring in interest.

rar de găsit *F* → you don't meet it every day.

a **rasoli o treabă** → *F* to do/to perform a piece of work perfunctorily.

a **rata o afacere** to bring one's pigs to a pretty market/to the wrong market.

a-și **rata intrarea** *teatru F* → to fluff one's entrance.

a **rata o lovitură** to make a boss shot; to miss one's mark/aim; to make a mull of smth.; *sport* to make a muff of a catch.

a **rata o ocazie/un prilej** to lose the opportunity; to let the chance slip; to miss one's cue.

rațiune de stat reason of state.

a-l **răbda inima să facă ceva** to find it in one's heart to do smth.

a **nu-l răbda inima; nu mă răbdă inima să nu...** I can't help *(cu -ing)*.

răbdarea are limite *prov.* even a worm will turn.

răbdare de înger angelic patience.

răbdarea e mama înțelepciunii *prov.* everything comes in time to him who can wait; elbow grease gives the best polish; it's dogged that does it; patience brings everything about; slow and steady wins the race; with time and patience the leaf of the mulberry becomes satin.

a **răci grozav** to catch one's death of cold.

a-și **răci gura degeaba/de pomană** to talk for the sake of talking; to throw words away; to spend breath; *F* → to beat the air; to wag one's chin; to waste words; **îmi răcesc ~** it's no use my/*F* → me talking; **nu-ți răci ~** keep your breath to cool your porridge.

a **răci ușor** to be subject to colds.

a **răcni un ordin** to roar (out) an order.

a **se răcori cu apă** *F* to sluice oneself down with cold water.

a-și **răcori inima** to pour out/to open/to unlock one's heart.

a **se răfui cu cineva** *F* → to square/to settle accounts with smb.; to be/to get even with smb.

a **răguși strigând/țipând** to scream/to shout/to shriek oneself hoarse.

a **răguși urlând** to roar oneself hoarse.

a **răguși vorbind** to talk oneself hoarse.

rămas bun! *v.* **rămâi cu bine!**

n-a mai rămas decât o umbră din el he's mere shadow of his former self.

rămas fără angajament/serviciu/slujbă thrown out of employment.

n-a mai rămas nici urmă there is no trace of it.

(eu) am rămas tot la (vals etc.) give me the good old (waltz, etc.)!

rămășițe pământești mortal remains.

rămâi cu bine! good-bye! *F* → bye-bye! *P* → so long! *înv.* → fare well! *înv. și poetic* → fare you well! fare thee well!

să rămână între noi between ourselves...

îi mai rămân doar câteva ore de trăit his life has only a few hours to run.

rămân al dumneavoastră credincios/sincer believe me yours truly; I remain, Sir, yours truly.

a rămâne absolut serios to keep a straight face.

a rămâne acasă to stay at home; to stick at home.

a rămâne acoperit to keep one's hat on.

a nu-i rămâne altceva de făcut decât... to have no option but...

a rămâne anonim to go unnamed.

a rămâne ascuns to lie low; *F* → to lie doggo.

a rămâne așezat to keep one's seat.

a rămâne baltă ← *F (d. planuri etc.)* to come unstuck; to be left unfinished.

a rămâne burlac/celibatar/holtei *F* → to run in single harness; *amer. F* → to keep bach.

a rămâne calm to keep one's temper/head/a level head; *sl.* to keep one's hair on; *amer.* to keep one's shirt on.

a rămâne ca trăsnit to be thunderstruck/*F* → flabbergasted/flummoxed; to be struck dumb; to be utterly taken aback; *elev.* to be transfixed with surprise; to be struck with thunder/*F* → struck all of a heap; to be knocked out of time.

a rămâne ca vițelul la poarta nouă *F* to be like a dying duck in a thunderstorm; to stare at smth. like a stuck pig.

a rămâne cinstit to keep straight.

a rămâne corigent to go in for a second examination (after a nonpass).

a rămâne credincios to stick by; *fig.* to cling to...; ~ **cuiva în toate încercările** to stick to smb. through thick and thin; to remain faithful to smb.

a rămâne credincios convingerilor/părerilor/ principiilor sale to remain faithful to one's opinions; *F* → to stick to one's guns/to one's opinions; to stand to one's guns; to stick to one's (true) colours.

rămâne cu atât mai puțin de făcut there is so much the less to do.

a rămâne cu ața mămăligii ← *P* to go (and) whistle for it.

a rămâne cu brațele încrucișate to fold one's hands.

a rămâne cu buza friptă/cu buzele fripte/umflate ← *F* to have one's trouble for nothing; to be too

late in the field; to be a fool for one's pains; to come off a loser; *F* to be left in the basket; to be left to hold the sack; *sl.* to get the cheese.

a rămâne cu gura căscată to stand gaping/aghast; to stand/to remain agape; to look blank; to be struck with amazement; to be dumbfounded; *v. și ~ ca trăsnit.*

a rămâne cu mult în urmă to be nowhere.

a rămâne cu surâsul/zâmbetul pe buze to keep smiling.

a rămâne cu traista-n băț ← *F* to go to the bad.

a-i rămâne cuvintele în gât; i-au rămas ~ the words stuck in his throat.

a nu rămâne dator *fig.* to give as good as one gets.

a nu rămâne dator nici o lovitură to hit back.

a rămâne de căruță (a pierde un prilej) to miss an opportunity; *(nefiind în stare să alegi) F* to fall between two stools; *(pe jos) F* to be left in the basket; *(a rămâne în urmă)* to fall/to lag behind; *(în muncă, cu plata)* to be behindhand; *amer.* to take smb.'s dust.

a nu rămâne de căruță ← *F* to make headway.

nu-mi rămâne decât... nothing remains for me but to...; nothing is left to me but to...; there remains for me to...

a nu rămâne decât praf și cenușă/praf și pulbere din... to crumble into dust; to be reduced to dust.

a rămâne de minciună to give smb. the lie.

a rămâne de ocară to bring shame upon oneself.

a rămâne de râsul ciorilor/câinilor ← *F* to look foolish.

rămâne deschisă o singură cale there is only one course open.

a rămâne descumpănit *F* to be taken aback.

rămâne de văzut dacă... it remains to be seen whether...; query (if)...

a rămâne fată bătrână to remain an old maid; *F* to remain/to be put on the shelf; *înv.* → to lead apes to hell; *înv.* → to dance barefoot.

a rămâne fără adăpost to be left without a roof; to be homeless/houseless/shelterless/unsheltered; *F* → to have got the key of the street.

a rămâne fără egal/rival not to be equalled.

a rămâne fără glas to be struck dumb; *amer. F* to saw wood.

a rămâne fără lucru to be out of employment.

a rămâne fără răspuns *(d. scrisori)* to remain unanswered.

a rămâne fără urmări to come to nothing/to naught.

a rămâne ferm *v. ~ pe poziție.*

rămâne să fie dovedit that remains to be proved.

a rămâne grea *F* to fall in(to) the family way; to find herself great with child; to go with young.

a-i rămâne hainele mici to outgrow/to overgrow one's clothes/garments.

a rămâne impasibil/netulburat/senin to remain calm and collected; *F* → to keep a stiff upper lip.

a rămâne inactiv to be/to stand idle.

a rămâne indiferent la ceva to be unexcited about smth.

a-i rămâne inima la... to set one's heart on...; to grow in love with smth.

a rămâne invizibil; rămânea invizibil nothing could be seen of him.

a rămâne împotmolit to get stuck; to stick in the mud.

a rămâne în admirația cuiva to stand in admiration before smb.

a rămâne în ariergardă *mar. (d. un vas)* to fall/to drop astern.

a rămâne în ascunzătoare to lie hid(den); to stand covered.

a rămâne în cadrul disponibil *mil.* to be unattached; to be on half-pay.

a rămâne în casă to keep indoors/within doors.

a rămâne în contemplare/contemplație to stand at gaze.

a rămâne în costumul lui Adam to strip to the buff.

a rămâne încremenit de groază to stand transfixed with fear/horror.

a rămâne încurcat *F* → to be taken aback.

a rămâne îndatorat față de cineva to remain under an obligation to smb.

a rămâne în defensivă to be/to stand on the defensive; *scrimă* to remain entirely on the defensive.

a rămâne în formă to keep fit.

a rămâne în gardă to be/to stand on one's guard.

a rămâne în găoacea sa *F* never to leave one's barrow.

a-i rămâne în gât *F* → to stick in one's throat/gizzard.

a rămâne înlemnit to be struck with thunder; *(de mirare)* to be lost in amazement; *v. și* ~ **ca trăsnit**.

a rămâne înmărmurit to take smb.'s breath away; *v. și* ~ **ca trăsnit**.

a rămâne în pană *(d. automobile)* to break down; to come to a standstill; to be kapput.

a rămâne în paragină to lie waste.

a rămâne în pat to keep to one's bed; to keep in bed; *(bolnav)* to be laid up.

a rămâne în pat până târziu to laze in bed.

a rămâne în picioare I. to be/to keep standing; to keep one's feet; *(în fața cuiva)* to stand before smb.

2. *(a nu ceda)* to stand fast/firm. **3.** *(a rămâne valabil)* to hold good.

a rămâne în relații cu cineva to keep up with smb.

a rămâne în subiect to speak to the question; to stick to the point.

a rămâne în șa to keep one's seat (on horseback).

a rămâne în termeni buni cu cineva *F* → to keep in with smb.

a rămâne înțepenit în broască *(d. chei)* to stick in the lock.

a rămâne în umbră *F* to keep (oneself) in the background; *(ascuns)* to keep dark.

a rămâne în urmă I. to stay/to remain behind; to hang back/behind; to drop to the rear; *mil. (a se răzleți)* to straggle along. **2.** *și fig.* to fall/to lag behind; to be behindhand; *(cu plata etc.)* to fall into arrears. **3.** *(d. timp)* to lose time; *(d. ceas)* to be slow.

a nu rămâne în urmă față de... *fig.* to keep abreast of...; to keep up/pace with...

a rămâne în viață to survive; to escape death; to come alive/through; to be still alive.

a nu rămâne în viață; nimeni n-a rămas în viață nobody survived/escaped.

a rămâne în vigoare *(d. o lege etc.)* to remain in force.

a rămâne la discreția cuiva to be at smb.'s disposal/mercy; to be at smb.'s beck and call.

a rămâne la jumătate de drum *și fig.* to stop half-way.

a rămâne la locul său to keep one's stand.

a rămâne la masă to stay to/for dinner.

a rămâne la o părere to stick to one's opinion; to remain of the same opinion; to be wedded to an opinion; *v. și* ~ **pe poziție**.

a rămâne la postul său to stick to one's post.

a rămâne lat to remain dead on the spot.

a rămâne lefter ← *F* to run out/short of money; to be penniless/pinched/reduced; *F* → to be up a tree; not to have a penny to bless oneself with.

a rămâne literă moartă to remain a dead letter.

a rămâne mofluz to break; to fail; to become bankrupt; *F* → to go (and) whistle for it; *v. și* ~ **cu buzele umflate**.

mai rămâne mult de făcut much remains to be done.

a rămâne mut de mirare etc. to be speechless/ dumb with surprise, etc.; to be dumbfounded.

a rămâne năuc to be dumbfounded.

a rămâne neclintit *v.* ~ **pe poziție**.

nu rămâne nici cea mai mică umbră de îndoială there is no doubt about it.

nu (ne) rămâne nimic de făcut *F* → nothing doing!

a-i rămâne oasele pe undeva *v.* a-i putrezi ~.

a-i rămâne ochii la... to have one's eyes glued/fastened/riveted to...; to covet.

rămâne oricum faptul că... the fact remains that...

a rămâne paf *v.* ~ ca trăsnit.

a rămâne pasiv to be/to stand idle.

a rămâne pe dinafară to stay out(side); to stay away.

a rămâne pe jos *fig.* to be left in the basket.

a rămâne pe loc *(a nu progresa)* to stick in the mud; to lag behind.

a rămâne pe poziție to stand fast/firm one's ground; to hold one's own/ground; to take one's stand (on a principle); to stick to one's opinion/*F* → to one's guns; to nail one's colours to the mast.

a rămâne pe recepție; rămâneți pe recepție *radio* stand by.

a rămâne peste noapte to stay overnight.

a rămâne pironit locului to stand transfixed.

a rămâne profund îndatorat cuiva to owe smb. many thanks.

rămâne realitatea crudă că... the bare fact remains that...

a rămâne rece *fig.* not to turn a hair.

a rămâne repetent not to get one's remove; *aprox.* to be knocked out in an exam.

a rămâne stană de piatră to be petrified/stunned.

a rămâne stăpân pe câmpul de bătaie/pe teren to remain in the possession of the field.

a rămâne sub presiune to keep up steam.

a rămâne supărat pe cineva to bear/to owe smb. a grudge; to have/to nurse/to keep up a grudge against smb.

a rămâne surd la orice rugăminte *F* to stop one's ears against entreaties.

a rămâne surd la rugămințile cuiva to turn a deaf ear to smb.'s entreaties; to shut one's ears to entreaty.

a rămâne tablou *F v.* ~ ca trăsnit.

a rămâne tare pe poziție *F* → to stand/to stick to one's guns.

a rămâne tinichea *v.* ~ lefter.

a rămâne/sta treaz to lie awake.

a rămâne țeapăn ca un butuc *F* to stand like a log.

a rămâne țeapăn (locului) to stick fast.

rămâneți acolo/pe loc! keep back!

rămâneți în larg *mar.* keep aloof!

rămâneți la aparat! *tel.* stand by!; hold the line!

a rămâne țintuit locului to remain rooted to the spot.

a rămâne vacant *(d. un post)* to fall vacant.

a rămâne valabil to hold/to stand good.

rămân la cele spuse înainte I stand by what I said.

vă rămân obligat I am in your debt.

vă rămân profund îndatorat I owe you many thanks!

rămân al tău pe vecie yours ever; ever yours; *P* → yours to a cinder.

a răni adânc pe cineva *fig.* to cut smb. to the bone/the heart; to cut/to sting/to wound smb. to the quick; to sting/to flick on the raw; to touch a sore point; to touch/to catch on the raw; to touch smb. to the quick/to the heart.

a răni de moarte to wound to death.

a răni pe cineva în amorul său propriu/în orgoliul său to wound smb.'s pride/smb. in his pride; *F* → to hit smb. in his pride.

a răni sentimentele cuiva to hurt smb.'s feelings; *F* → to tread on smb.'s kibes/corns.

a se răni singur to do oneself an injury.

a răni susceptibilitatea cuiva to outrage smb.'s sensibilities; *v. și* ~ sentimentele cuiva.

rănit de moarte fatally injured; wounded to death; desperately wounded.

a răpăi în ferestre/geamuri *(d. ploaie)* to lash against the windows; to whip against the panes; *F* → to drum on the window-panes.

a răpi prea multă vreme/mult timp cuiva to be a great tax on smb.'s time; to encroach upon smb.'s time.

a rări focurile *mil.* to slacken the rate of fire.

a rări măsura *muz.* to slacken the time.

a rări puieți/plante to single (out) seedlings.

a se rări treptat *(d. o coloană în marș, concurenți etc.)* to tail away.

a rări vița de vie to thin (out) (the leaves of) a vine.

va răsări soarele și pe ulița noastră *prov.* every dog (if not hanged) has his day.

a-i răsări steaua; îi răsări steaua *fig.* his star is in the ascendant.

a răscoli amintiri to stir up/to rake up memories.

a răscoli/răsturna cerul și pământul to move heaven and earth; to leave no stone unturned.

a răscoli focul to stir/to poke a fire.

a răscrăcăna picioarele to straddle out; to spread one's legs out; to stand/to sit with legs apart.

a se răscula împotriva cuiva to rise/*F* → to be up in arms against smb.

a răscumpăra o datorie to pay off a debt.

a-și răscumpăra onoarea/reputația/bunul renume to retrieve one's honour; ~ **trecutul** to wipe out one's past.

a răsfoi o carte to turn over the pages/the leaves of a book; to leaf/to riffle through a book; *(în fugă)* to have/to take a skim/to skim through a book; to dip into a book/a subject.

a răsfrânge gulerul, manșetele etc. to fold back a collar/cuffs etc.

a se răspândi cu iuțeala focului/fulgerului to run/to spread like wild fire.

a răspândi/împrăștia hârtiile pe jos to litter papers about the floor.

a răspândi idei/lumină to propagate ideas/light.

răspândit în cele patru colțuri ale lumii/în cele patru vânturi scattered to the four corners of the earth.

s-a răspândit în tot orașul it's all over the town.

a răspândi o vorbă/un zvon to set a rumour about; *înv. și lit.* → to bruit smth. abroad/about; *F* → to float a rumour; ~ **peste tot** to blaze a rumour abroad.

se răspândi vestea că... a rumour/a report was afloat/spreading that...

a răsplăti pe cineva doar cu vorbe frumoase to pay smb. in empty words.

a răsplăti dragostea cu ură to quit love with hate.

a răsplăti o favoare to repay a kindness.

a răsplăti pe cineva pentru osteneală to pay smb. for his trouble; **vă voi răsplăti pentru osteneală** I will make it worth your while.

a răsplăti răul cu binele to return/to repay good for evil; to repay evil with/by good.

a răsplăti un serviciu printr-un alt serviciu to do a turn for a turn; *prov.* one good turn deserves another.

a răspunde aprins to reply with some heat.

a răspunde aspru/tăios to answer sharply.

a răspunde așteptărilor cuiva to be equal to smb.'s expectation(s).

a răspunde avansurilor cuiva to respond to smb.'s advances.

a nu răspunde avansurilor unui bărbat; nu răspunde ~ *sl.* she won't click.

a răspunde cuiva cu aceeași monedă to give smb. back the like; to give tit for tat; *v. și* **a plăti** ~.

a răspunde cu capul pentru... to pledge one's head for...; to be answerable for...

a răspunde (la rău etc.) cu vârf și îndesat ← *F* to repay an injury with interest.

a răspunde de ceva to vouch for smth.; to be responsible for smth.

a răspunde doar prin râs la o întrebare to laugh a question aside.

a răspunde dragostei cuiva to return smb's love/affection.

a răspunde evaziv/← *F* **în doi peri** to avoid giving a clear answer; *amer. sl.* to stall.

a răspunde fără înconjur/pe șleau to give a straightforward answer to a question.

a răspunde greșit to answer wrong.

a răspunde în fața cuiva de ceva to be responsible to smb. for smth.

a răspunde în scris to answer in writing.

a răspunde la apel to answer the roll; to answer one's name.

a răspunde la chemare to answer the call.

a răspunde la comenzi *av.* to respond to the controls.

a nu mai răspunde la comenzi *av. mar.* to go out of control.

a răspunde la culoare *(la jocul de cărți)* to return smb.'s lead.

a răspunde la o/fiecare lovitură to return blow for blow.

a răspunde la forță cu forța force will be met with force.

a nu răspunde la o insultă/provocare *F* to lie down under an insult; to take an insult lying down.

a răspunde la întâmplare to make a shot at an answer.

răspunde la întrebare! don't dodge the issue!

a răspunde la o provocare to pick/to take up the gauntlet; to enter the lists.

a răspunde cuiva la salut to return a bow/a salute/smb.'s greeting; to acknowledge a salute/smb.'s greeting; to bow back to smb.; *mil., mar.* to return/to acknowledge a salute.

a răspunde la serviciu *sport* to return the service.

a răspunde la sonerie *(a deschide ușa)* to answer the door/the bell.

a răspunde la un strigăt to echo back a shout.

a răspunde la subiect to answer to the point.

a răspunde la telefon to answer the (tele)phone; to take the call.

a răspunde la toate întrebările *școl. F* → to floor a paper.

a răspunde la urările de bine ale cuiva to reciprocate smb.'s good wishes.

a răspunde la vizita cuiva to return smb.'s call.

a răspunde negativ/nu to answer/to reply in the negative; to answer no; to return a negative.

a nu răspunde nimic to make no answer/reply.

a răspunde cuiva obraznic/insolent to answer back; to make an insolent retort; *F* → to give the lip to smb.; *amer.* to talk back.

a răspunde oral to answer by word of mouth.

a răspunde cuiva pe același ton *F* to return smb. the compliment.

a răspunde pe loc/prompt to answer (smb.) pat; to be ready with an answer.

a răspunde pe un ton sardonic to snarl out an answer (to smb.).

a răspunde pentru cineva *jur.* to go bail for smb.

a răspunde printr-o înclinare a capului to answer with a nod.

a răspunde unei provocări *F (d. persoane)* to rise to it.

a răspunde răstit to snort out an answer.

răspunderea cade pe altcineva *fig.* the shoe is on the other foot.

răspunderea e a dumitale the responsibility rests with you.

răspunderile îl apasă his responsibilities press heavily up(on) him.

a răspunde scopului to answer the purpose.

a răspunde tăios cuiva *F →* to bite smb.'s head off; to bite/to snap smb.'s nose off.

a răspunde tuturor nevoilor *amer.* to fill every requirement.

răspundeți prin aducător an answer by bearer will oblige.

a răspunde usturător to whip out a reply.

răspuns plătit reply paid.

răspunzător/responsabil în egală măsură equally rensponsible.

a răstălmăci adevărul to distort the truth.

a răstălmăci un cuvânt to take a word in the wrong sense; to force a word (into a sense).

a răstălmăci legea to stretch/to strain the law.

a răstălmăci spusele cuiva to take smb. wrong.

a se răsti la cineva to address smb. rudely; to fly at smb.; to bite/to snap off smb.'s nose; to bite off smb.'s head.

a răsturna brazda to turn over the soil.

a răsturna un cabinet etc. *F* to bowl smb. out.

a-și răsturna capul pe spate to lean one's head back.

a răsturna casa cu susul în jos to throw the house/the room into disorder/confusion; to turn everything topsy-turvy/upside down.

a răsturna o căruță to turn a waggon (over) on its side.

a răsturna cerul și pământul to move heaven and earth; to leave no stone unturned.

a răsturna cu fundul în sus to turn upside down; *F →* to make hay of smth.

a răsturna cu picioarele în sus to knock over.

a se răsturna în fotoliu to lean back in one's chair.

a răsturna/trânti pe cineva la pământ to knock smb. on his feet/*F →* pins; to send smb. sprawling; to throw smb. off his balance.

a-și răsturna pasagerii în șanț *(d. vehicule)* to tip one's passengers into the ditch.

a răsturna planurile cuiva to upset smb.'s plans; *F →* to throw smth. out of gear; to settle smb.'s hash.

a răsturna totul cu susul în jos *v.* **~ casa ~.**

a răsturna un vas *mar.* to keel over a ship.

a răsuci brațul cuiva to twist/to put out of joint smb.'s arm.

a se răsuci brusc pe călcâie to spin round.

a răsuci/întoarce cheia în broască to turn the key in the lock; to lock the door.

a răsuci cuțitul în rană to turn the knife in the wound; *fig.* to rub it in.

a se răsuci în mormânt to turn in one's grave.

a se răsuci în pat to tumble about in one's bed; to toss (about); to turn and turn in bed.

a se răsuci în țâțâni to turn on one's hinges.

a-și răsuci mustața to twist/to turn up one's moustache; to twiddle/to twirl one's moustache.

a se răsuci pe călcâie to turn on one's heels.

a-și răsuci un tendon to strain a tendon.

a răsuci o țigară to roll a cigarette.

a răsufla greu to breathe with difficulty; to fetch a long/a deep breath.

a răsufla ușurat to breathe freely; *<* to heave a sigh of relief.

a răsuna în urechea cuiva *(d. voce etc.)* to din in smb.'s ears.

a rătăci de colo până colo/încoace și încolo to wander/to roam/to stray about.

a se rătăci de turmă to stray from the flock.

a rătăci drumul to miss/to lose one's way; to go astray; to lose oneself; to get lost.

a rătăci pe străzi to walk the street.

a rătăci prin lume *lit.* to wander (through/over) the world; *F →* to be on the gad.

rău de gură given to gossip; scandal-mongering; fond of scandal; foul-mouthed.

rău de muscă *(d. cal.)* vicious; *(d. cineva)* lustful.

e rău de pagubă he is not a good loser.

rău intenționat față de cineva ill disposed to/towards smb.

rău lovit de soartă *F →* hard hit.

mai rău nici că se poate *amer. F* the worst way.

rău văzut de cineva unpopular with smb.; in smb.'s bad books.

a răzbate în ciuda dificultăților/greutăților to battle one's way through difficulties/obstacles; to eke out (a livelihood).

a răzbi cu greu în viață to come up the hard way.

a răzbi în lume *F →* to rise from the ranks; to get on in life.

a răzbi prin mulțime to make/to elbow/to force one's way through the crowd/the press; to squeeze/to strike through the crowd.

a-l răzbi somnul to be overcome by sleep.

război de uzură war of attrition.

război pe viață și pe moarte war to the death.

a se răzbuna pe dușman to take/to inflict/to wreak vengeance upon one's enemy; to revenge oneself on one's enemy.

a se răzgândi într-o privință to think better of it.

a răzui cu grebla o alee to rake over a path.

a râcâi cenușa to rake out the cinders.

a se râcâi cu cineva; se râcâie între ei there is friction between them.

a râde acru *v.* **~ cu jumătate de gură.**

a râde ascuțit to laugh shrilly/*F* → in a high falsetto.

a râde ca un nebun to be convulsed/to shake/to rock with laughter.

a râde ca prostul to grin like a Chesire cat; to simper; to smirk.

a râde cu jumătate de gură to laugh on the wrong/on one side of one's mouth; to put on a wry/a sickly smile; to force/to give a forced laugh; to affect laugh.

a râde cu lacrimi/până la lacrimi to laugh till the tears come to one's eyes/till one cries.

a râde cu poftă *v.* **~ din toată inima.**

a râde de eforturile zadarnice ale cuiva to smile at smb.'s vain endeavours.

a râde de pretențiile cuiva to laugh smb. out of court.

a râde din băierile inimii *v.* **~ în hohote; a se strica de râs.**

a râde din toată inima to have a good laugh; to laugh heartily; to enjoy a good laugh.

râde dracul de porumbe negre și pe sine nu se vede *prov.* the pot calls the kettle black; the devil rebuking sin; the raven chides blackness; the raven said to the rook "Stand away, black coat!".

a râde în barbă to laugh up/in one's sleeve/in one's beard.

a-i râde în față/nas cuiva to laugh in smb.'s face; to laugh at smb.'s beard.

a râde în hohote to roar/to shout/to scream/to shriek/to yell with laughter; to laugh out; to laugh oneself into convulsions; to shake with laughter; to burst/to split one's sides with laughter; to laugh like a hyena; *F* → to haw-haw; to guffaw.

a râde în pumni *v.* **~ în barbă.**

a râde în sinea lui to laugh to oneself; to laugh inwardly.

a râde mânzește *v.* **~ cu jumătate de gură.**

a-i râde ochii; îi râd ochii he beams (with satisfaction).

a râde pe furiș/înfundate *v.* **~ în barbă.**

a râde pe sub mustață *v.* **~ în barbă.**

a râde silit *v.* **~ cu jumătate de gură.**

a râde să se spargă *v.* **a se strica de râs.**

a-l râde și câinii (*d. persoane*) to be the by-word/the talk of the village.

râdeți cât vreți! have your laugh out! you can laugh your fill.

a râde ținându-se cu mâinile de burtă *v.* **a se strica de râs; ~ în hohote.**

rând pe rând by turns; in turn; turn and turn about; alternately; by/in rotation; in succession; successively.

(e) rândul dumitale/dvs./tău the balls is with you; (*la cărți*) your lead; (*la golf*) your honour.

(e) rândul meu it is my turn; the ball is with me.

rânduri rânduri in rows.

a rânji cu gura până la urechi to be on the (broad) grin; to grin.

râsul e bun la digestie *prov.* laughter is good for the digestion.

râul se umflă the river is up.

râuri de miere *fig.* milk and honey.

să nu râvnești la bunul altuia *bibl.* thou shalt not covet.

să râzi să te prăpădești enough to make a cat laugh.

a reabilita pe cineva to revarnish smb.'s reputation; to rehabilitate smb.'s good name; to re-establish smb. in the public esteem.

a reactiva circulația *med.* to restore the circulation.

a readuce ceva în câmpul memoriei to bring/to recall smth. to smb.'s recollection/memory.

a readuce ceva în folosință to bring smth. into use again.

a readuce pe cineva în simțiri to revive smb.; to bring smb. round.

a readuce în turmă oile rătăcite *fig. F* → to bring back the stray sheep to the social fold.

a readuce la viață pe cineva to bring smb. back to life/to life again; to bring smb. round; to recall/to restore smb. to life; (*a reînvia*) to resuscitate; to raise smb. from the dead.

a realimenta cu combustibil to refuel.

realitatea este că... the fact (of the matter) is...

realitatea inexorabilă/dură/aspră the stubborn facts.

a realiza beneficii to make profits.

a realiza un beneficiu/profit/câștig din.../de pe urma... to obtain a profit from...; to make a profit on.../out of...; ~ **mare** to make a handsome profit; to scoop a large profit.

a realiza o bună performanță *sport etc.* to show up well.

a realiza ce și-a pus în gând to carry/to make one's point.

a realiza un contrast de culori to put colours in contrast.

a realiza o cotitură to turn the tide.

a realiza maximum de puncte *(tir)* to score a possible.

a realiza progrese to make headway.

a-și realiza scopurile/țelurile to gain one's ends; to effect one's purpose.

a reanima conversația to revive the conversation.

a reascuți o lamă to put an edge/a new edge/a fine edge on a blade.

rebegit de frig chilled to the bone/marrow; perished/blue with cold.

a recădea în greșeală to fall back into the old bad ways.

a-și recăpăta buna reputație to redeem one's good name.

a-și recăpăta calmul/sângele rece/stăpânirea de sine to recover/to regain control (of oneself/of one's temper); to recover one's equanimity/temper/self-possession; to get oneself in hand; to calm/to quiet/to simmer down.

a-și recăpăta/redobândi cunoștința to recover/to regain consciousness; to recover one's senses/wits; *F* → to come to.

a(-și) recăpăta curajul to recover/to rally one's spirits; to muster up courage; *F* to lift up one's head; to pluck up/to take heart.

a-și recăpăta echilibrul to recover one's balance/composure; to right oneself; *(după cădere)* to regain one's footing.

a-și recăpăta folosirea membrelor to recover the use of one's limbs.

a-și recăpăta glasul to find one's tongue (again).

a-și recăpăta puterile to recover/to regain/to pick up strength; to recruit/to revive one's strength; to acquire new strength.

a-și recăpăta răsuflarea/respirația to recover one's breath/wind; to get (back) one's (second) wind.

a-și recăpăta/redobândi sănătatea to recover one's health/strength; to recruit one's health; to be restored to health; to recover (from an illness).

a recâștiga terenul pierdut to recover/to make up for lost ground.

a recâștiga timpul pierdut to recover lost time; to make up for lost time; *amer.* to make time.

rece ca un sloi de gheață I. (as) cold as ice/marble/a stone/charity. **2.** *fig.* (as) cold as charity.

a rechema un ambasador to recall an ambassador from his post/to his country.

a recita versuri to speak one's lines; *(cu emfază)* to roll out verse.

a recomanda o lucrare unui cititor to refer a reader to a work.

a recomanda cuiva prudență to enjoin prudence (up)on smb.; *F* → to sound a note of warning.

a reconforta inima cuiva to put new heart into smb.; to put smb. in good heart.

a recunoaște calitățile cuiva to give smb. his due; to acknowledge smb.'s merits.

a recunoaște un copil to own a child.

a nu-și recunoaște datoriile to repudiate/to repulse one's debts.

a recunoaște deschis ceva to make a clean breast of smth.; to make an acknowledgement of smth.

a recunoaște pe cineva după mers to know smb. by his gait.

a recunoaște ceva după pipăit to know smth. by the touch/by the feel of it.

a recunoaște pe cineva după voce to be able to tell smb. by his voice.

a recunoaște evidența faptelor to acknowledge the evidence of facts.

a nu recunoaște faptele *F* → to pursue an ostrich policy.

a recunoaște o greșeală to own a fault/to a mistake; to stand corrected.

a recunoaște împrejurimile/locurile to find/to get one's bearings.

a se recunoaște în copiii săi to see oneself in one's children.

a se recunoaște înfrânt/învins to acknowledge oneself beaten; to yield the palm; to show/to fly the white feather; to lower/to strike one's colours; to cry craven; *F* → to holler/to hollow/to cry/to say "uncle"; *(în fața cuiva)* to give smb. best.

a recunoaște pe cineva nevinovat *jur.* to bring in a verdict of not guilty.

a nu recunoaște nici o calitate *(unui lucru)* to refuse to see any good in smth.

a recunoaște sincer ceva to make a clean breast of smth.

a recunoaște superioritatea cuiva *F* → to take off one's hat to smb.

a recunoaște terenul to survey the ground; to go over the ground; *mil.* to reconnoitre; to make a reconnaissance.

a recunoaște unele acuzații *jur.* to make admissions.

a-și recunoaște vina în public to stand in a white sheet; *v. și* **a-și pune cenușă în cap.**

a se recunoaște vinovat to eat humble pie; to acknowledge corn; *jur.* to plead guilty.

a nu se recunoaște vinovat *jur.* to plead not guilty.

mă recunosc învins *P* → you have me beat.

a recupera timpul pierdut to make up for lost time.

a recurge la ajutorul cuiva to turn to smb. (for help).

a recurge la ajutorul justiției to go to law.

a recurge la expediente to resort to expedients.

a recurge la forța publică to call for clubs.

a recurge la forță to resort to force; *fig.* to show the mailed fist.

a recurge la măsuri drastice to have recourse to strong action.

a recurge la măsuri extreme to go/to run to extremes; to run to an extreme; to take extreme measures.

a recurge la represalii to inflict/to exercise retaliation.

a recurge la subterfugii/tertipuri to evade the issue; to quibble.

a recurge la șantaj to blackmail.

a recurge la toate mijloacele posibile to use/to make every endeavour.

a recurge la violență to proceed to blows/violence.

a recuza un martor to challenge a witness; *jur.* to object to a witness.

a redacta un act/document to draw up a document.

a redacta o declarație/expunere to draw up a statement.

a reda cuiva curajul to put new heart into smb.; to put smb. in good heart.

a reda cuvintele cuiva to give smb.'s actual words.

a reda forța cuiva to restore smb.'s strength.

a reda cuiva libertatea to set smb. at liberty; to give smb. his liberty.

a reda cuiva liniștea (sufletească) to set smb.'s mind at ease.

a reda cuiva sănătatea to restore smb. to health; *F* → to set smb. on his legs again.

a redeschide o rană veche to rip up old wounds; *F* → to reopen an old sore/old sores.

a redresa avionul to lift the nose of a plane; *F* → to pull on the joystick.

a redresa economia/finanțele unei țări to put the finances of a country on a healthy footing.

a reduce cheltuielile to reduce/to cut down expenses; *F* → to draw in; to haul in one's sails; ⁓ **casei** to take in a reef.

a reduce un coeficient la unitate *mat.* to reduce a coefficient to unity.

a reduce o datorie to scale a debt.

a reduce deficitul/paguba *com.* to make good/to make up the deficit.

a reduce faza *auto* to dim/to dip the head-lights.

a reduce o fractură to set a bone/a limb; *med.* to reset a limb.

a reduce o fracție *mat.* to reduce a fraction to lower terms; ⁓ **la același numitor** to reduce a fraction to the same denominator; *și fig.* to reduce to/to find a common denominator.

a-și reduce greutatea prin antrenament *(d. atleți etc.)* to train down.

a reduce ceva la aspectele sale esențiale/fundamentale to reduce smth. to its elements.

a reduce la minimum to cut to the bone/to a minimum.

a se reduce la nimic to boil down to nothing; to shrink to a nullity; to dwindle into thin air; *(d. profituri) F* → to dwindle to the vanishing point.

a reduce pe cineva la sărăcie completă *P* → to stick smb. up.

a reduce ceva la scară to reduce smth. to a small scale; to scale.

a reduce pe cineva la supunere to reduce smb. to submission; to bring smb. under one's sway.

a reduce pe cineva la tăcere to put/to reduce smb. to silence; *(prin vorbă)* to talk smb. down; to strike smb. dumb; *fig.* to seal smb.'s lips; *F* → to bowl smb. out.

a reduce la tăcere *(un adversar) F* → to extinguish an adversary.

a reduce la tăcere o baterie inamică *mil. F* to tape an (enemy) battery.

a reduce ceva la zero to reduce to nothing; to fritter away; *fig.* to cut to the bone.

a reduce la zero *v.* ⁓ **la nimic.**

a reduce o oră din ziua de muncă to retrench an hour from the working day.

a-și reduce pretențiile *F* → to haul in one's sail; → to draw in one's horns.

a reduce prețul la minimum *com.* to quote keenly.

a reduce prețurile to cut/to lower/to reduce prices.

a reduce/micșora/cobori temperatura to reduce temperature.

a reduce tensiunea electrică to step down the current/the voltage.

a reduce viteza to reduce speed; to slow down; **reduceți viteza** drive with caution.

redus la cea mai simplă expresie reduced to the simplest expression.

a reface alinierea *mil.* to dress the ranks.

a reface ascuțișul unei unelte to put an edge/a new edge/a fine edge to a tool.

a-și reface averea to recover/to repair one's fortunes.

a-și reface cunoștințele *(de limbă greacă etc.)* to rub up (one's Greek, etc.).

a se reface/restabili după o boală to rally from an illness; to feed up after an illness.

a se referi la un document to turn to a document.

referitor la... relating to...; relative to...; referring to... respecting...; regarding...; concerning...; as to.../for... with reference to...; in connection/conjunction with... in relation to...

a reflecta asupra posibilității unui lucru to consider the possibility of an event.

a reflecta asupra unui proiect etc. to think over a project, etc.

a reflecta razele de lumină to glance back the rays of light.

a reflecta serios *F →* to put on one's thinking-cap.

mai reflectează! think it over!

a se refugia în brațele cuiva *(cerându-i protecția)* to fly to smb. (for protection).

a se refugia în munți to take to the mountains; *(a lua drumul codrului)* to take to the heather.

n-aș refuza *(un pahar de bere etc.)* I wouldn't say no to (a glass of beer, etc.).

a i se refuza accesul to be refused a passage.

a refuza să asculte to shut one's ears to...; *(pe cineva)* to laugh smb. out of court.

a refuza să asculte un ordin to refuse compliance with an order.

a refuza categoric/net/hotărât to refuse point-blank/flatly; to give a flat refusal; *F →* to send smb. away with a flea in his ear.

a refuza o cerere to refuse a request/a petition.

a refuza ceva cu un gest to wave smth. away.

a refuza de formă *F* to go through the form of refusing.

a refuza cuiva un drept to debar smb. a right.

a refuza lupta *mil.* to decline battle.

a nu refuza nici o însărcinare to shrink from no task/from no work.

a nu-și refuza nimic to live well; *P →* to do oneself proud.

a refuza o dată pentru totdeauna to refuse for good and all.

a refuza să plătească o poliță etc. *com.* to dishonour a bill.

a refuza un pretendent *F →* to turn down a suitor.

a refuza primirea cuiva to refuse smb. admittance.

a refuza punerea în libertate pe cauțiune *jur.* to refuse bail.

a-și refuza strictul necesar to stint oneself.

a refuza să se supună to refuse obedience.

a refuza să vadă pe cineva to shut the door against/on smb./in smb.'s face.

a refuza să vadă adevărul to fly in the face of evidence.

a regala pe cineva cu o masă/o istorisire etc. to ragale smb. with a collation/a story etc.

a regăsi drumul către casă to find one's way home.

a-și regăsi liniștea sufletească to recover one's equanimity.

a-și regăsi tinerețea to renew one's youth.

a regăsi urma to pick up the trail.

regina balului the belle of the ball.

a regla aparatul *(de fotografiat)* **la infinit** *fot.* to set the camera to infinity.

a regla/potrivi ceasul la ora... to set the clock/a watch at...

a regla un cont *com.* to settle an account.

a regla ritmul/bătaia/cadența vâslelor *canotaj* to set the stroke.

a reglementa un diferend to settle a difference.

a reglementa viteza autovehiculelor to restrict a road.

a regreta adânc/profund to feel a deep regret for...

regret că vă deranjez I am sorry to trouble you; I hate to trouble you; forgive my troubling you.

ai să regreți you'll be sorry for it; you shall rue it.

regula/regulile jocului *F →* it's all in the game.

a reintra în drepturile sale to come into one's own.

a reintra în grații to be restored to a favour; *(în grațiile cuiva)* to reingratiate oneself with smb.

a reintra în port *mar.* to put back.

a reintra în posesia unui lucru to regain/to resume possession of smth.; to repossess oneself with smb.

a reintra în serviciu to re-enter an employment.

a reîmprospăta memoria cuiva to refresh/to revive/to touch up smb.'s memory.

a reîncepe ostilitățile/războiul to dig up the hatchet.

a reînnoi contractul la o casă to take a new lease/to renew the lease of a house.

a reînnoi cunoștința cu cineva to renew one's acquaintance with smb.

a reînvia o ceartă veche *F* to rake up an old quarrel.

a reînvia curajul cuiva to put fresh courage into smb.; *F →* to buck smb. up.

a reînvia trecutul to rake up the past.

relaș no performance to-night.

a relata ceva cu savoare *F* to relate smth. with unction.

relativ la... relating to...; respecting...; with regard to...; *v. și* **privitor la...**

relații de producție relations of production.

relații intime the last favour.

religia este opiul maselor/popoarelor *(dicton comunist)* religion is the opiate of the masses/the people(s).

a relua cuvintele cuiva to echo smb.'s words.

a relua firul *(cu gen.)* to take up/to resume/*F →* to pick up the thread of (a story); *(firul vorbirii)* to resume (the thread of) one's discourse.

a-și relua funcțiile to resume one's duties.

a relua un lucru cu puteri noi to start smth. afresh.

a relua lucrul to resume work/one's labours.

a relua lupta to return to the fray.

a relua mingea din voleu *sport* to volley the ball a return; to take/to catch the ball on the bound.

a relua ofensiva to return to the attack.

a relua o piesă to revive a play.

a relua/reînnoi o veche acuzație to revive an old charge.

a-și relua vechile deprinderi/obiceiuri/năravuri to fall back into one's own bad ways.

a relua vechile relații to revive old connections.

a relua viața de la capăt *F →* to turn over a new leaf.

remiza inclusă în preț/tarif 'no gratuities'.

a remorca un automobil/vas to take a car/a boat in tow.

a renaște din propria-i cenușă *fig.* to rise from one's ashes.

a renunța fără a cere compensații *jur.* to resign simpliciter.

a renunța la cetățenie to expatriate oneself.

a renunța la gândul/ideea de a face ceva to give up/to drop the idea of doing smth.

a nu renunța la ideea că... *v.* **a-și băga în cap că...**

a renunța la iluzii to undeceive oneself; *aprox.* the scales fell from his eyes.

a renunța la luptă to lay down one's arms; *(la orice efort) amer. P →* to lie down and die.

a renunța la mândrie to vail one's pride.

a renunța la o părere to recede from/to give up an opinion; to recant; to disavow an opinion.

a renunța la o pretenție/pretenții to abjure/to waive a claim; to throw up one's claims; to withdraw one's claims; *F →* to sing small.

a nu renunța la scopul său to stick to one's purpose.

a renunța la serviciile unui sfătuitor bun *F →* to drop the pilot.

a renunța la o situație/slujbă to throw up one's situation; to turn in a job.

a repara o greșeală to put an error right; to redress a fault; to set things to rights.

a repara o nedreptate/un rău to redress a wrong/a grievance; to rectify/to repair/to make good an injustice; to make reparation for an injury.

a repara o pagubă/pierdere to make good/to compensate a damage; to make a restitution.

a repara răul făcut to undo the mischief.

a-și repartiza soldații la posturi *mil. etc.* to tell off one's men.

mai repede! make haste! hurry up! *F →* look sharp!/alive! step upon it! *P* buck up! *amer.* make it snappy!

repede ca fulgerul/gândul (as) quick as lightning; at/with lightning speed; *amer.* quicker than hell.

repede-te până la... just slip round to...

a repera o baterie *(inamică) mil.* to locate a battery position; *F →* to tape an (enemy) battery.

a repera distanțele to take key ranges.

a repera pe cineva în mulțime to pick smb. out from the crowd.

a repeta anul școlar to remain for the second year in the same class; to stay in a form for a second year; to fail to get one's remove; not to get one's remove.

a repeta ca un papagal to repeat like a parrot; to parrot.

a repeta cu alte cuvinte to reword.

a repeta la nesfârșit același lucru *F →* to be always harping on the same string/note; to ring ever the same chime.

a repeta/recita lecțiile/poezia to repeat the lessons/a poem.

nu repeta (acest lucru) primului venit *F →* tell it not in Gath.

a repeta rolul/versurile to practise one's lines.

repetiție generală *și fig.* dress rehearsal.

a se repezi să accepte o ofertă/propunere *F* to leap at an offer.

a se repezi afară to start/to rush out.

a se repezi să apuce o slujbă *F →* to grab a job.

a se repezi/năpusti asupra cuiva/la cineva to rush at/to launch out at/against smb.; to make a sudden dart on smb.; *F →* to lace/to let into smb.; *(dintr-o ascunzătoare)* to jump out on smb.

a se repezi asupra cuiva ca un nebun to make for/after/at smb. like a madman.

a se repezi asupra prăzii *(d. păsări, animale)* to make a pounce on smth.; to pounce on smth.

a se repezi ca fulgerul în cineva *(d. un călăreț etc.)* to rocket into smb.

a se repezi înainte to rush/to lunge/to spring forward; to make a dash forward; *(cu capul înainte)* to rush headlong.

a se repezi în cineva fără mănuși *F →* to take off the gloves to smb.

a se repezi în jos/sus pe scări to tear downstairs/upstairs.

a se repezi la atac to spring to the attack.

a se repezi la cârlig to take/to nibble at/to rise to/ to swallow the bait.

a se repezi până la cineva to step over/to slip round to smb.'s house/place.

a replica cuiva cu vehemență to jump down smb.'s throat.

a reporta soldul *com. fin.* to carry forward the balance; to carry the balance to the next account.

a reporta o sumă *com.* to bring forward an amount; *mat.* to dot and carry one.

a reprezenta o circumscripție electorală to sit for a constituency.

a reprezenta o etapă importantă *(d. un eveniment, o operă)* to be a landmark.

a-și reprezenta în mod clar to visualize.

a reprezenta principalul subiect de conversație to be the subject of conversation.

reprezentat prin avocat *jur.* represented by counsel.

a reprima cu energie un abuz to put one's foot down/to set one's foot upon smth.

a reprimi în funcție/serviciu *(d. funcționari)* to readmit an official; to re-engage.

a reproduce cuvintele/vorbele cuiva to echo smb.'s opinions.

a reproduce în facsimil *tipogr.* to set up a facsimile of the original.

reprodus exact true to life.

a reproșa ceva cuiva to reproach smb. with smth.; to upbraid smb. with/for smth.; to remonstrate with smb. for smth.

republican (etc.) până în măduva oaselor *F →* to be every inch/every bit a republican etc.

a-și repudia fiul to disown/renounce one's son.

a-și repudia soția to turn one's wife.

a-i repugna să facă ceva to jib at smth.; to kick at/against smth.

a repune în circulație *(o expresie ieșită din uz)* to revive a dead phrase.

a repune în drepturi to reinstate, to rehabilitate.

a repune în funcțiune *(o societate, o întreprindere)* to refloat.

a repune în vigoare o lege to reinforce a law.

a repune mingea în joc *sport* to roll in the ball.

a se repune pe picioare to rise to/to get on to one's feet (again).

a repune pe cineva pe picioare *și fig.* to set smb. on his legs again; to restore to health.

a repurta o victorie to obtain a victory; to carry the day.

a se resemna în fața inevitabilului to resign oneself to the inevitable; *(sorții) înv. scoț.* to dree one's weird.

a se resimți de pe urma unei boli/maladii to feel the effects of an illness.

a se resimți de pe urma vârstei; a început să se resimtă ~ his years are beginning to tell on him.

a respecta o clauză to respect/to comply with a clause/a stipulation.

a nu respecta coada/rândul to jump the queue.

a respecta conveniențele to observe the proprieties.

a-și respecta cuvântul dat to be as good as one's word.

a nu respecta o datină to offend against custom.

a respecta distanțele *fig.* to keep one's place.

a respecta legea to obey/to observe/to respect the law; to abide by the law.

a nu respecta un principiu to trespass against a principle.

a respecta o regulă to observe a rule.

a respecta regulile *(jocului)* to see fair (play).

a nu respecta repausul duminical to break the Sabbath.

a respecta tradiția to be respectful of tradition.

a respecta ziua de odihnă/sărbătoare/duminicile to keep the Sabbath day holy; to keep Sunday.

a respinge apelul cuiva *jur.* to dismiss smb.'s appeal.

a respinge un argument *F →* to tear an argument to pieces/shreds; *(~ toate argumentele)* not to leave smb. a leg to stand on.

a respinge asaltul to stand the storm.

a respinge o cerere to repulse/to turn down a request.

a respinge ceva cu dezgust *F →* to kick at smth.

a respinge cu dispreț to spurn at; *(o propunere, un sfat)* to scorn a proposal/a piece of advice.

a respinge o lege/un proiect de lege *pol.* to reject a bill.

a respinge o moțiune/propunere to reject/to vote down a proposal/a motion.

a respinge o propunere to reject an offer; to decline an offer.

a respinge o propunere cu dispreț to dismiss a proposal with scorn.

a respinge o reclamație *jur.* to set a claim aside.

a respira adânc to draw/to take a deep breath.

a respira bine to be in good wind; to have plenty of wind.

a respira greu to breathe heavily/stertorously; to blow/to puff like a grampus.

a respira sănătate to be the incarnation/the very picture of health.

a se restabili după o boală to rally from an illness; to get well again; to re-establish/to recover one's health; to recover; *v. și* **a se pune pe picioare; a-și recăpăta puterile.**

a restabili echilibrul to redress the balance; *F →* to even things up.

a restabili faptele to set the facts in their true/ proper light.

a restabili pe cineva în drepturi *v.* **a repune ~.**

a restabili lucrurile to set things right/to rights; to put things to rights.

a restabili ordinea to restore (public) order; **ordinea se restabilește** *F →* things are settling into shape.

a restabili sănătatea cuiva to restore smb.'s health; *v. și* **a-și recăpăta puterile.**

a-și restabili sănătatea și puterea to recruit one's health and strength; *v. și* **a-și recăpăta puterile.**

a restabili situația *mil.* to restore/to retrieve the situation.

a restitui banii furați to replace stolen money.

a restrânge câmpul vizual *fot.* to narrow the field.

a restrânge cheltuielile to cut down expenses.

a-și restrânge nevoile to restrict one's needs.

resursele mele sunt pe drojdie my stocks are rather low; my purse is getting low.

resurse naturale natural resources.

a reteza/tăia capul cuiva to cut/to strike smb.'s head off.

a reteza coada *(unui animal)* to dock.

a reteza crengile to trim; to lop off.

a i-o reteza scurt cuiva *F →* to cut smb. short.

a reteza vorba cuiva *F →* to jump down smb.'s throat; *v. și* **a tăia vorba cuiva.**

a retracta cele spuse to withdraw a remark; *F →* to eat humble pie; to swallow one's words.

a retrage bani to withdraw money.

a-și retrage candidatura to withdraw one's candidature; to stand down.

a-și retrage coarnele/cornițele *F* to draw in one's horns.

a-și retrage cuvântul to take back/to recall/to withdraw one's word/promise; to back out.

a retrage de la școală *(un copil, elev)* to remove/to withdraw/to take away a child/a pupil from school.

a se retrage de pe o poziție *mil. etc.* to recede from a position.

a se retrage din afaceri to leave off/to give up trade/business; to retire from business.

a se retrage din bătălie to withdraw from the struggle/the fight; to retire from the field.

a retrage din circulație *(d. bani, cărți)* to withdraw from circulation; to call in.

a se retrage din concurs to drop out of a contest.

a retrage din funcțiune *(o mașină, un vas etc.)* to lay up a car, etc.

a se retrage din lume/societate to seclude oneself from society; to live in seclusion/isolation; to renounce the world; *F →* to mew oneself up from the world.

a se retrage din luptă *mil. F* to withdraw from the field.

a se retrage din teatru *teatru* to retire from/to quit the stage.

a-și retrage făgăduiala/promisiunea to go back on a promise.

a retrage/a replica un flanc *mil.* to refuse a wing/ a flank.

a-și retrage ghearele to draw in one's claws.

a se retrage în fugă to beat a hasty retreat; to cut and run.

a se retrage în ordine *mil.* to make good one's retreat.

a se retrage în propriile tranșee to retire within one's lines.

a se retrage în sine to retire/to withdraw into oneself; to withdraw into silence; to sink in oneself.

a se retrage în vizuina lui to go to the ground.

a se retrage la țară to retire into the country.

a-și retrage mâna to stay one's hand.

a retrage un permis de circulație to revoke a driving licence.

a-și retrage plângerea *jur.* to withdraw an action; *amer. (d. procuror)* to lay down on a charge.

a retrage cuiva sprijinul *fig.* to withdraw one's assistance from smb.

retras din afaceri out of business.

a retrograda pe cineva to reduce smb. to a lower rank.

a returna în back-hand/rever *sport* to take the ball on the back-hand.

a retușa un clișeu *fot.* to work up a negative.

nu te mai rețin don't let me keep you!

a reține atenția cuiva to hold/to arrest/to rivet/to seize smb.'s attention.

a-și reține biletul de vapor to book/to pay/to take one's passage.

a reține capetele de acuzație *jur.* to find a true bill against smb.

a reține cu de-a sila pe cineva to put smb. under constraint.

a se reține de la o hotărâre to suspend one's judgement.

a reține de la treabă pe cineva; nu vreau să vă rețin I must not detain you; don't let me keep you.

a reține din salariul cuiva to withhold so much out of smb.'s pay.

a reține un elev după orele de clasă *școl.* to keep a pupil in.

a reține pe cineva în pat to keep smb. in bed; to confine smb. to bed.

a-și reține lacrimile to keep/to hold back/to repress one's tears.

a reține la masă pe cineva to keep smb. to dinner/supper.

a reține un loc/locuri to book/to reserve/to secure a seat/seats.

a-și reține mânia to restrain/to check/tu curb one's anger.

a reține pe dinafară to remember by heart.

a-și reține răsuflarea to hold one's breath.

a reține salariul cuiva to stop smb.'s wages.

a reuși să ajungă la... to win one's way to...

a reuși să-și atingă scopul to reach one's purpose; to win home.

a reuși să convingă pe cineva to talk smb. round.

a reuși de minune to succeed to perfection.

a reuși să facă ceva to manage to do smth.

a reuși să găsească soluția unei probleme to reason out the answer to a problem.

a reuși în toate to succeed/to be successful in everything; to carry everything off; **reușește** ~ *F* → everything comes of all right with him.

a nu reuși într-o afacere *fig.* to miss one's tip.

a reuși într-o încercare *F* → to bring home the bacon.

a reuși întru totul to have it all one's own way.

a reuși în viață to get on in life; to get on the top of the tree/the ladder; to reach the top of the social ladder; to rise in the world; *fig.* to strike oil.

a reuși la un examen to pass an examination; to be through one's examination.

a reuși la limită to win by a close shave.

a reuși să se elibereze to win free.

a reuși să-și elibereze mâinile to work one's hands free.

a reuși mai bine decât se aștepta to succeed beyond one's expectations.

a reuși să pătrunzi to break through.

a-i reuși totul *prov.* → all is fish/grist that comes to his mill.

a se revărsa de ziuă; se revarsă de ziuă day is just beginning to break; the day is dawning/breaking; it is growing light.

a-și revărsa furia asupra cuiva to vent one's passion/rage upon smb.

a-și revărsa inima to pour out one's heart.

a revărsa (un potop de) insulte/înjurături to volley (forth/out) abuse; to let fly/to discharge a volley of oaths.

a-și revendica drepturile to assert/to insist on/to vindicate one's rights; *F* → to push one's demands; *(asupra unui lucru)* to lay claim to smth.

a reveni asupra unei hotărâri to go back on/to revise a decision.

a reveni asupra unei păreri to reconsider an opinion.

a-i reveni culoarea *(în obraji); i-a revenit culoarea (în obraji)* her colour returned.

a-i reveni datoria/sarcina de a face ceva to be incumbent on smb. to do smth.

a reveni des to be of frequent recurrence.

a-și reveni din leșin to come to one's senses; to come to oneself (again); to recover/to regain consciousness; *F* → to come to/round.

a-și reveni din surprindere to recover from one's astonishment; *fig.* to find one's tongue again.

a-și reveni dintr-un șoc to recover from a shock.

a reveni foarte ieftin/scump; revine ~ that comes cheap/expensive.

a-i reveni o grea răspundere; îi revine o grea răspundere a heavy responsibility rests upon him.

a-și reveni în fire to be quite one's old self again; *v. și* **a-și reveni din leșin.**

a nu-și reveni în fonduri to lie out of one's money.

a-i reveni în minte to come back/home to smb.; to recall.

a-și reveni în simțiri *v.* **a-și reveni din leșin.**

a reveni la același lucru to amount/to come to the same thing; ~ **exact** ~ *F* → not to make two straws difference/a ha'p' worth difference.

a reveni la același subiect to revert/to come back/to hark back to the same subject; *F* → to keep coming back to it.

a reveni la atac *mil. F* to return to the charge.

a reveni la punctul de plecare inițial *(d. păreri)* to box the compass.

a reveni la subiect to return to the subject.

a reveni la suprafață to break surface; $F \rightarrow$ to bob up again.

a reveni la tipul primitiv *biologie* to revert to type.

a-i reveni meritul; lui îi revine meritul the (full) merit (of it) rests with him.

a-i reveni meritul de a... to take the credit of...

să revenim la oile noastre let us return to our muttons.

să revenim la subiectul nostru let us revert to our subject.

a reveni pe drumul cel bun $F \rightarrow$ to turn over a new leaf.

a reveni pe linia de plutire *fig.* to make up arrears (of work).

a reveni pe pământ *fig.* $F \rightarrow$ to touch ground.

a reveni pe tapet (*d. o problemă*) to come up for consideration.

a-i reveni respirația to get/to recover one's breath; to get one's second wind.

a-i reveni sarcina to be incumbent upon smb.; to come upon smb.'s hands; to rest with smb.

a-și reveni ușor to be elastic/resilient.

reversul medaliei the reverse of the medal; the other side of the medal/the picture/the story/*înv.* the shield.

n-ai să-l revezi chiar atât de curând $F \rightarrow$ you won't see him again in a hurry.

reviriment în opinia publică reversal of opinion.

a revoca o hotărâre a curții judecătorești *jur.* to discharge an order of the court.

a revoca o lege *jur.* to repeal a law.

a revoca un ordin to countermand an order; *mil., mar.* to revoke an order.

a revoca un testament *jur.* to annul/to cancel/to revoke a testament.

a se revolta împotriva... to revolt/to rebel against...; to rise against...; to rise in revolt; *fig. F* $\rightarrow$ to kick against/at smth.

a se revolta la ideea... to reluct at/against smth.

revoltat împotriva cuiva $F \rightarrow$ up in arms against smb.

a rezema un bolnav pe pernă to prop a patient (up) against/on his pillow.

a rezema (o scară) de perete to lean/to prop/to stand (a ladder) against the wall.

a rezema/sprijini de perete to lean (up) against the wall.

a se rezema în coate to lean one's elbows on smth.

a-și rezerva dreptul de a... to reserve the right to...; to retain the power to...

a rezerva locuri *v.* **a reține un loc.**

a se rezerva pentru altă împrejurare to wait for another opportunity.

rezervat (*d. un loc, o masă*) "taken".

a rezista asaltului/atacului to stand the storm; to hold out against an attack.

a rezista (cu greu) unei boli to fight back a disease.

a rezista cu succes to hold out.

a rezista dârz/ferm/cu înverșunare to stand fast/firm; to stand one's ground; to offer a stiff resistance; to make/to put up a stout resistance; to stand buff.

a rezista dușmanului to make a stand against the enemy.

a rezista furtunii *mar.* to weather (out) a storm.

a rezista unei încercări to pass/to stand the test.

a nu rezista la o cercetare/examinare atentă (*d. o afirmație etc.*) not to bear examination.

a rezista la un efort *mecanică* to take a stress.

a rezista la foc (*d. unelte etc.*) to stand fire.

a rezista la frig; a rezista frigului to stand cold.

a rezista la o încercare to pass/to stand the proof/the test.

a rezista la oboseală to stand fatigue.

a rezista la proba timpului to stand the test of time.

a rezista la probă to stand the test; to pass muster; to withstand a test.

a rezista la purtat to withstand wear.

a rezista la toate ispitele to be proof against all inveiglement.

a rezista unei lovituri to withstand the blow.

a rezista până la capăt $F \rightarrow$ to stick it out; to see it through; to die in the last ditch.

a rezista până la ultima suflare to die in the last ditch.

a rezista presiunilor to withstand pressure.

a rezolva o chestiune to settle a question/an issue; to meet the case; to set a question at rest; *amer. F* $\rightarrow$ to cut/to slice the melon.

a rezolva o dificultate to resolve/to clear up a difficulty; *fig.* to put the axe in the helve.

a rezolva o ecuație *mat.* to solve an equation; ~ **prin aproximație** to solve an equation by approximation.

a rezolva o problemă *mat.* to solve/to work out a problem; (*a socoti*) to work a sum; to do sums.

a rezolva o problemă printr-un efort $F \rightarrow$ to worry out a problem.

a rezolva toate problemele *școl. F* $\rightarrow$ to floor a paper.

a rezulta din... to result/to appear from...; to derive/to devolve from...; the result is that...

a rezuma ceva în câteva cuvinte *fig.* to put it in a nutshell; to give it smb. in a nutshell.

a se rezuma la... to confine oneself to...; to reduce oneself to...

a ridica ancora *mar.* to weigh/to raise anchor; *(a porni pe mare)* to put off; to put out to sea.

a ridica armele împotriva... to rise in arms against ....; to fly to arms against...; to take up arms.

a ridica asediul to raise the siege/the blockade (of a place).

a ridica brațele/mâinile to raise one's arms/hands.

a se ridica brusc *(d. prețuri, cifre) presă F →* to rocket.

a-și ridica calificarea to extend/to improve one's qualifications.

a ridica capota *(mașinii)* to raise the bonnet/the hood.

a(-și) ridica capul to raise one's head; to lift up one's head; ~ **sus** to rear one's head; *fig.* to lift up one's horns; *(a sta drept)* to straighten one's back.

a ridica capul cuiva mai sus pe pernă *și fig.* to bolster smb. up.

a-și ridica o casă/gospodărie to set up house.

a ridica o chestiune în fața tribunalului *jur.* to lay a matter before the court.

a-și ridica ciorapii to pull up one's socks.

a ridica o clădire tu build/to erect a building/a house.

a ridica un consemn *mil., mar.* to revoke an order.

a ridica un cort to pitch a tent.

a ridica cortina *și fig.* to lift/to raise the curtain.

a ridica cotele de nivel *(ale unei coaste)* to take the bearings of a coast.

a ridica ceva cu o pârghie to lever smth. up.

a ridica curajul cuiva to summon up smb.'s courage/spirit.

a se ridica deasupra celorlalți to stick oneself above others.

a se ridica deasupra mulțimii to rise above the crowd.

a se ridica deasupra necazurilor *F →* to come up smiling.

a se ridica deasupra tentației to rise superior to temptation.

a nu ridica un deget not to lift/to move/to raise/to stir a finger.

a ridica ceva de jos to lift smth. up (again); to pick up.

a se ridica de la masă to rise (up) from table; to leave the table.

a se ridica de la pământ to rise off the ground.

a ridica pe cineva din mocirlă *F →* to raise smb. from the dunghill/the gutter.

a se ridica din morți to rise from the dead.

a ridica din sprâncene to raise one's eyebrows.

a se ridica dintr-un salt to dart up.

a ridica drapelul luptei to raise the standard of battle.

a ridica embargoul to take off/to raise the embargo.

a-și ridica/sufleca fustele to kilt (up) one's skirts.

a ridica geamul to open the window.

a ridica glasul to raise one's voice.

a ridica glasul/tonul/vocea to lift up one's voice.

a-și ridica glasul împotriva cuiva/unui lucru to raise one's voice against smb./smth.

a ridica o greutate cu macaraua to sling up a load with a crane.

a se ridica împotriva... to rise/to stand up against; to turn against; to set one's face against; ~ **unui plan;** *amer. F* to sit down hard on a plan.

a ridica pe cineva în capul oaselor to lift smb. up.

a se ridica în capul oaselor to sit up (in bed).

a se ridica în două picioare *(d. cai)* to rise on one's hind legs; to rear; to prance.

a se ridica în ochii cuiva to rise a step in smb.'s opinion.

a se ridica în picioare to rise in one's feet; to stand up; *(după cădere)* to recover one's feet; *fig.* to draw oneself up/to one's full length.

a se ridica în picioare cu greu to stagger/to struggle to one's feet.

a se ridica în rotocoale *(d. fum etc.)* to roll up.

a se ridica în scări to rise in the saddle/in the stirrups.

a ridica pe cineva în slava/slăvile cerului to praise/to laud/to extol/to exalt smb. (up) to the skies; to ring/to sing smb.'s praises; to be lavish/loud in smb.'s praises; *F →* to plaster smb. with praises; *F →* to shower praises on smb.; *elev.* to peal a person's fame; *F →* to preach up smb.; *sl.* to crack up; to speak in glowing terms of smb.; to make a god of smb. *F →* to go overboard about/for smb./smth.; to rhapsodize over smth.; *înv. →* to praise smb. above/beyond the moon.

a ridica în sus *(un guler, o mâneca)* to turn up.

a ridica într-o parte to tilt up.

a se ridica la înălțimea cuiva to rise to the level of smb.

a se ridica la înălțimea evenimentelor to rise to the occasion/the emergency.

a se ridica la luptă *aprox.* to rise in insurrection.

a se ridica la luptă în apărarea/favoarea cuiva *F → to take up the cudgels for smb./on smb.'s behalf.

a ridica la mare cinste un obicei to bring a custom into honour.

a ridica pe cineva la rangul de... to raise smb. to the rank of...

a ridica pe cineva la rangul de cardinal to raise smb. to the purple.

a ridica pe cineva la rangul de cavaler to dub smb. (a) knight.

a se ridica la răscoală to rise in rebellion.

a se ridica la suma de... to amount/to come to...; to run into...; to total up to...; to total...

a se ridica la suprafață to come/to rise to the top/ the surface.

a ridica marele pavoaz to dress a ship overall.

a ridica mănușa to take/to pick up the gauntlet/*F* → to glove; to accept a challenge.

a ridica mâinile to put up one's hands; *sl.* to reach for the ceiling.

a ridica mâna împotriva cuiva to lift (up/out/ forth)/to raise one's hand against smb.; to stretch forth one's hand against smb.

a ridica moralul cuiva to raise/to revive smb.'s spirits; to put smb. in heart.

a ridica nervos capul to bridle (up).

a nu ridica nici o obiecție to make no demur/no objection.

a ridica un nor de praf to raise a cloud of dust; to swirl the dust away; *F* → to kick up a pother.

a ridica o obiecție/obiecții to raise/to start an objection; to make objections; to object to smth.; to raise/to make difficulties.

a ridica obloanele to open the shutters.

a ridica un obstacol/o piedică în calea... to fix/to set a bar against smth.; *fig.* to put a spoke in smb.'s wheel.

a ridica ochii to turn/to lift up one's eyes; **~ zâmbitori spre cineva** to smile up at smb.

a ridica osanale cuiva to sing/to resound smb.'s praise.

a ridica osanale pentru ceva to sing loud hosannahs to an event.

a ridica paharul în cinstea/sănătatea cuiva to raise one's glass to smb.; to drink (to) the health of smb.; to propose smb.'s health.

a-și ridica pantalonii to hitch up one's trousers.

a-și ridica pălăria to raise one's hat; to take off one's hat to...

a-și ridica părul to put/to loop up one's hair; *(pt. a face un coc în grabă)* to bundle up one's hair.

a i se ridica părul măciucă *v.* **~ face ~.**

a ridica pe cineva până în slava cerului *sl.* to crack smb. up to the nines.

a se ridica până la ceruri to reach (up to) the skies.

a ridica ceva până la nivelul *(cu gen.)* to level smth. up to...

a (nu) se ridica până la nivelul dorit (not) to come up to the standard; (not) to be up to the mark.

a ridica o pânză *mar.* to hoist/to set a sail.

a ridica/a purta pe cineva pe brațe *(d. mulțime)* to sweep smb. off his feet.

a se ridica pentru a-și apăra drepturile to stick up for one's rights.

a-i ridica pe toți ai săi împotrivă to bring the house about one's ears.

a i se ridica o piatră de pe inimă *aprox.* to be off one's mind; to fell relieved; **mi s-a ridicat ~** it's a great weight off my mind.

a ridica un plan to draw up a plan; to take/to make a plan.

a ridica poșta to pick up the (daily) mail.

a ridica presiunea to get up steam; to raise steam.

a ridica o pretenție asupra unui lucru to raise/to put forward a claim; to have a claim to smth.; to lay claim to smth.

a se ridica prin muncă to work one's way up.

a ridica o problemă to pose/to raise a question/an issue.

a ridica productivitatea to raise productivity.

a ridica proteste to give rise to protests.

a ridica puterea/tensiunea până la... *electr.* to boost up the potential to...

a ridica receptorul to lift/to pick up/to take off the receiver.

a ridica repede ceva de pe jos to snatch smth. up.

a ridica o schelă to erect a scaffolding.

a ridica un sechestru *jur.* to withdraw an attachment.

a ridica sigiliile *jur.* to remove the seals.

a-(și) ridica sprâncenele to raise one's eyebrows.

a ridica starea de asediu to raise the siege.

a ridica o statuie to set up/to erect a statue.

a ridica un steag to hoist a flag; **~ steagul** to show the colours.

a ridica steagul revoltei to raise the standard of revolt.

a ridica storul/jaluzelele to raise the blind.

a ridica un strapontin to tip up a seat.

a ridica ședința to adjourn (the meeting); to break up/to close/to conclude/to dissolve the meeting; *(d. președinte)* to rise; to leave/to vacate the chair; *(parlament)* to report progress.

a ridica ștacheta *sport* to raise the bar one notch.

a ridica tabăra to raise camp; *mil.* to strike camp.

a ridica/rosti un toast to give/to propose a toast; to toast.

a ridica toată casa în picioare $F \rightarrow$ to kick up a din/no end of a din.

a ridica toate restricțiile (de viteză etc.) to de-restrict a road.

a ridica tonul *(vocii)* to pitch one's voice higher.

a ridica țanțoș capul to perk (up).

a ridica țara to raise a country.

ridicați ramele! *mar.* unship oars!

a ridica vălul *fig.* to lift the curtain.

a ridica cuiva vălul de pe ochi to open smb.'s eyes (to smth.).

a ridica vâslele to rest/to lie on one's oars.

a ridica viteza la... noduri *mar.* to whack the ship up to... knots.

a ridica vocea to raise one's voice.

a riposta printr-o provocare to flash back defiance.

a riposta prompt to have a ready/a glib tongue; $F \rightarrow$ to thrust and parry; to give smb. tit for tat.

a-și risca averea în... to venture one's fortune in (an enterprise).

a risca fără rost $F \rightarrow$ to take a bear by the tooth.

a risca o înfrângere to risk defeat.

a risca o nimica toată pentru un câștig mare to throw/to risk a sprat/a minnow to catch a herring/a mackerel/a whale.

a risca o părere to venture an opinion.

a-și risca pielea $F \rightarrow$ to risk one's own skin.

a risca totul to risk all; to stake one's all; to throw the great cast; to throw good money after bad; $F \rightarrow$ to go the whole hog/shoot/boiling; $P \rightarrow$ to throw the handle after the blade; to throw the helve after the hatchet.

a risca totul pe o carte to risk everything on one throw; to risk life and limb; $F \rightarrow$ to go the whole pile; to put all one's eggs in one basket.

a-și risca viața pe nimic to set one's life/one's future on a throw of the dice.

risipa aduce sărăcie *prov.* wilful waste makes woeful want.

a-și risipi averea to squander/to get through one's fortune; *elev.* $\rightarrow$ to waste one's substance; $F \rightarrow$ to fribble away one's money.

a risipi bănuielile/îndoielile/temerile cuiva to settle smb.'s doubts; to put smb. out of suspense; to set smb.'s mind at ease; to remove any uncertainty.

a se risipi ca fumul to fly/to go to the winds.

a risipi/rupe/spulbera farmecul/vraja to break the spell; to dissolve the charm.

a se risipi în cele patru vânturi to fly to the four winds.

a risipi în dreapta și-n stânga to sprinkle money; to toss one's money about; to spend any amount of money.

a risipi norii de pe cer to uncloud the sky.

a-și risipi puterile degeaba to waste/to dissipate one's efforts; *fig.* $F \rightarrow$ to melt one's grease.

a risipi teama to dispel apprehension.

a risipi temerile cuiva to dispel/to lay smb.'s fears; *v. și* ~ **bănuielile.**

a-i roade inima *fig.* to rankle in one's mind/heart; to gnaw at smb.'s heart.

a roade lemnul *(d. insecte, viermi)* to eat into wood.

a roade un metal *(d. acid etc.)* to gnaw into a metal.

a roade un os; ~ carnea de pe os to pick a bone.

a-i roade șoarecii stomacul $\leftarrow F$ to be/to feel hungry.

a-și roade unghiile to bite one's nails; *(până la sânge)* to pare one's nails to the quick.

roagă-l să poftească (înăuntru) bid him come in; *aprox.* show him in.

a robi inimile/simțurile F to enslave the hearts/the senses.

mă rog! well, if you like! let it pass!

te rog să accepți/primești scuzele mele you have my apologies.

vă rog! if you please! no trouble!

vă rog să-mi acordați puțină atenție please attend!

vă rog/rugăm să ne anunțați/informați dacă... please let us know whether...

vă rog să nu vă deranjați please don't disturb yourself.

te rog din suflet! for pity's sake!

te rog frumos, vino cu mine $F \rightarrow$ come with me, there's a dear.

vă rog să luați loc please be seated; do please sit down; take a seat, please; $F \rightarrow$ just sit down, please.

vă rog/rugăm să notați/scrieți/specificați mai jos please state below...

vă rog să primiți respectuoasele mele salutări *corespondență* I remain yours respectfully.

vă rog să mă scuzați că vă deranjez you will excuse my troubling you.

vă rog să vă strângeți puțin $F \rightarrow$ please crush up a little.

rolurile s-au inversat/schimbat positions are reversed; $F \rightarrow$ the boot is on the other leg/on the wrong leg.

a ronțăi ceva între dinți to pick at smth.

ros de curiozitate devoured by curiosity.

ros de foame gnawed by hunger.

ros de invidie $F \rightarrow$ eaten up with/green with envy.

ros de orgoliu/mândrie eaten up with conceit.

ros de remușcări gnawed/stung by remorse.

a rosti o amenințare to utter a threat.

a rosti blesteme/înjurături/ocări to utter profanities.

a rosti un blestem împotriva cuiva to pronounce/ to utter a curse upon smb.

a rosti câteva cuvinte/o cuvântare/un discurs to make a formal speech.

a rosti ceva cu afectare to drawl out smth.

a nu rosti un cuvânt not to utter/say a word.

a rosti o cuvântare to deliver/to make a speech.

a rosti cuvântul hotărâtor to say the word.

a rosti cu voce tunătoare to thunder forth/out.

a rosti fraze pompoase to speak in pretentious language.

a rosti invective împotriva cuiva to rail at/against smb.

a rosti înjurături to utter abuse/profanities; to use bad language.

a rosti în pripă *(versuri etc.)* to reel off (verses, a list of names, etc.).

a rosti literă cu literă to spell out.

a rosti maxime/sentințe to pour forth wisdom.

a rosti pe un ton monoton to drone (out) smth.

a rosti pe un ton plângăreț/tânguitor to whine.

a rosti pe un ton rășușit/șuierător to wheeze out smth.

a rosti rugăciunea de mulțumire *(după o masă)* to give/to return thanks.

a rosti o scurtă alocuțiune to deliver a short address.

a rosti un toast to give/to propose a toast.

a nu rosti o vorbă to keep silent; *v. și* ~ **un cuvânt.**

a se rostogoli de pe o parte pe alta to roll (oneself) from side to side.

a se rostogoli jos din pat *F* → to tumble out of bed.

a se rostogoli la vale to roll downhill.

a roși de rușine to blush for shame.

a se roși la față to become/to grow red in the face; to turn red; to redden; to colour; *(de emoție etc.)* to blush; to flush.

a roși până în albul ochilor to blush to the roots of one's hair.

a roși până în vârful urechilor to blush up to the ears.

roșu ca focul/ca para focului red-hot; glowing red; (as) red as fire.

roșu ca racul *F* (as) red as a (boiled) lobster/as a turkey-cock/as a peony/as a beet/as a rose.

roșu ca sângele (as) red as blood; blood-red; sanguineous.

a-și roti coada *(d. păun etc.)* to spread one's tail.

a se roti în jurul unei axe to swing on/round an axis.

a-și roti privirile to look round.

a-și roti scaunul to wheel round one's chair.

a rotunji o frază to round (off) a sentence.

a se rotunji la obraji; s-a rotunjit ~ his cheeks have filled out.

rotunjind cifrele in round figures.

a se ruga ca un milog to make a poor mouth.

a se ruga cu cerul și pământul de cineva ← *F* to beg/to entreat smb. on one's knees.

a se ruga de cineva în genunchi/din suflet/din toată inima to entreat smb. earnestly; to be instant with smb. (to do smth.); to beg hard/on one's knees.

vă rugăm să nu depuneți coroane sau flori 'no flowers by request'.

rugăm întoarceți pagina please turn over! P .T.O.

vă rugăm să primiți asigurarea deosebitei noastre considerații *corespondență* we remain yours faithfully.

vă rugăm să ne trimiteți cecul *com.* kindly remit by cheque.

rugăm trimiteți mai departe 'to be forwarded'; 'please forward'.

a ruina sănătatea cuiva to break smb.

a rumega o idee ← *F* to turn an idea over in one's head/mind; to brood on/over smth.

a se rumeni la față to gain colour; to blush.

a rumeni un pește to do a fish brown.

rumen la obraz red-cheeked; *(sănătos)* *F* → rosy about the gills.

rupând pământul at breakneck pace/speed; *v. și* **mâncând ~.**

a rupe brusc relațiile cu cineva *F* → to drop smb. like a hot potato/like a hot chestnut.

a rupe cadența to break step.

a o rupe cu cineva to break/to quarrel/to split with smb.; to separate from smb.

a rupe contactul *electr.* to break contact.

a rupe cuiul *F* to get oneself in a nice fix; *sl.* come/to go a howler.

a rupe cu rădăcină cu tot to uproot.

a se rupe de... to break loose from...; to detach oneself from...

a-și rupe de la gură pentru a se îmbrăca to rob one's belly to cover one's back.

a rupe farmecul to break the spell.

a rupe flori to pick/to pluck/to cull flowers.

a-și rupe gâtul to break one's neck.

a rupe gheața to break the ice.

a rupe/frânge inima cuiva to break smb.'s heart.

a i se rupe inima *(de milă)* to feel a tug at one's heart strings; **mi ~** it grieves me to the (very) heart; it makes my heart ache; it has cut me to the quick.

a rupe în bucăți/bucățele to tear to bits/pieces/ ribbons/shreds/tatters; to tear up; to snap in pieces.

a rupe în două to break/to snap smth. in two.

a o rupe la fugă to break into a run; to turn tail/ one's back; to scamper off; to set off running; *F →* to show a clean pair of heels; *F →* to make oneself scarce; *sl.* to skedaddle.

a-și rupe lanțurile to burst one's fetters asunder; *F* to burst one's chains; *fig.* to break from one's bonds.

a rupe legăturile cu cineva to part company with smb. *F →* to split with smb.; to break with smb.; to break off relations with smb.; to have done with smb.; *P →* to part brass-rags.

a rupe logodna to break/to call off an engagement.

a rupe malurile *(d. râu)* to burst its banks.

a rupe oasele cuiva to break smb.'s bones; to beat/ to pound smb. into a jelly; to beat smb. black and blue; to knock smb. silly.

a rupe orice legătură cu cineva to send smb. to Coventry.

a rupe pământul *(alergând) F →* to run like blazes.

a o rupe pe (englezește etc.) to have a smattering of...; to speak a little (English, etc.).

a-i rupe picioarele cuiva to reduce smb. to a pulp; *v.* **a ~ oasele ~.**

a-i rupe picioarele (degeaba/zadarnic) to take useless/idle pains; to waste one's time idly.

a rupe plicul to tear a letter open.

a rupe o prietenie to sever a friendship.

a rupe rândurile *mil.* to break rank.

a rupe relațiile cu cineva *v.* **~ legăturile ~.**

a rupe tăcerea to break the silence.

rupeți rândurile! *mil.* fall out! dismiss!

s-au rupt băierile cerului *F* the sluice-gates of heaven have opened.

am rupt cuiul *F* that's torn it.

rupt de mase out of touch with the masses.

rupt(ă) din soare a picture of beauty.

rupt în coate *(d. haine)* out at elbows.

ruptura se mărește the breach is widening.

a rușina cumplit pe cineva to put smb. to the blush.

e o rușine! what a shame! that's not good enough.

rușine să-ți fie! shame (on you)! you ought to be ashamed of yourself! you ought to think shame of yourself! *înv. →* fi (upon you)! *înv lit. →* out upon him!

S

sabia în teacă! *mil.* return swords!

sac fără fund *fig.* **1.** *(om lacom)* swallower; devourer; *P* wolfer; **2.** *(om risipitor)* spendthrift.

a-și sacrifica ambițiile *F →* to lay one's ambitions on the altar.

a sacrifica ceva în favoarea cuiva to make a sacrifice of smth. in smb.'s favour; to make smb. a sacrifice.

a-și sacrifica viața to lay down one's life; *~* **inutil** to throw away one's life.

salariu fix regular salary.

salba dracului *fig.* *(poamă rea) F* bad lot/egg/hat; *(d. o femeie)* hussy; *înv.* wench.

a saluta călduros pe cineva to greet smb. cordially/ warmly; *amer. F* to give smb. the glad hand.

a se saluta cu cineva to know smb. to speak to.

a saluta ceva/pe cineva cu aclamații to greet smth./smb. with cheers.

a saluta cu drapelul *v. ~* **militărește.**

a saluta cu un gest larg to sweep off one's hat.

a saluta cu mâna pe cineva to wave to smb.; to touch one's hat/cap to smb.; to tip one's hat to smb.

a saluta pe cineva cu toată cordialitatea to receive/to greet smb. with open arms.

a saluta pe cineva din partea cuiva to give smb. one's kind regards/one's (respectful) compliments; to remember one kindly to smb.; to extend/to convey greetings to smb.

a saluta militărește to give the military salute; *(cu sabia)* to salute with the sword; *(cu drapelul)* to lower/*amer.* to droop the colour; to dip the flag; *(cu douăzeci de salve de tun)* to fire a salute with twenty guns.

a se saluta reciproc to change hats.

a saluta pe cineva ridicându-și pălăria to lift/to raise/to take off one's hat to smb.

a saluta un vas prin coborârea pavilionului *mil.* to dip one's flag/to dip to a ship.

salută-i din partea mea remember me (kindly) to them.

a salva aparențele to keep up/to save/to preserve appearances; to save (one's) face.

a salva pe cineva de la înec to rescue/to save smb. from drowning.

a salva pe cineva de la moarte to save/to preserve/to deliver smb. from death; to retrieve smb. from death; < to wrest smb. from the jaws of death.

a nu salva nimic; nu s-a salvat nimic *F →* not a stick was saved.

a-și salva obrazul to save (one's) face.

a-și salva pielea *F* to save one's bacon/hide/neck.

a salva situația to save the day/the situation.

a salva viața cuiva to save smb.'s life.

sanchi! *argou (cum s-ar zice)* as it were; so to speak; namely; not I/he; not at all; not in the least; *(prostii) F* rubbish! fiddlesticks! stuff and nonsense!

sapa și lopata death.

să-mi sară ochii dacă... *argou* strike me blind/ dumb/lucky/ugly if...

sarcina mă depășește the task is too much for me.

sarcină grea tough job.

sarcină utilă *tehn.* working load.

sare în ochi *F* it's staring you in the face; *P →* it sticks out a mile; *v. și* **a fi limpede ca lumina zilei.**

a satisface capriciile/fantezia/gusturile/imaginația cuiva to gratify smb.'s whims; to meet smb.'s fancy.

a-și satisface un capriciu to satisfy one's whim for smth.

a satisface o cerere to grant a request/a petition; to comply with a request.

a satisface cererile *(cu gen.)* to meet the demands of...

a satisface curiozitatea cuiva to gratify/to satisfy smb.'s curiosity.

a satisface nevoile cuiva to supply smb.'s needs.

a satisface pretențiile cuiva to meet smb.'s requirements.

a-și satisface serviciul militar to have served one's time; **și-a satisfăcut serviciul militar** his time is up.

a satisface toate cerințele to meet/to satisfy all demands/requirements.

sau mai curând... or rather...

a savura ceva din ochi to feast one's eyes on smth.

a savura ceva din plin to gloat over/(up)on smth.

a savura mâncarea to eat smth. with relish; to relish one's food.

a sădi plante/pomi to bed (in) seedlings.

a sădi o speranță *(în inima cuiva)* to infuse smb. with hope; to infuse hope into (smb.'s heart).

săgeată bine țintită home thrust.

(e) o săgeată îndreptată împotriva ta that's a hit at you.

a săgeta pe cineva cu privirea to pierce smb. with one's glances; to look smb. through and through; to dart a look at smb.

a săgeta inima cuiva to thrill smb.'s heart.

a sălta capul to hold up one's head.

a sălta de bucurie to jump/to leap/to skip for joy; *F →* to cut capers.

a sălta din stâncă în stâncă etc. to leap from rock to rock, etc.

a-i sălta inima de bucurie; îmi saltă inima de bucurie my heart leaps with joy; **~ când...** it rejoices my heart to...

a sălta în aer/sus to spring up into the air.

a sălta în șa pe cineva to raise/to lift smb. into the saddle.

a sălta într-un picior to hop.

a sălta loveaua *sl.* to tip brads(cole) loaver/shilling/stiver.

a sălta pe valuri to pitch and toss; **corabia saltă pe valuri** the ship rises; the ship is buoyed up/is borne up by the waves.

sănătatea e cel mai prețios bun; ~ înainte de toate there is nothing like health; health before wealth.

sănătate bună! 1. goodbye! **2.** *(nimic de făcut)* nothing doing! *(și cu asta basta/gata)...* and that is all there is to it. **3.** *(ca urare)* keep!

sănătos la cap/minte in one's right mind/senses; of sound mind; *F →* all there.

sănătos la trup și minte sound in body and mind.

sănătos tun radiating health; (as) sound as a bell/a roach/a colt; strong in health; as strong as a horse; (as) fit/ *amer.* fine as a fiddle/a flea; as right as rain/ the mail; *F →* as hearthy as a buck; sound in wind and limb; *F →* up to the knocker; keeping the bone green.

sănătos voinic whole and sound; hale and hearty; *F →* on foot; alive and kicking.

a săpa o fântână to sink/to dig/to spring a well.

a săpa groapa/mormântul cuiva *fig.* to dig a pit for smb.; *aprox.* to be the death of smb.

a săpa în inima cuiva *v.* **~ ceva (adânc) în memoria cuiva.**

a săpa ceva (adânc) în memoria/amintirea cuiva to engrave/to etch smth. deep in smb.'s memory; **săpat ~** deeply impressed/imprinted/stamped on smb.'s memory.

a săpa pământul to mine (under) the earth.

a săpa un puț to drive/to sink a well.

a-și săpa singur groapa/mormântul to dig one's own grave; to be beaten with one's stick; to cook one's (own) goose; to kill the goose that lays/laid the golden eggs; *aprox.* to ride for a fall; **~ mormântul cu dinții** *(d. mâncăcioși)* to dig one's grave with one's teeth.

săpat adânc în memoria cuiva deeply impressed/ imprinted; stamped in smb.'s memory.

a săpa temelia *(unei clădiri etc.)* to lay the foundation/the groundwork.

a săpa un tunel prin/în... to drive a tunnel through...; to tunnel (through/into)...

a săpa via to dress the vine.

săptămâni în șir week in week out; for weeks on end; for weeks at a time.

a săpuni pe cineva to fly at smb.; *F →* to dust smb.'s jacket/coat.

sărac cu duhul poor in spirit; barren-spirited; *F* weak-minded; *aprox.* barmy.

sărac la pungă poor in purse.

sărac lipit (pământului) (as) poor as a church-mouse/ as Job('s turkey)/ *amer.* as Job's cat; out at heels; not to have a penny to bless oneself with; not to have a penny to one's name/in the world; *glum.* on the Penniless Bench; *înv. →* out of God's blessing into the warm sun.

săracul de el! poor devil/thing!

sărăcan de mine! ah/woe me!

sărăcia nu-i rușine *prov.* poverty is no disgrace/ crime/sin/vice.

sărăcie lucie dire poverty.

sărăcit de tot reduced to beggary; on the parish.

a sărbători anul nou/revelionul to see the old year out; to see the new year in; *F →* to ring in the new year; **~ cântând** to sing in the new year.

a sărbători ziua de întâi mai to go (a)maying.

a-i sări cuiva bâzdâcul *v.* **a-i sări țandăra.**

a sări ca ars to wince as if lashed/whipped; *sl.* to hit the ceiling.

a sări cât colo v. ~ **ca ars.**

a sări câte patru trepte deodată F to come down four steps at a time.

a sări o clasă şcol. to skip a form.

a sări cu avânt to take a running jump.

a sări cu capul în apă to jump/to plunge into the water head foremost; to take a (sensation) header; > to dive.

a sări cu gura la cineva F to be down upon smb.; to slang/to jaw smb.

a sări cu paraşuta av. to bale out.

a sări cu prăjina to pole-vault.

a sări un cuvânt/pasaj/rând to leave out/to miss (out) a word/a line/a passage; to jump a passage; to skip (over) a word.

a sări de gâtul cuiva to fall on smb.'s neck.

a sări de la una la alta to flit/to go/to jump/to skip from one subject to another; to skip from subject to subject.

a sări de pe cal to jump/to leap/to spring off/from one's horse; to dismount; to alight.

a sări de pe linie 1. ferov. to leave/to get off/to run off the rails/the line; to leave/to jump the metals; to fly the track. **2.** fig. F v. **a-i ~ o doagă.**

a sări de pe rilă (d. acul de patefon) to jump the sound-groove.

a sări de pe scaun to start from one's chair.

a sări din pat to jump/to spring out of bed.

a sări din somn to wake with a start.

a sări din tren(ul) în mers amer. to jump a train.

a-i sări o doagă to be queer in one's attic; to have a tile loose; to be one button short.

a sări drept în picioare to leap/to spring to one's feet.

a sări un gard/zid to clear a fence/a hedge/a wall; to fly over a fence.

a sări gardurile to run after every girl/petticoat; to be mad after women; aprox. to sow one's wild oats.

a sări hopul ← F to hide it over; F → to climb up the greasy pole.

a-i sări inima de frică to have one's heart in one's boots; **i-a sărit ~** his heart jumped/leaped into his mouth/throat; his heart sank into his boots/shoes; his heart failed him.

a-i sări inima în piept; i-a sărit inima în piept his heart sank.

a sări/se sălta în aer 1. to spring up into the air. **2.** (a exploda) to burst, to explode; F → to go off.

a sări înainte to bound forward.

a sări/veni în ajutorul cuiva to come/to fly/to go/ to hasten/to run to smb.'s aid/assistance/rescue/ succour; to strike a blow for smb.; v. şi **a da o mână de ajutor.**

a sări în apă (cu capul înainte) to take a header into the water (into a swimming pool).

a sări înapoi to leap/to spring/to start back.

a sări în lături to leap/to jump/to spring aside; (d. cai) to shy at smth.

a sări în ochi to leap to the eye(s), to strike smb.'s/ the eye; to be obvious (to the eye); to be obvious/ glaring/selfevident; F → to stick out a mile; **sare ~ (e de la sine înţeles)** it stands to reason.

a sări în picioare to spring/to start to one's feet; to spring up.

a sări cuiva în spinare to jump up(on) smb.

a sări în sus 1. to jump/to spring/to whip up; to take a jump; (până-n tavan) sl. amer. to hit the ceiling; to start/to jump from one's chair. **2.** v. **a-i sări ţandăra.**

a sări în sus de bucurie to jump/to leap for joy; to jump out of one's skin (for joy); to kick up one's heels; to be overjoyed.

a sări în sus de indignare to leap up with indignation.

a sări în şa to vault into the saddle.

a sări jos to jump/to spring down.

a sări la bătaie la cineva to offer violence to smb.; to be game for the fight.

a-i sări muştarul v. ~ **ţandăra.**

a-i sări un nasture (de la haină); **i-a sărit ~** a button came/burst off his coat.

a sări un ochi (la lucru) to drop a stitch.

sări-ţi-ar ochii! P damn your eyes!

a sări pe burtă înot F → to do a belly-flop.

a sări peste o barieră to overleap/to vault over a barrier/a gate.

a sări peste cal 1. (a se enerva) to fly off the handle; to rush one's fences; v. şi **a-i ~ ţandăra. 2.** (a exagera) to lay (it) on (thick) with a trowel.

a sări peste capră to vault over the horse.

a sări peste ghidon sport F → to take a flyer over the handle-bars.

a sări peste un obstacol sport to take an obstacle.

a sări peste un pion (la jocul de dame) to jump a man.

a sări peste un şanţ to leap (over)/to clear a ditch.

a sări prea scurt to fall short in one's leap.

sărit de pe linie F off one's bat; F wrong in the upper story; P a bit wrong in the garret; v. şi **a-i sări o doagă.**

a sărit o siguranţă electr. a fuse went; F → the light has fused.

a-i sări țandăra to lose one's temper/*F* shirt; to fall/ to fly into a passion; to fly into a temper; *F* to be put out; *F* to fly/to go/to slip off the handle; to run wild; *F* to lose one's hair; *F* to take the huff; *F* to take a miff; to miff at smth; to cut up rough/ rusty/savage; *F* to have/to get the breeze up; *F* to get the needle; *sl.* to get into a wax; to get waxy; to get hot under the collar; to get off one's bike/off the deep end; to get up on one's hind legs/up in the air; *sl. amer.* to lose one's goat; to get one's back/Irish/Indian/monkey up; *amer. vulgar* to get up on one's ears; to get one's rag out.

săriți! help! help!

săriți, hoțul! stop thief!

a săruta pe cineva de rămas bun/la plecare to kiss smb. good-bye.

a săruta pământul to kiss the ground; *fig. (a fi învins)* to lick the dust.

a săruta picioarele cuiva *F* to lick smb.'s boots/ feet/shoes.

sărutarea furată e mai dulce *prov.* stolen kisses are sweet.

sărut mâna! *aprox.* how do you do! my respects/ compliments (to you)! *(ca mulțumire)* many thanks! much obliged!

să tot fie ora cinci etc. it must be smth. like five o'clock.

să tot iei și să nu se mai sfârșească/termine *F* no end; galore.

sătul până în gât/până peste cap de... full up to the throat with...; fed up with...; fed to the teeth with...; sick to death with...; over head and ears with...

sătulul nu crede flămândului *prov.* a full stomach does not know what hunger is; his jests at scars that never felt a wound; little knoweth the fat man what the lean doth thinketh; he whose belly is full believes not him who is fasting.

a se sătura de ceva ca de mere acre/pădurețe *F* to have smth. up to one's throat; to get a/one's bellyfull of smth.

a se sătura până peste cap to have had more than enough of it; *v. și* **sătul până în gât.**

a nu se mai sătura privind ceva/pe cineva not to be able to take one's eyes off smth./smb.; not to get away from smth./smb.; **nu se mai săturau ~** *F →* this was meat and drink to them.

a-și sătura privirea (cu) to glut one's eyes with/ (up)on.

m-am săturat! *aprox.* tut! *(nemulțumire)* pshaw! pooh! pah!

m-am săturat de... *F* I'm tired of...; I've had enough.

v-ați săturat? *F* have you had sufficient/enough?

nu ne săturăm noi cu asta! *F →* this won't dine us!

să nu săvârșești păcat trupesc *rel.* thou shalt not indulge in fornication.

a săvârși un atentat la viața cuiva to make an attempt on smb.'s life.

a săvârși o crimă to commit/to perpetrate a crime.

a se săvârși din viață *elev.* to pass away; to end one's career; to end the term of one's natural life; to go the way of all the earth/of all flesh/of nature.

a săvârși o eroare/greșeală to make/to commit an error.

a sâcâi rău pe cineva to jump smb.'s nerves.

sângele apă nu se face *prov.* blood is thicker than water; good blood tells; blood/breed will tell.

sângele i s-a suit/urcat la cap the blood rushed to/into his head; his blood is up.

sângele țâșnește din rană blood spouts from the wound.

sângele țâșni the blood came gushing forth.

sângele i s-a urcat în obraji a blush rushed to her face; a blush mantled her cheeks.

a sâsâi ceva to lisp smth. out.

scandal în lumea bună *aprox.* accidents will happen in the best regulated families.

un scandal monstru a dickens of a row.

îmi scapă cuvântul that word eludes me.

scape cine poate every man for himself.

a scădea brusc *(d. prețuri, valută, cursuri la bursă)* to slump; **prețurile au scăzut brusc** prices have come down with a run.

a scădea în greutate to fall away in flesh.

a scădea în ochii cuiva to sink in smb.'s estimation; to fall in smb.'s esteem.

a-i scădea meritele to detract from his merits.

a scădea un număr din altul to take one number from another.

a scădea prețul to take smth. off the price.

a scădea un rând *(la lucru)* to take in a round.

a scădea titlul aliajului monedelor to lower the title of the coinage.

a o scălda to quible; to sit on a fence.

a scălda cu razele sale *(d. soare)* to beam (forth) rays.

a se scălda în bani/aur to be flush of money; to be made of money; to have money to burn; *F* to wallow in money; *F* to roll/to be rolling in money/ riches/wealth; *F* to be worth a mint of money.

a se scălda în sânge *F (d. persoane)* to wallow in blood.

a se scălda într-o baltă de sânge to welter in one's own blood.

scăldat în lacrimi bathed/steeped in tears.

scăldat în lumină bathed in light; flooded with light.

scăldat în sudoare/sânge etc. dripping with perspiration/with blood.

a scăpa atenţiei cuiva to escape/to slip smb.'s notice/attention.

a scăpa autobuzul/trenul etc. to miss the bus/the train etc.

a scăpa basma curată to get off scot-free.

a scăpa ca din gura lupului *v.* ~ **prin minune/ca prin urechile acului.**

a scăpa ca din puşcă to go off like a shot/a bolt; to run for one's life.

a scăpa ca prin minune/ca prin urechile acului to escape by a hair's breadth; to have a narrow escape/squeak/shave; to have/to make a hair breadth escape; to escape by the skin of one's teeth; to have a near-run escape; *F* → to have a near squeak/touch; *F* → to have a close shave of it; to miss it by a close shave; **ai scăpat** ~ *F* → that was a near toucher for you! *P* → that was a near thing/escape/go.

a scăpa cât mai ieftin *v.* ~ **ieftin.**

a scăpa controlului to be/to get out of/beyond control.

a scăpa (doar) cu o amendă to be let off with a fine.

a scăpa cu bine *(dintr-o încurcătură)* to get away clear; *v. şi* ~ **cu viaţă.**

a scăpa cu faţa curată/cu obraz curat *v.* a ieşi ~.

a scăpa cu fuga to flee; to run away; to fly for one's life; *sl. amer.* to take the air.

a scăpa cu greutate de *(închisoare etc.) F* → to scrape clear of (prison).

a scăpa cu pielea întreagă to come/to get off with a whole skin; to escape/to get off scot-free; to save one's brush/skin/*P* bacon; to come out as smooth as a whistle and as free as a bird.

a scăpa cu viaţă/cu zile to come through; to escape with one's life/with life and limb; to save one's life/*P* → one's bacon; *F v.* ~ **pielea întreagă.**

a scăpa pe cineva de altcineva/de ceva to take smb./smth. off smb.'s hands.

a nu mai scăpa de cineva to come back/to turn up like a bad half-penny.

a scăpa de (o) belea/un bucluc to get out of an encumbrance/*F* → a scrape; to get to smooth water; *(prin mijloace necinstite)* to slime through/out of a difficulty.

a scăpa de criză *(a unei boli, d. cineva)* to turn the corner.

a scăpa de datorii to get rid/quit of one's debts; to be out of debt.

a scăpa de execuţie/spânzurătoare ca prin urechile acului to miss the gallows by hair's breadth.

a scăpa de furtună *(d. un vas etc.)* to live through a storm.

a scăpa de griji to be out of the wood.

a scăpa de un guturai to shake off a cold.

a scăpa de la/din închisoare to break out of prison; *amer.* to make one's get-away.

a scăpa pe cineva de la moarte to save smb. from death.

a scăpa de o marfă *com.* to dispose of goods.

a scăpa de un nărav/obicei to fall out of a habit; to break of a habit.

a scăpa de necazuri/griji; a scăpat de necazuri/griji his troubles are over.

a scăpa de pedeapsă to go unpunished/scatheless; to escape punishment.

a scăpa de piatra din casă ← *F* to marry one's daughter off.

a scăpa de o răspundere to get smth. off one's hands.

a nu scăpa de remuşcări to be pursued by remorse.

a scăpa pe cineva de sărăcie to raise (up) smb. from poverty.

a scăpa de sub control/tutelă/orice autoritate to get out of control; to break loose from all control.

a scăpa de sub supraveghere to escape observation.

a scăpa de suferinţă to be out of pain.

a scăpa de urmărire/urmăritori to elude/to escape pursuit.

a scăpa de zarva lumii *elev.* to shuffle off this mortal coil.

a scăpa din ghearele cuiva to get off smb.'s clutches; to elude smb.'s grasp.

a scăpa din ghearele morţii to be snatched from the jaws of death.

a scăpa din lanţ to break loose; *(d. animale)* to slip its chain.

a scăpa din mâinile cuiva to shake smb. off; *v. şi* a-i scăpa printre degete.

a scăpa ceva din mână/mâini to drop; to let go/slip/escape; to quit one's hold of...; to lose one's hold/grasp of...

a nu scăpa pe cineva din ochi to keep an eye on smb.; to keep close watch on smb.; to keep a sharp look-out on smb.; *F* not to trust smb. out of one's sight; *sl.* to watch smb.'s water.

a nu scăpa ceva din ochi to keep one's eyes fixed on smth.; to keep trace on smth.

a scăpa dintr-o încurcătură to get out of a mess/a scrape; *(pe cineva)* to help smb. out of a difficulty/*F* → a scrape/*F* → a fix.

a scăpa dintr-un naufragiu to escape from shipwreck; to survive a wreck.

a scăpa din vedere to lose sight of...; not to bear in mind; to forget; to be neglectful of...

a scăpa ieftin I. *(ca şi cheltuială)* to come off with a small loss; to come/to get off cheap(ly); to make the most of a bad bargain; to do smth. on the cheap. **2.** *(dintr-un pericol)* to have a narrow escape; to come/to get off scot-free; to get scot-free; *v. şi ~ ca prin minune.*

a nu mai scăpa în veacul veacului/niciodată de pacostea asta we shall never hear the last of it.

a scăpa neatins/teafăr to get off/to escape safely/ unhurt/unscorched/scot-free; to come through without a scratch; to get clean away; to come off with a whole skin; to keep a whole skin; *F →* to save one's bacon.

a nu-i scăpa nimic to have eyes on the back of one's head.

a scăpa numai cu frica to escape with nothing worse than a fright.

a scăpa o ocazie *v. ~ prilejul.*

a scăpa un ochi *(la împletit)* to drop a stitch.

a-şi scăpa pielea to save one's skin/bacon.

a scăpa prilejul to miss/to lose the opportunity; to let the opportunity slip; to let the chance pass/ slip; to lose/to waste the chance; to make a bale of good ground; *F →* to miss the bus.

a nu scăpa prilejul *(din mână)* to take the time/ occasion by the forelock; to get/to size the opportunity; **nu scăpa prilejul** *prov.* make hay while the sun shines.

a scăpa prin fraudă *(de o muncă) mil. F* to work one's ticket.

a scăpa prin tangentă *F* to fly/to go off at a tangent; *F →* to dodge a question.

a scăpa printre degete I. to slip between/through one's fingers; **2. ~ cuiva ~** to give smb. the slip/ the go-by; to slip from smb.'s grasp; to be as slippery as an eel.

a-i scăpa o prostie din gură to blunder/to blurt out.

a-i scăpa un suspin etc. to give vent to a sigh, etc.

a scăpa teafăr *v. ~ neatins.*

a scăpa trenul *v. a pierde ~.*

a scăpa uşor *v. ~ ieftin.*

a scăpa viaţa cuiva to save smb's life.

a scăpa un vânt to break wind.

a scăpa o vorbă to drop a word; to blab out; *F →* to let the cat out of the bag; *amer. F* to spill the beans.

a scăpăra amnarul to strike a light.

a scăpăra de mânie to be in a rage; to (fret and) fume; to be ablaze with anger; to look daggers.

a scărmăna câlţi to pick oakum; *(lână)* to pick wool.

a se scărpina după ureche to scratch one's ear.

a se scărpina în barbă to scrape one's chin.

a se scărpina în cap to give one's head a scratch.

a scărpina pe cineva unde-l mănâncă *F →* to scratch smb.'s back.

a scânteia de inteligenţă to sparkle with wit.

scânteiere de spirit sally/flash of wit.

a i se scârbi de... to take an aversion to...; to be disgusted with...

a se scârbi de carne to be off meat.

scârţa-scârţa pe hârtie *← F (d. persoane)* to drive a pen/a quill.

a scârţâi la vioară to rasp/to scrape (upon) the violin; to saw on the fiddle.

scena se petrece la... the action takes place at...; the scene is laid in...; *teatru* the scene of action is...

scena se schimbă/se deplasează the scene shifts.

un schelet ambulant a living skeleton.

a-şi schimba adresa to change one's address.

a schimba o bancnotă în mărunţiş to change/*F →* to split a bank-note.

a-şi schimba brusc părerea *F* to turn/to face right about.

a schimba brusc viteza *auto* to snap in a gear.

nu schimba caii la mijlocul punţii *prov.* don't swap horses in mid-stream/while crossing a stream.

a schimba cartul *nav.* to relieve the watch.

a schimba căciula *← P fig.* to turn tippet.

a schimba câteva cuvinte cu cineva to exchange/ to pass a few words with smb.

a schimba câteva cuvinte de politeţe cu cineva *F →* to pass the time of day with smb.

a-şi schimba comportarea/purtarea *F →* to turn over a new leaf.

a schimba conversaţia to turn the conversation.

a-şi schimba convingerile I. to change/to alter one's mind; to take a different view of things; to turn round and round. **2.** *peior.* to turn one's coat; to shift one's ground.

a schimba costumele unei piese to redress a play.

a-şi schimba culoarea (în maro etc.) *(d. lemn etc.)* to stain (brown, etc.).

a nu schimba cu nimic lucrurile; nu schimbă ~ *F →* that's neither here nor there.

a schimba cuvinte tari cu cineva to have hard/ high/hot/sharp/warm words with smb.

a schimba decorul *teatru* to shift the scenery.

a-şi schimba direcţia to change one's direction; to alter one's course/*(mar. etc.)* route; *(d. vânt etc.)* to veer round to...; *mar.* to make tack and tack;

vântul și-a schimbat ~ the wind has worked round.

a-și schimba domiciliul to change one's residence; to shift one's quarters.

a-și schimba drumul to turn off for...

a se schimba după cum bate vântul to veer about like a weathercock.

a-și schimba felul to alter one's nature.

a schimba fețe-fețe to change colour; to turn all the colours of the rainbow; *v. și* **a face ~.**

a schimba foaia *v.* ~ macazul 2.

a schimba garda to relieve a guard; to come off duty.

a-și schimba gândul to change/to alter one's mind.

a schimba impresii *sl.* to swap stories.

a se schimba în bine *(d. ceva)* to turn for the best; *(d. cineva)* to improve one's character.

a se schimba în rău to change for the worse.

a schimba în viteza a doua etc. *auto* to go into second gear, etc.

a se schimba la față to change one's countenance; to put on a raw face; to wear quite another aspect; to pull a quite different face; *și fig.* to change colour; to turn (one's) colour.

a-și schimba locul to shift (one's) ground; to make a shift; to move to another seat.

a schimba locul cu cineva to change/*F →* to swap places with smb.

a schimba macazul 1. *ferov.* to turn the points; to shift/to throw over the points. **2.** to dance to another tune; to sing (to) another/a different tune; to sing after another fashion; to change one's tune; to lower one's tune; *F* to get/to use a new angle on smb.; to think better of it.

a-și schimba mereu atitudinea/purtarea/ideile to blow hot and cold.

a-și schimba mereu locul to shift about.

a schimba mersul bătăliei to turn the sway of battle.

a schimba mersul evenimentelor to turn the tide.

a schimba mersul trenurilor to alter the working of the trains.

a schimba moda to turn the fashion.

a-și schimba năravul to change one's skin/spots.

a-și schimba nuanța în... *(d. culori)* to shade into...

a schimba ordinea to reverse order.

a schimba pasul to change step.

a-și schimba părerea to think better of it; *F →* to veer round; *v. și* ~ **convingerile.**

a-și schimba părul *prov.* can the leopard change its spots? *v. și* ~ **năravul.**

a-și schimba penele *(d. păsări)* to throw its feathers.

a-și schimba pielea *(d. animale)* to cast/to shed/to throw one's skin; *(d șarpe)* to cast one's slough.

a schimba placa to sing another song; *F →* to alter one's tune.

a-și schimba planurile to change one's plans.

a-și schimba poziția to revise one's stand.

a-și schimba punctul de vedere to take/to adopt another standpoint; to change/to shift one's ground; *v. și* ~ **convingerile.**

a schimba raportul de forțe împotriva cuiva to turn the day against smb.

o schimbare de aer i-ar face bine a change of scene would do him good.

schimbare în bine a change for the better.

schimbare în rău a change for the worse.

a-și schimba religia to turn one's religion.

a schimba roata norocului to turn the die/the dice.

a schimba rolurile *fig.* to turn the table (on smb.); **s-au schimbat ~** the tables are turned.

a schimba siguranța to put in a new fuse; to exchange the fuse.

a schimba soarta bătăliei to change the sway of battle.

a schimba subiectul to change the subject; *F →* to start another hare; *v. și* ~ **vorba.**

a schimba tabăra/vederile politice to change sides.

a schimba tactica to try another tack.

s-a schimbat boierul the pendulum swung; *F →* the norm has turned.

s-au schimbat lucrurile/rolurile the tables are turned, *v. și* **s-a schimbat (radical) situația.**

a schimba tonul to change one's tone; *fig.* to change one's time/note; **schimbă tonul!** don't be so hoity-toity.

a se schimba treptat în... to graduate into...

s-a schimbat (radical) situația positions are reversed; the tables are turned; the tide has turned.

a schimba viteza *auto* to change into lower/higher gear; *amer.* to shift the gear; to shift.

a schimba vorba to turn the conversation; *F →* to call off the dogs; to shunt the conversation (on to more pleasant subjects).

a schimba vorbe goale to bandy words.

a schimba calimera/lucrurile/situația/socoteala/treaba that alters the case; that makes all the difference (in the world); the tide turns.

a se schimonosi la față to make (a) wry face; *(a se strâmba)* to make faces.

a se schimonosi la față (de durere etc.); i s-a schimonosit fața ~ his face was distorted with pain.

a schingiui pe roata de tortură to put on (to) the rack.

a schiţa câteva trăsături to portray with a few strokes.

a schiţa/întocmi o diagramă to plot a diagram.

a schiţa un gest to make a slight gesture.

a schiţa în cărbune to sketch in carbon.

a schiţa în creion to draw/to make a pencil sketch.

a schiţa în profil to draw in profile.

a schiţa/trasa un plan *(al oraşului)* to draw a plan; to trace (out) a plan of the town.

a schiţa problema în linii mari to offer a general view of the subject.

a schiţa un proiect to trace out a scheme; to shape forth a plan.

a schiţa un surâs to give a faint smile; **schiţă un surâs** a smile passed over his lips.

schiţat fugitiv/în grabă thinly sketched.

a scoate aburi to emit/to throw up/to exhale steam.

a scoate aburi pe gură *F →* to talk at random, to talk through one's hat.

a scoate acele din... to unpin...

a scoate adevărul la lumină to unravel the truth.

a scoate aerul din plămâni to breathe out (the air).

a scoate apa dintr-o barcă to bail (out) the water; to bail a boat (out).

a scoate apă to draw water; *(din puţ)* to lade water.

a scoate apă din piatră seacă to get/to wring water from a flint; *aprox.* to move heaven and earth.

a scoate aţa din ac to unthread a needle.

a scoate aur prin spălare *min.* to wash out the gold.

a scoate o autorizaţie to take out a licence.

a scoate bani (de la casa de economii/bancă) to withdraw a sum of money/to draw (out) money from a bank.

a scoate bani bunişori *F* to make/to get a good haul.

a scoate bani din... to make (much) money by...; to turn smth./everything into money.

a scoate bani din buzunar/pungă to lay out money.

a scoate banii *F →* to shell out one's money.

scoate banii! down with the cash! *sl.* plank down your money! *sl. amer.* down with the dust!

a scoate basma curată to blanch over; to clear one's character.

a scoate o bătătură to pick out a corn.

a scoate un bilet to take a ticket.

a scoate biştarii *sl.* to tip the brads/the cole/the loaver/the shilling/the stivers.

a scoate boabele din spic to tread (out) grain.

a scoate buruienile to pull up weeds; to weld.

a scoate (calul etc.) de la păşunat to take (a horse) off grass.

a scoate capul din apă/la suprafaţă to bob up again.

a-şi scoate capul în lume *← F* to go into society; to go abroad.

a-şi scoate capul pe fereastră to put in one's head at the window; to put/to stick/to poke one's head out at the window; to lean out of the window; **nu scoateţi ~!** do not lean out of the window!

a scoate cartofii din pământ to dog (up) potatoes.

a scoate castanele din foc cu mâna altuia to take the chestnuts out of the fire with the cat's/the dog's paw; *F* to make a cat's paw of smb./of other people.

a scoate castanele din foc/spuză pentru altul to pull smb.'s/the chestnuts out of the fire; to pull the chestnuts out of the fire for smb.

a-şi scoate cămaşa/pantofii etc. to take off one's shirt/shoes, etc.

a scoate căpăstrul to unbridle...; to take the bridle off...

a scoate cărbune/aur *min.* to mine coal/gold.

a scoate câştiguri mari de pe urma... to derive large profits from...

a scoate cât ai clipi din ochi *(un pumnal etc.)* to whip out.

a scoate cenuşă din foc to rake out the fire.

a-şi scoate cheltuielile to cover one's expenses; *com. F →* to get out without a loss.

a scoate coaja/pielea to peel (off) the bark/the skin.

a scoate o copie după un negativ to take a print from a negative.

a scoate cozile de la fructe to tail fruit.

a scoate un cucui to raise a bump.

a scoate cu de-a sila din casă/pat/ascunzătoare to rout out; to force smb. out of the room/out of a bed, etc.

a scoate cu rădăcină (cu tot) to pull up by the root; to uproot.

a scoate cuţitul *F →* to out with a knife.

a nu scoate un cuvânt not to say/speak/utter a word; to keep one's own counsel; **nu scoate nici ~** not a word passed his lips.

a scoate ceva de la amanet to take smth. out of pledge; to redeem smth. from pawn.

a scoate pe cineva de pe o proprietate to disseize smb. of an estate.

a scoate pe cineva de sub influenţa cuiva to withdraw smb. from smb.'s influence.

a scoate de sub obroc to bring into the light of day.

a scoate de sub tipar to bring off the press; to publish; to issue; to bring out.

a scoate pe cineva din boii lui *v.* **~ răbdări.**

a scoate pe cineva din cadrele armatei/controalele armatei *mil.* to dismiss smb. from the service.

a-și scoate ceva din cap *v.* **~ minte.**

a scoate ceva cuiva din cap *tu* put/*F* to get/to knock smth. out of smb.'s head/mind; to persuade smb. out of smth.; to persuade smb. not to do/from doing smth.

a scoate ceva din capul cuiva *fig.* to put smth. out from smb.'s head.

a scoate pe cineva din captivitate to deliver smb. from/out of captivity.

a scoate pe cineva din casă *(a goni)* to turn smb. out (of doors); *(cu forța)* to drag smb. from his home; *(fără multă vorbă)* to bundle smb. off.

a scoate pe cineva din cauză 1. *jur.* to rule smb. out of court. **2.** *fig.* to exonerate smb. (from blame).

a scoate din cuptor etc. to take out of the oven, etc.

a scoate pe cineva din fire to get on smb.'s nerves; to put smb. out of countenance; to make smb. beside himself; to make/to drive smb. mad/wild; to drive smb. to distraction/out of his senses; to set smb. on edge; to send smb. into a fit; to ruffle smb./smb.'s temper/*F* smb.'s feathers; *F* to stir smb.'s bile; *F* to tread on smb.'s corns; *F* to give smb. the fidgets; to get smb.'s rag/shirt out; *F* to get smb.'s dander up; to put up/to raise smb.'s dander; *F* to get smb.'s goat; *sl. amer* to put/to set/to get smb.'s back/Irish/Indian/monkey up.

a scoate pe cineva din fire cu palavrele to swagger smb. out of countenance.

a scoate din funcție to unseat.

a-și scoate ceva din gând *v.* **~ minte.**

a scoate pe cineva din încurcătură to pull smb. through; to help smb. out of a scrape; to get smb. out of a mess; *F →* to put smb. out of a hole; to set smb. on his legs again; to extricate smb. from an awkward position; *fig.* to help a (lame) dog over a stile.

a scoate pe cineva din joc to bowl smb. out.

a scoate din lanțuri to unchain/to unshackle; to set (smb.) free.

a scoate pe cineva din luptă to put smb. out of action; *(printr-o lovitură)* to hit smb. out; *amer.* to knock smb. for a loop.

a-și scoate ceva din minte to put smth. out of one's mind/head/thoughts; to dismiss smth. from one's mind; to discard smth. out of one's thoughts.

a scoate pe cineva din minți to get on smb.'s nerves; to drive smb. mad/crazy/demented/wild/out of his mind/wits/senses; *v. și* **~ fire.**

a scoate pe cineva din mocirlă *fig.* to take smb. out of the gutter; to raise smb. from the gutter/the dunghill.

a scoate pe cineva din necaz/nevoie to pull/to match smb. out of the fire; to help a lame dog over a stile; *v. și* **~ încurcătură.**

a scoate pe cineva din pat to drag smb. out of bed.

a scoate din pâine *← F* to dismiss; to sack.

a scoate pe cineva din pepeni *v. și* **fire.**

a scoate pe cineva din răbdări to exhaust/to strain/to try/to tax smb.'s patience; to put smb. out of patience; *v. și* **fire.**

a scoate pe cineva din sărite *v.* **~ din fire.**

a scoate din sărite și pe un sfânt *F →* to try the patience of a saint; enough to make a person swear; *aprox.* he is enough to make a person swear.

a scoate pe cineva din serviciu *mil.* to dismiss smb. from the service.

a scoate pe cineva din strâmtoare *v.* **~ din încurcătură.**

a-și scoate un dinte to have a tooth out/drawn/extracted/taken out/pulled out.

a scoate din țâțâni 1. to unhinge. **2.** *(pe cineva) v.* **~ fire.**

a-și scoate doliul to go out of mourning.

a scoate dopul unei sticle to uncork a bottle.

a scoate dracii din cineva to exorcize a devil from/out of smb.

a scoate esențialul dintr-o carte to get the meat out of a book.

a scoate o exclamație de dispreț to pshaw.

a scoate fiara/vânatul din vizuină to draw the badger.

a scoate flăcări pe nas *fig.* to belch forth/out blasphemies/flames/smoke.

a scoate o fluierătură to wind a call

a scoate fum *(d. coș etc.)* to belch out/to emit/to vomit smoke; **~ rotocoale de fum** to whiff smoke.

a scoate cuiva gărgăunii din cap to bring smb. to reason; *fig.* to suck/to pick smb.'s brains.

a scoate un geamăt to give/to have/to utter a groan.

a-și scoate ghearele to put out a claw; *fig.* to show fight.

a-și scoate hainele to take/*F →* to strip off one's clothes.

a scoate un hohot de râs to burst into (loud) laughter.

a scoate un inculpat de sub acuzație *jur.* to dismiss the accused.

a scoate izolația *electr.* to strip off the insulation.

a scoate ceva în evidență to bring/to throw smth. into relief; to bring smth. out in bold/strong relief; to bring smth. into prominence; to give smth. prominence; to set off; *(a sublinia)* to stress/to emphasize/to lay stress of smth.; to dwell on smth.; to underline smth.; to point smth. out; **a scoate în evidență pe cineva** to single smb. out.

a scoate în evidență o culoare prin alta *artă* to set off one colour from another.

a scoate în evidență greșelile to pint out the mistakes.

a scoate în evidență un punct to make a point.

a scoate în evidență punctele slabe *(ale unei argumentări etc.)* to knock holes in an argument.

a scoate o înjurătură to utter/to swear an oath; *(grozavă)* to rap out a terrible oath.

a scoate în lume *(o fată)* to bring out (a girl).

a scoate în relief *v.* ~ **evidență**.

a scoate în relief (frumusețea etc.) cuiva to serve as an offset to smb.'s (beauty, etc.).

a scoate în valoare *v.* ~ **evidență**.

a scoate în vânzare to put on sale; to vend; *(la mezat)* to set by/at auction.

a o scoate la cap/capăt 1. *(a termina)* to bring to an end/a close; to carry through; to carry/to bring smth. to its conclusion; **2.** *(a răzbi)* to pull through; to break even; *fig.* to be in smooth water; *fig.* to keep one's head above water; *fig.* to make both ends meet; *fig.* to keep the wolf from the door/at bay; to make the best of a bad job/of a bad bargain; ~ **cu greu** to eke out a livelihood; to mudle on/through; **prin mijloace necinstite** to slime through/out of a difficulty; ~ **singur** *fig.* to paddle one's own canoe.

a o scoate la capăt cu cineva *(a se înțelege)* to get on (well) with smb.; *(a ajunge la o înțelegere)* to come to terms with smb.

a scoate la covrigi ← *P* to reduce the beggary/destitution; to beggar smb.

a scoate ceva la iveală to bring forward; to pick out; to rummage out; to fish out; to let daylight into smb.; **a scoate la iveală un manuscris/document** to unearth; **a scoate la iveală probe** to rake up evidence; **a scoate la iveală un secret** *F* → to ferret out; *(a săpa)* to dig out.

a scoate la licitație/mezat to bring/to put/to send to the hammer; to put up to/for auction; to sell by auction.

a scoate pe cineva la liman to help smb. through; *v. și* ~ **din încurcătură**.

a scoate la lumină to bring to light; to draw forth; *(a publica)* to bring out; to publish; *(a da la iveală)*

to reveal; to disclose; *(a demasca)* to expose; ~ **lucruri neplăcute** to stir up mud.

a scoate la pășunat *(animale)* to put/to send/to turn out animals to grass.

a scoate la pensie pe cineva to put/to place smb. on the retired list; to pension smb. off; *fig.* to lay/to put smb. on the shelf.

a scoate pe cineva la pepeni > to cost smb. a pretty penny; to eat smb. out of hearth and home/out of house and home.

a scoate lăstari to put out shoots.

a scoate limba *(la doctor)* to show one's tongue; *(la cineva)* to pull/to put/to shoot/to stick/to thrust out one's tongue at smb.

a scoate lustrul to take the lustre/the sheen/the gloss off.

a scoate masca to turn up one's mask; to pull/to throw off the mask; *v. și* **a-și da arama pe față**.

a scoate maximum de randament dintr-o mașină to get the most (work) out of a machine.

a scoate maximum din... to make the most of smth.

a scoate mănușile to take/to pull off one's gloves.

a scoate mărfuri prin contrabandă to smuggle out goods.

a scoate/a expune mărfuri spre vânzare *com.* to offer goods (for sale).

a scoate o modă to start/to set a (new) fashion.

a scoate cuiva nume rău to stain/to blemish smb.'s good name; to spatter smb.'s good name; to bring smb. into disrepute; to throw discredit upon smb.; to cry smb. down.

a scoate oasele to unbone.

a scoate ochii cuiva 1. to put/to pluck/to tear smb.'s eyes out; *F* → to scratch smb.'s eyes out; *F* → to gouge out smb.'s eyes; *(cu fierul roșu)* to burn smb.'s eyes out; **2.** *fig.* to nag/to reproach/to harass smb.

a-și scoate ochii 1. *(unul altuia)* to pluck/to tear/to scratch each other's eyes out. **2.** *fig.* to squabble/to haggle/to throw insults at each other/to each other's face.

a-și scoate ochii citind to ruin/to spoil one's eyes reading.

a scoate un oftat to breathe/to heave/to fetch/to draw/to utter a sigh; < to sigh in every key; ~ **de ușurare** to heave a sigh of relief.

a scoate panglici pe nas to juggle; *fig. F* to thump; to tell fibs.

a scoate parale din ceva to turn/to put smth. to account.

a scoate un pasaj dintr-un autor to lift a passage from an author.

a-și scoate pălăria 1. to take off one's hat. **2.** *(a se descoperi)* to vail one's bonnet/cap; *(p. salut)* to (re)move one's hat; ~ **în fața cuiva** to give smb. the hat; to take off one's/the hat to smb.; to lift/to raise one's hat to smb.

a-și scoate pâinea to earn a living/a livelihood.

a-și scoate pârleala ← *F* to get back (some of) one's own; to make good one's loss; to recoup oneself.

a scoate peri albi cuiva to bother/to harass/to nag/to plague/to worry the life out of smb.; to vex smb. within an inch of his life; to be the death of smb.

a scoate petele de pe o haină to take/to remove (the) spots/(the) stains out of a coat.

a scoate pe cineva pe ușă afară *F →* to bundle smb. out of the house.

a scoate pieptul în afară to throw out one's chest; *F →* to throw a chest.

a scoate un post la concurs to throw a post open to competition.

a scoate ceva prin contrabandă/fraudă to smuggle smth. out (of a country).

a scoate un proces de pe rol *jur.* to stop a case; to strike an action off the roll.

a scoate prostiile din capul cuiva to knock stupid ideas out of smb.

a scoate pui to hatch chickens.

a scoate punga *(a plăti)* to pay up; to loosen one's purse strings; *F →* to shell out/up.

a scoate o rădăcină pătrată *mat.* to extract a square root.

a scoate rugina de pe ceva to rub the rust off smth.

a-și scoate/trage sabia *(din teacă)* to draw (one's sword); to bare/to unsheathe one's sword (out of the scabbard).

a scoate sâmburi to stone fruit.

a scoate scântei din... *și fig.* to strike sparks out of...; ~ **piatră** to strike sparks out of/from a flint.

a scoate smântână din lapte to separate the milk; to skim the cream from the milk; to cream.

a scoate spic to shoot into ears; to ear.

a scoate un strigăt to give a cry/a shout/a scream/a shriek/*F →* a quack; to utter a cry/a shout/a scream/a shriek; to raise a shout/a scream/a whoop/*F →* a quack; to set up a shout/a scream/a whoop/*F →* a quack; ~ **de spaimă** to set up a scream of alarm.

a-și scoate sufletul *(a se istovi)* to wear oneself out.

a scoate sufletul cuiva to take smb.'s heart out; *F →* to drive a nail into smb.'s coffin; *fig.* to worry/to plague smb. to death.

a nu-și scoate sufletul lucrând not to hurt/to kill oneself over the job.

a nu scoate un sunet/o vorbă not to utter a syllable.

a scoate un suspin *v.* ~ **oftat.**

a scoate tot ce a mâncat to throw up; to bring out one's food; to vomit.

a scoate un țipăt to give a yell; *v. și* ~ **strigăt.**

a scoate țipete ascuțite to shrill (out).

a scoate țipete de durere to shriek (out) with pain.

scoateți sabia! *mil.* draw swords!

a scoate untul din cineva to give smb. a wet shirt.

a scoate o ușă din țâțâni to unhinge a door; to take a door off its hinges; to break a door in with one thrust.

a scoate viezurele din vizuină to draw the badger.

a nu scoate o vorbă; nu voi scoate o vorbă *F →* my lips are sealed.

a nu mai scoate o vorbă to subside into silence.

a nu scoate o vorbă; să nu scoți o vorbă! *F →* keep it dark! don't let it out! keep mum about this! *v. și* ~ **un sunet.**

a scoate vulpea/vânatul din bârlog to dislodge a fox, etc.

a scoate zahăr din sfeclă to obtain sugar from beet.

a scoate un ziar to start a newspaper; *F →* to edit news for the public.

a se scobi în buzunar *F* to fumble/to grope/to dip/to dig in one's pocket.

a se scobi în dinți to pick one's teeth.

a se scobi în nas to pick one's nose; *P →* to pickle one's nose.

a sconta pe rezultatele unei acțiuni to bank/to stake on the out-come of an action.

a sconta un succes *amer.* to figure on a success.

scopul scuză mijloacele *prov.* the end justifies the means; choice of the end covers choice of the means.

a scormoni jarul în foc to stir up/to mend/to poke/to trim the fire.

a scormoni trecutul to probe into the past; *F →* to take over the ashes of the past.

scos ca din cutie as if coming out of the bandbox; spick and span.

s-au scos deja zece etc. ediții din această carte the book has gone through ten etc. editions.

scos din circuit *electr.* out of circuit.

scos din circulație *(d. bani)* withdrawn from circulation.

scos din elementul lui out of one's element.

scos din fire in a fume/a rage; ~ **de obrăznicia cuiva** exasperated at/by smb.'s insolence.

scos din funcție out of gear/action.

scos din luptă *mil.* out of action.

scos din minți *F* → off one's hinges.

scos din rândul oamenilor outside the pale of society; beyond the pale.

scos din uz (gone) out of use/fashion; out of gear.

a scotoci buzunarele cuiva *F* → to go through smb.'s pockets.

a scotoci peste tot *F* → to ferret about.

a se scotoci prin buzunare to rummage in one's pockets; *F* → to go through one's pockets; *F* → to make a dive into one's pocket; to delve into one's pockets (for smth.).

a scotoci prin documente vechi to rake (about)/to quarry among old documents.

a scotoci prin toate colțurile to poke (about) in every corner.

să nu scoți o vorbă! 1. *F* shut up! cheese/stash it! **2.** *F (să nu te trădezi)* keep mum! mum's the word! keep it dark! don't blab! don't let it out!

a o scrânti *F* to drop a brick; to put one's foot/one's mouth into it; *sl.* to pull a bone.

a-și scrânti brațul to put one's arm out of joint.

a-și scrânti glezna/piciorul to sprain one's ankle; to give one's ankle a wrench/a twist.

a se scrânti la bilă/cap *F* to go out of one's head; to be a little barmy upstage; to go off one's head/ *sl.* chump/nut; to go off the hooks; *F* to crack one's brain(s); *sl. amer.* to go bugs.

scrântit la cap cracked; *F* a bit off; *F* wrong in one's garret; *sl.* cracked in the filbert; touched in the upper story; *sl.* balmy/barmy on the crumpet.

a scrâșni din dinți to gnash/to grate/to grind/to grit one's teeth.

s-a scremut muntele și a născut un șoarece the mountains have brought forth a mouse; *aprox. și* to make a long harvest about/for a little corn; much cry and little wool.

a scrie articole calomnioase/injurioase *F* → to sling ink.

a scrie biografia cuiva to write smb.'s life.

a scrie o carte to make a book.

a scrie cuiva câteva rânduri *F* → to drop smb. a line/a few lines.

a scrie un cec to draw a cheque.

a scrie citeț to write a plain/a good hand; to write legibly.

a scrie corect to be a good speller.

a scrie cu cerneală/creionul to write in ink/in pencil.

a scrie cu patimă to dip one's pen in gall.

a scrie cu ușurință to have a ready pen; to be a ready writer.

(mai) scrie-mi din când în când let me hear how you get on.

a scrie după dictare to write from/under dictation; to write to smb.'s dictation; to take dictation.

a scrie expresiv *(folosind expresii idiomatice)* to write idiomatically.

a scrie frumos/caligrafic to write a good hand; to be a good writer.

a scrie în liniște to write at ease.

a scrie în numele cuiva to write mentioning smb.'s name.

a scrie în stil clasic to write classically.

a scrie într-o limbă străină to write in French, etc.

a scrie jurnalistică to write in the papers.

a scrie literatură ieftină to scribble.

a scrie mare to write large.

a scrie mărunt to write small.

a-și scrie memoriile to write one's reminiscences.

a scrie ceva negru pe alb to write/to set/to put smth. in black and white; *aprox.* to commit to paper.

a scrie un nume pe listă to enter a name on a list.

a scrie cuiva pe adresa altcuiva; scrie-mi pe adresa doamnei X write to me care of Mrs. X/c/ o Mrs. X/*amer.* in care of Mrs. X.

a scrie pe curat to make a clear/a fair copy of smth.; to write smth. out fair.

a scrie prost to write shockingly/sad stuff; to be a poor writer.

scriere aplecată slanting hand.

a scrie o recenzie/o dare de seamă asupra unei cărți to review a book.

a scrie/întocmi o rețetă *med.* to write (out)/to make out a prescription.

a scrie simplu (fără înflorituri) to write without frills.

a scrie sub anonimat to write anonymously.

a scrie teatru to write for the stage.

a scrie un testament olograf to write one's will in holograph.

a scrie urât to be a bad writer.

a scrie versuri to write poetry.

scripca și iepurele *F* as like as a chalk and cheese.

s-a scris mult despre această afacere much ink has been spilt about this question.

scrisoarea a nimerit la altă adresă the letter came to the wrong address.

a scruta pe cineva to take a good look at smb.; to give smb. a searching look.

a-și scruta memoria to search one's memory.

a scruta orizontul cu luneta/telescopul to scan/ to sweep the horizon with a telescope.

a scruta viitorul *fig.* to dip deep into the future.

a se scufunda în gânduri to be lost/absorbed/bur- ied/wrapped in thoughts.

a se scufunda în viciu până în gât to be steeped (to the lips) in vice.

a scufunda un vas to sink/to run down a ship.

a scuipa foc to belch out/to spit/to spout fire.

a scuipa pe cineva în față/obraz to spit in smb.'s face; to spit at smb.

nu scuipa în puț că se poate întâmpla să bei din el *prov.* cast no dirt into the well that hath given you water; never cast dirt into that fountain of which thou hast sometime drunk; don't foul the well for you may need its waters; let every man speak well of/praise the bridge he goes over.

a scuipa sânge to spit/to bring up blood.

a se scula/ridica armele împotriva *(cu gen.)* to rise in arms against; to take (up)/to bear arms against.

a se scula cu dosul/fundul în sus *F* to get out of bed on the wrong side/with the wrong foot fore- most; to get up/to rise on the wrong side of the bed; to leave one's bed/coach on the wrong side.

a se scula cu greu în picioare to struggle to one's feet.

a se scula cu noaptea în cap to get up a daybreak/ dawn; to get up early in the morning; to rise early; to rise with the sun/the lark; *(de obicei)* to be an early riser/waker/*F* → an early bird/stirrer.

a se scula de la masă to get up/to rise from the table; to leave the table.

a se scula devreme *v.* ~ **cu noaptea în cap.**

a scula din morți to raise from the dead; *v. și a* **readuce la viață pe cineva.**

a se scula din pat *(a se face bine)* to leave one's bed.

a scula din somn to call up; to arouse; to rouse from one's sleep.

a se scula dis-de-dimineață *v.* ~ **cu noaptea în cap.**

a se scula după boală to rise to/to get on to one's feet (again); to recover.

a se scula în picioare to rise (to one's feet); to stand up; *F* to stir up.

a se scula în zori *lit.* to be up betimes; *v. și.* ~ **cu noaptea în cap.**

a se scula târziu to get up late; *(de obicei)* to be a late riser.

scumpa mea jumătate *glum.* my better half.

mai scump decât valoarea nominală above par.

nu-i scump față de prețul curent/din ziua de azi that's no dear as things go.

a se scumpi la ceva to grudge the expense; to kick at smth.; to economize on smth.

scump la tărâțe și ieftin la mălai penny wise and pound foolish.

scump la vorbă spare of speech; chary of (one's) words; scant/sparing of words.

scumpul mai mult păgubește *prov.* cheapest is the dearest.

a se scurge încetul cu încetul to ebb away.

a se scurge de tot to ooze away.

a se scurge în pământ *(d. apă etc.)* to drain (away).

a se scurge în picături to trickle/to drip out.

a se scurge liniștit *(d. timp)* to lapse (away).

a i se scurge ochii după cineva to gloat over smb.; to be sweet upon smb.; *(a face ochi dulci)* to cast/ to make sheep's eyes at smb.

a i se scurge tot sângele din vine to bleed to death.

a scurta un articol to abridge/to cut down an ar- ticle.

a scurta coada calului to bob a horse's tail.

a scurta pe cineva cu un cap *fig.* to strike off smb.'s head.

a-și scurta părul *(d. femei)* to bob/to dock one's hair.

a scurta tirul *mil.* to lessen the range.

a scurta viața cuiva *fig.* to drive a nail into smb.'s coffin.

scurt și cuprinzător to put in a nutshell; *(pe scurt)* briefly; to put it bluntly.

scutește-mă! don't trouble/worry me with it! (you might) spare me that! let me alone!

scutește-ne de bancurile/glumele tale! none of your funniness!

a scuti de impozit *jur.* to release a debt/a tax.

a scuti pe cineva de o obligație to discharge smb. of an obligation.

a scuti pe cineva de osteneala de a face ceva to save smb. the trouble of doing smth.; to dispense smb. of doing smth.; ~ **de o corvoadă** to let smb. off from smth.; ~ **de multă bătaie de cap** to save smb. a lot of trouble.

scutit de ceva free from/of smth.; ~ **cheltuieli** no expenses; ~ **de serviciul militar** on the excused list; excused from duty; ~ **de taxe de impozit** free of duty; duty-free.

a scutura bine ceva to give smth. a good shake.

a scutura cuiva cojocul *fig. F* to lace/to dust smb.'s jacket/coat.

a scutura pe cineva de bani to drain smb. of all his money.

a scutura din cap to shake one's head.

a se scutura din toate încheieturile to jig up and down.

a-l scutura frigurile to shiver/to shake with fever.

a-și scutura frunzele to lose/to shed one's leaves.

a scutura jugul to shake/to throw off the yoke; *înv.* to slip the collar.

a-și scutura luleaua/pipa to knock out one's pipe.

a scutura mâna cuiva to shake smb.'s hand; *amer.* to pump smb.'s hand.

a scutura nucile to thrash a walnut-tree.

a scutura un pom to shake down fruit from a tree.

a scutura praful to shake out/to remove the dust.

scuturat de valuri tossing on the waves.

scuturat de vânt tossed by the wind.

a se scutura tot de râs to be convulsed/to shake/to rock with laughter.

scuturați sticla 'shake the bottle'.

a-și scutura zăpada de pe ghete to stamp the snow from one's feet.

își scutură baba cojocul ← *F* spring is setting in.

își scutură baba (Dochia) cojocul *P* Mother Carey is plucking her geese.

scuzați-mă! I apologize! (I am) sorry! pardon me! I beg your pardon!

scuzați expresia *F* → saving your presence/*înv.* → grace/reverence.

scuzați întârzierea excuse my coming late.

scuză neserioasă lame/slight excuse.

seamănă cu tatăl său ca două picături de apă he is the very/the dead spit of his father; *P* → he is as like his father as if he had been (the) spit out of his mouth.

seara nu prea târziu early in the evening.

a seca o fântână/un puț to pump a well dry; to lade water.

a-i seca ochii (de atâta plâns) to cry/to weep one's eyes out.

a-i seca puterile to wear oneself out; to spend one's strength.

a secătui averea/resursele unei țări *F* to drain the wealth of a country; to drain a country of wealth/money.

a secera dușmanul cu mitraliera to rake the enemy with machine-gun fire; to mow down the enemy.

secerat în floarea vârstei *lit.* cut off in the prime of life/in one's prime.

a seconda pe cineva to back (up) smb.

secret de familie skeleton in the cupboard.

secretele meseriei the tricks of the trade.

secretul a ieșit la iveală the secret got out.

secretul lui Polichinelle open secret; *F* → that's private property.

o secundă! just a moment/a minute! *F* → half a mo/a sec.

a seduce o fată *sl.* to walk the barber.

a semăna ca două picături de apă to be as like as two peas; to be on all fours with smb.; **seamănă ca două picături de apă** there isn't a pin to choose between them.

a semăna ca ziua cu noaptea they are as different/*iron.* as like as chalk and cheese.

a semăna un câmp/lan cu grâu to put a field under/to wheat; to plant a field with corn.

a semăna ceartă/nemulțumire to sow (the seeds of) discontent.

semăna cu un azil/ospiciu de nebuni you would think this was Bedlam.

a semăna discordie/vrajbă to sow (the seeds of) discord/dissension/strife; to breed discord/dissension; to set people at loggerheads; to set people at variance; to make trouble.

a semăna groaza to create a scare.

a semăna în toate direcțiile to sow broadcast.

a semăna leit cu... to be dead spit of...; to be the very image/picture/spit of...; to be the spit and image of...; to be the living image of...; *amer. F* to be a dead ringer for smb.; **seamănă cu taică-său** he is like his father; *v. și* ~ **ca două picături de apă**; **îi seamănă leit** that's he/*F* him all over; there is not a pin/a hap'worth/nothing/not much to choose between them.

a semăna neîncredere to sow distrust.

a semăna vânt și a culege furtună to sow wind and to reap the whirlwind; **cine seamănă vânt culege furtună** he that sows the wind will reap the whirlwind.

a semăna vrajbă/zâzanie to create hostility; to sow (the seeds of) discord/dissension/strife; to cast (in) a bone between...; to make mischief; *v. și* ~ **discordie.**

a semna un contract *com.* to become a party to an angreement.

a semna un document to set/to put one's name to a document.

a semna în condică *(la intrarea în serviciu)* to sign on; *(la ieșirea din serviciu)* to sign off.

a semnala ceva poliției to notify the police of smth.

a semnala prezența cuiva to make smb.'s presence known.

a semnaliza înainte de a opri *auto* to signal before stopping.

a semna prin punere de deget *P* → to wet one's finger.

a semna recursul de grațiere *(d. juriu)* to recommend the murderer to mercy.

semnat și parafat under one's hand and seal.

semn rău bad/ill omen; handwriting on the wall; that looks bad; *F →* that's a bad look-out (for him).

sensibil la durere susceptible to pain.

sensibil la frig feeling the cold.

sens interzis 'no entry'.

sentință dreaptă/echitabilă pentru crima comisă just retribution of/for a crime.

a separa impuritățile prin filtrare to filter out the impurities.

a separa printr-un gard to fence/to rail off.

a se separa unul de altul to move apart.

serios! *(vorbești serios?)* do you really mean it? are you in earnest? *(nu mai spune!)* you don't mean it! you don't say so! *amer. F* do tell!

nu servește absolut la nimic it's no mortal use; that's no good.

se servește cald 'serve hot'.

a servi cuiva ca exemplu to put up/to serve as a pattern/a model to smb.; to be a warning/a lesson to smb.; *(a servi de lecție)* to make an example of smth. to smb.

a servi ca simplu marinar to serve/to sail before the mast.

a se servi de cineva ca unealtă to make a tool of smb.

serviciu contra serviciu *F →* claw me and I will claw thee; scratch my back and I'll scratch yours; roll my log and I'll roll yours; turn for turn; *prov.* one good turn deserves another.

a servi pe cineva cu credință to be true to one's salt.

a servi de arbitru to umpire between...

a servi drept ghid *F →* to take smb. in tow; to trot smb. round.

a servi drept model to be an example.

a servi drept model unui artist to sit for an artist.

a servi drept paravan *fig.* to act as a screen (for a criminal).

a servi drept regulă cuiva to serve as a rule to smb.

a se servi fără jenă de ceva to make free with smth.

a servi în armată to serve in the army.

a servi la masă to serve/to wait at table; *(pe cineva)* to tend (up)on smb.

a nu servi la nimic to be useless; to answer no purpose; to be no good.

a servi masa/mâncarea to send in the dinner; to serve/to dish (up) (the dinner); to bring in; *(d. fructe etc.)* to set on.

a servi o mâncare fierbinte to serve food hot and hot.

a servi sub ordinele (cuiva) to serve under...

a servi supa cu polonicul to ladle (out) the soup.

serviți ceva? *← F* will you have smth. (to drink, etc.)?

serviți-vă! help yourself/yourselves! *sl. amer.* make out your dinner!

sesiunea parlamentară a luat sfârșit Parliament is up.

a se sesiza de fleacuri to stick at trifles.

a sesiza diferența dintre... to seize the difference between...

a sesiza un fapt to see the point; *amer. F* to get wise to a fact.

a nu sesiza o glumă/observație to miss a joke/a remark; n-a sesizat gluma the joke was lost on him.

sexul frumos/slab the fair/the gentle/the softer/the weaker sex; the softer race.

sexul tare the strong/the male/the sterner sex.

sezon mort dull/dead/slack season; slack time.

un sfat bun nu e niciodată de prisos *prov.* good counsel never comes amiss; good counsel does no harm.

sfatul bătrânilor trebuie ascultat *prov.* if the old dog barks he gives counsel; if you wish good advice, consult an old man.

a sfărâma în bucăți/bucățele to break in(to)/to chop into/to smash (smth.) to pieces/to fragments.

a se sfărâma în bucăți/țăndări to shiver.

a-și sfărâma lanțurile to burns one's fetters; to break from one's bonds.

a se sfătui cu cineva to take counsel with smb.; to seek advice/counsel from smb.; to ask advice of smb.; *(cu un avocat)* to take legal advice.

a sfătui pe cineva să nu facă un lucru to dissuade smb. from smth./from doing smth.

a-i sfârâi călcâiele *F* to run like blazes.

a-i sfârâi inima după cineva *F* to be nuts on smb.; *v. și* a i se aprinde călcâiele după cineva.

sfârșește cu gluma! truce to jesting!

a o sfârși cu... to break off; to put a stop to...; to put an end to...; to do away with...

a sfârși cu ceva to make an end of/to put an end to smth.; to bring smth. to an end.

a se sfârși cu bine to turn out for the best; to have a favourable result.

a se sfârși de dragoste to be sick for love.

a sfârși prost/rău *(d. un plan) F →* to end in smoke.

a o sfârși rău to come to no good; to end in misery; to go to a bad end; *F →* to go to bad; *aprox.* to come a cropper.

s-a sfârșit cu... *sl.* it is domino with.

s-a sfârșit cu el! he is done for; his tale is told; *amer.* it's a gone case; it's goose with him.

s-a sfârșit/zis cu mine! I am out!

s-a sfârșit cu toate astea! that's all over and done with.

sfârșit de oboseală done up; dead tired.

s-a sfârșit o dată pentru totdeauna that's over and done with.

sfârșitul e aproape *fig.* the sands are running out.

sfârșitul în numărul viitor to be concluded in our next.

sfârșitul laudă începutul *prov.* the end crowns all.

a-și sfârși zilele to end/to close one's day; **i s-au sfârșit zilele** his race is run.

a-și sfârși zilele la azil to end one's days in the workhouse; *(la închisoare) F →* to land in prison; *(în spânzurătoare) înv. →* to ride a horse that was foaled of an acorn.

a-și sfâșia hainele de pe sine to rend one's garments.

a sfâșia inima cuiva to pierce/to rend smb.'s heart; to shoot through smb.'s heart; to go to smb.'s heart; to cut smb. to the heart; to make smb.'s heart ache.

a sfâșia ceva în bucăți to tear smth. to rags/ribbons/pieces/(in)to shreds; to pull smth. to pieces.

a sfâșia în două *lit. →* to rend smth. asunder/apart/in two/twain.

a sfâșia văzduhul *(d. un țipăt)* to rend the air.

a o sfecli *(de frică) F* to go down in one's boots; to cry craven.

a sfida conveniențele/convențiile to defy convention(s).

a sfida pe cineva în propria lui casă *F →* to beard the lion in his den.

a se sfii să facă ceva to scruple to do smth.; to shrink from/to be backward in doing smth.

Sfinte Sisoe! *← glum.* great Scott! *amer.* son of a gun! *F* Lord have mercy (on us)! good Heavens/Lord! bless me! good gracious! *P →* holy Moses!

siguranță deplină absolute/dead certainty.

sigur ca moartea as sure as death/fate/a gun; *F →* as sure as eggs is eggs; as sure as mud.

sigur că da! I should think so!

sigur de succes having the game in one's hands.

sigur pe sine *F →* on sure/firm ground; sure of one's ground.

a sili pe cineva (prin forță) să asculte to force/to thrash smb. into obedience.

a sili pe cineva să cedeze to bring smb. to terms.

a se sili din răsputeri to do one's utmost/best; to endeavour; to strain; to exert oneself to the utmost; to do all in one's power; *F* to pull one's weight; *sl.* to wire in.

a sili un elev să învețe *F →* to force a pupil.

a sili pe cineva să facă ceva to constrain/to force smb. to do smth./into doing smth.; to dragon smb. into doing smth.; to put/to lay smb. under an obligation to do smth.

a sili pe cineva să ia cuvântul to bring smb. to his feet.

a sili pe cineva să intre to force smb. into the room.

a sili pe cineva să îngenuncheze to bring smb. to his knees.

a sili opinia publică să tacă *fig.* to sit on the safety valve.

a sili pe cineva să-și plece ochii/privirea to stare smb. out of countenance.

a sili pe cineva să se poarte cât mai frumos to put smb. on his best behaviour.

a se sili să se poarte cât se poate de cuviincios to be on one's best behaviour.

a sili prin amenințări pe cineva să facă ceva to hector smb. into doing smth.

a sili pe cineva să recurgă la ultimele mijloace to put smb. to his trumps.

a sili pe cineva să reintre în legalitate to bring smb. to book.

a sili pe cineva să roșească to put smb. to the blush.

a sili pe cineva să spună adevărul *F →* to screw the truth out of smb.

a sili pe cineva să se țină de promisiune to peg smb. down to his promise.

silit de împrejurări să... to find it necessary to...

silit de mizerie under (the) stress of poverty.

silit de urgia vremii under stress of weather.

silit fiind on/under compulsion.

a simplifica o fracție to reduce a fraction to lower terms/to its lowest terms.

simplu ca bună ziua as simple/easy as ABC/anything/shelling peas/*sl.* damn it; as easy as lying; nothing could be simpler; *amer. F* (as) clear/plain as a bootjack.

mai simplu nici că se poate nothing easier; (as) easy as ABC, *F* as easy as lying.

mă simt dator să... I feel it my duty to...

nu simte nici un gust când este răcit he cannot taste, when he has a cold.

simț al orientării sense of locality.

a se simți abătut/prost dispus to feel low; to be in low spirits; to be down in the mouth; *F →* to feel useless.

a simți afecțiune pentru cineva to be fond of smb.

a simți amețeală; simt amețeală my head spins.

a simți apropierea primejdiei *F →* to see the red light.

a se simți așa și așa to be so so.

a simți o atracție pentru cineva to feel drawn to smb.

a se simți atras de cineva to feel symphaty for smb.; to warm to smb.; to fancy smb.

a se simți bine *(sănătos)* to be/to feel well; ~ **ceva mai** bine to feel easier; ~ **mai bine după aceea** to be the better for it; ~ **și mai bine după aceea** to feel all the better for it; ~ **cât se poate de bine** *F* → to be feeling very fit; ~ **destul de bine** to feel pretty tidy; ~ **mult mai bine** to feel very much better; ~ **foarte bine** to feel fine/*amer. F* → like a million dollars.

a nu se simți bine *(ca sănătate)* to be unwell; not to feel well; to be poorly; to feel shaky/*F* → wobbly; to be not quite the thing; not to feel at all the thing; *v. și* **a se ~ prost.**

a se simți bine acasă, la căldură to be snug and warm at home.

a se simți bine cu cineva/în prezența cuiva to feel at home with smb.

a se simți bine dispus to be in high spirits/in a good humour/temper; *fig. F* to be a bit on; *F* to feel one's oats; *F* to be in full feather.

a se simți bolnav to feel ill.

a se simți ca acasă to be/to feel at home (in some place); *aprox.* to make oneself at home.

a se simți ca o curcă plouată *F* to feel like a (boiled) rag.

a se simți ca peștele în apă to take to smth. like a duck on water.

a se simți ca peștele pe uscat to be/to feel like a fish out of water.

a-și simți capul greu *(după băutură)* *F* to have a thick head.

a se simți caraghios/ridicol to feel foolish.

a simți că-i fuge pământul de sub picioare to feel the ground sliding/slipping from under one's feet.

a simți că se înăbușă to feel as though one is being stifled; to feel stifled.

a simți că-i îngheață sângele în vine to feel one's blood run cold.

a se simți călare/tare pe situație to be on sure/firm ground; to be sure of one's ground.

a simți că i se moaie/taie picioarele to feel one's legs give (way) beneath one.

a simți că-l trec fiori reci to feel one's flesh creep.

a simți chinurile/colții foamei to feel the pangs/the gnawing pains of hunger.

a simți cotul ← *F mil.* to fall into line elbow to elbow; to touch elbows.

a se simți cu burta goală to feel empty.

a se simți cu musca pe căciulă > to have a sense of guilt; > not to have a clean conscience; **se simte ~** the cap fits.

a se simți de minune to feel wonderful; to feel quite the thing; *F* → to be in the pink; to have a wonderful time.

a se simți deprimat/doborât to feel low; to be in low spirits; *v. și* ~ **prost dispus.**

a se simți de prisos to feel like the odd man out.

a simți dincotro bate vântul to see how the wind blows.

a se simți dispus să facă ceva to be in tune to do/for (doing) smth.; to feel like doing smth.

a nu se simți dispus să facă ceva to be in bad time for smth.

a simți dureri în tot corpul to ache all over.

a simți furnicături în picioare to have pins and needles in one's legs.

a-și simți gât(lej)ul uscat *F* → to be/to feel dry.

a simți un gol în stomac to have a twist; *F* → to feel hollow.

a simți un imbold/îndemn să facă ceva to feel an impulse/an urge to do smth.

a se simți incapabil de a face ceva to be/to feel unequal to the task.

a-și simți inima grea to be sick at heart; to have a heavy heart.

a se simți intimidat to feel nervous/self-conscious.

a simți o iritație în gâtlej to feel a tickle in one's throat.

a nu se simți în apele sale to feel funny/cheap/strange/very queer; to feel out of sorts; *F* not to feel up to it/up to the knocker; to feel like a fish out of water; *(stingher)* to feel/to be uncomfortable; to look (sadly) out of place; **nu mă simt în apele mele** I am feeling all nohow; I am a worm today; *v. și* ~ **bine.**

a se simți încurcat to be at a loss to...

a nu se simți în elementul său to be out of one's sphere/out of place.

a se simți în (cea mai bună) formă to feel on top of one's forms; to feel like a fighting cock; to be as fit/*amer.* good as fiddle; *amer. F* to feel good; **mă simt ~** *(ca să desenez etc.)* my hand is in.

a se simți îngrijorat to be/to feel concerned/uncomfortable (about smth.).

a se simți în largul său to be on one's own ground; to be at one's ease/at home/in one's element; ~ **cu cineva** to feel at home with smb.

a nu se simți în largul său to be out of one's ground/depth; to feel uneasy/*sl.* cheap; to be uneasy/ill at ease; *fig.* to squirm.

a se simți în al nouălea cer $F \rightarrow$ to be in the seventh heaven; to feel like an ounce of uranium.

a se simți în stare să facă ceva to feel up to smth./to doing smth.

a se simți întors pe dos $F \rightarrow$ to feel cheap; *v. și ~ prost dispus.*

a se simți înțepenit/amorțit to be quite stiff; to feel stiff.

a se simți jenat/stingherit to feel uncomfortable/embarrassed/ill at ease/*(rușinat)* very small; to be uneasy.

a se simți jignit/ofensat de ceva to be offended at/by smth.; to take offence; to take smth. ill/amiss/in bad part; to take umbrage at smth.; $F \rightarrow$ to take tiff; to take the huff.

a se simți la înălțime pentru a face ceva to feel up to smth./to doing smth.

a nu se simți la îndemână *sl.* to feel cheap.

a se simți la strâmtoare to be/to feel cramped for room/space; to feel cooped up/in.

a se simți liniștit to feel reassured.

a se simți moale ca o cârpă *v.* **~ ca o curcă plouată.**

a simți mustrări de conștiință to feel searchings of the heart; to be tortured by remorse; to be conscience-stricken; to have qualms; **simțeam mustrări de conștiință** my heart smote me.

a se simți nedreptățit to labour under a sense of wrong.

a simți nevoia să facă ceva $F \rightarrow$ to feel like doing smth.

a nu se simți nici o adiere; nu se simte nici o adiere there in not a breath (of wind) stirring.

a simți o oarecare ameliorare/ușurare to feel some relief.

a se simți perfect odihnit to feel thoroughly rested.

a se simți pe teren cunoscut to be on familiar ground.

a nu-și mai simți picioarele to be off one's legs; **~ de oboseală** one's feet begin to give out.

a se simți pierdut $F \rightarrow$ to feel like a lost sheep.

a simți o plăcere din ceva to get (quite) a kick out of smth.

a simți o povară pe suflet to be sick at heart.

a nu se simți prea bine to be rather unwell; to be not at all/not quite the thing; not to feel at all the thing; to be so so.

a se simți prost to feel ill/sick/faint/(rather) unwell/*F* bad; to feel rotten/seedy/below par/under par; to feel mean; to be below the mark; to be off colour; *amer.* to be off one's feed.

a se simți prost dispus to be in a bad humour/temper; to be dejected/dispirited; to be down in the mouth; to be in low spirits; to feel queer/wretched/low spirited; *F* to have the pip.

a se simți puțin suferind $F \rightarrow$ to feel queerish; *v. și* **a nu ~ prea bine.**

a se simți rău to be taken ill; **~ mai rău** to be taken worse.

a-și simți reciproc lipsa to miss one another.

a se simți rușinat to feel ashamed (of oneself); $F \rightarrow$ to feel cheap.

a simți o săgeată în coaste to feel a stitch in the side.

a-și simți sfârșitul aproape to be near one's last.

a simți simpatie pentru cineva; simt simpatie pentru el my heart warms to him.

a se simți singur to feel lonely; to feel the want of friends.

a simți o slăbiciune to feel dicky.

a se simți slăbit to feel slack/weak; not to feel strong; to feel as weak as a cat/as a kitten/as water; to feel run down.

a se simți stânjenit/stingherit to be put out; to look (sadly) out of place; to feel/to be uncomfortable; not to know what to do with oneself; **~ caraghios; ~ jenat.**

a se simți stânjenit în societate/lume/printre oameni to be shy of people; to feel strange in company.

a simți o strângere de inimă to feel a tug at one's heartstrings; to feel a pang.

a se simți nu știu cum to feel very queer.

a se simți (cam) șubred pe picioare to feel dicky/wobbly.

a se simți tare pe picioare to feel/to keep fit.

a simți un trac cumplit to feel funky; *aprox.* to be in a funk.

vă simțiți bine? is it well with you? are you all right?

simțiți-vă ca acasă $F \rightarrow$ this is Liberty Hall.

a se simți umilit *sl.* to feel cheap.

a se simți ușor indispus $F \rightarrow$ to feel all-overish.

a simți o ușurare to feel relieved/some relief.

a simți vânatul *(d. câini)* to scent (out) game.

a simula un atac (cu pumnii) contra cuiva to spar at smb.

a simula o boală *amer.* $F \rightarrow$ to play possum.

sincer vorbind... frankly speaking...; to put it bluntly...; *F* not to put too fine a point on it...

a nu se sinchisi de conveniențe to throw propriety to the winds.

singura noastră speranță our sole trust.

o singură dată just once.

o singură dată e totuna cu deloc *prov.* once is no custom; one and none is all.

o singură oaie râioasă molipsește toată turma *prov.* one scabbed sheep is enough to spoil a flock.

singur cuc/singurel ← *F* all/quite alone; (all) by himself.

singur ți-ai făcut-o you have brought it on yourself.

a se sinucide prin asfixiere to put one's head in the gas-oven.

a sista plățile *com.* to stop payment.

a se situa pe o poziție to take a stand; to adopt an attitude.

a se situa pe o poziție greșită to take a wrong stand.

a se situa pe o poziție justă to take a correct/the right stand.

a se situa pe primul loc *sport* to take the lead.

situația actuală the present posture of affairs.

situația s-a mai ameliorat/destins this has eased the situation; the situation has eased.

situația asta n-o să mai dureze mult the matter will not rest there.

situația e cu totul alta that alters matters/the case.

situația se înrăutățește things are going from bad to worse.

situația pare mai bună/încurajatoare the situation looks more hopeful.

situație grea/dificilă an awkward predicament; a sorry plight; *F →* a tight squeeze; *F →* a pretty go; *amer.* a hard sledding.

situație jenantă/neplăcută an awkward/a delicate/ an embarrassing situation; *F →* a pretty kettle of fish.

situațiile disperate cer soluții disperate desperate cases require desperate remedies.

slabă legătură (de prietenie) rope of sand.

slabă nădejde! *v.* **slabe speranțe!**

slab ca o scoabă/un ogar/țâr (as) thin as a hurdle/ a lath/a rake/a rail/a gate/a whipping post/as thread-paper; as lean/thin as a rake/a bone; a bag of bones; skin and bone; bare-boned/-nipped.

slab de cap/minte weak/soft in the head; soft-headed; *sl. amer.* dead above the ears; dead from the neck up.

slab de înger flabby; weak-willed; pigeon-hearted.

slab de-i numeri coastele *v.* **~ ca o scoabă.**

slab din fire constitutionally weak.

slabe speranțe! not a chance! slender hopes! *peior.* what a hope!

slab la algebră etc. weak in algebra, etc.

slavă Domnului! thank God/Heaven/goodness! thanks be (to God)! Heaven be praised! *(slavă Ție, Doamne!) F* thanks.

slăbește-mă! ← *F* leave me alone! shut up! *sl.* cheese it! come off that!

slăbește-mă cu prostiile tale! none of your stuff! *(spune-i-o altuia) F* tell that to the marines! get along (with you)!

a-i slăbi balamalele ← *F* to lose one's strength; to peak and pine; *(puterile-i slăbesc)* his strenght is waning.

a o mai slăbi cu... ← *F* to give smth. a rest.

a nu slăbi deloc pe cineva to keep hold of smb.

a slăbi din chingi 1. to loosen the saddle girth(s); 2. *fig.* to loosen one's grip on...; to loosen smb.'s bonds.

a slăbi din lipsă de hrană to waste away for lack of food.

a nu slăbi pe cineva din ochi to keep an eye/a sharp eye on smb.; to keep a close watch on smb.; to watch smb. narrowly; not to tear one's eye off smb.; *F →* not to trust smb. out of one's sight.

a slăbi eforturile to relax one's efforts.

a slăbi frânele *fig.* to keep a slack hand/rein on...

a nu slăbi frânele *fig.* to keep a tight rein on...

a slăbi frâul (unui cal) to give the horse free rein/ the reins; to give the horse his rein; to ease both reins.

a slăbi o funie/parâmă to let a rope go; *mar.* to slack the mooring ropes.

a slăbi hățurile to slacken the reins.

a slăbi muncind to work off one's fat.

a nu slăbi nici o clipă pe cineva to follow smb. about; *(pe dușman)* to follow hot-foot on the flee-ing enemy.

a slăbi rău to lose flesh; *(numai piele și os) F* to waste away to skin and bone.

a slăbi strânsoarea to relax one's hold.

a slăbi șurubul to loosen the screw.

slăbit de boală wasted by disease.

a slăbi tempoul to slacken the time.

sleit de febră prostrate by fever.

slobod la mână lavish; wasteful; too liberal.

a slobozi frâul *v.* **~ a da frâu liber.**

a slobozi plumbi în capul cuiva *F* to send an ounce of lead into smb.'s head.

sluga dvs. *înv.* yours to command.

n-o să slujească la nimic that would be of no use/ avail; that would not be of any use.

a sluji ca model to be an example.

a sluji de/drept mijloc to serve as a means.

a se sluji din plin de ceva to make free with smth.

a sluji în locul altuia *rel.* to take smb.'s duty.

a sluji la doi stăpâni to serve two masters; to run with the hare and hunt with the hounds.

a sluji numai în vorbe to do/to pay/to show lip-service to smb./to a cause.

a sluji unui scop to serve an end.

a-și sluji țara to serve the nation/one's country.

smălțat cu flori spangled/strewn with flowers.

a smulge adevărul etc. de la cineva to drag the truth, etc. out of smb.; *(prin bătaie)* to drub the truth, etc. out of smb.

a smulge aplauze furtunoase *F →* to bring down the house.

a smulge bani de la cineva to extort/to wring money from smb.; *tu* juggle smb. out of one's money.

a smulge câteva ore de somn to snatch a few hours' sleep.

a smulge consimțământul cuiva to wring smb.'s consent.

a smulge cu violență to wrench off/out/away.

a smulge din ghearele/mâinile cuiva to escape from smb.'s clutches.

a smulge pe cineva din ghearele morții to snatch smb. from the jaws of death; > to deliver/to save smb. from death.

a se smulge din îmbrățișarea cuiva to wrench oneself (free) from smb.'s clutches/arms.

a smulge ceva din mâna cuiva to snatch smth. from smb.'s hands.

a smulge din rădăcini to pull up a plant by the roots; to tear up by the roots; to stub up roots; to root out/up; to uproot; *fig. și* to eradicate, to extirpate; ~ **pe cineva** to uproot smb. from his home.

a smulge din toropeală to rouse up.

a smulge cuiva o făgăduială etc. to force/to extort/to wring a promise, etc. from smb.

a smulge masca cuiva to unmask smb.; to tear the mask off from smb.'s face.

a smulge cuiva o mărturisire to tear a confession from smb.

a smulge cuiva o mărturisire pe neașteptate to surprise smb. into a confession/into admitting smth.

a nu-i smulge nici cu cleștele *F* to get no change out of smb.

a-și smulge părul (din cap) *fig.* to tear/to rend one's hair.

a smulge ceva prin lingușiri to wheedle smth. out of/from...

a smulge un secret de la cineva to fish/to worm/ *F →* to pump a secret out of smb.

a smulge cuiva vălul de pe ochi > to open smb.'s eyes to smth.

a snopi pe cineva în bătaie ← *F* to beat smb. to an inch of his life/*F* to a jelly/to a mummy; to beat smb. (all) to sticks/into fits; *F →* to tan smb.'s hide; to give smb. a dressing/a dusting; *F* to give it hot to smb.; to dust smb.'s coat/jacket/*inv.* → doublet (for him); to lace/to warm smb.'s jacket; *F →* to wallop; *F →* to give smb. beans/socks; *sl.* to fall aboard; *amer. F* to slaughter an opponent.

soare cu dinți sun on a frosty day.

soarele asfințește the sun sets/is down.

soarele și-a făcut apariția the sun shone out/*lit.* forth.

soarele răsare the sun rises.

soarta îi e pecetluită *F* his fate is sealed.

soarta e schimbătoare *prov.* fortune is variant/ fickle.

soarta a vrut așa fate willed it.

soarta a vrut ca eu să... it fell to my lot to...

soartă amară bad/hard/ill/rough luck.

societatea e în lichidare the company winds up.

socoteala de acasă nu se potrivește cu cea din târg *prov.* many go out for wool and come home shorn; he that reckons without his host, must reckon again.

a se socoti buricul pământului *F* to think no small beer of oneself; *sl. amer.* to think one is the whole cheese.

a socoti că e bine/necesar să... to judge it necessary to...

a socoti cheltuielile etc. to figure out the expense, etc.

a socoti convenabil/potrivit să... to think fit/to see fit to...

a se socoti/răfui cu cineva to square accounts with smb.

a socoti de cuviință *v.* **a crede ~.**

a socoti de datoria sa to feel in duty bound.

a socoti degradant/dezonorant/rușinos să... to think it dishonourable to...

a socoti pe cineva drept... to put smb. down as.../ for...; to make smb. out to be...

a socoti greșit to miscalculate; to be wrong in one's calculations.

a socoti în cap/minte to reckon in one's head.

a se socoti mai presus de a face ceva to scorn doing/to do smth.

a socoti totul pierdut *fig.* to throw the helve after the hatchet.

a socoti ceva vrednic de dispreț to think/*elev.* to hold in scorn (to do).

soi rău *F* bad blood/egg/lot/*sl.* hat.

„soldăm mărfuri" must be cleared.

a solicita atenţia cuiva to solicit smb.'s attention.

a solicita cuiva o favoare to beg a favour of smb.

a solicita un împrumut to tender for a loan.

a solicita un post/o slujbă to apply/to compete for a post/a job.

a solicita voturi to solicit votes; *amer.* to tout for votes.

a soma un conducător auto să oprească *auto F* → (*d. poliţie*) to gong a driver.

a soma garnizoana etc. să capituleze to summon the garrison, etc. to surrender.

somnul morţii the last sleep; the sleep that knows no waking; the sleep of death/of the tomb.

somn uşor! sweet dreams!

a sonda inamicul *mil.* to feel the enemy.

a sonda un mister/o taină *F* to fathom a mystery.

a sonda o rană *med.* to search a wound.

a sonda terenul I. to explore the ground. 2. *fig.* to see how the land lies; to feel out a situation; to feel the ground/the pulse; to feel out the situation; *F* → to put/to send/to throw out a feeler.

a sonda trecutul to dip deep into the past.

a sorbi cu nesaţ (*dintr-un pahar cu vin etc.*) to quaff (off).

a sorbi cuvintele cuiva to hang (delighted) (up)on smb.'s lips; to drink in/to suck in smb.'s words.

a sorbi din cupa amărăciunilor to sup sorrows by the ladleful.

a sorbi (din) cupa plăcerilor până la fund to drain the cup of pleasure to the dregs.

a sorbi pe cineva din ochi to look fondly at smb.; to feast one's eyes on smb.; to gaze/to look with rapture at smb.; *F* → to make eyes at smb.

a sorbi dintr-o singură înghiţitură to quaff/to drink off/up; to gulp/to toff off; to drain (one's cup/glass).

a-şi sorbi încet cafeaua to sip (up) one's coffee.

a sorbi încet/câte puţin to sip up; to tiff.

a sorbi nesăţios to drink greedily; to swill down.

a sorbi (paharul) până la fund to drain the glass; to drink supernaculum.

a sorbi un păhărel/o picătură to take a dram.

sorţii au căzut asupra lui the lot feel upon him.

a sosi cap la cap *sport, canotaj* to draw level with...

a-i sosi ceasul (*de pe urmă*); **i-a sosit ceasul** his hour is at hand.

a sosi cu bine în port to arrive safely.

a sosi din toate părţile to pour in; to come pouring in.

a sosi în coadă *alergări* to come in at the tail-end.

a sosi la destinaţie to be at one's journey's end.

a sosi la un moment nepotrivit to arrive at an awkward moment/at the wrong time.

a sosi la ora indicată (*d. trenuri*) to arrive at the scheduled time.

a sosi la spartul târgului to come a day after the fair.

a sosi la timp to arrive up to time/on time.

a sosi la ţanc/la ora fixată to arrive prompt to the minute; to come in a clipping time/in the nick of time; to arrive in the stroke of ten, etc.; *aprox.* to be none too soon.

a sosi pe locul doi *sport* to come in a good second.

a sosi pe neaşteptate to come unexpectedly; to turn up; (*la cineva*) to turn up at smb.'s house/place.

a sosi primul (*călare*) to land one's horse first.

sosit de curând la Londra fresh from London, etc.

a sosi teafăr şi nevătămat to arrive safely.

a sosit momentul să... now is the time/our time/your time to...

a sosit trenul the train is in.

sosiţi la timp/la momentul oportun/potrivit! well met!

a sosi ultimul to be the last to arrive; *F* → to take/to get the wooden spoon.

soţia şi copiii lui *F* → his hostages to fortune.

a sparge banca (*la cărţi*) to break the bank; to sweep the board.

a se sparge brusc/cu zgomot to go snap.

a sparge o bubă to open/to cut (a furuncle).

a-şi sparge capul cu ceva *fig.* to puzzle one's brains/head about/at/over/upon smth.; to busy/to rack/*amer.* to ransack/to worry one's brain(s) about smth.; *v. şi* ~ **bate** ~.

a sparge capul cuiva to break/to crack smb.'s skull; to brain smb.; to beat smb.'s head off.

a se sparge ca sticla to be as brittle as glass.

a sparge o cutie/o uşă to smash open a box/a door.

a se sparge de râs *F* to split with laughter.

a se sparge fărâme to break into pieces/shards; *v. şi* ~ **în bucăţi.**

a sparge gâtul unei sticle to crack a bottle; to polish off a bottle.

a sparge un geam to break/to smash a window.

a sparge gheaţa to break the ice; (*în conversaţie*) to start the ball rolling; to set the ball a-rolling.

a sparge o grevă to break a strike.

a-şi sparge gura to shout oneself hoarse; to scream out one's lungs; *v. şi* ~ **pieptul.**

a sparge în bucăţi/bucăţele to smash/to shatter/to shiver to pieces/atoms; *F* → to smash in(to) smithereens; to break into pieces.

a se sparge în mii de bucăți to fly in pieces/asunder.

a se sparge în spume *(d. val)* to break into foam.

a sparge nasul cuiva *sl.* to broach/to tap smb.'s claret.

a sparge norma to exceed/to top the quota/the norm; to smash the target.

a sparge/sfărâma piatră to break/to knap stones.

a-și sparge pieptul to shout at the top of one's voice; *v. și* ~ **gura.**

a sparge rampa ← *F* to get over the footlights.

a sparge rândurile dușmanului to break through the enemy's ranks.

a sparge cuiva urechile to split smb.'s ears.

a sparge o ușă to break/to burst/to force/to smash a door open.

spate în spate back to back.

a spăla aur *(din nisip)* to pan off/out.

a se spăla bine *(despre materiale)* to wash well.

a spăla bine pe cineva *fig. F* to drop (up)on smb. (like a ton of bricks).

a spăla ceva bine to wash smth. clean.

a spăla cu apă multă to wash in plenty of water; to wash (smth.) clean; to give (smth.) a sluice down.

a spăla pe cineva de păcate ← *F* to revarnish smb.'s reputation.

a se spăla de păcate *fig.* to wash away one's sins; *rel.* to purge oneself of/from sin; *F →* to purge out the old leaven.

a spăla ceva în mai multe ape to wash smth. in two or three waters.

a spăla (o insultă) în sânge *lit.* to wash out (an insult) in blood.

a se spăla pe mâini ← *fig.* to throw the blame/the responsibility on smb.; *F* to wash one's hands of smth.

a spăla petele de sânge to wash out blood stains.

a spăla putina to make off; to make one's escape/*F* a brush; to fling/to pick up/to take to one's heels; *F* to show a clean pair of heels; to act/to play the invisible; to cut one's sticks; to bundle in/off/out; to pack away/off; to whistle off; to sling/to take one's hook; *sl.* to skedaddle; *sl.* to walk/to stump one's chalks; *amer.* to take to the hills; to take (run-out) powder; *amer.* to sashay off; *sl. amer.* to dig out; to jump one's bail; to vamoose.

a se spăla puțin *F →* to have a wash and brush-up.

a spăla rufele to do the washing.

a spăla rufele murdare în familie to wash/to air one's dirty linen at home; not to wash one's dirty linen in public.

a spăla rufele murdare în public to air/to wash one's dirty linen in public; to cry stinking fish; to tell tales out of school; to foul one's own nest.

a spăla vasele to wash (up) (the dishes); to do the washing-up.

a se specializa într-un obiect to take honours/a class in a subject; to make a speciality of...; *amer.* to major in a subject.

specializat într-o limbă well grounded in Latin, etc.

spectacolul m-a răscolit this sight gave me quite a turn.

a specula la bursă to dabble on the Stock Exchange; *amer. F →* to play the market/the stock-market.

a spera împotriva evidenței to hope against hope.

sper că da I hope so.

sper că nu I hope not.

sper că nu vă deranjez *lit.* I trust I am not inconveniencing you; I hope I am not intruding/I am not in the way.

sper că nu s-a întâmplat nimic rău I hope there is nothing wrong.

sper din toată inima *F →* I hope/wish to goodness.

a speria pe cineva to give smb. a fright/a scare/a start/a turn/*sl.* the jim-jams; to put smb. in a fright/*sl.* in a funk; to frighten smb. out of his life/wits; to frighten smb. to death; to put the fear of God in smb.; to scare smb. out of his wits; to scare the wits/the life out of smb.; *sl.* to scare the daylights out of smb.; *elev.* to inspire smb. with awe; to strike terror into smb...

a speria cercurile politice/opinia publică *F →* to flutter the dovecote.

a nu se speria cu una cu două; nu mă sperii cu una cu două I am not born in the woods to be scared by an owl; I have lived too near a wood to be frightened by an owl; I have lived too near a wood to take an owl for an ivybush.

a speria pe cineva de moarte to frighten smb. to death; to frighten/to scare smb. out of his (seven) senses/out of his wits; > to bring smb.'s heart into his mouth; to make smb.'s heart leap out of his mouth.

a se speria de orice fleac *F →* to be unable to say 'bo' to a goose; to be milk-livered; **se sperie de orice fleac** the least thing frightens him.

a speria păsările to (alarm and) scatter the birds.

a se speria rău/tare to take fright; to be frightened to death; to be scared out of one's wits.

m-ai speriat! you made me start!

sper să-l văd mai des I hope to see more of him.

sper să ne vedem cât mai des $F \rightarrow$ I hope we shall see heaps of each other.

a speti un cal 1. to splay a horse's shoulder. **2.** *fig.* to break a horse's back; to ride a horse to death.

a speti în bătaie *v.* **a omorî ~; a snopi pe cineva ~.**

a se speti muncind to work oneself to death; to break one's back; to tire oneself out; *fig.* to be kept with one's nose to the grindstone; $F \rightarrow$ to sweat one's guts out; $F \rightarrow$ to have a killing time; $P \rightarrow$ to toil and moil.

a spicui de la unul și de la altul $F \rightarrow$ to glean from one and another.

a spicui de pe un lan to glean a field.

spirit de observație observing turn of mind; perceptive faculty.

spiritele sunt agitate passions run high.

spirit greoi elephantine wit.

un spirit inventiv a man full of devices/resources; a resourceful man.

spiritul epocii the spirit/the tendencies of the age.

spiritul unei limbi the genius of a language.

spiritul public the public mind.

spiritul vremii the spirit of the time.

a spoi cu var to whitewash.

a spori în greutate to put on flesh.

a spori salariile to increase/to raise wages.

spre mai bine for the better.

spre binele dumneavoastră for the best of your interest(s).

spre deosebire de... unlike; in contrast with/to...; in contradistinction to...; as distinct from...; in distinction from...

spre est/răsărit etc. to the eastward, etc.

spre folosul *(cu gen.)* for the good of.

spre lauda/slava Domnului/lui Dumnezeu to the (greater) glory of God.

spre marea bucurie a... much to the delight of...; to the great delight of...

spre marea dezamăgire a (cuiva) to the great chagrin of...

spre marea lui satisfacție to his entire satisfaction.

spre marea mea bucurie to my great joy...

spre marea mea mirare much to my astonishment.

spre marea mea părere de rău (much) to my regret.

spre marea mea surprindere much to my surprise; to my no small surprise; to my great/utter surprise/astonishment...

spre marea supărare a... to the great chagrin of...

spre marele meu regret to my great sorrow; much to my regret.

spre nenorocirea lui unfortunately for him.

spre nenorocul meu etc. as ill/*rar* → bad luck would have it.

spre norocul meu etc. as luck would have it.

spre mai rău for the worse.

spre rușinea mea etc. to my shame.

spre (marea) satisfacție a cuiva to smb.'s (entire) satisfaction.

spre sfârșitul săptămânii at the close of the week; *elev.* → as the week grows old.

spre sfârșitul zilei $F \rightarrow$ latish in the day.

a sprijini un candidat $E \rightarrow$ to run a candidate; *amer.* $F \rightarrow$ to root for a candidate.

a-și sprijini capul pe brațe to pillow one's head on one's arms.

a sprijini (cu căldură) o cauză to speak in advocacy of smth.

a sprijini pe cineva cu bani/financiarmente/materialicește *com.* to back smb.

a sprijini (o scară etc.) de perete to prop (a ladder, etc.) against the wall.

a sprijini/încuraja eforturile cuiva to second smb.'s efforts.

a sprijini inițiativa cuiva to return smb.'s lead.

a se sprijini în coate to lean in one's elbow(s).

a se sprijini pe cineva to lean over smb. for guidance.

a sprijini pe cineva până la capăt to see smb. safely through.

a se sprijini pe un baston to walk with (the aid of) a stick.

a sprijini o propunere to second a motion.

să-mi spui cuțu! F I'll eat my boots/hat/head.

să nu spui un cuvânt nimănui you must not say a word to anybody; you must not tell anybody; don't tell a word of it to anyone.

să i-o spui lui mutu! tell it to the marines!/*sl.* my foot!

să nu-mi spui pe nume dacă... $F \rightarrow$ I'll eat my boots/hat/head if...

să nu spui vorbă mare you never can tell; *prov.* never is a long day/word.

a i se spulbera iluziile; i s-au spulberat iluziile *fig.* the gilt is off.

a spulbera/zdrobi nădejdile/speranțele cuiva to shatter/to dash/to wreck smb.'s hopes.

s-au spulberat toate iluziile *fig.* the golden bowl is broken.

a spumega de furie to boil over with anger/rage; to fret and fume; to be in a fume; $F \rightarrow$ to foam with rage.

spumos ca șampania (as) up as sparkling champagne.

nu spun asta I do not say so.

s-o spun deschis to put in plain language...

nu mai spune! you don't say so! you don't mean it! you're telling me! no, really! not half! bless my heart! great Heavens/Caesar/Scott/snakes/sun! *F* → you gods and little fishes! *înv.* → marry come up! *sl.* (oh) my eye(s)! *ironic* what a story!

a spune adevărul to speak/to tell the truth; to speak true; *(frecventativ)* to be sincere/frank/outspoken; ~ **adevărat;** to tell the whole truth; *înv.* → to speak/to say sooth.

a nu spune adevărul *înv.* → to speak untrue.

a spune adevărul gol-goluț to tell a plain unvarnished tale.

a spune cuiva adevărul în față to say it to smb.'s face; to tell smb. what is what; to let smb. have it straight; *F* → to let out at smb.

a spune adio/la revedere to take one's leave; *(cuiva)* to take leave of smb.; *înv.* → to bid smb. adieu.

ce spuneam? where was I?

a spune anecdote piperate/scabroase to tell blue stories; to tell naughty stories; to talk blue.

a spune baliverne/basme/brașoave 1. to talk nonsense/bilge/twaddle at random; to talk wildly; to talk *F* → through one's hat/through (the back of) one's neck/with one's tongue in one's cheek. **2.** *(a exagera)* *F* → to draw/to pull the long bow; to throw the hatchet; to cut it too fat.

a spune bancuri/glume (pentru a face timpul să treacă mai ușor) to laugh away the time with jests.

a spune basme to tell tales; *fig. (a exagera)* *F* to pull the long bow; *v. și* ~ **baliverne 2.**

a spune basmul cu cocoșul roșu to spin a yarn; to spin long yarns.

a spune cai verzi pe pereți *v.* ~ **baliverne.**

se spune/vorbește/zice că... it is said that...; they say that...; people say that...; it is rumoured that...; the report/the story goes that...; there is a story that...; ~ **a murit etc.** he is said to be dead; he is reported dead.

a spune că negru-i alb to blench/to blink the facts.

a spune când așa, când așa to say first one thing and then another.

a spune cuiva cât e ceasul to tell/to give smb. the time of day.

a-și spune câte ceva de la obraz to tell each other off proper.

a spune câte în soare și în lună to draw the/a long bow.

a-i spune cuiva câteva de la obraz to tell smb. some home truths; to send smb. away with a flea in his ear.

a spune ce are de spus to have/to say one's say; to say one's piece; to tell one's tale; **spune ce ai** ~ *F* → blaze/fire away.

a spune ce are pe inimă to unburden oneself; to deliver oneself of an opinion; to have one's say out; to unbosom one's sorrow to smb.

a spune ce-l doare *v.* ~ **ce are pe inimă.**

a spune cuiva ceea ce gândește/părerea sa to tell smb. one's mind; to let smb. know one's mind.

spune ce vrei! say what you please!

a o spune confidențial/în secret; o spun ~ this is for your private ear.

spune-mi cu cine te aduni ca să-ți spun cine ești *prov.* a man is known by the company he keeps; like will to like; birds of a feather flock together.

a nu spune un cuvânt not to breathe a syllable; not to say/speak/utter a word.

a-și spune cuvântul to have/to say one's say; to speak one's mind.

a spune cu vocea întretăiată to pant out.

a spune „da" (mereu) cuiva *glum.* → to say ditto to smb.

a spune ceva de formă to do/to pay lip service to...

a i-o spune cuiva de la obraz *v.* **a spune cuiva ceva pe față/șleau.**

spune-i-o de la obraz! let him have it hot!

a-i spune cuiva de la obraz că minte to give smb. the lie (direct); to give smb. the lie in his throat.

a o spune deschis/fără înconjur to speak the word; to say out; to say it out plump; to call it square; to make few words of it.

spune-i (asta) din partea mea tell him that from me.

a-și spune doctor he writes himself Doctor.

spune-mi drept/cinstit tel me straight! (what you think).

a spune dulcegării to speak soft nothings.

a spune enormități to say shocking things.

a o spune fără înconjur *v.* ~ **deschis.**

a-și spune gândul to speak one's mind; to put one's mind forth; *v. și* ~ **cuvântul.**

a spune gogoși to tell fibs/tall tales; to pull the long bow; to talk with one's tongue in one's cheek; *F* → to tip smb. the traveller; to tell thumps.

a spune o grosolănie cuiva to be rude to smb.

a i-o spune cuiva în față to say it to smb.'s face; *F* → to say it in smb.'s teeth; to tell smb. slap out; *v. și* ~ **de la obraz; a spune cuiva ceva pe față/șleau.**

a-i spune cuiva în față că minte *v.* ~ **de la obraz** ~.

a spune ceva în glumă to say smth. in play; *F* → to say smth. only for a rag; to say smth. for a joke/by way of a joke.

nu spune hop până n-ai sărit *prov.* there's many a slip twixt the cup and the lip.

a spune inepții to talk rot.

a spune la prostii/verzi și uscate to talk a lot of trash; *amer.* to shoot the breeze.

a spune lecția to say one's lesson.

a spune lucruri care fac pe toată lumea să ro-șească *F →* to say things that would put a monkey to the blush.

a spune lucrurilor pe nume to call things by their proper/true name; to call a spade a spade; to call a pikestaff a pikestaff; not to mince words; to take the gilt off the gingerbread; to use plain language; to speak plainly/frankly.

a spune lucruri răutăcioase pe seama cuiva to tell tales (out of school).

a spune mereu același lucru *F →* to be always harping on the same string.

o spunem fără supărare be it said without meaning to be rude.

a spune o minciună/minciuni to tell a lie/lies/stories/fibs; to tell an unthruth; to taradiddle; *(cuiva) P →* to tell smb. the tale.

a spune mult în favoarea... to speak volumes for...

a spune ceva nelalocul lui to say the wrong thing.

a nu spune nimic 1. to say nothing; to keep still; to make no comment/no remark. **2.** *(a nu însemna nimic)* to stand for nothing; to have no meaning at all.

a nu mai spune/zice nimic to say no more.

a nu spune nimic/o vorbă într-o privință to be close about smth.; to keep smth. close.

a spune nimicuri plăcute cuiva to say sweet nothings to smb.

a spune niște prostii de necrezut to talk big.

a spune cuiva noapte bună to say/to bid/to wish good night to smb.; to wish/to bid smb. good night.

a spune nu to say no.

spune numai așa he only says so; it's only his way of putting it; that's only his way of speaking; he does not mean it.

a spune obscenități/porcării to talk filth/smut.

spune odată! *F* fire away! out with it! give it mouth! *sl.* spill it!

a spune palavre to palaver.

a-și spune părerea asupra cuiva to make/*F →* to pass remarks about/on smb.

a-și spune părerea to speak one's mind; **~ despre ceva** to express/to give/to utter one's opinion on/about smth.; **~ deschis** to air one's opinions/views; to pronounce on smth.

a-și spune părerea deschis to speak one's mind; *înv. →* to speak/to tell one's conscience; *v. și ~ despre ceva.*

a spune pe dinafară to tell by heart/rote.

a spune cuiva ceva pe față/șleau *F →* to cast/to throw a thing in smb.'s teeth; to give smb. a piece/a bit of one's mind; *F →* to tell smb. where to get off; *v. și ~* **adevărul în față.**

îți spun pentru a suta oară *F →* let me tell you for the dozenth time...

a spune cuiva pe nume(le) mic to thee and thou.

a spune cuiva pe unde s-o ia către... to direct smb. to/towards...

a spune porcării/prostii *F* to talk dirt/filth/smut.

a spune povești *și fig.* to tell stories/tales; *fig.* to spin a yarn/a twist; *F →* to draw the long bow; *v. și ~* **baliverne.**

nu-mi spune povești! *F →* don't tell me one/tales.

a spune ceva printre lacrimi to blubber out smth.

a-și spune punctul de vedere to offer an opinion.

a spune cuiva o taină to tell smb. a secret.

a spune tâmpenii to talk rot/wet.

a spune tot adevărul to say the whole truth; *aprox.* to speak the truth and shame the devil.

a spune cuiva tot ce ai pe suflet/inimă/tot focul to unburden one's heart/mind to smb.; to throw it off one's chest.

a spune tot ce gândești to speak out one's thoughts.

a spune tot felul de prostii to babble (out) nonsense.

a spune totul pe față *F →* to have everything/all one's goods in the shop window.

spuneți ce aveți pe inimă speak up!

spuneți-mi ce și cum tell me when and the how of it.

a spune una și a face alta to play fast and loose.

a spune cuiva să-și vadă de drum to send smb. about his business.

a spune cuiva verde în față *F →* to tel smb. smth. straight from the shoulder; *v. și* **a i-o ~ cuiva în față.**

a spune verzi și uscate/vrute și nevrute *F* to wag one's tongue; to talk and talk; *sl.* to chew the rag/the fat; *sl.* to shoot off one's mouth; *sl.* to shoot the breeze; *sl.* to shoot the bull/*vulg.* the crap; to jaw; to gabble; to quack.

a-i spune cuiva vorbe aspre to say harsh things to smb.

a spune vorbe fără noimă/înțeles/sens to talk claptrap.

am să-i spun vreo două! I'll talk to him!

spurcat la gură vulgar of speech; foul-mouthed/ -tongued.

mi s-a spus să mă adresez dumneavoastră I have been referred to you.

ați spus bine *F* → you said it!

mi s-a spus că... I am/have been told that...

ați spus ceva? did you say anything at all?

ți-am spus de atâtea ori *F* → how often have I told you!

nu ți-am spus eu? I told you so! did I not tell you so?

mi-au spus-o mai mulți *P* → various have told me so.

mi-a spus/șoptit o păsărică *F* a little bird whispered to me; *(glum.)* my finger/a little bird told me.

mi-a spus verde că... he told me flat that...

i-am spus verde ce gândeam/credeam despre el I told him what I thought of him.

s(s)t! sh! hush! (hi)st! silence! *F* mum's the word!

a sta abanos > to carry one's age well.

a sta acasă to stay/to remain/to stop at home; *(a rămâne acasă)* to stay back/behind/in; *(mai mult timp)* to keep in(doors); *F* → to stick indoors.

a sta afară to sit out.

a sta/a se ține agățat de ceva to hold on to smth.

a sta aliniați to stand in a row/*mil.* in a line.

a sta ascuns to lie hidden/snug; to be in hiding; *amer. F* → to play Injun.

a sta ascuns la pândă *(nemișcat) F* → to lie doggo; *v. și* ~ **la pândă.**

a sta băteală (pe capul) cuiva *v.* **a bate capul cuiva.**

a sta băț > to stand erect/upright.

a stabili o acuzație *jur.* to establish a charge.

a stabili un alibi to prove an alibi.

a stabili ca principiu că... to lay it down (as a principle) that...

a stabili ca regulă to lay/to set smth. down as a rule.

a stabili cauza *(cu gen.)* to ascertain the cause of...

a stabili clar un lucru to lay smth. down as a fact.

a stabili condiții to stipulate conditions; ~ **cu cineva** to make arrangements with smb.

a stabili configurația locului *și fig.* to see how the land lies.

a stabili un contact direct cu... to get into direct touch with...

a stabili contactul *electr.* to make contact.

a stabili daune to assess/to lay damages.

a stabili diagnosticul to diagnose a case (as); to determine the diagnosis of a case.

a-și stabili domiciliul la... to take up one's lodgings/residence at...; to fix one's quarters at...; to set up one's abode at...

a stabili exactitatea faptelor citate *jur.* to plead justification.

a stabili o întâlnire/întrevedere cu cineva to make/to fix an appointment with smb.; *amer.* to make a date with smb.

a se stabili într-un loc to take up one's residence at/in.

a stabili cuiva legătura cu cineva to switch smb. on.

a stabili legături/relații cu cineva to form a connection with smb.

a stabili o limită (precisă) între... to draw a (sharp) line between...

a stabili o limită/o linie de demarcație între... to draw a line between...

a stabili un nivel ridicat de... to set high standards of (morality, etc.).

a stabili o oră to appoint an hour.

a se stabili pe cont propriu to strike out for oneself; *F* → to be on one's own hook.

a stabili piața *com.* to peg the market.

a stabili precis to state precisely.

a stabili un record to set/to establish a record.

a stabili o regulă to make a rule; *(fermă/fără excepție)* to lay down a hard and fast rule.

a stabili regulile to prescribe regulations; ~ **generale** to lay down general rules.

a stabili o reputație to build up a reputation.

a stabili subiectul unei lucrări scrise to set a paper.

a stabili un termen to settle a term/dead-line.

a stabili o (valoare) medie to strike an average.

a sta bine to be all right; to be doing well; *com.* to enjoy great credit; *amer.* to be well fixed; ~ **cu afacerile** *F* → to be well in on a deal; to be in good circumstances; ~ **cu cărțile** to be well off for books; ~ **cu cineva** to be in favour with smb.; to stand well with smb.; ~ **cu sănătatea** to be in good health; to enjoy good/radiant health; **a nu** ~ **cu sănătatea** *F* to enjoy bad/wretched health; ~ **cu timpul** to be in no hurry; to have plenty of time one one's hands.

a-i sta bine *fig.* to fit/to become/to suit one; to sit well on one; ~ **foarte** - *(d. haine)* to fit smb. like wax; **îmi stă** ~**?** will I do?

a sta ca un butuc *F* → to stand like a post.

a-i sta ca un ghimpe/spin în ochi to be like a thorn in one's side.

a sta ca mut to stand like mutes.

a sta ca pe ace/foc/ghimpi/jar/jeratic/mărăcini/ spini/cărbuni aprinși to be/to sit (up)on pins (and needles); to be on tenterhooks; to be/to sit (up)on thorns; to be all on edge; to have a rough time; to be in a stew/in hot water; *amer.* to be on anxious seat; to stand upon burning coals; to be on fire/*F* → on the gridiron; to be on hot bricks.

a sta ca pe jeratic din cauza... to be (all) agog about/for/on/upon/with...

a sta ca pe ouă to sit as fowl on eggs.

a-i sta ca o piatră pe inimă to lie (heavy) at one's heart.

a sta capră pentru cineva to make a back for smb.; to lend a back to smb.

a sta ca un sac pe cineva *(d. haine)* to hang loosely; **hainele stau pe el ca un sac** his clothes bag/slouch.

a sta ca sardelele to jam like sardines; to be packed like herrings/sardines.

a sta cuiva ca sarea-n ochi *v.* **a-i sta ca un ghimpe/spin în ochi.**

a sta ca o stană de piatră > *F* to stand like a statue; to stand stone-still/stock-still.

a sta călare pe (un scaun/cal/șanț/gard etc.) to straddle a seat/a horse/a ditch/a fence etc.

a-i sta ceasul; mi-a stat ceasul 1. my watch has stopped/run down. **2.** *fig. F* I was struck dumb; I was left speechless; *v. și* **a rămâne ca trăsnit.**

a sta chezășie pentru cineva to stand sponsor for smb.

a sta chircit/chincit/ghemuit to lie low/to squat.

a nu sta o clipă locului to move from place to place; to be fidgety.

a sta cot la cot to stand side by side; to stand close together; to hang together.

a sta crăcănat to stand astride; to straddle (out) one's legs.

a sta cu brațele încrucișate 1. to stand with folded/crossed arms; to fold one's arms. **2.** *fig.* to keep hands in pockets; not to do a stroke of work; to sit with one's hands before one doing nothing; *F* → to let the grass grow under one's feet; to rest upon one's oars; *F* → to lollop.

a sta cu burta la soare 1. to bask in the sun. **2.** *v.* **~ brațele încrucișate.**

a sta cu capul descoperit/cu pălăria în mână to remain uncovered.

a sta cu degetul în gură *v.* **~ brațele încrucișate.**

a sta cu fața la locomotivă etc. to sit with one's face to the engine etc.

a sta cu fundul în două luntrii to blow hot and cold.

a sta cu gura căscată (la...) to stand gaping/agape (at...); to yawn (at...); to stand with open mouth

before...; *(de mirare)* to remain openmouthed with surprise.

a sta culcat/tolănit pe (un divan) etc. to recline on a couch, etc.

a sta culcat pe burtă to lie prone.

a sta cu mâinile în brâu/buzunar/sân *v.* **~ brațele încrucișate.**

a sta cu mâinile în șolduri to stand arms akimbo; *(glum.)* to stand teapot fashion.

a sta cuminte/liniștit to lie still.

a sta cu nasul în cărți to pore over books; *aprox.* to stick to one's books; to burry oneself among books; *F* → to keep one's nose to the grindstone.

a sta cu nasul în cenușă/sobă *F* to nurse the fire.

a sta cu nasul în țărână *fig.* to lower one's horns.

a sta de-a curmezișul drumului to be in the road; to get in smb.'s road.

a sta de cart to be on duty; to keep watch.

a sta de gardă/pază/strajă to be on guard/duty; to keep/to mount/to stand guard; to stand sentinel over...; to be on the watch; to keep watch and ward.

a sta deoparte to keep/to stand aside/aloof; *(a nu se băga)* to sit out; *(într-o dispută)* to sit on the fence.

a sta de pază *v.* **gardă.**

a sta de piatră *F* → to stand like a statue.

a sta de pomană to be idle; to idle/to mooch about; to be twiddling one's thumbs.

a sta de șase *com. F* to keep cave.

a sta de unul singur *F* to be on one's lone(s)/by one's lone(s).

a sta de veghe to keep vigil; *v. și* **~ gardă.**

a sta de vorbă cu cineva to talk to/with smb.; to speak to/with smb.; to have a chat/a talk/a word with smb.; to stand talking; *elev.* → to hold a colloquy/a conversation/a discourse with smb.; *sl.* to swap stories/lies.

a sta de vorbă cu sine însuși to talk to oneself.

a sta de vorbă la un pahar de vin to have a chat over a glass of wine.

a sta să discute to stand arguing.

a sta drept to stand up/erect/upright; to hold oneself up.

a sta drepți *mil.* to stand at attention.

a sta față în față to stand face to face; to face each other.

a nu-i sta gândul la carte not to care for/about one's studies; not to mind one's studies.

a nu-i sta gura ← *F* to chatter/to patter away.

stai așa! hold hard! hold on! *F* → hold your horses! *F* → hold it! wait a minute!

stai așa cum ești! stand as you are!

stai o clipă! stop a moment! wait a minute! *v. și ~* **așa!**

stai cu fața drept în fața aparatului de fotografiat keep your face square to the camera.

stai cuminte/liniștit! keep cool!

stai drept, nu te apleca! stand straight, don't stoop!

stai mai încet! *F →* draw it mild!

stai jos! sit (you) down! take a seat!

stai la un loc! keep quiet (will you)! sit still! stop fidgeting!

stai liniștit! 1. keep quiet/still! **2.** *fig.* make yourself easy about it.

stai nițel! just a minute! wait a bit/a minute! hold on! *F →* half a tick! wait (half) a mo! *F →* look here!

stai pe loc! don't move!/stir!/stand! *F →* hold on! stay where you are!

stai puțin! *v. ~* **nițel!**

stai să vezi! wait and see!

a sta împreună cu cineva to live with smb.

a sta în așteptare to be in abeyance; to fall into abeyance.

a sta în calea cuiva 1. to be in/on smb.'s road; to get in smb.'s way; to stand in smb.'s path/way; **2.** *fig.* to stand in smb.'s light; to cross smb.'s path/ *amer.* track.

a sta în camera/odaia lui to keep to one's room.

a sta în cap to stand on one's head.

a sta în capul mesei to take the top of the table; to sit (at) table above the salt; *înv. →* to begin the board.

a sta în capul oaselor to sit up.

a sta în casă to keep/to stay indoors.

a sta în cerc to stay in a circle.

a sta închis/întemnițat to serve a sentence of imprisonment; *sl.* to be in quod; to be in.

a sta în coada mesei to sit at table below/beneath the salt.

a sta în contra luminii to be seated with one's back to the light/seated in one's own light.

a sta în cumpănă to be in doubt; to be in two minds (about it); to sit on the fence; to waver, to hesitate, to oscillate, to vacillate; to shilly-shally.

a sta în defensivă to sit/to be/to stand on the defensive.

a sta în două luntrii to be/to sit on the fence.

a sta în drumul cuiva *v. ~* **calea ~.**

a sta în dubiu *v. ~* **cumpănă.**

a sta în expectativă to bide one's time; to be in abeyance; *amer.* to be/to ride on the fence; to straddle the fence.

a sta în fața... 1. to face... **2.** *fig.* to confront.

a sta înfipt în șa to sit tight.

a sta în frunte 1. to be/to stand at the top; to stand first. **2.** *fig.* to rank first/foremost/high; to be in

the lead/the van/the forefront; **~ fruntea...** to be at the head of...

a sta în gazdă to lodge in/at/with; to live in lodgings.

a-i sta în gât to stick (fast) in one's throat/gizzard; **~ cineva** *sl.* to have it in for smb.; **stați-ar ~** *F →* I wish you joy of it! *aprox.* drop dead.

a sta înghesuit *(într-un vagon etc.)* to sit/to ride/to travel bodkin.

a sta în grajd to stable.

a sta în jețul/jilțul judecății de apoi *rel.* to sit in judgment.

a sta în legătură cu... to be in touch/contact/ connection with...

a-i sta cuiva în lumină to stand in smb.'s light.

a-i sta în ochi; îmi stă ~ I can't stand him at any price; *v. și ~* **ca un ghimpe/spin în ochi.**

a sta în paragină *(d. pământ)* to lie waste.

a sta în pat to be/to lie/to stay in bed; *(a fi bolnav)* to keep one's bed; to be confined to one's bed; to be laid up; *(a cădea bolnav la pat)* to take to one's bed; to fall (dangerously) ill.

a sta în picioare 1. to be on one's legs; to stand. **2.** *fig.* to hold water; to work.

a sta în ploaie to stay out in the rain; **nu sta în ploaie!** come in out of the rain!

a sta în poartă to stand in the gateway.

a sta în prag to stand on the threshold.

a-i sta în putere să... to have it in one's power to...; to be in one's power...; to lie/to rest with one to...; **nu stă în puterea mea** it does not lie/rest with me; it is not in my power.

a sta în puterea omului to be in man.

a sta în rezervă to be/to stand on one's guard.

a-i sta în stomac ca un bolovan/o piatră *(d. hrană)* to lie (heavy) on one's stomach.

a sta în tabără to be encamped.

a sta/zăcea întins pe pământ to lie stretched on the ground.

a sta într-un fir de ață *v.* **a se ține ~.**

a sta într-o localitate/un loc to dwell in a place.

a sta într-un picior to stand on one leg.

a sta în umbră *fig.* to keep/to remain/to stand/to stay in the background.

a sta în vârful picioarelor to be/to stand on tiptoe.

a sta (la cineva) în vizită to stay with smb.

a sta în vizită la prieteni to be on a visit to friends.

a sta la baza *(cu gen.)* to be/to lie at the bottom of...; *(d. principii etc.)* to underlie.

a sta la cald to snug oneself; to be as snug as a bug in a rug.

a sta la căpătâiul cuiva to sit at the head of smb.'s bed.

a sta la coadă to stand in (a) queue/line; to form a queue; to queue up; *amer.* to line up; *(pentru bilete)* to line up for the theatre.

a sta la dispoziția cuiva *(d. obiecte)* to be at smb.'s service/disposal; *(d. persoane)* to wait on smb.('s) pleasure; **îți stă la dispoziție** you may make any use of it.

a sta la gros/mititica/pârnaie *sl.* to be in quod; *sl.* to do a lag.

a sta la un hotel to put up/to stay at a hotel.

a sta la închisoare to be/to lie in prison; to be imprisoned; to serve a term in prison; *peior. F* → to enjoy/to partake of His Majesty's hospitality.

a sta la îndoială *v.* ~ **în cumpănă**.

a sta la linia de plecare to come (up) to the scratch.

a sta la masă to be (seated) at table; to sit at table/at meat; *(a mânca)* to eat, to breakfast, etc.; to have breakfast/lunch/dinner etc.; ~ **mult** ~ to sit/to be a long time over one's meal.

a sta la un pahar de bere to sit over a glass of beer.

a sta la un pahar de vin to sit over the port.

a sta la un pahar de vin cu cineva to talk over a bottle of wine; to sit over a bottle with smb.

a sta la o parte to stand off/aside/away/on one side; to stand clear; to stay away.

a sta la pândă to be on/upon the watch; to be in ambush; to lie in ambush/wait; to keep a bright look-out; to lie at/(up)on the lurch; *mil.* to lie perdu.

a sta la răcoare *fig. F* → to be in cold storage.

a sta la soare to bask in the sun.

a sta la taclale/taifas < to make conversation; to prattle; *v. și* ~ **de vorbă cu cineva**.

a sta la taifas până noaptea târziu to talk away well into the small hours.

a sta la țuhaus *F* to pick oakum; to be put in quod/jug; *v. și* **a sta la închisoare**.

a sta la umbră to keep in the shade; to rest in/under the shade.

a sta lângă foc to sit over the fire.

a sta liniștit to keep quiet.

a sta lipcă to stick like a burr.

a sta locului > to stop; to stand still.

a nu sta locului *aprox.* the grass never grows under his feet.

a sta mereu pe ouă acasă to be a homebird/a regular stay-at-home.

a-i sta mintea în loc to be at one's wits' end; to make one's brain reel.

a sta molcom to keep very quiet.

stană de piatră (as) still as ice/as a statue/as stone.

a sta nefolosit *(d. bani)* to lie idle.

a sta nemișcat to keep/to sit still; to stand motionless/stock still; *sl.* to be doggo.

Stan Pățitul a man that has been through the mill.

a sta numai într-un fir de ață to hang by a slender/a thin thread.

a-i sta părul măciucă; i-a stat părul măciucă his hair stood on end.

a sta până târziu to sit/to stay/to be up late.

a sta pe capul cuiva to bother/to pester smb.; *v. și* **a bate capul cuiva**.

a sta pe cărbuni aprinși to be on the rack; *v. și* **a sta ca pe ace**.

a sta pe cotlon/cuptor ← *P v.* ~ **cu brațele încrucișate 2**.

a sta pe drojdie/geantă *F* to be in low water; to be hard up; to be hard pressed for money; to be broke; *v. și* **a fi lefter**.

a sta pe gânduri *(a medita)* to be meditating/thinking/pondering; *(a ezita)* to waver, to hesitate; *v. și* ~ **în cumpănă**.

a sta pe ghimpi *v.* ~ **ca pe ace**.

a sta pe la uși *(în așteptare) P* → to kick/to cool one's heels.

a-i sta pe limbă/pe vârful limbii to have it on/at the tip/at the end of one's tongue.

a sta pe loc not to leave the spot; to stay (on); to keep steady; *(a nu înainta) F* to mark (the) time; *(a se opri)* to come to a stop; *(a sta nemișcat)* to stand still; *amer. P* → to stay put.

a nu sta pe loc to walk on.

a sta pe picior de egalitate cu... to be on an equal footing with...

a sta pe poziție to stand firm; *fig.* to hold one's ground.

a sta pe propriile sale picioare to stand on one's own legs/feet/bottom; to be on one's own account/*sl.* hook.

a sta pe roze to be/to live in clover; *amer.* to be well fixed.

a sta (culcat) pe spate to be on one's back; to lie supine.

a sta pe o temelie solidă to be firmly founded; to be built on a solid foundation/ground.

a-i sta pe vârful limbii to have smth. on/at the tip/end on one's tongue.

a sta pe vine to squat (*F* → on one's hams).

a sta pe un vulcan *fig.* to sit/to stand on a volcano; to sit on a barrel of gunpowder; to walk on a tight rope; to walk on the edge of a precipice.

a sta pitit to lie low; to skulk.

a nu sta prea bine cu cineva *(a nu fi în termeni prea buni)* not to be on the best of terms/not to hit it off well with smb.

a sta prea mult într-un loc to stay beyond one's time; *aprox.* to outstay one's welcome.

a sta prost *(d. treburi)* to be at an idle end.

a sta prost bănește/cu banii to be in reduced/straightened circumstances; to be in straits (for money); *F →* to be in grief; to be (rather) hard up; to be badly/poorly off.

a sta prost cu afacerile/finanțele to be in bad circumstances.

a sta prost cu cineva to be on bad terms with smb.

a sta prost cu plămânii *med.* to be in a decline.

a sta prost cu sănătatea to be in poor health.

a sta prosternat to lie prostrate.

a-i sta rău not to become one; to sit ill on one.

starea bolnavului a început să se înrăutățească the patient has taken a turn for the worse.

starea ei mă îngrijorează I am troubled about her state.

starea lui e disperată his life is despaired of.

starea lui s-a înrăutățit he has been taken worse.

starea sănătății state/condition of (smb.'s) health.

stare civilă legal status of a person.

stare de lucruri state of things/affair; posture/position of affairs; *F →* lie of matters/of the land.

stare de spirit state/frame of mind.

stare excepțională state of emergency.

a sta smirnă *mil.* to stand at attention.

a sta solid pe picioare to stand firm (on one's legs).

a sta strâmb to be out of the straight.

a sta sub observație to be under observation.

a sta sub papuc to be pinned to one's wife's apron strings; to be henpecked; *F →* to be much married; *sl.* to be ridden.

a sta târziu to keep late hours.

a sta toată noaptea to sit up all night.

a se statornici într-o localitate to settle (down) in a locality/a place.

statornic în dragoste steadfast in love.

a sta tot timpul pe capul cuiva *F →* to keep on at smb.

a sta treaz toată noaptea to lie awake all night; to be up all night; to stay/to wait/to stop up.

statul sunt eu *F →* what I say, goes.

a sta turcește to sit cross-legged.

nu sta țeapăn *F →* don't stay there like a wooden image.

a sta țeapăn ca un butuc *F →* to stand like a log.

a sta țeapăn ca și cum ar fi înghițit un baston *F →* to look as if one had swallowed a poker.

stați așa! stand so!

a sta țintuit la pământ to stand nailed to the ground.

a sta țintuit pe loc *F →* to stand there like a post.

staționarea interzisă 'no waiting'; *auto* 'parking prohibited'; 'no parking here'.

stau prost cu plămânii *F →* it's bellows to mend with me.

a sta veșnic la sobă to coddle over the fire; never to stir from the corner of one's chimney; to be a homebird/a stay-at-home.

a sta vizavi de cineva to stand/to sit opposite smb.

nu-i stă în obicei it is not in his way.

nu-mi stă în putere it is not within my power.

stă în puterea/puterile mele să... I have the power to...; I have it in my power to...; it lies in my power to...

să stăm strâmb și să judecăm drept *aprox.* in all fairness.

stăpânește-te! *F →* get a good grip/hold of yourself! be yourself! be a man!

a stăpâni bine bazele/elementele limbii latine etc. to be well grounded in Latin, etc.

a-și stăpâni bucuria to restrain/to suppress one's joy.

a-și stăpâni lacrimile to hold/to keep back one's tears.

a-și stăpâni limba to have one's tongue at command.

a stăpâni o limbă to master a language; to be master of one language; to have a good command of a language; *~ la perfecție* to have a perfect/a thorough command of a language.

a-și stăpâni mânia/furia to command one's temper; to keep one's anger underfoot; *elev. →* to bottle up one's wrath.

a-și stăpâni nemulțumirea to restrain/to suppress one's displeasure.

a-și stăpâni pasiunile/patimile to command one's passions; *F →* to put a curb on one's passions.

a stăpâni pământuri întinse to own acres of land.

stăpânit de frică ridden by fear.

stăpânit/obsedat (de o idee etc.) possessed by (an idea, etc.).

stăpân pe sine master of oneself; self-possessed; *F →* (as) cool as a cucumber.

stăpân pe situație master of the situation.

stă să plouă it looks like rain.

a stărui asupra unui subiect to linger over/upon a subject.

a stărui în minte to be present to the mind; to linger in one's memory.

a stărui/persevera într-o lucrare to stick at a task/ a piece of work.

a stărui pe lângă cineva to intercede/to plead with smb.; *(pt. o favoare)* to put in a (kind) word for smb.

stă scris că... *rel.* it is written...

a stăvili o boală/epidemie etc. to jugulate a disease/an epidemic.

a stâlci în bătaie *v.* **a snopi pe cineva ~.**

stâlp de cafenea habitué of coffee houses.

un stâlp al societății a pillar of society; *F →* one of the props of society.

stânga împrejur! *mil.* left about (face)! about face!

a stârni un adevărat infern *F* to raise Cain.

a stârni certuri între oameni to set people by the ears; to set the heather on fire.

a stârni un conflict de interese to bring interests into conflict.

a stârni curiozitatea cuiva to excite/to raise/*F →* to goad smb.'s curiosity; to set smb.'s ears/heart on edge; to set smb.'s curiosity agog.

a stârni din culcuș *(un vânat)* to rout out.

a stârni entuziasmul publicului to work one's audience into enthusiasm.

a stârni pe cineva să facă ceva *F →* to key smb. up to doing smth.

a stârni o furtună to raise a storm.

a stârni hohote de râs to raise a laugh.

a stârni interes to arouse interest; *aprox.* to make a noise in the world; ~ **interesul cuiva** *F →* to tickle smb.'s fancy.

a stârni invidie to excite/to raise envy; ~ **cuiva** to be the envy of smb.

a stârni în cineva instinctele/patimile cele mai josnice *F →* to raise the devil in smb.

a stârni îndoieli to raise/to arouse doubts.

a stârni o întreagă poveste to make/to kick up a fuss.

a stârni lucrurile to start/to set the ball rolling/ a-rolling.

a stârni/provoca mânia cuiva to move smb. to anger; < *F →* to raise the devil in smb.

a stârni/provoca neplăceri/tulburări *F →* to be asking for trouble/*P →* for it.

a stârni (un nor de) praf to raise the dust/a cloud of dust; to scuff up the dust.

a stârni pasiunile to fan the passions (to a heat).

a stârni pe oameni unul împotriva altuia to incense smb. against smb.; to set people at loggerheads.

a stârni pofta cuiva to whet/to excite smb.'s appetite; ~ **poftele** ~ to set smb. (all) agog.

a stârni proteste to give rises to protests.

a stârni mai rău pe cineva to egg smb. on; *înv. →* to edge smb. on.

a se stârni rău de tot to fly into a rage/a passion/ a temper.

a stârni râsetele tuturor to raise a general laugh.

a stârni râsul comesenilor *(d. o remarcă etc.)* to set the table/the company in a roar.

a stârni ropote de aplauze *teatru F →* to bring down the house.

a stârni un scandal monstru to kick up a dust; to raise a dust; *v.* ~ **un adevărat infern.**

a stârni senzație to make a sensation/a splash/*F →* a hit.

a stârni vâlvă to make a stir; ~ **în rândul** *(cu gen.)* to throw a bomb into...

a stârni un viespar to bring up a hornets nest (about one's ears); to arouse/to stir up a nest of hornets.

a stârni vrajbă to breed/to make/to stir up bad/ill blood.

a stârni zâmbete *(d. o remarcă etc.)* to evoke a smile.

a stârpi prejudecățile to eradicate prejudices.

steaua lui a apus *F →* his sun is set.

steaua lui pălește *F →* his star is on the wane.

a stenografia un discurs to take a speech down in shorthand.

sticluță cu alcool *amer. glum.* smth. on the hip.

stimate Domn(ule) *(în scrisori)* Dear Sir.

a stimula eforturile cuiva to give a spur to smb.'s efforts.

a stimula imaginația cuiva *F →* to tickle smb.'s fancy.

a stimula/îmboldi pe cineva la acțiune to rouse smb. to action.

a se stinge cu un sfârâit *(d. candelă etc.);* **candela s-a stins** ~ the candle sputtered out.

a stinge o datorie to wipe off a debt.

a se stinge din lipsă de combustibil *(d. foc)* to burn out for lack of fuel.

a se stinge dintre cei vii to close one's eyes; to be gathered to one's fathers; to breathe one's last; to go the way of all flesh; to go to one's last account/ to one's last resting place/to one's long home/rest; to join the great majority; to pass away; to shuffle off this mortal coil.

a stinge focul to put out the fire.

a stinge un incendiu to fight down a fire.

a stinge în bătaie/bătăi to beat black and blu; *v. și* **a omorî ~; a snopi pe cineva ~.**

a stinge lumina/gazul to switch/to turn off the light; **stinge lumina!** *sl.* douse the glim!

a i se stinge puterea; i se stinge puterea his strength fails/wanes/gives out.

a-și stinge setea to quench/to slake/to allay one's thirst.

a stinge toate luminile *teatru* to black out.

a se stinge treptat *fig.* to waste away; *(d. voce)* to die/to tail away.

a stinge o țigară to stub out a cigarette.

a stinge var to water/to kill lime.

a se stinge văzând cu ochii to be fading away; to pine away.

a stoarce apă din piatră seacă to get/to wring water from a flint.

a stoarce bani de la cineva; a stoarce de bani pe cineva to sponge on smb.; to shark on/upon smb.; to extort/to screw/to squeeze/to wring money out of smb.; to get the last farthing out of smb.; to juggle smb. out of his money; *amer.* to financier money out of smb.; *(a escroca)* to defraud smb. of smth.; to jockey smth. out of smb.; *amer. F* to gouge smth. out of smb.; to gouge smb. out of smth.

a stoarce pe cineva ca pe un burete/o lămâie *(de puteri)* to drain smb's strength (to the last drop); to sap smb.'s strength; *(de bani)* to bleed smb. white.

a stoarce cât poți din ceva to make the most of smth.

a-și stoarce creierii to busy/to puzzle/to beat/to rack/to cudgel one's brains; to puzzle about/over smth.

a stoarce cuiva lacrimi to draw/to wring/to squeeze out tears from smb.

a stoarce o lămâie to squeeze a lemon.

a stoarce o mărturisire de la cineva to draw a confession from smb.; *(cu biciul)* to whip a confession out of smb.

a stoarce pe cineva până la sânge to suck the very marrow out of smb.; to suck smb.'s blood; to drain/to bleed smb.

a stoarce rufele to wring linen dry; to wring (out) linen; to give the clothes a wring.

a stoarce un secret de la... to squeeze out/to draw/ to extort a secret from...

a stoarce struguri to press/to tread grapes; *v. și a da strugurii la teasc.*

a stoarce toată vlaga din cineva to sap smb.'s strength; *v. și ~ pe cineva ca pe un burete.*

a stoarce totul din ceva to extract all the good out of smth.

a stoarce zeama dintr-o lămâie to press the juice from/out of a lemon.

a stoca mărfuri *com.* to lay in goods.

un stomac de struț *fig.* the digestion of an ostrich.

a stopa mingea *sport* to stop the ball.

straniu lucru! well, that's funny!

strașnic! that's grand/capital/splendid/*F* famous/*F* number one/*F* A one/*F* letter A; *F* good show! *ironic* that's rather too much/bad; that's (coming it) too strong!

strașnică fată! a thundering fine girl!

strașnică idee! a capital idea! *F* that's a good stunt!

strașnică păcăleală! what an awful sell!

strașnică poveste! *fig. F* that's famous!

strașnic băiat! bully boy.

strașnic ai lucrat! that's fine!

strașnic mai știi să te porți! *ironic* you're a nice lot, you are!

a străbate cu piciorul to go on foot; *F →* to tramp it.

a străbate lumea în lung și-n lat > to travel all over the world; to knock about the world.

a străbate mările to sail (on/over)/to scour/to sweep the seas.

a străbate un ținut to trek.

a se strădui să capete/obțină ceva *F →* to make a bid for smth.

a se strădui degeaba to have one's trouble for nothing; to labour/to toil in vain; to beat the air; *F →* to carry coals to Newcastle; to cry for the moon; *F →* to fill a sieve with sand; *F →* to flog a dead horse; to look for a needle in a bundle/a bottle of hay; to make brick without straw; to square the arch; **m-am străduit degeaba** I might as well have saved my breath/pains.

a se strădui din răsputeri/din toate puterile to strive (hard) for.../after...; to endeavour to...; to labour (for smth./to do smth.); to try one's hardest; *F →* to go at it hammer and tongs; *F →* to peg away (at smth.); *F →* to take a fetch.

a se strădui să găsească *(aur/informații)* to dig for (gold/information).

a se strădui să placă cuiva *F →* to do one's best to meet smb.

a se strădui să prindă ceva to grasp at smth.

străin de ceva foreign to/from smth.; strange from smth.; unconcerned with smth.

a străluci cu putere *(d. soare, stele)* to shine bright.

a străluci de fericire *(d. față etc.)* to shine/to beam with happiness; to shine with health.

a străluci de inteligență *F →* to see far into the millstone.

a străluci în toate culorile *lit.* to be aflame with colour.

a străluci prin absență to be conspicuous by one's absence.

strălucitor de-ţi ia ochii (as) bright as burnished silver/as a button/a new pin.

a-i străluci un zâmbet pe faţă *F* → to wear a beatific smile.

a strănuta tare *F* → to sneeze one's head off.

a străpunge apărarea inamicului to break through the enemy's defences; *(frontul)* to break the enemy front.

a străpunge cu o armă ascuţită to stab, to pierce; *(cu lancea etc.)* to transfix; *(cu baioneta)* to bayonet; *(d. glonte)* the shot/the bullet went through.

a străpunge pe cineva cu privirea to look daggers at smb.; to pierce smb. with one's glances; to look smb. through and through.

a străpunge pe cineva cu sabia to run/to drive one's sword through smb.'s body.

a se străpunge cu sabia to fall on one's sword.

a străpunge inima cuiva to pierce smb.'s heart; *fig.* to stab smb. in/to the heart; to shoot through smb.'s heart.

a străpunge întunericul to pierce the darkness.

a străpunge un munte to tunnel.

a strâmba buzele *(în semn de dispreţ)* to curl/to purse/to shoot out one's lips; *înv.* → to fall a lip of contempt.

a se strâmba ca dracul > to make a grimace; to make/to pull faces.

a se strâmba de râs *v.* **a râde în hohote.**

a strâmba din gură to twist one's mouth; to make a wry face; to prim (up) one's mouth/one's lip; to pout; **se strâmba** ~ his mouth was working.

a strâmba din nas to make/to pull a wry face; to screw/to stick up/to turn up one's nose; to sniff; ~ **la o mâncare etc.** to sniff at a dish, etc.

a-şi strâmba gâtul după cineva to twist one's head round after smb.

strâmtorat băneşte behindhand in one's circumstances; in straitened/reduced circumstances.

a strânge ajutoare/partizani *F* → to enlist supporters.

a strânge o armată to raise an army.

a strânge averi to treasure up wealth.

a-şi strânge bagajele/*F* **catrafusele 1.** *F* to pack up/to truss up bag and baggage; to pack (up); *(glum.)* to pack up one's traps. **2.** *(a pleca)* *F* → to pack up and be off; to pack off/away; to take oneself off. **3.** *mil.* to pack up one's kit.

a strânge bani to make one's fortune; to hoard/to pile up money/treasure; *F* → to feather one's nest.

a strânge bani albi pentru zile negre to lay by for/against a rainy day; to lay/to put smth. by for a rainy day; to lay up smth./to save up for a rainy day; to provide against a rainy day; to lay money by.

a strânge banii cu lopata *F* to make pots/stacks of money; *F* → to mint money.

a strânge bani prin colectă to take up a collection; to make up a purse.

a strânge/a lega băierile pungii *fig.* to button up one's purse; to tighten one's purse (strings).

a strânge biletele *(de la călători)* to collect the tickets.

a strânge buzele pungă to purse (up) one's lips.

a strânge cârpe vechi to pick rags.

a strânge ceva bani to make a bit.

a se strânge ciotcă/grămadă to flock up; to flock/to herd together; to troop.

a-şi strânge coarnele *şi fig.* to draw/to pull in one's horns.

a(-şi) strânge corturile to strike tents/one's tent.

a(-şi) strânge cureaua *fig.* to tighten one's belt (another hole); to go on short commons; to pinch oneself; to go without food.

a strânge cu uşa pe cineva to put the screw on smb.; to get/to drive smb. in a tight corner; to have smb. cold; *F* to give another turn to the screw.

a strânge pe cineva de gât to catch/to have/to hold/to take/to grip/to pin/to seize smb. by the throat; to do smb. to death; to throttle; to strangle; *(cu laţul)* to bowstring smb.

a strânge de la masă to clear away the things.

a strânge din dinţi to set/to clench/to lock one's teeth.

a strânge din umeri to shrug (one's shoulders).

a-l strânge Dumnezeu *(de pe pământ)* *rel.* to be gathered to one's fathers.

a strânge faţa de masă to remove the (table) cloth.

a strânge fânul to make hay; *(cu grebla)* to rake up hay.

a strânge frâul to pull in the reins.

a strânge frunzele cu grebla to rake the leaves (up/together).

a strânge grămadă to heap/to pile up; to lump together.

a strânge hăţurile to draw rein.

a strânge impozite to raise/to gather/to collect/to levy taxes.

a strânge informaţii to gain/to gather/to obtain/to procure information.

a strânge inima cuiva to make one's heart ache; **mi s-a strâns inima** my heart leapt into my mouth; my heart sank.

a strânge pe cineva în balamale *F* to keep smb. up to scratch.

a strânge în brațe pe cineva I. to clasp/to press/ to strain smb. in one's arms; to strain smb. to one's bosom; to enfold smb. in one's arms; to press/to clasp smb. to one's heart; to embrace smb. closely; to hug smb.; *F* → to give smb. a squeeze/a hug. **2.** *(ceva)* to hold smth. tightly/closely.

a strânge în chingi pe cineva *fig. F* to bring smb. into a pound; *F* to give smb. no quarter; *(a oprima)* to oppress; to lay low; *(a ține în frâu)* to hold in leash.

a se strânge în cochilia sa ← *F* to shrink into one-self.

a strânge în grabă to scrabble up/together.

a se strânge în jurul mesei to draw round the table.

a strânge/a aduna în stog to stack (up).

a se strânge laolaltă to band/to gather together.

a se strânge la perete to stand back against the wall; to press oneself against the wall.

a strânge la piept/sân to press/to squeeze/to strain/ to clasp/to hug smb. to one's heart/breast/bosom.

a strânge legăturile/relațiile de prietenie to strengthen the ties/the bonds of friendship; *F* → to tighten the bonds of friendship.

a strânge o mare mulțime to draw a crowd/ crowds.

a strânge masa to clear the table; to remove the cloth; to clear away the things.

a strânge mâna cuiva to clasp/to grasp/to press/to squeeze smb.'s hand; to shake hands with smb.; *(călduros)* to give smb.'s hand a wring.

a-și strânge mijlocul to pull oneself in.

a strânge un nod to tighten a knot.

a se strânge nori grei/de furtună *F* → there is a storm brewing; a storm is brewing.

a-l strânge pantofii; mă strâng pantofii my shoes hurt/pinch me.

a strânge o parte din vele *mar.* to shorten sail; *F* → to shorten her down.

a strânge patul to make the bed.

a strânge o pânză *mar.* to take in a sail.

a-și strânge prietenii *F* → to whip up one's friends.

a strânge pumnii to double (up)/to clench one's fists.

a strânge puteri noi to gather new strength.

a strânge rândurile *mil.* to close/to lock up the files.

a strânge recolta to gather/to take in the harvest; to win the crops; **recolta a fost strânsă** the harvest has been stored.

a strânge un resort to load a spring.

a strânge o sumă ban cu ban to scrape (together/ up) a sum of money.

a strânge șurubul to put the screw on; *F* to tighten the screw; **e nevoie să strângi ~** it needs screw-ing up.

a se strânge tare în brațe to be locked in each other's arms.

strângeți rândurile! sit closer (together)!

a se strânge unul în altul to squeeze up (together).

strâns cu ușa hard pressed; like a rat in a hole; with one's back to the wall; driven into a corner; *fig.* at bay.

strâns din toate părțile *v.* **~ cu ușa.**

l-a strâns Dumnezeu *(de pe pământ)* he is with God.

l-a strâns nevoia he is in dire need.

strâns pe corp/talie/trup *(d. haine)* close fitting.

a se strecura afară *(din casă etc.)* to steal/to sneak/ to edge out; *F* → to slide out.

a se strecura ca o umbră to glide past.

a strecura un cuvânt/o vorbă to edge in a word; to put in edgeways; *F* → to butt in; **~ cuiva o vorbă** to drop a word in smb.'s ear; *F* → to touch smb. out about smth.

a se strecura de-a lungul... to steal along...

a se strecura (pe furiș) în cameră to slip into/to edge (one's way)/to flit into a room; to skulk/to sneak in.

a strecura ceva în mâna cuiva to slip/to slide smth. into smb's hand.

a se strecura în spate to dodge round/about/be-hind.

a strecura pe cineva într-o funcție to jockey/to job smb. into an office/a post.

a se strecura pe lângă (cineva) to shave past (smb.).

a se strecura prin mulțime to slip through the crowd; to twist one's way through the crowd.

a se strecura printre degetele cuiva to slip through smb.'s fingers.

a se strecura printr-o gaură to squeeze (one-self) through a hole; *amer. P* → to skin through a gap.

a strepezii dinții cuiva to set smb.'s teeth on edge.

n-ar strica (ca tu) să... you'd be all the better for...; you had better...; it would not be amiss for you to...

a strica aerul etc. to taint/to pollute/to contami-nate/to vitiate the air, etc.

a strica alinierea to fall out of line.

a strica o broască to tangle up a lock.

a strica buna dispoziție *v.* **~ cheful.**

a strica căruța cu cineva *aprox. sl.* to give smb. the chuck.

a-și strica ceasul to put one's watch out of order.

a strica cheful cuiva to put smb. out of humour; *F* to give smb. the pip; *înv.* → to mar smb.'s mood; ~ **celor de faţă** to throw a wet blanket over the meeting; to spoil the fun.

a strica combinaţiile cuiva to upset smb.'s plans.

a se strica de râs *F* to burst/to split one's sides with laughter; to laugh till one's side ache; to laugh loud and long; to scream/to yell with laughter; to shake/to tickle the midriff; to be convulsed with laughter; *v. şi* **a râde în hohote.**

a se strica de tot to go bad.

a strica de tot lucrurile *F* → to make hay of/a hash of smth.; to put one's foot in it.

a strica echilibrul to throw out of balance; *amer.* to rock the boat.

a strica farmecul/vraja to take the gilt off the gingerbread.

a-şi strica/bate gura degeaba to spend one's breath.

n-ar strica încă un păhărel *F* I could do with another glass.

a strica învoiala/târgul *F* → to declare the bargain off.

a strica jocul cuiva *F* → to upset smb.'s apple-cart.

a se strica la ceafă *fig.* ← *F* to be at odds with smb.

a strica liniştea cetăţenilor to make/to create/to raise a disturbance.

a strica mutra cuiva *P* → to spoil smb.'s beauty for him.

a-şi strica ochii to pore one's eyes out; to destroy/ to ruin/to spoil one's eyes.

a strica orzul pe gâşte to throw away smth. on smb.; to cast one's bread upon the waters; *F* → to cast/to throw pearls before swine; honey is not for the ass's mouth; caviar(e) to the general.

a strica petrecerea to spoil the sport.

a strica planurile/socotelile cuiva to thwart/to upset smb.'s plans; to upset smb.'s apple-cart; to spoil smb.'s game; to play checkmate with smb.; *F* → to queer the pitch for smb.; *înv.* → to break the egg in smb.'s pocket.

a strica plăcerea cuiva to mar smb.'s pleasure; *F* → to take the gilt off the gingerbread.

a strica pofta de mâncare a cuiva to spoil/to take away smb.'s appetite.

a-şi strica pofta de mâncare to dull the edge of/ to spoil one's appetite.

a strica preţurile *F* → to bang the market.

a strica prietenia cu cineva to become unfriendly with smb.; *F* → to run/to fall out with smb.

a strica rău lucrurile *F* → to make a hash/a bungle of smth.

a strica reputaţia cuiva to bring smb. into disrepute; to do smb. an injury.

a-şi strica reputaţia to compromise/to injure one's reputation; to lose one's character; *F* → to blot one's copybook.

a-şi strica rolul *teatru F* to fluff one's part.

a-şi strica stomacul to spoil one's stomach; to upset/to wreck one's digestion; **şi-a stricat** ~ his stomach is out of order; he has eaten smth. that disagrees with him.

s-a stricat ascensorul etc. the lift, etc. has jammed.

a strica un târg to break a bargain.

a strica toată treaba ← *F argou* → to knock the end in/off.

stricat până în măduva oaselor given over to bad habits/evil courses.

ai stricat totul! *F* → you blew it!

a-şi strica viaţa to ruin one's life; *F* to go to the dogs.

nu-i strică 1. *v.* **n-o să-ţi strice.** 2. *(aşa-i trebuie) F* serve(s) him right.

se strică lucrurile/situaţia things are looking bad/ black/nasty/ugly.

se strică vremea the weather breaks/goes crook.

n-o să-ţi strice it won't hurt you; it won't do you harm; you will not be worse for it; you will be not the worse for it.

strictul necesar no more than is necessary.

strict vorbind strictly speaking.

a striga bis to cry encore.

a striga catalogul to call the roll; to call (over) the names.

a striga cât îl ţine gura to cry/to shout at the top/ the pitch of one's voice; to scream one's lungs out; to cry/to shout oneself hoarse; *(cu glas ascuţit)* to shrill out; *(a urla)* to howl; to roar; *aprox.* to make/ to kick up a fuss.

a striga de durere to cry out with pain.

a striga din toate băierile inimii *v.* ~ **cât îl ţine gura.**

a striga după ajutor to call out/to cry for help/ relief/succour; to scream (out) for help; to cry murder; *F* → to cry blue/pink murder.

a striga după cineva to shout from smb.

a-şi striga durerea to cry/< to shrill forth one's grief.

a striga în ajutor pe cineva to call smb. to one's assistance; to call upon smb. for assistance.

a striga într-un singur glas to cry out with one voice.

a striga la cineva să se potolească to shout smb. down.

a striga „lupul" $F \rightarrow$ to cry wolf.

a striga pe nume to call (smb.) by his name.

a striga tare to bell out; to bawl out.

strigător la cer crying to heaven; flagrant; glaring; infamous; revolting; scandalous.

a strivi în germene to crush in the egg.

a strivi o înjurătură între dinți to smother a curse.

a strivi în picioare to trample under foot; to squelch.

a-și strivi lacrimile *(între gene)* $F \rightarrow$ to force back one's tears.

a strivi puricii cu barosul to break a fly/a butterfly upon the wheel.

a strivi țigara în scrumieră to stub out one's cigarette.

a stropi ceva cu apă to souse water over smth.; to sprinkle water on smth.

a stropi cu piatră vânătă *tehn.* to sour.

a stropi învoiala/târgul etc. *fig.* to wet the deal.

a stropi rufele cu apă to sprinkle the linen.

un strop în mare a mere drop in the bucket; a grain of wheat in a bushel of chaff.

a se stropși la cineva to rate smb.; to shout/to yell at smb.

strugurii sunt acri F the grapes are sour! sour grapes! the grapes are too green.

a struni un cal to bridle a horse.

student (englez) în primul an first year man; fresher.

a studia argumentele pro și contra to argue the matter pro and con; to study every aspect of the problem.

a studia cu folos to study profitably.

a studia cu zel to be a studious/an assiduous reader.

a studia dreptul to read/to study law; to prepare/to study for the bar/the law; *jur.* $F \rightarrow$ to eat one's terms/dinners.

a studia filozofia etc. to study philosophy, etc.; $F \rightarrow$ to do philosophy, etc.

a studia/cerceta ceva în amănunt to make a study of smth.

a studia la universitate to study at university; to pursue one's studies at the university; to go to college; to keep one's terms.

a studia limbile moderne to take up modern languages.

a studia medicina to study/to read medicine; to qualify for medicine; $F \rightarrow$ to do medicine; to study for the medical profession.

a studia până noaptea târziu to burn the midnight oil.

a studia o problemă sub toate aspectele to study every aspect of a question; to argue the matter pro and con.

a studia științele to study/$F \rightarrow$ to do science.

a studia teologia to study for the church/for the ministry.

a studia umanistica to study classics; to receive a classical education.

sub acuzația că... *jur.* on a charge of having...

sub adăpostul... under the protection of...; under cover/shelter of...

sub amenințarea pedepsei cu moartea on/upon/under penalty of death; under pain of death.

sub aparența prieteniei $F \rightarrow$ under/in the guise of friendship.

sub aripa cuiva under smb.'s wing.

sub arme under arms; with the colours.

sub aspectul... in point of...; as regards...; from the point of view of...; with regard to...

sub așteptări not (at all) up to the mark; unequal to one's task; below the line; not up to standards.

sub auspiciile... under the auspices/the care/the patronage/*elev.* $\rightarrow$ the aegis of...; under the sponsorship of...; sponsored by...

sub autoritatea... *jur.* under coverture of...

sub beneficiu de inventar 1. *jur.* under beneficium inventarii. **2.** *fig.* with reservations.

sub braț under one's arm.

sub călcâi henpecked.

sub călcâiul/cizma asupritorului under the hoof/the heel of the oppressor; *v. și* ~ **dominația cuiva.**

sub cer deschis under the open sky; in the open (air).

sub cerul liber *v.* **sub cer deschis.**

sub ceruri mai senine/calde under warmer skies.

sub cheie under lock and key.

sub cincizeci de ani etc. under fifty; $F \rightarrow$ on the right side of fifty.

sub conducerea... *(cu gen)* under the leadership/the guidance of...

sub control under control/supervision.

sub controlul... under the control of...

sub controlul statului under government control.

sub cuvânt că... under the pretext of...; under pretence of...; on the plea of...

sub dominația cuiva under smb.'s dominion/sway; under the rule of smb.; *fig.* under smb.'s foot; *v. și* ~ **călcâiul asupritorului.**

sub domnia... in/under the reign of...; under...; under the rule of...

sub efectul anestezicului under the anaesthetic.

sub egida *(cu gen.)* under the aegis of...

a-şi subestima adversarul to underrate one's opponent.

sub forma *(cu gen)* under the form of...; in the shape of...

sub o formă sau alta in some form or (an)other; in one form or another.

subiect delicat tender subject.

subiectul merită atenţie the subject deserves attention.

sub imperiul... actuated by...

sub imperiul necesităţii under the pressure of necessity.

sub impulsul momentului on the spur of the moment; under the impulse of the moment.

sub influenţa alcoolului under the influence of drink.

a subînchiria camere mobilate to take in lodgers.

sub înfăţişarea sa adevărată in his true likeness.

sub îngrijirea *(cu gen.) (publicistică)* edited by...

sub îngrijire medicală under the doctor.

sub jurământ on (one's) oath.

sub lacăt *v.* **sub cheie.**

a sublinia ceva cu tărie to bring smth. out in bold/ strong relief; to lay emphasis on smth.

sub linia de plutire between wind and water.

a sublinia un pasaj to score a passage (in a book).

sub mantaua întunericului under (the) cover of darkness; under cover of night; under the cloak of night.

sub masca *(cu gen.)* under the disguise of...; in/ under the guise of...; under the mask of...; under colour of...

a submina morala *F* to undermine morals.

a submina reputaţia cuiva to stab at smb.'s reputation.

a-şi submina sănătatea to undermine one's health.

a submina temeliile societăţii to undermine the foundations of society.

a submina unitatea *(cu gen.)* to disrupt the unity of...

sub narcoză narcotized.

sub nasul cuiva under smb.'s (very) nose; before smb.'s face.

sub nici un cuvânt/motiv/pretext in no way; by no means; on no account.

sub nici o formă by no (manner of) means; not a bit; on no account; on/under no consideration; in no way.

sub nivelul cerut below par.

sub nivelul mării below sea level.

sub nivelul mediu/media generală below the average.

sub (un) nume fals under a false/a fictitious name.

sub oblăduirea *(cu gen.)* under the protection of...

sub ochii cuiva under smb.'s (very) eyes; before smb.'s (very) eyes; beneath smb.'s (very) eyes; in smb.'s sight; under the eye of smb.; in the face of smb.

sub orice critică below/beneath criticism.

sub papuc under petticoat government; *F →* under smb.'s thumb; at one's wife beck and call; henpecked; under foot; *rar →* under the cat's foot/paw.

sub presiune under power; at full pressure.

sub preşedinţia... Mr. X in the chair; under the chair-manship of...

sub pretextul/motivul *(cu gen.)* on/upon/under the pretext of...; on/under (the) pretence of...; on a plea of...; under the veil of...; under colour of...

sub privirile cuiva *v.* ~ **ochii** ~.

sub protecţia întunericului under favour of the darkness; under cloud of night.

sub puterea/influenţa cuiva *F →* under smb.'s thumb.

sub redacţia *(cu gen.)* edited by...

sub rezerva... subject to...; contingent on...; *jur.* without prejudice.

a subscrie un document ca martor *jur.* to witness a bond/a deed.

a subscrie o poliţă de asigurare to underwrite a policy; to take out an insurance policy.

sub sechestru *jur.* under distraint.

sub semnul îndoielii in the doubt.

sub soare under the sun.

sub supraveghere *(poliţienească)* under surveillance.

a-i subtiliza cuiva portmoneul etc. *F →* to ease smb. of his purse, etc.

sub tipar in (the) press, at press.

sub toate aspectele in all respects; back and forth; *v. şi ~* **raporturile.**

sub toate raporturile in every respect/way; in all respects/senses; *F →* every bit.

sub tutelă in ward.

subţire ca un fus/o surcea (as) thin as a lath.

sub valoarea nominală below par.

a subveni nevoilor cuiva to minister to smb.'s needs.

a succeda cuiva într-un post *F →* to fill smb.'s shoes.

a succeda/urma la tron etc. to succeed to the throne, etc.

un succes atrage altul *prov.* nothing succeeds like success.

un succes răsunător a roaring success.

succesul întrece aşteptările *aprox.* to succeed beyond one's hopes.

a suci braţul cuiva to twist smb.'s arms.

a-i suci capul cuiva/minţile to turn smb.'s head/brain.

a suci cuiva gâtul to screw/to twist/to wring smb.'s neck; *sl.* to scrag smb.; **am să-i sucesc ~** *F →* I'll wring his neck.

a-şi suci gâtul (pentru a vedea ceva) to screw one's head round (to see smth.).

a-şi suci glezna to sprain/to wrick one's ankle.

a-şi suci/întinde un muşchi/vinele gâtului to wrick oneself/a muscle (in one's back); to have a wrick in the neck.

a suci nasul cuiva *F →* to tweak smb.'s nose.

a suci ceva pe toate feţele *fig.* to talk smth. out.

a suci o ţigară to roll a cigarette.

a suci vorba/înţelesul I. *fig.* to wrench the meaning of... **2.** *(a se îndepărta de la subiect)* to stray from the subject; to wander from the point; to digress.

a sucomba farmecelor cuiva *F →* to be hard bit.

a sucomba unei tentaţii to succumb/to yield to a temptation.

nu suferă comparaţie cu... he is not fit to hold/show a candle to...

a nu suferi pe cineva to hate the sight of smb.; to loathe/to detest smb.; **nu-l pot ~** I can't stand/abide him.

a suferi un accident to meet with/to have an accident; *fig.* to run upon/to strike the rocks.

a suferi un afront/o injurie/o insultă/o ofensă din partea cuiva to suffer an affront at the hands of smb.

a nu suferi amânare/întârziere *lit.* to brook no delay; to admit of no delay.

a suferi/înfrunta un asediu to stand a siege.

a suferi un atac de paralizie to have a (paralytic) stroke/a stroke of apoplexy.

a suferi un bombardament to be under shell fire.

a suferi o comoţie *med.* to be shocked; *(cerebrală)* to burst a blood-vessel.

a nu suferi comparaţie cu... not to bear comparison with...; to be out of/beyond all comparison; to be past comparison; *amer.* F not to begin to compare with...; **nu suferă comparaţie** this is far/out and away the best.

a suferi consecinţele to put up with/to take the consequences; *F →* to pay the penalty of (one's foolishness, etc.); to stand the racket; to take the rap for smb.; to suffer for one's misdeeds; *F →* to fry in one's own grease; *amer.* to take/to swallow one's medicine; *amer.* F *→* to hold the sack; *amer.* F *→* to stand the gaff.

a suferi o criză de nervi to become hysterical; to go into hysterics.

a suferi cumplit to suffer/to be in agonies; to be distressed with pain.

a suferi de o boală to suffer from a disease; to have smth. organically wrong.

a suferi o decepţie/dezamăgire *F →* to draw a blank.

a suferi de constipaţie to be costive.

a suferi de delirium tremens *F →* to have (got) the rats.

a suferi de dureri de stomac to be suffering from the stomach; to have a stomach complaint; *F →* to have a tummy.

a suferi de rău de mare to be a bad sailor.

a nu suferi de rău de mare to have good sea legs.

a suferi de ruşine to writhe with shame.

a suferi de „spleen" to have the spleen.

a suferi de surmenaj to be suffering from (over)strain.

a suferi o dezamăgire to meet with discouragement; to get a dusty answer.

a suferi un dezastru to meet one's Waterloo.

a suferi din cauza unei insulte to writhe under/at an insult.

a suferi din cauza unei nedreptăţi to smart under an injustice.

a suferi un eşec to suffer a reverse; to meet with/to suffer a repulse; to come off second best; to get nowhere; to be thwarted; *F →* to go to the wall; F *→* to get the worst of it; *înv. →* to come home/to return by the weeping cross.

a suferi groaznic to be in (great) pain.

a suferi o insultă to experience insults; *v. şi ~* **un afront.**

a suferi o înfrângere to suffer/to sustain defeat; F *→* to be nowhere; *F →* to get the knock; to kiss the dust; *mil.* to meet with a check; *amer. sl. pol.* to be sent to Salt River; to row up Salt River; *v. şi ~* **un eşec.**

a suferi modificări/prefaceri/schimbări/transformări to undergo a change.

a suferi un naufragiu *(d. un vas)* to suffer shipwreck.

a suferi o operaţie to undergo/to go through an operation; to be operated on.

a suferi pedeapsa cu moartea to suffer death.

a suferi o pierdere/pagubă to suffer/to stand/to sustain a loss; to meet with a loss; **~ mari pierderi** P *→* to take the knock; *sl.* to be/to get punished.

a suferi pierderi băneşti to have/to experience reverses (of fortune).

a suferi o schimbare to suffer a change; to have a turn.

a suferi un șoc electric *P* → to be juiced.

a suferi un tratament *(de cancer etc.)* to undergo treatment (for cancer, etc.).

a suferi o umilință to lose face.

e suficient să apeși pe un buton *F* → you've only to press the button.

e suficient să ceri/să spui o vorbă you may have it for the asking; it is yours for the asking.

a sufla ceva cuiva *F fig.* to trick smb. out of smth.

a sufla ca o balenă/focă/locomotivă *F* → to puff (and blow) like a grampus.

a sufla cuiva ce trebuie să spună *F* → to put the words into smb.'s mouth.

a sufla cu aur to plate with gold.

a sufla cu furie/turbat *(d. vânt)* to blow a gale.

a nu sufla un cuvânt/o vorbă not to breathe a syllable; not to breathe/to utter a word; *F* → to be mum on...; *F* → to keep mum.

a nu sufla cuiva un cuvânt despre... *F* to keep smb. in the dark about...

a sufla ceva de sub nasul cuiva *F* → to wipe smb.'s eye.

a sufla dinspre nord etc. *(d. vânt)* to blow north, etc.

a sufla din trâmbiță to blow a trumpet.

a sufla greu to be short of breath.

a sufla cuiva în borș *F* to poke one's nose into smb.'s business/affairs.

a-și sufla în degete to breathe/to blow on one's fingers.

a sufla în foc to blow (up) the fire.

a sufla în lumânare to blow out a candle.

a sufla cuiva ceva la ureche to whisper to smb./into smb.'s ear.

a-și sufla/șterge nasul to blow/to wipe one's nose.

a sufla praful to whiff away/off the dust.

a sufla replica unui actor to give an actor a prompt.

a sufla sticlă to blow glass.

nu suflați! *școl.* no prompting.

a nu sufla o vorbă/un cuvânt to breathe no syllable/word; to say/to speak no word; to utter no syllable.

a nu sufla o vorbă nimănui not to say a syllable to anybody; not to breathe a word to a soul; *v. și* ~ **un cuvânt; să nu sufli** ~! don't breathe a word of it!

a-și sufleca mânecile 1. to turn/to roll up one's sleeves; to turn back one's sleeves. **2.** *fig.* to take off one's coat to work.

a suge o bomboană to have/to take a suck at a sweet.

a-și suge burta ← *F* to pull oneself in.

a suge pe cineva ca o căpușă to batten on smb...; *F* → to sponge on smb.

a suge pe cineva ca o lipitoare to bleed smb. white; to suck smb. dry; *F* → to drain smb. dry.

a-și suge degetele to suck one's fingers.

a suge până la ultima picătură *(un fruct)* to suck dry; *(un pahar)* to drink to the last drop; to drain one's glass.

a sugera cuiva ce să spună to put words into smb.'s mouth.

a sugera cuiva o idee to give smb. a wrinkle; to put smb. up to a wrinkle.

a sugestiona pe cineva să facă ceva to will smb. to do/into doing smth.

n-ai sughițat aseară? *fig.* were your ears burning last night?

a i se sui băutura la cap; i s-a suit ~ *F* → liquor has got into his head.

a sui câte patru etc. trepte o dată to tumble upstairs.

a sui cu pas ușor to trip up.

a sui dealul to go uphill.

a-și sui în cap pe toată lumea to turn everyone against one.

a se sui în pat to get/*F* → to pop into bed.

a sui în patru labe to scramble on all fours.

a se sui într-un tramvai to get on a tram.

a sui la bord *mar.* to step on board.

a i se sui la cap; i s-a suit la cap *(succesul etc.)* his head has turned with success; success has turned his head.

a se sui pe tron to ascend/to mount the throne.

a i se sui piperul la nas ← *P F* → to fly off the handle; *v. și* **a-i sări țandăra**.

a i se sui sângele la cap; i s-a suit sângele la cap his blood was up.

a sui scara to go up/to mount/to climb the stairs.

a sui scările clătinându-se to tumble upstairs.

a sui scările în fugă to run up the stairs.

s-a suit scroafa în copac ← *F* he's grown too big for his boots; he thinks no small beer of himself; he puts on side.

suma se ridică la vreo zece lire etc. the sum amounts to smth. like ten pounds, etc.

o sumă frumușică a tidy sum.

sumă rotundă even money.

sumedenie de lucruri this and that; this, that and the other.

a suna a gol to sound hollow.

a suna alarma *mil.* to blow/to sound/to ring/to raise/to strike/to beat the alarm; *(pt. foc)* to sound/to ring a fire alarm.

a suna alarma generală to put out an all-stations alert.

a suna apelul to beat the arms.

a-i suna ceasul morții; i-a sunat ~ his (death) bell has rung; his time has come; his (last) hour has arrived/come/struck.

a suna claxonul *auto* to sound the horn/a signal.

a suna un clopot to ring/to sound a bell.

a suna clopotele de înmormântare to toll the knell; to toll for the dead.

a suna deșteptarea *mil.* to sound the reveille.

a suna din corn to blow/to sound/to wind/*F →* to toot a horn.

a suna din sirenă *mar.* to sound a blast on the siren.

a suna din toate clopotele bisericii to fire the church bells.

a suna din trâmbiță to blow/*F →* to toot/*(a cânta)* to play (on) the trumpet.

a suna dogit *v.* **a suna a gol.**

a suna după cum urmează to read as follows.

a suna fals to ring/to sound false.

a suna frumos to sound well/fine.

a suna gongul pentru începerea spectacolului to ring up the curtain.

a suna/chema la telefon pe cineva *tel.* to ring smb. up.

a suna la ușă to ring the (door-)bell.

a suna lăsarea cortinei to ring down the curtain.

a suna prost la ureche *(d. cuvinte etc.)* to offend the ear.

a suna rapelul to sound the trumpet call.

a suna retragerea *mil.* to sound the retreat/the retire; *amer.* to sound off quarters.

a suna/bate sferturile *(d. ceas)* to tell the quarters.

a suna sincer *fig.* to ring true.

a suna sirena to sound/to blow the siren.

a suna spart/a tinichea to sound tinny.

a suna stingerea *mil.* to beat/to sound the tattoo; *înv. →* to ring the curfew(-bell).

a sunat! there is a ring at the door!

a sunat ceasul! *(e timpul)* time's up!

a sunat clopoțelul pentru masă the dinner-bell has gone.

a suna urât to be ill-sounding.

a suna verosimil to have the ring of truth about it.

sună bine it sounds well.

sună cineva (la ușă) there is a ring at the door.

sună clopotul/clopoțelul/soneria there's the bell (ringing).

nu sunt atât de naiv încât... I am not so simple as to believe that...

nu sunt chiar atât de sigur de asta I am not so sure of that.

sunt convins/încredințat/sigur că I am positive/I dare swear that...

nu sunt de ieri I was not born yesterday.

nu sunt de pe aici/de prin locurile acestea I am a stranger here.

suntem pe drumul cel bun *F →* we are on the right road.

suntem informați că... we are told that...

suntem între noi we are tiled.

suntem solidari we stand or fall together.

sunteți bun să-mi dați sarea etc. I will trouble you for the salt, etc.

nu sunteți de pe aici? you don't belong to these parts?

sunteți fumător? do you smoke?

sunteți la aparat? are you on the telephone?

sunteți rugat să luați parte la/să asistați la... your presence is requested at...

sunteți servit? is anyone attending to you? are you being attended to? are you being served? what can I do for you?

sunt pățit *F →* I've been there.

sunt pe drumul cel bun? *F →* am I right for...?

sunt pierdut! *lit.* I am undone! I am done for! it is all over with me!

nu sunt prea sigur I am not so very sure/so sure that...

sunt sătul până în gât! I have had quite enough; I am fed up (with it)! I am fed to the teeth (with it)! *F →* I have had it up to my throat! *F →* I've had a stomachful; *sl. amer.* I'm sick of the whole shebang.

sunt semne de ploaie it looks like rain.

sunt semne de vreme bună the weather bids fair/to be fine.

sunt stăpân pe timpul meu my time is my own.

sunt toți o apă și un pământ one is as bad as the other.

îți sunt veșnic recunoscător *F* you have been the salvation of me.

sunt zece minute de când te privesc I've been watching you these/this ten minutes.

nu te supăra! *sl.* keep your hair on! *înv. → F* keep your wool on!

a se supăra pe cineva to be angry/cross/vexed with smb.; to take a spleen against smb.; to be displeased with smb.; *F →* to be in a huff; to be/to feel huffed.

a se supăra ca văcarul pe sat *F* to quarrel with one's bread and butter.

a se supăra foc to fly into a temper/a rage/a passion; to grab for attitude; *F →* to get into a huff;

to fire up; to set up one's bristles; *v. și* **a-i sări țandăra.**

a supăra la ochi *(d. un lucru)* to offend the eye.

a se supăra pentru o nimica toată *amer.* to rise at a feather.

a se supăra rău *F →* to go off the hooks; *dial.* they'll be fine and vexed!

a supăra (rău) pe cineva *(d. persoane)* to fall under smb.'s displeasure.

v-a supărat cineva? what ails you?

supărat foc very much annoyed at/about smth.; *F* ablaze with anger; in a chafe; in high dudgeon; as mad as a wet hen; (as) cross as two sticks; (as) cross/silky/surly as a bear (with a sore head); like a bull at a gate; *sl.* feeling wild.

supărat, nu glumă! *P →* he was regular angry!

a se supăra unul cu altul to be out of friends/not to be friends with smb.; **s-au supărat ~** they are no longer friends.

a nu se supăra/înfuria ușor to be slow to anger.

vă supără ceva? what's amiss with you? what ails you?

se supără degeaba he shouldn't get so upset; there's nothing for him to be angry about.

vă supără fumul? do you mind my smoking?

îl supără și o muscă pe perete/tavan he would quarrel with his own shadow; he is very crabbed.

superior în grad senior in rank.

să nu te superi pe mine don't be cross with me.

suplu/alunecos ca un țipar as slippery as an eel.

a nu suporta alcoolul; nu suport ~ I cannot take whisky, etc.

a suporta bine băutura to hold one's drink; to have a strong/a good head for drink.

a suporta capriciile cuiva to bear with smb.'s eccentricities.

a suporta căldura to withstand the heat.

a suporta cheltuielile to meet expenses; *F →* to stand the racket; to bear the cost; **~ în comun** to have a common purse.

a suporta consecințele *(cu gen.)* to take the consequences of...; to suffer the consequences; to stand the racket; *amer.* to come up to the rack; *(fără a fi vinovat) sl.* to carry the can.

a suporta o critică severă *F →* to run the gauntlet of adverse criticism.

a suporta cu bine o criză *(într-o boală)* to turn to the corner.

a suporta cu răbdare/resemnare nenorocirile to be patient under adversity.

a suporta cu resemnare bătaia to kiss the rod.

a suporta ceva cu zâmbetul pe buze to grin and bear it.

a suporta durerea to bear up against pain.

a suporta frigul to stand cold/fatigue.

a suporta o jignire fără a crâcni to sit down under insults.

a suporta loviturile soartei to bear up under misfortune.

a suporta marea to be a good sailor.

a suporta o nenorocire to bear up against/under a misfortune.

a nu suporta nici o constrângere to fret/to chafe under restraint.

a suporta o pierdere to bear a loss.

a suporta rușinea to bear the shame/*elev.* the odium of...

a suporta stoic neplăcerile vieții to take the rough with the smooth.

a suporta un șoc/o zdruncinătură to suffer reaction.

a se suprapune peste ceva to lap over smth.

a suprasolicita oferta cuiva to bid over smb.

a-și supraveghea comportarea/manierele/ținuta to put on one's company manners.

a supraveghea un copil to watch over a child.

a supraveghea pe cineva îndeaproape to keep a close watch on/over smb.; to keep smb. under strict supervision.

a-și supraveghea mișcările to watch one's step.

a supraveghea mișcările inamicului *mil.* to observe the enemy's movements.

a suprima un pasaj to kill a passage.

a suprima un tren to take off a train.

a supune ceva aprobării/judecății/cercetării cuiva to submit smth. for smb.'s approval/to smb.'s judgment/inspection.

a supune un caz cuiva to put a case before smb.

a supune ceva unei cercetări/examinări minuțioase to subject smth. to a close inspection.

a supune o cerere cuiva *(spre aprobare)* to refer a request to smb.

a supune pe cineva cu forța *fig.* to bring smb. to heel.

a supune pe cineva unor eforturi excesive to make great demands on smb.'s energy/good nature, etc.

a supune pe cineva unui examen to put smb. through/to subject smb. to an examination.

a supune unui examen medical *(d. cai etc.) F →* to have a horse vetted.

a se supune unui examen medical amănunțit to get overhauled by a doctor.

a se supune fără comentarii/fără a crâcni to obey without arguing; to obey implicitly.

a se supune forţei to yield to force.

a supune pe cineva unui interogatoriu sever *F* → to put smb. through it.

a supune unei încercări to put to the test.

a supune pe cineva unei încercări serioase to put smb. through an ordeal/*F* → through the hoop; to put smb. under the screw.

a supune la bir to lay under tribute.

a supune la torturi *ist,* to put to the torture/*înv.* to the question; to put to the rack; to put to/upon the stretch; to (set upon the) rack; *amer. P* to put (a prisoner) on the grill.

a supune la vot o hotărâre to put a resolution to the meeting; to move a resolution.

a supune pe cineva unei morţi cumplite to do smb. to death.

a nu se mai supune nici unei autorităţi to break loose from all control; to get out of control.

a se supune orbeşte cuiva to obey implicitly; to be at smb.'s beck and call; to eat out of smb.'s hand.

a se supune până în cele mai mici amănunte to obey to the letter.

a supune pe cineva unei pedepse to inflict a penalty/a punishment upon smb.

a se supune pedepsei fără a protesta to kiss the rod.

a se supune poruncilor divine/Celui de sus/ providenţei *bibl.* to keep the commandments.

a se supune unor privaţiuni *aprox.* to deprive oneself.

a supune unei probe to put on trial; to put to the test.

a supune o problemă hotărârii/judecăţii/părerii cuiva *jur.* to refer a matter/a question to smb./to smb.'s decision/judgement/opinion.

a se supune raţiunii to yield to reason.

a se supune unei reguli to subject oneself to a rule.

supunere oarbă blind/implicit obedience; blind submission.

a se supune soartei to resign oneself to the inevitable.

a supune pe cineva tentaţiei to throw temptation in smb.'s way.

supuneţi-vă celor mai mari ca voi! obey your elders!

a se supune vremurilor to yield to the times.

supusa dumitale slugă *glum. F* this child.

supus atacurilor/focului criticii *F* → under the lash of criticism.

supus autorităţii/dominaţiei/puterii cuiva under smb.'s power/dominion.

supus conducerii cuiva under smb.'s leadership.

supus controlului guvernamental/statului under government control.

supus embargoului *(d. vase, mărfuri)* under an embargo.

supus unor grele încercări/la grea încercare *F* → under the harrow; in the crucible.

supus unui interogatoriu sever *F* → under cross-examination.

supus păcatului liable to sin.

supus taxelor vamale liable to duty.

supuşilor noştri credincioşi *ist.* 'to our trusty lieges'.

a surâde afectat to smirk and smile.

a surâde amar to smile a bitter smile.

a surâde batjocoritor la cineva to sneer at smb.

a surâde cu gura până la urechi to break into/to give a broad grin.

a surâde cu toată faţa to be all smiles.

a surâde din vârful buzelor to give a faint smile.

a surâde forţat to force a smile.

a-i surâde norocul to be a lucky fellow/*F* → dog; **îi ~ fortune** smiles upon him; *(câtva timp)* to have a spell of luck.

a nu-i surâde perspectiva not to relish the prospect.

a-i surâde o perspectivă/idee to relish the prospect; **îmi ~ ideea** I am (rather) taken with the idea.

un surâs îi flutură pe buze a smile passed over his lips.

surcica nu sare departe de trunchi *prov.* like master like servant; like father like son.

surd la... turning a deaf ear to...

surd toacă/tun (as) deaf as a (door-)post/as an adder/a beetle/a stone; stone-deaf.

a se surmena muncind to overtask one's strength; to overwork oneself.

nu se surmenează muncind *F* → he doesn't overwork himself.

a surprinde pe cineva asupra faptului to surprise smb. in the act; to catch smb. red-handed.

a surprinde o conversaţie etc. to overhear a talk, etc.

a surprinde pe cineva cu o întrebare *F* → to fire a question at smb.

a surprinde frânturi de conversaţie to overhear snatches of conversation.

a surprinde în flagrant delict *v.* ~ **asupra faptului.**

a surprinde pe cineva în greşeală to catch smb. napping.

vă va surprinde poate faptul că... it will be news that...

surprins de ceaţă caught in a fog.

surprins de ploaie caught in a shower.

surprins la culme you could have knocked me down with a feather.

surprins pe viu *(d. romane etc.)* founded on fact.

mai sus *P* → way above.

susceptibil de ameliorare/îmbunătățire open to improvement.

susceptibil de a fi dovedit susceptible of proof.

sus inima! keep up your courage! cheer up! buck up!

sus mâinile! hands up!

a suspecta pe cineva de o crimă to suspect smb. of a crime.

a suspecta pe cineva de necinste, a pune la îndoială buna credință a cuiva to cast suspicion on smb.'s good faith.

sus pe munte uphill.

a suspenda hotărârea/sentința to suspend judgment.

a suspenda un permis de circulație *auto* to suspend a licence.

a suspina cu regret to sigh a sigh of regret.

a suspina din adâncul/fundul inimii to heave a deep sigh; to sigh heavily; *F* → to sigh from one's boots.

suspinele îi zguduiau trupul sobs shook her frame.

sus-pus ← *F* in a high position.

sus și tare loudly.

a sustrage bani de la cineva to bilk smb. out of his money; to wheedle money from/out of smb.; *P* → to work the oracle; *amer.* to financier money out of smb.

a sustrage pe cineva criticii to shelter smb. from blame.

a se sustrage de la armată to dodge military service.

a se sustrage de la o datorie to skulk; to shirk.

susțin că... my contention is that...

a susține un actor cu replici to feed an actor.

a susține o afirmație prin fapte to bear out a statement.

a susține un argument to urge an argument.

a susține cauza cuiva to back smb.; to be behind smb.; to be at the back of smb.; *F* → to bolster smb. up; *(cu căldură)* to be in favour of...; *(din răsputeri)* *F* → to buoy smb. up.

a susține o conversație to keep up/to carry on a conversation; *F* → to keep the ball rolling; to keep the ball up.

a susține eforturile cuiva to be of assistance to smb.

a susține moralul cuiva to keep up smb.'s spirits.

a susține o moțiune *parlament etc.* to support the motion.

a-și susține nevinovăția to protest one's innocence/good faith.

a susține pe cineva până la capăt to see smb. safely through.

a susține o probă to undergo a test; to be put through a test.

a susține punctul de vedere că... to uphold the view that...

a-și susține punctul de vedere to stand one's ground; to maintain one's point of view; to contend; *F* → to stick to one's guns.

a-și susține spusele to face it out.

a susține spusele/afirmațiile cuiva to bear smb. out.

a-și susține teza *școl., univ.* to keep the act.

a susține o teză to maintain/to uphold a thesis.

sută la sută a hundred per cent.

a sutura o rană *med.* to put stitches in a wound; to unite a wound.

Ș

o șansă cum rar întâlnești it'a chance in a thousand.

a schiopăta de un picior to be/to walk lame; to be lame of/in one leg; to walk with a limp; to have a limp.

a-i ședea bine să... *fig.* to be right/proper for smb. to...

a ședea binișor to sit still; to be quiet; șezi ⁓! *F* come, come, don't be so rash! easy! gently! don't hurry! not so fast! *(nu te înfierbânta!)* don't get flurried! keep calm! keep your hair/shirt on! keep cool! no fear/chance!

a ședea chircit/chincit/ghemuit to sit hunched up.

a ședea cloșcă ← *F* to sit tight.

a ședea cu fața la locomotivă *(în direcția de mers a trenului)* to sit with one's face to the engine.

a-i ședea de minune; îți șade ⁓ it s(u)its/fits you well; it suits you to a T/to a perfection/to a miracle.

a ședea în așteptare to sit on the fence.

a ședea în capul mesei to sit at the head/the top of the table; to take the top of the table; *înv.* → to begin the board.

a ședea în capul oaselor to sit up.

a ședea înghesuit între doi vecini to ride/to sit sandwich.

a ședea într-o rână to recline on one side.

a ședea/sta la divan *v.* a sta de vorbă.

a ședea la gros/închisoare/pârnaie to serve a sentence of imprisonment; to be in quod.

a ședea la gura sobei to sit by/at the fireside.

a ședea/sta la taifas to talk; to (have a) chat; to prattle.

a ședea lângă sobă to sit over the fire.

a ședea liniștit to keep very quiet.

a ședea locului nemișcat to sit tight; not to budge.

a ședea pe ouă to sit on eggs.

a ședea pe vine to squat (*F* → on one's hams).

a ședea prost călare to sit like a toad (up) on a chopping-block.

a ședea/sta unul lângă altul to be seated knee to knee.

ședința se amână the meeting is adjourned.

ședință deschisă public meeting.

a șerpui coborând *(d. drumuri)* to wind down.

a șerpui urcând *(d. drumuri)* to wind up.

și acum(a) and now; *(încă)* still; (as) yet; to/at this day.

și acum, la treabă! now, to business!

și altele de același fel/gen and (other) such things; and all that; and the like.

și alții de aceeași teapă and that ilk; and the like.

și apoi... and (besides)...; *(ei și ce?)* and what of it? and so what?

și asta nu e totul nor is this all; and there hangs a tale.

și astfel vorbi Domnul *bibl.* and God spake on this wise.

și așa mai departe and so on/forth; and so on and so forth; et caetera; *F* → and things; *F* → and all that.

și așa, și așa thus and thus.

...și așa și sunt so I am.

și atunci? well then!

și ce dacă? and what of it?; what though...

și când te gândești că... to think that...; when you come to think that...

și când trebuie și când nu trebuie in season and out of season.

și câte și mai câte *F* → no end of things; and what not; *(diferite)* of all kinds.

și ce-i cu asta? what then? *F* well, what of it?

și celelalte and so forth; and so on.

și ce mai știi? and what else do you know?

și cu asta, basta! that's all! that will do; don't let me have to tell you that again; and/so that's that! and that's an end of it; *F* → and there you are! drop it! that's flat! that's the goods.

și cu asta/și apoi m-am dus la culcare *înv.* → and so to bed.

și cu unii și cu alții on both sides of the fénce.

și cu varza unsă și cu slănina în pod one cannot be in two places at once; *F* → you can't have it both ways; *prov.* you can't eat your cake and have it.

și da și nu yea and nay.

și dă-i și dă-i înainte! and this, that and the other.

și-n deal și-n vale not knowing one's own mind; *(șovăind)* will and will not; keeping off and on; looking hot and cold; humming and hawing; *F* → dilly-dallying; shilly-shallying; letting 'I dare not' wait upon 'I would'.

și după toate... on the back of that...

și eu (la fel)! and so am/do/shall I; I too; *sl.* same here.

și experiența e bună la ceva *prov.* there is many a good tune played on an old fiddle.

a șifona rochia cuiva to tumble smb.'s dress.

și încă besides; in addition; at that!

și încă cum! I should think so! *F* and how!

și încă multe altele much else; many more besides.

și încă mulți alții and many more besides.

și în sfârșit... *F* → last but not least...

și într-un caz și în altul in either case.

și mai... even more.

și mai ce/cum? what else?

și mai cine? who else?

și mai departe? and then? anything more?

și mai mult decât atât better still...; moreover...

și mai multe nu ← *F* at all costs; by all means.

și mai și still greater; still better; still more terrible.

și nu mai știu ce *F* → and I don't know what all.

și mai unde? where else?

și mie îmi trebuie I want some as well.

și pace (bună) and there's an end of it; *(s-a terminat)* it's all over; all is over; *(ajunge)* enough; *(în ruptul capului)* not for the world.

și p-aci ți-e drumul! *F* the devil take the hindmost!

și pe urmă? what next?

șiret ca o vulpe/ca vulpea (as) cunning as a fox.

șiroaie de lacrimi agony of tears.

a șiroi de ploaie to be dripping wet.

și toate celelalte!... and all that! *sl.* and the whole shoot.

și au trăit fericiți până la adânci bătrânețe they lived happily ever after(wards).

și tu și eu both you and I; both of us.

și uite așa s-au dus banii *F* → bang went sixpence, etc.!

și unde mai pui că... on top of it all...; to crown it all...; moreover.

și unul și celălalt both alike.

șontâc-șontâc *F* dot and go one.

a-și șopti în barbă to speak in one's beard.

a șopti ceva la ureche cuiva to whisper smth. in(to) smb.'s ear.

mi-a șoptit o păsărică *F* a little bird told me so.

a nu șovăi să facă un lucru to make no bones about doing smth.

a șovăi în fața unei dificultăți *F* → to balk at a difficulty.

a șovăi în fața unei piedici neașteptate to stumble at the threshold.

a șovăi între două păreri to waver between two opinions; to sit on a fence; to swim between two waters.

a o șterge to go/to be off; to take oneself off; to run slick away; to march off; *F* → to slide off; to slope off; to do a slope; to shift away; to steel away; to scamper away/off; to scuttle away; to act/to play the invisible; to show a clean pair of heels; to turn tail; *F* to make oneself scarce; *F* to make a brush; *F* to make tracks; *F* to bolt; *F* to cut one's stick; *sl.* to hook it; *sl.* to top one's boom; *sl.* to stump/to walk one's chalks; to skedaddle; *amer.* to put/*F* → to skip off.

șterge-o! ← *F* away with you! out you go! (get) out of the way! *F* → you trot away! *F* → run along! *F* → clear out! *F* → hop it! *F* → bundle off/away! go to grass! *sl.* clear the decks! *sl.* screw! *sl.* saw your timber! *sl.* bugger off! *amer.* beat it! go chase yourself! you just fade away! cart yourself away!

a șterge bine farfuria *fig. F* → to lick the platter clean.

a o șterge cât mai e timp to go while the going is good.

a șterge ceva cu buretele 1. to pass a wet sponge over smth. **2.** *fig.* to pass the sponge over smth.

a șterge ceva cu o cârpă to dry smth. with a cloth.

a o șterge cu coada între picioare *F* to slink off like a whipped dog.

a șterge cu creionul/cu cerneală to black smth. out.

a șterge ceva cu o trăsătură de condei to put one's pen through smth.

a șterge/bifa un cuvânt to put one's pen through a word.

a șterge ceva de pe fața pământului to level smth. to/with the ground; to raze smth. (to the ground); to wipe smth. out; to efface smth.

a șterge pe cineva de pe listă to write smb. off.

a șterge pe cineva de pe rol *jur.* to strike smb. off the rolls.

a șterge pe cineva din controalele armatei *mil.* to strike smb. off the rolls/the strength.

a șterge ceva din controalele militare to write smth. off charge.

a șterge din memorie/minte to raze (out) from one's memory; to blow out of memory; to efface from one's mind.

a o șterge englezește *F* to take a French leave; *F* to make a bolt for it; *F* to hark away; *P* → to do a guy.

a șterge farfuriile/vasele to dry (up) the dishes.

a-și șterge fruntea de sudoare to wipe/*F* to mop one's brow.

a o șterge imediat to run slick away.

a-și șterge lacrimile/ochii to dry one's eyes; to dry (away)/to wipe one's tears from one's eyes.

a se șterge la ochi to wipe one's eyes; *(cu batista)* to dab one's eyes with a handkerchief.

să ștergem cu buretele let bygones be bygones.

a-și șterge nasul to wipe one's nose.

a șterge numele cuiva de pe listă to strike smb./ smb.'s name off the list.

a șterge/radia/tăia un paragraf to put ones pen through a paragraph.

a se șterge pe buze *v.* **a rămâne cu buza friptă/ umflată.**

a se șterge pe față to wipe one's face.

a o șterge pe furiș to steal away; *F* → to shoot the moon.

a se șterge pe gură to wipe one's mouth.

a se șterge pe picioare to wipe one's feet/shoes/ boots; to scrape one's boots.

a șterge praful to wipe off the dust; to dust.

a șterge putina ← *F v.* **a o șterge.**

a șterge trecutul cu buretele *F* → to clean the slate.

a șterge urmele *(cu gen.)* to efface/to obliterate the traces of...

a-și șterge urmele to cover one's traces; to cover up one's tracks.

a șterpeli/sufla ceva cuiva de sub nas to cut the grass (from) under smb.'s feet.

nu știam unde să intru *(de rușine etc.)* I felt very small.

a nu ști să-și ascundă sentimentele *F* → to carry/ to wear one's heart upon one's sleeve.

a se ști atrăgătoare/frumoasă to know oneself to be pretty.

a ști bine ceva to be familiar with smth.; to be (well/fully) acquainted with smth.

a-și ști bine rolul *(d. actor)* to be word-perfect/ letter-perfect in one's part.

a nu ști (o) boabă/boacă/buche ← *F* **I.** not to have the faintest notion; to be (fully/completely) ignorant. **2.** *fig.* to be innocent of... **3.** *(a fi necultivat)* to be untaught/unschooled/unlettered/ uneducated/uncultivated.

a ști ca pe apă/Tatăl Nostru to know by heart/ rote; *F* to know inside out.

a ști carte I. *(a putea citi)* to be able to read; to know the three R's; **știe carte** he can read and write. **2.** *(a fi instruit)* to be educated/well-in-formed/well-read.

a ști câte parale face cineva *v.* **~ ce-i poate pielea cuiva.**

a nu ști carte to be illiterate.

a ști ce are de făcut to know what one is about; to know one's own mind.

a nu ști ce să creadă to be puzzled/perplexed/ embarrased/put out; not to know what to make of it; to float in sea of doubt.

a nu ști ce să facă I. not to know what to do; to be at a loss (what to do); *F* → to be all at sea; *F* → to be at one's wits' end. **2.** *(a avea ceva timp de pierdut)* to be at a loose end. **3.** *(~ încotro s-o apuce)* *F* → to be all of a dither.

a nu ști ce-l paște > not to know what is/lies in store for one.

a ști ce-i poate pielea cuiva to know the sort of man smb. is; to know what stuff he is made off; to know one's company; to find/to get/to have/to know/to take the length of smb.'s foot; *sl.* to have got smb. taped.

a ști ce-l poate tăia capul pe cineva to know smb.'s (little) game.

a nu ști ce să răspundă to be stumped for an answer.

a nu ști ce subiect să abordeze to be at a loss for a topic.

a ști ce și cum *F* to be in the know; to know what's what; *(a cunoaște bine)* to know all the ropes.

a ști ce-i trebuie cuiva to know what is best for smb.

a ști ce vrea to have a will of one's own; to know one's own mind.

a o ști chiar de la...; o știu chiar de la el I have it from his own lips.

a nu ști cine are dreptate not to know the rights of the case.

a ști să-și croiască drum în viață to be a pushing fellow.

a ști cum să facă un lucru to know how to do smth.

a ști cum să iei pe cineva to know where to have smb.; to know how to deal with smb./how to handle/manage smb.; to know the world.

a nu ști cum să iei pe cineva *(a fi greu de abordat)* *F* → to be a slippery customer.

a nu mai ști cum să lingușească pe cineva *F* → to butter smb. up.

a nu ști cum să procedezi not to see one's way.

a ști cum stau lucrurile to know how matters stand; *F* → to know where the shoe pinches; *F* → to know the lie of the land.

a ști cum trebuie mânuit ceva to know the trick of it; to have got the trick/the hang of it.

a ști cu precizie/siguranță to know for certain/for sure; to know positively; to be positive about...

a nu ști de doi boi bălțați ← *P* to make no bones about doing smth.

a ști de glumă to take a joke/the jest well/in good part; to stand joking.

a nu ști de milă to shut one's heart to pity; to steal one's heart against pity.

a ști ceva de mult to know it long before.

a ști să deosebească binele de rău to know good from evil.

a ști să se descurce to know how to manage things; to manage well; to know what one is about; *F →* to know one's way about.

a ști din auzite to know by hearsay/report.

a ști dincotro bate vântul to know which side one's bread/toast is buttered; to know which way the wind blows.

a ști ceva din experiență to know smth. by/from experience.

a ști ceva din intuiție to know smth. by intuition.

a ști ceva din sursă sigură to have smth. on good authority.

nu se știe ca pământul you never can tell; one never knows; who can tell?

nu se știe dacă... it is a question whether...

știe el ce știe! *F* he is up to a thing or two! he knows a thing or two!

se știe foarte bine că... it is (a matter of) common knowledge that...

nu se știe niciodată *prov.* you never can tell! don't be too sure! *v. și* ~ **ca pământul.**

nu știe să scrie he can't spell.

nu știe stânga ce face dreapta *prov.* much water rolls by the mill that the miller knows not of; not to let one's left hand know what one's right hand does.

a ști să se facă iubit *(de copii etc.)* to have a way with (the children, etc.).

a ști să-și folosească *(pumnii etc.)* to be pretty useful with (one's fists, etc.).

a ști o grămadă de lucruri *F →* to know a thing or two.

mai știi? *F* you never can tell.

știi că ai haz? you're a nice one/fellow to talk like that; that is a nice way to talk.

știi că are haz? *F →* that's rich!

a ști să iasă basma curată to know how to help oneself.

să știi bine că... be well assured that...

știi bine că minți you lie in your teeth/in your throat.

știi că e bună? *F →* I like that!

știi că ești nostim/că-mi place? *F* you are a beauty! *F* what do you know!

știi ce? look here! listen!

știi (tu) ce înseamnă să... do you know how it feels to...

știi, colea! *F* quite the thing; tip-top; A_1; all there; out-and-out.

să știi c-ai s-o pățești you'll pay for it, to be sure! you'll smart for it!

să știi de la mine că... you can take it from me that...

știi foarte bine *F →* you know well enough.

a ști să se impună to command obedience.

știință și tehnică science and engineering.

știi să taci? can you keep a secret?

a nu ști să se îmbrace not to know how to put one's things on.

a nu ști în ce ape se adapă/scaldă cineva not to know smb.'s number; not to have got smb.'s number; to be as slippery as an eel.

a nu ști încotro s-o apuci *și fig.* not to know which way to go/turn; *F →* to be in a maze; to be at a loss what to do.

a ști înseamnă a putea knowledge is power.

a ști/cunoaște ceva la perfecție to have smth. at the tip of one's fingers/at one's finger-tips/-ends.

a ști lecțiile pe dinafară to have one's lessons perfect; to be letter-perfect in one's lessons.

a nu ști să lege două în tei ← *P* to be reduced to the lowest ebb; to be on one's back; *F →* to be down (on one's luck).

a ști un lucru până în cele mai mici amănunte *F →* to know smth. inside out.

a ști lucrurile de-a fir a păr *F* to know the how, the when and the wherefore.

a ști să se lupte *(pentru drepturile lui)* to know how to fight.

a nu ști mare lucru; nu știe mare lucru what he knows does not come to much.

a ști mai mult decât spui to know more than one says.

a nu ști măsura to go the limit.

a nu ști niciodată la ce să te aștepți de la cineva; nu știi ~ el you never know where you are with him.

a nu ști nimic despre un lucru to be ignorant of a fact; to be in total ignorance of a fact.

a ști să numere până la cinci to know how many beans make five.

a nu ști pe ce lume se află/este *aprox.* to be quite upset; to be beside oneself; $F \rightarrow$ to feel like nothing on earth.

a ști ceva pe degete to have smth. at one's fingers' ends; **~ pe cineva ~** to know smb. through and through.

a ști ceva pe de rost *v.* **~ ca pe apă.**

a ști ceva pe dinafară to know smth. by heart/rote; to know smth. off book; to know smth. off pat.

a ști pe dinafară Iliada etc. to know one's Homer from beginning to end.

a nu ști pe unde să scoată cămașa F to be hard pressed/pushed/set/cornered; *sl.* to be up a/the tree; to be in a sad tweak/a nice fix.

a nu ști să piardă to be a bad loser.

a ști să se poarte to know how to behave; to be well-behaved.

a nu ști să se poarte; nu știi să te porți where are your manners?

a nu ști prea multe *(a fi cam brutal; necioplit)* to be a rough diamond/customer.

a ști precis că... to know for a fact that...; to be positive.

a ști să se pună în evidență to be pushful.

a nu ști să scrie corect to be a bad speller.

a ști și toaca-n cer $\leftarrow$ F to know everything; *elev.* $\rightarrow$ to be a walking encyclopaedia/a universal mind.

a ști să șofeze to understand driving a car.

a ști toate amănuntele/detaliile unei chestiuni $F \rightarrow$ to know the ins and outs of a matter.

a ști toate rosturile/dedesubturile $F \rightarrow$ to be in the know; to know all the ropes.

a nu ști să umble cu ceva to fumble with smth.

a ști unde e buba to know where the troubles lies; to know where the shoe pinches.

a nu ști unde-i e/stă capul 1. not to know which way to turn; *sl.* to be in/to get into a flap. **2.** *v.* **a nu-și vedea capul de treabă.**

a ști să ungi pe cine trebuie to angle with a silver hook.

să știu (de) bine că... F not for the world; not for the life of me.

știu că ai făcut-o fiartă now you've been and gone and dare it!

știu că îți trebuie timp! what a while you are!

nu știu ce am! there is smth. wrong with me; I don't know what's the matter with me.

nu știu ce să cred I don't know what to make of it; I can make nothing of it.

o știu chiar din gura lui I have it from him/from his own mouth.

nu știu cine i-a spus smb. or other has told him...

nu știu cum se va sfârși I don't know how it will turn out.

nu știu cum s-o spun I don't know how to put it; how shall I put it?

nu știu de unde-l cunosc/de unde să-l iau I don't remember where I met him; $F \rightarrow$ I know his face but I cannot place him; I don't recollect him.

știu eu în ce ape se scaldă F I summer and winter him.

nu știu să mint (bine) I am no whip.

nu știu mai mult ca dumneavoastră I am no wiser than you.

nu știu nimic I cannot tell.

știu și eu? F ask (me) another.

a ști ceva vag to be hazy about smth.

șubred ca un castel din cărți de joc like ninepins.

T

tablă de materii table of contents.

tabloul e (doar) o copie/reproducere this picture is (only) a copy.

tabloul e pur și simplu o capodoperă the picture is no less than a master-piece.

tacă-ți cața/fleanca/gura/leoarba/pliscul! *F* shut up! dry up! switch off! hold your tongue/peace/ gab/noise/row/jaw/*sl.* whist! *F* stop your jam(ming)/ your gab! *sl.* stash it! put a sock in it! cheese it! stow that! keep your trap shut! shut your trap! *amer.* blow it! *sl. amer.* keep your yap shut! shut your yap!

tacâmuri pentru zece *(persoane)* tabling for ten (persons).

taci (din gură)! be silent! silence! hush! keep quiet! **mai ~!** *F* cut it short! **~ odată!** *P →* dry up! *(e un secret) F →* mum's the word! *v. și* **tacă-ți cața.**

taică-tău a fost geamgiu etc.? *F* is your father a glazier, etc.?

taler cu două fețe a double dealer.

(de) talie mare *fig.* of parts; talented; valuable; first-rate.

talmeș-balmeș upside-down; topsy-turvy; pell-mell; in a jumble, in a tumble.

talpa iadului 1. *(în basme)* the devil's dam. 2. devil in petticoats; devil's daughter; (she-)devil.

a tampona o mașină to ram a car.

a tampona o rană to plug a wound.

a tapa pe cineva de bani to tap/to strike/to touch smb. for money; *lit.* to batten on smb.; to cadge smb. from smb.

a tapa la pian to thump out a tune (on the piano).

a-și tapa părul to fluff (out)/to tease one's hair.

tare ca fierul (as) hard as iron/flint/horn; *(despre persoane)* (as) strong as a horse/a lion/an ox.

tare ca oțelul steely; (as) hard as steel.

tare ca piatra (as) hard as a stone/a bone; stone-hard; stony; flinty; *(neclintit)* (as) firm/steady as a rock.

tare de cap slow/dull of apprehension; *F →* slow in the uptake; beef-witted; wise behind head;

dull-witted; *F* thick-headed; wooden-head; *(încăpățânat) F →* pig-headed; stubborn; obstinate.

tare de înger courageous; brave; strong-hearted.

(e) tare de tot! *fig. P →* that's the cheese.

tare de ureche hard/dull of hearing.

tare drăguț din partea dumitale it is very kind of you.

tare la o materie good at...; proficient in...; well up in...; strong in...; having a good command of...

tare mai ești/e curios! curiosity killed the cat!

tare mai ești neobrăzat! *F →* you've got a/some nerve!

tare păcat! *lit.* it is a great pity/a thousand pities that...

tare pe poziție/situație to be game.

(e) tare tipul, zău așa! *F* he's a smart one, believe me!

Tatăl nostru carele ești în ceruri *bibl.* Our Father, which art in Heaven.

a tatona terenul to explore the ground; to take bearings.

a tăbăci pielea cuiva *fig. F* to carry/to warm/to tan smb.'s hide; to hide/to thrash smb.; to give smb. a good hiding/thrashing.

a tăbărî asupra cuiva *sl.* to fall aboard smb.

a tăbărî asupra mâncării etc. to attack the dishes etc.; to fall to...

a tăbărî cu gura asupra cuiva to be down upon smb.; *F →* to talk to smb. like a sutch uncle; to fly at smb.

a tăbărî cu lovituri asupra cuiva *F →* to shower blows on smb.

a tăbărî cu pumnii pe cineva *F →* to knock/to beat the stuffing out of smb.

a tăbărî cu toată puterea asupra unui lucru (unei persoane) to fall at a thing/upon smb. tooth and nail; to rush upon smth./smb.; to throw oneself upon smth./smb.; to go at it hammer and tongue.

a tăcea chitic/mâlc/molcom/ca un pește not/ never to say/utter a word; not to open one's lips; to keep silent/*F →* mum; *înv.* to sit/to keep mumchance; *F →* to say neither by nor bum; to hold one's peace/gab/tongue; *F* → to keep one's tongue between one's teeth; to keep one's mouth shut; to be as mute/still as a mouse/creep-mouse; *v. și ~ din gură.*

a tăcea din gură to shut/to close one's mouth; to keep a still tongue in one's head; to keep one's own counsel; *v. și ~ chitic.*

tăcerea e de aur *prov.* silence is golden; no wisdom like silence.

tăcerea înseamnă aprobare silence gives consent.

tăcere mormântală dead/death-like/blank/unbroken silence.

tăcut ca mormântul (as) silent as the tomb/the grave; (as) still as death/the grave; (as) close as a coffin/an oyster; *F* → as close/tight as wax; *amer.* (as) dumb as a wooden Indian.

tăcut ca un pește as mute as a fish; *v. și ~ mormântul.*

a-i tăia cuiva alocația/porția/stipendiul/subsidiile/tainul to cut off/to stop smb.'s allowance/supplies.

a tăia aripile cuiva *și fig.* to cut/to clip smb.'s wings.

a-i tăia avântul cuiva to throw/to pour cold water on smb.'s enthusiasm; *lit.* to give pause to smb.; *v. și ~ aripile ~.*

a tăia barba cuiva to shave smb.; to trim smb.'s beard.

a tăia cuiva beregata to cut/to slit smb.'s throat; *înv.* → to slit smb.'s weasand.

a tăia ca briciul *(d. vânt etc.)* to cut like a knife.

a tăia capul cuiva to behead/to decapitate smb.; to cut/to chop/to strike off/to sever smb.'s head; to bring smb. to the scaffold.

a-l tăia capul (să) 1. *(a înțelege)* to understand, to grasp. 2. *(a se pricepe)* to have a good head for; *F* to be up to a thing or two; *aprox.* to have an inventive mind; to be resourceful.

a nu-l tăia capul 1. *(a fi prost)* to be empty-headed/ *F* → empty-pated; not to be able to make out/to understand. 2. *(a nu se pricepe)* to be out of one's depth; *F* → not to be up to that sort of thing; to be at one's wits end; to be at the end of one's tether.

a tăia carnea/friptura *(la masă)* to carve meat (at table).

a tăia cărțile to cut the cards.

a tăia cheltuielile etc. to do away with expenses, etc.

a tăia coada unui cal to dock the tail of a horse.

a tăia coada unui câine to lop a dog's tail.

a tăia un copac cu toporul to set the axe to a tree.

a tăia copaci to fell (down) trees.

a tăia cuiva craca de sub picioare to cut the ground under/from under smb.'s feet; *F* → to jump

smb.; *F* → to wipe smb.'s eyes; to take the wind out of smb.'s sails; *rar* → to cut the grass from under smb.'s feet; **a-și tăia craca** ~ to saw off the bow on which one is sitting; *v. și* **a-și tăia singur craca** ~.

a tăia crengile/ramurile unui copac to lop away/ off the branches of a tree.

a tăia cupoane to live on one's income; to have an income from one's own; *F* to be a gentleman of leisure; to lead a gentleman's life.

a tăia curajul cuiva to damp smb.'s spirits.

a tăia curentul (electric) to cut off the current.

a-și tăia degetul to cut one's finger.

a taia ceva de la rădăcină to strike at the root of smth.

a tăia pe cineva de pe listă to scratch smb. off from a list; to strike smb.'s name off.

a tăia din hazul unui lucru *sl.* to take the pep out of smth.

a (mai) tăia din nas cuiva to bite/to cut/to flatten (out) smb.'s nose; to cut smb.'s comb; to crop smb.'s feathers; to lower smb.'s crest; to draw smb.'s eye teeth; to take smb. down a peg (or two); to knock smb. off his perch; to make smb. sing small; to put smb. in his place; to take the conceit out of smb.; *F* → to sit on smb.; *F* → to tell smb. where to get off; *amer.* to take the frills out of smb.

a tăia dracului bureți *v. ~ frunză la câini.*

a-și tăia drum prin... to cleave one's way through...

a tăia drumul to stop the way; ~ **cuiva** to head smb. off; to bar smb.'s way; to waylay smb.; *sport* ~ **celorlalți concurenți** to nick in.

a tăia felii to slice up/sliver; *(o felie subțire)* to shave off a slice.

a tăia firul în patru to split hairs/straws; to chop logic; to draw it fine.

a tăia fitilul unei lămpi to trim a lamp.

a tăia foile unei cărți to cut the leaves of a book.

a tăia frunză câinilor/la câini ← *F* to keep hands in pockets; to sit idle; to loaf/to idle/to loll/to fiddle/*sl.* to gad about; to idle away one's time; *F* → to laze (away) one's time; *sl.* to bum around; *F* to go whistling; *F* to twiddle one's fingers/thumbs; to be helping Uncle Antony to kill dead mice; *v. și* **a sta cu brațele încrucișate** 2.

a tăia găina care face ouăle de aur to kill the goose that lays the golden eggs.

a tăia ghearele cuiva *fig.* to cut/to clip/to pare smb.'s claws; *F* → to draw smb.'s teeth.

a tăia iarba to cut/to mow the grass.

a tăia împrejur to circumcise.

a tăia în biais/veref to cut on the slope.

a tăia în bucăți to cut/to chop to/in/into pieces/ bits; to mince; *(în felii subțiri)* to rash.

a tăia în carne vie 1. *(a lovi în plin)* to deal a heavy/ < a deadly blow; *fig.* to sting to the quick; to touch to the heart/the soul. **2.** *(a curma răul din rădăcină)* to uproot/to eradicate the evil. **3.** *(a lua măsuri drastice)* to take extreme measures.

a tăia în lemn to carve/to cut in wood.

a tăia în rondele (ceapă etc.) to ring.

a se tăia la deget to cut one's finger.

a tăia la gogoși/minciuni/palavre to spin a yarn; to throw a hatchet; to swagger; to stretch; to vapour; *(a exagera)* F → to draw/to pull/to shoot the long bow.

a-l tăia la stomac ← F to have the colic/F → the gripes/P → the mulligrubs/F → the collywobbles.

a tăia lăturoaie to slab timber.

a tăia lâna oilor to shear/to cut/to clip/to crop/to fleece sheep.

a tăia lemne to chop/to cleave/to split wood; to cut timber; *(cu ferăstrăul)* to saw timber; to saw up wood.

a tăia marmura în plăci to slab marble.

a tăia mingea *sport* to undercut.

a tăia nodul gordian to cut the Gordian knot.

a tăia nutreț to cut down fodder.

a tăia paie to chop straw.

a tăia o pană to cut/to make/to mend a pen.

a tăia o pădure to cut down a wood/a forest.

a tăia părul scurt cuiva to bob/to shingle smb.'s hair.

a tăia pâinea în felii groase to cut the bread thick.

a se tăia până la os to cut oneself to the quick.

a tăia pe fir drept to cut (a material) on the straight.

a i se tăia picioarele; i se tăiară ~ *fig.* his knees gave way under him; hid heart sank.

a tăia piroane *sl.* to cut it fat; *fig.* to deserve/to win the whetstone; *v. și ~* **la gogoși.**

a tăia pliscul to cut the cackle.

a tăia cuiva pofta de ceva to discourage smb. from smth.; to put smb. out of conceit with smth.; to put smb. off; **~ de a (mai) face ceva** to put smb. off doing smth.; *fig.* to pour cold water on smb.

a tăia cuiva pofta de mâncare to take away/to spoil/ to damp smb.'s appetite; to put smb. off (his appetite).

a tăia un porc to kill/to stick off a pig.

a tăia porția/rația cuiva to dock smb. of his ration.

a tăia răul din rădăcină to strike at the root of an evil; F → to set the axe to the root of an evil.

a tăia respirația cuiva 1. to stop smb.'s breath; to take smb.'s breath away; to wind smb. **2.** *fig.* to make smb. gasp; to knock the wind out of smb.; *v. și* **a lăsa cu gura căscată.**

a i se tăia respirația 1. to be short of breath. **2.** *fig.* F v. **a rămâne ca trăsnit.**

a-i tăia resursele/subsidiile cuiva to stop smb.'s allowance; *lit.* to shut one's purse against smb.

a tăia retragerea unei armate *mil.* to cut off an army's retreat.

a tăia scurt to reduce in length; to cut shorter; to make shorter.

a tăia setea cuiva to quench/to slake smb.'s thirst.

a-și tăia singur craca de sub picioare to saw off the bough on which one is sitting; to bite off one's nose; to build a fire under oneself; to burn one's own ship behind one; to dig one's own grave; to cook one's (own) goose; to kill the goose that lays/ laid the golden eggs; to quarrel with one's bread and butter; *rar* → to spit on one's own blanket.

a tăia șindrilă to split shingles.

a tăia cuiva unghiile *v. ~* **ghearele.**

a-și tăia unghiile to cut/to pare one's nails.

a tăia urechile unui câine to round a dog's ears.

a tăia valurile *(cu prova)* to keep end to sea.

a tăia vița to prune/to dress the vine.

a tăia vițelul cel gras to kill the fatted calf.

a tăia vorba cuiva to take (up)/to cut smb. short; F → to squash smb.

a tăinui lucruri furate *jur.* to receive stolen goods.

tăios ca briciul (as) sharp as a rasor.

a se tămâia reciproc claw me and I will claw thee; scratch me and I'll scratch you.

a tărăgăna o discuție *v.* **a lungi vorba.**

tărie de caracter strength of character.

al tău/dumneavoastră devotat yours sincerely.

a se tăvăli de râs to rock/to shake with laughter; to be splitting with laughter; F → to laugh oneself into fits; *v. și* **a râde în hohote.**

a tăvăli pe cineva în noroi F to drag smb.'s name in/through the mud.

a se tăvăli prin iarbă to have a roll on the grass.

tânăra generație the rising/the younger generation.

o tânără speranță a young hopeful.

un tânăr cu capul pe umeri an old head on young shoulders.

un tânăr filfizon a gay young spark.

a tândăli de colo până colo to lumber about.

a tândăli pe străzi to drag about the streets.

a tânji după căminul său to long for home.

târâș-grăpiș limping/rubbing/hobbling along; *(cu greu)* with the greatest pains; *(cu întreruperi)* by fits and starts.

a se târî ca un șarpe to snake along.

a se târî de colo până colo to lounge about; to lob (along).

a târî ceva după sine to lug smth. about with one.

a se târî înaintea cuiva to go one's knees before smb.

a târî pe cineva în mocirlă/noroi to drag smb./smb.'s name through the mud/the mire; *F →* to throw dirt at smb.

a se târî pe coaste to work oneself along on one's elbows.

a târî picioarele to drag one's feet; to trail one's limbs after one; *(a înainta greu)* to trudge along; to shamble along.

a târî/trage un picior to be/to walk lame.

a-și târî zilele *← F* to drag out a miserable existence.

a târnosi mangalul *← F amer.* to be on the bum; *v.-și a tăia frunză câinilor.*

a târșâi picioarele to walk with a shuffle; to shuffle along; to scrape one's feet along the floor.

târziu în noapte well on into the night/small hours; very late at night.

târziu spre seară last thing at night.

teafăr, sănătos/și nevătămat safe and sound; whole and sound; safe/sound in life and limb; (as) right as rails/as a trivet; *F →* alive and kicking.

teamă mi-e că...; mă tem că... I think/I fear/I am afraid that...

a telefona la poliție (în S.U.A.) to dial 999.

a telegrafia după cineva to wire for smb.

mă tem că da I fear so.

mă tem că nu I fear not.

nu te teme! don't be afraid! you shouldn't be afraid! have no fear! *F →* never fear! *elev.* be not afraid! **să nu te temi de asta** you needn't be afraid of that.

a se teme de ceva/cineva ca dracul de tămâie to be/to stand in dread of smth./smb,; to have a holy terror of smth./smb.

a se teme că... to dread that...

a-și teme cojocul/pielea *F* to fear from one's skin; to be uneasy about one's life; to be in terror of one's life; to go about in bodily fear.

a se teme cumplit de ceva/cineva to funk smb./(at) smth.

a se teme de ce e mai rău to fear the worst.

a nu se teme de nici un dușman to fear no colours.

a nu se teme de nimic to be game for anything.

a nu se teme/a nu-i păsa de pericol to be unapprehensive of danger.

a se teme pentru viața cuiva to fear/to be afraid/to be apprehensive/to be in apprehension/to tremble for smb.'s life.

a se teme și de umbra lui to be afraid of one's (own) shadow.

temperatura e în creștere the thermometer has gone up.

temperatura i s-a ridicat his temperature has risen; he has developed a temperature; he runs a fever/a temperature.

terchea-berchea *F* good-for-nothing (fellow); never-do-well; ne'er-do-well.

a terfeli/păta/murdări numele cuiva to cast/to put a slur on smb.'s reputation.

teribilă căldură! *amer. P* some heat!

teritorii sub tutelă territories under trusteeship.

a termina cu cineva 1. to be through with smb.; *(repede)* to be short with smb. **2.** *(a-l distruge) F →* to finish smb. off.

a termina cu ceva to make an end of smth.; to put an end to smth.; to bring smth. to an end.

a nu mai termina cu ceva to take a long/*rar* an unconscionable time doing smth.; to be long over smth.

a se termina cu bine to come off well/all right.

a termina o cursă pe locul... to finish first, etc. in a race...

a termina cursurile cu distincție to get/to obtain/to take a class; to gain honours; to pass with honours (in history, etc.).

a termina definitiv cu ceva to bring smth. to a close; *P →* to put the kibosh on smth.

a termina în doi timpi și trei mișcări cu ceva/ cineva to make short work of smth./smb.

a termina la egalitate *sport* to end in a draw; to tie; to draw; *(d. cai și fig.)* to finish neck and neck.

a termina un lucru început to have a thing out.

a termina o partidă to play out.

a termina perioada de ucenicie to take up/to be out of one's indentures; to be out of one's time.

a termina programul la ora... to knock off at...

a termina proviziile *(d. persoane)* to have run out of provisions.

a termina rău *(d. persoane)* to come to grief; *F →* to come to a sticky end.

a-și termina studiile to finish one's studies; *(la o școală)* to leave school; *(la universitate)* to take one's B.A. degree.

s-a terminat it's all over; all is over; *~* **cu asta** *F →* so much for that; *~* **cu bine** no harm done; *~* **cu el** it's all over with him; *~* **cu noi** it will be the end of us; **a terminat numai pe jumătate** he only half finished it.

am terminat! *F →* that's flat!

a termina un tablou to finish off a picture.

termină (cu asta)! enough! stop talking! come out of that! come off it! drop it!

nu mai termină! what a time he takes!

termină cu fleacurile/prostiile (astea)! stop that nonsense! non of your (damned) nonsense! *F →* go along with you! *F →* sell your ass!

termină cu gluma! truce to jesting!

termină (odată)! be done! have done! do give over! *F →* drop it! *P →* stow it! *F →* just cut it out! *F →* snap out of it!

termometrul arată 10 grade the thermometer stands at/registers 10 degrees.

a teroriza/tiraniza pe cineva to domineer over smb.; to bully smb.; ~ **un popor** to dominate (over) a people.

un ticălos prin definiție a rogue in grain.

a-i tihni mâncarea to enjoy/to relish one's food; to be left alone to relish one's food.

a-i tihni odihna to enjoy one's rest.

timp de câteva momente/minute for a little (while); for a few minutes.

timp de mulți ani for many long years.

timp de... ore în șir/la rând for... hours on end.

timp mort idle period; slack time; **timpi morți** wastage of time.

timp ploios/urât fine weather for the ducks.

timpul va arăta/va dovedi time will show/tell.

timpul ce va veni the time to come.

timpul costă bani *prov.* time is money.

timpul e cum nu se poate mai bun the weather is all one could wish for.

timpul pierdut nu se mai întoarce *prov.* lost time is never found again; time and tide wait for no man.

timpul presează time presses.

timpul se scurge încet time lies heavy on my hand; *amer.* time hangs heavy.

timpul se scurge repede time runs by.

timpul toate le coace *prov.* in space comes grace.

timpul trece time wears on.

timpul trece greu time drags on; *amer.* time hangs heavy.

timpul vindecă toate rănile/totul time cures all; *F →* time heals all sorrows; time is the best healer.

timpul zboară time is flying.

a tinde spre culmile gloriei *(literare etc.)* to soar to the heights of (literary, etc.) fame.

tinerețea e trecătoare we are young only once.

tineri însurăței the bride and the bridegroom; *F →* just married.

a tipări cu litere cursive to print in italic(s).

un tip bine *amer. F* a swell guy.

un tip ciudat *F →* a queer bird/fish/specimen.

tiptil by stealth; stealthily; on the sly; *(încet)* slowly.

e un titlu de glorie pentru el *F →* that's a feather in his cap.

titlu de noblețe *peior.* a handle to one's name.

a titra un film *cinema* to insert the titles.

a o tivi *fig. F* to scuttle away; to pack off.

toamna se numără bobocii *prov. aprox.* don't count your chickens before they are hatched; never cackle till your egg is laid.

a toasta în sănătatea cuiva to drink (to) smb.'s health; to drink the king; **toastez pentru gazdă** I propose the host.

toată banda/gașca/șleahta/trupa *F* the whole kit/lot/caboodle; *sl.* the whole blessed/bang lot.

toată lumea everybody; everyone; *F glum. →* all the world and his wife; ~ **fără excepție** each and all.

toată lumea gândește ca mine dozens of people think as I do.

toată lumea la posturi! *mar.* all hands to quarters.

toată lumea pe bord! *mar.* all aboard!

toată lumea pe punte! *mar.* all hands on deck!

nu toată lumea poate fi genială/un geniu not everybody can be a Milton.

toată lumea a scăpat cu bine nobody was a penny the worse.

toată lumea știe asta everybody knows it; it's a well known fact; it's common knowledge; *F →* every barber knows that.

toată lumea trebuie să trăiască live and let live.

toată lumea vorbește despre asta it is the (general) talk of the town; it is in everybody's mouth.

toată noaptea all night/the whole night (long).

toată presa era în fierbere Fleet Street was all agog.

toată săptămâna week in, week out; the whole week.

toată suflarea all flesh; *v. și ~* **lumea.**

toată șleahta/trupa *v. și ~* **banda.**

toată ziua/ziulica day in, day out; all day long.

nu-i toată ziua duminică *prov.* Christmas comes but once a year.

toate acestea all this.

toate amănuntele/detaliile unei chestiuni/probleme the long and the short of it/of the matter.

toate astea sunt absurde that's all nonsense.

toate astea sunt minciuni/născociri this is pure invention.

toate astea sunt numai pretexte that's all make-believe.

toate astea-s prostii *P →* that's all my eye (and Betty Martin)! *amer. F* it's all blaa.

toate astea sunt vorbe goale that's all bunkum; that's idle talk; that's all flummery.

toate bune şi la locul lor 1. all right; all's right; all's well; *F* → all's right with the world. **2.** *ironic F* that's all very fine/well.

toate bune până acum all's well so far; so far so good.

toate bune (şi frumoase), dar... that's all very well (and good), but...

toate celelalte (all) the rest of it; everything else.

toate de aceeaşi mărime all of a size.

toate drepturile rezervate *publicistică* all rights reserved.

toate drumurile duc la Roma all roads lead to Rome.

toate fac parte din rutina zilnică *F* → it's all in the day's work.

toate greutăţile au fost înfrânte *F* → it's all clear sailing.

toate se învârteau înaintea ochilor everything reeled before his eyes.

toate la timpul/vremea lor everything in its turn/ season; all in good time; there is a time for every-thing; *prov.* everything is good in its season.

toate au o limită there is a limit to everything; *F* → one must draw the line somewhere.

toate au un sfârşit *prov.* everything has an end.

toate lozurile sunt câştigătoare you win every time.

toate lucrurile cu urmările lor every little tells.

toate îi merg în plin < all is grist that comes to his mill.

toate pânzele sus *mar.* under a crowd of sail; (with) all sails set.

toate vorbeau/erau împotriva lui everything told against him.

tobă de carte over-learned; a walking dictionary.

a-şi toca averea/banii to spend/to get/to run through one's fortune; to squander one's money; to make ducks and drakes with money.

a toca carne to hash/to mince meat.

a toca dracului/a-i ~ gura bureţi *v.* **a spune cai verzi pe pereţi.**

a toca pe cineva la cap to pester/to nag smb.; to keep hammering smth. into smb.'s head; *v. şi* **a bate capul cuiva.**

a toca verzi şi uscate *F* to talk nineteen/thirteen to the dozen; to talk at random; to prattle.

a toci cu îndârjire/încăpăţânare to slog (*F* → away/on) at one's work.

a-şi toci/răci gura degeaba; îţi toceşti/răceşti ~ *F* don't say any more to him; save your breath; it's throwing words away.

a toci la/pentru un examen *F* to cram/to swot (up) for an exam; *F* to grind for an exam; *F* to mug (at) a subject; to mug up a subject.

a toci pragul (casei) cuiva to camp on smb.'s door-step.

a-şi toci tălpile to wear one's heels down.

nu tocmai not exactly/quite.

tocmai aici just here.

tocmai aici e/în asta constă greşeala *F* → that's just where the mistake comes in.

tocmai aici e nostimada/partea amuzantă/co-mică that's where the fun comes in; *F* → that's the beauty of it!

tocmai asta/aşa! just so! *sl. amer.* all to the mustard.

tocmai asta şi vreau that's just what/the very thing I want.

tocmai aşa in so many words.

tocmai aşa credeam şi eu I thought as much.

tocmai atunci just then.

tocmai azi today of all days.

tocmai bine *sl. amer.* all to the mustard.

tocmai bun... quite up to the mark; *(d. friptură)* done to a turn.

tocmai când... just as...; even as...

tocmai cât trebuie that will do.

tocmai ce(ea ce) trebuie/se cade the very thing; this is good enough for me; *F* → quite the potato; *F* → a bit off all right; *P* → that's jammy; *F* → that will fill the bill; that will answer the bill.

nu tocmai ceea ce trebuie not quite the thing.

nu tocmai cuviincios not (quite) the thing.

tocmai de-a-ndoaselea *F* → over the left.

tocmai de asta e nevoie *sl.* that'll do the trick.

tocmai dimpotrivă just the opposite; quite the con-trary.

tocmai el! he off all people!

tocmai a împlinit 40 de ani she is just out of her thirties.

tocmai în faţa mea right before/in front of me.

tocmai la timp/ţanc (that comes) in good time/in the (very) nick of time.

tocmai mi-a trecut prin minte it has just dawned upon me.

tocmai tu te plângi! *amer.* *F* → you've no kick comming!

nu tocmai potrivit/cam deplasat/cam nepotrivit not quite the ticket.

tocmeala în târg şi ursul în crâng don't count your chicken before they are hatched.

a tocmi mână de lucru to take on/to hire hands.

toiagul bătrâneţelor sale the stay of one's old age.

a nu tolera o astfel de conduită; nu tolerez ~ I won't stand such conduct.

nu tolerez eu aşa ceva/una ca asta! *F* → not for Joe!/Joseph!

a tologăni ca o moară stricată *F* to talk thirteen/fifteen/nineteen to the dozen.

Toma necredinciosul doubting Thomas.

n-o să mă topesc (de ploaie) *F* I'm neither sugar nor salt.

a se topi ca ceara to melt like wax.

a topi curajul cuiva to dash smb.'s spirits.

a se topi de dragoste *fig.* to melt with love; *înv.* → to be sick for love.

a se topi după ceva to weary/to pine for/after smth.

a i se topi inima după cineva; i se topea ~ ei his heart went out to them.

a se topi în gură to melt in one's/the mouth; *(d. un aliment)* to eat short.

a topi rezerva cuiva *F* → to thaw smb.'s reserve.

a topi unt to run butter.

a topi untură to render lard/fat.

torent de invective/injurii a string of profanities.

tot acolo vei ajunge you will have to do it first or last.

tot aia e! it amounts to/comes to/*F* → boils down to the same thing.

total fals/greşit not a bit (of it)!

a totaliza o sută de puncte *sport* to knock up a century.

total lipsit de importanţă/semnificaţie quite immaterial; not anywise essential.

totalul se ridică la... the total works out at six pounds...; the whole amounts to...

tot anul year in, year out; all the year round.

tot aşa de sigur cum mă cheamă Bob as sure as my name's Bob.

tot aşa şi eu so do I; so have I, etc.; *F* → same here.

tot atât the same amount/quantity; as much.

tot atât cât... every bit as much...

tot aurul din lume să-mi fi dat not for the world.

tot avutul meu all I possess.

tot calabalâcul *fig.* the whole bally lot/caboodle.

tot ce-i cade în mână anything he can lay hands on/upon.

tot ce doriţi whatever you like.

tot ce e mult nu e bine (you can't have) too much of a good thing; too much is as bad as none at all.

tot ce face el e minunat all his geese are swans.

tot ce-i tânăr e cu zâmbetul pe buze all is gay that is green.

tot ce poate fi mai simplu nothing could be simpler.

tot ce se poate not unlikely!

tot ce vrei, numai... nu anything but...

nu tot ce zboară se mănâncă *prov.* all is not gold that glitters; all are not hunters that blow the horn.

tot cocoşul pe gunoiul lui cântă *prov.* a cock is valiant on his own dunghill; every cock crows on his own dunghill; *aprox.* every dog is a lion at home/is valiant at his own door.

a-i tot da cu Doamne-ajută ← *F* to insist on...; to persist in...; to harp on (the same string); never to hear the last of...; to hammer the point.

tot ai să dai de dracul într-o bună zi/până la urmă you'll catch it in the long run!

tot un drac *F* much of a muchness; much (about) the same; it's six of one and half a dozen of the other; it is long as it is broad; it's a distinction without a difference; *prov.* as well be hanged for a sheep as for a lamb; it makes no difference; it amounts/comes to the same thing.

tot drumul all (along) the way.

tot felul de... all kinds/sorts of...; ...of every description.

să tot fie... it must be something like...

tot înainte forward!

tot mai... even more...; *(comp)* greater and greater.

îi tot ninge şi plouă he is out of sorts.

tot omul *v.* toată lumea.

tot răul spre bine *prov. aprox.* no great loss without some small gain.

tot soiul de... *v.* ~ felul ~.

tot mai tare stronger and stronger; ever stronger.

tot timpul all the time/the while; again and again; without a breach of continuity.

tot ţiganul îşi laudă ciocanul *prov.* every cook praises his own broth; every potter praises his own pot; every bird likes its own nest; each bird loves to hear himself sing.

totu-i bine ce sfârşeşte bine all's well that ends well.

totul! stick and stone!

totul se află everything gets known.

totul se va aranja cu bine things will come right/will turn out right.

totul a căzut baltă ← *F* it's all off; the whole thing is off.

totul depinde de împrejurări *prov.* circumstances alter cases.

totul depinde numai de tine it lies (entirely) with you (to do it).

totul e aiurea (în tramvai) things are (going) all anyhow.

totul e aranjat *v.* totul e în ordine.

totul e cu putinţă numai să vrea/când vrea omul everything is possible to him who has the will.

totul e cu susul în jos everything is in confusion/topsy-turvy/upside-down/in a jumble.

753

totul e deşertăciune! all is vanity.

totul e în ordine all's well! all is as it should be; everything is settled; it's all settled; the matter is settled; *F →* all clear/*sl. mil.* buttoned up.

totul e înşelătorie *F →* that's all mere window-dressing.

totul e pe dos things are all wrong; everything is wrong.

totul e pierdut! *F →* the game is up; it's all up.

totul este inclus în preţ *com.* the prices quoted are all in.

totul este împotriva ta you haven't got a chance; you haven't a dog's chance.

totul se face automat/de la sine *F →* you've only to press the button.

totul a ieşit cum nu se poate mai bine everything has succeeded to our heart's content.

totul a încetat/s-a oprit brusc *F →* things came to a full stop.

totul se întoarce împotriva mea nothing goes right with me.

totul la timpul său all in good time/in due time; there is a time for everything; everything is good in its season.

totul merge ca pe roate *F* things are going strong; *F →* everything is going like clockwork; *F* things are going swimmingly; *~* **a mers** *~* everything went with a buzz/a roar/a run/a swing.

totul merge de minune/straşnic *P →* Bob's your uncle!

totul merge prost things are all wrong; everything is wrong.

totul pare frumos de la distanţă distance lends enchantment to the view.

totul îi reuşeşte *F →* he always turns up trumps.

totul sau nimic neck or nothing.

totul i-a surâs he had it all his own way.

totul s-a terminat it is all over.

totul trebuie să aibă un început *prov.* everything has a beginning.

totul se verifică în practică *prov.* → the proof of pudding is in the eating.

tot una *v.* **tot un drac.**

tot vorbind de una şi de alta speaking of this and that.

toţi afară de... all but/except...

toţi băieţii sunt la fel *aprox.* boys will be boys.

toţi bătrânii sunt aşa old people are like that.

toţi ca unul/fără excepţie one and all; all in one; all together/in a body/to man; everyone of them; all and sundry/singular; *F →* every mother's son (of them); *F glum.* all the world and his wife.

toţi câţi sunteţi the whole lot/all the lot of you.

toţi ceilalţi everybody else.

toţi deştepţii din partea locului *peior.* all the wits and wisdom of the place.

toţi fără excepţie *F →* every jack man of them.

toţi la un loc nu pot strânge 10 lire they haven't ten pounds among them.

toţi oamenii sunt muritori I owe God a death.

toţi până la unul *v.* **~ fără excepţie.**

toţi pentru unul şi unul pentru toţi all for each, and each for all.

toţi sunt bineveniţi *F →* let'em all come!

toţi sunt egali în faţa morţii death is a great leveller.

toţi sunt la fel there is nothing to choose between them; they are all alike.

tovarăş de viaţă partner for life; (help)mate.

tovarăşi de drum/călătorie fellow traveller/passenger; travelling companion.

a traduce cuvânt cu cuvânt to translate literally/ word of word; to do a verbatim translation.

a traduce o frază (în româneşte) to turn a sentence into (Romanian).

a-şi traduce gândurile în cuvinte to put one's thoughts into words.

a traduce greşit to mistranslate; to translate erroneously.

a traduce în fapt/viaţă to put into practice; to carry out; to bring/to carry into effect; to convey into real fact; to translate into fact/life; to make something a reality; to materialize.

a traduce pe cineva în faţa autorităţilor/judecăţii/în justiţie to bring smb. to justice/law.

a-şi traduce în viaţă principiile to live out one's precepts.

a traduce un pasaj în... to put a passage into...

a se traduce prin... to find expression in...

a traduce un proverb etc. în englezeşte to give the English equivalent of a proverb, etc.

tradus în faţa curţii marţiale court-martialled.

traficant de carne vie white slaver; procurer.

a trage aer în piept to draw (a deep) breath; to fill one's lungs with air.

a trage aer proaspăt pe nas to draw a sniff of fresh air.

a trage un aghios/aghioase 1. *(a cânta tare)* ← *F* to be in full song; to sing in a loud voice. 2. *(a sforăi)* to snore like a pig in the sun; *F* to drive one's pigs/hogs to market.

a trage apa la closet to flush the toilet.

a se trage mai aproape de cineva to draw near/ close to smb.

a trage asupra cuiva/în cineva to fire at/on smb.; to loose at smb.

a trage asupra (unei păsări etc.) în zbor *F* to take a flying shot at (a bird etc.).

a trage atuul to draw the trumps.

a-l trage ața la ceva ← *F (a se simți atras spre...)* to feel drawn to...; **îl ~ acolo** he can't help going there; it's stronger than he.

a trage cuiva o bătaie to give smb. a beating/a licking/a hiding/a spanking/a thrashing/a trouncing/*(cu biciul)* a flogging/a whipping; to give smb. what for/what-for; to comb smb. hair for him; to dust/to lace/to lick/to warm smb.'s coat/jacket; *sl.* to give smb. beans/socks; *sl.* to tan smb.'s hide; *sl. școl.* to administer toco to smb.; *sl. amer.* to lick/to knock/to whale the stuffing out of smb.

a trage cuiva o bătaie bună/zdravănă to beat smb. black and blue/*F* to a jelly/*amer.* to a pulp; *F* to beat/to lick (the living) tar/hell out of smb.; *F* to knock smb. into the middle of next week; to lay (it) on smb.; *F* to lay into smb.; *sl. școl.* to administer toco (to a boy).

a-i trage cuiva o bătaie soră cu moartea to beat/to thrash smb. within an inch of his life; to beat smb. to a mummy/to death; *sl.* to kick the life out of smb.; *sl.* to whale/to knock the (living) daylights out of smb.

a trage bine *(d. armă)* to shoot straight/true/well.

a-i trage butucul cuiva ← *F* to sell smb.

a trage cuiva o calcavură *F* to give smb. a (good) drubbing; *v. și* **a snopi pe cineva în bătaie.**

a trage calupul cuiva *F v.* **~ clapa ~.**

a trage o carte to draw a card.

a trage un cartuș orb to fie (with) blank cartridge; to fire of blank (shot).

a trage un ce/profit din toate to play one's cards well.

a trage cenușa pe turta sa *v.* **~ spuza ~.**

a trage un cerc to describe a circle.

a trage un chef *F* to be on the booze; to make good cheer; *F* to go on a bat/the batter; *P →* to go on the bend; *amer.* to whoop things up.

a trage (la) chefuri to paint the town red; to be on a spree; to be/to go/to live on the loose; to keep carousing; *sl. amer.* to hit the big spots.

a trage o chelfăneală cuiva to give smb. beans; to give smb. a dusting/socks; *F* to trim smb.'s jacket; *v. și* **a trage cuiva o bătaie bună/zdravănă.**

a trage un chibrit to strike a match.

a trage chiulul to shirk; to skulk; to dodge the column; to play Saint Monday.

a trage chiulul de la școală to stay away from school; to play truant; *sl.* to play the wag; *sl. amer.* to play hookey.

a-și trage ciorapii to pull on one's stockings/socks.

a trage cizmele cuiva to take off smb.'s boots.

a-și trage cizmele to put on one's boots.

a trage clapa cuiva 1. *(a înșela) F* to gull/to diddle smb.; to take smb. in; *sl.* to have smb. on toast. **2.** *(a scăpa cuiva printre degete)* to give smb. the bag/the slip/the go-by.

a trage clopotele to ring a peal; to set the bells ringing/swinging; *(de înmormântare)* to ring/to toll the knell; to sound the death knell.

a trage o concluzie to draw/to reach a conclusion; *(în logică)* to make an inference.

a trage o concluzie greșită *fig.* to take/to get the wrong sow by the ear.

a trage o concluzie prematură/pripită to jump/to rush to a conclusion/to conclusions.

a trage concluzii din anumite premise to reason from premises.

a trage concluzii din fapte to put two and two together.

a trage consecințele to suffer/to take the consequences; *F →* to face the music; to stand the racket.

a trage o copită cuiva *(d. cai)* to lunge out at smb.

a trage cortina to ring down the curtain; **~ peste ceva** to draw the curtain on/over smth.

a trage cu arcul to draw the bow.

a trage cu banul to toss for smth.

a trage cu ochiul la... to steal a glance/a look at...; to cast a sidelong glance at...

a trage cu pistolul în cineva to snap a pistol at smb.

a trage cu precizie to shoot straight.

a trage curentul; trage (curentul) prin ușă there is a draught at that door; a draught comes in at that door.

a trage cu tifla la *v.* **a da ~.**

a trage cu tunul to fire a cannon/a gun; to bring cannons into play.

a trage cu urechea to eavesdrop.

a-i trage un dans *sl.* to shake a leg.

a trage de braț pe cineva to pull smb. by the sleeve.

a trage de cordonul soneriei to pull the bell.

a trage de frânghie to give the rope a tug; to strain at a rope.

a i se trage de la... to be caused by...

a trage de lesă *(d. câine)* to strain/to tug at the leash.

a trage pe cineva de limbă to sound smb.; to draw smb. out; to pump smb./smth. out of smb.; to give smb. a lead; to fish secrets out of smb.

a nu-l trage deloc inima să... to have no heart to...

a trage pe cineva de mânecă to pluck (at) smb.'s sleeve; to pluck smb. by the sleeve.

a trage de mustață to tug at one's moustache.

a trage pe cineva de nas to pull smb.'s nose.

a trage pe cineva de păr to pull smb. by the hair; to pull smb.'s hairs.

a se trage de șireturi cu cineva to hobnob with smb.; *v. și* **a se bate pe burtă ~.**

a trage de timp to make a time thrust; *sport* to play out time.

a trage pe cineva de urechi to pull/to tweak/to warm smb.'s ears.

a se trage din.../de la... 1. to descend/to be descended from; to go back to...; to come of...; 2. *(ca loc)* to come/to hail from...; to be a native of... 3. to derive from.

a trage din apă to fish out of the water; to fish up.

a trage din greu la rame to strain at the oars.

a trage din pipă to puff/to pull/to suck at one's pipe; to have/to take a suck at one's pipe.

a se trage dintr-o viță nobilă to be sprung from a nobel race; to be of noble descent.

a trage dopul din sticlă to uncork; to take the cork out of a bottle; to pull/to draw the cork.

a trage dracul de coadă *v.* **a trăi de azi pe mâine.**

a trage drept la țintă to fire point-blank at smb.; to shoot straight.

a trage o dușcă to take a good draught/*F* pull; to wet one's whistle; to have a nip/a drop/a dram/*P* a wet; to have a swill of smth.; to take a nip; *P* → to freshen the nip; **~ din sticlă** to pull at a bottle; to take a pull/*P* → a swig at a bottle.

a trage un foc de pușcă to fire a shot.

a trage focuri de învăluire *mil.* to straddle a target.

a trage foloase/folos de pe urma unui lucru to benefit by smth.; to derive benefit/advantage from smth.; to make a good thing of smth.; to make the most of/a profit out of smth.; to take advantage of smth.; to turn smth. to advantage/profit/ good account; to reap profit from smth.; *F* → to make capital out of smth.

a trage folos din toate all is fish that comes to his net.

a trage frâna *auto* to pull up the brake; **~ repede** *amer.* to yank on the brake.

a trage un frecuș cuiva *v.* **~ o săpuneală.**

a trage un fum (din țigară) to have a pull (at a cigarette/*sl.* a fag); to take a (long) draw at one's cigarette.

a trage un gât *v.* **~ o dușcă.**

a trage un glonț to shoot/to fire a cartridge.

a trage greu în balanță/la cântar to weigh heavy.

a trage o gură cuiva *v.* **~ săpuneală ~.**

a trage împreună la jug to draw to the yoke together.

a trage în aer *F* → to fly/to send up a kite.

a se trage în degete cu cineva ← *P F* to stand up with smb.; to be hand and/in glove with smb.

a trage în gară *(d. tren)* to pull/to steam in.

a trage în gazdă la cineva to rent/to take a room with smb.; to put up at smb.'s house.

a trage în gol to miss the mark.

a trage în jos to pull down.

a trage o înjurătură to rap out an oath.

a trage în piept pe cineva *(a înșela)* to play a practical joke on smb.; *P* → to do smb. brown; *P* → to lead smb. up the garden.

a trage în țeapă to impale; to pierce with a sharp stake.

a trage o învățătură din ceva to draw a lesson from smth.

a trage în vânt (cu pușca) *F* → to waste one's shot.

a trage la cântar to weigh.

a trage la chei *mar.* to sheer up alongside.

a trage la curea *(d. brici)* to strop.

a trage la edec to tow (along).

a trage la fit *v.* **~ chiulul.**

a trage la fit de la o prelegere *F* to cut a lecture.

a trage la un han to put up at an inn; *înv.* to be/to lie at host.

a trage la un hotel to put up at a hotel.

a trage la măsea *F* to booze, to guzzle, to tipple; to take a drop too much; to be given to drink; to be the worse for drink; to rinse one's throat; to have a rinse; to take too much; to be fond of the bottle; to ply the bottle; to wet one's whistle; *F mar.* to splice the main brace; *sl.* to wash one's ivories; to dip one's beak; to bend/to lift one's elbow; to crook the elbow/the little finger; to moisten one's clay.

a trage la nimereală to shoot wild; *F* → to shoot at rovers.

a trage la rame to ply the oars; to pull at the oars; to row.

a trage pe cineva la răspundere pentru ceva to hold smb. responsible for smth.; to call smb. to account; to bring smb. to book.

a trage la remorcă/edec to have in tow; *v. și* **~ edec.**

a-l trage la somn to feel sleepy, to be drowsy.

a trage la sorți to draw/to cast lots for smth.; to draw cuts/straw; to play long straws; *(cu banul)* to toss for smth.; **~ partenerii la cărți** to draw (cards) for partners.

a trage (mașina etc.) la trotuar to pull over to one side.

a trage ceva la țărm to haul smth. ashore.

a trage la țintă to shoot/to fire at a target.

a trage o linie/linii to rule a line; to draw lines; **~ peste ceva** to strike through smth.; **~ paralelă cu alta** to draw a line parallel to another.

a trage o lovitură to strike a blow; *(cuiva)* F → to fetch smb. a blow.

a trage lozul câștigător to draw a prize at a lottery.

a trage o lumânare *sport* to knock up the ball; to balloon the ball.

a trage cuiva o mamă de bătaie F to brush smb.'s jacket; P → to lam (into) smb.; *sl.* to sock smb.; to give smb. socks; *amer.* P to beat smb. up; *v. și ~ o bătaie bună.*

a trage mâța de coadă to be hard up; to feel the pinch; F to drift under bare poles; *v. și a trăi de azi pe mâine.*

a trage să moară to be on one's death bed; F → to be on one's last legs.

a trage nădejde to entertain hopes; to hope.

a trage nădejde ca spânul de barbă ← F to hope against hope.

a nu trage nici un profit de pe urma unui avantaj to leave an advantage unimproved.

a trage cuiva niște scatoalce to warm smb.'s jacket; to give smb. beans; *v. și ~ o bătaie.*

a trage un număr necâștigător to draw a blank.

a trage obloanele to put up the shutters.

a trage cuiva o palmă to slap/to strike smb. in the face; to have a slap/a smack at smb.; to slap/to smack smb.'s face; to box/to cuff smb.'s ears; to give smb. a thick ear.

a trage păcatele cuiva to suffer as a result of smb. else's sins/faults.

a trage cuiva o păcăleală to hoax smb.; to play smb. a trick; to play a practical joke on smb.

a-și trage pălăria pe ochi to pull/to tip one's hat over one's eyes; to slouch one's hat.

a trage pe dreapta ← F *(a se culca)* to go to sleep; F → to have/to take a nap; F → to have a snooze; F → to doss down; *glum.* to be off to Bedfordshire.

a trage cuiva un perdaf! F to give smb. a bit/a piece of one's mind; to shave smb.; to comb/to stroke smb.'s hair (for him); to teach smb. a lesson; to take smb. to task; to read smb. a lecture/a homily/the Riot Act; to give it hot to smb.; to give smb. a (good) dressing down; to give smb. a good/a sound rating/a regular set-down; to give smb. a roasting/a scolding hell/a what-for; to bite smb.'s head/nose off; to haul/to have smb. over the coals; to have smb. on the carpet/on the mat; to rap smb. over the knuckles; to rap smb.'s knuckles; to give smb. a rap over the knuckles; to blow smb. a raspberry; to give smb. the raspberry; *sl.* to give smb. beans; *sl.* to tick smb. off; *amer.* to salt smb.

a trage perdeaua to draw the curtain.

a trage pe roată *ist.* to wheel; to break smb. on the wheel.

a trage pe cineva pe sfoară to cheat/to dupe/to gull/to swindle/to trick smb.; to take smb. in; *sl.* to dish/to diddle/to sharp/to spoof smb.; to stuff smb. up; to make a fool of smb.; to play a joke on smb.; F to pull/*scot.* to draw smb.'s leg; F to do smb. in the eye; F to give smb. the bag/*înv.* the bob; F to get the bitter end of smb.; to get up a bit early for smb.; F to put the doctor on smb.; F to sell smb. a dig/*amer.* a gold brick/a lemon/a pup; F to pull a fast one; to toss smb. in a blanket; *înv.* → to play the merchant with smb.; to give smb. the bob; *sl.* to have smb. on toast/on a string; *amer.* to come Paddy over smb.; *amer.* F to get a beat on smb.; to play the advantages over smb.; *sl. amer.* to play horse with smb.

a-și trage picioarele sub sine to tuck one's legs under oneself.

a trage cuiva un picior/pumn etc. to let out at smb. with one's foot/fist, etc.

a trage piciorul to walk lame.

a-i trage cuiva un picior undeva F → to kick smb.'s bottom; F → to send smb. flying.

a trage a ploaie to look like rain.

a trage ponoasele to pay through the nose (for one's mistakes, etc.); *v. și ~ păcatele cuiva.*

a trage profit de pe urma ignoranței cuiva to trade on/upon smb.'s ignorance.

a trage un profit din... *v.* **a trage foloase.**

a trage un pui de somn ← F to take a rest/one's rest; to have/to take a nap; to take a doze; F to have/to take one's forty winks; F to (have a) snooze.

a(-i) trage un pumn cuiva to lunge out at smb.

a(-i) trage cuiva un pumn în obraz F → to smash smb.'s face in.

a trage o raită to go/to make/to take a round; to stooge around; *v. și a da ~ prin (oraș).*

a-și trage răsuflarea to draw breath; to fetch one's breath.

a-și trage răsuflarea cu greu to breathe hard; *v. și a-și trage sufletul cu greu.*

a-și trage repede hainele pe sine to tumble into one's clothes.

a-și trage respirația to take breath.

a trage sabia din teacă to bare/to draw/to unsheathe one's sword.

a trage o salvă de tun to fire/to discharge a volley/a salvo; *(in onoarea cuiva)* to fire a salute in honour of smb.

a trage o săgeată *înv.* to speed an arrow from the bow.

a trage cuiva o săpuneală *F* to dress smb. down; *F* to drop down on smb.; *F* to give smb. a set-down/a roasting/a good wigging; *F* to give smb. snuff; *F* to give smb. a lick with the rough side of one's tongue; *v. și* **~ un perdaf**.

a trage cuiva o săpuneală pe care să n-o mai uite niciodată *F* to put the fear of God into smb.

a trage săruri pe nas dintr-o sticluță to sniff (at) a bottle of salts.

a-și trage scaunul mai aproape to edge one's chair nearer.

a trage cuiva o sfântă de bătaie *F* to lick/to tan smb.; < to thrash smb. soundly; to dust smb.'s jacket; *v. și* **a snopi pe cineva în ~**.

a trage sforile *fig.* to pull the strings/the wires.

a trage o spaimă to get/to have a fright/*sl.* the wind-up.

a-i trage cuiva o sperietură/spaimă; mi-ai tras o sperietură/spaimă *F* you gave me such a turn.

a trage spre dreapta to bear to the right.

a trage spre stânga to incline to the left.

a trage spuza pe turta sa *F* to draw water/to bring grist to one's mill; to look after number one.

a trage storurile to draw the blinds.

a-și trage sufletul cu greu to pant/to have for breath; to have forth; to fetch one's breath; to take breath.

a trage un șut *sport* to shoot the ball; to have a shot at the goal.

a trage tabac/tutun to take snuff.

a trage tare *fig.* to put one's best foot foremost/forward.

a trage tare de ceva to lug at smth.; to lug smth. along.

a trage tare la vâsle/rame to row/to pull hard.

a trage targa pe uscat ← *fig.* I. *v.* **a trăi de azi pe mâine**. 2. *(a nu avea ce face)* to be at a loose end.

a trage cuiva un tighel *fig. v.* **~ un perdaf**.

a trage cuiva un toc de bătaie *v.* **~ o bătaie bună**.

nu trageți! don't shoot! hold your fire!

a-și trage ultima (ră)suflare to be at death's door/at the point of death/on the verge of death.

a-i trage una *(a-i lipi una)* to land smb. one.

a trage unul într-o parte și unul în cealaltă to be at cross purposes.

a trage vârtos/zdravăn/cu inimă to give a good tug.

a trage vin dintr-un butoi to draw wine (from a barrel); to tap wine.

a trage zăvorul/zăvoarele to unbolt; to shoot the bolts.

a trage zdravăn la măsea to drink heavily.

trai pe roze (to be) on a bed of roses.

trandafiri fără spini/țepi nu se poate no rose without a thorn; we must take the bitter with the sweet.

a transcrie o bucată pentru pian to make a transcription of a piece for the piano.

a transcrie un divorț *jur.* to register a divorce.

a transcrie notele stenografice to extend shorthand.

a transforma un but *sport* to convert a try.

a transforma în bani to turn/to convert into money/cash; **~ lichizi** to realize.

a transforma în cenușă to reduce to ashes.

a transforma ceva în pastă to rub smth. up into a paste; to reduce smth. to a pulp.

a transforma în ploaie/vapori etc. *(d. apă)* to resolve itself into rain/vapour, etc.

a transforma în ruine *(un oraș etc.)* to lay (a town) in ruins.

a transforma în stare gazoasă to reduce smth. (in)to gaseous state.

a transforma laptele în unt to make milk into butter.

a transforma necesitatea în virtute to make a virtue of necessity.

a transmite cuiva calde salutări to send smb. one's kind regards.

a transmite cele mai calde mulțumiri to give smb. one's best thanks.

a transmite cuiva complimente to give one's kind(est) regards to smb.; *(oficial)* to give one's (best) respects to smb.; *(intim)* to give one's love; to rember smb. to smb.

a transmite cuiva conducerea unei afaceri to turn over the management of an affair to smb.

a transmite cuiva consemnul to give smb. the office.

a transmite din generație în generație to hand down/to transmit from generation to generation; **~ posterității** to hand down to posterity.

transmitem buletinul de știri we are broadcasting the news; here is the news (bulletin)/the news round up.

a transmite un mesaj to deliver a message.

transmitem rubrica noastră săptămânală despre... we bring you our weekly talk on...

a transmite prin radio to wireless; to broadcast; **~ un mesaj ~** to beam a message.

transmite-le salutări din partea mea remember me to them.

transmiteți complimente tuturor my love to all.

transmiteți mai departe 'to be forwarded'; 'please forward'.

a transmite cuiva urările sale de bine to send smb. one's good wishes.

a transpira din cap până-n picioare to sweat profusely; *F* to be in a muck of a sweat.

transpirat leoarcă streaming with/bathed in perspiration; in a sweat.

a transporta ceva cu roaba to wheel smth. in a barrow.

a transporta pe cineva la spital to take smb. to the hospital.

a transporta pe apă to convey/to carry by water.

transportat de bucurie/încântare transported/delirious with joy/delight.

a se transpune în starea sufletească a cuiva to project oneself into smb.'s feelings.

a se transpune în trecut to project oneself into the past.

a transpune într-o formă nouă to give a new form to; *(un curs, o conferință etc.)* to rehash; to refurbish.

a transpune în versuri to put/to turn into verses.

a transpune o teorie în practică to reduce a theory into practice.

a tranșa o afacere *F →* to bring it off.

a tranșa o problemă to dispose of a question.

a trasa o curbă *mat. etc.* to set out a curve.

a trasa cursul/ruta *mar.* to lay/to set the course.

a trasa frontierele to mark out boundaries.

a trasa un itinerar to map out a route.

a trasa cuiva linia de conduită to lay down/to trace out a line of conduct to smb.

a trasa un plan (de acțiune) to draw up a plan; to map out a course of action.

a trasa ruta pe hartă *nav.* to shape/to set the course on the chart.

a trasa cuiva o sarcină to set/to put a task before smb.

a trasa o stradă pe un plan to line off a street on a plan.

tras de păr *fig.* far-fetched.

tras la sorți dintre... drawn by lot from amongst...

a tras multe în viața lui he has been through it.

te-a(u) tras pe sfoară/*F* **în piept** you've been had!

tras printr-un inel slim, slender.

a trata o afacere to transact; to handle a business.

a trata aspru/cu asprime pe cineva to treat smb. rough; *F →* to ride roughshod over smb.

a trata bine pe cineva to deal well by smb.; **a fost bine tratat de mine** he has dealt well by me.

a trata pe cineva ca pe un câine/gunoi to treat smb. like dirt; to look smb. as so much dirt.

a trata pe cineva ca pe un străin to make a stranger of smb.

a trata pe cineva cu blândețe to treat smb. kindly/with a kind familiarity.

a trata pe cineva cu deferență/respect to show regard for smb.; to pay/to show deference to smb.

a trata cu dispreț to treat contemptuously/with contempt; *F →* to pish at smb.; to pooh-pooh.

a trata pe cineva cu indulgență to deal indulgently with smb.; to spare smb.'s feelings; to ride smb. with a loose rein; *(d. un vinovat) F →* to let smb. down gently.

a trata pe cineva cu mănuși to handle smb. with kid gloves.

a trata pe cineva cu multă omenie to treat smb. with humanity.

a trata pe cineva cu răceală to give smb. the cold shoulder; to cold-shoulder smb.

a trata pe cineva cu severitate to be strict with smb.; to keep a strict hand over smb.

a trata cu ușurință to trifle with...; to palter with...; to make light of...; to set light by...; to set... at light.

a trata cu vitriol *chim.* to vitriolate; to treat smb. with sulphuric acid.

a trata pe cineva de la egal la egal to treat smb. as one's equal.

a trata drept laș pe cineva to taunt smb. with cowardice.

a trata pe cineva după cum merită to treat smb. according to his merits.

a trata pe cineva fără fasoane to make free with smb.

a trata pe cineva fără mănuși to handle smb. without mittens/gloves.

a trata fără respect/considerație pe cineva to put/to pass a slight on smb.

a trata/îngriji un guturai *F →* to nurse a cold.

a trata onorabil pe cineva to do the right thing by smb.

a trata un pacient to treat/to do a patient.

a trata pentru pace to negotiate a peace/about the peace; to treat for peace.

a trata pe toată lumea cu familiaritate/prietenie *F →* to be hail-fellow-well-met with everyone.

a trata un pom cu lapte de var to dress a fruit-tree with limewash.

a trata rău pe cineva to deal badly by smb.; to use smb. ill; to handle smb. roughly.

a trata rece pe cineva to make a stranger of smb.

a trata un subiect to discuss/to handle/to deal with/to dwell upon a subject; to treat of a subject.

a trata ceva superficial *F →* to scratch the surface of smth.; to shake over smth.

tratat de (medic) under the care of...; attended by...

a traversa cu pluta to raft across the river.

a traversa (fluviul/râul) cu bacul to ferry across/over the river.

a traversa înot to swim over/across a stream, etc.

a traversa oceanul to cross the water.

a traversa un râu to pass a river; *(prin vad)* to ford a river.

a traversa (râul) cu barca to row over (the river).

a traversa strada to cross the street.

a trăda/vinde un complice to give an accomplice away; *F →* to split (up)on an accomplice.

a trăda dezamăgirea/surpriză etc.; fața lui trăda dezamăgirea etc. his face registered disappointment/surprise, etc.

a-și trăda partidul/partizanii *F →* to turn one's coat; **~ țara** to sell the pass.

a nu-și trăda principiile to stick to one's colours.

a trăda un secret to betray/to let out a secret; *F →* to let the cat out of the bag; *(din greșeală)* to blurt out a secret.

a trăda suferință etc.; fața lui trăda suferință his face told of suffering.

a trăi un (adevărat) vis de dragoste to live love's young dream.

trăiască...! long live...!

să ne trăiască! hats off to him!

să te trăiască Dumnezeu! ← *P* God grant you long life!

trăiască-n veci... Scotland, etc. for ever!

trăiască pacea! long live peace!

a trăi bine 1. *(a petrece)* to lead a pleasant/an easy life; *F →* to have a good time of it. **2.** *(a fi bogat)* to be in easy circumstances; to be well off; *F →* to be a warm man. **3.** *(a mânca bine)* to keep a good table; to make good cheer; to fare somptuously. **4.** *(a fi cinstit)* to walk uprightly; to live an honest life.

a nu trăi bine *(d. soți)* to live on indifferent terms.

a trăi ca un boier to live like a toff/a lord/a prince; to live in grand/fine style; to roll/to wallow in money; *F →* to have one's cake baked; *F →* to do it fine/fat.

a trăi ca buni vecini to live in neighbourly terms; to have friendly intercourse with one's neighbours.

a trăi ca celibatar to lead a bachelor's life; *F →* to go/to run in single harness.

a trăi ca frații to live like brothers.

a trăi ca în sânul lui Avram *F* to live on/to eat the fat of the land; *F* to be/to live in clover; to live like pigs in clover; *sl.* to live in a dry ditch.

a trăi ca în țara lui Cremene *F* to live on the fat of the land.

a trăi ca în vis to be in a dream.

a trăi ca un nabab *v.* **~ boier.**

a trăi ca peștele în apă *v.* **~ pe moale.**

a trăi ca pisica cu câinele to lead a cat and dog life; to live like cat and dog; *F* to agree like cats and dogs; to agree like pickpockets in a fair; to be at hammer and tongs.

a trăi ca porcii *F →* to pig it/together.

a trăi ca un sălbatic to lead an unsociable existence.

a trăi ca un sfânt to lead a good life.

a trăi ca soț și soție to live as man and wife.

a trăi ca un trântor *F →* to snooze one's life away.

a trăi chibzuit to make both ends meet; to keep one's head above water.

a trăi cinstit to go straight; *F →* to be on the straight; to lead a good life.

a trăi conform principiilor sale to live up to one's principles; *F →* to practice what one preaches.

a trăi confortabil to live in comfort; to be well-off.

a trăi cu adevărat to get the real thing.

a trăi cu aer to live on air.

a trăi cu economie to live sparingly/parsimoniously; to pinch and scrape.

a trăi cu nădejdea/speranța de a face ceva to be/to live in hope of doing smth.

a trăi cu spaima cuiva/de un lucru to be/to stand/to go in fear of smb./smth.

a trăi cu speranțe *F →* to live on hope.

a trăi de azi pe mâine/de la mână până la gură *F* to live from hand to mouth; to lead a hand-to-mouth existence; (barely) to manage to keep body and soul together; to make shift to live; to keep the wolf from the door/at bay; to hold/to keep one's head above water; to do it on the cheap; to be at stick and lift; *aprox.* to pull in one's belt.

a trăi departe de lume to live in retirement/in seclusion/out of the world.

a trăi de pe o zi pe alta 1. to take no thought for the morrow. 2. to manage the rub along; *v. și* **~ de azi pe mâine.**

a trăi de pe urma scrisului to live by one's pen.

a trăi din ajutor social to be out of benefit.

a trăi din datorii *amer.* to travel on one's face.

a trăi din economii to live on one's savings.

a trăi din escrocherii to shark for a living.

a trăi din expediente to live by one's wits; to live on shifts.

a trăi din munca sa/mâinile sale to live by one's labour/work/hands.

a trăi din plin to enjoy life intensely/to the full.

a trăi din pomana cuiva to live on smb.'s charity.

a trăi din propria sa osânză to live on one's own fat.

a trăi din rezerve *F →* to live on one's lump.

a trăi din sudoarea frunții to live by the sweat of one's brow.

a trăi din veniturile proprii to live on one's private income.

mai trăiește (el)? is he still alive? is he still in the land of the living?

să trăiești! 1. *(mulțumesc)* thank you! thanks! 2. *(ca urare)* I wish you every happiness/success! *(de ziua nașterii)* many happy returns of the day! *(închinând paharul)* your health! 3. *(bună ziua)* how do you do! hallo!

a trăi fără griji to live shiftlessly; to live like a fighting cock; to live at rack and manger.

a trăi împărătește *F* to be/to live in clover; to live like pigs in clover; *v. și ~* **pe moale.**

a trăi în abundență/bogăție/lux to live in abundance/in (the lap of) luxury.

a trăi în amorțeală *F →* to snooze one's life away.

a trăi în armonie/bună înțelegere cu cineva to get on well together; to get on like a house on fire; to live in concord/amity with smb.; to live in/at unity with smb.; to live in (perfect) harmony; *F → * to rub along.

a trăi în belșug to live in plenty/clover/*F →* at rack and manger.

a trăi în chefuri și petreceri to lead a riotous life; to live in a constant racket of enjoyment; *F →* to go it; to live up to the hilt; to burn the candle at both ends.

a trăi în concubinaj to live in concubinage/*P →* on tally with smb.; to live in sin.

a trăi în condiții bune to live in comfort.

a trăi în condiții fericite *fig.* to grow on the sunny side of the wall.

a trăi în cu totul alt mediu to live in quite another sphere.

a trăi în deplină armonie/înțelegere to live together in perfect harmony/union.

a trăi în dezordine to live in a hugger-mugger fashion.

a trăi în dușmănie cu cineva to be at daggers drawn/at enmity with smb.

a trăi în lipsă/mizerie/sărăcie to live in privation/want/*F →* narrow circumstances; > to live on a scant income.

a trăi în lux to live in luxury; < to swim in luxury; *v. și ~* **pe moale.**

a trăi în marginea societății to live on the fringe of society.

a trăi în minciună/ipocrizie to live a lie.

a trăi în mizerie cumplită/neagră to be in wretched poverty/in great need/in dire want/distress/straits.

a trăi în obscuritate to lead an obscure/a secluded/a hidden life.

a trăi în pace și belșug to live in peace and plenty.

a trăi în pace și bună înțelegere to live in peace (and quietness); to live in amity with smb.

a trăi în păcat to live sinfully/evilly/in sin.

a trăi în puf to live in (the lap of) luxury; *v. și ~* **împărătește.**

a trăi în sărăcie *v. ~* **lipsă.**

a trăi în singurătate *v. ~* **departe de lume.**

a trăi în stadiu de sălbăticie to live in savageness.

a trăi în stil mare to live in style.

a trăi într-un cerc restrâns to live/to move in a restricted circle.

a trăi în trecut *elev. →* *(d. persoane)* to stand in the ancient ways.

a trăi într-un turn de fildeș to live in a water-tight compartment.

a trăi în virtute to lead a good life.

a trăi la părinți to live with one's parents.

a trăi la țară to live in the country.

a trăi mai bine decât îi dă mâna to live above one's means.

a trăi modest/simplu to live plainly/in plain way/in a small way/in a quiet way; to earn one's crust; *aprox.* to make (both) ends meet.

a trăi numai pentru altcineva to be wrapped up in smb.; *aprox.* to be everything to one.

a trăi până la adânci bătrânețe to live to be (very) old/to be a hundred, to live to a great/to a venerable age; *F →* to make old bones.

a nu trăi până la adânci bătrânețe not to make old bones.

a trăi pe banii/cheltuiala cuiva to live in dependence of smb.

a trăi pe măsura veniturilor sale to keep/to live within one's income.

a trăi pe moale to live like a fighting cock; *v. și ~* **pe picior mare.**

a trăi pe picior mare to be/to lie/to live in clover; to live on the fat of the land/in the lap of luxury; to live like a lord; to live high; to live in (grand/great) style; to live in state; to live on a large scale/at a high rate; to be in affluent/easy circumstances; to keep a great house; *fig.* to live up to the hilt; *amer.* to do things on the big figure; to go large; *v. și ~* **ca un boier.**

a trăi pe socoteala/spinarea cuiva to live at smb.'s cost/expense; to depend on smb.; to live in dependence of smb.; to live on others; *F →* to sponge on smb.; to have/to put/to stretch one's feet/legs under smb.'s mahogany; *sl.* to bum; to be/to go on the bum; *amer. P* to scrounge on smb.

a trăi pe spinarea părinților *F →* to live on one's relations.

a trăi pe sponci to live on bread and cheese.

a trăi (ca) pe un vulcan to sit on a barrel of gun-powder.

a trăi potrivit cu mijloacele sale to live within/ up to one's means.

a trăi regeşte to live like a lord.

a trăi retras to live retired; to lead a retired life; to keep oneself to oneself; to see no company; to live far from the madding crowd; *(ca un pustnic)* to live the life of a recluse; *v. şi ~* **departe de lume.**

a trăi singur *(ca celibatar(ă))* to live by oneself; *amer. F* to keep bach.

a trăi strâmtorat *F* to live in narrow/straitened/ reduced circumstances.

a trăi sub acelaşi acoperiş cu cineva to live under the same roof with smb.

a trăi sub călcâiul/papucul nevestei *F →* to live under the cat's foot/paw; to be under petticoat government; to be henpecked.

vom trăi şi vom vedea time will show, that remains to be seen; *prov.* live and learn.

a-şi trăi traiul; şi-a trăit traiul, şi-a mâncat mă-laiul *← F* it's a thing of the past now; it's dead and gone; he had his innings; his sands are run (out).

a-şi trăi ultimele clipe/zile to be on one's last legs; to be near one's last; to be at one's last gasp; *(a fi pe patul de moarte)* to be on one's death bed; *aprox. F →* his life isn't worth and hour's purchase.

a-şi trăi veleatul *v.* **a-şi trăi traiul.**

a-şi trăi viaţa to live one's life.

a-şi trăi viaţa din plin *F →* to go/to hit the pace; *F →* to have one's fling; *v. şi* **a trăi din plin.**

a trăi o viaţă aventuroasă to live haphazard.

a trăi o viaţă de câine to lead a dog's life.

a trăi o viaţă de huzur to live in idleness; to eat the bread of idleness.

a trăi o viaţă de plăceri to lead a gay life.

a trăi o viaţă de plictiseală to yawn one's life away.

a trăi o viaţă uşoară to live a life of ease.

a trăi zile grele to fall on evil days.

a trăncăni cuiva despre ceva *← F* to let on about smth. to smb.

a trăncăni prea mult to give the game/the show away.

a trăncăni vrute şi nevrute *F* to talk thirteen/fif-teen/nineteen to the dozen; *sl.* to flap one's mouth; *amer.* to bla-bla in the air.

trăsni-l-ar! the deuce take him! confound him! *P* drat him!

a-i trăsni prin gând/minte *← F* to occur to smb.; to dawn upon smb.; to come into one's head; to strike smb.; to flash through smb.'s mind.

trăsnită idee! what a funny idea!

trăsnit cu leuca în cap *P* a bit wrong in the garret.

a nu trâmbiţa ceva pe toate drumurile *F →* tell it not in Gath.

a trâmbiţa ceva sus şi tare *F →* to publish smth. with a great flourish of trumpets.

a trâmbiţa o veste to blazon news abroad; to blaze the news.

a trândăvi toată viaţa to drone one's life away.

a (o) trânti to blunder/to blurt out.

a trânti una boacănă *F →* to drop a brick; to put one's foot in it.

a trânti un candidat la examen to fail a candi-date; *F →* to pluck/to plough smb.

a-şi trânti călăreţul *(d. cai)* to throw its rider; to unsaddle smb.

a trânti pe cineva cu capul de pământ to knock smb.'s head on the pavement.

a se trânti în pat to tumble into bed.

a trânti pe cineva la pământ to tumble smb. down/over; to lay smb. low/flat; to stretch smb. out; *F →* to down smb.; *P →* to strike/to knock smb. all of a heap; to knock smb. off his feet/*F →* pins; *(dintr-o lovitură)* to strike smb. down; *~* **ceva** *~* to dump smth. (down).

a trânti pe capete candidaţi *(la un examen)* *F →* to slaughter candidates wholesale.

a-i trânti cuiva un pumn *F →* to let out at smb. with one's fist.

a trânti cuiva un pumn în faţă/în obraz *F* to land smb. a blow in the face.

a trânti uşa to slam/to bang a door.

a trânti cuiva uşa în nas to bang/to slam/to shut the door in smb.'s face; to turn smb. from the door.

treaba bine începută e pe jumătate făcută *prov.* well begun is half done/ended; *prov.* a good be-ginning is a half the battle; *prov.* a good lather is a half a shave.

treaba nu-i uşoară he is hard put to it.

treaba lui cum s-o descurca that's his look-out!

treaba mea that is my affair.

treaba stă aşa the matter stands thus/like that.

treaba ta! much good may it do you! *F →* that's your own business! have at you! *F →* it lies with you!

nu e treaba ta you have no business to do so; it's none of your business.

treaba tuturor e treaba nimănui *prov.* what is everybody's business is nobody's business.

treabă bunicică it was a job.

treabă de mântuială! that was sharp work!

treabă grea *F →* large order.

treabă grea, nu glumă a job of work.

o treabă nu prea ușoară no picnic; no easy job.

o treabă ușoară an easy job.

treacă acest pahar de la mine *bibl.* let this cup pass from me.

treacă de la mine! let it pass!

treacă-meargă let it be; *F* it will pass muster; so-so; passably; tolerably.

o să treacă multă vreme până când o să-l vezi *F* you won't see him again in a hurry.

treanca-fleanca *F* (stuff and) nonsense; fiddlesticks; rubbish.

treapta cea mai înaltă the highest summit/pinnacle; the loftiest height.

treaz de-a binelea wide/broad awake.

trebuia să ajungem și la asta it must come to that.

nu mai trebuia decât puțin (*și se întâmpla ceva rău*) *P* that was a near go.

trebuia să fie gata it ought to have been done before now.

trebuia să fii mai înțelept/să nu te lași păcălit you ought to have known better.

trebuia să moară he was doomed to die.

trebuie acționat repede *F →* it's a case of now or never.

trebuie să așteptăm/lăsăm să se potolească furtuna *fig. F →* we must let it blow over.

trebuie să-mi câștig și eu existența/să trăiesc și eu din ceva! a man must live!

trebuie să existe o limită în toate *F →* one must draw the line somewhere.

trebuie să existe un motiv there is smth. at the back of it.

trebuie să facem ceva sau pierim let us do or die.

trebuie să facem față la multe comenzi *industrie* we are heavily booked.

trebuie să faci o alegere you must choose between them.

trebuie să fie ceva la mijloc there must be smth. behind (it); there is smth. fishy about it.

trebuie să fie un drac la mijloc *F* the devil is in it; the devil has a hand in it.

trebuie să fie o femeie la mijloc cherchez la femme; *jur.* there's a lady in the case.

trebuie să fie mâna lui *F →* that's some of his handiwork!

trebuie să fie vreun șiretlic la mijloc there must be a trick about it; *F →* there's a catch in it.

trebuie să fi sughițat de multe ori your ears must have burned/must have been tingling.

trebuie s-o iei mereu de la capăt there's no end to it.

nu trebuie să insiști prea mult you must not harp on that string.

trebuie să înduri ceea ce nu poți îndrepta *prov.* what can't be cured must be endured.

trebuie să te întinzi cât ți-e plapuma one must live according to one's means; *prov.* cut your coat according to your cloth.

trebuie să înțelegi bine că... you must clearly understand that...

nu trebuie să joci totul pe o carte *prov.* don't put all your eggs into one basket.

nu trebuie să judeci după aparențe one should not judge by appearances.

trebuie să lăsăm toate așa cum sunt we must leave everything as we find it.

trebuie s-o luăm din loc *F* we must be jogging (on/along).

mai trebuie mult not by a long way.

trebuie neapărat you simply must.

trebuie oarecare eforturi that requires some doing.

nu trebuie să pierdem niciodată speranța we must hope against hope.

trebuie să plec I have to leave; I must be going/off; *F →* I must be toddling.

trebuie să și plecați? need you go yet?

nu trebuie să privim lucrurile îngust we must not take short views; we must take long views.

trebuie să recunoaștem let it be admitted! *F →* there's no getting away from it.

trebuie să recunoaștem că... it must be admitted that...; we must point out that...

trebuie relevat că... it will be observed that.

trebuie riscat totul/pus totul la bătaie it is neck or nothing.

trebuie să riscăm totul sink or swim!

trebuie să schimbi aerul you need a change.

nu trebuie să spui astfel de lucruri *F →* that's no way to talk!

nu trebuie să-mi spui că... I needn't be told that...

trebuie să i se spună de mai multe ori he requires a good many reminders:

trebuie să spun/mărturisesc că... I must say/admit that...

trebuie să spunem în apărarea lui că... be it said/ it must be said to his credit that...

trebuie să stea în casă he is confined to his room; he has to keep indoor.

trebuie să o șterg *F* now I must be trotting.

trebuie tratat cu strășnicie he wants an iron rod over him.

nu trebuie uitat (faptul) că... I must be borne in mind that...

ar trebui să-ți fie rușine you ought to be ashamed (of yourself)! fie (upon you)!

a-i trebui mult timp pentru... *F* to take on a long time to...

va trebui să plătim până ne-o ieși pe nas there'll be the devil to pay.

va trebui să plecăm we must go away.

a-i (mai) trebui sare și piper *fig.* to want (some) ginger.

ar trebui să te socotești fericit you don't know when you are well off.

a trebui să sosească *(d. trenuri etc.);* **trenul trebuie să sosească** *(la ora 2)* the train is due (to arrive)/is due in (at two o'clock).

a trebuit să-l aducem cu sila *F →* we had to drag him here.

nu mi-a trebuit mult ca (să-l bat etc.) for two pins I would (box his ears, etc.).

ar trebui volume întregi pentru a povesti... it would take volumes to relate...

treburile merg (ceva) mai bine *F →* business is looking up.

treburile au mers anapoda things went awry.

trec anii/trece vremea the years glide past/by.

a trece Acheronul *F →* to cross the river (of death).

a trece ața prin urechile acului to pass the thread through the eye of the needle; to thread a needle.

a trece bariera sunetului *v.* to break through the second barrier.

a-și trece brațul pe sub al cuiva to tuck one's arm in smb.'s arm.

a trece brusc la un alt subiect *F →* to fly/to go off at a tangent.

a trece ca un fir roșu prin... to run like a purple thread through...

a trece ca un fulger to flash past.

a trece ca o săgeată pe lângă... to brush/to dart/ to fly by...; to shoot past.

a trece ca o umbră *(d. persoane etc.)* to flit by.

a trece ca vântul pe lângă... to sweep/to whisk past/by.

a-i trece cheful; mi-a trecut (tot) ~ my fancy is gone; my wish for it is gone; I have lost all liking for it; I don't care for it anymore; < I am disgusted with it.

a trece clasa/în clasa următoare *școl.* to go up a form; to get one's remove.

a trece clasa cu brio *școl.* to obtain a first.

a trece/face colțul 1. to turn the corner. 2. *(a scăpa de un necaz)* to turn the corner; *v. și* **a trece de punctul critic.**

a trece cu un aer maiestuos to sweep/to sail by/ past.

a trece cu barca pe cineva peste râu to ferry smb. over the river.

a trece cu bine prin furtună *mar.* to ride out the storm.

a trece cu bine printr-o încercare to pass/to stand the test.

a trece cu buretele peste... *F* to pass the sponge over (an incident/an offence).

a trece cu buretele peste tot ce a fost *F →* to wash out the whole business.

a trece cu buretele peste trecut to obliterate the past.

a se trece cu firea to lose countenance; to become/ to grow incensed; *v. și* **a-i sări țandăra.**

a nu se trece cu firea to set one's heart at rest; **nu te trece cu firea!** don't you fear! never (you) fear!

a trece cu vederea 1. to overlook; not to notice. 2. *(intenționat)* to hush; to condone; to overlook; *F →* to turn a blind eye to...; *aprox.* to make allowances for...

a trece cu viteză to sweep by/past.

a trece cu zgomot asurzitor to thunder past.

a trece o datorie în cont to score (up) a debt.

a-și trece degetele prin barbă to stroke out one's beard.

a-și trece degetele/pieptenele prin păr to run one's fingers/a comb through one's hairs.

a trece de jumătatea drumului/operației to break the back of the work.

a trece de la bucurie la întristare to hang one's harp(s) on the willows.

a trece de la dojană la amenințări to joint threats to remonstrances.

a trece de la o extremă/extremitate la alta to fall out of an extreme into another.

a trece de la tonul grav la cel dulce/suav to pass from grave to gay.

a trece de momentul critic to turn the corner.

a trece de partea... to range on the side of...

a trece de partea cuiva (în vederea unei înțelegeri) to meet smb. half way.

a trece de partea dușmanului/inamicului to go/ to pass over to the enemy; to turn traitor; *fig.* to turn one's coat.

a trece de punctul critic to pass a critical point; to turn/to be round the corner; to be in smooth water(s); to be out of the woods.

a trece de vârsta de 20 (etc.) de ani to have passed twenty, etc.

a trece din gură în gură to pass from mouth to mouth; **povestea a trecut din gură în gură** *F →* the story went the round.

a trece din mână în mână to pass from hand to hand/through many hands; to change hands; to pass/to send round.

a-i trece din nou prin minte to recur to one's mind/memory.

a trece din tată în fiu to descend from father to son.

a trece dintr-o cheie în alta *muz.* to modulate from one key in(to) another.

a se trece dintre vii to pass away; to be gathered to one's father; *v. și* **a se duce pe lumea cealaltă.**

a trece dintr-o tabără în alta *F →* to turn one's coat.

a trece direct la subiect to come/to go straight to the point.

a trece drept... to pass for...; to be reckoned...; to be thought for...; ~ **om bogat** to be accounted rich; ~ **om cinstit** to have a name for honesty; to have the name of being honest; *F →* he is by way of being a...

a-i trece durerea de cap; mi-a trecut durerea de cap my headache has passed.

a trece ecuatorul to cross the Line.

a trece un examen to pass/to be through an/one's examination; *(cu brio) F →* to pass (an examination) with flying colours; to pass with honours; *sl. univ.* to go in for honours; *(cu greu) F →* to scrape through an examination; *(la limită, satisfăcător)* to satisfy the examiners; to get a third (in history, etc); *(la Oxford și Cambridge) P →* to be put in the gulf; to get a gulf; *(oral)* to pass the oral; *(scris)* to pass the written examination.

a trece examenul de căpitan/pilot *mar. F →* to get one's (master's/pilot's) ticket.

a trece fără a se opri *(d. trenuri etc.)* to pass a station.

a-i trece un fier ars prin inimă to feel a shooting pain in one's breast.

mă trece un fior *fig. F →* smb. is walking over my grave.

a-l trece fiorii to have a shivering fit; **l-a trecut un fior** a shiver passed over him.

a-l trece un fior rece to feel a cold shiver (go) down one's back/spine.

a trece foarte aproape de... to scrape against/along...

a trece frontiera/granița to escape over the border.

a-i trece gustul *v.* ~ **(tot) cheful.**

a trece huruind în goană *(d. vehicule)* to rattle along.

a trece înaintea celorlalți to go on before the others.

a trece în catalog to (put/to enter in a) catalogue.

a trece în catastif/condică to enter/to register (in a roll).

a trece pe cineva în controalele armatei *mil.* to put/to enter smb. on the rolls.

a trece ceva în contul cuiva to put down/to place/to carry smth. to smb.'s account.

a trece ceva în contul creditor/debitor to enter smth. to the credit/debit(-side) of an account.

a trece în fuga mare to tear/to sweep/to dart by/past.

a trece în fugă/goană to run/to whirl/*(d. vehicule)* to zip past; *(cu un vehicul)* to spin along.

a trece (din trap) în galop to strike into a gallop.

a trece în ilegalitate to go/to be driven underground.

a trece în istorie to go down in history.

a trece în jurnalul de bord to write up the log.

a trece în lumea drepților to depart (from) this life; to join the majority; to be gathered to one's fathers; to cross the Styx; to take the ferry.

a trece în mâinile (cuiva rămas în viață) *jur. (d. avere etc.)* to survive to.

a trece în mâna altcuiva to change hands; to pass into the hands of smb. else.

a trece înot to swim across.

a trece în procesul verbal to enter in the minutes/on the record/in the proceedings; *amer.* to spread on the records.

a trece în rândul ofițerilor *mil.* to rise from the ranks.

a trece în rândurile *(cu gen) mil. și fig.* to follow/to join the banner of...

a trece ceva în revistă I. to run over/to review/to survey smth.; to pass smth. in review; to make/to (under)take a (cursory) survey of smth.; *(în minte)* to go over smth. in one's mind; **a trece în revistă cârciumile** *sl.* to pubcrawl; **a trece în revistă evenimente trecute** to review the past; to travel over past events; **a trece în revistă situația** to survey the situation. 2. *mil.* to review; to hold a review.

a trece în rezervă *mil.* to transfer to the reserve; to put in reserve.

a trece în socoteala cuiva to place/to carry to smb.'s account; to reckon to smb.

a trece în tabăra adversă to go over to the other camp.

a trece întâmplător pe la cineva to drop/to pop in; *(într-o doară)* to drift in; *amer.* to happen in.

a trece pe cineva în testament to mention smb. in one's will.

a trece ceva într-un proces verbal to make a minute from smth.; to note smth. down/to enter smth. in the record/the proceedings; *amer.* to spread smth. on the records.

a trece în viteză to whizz past.

a trece la altă chestiune to pass to/to turn to/to proceed to another matter; to go on to the next question.

a trece la amănunte/lucruri concrete ← *F* to come/to get down to brass tacks.

a trece la atac împotriva inamicului to deliver an assault on the enemy.

a trece la catastif pe cineva *fig. F* to pay smb. out for it; to make smb. remember it.

a trece la catolicism to turn Roman Catholic, etc.

a trece la defensivă to take on the defensive.

a trece la dosar to register.

a trece la fapte concrete *F →* to come/to get (down) to brass tacks.

a trece la inamic to pass over to the enemy; *sl. mil.* to go over the hill.

a trece la mahomedanism to go over to Islam.

a trece la ofensivă to assume/to take the offensive; *F →* to switch over to the offensive.

a trece la punctul următor de pe ordinea de zi to go on to the next item on the agenda.

a trece la răboj to score a tally.

a trece la subiect to come to the point/the push.

a trece la vot to take a ballot; *(în Camera Comunelor)* to divide the House.

a trece măsura *F →* to come/to go it strong; to overdo it.

să trecem la masă în sufragerie *înv.* let us to supper.

să trecem peste asta! let us drop it!/the subject!

nu trece mult până să te deprinzi! *F →* you soon get into it!

a-l trece nădușelile to perspire all over; to be in a sweat/*F →* all of a sweat; to go hot and cold all over; *(de frică)* to sweat with fear; *F →* to be in a sweat of fear.

a trece neobservat to pass unobserved/unnoticed/unheeded; *(d. lucruri)* to escape notice; *(d. greșeli etc.)* to pass undetected; to escape detection; *(d. o remarcă etc.)* to pass unmarked; *~ de cineva* to slip smb.'s notice; *F →* to slide out.

a trece un nume în registru *v.* **a înscrie ~.**

a trece un obstacol to tide over a difficult period; to tide it over.

a trece un oraș prin foc și sabie to put a town to fire and sword.

a trece pe furiș to steal along.

a trece pe la cineva to call and see smb.; to call to see smb.; to call round; to call on smb.; to leave

one's card to smb.; *F →* to drop in on smb.; *F →* to hop in; *F →* to pop in/round; *F →* to look smb. up.

a trece pe la club etc. to drop into one's club, etc.

a-i trece pe la ureche to come to one's hearing.

a trece pe nesimțite *F →* to slide out.

a trece pe planul al doilea to recede into the background; *F →* to take a back seat.

a trece pe primul plan to take pride of place.

a trece peste ceva împiedicându-se to stumble over smth.

a trece/zbura peste Marea Mânecii/Oceanul Atlantic to fly to the Channel/the Atlantic.

a trece peste un obstacol *sport (curse)* to clear the hurdle; *fig.* to overcome a difficulty.

a trece peste rând *(la promovare)* to pass smb. over (in making a promotion).

a trece peste semnal *(d. trenuri)* to overrun a signal.

a trece peste stop to run past a signal.

a trece peste un subiect to drop the subject.

a-i trece pofta *v.* **a-i trece cheful.**

a trece pragul to cross the threshold.

a nu trece pragul (casei) cuiva not to darken smb.'s door; **n-am să-i mai trec ~** I'll never cross his threshold again.

a trece pragurile unui râu *(în canoe)* to shoot the rapids.

a trece primul linia de sosire *(curse de cai)* to land first.

a trece prin ascuțișul fierului/sabiei *v.* **~ foc și sabie.**

a-i trece prin cap *v.* **~ gând.**

a trece prin cenzură to be censured.

a trece prin cercul de foc to go through the hoop.

a trece ceva prin ciur/sită 1. *(a cerne)* to sift; to pass/to rub/to squeeze smth. through a sieve; *(făină)* to bolt; *(lichid)* to strain out; *(cărbuni, nisip)* to screen; **2.** *fig.* to pick to pieces.

a trece prin ciur și prin dârmon/sită to go through the test of adversity; to go/to pass through the mill; **a fi trecut ~** *F* to have been/gone/passed through the mill; to know a thing or two; to be up to a thing or two; to know what's what; to be an old file; to be an artful dodger; to know the ropes; *sl.* to be up to snuff.

a trece prin clipe/momente/zile grele to fall on evil days.

a trece ceva prin contrabandă to run/liquor contraband, etc; to smuggle smth.

a trece prin diverse perioade to go through many periods.

a trece prin fața unui catafalc to file past a catafalque.

a trece prin foc și apă pentru cineva to go through fire and water/through thick and thin for smb.

a trece ceva prin foc și sabie to ravage smth. with fire and sword; to work havoc upon smth.; to put smth. to fire and sword; **~ pe cineva prin sabie/ tăișul sabiei** to put smb. to (the edge of) the sword.

a trece pe cineva prin furcile caudine to force smb. to pass through the Caudine Forks; to make smb. run the gauntlet.

a-i trece prin gând/minte to cross smb.'s mind; to flash through smb.'s mind; to occur to/to strike smb.; to dawn upon smb.; to float in smb.'s mind; to float before the eyes; **~ din nou ~** to recur to smb./to smb.'s mind/memory; **îmi ~** I have a notion that...

a trece prin grele încercări to pass through heavy trials.

a trece prin multe; a trecut prin multe *F →* he's been through it.

a trece prin multe primejdii to go through many dangers.

a trece prin timpuri grele to fall on lean/evil times.

a trece prin toate chinurile iadului to go through hell.

a trece prin toate culorile curcubeului *F →* to turn all the colours of the rainbow.

a trece printr-o criză to pass through a crisis.

a trece printr-o încercare to stand a trial; to bear the test.

a trece prin urechile acului to pass through a needle's eye.

a trece prin vamă to pass/to get through the customs; to effect customs clearance.

a trece o probă *(d. soldați etc.) F →* to pass muster.

a trece rampa *F* to get across/over the footlights.

a trece răspunderea pe umerii cuiva to shift the responsibility on to smb.

a trece râul/fluviul cu bacul to ferry across/over the river.

a trece un râu/fluviu/o apă prin vad to ford a river; *aprox.* to wade through a river/a stream; to wade across a stream.

trecerea interzisă/oprită 'no thoroughfare'; 'no entry'; 'no passage'; no trespassing! beware of trespassing!

a trece repede de la un subiect ia altul to skip from one subject to another/from subject to subject.

a trece repede pe lângă cineva to brush past smb.

a trece responsabilitatea asupra altcuiva to shift the responsibility of smth. upon smb.; *F →* to pass the baby.

a trece Rubiconul to cross the Rubicon; *F →* to take the plunge.

a trece strada to walk across (a street).

a trece ceva sub tăcere to keep smth. quiet/dark; to pass smth. over; to pass over in silence; to leave smth. unsaid/unmentioned; to make no mention on smth.; *fig.* to draw/to throw a/the veil over smth.; *(a ține secret)* to keep smth. from smb.

a-l trece sudorile > to break into (a) perspiration.

a trece o sumă în cont *P →* to tick a sum.

a trece o sumă în contul creditor al cuiva to place an amount to smb.'s credit; to enter/to put a sum to smb.'s credit.

a trece șchiopătând to limp past.

trece timpul the sands are running out.

a trece toată averea pe numele cuiva to settle all one's property on smb.

a trece un tren pe o linie auxiliară to switch a train on a branch line.

a trece trupele/flota în revistă *mil.* to pass the troops/the fleet in review; to make/to take muster of troops; to review the troops/the fleet; *F →* to pass muster.

treceți la loc! take your places!

a-și trece urâtul to kill time; to pass/to idle/to while away the time.

a trece ușor peste o chestiune delicată to pass lightly over/to touch lightly on/to slide over a delicate matter.

a trece ușor peste un fapt to slur (over) a fact.

a trece ușor peste greșelile cuiva to gloss over smb.'s faults.

a trece ușor peste un obstacol to take it in one's stride.

a trece ușor peste punctele dificile to glide/to skim over the difficult passages.

a trece ușor peste un subiect to glance off/from a subject.

a trece valvârtej *v.* **~ în fuga mare; ~ în fugă/goană.**

a trece un vas în rezervă *mar.* to put a ship out of comission.

a-și trece viața dormind to drowse the time away.

a-și trece viața plângând to weep away the time.

treci pe la mine come round to my place.

să nu mai îmi treci pragul! never darken my doors again!

a trecut alba dealul ← *P* after meat mustard; after death the doctor; it's too late in the day!

trecut de floarea vârstei past one's prime.

trecut de mijlocul vieții past middle age.

trecut de ora șapte etc. just gone seven, etc.; it is turned seven o'clock.

trecut de patruzeci de ani etc. on the shady/the wrong side of forty, etc.

trecut de prima tinerețe past one's first youth.

a trecut furtuna the storm has blown over.

a trecut moș Ene pe la gene the sandman/the dustman is coming/is about.

nu mi-a trecut niciodată prin minte așa ceva such a thing has never entered (into) my head.

trecut prin ciur și prin dârmon up to all the dodges; hard-boiled; *v. și* **a trece ~.**

trecut prin școală school-bred.

trecut sub tăcere unremarked upon; *v. și* **a trece ~.**

am trecut și prin situații mai grele I have seen worse than that; I have been through worse than that.

a trecut timpul! time is up/out!

a trecut vremea când... it's too late (in the day) for such a thing.

a trecut vremea lui his time was out.

a tremura ca frunza to shiver like a leaf; *v. și* ~ **varga.**

a tremura carnea pe el to tremble/to shake all over; to be all in/of a tremble; *F →* to be all of a shake; *P →* to feel dithery.

a tremura ca varga to tremble like a leaf/like an aspen leaf; to quiver like an aspen leaf; *v. și* ~ **carnea pe el.**

a tremura de frică to tremble with fear; to shake with fright; *F →* to shake/to quake in one's shoes.

a tremura de frig to tremble/to quake/to shiver with cold.

a tremura de furie to tremble with rage.

a tremura de nerăbdare to tingle with impatience.

a tremura din creștet până-n tălpi *v.* ~ **carnea pe el.**

a tremura din toate mădularele to shake in every limb; to tremble all over; *v. și* ~ **carnea pe el.**

a tremura din tot corpul *v.* ~ **toate mădularele.**

a tremura în fața cuiva to be/to stand/to go in fear of smb.

a tremura la gândul că... to tremble at the thought of...

a tremura pentru pielea lui to tremble for one's hide/life.

a-i tremura picioarele to be shaky on one's legs/*F* on one's pins.

a tremura tot to be all in/of a tremble; *v. și* ~ **din toate mădularele.**

a trena o afacere/chestiune/treabă to drag out an affair.

a trena peste tot/prin casă ← *elev. F →* (*d. obiecte*) to lie kicking about the house.

treptat-treptat little by little; step by step; by slow degrees; *înv.* → by small and small.

a tresări ca o pasăre speriată *F →* to give a start like a frightened sparrow.

a tresări de bucurie to be thrilled with joy; *F →* to jump (out of one skin) for joy.

a tresări de frică/groază to start with fear/horror/terror.

a tresări din somn to start from one's sleep; to wake (up) with a start.

a-i tresări inima; i-a tresărit inima his heart jumped; his heart gave a start/a throb.

a-i tresări inima de bucurie to be thrilled with joy; **i-a tresărit** ~ joy thrilled through his heart.

trezește-te la realitate! *F →* make an effort!

a trezi bănuielile cuiva to awaken/to arouse/to excite/to stir smb.'s suspicions.

a se trezi brusc to start (up) from/to start out of one's sleep.

a trezi brusc pe cineva to startle smb. out of his sleep.

a trezi compasiune to arouse sympathy/pity.

a trezi curiozitatea cuiva to awaken/to arouse smb.'s curiosity.

a se trezi de dimineață to get up/to rise early in the morning; *F →* to rise with the lark.

a trezi pe cineva din amorțeală to rouse/to wake smb. up.

a trezi din moarte to wake the dead.

a trezi pe cineva din somn to rouse smb. from sleep.

a se trezi împins pe ultimul plan *F →* to take a back seat.

a trezi pe cineva la realitate *F →* to shake smb. up.

nu trezi leul care doarme *prov.* let sleeping dogs lie.

a trezi masele to rouse the masses.

a trezi mila cuiva to stir smb. to pity.

a trezi neîncredere în... to throw discredit on...

trezirea a fost cumplită what an awakening!

a trezi simpatie pentru... to rouse/to stir up sympathy for...

a tria scrisori to sort out letters.

trimis în fața curții marțiale *mil.* to be tried by court-martial.

a trimite cuiva bezele to send/*F →* to blow/to throw smb. kisses; to kiss one's hands to smb.; to waft a kiss to smb.

a trimite cuiva un bilețel/câteva rânduri *F →* to drop smb. a line.

a trimite o cerere to send in an application.

a **trimite cuiva o citație** *jur.* to serve writ/a summons on smb.; to serve smb. with a writ/a summons; to issue a writ against smb.; to have a writ issued against smb.

a **trimite cuiva complimente/salutări** to send one's greetings to smb.

a **trimite un copil la culcare** to send/*F* → to pack a child off to bed.

a **trimite pe cineva cu un comision** to send smb. on an errand.

a **trimite ceva cu titlu de mostră** to send smth. as a sample.

a **trimite ceva cu trenul** to send smth. by rail.

a **trimite pe cineva de colo până colo** to drive smb. from pillar to post (and from post to pillar).

a **trimite pe cineva de la Ana la Caiafa** *v.* ~ **de colo până colo.**

a **trimite o depeșă cifrată** to write a dispatch in code.

a **trimite pe cineva din nou la închisoare** to recommit smb. to prison.

a **trimite după doctor** to send for the doctor; **trimite după doctor** send and get the doctor.

a **trimite expres** to send express.

a **trimite pe cineva înainte** to send smb. on in front; to send smb. forward.

a **trimte în concediu/vacanţă** *fig.* → to put/to send/ to turn out to grass.

a **trimite pe cineva în exil** to send smb. into exile; *F* → to send smb. to Coventry.

a **trimite pe cineva în judecată** to send smb. (up) for trial; to bring smb. to trial; to bring smb. up for trial; to put smb. to/on trial.

a **trimite pe cineva în patria lui** to send smb. home (from abroad).

a **trimite pe cineva învârtindu-se** to send smb. away with a flea in his ear.

a **trimite pe cineva la baie/oase/să se spele pe picioare** *F* to send smb. to blazes.

a **trimite pe cineva la dracu'/la toţi dracii** *F* to send smb. to the devil/to hell/to blazes/to Jericho/ to Hades; *amer.* to the devil across lots/to hell across lots; to see smb. damned/d-d/farther first/ further first/in hell/somewhere/*sl.* shot first/at Jericho/at York; to wish smb. farther.

a **trimite la eșafod** to send to the scaffold.

a **trimite la fund** to send to the bottom.

a **trimite/băga pe cineva la închisoare** to send smb. to prison; to have smb. sent to prison.

trimite-l la mine! send him along!

a **trimite pe cineva la moarte** to put smb. to death.

a **trimite pe cineva la pământ/podea** *F* → to send smb. to grass.

a **trimite la păscut/pășunat** to put/to send/to turn out to grass.

a **trimite pe cineva la plimbare** *F* to send smb. flying/packing/right-about/to the right-about/ about his business; to turn smb. to the right-about; to put/to send/to turn smb. out to grass; to turn smb. adrift; to show smb. the door; < to send smb. with a flea in his ear.

a **trimite marfa direct cuiva** to dispatch goods direct to smb.

a **trimite nota de plată** to send in the bill.

a **trimite pe cineva pe lumea cealaltă** > to dispose of smb.; > to give the death blow to smb.; *F* to send smb. to glory/to kingdome-come; to give smb. his quietus; *F* to launch smb. into eternity; *F* → to settle smb.'s hash; *înv.* → to lay smb. asleep/ to bed/to rest/to sleep.

a **trimite ceva prin colet poștal** to send smth. by parcel post.

a **trimite ceva prin serviciul de mesagerie** to send smth. by goods train/by slow goods service.

a **trimite un raport cuiva** to report to smb.

a **trimite cuiva un răspuns** to send back word to smb.

a **trimite respectuoase salutări cuiva** to send one's duty to smb.

a **trimite salutări cuiva** *(la sfârșitul unei scrisori)* to present/to send one's compliments to smb.

a **trimite o scrisoare prin cineva** to send a letter by hand.

a **trimite o scrisoare recomandată** to register a letter.

a **trimite cuiva o telegramă** to send smb. a wire.

a **trimite un vas la fund** *mar.* to send a ship to the bottom; to grave a ship.

trimite-mi vești, te rog! let me hear from you.

a **trimite cuiva vorbă** to send smb. word; to send word to smb.

tristă afacere it's a bad business! *F* → it'a a bad job.

triunghiuri egale între ele *geom.* triangles equal each to each.

a **troncăni pe un drum prost** *(d. căruţă etc.)* to bump along.

a **tropăi/umbla/cu pași greoi** to bump along.

a **tropăi din picioare** to stamp one's feet.

a **tropăi prin zloată** to slush about; to tramp through the slush.

trosc! bang! thud! thump!

trosc-pleosc! slap! smack! slap-bang! whack!

a se trudi degeaba/în zadar to have one's pains for nothing; to have nothing/one's labour for one's pains; to be a fool for one's pains; *aprox.* to make two bites of a cherry.

a nu (se) trudi degeaba to save one's pains.

a trudi din greu to work hard; *F →* to toil and moil.

trufașului îi stă și Dumnezeu împotrivă pride will have a fall; pride goes before and shame comes after.

trup din trupul cuiva flesh of smb.'s flesh; bone of smb.'s bone.

trup și suflet *fig.* body and soul.

trupul îi era zguduit de suspine sobs shook her frame.

tu ești, John? is that you, John? *F →* that you, John?

tu ești primul la rând you come first.

tufă-n buzunar ← *F* penniless; *F →* broke.

a tulbura apa to make foul water.

a tulbura economia unei țări etc. to disturb the economy of a country, etc.

a tulbura liniștea casei to kick up a dust; to raise a dust.

a tulbura liniștea cuiva to disturb smb.'s peace of mind.

a tulbura liniștea într-un locaș de rugăciune *jur.* to brawl in church.

a tulbura/viola ordinea publică to make/to create/to raise a disturbance; to break/to disturb the peace.

a nu tulbura ordinea publică to keep the peace.

se tulbură lucrurile/vremurile things are looking black.

a o tuli to decamp; *F* to take one's hook; to hook it; *F* to run away like a dog with a kettle at his tail.

a tuna și fulgera to rage and fume/storm; to rave and storm; to swear till all is blue; to storm the house down; to be in such a tear; to be in a rage; *F →* to blaze with anger; *(în scris)* to dip one's pen in gall.

a tuna și fulgera împotriva cuiva to thunder away at smb.; to thunder (out) against/at smb.; to assail smb. with thunder and lightning; *F* to fulminate against smb.

a tunat puternic the thunder crashed.

a tunat și i-a adunat > that's a nice set; *F* both of a hair; *aprox.* birds of a feather flock together.

a o tunde *F* to scuttle away; to hook it; to decamp; **tunde-o!** bundle off/away! *amer.* beat it! *v. și a o tuli.*

a tunde băiețește/scurt to shingle smb.'s hair.

a tunde chilug to crop close.

a tunde iarba to graze down grass.

tunetul bubuie the thunder roars/rolls.

a turba de mânie/furie to be in a rage; to be frantic/furious; to fly into a rage; *F →* to be in a thundering rage; *F →* to boil over with rage; *P →* to be in a awful bate; *înv. →* to blow hot coals.

a turba de nerăbdare to fret and fume; to be crazy to do smth.

turcul plătește *F* he stands the racket (for all others); *aprox.* pay the fiddler.

tur de forță feat of strength.

a turna apă rece pe cineva *fig.* to cast/to put/to throw a damp/a damper on smb.; to throw a wet blanket on/upon smb.; to throw cold water on smb.

a turna beton într-un cofraj to fill concrete into a coffering.

a se turna bine în forme; se toarnă bine *(d. metale)* it casts well.

a-și turna complicii/tovarășii *P →* to blow the gaff; to lay an information against smb. with the police; to give smb. away.

a turna cu găleata *(d. ploaie)* to pour down; to be pouring with rain; to come down in torrents/in buckets; to be raining cats and dogs.

a turna un duș rece peste cineva to put a wet blanket on smb.; to throw a wet blanket over smb.

a turna un film to take/to shoot a film; *(d. actori)* to play/to star in a film.

a turna gaz peste foc to pour oil on the fire/the flame; to pour/to throw oil over the flames; to add fuel/oil to the fire/the flame; to take oil to extinguish a fire; to blow the coals; to fan the passions to a heat.

a turna gogoși/la minciuni to tell fibs; to lie like truth/a jockey; *F →* to cut it fat; *v. și a tăia la gogoși.*

a turna otravă/venin în sufletul cuiva *F →* to distil poison into smb.'s mind.

a turna (ulei etc.) picătură cu picătură to drop (oil, etc.) into smth.

a turna prea multă apă în vin *F →* to drown the miller.

a turti pe cineva cu capul de (toți) pereții to knock smb.'s brains out.

a turti pe cineva de tot *F →* to knock smb. into a cocked hat.

a(-i) turti fesul cuiva ← *fig.* to discomfit smb.; to take smb. down a peg (or two).

a turti mutra cuiva *F →* to push smb.'s face in.

a turti o pălărie etc. to bash (in) a hat, etc.

turtit ca o lipie (as) flat as a pancake.

turtit de băutură incapably/dead drunk.

a tuși ca un ofticos to have a churchyard cough.

Ț

țac! click!

țandăra nu sare departe de trunchi *prov. v.* ~ așchia ~.

țap ispășitor scapegoat; *F* → whipping boy.

țara himerelor the land of make-believe.

țara lui Moș Ene the land of Nod.

țara unde curge lapte și miere/unde umblă câinii cu covrigi în coadă the never-never land; the land flowing with milk and honey; tha land of Cockaigne/Cockayne.

a țâșni în aer to flush/to gush (forth/out/up).

a țâșni în sus to spire (up); *(d. lichide)* to gush.

a țese un complot *F* to weave a plot.

s-a țicnit he's gone soft!

ți-e rudă? what relation is he to you?

ținând seama de... in view of...; in consideration of...

ținând seama de toate all things considered.

nu țin banii la el! *F* → money burns his fingers/ burns a hole in his pocket.

nu țin la asta I would/'d rather not.

a nu ține *fig. sl.* that cock won't fight.

a se ține abanos ← *înv.* to carry one's age well; to be well-preserved.

a ține o adunare to hold a meeting.

a ține afișul (mult, puțin) *(d. piese, filme)* to have a (long/short) run; to fill the bill.

a nu-și ține angajamentul/făgăduiala/promisiunea față de cineva to fail smb.

a se ține aproape/strâns de cineva to run smb. hard.

a ține arhivele to keep the archives.

a ține arma în cumpănire *mil.* to trail arms; to carry one's arm at the trail.

a ține ascuns bine to keep under lock and key/ under watch and ward.

a se ține ascuns/în ascunzătoare to keep/to lie close; to skulk; *amer. F* to play Injun.

a ține balanța dreaptă *fig.* to keep the balance even.

a ține banii/casa to keep the cash.

a ține banul cu dinții to look twice at every penny.

a ține băierile pungii *F* to hold the purse-strings.

a ține o bibliotecă de împrumut to lend (out) books.

a se ține bine 1. *(d. persoane)* to keep/to preserve oneself well; to be well preserved; to carry/to wear one's age well; ~ foarte ~ *F* to be as fit as a fiddle; *sl.* to be full of beans. 2. *(a rezista)* to stand fast/ firm/one's ground; to hold one's ground/own; to make a stand; to sit tight.

ține-te/țin-te bine! 1. *(cu mâna etc.)* hold tight! hold on/*F* hard. 2. *(nu ceda)* steady! stand firm! stick it out! *sl.* stick it! *P* pull devil, pull baker!

a ține bine frâul unui cal to keep a horse well in hand.

a se ține bine în șa to sit a horse well; to have a good seat; to keep the saddle; *F* → to stick on a horse.

a se ține bine pe picioare to be steady on one's legs/*F* → pins; to keep one's legs; to take a firm stand.

a nu se ține bine pe picioare to be a bit groggy about the legs; to feel groggy; *P* → to be dotty on one's legs.

a se ține bine pe poziție *(împotriva dușmanului)* to make a stand against the enemy.

a ține bine zăbala *(și fig.)* to take the bit between its/one's teeth.

ține-ți botul! *v.* ~ gura!

a se ține ca un cățel după cineva to follow smb. like a dog.

a ține pe cineva să nu cadă to keep smb. from falling.

a ține cadența 1. *mil.* to keep (the) time; to keep step; to keep in the line; to mark time. 2. *muz.* to keep time.

a nu ține cadența *mil.* to get out of step.

a ține ceva ca gaia-mațu ← *P* to keep tight hold of/a firm hold on smth.

a se ține ca gaia-mațu ← *P* to keep one's end up.

a se ține ca gaia-mațu după cineva ← *P* to follow smb. about.

a ține la cineva ca la ochii din cap to be in love with smb.; to be very fond of smb.; *(la ceva) F →* to be the very breath of one's nostrils.

a ține calul în frâu to keep a horse well in hand.

a ține calul în trap mărunt to jog along.

a ține cap-compas la est *nav.* to sail due east.

a ține pe cineva ca pe cărbuni aprinși to keep smb. on the rack.

a ține pe cineva ca pe palme to wait on smb. hand and foot.

a-și ține capul sus to keep/to hold up one's head; < to carry/to hold one's head high; *fig. F →* to get one's tail up.

a se ține ca râia de om to stick like a burr.

a ține casa I. *com.* to act a cashier; to keep the cash; to handle the money. **2.** *(a întreține)* to keep the pot boiling/on the boil; **3.** *(a face menajul)* to keep house for smb.; to do for smb.

a ține casă cu cineva ← *F* to live like husband and wife; to be married to smb.; to live together in the conjugal state; to cohabit.

a ține o casă de raport to let furnished lodgings.

a ține casă deschisă to keep open house; to entertain a great deal/many guests.

a ține casă mare I. to have a large household. **2.** to live in great style.

a se ține ca o umbră după cineva to dog smb.'s footsteps.

a ține ceva ca zălog to hold smth. as security.

a ține un câine în cușcă to kennel (up) a dog.

a ține cârma *nav.* to be at the helm.

a se ține cât mai departe to keep away.

a se ține cât mai departe de ceva to keep/to hold aloof (from smth.).

a ține cât trăiește *(d. un obiect)* to last smb. out.

a nu ține câtuși de puțin seamă de ceva to take no heed of smth.

a nu-l mai ține chingile/cureaua *F* **I.** *(a fi la capătul resurselor)* to be at the end of one's tether. **2.** *(a nu mai avea nici o ieșire)* to be at the end of one's rope. **3.** *(a fi epuizat)* to be worn/fagged out.

a se ține coadă de cineva to follow smb. like St. Anthony/Tantony pig.

a ține companie/tovărășie cuiva to bear/to keep smb. company; to sit with smb.

a ține o comunicare to read a paper.

a ține o conferință to (give/deliver a) lecture; to (give a) talk; to speak; to make/to deliver a speech.

a ține consiliu to hold (a) council.

a ține contabilitatea/conturile *com.* to keep the books/the accounts; to do the book-keeping.

a ține cont de... *v.* ~ seama ~.

a nu ține cont de... *v.* ~ seama ~.

a ține cont de intenție to take the will for the deed.

a ține cont/seama de sfaturile cuiva to regard smb.'s advice; to mind smb.'s words.

a ține cont de toate posibilitățile to foresee all the possibilities.

a ține un copil pe genunchi to hold a child on one's knees/*(în poală)* in one's lap.

a ține cu ambele părți (într-o dispută) *fig. →* to run with the hare and hold with the hound.

a ține pe cineva cu atenția încordată to hold/to keep smb. in play.

a ține cu cineva to hold/to side with smb.; to be on smb.'s side; to take in with smb.

a se ține cu cineva *F →* to keep company with smb.

a se ține cu dinții de ceva not to give way an inch; to hold on; to hold by/to smth.

a ține cu dreptatea to be on the right side of the angels.

a ține (cu încăpățânare) la părerea sa to persist in one's opinion.

a se ține cu mâinile de burtă de râs to double up with laughter; to held one's sides with laughter.

a-și ține cumpătul to keep one's head; to keep one's hair on.

a se ține cu pâine și apă to live on bread and cheese.

a ține curentul to go with the stream.

a ține un curs de... to lecture on; *(o serie de prelegeri)* to give a course of lectures on...

a ține un curs/o prelegere studenților to lecture to students.

a ține cu sfințenie to observe strictly.

a ține o cuvântare to deliver/to make a speech.

a-și ține cuvântul/promisiunea to keep one's promise/word; to make good one's promise; to stand to one's word/promise; to be as good as one's word.

a nu-și ține cuvântul dat to break one's word; to break faith with smth.

a se ține dârz/tare *F →* to keep one's end up; to be hitting on all six cylinders.

a ține pe cineva de/drept... to look upon smb. as...; to believe smb. to be...; to consider smb...; to take smb. for...

a ține pe cineva de braț to hold smb. by the arm.

a se ține de burtă de râs to be convulsed/to shake/to rock with laughter; *v. și* **cu mâinile de burtă ~.**

a ține de cald cuiva to keep smb. warm.

a se ține de capul cuiva to importune/to worry/to badger/to pester/to plague smb.; $F \to$ to keep on at smb.

a se ține de chefuri to be/to go on the spree; to have a spree; $F \to$ to paint the town red; *sl. amer.* to hit the big spots.

a se ține de cuvânt to keep one's word; to stick to one's word; to as good as one's word; to keep/to redeem one's promise; to live up to one's promise; *(a veni la ora fixată)* to keep an appointment.

a nu se ține de cuvânt/făgăduială/promisiune to break/to go back on one's word/promise; to break faith with smb.; *elev.* to depart from one's word; *amer. F* to make a Virginia fence; to walk like a Virginia fence.

a nu ține de domeniul cuiva to be beyond one's province; to be out of one's range.

a se ține de drăcii $F \to$ to cut didoes; **se ține numai** ~ he keeps playing pranks; he does no end of freaks/tricks.

ține de familie it runs in the family.

a se ține de fondul chestiunii to keep to the record.

a se ține de furtișaguri to indulge in petty larcenies.

a se ține (mereu) de fusta cuiva *F* to be (always) hanging to smb.'s skirts.

a se ține de goange/iordane ← *P* **1.** *(a spune vorbe goale)* to talk through one's hat. **2.** *v.* ~ **prostii.**

a se ține de litera... to stick to the letter.

a se ține deoparte to stand aside; to keep out of the way; *(a nu se amesteca)* to stand outside things; to keep in the shade; to leave well alone; not to meddle.

a se ține deoparte/rezervat to show (great) reserve; to keep one's distance; to hold/to keep/to remain/to stand aloof; to stand apart.

a ține pe cineva departe/la distanță to hold/to keep smb. off; $F \to$ to keep smb. at arm's length.

a se ține departe de... to keep/to stay/to stand/to steer clear of...; to give a wide berth to...

a se ține de poala mamei *v.* ~ **după fustele** ~.

a se ține de prostii/fleacuri to play the giddy-goat; to waste/to idle one's time; $F \to$ to footle about.

a ține de rău pe cineva *F* to give smb. a bit/a piece of one's mind.

a se ține de treabă to stick to business.

a ține cuiva de urât *aprox.* to amuse/to entertain smb.

a ține pe cineva de veghe to keep smb. up (at night).

a ține de vorbă pe cineva to buttonhole smb.; to take smb. by the button.

a ține dietă/regim to diet; to feed low; $F \to$ to be on short commons.

a ține din lucru pe cineva to keep smb. from work.

a ține pe cineva din scurt to keep a firm/a strict/a tight hand over smb.; to keep a tight rein/hold on/over smb.; to hold/to keep smb. in check; to keep a check on smb.; to keep an eye/a sharp eye on smb.; to keep smb. low.; $F \to$ to keep an iron rod over smb.; $F \to$ to tether smb. by a short rein; *(la mâncare)* to put smb. on short allowance; *(a-l forța să-și țină cuvântul)* to bind smb. to his oath.

a ține un discurs to deliver/to make a speech; *(a vorbi despre)* to speak on/upon...; ~ **lung** to deliver a long harangue; ~ **discursuri sforăitoare** $F \to$ to talk claptrap; to let off fireworks.

a ține divan to hold council.

a ține dreapta/stânga to keep to the right/the left.

a se ține drept/ca lumânarea to stand erect/upright; ~ **în picioare** to stand upon one's feet.

a se ține drug de cineva ← *P v.* ~ **gaie** ~.

a ține drumul drept *fig.* to walk the chalk.

a ține duminica/duminicile to observe the Sabbath.

a nu ține duminica/duminicile to break the Sabbath.

a se ține după fuste $F \to$ to dangle after/round women; $F \to$ to run/to be always after petticoats.

a se ține după fustele mamei *(ironic d. un bărbat)* $F \to$ to be tied to one's mother's apron-strings; to hold on/to hang to one's mother's skirts.

a ține evidența *(cu gen.)* to keep a record of...

a se ține să nu facă ceva to keep oneself from doing smth.

a ține să facă impresie (cât mai) bună to put on one's company manners.

a-și ține făgăduiala/promisiunea to stand to/to live up to/to act up to one's promise; *v. și* **a se ține de cuvânt.**

nu ține (figura)! ← *argou F* it does not hold water; $P \to$ no go!

a-și ține firea to control/to govern oneself; to retain/to preserve one's self-possession; to be self-controlled; to keep cool/a cool head; $F \to$ to keep one's hair/hat/shirt/wool on; to keep one's temper; to keep (all) one's wits about one; **ține-ți firea!** keep your head! $F \to$ keep your hair on! hold your horses! don't get excited! $F \to$ never (you) fear! don't you fear!

ține-ți fleanca! *v.* ~ **gura.**

a ține foarte mult să facă ceva to have set one's mind on doing smth.; < to be (all) afire with the desire to do smth.

a ține frânele în mână $F \rightarrow$ to run the show.

a ține frâul strâns to keep a tight hand on the reins.

a se ține gaie de/după cineva to hang on smb.'s skirts; to follow smb. like a shadow/like St. Anthony's pig; *v. și* **~ scai de cineva.**

a ține o gospodărie to keep up an establishment.

a ține grajd de curse to keep a racing stable/a racing stud.

a ține grajduri de cai to take/to keep horse at livery.

a se ține grapă după cineva to dog smb.'s footsteps; *v. și* **~ scai.**

a-și ține gura to hold/*înv.* to keep one's tongue; to keep one's tongue between one's teeth; to keep guard/watch over one's tongue; to curb/to bridle one's tongue; to put a curb/a bridle on one's tongue; to keep a clean tongue; to bite one's tongue off; to keep one's own counsel; *înv.* to hold one's peace; $F \rightarrow$ to hold one's gab/$P \rightarrow$ jaw; *sl.* to hold/to shut (up) one's noise; to hold one's mouth; to keep one's mouth shut; to keep/to maintain silence; $F \rightarrow$ to keep/to save one's breath to cool one's porridge; *sl.* to keep one's head/face shut; to shut one's face/head; to keep one's trap shut; *amer.* to keep one's yap shut; to shut one's yap; **ține-ți gura!** *F* shut up! shut/hold your mouth! keep your tongue in your mouth/between your teeth! stop your gab! mum's the word! *P* hold your jaw/chat/maw/noise! pack it up! *sl.* cheese it! put a sock in it! stash it! dry up! out! out!

a ține hangul/isonul cuiva *F* **I.** to be smb.'s yesman; to make a pendant to smb.; *(la râs/plâns)* to laugh/to cry for company. **2.** *muz.* to accompany smb.

a ține hățurile *și fig.* to hold the reins; *și fig.* to handle/to hold/to take the ribbons; *v. și* **~ pe cineva din scurt.**

a ține un hotel etc. to run a hotel, etc.

a-și ține ighemoniconul $\leftarrow$ *F* to keep a good house.

a ține inamicul în șah to hold/to keep the enemy in check/at bay.

a ține pe cineva în activitate to keep smb. on the go.

a ține pe cineva în așteptare to keep smb. waiting/hanging about.

a ține/păstra ceva în bună stare to keep smth. in proper condition/in good repair.

a ține închis pe cineva to lock smb. up.

a ține pe cineva încordat to keep smb. on the stretch.

a ține pe cineva în/la curent cu... to keep smb. well informed on...; to keep smb. in touch with...; *(cu mersul lucrurilor)* to report progress to smb.; *(cu o problemă etc.)* to keep smb. advised of smth.; **a pune ~** to acquaint smb. with; to inform smb. of...; to let smb. know.

a se ține în/la curent cu... to keep up with...; *(cu progresele unei științe)* to keep abreast of a science.

a se ține în defensivă to be/to stand on the defensive.

a ține în frâu pe cineva to keep a tight rein on/over smb.; to keep/to hold smb. in leash/under control; *v. și* **~ din scurt pe cineva;** *(d. cai)* to rein in/to collect a horse.

a-și ține în frâu sentimentele to keep one's feelings under control.

a ține în gaj to hold in pledge.

a ține în întuneric pe cineva I. to keep smb. in the dark. **2.** *fig.* to keep smb. in the dark about smth.

a ține ceva în loc to hold smth. in place; *(a împiedica)* to hinder/to hamper to check/to restrain smth.

a ține pe cineva în nesiguranță to keep/to hold smb. in suspense.

a se ține în pas cu... to keep/to be abreast of/with...; to go/to march/to walk in equipage with...; *(cu timpul)* to be abreast with/of the times.

a ține pe cineva în puterea sa to get smb. by the short hairs; to get/to have the whip hand of/over smb.; to have smb. in/under one's hand; to have smb. in one's pocket/under one's thumb.

a ține ceva în rezervă to have smth. in reserve.

a se ține în rezervă to maintain an attitude of reserve; to show (great) reserve.

a ține pe cineva în robie to hold/to keep smb. in subjection/*înv.* thraldom.

a ține în robie/servitute *(un ținut etc.)* *ist.* to hold land in vassalage.

a-l ține în spate *(d. reumatism, durere)* to get on in the back.

a ține în suspensie to hold over; *(d. decrete etc.)* to leave in abeyance; *(d. o chestiune)* to straddle.

a ține în șah pe cineva to hold/to keep smb. in check; to keep smb. at bay/in the air.

a se ține într-un fir de ață to hang by a slender/a thin thread.

a ține o întrunire publică to have/to hold a public meeting/an open meeting.

a ține în viață *(un bolnav etc.)* to keep (a patient, etc.) going; to keep smb. alive.

a-și ține jurământul to keep a vow.

a ține la cald to keep in a warm place.

a ține la o convingere to hug a belief.

a-și ține lacrimile to keep back/to restrain/to suppress one's tears.

a se ține la distanță to keep one's distance; *v. și ~* **deoparte.**

a ține pe cineva la distanță to keep smb. at a distance/at the stick's *înv.* → at arm's end; to hold/to keep smb. at the stave's end; to be distant with smb; *v. și ~* **departe.**

a ține la drum lung to have good (walking) legs.

a ține la etichetă to be a sticker for etiquette.

a ține ceva la îndemână to keep smth. handy.

a ține ceva la lumină to hold smth. against/to the light.

a se ține lanț to come one after another.

a ține la părerea sa to be tenacious of/to stick to one's opinion.

a ține la răcoare/rece to keep in cold storage.

a ține pe cineva la respect to keep smb. at a respectful distance; to hold smb. in check/in awe/at bay.

a ține la subțiori *(a fi strâmt)* to be too tight under the arms.

a ține la tăvăleală ← *F* to stick fast.

a ține la viață to value one's life.

a ține la zi *com. etc.* to keep the books/a catalogue, etc. up to date.

a ține o lecție to give a lesson.

a ține cuiva o lecție de bună-cuviință/de morală to read smb. a lecture/a lesson homily.

a ține legat cu lesa/cureaua to leash.

a ține legătura cu cineva to keep in touch with smb.

a-și ține limba to tame one's tongue; *v. și ~* **gura.**

a-și ține limba-n frâu *v.* **~ gura.**

a ține linia dreaptă *(d. mașini)* to keep the car straight.

a ține loc de... to replace...; to be a substitute for...; to serve as a substitute for...; to do duty for...; to stand for...; **tutunul îmi ~ toate** *F* tobacco is meat and drink to me.

a ține locul cuiva to take/to supply/to fill smb.'s place; to supply/to take smb.'s turn; to act as smb.'s substitute; **~ părinților** to stand in loco parentis to a child; **~ unui actor** to stand in.

a ține cuiva un logos *v.* **~ o lecție de bună-cuviință.**

a ține un magazin to keep a shop.

a se ține mare *F* to put on airs; to rise the high horse.

a ține măsura **1.** *muz.* to keep time. **2.** *fig. v.* **a păstra ~.**

ține-ți mâinile/labele acasă! (let us have) no horse play.

a ține mâinile în buzunar to keep one's hands in one's pockets.

a-și ține mâinile în eșarfă to have/to carry one's arm in a sling.

a se ține mândru to get on the high horse; *v. și ~* **mare.**

a se ține mereu după cineva to follow smb. like a shadow; to dog smb.'s steps; *(d. polițiști)* to shadow smb.

a ține pe cineva mereu în picioare to keep smb. on the go.

a ține minte to bear/to keep in mind; to keep/to bear/to have in memory; to keep note of smth.; to remember!; **ține minte!** remember! *F* → stick a pin there!

ține minte ce-ți spun! mind you!/my words! mark my words!

a ține morțiș la... to be keen on...; to be all for...; to insist on... *(cu -ing);* to be (dead) set on... *(cu -ing);* to stick to it; to be very particular about...

a nu ține morțiș la ceva not to be particular about smth.

a ține morțiș la punctul său de vedere/la părerea sa to stick to one's point; to be wedded to one's opinion.

a ține mult *(d. stofe etc.)* to wear well.

a ține mult la ceva to have smth. at heart; < to set great store by smth.

a ține mult la cineva to be keen on smb.; to be fond of smb.

a ține nasul pe sus **1.** to put/to screw up one's nose; to cock one's nose; to bridle up; *sl.* to be high in the/one's nose. **2.** *(a se uita de sus)* to look down one's nose at smb.; to turn up one's nose at... **3.** *(a se umfla în pene)* to be/to get on one's/the high horse; to get too big for one's boots/shoes; *sl.* to put on frills/side.

a nu ține nasul pe sus to come off one's perch/one's high horse.

a ține neapărat să... to make a point of... *(cu -ing).*

a nu-i ține nici de cald, nici de rece not to affect one; to leave one unmoved.

a nu-l ține nimic în loc; nu-l ținea nimic în loc wild horses couldn't stop him.

a ține o notă *muz.* to dwell on a note.

a o ține numai/tot în chefuri to be on the booze; *v. și* **a trage la chefuri.**

a ține ceva numai pentru sine *(a ascunde)* to keep smth. to oneself.

a ține un obiect la suprafață/la suprafața apei *nav.* to buoy up an object.

a ține ochii deschiși to keep one's weather eye open.

a ține ochii în pământ to keep one's eyes nailed on the ground.

a ține pe cineva ocupat $F \rightarrow$ to keep smb. at it.

a ține ordine/disciplină *(în clasă etc.)* to keep order; to keep a class, etc. in order.

a ține un pariu/o prinsoare/un rămășag to take (up) a bet.

a ține pasul *mil.* to mark time.

a ține pasul cu... 1. *(cineva)* to keep pace/step with smb.; to be in step with smb.; to come close up with smb. **2.** *v.* **a se ~ în pas cu...**

a ține pasul cu vremurile to keep up with the times; tobe abreast with/of the times.

a-și ține pălăria pe cap *(d. un bărbat)* to keep one's hat on.

a nu-l (mai) ține pământul de bucurie to tread on air.

a ține pâinea și cuțitul *fig.* to rule the roost.

a ține până la capăt; a rezista $F \rightarrow$ to see it through.

a ține pe cineva pe cheltuiala sa to have/to keep smb. in one's pay.

a ține pe cineva pe după cap/gât to hold smb. by the neck; to throw one's arms round smb.'s neck.

a ține pe cineva pe jăratic to make smb. squirm.

a se ține pe lângă coastă/țărm *(d. vase)* to sail along the coast.

a nu se ține pe picioare to be shaky on one's legs; **nu-l mai țineau picioarele** his legs sank under him; *(e obosit)* he is dead/quite beat; he cannot stand.

a se ține pe poziție to hold/to keep/to stand one's ground; to stand fast/firm; to maintain one's claim (argument, etc.); *(a rezista cuiva)* to make a stand against smb.; *v. și* **tare ~.**

a o ține pe a sa to hold one's own; $F \rightarrow$ to stick to one's guns.

a se ține pe urmele cuiva to follow in smb.'s footsteps.

a ține piept to stand one's ground; to withstand; *(cuiva)* to stand up against smb.; to make a stand against smb.; to face up to smb.; to stick up to smb.; $F \rightarrow$ to ride the whirlwind; *(unei critici/ furtuni)* $F \rightarrow$ to face the music; *mil.* to withstand an attack; **~ la** to cope with; *v. și* **a se ~ tare pe poziție.**

a ține post to fast; to keep fast; *rel.* to keep Lent; to fast in Lent; to abstain from meat.

a ține cuiva o predică to moralize smb.; to lecture smb. (on morals); $F \rightarrow$ to preach to smb.; *aprox. glum.* to read the Riot Act to smb.; $F \rightarrow$ to give smb. a good dressing down; *v. și* **a trage cuiva o săpuneală; a ține cuiva o lecție de bună-cuviință.**

a ține o prelegere to give a lecture; *v. și ~* **conferință.**

a ține prizonier to hold smb. captive.

a-și ține promisiunea to stick to/to stand to one's promise; to act up to one's promise; to keep faith with smb.; *v. și* **a-și ține cuvântul.**

a nu-și ține promisiunea to break/to go back on one's promise; to dishonour one's promise; to recede from a promise; *v. și ~* **cuvântul dat.**

a ține o rană deschisă cu fitil to tent a wound.

a-și ține rangul to keep one's standing; to keep up one's position; to uphold one's position; to keep great state; to live in state.

a-și ține răsuflarea/respirația to hold/to bate/to keep in/to retain one's breath; to catch ore's breath.

a se ține să nu râdă to restrain one's mirth; to keep a straight face.

a ține registrele *contab.* to keep accounts.

a ține un restaurant $F \rightarrow$ to be in the public line.

a se ține retrași/ciotcă; se țin retrași they keep to themselves.

a ține o reuniune to hold a meeting.

a se ține rezervat to show (great) reserve; to keep one's distance; to stand aloof; *v. și ~* **deoparte.**

a ține o sărbătoare to keep/to make holiday; to keep a holiday.

a ține sâmbăta/duminica to keep the Sabbath.

a se ține scai de/după cineva to hold/to cling/to stick to smb.; $F \rightarrow$ to stick to smb. like a bur(r)/a limpet/a leech/like glue/like wax/like a flea to a fleece; $F \rightarrow$ to cling to smb. like ivy/a bur; to stick close to smb.; to hang about smb.; $F \rightarrow$ to be on smb.'s back; $F \rightarrow$ to follow smb. like a sheep/like St. Anthony's pig; **se ține scai de mine** I can't shake him off.

a ține scena/spectacolul to keep the stage.

a ține seama de ceva to take smth. into account/ consideration; to mind smth.; not to overlook smth.; to make allowance for smth.; to keep count/ notice of smth.; to bear/to keep smth. in mind; to give due consideration to smth.; *(a respecta)* to have regard/respect/consideration for smth. **~ de cineva** to have to reckon with smb.; **trebuie să ținem seama de el** he is to be reckoned with.

a nu ține seama de ceva to disregard/to ignore smth.; to be unmindful/regardless of smth.; not to mind/heed smth.; to make no reckoning of smth.; to take no/little account of smth.; to take no notice/heed of smth.; to pay no heed to smth.; to set smth. at naught; to leave smb. out of account; $F \rightarrow$ to give smth. the go-by; to pass smth. by; to fly in the face of smth.; **~ de cineva** to think little/nothing of smb.; to take no notice of smb.; to overbear smb.

a nu ține seama de ceea ce spune lumea to take no count of what people say.

ține seama de ce-ți spun! mark what I say! mark my words!

a nu ține seama de cheltuieli to be regardless of expense.

a ține seama de fapte to face the facts.

a nu ține seama de nimic to break through every restraint; to break loose from all restraint; to be heedless of everything; *F →* to fling/to throw one's/the cap over the (wind)mill.

a nu ține seama de un ordin *mil.* to disregard an order.

a ține seama de părerea cuiva to respect smb.'s opinion.

a ține seama de riscuri to count the cost.

a nu ține seama de voința cuiva to overbear smb.'s will.

a ține ceva secret to keep smth. close/*F →* dark/hush-hush/quiet/secret/to oneself/*F →* under one's hat; to keep a matter secret; to keep one's (own) counsel; to keep smth. within one's lips; to keep a quiet/a still tongue in one's head; to seal one's lips/mouth.

a se ține serios to keep one's countenance.

a ține sfat to hold council; to lay/to put one's heads together; *(cu cineva)* to take counsel (together); *elev.* to be in conclave with smb.

a se ține singur pe picioare to do for oneself.

a ține socoteala/socotelile to keep the score; to keep a record of the score; to keep count of smth.; *amer. F* to keep a tab/tabs on smth.

a ține socoteală de ceva *v.* ~ **seama** ~.

a nu ține socoteală de ceva *v.* ~ **seama** ~.

ține stânga! *auto etc.* keep to the left!

a ține steagul sus *fig. F →* to keep the flag flying.

a ține ceva strâns to hold smth. tight(ly); to keep a tight/a firm hold of smth.; **ține-te strâns!** hold tight!

a ține strâns băierile pungii to keep a tight hold on the purse.

a se ține strâns pe urmele dușmanului/inamicului to follow hot upon the enemy.

a ține pe cineva sub călcâi to hold smb. down; to keep smb. under; to tread on smb.'s neck.

a ține sub cheie ceva to keep smth. under lock and key.

a ține ceva sub control to keep a check on smth.

a ține pe cineva sub interdicție to keep smb. under restraint.

a ține ceva sub oboroc to hide/to keep smth. back.

a ține sub observație to keep under observation; to study up; *(pe cineva)* to keep smb. under observation; to have smb. under one's eye; to keep an eye/a sharp eye on smb.

a ține pe cineva sub papuc to keep smb. under foot/(well) under one's thumb; *(d. femei)* to wear the breeches; to wear the pants in the family.

a ține sub presiune *fig.* to keep on the stretch.

a ține sub supraveghere to keep a sharp look-out.

a ține șase/șestul *școl. F* to keep cave.

a ține ședință to be sitting; to be in session; to take part in a conference.

a ține o ședință secretă to go into secret session.

a ține tactul *muz.* to keep time.

a se ține tare *(în fața unei încercări) F →* to carry/to keep a stiff upper lip; **ține-te tare!** bear up! never say die! *F →* keep your chin up!

a se ține tare pe poziție to stand out; *F →* to sit tight; *F →* to face it; *F →* to keep one's feet; to take things on the chin; to dig one's toes in; to maintain an unbending attitude; ~ **până la sfârșit** to die game.

a se ține tare și mare *F* to play upstage.

a o ține tot în chefuri to be/to go/to live on the loose; to paint the town red.

a o ține tot întruna *v.* ~ **una și bună**.

a ține totul în stare perfectă to keep everything in perfect trim.

a o ține tot una și bună *v.* **a o ține una** ~.

a ține tovărășie cuiva to keep/to bear smb. company; to sit with smb.

a ține trăsură cu cai to keep one's carriage; to ride in one's own carriage.

a se ține treaz *(nu beat)* to keep oneself dry.

a ține trena cuiva to dance attendance upon smb.; to fawn/to cringe on/upon smb.

a se ține țanțoș *sl.* to flaunt it.

țineți-vă mai aproape sit closer (together).

a o ține una și bună *← F* to hold on; to stand by/to stick to one's opinion; to harp on the same string; to be firm as to smth.; *(a-i intra în cap)* to have got into one's head; **o ține una și bună** *← F* he won't give in; he sticks to it.

a ține unii cu alții to stick together.

a ține ușa deschisă/închisă to keep the door open/shut.

a ține ușa încuiată *(pentru vizitatori) fig.* to sport one's oak.

a ține pe cineva vinovat de ceva *F* to blame smth. on smb.

a ține volanul *auto* to be at the wheel.

a **ține pe cineva zălog** to hold smb. to ransom.

a-și **ține zilele** to keep body and soul together.

a **ținti departe** *fig.* to aim high; to fly at high game.

a **ținti exact/precis** to aim true.

a **ținti foarte sus** to fly high; to fly a high pitch.

a **ținti la întâmplare** to draw a bow at a venture.

a **ținti mult prea sus** to fly at too high game.

a **ținti sus** *rar* → to aim/to level at the moon; **țintește sus** his/her ambitions aim high.

a **țintui pe cineva cu ochi plini/cu o privire plină de repros** to fasten smb. with a reproachful eye.

a **țintui cu privirea I.** *(ceva)* F → to nail one's eyes on smth. **2.** *(pe cineva)* to nail/to rivet one's eyes on smb; to stare smb. out of countenance.

a **țintui în/la pat; boala l-a țintuit în/la pat** his illness confined him to his bed; he was bed-ridden on account of his illness; his illness made him a prisoner of his couch.

a **țintui pe cineva la pământ** to put the half Nelson on smb.

a **țintui la stâlpul infamiei** *și fig.* to put/to set in the pillory; to pillory.

țintuit de groază terror-stricken.

țintuit de o vrajă bound by a spell.

țintuit în/la pat bed-ridden; laid-up; tied to one's bed.

țintuit la pământ nailed to the ground.

țintuit locului rooted to the ground/the spot.

țintuit pe scaun a prisoner to one's chair.

a **țipa ca un apucat** to scream like one possessed.

a **țipa ca din/în gură de șarpe** to bawl and squall; to shriek at the top of one's voice; to cry fire/murder.

a **țipa în gura mare** to shriek at the top of one's voice.

a **țipa până nu mai poate** to shout oneself hoarse.

am să țip în gura mare *amer.* I'll tell the world.

a-i **țiui urechile** to have a singing/a buzzing in one's ears; to have noises in the ears; **îmi țiuie urechile** my ears are ringing/tingling/buzzing; *rar* my ears are tinkling.

a **țopăi de bucurie** to dance for joy.

țț! hush! ssh!

a-și **țuguia buzele** to purse up/to screw up one's lips/mouth; to pout (one's lips).

U

a ucide un animal rănit to finish off a wounded beast.

a ucide cu pietre pe cineva to stone smb. to death.

a ucide cu pumnalul pe cineva to stab smb. to death.

a ucide pe cineva în bătăi to beat/to thrash within an inch of smb.'s life; *v. și* **a snopi ~ în bătaie.**

a ucide pe cineva prin strangulare to bowstring smb.

a ucide pe cineva prin violență to do smb. to death.

ucigă-l toaca 1. the devil take him! **2.** the Foe; the Enemy; *P* the old gentleman/adversary/boy/lad/ fellow/enemy/gooseberry; Old Davy/Harry/Nick/ Blazes/Sam/Scratch.

ucis (de un taur etc.) cu cornul gored to death.

să nu ucizi *bibl.* thou shalt not kill.

a uda aldămașul *F* to wet the bargain.

a-și uda beregata/gâtlejul *F* to wet/to moisten one's throat/whistle/*P* → one's clay.

a uda cu lacrimi to wet/to bedew with tears.

a uda cu sânge to stain/to imbue with blood.

a se uda la picioare to get one's feet wet.

a uda leoarcă/până la piele *F* to soak to the skin.

a se uda leoarcă to get wet.

a uda mâncarea cu un pahar de bere etc. *F* to wash down one's dinner with a glass of beer, etc.

a se uda până la piele to get a souse/*F* a soaking.

a-și uda tresa de ofițer to pay one's footing.

ud ca un câine plouat as wet as a drowned cat.

ud ciuciulete *v.* **~ leoarcă.**

ud de sudoare wet with perspiration.

ud leoarcă dripping/soaking/sopping wet; wet through (and through); *v. și* **~ până la piele.**

ud până la piele/oase wet/drenched/soaked to the skin; as wet as a drowned mouse/rat; not having a dry stitch/thread on.

mă uimești! I am surprised at you!

a se uita acru to look sour; to look (as sour as) vinegar; to look as sour as verjuice/as a gooseberry; to look vinegar and verjuice.

a se uita afară pe fereastră/geam to look out of the window.

a se uita amenințător/urât la cineva to scowl at/ on smb.

a se uita atent la cineva to take a good look at smb.; *aprox.* to look in smb.'s face.

a se uita la cineva ca la dracu *F* to glower at smb.; to cast thieves' glances at smb.; to look daggers at smb.

a se uita ca mâța/pisica în calendar to have as much idea (of it) as a donkey has of Sunday; *F* to be past one's Latin; to be put to a nonplus.

a se uita ca vițelul la poarta nouă to look at one another like stuck pigs.

a uita cât e ceasul to lose count of time.

a se uita chiondorâș/chiorâș/ponciș 1. *v.* **~ cruciș. 2.** *fig.* **~ la cineva** to look askance/awry/*F* → blue at smb.; to look black on smb.; to give smb. a black look; **~ la ceva** to look with a jaundiced eye at smth.

a se uita cruciș 1. to squint; to be squint-/*F* → boss-eyed; to have a cast in one's eye; *F* → to look both/two ways for/to find Sunday; < to look nine ways; **~ la ceva/cineva** to squint/to skew at smth./ smb.

a se uita cu coada ochiului la cineva to look at smb. out of the corner of one's eyes; to cast a sly/ a furtive glance at smb.

a se uita cu jind la ceva to look at smth. with eager longing; to regard smth. with envious/cov- etous eyes.

a uita cum trebuie făcut un lucru to forget how to do smth.

a se uita la cineva cu ochi duși to look at smb. wildly.

a se uita cu un ochi la gaie și cu altul la tigaie; ~ la slănină ~ la făină; *v.* **~ cruciș.**

a se uita cu ochi răi la cineva to look darkly at smb.

a se uita cu pleoapele pe jumătate închise to screw up one's eyes.

a uita de bunele maniere to forget one's manners.

a uita de gazdă *F* → to reckon/*înv.* to count without one's host.

a uita de la mână până la gură to be very forgetful; *F* → to have a mind like a sieve.

a se uita la cineva de parcă ar vrea să-l ucidă *aprox.* to look daggers at smb.

a uita de sine (însuși) *F* → to forget oneself.

a se uita de sus la cineva to look down one's nose at smb.

a se uita după toate fustele *v.* ~ **ține după fuste.**

a uita să facă ceva to forget to do smth.

a nu uita să facă ceva to be mindful to do smth.

a-și uita intrarea în scenă *(d. actori)* to miss one's entrance.

a se uita în altă parte to look the other way; to glance aside.

a se uita înapoi/îndărăt to revert one's eyes; **nu te uita înapoi!** don't look round!

a se uita înăuntru prin fereastră to look in at the window.

a se uita încruntat la cineva to scowl/to frown at/on smb.

a se uita în jos to look downwards; to glance down.

a se uita în jurul său/de jur împrejur to look about one.

a se uita în ochii cuiva to meet smb.'s eye.

a se uita în sus to look upwards; to glance up.

a se uita (superficial) la ceva to glance through/over smth.

a nu se uita la bani/cheltuială/preț to be free with one's money; not to mind the expense; to spare no cost; **nu te ~!** never mind the money!

a se uita la ceas to look at one's watch/at the time.

a nu se uita la ceas to lose count of time.

a se uita lacom/pofticios la cineva to leer at smb.

a se uita la mersul trenurilor to look up the time-table.

a se uita la televizor to watch T.V.; *F* to look in to a transmission.

a se uita lung la cineva *v.* ~ **țintă ~.**

a se uita pe fereastră (înăuntru) to look in at the window.

a se uita pe furiș la... to steal a look/a glance at...; to peep at; to squint at...

a se uita pentru ultima oară la un lucru to look one's last on smth.

a se uita peste umăr la cineva *fig.* to look down upon smb.; to give smb. the cold shoulder.

a se uita la ceva pe sub ochelari to look at smth. from under one's spectacles.

a se uita pieziș la cineva *v.* ~ **chiorâș.**

nu-ți uita propriile interese don't forget yourself.

a se uita sașiu *v.* ~ **cruciș.**

a se uita strâmb la cineva to look unkindly at/on smb.; *v. și* ~ **chiorâș.**

a se uita și la un gologan to be mindful of expense; to look twice at every penny.

ai uitat bunele maniere! where are your manners!

a se uita țintă la... to stare at...; to fix/to rivet/to fasten one's eyes/glances upon...

a se uita urât la cineva... to scowl/to glower at smb.; to eye smb. asquint; *aprox.* to frown at/on smb.

nu uita să vii devreme be sure to come early; *F* → be sure and come early.

uită-te în spate! look behind you.

ia te uită (la el/ea)! there he/she goes!

uită-te la mine! 1. look here! 2. *v. și* **uite ce e.**

să nu uităm că... be it remembered (that).

să uităm ce a fost let bygones be bygones.

să uităm trecutul let bygones be bygones.

uită-te numai puțin! just look at this!

uită-te (pe) unde mergi! look where you are going.

uită-te (și vezi) cât e ceasul! look and see what time it is.

uitându-te la el ai zice... to look at him one would say...

uite așa! *F* (just) like that!

uite atâta de înalt! that high.

uite ce e! *F* I'll tell you what; look here! I say!

uite cum văd eu lucrurile *F* → that's how I figure it out.

uite popa, nu e popa *aprox.* to play (at) bo-peep.

uite unde am ajuns that is where we've got to.

să nu uiți asta! *F* → bite on that!

ulciorul nu merge de multe ori la apă *prov.* the pitcher goes so often to the well that at last it breaks; everything has its day.

ultima casă de pe stradă the end house of the street.

ultima expresia a... the latest in...; *(e tot ce e mai nou)* that is the latest.

ultima modă; ultimul strigăt/→ *F* răcnet the latest fashion/style; the (very) latest thing; the last word in...; *F* → all the go/the rage/the vogue; the latest craze; *P* → it's a corker.

ultima oră *(în ziare)* stop press.

ultima picătură the last straw (that breaks the camel's back).

ultimele detalii/retușuri finishing strokes/touches.

ultimele evenimente recent developments/events.

ultimii ani ai vieţii the lees of life.

ultimul cuvânt final answer.

ultimul, dar nu cel mai puţin însemnat _F_ → last but not least.

ultimul, dar nu în ordinea importanţei _F_ → last but not least...

ultimul dintre ultimii the lowest of the low.

(e) ultimul lucru care să mă îngrijoreze _F_ → that is the last of my cares.

umăr la umăr shoulder to shoulder.

a umbla aiurea to fool about/around; to drift around.

a umbla anevoie/târându-şi picioarele to slouch (away).

a umbla brambura _F_ → to ramble; to lop about.

a umbla braţ la braţ to walk arm-in-arm.

a umbla ca vodă prin lobodă ← _F_ to strut (about); to peacock (about); to strut/to swagger along.

a umbla copăcel to begin to walk upright.

a umbla creanga/craun/lelea/teleleu Tănase to fool about/around; to idle/to loaf/to loiter about; to be on the gad.

a umbla cu autostopul to be on the hike.

a umbla cu bocceaua to hawk.

a umbla cu bună dimineaţa _(a cerşi)_ to go (a-)beg-ging/_F_ → a-cadging.

a umbla cu capul în nori to be lost in a brown study; to lose oneself in the clouds/in day-dreams; to go a-wool-gathering.

nu umbla cu capul în traistă _prov._ look before you leap.

a umbla cu capul între urechi to be absent-minded/in the clouds; **umblă ~** his thoughts are elsewhere; _v. şi_ **~ în nori.**

a umbla cu cheta to take up the collection; to send/to hand/to pass/to take round the plate; to pass round the hat.

a umbla cu chichiţe _(a căuta chichiţe cuiva)_ to find fault with smb.; to cavil at smb.

a umbla cu coatele goale/rupte to be out at elbows.

a umbla cu daibojul _v._ **~ bună dimineaţa.**

a umbla cu o fată _F_ → to keep company with a girl.

a umbla cu fofârlica **1.** _(a nu spune direct)_ to beat about the bush. **2.** to resort the evasions; to use evasions; _v. şi_ **~ şmecherii.**

a umbla cu fruntea sus to walk with one's head (high) in the air.

a umbla cu fundul în două luntrii _F_ to run/to hold with the hare and hunt with the hounds.

a umbla cu grijă to walk Spanish.

a umbla cu gura căscată după... _F_ to be agog for...

a umbla cu „ia-mă nene" _F_ to be on the hike.

a umbla cu jumătăţi de măsură to use half measures; to stop half way.

a nu umbla cu jumătăţi de măsură to have done with half measures; _F_ → to go the whole hog; to stick at nothing.

a umbla cu limba scoasă după cineva to give chase to smb.

a umbla cu mare precauţie to go to work/to set about it with great caution.

a umbla cu cineva cu mănuşi to handle smb. with kid gloves; _F_ → to do the handsome (thing) by smb.

a nu umbla cu mănuşi to lay it on thick/with a trowel.

a umbla cu minciuni to deal in lies.

a umbla cu ceva cu multă grijă _(foarte gingaş)_ to proceed/_F_ → to go about it gingerly.

a umbla cu nasul pe sus to put/to screw up one's nose; to cock one's nose; to be high in the/one's nose; to bridle one's head; to give oneself airs; to look big; to fly a high pitch; to strut like a turkey/a cock.

a umbla cu ochelari to wear glasses/spectacles.

a umbla cu pantahuza _F_ to send/to pass the hat round; to go round with the hat on smb.'s behalf.

a umbla cu pas lung/mândru/maiestuos to stalk (along).

a umbla cu paşi repezi/mărunţi _(d. persoane)_ to patter about.

a umbla cu pile _F_ → to use wangles.

a umbla cu şmecherii to play tricks; _F_ to kid; to be up to one's (old) tricks; to play (at) fast and loose; to be a humbug; to practise deceit on smb.

a umbla cu şoşele şi momele _v._ **~ şmecherii.**

a umbla cu talerul _v._ **~ cheta.**

a umbla cu vorbe to retail gossip; to tell tales (out of school); **~ pe socoteala cuiva** to gossip about smb.

a umbla cu zvonuri to spread rumours; to tell tales (out of school); to put/to bandy/to hawk/to buzz about; to retail/to spread about.

a umbla de colo până colo to walk a turn; to bum around; to loaf/to sponge/to wander about/_amer._ around; to mooch/_sl._ to muck about; to muddle on/along/about; to shift about; to potter about; _(cu un aer preocupat)_ to bustle about.

a umbla de colo până colo (prin lume) to knock about (the world).

a umbla din loc în loc to wander about.

a umbla din mână în mână to pass from hand to hand.

a umbla dintr-o cârciumă în alta to be hanging about pubs/bars; to haunt pot houses.

a umbla drept to walk uprightly.

a umbla după bani *sl.* to be after the dibs.

a umbla după cai verzi pe pereți *v.* ~ **potcoave de cai morți.**

a umbla după căpătat to beg (alms).

a umbla după chilipir(uri) to hunt for bargains; to be on the look-out for bargains.

a umbla după clientelă to tout for customers.

a umbla după colaci calzi I. *(a-i plăcea lucrurile bune)* to have a sweet mouth/tooth. **2.** *(a umbla după profituri)* ← *F* to hunt after gains.

a umbla după complimente to fish/to angle for compliments.

a umbla după fete to crane at the girls; *v. și* **a se ține după fuste.**

a umbla după fuste to be always after a petticoat; to be (always) runing after women; *F →* to go wenching.

a umbla după himere to be on a rainbow hunt.

a umbla după învârteli to be on the make.

a umbla după pomană to cadge; to go a-cadging.

a umbla după potcoave de cai morți ← *P* to catch at shadows; to turn after a shadow; to go on a fool's errand; to run a wild goose chase; to look for a mare's nest; *F →* to milk the ram/the bull/the pidgeon.

a umbla după o pradă to raven after smth.

a umbla după serviciu to shop around.

a umbla după șterpelit *P →* to be on the scrounge.

a umbla fără căpătâi/haihui/haimana *F* I. *(a vagabonda)* to be on the tramp/the mike/to mooch/the bum; to trig it; *amer.* to pound the asphalt. **2.** *(a rătăci)* to rove/to roam/to wander/ to tramp aimlessly; *F →* to lop/to gad about; **3.** to idle/*F →* to loll/loaf about.

a umbla fără mănuși cu cineva to handle smb. without gloves/mittens.

a umbla fără rost/treabă *F* to slouch about; *amer.* to hang around; *v. și* ~ **creanga.**

a umbla foarte țanțoș to proceed with all gravity of an alderman.

a umbla frunza frăsinetului *v.* ~ **creanga.**

a-i umbla furnici prin corp to itch/to feel itching all over one's body.

a umbla gârbovit to walk with a stoop.

a-i umbla gura *(ca la o moară stricată)* to patter away; to talk too much; to talk thirteen/nineteen to the dozen.

a umbla haihui pe stradă to spin a cocoon/a street yarn; to lounge about.

a umbla în bobote ← *F* to wander aimlessly.

a umbla încoace și încolo *v.* ~ **în lung și-n lat.**

a umbla în două luntrii *fig.* to back and fill; to sit on the hedge; to be on both sides of the hedge.

a umbla în lung și-n lat to walk up and down; to scour about; *amer.* to walk back and forth.

a umbla în mâini to walk on one's hands.

a umbla în negru to wear black/mourning.

a umbla în patru labe în fața cuiva to ko(w)tow to smb.

a umbla în somn to walk in one's sleep; to somnambulate.

a umbla în sus și în jos to pace up and down; *v. și* ~ **în lung și-n lat.**

a umbla în vârful degetelor to walk on tiptoe/the toes; to walk on the tips of one's toes; to creep about on tiptoe.

a umbla în zigzag to barge about.

a umbla jerpelit/în zdrențe to be out at elbows/heels.

a umbla lihnit după ceva to raven for smth.

a umbla mândru/semeț/țanțoș to strut about.

a-i umbla mintea to be quick in/*amer.* on the up-take.

a umbla mult/în lung și-n lat după to search high and low.

a umbla pe căi ocolite to whip the devil round the post.

a umbla pe două cărări I. *(a fi beat)* *F* to be half-seas over; to be making M's and T's; to be making indentures with one's legs; *amer.* to make a Virginia fence. **2.** *(a fi taler cu două fețe)* to be a double dealer; to be a hypocrite/a Pharisee/a Jesuit/a Tartuffe/a dissembler.

a umbla pe drumuri *P →* to pad the roads.

a umbla pe drumuri (în căutare de lucru) *P →* to pad it; *sl.* to pad the hoof; to be on the pad.

a umbla pe jos to go on foot; to ride shank's mare/ pony; to foot it; *sl.* to pad the hoof; to hoof it.

a umbla pe la biserici *F →* to go to church.

a umbla peste mări și țări to cover ground.

a umbla peste tot după un lucru *F →* to forage for smth.

a umbla pe șapte cărări *v.* ~ **două ~I.**

a umbla prin buzunare to dive into one's pockets; *(după ceva)* to feel in one's pockets for smth.

a-i umbla prin cap to be floating in one's mind; to revolve in one's mind/head.

a umbla prin lume to see life; *amer. F* to see the elephant.

a umbla prin noroi to slop about in the mud.

a umbla prin tot orașul în căutarea cuiva to search the town over/for smb.

a umbla razna to stray/to ramble/to wander about; *v. şi ~* **fără căpătâi.**

a umbla şchiopătând to walk with a halt.

a umbla şontâc-şontâc/târâş-grăpiş to stump along.

a umbla ţanţoş to bridle the head; *v. şi ~* **cu nasul pe sus.**

a umbla ţanţoş ca un păun to strut about/along; *F →* to be high in the instep.

a umbla umflându-şi pieptul to strut about.

umblă sănătos! God speed! *(la plecare în călătorie)* pleasant journey; a pleasant journey to you.

umblă vorba some gossip is flying round.

umblă vorba/zvonul că... people/they say that...; there is some talk that...; the story goes that...; there is a rumour afloat/abroad/in the air that...; rumour has it that...; there is a report going that...; the report goes that...

a i se umezii ochii; i s-au umezit ochii tears gathered in her eyes.

a se umfla ca un curcan/de mândrie *F →* to swell like a turkey/a cock; to swell with importance; *v. şi ~* **în pene.**

a se umfla de ploaie *(d. râuri)* to be swollen with rain.

a se umfla de râs to split (one's sides) with laughing; *v. şi* **a râde în hohote.**

a umfla pe cineva în bătăi *v.* **a snopi ~ în bătaie.**

a se umfla în pene (ca un păun) to give oneself airs; to put on airs/side; to puff oneself up; to suffer from/to have a swelled head; to get on one's high horse; to give oneself a pat on the back over smth./for having done smth.; to cut a dash/a figure/a show/a flash; to wag one's chin; to set up one's comb; to be too big for one's boots; to be as vain as a peacock; *sl.* to do the grand.

a umfla pânzele corabiei *mar. (d. vânt)* to fill (away) the sails; to belly (out) the sails.

a umfla pieptul to stick/to throw/to thrust out one's chest.

a i se umfla pipota cuiva *F (a se înfuria)* to fly off the handle; *v. şi* **a se face foc.**

a umfla pneurile bine to pump the tyres tight.

a-l umfla râsul to choke with laughter; **îl umflă râsul** a fit of laughter has seized him.

umflat de mândrie/orgoliu/vanitate *F* blown up with pride; puffed up.

umflat în pene puffed up with pride; *v. şi ~* **de mândrie.**

umflându-se în pene cock-a-hoop.

umila mea persoană my poor self.

a umili pe cineva făcându-l să pară ridicol; a-şi bate joc de cineva *sl.* to take the milkey out of smb.

a se umili în faţa cuiva *F →* to eat humble pie.

a-şi umple burta *← F* to gorge/to stuff oneself; *F* to fill one's belly/maw; *F ←* to fill up the crevice; to line one's jacket.

a-şi umple buzunarele *F* to fill/to line one's pockets; to feather one's nest.

a umple o cană/un ulcior prea tare to fill a jug full ro overflowing.

a-şi umple capul cu... *F* to addle one's brain/head with...

a-şi umple capul/mintea cu fleacuri to fill one's head with useless things.

a umple cazanele/radiatorul etc. to fill (up) the boilers/the radiator, etc.

a umple cârnaţi to fill sausages.

a umple un cofraj to fill concrete into a coffering.

a umple de admiraţie pe cineva to fill smb. with admiration.

a umple de bogdaproste to overwhelm with abuse; *F → (a certa)* to blow up.

a umple de borş pe cineva *box sl.* to draw a cork.

a umple de bucurie to fill with joy; to be overjoyed (at smth.).

a umple de bucurie inima cuiva to do one's heart good; to rejoice one's heart.

a se umple de buruieni *(d. grădină)* to run/to go to waste.

a se umple de coşuri to break out/to come out in pimples; to break out into pimples.

a se umple de Doamne-ajută *F (a o păţi)* to be in for it; to be in a scrape; to get into a scrape/trouble/hot water; to get it in the neck; to come to grief; *v. şi* **a da de belea/de bucluc.**

a umple pe cineva de groază/spaimă to fill/to strike smb. with dismay; to strike terror into smb.

a umple pe cineva de mirare to fill smb. with wonder.

a umple pe cineva de noroi *fig. F →* to fling/to throw dirt at smb.

a umple de ridicol pe cineva to laugh smb. to scorn.

a se umple de riduri *(d. frunte/faţă)* to become lined.

a umple pe cineva de sânge *← F* to fill smb. with blood; *F →* to vermilion smb.; *sl.* to tap smb.'s claret.

a umple de speranţă to infuse with hope.

a umple de vânătăi pe cineva to beat smb. black and blue.

a umple un gol to fill (in/up)/to stop/to close/*F →* to bridge/to supply a gap; to fill a void; *(d. o lucrare)* to meet a long-felt want.

a-și umple hambarul to lay the dunnage.

a i se umple inima de bucurie; mi s-a umplut ~ my heart swelled/filled with joy.

a-și umple luleaua/pipa to fill one's pipe.

a i se umple ochii de lacrimi; i s-au umplut ~ tears gathered in her eyes; tears welled from her eyes.

a umple paharul cuiva to fill smb.'s glass; *(până sus)* to fill smb.'s glass to the brim; to brim the bowl.

a umple până la refuz *(o sală); **spectatorii umpleau sala până la refuz** the audience packed the hall.

a-și umple plămânii cu aer proaspăt to sniff in the fresh air.

a-și umple punga to feather one's nest.

a umple sticlele cu vin to bottle wine.

a-și umple stomacul to cram/to stuff oneself (with food); *F →* to fill up the crevice; *v. și ~* **burta.**

a-și umple timpul to fill in/up the time; to occupy one's time in/with doing smth.

umpleți(-vă) paharele *(pentru un toast)* be pleased to charge your glasses!

a umple văzduhul cu strigătele/țipetele sale to fill the air with one's cries.

umplut la maximum full to the brim; *F →* full up.

s-a umplut paharul *bibl.* my cup is full/runs over.

una ca asta nu se face those things are not done; *F →* it isn't done; *F →* that's no cricket.

una ca asta nu înghit! I won't have it! *F →* not for Joe! *F →* not for Joseph!

una cu alta on an average.

una cu pământul even with the ground; level to/with the ground.

una din două you have to choose.

una e să promiți și alta să faci *prov.* it is one thing to promise and another to perform.

una e să zici, alta e să/s-o faci there is a great difference between doing and saying; saying is one thing and doing another; saying and doing are two (very different) things.

una peste alta *(în total)* all in all; all told; in the lump; talking one with another.

una vorbim și bașca ne înțelegem ← *P aprox.* to say one thing and do another.

unde ai ajuns (cu lucrul)? where are you (in your work)?

unde bați? *F* what are you driving at?

unde se despart drumurile at the parting of the ways.

unde dracul/naiba ai dispărut/te-ai dus? *F* where on earth have you been?

unde dracul/Dumnezeu/naiba o fi/poate fi? *F* wherever can he be? *F →* where on earth can he be?

unde dracu' am pus (creionul etc.)? *F* where the deuce/dickens did I put (the pencil, etc.)?

unde o să ducă asta/toate astea? what will it lead to?

unde duce asta? what will be the result of it? *(ce sens are?)* what is the use of it all?

unde a dus mutu' iapa at the ends of the earth; at the world's end; at the back of beyond; at the bottom of the sea.

unde e ața subțire, acolo se rupe *prov. aprox.* the chain is no stronger than its weakest link; one always knocks oneself on the sore place.

unde nu e cap, vai de picioare *prov.* woe to the mule that sees not her master.

unde mi-e capul? > what I am thinking about?

unde e putere e și dreptate *prov.* might goes before right; might is right.

unde e ieșirea? where is the way out?

unde îți erau gândurile? where were you thinking of?

unde-ți faci veacul? *F* where do you hang out?

unde ți-au fost ochii? where are your eyes?

unde se găsește? where is it available?

unde ai găsit așa ceva? where did you get hold of that?

unde-i dragoste puțină, lesne-i a găsi pricină *prov.* faults are thick where love is thin.

unde în altă parte? where else?

unde a înțărcat dracul copiii *F* at the back of beyond/god-speed; *v. și ~* **a dus mutu' iapa.**

unde ai învățat să vorbești așa? none of your lip!

unde locuiți/stați cu casa? where do you live?

unde și-a pierdut dracul potcoavele *v.* **~ a dus mutu' iapa.**

unde s-a mai pomenit așa ceva? did anyone ever see any thing like it?

unde te mănâncă? where does it itch?

unde merge mia merge și suta *prov.* in for a penny, in for a pound; *aprox.* let's go the whole hog.

unde naiba a dispărut cartea etc.? where has that book, etc. got to?

unde naiba ai fost? *F* wherever the mischief/on earth have you been?

unde mai pui că... besides...; on top of it all...; ... *F →* on the back of (a misfortune)...; *(pe lângă aceasta)...* at that;... into the bargain.

unde pleacă vaporul? where is the ship bound for?

unde sălășluiește rachiul, mintea e pribeagă *prov.* where the liquor is in, the wit is out.

unde-s doi puterea crește *prov.* many hands make light work.

unde și-a spart dracul opincile *v.* ~ **a dus mutu' iapa.**

unde-i stau picioarele să-i stea capul! off with his head.

unde a studiat? what university/college has he been at?

unde te trezești? where do you think you are? *aprox.* who do you think you are talking to?

unde-ți zboară gândurile? wich way do your thoughts turn?

unde umblă câinii cu covrigi în coadă in the land of Cockaigne.

undeva trebuie să știi să te oprești! *F* → one must draw the line somewhere.

unde vrea să bată? what is he aiming/driving at?

unde vrei să ajungi? 1. *(ce urmărești?)* what are you driving at? what are you leading up to? what are you up to now? **2.** *(mustrător)* what will/is going to become of you?

un, doi, trei și...! one, two, three and away.

a unelti din umbră/pe ascuns to pull the strings.

uneori și dracul spune adevărul *prov.* the devil sometimes speaks the truth.

a unge pe cineva *fig.* to grease/to oil smb.'s hand/ fist/palm; to tickle smb.'s palm.

a unge pe cineva cavaler to dub smb. knight.

a unge cu o alifie to salve.

a unge cu smoală to paint with pitch.

a unge cu smoală și a tăvăli în pene to tar and feather.

a unge cu ulei to oil; to lubricate.

a unge pe cineva domn to anoint smb. King.

a unge la inimă to go to the heart; to strike upon the heart.

a unge osia să nu scârțâie carul 1. to grease the wheels. **2.** *fig.* to make things run smooth; *(a mitui)* v. ~ **pe cineva.**

a unge pâinea cu unt to spread butter on bread.

a unge pe bot pe cineva *v.* ~ **pe cineva.**

a unge untul gros to spread the butter thick.

unic în felul lui unique (of its kind); **lucrare etc. unică ~ ei** work that stands alone.

a-și uni eforturile to combine efforts; to lay/to put one's heads together.

a-și uni forțele cu ale (alt)cuiva to join forces; to join oneself with smb. in doing smth.; to join hands with smb.; to join together.

unii buni, alții răi, alții nici buni, nici răi some good, some bad, some indifferent.

unii cu alții each other.

a-și uni lacrimile cu cineva *lit.* to mingle one's tears with smb.'s.

a uni prin căsătorie *(d. preot)* to wed a couple; *F* → to tie the knot.

unirea face puterea *prov.* union/unity is strength.

a-și uni soarta cu... to cast/to throw in one's lot with...

uniți prin taina căsătoriei joined in/by marriage.

unul câte unul one by one; singly; in singles.

unul cu altul each other.

(e) unul de-ai noștri he is one of the craft.

unul din zece etc. one in ten, etc.

unul după altul 1. one after other; in single/Indian file; in succession; in series. **2.** *(pe rând)* in turn; by turns; *sl.* one down the other.

unul face, altul trage ponosul *prov.* one does the scathe and another has the harm.

unul hăis și altul cea *F* they are pulling different ways.

unul într-o mie one in a thounsand/among a thousand.

unul lângă altul side by side; cheek by jowl.

unul pe altul each other.

unul pe față, unul pe dos *(la tricotat)* knit one, purl one.

unul pentru altul for each other.

unul singur juste one.

unul și același lucru one and the same thing; the very thing.

unul și indivizibil one and indivisible.

unul zice hăis și altul cea one pulls one way and the other pulls the other way; they are not pulling together; *aprox.* they don't see eye to eye.

ura! hurrah! hurray! *P* → whoopee!

a ura cuiva să se bucure (din plin) de ceva to wish smb. joy of smth.

a ura cuiva bun venit to bid smb. welcome; *amer.* to extend a welcome to smb.

a ura cuiva drum bun *înv.* to speed the parting guest.

a ura cuiva fericire to wish smb. joy.

a ura cuiva la mulți ani to wish smb. a happy New Year.

a ura cuiva noroc/succes to wish smb. good luck/ good speed/success; → to wish smb. all the luck in the world.

urâciosul de bărbatu-meu *(glum.)* my worse half.

urât din partea lui it was wrong of him to do that; *F* → that's no cricket.

urât foc/foamete/de mama focului/ca ciuma/ca dracu'/ca noaptea *F* as ugly as sin/as a sinner/as death/as a scarecrow.

a urca cu greu o pantă/un povârniș to pull slowly/ to toil/to labour up a hill.

a urca (scările) cu pași greoi to lumber up.

a se urca cu o treaptă mai sus to go up/to rise a step.

a se urca în amvon *fig.* to ascend/to mount the pulpit.

a se urca în tren to get into/to board the train; *(din mers) amer.* to jump a train.

a urca la bord to go aboard/on board.

a i se urca la cap *și fig.* to go to one's head; *(d. bere)* to be in beer; *(d. vin/sânge)* to fly to the head; to rush into one's head.

a se urca la cer to go to heaven.

a urca (o pantă) în priză directă *auto P* to climb a hill on top.

a se urca pe cal to mount on horse-back; to back a horse.

a urca pe eșafod to go to/to mount (on) the scaffold.

a se urca pe fereastră to climb in through the window.

a urca pe scara socială to get out of the ruck; to climb the social ladder.

a urca pe scenă *(a deveni actor)* to go on the stage; to enter the profession.

a urca pe treptele societății to rise in the world/ in life.

a se urca pe tron to mount/to ascend the throne; to be called to the throne.

a se urca pe vapor to take the ferry.

a urca prețurile to force up prices.

urcarea (în autobuz etc.) prin spate the entrance (to the bus, etc.) is at the rear.

a i se urca sângele în obraji to be black in the face.

a i se urca sângele la cap; 1. i se urcă ~ the blood rushes into his head. **2.** *fig.* to get one's blood up.

a urca scara to go upstairs; to ascend/to climb/to mount the stairs.

a urca scările în fugă to tear upstairs.

a urca scările șchipătând to limp up.

a urca scările tropăind to stamp upstairs.

a urca o treaptă în ierarhia socială to get a lift up in the world.

a urca treptele... to climb/to ascend the steps of...

urcați-vă în șa/în trăsură jump up!

urcați în vagoane! *ferov.* take your seats!

urcați-vă pe bord! *mar.* all aboard!

urcați-vă repede! *auto, ferov. etc.* jump in!

urcați(-vă), vă rog! please, step up there!

urciorul nu merge de multe ori la apă *prov.* the pitcher goes so often to the well, that it comes home broken at last; the pot goes so often/so long to the water that it is broken at last.

a urina cu sânge to pass blood.

a i se urî cu binele *aprox.* not to let well alone; *aprox.* to bring/to rise/to arouse a hornet's nest about one's ears.

a urî de moarte pe cineva to hate smb. like poison; to entertain a deadly/a mortal hatred of smb.; *F →* to have one's knife in smb.

a urla ca din gură de șarpe to cry/to shout blue murder.

a urla cât îl țin bojocii to bellow (out).

a urla cu lupii *prov.* when at Rome do as the Romans do; with foxes we must play the fox; *fig.* to howl with the pack.

a urla de durere to roar/to scream (out)/to yell with pain.

a urla de furie to roar double tides.

a urla la lună to bay (at) the moon.

va urma *(într-o revistă etc.)* to be continued.

urma alege we shall see the end of it yet; two can play at that game; *prov.* say no ill of the year till it be past; *prov.* the end crowns the work.

a urma o cale/un drum/o rută to steer a course.

a urma calea trasată de cineva to follow in smb.'s track.

a urma calea tuturor pământenilor to go the way of all things; to go to a better world/to one's own place; *P →* to go west.

a urma o cale bătută *F →* to follow the trodden path.

a urma o cale de mijloc to steer/to take a middle course.

a urma o cale dreaptă to steer/to tread the right course.

a urma o cale proprie to strike out in a line of one's own; *F →* to go one's own way.

a urma (pe cineva) călare to ride behind.

a urma o cărare to tread a path.

a-și urma cu greu drumul to tramp wearily along; to plod one's way.

a urma curentul to go with the stream.

a urma un curs to go through a course.

a urma un curs în clinică *sl. univ.* to walk the hospitals.

a-și urma cursul *(d. o boală, un contract etc.)* to run on.

a urma cursul evenimentelor to go/to swim with the tide.

a-și urma cursul/firul ideilor/gândurilor to follow the train of one's thoughts.

a urma cursurile de engleză etc. to take the English, etc. class.

a urma cursurile profesorului X to attend Professor X's lectures; to sit under Professor X.

a urma pe cineva de aproape to follow (close) on/at smb.'s heels; to follow close behind smb.; to follow in smb.'s wake; *(a urmări)* to tail after smb.

a urma pe cineva de la distanță to follow smb. at a distance.

a urma de unul singur un drum *F* → to plough a lonely furrow.

a urma un drum to follow a road.

a-și urma drumul 1. to go/to tread (on) one's way; to shove on. **2.** *fig.* to keep/to take one's own line.

a urma drumul bun to run a good race.

a-și urma drumul neabătut to steer/to tread a steady course; to keep one's course.

a-și urma drumul său propriu *fig.* to plough a lonely furrow; to break herd.

a urma exemplul/pilda cuiva to follow smb.'s example; to follow/to tread in smb.'s (foot)steps; to follow suit; to take pattern by/with smb.; to take a leaf out of smb.'s book.

a-și urma firul gândurilor to follow the thread of one's thoughts.

a-și urma înclinările/pornirile firești to follow one's bent.

a urma pe cineva la groapă to attend smb.'s funeral.

a urma la mică distanță to tread on the heels of...; to follow closely.

a urma (la) o școală to attend a school.

a urma la tron to succeed to the throne/to the Crown.

a urma o linie de conduită to pursue a line of conduct.

a urma o linie de conduită proprie to strike out in a line of one's own.

a urma o linie fermă *(de conduită)* v. **a-și urma drumul neabătut.**

a urma medicina/studii de medicină *(d. un student)* to walk a hospital.

a urma o nouă cale to pursue a new course.

a urma pe cineva orbește to follow smb. blindly.

a urma pe rând to follow in turn.

a urma o pistă *fig.* to follow the track; *(la vânătoare)* to run a scent.

a urma o pistă greșită to be on the wrong scent/track.

urmarea în numărul viitor to be continued in our next.

a urma o regulă to observe a rule.

a urma sfatul cuiva to act upon/to embrace/to follow/to take smb.'s advice; to take up smb.'s suggestion; to be guided by smb.'s counsel.

a urma un tratament to undergo/to take a cure; to undergo a treatment; **~ medical** to be under the doctor.

urmă proaspătă hot trail.

urmărești vreun scop? what are you aiming at?

a urmări un anumit scop to have a particular aim in view; *înv.* → to have one's hand/heart on one's half penny.

a urmări un avantaj to push an advantage.

a urmări pe cineva ca o umbră *F* → to follow smb. like St. Anthony.

a urmări un câștig/avantaj necinstit *peior.* to jockey for smth.

a urmări cu atenție *(spusele cuiva)* < to hang on smb.'s lips.

a urmări pe cineva cu privirea to watch after smb.; to follow smb. with one's eyes; to keep smb. in sight.

a urmări cursul evenimentelor to watch the course of events.

a urmări pe cineva cu strigăte to make hue-and-cry after smb.; to raise a hue-and-cry against smb.

a urmări doar obținerea unei diplome *amer.* to take a plumber's course.

a urmări un fir al afacerii to follow up a clue.

a urmări foarte atent pe cineva to watch smb. like a hawk.

a urmări o idee to toy with an idea.

a-și urmări ideea to pursue one's point.

a urmări inamicul îndeaproape to press the enemy hard/closely.

a urmări/supraveghea pe cineva îndeaproape to keep close watch on smb.; to watch smb. narrowly; not to let smb. out of one's sight.

a urmări pe cineva îndeaproape to follow hard (up)on/after/behind smb.; to follow smb. up; to run smb. hard/close; to tail after smb.; *F* → to be hot on the track of smb.

a urmări în grabă pe cineva to hotfoot (it) after smb.

a urmări pe cineva în justiție *jur.* to proceed against smb.; to take action against smb.; to sue smb. at law; to bring a suit against smb.

a urmări până în pânzele albe/vizuină *(d. vânat)* to run to earth/ground.

a urmări pe dușman to pursue the enemy.

a urmări pe furiș pe cineva *F* → to stalk smb.

a urmări pe cineva pentru daune/interese *jur.* to sue smb. for damages; to bring an action for damages against smb.

a urmări pe tot cuprinsul ţării to pursue across country.

a urmări o pistă to follow up a clue.

a-şi urmări planurile to prosecute one's plans; to push (forward).

a urmări o problemă *F* → to keep track of a matter.

a urmări progresele cuiva to follow smb.'s progress.

a-şi urmări propria-i idee *F* → to go one's own way.

a(-şi) urmări propriile sale interese to study one's own interests; to look after one's own interests/*F* → after number one; to take care of number one; to look to/to mind one's hits.

a urmări şi a prinde (un infractor) to lay by the heels.

urmărit de un blestem lying under a curse.

urmărit de ghinion pursued by misfortune.

urmărit de o idee having smth. on the brain; haunted by an idea.

a urmări un ţel interesat *F* → to be on the make.

următorul, vă rog! next (gentleman) please!

a se urni din loc to tear oneself away from...; *fig.* to get started.

a nu se urni niciodată din casă; nu se urneşte niciodată din casă he never stirs out of the house.

se urzeşte ceva! something is up! there is some treachery afoot! there is something brewing!

a urzi o intrigă/maşinaţie to lay a scheme.

a se usca ca pergamentul to become wizened.

a usca cerneala cu sugativă to blot (up) the ink.

a se usca pe picioare to dwindle away; to pine away.

uscat ca iasca (as) dry as a bone.

a-l ustura/înţepa ochii; mă ustură/înţeapă ochii my eyes are stinging.

uşa s-a deschis brusc the door flew open.

uşa e pe jumătate deschisă the door is/stands ajar.

uşor ca bună ziua *F* as easy as lying/as ABC/punch/talking/winking/*amer.* as pie/nothing; *sl.* as easy as damn it.

uşor ca fulgul/o pană as light as a feather/as thistle-down.

uşor cum nu se mai poate *amer. P* it's a cinch; *v. şi* **~ ca bună ziua.**

uşor de abordat easy to approach.

uşor de cap quick-witted; sharp; bright; quick in the uptake.

uşor de convins easy to be prevailed upon.

uşor de digerat easy of digestion.

uşor de fixat/pus easy to fix.

uşor de îmbrobodit *fig. F* → you can twist him round your little finger.

uşor de spus/zis, dar greu de făcut easier said than done; it is more easily said than done.

uşor de stârnit easily excited.

uşor de suportat/tolerat easy to live with.

uşor de zis! it's easy to talk!

uşor şi repede *fig.* hand over fist.

a-şi uşura conştiinţa to ease/to clear one's conscience; to make a clear/a clean breast of things.

a uşura pe cineva de bani/parale to relieve smb. of his cash/purse; *F* → to ease smb. of his purse.

a uşura pe cineva de o sarcină to relieve smb. of a burden; *fig.* to take a charge off smb. hands.

a-şi uşura inima/sufletul to unburden/disburden one's heart; to pour out one's heart (to smb.); to relieve one's feelings; *F* → to get smth. off one's chest.

a-şi uşura inima plângând to weep one's fill.

a uşura povara unei grinzi to ease (the strain on) a girder.

a-şi uşura o sarcină to facilitate a task.

a-şi uşura stomacul to relieve oneself.

uşurel! *F* fair and softly!

uşurinţă la vorbire readiness of speech.

a utiliza forţa to resort to force.

a utiliza ceva la maximum tu turn/to put smth. to good account.

a utiliza un lucru din plin to use smth. extensively.

a uza până la urzeală to rub the nap off the cloth.

a-şi uza repede hainele to be hard on one's clothes.

a uzurpa drepturile cuiva *amer.* to jump a claim.

V

vaccinul nu a prins *med.* the vaccine has not taken.

a vagabonda de colo până colo/dintr-un loc în altul to roam/to rove/*F* → to loaf about; to be on the loose.

vai! oh dear! oh me! *înv.* → alas!

vai, ce toaletă! *F* what a get-up!

vai de capul lui! *F* he is in a bad way; *v. şi* ~ **vai de el!**

vai de cel ce nu se bucură niciodată *prov.* it'a a poor heart that never rejoices.

vai de el! poor fellow/thing/devil/soul!

vai de mine (şi de mine)! oh/poor me! *F* → oh my! good/great Heavens! oh dear me! *înv.* → woe (is) me!

vai de tine! poor fellow! poor you!

vai de tine dacă... *F* → you'll get hell/it hot if...

vai, lăsaţi! don't mention it!

vai lui! *poetic* woe be to him; woe betide him.

vai şi amar! oh dear! oh me! *înv.* alas! alack! woe (is) me!

vai şi amar de tine! ill betide you!

vai! vai! out alas!

valea plângerii the valle of tears/of woe.

a valora cât greutatea lui în aur *F* to be worth its weight in gold.

a nu valora mare lucru not to be worth one's salt.

a nu valora mare lucru în ochii cuiva to be bad for smb.

a valora mult *(d. lucruri) F* to be worth a mint of money.

a nu valora/preţui mult not to be worth much.

a nu valora nici doi bani *F* not to be worth a brass farthing/a fillip/a (tuppenny) damn.

a nu valora nimic to be worth nothing; *F (d. persoane)* no guts in him.

a valora puţin to be worth little.

a valora o sumă fabuloasă to be worth untold gold.

a valorifica un lucru la maximum *F* to make capital out of smth.

a valorifica pământuri noi/înţelenite to open up/ to develop new lands.

valuri de fum se înalţă în văzduh wisps of smoke drift across the sky.

valurile vieţii the vicissitudes of life; the ups and downs of life; the shifts and changes of life.

valuri mari în faţă *mar.* breakers ahead!

valuri, valuri... in streams.

valvârtej 1. head foremost; head over heels; *F* whisky-frisky. **2.** *(ca o furtună)* like a bolt. **3.** *(de-a valma)* helter-skelter; higgledy-piggledy; pell-mell; topsy-turvy; all in a heap; upside down.

mai va până atunci! *fig.* it's a long way; that's still far off.

vară, iarnă... winter and summer alike.

vas la orizont! *mar.* sail ho!

vasului i s-a tăiat vântul the ship is brought to.

„va urma" *jurn.* "to be continued".

vax albina! gammon and spinach!

va să zică in other words...; that is to say...; namely...

să te văd când mi-oi vedea ceafa *F* never darken my door(s) again! *aprox.* go to blazes!

să nu te mai văd (în ochi) let me never set eyes on you again! *F* → don't let me see your face again! never darken my door(s) again!

nu mă văd făcând aşa ceva *F* I can't see myself doing such a thing.

văd prea bine că... I quite see that...

a se văicări cumplit to make dole.

a se văita de sărăcie to make a poor mouth.

a-şi vărsa amarul to give vent to one's grief.

a-şi vărsa apele *(d. râuri)* to discharge/to empty one's waters.

a vărsa câteva lacrimi to have a little weep.

a vărsa cerneală pe o pagină to splash a page with ink.

a-şi vărsa fierea pe cineva to vent one's spleen (up)on smb.

a vărsa foc pe nări to belch out fire/flames.

a-și vărsa focul pe cineva to let out/to vent one's anger/ill-humour/spleen on smb.; *înv.* → to pour out the vials of one's wrath on smb.

a se vărsa în mare *(d. râuri)* to flow into the sea.

a nu vărsa o lacrimă *(la o mare durere)* to drop/to weep millstones.

a vărsa lacrimi to shed/to weep tears; < to let down/to open the floodgates.

a vărsa lacrimi amare/fierbinți to shed/to weep bitter tears; to weep bitterly; < to cry/to weep one's eyes/heart out; to cry/to weep one's eyes/heart out; *F* → to pipe one's/the eye.

a-și vărsa mânia pe cineva to wreak one's rage upon smb.; *F* → to vent one's gall on smb.; *v. și* ∼ **focul** ∼.

a-și vărsa năduful pe cineva to work off one's bad temper on smb.

a vărsa un râu de lacrimi to shed unchecked tears.

a vărsa sânge I. to vomit blood. **2.** *fig.* to shed/to spill blood.

a-și vărsa sângele to spend one's blood.

a-și vărsa sângele pentru patrie to bleed/to shed one's blood for one's country; to sacrifice/to lay down one's life for one's country.

a vărsa o sumă ca garanție to leave a deposit on smth.

a vărsa o sumă în cont to pay a deposit.

a vărsa o sumă în contul cuiva to pay money into an account.

a vărsa șiroaie de lacrimi *fig.* to be dissolved in tears.

a-și vărsa veninul asupra cuiva *v.* ∼ **focul pe cineva.**

a vărsa vin pe masă to splash wine over the table.

a vărui pereții to (white)wash the walls.

văzând cu ochii I. visibly; noticeably; perceptibly. **2.** *(iute)* rapidly.

văzduhul răsuna de strigăte the air was roaring with cries.

am văzut(-o) cu ochii mei I saw it with my own eyes/for myself.

văzut cu ochi răi de cineva *F* → (to be) in smb.'s bad/black books; (to be) in bad/ill odour.

nu te-am mai văzut de un car de ani/de o veșnicie *F* I haven't seen you for ages/for an age/for ever so long; it's years/*P* → donkey's years since I saw you.

văzut din afară/exterior seen from without.

văzut dinăuntru seen from within.

nu s-au mai văzut doi ca ei *peior.* there's a pair of them.

a văzut moartea cu ochii he was nearly dead.

s-a mai văzut vreodată una ca asta? *F* → did you ever?

a-i vâjâi capul to feel giddy/dizzy; **îmi vâjâie capul** my head hums.

a vâjâi prin văzduh *(d. proiectile etc.)* to come whirring/whizzing through the air.

a-i vâjâi urechile to have a singing/a buzzing in one's ears.

a vâna fără permis to poach.

a vâna greșeli *F* → to stick at trifles.

a vâna iepuri to go rabbiting.

a vâna un mire/soț *F* to set one's cap at/*amer.* for smb.

a vâna păsări din zbor to shoot flying.

vânătoare de vrăjitoare witch hunt.

vând ce-am/cum am cumpărat *fig.* I pass it on to you for what it is worth.

vântul adie prin copaci the wind soughs in the trees.

vântul bate din spate the wind veers aft/abaft.

vântul l-a dat/trântit jos the wind lifted him off his feet.

vântul a deschis ușa de perete the door blew open.

vântul se întețește the wind is rising.

vântul și-a schimbat direcția către nord etc. the wind has gone round to the north, etc.

vântul se schimbă the wind is turning.

vântul suflă din nord etc. the wind is settling in the north, etc.

vântul ne tăia fețele the wind cut/nipped our faces.

vântul a zvântat drumurile the wind has dried (up) the roads.

a vântura grâne to winnow away/out the chaff from the grain.

vânzare cu reducere de prețuri bargain/clearance sale.

vânzare prin licitație/la mezat sale by auction; sale to the highest bidder.

vânzător de gogoși/brașoave story teller.

și-a vârât dracul coada *F* the devil is in it; the devil has a hand in it.

a vârî un ac într-o gaură to work a pin into a hole.

a-și vârî banii în ceva to put/to invest/to sink one's money into smth.

a se vârî/băga ca musca în lapte to thurst oneself forward; *aprox.* to meddle/to interfere in smb.'s affairs.

a-și vârî/scoate capul pe fereastră to thrust one's head through/out of the window.

a-și vârî capul sub aripă to tuck one's head under one's wing.

a-și vârî coada în ceva *v.* **~ a-și băga ~ peste tot.**

a vârî ceva cu de-a sila în capul cuiva to drub smth. into smb.

a vârî/împlânta/înfige cuiva cuțitul în spate to thrust a dagger into smb.'s back.

a-și vârî degetele în urechi to stuff one's fingers into one's ears.

a vârî cuiva degetul în coaste to prod smb. in the ribs with one's finger.

a vârî frica în cineva *v.* **a băga ~.**

a vârî un glonte în cineva to put a bullet into smb.; *sl.* to admit/to knock/to let/to shoot daylight into smb.

a se vârî în afacerile/treburile altora to meddle in/with other people's affairs.

a se vârî în afacerile cuiva to meddle/to interfere in smb.'s affairs; to meddle in/with other people's affairs.

a vârî pe cineva în belea/bucluc/încurcătură to make trouble for smb.; to put smb to shift; *F →* to get smb. into trouble/a scrape; to give smb. the bag to hold; *sl. amer.* to burst smb.'s boiler.

a vârî în buzunar to thrust into/to stick in one's pocket.

a vârî cuiva ceva în cap to get/to beat/to knock smth. into smb.'s head; to ram smth. into smb.

a-și vârî în cap că... to get/to take it into one's head that...

a-și vârî în cap ideea că... to run away with the idea that...

a se vârî în conversație to butt into the conversation.

a vârî pe cineva în draci *F* to make a place too hot for smb.; *amer. înv.* to give smb. rats.

a vârî în grajd/staul to stall.

a vârî în groază/sperieți pe cineva to fill/to strike smb. with dismay; to fill smb. with alarm; to strike terror into smb.'s breast; *F →* to frighten the French.

a vârî în impas *fig.* to stalemate.

a se vârî în inima cuiva to wind one's way into smb.'s heart.

a vârî în mormânt pe cineva I. to lay smb. in the grave. 2. *fig.* to be the death of smb.; to be smb.'s end.

a se vârî în pat to creep/to tumble into bed; to tumble in.

a se vârî în sufletul cuiva to force oneself on smb.; *F →* to jump down smb.'s throat.

a-și vârî mâinile în buzunar to thrust/to stuff/to bury one's hands (in)to one's pockets; to dive into one's pocket.

a se vârî mereu în frunte to thrust/to push oneself forward.

a-și vârî/băga nasul în toate to poke/to thrust one's nose everywhere/into everything; to nose about/around.

a vârî ceva pe gât cuiva to ram smth. down smb.'s throat; to thrust smth. (up)on smb.

a vârî pe sub mână ceva cuiva to pass smth. off on smb.

a se vârî pe sub pielea cuiva to creep into smb.'s favour/mouth; to insinuate oneself into smb.'s good graces; to ingratiate oneself with smb.; > to get round smb.

a vârî sabia în teacă to put up/to sheathe a sword.

a se vârî (singur) într-o încurcătură *amer. F →* to get oneself into a spot; *(d. călăreți)* to get pounded.

a-i vârî ceva cuiva sub nas to thrust smth. under smb.'s nose.

a vârî cuiva sulița în coastă to prod smb. on.

vârsta dumneavoastră? what age are you?

a vâsli cu nădejde *v.* **~ din răsputeri.**

a vâsli din răsputeri to ply the oars; to pull with all one's might/strength; to tug at the oars.

a vâsli în cadență to keep stroke; to row with a steady swing.

a vâsli în sens invers/înapoi to back the oars.

vechi de când lumea (as) old as the hills.

vom vedea we shall see; time will show/tell.

a vedea alba în căpiștere/strachină ← *P v.* **a-și atinge ținta cu greutate.**

a vedea o altă latură (a problemei) to get a new angle on smth.

a vedea altfel lucrurile to take a different view of things/the events.

a vedea atracțiile turistice (ale unui oraș etc.) to see the lions of a place; to see the sights.

a vedea bine to have a good sight; to have good eyes; to be clear/keen-sighted.

a nu vedea bine to be dull of sight.

a se vedea bine to have a good view of...

a se vedea cale de o poștă *F* to be as plain as a pikestaff/as can be/as (broad) daylight/as the nose on your face; *sl.* to stick out a mile.

a vedea ca prin ceață/sită to have a dim sight; to have dim eyes; to see dimly; to have a film over one's eyes.

a nu-și vedea capul de treabă to have one's hands full; to have much on one's hands; not to have a moment to spare/that one can call one's own.

a vedea ca toate să fie la locul lor to see that everything is put right.

a se vedea cât de colo one can see with half an eye; that is easy to see; it's as clear as broad daylight; *v. și* ~ **cale de o poștă.**

a vedea ce e limpede pentru toți to see through a ladder.

a vedea ce-i poate capul to put smb. through his facings/to the test.

a nu vedea ce rost are; nu văd ce rost are... I see no point in...

a nu vedea ceva ce sare-n ochi to blink at the facts.

a vedea o chestiune/problemă într-o lumină nouă to see a matter in a new light.

a vedea cu aceiași ochi to see eye to eye (with smb.).

a vedea cum stau lucrurile to see how the land lies; to find out how the land lies/how matters stand.

a vedea cu ochii altuia to see through other people's eye.

a vedea ceva cu ochii minții to see smth. in one's mind's eye.

a vedea cu ochi răi pe cineva to think ill of smb.

a vedea ceva cu ochiul liber to see smth. with unaided eye.

a vedea cu proprii săi ochi to see with his own eyes.

a-și vedea de ale sale to attend to/to mind one's own business.

a vedea de copii to look after the children.

a-și vedea de datoria sa to pursue one's duty.

a-și vedea de drum 1. to go one's way; to pass on; *(cu fermitate)* to steer a steady course; *(liniștit)* to toddle one's way along. **2.** *fig.* to toil on; to sail one's own boat.

a nu vedea defectele cuiva to be blind to smb.'s faults.

a vedea de gospodărie *F* → to Betty about.

a se vedea de la o poștă *v.* ~ **cale de o poștă.**

a-și vedea de lucru to work/to toil on.

a nu vedea mai departe de lungul nasului to see no further than one's nose; not to see an inch beyond one's nose.

a-și vedea de propriile sale interese to fight for one's own hand.

a se vedea des cu cineva *F* → to see heaps of smb.

a vedea despre ce e vorba *F* → to take one's bearings.

a-și vedea de treabă/treburi(le sale) 1. to mind one's own business/affairs; to attend to one's business; *F* → to go about one's business; to stick to one's last. **2.** *fig.* to grind one's grist; to toe the

scratch; *amer.* to hoe one's own roe; *F* → to saw wood.

a vedea dincotro bate vântul *fig.* to see whence/how the wind blows/lies; to find out wich way the wind blows; to fly/to send up a kite; *F* → to see wich way the cat jumps; to wait for the cat to jump; *aprox. F* → to sit on the hedge; *amer. F* → to see how the gander hops; *v. și* ~ **cum stau lucrurile.**

a vedea dublu to see double; **văd** ~ I can see two of you.

a nu vedea înaintea ochilor *(de furie)* to be blind with rage; *v. și* **a se face foc și pară de mânie.**

a vedea ceva în depărtare to see smth. in the distance.

a vedea în inima cuiva to read (in) smb.'s heart.

a nu vedea în ochi pe cineva to hate the sight of smb.

a vedea ceva în vis to see smth. in a dream.

a nu se vedea la doi pași; nu se vede ~ one could not see three steps ahead; the night/it was as black as pitch/as the grave/as hell; it was (as) dark as midnight/pitch.

a vedea limpede/clar 1. to see clearly/distinctly. **2.** *fig.* to see through it.

a-și vedea liniștit de drum to toddle one's way along.

a vedea un lucru degradant/dezonorant/rușinos în... to think it dishonourable to...

a vedea un lucru pentru ultima dată/oară to look one's last on smth.

a vedea un lucru pus pe roate > to see smth. agoing.

a vedea lucrurile altfel to see/to view things in a different/in a new light.

a vedea lucrurile așa cum sunt to look facts in the face; to see things in their true light.

a vedea lucrurile greșit to take a false view of things.

a vedea lucrurile în aceeași lumină ca și altcineva to see eye to eye with smb.

a vedea lucrurile/situația în adevărata lor/ei lumină to see things in their true aspect/perspective; to see a matter in its true perspective; to see an affair in its true colours.

a vedea lucrurile în negru to look on the dark side of everything; to see the dark/the gloomy side of things; to feel gloomy; *F* → to be in the dumps; to have the dumps.

a vedea lucrurile în roz *F* → to take a roseate view/rose-coloured views of things; to see things through rose-coloured spectacles; to see/to look on the bright/the sunny side of things.

a vedea lucrurile într-un anumit fel; astfel văd eu lucrurile *F* → that's how I figure it out.

a vedea lucrurile într-o lumină nouă to see things differently; to view things in a different/a new light.

a vedea lucrurile just/cum se cuvine to take a right view of things.

a vedea lumea to see the world; *F* → to get a look/a sight at the elephant.

a vedea lumina zilei *v.* ~ a veni pe lume.

a nu-și vedea lungul nasului not to know one's place; *F* to kick up a dust; to snap one's fingers.

a vedea moartea cu ochii to have a glimpse of death; *F* → to be within an ace of death; *F* → to rub elbows with death.

a vedea ceva neclar to get only a glimpse of smth.

a vedea negru de foame to be as hungry as a hunter.

a se vedea nevoit să... to be compelled to...; to be under an obligation to...

a nu vedea nici o ieșire to be at one's wits' end; to see no way out.

a nu se vedea nici țipenie de om; nu se vedea nici țipenie de om not a soul was seen; there was not the shadow of a ghost in sight; there was no-body/no one in sight.

a nu se vedea nimic rău în ceva/într-un lucru to see no harm in smth.

nu se vedea om cu om *(era multă lume)* there was no lack of people.

a vedea paiul din ochiul altuia și a nu vedea bârna din ochiul tău to behold the mote in one's brother's eye; *prov.* those who live in glass houses should not throw stones.

a vedea partea amuzantă/comică/ridicolă a lucrurilor to see the comic side of a situation.

a vedea partea bună a lucrurilor to take smth. in good part; to see the bright side of things; to look on the bright/the sunny side of things.

a vedea partea întunecată/rea/urâtă a lucrurilor to look on/to see the dark/the gloomy side of things.

a nu vedea pădurea din cauza/pricina copacilor *aprox.* to strain at a gnat and swallow a camel; nu vezi pădurea din cauza copacilor *F* → you can't see the wood for the trees.

a se vedea pământul to sight land; to be in view of the land.

a nu se mai vedea pământul *mar.* to lose sight of land.

a vedea pe dracul/naiba to be in for it; to get into hot water; to get it in the neck.

a vedea pericole/primejdii în față *mar. și fig.* to see rocks ahead.

a nu se vedea picior de om *v.* ~ nici țipenie de om.

a vedea primejdia *fig.* to see a/the red light; *(a presimți)* to see rocks ahead.

a vedea ceva printr-o anumită prismă/dintr-un anumit unghi to see smth. in a certain light/from a certain angle.

a vedea prost to have a bad sight; to have weak eyes.

a vedea roșu înaintea ochilor ← *F* to lose one's temper; to grow savage; to see red/scarlet; *P* → to lose one's rag.

a se vedea silit să... to see oneself compelled/obliged to...

a se vedea silit să-și înghită cuvintele *P* → to eat dirt.

a vedea stele verzi *F* to see stars (before one's eyes); *aprox.* to catch/to get it hot.

a vedea și prin zid to be able to see into/through a brick/a stone wall.

a vedea totul în negru to see everything in the worst light; *v. și* ~ lucrurile ~.

a vedea totul în roz to see everything in a rosy light; to take a sunshine view of everything; *F* → to paint everything in rosy colours.

a vedea tulbure to see things through a mist.

a vedea țărmul to make/to sight land.

a vedea unde bate cineva to see/to realize what smb. drives at/hints at/means/thinks.

a vedea viitorul în roz to be/to feel sanguine about the future.

a-și vedea visul cu ochii to see one's dream come true.

i se vede cămașa/fusta her petticoat is showing.

se vede lucrul/treaba că... probably; presumably; it seems that...

o să vedem that remains to be seen; we shall see what we shall see; wait and see!

se vede mâna lui în (afacerea) asta he has a hand in it; he has a finger in the pie; he has put in his oar.

să vedem ce se poate face *F* → let's have a go!

să vedem cum o să meargă let us try how it will do.

să ne vedem sănătoși good bye! till we meet again! (I hope soon to) see you again! till next time! *F* → so long; ta-ta! cheerio! au revoir!

nu se vede nimic you can't see here; it's pitch dark; *v. și* a nu se vedea la doi pași.

se vede pământul! *mar.* land ho!

se vede un vas! *mar.* sail ho!

a veghea asupra propriilor sale interese to look after one's interests/rights; to look/to have an eye to the main chance; to keep an eye on the main chance.

a veghea un bolnav to watch by a sick person; to watch with a patient.

a veghea în timpul nopții to make a night of it.

a veghea la păstrarea ordinii publice to keep the peace.

a veghea la sănătatea publică to protect public health.

a veghea toată noaptea to sit up all night; to outwatch the night; *sl.* to burn the midnight oil.

a nu veni acasă to stay out.

a-i veni acru de... to go against one's stomach; **îmi vine ~** my gorge rises at...; *și fig.* to make one sick.

a veni să aducă cuiva vestea to bring word of smth. to smb.

a veni agale *F →* to come along at a saunter.

a-i veni amețeală to be/to feel giddy/dizzy/vertiginous; to turn giddy; *F →* to come over giddy; **îmi vine amețeală** my head is spinning.

a-i veni apa la moară *← F* to find it convenient/suitable to...

a-i veni arțagul *F* to lose one's shirt/goat *F amer.* to fly at the feather.

a-i veni bâzdâcul cuiva *v. ~* **arțagul.**

a-i veni bine să... *fig.* to find it convenient/suitable to...

a-i veni bine/ca turnat *(d. haine)* to fit/to suit smb. well; to suit smb. to a T.

a nu-i veni bine *(d. haine)* to be a bad fit.

a-i veni cheful/gândul/ideea/pofta să...; i-a venit ~ the fancy took him to...; he felt like... *(cu -ing).*

a nu-i veni să-și creadă ochilor to doubt one's own eyes; **nu-mi vine să-mi cred ~** I cannot/can scarcely trust/believe my eyes.

a nu-i veni să-și creadă urechilor; nu-mi vine să-mi cred ~ I can scarcely believe my ears.

a veni cu un alibi to plead/to fall back on/to set up an alibi.

a veni cu coada între picioare *aprox.* to eat humble pie.

a veni cu jalba în proțap *← F* to complain loudly about smth.

a veni cu motive to produce reasons.

a veni curând; va veni curând he will soon be here; he won't be long; he is due to come.

a veni de hac cuiva to get the better of smb.; to find a needle for the devil's skin; to do for smb.; to put the half Nelson on smb.; *P →* to put the kibosh on smb.; to knock smb.; *sl.* to put it across smb.; *(a omorî) sl.* to do smb. in.

a nu-i veni deloc să (cânte etc.) to be in no mind to (sing, etc.); to come hard/difficult smb. to (sing, etc.).

a-i veni de minune to suit one to a T.

a veni din urmă to bring up the rear.

a-i veni dracii *← F* to bridle up; to get waxy/into a wax; *sl.* to get/to be in a(n awful) bate.

a veni după cineva to be a second to smb. in precedence/in seniority.

a veni după cineva (într-un post) *F →* to fill smb.'s shoes.

a nu-i veni să facă un lucru not to find it in one's heart/not to have the heart to do smth.

a veni fuga *← F* to dart up; to come running.

a veni o furtună; vine o furtună there is a storm brewing/threatening.

a veni grămadă to come in a body.

a-i veni greață to feel sick/qualmish/queasy/squeamish; *fig.* to be disgusted; to make smb. sick; **îmi vine greață** my stomach turns.

a-i veni greu să... to come hard upon one to...; to find it hard/difficult to...; it is hard for one to...; to be at a loss to...

a-i veni gust de... to have a taste/a fancy/a liking for...; to be/to feel in the humour/the mood/the vein for...; to be seized with a desire to...

a-i veni o idee (în gând/minte) to strike upon an idea; **mi-a venit o idee** an idea smote/(suddenly) struck me; *v. și ~* **în minte.**

a veni imediat după cineva to be next after smb.

a veni imediat înaintea cuiva to be next before smb.

a-i veni inima la loc to take good cheer; *aprox.* to feel relieved.

a veni în ajutorul cuiva to come/to go to smb.'s rescue; to meet/to relieve smb.'s wants; to strike a blow for smb.; *(d. un eveniment)* to turn out to smb.'s advantage.

a veni în conflict cu cineva to conflict with smb.; to clash with smb.; to be at strife/variance with smb.

a veni în contact cu... to come in(to) contact with...; to get in(to) touch with...

a-și veni în fire/simțire to recover one's senses/spirits; to regain consciousness; to come to; to collect one's faculties; to pull oneself together; *F →* to bob up like a cork; *fig.* to smooth one's ruffled feathers; *înv. →* to come to one's memory.

a veni în fugă/goana mare to come/to run (at) full tilt; *fig. →* to jump out of one's skin; *amer.* to tilt.

a veni în întâmpinarea (dorinţelor) cuiva to meet smb. halfway.

a-i veni în minte/cap/gând/cuget to cross one's mind; to cross/to flash through one's mind; to strike one; to occur to one; to be borne in upon one; to dawn upon one.

a nu-i veni în minte (*a uita*) to have slipped (from) one's memory.

a-i veni în minte o soluţie; mi-a venit în minte o soluţie a solution suggested itself to me.

a-şi veni în minţi to recover one's reason/senses; to come to.

a veni în număr mare to flood in.

a veni în sprijinul cuiva to support smb.; to help smb.; to come to smb.'s assistance.

a veni în sprijinul unei propuneri to give support to a proposal.

a veni în ultima clipă *F* → to cut it fine.

a veni în vizită la cineva to pay smb. a visit; to drop in on smb.

a veni la conducere *F* → to get into the saddle.

a veni la fapte to get down to the facts.

a veni la fileu *sport* to go/to come up to the net.

a nu-i veni la îndemână to be ill at ease.

a veni la întâlnire to come to an appointment; *lit.* to keep tryst.

a nu veni la (o) întâlnire to break an appointment; *lit.* to break tryst.

a veni la modă to come into fashion.

a veni la un pas în urma cuiva to follow close/fast on smb.'s heels; to tread on smb.'s heels.

a veni la putere to come (in)to power; to rise to power; (*a lua puterea*) to assume power; (*d. un guvern*) to take office; to come into office.

a veni la rând to follow in turn.

a veni la scurt timp după... to follow after...

a-i veni la socoteală *F* to suit smb. down to the ground/*amer.* from the ground up.

a veni la spartul târgului to come when the show is over; to come after the feast; to come a day after the fair; *aprox.* to lock/to shut the stable door after/when the horse/steed is stolen; *rar* → to kiss the hare's foot.

a veni la subiect to come to the point; *F* → to come down to brass tacks; *fig.* to cut the cackle and come to the horses; **să venim ~** let us come to business; let us go straight to the point.

a veni la timp/F **ţanc** to come in time/in the (very) nick of time.

a veni la timp la întâlnire to keep an appointment.

a veni ia tron to come to the throne.

a veni la vorba cuiva; ai să vii la vorba mea you will see that I was right.

a nu-i veni să lucreze etc.; nu-i vine ~ the work, etc. comes hard/difficult to him.

a-i veni mintea la cap to come to one's senses again; to come to reason; to have sown one's wild oats; to cut one's eye-teeth/wisdom-teeth; to have one's eye-teeth/wisdom-teeth cut.

a-i veni moda; îi vine moda this fashion is setting in.

a veni nechemat to come uncalled/unrequested.

va veni negreşit he is sure to come.

a veni pe lume to be born; to come into the world; to draw the first breath; to see the light of day; *F* → to be ushered into this world; *F (glum.)* to come to town.

a veni pentru afaceri/treburi; vin ~ my call/my visit is a business one.

a-i veni plicul to get the hoof; *v. şi* **a fi dat afară (din slujbă).**

a-i veni pofta să... to have a mind/a desire/a wish to...; *v. şi* **~ gust de...**

a veni prea târziu to be late (for smth.); to be behind one's time.

a-i veni rău to feel faint/ill/sick/squeamish/*F* bad; (*a leşina*) to faint; to swoon.

a-i veni rândul *fig.* to have one's day/*F* → innings; to take one's turn at work, etc.; **e rândul tău** it's your turn; your turn will come.

a-i veni scadenţa *F* → *com.* to fall/to become due.

a-i veni sfârşitul *înv.* → to take one's end.

a-i veni nu ştiu cum to feel strange.

a venit alba în sat ← *P* it is snowing.

a veni târziu to be late; to be behind one's time.

a veni târziu acasă to come home late; to keep late hours.

nu i-a venit bine, când... he didn't feel at ease when...

mi-a venit o idee *F* → I/you know what.

nu mi-a venit în gând I didn't give it a thought.

a venit moş Ene pe la gene *F* the sandman/the dustman is coming.

a venit vara summer is in.

veniţi la chestiune! come to the point.

veniţi şi faceţi lumină! *F* → come and show us a light!

a-i veni uşor cuiva să... to come natural/easy to smb. to...; to find it easy to...

veni vorba despre... the conversation turned upon...

a-i veni să zburde to be full of play/sport.

a veni zile negre pentru cineva to fall on evil days.

verde ca bradul/stejarul robust; vigurous; sturdy; stalwart; strapping; *F* stocky; *(d. persoane în vârstă)* hale and hearthy.

a verifica ceva în practică to test smth. out.

a verifica reacția la turnesol to test with litmus-paper.

versat într-un (domeniu etc.) practised/skilled/experienced/proficient in...; well acquainted with...; intelligent of (a subject)...; *(în arte sau științe)* (well)-versed in...; well up in...; conversant with...

versat în toate chichițele/dedesubturile to be up to all the dodges/the tricks.

vesel din fire of a cheerful disposition.

veselia devenea prea zgomotoasă fast and furious grew the fun.

vesel nevoie mare (as) merry as a cricket/a grig/maids/a marriage-bell; (as) merry as the day is long; as hearty/merry as a buck.

vesel și bine dispus *F →* alive and kicking.

se vestește furtună we are in for a storm; a storm is brewing.

veșnic același cântec it's the same old story.

veșnic pe drum always on the move.

veștile proaste se răspândesc ca fulgerul *prov.* ill news flies apace; bad news travels fast.

veștile au transpirat curând the news soon filtered through/out.

vezi! *(bagă de seamă!) F* mind! look alive! have a care!

ai să vezi! we shall still see the end of it.

nu te mai vezi! ← *F* you are quite a stranger!

vezi bine! of course! certainly! sure!

vezi să nu cazi! mind you don't fall! mind your step! *amer.* watch your step!

să vezi chef! what a spree!

vezi să citești fără să sari nimic! no skipping, mind!

vezi dedesubt/mai jos see below; *vide infra;* see at foot.

vezi-ți de treaba/treburile tale! *F* (you better) mind your own affairs/business! go about your business! attend to your own business! get on with you! don't be so nosy! *F* keep your breath to cool your porridge! *F* fry your eggs!

să vezi haz! was too funny for words; *F* it was a scream.

nu vezi la doi pași one could not see one's hand before one's face.

vezi să nu lunece etc.! take care! see that it does not slip away!

să vezi minune! *rar* lo and behold!

vezi paiul din ochiul altuia și nu vezi bârna din ochiul tău those who live in glass houses should not throw stones; *aprox.* sweep before your own door; the hunch-back does not see his own hump, but sees his companion's.

vezi pe verso see back.

vezi să nu te pomenești cu... mind you don't catch...

vezi mai sus see above; *vide supra.*

ai să vezi tu! *F* you'll catch it!

o să vezi tu pe dracul! you will catch the devil/the dickens!

viața lui atârnă de un fir de păr his life hangs upon a thread.

viața de apoi/viitoare/ce va să vie the life to come; after life; *amer. glum.* happy hunting ground.

viața e grea *F →* life isn't all honey/all beer and skittles/a bed of roses/roses all the way.

viața lui era amară *F →* life to him was gall and wormwood.

viața e scumpă living is dear.

viața e scurtă/trecătoare life is but a span.

viața nu e o veșnică petrecere/sărbătoare life is not a picnic.

viața sa a fost un lung calvar his life was one long tribulation.

viață omenească human life; *(viață bună)* decent life.

viață plăcută, trai pe roze a bed of roses.

viață fără de moarte eternal life.

viață îndestulată feathered life.

o viață întreagă during his life; all his life long.

a vibra de emoție *(d. inimă)* to throb with joy.

victoria ne aparține the victory rests with us.

ale vieții valuri the ups and downs of life; the shifts and changes of life.

(vrei să) vii cu noi? vii cu noi? will you join us?

viii și morții the quick and the dead.

nu vii și tu? *sl.* will you make one?

vii tocmai la timp ca să... you are just in time to...

un viitor de aur a fine future.

viitorul o va arăta it still lies in the womb of time.

viitorul lui e strălucit his prospects are brilliant.

vina e a ta the fault lies with you/lies at your door.

n-o să-ți vină să crezi you'll hardly believe it.

să vină cu toții/toată lumea *F →* let 'em all come!

a se vinde bine to sell well/readily; *(d. acțiuni)* to be very active.

a se vinde bine/pe bani buni/grei to fetch a high figure.

a vinde bine un lucru to sell smth. to (good) advantage.

a vindeca cu leacuri băbești to quack.

a vindeca pe cineva de un nărav/obicei *(prost)* to break smb. of a (bad) habit.

a se vindeca de un nărav/obicei to fall out/to get out of a habit.

a se vindeca fără a lăsa urmă not to leave a scar behind.

a se vinde ca pâinea/plăcinta caldă to go (off)/to sell like hot cakes/pie.

a vinde castraveți grădinarului to go and teach one's grandmother/grannie to suck eggs; to carry coals to Newcastle.

a vinde chilipir/pe preț de nimica to sell dirt-cheap.

a-și vinde complicii *jur.* to turn the King's evidence; *P →* to blow on smb.; *P →* to blow the gaff.

a vinde cu amănuntul/en detail to sell by the piece; to sell (by) retail; to retail.

a vinde cu bani peșin/cu plata imediată to sell for cash/ready money.

a vinde cu beneficiu to sell smth. at a premium.

a vinde cu bucata to sell smth. by the piece.

a vinde cu duzina to sell in (sets of) dozens/by the dozen.

a se vinde cu preț mare to fetch huge prices.

a vinde cu profit/suprapreț to sell at a profit.

a vinde ceva cu rabat to sell smth. at a discount.

a vinde cu ridicata/toptanul/en gros *com.* to sell (by) wholesale/in gross/*F* in the lump.

a se vinde greu/încet to sell slowly/badly/heavily.

a vinde ceva în condiții cât se poate de avantajoase to sell smth. to the best advantage.

a vinde în cost to sell at par/at cost-price/at prime cost.

a vinde în magazin to sell over the counter.

a vinde în pagubă/pierdere *com.* to sell at a loss/at a sacrifice; to sell to the bad/at a disadvantage; to bargain smth. away.

a vinde în preț (de cost) *com.* to sell at cost.

a vinde în vrac *com.* to sell in bulk.

a vinde la darabană *v. ~ licitație.*

a vinde/spune/înșira la gogoși *fig.* to pull the long bow; to cut it too fat; to tell tall tales; to talk with one's tongue in one's mouth; to tell fibs.

a vinde la licitație/mezat to sell by (public) auction/*amer.* at auction; to sell up; to put up for sale; to bring/to come/to go under/to the hammer.

se vinde/vând la solduri "must be cleared".

a-și vinde mărfurile to make one's market.

a-și vinde onoarea to traffic away one's honour.

a vinde pe ascuns to sell for delivery.

a vinde pe bani gheață/peșin to sell over the counter.

a vinde pe o bucată de pâine to sell for a (mere) nothing/for a trifle/for a song.

a vinde pe credit *com.* to sell on credit.

a vinde pe (un preț de) nimic/derizoriu to sell dirt-cheap/*F →* for a song/a trifle/a (mere) nothing; *v. și ~ pe o bucată de pâine.*

a vinde pe sub mână to sell by hand/by private contact; *F →* to sell under the counter.

a vinde pielea ursului din pădure to sell the bear's skin before one has caught the bear/before the bear is caught; to count/to reckon one's chickens before they are hatched; to count one's corn before the harvest; to eat the calf in the cow's belly; to cook a hare before the cats ching him; to cast beyond the moon; *înv. →* to run before one's horse to the market.

nu vinde pielea ursului din pădure *prov.* don't count your chickens before they are hatched; first catch your hare then cook him; catch the bear before you sell his skin.

a vinde cuiva un pont to drop/to give smb. a hint; to give smb. a wrinkle; to put smb. up to a wrinkle; *(la curse etc.)* to let smb. in on a good thing; *amer.* to give smb. a tip-off.

a vinde pontul *F* to let out a secret; *sl. amer.* to spill the beans.

a se vinde prea ieftin to make oneself cheap.

a se vinde repede pe piață to find a ready market.

a vinde scump to sell dear.

a se vinde scump/cu preț mare to reach a high price.

a-și vinde scump pielea to sell one's life dearly; to die hard; to stand at/to turn to bay.

a vinde un secret *sl.* to blow the gab/the gaff.

a vinde cuiva secretul *F →* to give smb. the lowdown/the wire.

a vinde sub preț to sell under the price/the cost; to sell (off) under (prime) cost; to sell smth. below its value.

a-și vinde sufletul diavolului/dracului to sell oneself/one's soul to the devil.

a-și vinde și cămașa de pe el to sell the (very) shirt of one's back.

a se vinde ușor to sell readily; to meet with a ready sale; *F →* to sell like hot cakes.

nu-mi vine să cred! I can hardly believe it! *F →* well, I'm jiggered!

nu-ți vine să crezi it is hardly credible.

nu-ți vine să dai un câine afară *(d. vreme) F* it isn't fit to turn a dog out.

nu vine prea multă lume pe la noi we don't have many visitors.

îți vine ușor să vorbești it is easy to you to talk (like that).

vino imediat! come this moment!

vino neapărat! don't fail to come! be sure and come! you must needs come!

vino odată! do come along!

vino pe la noi! come to/and see us! come round to our place!

vino să punem lucrurile la punct! *sl.* come outside!

vino să ne vezi *v.* ~ **pe la noi.**

vinul întunecă judecata/mintea wine befogs the senses.

a viola dreptul de azil to violate/to break sanctuary.

a viola legea to infringe/to strain/to violate the law.

a viola un mormânt to rifle a tomb.

a viola/deschide o scrisoare etc. to tamper with a letter, etc.

vira ancora! *mar.* up anchor! heave up anchor!

a vira brusc *mar.* to go right-about.

a vira brusc spre tribord *mar.* to slew the starboard.

a vira la dreapta/stânga to make/to take to the right/the left.

a vira scurt *auto* to take a short turn.

a vira ușor to heave handsomely.

virtutea e propria ei recompensă *prov.* virtue is its own reward.

a visa cu ochii deschiși to indulge in day-dreaming; to be wool-gathering.

a nu visa decât să facă ceva to long to do smth.

a visa la anii tinereții to dream of one's youth.

a visa lucruri/visuri deșarte to dream empty dreams.

ai visat (ceva) astă noapte? what did you dream about last night?

n-aș fi visat niciodată așa ceva I should never have dreamt of such a thing.

visele trebuie interpretate invers dreams go by contraries.

vise plăcute! sweet dreams!

un vis rău/urât *(d. persoane)* an incubus on smb.

vitalitatea tinereții the sap of youth.

viteaz ca un leu (as) brave/bold as a lion.

viteza maximă înainte! emergency full speed ahead!

viteza maximă înapoi! emergency back full speed!

viu și nevătămat safe and sound; safe in life and limb.

a viza situații înalte to aim/to level at the moon.

vizavi de... I. opposite...; over against smth.; *(peste drum)* across the street. 2. *fig.* facing; regarding; as regards; in relation to...

vizibil cu ochiul liber visible to the naked eye.

vizibilitate nulă zero-zero weather.

vizibil la microscop visible under the microscope.

a vizita adesea pe cineva to see a great deal of smb.

a vizita bolnavii to see patients.

a vizita o casă în vederea închirierii/cumpărării etc. to look over a house.

a-și vizita clienții la domiciliu *F* → to beat up customers.

a vizita pe cineva în scop de afaceri/serviciu; fac o vizită de afaceri my call/visit is a business one.

a vizita monumentele unui oraș to see the sights of a town.

a vizita un oraș/Europa/un muzeu *F* → to do a town/the Continent/a picture-gallery.

a vizita pe cineva pe furiș *F* → to trickle round to see smb.

a vizita punctele de atracție turistică *amer. F* to see the elephant.

vizitează-mă când vrei look me up whenever you like.

ne vizitează niște prieteni we have friends staying with us.

vocea i se pierdu în depărtare his voice trailed/faded away in the distance.

vocea îi scăzu/slăbi his voice sank.

vocea îi tremura de emoție his voice was trembling/quavering with emotion.

a nu mai voi să cunoască pe cineva to drop smb.'s acquaintance; *F* → to drop smb.

a voi e totul *prov.* the will is everything.

a nu voi ca cineva să facă ceva to be loath for smb. to do smth.

a nu mai voi să facă ceva *F* → to kick at doing smth.

a nu voi să facă ceva to be loath to do smth.

a voi să iasă afară to want to go/to get out.

voinic nevoie mare *amer.* he is no slouch.

a nu voi nici măcar să audă de ceva *F* → to bristle (up) at smth.

voinic sănătos whole and sound; hale and hearty; *F* → on foot; alive and kicking.

a nu voi răul nimănui to wish nobody ill.

a nu voi să recunoască/să vadă adevărul to blench the facts.

a nu mai voi să știe de cineva to break (it) off with smb.

a vopsi (ceva) bine/durabil/trainic to dye smth. in grain.

a se vopsi bine/ușor *(d. un material)* to dye well.

vorba aia/ceea/ăluia ← *F* as it were; as the saying is/goes.

vorba clevetitoare moarte n-are *prov.* give a dog a bad name and hang him.

(e) vorba de cu totul altceva that alters matters/ the case.

nu e vorba de d-ta! he is not talking of you.

vorba dulce mult aduce *prov.* good words cost nothing and are worth much; there are more flies caught with honey than vinegar; a man's hat in his hand never did him any harm; fine words dress ill deeds; *bibl.* a soft answer turneth away wrath.

vorba e de argint, tăcerea e de aur *prov.* speech is silver(n), silence is gold(en); a close mouth catches no flies.

vorba între noi between ourselves; between you and me and the (bed-)post/the door... post/the lamp-post/the gate.

vorba lui nu are greutate his word has no great weight/carries no wight.

vorba mea e lege sfântă *F* → what I say, goes.

vorba merge că... the story goes that...

vorba vine *v.* **vorbă să fie.**

vorbă cu vorbă word for word; verbatim.

vorbă să fie *F* not a bit of it; not at all; *ironic* save the mark.

vorbă lungă *F* great babbler; long-winded person.

vorbă multă sărăcia omului I. *prov.* much cry and little wool; many words will not fill a bushel; all talk and no cinder; brevity is the soul of wit; *(aprox.)* fine/fair/soft words butter no parsnips. **2.** *(destul!)* enough said!

vorbă multă, treabă puțină *prov.* great boast, small roast; *v. și* ~ **sărăcia omului I.**

vorbe de clacă/goale/în vânt windy eloquence; *F* → idle chat/talk/words; it's all talk; piffle; merely wind; *bibl.* sounding brass; *amer.* hot air.

vorbele frumoase nu fac varza grasă *prov.* fine/ kind/soft words butter no parsnips.

vorbele nu țin de foame *prov.* the belly has no ears; a hungry belly has no ears.

vorbe mari pompous words.

vorbe mușcătoare *peior.* feline amenities.

vorbește atâta! *F* he talks that much! he talks nineteen to the dozen!

se vorbește/zice că... they/people say that...; it is said/reported/rumoured/given out that...; the story/the rumour goes that...; there is some talk of his (her) *(cu -ing).*

nu se vorbește decât despre asta it is the talk of the town.

vorbește lumea! people will talk!

vorbește să te poată înțelege omul! *F* speak plain!

vorbești de lup și lupul la ușă speak/talk of the devil and he will/is sure to appear; talk of the devil and his horns will appear; talk of angels and you will hear the flutter of their wings.

vorbești serios? *F* do you (really) mean it? do you mean business? are you in earnest?

nu vorbești serios! you don't mean it!

nu vorbi! you don't say so! dear me!

a vorbi afectat to mouth (out) one's words; to speak with a fashionable drawl; *F* → to put it on.

a vorbi aiurea/alandala/brambura I. to talk incoherently/irrationally; to rave. **2.** *fig.* to talk at random; to talk wildly/drivel/nonsense/rot; to talk like an apothecary; to talk throught one's hat/neck; *sl. amer.* to talk wet; **vorbește** ~ there is no sense in what he says.

a vorbi cuiva amabil to speak smb. fair.

a vorbi brambura *v.* ~ **aiurea.**

a vorbi ca să n-adoarmă to speak without book.

a vorbi (ca) de la catedră to speak ex cathedra; cathedral utterance.

a vorbi ca din butoi to speak in a muffled/a hollow voice.

a vorbi ca din carte to speak by the book; to speak/ to talk like a book; to speak in print.

a vorbi ca un fanfaron to talk big.

a vorbi ca la mahala to drop one's aitches.

a vorbi ca o moară stricată/F hodorogită/ca o morișcă/P meliță to go/to run/to talk thirteen/ fifteen/nineteen to the dozen; to rattle like a machine-gun; *F* → to be all jaw.

a vorbi cu căldură de cineva to paint smb. in glowing colours.

a nu mai vorbi cu cineva; nu mai vorbim we are no longer on speaking terms.

a vorbi cu dispreț despre cineva to speak disparagingly of smb.; to slight/to disparage smb.

a vorbi cu emfază/îngâmfare to rant; *F* → to be in the Ercles vein.

a vorbi (de ceva) cu emoție în glas to speak feelingly of smth.

a vorbi cu foc/inflăcărare/însuflețire/vervă to speak with spirit.

a vorbi cu glasul întretăiat de emoție to speak with bated breath.

a vorbi cu greutate to be slow of speech.

a vorbi cu gura plină to speak with one's mouth full.

a vorbi cu îndrăzneală cuiva to take smb. up.

a vorbi cu inflăcărare/entuziasm *v.* ~ **foc.**

a vorbi cu însuflețire/aprindere/exaltare/ pătimaș to speak in a exalted strain.

a vorbi (de ceva) cu multă înțelegere/simpatie to speak feelingly (of smth).

a vorbi cu păcat ← *P* to be (in the) wrong; ~ **d. cineva** to wrong smb.

a vorbi cu r to roll one's r's.

a vorbi cu tâlc to talk/to speak good sense.

a vorbi cu ură to speak daggers.

a vorbi cu vervă *v.* ~ **cu foc.**

a vorbi cu voce înceată/scăzută to speak in low voice; to speak below/under one's breath.

a vorbi cu volubilitate *F →* to talk away.

a vorbi de/despre afaceri/treburi to talk business.

a vorbi de-a surda *v.* ~ **degeaba.**

a vorbi de bine pe cineva to speak smb. afair; to speak well of smb; *F →* to give a good character of smb.

a vorbi de/despre (cursele de) cai to talk horse.

a vorbi de dragul/pentru plăcerea de a vorbi to talk for talking's sake.

nu vorbi de funie în casa spânzuratului *prov.* name not a halter/a rope in his house that hanged himself/that was hanged; never halt before a cripple.

a vorbi degeaba/în zadar/de pomană to speak in vain/to no purpose; *F* to waste one's breath; to waste words; *sl. amer.* to bla-bla in the air.

a vorbi de la sine to tell its own story.

a vorbi de modă/îmbrăcăminte/rochii to talk dress.

a vorbi de rău pe cineva to speak/to talk ill of smb.; to speak evil of smb.; to speak disparagingly of smb.; to slander/to libel/to vilify smb.; to abuse smb.; to run smb. down.

a vorbi de rău pe la spate to stab smb. in the back.

a-și vorbi de rău profesiunea etc. to cry stinking fish.

a vorbi deschis/pe față/șleau to speak without restraint/reserve; to speak one's mind (out); to speak out (bluntly/boldly); to speak plain(ly); to speak up/out/forth; to use plain language *F →* to use language; ~ **cu cineva** to be open with smb.; *înv.* → to be round with smb.

a vorbi despre lucruri care îi depășesc cunoștințele to get/to go out of one's depth.

a vorbi despre politică to talk politics.

a vorbi despre probleme profesionale *(în societate)* to talk shop.

a vorbi despre subiectul său favorit *fig.* to ride one's hobby-horse.

a vorbi de una, de alta to talk of one thing and another.

a vorbi din experiența proprie to speak from (one's own) knowledge.

a vorbi din gușă *(d. persoane)* to talk in warble.

a vorbi din inimă to speak frankly.

a vorbi din memorie to speak without book.

a vorbi din priviri to talk by looks.

a vorbi emfatic *F →* to talk big.

a vorbi englezește stricat to speak broken English.

a vorbi enigmatic/în cimilituri to speak in riddles.

a vorbi fără a se gândi to speak rashly/hastily; **vorbești fără să te gândești** your tongue runs before your wit.

a vorbi fără înconjur to speak one's mind; *v. și* ~ **deschis.**

a vorbi fără întrerupere to speak without a break; *F →* to talk and talk.

a vorbi fără nici o jenă to speak without restraint.

a vorbi fără ocoluri *v.* ~ **deschis.**

a vorbi fără sfială *v.* ~ **deschis.**

a vorbi fără a spune nimic to talk frivolities.

a vorbi fără șir to talk wild.

a vorbi fățiș *v.* ~ **deschis.**

a vorbi fluent engleza etc. to express oneself in English, etc. with ease; to speak fluent English, etc.

a vorbi folosind comparații to talk in similitudes.

a vorbi foarte aspru/dur cu cineva to say hard things to smb.

a vorbi foarte colorat/expresiv/idiomatic to speak idiomatically.

a vorbi frumos despre... to speak well for...

a vorbi graseiat/rârâit to speak with a burr.

a vorbi gros to have a thick utterance; to be thick of speech.

a vorbi ironic to have/to speak with one's tongue in one's cheek.

a vorbi în apărarea cuiva to speak in defence of smb.

a vorbi în argou to talk slang.

a vorbi înăbușit to speak in a muffled voice; *amer.* to have prunes in the voice.

a vorbi în bobote *v.* ~ **aiurea;** ~ **în dodii.**

a vorbi încet *(a vorbi rar)* to be slow of speech; to speak slowly; *(cu glas încet)* to speak low/under one's breath.

a vorbi în cunoștință de cauză to be sure of one's facts; to know what one is talking about; to speak with full knowledge of the facts.

a vorbi în deșert to talk to the wind.

a vorbi în dodii to talk nonsense/rot/twaddle/*F* through one's hat; to twaddle *v. și* ~ **aiurea.**

a vorbi în doi peri ← *F* to play on words; to prevaricate.

a vorbi în favoarea cuiva to speak up for smb.; to speak in support of smb.

a vorbi în glumă to jest, to joke, to kid; to speak in game.

a vorbi în imagini to speak in images.

a vorbi în jargon *F →* to talk pidgin.

a vorbi în metafore to speak in images.

a vorbi în parabole/pilde to speak in parables; to speak allegorically; *F →* to wisecrack.

a vorbi în persoană cu cineva to have a personal interview with smb.

a vorbi în propriul său interes to speak for oneself.

a vorbi în prostie/fără șir *sl.* to talk a donkey's hind leg off.

a vorbi în public to speak in public; *F →* to speechify.

a vorbi în pustiu to talk idly; *F →* to beat the air; *v. și ~ în deșert.*

a vorbi în somn to talk in one's sleep.

a vorbi în superlative *F →* to speak in superlatives.

a vorbi în surdină to speak in an undertone.

a vorbi în șoaptă to speak in a whisper/in whispers; to speak within doors.

a vorbi în tâlcuri *v. ~ parabole.*

a vorbi în termeni (foarte) elogioși/laudativi/măgulitori despre cineva to speak well/highly of smb.; to speak of smb. in high terms.

a vorbi cu cineva între patru ochi to talk to smb. in privacy/private.

a vorbi înțelept/cu tâlc to talk (common) sense; to speak good sense.

a vorbi în vânt 1. to preach to deaf ears; to preach to the winds; to speak in vain/to no purpose; *F →* to waste words. 2. *fig.* to waste one's breath; to whistle down the wind; to beat the air/the wind; to whistle jigs to a milestone.

a vorbi în zadar *v. ~ în vânt.*

a vorbi la întâmplare to talk at large.

a vorbi la microfon to speak over the microphone.

a vorbi la pereți to speak to the wind; to whistle down the wind; *v. și ~ în vânt.*

a vorbi/ține o conferință la radio to give a talk on the radio/the wireless; *F →* to be on the air.

a vorbi la rândul său to speak in one's turn.

a vorbi la subiect to speak to the question/to the purpose.

a vorbi la telefon to speak on the (tele)phone; *(a chema)* to ring/to call smb. up.

a-i vorbi cuiva la ureche to speak in(to) smb.'s ear.

a vorbi liber 1. to speak openly. 2. to speak extempore, to extemporize.

a vorbi lucruri fără rost to talk nonsense/rot; *v. și ~ în vânt.*

a vorbi măgulitor de cineva to speak on smb. in flattering terms.

(ca) să vorbim cinstit... honestly speaking...

(ca) să nu mai vorbim de... not to mention...

să vorbim de altceva let's change/drop the subject! *F →* let that flea stick on the wall.

(ca) să vorbim deschis/pe față... to put it plainly; stripped of a fine name...

a vorbi mieros to have a soft tongue; to oil one's tongue.

a vorbi monoton to speak in a monotone.

(ca) să vorbim pe șleau to put it bluntly; not to put too fine a point on it; speaking plainly/in plain terms/English; without mincing matters; stripped of a fine name; *v. și ~ deschis.*

a vorbi mult to talk a great deal; to sling words.

a vorbi multe și mărunte to make words.

vorbind cinstit/sincer/pe șleau *F →* not to put too fine a point on it...

vorbind foarte exact... to be (strictly) accurate...

vorbind în general speaking in a general way; on the whole; ...roughly speaking.

vorbind la o adică speaking/to speak frankly/candidly/plainly.

a vorbi necuviincios/ordinar/ca un birjar to talk Billingsgate.

a vorbi negramatical to speak bad grammar.

a vorbi neinteligibil/o limbă neînțeleasă *F →* to talk double Dutch.

a vorbi neîntrebat to speak unrequested.

a vorbi numai prostii *amer.* to talk a lot of punk.

a vorbi obraznic *F →* to sauce.

a vorbi obscen(ități) to talk filth/smut.

a vorbi păsărește to talk gibberish; to jabber.

a vorbi până răgușește to talk/to rave oneself hoarse.

nu-mi vorbi pe acest ton! *F →* none of your lip!

a vorbi pe față to speak openly; to speak without reserve.

a vorbi pe înțelesul ascultătorilor to talk down one's audience.

a vorbi pe larg despre ceva to discuss a matter at some length.

a vorbi peltic to lisp; to speak with a lisp.

a vorbi pe nas to speak through/in the nose; to speak with a twang; to have a nasal twang/a nasal voice; to snuffle.

a vorbi pentru sine to speak for oneself.

a vorbi pe ocolite to give covert hints; to give a hint; to speak in roundabout way; *F →* to beat about the bush.

a vorbi pereților/la pereți it is like talking to the wall.

a vorbi pe șleau to speak out straight; to put it bluntly/in plain English; not to mince matters/one's words; not to put too fine an edge upon smth.; *amer.* to talk cold turkey.

a vorbi pe un ton lugubru to speak in a dismal strain.

a vorbi pe un ton mușcător to speak with a snap.

a vorbi pe un ton ridicat $F \rightarrow$ to speak in a high key.

a vorbi pe un ton sec to be short of speech.

a vorbi pentru galerie to talk claptrap.

a vorbi pentru plăcerea de a vorbi to talk for talking's sake/for the sake of talking.

a vorbi politicos to speak fair; $F \rightarrow$ to keep a civil tongue in one's head.

a vorbi pompos/cu îngâmfare to talk big.

a vorbi porcării to talk smut.

a vorbi prăpăstii F to talk at random/through one's hat; to twaddle.

a vorbi prea mult to talk the hind leg off a donkey.

a vorbi prin semne to speak/to talk by signs.

a vorbi prin somn to talk in one's sleep.

a vorbi printre dinți to mumble; to mutter (through clenched teeth).

a vorbi „pro domo" to speak for oneself.

a vorbi prostii to talk rot; *v. și* ~ aiurea/în vânt.

a vorbi rar to speak slowly; to be slow of speech.

a vorbi razna to be off the track.

a vorbi răspicat to speak up.

vorbire fără șir/dezlânată rambling talk.

a vorbi repede to rattle (away).

a vorbi repezit to be short of speech; to talk abruptly.

a vorbi sarcastic cu cineva to sneer at smb.

a vorbi sâsâit to lisp.

a vorbi sincer/fără ocolișuri to use plain language.

a vorbi stricat (românește etc.) to speak broken (Romanian, etc.).

a vorbi surzilor *prov.* a nod is as good as a wink to a blind horse.

a vorbi sus și tare $F \rightarrow$ to talk up to smb.

a vorbi tare to talk loudly.

a vorbi tăios to speak daggers.

a vorbi tot felul de fleacuri to talk frivolities.

a vorbi urât to be vulgar of speech; to use bad language; to talk smut.

a vorbi verzi și uscate *v.* ~ vrute și nevrute.

a vorbi vrute și nevrute to speak at random; to talk at large; to ramble on; to prate; $F \rightarrow$ to let off hot air; *sl.* to tip the blarney.

a vota bugetul *fin.* to fix the budget.

a vota contra to vote down; to vote in the negative.

a vota un credit *parl.* to vote a sum/supplies.

a vota cu buletine to vote by ballot.

a vota cu un partid to vote with a party.

a vota într-o problemă *pol.* to divide the House.

a vota în unanimitate to go/to vote solid for smth.

a vota lista de candidați a partidului său *amer.* to vote the straight ticket.

a vota pentru to vote in the affirmative.

a vota prin procură to vote by proxy.

a vota prin ridicare de mâini to vote by (a) show of hands.

a vota un proiect de lege *parl. etc.* to pass a bill/a resolution.

vot deschis open ballot; vote by show of hands.

vot preliminar (pentru sondarea opiniei) *amer.* straw vote.

vot unanim (nedivizat) solid vote.

voturile pentru și voturile contra the ayes and the noes.

vrabia din mână face mai mult decât cioara din par *prov.* one today is worth two tomorrow(s); a bird in hand is worth two in the bush.

vrând, nevrând willing or not (willing); willing or unwilling; $F \rightarrow$ willy-nilly; whether one wishes or not.

n-ați vrea să... will you kindly...?

a nu vrea să audă ceva not to want to hear smth.; to be deaf to smth.; **nu vrea să audă** he would not listen.

n-ați vrea/nu vreți să beți un păhărel? will you have smth. to drink?

ai vrea, dar de! that's very well!

vrea să fie cineva he makes a character of himself.

nu vrea să fie forțat he refuses to be rushed.

ați vrea/vreți să fiți atât de amabil încât să-mi spuneți... would you be so good/so kind as to tell me; would you be good enough to tell me...

ați vrea să fiți atât de bun să închideți ușa? may I trouble you to shut the door? I will thank you to close the door.

n-aș vrea să fiu alături de el I would not rank with him.

n-aș vrea să fiu în pielea lui I shouldn't like to be in his skin/shoes.

a nu vrea să înțeleagă ceva to shut one's mind to smth.

aș vrea să mănânc ceva cald I should like a hot dinner.

vrea oul să știe mai mult decât găina (go/and) teach your grannie to suck eggs.

n-aş vrea să-mi porţi pică no ill-feeling! no harm meant!

a vrea răul cuiva to wish smb. ill.

nu vrea să spună nici da, nici nu he does not want to commit himself either way; he is wavering.

nu vrea să se strice nici cu unii, nici cu alţii he sits on the hedge/the fence/*amer.* the rail; *amer.* he is/rides on the fence; he is on both sides of the fence.

nu vrea să ştie de nimic he will have nothing to say to it.

nu vreau să am nici un amestec în afacerea asta *F* → you can count me out of that show.

nu vreau să am nici în clin, nici în mânecă cu el *F* I will neither meddle nor make with him.

nu vreau să aud de asta! I will have none of it!

nu vreau decât să te ajut I only think to help you.

nu vreau să vă fac nici un deranj I don't want to put you to any trouble.

nu vreau să spun/zic asta I don't mean that; I don't want to imply that.

vreau să spun că... that is to say...

nu vrea să se vâre he will have nothing to do with it.

vrednic de amintit worth mentioning.

vrednic de atenţie worth notice; worthy of note; deserving attention/consideration.

vrednic de o cauză mai bună worthy of a better cause.

vrednic de laudă praiseworthy; *elev.* laudable.

vrednic de milă pitiable; piteous.

vrednic de stimă worthy of esteem.

vrei să-mi dai o mână de ajutor? Cu plăcere! will you help me? That I will!

vrei să faci (ceva)? *F* do you/would you mind (doing smth.)?

vrei să-mi faci un serviciu? will you do me a favour?

vrei un fum? will you have a smoke?

vrei să iei parte la joc? will you make one of us?

vrei să insinuezi/spui că... do you mean to insinuate that...?

vrei să schimbăm locurile? will you swop places?

vrei să spui că... do you suggest that...

vrei să sugerezi/zici că...? do you mean to imply that...?

vrei, nu vrei willing or not; *F* willy-nilly; *v. şi* **vrând, nevrând.**

vrei, nu vrei, bea Grigore agheasmă *F* you must sing or sink; pay or play; neck or nothing.

vremea ameninţă a furtună the weather looks threatening; a strom is threatening/brewing; there is thunder in the air.

(e) vremea căpşunilor etc. strawberries, etc. are in.

vremea e cam închisă the weather is gloomy.

vremea e în curs de ameliorare/îmbunătăţire the weather is better.

vremea e în curs de răcire the weather has turned cooler.

vremea a fost nasoală *sl.* the weather was very dud.

vremea se îndreaptă *aprox.* the mercury is rising.

vremea lui a trecut *fig.* his sands are run (out).

vremea se menţine frumoasă the weather remains/keeps/continues fine.

vremea promite să fie frumoasă there is a promise of fine weather; the weather bids fair to improve.

vremea se scurge/trece încet time drags on.

o vreme să nu dai un câine afară (din casă) what beastly weather!

vreme îndelungată donkey's years.

vreme ploioasă/urâtă fine weather for the ducks.

vremuri grele/de restrişte troublous/troubled times; times of stress; hard times.

vremurile ce vor veni the time to come.

vremurile s-au înrăutăţit times are hard.

vreţi să vă asociaţi şi dvs.? *F* → would you like to come into it?

vreţi să-mi daţi sarea etc.? may I trouble you for the salt, etc.?

vreţi să-mi faceţi favoarea să... be so kind as to...

nu vreţi să-mi faceţi serviciul de a... will you have the kindness to...?

vreţi să fiţi atât de bun să... will you kindly...?

nu vreţi să fiţi de-ai noştri? will you make one of us? will you join us/our party?

vreţi să fumaţi? will you have a smoke?

nu vreţi să vă luăm cu noi? will you join us/join our party?

nu vreţi să staţi/rămâneţi/veniţi cu noi? will you join us?/join our party?

vrute şi nevrute idle/empty talk; small talk/*sl.* gas; odds and ends.

n-am vrut să vă jignesc I meant no offence; no offence (was) meant.

n-am vrut să vă supăr no harm was meant.

vulpea bătrână nu se prinde *prov.* old birds are not to be caught with chaff.

vulpea când n-ajunge la struguri zice că sunt acri *prov.* the grapes are too green/are sour.

Z

zarurile au fost aruncate the die is cast; the lot is cast.

zarva/zgomotul conversației *F* → (a) Babel of talk; **ce mai zarvă!** what a Babel! what to do!

a zăbovi asupra unui cuvânt to pause (up)on a word.

a nu zăbovi mult; nu voi ~ I shan't be a minute/ many minutes.

a zăcea de boală to be sickening for an illness.

a zăcea fără cunoștință *F* → to lie like a log.

a zăcea grămadă to lie in a heap; to be piled up.

a zăcea în închisoare *sl.* → to pick oakum.

a zăcea în mormânt to rest in one's grave; to be bedded under ground.

a zăcea în pat to lie in bed; *(ca bolnav)* to keep (to) one's bed; to be laid up.

a zăcea întins la pământ to lie down flat on the ground.

a zăcea la pat cu temperatură to be laid low with a fever.

a zădărnici planurile cuiva 1. to frustrate/to thwart/to upset smb.'s designs/plans; to defeat/to discomfort smb.'s schemes; *F* → to play hell/the deuce with smb.'s plans. **2.** to upset smb.'s applecart; to put a spoke/a spanner in smb.'s wheel; to throw a spanner into the works; to spike smb.'s guns; to take the wind out of smb.'s sails; to break the eggs in smb.'s pocket; to kick/to strike/to throw/to trip up smb.'s heels; to knock smth. into a cocked hat.

a zădărnici un proiect to upset a project.

a zădărnici speranțele cuiva to shatter/to disappoint/to dash smb.'s hopes.

a zăngăni armele *fig.* to brandish one's arms.

a zăngăni din sabie to rattle the sabre.

a zăpăci pe cineva cu vorba *F* → to talk smb.'s head off.

a zăpăci de cap pe cineva to make smb.'s brain reel.

a zăpăci pe cineva în bătaie *F* → to knock smb. into a cocked hat.

a zări ceva în treacăt to catch a glimpse of smth.

a zări o navă apropiindu-se to sight a ship.

a zări pământul *mar.* to sight land.

a zări pentru o clipă to have a momentary vision of...

zău! *(cu adevărat)* really; actually; truly; in fact.

zău? *(serios?)* *F* is that so? is that a fact? is it true? are you sure? are you serious/in earnest? do you actually mean it? really? indeed?

zău așa! ← *P* **I.** *(pe cuvânt)* upon my word! honour bright! *F* → gee whiG! *F* as I live by bread! *F* → my wig!... and no mistake. **2.** *(pe legea mea)* on my soul! by/upon my faith! by heaven! by Jove!

zău (că da)! *F* my wig! *v. și* ~ **așa!**

zău că nu eu *F* the cat did it.

zău că nu știu ← *F* I'm sure I don't know.

zău dacă merită să te ostenești pentru atâta lucru much thanks I got for it!

zău dacă nu *F* I'll bet a cookie/my life/my boots/ my hat; you bet your boots/life; *amer.* you bet; I'll bet my last/bottom dollar.

zău dacă știu *F* I'm blessed if I know.

a zăvorî poarta/ușa to bar oneself in; to shut oneself up.

a zâmbi amar to smile a bitter smile.

a zâmbi cuceritor to smile engagingly.

a zâmbi cu gura până la urechi/cu toți dinții to break into/to give a broad grin; to grin like a Chesire cat.

a zâmbi dulce to smile engagingly.

a zâmbi larg/cu toată fața; zâmbea ~ his face was wreathed in smiles.

a zâmbi mânzește to force a laugh; to give a forced laugh.

a-i zâmbi cuiva mustața ← *F* to glow with pride/ satisfaction.

a zâmbi printre lacrimi to smile away one's tears.

a zâmbi prostește *aprox.* to grin like a Chesire cat.

a zâmbi satisfăcut *F* → to wear a beatific smile.

a zâmbi silit *v.* ~ **mânzește.**

a **zâmbi tot/toată** to be all smiles.

a se **zbate în zadar** *fig.* to melt one's grease.

a se **zbate pentru a-și câștiga existența** to shift for a living.

a o **zbârci** ← *F* I. *(a nu reuși)* to fail. **2.** *fig.* to be a bad hit; *(a da greș)* to be a flash in the pan; **ai zbârcit-o!** ← *F* you've failed.

a **zbârci din nas** to turn up one's nose.

a-și **zbârli blana/spinarea** to bristle up; *F →* to set up one's bristles.

a-și **zbârli părul** *(d. pisici)* **pisica e zbârlită** the cat's back is up.

a-și **zbârli penele** to raise/to ruffle (up) one's feathers.

a se **zbârli rău de tot** *fig.* to fire/to flare up; to fly out; to bristle with anger.

a **zbiera ca un apucat/ca scos din minți** to bellow like a bull of Bashan.

a **zbiera ca din gură de șarpe** to cry/to shout blue murder.

a **zbiera după ajutor** to scream for help.

a **zbiera până răgușește** to shout oneself hoarse.

a se **zborși la cineva** *F* to fly at smb.; to be down upon smb.

a o **zbughi după ușă** to whip behind the door.

a o **zbughi la fugă** *F* to scamper/to scour/to scud away/off; to scuttle away; to run away like a dog with a kettle at his tail.

a **zbura ca o săgeată** *fig.* to dart along.

a **zbura creierii cuiva** to blow smb.'s brains out.

a-și **zbura creierii** to blow out one's brains; to shoot oneself through the head; to lodge a bullet in one's brains.

a **zbura cu avionul** to go by air.

a **zbura cu propriile-i aripi** *fig. F →* to stand on one's own legs; *F →* to strike out for oneself; *P →* to scratch for oneself.

a **zbura de colo până colo** *și fig.* to flit about; to flit to and fro.

a **zbura din slujbă pe cineva** to give smb. the sack/the air.

a **zbura drept ca o săgeată** to fly straight as a dart/as an arrow.

a **zbura fără vizibilitate** *av.* to fly blind.

a **zbura în aer** *fig.* to be blown up; to explode.

a **zbura în ajutorul cuiva** to run to help smb.; to fly/to hasten to smb.'s aid.

a **zbura în înaltul cerului** > to fly high.

a **zbura în mii de bucăți** *(d. sticlă etc.)* to break/to burst into shivers; to break/to fly in(to) flinders; to burst/to fly to pieces; to burst asunder/in pieces; *(a exploda)* to be blown to smithereens.

a **zbura în țăndări** *v.* a zbura în mii de bucăți.

a **zbura la mare înălțime** to fly high.

a **zbura la orizontală** *av.* to fly level.

a **zbura la plafon** *av.* to fly at the ceiling.

a **zbura razant** *av.* to skim the ground; *(d. păsări)* to skim (along/over) the ground.

a **zburat păsărica din cuib** *F →* the bird has flown; he has fled/flown.

a **zburat puiul cu ață** one's day is gone; *aprox.* the bird has flown.

a se **zburătăci în toate părțile** to flit about/to and fro.

zdravăn la minte *F;* **nu e ~** he is not all there; **nu ești ~?** *F* are you crazy/out of your senses?

a **zdrăngăni la chitară** to strum/to thrum (on) a guitar.

a **zdrăngăni la pian** to strum/to pound/to thrum on the piano; to pound out a tune on the piano; to finger the piano.

a-și **zdrobi creierii** to dash out one's brains.

a **zdrobi ceva cu picioarele** to trample/to tread smth. under foot.

a **zdrobi inamicul/dușmanul** to bear down the enemy; to crush/to defeat/to overwhelm the enemy.

a **zdrobi inima cuiva** to break smb.'s heart.

a **zdrobi/înăbuși în fașă** to nip in the bud; *(un proiect etc.)* to quench the smoking flax.

a **zdrobi în picioare** to set one's heel upon; to trample under foot.

a **zdrobi o revoltă** to stamp out a rebellion.

a **zdrobi struguri** to tread grapes.

zdrobit de durere overwhelmed/prostrate with grief.

a **zdruncina încrederea cuiva** to disturb/to shake/to shatter smb.'s confidence/faith.

a i se **zdruncina sănătatea** *F →* to have had a shake.

zdup! bump! smash! flop! bang! thud! tump!

zeamă/poveste lungă *F* long rigmarole/yarn/story.

zece pe linie *școl. amer.* straight A.

zelul fără minte strică zeal without knowledge is a runaway horse.

zero la zero *sport* love all.

a **zețui cu interlinii** *tip.* to space out the matter.

a **zgâi ochii** to open one's eyes wide; to stare/*F →* to goggle at...

a **zgândări nervii cuiva** to rasp smb.'s nerves.

a **zgândări o rană** *fig.* to rub salt on a wound; to rub it in; to rub (up) the wrong way.

nu zgândări rănile vechi *prov.* let sleeping dogs lie.

a se **zgârci la ceva** to economize on smth.

zgârcit la vorbă scanty/chary of words; (a man) of few words; *aprox.* guarded in one's speech.

a zgâria auzul/urechile to grate/to jar (up)on the ear; to offend the ear.

a-l zgâria în gât *F* to feel a scratching in one's throat.

a zgâria pământul (cu plugul) to plough (land) lightly.

a zgudui ceva din temelii *fig.* to shake smth. from its foundations.

zi albă happy day.

zi așa! why didn't you say so?

(ca) să zic așa so to speak/say...; as it were.

va să zică (and) so; in other words; *(adică)* that is (to say).

va să zică, așa stau lucrurile! *P* → (so) that's the time of day!

zi ce ai de zis! *F* → blaze/fire away!

a zice baiu ← *P* not to agree/consent; to refuse; to say no.

a nu zice bob ← *P* not to drop a word; not to utter a word/a syllable; *F* → to keep mum.

se zice că... it is said that...; they/people say that...; *F* → it is given out that...; men say that...; the story goes that...; rumour has it that...

s-ar zice că... anyone would say that...

a-i zice cam tare *F* → to come/to go it strong.

a-i zice ceva de dulce ← *F* to give smb. a piece of one's mind; *F* → to tell smb. where to get off.

a zice da to say yes.

a i-o zice de la obraz to say it to smb.'s face; to tell smb. so to/in his face; to cast it in smb.'s teeth.

a zice din vioară etc. ← *P* to play the violin, etc.

a-i zice în față *v.* ~ **de la obraz.**

să zicem că... 1. *(să presupunem)* let's suppose that...; suppose...; supposing... 2. *(să ne prefacem)* let's pretend...

să zicem că e așa! let us take it that it is so! well and good!

să zicem că e așa, ei și? well, say it were true, what then?

(ca) să zicem așa! so to speak/say.

să zicem prețul de... *F* → we'll call it three francs.

a nu zice nici pis 1. *F* to keep mum; mum's the word. 2. *(a nu crâcni)* *F* to take it like a lamb; to face the music.

a zice nu to say no.

zice numai (așa) that's only this way of speaking; he does not mean it.

a zice pas *(parol) (la cărți)* to pass; *amer.* to pass the buck to smb.

zice una și face alta he says one thing and does another; he plays fast and loose.

să-mi zici cuțu *v.* **să nu-mi ~ pe nume dacă...**

să nu zici hop până n-ai sărit *prov.* don't cry halloo/ don't shout before you are out of the wood; let him not halloo till he is out of the wood; don't count your chickens before they are hatched; don't pay yourself on the back too soon; never swop horses while crossing the stream; between the cup and the lip a morsel may slip; say no ill of the ear till it be past; in the evening one may praise the day; never cackle till your egg is laid; don't throw out your dirty water before you get in fresh; call not a surgeon before you are wounded.

să nu-mi zici pe nume dacă... *F* I'll be hanged if...; I'm a Dutchman if...; I'll eat my boots/hat/ head if...

să nu zici vorbă mare never is a long word/day; one never knows to what one may be obliged to have recourse.

zic zău! ← *F* upon my word! *F* honour bright! *(pe legea mea!)* on my soul! by/upon my faith! by Heaven/Jove!

zi dacă nu poți deny it who may.

o zi da, o zi nu every other day.

zi de nenorocire și amărăciune day of bale and bitterness.

zi de sărbătoare day of rest; holiday; red-letter day.

zi de zi every day; day by/after day; day in, day out.

a zidi o fereastră to brick up a window.

zi după zi day succeeds day.

zi-i înainte! *F* go on! go ahead! carry on! *F* keep it up!

zi-i pe nume what-d'you-call-it; what-d'ye-call-him.

zidurile au urechi pitchers/walls have ears.

zile caniculare dog-days; cannicular days.

zile de frupt meat days.

zile întregi/în șir for days on end; for whole days.

zilele acestea 1. *(în trecut)* the other day; a few days ago; during the last few days; lately; latterly; of late. 2. *(în viitor)* in the next few days; one of these days; one/some day; some day this week; soon.

zilele-i sunt numărate his days/hours are few/ numbered.

zilele trec; sunt numărate the sands are running out.

zilele trecute the other day; one/*amer.* some of these days.

zi plăcută amintirii mele day on which my memory loves to dwell.

ai fi zis/crezut că... one would have thought that...

s-a zis cu asta that's over and done with.

s-a zis cu el *F* it's all over with him; *F* → it's all dickey with him; *F* → it's all up/UP/U.P. with him;

$F \rightarrow$ his number is up; $F \rightarrow$ his tale is told; *lit.* his fate is sealed.

s-a zis cu mine! F I am out; *lit. înv.* $\rightarrow$ I am undone!

s-a zis cu (prietenia lor etc.) it is all over with (their friendship, etc.).

zis și făcut no sooner (was it) said than done; so said so done.

zi și noapte 1. *(tot timpul)* day and night. **2.** *(și ziua și noaptea)* by day as well as by night.

ziua se apropie de sfârșit the day draws to a close; the day is done; the day wastes; the day is far spent; *aprox.* it is well on in the day.

ziua bună de dimineață se cunoaște *prov.* the first blow/stroke is half the battle; a good beginning is half the battle; a good beginning makes a good ending; (just) as the twig is bent the tree will grow; *aprox.* evening red and morning grey sets the traveller on his way; *aprox.* the better the day the better the deed.

ziua întreagă all day long; $F \rightarrow$ the whole blessed day; day in day out.

ziua Judecății de Apoi *rel.* Doomsday; the Day of Judgement.

ziua se lungește the days are getting longer.

ziua-n amiaza mare in broad/full daylight; in the (very face of day); > at noon.

ziua scade, zilele scad the days are drawing in.

ziua socotelilor the day of the reckoning.

ziua și noaptea by day as well as by night.

ziua trecu încet the day wore to its close/to an end.

ziua următoare on the following day.

ziulica întreagă $\leftarrow F$ all day long; $F \rightarrow$ the whole blessed day.

zonă denuclearizată atom-free area.

zonă interzisă prohibited area.

a (se) zori cu o treabă to push on the work.

a zori degeaba pe cineva to flog/to spur a willing horse.

zorile se arată/ivesc it is dawning; it is getting light.

a zori/a presa pe cineva să plătească etc. to push smb. for payment, etc.

zor nevoie $\leftarrow F$ at any price.

a zugrăvi ceva ca în/cât mai aproape de realitate to paint smb. to the life.

a zugrăvi pe cineva fără a-l înfrumuseța to paint smb. with his warts.

a zugrăvi ceva în culori favorabile to paint smth. in bright/glowing colours.

a zugrăvi ceva în culori nefavorabile to paint smth. in dark colours.

a zvâcni în sus 1. *(a sări în picioare)* to spring up; to spring to one's feet. **2.** *(a tresări)* to start.

a-i zvâcni tâmplele; tâmplele îmi zvâcneau my temples throbbed.

a zvânta în bătaie pe cineva $\rightarrow$ F *sl. amer.* to kick the crap out of smb.; *v. și* **a snopi ~; a bate măr.**

a se zvârcoli de durere to writhe with agony/pain.

a se zvârcoli în mormânt to turn in one's grave.

a se zvârcoli în pat to toss and turn in bed; to toss/to tumble about in bed.

a zvârli pe cineva afară din cameră etc. to throw/to rush smb. out of the room, etc.

a zvârli cu o cărămidă în cineva to sock a brick at smb.

a zvârli cu piatra în cineva to throw stones at smb.

a zvârli/arunca praf/șperlă-n ochii cuiva to throw dust into smb.'s eyes.

se zvonește că... it is whispered/rumoured that...; there is a whisper that...; there is some talk of...; rumours are about/afloat that...; rumours are in the air that...; the report goes that; **s-a zvonit că...** it was noised abroad that...

zvon mincinos false rumour; *amer.* $P \rightarrow$ report by grapewine telegraph.